Heinrich August Winkler
Geschichte des Westens

Heinrich August Winkler

GESCHICHTE DES WESTENS

Vom Kalten Krieg
zum Mauerfall

C.H.Beck

1. Auflage. 2014
2. Auflage. 2015

3., durchgesehene Auflage. 2016

© Verlag C.H.Beck oHG, München 2014
Gesetzt aus der Sabon bei der Janß GmbH, Pfungstadt
Druck u. Bindung: Druckerei C.H.Beck, Nördlingen
Umschlagkonzept: Roland Angst, Berlin + Vogt, Sedlmeir, Reise, München
Umschlagabbildung: Der Mauerfall, 12. 11. 1989 © ullsteinbild – AP
Gedruckt auf säurefreiem, alterungsbeständigem Papier
(hergestellt aus chlorfrei gebleichtem Zellstoff)
Printed in Germany
ISBN 978 3 406 66984 2

www.chbeck.de

Für Dörte

Inhalt

3. Von der Konfrontation zur Entspannung: 1963–1975

5. Abschied vom Kalten Krieg:
1985–1991

Anhang

Vorwort

Historische Darstellungen bedürfen eines zeitlichen Fluchtpunkts. Als Fluchtpunkte bieten sich vor allem Zäsuren an, die eine klare Gliederung der zeitlichen Abläufe in ein Davor und Danach erlauben. Beim zweiten Band meiner «Geschichte des Westens» war dies das Ende des Zweiten Weltkriegs. Beim dritten und vorletzten Band des Gesamtwerks ist es das Ende des Ost-West-Konflikts, der beherrschenden Konstellation der Nachkriegszeit, in den Jahren 1989 bis 1991, und damit ebenfalls eine weltgeschichtliche Epochenwende.

Doch wie die vorangegangenen beiden Bände hat der dritte neben dem zeitlichen auch einen normativen Fluchtpunkt. Es ist die Frage nach der Entwicklung jener Ideen, die in ihrer Gesamtheit das normative Projekt des Westens ausmachen. An ihrer Spitze stehen die unveräußerlichen Menschenrechte, die weltgeschichtliche Errungenschaft der beiden atlantischen Revolutionen des späten 18. Jahrhunderts, der Amerikanischen Revolution von 1776 und der Französischen Revolution von 1789. Im Juni 1945, zwei Monate bevor der Zweite Weltkrieg auch in Asien zu Ende ging, bekannten sich die Vereinten Nationen, die Nachfolgerin des Völkerbundes, in ihrer Charta zu diesen Ideen. Gut drei Jahre später, am 10. Dezember 1948, verabschiedete die Vollversammlung der Vereinten Nationen die Allgemeine Erklärung der Menschenrechte.

Einen völkerrechtlich verbindlichen Charakter besaß die Erklärung nicht. Dennoch entfaltete die Idee der Menschenrechte fortan globale Wirkungen. In den 1970er Jahren wurde das vollends unübersehbar: Die Vereinigten Staaten machten sich unter Präsident Jimmy Carter erneut zum Bannerträger der Menschenrechte. Im Ostblock beriefen sich Dissidenten und Bürgerrechtsbewegungen auf die Helsinki-Schlußakte der Konferenz über Sicherheit und Zusammenarbeit in Europa von 1975, in der sich die Sowjetunion und ihre Verbündeten zu bestimmten Grundfreiheiten bekannt hatten. Für die weltweite Wirkung des innenpolitischen Kampfes gegen lateinamerikanische und südostasiatische Diktaturen und die Rassendiskriminierung des südafrikanischen Apartheidregimes war entscheidend, daß er von international agierenden Nicht-Regierungs-Organisationen wie Amnesty International und Human Rights Watch aufgegriffen und im Zeichen der universellen Geltung der Menschenrechte geführt wurde. Die Umwälzungen in Ostmittel- und Südosteuropa von 1989/90 bedeuten in dieser Perspektive einen weiteren großen Schritt in Richtung der Globalisierung der Menschenrechte.

Daß die Frage nach der Entwicklung des normativen Projekts des Westens sinnvoll nur in einem transnationalen Rahmen gestellt werden kann, versteht sich infolgedessen von selbst. Und wenn eine Geschichte des Westens auch noch längst keine Globalgeschichte ist, so berührt sie sich mit einer solchen doch darin, daß sie sich anders als in einem globalen Kontext gar nicht schreiben läßt. Eben deshalb handelt dieser Band nie nur von der inneren Entwicklung der Nationen des Westens und den Beziehungen dieser Nationen untereinander, sondern stets auch von den weltpolitischen Gegenspielern des Westens, von Mächten also, die auf den Westen einwirkten und umgekehrt von diesem nachhaltig beeinflußt wurden, sowie von Weltregionen, die lange von westlichen Mächten beherrscht wurden und sich davon erst in der zweiten Hälfte des 20. Jahrhunderts befreien konnten.

Der Abschluß des dritten Bandes gibt mir vielfältigen Anlaß, zu danken. Ich nenne zunächst die Humboldt-Universität zu Berlin, die mir nach dem Ende meiner regulären Lehrtätigkeit im Frühjahr 2007 großzügig einen Raum mitsamt dem technischen Inventar zur Verfügung stellte, und die Stiftungen, die es mir in den letzten drei Jahren erlaubten, die Arbeitskraft von zwei studentischen Hilfskräften und meiner langjährigen Mitarbeiterin Monika Roßteuscher, M. A., für jeweils zehn Stunden in der Woche in Anspruch zu nehmen: die Robert Bosch Stiftung, die Gerda Henkel Stiftung, die Alfried Krupp von Bohlen und Halbach Stiftung und die Hans Ringier Stiftung.

In den Jahren 2011 bis 2014, in denen ich am dritten Band der «Geschichte des Westens» arbeitete, waren mir die guten Dienste von Angela Abmeier, Sarah Bianchi, Kieran Heinemann, Dario Prati und Monika Roßteuscher eine große Hilfe. Frau Gretchen Seehausen hat aus meiner handschriftlichen Vorlage eine druckfertige PC-Fassung gemacht und dabei manchen Fehler korrigiert. Was die Unterstützung meines Projekts durch die Humboldt-Universität angeht, erwähne ich stellvertretend meine Kollegen Michael Borgolte, Peter Burschel und Alexander Nützenadel sowie, im Hinblick auf die administrative Betreuung, Frau Gisela Grabo. Ihnen allen gilt mein herzlicher Dank.

Wie bei den vorangegangenen beiden Bänden war der Cheflektor des Verlages C. H. Beck, Detlef Felken, ein bewundernswert gründlicher Leser und Kommentator des Textes. Wichtige Hinweise ergaben sich aus der kritischen Durchsicht des Manuskripts durch Herrn Alexander Goller, der auch das Register erstellte. Frau Janna Rösch und Herr Jan Dreßler halfen beim Korrekturenlesen. Ihnen allen bin ich zu großem Dank verpflichtet. Gewidmet ist der Band meiner Frau. Ohne ihre kontinuierlichen Denk- und Schreibanstöße gäbe es ihn nicht.

Berlin, im März 2014   *Heinrich August Winkler*

Einleitung

Der dritte Band der «Geschichte des Westens» handelt von der Zeit vom Ende des Zweiten Weltkriegs bis zum Untergang des Sowjetimperiums, also von 1945 bis 1991. Viereinhalb Jahrzehnte lang stand die Welt im Zeichen der Bipolarität zwischen Washington und Moskau. Daß der Kalte Krieg, von dem man seit 1947 sprach, in Europa kalt blieb, hatte seine Hauptursache im «Gleichgewicht des Schreckens», der Angst vor der wechselseitigen nuklearen Vernichtung – einer Angst, von der sich die Menschheit seit dem Abwurf der ersten beiden Atombomben über Hiroshima und Nagasaki im August 1945 nicht mehr befreien konnte.

Der Gegensatz zwischen West und Ost, der die Zeit von 1945 bis 1991 prägte, war nicht immer gleich intensiv. Einer Phase der Konfrontationen, die spätestens mit der Berliner Blockade 1948/49 begann und mit der Beilegung der kubanischen Raketenkrise im Herbst 1962 endete, folgte eine Ära der Entspannung, die in der zweiten Hälfte der siebziger Jahre von neuen Konfrontationen, beginnend mit der Stationierung modernisierter, auf Mitteleuropa gerichteter sowjetischer Mittelstreckenraketen, abgelöst wurde. Es bedurfte einer «Revolution von oben», des radikalen Regimewandels in der Sowjetunion unter Michail Gorbatschow, um den Ost-West-Konflikt zu überwinden und jene neue Weltordnung zu ermöglichen, von der der amerikanische Präsident George H. W. Bush erstmals im September 1990 sprach.[1]

Nie zuvor hatte der transatlantische Westen so sehr eine Einheit gebildet wie in den viereinhalb Jahrzehnten zwischen 1945 und 1990. Wem innerhalb des Westens die Rolle der Hegemonialmacht zufiel, war nie zweifelhaft. Die Vereinigten Staaten von Amerika waren eine der beiden Supermächte und, als der Kalte Krieg zu Ende ging, die Supermacht schlechthin. Von den größeren Staaten Europas war keiner den USA ebenbürtig. Deutschland, das den Zweiten Weltkrieg entfesselt hatte, war besiegt und wurde von den Siegermächten geteilt. Großbritannien *war* eine Siegermacht, aber durch den Krieg materiell so geschwächt, dass es 1945 fraglich war, wie lange es sein überseeisches Kolonialreich noch würde behaupten können. Erst recht galt das für Frankreich, das unter dem Trauma der Niederlage von 1940 litt und sich eben deshalb lange Zeit verzweifelt dagegen wehrte, ein vermeintliches Attribut seines Großmachtstatus wie den Besitz von Kolonien aufzugeben. Der Prozeß der Dekolonialisierung, der mit der Entlassung Indiens und Pakistans in die Unabhängigkeit im Jahr 1947 begann und sich bis in die siebziger Jahre hinzog, war für alle europäischen Kolonialmächte schmerzhaft – am schmerzlichsten aber wohl für ein kleines Land wie Portugal, das sich denn auch erst nach einer Revolution im Mutterland von den afrikanischen Überresten seiner früheren Größe verabschiedete.

Spätestens 1945 wurde das 20. Jahrhundert zum «amerikanischen Jahrhundert» und eben dadurch auch zum «transatlantischen Jahrhundert». Die Selbstzerstörung Europas in zwei Weltkriegen verhalf den USA zu dem Rang, der ihnen mit dem Sieg über die Achsenmächte zugewachsen war. Die Vereinigten Staaten waren die unbestrittene Führungsmacht des Atlantischen Bündnisses und der einzige vollsouveräne Nationalstaat des Westens. Die europäischen Nationalstaaten konnten ihre relative Unabhängigkeit und Handlungsfähigkeit, so paradox es klingt, nur durch supranationale Integration sichern. Im Rahmen der Europäischen Gemeinschaft, der späteren Europäischen Union, verwandelten sie sich, indem sie Teile ihrer Hoheitsrechte gemeinsam ausübten oder auf übernationale Institutionen übertrugen, in Nationalstaaten eines neuen, des postklassischen Typs. Der Nationalismus hatte in Europa, anders als in der Dritten Welt, seine Integrationskraft und damit seine historische Legitimation eingebüßt. Die nationalen Loyalitäten wurden zunehmend durch transnationale Bindungen wie den Gegensatz zum Kommunismus sowjetischer Prägung und die Zugehörigkeit zur Gemeinschaft der westlichen Demokratien überlagert. Auch und gerade auf ideologischem Gebiet war das «American Century», wie der Historiker Akira Iriye feststellt, ein transnationales Jahrhundert.[2]

Nicht minder transnational war der lang anhaltende Boom, der aus den ersten drei Jahrzehnten nach dem Zweiten Weltkrieg eine Zeit bislang ungekannter Prosperität und des Massenkonsums

machte. Die Weltwährungsordnung, die im Juli 1944, rund ein Jahr
vor dem Ende des Zweiten Weltkriegs, von Vertretern von 44 Regierungen der Anti-Hitler-Koalition in Bretton Woods im amerikanischen Bundesstaat New Hampshire vereinbart wurde, schuf den
institutionellen Rahmen der internationalen monetären Zusammenarbeit der Nachkriegszeit. Das System von Bretton Woods mit seinen
drei Säulen, dem Internationalen Währungsfonds, der Weltbank und
dem Allgemeinen Zoll- und Handelsabkommen, dem GATT, beruhte
auf einem gemischten Gold-Dollar-Standard mit dem US-Dollar als
Reservewährung und war wesentlich weniger starr als der frühere
reine Goldstandard oder der zwischen 1925 und 1931 praktizierte
Gold-Devisen-Standard. Bretton Woods gab der Globalisierung der
Weltwirtschaft kräftigen Auftrieb. Freilich handelte es sich dabei um
eine fragmentarische Globalisierung: Die Sowjetunion und die von
ihr abhängigen Staaten weigerten sich, dem von den USA dominierten Weltwährungssystem beizutreten.[3]

Als die Vereinigten Staaten im März 1973 unter dem Eindruck
wachsender Defizite in der Zahlungsbilanz den Dollarkurs freigaben,
bedeutete dies das Ende des Weltwährungssystems von Bretton Woods.
Sechs Monate später, im Oktober 1973, zog die Organisation Erdöl-
produzierender Staaten, die OPEC, durch eine massive Erhöhung der
Rohölpreise einen Schlußstrich unter die knapp drei Jahrzehnte, in
denen niedrige Ölpreise im Wortsinn das Schmiermittel der Weltkonjunktur gewesen waren. Das Ende der exorbitanten Wachstumsraten
aber war nicht das Ende der materiellen Erwartungen, die sich in der
langen Ära der Nachkriegsprosperität herausgebildet hatten. Um ihren
gewohnten Lebensstandard aufrechtzuerhalten, finanzierten viele
private Haushalte ihren Konsum mehr als bisher über Kredite; viele
Regierungen erhöhten die Staatsschulden, um der Bevölkerung allzu
harte Einschnitte zu ersparen und die sozialen Errungenschaften der
«fetten Jahre» zu erhalten. Der Weg in den «Schuldenstaat» begann,
nicht nur in der westlichen Welt, in den siebziger Jahren.

Der zweite Ölpreisschock, ausgelöst durch die Iranische Revolution
von 1979, traf die Staaten des Ostblocks bei weitem härter als die Industriestaaten des Westens, die sich nach 1973 technologisch modernisiert und damit die Energiekosten gesenkt hatten. Unter den Ursachen
des Zerfalls des Sowjetimperiums war das immer deutlichere technologische, ökonomische und damit letztlich auch militärische Zurück-

bleiben hinter dem Westen eine der wichtigsten. Dennoch wäre es eine grobe Vereinfachung, die innere Krise der Staaten des «sozialistischen Lagers» in vulgärmarxistischer Manier allein aus der Verschlechterung ihrer materiellen Leistungskraft abzuleiten und die Epochenwende der Jahre 1989 bis 1991 zu einem bloßen Epiphänomen der Krise der Weltwirtschaft seit den siebziger Jahren herabzustufen.

Was die kommunistischen Systeme in Ostmittel-, Südost- und Osteuropa in den achtziger Jahren zusätzlich schwächte, war der Auftrieb, den die Dissidenten und Bürgerrechtsgruppen des Ostblocks durch die Schlußakte der Konferenz über Sicherheit und Zusammenarbeit in Europa in Helsinki von 1975 erhielten – jenes Dokument, in dem die Sowjetunion und ihre Verbündeten sich im Austausch gegen die westliche Anerkennung der Unverletzlichkeit der bestehenden Grenzen zur Respektierung wesentlicher Grundrechte wie der Gedanken-, der Religions-, der Meinungs- und Überzeugungsfreiheit verpflichten mußten. Von den Autoren der Prager «Charta 77» bis zu den Aktivisten der unabhängigen polnischen Gewerkschaft «Solidarność» konnten sich fortan alle, die den «real existierenden Sozialismus» in Frage stellten, auf diese Urkunde berufen.

Der Zusammenbruch der kommunistischen Regime in Europa markiert eine tiefe historische Zäsur. Eric Hobsbawm läßt mit dem Untergang der Sowjetunion 1991 das «Zeitalter des Extreme» und mit ihm das «kurze 20. Jahrhundert» enden, das 1914 mit dem Ausbruch des Ersten Weltkrieges begonnen hatte.[4] Die Zeit der totalitären Systeme und Ideologien war nicht weltweit, aber auf dem alten Kontinent abgelaufen und mit ihr *das* Phänomen, das dem 20. Jahrhundert mehr als jedes andere seinen Stempel aufgedrückt hatte. Der ostmitteleuropäische Teil des alten Westens, der am Ende des Zweiten Weltkriegs der sowjetischen Interessensphäre und damit dem späteren Ostblock zugeschlagen worden war, konnte jetzt selbst über seine politische und gesellschaftliche Entwicklung entscheiden und sich auf eine Zukunft innerhalb der Europäischen Union und des Atlantischen Bündnisses vorbereiten. Das geteilte Deutschland schloß sich im Einvernehmen mit den einstigen «Großen Vier» und den europäischen Nachbarn wieder zu *einem* Staat zusammen. Die Vereinigten Staaten wurden, wenn auch nur vorübergehend, zu einer Weltmacht ohne Widerpart: Amerikanischer konnte das «amerikanische Jahrhundert» nicht mehr werden.

Das «Ende der Geschichte» aber, wie Francis Fukuyama meinte, markierte der Untergang des Sowjetkommunismus nicht.[5] Die unipolare Konstellation erwies sich als Durchgangsstadium zu einer neuen Multipolarität. Ein Vierteljahrhundert nach dem Fall der Berliner Mauer erscheint es höchst fraglich, ob man noch von einer globalen Vorherrschaft des transatlantischen Westens sprechen kann. Auf einem anderen Blatt steht die Zukunft des normativen Projekts des Westens, der Ideen der unveräußerlichen Menschenrechte, der Herrschaft des Rechts, der Gewaltenteilung, der Volkssouveränität und der repräsentativen Demokratie. Aber das ist eine andere Geschichte. Von ihr wird im vierten und letzten Band dieser Geschichte des Westens die Rede sein, der von der Zeit der Gegenwart handelt.

1.
Anfänge des Kalten Krieges:
1945–1949

Die Ausgangslage: Die Weltmächte und Europa nach dem Zweiten Weltkrieg

Das Jahr 1945 markiert eine der großen Zäsuren in der Geschichte des Westens, ja der Weltgeschichte überhaupt. Der Erste Weltkrieg hatte zur Auflösung von drei Vielvölkerreichen geführt: des habsburgischen, des osmanischen und, wenn auch nur teilweise und vorübergehend, des russischen. Gegen Ende des Zweiten Weltkrieges zeichnete sich die Herausbildung zweier imperialer Gebilde neuen Typs ab: des amerikanischen und des sowjetischen «Lagers». Das Erbe der Vielvölkerreiche hatten 1918 in Europa Staaten angetreten, die sich, mit der bedingten Ausnahme des Königreichs der Serben, Kroaten und Slowenen, als Nationalstaaten verstanden, aber alle mehrere Nationalitäten in sich schlossen. Die Partikularisierung der europäischen Staatenwelt gehört zu den herausragenden Merkmalen der Zwischenkriegszeit. Die zweite Nachweltkriegszeit stand hingegen im Zeichen der Polarisierung Europas. Die Nationalstaaten verloren an Bedeutung gegenüber den Blöcken, die sich seit 1947 zu verfestigen begannen: den von den Vereinigten Staaten geführten westlichen Demokratien und den «Volksdemokratien» mit der Sowjetunion als Vormacht.

1945 gab es nur noch zwei Weltmächte: die USA und die Sowjetunion. Großbritannien und Frankreich besaßen zwar weiterhin ausgedehnte Kolonialreiche in Afrika und Asien. Ebenso wie die Republik China verfügten sie über ein Vetorecht im Sicherheitsrat der Vereinten Nationen und damit über den Status einer Großmacht. Gemessen an den Vereinigten Staaten von Amerika und der Union der Sozialistischen

Sowjetrepubliken aber waren sie Großmächte minderen Ranges, was für das 1940 besiegte Frankreich noch sehr viel mehr galt als für das Vereinigte Königreich. Der Zweite Weltkrieg hatte beide Länder wirtschaftlich und finanziell nachhaltig geschwächt und ihre imperiale Stellung untergraben.

Die einstigen «Achsenmächte» Deutschland und Japan waren 1945 die beiden Parias der Weltpolitik. Ob sie sich nochmals zu selbständigen Machtfaktoren entwickeln würden, war 1945 offen. Ihr ehemaliger Partner Italien hingegen profitierte davon, daß er im Herbst 1943, nach dem Sturz Mussolinis, die Seiten gewechselt und sich den Alliierten angeschlossen hatte. Von einem Großmachtstatus aber konnte Rom nach dem Zweiten Weltkrieg nur noch träumen. Von den beiden Weltmächten war die westliche die ungleich stärkere: Die USA waren, anders als die Sowjetunion, ein unzerstörtes Land; ihre Volkswirtschaft florierte; sie waren einstweilen die einzige Nuklearmacht und hatten im August 1945 durch den Abwurf von Atombomben über Hiroshima und Nagasaki aller Welt vor Augen geführt, welch ungeheure Zerstörungskraft im Besitz dieser neuen Waffen lag.

In Europa verlief die Demarkationslinie zwischen Ost und West quer durch den alten Okzident. Sie teilte das besiegte und besetzte Deutschland in zwei Teile. Polen, die Tschechoslowakei und Ungarn gehörten dem Bereich an, in dem die Rote Armee das Sagen hatte, desgleichen die drei baltischen Republiken, die die Sowjetunion sich 1940 im Zeichen des Hitler-Stalin-Pakts völkerrechtswidrig einverleibt hatte und die sie seitdem als Bestandteil ihres Territoriums betrachtete. Ebenso wie Polen, Böhmen und Mähren, die Slowakei und Ungarn bildeten Litauen, Lettland und Estland historisch einen Teil des lateinischen Westens. In den orthodox geprägten Ländern Bulgarien und Rumänien hatte die Sowjetunion bereits vor Kriegsende ihr wohlgesonnene Regierungen an die Macht gebracht. Im ebenfalls orthodoxen Griechenland hatte Stalin dagegen im Oktober 1944 Großbritannien und damit dem Westen den ausschlaggebenden Einfluß zugestanden.

Parteigänger der Sowjetunion in Gestalt kommunistischer Parteien waren 1945 auch an den Regierungen westlicher Länder, nämlich Frankreichs, Italiens, Belgiens und Dänemarks, beteiligt. Aber auf eine kommunistische Machtübernahme deutete hier nichts hin. Stalin war vollauf mit der Befestigung der sowjetischen Macht in dem Teil Europas beschäftigt, den ihm die Westmächte auf der Konferenz von Jalta im Februar 1945 de facto überlassen hatten. Über diese Zone hinaus-zugreifen und so die Gefahr einer Konfrontation mit der anderen Welt-macht heraufzubeschwören lag nicht in Stalins Interesse. Der «Genera-lissimus» (ein Titel, den der sowjetische Diktator seit Ende Juni 1945 führte) glaubte zudem, sich Zeit lassen zu können. Die amerikanische Präsenz in Europa schien eine zeitlich begrenzte zu sein. So jedenfalls hatte sich Franklin Delano Roosevelt, der am 12. April 1945 verstorbene Präsident der USA, geäußert, als er in Jalta zu Protokoll gab, daß die Truppen seines Landes nach Kriegsende nur noch zwei Jahre lang auf dem alten Kontinent verbleiben würden.

Roosevelts Nachfolger, der bisherige Vizepräsident Harry S. Tru-man, war auf diesen Zeitplan nicht festgelegt, wich aber zunächst von der außenpolitischen Linie seines Vorgängers nicht ab. Wie dieser setzte er darauf, die Zusammenarbeit mit der Sowjetunion über das Kriegsende hinaus fortzuführen. Einen isolationistischen Rückschlag wie nach dem Ersten Weltkrieg brauchte Truman nicht zu fürchten. Mit 89 gegen 2 Stimmen billigte der amerikanische Senat am 28. Juli 1945 den Beitritt der Vereinigten Staaten zu den Vereinten Nationen. Die USA traten damit endgültig aus dem Schatten des historischen Nein heraus, mit dem dasselbe Verfassungsorgan am 19. November 1919 den Völkerbund, das große Projekt des Präsidenten Woodrow Wilson, zu Fall gebracht hatte.

Anders als die Außenpolitik war Trumans innere Politik nach Kriegsende heftig umstritten. Im September 1945, wenige Tage nach der Kapitulation Japans, unternahm der Präsident den Versuch, auch als So-zialpolitiker in die Fußstapfen seines großen Vorgängers zu treten. Er legte dem Kongreß eine Reihe von Gesetzentwürfen vor, die unter ande-rem eine Anhebung des gesetzlichen Mindestlohnes von 40 auf 65 Cents pro Stunde, öffentliche Investitionen zur Erreichung der Vollbeschäf-tigung, Bundesmittel zur Förderung von Wohnungsbau und Slumsa-nierung sowie eine Ausdehnung bestehender Sozialleistungen vorsahen. Kurz darauf forderte Truman den Kongreß auf, Bundesmittel zum Aus-bau des Erziehungs- und Gesundheitswesens zu bewilligen.

Doch mit den meisten seiner Vorstöße drang der Präsident nicht durch. Republikaner und konservative Demokraten verweigerten sich den wichtigsten Vorlagen der Regierung. Bei den Zwischenwahlen vom November 1946 gewannen die oppositionellen Republikaner mit der zugkräftigen Parole «Had Enough?» (Habt ihr genug davon?) Mehrhei-

ten in beiden Häusern des Kongresses: eine bemerkenswerte Parallele zu
den «off-year elections» von November 1918, die im Schatten des zu
Ende gehenden Ersten Weltkriegs stattgefunden hatten.

Die «Grand Old Party» nutzte ihre neugewonnene Macht, um Errungenschaften aus der Zeit von Roosevelts «New Deal» zu beseitigen
und den Einfluß der Gewerkschaften zurückzudrängen. Den Höhepunkt des sozialpolitischen «backlash» bildete das Taft-Hartley-
Gesetz vom Juni 1947. Es verbot das Prinzip des «closed shop», wonach Gewerkschaften ein Unternehmen verpflichten konnten, nur
organisierte Arbeitnehmer einzustellen, erlaubte es den Arbeitgebern,
Gewerkschaften wegen gebrochener Verträge und streikbedingter
Schäden zu verklagen, untersagte es den Gewerkschaften, Geld für
politische Kampagnen zu spenden, und ermächtigte den Präsidenten,
einem von den organisierten Arbeitnehmern beschlossenen Streik eine
«Abkühlphase» (cooling-off period) von 60 Tagen, in besonderen
Fällen von weiteren 80 Tagen, vorzuschalten. Außerdem mußten Gewerkschaftsführer, deren Verbände die Dienste des National Labor
Relations Board in Anspruch nehmen wollten, zuvor eidlich versichern,
daß sie keine Kommunisten seien. Truman legte sein Veto ein, hatte
damit aber keinen Erfolg: Senat und Repräsentantenhaus setzten sich
mit Zweidrittelmehrheiten darüber hinweg.

Das Taft-Hartley-Gesetz war aus der Sicht seiner Befürworter ein
Stück Rückkehr zur Normalität – einer amerikanischen Normalität,
von der sich die USA angeblich unter der 13 Jahre währenden Präsidentschaft Franklin Delano Roosevelts verabschiedet hatten, indem
sie sich europäischen Vorstellungen von «Welfare state» annäherten.
Roosevelts «New Deal» war eine Antwort auf die Herausforderung
der Weltwirtschaftskrise gewesen. Überwunden wurde die Große
Depression erst durch die Globalisierung des New Deal im Zweiten
Weltkrieg – ein gigantisches, weithin kreditfinanziertes Rüstungs-
programm, zu dem auch die großzügigen, inzwischen beendeten Lieferungen nach dem Lend-Lease-Gesetz von 1941 an die Anti-Achsen-
Mächte, obenan Großbritannien und die Sowjetunion, gehörten. 1944
erreichte die Industrieproduktion der USA 235 Prozent des Vorkriegs-
standes. Der immense Bedarf Europas an amerikanischem Kapital und
amerikanischen Produkten sorgte dafür, daß die USA nach dem Zweiten Weltkrieg, im Gegensatz zur Zeit nach dem Ersten, nicht in eine
Nachkriegsdepression abstürzten. Eine zusätzliche Belebung der Kon-

junktur durch staatliche Wohlfahrtsausgaben erschien den Kritikern Trumans infolgedessen verfehlt, ja gefährlich. Die Kongreßwahlen von 1946 gaben ihnen die Möglichkeit, ihre Auffassungen in die Tat umzusetzen und den Präsidenten in seine Schranken zu weisen.

Die Gewerkschaften nannten den Taft-Hartley Act ein Gesetz zur Versklavung der Arbeit. Das war er nicht. Die Zahl der Gewerkschaftsmitglieder stieg von etwa 14,3 Millionen im Jahr 1947 auf rund 17 Millionen im Jahr 1952. Aber der politische Einfluß der konkurrierenden beiden Spitzenverbände, der American Federation of Labor (AFL) und des Congress of Industrial Organizations (CIO), ging nach 1947 zeitweilig zurück, vom Einfluß kleinerer Arbeitnehmerverbände ganz zu schweigen. Die Wendung nach links, die die Vereinigten Staaten unter Roosevelt genommen hatten, war nicht von Dauer.

Während in den USA die Kriegskonjunktur nahtlos in einen Nachkriegsboom überging, befanden sich in der Sowjetunion Industrie und Landwirtschaft nach dem Mai 1945 in einem desolaten Zustand. Zu den Zerstörungen der Kriegszeit kamen die Folgen einer verheerenden Dürreperiode im Jahr 1946. Erst seit 1947 konnte man von einem tatsächlichen Wiederaufbau sprechen, wobei der vierte Fünfjahresplan von 1946 dafür sorgte, daß die Schwer- und Investitionsgüterindustrien wie vor dem Krieg sehr viel höhere Wachstumsraten aufwiesen als die Konsumgüterbranchen. Der Sieg über den äußeren Feind war mit terroristischen Mitteln erfochten worden, die an der Front wie in der Heimat alle trafen, die den rigorosen Weisungen und Vorgaben von oben nicht bedingungslos folgten. Nach dem militärischen Triumph über Hitler-Deutschland fanden sich neue Gründe, am Staatsterrorismus festzuhalten. So wurden während der Hungersnot 1946/47, der vermutlich 2 Millionen Menschen zum Opfer fielen, 12 000 Vorsitzende von Kolchosen vor Gericht gestellt und Tausende von Bauern in Lager eingeliefert, weil sie auf den abgeernteten Feldern Getreideähren für den eigenen Verbrauch eingesammelt hatten.

In den Gebieten, die von den Deutschen besetzt worden waren, ließ das sowjetische Innenministerium, das NKWD, Zehntausende von Menschen als Kollaborateure verhaften. Soldaten der Roten Armee, die sich den Deutschen ergeben hatten, galten als Verräter. Über 600 000 von ihnen wurden nach der Demobilmachung im Juni 1945 in die «Arbeitsarmee» des NKWD eingegliedert oder in das Lagersystem des GULag verbracht. Dasselbe Schicksal erwartete ehemalige «Ostarbeiter», die von den Nationalsozialisten nach Deutschland verschleppt worden waren, und «Repatrianten» aus den ehedem polnischen Gebieten der Sowjetunion und dem Baltikum.

In der westlichen Ukraine und dem Baltikum tobten nach 1945 regionale Bürgerkriege. Tschekisten jagten, töteten oder deportierten alle, die sich der Sowjetherrschaft widersetzten oder von vornherein als «Konterrevolutionäre» galten, darunter zahllose Angehörige der bürgerlichen Intelligenz. Antikommunistische Partisanen brachten ihrerseits Tausende von Sowjetfunktionären um. Um den Widerstand der baltischen Völker zu brechen, wurden außerdem Sowjetbürger in großer Zahl aus den zentralen Regionen nach Litauen, Lettland und Estland umgesiedelt. Allein nach Estland, das etwa eine Million Einwohner zählte, kamen auf diese Weise zwischen 1945 und 1949 180 000 russische Sowjetbürger.

Eine «Rückkehr zur Normalität» gab es nach 1945 auch in der Sowjetunion, sofern man bereit ist, die Verfassungswirklichkeit der Vorkriegszeit als «normal» zu betrachten. Das zu Beginn des Krieges geschaffene Staatskomitee für Verteidigung wurde aufgelöst, das formell höchste Staatsorgan, der Oberste Sowjet, im Februar 1946 neugewählt. Die gesamte Regierungsgewalt lag fortan wieder beim Rat der Volkskommissare, der im März 1946 in «Ministerrat» umbenannt wurde. Die Zahl der Ministerien wuchs von 18 im Jahr 1937 auf 58 im Jahr 1947, wobei die Ressorts sich immer mehr spezialisierten und meist nur für einzelne Wirtschaftszweige zuständig waren. Stalin behielt das Amt des Vorsitzenden des Ministerrates, das er im Juni 1941 übernommen hatte, bei und blieb Generalsekretär der Kommunistischen Partei der Sowjetunion (KPdSU). Er befand sich auf dem Höhepunkt seiner Macht und konnte, wenn er wollte, jede Entscheidung an sich ziehen. Doch das tat er nicht. Er zog sich vielmehr, wie Helmut Altrichter schreibt, «je älter er wurde, mehr und mehr aus dem politischen Tagesgeschäft zurück und überließ viele, ja die meisten Dinge ihrer Eigengravitation».

Der Personenkult um Stalin nahm nach 1945 teilweise groteske Züge an. Die unbestreitbaren Verdienste des Diktators um den Sieg im «Großen Vaterländischen Krieg» ließen die Erinnerung an seine fatale Fehleinschätzung Hitlers vor dem deutschen Überfall auf die Sowjetunion am 22. Juni 1941 rasch verblassen. Der Mann an der Spitze von

Partei und Staat galt nunmehr als unfehlbar. Er war inzwischen auch der oberste Schiedsrichter in wissenschaftlichen Kontroversen. Nachdem er sich 1948 für die umstrittene Theorie des Biologen Trofim D. Lyssenko von der Veränderbarkeit des Erbguts durch äußere Einwirkungen ausgesprochen hatte, galt diese Auffassung als sakrosankt. Außer Stalin durfte niemand so populär sein, daß er ihm gefährlich werden konnte. Das galt auch für hochangesehene Marschälle der Sowjetunion wie Georgi Schukow. Als dieser auf der Siegesfeier am 27. Juni 1945 anläßlich der Verleihung des Titels «Generalissimus» an Stalin bemerkte, daß auch so «verrufene Persönlichkeiten wie Franco und Tschiang Kai-schek» sich als «Generalissimus» titulieren ließen, war sein Abstieg vorgezeichnet. Ein Jahr später wurde der Marschall als Oberkommandierender des Heeres abgelöst und auf den Posten des Chefs des Militärbezirks Odessa abgeschoben. Daß die Rote Armee mit der Degradierung Schukows an innenpolitischem Gewicht verlor, war eine von Stalin gewollte Wirkung.

Für das kulturelle Leben der Sowjetunion begann rund ein Jahr nach Kriegsende eine Phase der verschärften Repression. Während des Krieges war im Zeichen des «Sowjetpatriotismus» der ideologische Purismus etwas eingedämmt worden. Diese Zeit war nun abgelaufen. Unter der Ägide des Leningrader Parteisekretärs Andrej A. Schdanow wurden seit dem September 1946 Wissenschaftler wie der Ökonom Eugen Varga und der Historiker Nikolai Rubinstein, aber auch der Komponist Dmitri Schostakowitsch wegen «objektivistischer, formalistischer oder kosmopolitischer Tendenzen» zur Rechenschaft gezogen und gerügt.

Von der Rückkehr zur strikten Ideologie des «Marxismus-Leninismus-Stalinismus» blieb, bis zu einem gewissen Grad, die orthodoxe Kirche ausgespart. Sie hatte sich während des Krieges zu einer Säule des Regimes entwickelt, was Stalin zu honorieren bereit war, indem er die bewährte Zusammenarbeit zu seinen Bedingungen fortsetzte. Zum dreißigjährigen Jubiläum der Oktoberrevolution im November 1947 rief der Moskauer Patriarch Alexius I. zu Gebeten für die «göttlich beschützte russische Macht und für die Behörden unter der Leitung des weisen Führers» auf, den «der Wille Gottes erwählt und eingesetzt» habe. Die Kirche bedankte sich auf diese Weise für die am 15. August 1945 erteilte offizielle Erlaubnis, ihre Gotteshäuser mit Hilfe der örtlichen Sowjets wiederaufzubauen und Kultgegenstände in eigener Produktion herzustellen. Daß die Sowjetmacht sich weiterhin zum Atheismus bekannte und die Entkirchlichung der Gesellschaft vorantrieb, überging der orthodoxe Klerus mit Schweigen. Anders hätte sich das Nachkriegsarrangement mit dem kommunistischen Regime auch nicht bewerkstelligen lassen.[1]

Die Absicht, die er gegenüber den Staaten seines Einflußbereichs in Südost- und Ostmitteleuropa verfolgte, hat Stalin im April 1945 gegenüber zwei führenden Kommunisten aus Jugoslawien, Josip Broz Tito und Milovan Djilas, den Aufzeichnungen des letzteren zufolge präzise umrissen: «Dieser Krieg ist nicht wie in der Vergangenheit; wer immer ein Gebiet besetzt, erlegt ihm auch sein eigenes gesellschaftliches System auf. Jeder führt sein eigenes System ein, so weit seine Armee vordringen kann. Es kann gar nicht anders sein.»

Ganz so neuartig, wie Stalin meinte, war das Vorhaben, besiegten oder eroberten Staaten das eigene gesellschaftliche und politische System aufzuerlegen, nicht. Napoleon hatte im Rahmen seines «Grand Empire» zu Beginn des 19. Jahrhunderts nichts anderes getan. Damals freilich hatte der Systemexport eine Erweiterung bürgerlicher Freiheiten bedeutet. Die Staaten, die 1944/45 dem sowjetischen Einflußbereich einverleibt wurden, standen hingegen meist auf einer höheren gesellschaftlichen und politischen Entwicklungsstufe als Rußland. Die Besetzung durch die Rote Armee brachte den betroffenen Ländern infolgedessen nicht mehr Freiheit, sondern das Gegenteil: die Abschaffung früherer Freiheiten. Auf einem anderen Blatt standen die von der Sowjetunion erzwungenen Eingriffe in die bestehende Eigentumsordnung. Soweit sie auf die Beseitigung krasser Ungleichheiten in der Verteilung von Grund und Boden zielten, waren sie ein Beitrag zur gesellschaftlichen Modernisierung der nunmehr von Moskau abhängigen Länder.

Nach dem Ersten Weltkrieg hatten die Westmächte und vor allem Frankreich alles getan, um aus den Staaten Ostmittel- und Südosteuropas einen «Cordon sanitaire», einen Sicherheitsgürtel, zwischen dem bolschewistischen Rußland und dem Deutschen Reich zu machen. Gegenüber der Sowjetunion war diese Politik sehr viel erfolgreicher gewesen als gegenüber Deutschland: Mit Ausnahme der Tschechoslowakei hatten die Staaten des sogenannten «Zwischeneuropa» eine entschieden antikommunistische und antisowjetische Politik verfolgt. Stalin war entschlossen, die Wiederkehr einer solchen Kon-

stellation unter allen Umständen zu verhindern. Der von der Roten
Armee besetzte Teil Europas sollte zu einem unlösbar mit der Sowjetunion verbundenen Vorfeld werden – zu einem Schutzschild, der das
Ursprungsland des Kommunismus wirksam vor Expansionsbestrebungen der «imperialistischen» Westmächte abschirmte und ihm
zugleich die Möglichkeit gab, seine Position in Europa längerfristig
weiter auszubauen.

Daß Stalin Tito und Djilas gegenüber so offen über seine Ziele
sprach, mag auch daran gelegen haben, daß Jugoslawien ein Sonderfall
war. Hier war die «Befreiung vom Faschismus» sehr viel weniger das
Werk der Roten Armee als das der einheimischen, kommunistisch
geführten Partisanenbewegung gewesen. Bereits im Mai 1945 zog die
Sowjetunion ihre militärischen Verbände aus Jugoslawien ab. Die
kommunistische Machtergreifung organisierte die von Tito geführte
Kommunistische Partei Jugoslawiens fortan in eigener Regie. Im November 1945 fanden manipulierte Wahlen zu einer Verfassunggebenden Versammlung statt, die der kommunistisch gesteuerten Volksfront
in beiden Kammern, dem Bundesrat und dem Nationalitätenrat,
Mehrheiten um die 90 Prozent einbrachten. Die neue Verfassung der
Föderativen Volksrepublik Jugoslawien vom 31. Januar 1946 lehnte
sich eng an das Vorbild der sowjetischen Verfassung von 1936 an und
verschaffte der faktischen Alleinherrschaft der Kommunisten den
Schein einer rechtlichen Legitimation.

Noch schneller ging die kommunistische Machteroberung in Alba-
nien vor sich. Dort hatte eine von Tito aktiv unterstützte kommunisti-
sche Partisanenarmee nach dem Abzug der deutschen Truppen das
Land im Herbst 1944 unter ihre Kontrolle gebracht. Im Dezember
1945 ließ sich die von dem Kommunisten Envar Hodscha geführte
Demokratische Einheitsliste durch «Wahlen» an der Macht bestätigen.
Am 11. Januar 1946 wurde die Albanische Volksrepublik proklamiert.
War Albanien von 1939 bis 1943 ein Satellitenstaat des faschistischen
Italien gewesen, so verwandelte es sich nun in einen Satellitenstaat des
kommunistischen Jugoslawien. Die Rote Armee hatte an dieser Ent-
wicklung keinen direkten Anteil.

In den Ländern Europas, in denen der Einfluß der Sowjetunion sich
unmittelbar und nicht zuletzt durch militärische Präsenz äußerte, vollzog sich der Weg der Kommunisten an die Macht in anderen Formen.
Stalin legte, um die Westmächte nicht ohne Not zu provozieren, Wert

auf eine demokratische Fassade. Die kommunistischen Parteien mußten die Schlüsselstellungen des Staatsapparates besetzen, nach außen
hin aber den Schein breiter, antifaschistischer Bündnisse mit nichtkommunistischen Kräften bewahren. Auf diesem «mittleren Weg»
sollten Regime neuen Typs, sogenannte «Volksdemokratien», entstehen,
die sich vom Sowjetsystem sichtbar unterschieden, aber eine Politik
verbürgten, deren Richtlinien in Moskau bestimmt wurden.

Bei den am wenigsten westlich geprägten Ländern seines Einflußbereichs glaubte Stalin die Umgestaltung der Machtverhältnisse
1944/45 besonders zügig betreiben zu können. Bulgarien und Rumänien bildeten einen Teil des orthodoxen Europa und waren von den
politischen Ideen des Westens darum in der Vergangenheit weniger
stark durchdrungen worden als die Länder des östlichen Mitteleuropa,
die allesamt historisch zum lateinischen Okzident gehörten. Die beiden südosteuropäischen Länder waren denn auch nicht zufällig die
ersten Staaten, in denen Stalin vollendete Tatsachen schuf. In Sofia
wurde bereits am 9. September 1944, noch vor der Gewährung des
Waffenstillstands seitens der Roten Armee, durch einen Militärputsch
der kurz zuvor gegründeten Vaterländischen Front eine prosowjetische
Regierung unter dem früheren Ministerpräsidenten Kimon Georgiew
eingesetzt, in der die Kommunisten sich die besonders wichtigen Ressorts des Innern und der Justiz sicherten.

Auf ihr Betreiben hin wurden in einem Hochverratsprozeß Anfang Februar 1945 96 Angehörige des bisherigen zivilen und militärischen Staatsapparats zum Tode verurteilt und hingerichtet. Im Zuge
der politischen Säuberung ergingen bis März 1945 weitere 2680
Todesurteile; etwa 2000 Personen wurden zu lebenslänglicher
Zwangsarbeit verurteilt. Im November 1945 stimmten 88 Prozent
der Wähler für die Einheitsliste der kommunistisch gesteuerten Vaterländischen Front. Eine Volksabstimmung erbrachte am 8. September 1946 eine überwältigende Mehrheit für die Abschaffung der
Monarchie. Eine Woche später wurde die Volksrepublik Bulgarien
ausgerufen. Bei der Wahl zur Verfassunggebenden Nationalversammlung setzte sich die Vaterländische Front gegenüber den oppositionellen Kräften, der Bauernpartei unter Nikola Petkoff und den Sozialdemokraten, durch. An die Spitze der Regierung trat am 23. November
1946 der frühere Generalsekretär der Kommunistischen Internationale, Georgi Dimitroff.

In Rumänien hatten die Kommunisten seit der Besetzung durch die Rote Armee im August und September 1944 ihren Einfluß auf die Arbeiterschaft, auch die ländliche, beträchtlich zu steigern vermocht. Sie waren an allen Regierungen der Übergangzeit beteiligt, seit dem November 1945 mit drei Ministern. Eine unter ihrer aktiven Beteiligung aufgebaute Patriotische Miliz wurde von der Roten Armee mit Waffen ausgerüstet. Unter massivem sowjetischen Druck erteilte König Michael im März 1945 dem mit den Kommunisten kooperierenden Führer der «Front der Pflüger», Petru Groza, den Auftrag zur Bildung einer neuen Regierung des sogenannten Demokratischen Blocks, in der die Kommunisten zwar noch in der Minderzahl, aber mit dem Innen- und dem Justizministerium im Besitz der entscheidenden Machtpositionen waren. Zu den ersten innenpolitischen Maßnahmen der neuen Regierung gehörte eine Bodenreform, in deren Zug der Landbesitz der Deutschen und ihrer rumänischen Kollaborateure sowie alle landwirtschaftlichen Betriebe über 50 Hektar enteignet wurden.

Aus Sicht der Amerikaner und Briten, die auf Grund einer in Jalta getroffenen Vereinbarung in den Hauptstädten der früheren Verbündeten Deutschlands, also auch in Bukarest, bis zum Abschluß eines Friedensvertrages durch offizielle Beobachter vertreten waren, entsprach die Regierung Groza dem Volkswillen so wenig, daß sie ihr die Anerkennung verweigerten. König Michael forderte daraufhin im August 1945 den Ministerpräsidenten zum Rücktritt auf und lehnte, als die Sowjetunion sich auf die Seite Grozas stellte, die weitere Zusammenarbeit mit ihm und seinen Ministern ab. Nachdem um die Jahreswende 1945/46 zwei bürgerliche Politiker aus den Reihen der Liberalen und der «Nationaltaranisten» in das Kabinett aufgenommen worden waren, lenkten die Westalliierten ein und erkannten die Regierung Groza schließlich im März 1946 an. Tatsächlich änderte die Kabinettserweiterung nichts an den wirklichen Kraftverhältnissen: Die neuen Minister erhielten keine eigenen Geschäftsbereiche und blieben ohne jeden politischen Einfluß. Im März 1946 gelang den Kommunisten die Spaltung der Sozialdemokratischen Partei in einen kollaborierenden und einen oppositionellen Flügel. Bei den unter starkem propagandistischen Druck abgehaltenen Wahlen vom November 1946 stimmten angeblich 80 Prozent für die Parteien des Regierungsblocks. Die Kommunisten waren damit noch nicht im Alleinbesitz der Macht, aber auf dem besten Weg, Rumänien vollständig unter ihre Kontrolle zu bringen.

Sehr viel vorsichtiger als in Bulgarien und Rumänien verfuhr Stalin in Ungarn. Nach der Eroberung von Szeged durch die Rote Armee im Dezember 1944 wurde dort eine Nationale Unabhängigkeitsfront gegründet. Kurz darauf formierte sich in Debrecen eine Provisorische Nationalversammlung, die am 22. Dezember einen zur Roten Armee übergelaufenen hohen Offizier, Generaloberst Béla Dálnoki-Miklós, zum Ministerpräsidenten wählte. Die Kommunisten stellten in seinem Kabinett den Innenminister und damit den für die Polizei zuständigen Ressortchef. Die Besatzungsmacht sorgte dafür, daß sich allerorts Nationale Komitees bildeten, die Verordnungen erließen, Gerichtsentscheidungen aufhoben und Verhaftungen anordneten. Eine von den Kommunisten durchgesetzte Agrarreform vom März 1945 beseitigte neben dem Großgrundbesitz auch mittlere bäuerliche Betriebe, soweit sie mehr als 52 Hektar Grundbesitz besaßen. Durch die Parzellierung entstand ein Kleinstbauerntum, das kaum wettbewerbsfähig war und von dem die Kommunisten erwarteten, daß es sich später aus freien Stücken einer landwirtschaftlichen Produktionsgenossenschaft anschließen würde.

Die ersten Nachkriegswahlen von November 1945 waren, wie der Historiker Denis Silagi feststellt, die freiesten, die Ungarn bis dahin erlebt hatte. Sie erbrachten ein Ergebnis, das der überraschten Besatzungsmacht höchst ungelegen kam: Auf die neugegründete Partei der kleinen Landwirte entfielen 57 Prozent der Stimmen. Die Sozialdemokraten erhielten 17,4, die Kommunisten 17, die von ihnen als Konkurrenz zu den Kleinlandwirten gegründete Nationale Bauernpartei 7, die Bürgerlich-Demokratische Partei 1,6 Prozent. Die Sowjetunion dachte nicht daran, der Wahlsiegerin die Regierungsmacht allein zu überlassen. Die Kleinlandwirte durften zwar den Ministerpräsidenten, den reformierten Pfarrer Zoltán Tildy, und die Hälfte der Minister stellen, mußten aber eine Koalition mit den anderen Parteien (außer den Bürgerlichen Demokraten) eingehen. Stellvertretender Ministerpräsident wurde der Erste Sekretär der Kommunistischen Partei, Mátyás Rákosi, Innenminister sein Parteifreund Imre Nagy.

Im Dezember 1945 beschloß das Parlament die Verstaatlichung des Kohlebergbaus und sämtlicher Kraftwerke. Am 1. Februar 1946 verwandelte sich Ungarn offiziell in eine Republik, was angesichts der Tatsache, daß das Land seit Ende 1918 nur noch nominell eine Monarchie gewesen war, keinen tiefen Einschnitt bildete. Zum ersten Präsidenten wurde Zoltán Tildy gewählt, zu dessen Nachfolger als Ministerpräsident Ferenc Nagy, der ebenfalls der Kleinlandwirtepartei angehörte. Unmittelbar danach begannen die Kommunisten, unterstützt von den Sozialdemokraten und der Nationalen Bauernpartei, die größte Partei mit der sogenannten «Salamitaktik» unter Druck zu setzen. Die Kleinlandwirte wurden genötigt, sich sozusagen scheibchenweise von Politikern zu trennen, von denen ihre Gegner zur Linken behaupteten, daß sie «Reaktionäre» oder gar «Faschisten» seien. Von ihren ursprünglich 245 Abgeordneten verlor die Partei des Ministerpräsidenten bis zur Auflösung des Parlaments im Sommer 1947 48. Der Weg zur Ausschaltung der nichtkommunistischen Kräfte war noch lang, aber die ersten Schritte zu diesem Ziel waren Anfang 1946 bereits getan.

In Polen hatte Stalin die Weichen schon während des Krieges gestellt. Am 1. Januar 1944 wurde in Warschau ein kommunistischer Landesnationalrat unter dem Kommunisten Bolesław Bierut ins Leben gerufen, der der polnischen Exilregierung in London Paroli bieten sollte. Mit dieser unterhielt Moskau seit Ende April 1943 keine Beziehungen mehr, nachdem kurz zuvor in einem Wald bei Katyn, westlich von Smolensk, Massengräber mit den Leichen Tausender polnischer Offiziere entdeckt worden waren, von denen die Exilregierung zu Recht annahm, daß sie Opfer des NKWD waren. Im Juli 1944 kündigte die Sowjetunion an, daß sie das vom Landesnationalrat eingesetzte Polnische Komitee der Nationalen Befreiung, das sogenannte Lubliner Komitee, unter dem Sozialisten Edward Osóbka-Morawski anerkennen werde. Zu dessen ersten Beschlüssen gehörte das Dekret vom 6. September 1944 über eine Bodenreform, das den Großgrundbesitz beseitigte, aber keine große Wirkung hatte, weil es in dem von dem Komitee kontrollierten Teil Polens kaum Latifundien gab. Am 1. Januar 1945 erklärte sich das Lubliner Komitee gegen den energischen Widerspruch der Londoner Exilregierung zur Provisorischen Regierung Polens. Vier Tage später erfolgte ihre Anerkennung durch die Sowjetunion. Ein Vierteljahr später, am 21. April, schloß die Provisorische Regierung einen auf dreißig Jahre befristeten Freundschaftsvertrag mit der Sowjetunion.

Die Anerkennung der Provisorischen Regierung durch die Westmächte erfolgte erst, nachdem auf deren Drängen hin zwei Vertreter der Exilregierung, darunter als stellvertretender Ministerpräsident der frühere Chef derselben, Stanisław Mikołajczyk, der ehemalige Generalsekretär der Bauernpartei, in das Kabinett Osóbka-Morawski aufgenommen worden waren. Das wichtigste Ressort, das Ministerium für Öffentliche Sicherheit, blieb in den Händen des Kommunisten Stanisław Radkiewicz. Damit war klargestellt, wer in Polen im Zweifelsfall am längeren Hebel saß: die kommunistische Partei und die Macht, die hinter ihr stand, die Sowjetunion.

Das Polen von 1945 unterschied sich radikal von dem Land, in das am 1. September 1939 die Armeen des nationalsozialistischen Deutschland einmarschiert waren. Auf Grund der Absprachen der Siegermächte war Polen gewissermaßen von Osten nach Westen verlagert worden. Es verlor im Osten fast die Hälfte seines Vorkriegsterritoriums (47 Prozent) an die Sowjetunion und durfte dafür die deutschen Ostgebiete jenseits der Oder und der Lausitzer oder Görlitzer Neiße mit Ausnahme des nördlichen Ostpreußen, das an die Sowjetunion fiel, seiner Verwaltung unterstellen. (Die endgültige Grenzziehung gegenüber Deutschland blieb entsprechend den Beschlüssen der Potsdamer Konferenz von Juli und August 1945 einem Friedensvertrag vorbehalten.) Die ethnischen Polen aus dem Osten wurden in das neue Polen umgesiedelt, die deutschen Bewohner, soweit sie nicht bereits geflohen oder vertrieben worden waren, in das verbleibende, von den Alliierten besetzte Deutschland «transferiert». Während des Krieges waren etwa 6 Millionen polnische Staatsbürger ums Leben gekommen, acht bis neun Zehntel von ihnen Juden. Das Polen von 1945 war ein ethnisch sehr viel einheitlicheres Gebilde als der Staat, der aus dem Ersten Weltkrieg und den Kämpfen danach hervorgegangen war. Es war, anders als das Polen der Zwischenkriegszeit, ein Nationalstaat.

In keinem Land des sowjetischen Einflußbereichs gab es 1945 und danach so viel Widerstand gegen die Sowjetregierung wie in Polen. Die Heimatarmee (Armia Krajowa), die einen heldenhaften Kampf gegen die deutsche Besatzung geführt hatte, war zwar im Januar 1945 von ihrem Oberbefehlshaber, General Leopold Okulicki, aufgelöst worden. Weit über 10 000 ihrer Anhänger aber gingen in den Untergrund, um die neue Fremdherrschaft zu bekämpfen. Für 1945 wird die Zahl der Partisanen auf 13 000 bis 17 000, für 1946 auf 7000 bis 9000 geschätzt.

Innerhalb des «offiziellen» Polen gab die kommunistische Arbeiterpartei den Ton an. Sie beherrschte die Verwaltung und den Geheimdienst, sie kontrollierte den Rundfunk und einen Großteil der Zeitungen. Eng mit den Kommunisten arbeiteten die anderen Parteien des Demokratischen Blocks, die Sozialisten, eine neue, «linke» Bauernpartei und zwei kleinere bürgerliche Gruppierungen, die Demokratische Partei und die Volkspartei, zusammen.

Die stärkste Kraft außerhalb des Blocks war die von Mikołajczyk neugegründete Polnische Bauernpartei, die im Quasiparlament, dem Landesnationalrat, lediglich eine kleine Minderheit der Abgeordneten stellte und in der Regierung systematisch an den Rand gedrängt und übergangen wurde, in der Bevölkerung aber wachsenden Zulauf hatte. Anfang 1946 zählte sie rund 800 000 Mitglieder und war damit die größte Partei, die es in Polen je gegeben hatte.

Im Sommer 1945 wurden die sowjetischen Truppen zum größten Teil aus Polen abgezogen, sie behielten aber zahlreiche Stützpunkte. An der Seite des verbleibenden Militärs standen Truppen des NKWD, deren Aufgabe es war, den antikommunistischen Widerstand zu bekämpfen. Die Präsenz der Sowjetmacht erlaubte es den polnischen Kommunisten, ihre Machtpositionen weiter auszubauen. Im November 1945 errichteten sie ein Ministerium für die wiedergewonnenen Gebiete und besetzten es mit einem ihrer aktivsten Vertreter, dem stellvertretenden Ministerpräsidenten Władysław Gomułka. Am 1. Januar 1946 führte Polen ein System der zentralen Wirtschaftslenkung ein. Zwei Tage später verabschiedete der Landesnationalrat ein Sozialisierungsgesetz, auf dessen Grundlage das deutsche Eigentum, die Schlüsselindustrien und alle Betriebe, die mehr als 50 Arbeiter pro Schicht anstellten, entschädigungslos in staatliches Eigentum übergingen.

Eine demokratische Legitimation besaßen Regierung und Landesnationalrat zu diesem Zeitpunkt noch immer nicht. Um allgemeine Wahlen hinauszuschieben und gleichzeitig nicht allzu diktatorisch zu erscheinen, setzten die Parteien des Demokratischen Blocks im April 1946 eine Volksabstimmung durch, bei der die Polen sich zu drei Fragen äußern sollten: erstens zur Abschaffung der ersten Kammer, des Senats, zweitens zur Bodenreform und zur Nationalisierung, drittens zur neuen Westgrenze. Umstritten war vor allem die erste Frage. Mikołajczyk, obwohl ursprünglich wie seine Parteifreunde ein Gegner des Senats, entschied sich aus taktischen Gründen für ein Nein zu dessen Abschaffung: Er wollte den Polen damit eine Gelegenheit geben, sich für oder gegen die Herrschaft des Demokratischen Blocks auszusprechen.

Die Abstimmung fand am 30. Juni 1946 statt. Es dauerte bis zum 12. Juli, bis ein amtliches Ergebnis mitgeteilt wurde. Demnach hatten die Polen alle drei Fragen positiv beantwortet, im Fall der ersten mit 68, bei der zweiten und dritten mit 77 beziehungsweise knapp 92 Prozent. Das entsprach nicht den Tatsachen. Die richtigen Zahlen wurden der Öffentlichkeit erst viele Jahrzehnte später, nach dem Untergang des kommunistischen Regimes, bekannt: Die Wähler hatten trotz massiver Propaganda des Blocks die erste und die zweite Frage verneint; die Ja-Anteile lagen bei 27 beziehungsweise 44 Prozent. Nur die dritte Frage, die nach dem Bekenntnis zur Westgrenze, war mit einer Zweidrittelmehrheit bejaht worden.

In die Zeit zwischen der Volksabstimmung und der Bekanntgabe des gefälschten «Ergebnisses» fiel ein Ereignis, das in der Öffentlichkeit der westlichen Demokratien blankes Entsetzen auslöste: das Pogrom von Kielce am 4. Juli 1946, dem 42 Juden einer durch antisemitische Parolen und Gerüchte aufgebrachten Menge zum Opfer fielen. Zahlreiche «Volksmilizionäre», Soldaten und Angehörige des Korps für Innere Sicherheit schauten, wie der polnische Historiker Włodzimierz Borodziej feststellt, dem stundenlangen Gemetzel passiv zu oder nahmen sogar aktiv daran teil.

Daß der Regierungsapparat das Massaker inszeniert habe, um vom fatalen Ausgang der Volksabstimmung abzulenken, wie die Opposition sogleich vermutete, läßt sich nicht belegen. In Kielce fand nur *ein* Ausbruch von Gewalt gegen Juden unter vielen statt, freilich der mit Abstand brutalste und blutigste. Zwischen 1944 und 1947 wurden in Polen mindestens 500, nach anderen Schätzungen bis zu 1500 Juden umgebracht – die meisten von ihnen, wie Borodziej schreibt, «weil sie Juden waren; viele, weil sie durch ihr bloßes Überleben beziehungsweise ihre Rückkehr die Vermögensansprüche auf kürzlich ‹arisiertes› Vermögen infrage stellten; noch andere, weil sie als Funktionäre des neuen Systems auftraten ... Die Gleichsetzung von Kommunismus mit Judentum sollte noch jahrzehntelang, bis 1968, eines der wichtigsten Motive der innenpolitischen und innerparteilichen Auseinandersetzungen bleiben ...»

Die Volksabstimmung vom 30. Juni 1946 machte den Verantwortlichen in Warschau und Moskau deutlich, daß es noch großer Anstrengungen bedurfte, um bei den ersten Nachkriegswahlen ein ähnliches Debakel zu vermeiden. Als Wahltermin wurde der 19. Januar 1947 festgelegt. Ende November vereinbarten Kommunisten und Sozialisten, daß 75 Prozent der Mandate auf den Demokratischen Block und je rund ein Drittel auf die beiden Arbeiterparteien entfallen sollten. Die Funktionäre der Bauernpartei Mikołajczyks wurden unter massiven Druck gesetzt, viele inhaftiert, einige ermordet. Die Staatssicherheit brachte die örtlichen Wahlausschüsse unter ihre Kontrolle. Zur «positiven» Wahlvorbereitung gehörte ein Gesetz zur Bodenreform vom 6. September, durch das Landbesitz über 50 Hektar enteignet und an Kleinbauern verteilt wurde. Das wirkliche Ergebnis der Wahl zum Verfassunggebenden Sejm wurde nie bekannt. Den amtlichen Angaben zufolge erhielt der Demokratische Block 80, die Polnische Bauernpartei 10 Prozent der abgegebenen gültigen Stimmen. Der Protest der Regierungen in Washington und London blieb ebenso folgenlos wie der Mikołajczyks, der der neuen Regierung nicht mehr angehörte und ein Dreivierteljahr später mit amerikanischer Hilfe in den Westen floh. Das Amt des Ministerpräsidenten übernahm der Sozialist Józef Cyrankiewicz; Staatspräsident blieb der Kommunist Bolesław Bierut.

Der antisowjetische Untergrund stellte, nachdem kurz nach der Wahl eine Amnestie verkündet worden war, seine Tätigkeit weitgehend ein. Über 20 000 Inhaftierte wurden begnadigt. Etwa 25 000 Angehörige der Widerstandsbewegung sollen zwischen 1945 und 1947 gefallen, umgebracht oder hingerichtet worden sein. Die Zahl der Opfer auf der prosowjetischen Seite wird auf etwa 5000 geschätzt. Knapp zwei Jahre nach Kriegsende schien Polens weiterer Weg festgelegt: Eine kommunistische Diktatur war dabei, sich zu etablieren.

Anders als in Polen konnte in der wiedererstehenden Tschechoslowakei der maßgebliche Vertreter des «bürgerlichen» Exils 1945 an die Staatsmacht zurückkehren: der Staatspräsident der Jahre 1935 bis 1938, Edvard Beneš. Im Dezember 1943 hatte er in Moskau einen Freundschafts- und Beistandsvertrag mit der Sowjetunion abgeschlossen. Im Januar 1945 brach er die Beziehungen zur polnischen Exilregierung ab und erkannte, ganz im Sinne Stalins, das Lubliner Komitee als provisorische Regierung Polens an. Zwei Monate später verständigten sich die tschechoslowakischen Exilparteien aller Richtungen in Moskau auf ein gemeinsames Programm, das zur Grundlage der Regierung der Nationalen Front der Tschechen und Slowaken wurde, die sich am 5. April 1945 im slowakischen Košice (Kaschau) konstituierte. An ihre Spitze trat der Sozialdemokrat Zdeněk Fierlinger. Sein Stellvertreter wurde der Erste Sekretär der Kommunistischen Partei der Tschechoslowakei, Klement Gottwald, Innenminister der den Kommunisten nahestehende General Ludvík Svoboda. Das Amt des Staatspräsidenten ging erneut an Edvard Beneš.

Inhaltlich gab es zwischen den beteiligten Parteien einen weitgehenden Konsens. Sie vereinbarten eine grundlegende Bodenreform und die Verstaatlichung von Schwerindustrie, Bergbau und Banken sowie eine rigorose Maßnahme gegen alle Deutschen und Ungarn, die nicht aktiv gegen die separatistischen Kräfte gekämpft hatten: den Entzug der Staatsbürgerschaft. Diese Übereinkunft bildete die Basis der «odsun», der Abschiebung von Deutschen und Ungarn, und der «Beneš-Dekrete», der von der Provisorischen Nationalversammlung im März 1946 nachträglich gebilligten Präsidialdekrete von Mai bis Oktober 1945, die die Vertreibung flankierten. In der Zeit der «wilden», von zahllosen Gewalttaten begleiteten Vertreibungen bis Anfang 1946 kamen nach vorsichtigen Schätzungen zwischen 13 000 und 30 000 Deutsche ums Leben. Von den 2,8 Millionen Sudetendeutschen lebten um 1950 noch etwa 200 000 in der Tschechoslowakei. Mit den Ungarn verfuhr Prag, auch wegen der energischen Proteste aus Budapest, weniger hart als mit den Deutschen: Die Mehrheit der etwa 500 000 Magyaren blieb in der Slowakei. Ein von der Provisorischen Nationalversammlung verabschiedetes Gesetz vom 8. Mai 1946 verfügte nachträglich die Straffreiheit aller, die anläßlich der «odsun» gegen geltende Gesetze verstoßen hatten.

Bei den Wahlen zur Verfassunggebenden Nationalversammlung, die am 26. Mai 1946 stattfanden, errangen die Kommunisten einen großen Erfolg: Sie kamen im Landesdurchschnitt auf 37,9 Prozent und waren so die mit Abstand stärkste Partei vor den Volkssozialisten, die 18,3 Prozent erreichten. Im tschechischen Teil der ČSR, einem hochindustrialisierten Gebiet, erhielten die Kommunisten sogar 40,1 Prozent. In der überwiegend agrarisch geprägten Slowakei dagegen siegte die Slowakische Demokratische Partei, die auf 61,5 Prozent kam, während die Kommunisten sich mit 30,4 Prozent begnügen mußten. Das Gesamtergebnis der tschechoslowakischen Kommunisten war das beste, das eine kommunistische Partei jemals bei freien Wahlen im europäischen Einflußbereich der Sowjetunion erhalten hat.

Die neue Regierung war wie die alte ein Allparteienkabinett. An seine Spitze trat der kommunistische Parteiführer Klement Gottwald. Die KPČ stellte acht von 18 Fachministern, darunter die strategisch besonders wichtigen für Inneres, Finanzen und Information. Außenminister blieb der parteilose Diplomat Jan Masaryk, der Sohn des Staatsgründers Tomáš Masaryk. Die Kommunisten verfügten in der Tschechoslowakei 1946 über eine solide Machtposition, von einer absoluten Mehrheit waren sie jedoch weit entfernt. An einer Zusammenarbeit mit anderen Parteien war daher nicht vorbeizukommen. Ein breites Parteienbündnis in Prag lag aber auch aus außenpolitischen Gründen in Stalins Interesse: Nichts nützte der Sache des internationalen Kommunismus im Westen mehr als eine demokratische Fassade.

Was für die Tschechoslowakei galt, traf auch für die Sowjetische Besatzungszone (SBZ) Deutschlands zu. «Es muß demokratisch aussehen, aber wir müssen alles in der Hand haben»: Mit diesen Worten beschrieb, dem Zeugnis von Wolfgang Leonhard zufolge, Walter Ulbricht, der erste Mann der deutschen Kommunisten, Anfang Mai 1945 die Aufgabe der nach ihm benannten Gruppe kommunistischer Funktionäre, die am 30. April, von Moskau kommend, nach Deutschland zurückgekehrt war, um die Besatzungsmacht bei der Verwaltung und Umgestaltung ihrer Zone zu unterstützen. Die Mitglieder der «Gruppe Ulbricht» suchten vom ersten Tag ihres Wirkens an systematisch nach Sozialdemokraten und bürgerlichen «Antifaschisten», denen sie administrative Funktionen in Städten und Gemeinden übertragen konnten. Gleichzeitig sorgten sie dafür, daß alle Schlüsselpositionen mit zuverlässigen Kommunisten besetzt wurden.

Am 10. Juni 1945 ließ die Sowjetische Militäradministration in Deutschland (SMAD) die Gründung von «antifaschistisch-demokratischen» Parteien und Gewerkschaften zu. Einen Tag später konstituierte sich als erste deutsche Partei nach dem Krieg die Kommunistische Partei Deutschlands. Sie gab sich sowohl national als auch reformistisch, bekannte sich zum Privateigentum und der privaten Unternehmerinitiative und betonte ausdrücklich, daß es falsch wäre, Deutschland das Sowjetsystem aufzuzwingen. Eine Vereinigung von Kommunisten und Sozialdemokraten, wie sie vielen Anhängern der beiden Arbeiterparteien vorschwebte, war im Frühjahr 1945 kein vorrangiges Ziel der «Gruppe Ulbricht». Zunächst kam es darauf an, eine schlagkräftige kommunistische Partei aufzubauen. Ein politischer Zusammenschluß der Arbeiterklasse mußte warten, bis die KPD stark genug war, um ihn zu ihren Bedingungen durchzusetzen.

Die politische Neugestaltung in der SBZ schloß eine rücksichtslose Ausschaltung aller Kräfte ein, die nicht bereit waren, sich dem Führungsanspruch der Kommunisten zu unterwerfen. In die «Speziallager» der Besatzungsmacht (zum Teil waren es ehemalige Konzentrationslager) wurden nicht nur verhaftete Nationalsozialisten eingeliefert, sondern auch mißliebige bürgerliche Demokraten und Sozialdemokraten, ja sogar oppositionelle Kommunisten. Von den etwa 120 000 Insassen dieser Lager, die bis 1950 bestanden, soll dort über ein Drittel ums Leben gekommen sein. Verwaltung und Polizei, Justiz und Schule wurden durchgreifend «gesäubert». In Kurzlehrgängen wurden «Volksrichter» und «Neulehrer» ausgebildet, die anschließend die Stellen der entlassenen Amtsinhaber einnahmen.

Bei den ehemaligen Nationalsozialisten ging die Besatzungsmacht differenziert vor: Die höherrangigen wurden teils in die Sowjetunion deportiert, teils in «Speziallager» verbracht, die «kleinen» Parteigenossen erhielten die Chance, umzulernen und sich zum «Antifaschismus» zu bekehren. Wichtiger als die individuelle Entnazifizierung war der SMAD und ihren deutschen Gefolgsleuten die strukturelle. Um eine Wiederkehr des Faschismus ein für alle Mal unmöglich zu machen, galt es, die materiellen, klassenmäßigen Bedingungen zu beseitigen, die ihn nach marxistisch-leninistischer Lesart hervorgebracht hatten. Diesem Axiom folgte die überaus populäre Bodenreform vom September 1945: die entschädigungslose Enteignung des Großgrundbesitzes und seine Aufteilung an Bauern, darunter solche, die als Heimatvertriebene («Umsiedler») aus den Gebieten östlich von Oder und Neiße in die SBZ gekommen waren. Das ostelbische Junkertum hörte 1945 zu bestehen auf, gleichviel ob es aus den Ostgebieten vertrieben oder diesseits der neuen deutsch-polnischen Grenze enteignet wurde. Die Frage, ob die bisherigen Grundherren den Nationalsozialismus gefördert oder, wenn auch meist erst sehr spät, Widerstand gegen ihn geleistet hatten, spielte bei der Bodenreform keine Rolle.

Einen Monat nach der Bodenreform, im Oktober 1945, begann die Industriereform. Von ihr waren nicht nur «Kriegsverbrecher» und «Nazis», sondern alle Großunternehmer betroffen. Bis zum Frühjahr 1948 gingen beinahe 10 000 Betriebe entschädigungslos in Staatsbesitz über, so daß um diese Zeit bereits 40 Prozent der Industrieproduktion auf den öffentlichen Sektor entfielen. Banken und Sparkassen waren bereits im Sommer 1945 verstaatlicht worden. Zum nichtkapitalistischen Bereich der Wirtschaft gehörten auch die von der SMAD in eigener Regie betriebenen Sowjetischen Aktiengesellschaften der Schwerindustrie, darunter die des Uranerzbergbaus, die ein «produktives Pfand» der sowjetischen Reparationspolitik bildeten und teilweise erst in den fünfziger Jahren in deutsche Hände, das heißt in die der nunmehrigen Deutschen Demokratischen Republik zurückgegeben wurden.

Anfang 1946 erschien es der Besatzungsmacht und der KPD an der Zeit, den entscheidenden Schritt in Richtung «Einheit der Arbeiterklasse» zu tun und Kommunisten und Sozialdemokraten in einer Partei zusammenzuschließen. Bei den Sozialdemokraten der SBZ waren inzwischen die Zweifel gewachsen, ob die KPD es mit ihren Parolen ernst meinte. Mitte Januar knüpfte der Zentralausschuß der SPD in der Sowjetzone unter Führung Otto Grotewohls eine Fusion an die Bedingung, daß diese nur von einem «Reichsparteitag» beschlossen werden könne. Da der führende Mann der westdeutschen Sozialdemokratie, der ehemalige Reichstagsabgeordnete Kurt Schumacher, ein strikter Gegner eines Zusammengehens mit den Kommunisten war, konnte mit einem gesamtdeutschen Plazet zur Parteienvereinigung kaum gerechnet werden.

Doch der Druck der Besatzungsmacht war mittlerweile auf allen Ebenen so stark, daß der Zentralausschuß am 10. Februar 1946 mit der Mehrheit seiner Mitglieder eine Kehrtwende vollzog und einer Vereinigung mit der KPD zustimmte. Am 21. und 22. April 1946 erfolgte auf einem gemeinsamen Parteitag im Berliner Admiralspalast der Zusammenschluß beider Parteien zur Sozialistischen Einheitspartei Deutschlands (SED). Eine Urabstimmung der sozialdemokratischen Parteimitglieder konnte nur in den Westsektoren von Berlin stattfinden: 82 Prozent sprachen sich gegen eine Vereinigung, 62 Prozent für eine weitere Zusammenarbeit mit der KPD aus. Im Ostsektor und in der sowjetischen Zone mußte fortan mit schwersten Sanktionen rechnen, wer sich öffentlich zur Sozialdemokratie bekannte.

Die Gründung der SED war weithin ein Produkt aus massiver Einschüchterung und opportunistischer Anpassung. Die Freiheit der Entscheidung war im Frühjahr 1945 bereits so eingeschränkt, daß der Begriff «Zwangsvereinigung» der Wahrheit nahekommt. Von der demokratischen Fassade der ersten Monate nach dem Mai 1945 war ein Jahr später nicht mehr viel übrig. Auch in Deutschland ließ die Sowjetunion spätestens seit 1946 keinen Zweifel daran, daß sich ihre Vorstellungen von Demokratie nach wie vor radikal von denen des Westens unterschieden.[2]

Die größte und traditionsreichste der europäischen Demokratien befand sich 1945 in einer schweren finanziellen Notlage: Großbritannien bedurfte dringend amerikanischer Unterstützung, um wieder zu Kräften zu kommen. Die Vereinigten Staaten versagten sich dem Hilferuf nicht: Die Forderungen aus dem Lend-Lease-Programm wurden dem Vereinigten Königreich bis auf einen Rest von 650 Millionen Dollar erlassen; die britischen Dominions, die dem Mutterland mit großzügigen Krediten geholfen hatten, erwiesen sich ebenfalls als großzügige Gläubiger. Im Sommer 1946 erhielt Großbritannien nach langwierigen Auseinandersetzungen im amerikanischen Kongreß einen neuen Kredit in Höhe von 3,75 Milliarden Dollar.

Die Entscheidung in Washington fiel in eine Zeit, in der der Kalte Krieg bereits seinen Schatten vorauswarf. Materielle Hilfe für den wichtigsten der ehemaligen Kriegsverbündeten schien angebracht, um einer Ausweitung des sowjetischen Einflußbereichs in Europa vorzubeugen. Die Bedingungen, die die USA an ihre Anleihe knüpften, waren freilich strikt: Großbritannien mußte sich verpflichten, rasch zur freien Konvertibilität des Pfundes Sterling zurückzukehren, die Devisenbewirtschaftung zu beenden und den handelspolitischen Protektionismus im Verhältnis zu den Ländern des Commonwealth aufzugeben.

In London regierte seit den Unterhauswahlen vom Juli 1945 ein Kabinett der Labour Party unter Clement Attlee. Während die USA sich nach dem Krieg innenpolitisch nach rechts bewegten, erlebte Großbritannien unter Attlees Führung einen kräftigen Ruck nach links. Ein Teil der von Labour angekündigten Veränderungen beruhte auf Vorarbeiten aus der Kriegszeit, nämlich dem im Dezember 1942 veröffentlichten Bericht einer von dem Sozialreformer William Beveridge geleiteten Kommission, die ein ausgefeiltes Konzept für einen modernen Wohlfahrtsstaat erarbeitet hatte. Zu den wichtigsten Forderungen gehörten ein verbindlicher Mindestlohn, die Erreichung von Vollbeschäftigung, ein nationaler Gesundheitsdienst, Kindergeld, eine

Bodenreform und die gründliche Erneuerung des Erziehungssystems.
Vom letzten Punkt abgesehen war während des Krieges noch keine der
von der Kommission für notwendig erachteten Reformen in Angriff
genommen worden. Der Wahlsieg vom Juli 1945 gab Labour das Mandat, mit dem Aufbau eines «Welfare state» Ernst zu machen und die
gesellschaftlichen Machtverhältnisse weit über den von Beveridge ge-
steckten Rahmen hinaus zu verändern.

Der Kommissionsbericht von 1942 stand Pate bei den im engeren
Sinn wohlfahrtsstaatlichen Vorhaben der Regierung Attlee. Der National Insurance Act von 1946 schuf die gesetzlichen Voraussetzungen
für eine auf Beiträge gestützte Versicherung der gesamten Bevölkerung
gegen Krankheit und Arbeitslosigkeit und begründete einen Anspruch
auf Alterspensionen, Witwen- und Waisengeld. Der 1948 verabschiedete
National Assistance Act sicherte in Not geratenen Menschen staatliche
Unterstützung zu. Den tiefsten Einschnitt bedeutete ein von Gesundheitsminister Aneurin Bevan, einem Politiker des linken Labour-Flü-
gels, energisch vorangetriebenes Projekt: das Gesetz über den National
Health Service, das wie die beiden zuvor genannten Gesetze nach langer Vorbereitung im Juli 1948 in Kraft trat. Es garantierte den Briten
eine kostenlose medizinische Versorgung bei freier Arztwahl sowie
kostenlose Arzneimittel. Die Ärzte konnten entscheiden, ob sie unter
den Honorarbedingungen des neuen Gesetzes arbeiten oder weiter
freiberuflich tätig sein wollten. Finanziert wurde die Reform zum größeren Teil aus dem Steueraufkommen, zum kleineren aus Mitteln der
National Assistance.

Über wohlfahrtsstaatliche Reformen weit hinaus ging die Labour-
Regierung bei der Veränderung der Eigentumsverhältnisse im industriellen Bereich. 1946/47 wurden die gesetzlichen Grundlagen für die
Nationalisierung der Bank of England, des Kohlebergbaus, der zivilen
Luftfahrt, der Eisenbahnen und der Gas- und Elektrizitätswerke gelegt, wobei Nationalisierung nicht Unterstellung unter ein Ministerium,
sondern Überführung in relativ selbständig agierende öffentliche Unternehmungen bedeutete. Die nationalisierten Zechen des Steinkohle-
bergbaus unterstanden fortan der Aufsicht einer Kohlebehörde, des
National Coal Board. Bei der Verstaatlichung der Eisen- und Stahlindustrie war der Widerstand der konservativen Opposition und des
von ihr beherrschten House of Lords so stark und erfolgreich, daß das
Vorhaben in der laufenden Legislaturperiode nicht mehr verwirklicht

werden konnte. (Das entsprechende Gesetz trat erst nach dem Wahlsieg von Labour im Februar 1950 in Kraft.)

Die Nationalisierungen der ersten Nachkriegsjahre waren eine Zäsur für das Verhältnis zwischen Privatunternehmertum und Staat, aber sie revolutionierten nicht die britische Wirtschaft. Der öffentliche Sektor umfaßte nach Abschluß der Sozialisierungen ein Fünftel der britischen Industrie und weniger als ein Zehntel der Beschäftigten. Die modernen Wachstumsbranchen, die Automobil-, die chemische und die Maschinenbauindustrie blieben in privater Hand; der immer weniger rentable Kohlebergbau war weiterhin der subventionsbedürftigste Industriebereich. Die Volkswirtschaft insgesamt wuchs nach 1945 stark und ermöglichte es dem Land, den während des Krieges erreichten Zustand annähernder Vollbeschäftigung einzuhalten. Davon profitierten die Gewerkschaften. Ihr politischer Einfluß, den die Konservativen nach dem Generalstreik von 1926 drastisch beschnitten hatten, wurde durch den Trade Union Act von 1946 wiederhergestellt: Fortan gehörten die Gewerkschaftsmitglieder, wenn sie dem nicht ausdrücklich widersprachen, wieder automatisch der Labour Party an.

Zu keiner Zeit stellte die Regierung Attlee die politische Verfassung des Königreichs in Frage. Wenn sie die Macht des Oberhauses weiter zurückdrängte, knüpfte sie an das an, was frühere liberale Regierungen auf diesem Gebiet versucht und getan hatten. Einer Mehrheit der Bevölkerung konnte die Labour Party das Gefühl vermitteln, daß ihre Politik für mehr soziale Gerechtigkeit sorgte. Das galt auch für die Verteilung des Mangels: Wenn Großbritannien unter der Regierung Attlee bis 1951 an der Rationierung von Lebensmitteln und anderen Gütern des täglichen Bedarfs festhielt (und sie 1946 sogar ausweitete), dann in erster Linie deshalb, weil Labour daran lag, daß auch die einkommensschwachen Schichten mit dem Nötigsten angemessen versorgt werden konnten.

Großbritannien war 1945 das einzige Land Westeuropas, in dem eine Arbeiterpartei im Alleinbesitz der politischen Macht war, aber nicht das einzige Land, in dem es zu Verstaatlichungen kam. In Frankreich gingen die Nationalisierungen unter der Provisorischen Regierung General de Gaulles sogar noch sehr viel weiter als auf der anderen Seite des Ärmelkanals. Sie begannen im Dezember 1944 mit der Verstaatlichung der Kohlegruben in den Départements Nord und Pas-de-Calais.

Es folgten im Januar 1945 die Automobilwerke von Renault in Billancourt, die im Krieg für die deutschen Besatzer gearbeitet hatten, im Mai die Flugzeugmotorenwerke Gnôme-et-Rhône und im Juni einige kleinere Fluggesellschaften, die in der Air France aufgingen. Die weiteren Nationalisierungswellen betrafen die Banque de France und vier große Depotbanken, darunter den Crédit Lyonnais und die Société générale, und schließlich die noch nicht verstaatlichten Kohlegruben sowie die Gas- und Elektrizitätswerke. Kontroversen über diese einschneidenden Eingriffe gab es kaum: Weit über die marxistische Linke hinaus galten Verstaatlichungen nicht nur als ein Mittel zur politischen Kontrolle geballter Wirtschaftsmacht, sondern auch als der kürzeste Weg, um Frankreich aus der katastrophalen Lage von Wirtschaft und Finanzen herauszuhelfen.

Über den großen öffentlichen Sektor konnte der Staat das Wirtschaftsleben entscheidend beeinflussen, aber damit begnügte er sich nicht. Im Januar 1946 verschaffte die Regierung de Gaulle sich und allen nachfolgenden Kabinetten noch einen weiteren Hebel in Gestalt des Commissariat au Plan – einer Planungsbehörde, in der unter der Ägide des tatkräftigen Jean Monnet Staat, Unternehmerverbände und Gewerkschaften zusammenwirken sollten, um die wirtschaftliche Entwicklung Frankreichs in die gewünschten Bahnen zu lenken. Die «planification» bildete fortan ein unverwechselbares Kennzeichen der industriellen Modernisierung à la française.

Was den Ausbau des Sozialstaats anging, ließ sich die Provisorische Regierung vom Beveridge-Plan anregen: Sie führte im Oktober 1945 eine umfassende Sozialversicherung für alle Lohn- und Gehaltsempfänger ein, die sämtliche sozialen Risiken wie Krankheit, Arbeitsunfälle, Invalidität und Tod abdeckte und aus Beiträgen der Arbeitgeber und Arbeitnehmer finanziert wurde. In der Folgezeit wurde die Sozialversicherung auf weitere Gruppen, darunter die Bauern und die freien Berufe, ausgedehnt. In der Summe stellten die Strukturveränderungen der Jahre 1944 bis 1946 alles in den Schatten, was die Volksfrontregierungen im Jahrzehnt davor an sozialem Wandel bewirkt hatten. Der «Zeitgeist» wehte 1945 mehr denn je von links. Die Rechte hatte sich in der Vichy-Ära so diskreditiert, daß sie dem nichts entgegenzusetzen wußte.

In der Provisorischen Regierung, die ihre Arbeit am 10. September 1944, zwei Wochen nach der Befreiung von Paris, aufgenommen hatte, waren unter Führung Charles de Gaulles alle maßgeblichen Kräfte der Résistance vertreten, darunter auch die Kommunisten, die den Luftfahrt- und den Gesundheitsminister stellten. Das Außenministerium lag in den Händen von Georges Bidault, dem bisherigen Präsidenten des Conseil National de la Résistance. Das Wirtschaftsministerium leitete der Radikalsozialist Pierre Mendès-France, das Finanzministerium René Pleven, ein Politiker der gemäßigt linken Union Démocratique et Socialiste de la Résistance, der, anders als Mendès-France, mehr auf die private Unternehmerinitiative als auf staatlichen Dirigismus setzte und mit diesem Ansatz schließlich auch de Gaulle überzeugen konnte. Dem Regierungschef diente der jubelnde Empfang, den ihm die Pariser am 26. August bereitet hatten, als plebiszitäre Legitimation seiner Autorität. Auf häufigen Reisen in die Provinz ließ er sich immer wieder durch die Akklamation der Massen bestätigen – ein Mittel der Herrschaftssicherung, das über ein Jahr lang das Fehlen eines Wählerauftrags weitgehend auszugleichen vermochte.

Daß der General das Vertrauen einer offensichtlichen Mehrheit der Franzosen genoß, verdankte er nicht nur dem unbeugsamen Widerstandswillen, den er seit der Niederlage vom Juni 1940 als Chef der France libre von London aus an den Tag gelegt hatte. De Gaulle war es auch, der Frankreich mit Zähigkeit und großem Geschick 1944/45 den Status einer Siegermacht verschaffte. An den Konferenzen der Alliierten in Jalta und Potsdam durfte er zwar nicht teilnehmen, aber eine Besatzungszone in Deutschland gestanden ihm Amerikaner und Briten zu. Und mochte der Anteil, den französische Truppen an der Niederwerfung des nationalsozialistischen Deutschland nahmen, auch nicht kriegsentscheidend sein, so war er doch wichtig genug, um französische Forderungen nach wirksamer Sicherheit darauf abstützen zu können – Forderungen wie die nach einer Abtrennung des linksrheinischen Gebiets, einschließlich des Ruhrgebiets, vom übrigen Deutschland und nach der Angliederung des Saargebiets an Frankreich. Auch das harte Nein de Gaulles zu zentralen deutschen Verwaltungsstellen, wie sie die «Großen Drei» in Potsdam vorgesehen hatten, ergab sich aus dem französischen Bedürfnis nach Schutz vor Deutschland.

Eine quasiparlamentarische Kontrolle der Provisorischen Regierung übte die von den wichtigsten Gruppen der Résistance beschickte Provisorische Nationalversammlung aus. Im April und Mai 1945 fanden auf Beschluß der Regierung Kommunalwahlen statt, an denen auf Grund eines Erlasses der Exilregierung in Algier vom 21. April 1944 erstmals auch die Frauen teilnehmen durften. Die erfolgreichste Partei waren landesweit die Kommunisten. Die dubiose Rolle, die sie in der Zeit des Hitler-Stalin-Paktes gespielt hatten, schien vergessen. Was 1945 zählte, war ihr opferreicher Kampf gegen die deutsche Besatzungsmacht. Auch aus den ersten Wahlen auf nationaler Ebene, den Wahlen zur Nationalversammlung, gingen am 21. Oktober 1945 die Kommunisten als stärkste Partei hervor. Auf den Parti Communiste Français (PCF) entfielen 26,2 Prozent der abgegebenen gültigen Stimmen, auf die neugegründete christlich-demokratische Sammlungspartei Mouvement Républicain Populaire (MRP) 23,9 Prozent, auf die Sozialisten der Section Française de l'Internationale Ouvrière (SFIO) 23,4 Prozent. Die Gruppen der gemäßigten Rechten kamen auf 15,6, die linksbürgerlichen Radikalsozialisten (Radicaux), einst die tonangebende Partei der Dritten Republik, nur auf 10,5 Prozent.

Am gleichen Tag wie die Wahl der Nationalversammlung fand auch die erste Volksabstimmung nach dem Krieg statt. Die Französinnen und Franzosen hatten zwei Fragen zu beantworten: Sie sollten erstens entscheiden, ob die Nationalversammlung die Aufgabe hatte, eine neue Verfassung zu erarbeiten, und zweitens, ob sie den Vorschlag billigten, das Mandat der Nationalversammlung auf sieben Monate zu befristen, den Bestand der Provisorischen Regierung für diese Zeit zu garantieren und über die Verfassung eine Volksabstimmung abzuhalten. Die erste Frage fand die Zustimmung von 96 Prozent der Abstimmenden, die zweite Frage die von rund 66 Prozent. Die Kommunisten hatten sich im Sinn der Souveränität der Nationalversammlung bei der zweiten Frage für ein Nein ausgesprochen und sich damit gegen de Gaulle, die Sozialisten und das MRP gestellt.

Am 13. November 1945 wählte die Nationalversammlung Charles de Gaulle einstimmig zum Ministerpräsidenten. Daß die Regierung von den drei größten Parteien getragen werden sollte, war unstrittig. Den Anspruch der Kommunisten auf die drei klassischen Ressorts – Äußeres, Inneres und Verteidigung – wies de Gaulle aber scharf zurück. Am Ende mußte sich der PCF mit den Ministerien für Industrie, Wirtschaft und Rüstung begnügen, wobei das letztere vorher ein Teil des Verteidigungsministeriums gewesen war. Der Generalsekretär des PCF, Maurice Thorez, wurde einer von vier Ministern ohne Geschäftsbereich.

Die Kommunisten waren nicht die einzige Partei, mit der de Gaulle nach der Wahl in Konflikt geriet. Ende Dezember überwarf sich der General mit den Sozialisten, nachdem diese eine massive Kürzung des Militäretats gefordert hatten. De Gaulle fürchtete eine Rückkehr zur Parlamentsherrschaft wie in der Dritten Republik und entschied sich, der Streitigkeiten mit den Parteien überdrüssig, für einen drastischen Schritt: Am 20. Januar 1946, einem Sonntag, teilte er dem Kabinett seinen Rücktritt mit. Falls er erwartet haben sollte, daß die Parteien ihm daraufhin ein neues Mandat erteilen würden, wurde er enttäuscht. Sozialisten und Kommunisten waren bereit, ohne ihn weiterzuregieren, und das MRP, das von allen Parteien dem General am nächsten stand, schloß sich ihnen an. Das Amt des Ministerpräsidenten übernahm der Sozialist Félix Gouin. Die Kabinettsposten verteilten die drei großen Parteien paritätisch unter sich, wobei die Kommunisten bei den klassischen Ressorts erneut leer ausgingen. Charles de Gaulle beobachtete die weitere Entwicklung von seinem Landsitz Colombey-les-deux-Églises in der Champagne aus.

Ihren Auftrag, eine neue Verfassung auszuarbeiten, erfüllte die Nationalversammlung auf eine Weise, die die parlamentarischen Mehrheitsverhältnisse widerspiegelte: Entsprechend den Vorstellungen von Kommunisten und Sozialisten wurde alle Macht bei der Nationalversammlung konzentriert; die zweite Kammer, der Conseil de l'Union Française (in dem die Überseegebiete vertreten waren), hatte mehr oder minder ornamentale, der Präsident der Republik rein repräsentative Funktionen. Gegen das faktische Einkammersystem lehnte sich vor allem das MRP auf, wobei aus seinen Reihen der Verdacht laut wurde, die Linke wolle aus Frankreich eine «Volksdemokratie» machen. Bei der Volksabstimmung am 5. Mai 1946 entschieden sich die Franzosen mit 53 zu 47 Prozent überraschend deutlich *gegen* den Verfassungsentwurf. Die logische Konsequenz dieses Votums war die Wahl einer neuen Konstituante. Sie fand am 2. Juni 1946 statt und brachte dem MRP starke Stimmengewinne. Mit einem Anteil von 28,2 Prozent waren die christlich-demokratischen Volksrepublikaner nunmehr die stärkste Partei. Es folgten die Kommunisten mit 25,9 und die Sozialisten mit 21,1 Prozent.

In den Kampf um den zweiten Verfassungsentwurf mischte sich auch Charles de Gaulle ein. Am 16. Juni 1946 hielt er in Bayeux die erste große öffentliche Rede nach seinem Rücktritt vom Amt des Ministerpräsidenten. Die Grundzüge der von ihm gewünschten Verfassung kamen dem nahe, was 1958 in der Fünften Republik Wirklichkeit werden sollte: Im Rahmen eines echten Zweikammersystems war die Regierung dem Parlament verantwortlich; der Chef d'État war oberster Schiedsrichter jenseits des Parteienstreits; ihm vor allem oblag es, das «allgemeine Interesse» (l'intérêt général) zur Geltung zu bringen und dafür zu sorgen, daß die Franzosen in einem «starken Staat» (État fort) leben konnten.

Von diesen Visionen hob sich der Text deutlich ab, auf den sich die großen Parteien im Frühherbst 1946 verständigten. Die Errichtung eines senatsähnlichen Conseil de la République kam zwar der Forderung nach einem wirklichen Zweikammersystem zumindest formal entgegen. Die Konstituante stärkte die Stellung des Ministerpräsidenten gegenüber den Ministern und band seine Einsetzung an die Zustimmung einer absoluten Mehrheit der abstimmenden Abgeordneten. Die Befugnisse des Präsidenten der Republik, der in Personalunion zugleich Präsident der Union Française, also Oberhaupt sowohl der «France métropolitaine» als auch der «France d'outre-mer», war, waren geringer, als es die Kompetenzen des Staatsoberhaupts der Dritten Republik gewesen waren: Das Recht, unter bestimmten Bedingungen die Kammer aufzulösen, hatte in der Vierten Republik nicht mehr der Präsident, sondern der Ministerrat. Trotz erheblicher Bedenken stimmte schließlich auch das MRP dem Verfassungsentwurf zu, wohingegen de Gaulle den Text in einer Rede in Épinal Ende September in Bausch und Bogen verwarf.

Bei der Volksabstimmung am 13. Oktober 1946 sprachen sich 53 Prozent für und 47 Prozent gegen den Entwurf einer Verfassung der Vierten Republik aus. Bezogen auf die Zahl der Stimmberechtigten gab es keine absolute Mehrheit für die Verfassung: 36 Prozent stimmten für und 31 Prozent gegen die Verfassung; 31 Prozent blieben der Abstimmung fern. De Gaulle spottete, ein Drittel der Franzosen habe sich mit der Verfassung abgefunden, ein Drittel habe sie zurückgewiesen, ein Drittel habe sie ignoriert.

Vier Wochen nach dem Verfassungsreferendum, am 10. November 1946, fanden erneut Parlamentswahlen statt. Mit 28,2 Prozent eroberten die Kommunisten die im Juni verlorene Stellung als stärkste Partei zurück. Das MRP kam auf 25,9, die SFIO auf 17,8 Prozent. Noch waren, trotz zunehmender Spannungen, Kommunisten, Volksrepublikaner und Sozialisten, die Träger des «tripartisme», bereit, zusammen zu regieren. Einträchtig wählten sie am 16. Januar 1947 in einer gemeinsamen Sitzung beider Kammern des Parlaments den Sozialisten Vincent Auriol zum Präsidenten der Republik. Sein Parteifreund Paul Ramadier, der am 21. Januar einstimmig zum Ministerpräsidenten gewählt wurde, bildete ein Kabinett, in dem die meisten Posten an die Mitglieder der drei größten Parteien, die übrigen an Radicaux und Unabhängige gingen. Einen folgenreichen Präzedenzfall schuf er, als er die Ernennung der Minister an die Zustimmung der Nationalversammlung band. Ebendies war in der Verfassung der Vierten Republik *nicht* vorgesehen. In der Verfassungswirklichkeit aber lebten bereits Anfang 1947 die Strukturen der Dritten Republik wieder auf – und mit ihnen ein «Parlamentsabsolutismus», der verantwortliches Regieren außerordentlich erschwerte.

Ramadier war erst wenige Wochen im Amt, als sich sein Verhältnis zu den Kommunisten dramatisch zu verschlechtern begann. Der PCF stand unter dem Druck seiner Anhänger, die überall in Frankreich gegen die rigorose Sparpolitik des sozialistischen Regierungschefs protestierten und sich Ende April 1947 an einem wilden Streik in den verstaatlichten Renault-Werken beteiligten. Zu den Gegensätzen in der Frage, wie Frankreich die Misere seiner Staatsfinanzen und die grassierende Inflation überwinden konnte, kamen Konflikte über die Kolonialpolitik: Bei einer Abstimmung über Militärkredite für den Kampf gegen die von Ho Chi Minh geführte Unabhängigkeitsbewegung in Indochina enthielten sich die kommunistischen Abgeordneten der Stimme; bei der Abstimmung über die Vertrauensfrage am 22. März durften nur die kommunistischen Kabinettsmitglieder für die Regierung stimmen. Bei einer weiteren Vertrauensabstimmung am 4. Mai 1947, bei der es um die unnachgiebige Haltung der Regierung Ramadier gegenüber den streikenden Arbeitern der Renault-Werke ging, stimmten auch die Minister des PCF gegen den Ministerpräsidenten. Sie taten es, ohne sich vorher mit Moskau abgestimmt zu haben: Wäre es nach Stalin gegangen, hätte der PCF alles tun müssen, um seinen Machtanteil zu behaupten.

Tags darauf erwirkte Ramadier bei Präsident Auriol die Entlassung der kommunistischen Mitglieder des Kabinetts. Die Regierung bestand fortan nur noch aus Politikern des MRP, der SFIO, der Radicaux und einiger kleinerer linksbürgerlicher Gruppierungen. In der Opposition trafen sich die Kommunisten mit den Anhängern de Gaulles, die der General am 7. April 1947 im Rassemblement du peuple français (RPF) zusammengeschlossen hatte. Was es Anfang 1947 noch an politischem Grundkonsens gegeben hatte, gehörte jetzt der Vergangenheit an. Es gab nunmehr drei politische Lager: den Regierungsblock aus Volksrepublikanern, Sozialisten, Radicaux und Unabhängigen, die Kommunisten und die Gaullisten. Das Grundmuster der politischen Auseinandersetzungen in der Vierten Republik lag damit fest.

Wie in Frankreich gab es auch in Italien nach dem Zweiten Weltkrieg drei große Parteien: Christliche Demokraten, Sozialisten und Kommunisten. Die beiden letzteren sahen sich als die eigentlichen Erben der antifaschistischen «Resistenza» und arbeiteten eng zusammen. Gemeinsam betrieben sie die rasche Abschaffung der Monarchie, und sie hatten damit Erfolg: Am 2. Juni 1946 votierten 54 Prozent der abstimmenden Italiener für die Republik und 45 für die Beibehaltung der Monarchie. Am gleichen Tag fanden Parlamentswahlen statt, an denen, wie beim Plebiszit, erstmals auch die Frauen teilnehmen durften. Wahlsiegerin war die Democrazia Cristiana (DC) mit 35,2 Prozent als überlegene Siegerin. Auf die Sozialisten entfielen 20,7, auf die Kommunisten 18,9 Prozent. Ministerpräsident blieb der Vorsitzende der DC, Alcide De Gasperi, der dieses Amt seit Dezember 1945 innehatte. Die Kommunisten stellten den Justiz- und den Finanzminister, die Sozialisten seit Oktober 1946 mit ihrem Parteiführer Pietro Nenni vorübergehend den Außenminister.

Die Zeit der britisch-amerikanischen Besatzungsherrschaft war bereits am 31. Dezember 1945 abgelaufen. Ein halbes Jahr später ging auch die großangelegte antifaschistische Säuberung (epurazione) zu Ende. Am 22. Juni 1946 legte Justizminister Palmiro Togliatti, der Führer der Kommunisten, ein Amnestiegesetz vor, das viele der zuvor verhängten Sanktionen abschwächte oder aufhob. Die Aufmerksamkeit der Italiener nahmen in der Folgezeit zum einen die Verhandlungen über einen Friedensvertrag, zum anderen die Bekämpfung einer schweren Wirtschafts- und Finanzkrise in Anspruch.

Den Friedensvertrag handelten die Regierungen in Washington, Moskau, London und Paris unter sich aus. Die Regierung in Rom konnte ihre Auffassungen lediglich in den Hauptstädten der Alliierten vortragen, wobei sie mit ihrem Hauptargument, daß der Krieg an der

Seite Deutschlands dem Land von Mussolini aufgezwungen worden
und auch Italien ein Opfer Hitlers gewesen sei, nirgendwo auf Zustimmung stieß. Im Friedensvertrag vom 10. Februar 1947 verlor Italien
seine Kolonien; es mußte zugunsten Griechenlands auf die 1912 eroberten Inseln des Dodekanes und zugunsten Jugoslawiens auf Istrien
verzichten; Triest blieb vorerst (bis 1954) ein Freistaat, Südtirol ein Teil
Italiens. Die Reparationslasten waren moderat: Sie bewegten sich zwischen 125 Millionen Dollar für Jugoslawien und 5 Millionen Dollar
für Albanien. Obwohl die Rechte in Gestalt der Neofaschisten und
Monarchisten, aber auch die Liberalen von einem brutalen Diktat
sprachen, kam Italien mit den Friedensbedingungen sehr glimpflich
davon. Wäre das Regime des «Duce» nicht schon im Juli 1943 durch
einen Partei-, Militär- und Königsputsch gestürzt worden, hätte das
Land ein sehr viel härteres Schicksal zu ertragen gehabt.

Die Unterzeichnung des Friedensvertrages fiel in eine Zeit, in der
Italien nach dem Urteil des Historikers Hans Woller «am Rande einer
wirtschaftlichen Katastrophe» stand. «Die Devisenreserven waren auf
Null zusammengeschmolzen, und die Inflation erreichte fast irrwitzige
Höhen, ‹so daß sich im Land ein Hauch von Panik und Wahnsinn verbreitete›, wie De Gasperi sagte … Ähnlich trostlos war es um den
Staatshaushalt bestellt, der nur noch aus einem großen Loch zu bestehen schien, und nicht viel besser sah es beim Außenhandel aus …
Hinzu kamen die Geißel der Arbeitslosigkeit, die vor allem Süditalien
heimsuchte und etwa unter den Landarbeitern Apuliens eine Quote
von weit über 30 Prozent erreichte, und Engpässe in der Lebensmittelversorgung, die in den ersten Nachkriegsjahren so groß waren, daß
man von Hungersnot sprechen muß.»

Die Wirtschafts- und Finanzkrise war zum Teil eine Folge des
Zusammenbruchs der faschistischen Rüstungswirtschaft sowie der
deutschen Besetzung im Norden und der alliierten Besetzung im
Süden des Landes, zum Teil aber auch einer undurchdachten Nachkriegspolitik, die den Stempel der «liberisti», das heißt doktrinärer
Wirtschaftsliberaler, trug. Ein Merkmal dieser Politik war eine überaus großzügige Kreditvergabe, die die Geldentwertung weiter anschwellen ließ und zu einer Kapitalflucht im großen Stil führte. Am
3. April 1947 reagierte die Regierung De Gasperi: Sie legte ein Programm zur Bekämpfung der Inflation und zur Sanierung des Staatshaushalts vor, wozu kräftige Steuererhöhungen, eine restriktive

Kreditpolitik und ein drastischer Subventionsabbau, besonders bei Lebensmitteln, gehörten. Der Kurswechsel in der Wirtschaftspolitik spaltete das Regierungslager. Unter dem Eindruck einer Welle von Streiks und Aussperrungen machten Sozialisten und Kommunisten Front gegen den scharfen Sparkurs, konnten ihn aber nicht verhindern. Die marxistische Linke hatte kurz zuvor bereits dadurch an Gewicht verloren, daß sich die gemäßigte Minderheit der Sozialistenpartei unter Giuseppe Saragat im Januar 1947 aus Protest gegen die enge Zusammenarbeit mit den Kommunisten von der Mehrheit unter Pietro Nenni abgespalten und eine neue sozialdemokratische Partei gegründet hatte. Die Unternehmerverbände, die Liberalen und die katholische Kirche drängten im Frühjahr 1947 auf eine Regierung ohne die beiden Linksparteien, und hinter den Kulissen übte, worauf zurückzukommen sein wird, Washington Druck in derselben Richtung aus. Am 31. Mai tat De Gasperi das, was so viele von ihm erwarteten: Er löste die faktische Allparteienregierung auf und bildete ein neues Kabinett, dem nur Politiker der DC sowie liberale und parteilose Minister angehörten. Damit begann ein neuer, ganz von den Christlichen Demokraten geprägter Abschnitt der italienischen Nachkriegsgeschichte.

Anders als in Italien stand in Deutschland 1945 kein rasches Ende der Besatzungsherrschaft an. Allen vier Besatzungsmächten ging es vorrangig um die Ausschaltung der Gefahr, daß von diesem Land nochmals eine Bedrohung des Weltfriedens ausgehen könnte. Von den Maßnahmen, die die Sowjetunion in ihrer Besatzungszone traf, um dieses Ziel (und darüber hinaus sehr viel weiter gesteckte Ziele) zu erreichen, war bereits die Rede. In den westlichen Besatzungszonen hielten sich, von der Demontage potentiell rüstungswichtiger Industrieanlagen abgesehen, die strukturellen Eingriffe in engen Grenzen. Es gab keine Bodenreform und keine dauerhaften Verstaatlichungen, wohl aber wurden in der britischen Zone die zwölf größten Montanunternehmen «entflochten», das heißt aufgelöst und in 28 selbständige Firmen überführt. Die von der regierenden Labour Party, aber auch von den Gewerkschaften und den Sozialdemokraten im Westen Deutschlands gewünschte Sozialisierung scheiterte am Einspruch des amerikanischen Militärgouverneurs Lucius D. Clay: Über eine derart wichtige Frage durfte nach seiner Meinung erst ein späterer deutscher Gesetzgeber entscheiden.

Was die «Entnazifizierung» von Personen anging, verfuhren die Amerikaner in ihrer Zone zunächst strenger und schematischer als die Briten. Die Franzosen verhielten sich taktisch und nutzten häufig politische Belastungen aus der Zeit vor 1945, um die Betroffenen im Sinn der Besatzungsmacht gefügig zu machen. Als sich das Verhältnis zwischen den USA und der Sowjetunion seit 1947 verschlechterte, ließen auch die Amerikaner gegenüber ehemaligen Nationalsozialisten, wenn sie als «Minderbelastete» und «Mitläufer» eingestuft wurden, Nachsicht walten und setzten fortan mehr auf politische Umerziehung (reeducation). Von den strafrechtlich Verurteilten abgesehen, konnten die meisten früheren «Parteigenossen» damit rechnen, daß ihr politisches Verhalten in der Zeit des «Dritten Reiches» keine nachhaltigen Folgen für sie haben würde.

Von den höchsten zivilen und militärischen Amtsträgern der nationalsozialistischen Diktatur wurden zwölf am 1. Oktober 1946 vom Internationalen Militärgerichtshof in Nürnberg zum Tode verurteilt. Der prominenteste unter ihnen, der einstige «Reichsmarschall» Hermann Göring, konnte sich der Vollstreckung des Urteils durch Selbstmord entziehen. Dem Prozeß gegen die Hauptkriegsverbrecher folgten Verfahren gegen Ärzte, Juristen, Industrieführer, das Oberkommando der Wehrmacht, Angehörige des Auswärtigen Amts sowie einzelne Militärs und SS-Führer. In diesem Zusammenhang wurden nochmals 36 Todesurteile verhängt.

Die Neuanfänge des politischen Lebens in Westdeutschland reichten zum Teil in die Wochen vor der Kapitulation des Deutschen Reiches zurück. Am 19. April 1945, neun Tage vor der Einnahme Hannovers durch die Amerikaner, gründete der ehemalige sozialdemokratische Reichstagsabgeordnete Kurt Schumacher, der fast zehn Jahre in nationalsozialistischen Konzentrationslagern verbracht hatte, in der späteren Hauptstadt des Landes Niedersachsen einen Ortsverein der SPD. Hannover wurde binnen kurzem zum «Vorort» der westdeutschen Sozialdemokratie und Schumacher zum wichtigsten Kontrahenten Otto Grotewohls, des Vorsitzenden des Zentralausschusses der SPD in der Sowjetisch Besetzten Zone. Während der letztere unter dem massiven Druck der Besatzungsmacht im Februar 1946 die Verschmelzung von SPD und KPD zur Sozialistischen Einheitspartei Deutschlands vollzog, stellte sich Schumacher gegen jedes Zusammengehen mit den Kommunisten, die für ihn nichts anderes waren als ein Instrument der sowjetischen Außenpolitik. An der gesamtdeutschen Orientierung der Sozialdemokratie ließ Schumacher nicht den geringsten Zweifel aufkommen. Im ersten Aufruf des «Büros Dr. Schumacher» hieß es Mitte August 1945: «Das Deutsche Reich muß als staatliches und nationales Ganzes erhalten bleiben!»

Völlig anders schätzte der ehemalige Kölner Oberbürgermeister Konrad Adenauer die Lage ein. Er wurde Anfang Mai 1945 von den Amerikanern wieder in sein altes Amt berufen, aus dem ihn die Briten im Oktober, vermeintlicher Unfähigkeit wegen, wieder entließen. Adenauer zögerte im Sommer 1945 eine Zeitlang, ob er sich seiner alten Partei, dem katholischen Zentrum, oder der neugegründeten interkonfessionellen Partei, der Christlich-Demokratischen Union Deutschlands, anschließen sollte. Ende August 1945 trat er in die CDU ein, im März 1946 wurde er zum Vorsitzenden der neuen Partei in der britischen Zone gewählt. Die weitere Entwicklung Deutschlands nahm Adenauer am 9. Oktober 1945 in einem Gespräch mit ausländischen Journalisten vorweg: «Der von Rußland besetzte Teil sei für eine nicht zu schätzende Zeit für Deutschland verloren.»

Die ersten freien Wahlen nach dem Krieg fanden im Frühjahr 1946 auf kommunaler Ebene statt. Im Juni folgten Wahlen zu Verfassunggebenden Landesversammlungen in der amerikanischen Zone, im Frühjahr 1947 auch in der britischen und der französischen Zone. In den Stadtstaaten Hamburg und Bremen, in Schleswig-Holstein, Niedersachsen und Hessen lag die SPD vor der CDU, in Nordrhein-Westfalen, Rheinland-Pfalz, Baden, Württemberg-Hohenzollern und Württemberg-Baden war es umgekehrt; in Bayern eroberte die Schwesterpartei der CDU, die Christlich-Soziale Union, am 30. Juni 1946 die absolute Mehrheit. Die Stimmenanteile der KPD in den Westzonen lagen zwischen 14 Prozent in Nordrhein-Westfalen und 5,3 Prozent in Bayern.

Die politische Entwicklung im Nachkriegsdeutschland war weithin das Resultat der Obstruktion zweier Besatzungsmächte: der Sowjetunion und Frankreichs. Gegen den Widerstand beider Mächte war die erklärte Absicht des Potsdamer Abkommens, Deutschland als wirtschaftliche Einheit zu behandeln, nicht zu verwirklichen. Die Sowjetunion hatte sich in Potsdam verpflichtet, als Ausgleich für die Lieferung von Industrieanlagen aus den westlichen Besatzungszonen ihrerseits Nahrungsmittel, Kohle und andere Produkte in die Westzonen zu liefern. Dieser Vereinbarung kam sie aber nur unzureichend nach, weil sie,

um möglichst viel in möglichst kurzer Zeit aus ihrer Zone herauszupres-
sen, einen großen Teil der Reparationen der laufenden Produktion ent-
nahm. Aus dem nämlichen Interesse an maximaler Ausbeutung erklärte
sich das sowjetische Interesse an der Festsetzung eines möglichst niedrigen «Industrieniveaus» für Deutschland – das heißt des Produktions-
volumens, das eine Selbstversorgung des besetzten Landes sicherstellen
sollte. Der vom Alliierten Kontrollrat Ende März 1946 beschlossene
«Industrieniveauplan» kam den Moskauer Wünschen weit entgegen.

Frankreich lehnte, der Linie de Gaulles folgend, die in Potsdam vorgesehenen deutschen Zentralverwaltungsstellen kategorisch ab und gliederte schrittweise das Saargebiet dem französischen Wirtschaftsgebiet
an. Zudem verweigerte Paris die Aufnahme von Heimatvertriebenen
und Flüchtlingen aus den deutschen Ostgebieten in seiner Besatzungszone im Südwesten Deutschlands. Das französische Nein zur wirtschaftlichen Einheit Deutschlands hatte einen ähnlichen Effekt wie die
sowjetische Haltung in der Reparationsfrage: Die Kosten hatten die
Steuerzahler im Vereinigten Königreich und den Vereinigten Staaten zu
tragen, die nun noch mehr als ohnehin erforderlich dafür sorgen mußten, daß die Deutschen in ihren Besatzungszonen nicht verhungerten.

Weil er diesen Zustand nicht länger hinnehmen wollte, verfügte der
amerikanische Militärgouverneur in Deutschland, General Lucius
D. Clay, am 3. Mai 1946 die Beendigung von Reparationsleistungen
aus «seiner» Zone an die Sowjetunion und zu diesem Zweck einen
vorläufigen Demontagestopp. Im Juli folgten die Briten diesem Beispiel. Auf der Konferenz der Außenminister der vier Siegermächte in
Paris im Frühjahr und Sommer 1946 wiesen die USA und Großbritannien die sowjetische Forderung nach Wiederaufnahme der Reparations-
lieferungen aus den Westzonen und einer Viermächtekontrolle des
Ruhrgebiets entschieden zurück. Die französische Haltung stieß dagegen auf zunehmendes Verständnis. Der Londoner Außenminister Ernest Bevin ließ sich dabei von der Maxime leiten, daß die Angelsachsen
der Pariser Regierung gegenüber nicht zu hart auftreten durften: Wenn
für Frankreich die deutsche Einheit nicht in Frage kam, mußte man,
um der Einheit des Westens willen, von diesem Ziel abrücken.

Unter dem Eindruck der unnachgiebigen Haltung seines sowjetischen Kollegen Molotow schwenkte im Verlauf der Pariser Konferenz
auch der betont konziliante amerikanische Außenminister James F. Byrnes auf Bevins Linie ein. Am 6. September 1946 gab Byrnes in einer als

sensationell empfundenen Rede in Stuttgart bekannt, daß die USA ihre Truppen so lange in Deutschland belassen würden wie andere Mächte auch. Das Niveau der deutschen Industrieproduktion werde auch dann erhöht werden, wenn es nicht zur Herstellung der wirtschaftlichen Einheit Deutschlands kommen sollte. Der Satz, der in der deutschen Öffentlichkeit mit die größte Beachtung fand, lautete: «Die amerikanische Regierung steht auf dem Standpunkt, daß jetzt dem deutschen Volk die Hauptverantwortung für die Behandlung seiner eigenen Angelegenheiten bei geeigneten Sicherungen übertragen werden sollte.»

Drei Monate später, am 2. Dezember 1946, vereinbarten Byrnes und Bevin in New York die seit Juli geplante Zusammenlegung ihrer Besatzungszonen zur «Bizone». Am 1. Januar 1947, mitten im furchtbarsten Hungerwinter der Nachkriegszeit, trat die Übereinkunft in Kraft. Die deutschen «Verwaltungsräte», die den alliierten Stäben, den «Bipartite Groups» und den ihnen übergeordneten «Bipartite Panels» zuarbeiten sollten, konnten lediglich Empfehlungen aussprechen – eine Konstruktion, die sich rasch als ineffektiv erwies. Es lag also nahe, die Mitwirkung der Deutschen auf ein deutlich höheres Niveau anzuheben. Daß es hierzu schon im Mai 1947 kam, lag auch am Verlauf der Moskauer Außenministerkonferenz vom März und April 1947. Molotow vertrat dort die sowjetische Position in der Reparationsfrage mit solcher Härte, daß der neue amerikanische Außenminister George Marshall zu dem gleichen Schluß kam wie vor ihm schon sein britischer Kollege Bevin: Es war nicht möglich, mit der Sowjetunion zu einem Einvernehmen in Sachen Deutschland zu gelangen.

Die amerikanisch-britische Übereinkunft über die Reform der Bizone wurde am 29. Mai 1947 unterzeichnet. Das (nunmehr so genannte) Vereinigte Wirtschaftsgebiet erhielt den administrativen deutschen Unterbau, der auf gesamtdeutscher Ebene nicht durchzusetzen war, und wurde so zur Vorform eines westdeutschen Staates. Dem Bipartite Board der beiden Militärgouverneure wurden deutsche Verwaltungsstellen für sechs Fachgebiete, nämlich Wirtschaft, Ernährung und Landwirtschaft, Finanzen, Verkehr, Post sowie Rechtswesen, zur Seite gestellt. Die parlamentarische Kontrolle oblag dem von den Landtagen der amerikanischen und britischen Zone beschickten Wirtschaftsrat für das Vereinigte Wirtschaftsgebiet mit Sitz in Frankfurt. Am 25. Juni 1947 nahm diese mittelbare Volksvertretung ihre Tätigkeit auf. Da die Sozialdemokraten sich für die Rolle der Opposition entschieden, wurde die Politik des Vereinigten Wirtschaftsgebiets von Christlichen und Freien Demokraten bestimmt – eine Weichenstellung, die historische Folgen haben sollte.

Die Aussichten, daß sich Westdeutschland aus der Misere der Nachkriegszeit mit westalliierter Hilfe würde herausarbeiten können, waren seit dem Herbst 1946 erheblich gewachsen. Noch bestimmten die Ruinen der Städte, die Rationierung aller Güter des täglichen Bedarfs, der Schwarze Markt und die «Hamsterfahrten» aufs Land den Alltag der drei Westzonen. Noch war ein Ende der Demontagen von Industrieanlagen nicht absehbar. Doch seit dem Herbst 1946 gab es gute Gründe, mit einem gewissen Optimismus in die Zukunft zu blikken. Wenn die USA ihrer Verantwortung für Deutschland und Europa gerecht wurden, konnte es mit der deutschen Wirtschaft wieder aufwärts gehen – und zumindest im Westen des Landes auch mit der politischen Selbstbestimmung der Deutschen.[3]

Zerfall einer Zweckallianz:
Die Entstehung des Ost-West-Konflikts

Das Problem der deutschen Reparationen war *ein* Grund, weshalb sich das Verhältnis zwischen Ost und West seit dem Spätjahr 1945 zu verschlechtern begann. Auf der Potsdamer Konferenz hatten Amerikaner und Briten der von Stalin geforderten Beteiligung an der Kontrolle des Ruhrgebiets nicht zugestimmt, sie aber noch nicht definitiv ausgeschlossen. Die Position der angelsächsischen Mächte in dieser Frage verhärtete sich in dem Maß, wie die Sowjetunion die angestrebte wirtschaftliche Selbstversorgung Deutschlands durch ihre Reparationspolitik erschwerte, ja unmöglich machte. Zusammen mit dem französischen Nein zu deutschen Zentralverwaltungsstellen entzog die sowjetische Haltung in der Reparationsfrage einer gedeihlichen Zusammenarbeit der vier Mächte im Alliierten Kontrollrat für Deutschland immer mehr den Boden.

Von den *anderen* Streitpunkten zwischen Ost und West wurde einer durch amerikanische Nachgiebigkeit im Februar 1946 ausgeräumt: Die USA erkannten die von der Sowjetunion eingesetzte, kommunistisch dominierte Regierung Rumäniens an und ebneten so den Weg zu einem Friedensvertrag, der am 10. Februar 1947, gleichzeitig mit dem Friedensvertrag für Bulgarien, in Paris unterzeichnet wurde. Rumänien mußte dabei die Nordbukowina und Bessarabien an die Sowjetunion und die Süddobrudscha an Bulgarien abtreten. Die diplomatische Anerkennung Bulgariens durch die USA erfolgte zusammen mit der Unterzeichnung des Friedensvertrags.

Zu einer ernsten Krise wuchs sich hingegen ein sowjetischer Verstoß gegen die in Potsdam getroffene Vereinbarung aus, zügig die sowjetischen und westalliierten Truppen aus Iran abzuziehen. Amerikaner und Briten begannen diese Zusage im September 1945 einzulösen. Die Sowjetunion aber zögerte den Abzug ihrer Verbände hinaus und förderte gleichzeitig einen Aufstand der kommunistischen und separatistischen Tudeh-Partei in den iranischen Teilen von Aserbaidschan und Kurdistan, wo im Dezember 1945 autonome Republiken ausgerufen wurden. Erst als die iranische Regierung mit Unterstützung der USA und Großbritanniens den Sicherheitsrat der Vereinten Nationen einschaltete, lenkte Moskau ein. Im Mai wurden die sowjetischen Truppen abgezogen. Die Regierung in Teheran konnte den Einfluß der Tudeh-Partei und der mit ihr liierten Demokratischen Partei ausschalten und den Norden Irans ihrer Kontrolle unterwerfen.

Ein anderer internationaler Krisenherd war im Frühjahr 1946 die Türkei. In Potsdam hatten die Westmächte den sowjetischen Anspruch auf eine Mitkontrolle der Meerengen und damit auf eine Revision des Abkommens von Montreux aus dem Jahr 1936 anerkannt, das der Türkei die volle Souveränität über die Dardanellen, das Marmarameer und den Bosporus zurückgab. Allerdings war diese Zusage an die Zustimmung der Türkei geknüpft, und Ankara dachte nicht daran, in eine Schmälerung seiner Hoheitsrechte einzuwilligen. Doch die Sowjetunion begnügte sich nicht mit ihrem Verlangen nach einer neuen Meerengenregelung. Sie verlangte auch die Rückgabe der 1921 an die Türkei abgetretenen südkaukasischen Gebiete um Kars, Ardahan und Artvin und kündigte, um ihren Forderungen Nachdruck zu verleihen, im März 1946 den 1925 abgeschlossenen sowjetisch-türkischen Nichtangriffs- und Neutralitätspakt.

Die USA, die ihr strategisches Interesse am Mittelmeerraum sowie am Nahen und Mittleren Osten bei einem Zusammentreffen zwischen Präsident Roosevelt und König Ibn Saud von Saudi-Arabien am Vorabend der Konferenz von Jalta an Bord eines amerikanischen Kriegsschiffs im Suezkanal Anfang Februar 1945 demonstrativ unterstrichen hatten, ließen keinen Zweifel daran aufkommen, daß sie eine sowjetische Expansion auf Kosten der Türkei nicht hinnehmen würden. Die sechste amerikanische Flotte wurde auf Befehl Trumans im Frühjahr 1946 auf unbestimmte Zeit ins östliche Mittelmeer verlegt.

Zu einem Krisenherd entwickelte sich seit dem Frühjahr 1946 auch das Land auf der europäischen Seite der Ägäis. Ende März fanden in Griechenland Parlamentswahlen unter internationaler Aufsicht statt. Sie brachten einer Koalition der Rechtsparteien 55 Prozent der Stimmen und 58 Prozent der Mandate ein. Die Kommunisten hatten zum Boykott der Wahlen aufgerufen, und sie nahmen das Ergebnis nicht untätig hin. Nach der Niederwerfung eines kommunistischen Aufstands durch die Briten hatte die linke Nationale Befreiungsfront (EAM) zwar im Februar 1945 in eine Art Friedensvertrag mit der Regierung unter Nikolaos Plastiras eingewilligt, aber er markierte kaum mehr als einen Waffenstillstand in dem Bürgerkrieg, der seit Herbst 1943 das Land zerriß. Der militärische Arm der EAM, die Nationale Befreiungsarmee (ELAS), hielt sich nicht an die versprochene Ablieferung ihrer Waffen. Die Regierung scheute vor einer Konfrontation mit den paramilitärischen Kräften der extremen Rechten, den Urhebern zahlreicher Terrorakte im Süden Griechenlands, zurück. Große Teile des Landes blieben dem Zugriff der zivilen Behörden entzogen.

Im Mai 1946 begann die sogenannte «dritte Runde» des griechischen Bürgerkriegs. Die Kommunisten wurden vor allem im Norden des Landes aktiv, wo sie von Jugoslawien, Albanien und Bulgarien militärisch unterstützt wurden. Die treibende Kraft jenseits der griechischen Grenzen war Josip Broz Tito in Belgrad, dem es mindestens so sehr um ein Groß-Jugoslawien unter Einschluß der Südslawen Griechenlands wie um die Errichtung eines kommunistischen Regimes in Athen ging. Sein gleichzeitiges Bestreben, einen Balkanbund mit Bulgarien, Albanien und möglichst auch Griechenland zu bilden, deutete in dieselbe Richtung. Stalin hingegen wollte von einem Umsturz in Griechenland nichts wissen: Er hielt sich an die im Oktober 1944 mit Churchill getroffene Vereinbarung, wonach Griechenland zur britischen Einflußzone gehören sollte. Eine offensive Politik der Sowjetunion gegenüber Griechenland hätte jenen großen Konflikt mit dem Westen heraufbeschworen, den der Sowjetführer einstweilen tunlichst vermeiden wollte.

Am 1. September 1946 wurden die Griechen erneut zu den Urnen gerufen: Sie sollten sich zwischen der Staatsform der Monarchie und der Republik und damit für oder gegen die Rückkehr von König Georg II. aus dem Exil entscheiden. Die Kommunisten hatten ihren Anhängern ein Nein zur Restauration des Königtums empfohlen, aber eine Zweidrittelmehrheit (68,3 Prozent) der abstimmenden Griechen votierte, zum Teil wohl auch aus Angst vor der roten Revolution, für die Monarchie. Die Regierung konnte sich durch das Plebiszit bestätigt fühlen, die Armee aber agierte meist glücklos im Kampf gegen die Aufständischen. Das lag nicht zuletzt an der massiven Hilfe, die die kommunistischen Partisanen aus den drei nördlichen Nachbarstaaten erhielten, aber auch an der geringen Unterstützung der regulären Armee durch Großbritannien, das sich außerstande sah, mehr für das von innen und außen bedrängte Griechenland zu tun.

In die Bresche springen konnte nur *eine* Macht: die Vereinigten Staaten von Amerika. Sie wurden schon vor dem Ausbruch des offenen Bürgerkriegs in Griechenland gedrängt, sich ihrer Verantwortung für Europa zu stellen. Am 5. März 1946 hielt der konservative Oppositionsführer im britischen Unterhaus, Winston Churchill, in Gegenwart von Präsident Truman in Fulton, Missouri, eine Rede, in der er erstmals von dem «Eisernen Vorhang» sprach, der von Stettin bis Triest über Europa niedergegangen sei. (Das erste Mal überhaupt hatte der damalige Premierminister Churchill die Metapher in einem Telegramm an Präsident Roosevelt vom 12. Mai 1945 verwandt.) «Niemand weiß», sagte der britische Staatsmann in Fulton, «was Sowjetrußland zu tun gedenkt oder was für Grenzen seinen expansionistischen Bekehrungstendenzen gesetzt sind ... Wir können es uns nicht leisten, mit einer knappen Überlegenheit an Macht zufrieden zu sein, weil wir auf diese Weise Gefahr laufen, eine andere Macht in Versuchung zu führen, die Kraftprobe bestehen zu wollen.» Seinen Appell an die USA, ihre weltpolitische Führungsrolle wahrzunehmen, unterstrich Churchill mit dem Hinweis auf die «special relationship», die die größte der westlichen Demokratien mit einer anderen englischsprechenden Demokratie, mit Großbritannien, verband.

Die Rede des einstigen Kriegspremiers beeinflußte die amerikanische Außenpolitik nachhaltig – und das vor allem deshalb, weil der Boden für eine Umorientierung im Sinne Churchills schon bereitet war. Am 22. Februar 1946 hatte George F. Kennan, der amerikanische Geschäftsträger in Moskau und ein ausgewiesener Rußlandkenner, sein berühmt gewordenes «Langes Telegramm» nach Washington ab-

geschickt, in dem er die Grundzüge, Voraussetzungen und Auswirkungen der sowjetischen Weltsicht einer kritischen Analyse unterzog.

Demnach hielt die kommunistische Führung in Moskau einen friedlichen Ausgleich der Konflikte innerhalb der kapitalistischen Welt
längerfristig für unmöglich, eine Intervention westlicher Mächte in der
Sowjetunion aber galt es um jeden Preis zu vermeiden. Versuche, die
äußeren Grenzen der Sowjetunion zu erweitern, würden nur dort unternommen, wo es strategisch wichtig und zugleich erfolgversprechend
erscheine, etwa in Nordpersien, in der Türkei und möglicherweise in
Bornholm. Außerdem sei mit einer offensiven antiwestlichen Politik in
den Kolonien und abhängigen Gebieten, mit dem verstärkten Einsatz
von Tarnorganisationen sowie mit einer systematischen Unterwanderung geeigneter erscheinender nichtkommunistischer Organisationen in
der westlichen Welt zu rechnen.

Bei den praktischen Folgerungen, die sich aus dieser Lagebeurteilung für die amerikanische Politik ergaben, galt es Kennan zufolge zu
bedenken, daß die Sowjetmacht im Gegensatz zu Hitler-Deutschland
«weder schematisiert noch auf Abenteuer aus» sei. «Sie arbeitet nicht
nach festgelegten Plänen. Sie geht keine unnötigen Risiken ein. Der
Logik der Vernunft unzugänglich, ist sie der Logik der Macht in hohem
Maß zugänglich. Daher kann sie sich ohne weiteres zurückziehen –
und das tut sie im allgemeinen –, wenn sie irgendwo auf starken Widerstand stößt. Wenn also dem Gegner genügend Hilfsmittel zur Verfügung stehen und er die Bereitschaft zu erkennen gibt, sie auch
einzusetzen, wird er das selten tun müssen. Wenn die Situation richtig
gehandhabt wird, braucht es zu keiner das Prestige verletzenden Kraftprobe zu kommen.» Gemessen an der westlichen Welt insgesamt seien
die Sowjets noch bei weitem schwächer. Die Vereinigten Staaten
brauchten also vor allem «den Mut und das Selbstvertrauen, an unseren
eigenen Methoden und unseren Vorstellungen von der menschlichen
Gesellschaft festzuhalten. Alles in allem liegt bei der Auseinandersetzung mit dem Problem des sowjetischen Kommunismus die größte Gefahr für uns in der Versuchung, es denen gleich zu tun, mit denen wir
uns messen müssen.»

Die Wirkung des «Langen Telegramms» wurde durch Churchills
Rede in Fulton noch gesteigert. Im April 1946 erhielt Kennan eine neue
Aufgabe: Er wurde erster Beauftragter für Fragen der Außenpolitik
beim neugegründeten National War College in Washington. In einer

Rede vor Angehörigen des State Department vertrat er am 17. September 1946 die Auffassung, daß es möglich sei, mit einer klugen und maßvollen Politik das Expansionsstreben der Sowjetunion «auf lange Zeit hinaus einzudämmen».«Eindämmung durch Gegenmacht» (containment by counterforce) war denn auch die Quintessenz des Konzepts, das Kennan im Januar 1947 in einem Manuskript über die Ursachen des sowjetischen Verhaltens (The Sources of Soviet Conduct) ausführlicher darlegte. «Containment» wurde in den Rang eines Schlagworts befördert, als dieser Text im Juli 1947 als Artikel eines anonymen «Mr. X» (Kennan war inzwischen Leiter des Planungsstabs des Außenministeriums) in der Zeitschrift «Foreign Affairs» erschien. Die Erfolgsaussichten einer realistischen Eindämmungspolitik begründete der Autor wie folgt: «Keine mystisch-messianische Bewegung – und namentlich nicht die vom Kreml vertretene – kann Frustration durchhalten, ohne sich schließlich auf die eine oder andere Weise der Logik der Tatsachen anzupassen.» Daß Eindämmung nicht nur eine militärische Dimension hatte, sondern in erster Linie politische und wirtschaftliche Anstrengungen von Amerikanern und Westeuropäern verlangte, war Kennan stets bewußt. Im Artikel von «Mr. X» freilich kam dieser Gedanke, wie Kennan später selbstkritisch anmerkte, zu kurz.

Präsident Truman kannte Kennans «Langes Telegramm», als er am 12. März 1947 vor beiden Häusern des amerikanischen Kongresses seine Schlußfolgerungen aus der krisenhaften Entwicklung auf beiden Seiten der Ägäis vortrug. Die Türkei und Griechenland seien beide durch kommunistische Aktivitäten bedroht, und da Großbritannien sich außerstande sehe, seine wirtschaftliche und militärische Unterstützung der beiden Länder fortzusetzen, seien die USA das einzige Land, das ihnen zur Hilfe kommen könne. «Wir werden unsere Ziele nicht erreichen, wenn wir nicht bereit sind, freien Völkern zu helfen, ihre freien Einrichtungen und ihre nationale Integrität gegen aggressive Bewegungen zu behaupten, die ihnen totalitäre Regime auferlegen wollen. Dies ist nicht mehr als die freimütige Anerkennung der Tatsache, daß totalitäre Regime, die freien Völkern, sei es durch direkte, sei es durch indirekte Aggression, aufgenötigt wurden, die Grundlagen des Friedens und damit auch die Sicherheit der Vereinigten Staaten untergraben … Indem sie freien und unabhängigen Nationen helfen, ihre Freiheit zu bewahren, werden die Vereinigten Staaten den Prinzipien der Vereinten Nationen Geltung verschaffen.»

Die «Truman-Doktrin», die der Präsident mit seiner Rede vom
12. März 1947 verkündete, erschöpfte sich nicht in der Gewährung
einer großzügigen Finanzhilfe von zusammen 400 Millionen Dollar an
Griechenland und die Türkei und der Entsendung von Militärberatern
in beide Länder. Sie beschränkte sich auch nicht auf Europa, das
gleichwohl, wie der Hinweis auf Zwang und Unterdrückung in Polen,
Rumänien und Bulgarien zeigte, im Vordergrund der Rede stand. Zum
Nennwert genommen, galt die Maxime, wonach alle freiheitsliebenden
Völker mit amerikanischer Unterstützung rechnen durften, weltweit.

Die Truman-Doktrin konfrontierte die Sowjetunion, auch wenn sie
nicht die Urheberin der neuen Runde des griechischen Bürgerkrieges
war, mit einem «Bis hierher und nicht weiter». Die Kriegsallianz war
damit endgültig zerbrochen. Es begann eine Phase der nichtmilitärischen, politischen und ideologischen Auseinandersetzung zwischen
West und Ost, für die sich bald der Begriff des «Kalten Krieges» einbürgerte – ein Begriff, den als erster wohl Herbert Strope, ein Mitarbeiter des Präsidentenberaters Bernard Baruch, 1946 anläßlich der
amerikanisch-sowjetischen Verhandlungen über eine Kontrolle der
Atomwaffen geprägt hat. Der unmittelbare Anlaß der Begriffsbildung
war ein sowjetisches Njet: die Zurückweisung des amerikanischen
Vorschlags, des «Baruch-Plans», ein wasserdichtes System internationaler Inspektionen zu errichten, das es den USA dann ermöglichen
sollte, ihre Atomwaffen der Kontrolle der Vereinten Nationen zu unterstellen.

Dem Paukenschlag der Truman-Doktrin folgte am 5. Juni 1947 ein
weiterer in Gestalt der Rede, die Außenminister George C. Marshall
an der Harvard-Universität in Cambridge, Massachusetts, hielt. Marshall, der im Zweiten Weltkrieg Chef des Generalstabs gewesen war,
stand seit Januar 1947 an der Spitze des State Department und war
sehr viel offener für die Lagebeurteilung und die Empfehlungen George
F. Kennans als sein Amtsvorgänger James F. Byrnes. In die Harvard-
Rede floß das Ergebnis einer Analyse der bisherigen, bilateral vereinbarten Kredithilfen für europäische Länder ein. Diese finanzielle Unterstützung war keineswegs bedingungslos gewährt worden: Nicht nur
Großbritannien hatte, wovon schon die Rede war, seine Nachkriegsanleihe im Sommer 1946 nur gegen harte Auflagen erhalten, auch
Frankreich mußte sich, als ihm die USA im Mai 1946 die Kriegskredite
erließen und neue Kredite zusagten, zur Beseitigung von Einfuhrbe-

schränkungen und zur vollständigen Öffnung seines Marktes für amerikanische und andere ausländische Produkte verpflichten. Aber die meisten europäischen Währungen waren zerrüttet, und das Handelsbilanzdefizit Europas gegenüber den Vereinigten Staaten wuchs immer weiter an. (Es war im Frühjahr 1947 mehr als doppelt so hoch wie ein Jahr zuvor.) Vor diesem Hintergrund setzte sich in Washington die Einsicht durch, daß die Rettung nur in enger Zusammenarbeit der Europäer auf der Grundlage stabiler Währungen und strenger Haushaltsdisziplin liegen konnte.

Entsprechend eindeutig waren die Formulierungen, die Marshall am 5. Juni 1947 wählte. Der europäische Bedarf an amerikanischen Nahrungsmitteln und anderen lebenswichtigen Produkten übersteige bei weitem die Fähigkeit Europas, dafür zu bezahlen. «Europa muß deshalb eine wesentliche zusätzliche Hilfe erhalten oder es wird einer wirtschaftlichen, sozialen und politischen Verelendung schwersten Charakters entgegengehen. Das Hilfsmittel besteht darin, den gefährlichen Kreislauf zu unterbrechen und das Vertrauen der europäischen Völker in die wirtschaftliche Zukunft ihrer Länder und Europa als Ganzem wiederherzustellen. Der Fabrikant und der Landwirt muß wieder fähig und willens sein, die Produkte gegen eine Währung auszutauschen, deren Wert nicht ständig in Frage gestellt ist. Auch abgesehen von dem demoralisierenden Effekt auf die Welt als Ganzes und den Möglichkeiten von Unruhen, die aus der Verzweiflung der betreffenden Länder entstehen könnten, würden die Konsequenzen der geschilderten Entwicklung für die Vereinigten Staaten eindeutig sein. Es ist daher logisch, daß die Vereinigten Staaten alles Mögliche tun sollten, um die Wiederkehr normaler, gesunder wirtschaftlicher Verhältnisse in der Welt herbeizuführen, ohne welche eine politische Stabilität und ein gesicherter Friede nicht bestehen können.»

Marshall legte großen Wert auf die Feststellung, daß sich die amerikanische Politik «nicht gegen irgendein Land oder irgendeine Doktrin, sondern gegen Hunger, Armut, Verzweiflung und Chaos» richte. «Ihr Zweck soll es sein, die Weltwirtschaft wiederherzustellen, um das Entstehen politischer und sozialer Verhältnisse zu ermöglichen, unter welchen freie Institutionen existieren können ... Jede Regierung, die willens ist, bei der Aufgabe des Wiederaufbaus mitzuwirken, wird, dessen bin ich sicher, seitens der Regierung der Vereinigten Staaten volle Unterstützung erfahren. Eine Regierung, welche den Wiederaufbau anderer Länder zu verhindern sucht, kann keine Hilfe von uns erwarten. Regierungen, politische Parteien oder Gruppen, welche bestrebt sind, das menschliche Elend zu verewigen, um daraus politisch oder in anderer Weise zu profitieren, werden auf den Widerstand der Vereinigten Staaten stoßen.»

Mit die wichtigste Vorbedingung amerikanischer Hilfe aber war die Bereitschaft der Europäer, sich multilateral untereinander zu verständigen. Marshall gab diesem Appell geradezu die Form eines kategorischen Imperativs. «Es ist klar, daß, bevor die Regierung der USA mit ihren Bemühungen, die Situation zu erleichtern und beim Wiederaufbau zu helfen, weiter fortschreiten kann, eine Vereinbarung zwischen den Völkern Europas geschlossen werden muß bezüglich der Erfordernisse der Lage und des Anteils, den diese Länder selbst übernehmen wollen, um eine eventuelle Aktion der amerikanischen Regierung wirksam zu gestalten. Es wäre für die amerikanische Regierung weder passend noch wirksam, einseitig ein Programm zu entwerfen, das bestimmt, wie Europa wirtschaftlich wieder auf die Füße gestellt werden kann.»

Die Vereinigten Staaten von Amerika als Geburtshelfer eines Europa, das seine historischen Gegensätze überwand und sich zu friedlicher Zusammenarbeit entschloß: Es war eine neue, kühne, weit in die Zukunft weisende Vision, die George Marshall vor seinen Zuhörerinnen und Zuhörern an der Harvard-Universität entwarf. Daß die USA Nutzen aus ihrer materiellen Hilfe für Europa ziehen würden, lag auf der Hand. Die Länder Westeuropas waren der wichtigste Absatzmarkt für die amerikanische Überschußproduktion; eine von den USA finanzierte Stärkung der europäischen Kaufkraft mußte wie ein transatlantisches Konjunkturprogramm großen Stils, eine «Atlantisierung» des amerikanischen New Deal, wirken. Europäische Länder, die auf die Stabilität ihrer Währungen achteten und strenge Haushaltsdisziplin übten, waren zuverlässigere Handelspartner und boten bessere Möglichkeiten für die Investition von amerikanischem Kapital als krisengeschüttelte, von politischem Zerfall bedrohte Länder. Je enger sie miteinander kooperierten, desto weniger mußten die Vereinigten Staaten tun, um sie gegebenenfalls voreinander zu schützen. Erholte sich Europa wirtschaftlich, sanken die Chancen der Kommunisten, soziale Unzufriedenheit politisch auszuschlachten. In diesem Fall konnte die Sowjetunion kaum noch hoffen, ihren Einflußbereich mit «friedlichen»

Mitteln weiter nach Westen auszudehnen. Die USA aber durften darauf setzen, daß sich stabile europäische Demokratien zu verläßlichen Verbündeten entwickeln würden.

Marshall und seine Berater, darunter Kennan, gingen nicht davon aus, daß die Sowjetunion die amerikanische Initiative begrüßen oder es den Staaten ihres Einflußbereiches gestatten würde, das Hilfsangebot der USA anzunehmen. Stalin hatte sie ja bereits daran gehindert, dem Bretton-Woods-Abkommen vom Juli 1944 beizutreten, das den Dollar zur Weltreservewährung und die USA zum Weltbankier machte. Wenn sich die Offerte Washingtons dennoch an alle europäischen Staaten richtete, dann nicht zuletzt, um einen Keil zwischen Moskau und die Regierungen Ostmittel- und Südosteuropas zu treiben. Zur Überraschung der Vereinigten Staaten nahm die Sowjetunion aber die Einladung des französischen Außenministers Bidault und seines britischen Kollegen Bevin zu einer Konferenz der vier Außenminister an, die vom 27. Juni ab in Paris über den (nunmehr allgemein so genannten) Marshallplan beraten sollte. Die sowjetische Präsenz war massiv, aber nur von kurzer Dauer. Als der Versuch Molotows fehlschlug, seine drei westlichen Kollegen auf das Prinzip einer rein bilateralen Kredithilfe festzulegen, zog er eine drastische Konsequenz: Am 2. Juli reisten er und alle 88 Mitglieder seiner Delegation wieder ab.

Zwei Tage später luden Großbritannien und Frankreich die Regierungen von 23 europäischen Staaten, freilich nicht die sowjetische und nicht die spanische, ein, in Paris zu Beratungen über das von den USA vorgeschlagene European Recovery Program (ERP) zusammenzukommen. Die meisten südosteuropäischen und ostmitteleuropäischen Regierungen zeigten Interesse; der parteilose tschechoslowakische Außenminister Jan Masaryk nahm die Einladung namens seiner Regierung sogleich an. Doch der Druck, den Stalin auf die Prager Führung ausübte, nicht nach Paris zu gehen, war so stark, daß die Regierung Gottwald nachgab und am 9. Juli ihre Zusage mit der Begründung zurückzog, daß eine Teilnahme der Tschechoslowakei als Akt interpretiert werden würde, der sich gegen die Freundschaft mit der Sowjetunion und den anderen Verbündeten richte. Der Historiker Tony Judt wertet Stalins Veto gegen den Marshallplan als «einen seiner größten strategischen Fehler». Tatsächlich handelte der Generalissimus im Sinne der Interessen des von ihm vertretenen Systems völlig logisch: Hätte er den «befreundeten» Staaten freie Hand gelassen, wären die Tage der sowjetischen Vorherrschaft über Ostmittel- und Südosteuropa gezählt gewesen.

Die französische Regierung unter dem Sozialisten Paul Ramadier hätte schwerlich eine so prominente Rolle bei den Beratungen über den Marshallplan spielen können, wenn unter ihren Ministern noch Kommunisten gewesen wären. Washington hatte keinen Druck auf Ramadier ausgeübt, um die Entlassung der Minister des PCF herbeizuführen, die dann am 5. Mai erfolgte. Aber dieser Schritt war ebensosehr im amerikanischen Interesse wie die strenge Sparpolitik des Kabinetts Ramadier, die den Bruch mit den Kommunisten zur Folge hatte. Der italienische Ministerpräsident Alcide De Gasperi hingegen war während eines Besuchs in den USA im Januar 1947 nachdrücklich gedrängt worden, sich von den kommunistischen und linkssozialistischen Ministern zu trennen, was dann am 31. Mai auch geschah. Die rigorose Sparpolitik des liberalen Haushaltsministers Luigi Einaudi wurde durch den Bruch mit der Linken sehr erleichtert, und sie war erfolgreich: Die Inflationsrate sank, und das Defizit im Staatshaushalt konnte abgebaut werden. Die bloße Aussicht auf amerikanische Wirtschaftshilfe reichte also aus, einige der von Washington erhofften politischen Wirkungen des amerikanischen Engagements zu erreichen.

Insgesamt flossen zwischen 1948 und 1952 amerikanische Mittel in Gestalt von Waren und Rohstoffen in Höhe von 13 Milliarden Dollar nach Europa. Das Schema des Transfers war von bestechender Einfachheit: Die amerikanischen Exporte wurden von der Regierung in Washington bezahlt; die europäischen Unternehmen bezahlten die Importe bei ihren Regierungen, die mit dem Erlös Infrastrukturprojekte finanzierten. Den größten Anteil unter den Empfängerländern hatten dabei Großbritannien und Frankreich, gefolgt von Italien. Auf Westdeutschland entfielen 3,3 Milliarden Dollar, von denen vertragsgemäß bis 1978 1,1 Milliarden Dollar an die USA zurückgezahlt wurden. Der Rest floß in ERP-Kredite der Kreditanstalt für Wiederaufbau.

Der wirtschaftliche Wiederaufstieg Westeuropas begann jedoch schon 1947, bevor das ERP im April 1948, nach der Verabschiedung durch den amerikanischen Kongreß, in Kraft trat und die zum Zweck der Koordination gegründete Organisation für europäische wirtschaftliche Zusammenarbeit (OEEC) im gleichen Monat ihre Tätigkeit aufnahm. Die psychologischen Wirkungen des Marshallplans übertrafen womöglich noch die wirtschaftlichen. Das private Unternehmertum fühlte sich ermutigt und mit ihm die politischen Kräfte, die mehr auf den Marktwettbewerb setzten als auf staatliche Planung. Bezeichnend war in diesem Zusammenhang eine westdeutsche Karriere: der Aufstieg des parteilosen, aber von der CDU unterstützten Wirtschaftswissenschaftlers Ludwig Erhard, der im März 1948 das Amt des Direktors für Wirtschaft im Wirtschaftsrat für das Vereinigte Wirtschaftsgebiet übernahm. Die von Erhard propagierte «Soziale Marktwirtschaft» (der Begriff stammte von seinem Mitarbeiter Alfred Müller-Armack) brach mit der staatlichen Gängelung der Wirtschaft und vertraute auf das freie Spiel von Angebot und Nachfrage. Anders als im «Manchesterliberalismus» sollte der Staat aber nicht aus seiner Verantwortung entlassen werden. Vielmehr hatte er durch Abbau von Monopolen und Kartellen den Wettbewerb zu gewährleisten und durch flankierende Maßnahmen für sozialen Ausgleich zu sorgen.

Die Sowjetunion reagierte auf die neue amerikanische Europapolitik mit einer Kampfansage. Am 22. September 1947 hielt der für Fragen der Ideologie zuständige Parteisekretär Andrej Schdanow auf einer Konferenz kommunistischer Parteien im schlesischen Szklarska Poręba (Schreiberhau) eine Grundsatzrede, in der er von der Teilung der Welt in zwei Hauptlager sprach: das imperialistisch-antidemokratische Lager auf der einen und das antiimperialistisch-demokratische Lager auf der anderen Seite. Das Hauptziel des imperialistischen Lagers mit den USA als treibender Kraft stelle «die Festigung des Imperialismus dar, die Vorbereitung eines neuen imperialistischen Krieges, der Kampf gegen Sozialismus und Demokratie sowie die Unterstützung reaktionärer und antidemokratischer profaschistischer Regimes und Bewegungen». Die Grundlage des anderen, des antiimperialistischen und demokratischen Lagers bildeten Schdanow zufolge die UdSSR und die Länder der neuen Demokratie. «Das antiimperialistische Lager stützt sich auf die Arbeiterbewegung und auf die demokratische Bewegung in allen Ländern, auf die brüderlichen kommunistischen Parteien in allen Ländern, auf die Kämpfer der nationalen Befreiungsbewegungen in den kolonialen und den abhängigen Ländern sowie auf die Hilfe aller fortschrittlichen demokratischen Kräfte, die in jedem Land vorhanden sind. Das Ziel dieses Lagers ist der Kampf gegen die Gefahr neuer Kriege und gegen die imperialistische Expansion, die Festigung der Demokratie sowie die Ausrottung der Überbleibsel des Faschismus.» Schdanows «Lagerrede» enthielt bereits alle Versatzstücke der sowjetischen Kalten-Kriegs-Rhetorik. Sie diente in erster Linie dazu, dem eigenen «Lager» eine feste ideologische Orientierung für den Kampf gegen den «imperialistischen» Klassenfeind zu geben. Den organisatorischen Rahmen der entsprechenden Aktivitäten sollte das in Schreiberhau gegründete Informationsbüro der Kommunistischen und Arbeiterparteien, das Kominform, bilden. Damit gab es so etwas wie eine Nachfolgeorganisation der im Mai 1943 aufgelösten Komintern, die freilich ein ganz anderes Maß an weltweiter Fernsteuerung der Mitgliederparteien verwirklicht hatte, als es dem Kominform je gelingen sollte. Aus den Ländern des «imperialistischen» Lagers nahmen lediglich die französischen und die italienischen Kommunisten an der Konferenz vom September 1947 teil. Die eigentlichen Trägerparteien waren die regierenden Parteien des sowjetischen Einflußbereichs, damals noch einschließlich Jugoslawiens. Ihre Beziehungen zur unbestrittenen Führungspartei, der KPdSU, waren überwiegend bilateraler Art. Da die Sowjetunion in dem sich formierenden Ostblock ohnehin das Sagen hatte, bedurfte die Koordination der dort tätigen kommunistischen Parteien keines Instruments wie des Exekutivkomitees der Kommunistischen Internationale, das zumindest zeitweilig für den Schein eines eigenständigen kommunistischen Internationalismus gesorgt hatte.

Zur Zeit der Konferenz von Schreiberhau waren die kommunistischen Machtergreifungsprozesse in Südosteuropa weitgehend, in Ostmitteleuropa aber noch längst nicht abgeschlossen. In Bulgarien war die Volksrepublik bereits im September 1946 ausgerufen worden. Im August 1948 schlossen sich Kommunisten und Sozialisten zur Bulgarischen Kommunistischen Arbeiterpartei zusammen; die bürgerlichen Parteien wurden aufgelöst. In Rumänien erfolgte die Ausrufung der Volksrepublik nach der erzwungenen Abdankung König Michaels im Dezember 1947. Im Februar 1948 vereinigten sich die Kommunisten und die Sozialisten zur Rumänischen Arbeiterpartei. Einen Machtkampf zwischen ehemaligen Moskauer Emigranten unter Führung der Außenministerin Ana Pauker und Kommunisten, die während des Krieges interniert worden waren, unter Gheorghe Gheorghiu-Dej entschieden die letzteren 1948 für sich. Ihr Sieg war durchaus im sowjeti-

schen Sinn: Gheorghiu-Dej galt als bedingungsloser Gefolgsmann
Stalins und tat alles, um seinen Ruf als «Stalin Rumäniens» zu rechtfertigen.

Mehr Zeit als in Bulgarien und Rumänien nahm die kommunistische Gleichschaltung im östlichen Mitteleuropa in Anspruch. In Ungarn fanden Ende August 1947 noch halbfreie Wahlen statt, bei denen
die Kommunisten nur auf etwa 22 Prozent der Stimmen kamen. Die
einst führende Kleinlandwirtepartei, die nach Schauprozessen gegen
einige ihrer führenden Funktionäre zusammengeschmolzen war und
sich den Kommunisten immer mehr angepaßt hatte, erhielt nach Angaben des kommunistisch geleiteten Innenministeriums 15 Prozent,
zwei neugegründete oppositionelle Parteien zusammen über 30 Prozent. Die neuen Parteien konnten sich dieses Erfolgs jedoch nicht
lange erfreuen: Massiv unter Druck gesetzt, flohen ihre maßgeblichen
Politiker ins Ausland; die Parteien wurden danach aufgelöst. Im November 1947 beschloß das Parlament den Forderungen der Kommunisten entsprechend die Verstaatlichung der Großbanken und der von
ihnen abhängigen Großunternehmen. Im Juni 1948 erzwang die
Kommunistische Partei unter Mátyás Rakosi die Vereinigung mit den
Sozialisten zur Partei der Ungarischen Werktätigen. Damit war die
Machtfrage geklärt: Ungarn hatte die wichtigsten Schritte getan, die
notwendig waren, um das Land im August 1949 zur Volksrepublik
erklären zu können.

In Polen wurde die Sozialistische Partei unter Józef Cyrankiewicz
Ende 1947 gezwungen, sich von «unzuverlässigen» Mitgliedern zu
trennen, wobei die zugrunde gelegten Kriterien von den Kommunisten
stammten. Innerhalb der kommunistischen Polnischen Arbeiterpartei
(PPR) entbrannte wenig später ein Machtkampf zwischen «Partisanen»
oder «Nationalkommunisten» und «Moskauern», das heißt zwischen
im Lande verbliebenen ehemaligen Widerstandskämpfern und Emigranten. Der Parteivorsitzende Władysław Gomułka gehörte zur ersten
Richtung. Er äußerte sich mehrfach intern kritisch zu der von seinen
Widersachern erwogenen Zwangskollektivierung der Landwirtschaft,
zur Rolle des Kominform und der früheren Kommunistischen Partei
Polens. Damit begann sein politischer Abstieg. Die von Gomułka aktiv
vorangetriebene Vereinigung der Kommunisten und Sozialisten zur
Vereinigten Polnischen Arbeiterpartei fand im Dezember 1948 statt.
Zwei Drittel kamen aus den Reihen der PPR, die auch den neuen Par-

teiapparat dominierte. An die Spitze der Partei trat der bisherige Staatspräsident Bolesław Bierut. Das Amt des Ministerpräsidenten blieb in den Händen von Cyrankiewicz. Den Namen «Volksrepublik Polen» nahm die Republik Polen erst im Juli 1952 an.

Als besonders schwierig erwies sich die Monopolisierung der Macht in den Händen der Kommunisten ausgerechnet in dem Land, in dem sie bei freien Wahlen im Mai 1946 einen spektakulären Erfolg errungen hatten: in der Tschechoslowakei. Im Februar 1948 revoltierten die nichtkommunistischen Minister des Kabinetts Gottwald gegen die Art und Weise, wie der kommunistische Innenminister Václav Nosek durch Stellenbesetzungen die Polizei in Prag unter die Kontrolle seiner Partei brachte. Sie setzten ihre Hoffnungen dabei auf Staatspräsident Beneš, der aber unter dem Eindruck von kommunistisch gesteuerten Massendemonstrationen und Streiks seinen Widerstand aufgab und am 25. Februar die Entlassungsgesuche der Minister aus den Reihen der Tschechischen Sozialisten, der Slowakischen Demokraten und der Volkspartei annahm.

Die «bürgerlichen» Minister des neuen Kabinetts Gottwald hatten keinen Rückhalt mehr in ihren Parteien. Am 10. März starb der parteilose Außenminister Jan Masaryk durch einen Sturz aus einem Fenster seines Amtssitzes, des Palais Czernin – ob es Selbstmord oder Mord war, wurde nie geklärt. Die putschartig betriebene kommunistische Machtergreifung in Prag, ein die westliche Welt nachhaltig erschütternder Vorgang, war damit im wesentlichen abgeschlossen. Bei den Parlamentswahlen vom 30. Mai 1948 konnte nur noch die Einheitsliste der «Nationalen Front» gewählt werden. Präsident Beneš trat, weil er die neue, am sowjetischen Vorbild von 1936 ausgerichtete, noch vom alten Parlament am 9. Mai verabschiedete Verfassung nicht unterzeichnen wollte, am 7. Juni zurück. Sein Nachfolger wurde Clement Gottwald, der Führer der tschechoslowakischen Kommunisten. Dessen Amt als Ministerpräsident übernahm der Gewerkschaftsführer Antonín Zápotocký, der von 1922 bis 1925 Generalsekretär der Kommunistischen Partei gewesen war. Die Tschechoslowakei war nun definitiv, was Gottwald schon im Juli 1946 von ihr behauptet hatte: eine «Volksdemokratie».

In der Sowjetischen Besatzungszone Deutschlands war ebenfalls erhebliche Nachhilfe nötig, um die Partei Moskaus, die SED, zur allein maßgeblichen Kraft zu machen. Bei den Wahlen zu den Landtagen der fünf neugebildeten Länder – Brandenburg, Mecklenburg, Sachsen, Sachsen-Anhalt und Thüringen – hatte die SED im Oktober 1946 im Durchschnitt 47,5 Prozent der Stimmen erhalten. Im noch ungeteilten Berlin, wo auch die SPD antreten konnte, kam die SED nur auf 19,8, die SPD hingegen auf 48,7 Prozent; auf die CDU entfielen dort 22,2, auf die Freie beziehungsweise Liberaldemokratische Partei 9,3 Prozent. In der Folgezeit wuchs der Druck auf die bürgerlichen Parteien der Sowjetzone, sich dem Führungsanspruch der SED zu unterwerfen. Ein Instrument hierzu war die Ende 1947 ins Leben gerufene «Volkskongreßbewegung», die die sowjetische Haltung in der deutschen Frage unterstützen sollte. Die LDPD ließ sich auf dieses Ansinnen ein, während die beiden Vorsitzenden der sowjetzonalen CDU, Jakob Kaiser und Ernst Lemmer, es zurückwiesen. Beide wurden im Dezember 1947 von der Sowjetischen Militäradministration in Deutschland, der SMAD, ihrer Posten enthoben. Der neue CDU-Vorsitzende Otto Nuschke, wie Lemmer ein ehemaliger Reichstagsabgeordneter der Deutschen Demokratischen Partei, zeigte sich gegenüber der SMAD und der SED kooperativ: Er gehörte zu den CDU-Funktionären, die im Dezember 1947 am Deutschen Volkskongreß in Berlin teilnahmen.

Die SED hatte zu dieser Zeit in allen Ländern der SBZ die entscheidenden Funktionen inne. Dasselbe galt von der Deutschen Wirtschaftskommission, die die SMAD am 14. Juni 1947, gewissermaßen als Antwort auf den Wirtschaftsrat der Bizone, berief, um die Tätigkeit der Länder und der (bereits im Juli 1945 geschaffenen) Deutschen Zentralverwaltungen und vor allem die Wirtschaftsplanung zu koordinieren. Gleichzeitig wurde der Einfluß der ehemaligen Sozialdemokraten immer mehr zurückgedrängt. Auf ihrem 2. Parteitag im September 1947 forderte der stellvertretende Parteivorsitzende Walter Ulbricht die Umwandlung der SED in eine «Partei neuen Typs», also in eine marxistisch-leninistische Kaderpartei nach sowjetischem Vorbild. Eine logische Konsequenz dieser Ausrichtung war ein verschärfter Kampf gegen den «Sozialdemokratismus». Der ehemalige Sozialdemokrat Otto Grotewohl, der zusammen mit dem Kommunisten Wilhelm Pieck an der Spitze der SED stand, machte sich zum Sprecher der Kampagne, als er im Juli 1948 massive Kritik an der historischen Rolle der SPD, namentlich in der Revolution von 1918/19, übte und sich zum Marxismus-Leninismus als verbindlicher Parteidoktrin bekannte.

Das Verhältnis zwischen der Sowjetunion und den Westmächten hatte sich im Verlauf des Jahres 1946 so verschlechtert, daß die Außenministerkonferenzen des Jahres 1947, vom Moskauer Treffen im März und April bis zur Londoner Zusammenkunft im November und Dezember, kaum mehr waren als Demonstrationen unvereinbarer Standpunkte. Auf der zuletzt genannten Konferenz verlangte Molotow erneut die (in Potsdam unterbliebene) Anerkennung eines sowjetischen Anspruchs auf deutsche Reparationen in Höhe von insgesamt 10 Milliarden Dollar, weigerte sich aber, die bisher erfolgten Entnahmen aus der laufenden Produktion zu beziffern. Außerdem verlangte der sowjetische Außenminister die Verstaatlichung der Konzerne, Kartelle und Trusts in Westdeutschland und die Annullierung des Abkommens über die Bizone. Die Sowjetunion lehnte die von den USA angestrebte effektive und längerfristige Viermächtekontrolle über Deutschland (Byrnes sprach 1945/46 mehrfach von einem Zeitraum von bis zu 25 Jahren) ab, weil sie darin den Versuch der Vereinigten Staaten sah, die bereits eingeleitete gesellschaftliche Umwälzung im sowjetischen Herrschaftsbereich in Deutschland zu unterbinden, ja rückgängig zu machen. Die Angelsachsen wiesen ihrerseits die Moskauer Forderung nach einer Viermächtekontrolle des Ruhrgebiets zurück, weil sie dahinter die Absicht der Sowjetunion vermuteten, den eigenen Einflußbereich nach Westen auszudehnen. Der Dissens in der Reparationsfrage war in Potsdam nur durch einen dilatorischen Formelkompromiß überbrückt worden. Es war daher lediglich eine Frage der Zeit, wann die gegensätzlichen Interessen zu einem offenen Konflikt führen würden.

Die Teilung Europas in Interessensphären stellten Washington und Moskau 1946/47 nicht grundsätzlich in Frage. Beide Seiten respektierten de facto die Machtverteilung, auf die man sich zwischen 1943 und 1945 in Teheran, Jalta und Potsdam verständigt hatte. Gleichzeitig gingen Westen und Osten davon aus, daß die jeweils andere Seite nur darauf wartete, den Status quo zu ihren Gunsten zu verändern. Tatsächlich sah Stalin im weltpolitischen Arrangement von 1945 nichts Endgültiges: Die kapitalistische Welt war nach seiner Überzeugung strukturell nicht in der Lage, ihre inneren Widersprüche über längere Zeit hinweg mit friedlichen Mitteln auszugleichen; die Zukunft gehörte dem überlegenen sozialistischen Gesellschaftssystem; wann die Sowjetunion die Gelegenheit erhielt, dem Sozialismus ohne das Risiko

einer großen internationalen Konfrontation neues Terrain zu erschließen, konnte man nicht vorab festlegen.

Umgekehrt wäre der Westen zum Verräter an seinen grundlegenden
Werten geworden, wenn er die politische Unterdrückung im sowjetischen Machtbereich nicht angeprangert hätte. Über die grundlegenden
Gegensätze zwischen westlicher Demokratie und Sowjetkommunismus hatte man hinwegsehen können und müssen, solange es einen gemeinsamen Feind, Hitler-Deutschland, zu bezwingen galt. Nach dessen Niederringung gab es keinen durchschlagenden Grund mehr, das
Trennende zu verschweigen – und gute Gründe, sich auf die eigenen
Kräfte zu besinnen und sie zu bündeln.

Der Westen konnte freilich, solange er sich an den Ideen von 1776
und 1789 orientierte, niemals das Maß an Geschlossenheit erreichen,
das die Sowjetunion den von ihr abhängigen Ländern zumindest äußerlich aufzuzwingen vermochte. Europa, soweit es nicht im sowjetischen
Einflußbereich lag, war immer noch zutiefst gespalten und unfähig,
sich aus eigener Kraft gegenüber der östlichen Vormacht zu behaupten.
Es war, wenn es seine Freiheit bewahren wollte, auf die Unterstützung
der Vereinigten Staaten angewiesen, und es bekam von dort zu hören,
daß es diese Hilfe nur erhalten würde, wenn es seine inneren Gegensätze überwand und sich seiner gemeinsamen Interessen und Werte
bewußt wurde.

Es waren jedoch nicht nur die Amerikaner wie George Marshall,
die solche Appelle an die Europäer richteten. Am 19. September 1946
hielt Winston Churchill an der Universität Zürich einen Vortrag, in
dem er zur Bildung der Vereinigten Staaten von Europa und zur Schaffung eines Europarats aufrief. Die Führung sollten dabei die beiden
Nationen übernehmen, die sich lange als «Erbfeinde» betrachtet hatten. «Der erste Schritt zur Neubildung der europäischen Familie muß
eine Partnerschaft Frankreichs und Deutschlands sein. Nur so kann
Frankreich die moralische Führung in Europa wiedererlangen. Es wird
keine Erneuerung Europas geben ohne ein geistig großes Frankreich
und ein geistig großes Deutschland. Wenn das Gebäude der Vereinigten Staaten von Europa gut und gewissenhaft errichtet wird, muß
darin die materielle Stärke eines einzelnen Staates von untergeordneter
Bedeutung sein. Kleine Nationen werden ebensoviel zählen wie große
und sich durch ihren Beitrag zur gemeinsamen Sache Ehre erwerben.»
Großbritannien und das British Commonwealth of Nations sollten

den Vereinigten Staaten von Europa nicht angehören, wohl aber wie
die Vereinigten Staaten und hoffentlich auch Sowjetrußland Freunde
und Förderer des neuen Europa sein: Das war die Vision des konservativen Oppositionsführers im britischen Unterhaus ein Jahr, nachdem
der Zweite Weltkrieg an allen Fronten zu Ende gegangen war.
Churchill war *nicht* der Vater der europäischen Einigungsbewegung.

In der Zwischenkriegszeit hatte die «Paneuropa»-Bewegung um den
österreichischen Grafen Richard Coudenhove-Kalergi unter den europäischen Eliten für einen kontinentalen Staatenbund geworben; der
französische Außenminister Aristide Briand hatte sich 1929 für einen
engen Zusammenschluß der europäischen Staaten ausgesprochen, in
den vor allem auch das wieder erstarkende Deutschland eingebunden
werden sollte; in den europäischen Widerstandsbewegungen gegen
Faschismus und Nationalsozialismus wie unter Emigranten aus den
von Hitler besetzten Ländern war intensiv über ein Nachkriegseuropa
nachgedacht worden, das die Zersplitterung in rivalisierende souveräne
Nationalstaaten hinter sich ließ und sich zu einer handlungsfähigen
politischen Einheit entwickelte.

Einer der Vordenker des neuen Europa war der Italiener Altiero
Spinelli, der als Kommunist 1927 verhaftet worden war, sich in der
Haft vom Kommunismus löste und zum engagierten Wortführer eines
europäischen Bundesstaates wurde. Spinelli war im Dezember 1946
einer der Gründer der Union Européenne des Fédéralistes (UEF).
Churchills Vorstoß war nicht nach dem Geschmack von Föderalisten
wie Spinelli: Der britische Oppositionsführer stand aus ihrer Sicht für
eine vom Geist des Antikommunismus geprägte Zusammenarbeit der
Regierungen ohne demokratisches Fundament in den Völkern. Das
Europa der Föderalisten konnte hingegen, soweit es nach Spinelli ging,
nur aus einem revolutionären Akt der Verfassunggebung erwachsen
und mußte das Ergebnis einer sozialistischen, auf die Emanzipation
der werktätigen Klassen ausgerichteten Revolution sein.

Den Föderalisten standen die Unionisten des United Europe Movement (UEM) gegenüber, die einen europäischen Bundesstaat ablehnten, sich aber für eine immer engere zwischenstaatliche Zusammenarbeit der (west)europäischen Staaten einsetzten. Der UEM wurde im
Mai 1947 unter der Ägide Churchills in London gegründet. An seiner
Spitze stand Churchills Schwiegersohn Duncan Sandys. Anders als die
UEF sprach er nicht die Völker, sondern die politischen Eliten an – das

aber mit großem publizistischen Echo und erheblichem Erfolg. Der
von ihm organisierte Europakongreß in Den Haag im Mai 1948 war
die erste internationale Konferenz, zu der auch Deutsche eingeladen
wurden – unter ihnen Konrad Adenauer und der spätere erste Präsident der Kommission der Europäischen Wirtschaftsgemeinschaft,
Walter Hallstein.

Neben UEF und UEM entstanden 1947 auch europäische Zusammenschlüsse der «politischen Familien» wie die im März gegründeten
Nouvelles Équipes Internationales (NEI), in deren Rahmen sich christlich-demokratische Parteiführer wie Robert Schuman aus Frankreich,
Alcide De Gasperi aus Italien und Konrad Adenauer aus Westdeutschland trafen: drei Politiker, die die westeuropäische Einigungspolitik
der fünfziger Jahre entscheidend prägen sollten. Das einen Monat zuvor ins Leben gerufene Mouvement pour les États-Unis Socialistes
d'Europe, das sich 1948 in Mouvement Socialiste pour les États-Unis
d'Europe umbenannte, führte hingegen nur eine Kümmerexistenz: Die
britische Labour Party und die westdeutsche Sozialdemokratie Kurt
Schumachers sahen in der Europabewegung überwiegend eine Machen-
schaft konservativer, kapitalistischer und klerikaler Kräfte, die mit
dem sozialistischen Internationalismus nichts gemein hatte. Der mehrfache belgische Ministerpräsident Paul-Henri Spaak war einer der
wenigen überzeugten Europäer unter den Sozialisten.

In das Dreivierteljahr zwischen der Ankündigung und dem Inkrafttreten des Marshallplans fiel eine Reihe von Vertragsabschlüssen, deren Zweck es war, die internationale Zusammenarbeit zu verstärken.
Am 29. Oktober 1947 bildeten die Niederlande, Belgien und Luxemburg für die in ihren Gebieten hergestellten Waren eine Zollunion,
«Benelux» genannt. Am folgenden Tag unterzeichneten 23 Staaten in
Genf das schon im Währungsabkommen von Bretton Woods vorgesehene Allgemeine Zoll- und Handelsabkommen (GATT), das den
weltweiten Abbau von Handelsbeschränkungen aller Art zum Ziel
hatte und damit auch der OEEC den Boden bereitete. Am 21. Januar
1948 schlugen Großbritannien und Frankreich den Benelux-Staaten
vor, einen langfristigen Beistandspakt von der Art zu schließen, wie
ihn London und Paris im März 1947 in Dünkirchen abgeschlossen
hatten. (Dieses Abkommen war auf 50 Jahre befristet und auf die Abwehr eines deutschen Angriffs ausgerichtet). Den Haag, Brüssel und
Luxemburg drängten auf eine weiterreichende, nicht nur militärische

Zusammenarbeit und erhielten dafür die Rückendeckung der USA. Am 17. März 1948 wurde der Brüsseler Pakt unterzeichnet, in dem sich Großbritannien, Frankreich, die Niederlande, Belgien und Luxemburg zu automatischem Beistand sowie zu wirtschaftlicher, sozialer und kultureller Zusammenarbeit verpflichteten. Der Vertrag nahm ausdrücklich auf eine eventuelle Bedrohung durch Deutschland Bezug, sprach aber auch allgemein von der Abwehr jeder Angriffspolitik. Tatsächlich ging es den Unterzeichnerländern vorrangig um die gemeinsame Verteidigung angesichts der Gefahr einer sowjetischen Expansion. Es erschien den Beteiligten jedoch nicht ratsam, diesen Zweck des Brüsseler Pakts ausdrücklich zu benennen.

An der sowjetischen Obstruktion in der deutschen Reparationsfrage, dem Schlüsselproblem der Ost-West-Beziehungen, gab es um diese Zeit nichts mehr zu deuten. Wenige Tage nach dem Fehlschlag der Londoner Außenministerkonferenz, am 20. Dezember 1947, erklärte der französische Außenminister Bidault vor der Nationalversammlung in Paris, Frankreich habe lange, wenn auch vergeblich versucht, die Spaltung Europas und der Welt zu verhindern. Jetzt gehe es darum, «zu unserer eigenen Sicherung und für den Frieden der Welt die ständigen Ziele der französischen Politik mit den uns verbliebenen Mitteln durchzusetzen».

Damit schwenkte nunmehr auch Frankreich auf die Linie ein, auf die sich die USA und Großbritannien schon zuvor verständigt hatten: eine Teillösung der deutschen Frage ohne die Sowjetunion als Beitrag zu einem engeren Zusammenschluß Westeuropas. Am 23. Februar 1948 begann in London eine Sechsmächtekonferenz, an der die USA, Großbritannien, Frankreich und die drei Benelux-Staaten, außerdem die drei westalliierten Militärgouverneure in Deutschland teilnahmen. Über die Notwendigkeit der Bildung eines westdeutschen Staates gab es keine Meinungsverschiedenheiten, wohl aber über seine innere Ausgestaltung: Die Briten wünschten eine starke Zentralgewalt, die Franzosen eine lockere Föderation. Man verständigte sich auf die von den USA vertretene mittlere Linie: einen Föderativstaat, in dem Bund und Länder sich hinreichend entfalten konnten.

Auf französisches Drängen hin verzichteten die Angelsachsen auf die sofortige Umsetzung einer provisorischen westdeutschen Regierung. Eine solche sollte vielmehr erst nach Ausarbeitung einer Verfassung und allgemeinen Wahlen gebildet werden. Das Ruhrgebiet wurde, um Westeuropa vor jeder künftigen deutschen Aggression zu schützen,

einer internationalen Körperschaft unterstellt, in der die drei Westmächte, die Benelux-Staaten, aber auch die künftige westdeutsche
Regierung vertreten sein sollten. Aufgabe der internationalen Ruhrbehörde war die Kontrolle über die Verteilung von Kohle, Koks und
Stahl zum gemeinsamen Wohl der beteiligten Länder. Am 6. Juni 1948
wurde die Londoner Sechsmächtekonferenz mit einem Kommuniqué
abgeschlossen, dem zufolge die Unterzeichnerstaaten die Notwendigkeit anerkannten, «dem deutschen Volk die Möglichkeit zu geben, auf
der Basis einer freien demokratischen Regierungsform die Wiederherstellung der gegenwärtig nicht bestehenden deutschen Einheit zu erlangen». Die Sowjetunion hatte schon ein knappes Vierteljahr vorher ihre
Konsequenz aus den Beratungen gezogen: Am 20. März 1948 verließ
Marshall Sokolowski, der turnusmäßig den Vorsitz im Alliierten Kontrollrat innehatte, die Sitzung, ohne einen neuen Termin festgesetzt zu
haben. Die Viermächtekontrolle über Deutschland war damit beendet.

Während in London noch über die Zukunft Westdeutschlands
verhandelt wurde, berieten Briten, Amerikaner und Kanadier bereits
vertraulich über die Ausweitung der «Westunion» des Brüsseler Pakts
zu einem nordatlantischen Sicherheitssystem. Die streng geheimen
Verhandlungen begannen am 22. März 1948 in Washington. Der
Planungsstab des amerikanischen Außenministeriums unter George
F. Kennan war zu diesem Zeitpunkt noch der Ansicht, daß eine einseitige Beistandsgarantie des Präsidenten ausreichen würde, um der
Sowjetunion ein starkes Signal zu geben. Die Briten hingegen drängten auch im Hinblick auf das ausgeprägte französische Sicherheitsbedürfnis auf einen formellen Vertrag mit wechselseitigen Beistands-
versprechen aller Partner. London setzte sich damit durch: Im April
1948 näherten sich auch der stellvertretende amerikanische Außenminister Robert Lovett und der Vorsitzende des außenpolitischen
Senatsausschusses, der bei den Republikanern tonangebende Senator
Arthur H. Vandenberg aus Michigan, der britischen Position an.

Am 11. Juni 1948 nahm der Senat mit 64 gegen 4 Stimmen die
«Vandenberg Resolution» an, die es den Vereinigten Staaten gestattete,
sich an einem regionalen oder einem anderen kollektiven Verteidigungsbündnis entsprechend Artikel 51 der Charta der Vereinten Nationen
zu beteiligen. Am 29. Juni begannen vertrauliche Beratungen zwischen
den Staaten des Brüsseler Pakts, den USA und Kanada. Daß zu einem
späteren Zeitpunkt auch Westdeutschland in das westliche Verteidi-

gungssystem eingebunden werden mußte, war den maßgebenden Akteuren im neugeschaffenen National Security Council in Washington,
anders als vielen Westeuropäern und besonders den Franzosen, bereits
im Sommer 1948 bewußt. Die Weichen für den Nordatlantikpakt
waren gestellt: eine Perspektive, die es Frankreich erleichterte, den
«Londoner Empfehlungen» für den Aufbau einer westdeutschen Staatlichkeit zuzustimmen.

Für die Vereinigten Staaten bedeutete die Entscheidung für ein
Bündnis mit Westeuropa eine tiefe Zäsur. In seiner ersten Inaugurationsrede hatte der dritte Präsident der USA, Thomas Jefferson, am
4. März 1801 «entangling alliances», der Verwicklung in Bündnisse
mit fremden Staaten, eine kategorische Absage erteilt und damit eine
Devise ausgegeben, an die sich seine Nachfolger bis zum Ersten Weltkrieg hielten. Drei Jahre nach dem Ende des Zweiten Weltkriegs sahen
die maßgeblichen Politiker der USA in einer Allianz mit westeuropäischen Demokratien einen unabdingbaren Beitrag zur Verteidigung
Amerikas dort, wo seine Interessen, seine Werte und damit seine Weltgeltung am stärksten bedroht schienen: in Europa. Wie die Dinge im
Jahr 1948 lagen, war das eine realistische Einschätzung.

Im November 1948 standen in den USA Präsidentschaftswahlen an.
Harry S. Truman hatte nach allgemeiner Einschätzung nur geringe
Chancen, im Amt bestätigt zu werden. Er war sehr viel weniger populär als sein Vorgänger Franklin D. Roosevelt. Die republikanische
Kongreßmehrheit hatte die meisten seiner fortschrittlichen Gesetz-
gebungsprojekte zu Fall gebracht, darunter den ersten Entwurf eines
Gesetzes zur vollen Verwirklichung der Bürgerrechte der Amerikaner
schwarzer Hautfarbe vom Februar 1948. Die ultrakonservativen Süd-
staatendemokraten, die «Dixiecrats» um den Gouverneur James
Strom Thurmond, waren über diesen Vorstoß des Präsidenten so empört, daß sie auf der Convention der Demokraten in Philadelphia im
Juli 1948 mit ihrer Partei demonstrativ brachen und Thurmond kurz
darauf als Kandidaten einer neuen Partei, der States' Rights Democratic Party, ins Rennen schickten. Aus anderen Gründen gingen zur
gleichen Zeit auch einige Demokraten des linken Parteiflügels unter
Führung des früheren Vizepräsidenten Henry A. Wallace auf Konfrontationskurs zum Präsidenten. Ihr zentraler Vorwurf lautete, Truman habe ohne Not eine übertrieben feindselige Position gegenüber

der Sowjetunion bezogen. Wallace trat im November als Kandidat der Progressive Party an. Bewerber der Republikaner war erneut der angesehene und weltläufige Gouverneur von New York, Thomas Dewey, der schon 1944, wenn auch erfolglos, gegen Roosevelt kandidiert hatte.

Truman führte, nachdem er mit großer Mehrheit als Präsidentschaftskandidat der Demokraten nominiert worden war, einen betont aggressiven Wahlkampf, in dem er die «reaktionäre» Politik des 80., von den Republikanern dominierten Kongresses massiv angriff und sich zu allen seinen Gesetzesvorschlägen bekannte, die am Widerstand der «Grand Old Party» und der «Dixiecrats» gescheitert waren, darunter auch der «Civil Rights»-Initiative vom Februar 1948. Entgegen den Erwartungen der meisten Beobachter hatte er damit Erfolg. Am 2. November obsiegte er souverän über Dewey: Er erhielt 49,5, sein republikanischer Kontrahent 45,1 Prozent der abgegebenen gültigen Stimmen. Auf Wallace entfielen 2,4, auf Thurmond 2,1 Prozent. In beiden Häusern des Kongresses verfügten die Demokraten nun wieder über klare Mehrheiten.

Die Hoffnung des Präsidenten, im neuen Kongreß Unterstützung für seine Reformvorhaben, den von ihm so genannten «Fair Deal», zu gewinnen, erfüllte sich nur zum Teil. Was er erreichte, waren eine Erhöhung des gesetzlichen Mindestlohnes von 40 auf 75 Cents pro Stunde, eine deutliche Ausweitung der Leistungen der Social Security und ein Gesetz zum Wohnungsbau, das staatliche Mietzuschüsse für Geringverdiener vorsah. Im Hinblick auf das Gesundheits- und das Erziehungswesen aber gelang es den Republikanern im Verein mit den konservativen Demokraten, seine Vorhaben zu durchkreuzen. Ebensowenig erfolgreich war Truman mit Versuchen, ein bundesgesetzliches Verbot der Lynchjustiz und der Behinderung der Stimmabgabe von Amerikanern schwarzer Hautfarbe durchzusetzen oder die Diskriminierung von Schwarzen bei der Vergabe von Stellen zu beseitigen. Der Präsident ließ sich dadurch nicht entmutigen und verfügte, wo immer er es konnte, auf dem Verordnungsweg ein Ende der Benachteiligung von schwarzen Amerikanern, so bei Stellenbesetzungen durch Bundesbehörden und in den Streitkräften. Was die «civil rights» anging, entfaltete Truman nicht nur sehr viel mehr Engagement als «FDR» – er war auch erfolgreicher als dieser.[4]

Jenseits von Ost und West:
Die Kolonialmächte geraten in Bedrängnis

Der wichtigste Partner der USA in Westeuropa war sich seiner materiellen Abhängigkeit von der größten westlichen Demokratie voll bewußt, aber in der frühen Nachkriegszeit durchaus noch nicht bereit, von eigenen weltpolitischen Ambitionen Abstand zu nehmen. Großbritannien und das Commonwealth bildeten aus der Sicht der regierenden Labour Party und vor allem ihres Außenministers Ernest Bevin eine «dritte Kraft», die gute Aussicht hatte, auch künftig eine starke und unabhängige Rolle neben den Vereinigten Staaten und der Sowjetunion zu spielen. Ein allzu enges Verhältnis zwischen der westlichen und der östlichen Weltmacht hatte für Bevin sogar etwas Bedrohliches: Es stand zu befürchten, daß beide sich zu einem antikolonialen Zweckbündnis gegen die europäischen Kolonialmächte, an ihrer Spitze Großbritannien, zusammenschließen könnten.

Wenn Bevin sich 1946/47 nicht weniger sowjetkritisch äußerte als Churchill, lag das nicht zuletzt an seinem Glauben an die besondere weltpolitische Mission Großbritanniens. Ein sowjetisches Expansionsstreben beobachteten Bevin und die Labour-Regierung 1946 in Iran, gegenüber der Türkei und, mit fragwürdigem Recht, auch in Griechenland – in einer Region also, die traditionell von großer strategischer Bedeutung für das britische Weltreich war. Von der Unmöglichkeit, mit der Sowjetunion in der deutschen Reparationsfrage zu einer Verständigung zu gelangen, war Bevin 1946 schon früher überzeugt als sein amerikanischer Kollege Byrnes. Daraus zu folgern, ein zur Dramatisierung der sowjetischen Absichten neigendes Großbritannien hätte die widerstrebenden USA in den Kalten Krieg hineingezogen, wäre falsch. Aber bei der Herausbildung der atlantischen Nachkriegsallianz hat kein westeuropäisches Land einen so aktiven Part gespielt wie das von der Labour Party regierte Vereinigte Königreich. Die britischen Überseeinteressen waren den Akteuren in London dabei immer präsent.

An die Grenzen seiner imperialen Macht stieß Großbritannien in den ersten Nachkriegsjahren überall dort, wo sich starke nationalistische Kräfte gegen die anhaltende Bevormundung und Gängelung durch die Vertreter Londons auflehnten: im Nahen Osten und in Indien. Der arabische Nationalismus, einer der bevorzugten Adressaten der nationalsozialistischen Auslandspropaganda, erhielt nach 1945 Auftrieb durch die verstärkte jüdische Einwanderung nach Palästina. Diese rekrutierte sich aus Überlebenden des Holocaust, die sich nach Kriegsende als «Displaced Persons» in Deutschland aufhielten oder vor neuerlichen antisemitischen Ausschreitungen in Polen dorthin flüchteten. Die von der Jewish Agency und der zionistischen Bewegung geforderte Teilung Palästinas in einen jüdischen und einen arabischen Teil lehnten die dort ansässigen Araber ebenso ab wie die britische Mandatsverwaltung. Deren Widerstand gegen einen weiteren Zustrom von Juden aus Europa war indes nicht sehr erfolgreich: In den ersten drei Jahren nach Kriegsende gelangten 70 000 Juden, die meisten illegal, nach Palästina. Anfang 1946 lebten 608 000 Juden in dem Mandatsgebiet – etwa zwei Fünftel der Gesamtbevölkerung.

Seine Weigerung, mehr Juden aus Europa eine Heimstatt in Palästina zu gewähren (die Jewish Agency und Präsident Truman nannten mehrfach die Zahl von 100 000 zusätzlichen Einwanderungszertifikaten), hielt Großbritannien gegen massiven amerikanischen Druck aufrecht. Im Zuge einer Seeblockade wurden im August 1946 26 000 jüdische Flüchtlinge auf Zypern interniert. Zu dieser Zeit waren radikale zionistische Widerstandsgruppen, obenan der Irgun unter dem späteren Ministerpräsidenten Menachem Begin, längst dazu übergegangen, militärische Ziele der britischen Mandatsmacht anzugreifen. Die Höhepunkte des jüdischen Terrors bildeten die Sprengung von elf Brücken, die Palästina mit den Nachbarländern verbanden, durch die Palmnach-Gruppe Mitte Juni 1946 und der Bombenanschlag der Irgun auf das von der Mandatsmacht genutzte King-David-Hotel zu Jerusalem am 22. Juli 1946 – ein Attentat, das 91 Menschenleben forderte und die Haganah, die «offizielle» zionistische Heimatarmee in Palästina, veranlaßte, die Irgun, wenn auch nur nominell, aufzulösen.

Die Radikalisierung auf jüdischer Seite trug erheblich dazu bei, daß die Labour-Regierung in London sich im Februar 1947 entschloß, das Palästina-Problem vor die Vereinten Nationen und damit vor die Nachfolgerin der Organisation zu bringen, die Großbritannien 1922 mit dem Mandat für Palästina betraut hatte: des Völkerbundes. Bevins Erläuterung dieses Schritts war ein Eingeständnis der Ohnmacht: «Wir sehen uns außerstande, die Vorschläge der Araber oder der Juden zu akzeptieren oder eine Lösung gegen sie durchzusetzen.» Das Dilemma

des Vereinigten Königreichs erschien in der Tat unlösbar: Stellte es sich
auf die Seite der Araber, brachte es seinen mächtigsten Verbündeten,
die Vereinigten Staaten von Amerika, gegen sich auf, die inzwischen
der wichtigste Protektor der zionistischen Bewegung waren; ergriff es
die Partei der Juden, ruinierte es sein Verhältnis zur arabischen und
zur muslimischen Welt. Ein «dritter Weg», ein friedlicher Ausgleich
zwischen Arabern und Juden, war angesichts der Unvereinbarkeit der
Standpunkte zur Illusion geworden. Die Flucht aus der Verantwortung
als Mandatsmacht stellte sich, so gesehen, als Ausdruck einer nüchternen Abwägung von Interessen dar.

Die Antwort der UNO war die Einsetzung einer aus Angehörigen
von elf Nationen bestehenden Kommission, des United Nations Special
Committee on Palestine (UNSCOP), das seinen Bericht bis zum 1. September 1947 vorlegen sollte. Während die arabischen Organisationen
die Kooperation verweigerten, tat die Jewish Agency alles, um die Mitglieder von UNSCOP von der Berechtigung, ja Unabweisbarkeit ihrer
Forderung nach einem jüdischen Staat zu überzeugen. Ein Ereignis,
das vor allem den Vorsitzenden der Kommission, den Schweden Emil
Sandström, nachhaltig beeindruckte und in die Arbeit von UNSCOP
einfloß, war die Tragödie der «Exodus 1947» – eines von der Haganah
gecharterten Schiffes, das 4500 Überlebende der Shoah nach Palästina
bringen sollte. Es wurde von den Briten in Sichtweite der palästinensischen Küste, auf der Höhe von Haifa, gekapert und gezwungen, nach
Europa zurückzukehren. Erst in Deutschland durften die Passagiere
im September 1947 an Land gehen.

Der Bericht der UN-Kommission lag zu diesem Zeitpunkt bereits
vor. Einstimmig plädierten die Mitglieder für die Aufhebung des britischen Mandats. Eine Mehrheit sprach sich für die Teilung Palästinas in
einen jüdischen und einen arabischen Staat aus, die durch eine Wirtschaftsgemeinschaft verbunden sein sollten. Für Jerusalem und die
heiligen Stätten wurde eine internationale Aufsicht vorgeschlagen. Die
Minderheit empfahl die Bildung eines unabhängigen Bundesstaates,
bestehend aus einer arabischen und einer jüdischen Verwaltungseinheit. Die Vollversammlung der Vereinten Nationen entschied sich am
29. November 1947 mit der erforderlichen Zweidrittelmehrheit (33
gegen 13 Stimmen bei 10 Enthaltungen) für einen Teilungsplan, wonach der jüdische Staat 55 Prozent der Fläche des Mandatsgebiets mit
500 000 Juden und 400 000 Arabern umfaßte, der arabische Staat

45 Prozent der Fläche mit einer Bevölkerung von 700000 Arabern und einer kleinen jüdischen Minderheit. Im Gebiet von Jerusalem sollten rund 200000 Menschen leben, und zwar etwa ebenso viele Juden wie Araber.

Während die USA, die Sowjetunion und, obschon widerstrebend, auch Frankreich den Teilungsplan unterstützten, hatte sich Großbritannien bei der Abstimmung in der Vollversammlung der Stimme enthalten. In der Folgezeit hinderte das Vereinigte Königreich die Vereinten Nationen daran, den Beschluß der Vollversammlung in die Praxis umzusetzen: Der zuständigen UN-Kommission wurde die Einreise nach Palästina verwehrt; das britische Mandat beschloß London mit Wirkung vom 15. Mai 1948 aus eigener Machtvollkommenheit zu beenden. Die Juden fühlten sich aus guten Gründen als die Sieger des 29. November 1947. Mit entsprechender Härte traten sie gegenüber den Arabern auf, die gegen die Teilung Palästinas und die offenkundige Privilegierung der jüdischen Seite durch die Vereinten Nationen vehement und häufig gewaltsam protestierten.

Die Zusammenstöße zwischen Angehörigen der beiden Ethnien wurden seit Dezember 1947 immer heftiger und nahmen im Frühjahr 1948 bürgerkriegsartige Züge an. Am 9. April besetzten die Irgun und eine andere jüdische Miliz, die Lechi, mit Rückendeckung der Haganah das Dorf Deir Yassin bei Jerusalem, wobei sie über 90 Menschen, darunter viele Frauen und Kinder, umbrachten. Die Jewish Agency verurteilte das Blutbad, die Haganah versuchte ihre eigene Beteiligung zu kaschieren. Der Zweck dieser und anderer Massaker vom Frühjahr 1948 aber war erreicht: Sie lösten eine Massenflucht der Palästinenser aus. Der israelische Historiker Ilan Pappe spricht in diesem Zusammenhang zu Recht von planmäßig durchgeführten «ethnischen Säuberungen» und von Verbrechen gegen die Menschlichkeit.

Am 14. Mai 1948 – dem Tag, an dem die letzten britischen Truppen Palästina verließen – rief David Ben Gurion, der Chef der provisorischen israelischen Regierung, den unabhängigen souveränen Staat Israel aus. Von den USA und der Sowjetunion wurde er sogleich anerkannt, die arabischen Staaten aber quittierten die Beendigung des britischen Mandats so, wie sie es angekündigt hatten: Am 15. Mai marschierten Truppen aus Jordanien, offiziell noch Transjordanien genannt, Ägypten, Syrien, Libanon und Irak, aber auch aus Sudan, in Palästina ein. Damit begann der erste arabisch-israelische Krieg, in dessen Verlauf israelische Truppen eine Reihe von Kriegsverbrechen an der arabischen Zivilbevölkerung verübten. Die von Massakern begleitete Zerstörung von über 470 palästinensischen Dörfern im Zuge der Operation «Hiram» vom Oktober 1948 im Hochland von Galiläa, gefolgt von der Vertreibung von mindestens 20000 palästinensischen Arabern, war nur eines von vielen Beispielen.

Über das Ziel des Krieges war sich die israelische Führung mit Ben Gurion an der Spitze einig: Der jüdische Staat würde nur lebensfähig sein, wenn es gelang, sein Territorium wesentlich zu vergrößern, ja die von der UNO verfügte Teilung Palästinas aufzuheben und eine möglichst große Zahl von Arabern aus dem beanspruchten Staatsgebiet zu vertreiben. Zahlenmäßig und von der militärischen Leistungskraft her war die israelische Armee den arabischen Streitkräften deutlich überlegen. Von den letzteren konnte nur die Arabische Legion Jordaniens militärischen Ruhm an ihre Fahnen heften, unter anderem durch die Vertreibung der Juden aus der Altstadt von Jerusalem. Im November 1948 nahmen die Israelis den Teil Galiläas ein, der noch nicht zum jüdischen Staat gehörte, außerdem die Neustadt von Jerusalem und im Süden Gebiete, die an die Negev-Wüste grenzten. Eine militärische Niederlage Israels war seitdem so gut wie ausgeschlossen.

Am 11. Dezember 1948 bezeichnete die Vollversammlung der Vereinten Nationen in ihrer «Resolution 194» die Rückkehr und Entschädigung der arabischen Flüchtlinge sowie die Internationalisierung Jerusalems als Grundlagen einer Lösung des Palästinakonflikts. Israel weigerte sich, auf dieser Basis Frieden zu schließen, willigte aber Anfang 1949 auf Drängen der Vereinten Nationen in bilaterale Waffenstillstandsabkommen mit den arabischen Nachbarstaaten ein: Die Serie begann mit dem Abkommen mit Ägypten vom 24. Februar und endete mit dem Abkommen mit Syrien vom 20. Juli 1949. Die Demarkationslinie entsprach im wesentlichen dem Frontverlauf. Israel umfaßte danach etwa vier Fünftel des ehemaligen Mandatsgebiets Palästina; zu den Bewohnern des größer gewordenen Staates gehörten etwa 150000 Palästinenser, die bis 1966 einem Militärregime unterstanden. Eine Kommission der Vereinten Nationen übernahm die Überwachung der Waffenstillstandsvereinbarungen. Eine Anerkennung Israels durch die arabischen Staaten erfolgte ebensowenig wie eine internationale Anerkennung der Grenzen des neuen Staates.

Die eigentlichen Kriegsverlierer waren die 700 000 bis 800 000 Palästinenser, die vor den Israelis geflüchtet oder von ihnen vertrieben worden waren. Die meisten mußten fortan in Zeltlagern und Barackensiedlungen westlich des Jordan leben – einem Gebiet, das von Jordanien besetzt worden war und im April 1950 formell von ihm annektiert wurde. Andere kamen im Libanon, in Syrien und im Gazastreifen unter, der 1949 ägyptischer Verwaltung unterstellt wurde. Eine Rückkehr der Palästinenser in ihre Heimat lehnte Israel strikt ab. Die arabischen Staaten taten ihrerseits nichts, was den Eindruck hätte hervorrufen können, sie seien bereit, das Problem der Palästinenser auf ihren Territorien zu lösen.

Israel hatte seine Unabhängigkeit erkämpft, mußte dafür aber einen hohen Preis bezahlen: zum einen in Form der Infragestellung seiner Grenzen, ja seiner Existenzberechtigung als Staat seitens der arabischen Welt, zum anderen in Gestalt eines moralischen Gründungsmakels, der gewaltsamen Vertreibung Hunderttausender von Menschen aus ihrer angestammten Heimat und der Massaker, die die israelische Armee in diesem Zusammenhang verübte. Die Verfolgung und Ermordung der Juden durch das nationalsozialistische Deutschland hatte dazu geführt, daß es nach 1945 für die zionistische Forderung nach einem unabhängigen jüdischen Staat weltweit mehr Unterstützung gab als jemals zuvor. Die Art und Weise, wie die Juden Palästinas, darunter Überlebende des Holocaust, ihren Anspruch auf einen eigenen Staat durchsetzten, rief hingegen auch unter den Sympathisanten dieses Projekts scharfe Kritik hervor. Israel verstand sich von Anfang an als westliche Demokratie. Es bekannte sich damit freilich auch zu Maßstäben, an denen es fortan gemessen wurde – und bis heute gemessen wird.

Wenn die einseitige Beendigung des Mandats für Palästina ein Zeichen für den weltpolitischen Gewichtsverlust des Vereinigten Königreiches war, dann galt das erst recht für den britischen Rückzug aus Indien. Von konservativen Imperialisten wie Winston Churchill abgesehen, waren die meisten Londoner Politiker nach dem Ende des Zweiten Weltkriegs davon überzeugt, daß es keine vernünftige Alternative zur Gewährung des Dominion-Status an Indien gab und daß ebendies ein Unterpfand für eine fortdauernde enge Bindung zwischen dem Subkontinent und Großbritannien war. Am 20. Februar 1946 legte sich die Regierung Attlee auf einen Zeitplan fest: Sie versprach, alles zu tun, damit im Juni 1947 die Macht an eine verantwortliche indische Regierung übertragen werden konnte. Die britischen Überlegungen zielten auf *ein* Indien. Um den Gegensatz zwischen Hindus und Muslims und die gravierenden Unterschiede zwischen dem bisherigen Britisch-Indien und den nominell selbständigen Fürstentümern zu überbrücken, sollte eine lockere Föderation gebildet werden, die für Außenpolitik, Verteidigung und Verkehr zuständig war, während alles andere auf der Ebene der Provinzen zu regeln war. Mit diesem Vorschlag konnte der britische Vizekönig, Lord Wavell, aber keine der beiden großen Parteien überzeugen: Der von Hindus dominierte Indische Nationalkongreß unter Führung von Jawaharlal Nehru und Vallabhbhai Patel erstrebte eine starke Zentralgewalt, die in der Lage war, jeder Art von Separatismus, vor allem dem muslimischen, wirksam entgegenzutreten. Die Muslim-Liga mit dem Vorsitzenden Mohammed Ali Jinnah an der Spitze wollte dagegen starke muslimische Provinzen und eine schwache gesamtindische Exekutive. Völlig ungeklärt war überdies die Frage, nach welchen Kriterien Provinzen der Hindu- oder der Muslim-Gruppe zugeschlagen werden sollten.

Nachdem mehrere Versuche Lord Wavells gescheitert waren, eine provisorische Regierung aus Vertretern des Kongresses und der Muslim-Liga zu bilden, beauftragte der Vizekönig Anfang August 1946 Nehru mit der Bildung einer solchen Regierung. Jinnahs Antwort war die Proklamation von drei «Tagen der direkten Aktion» vom 16. August an. Konkrete Anweisungen, was die Anhänger der Muslim-Liga aus diesem Anlaß tun sollten, gab Jinnah nicht. Vielerorts blieb es bei Streiks und Massendemonstrationen der Muslime. In Kalkutta aber, wo die Muslim-Liga den Chef der Regionalregierung stellte, kam es zu einem Massaker an Hindu-Arbeitern und in seiner Folge zur Massenflucht von Menschen der verfolgten Gruppe sowie zu Vergeltungsmorden an Muslimen, besonders in Bihar, der Heimat der geflüchteten Arbeiter. Über 4000 Tote waren zu beklagen.

Im Dezember 1946 trat eine Verfassunggebende Versammlung zusammen, die von der Muslim-Liga boykottiert und infolgedessen völlig von der Kongreßpartei kontrolliert wurde. Als diese den Vizekönig Anfang 1947 ultimativ aufforderte, die inzwischen in die provisorische Regierung eingetretenen Mitglieder der Muslim-Liga zu entlassen, bat Wavell die britische Regierung, aus dem Amt scheiden zu dürfen. Seine Nachfolge als Vizekönig trat Lord Mountbatten, ein enger Verwandter des Königshauses, an. Er kam sehr rasch zu dem Ergebnis, daß eine Teilung Indiens in einen Hindu- und einen Muslim-Staat unvermeidbar geworden war. Die Regierung in London erhöhte den Zeitdruck beträchtlich, als sie den 15. August 1947 (und nicht mehr den noch im Februar genannten Juni 1948) als das Datum nannte, an dem Indien in die Unabhängigkeit entlassen werden sollte. Unter dem Druck Nehrus entwarf Mountbatten einen Teilungsplan, der die Umrisse der künftigen Staaten Indien und Pakistan erkennen ließ. Pakistan bestand demnach aus zwei räumlich getrennten Gebieten mit muslimischer Bevölkerungsmehrheit, dem größeren Westteil beiderseits des Indus und dem kleineren Ostteil, dem heutigen (seit 1971 selbständigen) Bangladesch. Da sich Jinnah damit abfand, daß auf Grund der Hindu-Mehrheiten weder das westliche Bengalen noch der östliche Panjab zu Pakistan gehören würden, und am 14. Juni, vier Tage nach der Muslim-Liga, auch die Kongreßpartei Mountbattens endgültigem Teilungsplan zustimmte, konnte der Londoner Zeitplan eingehalten werden. Am 18. Juli 1947 verabschiedete das britische Unterhaus den Independence of India Act. Am 15. August erhielten die Indische Union und Pakistan den Dominion-Status. Damit war die jahrhundertealte britische Herrschaft in Indien beendet.

Die von den Briten stets pfleglich behandelten indischen Fürstenstaaten hatten nur theoretisch eine Chance, ihre Selbständigkeit über die beiden Staatsgründungen hinwegzuretten. Der muslimische Maharadscha von Haiderabad, dessen Untertanen mehrheitlich Hindus waren, entschied sich für den Anschluß an Indien, weil er sich von Pakistan ungebührlich unter Druck gesetzt fühlte. In Kaschmir lagen die Dinge genau umgekehrt: Ein Hindu-Maharadscha herrschte über muslimische Untertanen. Das hinderte ihn nicht daran, auf den Beitritt zur Indischen Union hinzuarbeiten. Im Oktober 1947 marschierten islamische Stammeskrieger aus Pakistan mit Unterstützung der Regierung in Karatschi in Kaschmir ein und schlugen den Maharadscha in die Flucht. Dieser bat daraufhin Indien um militärische Hilfe und trat provisorisch der Indischen Union bei. Am 27. Oktober nahmen indische Luftlandetruppen den Kampf gegen die Stammeskrieger auf; im Mai 1948 griffen auch reguläre pakistanische Verbände in den Konflikt ein. Der von den Vereinten Nationen vermittelte Waffenstillstand, der am 1. Januar 1949 in Kraft trat, unterstellte den Norden von Kaschmir Pakistan, den Süden Indien, brachte aber keine wirkliche

Befriedung: Der Streit um Kaschmir mündete im September 1965 in einen Krieg zwischen Indien und Pakistan; die von der UNO 1949 vorgesehene Volksabstimmung in Kaschmir hat bis heute nicht stattgefunden. Kaschmir war nur *ein* Schauplatz des Zusammenstoßes zweier militanter Nationalismen auf dem Subkontinent. In Indien lebten nach der Teilung noch etwa 40 Millionen Muslime, in Pakistan gab es eine starke Hindu-Minderheit. Die bald nach der doppelten Staatsgründung einsetzende Verfolgung indischer Muslime durch die Hindu-Mehrheit löste eine Massenflucht nach Pakistan aus; umgekehrt versuchten in Pakistan lebende Hindus, sich dem muslimischen Gegenterror durch die Flucht nach Indien zu entziehen. Vor allem in den Grenzregionen Bengalen und Pandschab kam es zu Massakern, in denen Hunderttausende ihr Leben verloren.

Der Mann, der am meisten von allen Indern für die Unabhängigkeit seines Landes getan hatte, Mahatma Gandhi, glaubte bis zuletzt an die Möglichkeit eines friedlichen Ausgleichs zwischen Hindus und Muslims und zwischen Indien und Pakistan. Sein Eintreten für eine gerechte, die Interessen Pakistans berücksichtigende Teilung der Staatskasse trug ihm den Haß radikaler Hindus ein. Einer von ihnen war der junge Brahmane Nathuram Godse. Am 30. Januar 1948 erschoß er den Mann, der nicht nur Indien, sondern die Welt davon hatte überzeugen wollen, daß wirklicher Fortschritt nur auf dem Weg der Gewaltlosigkeit erkämpft werden könne.

Eine unmittelbare Folge des Londoner Entschlusses, Britisch-Indien in die Unabhängigkeit zu entlassen, war die Liquidation der britischen Herrschaft in Birma, das erst 1937 administrativ von Britisch-Indien getrennt worden war. Die antikoloniale Bewegung unter General Aung San verlangte seit 1946 die vollständige Unabhängigkeit – eine Forderung, die Premierminister Attlee im Dezember 1946 als berechtigt anerkannte. Aung wurde im Juli 1947 zusammen mit sechs weiteren Ministern im Auftrag eines politischen Rivalen, des ehemaligen Premierministers U Saw, ermordet. Ein Vierteljahr später, am 17. Oktober, unterzeichneten Aungs Nachfolger U Nu und Premierminister Attlee ein Abkommen über die Bedingungen der Anerkennung Birmas als unabhängiger Staat. Die Entlassung in die Unabhängigkeit erfolgte am 4. Januar 1948. Birma erklärte sich gleichzeitig zur Republik der Union von Birma und verzichtete auf die Mitgliedschaft im Common-

wealth of Nations, das seit dem Beitritt Indiens im Jahr 1947 das
Adjektiv «British» nicht mehr im Namen führte. Ende März nahmen
die birmesischen Kommunisten den bewaffneten Kampf gegen die Regierung U Nu auf – die erste einer Reihe von Aufstandsbewegungen,
die mit dazu beitrugen, daß der junge Vielvölkerstaat sich nicht zu
einer Demokratie entwickeln konnte. In Ceylon (Sri Lanka) verlief die Entlassung in die Unabhängigkeit
hingegen fast konfliktfrei. Auf demokratische Selbstbestimmung hat-
ten sich die Führungskräfte der Insel unter dem Einfluß der indischen
Kongreßpartei schon seit den dreißiger Jahren, unterstützt von Reformern in der Kolonialverwaltung, vorbereitet. Die Verfassung vom Mai
1946 sah ein Zweikammersystem mit Volksvertretung und Senat vor.
Im Juni 1946 erhielt Ceylon den Status eines Dominion; im Februar
1948 wurde Sri Lanka durch den Ceylon Independence Act ein unabhängiger Staat. Die britische Kolonialherrschaft in Asien war damit
noch nicht beendet: Der Union Jack wehte weiterhin in Singapur, in
Britisch-Nordborneo und Hongkong. In der 1948 gebildeten Föderation Malaya gelang es den Briten, eine kommunistische Partisanenarmee, die sich zu neun Zehnteln aus Angehörigen der chinesischen
Minderheit rekrutierte, in einem zähen Kleinkrieg bis 1952 im wesentlichen niederzukämpfen. Es war der einzige Guerillakrieg, den eine
europäische Kolonialmacht nach 1945 in Asien noch gewinnen sollte.

Den eigentlichen Rückhalt des britischen Kolonialreiches aber bildete fortan Afrika. Von einer breiten Bewegung für die Unabhängigkeit war dort in der frühen Nachkriegszeit noch wenig zu spüren. Bereits im Oktober 1945 forderten jedoch schwarzafrikanische Politiker
wie Kwame Nkrumah aus Ghana und Jomo Kenyatta aus Kenia auf
dem 5. Panafrikanischen Kongreß in Manchester ein Ende von Rassendiskriminierung und Kolonialherrschaft. 1946 erhielten die beiden
am höchsten entwickelten Kolonien Westafrikas, die Goldküste (das
spätere Ghana) und Nigeria, Verfassungen, die der schwarzen Bevölkerung ein gewisses Maß an politischer Repräsentation und Mitbestimmung verschafften. An der Goldküste wuchs der Druck auf die Kolonialmacht in den Jahren darauf so stark, daß die Labour-Regierung in
London sich im Februar 1951 genötigt sah, Nkrumah, den 1949 zu
drei Jahren Gefängnis verurteilten Führer der neugegründeten Convention People's Party und Sieger der ersten Parlamentswahlen, aus der
Haft zu entlassen und ihn mit der Bildung der ersten autonomen Re-

gierung zu beauftragen: ein deutliches Zeichen, daß es mittlerweile
auch auf dem «schwarzen Kontinent» Kräfte gab, die entschlossen
waren, Ausbeutung und Bevormundung durch europäische Mächte
nicht länger hinzunehmen.

Verglichen mit Großbritannien fiel es Frankreich nach 1945 sehr viel
schwerer, dem Freiheitsstreben in seinen Kolonien Rechnung zu tragen.
Der Besitz des zweitgrößten Überseereiches der Welt wirkte der depri-
mierenden Erinnerung an die Niederlage von 1940 entgegen; die Kolonien schienen Frankreichs Großmachtstatus zu stützen; sie verbürgten
etwas von jener nationalen «gloire», auf die alle Nachkriegsregierun-
gen großen Wert legten. Noch während des Krieges, im Januar 1944,
hatten General de Gaulle und sein Kommissar für koloniale Angelegenheiten, René Pleven, auf einer Konferenz aller der France libre
verbundenen Gouverneure französischer Kolonien in Brazzaville, der
Hauptstadt von Französisch-Kongo, gewisse Reformen angekündigt:
Eingeborene Honoratioren sollten schrittweise an der lokalen Verwaltung beteiligt werden. Eine echte Selbstverwaltung aber stellte ihnen
das freie Frankreich nicht in Aussicht, von der Unabhängigkeit ganz zu
schweigen.

Zwei Monate später, am 7. März 1944, gewährte de Gaulle in
einem Erlaß den muslimischen Algeriern denselben Zugang zu öffentlichen Ämtern wie den Franzosen. Gleichzeitig erhielten 70 000 Algerier die vollen staatsbürgerlichen Rechte, womit sie in die erste, privilegierte Wählergruppe aufgenommen waren. Die große Masse der
Algerier blieb der zweiten Wählergruppe zugeordnet, die zwei Fünftel
der Mitglieder der Délégations financières und der kommunalen Vertretungsorgane wählen durften. Eine solche Behandlung wirkte aus
der Sicht der nach Unabhängigkeit oder auch nur nach größerer Selbständigkeit strebenden Kräfte um so mehr diskriminierend, als Algerier
einen großen Anteil am Kampf der France libre gegen das nationalsozialistische Deutschland gehabt hatten. Am 8. Mai 1945, dem Tag
der deutschen Kapitulation, entlud sich die Unzufriedenheit der Algerier in Unruhen in Sétif und Guelma, die von französischen Truppen
blutig unterdrückt wurden: Die Zahl der Toten wird auf mindestens
15 000, von algerischer Seite sogar auf 45 000 geschätzt.

Das Algerien-Statut vom September 1947, das allen Algeriern die
französische Staatsbürgerschaft gewährte und eine allgemeine Ver-

sammlung mit jeweils 60 Abgeordneten für die 1,5 Millionen Europäer und für die 9 Millionen Algerier schuf, mochte wie ein Ausdruck von Pariser Einlenken wirken. Tatsächlich wurden die anschließenden Wahlen von der französischen Verwaltung unter dem Generalgouverneur Marcel-Edmond Naegelen, einem Sozialisten, massiv gefälscht und die muslimischen Wähler systematisch unter Druck gesetzt. Die Folge war ein wachsender Zulauf zu dem radikalen, von Messali Hadj geführten Mouvement pour le Triomphe des Libertés Démocratiques (MTLD), das sich immer mehr gegenüber der Union Démocratique du Manifeste Algérien unter Ferhat Abbas durchsetzen konnte.

Eine vergleichbare Radikalisierung fand um dieselbe Zeit auf Madagaskar statt, das 1940 der Regierung in Vichy treu geblieben und darum im Mai 1942 von britischen Truppen besetzt worden war. Auch hier spielte die Manipulation des Volkswillens durch die französischen Behörden die Rolle des auslösenden Moments. Sie brachten das linke Mouvement de la Rénovation Malgache (MDRM) um die Früchte seines Triumphes bei den Wahlen zu den Provinzparlamenten vom Januar 1947 (70 Prozent der Stimmen waren auf die Kandidaten des MDRM entfallen). Bei der Bildung des Landesparlaments, das von den Provinzialparlamenten zu beschicken war, sorgte die Kolonialverwaltung durch eine Änderung des Wahlverfahrens dafür, daß die in Madagaskar ansässigen Franzosen zusammen mit dem gemäßigten Parti des Déshérités de Madagascar (PADESM) die Mehrheit erhielten. Die Antwort des MDRM waren Aufstände, die noch das ganze Jahr 1948 über andauerten und von der Kolonialmacht mit massivem Militäreinsatz bekämpft wurden. Über 100 000 Einheimische sollen dabei zu Tode gekommen sein. Das MDRM wurde aufgelöst – ein Schlag, von dem sich die Unabhängigkeitsbewegung bis 1956 nicht mehr erholen sollte.

In die langwierigsten Kolonialkämpfe verstrickte sich Frankreich in Vietnam, einem Teil von Französisch-Indochina. Der japanischen Okkupation war hier zunächst eine Besetzung durch britisch-indische Truppen im Süden und durch nationalchinesische Verbände im Norden gefolgt. Am 2. September 1945 rief der Führer der Kommunisten, Ho Chi Minh, in Hanoi die Demokratische Republik Vietnam aus. Noch im gleichen Monat kam es zu ersten Zusammenstößen zwischen den Vietminh, dem militärischen Arm der Kommunisten, und französischen Soldaten, die von den Briten aus japanischer Kriegsgefangenschaft entlassen worden waren. Im Oktober trafen im Süden französische Truppen in einer Stärke von 35 000 Mann unter General Leclerc, dem legendären Befreier von Paris, ein. Binnen kurzem gelang es ihnen, Cochinchina und das südliche Annam zu erobern. Die Regierung in Paris schwankte zunächst zwischen militärischer Härte und einer Verständigung mit Ho Chi Minh. In einer Übereinkunft mit der Demokratischen Republik Vietnam, die am 6. März 1946 in Hanoi unterzeichnet wurde, stellte Frankreich ein einiges und unabhängiges, aber mit Frankreich in der Union Française verbundenes Vietnam in Aussicht, vermied aber eine Konkretisierung dieser Perspektive. Im französisch besetzten Süden sollte eine Volksabstimmung stattfinden (zu der es tatsächlich nie kam). Eine Konferenz in Fontainebleau, an der auch Ho Chi Minh teilnahm, endete im September 1946 mit einem Fehlschlag. Zur Zuspitzung der Lage trug der Hohe Kommissar für Vietnam, Admiral d'Argenlieu, bei, der Cochinchina zur autonomen Republik erklärte und damit vom übrigen Vietnam trennte: eine Provokation aller Vietnamesen, denen die Idee von der historischen Einheit des Landes teuer war. Ende November 1946 löste die Beschlagnahme eines Schiffes, das Waffen für die Demokratische Republik Vietnam an Bord hatte, im Hafen von Haiphong ein Feuergefecht aus: für die Franzosen der Anlaß, Haiphong am 23. November zu bombardieren. 6000 Menschen fanden dabei den Tod.

An eine friedliche Beilegung des Konflikts war nun nicht mehr zu denken. Am 19. Dezember begann mit einem Angriff der Truppen Ho Chi Minhs auf die französische Besatzung in Hanoi und einer Offensive in ganz Tonkin der Indochinakrieg. Den schwachen regulären Truppen der Demokratischen Republik Vietnam, die sich bald aus den Städten zurückziehen mußten, traten Guerillaverbände der Vietminh zur Seite, die viel Rückhalt in der Bevölkerung hatten und dort, wo sie ein Gebiet unter ihre Kontrolle brachten, sofort umfassende Reformen, darunter eine Aufteilung des Großgrundbesitzes, durchführten. Die Franzosen antworteten im Mai 1948 mit der Einberufung einer provisorischen Zentralregierung für Vietnam in Saigon und im März 1949 mit der Bildung des Assoziierten Staates Vietnam. An seine Spitze trat im September der ehemalige Kaiser von Annam, Bao Dai. Ihm machte Paris die Zugeständnisse im Hinblick auf die Einheit Vietnams, die es Ho Chi Minh 1946 verweigert hatte.

Obwohl Frankreich seinen militärischen Einsatz ständig erhöhte (und damit rasch an den Rand seiner finanziellen Möglichkeiten geriet), arbeitete die Zeit für Ho Chi Minh. Der Sieg der Kommunisten unter Mao Tse-tung im chinesischen Bürgerkrieg im Jahr 1949 verhalf den Vietminh zu einem starken Verbündeten und zu einem großen strategischen Hinterland, dem die Franzosen nichts entgegenzusetzen hatten. Seit dem Herbst 1950 verloren sie an der «Kolonialstraße 1» einen Stützpunkt nach dem anderen. Der Fall von Cao Bang im Oktober wurde in Frankreich als Katastrophe empfunden – freilich nicht von den Kommunisten, die die Sache der Vietminh inzwischen zu ihrer eigenen erklärt hatten und mit einem großen Aufwand an Propaganda unterstützten.

Regierung und Parlamentsmehrheit in Paris setzten ihre Hoffnungen fortan auf die USA. Diese hatten, ebenso wie das Vereinigte Königreich, im Februar 1950 die Regierung in Saigon anerkannt – eine Antwort auf die Anerkennung der Demokratischen Republik Vietnam erst durch die Volksrepublik China im Januar, zwei Wochen später dann auch durch die Sowjetunion. Mit der militärischen Unterstützung des französischen Engagements in Vietnam, die im Sommer 1950, im Zusammenhang mit dem Koreakrieg, einsetzte, reagierten die Vereinigten Staaten auf die militärische Unterstützung der Vietminh durch China. Der erste große antikoloniale Befreiungskampf nach 1945 wurde aus amerikanischer Sicht immer mehr zu einem Teil eines globalen Ost-West-Konflikts – eine Betrachtungsweise, die die traditionell antikolonialistischen USA nahe an die europäischen Kolonialmächte heranrücken ließ und die Politik Washingtons in den nächsten zweieinhalb Jahrzehnten nachhaltig prägen sollte.

Sehr viel schneller als Vietnam wurde Niederländisch-Indien seine Kolonialherren los. Während des Zweiten Weltkriegs hatte die Unabhängigkeitsbewegung in Gestalt der Nationalen Indonesischen Partei mit der japanischen Besatzungsmacht kollaboriert. Nach der Kapitulation Japans riefen ihre Führer Achmed Sukarno und Mohammed Hatta unter dem Druck der radikalen Jugendorganisation Pemuda am 17. August 1945 die Republik Indonesien aus. Sukarno übernahm das Amt des Staatspräsidenten und bekräftigte bei dieser Gelegenheit seine am 1. Juni verkündete Formel von den «Fünf Prinzipien» (Panca Shila), auf die der neue Staat gegründet sein sollte: Nationalismus, Humani-

tät, Demokratie, soziale Gerechtigkeit, Glaube an einen allmächtigen
Gott.

Noch vor der Landung der Alliierten, in diesem Fall Briten und
Australier, Mitte September 1945 gelang es den Nationalisten, einen
großen Teil Javas, bald darauf auch Madura und Sumatra unter ihre
Kontrolle zu bringen. Im Oktober kam es zu einem ersten bewaffneten
Zusammenstoß zwischen britischen Truppen und der neugeschaffenen
indonesischen Volkssicherheitsarmee. Die Niederlande faßten im Herbst
1945 zuerst dort wieder Fuß, wo die alten Führungsschichten und
nicht die Nationalisten das Sagen hatten: in Borneo, Celebes, Ambon
und auf kleineren Inseln im Osten des Archipels.

Im Oktober 1946 zogen sich die Briten aus Indonesien zurück und
ermöglichten es damit den Niederländern, auf die möglichst weitgehende Wiederherstellung der Vorkriegsverhältnisse hinzuarbeiten.
Ebendies war, ungeachtet der Warnungen der Labour-Regierung in
London, das Ziel des Kabinetts in Den Haag, einer Koalitionsregierung aus Katholischer Volkspartei und Sozialdemokraten unter Führung des katholischen Politikers Louis Joseph Maria Beel. Der Gouverneur von Niederländisch-Indien, Hubertus van Mook, beurteilte
die Chancen, niederländische Interessen mit militärischen Mitteln
durchzusetzen, eher skeptisch. Im März 1947 verständigte er sich mit
dem Ministerpräsidenten der Republik Indonesien, Sutan Shahrir, im
Abkommen von Lingaddjati auf einen Kompromiß: Die Republik sollte
auf Java und Sumatra die Macht ausüben und zusammen mit anderen
mehr oder minder von den Niederländern kontrollierten Teilstaaten
wie Borneo und Ost-Indonesien eine Föderation, die Vereinigten Staaten von Indonesien, bilden. Während Shahrir und van Mook in der
Föderation lediglich ein lockeres Gebilde sahen, wollten Regierung
und Parlament in Den Haag aus ihr ein koloniales Lenkungsinstru-
ment machen – ein Vorhaben, das die entschiedenen indonesischen
Nationalisten sogleich scharf zurückwiesen. Dem konzilianten Shahrir
blieb nur die Konsequenz, Ende Juni 1947 seinen Rücktritt als Ministerpräsident zu erklären.

Die Niederlande reagierten auf das Scheitern des Experiments von
Lingaddjati im Juli 1947 mit einer «Polizeiaktion»: Truppen der Kolonialmacht besetzten große Teile von Java, wo sie im Dezember in
Rawagede (Bolongsari) ein Blutbad unter der männlichen Bevölkerung anrichteten, und bauten ihre Positionen auf Sumatra aus. Briti-

sche und australische Zeitungen übten scharfe Kritik am Vorgehen der Niederlande; die amerikanische Regierung lavierte zunächst und bot dann eine Vermittlungsaktion an, deren Zweck es war, den Niederlanden demütigende Sanktionen der Vereinten Nationen zu ersparen. Unter dem Einfluß der niederländischen Sozialdemokraten unterblieb daraufhin die Besetzung von ganz Java. Das Ergebnis der Vermittlung der USA war ein Abkommen, das am 17. Januar 1948 an Bord des amerikanischen Kriegsschiffs «Renville» unterzeichnet wurde. Darin erkannte die Republik Indonesien die Grenzen an, die die «Polizeiaktion» geschaffen hatte, und erhielt dafür das Versprechen der Niederlande, freie Wahlen in ganz Indonesien unter Aufsicht der USA abzuhalten.

Nach der Verfassung der Niederlande war Niederländisch-Indien ein Teil des Königreichs der Niederlande. Eine Änderung dieses Zustands, wie sie durch das «Renville»-Abkommen nötig wurde, erforderte eine Verfassungsänderung und Neuwahlen, die am 7. Juli 1948 stattfanden. Zur Sicherung der notwendigen Zweidrittelmehrheit wurde die bestehende Koalition aus Katholischer Volkspartei und sozialdemokratischer Partei von der Arbeit um die Liberalen und die Christlich-Historische Union, die Partei der entschiedenen Protestanten, erweitert. An die Spitze der neuen Regierung trat der Sozialdemokrat Willem Drees. Sein Vorgänger Beel übernahm am 2. September die Nachfolge Mooks als Gouverneur von Niederländisch-Indien. Im gleichen Monat wurde ein von der Kommunistischen Partei ausgelöster antikolonialistischer Aufstand von Truppen der Republik Indonesien niedergeschlagen, was deren Ansehen in der westlichen Öffentlichkeit erheblich steigerte. Die niederländische Regierung aber sah Indonesien weiter durch Kommunismus und Anarchie bedroht und unternahm um die Jahreswende 1948/49 eine weitere «Polizeiaktion», in deren Verlauf fast ganz Java erobert und Präsident Sukarno, Ministerpräsident Hatta sowie mehrere Minister verhaftet wurden.

Dem militärischen Erfolg der zweiten «Polizeiaktion» stand ein politisches Debakel gegenüber. Der Gewaltakt brachte nicht nur die westliche Öffentlichkeit, sondern auch die Regierung in Washington gegen die Kolonialisten in Den Haag auf. Aus amerikanischer Sicht gab es gute Gründe, von der Republik Indonesien unter Sukarnos Führung eine eher prowestliche Politik zu erwarten – eine Chance, die man nicht dadurch verspielen durfte, daß man das Vorgehen der Niederlän-

der tolerierte. Die amerikanische Drohung, Niederländisch-Indien vom
Hilfsprogramm des Marshallplans auszuschließen, zeitigte in Den Haag
rasch Wirkung, ebenso zwei Resolutionen der Vereinten Nationen vom
28. Dezember 1948 gegen die Aggression der Niederlande.
Im März 1949 wurde die verhaftete Führung der Republik Indonesien aus der Haft entlassen. Im Monat darauf begannen neue Verhandlungen zwischen der Kolonialmacht und der Republik Indonesien. Es
folgten im August 1949 Gespräche am Runden Tisch in Den Haag.
Das Ergebnis war eine Vereinbarung über die Übergabe der Souveränität an die Republik Indonesien. Nur der Westen von Neuguinea blieb
vorläufig unter niederländischer Herrschaft. Am 27. Dezember 1949
wurde Indonesien unabhängig. Die Bildung einer «Niederländisch-
Indonesischen Union», auf die Den Haag großen Wert legte, hatte
lediglich symbolische Bedeutung. Im Februar 1956 kündigte Indonesien die Union auf.

Konservative Politiker der Niederlande empfanden den Verlust des
südostasiatischen Inselreichs als schwere Niederlage. Der Traum von
einer Zukunft als «mittlere Großmacht» war ausgeträumt. Die Vereinigten Staaten hatten der kleinen europäischen Kolonialmacht die
Grenzen ihrer Souveränität und ihres außenpolitischen Handlungsspielraums drastisch vor Augen geführt. Wenn Washington sich in
Vietnam auf die Seite Frankreichs stellte, dann deshalb, weil es dort
ein Vordringen des Kommunismus verhindern wollte. In Indonesien
ging es um dasselbe Ziel, aber hier war es nur im Bunde mit einer
nationalistischen (und, wie man hoffte, antikommunistischen) Befreiungsbewegung, also gegen die europäischen Kolonialherren zu erreichen. Die übergeordneten Interessen des Westens und der USA im
Kalten Krieg bestimmten die Position, die Amerika gegenüber antikolonialen Bewegungen einnahm. Dabei sollte es nach 1949 auf absehbare Zeit bleiben.[5]

Kraftproben: *Jugoslawienkrise, Berliner Blockade,*
Gründung der NATO

Seit dem Herbst 1947 mehrten sich die Anzeichen für wachsende Spannungen zwischen der Sowjetunion und einem Staat, in dem die einheimischen Kommunisten 1945 ganz überwiegend aus eigener Kraft an

die Macht gelangt waren: Jugoslawien. Unter Führung Titos hatte sich das Balkanland rascher und konsequenter in Richtung auf den «Sozialismus» hinentwickelt als irgendein anderer südost- oder ostmitteleuropäischer Staat. Zwischen 1946 und 1948 wurden Banken, Handel und Industrie zum größten Teil verstaatlicht, die Kollektivierung der Landwirtschaft eingeleitet und die Volkswirtschaft als ganze der staatlichen Planung unterworfen. In den von der Sowjetunion abhängigen «Volksdemokratien» hatte Stalin aus außenpolitischen Gründen Wert auf ein langsameres Tempo der sozialen Veränderungen gelegt; der «Aufbau des Sozialismus» blieb einer späteren Entwicklungsphase vorbehalten.

Die jugoslawischen Kommunisten entschieden über ihren Weg zum Sozialismus so souverän, daß sie damit das Mißtrauen des Sowjetdiktators erregten. Auch in den Beziehungen zu seinen Nachbarn tat Belgrad, was es für richtig hielt, ohne sich jedesmal mit Moskau abzustimmen. Daß Tito den Anschluß Albaniens und, im engen Zusammenspiel mit dem bulgarischen Ministerpräsidenten Dimitroff, eine Föderation zwischen Jugoslawien und Bulgarien anstrebte, hieß Stalin zwar im Gespräch mit Dimitroff und Edvard Kardelj, dem zweiten Mann der jugoslawischen Kommunisten, noch am 10. Februar 1948 ausdrücklich gut. Doch er verfolgte dabei ganz andere Absichten als Tito: Der Generalissimus wollte das allzu selbständige Jugoslawien mit Hilfe des von der Sowjetunion abhängigen Bulgarien politisch und ideologisch an die kurze Leine legen.

Was Stalin bei dieser Gelegenheit scharf verurteilte, waren das von Dimitroff betriebene Projekt einer Zollunion zwischen Bulgarien und Rumänien, Titos Vorhaben, auch Griechenland in eine künftige Balkanföderation einzubeziehen, und vor allem die Unterstützung der kommunistischen Seite im griechischen Bürgerkrieg durch Belgrad, Sofia und Tirana. «Der Aufstand in Griechenland muß zusammenklappen»: So lautete die bündige Anweisung vom 10. Februar 1948. Der Generalsekretär der KPdSU wollte es über Griechenland, das er im Herbst 1944 der britischen Interessensphäre zugeschlagen hatte, nicht zum Bruch mit dem Westen kommen lassen. Daher mußten Bulgarien, Jugoslawien und Albanien ihre Unterstützung der kommunistischen Partisanen in Griechenland schleunigst einstellen.

Doch Tito dachte nicht daran, sich von Stalin vorschreiben zu lassen, was er innen- und außenpolitisch zu tun hatte. Er war überdies

verstimmt, weil Stalin ihm in der Triestfrage gegenüber den Westmächten nicht den Rücken gestärkt hatte und in Jugoslawien systematisch Spionage betreiben ließ. Kurz nach dem Treffen mit Dimitroff
und Kardelj muß sich Stalin auf den offiziellen Bruch mit Tito festgelegt haben. Am 18. März 1948 wurden die sowjetischen Militärberater
aus Jugoslawien abberufen. Neun Tage später listete ein von Stalin und
Molotow unterzeichneter Brief des Zentralkomitees der KPdSU an
die jugoslawische Parteiführung alle Verfehlungen der Belgrader Genossen auf, was die Gescholtenen aber offenbar nicht nachhaltig beeindruckte. Am 28. Juni 1948 wurde die Kommunistische Partei Jugoslawiens in Abwesenheit aus dem Kominform ausgeschlossen. Der
Vorwurf, die jugoslawischen Kommunisten seien vom Weg des Marxismus-Leninismus abgewichen und auf den des bürgerlichen Nationalismus eingeschwenkt, war ähnlich absurd wie die Behauptung, sie
hätten nichts getan, um das «Kulakentum» und die kapitalistischen
Elemente auf dem Lande zurückzudrängen. Gleichwohl wurden Moskau und seine Verbündeten nicht müde, diese und ähnliche Vorhaltungen in den nächsten Wochen ständig zu wiederholen.

Was Stalin Ende Juni 1948 ein für alle Mal klarstellen wollte, betraf aber nicht nur Titos Jugoslawien: Kein Land des sowjetischen Einflußbereiches hatte das Recht auf einen «eigenen Weg zum Sozialismus». Der Chefideologe der KPdSU und erste Mann des Kominform,
Andrej Schdanow, der bislang die gegenteilige These vertreten hatte,
wurde damit ebenso indirekt zur Ordnung gerufen wie alle Kommunisten, die sich diese Devise zu eigen gemacht hatten, darunter der hohe
SED-Funktionär Anton Ackermann, der im Februar 1946 im Parteiauftrag einen «besonderen deutschen Weg zum Sozialismus» propagiert hatte. Im September 1948 widerrief Ackermann auf der 13. Tagung des Parteivorstands der SED seine These: Er nannte sie «eine
falsche, faule und gefährliche Theorie, die wir ausmerzen müssen».

Der Kampf gegen die «Titoisten» und «titoistisches» Denken in den
kommunistischen Parteien Südost- und Ostmitteleuropas hatte inzwischen begonnen, und überall, wo die Stalinisten angebliche Sympathisanten der «Abweichler» in Belgrad fanden, wurden diese entmachtet.
In Ungarn war Innenminister László Rajk betroffen, der sein Amt im
August 1948 an János Kádár, einen jungen Vertrauensmann des Parteichefs Mátyás Rákosi, abgeben mußte und für die folgenden zehn
Monate mit dem für politisch weniger wichtig erachteten Posten des

Außenministers abgefunden wurde, in Polen Władysław Gomułka, der im Dezember 1948 als Generalsekretär der Polnischen Vereinigten Arbeiterpartei durch Bolesław Bierut abgelöst wurde. Dimitroff schwenkte voll auf Stalins Kurs ein; im Dezember 1948 erklärte er, inzwischen Generalsekretär der Kommunistischen Partei Bulgariens, auf dem 5. Parteikongreß, daß in Bulgarien die Diktatur des Proletariats nunmehr errichtet sei. Enver Hodscha wandelte sich zum unbedingten Gefolgsmann Stalins und machte aus Albanien eine Speerspitze des mit immer schrilleren Parolen geführten Kampfes gegen Tito und die «Titoisten». Bereits am 1. Juli 1948 kündigte er sämtliche Verträge auf, die er mit Jugoslawien abgeschlossen hatte.

Falls Stalin gehofft haben sollte, mit den Angriffen auf Tito eine Spaltung der Kommunistischen Partei Jugoslawiens herbeizuführen, wurde er bald eines Besseren belehrt. Im Juli 1948 wurden Tito und seine Getreuen, darunter Edvard Kardelj, Milovan Djilas und Alexander Ranković, auf dem 5. Parteikongreß fast einstimmig wiedergewählt. Dem politischen Bruch zwischen Moskau und Belgrad folgte die wirtschaftliche Blockade Jugoslawiens durch die Ostblockstaaten. Als Ende Januar 1949 der Rat für gegenseitige Wirtschaftshilfe, kurz COME-CON genannt, als östliche Antwort auf den Zusammenschluß der Marshallplan-Staaten gegründet wurde, war Jugoslawien selbstverständlich nicht dabei.

Angesichts der ernsten ökonomischen Krise, in die das Land durch die Isolierung vom kommunistischen Lager geriet, blieb Tito nichts anderes übrig, als auf westliche Wirtschaftshilfe zu setzen. Washington, das an den Bruch zwischen Moskau und Belgrad große Hoffnungen knüpfte, wartete noch bis zum Herbst 1949, ehe es Belgrad ein Hilfsangebot unterbreitere. In der Zwischenzeit beseitigte Tito ein Hindernis, das einer Zusammenarbeit mit dem Westen entgegenstand: Er ließ die militärische Unterstützung für die kommunistischen Partisanen in Griechenland auslaufen und kündigte am 10. Juli 1949 die Schließung der Grenze zwischen Jugoslawien und Griechenland an. Ein Vierteljahr später, am 9. Oktober, beschloß die Kommunistische Partei Griechenlands, den bewaffneten Kampf einzustellen. Die westlichen Gegenleistungen begannen im September 1949 mit einem amerikanischen Kredit in Höhe von 25 Millionen Dollar, im Dezember 1949 gefolgt von einem britischen Kredit in Höhe von 13 Millionen Pfund Sterling.

Die Annäherung zwischen Jugoslawien und den Westmächten veranlaßte die Sowjetunion, die letzten Brücken zum Staat Titos abzubrechen. Am 29. September 1949 kündigte sie ihren Freundschafts- und Beistandspakt mit Jugoslawien. Kurz darauf schlossen sich Ungarn, Rumänien und die Tschechoslowakei diesem Beispiel an – eine Drohkulisse, die in Belgrad die Furcht vor einer militärischen Intervention der Sowjetunion und ihrer Verbündeten wachsen ließ. Am 29. November 1949 rief das Kominform-Büro alle kommunistischen Parteien zum Kampf gegen die «Tito-Clique, diese gedungenen Spione und Mörder», auf. Der Text gipfelte in der Behauptung, die Clique um Tito habe Jugoslawien in einen «antikommunistischen Polizeistaat faschistischer Prägung» verwandelt und aus Belgrad «ein amerikanisches Zentrum für Spionage und antikommunistische Propaganda» gemacht.

Der Vorwurf, ein «Titoist» zu sein, bedeutete fortan, als Agent für den amerikanischen Imperialismus zu arbeiten. Die Reihe von Schauprozessen gegen prominente Kommunisten, die solcher Verbrechen beschuldigt, zum Tode verurteilt und hingerichtet wurden, begann im Juni 1949 mit dem albanischen Innenminister Koçi Xoxe. Es folgten der schon im Jahr zuvor entmachtete László Rajk in Ungarn und der führende bulgarische Kommunist Trajčo Kostov, die im Oktober beziehungsweise Dezember 1949 exekutiert wurden. Die Schauprozesse gegen vermeintliche Gefolgsleute des «Verräters» in Belgrad sollten bis zum Tod Stalins im März 1953 weitergehen.

Tito und seine Getreuen rechneten ihrerseits rücksichtslos mit allen jugoslawischen Kommunisten ab, denen sie eine Unterstützung Stalins und seiner Politik vorwarfen. Zwei hohe Funktionäre, Andrija Hebrang und Sreten Žujović, waren bereits im Mai 1948 aus der Partei ausgeschlossen und verhaftet worden. Rund 5000 Anhänger Stalins gingen ins Exil. Über 56 000 Mitglieder der Kommunistischen Partei Jugoslawiens, rund ein Zehntel der Parteimitgliedschaft, wurden zwischen 1948 und 1955 aktenmäßig als «Kominformler» identifiziert, 16 000 Verdächtige verurteilt und in improvisierten Lagern auf der Kahlen Insel (Goli Otok) und in Sveti Grgur interniert, wo sie unter unmenschlichen Bedingungen zum Zweck der Umerziehung Zwangsarbeit verrichten mußten. Eine allmähliche Besserung der Zustände in den Lagern, die bis in die späten fünfziger Jahre fortbestanden, trat erst auf Grund öffentlicher und parteiinterner Kritik 1953 ein.

Die anfängliche Hoffnung der USA, Jugoslawien werde sich vom Kommunismus lösen und anderen Staaten jenseits des «Eisernen Vorhangs» ein Signal für die Befreiung vom Joch Moskaus geben, erfüllte sich nicht. Jugoslawien blieb ein kommunistisches Land, wenn es sich auch von den Staaten des Ostblocks grundlegend unterschied. 1950 wurde noch ein Bauernaufstand im bosnisch-kroatischen Grenzgebiet mit aller Härte niedergeschlagen. Im März 1953 aber vollzog die Kommunistische Partei Jugoslawiens eine radikale Kehrtwende in der Agrarpolitik: Sie ordnete die Auflösung unproduktiver Genossenschaften und die Rückgabe des Landes an die Bauern an. Das war nicht mehr und nicht weniger als eine teilweise Aufhebung der Kollektivierung der Landwirtschaft.

Auch im industriellen Bereich löste sich Jugoslawien seit 1950 vom Etatismus sowjetischer Prägung. Die Dezentralisierung der staatlichen Wirtschaftsverwaltung, die Beteiligung von Arbeiterräten an der Betriebsleitung und die Einführung einer sozialistischen Marktwirtschaft in Gestalt des Wettbewerbs zwischen den Unternehmen schufen ein Maß an gesellschaftlichem Pluralismus, wie es das in keinem anderen kommunistischen Staat gab. Die Machtstellung der Kommunistischen Partei jedoch, die sich seit 1952 «Bund der Kommunisten Jugoslawiens» nannte, blieb bei alledem unangetastet. Es bedurfte des Gegenbildes der sowjetkommunistischen Regime Südost- und Ostmitteleuropas, um den Staat Titos im Westen «liberal» erscheinen zu lassen.

Die Krise um Jugoslawien war im Sommer und Herbst 1948 nicht die einzige Kraftprobe, die die Welt in Atem hielt. Für das Verhältnis zwischen West und Ost noch wichtiger war die sowjetische Blockade der Westsektoren von Berlin. Zu ihrer Vorgeschichte gehörte die Weigerung der Sowjetunion, den von der Stadtverordnetenversammlung im April 1947 zum Oberbürgermeister von Berlin gewählten sozialdemokratischen Politiker Ernst Reuter im Amt zu bestätigen. Am 21. Januar 1948 erklärte Marschall Sokolowski im Alliierten Kontrollrat, Berlin sei ein Teil der Sowjetischen Besatzungszone. Ende März begannen verschärfte sowjetische Kontrollen auf den Verbindungswegen zwischen den Westzonen und Berlin. (Eine schriftliche interalliierte Vereinbarung gab es seit November 1945 über die Luftkorridore; was Schiffahrtswege, Straßen und Schienen anging, hatten sich Marschall Schukow und General Clay im Juni 1945 lediglich mündlich darauf geeinigt, daß die Westalliierten unkontrollierten Zugang zu Berlin haben sollten.)

Einen weiteren Streitpunkt bildete die Frage, welches Zahlungsmittel an die Stelle der weithin wertlos gewordenen Reichsmark treten sollte. An eine gesamtdeutsche Währungsreform war nicht mehr zu denken, seit die Sowjetunion am 20. März 1948 den Alliierten Kontrollrat verlassen hatte. Die logische Folgerung waren separate Währungsreformen in den westlichen Besatzungszonen und der Sowjetzone. Am 20. Juni 1948 löste in den Westzonen die Deutsche Mark die Reichsmark ab. Damit endete die Zwangsbewirtschaftung, die das tatsächliche Ausmaß des Kaufkraftverlustes der Reichsmark noch einigermaßen verdeckt hatte. Mit den Lebensmittelkarten und dem sonstigen Bezugsscheinsystem verschwand der «Schwarze Markt», das Sinnbild des Wirtschaftslebens in der frühen Nachkriegszeit. Beseitigt wurden auch die Schlagbäume zwischen der Bizone und der französischen Zone und die Passierscheine, die bis dahin nötig gewesen waren, um diese Grenze zu überqueren. Die Freigabe der Preise war die mutige Tat Ludwig Erhards, des Direktors für Wirtschaft im Vereinigten Wirtschaftsgebiet. Da die Preise viel schneller stiegen als die Löhne, war Erhards Politik zunächst alles andere als populär. Doch das Meinungsbild wandelte sich zum Positiven, als die Westdeutschen in der ersten Hälfte des Jahres 1949 Vertrauen in die neue Währung zu fassen begannen.

Drei Tage nach der Währungsreform im Westen führte die Sowjetunion in ihrer Besatzungszone und Berlin eine eigene Währungsreform durch. Vor der Einbeziehung Berlins in das östliche Währungsgebiet hatte der gewählte Oberbürgermeister Ernst Reuter, zu dieser Zeit Stadtrat für Verkehrs- und Versorgungsbetriebe, eindringlich gewarnt: «Wer die Währung hat, hat die Macht.» Am 24. Juni trugen die westlichen Stadtkommandanten dieser Einsicht Rechnung. Sie untersagten dem Berliner Magistrat die Ausführung sowjetischer Befehle und führten in den Westsektoren die DM (mit aufgestempeltem «B») ein. Die Ost-Mark wurde als gleichberechtigtes Zahlungsmittel zugelassen. Die SMAD hingegen stellte den Besitz von DM im sowjetischen Sektor von Berlin unter Strafe.

Die eigentliche Antwort der Sowjetunion auf die westliche Währungsreform aber war die Blockade der Berliner Westsektoren. Sie begann am 24. Juni 1948. Sechs Wochen später, am 4. August, war der

Verkehr zwischen den Westzonen und dem Westteil von Berlin auf Schiene, Straße und Wasserwegen vollständig unterbunden. Seit Mitte Oktober wurde auch der Güterverkehr zwischen der Sowjetzone und den Westsektoren scharf kontrolliert. Stalins Ziele ließen sich erahnen: Durch immer massiveren Druck auf die über zwei Millionen West-Berliner wollte er die Westmächte zwingen, West-Berlin zu räumen, die Währungsreform rückgängig zu machen und die Pläne einer Weststaatsgründung aufzugeben. Doch die Westmächte und die West-Berliner beugten sich nicht. Neun Monate lang wurden die Westsektoren Berlins aus der Luft versorgt: eine technische, politische und, was die West-Berliner anging, moralische Leistung, die im Sommer 1948 nur wenige für möglich gehalten hatten – auch nicht durch die amerikanischen Militärs, über deren defätistische Einwände Präsident Truman bei seiner Entscheidung für die Luftbrücke souverän hinweggegangen war.

In die Zeit der Blockade und der Luftbrücke fiel die administrative Teilung Berlins, ausgelöst durch die gewaltsame Sprengung der freigewählten Stadtverordnetenversammlung durch kommunistische Demonstranten am 6. September 1948. Seit November gab es zwei Stadtregierungen: eine für die drei Westsektoren, eine für den Ostsektor. Aus den Wahlen in den Westsektoren am 5. Dezember ging die SPD mit 64,5 Prozent der Stimmen als Siegerin hervor. Zwei Tage später wurde Ernst Reuter zum Oberbürgermeister gewählt.

Anfang 1949 begann Stalin einzulenken. Im März nahmen amerikanische und sowjetische Diplomaten in einem kanadischen Dorf Geheimverhandlungen auf. Ihr Ergebnis war das nach den beiden Chefunterhändlern benannte Jessup-Malik-Abkommen vom 4. Mai 1949. Es brachte acht Tage später den Abbruch der Blockade West-Berlins und der westlichen Gegenblockade der Sowjetischen Besatzungszone. Die Konsequenz des Westens hatte sich ausgezahlt. Die West-Berliner waren vor der sowjetischen Erpressung nicht zurückgewichen. Beides zusammen trug dazu bei, daß sich die Deutschen, die in politischer Freiheit lebten, zunehmend als Teil des Westens zu fühlen begannen.

Stalins Versuch, den Westen in Berlin auf die Probe zu stellen, hatte eine unbeabsichtigte Folge: Nordamerikaner und Westeuropäer fühlten sich in ihrer Absicht bestärkt, möglichst rasch ein wechselseitiges Verteidigungsbündnis abzuschließen. Die monatelangen Verhandlungen mündeten schließlich in den Nordatlantikpakt, der von zwölf Staaten am 4. April 1949 in Washington unterzeichnet wurde und eine Pflicht nicht nur zur gemeinsamen militärischen Verteidigung, sondern auch zur politischen und wirtschaftlichen Zusammenarbeit begründete. Die Gründungsmitglieder waren die USA, Kanada, Island, Norwegen, Dänemark, Großbritannien, die Niederlande, Belgien, Luxemburg, Italien und Portugal – das letztere im Unterschied zu allen anderen keine Demokratie, sondern ein seit zwei Jahrzehnten von António de Oliveira Salazar diktatorisch regiertes Land, das diesen Mangel aus amerikanischer Sicht durch seine strategische Bedeutung ausglich.

In Artikel V des Vertrags verpflichteten sich die Mitgliedstaaten der Organisation des Nordatlantikpakts, der NATO, einander im Fall eines Angriffs zu Hilfe zu kommen. Es war *der* Artikel, über den im amerikanischen Kongreß am intensivsten debattiert wurde. Für die Zustimmung des Senats war es wichtig, daß Außenminister Dean Acheson, der Nachfolger des im Januar 1949 krankheitshalber zurückgetretenen George Marshall, ankündigte, daß es nicht die Absicht der USA sei, eine große Zahl von Bodentruppen in Europa zu stationieren. Die Kostenbeteiligung der Europäer tat das Ihre, um verbleibende Bedenken der Senatoren auszuräumen. Die Abstimmung im Senat am 21. Juli 1949, die eine Mehrheit von 82 zu 13 Stimmen für den NATO-Vertrag erbrachte, war für Präsident Truman der erste große außenpolitische Erfolg nach seiner überraschenden Bestätigung im Amt im November 1948.

Militärisch war die Sowjetunion, was die konventionellen Waffen anging, den in Kontinentaleuropa verfügbaren Streitkräften der Atlantikpakt-Staaten weit überlegen: 200 Divisionen auf sowjetischer Seite standen nur 14 Divisionen auf westlicher Seite gegenüber. Solange die USA über ein Atomwaffenmonopol verfügten, durfte der Westen hoffen, seine konventionelle Unterlegenheit nuklear ausgleichen zu können. In den Verhandlungen über eine internationale Kernwaffenkontrolle, die 1946 unter dem Dach der Vereinten Nationen stattfanden, hatte die Sowjetunion auf Zeit gespielt und sich schließlich im Dezember 1946 der Stimme enthalten, als in der Atomenergiekommission der UNO über den einschlägigen Entschließungsentwurf der USA, den nach dem amerikanischen Chefunterhändler benannten Baruch-Plan, abgestimmt wurde. Der Grund dieser hinhaltenden Taktik lag darin, daß die Sowjetunion seit 1943 an der Entwicklung von Kernwaffen arbeitete. Wenn Moskau damit Erfolg hatte, würde das die internationalen Kräfteverhältnisse dramatisch verändern und das Atlantische

Bündnis vor eine große strategische Herausforderung stellen: Soviel ließ sich bei der Gründung der NATO unschwer vorhersagen.

Dem ersten Generalsekretär der NATO, Lord Ismay, wird das Wort zugeschrieben, Ziel des Bündnisses sei es, «to keep the Americans in, the Russians out und the Germans down». Über die ersten beiden Aufgaben gab es keine Meinungsverschiedenheiten zwischen den Verbündeten. Sie waren sich auch darin einig, daß Deutschland nie wieder die Möglichkeit erhalten durfte, seine Nachbarn anzugreifen. Aber während Frankreich überhaupt kein deutsches Militär mehr sehen wollte, zweifelte in Washington 1949 kaum noch jemand daran, daß auch der künftige westdeutsche Staat seinen Beitrag zur westlichen Verteidigung würde leisten müssen. Folglich kam es darauf an, die französischen Bedenken zu überwinden und Paris davon zu überzeugen, daß Sicherheit vor Deutschland und die Einbeziehung Westdeutschlands in ein westliches Sicherheitssystem keine einander widersprechenden Ziele waren, sondern sich wechselseitig bedingten.[6]

Zwei Staatsgründungen: Die Teilung Deutschlands

Die Weichen für den westdeutschen Staatsbildungsprozeß waren auf der Londoner Sechsmächtekonferenz vom Frühjahr und Sommer 1948 gestellt worden. Am 1. Juli übergaben die drei alliierten Militärgouverneure die entsprechenden Beschlüsse in Frankfurt den Ministerpräsidenten der westdeutschen Länder, womit aus den «Londoner Empfehlungen» die «Frankfurter Dokumente» wurden. Die alliierten Vorgaben waren unter den westdeutschen Politikern höchst umstritten. Der Vorsitzende der CDU in der britischen Zone, Konrad Adenauer, übte scharfe Kritik daran, daß den Deutschen die freie Verfügung über Wirtschaft und Außenpolitik dauerhaft vorenthalten werden sollte. Die Sozialdemokraten bemängelten die beabsichtigte Ruhrkontrolle und die Konzentration der Kompetenzen bei den Ländern.

Die Ministerpräsidenten hielten sich demgegenüber mit ihren Einwänden zurück. Unabhängig von ihrer Parteizugehörigkeit waren sie sich in zwei wesentlichen Punkten einig: Zum einen mußte der provisorische Charakter des Weststaates betont, die Neugründung also unter einen gesamtdeutschen Vorbehalt gestellt werden. Deswegen sollte ein von den Landtagen beschickter «Parlamentarischer Rat» und

nicht etwa eine vom Volk gewählte Konstituante das vorläufige
«Grundgesetz» ausarbeiten und am Ende des Verfahrens nicht ein
Volksentscheid, sondern die Billigung des Grundgesetzes durch die
Landtage stehen.

Zum anderen sollte ein Besatzungsstatut, das die
alliierten Rechte verbindlich festlegte, der Verabschiedung des Grundgesetzes vorausgehen – eine Forderung, mit der sich die Regierungschefs der Länder nicht durchsetzen konnten.

Im August 1948 berieten Experten, die von den Ministerpräsidenten bestellt worden waren, auf einem Konvent im bayerischen Herrenchiemsee die Grundzüge einer westdeutschen Verfassung. Sie erzielten
in einer Reihe von wichtigen Punkten Übereinstimmung: Der künftige
Bundesstaat bedurfte eines rein repräsentativen Staatsoberhaupts,
eines Zweikammersystems und einer Bundesregierung, die sich negativen Parlamentsmehrheiten gegenüber behaupten konnte; die Demokratie sollte nicht plebiszitär, sondern konsequent repräsentativ sein;
der Föderalismus war durch eine generelle Kompetenzvermutung zugunsten der Länder zu sichern. Bei allen diesen Postulaten stand der
Wille Pate, aus den Erfahrungen der ersten deutschen Demokratie, der
Republik von Weimar, zu lernen. Das galt auch für den Vorschlag einer
Verwirkung von Grundrechten für den Fall, daß jemand sie zum Kampf
gegen die freiheitliche und demokratische Ordnung mißbrauchte.

Die Ergebnisse von Herrenchiemsee waren die Morgengabe der
Ministerpräsidenten an den Parlamentarischen Rat, der am 1. September 1948 in Bonn zu seiner konstituierenden Sitzung zusammentrat.
Der Versammlung gehörten 65 Politiker an, die von den Landtagen
gewählt worden waren; die Westsektoren von Berlin waren durch Delegierte mit beratender Stimme vertreten. Zum Präsidenten wählte der
Parlamentarische Rat Konrad Adenauer von der CDU. Vorsitzender
des Hauptausschusses wurde der Justizminister des Landes Württemberg-Hohenzollern, der Sozialdemokrat Carlo Schmid.

Drei Jahrzehnte zuvor hatte sich Deutschland bereits einmal eine
demokratische Verfassung gegeben. Der Weimarer Nationalversammlung ging es 1919 darum, dem Prinzip der Volkssouveränität so umfassend wie möglich Geltung zu verschaffen. Deswegen legte die Weimarer Reichsverfassung dem Mehrheitswillen keine konstitutionellen
Zügel an. Der Parlamentarische Rat war in einer radikal anderen
Situation. Er konnte auf die Erfahrungen einer gescheiterten parlamentarischen Demokratie und einer von außen niedergeworfenen tota-

litären Diktatur zurückblicken und gleichzeitig, in der Sowjetischen Besatzungszone, den Aufbau einer neuen Diktatur beobachten. Vor diesem Hintergrund lag nichts näher als der Versuch, einen anderen Typ von Demokratie zu entwickeln als den, der nach 1930 Schiffbruch erlitten hatte.

Die Verwirkung von Grundrechten, das Verbot verfassungsfeindlicher Parteien durch das (noch zu errichtende) Bundesverfassungsgericht, die «Ewigkeitsklausel» des Artikels 79, Absatz 3, die eine Änderung des Grundgesetzes für unzulässig erklärte, durch welche die Gliederung des Bundes in Länder, die grundsätzliche Mitwirkung der Länder bei der Gesetzgebung über den Bundesrat und die normative Grundsubstanz der Bundesrepublik berührt werden: Das waren einige der Vorkehrungen, die der Parlamentarische Rat traf, um aus dem westdeutschen Staat, der Bundesrepublik Deutschland, eine wertorientierte und wehrhafte Demokratie zu machen. Die Weimarer Erfahrungen schlugen sich in Bindungen des Gesetzgebers und Einschränkungen des Wählerwillens nieder, wie es sie wohl in keiner anderen demokratischen Verfassung gibt. Mehrheiten dadurch vor sich selber zu schützen, daß bestimmte unveräußerliche Werte und freiheitssichernde Institutionen ihrem Willen entzogen werden: Diese Entscheidung des Verfassunggebers setzte die Erfahrung voraus, daß Mehrheiten so fundamental irren können, wie die Deutschen sich geirrt hatten, als sie 1932 mehrheitlich für Parteien stimmten, die ihre Demokratiefeindschaft offen zur Schau trugen.

Weimarer Erfahrungen entsprach auch die Einsicht, daß nur ein funktionstüchtiges parlamentarisches System demokratischen Legitimationsglauben zu bewirken vermag. Deshalb sorgte der Parlamentarische Rat dafür, daß parlamentarische Mehrheiten ihre Verantwortung nicht mehr auf das Staatsoberhaupt abschieben und einen Regierungschef nur noch durch ein «konstruktives Mißtrauensvotum», also die Wahl eines Nachfolgers, stürzen konnten. Die Weimarer Verfassung hatte es zugelassen, daß der vom Volk direkt gewählte Reichspräsident in der Lage war, eine höhere Legitimität für sich zu beanspruchen als das in Parteien gespaltene Parlament. Das Bonner Grundgesetz stärkte die parlamentarisch verantwortliche Regierung und namentlich den vom Bundestag gewählten Bundeskanzler, um zwei Gefahren entgegenzuwirken: der opportunistischen Versuchung der Parteien und der «bonapartistischen» Versuchung des Staatsoberhaupts.

Von der ersten deutschen Demokratie sollte sich die zweite auch in anderer Hinsicht unterscheiden. Gesetzgebung, vollziehende Gewalt und Rechtsprechung waren fortan uneingeschränkt an die Grundrechte gebunden, die, anders als in der Weimarer Republik, unmittelbar geltendes Recht waren, also nicht bloß programmatische Bedeutung hatten. Im Gegensatz zur Weimarer Reichsverfassung durfte das Grundgesetz auch nur durch ein Gesetz geändert werden, das den Wortlaut der Verfassung ausdrücklich änderte oder ergänzte. Abweichungen von der Verfassung, die der Gesetzgeber mit verfassungsändernder Mehrheit beschloß, ohne die Verfassung formell zu ändern, waren mithin nicht mehr möglich. Über die strikte Einhaltung des Grundgesetzes und die Wahrung der verfassungsmäßigen Rechte der Staatsbürger wachte mit dem Bundesverfassungsgericht ein Verfassungsorgan, das es in Weimar nicht gegeben hatte – das aber im Reichsgericht der niemals in Kraft getretenen Reichsverfassung vom 28. März 1849, dem Werk der Frankfurter Paulskirche, einen weithin vergessenen Vorläufer hatte.

Bei den meisten Grundentscheidungen konnte sich der Parlamentarische Rat auf einen breiten parteiübergreifenden Konsens stützen. Heftig umstritten aber war von Anfang an die Verteilung der Befugnisse zwischen Bund und Ländern. Auf möglichst viel Föderalismus drängten, unter französischem Einfluß, die Alliierten, aber auch deutsche Kräfte – allen voran die bayerische CSU. Am stärksten unitarisch waren SPD und FDP. Die schärfste Kontroverse entbrannte um die Verteilung und Verwaltung der Einkünfte, also die Finanzordnung: Ein erster Gesamtentwurf des Grundgesetzes, den der Hauptausschuß den Alliierten im Februar 1949 vorlegte, wurde von diesen massiv kritisiert, wobei der Hauptvorwurf lautete, der Parlamentarische Rat sei zu zentralistisch ans Werk gegangen und müsse sich, vor allem auch im Hinblick auf die Finanzverfassung, zu mehr Föderalismus durchringen. Die Militärgouverneure lösten damit einen geharnischten Protest des Vorsitzenden der SPD, Kurt Schumacher, aus, der selbst nicht dem Parlamentarischen Rat angehörte. Als der sozialdemokratische Parteivorstand am 20. April 1949 drohte, die Zustimmung zum Grundgesetz zu verweigern, falls die Verfassung den Bund zum Kostgänger der Länder machen sollte, hatten die Alliierten sich bereits zum Einlenken entschlossen. Damit erhielt die Bundesrepublik Deutschland eine Finanzverfassung, die den Vorstellungen der großen Mehrheit des Parlamentarischen Rats entsprach.

Am 8. Mai 1949, dem vierten Jahrestag der deutschen Kapitulation, stimmte der Parlamentarische Rat mit 53 zu 12 Stimmen dem Grundgesetz zu. Die Gegenstimmen kamen von der CSU und von kleineren Parteien, darunter der KPD. Zwischen dem 18. und dem 21. Mai stimmten die Landtage mit einer Ausnahme dem Grundgesetz zu. Der bayerische Landtag lehnte das Grundgesetz mit 101 zu 64 Stimmen ab, weil es der Mehrheit zu wenig föderalistisch war. Der Staatsgründung fernbleiben wollte Bayern aber nicht. Auf Antrag der Regierung beschloß der Landtag, das Grundgesetz als rechtsverbindlich anzuerkennen, wenn es von zwei Dritteln der übrigen Länder angenommen wurde.

Am 23. Mai 1949 wurde das Grundgesetz feierlich verkündet. Vorausgegangen war am 12. Mai die Billigung des Grundgesetzes durch die alliierten Militärgouverneure – vorbehaltlich der Bestimmungen des Besatzungsstatuts, das die verbleibenden umfangreichen alliierten Rechte regelte, und der Anerkennung von West-Berlin als zwölftes Bundesland, die *nicht* erfolgte. West-Berlin wurde faktisch ein Bundesland besonderer Art: Das Abgeordnetenhaus übernahm das Bundesrecht unverändert, sofern es dem besonderen Status der Stadt nicht widersprach; im Bundestag wie im Bundesrat wirkte West-Berlin durch Vertreter mit beratender Stimme mit, wobei die Bundestagsabgeordneten nicht von der Bevölkerung gewählt, sondern vom Abgeordnetenhaus entsandt wurden; die drei Westalliierten behielten ihre Rolle als Inhaber der obersten Gewalt.

Für Berlin als Hauptstadt sprachen sich im Parlamentarischen Rat nur die drei Vertreter der KPD aus. Am 10. Mai fiel die Entscheidung für Bonn als provisorische Bundeshauptstadt: 33 gegen 29 Stimmen wurden für den Tagungsort des Parlamentarischen Rates abgegeben. Damit war Frankfurt am Main, das ebenfalls viele Befürworter hatte, aus dem Feld geschlagen. Für Bonn und gegen Frankfurt sprach auch, daß die Stadt am Rhein den provisorischen Charakter der Weststaatsgründung stärker unterstrich als der Tagungsort der deutschen Nationalversammlung von 1848/49.

Die transitorische Qualität der neuen Verfassung und den treuhänderischen Auftrag des Parlamentarischen Rates hob auch die Präambel des Grundgesetzes hervor. Sie sprach bewußt von der «Übergangszeit», für die das deutsche Volk in den Ländern Baden, Bayern, Bremen, Hamburg, Hessen, Niedersachsen, Nordrhein-Westfalen, Rheinland-

Pfalz, Schleswig-Holstein, Württemberg-Baden und Württemberg-
Hohenzollern dem staatlichen Leben eine neue Ordnung gegeben habe.
«Es hat auch für jene Deutschen gehandelt, denen mitzuwirken versagt
war. Das gesamte Deutsche Volk bleibt aufgefordert, in freier Selbstbestimmung die Einheit und Freiheit Deutschlands zu vollenden.»
Dementsprechend sollte das Grundgesetz gemäß Artikel 146 seine
Gültigkeit an dem Tag verlieren, «an dem eine Verfassung in Kraft
tritt, die vom deutschen Volk in freier Entscheidung beschlossen worden ist». Der Artikel 23, der vorsah, daß das Grundgesetz «in anderen
Teilen Deutschlands ... nach deren Beitritt in Kraft zu setzen» war,
war nicht als Alternative zum Artikel 146 gedacht. Der Beitrittsartikel
konnte vielmehr, was die Länder der Sowjetischen Besatzungszone
anging, als «Zeitbrücke» bis zum Inkrafttreten einer gesamtdeutschen
Verfassung dienen. Der Artikel 23 eröffnete aber auch einem anderen
Teil Deutschlands eine zumindest theoretische Chance, sich der Bundesrepublik anzuschließen: dem Saarland, das im Dezember 1946 in
das französische Wirtschaftsgebiet eingegliedert und damit von der
französischen Besatzungszone abgetrennt worden war.

Das Wahlgesetz, nach dem der erste Bundestag gewählt wurde,
enthielt Elemente aus Persönlichkeits- und Listenwahl; der Wirkung
nach war es ein modifiziertes Verhältniswahlrecht. Eine Fünfprozentklausel, die aber nach einer Entscheidung der Militärgouverneure nur
für jeweils ein Land, nicht für das Wahlgebiet insgesamt galt, sollte
einer übermäßigen Zersplitterung des Parteiwesens entgegenwirken.
Als Wahltermin wurde der 14. August 1949 festgelegt.

Der Wahlkampf stand ganz im Zeichen der Alternative «Planwirtschaft oder soziale Marktwirtschaft?». Die Wahl wurde infolgedessen
zu einem Plebiszit über die Politik Ludwig Erhards, der für die CDU
im Wahlkreis Ulm antrat. Das Rennen machten die bürgerlichen Parteien, die Erhard unterstützten. Auf CDU und CSU entfielen 31,0, auf
die FDP 11,9, auf die konservative, in Norddeutschland beheimatete
Deutsche Partei (DP) 4 Prozent. Die SPD kam auf 29,2, die KPD auf
5,7 Prozent.

Adenauer, im Unterschied zu einigen Politikern des linken Flügels
der CDU ein entschiedener Gegner einer Großen Koalition mit der
SPD, stellte die Weichen für die Bildung eines rein «bürgerlichen» Kabinetts, als es ihm gelang, seine Partei auf die Wahl eines Bundespräsidenten aus den Reihen der Liberalen festzulegen. Am 12. September

trat erstmals die Bundesversammlung zusammen – das aus den Abgeordneten des Bundestags und einer gleich großen Zahl von Delegierten der Landtage bestehende Verfassungsorgan, dessen einzige Aufgabe es war, den Bundespräsidenten zu wählen. Im zweiten Wahlgang siegte der damals fünfundsechzigjährige Vorsitzende der FDP, Theodor Heuss, ein ehemaliger Reichstagsabgeordneter der Deutschen Demokratischen Partei und späteren Deutschen Staatspartei, über den sozialdemokratischen Bewerber Kurt Schumacher. Die Wahl des Regierungschefs stand am 15. September an. Mit einer Stimme mehr als notwendig wurde Konrad Adenauer, damals 73 Jahre alt, zum ersten Bundeskanzler der Bundesrepublik Deutschland gewählt. Nach der Bildung des Kabinetts, bestehend aus Mitgliedern von CDU/CSU, die eine gemeinsame Fraktion bildeten, FDP und DP, sahen die Mehrheitsverhältnisse etwas weniger prekär aus: Die erste Bundesregierung konnte sich auf 208 von 402 Abgeordneten stützen.

Am 21. September, einen Tag nach Adenauers Regierungserklärung, trat das Besatzungsstatut in Kraft. Die drei westalliierten Militärgouverneure verwandelten sich in die Hohe Kommission, die auf dem Petersberg hoch über Bonn residierte und sich auf so viele Vorbehaltsrechte stützen konnte, daß ihr die Rolle einer «Oberregierung» zufiel. Kein deutsches Gesetz konnte in Kraft treten, bevor es nicht von den Hohen Kommissaren unterzeichnet war. Die Bundesrepublik Deutschland war zwar ein Staat, souverän aber war sie bei ihrer Gründung noch lange nicht.

Während die Westmächte die Gründung eines westdeutschen Staates betrieben, verfolgte Stalin mit Blick auf Deutschland eine Doppelstrategie. Spätestens seit dem definitiven Zerfall der Kriegsallianz im Jahr 1947 mußte es für ihn das strategische Nahziel sein, den «imperialistischen» Hauptgegner der Sowjetunion, die Vereinigten Staaten, aus Europa herauszudrängen. Gab es keine amerikanischen Truppen in Deutschland mehr, war einer wirksamen militärischen Präsenz der USA in Europa überhaupt der Boden entzogen und die Machtfrage auf dem alten Kontinent geklärt – im sowjetischen Sinn. Auf kürzere Sicht kam alles darauf an, der Sowjetunion so viel Einfluß wie möglich in Deutschland zu sichern. Der Logik der sowjetischen Staatsräson, so wie Stalin sie verstand, hätte ein Gesamtdeutschland, das in seiner Außenpolitik von Moskau abhängig war, wohl eher entsprochen als ein separates kommunistisches Staatsgebilde auf dem Territorium der Sowjetischen Besatzungszone. In ihrer Zone wollte die Sowjetunion zwar durch strukturelle Eingriffe möglichst viele vollendete Tatsachen schaffen, die den Kommunisten gute Ausgangspositionen für den entscheidenden Kampf um die Macht boten. Doch eine «Volksdemokratie», ein offen kommunistisches Satellitenregime, wie Polen, Ungarn oder die Tschechoslowakische Republik es 1948 bereits waren, wollte Stalin aus seinem deutschen Herrschaftsbereich so lange nicht machen, als er noch Chancen sah, ganz Deutschland unter sowjetische Kontrolle zu bringen.

Stalin war aber auch für den Fall gewappnet, daß es ihm nicht gelang, die Bildung eines Weststaates zu verhindern. Die einschneidenden Veränderungen in der Sowjetischen Besatzungszone ergaben nämlich auch dann Sinn, wenn man sie als Vorbereitung einer kommunistischen Machtübernahme östlich von Elbe, Werra und Fulda verstand. Auf *diese* Lösung setzten Sergej Tulpanow, der Chef der Informationsabteilung der Sowjetischen Militäradministration in Deutschland (SMAD), und Walter Ulbricht, der stellvertretende Vorsitzende der SED, spätestens seit dem Frühjahr 1948 – zu einem Zeitpunkt, als Stalin seine Hoffnung auf die gesamtdeutsche Option noch nicht aufgegeben hatte. Am 18. Dezember 1948 riet er Wilhelm Pieck, der als Vertreter der ehemaligen KPD zusammen mit dem früheren Sozialdemokraten Otto Grotewohl an der Spitze der SED stand, die deutschen Kommunisten sollten sich «maskieren» und eine «vorsichtige», ja «opportunistische» Politik treiben, anstatt ihren «Kampf zu offen» zu führen. Am Ziel, dem «Sozialismus», gab es für Stalin keinen Zweifel. Aber es war ein Ziel, das sich, wie er sich ausdrückte, nicht durch «direkte Eingriffe», sondern nur im «Zickzack» erreichen ließ.

Zu Stalins Sinn für Dialektik paßte es auch, daß die SMAD auf seine Weisung hin im Mai 1948 die Bildung einer Partei anordnete, deren Aufgabe es war, ehemaligen Mitgliedern der NSDAP und früheren Berufssoldaten eine politische Heimstatt zu bieten: die Nationaldemokratische Partei Deutschlands (der Name stammte von Stalin persönlich). Die NDPD unter dem Vorsitz von Lothar Bolz, einem ehemaligen Mitglied der KPD, durfte mit sowjetischer Zustimmung nationalistische Parolen verbreiten, ja sogar mit dem Slogan «Gegen Marxismus – für Demokratie» werben. Zusammen mit der etwa gleichzeitig gegründeten Demokratischen Bauernpartei Deutschlands, an deren

Spitze ebenfalls ein früheres Mitglied der KPD, Ernst Goldenbaum, stand, sollte die NDPD die «alten» bürgerlichen Parteien, die CDU und die LDPD, schwächen und das Gewicht der SED erhöhen.

Die beiden neuen Parteien wurden sogleich in die «Volkskongreßbewegung» und deren Exekutivorgan, den Deutschen Volksrat, aufgenommen, der sich im Juni 1948 zur «berufenen Repräsentation für ganz Deutschland» erklärte. Ein Vierteljahr später, im Oktober 1948, verabschiedete der Volksrat einstimmig einen ersten Verfassungsentwurf, der sich, vor allem im Grundrechtsteil, weitgehend an die Weimarer Reichsverfassung von 1919 anlehnte. Ein überarbeiteter zweiter Entwurf, den der Volksrat am 19. März 1949 vorlegte, wurde am 30. Mai vom neugewählten Dritten Volkskongreß gebilligt. Seinen gesamtdeutschen Anspruch stützte der Volksrat darauf, daß unter seinen 400 Mitgliedern auch 100 mit den Kommunisten sympathisierende Westdeutsche waren. Der Verfassungsentwurf war also nichts anderes als eine Vorarbeit für den Fall, daß die Sowjetunion sich genötigt sehen sollte, der Gründung eines Weststaates die ihr geeignet erscheinende Antwort zu erteilen.

Rund ein Jahr später trat diese Situation ein. Am 27. September 1949, drei Wochen nachdem sich in Bonn Bundestag und Bundesrat konstituiert hatten, willigte Stalin einer Delegation der SED gegenüber in die Gründung der Deutschen Demokratischen Republik (DDR) ein. Am 4. Oktober wurde die Volkskongreßbewegung von der Nationalen Front des demokratischen Deutschland abgelöst, die alle Parteien und Massenorganisationen umfaßte. Drei Tage später erklärte sich der Deutsche Volksrat zur Provisorischen Volkskammer und nahm die Verfassung an, die einige Monate zuvor vom Dritten Volkskongreß gebilligt worden war. Die bürgerlichen Freiheitsrechte, darunter das Eigentumsrecht, schienen darin ebenso gewährleistet zu sein wie das Streikrecht der Gewerkschaften. Doch der Schein trog. Artikel 6, der «Boykotthetze gegen demokratische Einrichtungen und Organisationen, Mordhetze gegen demokratische Politiker, Bekundung von Glaubens-, Rassen-, Völkerhaß sowie Kriegshetze und alle sonstigen Handlungen, die sich gegen die Gleichberechtigung richten», als Verbrechen im Sinne des Strafgesetzbuches definierte, öffnete der Ausschaltung mißliebiger Meinungen Tür und Tor.

Eine Gewaltenteilung im Sinn des klassischen Rechtsstaates kannte die Verfassung der DDR nicht. Das «höchste Organ der Republik» war nominell die Volkskammer, was eine unabhängige Gerichtsbarkeit von vornherein ausschloß. Über tatsächliche Macht verfügte freilich auch die Volkskammer nicht. Die angebliche Volksvertretung der DDR entbehrte jeder überzeugenden demokratischen Legitimation. Sie war das umgewandelte Organ des im Mai 1949 nach dem «Blocksystem» gewählten Dritten Deutschen Volkskongresses. Die Anteile der Parteien und Massenorganisationen an den Mandaten lagen schon vor der Wahl fest, so daß das absolute Übergewicht der SED gesichert und Opposition aus den Blockparteien faktisch ausgeschlossen war. 77,5 Prozent der Abgeordneten der Provisorischen Volkskammer gehörten der SED und den direkt von ihr abhängigen Gruppierungen an; 22,5 Prozent entfielen auf Mitglieder von CDU und LDPD.

Der Verabschiedung der Verfassung folgten am 11. Oktober 1949 die Wahl von Wilhelm Pieck, einem Gründungsmitglied der Spartakusgruppe und der KPD, zum Präsidenten der DDR und tags darauf die Wahl Otto Grotewohls zum Ministerpräsidenten. Einer seiner drei Stellvertreter war Walter Ulbricht. Die SED stellte die Chefs der drei Schlüsselministerien für Inneres, Justiz und Volksbildung sowie drei weitere von insgesamt 14 Fachministern. Die übrigen Kabinettsmitglieder kamen aus den Reihen der Blockparteien. Insgesamt ergab sich also ein leichtes numerisches Übergewicht «bürgerlicher» Politiker. Doch das war nur die Fassade. Die Machtfrage war längst entschieden – zugunsten der SED.

Ein Dreivierteljahr vorher, im Januar 1949, hatte die Sozialistische Einheitspartei Deutschlands auf ihrer 1. Parteikonferenz beschlossen, sich in eine «Partei neuen Typs» nach sowjetischem Vorbild zu verwandeln. Als die DDR gegründet wurde, war die SED bereits eine marxistisch-leninistische Kaderpartei, die mit der Tradition der Sozialdemokratie nichts mehr verband, die dem «Sozialdemokratismus» vielmehr einen unerbittlichen Kampf ansagte.

Die kommunistische Partei, die sich SED nannte, bekannte sich zum «demokratischen Zentralismus», der konsequenten Unterwerfung aller Parteigliederungen unter die jeweils übergeordnete Führung, zur absoluten Parteidisziplin und zur «führenden Rolle» der Sowjetunion. Die DDR trat als Parteidiktatur mit totalitärem Anspruch ins Leben, und was dem Anschein nach zu diesem Begriff nicht passen wollte, diente der Verschleierung des Zwecks, den die Sowjetunion und die SED mit der Gründung der DDR verfolgten.

Der Parlamentarische Rat hatte aus der jüngeren deutschen Geschichte «antitotalitäre» Lehren gezogen. Dem Deutschen Volksrat war es lediglich gestattet, «antifaschistische» Schlußfolgerungen zu ziehen. Der Antifaschismus wurde zur Gründungslegende der DDR: Er diente zur Rechtfertigung der Errichtung einer neuen Diktatur, die sich als einzige wahrhaft demokratische Staatsform auf deutschem Boden und als Garantie gegen einen Rückfall in die Barbarei ausgab. Von der Mitverantwortung der Kommunisten für den Aufstieg des Nationalsozialismus zu sprechen, wäre ein Fall von «Boykotthetze» gewesen, desgleichen die Erwähnung der Tatsache, daß Stalin sehr viel mehr deutsche Kommunisten hatte umbringen lassen als Hitler. Stalins Komplizenrolle bei der Entfesselung des Zweiten Weltkriegs zu erörtern, hätte zusätzlich noch Anstacheln zum «Völkerhaß», wenn nicht «Kriegshetze» bedeutet. Da die SED sich wie alle kommunistischen Parteien zu den «Siegern der Geschichte» rechnete, galt dasselbe auch für ihren Staat, die DDR. Die Verantwortlichen für Faschismus und Militarismus saßen gemäß dieser Sichtweise im Westen Deutschlands, und nur dort.

Die Verfassung der DDR bekannte sich zu ganz Deutschland als einer «unteilbaren demokratischen Republik». Der Geltungsanspruch der Verfassung griff folglich über die bisherige SBZ hinaus und bezog prinzipiell, insoweit dem Grundgesetz ähnlich, alle vier Besatzungszonen mit ein. Nach offizieller sowjetischer Lesart befand sich die DDR im Herbst 1949 auch noch nicht in der Phase des Aufbaus des Sozialismus, sondern weiterhin in jener Übergangsperiode, in der die antifaschistische Umwälzung der Gesellschaft auf der Tagesordnung stand. Die Sowjetunion vermied es auch immer noch, die DDR eine «Volksdemokratie» zu nennen. Hätte sich eine Wiedervereinigung der vier Besatzungszonen als durchführbar erwiesen, die den außenpolitischen Interessen der Sowjetunion besser entsprach als der Status quo, wäre das Regime der DDR nicht sakrosankt gewesen. Mithin stand nicht nur die Bundesrepublik Deutschland, die zweite deutsche Demokratie, unter einem Provisoriumsvorbehalt. Auf andere Weise galt dies auch für die zweite Diktatur auf deutschem Boden, die Deutsche Demokratische Republik.[7]

Gewichtsverlagerungen: Stalins Atombombe, Maos Revolution und der Westen am Ende der vierziger Jahre

Für die Sowjetunion war 1949 bis zur Jahresmitte in außenpolitischer Hinsicht alles andere als ein erfolgreiches Jahr gewesen: Sie hatte die Berliner Blockade abbrechen müssen, ohne das damit verfolgte Ziel, den Abzug der Westmächte aus der Viersektorenstadt, zu erreichen; sie hatte weder die Entstehung des Atlantischen Bündnisses noch die Gründung der Bundesrepublik Deutschland verhindern können. Am 29. August 1949 aber hatte sie Grund zu triumphieren: In der kasakischen Wüste gelang sowjetischen Kernphysikern und Technikern die Zündung der ersten Atombombe der UdSSR.

Durch die Messung von stark erhöhter Radioaktivität in der Atmosphäre erfuhren die USA und Großbritannien kurz darauf von dem Ereignis, über das Moskau vorerst noch beharrlich schwieg. Daß die Sowjetunion an der Entwicklung eigener Nuklearwaffen arbeitete, wußte Washington seit langem, mit einem so raschen Erfolg hatte es aber nicht gerechnet. Am 23. September gab Präsident Truman die Existenz der sowjetischen Atombombe bekannt, woraufhin der Sachverhalt vom Kreml bestätigt wurde. Die Vereinigten Staaten hatten im August 1949 ihr Atomwaffenmonopol verloren; die Sowjetunion war dabei, auf dem Gebiet der Massenvernichtungswaffen mit den USA gleichzuziehen. Die Zeit des letztinstanzlichen strategischen Übergewichts Amerikas und damit des Westens war abgelaufen. Die Ära eines prekären Gleichgewichts des Schreckens brach an.

Die Regierung Truman reagierte rasch auf die neue weltpolitische Gewichtverteilung. Der Präsident ließ erstens unverzüglich die Atomwaffenproduktion beschleunigen. Zweitens gab er Anweisung, die Arbeiten an der Wasserstoffbombe, die eine ungleich größere Zerstörungskraft zu besitzen versprach als die Atombombe, energisch voranzutreiben. Im Frühherbst 1949 war die Entwicklung der neuen «Superbombe», die nicht auf der Spaltung, sondern der Verschmelzung von Atomkernen beruhte, so weit gediehen, daß die USA mit der praktischen Erprobung beginnen konnten. Mit einem vorläufigen Experiment rechnete man für 1951, mit einem Großversuch für Ende 1952. Drittens billigte Truman Ende Januar 1950 jenen «Generalverteidigungsplan» für den nordatlantischen Raum, durch den sich die

NATO auf die «Forward Strategy» festlegte, wonach ein Angreifer so weit wie möglich östlich abgewehrt werden sollte. Die USA begannen sich darauf einzustellen, daß sie dauerhaft in größerer Zahl Truppen in Europa stationieren und ihre konventionellen Streitkräfte ausbauen mußten.

Eine geringere Überraschung als die Zündung der ersten sowjetischen Atombombe war für die USA der Sieg der Kommunisten im chinesischen Bürgerkrieg – ein historisches Ereignis, das dazu führte, daß nunmehr mindestens ein Drittel der Weltbevölkerung kommunistisch regiert wurde. Die Ausrufung der Volksrepublik China durch Mao Tse-tung am 1. Oktober 1949 hatte eine lange Vorgeschichte, die bis zum Beginn des «Langen Marsches» von Maos Roter Armee in den Nordwesten Chinas im Oktober 1934 zurückreichte. Nach dem Sieg über Japan hatten die USA lange zwischen der nationalistischen Regierung unter Tschiang Kai-schek und den Kommunisten zu vermitteln versucht. Im Dezember 1945 war der frühere Generalstabschef George Marshall nach China gereist, um als Sonderbeauftragter Präsident Trumans eine Verständigung zwischen den verfeindeten Lagern zustande zu bringen. Er hatte damit keinen Erfolg: Im Januar 1947 kehrte er in der Gewißheit nach Washington zurück, daß die Unnachgiebigkeit beider Seiten in den offenen Bürgerkrieg münden mußte.

Obwohl Truman die politischen Fähigkeiten Tschiang Kai-scheks und seiner Kuomintang zunehmend negativ bewertete, setzte er unter dem Druck der heimischen «China-Lobby» die Wirtschafts- und Militärhilfe für die nationalchinesische Regierung in Nanking fort. Maos Kommunisten hingegen waren weitgehend auf sich selbst gestellt: Von der Sowjetunion erhielten sie nur wenig Unterstützung, da Stalin die Erfolgschancen einer kommunistischen Revolution in China äußerst skeptisch beurteilte und Mao darum immer wieder zu Kompromissen mit der Kuomintang riet.

Seit dem Frühjahr 1947 war der offene Bürgerkrieg in China eine Realität. Maos Truppen traten zunächst einen taktischen Rückzug an, festigten aber in den von ihnen kontrollierten Gebieten durch die Ankündigung, den Großgrundbesitz zu enteignen und eine umfassende Bodenreform durchzuführen, ihren Rückhalt bei den Bauern. Tschiang ließ sich im März 1948 zum Präsidenten der Republik China wählen, verlor aber fortschreitend angesichts der grassierenden Korruption und der sich überschlagenden Inflation die Unterstützung bei der Bevölkerung und mußte seit Herbst 1948 immer mehr militärische Niederlagen einstecken. Bis weit in die besitzenden Schichten hinein wandten sich die Chinesen nun den moderat auftretenden Kommunisten zu, die ja nicht nur die soziale, sondern auch die nationale Befreiung Chinas auf ihre Fahnen geschrieben hatten und dabei sehr viel glaubwürdiger wirkten als die Kuomintang. Die allmählich sich verstärkende Hilfe aus der Sowjetunion trug ebenfalls dazu bei, daß Nordchina und die Mandschurei im Verlauf des Jahres 1948 zu «roten» Territorien wurden. Seit Anfang 1949 fielen die großen Städte, darunter am 22. Januar Peking, eine nach der anderen in die Hände von Maos Befreiungsarmee. Im April überschritt sie den Jangtsekiang. Am 24. April eroberte sie Nanking, am 27. Mai Schanghai.

Tschiang Kai-schek war am 21. Januar 1949 als Präsident zugunsten seines Kampfgefährten Li Zongren zurückgetreten. Dieser lehnte die Friedensbedingungen der Kommunisten ab, was deren weiteren Vormarsch zur Folge hatte. Während sich der nationalchinesische Regierungsapparat auflöste, wurde in Peking seit Juni 1949 eine Politische Konsultativkonferenz vorbereitet, die im September zusammentrat und sich auf eine kommunistisch geführte Koalitionsregierung und eine provisorische Verfassung verständigte. Am 1. Oktober wurde Mao Tse-tung zum 1. Vorsitzenden der Zentralen Volksregierung und damit zum Staatsoberhaupt gewählt. Unmittelbar danach erfolgte vor über 300 000 Menschen die Proklamation der Volksrepublik China auf dem Platz des Himmlischen Friedens. Die Regierung der Kuomintang floh Ende 1949, gefolgt von 2 Millionen Soldaten und zivilen Anhängern, nach Taiwan, das 1945 von ihren Truppen besetzt worden war. Am 1. März 1945 übernahm Tschiang Kai-schek wieder das Amt des Präsidenten der von ihm am gleichen Tag in Taipeh proklamierten Republik China.

In Washington hatte man sich im Verlauf des Jahres 1948 mehr oder minder damit abgefunden, daß das korrupte Kuomintang-Regime mangels Rückhalts in der Bevölkerung nicht mehr zu retten war. Von Mao Tse-tung erwarteten maßgebliche amerikanische Diplomaten, unter ihnen George F. Kennan, er werde sich als ein asiatischer Tito erweisen und sich nicht den Direktiven Stalins unterwerfen. Aber der Sowjetdiktator hatte mittlerweile den chinesischen Kommunisten gegenüber eingeräumt, daß er und die KPdSU sich in bezug auf die

Revolution in China geirrt und die chinesischen Kommunisten unter Maos Führung recht behalten hätten. Die anhaltenden amerikanischen Hilfslieferungen an Tschiang taten ein übriges, um die siegreichen Kommunisten in eine Frontstellung gegen die USA zu bringen und ihnen einen politischen Schulterschluß mit der Sowjetunion nahezulegen.

Im Juli 1949 schlug Stalin einer Delegation aus Peking gegenüber eine Arbeitsteilung vor. Die Sowjetunion könne in Asien nicht den gleichen Einfluß ausüben wie China, in Europa lägen die Dinge umgekehrt. «Also sollten Sie im Interesse der internationalen Revolution ... mehr Verantwortung im Osten übernehmen, während wir mehr Verantwortung im Westen übernehmen.» Im Dezember 1949 begab sich Mao auf seine erste Auslandsreise überhaupt. Sie führte ihn nach Moskau, wo er sich zwei Monate lang aufhielt, um einen chinesisch-sowjetischen Freundschafts- und Beistandspakt unter Dach und Fach zu bringen. Die beiden Staaten versprachen darin, sich im Fall eines Angriffs wechselseitig zur Hilfe zu kommen.

Mittlerweile war das State Department mit Dean Acheson an der Spitze zu dem Schluß gelangt, daß Mao zu einem Werkzeug Stalins geworden war. Eine Anerkennung der Volksrepublik China durch die USA kam daher nicht in Frage. Vielmehr galt Tschiangs Regime auf Taiwan, so undemokratisch es war, nunmehr als die einzig legitime Vertretung Chinas und folglich auch als *das* China, dem ein Ständiger Sitz im Sicherheitsrat der Vereinten Nationen mitsamt dem dazu gehörenden Vetorecht zustand. Großbritannien hielt diese amerikanische Einschätzung für abwegig und gefährlich. Im Dezember 1949 erkannte die Regierung in London die Volksrepublik China an; im Januar 1950 erfolgte der Abbruch der diplomatischen Beziehungen zur Republik China in Taiwan. Dem Beispiel des Vereinigten Königreichs schlossen sich kurz darauf die Niederlande, die Schweiz und die skandinavischen Staaten an.

So hart die Haltung der Regierung Truman gegenüber der Volksrepublik China wirkte, dem rechten Flügel der Republikaner, dem innersten Kern der «China-Lobby», war sie noch längst nicht hart genug. Zu den schärfsten Kritikern der, wie sie meinten, leichtfertigen Chinapolitik der demokratischen Administration und besonders des State Department gehörten der junge kalifornische Abgeordnete Richard M. Nixon, Mitglied des von den Republikanern dominierten House Un-American Activities Commitee (HUAC), die Senatoren Robert Taft, Styles Bridges, William Knowland und Joseph McCarthy sowie der Verleger von «Time» und «Life», Henry Luce. Der Vorwurf, die Demokraten hätten China «verloren» und damit die Sicherheit von ganz Ost- und Südostasien aufs Spiel gesetzt, steigerte sich bald zu der Anklage, die Partei des Präsidenten unterschätze notorisch die Gefahr des internationalen Kommunismus. Die Verurteilung eines mutmaßlichen Sowjetspions wie des ehemaligen Mitarbeiters des State Department Alger Hiss wegen Meineids und die Verurteilung des aus Deutschland nach Großbritannien emigrierten Kernphysikers Klaus Fuchs, der Moskau über das amerikanische Atombombenprogramm informiert hatte, wegen Spionage im Januar 1950 dienten als Beweise einer großangelegten kommunistischen Infiltration des Westens. Der Präsidentschaftswahlkampf von 1952 warf seine Schatten voraus.

In Westeuropa gab es seit Ende Mai 1947 keine Kommunisten mehr in den Regierungen: In Dänemark gehörten sie schon seit November 1945 keinem Kabinett mehr an; im März 1947 schieden sie aus der Brüsseler Koalitionsregierung, im Mai aus den Regierungen in Rom und Paris aus. In Italien war der Bruch zwischen der Democrazia Cristiana, den Liberalen und den Sozialdemokraten auf der einen, den Kommunisten und den Linkssozialisten auf der anderen Seite aber nicht so tief, daß er die gemeinsame Verabschiedung der Verfassung der Italienischen Republik verhindert hätte: Sie wurde am 22. Dezember 1947 mit 453 gegen 62 Stimmen angenommen. Im gleichen Monat traten die Sozialdemokraten unter Giuseppe Saragat der Regierung De Gasperi bei, während sich die Kommunisten Palmiro Togliattis und die Sozialisten unter Pietro Nenni zur Demokratischen Volksfront zusammenschlossen. Am Wahlkampf vom Frühjahr 1948 beteiligten sich wie nie zuvor und danach die USA, indem sie die gemäßigten Parteien propagandistisch und finanziell massiv unterstützten. Flankierend warb die katholische Kirche für einen Sieg der DC und ihrer Verbündeten. Das Ergebnis der Wahlen vom April 1948 war geeignet, Washington und den Vatikan zu erfreuen: Die Volksfrontparteien erhielten nur 31 Prozent der Stimmen, die Christlichen Demokraten hingegen 48,5 Prozent, die liberalen Parteien und die Sozialdemokraten zusammen 13,5 Prozent.

Den beiden Linksparteien half es nur wenig, daß sie von renommierten Künstlern und Intellektuellen wie dem Maler Renato Guttuso, dem Dichter und späteren Nobelpreisträger für Literatur Salvatore Quasimodo und dem Schriftsteller Giorgio Bassani unterstützt wurden. Das Wahlergebnis war so eindeutig, daß es nur hingenommen werden konnte. Togliatti hielt an seinem moderaten Kurs fest, obwohl er inzwischen vom Kominform (und in dessen Auftrag besonders von der jugoslawischen KP) beschuldigt worden war, in Italien nach 1945 die revolutionäre Chance versäumt zu haben. Stalin selbst gab sich in dieser Hinsicht allerdings keinen Illusionen hin. Als ihn ein innerparteilicher Widersacher Togliattis, Pietro Secchia, im Dezember 1947 fragte, ob der PCI die Auseinandersetzung mit der DC nicht verschärfen solle, erwiderte er: «Das ist heute nicht möglich.»

Stärker als in Italien war der intellektuelle Rückhalt der Kommunisten in Frankreich. Im Pariser Quartier Latin galt es als «chic», sich auf die Seite der Partei zu stellen, die in der Résistance die meisten Opfer zu beklagen hatte. Das Paris der ersten Nachkriegsjahre war *das* intellektuelle Zentrum Europas, «Les Temps Modernes», die Jean-Paul Sartre 1945 gründete und zusammen mit Simone de Beauvoir, Maurice Merleau-Ponty und (bis 1947) Raymond Aron herausgab, zeitweilig nicht nur das maßgebliche Organ der «Existentialisten», sondern eines der wichtigsten Foren der linken bis linksliberalen Intelligenz schlechthin. Die stalinistischen Schauprozesse seit 1948, beginnend mit dem Verfahren gegen László Rajk und seiner Hinrichtung, ließen nur wenige Linksintellektuelle an der Sowjetunion und der vermeintlich von ihr vertretenen gerechten Sache irre werden. Ihr Weltbild deckte sich weitgehend mit der «Zwei-Lager-Theorie», die Schdanow in Schreiberhau 1947 dem Kominform mit auf den Weg gegeben hatte. Amerika erschien aus diesem Blickwinkel als Vormacht eines brutalen und geistlosen Kapitalismus, die Sowjetunion dagegen als Vorkämpfer einer neuen humanistischen Weltordnung. Da man sich, Sartre zufolge, zwischen dem angelsächsischen Block und der UdSSR entscheiden mußte, konnte nicht zweifelhaft sein, welche Wahl fortschrittliche Intellektuelle zu treffen hatten.

Unangefochten war die kulturelle Hegemonie der philokommunistischen Intelligenz aber auch in Paris nicht. Im November 1949 bat David Rousset, ein ehemaliger Résistance-Kämpfer und Häftling der Konzentrationslager Buchenwald und Neuengamme, in «Figaro litté-

raire» frühere KZ-Insassen um Mithilfe bei der Untersuchung über
das sowjetische Lagersystem. Vorausgegangen war ein Prozeß des einstigen, 1944 in den Westen übergelaufenen sowjetischen Funktionärs
Viktor Krawtschenko gegen die theoretische Zeitschrift des PCF, «Les
Lettres françaises», in dem ausführlich über die stalinistischen Arbeitslager berichtet worden war. Gegen den Vorwurf der «Lettres
françaises», er habe gefälschte Quellen verwandt, um die Sowjetunion
zu verleumden, strengte Rousset seinerseits ein Verfahren gegen die
Zeitschrift an. Auf Grund ebenso eindrucksvoller wie glaubwürdiger
Zeugenaussagen wie der von Margarete Buber-Neumann, die sowohl
unter Hitler wie unter Stalin inhaftiert gewesen war, entschied das
Gericht zugunsten von Rousset.

Wie der Sozialist Rousset schrieben auch Intellektuelle anderer
politischer Ausrichtung, so der konservative François Mauriac und
der liberale Raymond Aron, gegen den grassierenden Prostalinismus
an. Mauriac nannte den Rajk-Prozeß im Oktober 1949 eine «Obs-
zönität des Geistes». Aron, Amerika gegenüber durchaus kritisch eingestellt, ergriff im Juli 1947 Partei für das Zusammengehen mit den
USA. Er nannte die Auseinandersetzung zwischen West und Ost
einen Kampf nicht zwischen Gut und Böse, wohl aber zwischen dem
Wünschenswerten und dem Verabscheuenswerten. «In unserer Zeit
ist die Entscheidung, aus der sich alles andere ergibt, eine globale,
faktisch eine geographische Entscheidung – für den einzelnen wie für
den Staat. Man gehört entweder zum Universum freier Länder oder
zu demjenigen, das unter der gnadenlosen sowjetischen Herrschaft
steht. Von nun an wird jeder Franzose seine Entscheidung treffen
müssen.»

Die Nachrichten von der ersten sowjetischen Atombombe und der
Gründung der Volksrepublik China trafen die beiden angelsächsischen
Mächte in einer Zeit, in der sie sich vor ernste finanzielle und wirtschaftliche Herausforderungen gestellt sahen: die «Sterling crisis» und
den «Dollar gap». Die Vorgeschichte der britischen Finanzkrise reichte
bis ins Jahr 1947 zurück. Den Bedingungen der großen amerikanischen Nachkriegsanleihe und der «Philosophie» des Weltwährungsabkommens von Bretton Woods entsprechend hatte Großbritannien
am 15. Juli 1947 das Pfund Sterling frei konvertierbar gemacht und
damit wider Willen eine panikartige «Flucht in den Dollar» ausgelöst.

Bereits im August 1947 sah sich London gezwungen, die freie Konvertierbarkeit der eigenen Währung wieder zu suspendieren. Fortan mußten Importe in Dollar bezahlt werden.

Die Folge waren verschärfte Rationierungsmaßnahmen, von denen Lebensmittel ebenso betroffen waren wie Benzin, sowie ein dramatisches Schrumpfen der britischen Dollarbestände. Eine «milde» Rezession in den USA bewirkte zur gleichen Zeit einen Niedergang britischer Exporte in die Vereinigten Staaten. Die Ausfuhren des Vereinigten Königreichs reichten bald nicht mehr aus, um die Einfuhren zu bezahlen, so daß man in London schließlich nur noch einen Ausweg sah, der aus der passiven Handelsbilanz herausführen sollte: Am 18. September 1949 wurde das Pfund Sterling um 30,5 Prozent abgewertet. Der Wert des Pfundes fiel damit von 4,03 auf 2,80 Dollar.

Die USA zeigten in dieser Situation viel Verständnis mit den Briten. Sie senkten zwar nicht, wie Außenminister Bevin dies wünschte, ihre Einfuhrzölle, waren aber bereit, sich mit einer zeitweiligen Erschwerung amerikanischer Ausfuhren ins Vereinigte Königreich abzufinden. Bereits einige Tage vor der Pfundabwertung, am 12. September 1949, hatten die Vereinigten Staaten auf einer Finanzkonferenz in Washington mit Großbritannien und Kanada vereinbart, die Dollarerlöse des Sterlingblocks zu vermehren und die Investition von amerikanischem Kapital im Ausland zu steigern. Empört reagierte hingegen die französische Regierung unter dem radikalsozialistischen Ministerpräsidenten Henri Queuille auf die ohne alle Konsultationen mit Paris verfügte Pfundabwertung.

Die britisch-französischen Spannungen wirkten sich negativ auch auf das Projekt der westeuropäischen Einigung aus, auf das das State Department in Washington nach wie vor größten Wert legte. Verbal hatte Großbritannien bislang allem applaudiert, was auf einen engeren Zusammenschluß der Staaten im Westen des alten Kontinents hinauslief, eine eigene Beteiligung aber, die auf Kosten der britischen Souveränität ging, lehnte London ab. Von Großbritannien und dem Commonwealth als einer «dritten Kraft» sprach 1949 zwar kaum noch jemand. Doch die Bindung an das Commonwealth war immer noch stärker als die an den europäischen Kontinent, und das Gefühl einer historischen Sonderbeziehung zu den Vereinigten Staaten tat das Seine, um das Vereinigte Königreich von einer aktiven Rolle im westeuropäischen Einigungsprozeß abzuhalten.

Für Frankreich war die britische Reserve gegenüber Europa eine bittere Enttäuschung. Den Pariser Regierungen mußte schon deswegen an einer proeuropäischen Politik Großbritanniens liegen, weil sie sich davon eine Eindämmung des deutschen Einflusses versprachen. Am 20. Juli 1948 regte Außenminister Bidault auf der zweiten Sitzung des Konsultativrates des Brüsseler Paktes die Einberufung einer Europäischen Parlamentarischen Versammlung an, die über eine Wirtschafts- und Währungsunion beraten und einen föderativen Zusammenschluß Westeuropas vorbereiten sollte. Bevin war über den Vorschlag entsetzt, willigte aber schließlich, nachdem sich der belgische Ministerpräsident und Außenminister Paul-Henri Spaak der französischen Initiative angeschlossen hatte, in die Schaffung eines Konsultativorgans, der Beratenden Versammlung des Europarats, mit Sitz in Straßburg ein. (Den Namen «Europarat» an Stelle von «Europäische Union» hatte Großbritannien durchgesetzt.) Zusammen mit den skandinavischen Staaten sorgte das Vereinigte Königreich dafür, daß der Europarat nur einstimmige Beschlüsse fassen und jeden Beschluß der Beratenden Versammlung mit einem Veto blockieren konnte. Zu den zehn Gründungsmitgliedern des Europarats gehörte im August 1949 auch ein Staat, der im Zweiten Weltkrieg neutral geblieben und erst einige Monate zuvor, im April 1949, aus dem British Commonwealth of Nations ausgeschieden war: die nunmehr vollständig unabhängige Republik Irland.

Was die Einigung Westeuropas anging, stand die Spitze des amerikanischen Außenministeriums der Pariser Position sehr viel näher als der Londoner. Im Hinblick auf die Rolle, die der neue westdeutsche Staat in Europa spielen sollte, bereitete dagegen Frankreich den USA größere Probleme als Großbritannien. In einem die Bundesrepublik Deutschland betreffenden Punkt konnten sich die drei Westalliierten im Frühherbst 1949 noch vergleichsweise leicht verständigen: Die Deutsche Mark war überbewertet und mußte nach der Abwertung des britischen Pfundes ebenfalls abgewertet werden, wenn man dem jungen Staat nicht jede Chance nehmen wollte, international konkurrenzfähig zu sein. Die Bundesregierung erstrebte eine Abwertung um 25 Prozent, stieß damit aber auf massiven französischen und, hinter den Kulissen, auch britischen Widerstand. Am 28. September 1949 wurde die Deutsche Mark um immerhin 20,5 Prozent abgewertet. Der neue Wechselkurs von 4,20 für einen Dollar war ein sehr alter: Er hatte schon im Kaiserreich und nach 1923 in der Weimarer Republik gegolten.

Sehr viel schwerer lösbar waren zwei andere, eng miteinander verbundene Probleme: die Demontage von Industrieanlagen und die internationale Ruhrkontrolle. Auf der Demontageliste der Westalliierten standen im April 1949 noch 744 Betriebe, die ganz oder teilweise abgebaut werden sollten, darunter Flugzeugwerke, elektrotechnische und chemische Unternehmen, Kugellagerfabriken und Hüttenwerke. Auf der Fortsetzung der Demontage bestanden Frankreich und, mit geringerem Nachdruck, Großbritannien. Die USA waren sich dagegen längst darüber im klaren, daß diese Praxis mit den Zielen des Marshallplans ebensowenig zu vereinbaren war wie mit dem Vorhaben, die Bundesrepublik auch militärisch in den Westen einzubinden. Sie wußten auch, daß nichts das Verhältnis der westdeutschen Bevölkerung zu den Westalliierten so sehr belastete wie die Demontagen: Diese vernichteten Arbeitsplätze in großer Zahl, und das in einer Zeit, in der die Erwerbslosenquote bei 9 Prozent lag.

Auf einer Konferenz der westalliierten Außenminister in Paris am 9. und 10. November 1949 wies Dean Acheson seine Kollegen Ernest Bevin und Robert Schuman nachdrücklich darauf hin, daß die USA in der Bundesrepublik Deutschland und Japan künftige Verbündete in der Auseinandersetzung mit der Sowjetunion sähen, was eine veränderte Politik gegenüber diesen beiden Ländern verlange. Während Bevin sich die amerikanische Argumentation zu eigen machte, leistete Schuman unter Hinweis auf das französische Sicherheitsbedürfnis hinhaltenden Widerstand. Am Ende setzten sich die Angelsachsen durch. Verbliebene Rüstungswerke in Westdeutschland sollten rasch abgebaut und die Demontage damit abgeschlossen werden. Der Bundesrepublik wurde als Ausgleich der Aufbau eines konsularischen Dienstes und, noch wichtiger, die Entsendung von Vertretern in die Internationale Ruhrbehörde versprochen, und zwar so, daß den zwölf Stimmen der westeuropäischen Staaten drei westdeutsche Stimmen gegenüberstanden.

Das beabsichtigte Junktim von Beendigung der Demontagen und deutscher Beteiligung an der Internationalen Ruhrbehörde fand seinen Niederschlag im Petersberger Abkommen vom 22. November 1949, abgeschlossen zwischen den drei Hohen Kommissaren und dem Bundeskanzler der Bundesrepublik Deutschland. Es sicherte die weitere

Existenz der wichtigsten deutschen Stahlwerke und der größten Unternehmen der chemischen Industrie und lockerte überdies die Restriktionen, die dem deutschen Schiffsbau auferlegt waren. Die Demontage von Rüstungsbetrieben ging zwar bis Mitte 1951 weiter, der Ersatz veralteter durch moderne Maschinen aber erwies sich als Beitrag zur Steigerung der Wettbewerbsfähigkeit westdeutscher Unternehmen. Von den Gewerkschaften wurde Adenauer für sein Vorgehen gelobt, nicht aber von der sozialdemokratischen Opposition. Als der Regierungschef in der dramatischen Nachtsitzung des Bundestages vom 24. zum 25. November 1949 die Unterzeichnung des Petersberger Abkommens rechtfertigte, warf ihm Kurt Schumacher in einem Zwischenruf vor, der «Bundeskanzler der Alliierten» zu sein – eine Entgleisung, für die der Oppositionsführer mit dem Ausschluß von der Teilnahme an Plenarsitzungen für zwanzig Sitzungstage bestraft wurde.

Seit dem historischen Zusammenstoß zwischen Adenauer und Schumacher war abzusehen, daß die Bundesrepublik Deutschland sich von der Weimarer Republik in einem wesentlichen Punkt unterscheiden würde: In der ersten deutschen Demokratie war die Linke internationalistisch und die Rechte nationalistisch gewesen. In der Bonner Republik trat eine betont «nationale» Linke in Gestalt der Sozialdemokratie einer Mitte-Rechts-Koalition gegenüber, die eher auf die supranationale Einigung Westeuropas als auf im engeren Sinn nationale Ziele setzte. Adenauer konnte nichts Besseres passieren. Seine Politik der schrittweisen Westintegration wurde auch dadurch ermöglicht, daß er sie nicht gegen eine nationale Opposition von rechts durchsetzen mußte, sondern gegen eine demokratische Opposition von links. Die SPD legitimierte durch ihren parlamentarischen Widerstand eine Politik, die die Verwirklichung einer alten sozialdemokratischen Forderung ins Auge faßte: die Schaffung der Vereinigten Staaten von Europa, wie sie das Heidelberger Programm von 1925 zum Ziel erhoben hatte. Gleichzeitig half das neue nationale Profil den Sozialdemokraten, «bürgerliche» Vorbehalte gegenüber den «vaterlandslosen Gesellen» abzubauen. Die innenpolitischen Fronten der Zeit vor 1933 gehörten der Vergangenheit an.

In der zweiten Hälfte des Jahres 1949 zeichneten sich die Umrisse einer neuen Phase der Nachkriegszeit ab. Die Demarkationslinie, die in Europa West und Ost trennte, hatte sich verfestigt. An die Stelle des Deutschen Reiches waren zwei deutsche Staaten getreten, von denen einer eine westliche Demokratie, der andere eine kommunistische Diktatur war. Die beiden europäischen Großmächte Großbritannien und Frankreich waren in einer Weise von den USA abhängig, die sie vier Jahre zuvor nicht für möglich gehalten hätten. Die Sowjetunion hatte ihren europäischen Herrschaftsbereich behauptet und in Asien durch die kommunistische Revolution in China einen Verbündeten gewonnen, von dem freilich niemand wußte, ob er sich auf längere Sicht dem Führungsanspruch Moskaus beugen würde. Durch die Atombombe war die Sowjetunion zu einem militärisch ebenbürtigen Kontrahenten der anderen Weltmacht, der USA, geworden. Aber in vielen anderen Bereichen, und nicht zuletzt auf den Gebieten von Technologie und Wirtschaft, waren die Vereinigten Staaten der Sowjetunion weiterhin überlegen. Wenig sprach dafür, daß dem prekären Gleichgewicht vom Spätherbst 1949 Dauer beschieden sein würde.[8]

Die Renaissance der Menschenrechte: Die Vereinten Nationen reformieren das Völkerrecht

So tief der Gegensatz zwischen West und Ost inzwischen geworden war, so gab es doch auch Ende der vierziger Jahre noch ernsthafte Versuche, die Kluft zu überbrücken. 1945 hatten sich alle Staaten, die Gründungsmitglieder der Vereinten Nationen waren, durch die Charta der Weltorganisation nicht nur zur Erhaltung des Weltfriedens, zur Duldsamkeit und zur guten Nachbarschaft verpflichtet, sondern auch ihren gemeinsamen Glauben an die Würde und den Wert der menschlichen Persönlichkeit und die Gleichberechtigung von Mann und Frau bekundet und sich zur Achtung vor den Menschenrechten und Grundfreiheiten für alle, ohne Unterschied der Rasse, des Geschlechts, der Sprache und der Religion, sowie zur Gleichberechtigung aller Nationen, ob groß oder klein, bekannt. Damit gingen die Mitglieder der Vereinten Nationen weit über die Versprechungen der Atlantikcharta vom 14. August 1941 hinaus – jenes von Franklin Delano Roosevelt und Winston Churchill unterzeichneten Manifests zur Ordnung der Nachkriegswelt, das das Recht der Selbstbestimmung beschwor, aber noch kein Bekenntnis zu den Menschenrechten enthielt.

Was die Charta der Vereinten Nationen zum Thema Menschenrechte sagte, wurde zum Keim der Allgemeinen Erklärung der Men-

schenrechte, die die Vollversammlung der UNO am 10. Dezember
1948 mit 48 Stimmen ohne Gegenstimmen bei 8 Enthaltungen annahm. Die Erklärung war das Werk des Menschenrechtsausschusses,
der von Eleanor Roosevelt, der Witwe des Präsidenten, geleitet wurde
und während seiner Tätigkeit der Adressat von zahllosen Anregungen
und Appellen aus allen Kontinenten war. Nicht alle wurden aufgegriffen. Ungehört verhallten die vielen Rufe aus den Kolonien, die Fremdherrschaft europäischer Mächte als unvereinbar mit den Menschenrechten zu erklären. Die Forderung von William E. B. Dubois, einem
Pionier der schwarzen Bürgerrechtsbewegung in den USA, die Diskriminierung von Amerikanern schwarzer Hautfarbe zu beenden, fand
zwar vielfach Unterstützung aus Asien und Afrika und auch von seiten
der Sowjetunion, in der Erklärung aber nur insofern Widerhall, als
diese sich gegen jede Art von Ungleichbehandlung auf Grund von
Rasse, Hautfarbe, Geschlecht, Sprache, Religion, politischer Überzeugung, nationaler oder sozialer Herkunft, Besitz, Geburt und Status
aussprach. Erfolgreich war hingegen einer der wichtigsten Autoren der
Allgemeinen Erklärung, der französische Jurist und spätere Friedensnobelpreisträger René Cassin, mit seinem Drängen, Gedanken der
katholischen Soziallehre zum Thema Gerechtigkeit in der Erklärung
zu verankern.

Die Hauptquellen blieben freilich die Unabhängigkeitserklärung
der Vereinigten Staaten vom 4. Juli 1776, die Déclaration des droits de
l'homme et du citoyen, die die französische Nationalversammlung am
26. August 1789 verabschiedet hatte, und die amerikanische Bill of
Rights von 1791 mit den ersten zehn Zusatzartikeln zur Verfassung
der USA. Folgerichtig begann die «Universal Declaration of Human
Rights» mit einem Bekenntnis zur angeborenen Würde des Menschen
und den gleichen und unveräußerlichen Rechten aller Mitglieder der
menschlichen Familie als der Grundlage von Freiheit, Gerechtigkeit
und Frieden in der Welt. Die Herrschaft des Rechts (rule of law) wurde
als Schutz der Menschenrechte und als Gewähr dafür bezeichnet, daß
die Menschen ihre letzte Zuflucht nicht in der Auflehnung gegen Tyrannei und Unterdrückung suchen mußten.

Die Erklärung enthielt alle klassischen Grundrechte, darunter die
Presse-, Vereins- und Versammlungsfreiheit, das Recht auf Leben
und körperliche Unversehrtheit, auf Freizügigkeit und persönliches
Eigentum sowie die Gleichheit aller vor dem Gesetz, aber auch die

Freiheit von Furcht und Mangel, die Franklin Delano Roosevelt in seiner «State of the Union»-Rede vor dem Kongreß am 6. Januar 1941 verkündet hatte, und die Gleichberechtigung von Mann und Frau. Unzweideutig war das Verbot von Sklaverei, Sklavenhandel und Knechtschaft, von Folter und unmenschlicher oder erniedrigender Behandlung und Bestrafung.

Zu den sozialen Grundrechten zählte die Erklärung das Recht auf soziale Sicherheit und Arbeit, auf Schutz vor Arbeitslosigkeit, freie Wahl des Arbeitsplatzes, gleichen Lohn für gleiche Arbeit und auf eine angemessene Entlohnung, auf gewerkschaftlichen Zusammenschluß, Erholung und bezahlten Urlaub, auf einen angemessenen Lebensstandard und Gesundheitsfürsorge sowie auf Erziehung, wobei zumindest die elementare Erziehung kostenlos sein sollte. Der Begriff «Demokratie» kam in der Erklärung nicht vor, wohl aber verbürgte sie in Artikel 21 jedem das Recht, an der Regierung des Landes durch freie und direkt gewählte Repräsentanten teilzunehmen. Grundlage der Regierung sollte der Wille des Volkes sein, dieser in periodischen Abständen in allgemeinen, freien, gleichen und geheimen Wahlen zum Ausdruck gebracht werden.

Hätten alle Mitglieder der Vereinten Nationen die Allgemeine Erklärung der Menschenrechte zur verbindlichen Richtschnur von Gesetzgebung und Politik gemacht, wäre das Ergebnis eine andere Welt gewesen – eine Welt frei von Gewaltherrschaft und Unterdrückung, von willkürlicher Bevorrechtung und Benachteiligung, eine Gemeinschaft von Staaten, die kein höheres Gut kannten als die unantastbare Würde des Einzelmenschen und die Rechte, die diesem angeboren sind. Doch die Zustimmung zur Erklärung vom 10. Dezember 1948 bedeutete keineswegs vollinhaltliches Einverständnis mit der Vorlage der Menschenrechtskommission. In den Vereinigten Staaten stießen die Aussagen zur sozialen Gerechtigkeit auf den Protest entschiedener Konservativer, von denen manche René Cassin sogar verdächtigten, ein verkappter Kommunist zu sein. Die Diskriminierung der schwarzen Bevölkerung in den USA, der Ureinwohner dort, in Kanada und Australien hörte nach 1948 ebensowenig auf wie die der Samen oder Lappen in Norwegen und der Sinti und Roma in großen Teilen Europas. Auch in den europäischen Kolonien bewirkte die Allgemeine Erklärung der Menschenrechte zunächst keine Änderungen.

Die Staaten, die sich bei der Abstimmung in der Vollversammlung der Stimme enthielten, wurden von unterschiedlichen Motiven geleitet:

Die Sowjetunion und ihre Verbündeten gaben zwar vor, die Vorlage trage den wirtschaftlichen und sozialen Rechten zu wenig Rechnung und verzichte überdies auf eine Verdammung des Faschismus, wollten sich aber wohl in erster Linie nicht dem Vorwurf aussetzen, sie hätten sich zu individuellen Freiheitsrechten bekannt, die sie tagtäglich unterdrückten. Auf dieselben Überlegungen ging vermutlich die Stimmenthaltung Jugoslawiens zurück. Saudi-Arabien wollte seinen Untertanen weder das Recht einräumen, die Religion zu wechseln, noch volljährigen Männern und Frauen das Recht zugestehen, unbehindert von religiösen Vorschriften eine Ehe einzugehen und eine Familie zu gründen. Die Südafrikanische Union schickte sich gerade an, einer rigorosen Rassentrennung («Apartheid»), einschließlich des Verbots «gemischtrassiger» Ehen und intimer Beziehungen zwischen Weißen und Nichtweißen, die gesetzliche Grundlage zu verschaffen. Nichts lag daher der Regierung in Pretoria ferner, als sich auf eine Ächtung jeder Art von Rassendiskriminierung festzulegen. Zwei Staaten, Jemen und Honduras, drückten ihre Mißbilligung der Allgemeinen Erklärung der Menschenrechte dadurch aus, daß sie sich an der Abstimmung nicht beteiligten.

Sanktionen gegen die Verletzung von Menschenrechten sah die Erklärung vom 10. Dezember 1948 nicht vor, was es «Realpolitikern» aller Schattierungen leicht machte, ihr eine praktische Bedeutung abzusprechen. Aber die Erklärung gewann mit der Zeit eine normative Autorität, an der sich zumindest die Staaten orientierten, die Wert darauf legten, als Rechtsstaaten anerkannt zu werden. Ohne die Allgemeine Erklärung der Menschenrechte wäre es auch schwerlich zwei Jahre später zur Europäischen Konvention zum Schutze der Menschenrechte und Grundfreiheiten gekommen, die von der Beratenden Versammlung des Europarats ausgearbeitet und am 4. November 1950 von den Mitgliedstaaten des Europarates in Straßburg unterzeichnet wurde. Sie enthielt nicht nur einen umfassenden Katalog von Grundrechten, sondern schuf auch den Europäischen Gerichtshof für Menschenrechte, an den sich alle Bürger der Mitgliedstaaten wenden konnten, wenn sie sich in ihren Grundrechten verletzt fühlten. Da sich die Mitgliedstaaten verpflichteten, in allen Rechtssachen, in denen sie selbst Partei waren, dem endgültigen Urteil des Gerichtshofes zu folgen, bedeutete die Ratifizierung der Konvention einen gravierenden Souveränitätsverzicht.

Einen Tag vor der Verabschiedung der Allgemeinen Erklärung der Menschenrechte, am 9. Dezember 1948, hatte die Vollversammlung ein anderes bedeutsames Dokument beschlossen, mit dem sie Völkerrechtsgeschichte schreiben sollte: die Konvention über die Verhinderung und Bestrafung von Völkermord. Wie die Allgemeine Erklärung der Menschenrechte war die Völkermordkonvention ein Versuch, aus den Verbrechen gegen die Menschlichkeit, die während des Zweiten Weltkrieges vom nationalsozialistischen Deutschland begangen worden waren, normative Konsequenzen zu ziehen.

Der «Vater» der Konvention war ein jüdischer Jurist aus Polen, Raphael Lemkin, der 1944 in seinem (im amerikanischen Exil verfaßten) Buch «Axis Rule in Occupied Europe» den Begriff «genocide» prägte. Unter dem Eindruck der Vernichtung der Armenier im Osmanischen Reich während des Ersten Weltkrieges hatte er sich bereits 1933 auf der 5. Internationalen Konferenz zur Vereinheitlichung des Kriminalrechts in Madrid – einer Tagung, die unter der Schirmherrschaft des Völkerbunds stattfand – dafür eingesetzt, die Zerstörung von rassischen, religiösen oder sozialen Kollektiven zu einem Verbrechen im Sinne des Völkerrechts zu erklären. Am 18. Oktober 1945 wurde der Begriff «genocide» in der Anklageschrift des Internationalen Militärgerichtshofs in Nürnberg erstmals offiziell verwandt. Die Vollversammlung der Vereinten Nationen schloß sich am 11. Dezember 1946 in ihrer Resolution 96-I an. Sie bezeichnete den Genozid als ein internationales Verbrechen und definierte: «Völkermord ist die Leugnung des Existenzrechts einzelner Menschengruppen, wie Mord die Leugnung des Existenzrechts einzelner Menschen ist.»

Der Beschluß der Vollversammlung legte den Grund für die Konvention vom 9. Dezember 1948. Völkermord bedeutete Artikel 2 der Übereinkunft zufolge ein Verbrechen, das in der Absicht begangen wurde, eine nationale, ethnische, rassische oder religiöse Gruppe ganz oder teilweise zu zerstören. Die Konvention listete fünf Handlungsweisen auf, die unter diesen Begriff fielen: erstens die Tötung von Mitgliedern der Gruppe, zweitens die Verursachung von schwerem körperlichen oder seelischen Schaden an Mitgliedern der Gruppe, drittens die vorsätzliche Auferlegung von Lebensbedingungen für die Gruppe, die geeignet sind, ihre körperliche Zerstörung ganz oder teilweise herbeizuführen, viertens die Verhängung von Maßnahmen, die auf die Geburtenverhinderung innerhalb der Gruppe gerichtet sind, fünftens die gewaltsame Überführung von Kindern der Gruppe in eine andere Gruppe.

Strafbar war nicht nur der begangene Genozid, sondern auch eine Verschwörung in der Absicht, einen Völkermord zu begehen, desgleichen die direkte und öffentliche Anstiftung zum Völkermord, der Versuch des Völkermords und die Mittäterschaft beim Völkermord. Personen, die solcher Verbrechen beschuldigt werden, waren entweder durch ein Gericht des Staates, in dem die Tat begangen wurde, oder durch ein internationales Gericht zu bestrafen. Die Staaten, die der Konvention beitraten, verpflichteten sich, die Beschuldigten gegebenenfalls auszuliefern. Damit stellten sie ein Dogma in Frage, das seit dem Westfälischen Frieden von 1648 als sakrosankt galt: die Unantastbarkeit ihrer Souveränität. Bislang waren nur Piraterie und Sklavenhandel vom Völkerrecht international geächtet worden, aber in der Weise, daß die beschuldigten Individuen vor Gericht zu stellen waren. Die Völkermordkonvention machte es darüber hinaus möglich, auch Regierungen beziehungsweise deren Mitglieder oder Beauftragte zu belangen, wenn ein Genozid von Staats wegen beabsichtigt oder durchgeführt wurde. In dieser Durchbrechung des klassischen Souveränitätsprinzips lag die revolutionäre Neuerung der Konvention vom 9. Dezember 1948.

Die Definition von Völkermord, wie sie der Konvention zugrunde lag, war einerseits sehr weit und andererseits sehr eng. Unter die Überführung von Kindern der verfolgten Gruppe in eine andere Gruppe, dem fünften Anwendungsfall von Artikel 2, fiel nicht nur die Praxis, die die SS im besetzten Polen im Hinblick auf polnische Kinder betrieben hatte, die als «eindeutschungsfähig» galten. Noch lange nach der Verabschiedung der Konvention von 1948 wurden Kinder von Aborigines in Australien, von Indianern und Eskimos in Kanada ihren Eltern weggenommen und im Staatsauftrag in Heimen, Internaten oder weißen Familien zwangsassimiliert. Das *war* zweifelsfrei ein Verbrechen gegen die Menschlichkeit, aber nicht mit der fabrikmäßigen Menschenvernichtung durch die Nationalsozialisten auf eine Stufe zu stellen.

Nicht unter «Genozid» rubrizierte die Vollversammlung politisch motivierte Kollektivmorde, wie sie in der Sowjetunion unter Stalin unter anderem an den Kulaken begangen worden waren. Es war auf das Drängen sowjetischer Diplomaten zurückzuführen, daß solche Verbrechen gegen die Menschlichkeit, aber auch Massenliquidationen von Angehörigen kollektiv verdächtigter Nationalitäten und Nationen, darunter die Erschießung Zehntausender polnischer Offiziere bei Katyn im April und Mai 1940, nicht von der Konvention erfaßt wurden. Das widersprach der Absicht von Lemkin, der auch Massenmorde an sozialen, wirtschaftlichen und politischen Gruppen als Fälle von Genozid verstanden wissen wollte. Gegen eine *generelle* Einbeziehung politischer Kollektivmorde ließ sich einwenden, daß in bürgerkriegsartigen Situationen die Gewalt selten nur von einer Seite ausging. Aber sicher ist auch, daß wie beim Verfahren vor dem Internationalen Militärgerichtshof in Nürnberg so auch bei den Vereinten Nationen politische Rücksichtnahmen eine wichtige Rolle spielten: Verfolgt wurde *eine* Kategorie von Verbrechen gegen die Menschlichkeit – und die auch nur dort, wo sie nicht von einer Siegermacht begangen worden waren.

Die USA hatten in der zuständigen Kommission der Vollversammlung zunächst auf die Einbeziehung von politisch motivierten Kollektivmorden gedrängt, ließen aber davon ab, als die Sowjetunion der Errichtung eines Internationalen Strafgerichtshofes zustimmte. Daß die Völkermordkonvention in den Vereinigten Staaten zu einem Streitthema werden könnte, erschien 1949 den meisten Beobachtern fast ausgeschlossen. Tatsächlich formierte sich im Senat eine konservative Opposition, die sich von der Befürchtung leiten ließ, die USA könnten nachträglich wegen Sklaverei, Sklavenhandel und der Verdrängung der Indianer, aber auch wegen des Abwurfs von Atombomben über Japan des Genozids bezichtigt werden, und deshalb die Ratifizierung der Konvention ablehnte. Dazu kam die Sorge vor einem entscheidenden Verlust an nationaler Souveränität. Obwohl sich außer Eisenhower alle Präsidenten seit Truman für den Beitritt der USA zur Völkermordkonvention einsetzten, erfolgte die vorläufige und vorbehaltlose Ratifizierung durch den Senat erst unter der Präsidentschaft Ronald Reagans im Februar 1986 – und die endgültige Billigung durch den Kongreß zweieinhalb Jahre später, im Oktober 1988. Bis zur Errichtung des Internationalen Strafgerichtshofs in Den Haag vergingen dann nochmals 15 Jahre: Im März 2003 konnte das mit der strafrechtlichen Verfolgung von Völkermord, Verbrechen gegen die Menschlichkeit, Kriegsverbrechen sowie von Vorbereitung und Führung eines Angriffskriegs beauftragte Gericht endlich seine Arbeit aufnehmen. Die USA wirkten nicht daran mit: Sie hatten sich im Juni 2001 definitiv gegen die Schaffung des neuen Gerichtshofs ausgesprochen.

Zu den Hypotheken der Völkermordkonvention gehörte nicht nur die Ausklammerung politisch motivierter Gruppentötungen, die nicht unter einen der in Artikel 2 genannten Straftatbestände fielen, sondern auch das Insistieren auf einer genozidalen Absicht – die im einzelnen schwer nachweisbar sein konnte. Beides trug dazu bei, daß die Konvention, nachdem sie am 12. Januar 1951 in Kraft getreten war, rasch in Vergessenheit geriet. Erst die «ethnischen Säuberungen» im Zuge der Auflösung Jugoslawiens und der Völkermord der Hutu an den Tutsi in Ruanda in den neunziger Jahren führten zu einer systematischen Rückbesinnung auf die Völkermordkonvention. Ihre Wirkung war mithin eine langfristige: Sie wurde, zusammen mit den vier Genfer Konventionen von 1949, vor allem denen über die Behandlung der Kriegsgefangenen und zum Schutz von Zivilpersonen in Kriegszeiten, zum Fundament des Völkerstrafrechts und trug zusammen mit der Allgemeinen Erklärung der Menschenrechte dazu bei, das Bewußtsein für die menschenrechtlichen Schranken der einzelstaatlichen Souveränität und die Legitimität humanitärer Interventionen der Völkergemeinschaft zu schärfen. Damit beide Dokumente auch außerhalb des Westens praktische Folgen zeitigen konnten, mußte freilich erst der Kalte Krieg überwunden werden, in dessen Frühzeit sie entstanden waren.[9]

2.

Vom Koreakrieg zur Kubakrise: 1949–1963

Fehlschlag einer Aggression: Der Koreakrieg 1950–1953

Nicht nur in Europa, auch in Asien gab es seit 1945 eine Demarkationslinie, die «Ost» und «West» voneinander trennte. Im Fernen Osten verlief sie entlang dem 38. Breitengrad quer durch die koreanische Halbinsel. Den Norden Koreas hatte die Sowjetunion in Abstimmung mit den Amerikanern unmittelbar nach ihrem Eintritt in den Krieg gegen Japan besetzt, den Süden die USA. Eine im Dezember 1945 in Moskau getroffene Vereinbarung der Vereinigten Staaten, der Sowjetunion, Großbritanniens und der Republik China, zusammen eine fünfjährige Treuhandschaft für Korea zu übernehmen, blieb ähnlich folgenlos wie der Beschluß der Vereinten Nationen im November 1947, unter ihrer Aufsicht allgemeine Wahlen in ganz Korea abzuhalten.

Da Nordkorea den Beschluß boykottierte und sich im Dezember 1947 eine «sozialistische» Verfassung gab, fanden 1948 in beiden Teilen des Landes getrennte Wahlen statt. Den Anfang machte der Süden. Aus den Wahlen zur Nationalversammlung im Mai ging die Partei des entschieden antikommunistischen, nationalistischen und autoritären Syngman Rhee als Siegerin hervor. Im Juli wurde Rhee in der historischen Hauptstadt Seoul zum Präsidenten der Republik Korea gewählt; im Dezember folgte die Anerkennung des neuen Staates durch die Vereinten Nationen. Im Norden fühlten sich die tonangebenden Kommunisten unter Kim Il Sung, der im Zweiten Weltkrieg unter chinesischem Kommando gegen die Japaner gekämpft hatte, mittlerweile stark genug, im August 1948 ihrerseits Wahlen durchzuführen und im Monat darauf die Demokratische Volksrepublik Korea mit Kim Il

Sung als Ministerpräsidenten zu proklamieren. Die Sowjetunion zögerte nicht, das Regime in Pjöngjang als die einzige legitime Regierung Koreas anzuerkennen. Zwischen den beiden koreanischen Staaten herrschte von Anfang an die erbitterte Feindschaft von zwei Bürgerkriegsparteien. Syngman Rhee zeigte zur Irritation Washingtons keinerlei Hemmungen, sich immer wieder zur militärischen Befreiung des kommunistischen Nordens zu bekennen. 3,5 Millionen Menschen reagierten auf die Errichtung einer kommunistischen Diktatur im Norden zwischen 1945 und Juni 1950 mit der Flucht in den Süden. Die USA maßen Südkorea keine große politische und strategische Bedeutung bei. Entsprechend den Empfehlungen des Nationalen Sicherheitsrates legte sich Präsident Truman im Frühjahr 1948 darauf fest, der Republik Korea politisch und wirtschaftlich zu helfen und sie beim Aufbau einer Armee zu unterstützen. Eine Garantie der Unabhängigkeit Südkoreas und eine Verpflichtung, dem Land im Fall eines Angriffs beizustehen, waren aber nicht vorgesehen. Auf dem im Herbst 1948 angekündigten und zum Jahresende abgeschlossenen Rückzug der sowjetischen Truppen aus dem Norden antworteten die Vereinigten Staaten seit Juni 1949 mit dem Rückzug ihrer Truppen aus dem Süden, wobei beide Mächte Militärberater in ihrer jeweiligen Einflußsphäre beließen. Am 12. Januar 1949 machte Außenminister Dean Acheson vor dem Press Club in Washington deutlich, daß die USA Südkorea, anders als Japan, Taiwan und die Philippinen, nicht als Teil ihrer pazifischen Sicherheitszone, des Pacific Defense Perimeter, betrachteten. Das war für Stalin und Mao Tse-tung, die um dieselbe Zeit in Moskau konferierten, zwar keine Überraschung, aber es mußte sie doch in der Annahme bestärken, daß die Demarkationslinie auf der koreanischen Halbinsel nicht für alle Zeiten unverrückbar war.

Taktische Fehler beging aber nicht nur die amerikanische Seite. Mitte Januar 1950 stellte die Sowjetunion ihre Mitarbeit im Sicherheitsrat der Vereinten Nationen ein – angeblich, um dagegen zu protestieren, daß China in der Weltorganisation nicht durch die Volksrepublik, sondern weiterhin durch die Republik China, das Regime von Tschiang Kai-schek auf Taiwan, vertreten wurde. Tatsächlich sprach viel dafür, daß die Sowjetunion Anfang 1950 ein weiterreichendes Ziel im Auge hatte: ein Ausscheiden aus der von den USA dominierten UNO und die Gründung einer neuen, von ihr beherrschten Weltorganisation, in der alle «fortschrittlichen» Staaten, darunter natürlich auch das kommunistische China, ihren Platz finden würden. Um dieselbe Zeit änderte Stalin seine Haltung gegenüber Kim Il Sung. 1949 hatte der Sowjetdiktator dem kriegswilligen Partei- und Regierungschef in Pjöngjang von einem Einmarsch in den (militärisch sehr viel schwächeren) Süden dringend abgeraten. Anfang 1950 begann er, sich auf die Eventualitäten eines «Blitzkriegs» zur Vereinigung Koreas unter kommunistischer Führung einzustellen und die Aufrüstung Nordkoreas durch Militärberater sowie Waffen- und Materiallieferungen zu forcieren. Vermutlich ging es dem Sowjetführer vor allem darum, in Asien zu beweisen, was ihm in Europa mit der Berliner Blockade mißlungen war: nämlich nachzuweisen, daß die Sowjetunion fähig war, eine Kraftprobe mit den USA für sich zu entscheiden und damit den weltpolitischen Status quo zu ihren Gunsten zu verändern.

Maos Mitwirkung war dabei unabdingbar: Bei einem Zusammentreffen mit Kim in Moskau im April bestand Stalin darauf, daß auch die Volksrepublik China einem militärischen Vorstoß Nordkoreas in den Süden zustimmen müsse. Im Mai suchte Kim Mao auf und erhielt dessen grundsätzliches Einverständnis. Militärische Unterstützung aber versprach der Mann an der Spitze der Volksrepublik China nicht. Seine Hauptsorge galt der möglichst baldigen Eroberung von Taiwan und damit der Beseitigung des Regimes der Kuomintang, das vorgab, das wahre China zu repräsentieren.

Für die USA stand in der ersten Hälfte des Jahres 1950 noch immer die Frage im Vordergrund, wie die militärischen und politischen Wirkungen der sowjetischen Atombombe ausgeglichen werden konnten. Am 14. April verabschiedete der Nationale Sicherheitsrat das Dokument NSC 68, das diese Frage verbindlich beantworten sollte. Die Grundannahme dieses im wesentlichen von Paul Nitze, Kennans Nachfolger als Leiter des Planungsstabes im State Department, verfaßten Konzepts war die eines anhaltenden sowjetischen Expansionismus, den es konsequent einzudämmen und, wo immer möglich, zurückzudrängen galt. Die Entwicklung der Wasserstoffbombe mußte zügig vorangetrieben werden, durfte aber nicht die einzige Antwort bleiben. Da Kernwaffen zu gefährlich waren, um bei regionalen Streitigkeiten eingesetzt zu werden, war es erforderlich, die konventionellen Streitkräfte zügig zu verstärken. Der Verteidigungshaushalt sollte auf ein Fünftel des Gesamtetats angehoben werden.

Politisch kam «NSC 68» zufolge alles darauf an, zuverlässige Allianzen zu schmieden und die Bevölkerung der kommunistischen Staaten im freiheitlichen Sinn des Westens zu beeinflussen. Wo immer die Verbündeten die demokratischen Ideale Amerikas teilten, war eine solche Zusammenarbeit auf der Grundlage gemeinsamer Werte möglich.

Im Fall Koreas aber stand eine kommunistische Diktatur im Norden einem rechtsautoritären System im Süden gegenüber, das demokratischen Maßstäben nicht standhielt. Wenn die USA den zunehmend diktatorisch regierenden Syngman Rhee dennoch unterstützten, dann deshalb, weil er der Feind eines gemeinsamen Feindes, des Kommunismus, war. Im Zeichen des Kalten Krieges reichte diese Voraussetzung schon aus, um dem westlichen Lager zugerechnet zu werden.

Am 25. Juni 1950 überschritten nordkoreanische Truppen die Demarkationslinie am 38. Breitengrad, wo es zuvor schon zu einigen militärischen Zwischenfällen gekommen war, und begannen damit den Koreakrieg. Noch am selben Tag trat in New York der Sicherheitsrat in Abwesenheit des sowjetischen Vertreters zusammen und verabschiedete einstimmig bei Enthaltung Jugoslawiens eine Resolution, die den Überfall auf die Republik Korea als Bruch des Friedens verurteilte, die unverzügliche Einstellung der Feindseligkeiten und den Rückzug der nordkoreanischen Truppen über die Demarkationslinie forderte. An die Kommission der Vereinten Nationen in Korea erging die Bitte, den Rückzug zu überwachen. Die Mitgliedstaaten wurden aufgerufen, den Vereinten Nationen bei der Umsetzung der Entschließung zu helfen und von jeder Art der Unterstützung Nordkoreas abzusehen.

Da Nordkorea keinerlei Anstalten traf, den Appell der Vereinten Nationen zu befolgen, forderte der Sicherheitsrat am 27. Juni alle Mitgliedstaaten auf, der Republik Korea bei der Abwehr der Aggression zu helfen. Am gleichen Tag gab Präsident Truman in einer Ansprache an das amerikanische Volk bekannt, er habe die Luft- und Seestreitkräfte der USA angewiesen, den Truppen der Republik Korea zu Hilfe zu kommen, und der 7. amerikanischen Flotte den Befehl erteilt, jeden Angriff auf Taiwan zu verhindern. Eine Besetzung Taiwans durch kommunistische Truppen würden die Vereinigten Staaten als Angriff auf den pazifischen Raum und die dort operierenden amerikanischen Truppen betrachten. Außerdem würden die USA die Regierung der Philippinen und die französischen Streitkräfte in Indochina unterstützen. Das Vorgehen Nordkoreas mache deutlich, daß der Kommunismus inzwischen über die Subversion hinaus dazu übergegangen sei, unabhängige Nationen mit Krieg zu überziehen. «Eine Rückkehr zur Herrschaft der Gewalt (rule of force) in den internationalen Beziehungen würde weitreichende Folgen haben. Die Vereinigten Staaten werden auch weiterhin die Herrschaft des Rechts (rule of law) aufrechterhalten.»

Bis zum 7. Juli stellten sich 53 Staaten auf den Boden der Resolutionen des Sicherheitsrates. Die Vertreter Indiens und Ägyptens, die mangels einer Instruktion ihrer Regierungen an der Abstimmung vom 25. Juni nicht teilgenommen hatten, distanzierten sich von dem Beschluß. Die Sowjetunion, die Ende Juli ihren Boykott des Sicherheitsrates beendete und im August turnusmäßig den Vorsitz in diesem Gremium übernahm, bezeichnete das Vorgehen der Vereinten Nationen als illegal, weil die entsprechenden Resolutionen in Abwesenheit von zwei ständigen Mitgliedern des Sicherheitsrates, der Sowjetunion und der Volksrepublik China, beschlossen worden seien, konnte mit diesem nachträglichen Protest aber nichts mehr bewirken. Offiziell wurde die Intervention der UN von den USA als «Polizeiaktion» eingestuft – ein Vorgehen, das es Truman erlaubte, den Kongreß nicht um Zustimmung zu einem kriegerischen Engagement der USA bitten zu müssen. Zum Oberbefehlshaber der UN-Truppen, die aus Kontingenten der USA und 15 weiterer Nationen bestanden, wurde der Oberbefehlshaber der amerikanischen Besatzungstruppen in Japan, General Douglas MacArthur, bestellt.

Währenddessen rückten die Truppen Nordkoreas immer weiter nach Süden vor. Anfang August war fast die ganze Halbinsel unter ihrer Kontrolle. Nur im äußersten Südosten um Busan leisteten südkoreanische und alliierte Verbände noch erbitterten Widerstand. Die militärische Wende brachte ein amphibisches Landeunternehmen der Amerikaner und ihrer Verbündeten bei Incheon an der Westküste, das am 15. September begann. Ende September wurde Seoul zurückerobert. Angesichts des raschen Rückzugs der nordkoreanischen Truppen stimmte Präsident Truman am 11. September der Überschreitung des 38. Breitengrads zu, wobei er wie der Nationale Sicherheitsrat davon ausging, daß die Sowjetunion und die Volksrepublik China nicht in die Kämpfe in Nordkorea eingreifen würden.

Tatsächlich bewirkte die Überschreitung des 38. Breitengrades durch die UN-Truppen im Oktober eine mit Stalin abgestimmte chinesische Intervention in Gestalt der Entsendung von «Freiwilligen», insgesamt 260 000 Mann, die an der Seite der nordkoreanischen Verbände gegen die Amerikaner kämpfen sollten. Anfang November näherten sich deren Truppen dem Yalu, dem Grenzfluß zwischen Korea und China. Der Sicherheitsrat der Vereinten Nationen billigte am 10. November die Operationen nördlich des 38. Breitengrades. Vier Tage später gelangte der Nationale Sicherheitsrat der USA zu dem Ergebnis, daß die Vereinigten Staaten sich bei ihren weiteren Planungen auf die Risiken eines globalen Krieges einstellen mußten. In der Folgezeit kam es über Nordkorea in der Tat mehrfach zu Luftkämpfen zwischen amerikanischen und sowjetischen Piloten – eine Entwicklung, die beide Mächte, um eine Eskalation zu vermeiden, der Öffentlichkeit vorenthielten.

Die Wucht der chinesischen Intervention trieb die Streitkräfte der Vereinten Nationen rasch in die Defensive. Anfang Januar 1951 fiel Seoul erneut in die Hände der kommunistischen Verbände. Über die Frage, wie die USA auf die Offensive reagieren sollten, kam es im Frühjahr 1951 zu einem Zerwürfnis zwischen Truman und MacArthur. Der General, der gute Verbindungen zur amerikanischen Rechten unterhielt, widersetzte sich dem Vorhaben des Präsidenten, in Verhandlungen über einen Waffenstillstand einzutreten, bevor die UN-Truppen ein zweites Mal den 38. Breitengrad überschritten. Er befürwortete einen direkten Krieg mit China, zunächst mit Hilfe nationalchinesischer Truppen, wobei die USA gegebenenfalls auch vor dem Einsatz von Atomwaffen nicht zurückschrecken dürften, und setzte sich über die Weisung Trumans hinweg, die es Militärbefehlshabern untersagte, sich unautorisiert genüber der Presse zu äußern.

Am 11. April 1951 wurde MacArthur auf Empfehlung der Joint Chiefs of Staff, der Vereinigten Generalstäbe, seines Postens enthoben und durch General Matthew B. Ridgway ersetzt. Damit war klargestellt, daß in den Vereinigten Staaten weiterhin der Primat der Politik galt. Die amerikanische Rechte aber hatte ein neues Idol: den entlassenen Kriegshelden MacArthur. Seine Warnung, eine amerikanische Niederlage in Asien werde den Verlust Europas nach sich ziehen, entsprach ihrer Einschätzung. Sein Wort aus dem Brief an den republikanischen Kongreßabgeordneten Joseph Martin vom 20. März 1951 «Es gibt keinen Ersatz für den Sieg» (There is no substitute for victory) wurde zum Motto der entschiedenen republikanischen Opposition gegen Truman. Der Präsident hingegen hielt sich an die Devise, die er in seiner Rundfunkrede vom Abend des 11. April 1951 ausgegeben hatte: Eine Ausweitung des Krieges auf China beschwöre die Gefahr eines Dritten Weltkrieges herauf – ein Risiko, für das die Vereinigten Staaten nicht die Verantwortung übernehmen könnten. Es blieb infolgedessen bei dem «begrenzten Krieg» (limited war), den die USA bis dahin in Korea geführt hatten.

Seit dem Frühjahr 1951 verlief die Front knapp nördlich des 38. Breitengrades. Im Juli begannen Verhandlungen über einen Waffenstillstand, die zunächst in Kaesong, dann, ab Oktober 1951, in Panmunjom geführt wurden. Als eines der größten Probleme erwies sich die Rückkehr der Kriegsgefangenen. Die USA bestanden darauf, daß kein Gefangener gegen seinen Willen seinem Herkunftsland übergeben werden durfte – eine Lehre aus den schockierenden Erfahrungen, die die Westmächte nach dem Zweiten Weltkrieg mit den von ihnen zugestandenen Zwangsrepatriierungen von Kriegsgefangenen in die Sowjetunion gemacht hatten.

Mehrfach wurden die Verhandlungen unterbrochen, aber wohl nicht nur wegen der Gegensätze in der Sache, sondern auch weil Stalin kein Interesse an einer raschen Beilegung des Koreakonflikts hatte. Die amerikanischen Flächenbombardements in Nordkorea gingen währenddessen unvermindert weiter; gelegentliche Bodenoffensiven beider Seiten änderten nicht mehr viel am erstarrten Frontverlauf. Am 25. Mai 1953 drohten die USA der Volksrepublik China für den Fall, daß es in der Frage der Kriegsgefangenen nicht rasch zu einer Einigung kam, ultimativ, wenn auch in etwas verschleierter Form, mit dem Einsatz von Atomwaffen – eine Warnung, die ihre Wirkung nicht verfehlte. Als am 27. Juli 1953 in Panmunjom schließlich das Waffenstillstandsabkommen unterzeichnet wurde, war das Ergebnis die Rückkehr zu einem nur leicht modifizierten Status quo ante: der Demarkationslinie am 38. Breitengrad, geschützt durch eine vier Kilometer breite entmilitarisierte Zone. Stalin war zu diesem Zeitpunkt schon nicht mehr am Leben, und die USA hatten inzwischen einen neuen Präsidenten: Dwight D. Eisenhower. Auf dem Höhepunkt des Koreakrieges hatten neben 590 000 südkoreanischen Soldaten über 300 000 amerikanische GIs und etwa 40 000 Soldaten anderer UN-Truppen auf der Halbinsel gekämpft. Insgesamt wurden zwischen 1950 und 1953 etwa 3 Millionen amerikanische Soldaten in Korea eingesetzt; knapp 39 000 fielen dort. Südkorea verlor etwa 1 Million Menschen, Soldaten und Zivilisten zusammengerechnet, Nordkorea 2,5 Millionen, China 1 Million. Die meisten Zivilisten kamen durch den Bombenkrieg um, bei dem die amerikanische Luftwaffe auch Napalm-Brandbomben einsetzte. Der Krieg hinterließ ein in weiten Teilen verwüstetes Land, wobei der Zerstörungsgrad im Norden weit höher war als im Süden; die Teilung war tiefer denn je. Der Norden blieb unter der Herrschaft Kim Il Sungs eine rigide stalinistische Diktatur; im Süden folgte dem rechtsautoritären Regime Syngman Rhees im April 1960 zunächst ein schwaches parlamentarisches System und im Jahr darauf eine brutale Militärdiktatur unter General Park Chung-hee. Der Wandel zur Demokratie begann erst in der zweiten Hälfte der achtziger Jahre.

Nach dem Urteil des britischen Historikers Paul Kennedy war der Koreakrieg «eine merkwürdige Mischung von Maßnahmen, die durch die Charta gedeckt waren, und solchen, die außerhalb der Charta standen. Die Operationen der UN-Streitkräfte fielen ganz eindeutig unter Artikel 42 der Charta, der jede mögliche Maßnahme zur Aufrechterhaltung und Wiederherstellung des internationalen Friedens und der Sicherheit gestattet. Aber weder der Sicherheitsrat in seiner Gesamtheit noch der Generalstabsausschuß spielten ernsthaft eine Rolle. Ganz augenfällig handelte es sich im Kern um einen Feldzug unter amerikanischer Führung, was die notwendigen UN-Resolutionen kaum vertuschen konnten ... Der Oberbefehlshaber der US-Streitkräfte in Korea unterstand Washington, nicht dem UN-Hauptquartier in New York, und die in diesem Konflikt eingesetzten Streitkräfte waren neben den südkoreanischen Truppen vor allem amerikanische (wenn auch viele andere prowestliche Nationen teilnahmen und sehr gut kämpften).»

Es war der Boykott des Sicherheitsrates durch die Sowjetunion, der die Intervention der Vereinten Nationen ermöglicht hatte. In der Frühphase des Koreakrieges unternahmen die USA sogar einen eindeutig gegen die Sowjetunion gerichteten Versuch, das Vetorecht der ständigen Mitglieder des Sicherheitsrats dauerhaft einzuschränken: Am 3. November 1950 verabschiedete die Vollversammlung der Vereinten Nationen auf amerikanisches Betreiben die Resolution 377 (V) «Uniting for Peace», wonach die Vollversammlung Kollektivmaßnahmen empfehlen konnte, wenn der Sicherheitsrat auf Grund des Vetorechts nicht in der Lage war, eine Entscheidung zu treffen. Eine wirkliche

Gewichtsverlagerung vom Sicherheitsrat zur Vollversammlung fand jedoch nicht statt, da sie von keinem der ständigen Mitglieder des Sicherheitsrats ernsthaft gewollt wurde. Die Sowjetunion lernte aus den Erfahrungen des Jahres 1950 und nutzte fortan die Möglichkeiten, die sich aus ihrer Mitgliedschaft in den Vereinten Nationen und ihrem Status als ständiges Mitglied des Sicherheitsrates ergaben. Es ist infolgedessen keine Übertreibung, wenn der amerikanische Historiker William Stueck feststellt, der Koreakrieg habe zwar nicht das Ansehen der Vereinten Nationen gesteigert, aber die UN doch davor bewahrt, als breite, weltumspannende Organisation ausgelöscht zu werden, und damit entscheidend zum «langen Frieden» zwischen den USA und der Sowjetunion beigetragen.

Zu den Nutznießern des Krieges gehörte ein Land, das nicht an ihm teilgenommen hatte, aber in seinem Gefolge in den Genuß amerikanischer Rüstungsaufträge in Höhe von 3 Millionen Dollar kam, sodann früher als erwartet, nämlich im April 1952, durch den Friedensvertrag von San Francisco, seine Souveränität wiedererlangte und fortan der wichtigste Verbündete der USA in Asien war: Japan. Ein anderer Profiteur war die Volksrepublik China, die in den Jahren 1950 bis 1953 zum eigenständigen weltpolitischen Akteur aufstieg. Der Hauptgewinner waren jedoch die Vereinigten Staaten von Amerika, und das schon deshalb, weil sie die Sowjetunion in Korea in ihre Schranken verwiesen hatten und damit vor allem in Europa ihr Prestige beträchtlich steigern konnten. Langfristig hatte der Koreakrieg für die USA freilich auch eine fatale Konsequenz: Er brachte Washington dazu, in Frankreichs Krieg in Indochina einen Beitrag zur weltweiten Bekämpfung des kommunistischen Expansionismus zu sehen und nicht das, was er war: ein Krieg zur Verteidigung des französischen Kolonialreiches. Mit der im Sommer 1950 verstärkt einsetzenden Unterstützung des französischen Kriegs in Vietnam begann eine Entwicklung, die in den siebziger Jahren mit der ersten militärischen Niederlage der USA überhaupt enden und dem Aufstieg der Volksrepublik China zur Weltmacht den Weg ebnen sollte.[1]

Von Truman zu Eisenhower: Die USA 1950–1956

In den USA zeigte der Koreakrieg Wirkungen, die in einem krassen Mißverhältnis zur Kleinheit des Kriegsschauplatzes standen. Ohne den Krieg wäre die gewaltige Erhöhung des Verteidigungsetats, wie sie der Nationale Sicherheitsrat im Dokument NSC 68 im April 1950 beschlossen und Präsident Truman im September gebilligt hatte, schwerlich in die Tat umgesetzt worden. Innerhalb eines Jahres wuchs der Militärhaushalt 1950/51 von 13,52 auf 52 Milliarden Dollar, also fast um das Vierfache an. Die Rüstungsinterventionen wurden zu einem gewaltigen Konjunkturmotor, und das nicht nur in den Vereinigten Staaten, sondern auch bei ihren Verbündeten und den ehemaligen Kriegsgegnern Japan und der Bundesrepublik Deutschland.

Doch es wäre falsch, die 1950 einsetzende Hochkonjunktur nur den rüstungswichtigen Betrieben und damit dem Koreakrieg zuzuschreiben: Von den wachsenden Löhnen und Gehältern profitierte die gesamte Volkswirtschaft der USA, obenan die ohnehin starken zivilen Wachstumsbranchen wie die Automobil- und die elektrotechnische Industrie, bei der letzteren vor allem die Unternehmen, die Fernsehgeräte herstellten. 1700 Fernsehgeräte hatte es 1946 in den Vereinigten Staaten gegeben; 1957 waren es bereits 40 Millionen. Massenkonsum und Massentourismus drückten dem Alltag seit den fünfziger Jahren den Stempel auf – zuerst in den Vereinigten Staaten, bald auch in allen anderen Industriegesellschaften, und in den westeuropäischen Staaten in noch höherem Maß als in den USA.

Neben gigantischen Rüstungsaufträgen trugen auch großzügige öffentliche Ausgaben der Bundesregierung in Washington für Zwecke der Infrastruktur, darunter Schulen und Schnellstraßen, aber auch für den Wohnungsbau zu einem Zustand annähernder Vollbeschäftigung bei. Die Arbeitslosenzahlen lagen in der langen Periode der Hochkonjunktur meist unter 5 Prozent, während sich die jährliche Inflationsrate um die 3 Prozent bewegte. Das Bruttosozialprodukt war 1960 um 250 Prozent höher als 1945: Es stieg von 200 auf 500 Milliarden Dollar. Gleichzeitig erlebte Amerika seinen sogenannten «Babyboom»: Zwischen 1950 und 1960 wuchs die Bevölkerung der USA von 150 auf 179 Millionen, also fast um ein Fünftel – auch ein Grund, weiterhin auf eine anhaltend hohe Nachfrage und Güterproduktion zu setzen.

Politisch bewirkte der Koreakrieg in den USA einen deutlichen Ruck nach rechts. Die oppositionellen Republikaner sahen sich in der Einschätzung bestätigt, daß die regierenden Demokraten dem Kommunismus gegenüber nicht hart genug aufgetreten waren. Der radikalste Wortführer des rechten Flügels der «Grand Old Party» war Senator Joseph McCarthy aus Wisconsin. Im Februar 1950 hatte er in einer Rede in Wheeling, Virginia, behauptet, er verfüge über eine Liste mit 205 Namen bekannter Kommunisten, die zur Zeit im State Department arbeiteten. Nach Beginn des Koreakrieges steigerte der Senator seine Attacken. Nicht nur Außenminister Acheson gehörte zu den von McCarthy Angegriffenen, auch dessen Vorgänger George Marshall, der von September 1950 bis zum September 1951 das Amt des Verteidigungsministers innehatte, sah sich einem schweren Vorwurf ausgesetzt: Er habe China den Kommunisten überlassen und damit Amerika verraten. Im September 1950 verabschiedete der Kongreß den McCarran Internal Security Act, der alle Mitglieder der Kommunistischen Partei verpflichtete, sich beim Justizministerium registrieren zu lassen, Kommunisten von der Arbeit in Rüstungsbetrieben ausschloß und ihnen die Ausstellung von Reisepässen verwehrte. Präsident Truman legte vergeblich sein Veto gegen das Gesetz ein: Senat und Repräsentantenhaus setzten sich mit Zweidrittelmehrheiten über seinen Einspruch hinweg.

Der Vorwurf der Opposition, die Regierung Truman tue zu wenig, um Amerika vor den Kommunisten zu schützen, war in jeder Hinsicht abwegig. Bereits 1947 hatte sie das Federal Loyalty Program für Bundesangestellte beschlossen und verkündet, in dessen Gefolge über 2000 kommunistischer Sympathien verdächtigte Angehörige der Bundesbehörden unter Druck ihre Stellen aufgegeben hatten und 212 entlassen worden waren. Das Justizministerium führte eine Liste angeblich subversiver Organisationen. J. Edgar Hoover, der Chef des Federal Bureau of Investigation (FBI), betätigte sich als verbissener Verfolger vermeintlicher Radikaler. Unter den spektakulären Fällen von Spionage, die in den Jahren der Truman-Administration aufgedeckt und verfolgt wurden, war der des Ehepaares Julius und Ethel Rosenberg, die beide der Kommunistischen Partei der USA angehörten und beschuldigt wurden, der Sowjetunion über andere Agenten, darunter Klaus Fuchs, Geheimnisse der amerikanischen Atomrüstung verraten zu haben. Beide wurden am 5. April 1951 zum Tode verurteilt. Anhaltende weltweite Proteste konnten nicht verhindern, daß das Urteil am 19. Juni 1953, schon zur Amtszeit Eisenhowers, vollstreckt wurde.

Für die äußere Sicherheit sollten neben der eigenen Aufrüstung die Festigung der Zusammenarbeit mit den europäischen Partnern und die Gewinnung neuer Partner sorgen. Hinsichtlich der westlichen Hemisphäre waren die Weichen schon in Trumans Amtszeit gestellt worden: Im «Rio-Vertrag», der am 30. August 1947 in Rio de Janeiro abgeschlossen wurde, hatten sich die USA und die lateinamerikanischen Länder gegenseitige Hilfe im Fall eines Angriffs versprochen und zu diesem Zweck am 30. April 1948 die Organization of American States (OAS) als gemeinsames Verteidigungsbündnis gegründet. Im Januar 1950, also ein halbes Jahr vor Beginn des Koreakrieges, stimmte Truman dem Plan einer integrierten Verteidigung des nordatlantischen Gebiets zu. Im September legte sich der Nordatlantikrat für den Fall eines Angriffs auf Westeuropa entsprechend den Forderungen der USA auf eine Vorwärtsstrategie fest: Die Verteidigung des Bündnisgebiets sollte so weit östlich wie möglich erfolgen. Im Dezember 1950 übernahm General Eisenhower den Posten des Obersten Alliierten Befehlshabers in Europa (SACEUR). Gleichzeitig verständigten sich die Außenminister der USA, Großbritanniens und Frankreichs darauf, über ihre Hohen Kommissare mit der Bundesregierung in Bonn in Verhandlungen über einen westdeutschen Verteidigungsbeitrag einzutreten.

Um diese Zeit zeichnete sich bereits eine Vergrößerung der NATO ab: Am 1. August 1950 hatte die Türkei ihren Beschluß bekanntgegeben, dem nordatlantischen Bündnis beizutreten. Die Aufnahme erfolgte im Februar 1952 zusammen mit der eines anderen Beitrittskandidaten, zu dem die Türkei ein traditionell gespanntes Verhältnis unterhielt: Griechenland. Wie schon im Fall des Gründungsmitglieds Portugal fiel es schwer, die beiden Länder als «Demokratien» zu bezeichnen. In Griechenland waren, nach dem Ende des Bürgerkrieges im Oktober 1949 nicht anders als vorher, illegale Wahlbeeinflussung, Korruption und Einschüchterung von Einzelnen und Gruppen durch Polizei und Militär an der Tagesordnung. In der Türkei hatte Ministerpräsident Adnan Menderes im Juli 1950 ohne jede Beteiligung der Nationalversammlung Truppen mit 4500 Mann den UN-Verbänden in Korea zur Verfügung gestellt. Zu seiner Regierungspraxis gehörten die Unterdrückung der Opposition und kritischer Intellektueller sowie, nach dem Wahlsieg von Menderes' Demokratischer Partei im Mai

1954, auch die Pressezensur. Das Interesse, das der Westen an der Stärkung seiner Position im Mittelmeerraum und der Eindämmung des sowjetischen Einflusses auf dem Balkan hatte, wog aber in Washington wie in den anderen Hauptstädten des Atlantischen Bündnisses schwerer als Skrupel hinsichtlich der inneren Verfassung der neuen Mitglieder.

In einer anderen Weltregion hatten es die Vereinigten Staaten leichter, Partner zu finden, die ihren politischen Idealen entsprachen: Am 1. September 1951 unterzeichneten Australien, Neuseeland und die USA den ANZUS-Pakt, durch den sich die drei Staaten zu einem kollektiven Sicherheitsbündnis für den pazifischen Raum zusammenschlossen. Eine Woche später, am 8. September, schlossen die USA gemeinsam mit 49 anderen ehemaligen Kriegsgegnern Japans, aber ohne die Sowjetunion und Indien, in San Francisco einen Friedensvertrag mit dem fernöstlichen Kaiserreich, der diesem die Souveränität zurückgab. Ein flankierender Sicherheitsvertrag erlaubte Japan die Bildung von «Selbstverteidigungskräften», also die Wiederbewaffnung. Die USA durften weiter Truppen in Japan stationieren und Stützpunkte unterhalten, was durchaus im Interesse Tokios lag. Japan mußte sich seinerseits verpflichten, einen eigenen Friedensvertrag mit der nationalchinesischen Regierung auf Taiwan zu schließen und diese als einzig legitime Regierung Chinas anzuerkennen.

Wenige Monate vor dem Ende von Trumans Amtszeit, am 1. November 1952, konnte seine Regierung noch einen großen rüstungstechnischen Erfolg melden: Auf dem Eniwetok-Atoll, das zu den Marshall-Inseln gehörte, war die erste amerikanische Wasserstoffbombe zur Explosion gebracht worden. Ihre Zerstörungskraft war um mehr als hundertmal höher als die der Atombomben, die amerikanische Flugzeuge im August 1945 über Hiroshima und Nagasaki abgeworfen hatten. Solange nur die Vereinigten Staaten über die neue Superwaffe verfügten, waren sie der Sowjetunion nunmehr wieder militärisch qualitativ überlegen. Wie lange dieser Zustand dauern würde, war freilich ungewiß.

Am 4. November 1952, zwei Tage nach der Explosion von Eniwetok, wurde in den USA ein neuer Präsident gewählt. Harry S. Truman, der als Vizepräsident im April 1945 nach dem Tod Roosevelts ins Amt gelangt und 1948 darin bestätigt worden war, hatte nicht mehr kandidiert (was rechtlich möglich, aber politisch nicht sehr aussichtsreich gewesen wäre). An seiner Stelle hatten die Demokraten den Gouver-

neur von Illinois, Adlai E. Stevenson, aufgestellt. Republikanischer Bewerber war General Dwight D. Eisenhower, der wegen dieser Kandidatur im April vom Posten des Obersten Alliierten Befehlshabers in
Europa zurückgetreten war. Gegen den populären Kriegshelden «Ike»
(so Eisenhowers Spitzname) hatte der kühle politische Intellektuelle
Stevenson keine wirkliche Chance. Eisenhower brachte 55 Prozent der
Wählerinnen und Wähler sowie 442 Wahlmänner und Wahlfrauen
hinter sich, Stevenson 44 Prozent und 89 Mitglieder des Wahlgre-
miums. Vizepräsident wurde der kalifornische Kongreßabgeordnete
Richard Nixon. Der Erfolg der Republikaner beschränkte sich nicht
auf die Eroberung des Weißen Hauses: Sie gewannen auch im Senat
und Repräsentantenhaus die Mehrheit.

Über den reichen Erfahrungsschatz eines Berufspolitikers verfügte
Eisenhower nicht. Um so mehr war der erste republikanische Präsident
seit 1932 auf loyale Mitarbeiter und Ratgeber, in erster Linie den neuen
Stabschef im Weißen Haus, Sherman Adams, und Außenminister John
Foster Dulles, angewiesen. Drei Ziele waren dem neuen Präsidenten
wichtig: Er wollte, der republikanischen Tradition entsprechend, die
Macht der Zentralregierung in Washington zurückdrängen, den Ein-
fluß des Staates auf die Wirtschaft vermindern und eine überzeugende
Antwort auf den Kommunismus und die Bedrohung der Freiheit in der
Welt geben. Möglichen Konflikten mit dem konservativen Flügel der
Republikaner war Eisenhower während des Wahlkampfes möglichst
aus dem Weg gegangen. Während eines gemeinsamen Auftritts mit
Senator Joseph McCarthy in dessen Wohnort Milwaukee, Wisconsin,
ließ er auf Drängen des republikanischen Gouverneurs des Staates
sogar einen Passus seiner Rede weg, in dem er für die Ehre des von
McCarthy verleumdeten früheren Generalstabschefs, Außen- und Verteidigungsministers Marshall eintreten wollte – wie er es kurz zuvor
auf einer Wahlveranstaltung in Denver getan hatte.

Der republikanische Wahlerfolg brachte McCarthy im Senat den
Vorsitz in einem Unterausschuß des Committee on Un-American Activities, dem Government Operations Committee, ein. In dieser Funktion konnte der Senator aus Wisconsin Verdächtigungen aussprechen
und Beschuldigte in öffentlicher Sitzung vor das Gremium zitieren,
wobei frühere Sympathien für den Kommunismus oder Kritik an der
amerikanischen Gesellschaft oft schon ausreichten, um in den Geruch
eines Parteigängers der Sowjetunion oder eines «fellow travellers», eines

Mitläufers, zu geraten. Nachdem das republikanisch kontrollierte
House Un-American Activities Committee schon unter der Präsident-
schaft Trumans das «Show business» vom Broadway bis nach Holly-
wood, darunter als prominentesten den britischen Staatsbürger Charlie
Chaplin, außerdem Gewerkschaftsfunktionäre und linke Intellektuelle
einer umfassenden antikommunistischen Säuberung unterzogen hatte,
konzentrierte sich McCarthy als Ausschußvorsitzender darauf, den
Regierungsapparat im weitesten Sinn von Kommunisten und ihren
Sympathisanten zu reinigen, wobei zunächst das State Department, die
«Voice of America», ein für Europa bestimmtes Rundfunkprogramm,
die Informationszentren der Regierung und das Government Printing
Office, aber auch die Vereinten Nationen im Mittelpunkt seiner Aufmerksamkeit standen.

Vor allem bei Katholiken, kleinen Geschäftsleuten und ungelernten
Arbeitern genoß der Senator große Sympathie. Mit Ausnahme der
«New York Times» und der «Washington Post» äußerten sich die
meisten Zeitungen kaum kritisch über ihn. Es gelang ihm zwar nicht,
irgendein Mitglied der Kommunistischen Partei in Bundesdiensten zu
überführen, aber McCarthy erzeugte zeitweilig eine antikommunistische Massenhysterie, wie sie die USA bisher nur einmal erlebt hatten:
in den nach Wilsons Justizminister A. Mitchell Palmer benannten
«Palmer Raids», dem Höhepunkt des «Red Scare» von 1919. In den
fünfziger Jahren gab es, anders als in der Zeit unmittelbar nach dem
Ersten Weltkrieg, in den USA tatsächlich ergebene Gefolgsleute der
Sowjetunion und nicht wenige sowjetische Agenten und Spione; die
kleine Kommunistische Partei der USA *war* längst zu einem willfährigen Werkzeug Stalins geworden. Mit McCarthys Methoden aber war
ihnen nicht beizukommen. Die Hearings vor dem Komitee des Senators stellten vielmehr die Werte radikal in Frage, die die Vereinigten
Staaten der Sowjetunion gegenüber tagtäglich beschworen.

Einer der von McCarthy als Sicherheitsrisiko an den Pranger gestellten Wissenschaftler war der «Vater der amerikanischen Atombombe», J. Robert Oppenheimer, der sich dem Bau der Wasserstoffbombe aus wissenschaftlichen wie aus Gewissensgründen widersetzt
hatte. Im November 1953 wies Admiral Lewis Strauss, der Vorsitzende
der Atomenergiekommission, Verteidigungsminister Charles Wilson
darauf hin, daß Oppenheimer in der Zeit, in der ihm geheime Unterlagen der Nuklearforschung zugänglich gewesen waren, Verbindungen

zu Kommunisten unterhalten hatte. Eisenhower hatte zwar Vertrauen in die Loyalität des von ihm persönlich geschätzten Kernphysikers, stimmte jedoch einer genaueren Untersuchung zu und erteilte die Anweisung, Oppenheimer keinen Zugang zu geheimen Projekten mehr zu gewähren. 1963, zwei Jahre vor seinem Tod, wurde der Verdächtigte rehabilitiert: Es gab keine Geheimnisse, die er an Unbefugte weitergegeben hatte.

Zu den Aktivitäten McCarthys schwieg der Präsident im allgemeinen. Nur einmal machte er eine Ausnahme. Als der Senator zu einer Säuberung der Bibliotheken von kommunistischer Literatur und einer Kampagne gegen linke Erzieher aufrief, ermunterte Eisenhower anläßlich eines Besuchs im Dartmouth College in Hanover, New Hampshire, im Juni 1953 die Studenten, von solchen Aktionen abzusehen. «Haben Sie keine Bedenken, in Ihre Bibliothek zu gehen und jedes Buch zu lesen ... Wie wollen wir denn den Kommunismus besiegen, wenn wir ihn nicht kennen?» Das Recht der Menschen auf jedes beliebige Buch sei nicht in Frage gestellt – «sonst wäre dies nicht mehr Amerika».

Zum Wendepunkt für McCarthy wurden massive Angriffe wegen kommunistischer Unterwanderung, die er im Januar 1954 gegen Armeeminister Robert Stevens und die Armeeführung insgesamt richtete. Auf Betreiben der Regierung und einiger wichtiger Mitglieder des Kongresses wurden die Vorwürfe in mehreren, vom Fernsehen übertragenen Hearings untersucht. Der Senator machte bei seinen unkontrollierten, ja rabiaten Auftritten vor einem Millionenpublikum eine schlechte Figur. Seine Popularität sank danach rapide. Nach den Zwischenwahlen vom November 1954, bei denen die Republikaner in beiden Häusern des Kongresses die Mehrheit einbüßten, entschlossen sich seine Kollegen zu einem ungewöhnlichen Schritt: Mit 67 zu 22 Stimmen erteilte der Senat ihm eine Rüge wegen «unpassenden Verhaltens als Senator» (conduct unbecoming a senator). Die politische Karriere McCarthys war damit beendet. Im Mai 1957 starb er – angeblich an den Folgen von Alkoholmißbrauch.

Was die innere Politik im allgemeinen betraf, so erfüllte die erste Amtszeit Eisenhowers einen beträchtlichen Teil der Erwartungen, die die Wählermehrheit an sie geknüpft hatte. Der Präsident bemühte sich nach Kräften, die Ausgaben des Bundes zu senken und mit einem ausgeglichenen Haushalt zu regieren. Er baute die verbliebenen Lohn- und

Preiskontrollen aus der Ära Roosevelt ab und stellte sich der Forderung nach einer nationalen Krankenversicherung entgegen. «Big Business» hatte in ihm einen verständnisvollen Partner und Förderer. Eine radikale Abkehr von den Neuerungen aus der Zeit des «New Deal» aber lehnte er ab. Er weitete sogar das System der Social Security aus und stimmte einer Erhöhung der gesetzlichen Mindestlöhne von 75 Cent auf 1 Dollar zu. In das letzte Jahr von Eisenhowers erster Amtszeit fiel das bisher größte Infrastrukturprojekt in der Geschichte der USA: der Federal Highway Act von 1956. Das Gesetz stellte für einen Zeitraum von zehn Jahren Mittel in Höhe von 25 Milliarden Dollar für den Bau von autobahnähnlichen Interstate Highways zur Verfügung. Finanziert wurde das Vorhaben durch neue Steuern auf Benzin, Personen- und Lastkraftwagen sowie Autoreifen. Wenn irgendein Gesetz der fünfziger Jahre geeignet war, den Boom zu verstetigen, dann dieses.

Die Außenpolitik der Regierung Eisenhower leitete in enger Abstimmung mit dem Präsidenten, aber mit großem persönlichen Handlungsspielraum sein bisheriger Berater in internationalen Fragen, John Foster Dulles. Dulles, Jahrgang 1888, von Beruf Rechtsanwalt, hatte 1919 der amerikanischen Delegation der Pariser Friedensvertragskonferenz, nach dem Zweiten Weltkrieg den amerikanischen Delegationen bei der Gründung der Vereinten Nationen und dann bei den Verhandlungen über den Friedensvertrag mit Japan angehört und war mehrere Jahrzehnte lang in der freien Wirtschaft tätig gewesen. Im Präsidentschaftswahlkampf von 1952 hatten sich die Republikaner unter seiner Federführung von der Politik des «containment», der Politik der Truman-Administration und der Demokraten, abgegrenzt und zur «liberation» der Völker Ostmittel- und Südosteuropas von der kommunistischen Herrschaft bekannt. Die «Befreiung» war ein deutlich offensiveres Konzept als die «Eindämmung», auch wenn Dulles immer wieder betonte, daß es um «peaceful liberation» und nicht um einen Aufruf zum gewaltsamen Umsturz oder Krieg gehe. Noch militanter wirkte der Begriff «roll back». Die USA müßten, so Dulles in einem «Statement» vom 10. Juni 1952, die Sowjetunion «in Schach halten, dann den sowjetischen Despotismus zurückrollen und schließlich ihn von innen aufbrechen». Wie weit diese Wahlkampfrhetorik sich in praktische Politik umsetzen lassen würde, war vor dem Amtsantritt der neuen Regierung völlig offen.

An einer wichtigen Änderung der amerikanischen Außen- und Sicherheitspolitik nahm der Präsident einen höchst persönlichen Anteil:

der Enttabuisierung des Gebrauchs von Atomwaffen. Truman hatte den Einsatz von Nuklearwaffen in Korea strikt abgelehnt, weil er den Krieg «begrenzt» halten, eine Ausweitung also unter allen Umständen vermeiden wollte. Eisenhower forderte seine militärischen Berater in der Endphase des Koreakrieges mehrfach auf, über den Einsatz sowohl von «strategischen» wie der neu entwickelten «taktischen», für das engere Gefechtsfeld bestimmten Nuklearwaffen nachzudenken, damit der Krieg so rasch wie möglich beendet werden könne. Der Abschluß des Waffenstillstands von Panmunjom am 27. Juli 1953 zog einen Schlußstrich unter dieses Kapitel, aber nicht unter die Diskussion über den militärischen und politischen Stellenwert von Kernwaffen. Eisenhower, Dulles und Verteidigungsminister Wilson waren überzeugte Vertreter des Prinzips der «massiven Vergeltung». Dahinter standen auch finanzielle Überlegungen: Weitere «begrenzte» Kriege nach Art des koreanischen konnten die USA sich nach Meinung der neuen Regierung nicht leisten; die Unterhaltung riesiger Truppenkontingente beiderseits des Atlantiks war die kostspieligste Art der Verteidigung. Deshalb verfügte die vom Nationalen Sicherheitsrat intensiv beratene, Ende Oktober 1953 in Kraft gesetzte Richtlinie NSC 162/2 eine Umschichtung von der konventionellen zur atomaren Komponente: Die Truppenstärke sollte um 635 000 auf 2,8 Millionen Mann, die Zahl der Divisionen von 20 auf 14 herabgesetzt, die Air Force massiv verstärkt und die Stationierung großer amerikanischer Truppenkontingente in Europa überflüssig gemacht werden. Der Gegner durfte sich nicht darauf verlassen, daß er mit «regionalen» Übergriffen nur ein begrenztes Risiko einging. Er mußte vielmehr, wie Dulles am 12. Januar 1954 öffentlich erklärte, von Anfang an, immer und überall mit einer «massive retaliation», mit einem Einsatz herkömmlicher sowie neuer Waffen, rechnen.

Was das konkret bedeuten konnte, stellte BRAVO klar: ein amerikanischer Kernwaffentest im Pazifik am 1. März 1954, bei dem eine Wasserstoffbombe statt der vorher berechneten Sprengkraft von 5 die von 15 Megatonnen und damit eine 750mal so hohe Zerstörungswucht entwickelte wie die Bombe von Hiroshima. Hunderte von Quadratkilometern wurden atomar verseucht, darunter ein japanisches Fischerboot, wobei ein Mitglied der Besatzung starb. Ein geringer Fallout wurde weltweit beobachtet. Zu dieser Zeit war auch die Sowjetunion auf dem besten Weg, mit den USA gleichzuziehen: Im August 1953 war ihre erste, noch «unechte» Wasserstoffbombe gezündet worden; die erste «echte» folgte 15 Monate später, im November 1955.

Einige hundert Wasserstoffbomben vom Format BRAVO würden ausreichen, um die Welt unbewohnbar zu machen: ein Alptraum, der vor allem im dichtbesiedelten Europa Politiker der unterschiedlichsten Couleur heimsuchte. Der sowjetische Ministerpräsident Georgij Malenkow, Stalins Nachfolger in diesem Amt, warnte knapp zwei Wochen nach der Explosion im Pazifik öffentlich, ein mit modernen Waffen geführter Krieg würde das «Ende der Weltzivilisation» nach sich ziehen. Winston Churchill, der von 1951 bis 1955 erneut britischer Premierminister war, wies Präsident Eisenhower darauf hin, daß wenige Wasserstoffbomben genügen würden, um Großbritannien völlig zu zerstören. Doch es gab auch etwas Positives an der Tatsache, daß die Vereinigten Staaten und die Sowjetunion beide über die modernen Mittel der Massenvernichtung verfügten. Der neue Schrecken bringe, so erklärte Churchill am 14. April 1954 im Unterhaus, «ein gewisses Element der Gleichheit in die Vernichtung. So sonderbar es erscheinen mag, die Universalität der potentiellen Zerstörung ist, denke ich, der Grund, weshalb wir mit Hoffnung und sogar Zuversicht in die Zukunft blicken können.» Die Drohung der wechselseitigen Auslöschung als Unterpfand des Weltfriedens: Auf dieser «Logik» beruhten das Konzept der massiven Vergeltung und die Politik, die sich an ihr orientierte.

Der Verteidigung und dem Zusammenschluß Westeuropas galt die besondere Aufmerksamkeit von Dulles. Von selbst verstand sich für ihn die Notwendigkeit eines westdeutschen Verteidigungsbeitrags. Mit Konrad Adenauer, zu dem er eine enge Freundschaft entwickelte, war er sich einig, daß die Bundesrepublik beharrlich allen sowjetischen Versuchen widerstehen mußte, sie aus dem westlichen Sicherheitssystem herauszubrechen. Das von Frankreich ins Gespräch gebrachte, noch ausführlicher zu erörternde Projekt einer Europäischen Verteidigungsgemeinschaft fand in Dulles einen aktiven Förderer: Es sollte die künftigen Streitkräfte der Bundesrepublik Deutschland eng mit den westeuropäischen NATO-Staaten verbinden, ohne daß die Bundesrepublik selbst Mitglied des Atlantischen Bündnisses wurde. Frankreich war freilich durch den Krieg in Indochina auch innenpolitisch so sehr in Anspruch genommen, daß seine europäische Politik zunehmend darunter litt. Großbritannien bejahte die Einigung Westeuropas im Prinzip, hielt sich selbst aber davon fern. Um die Westeuropäer zu einigen und die Bundesrepublik zu einem festen Bestandteil der westeuropäischen Integration zu machen, bedurfte es folglich nach wie vor eines starken Engagements der USA. Dulles, der in Paris studiert hatte und mit den Problemen des alten Kontinents wohlvertraut war, sah in dieser Aufgabe eine ganz persönliche Herausforderung.

Von kommunistischen Expansionsbestrebungen sahen sich die USA in der ersten Hälfte der fünfziger Jahre weltweit bedroht. Einer der Krisenherde war aus ihrer Sicht Iran, wo die Sowjetunion schon Ende 1945 subversiv tätig geworden war. Im März 1951 beschloß das Parlament in Teheran unter dem Eindruck von Massenprotesten ein Gesetz zur Verstaatlichung der Ölindustrie, das der alles beherrschenden Stellung der Anglo-Iranischen Ölgesellschaft AIOC ein Ende bereiten sollte. Am 29. April 1951 übernahm der Politiker, der an diesem Gesetz den größten Anteil hatte, der Führer der Parteienkoalition «Nationale Front», Mohammed Mossadegh, das Amt des Ministerpräsidenten. Auf die Verstaatlichung der Ölindustrie reagierten die meisten großen Ölgesellschaften unter massivem britischen und amerikanischen Druck mit einem Boykott persischen Erdöls – eine Repressalie, die das Land in eine schwere finanzielle, wirtschaftliche und politische Krise stürzte.

Der amerikanische Auslandsgeheimdienst, die 1947 geschaffene Central Intelligence Agency (CIA), sah Iran seit 1951 durch die Politik Mossadeghs in den Kommunismus abgleiten. Die Tatsache, daß ihn auch die moskautreue Tudeh-Partei unterstützte, wurde als Versuch der Sowjetunion gedeutet, Iran der eigenen Einflußsphäre anzugliedern. Im verdeckten Zusammenspiel mit dem persischen Militär betrieb die CIA daher die Entmachtung Mossadeghs. Im August 1953 war sie am Ziel: Der verhaßte Regierungschef wurde gestürzt. Schah Mohammed Reza Pahlevi, der während der Krise aus dem Land geflohen war, kehrte nach dem Militärputsch nach Teheran zurück – nicht mehr als konstitutioneller, sondern fortan als absoluter Monarch. Mit systematischer Hilfe der USA wurde seine Armee aufgerüstet. Zumindest mittelbar ermöglichte Washington damit auch den Aufstieg der Geheimpolizei zum wichtigsten innenpolitischen Machtinstrument des Schah-Regimes.

Die AIOC wurde im Oktober 1954 entschädigt. Die neugegründete Nationale Iranische Ölgesellschaft NIOC übernahm einen Teil der Anlagen und produzierte fortan für den Inlandsbedarf; in einem Abkommen mit einem internationalen Konsortium der großen Ölgesellschaften sicherte sich Iran einen Anteil in der Höhe der Hälfte der Gewinne. Im November 1955 trat Iran, ebenso wie zuvor schon Pakistan dem Beispiel Großbritanniens folgend, dem im Monat zuvor gegründeten Bagdad-Pakt, einem zwischen der Türkei und dem Irak abgeschlossenen Bündnis mit dem Ziel enger politischer und militärischer Zusammenarbeit bei. 1959 taten die USA diesen Schritt teilweise und indirekt. Den Iran Schah Reza Pahlevis aber hielt Washington schon seit 1954 für einen verläßlichen Partner des Westens.

Während die USA im Hinblick auf Iran mit Großbritannien an einem Strang zogen, gerieten sie in Ägypten mit dem Vereinigten Königreich in Konflikt. Im Juli 1952 war König Faruk durch einen Staatsstreich der «Freien Offiziere» gestürzt worden; die Macht lag seitdem in den Händen eines Revolutionsrates unter General Muhammed Nagib, der 1953 den Großgrundbesitz enteignen und die Republik proklamieren ließ. Als der britische Außenminister Anthony Eden im November 1953 Eisenhower und Dulles bei einem Besuch in Washington bat, die Fortdauer der britischen Militärkontrolle über Ägypten zu unterstützen, holte er sich eine Abfuhr. Die Vereinigten Staaten wollten sich nicht dem Vorwurf einer kolonialistischen Politik aussetzen und riefen deshalb beide Seiten, Großbritannien und Ägypten, zu einem fairen Ausgleich ihrer gegensätzlichen Standpunkte auf.

Von der amerikanischen Haltung fühlte sich Oberst Gamal Abd el Nasser ermutigt, der Nagib im April 1954 zuerst als Ministerpräsident, im November dann auch als Staatspräsident ablöste. Im Oktober 1954 schlossen die Republik Ägypten und Großbritannien das Suez-Abkommen über die Außerkraftsetzung des Vertrages von 1936, der London das Recht eingeräumt hatte, 20 Jahre lang Truppen in der Suezkanalzone zu stationieren und im Kriegsfall die militärische Oberhoheit über das ganze Land auszuüben. Großbritannien versprach, seine Truppen innerhalb von 20 Monaten zurückzuziehen, während Ägypten das internationale Statut der Kanalzone anerkannte und sich verpflichtete, die militärischen Standorte zu erhalten und im Kriegsfall zur Verfügung zu stellen.

Die bilaterale Entspannung war aber nur von kurzer Dauer. Als Nasser 1955 im Zusammenspiel mit Indien, Indonesien und Jugoslawien, drei der wichtigsten Mächte auf der ersten Konferenz der blockfreien Staaten im indonesischen Bandung, zu einer aktiven Neu-

tralitätspolitik überging, ein Waffenlieferungsabkommen mit der
Tschechoslowakei schloß und einem Beitritt zum Bagdad-Pakt eine
Absage erteilte, verschlechterten sich die Beziehungen sowohl zu Groß-
britannien als auch zu den USA. Von den wachsenden Spannungen im
Sommer 1956 und der Eskalation des Konflikts zu einer großen welt-
politischen Krise im Herbst jenes Jahres wird noch ausführlich die
Rede sein.

Um dieselbe Zeit verstärkte sich das amerikanische Engagement im
Südteil von Vietnam, wo die USA nach dem Abzug der Franzosen fak-
tisch deren Nachfolge antraten, also eine quasikoloniale Rolle übernahmen. Sie wurden, worauf ebenfalls zurückzukommen ist, seit 1954
zur Schutzmacht des autoritären Regimes des katholischen Politikers
Ngo-Dinh Diem und gerieten dadurch immer tiefer in den Sog eines
Konflikts, in dem sie nur eine regionale Erscheinungsform der globalen
Auseinandersetzung zwischen den kommunistischen Diktaturen und
der «freien Welt» sahen, aber nicht das, was er in erster Linie war: ein
Ausdruck des Kampfes der Kolonialvölker gegen jedwede Art von
westlicher Bevormundung.

Mit drei asiatischen Ländern gelang den Westmächten hingegen ein
Arrangement, dessen Name erkennbar dem nordatlantischen Bündnis
nachempfunden war: In Manila schlossen sich im September 1954 die
Mitglieder des ANZUS-Paktes, also Australien, Neuseeland und die
USA, mit Großbritannien, Frankreich, den Philippinen, Thailand und
Pakistan zur Südostasiatischen Verteidigungsorganisation, der SEATO,
zusammen. Eine Verpflichtung zum gegenseitigen Beistand enthielt der
Vertrag von Manila aber nicht, weshalb die SEATO niemals zu einem
wirklichen Pendant der NATO wurde. Nachdem drei Mitglieder inzwischen ausgeschieden waren – Pakistan 1972, Frankreich 1974 und Thailand 1975 –, wurde die SEATO 1977 im gegenseitigen Einvernehmen
aufgelöst.

Kurz nach Abschluß des SEATO-Vertrages begann die Volksrepublik China, einige kleinere nationalchinesische Inseln in der Straße
von Formosa zu bombardieren. Eisenhower bemühte sich zunächst
darum, den Konflikt nicht eskalieren zu lassen: Er stärkte dem Regime
Tschiang Kai-schek auf Taiwan moralisch den Rücken, lehnte aber
eine Intervention der USA ab. Nach der Verhaftung einiger amerikanischer Piloten, die zur Landung auf dem chinesischen Festland gezwungen worden waren, hielt der Präsident die Zeit für gekommen, ein

deutliches Zeichen zu setzen: Am 2. Dezember 1954 schlossen die Vereinigten Staaten ein Verteidigungsabkommen, das im März 1955 nach weiteren Zwischenfällen auf die Inselgruppen der Pescadores und die Küsteninseln Quemoy und Matsu ausgedehnt wurde. Gleichzeitig wurde die in der Formosa-Straße stationierte 7. amerikanische Flotte durch Flugzeugträger verstärkt. Gestützt auf eine Resolution des Kongresses, ließ Eisenhower die Volksrepublik China über neutrale Kanäle wissen, daß die USA ihre ganze Macht einsetzen würden, um Taiwan zu verteidigen. Die kaum verhüllte und durchaus ernst gemeinte Drohung mit Atomwaffen wirkte: Im Februar 1955 stellte das kommunistische China das Bombardement taiwanesischer Inseln ein und nahm Verhandlungen über die Freilassung der amerikanischen Flugzeugbesatzungen auf.

Sehr viel rabiater als im Fernen Osten gingen die Vereinigten Staaten unter Eisenhower in Lateinamerika gegen alles vor, was auch nur entfernt an Kommunismus erinnerte. In Bolivien war im Mai 1951 der Führer des Movimiento Nacionalista Revolucionario (MNR), Paz Estenssoro, zum Präsidenten gewählt worden, aber erst nach einer von Teilen der Armee unterstützten Massenrevolte im April 1952 an die Macht gelangt. Im Oktober 1952 wurden die Zinnminen verstaatlicht, im Jahr darauf im Zuge einer Landreform die Leibeigenschaft abgeschafft. Die Indios, in ihrer großen Mehrzahl des Lesens und Schreibens unkundig, erhielten das aktive und passive Wahlrecht. Die Schaffung bewaffneter Arbeiter- und Bauernmilizen ging einher mit grassierender Kapitalflucht und fortschreitender Geldentwertung. Die USA erzwangen durch massiven Druck zunächst eine großzügige Entschädigung der Minenbesitzer und 1955 ein neues Erdölgesetz, das das 1937 errichtete Staatsmonopol für Petroleum beseitigte und amerikanischen Investitionen den Weg ebnete. Der Elan der «bolivianischen Revolution» erlahmte aber nicht nur auf Grund äußerer Einflüsse. Auch Fraktionskämpfe innerhalb des MNR trugen dazu bei, daß 1964 das Militär für die Dauer von fast zwei Jahrzehnten die Macht übernehmen konnte.

Das mittelamerikanische Guatemala wies manche Parallelen zu Bolivien auf. 1951 gewann Jacobo Árbenz Guzmán, der Kandidat des regierenden Frente Popular Libertador, einer Koalition linker Parteien, die Präsidentenwahlen. Durch eine Agrarreform, durch die brachliegender Grundbesitz gegen Entschädigung enteignet wurde, forderte Árbenz

schon im ersten Jahr seiner Amtszeit die amerikanische United Fruit
Company, die größte Bananenproduzentin und faktische Beherrsche-
rin der guatemaltekischen Wirtschaft, heraus. Was Washington zusätzlich alarmierte, waren zum einen die Berufung von Mitgliedern
der kleinen kommunistischen Guatemaltekischen Arbeiterpartei in die
Regierung, zum anderen die Lieferung von Waffen aus der Tschechoslowakei an die mittelamerikanische Republik. Eisenhower ordnete
ein Embargo an und verständigte sich mit Dulles auf eine verdeckte
Intervention der CIA. Flankierend und ganz im Sinn der «Monroe-
Doktrin» ließen sich die USA im März 1954 von der OAS auf einer
Konferenz in Caracas bestätigen, daß ein vom internationalen Kommunismus beherrschtes lateinamerikanisches Land eine Bedrohung
der westlichen Hemisphäre insgesamt sei.

Die Invasionstruppen wurden von guatemaltekischen Exiloffizieren
unter Führung von Oberst Carlos Castillo Armas in den Nachbarstaaten Nicaragua und Honduras zusammengestellt. Daß Árbenz die Kommunisten aus der Regierung entließ, änderte nichts mehr an der Planung
der CIA. Am 18. Juni marschierten die angeblichen Rebellen, von Honduras, einer De-facto-Kolonie der United Fruit Company, kommend, in
Guatemala ein. Árbenz konnte fliehen. Einen Antrag des Vertreters von
Guatemala im Sicherheitsrat der Vereinten Nationen, den Angriff auf
die Souveränität seines Landes auf die Tagesordnung zu setzen, ließen
die USA mit 5 gegen 4 Stimmen ablehnen. Im Sinne der Vereinigten
Staaten stimmten die Türkei, Brasilien, Kolumbien und die Republik
China, dagegen die Sowjetunion, Dänemark, Neuseeland und Libanon.
Großbritannien und Frankreich enthielten sich der Stimme. Die Absage
an die von den beiden letzten republikanischen Präsidenten vor Eisenhower, Calvin Coolidge und Herbert Hoover, eingeleitete «Politik der
guten Nachbarschaft» gegenüber Lateinamerika wurde mithin von den
engsten Verbündeten der USA mehr oder minder deutlich mißbilligt.
Die unter Eisenhower wieder zur Geltung gelangte Devise war älter als
die von Coolidge und Hoover: Es war die zu Beginn des 20. Jahrhunderts von Theodore Roosevelt gegenüber dem lateinamerikanischen
«Hinterhof» propagierte und praktizierte Politik des «big stick».

Nicht nur auf dem mittelamerikanischen Festland, sondern auch
in der Karibik artikulierte sich in den Jahren der Ära Eisenhower
scharfer Protest gegen die Politik der Vereinigten Staaten und der von
ihnen gestützten autoritären Regime. In Kuba hatte im März 1952

der ehemalige Präsident Fulgencio Batista y Zaldívar die Macht durch einen Putsch zurückerobert. Am 26. Juli 1953 versuchte eine Rebellengruppe unter dem jungen Rechtsanwalt Fidel Castro die Moncado-Kaserne in Santiago de Cuba zu stürmen. Das Unternehmen schlug fehl; Castro wurde zu einer Gefängnisstrafe verurteilt und begab sich nach seiner Freilassung 1955 ins Exil nach Mexiko. Am 2. Dezember 1956 landete er zusammen mit seinem Bruder Raúl und Ernesto «Che» Guevara in Kuba, wo er den Guerillakampf gegen die Diktatur Batistas aufnahm. Die Ziele der Aufständischen waren demokratisch, sozialreformerisch und national, aber nicht kommunistisch, was wesentlich zur breiten Unterstützung der «Bewegung des 26. Juli» durch die Bevölkerung beitrug. Damit begann ein Kapitel in der Geschichte der westlichen Hemisphäre, in dessen Verlauf die USA tatsächlich mit einer lateinamerikanischen Variante von Kommunismus konfrontiert wurden – und die Welt erstmals an den Rand der Katastrophe eines thermonuklearen Krieges geriet.[2]

Von Stalin zu Chruschtschow: Die Sowjetunion und der Ostblock 1949–1955

Nicht nur im transatlantischen Westen, auch im sowjetischen Machtbereich führte der Kalte Krieg zu ideologischen Ab- und Ausgrenzungskämpfen innerhalb des eigenen Lagers. Am 31. August 1948 starb der Chefpropagandist der KPdSU, Andrej Schdanow, der in den Wochen zuvor viel Einfluß verloren hatte, an einem Herzinfarkt. Unmittelbar danach setzte eine großangelegte Säuberung des Parteiapparates ein, die bei der lange von Schdanow geleiteten Leningrader Parteiorganisation ihren blutigen Anfang nahm; Tausende von Funktionären wurden verhaftet, die meisten Anhänger Schdanows erschossen. Die Drahtzieher und Gewinner des Machtkampfes waren die innerparteilichen Gegner der «Schdanow-Gruppe», die nunmehr tonangebenden Funktionäre Georgij Maximilianowitsch Malenkow, Nikita Sergejewitsch Chruschtschow, Lawrentij Berija und Michail A. Suslow, der vor allem für Fragen der Ideologie, also die richtige Auslegung des Marxismus-Leninismus-Stalinismus, zuständig war.

Am 21. Dezember 1949 wurde in der Sowjetunion wie im gesamten Ostblock der 70. Geburtstag Stalins begangen. Der Personenkult um den «woschd» (Führer) erreichte aus diesem Anlaß einen neuen Höhepunkt. In einem Gedicht des Komsomol, der Jugendorganisation der KPdSU, wurde Stalin als das «Lied der kommenden Jahrhunderte», als die «Sonne für die Bestimmung der Völker», als die «Weisheit unsterblicher Ideen», als der «Lenin von heute» gefeiert. Die orthodoxe Kirche rief die Gläubigen auf, in den Kirchen um Gottes Beistand für ein langes Leben des «großen Führers» zu beten. Das damit erreichte Niveau der Heldenverehrung durfte in der Folgezeit nicht mehr unterschritten werden. Auf dem 19. Parteitag im Oktober 1952, dem ersten seit 1939, dauerten die Ovationen der Delegierten länger als die Rede Stalins selbst.

In den Vordergrund der ideologischen Kampagnen rückte seit dem Sieg der Anti-Schdanow-Fronde der Kampf gegen den «Kosmopolitismus» – eine Denkweise, als deren Vertreter nicht zufällig immer wieder Juden angeprangert wurden. Im Mai 1948 hatte die Sowjetunion noch unmittelbar nach den USA den neuen Staat Israel anerkannt, was wohl darauf zurückzuführen war, daß aus Moskauer Sicht der linke Flügel des Zionismus Anknüpfungspunkte für eine revolutionäre Strategie bot, die arabischen Potentaten im Nahen Osten hingegen nicht. Die engen Verbindungen zwischen Israel und den Vereinigten Staaten führten aber wenig später zu einer radikalen Kehrtwende: Die Zionisten galten fortan als Werkzeug Washingtons, die Juden als Zionisten und darum ebenfalls als bewußte oder unbewußte Agenten der Amerikaner. Dem gleichen Verdacht setzten sich nichtjüdische Kommunisten aus, wenn sie als Emigranten den Zweiten Weltkrieg in einem Land des Westens überlebt hatten. Den «Kosmopoliten» fehlte, das war die allgemeine Unterstellung, jene unbedingte Loyalität gegenüber der Sowjetunion, die die wahren Kommunisten auszeichnete. Von diesem Argwohn waren Künstler, Schriftsteller, Literaturkritiker und Wissenschaftler aller Disziplinen ebenso betroffen wie Funktionäre der KPdSU und ihrer Bruderparteien.

Im November 1948 wurde eine Einrichtung aufgelöst, die während des Krieges im Parteiauftrag Kontakte zu den westlichen Demokratien gepflegt und die nationalsozialistischen Verbrechen an den Juden dokumentiert hatte: das Jüdische Antifaschistische Komitee. Seinen Leiter, den Schauspieler Solomon Michoels, hatte Stalin bereits im Januar ermorden lassen. Im Dezember 1948 wurden die verbliebenen Mitglieder des Komitees «staatsfeindlicher» Verbrechen bezichtigt und

verhaftet. Ein geheimes Militärtribunal verurteilte im Sommer 1952
14 von 15 Angeklagten zum Tode. Die Urteile wurden sofort vollstreckt.

Zu Beginn des Jahres 1949 mußten jüdische Schulen, Theater und
Büchereien schließen; jüdische Zeitungen wurden verboten. Die
«Prawda» richtete ihre Angriffe immer wieder auf «vaterlandslose»
und «entwurzelte Kosmopoliten», «unpatriotische Gruppen von
Theaterkritikern», «Personen ohne Identität» und «Wanderer ohne
Paß». Eine Dokumentation über die Ermordung der sowjetischen
Juden durch die Nationalsozialisten durfte nicht erscheinen; die bereits gedruckte Auflage wurde beschlagnahmt und vernichtet. «In der
offiziellen Version war der Krieg der Nationalsozialisten ein Krieg
gegen alle Völker der Sowjetunion», schreibt Jörg Baberowski. «Für
den Genozid an den Juden gab es in dieser Geschichte keinen Platz.»

Von den Ostblockstaaten ging die Tschechoslowakei in der Verfolgung jüdischer Kommunisten und der ihnen unterstellten «Zionistischen
Verschwörung» am weitesten. In einem Schauprozeß gegen «Trotzkisten», «Titoisten» und «bürgerliche Nationalisten» wurde im November 1952 zusammen mit zehn anderen, ebenfalls meist jüdischen Funktionären der langjährige Generalsekretär der Kommunistischen Partei
und frühere stellvertretende Ministerpräsident Rudolf Slánský zum
Tode verurteilt und hingerichtet. Slánský, so lautete der von Moskau
formulierte Vorwurf, habe Verbindungen zur CIA in Gestalt von zwei
zionistischen Agenten aus den USA, Noël und Hermann Field, unterhalten und sei so zum Verräter geworden.

Der prominenteste jüdische Funktionär unter den ungarischen
Kommunisten, László Rajk, war bereits im Oktober 1949, im Zuge der
Kampagne gegen die «Titoisten», hingerichtet worden. In Rumänien
wurde die jüdische Außenministerin Ana Pauker im Juli 1952 aus
ihrem Amt entlassen und im September aus der Partei ausgeschlossen,
aber nicht vor Gericht gestellt. In Polen traf der Vorwurf, mit den (prokommunistischen und zu Unrecht der Agententätigkeit beschuldigten)
Fields konspiriert zu haben, enge Mitarbeiter des früheren Parteichefs
Władysław Gomułka, der als «Nationalkommunist» galt und im August 1951 verhaftet wurde, in der DDR das ehemalige Mitglied des
Politbüros der SED Paul Merker, der das Exil in Mexiko verbracht
hatte und, selbst kein Jude, als scharfer Gegner aller Spielarten von
Antisemitismus hervorgetreten war. Ein Schauprozeß gegen ihn und

andere «Kosmopoliten» und angebliche «Titoisten» wurde vorbereitet, aber nach Stalins Tod im März 1953 nicht mehr durchgeführt.

Ihren Höhepunkt erreichte die antisemitische Kampagne in der Sowjetunion Anfang 1953. Stalin verdächtigte die Juden, die Ärzte der sowjetischen Spitzenpolitiker zur Ermordung ihrer Patienten angestiftet zu haben – und im Fall Schdanow damit erfolgreich gewesen zu sein. Sieben Mediziner, darunter Stalins Leibarzt V. N. Vinogradow, wurden verhaftet. Möglicherweise war es die Absicht des Diktators, auf dem Weg über die Liquidation der angeblichen «Ärzteverschwörung» den Innenminister und Sicherheitschef Berija und alle Funktionäre auszuschalten, die als dessen Verbündete und Gefolgsleute galten. Vermutlich war es nur Stalins Tod, der eine neue große Säuberung und eine Judenverfolgung großen Stils verhinderte.

Der politische Terror hielt auch in der Spätphase von Stalins Herrschaft unvermindert an. Die Zahl der Insassen des GULag hatte sich vor dem deutschen Überfall auf die Sowjetunion im Juni 1941 auf rund 2 Millionen belaufen. Ihren Höchststand erreichte sie 1950 mit 2,5 Millionen. Drei Jahre später lag sie mit 2,47 Millionen nur unwesentlich niedriger. Viele Neuzugänge kamen aus den Reihen der etwa 2,27 Millionen Sowjetbürger und Emigranten, die mit Einwilligung der Westmächte nach 1945 repatriiert worden waren. Etwa 20 Prozent von ihnen wurden zum Tod oder einer fünfundzwanzigjährigen Lagerhaft, 15 bis 20 Prozent zu 5 bis 10 Jahren Haft, 10 Prozent zu mindestens sechsjähriger Verbannung nach Sibirien und 15 Prozent zum Wiederaufbau der zerstörten Gebiete verurteilt. Nur 15 bis 20 Prozent konnten nach Hause fahren. Einen Stalinismus ohne massenhaften Terror konnte es offenbar nicht geben: Es wäre ein Widerspruch in sich gewesen.[3]

Am 10. März 1952 erhielten die Regierungen in Washington, London und Paris eine Note aus Moskau. Darin schlug Stalin den Westmächten die Ausarbeitung eines Friedensvertrages unter unmittelbarer Beteiligung Deutschlands vor. Die vier Mächte müßten daher die Bedingungen prüfen, «die die schleunigste Bildung einer gesamtdeutschen, den Willen des deutschen Volkes ausdrückenden Regierung fördern». Den «Politischen Leitsätzen» des in der Note enthaltenen Entwurfs eines Friedensvertrags zufolge sollte Deutschland die Möglichkeit gewinnen, sich als «unabhängiger, demokratischer, friedliebender Staat zu entwickeln». Im wiedervereinigten Deutschland müsse die freie Betätigung der «demokratischen Parteien und Organisationen» gewährleistet sein. Organisationen, «die der Demokratie und der Erhaltung des Friedens feindlich» seien, dürften hingegen nicht bestehen. Deutschland verpflichte sich, «keinerlei Koalitionen oder Militärbündnisse einzugehen, die sich gegen irgendeinen Staat richten, der mit seinen Streitkräften am Krieg gegen Deutschland teilgenommen hat». Das Territorium Deutschlands werde «durch die Grenzen bestimmt, die durch die Beschlüsse der Potsdamer Konferenz der Großmächte festgelegt wurden». In den «Militärischen Leitsätzen» hieß es wörtlich: «Es wird Deutschland gestattet sein, seine eigenen Streitkräfte (Land-, Luft- und Seestreitkräfte) zu besitzen, die für die Verteidigung des Landes notwendig sind.»

Der eigentliche Adressat der Note gehörte nicht zu ihren offiziellen Empfängern: die Deutschen in der Bundesrepublik Deutschland. Wenn sie auf den nationalen Köder anbissen, den Stalin ihnen zuwarf, hätte das für ihn bereits einen großen Erfolg bedeutet. Die Verhandlungen über ein integriertes westeuropäisches Verteidigungssystem wären ins Stocken geraten, vielleicht gescheitert. Bundeskanzler Adenauer hätte einen solchen Fehlschlag politisch nicht überlebt; seine Position zu schwächen war offenkundig ein sowjetisches Nahziel. Mit einer «national» gesinnten Bonner Regierung hätten die USA es schwerer, die Sowjetunion leichter gehabt. Am Ende wäre, wenn sich die Bundesrepublik dem westlichen Verteidigungssystem verweigert hätte, die amerikanische Position in Westeuropa insgesamt in Gefahr geraten, und nichts konnte Stalin so erwünscht sein wie eine solche Entscheidung.

Daß Stalin mit einer positiven Antwort aus den westlichen Hauptstädten rechnete, darf man ausschließen. Er mußte also auch nicht Verhandlungen ins Auge fassen, in deren Verlauf er hätte gezwungen sein können, die DDR preiszugeben. Und doch läßt sich eine Situation vorstellen, in der dies aus seiner Sicht vertretbar gewesen wäre. Einer «nationalen» und «friedlichen» Bundesregierung, die um der Wiedervereinigung willen bereit war, der Sowjetunion weit entgegenzukommen, hätte Stalin wohl seinerseits Zugeständnisse gemacht. Ein neutrales, sowjetfreundliches Gesamtdeutschland besaß beträchtliche Vorteile gegenüber dem Status quo. Das Machtmonopol der SED in der DDR aufzugeben, um Amerika langfristig aus Europa zu verdrängen: Das hätte sich mit der sowjetischen Staatsräson um so mehr vereinbaren lassen, als die Rücknahme vorgeschobener Positionen nicht auf Dauer angelegt war. Es kam nur darauf an, eine amerikanische Intervention unmöglich zu machen, die gesellschaftlichen «Errungenschaften» der DDR zu sichern und die «demokratische» Ordnung Deutschlands so zu gestalten, daß die Kommunisten nicht daran gehindert waren, zu einem geeignet erscheinenden Zeitpunkt nach der Macht zu greifen.

Für Adenauer gab es keinen Zweifel am längerfristigen Kalkül des sowjetischen Diktators. «Der Inhalt der Note hat mich wenigstens in keiner Weise überrascht», erklärte er am 27. April 1952 in einem «Teegespräch» mit führenden Journalisten. «Ich bin seit Jahr und Tag bei meiner Politik davon ausgegangen, daß es das Ziel Sowjetrußlands ist, im Wege der Neutralisierung Deutschlands die Integration Europas zunichte zu machen … und damit die USA aus Europa wegzubekommen und im Wege des kalten Krieges Deutschland, die Bundesrepublik, und damit auch Europa in seine Machtsphäre zu bringen.» Die Note war aus seiner Sicht in erster Linie ein Versuch, einen Keil zwischen die Westdeutschen und die Westalliierten zu treiben und dadurch der Politik der Westintegration den Boden zu entziehen. Aus dieser Sicht ergab sich für ihn logisch das, was er tat: Er drängte die Westmächte, sich nicht auf Verhandlungen mit der Sowjetunion einzulassen.

Von «freien Wahlen» war in der Note vom 10. März keine Rede. Um so stärker hoben die Westmächte in ihren Antwortnoten vom 25. März 1952 diesen Punkt hervor. Eine (von der Vollversammlung der Vereinten Nationen bereits eingesetzte) Untersuchungskommission müsse prüfen, ob die Voraussetzungen freier Wahlen «in der Bundesrepublik, der Sowjetzone und Berlin» gegeben seien. Ferner forderten die westlichen Regierungen, einer künftigen gesamtdeutschen Regierung sollte es freistehen, Bündnisse einzugehen, die mit den Grundsätzen der Vereinten Nationen im Einklang stünden. Die deutschen Grenzen könnten erst in einer Friedensregelung endgültig festgelegt werden. Nationale deutsche Streitkräfte, wie sie die Sowjetunion fordere, bedeuteten nach Meinung der Westmächte einen Schritt zurück. Die Politik der europäischen Einheit könnte die Interessen keines anderen Landes bedrohen, hieß es in den identischen Noten, sie stelle vielmehr den wahren Weg zum Frieden dar.

In ihrer Antwortnote vom 9. April sprach dann auch die Sowjetunion von der «Frage der Durchführung freier gesamtdeutscher Wahlen», die von den vier Mächten erörtert und von einer durch sie, nicht durch die Vereinten Nationen eingesetzten Kommission geprüft werden sollte. Was das Bündnisproblem und die Endgültigkeit der deutschen Grenzen betraf, wiederholte Moskau den Standpunkt, den es in der Note vom 10. März dargelegt hatte. Der Notenwechsel zog sich noch bis zum September 1952 hin, ohne daß wesentliche neue Gesichtspunkte zutage getreten wären.

Auf den Vorschlag der Westalliierten vom 23. September, unverzüglich eine Viererkonferenz über die Durchführung freier Wahlen abzuhalten, ging die Sowjetunion nicht ein. Sie hatte ein, vielleicht das wichtigste Ziel ihrer diplomatischen Offensive vom Frühjahr 1952 zu diesem Zeitpunkt bereits erreicht: Die DDR war auf Grund des Beschlusses der 2. Parteikonferenz der SED vom Juli 1952 nach der Phase der antifaschistisch-demokratischen Umwälzung in eine neue Phase ihrer Entwicklung, die des planmäßigen «Aufbaus des Sozialismus» eingetreten und konnte nun mit der Umschichtung der Investitionen von der Konsumgüterindustrie auf die Schwerindustrie, der (vorerst noch freiwilligen) Kollektivierung der Landwirtschaft, der Schaffung einer «Volksarmee», der Ersetzung der historischen Länder durch administrative Bezirke, der forcierten ideologischen Umformung des Bildungswesens und der Bekämpfung des Einflusses von Kirchen und Religionen beginnen. Ohne den alles in allem erfolgreichen Versuch, dem Westen den «Schwarzen Peter» in Sachen deutscher Einheit zuzuschieben, wäre das kaum möglich gewesen.

Daß die westliche Seite 1952 kein Interesse an Verhandlungen über die deutsche Frage hatte, ist evident. Die Westalliierten wie die Bundesregierung waren der Auffassung, daß eine Viermächtekonferenz über Deutschland zu diesem Zeitpunkt die Verhandlungen über die Schaffung einer Europäischen Verteidigungsgemeinschaft verzögert und damit gefährdet hätte, zur Lösung der deutschen Frage aber nichts beitragen konnte, weil die Standpunkte beider Seiten unvereinbar waren. Keine der westlichen Mächte konnte eine Wiedervereinigung Deutschlands unter den Vorzeichen der Neutralität wollen – eine Lösung, die langfristig der Sowjetunion zur Hegemonie über Europa zu verhelfen drohte. Und zumindest für Frankreich war die Wiederherstellung eines deutschen Nationalstaates, gleichviel unter welchen Auflagen, nach wie vor ein Alptraum.

In *einem* Punkt hatte Stalin richtig kalkuliert: Sein Vorstoß löste in der Bundesrepublik, wenn auch erst mit erheblicher Verzögerung, eine leidenschaftliche und lange nachwirkende Debatte über die Frage aus, ob Adenauer im Frühjahr 1952 fahrlässig oder absichtlich eine Chance versäumt habe, der deutschen Einheit näherzukommen. Die Sozialdemokraten und einige prominente Publizisten neigten zu dieser Annahme, später auch der damalige Bundesjustizminister Thomas Dehler von der Freien Demokratischen Partei. Einer der beredtesten Ankläger Adenauers war sein ehemaliger Parteifreund Gustav Heinemann, der im Oktober 1950 aus Protest gegen das Eintreten des Kanzlers für eine westdeutsche Wiederbewaffnung als Bundesinnenminister zurückgetreten war und im November 1952 eine neue, überwiegend von Protestanten unterstützte Partei, die Gesamtdeutsche Volkspartei, gründete.

Die Frage, welche langfristigen Absichten Stalin mit seinen Noten von März und April 1952 verfolgte, spielte bei den Vertretern der These von der «versäumten Chance» keine oder zumindest keine erhebliche Rolle. Ebensowenig taten das die geostrategischen Wirkungen, die eine Neutralisierung Deutschlands gehabt hätte. Unbeachtet blieb auch das Problem der deutschen Ostgrenze. Keine der demokratischen Parteien hatte ihre Anhänger darauf vorbereitet, daß Deutschland sich womöglich mit dem endgültigen Verlust der Ostgebiete abfinden müsse. Die über 4,5 Millionen Heimatvertriebenen aus den Gebieten östlich von Oder und Neiße, die in der Bundesrepublik und West-Berlin lebten, bildeten ein von allen Parteien umworbenes Wählerreservoir; der Bund der Heimatvertriebenen und Entrechteten (BHE), eine 1950 gegründete Flüchtlingspartei, war mittlerweile ein innenpolitischer Machtfaktor. Im Fall einer Wiedervereinigung hätte es auf dem Territorium Deutschlands in den Grenzen von 1945 insgesamt 7,7 Millionen Heimatvertriebene, diejenigen aus den Siedlungsgebieten außerhalb des Deutschen Reiches in den Grenzen von 1937 mitgerechnet, bei einer Gesamtbevölkerung von 70 Millionen gegeben.

Als im August 1955 repräsentativ ausgewählte Bundesdeutsche befragt wurden, ob Adenauer ein hypothetisches sowjetisches Angebot, die Wiedervereinigung Deutschlands mit freien Wahlen gegen den endgültigen Verzicht auf Schlesien, Pommern und Ostpreußen, annehmen solle oder nicht, sprachen sich zwei Drittel (67 Prozent) für Ablehnung und nur ein Zehntel (10 Prozent) für Annahme aus. Eine Wiedervereinigung in den Grenzen von 1945 wäre also mit einer großen Gefahr verbunden gewesen: einem radikalen Nationalismus, der schon einmal, nach 1918, zur Zerstörung einer deutschen Demokratie beigetragen hatte.

Nimmt man die inneren und die äußeren Wirkungen zusammen, die eine Wiedervereinigung auf der Basis der sowjetischen Vorschläge vom Frühjahr 1952 wahrscheinlich gehabt hätte, fällt die Behauptung von der «versäumten Chance» jenes Jahres in sich zusammen. Deutschland war 1952 für eine Wiedervereinigung in den Grenzen von 1945 noch nicht reif. Die Westmächte konnten den Preis nicht zahlen, den Stalin für die Wiederherstellung der staatlichen Einheit Deutschlands forderte: den Verzicht auf die politische und militärische Einigung Westeuropas und seine Einbindung in die nordatlantische Verteidigungsgemeinschaft. Daß es nicht zu Verhandlungen über die sowjetischen Noten von 1952 kam, lag in Interessen begründet, über die sich keiner der westlichen Alliierten hinwegsetzen konnte.[4]

Die Staaten Ostmittel- und Südosteuropas, die seit 1945 im sowjetischen Einflußbereich lagen, wurden in den letzten Jahren von Stalins Herrschaft dem Vorbild des Mutterlandes der «sozialistischen Revolution» ähnlicher. Die politische Repression war überall stark, ihr Ausmaß aber nicht überall gleich. Die brutalste und am längsten anhaltende Unterdrückung erlebte Rumänien. Die Zahl der Häftlinge in Zuchthäusern und Arbeitslagern und derer, die als Zwangsarbeiter beim (gescheiterten) Bau des Donau- und Schwarzmeer-Kanals eingesetzt waren, wird auf 1 Million geschätzt. An der Spitze des berüchtigten «Versuchsgefängnisses» der Securitate, der kommunistischen Geheimpolizei, in Pitesti, wo die Häftlinge sich zwischen Ende 1949 und Ende 1952 drei Jahre lang wechselseitig umerziehen mußten, stand ein Funktionär, der vor dem Krieg der faschistischen «Eisernen Garde» angehört hatte. In Ungarn sollen zwischen 1948 und 1953 1 Million Menschen verhaftet, angeklagt oder verbannt worden sein; jede dritte Familie war davon direkt betroffen. In der Tschechoslowakei gab es zu Beginn der fünfziger Jahre bei einer Gesamtbevölkerung von 13 Millionen Menschen etwa 100000 politische Gefangene. Dazu kamen Zehntausende von Zwangsarbeitern in den Bergwerken. Zehntausende Häftlinge wurden heimlich, ohne Prozeß, liquidiert. In Polen beliefen sich die Zahlen der aus politischen Gründen Verhafteten auf 10000 bis 20000 jährlich.

«Der kommunistische Staat führte einen permanenten unerklärten Krieg gegen die eigene Bevölkerung», schreibt Tony Judt. «Wie Lenin

wußte auch Stalin, daß man Feinde brauchte, und so lag es in der
Logik des stalinistischen Staates, daß er fortwährend zum Kampf gegen seine Feinde aufrief – die Feinde im Ausland, vor allem aber im
eigenen Land.» Judt zitiert dazu eine Äußerung des tschechoslowakischen Justizministers Štefan Rais auf einer Juristenkonferenz im Juni
1952: «Der Rechtsanwalt muß ... sich auf die entwickelteste, einzig
korrekte und wahrheitsgemäße Lehre stützen, die es in der Welt gibt,
auf die sowjetische Rechtswissenschaft, und sich gründlich mit den
Erfahrungen der sowjetischen Juristen vertraut machen ... Eine unaus-
weichliche Tatsache unserer Zeit ist der sich verschärfende Klassenkampf.»

Der politische Terror in den Ostblockstaaten ging, wie in der
Sowjetunion der dreißiger Jahre, fast überall mit einer forcierten Industrialisierung und mit der Zwangskollektivierung der Landwirtschaft
einher. Der Koreakrieg brachte es mit sich, daß die Rüstungsindustrie
besonders gefördert wurde. In Polen wuchsen die Rüstungsausgaben in
den drei Kriegsjahren erst um 70, dann um 150 und schließlich um
500 Prozent. Die Schwerindustrie wäre freilich auch ohne den Krieg
nach sowjetischem Vorbild gegenüber den Konsumgüterbranchen bevorzugt worden, und wie dort hatten sich auch in Ostmittel- und Südosteuropa die Volkswirtschaften an überhöhten und unrealistischen
Sollziffern der Mehrjahrespläne auszurichten. Was Włodzimierz Borodziej für Polen feststellt, gilt auch für die anderen «sozialistischen» Staaten, soweit sie nicht wie die Tschechoslowakei und die DDR schon in
der «vorsozialistischen» Zeit zu den am stärksten industrialisierten
Regionen Mitteleuropas gehört hatten: «Finanziert wurde die massive
Industrialisierung über den niedrigen Lebensstandard, sowohl in der
Stadt als auch auf dem Land. Trotz niedriger Löhne entwickelte sich
angesichts vollständiger Vernachlässigung der elementaren Konsum-
bedürfnisse ein ständiger Inflationsdruck.»

Die Kollektivierung der Landwirtschaft, nach sowjetischer Überzeugung eine unabdingbare Voraussetzung des «Aufbaus des Sozialismus», war in der Tschechoslowakei schon 1948 beschlossen worden;
1950 begann sie in Ungarn, Rumänien und Bulgarien. In der DDR, in
der der «Aufbau des Sozialismus» erst 1952 zum Programm erhoben
wurde, war die Kollektivierung der Landwirtschaft bis dahin noch
nicht aktuell, und danach zunächst nur in freiwilliger Form. In Polen
wurde die Zwangskollektivierung zwar Ende der vierziger Jahre ein-

geleitet, aber 1950 verfügten die staatlichen und genossenschaftlichen Betriebe über kaum mehr als ein Zehntel der landwirtschaftlich bebauten Nutzfläche. Der passive Widerstand der Bauern war so stark, daß trotz massiver Propaganda von Partei und Staat die Zahl der Kollektivbetriebe 1950/51 nicht wesentlich anstieg. Ihre Erträge lagen deutlich unter denen der individuellen Bauern. Die landwirtschaftliche Produktion sank zwischen 1950 und 1955 um 4 Prozent. Die Wiedereinführung der Zwangslieferungen von landwirtschaftlichen Erzeugnissen konnte nicht verhindern, daß der Sechsjahresplan von 1950 auf dem Land nach Borodziejs Urteil mit einem vollständigen Fiasko endete.

Nationale Besonderheiten gab es auch in der Kirchenpolitik der «sozialistischen» Staaten. In Bulgarien genoß die orthodoxe Kirche einen gewissen Schonraum, während die kleinen katholischen und protestantischen Kirchen schwerer Verfolgung ausgesetzt waren. In Ungarn wurde Kardinal József Mindszenty, nachdem er die kommunistische Regierung scharf kritisiert hatte, im Februar 1949 zu einer lebenslänglichen Zuchthausstrafe verurteilt; im Juni 1951 folgte die Verurteilung des nach Mindszenty ranghöchsten Erzbischofs, József Grösz, zu 15 Jahren Zuchthaus, woraufhin die katholischen Bischöfe den bisher verweigerten Eid auf die kommunistische Verfassung leisteten. In der Tschechoslowakei erreichte der Kirchenkampf einen ersten Höhepunkt mit einem Gesetz vom Oktober 1949, das den Kirchen das gesamte Vermögen entzog und die Geistlichen zu Staatsangestellten machte. Seit 1950 wurden alle Bischöfe, die den geforderten Treueid verweigerten, verhaftet und interniert, so daß 1952 in den Erzdiözesen Prag und Olmütz kein einziger regulärer Bischof mehr im Amt war.

Eine Sonderstellung nahm auch hier Polen ein. An der Spitze der katholischen Kirche stand als Primas seit 1948 der Bischof von Lublin, Stefan Wyszyński. Im April 1950 unterzeichnete er, zur Beunruhigung des Vatikans, einen Vertrag mit dem Staat, in dem sich die Kirche zur Loyalität gegenüber der Staatsmacht verpflichtete und von antistaatlichen Aktivitäten aus den Reihen des Klerus distanzierte. Zum Konflikt kam es Anfang 1953, als das Regime in einem Dekret auf dem Recht des Staates bestand, der Neubesetzung kirchlicher Stellen zuzustimmen, und von den Priestern einen Treueid auf die im Juli 1952 geschaffene Volksrepublik Polen verlangte. Wysziński verweigerte sich diesem Ansinnen und wurde im September verhaftet und interniert. Die Bischofskonferenz unterließ es, sich hinter den Primas zu stellen, und verlor dadurch zeitweise einen guten Teil ihrer moralischen Autorität. Zerschlagen aber war die katholische Kirche dadurch nicht. Anders als in Ungarn und der Tschechoslowakei blieb sie eine Größe, die zählte. Ihr Einfluß reichte bis weit in die Mitgliedschaft der Polnischen Vereinigten Arbeiterpartei hinein. Nicht nur die Bauern, sondern auch die Arbeiter waren in ihrer Mehrheit gläubige Katholiken.

Die Gemeinsamkeiten der Ostblockstaaten am Ende der Stalinzeit lagen in der alles beherrschenden Stellung der kommunistischen Partei. Nirgendwo gab es noch selbständige sozialdemokratische Parteien; in der Tschechoslowakei hatte sich die Sozialdemokratische Partei im Juni 1948 mit der Kommunistischen Partei verschmolzen, ohne daß die letztere ihren Namen änderte. Andere Parteien führten lediglich eine ornamentale Existenz mit der hauptsächlichen Funktion, der westlichen Behauptung von den kommunistischen Einparteienstaaten entgegentreten zu können. Die Gewerkschaften waren im Sinne Lenins Transmissionsriemen der kommunistischen Partei. Die große Industrie war überall verstaatlicht, das Privateigentum in Gewerbe und Handel auf dem Rückzug. Die Verfassungen verbürgten die Grundrechte, aber es gab keine unabhängige Justiz, mit deren Hilfe sie eingeklagt werden konnten. Die Geheimpolizei und ein dichtes Spitzelwesen waren dazu da, alle einzuschüchtern, denen nach Widerspruch und Protest zumute war. Die «Volksrepubliken» *sollten* sich vom Vorbild der Sowjetunion unterscheiden, aber nur in äußeren Dingen wie dem Schein eines Mehrparteiensystems. Was den Kern der Sache, die Machtfrage, betraf, durften sie keinen Zweifel daran aufkommen lassen, wer, angeblich im Namen von Arbeitern und Bauern und damit der breiten Volksmasse, die Richtung bestimmte: die kommunistische Partei.[5]

Am Morgen des 5. März starb Stalin im Alter von angeblich 73, tatsächlich wohl 74 Jahren an den Folgen eines Hirnschlags. In dem Vierteljahrhundert, in dem er an der Spitze der KPdSU gestanden hatte, war die Sowjetunion zur Weltmacht aufgestiegen. Sie war während der Revolution von oben, die ihr der Diktator verordnet hatte, durch ein Meer von Blut gegangen – das von Stalin und das von Hitler vergossene. Eine Diktatur mit totalitärem Anspruch war das Sowjetsystem schon unter seinem Gründer Lenin gewesen. Unter Stalin wurde sie, wenn man auf die Gleichschaltung der Gesellschaft mit den Mitteln von Propaganda und Terror abstellt, ein noch totalitäreres Regime, als es das Hitlers in Deutschland gewesen war. Wie die Herrschaft Hitlers kam auch die seine ohne Statuten und mehr und mehr auch ohne kollektive Führungsgremien aus. Selbst das Politbüro trat seit 1941 kaum noch zu regulären Sitzungen zusammen. Das letzte, auf dem 19. Parteitag im Oktober 1952 gebildete, jetzt «Präsidium» genannte Politbüro hatte Stalin selbst zusammengestellt. Stalin regierte weniger, als daß er regieren ließ. Solange er lebte, mußten alle, die in seinem Auftrag handelten, um seine Gunst buhlen – und um ihr Leben bangen.

Der Stalinismus war, um Jörg Baberowski zu zitieren, «eine Terrorherrschaft, die aus dem sowjetischen Kontext erwuchs. Es war ein Versuch, neue Menschen in die Welt zu setzen und alte aus ihr zu entfernen. Unter russischen Bedingungen führte dieser Versuch in den Massenterror. Ohne Stalin aber hätte es keinen Stalinismus gegeben.»

Einen «geborenen» Nachfolger hatte Stalin nicht. Das Präsidium des ZK verständigte sich aber sofort nach dem Tod des Diktators darauf, zum Prinzip der Vor-Stalinzeit, der kollektiven Führung, zurückzukehren. Malenkow, der Chef des Parteiapparats, übernahm den Vorsitz im Ministerrat und zunächst auch das Amt des Ersten Sekretärs des Zentralkomitees, Molotow, der 1949 als Außenminister durch den bisherigen Chefankläger Andrej Wyschinski ersetzt worden war, erhielt sein altes Ressort zurück, Berija blieb Innenminister. Schon am 14. März gab Malenkow den Posten des Ersten Sekretärs auf, ohne daß diese Position neu besetzt worden wäre. Einziger Sekretär des ZK, der zugleich dem Präsidium angehörte, war nunmehr Nikita Sergejewitsch Chruschtschow. Der gelernte Schlosser und spätere Ingenieur, Jahrgang 1894, war seit 1934 Mitglied des Zentralkomitees, seit 1939 Mitglied des Politbüros und seit 1949 Erster Sekretär der Moskauer Parteileitung. In allen Funktionen hatte er sich als getreuer Gefolgsmann Stalins bewährt und vor allem in den Jahren zwischen 1938 und 1939, in denen er Erster Sekretär der ukrainischen Parteileitung gewesen war, an dessen Verbrechen aktiven Anteil genommen. Ob er ein «Stalinist» bleiben oder versuchen würde, aus dem Schatten des «Woschd» herauszutreten, war im März 1953 noch völlig offen.

Während der alltägliche Stalinismus der Funktionäre der Geheimpolizei und der Lagerverwaltung andauerte, hatte die neue Führung kein Interesse an der Fortsetzung des exzessiven Terrors Stalinscher Prägung. Am 27. März 1953, drei Wochen nach Stalins Tod, wurde die erste Amnestie für politische Häftlinge erlassen, von der neben ande-

ren die Frau Molotows, eine Jüdin, profitierte. Am 3. April folgte die
Freilassung der verhafteten Kremlärzte. Eine Auflösung des GULag
aber stand nicht auf der Tagesordnung. Die Kontrolle über das System
der Konzentrationslager war ein Machtinstrument in den Händen des
Mannes, den alle anderen Machthaber fürchteten: Lawrentij P. Berija.

Außenpolitisch gab sich der Geheimdienstchef dagegen «liberal».
Er hielt, ebenso wie Malenkow und Molotow, eine drastische Kurskorrektur der SED für dringend erforderlich, die mit ihrem forcierten
«Aufbau des Sozialismus» die DDR immer tiefer in eine schwere Krise
gestürzt hatte: In der ersten Hälfte des Jahres 1952 hatten «nur»
70 000 Menschen die DDR, die meisten über West-Berlin, verlassen,
in der zweiten Hälfte waren es, wesentlich hervorgerufen durch die
Beschlüsse der Zweiten Parteikonferenz der SED vom Juli 1952, bereits 111 000, in den ersten fünf Monaten des Jahres 1953 180 000.
Der sowjetische Innenminister ging aber noch sehr viel weiter als der
Ministerpräsident und der Außenminister, die eine Abkehr vom «Aufbau des Sozialismus» verlangten: Berija scheint im Frühjahr 1953 eine
Preisgabe der DDR zugunsten eines neutralen Gesamtdeutschland
nicht ausgeschlossen zu haben.

Noch im Mai 1953, zwei Monate nach Stalins Tod, glaubte die
SED-Führung mit Walter Ulbricht an der Spitze, sie könne die wirtschaftlichen Schwierigkeiten mit Hilfe einer zehnprozentigen Erhöhung der Arbeitsnormen in der Industrie überwinden. Die entsprechenden Maßnahmen riefen sofort große Unruhe in den Betrieben
hervor und ließen den Flüchtlingsstrom weiter anschwellen. Daß soziale Unzufriedenheit schnell in politischen Aufruhr umschlagen
konnte, wurde kurz darauf in der Tschechoslowakei deutlich: In Pilsen
kam es, ausgelöst durch eine als ungerecht empfundene Währungsreform, Anfang Juni zu spontanen Streiks und Demonstrationen, an
denen auch Mitglieder der Kommunistischen Partei und der Massenorganisationen in großer Zahl teilnahmen. Die Staatssicherheit nahm
Hunderte von Personen fest und konnte damit zwar die Proteste beenden, nicht aber Massenaustritte aus der KPČ verhindern.

Die neue Kremlführung bedurfte nicht der Pilsener Ereignisse, um
die SED zur Räson zu rufen. Ende Mai wurden die maßgeblichen
Funktionäre aus Ost-Berlin nach Moskau beordert, wo sie vom 1. bis
5. Juni mit scharfer Kritik an der bisherigen Politik und der Forderung
nach einem «Neuen Kurs» konfrontiert wurden. Namentlich mit den

Kirchen und mit dem Kleinbürgertum müsse die Partei geschmeidiger als in der Vergangenheit umgehen, lautete eine der Mahnungen der sowjetischen Genossen.

Am 9. Juni 1953 beschloß das Politbüro der SED den «Neuen Kurs». Zwei Tage später setzte der Ministerrat diesen Beschluß in konkrete Maßnahmen um. Die Parteiführung sprach selbstkritisch von Fehlern, die sie beim «Aufbau des Sozialismus» gemacht habe; sie kündigte eine stärkere Förderung der Konsumgüterindustrien, Lockerungen beim innerdeutschen Reiseverkehr sowie Rechtssicherheit an; sie nahm jüngste Preissteigerungen zurück, beharrte aber auf den Normenerhöhungen vom Mai.

Auf die Arbeiterschaft wirkte der «Neue Kurs» als gezielte Herausforderung. Während anderen Schichten Erleichterungen versprochen wurden, blieb es bei der verschärften Ausbeutung der Klasse, die angeblich in der DDR die herrschende war. Bereits am 11. und 12. Juni kam es zu Protestkundgebungen und vereinzelt zu Streiks. Am 16. Juni zogen die Bauarbeiter der Stalinallee, der früheren Frankfurter Allee, in Ost-Berlin zum Haus der Ministerien, dem ehemaligen Reichsluftfahrtministerium in der Leipziger Straße. Sie forderten nun nicht mehr nur die Rücknahme der Normenerhöhungen, sondern den Rücktritt der Regierung und freie Wahlen.

Daß das Politbüro am gleichen Tag einen Beschluß faßte und veröffentlichte, wonach die obligatorische Erhöhung der Arbeitsnormen unrichtig gewesen sei und daher aufgehoben werde, konnte die Demonstranten nicht mehr besänftigen. Am 17. Juni gingen in Berlin und vielen anderen Großstädten der DDR Hunderttausende auf die Straße. Aus dem Streik der Berliner Bauarbeiter wurde ein allgemeiner Aufstand in der DDR, aus sozialem Protest eine politische Bewegung für freie Wahlen und deutsche Einheit. Vielerorts beteiligten sich, noch bis weit in den Juli hinein, Bauern an den Protesten. Der 17. Juni war die erste Massenerhebung gegen ein kommunistisches Regime seit 1945 – eine Revolte mit proletarischem Profil, was sie für die «Partei der Arbeiterklasse» besonders peinlich machte.

Die Machtmittel der DDR reichten nicht aus, um den Aufstand niederzuschlagen. Bereits am 17. Juni fuhren in Berlin sowjetische Panzer auf. Die Zahl der Toten auf der Seite der Demonstranten lag in der gesamten DDR zwischen 60 und 80. 18 von ihnen wurden von der Roten Armee standrechtlich erschossen. Auf der Regimeseite wurden zwischen 10 und 15 Angehörige der SED, Volkspolizei und Staatssicherheit getötet. Sowjetische Dienststellen nahmen schätzungsweise zwischen 10 000 und 20 000 Personen fest. Die Gesamtzahl der Festgenommenen soll sich auf 13 000 bis 15 000 belaufen haben.

Der Arbeiteraufstand in der DDR zog ein politisches Beben in Moskau nach sich: Am 26. Juni 1953 wurde der sowjetische Politiker gestürzt und verhaftet, der eine völlige Kehrtwende in der Deutschlandpolitik, ja offenbar die Liquidation der DDR angestrebt hatte: Innenminister Berija. Am 23. Dezember wurde er nach einem Geheimprozeß zusammen mit sechs seiner engsten Vertrauten erschossen. Der Herr des Sicherheitsapparates war selbst zum Sicherheitsrisiko geworden. Ihm ein für alle Mal die Möglichkeit zu nehmen, andere zu bedrohen, erschien den Verschwörern im Kreml ein Gebot der Selbsterhaltung.

Kurz nach Berijas Sturz wurden seine beiden wichtigsten Bundesgenossen in Ost-Berlin, der Minister für Staatssicherheit, Wilhelm Zaisser, und der Chefredakteur des Zentralorgans der SED, «Neues Deutschland», Rudolf Herrnstadt, ihrer Funktionen enthoben (und ein halbes Jahr später, im Januar 1954, zusammen mit anderen «oppositionellen» Mitgliedern des Zentralkomitees, aus der Partei ausgeschlossen). Der Gewinner des innerparteilichen Machtkampfes war der Erste Sekretär des ZK der SED, Walter Ulbricht. In den Wochen vor dem 17. Juni 1953 hatte es den Anschein gehabt, als werde er sich nicht mehr lange in seiner Position behaupten können. Der Aufstand in der DDR sicherte sein politisches Überleben. Ein Wechsel an der Spitze der SED erschien der Moskauer Führung zu riskant, die von Ulbricht verkörperte Politik der harten Hand, wenn sie mit materiellen Zugeständnissen an die Arbeiter einherging, die für die DDR einzig realistische Form der Stabilisierung.

Die Sowjetunion begann sich seit dem Sommer 1953 nach innen wie nach außen allmählich zu «entstalinisieren». Die Sicherheitsorgane wurden von Anhängern Berijas gesäubert, Innenministerium und Sicherheitsorgane getrennt, die letzteren im März 1954 im Komitee für Staatssicherheit (KGB) zusammengefaßt, Stalins Sondergesetze von 1934 und 1937 aufgehoben, Lagerhäftlinge in größerer Zahl freigelassen. Am 8. August verkündete Ministerpräsident Malenkow einen «Neuen Kurs» in Gestalt von Richtlinien für eine Reform von Verwaltung und Wirtschaft, wozu die Einhaltung der bestehenden Gesetze,

die sogenannte «sozialistische Gesetzlichkeit», sowie die Förderung
der Landwirtschaft und Konsumgüterindustrien gehörten. Anfang
September beschloß das Zentralkomitee einen Katalog von Maßnahmen zur Steigerung der landwirtschaftlichen Produktion und
Erleichterungen für die Kolchosenarbeiter. Eine Woche später, am
13. September 1953, wurde Chruschtschow zum Ersten Sekretär des
Zentralkomitees der KPdSU gewählt. In dieser Funktion konnte der
neue «starke Mann» im Februar 1954 die von *ihm* für richtig befun-
dene Agrarpolitik durchsetzen: eine großangelegte Neulandgewinnung im Wolgagebiet, im Kaukasus, in Kasachstan und Südsibirien. In
der zweiten Hälfte des Jahres 1954 kehrte Chruschtschow zur verstärkten Förderung der Schwer- und Investitionsgüterindustrien zurück und verschaffte sich damit wichtige Bundesgenossen im Kampf
um den weiteren Ausbau seiner Macht.

Außenpolitisch war der Abschluß des Waffenstillstands in Korea
am 27. Juli ein erstes Zeichen dafür, daß die neue Führung von der
globalen Konfrontation mit dem Westen abzurücken gedachte. Die
Sowjetunion handelte dabei im Bewußtsein militärischer Stärke: Am
9. August 1953 wurde auf dem Testgelände von Semipalatinsk in
Kasachstan die erste sowjetische Wasserstoffbombe gezündet, womit
auf dem Gebiet der neuen «Superwaffen» der amerikanische Vorsprung dahinschwand. Im Herbst fühlte sich die Sowjetregierung politisch gefestigt genug, um den westlichen Vorschlag einer Viermächtekonferenz über Deutschland aufzugreifen: ein Vorhaben, für das sich
zuerst Premierminister Churchill und dann, aus innenpolitischen
Gründen, Bundeskanzler Adenauer eingesetzt hatten. Das Treffen der
vier Außenminister in Berlin vom 25. Januar bis 18. Februar 1954
erbrachte keinerlei Fortschritte in der deutschen Frage: Die Sowjetunion bestand auf der Bildung einer provisorischen deutschen Regierung durch Bundestag und Volkskammer als erstem Schritt zur Vorbereitung freier Wahlen, während die Westmächte darauf beharrten, daß
eine gesamtdeutsche Vertretung nur durch freie Wahlen zustande
kommen konnte.

Zwei Monate nach dem Ende der Berliner Konferenz, am 26. April
1954, begann in Genf eine andere Viermächtekonferenz, bei der es um
die Vereinigung der beiden koreanischen Staaten und die Beendigung
des Krieges in Indochina ging. Die Gespräche über das erste Thema
brachen die Westmächte am 15. Juni ab, weil sich keinerlei Annähe-

rung der Standpunkte erzielen ließ; vom Waffenstillstandsabkommen
für Kambodscha, Laos und Vietnam, das am 21. Juli unterzeichnet
wurde, wird noch zu reden sein. Bei allem, was das Verhältnis der
Sowjetunion zum Westen betraf, war Molotow der Vertreter einer
härteren Linie als Malenkow, der als Anwalt eines friedlichen Ausgleichs galt (und von Chruschtschow später, wie Berija, beschuldigt
wurde, zur Preisgabe der DDR bereit gewesen zu sein). Chruschtschow
befürwortete eine Politik der «friedlichen Koexistenz» auf der Grundlage militärischer Stärke bei gleichzeitigem offensiven Vorgehen in der
nichtwestlichen Welt. Daraus ergab sich ein taktisches Zusammengehen mit der Gruppe um Molotow und den Militärs, das im Februar
1955 zu einem Revirement in der Regierung führte: Malenkow wurde
als Ministerpräsident vom bisherigen Verteidigungsminister Marschall
Bulganin abgelöst; Marschall Schukow wurde neuer Verteidigungsminister.

Eines der Kennzeichen der sowjetischen Außenpolitik in der Frühphase der Ära Chruschtschow waren Bemühungen um die Festlegung
der Einheit des sozialistischen Lagers: ein Anliegen, dem schon die
erste Auslandsreise des Ersten Sekretärs nach Polen, in die Tschechoslowakei und die Volksrepublik China im September und Oktober
1954 diente. An die Adresse des Westens gerichtet war in diesem Zusammenhang die Forderung nach einem kollektiven Sicherheitssystem
für Europa, zu der sich die Ostblockstaaten und Albanien auf einer
ersten gemeinsamen Konferenz Anfang Dezember 1954 bekannten.
Am 14. Mai 1955, wenige Tage nachdem die Bundesrepublik Deutschland dem Atlantischen Bündnis beigetreten war, unterzeichneten die
Sowjetunion, Polen, die Tschechoslowakische Republik, die DDR, Ungarn, Rumänien, Bulgarien und Albanien in der polnischen Hauptstadt den Vertrag über Freundschaft, Zusammenarbeit und gegenseitigen Beistand, kurz Warschauer Pakt genannt, durch den sie ihre
Streitkräfte einem gemeinsamen Oberkommando unterstellten. Damit
verfügte der Ostblock über ein Pendant zur NATO – und die Sowjetunion über ein zusätzliches Instrument, ihre hegemoniale Position im
eigenen Lager durchzusetzen.

Ein anderes Merkmal von Chruschtschows Außenpolitik war die
Umwerbung von Ländern, die keinem der beiden «Blöcke» angehörten. Am spektakulärsten war in diesem Zusammenhang die Aussöhnung mit dem Jugoslawien Titos, gegen das Stalin eine Kampagne von

beispielloser Gehässigkeit geführt hatte. Am 26. Mai 1955 trafen Chruschtschow und Bulganin zu einem einwöchigen Besuch in Belgrad ein. Marschall Tito wurde voll rehabilitiert und in den Rang eines bevorzugten Partners der Sowjetunion erhoben. Der jugoslawische Staatspräsident legte aber Wert darauf, daß alles, worauf man sich verständigte, zwischen den beiden Regierungen und nicht zwischen zwei Parteien vereinbart wurde. In der abschließenden «Belgrader Erklärung» vom 2. Juni 1955 bekannten sich beide Seiten zur Unabhängigkeit, territorialen Integrität, Gleichberechtigung, Nichteinmischung in die inneren Angelegenheiten sowie zum Verzicht auf alle Arten von Propaganda als Grundlage ihrer politischen, wirtschaftlichen und kulturellen Beziehungen.

Wenige Wochen vor dem Besuch in Belgrad, am 12. April 1955, hatten Chruschtschow und Bulganin eine Delegation aus Österreich mit Bundeskanzler Julius Raab an der Spitze in Moskau empfangen. Die Gespräche dienten der Vorbereitung des Staatsvertrages, der nach entsprechenden Vereinbarungen mit den USA, Großbritannien und Frankreich am 15. April 1955 in Wien unterzeichnet wurde. Der Vertrag gab Österreich die staatliche Unabhängigkeit zurück, die es im März 1938 durch den «Anschluß» an das Deutsche Reich verloren hatte. Das Besatzungsstatut wurde aufgehoben, das beschlagnahmte Vermögen zurückgegeben; Österreich verpflichtete sich, keine politische oder wirtschaftliche Vereinigung mit Deutschland einzugehen, und akzeptierte gewisse Rüstungsbeschränkungen. Am 26. Oktober 1955, unmittelbar nach dem Abzug der Besatzungstruppen, wurde die im «Moskauer Memorandum» vom 15. Mai vereinbarte «immerwährende Neutralität» nach dem Vorbild der Schweiz durch eine Entschließung des Nationalrats in staatsrechtlich verbindlicher Form bekräftigt.

Von anderer Art als die österreichische war die finnische Neutralität. Finnland, der ehemalige militärische Gegner der Sowjetunion 1939/40 und von 1941 bis 1944, hatte im Pariser Friedensvertrag vom Februar 1947 der Sowjetunion die im Moskauer Friedensvertrag vom Februar 1940 festgelegten Grenzen bestätigt, der Sowjetunion das Gebiet um Petsamo überlassen und ihr die Halbinsel Porkkala auf 50 Jahre verpachtet. Der Vertrag über Freundschaft, Zusammenarbeit und gegenseitige Hilfe mit der Sowjetunion vom 6. April 1948 verpflichtete Finnland, sich nicht an Interessenkonflikten der Großmächte zu beteiligen und im Fall, daß die Sowjetunion über finnisches Territo-

rium von Deutschland oder von einem mit ihm verbündeten Land angegriffen wurde, dem Vertragspartner beiseite zu stehen oder sich von
ihm helfen zu lassen. Im September 1955 tat Moskau einen Schritt, der
Finnland erlaubte, nicht eine sowjetische Satrapie mit kapitalistischer
Gesellschaftsordnung, sondern ein wirklich «neutrales» Land zu sein:
Der Flottenstützpunkt Porkkala wurde vorzeitig, zum 26. Januar
1956, zurückgegeben. Das Signal dieser Geste war ebenso eindeutig
wie das der Aussöhnung mit Jugoslawien oder das des Staatsvertrags
mit Österreich: Die Sowjetunion ließ alle Welt wissen, daß sie bereit
war, Ländern weit entgegenzukommen, die ihrerseits willens waren,
den Sicherheitsinteressen der Sowjetunion im erwarteten Umfang
Rechnung zu tragen.

Im Jahr zwei nach Stalins Tod hatten viele sowjetische Intellektuelle
den Eindruck einer relativen Liberalisierung. Die Zensur war nicht mehr
ganz so streng wie zuvor; die Spielräume für Kunst, Literatur und Wissenschaft waren etwas größer geworden; der Schriftstellerkongreß vom
Dezember 1954 bekannte sich zu einer weniger der ideologischen Erziehung der Werktätigen als der Lebenswirklichkeit verpflichteten Literatur. Schon Zeitgenossen sprachen von einer «Tauwetterperiode» (und
zitierten damit den Titel eines im September 1954 erschienenen Kurz-
romans von Ilja Ehrenburg). Doch eindeutig war die Bewegung in Richtung auf etwas mehr Freiheit nicht. Seit November 1954 wurde auf Beschluß des ZK der KPdSU die atheistische Propaganda wieder verstärkt.
In gewisser Weise war freilich auch das ein Stück «Entstalinisierung»:
Seit dem Zweiten Weltkrieg hatte sich die orthodoxe Kirche in Anerkennung ihrer durch und durch regimefreundlichen Haltung staatlicher
Duldung, ja Förderung erfreut.

In den (vom Westen so genannten) «Satellitenstaaten» konnte man
in den ersten Jahren nach Stalins Tod von «Liberalisierung» nur in
mehr oder wenigen engen Grenzen sprechen, in Rumänien und Bulgarien nicht einmal davon. Am weitesten ging die frühe «Entstalinisierung» in Ungarn. Mit dem «Personenkult» um Stalin endete auch der
um Parteichef Mátyás Rákosi; den Posten des Ministerpräsidenten trat
der Erste Sekretär der Partei der Ungarischen Werktätigen im Juli 1952
an den als «Antistalinisten» geltenden Imre Nagy ab, der sogleich
einen «Neuen Kurs» versprach, die Internierungslager auflöste und
den Kollektivbauern erlaubte, mitsamt dem von ihnen eingebrachten
Besitz die Produktionsgenossenschaften wieder zu verlassen. Im April

1955, zwei Monate nach der Ablösung Malenkows in Moskau, erzwang Rákosi die Ablösung von Nagy durch den Altstalinisten András
Hegedüs, einen engen Mitarbeiter des Ersten Sekretärs. Wenig später
aber erlitt die Position des Parteichefs einen schweren Stoß: Die Aussöhnung zwischen Chruschtschow und Tito im Mai 1955 untergrub
die innerparteiliche Autorität Rákosis – des Mannes, der die Verantwortung für die Hinrichtung des angeblichen «Titoisten» László Rajk
im Oktober 1949 trug.

In der Tschechoslowakei bedeutete weder der Tod Stalins noch der
von Parteichef Klement Gottwald neun Tage später, am 14. März 1953,
eine tiefe Zäsur. Der «Personenkult» um Gottwald ging auch posthum
weiter. Sein Nachfolger als Erster Sekretär der KPČ, Antonín Novotný,
ließ sich zwar nicht so stark persönlich feiern wie der Amtsvorgänger,
war aber nicht weniger ein Stalinist als Gottwald. In Polen ging der verschärfte Kampf gegen die katholische Kirche nach Stalins Tod unvermindert weiter. Im Dezember 1954 aber wurde der frühere Parteichef
Gomułka aus der Haft entlassen, im Jahr darauf das Ministerium für
Öffentliche Sicherheit aufgelöst. Während des Weltfestivals der Jugend
im Sommer 1955 fanden in Warschau spontane Begegnungen und Diskussionen statt, wie es sie seit den dreißiger Jahren in Polen nicht mehr
gegeben hatte. Die Studentenzeitschrift «Po Prostu» begann vorsichtig
Kritik zu üben, ohne daß sie zur Rechenschaft gezogen wurde.

In der DDR zog die SED aus dem Aufstand vom Juni 1953 eine
Lehre, die ganz im Geiste Stalins war: Sie baute das Spitzelwesen
flächendeckend aus. Ein Heer von offiziellen und inoffiziellen Mitarbeitern des Ministeriums für Staatssicherheit hatte sicherzustellen,
daß der «Partei der Arbeiterklasse» nichts entging, was ihr unter
Umständen gefährlich werden konnte. Der «Neue Kurs» in der Wirtschaftspolitik wurde zwar beibehalten, was eine allmähliche Verbesserung des Lebensstandards zur Folge hatte. Die Fluchtbewegung
einzudämmen gelang der SED aber nicht. Beim Gros der Bevölkerung
wirkten die Ereignisse vom Sommer 1953 als traumatische Erinnerung
nach. Die Auflehnung gegen die kommunistische Diktatur hatte erst
zu einem Blutbad und dann zu verschärfter Unterdrückung geführt.
Verbreitete Hoffnungen, der Westen, an seiner Spitze Amerika, würde
Ernst machen mit der «Rollback»-Rhetorik und den Aufständischen
zur Hilfe kommen, waren enttäuscht worden. Unter denen, die das
Regime weiter ablehnten, die DDR aber dennoch nicht verlassen woll-

ten, gab es in einem wesentlichen Punkt Konsens: Diese Erfahrung wollten sie nicht ein zweites Mal machen.[6]

Beginn eines Booms: Die westeuropäischen Demokratien 1950–1955

In viel stärkerem Maß als die Vereinigten Staaten erlebte Europa nach 1950 eine Periode des langanhaltenden Wirtschaftswachstums. Geht man von 1953 als Indexjahr aus, stieg das Bruttosozialprodukt bis 1959 in den USA auf 104, im Vereinigten Königreich auf 113, in Frankreich auf 122 und in der Bundesrepublik Deutschland, einem Land mit besonders hohem Wiederaufbaubedarf, sogar auf 141 Prozent. Zwischen 1950 und 1958 wuchs das westdeutsche Bruttosozialprodukt im Jahresdurchschnitt um 7,8, das italienische um 5,3, das französische um 3,5 und das britische um 2,3 Prozent.

Der Koreakrieg hatte die Wirkung einer Initialzündung: Er führte zu einem kurzlebigen Exportboom, der aber, entgegen den Erwartungen der meisten Beobachter, in ein langanhaltendes Wirtschaftswachstum überführt werden konnte. Anders als in der Zwischenkriegszeit wurde die Steigerung nicht mit niedrigen Löhnen und in ihrer Folge mit einer schwachen Binnenkonjunktur erkauft. Vielmehr trat, in den Worten des Soziologen Burkhart Lutz, eine «Prosperitäts-» an die Stelle einer «Depressionsspirale»: Das steigende Lohnniveau erlaubte es wachsenden Teilen der Bevölkerung, mehr Geld als je zuvor nicht nur für Gegenstände des täglichen Bedarfs, sondern auch für hochwertige Konsumgüter und Freizeitgestaltung auszugeben. Viele Produkte, die bislang als Luxusgüter gegolten hatten, und andere, die erst im Zuge des Booms auf den Markt kamen, verwandelten sich in Attribute des «Wohlstands für alle» (so eine Parole und ein Buchtitel des Bonner Wirtschaftsministers Ludwig Erhard). Motorräder, Motorroller und Personenkraftwagen, anspruchsvolle Rundfunk- und bald auch Fernsehgeräte, in den sechziger Jahren Kühlschränke und im Jahrzehnt darauf Waschmaschinen konnten sich die meisten Haushalte leisten, ohne sich langfristig zu verschulden; Urlaubsreisen im eigenen Auto oder im Flugzeug wurden für immer mehr Menschen zu Selbstverständlichkeiten. Im kommunistischen Machtbereich dauerte die Entwicklung zur Massenkonsumgesellschaft sehr viel länger; Vorrang hatten hier die Schwer- und die Produktionsgüterindustrien. Aber auch hier waren die Wachstumsraten in der Zeit zwischen 1950 und 1975 beträchtlich – sie lagen im Durchschnitt jährlich bei 3,5 Prozent (gegenüber 4 bis 4,5 Prozent in Westeuropa).

Einige Jahre nach dem Zweiten Weltkrieg schien in der westlichen Welt, rein materiell betrachtet, eine neue Normalität Einzug zu halten – für die meisten Europäer im Westteil des Kontinents eine Erfahrung, die sie seit 1914 nicht mehr gehabt hatten. Nimmt man die von dem russischen Wirtschaftswissenschaftler Nikolai Kondratieff entwickelte Lehre von den «langen Wellen» der Konjunktur zu Hilfe, so war Mitte der vierziger Jahre die Abschwungsphase jener «Kondratieff-Welle» ausgelaufen, deren Aufschwungsphase Ende der 1880er Jahre begonnen und im Zeichen von Elektrizität, Chemie und Motor gestanden hatte. Die neue Aufschwungsphase, die bis in die frühen siebziger Jahre andauerte, trug den Stempel der hochentwickelten Elektronik und der Atomenergie. Was den Aufwärtstendenzen zugute kam, war ein europaweiter «Strukturbruch» nach 1945. Zu dieser «besonderen Situation» um 1950 rechnet der Sozialhistoriker Hartmut Kaelble «die Zäsuren in den nationalen Wirtschaftspolitiken, etwa in Deutschland die Währungsreform, und die internationale Abkehr nach 1945 von der protektionistischen Wirtschaftspolitik der Zwischenkriegszeit und die Liberalisierung der internationalen Wirtschaft in der *pax americana*, aber auch die enorme Mobilität der Arbeitskräfte und die sehr hohen Investitionsraten der Nachkriegszeit».

Manches spricht auch für die These, daß die Prosperität der fünfziger und sechziger Jahre eine Rückkehr zum «normalen», durch die langfristige Entwicklung der Produktionsfaktoren bestimmten Wachstumspfad darstellte. Um nochmals Kaelble zu zitieren: «Von diesem normalen Wachstumspfad war die europäische Wirtschaft durch die schweren wirtschaftlichen Störungen der beiden Weltkriege und die verhängnisvolle Wirtschaftspolitik der nationalen Abschließung während der Zwischenkriegszeit nach unten abgewichen. Die europäische Wirtschaft schöpfte ihr Potential nicht mehr aus. In den 1950er und 1960er Jahren holte sie demnach dieses Nachhinken der tatsächlichen Wirtschaftsleistung durch vorübergehend sehr hohe Wachstumsraten wieder auf, um anschließend mit normalen Raten weiter zu wachsen.»

Im Jahr 1979 erschien das Buch des französischen Wirtschaftswissenschaftlers Jean Fourastié «Les trente glorieuses, ou la Révolution

invisible». Eine «unsichtbare Revolution» kann man die «drei glor-
reichen Jahrzehnte» nach 1945 in der Tat nennen: In diesem «golde-
nen Zeitalter des Kapitalismus» (so die amerikanischen Ökonomen
Stephen A. Marglin und Juliet B. Schor) veränderten sich die Gesellschaften des europäischen Okzidents stärker als in den Jahrzehnten
davor und danach. Es war, wie Burkhart Lutz in seiner Analyse von
1984 herausarbeitet, die letzte Zeit der Durchindustrialisierung des
alten Kontinents, in der traditionelle Arbeits- und Lebensformen auf-
gesaugt wurden, und zugleich eine Zeit des Übergangs in eine vom
expandierenden Dienstleistungssektor geprägte Gesellschaft. Der Anteil der in der Landwirtschaft tätigen Bevölkerung nahm überall ab
(im agrarisch geprägten Frankreich, wo er 1946 noch bei 37 Prozent
gelegen hatte, belief er sich 1975 auf rund 12 Prozent); in der Bundesrepublik Deutschland war der Anteil der Beschäftigten des Dienstleistungssektors am Ende des Booms etwa ebenso hoch wie der Anteil
der in der Industrie Beschäftigten. Die Erwerbstätigkeit der Frauen
wies generell eine wachsende Tendenz auf; die Verdrängung des traditionellen Handwerks durch den Reparaturbetrieb, des spezialisierten
Einzelhandels durch Kaufhäuser und Filialen von Supermarktketten
ging weiter; die Grenzen zwischen den Klassen und Milieus wurden
durchlässiger, so daß es in den siebziger Jahren kaum noch irgendwo
Reste der alten Arbeiterbewegungskultur gab; die Entkirchlichung
schritt voran; der Anteil der Kinder, die eine höhere als die Hauptschule besuchten, wuchs.

Die meisten dieser Entwicklungen hatten schon lange vor 1945 eingesetzt; im Zeichen des wachsenden Massenwohlstands beschleunigten und verbreiterten sie sich – und das in einem Umfang, der den
Zeitgenossen meist erst im Rückblick bewußt wurde. Die Prosperität
ermöglichte den Ausgleich alter und neuer sozialer Gegensätze; der
Wohlfahrtsstaat expandierte unabhängig davon, ob in dem jeweiligen
Land die Regierung eher links oder rechts von der Mitte stand. In der
Bundesrepublik Deutschland gelang es den Gewerkschaften, ein Ausmaß an betrieblicher Mitbestimmung durchzusetzen, wie es das nirgendwo sonst in «kapitalistischen» Gesellschaften gab – besonders
weitgehend in den Unternehmen der Montanindustrie, wo Kapital und
Arbeit im Aufsichtsrat gleich stark vertreten waren. Der Konkurrenz-
druck, der von dem anderen Gesellschaftssystem auf deutschem
Boden, dem «Sozialismus» der Deutschen Demokratischen Republik,

ausging, trug mit dazu bei, daß das im Grundgesetz verankerte Postulat des «Sozialstaats» keine leere Formel blieb. Aber auch in anderen westeuropäischen Ländern bewirkte der Kommunismus innerhalb und außerhalb der eigenen Grenzen staatliche Anstrengungen auf sozialpolitischem Gebiet, die es ohne diesen drohenden Ansporn vermutlich so nicht gegeben hätte.[7]

Die intellektuelle Auseinandersetzung mit dem Kommunismus führten in den fünfziger Jahren nicht zuletzt ehemalige Kommunisten: Schriftsteller wie Ignazio Silone, Arthur Koestler und Manès Sperber und Publizisten wie Franz Borkenau, Richard Löwenthal und Margarete Buber-Neumann. Sie hatten den Glauben an den «Gott, der keiner war» (so der Titel eines von dem britischen Labour-Politiker Richard Crossman eingeführten Bandes mit Texten von Koestler, Silone, Gide und anderen aus dem Jahr 1950) verloren, das Täuschungs- und Selbsttäuschungspotential des Marxismus-Leninismus-Stalinismus durchschaut und warben nun aus eigener Erfahrung um die geistige Befreiung vom Kommunismus, dessen Versuchung sie einst erlegen waren. An ihrer Seite fochten unabhängige Linke wie der britische Schriftsteller George Orwell, der 1949 seine Vision einer totalitären Zukunft, den Roman «1984», vorlegte, engagierte Liberale wie der seit 1951 im Exil schreibende polnische Dichter Czesław Miłosz, Autor des 1951 vorgelegten Buches «Verführtes Denken», der französische Soziologe und Politologe Raymond Aron und, nicht zuletzt, Sartres Kontrahent Albert Camus.

Im Juni 1950 trat in Berlin der «Kongreß für kulturelle Freiheit» zusammen, an dem außer vielen der Genannten die Historiker Hugh Trevor-Roper und Arthur Schlesinger jr., die Philosophen John Dewey, Sidney Hook, Jacques Maritain, Bertrand Russell, Benedetto Croce und Karl Jaspers, der Regierende Bürgermeister von West-Berlin, Ernst Reuter, sein sozialdemokratischer Parteifreund, der Jurist und Politiker Carlo Schmid, und der junge amerikanische Publizist Melvin Lasky teilnahmen. Die internationale Tagung der antikommunistischen Intelligenz war als Antwort auf die weltweite Friedenspropaganda Stalins gedacht, wie sie von dem im August 1948 in Breslau gegründeten Ständigen Komitee des Weltfriedenskongresses, dem Vorläufer des späteren Weltfriedensrates, unter prominenter Beteiligung nicht parteigebundener Intellektueller und Wissenschaftler wie Frédéric Joliot-Curie betrieben wurde.

Der wichtigste, offen auftretende Financier des Kongresses für kulturelle Freiheit war die Ford Foundation, hinter den Kulissen war es die CIA. Sie war auch die Initiatorin und Geldgeberin einiger bedeutender intellektueller Zeitschriften wie «Encounter» in Großbritannien, «Preuves» in Frankreich, «Der Monat» in Deutschland und «Tempo presente» in Italien. Im Gegensatz zum primitiven «red baiting» der Ausschüsse zur Bekämpfung unamerikanischer Umtriebe im Kongreß der USA widmeten sich die Zeitschriften aus dem Umfeld des Kongresses für kulturelle Freiheit der ideologischen Auseinandersetzung mit dem Widerpart im Kalten Krieg auf hohem Niveau, oft auch mit einer an Hegel und Marx geschulten Dialektik – und damit auf eine Weise, die für den wissenschaftlichen Anspruch der kommunistischen Weltanschauung die größere Bedrohung darstellte als die Hetze à la McCarthy.

Der Begriff, mit dem konservative, liberale, sozialdemokratische und unabhängige Intellektuelle die kommunistische Herrschaft in ihrem innersten Wesenskern zu treffen suchten, war der «Totalitarismus». Schon bald nach Mussolinis «Marsch auf Rom» im Jahr 1922 hatten italienische Kritiker Mussolinis das faschistische Regime des «Duce» als «totalitär» bezeichnet, um damit seinen umfassenden wie neuartigen Anspruch auf Macht über Staat und Gesellschaft zu charakterisieren. In den dreißiger Jahren gingen vor allem amerikanische Intellektuelle dazu über, den italienischen Faschismus, den deutschen Nationalsozialismus und den Sowjetkommunismus unter dem Begriff der totalitären Diktatur zu subsumieren. 1939 fand in Philadelphia ein erster wissenschaftlicher Kongreß über das Phänomen der totalitären Herrschaft statt. Der aus Deutschland zuerst nach Großbritannien, dann in die USA emigrierte Politikwissenschaftler Sigmund Neumann sah 1942 in der «Revolution in Permanenz» (der Begriff selbst stammte von Trotzki) ein gemeinsames Merkmal der Regime Mussolinis, Hitlers und Stalins. Aus dem Bestreben, der Revolution Dauer zu verleihen, sie zu institutionalisieren, leitete Neumann ab, was die drei Systeme trotz aller Gegensätze miteinander verband und sowohl von autoritären Regimen wie von pluralistischen Demokratien unterschied.

Im Zeichen des Kalten Krieges erlebte der Begriff «totalitär» eine wahre Hochkonjunktur. Die aus Deutschland in die USA emigrierte Philosophin Hannah Arendt veröffentlichte 1951 ihr Buch «The Origins of Totalitarianism», in dem sie die nationalsozialistische Erschei-

nungsform totalitärer Herrschaft aus dem Antisemitismus und einer
«kontinentalen» Form des Imperialismus zu erklären versuchte und im
Untergang der bürgerlichen Klassengesellschaft die gemeinsame Bedingung der Herausbildung rechter wie linker totalitärer Bewegungen
zu erkennen glaubte. Der schon vor 1933 aus Deutschland in die Vereinigten Staaten ausgewanderte Politikwissenschaftler Carl Joachim
Friedrich, der Spiritus rector einer 1953 an der Harvard-Universität
abgehaltenen wissenschaftlichen Konferenz über den Totalitarismus,
legte 1956 zusammen mit dem jüngeren, in Warschau geborenen amerikanischen Politikwissenschaftler Zbigniew Brzeziński das einflußreiche Buch «Totalitarian Dictatorship and Autocracy» vor, in dem die
beiden Autoren die gemeinsamen Merkmale faschistischer beziehungsweise nationalsozialistischer und kommunistischer Diktaturen systematisch herausarbeiteten, wobei sie besonders eine alle Lebensbereiche
umfassende, für alle verbindliche Ideologie, eine straff organisierte
Massenpartei, den von einer allmächtigen Geheimpolizei ausgeübten
alltäglichen Terror, das staatliche Monopol in den Bereichen Information und Propaganda und die zentrale Lenkung der Wirtschaft her-
vorhoben.

Ein eindringlicher Versuch, die geistesgeschichtlichen Wurzeln
totalitären Denkens freizulegen, war das Buch des israelischen Polito-
logen Jacob L. Talmon «The Origins of Totalitarian Democracy» aus
dem Jahr 1952. Talmon führte den Anspruch auf ein die ganze Gesellschaft und jeden einzelnen Menschen erfassendes Wahrheits-
monopol *einer* Partei in letzter Instanz auf Rousseaus Vorstellung
vom «allgemeinen Willen» zurück, der dem Willen der Einzelnen
vorgegeben und übergeordnet war. Der für Rousseau grundlegende
Gedanke der ursprünglichen Gleichheit aller Menschen wirkte freilich nur auf der Linken und nicht auf der Rechten nach: über die
protokommunistische «Verschwörung der Gleichen» um Babeuf bis
hin zu Marx und Lenin, die sich als Testamentsvollstrecker des
äußersten linken Flügels der Französischen Revolution sahen. Den
Begriff «totalitäre Demokratie» verwendet Talmon daher ausschließlich für die Linke, die seiner Analyse zufolge Rousseau auch darin
folgte, daß sie den Menschen als von Natur aus gut verstand, während die Rechte ihn für schwach und verdorben hielt.

Kritik an den Totalitarismustheorien kam nicht nur von jenem Teil
der politischen Linken, der in jedem Hinweis auf Gemeinsamkeiten

von Faschismus beziehungsweise Nationalsozialismus und Kommunismus ein ideologisches Sakrileg sah. Es wurden auch Einwände aus den historischen und den Sozialwissenschaften gegen den allzu statischen und schematischen Charakter vieler Totalitarismustheorien laut: Für Wandlungen des jeweiligen Regimes war in den Kriterienkatalogen kaum Platz, ebensowenig für das höchst unterschiedliche Verhältnis zur Außenwelt, das Nationalsozialismus und Bolschewismus an den Tag legten. Hitlers Regime war unter allen Umständen auf Aggression nach außen angelegt, Stalins Expansionismus war eher «okkasioneller» Natur: Der sowjetische Diktator nutzte die Gelegenheiten, die sich ihm boten, und auch das nur, wenn ihm die Risiken vertretbar erschienen. Die Bolschewiki sahen sich als die einzig konsequenten Erben der europäischen Aufklärung, während Faschisten und Nationalsozialisten geschworene Feinde der Aufklärung, vor allem in Gestalt der Ideen von 1789, und darum für ihre demokratischen Gegner schwerer kalkulierbar waren als die Kommunisten Moskauer Prägung.

Was den rechten und den linken Ausprägungen totalitärer Herrschaft gemeinsam war, entstammte dem Anspruch ihrer Protagonisten auf den ganzen Menschen und ihrem Vorsatz, einen neuen Menschen zu schaffen. Aus diesem verbindenden Element erklärt sich auch der ständige pseudodemokratische Appell an die Massen, der herkömmlichen autoritären Regimen fremd war. Die intellektuelle Auseinandersetzung mit dem Kommunismus war für den Westen notwendig, weil er sich immer wieder bewußt machen mußte, was ihn im Innersten zusammenhielt und was er zu verteidigen hatte. Ebenso notwendig war freilich das Bewußtsein, daß der Kommunismus von nichts so sehr profitierte wie von einer gesellschaftlichen Wirklichkeit, die den hehren Prinzipien des Westens widersprach. Eben deshalb war der Kommunismus, anders als der Nationalsozialismus, eine Herausforderung an die westlichen Demokratien, die eigene Ordnung so weiterzuentwickeln, daß der Neigung zum sozialen Umsturz der Boden entzogen wurde.[8]

Was das Verhältnis zum kommunistischen Osten anging, gab es zwischen den Regierungen der westeuropäischen Demokratien, die der NATO angehörten, in den frühen fünfziger Jahren keine grundlegenden Meinungsverschiedenheiten – gleichviel ob «Bürgerliche» oder Sozialdemokraten beziehungsweise Sozialisten den Regierungschef stellten. In Norwegen, Dänemark, den Niederlanden war das letztere der Fall; in Belgien kam der Ministerpräsident vom August 1949 bis zum April 1954 aus den Reihen der Christlich-Sozialen, von April 1954 bis zum Juni 1958 aus denen der Sozialisten. In Luxemburg gab die Christlich-Soziale Volkspartei, in Italien die Democrazia Cristiana den Ton an.

In Großbritannien gewann die Labour Party unter Clement Attlee im Februar 1950 die Unterhauswahlen, mußte aber deutliche Verluste hinnehmen und sah sich auf Grund schwerer innerparteilicher Konflikte (es ging um die Verlängerung der Wehrpflicht auf zwei Jahre und Einschnitte beim staatlichen Gesundheitsdienst) gezwungen, im Oktober 1951 Neuwahlen auszuschreiben. In ihnen errang die Labour Party zwar mehr Stimmen, aber weniger Sitze als die Tories, was es Winston Churchill erlaubte, die neue Regierung zu bilden. Zu den ersten Maßnahmen der konservativen Mehrheit gehörte die Reprivatisierung der Eisen- und Stahlindustrie. Im Februar 1952 starb König Georg VI.; ihm folgte seine Tochter Elisabeth II. Im Oktober 1952 gelang Großbritannien vor der Westküste Australiens der erste Atomwaffenversuch. Das Vereinigte Königreich sah sich dadurch in seinem Großmachtstatus eindringlich bestätigt.

Drei Jahre vor Großbritannien erlebte auch Belgien einen Thronwechsel – allerdings von sehr anderer Art als das Vereinigte Königreich. König Leopold III. hatte während des Zweiten Weltkrieges in der vergeblichen Hoffnung auf ein Arrangement mit der Besatzungsmacht das Land (im Gegensatz zur Regierung) nicht verlassen; er war von den Deutschen auf Schloß Laeken interniert und im September 1944 beim Abzug aus Belgien als Kriegsgefangener nach Deutschland verbracht worden. An seiner Stelle hatte auf Beschluß der nach Brüssel zurückgekehrten Exilregierung sein Bruder, Graf Karl von Flandern, die Regentschaft übernommen. Am 12. März 1950 fand auf Betreiben der christlich-sozialen Regierung Eyskens eine Volksabstimmung über die Rückkehr Leopolds aus dem Exil statt. 57,7 Prozent der Belgier stimmten mit Ja – freilich überwog die Zustimmung nur in Flandern, wo es fast eine Dreiviertelmehrheit für die Rückkehr gab (72 Prozent); in Wallonien hingegen stimmten 58, in Brüssel 52 Prozent mit Nein. Der umstrittene Monarch folgte dem Votum der Mehrheit, stieß aber bei Sozialisten und Gewerkschaften auf massiven Widerstand. Nach einem von Unruhen begleiteten Generalstreik erklärte Leopold III. am

22. April seinen Rücktritt. Am 1. August 1950 übertrug er alle Vollmachten seinem Sohn Baudouin. Am 17. Juli 1951 bestieg dieser den belgischen Königsthron.

Die Unruhen und Streiks, die 1949/50 Italien erschütterten, hatten eher soziale als politische Ursachen. 1949 wurden 1350 Ausstände mit 3,5 Millionen Beteiligten, 1950 1500 Streiks und 3,7 Millionen Streikende gezählt – Zahlen, die noch über denen der ersten Jahre nach dem Ersten Weltkrieg lagen. Landarbeiter und Pächter waren die treibende Kraft bei den Arbeitsniederlegungen; sie besetzten zahlreiche Ländereien und erzwangen damit die Agrarreform vom Mai 1950, in deren Verlauf 750 000 Hektar an etwa 110 000 bäuerliche Familien verkauft wurden. Der staatliche Eingriff bedeutete nicht mehr und nicht weniger als die Beseitigung der Latifundienwirtschaft. Im Oktober 1950 nahm die Regierung De Gasperi die Reform des notleidenden Süditalien mit der Schaffung der Cassa per il Mezzogiorno in Angriff. Im Rahmen eines auf zwölf Jahre angelegten Programms sollte der Süden industrialisiert werden, was aber nur durch die Stahlwerke in der Umgebung von Tarent und Neapel gelang, ohne daß diese Innovationen auf das Umland ausgestrahlt hätten. Der Mezzogiorno wies in den fünfziger Jahren zwar höhere Wachstumsraten als je zuvor auf, sein Anteil am Volkseinkommen aber nahm sogar ab – von 68 Prozent des Landesdurchschnitts im Jahr 1951 auf 60 Prozent zehn Jahre später.

Seinen wirtschaftlichen Einfluß verdankte Italien dem industriellen Norden, wohin große Teile der erwerbsfähigen Bevölkerung des Mezzogiorno abwanderten, die in ihrer engeren Heimat keine Beschäftigung fanden. Die Regierungen in Rom förderten die Stahlindustrie und einen ihrer wichtigsten Abnehmer, die FIAT-Werke in Turin, massiv, was im klaren Widerspruch zur offiziell beschworenen Liberalisierung des Außenhandels stand. Unter Finanzminister Ezio Vanoni wurde seit 1951 die Finanzverfassung reformiert (wobei die jährliche Steuererklärung das Kernstück bildete), den Steuerbehörden aber gelang es, das Vorhaben durch hinhaltenden Widerstand um einen Teil seiner Wirkung zu bringen. Die oppositionelle Linke, die Kommunisten und Sozialisten, zu bekämpfen oblag Innenminister Mario Scelba, der die Polizei bei Demonstrationen oft schon aus geringfügigem Anlaß zur Schußwaffe greifen ließ. 1952/53 setzte Scelba eine, Mussolinis «legge truffa» (Betrugsgesetz) von 1923 nachempfundene, Änderung des Wahlrechts durch, die der regierenden Koalition die dauerhafte Mehrheit sichern sollte: Eine Partei oder ein Parteienbündnis, das mehr als die Hälfte der Stimmen auf sich vereinigte, erhielt automatisch zwei Drittel der Sitze.

Bei den Wahlen vom Juni 1953 verfehlte De Gasperis Parteienkartell aus Christlichen Demokraten, Liberalen und Sozialdemokraten die absolute Mehrheit aber knapp, so daß der erhoffte Effekt nicht eintrat (und das Wahlgesetz bald darauf außer Kraft gesetzt wurde). Am 28. Juli trat Alcide De Gasperi nach siebenjähriger Amtszeit als Ministerpräsident zurück. Es folgten zwei Minderheitskabinette der Democrazia Cristiana, die sich jedoch als so wenig stabil erwiesen, daß es im Februar 1954 zu einer neuen Koalitionsregierung aus Christlichen Demokraten, Liberalen und Sozialdemokraten kam. An ihre Spitze trat der frühere Innenminister Mario Scelba.

Anders als den italienischen «Democristiani» gelang es ihrer französischen Schwesterpartei, dem Mouvement Républicain Populaire (MRP), nicht, zur beherrschenden politischen Kraft des Landes aufzusteigen. In den späten vierziger und frühen fünfziger Jahren aber war französische Politik ohne oder gar gegen das MRP kaum vorstellbar. In wechselnden Koalitionskabinetten stellten die Volksrepublikaner seit 1944 den Außenminister: zunächst in der Person des de Gaulle eng verbundenen Georges Bidault, dann, vom Juli 1948 bis Januar 1953, mit dem europäisch gesinnten Lothringer Robert Schuman, danach bis Juni 1954 wieder mit Bidault. Am 9. Mai 1950 legte Schuman den von Jean Monnet, dem Generalkommissar für Planung, ausgearbeiteten Plan einer Europäischen Gemeinschaft für Kohle und Stahl vor. Der Kerngedanke war die Zusammenführung der französischen und der deutschen Montanindustrie mit dem Zweck, Kriegen zwischen beiden Ländern für alle Zukunft die materielle Basis zu entziehen und gleichzeitig den Grund für eine umfassende wirtschaftliche und politische Zusammenarbeit Westeuropas zu legen.

Die USA reagierten geradezu begeistert auf den «Schuman-Plan». In Bonn erkannte Konrad Adenauer in der Montanunion die große Chance, die diskriminierende Ruhrkontrolle zu überwinden und die Bundesrepublik zu einem gleichberechtigten Partner der westeuropäischen Einigung zu machen. Auch in Rom, Brüssel und Luxemburg nahmen die Regierungen den französischen Vorstoß positiv auf; in Den Haag gab es deutliche Vorbehalte gegenüber einem allzu weit-

gehenden Verzicht auf nationale Souveränitätsrechte. Schroff ablehnend, ja die vorsichtig taktierende Regierung Attlee brüskierend,
äußerte sich hingegen die Labour Party, die tiefe Einschnitte in die
Souveränität des Vereinigten Königreichs und eine Gefahr für die
verstaatlichte britische Stahlindustrie befürchtete. Aus der Sicht der
Sowjetunion war das Vorhaben Monnets und Schumans nichts anderes als ein den Frieden bedrohendes Komplott des westeuropäischen
Großkapitals. Innerhalb Frankreichs liefen konsequenterweise die
Kommunisten gegen den Schuman-Plan Sturm; auf der Rechten
schossen sich die Gaullisten des Rassemblement du Peuple Français
(RPF) auf die Montanunion ein, in der Sache unterstützt von den französischen Schwerindustriellen, die in einer Übermacht der wieder erstarkenden Ruhrmagnaten das wahrscheinlichste Ergebnis einer europäischen Vergemeinschaftung von Kohle und Stahl sahen.

Bei den Wahlen zur Nationalversammlung im Juni 1951 erlitt das
MRP schwere Verluste: Es erhielt 12,5 Prozent statt der 25,9 Prozent,
die es, zusammen mit angeschlossenen Gruppen, im November 1946
erreicht hatte. Das gaullistische RPF erzielte auf Anhieb 21,7 Prozent
und wurde zur zweitstärksten Partei nach den Kommunisten, die auf
25,9 Prozent kamen und damit nur etwas schwächer abschnitten als
viereinhalb Jahre zuvor, als sie 28,2 Prozent verbucht hatten. Die
Sozialisten erhielten 14,5 Prozent und damit 3,3 Prozentpunkte
weniger als bei der vorangegangenen Wahl. Dank des Wahlrechts, das
Listenverbindungen begünstigte, konnten die bisherigen Regierungsparteien aber eine sichere parlamentarische Mehrheit behaupten, was
sich im Dezember 1951 bei der Abstimmung über die Montanunion
auszahlte: Das Gesetz wurde, obwohl die Sozialisten inzwischen
wegen eines Streiks um die Schulpolitik aus der Regierung ausgeschieden waren, mit 377 zu 233 Stimmen angenommen.

Einen Monat später billigte der Deutsche Bundestag gegen die
Stimmen der sozialdemokratischen Opposition und trotz der nach wie
vor offenen Saarfrage den Vertrag über die Europäische Gemeinschaft
für Kohle und Stahl. Am 25. Juli 1952 trat das Vertragswerk in Kraft.
Die Hohe Behörde der Montanunion nahm ihren Sitz in Luxemburg,
während die Gemeinsame Versammlung, das von den Volksvertretun-
gen der Mitgliedstaaten beschickte beratende Parlament, ihren Sitz in
Straßburg nahm. Unter der Ägide der Hohen Behörde wurden Zölle,
Mengenbeschränkungen und diskriminierende Preisregelungen für

Kohle, Stahl, Eisenerze und Schrott schrittweise abgebaut. Damit bereitete die Montanunion den Boden für eine sehr viel umfassendere wirtschaftliche Integration Westeuropas – genauer gesagt: derjenigen westeuropäischen Länder, die bereit waren, einzelne Hoheitsrechte gemeinsam auszuüben oder auf supranationale Einrichtungen zu übertragen.

Für Großbritannien und die skandinavischen Staaten lagen solche Abstriche an der nationalen Souveränität zu dieser Zeit noch jenseits des Vorstellbaren. Was die Labour Party in ihrem Memorandum «European Unity» vom 12. Juni 1950, drei Tage nach der Bekanntgabe des Schuman-Plans, erklärt hatte, galt für große Teile der britischen Öffentlichkeit nach wie vor: «In jeder Hinsicht, außer der räumlichen Entfernung, sind wir unseren Stammverwandten in Australien und Neuseeland auf der anderen Seite der Erde näher als Europa. Wir sind ihnen näher in Sprache und Herkunft, in gesellschaftlichen Gewohnheiten und Einrichtungen, in der politischen Einstellung und in den wirtschaftlichen Interessen. Die Volkswirtschaften der Commonwealth-Länder sind in einem Maß komplementär zur britischen, wie es diejenigen Westeuropas niemals sein können. Außerdem ist Großbritannien der Bankier des Sterling-Blocks.»

Die britischen Konservativen dachten ähnlich. Winston Churchill war kaum wieder ins Amt des Premierministers gelangt, als er am 29. November 1951 in einem Rundschreiben seine Minister wissen ließ: «Ich würde jedem amerikanischen Druck Widerstand leisten, der darauf abzielt, Großbritannien so zu behandeln, als stünde es auf derselben Stufe wie die europäischen Staaten, von denen keiner die Vorteile des Ärmelkanals besitzt und die infolgedessen immer wieder erobert wurden.» (I should resist any American pressure to treat Britain as on the same footing as the European states, none of whom have the advantages of the Channel and who were consequently conquered.)

Churchills Bemerkung bezog sich nicht nur auf den Schuman-Plan, sondern auch auf ein weiteres, ebenfalls von Jean Monnet inspiriertes französisches Projekt: den Vorschlag des zweimaligen Ministerpräsidenten René Pleven von der Union Démocratique et Socialiste de la Résistance, eine Europäische Verteidigungsgemeinschaft (EVG) zu schaffen. Die unmittelbare Vorgeschichte des «Pleven-Plans» begann auf der Sitzung des Atlantikrates vom 15. bis 18. September 1950 in New York, auf der die Vereinigten Staaten vor dem Hintergrund des

Koreakrieges nachdrücklicher denn je auf einem Wehrbeitrag der Bundesrepublik Deutschland bestanden. Da alle anderen Mitglieder der NATO sich der amerikanischen Forderung mehr oder weniger widerstrebend anschlossen, konnte es beim hinhaltenden Widerstand der Franzosen nicht lange bleiben. Der Pleven-Plan vom 24. Oktober sah eine integrierte Verteidigung Westeuropas vor, bei der alle nationalen Truppenkontingente, einschließlich deutscher, oberhalb der Bataillon-Ebene im Rahmen multinationaler Einheiten unter einem supranationalen Oberbefehl integriert werden sollten. Es sollte demnach deutsche Soldaten, aber keine deutsche Verfügung über sie geben; die Bundesrepublik sollte zur Verteidigung des Westens beitragen, ohne selbst Mitglied der NATO zu werden. In Analogie zum Schuman-Plan wäre die Beschränkung der deutschen Souveränität also auch im Bereich der Verteidigung mit einer Selbstbeschränkung der Souveränität der westeuropäischen Staaten erkauft worden.

Es war nicht Plevens Absicht, alle französischen Truppen einem europäischen Oberkommando zu unterstellen, sondern nur einen Teil derselben. Entsprechendes hätte für die anderen europäischen NATO-Mitglieder gegolten, nicht aber für die Bundesrepublik. Bundeskanzler Adenauer, der unter dem Eindruck des Koreakrieges am 17. August 1950 den Hohen Kommissaren die Aufstellung einer deutschen Freiwilligentruppe von 150000 Mann vorgeschlagen und diesen Gedanken am 30. August am Kabinett vorbei dem amerikanischen Hohen Kommissar John McCloy in einem Sicherheitsmemorandum präsentiert hatte, reagierte daher zunächst höchst reserviert auf den Pleven-Plan.

Bedenken hinsichtlich der militärischen Durchführbarkeit des Pariser Projekts äußerten auch die amerikanische und die britische Regierung. Dennoch waren Washington und London bereit, über den französischen Vorschlag in Verhandlungen einzutreten, und am 8. November sprach sich schließlich auch Adenauer, obwohl eher ein Sympathisant einer unmittelbaren NATO-Mitgliedschaft der Bundesrepublik, im Bundestag gegen den erbitterten Widerstand der Sozialdemokraten für den Vorstoß des Pariser Regierungschefs aus. Eine wichtige Rolle spielte dabei, daß Pleven die Europäische Verteidigungsgemeinschaft von einer Europäischen Politischen Gemeinschaft flankiert sehen wollte, was früher oder später die Gleichberechtigung der Bundesrepublik zur Folge haben mußte und auch sonst den Vorstellungen des Kanzlers entsprach.

Im Dezember 1950 konnte Washington Paris auf Adenauers Bitten hin dazu bewegen, die militärische Integration erst oberhalb der Divisionsebene, also bei den Korps, beginnen zu lassen. Im gleichen Monat beschloß der NATO-Rat in Brüssel auf amerikanisches Drängen hin, parallele Verhandlungen über die Schaffung einer Europäischen Verteidigungsgemeinschaft und einen westdeutschen Verteidigungsbeitrag innerhalb der NATO aufzunehmen. Dem Einfluß von Jean Monnet auf General Eisenhower, den Oberkommandierenden der NATO-Truppen in Europa, war es zu verdanken, daß ab Juli 1951 zur Enttäuschung Adenauers nur noch über eine der beiden Varianten verhandelt wurde: die EVG.

In Frankreich löste das Projekt einer Europäischen Verteidigungsgemeinschaft heftige Kontroversen aus – nach dem Urteil Raymond Arons den leidenschaftlichsten politisch-ideologischen Streit seit der Dreyfus-Affäre. Geschworene Gegner der EVG waren die Kommunisten und die Gaullisten. Der PCF sah in dem Vorhaben Plevens einen Akt der Unterwerfung unter den amerikanischen Imperialismus; für den ehemaligen Chef der France libre und seine Gefolgsleute war eine integrierte Europaarmee unvereinbar mit der Ehre Frankreichs und der französischen Streitkräfte. Die stärkste Unterstützung kam vom MRP: Die Volksrepublikaner erhofften sich von einer gemeinsamen europäischen Armee einen entscheidenden Beitrag zur politischen Einigung Westeuropas und eine Aufwertung des alten Kontinents gegenüber den USA. Radikalsozialisten und Sozialisten waren in Befürworter und Gegner der EVG gespalten. Bei einer ersten Abstimmung sprach sich die Nationalversammlung im Februar 1952 mit einer Mehrheit von nur 40 Stimmen für eine gemeinsame europäische Armee aus.

Am 27. Mai 1952 unterzeichneten die Außenminister Frankreichs, der Bundesrepublik Deutschland, Italiens, der Niederlande, Belgiens und Luxemburgs den Vertrag über die Europäische Verteidigungsgemeinschaft. Der Inhalt war deutlich «nationaler», als es nach dem ursprünglichen Pleven-Plan zu erwarten gewesen war. Die EVG sollte 40 Divisionen mit je 13 000 Mann, darunter 14 französische und 12 deutsche Divisionen, entsenden; an die Stelle des zunächst in Aussicht genommenen europäischen Verteidigungsministeriums trat ein neunköpfiges, mit überwiegend technischen Zuständigkeiten ausgestattetes Kommissariat; die wichtigsten Entscheidungen hatte der Rat der Verteidigungsminister einstimmig zu treffen.

Wie die Europäische Politische Gemeinschaft (EPG) aussehen sollte, war noch offen. Die Verhandlungen darüber begannen am 15. Juni 1952 – zunächst auf bilateraler Ebene. Im September wurde auf Initiative der Außenminister der Sechs eine Ad-hoc-Versammlung aus Mitgliedern der Gemeinsamen Versammlung des Europarats mit dem Auftrag eingesetzt, eine Satzung der EPG auszuarbeiten. Die Sonderversammlung legte Ende Februar 1953 einen entsprechenden Entwurf vor. Er sah gemeinsame Institutionen als Dach für Montanunion und EVG vor, und zwar einen von den Parlamenten der Mitgliedstaaten beschickten Senat, eine diesem verantwortliche Exekutive, einen Ministerrat, einen Gerichtshof sowie einen Wirtschafts- und Sozialrat. Die Regierungen nahmen den Entwurf im März grundsätzlich an, machten aber zugleich deutlich, daß sie an der Souveränität ihrer Staaten nicht rütteln lassen wollten, womit der Grundgedanke der Sonderversammlung, die parlamentarische Verantwortlichkeit und Kontrolle der Exekutive, erledigt war. Welche Gestalt die Exekutive annehmen sollte, blieb wegen der Gegensätze zwischen den beteiligten Regierungen unklar. Die Folge war, daß man sich schließlich darauf verständigte, über die Fragen der EPG erst nach Ratifizierung des EVG-Vertrages zu entscheiden.[9]

Für die Bundesrepublik Deutschland mußte es seit ihrer Gründung im Jahr 1949 das vorrangige Ziel sein, ein Staat mit allen Attributen eines solchen zu werden, also das Besatzungsstatut zu überwinden, das sie von der Gleichberechtigung mit den anderen europäischen Staaten und der völkerrechtlichen Souveränität vorerst ausschloß. Im Grundsatz waren sich die demokratischen Parteien in diesem Punkt einig, hinsichtlich der Art und Weise, wie man das Ziel erreichen wollte, und der Bestimmung der weiteren Prioritäten aber durchaus nicht. Während Konrad Adenauer an der Spitze des «bürgerlichen» Regierungslagers in der aktiven Teilnahme am westeuropäischen Integrationsprozeß nicht nur einen Zweck an sich selbst, sondern auch ein Mittel zum Zweck der baldigen Erlangung der Gleichberechtigung sah, räumte die sozialdemokratische Opposition unter der Führung Kurt Schumachers der Wiedervereinigung Deutschlands den Vorrang vor der Einigung Westeuropas ein. In der Montanunion sah die SPD ein für die Bundesrepublik nachteiliges Projekt des Großkapitals, von der militärischen Westintegration des Bonner Staates befürchtete sie, daß sie die Bundesrepublik zum Vorfeld der Verteidigung anderer Länder und die

Wiederherstellung der deutschen Einheit dauerhaft unmöglich machen würde.

Nur mit den Stimmen der Regierungskoalition konnte Adenauer am 15. Juni 1950 den Beitritt der Bundesrepublik zum Europarat als assoziiertes Mitglied durchsetzen; die SPD votierte mit Nein, weil gleichzeitig das Saargebiet, das völkerrechtlich weiter zu Deutschland gehörte, denselben Status erhielt. Bei der Europäischen Gemeinschaft für Kohle und Stahl verliefen am 11. Januar 1952 die Abstimmungsfronten ähnlich. Der leidenschaftlichste Streit entbrannte um die Wiederbewaffnung. Auf der Seite der Gegner standen die Sozialdemokraten, die Gewerkschaften, große Teile des evangelischen Deutschland, darunter der Kirchenpräsident von Hessen-Nassau, Martin Niemöller, und der im Oktober 1950 aus Protest gegen Adenauers Vorpreschen in Sachen Wehrbeitrag als Bundesinnenminister zurückgetretene Gustav Heinemann, der zugleich Präses der Synode der Evangelischen Kirche in Deutschland war, auf katholischer Seite die Vorsitzende der Deutschen Zentrumspartei, Helene Wessel. Von selbst verstand sich das Nein der KPD, die 1949 bei der ersten Bundestagswahl auf 5,7 Prozent der Stimmen gelangt war. Die «Ohne-mich-Stimmung» war in den ersten Jahren der Bundesrepublik weit verbreitet. Von rechts war vor allem der Einwand zu hören, ohne volle Rehabilitierung der deutschen Soldaten sei an einen Wehrbeitrag im Rahmen des westlichen Bündnisses gar nicht zu denken.

Für das Regierungslager kam es angesichts der breiten Opposition gegen die «Remilitarisierung» zuallererst darauf an, so rasch wie möglich Fortschritte auf dem Gebiet der Gleichberechtigung zu erzielen. Im Zuge einer ersten Revision des Besatzungsstatuts vom März 1951 verzichtete die Alliierte Hohe Kommission darauf, Bundes- und Ländergesetze weiter zu überwachen. Außerdem durfte die Bundesregierung diplomatische Beziehungen zu den Westmächten, vorläufig auf der Ebene von Generalkonsulaten, aufnehmen und ein Auswärtiges Amt errichten. (An seine Spitze trat als Bundesminister des Auswärtigen zunächst in Personalunion Bundeskanzler Konrad Adenauer.) Im Mai wurde die Bundesrepublik vollberechtigtes Mitglied des Europarats, im Juli beendeten Großbritannien und Frankreich, im Oktober die USA den Kriegszustand mit Deutschland, im Oktober trat die Bundesrepublik dem Allgemeinen Zoll- und Handelsabkommen, dem GATT, bei.

Seit September 1951 liefen parallel zu den Verhandlungen über die Europäische Verteidigungsgemeinschaft Verhandlungen über einen «Generalvertrag», der die Beziehungen zu den drei Westalliierten neu regeln und an die Stelle des Besatzungsstatus treten sollte. Am 26. Mai 1952 wurde der nunmehr «Deutschlandvertrag» genannte Vertrag in Bonn unterzeichnet. Er beschränkte die Sonderrechte der Alliierten auf ein Mindestmaß, bekannte sich zum Ziel eines geeinten, gleichberechtigten Deutschland innerhalb der westeuropäischen Gemeinschaft und behielt die endgültigen Grenzen einem Friedensvertrag vor. In Kraft treten sollte der Vertrag nach der Ratifizierung durch die Parlamente der vier Unterzeichnerstaaten, und zwar zusammen mit dem EVG-Vertrag. Nach erbitterten Auseinandersetzungen wurden beide Verträge am 19. März 1953 vom Bundestag, am 15. Mai vom Bundesrat ratifiziert. Die Regierung Adenauer hatte ihre bislang härteste innenpolitische Kraftprobe bestanden.

Nicht in allen Bereichen standen sich Regierungslager und Opposition so schroff gegenüber wie auf den Gebieten der Europa- und der Verteidigungspolitik. Am 18. März 1953, einen Tag vor der Abstimmung über den Deutschland- und den EVG-Vertrag, verabschiedete der Bundestag das Wiedergutmachungsabkommen mit Israel, durch das die Bundesrepublik sich verpflichtete, innerhalb von 12 bis 14 Jahren Israel 3 Milliarden DM sowie der Jewish Claims Conference, der Interessenvertretung der außerhalb Israels lebenden jüdischen Flüchtlinge, weitere 450 Millionen DM zu zahlen. Das zwischen Adenauer und Ministerpräsident David Ben Gurion vereinbarte Abkommen konnte angesichts des millionenfachen mörderischen Unrechts, das Deutschland in der Zeit des Nationalsozialismus den Juden angetan hatte, nicht mehr als eine Geste des guten Willens sein. Um so beschämender war die Tatsache, daß am 18. März 1953 von 402 Bundestagsabgeordneten nur 360 anwesend waren und nur 239 mit Ja stimmten. Mit Ja stimmten alle anwesenden Sozialdemokraten, aber nur 106 Parlamentarier der Regierungskoalition. Von den 35 Nein-Stimmen kamen 13 von der KPD, die restlichen von rechtsradikalen Fraktionslosen und aus dem Regierungslager. 86 Abgeordnete enthielten sich der Stimme, unter ihnen Bundesfinanzminister Fritz Schäffer, der der bayerischen CSU angehörte, und sein Parteifreund Franz Josef Strauß.

Eng mit dem Wiedergutmachungsabkommen verbunden war das Londoner Schuldenabkommen, das am 27. Februar 1953 unterzeichnet

und am 2. Juli 1953 vom Bundestag ratifiziert wurde. Mit ihm erkannte
die Bundesrepublik gegenüber den drei Westalliierten und 30 weiteren
nichtkommunistischen Staaten Vorkriegsschulden des Reiches und
Preußens sowie private Kredite und Handelsschulden aus den Jahren
1933 bis 1945 in Höhe von 13,5 Milliarden DM an, wozu noch, in vier
zusätzlichen Abkommen geregelt, Verbindlichkeiten aus der Wirtschaftshilfe der drei Westmächte in den ersten Nachkriegsjahren in
Höhe von 16 Milliarden DM kamen. Reparationsansprüche aus dem
Zweiten Weltkrieg fielen nicht unter das Londoner Abkommen; sie wurden bis zu einer endgültigen allgemeinen friedensvertraglichen Regelung
zurückgestellt: eine für die Bundesrepublik überaus günstige Lösung,
die sich radikal von der Zeit nach dem Ersten Weltkrieg unterschied.
Wie das Wiedergutmachungsabkommen trug das Londoner Schuldenabkommen mithin erheblich dazu bei, das internationale Ansehen und
die Kreditwürdigkeit der Bundesrepublik zu erhöhen – eine Investition
in die Zukunft, die sich für den jungen Staat langfristig auszahlte.

Der inneren Befriedung diente der Lastenausgleich zugunsten der
Heimatvertriebenen, den der Bundestag im August 1952 gegen die
Stimmen der SPD verabschiedete – die, wie der Historiker Rudolf
Morsey feststellt, «wohl größte Vermögensabgabe in der Geschichte».
Die Mittel wurden nicht, wie die Sozialdemokraten es gefordert hatten,
durch die Umverteilung von bestehendem Privateigentum aufgebracht,
sondern über eine auf 30 Jahre gestreckte Abgabe aus Erträgen von
Sachvermögen, so daß die Besitz- und Sozialstruktur unangetastet blieb.
Der Lastenausgleich führte nicht nur zu einer sozialen Beruhigung bei
den Vertriebenen, sondern wirkte auch der Gefahr einer politischen
Radikalisierung dieser Millionen zählenden Personengruppe entgegen.
Die letztere Absicht verfolgte die Regierungskoalition auch mit dem
Ausführungsgesetz in Artikel 131 des Grundgesetzes, das am 11. Mai
1951 in Kraft trat. Es erfaßte ehemalige Nationalsozialisten, die nach
dem 8. Mai 1945 aus dem öffentlichen Dienst entlassen worden waren,
nun aber in ihre früheren Rechte wieder eingesetzt wurden. Gewissermaßen als Ausgleich trat am gleichen Tag das Gesetz zur Wiedergutmachung nationalsozialistischen Unrechts an Angehörigen des öffentlichen Dienstes in Kraft, die zu den aus rassischen und politischen
Gründen Verfolgten des «Dritten Reiches» gehörten.

Die Art und Weise, wie der Bonner Staat mit der jüngsten deutschen
Vergangenheit umging, blieb ambivalent. Die Bundesrepublik distan-

zierte sich demonstrativ von den Verbrechen der Nationalsozialisten und ehrte die Widerstandskämpfer des 20. Juli 1944, sie zeigte aber zugleich viel Verständnis nicht nur für das Heer der «kleinen Täter», sondern tat auch alles, um ehedem Prominente vom Vorwurf verbrecherischen Tuns zu entlasten. Den Industriellen und Diplomaten, die von den Alliierten zu Haftstrafen verurteilt worden waren, schlug eine Welle von Sympathie entgegen. Ernst von Weizsäcker, von 1938 bis 1943 Staatssekretär des Auswärtigen Amtes, der im April 1949 im «Wilhelmstraßenprozeß» zu sieben Jahren Gefängnis verurteilt worden war, galt damals längst als schuldlos, wenn nicht gar als Mann des Widerstands. Im Oktober 1950 wurde er auf Grund des massiven Drängens von Politikern, Kirchenführern und Publizisten vom amerikanischen Hohen Kommissar McCloy vorzeitig aus der Haft in Landsberg entlassen.

Auf die Solidarität großer Teile der westdeutschen Öffentlichkeit und namentlich der Kirchen durften auch deutsche Militärs rechnen, die wegen Kriegsverbrechen verurteilt worden waren. Alliierte Verfahren gegen ehemalige deutsche Soldaten und gleichzeitig alliierte Forderungen nach einem deutschen Wehrbeitrag: Nicht nur Soldatenverbände erklärten dies für gänzlich unvereinbar. Die Kampagnen hatten Erfolg: 1952/53 wurden die Generalfeldmarschälle Kesselring und Manstein aus dem Zuchthaus Werl entlassen. Ende Juni 1953 stattete der Bundeskanzler den verbliebenen Häftlingen, unter ihnen Generaloberst Nikolaus von Falkenhorst und SS-General Kurt Meyer, bekannt als «Panzer-Meyer», einen Besuch ab, um sich, wie es hieß, über die Haftbedingungen in Werl zu informieren. Ein paar Tage später empfing Adenauer Erich von Manstein in seinem Bonner Amtssitz, dem Palais Schaumburg. Daß der Kanzler bei diesen Gesten an die bevorstehende Bundestagswahl dachte, lag auf der Hand.

Aus anderen Gründen berief Adenauer 1953 den Juristen Hans Globke, der als Korreferent für Judenfragen im Reichsinnenministerium einen «wissenschaftlichen» Kommentar zu den Nürnberger Rassengesetzen von 1935 verfaßt hatte, zum Staatssekretär des Bundeskanzleramtes: Der Kanzler hielt Globke für fachlich hochqualifiziert. Dem Staatssekretär kam zugute, daß er vor 1945 nachweislich vielen Juden geholfen hatte und darlegen konnte, daß sein Kommentar «Mischlingen» im Rahmen des Möglichen entgegengekommen war. Auch scharfe Angriffe der SPD konnten den Regierungschef nicht davon überzeugen, daß es im Interesse der Bundesrepublik lag, Globke zu entlassen.

Eines der wichtigsten Gesetze der ersten Wahlperiode des Bundestages war das über die paritätische Mitbestimmung in der Montanindustrie, das am 10. April 1951 mit den Stimmen der Unionsfraktion und der Sozialdemokraten und gegen die der Koalitionsparteien FDP und DP verabschiedet wurde. Fortan waren Arbeitgeber und Arbeitnehmer gleich stark in den Aufsichtsräten der Unternehmen des Bergbaus und der Eisen und Stahl erzeugenden Industrie vertreten; der Vorsitzende, der «elfte Mann», mußte ein Unabhängiger sein; in den Vorstand entsandten die Arbeitnehmer einen Arbeitsdirektor als Vertreter. Die paritätische Mitbestimmung brachte der Bundesrepublik ein Stück «Wirtschaftsdemokratie», wie es Gewerkschaften und Sozialdemokraten schon zu Zeiten der Weimarer Republik gefordert hatten. Adenauer aber gelang es durch kluges Taktieren, den Deutschen Gewerkschaftsbund, den 1949 gegründeten einheitlichen Dachverband der organisierten Arbeitnehmer, aus der Front der Gegner der Wiederbewaffnung herauszubrechen. Von Gewerkschaften, denen er in einer für sie zentralen Frage so weit entgegengekommen war wie beim Mitbestimmungsgesetz von 1951, brauchte er keinen Generalstreik gegen seine Wehrpolitik mehr zu befürchten.

Im Wahlkampfjahr 1953 konnte das regierende Parteienbündnis auf eine Reihe von Erfolgen verweisen, die sich dem allgemeinen Bewußtsein eingeprägt hatten: Die Wirtschaft der Bundesrepublik florierte, was die Koalition und vor allem die CDU der «Sozialen Marktwirtschaft» des Bundeswirtschaftsministers Ludwig Erhard zuschrieben; die Bundesrepublik war auf dem Weg zur Souveränität ein gutes Stück vorangekommen und hatte an internationalem Ansehen gewonnen, was besonders beim ersten Besuch von Bundeskanzler Adenauer in den USA im April 1953 deutlich geworden war; Lastenausgleich und Mitbestimmung hatten viel zur sozialen Befriedung des westdeutschen Staates beigetragen. Aus dem blutig niedergeschlagenen Arbeiteraufstand vom 17. Juni 1953 in der DDR, der in der Bundesrepublik fortan als «Tag der deutschen Einheit» begangen wurde, leiteten die Regierungsparteien ab, daß sie mit ihren Warnungen vor dem brutalen Charakter des Kommunismus recht gehabt hatten und weiter recht hatten. Der Koreakrieg, der nach drei Jahren Ende Juli 1953 mit dem Waffenstillstand von Panmunjom zu Ende ging, schien eindringlich zu beweisen, daß gut beraten war, wer sich auf die Friedensbeteuerungen der Sowjetunion nicht verließ, sondern

alles tat, was notwendig war, um die eigene Verteidigung im Bund
mit starken Partnern wie den Vereinigten Staaten von Amerika zu
gewährleisten.

Eine Partei konnte an der Bundestagswahl vom 6. September 1953
nicht mehr teilnehmen: die rechtsradikale Sozialistische Reichspartei.
Sie war auf Antrag der Bundesregierung im Oktober 1952 vom Bundesverfassungsgericht als verfassungsfeindliche Partei verboten worden.
Das gleichzeitig beantragte Verbot der KPD nahm mehr Zeit in Anspruch: Es erfolgte im August 1956. In den zweiten Bundestag zogen
die Kommunisten aber bereits nicht mehr ein: Sie kamen nur noch auf
2,2 Prozent und scheiterten damit an der nunmehr bundesweit einheitlichen Fünfprozentklausel. Dasselbe Schicksal erlitt die von Gustav
Heinemann und Helene Wessel gegründete Gesamtdeutsche Volkspartei, die Adenauer vorwarf, durch seine Westpolitik die Wiedervereinigung Deutschlands zu hintertreiben: Sie erreichte nur 1,2 Prozent.
Eine andere Partei, die 1953 ebenfalls erstmals kandidierte, der Gesamtdeutsche Block/Bund der Heimatvertriebenen und Entrechteten
(GB/BHE), die «Flüchtlingspartei», schaffte hingegen den Einzug in
das Parlament: Sie erzielte 5,9 Prozent.

Die Sozialdemokraten, die erstmals unter Führung Erich Ollen-
hauers antraten (der schwerkranke Kurt Schumacher war am 20. August 1952 im Alter von 56 Jahren gestorben), schnitten mit 28,8 Prozent
noch um 0,4 Prozentpunkte schlechter ab als 1949. Die überragenden
Wahlsieger waren CDU und CSU, die zusammen auf 45,2 Prozent der
Stimmen kamen und mit 243 Mandaten sogar, wenn auch denkbar
knapp, die absolute Mehrheit der Sitze erreichten. Die Koalitionspartner
FDP und Deutsche Partei verloren leicht, erhielten aber (die DP durch
Wahlkreisabsprachen mit der CDU) genügend Mandate, um dem nunmehr siebenundsiebzigjährigen Adenauer eine starke Mehrheit zu verschaffen.

Doch der Kanzler erstrebte mehr: eine verfassungsändernde Zweidrittelmehrheit, die nur mit Hilfe des BHE zu erreichen war. Da das
Bundesverfassungsgericht über die Frage der Verfassungsmäßigkeit des
Wehrbeitrags noch nicht entschieden hatte und ein für die Bundesregierung günstiger Ausgang eines von der SPD angestrengten Verfahrens keineswegs sicher war, empfahl sich die Einbindung der Vertriebenenpartei. An ihrer Spitze standen allerdings zwei Politiker mit
nationalsozialistischer Vergangenheit: der Parteivorsitzende Waldemar

Kraft, ehedem Mitglied der Allgemeinen SS, und der «starke Mann» des BHE, Theodor Oberländer, 1923 Teilnehmer von Hitlers «Marsch zur Feldherrnhalle», seit 1933 Parteimitglied und später SA-Obersturmführer, 1943 wegen seiner Kritik an der Politik gegenüber den Ostvölkern aus der Wehrmacht entlassen. Adenauer setzte sich im Interesse seiner höheren Ziele über das politische Vorleben von Kraft und Oberländer hinweg und nahm beide in sein Kabinett auf: Oberländer als Vertriebenenminister und Kraft als Bundesminister für besondere Aufgaben.

Am 26. Februar 1954 war der Zweck der zweiten Regierungskoalition erreicht: Der Bundestag billigte mit den Stimmen aller im Kabinett Adenauer vertretenen Parteien die «erste Wehrergänzung» des Grundgesetzes. Der Weg zur Wiederbewaffnung war damit jedoch noch nicht frei. Die Bundeswehr konnte erst entstehen, wenn der Vertrag über die Europäische Verteidigungsgemeinschaft in Kraft getreten war. Über dessen Schicksal aber wurde nicht in der Bundesrepublik entschieden, sondern in dem Land, das ihn als einziges im Frühjahr 1954 noch nicht ratifiziert hatte: in Frankreich.[10]

Während die Bundesrepublik die ersten fünf Jahre der insgesamt 14 Jahre währenden Ära Adenauer erlebte, wechselten im Frankreich der Vierten Republik die Regierungen so häufig, wie sie es in der Dritten Republik getan hatten: Zwischen Oktober 1949 und Juni 1954 zählte man in Paris zehn Kabinette und sieben Ministerpräsidenten. Einer von ihnen, Antoine Pinay von der gemeinsamen Fraktion der rechten Unabhängigen und der Bauernpartei, der von März bis Dezember 1952 an der Spitze der Regierung stand und zugleich das Finanzministerium leitete, prägte sich den Franzosen besonders ein, weil er mit dem Schutz der Währung und der Bekämpfung der Inflation Ernst machte und es schaffte, dem Land zu einer länger anhaltenden Wachstumsperiode zu verhelfen und seinem Nachfolger einen relativ stabilen Franc zu hinterlassen.

Pinay bewirkte auch eine Veränderung der Parteienlandschaft: Seit einige Abgeordnete des gaullistischen RPF sich auf die Seite der Regierung schlugen und damit gegen die Weisung des Generals verstießen, nicht mit anderen Parteien zu paktieren, ging de Gaulle auf Distanz zu seiner Sammlungsbewegung. Unter Pinays Nachfolger René Mayer zerfiel das RPF in zwei Flügel: eine intransigente Mehrheit, die fürs erste an der Linie des Generals festhielt, und eine Minderheit, die sich politische Handlungsfreiheit von Fall zu Fall vorbehielt und anderen Fraktionen anschloß. Charles de Gaulle legte den Vorsitz der von ihm gegründeten Sammlungsbewegung nieder und zog sich grollend auf sein Landgut La Boisserie in Colombey-les-deux-Églises zurück, wo er seine Kriegsmemoiren schrieb und es seinen Anhängern überließ, zu tun, was sie für richtig hielten.

Im Sommer 1953 wurde Frankreich durch große Streiks erschüttert, die sich vor allem gegen die Anhebung der Altersruhegrenze richteten. Im klassischen Ferienmonat August legten vier Millionen Streikende das Land weitgehend lahm. Sie nahmen ihre Arbeit erst wieder auf, nachdem die Regierung, ein Mitte-Rechts-Kabinett unter Joseph Laniel von der Union Démocratique, nach langem Zögern den meisten ihrer Forderungen nachgekommen war. Vier Monate später, im Dezember 1953, wurde ein gemäßigter Rechter, René Coty, an Stelle des sozialistischen Amtsinhabers Vincent Auriol, zum Präsidenten der Republik gewählt. Zu seinen Wählern gehörten auch 27 ehemalige Angehörige des RPF.

Für politische Unruhe sorgte um dieselbe Zeit ein Papierhändler aus dem Département Lot: Pierre Poujade, der agitatorisch begabte Anführer einer Anti-Steuer-Bewegung, in der sich kleine Kaufleute und Handwerker sammelten, die unter der von Pinay eingeleiteten Politik des knappen Geldes und der Verbreitung großer Supermärkte über das ganze Land litten. Ihnen gesellten sich wenig später Weinbauern aus dem Süden und Westen hinzu, die sich über Pariser Anti-Alkohol-Erlasse empörten. Zum organisatorischen Kern des «Poujadismus» wurde die im Dezember 1953 gegründete Union de Défense des Commerçants et Artisans (UDCA), die zum Widerstand gegen die Steuerbehörden aufrief und massiven Druck auf die Abgeordneten der Nationalversammlung ausübte. Ihren Höhepunkt erreichte die Protestbewegung des städtischen und ländlichen Mittelstandes bei den Wahlen zur Nationalversammlung im Januar 1956, bei denen sie (unter dem Namen «Union et fraternité française») auf 11,5 Prozent der Stimmen und 56 Sitze kam. Der Wahlerfolg mündete jedoch rasch in eine Niederlage: Da die Parteien der Linken die Wahlsieger waren, hatten die Poujadisten keine Möglichkeit, ihre parlamentarische Stärke in praktische Politik umzusetzen.

Die innenpolitischen Probleme wurden in den frühen fünfziger Jahren immer wieder von kolonialen Konflikten überlagert. In Tunesien und Marokko rebellierten einheimische Nationalisten gegen die Herrschaft der France métropolitaine und die Privilegien der französischen Siedler. Die Krise in Marokko eskalierte im Sommer 1953 just zur Zeit der großen Streiks: Der französische Generalresident ließ, wohl auf eigene Faust, Sultan Mohammed V. durch gefügige Notabeln absetzen, samt seiner Familie erst nach Korsika, dann nach Madagaskar deportieren und durch einen willfährigen Nachfolger ersetzen. Die Maßnahmen, die von Außenminister Bidault nachdrücklich verteidigt wurden, verbitterten die meisten Marokkaner und untergruben die verbliebene Autorität der Kolonialmacht.

In der Folgezeit verdrängte der Kolonialkrieg in Indochina Nordafrika aus den Schlagzeilen. Seit dem Januar 1952 mehrten sich die Rückschläge, die die französischen Truppen, darunter die Fremdenlegion, im Kampf gegen die kommunistischen Partisanen des Vietminh unter General Giap erlitten. Im Frühjahr 1954 gelang es den Verbänden Giaps, die Franzosen in ihrer Festung Dien Bien Phu auf der Ebene der Tonkrüge einzukesseln. Nach dem Verlust der Landebahn für Militärflugzeuge hätten nur noch massive Bombenangriffe der amerikanischen Luftwaffe das Blatt wenden können – ein Einsatz, zu dem die USA nicht bereit waren, weil sie nicht allzu offenkundig auf die Seite einer europäischen Kolonialmacht treten wollten. Am 7. Mai 1954 endete die zweimonatige Belagerung von Dien Bien Phu mit dem Sieg des Vietminh. Auf französischer Seite hatte die Schlacht über 2200 Gefallene und 3700 Vermißte gefordert. 10 000 Soldaten gerieten in Kriegsgefangenschaft; etwas mehr als 3000 von ihnen sollten die Heimat wiedersehen.

In Frankreich löste die Nachricht vom Fall von Dien Bien Phu einen Schock aus. Auf der politischen Rechten wurden nicht die Militärs, sondern die «politische Klasse» der Vierten Republik und damit das parlamentarische System insgesamt für die Niederlage verantwortlich gemacht. Einen Monat nach der Niederlage auf der Ebene der Tonkrüge stürzte die Regierung Laniel. Am 18./19. Juni 1954 sprach die Nationalversammlung mit 419 gegen 47 Stimmen dem Radikalsozialisten Pierre Mendès-France das Vertrauen aus – einem Politiker von ungewöhnlicher Tatkraft, der seit langem keinen Hehl aus seiner Überzeugung gemacht hatte, daß der Krieg in Indochina mit militärischen Mitteln nicht beendet werden konnte. Das Programm von «PMF» fand breite Unterstützung, die von den Gaullisten bis zu den Kommunisten reichte (die gaullistischen Sozialrepublikaner traten sogar mit drei Ministern in die Regierung ein): Der Ministerpräsident wollte innerhalb eines Monats durch Verhandlungen zu einer Lösung des Indochina-Problems gelangen und, wenn dieser Weg nicht zum Ziel führen sollte, die Nationalversammlung um Vollmachten für die notwendigen militärischen Maßnahmen ersuchen.

Verhandlungen über die Beilegung des Krieges in Indochina und die Zukunft Koreas wurden bereits seit Ende April 1954 in Genf geführt. Teilnehmer waren Frankreich, Großbritannien, die USA, die Sowjetunion, die Volksrepublik China und, bis zum Scheitern der Gespräche über Korea am 15. Juni, Vertreter der beiden koreanischen Staaten. Was Indochina betraf, konnte das Ergebnis nach Lage der Dinge nur der Rückzug Frankreichs sein. Am 21. Juli wurden die Genfer Verträge unterzeichnet. Frankreich verpflichtete sich, seine Truppen innerhalb von 300 Tagen aus Tonkin zurückzuziehen. Vietnam wurde entlang dem 17. Breitengrad geteilt: Dem kommunistischen Norden stand ein nichtkommunistischer Süden gegenüber. Binnen zwei Jahren sollten freie Wahlen über die Wiedervereinigung des Landes entscheiden. Kambodscha und Laos wurden unabhängig. Der siebeneinhalbjährige Krieg in Indochina war zu Ende. Die Zahl der Toten auf beiden Seiten wurde auf je 100 000 geschätzt, die der Verwundeten auf insgesamt 100 000, die der Gefangenen auf 28 000.

In der Nationalversammlung wurden die Genfer Verträge mit überwältigender Mehrheit gebilligt. «PMF» nutzte den Erfolg, um noch im Juli eine Lösung für Tunesien auf den Weg zu bringen, das immer mehr in den Bürgerkrieg abglitt. Am 31. Juli 1954 bot der Ministerpräsident den Tunesiern die innere Autonomie an. Die Verantwortung für innere Sicherheit, Verteidigung und Außenpolitik behielt sich Frankreich vor; alle übrigen Bereiche sollten die Tunesier selbst regeln. Das entsprechende Abkommen wurde am 2. Juni 1955, vier Monate nach dem Sturz von Mendès-France, unterzeichnet. Ein Vierteljahr später, am 12. Oktober, spaltete sich die nationalistische Néo-Destour-Partei: Der gemäßigte Flügel unter Habib Bourguiba setzte sich gegenüber den Radikalen um Salah Ben Youssef durch, die die sofortige Unabhängigkeit von Frankreich auf ihre Fahnen geschrieben hatten und nach dem Sieg der Moderaten aus der Partei ausgeschlossen wurden. Abermals ein halbes Jahr später, am 20. März 1956, erkannte Frankreich die Unabhängigkeit Tunesiens an, behielt aber zunächst noch den

Stützpunkt Bizerta (das es nach einem schweren Konflikt im Sommer 1961 erst im Oktober 1963 räumte).

Ungelöst war im Juli 1954 immer noch das Problem Europäische Verteidigungsgemeinschaft. Die Vorgängerregierungen hatten die Ratifizierung, unsicher, ob sie dafür eine Mehrheit in der Nationalversammlung finden würden, vor sich hergeschoben. Diese Hinhaltetaktik war auf massive Kritik der USA gestoßen: Im Nordatlantikrat hatte Außenminister Dulles am 14. Dezember 1953 sogar mit einer «schmerzhaften Überprüfung» (agonizing reappraisal) der amerikanischen Politik gegenüber Westeuropa für den Fall gedroht, daß die EVG scheitern sollte. «PMF» wollte mit der französischen Entscheidung nicht länger warten, obwohl auch sein Kabinett in dieser Frage in Befürworter und Gegner gespalten war. Die letzteren, Verteidigungsminister Pierre Koenig und Verkehrsminister Jacques Chaban-Delmas, beide von den gaullistischen Sozialrepublikanern, schieden am 13. August aus der Regierung aus, nachdem der Ministerpräsident das Thema auf die Tagesordnung gesetzt hatte.

Eine parlamentarische Zustimmung glaubte Mendès-France nur noch dadurch erreichen zu können, daß er die Vertragspartner zu Zugeständnissen in Gestalt von Zusatzprotokollen bewog. Er stieß mit diesem Versuch aber vor allem bei den USA auf Ablehnung. In einer dramatischen Sitzung der Nationalversammlung brachten die Gegner, geführt vom ehemaligen radikalsozialistischen Ministerpräsidenten Édouard Herriot, am 29./30. August das Projekt durch einen Geschäftsordnungsantrag zu Fall: Mit einer Mehrheit von 55 Stimmen beschlossen die Abgeordneten den Übergang zur Tagesordnung, woraufhin die Gegner der EVG von rechts bis links die «Marseillaise» anstimmten, während aus den Reihen der Befürworter der Ruf «Moskau, Moskau» laut wurde.

Mit der Abstimmung vom 30. August 1954 war die militärische Integration Westeuropas gescheitert, und mit der Europäischen Verteidigungsgemeinschaft auch die in ihren Umrissen immer noch vage Europäische Politische Gemeinschaft. Den Ausschlag für das «Nein» gab am Ende ein parteiübergreifender, durch die Niederlage von Dien Bien Phu traumatisierter französischer Nationalismus – eine Gefühlslage, der die überzeugten Europäer im Sommer 1954 ohnmächtig gegenüberstanden. Nirgendwo ging die Enttäuschung über das Pariser Non so tief wie in Bonn: Noch im 1966 erschienenen zweiten Band seiner Erinnerungen sprach Adenauer von einem «schwarzen Tag für Europa».

Seinem anderen großen Ziel, der Souveränität der Bundesrepublik, war der Bundeskanzler aber, ohne sich dessen bewußt zu sein, am 30. August ein gutes Stück näher gekommen. Denn zur supranationalen Lösung des westdeutschen Sicherheitsproblems gab es eine national-staatliche Alternative, über die in den USA und Großbritannien längst intensiv nachgedacht worden war: die unmittelbare NATO-Mitglied-schaft der Bundesrepublik. Unter dem Gesichtspunkt der europäischen Integration war diese Lösung ein Rückschritt, aus dem Blickwinkel der staatlichen Gleichberechtigung der Bundesrepublik betrachtet hingegen ein Fortschritt. Frankreich, das nationale deutsche Streitkräfte bisher abgelehnt hatte und sie weiterhin gern vermieden hätte, konnte sich nach dem 30. August 1954 der Logik der eigenen Entscheidung nicht mehr entziehen: Die Absage an die EVG machte die Einbindung der Bundesrepublik in das Atlantische Bündnis unvermeidlich.

Ende September und Anfang Oktober 1954 legten sich die Vertreter der sechs Staaten, die den EVG-Vertrag unterzeichnet hatten, sowie Großbritanniens, der USA und Kanadas in London auf die Umrisse der neuen Sicherheitskonstruktion fest. Zwischen dem 19. und dem 23. Oktober wurden die Ergebnisse in die Rechtsform der Pariser Verträge gebracht. Um Frankreich ein gewisses Maß an Kontrolle über das Militär seines östlichen Nachbarn zu ermöglichen und gleichzeitig den Wünschen der überzeugten Anhänger der europäischen Integration Rechnung zu tragen, wurde der Brüsseler Pakt von 1948, dem Großbritannien, Frankreich und die Benelux-Staaten angehörten, durch die Aufnahme der Bundesrepublik und Italiens zur Westeuropäischen Union (WEU) erweitert. Ungleich wichtiger war die Einladung an die Bundesrepublik, Mitglied der NATO zu werden. Der militärische Bei-trag Bonns zum Atlantischen Bündnis sollte aus einem Kontingent von zwölf Divisionen bestehen. Die Frage, auf welcher Ebene die Integration der deutschen Streitkräfte beginnen sollte, blieb in Paris noch offen. Der NATO-Befehlshaber in Europa, dem die Entscheidung zufiel, ließ die Integration dann bei Armeekorps und Luftflotten einsetzen.

Für Frankreich rückte kurz nach der Pariser Konferenz wieder Nordafrika in den Vordergrund des öffentlichen Interesses. Das strikte Nein, das die Algerienfranzosen, die «pieds-noirs», Zugeständnissen an die einheimische muslimische Bevölkerung entgegensetzten, gab den radikaleren, jüngeren Kräften unter den arabischen Nationalisten Auftrieb. Am 1. November erschütterte eine Serie von etwa 30 Bomben- und Mordanschlägen die drei französischen Départements, aus denen Algerien formell bestand. Verantwortlich für die Aktion war die Armée de Libération Nationale, der militärische Arm des neugegründeten Front de Libération Nationale (FLN).

Die Regierung Mendès-France reagierte mit der Proklamation des «état d'urgence», einer Notstandsstufe knapp unterhalb des «état de siège», des Belagerungszustands. Besonders scharfe Töne schlug in diesem Zusammenhang Innenminister François Mitterrand, ein Politiker der Union Démocratique et Socialiste de la Résistance, an. «Algerien ist Frankreich», erklärte er am 5. November 1954. «Von Flandern bis zum Kongo gibt es nur ein Gesetz, nur eine Nation, nur ein Parlament. So will es die Verfassung, so wollen wir es … Die einzige Verhandlung ist der Krieg.»

Algerien galt, obwohl die dort lebenden rund 984 000 Franzosen, die «pieds-noirs» oder «colons», nur etwa ein Zehntel der Bevölkerung ausmachten, noch immer als integrierender Bestandteil Frankreichs, weshalb Konzessionen an den arabischen Nationalismus, wie sie in Tunesien und Marokko gerechtfertigt erscheinen mochten, für das offizielle Paris nicht in Frage kamen. Die Verstärkung des französischen Militärs und die Repression durch die Polizei konnten aber nicht die einzigen Antworten auf die Attentate vom 1. November sein. Reformen waren unvermeidbar, und sie mußten nach Meinung des Kabinetts mit der strikten Einhaltung des Algerien-Statuts von 1947 beginnen, über das sich Frankreich und die Algerien-Franzosen in der Zwischenzeit immer wieder hinweggesetzt hatten. Mit der Durchführung des neuen Kurses wurde ein als liberal geltender Gaullist, Jacques Soustelle, der ehemalige Generalsekretär des RPF, beauftragt – eine Entscheidung, die erbitterte Proteste bei den «Ultras» unter den «pieds-noirs» und ihren parlamentarischen Vertretern in Paris hervorrief.

Ihr Widerstand floß in eine sehr viel breitere Front gegen «PMF» ein, die sich seit Herbst 1954 herausbildete. Die Volksrepublikaner machten Mendès-France verantwortlich für das Scheitern der EVG; die Kommunisten warfen ihm seine Zustimmung zur deutschen Wiederbewaffnung vor; unter den Gaullisten und den Radicaux gab es viele, die sich gegen jede Liberalisierung in Algerien auflehnten; in manchen Rechtskreisen wurde «PMF» auch wegen seiner jüdischen Herkunft

angefeindet. Am 5. Februar 1955 wurde Pierre Mendès-France in der
Nationalversammlung mit einer Mehrheit von 319 zu 272 Stimmen
gestürzt. Am 23. Februar übernahm nach einer längeren Regierungskrise der Radikalsozialist Edgar Faure das Amt des Ministerpräsidenten. Seinem Kabinett gehörten außer Mitgliedern der eigenen Partei
Volksrepublikaner, Gaullisten und Mitglieder der Demokratischen
Widerstandsunion an.

Die Algerienkrise bekam auch die neue Regierung nicht in den
Griff. Im April wurde der Ausnahmezustand über die drei nordafrikanischen Départements verhängt; Paris schickte weitere Truppen nach
Algerien und berief zu diesem Zweck Reservisten ein; im August kam
es zu Massakern des FLN unter den Europäern. Nur in Marokko gelang der Regierung Faure eine gewisse Beruhigung der Lage: Sie bereitete die Rückkehr von Sultan Mohammed V. vor; am 16. November
1955 konnte der deportierte Monarch seinen Thron wieder besteigen.
Der algerische Bürgerkrieg aber ging weiter. Er sollte insgesamt siebeneinhalb Jahre dauern und im Frühjahr 1958 die Vierte Republik zum
Einsturz bringen.[11]

Zu den Folgen des Scheiterns der EVG gehörte eine Revision des
Deutschlandvertrags vom Mai 1952 durch die drei Westmächte. Die
Bundesrepublik erhielt durch die Neufassung «die volle Macht eines
souveränen Staates über ihre inneren und äußeren Angelegenheiten».
Es blieb bei der Aufhebung des Besatzungsstatuts und der Besatzungsherrschaft sowie bei den Vorbehaltsrechten der Westalliierten in bezug
auf Berlin und Deutschland als Ganzes. Die Vorbehaltsrechte hinsichtlich eines inneren und äußeren Notstandes sollten nur so lange gelten,
wie die deutsche Gesetzgebung noch keine angemessenen Vorkehrungen
für diesen Fall getroffen hatte. Die militärische Gleichberechtigung des
neuen Mitglieds von NATO und WEU unterlag einer wichtigen Beschränkung: Die Bundesrepublik verpflichtete sich, auf die Herstellung
von atomaren, biologischen und chemischen, also den sogenannten
«ABC-Waffen», im eigenen Land sowie auf die Herstellung einer Reihe
von weiteren schweren Waffen wie Fernlenkgeschossen, Kriegsschiffen
einer bestimmten Größe und strategischen Bombern zu verzichten.

Innenpolitisch am brisantesten war, was die Bundesrepublik anbe-
langte, die in Paris vereinbarte vorläufige Lösung der Saarfrage. Dem-
zufolge sollte das Saargebiet bis zu einer friedensvertraglichen Rege-

lung einen Autonomiestatus innerhalb der Westeuropäischen Union
erhalten und zoll- und währungspolitisch mit Frankreich verbunden
bleiben. Der Saarbevölkerung wurde das Recht zugestanden, über das
Statut in einer Volksabstimmung zu entscheiden. Nicht nur Paris hielt
im Herbst 1954 ein Ja für wahrscheinlich. Auch Adenauer ging von
einer Zustimmung der Betroffenen aus. Doch er war bereit, den deutschen Anspruch auf die Saar seinen höheren Zielen unterzuordnen: der
Souveränität der Bundesrepublik, ihrer dauernden Einbindung in den
Westen und der politischen Einigung Westeuropas.

Bevor der Bundestag mit der Ratifizierung der Pariser Verträge begann, unternahm die Sowjetunion einen letzten Versuch, die öffentliche Meinung der Bundesrepublik gegen die Westintegration aufzubringen. Am 15. Januar 1955 signalisierte die Nachrichtenagentur TASS
die Bereitschaft Moskaus, noch im Verlauf des Jahres freie Wahlen in
ganz Deutschland abzuhalten. Eine diplomatische Notenoffensive wie
1952 blieb aus – ein Zeichen, daß der Kreml dem Vorstoß keine Erfolgschancen beimaß und im Augenblick selbst kein Interesse an Verhandlungen mit den Westmächten hatte. Am 25. Januar erklärte die Sowjetunion den Kriegszustand mit Deutschland für beendet. Am 8. Februar
unterstrich Außenminister Molotow nochmals die sowjetische Position, daß es nach der Ratifizierung der Pariser Verträge keine Möglichkeit mehr für eine Wiedervereinigung Deutschlands gebe.

In der Bundesrepublik erzielten die Warnungen und Lockungen aus
Moskau durchaus eine gewisse Wirkung. Namens der SPD forderte
Erich Ollenhauer am 23. Januar 1955 in einem Brief an den Bundeskanzler, vor der Ratifizierung der Pariser Verträge müsse der ernsthafte Versuch unternommen werden, auf dem Weg von Viermächteverhandlungen die Einheit Deutschlands in Freiheit wiederherzustellen.
Am 29. Januar traten die maßgeblichen Sozialdemokraten und namhafte deutsche Protestanten, unter ihnen Heinemann und Niemöller,
in der wiederaufgebauten Frankfurter Paulskirche gemeinsam mit
einem «Deutschen Manifest» an die Öffentlichkeit. Doch anders als
frühere Kampagnen gegen die «Remilitarisierung» fand der neue Aufruf zu einer Volksbewegung gegen die Wiederbewaffnung und die
Westverträge nur ein schwaches Echo. Am 27. Februar 1955 stimmte
der Bundestag den Pariser Verträgen mit großer Mehrheit zu. Bei der
Abstimmung über das Saar-Statut aber fiel die Koalition auseinander:
Die FDP unter Führung ihres Partei- und Fraktionsvorsitzenden, des

ehemaligen Bundesjustizministers Thomas Dehler, und der BHE stimmten mehrheitlich mit Nein, konnten die Annahme des Statuts allerdings nicht verhindern. Am 8. März ließ auch der Bundesrat die Verträge passieren.

Am 5. Mai 1955 traten der Deutschlandvertrag und die anderen Pariser Verträge in Kraft. Die Bundesrepublik war nunmehr, mit den in den Verträgen festgelegten Einschränkungen, ein souveräner Staat – nach Adenauers Urteil sogar wieder eine «Großmacht». Am 8. Juni erhielt sie mit Theodor Blank, dem bisherigen Sicherheitsbeauftragten der Bundesregierung, den ersten Bundesminister der Verteidigung. Am gleichen Tag übergab Adenauer sein Amt als Außenminister dem Fraktionsvorsitzenden der CDU/CSU, Heinrich von Brentano.

Als die Bundesrepublik zwei Tage später Mitglied der NATO wurde, gingen alle Beobachter davon aus, daß eine Antwort der Sowjetunion nicht lange auf sich warten lassen würde. Die Gründung des Warschauer Pakts am 14. Mai, von der schon die Rede war, konnte als eine solche Antwort verstanden werden. Am gleichen Tag ließ Molotow seine westlichen Kollegen wissen, daß die Sowjetunion zu einem Gipfeltreffen bereit sei. Zwei Monate später, vom 18. bis 23. Juli 1955, fand die Konferenz der «Großen Vier» in Genf statt, an der, da es mit in erster Linie um das deutsche Problem ging, Delegationen der Bundesrepublik und der DDR als «Beobachter» teilnehmen durften.

Die Gegensätze in der deutschen Frage blieben in Genf, wie nicht anders zu erwarten, unüberbrückbar. Die Sowjetunion machte ein kollektives Sicherungssystem, das die beiden Militärpakte ablösen sollte, zur Voraussetzung einer Wiedervereinigung. Der Westen bestand zunächst auf einer Wiedervereinigung durch freie Wahlen als Bedingung für Verhandlungen über eine neue europäische Friedensordnung. Im Verlauf der Konferenz zeigten sich die Westmächte dann aber doch bereit, mit der Sowjetunion in Sachen Abrüstung und Entspannung zusammenzuarbeiten, was auf eine Hinnahme der deutschen Teilung hinauslief. Adenauer hatte allen Grund, über den «Geist von Genf» beunruhigt zu sein: Bisher hatten die Westmächte den Standpunkt der Bundesregierung unterstützt, daß die Schaffung eines europäischen Sicherheitssystems fest mit der Wiedervereinigung Deutschlands verknüpft werden mußte. Seit Genf konnte sich Bonn der westlichen Rückendeckung in dieser Frage nicht mehr sicher sein.

Auf dem Rückweg von Genf nach Moskau legte die sowjetische Delegation unter Bulganin und Chruschtschow eine Zwischenstation in Ost-Berlin ein. Der Parteichef, der in Genf aus protokollarischen Gründen hinter den Ministerpräsidenten hatte zurücktreten müssen, nutzte den Aufenthalt in der «Hauptstadt der DDR» für einen demonstrativen Auftritt. Künftig, so erklärte er in einer Rede auf dem Marx-Engels-Platz, dem einstigen Schloßplatz, sei eine Lösung der deutschen Frage Sache der beiden völkerrechtlich getrennten deutschen Staaten. Ihre «sozialistischen Errungenschaften» dürfte die DDR dabei nicht aufgeben. Von der Wiedervereinigung Deutschlands sprach Chruschtschow in Berlin, anders als in Genf, nicht mehr. Die deutsche Teilung war, daran konnte es allen entgegenstehenden Beteuerungen aus Bonn und den Hauptstädten seiner westlichen Verbündeten zum Trotz keinen Zweifel mehr geben, zu einer fixen Größe des Ost-West-Verhältnisses geworden.

Abermals zwei Monate später verhandelten die Sowjetunion und die Bundesrepublik erstmals direkt und offiziell miteinander. Am 7. Juni hatte Adenauer die Einladung zu einem Besuch in Moskau erhalten, um dort, wie es hieß, die Aufnahme von diplomatischen und Handelsbeziehungen sowie die damit zusammenhängenden Fragen zu erörtern. Am 9. September traf der Bundeskanzler mit einer großen Delegation in der sowjetischen Hauptstadt ein. Die «Zweistaaten-theorie», die Chruschtschow in Ost-Berlin verkündet hatte, konnte Adenauer nicht außer Kraft setzen, aber er kehrte am 13. September mit einem in ganz Deutschland bejubelten Erfolg nach Bonn zurück: Die Sowjetunion stimmte der Heimkehr der überlebenden deutschen Kriegsgefangenen und Zivilinternierten zu. Im Gegenzug willigte der Kanzler in die Aufnahme diplomatischer Beziehungen mit der Sowjetunion ein, was zur Folge hatte, daß es fortan zwei deutsche Botschafter in Moskau gab: den der Bundesrepublik und den der DDR.

Um andere Staaten an der Anerkennung der DDR zu hindern und den «Alleinvertretungsanspruch» der Bundesrepublik, des einzigen demokratisch legitimierten deutschen Staates, aufrechtzuerhalten, formulierte der Leiter der Politischen Abteilung des Auswärtigen Amtes, Wilhelm Grewe, noch auf dem Rückflug jene Doktrin, die später nach dem Staatssekretär des Amtes, Walter Hallstein, benannt wurde. Am 22. September trug Adenauer die «Hallstein-Doktrin» in seinem Bericht über die Moskaureise im Bundestag vor. Er müsse unzweideutig feststellen, erklärte der Bundeskanzler, «daß die Bundesregierung auch

künftig die Aufnahme diplomatischer Beziehungen mit der DDR durch
dritte Staaten, mit denen sie offizielle Beziehungen unterhält, als einen
unfreundlichen Akt ansehen würde, da er geeignet wäre, die Spaltung
Deutschlands zu vertreten». Um die Drohung glaubwürdig zu machen,
verzichtete die Bundesregierung ihrerseits darauf, Beziehungen mit den
kommunistischen «Satellitenstaaten» aufzunehmen, die die DDR bereits anerkannt hatten – und das schon lange, bevor der zweite deutsche Staat von der Sowjetunion am 20. September 1956 für voll souverän erklärt worden war.

Ein anderes Ereignis vom Herbst 1955 konnte der Bundeskanzler
schwerlich als persönlichen Erfolg betrachten: Am 23. Oktober lehnte
die Saarbevölkerung mit einer Mehrheit von 67,7 Prozent bei einer
Wahlbeteiligung von 97,5 Prozent die «Europäisierung» ihres Gebiets
ab. Adenauer war bereit gewesen, um der Einigung Westeuropas und
guter Beziehungen zu Frankreich willen dem Sonderstatus der Saar
zuzustimmen; mit dem Nein der Betroffenen hatte er zunächst nicht
gerechnet. In der Sache bedeutete die Saarabstimmung ein Votum für
den Anschluß an die Bundesrepublik. Frankreich beugte sich der freien
Entscheidung der Saarländer. Am 1. Januar 1957 wurde das Saarland,
entsprechend einem im Jahr zuvor zwischen Paris und Bonn ausgehandelten Vertrag, ein Land der Bundesrepublik Deutschland; im Juli
1959 erfolgte die wirtschaftliche Eingliederung. Erstmals war damit
der Geltungsbereich des Grundgesetzes gemäß Artikel 23 erweitert
worden. Es gab seitdem ein praktisch erprobtes Verfahren, nach dem
auch die Wiedervereinigung erfolgen konnte – vorausgesetzt, die «Großen Vier» stimmten einer solchen Lösung zu.[12]

Entscheidungsjahr 1956: Entstalinisierung, ungarische Revolution, Suezkrise

Am 25. Februar 1956 hielt der Erste Sekretär des Zentralkomitees der
Kommunistischen Partei der Sowjetunion, Nikita Sergejewitsch
Chruschtschow, vor den Delegierten des 20. Parteitages eine mehr-
stündige «Geheimrede», die in die Geschichtsbücher eingehen sollte.
«Über den Personenkult und seine Folgen» lautete die Überschrift.
Was dann folgte, löste bei den Zuhörern lähmendes Entsetzen aus: Der
Mann, den die Kommunisten aller Länder, obenan die der Sowjet-

union, jahrzehntelang wie einen Gott verehrt hatten, wurde abscheulicher Verbrechen gegen die sozialistische Gesetzlichkeit und gegen die eigene Partei beschuldigt.

Chruschtschow begann damit, daß er Lenins eindringliche Warnungen vor dem Charakter Stalins zitierte. Der Redner wandte sich dann der Zeit des Großen Terrors in den Jahren 1935 bis 1937 zu. Die Willkür einer einzelnen Person habe andere zur Willkür angeregt. Er schilderte die Folterung und Ermordung aufrechter Bolschewiki, gegen die nichts vorgelegen habe als haltlose Verdächtigungen Stalins. «Massenverhaftungen und Deportationen vieler tausend Menschen, Hinrichtungen ohne Gerichtsurteil und ohne normale Untersuchung riefen einen Zustand der Unsicherheit und der Furcht, sogar der Verzweiflung hervor.» Von den 1934 auf dem 17. Parteitag gewählten 139 Mitgliedern und Kandidaten des Zentralkomitees seien 98 Personen, also 70 Prozent, verhaftet und erschossen worden. Das alles sei im Ergebnis des Machtmißbrauchs durch Stalin geschehen, der den Massenterror gegen die Parteikader anzuwenden begonnen habe, obwohl unter den Bedingungen des Sieges des Sozialismus für den Massenterror im Land keine Gründe vorgelegen hätten.

Ein weiteres Thema Chruschtschows war die Rolle, die Stalin im Jahr 1941 und während des «Großen Vaterländischen Krieges der Sowjetunion» gespielt hatte. Alle Warnungen vor Hitlers Angriffsplänen, ob von Churchill oder sowjetischen Diplomaten, habe Stalin in den Wind geschlagen; er habe nach dem deutschen Überfall sinnlose Durchhaltebefehle gegeben, die Hunderttausende von Rotarmisten das Leben kosteten, und Deportationen ganzer Völker angeordnet. Nach dem Krieg habe sich Stalin faktisch das alleinige Verdienst am Sieg über Hitler-Deutschland zugeschrieben, ohne Not den Konflikt mit dem Jugoslawien Titos vom Zaun gebrochen und den Kult um die eigene Person, selbst da, wo es um wissenschaftliche Streitfragen ging, auf die Spitze getrieben. Eine radikale Abkehr vom Personenkult, der dem Marxismus-Leninismus fremd sei, war darum die zentrale Forderung, in die Chruschtschows Referat mündete. Folglich galt es, in der KPdSU das Prinzip der kollektiven Führung und in der Sowjetunion insgesamt die Prinzipien der sozialistischen Demokratie im Sinne Lenins sowie die revolutionäre sozialistische Gesetzlichkeit wiederherzustellen.

Die «Geheimrede» war nicht die einzige große Rede, die Chruschtschow auf dem 20. Parteitag hielt. In einer anderen Rede begründete er

unter Berufung auf Lenin seine Doktrin von der «friedlichen Koexistenz unterschiedlicher Gesellschaftssysteme», zu der es nur eine
Alternative, den zerstörerischsten Krieg der Geschichte, gebe – eine
These, die in der westlichen Welt größte Beachtung fand. Manches
spricht dafür, daß der erste Mann der sowjetischen Kommunisten die
Verbrechen Stalins auch deswegen enthüllte, weil die Lehre von der
«friedlichen Koexistenz» ohne demonstrativen Bruch mit der jüngsten
Vergangenheit ebenso unglaubwürdig gewirkt hätte wie die in der
gleichen Rede verkündete Lehre von der grundsätzlichen Möglichkeit
eines friedlichen Übergangs vom Kapitalismus zum Sozialismus. Wie
auch immer: Chruschtschow wollte mit seiner «Geheimrede» nicht das
Sowjetsystem, sondern nur seine Deformation durch *eine* Person, Stalin,
kritisieren. Selbst an dessen Wirken fand der Erste Sekretär des ZK der
KPdSU noch manches anerkennenswert: vor allem den Kampf gegen gefährliche «linke» und «rechte» Abweichungen von der Parteilinie,
gleichviel ob sie auf Trotzki, Sinowjew oder Bucharin zurückgingen.

Die Zwangskollektivierung der Landwirtschaft und die Kulakenver-
nichtung ließ der Redner ebenso unerwähnt wie die Massenmorde an
Priestern, das System der Arbeitslager und eines der schrecklichsten
Kriegsverbrechen, die Ermordung Tausender polnischer Offiziere im
Wald von Katyn im Frühjahr 1940. Lenin blieb sakrosankt und damit
die Diktatur der selbsternannten Avantgarde des Proletariats in Gestalt
der Kommunistischen Partei oder vielmehr ihrer Führung. Chruschtschow schwieg zur eigenen Verantwortung für den Massenterror wie zu
der anderer, immer noch führender Funktionäre. Statt die Ursachen der
angeblichen Entartung des Sowjetkommunismus zu analysieren, wendete er den Personenkult gewissermaßen ins Negative, um Stalin als den
Alleinschuldigen präsentieren zu können. Die Rede sollte den «Sozialismus» und seine Vormacht, die Sowjetunion, langfristig stärken. Deswegen beschränkte Chruschtschow die «Entstalinisierung» auf die Kurskorrekturen, die ihm unvermeidlich erschienen – und die auch dazu
beitragen mochten, die Position seiner «stalinistischen» Widersacher in
der Parteiführung zu schwächen.

Die Erschütterung unter den Delegierten und den auswärtigen
Gästen ging so tief, daß sie die Rede schweigend, ohne ein Zeichen des
Beifalls, aufnahmen. Die Schlußfolgerungen des Ersten Sekretärs wurden einstimmig gebilligt, ebenso der Beschluß des Politbüros, die Rede
vorläufig nicht zu veröffentlichen, wohl aber an die Parteiorganisa-

tionen zu verschicken. Daß eine «Geheimhaltung» auf diese Weise nicht zu gewährleisten war, lag auf der Hand. In den Westen gelangten zunächst nur Gerüchte, bald aber erhielt die CIA auf dem Umweg über Warschau und Tel Aviv, durch Vermittlung erst eines polnischen Journalisten und dann des israelischen Geheimdienstes Mossad, den vollen Text des Referats. Im Juni 1956 verbreiteten westliche Zeitungen, beginnend mit der «New York Times», und Rundfunksender, darunter Radio Free Europe in München, ein im Ostblock vielgehörter amerikanischer Sender, und West-Berliner Rundfunkstationen, die Rede in vielerlei Sprachen in östlicher Richtung. Seitdem wußte man auch jenseits des «Eisernen Vorhangs» über Chruschtschows Anklage gegen den einst allmächtigen Sowjetführer sehr viel mehr, als dem Kreml lieb war.

Zu den ersten praktischen Konsequenzen des 20. Parteitags gehörte Chruschtschows Erklärung vom 3. März 1956, in der er der Volksrepublik China das Recht auf einen eigenen revolutionären Weg zum Sozialismus zugestand. Am 14. April wurde die Arbeit des Kominform eingestellt – ein Schritt, mit dem die Sowjetführung dem Drängen Marschall Titos entgegenkam. Die niemals sonderlich wirkungsvolle Nachfolgerin der Kommunistischen Internationale wurde damit nicht einmal neun Jahre alt. Am 2. Juni 1956 wurde Wjatscheslaw M. Molotow, einer der ältesten und engsten Mitarbeiter Stalins, als Außenminister durch Dimitrij T. Schepilow abgelöst. Der Wechsel an der Spitze des Außenministeriums wirkte wie ein Geschenk an den jugoslawischen Partei- und Staatschef, der im Juni 1956 auf einer Rundreise durch die Sowjetunion überall stürmisch bejubelt wurde. Daß Tito sich in Jugoslawien immer mehr selbst zum Gegenstand eines ausufernden Personenkults hatte machen lassen, tat der Begeisterung keinen Abbruch.

Die Parteiführungen der ostmittel- und südosteuropäischen Staaten reagierten überwiegend zurückhaltend auf Chruschtschows «Geheimrede». In der Tschechoslowakei blieb es bei verbalen Distanzierungen vom Personenkult. In Bulgarien wurde im April 1956 Ministerpräsident Vulko Červenkov durch den als etwas weniger «stalinistisch» geltenden Anton Tanev Jugov abgelöst und der 1949 hingerichtete Parteisekretär Trajčo Kostov rehabilitiert. Die rumänische Parteiführung unter Gheorghe Gheorghiu-Dej behauptete, daß sie sich schon 1952 vom Stalinismus und seinen Methoden gelöst habe, schlug aber vorübergehend gegenüber den Intellektuellen eine etwas weniger rigorose Linie als bisher ein.

In der DDR beschränkte sich Walter Ulbricht am 4. März 1956 zunächst auf die öffentliche Feststellung, zu den «Klassikern des Marxismus-Leninismus» könne man Stalin nicht rechnen. Am 29. April erklärte das Politbüro, in der SED habe es keinen Personenkult und keine Massenrepressionen gegeben, weshalb sich eine «rückwärtsgewandte Fehlerdiskussion» erübrige. Im Juli rief das Zentralkomitee zur Überwindung von Dogmatismus in der ideologischen Arbeit auf und rehabilitierte einige Funktionäre, die wegen «titoistischer» Abweichungen gemaßregelt worden waren, unter ihnen Anton Ackermann und Franz Dahlem. Im Juni wurden 11 000 Personen begnadigt; bis Oktober erlangten etwa 12 000 Personen die Freiheit zurück, die aus politischen Gründen in Gefängnissen und Zuchthäusern der DDR einsaßen.

Die stärksten Auswirkungen zeitigte Chruschtschows Aufruf zur begrenzten «Entstalinisierung» in Polen und Ungarn. Am 12. März starb der Erste Sekretär der Vereinigten Polnischen Arbeiterpartei, Bolesław Bierut. An seine Stelle trat Edward Ochab, der die Zügel sogleich etwas lockerte. Im April wurde der Text der «Geheimrede» an die Grundorganisationen der Partei verteilt; gleichzeitig erreichte die Rede, in zahllosen Exemplaren auf dem «Schwarzen Markt» kursierend, breitere Kreise. Im Zuge einer Amnestie gelangten noch im April etwa 9000 Häftlinge, unter ihnen die ehemaligen Angehörigen der Armia Krajowa, der polnischen Untergrundarmee, in Freiheit.

Die Unruhe, die große Teile der Bevölkerung erfaßt hatte, konnte durch diese Maßnahmen aber nicht eingedämmt werden. Normenerhöhungen in der Industrie wirkten ähnlich wie drei Jahre zuvor in der DDR. Sie trieben zumindest in *einer* Großstadt die Arbeiter aus den Betrieben auf die Straße: In Posen traten am 28. Juni, während der Internationalen Messe, Zehntausende von Arbeitern in den Generalstreik, der binnen weniger Stunden in einen Aufstand gegen das Regime umschlug. Die Regierung rief sogleich die Armee zu Hilfe. Über 10 000 Soldaten schlugen die Erhebung mit Panzern und Panzerkampfwagen noch am gleichen Tag nieder, so daß der Aufstand sich nicht weiter ausbreiten konnte. Über 70 Personen starben; die Zahlen der Verletzten und der Verhafteten gingen in die Hunderte. Eine Befriedung der Bevölkerung aber gelang der Partei- und Staatsführung nicht. Als der populäre ehemalige Parteichef Gomułka, der ein Jahr zuvor aus der Haft entlassen worden war, im August sein Parteibuch zurückerhielt, galt das den meisten nur als Abschlagszahlung auf das, was die große Mehrheit forderte, nämlich eine konsequente Abkehr vom Unterdrückungscharakter des kommunistischen Systems. Die Stimmung im Lande blieb aufs äußerste angespannt.

In Ungarn geriet Parteichef Mátyás Rákosi nach dem 20. Parteitag der KPdSU auch innerparteilich immer mehr unter Druck. Ein nach dem Nationaldichter Sándor Petőfi benannter Intellektuellenzirkel, der «Petőfi-Kreis», formulierte scharfe Kritik am stalinistischen Repressionsapparat. Hektographierte Analysen des im Jahr zuvor abgesetzten und aus der Partei ausgeschlossenen Ministerpräsidenten Imre Nagy, die in dieselbe Richtung zielten, gingen im ganzen Land von Hand zu Hand. Im Sommer 1956 griff die sowjetische Parteiführung direkt in den ungarischen Machtkampf ein. Der stellvertretende Ministerpräsident Anastas I. Mikojan nahm am 18. Juli an einer Sitzung des Politbüros in Budapest teil und bewog Rákosi zum Rücktritt, den dieser öffentlich mit seinem angegriffenen Gesundheitszustand begründete. Neu in das Politbüro aufgenommen wurde János Kádár, der erst im Zuge der Revision der von Rákosi erwirkten Schauprozeßurteile die Freiheit wiedererlangt hatte. Zum Nachfolger des zurückgetretenen Parteichefs aber wurde ein anderer Stalinist, Ernö Gerö, gewählt. Daß er im September einer Amnestie katholischer Priester zustimmte und sich auf Jalta mit Chruschtschow zu einer Generalaussprache traf, half nicht, das Mißtrauen zu überwinden, das seine Vergangenheit hervorrief. Wie in Polen konnte auch in Ungarn im Spätsommer und Frühherbst 1956 von einer politischen Beruhigung nicht gesprochen werden.

Im größten kommunistischen Land der Erde, der Volksrepublik China, riefen die beiden Parteitagsreden Chruschtschows starkes Befremden hervor. Mao Tse-tung war durchaus kein unkritischer Bewunderer Stalins, aber wenn sein Nachfolger diesem nicht nur Fehler vorwarf, sondern seinen Rang als großer Marxist-Leninist bestritt, war das für Mao ein gefährliches Zeichen von «Revisionismus», also der Abweichung vom Leninismus. In dieselbe Rubrik fiel Chruschtschows öffentlich geäußerte Auffassung, daß es unter Umständen auch einen «friedlichen Übergang zum Sozialismus» und über längere Zeit hinweg eine «friedliche Koexistenz» zwischen Staaten unterschiedlicher Gesellschaftsordnung geben könne.

Am 25. April 1956 hielt Mao seine Rede über die «Zehn großen Beziehungen», in der er erstmals deutlich machte, daß die Sowjetunion von der Volksrepublik China nicht mehr als Vorbild empfunden

wurde. Auf dem 8. Parteitag im September bezog der erste Mann der
chinesischen Kommunisten Front gegen Parteiführer wie Liu Shaoqi,
die aus seiner Sicht einseitig die wirtschaftliche Rückständigkeit Chinas bekämpften und alle Aufmerksamkeit dem Aufbau der Schwerindustrie zuwandten, das Verhältnis zwischen Partei und Volksmassen
aber vernachlässigten. Um die revolutionäre Dynamik wiederzube-
leben, schien Mao seine Hoffnungen zeitweilig auf Studenten, Wissenschaftler und Intellektuelle zu setzen, die er zum Ideenwettstreit aufrief («Laßt hundert Blumen blühen, laßt hundert Gedankenschulen
miteinander wetteifern», lautete seine im Mai 1957 ausgegebene Parole). Manche Beobachter waren sich freilich nicht sicher, ob es Mao
dabei um eine Liberalisierung des chinesischen Kommunismus ging
oder nicht vielmehr darum, herauszufinden, wer die «revisionistischen»
Kräfte in China waren. Von einer chinesischen Parallele zur «Entstalinisierung» zu sprechen, wäre in jedem Fall voreilig gewesen.[13]

Beim wichtigsten weltpolitischen Kontrahenten der Sowjetunion
nahm man das Bekenntnis, das Chruschtschow auf dem 20. Parteitag
zur «friedlichen Koexistenz» abgelegt hatte, außerordentlich ernst:
Außenminister Dulles nannte am 3. April 1956 die (öffentliche) Rede
des sowjetischen Parteichefs «höchst bedeutend und ermutigend für
die Hoffnung auf Frieden». Präsident Eisenhower erklärte knapp drei
Wochen später, am 21. April, vor der Vereinigung der amerikanischen Zeitungsherausgeber, die Sowjets hätten zwar nicht ihr Ziel
der Welteroberung aufgegeben, aber ihre Haltung auf sehr markante
Weise verändert und ihre Politik der Gewalt und Feindseligkeit gemäßigt. Die Chefs der CIA und der Vereinigten Generalstäbe wies er
an, bei allem, was sie in bezug auf die Sowjetunion unternähmen,
Klugheit und Vorsicht walten zu lassen.

Für die amerikanische Öffentlichkeit standen 1956 zunächst andere Dinge im Vordergrund des Interesses. Im Mai des Vorjahres hatte
der Oberste Gerichtshof im Fall «Brown versus Board of Education of
Topeka» auf die Klage eines afroamerikanischen Bürgers von Kansas
hin die Rassentrennung an Schulen als verfassungswidrig bezeichnet,
weil sie dem Gleichheitsprinzip, wie es das 14. Amendment zur amerikanischen Verfassung verbürgte, widerspreche. Gegen die Konsequenz
des höchstrichterlichen Urteils, die Abschaffung getrennter Schulen
für schwarze und weiße Amerikaner, liefen die White Citizen Councils,

neugeschaffene Zusammenschlüsse rassistischer Südstaatler, Sturm. Viele Afroamerikaner aber waren nicht mehr bereit, ihre Diskriminierung tatenlos hinzunehmen. Ende 1955 begann in Montgomery in Alabama auf Initiative des Baptistenpfarrers Martin Luther King ein Boykott von Omnibussen, mit dem die Rassentrennung in diesem Verkehrsmittel angeprangert und beseitigt werden sollte. Am 19. Juni 1956 führte die Aktion zum Erfolg: Die Betreiber mußten die Segregation beenden. Durch den Triumph ihres zivilen Widerstands erhielt die schwarze Bürgerrechtsbewegung neuen Auftrieb. Im Jahr darauf gründete King die Southern Christian Leadership Conference, die sich das Ziel setzte, die Gleichberechtigung von Schwarzen und Weißen mit friedlichen Mitteln zu erkämpfen.

1956 war ein Präsidentenwahljahr. Daß Eisenhower eine zweite Amtszeit erstrebte, hatte er bereits im Februar angekündigt. Wie 1952 stellten die Demokraten als ihren Kandidaten den Gouverneur von Illinois, Adlai Stevenson, auf. Der populäre «Ike» hatte gute Aussichten, wiedergewählt zu werden, mußte aber darauf achten, sich in den verbleibenden Monaten keine Blößen zu geben. Eine Möglichkeit dazu bot die Außenpolitik – genauer gesagt: die Haltung, die die USA angesichts einer Krise im Nahen Osten bezogen, die sich spätestens seit dem Sommer 1956 abzeichnete.

Im Mai hatten die Briten den mit Ägypten vereinbarten Abzug ihrer Truppen aus der Suezkanalzone abgeschlossen. Ende Juni billigten die Ägypter in einer Volksabstimmung nahezu einstimmig eine neue Verfassung; gleichzeitig wählten sie Ministerpräsident Gamal Abd el Nasser zum Präsidenten des neuen Einparteienstaats. Nasser hatte im April des Vorjahres im indonesischen Bandung an einer Konferenz von 23 asiatischen und 6 afrikanischen Staaten teilgenommen, die keinem der beiden Blöcke angehörten und den Kolonialismus scharf verurteilten. Am 18. und 19. Juli 1956 traf er mit dem indischen Ministerpräsidenten Jawaharlal Nehru und dem jugoslawischen Präsidenten Josip Broz Tito in dessen Sommerresidenz auf der Insel Brioni zusammen, wo sich die drei Staats- und Regierungschefs auf eine gemeinsame Erklärung über Prinzipien der Nichtblockgebundenheit verständigten. Am zweiten und letzten Tag des Treffens auf der Adriainsel zogen die USA, Großbritannien und die Weltbank ihre Zusage für die Finanzierung des Baus des Assuan-Staudammes, des größten von Nasser betriebenen Infrastrukturprojekts, zurück. Der demonstrative Akt sollte

eine Antwort auf Nassers zunehmende Annäherung an neutrale und
kommunistische Staaten sein – eine Politik, zu der neben dem Engagement des Präsidenten in der Bewegung der Blockfreien auch der Bezug
von Waffen und modernem Kriegsgerät aus der Tschechoslowakei
(und indirekt aus der Sowjetunion) sowie die Aufnahme diplomatischer
Beziehungen zur Volksrepublik China gehörten.

Der ägyptische Präsident war entschlossen, den Assuan-Staudamm
notfalls mit eigenen Mitteln zu bauen und sich das notwendige Kapital
durch einen Coup zu verschaffen: Am 26. Juli verfügte er die Verstaatlichung der Suezkanal-Gesellschaft – eine Maßnahme, mit der er geltendes internationales Recht brach. Nasser versprach zwar, die Anteilseigner zu entschädigen und den Suezkanal auch unter der Verwaltung
seines Landes für die internationale Schiffahrt offenzuhalten, aber
damit vermochte er nur den amerikanischen Präsidenten zu beeindruk-
ken, nicht jedoch die Leiter der britischen und französischen Politik.
Großbritannien und Frankreich waren die beiden wichtigsten Anteilseigner der Gesellschaft; für beide war der Kanal ein Symbol ihrer verbliebenen imperialen Größe, für das Vereinigte Königreich zudem das
Eingangstor zum Commonwealth «East of Suez». Großbritannien bezog über diesen Schiffahrtsweg auch einen Großteil des von ihm benötigten Erdöls, namentlich das aus Saudi-Arabien stammende. London
und Paris *wollten* Nasser eine Niederlage beibringen, um ihn dauerhaft von der Macht zu vertreiben – die britische Regierung aus den
schon genannten Gründen, die französische vor allem deshalb, weil sie
in ihm den wichtigsten Förderer und Waffenlieferanten der algerischen
Unabhängigkeitsbewegung sah.

An der Spitze des britischen Kabinetts stand seit April 1955 als
Nachfolger des aus gesundheitlichen Gründen zurückgetretenen
Churchill der bisherige Außenminister Sir Anthony Eden. Im Monat
darauf waren die von ihm geführten Konservativen als überlegene Sieger aus den Unterhauswahlen hervorgegangen: Auf sie entfielen 49,7,
auf die Labour Party 46,4 Prozent, was den Tories einen Vorsprung
von 58 Mandaten einbrachte. In Frankreich hatten im Januar 1956 die
Parteien der Linken die Wahl gewonnen, wobei die Kommunisten mit
25,6 Prozent der Stimmen die größte Partei stellten, die Sozialisten, die
linken Radicaux um Mendès-France, die gaullistischen Sozialrepublikaner um Jacques Chaban-Delmas und Mitterrands Union Démocratique et Socialiste de la Résistance, die sich zum «Front républicain»

zusammengeschlossen hatten, aber über mehr Mandate verfügten als der PCF. Regierungschef wurde der Generalsekretär der Sozialisten, Guy Mollet, der an die Spitze eines Kabinetts des Front républicain trat, das von Kommunisten und Volksrepublikanern parlamentarisch unterstützt wurde und bis Juni 1957 im Amt blieb. Das Amt des Außenministers bekleidete in Paris der Sozialist Christian Pineau, die eigentliche treibende Kraft in der Suezkrise vom Herbst 1956, in London der Konservative Selwyn Lloyd.

Kurz nach Nassers Coup erfuhr Eisenhower aus Geheimdienstquellen, daß man in London eine Intervention in Ägypten plante. Für den Präsidenten war klar, daß ein solches Unternehmen das Ost-West-Verhältnis schwer belasten, die USA in den Geruch eines Komplizen der europäischen Kolonialmächte bringen und auch die eigenen Wahlchancen mindern mußte. Er versuchte daher, Eden das Vorhaben telefonisch auszureden, und schickte Dulles nach London, wo dieser am 21. August an einer internationalen Suez-Konferenz teilnahm und den europäischen Verbündeten vor allem seine rechtlichen Bedenken gegen eine Intervention in und gegen Ägypten vortrug. Nasser wurde durch den australischen Premierminister Robert Menzies über einen in London beschlossenen Plan für die Zukunft des Suezkanals informiert, lehnte diesen aber sogleich ab. Daraufhin traten die Konferenzteilnehmer vom 19. bis 21. September nochmals in der britischen Hauptstadt zusammen. Auf Vorschlag von Dulles beschlossen sie die Gründung einer Vereinigung der Benutzer des Suezkanals, die Suez Canal Users Association (SCUA). Großbritannien und Frankreich kündigten bei dieser Gelegenheit an, daß sie sich an den Sicherheitsrat der Vereinten Nationen wenden wollten. Das geschah am 13. Oktober und zeitigte das von den Antragstellern erwartete Ergebnis: Ihre wichtigsten Forderungen stießen auf den hartnäckigen Widerstand der Vetomacht Sowjetunion.

Kurz darauf begann die «heiße Phase» einer Operation, die der Historiker Jost Dülffer eine «für die westliche Staatenwelt nach dem Zweiten Weltkrieg einzigartige Verschwörung zum Krieg» nennt. Vom 21. bis 24. Oktober kamen in Sèvres bei Paris der britische Außenminister Selwyn Lloyd, von französischer Seite Ministerpräsident Guy Mollet und Außenminister Christian Pineau, als Vertreter Israels Ministerpräsident und Verteidigungsminister David Ben Gurion, der stellvertretende Verteidigungsminister Schimon Peres und Generalstabschef Mosche Dajan zu einem streng geheimen Treffen zusammen, über das nicht einmal die Kabinette in London und Paris, geschweige denn der amerikanische Verbündete in Kenntnis gesetzt wurden. Die Teilnahme Israels erschien in sich logisch (und war bereits am 29. September in Sèvres zwischen hochrangigen Vertretern der französischen und der israelischen Regierung vereinbart worden): Zwischen Ägypten und Israel hatte es immer wieder Grenzzwischenfälle, vor allem am Gazastreifen, gegeben; Nasser unterstützte die Palästinenser, die seit Mitte der fünfziger Jahre vermehrt Anschläge auf israelische Ziele verübten; seine Feindseligkeit gegenüber dem jüdischen Staat war auch sonst über jeden Zweifel erhaben.

Israel sollte deshalb, so wurde es in Sèvres vereinbart, einen Angriff auf Ägypten unternehmen, worauf Großbritannien und Frankreich mit einem Ultimatum an beide kriegführenden Parteien reagieren wollten, in dem sie den Rückzug der ägyptischen Truppen aus der Kanalzone forderten. Im Fall der Ablehnung durch Kairo, mit der man fest rechnete, konnte die britisch-französische Interventionsstreitmacht die Suezkanalzone besetzen und im Gebiet um Port Said stationiert werden. Israel erhielt moderne Waffen von seinen beiden Partnern, außerdem eine Zusage Frankreichs zur Sicherung seiner Küste und seines Luftraums. Schließlich versprachen London und Paris, einen Beschluß des Sicherheitsrates der Vereinten Nationen gegen Israel durch ihr Veto zu verhindern. Daß die westliche Welt zur gleichen Zeit, in der Großbritannien, Frankreich und Israel ihre Pläne abstimmten, ihre Aufmerksamkeit ganz der bislang schwersten Krise innerhalb des Ostblocks widmete, war den Verschwörern wohl bewußt. Das Zusammentreffen schien sie aber nicht zu stören. Es kam ihnen offenbar sogar gelegen, weil dadurch die Geheimhaltung ihres Vorhabens wesentlich erleichtert wurde.[14]

Polen war nach dem Posener Arbeiteraufstand vom 28. Juni 1956 nicht mehr zur Ruhe gekommen. In der kommunistischen Partei, der PVAP, prallten die Gegensätze zwischen der moskautreuen, nach dem Ort ihrer Zusammenkünfte benannten «Natolin-Gruppe» und der weniger doktrinären, also als «liberal» geltenden «Puławianie» aufeinander, die sich wechselseitig für alle vergangenen und gegenwärtigen Mißstände verantwortlich machten. In der Presse gab es kontroverse Debatten über das Verhältnis von Demokratie und Sozialismus. Ende

August begingen etwa eine Million Katholiken in Tschentschochau die 300. Wiederkehr des Tages, an dem 1656, zur Zeit der Besetzung fast des ganzen Landes während des Ersten Nordischen Krieges zwischen Schweden, Polen und Rußland, die Jungfrau Maria zur Königin von Polen erklärt worden war. Die Feier war kein Akt des offenen Widerstands gegen das kommunistische Regime, aber doch ein unübersehbarer «acte de présence» des katholischen Polen, das seit drei Jahren vergeblich die Freilassung seines Primas, Kardinal Wyszyński, aus der Haft forderte.

Wenige Wochen später hielt es der Erste Sekretär der PVAP, Edward Ochab, für ein Gebot der Vernunft, den Polen ein positives Signal zu geben und den Mann zur Sitzung des Politbüros am 12. Oktober einzuladen, der fast fünf Jahre lang ohne Prozeß interniert gewesen war und erst im August sein Parteibuch zurückerhalten hatte: Władisław Gomułka. Der ehemalige Parteichef sprach sich bei diesem Zusammentreffen für eine selbstbewußte Wahrnehmung polnischer Interessen gegenüber der Sowjetunion und der KPdSU, eine besser durchdachte Wirtschaftspolitik und den Verzicht auf eine Kollektivierung der Landwirtschaft aus. Beschlossen wurde am 12. Oktober lediglich, eine Woche später auf einer Sitzung des Zentralkomitees ein neues Politbüro zu wählen. In Moskau erwartete man von dieser Sitzung das, was auf polnischer Seite tatsächlich Gegenstand der Überlegungen war: eine Wahl von Gomułka ins Politbüro und eine Abwahl von Verteidigungsminister Rokossowski, der vom Vater her Pole, aber sowjetischer Staatsbürger war und die Abhängigkeit Polens vom Kreml geradezu verkörperte.

Am 18. Oktober, einen Tag vor der geplanten Sitzung, kündigte der sowjetische Botschafter der Parteiführung den Besuch einer sowjetischen Delegation für den 19. Oktober an. Alle Versuche, eine Terminverschiebung zu erreichen, schlugen fehl. Gleichzeitig teilte die KPdSU den «Bruderparteien» mit, daß sie über die Lage in Polen äußerst besorgt sei. Am Morgen des 19. Oktober wurden zwei in Polen stationierte Panzerdivisionen in Richtung Warschau in Marsch gesetzt; polnische Verbände erhielten ihrerseits die Weisung, sich für die Verteidigung der Hauptstadt bereitzuhalten. Auf dem Warschauer Flughafen wurde die Delegation aus Moskau mit Chruschtschow an der Spitze von Gomułka empfangen, der unmittelbar davor ins Zentralkomitee gewählt worden war. Sein Argument, daß nur eine neue Parteiführung die Lage in den Griff bekommen und das Bündnis mit der Sowjetunion auf eine neue Grundlage stellen könne, vermochte Chruschtschow während der stundenlangen Verhandlungen nicht zu entkräften. Der sowjetische Parteichef mußte sich schließlich damit abfinden, daß Gomułka einstimmig zum Ersten Sekretär der PVAP gewählt und Rokossowski nicht wieder in das oberste Parteigremium gewählt wurde. Sein Amt als Verteidigungsminister verlor er einige Tage später, am 29. Oktober.

Einen Tag zuvor, am 28. Oktober, war Stefan Kardinal Wyszyński freigelassen worden und in sein Amt als Primas der polnischen Kirche zurückgekehrt. Die große Mehrheit der Polen war erleichtert: Die Schreckenszeit des Stalinismus schien endgültig überwunden, Polen ein gewisses Maß an Selbständigkeit zurückgewonnen zu haben und eine Zeit der relativen Normalisierung zu beginnen – eine Perspektive, die sich um dieselbe Zeit auch ein anderes krisengeschütteltes mitteleuropäisches Land zu erkämpfen gedachte: Ungarn.

Für den ungarischen Bruch mit dem stalinistischen Erbe wurde der 6. Oktober 1956 zu einem wichtigen Datum: An diesem Tag fand mit Zustimmung der neuen Parteiführung unter Ernö Gerö ein öffentliches Ehrenbegräbnis für den im September 1949 hingerichteten «Titoisten» László Rajk und seine gleichfalls gehenkten Weggefährten statt. Aus der Trauerfeier wurde eine Massendemonstration, bei der neben antistalinistischen auch bereits prinzipiell antikommunistische Sprechchöre laut wurden. Zwei Wochen später begann, inspiriert von den Ereignissen in Polen und ausgehend von der Universität Szeged, eine Welle von Studentenkundgebungen, auf denen die Wiederberufung von Imre Nagy zum Ministerpräsidenten, der Abzug der sowjetischen Besatzungstruppen, die Bestrafung aller für den stalinistischen Terror Verantwortlichen, die Abschaffung der Einparteienherrschaft und freie Wahlen gefordert wurden.

Am 23. Oktober schlug der studentische Protest in eine revolutionäre Volkserhebung um. Den Anstoß gab eine von Budapester Studenten einberufene Solidaritätskundgebung für die polnische Nation. Im Anschluß an die friedlich verlaufene Versammlung formierte sich ein Demonstrationszug, der, unterwegs immer mehr anwachsend, zunächst zu den Statuen des Nationaldichters Sándor Petőfi und des polnischen Generals Józef Bem, eines Helden der ungarischen Revolution von 1848, und von da zum Haus des Rundfunks zog, wo die Wortführer des Protests vergeblich die landesweite Bekanntmachung ihrer Forderungen verlangten. Statt dessen wurde gegen 20 Uhr eine Ansprache Gerös gesendet, in der dieser die Demonstration als «nationalistische Kundgebung» scharf verurteilte. Was auf den Straßen von Budapest niemand wußte: Bereits einige Stunden vorher hatte der Parteichef auf direktem telefonischem wie auf diplomatischem Weg Chruschtschow um militärische Hilfe bei der Niederschlagung der vermeintlichen Konterrevolution gebeten.

Gegen 21 Uhr hielt Imre Nagy, das Idol der Parteiopposition und vieler Studenten und Intellektueller, von einem Balkon des Parlaments aus eine Ansprache, in der er die Versammelten als «Genossinnen und Genossen» ansprach, womit er empörte Zurufe auslöste und sich um die Chance brachte, zur Beruhigung der Lage beizutragen. Eine halbe Stunde später gelang den Demonstranten ein Akt von hoher symbolischer Bedeutung: die Zerstörung des monumentalen Stalin-Denkmals am Stadtpark. Um dieselbe Zeit eröffnete die Staatsschutzwache das Feuer auf die Demonstranten, die immer noch das Rundfunkgebäude belagerten. Es waren die ersten Schüsse der ungarischen Oktoberrevolution. Sie vermochten nicht zu verhindern, daß die Demonstranten, die sich ihrerseits inzwischen in Rüstungsbetrieben und Kasernen bewaffnet hatten, ihr unmittelbares Ziel erreichten: Sie konnten, wenn auch nur für kurze Zeit, das Rundfunkgebäude besetzen.

In der Nacht vom 23. zum 24. Oktober beschloß das Zentralkomitee der Partei der Ungarischen Werktätigen, eine Forderung der Parteiopposition und vieler Studenten zu erfüllen: Imre Nagy wurde zum Ministerpräsidenten ernannt und ins Politbüro kooptiert. Gleichzeitig wurde der Ausnahmezustand ausgerufen, ein Versammlungsverbot erlassen und die Niederwerfung des Aufstands, des angeblichen «Werkes konterrevolutionärer, faschistischer Kräfte», mit Hilfe der Armee, bewaffneter Sicherheitskräfte und sowjetischer Truppen beschlossen. Auch Imre Nagy, der sein Amt als Regierungschef am Morgen des 24. Oktober antrat, betrachtete die Demonstrationen zunächst als «konterrevolutionär»; er unterstützte die Bitte um sowjetische Militärhilfe, zögerte aber, die Politische Polizei gegen die Demonstranten einzusetzen.

Am 24. Oktober stand Budapest im Zeichen eines von den Arbeitern erzwungenen spontanen Massenstreiks: Die Zeitungen erschienen nicht, die öffentlichen Verkehrsmittel standen still, Parteibüros wurden erstürmt, sowjetische Symbole wie der Rote Stern über Fabriken und öffentlichen Gebäuden zerstört, in den Betrieben Arbeiterräte gewählt. An den Kämpfen gegen die anrückenden Panzer der Roten Armee beteiligten sich außer bewaffneten Jugendlichen auch Offiziersanwärter und Polizeieinheiten. Kurz nach 12 Uhr rief Nagy zur Waffenruhe auf und versprach den Aufständischen, die bis 14 Uhr ihre Waffen niederlegten, eine Amnestie. Da der Appell kein Gehör fand, wurde die Frist wiederholt verlängert. Nachmittags trafen zwei Abgesandte des Politbüros der KPdSU, Michail Suslow und Anastas Mikojan, in Budapest ein. Ihr wichtigster Auftrag bestand darin, Ernö Gerö zum Rücktritt als Erster Sekretär der Partei der Ungarischen Werktätigen zu bewegen und durch János Kádár, ein ehemaliges Opfer Rákosis, zu ersetzen. Am folgenden Tag gegen 12 Uhr 30 wurde über den Rundfunk bekanntgegeben, daß Kádár die Nachfolge Gerös als Parteichef angetreten habe.

Eine Beruhigung bewirkte der Wechsel an der Parteispitze zunächst weder in der Hauptstadt noch im übrigen Ungarn, das inzwischen ebenfalls von der Revolution erfaßt worden war. Am 25. Oktober kam es vor dem Parlament zu einer Schießerei, die höchstwahrscheinlich von Geheimpolizisten auf den Dächern der umliegenden Häuser ausging und zahlreiche Menschenleben forderte. Ein Teil der Aufständischen antwortete auf dieses und andere Massaker mit brutaler Lynchjustiz an Geheimpolizisten und kommunistischen Funktionären im ganzen Land – Ereignissen, die später als Belege für den «wahren», nämlich faschistischen Charakter der «Konterrevolution» gewertet wurden. Die kommunistische Partei schien währenddessen im Zustand der Auflösung begriffen. Die Macht ging überall an örtliche Revolutionskomitees und Arbeiterräte über, denen freilich *eines* fehlte: eine zentrale Führung.

Am späten Vormittag des 27. Oktober gab Imre Nagy zu erkennen, daß er sich entschieden hatte, selbst an die Spitze der Revolution zu treten. Er bildete sein Kabinett um, ernannte Reformkommunisten, darunter den international bekannten Philosophen Georg (György) Lukács, und zwei frühere Führer der Kleinlandwirtepartei, Zoltán Tildy und Béla Kovács, zu Ministern. Am Vormittag des 28. Oktober verhinderte der Regierungschef einen von der Militärkommission der Partei geplanten Angriff auf die Aufständischen in den Budapester Corvin-Passagen. Um 13 Uhr 20 verkündete er den zwischen der Füh-

rung der Streitkräfte und den Aufständischen vereinbarten Waffenstillstand. Vier Stunden später bezeichnete Nagy über den Rundfunk
den Aufstand als «nationaldemokratische Bewegung» und kündigte
die Erfüllung der wichtigsten Forderungen der Revolutionäre an. Er
nannte namentlich Verhandlungen über den Abzug der sowjetischen
Truppen, sodann die Auflösung der Politischen Polizei, eine allgemeine
Amnestie und eine Reform der Landwirtschaftspolitik. Die ungarische
Revolution schien wenn nicht gesiegt zu haben, so doch auf dem besten Weg zum Sieg zu sein – geführt von einem Kommunisten, der
zwar als antistalinistischer Reformer galt, bislang sich aber klar von
allem distanziert hatte, was auf einen Bruch mit dem Marxismus-
Leninismus hindeutete.[15]

Der 29. Oktober 1956 war der Tag, den die Verschwörer von Sèvres
für die britisch-französisch-israelische Aktion am Suezkanal vorgesehen hatten. Am Abend jenes Tages griff Israel vereinbarungsgemäß
Ägypten auf der Sinaihalbinsel an. Am 30. Oktober – zu einem Zeitpunkt, als die israelischen Truppen noch weit vom Suezkanal entfernt
waren – folgte das verabredete, auf zwölf Stunden befristete britisch-
französische Ultimatum an Israel und Ägypten, ihre Truppen jeweils
zehn Meilen vom Suezkanal zurückzuziehen, damit das Vereinigte
Königreich und Frankreich die Pufferzone als Friedensstifter mit ihren
Truppen besetzen konnten. Da Ägypten sich erwartungsgemäß dem
Druck aus London und Paris nicht beugte, begannen die Luftwaffen
der beiden westeuropäischen Länder in der Nacht vom 31. Oktober
zum 1. November mit der Bombardierung ägyptischer Flugplätze. Die
Landung von Bodentruppen in Port Said war aus praktischen Gründen
erst für den 6. November vorgesehen.

Ihren wichtigsten Verbündeten, die USA, hatten London, Paris und
Tel Aviv nicht im voraus über ihre Absichten informiert – wobei sie
von der berechtigten Annahme ausgingen, daß Washington andernfalls alles tun würde, um sie von ihrem kriegerischen Unternehmen
abzuhalten. Tatsächlich waren Eisenhower und Dulles über das Vorgehen der drei Aggressoren empört – und zugleich entschlossen, ihr
Kalkül zu durchkreuzen. Die Entwicklungshilfe für Israel wurde ab-
rupt beendet und das Vereinigte Königreich mit der Drohung konfrontiert, daß die Vereinigten Staaten sich von ihren Pfundreserven trennen
und damit die britische Währung ins Trudeln bringen würden, falls

London die Suezaktion nicht sofort beendete. Weiter drohte Eisenhower Eden, die USA würden die von London beantragte (und dringend benötigte) Hilfe des Internationalen Währungsfonds blockieren,
falls Großbritannien den Kampf gegen Ägypten nicht sofort einstelle.
Entsprechenden finanziellen Druck übte Washington auf Paris aus.
Gegen beide Mächte verhängten die USA außerdem ein Ölembargo.

Gleichzeitig wandten sich die Vereinigten Staaten an die Vereinten
Nationen. Um das britisch-französische Veto im Sicherheitsrat zu
überwinden, führte die amerikanische Regierung im Zusammenspiel
mit der Sowjetunion eine Beschlußfassung der Vollversammlung herbei. Sie stützte sich dabei auf die während des Koreakrieges am 3. November 1950 gegen sowjetischen Widerstand verabschiedete Resolution «Uniting for Peace». Danach konnte die Vollversammlung, wenn
der Sicherheitsrat durch ein Veto blockiert war, die Mehrheit seiner
Mitglieder aber das Veto ablehnte, Kollektivmaßnahmen zur Friedens-
sicherung empfehlen. Am 2. November, vier Tage vor der amerikanischen Präsidentenwahl, forderte die Vollversammlung auf Antrag der
USA mit 65 gegen 5 Stimmen die beteiligten Mächte auf, die Kampfhandlungen sofort einzustellen. An Israel erging die zusätzliche Aufforderung, seine Truppen hinter die ägyptisch-israelische Waffenstill-
standslinie vom 24. Februar 1949 zurückzuziehen.

Am 4. November 1956, zwei Tage nach der ersten Resolution, verabschiedete die Vollversammlung der Vereinten Nationen eine zweite
Entschließung, die Resolution Nr. 998, in der sie sich auf die Aufstellung einer internationalen Friedenstruppe für den Kriegsschauplatz im
Nahen Osten festlegte. Die Streitmacht setzte sich aus Truppen der
nichtständigen Mitglieder des Sicherheitsrats zusammen und unterstand dem Oberbefehl des Generalsekretärs der Vereinten Nationen,
des Schweden Dag Hammarskjöld. Alle Konfliktparteien erklärten
sich mit dem Verfahren einverstanden – ein Modell für alle künftigen
Einsätze von Friedenstruppen der UNO.

Einen Tag später, am 5. November, meldete sich die Sowjetunion
mit Drohungen an das Vereinigte Königreich, Frankreich und Israel zu
Wort, die an Schärfe nicht zu überbieten waren und sich kraß vom
bisherigen faktischen Stillhalten Moskaus in der Suezfrage abhoben.
«Wie wäre die Lage Englands», so hieß es etwa in der Botschaft von
Marschall Nikolai Bulganin, dem Vorsitzenden des Ministerrates, an
den britischen Premierminister Sir Anthony Eden, «wenn es selbst von

stärkeren Staaten überfallen würde, die über sämtliche Arten moderner Vernichtungswaffen verfügen? ... Würden Raketenwaffen gegen England oder Frankreich eingesetzt, so würden Sie das sicherlich als ein barbarisches Vorgehen bezeichnen.» Der Krieg in Ägypten könne auf andere Länder übergreifen und sich in einen Dritten Weltkrieg verwandeln. «Wir sind fest entschlossen, durch Einsatz von Gewalt die Aggressoren zurückzuschlagen und den Frieden im Osten wiederherzustellen.» Die Drohung mit dem Einsatz von Atomraketen gegen Großbritannien, Frankreich und Israel war unüberhörbar; aus Israel wurde überdies der sowjetische Botschafter abberufen. Am gleichen Tag deutete Bulganin aber auch einen politischen Ausweg aus der Suezkrise an: In einer Botschaft an Präsident Eisenhower schlug er vor, die USA und die Sowjetunion sollten gemeinsam die Einstellung des Angriffs auf Ägypten erzwingen.

Bis zum Abend des 6. November, des Tages der amerikanischen Präsidentenwahl, schien es, als ließen sich die drei Angreiferstaaten von Resolutionen, Sanktionen und Drohungen nicht beeindrucken. Israel eroberte am 3. November Gaza; am 5. November landeten britische und französische Fallschirmjäger am Flughafen von Port Said; am Morgen des 6. November landeten britische Marineeinheiten an der Küste Ägyptens, wo sie auf hartnäckigen Widerstand stießen; über Vororten von Kairo wurden Bomben abgeworfen. Am Abend des 6. November war etwa ein Drittel der Suezkanalzone in den Händen der Verbündeten. Kurz darauf, um Mitternacht, verkündeten Großbritannien, Frankreich und Israel einen einseitigen Waffenstillstand.

Es war offenkundig, daß die drei Länder in der Nacht vom 6. zum 7. November 1956 ihre Kriegsziele nur zu einem kleinen Teil erreicht hatten. Sie wichen vor Pressionen höchst unterschiedlicher Urheber und höchst unterschiedlicher Qualität zurück. Die sowjetische Drohung mit Atomraketen, die Chruschtschow noch viel unverhohlener vortrug als Bulganin, mochte in erster Linie ein Stück psychologischer Kriegsführung sein, dazu bestimmt, die gleichzeitige Niederwerfung der ungarischen Revolution zu übertönen, von negativen Wirkungen auf die eigene Bevölkerung und die Verbündeten mußte man in London und Paris dennoch ausgehen. Sehr viel schwerer wog der geballte Widerstand des mächtigsten Landes der Welt, der USA, gegen den nicht nur Israel machtlos war, sondern auch die beiden westeuropäischen Staaten, die so stolz darauf waren, immer noch den Großmächten zugerechnet zu werden: Großbritannien und Frankreich. Dazu kam die politische Isolierung in den Vereinten Nationen, die in diesem Fall wirklich die Weltöffentlichkeit repräsentierten.

Die drei Angreiferstaaten hatten sich gründlich verkalkuliert, weil sie ihre Kräfte maßlos überschätzten und weil zwei von ihnen sich nicht vom Denken in falschen historischen Analogien zu befreien vermochten: Wenn Mollet und Eden 1956 immer wieder Nasser mit Hitler beziehungsweise Mussolini verglichen und vor einem «neuen München» warnten, irrten sie fundamental. Sie hatten es im Fall des ägyptischen Präsidenten mit dem Führer eines Landes zu tun, das sich endgültig von der Bevormundung durch europäische Mächte befreien wollte, und nicht mit einem Diktator, dessen Politik auf imperiale Expansion ausgerichtet war.

Für die Sowjetunion war die Suezaktion ein wahres Himmelsgeschenk: Das militärische Vorgehen der drei «imperialistischen» Staaten Großbritannien, Frankreich und Israel lenkte die Weltöffentlichkeit zumindest teilweise von dem ab, was zur gleichen Zeit in Ungarn geschah. Am 30. Oktober erklärte die Sowjetregierung ihre Bereitschaft, mit der ungarischen Regierung über einen Abzug der sowjetischen Truppen zu verhandeln, und begann in der Tat damit, die Rote Armee aus Budapest abzuziehen. Am gleichen Tag kam es in der ungarischen Hauptstadt zu heftigen Kämpfen um die kommunistische Parteizentrale mit zahlreichen Toten auf Seiten der Verteidiger und der Aufständischen. Imre Nagy bekannte sich nunmehr offen zur Wiederherstellung eines Mehrparteiensystems und damit zum politischen Pluralismus: Die Partei der ungarischen Werktätigen gab sich eine neue, reformkommunistisch geprägte Führung und beschloß, sich in Ungarische Sozialistische Arbeiterpartei umzubenennen. Die einstigen Koalitionsparteien organisierten sich ebenfalls neu und betonten ihre politische Selbständigkeit. Am Abend des 30. Oktober riefen die Aufständischen mit der Armee und der Polizei ein Revolutionäres Schutzkomitee ins Leben. Zwei Stunden vor Mitternacht wurde Kardinal Mindszenty aus seinem Gefängnis befreit.

Am folgenden Tag, dem 31. Oktober, wurde der Regierung Nagy klar, daß von einem Abzug der Roten Armee in Wirklichkeit keine Rede sein konnte. Die Rückführung der Roten Armee geriet nicht nur ins Stocken, die Sowjetunion verlegte sogar neue Truppeneinheiten aus der Ukraine und aus Rumänien auf ungarisches Territorium und gab damit zu erkennen, daß sie nicht daran dachte, die Entscheidung über das Schicksal Ungarns den Ungarn zu überlassen. Nagy beantwortete den offensiven Akt am 1. November mit einem defensiven Schritt: der Aufkündigung der Mitgliedschaft Ungarns im Warschauer Pakt und der Proklamation der Neutralität der Ungarischen Volksrepublik. An den Generalsekretär der Vereinten Nationen, Dag Hammarskjöld, erging die Bitte, die UNO möge die Neutralität Ungarns anerkennen.

Parteichef János Kádár hatte in seiner Eigenschaft als neuernannter Staatsminister im Kabinett Nagy sowohl dem Austritt aus dem Warschauer Pakt als auch der Erklärung der Neutralität zugestimmt. Nachdem er, vermutlich durch seinen Gesinnungsgenossen Ferenc Münnich, erfahren hatte, daß die Sowjetunion die Niederschlagung der Revolution vorbereitete, vollzog er noch am 1. November eine Kehrtwende: Er begab sich in die Obhut von Sowjetbotschafter Jurij Andropow, der dafür sorgte, daß er, Kádár, zusammen mit Münnich, nach Moskau ausgeflogen wurde. Am Abend wurde im Budapester Rundfunk eine vorher aufgezeichnete Rede Kádárs ausgestrahlt, in der dieser die Umgründung der Partei der Ungarischen Werktätigen zur Ungarischen Sozialistischen Arbeiterpartei offiziell bekanntgab – einer Partei, die Kádár zufolge entschieden antistalinistisch sein sollte.

Am 3. November begannen im Gebäude des Parlaments Verhandlungen zwischen dem sowjetischen Militärkommando und einer ungarischen Delegation unter dem neuen Verteidigungsminister Generalmajor Pál Maléter, bei denen es um die technischen Bedingungen des Abzugs der Roten Armee ging. Von der sowjetischen Seite her waren diese Gespräche ein reines Ablenkungsmanöver. Noch am gleichen Abend wurde Maléter von einem Kommando des KGB verhaftet. Am frühen Morgen des 4. November gegen 4 Uhr begann der sowjetische Angriff auf Budapest. Eine Stunde später meldete ein Sender aus Nordostungarn die Bildung einer Revolutionären Arbeiter- und Bauernregierung unter Kádár, die die Ungarn zum Kampf gegen die faschistische Reaktion und zur Verteidigung der sozialistischen Errungenschaften aufrief.

Kurz darauf gab Imre Nagy in einer kurzen Rundfunkrede bekannt, daß sowjetische Truppen im Morgengrauen zu einem Angriff auf die ungarische Hauptstadt angesetzt hätten, um die gesetzmäßige demokratische Regierung der Ungarischen Volksrepublik zu stürzen. Die ungarischen Truppen stünden im Kampf, die Regierung sei auf ihrem Platz. Zum Volkswiderstand rief der Ministerpräsident angesichts der Übermacht der Roten Armee nicht auf. Anschließend begab sich Nagy zusammen mit einigen seiner engsten Mitarbeiter, um der Verhaftung zu entgehen, auf Einladung Titos in die jugoslawische Botschaft. Kardinal Mindszenty suchte in der amerikanischen Botschaft Zuflucht.

Die Westmächte hatten den Freiheitskampf der Ungarn mit unverhohlener Sympathie begleitet. Westliche Rundfunksender, an vorderster Front «Radio Free Europe» in München und die «Voice of America», trugen nicht nur viel dazu bei, die Ungarn über das zu informieren, was in ihrem Lande geschah, sie erweckten wohl bei vielen auch den Eindruck, daß der Westen Ungarn, wenn nötig, zu Hilfe kommen werde. Daran dachte indes in den Hauptstädten des Atlantischen Bündnisses niemand, der politische Verantwortung trug. (Daß eine von der CIA geführte ungarische Emigranteneinheit tatsächlich in Ungarn tätig wurde, wußte Präsident Eisenhower nicht.) Der amerikanische Botschafter Charles Bohlen versicherte der Moskauer Regierung am 29. Oktober sogar auf Weisung des State Department ausdrücklich, daß die USA das neue Ungarn nicht als Verbündeten betrachteten.

Die Zeit der «Rollback»-Rhetorik war abgelaufen, die von Jalta dagegen noch nicht: Auch im Herbst 1956 galt weiterhin die Anfang 1945 auf der Krim vereinbarte Aufteilung Europas in Interessensphären. Eine andere offensivere amerikanische Politik hätte sich auch schwer mit dem taktischen Zusammengehen mit der Sowjetunion in der Suezkrise vertragen. Doch auch ohne die Verschwörung von Sèvres wären die USA im November 1956 nicht das Risiko eines Weltkriegs eingegangen.

Die Westmächte brachten zwar, nachdem ein entsprechender Antrag im Sicherheitsrat am 4. November am sowjetischen Veto gescheitert war, in der Vollversammlung der UN eine «Uniting for Peace»-Resolution ein, die den sofortigen Abzug der Sowjettruppen aus Ungarn und die Abhaltung freier Wahlen forderte. Die Vollversammlung nahm die Entschließung am 9. November auch gegen den Widerspruch der Sowjetunion an. Aber anders als die Suez-Resolution vom 4. November blieb dieser Beschluß folgenlos.

Bei zwei kommunistischen Staaten, die nicht zum Warschauer Pakt gehörten, hatte sich Chruschtschow ausdrücklich ihres Einverständ-

nisses mit dem sowjetischen Vorgehen in Ungarn vergewissert: bei
China und Jugoslawien. Die Straßenkämpfe in Budapest dauerten noch
bis zum 7. November an. Widerstand gegen die Rote Armee leisteten
vor allem Arbeiter, Studenten und Schüler – auf dem Lande noch rund
eine Woche länger als in der Hauptstadt. Am 7. November traf die
Regierung Kádár in Budapest ein, um sich dort die bislang fehlende
verfassungsrechtliche Legitimation zu verschaffen. Die Zahl der Ungarn, die in den Kämpfen zwischen dem 23. Oktober und dem 11. November 1956 ums Leben kamen, wurde in einem Geheimbericht des
ungarischen Statistischen Amtes 1957 mit mindestens 2700 angegeben.
Darunter waren 1330 Arbeiter, 44 Studenten und 196 Kinder unter
14 Jahren.

Das Ende der bewaffneten Kämpfe bedeutete noch nicht das Ende
der in der Revolution entstandenen Arbeiterräte. Am 13. November gelang ihnen sogar noch die Gründung des Zentralen Arbeiterrates von
Groß-Budapest; die Schaffung einer ungarischen Landesvertretung
der Arbeiterräte konnte die Regierung Kádár hingegen verhindern. Im
Spätjahr 1956 verfügten die Arbeiterräte über sehr viel mehr Einfluß
auf die Industriearbeiterschaft als die Gewerkschaften, die zeitweilig
fast nicht mehr zu existieren schienen. Die Arbeiterräte konnten zu
Streiks aufrufen und sie beenden, sie übten offene Kritik an der neuen
Führung und waren darum Partei und Regierung ein Dorn im Auge.
Nach einem Aufruf zu einem Warnstreik wurde der Zentrale Arbeiter-
rat am 10. Dezember verboten. Im Januar 1957 folgte die Zerschlagung
der betrieblichen Arbeiterräte. Sie wurde flankiert von zahllosen Verhaftungen und der Einführung der Todesstrafe für Arbeitsniederlegungen und den Aufruf zum Streik, ja für fast alle Äußerungen von
Kritik am «sozialistischen» System. Am 17. Januar 1957 wurde auch
der Schriftstellerverband verboten, der bis dahin ein Forum freimütiger
Diskussionen gewesen war.

Am 22. November 1956 wurden Imre Nagy und seine Getreuen mit
dem Versprechen, sie würden frei und unbehelligt bleiben, zum Verlassen der jugoslawischen Botschaft überredet und anschließend von
sowjetischen Sicherheitskräften festgenommen. Es folgte die Deportation nach Rumänien. Seit einem Spitzentreffen von Kommunisten
der Warschauer Paktstaaten wurde Nagy durchgängig als «Verräter»
bezeichnet. Im Februar 1958 begann ein geheimes Gerichtsverfahren
gegen Nagy und seine engsten Mitarbeiter. Es endete, den Moskauer

Erwartungen entsprechend, mit Todesurteilen für Imre Nagy, Pal Maléter und den Journalisten Miklós Gimes. Am 16. Juni 1958 wurden die Urteile vollstreckt.

Hunderte von Todesurteilen waren bereits 1957 ausgesprochen und vollstreckt worden. Bekannte Schriftsteller wie Tibor Déry und Gyula Háy erhielten langjährige Freiheitsstrafen. Der Jurist, Schriftsteller und spätere Staatspräsident Árpád Göncz und der Historiker und frühere Staatsminister István Bibó wurden zu lebenslänglichem Zuchthaus verurteilt. Die Zahl der Ungarn, die nach der Niederwerfung der Revolution über die österreichische Grenze in den Westen flüchteten, wird auf 180000 geschätzt. Kádár distanzierte sich zwar immer wieder vom Stalinismus und machte das Regime des Stalinisten Rákosi mitverantwortlich für die «Konterrevolution» vom Herbst 1956. Die terroristischen Methoden, mit denen er selbst Ungarn in den ersten Jahren seiner Herrschaft zur «sozialistischen» Ordnung zurückführte, verdienen es indes sehr wohl, als «stalinistisch» bezeichnet zu werden.

In den Straßen von Budapest wurde noch gekämpft, als am 6. November 1956 in den Vereinigten Staaten die Wählerinnen und Wähler zu den Urnen gingen, um ihren Präsidenten zu wählen. Der Amtsinhaber, der Republikaner Dwight D. Eisenhower, siegte mit 57 Prozent der Stimmen souverän über den demokratischen Bewerber Adlai Stevenson, auf den 42 Prozent entfielen. Mit «Ike» kehrte auch Richard Nixon als Vizepräsident in sein Amt zurück. Der Sieg Eisenhowers war sein persönlicher Triumph, nicht der seiner Partei. Im Senat wie im Repräsentantenhaus behielten die Demokraten die Mehrheit.

Selten hatte eine amerikanische Präsidentenwahl in einer derart unübersichtlichen internationalen Situation stattgefunden wie die vom Herbst 1956. Während die Stimmen noch ausgezählt wurden, verkündeten Briten, Franzosen und Israelis in Ägypten die Einstellung ihrer Kampfhandlungen. Mit dem Abzug ihrer Truppen vom Kriegsschauplatz ließen sich die drei Staaten aber Zeit – die Briten und Franzosen bis zum 22. Dezember 1956, die Israelis, trotz mehrfacher Ermahnung durch die Vollversammlung der Vereinten Nationen, bis zum 7. März 1957. Der israelisch-arabische Streit um den Golf von Akaba und den Gazastreifen wurde von UN-Generalsekretär Dag Hammarskjöld beigelegt. Entlang der israelisch-ägyptischen Grenze stationierten die Vereinten Nationen die Friedenstruppen der UNEF I (United Nations

Emergency Forces), die als Erkennungszeichen erstmals die bald sprichwörtlich gewordenen Blauhelme trugen. Der Gazastreifen wurde der Kontrolle der Vereinten Nationen unterstellt.

Die Ungarnkrise konnte seit dem 7. November 1956 im großen und ganzen als abgeschlossen gelten. Die USA hatten der Sowjetunion klar zu verstehen gegeben, daß sie deren Einflußbereich im östlichen Mitteleuropa respektierten und sich nicht zu Gefangenen der eigenen militanten Rhetorik zu machen gedachten. Auf der anderen Seite hatte Washington das Zusammenspiel mit Moskau auf das Maß des unbedingt Notwendigen beschränkt. Den eigenen Verbündeten eine Lektion zu erteilen, wenn sie so unverantwortlich handelten wie Großbritannien, Frankreich und Israel im Herbst 1956, war eines. Ein anderes war jene «Umkehrung der Allianzen», wie sie Bulganin in seiner Botschaft an Eisenhower vom 5. November anzudeuten schien: Sie kam für die USA zu keiner Zeit in Frage.

Aus der Suezkrise ergab sich für die Vereinigten Staaten eine zwingende Konsequenz: Sie mußten im Nahen Osten mehr Präsenz zeigen als bisher. Es war ein schwerer Fehler gewesen, Nasser durch die Aufkündigung des amerikanischen Engagements beim Projekt des Assuan-Staudamms eine noch engere Anlehnung an die Sowjetunion förmlich aufzunötigen. Die Verstaatlichung des Suezkanals durch Ägypten war eine unmittelbare Folge dieses Schritts, und erst durch sie erhielten die Verschwörer von Sèvres einen Vorwand für die Politik, die in das Debakel vom November 1956 führte.

Nasser hatte eine militärische Niederlage erlitten, war aber politisch ein Gewinner der Suezkrise: Sein Ansehen in der arabischen Welt war gestiegen, seine innenpolitische Position gefestigt, der Suezkanal blieb verstaatlicht. Ein anderer Gewinner der Suezkrise war Chruschtschow: Er hatte sich durch seine Atomkriegsdrohungen als zuverlässiger Verbündeter der «antiimperialistischen» Staaten präsentiert. Um diesen Prestigezuwachs der Sowjetunion auszugleichen, erklärten die USA am 29. November 1956, daß sie künftig den Bagdad-Pakt unterstützen würden, dem außer den Gründerstaaten, der Türkei und Irak, inzwischen auch Großbritannien, Pakistan und Iran angehörten. Am 5. Januar 1957 schlug Präsident Eisenhower in einer Botschaft an den Kongreß die militärische Zusammenarbeit mit Nahoststaaten vor, die kommunistischen Angriffen ausgesetzt waren und amerikanische Hilfe erbaten. Der Kongreß stimmte zu und ermöglichte damit die «Eisen-

hower-Doktrin», die am 9. März 1957 offiziell verkündet wurde und
für deren Umsetzung der Präsident Mittel in Höhe von 200 Millionen
Dollar bewilligt erhielt.

Die USA konnten sich schon deswegen als Gewinner der Suezkrise
betrachten, weil sie sich innerhalb des Westens voll durchgesetzt hatten:
Großbritannien und Frankreich mußten sich dem Druck der atlantischen Führungsmacht beugen; sie büßten infolge des katastrophalen
Scheiterns ihrer militärischen Intervention im Nahen Osten ihr Groß-
machtprestige zu erheblichen Teilen ein. Das eigene Land noch eine
«Weltmacht» zu nennen, dürfte nach dem November 1956 auch den
patriotischsten Briten und Franzosen schwer gefallen sein.

Sir Anthony Eden, der Hauptverantwortliche des Suezabenteuers
auf britischer Seite, mußte zwei Monate nach dem Ereignis den Preis
für den Fehlschlag seiner Politik bezahlen: Am 9. Januar 1957 wurde
er als Premierminister von dem bisherigen Schatzkanzler, dem zwei-
undsechzigjährigen Harold Macmillan, abgelöst, der seit 1924 dem
Unterhaus angehörte, im Privatberuf Verleger war und wie Winston
Churchill eine amerikanische Mutter hatte. Der französische Ministerpräsident Guy Mollet blieb noch bis zum Juni 1957 im Amt. Für
ihn bedeutete es bereits einen politischen Erfolg, daß Bundeskanzler
Adenauer einen Besuch in Paris auf dem Höhepunkt der Suezkrise am
6. November nicht absagte, sondern Frankreich bei dieser Gelegenheit
demonstrative Rückendeckung gab. Adenauer nutzte die Situation, um
die westeuropäische Einigung weiter voranzutreiben. Die Einsicht in
die politische Schwäche des alten Kontinents, wie sie sich in der
Doppelkrise vom Herbst 1956 manifestierte, trug wesentlich dazu bei,
daß die sechs Mitgliedstaaten der Montanunion auf Betreiben der
Regierungen in Paris und Bonn die Arbeit an den Projekten einer Europäischen Wirtschaftsgemeinschaft und einer Europäischen Atomgemeinschaft intensivierten.

Die wichtigste langfristige Folge der Suezkrise wird uns noch ausführlicher beschäftigen, läßt sich aber in einem Wort zusammenfassen:
Dekolonialisierung. Für Frankreich bedeutete der Ausgang der Aktion
gegen Ägypten die zweite große Niederlage seiner Überseepolitik nach
der Katastrophe in Indochina im Jahr 1954. Die Annahme der Pariser
Regierung, ein Erfolg Nassers würde den arabischen Befreiungsbewegungen Nordafrikas Auftrieb geben, bestätigte sich. Ägypten tat
alles, um die Nationalisten im Maghreb, obenan die algerischen, poli-

tisch und militärisch zu stärken. Die französische Position in Nordafrika wurde immer prekärer. Im Juli 1962, knapp sechs Jahre nach
dem Suezdebakel, mußte Frankreich nach Tunesien und Marokko
auch Algerien in die Unabhängigkeit entlassen. Frankreichs schwarzafrikanische Kolonien hatten diesen Status bereits zwischen 1958 und
1960 erlangt.

In Großbritannien bezeichnete der konservative Abgeordnete Julian
Amery, bis dahin ein überzeugter Imperialist, den Ausgang des Suez-
krieges als «Britain's Waterloo». Die Niederlage vom November 1956
vollendete, was der Zweite Weltkrieg eingeleitet hatte: den Abschied des
Vereinigten Königreiches von seiner Weltmachtrolle. Eine unmittelbare
Folge der Suezaktion war der Rückzug Großbritanniens aus Jordanien
in Gestalt der Aufkündigung des Militärpakts von 1948 im März 1957.
Im Jahr darauf sah sich London nicht mehr in der Lage, einen Staats-
streich der irakischen Armee unter General Abd-Al Karim Kassem zu
verhindern, der die probritische Monarchie unter König Faisal II. zu
Fall brachte. Das weitverbreitete Gefühl, nur noch im Bunde mit den
USA weltpolitisch etwas bewirken zu können, erleichterte auch die
Trennung vom britischen Kolonialbesitz in Afrika. Dieser Prozeß begann im März 1957 mit der Unabhängigkeitserklärung von Ghana, der
ehemaligen Goldküste, und zog sich über zwei Jahrzehnte hin. Der
Schock vom November 1956 spielte dabei die Rolle eines Katalysators.[16]

Der Sowjetunion brachte die Doppelkrise vom Herbst 1956 ein zwiespältiges Ergebnis: Sie zog, wie erwähnt, Nutzen aus der selbstzerstö-
rerischen Politik der beiden größten westeuropäischen Kolonialmächte,
weil sie sich aus der Sicht der abhängigen Völker auf die «richtige»
Seite gestellt hatte, die Niederschlagung der ungarischen Revolution
aber konnte sie nicht ohne weiteres als Erfolg verbuchen. Vordergründig gelang ihr zwar eine Stabilisierung ihres ostmitteleuropäischen
Herrschaftsbereichs, aber mit den Auswirkungen des Gewaltaktes auf
den internationalen Kommunismus konnte Chruschtschow nicht zufrieden sein: Innerhalb des «sozialistischen Lagers» erfuhr die Politik
der Entstalinisierung, wie der Erste Sekretär der KPdSU sie auf dem
20. Parteitag proklamiert hatte, einen schweren Rückschlag; die kommunistischen Parteien Westeuropas wurden durch innere Auseinandersetzungen erschüttert, wobei manche einen Großteil ihrer Mitglieder
verloren.

In Ungarn selbst wurde nicht nur jedwede Art von Opposition drei
Jahre lang brutal unterdrückt, die Regierung Kádár verfügte Ende
1958 auch eine neue Zwangskollektivierung der Landwirtschaft, womit die während der Revolution erfolgte Selbstauflösung der landwirtschaftlichen Produktionsgenossenschaften rückgängig gemacht wurde.
Ende 1960 brachte eine Amnestie Tibor Déry und Gyula Háy Haftver-
schonung; Árpád Göncz und István Bibó erhielten ihre Freiheit erst im
Zuge der Amnestie von 1963 zurück. Seit Anfang der sechziger Jahre
hielt Kádár die «sozialistische Ordnung» in Ungarn für gefestigt genug, um mit einer Politik der vorsichtigen Liberalisierung zu beginnen.
«Um diese Zeit nahm die eigentümliche Herrschaftsweise Gestalt an,
die als Kádárs System bezeichnet zu werden pflegt», schrieb Ende der
siebziger Jahre der exilungarische Historiker Denis Silagi. «Unter
diesem Regime wurden die polizeistaatlichen Zügel gelockert; künstlerische, schriftstellerische Selbstbestimmung, öffentliche Kritik an
Mißständen, Streben nach persönlichem Wirtschaftsgewinn wurden
erlaubt, ja ermutigt. Nur der Kommunismus selbst durfte nicht in
Zweifel gezogen, die Tabus der Sowjetwelt durften nicht angetastet
werden.»

In einer anderen, der ungarischen eher entgegengesetzten Richtung
entwickelte sich nach dem Herbst 1956 Polen. «Gomułka ... war alles
andere als ein Demokrat», schreibt Włodzimierz Borodziej. «Er fürchtete sich vor den Konsequenzen freier Meinungsäußerung, die eine
ständige Infragestellung der Befehls- und Verwaltungsstrukturen bedeutete – und letzlich sowohl das Machtmonopol der Partei als auch
die Abhängigkeit von Moskau auf die Tagesordnung bringen konnte.»
Mit der katholischen Kirche arrangierte sich der neue Parteichef durch
ein Abkommen vom Dezember 1956, das viele der bisherigen Einschränkungen ihrer Tätigkeit aufhob. Bestätigt wurden der Verzicht
auf eine Zwangskollektivierung der Landwirtschaft und die Absage an
den «sozialistischen Realismus» in Literatur und bildender Kunst; der
Privatsektor im Handel weitete sich aus. Im Verlauf des Jahres 1957
wurden aber bereits viele der Errungenschaften des «Frühlings im
Oktober», vor allem auf dem Gebiet des Pressewesens, wieder zurückgenommen. Die Thesen des Philosophen Leszek Kołakowski über
einen «demokratischen Sozialismus» wies Gomułka schroff zurück.
Im Oktober 1957 mußte die Studentenzeitschrift «Po Prostu», das
wichtigste Sprachrohr der Reformer, ihr Erscheinen einstellen, wogegen

sich heftiger Studentenprotest in Warschau erhob. Er forderte zwei
Tote und 180 Verletzte, die meisten von ihnen Polizisten. Innerhalb der
Polnischen Vereinigten Arbeiterpartei gewannen die «Partisanen» um
den stellvertretenden Innenminister und Vorsitzenden des Kombattantenverbandes Mieczysław Moczar an Boden: eine scharf nationalistische
Gruppierung, die jedwedes Streben nach Liberalisierung auf Machenschaften jüdischer Intellektueller zurückführte und damit in Polen ein
neues Klima geistiger Intoleranz erzeugte.

In der DDR wurden am 29. November 1956, also unmittelbar nach
der Niederschlagung der ungarischen Revolution, einige kommunistische Intellektuelle unter Führung des Philosophen Wolfgang Harich,
des Chefredakteurs der «Deutschen Zeitschrift für Philosophie», verhaftet, die eine dezidiert antistalinistische Linie, den sogenannten
«Dritten Weg», verfochten. Im Dezember folgte die Verhaftung des
Leiters des Aufbau-Verlags, Walter Janka. Zwischen März und Juli
1957 wurden Harich, Janka und andere Mitglieder dieser Gruppe zu
hohen Zuchthausstrafen verurteilt. Gefährlicher für Ulbricht waren
jene Kräfte innerhalb der Parteiführung, die im Gegensatz zum Parteichef die Entstalinisierung zügig vorantreiben und weitreichende Reformen in Angriff nehmen wollten. Zu ihnen gehörten Ulbrichts Stellvertreter Karl Schirdewan, der Chef des Staatssicherheitsdienstes,
Ernst Wollweber, der ZK-Sekretär Gerhart Ziller, der Parteiideologe
Fred Oelßner und der stellvertretende Regierungschef Fritz Selbmann.
Nachdem sich auf einer kommunistischen Weltkonferenz im November 1957 wieder die Dogmatiker durchgesetzt hatten, gelang es Ulbricht,
seine Kritiker an der Parteispitze zu entfernen. Im Februar 1958 schloß
das Zentralkomitee der SED Schirdewan und Oelßner aus dem Politbüro und Wollweber aus dem ZK aus. Gleichzeitig begann auf der
Ebene der Bezirksleitungen eine Säuberung der Partei von ideologisch
unzuverlässigen Funktionären.

In mehreren westeuropäischen kommunistischen Parteien führte
das Vorgehen der Sowjetunion gegen Ungarn zu Massenaustritten
ihrer Mitglieder. Im Fall der Schweiz verließ jedes zweite Mitglied die
Partei. Die britische KP verlor einen Großteil ihrer intellektuellen Parteigänger. Die italienischen Kommunisten büßten, obwohl Togliatti
einige Tage lang zögerte, bevor er die sowjetische Intervention billigte,
200 000 oder 10 Prozent ihrer Mitglieder ein. Rund 100 bekannte
Kommunisten richteten einen Protestbrief an die Parteiführung in

Rom, in dem sie die Handlungsweise Moskaus scharf kritisierten. In Frankreich dagegen gelang es Maurice Thorez, das Gros der Partei-mitglieder vom guten Recht, ja der Pflicht der Sowjetunion zu über-zeugen, so zu handeln, wie sie es tat. Von den französischen Künst-lern und Intellektuellen, die dem PCF in Sympathie verbunden waren, legten einige der prominentesten, darunter Pablo Picasso, Jean-Paul Sartre und Simone de Beauvoir, in offenen Briefen gegen die Haltung der sowjetischen und der französischen Parteiführung Verwahrung ein.

Im Abstand einiger Monate versuchten 1957 zwei unabhängige Intellektuelle, die Philosophin Hannah Arendt und der Soziologe Raymond Aron, den historischen Ort der ungarischen Revolution zu bestimmen. Für Hannah Arendt war nicht die Wiederherstellung der Parteien, sondern der Aufstieg der Räte ein klares Zeichen für eine «echte Erhebung der Demokratie gegen die Diktatur, der Freiheit gegen die Tyrannei». Tatsächlich waren die revolutionären Räte auf kommunaler und betrieblicher Ebene ein Notbehelf in einer Zeit, in der es weder eine demokratische Gesamtrepräsentation des ungarischen Volkes noch von den Arbeitern anerkannte, handlungsfähige Gewerk-schaften gab. Ein auf Dauer angelegtes Alternativmodell zur repräsen-tativen Demokratie konnten und wollten sie nicht sein. Wären sie auf nationaler Ebene aktionsfähig gewesen, hätte Imre Nagy sich am 27. Oktober 1956 nicht widerwillig an die Spitze der Revolution stellen können – oder müssen.

Raymond Aron sah in der ungarischen Erhebung eine «antitotali-täre Revolution», die durch eine «chruschtschowistische – wenn nicht stalinistische – Konterrevolution» zu Fall gebracht wurde. 1966 fügte Aron im Rückblick das Verdikt hinzu, Imre Nagy sei auch in der Zeit, in der die Ereignisse ihn an die Spitze der Revolution gestellt hätten, ein Marxist-Leninist geblieben; er habe einer Regierung vorgestanden, die nicht in der Lage gewesen sei, die Revolution zu lenken oder zu bremsen. Die Revolution von 1956 erschien dem Soziologen nun als eine «tragische Fügung, weder als ein Neubeginn noch als ein Ende. Sie sagt mehr aus über das, was der Stalinismus gewesen ist, als über das, was die osteuropäischen Regime heute sind. Ein Unfall auf dem Weg dorthin, so könnte ein Zyniker den Vorgang beschreiben.» Die Rückkehr zu einem Mehrparteiensystem war aus Arons Sicht die rich-tige Antwort nicht nur auf den Stalinismus, sondern auf das System,

das den Stalinismus erst ermöglicht hatte: den Leninismus – und in
diesem Sinn ein Sieg der Wahrheit.

Der Freiheitskampf der Ungarn erinnerte in vielem an längst vergangene Zeiten: Er wurde in Form von Häuser- und Straßenkämpfen
ausgefochten, wie sie für die europäischen Revolutionen von 1848/49
typisch gewesen waren – Kampfformen, die Friedrich Engels schon
1895 für «überlebt» erklärt hatte, weil dank der Entwicklung der
Technik das Militär Aufstände inzwischen sehr viel leichter niederwerfen könne als damals und die Klassenspaltung gemeinsame Aktionen des «Volkes» nicht mehr erwarten lasse. 1956 kehrte 1849 noch
auf eine andere Weise wieder: Auch damals war eine ungarische Revolution von russischen Truppen niedergeschlagen worden – von
Truppen des Zaren, die dem bedrängten Habsburgerkaiser in Wien
zu Hilfe eilten.

Die ungarische Revolution von 1956 machte keine Schule, sie
wirkte eher als Beispiel nach, wie man die kommunistische Diktatur
nicht überwinden konnte. Die Abrechnung mit der Revolution führte
trotz der stalinistischen Methoden, mit denen sie vorgenommen
wurde, nicht zu einer Restalinisierung. Vielmehr entwickelte sich Ungarn wider alle Erwartungen zum vergleichsweise liberalsten unter den
Staaten des Warschauer Paktes. Die Spielräume, die sich Ungarn unter
János Kádár sichern konnte, reichten aus, um Anfang 1989, kurz nach
dem erzwungenen Rücktritt des Parteichefs, eine «Revolution von
oben» in Gang zu setzen: einen Regimewechsel durch eine Generation
von Parteiführern, die sich nichts Geringeres als die vollständige Überwindung der kommunistischen Diktatur zum Ziel gesetzt hatten.[17]

Der Sputnik, die EWG und die Rückkehr de Gaulles: Die Weltmächte und Europa 1957/58

Für den Mann an der Spitze der Kommunistischen Partei der Sowjetunion bedeutete der Ausgang der Doppelkrise vom Herbst 1956 noch
keineswegs, daß seine innerparteiliche Machtposition nun unanfechtbar gewesen wäre. Chruschtschows Gegner waren hohe Funktionäre,
die seine Politik der Entstalinisierung für innen- und außenpolitisch
äußerst gefährlich und seine agrarpolitischen Großprojekte wie das
der Neulandgewinnung im westlichen Sibirien, in Nordkasachstan, im

Wolgagebiet und im Nordkaukasus für völlig unrealistisch hielten und die darum auf seinen Sturz hinarbeiteten. Der im Juni 1956 entlassene Außenminister Molotow gehörte ebenso zu dieser Gruppe wie der ehemalige Ministerpräsident Malenkow, der jetzt Minister für Kraftwerke war, und der stellvertretende Ministerpräsident Kaganowitsch. Nach sorgfältiger Vorbereitung stellten sie am 18. Juni 1957 im Präsidium des Zentralkomitees, dem umbenannten Politbüro, den Antrag, künftig auf das Amt des Ersten Sekretärs zu verzichten und dem ZK einen entsprechenden Beschluß zur Annahme zu empfehlen. Mit sieben zu vier Stimmen nahm das Präsidium den Antrag an.

Chruschtschow ließ sich aber nicht überrumpeln. Er erreichte eine Unterbrechung der Sitzung, danach die Mobilisierung der abwesenden Mitglieder und schließlich mit Hilfe von Verteidigungsminister Schukow, der hinter den Kulissen mit einem Militärputsch drohte, die Einberufung einer Plenarsondersitzung des Zentralkomitees. Auf dieser Sitzung, die am 22. Juni begann und am 4. Juli endete, wurden die Frondeure zur «parteifeindlichen Gruppe» erklärt und Chruschtschow in seinem Amt als Erster Sekretär bestätigt. Einige hohe Funktionäre, die erst während der Sitzung die Fronten gewechselt hatten, erhielten noch eine Gnadenfrist: so Ministerpräsident Bulganin, der dieses Amt bis Ende März 1958 behielt, und Marschall Woroschilow, der bis zum Sommer 1960 Vorsitzender des Präsidiums des Obersten Sowjets und damit Staatsoberhaupt blieb. Unter den neu ins Präsidium eingerückten Funktionären war Leonid Breschnew, der im Oktober 1964 Chruschtschows Nachfolge antreten sollte.

Gestützt auf seinen Rückhalt im neuen Präsidium, setzte Chruschtschow im September 1957 einen Siebenjahresplan durch, der an die Stelle des abgebrochenen Fünfjahresplans von 1956 trat, und den agrarischen Gesamtertrag bis 1965 um 70 Prozent steigern sollte. In Wirklichkeit wurde bis zu jenem Jahr nur eine Steigerung um 14 Prozent erreicht. Als ähnlich überzogen sollten sich spätere Vorgaben für die Industrie erweisen: Dem Parteiprogramm von 1961 gemäß sollte die industrielle Produktion innerhalb von zehn Jahren um das Zweieinhalbfache wachsen und damit die USA überflügeln. Bis 1965 wurde zwar der Abstand zur amerikanischen Industrieproduktion vermindert: Hatte das sowjetische Volumen 1950 knapp 33 Prozent des amerikanischen betragen, so belief es sich 15 Jahre später auf 45 Prozent. Doch in der Pro-Kopf-Produktion lag die Sowjetunion Mitte der sechziger

Jahre erst an der 20. Stelle der Industrienationen – ein Resultat, das Chruschtschows Plandaten als Ausdruck von Wunschdenken entlarvte.

Auf einem Gebiet aber gelang es der Sowjetunion im Herbst 1957 tatsächlich, die Vereinigten Staaten zu überholen. Nachdem am 26. August erstmals eine sowjetische Interkontinentalrakete mit nuklearen Sprengköpfen erfolgreich erprobt worden war, konnte am 4. Oktober der erste künstliche, mit einem Sender und vier Stabantennen ausgestattete Erdsatellit, der «Sputnik» (Wegbegleiter), auf seinen Weg ins Weltall gebracht werden – das Ereignis, das in den USA den legendären «Sputnik-Schock» auslöste. Am 3. November folgte «Sputnik 2», der erstmals ein Lebewesen, die Hündin Laika, in den Weltraum beförderte.

Chruschtschow nutzte das neugewonnene Prestige der Sowjetunion, um am 6. November eine Gipfelkonferenz zwecks direkter Verständigung mit den Vereinigten Staaten zu fordern und darauf hinzuweisen, daß die neuen ballistischen Raketen in Verbindung mit thermonuklearen Waffen die herkömmliche Rüstung entwerteten und bei fehlender Zusammenarbeit der Weltmächte Millionen von Menschen töten und das Lebenswerk vieler Generationen zerstören könnten. Im Dezember 1957 unterstützte die Sowjetunion den im Oktober vom polnischen Außenminister Adam Rapacki vorgelegten Plan einer militärisch verdünnten, atomwaffenfreien Zone in Mitteleuropa. Im gleichen Monat fand der Stapellauf des durch Atomkraft angetriebenen Eisbrechers «Lenin» statt.

Im Jahr 1958 erreichte Chruschtschow den Höhepunkt seiner Macht. Nach der Absetzung Bulganins als Vorsitzender des Ministerrats und seinem Ausschluß aus dem Zentralkomitee am 27. März übernahm der Erste Sekretär des ZK der KPdSU auch das Amt des Regierungschefs, was faktisch das Ende des Prinzips der «kollektiven Führung» bedeutete. Hand in Hand mit dem Ausbau der persönlichen Macht Chruschtschows ging eine Politik der ideologischen Verhärtung. Jugoslawien, das konsequent an seinem Recht auf einen eigenen Weg zum Sozialismus festhielt und vom sowjetischen Parteichef darum als Komplize des Imperialismus attackiert wurde, bekam das ebenso zu spüren wie die orthodoxe Kirche und der Verfasser des Romans «Doktor Schiwago», der Dichter Boris Pasternak, der im Oktober 1958 mit dem Nobelpreis für Literatur geehrt wurde, die Auszeichnung auf Druck des Kremls aber nicht annehmen durfte.

Vieles spricht dafür, daß Chruschtschow mit der Verschärfung der ideologischen Auseinandersetzung auch dem Vorwurf des «Revisionismus» entgegenwirken wollte, dem er sich von seiten Mao Tse-tungs ausgesetzt sah. Anläßlich der Feiern zum 40. Jahrestag der russischen Oktoberrevolution hatte der Führer der chinesischen Kommunisten im November 1957 in Moskau zwar noch die Führungsrolle der KPdSU im «sozialistischen Lager» hervorgehoben und angesichts der Weltraumerfolge der Sowjetunion die Behauptung aufgestellt, der Ostwind habe über den Westwind die Oberhand gewonnen. Doch zugleich ließ Mao die Gastgeber wissen, daß er mit dem Kurs, den Chruschtschow auf dem 20. Parteitag eingeschlagen hatte, nicht einverstanden war – weder mit seinen Aussagen zur Möglichkeit eines friedlich-parlamentarischen Weges zum Sozialismus noch mit der Beschwörung der «friedlichen Koexistenz» oder der kategorischen Absage an einen Atomkrieg.

Im Mai 1958 setzten sich auf dem 2. Plenum des 8. Zentralkomitees der Kommunistischen Partei Chinas die radikalen Kräfte um Mao durch. Im August folgte die Proklamation der permanenten Revolution in Gestalt des «Großen Sprungs nach vorn» und der Schaffung von «Volkskommunen» auf dem Lande – einer gigantischen Modernisierungs- und Mobilisierungskampagne, mit der die Volksrepublik China sich scharf vom sowjetischen Weg zum Sozialismus und Kommunismus abheben wollte. Chruschtschow mußte seitdem mit einer Zuspitzung des ideologischen Konflikts mit der anderen kommunistischen Großmacht rechnen – einer Entwicklung, die er bei seiner Politik gegenüber dem kapitalistischen Westen nicht aus dem Auge verlieren durfte.

Die westliche Führungsmacht wurde 1957, dem ersten Jahr der zweiten Amtszeit von Präsident Dwight D. Eisenhower, mit einem Problem konfrontiert, dessen Brisanz die Vereinigten Staaten viele Jahrzehnte lang nicht hatten wahrhaben wollen: der anhaltenden Rassendiskriminierung in den Südstaaten. Am 9. September ermöglichte ein Bundesgesetz die Einsetzung einer Bundeskommission, deren Aufgabe es war, Verletzungen des Wahlrechts und von Bürgerrechtsgesetzen auf Grund von Hautfarbe, Rasse, Religion oder nationaler Herkunft zu untersuchen. Gut zwei Wochen später, am 25. September, sah sich die Bundesregierung in Washington erstmals genötigt, Bundestruppen in einem krassen Fall von Verletzung von Bürgerrechten durch einen Ein-

zelstaat einzusetzen: Der Gouverneur von Arkansas, Orval Eugene
Faubus, hatte entgegen einem höchstrichterlichen Urteil, der schon
erwähnten Entscheidung des Supreme Court im Rechtsstreit «Brown
versus Board of Education of Topeka» vom Mai 1954, und darauf gestützten Anweisungen von Bundesgerichten nichts gegen den weißen
Mob unternommen, der neun schwarzen Schülern den Besuch der
Central High School in Little Rock, der Hauptstadt von Arkansas,
verwehrte, zu der bislang nur weiße Schüler Zugang hatten.

Zwei Monate währte die geballte Militärpräsenz an der Central
High School. Aber noch bis zum Ende des Schuljahrs im Mai 1958
blieben Fallschirmjäger in Little Rock stationiert, um den ungestörten Schulbesuch der neun schwarzen Schüler zu sichern. Nach seiner
triumphalen Wiederwahl verfügte Gouverneur Faubus im September
die Schließung aller Oberschulen. Die Regierung Eisenhower wurde
nicht erneut tätig, sondern überließ es dem Obersten Gerichtshof, die
Wiedereröffnung der Schulen anzuordnen – eine Anweisung, die
schließlich unter dem Schutz der örtlichen Polizei und der Feuerwehr
befolgt wurde.

Little Rock war kein Einzelfall. Ende 1957 hatten erst 684 von
rund 3000 betroffenen Schuldistrikten im Süden damit begonnen, die
Rassentrennung an den Schulen zu überwinden. Seitens der Regierung
Eisenhower war bis zum Herbst 1957 kaum etwas geschehen, um der
neuen Rechtsprechung des Obersten Gerichtshofs Respekt zu verschaffen. Die Obstruktion von Gouverneur Faubus provozierte die Bundesgewalt aber auf derart unverfrorene Weise, daß diese nicht länger untätig bleiben konnte. Zudem war die schwarze Bürgerrechtsbewegung
unter Führung von Pastor Martin Luther King mittlerweile so erstarkt,
daß ihre Proteste gegen die Rassendiskriminierung nicht nur in der
liberalen Öffentlichkeit der USA, sondern auch international beachtet
wurden – vom propagandistischen Echo in der Presse des Ostblocks
ganz zu schweigen. Wenn ihr Bekenntnis zu den unveräußerlichen
Menschenrechten glaubwürdig sein sollte, mußten die Vereinigten
Staaten diese Rechte zuallererst im Süden des eigenen Landes durchsetzen. Was die Regierung Eisenhower auf diesem Gebiet tat, war be-
stenfalls halbherzig zu nennen. Der Entwurf eines neuen Bürgerrechts-
gesetzes, mit dem der Präsident 1959 auf weitere Schulschließungen in
den Südstaaten zu reagieren gedachte, wurde vom Kongreß verschleppt
und trat in Eisenhowers Amtszeit nicht mehr in Kraft. Der Einsatz von

Militär in Little Rock hatte an der rassistischen Wirklichkeit des Südens nichts Wesentliches zu ändern vermocht.

Zehn Tage nach der Bundesexekution in Arkansas, am 4. Oktober 1957, erfuhr die Welt vom spektakulären Erfolg der sowjetischen Weltraumfahrt: dem Start des «Sputnik». Der «Sputnik-Schock» in den USA ging tief, und er bewirkte einen Lernprozeß: Das amerikanische Raketenbauprogramm wurde reorganisiert, der Militärhaushalt beträchtlich aufgestockt. Knapp vier Monate nach dem sowjetischen konnten die Vereinigten Staaten am 31. Januar 1958 ihren ersten Satelliten, den «Explorer I», von Cape Canaveral in Florida aus auf eine Umlaufbahn um die Erde schicken. Ein halbes Jahr später, Ende Juli 1958, wurde in Washington eine neue Bundesbehörde errichtet, deren Zweck die Förderung der Raumforschung und der Raumschiffahrt war: die National Aeronautics and Space Administration – die NASA.

Im Frühjahr 1958 wurden die USA in eine neue Nahostkrise hineingezogen – sofern man nicht die Lesart vorzieht, daß diese Krise erst durch die Eisenhower-Doktrin vom Januar 1957 ausgelöst wurde. Im religiös tief gespaltenen Libanon, in dem laut Verfassung der Präsident ein maronitischer Christ, der Ministerpräsident ein sunnitischer Muslim sein mußte, stand die panarabisch gesinnte Vereinigte Nationale Front in scharfer Opposition zum prowestlichen Präsidenten Camille Chamoun, der sich der militärischen, wirtschaftlichen und politischen Unterstützung der USA erfreute. Chamoun beabsichtigte, sich durch eine Verfassungsänderung eine zweite Amtszeit zu sichern und so die zunehmende syrisch-ägyptische Infiltration seines Landes zu verhindern. (Das von der Baath-Partei regierte Syrien hatte sich im Februar 1958 mit Ägypten zur Vereinigten Arabischen Republik zusammengeschlossen.) Am 15. Juli, einen Tag nach dem Putsch von General Kassem in Irak, ersuchte der Präsident die USA um einen Militäreinsatz zur Bekämpfung einer von Damaskus und Kairo geförderten Rebellion und damit einer «indirekten Aggression» auswärtiger Mächte gegen Libanon.

Außenminister John Foster Dulles und sein Bruder Allen Welsh Dulles, der Chef der CIA, rieten Eisenhower, die Bitte Chamouns zu erfüllen, wobei das Argument des «Dominoeffekts», die Furcht, daß nach dem Fall des prowestlichen Regimes im Libanon weitere arabische Staaten sich dem neutralistischen und prokommunistischen Lager anschließen könnten, eine große Rolle spielte. Der Präsident

hielt sich an die Empfehlung. Die Landung amerikanischer Truppen
erfolgte am 17. Juli und führte binnen weniger Wochen zur Beendigung der bürgerkriegsartigen Kämpfe. Im September wurde im Einverständnis von Christen und Muslimen der Oberkommandierende der
Streitkräfte, General Fuad Chebab, zum neuen Präsidenten gewählt;
die Rebellen kamen in den Genuß einer vollständigen Amnestie.

Von der demokratischen Opposition im Kongreß wurden vereinzelt
Zweifel an der völkerrechtlichen Legitimation der militärischen Intervention der USA und gelegentlich auch die Vermutung geäußert, die
Aktion diene lediglich den Interessen der anglo-amerikanischen Ölindustrie. Im Oktober 1958 wurden die amerikanischen Truppen nach
einer Vermittlung durch die Vereinten Nationen abgezogen. Aus Eisenhowers Sicht war das Unternehmen, ungeachtet des sowjetischen Protests, ein voller Erfolg und ein Beweis für die Richtigkeit der nach
ihm benannten Doktrin. In einem großen Teil der arabischen und muslimischen Welt sah man das naturgemäß anders. Die Sowjetunion
wußte ihre Chance zu nutzen: Ägypten erhielt Ende 1958 eine große
Niedrigzinsanleihe für den Bau des Assuan-Staudamms; in Ägypten,
Syrien und Irak wurde das Militär in der Folgezeit systematisch mit
Flugzeugen, Panzern und Geschützen sowjetischer Herkunft ausgerüstet. Entsprechend stieg der politische Einfluß Moskaus auf diese
arabischen Staaten.

Die amerikanischen Interventionstruppen standen noch im Libanon, als die Volksrepublik China am 23. August 1958 nach über dreijähriger Pause erneut mit einem Bombardement der dem Festland vorgelagerten, aber zu Taiwan gehörenden und von nationalchinesischen
Truppen besetzten Inseln Quemoy und Matsu begann. Die Regierung
Tschiang Kai-schek erhielt sogleich verstärkte amerikanische Militärhilfe, und am 11. September erklärte Präsident Eisenhower im Fernsehen, eine Preisgabe der beiden Inseln in der Formosastraße wäre
ein «westpazifisches ‹München›» und würde die Kommunisten nur zu
weiteren Aggressionen ermuntern. Wenn die Geschichte eines gelehrt
habe, dann dies, daß Appeasement es wahrscheinlicher machen würde,
daß die Welt einen größeren Krieg auszufechten haben werde. Es werde
aber kein Appeasement und nach seiner Überzeugung auch keinen
Krieg geben.

Chruschtschow antwortete dem Präsidenten mit einer Warnung:
Ein Angriff auf das chinesische Festland würde die Sowjetunion auf

den Plan rufen und amerikanische Soldaten das Leben kosten. Der sowjetische Partei- und Regierungschef war aber vorsichtig genug, Quemoy und Matsu gar nicht erst zu erwähnen. Er verweigerte Mao Tse-tung überdies Luft-Raketen, wie sie die Republik China von den USA längst erhalten hatte, und jede Unterstützung für ein Vorgehen gegen Taiwan. Die Drohung aus Washington und die Zurückhaltung Moskaus veranlaßten Mao zum Einlenken. Am 6. Oktober versprach die Volksrepublik China, die Beschießung der beiden Felseninseln zu unterbrechen, wenn die Vereinigten Staaten ihrerseits davon abließen, taiwanesische Schiffe durch die Straße von Formosa zu eskortieren. Die USA gingen auf dieses Angebot ein, womit die Krise aus ihrem akuten Stadium heraustrat. Die Zukunft von Quemoy und Matsu aber blieb ebenso offen wie die Taiwans und die weitere Entwicklung der Beziehungen zwischen Peking und Washington.

Vier Wochen später, am 4. November 1958, fanden in den USA die Zwischenwahlen statt. Die Demokraten konnten ihre Mehrheiten in Senat und Repräsentantenhaus kräftig ausbauen und zudem die meisten Gouverneurswahlen für sich entscheiden. Eine Mehrheit der Amerikaner war von der Politik der republikanischen Regierung offenkundig enttäuscht. Daß es der «Grand Old Party» 1960 nochmals gelingen würde, den Präsidenten zu stellen, erschien zwei Jahre vor dem Ende der zweiten und letzten Amtszeit Eisenhowers eher unwahrscheinlich.

Die kontinentaleuropäischen Verbündeten der USA unternahmen Mitte der fünfziger Jahre einen neuen Anlauf, um zu einem engeren Zusammenschluß zu gelangen. Nachdem die Europäische Verteidigungsgemeinschaft und mit ihr das Projekt einer Europäischen Politischen Gemeinschaft im August 1954 in der französischen Nationalversammlung gescheitert war, verlegten die Regierungen der sechs Mitgliedstaaten der Europäischen Gemeinschaft für Kohle und Stahl ihre Bemühungen auf das Feld der allgemeinen Wirtschaftspolitik. Wieder war Jean Monnet, der frühere Chef der französischen Planungsbehörde und erste Präsident der Hohen Behörde der Montanunion, die treibende Kraft. Auf sein Drängen hin schlug der belgische Außenminister Paul-Henri Spaak Anfang April 1955 den Regierungen der anderen Mitgliedstaaten vor, nach Kohle und Stahl auch andere Energiequellen, obenan die Kernenergie, und das Verkehrswesen zu «vergemeinschaften». Der niederländische Außenminister Johan Willem Beyen weitete diesen Vorschlag in Richtung eines Gemeinsamen Marktes aus und gewann dafür auch die Unterstützung seines luxemburgischen Kollegen Joseph Bech. Im Juni 1955 beschloß eine Konferenz der Außenminister der Sechs in Messina ein Programm zur weiteren Verschmelzung der Volkswirtschaften ihrer Staaten und setzte zu diesem Zweck ein Sachverständigengremium unter Leitung Spaaks ein.

Großbritannien wurde zur Teilnahme an den Beratungen eingeladen, ließ sich aber nur zeitweise durch einen Beobachter vertreten. Im November 1955 ging die Regierung Eden auf Gegenkurs zum Projekt des Gemeinsamen Markts, in dem sie eine Gefahr für den freien Welthandel zu erkennen glaubte: Sie schlug den Regierungen der Montanunion vor, die Verhandlungen im Rahmen der OEEC mit dem Ziel einer allgemeinen möglichst weltweiten Liberalisierung des Außenhandels weiterzuführen. Mit diesem Ansatz sympathisierte auch der Wirtschaftsminister der Bundesrepublik Deutschland, Ludwig Erhard, der in der wirtschaftspolitischen Integration Westeuropas ein protektionistisches Vorhaben witterte. Aus anderen Gründen mißfiel dem neuen Bundesminister für Atomfragen, dem CSU-Politiker Franz Josef Strauß, der Gemeinsame Markt: Er wollte die friedliche Nutzung der Kernenergie nicht der Mitkontrolle anderer Staaten unterwerfen. Bundeskanzler Adenauer sah sich schließlich am 19. Januar 1956 genötigt, ein Machtwort zu sprechen und unter Berufung auf seine Richtlinienkompetenz das Kabinett auf die westeuropäische Integration zunächst im Rahmen der Sechs festzulegen.

Im April 1956 legte Spaaks Expertenausschuß seinen Abschlußbericht vor: Die Sachverständigen empfahlen einen marktwirtschaftlich organisierten Gemeinsamen Markt für industrielle wie landwirtschaftliche Produkte und die Bildung einer separaten Europäischen Atomgemeinschaft. Ende Mai beschlossen die Außenminister der Sechs in Venedig, Regierungsverhandlungen auf der Grundlage dieses Berichts aufzunehmen. Bei den Verhandlungen im kleinen Schloß Val Duchesse in Brüssel zeigte sich rasch, daß zwischen Franzosen und Deutschen noch vieles strittig war. Paris bestand unter anderem auf einer Angleichung der Arbeitskosten und der Sozialausgaben auf hohem, nämlich dem französischen Niveau, was die Beamten aus dem Bonner Wirtschaftsministerium strikt ablehnten. Als Großbritannien Anfang Oktober die Schaffung einer Europäischen Freihandelszone vorschlug, fühlte sich Erhard in seinen massiven Vorbehalten gegen-

über dem Gemeinsamen Markt bestärkt. Es bedurfte der schon erwähnten historischen Begegnung zwischen Adenauer und Guy Mollet
am 6. November 1956 in Paris, um die wichtigsten Streitpunkte auszuräumen. Frankreich verzichtete auf die bisher von ihm verlangte Ex-
perimentierphase für den Gemeinsamen Markt, setzte aber eine fünf-
zehnjährige Übergangsfrist bis zum vollständigen Zollabbau durch.

Ein weiteres Treffen zwischen Adenauer und Mollet im Februar
1957 half, das Problem der überseeischen Gebiete Frankreichs, Belgiens und der Niederlande zu lösen. Die assoziierten Überseegebiete
erhielten freien Zugang zum Gemeinsamen Markt, nicht aber die von
den Kolonialmächten verlangten Preisgarantien. Kontrovers blieb lange
Zeit auch die Gestaltung des Gemeinsamen Agrarmarktes. Frankreich
drängte auf einen umfassenden Schutz seiner Landwirtschaft, während
die Niederlande und das Bundeswirtschaftsministerium marktwirtschaftlichen Grundsätzen auch für den Agrarmarkt Geltung verschaffen wollten. Daß Paris sich schließlich durchsetzen konnte, lag nicht
nur daran, daß für Bonn das Interesse der westdeutschen Industrie am
französischen Markt absoluten Vorrang hatte. Vielmehr gab es auch in
der Bundesrepublik verbreitete agrarprotektionistische Bestrebungen,
deren wichtigster Sprecher der einflußreiche Deutsche Bauernverband
war. Den Ausschlag gab aber zuletzt die Überzeugung von der überragenden politischen Bedeutung der westeuropäischen Integration: In
diesem Punkt wußte Adenauer die Mehrheit des Kabinetts und vor
allem das Auswärtige Amt unter seinem Parteifreund Heinrich von
Brentano hinter sich.

Die feierliche Unterzeichnung des Vertragswerks fand am 25. März
1957 auf dem Kapitolhügel in Rom statt. Durch die Römischen Verträge wurden die Europäische Wirtschaftsgemeinschaft (EWG) und
die Europäische Atomgemeinschaft (EURATOM) begründet. Die
EWG schuf eine Zollunion, der die Bundesrepublik Deutschland,
Frankreich, Italien, die Niederlande, Belgien und Luxemburg angehörten, und damit einen Gemeinsamen Markt für Waren, Kapital und
Arbeit. Die sechs Staaten legten sich auf eine gemeinsame Handels-,
Agrar-, Verkehrs- und Wettbewerbspolitik fest; sie verpflichteten sich,
ihre Konjunktur-, Wirtschafts- und Währungspolitik zu koordinieren
und darüber hinaus ihre Steuer- und Sozialpolitik zu harmonisieren.
In der Präambel bekannten sich die Unterzeichnerstaaten zu ihrem
festen Willen, «einen immer engeren Zusammenschluß der euro-

päischen Völker zu schaffen» und durch «gemeinsames Handeln den wirtschaftlichen und sozialen Fortschritt in ihren Ländern zu sichern, indem sie die Europa trennenden Schranken beseitigen».

Die Organe der EWG waren der Ministerrat, die Kommission, die Versammlung und der Gerichtshof. Dem Ministerrat stand die Entscheidungs- und Gesetzgebungsbefugnis zu, der Kommission, dem eigentlichen supranationalen und dynamischen Organ der Gemeinschaft, das Vorschlagsrecht. Die Versammlung, die sich schon bei ihrer Konstituierung im März 1958 Europäisches Parlament nannte, wurde (bis zur Einführung der Direktwahl im Jahr 1979) aus Parlamentariern der Mitgliedstaaten gebildet; ihr wichtigstes Recht bestand darin, daß sie mit Zweidrittelmehrheit die Kommission abwählen konnte. Der für alle drei europäischen Gemeinschaften, also Montanunion, EWG und EURATOM, zuständige Europäische Gerichtshof trug, wie Gerhard Brunn schreibt, «entscheidend zum Aufbau des hochentwickelten Rechtssystems der Gemeinschaften bei, das sie weit über die internationale Organisation zwischenstaatlicher Zusammenarbeit» hinaushob. Im Verlauf dieser Entwicklung wuchs das Gericht immer mehr in die Rolle des Hüters der Verträge hinein.

Ob die Europäische Wirtschaftsgemeinschaft sich eher im liberalen oder im protektionistischen Sinn entwickeln würde, war 1957 noch eine offene Frage. Manche Politiker, unter ihnen Ludwig Erhard, setzten ihre Hoffnungen darauf, daß die von Großbritannien vorgeschlagene Europäische Freihandelszone den Gemeinsamen Markt überwölben und dem Festungsdenken entgegenwirken werde, das sie als Gefahr in der EWG angelegt sahen. Erhard kritisierte in einer Debatte des Deutschen Bundestags am 21. März 1957 nachdrücklich die «Angst vor dem Wettbewerb», die sich in den Römischen Verträgen niedergeschlagen habe, bevor er sich aus politischen Gründen für die Unterzeichnung aussprach. In der Schlußabstimmung des Bundestags votierten am 5. Juli 1957 auch die Sozialdemokraten für die Ratifizierung der Römischen Verträge. In der französischen Nationalversammlung konnte sich die Nein-Front aus Kommunisten, «Mendesisten», also Anhängern von Pierre Mendès-France, und Gaullisten nicht gegenüber den Befürwortern durchsetzen. Als letzte Mitgliedstaaten hinterlegten im Dezember die drei Beneluxstaaten die Ratifikationsurkunden in Rom. Am 1. Januar 1958 traten die Römischen Verträge in Kraft. Erster Präsident der

Kommission wurde der Deutsche Walter Hallstein, der bisherige
Staatssekretär des Auswärtigen Amtes.

Anders als die EWG blieb EURATOM von Anfang an hinter den
Erwartungen der Initiatoren zurück. Die Interessen der Mitgliedstaaten
gingen, was die friedliche Nutzung der Kernenergie betraf, weit auseinander. Frankreich betrieb die Nuklearenergie in staatlicher Regie, was
auch mit militärischen Überlegungen zusammenhing; die Bundesrepublik und die meisten anderen Länder förderten die privatwirtschaft-
liche Entwicklung der Atomindustrie. Eine gemeinsame Isotopentrenn-
anlage kam nicht zustande, da die USA den EURATOM-Staaten große
Mengen an angereichertem Uran anboten, das sehr viel kostengünstiger
war, als es selbstproduziertes Uran gewesen wäre. Auf gemeinschaft-
liche industrielle Programme konnten sich die Sechs nicht verständigen.
Die Bedeutung der Europäischen Atomgemeinschaft lag vor allem darin,
daß sie die Versorgung der Mitgliedstaaten mit Kernbrennstoffen sowie
die Erforschung und Entwicklung von Sicherheitsstandards koordinierte. Gemessen an den Erwartungen der «Gründerväter» war das ein
bescheidenes Ergebnis.

Für Großbritannien bedeutete die Entstehung der EWG eine schwere
politische Niederlage. Als Schatzkanzler Harold Macmillan am 3. Oktober 1956 den Plan einer Freihandelszone vorlegte, der neben westeuropäischen Staaten auch Länder des Commonwealth angehören
sollten, war die politische Absicht unverkennbar: Im Rahmen dieser
Konstruktion mußte dem Vereinigten Königreich die Führungsrolle
zufallen und die Souveränität Großbritanniens unangetastet bleiben;
die britische Industrie würde freien Zugang zum kontinentaleuropäischen Markt erhalten, während die Vorzugszölle gegenüber dem
Commonwealth beibehalten werden konnten; die Agrarpolitik verblieb
in nationaler Regie. Im November 1956 schlug London der OEEC Verhandlungen über das Vorhaben vor. Sie begannen im Oktober 1957
unter Vorsitz des britischen Chefunterhändlers Reginald Maudling,
nachdem die Römischen Verträge ratifiziert worden waren, dauerten
aber nicht lange: Der französische Widerstand, der sich nach der Rückkehr General de Gaulles an die Macht im Juni 1958 verhärtete, führte
im Dezember 1958 zum Abbruch der Gespräche.

Nachdem sich die Bildung einer großen Freihandelszone im Rahmen von OEEC und Commonwealth als unmöglich erwiesen hatte,

verlegte sich die Regierung Macmillan auf die Schaffung einer kleineren Freihandelszone aus europäischen Staaten, die nicht der EWG angehörten. Im Juli 1959 beschlossen die Vertreter von Großbritannien, Dänemark, Norwegen, Schweden, Österreich, Portugal und der Schweiz in Stockholm die Gründung der European Free Trade Association (EFTA). Das entsprechende Abkommen wurde im Januar 1960 unterzeichnet. Am 3. Mai trat es in Kraft.

Anders als die EWG beschränkte die EFTA die Souveränitätsrechte ihrer Mitglieder in keiner Weise; sie führte lediglich gemeinsame Außenzölle ein; mit Blick auf Zölle gegenüber Drittländern blieben die Mitgliedstaaten autonom. Was den Binnenhandel betraf, war die EFTA höchst erfolgreich: Er verachtfachte sich zwischen 1959 und 1973. Die britischen Exporte in die Staaten der EWG aber expandierten zwischen 1956 und 1962 noch sehr viel stärker (von 468 auf 762 Millionen Pfund) als die in die Länder der EFTA (von 378 auf 515 Millionen Pfund), während die Ausfuhren in das Commonwealth im gleichen Zeitraum sogar zurückgingen (von 1,26 auf 1,19 Milliarden Pfund). Unter dem Eindruck dieser Entwicklung begann die Front der britischen EWG-Gegner schon um 1960 zu bröckeln.

Zur gleichen Zeit, in der Großbritannien sich bemühte, eine Antwort auf die Herausforderungen des Gemeinsamen Marktes zu finden, mußte es auch versuchen, sein Verhältnis zu den USA neu zu ordnen. Das Suezdebakel vom Herbst 1956 hatte die Beziehungen zwischen den beiden großen angelsächsischen Demokratien schwer belastet: ein Zustand, der für das Vereinigte Königreich ungleich gefährlicher war als für die Vereinigten Staaten. Harold Macmillan, der im Januar 1957 die Nachfolge des glücklosen Anthony Eden angetreten hatte, sah daher zu Beginn seiner Regierungszeit seine vordringlichste Aufgabe darin, die «special relationship» zu den USA wiederherzustellen.

Es kam dem neuen Premierminister zustatten, daß er «Ike» seit den Kriegstagen gut kannte, ja eine Art von persönlicher Freundschaft zu ihm entwickelt hatte. Am 20. März 1957 trafen Macmillan und Außenminister Selwyn Lloyd auf den Bermudas ein, um sich dort mit Eisenhower und Dulles zu treffen. In den Mittelpunkt der Gespräche rückte rasch das amerikanische Angebot, Großbritannien mit 60 ballistischen Raketen vom Typ «Thor» auszurüsten, die nukleare Sprengköpfe trugen. Um auf die Sowjetunion abschreckend zu wirken, mußten diese Raketen im Vereinigten Königreich oder auf dem europäischen

Kontinent disloziert werden. Macmillan ging auf das Angebot ein und legte sich gegenüber Eisenhower auch darauf fest, daß Großbritannien nichts tun würde, um die französischen Bestrebungen nach einem eigenen Atomwaffenarsenal zu fördern. Auf dem Gebiet der Kernwaffen blieb London damit vorerst der privilegierte, ja der exklusive Partner Washingtons in Europa.

Weniger Übereinstimmung erzielten Eisenhower und Macmillan in einer anderen Frage: der Zukunft des Suezkanals, der nach dem Krieg vom Spätjahr 1956 monatelang durch versenkte Schiffe blockiert war. Der amerikanische Präsident weigerte sich, Nasser in Sachen Kanal so massiv unter Druck zu setzen, wie der britische Premier es wünschte. Dulles versprach zwar, sich dafür einzusetzen, daß die Kanalgebühren nicht an Ägypten, sondern an die neue, auf amerikanisches Betreiben hin gegründete Gesellschaft der Kanalbenutzer, die SCUA, gezahlt werden sollten, unternahm aber keine entsprechenden Aktivitäten. Tatsächlich erwies sich die SCUA, wie der Historiker Richard Lamb schreibt, als eine «tote Ente» (dead duck): Nasser bestand darauf, daß die Gebühren nach der Wiedereröffnung des Suezkanals im April 1957 von Beauftragten Ägyptens erhoben wurden, und Großbritannien beugte sich diesem Ansinnen unter Protest. Es verprellte damit den Partner der Suezaktion des Vorjahres, die französische Regierung unter Guy Mollet, die einen Boykott des Kanals gefordert hatte.

Im Sommer 1957 wurde Großbritannien nochmals militärisch im Nahen Osten aktiv: Die Royal Air Force unterstützte den Sultan von Muscat und Oman bei der Bekämpfung von Rebellen und erweckte damit den Unwillen der USA, die im Vorgehen Londons einen Rückfall in den britischen Kolonialismus und Imperialismus sahen. Kurz darauf kooperierten die beiden angelsächsischen Mächte aber wieder eng, um die Sowjetunion von einer Intervention in Syrien abzuhalten, wo im August 1957 militant antiwestliche Offiziere die Macht übernommen hatten. Im Jahr darauf hatten die USA Großbritannien auf ihrer Seite, als sie bei ihrer schon erwähnten Intervention im Libanon erstmals die Eisenhower-Doktrin praktisch anwandten. Macmillans Drängen, ähnlich massiv gegen das nationalistische Regime General Kassems im Irak vorzugehen, fand in Washington jedoch kein Gehör. Die Vereinigten Staaten sahen ihre vitalen Interessen in Bagdad vorerst weniger bedroht als in Beirut. Desgleichen lehnte Eisenhower es unter Hinweis auf die widerstrebende demokratische Mehrheit im Kongreß ab, dem Wunsch des Londoner Premiers entsprechend an der Seite der Briten König Hussein von Jordanien militärischen Beistand gegen die nationalistischen «Nasseristen» im eigenen Land zu leisten.

Die Großmachtpolitik, die Großbritannien 1957/58 geradezu demonstrativ im Nahen Osten betrieb, hatte unverkennbar kompensatorische Züge: Es galt, die Erinnerung an die demütigende Niederlage im Suezkonflikt möglichst rasch und vollständig auszulöschen. Solche Wirkungen versprach sich die konservative Londoner Regierung auch vom erfolgreichen Test einer Wasserstoffbombe im Mai 1957 im Zentralpazifik. Materiell und militärisch hing das Vereinigte Königreich gleichwohl mehr denn je von den USA ab, und keinem britischen Politiker war das deutlicher bewußt als dem ehemaligen Schatzkanzler Harold Macmillan. Der heimischen Öffentlichkeit gegenüber äußerte sich der Premierminister freilich anders. Am 20. Juli 1957 verwies er in Bedford seine Zuhörerinnen und Zuhörer auf den Wohlstand, den sie überall sehen könnten und den es so noch nie in der Geschichte des Landes gegeben habe: «Laßt uns ehrlich sein; den meisten von uns ging es noch nie so gut wie heute.» Das «You never had it so good» wurde zum geflügelten Wort und zum eigentlichen Motto der Regierungszeit Macmillans von 1957 bis 1963.

Die Bedforder Rede des Premierministers fiel in eine Zeit hoher wirtschaftlicher Wachstumsraten, steigenden Massenkonsums und annähernder Vollbeschäftigung. Die Kraftfahrzeugindustrie und der Flugzeugbau gehörten zu den besonders erfolgreichen Branchen. 1956 war in Calder Hall das erste kommerzielle Kernkraftwerk der Welt ans Netz gegangen. Nur die USA gaben noch mehr Geld für Zwecke der Forschung aus als das Vereinigte Königreich.

Freilich fanden längst nicht alle Briten, daß sie in der besten aller Welten lebten. Ende August und Anfang September 1958 griffen junge Angehörige der weißen Unterschicht, die «Teddy Boys», im Londoner Stadtteil Notting Hill dort lebende schwarze Immigranten aus der Karibik an. An den rassistischen Motiven der Attacken gab es nichts zu deuten: Die Gewaltakte richteten sich gegen die wachsende Einwanderung von Farbigen aus dem einstigen Empire – die Folge eines Gesetzes von 1949, das allen Bürgern des Commonwealth das Recht auf einen britischen Paß zugestand. Für die niederen Arbeiten, die sie in Großbritannien verrichteten, erhielten die Neuankömmlinge nur niedrige Löhne; entsprechend armselig waren ihre Wohn- und Lebensverhältnisse. Dennoch galten sie nicht wenigen Arbeitern als unliebsame Konkurrenten auf dem Arbeitsmarkt. Die Unruhen von Notting Hill hatten eine Signalwirkung: Sie konfrontierten das Mutterland mit den Folgen von Sklaverei, Sklavenhandel und Kolonialherrschaft im britischen Weltreich – eine Erfahrung, die anderen Kolonialmächten noch bevorstand.

Auch im Vergleich zu anderen Industrienationen hatte Großbritannien keinen Anlaß zur Selbstzufriedenheit. Zwischen 1951 und 1973 beliefen sich die jährlichen Wachstumsraten des Bruttoinlandsprodukts im Vereinigten Königreich auf durchschnittlich 2,4 Prozent, während Frankreich auf 4,4, die Bundesrepublik Deutschland auf 4,8, Italien auf 5,5 und Japan sogar auf 7,9 Prozent kamen. Kritische Zeitgenossen sprachen bereits Ende der fünfziger Jahre von einem relativen Niedergang, und sie beobachteten ihn nicht nur auf wirtschaftlichem, sondern auch auf militärischem, kulturellem und pädagogischem Gebiet. In intellektuellen Zirkeln Großbritanniens verbreitete sich eine Stimmung der Selbstkritik, der Skepsis, ja des Pessimismus, die in scharfem Kontrast zu Macmillans euphorisch klingenden Worten vom Juli 1957 stand.

Wenige Monate nach seiner Bedforder Rede gelangte der Premierminister selbst zu dem Schluß, daß das Land einer anderen Wirtschafts- und Finanzpolitik bedurfte, wenn es seine internationale Position verbessern und die inländische Kritik entkräften wollte. Anfang Januar 1958 drängte er Schatzkanzler Peter Thorneycroft, einen überzeugten «Monetaristen», samt seinen gleichgesinnten Juniorministern, zum Rücktritt. Den Nachfolger im Amt des Chancellor of the Exchequer, Derick Heathcoat-Amory, überredete er zu umfassenden Steuersenkungen. Zusammen mit öffentlichen Investitionen bewirkte der Kurswechsel einen konjunkturellen Aufschwung, der sich für Macmillan und die Tories auch politisch auszahlte: Im Oktober 1959 gewannen die Konservativen ihren dritten Wahlsieg in Folge – mit einem Vorsprung von über 100 Sitzen gegenüber Labour. Die Tories zogen mit 365 Abgeordneten ins Unterhaus ein, die Arbeiterpartei mit 258.[18]

Frankreichs Politik stand in der zweiten Hälfte der fünfziger Jahre ganz im Bann der Algerienkrise. Der Generalsekretär der Sozialistischen Partei, Guy Mollet, der am 2. Februar 1956 zum Ministerpräsidenten gewählt worden war, beabsichtigte zunächst, den Konflikt durch Verhandlungen mit der Unabhängigkeitsbewegung beizulegen. Am 6. Februar, nur vier Tage nach seinem Amtsantritt flog er nach Algier. Dort wurde er von aufgebrachten «pieds-noirs», also Algerienfranzosen, mit lautstarken, ja gewalttätigen Protesten empfangen, die ihn völlig unvorbereitet trafen. Um seine Landsleute zu besänftigen, ersuchte der Regierungschef den in Algier residierenden Algerienminister, den erst acht Tage zuvor ernannten liberalen Minister-Residenten General Catroux, um seinen Rücktritt und ersetzte ihn durch einen sozialistischen Parteifreund, Finanz- und Wirtschaftsminister Robert Lacoste, der sich binnen weniger Monate von einem Mann des Ausgleichs in einen unnachgiebigen Exekutor des vermeintlichen französischen Staatsinteresses verwandelte. Mollets Befriedungskonzept war damit gescheitert.

Der nächste Schritt waren militärische Sondervollmachten, die sich die Regierung Mollet von der Nationalversammlung bewilligen ließ. Dem Antrag stimmten auch die Kommunisten zu, die zu diesem Zeitpunkt noch wie die anderen Parteien in Algerien französisches Territorium sahen – und in den Aufständischen weniger Freiheitskämpfer als Vertreter einer rückwärtsgewandten Ideologie. Zu den Maßnahmen, die die Regierung nach dem Beschluß des Parlaments traf, gehörte eine, auf die Frankreich zur Zeit des Indochinakriegs bewußt verzichtet hatte: die Einberufung von Wehrpflichtigen. Der Wehrdienst wurde schrittweise auf 27 Monate verlängert. Der Krieg in Algerien betraf fortan das Gros der französischen Familien. Die brutale Grausamkeit, mit der der Front de Libération Nationale (FLN) und sein militärischer Arm, die Armée de Libération Nationale (ALN), gegen französische Soldaten und Zivilisten vorgingen, fand ihr Echo im Ruf nach rücksichtsloser Vergeltung. Die französische Armee ging ihrerseits zur systematischen Folterung von gefangengenommenen Rebellen und Unterstützern der Befreiungsarmee in großem Stil über – Praktiken, die sich nicht lange geheimhalten ließen.

Die Entschlossenheit, ein französisches Algerien zu schaffen, stieg noch, als in der südlichen Sahara reiche Erdölvorkommen entdeckt wurden. Ende Oktober 1956 wurde ein Flugzeug, das mit der Führung der FLN an Bord von Marokko nach Tunesien unterwegs war, auf Befehl nachgeordneter Militärs über tunesischem Territorium abgefangen und in Algerien zur Landung gezwungen; die Rebellenführer mit Ahmed Ben Bella an der Spitze wurden in Frankreich interniert. Eine Beruhigung bewirkte der offene, von der Regierung nachträglich gebilligte Bruch des Völkerrechts nicht. Der FLN ging vielmehr verstärkt zum Guerillakampf in den Städten in Gestalt von Bombenattentaten auf öffentliche Gebäude und Terroranschlägen aller Art über, was die französische Armee veranlaßte, ihre Verhörmethoden zu verschärfen und die Folterungen von Verdächtigen weiter auszudehnen. Willkürliche Erschießungen von Kämpfern des FLN waren an der Tagesordnung, ebenso der Einsatz von Napalm und Reizgas bis hin zum Tod durch Ersticken in Höhlen; gelegentlich wurde bei der Verfolgung von Aufständischen sogar auf Atommüll zurückgegriffen. Der «antisubversive» Krieg galt als irregulärer Kampf gegen einen irregulären Feind, weshalb sich die Kolonialmacht nicht an die Regeln des Kriegsvölkerrechts gebunden fühlte.

Die «konstruktive» Seite des französischen Kolonialkriegs bestand in einer forcierten Modernisierungspolitik: Die «Sections Administratives Spécialisées» (SAS), eine von Generalgouverneur Jacques Soustelle und General Georges Parlange im September 1955 geschaffene Sondereinheit, errichteten dort, wo die Sicherheitslage als befriedigend galt, militärisch umfassend geschützte Wehrdörfer, in denen die einheimische Bevölkerung und vor allem die muslimischen Frauen im Sinne der «mission civilisatrice» Frankreichs umerzogen werden sollten. Die Wehrdörfer mit ihren Schulen und Krankenstationen waren nur *eine* Variante der insgesamt 2380 Internierungslager, in denen um 1960 über 2 Millionen Menschen zusammengepfercht wurden. Aus der Sicht der Auftraggeber waren diese Maßnahmen eine Art von bewaffneter Entwicklungspolitik, aus der der meisten Betroffenen hingegen ein Akt brutaler Repression. Nach dem Urteil des algerischen Historikers Mohammed Harbi, eines ehemaligen Aktivisten des FLN, der 1980 in Paris ein Buch über Mythos und Realität der algerischen Befreiungsarmee verlegte, wurde Algerien durch die französische Umsiedlungspolitik in ein «gewaltiges Konzentrationslager» verwandelt.

Anfang Januar 1957 übertrug Minister-Resident Lacoste dem Befehlshaber der 10. Fallschirmjäger-Division, General Massu, umfassende Vollmachten zur Bekämpfung des Terrors. Massu gelang es zwar, mit äußerster Brutalität Algier zeitweilig zu «befrieden». Aber die Art und Weise, wie er diesen Erfolg errang, rief Widerspruch innerhalb der Armee und den öffentlichen Protest ehemaliger Widerstandskämpfer hervor. Katholische Zeitschriften wie «Esprit» und «Témoignage Chrétien» prangerten die Folterungen ebenso scharf an, wie das die kommunistische «Humanité» schon zuvor getan hatte. Die Regierung Mollet sah sich schließlich genötigt, im April 1957 eine Kommission einzusetzen, die die Vorwürfe prüfen sollte, dann aber erwartungsgemäß so gut wie nichts fand, was als Bestätigung der Kritiker hätte gedeutet werden können. Weiter als die genannten Presseorgane ging der Soziologe Raymond Aron. In seinem 1957 erschienenen Buch «La tragédie algérienne» erklärte er die Entstehung eines vollständig unabhängigen Algerien für unausweichlich. Zu diesem Zeitpunkt war Aron damit noch ein Prediger in der Wüste.

Am 22. Mai 1957 stürzte die Regierung Mollet über ein Steuerprogramm, mit dem Finanz- und Wirtschaftsminister Ramadier die grassierende Inflation bekämpfen wollte. In den 16 Monaten von Mollets Amtszeit, der längsten in der Geschichte der Vierten Republik, waren wichtige sozialpolitische Gesetze verabschiedet worden, darunter die über die Einführung eines bezahlten dreiwöchigen Jahresurlaubs für alle Arbeitnehmer und die Einrichtung eines Solidaritätsfonds für Rentner. Mollet hatte im Zusammenwirken mit Adenauer die wirtschaftspolitische Integration Westeuropas vorangebracht, im März 1956 die Unabhängigkeit Marokkos und Tunesiens anerkannt und im gleichen Monat durch ein Gesetz den schwarzafrikanischen Kolonien Frankreichs zu größerer Unabhängigkeit verholfen. Zugleich aber war er verantwortlich für den Angriffskrieg auf Ägypten im Herbst 1956 und die systematische Verschärfung des Kampfes um Algerien. Der überzeugte Marxist Mollet sah in dieser Politik keinen Widerspruch zu seinem sozialistischen Credo: Die France métropolitaine hatte eine zivilisatorische Mission zu erfüllen und im Dienste dieser Sendung gegen rückschrittliche Kräfte wie die muslimischen Rebellen in Algerien, einem Teil des französischen Staatsgebiets, vorzugehen – und ebenso gegen jene, die wie der ägyptische Präsident Nasser den Feinden Frankreichs die dringend benötigten Waffen lieferten.

Nach dem Sturz Mollets spitzte sich die Krise der Vierten Republik immer mehr zu. Sein unmittelbarer Nachfolger, der Radikalsozialist Maurice Bourgès-Maunoury, blieb dreieinhalb, der nächste Ministerpräsident Félix Gaillard, auch er ein Radikalsozialist, etwas über fünf Monate im Amt. In die Regierungszeit Gaillards fiel ein Ereignis, das zu einem Wendepunkt in der jüngeren Geschichte Frankreichs werden sollte: Am 8. Februar 1958 unternahmen französische Flugzeuge einen Bombenangriff auf das nahe der Grenze zu Algerien gelegene tunesische

Dorf Sakhiet Sidi Yussef, bei dem etwa 70 Zivilisten, darunter viele
Frauen und Kinder, umkamen. Die Aktion sollte eine Vergeltung sein
für einen Überfall des ALN, der von einem Stützpunkt in Tunesien aus
in Algerien tätig geworden war. Ein entsprechender Befehl aus Paris
lag nicht vor; die Piloten hatten ihren Angriff auf Weisung örtlicher
Kommandeure geflogen.

Der tunesische Präsident Bourguiba protestierte auf das Schärfste;
er berief den Botschafter in Paris ab und wandte sich an die Vereinten
Nationen. Die Regierung Gaillard akzeptierte eine britisch-amerika-
nische Vermittlung, was heftige Proteste von rechts auslöste. Bei der
Abstimmung über die Empfehlungen der angelsächsischen Vermittler
in der Nationalversammlung taten sich die Rechte, einschließlich
der Poujadisten, die bürgerlichen Befürworter eines Verständigungsfriedens um Mendès-France und die Kommunisten gegen die Regierung zusammen, die mit 255 zu 321 Stimmen in der Minderheit blieb.
Gaillard zog die Konsequenz aus dieser Niederlage und trat am
15. April 1958 zurück.

Bezeichnend für den fortschreitenden Verfall der Vierten Republik
war die Dauer der Regierungskrisen. Nach dem Sturz von Bourgès-
Maunoury vergingen sieben Wochen, bis Gaillard zum neuen Ministerpräsidenten gewählt werden konnte. Der Demission Gaillards folgten
langwierige Verhandlungen zwischen den Parteien und zwischen ihnen
und dem Präsidenten der Republik, René Coty, bis sich Anfang Mai
eine aussichtsreiche Kandidatur abzeichnete: die des elsässischen Volks-
republikaners Pierre Pflimlin, der seit 1947 mehrfach Ministerämter
innegehabt hatte. Die Schwierigkeiten der Koalitionsbildung ergaben
sich vor allem daraus, daß die Parteien in der Algerienfrage nicht nur
untereinander, sondern auch in sich tief gespalten waren: Befürwortern
eines harten Kurses standen Anhänger eines Verständigungsfriedens
gegenüber. Für die Unabhängigkeit Algeriens sprach sich zu diesem
Zeitpunkt noch keine Partei aus, auch die Kommunisten nicht.

Pflimlin galt als Vertreter eines Kompromisses mit den muslimischen Rebellen, und eben deshalb ließ seine Nominierung, wie René
Rémond schreibt, «alle Alarmglocken schrillen». Das galt in erster Linie
für Algerien, wo Minister-Resident Lacoste am 8. Mai in Gegenwart
der Generalität vor einem «diplomatischen Dien Bien Phu» warnte.
Tags darauf verwies der Oberkommandierende der französischen
Truppen in Algerien, General Salan, den Generalstabschef, General

Ély, in einem Telegramm auf den Gewissenskonflikt, in den die Armee durch Verhandlungen mit dem Feind gestürzt werden würde. Die gesamte französische Armee würde die «Preisgabe dieses nationalen Erbes», also Algeriens, einmütig als Frevel empfinden. «Es ist nicht vorherzusagen, wie sie in ihrer Verzweiflung reagieren würden» (On ne saurait préjuger de sa réaction de désespoir).

Die letzten Worte des Telegramms waren eine kaum verhüllte Putschdrohung. Die Regierungskrise schlug damit in eine Staatskrise um: Die Vierte Republik war in Gefahr, von einer Militärdiktatur abgelöst zu werden. In dieser Richtung arbeitete in Algier ein Wachsamkeitskomitee (Comité de vigilance) aus ehemaligen Frontkämpfern, nationalistischen Politikern und Studenten, das am 26. April mit einer ersten Großkundgebung für ein französisches Algerien hervorgetreten war. Als Retter aus der Not erschien manchen militärischen und zivilen Aktivisten, darunter General Massu, der frühere Chef der France libre, General de Gaulle. Hinter den Kulissen wurde Massu schon im Dezember 1957 in diesem Sinn tätig. Anfang Mai schloß sich auch ein prominenter ehemaliger Anhänger von Marschall Pétain, der Chefredakteur des einflußreichen «Écho d'Alger», Alain de Sérigny, dieser Linie an. Am 11. Mai rief er im «Dimanche Matin», der Sonntagsausgabe seiner Zeitung, de Gaulle in feierlichen Worten dazu auf, sich an die Spitze der Bewegung für ein französisches Algerien zu stellen.

Der 13. Mai war der Tag, an dem Pierre Pflimlin der Nationalversammlung sein Regierungsprogramm und seine Ministerliste vorstellte. Ob er das Vertrauen einer parlamentarischen Mehrheit finden würde, erschien völlig offen. Am selben Tag fand in Algier eine von General Salan geleitete Trauerzeremonie für drei französische Soldaten statt, die der FLN gefangengenommen und am 9. Mai exekutiert hatte. Das Wachsamkeitskomitee hatte die Bevölkerung aufgerufen, sich zu Ehren der Toten zu versammeln. Nach der kurzen offiziellen Zeremonie zogen einige tausend Demonstranten, von einem Studentenführer in Fallschirmjägeruniform, Pierre Lagaillarde, dazu aufgerufen, zum Regierungsgebäude und besetzten es, ohne von den Schutzmannschaften der Fallschirmjäger daran gehindert zu werden. Unmittelbar darauf konstituierte sich ein «Wohlfahrtsausschuß» (Comité de salut public), an dessen Spitze General Massu trat. Dieser schickte namens des Komitees sogleich ein ultimativ gehaltenes Telegramm an Staatspräsident Coty, in dem die Bildung einer Wohlfahrtsregierung (Gouvernement de salut public) in Paris gefordert wurde, weil nur sie in der Lage sei, Algerien als «integrierenden Teil der Metropole» zu erhalten.

In Paris wirkte die Nachricht vom Umsturz in Algier anders, als es die Putschisten vorhergesehen hatten. Pflimlin wurde noch am gleichen Tag mit einer Mehrheit von 274 zu 120 bei 137 Enthaltungen zum Ministerpräsidenten gewählt. Die Sozialisten, die sich ursprünglich der Stimme hatten enthalten wollen, stimmten mit Ja; die Kommunisten, die mit Nein votieren wollten, enthielten sich; nur die Rechte stimmte mit Nein. Damit war die Regierungskrise, die am 15. April mit dem Rücktritt Gaillards begonnen hatte, formell beendet. Die neue Regierung unterbrach sogleich den Flugverkehr nach Algerien und stellte putschverdächtige Politiker unter polizeiliche Überwachung.

Am Abend des 13. Mai übertrug Ministerpräsident Pflimlin General Salan die volle militärische und zivile Macht in Algerien – ein gefährlicher Schritt, den der Regierungschef gleichwohl für unumgänglich hielt, weil er nur so die öffentliche Ordnung in Algerien aufrechterhalten zu können meinte. Am 14. Mai rief Präsident Coty die Armee auf, weiterhin ihre Pflicht gegenüber der Regierung der Republik zu erfüllen. Der Appell verhallte, ohne Wirkungen zu zeitigen. Frankreich geriet in den Zustand einer Doppelherrschaft: Der legalen Pariser Regierung stand das irreguläre Wohlfahrtskomitee in Algier gegenüber, das nur bereit war, Weisungen von General Salan zu befolgen. Daß Salan sich gegenüber den Verfassungsorganen loyal verhalten werde, konnte man in Paris nur hoffen, und was von Salan galt, traf für die Armee insgesamt zu. Die Frage war also, wer künftig in Frankreich das Sagen haben würde: die Politik oder das Militär.

Am 15. Mai beendete Salan eine Rede, die er vom Balkon des Gouverneurspalastes in Algier hielt, mit den Worten «Vive de Gaulle». Damit schloß sich der Inhaber der vollziehenden Gewalt in Algerien der Linie von General Massu an, die zugleich die Linie der prominenten Gaullisten Jacques Soustelle, Michel Debré und Jacques Chaban-Delmas war. Staatspräsident Coty hatte bereits am 5. Mai streng geheim einen Kontakt zu de Gaulle gesucht, um die Möglichkeit einer legalen Rückkehr des Generals an die Macht auszuloten. Am 15. Mai gegen 17 Uhr, wenige Stunden, nachdem Salan seinen Namen öffentlich ins Spiel gebracht hatte, äußerte sich de Gaulle, der sich nach wie vor auf seinem Landsitz in Colombey-les-deux-Églises aufhielt, erstmals selbst. Über sein Pariser Büro ließ er eine Erklärung verbreiten, in der er dem Parteiensystem die Schuld an der Krise gab und den Franzosen mitteilte, daß er bereit sei, die Verantwortung für die Republik zu übernehmen. Der Armee zollte de Gaulle Respekt, zum Putsch in Algier sagte er nichts.

In den meisten Parteien gingen die Meinungen weit auseinander, ob die Republik mit Hilfe de Gaulles vor der Gefahr einer Machtübernahme des Militärs bewahrt werden könne. Die Kommunisten waren strikt dagegen, den ersten Regierungschef der Nachkriegszeit in dieses Amt zurückkehren zu lassen. Die Rechte war mehrheitlich dafür; bei den Volksrepublikanern und den Radikalsozialisten gab es Befürworter und Gegner einer neuen Ära de Gaulle, wobei die letzteren in der Überzahl waren. Viel hing von der Haltung der ebenfalls uneinigen Sozialisten ab. Guy Mollet, Generalsekretär der SFIO und seit dem 14. Mai stellvertretender Ministerpräsident, war unter bestimmten Voraussetzungen bereit, einer Ministerpräsidentschaft de Gaulles zuzustimmen, wenn dadurch eine Militärdiktatur verhindert werden konnte. Mochte seine Partei auch mehrheitlich gegen de Gaulle sein, so hatte die Meinung des Generalsekretärs doch beträchtliches Gewicht. Eine parlamentarische Mehrheit für den General aber war einstweilen nicht in Sicht.

Am 19. Mai erklärte de Gaulle in einer Pressekonferenz in Paris (es war die erste, seitdem er 1953 den Vorsitz des Rassemblement du peuple français niedergelegt hatte), wer die Macht in der Republik übernehme, könne sie nur von dieser selbst übernehmen. Das war eine Absage an einen illegalen Machterwerb, aber zugleich wollte de Gaulle sich nicht an die übliche Praxis halten und in der Nationalversammlung um das Vertrauen der Mehrheit werben. Dieser Barriere zum Trotz erfuhr der General in den Tagen danach von mehreren prominenten Politikern der Vierten Republik – so von Antoine Pinay, Guy Mollet und Vincent Auriol – vertraulich, daß sie auf seine Hilfe bei der Rettung der Republik setzten. Georges Bidault äußerte sich am 21. Mai öffentlich in gleichem Sinn.

Die politischen Kräfteverhältnisse hatten sich seit der ersten öffentlichen Erklärung de Gaulles vom 15. Mai dramatisch verändert. Es gab nunmehr nicht nur zwei, sondern, wie Rémond feststellt, drei konkurrierende Machtzentren, nämlich «die legale Macht in Gestalt der Regierung Pflimlin, eine tatsächliche Macht, die über Gewaltmittel verfügte, und eine Macht, die zwar keine Zwangsmittel besaß, aber dafür die moralische Autorität. Die Zersplitterung der Macht nahm topographisch die Gestalt eines Dreiecks an, dessen Spitzen von Paris, Algier und Colombey-les-deux-Églises gebildet wurden. Zwischen diesen drei Orten vollzog sich das Machtspiel, bei dem es nicht nur um Algerien, sondern um die Zukunft des Staates und den inneren Frieden ging. Drei Legitimitäten stritten um die Anerkennung der Franzosen.»

Am 17. Mai hatte die Regierung Pflimlin den Notstand ausgerufen; es folgte die Einsetzung der Pressezensur durch eine mit breiter Mehrheit beschlossene Verfassungsänderung. Eine politische Beruhigung aber trat dadurch nicht ein. Am Abend des 16. Mai war der Generalstabschef, General Ély, der eine Machtübertragung an de Gaulle befürwortete, zurückgetreten. Seitdem mehrten sich die Anzeichen für einen Militärputsch im Mutterland. Am 24. Mai sprangen Fallschirmjäger über Korsika ab und brachten die Insel binnen kurzem unter ihre Kontrolle. Ein Übergreifen der Militärrevolte auf das Festland schien nur noch eine Frage von Tagen. Am späten Abend des 26. Mai, des Pfingstmontags, trafen erstmals Pflimlin und de Gaulle zusammen. Die Begegnung verlief ohne konkretes Ergebnis: Der Ministerpräsident wollte einen Auftrag zur Regierungsbildung an de Gaulle nur unterstützen, nachdem dieser den Aufstand in Algier verurteilt hatte; der General wollte dies erst tun, nachdem er im Besitz der Macht war.

Unter dem Eindruck der militärischen Drohungen ließ de Gaulle eine Erklärung veröffentlichen, in der es hieß, er habe das reguläre und notwendige Verfahren zur Bildung einer republikanischen Regierung eingeleitet. Er verprellte damit nicht nur Pflimlin, sondern auch dessen Stellvertreter Mollet. Die Fraktion der SFIO nannte in einer fast einstimmig angenommenen Resolution die Kandidatur de Gaulles eine Herausforderung an die Republik. Am folgenden Tag demonstrierten die Sozialisten und die Gewerkschaften zusammen mit den offiziell nicht eingeladenen Kommunisten in Paris auf einer Großkundgebung gegen die Putschisten und damit, zumindest indirekt, auch gegen de Gaulle. Um die gleiche Zeit wurde Präsident Coty ein Ultimatum der militärischen Rebellen übermittelt: Falls de Gaulle nicht bis zum 29. Mai, 15 Uhr, an der Macht sei, würden sie auch im Mutterland zuschlagen.

Auch Pierre Pflimlin war inzwischen zu der Einsicht gelangt, daß es zum Militärputsch und zum Bürgerkrieg nur eine Alternative gab: den Auftrag an Charles de Gaulle, eine neue Regierung zu bilden. Am

29. Mai erklärte der Ministerpräsident seinen Rücktritt; Präsident Coty teilte der Nationalversammlung brieflich mit, er beabsichtige, General de Gaulle, den «hervorragendsten der Franzosen» (le plus illustre des Français), mit der Regierungsbildung zu beauftragen, und werde zurücktreten, falls das Parlament sich dieser Absicht entgegenstelle. De Gaulle führte währenddessen Gespräche mit den Vertretern der politischen Parteien, mit Ausnahme der Kommunisten, und versicherte ihnen, er werde seine Regierung und sein Programm selbst der Nationalversammlung präsentieren.

Die Ministerliste des Generals spiegelte sein Bemühen wider, ein möglichst breites politisches Spektrum hinter sich zu bringen. Pflimlin und Mollet gehörten zu seinen Stellvertretern; de Gaulle selbst übernahm das Verteidigungsministerium und formell auch das Algerienministerium; Antoine Pinay von der Bauernpartei wurde Finanzminister; von den prominenten Gaullisten gelangten nur zwei ins Kabinett, nämlich Michel Debré als Justiz- und André Malraux als Kultusminister. (Bis zum 7. Juli leitete Malraux auch das Informationsministerium, das dann von dem Gaullisten Jacques Soustelle übernommen wurde.) Wichtige Ressorts gingen an hohe Beamte und Diplomaten, unter den letzteren der bisherige Botschafter in Bonn, Maurice Couve de Murville, als Außenminister. Ein Volksrepublikaner, Paul Bacon, wurde Arbeits-, ein Radikalsozialist, Jean Berthoin, Erziehungsminister. Die französischen Kolonien vertrat Félix Houphouët-Boigny, der spätere Präsident der Elfenbeinküste, als stellvertretender Ministerpräsident. Die Regierungserklärung, die de Gaulle am 1. Juni abgab, war von äußerster Kürze: Er ersuchte die Nationalversammlung um Sondervollmachten für Algerien sowie einen Auftrag zur Verfassungsänderung und kündigte eine mehrmonatige Vertagung des Parlaments an.

Bei der Abstimmung über die Vertrauensfrage erhielt de Gaulle 329 Ja-Stimmen gegenüber 224 Nein-Stimmen. Die Parteien der Rechten, darunter die Poujadisten, stimmten nahezu geschlossen für ihn, außerdem die Mehrheit der politischen Mitte und der Sozialisten. Geschlossen mit Nein stimmten die Kommunisten, außerdem die Anhänger von Pierre Mendès-France und François Mitterrand. Es folgten Abstimmungen über die von de Gaulle beantragten Sondervollmachten, sodann tags darauf über die Vertagung des Parlaments für die Dauer von sechs Monaten, in denen die gesetzgebende Gewalt von der Legislative an die Exekutive überging, schließlich, am Abend des 3. Juni, über

die Ausarbeitung einer neuen Verfassung, die dem französischen Volk
bis Ende September zur Abstimmung vorgelegt werden sollte.

De Gaulle hatte nicht geputscht; er war infolge eines Putsches, den
andere unternommen hatten, mit legalen Mitteln an die Macht zurückgekehrt. Er verdankte diesen Erfolg der Erkenntnis der «politischen Klasse» der Vierten Republik, daß nicht sie, sondern nur er, die
Verkörperung des französischen Widerstands gegen Hitler, genügend
Autorität besaß, um Frankreich vor einem Bürgerkrieg zu bewahren.
Die Bildung der Regierung de Gaulle bedeutete noch nicht das formelle, wohl aber das faktische Ende der Vierten Republik. Unter der
Verfassung vom 27. Oktober 1946 hatte Frankreich große wirtschaftliche und soziale Fortschritte erreicht; es war ein moderneres Land geworden, als es dies vor dem Zweiten Weltkrieg gewesen war; es hatte,
worauf noch zurückzukommen ist, den Prozeß der Entkolonialisierung in Afrika eingeleitet. Sein politisches System aber blieb nach 1946
ähnlich instabil wie das der im Sommer 1940 zu Grabe getragenen
Dritten Republik.

Hätte es den Algerienkrieg nicht gegeben, wäre die Vierte Republik
im Frühjahr 1958 nicht gescheitert. Umgekehrt hätte der glühende
Nationalismus der Algerienfranzosen und ihrer Sympathisanten im
Mutterland vermutlich auch ein stabileres Regime zu Fall gebracht.
Der tiefere Grund des Zusammenbruchs der Vierten Republik war die
Erblast des französischen Kolonialismus in Nordafrika – eine Last, die
die Demokratie Frankreichs ebenso überforderte wie seine Wirtschaft
und sein Militär. Charles de Gaulle war sich dessen bewußt, zog es
aber vor, selbst gegenüber engen Gefolgsleuten wie dem früheren Generalgouverneur von Algerien, Jacques Soustelle, der zu einem der entschiedensten Verfechter eines französischen Algerien geworden war,
seine Position im Ungewissen zu belassen.

Was aus Algerien werden würde, war Anfang Juni 1958 noch
völlig offen. De Gaulle hatte sich in dieser Hinsicht nicht festgelegt.
Sein Kalkül, daß sein Regierungsantritt die Gefahr eines Militär-
putsches im französischen Mutterland bannen würde, ging auf: Die
Armee stellte sich hinter ihn. Schon am 4. Juni flog der neugewählte
Ministerpräsident nach Algier, wo er der jubelnden Menge vom Balkon des Gouverneurspalastes aus zurief: «Ich habe Euch verstanden!»
(Je vous ai compris.) Er bekannte sich zur Versöhnung von Algerienfranzosen und Muslimen, denen er gleiche Rechte und Pflichten ver-

sprach. Was er konkret zu tun gedachte, ließ er aber bei dieser wie bei
anderen Reden, die er während seines viertägigen Besuchs in Algerien hielt, offen. Nur in einer Ansprache, in Mostaganem, ließ er das
«französische Algerien» hochleben («Vive l'Algérie française!») – eine
Abweichung von der Sprache der Ambivalenz, derer sich de Gaulle
vorerst bewußt befleißigte.

Was die neue Verfassung betraf, kam es de Gaulle vor allem darauf
an, daß ihre Grundzüge dem Bild eines starken Staates entsprachen,
das er bereits am 16. Juni 1946 in seinem «Discours de Bayeux» gezeichnet hatte. Zwei Kommissionen, die von Regierungsmitgliedern
geleitet wurden, erarbeiteten einen Entwurf, der einer mehrheitlich aus
Parlamentariern gebildeten Kommission, dem Comité consultatif con-
stitutionnel, unterbreitet, in seiner endgültigen Fassung am 28. September 1958 den Französinnen und Franzosen zur Abstimmung vorgelegt und von ihnen mit einer Mehrheit von 79,2 Prozent angenommen
wurde. Die Verfassung der Fünften Republik machte den Präsidenten
der Republik zum entscheidenden Machtfaktor. Er wurde (bis zur
1962 eingeführten Direktwahl durch das Volk) auf sieben Jahre von
einer Versammlung gewählter Notabeln gewählt. Er hatte den Oberbefehl über die Streitkräfte, garantierte die Kontinuität des Staates, bestimmte die Richtlinien der Außenpolitik, berief den Premierminister
und ernannte auf dessen Vorschlag die Minister. Er konnte, obwohl
das nicht ausdrücklich in der Verfassung stand, den Regierungschef
entlassen, jederzeit die Nationalversammlung auflösen; er hatte das
Recht, sich jederzeit und auf dem Weg des Referendums direkt an das
Volk zu wenden; in einer Ausnahmesituation standen ihm nach Artikel 16 diktatorische Vollmachten zu.

Über die Verfassungsmäßigkeit der Amtsführung des Präsidenten
wachte ein Verfassungsrat. Ein von den Generalräten der Départements gewählter Senat bildete die zweite Kammer. Die direkt gewählte
Nationalversammlung, die die Regierung kontrollieren sollte, hatte
sehr viel geringere Befugnisse als in der Vierten Republik. Nur mit der
absoluten Mehrheit ihrer Mitglieder konnte die Nationalversammlung
eine Regierung zum Rücktritt zwingen. Die Regierung wiederum
konnte die Nationalversammlung zwingen, Finanzgesetzen oder Gesetzen zur Finanzierung der sozialen Sicherheit entweder unverändert
zuzustimmen oder sie abzulehnen. Die Fünfte Republik war keine parlamentarische, sondern eine Präsidialdemokratie.

Am 4. Oktober trat die Verfassung in Kraft. Drei Tage zuvor hatte
de Gaulle eine Präsidialpartei, die Union pour la Nouvelle République
(UNR), ins Leben gerufen. Am 23. November fand der erste Wahlgang
der Wahlen zur Nationalversammlung statt. Mit 17,6 Prozent blieb
die UNR knapp hinter den Kommunisten zurück, auf die 18,9 Prozent
entfielen – ihr schlechtestes Ergebnis seit 1946, das um sieben Prozent
hinter dem der vorangegangenen Wahl vom Januar 1956 lag. Drittstärkste Partei wurden mit 15,5 Prozent die Sozialisten. Dank des
neuen absoluten Mehrheitswahlrechts ging die Präsidialpartei aus dem
zweiten Wahlgang am 30. November mit einem Stimmenanteil von
28,2 Prozent dann als eindeutige Siegerin hervor: Ihre Fraktion wurde
mit 206 von 546 (oder, wenn man die Abgeordneten aus den Überseegebieten mitrechnete, 576) Mandaten die mit Abstand stärkste. Zusammen mit dem Centre National des Indépendants et des Paysans,
den Volksrepublikanern und den Radicaux verfügte sie über eine breite
parlamentarische Mehrheit, auf die sich die neue, am 8. Januar 1959
gebildete Regierung unter Premierminister Michel Debré stützen
konnte. Guy Mollets Sozialisten, von denen sich im September eine
Minderheit aus Protest gegen die neue Verfassung abgespalten hatte,
gingen in die Opposition, weil sie den von de Gaulle gewünschten drastischen Abbau der Zollschranken nicht mittragen wollten. Debrés
Vorgänger im Amt des Regierungschefs, Charles de Gaulle, war am
21. Dezember, vier Wochen nach seinem 68. Geburtstag, von den
Wahlmännern und Wahlfrauen mit einer Mehrheit von 77,5 Prozent in
das Amt gewählt worden, das ganz auf ihn zugeschnitten war: das des
Präsidenten der Republik.[19]

Während Frankreich eine Phase schwerer innenpolitischer Krisen erlebte, stand in der Bundesrepublik Deutschland die Ära Adenauer in
ihrem Zenit. Im Januar 1956 (dem gleichen Monat, in dem in der DDR
die «Nationale Volksarmee» entstand) wurden die ersten Freiwilligen
der Bundeswehr einberufen. Im März verabschiedete der Bundestag
Änderungen des Grundgesetzes, durch die die allgemeine Wehrpflicht
und eine strikte parlamentarische Kontrolle des Militärwesens eingeführt wurden: Nie wieder sollte die bewaffnete Macht, wie einst in der
Weimarer Republik, zu einem «Staat im Staat» werden und den Primat
der Politik in Frage stellen können. Im Oktober 1956 übernahm der
bisherige Atomminister Franz Josef Strauß von der bayerischen CSU,

ein agiler, auch rhetorisch hochbegabter, ob seines ausgeprägten Ehr-
geizes von vielen als gefährlich eingeschätzter Politiker, das Amt des
Bundesministers der Verteidigung.

1957 stand die dritte Bundestagswahl an. Im Januar verabschiedete
der Bundestag mit überwältigender Mehrheit eine Rentenreform, deren
Kernstück die Einführung einer auf den aktuellen Bruttolohn bezoge-
nen, dynamischen Rente war: Die Rentner sollten an der wirtschaftlichen Aufwärtsentwicklung teilhaben, womit das seit Bismarcks Zeiten
geltende Prinzip der Kapitaldeckung durch Einzahlungen aufgegeben
wurde. Bei der Anpassung der Renten an die allgemeine Einkommens-
entwicklung wirkte der Bundestag mit: Er entschied auf Grund des
Gutachtens eines Sozialbeirats alljährlich, in welcher Höhe die Renten
stiegen. Die Bedingung der Möglichkeit der Rentenreform war der langanhaltende Boom, der den Westdeutschen ein bisher ungekanntes Maß
an Wohlstand bescherte. Was aus der neuen sozialen Errungenschaft in
Zeiten einer Rezession oder gar Depression werden würde, blieb 1957
offen.

Der Rentenreform stimmten auch die Sozialdemokraten zu, während die FDP, die im Februar 1956 aus der Regierungskoalition ausgeschieden war, mit Nein votierte. Die Unionsparteien aber durften
darauf setzen, daß die von Adenauer aktiv geförderte Reform auf
ihrem Konto gutgeschrieben wurde. Da die Gesetze rückwirkend zum
1. Januar 1957 in Kraft traten, erhöhte sich das Einkommen von Millionen von Rentnern sofort und beträchtlich. «Die bürgerliche Demokratie hatte ihre Fähigkeit zur großzügigen Sozialreform bewiesen»,
schreibt Hans-Peter Schwarz. «Klassenkampfparolen und Umvertei-
lungsforderungen fanden jetzt weniger Anklang als zuvor.»

In den Bundestagswahlkampf zog die CDU mit der Parole «Keine
Experimente!». Adenauers Partei traf die Grundstimmung der Westdeutschen damit besser als der sozialdemokratische Slogan «Mehr
Wohnungen, weniger Kasernen». Auf Stimmengewinne durfte aber
auch die SPD hoffen: Zwei Parteien, die 1953 noch Kandidaten aufgestellt hatten, traten 1957 nicht mehr an, und es sprach alles dafür, daß
dies eher den Sozialdemokraten als den Unionsparteien zugute kommen würde. Die eine Partei war die Gesamtdeutsche Volkspartei des
früheren Bundesinnenministers Gustav Heinemann, die sich im Mai
1957 angesichts ihrer anhaltenden Wahlniederlagen aufgelöst und ihre
Mitglieder aufgefordert hatte, in die SPD einzutreten. Die andere Par-

tei war die KPD. Das Bundesverfassungsgericht hatte sie im August 1956 wegen subversiver Tätigkeit und verfassungsfeindlicher Zielsetzungen für verfassungswidrig erklärt und verboten. Das sorgfältig begründete Urteil war verfassungsrechtlich ebenso unanfechtbar wie jenes, das vier Jahre zuvor, im Oktober 1952, die rechtsextreme Sozialistische Reichspartei getroffen hatte. Eine Gefahr für die innere Ordnung der Bundesrepublik war die Kommunistische Partei aber schon seit langem nicht mehr. Da sie als der verlängerte Arm der SED und der Sowjetunion galt und alles tat, um diesem Ruf gerecht zu werden, hatte sie in der Wählergunst ständig verloren und war schon bei der Bundestagswahl von 1953 nur noch auf einen Anteil von 2,2 Prozent der Stimmen gekommen.

Die Bundestagswahl vom 15. September 1957 brachte einen erdrutschartigen Sieg der Unionsparteien und einen persönlichen Triumph Adenauers. CDU und CSU erreichten mit 50,2 Prozent der Stimmen ein Ergebnis, das auf nationaler Ebene noch nie zuvor eine deutsche Partei bei freien Wahlen erzielt hatte. Mit einem Stimmenzuwachs von 5 Prozentpunkten gegenüber 1953 gewannen CDU und CSU deutlich mehr hinzu als die SPD, die von 28,8 auf 31,8 Prozent kletterte. Die Freien Demokraten schnitten mit 7,7 Prozent erheblich schlechter ab als vier Jahre zuvor: Damals hatten sie 9,5 Prozent erlangt.

Alle anderen Parteien erhielten weniger als 5 Prozent und konnten darum mit einer Ausnahme nicht in den Bundestag einziehen. Die Ausnahme war die Deutsche Partei, die sich im Januar 1957 mit der rechtsliberalen Freien Volkspartei, einer Absplitterung von der FDP, vereinigt hatte und auf 3,3 Prozent kam: Auf Grund von Wahlkreisabsprachen mit der niedersächsischen CDU konnte sie im Bundestag 15 Abgeordnete stellen. Relativ knapp scheiterte mit 4,6 Prozent die Vertriebenenpartei, der BHE, an der Fünfprozenthürde. Der BHE hatte sich im Juli 1955 über der Saarfrage gespalten; seine bisherigen Führer, die Bundesminister Kraft und Oberländer, waren im Kabinett verblieben und im Februar 1956 der Unionsfraktion beigetreten. Im September 1957 wandten sich auch viele der einstigen Wähler des BHE CDU und CSU zu: ein Zeichen dafür, daß die gesellschaftliche und politische Integration der Heimatvertriebenen inzwischen weit vorangeschritten war.

Die dritte Bundestagswahl fiel in eine Zeit, in der sich das Verhältnis der Westdeutschen zur nationalsozialistischen Vergangenheit zu wandeln begann: im Sinne wachsender Kritik an der Neigung, das

«Dritte Reich» beschönigend darzustellen und über «dunkle Punkte» im Lebenslauf von Prominenten hinwegzusehen. Als im Sommer 1955 der niedersächsische FDP-Politiker Leonhard Schlüter, der zuvor in rechtsradikalen Gruppen aktiv gewesen war und als Verleger Werke früherer Nationalsozialisten herausbrachte, in Hannover zum Kultusminister ernannt wurde, protestierten zuerst Studenten und Professoren der Universität Göttingen, dann die Gewerkschaften, der Zentralrat der Juden in Deutschland und die niedersächsischen Sozialdemokraten. Die bundesweite Empörung war so stark, daß Schlüter nach wenigen Tagen seinen Rücktritt erklären mußte.

Drei Jahre später, 1958, fand in Ulm der «Einsatzgruppenprozeß» statt: Angeklagt waren ehemalige Mitglieder einer Einsatzgruppe an der Ostfront, die Tausende von jüdischen Männern, Frauen und Kindern umgebracht hatten. Erstmals erfuhr die deutsche Öffentlichkeit bis ins kleinste Detail von der unermeßlichen Grausamkeit, mit der Deutsche und ihre einheimischen Helfer die Ermordung der Juden ins Werk gesetzt hatten. Die Erschütterung ging tief, und sie hatte praktische Folgen: Im Dezember 1958 wurde in Ludwigsburg die Zentrale Stelle der Landesjustizverwaltungen zur Aufklärung nationalsozialistischer Verbrechen errichtet. 13 Jahre nach dem Untergang des «Dritten Reiches» begann die systematische Verfolgung nationalsozialistischer Verbrechen durch bundesdeutsche Gerichte. Das schrecklichste Kapitel der jüngsten Vergangenheit ließ sich nicht länger aus dem Bewußtsein der Deutschen verdrängen. Die Folgen des «kommunikativen Beschweigens» der nationalsozialistischen Zeit, von dem 1983 rückblickend der Philosoph Hermann Lübbe gesprochen hat, waren aber noch längst nicht bewältigt: Eine jüngere Generation begann Fragen zu stellen, denen viele der Älteren nach wie vor auszuweichen versuchten.

Die dritte Regierung Adenauer war noch nicht gebildet, als am 19. Oktober 1957 die erste wichtige außenpolitische Entscheidung nach der Bundestagswahl vom 15. September fiel: Die Bundesrepublik brach die diplomatischen Beziehungen zu Jugoslawien ab, nachdem Belgrad vier Tage zuvor diplomatische Beziehungen mit Ost-Berlin aufgenommen hatte. Es war das erste Mal, daß Bonn die Hallstein-Doktrin anwandte, der zufolge die Bundesrepublik eine Anerkennung der DDR durch dritte Staaten als unfreundlichen Akt betrachten würde. Der Rechtsstandpunkt der Bundesrepublik war klar: Sie war die Rechtsnachfolgerin des Deutschen Reiches; sie war der einzige

demokratisch legitimierte deutsche Staat; sie allein konnte und mußte
daher die Interessen aller Deutschen wahrnehmen – auch derer, die in
der DDR lebten.

Dem Abbruch der diplomatischen Beziehungen mit Jugoslawien
folgte am 25. März 1958 ein weiterer Akt der «Politik der Stärke»: der
Beschluß des Bundestages, die Bundeswehr im Rahmen der NATO
mit Atomraketen auszurüsten, wobei die Sprengköpfe in amerikanischer Hand bleiben sollten. Vorausgegangen waren leidenschaftliche
Debatten – darunter eine in der Nacht vom 23. zum 24. Januar 1958,
in der der ehemalige Bundesinnenminister Gustav Heinemann, nunmehr Abgeordneter der SPD, und der frühere Bundesjustizminister
Thomas Dehler, jetzt einfacher Abgeordneter der FDP, ihre Überzeugung zum Ausdruck brachten, daß Adenauer die Wiedervereinigung
Deutschlands nie wirklich gewollt habe. Massive außerparlamentarische Proteste kamen hinzu. Im April 1958 erreichten die Massendemonstrationen der von der SPD gelenkten, von den Gewerkschaften und
zahlreichen Intellektuellen unterstützten Aktion «Kampf dem Atomtod» ihren Höhepunkt.

Die treibenden Kräfte der Atombewaffnung der Bundeswehr waren
Verteidigungsminister Strauß und Bundeskanzler Adenauer. Beide
waren überzeugt, daß die amerikanische Doktrin der «massiven Vergeltung» ihre Glaubwürdigkeit verloren hatte, seit die Sowjetunion in
der Lage war, die Großstädte der USA mit Wasserstoffbomben zu vernichten. Deshalb sprach aus ihrer Sicht viel dafür, die konventionelle
Unterlegenheit des Westens durch taktische Kernwaffen auszugleichen,
mit deren Hilfe im Kriegsfall zumindest eine «Pause» vor dem Einsatz
von nuklearen Massenvernichtungswaffen erzwungen werden konnte.
Das 1957 erschienene international vielbeachtete Buch «Kernwaffen
und auswärtige Politik» des 1938 aus Deutschland in die USA emigrierten, in Harvard lehrenden Historikers und Politikwissenschaftlers
Henry A. Kissinger, das den amerikanischen Diskussionsstand zusam-
menfaßte und weiterführte, bestärkte Strauß in seiner Lagebeurteilung.
Da die Sowjetunion sich ihrerseits anschickte, ihre Streitkräfte mit
taktischen Kernwaffen auszurüsten, erschien es Strauß wie Adenauer
nur logisch, wenn die Bundesrepublik dasselbe tat.

Der Gedanke, daß die Sowjetunion sich durch eine Atombewaffnung der Bundeswehr bedroht fühlen und daß sie darauf reagieren
könnte, spielte weder beim Bundeskanzler noch beim Verteidigungs-

minister eine Rolle. Adenauer war vielmehr besorgt, daß der Westen
die Gefahr aus dem Osten nicht mehr ernst nahm. Anfang 1957 hatte
sich der Führer der britischen Labour Party, Hugh Gaitskell, für ein
militärisches «Disengagement» in Mitteleuropa und eine Wiedervereinigung Deutschlands im Rahmen eines europäischen Sicherheitssystems
ausgesprochen. Im November und Dezember 1957 warb der «Erfinder»
der Eindämmungspolitik, der amerikanische Diplomat und Historiker
George F. Kennan, in einer von der BBC ausgestrahlten Vorlesungsreihe
für ein wiedervereinigtes, neutrales Deutschland und den Rückzug der
sowjetischen und der amerikanischen Truppen vom europäischen Kontinent. Für den Bundeskanzler waren das Alarmsignale, die ihn in seiner
pessimistischen Einschätzung der Weltlage bestärkten.

Die Krise der Vierten Republik in Frankreich löste in Bonn große
Beunruhigung aus; ihr Ausgang wurde mit einer Mischung aus Erleichterung und Besorgnis aufgenommen: Die Gefahren von Militärdiktatur und Bürgerkrieg waren fürs erste abgewendet, aber der General an der Spitze der französischen Regierung galt vielen deutschen
Politikern, auch Konrad Adenauer, als unverbesserlicher Nationalist.
De Gaulle hingegen hatte eine hohe Meinung vom deutschen Bundeskanzler. Am 14./15. September 1958 trafen die beiden Staatsmänner
erstmals zusammen, und zwar, was als Auszeichnung des Gastes zu
verstehen war, in «La Boisserie», dem Landsitz de Gaulles im lothrin-
gischen Colombey-les-deux-Églises. Die Begegnung verlief in unerwartet herzlicher Form und legte den Grund zu einer engen, ja freund-
schaftlichen Beziehung zwischen den beiden Politikern.

De Gaulle sprach sich bei der ersten Zusammenkunft für eine Wiedervereinigung Deutschlands in den bestehenden Grenzen, also unter
Verzicht auf die Gebiete jenseits von Oder und Neiße, aus und stellte
klar, daß die Bundesrepublik über keine eigenen Atomwaffen verfügen
durfte. Er entwickelte sein Bild eines von Amerika unabhängigen
Europa bis zum Ural, also unter Einschluß des europäischen Teiles der
Sowjetunion, und bekannte sich zu einer engen deutsch-französischen
Zusammenarbeit. In Europa, sagte er, gebe es für Frankreich nur einen
möglichen und wünschenswerten Partner, und das sei das heutige
Deutschland. Er verwarf supranationale Bestrebungen und bejahte die
Zusammenarbeit der Staaten in Europa; er äußerte sich skeptisch zu
britischen Vorstellungen von einer Freihandelszone und positiv zum
Gemeinsamen Markt. Adenauer betonte die Bedeutung der NATO

und einer engen Verbindung zu den USA und begrüßte, was de Gaulle
zum deutsch-französischen Verhältnis gesagt hatte. Am Ende der Begegnung stand ein von de Gaulle formuliertes Kommuniqué. Sein
Kernsatz lautete: «Wir glauben, daß die vergangene Gegnerschaft ein
für allemal überwunden sein muß und daß Franzosen und Deutsche
dazu berufen sind, in gutem Einvernehmen zu leben und Seite an Seite
zu arbeiten.»

Im Verhaltnis zum anderen deutschen Staat verharrte die Bundesregierung auf den Positionen, die sich aus ihrem «Alleinvertretungsanspruch» ergaben: Die Bundesrepublik Deutschland war demokratisch
legitimiert, die Deutsche Demokratische Republik hingegen eine sowjetische Satrapie, mit der es keinerlei offizielle Beziehungen geben konnte.
Vertraulich fragte Adenauer im März 1958 den sowjetischen Botschafter Smirnow immerhin, ob seine Regierung sich nicht bereitfinden
könnte, der DDR einen Status ähnlich dem Österreichs zu gewähren.
Ein außenpolitisch neutraler deutscher Staat zwischen Elbe und Oder
hätte aus der Sicht des Kanzlers zwar nicht die Einheitsfrage, aber
doch die Freiheitsfrage gelöst, die nach seiner Meinung der Kern des
deutschen Problems war.

Adenauer reagierte damit auf Vorschläge, die er für gefährlich
hielt, weil sie für die Bundesrepublik und den Westen eine Verschlechterung des bestehenden Zustandes bedeutet hätten. In diese Kategorie
fiel neben den schon erwähnten, auf ein militärisches «Disengagement» ausgerichteten Initiativen von Gaitskell und Kennan sowie des
polnischen Außenministers Rapacki die von Walter Ulbricht, dem Ersten Sekretär der SED, Ende 1956 in Umlauf gebrachte, im Juli 1957
offiziell vorgelegte und im Monat darauf von der Sowjetführung unterstützte Idee einer deutschen Konföderation, die auf dem Prinzip der
Parität von Bundesrepublik und DDR beruhte und die Blockfreiheit
beider deutschen Staaten in sich schloß. Ulbrichts Vorstoß hätte, wenn
ihm Erfolg beschieden gewesen wäre, angesichts der Überlegenheit des
Warschauer Pakts auf dem Gebiet der konventionellen Waffen den
Status quo zugunsten des Ostblocks geändert. Adenauers Initiative
zielte auf das Gegenteil. Es verstand sich von selbst, daß die Sowjetunion darauf nicht einging.

In der DDR hatte sich im Zeichen des zweiten Fünfjahresplans vom
März 1956 die wirtschaftliche Lage spürbar gebessert. Nach amtlichen
Angaben stieg die Industrieproduktion 1957 um 8 Prozent und im er-

sten Halbjahr 1958 um 12 Prozent, wobei die Konsumgüterindustrien
die höchsten Wachstumsraten aufwiesen. 1958 wurden die Lebensmittelkarten abgeschafft; Preise und Löhne stiegen; die Flüchtlingszahlen gingen zurück: von 260 000 1957 auf 205 000 im Jahr darauf.
Die relative Stabilisierung veranlaßte Ulbricht, auf dem 5. Parteitag der
SED im Juli 1958 einen neuen Anlauf zum «Aufbau des Sozialismus»
zu unternehmen und der DDR ein ehrgeiziges Ziel zu setzen: Sie sollte
die Bundesrepublik bis 1961 «einholen und überholen».

Ein ständiges Ärgernis für die SED-Führung blieb West-Berlin. Die
Viersektorenstadt war der Ort, über den Bürger der DDR mit der
S- oder U-Bahn, auf dem Fahrrad oder zu Fuß gefahrlos in den Westen
gelangen konnten. Doch nicht nur deshalb war West-Berlin der DDR
und der Sowjetunion seit langem ein Dorn im Auge. Die Programme
des Rundfunks und des Fernsehens, die West-Berliner Sender ausstrahlten, waren in großen Teilen der DDR zu empfangen. West-Berlin
war ein «Schaufenster des Westens», das es Bewohnern der DDR gestattete, die antiwestliche Propaganda «ihres» Regimes mit der Wirklichkeit zu vergleichen; es war auch ein Horchposten zahlreicher Geheimdienste. Der Kern des «West-Berlin-Problems» war aus Moskauer
und Ost-Berliner Sicht die Präsenz der drei Westmächte in ihren Sektoren. An diesem Zustand aber war so lange nichts zu ändern, als die
USA, Großbritannien und Frankreich auf den Rechten beharrten, die
ihnen als Siegermächten des Zweiten Weltkriegs zustanden, *und* solange die Sowjetunion diese Rechte respektierte.

Am 27. Oktober 1958 stellte Ulbricht in einer Rede die zweite
Voraussetzung erstmals massiv in Frage. Das von den vier Mächten
besetzte Berlin sei stets ein «Bestandteil der Sowjetischen Besatzungszone» gewesen, erklärte er, und niemals habe die Alliierte Komman-
dantur die oberste Gewalt innegehabt. «Ganz Berlin liegt auf dem
Territorium der Deutschen Demokratischen Republik. Ganz Berlin
gehört zum Hoheitsbereich der Deutschen Demokratischen Repu-
blik.» Noch war nicht klar, ob die Position Ulbrichts auch die
Chruschtschows war und, wenn dies der Fall war, welche praktische
Folgerungen der Kreml daraus zu ziehen gedachte. In jedem Fall war
Berlin durch Ulbrichts Vorstoß wieder zu einem Gegenstand des
Weltinteresses geworden – und mit Berlin die deutsche Frage.[20]

Von Chruschtschows Berlin-Ultimatum zur Wahl Kennedys: Ost versus West 1958–1960

Am 10. November 1958 hielt der Erste Sekretär der KPdSU, Nikita Sergejewitsch Chruschtschow, seit März auch sowjetischer Ministerpräsident, im Moskauer Sportpalast eine Rede, die weltweites Aufsehen erregte und deutlich machte, daß Ulbricht zwei Wochen zuvor in Ost-Berlin nicht nur im eigenen Namen gesprochen hatte. Nur in der DDR, sagte Chruschtschow, seien die notwendigen Konsequenzen aus dem Potsdamer Abkommen, nämlich Ausrottung des Militarismus, Beseitigung des Faschismus, Liquidierung der Monopole, gezogen worden. Übriggeblieben sei vom Potsdamer Abkommen nur der Viermächtestatus von Berlin, den die Westmächte nutzten, um von West-Berlin aus Wühlarbeit gegen die Länder des Warschauer Pakts zu betreiben. Es sei an der Zeit, daß die Unterzeichner des Abkommens vom August 1945 auf die Überreste des Besatzungsregimes verzichteten. Die Sowjetunion werde daher der «souveränen DDR jene Funktionen in Berlin übertragen, die noch sowjetische Stellen ausüben». Die Westmächte sollten, wenn sie sich für Berlin betreffende Fragen interessierten, ihre Beziehungen zur DDR selbst gestalten.

Der Sportpalastrede folgte, ungeachtet westlicher Proteste, am 27. November eine sowjetische Note an die Regierungen in Washington, London und Paris, die als Chruschtschows «Berlin-Ultimatum» in die Geschichte einging. Innerhalb eines halben Jahres mußten die Westmächte der Umwandlung West-Berlins in eine entmilitarisierte «Freie Stadt» zustimmen. Für den Fall, daß Amerikaner, Briten und Franzosen sich weigerten, ihre Truppen abzuziehen und ihr «Besatzungsregime» zu beenden, drohte Chruschtschow ein einseitiges Vorgehen der Sowjetunion und der DDR an. Die Londoner Protokolle vom 12. September und 14. November 1944, auf denen die Anwesenheit in Berlin beruhte, würden von der Sowjetunion als ungültig betrachtet.

Niemals seit der Berliner Blockade von 1948/49 hatte Moskau den Westen so frontal herausgefordert wie durch das Ultimatum vom 27. November 1958. Chruschtschows Drohungen waren *auch* eine Antwort auf die Ausrüstung der Bundeswehr mit atomaren Trägersystemen, insoweit also eine Reaktion auf Machtverschiebungen im Westen, die er als bedrohlich empfand. Doch selbst wenn es dem sowjetischen Partei-

und Regierungschef vor allem um die Festigung des eigenen Lagers und nicht um die Ausdehnung des sowjetischen Herrschaftsbereichs ging, war das Ziel der Note nicht anders zu erreichen als durch eine militärische, politische und psychologische Schwächung des Westens. Ein diplomatischer Erfolg der Sowjetunion in der Berlinfrage hätte mithin eine Gewichtsverlagerung zu ihren Gunsten bewirkt.

Am 10. Januar 1959 ließ Chruschtschow erkennen, daß er Viermächteverhandlungen über Deutschland als Hebel zu nutzen gedachte, um die Berlinfrage in seinem Sinn zu lösen. In Noten an die Bundesrepublik und die DDR sowie alle Staaten, die am Krieg gegen Deutschland beteiligt gewesen waren, schlug der sowjetische Ministerpräsident die Einberufung einer Friedenskonferenz vor. Den Noten war der Entwurf eines Friedensvertrags beigefügt. Er sah eine Verpflichtung beider deutscher Staaten vor, keine Militärbündnisse einzugehen, aus den bestehenden Allianzen auszuscheiden und auf die Gebiete östlich von Oder und Neiße zu verzichten. West-Berlin sollte bis zu einer Wiederherstellung der staatlichen Einheit Deutschlands die Stellung einer entmilitarisierten «Freien Stadt», also einen besonderen Status, haben.

Das Kalkül Chruschtschows schien zunächst aufzugehen: Ein gewisses Maß an Einschüchterung im Westen war Anfang 1959 nicht zu verkennen. Der konservative britische Premierminister Harold Macmillan hatte nicht nur Angst vor einem dritten Weltkrieg, sondern auch vor einem Wahlsieg der Labour Party bei den bevorstehenden Unterhauswahlen. Deswegen zeigte er sich bei einem Besuch in Moskau Ende Februar bereit, den sowjetischen Vorstellungen, nicht zuletzt im Hinblick auf eine Anerkennung der DDR, entgegenzukommen.

Selbst bei John Foster Dulles unterlag die entschiedene Gegnerschaft zum Kommunismus gelegentlich Schwankungen. Am 26. November 1958 hatte der amerikanische Außenminister die «Agententheorie» vorgetragen, wonach die USA es hinnehmen könnten, wenn die Sowjetunion dazu übergehen sollte, die Papiere amerikanischer Konvois nach Berlin durch die Volkspolizei der DDR kontrollieren zu lassen, die Volkspolizisten also als «Agenten» der Sowjetunion tätig würden. Am 13. Januar 1959 ließ Dulles vor der Presse Zweifel an der Weisheit der Formel «Wiedervereinigung durch freie Wahlen» erkennen. Als ganz und gar unerschütterlich erwies sich dagegen Charles de Gaulle: In einem Gespräch mit Macmillan in Paris am 10. März und tags darauf in einem Brief an Eisenhower lehnte er eine Änderung des Berlin-Status und einen Friedensvertrag mit Deutschland entschieden ab und forderte militärische Planungen des Westens für den Ernstfall.

Am 15. April 1959 trat der unheilbar an Krebs erkrankte Dulles von seinem Amt als Chef des State Department zurück; wenige Wochen später, am 24. Mai, starb er. Sein Nachfolger Christian Herter vertrat im Mai die USA auf einer Konferenz der Außenminister der einstigen «Großen Vier» in Genf, an der, einer sowjetischen Forderung entsprechend, auch Delegationen der Bundesrepublik und der DDR mit Beobachterstatus an sogenannten «Katzentischen» teilnahmen. Herter unterbreitete seinen Kollegen einen Friedensplan, der einen stufenweisen Prozeß in Richtung Wiedervereinigung Deutschlands mit freien Wahlen als krönendem Abschluß und eine beiderseitige Begrenzung der Rüstungen vorsah. Beide deutschen Staaten sollten über einen gemischten Ausschuß an der Zusammenführung ihres Landes mitwirken, wobei der amerikanische Außenminister der Bundesrepublik 25 und der DDR 10 Mitglieder zugestehen wollte. Die Verweigerung der Parität reichte aus, um ein sowjetisches Njet sicherzustellen.

Seinem sowjetischen Kollegen Andrej Gromyko gegenüber, der seit Februar 1957 das Amt des Außenministers innehatte, trat Herter sehr viel konzilianter auf, als man dies von Dulles hätte erwarten können. Die Zugeständnisse gegenüber der Sowjetunion, zu denen die Westmächte bereit waren – darunter die Reduzierung ihrer militärischen Präsenz in den Westsektoren von Berlin und die Unterbindung von «subversiven» Aktivitäten von West-Berliner Rundfunksendern –, gingen der Bundesregierung, aber auch dem Regierenden Bürgermeister von West-Berlin, dem Sozialdemokraten Willy Brandt, viel zu weit. Gromykos schroffes Nein verhinderte einen größeren Konflikt zwischen Westdeutschen und Westalliierten. Im August wurde die Konferenz mit einer Erklärung über die internationale Abrüstung und die Bildung eines von zehn Mächten beschickten Abrüstungsausschusses vertagt. In der Berlin- und Deutschlandfrage aber waren sich West und Ost keinen Schritt nähergekommen.

Eine dramatische Verschlechterung des internationalen Klimas blieb deshalb aus, weil Eisenhower und Chruschtschow sich inzwischen auf ein Gipfeltreffen in den USA verständigt hatten. Bevor der amerikanische Präsident mit dem sowjetischen Partei- und Regierungschef zusammentraf, besuchte er, um Besorgnisse der Verbündeten zu zerstreuen, Ende August London, Paris und Bonn. Adenauer gegenüber gab sich

«Ike» entschlossen, in der Berlinfrage fest zu bleiben. Chruschtschows Besuch in den Vereinigten Staaten, der am 15. September begann und zwölf Tage dauerte, war der erste, den je ein sowjetischer Parteichef dem mächtigsten Land des Westens abgestattet hatte. Bei der Zusammenkunft mit Eisenhower in Camp David, dem Landsitz der amerikanischen Präsidenten in Maryland, gelang es den beiden Politikern zwar, das Verhältnis zwischen ihren Staaten atmosphärisch zu verbessern. Doch der vielgerühmte «Geist von Camp David» entbehrte der politischen Substanz: Was die brennenden Streitfragen, obenan Berlin, betraf, gab es keinerlei Annäherung. Einig war man sich aber darüber, daß in Bälde eine Viermächtekonferenz zusammentreten sollte, auf der Berlin das zentrale Thema sein würde.

Um die Positionen der westlichen Verbündeten aufeinander abzustimmen, kamen Eisenhower, Macmillan, de Gaulle und Adenauer im Dezember in Paris zusammen, wobei der deutsche Regierungschef nur an einem Teil der Gespräche teilnehmen durfte. Der amerikanische Präsident äußerte sich in der französischen Hauptstadt sehr viel «weicher» zum Thema Berlin, als er dies im August gegenüber Adenauer getan hatte. Gegen eine Gipfelkonferenz der vier für Deutschland verantwortlichen Mächte im nächsten Frühjahr erhob der Kanzler keine Bedenken. Für ihn war es schon ein Gewinn, daß die Westmächte ohne Hinzuziehung von Beobachtern aus beiden deutschen Staaten mit der Sowjetunion verhandeln wollten, da auf diese Weise eine weitere Aufwertung der DDR vermieden wurde. Hinsichtlich der amerikanischen Entschlossenheit, die Rechte der Westalliierten in Berlin zu verteidigen, blieb Adenauer aber skeptisch. Im März 1960 stattete er den USA einen Staatsbesuch ab. Was er während dieser Reise von seinen amerikanischen Gesprächspartnern im Hinblick auf die ihn besonders bedrückenden Fragen zu hören bekam, war nicht geeignet, ihn optimistischer zu stimmen.

Die Berlinfrage war nicht das einzige außenpolitische Problem, mit dem die USA sich 1959 auseinandersetzen mußten. Räumlich sehr viel näher als die ehemalige Hauptstadt des Deutschen Reiches lag ihnen Kuba. Die Karibikinsel war seit dem Ende des spanisch-amerikanischen Krieges von 1898 faktisch ein Protektorat der Vereinigten Staaten. Amerikanisches Kapital kontrollierte fast vollständig die Ölförderung, die Bergwerke und die Energieversorgung sowie zu etwa

40 Prozent den mit Abstand wichtigsten Wirtschaftszweig, die Zuckerproduktion. Seit 1952 stand an der Spitze des Staates einer der brutalsten Diktatoren Lateinamerikas, Fulgencio Batista y Zaldívas. Gegen
sein korruptes Regime kämpfte seit 1956 eine Rebellenarmee unter
Fidel Castro, die sich eines wachsenden Rückhalts in der Bevölkerung
erfreute. Von den eigenen Streitkräften und den USA nicht mehr wirksam unterstützt, gab Batista Anfang Januar 1959 auf und floh ins Exil.
Am 16. Februar übernahm Castro das Amt des Ministerpräsidenten.
Eine seiner ersten Maßnahmen war im Mai eine umfassende Agrarreform, durch die der private Großgrundbesitz enteignet und teils in staatlich geleitete Kooperativen, teils in Bauernland umgewandelt wurde.

In der Zeit des Guerillakampfes hatte sich Castro in den USA viel
Sympathie erworben. Die Regierung Eisenhower betrachtete ihn jedoch
mit zunehmendem Mißtrauen und verdächtigte ihn, da die Enteignun-
gen auch amerikanischen Besitz betrafen, kommunistischer Neigungen.
Die von Castro angeordneten öffentlichen Exekutionen von Angehörigen des Batista-Regimes schockierten jedoch auch liberale Kreise. Im
Februar 1960 besuchte der stellvertretende sowjetische Ministerpräsident Mikojan Kuba und schloß dort ein Handels- und Kapitalhilfe-
abkommen mit dem Inselstaat. Kurz darauf, Ende Februar, brach Eisenhower zu einer zweiwöchigen Lateinamerikareise auf, die ihn nach
Puerto Rico, Brasilien, Uruguay, Argentinien und Chile führte. Während dieser Reise erhielt der Präsident Nachrichten über Kontakte
Castros zu linksradikalen Kreisen in Panama und der Dominikanischen
Republik. Bald nach seiner Rückkehr nach Washington wies er die CIA
an, den kubanischen Regierungschef auf ähnliche Weise zu Fall zu bringen wie sechs Jahre zuvor den guatemaltekischen Präsidenten Árbenz.
Konkret hieß das: Sturz Castros mit Hilfe von militanten Exilkubanern,
die in Guatemala auf ihren Einsatz vorbereitet wurden.

Im Mai 1960 nahm Kuba diplomatische Beziehungen zur Sowjetunion auf. Die Annäherung Castros an das kommunistische Lager
schritt voran – eine Folge der abweisenden, ja feindseligen Politik, die
Washington ihm gegenüber betrieb. Die USA reagierten im Juli mit
einer drastischen Senkung der Zuckerimporte aus Kuba. Im Oktober
1960 verhängten sie ein teilweises Handelsembargo über die Insel. Es
bewirkte eine weitere Verlagerung der Außenhandelsströme: Kuba begann von der Sowjetunion wirtschaftlich so abhängig zu werden wie
zuvor von den USA.

Ein anderer Krisenherd war Südostasien, obenan Vietnam. Die Verträge, die auf der Genfer Indochinakonferenz im Juli 1954 unterzeichnet worden waren, sahen freie Wahlen mit dem Ziel der Wiedervereinigung im Juli 1956 vor. Der von den USA massiv unterstützte Ministerpräsident Ngo-Dinh Diem, der Führer der Katholiken, der den Süden des Landes mit diktatorischen Mitteln regierte, lehnte im Mai 1956 Wahlen mit der provozierenden Begründung ab, sein Staat habe das Abkommen über den Waffenstillstand nicht unterzeichnet. In der Folgezeit brachten die einseitige Privilegierung der Katholiken und die grassierende Korruption immer breitere Schichten gegen Diem und seine Familie auf. Von der wachsenden Unzufriedenheit profitierten die Guerillas, die sich zum größeren Teil aus einheimischen Kräften des Südens rekrutierten, zu einem kleineren Teil vom kommunistischen Norden her in den Süden vordrangen. Ende 1960 schlossen sich die Oppositionsgruppen in einer Dachorganisation, dem Front National de Libération du Vietnam Sud (FNL), zusammen, in der die kommunistischen Vietcong die weitaus am besten organisierte und militärisch schlagkräftigste Gruppe bildeten.

Für die Regierung Eisenhower waren die Erfolge der vietnamesischen Kommunisten das Ergebnis einer von der Volksrepublik China gesteuerten aggressiven Expansionspolitik, wobei Südvietnam nur ein Objekt unter anderen war. Als bedroht galten auch Kambodscha, das unter seinem Regierungs- und späteren Staatschef Sihanouk, dem früheren König, eine entschieden neutralistische Politik betrieb, und vor allem Laos. In Laos waren im August 1958 die kommunistischen Pathet Lao auf Betreiben der USA aus der Regierung und dem Staatsapparat verdrängt worden, was zu einer scharfen politischen Polarisierung zwischen den von Washington geförderten rechtsgerichteten Kräften auf der einen, Neutralisten und Kommunisten auf der anderen Seite und im Sommer 1960 zu bürgerkriegsartigen Kämpfen führte. Fiel Vietnam an die Kommunisten, so mußte aus Sicht der Washingtoner Führung früher oder später ganz Südostasien dasselbe Schicksal erleiden: Es war diese «Dominotheorie», die die USA veranlaßte, das Diem-Regime trotz seiner offensichtlichen Unfähigkeit und seines schwindenden Rückhalts in der Bevölkerung finanziell und durch Entsendung von Militärberatern zu unterstützen und auf diese Weise an der Macht zu halten.

In die letzten Monate von Eisenhowers Amtszeit fiel ein Militärputsch in einem Mitgliedsland der NATO: der Türkei. Am 27. Mai

1960 unternahmen Offiziere der Armee unter Führung von General Cemal Gürsel einen Staatsstreich gegen das zunehmend diktatorische Regime der Demokratischen Partei unter Ministerpräsident Adnan Menderes. Unter dem Motto «Zurück zu Atatürk!» setzten die Militärs ein von Fachleuten dominiertes Kabinett unter Gürsel als Staats- und Ministerpräsident ein. Der Rektor der Universität Istanbul, Siddik Sami Onar, erhielt den Auftrag, eine neue Verfassung auszuarbeiten. Eisenhowers Mahnung vom 11. Juni 1960, zu einem demokratischen Regierungssystem zurückzukehren, wurde entsprochen. Die neue, in einem Referendum vom Juli 1961 bestätigte Verfassung bezeichnete die Republik als «nationale, demokratische, laizistische und soziale Republik» und enthielt einen Grundrechtekatalog. Eine Reihe von Gesetzen Kemal Atatürks zur Modernisierung und Verweltlichung des Staates wurde unter den besonderen Schutz der Verfassung gestellt. Ein Prozeß gegen die bisherigen Machthaber endete im November 1961 mit 15 Todesurteilen, von denen drei vollstreckt wurden: die gegen Ministerpräsident Menderes, Außenminister Zorlu und Finanzminister Polatkan. Der frühere Staatspräsident Mahmut Celāl Bayar wurde zu lebenslanger Haft verurteilt.

Amerikas schwierigster Verbündeter in Europa war nicht erst seit der Rückkehr Charles de Gaulles an die Macht Frankreich. Der General an der Spitze der Fünften Republik wollte keinen Bruch mit den USA, wohl aber ein von der Weltmacht jenseits des Atlantiks weithin unabhängiges Europa, in dem Frankreich die führende Rolle zufiel. Für Großbritannien war erst dann ein Platz in der Gemeinschaft europäischer Staaten vorgesehen, wenn es auf seine «special relationship» zu den Vereinigten Staaten verzichtete und sich ohne atlantischen Vorbehalt als rein europäische Macht definierte. Ein starkes Frankreich mußte über eigene Atomwaffen verfügen, es sollte im Atlantischen Bündnis verbleiben, durfte sich durch dessen Militärorganisation aber keine Fesseln anlegen lassen. Ein dauerhaftes Einverständnis mit Deutschland war von grundlegender Bedeutung, wobei Paris jedoch am längeren Hebel sitzen mußte als Bonn. Die Kolonien in Schwarzafrika sollten in die Unabhängigkeit entlassen, aber mit Frankreich weiterhin kulturell, wirtschaftlich und politisch eng verbunden sein.

Daß die Verwirklichung dieses großen Entwurfs für Frankreich und Europa von der baldigen Lösung des drängendsten aller Probleme

abhing, darüber gab sich de Gaulle keinen Illusionen hin: Er mußte
eine Antwort auf die Algerienfrage finden, ohne daß das Prestige
Frankreichs darunter litt. Bereits am 3. Oktober 1958 hatte er im «Plan
de Constantine» eine tiefgreifende Umgestaltung Algeriens, darunter
eine umfassende Industrialisierung und einen konsequenten Ausbau
der Infrastrukturen, angekündigt, die politische Zukunft der bisherigen nordafrikanischen Départements Frankreichs dabei aber noch
offen gelassen.

Am 16. September 1959 erkannte der Präsident der Republik erstmals öffentlich das Recht der Algerier auf Selbstbestimmung an. Algerien stünden drei Wege offen: die Trennung, die Französisierung oder
die Assoziation (la sécession, la francisation ou l'association). Er ließ
keinen Zweifel aufkommen, welchen Weg er als den einzig zukunfts-
trächtigen ansah: den dritten, eine «Regierung der Algerier für die Algerier, gestützt auf die Hilfe Frankreichs und in enger Union mit ihm».
Das Angebot an die Unabhängigkeitsbewegung ging einher mit verstärkten Aktionen zur militärischen «Befriedung» und gesellschaftlichen Umerziehung Algeriens. Der General wollte den Übergang der
bisherigen nordafrikanischen Départements Frankreichs zu einem
neuen Status aus einer Position der Stärke heraus gestalten.

Charismatiker, der er war, warb de Gaulle auf Reisen durch die
Provinz – neben Auftritten im Fernsehen sein wichtigstes Herrschafts-
mittel – um die Akklamation der Franzosen zu seinem Projekt der
Selbstbestimmung (autodétermination) für Algerien. Dort aber formierte sich der Widerstand der «Ultras». Am 19. Januar 1960 berichtete der Chefreporter der Münchner «Süddeutschen Zeitung», Hans
Ulrich Kempski, ein ehemaliger Fallschirmjäger der Wehrmacht, in
seinem Blatt über Äußerungen, die der Fallschirmjägergeneral Massu,
der Präfekt von Algier, ihm gegenüber getan hatte: Sie belegten, daß
die Algerienpolitik des Präsidenten bei Teilen der Armee nicht nur auf
starke Vorbehalte und Zweifel stieß, sondern daß unter den Offizieren
bereits über Gehorsamsverweigerung nachgedacht wurde.

De Gaulle beorderte Massu sofort nach Paris und versetzte ihn auf
einen anderen Posten im Mutterland. Die Maßnahme, das Minimum
des Erforderlichen, löste am 24. Januar einen Aufstand nationalistischer Algerienfranzosen aus, angeführt von dem Kaffeehausbesitzer
Joseph Ortiz, einem Poujadisten, und jenem Studentenführer Pierre
Lagaillarde, der schon beim Putsch vom 13. Mai 1958 eine Schlüssel-

rolle gespielt hatte und inzwischen Abgeordneter der Nationalversammlung war. Die Armee, der Loyalität ihrer Fallschirmjägereinheiten nicht sicher, griff nicht ein, als die Rebellen die Universität von Algier besetzten und Barrikaden errichteten. Statt dessen ging die Gendarmerie mit Waffengewalt gegen die ihrerseits bewaffneten Rebellen vor. Die Bilanz war blutig: 8 Tote auf Seiten der Rebellen, 14 auf Seiten der Gendarmen, 123 Verletzte bei den Ordnungskräften und 24 bei den Zivilisten. Die Erhebung aber war damit noch nicht beendet. Die Aufständischen waren nicht zur Aufgabe bereit, und General Challe, der Oberkommandierende der französischen Truppen in Algerien, wollte unter allen Umständen weiteres Blutvergießen und ein offenes Zerwürfnis innerhalb des Militärs vermeiden.

Am 29. Januar 1960 wandte sich de Gaulle in der Uniform eines Armeegenerals über das Fernsehen an die Franzosen. Er bezeichnete die Selbstbestimmung der Algerier als den einzigen Weg, der Frankreichs würdig sei, und erinnerte die Offiziere und Soldaten an ihre Pflicht zum Gehorsam. Die Rede brachte die Wende. Die Armee verlangte nunmehr ultimativ die Kapitulation der Aufständischen; Familienangehörige riefen die Rebellen auf, ihren Widerstand einzustellen. Ortiz suchte am 31. Januar sein Heil in der Flucht; Lagaillarde gab am Morgen des 1. Februar auf und wurde gefangengenommen. De Gaulle hatte die bisher härteste Kraftprobe seiner Amtszeit bestanden. Der Kampf um die Durchsetzung seines Konzepts eines «algerischen Algerien» (Algérie algérienne) aber war noch längst nicht gewonnen.

Während der französische Staatspräsident seine Herrschaft festigte, erwog der deutsche Bundeskanzler einen Wechsel vom Amt des Regierungschefs in das des Staatsoberhaupts der Bundesrepublik Deutschland. Im September 1959 endete die zweite Amtszeit des ersten Bundespräsidenten Theodor Heuss. Eine weitere Amtszeit des beliebten württembergischen Liberalen schloß das Grundgesetz aus. Das Beispiel de Gaulles dürfte Adenauer angeregt haben, den Befugnissen des Bundespräsidenten eine andere Deutung zu geben als die Väter und Mütter des Grundgesetzes 1948/49: Sie hatten, durch die Erfahrungen der Weimarer Republik belehrt, die Aufgaben des Staatsoberhaupts auf überwiegend repräsentative Aufgaben beschränkt. Adenauer hingegen, der ehemalige Präsident des Parlamentarischen Rates, kam nunmehr zu dem Schluß, daß die Kompetenzen des ersten Mannes im

Staat auch sehr viel großzügiger ausgelegt werden könnten, und ließ sich am 7. April 1959 von einem informellen «Findungsgremium» seiner Partei als Kandidat nominieren. Als Nachfolger im Amt des Bundeskanzlers wünschte er sich den außerhalb Bonns wenig bekannten Bundesfinanzminister Franz Etzel, versäumte es aber, seine Partei und Fraktion darauf festzulegen.

In der Unionsfraktion hatte ein anderes Mitglied des Bundeskabinetts sehr viel mehr Anhänger als Etzel: der populäre Bundeswirtschaftsminister Ludwig Erhard, der nach Adenauers Überzeugung für das Kanzleramt völlig ungeeignet war, weil es ihm an außenpolitischer Erfahrung und überhaupt an politischem Urteilsvermögen mangele. Da bald alles auf eine Kanzlerschaft Erhards hinauslief, entschloß sich Adenauer zu einer Kehrtwende: Am 5. Juni zog er seine Kandidatur für das Amt des Bundespräsidenten zurück und begründete dies vor allem mit dem besorgniserregenden Verlauf der Genfer Außenministerkonferenz.

Die Unionsparteien nominierten daraufhin Bundesernährungsminister Heinrich Lübke als ihren Bewerber. Am 1. Juli setzte sich Lübke in der Bundesversammlung, die in Berlin zusammentrat, im zweiten Wahlgang gegenüber dem sozialdemokratischen Kandidaten, dem Vizepräsidenten des Bundestages und Professor des Öffentlichen Rechts, Carlo Schmid, durch. Adenauer blieb Bundeskanzler; seine politische Autorität aber hatte durch die Art und Weise, wie er mit dem höchsten Staatsamt umgegangen war, schwer gelitten.

Rund ein halbes Jahr nach der Krise um die Nachfolge von Theodor Heuss gab sich die größte Oppositionspartei, die SPD, ein neues Programm, mit dem sich die Sozialdemokraten vom marxistischen Erbe einer Klassenpartei der Arbeiter lösten und zu einer Volkspartei der linken Mitte zu wandeln begannen. Auf ihrem außerordentlichen Parteitag in Bad Godesberg bekannte sich die SPD im November 1959 zu einem demokratischen Sozialismus, der in christlicher Ethik, Humanismus und klassischer Philosophie verwurzelt war, keine «letzten Wahrheiten» verkünden und kein «Religionsersatz» sein wollte. In der Gesellschaft, wie die Sozialdemokraten sie erstrebten, sollte «jeder Mensch seine Persönlichkeit in Freiheit entfalten und als dienendes Glied der Gemeinschaft verantwortlich am politischen, wirtschaftlichen und kulturellen Leben mitwirken» können.

Die SPD bekannte sich zum «freien Markt, wo immer wirklich Wettbewerb herrscht», und führte das Gemeineigentum nur noch als eine legitime Form öffentlicher Kontrolle unter anderen auf, die die Freiheit vor der Übermacht großer Wirtschaftsgebilde bewahren könne. Das Programm rief die Ursprünge der sozialistischen Bewegung als Protest der Lohnarbeiter gegen das kapitalistische System in Erinnerung, stellte dann aber ausdrücklich fest: «Die Sozialdemokratische Partei ist aus einer Partei der Arbeiterklasse zu einer Partei des Volkes geworden.» Dementsprechend war in ihren Reihen jeder willkommen, «der sich zu den Grundwerten und Grundforderungen des demokratischen Sozialismus bekennt». Der Sozialismus war mithin kein notwendiges Ergebnis des historischen Prozesses im Sinne von Marx und Engels mehr. Er war zu einer Willensfrage geworden.

Das Godesberger Programm beschrieb eine soziale Öffnung, die es erst noch durchzusetzen galt. Die Emanzipation vom Marxismus war notwendig, um die SPD für die mittleren Schichten der Gesellschaft wählbar zu machen. Die alten, gegeneinander abgeschotteten Sozialmilieus hatten sich im Zeichen wachsenden Wohlstands, steigender räumlicher und sozialer Mobilität und des alle Grenzen zwischen den Schichten überspringenden Einflusses des neuen Massenmediums Fernsehen in einem solchen Maß aufgelöst, daß das Festhalten an der Idee einer eigenen Partei der Arbeiter antiquiert wirkte. Die Soziale Marktwirtschaft Ludwig Erhards war so erfolgreich, daß es abwegig gewesen wäre, die Überlegenheit einer sozialistischen Planwirtschaft zu behaupten. Die in der DDR praktizierte Form des Sozialismus wirkte so abschreckend, daß eine neuerliche, theoretisch fundierte Herausarbeitung des Gegensatzes zwischen freiheitlichem und totalitärem Sozialismus unabdingbar war.

Die Abgrenzung gegenüber dem Kommunismus war auch deshalb notwendig, weil die SPD noch im März 1959 mit einem «Deutschlandplan» den Eindruck hervorgerufen hatte, als schwebe ihr ein mittlerer Weg zwischen den Gesellschaftsordnungen der Bundesrepublik und der DDR vor. Die darin vorgeschlagenen paritätischen Gremien erinnerten stark an Ulbrichts Plan einer deutschen Konföderation, so daß die Sozialdemokratie sich sofort scharfer Kritik ihrer innenpolitischen Gegner ausgesetzt sah. Wenn die Sozialdemokraten den Argwohn überwinden wollten, den sie mit ihrem deutschlandpolitischen Vorstoß geweckt oder bestätigt hatten, kamen sie nach ihrer programmatischen Wende um einen weiteren Akt der Neuorientierung nicht herum: Sie mußten sich zur außenpolitischen

Kontinuität verpflichten und auf den Boden von Adenauers Westpolitik stellen.

Am 17. März 1960 erklärte der stellvertretende Vorsitzende der
SPD, der einstige prominente Kommunist Herbert Wehner, daß der
von ihm initiierte Deutschlandplan der Vergangenheit angehörte. Ein
gutes Vierteljahr später ging Wehner noch einen entscheidenden Schritt
weiter. In einer Rede vor dem Deutschen Bundestag erklärte er am
30. Juni 1960 für die SPD, daß das europäische und das atlantische
Vertragssystem, dem die Bundesrepublik angehörte, «Grundlage und
Rahmen für alle Bemühungen der deutschen Außen- und Wiederver-
einigungspolitik» sei. Die Sozialdemokratie fordere nicht das Ausscheiden der Bundesrepublik aus den Vertrags- und Bündnisverpflichtungen,
sehe aber in einem europäischen Sicherheitssystem die geeignete Form,
den Beitrag des wiedervereinigten Deutschland zur Sicherheit in Europa und der Welt leisten zu können. Wehner schloß mit einem Appell
zur Versöhnung und Gemeinsamkeit: «Das geteilte Deutschland ...
kann nicht unheilbar miteinander verfeindete christliche Demokraten
und Sozialdemokraten ertragen.»

Die programmatische Wende von Godesberg und die außenpolitische Kursberichtigung durch Wehner bildeten die zwei Seiten einer
Medaille: Mit beiden Entscheidungen zogen die Sozialdemokraten
Konsequenzen aus der Einsicht, daß es in der Bundesrepublik nach
mehr als einem Jahrzehnt der Vorherrschaft der Union keine Mehrheit
für einen radikalen Bruch mit der bestehenden Ordnung, sondern allenfalls für deren Weiterentwicklung gab. Da eine eigene Mehrheit der
SPD noch immer in weiter Ferne lag, mußte die Sozialdemokratie
koalitionsfähig werden – offen für ein Bündnis mit der Union oder den
Freien Demokraten. Der Godesberger Parteitag vom November 1959
und Wehners Rede vom 30. Juni 1960 konnten sich als Eintrittskarten
in eine dieser Koalitionen erweisen.

Bevor es zu einer Machtbeteiligung der Sozialdemokraten kam,
mußte die Partei aber noch eine attraktive personelle Alternative zu
Adenauer oder dessen christdemokratischem Nachfolger anbieten –
einen Kanzlerkandidaten, der den Anspruch auf die politische Mitte
glaubhaft verkörperte. Am 24. August 1960 wurde der Name des Politikers bekanntgegeben, den die SPD als Bewerber um das Amt des
Regierungschefs im Bundestagswahlkampf von 1961 ins Rennen schik-
ken wollte: Es war der damals 46 Jahre alte Regierende Bürgermeister

von West-Berlin, Willy Brandt. 1913 in Lübeck als Herbert Frahm von einer ledigen Verkäuferin zur Welt gebracht, war er 1933 bald nach dem Abitur als junger Linkssozialist erst nach Norwegen, nach dem deutschen Einmarsch 1940 dann nach Schweden ins Exil gegangen. Aus der Zeit seines politischen und publizistischen Kampfes gegen den Nationalsozialismus nach 1933 stammte der Tarnname, den er nach seiner endgültigen Rückkehr nach Deutschland im Jahr 1947 als bürgerlichen Namen beibehielt.

Als Mitstreiter des legendären Regierenden Bürgermeisters von Berlin, Ernst Reuter, und Berliner Bundestagsabgeordneter erwarb sich Brandt rasch den Ruf eines pragmatischen, entschieden prowestlich ausgerichteten Sozialdemokraten. Seit er 1957 selbst Regierender Bürgermeister von Berlin war, gehörte er zu den bekanntesten und bald auch beliebtesten Politikern der SPD. Die westliche Orientierung verband ihn mit Adenauer, das Amt des Regierungschefs im Westteil der ehemaligen deutschen Hauptstadt aber verschaffte ihm sogar einen gewissen Vorteil gegenüber dem greisen Bonner Kanzler. Er konnte stärker als dieser an nationale Gefühle appellieren. Wie sich dieser Faktor im Wahlkampfjahr 1961 auswirken würde, war freilich 1960 noch völlig offen.

Am 15. März 1960, rund vier Wochen nachdem Frankreich in der Sahara seinen ersten Kernwaffenversuch unternommen hatte, begann in Genf die im August des Vorjahres am gleichen Tagungsort beschlossene Zehnmächtekonferenz über internationale Abrüstung. Außer den Vereinigten Staaten, der Sowjetunion, Großbritannien und Frankreich nahmen einige ausgewählte Verbündete der beiden Weltmächte an den Verhandlungen teil. Zehn Tage später trat Chruschtschow mit der Forderung nach einem Friedensvertrag mit Deutschland an die Öffentlichkeit und machte damit deutlich, womit er die Westmächte auf der für Mitte Mai geplanten Gipfelkonferenz in Paris zu konfrontieren gedachte. Am 4. April drohte der Kremlchef anläßlich eines elftägigen Staatsbesuchs in Frankreich in Rambouillet für den Fall, daß der Westen auf das Verlangen der Sowjetunion nicht einging, mit dem Abschluß eines separaten Friedensvertrages mit der DDR. Am 1. Mai trat dann ein Ereignis ein, das die Ost-West-Beziehungen auf längere Zeit schwer belasten sollte: Ein amerikanisches Spionageflugzeug vom Typ U2 wurde über sowjetischem Territorium, im Raum Swerdlowsk, abgeschossen. Chruschtschow entschloß sich daraufhin, den Pariser Gipfel für einen propagandistischen Großangriff auf den Westen zu nutzen. Auf einer Pressekonferenz in der französischen Hauptstadt attackierte er am 16. Mai 1960 besonders die USA und die Bundesrepublik. Von Präsident Eisenhower verlangte er eine persönliche Entschuldigung für den U2-Zwischenfall. Als er diese nicht erhielt, entschied sich der sowjetische Partei- und Regierungschef für einen Eklat: Die Sowjetdelegation reiste ab, bevor die Verhandlungen begonnen hatten.

Wenige Wochen nach dem gescheiterten Pariser Gipfel stießen Anfang Juni auf einer Konferenz des kommunistischen Weltgewerkschaftsbundes in Moskau die sowjetische und die chinesische Delegation heftig aufeinander: Mao ließ Moskau wegen der von der KPdSU propagierten Politik der «friedlichen Koexistenz» mit den kapitalistischen Staaten «Revisionismus», also eine grundsätzliche Abweichung von der richtigen marxistisch-leninistischen Linie, vorwerfen. Die «Prawda» bescheinigte daraufhin den chinesischen Kommunisten, eine Kampfparole Lenins aufgreifend, linken Radikalismus. Seine persönliche Antwort erteilte Chruschtschow am 20. Juni auf dem 3. Parteitag der Rumänischen Arbeiterpartei in Bukarest. Er beschuldigte die chinesische Delegation und durch sie die Kommunistische Partei Chinas der Kriegstreiberei, des Nationalismus und des linken Abenteurertums. Die ideologischen Differenzen zwischen den beiden mächtigsten kommunistischen Parteien der Welt schienen inzwischen unüberbrückbar geworden zu sein.

Das Verhältnis zum Westen zu verbessern sah der Kremlchef gleichwohl keinen Anlaß. Ende September 1960 trat Chruschtschow erstmals vor der Vollversammlung der Vereinten Nationen auf. Mit einer scharf antikolonialistischen Rede, deren aktuellen Hintergrund die noch zu erörternde Kongokrise bildete, provozierte er nicht nur die europäischen Kolonialmächte, sondern auch die USA, die an den dramatischen Ereignissen im Herzen Afrikas keineswegs unbeteiligt waren. Den spektakulären Höhepunkt von Chruschtschows Besuch bei der Weltorganisation bildete aber nicht seine Rede, sondern eine Geste, die sich weltweit der kollektiven Erinnerung einprägte: Während einer Rede eines philippinischen Diplomaten zog er seinen Schuh aus und klopfte damit laut protestierend auf sein Pult.

Seit dem 14. Juli 1960 stand fest, wer als Kandidat der Demokraten in den amerikanischen Präsidentschaftswahlkampf ziehen würde: Es war

der dreiundvierzigjährige Senator aus Massachusetts John Fitzgerald
Kennedy, der zweitälteste Sohn des reichen, irischstämmigen Bostoner
Geschäftsmannes und Politikers Joseph P. Kennedy. Sein Vermögen
hatte Kennedy senior allem Anschein nach zu einem guten Teil durch
Alkoholschmuggel in der Prohibitionszeit erworben. Von 1938 bis
1940 war Joseph P. Kennedy Botschafter der USA in Großbritannien
gewesen, wo er sich als energischer Befürworter des «Appeasement»
gegenüber dem nationalsozialistischen Deutschland hervorgetan hatte.
Sein Sohn John war im Zweiten Weltkrieg Kommandant eines Tor-
pedo-Schnellbootes im Pazifik gewesen und hatte sich dabei durch besondere Tapferkeit ausgezeichnet. Für eine politische Karriere hatte
Vater Kennedy ursprünglich seinen ältesten Sohn Joseph ausersehen.
Als dieser im August 1944 fiel, war es an John, den einschlägigen Erwartungen seines Vaters gerecht zu werden.

«JFK» war ein brillanter Kopf und ein glänzender Redner. Für sein
Buch «Profiles in Courage», eine Sammlung von biographischen Studien
über herausragende amerikanische Senatoren, erhielt er 1957 den be-
gehrten Pulitzerpreis. (Daß sein Redenschreiber Theodore C. Sorensen
aktiven Anteil an dem Manuskript hatte, war der Jury nicht bekannt.)
Als Senator, der er von 1953 bis 1960 war, erwarb er sich erst allmählich den Ruf eines gemäßigten, wenn auch inkonsequenten Liberalen.
Kennedy strahlte, was auch an seinem Charme und der Schönheit seiner
Frau Jacqueline lag, «glamour» aus. Er umgab sich mit prominenten
intellektuellen Ratgebern, vorwiegend von der Harvard-Universität, wo
er einst selbst studiert hatte.

Von seinen chronischen Rückenschmerzen, der Folge eines Sport-
unfalls, dem Leiden an der Addison-Krankheit und der dadurch bedingten Medikamenten-, ja Drogenabhängigkeit erfuhr die Öffentlichkeit so gut wie nichts, ebensowenig von der Hemmungslosigkeit, mit
der er seine sexuellen Bedürfnisse auslebte. Eine seiner Geliebten, Judith
Campbell, später verheiratete Exner, war gleichzeitig die Geliebte von
Sam Giancana, dem Boß der Unterwelt von Chicago und Förderer des
Sängers und Schauspielers Frank Sinatra, dem Kennedy die Bekannt-
schaft mit Judith Campbell verdankte. Nach ihren eigenen Angaben
fungierte Campbell mehrfach als Kurier zwischen ihren beiden Lieb-
habern, möglicherweise im Zusammenhang mit einer «Wahlhilfe» der
Mafia für Kennedy bei den Primaries in West-Virginia im Mai 1960
und ein halbes Jahr später bei den Präsidentschaftswahlen in Illinois,

aber auch in Verbindung mit noch zu erörternden Plänen zur Ermordung Fidel Castros. Eine andere Mätresse des Präsidenten, die Deutsche Ellen Rometsch, unterhielt zur gleichen Zeit angeblich auch ein enges Verhältnis zu einem Sowjetdiplomaten; eine DDR-Agentin war sie indes nach allem, was man weiß, nicht. Ebenfalls belegt sind intime Beziehungen zwischen der Filmschauspielerin Marilyn Monroe, *dem* amerikanischen «Sexsymbol» der fünfziger und frühen sechziger Jahre, und John F. Kennedy wie auch zwischen ihr und Robert Kennedy, dem Bruder des Präsidenten und Justizminister der Jahre 1961 bis 1964.

Die Republikaner schickten, da der 1951 in Kraft getretene 22. Zusatzartikel zur Verfassung eine dritte Amtszeit Eisenhowers unmöglich machte, dessen Stellvertreter Richard M. Nixon ins Rennen. In den vom Fernsehen «live» übertragenen Streitgesprächen zwischen beiden Kandidaten machte Kennedy die deutlich bessere Figur. Das Motto seines Wahlkampfes hatte er schon nach seiner Nominierung auf der Convention in Los Angeles ausgegeben und damit an den alten amerikanischen Mythos von der wandernden Grenze angeknüpft: Es war die «New Frontier», womit er die Herausforderungen der sechziger Jahre meinte. Er sprach mehr von dem, was er vom amerikanischen Volk fordern, als von dem, was er ihm anbieten wollte. Er stilisierte sich zum Vertreter der jungen Generation, die sich nicht mehr durch Traditionen fesseln ließ, sondern bereit war, sich mit neuen Problemen und neuen Möglichkeiten auseinanderzusetzen. Der Regierung Eisenhower hielt er vor, sie habe einen sowjetischen Vorsprung bei der Rüstung im Bereich der Interkontinentalraketen zugelassen und so die Sicherheit der USA aufs Spiel gesetzt – eine Behauptung, die sich später als falsch erwies. Kennedy konterte damit aber auch einen Vorwurf Nixons: Der demokratische Kandidat sei gegenüber den Kommunisten zu «weich».

Die Wahl vom 7. November 1960 ging äußerst knapp aus: Auf Kennedy entfielen 49,9, auf Nixon 49,6 Prozent der Stimmen, wobei zum Vorsprung von 120 000 Stimmen für den demokratischen Bewerber auch Manipulationen des Chicagoer Bürgermeisters Richard J. Daley beigetragen hatten. Von den Wahlmännern und Wahlfrauen standen 303 hinter dem Sieger und 219 hinter dem Verlierer. In beiden Häusern des Kongresses konnten die Demokraten ihre Mehrheit, wenn auch mit einigen Verlusten, behaupten.

Der Amtsinhaber Dwight D. Eisenhower verabschiedete sich am 17. Januar 1961 von seinen Landsleuten mit einer Rede, in der er, für die meisten überraschend, vor den Gefahren einer wachsenden Verflechtung von Militärapparat und Rüstungsindustrie warnte. «In den Regierungsämtern müssen wir uns davor hüten, daß ein militärisch-industrieller Komplex ungerechtfertigten Einfluß erlangt, gleichviel ob dieser Einfluß angestrebt wird oder nicht (the acquisition of influence, whether sought or unsought, by the military-industrial complex). Das Potential für einen verhängnisvollen Aufstieg unangebrachter Macht ist vorhanden und bleibt bestehen.»

Unter «Ike» hatten die Amerikaner eine lange Periode bisher ungekannter Prosperität erlebt, wenngleich die Wachstumsraten der Vereinigten Staaten hinter denen der führenden europäischen Industrienationen und Japans zurückblieben. 1959 hatten sich die USA nochmals um zwei Staaten vermehrt: Die Territorien Alaska und Hawaii waren als vollberechtigte Mitglieder in die Union aufgenommen worden. Aus dem annähernden Patt zwischen Kennedy und Nixon ließ sich ablesen, daß es ein hohes Maß an Zufriedenheit mit dem Erreichten und infolgedessen keine ausgeprägte «Wechselstimmung» gab. Seinem Nachfolger hinterließ Eisenhower viele ungelöste Probleme. In der inneren Politik stand obenan die Rassenfrage. Im Februar 1960 war es, ausgehend von Greensboro in North Carolina, zu einer Welle von Sitzstreiks («Sit-ins») schwarzer Studentinnen und Studenten gegen die fortdauernde Diskriminierung der «Black Americans» in Cafeterias, Kinos, Kirchen und an den Stränden gekommen: einer gewaltlosen Protestform, auf die die örtlichen Polizeibehörden so brutal reagierten, daß sich viele liberale Amerikaner weißer Hautfarbe mit den Schwarzen zu solidarisieren begannen. Außenpolitisch schwelte nicht nur die Berlinkrise weiter. Am 3. Januar 1961 brachen die USA die diplomatischen Beziehungen zu Kuba ab. Die weitere Entwicklung der amerikanischen Politik gegenüber der Karibikinsel war ebenso offen wie die Frage, ob Washington nach der Präsidentenwahl an der Unterstützung des Diem-Regimes in Südvietnam festhalten würde.

Am 20. Januar 1961 legte der neugewählte 35. Präsident seinen Amtseid ab. Er war der erste Katholik im Weißen Haus und der zweitjüngste Mann an der Spitze der USA (der jüngste war bei seinem Amtsantritt 1901 Theodore Roosevelt). 27 Jahre jünger als Eisenhower, wandte Kennedy seinen Blick entschlossen nach vorn. Seine Inaugurationsrede war ein einziger Appell an die Berge versetzende Kraft des amerikanischen Idealismus. Die Fackel sei nun an eine neue Generation von Amerikanern weitergereicht worden, sagte er. Kennedy sprach von Opfern und Herausforderungen und von der Pflicht Amerikas, sich des Erbes seiner Revolution, der ersten Revolution für die Menschenrechte, bewußt zu bleiben und äußerste Anstrengungen zu unternehmen, um das Überleben und den Fortschritt der Freiheit zu sichern. Er ermahnte seine Landsleute, niemals aus Furcht zu verhandeln, aber sich auch nie vor Verhandlungen zu fürchten (Let us never negotiate out of fear. But let us never fear to negotiate).

Ein Satz prägte sich denen, die ihm zuhörten, besonders ein, und er wurde rasch zum geflügelten Wort: «Fragt nicht, was Euer Land für Euch tun kann, fragt, was Ihr für Euer Land tun könnt» (Ask not what your country can do for you, ask what you can do for your country). Es war ein Aufbruch zu neuen Ufern, zu dem Kennedy aufrief, und zugleich die Bekräftigung eines imperialen Anspruchs: Die Vereinigten Staaten waren gewillt, sich von keiner Macht der Welt auf den zweiten Platz verweisen zu lassen.[21]

«Wind of change»: Die Entkolonialisierung Afrikas

Das Jahr, in dem John F. Kennedy zum Präsidenten der USA gewählt wurde, war für keinen Erdteil so einschneidend wie für Afrika: 17 bisherige Kolonien auf dem «schwarzen Kontinent» erlangten 1960 ihre Unabhängigkeit und damit den Status von Mitgliedern der Vereinten Nationen. Am 14. Dezember 1960 verabschiedete die Vollversammlung der UNO die «Erklärung über die Gewährung der Unabhängigkeit an koloniale Länder und Völker», in der sich die Weltorganisation zum Recht der Selbstbestimmung aller Völker bekannte. Der Kernsatz der «Resolution 1514» lautete: «Die Unterwerfung von Völkern unter fremde Unterjochung, Herrschaft und Ausbeutung stellt eine Verleugnung der Grundrechte der Menschen dar, steht der Charta der Vereinten Nationen entgegen und behindert die Förderung von Frieden und Zusammenarbeit in der Welt.» 89 Stimmen wurden für die Entschließung abgegeben; es gab keine Gegenstimmen. Die europäischen Kolonialmächte Großbritannien, Frankreich, Belgien, Portugal und Spanien enthielten sich der Stimme, ebenso die Vereinigten Staaten, Australien, Südafrika und die Dominikanische Republik.

Zehn Jahre vorher hätten nur wenige Beobachter eine derart rasche Dekolonialisierung Afrikas vorhergesagt. Der Begriff «Dekolonisierung» (beziehungsweise «decolonization») war freilich sehr viel älter. Wohl als erster hat ihn der deutsche Wirtschaftswissenschaftler Moritz Julius Bonn 1932 in seinem Artikel «Imperialism» in der «Encyclopedia of the Social Sciences» verwandt. Er sprach dort von einer «Periode der Gegenkolonisierung» (period of countercolonization), die in der ganzen Welt begonnen habe, und in diesem Zusammenhang von einer rasch voranschreitenden Entkolonialisierung (decolonization is rapidly proceeding).

In der Zwischenkriegszeit war dieser Prozeß vor allem im Nahen und Fernen Osten, in Indien und im Südosten zu beobachten – den Regionen, wo die europäischen Kolonialmächte auch nach dem Zweiten Weltkrieg am schärfsten durch Unabhängigkeitsbewegungen herausgefordert wurden. In Schwarzafrika fanden, wovon bereits die Rede war, in den ersten Jahren nach 1945 die blutigsten Befreiungskämpfe in der französischen Kolonie Madagaskar statt. Zu schweren Zusammenstößen kam es Anfang 1950 auch in einer anderen französischen Kolonie, der Elfenbeinküste (Côte d'Ivoire). Die soziale Hauptursache des Konflikts waren die Spannungen zwischen europäischen Plantagenbesitzern und afrikanischen Kaffee- und Kakaopflanzern unter Führung des agilen Félix Houphouët-Boigny, der 1945 in Abidjan den Parti Démocratique de Côte d'Ivoire gründete und im Jahr darauf an die Spitze des Rassemblement Démocratique Africain, einer überterritorialen Bewegung, trat. Bei den ersten Wahlen zu einem Landesparlament im März 1952 gewann die Partei Houphouët-Boignys fast neun Zehntel der Stimmen. Da Houphouët-Boigny 1950 seine zeitweilige Bindung an die französischen Kommunisten gelöst und sich als Abgeordneter der Pariser Nationalversammlung Mitterrands Union Démocratique et Socialiste de la Résistance angeschlossen hatte, hatte sein Wahlsieg eine Signalwirkung, die weit über die Elfenbeinküste hinausreichte: im Sinne einer friedlichen Emanzipation der schwarzafrikanischen Kolonien Frankreichs von der France métropolitaine.

Die Vierte Republik setzte in wichtigen Bereichen die Kolonialpolitik fort, die die Dritte Republik nach dem Ersten Weltkrieg eingeschlagen hatte. Schon vor 1914 hatte der Begriff «association» den Begriff «assimilation» abzulösen begonnen. Mit der Idee der «association», der engen Anbindung der Kolonien an das Mutterland, wollte Frankreich dem Schweizer Historiker Rudolf von Albertini zufolge einen Mittelweg zwischen der Assimilation und der politischen Autonomie (im Sinne von self-government) beschreiten, ohne die assimilatorischen Absichten gänzlich aufzugeben. In gewisser Weise akzeptierten die Regierungen nach 1945 die Parole, die der senegalesische Politiker und literarische Wortführer der «négritude», Léopold Senghor, während des Zweiten Weltkrieges ausgegeben hatte: «sich assimilieren: ja, assimiliert werden: nein» (assimiler, non être assimilés). Senghor gehörte wie Houphouët-Boigny zu den schwarzafrikanischen Politikern, die auf Grund der entsprechenden gesetzlichen Bestimmungen die französischen Kolonien in der Nationalversammlung vertraten. Die 1946 geschaffene Union Française, die die France métropolitaine und die France de l'outre-mer überwölben sollte, blieb freilich, wie Franz Ansprenger urteilt, «zeitlebens eine leere Hülse, abgesehen von ihrer quasiparlamentarischen ‹Versammlung›, die einigen afrikanischen Politikern den Einstieg in die Politik erleichterte».

Das wichtigste kolonialpolitische Gesetz der Vierten Republik war die Loi Cadre (Rahmengesetz) vom Juni 1956. Sie gewährte den afrikanischen Kolonien den Status einer Halbautonomie. Sie erhielten parlamentarische Versammlungen auf der Grundlage des allgemeinen gleichen Wahlrechts und Regierungen, die diesen Versammlungen gegenüber rechenschaftspflichtig waren. Die wichtigsten Bereiche der Politik blieben jedoch weiterhin Sache der französischen Kolonialverwaltung. Staatsqualität erlangten die kolonialen Verwaltungsgebiete mit der Reform von 1956 folglich noch nicht. Immerhin gelang es nunmehr einigen ehrgeizigen afrikanischen Politikern, gestützt auf Gewerkschaften, Jugend- und Studentenorganisationen, die «chefferie», die französische Variante indirekter Herrschaft mit Hilfe von Stammeshäuptlingen, durch Organe der von ihnen geführten Parteien zu ersetzen. Besonders erfolgreich war in dieser Hinsicht Ahmed Sékou Touré, der Führer des Parti Démocratique de Guinée und seit Mai 1957 Regierungschef von Guinea, der 1958 das von ihm beherrschte Gebiet in ein Einparteiensystem verwandelte. Ähnliche Entwicklungen vollzogen sich um dieselbe Zeit an der Elfenbeinküste unter Houphouët-Boigny und in Senegal unter Senghor.

Der Übergang von der Vierten zur Fünften Republik hatte große Folgen für das französische Kolonialreich. An die Stelle der Union Française trat die Communauté Française. Deren Zweck umriß Charles

de Gaulle während seiner großen Afrikareise vom Sommer 1958 am
24. August in Brazzaville, der Hauptstadt des französischen Kongo,
mit den Worten: «Das Mutterland und die überseeischen Territorien
sollen zusammen eine Gemeinschaft bilden, in der jeder … sich frei
und vollkommen selbst regiert und in der in aller Interesse ein Bereich
gemeinsam gestaltet wird, der die Verteidigung, die politische und
wirtschaftliche Aktion nach außen, die Leitung der Justiz und Volksbildung und die Fernverkehrsverbindungen umfaßt.» De Gaulle bestritt nicht, daß die Kolonien ein Recht auf völlige Unabhängigkeit
beanspruchen konnten. Das Mutterland werde sich dem nicht widersetzen, sagte er, machte aber zugleich deutlich, daß ein Nein zur Verfassung der Fünften Republik die Sezession bedeute und Frankreich
von allen Pflichten gegenüber der betreffenden Kolonie entbinde.

Beim Verfassungsreferendum am 28. September 1958 stimmten alle
französischen Kolonien bis auf eine mit Ja und damit für die Aufrechterhaltung enger Beziehungen mit der France métropolitaine im Rahmen der Communauté. Die Ausnahme war Guinea, wo 95,2 Prozent
der Abstimmenden entsprechend der von Sékou Touré vorgegebenen
Linie mit Nein votierten. Guinea erklärte bereits am 2. Oktober 1958
seine Unabhängigkeit, woraufhin Frankreich sein gesamtes Personal
abzog und alle Hilfsleistungen einstellte. Das Ja der anderen Kolonien
zur Mitgliedschaft in der Communauté aber bedeutete keineswegs
eine Absage an das Ziel der Unabhängigkeit. Im Verlauf des Jahres
1960 erklärten 14 französische Kolonien in Afrika, nämlich Kamerun,
Togo, Madagaskar, Benin (das frühere Dahomey), Niger, Burkina Faso
(das bisherige Obervolta), die Elfenbeinküste, Tschad, die Zentralafrikanische Republik, die Republik Kongo (Kongo-Brazzaville), Gabun,
Senegal, Mali und schließlich Mauretanien ihre Unabhängigkeit.

Auf dem afrikanischen Festland verzichtete nur ein Gebiet, nämlich Französisch-Somaliland (Djibouti), auf die Proklamation seiner
Unabhängigkeit – einen Schritt, den Djibouti erst 1977 tat. Die Communauté blieb ähnlich schemenhaft wie zuvor die Union Française,
und sie war sehr viel kurzlebiger als diese: Die Welle der Unabhängigkeitserklärungen von 1960 markierte ihr Scheitern. Was vom französischen Kolonialreich blieb, waren die wenigen Überseedépartements
und Überseeterritorien, in denen weiterhin die Trikolore wehte, und
besondere Beziehungen, die die France métropolitaine mit ihren früheren Kolonien unterhielt – Beziehungen, die sich immer wieder auch in

militärischen Interventionen des Mutterlandes zugunsten bedrohter Regierungen in Übersee niederschlugen.

Während sich die französischen Kolonien südlich der Sahara von ihrer bisherigen Kolonialmacht lösten, war noch offen, wie sich die Algerienkrise weiter entwickeln würde. Die Barrikadenkämpfe in Algier vom Januar 1960 hatten die innenpolitische Position de Gaulles gestärkt. Am 1. Februar traten die Gewerkschaften in einen Generalstreik im doppelten Sinn des Wortes: Ihr Ausstand war allgemein *und* ein Akt der Unterstützung für den General an der Spitze Frankreichs. Die Sozialisten stimmten am gleichen Tag den von de Gaulle beantragten Sondervollmachten zu. Tags darauf provozierte der Präsident die nationalistische Rechte: Er entließ den Minister für die überseeischen Gebiete Jacques Soustelle, einen der entschiedensten Verfechter der «Algérie française».

Einige zweideutig klingende Passagen in Reden, die der Präsident in der Folgezeit vor den Streitkräften hielt, ließen aber auf der Linken bald Zweifel aufkommen, ob de Gaulle wirklich entschlossen war, den Krieg in Algerien mit einem Verständigungsfrieden zu beenden. Die Studenten, die vom 27 Monate währenden Wehrdienst besonders betroffen waren, gehörten zur Avantgarde des Antikriegsprotestes. Ihr wichtigster Interessenverband, die Union Nationale des Étudiants de France, erklärte sich mit der Vertretung der muslimischen Studenten in Algerien solidarisch. Sehr viel weiter ging das geheime Netzwerk «Jeune Résistance» um Francis Jeanson, einen engen Mitarbeiter Sartres in der Redaktion von «Temps modernes», das mit Hilfe von linken Sympathisanten aus dem In- und Ausland, darunter Mitgliedern des Sozialistischen Deutschen Studentenbundes (SDS) in der Bundesrepublik Deutschland, den sogenannten «Kofferträgern» (porteurs-de-valises), den Kampf des FLN politisch und finanziell tatkräftig unterstützte.

Am 6. September 1960 veröffentlichten weit über hundert Intellektuelle, Journalisten, Professoren und Künstler der Linken, unter ihnen Jean-Paul Sartre, Simone de Beauvoir, Marguerite Duras, André Breton, Françoise Sagan, Nathalie Sarraute, Pierre Vidal-Naquet, Jean-François Revel, François Truffaut und Simone Signoret, das «Manifest der 121», das die Folterungen in Algerien an den Pranger stellte, die Verweigerung des Wehrdienstes rechtfertigte und die französische Jugend aufrief, sich nicht am Kampf gegen ein Volk zu beteiligen, das sein Recht auf Unabhängigkeit einklagte. Die Regierung Debré antwortete mit Repressalien gegen die Unterzeichner, darunter dem Verbot von Rundfunk- und Fernsehauftritten beteiligter Künstler. Ein Gegenaufruf von 300 Persönlichkeiten der Rechten, unter ihnen Marschall Juin, der Schriftsteller Jules Romains und der Diplomat André François-Poncet, der wenige Tage nach dem «Manifest der 121» erschien, verurteilte die subversiven Aktivitäten von links, aber auch die in Algerien praktizierte Folter.

Im Juni 1960 war in Melun ein erster Versuch, mit Vertretern der in Kairo residierenden Provisorischen Regierung der Algerischen Republik unter Ferhat Abbas, dem legendären Verfasser des «Manifests des algerischen Volkes» vom Februar 1943, Verhandlungen über einen ehrenvollen Frieden zu führen, schon nach wenigen Tagen gescheitert. De Gaulle ließ sich dadurch nicht beirren. Er sprach jetzt offen von einer künftigen algerischen Republik und reiste im Dezember 1960 ein letztes Mal nach Algerien, wo es aus ebendiesem Anlaß zu blutigen Zusammenstößen zwischen muslimischen Demonstranten und Gegendemonstranten aus den Reihen der Algerienfranzosen kam. Wenige Tage später, am 19. Dezember 1960, sprach sich die Nationalversammlung für das Selbstbestimmungsrecht der Algerier aus. Am 8. Januar 1961 ließ sich der Präsident die Zustimmung der Franzosen in einem Referendum bestätigen: Eine Dreiviertelmehrheit (75,2 Prozent) stimmte mit Ja.

Die Anhänger des «französischen Algerien» gaben sich trotzdem noch nicht geschlagen. In der Nacht zum 22. April 1961, einem Samstag, putschte ein Teil der französischen Streitkräfte in Algerien: Der Verhaftung des Oberkommandierenden folgte die Machtübertragung an die vier pensionierten Generäle Challe, Salan, Jouhaud und Zeller. Premierminister Debré rief unmittelbar danach die Pariser auf, sich zu den Flughäfen der Hauptstadtregion zu begeben, um den dort erwarteten rebellierenden Fallschirmjägern klar zu machen, daß es unverantwortlich war, Frankreich in einen Bürgerkrieg zu stürzen. Präsident de Gaulle hob, gestützt auf den Artikel 16 der Verfassung der Fünften Republik, die Bürgerrechte für Algerien auf und ordnete die Einrichtung von Sondergerichten an. General Challe zog sich daraufhin aus der Junta zurück, während die anderen drei Putschgeneräle sich an die Spitze der kurz zuvor gegründeten geheimen Untergrundarmee, der Organisation de l'armeé secrète (OAS), der Urheberin zahlreicher Attentate und Terrorakte gegen die Regierung und die muslimischen Unabhängigkeitskämpfer, aber auch gegen unbeteiligte Zivilisten, stellten.

Die Militärrevolte brach, nicht zuletzt wegen ihres schwachen Rückhalts in der Armee, nach wenigen Tagen zusammen. Zu ihren ungewollten Wirkungen gehörte der Auftrieb, den der Coup von Algier den Friedensverhandlungen gab. Am 20. Mai 1961 trafen sich die Unterhändler beider Seiten in Évian-les-Bains am Genfer See. Das größte Hindernis, das einem Erfolg entgegenstand, räumte de Gaulle am 5. September 1961 aus dem Weg: Er erkannte die rohstoffreiche Sahara als algerisches Territorium an. Doch es sollte noch viel Blut fließen, ehe die Waffen schwiegen. Die OAS überzog das Mutterland mit Hunderten von Terroranschlägen, mit denen sie die Befürworter eines Verständigungsfriedens einzuschüchtern versuchte. Am 9. September entkam de Gaulle bei Pont-sur-Seine nur knapp einem Attentat von Angehörigen der Untergrundarmee. Fünfeinhalb Wochen später, am 17. Oktober, schlug die Pariser Polizei, in deren Reihen es viele Sympathisanten der OAS gab, eine friedliche Demonstration von 30 000 Algeriern mit einer Brutalität nieder, die man nur als Massaker bezeichnen konnte: Demonstranten wurden in großer Zahl in die Seine getrieben, wobei mindestens 200 ums Leben kamen; die Zahl der Festnahmen belief sich auf etwa 15 000. Weitere Gewaltexzesse seitens der Pariser Polizei gab es am 8. Februar 1962 anläßlich einer Demonstration, die sich gegen einen Anschlag der OAS richtete, bei dem tags zuvor ein achtjähriges Mädchen erblindet war.

Am 7. März 1962 kamen die Unterhändler Frankreichs und der Provisorischen Regierung Algeriens erneut in Évian zusammen, um die noch offenen Fragen, darunter Garantien für die in Algerien lebenden Europäer, zu klären. Am 18. März konnte Präsident de Gaulle den Französinnen und Franzosen über das Fernsehen mitteilen, daß der Waffenstillstand tags darauf in Kraft treten und daß es darüber zwei Plebiszite geben würde: am 8. April im französischen Mutterland und am 1. Juli in Algerien. Das Abkommen von Évian sah die Errichtung eines unabhängigen algerischen Staates und eine enge Zusammenarbeit zwischen Paris und Algier vor. Die Algerienfranzosen erhielten die erstrebten Garantien; Frankreich durfte für die Dauer von fünf Jahren den Flottenstützpunkt Mers-el-Kébir und ein Atomtestgelände in der Sahara behalten.

Am 19. März endete ein achtjähriger Krieg, den Frankreich nicht hatte gewinnen können, bei dem es aber auch nicht eine verheerende Niederlage wie im Mai 1954 in Dien Bien Phu hinnehmen mußte. Etwa

30000 französische Soldaten waren seit 1954 in Algerien gefallen; die
Angaben über die im Krieg umgekommenen Algerier schwanken zwischen 200000 und 1,2 Millionen. Daß eine Mehrheit der Franzosen
sich für den Friedensschluß aussprechen würde, stand angesichts der
verbreiteten Kriegsmüdigkeit von Anfang an fest. Tatsächlich stimmten am 8. April 1962 neun Zehntel (90,7 Prozent) der Abstimmenden
für die Politik des Präsidenten, der mit dem Frieden von Évian einen
Schlußstrich unter die 132 Jahre während französische Herrschaft
über Algerien zog. In Algerien überschlug sich währenddessen der
Terror der OAS. Den Auftakt bildete ein Schußwechsel mit einer Poli-
zeistreife in Algier am 26. März, der 46 Tote und über 200 Verletzte
forderte. Es folgten Anschläge, denen innerhalb von zwei Wochen
164 Menschen zum Opfer fielen. Der Regierung gelang die Gefangen-
nahme der Putschgeneräle Salan und Jouhaud, die vor Sondergerichte
gestellt wurden. Als am 1. Juli 1962 die Volksabstimmung in Algerien
stattfand, hatten die meisten «pieds-noirs» Nordafrika bereits in Richtung Frankreich verlassen. 91,2 Prozent der stimmberechtigten und
99,72 der abstimmenden Algerier stimmten mit Ja. Zwei Tage später
proklamierte Präsident de Gaulle die Unabhängigkeit Algeriens.

Die Befreiung von der Kolonialherrschaft bedeutete für Algerien
nicht den Gewinn der innenpolitischen Freiheit. Unmittelbar nach dem
Referendum gelang es dem neugeschaffenen Politischen Büro des FLN
um Ahmed Ben Bella und Houari Boumedienne, die Provisorische
Regierung unter Benyoussef Ben Khedda, dem Nachfolger von Ferhat
Abbas, ebenso zu entmachten wie zuvor, obschon auf sehr viel bru-
talere Weise, die «Messalisten», die Anhänger von Messali Hadj im
Mouvement National Algérien, nachdem diese 1954 dem bewaffneten
Kampf gegen die Kolonialmächte eine Absage erteilt hatten. Am
20. September 1962 fanden allgemeine Wahlen zu einer Verfassunggebenden Versammlung statt. Am 25. September wurde Ben Bella zum
Ministerpräsidenten gewählt; Boumedienne übernahm das Amt des
Verteidigungsministers. Binnen zweier Monate verwandelte sich Algerien in ein Einparteienregime des FLN; alle anderen Parteien wurden
im November 1962 verboten. Der Abzug der Europäer, darunter der
meisten Unternehmer, Techniker, Ärzte, Lehrer und Verwaltungsbe-
amten, stellte das Land vor immense Probleme. Etwa 70 Prozent der
erwerbsfähigen Bevölkerung waren arbeitslos. Die von Ben Bella betriebene sozialistische Wirtschaftspolitik mitsamt umfangreicher Ver-

staatlichung erleichterte es Algerien, Wirtschafts- und Waffenhilfe aus der Sowjetunion und der Volksrepublik China zu erhalten. Wichtiger aber blieb die wirtschaftliche Unterstützung durch Frankreich, die die Pariser Regierung unter dem neuen, seit April 1962 amtierenden Premierminister Georges Pompidou schon deswegen gewährte, weil sie zwei der wichtigsten Zugeständnisse nicht aufs Spiel setzen wollte, die Algerien in Évian gemacht hatte: die befristete Nutzung des Stützpunkts Mers-el-Kébir und die Möglichkeit, in der Sahara Kernwaffenversuche zu unternehmen.

Zu den Folgen der algerischen Unabhängigkeit für das Mutterland gehörten zwei Migrationsströme: Auf der einen Seite verließen rund eine Million von «colons» oder «pieds-noirs» Algerien, um sich in Frankreich niederzulassen; auf der anderen Seite suchten etwa 210 000 «harkis», Angehörige der algerischen Hilfstruppen der französischen Armee, zusammen mit ihren Familien etwa 750 000 Personen, in der France métropolitaine Zuflucht, wo sie die Zahl der dort lebenden Muslime, in ihrer Mehrzahl Gastarbeiter aus Algerien, auf zwei bis drei Millionen anschwellen ließen. Die ethnischen Algerier schlugen ihren Wohnsitz vorzugsweise in Südfrankreich, nahe der Mittelmeerküste, im Großraum Paris und in anderen Großstädten auf, wo sich die von ihnen bewohnten Viertel alsbald zu Zentren sozialer und rassischer Spannungen entwickelten. Die ehemaligen Algerienfranzosen, die «rapatriés», bildeten fortan einen verläßlichen Rückhalt der extremen Rechten, die die Preisgabe Algeriens durch de Gaulle als nationalen Verrat betrachtete. Die OAS, die Speerspitze des radikalen Nationalismus, stellte ihre Terrorakte nach der Entlassung Algeriens in die Unabhängigkeit nicht ein. Am 22. August 1962 verübte die Geheimorganisation bei Petit-Clamart ein neuerliches Attentat auf den Präsidenten, das dieser unverletzt überlebte. Eine Woche später kündigte der General ein verfassungsänderndes Referendum an. Der Präsident der Republik sollte fortan nicht mehr durch Notabeln, sondern durch das Volk direkt gewählt werden. Von dem Verfassungskonflikt, den de Gaulle damit auslöste, und dem Ausgang des Streits wird noch die Rede sein.

Die große Mehrheit der Franzosen wollte nach dem Sommer 1962 an den Algerienkrieg möglichst wenig erinnert werden. Schon im Abkommen von Évian war vorgesehen, daß sowohl Handlungen, die auf eine direkte oder indirekte Unterstützung des algerischen Unabhängigkeitskampfes hinausliefen, als auch Taten, die im Rahmen der militärischen Operationen in Algerien begangen worden waren, strafrechtlich nicht geahndet werden sollten. Es folgten eine Reihe von Amnestiegesetzen, von denen das erste, vom 17. Dezember 1964, einen präsidialen Gnadenakt für 173 ehemalige Mitglieder der OAS ermöglichte. Weitere Gesetze aus den Jahren 1966 bis 1968 brachten eine Amnestie für Verstöße gegen die Staatssicherheit oder Taten, die im Zusammenhang mit den «Ereignissen» (événements) in Algerien begangen worden waren, sowie weitere Straferlasse für einschlägige Delikte.

Die Übergänge zwischen Amnestie und Amnesie waren fließend. Jahrzehntelang blieben die systematischen Folterungen und summarischen Erschießungen von Gefangenen durch die französische Armee ein nationales Tabu. Die nichtkommunistische Linke mit François Mitterrand und den Sozialisten Guy Mollet und Gaston Defferre an der Spitze bemühte sich um einen Brückenschlag zur radikalen Rechten, indem sie 1965, dem Jahr der Präsidentschaftswahlen, die Wiedereinsetzung von verurteilten OAS-Offizieren in ihre früheren Ränge und Funktionen versprach. Erst um die Jahrtausendwende, im November 2000, brachen zwei hohe Militärs, die Generäle Jacques Massu und Paul Aussaresses, das kollektive Schweigen, indem sie öffentlich über die in Algerien begangenen Kriegsverbrechen sprachen – wobei Aussaresses im Gegensatz zu Massu keinerlei Reue zeigte. Die Existenz von französischen Todesschwadronen war nun nicht länger zu leugnen, ebensowenig die Mitverantwortung, die ehedem maßgebliche Politiker wie Guy Mollet und François Mitterrand für krasse Verletzungen des Völkerrechts trugen. Die wissenschaftliche Erforschung der Begleitumstände des Algerienkrieges stieß fortan auf keine Schwierigkeiten seitens des Staates mehr. Strafrechtliche Folgen aber hatten die Verbrechen gegen die Menschlichkeit, die Franzosen im Namen Frankreichs zwischen 1954 und 1962 in Algerien begangen hatten, nicht.

Den Verlust seines afrikanischen Kolonialreiches ertrug Frankreich, ohne daß es ihn als nationales Trauma erlebt hätte. De Gaulle verstand es, die Entlassung der Kolonien in die Unabhängigkeit als Erfolg einer wohlüberlegten, souveränen Politik Frankreichs unter seiner, de Gaulles, Führung erscheinen zu lassen; die entsprechenden Vorarbeiten der Vierten Republik gerieten demgegenüber in Vergessenheit. Aus der Sicht des Staatschefs der Fünften Republik war die Entkolonialisierung, einschließlich der Preisgabe Algeriens, notwendig, damit

Frankreich, vom Ballast kostspieliger, unproduktiver und schon längst nicht mehr prestigeträchtiger Verpflichtungen in Afrika befreit, endlich wieder eine selbstbewußte, seiner nationalen «gloire» entsprechende Politik im europäischen und im Weltmaßstab betreiben konnte. Solange die Zukunft Algeriens noch in der Schwebe und Frankreich in dieser Frage tief gespalten war, hatte sich der General nicht voll auf das konzentrieren können, was ihm wirklich wichtig war: die Übernahme einer Führungsrolle auf dem alten Kontinent, die ihn instand setzen sollte, den angelsächsischen Mächten sowie der Sowjetunion als ebenbürtiger Partner gegenüberzutreten.[22]

Für die größte europäische Kolonialmacht, das Vereinigte Königreich von Großbritannien und Nordirland, bedeutete die Entlassung Indiens in die Unabhängigkeit im Jahr 1950 eine tiefe Zäsur, aber noch nicht das Ende des britischen Weltreichs. Es stärkte das Selbstwertgefühl Großbritanniens, daß es in Malaya zwischen 1950 und 1952 den von Teilen der chinesischen Minderheit getragenen kommunistischen Partisanenkampf im wesentlichen niederwerfen und sich fünf Jahre später, im August 1957, mit den neun Sultanen von Malaya auf die Bildung einer unabhängigen Föderation im Verbund des Commonwealth verständigen konnte. Auch im Mittleren Osten gelang London 1955 mit dem Bagdad-Pakt eine gewisse Festigung seines Einflusses. Noch wichtiger aber war für Großbritannien die Tatsache, daß in großen Teilen Afrikas nach wie vor der Union Jack wehte. Wann und unter welchen Bedingungen auch hier das bisher bevorzugte Prinzip der «indirect rule» vermittels einheimischer Herrscher durch wirkliches «self-government» abgelöst werden würde, entschied einstweilen immer noch London. Die engsten emotionalen Bindungen bestanden dabei zu den Kolonien, in denen, wie in Kenia und Südrhodesien, britische Siedler über den wertvollsten Grund und Boden verfügten.

Das erste der von Großbritannien abhängigen Gebiete Afrikas, das nach 1945 die Unabhängigkeit erlangte, war keine britische Kolonie, sondern ein britisch-ägyptisches Dominium: der Sudan. Auf Drängen Londons durften die Sudanesen sich Anfang 1956 in einer Volksabstimmung zwischen dem Anschluß an Ägypten und der Unabhängigkeit entscheiden: Die Mehrheit entschied sich für die zweite Lösung. Sie brachte dem Land keinen inneren Frieden, sondern langanhaltende bürgerkriegsartige Auseinandersetzungen zwischen dem arabisch-

muslimischen Norden, der die Mehrheit der Bevölkerung stellte, und
den teils christianisierten, teils animistischen schwarzafrikanischen
Stämmen des Südens. Die Folge der inneren Spaltung waren häufige
Militärputsche und das Regieren mit den Mitteln des Ausnahmezu-
stands: eine für das postkoloniale Afrika alles andere als untypische
Konstellation.

Von den schwarzafrikanischen Kolonien Großbritanniens im engeren Sinn war die Goldküste, das spätere Ghana, eine der am höchsten
entwickelten. Im August 1946 gewährte die Labour-Regierung unter
Clement Attlee Teilen der einheimischen Bevölkerung eine Mehrheit
unter den gewählten Mitgliedern im neugeschaffenen «Legislativrat»,
wobei London an der eingeübten Praxis der «indirect rule» mit Hilfe
loyaler Häuptlinge festhielt. Der Protest gegen diese Form verschleierter
Kolonialherrschaft ließ nicht lange auf sich warten. Seine Träger waren,
wie an der französischen Elfenbeinküste, afrikanische Kakaopflanzer
und westlich gebildete städtische Eliten. Der wortgewaltigste Führer der
Opposition war der in den USA akademisch ausgebildete Kwame
Nkrumah, der Generalsekretär der im August 1947 gegründeten United
Gold Coast Convention.

1948 schlugen die Briten soziale Unruhen in den größeren Städten
blutig nieder. Nkrumah, seit Juni 1949 Führer der Convention People's
Party, antwortete mit einer Kampagne zugunsten von «positive action»,
einer an den Methoden Gandhis orientierten Bewegung des passiven
Widerstandes gegen die Kolonialmacht. Diese verhängte Anfang 1950
den Ausnahmezustand; Nkrumah wurde ebenso wie viele andere
schwarze Aktivisten verhaftet und kurz darauf zu drei Jahren Gefängnis verurteilt. Eine neue Verfassung, die am 1. Januar 1951 in Kraft
trat, gab der Kolonie eine Art von halbverantwortlicher Selbstregierung: Der Exekutivrat, der mehrheitlich aus schwarzafrikanischen
Ministern bestand, war der gewählten Legislative verantwortlich. Aus
den Wahlen im Februar 1951 ging die Partei Nkrumahs als Siegerin
hervor. Ihr Führer wurde daraufhin aus der Haft entlassen und mit der
Bildung der ersten autonomen Regierung beauftragt. Im März 1952
wurde Nkrumah zum Premierminister ernannt. Eine neue, straff zentralistische Verfassung verlieh der Goldküste im Mai 1954 den Status
der inneren Autonomie. Knapp drei Jahre später, im März 1957, erlangte die Goldküste, nunmehr Ghana genannt, die Unabhängigkeit.
Von Demokratie konnte in dem neuen Staat bald darauf keine Rede

mehr sein. Ghana verwandelte sich binnen weniger Jahre in ein Einparteiensystem unter Führung Nkrumahs – ein Zustand, dem die Armee im Februar 1966 während einer Chinareise des Präsidenten ein
Ende bereitete.

Drei Jahre länger als Ghana benötigte Nigeria, um seine Unabhängigkeit zu erreichen. Stationen auf diesem Weg waren die Verfassung
vom Januar 1947, die drei Regionalparlamente und einen zentralen
Legislativrat für ganz Nigeria schuf, in dem die einheimische Bevölkerung über die Mehrheit der Vertreter verfügte, die Schaffung eines
Exekutivrats mit einer Mehrheit von afrikanischen Ministern Anfang
1952 und die Umwandlung Nigerias in einen weithin autonomen Bundesstaat im Oktober 1954. Die Proklamation der Unabhängigkeit erfolgte am 1. Oktober 1960. Die föderalistische Gliederung sollte den
Gegensätzen zwischen den muslimischen Stämmen des Nordens und
den christlichen Stämmen des Südens Rechnung tragen. Ein stabiles
Staatswesen entstand dadurch aber nicht. Im ersten Jahrzehnt der
Unabhängigkeit erlebte Nigeria immer wieder heftige Unruhen, im Juli
1966 einen Militärputsch und ein Jahr später die Sezession der Ost-
region als Republik Biafra, womit ein dreijähriger blutiger Bürgerkrieg
begann, der seitens der nigerianischen Truppen völkermörderische
Formen annahm. Auch nach der bedingungslosen Kapitulation Biafras
im Januar 1970 blieb Nigeria ein innerlich zerrissenes, meist von Mili-
tärregierungen mit diktatorischen Mitteln notdürftig zusammengehal-
tenes Land.

In keiner afrikanischen Kolonie wurde die britische Herrschaft
nach 1945 so massiv herausgefordert wie in Kenia. Dem Verlangen der
etwa 66 000 weißen, ganz überwiegend britischen Siedler, nach innerer Autonomie hatte London in der Zwischenkriegszeit nicht stattgege-
ben, weil dies Konflikte mit der schwarzen Bevölkerung hervorgerufen
hätte. Im September 1946 kehrte nach einem siebzehnjährigen, meist
in Großbritannien verbrachten Auslandsaufenthalt Jomo Kenyatta,
der Führer der illegalen Kikuyu Central Association, in seine Heimat
zurück, wo er sich im Juni 1947 zum Präsidenten der neugegründeten
Kenya African Union (KAU) wählen ließ. Ihre Forderung nach Beendigung der Kolonialherrschaft unterstützten auf ihre Weise auch afrikanische Kleinpächter («squatters»), die sich 1949/50 in einem Geheim-
bund, Mau-Mau genannt, zusammenschlossen und durch Morde an
Weißen, Sabotage- und Terroranschläge ihren Protest gegen die fort-

schreitende Verdrängung durch weiße Grundbesitzer zum Ausdruck brachten. Das altertümliche Ritual der Schwurgenossenschaft ließ die Mau-Mau den weißen Siedlern als eine ganz der Vergangenheit zugewandte, zutiefst irrationale Vereinigung erscheinen. Doch hinter den archaischen Formen verbarg sich ein durchaus modernes Phänomen: der Wille der Initiatoren, Massen zu mobilisieren, um die politischen und gesellschaftlichen Verhältnisse revolutionär zu verändern.

Am 9. Oktober 1952, zehn Tage nachdem der neue britische Gouverneur Evelyn Baring sein Amt angetreten hatte, ermordeten Mau-Mau-Kämpfer den Kikuyu-Oberhäuptling Warihiu, der als Inkarnation der Unterwürfigkeit gegenüber den Briten galt. Baring verhängte sogleich den Ausnahmezustand über Kenia. Fortan galt jeder Kikuyu als verdächtig. Über 100 Mitglieder der KAU wurden verhaftet, Kenyatta wegen angeblicher Anstiftung zum Mau-Mau-Aufstand zu sieben Jahren Gefängnis verurteilt, die KAU im Juni 1953 verboten. Zehntausende von Aktivisten und mutmaßlichen Sympathisanten der Mau-Mau wurden in Straf- und Arbeitslagern interniert. Dort waren unterschiedlichste Formen von Folter, von Schlägen bis hin zum gezielten Einsatz von Moskitoschwärmen, an der Tagesordnung. Im Resozialisierunglager Hola wurden im März 1959 elf Mau-Mau-Angehörige von ihren afrikanischen Wächtern zu Tode geprügelt: ein Vorgang, der, als er in London bekannt wurde, eine erregte Debatte auslöste, das Labour-Blatt «Tribune» Hola mit dem Lager Buchenwald vergleichen ließ und zu einer amtlichen Untersuchung führte. Tod durch Verhungern war in den Lagern oder den durch Stacheldraht abgeschirmten Internierungsdörfern nicht selten. Die britische Historikerin Caroline Elkins spricht in diesem Zusammenhang von «Britain's Gulag».

Das Londoner Colonial Office mit dem konservativen Minister Alan Lennox-Boyd an der Spitze war genauestens über das informiert, was in Kenia geschah, und versuchte pseudojuristisch zu rechtfertigen, was nicht zu rechtfertigen war. An die Regeln der humanitären Kriegsführung und an die Europäische Menschenrechtskonvention fühlten sich die Briten in Kenia so wenig gebunden wie die Franzosen in Algerien. Ein kolonialer Notstand galt in Großbritannien nicht anders als in Frankreich als rechtsfreier Raum. An den normativen Werten des Westens hielten London und Paris grundsätzlich fest – in der Praxis aber nur, soweit sie es mit sogenannten «zivilisierten Völkern» zu tun hatten.

Seit Beginn des Notstandsregimes hatten neben christlichen Missionaren auch Politiker der Labour Party Einspruch gegen die Praktiken der Kolonialregierung in Nairobi erhoben und den zuständigen Minister scharf kritisiert. Einer der beteiligten Parlamentarier war Fenner Brockway, der 1950 Kenia besucht hatte und 1954 das Movement for Colonial Freedom gründete. Seine Kollegin Barbara Castle ging einen entscheidenden Schritt weiter. Am 30. September 1955 schleuderte sie der Regierung Eden in der «Tribune» eine Kampfansage entgegen, die mit der Parteiführung abgestimmt war. Die Kernsätze lauteten: «Im Herzen des britischen Empire gibt es einen Polizeistaat, wo die Herrschaft des Rechts zusammengebrochen ist, in dem Mord und Folterung von Afrikanern durch Europäer straflos bleiben und wo die Autoritäten, die zur Erhaltung des Rechts verpflichtet sind, dieses regelmäßig stillschweigend verletzen. Diesem Zustand hat jetzt die Labour Party endlich den Krieg erklärt.»

Die Proteste der Labour-Opposition hielten an, als das Militär im Verlauf des Jahres 1956 des Aufstands allmählich Herr wurde und die Anschläge der Mau-Mau verebbten. Bis Ende 1956 hatten die Mau-Mau 32 europäische, 26 indische und 1819 afrikanische Zivilisten getötet. Auf Seiten von Militär und Polizei waren 63 Europäer, 3 Inder und 101 Afrikaner umgekommen. Auf der anderen Seite der Aufstandsstatistik standen 11 503 getötete und 2585 gefangengenommene Guerillakämpfer sowie 2714 Partisanen, die sich den Kolonialtruppen ergeben hatten.

1957 wurden den Afrikanern erstmals direkt gewählte Vertreter im Legislativrat zugestanden; im Sommer 1959 hob die Kolonialregierung unter Gouverneur Baring das Verbot überregionaler Parteien und im November 1959 auf Weisung des neuen Londoner Kolonialministers Macleod den sieben Jahre zuvor verhängten Notstand auf. Gleichzeitig wurde eine neue Verfassung vorbereitet, die die Machtübergabe an die Afrikaner zum Ziel hatte. Im Mai 1960 gründeten zwei Politiker aus dem Stamm der Luo, Oginga Odinga und der Gewerkschaftsführer Tom Mboya, die Kenya African National Union (KANU), die demonstrativ den immer noch inhaftierten Jomo Kenyatta, einen Kikuyu, an ihre Spitze wählte und aus den Wahlen vom Februar 1961 als Siegerin hervorging. Sechs Monate später wurde Kenyatta freigelassen. Nach Neuwahlen im Mai 1963 übernahm er das Amt des Premierministers in der Regierung des noch nicht selbständigen Kenia. Am 12. Dezem-

ber 1963 wurde Kenia in die Unabhängigkeit entlassen; die letzten
noch aktiven Mau-Mau-Kämpfer kamen in den Genuß einer Amnestie.
Zu einer Demokratie entwickelte sich Kenia so wenig wie die meisten
anderen ehemaligen Kolonien Schwarzafrikas. Es war de facto bereits
ein Einparteienstaat, als es sich am 12. Dezember 1964, dem ersten
Jahrestag der Unabhängigkeit, zur Republik erklärte und Kenyatta das
Amt des Staatspräsidenten übernahm.

Sehr viel mehr europäische (auch hier überwiegend britische) Siedler als in Kenia gab es in Südrhodesien: Anfang der fünfziger Jahre
waren es 220 000. Die Verfassungswirklichkeit dieses Gebiets unterschied sich deutlich von der der ostafrikanischen Kolonie Kenia und
ähnelte eher derjenigen der Südafrikanischen Union. Die Afrikaner
Südrhodesiens waren seit der Jahrhundertwende schrittweise zurückgedrängt und in Reservate abgeschoben worden; die Europäer hatten
sich im Landverteilungsgesetz von 1930 den größten und wertvollsten
Teil des Bodens gesichert und praktizierten, ungeachtet einer auf
«Partnerschaft» ausgerichteten Rhetorik, eine diskriminierende Rassentrennung, die freilich etwas weniger systematisch war als die südafrikanische. «Self-government» stand nur den Weißen zu, nachdem diese
sich 1923 in einem Referendum gegen den Anschluß an die Südafrikanische Union und für die Selbständigkeit ausgesprochen hatten. Der
Status Südrhodesiens war seitdem der eines Quasi-Dominions.

Mitte der fünfziger Jahre formierte sich schwarzafrikanischer
Widerstand gegen die ungerechte Landverteilung und die sonstige
Benachteiligung um Joshua Nkomo, den Generalsekretär der schwarzen Eisenbahnergewerkschaft. Die Bastionen der Weißen aber schie-
nen einstweilen uneinnehmbar: 1958 schlossen sich zwei ausgeprägt
rassistische Parteien, die United Rhodesia Party unter Sir Edgar
Whitehead und die Federal Party unter Sir Roy Welensky, dem Sohn
eines jüdischen Einwanderers aus Litauen, zur United Federal Party
(UFP) zusammen; Whitehead wurde neuer Premierminister. Bei den
Wahlen vom Juni 1959 erhielt die UFP 53 Prozent der Sitze im Parlament; die noch extremere Dominion Party kam, obwohl sie mehr
Stimmen erhalten hatte, auf 43 Prozent. Ein knappes Dreivierteljahr
später, Ende Februar 1959, wurde der African National Congress
(ANC), die 1912 gegründete Sammlungsbewegung der Schwarzafri-
kaner im Süden Afrikas, verboten; rund 500 seiner Aktivisten ließ
die Regierung verhaften.

Im September 1953 hatten sich Südrhodesien, Nordrhodesien und Njassaland zu einer Zentralafrikanischen Föderation zusammengeschlossen, die die weiße Vorherrschaft in dem Raum zwischen den Industriegebieten von Katanga im südlichen Kongo und Südafrika dauerhaft sichern sollte. Die Föderation, in der Südrhodesien den Ton angab, betrieb eine gemeinsame Verteidigungs- und Einwanderungspolitik, ja faktisch eine gemeinsame Außenpolitik. Ihr wichtigstes Ziel aber, die Unabhängigkeit, konnte sie nicht durchsetzen, da sich die konservativen Regierungen in London unter Eden und Macmillan darauf nicht einlassen wollten: Zu sehr widersprach die Linie der Föderationsregierung, an deren Spitze seit 1955 Welensky stand, der Maxime des Colonial Development and Welfare Act von 1940, dem zufolge es das vorrangige Ziel der Kolonialpolitik war, die Interessen der Einwohner der Kolonien zu schützen und zu fördern.

Dazu kam der wachsende Widerstand der Afrikaner in Nordrhodesien und Njassaland, die, anders als Südrhodesien, kein «self-government» besaßen, sondern von London aus regiert wurden. In Nordrhodesien standen rebellierende Schwarze unter der Führung von Kenneth Kaunda, dem als eher gemäßigt geltenden Generalsekretär des ANC, in Njassaland seit 1958 unter der des nach jahrzehntelangem Auslandsaufenthalt in seine Heimat zurückgekehrten populären Arztes Hastings Banda; beide wurden 1959 auf Weisung der Regierung der Föderation verhaftet, Banda im März, Kaunda im Juni. Gegen den Willen der überwältigenden Mehrheit der einheimischen Bevölkerung die Privilegien der Europäer zu verteidigen erschien den konservativen Kabinetten unter Eden und Macmillan unverantwortlich und gefährlich. Hätte es an diesem Fazit noch Zweifel gegeben, wären sie durch zwei Gutachten ausgeräumt worden. Das erste wurde im Juli 1959 durch eine Kommission unter dem hohen Richter Lord Patrick Devlin vorgelegt und behandelte schonungslos die Zustände in Njassaland, wo Anfang März 1959 51 Schwarze bei Unruhen getötet worden waren. Das zweite war der Bericht einer Royal Commission unter dem ehemaligen Verteidigungsminister Sir Walter Monckton vom Februar 1960. Er kam zu dem Ergebnis, daß die Zentralafrikanische Föderation auf Grund der Opposition der Afrikaner in den nördlichen Territorien keinen Bestand haben werde.

Auch finanzielle Gründe sprachen seit längerem gegen die Fortführung einer kolonialen Prestigepolitik in Afrika. Bereits im Juni 1956 hatte das Schatzamt, das damals von Macmillan geleitet wurde, in einem geheimen Memorandum darauf hingewiesen, daß die Bundesrepublik Deutschland inzwischen über mehr Gold- und Dollarreserven verfüge als Großbritannien. Die nüchterne Schlußfolgerung lautete: «Das Vereinigte Königreich ist in materieller Hinsicht keine Macht ersten Ranges mehr.» Wenige Monate später machte der demütigende Ausgang der Suezkrise auch den meisten Konservativen klar, daß das Empire keine Überlebenschance mehr hatte.

Neben der relativen Devisenknappheit waren es vor allem die Rassenkonflikte in der Zentralafrikanischen Föderation, die Premierminister Macmillan nach den erfolgreichen Unterhauswahlen vom November 1959 zu einer kolonialpolitischen Wende veranlaßten. Er ersetzte Kolonialminister Lennox-Boyd durch den jungen, agilen und sehr viel liberaleren Iain Norman Macleod, zu dessen ersten Amtshandlungen die Aufhebung des Ausnahmezustands in Kenia gehörte. Mit dem Regierungschef war er sich darin einig, daß es für Großbritannien keine verantwortbare Alternative zur raschen Entlassung der afrikanischen Kolonien in die Unabhängigkeit gab. Jede andere Politik, so meinte Macleod 1964 rückblickend, hätte «zu einem schrecklichen Blutbad in Afrika geführt».

Auch über einen anderen Sachverhalt konnte sich die konservative Regierung in London nicht länger hinwegtäuschen: Seit der Verabschiedung der Allgemeinen Erklärung der Menschenrechte durch die Vollversammlung der Vereinten Nationen im Dezember 1948 hatte der Gedanke des Selbstbestimmungsrechts der Völker so viel an internationaler Anerkennung gewonnen, daß westliche Demokratien es sich immer weniger leisten konnten, offen dagegen zu verstoßen. Die Globalisierung humanitärer Normen, die westlichen Ursprungs waren, begann auch von Großbritannien ihren Tribut zu fordern. Dazu kam die antikolonialistische Propaganda der kommunistischen Staaten. Leisteten die europäischen Kolonialmächte ihr ungewollt Vorschub, mußte der Westen mit Terraingewinnen des ideologischen Gegners in der «Dritten Welt» rechnen – eine Perspektive, deren man sich in Washington früher bewußt geworden war als bei den Verbündeten der USA in Westeuropa.

Anfang Januar 1960 trat Premierminister Macmillan eine mehrwöchige Reise nach Afrika an. Schon auf der ersten Station, in Ghana, sprach er vom «Wind der Veränderung» (wind of change), der durch den Kontinent wehe. Aber erst, als er am 3. Februar vor dem Parlament der Südafrikanischen Union in Kapstadt die Formel wiederholte, horchte die Weltöffentlichkeit auf. Im 20. Jahrhundert und vor allem seit dem Ende des Zweiten Weltkriegs wiederhole sich in der ganzen Welt, was Europa nach dem Zusammenbruch des Imperium Romanum erlebt habe, nämlich die Herausbildung von unabhängigen Nationen, sagte Macmillan. «Heute geschieht dasselbe in Afrika ... Der Wind der Veränderung bläst über den Erdteil. Ob wir es mögen oder nicht: dieses wachsende Nationalbewußtsein ist eine politische Tatsache ... Was Regierung und Parlament in Großbritannien seit dem Krieg taten, indem sie Indien, Pakistan, Ceylon, Malaya und Ghana Unabhängigkeit gewährten, und was sie für Nigeria und die anderen Länder tun werden, die jetzt der Unabhängigkeit näher kommen – all das, obwohl wir die volle und alleinige Verantwortung dafür übernehmen, tun wir in dem Glauben, daß es der einzige Weg ist, um die Zukunft des Commonwealth und der freien Welt auf gesunde Grundmauern zu stellen.»

Bei aller Verbindlichkeit im Ton war die Rede Macmillans in der Sache doch eine Kampfansage an die Regierung der Südafrikanischen Union, die seit langem, verstärkt seit 1949, eine Politik der «Rassentrennung» oder «Apartheid» betrieb – eine Politik, die «gemischtrassige» Heiraten und intime Beziehungen zwischen Schwarzen und Weißen verbot sowie nach Rassenzugehörigkeit getrennte Wohngebiete, öffentliche Einrichtungen und Verkehrsmittel vorschrieb, die alle bürgerrechtlichen Aktivitäten der schwarzen Bevölkerung unterdrückte und schließlich, seit September 1958, unter dem neuen Premierminister Hendrik Verwoerd, die territoriale Trennung der Rassen bis zur Konzentration der Schwarzen in selbstverwalteten «Homelands» vorantrieb. Wenige Wochen nach Macmillans Rede in Kapstadt, am 21. März 1960, kam es, ausgelöst durch eine Widerstandskampagne einer vom ANC abgespaltenen Gruppe, des Pan-African Congress (PAC), gegen neue rigorose Paßgesetze, zu einem Polizeimassaker in Sharpeville, bei dem 67 Tote und 180 Verletzte zu beklagen waren. Die Regierung verhängte daraufhin den Ausnahmezustand, verbot ANC und PAC und ließ ihre Führer verhaften.

Auf der Londoner Konferenz der Premierminister des Commonwealth im Mai 1960 war die Südafrikanische Union völlig isoliert. Auf der Folgekonferenz im März 1961 übten nicht nur asiatische und afrikanische Regierungschefs, sondern auch der kanadische Premierminister John Diefenbaker einen so massiven Druck auf Verwoerd aus, daß er den Austritt aus dem Commonwealth erklärte. Dieser Schritt war die logische Konsequenz aus dem Zusammenprall zweier unvereinbarer Vorstellungswelten: des «multiracial Commonwealth», als den sich das einstige Empire seit der Unabhängigkeit Indiens, Pakistans und Ceylons verstand, und des Rassismus der weißen Südafrikaner.

Am 5. Oktober 1960 sprach sich eine knappe Mehrheit von 52 Prozent der stimmberechtigten weißen Südafrikaner für die Umwandlung der Südafrikanischen Union in die Südafrikanische Republik mit einem Präsidenten als Staatsoberhaupt aus. Es folgten Gesetze, die Sabotage mit der Todesstrafe bedrohten, eine Inhaftierung ohne Haftbefehl ermöglichten und 7 Millionen schwarze Südafrikaner durch Entzug des Wohnrechts in «weißen» Gebieten zu einem Wanderarbeiterdasein nötigten. Im Juni 1964 wurden acht Führer der südafrikanischen Nationalbewegung wegen Hochverrats zu lebenslänglicher Haft verurteilt. Einer von ihnen war Nelson Mandela, unter dessen Präsidentschaft Südafrika 1994 in das Commonwealth zurückkehren sollte. In seiner Verteidigungsrede vor dem Obersten Gericht Südafrikas beschwor Mandela am 20. April 1964 die großen normativen Errungenschaften der englischen Verfassungsgeschichte von der Magna Charta von 1215 über die Petition of Right von 1628 bis zur Bill of Rights von 1689 – Errungenschaften, deren Verwirklichung er auch für die schwarze Bevölkerung Südafrikas einforderte.

Mehr als zweieinhalb Jahre nach dem Bruch zwischen Südafrika und dem Commonwealth, im Dezember 1963, löste sich die Zentralafrikanische Föderation auf. Südrhodesien hatte sich im Juli 1961 durch ein Referendum eine neue Verfassung gegeben, die die weiße Vorherrschaft durch ein die Schwarzen massiv benachteiligendes Wahlrecht weiter festigte. Nach der Ergänzung der Verfassung durch einen Grundrechtekatalog verzichtete London im Dezember auf seine (niemals in Anspruch genommenen) Vorbehaltsrechte aus dem Jahr 1923. Damit war das Projekt einer Verfassung für die Zentralafrikanische Föderation erledigt. Am 1. Januar 1964 gewährte London Nordrhodesien die innere Autonomie; am 24. Oktober wurde die Unabhängigkeit des Landes unter dem Namen der Republik Sambia proklamiert; Kenneth Kaunda wurde der erste Präsident. Njassaland wurde als Malawi am 6. Juli 1964 in die Unabhängigkeit entlassen; Hastings Banda, Premierminister seit Februar 1963, behielt sein Amt. Beide neuen Staaten entwickelten sich binnen weniger Jahre zu Einparteiensystemen, wobei Malawi diesen Zustand bereits 1965, Sambia erst 1971 erreichte.

Südrhodesien war mit der neuen Verfassung noch keineswegs am Ziel seiner Wünsche, der Unabhängigkeit, angelangt. Die Regierung der ultranationalistischen Rhodesian Party, der Wahlsiegerin vom Dezember 1962, arbeitete noch entschiedener als die Vorgängerkabinette auf die volle Souveränität hin – vor allem seit im April 1964 der unnachgiebige Ian Smith ins Amt des Premierministers gelangt war. Die Verhandlungen mit Arthur Bottomley, dem Commonwealth-Minister des neuen, seit Oktober 1964 amtierenden Labour-Kabinetts unter Harold Wilson, verliefen zäh und führten zu keinem positiven Ergebnis. Die britische Seite verlangte vor allem eine entscheidende Besserstellung der Schwarzen, den Abbau der Rassenschranken und die allmähliche Übertragung der Staatsgewalt an die schwarze Bevölkerungsmehrheit – Forderungen, die Smith schroff zurückwies. Auch in direkten Gesprächen zwischen ihm und Wilson ließ sich keine Annäherung erzielen. Gestützt auf ein Referendum und die Proklamation des Ausnahmezustands, erklärte «Rhodesien» daraufhin am 11. November 1965 seine Unabhängigkeit.

Die Vereinten Nationen verurteilten diesen einseitigen Akt; Großbritannien antwortete mit Sanktionen, darunter der Einfrierung der rhodesischen Guthaben in London und einem in der Praxis ziemlich folgenlosen Totalembargo; von keinem Staat wurde Rhodesien diplomatisch anerkannt. Die Regierung Smith aber blieb hart; weder neuerliche Verhandlungen mit Wilson noch Guerillaaktionen militanter schwarzer Gruppen vermochten an ihrem Standpunkt etwas zu ändern. Im März 1970 erklärte sich Rhodesien nach Verabschiedung einer neuen Verfassung zur Republik. Fünf Jahre später bemühte sich der südafrikanische Premierminister Balthazar Johannes Vorster, wenn auch erfolglos, um einen Brückenschlag zwischen der Regierung Smith und den politisch zerstrittenen Führern der schwarzen Mehrheit. Erst 1978, nach vergeblichen Vermittlungsversuchen der USA und Großbritanniens, bahnte sich eine interne Konfliktlösung an, die darauf beruhen sollte, das Prinzip der Mehrheitsregierung mit dem des Schutzes der Minderheit zu versöhnen.

Im Februar 1980 fanden allgemeine Wahlen statt, aus denen die Zimbabwe African National Union (ZANU) Robert Mugabes als Siegerin hervorging. Mugabe wurde Premierminister, Smith Oppositionsführer. Am 18. April 1980 folgte die Erklärung der Unabhängigkeit des neuen Staates Simbabwe. Er sollte sich binnen weniger Jahre zu einem der instabilsten und autoritärsten postkolonialen Staatsgebilde Afrikas entwickeln und dank des doktrinären «Sozialismus» Mugabes und der von ihm veranlaßten entschädigungslosen Enteignung der weißen Grundbesitzer um die Jahrtausendwende im Massenelend versinken.

Verglichen mit Kenia und Simbabwe verliefen die Wege der meisten anderen afrikanischen Kolonien des Vereinigten Königreichs in die volle Souveränität mehr oder minder unspektakulär. 1960 wurde neben Nigeria auch Somalia in die Unabhängigkeit entlassen, nachdem London der Vereinigung von Britisch-Somalia mit der ehemaligen Kolonie Italienisch-Somalia zugestimmt hatte. (Mit der Treuhandverwaltung der letzteren war 1949 Italien von der UNO beauftragt worden.) 1961 folgten Sierra Leone und Tanganjika, das Kernstück des ehemaligen Deutsch-Ostafrika, das 1964 mit Sansibar zur Vereinigten Republik von Tansania vereinigt wurde. 1962 war Uganda, 1965 Gambia an der Reihe. Die letzte britische Kolonie auf dem afrikanischen Kontinent, die die Unabhängigkeit erlangte, war Swasiland.

Auch außerhalb Afrikas gab es in den sechziger Jahren Entlassungen britischer Kolonien und Protektorate in die Unabhängigkeit. Den Anfang machte nach fünfjährigem Guerillakampf das von Erzbischof Makarios geführte Zypern im August 1960. Zuvor hatte sich London mit Athen und Ankara sowie Vertretern der griechischen und der türkischen Volksgruppe in einem Garantieabkommen über die Rechte der türkischen Minderheit, die Stationierung griechischer und türkischer Truppen und die militärischen Stützpunkte verständigt, in denen das Vereinigte Königreich weiterhin Hoheitsrechte ausübte. 1961 wurde Kuwait am Persischen Golf mit der Aufhebung des Protektoratsvertrags von 1899 ein souveräner Staat. Die bisherige Kronkolonie Singapur trat 1963 der zwei Jahre zuvor aus Malaya, Sabah und Sarawak gebildeten Föderation Malaysia bei, verließ sie aber wegen ethnischer und religiöser Spannungen bereits im August 1965 wieder und bildete fortan einen unabhängigen Stadtstaat. 1962 wurden die Westindischen Inseln, zwischen 1965 und 1967 die Malediven, Guayana, Barbados und Südjemen in die Unabhängigkeit entlassen. 1973 folgten die Bahamas. Hongkong blieb bis zum Ablauf des Pachtvertrags von 1898 mit China im Jahr 1997 britische Kronkolonie.

Das Commonwealth blieb, anders als die kurzlebige Communauté Française, erhalten. Die meisten ehemaligen Kolonien, gleichviel ob sie die monarchische Staatsform mit der Queen an der Spitze beibehielten oder sich als Republiken eine eigene Staatsspitze gaben, legten Wert darauf, auch nach der Gewinnung der Unabhängigkeit Mitglied des lockeren Gebildes zu sein, das für sie vor allem eines war: ein gemeinsamer globaler Sprach- und Kommunikationsraum. Von den Institutionen des Mutterlandes übernahmen die meisten das Justizwesen, manche auch die Regel der «majority rule», aber nur wenige den Gedanken der «rule of law», das Prinzip des «representative government» und die Idee der «checks and balances».

Ein Erbe der Kolonialzeit waren neben der Amts- und Verkehrssprache auch die Grenzen der neuen Staaten. Sie umschlossen häufig Gebiete mit höchst unterschiedlichen ökonomischen Interessen, Stammes- und religiösen Traditionen. Vordringlich war aus der Sicht der neuen Machthaber infolgedessen das «nation-building», was vielfach kaum von der Durchsetzung der Hegemonie *einer* politischen beziehungsweise militärischen Clique zu unterscheiden war. In Uganda, Kenia und Tanganjika benötigten die neuen Herrscher schon kurz nach Erlangung der Unabhängigkeit die Hilfe britischer Truppen, um Aufstände niederzuschlagen und sich an der Macht zu behaupten. Die erforderliche Vereinheitlichung mit den Mitteln der «Westminster democracy» erreichen zu wollen, erschien den Regierenden, durchweg Angehörige der neuen, «verwestlichten» Funktionseliten, abwegig, es wäre freilich auch kaum irgendwo praktisch möglich gewesen. Militärischer und polizeilicher Druck versprach schnellere Ergebnisse, eine nachhaltige Befriedung von Konflikten aber bewirkte er nirgendwo.

Im britischen Mutterland lösten koloniale Brutalitäten, wie sie aus Kenia bekannt wurden, erbitterte Debatten in Presse und Parlament aus – Debatten, in deren Mittelpunkt die Frage stand, ob die in Ostafrika angewandten Methoden der Guerillabekämpfung mit den eigenen Werten zu vereinbaren waren. Der Verlust der britischen Weltmachtposition aber war etwas, woran sich die Öffentlichkeit seit 1945 hatte gewöhnen können und was sie alles in allem gelassen hinnahm. Für die Sache der weißen Siedler in Rhodesien gab es in den weißen Dominions, von Kanada über Australien bis nach Neuseeland, mehr öffentlich geäußerte Sympathie als im Vereinigten Königreich. Innerhalb der Konservativen Partei lehnte sich nach 1960 der rechte Flügel gegen das betont pragmatische Vorgehen der Regierung Macmillan und namentlich von Kolonialminister Macleod auf, das sich der innerparteilichen Opposition als unnötige Preisgabe von britischen Interessen und britischem Prestige darstellte. Einen breiten Rückhalt in der Gesellschaft aber hatten die Spätimperialisten zu dieser Zeit nicht mehr. Eben davon konnte auch der britische Labour-Premier Harold Wilson ausgehen, als er 1966 aus finanziellen Gründen die Stützpunkte des Vereinigten Königreichs «East of Suez» zu räumen begann und damit die letzte Phase der britischen Dekolonialisierung einleitete.

Wenn die große Mehrheit der Briten die Dekolonialisierung nicht als nationales Trauma erlebte, so war dies nach dem treffenden Urteil Rudolf von Albertinis eine Wirkung des Commonwealth. «Konzeption und Wirklichkeit des Commonwealth haben sich verändert und angepaßt, wodurch sich die Mitgliedschaft asiatischer und afrikanischer Staaten in der Nachfolgeorganisation des Empire ermöglicht hat, gleichzeitig aber wurde Großbritannien als der imperialen Macht par excellence auch die Entkolonialisierung erleichtert und psychologisch erträglich gemacht. Das Commonwealth hat den Verlust einer Weltmachtposition verschleiert, insofern als die Gewährung von Self-government und Dominionstatus nicht als Bruch und Ablösung, sondern als eine von Großbritannien längst eingeplante und vorangetriebene Statusänderung innerhalb des Empire erschien, die leicht umstilisiert werden konnte und es so dem nationalen Selbst- und Sendungsbewußtsein erlaubte, sich auf den weltweiten Prozeß der Entkolonialisierung einzustellen und den Anschluß an die nachkoloniale Ära zu finden.»[23]

Die afrikanische Kolonie, die 1960 die meisten Schlagzeilen in der Weltpresse, ja eine ernste internationale Krise hervorbrachte, war Belgisch-Kongo. Die ehemalige «Privatkolonie» Leopolds II., des Königs der Belgier, war im späten 19. und frühen 20. Jahrhundert der Ort einiger der schrecklichsten Verbrechen, die europäische Kolonialmächte in Afrika begangen haben. Nachdem der belgische Staat den «Kongo-Freistaat» 1908 in eigene Regie übernommen hatte, änderte sich nur wenig an dem extrem ausbeuterischen Charakter der belgischen Politik im Herzen Afrikas. Die im Süden des Kongo tonangebende Union Minière du Haut Katanga war eine Tochtergesellschaft der Société Générale, die ihrerseits zu 50 Prozent in Staatsbesitz war. Beim Abbau der reichen Kupfererzlager von Katanga besaß die Union Minière eine

Monopolstellung. Die Société Générale kontrollierte seit 1928 über 70 Prozent des in Belgisch-Kongo investierten Gesamtkapitals. Während des Ersten Weltkriegs hatten Truppen der von belgischen Offizieren befehligten Force Publique im Zusammenspiel mit den Briten Ruanda-Urundi besetzt, das zu Deutsch-Ostafrika gehörte. 1925 wurde das Gebiet Belgisch-Kongo administrativ angegliedert.

Der Zweite Weltkrieg brachte Belgisch-Kongo einen gewaltigen wirtschaftlichen Aufschwung. Es belieferte die amerikanische Industrie mit kriegswichtigen Rohstoffen wie Kupfer, Zinn, Kobalt, Industriediamanten und Uran. Die Bedeutung des aus dem Kongo importierten Uran stieg weiter an, als es nach 1945 zu einer Frühphase des atomaren Wettrüstens kam. Für die USA blieb Belgisch-Kongo auch danach, in den fünfziger Jahren, die strategisch wichtigste Region Afrikas – *das* Gebiet, das der demokratische Westen unter keinen Umständen an seinen weltpolitischen Kontrahenten, das von der Sowjetunion geführte kommunistische Lager, verlieren durfte.

Die belgische Kolonialpolitik zielte vor wie nach dem Zweiten Weltkrieg weder auf die Assimilation der einheimischen Bevölkerung noch auf ihre Erziehung zur Selbstregierung. Sie hoffte vielmehr, durch Weiterentwicklung des sozialen Paternalismus, wie ihn exemplarisch die Union Minière seit den zwanziger Jahren mit ihren primitiven Arbeitersiedlungen in der Nähe von Bergwerken betrieb, sich dem Sog der Entkolonialisierung entziehen zu können. Nach diesem, von dem Industriekonzern geschaffenen Muster wurden von Staats wegen in den fünfziger Jahren in den Außenbezirken der Hauptstadt Léopoldville sogenannte «Cités Africaines» gebaut, zu denen auch eigene Einrichtungen der medizinisch-sozialen Betreuung gehörten.

Das Erziehungswesen blieb, ähnlich wie in den britischen Kolonien, weitgehend der Missionsarbeit der christlichen Kirchen überlassen. Die Einschulungsrate von Belgisch-Kongo lag mit 77,5 Prozent im Jahr 1958 mehr als doppelt so hoch wie in den französischen Kolonien, wo sie sich auf 34,8 Prozent belief. Aber nur eine kleine Minderheit der 1,5 Millionen schwarzafrikanischen Schüler, nämlich knapp 44 000, besuchten höhere Schulen oder Lehrerbildungsanstalten; 20 000 gingen auf technische Schulen; die Zahl der Kongolesen, die eine der beiden in den fünfziger Jahren gegründeten Universitäten, Lovanium und Élisabethville, besuchten, belief sich 1958 auf 290. Einem Auslandsstudium wurden nahezu unüberwindliche Hindernisse entgegengestellt.

Im Unterschied zu Frankreich und Großbritannien tat Belgien mithin so gut wie nichts, um Angehörigen der einheimischen Bevölkerung den Aufstieg in gesellschaftliche Spitzenpositionen zu ermöglichen. Die relativ wenigen «Évolués», die von den bescheidenen Bildungsangeboten Gebrauch machten, konnten es zu Bank- oder Postangestellten, Unteroffizieren oder Journalisten bringen; höhere Karrieren für Kongolesen aber waren nicht vorgesehen. Wenn es das Ziel der Kolonialbehörden war, die von ihnen «betreute» Bevölkerung strukturell unfähig für die Übernahme politischer Verantwortung zu machen, so wurde es weitestgehend erreicht. Nur in den großen Städten Léopoldville, Élisabethville und Stanleyville gab es seit 1947 gewählte schwarzafrikanische Kommunalvertreter, darunter den ehemaligen Theologiestudenten Joseph Kasavubu, der das Amt des Bürgermeisters in Dendale, einer Vorstadt von Léopoldville, übernahm. Für die Zwecke der Durchsetzung der kolonialen Herrschaftsinteressen genügte es Brüssel ansonsten, sich auf die Methode der «indirect rule» mit Hilfe von einheimischen Respektspersonen wie Häuptlingen zu verlassen. In letzterer Hinsicht unterschied sich Belgien nicht wesentlich von anderen europäischen Kolonialmächten. Spezifisch belgisch war hingegen, daß alle akademischen Berufe und leitenden Positionen faktisch der kleinen europäischen Minderheit vorbehalten blieben. 1955 gehörten ihr etwa 190 000 Menschen an; nur ein Zehntel davon waren «colons», also Siedler aus Belgien.

Die Erwartung, daß Belgisch-Kongo sich gegen die Dekolonialisierung abschotten könne, war nie etwas anderes gewesen als ein Ausdruck von Wunschdenken. Die Rede, die Charles de Gaulle am 24. August 1958 in Brazzaville, der Hauptstadt des französischen Kongo, hielt und in der er das Recht der Kolonien auf Unabhängigkeit grundsätzlich bejahte, war über Rundfunk und Fernsehen auch auf der anderen Seite des Kongostromes, in Léopoldville, zu hören, und sie blieb nicht ohne Wirkungen. Am 10. Oktober 1958 rief Patrice Lumumba, ein ehemaliger Postangestellter und späterer Direktor eines Brauereibetriebes, in Léopoldville das Mouvement National Congolais (MNC) als gesamtkongolesische Partei ins Leben. Zwei Monate später nahm Lumumba an der von Nkrumah einberufenen ersten Konferenz der Völker Afrikas in Accra teil und trug dort ein panafrikanisches Aktionsprogramm vor, zu dem Wahlen, die Bildung einer afrikanischen Regierung und die Unabhängigkeit der Kolonien gehörten.

Anfang Januar 1959 kam es in Léopoldville zu schweren Unruhen. Die Force Publique ging mit der Schußwaffe gegen 30000 demonstrierende Arbeitslose vor; es gab 49 Tote. Es folgten das Verbot der 1950 gegründeten Association des Bakongo (ABAKO) und die Verhaftung ihres Präsidenten Kasavubu. Eine Woche später kündigte König Baudouin überraschend eine neue Kongopolitik an. Vorschläge des christlich-sozialen Ministerpräsidenten Gaston Eyskens aufgreifend, sprach sich der Monarch für den zügigen Aufbau eines höheren Bildungswesens, für Demokratie und Unabhängigkeit in Wohlstand und Frieden aus. Einen Zeitplan legte Baudouin nicht vor, doch in der Folgezeit drängte Brüssel auf Eile. Wenn der Kongo rasch in die Unabhängigkeit entlassen wurde, mußte es sein vitales Interesse sein, weiterhin eng mit Belgien zusammenzuarbeiten: So etwa scheinen die Verantwortlichen des Koalitionskabinetts aus Christlich-Sozialen und Liberalen kalkuliert zu haben. Daß dem Kongo auf Grund der belgischen Versäumnisse vieler Jahrzehnte nahezu alles fehlen würde, was er zur Unabhängigkeit brauchte, scherte in der Metropole offenbar kaum jemanden.

Der Brüsseler Kurswechsel führte im Kongo zu einer Vielzahl von Parteigründungen. Lumumbas MNC zerfiel in zwei Flügel, einen zentralistischen und einen föderalistischen; Lumumba stand an der Spitze des ersteren. In Katanga unterstützten die maßgeblichen Industriekreise die Ende 1958 entstandene Confédération des Associations Tribales du Katanga (CONAKAT) unter Moïse Tschombé und Godefroid Munongo, eine dezidiert föderalistische, von der Union Minière geförderte Gruppierung, die für den Fall, daß sich im übrigen Kongo radikale Kräfte durchsetzten, frühzeitig eine Sezession von Katanga in Erwägung zog. Im übrigen Kongo erwies sich Lumumbas MNC als stärkste Kraft. Ende Oktober wurde der Parteiführer nach Unruhen in Stanleyville, der Hochburg seiner Bewegung, verhaftet. Seine Popularität wuchs dadurch nur noch. Bei Kommunalwahlen im Dezember 1959 kam das MNC in Stanleyville auf neun Zehntel der Stimmen. Im Januar 1960 wurde Lumumba freigelassen, um ihm die Teilnahme an einer Round-Table-Konferenz in Brüssel möglich zu machen. Sein Widersacher Tschombé war bei den Wahlen weniger erfolgreich gewesen. Seine CONAKAT hatte in Katanga lediglich 11 Prozent der Stimmen erhalten; die meisten Stimmen waren auf kleine Listen und unabhängige Kandidaten entfallen. Die belgische Regierung setzte zu dieser

Zeit auf die Einheit des Kongo und erteilte allen Sezessionsbestrebungen eine Absage.

Bei den Gesprächen am Runden Tisch setzten sich die Vertreter des Kongo zu ihrer eigenen Überraschung mit der Forderung durch, die Unabhängigkeit bereits zum 30. Juni 1960 in Kraft treten zu lassen. Sofort nach Abschluß der Konferenz am 20. Februar begannen die Arbeiten an einem vorläufigen Grundgesetz, das am 19. Mai verkündet wurde. Es sah einen Bundesstaat mit Provinzen vor, die in gewissem Umfang autonom waren. Die entscheidenden Befugnisse aber lagen bei der Zentralgewalt, das heißt beim Staatspräsidenten, dem Premierminister und den beiden Häusern des Parlaments, Unterhaus und Senat. Aus den Parlamentswahlen vom 25. Mai ging die von Lumumba geführte zentralistische Richtung des MNC mit 24 Prozent als stärkste Partei hervor. Von einer Mehrheit aber war sie weit entfernt. Erst nach einem heftigen Konflikt mit Joseph Kasavubu, einem überzeugten Föderalisten, gelang es Lumumba, eine Koalitionsregierung zu bilden. Stellvertretender Regierungschef wurde Antoine Gizenga vom Parti Solidaire Africain. Kasavubu wurde auf belgisches Betreiben hin Staatspräsident. Tschombé kam mit seiner Partei, der CONAKAT, in Katanga auf 42 Prozent der Stimmen, während eine scharf antisezessionistische Gruppierung 38 Prozent erhielt. Dank einer mit Hilfe der Belgier durchgesetzten Verfassungsänderung konnte Tschombé trotz des Parlamentsboykotts der Opposition die Provinzregierung bilden.

Bei der Übergabe der Souveränitätsrechte an die Demokratische Republik Kongo hielt König Baudouin eine Rede, in der er die Kulturleistungen der Kolonialmacht Belgien in den höchsten Tönen lobte und damit Lumumba zu einer scharfen Entgegnung provozierte. Fünf Tage später meuterten in Thysville die schwarzafrikanischen Unteroffiziere der Force Publique gegen das anmaßende Auftreten ihres Kommandanten, General Janssens. Die Revolte verbreitete sich binnen kurzem über das gesamte Staatsgebiet. Die neuen zivilen Autoritäten mit Kasavubu und Lumumba an der Spitze erwiesen sich demgegenüber als machtlos. Während die Europäer in Massen den Kongo verließen, lehnten sich Tschombé und sein Kampfgefährte Munongo, die schwarzen Vertrauensleute des Union Minière, nunmehr offen gegen die Zentralgewalt auf. Sie veranlaßten belgische Truppen zur Intervention gegen die Meutereien in Katanga und erklärten am 11. Juli die Provinz für unabhängig. Lumumba, der tags darauf mit dem Flugzeug in die abtrünnige Region eilte, wurde von belgischen Truppen die Landung in Élisabethville, der Hauptstadt von Katanga, verwehrt, woraufhin Präsident Kasavubu und er zuerst die Vereinigten Staaten, dann die Vereinten Nationen um Hilfe ersuchten und Belgien den Krieg erklärten.

Unmittelbar darauf begann eine von den USA massiv unterstützte, von Generalsekretär Dag Hammarskjöld koordinierte Intervention der Vereinten Nationen, an der, um die Sowjetunion und den Ostblock nicht zu provozieren, weder amerikanische noch andere westliche Truppen teilnahmen. Die belgischen Truppen im Kongo wurden ab Mitte Juli von UN-Verbänden, unter anderem aus Tunesien und Ghana, abgelöst, die Truppen der kongolesischen Zentralregierung entwaffnet, was die Regierung Lumumba als Affront empfinden mußte. Nachdem Separatisten am 8. August auch in der Bergbauregion Süd-Kasai einen unabhängigen Staat ausgerufen hatten, beschloß der Sicherheitsrat der UNO tags darauf, sich nicht in innere Konflikte der Demokratischen Republik Kongo wie in Katanga und Süd-Kasai einzumischen. Belgien entsandte neue Truppen nach Katanga, was wesentlich zur Stabilisierung des sezessionistischen Regimes vom Moïse Tschombé beitrug; die Steuereinnahmen aus der Bergbauprovinz, etwa 60 Prozent aller Steuereinkünfte des Kongo, verblieben bei der Regierung in Élisabethville.

In Süd-Kasai hingegen konnte sich zeitweilig die Armee der Zentralregierung durchsetzen, wobei ihre Truppen furchtbare Massaker an der Zivilbevölkerung anrichteten. Bei einer Konferenz afrikanischer Staaten in Léopoldville Ende August erhielt die Regierung Lumumba keine Hilfszusagen, was den Premierminister dazu brachte, die Sowjetunion um die Lieferung von Rüstungsgütern zu bitten und damit auf entsprechende Angebote Moskaus zurückzukommen. Um dieselbe Zeit erlitt die Zentralarmee eine Niederlage in Süd-Kasai, wo die Separatisten mit Hilfe belgischer Soldaten ihre Position inzwischen wieder hatten festigen können.

In den ersten Tagen des September entbrannte zwischen Kasavubu und Lumumba ein bizarrer Machtkampf, den der Präsident mit Hilfe des bisherigen Generalstabschefs und neuen Oberkommandierenden Joseph Mobutu, eines ehemaligen Feldwebels der Force Publique, späteren Journalisten und Agenten der belgischen Sûreté, gewann. Am 14. September ergriff Mobutu in einem Militärputsch die Macht. Kasavubu durfte seine Amtsgeschäfte weiterführen, Lumumba wurde

verhaftet und unter Hausarrest gestellt. Zu Mobutus ersten Amtshandlungen gehörte die Schließung der Botschaften der Sowjetunion
und der Tschechoslowakei – ein Akt, der in Washington mit großer
Genugtuung aufgenommen wurde und dazu führte, daß sich zwischen
Mobutu und dem Leiter der CIA-Vertretung in Léopoldville, Lawrence Devlin, ein enger und vertrauensvoller Kontakt entwickelte.

Die amerikanische Haltung in der Kongokrise ergab sich weithin
aus der Angst vor einer kommunistischen Machtübernahme, einem
«zweiten Kuba», in einem der größten und ressourcenreichsten Staaten
Afrikas. Aus Sicht Präsident Eisenhowers und Allan Dulles', des Chefs
der CIA, war Lumumba nichts anderes als ein bezahlter Erfüllungsge-
hilfe der Sowjetunion. Offenbar auf persönliche Weisung des Präsidenten bereitete Eisenhowers Sicherheitsberater Gordon Gray im Sommer
1960 die Ermordung Lumumbas vor. In einer Sitzung der mit der Kongopolitik befaßten «Special Group» des Nationalen Sicherheitsrates
wurde am 18. August «schließlich Übereinstimmung darin erzielt, daß
die Planung für den Kongo nicht notwendigerweise eine besondere Art
von Aktivität ausschloß, die dazu beitragen könnte, Lumumba loszuwerden» (It was finally agreed that planning for the Congo would
not necessarily rule out consideration of any particular kind of acti-
vity which might contribute to getting rid of Lumumba). In einer weiteren Sitzung der «Special Group» am 8. September erklärte Gray, er
hoffe, «daß die Leute der Dienststelle am Ort sich vollauf der auf der
Spitzenebene in Washington bestehenden Ansicht bewußt seien, es
dürfe nicht am energischen Vorgehen mangeln». Was die physische
Ausschaltung Lumumbas anging, war die CIA in Léopoldville damit
hinreichend über das informiert, was man an höchster Stelle von ihr
erwartete.

Ende November 1960 glückte dem entmachteten Regierungschef
die Flucht aus Léopoldville. Er versuchte, in die Nordprovinz nach
Stanleyville zu gelangen, wo sein früherer Stellvertreter Gizenga Mitte
Oktober die Macht hatte erobern können, wurde aber zusammen mit
vielen seiner Anhänger am 2. Dezember in der Nähe von Port Francqui
von Soldaten der Nationalarmee festgenommen und in eine Kaserne
nach Thysville, südwestlich von Léopoldville, gebracht. Dort brach am
13. Januar 1961 eine Meuterei zugunsten des prominenten Gefangenen
aus, die von Truppen Mobutus nur mit Mühe niedergeschlagen werden konnte.

Da Gizenga seinen Einflußbereich währenddessen bis nach Nord-katanga ausgeweitet hatte, sah die amerikanische Botschaft in Léopold-ville das Regime Mobutus in ernster Gefahr. Intern mahnte Devlin seine Zentrale in Washington, wenn jetzt keine drastischen Schritte ergriffen würden, drohe der amerikanischen Kongopolitik eine Niederlage (re-fusal to take drastic steps at this time will lead to defeat of policy in Congo). Am 17. Januar ließen Mobutu und Kasavubu, mit Wissen und Billigung von Devlin und nach Absprache mit Tschombé, Lumumba und zwei weitere Gefangene nach Élisabethville fliegen. Während des Fluges wurde Lumumba schwer mißhandelt, nach seiner Ankunft in Katanga gefoltert und von katangischen Soldaten unter belgischem Kommando erschossen.

Von dem amerikanischen Antikolonialismus, den Eisenhower noch in der Suezkrise von 1956 demonstrativ zur Schau gestellt hatte, war vier Jahre später nichts mehr übrig. Als die belgische Kolonialmacht im Kongo endgültig gescheitert war, sprangen die Vereinigten Staaten in die Bresche, um Mittelafrika, ja den ganzen «schwarzen Kontinent» vor dem Zugriff des Kommunismus zu retten. Wäre Lumumba ein Kommunist oder prosowjetisch gesinnt gewesen, hätte er schwerlich im Juli 1960 die USA um militärische Hilfe gebeten. Erst als sich die USA und der Generalsekretär der Vereinten Nationen, Dag Hammar-skjöld, gegen seine Regierung und seine Armee stellten, wandte er sich an die Sowjetunion, die in der Tat ein großes Interesse daran hatte, sich in Afrika als Verbündeter der unterdrückten Kolonialvölker zu präsentieren und über den Kongo Einfluß in Afrika zu gewinnen.

Die Rolle, die die USA ab August 1960 im Kongo übernahmen, war die einer postkolonialen Ordnungsmacht, die unter allen Umstän-den entschlossen war, «prowestlichen» Kräften, wie autoritär sie auch immer waren, die Herrschaft im neuen Staat zu sichern. Die Metho-den, deren Washington sich dabei bediente, waren ebenso skrupellos wie die der europäischen Kolonialmächte. Die Nutznießer dieser Politik waren die Staaten, die nun weiterhin Zugang zu den Bodenschätzen des Kongo hatten – neben den USA vor allem ihre westeuropäischen Ver-bündeten, obenan Belgien, das über die Union Minière und deren ein-heimische Vertrauensleute Katanga kontrollierte.

Keine afrikanische Kolonie war bislang von ihrer Kolonialmacht so schlecht auf die Unabhängigkeit vorbereitet worden wie Belgisch-Kongo. Ohne geschultes Personal, das für die Übernahme von Leitungs-

funktionen qualifiziert war, konnte die Demokratische Republik
Kongo nur als «failing state» ins Leben treten. Nur mit Hilfe der Vereinten Nationen konnten die Sezessionen von Süd-Kasai (im Dezember
1961) und Katanga (im Januar 1963) beendet werden. Die Sezession
der im September 1964 proklamierten Volksrepublik Stanleyville
wurde im November 1964 von amerikanischen Flugzeugen, belgischen
Fallschirmjägern und Truppen der Zentralregierung unter Tschombé
als gesamtkongolesischem Premierminister niedergeworfen. Ein gewisses Maß an innenpolitischer Stabilisierung gelang erst nach einem erneuten Militärputsch General Mobutus im November 1965. Mobutu
errichtete ein diktatorisches Regime, zu dessen Merkmalen ein extremes
Maß an persönlicher Bereicherung und Korruption gehörte, das aber
aus der Sicht der USA und ihrer Verbündeten den unschätzbaren Vorteil hatte, unverbrüchlich auf der Seite des Westens zu stehen.

Sehr viel länger noch als Belgien glaubte eine andere europäische Kolonialmacht, sich dem Strom der Entkolonialisierung entgegenstemmen
zu können: Portugal. Seine beiden großen afrikanischen Kolonien
Angola und Moçambique hatten im Juni 1951 den Status von Über-
seeprovinzen mit beschränkter innerer Selbstverwaltung erhalten.
Bürgerrechte standen freilich neben den Europäern (1960 waren es in
Angola 173000, in Moçambique 97000) nur «Assimilados», das
heißt Mischlingen und assimilierten Schwarzafrikanern, zu; in Angola
belief sich deren Zahl um 1950 auf 30000, in Moçambique auf 4800.
Offiziell betrachtete sich Portugal als mehrrassige Nation in vielen
Kontinenten. Es gab keine offen sichtbare Rassendiskriminierung, und
mitunter konnten auch «Assimilados» Karriere machen. Die trennende
Schranke aber blieb kultureller Art: Es war die Barriere zwischen
denen, die die bildungsmäßigen Voraussetzungen für die Gewährung
der Bürgerrechte erfüllten, und jenen, bei denen das nicht der Fall war.
98 Prozent der Bevölkerung in den afrikanischen Kolonien waren um
1955 noch Analphabeten; 1961 wurden in Portugal nur 40 schwarzafrikanische Studenten aus den Kolonien gezählt.

1953 wurde in Angola die erste Partei radikaleren Zuschnitts, der
Partido da Luta Unida dos Africanos de Angola, gegründet. Drei Jahre
später schloß er sich mit anderen Gruppen zum Movimento Popular de
Libertação de Angola (MPLA) zusammen. Das autoritäre Regime
Antonio de Oliveira Salazars, das in Lissabon seit 1932 an der Macht

war, sah dadurch die Kolonialmacht herausgefordert und schritt 1959/60 zur Verhaftung der prominenteren Oppositionellen, darunter der MPLA-Führer Agostinho Neto und Joaquim Pinto de Andrade. Die Folge waren Unruhen, Streiks, eine bäuerliche Steuerboykottbewegung und, seit Anfang 1961, mehrere Kommandounternehmen aus dem Untergrund – Aktivitäten, die allesamt mit verschärfter Polizeigewalt beantwortet wurden. Im März 1961 begannen Guerillakämpfe, in denen sich erstmals Holden Álvaro Roberto hervortat. Etwa 50 000 Menschen kamen dabei ums Leben. Es dauerte bis Mai, ehe das portugiesische Militär das Aufstandsgebiet wieder einigermaßen unter seine Kontrolle bringen konnte.

Die Erweiterung der Bürgerrechte auf alle Afrikaner im September 1961 änderte am bestehenden Zustand nicht viel, da Analphabeten kein Wahlrecht hatten. Die Guerillakämpfe gingen währenddessen weiter, wobei mehrere Befreiungsbewegungen miteinander rivalisierten: das MPLA unter Neto, der Frente Nacional de Libertação de Angola (FNLA) unter Holden Roberto und die 1966 gegründete União Nacional para a Independência Total de Angola (UNITA) unter Jonas Malheiro Savimbi. Zu unterschiedlichen Zeiten wurden einzelne dieser Rebellenarmeen von Nachbarstaaten wie der Demokratischen Republik Kongo (ab 1971 Zaire) und Sambia oder von der 1963 gegründeten Organisation für Afrikanische Einheit (OAU), dem Zusammenschluß der unabhängigen afrikanischen Staaten, unterstützt. Das «marxistische» MPLA erfreute sich überdies der Förderung durch die Sowjetunion und Kuba, während Südafrika mit der UNITA und die Volksrepublik China eng mit dem FNLA kooperierten. Über die CIA erhielten FNLA und UNITA auch Geldmittel der USA. Die Konflikte zwischen den Befreiungsarmeen hörten nicht auf, als, von den Kolonialtruppen ausgehend, die «Nelkenrevolution» 1974 das autoritäre Regime in Lissabon zu Fall brachte und ein Jahr später die neue Führung die Kolonien in die Unabhängigkeit entließ. Sehr viel länger als der ehedem belgische Kongo sollte Angola ein vom Bürgerkrieg erschütterter, internationaler Krisenherd bleiben.

Ähnlich wie in Angola kam es zu Beginn der sechziger Jahre auch in Moçambique zu blutigen sozialen Unruhen. Auf Demonstrationen von Bauern gegen das System der Zwangsarbeit reagierten die portugiesischen Kolonialtruppen mit äußerster Härte: Etwa 600 Afrikaner wurden dabei getötet. Die Zwangsarbeit wurde 1962 (wie auch in Angola) zwar abgeschafft, am sozialen Elend und der weitgehenden Rechtlosigkeit der ungelernten Land- und Industriearbeiter änderte sich dadurch aber kaum etwas. Im gleichen Jahr 1962 vereinigten sich mehrere schwarzafrikanische Exilorganisationen zum Frente de Libertação de Moçambique (FRELIMO), der sich auf das Netzwerk einer 1949 gegründeten Vereinigung von afrikanischen Sekundarschülern stützen konnte, aber wenig später verboten wurde. Im Herbst 1964 begann auch in Moçambique die Zeit des antikolonialen Guerillakampfes. Im Norden gelang es den Rebellen, die Kolonialtruppen auf breiter Front zurückzudrängen.

Auch die Ermordung des FRELIMO-Präsidenten Eduardo Mondlane in Tansania im Februar 1969, offenbar ein Werk des portugiesischen Geheimdienstes, vermochte nicht, weitere Offensiven der Partisanen zu verhindern, ebensowenig die Einrichtung von Wehrdörfern nach kenianischem und algerischem Vorbild seit 1971. Blutige Massaker der Kolonialtruppen wie das von Wiriyamu, wo im Dezember 1972 über 400 Tote zu beklagen waren, trugen dazu bei, die Kampfmoral der Portugiesen zu untergraben. Als im April 1974 in Portugal die «Nelkenrevolution» ausbrach, standen portugiesische Verbände auch im Süden von Moçambique im Kampf mit den Aufständischen.

Ähnlich wie das MPLA in Angola gab sich der FRELIMO unter seinen Führern Somora Moisés Machel, Marcelino Dos Santos und Joaquim Alberto Chissano ein «marxistisch-leninistisches» Profil. Seine innenpolitische Position aber war bei Erlangung der Unabhängigkeit im Juni 1975 sehr viel weniger angefochten als die des MPLA. Zu bürgerkriegsartigen Auseinandersetzungen mit einer antimarxistischen, von Südafrika unterstützten Partisanenarmee, der Resistencia Nacional Moçambicana (RENAMO), kam es erst in den achtziger und frühen ncunziger Jahren. Die Bilanz des Bürgerkriegs waren mindestens 700 000 Tote und eine Million Flüchtlinge.

Zusammen mit Angola und Moçambique trennte sich Portugal 1975 auch von Guinea und den Afrika vorgelagerten Kapverdischen Inseln sowie São Tomé und Príncipe. Goa war bereits 1961 von Indien mit Waffengewalt annektiert worden. 1976 verleibte sich Indonesien gegen den Protest des Sicherheitsrates der Vereinten Nationen und heftigen Widerstand der einheimischen Bevölkerung, aber mit der Billigung des amerikanischen Präsidenten Gerald Ford und seines Außenministers Henry Kissinger, Ost-Timor ein. Erst 2002 sollten die Timoresen ihre

Unabhängigkeit erlangen. 1999 fiel Portugals letzte asiatische Kolonie, Macao, einer vertraglichen Absprache gemäß an die Volksrepublik China.

Sehr viel weniger spektakulär als Portugal nahm Spanien Abschied von seinem afrikanischen Besitz. 1956 übergab Madrid die nördliche, 1958 auch die südliche Zone seines marokkanischen Protektorats an das Königreich Marokko; es behielt lediglich seine alten Exklaven Ceuta und Melilla. In der Überseeprovinz Spanisch-Sahara kämpfte seit 1973 eine Partisanenarmee, der Frente Polisario, mit algerischer Unterstützung für die Unabhängigkeit des Gebiets. 1975/76 gab Spanien diesem Druck nach und zog seine Truppen zurück. Von einem Sieg des Selbstbestimmungsrechts aber konnte keine Rede sein. Marokko und Mauretanien teilten das Gebiet administrativ unter sich auf; nach dem Verzicht Mauretaniens besetzte Marokko 1978 das gesamte Territorium. Der vom Frente Polisario proklamierte neue Staat, die Demokratische Arabische Republik Sahara, konnte trotz reger Vermittlungsversuche der Vereinten Nationen und Aufnahme in die Organisation für Afrikanische Einheit nicht ins Leben treten.

Am 6. Dezember 1961 starb sechsunddreißigjährig in einem New Yorker Krankenhaus der aus Martinique stammende Arzt, Schriftsteller und Politiker Frantz Fanon an Leukämie. Fanon, ein Abkömmling schwarzer Sklaven, hatte sich 1944 freiwillig zur Armee der France libre gemeldet, um am Kampf gegen das nationalsozialistische Deutschland teilzunehmen. Nach dem Medizinstudium und der Ausbildung zum Psychiater veröffentlichte er 1952 eine Analyse der psychologischen Wirkungen des Kolonialismus auf den kolonialisierten Menschen unter dem Titel «Peau noire, masques blancs» (Schwarze Haut, weiße Masken). Im Jahr darauf wurde Fanon Leiter der psychiatrischen Abteilung des Krankenhauses im algerischen Blida, wo er sowohl französische Folterer wie algerische Folteropfer zu behandeln hatte. 1956 legte er unter Protest sein Amt nieder, wurde aus Algerien ausgewiesen und ging nach Tunesien, wo er sich der Exilregierung des FLN anschloß. Für das Buch, das ihn berühmt machen sollte, wählte er als Titel ein Zitat aus der ersten Zeile der «Internationale»: «Les damnés de la terre» (Die Verdammten dieser Erde). Es erschien an seinem Todestag in Paris.

Daß die Schrift als Paukenschlag wirkte, lag zu einem guten Teil am Vorwort von Jean-Paul Sartre. Es trug mehr noch als der Text von Fanon selbst den Charakter eines antikolonialistischen Thesenanschlags. In der ersten Zeit des Aufstands müsse getötet werden, schrieb Sartre. «Einen Europäer zu erschlagen heißt zwei Fliegen auf einmal treffen, nämlich gleichzeitig einen Unterdrücker und einen Unterdrückten aus der Welt schaffen. Was übrig bleibt, ist ein toter Mensch und ein freier Mensch ... Wenn der letzte Kolonialherr getötet, davongejagt oder assimiliert ist, wird die Art der Minderheit verschwinden und der sozialistischen Brüderlichkeit Platz machen.» Durch die antikoloniale Befreiung würden auch die Europäer entkolonialisiert. «Das heißt, durch eine blutige Operation wird der Kolonialherr ausgerottet, der auch in jedem von uns steckt ... Ob aus Irrtum oder schlechtem Gewissen: Nichts ist bei uns konsequenter als ein rassistischer Humanismus, weil der Europäer nur dadurch sich zum Menschen hat machen können, daß er Sklaven und Monstren hervorbrachte ... Gibt es eine Heilung? Ja. Die Gewalt kann, wie die Lanze des Achill, die Wunden vernarben, die sie geschlagen hat.»

Für Fanon war die Infragestellung der kolonialen Gewalt durch die Kolonisierten «keine rationale Konfrontation von Gesichtspunkten ..., keine Abhandlung über das Universale, sondern die wilde Behauptung einer absolut gesetzten Eigenart» und damit die angemessene Antwort auf die «manichäische» Welt des Kolonialismus, den alles beherrschenden Gegensatz zwischen Kolonialherren und Kolonialbevölkerung. Der Intellektuelle, der sich im antikolonialen Kampf engagiere, werde «buchstäblich entwaffnet durch die Gutgläubigkeit und Anständigkeit des Volkes». Wahr sei, was die Eingeborenen schütze und die Ausländer verderbe. «Der kolonisierte Mensch befreit sich in der Gewalt und durch sie. Diese Praxis klärt den Handelnden auf, weil sie ihm Mittel und Zweck zeigt ... Auf der individuellen Ebene wirkt die Gewalt entgiftend. Sie befreit den Kolonisierten von seinem Minderwertigkeitskomplex, von seinen kontemplativen und verzweifelten Haltungen ... Die Gewalt hebt das Volk auf die Höhe seiner Anführer.»

Den Europäern verkündete Fanon, daß sie ihren Wohlstand und Fortschritt «mit dem Schweiß und den Leichen der Neger, der Araber, der Inder und Gelben errichtet» hätten. Ihr Europa sei das Werk der Dritten Welt. Diese sei nicht vor die Wahl zwischen dem kapitalistischen und dem sozialistischen System gestellt. Vielmehr müßten die

unterentwickelten Länder ihren eigenen Sozialismus hervorbringen –
einen Sozialismus, der sich an die Gesamtheit des Volkes wende und in
dem nicht einige wenige die wirtschaftliche und politische Macht zum
Schaden des Ganzen in ihren Händen hielten. Zum «Volk» rechnete
Fanon nicht nur Bauern und Arbeiter, sondern auch das «Lumpenproletariat» in den Slums der großen Städte. Diese «Horde von Aus-
gehungerten, die aus der Stammes- und Klangemeinschaft herausge-
rissen sind», bilde «eine der spontansten und radikalsten unter den
revolutionären Kräften des kolonisierten Volkes». Scharf kritisch behandelte Fanon hingegen die «nationale Bourgeoisie», die am Ende des
Kolonialregimes die Macht zu übernehmen pflege. Sie sei selbst unter-
entwickelt und scheine nur *eine* historische Berufung zu haben, nämlich «sich als Bourgeoisie, als Instrument des Kapitals, aufzuheben
und sich vollständig zum Sklaven des revolutionären Kapitals zu
machen, das das Volk darstellt».

Die von den russischen Bolschewiki diskutierte theoretische Frage,
ob die bürgerliche Phase in der Entwicklung eines Landes übersprun-
gen werden könne oder nicht, müsse «durch die revolutionäre Aktion
und nicht durch Nachdenken» entschieden werden. «Wir, die wir entschlossen sind, dem Kolonialismus das Kreuz zu brechen, haben die
historische Mission, alle Aufstände, alle Verzweiflungstaten, alle gescheiterten oder in Blut ertränkten Versuche zusammenzufassen …
Wir wissen heute, mit welchen Leiden die Menschheit jeden der Siege
des europäischen Geistes bezahlt hat … Entschließen wir uns, Europa
nicht zu imitieren. Spannen wir unsere Muskeln und Gehirne für einen
neuen Kurs an. Versuchen wir den totalen Menschen zu erfinden, den
zum Siege zu führen Europa unfähig war … Für Europa, für uns selbst
und für die Menschheit, Genossen, müssen wir eine neue Haut schaffen, ein neues Denken entwickeln, einen neuen Menschen auf die Beine
stellen.»

Die Diktion des Aufrufs zur antikolonialistischen Revolution ließ
keinen Zweifel an Fanons Absicht aufkommen: Seine Schrift sollte eine
ähnliche Wirkung entfalten wie 1848 das «Kommunistische Manifest»
von Marx und Engels. Von den Vätern des «Wissenschaftlichen Sozialismus» wich Fanon jedoch nicht nur im Hinblick auf das von ihm
umworbene, von den «Klassikern» verachtete und zurückgewiesene
«Lumpenproletariat» ab. Wenn er Krieg führen und Politik machen als
ein und dasselbe bezeichnete, war er Louis Auguste Blanqui, dem Pro-

pagandisten des bewaffneten Aufstands, sehr viel näher als dem Revolutionstheoretiker Marx. Sein Lob des einfachen Volkes erinnerte mehr an die russischen Narodniki als an Lenins Bolschewiki. Bei der Apotheose der Gewalt berührte er sich mit Georges Sorel, der mit seinem Traktat «Réflexions sur la violence» auch Mussolini und die italienischen Faschisten beeindruckt hatte. Der Anspruch auf den ganzen Menschen und die Beschwörung eines «neuen» Menschen verbanden Fanon mit allen totalitären Bewegungen des 20. Jahrhunderts. Daß er die Gewalt als wirksamste Form der individuellen und kollektiven Psychotherapie empfahl, war nur aus der eigenen Biographie zu erklären und in der Tat wohl das eigentlich Originelle an dem Pamphlet.

Den größten Widerhall fanden Fanons Thesen, nicht zuletzt dank ihrer Zuspitzung durch Sartre, in den Metropolen. Vor allem in Frankreich und der Bundesrepublik Deutschland trugen sie dazu bei, Teile der akademischen Jugend in eine radikale Gegnerschaft zu den herrschenden politischen und gesellschaftlichen Verhältnissen zu bringen. Indem Fanon die koloniale Schande des Westens anprangerte, appellierte er zugleich an das schlechte Gewissen der Europäer und mobilisierte Gefühle der Solidarität mit denen, die sich in Afrika, Asien oder Lateinamerika gegen jedwede koloniale oder quasikoloniale Herrschaft auflehnten. In den USA wurden die «Verdammten dieser Erde» zum Kultbuch des militanten Flügels der afroamerikanischen Bürgerrechtsbewegung. Intellektuellen der «Dritten Welt» lieferte Fanon Argumente für die Kritik an Kolonialismus, Neo- oder Postkolonialismus und namentlich an der kulturellen Hegemonie des Westens in formell unabhängigen Entwicklungsländern. Als praktischer Wegweiser in eine neue, bessere Welt aber taugte das Buch nicht. Wo immer die Konfrontation mit westlichen Mächten die von Fanon beschriebenen Züge einer «manichäischen» Auseinandersetzung zwischen Gut und Böse annahm, war das Ergebnis nicht Freiheit, sondern neue Unterdrückung. Algerien, zu dessen Unabhängigkeit Fanon einen aktiven Beitrag geleistet hatte, bildete da keine Ausnahme.

Eine indirekte Wirkung des Antikolonialismus Fanonscher Prägung lag darin, daß sie die kritische Aufarbeitung der tieferen Ursachen der Unterentwicklung und der postkolonialen Abhängigkeit erschwerte. Je eindeutiger die Verantwortung für die Rückständigkeit von Ländern der

«Dritten Welt» den Kolonialmächten zugeschrieben wurde, desto überflüssiger erschien es, die Verhältnisse näher zu untersuchen, die die europäischen Kolonialherren bei der Landnahme in Afrika vorgefunden und zum Teil, wie den Sklavenhandel und die Sklaverei arabischer oder schwarzer Provenienz, beseitigt hatten. Daß es neben der repressiven und ausbeuterischen Seite des Kolonialismus auf dem «schwarzen Kontinent» auch eine modernisierende und humanisierende Seite gab, paßte nicht in den «manichäischen» Deutungsrahmen Fanons und derer, die seiner Fundamentalkritik folgten.

Anders als der algerische Unabhängigkeitskampf haben die Befreiungsbewegungen in Afrika südlich der Sahara mit einer Ausnahme in den Ländern des Westens nur wenig Anteilnahme und Unterstützung gefunden. Die Ausnahme war der Kampf gegen die «Apartheid» in der Südafrikanischen Republik. Während der Kongokrise von 1960/61 erlebte ein volkstümlicher weißer Rassismus in Europa eine neue Blüte. Die Schreckensherrschaften, die Jean-Bédel Bokassa, der spätere «Kaiser», 1966 in der Zentralafrikanischen Republik und der General Idi Amin 1971 in Uganda errichteten, lösten in der westlichen Welt neue Wellen von Rassendünkel aus. Eine ähnlich negative Wirkung hatten Berichte über die vielen Fälle von eklatantem Mißbrauch von Entwicklungshilfe in Afrika.

Die politische Entkolonialisierung machte die postkolonialen Staaten im Prinzip wirtschaftspolitisch souverän. Den Herrn im eigenen Haus zu spielen bedeutete aber, wie Jürgen Osterhammel urteilt, noch keineswegs, «sich aus den Vernetzungen und Abhängigkeiten der Weltwirtschaft zu befreien, die sich in langen Prozessen gebildet hatten. Kein einziger postkolonialer Staat besaß die Voraussetzungen für ‹autozentrierte› Entwicklung abseits internationaler Verstrickungen. Sobald wirtschaftspolitische Handlungsfreiheit erreicht war, sah sich daher jede der postkolonialen Regierungen in dem Dilemma zwischen nationalistischer Selbstisolation und der demütigen Wahrnehmung peripherer Marktchancen, oft durch Vermittlung multikolonialer Konzerne. Die Dekolonialisation gab den Ex-Kolonien Handlungsfreiheit, aber selten den Spielraum, sie zum eigenen Vorteil zu nutzen.» Einen Grund, in der Entkolonialisierung eine Erfolgsgeschichte zu sehen, hat der Westen mithin nicht.[24]

Von der Schweinebucht zur Berliner Mauer:
Die Weltmächte auf Konfliktkurs

Als John F. Kennedy im Januar 1961 das Amt des Präsidenten der Vereinigten Staaten antrat, stand er unter dem Druck der hohen Erwartungen, die er während des Wahlkampfes und in seiner Inaugurationsrede geweckt hatte. Doch nicht alles, was er angekündigt hatte, lag Kennedy gleichermaßen am Herzen. Dem drängendsten innenpolitischen Problem, der anhaltenden Diskriminierung der Afroamerikaner, brachte der Präsident zu Beginn seiner Amtszeit nicht das Interesse entgegen, das die schwarze Bevölkerung und die liberalen Amerikaner weißer Hautfarbe von ihm erhofft hatten. Er bekannte sich zwar zum Prinzip der rassischen Gleichberechtigung, tat aber zunächst nichts, womit er die konservativen Südstaatler in der Demokratischen Partei gegen sich hätte aufbringen können.

Eine Gruppe schwarzer und weißer Studenten, die eng mit dem Congress for Racial Equality (CORE) zusammenarbeiteten, wollte sich mit dem Stillstand nicht abfinden und unternahm im Frühjahr 1961 mit gecharterten Omnibussen «Freiheitsfahrten» (freedom rides) in den Süden, um gegen die Rassentrennung in den Restaurants, Wartesälen und Toiletten der Busbahnhöfe zu protestieren: ein Akt des zivilen Widerstands, der vor allem in Alabama gewaltsame Abwehrreaktionen aufgebrachter Weißer auslöste. Ein Bus wurde angezündet; in der Hauptstadt Montgomery empfing der weiße Mob am 20. Mai die Freiheitsfahrer mit Stöcken und Stahlrohren; zahlreiche weiße und schwarze Bürgerrechtsaktivisten wurden verletzt, ein Abgesandter von Justizminister Robert Kennedy, dem Bruder des Präsidenten, bewußtlos geschlagen. Der Justizminister entsandte daraufhin 600 Mann Bundespolizei nach Montgomery und ordnete die sofortige Aufhebung der Rassentrennung auf Busbahnhöfen an.

Im Frühjahr 1963 kam es zu einer neuen Eskalation des Rassenkonflikts. Auf friedliche Demonstrationen, zu denen der Baptistenpfarrer Martin Luther King, der Führer der Southern Christian Leadership Conference, aufgerufen hatte, antwortete der Polizeipräsident von Birmingham, Alabama, im April mit einer von ihm selbst geleiteten Polizeiaktion, bei der Hunde, Tränengas, elektrisch geladene Schlagstöcke und Feuerwehrschläuche eingesetzt wurden. Am 13. Juni versperrte der Gouverneur von Alabama, George Wallace, entgegen der Anordnung eines Bundesgerichts schwarzen Studenten persönlich den Zugang zur Universität von Alabama in Tuscaloosa. Erst nach dem von Präsident Kennedy angeordneten Eingreifen von Bundestruppen wich Wallace zurück. Am gleichen Tag wurde ein Aktivist der National Association for the Advancement of Colored People (NAACP) in Mississippi ermordet. Im September zündeten weiße Rassisten eine afroamerikanische Kirche in Birmingham, Alabama, an, wobei vier schwarze Kinder getötet wurden.

Für Präsident Kennedy waren die Ereignisse in Alabama der Anlaß, sich am 11. Juni 1963 über das Fernsehen an die Nation zu wenden. Er nannte es eine «moralische Frage» (a moral issue), dem Grundsatz von 1776 Genüge zu tun, daß alle Menschen von Natur aus gleich seien und die Rechte eines jeden geschmälert würden, wenn die Rechte eines einzelnen bedroht seien. Wenige Tage später legte er dem Kongreß Gesetzentwürfe vor, die die Aufhebung der Rassentrennung in öffentlichen Einrichtungen, das Verbot der Rassendiskriminierung in Beschäftigungsverhältnissen und die Erzwingung der Rassenintegration an den Schulen zum Ziel hatten. Zweieinhalb Monate später, am 28. August 1963, fand auf der Mall in Washington die größte Demonstration von Afroamerikanern und ihren weißen Sympathisanten in der Geschichte der USA statt. Vor weit über 200 000 Menschen hielt Martin Luther King die Rede seines Lebens, die durch den Refrain «I have a dream» berühmt wurde: ein flammendes Plädoyer zur Verwirklichung eines erstmals 1776 verkündeten Ideals, der Freiheit und Gleichheit *aller* Amerikaner.

Sehr viel stärker und früher als im Bereich der Gleichstellung der Rassen engagierte sich Kennedy auf dem Gebiet der Entwicklungspolitik. Er setzte die Agency for International Development (USAID) zur Koordinierung aller Hilfsleistungen für Entwicklungsländer ein und schuf das Programm «Lebensmittel für den Frieden» zugunsten notleidender Länder der Dritten Welt. Am 1. März 1961 rief er das «Friedenskorps» (Peace Corps) ins Leben. Die von seinem Schwager Sargent Shriver geleitete Organisation entsandte junge Amerikaner, die sich freiwillig zu diesem Dienst meldeten, für die Dauer von zwei Jahren in Entwicklungsländer, um dort Aufbauarbeit zu leisten. Bis zum März 1963 wuchs die Zahl der ursprünglich bewilligten 500 Stellen auf 5000 und ein Jahr später auf 10 000 Stellen an. Die meist hochmotivierten Freiwilligen arbeiteten wenig später in insgesamt 46 Ländern. Kennedys Ziel war es, der kommunistischen Propaganda in der Dritten Welt ein Beispiel an amerikanischem Idealismus entgegenzusetzen: ein Vorhaben, das zur Überraschung seiner republikanischen Gegner gelang.

Ein ausdrückliches Wahlkampfversprechen Kennedys war eine neue Politik gegenüber Lateinamerika gewesen. In einer Rede in Tampa, Florida, hatte der demokratische Bewerber am 18. Oktober 1960 eine «Allianz für den Fortschritt» («Alliance for Progress» beziehungsweise «Alianza para el Progreso») angekündigt. Die USA sollten auf dem Subkontinent die Kräfte der Demokratie gegen die Diktatur unterstützen und langfristig Mittel für die wirtschaftliche Entwicklung und eine Bodenreform zur Verfügung stellen. Die politische Absicht dieses Vorstoßes war klar: Die Staaten Lateinamerikas sollten durch eine mit den Vereinigten Staaten abgestimmte und von ihnen geförderte Reformpolitik vor einer von Kuba ausgehenden kommunistischen Infiltration geschützt werden.

Am 13. März 1961 hob der neue Präsident in einer Rede vor den diplomatischen Vertretern Lateinamerikas die Allianz für den Fortschritt aus der Taufe. Die Ansprache mündete in einen Appell, der viel Beifall fand: «Laßt uns den amerikanischen Kontinent von neuem in einen Schmelztiegel revolutionärer Ideen und Taten verwandeln – ein Tribut an die Macht der schöpferischen Energien freier Männer und Frauen – ein Beispiel für die ganze Welt, daß Freiheit und Fortschritt Hand in Hand gehen.»

Den großen Worten folgten eher kleine Schritte: Das Engagement der USA blieb weit hinter den Erwartungen der liberalen Kräfte in Lateinamerika zurück. Die herrschenden Oligarchien des Subkontinents dachten ihrerseits gar nicht daran, der progressiven Rhetorik Washingtons zuliebe auf ihre Macht zu verzichten. In Peru verhinderte das Militär im Bund mit der Oberschicht 1962 den Regierungsantritt des radikalen Sozialreformers Haya de la Torre, des Gründers und Führers der Alianza Popular Revolucionaria Americana (APRA). In Argentinien, das nach dem Sturz des populären Diktators Juan Perón durch das Militär im September 1955 immer wieder durch Krisen erschüttert worden war, erzwang das Militär 1962 den Rücktritt des mit breiter Mehrheit gewählten Präsidenten Frondizi, nachdem dieser den Anhängern Peróns gestattet hatte, bei den Parlamentswahlen im März

eigene Kandidaten aufzustellen. Zwei Jahre später, im März 1964, erlitt der linksgerichtete Präsident Goulart in Brasilien dasselbe Schicksal: Er wurde durch einen Militärputsch zu Fall gebracht, wobei in
diesem Fall die CIA ihre Hand mit im Spiel hatte. Wo über längere
Zeit hinweg Transformationsprozesse stattfanden wie in Mexiko unter den Präsidenten Cortines, Mateos und Díaz Ordaz, hatten sie schon
vor Gründung der Allianz für den Fortschritt begonnen.

Ein Hoffnungszeichen gab es im Frühjahr 1961 in der Karibik: In
der Dominikanischen Republik mußte die Familie Trujillo, die den
Staat fast vier Jahrzehnte lang ausgebeutet und die Bevölkerung brutal
unterdrückt hatte, nach der Ermordung des Diktators Rafael Trujillo
Ende Mai 1961 unter dem Druck der USA das Land verlassen; ihr Besitz wurde konfisziert. Aus den ersten freien Wahlen ging im Dezember
1962 Juan Bosch, der Führer des Partido Revolucionario Dominicano,
als Sieger hervor. Er wurde von der Regierung Kennedy tatkräftig
unterstützt, konnte sich aber gegen den Widerstand der grundbesitzenden Oberschicht und des Militärs nicht durchsetzen. Bereits im September 1963 wurde er von der Armee gestürzt, die unter ihm verabschiedete Verfassung außer Kraft gesetzt. Es folgte eine Zeit des
innenpolitischen Terrors und der wirtschaftlichen Zerrüttung.

Auf einer anderen karibischen Insel, Kuba, erlitt Präsident Kennedy
im Frühjahr 1961 seine erste schwere außenpolitische Niederlage. Die
Kubafrage gehörte wie die Berlinkrise und der Krieg in Vietnam zu
den ungelösten internationalen Problemen in der Hinterlassenschaft
der Ära Eisenhower. «Ike» hatte seinem Nachfolger am Tag vor dessen
Amtseinführung, dem 19. Januar 1961, dringend empfohlen, die von
der CIA entwickelten Pläne zum Sturz des Castro-Regimes mit Hilfe
von Exilkubanern, die von amerikanischen Ausbildern auf Guatemala
auf den Einsatz in Kuba vorbereitet wurden, möglichst rasch in die Tat
umzusetzen. Die CIA plante freilich in bezug auf Kuba auch noch
anderes: die gezielte wirtschaftliche Destabilisierung des mittlerweile
offen «sozialistischen», von der Sowjetunion protegierten Inselstaates
und die Ermordung Fidel Castros, unter anderem durch vergiftete
Zigarren, wobei die Spitze des Geheimdienstes nicht davor zurückschreckte, die guten Dienste von Mafiosi wie Sam Giancana und John
Roselli in Anspruch zu nehmen – Unterweltbossen, die unter dem
Diktator Batista die Spielcasinos der Insel kontrolliert hatten und darum
als Kuba-Experten galten. Der Wechsel im Präsidentenamt bedeutete

in dieser Hinsicht keine Zäsur: Unter dem Codenamen «Mongoose» setzte die CIA ihre verdeckten Anti-Castro-Aktivitäten fort.

Kennedy stimmte den Umsturzplanungen im Grundsatz zu, legte aber im Unterschied zur CIA großen Wert darauf, daß die maßgebliche Rolle der USA nach außen hin nicht sichtbar wurde. Zweifel eines engen Beraters, des Historikers Arthur M. Schlesinger, an den Erfolgschancen einer Invasion exilkubanischer Freiwilliger schob er ebenso beiseite wie Warnungen des Vorsitzenden des außenpolitischen Ausschusses des Senats, seines Parteifreundes William Fulbright aus Arkansas. Mitte März 1961 legten sich der Präsident und die CIA auf eine Landung der Exilkubaner in der Schweinebucht (Bay of Pigs oder Bahia de Cochinos) auf der Südseite Kubas, etwa 150 Kilometer westlich von Trinidad, fest, wobei sie allerdings übersahen, daß die ausgedehnten Sümpfe der Umgebung es den Invasoren schwer, wenn nicht unmöglich machen würden, ins Landesinnere vorzudringen und einen allgemeinen Aufstand gegen Castro auszulösen.

Am 17. April 1961 landeten die aus Guatemala kommenden Freiwilligen an der vorgesehenen Stelle. Durch die Sümpfe in die etwa 100 Kilometer entfernten Berge vorzurücken gelang ihnen aber nicht. Die kubanische Luftwaffe versenkte währenddessen einen großen Teil der Landungsboote der Angreifer. Ein Eingreifen der Air Force, wie es Außenminister Dean Rusk forderte, lehnte Präsident Kennedy ab, weil es die USA unmittelbar als Aggressor hätte erscheinen lassen. Infolgedessen konnten die Streitkräfte Castros die Aktion der Exilkubaner binnen weniger Stunden niederschlagen. Über 100 Freiwillige wurden getötet, 1100 auf Kuba interniert. (Sie wurden später mit Hilfe von großzügigen Lieferungen von Lebensmitteln, Medikamenten und Traktoren von Washington freigekauft.) Auf eine Warnung Chruschtschows vor einer amerikanischen Besetzung Kubas reagierte Kennedy noch am 17. April mit der Versicherung, daß die USA nichts dergleichen beabsichtigten.

Das persönliche Prestige des jungen Präsidenten litt durch das Fiasko an der Schweinebucht schweren Schaden: Er hatte sich auf undurchdachte Ratschläge des Geheimdienstes verlassen und seinem politischen Urteilsvermögen damit ein schlechtes Zeugnis ausgestellt. Doch er war entschlossen, aus seinen Fehlern zu lernen. Kennedy nahm in der Folgezeit Umbesetzungen auf der Führungsebene der CIA vor; im September 1961 wurde ihr Chef Allen W. Dulles durch den nicht minder konservativen, aber vorsichtiger auftretenden John McCone ersetzt. Die verdeckten Aktionen zur wirtschaftlichen und politischen Zersetzung Kubas gingen weiter; das Vorhaben, Castro mit Hilfe der Mafia zu ermorden, ein wichtiger Teil der Operation «Mongoose», wurde mit größerem Nachdruck als zuvor betrieben, wobei alles dafür spricht, daß der Präsident und sein Bruder Robert, der Justizminister, in die entsprechenden Pläne eingeweiht waren und sie billigten.

Sehr viel vorsichtiger als in Kuba agierte Kennedy im Frühjahr 1961 im Hinblick auf einen anderen Krisenherd der Weltpolitik: Südostasien. Das Vordringen des kommunistischen Pathet Lao in Laos gefährdete die von der neuen Regierung angestrebte politische Lösung in Gestalt einer Neutralisierung des Landes. Durch Unterstützung der Briten gelang es aber, Chruschtschow Anfang April zu Verhandlungen über eine internationale Kontrollkommission und auf diesem Umweg schließlich den Pathet Lao zu Verhandlungen über einen Waffenstillstand zu bewegen, die im Juli 1963 zur Bildung einer (wenn auch nur kurzlebigen) Regierung der Nationalen Einheit führten. Ein Anzeichen für eine allgemeine Zurückhaltung in der Dritten Welt aber war Chruschtschows Zugeständnis nicht. Am 6. Januar 1961 hatte der sowjetische Partei- und Regierungschef die seit 1958 geltende Militärdoktrin revidiert, wonach lokale Kriege angesichts der atomaren Bedrohung sich zwangsläufig zu einem Weltkrieg ausweiten müßten. Der neuen Doktrin zufolge galten internationale Kriege weiterhin als vermeidbar, während «nationale Befreiungskriege» unvermeidbar seien und von der Sowjetunion unterstützt würden.

In Washington wurde diese Festlegung als Drohung empfunden. Auch deswegen betrieb Kennedy zu Beginn seiner Amtszeit eine Politik, die auf erhöhte militärische Abschreckung abzielte. Der Verteidigungshaushalt wurde bis April 1961 um 6 Milliarden Dollar erhöht und das Arsenal an Interkontinentalraketen beträchtlich vergrößert (obwohl sich inzwischen herausgestellt hatte, daß es die von Kennedy im Wahlkampf behauptete «Raketenlücke» gar nicht gab). Außerdem ließ die neue Administration die Polaris-U-Boot-Flotte vergrößern. Die Nachricht vom 12. April 1961, daß die Sowjetunion mit Jurij Gagarin in «Wostok I» den ersten Menschen auf einen Raumflug um die Erde geschickt hatte, wurde in Washington mit großer Beunruhigung aufgenommen. Kennedy ordnete sogleich eine nachdrückliche Beschleunigung des amerikanischen Weltraumprogramms an, wobei es der Ehrgeiz der Vereinigten Staaten sein sollte, daß der erste Mensch, der seinen Fuß auf den Mond setzte, ein Amerikaner war. Wie beim «Sputnik-Schock» von 1957 fühlten sich die USA erneut herausgefordert, ihrem weltpolitischen Widersacher möglichst rasch Amerikas technologische Überlegenheit auch im Weltall vor Augen zu führen.

Für den Frühsommer 1961 standen Besuche in Paris und London auf dem Programm des amerikanischen Präsidenten. Es bot sich an, aus Anlaß dieser Reise an einem neutralen Ort auch mit dem sowjetischen Partei- und Regierungschef zusammenzukommen. Eine entsprechende Anfrage vom 22. Februar beantwortete Chruschtschow am 12. Mai positiv. Am 3. und 4. Juni 1961 trafen sich die beiden mächtigsten Männer der Welt in Wien.

Ohne größere Schwierigkeiten verständigten sich beide darauf, in Laos eine neutrale Regierung zu bilden. Kennedys Vorstoß in Sachen eines Atomteststopp-Abkommens scheiterte an Chruschtschows Angst vor einer Verwischung der Grenzen zwischen Kontrolle und Spionage. Am schärfsten prallten die Gegensätze in der Berlinfrage aufeinander. Der Kremlchef drohte mit dem Abschluß eines separaten Friedensvertrags mit der DDR samt der Übertragung der sowjetischen Rechte über die Luftkorridore zwischen West-Berlin und der Bundesrepublik an die Regierung in Ost-Berlin bis Ende des Jahres 1961, falls die drei Westmächte nicht der Umwandlung West-Berlins in eine «Freie Stadt» zustimmten und auf ihre einschlägigen Zugangs- und Besatzungsrechte verzichteten. Westalliierte Flugzeuge sollten künftig statt in West-Berlin auf Flughäfen in der Umgebung der ehemaligen Reichshauptstadt, also auf dem Gebiet der DDR, landen. Kennedy erklärte demgegenüber, wenn die USA West-Berlin aufgäben, gäben sie Westeuropa auf. Er warnte vor der Gefahr eines Krieges, falls Chruschtschow auf seinen Forderungen beharre. «Es wird ein kalter Winter werden», sagte der Präsident zum Abschied.

Seit dem November 1958, als Chruschtschow den Westen mit seinem «Berlin-Ultimatum» herausgefordert hatte, war nichts geschehen, was den Kreml von seinem negativen Urteil über die westliche Enklave West-Berlin hätte abbringen können: Sie galt weiterhin als feindliches Spionage-, Propaganda- und Zersetzungszentrum inmitten der «sozialistischen» DDR, und sie blieb der einzige Ort, an dem der «Eiserne Vorhang» noch durchlässig war. Tagtäglich verließen Hunderte von

Menschen die DDR über die Sektorengrenze in Richtung West-Berlin. Einer der wichtigsten Gründe der Massenflucht war die forcierte Kollektivierung der Landwirtschaft seit der Verabschiedung des Gesetzes über Landwirtschaftliche Produktionsgenossenschaften durch die Volkskammer im Juni 1958. Neben selbständigen Bauern waren es aber weiterhin vor allem auch qualifizierte Arbeiter, die dem «Arbeiter- und Bauernstaat» den Rücken kehrten. 1960 verlor die DDR auf diese Weise 200 000 Menschen. 1961 wuchsen die Flüchtlingszahlen weiter an; allein im April beliefen sie sich auf 30 000. Die DDR drohte auszubluten.

Bereits Ende März 1961 hatte Walter Ulbricht, der nach dem Tode Wilhelm Piecks, des ersten Präsidenten der DDR, an die Spitze des neugebildeten Staatsrates getreten und damit auch Staatsoberhaupt der DDR war, auf einer Tagung des Politischen Konsultativkomitees der Warschauer-Pakt-Staaten in Moskau unter Hinweis auf die Massenflucht die Sperrung der Grenzen zwischen der DDR beziehungsweise Ost-Berlin und West-Berlin gefordert – nicht als Alternative zum weitergehenden Ziel, der Umwandlung der «besonderen politischen Einheit» West-Berlin in eine «Freie Stadt» und die Übertragung der Hoheit über die Luftkorridore an die DDR, sondern als Sofortmaßnahme. Widerspruch kam bei dieser Gelegenheit, außer von Chruschtschow selbst, vor allem von den Parteichefs von Ungarn und Rumänien, János Kádár und Nicolae Ceauşescu, die offenbar einen starken Prestigeverlust des gesamten «sozialistischen Lagers» für den Fall befürchteten, daß eine scharf bewachte Grenze mitten durch Berlin gezogen werden sollte.

Einig war man sich auf dem Treffen in Moskau darin, daß es einen separaten Friedensvertrag mit der DDR zu schließen galt, der das «West-Berlin-Problem» im Sinne der sowjetischen Forderungen lösen sollte. Daß es über einer dann erforderlichen Unterbrechung des westalliierten Luftverkehrs von und nach Berlin zu einem Krieg kommen konnte, schloß Chruschtschow nicht aus, hielt es aber für höchst unwahrscheinlich. Bei allem, was er im Frühjahr und Sommer 1961 tat, war er sich auch eines größeren Zusammenhangs bewußt: Er wollte gegenüber den chinesischen Kommunisten unter Mao Tse-tung und ihren neuen ideologischen Verbündeten auf dem Balkan, den albanischen Kommunisten unter Enver Hodscha, nicht als Führer einer Macht dastehen, die vor jedem ernsten Konflikt mit dem kapitalistischen Klassenfeind zurückschreckte.

Mit der Spaltung im Weltkommunismus hing es auch zusammen, daß Chruschtschow bei seinem Wiener Treffen mit Kennedy ein neues Berlin-Ultimatum formulierte, und es lag am Verlauf dieses Gipfeltreffens, daß er dem jungen amerikanischen Präsidenten nicht die Härte und Entschlossenheit zutraute, die er für eine große weltpolitische Konfrontation mit der Sowjetunion brauchte – eine Einschätzung, die Kennedy besonders mit seinem Wiener Eingeständnis bewirkt hatte, die Invasion in der Schweinebucht sei ein Fehler gewesen. Knapp sieben Wochen nach der Zusammenkunft in der österreichischen Hauptstadt, am 20. Juli 1961, erfuhr Chruschtschow aus einem Geheimdienstbericht, daß der NATO-Rat beschlossen habe, auf eine Sperrung der Zugangswege nach Berlin mit militärischen Maßnahmen zu antworten. Meldungen über westalliierte Truppenverstärkungen verliehen dieser Information Nachdruck. Unter dem Eindruck der neuen Nachrichtenlage entschied sich der Kremlchef, zunächst nur, wie von Ulbricht gefordert, die innerstädtische Grenze in Berlin und die Grenze zwischen West-Berlin und dem umliegenden Gebiet der DDR zu sperren. Am 24. Juli beschloß das Politbüro der SED auf Antrag Ulbrichts, die entsprechenden Maßnahmen vorzubereiten.

Tags darauf hielt Präsident Kennedy eine Fernsehrede. Darin kündigte er eine rasche und umfassende Aufstockung der konventionellen Streitkräfte von 875 000 Mann auf eine Million an. Das hörte sich martialischer an, als es gemeint war. In der gleichen Ansprache nannte Kennedy nämlich die «three essentials», an denen die USA im Hinblick auf die ehemalige Reichshauptstadt festzuhalten entschlossen waren. Es waren erstens das Recht der Westalliierten auf Anwesenheit in Berlin, zweitens ihr Recht auf freien Zugang nach Berlin und drittens das politische Selbstbestimmungsrecht der zwei Millionen West-Berliner. Über Ost-Berlin und die Ost-Berliner sagte der Präsident nichts. Chruschtschow konnte und sollte daraus folgern, daß Amerika ihm nicht in den Arm fallen würde, falls er den Zeitpunkt für gekommen hielt, Ost-Berlin und die DDR von West-Berlin abzuriegeln. Vier Tage später, am 30. Juli 1961, wurde der Vorsitzende des außenpolitischen Senatsausschusses, William Fulbright, noch sehr viel deutlicher. In einem Fernsehinterview erklärte er: «Ich verstehe nicht, warum die Ostdeutschen nicht ihre Grenze schließen. Ich glaube, daß sie ein Recht dazu haben.»

Auf einem Treffen der Parteichefs der Warschauer-Pakt-Staaten am 4. und 5. August in Moskau erhielten Chruschtschow und Ulbricht die volle Rückendeckung ihrer Vertragspartner für die Abriegelung West-Berlins. Am 12. August ordnete Ulbricht die Durchführung der sorgfältig vorbereiteten Maßnahmen für den folgenden Tag, Sonntag, den 13. August 1961, beginnend um Mitternacht, an. Zum vorgesehenen Zeitpunkt begannen Betriebskampfgruppen, die Volkspolizei und die fünf Jahre zuvor geschaffene Nationale Volksarmee auszuführen, was ihnen befohlen war. Die Grenze zwischen Ost- und West-Berlin und zwischen West-Berlin und seinem Umland wurde erst durch Stacheldraht, in den Wochen darauf durch eine Mauer unpassierbar gemacht. Wer unbefugt in die neu eingerichtete Sperrzone zwischen den beiden Teilen der Stadt oder zwischen der DDR und West-Berlin eindrang, setzte fortan Leib und Leben aufs Spiel. Daß die Organe der DDR zur «Grenzsicherung» gegebenenfalls auch von der Schußwaffe Gebrauch machen würden, stand schon im August fest. Am 6. Oktober 1961 erging an das «Kommando Grenze» der Nationalen Volksarmee ein Befehl, der dies formell bestätigte.

In einer offiziellen Erklärung vom 13. August 1961 nannte der Ministerrat der DDR die Schließung der Grenze eine Antwort auf die «Verschärfung der Revanchepolitik» Westdeutschlands und die «systematische Abwerbung von Bürgern der Deutschen Demokratischen Republik», ja «regelrechten Menschenhandel». Tatsächlich war der Bau der Berliner Mauer der Offenbarungseid eines Systems, das auf Zwang beruhte und seinen Zusammenbruch nur dadurch abwenden konnte, daß es seine Bewohner gewaltsam am Verlassen des Staatsgebiets hinderte. Es war nicht nur das System der DDR, das in dieser Ultima ratio seine Zuflucht suchte. Es war das System des «Sozialismus» sowjetischer Prägung, das sich vor aller Welt bloßstellte, als die Staaten des Warschauer Pakts am 13. August 1961 die Maßnahmen der DDR rechtfertigten. Doch als Weltmacht hatte die Sowjetunion keine andere Wahl: Sie konnte dem Zusammenbruch ihres deutschen Vorpostens nicht tatenlos zusehen, ohne ihr europäisches Vorfeld insgesamt preiszugeben.

Das außenpolitische Risiko, das Chruschtschow damit einging, war gering. Er hatte gegen keines von Kennedys «three essentials» verstoßen und auf diese Weise respektiert, was der Westen als seine elementarsten Interessen betrachtete. Damit war der erste Mann der

Sowjetunion weit hinter die Forderungen seines Berliner Ultimatums vom 27. November 1958 zurückgefallen – Forderungen, die Chruschtschow nicht aufgab, die ihm aber nun nicht mehr so dringlich erschienen wie noch zum Zeitpunkt des Wiener Treffens mit Kennedy. Die Maßnahmen des 13. August 1961 waren offensiv gegenüber den Deutschen in der DDR, nicht aber gegenüber dem Westen. Daß sich das Verhältnis zwischen der Sowjetunion und der Volksrepublik China seit 1958 ständig verschlechtert hatte, mag mit dazu beigetragen haben, daß Chruschtschow dem von ihm herbeigeführten Konflikt in der Berlinfrage die Spitze abbrach, als der Westen ihm das Risiko des Krieges vor Augen führte.

Die Westalliierten honorierten die Zurückhaltung Chruschtschows, indem sie nur verbal gegen die Abriegelung West-Berlins protestierten. Gegenüber einigen seiner engsten Berater bemerkte Präsident Kennedy, die Mauer sei zwar «keine angenehme Lösung, aber, verdammt noch mal, sehr viel besser als ein Krieg» (It's not a nice solution, but a wall is a hell of a lot better than a war). Die Moral der West-Berliner suchte Kennedy durch demonstrative Gesten zu festigen: Am 19. August trafen Vizepräsident Lyndon B. Johnson und der «Vater der Luftbrücke», General Lucius D. Clay, in Berlin ein. Eine Kampfgruppe von 1500 Mann, die die amerikanische Garnison verstärken sollte, wurde über die Autobahn in die geteilte Stadt gebracht.

Für die Deutschen war der 13. August 1961 die tiefste Zäsur seit der doppelten Staatsgründung von 1949, wenn nicht seit der bedingungslosen Kapitulation des Deutschen Reiches am 8. Mai 1945. Von Anfang an waren die Deutschen, die auf dem Gebiet der Sowjetischen Besatzungszone und späteren DDR lebten, verglichen mit den Deutschen im Westen die eigentlichen Kriegsverlierer gewesen. Aber erst seit sie die DDR nicht mehr verlassen durften, wurde ihre Unfreiheit zu einem Schicksal, dem sie nicht mehr entrinnen konnten, ohne ihr Leben aufs Spiel zu setzen.

Es lag nahe und war dennoch falsch, die Schuld an dieser Entwicklung der Politik der Westintegration zu geben. Denn eine Wiedervereinigung wäre in den fünfziger Jahren allenfalls um den Preis einer sowjetischen Hegemonie in Europa zu erreichen gewesen. Doch auch daran gab es nichts zu deuten, daß der Bau der Berliner Mauer die deutsche Teilung im Wortsinn zementierte, der Ruf nach einer Wiedervereinigung in Frieden und Freiheit folglich zur bloßen Beschwörungsformel zu erstarren drohte. Ob Deutschland jemals wieder ein Nationalstaat werden würde, war so zweifelhaft wie nie zuvor. In einem aber stimmten einstweilen beide deutsche Staaten noch überein. Sie gingen vom Fortbestand *einer* deutschen Nation aus. Nichts war am 13. August 1961 so sicher vorhersagbar wie ein Meinungsstreit über die praktischen Folgerungen, die sich daraus ergaben.[25]

Kanzlerdämmerung: Das Ende der Ära Adenauer

Die Einrichtung des «antifaschistischen Schutzwalls», wie die SED die Maßnahmen des 13. August 1961 bald nennen sollte, fiel mit dem Höhepunkt des Bundestagswahlkampfes in der Bundesrepublik Deutschland zusammen. Bundeskanzler Konrad Adenauer, nunmehr 85 Jahre alt, ließ sich durch das, was in Berlin geschah, nicht sonderlich beeindrucken und setzte seine Kampagne gegen den innenpolitischen Hauptgegner, die Sozialdemokratie, ungerührt fort. Auf einer Kundgebung in Regensburg nannte er am 14. August den Kanzlerkandidaten der SPD, Willy Brandt, auf dessen uneheliche Herkunft und seine Zeit im skandinavischen Exil anspielend, «Herrn Brandt alias Frahm». Zwei Tage später empfing er den sowjetischen Botschafter Smirnow zu einer Unterredung. In einem von seinem Gesprächspartner formulierten Kommuniqué versicherte er anschließend, die Bundesregierung werde keine Schritte unternehmen, die die Beziehungen zur Sowjetunion und die internationale Lage verschlechtern könnten. Erst am 22. August begab sich der Bundeskanzler in die geteilte Viersektorenstadt – zu spät, wie nicht nur die meisten Berliner meinten. Willy Brandt hingegen gewann in jenen Wochen weiter an politischer Statur. Dem Regierenden Bürgermeister von Berlin war am 13. August 1961 eine nationale und überparteiliche Rolle zugefallen – eine Chance, die der charismatische Wahlkämpfer Brandt zu nutzen verstand.

Das Ergebnis der vierten Bundestagswahl stand am Abend des 17. September fest. Die Unionsparteien blieben zwar mit 45,3 Prozent die stärkste politische Kraft, verloren aber gegenüber 1957 4,9 Prozentpunkte. Die SPD gewann 4,4 Prozentpunkte hinzu und lag nun bei 36,2 Prozent. Noch stärker war der Stimmenzuwachs der oppositionellen Liberalen: Die FDP schnitt mit 12,8 Prozent um 5,1 Prozentpunkte besser ab als vier Jahre zuvor. Alle anderen Parteien scheiterten an der Fünfprozentklausel.

Die Regierungsbildung erwies sich als schwierig. In der CDU/CSU und der FDP gab es Mehrheiten für eine «bürgerliche» Koalition. Der Bundesvorsitzende der FDP, der aus Schlesien stammende, «national-liberal» gesinnte Ritterkreuzträger Erich Mende, hatte sich aber am 18. September öffentlich dafür ausgesprochen, daß nicht Adenauer, sondern Ludwig Erhard, der Bundeswirtschaftsminister, an die Spitze des Kabinetts treten sollte. Da die Union auf der Kanzlerschaft Ade-nauers bestand und aus taktischen Gründen, ebenso wie die FDP, auch mit der SPD verhandelte, gaben die Liberalen schließlich nach: Ade-nauer mußte zwar intern versprechen, er werde in der Mitte der Legis-laturperiode zurücktreten, um seinem Nachfolger so die Möglichkeit zu geben, sich bis zu den Wahlen von 1965 in die neue Aufgabe ein-zuarbeiten, durfte aber sein altes Amt erneut übernehmen. Mende, als Vorsitzender einer «Umfallerpartei» verspottet, verzichtete, um sein Gesicht zu wahren, auf einen Eintritt in das Kabinett. Das ihm ange-botene Amt des Außenministers wurde, da die FDP den bisherigen Ressortchef Heinrich von Brentano nicht zu akzeptieren bereit war, dem bisherigen Innenminister Gerhard Schröder von der CDU über-tragen. Die FDP stellte fünf Minister, nämlich die für Justiz, Finanzen, Schatz, Vertriebene und Entwicklungshilfe. Am 7. November 1961 wurde Adenauer zum vierten Mal zum Bundeskanzler gewählt.

Die Verhandlungen über die Kabinettsbildung in Bonn waren noch in vollem Gang, als in Moskau am 17. Oktober die Delegierten des XXII. Parteitags der KPdSU zusammenkamen. Zur allgemeinen Überraschung zog Chruschtschow am ersten Tag des Treffens in einer sechsstündigen Rede sein in Wien verkündetes, auf den 31. Dezember 1961 befristetes Ultimatum für eine Lösung des Berlin- und Deutsch-landproblems mit der Begründung zurück, daß der Westen ein gewis-ses Verständnis für die Situation in Berlin und Deutschland gezeigt habe und bereit sei, über die strittigen Fragen zu verhandeln.

Der Kremlchef reagierte damit auf informelle Botschaften, die er aus Washington und London erhalten hatte. Am wichtigsten war dabei wohl der von Kennedy signalisierte Verzicht auf eine Ausrüstung der Bundeswehr mit Atomwaffen. Darüber hinaus konnte man in Moskau davon ausgehen, daß die Amerikaner und die Briten bei Verhandlun-gen über Deutschland die Teilung Deutschlands und die Oder-Neiße-

Grenze zwar nicht formell anerkennen, aber doch faktisch hinnehmen würden – westliche Zugeständnisse, vor denen Adenauer stets gewarnt hatte und die geeignet waren, das Mißtrauen zu steigern, das er gegenüber Kennedy und Macmillan empfand. In Charles de Gaulle hingegen sah er einen verläßlichen Verbündeten. Der französische Staatspräsident plädierte zwar offener als irgendein anderer westlicher Staats- oder Regierungschef für die Anerkennung der Oder-Neiße-Grenze, war aber in der Berlinfrage ein unbedingter Anwalt westlicher Härte.

Eine Entspannung zwischen West und Ost brachte die Rücknahme des Berlin-Ultimatums durch Chruschtschow nicht. Ende Oktober kam es in Berlin am «Checkpoint Charlie» an der Friedrichstraße, dem einzigen für die Westalliierten reservierten Grenzübergang, zur ersten direkten militärischen Konfrontation zwischen der Sowjetunion und den USA seit 1945. 16 Stunden lang standen sich amerikanische und sowjetische Panzer mit scharfer Munition in Kampfstellung gegenüber. General Clay, von Kennedy als Sonderbotschafter nach Berlin geschickt, hatte die amerikanischen Panzer dorthin beordert, um das Recht der Westalliierten zu unterstreichen, den sowjetischen Sektor von Berlin zu betreten, ohne sich von Volkspolizisten der DDR kontrollieren zu lassen. Auf dem Höhepunkt der Kraftprobe erfuhr Chruschtschow von seinem Verteidigungsminister, daß vier mit Nuklearraketen ausgerüstete amerikanische U-Boote im Nordmeer auf Gefechtsposition gegangen seien. Die Härte der Vereinigten Staaten zahlte sich aus: Am Morgen des 28. Oktober wurden zuerst die sowjetischen, dann die amerikanischen Panzer abgezogen.

Im Februar 1962 spitzte sich die Lage um Berlin erneut zu. Um demonstrativ gegen den angeblichen Mißbrauch der Luftkorridore nach Berlin durch westdeutsche Politiker vorzugehen, ließ Chruschtschow den Luftverkehr zwischen der Bundesrepublik und West-Berlin durch sowjetische Flugzeuge massiv stören, was Washington mit scharfem Protest beantwortete. Am 17. August 1962 ereignete sich in Berlin nahe dem «Checkpoint Charlie» ein Vorfall, der viele Deutsche an den Vereinigten Staaten irre werden ließ: Beim Versuch, über die Mauer nach Westen zu flüchten, wurde der achtzehnjährige Bauarbeiter Peter Fechter von Angehörigen der Grenztruppen der DDR angeschossen und schwer verletzt. Er blieb im Grenzstreifen auf der Westseite der Mauer liegen und begann zu verbluten. Amerikanische Soldaten, die Zeugen des Dramas wurden, weigerten sich einzugreifen, weil dies nicht «ihr Problem» sei. Fechters Tod erregte die Berliner und die Deutschen stärker als die über dreißig anderen Toten, die seit dem 13. August 1961 dem Grenzregime der DDR zum Opfer gefallen waren.

Aus der Sicht Adenauers litt das Verhältnis zwischen Bonn und Washington nach wie vor darunter, daß Präsident Kennedy dem sowjetischen Druck auf Berlin nicht mit der nötigen Härte entgegentrat. Tatsächlich forderten die USA im April 1962 zum Entsetzen des Kanzlers die Bundesrepublik in fast schon ultimativer Form auf, einer internationalen Zugangsbehörde für die Landwege und Luftkorridore nach Berlin zuzustimmen, an der auch die DDR beteiligt werden sollte. Adenauer erreichte zwar, daß das State Department sein Papier zur Berlin- und Deutschlandfrage wieder zurückzog. Doch es schwächte die Position des Bonner Regierungschefs, daß es auch auf westdeutscher Seite Anwälte einer «flexibleren» Haltung in der Berlinfrage gab – an ihrer Spitze Außenminister Schröder, dem das, natürlich sogleich dementierte, Wort zugeschrieben wurde, in Berlin werde man wohl um eine «Frontbegradigung» nicht herumkommen. Im Frühsommer 1962 hielt es Adenauer für geboten, auch für seine Person «Beweglichkeit» zu zeigen. Dem sowjetischen Botschafter Smirnow trug er am 6. Juni das seit längerem erwogene Projekt eines auf zehn Jahre befristeten «Burgfriedens» in der deutschen und der Berlinfrage vor: Wenn Moskau einer Liberalisierung in der DDR zustimme, würde es leichter möglich sein, sich später auch in den strittigen Fragen zu verständigen. Die Antwort aus dem Kreml fiel rundum abschlägig aus.

Im Innern stand die Bundesrepublik zu Beginn der sechziger Jahre unübersehbar vor der Gefahr einer konjunkturellen Überhitzung. Wirtschaftsminister Erhard wandte sich infolgedessen mehrfach, besonders eindringlich am 21. März 1962, mit «Maßhalteappellen» an die Bevölkerung – ohne damit irgend etwas zu bewirken. Die objektive Überbeschäftigung manifestierte sich auch darin, daß die Bundesrepublik seit Mitte der fünfziger Jahre Arbeitskräfte aus dem Ausland importierte – zuerst aus Italien, dann, seit Beginn der sechziger Jahre, aus Spanien, Griechenland, der Türkei, Portugal und schließlich aus Jugoslawien. 1965 wurde die Zahl von 1 Million «Gastarbeitern» erreicht; bis 1973 wuchs sie auf 4 Millionen an. Die ausländischen Arbeitskräfte glichen auch aus, was der Bau der Berliner Mauer schlagartig beendet hatte: den anhaltenden Zustrom von erwerbsfähigen Deutschen aus der DDR, die bis zum 13. August 1961 einen wichtigen Beitrag zum westdeutschen «Wirtschaftswunder» geleistet hatten.

Ihre bislang schwerste innenpolitische Krise erlebte die Bundesrepublik im Herbst 1962 – zu einem Zeitpunkt, als die Welt gebannt auf einen neuen Konflikt um Kuba, die noch näher zu erörternde «Raketenkrise», blickte. In der Nacht vom 26. zum 27. Oktober wurden die Redaktionsräume des Hamburger Nachrichtenmagazins «Der Spiegel» besetzt und durchsucht und der Herausgeber Rudolf Augstein verhaftet. Den «Spiegel»-Redakteur Conrad Ahlers, der gerade in Spanien Urlaub machte, nahm auf Grund einer telefonischen Intervention von Verteidigungsminister Strauß beim Militärattaché der deutschen Botschaft in Madrid die dortige Polizei fest: Ahlers kehrte freiwillig nach Deutschland zurück, wo er sogleich verhaftet wurde. Es folgten weitere Verhaftungen leitender Mitarbeiter des «Spiegel» sowie von zwei Obersten, von denen der eine dem Bundesnachrichtendienst und der andere dem Bundeswehrführungsstab angehörte.

Anlaß der Nacht- und Nebelaktion war die Titelgeschichte «Bedingt abwehrbereit» über das NATO-Stabsmanöver «Fallex 62», die der «Spiegel» am 10. Oktober veröffentlicht hatte. Sie enthielt brisantes Material über die katastrophalen Folgen, die ein atomarer Überfall der Sowjetunion nach Einschätzung der Strategen des Atlantischen Bündnisses haben würde, und detaillierte Informationen über deutschamerikanische Gegensätze in Fragen der nuklearen Kriegführung. Fast alles, was der Artikel zu einer Analyse bündelte, hatte bereits in Publikationen aus dem In- und Ausland gestanden. Der Verdacht eines bewußten Verrats von Staatsgeheimnissen, von dem Bundesanwaltschaft und Verteidigungsministerium ausgingen, ist nie erhärtet worden, ebensowenig der Verdacht der Bestechung. Im Mai 1965 lehnte der Bundesgerichtshof die Eröffnung des Hauptverfahrens gegen Conrad Ahlers und Rudolf Augstein wegen Mangels an Beweisen ab. Hauptverfahren gegen andere Beschuldigte endeten mit Freisprüchen.

In der westdeutschen Öffentlichkeit herrschte von Anfang an der Eindruck vor, bei der «Spiegel»-Affäre handle es sich nicht um einen, wie Adenauer am 7. November 1962 vor dem Bundestag behauptete, «Abgrund von Landesverrat», sondern um den massivsten Angriff auf die Pressefreiheit seit Gründung der Bundesrepublik. Für diese Wahrnehmung sprach viel: Schließlich hatte der «Spiegel» Verteidigungsminister Strauß, seine zahlreichen Affären und seine Politik, seit Jahren

aufs schärfste kritisiert. In allen Universitätsstädten gingen im Herbst
1962 Studenten und Professoren auf die Straße, um die Wiederherstellung der Presse- und Meinungsfreiheit einzuklagen und den Rücktritt
von Franz Josef Strauß zu fordern. Als Rudolf Augstein am 7. Februar
1963 nach 103 Tagen Untersuchungshaft, als letzter der nach dem
26. Oktober Verhafteten, wieder in die Freiheit entlassen wurde, war
er längst zum Heros der kritischen Öffentlichkeit und einer ganzen
Generation junger Akademiker geworden. Die «Spiegel»-Affäre hatte
die politische Kultur der Bundesrepublik verändert. Die zweite Demokratie erlebte im Spätjahr 1962 einen kräftigen Liberalisierungsschub
oder, anders gewendet, die Abkehr von obrigkeitsstaatlichen Traditionen, soweit sie die fünfziger Jahre noch überdauert hatten.

Strauß, der seit März 1961 auch Vorsitzender der CSU war, hatte es
sich selbst zuzuschreiben, daß außerhalb Bayerns alle Welt in ihm den
Schurken im Drama um das Hamburger Nachrichtenmagazin sah. Er
trug die politische Verantwortung dafür, daß der zuständige Bundesjustizminister Wolfgang Stammberger, ein Politiker der Partei, der auch
Augstein angehörte, nämlich der FDP, erst aus der Presse vom Schlag
gegen den «Spiegel» erfuhr. Strauß hatte die Festnahme Ahlers' im spanischen Malaga veranlaßt. Er hatte gleichwohl vor dem Bundestag den
Eindruck zu erwecken versucht, als habe er mit der ganzen Angelegenheit und namentlich der Verhaftung von Ahlers nichts zu tun.

Eine unmittelbare Folge der «Spiegel»-Affäre war eine Regierungskrise. Am 19. November traten die Minister der FDP aus Protest gegen
die Umgehung Stammbergers aus dem Kabinett Adenauers aus. Nach
Verhandlungen zwischen Union und SPD sowie zwischen SPD und
FDP kam es am 13. Dezember schließlich zu einem neuen christlich-
liberalen Bündnis – ohne Strauß. Den Posten des Verteidigungsministers
übernahm der bisherige Ministerpräsident von Schleswig-Holstein,
Kai-Uwe von Hassel, ein Politiker der CDU. Hätte die Union sich nicht
von Strauß getrennt, wäre die neue «bürgerliche» Koalition nicht zustande gekommen.

Adenauers Position war durch die «Spiegel»-Affäre nachhaltig geschwächt worden. Er selbst ermächtigte, um der FDP den Wiederein-
tritt ins Kabinett zu erleichtern, seine Fraktion zu der Mitteilung, daß
er am Ende der parlamentarischen Sommerpause 1963 zurücktreten
werde. In das letzte Jahr von Adenauers Kanzlerschaft fielen zwei politische Kraftproben, auf die noch zurückzukommen sein wird: die Aus-

einandersetzungen um den von de Gaulle und ihm vereinbarten Versuch, Frankreich und die Bundesrepublik Deutschland in einem exklusiven Zweibund miteinander zu verbinden, und der Fehlschlag seines Widerstands gegen das von Kennedy initiierte Internationale Abkommen über einen Atomteststopp.

Am 23. April 1963 traf die Fraktion der CDU/CSU die Entscheidung, den Vizekanzler und Bundeswirtschaftsminister Ludwig Erhard im Herbst zum Nachfolger des nunmehr siebenundachtzigjährigen Bundeskanzlers zu wählen. Adenauer hatte sich bis zuletzt bemüht, die Wahl des «Vaters des Wirtschaftswunders», den er nach wie vor für politisch unfähig hielt, zu verhindern. Die Art und Weise, wie seine Parteifreunde die Weichen für den Kanzlerwechsel stellten, empfand er als Absetzung.

Am 15. Oktober 1963 ging die Ära Adenauer definitiv zu Ende. Der erste Bundeskanzler trat nach vierzehn Jahren, einem Zeitraum so lang wie die Weimarer Republik, von seinem Amt zurück und machte widerwillig Ludwig Erhard Platz, der tags darauf mit 279 gegen 180 Stimmen bei 24 Enthaltungen zum Bundeskanzler gewählt wurde. Als Bundestagspräsident Eugen Gerstenmaier seine historisch weit ausholende, den Vergleich mit Bismarck zumindest andeutende Würdigung des scheidenden Kanzlers mit den Worten schloß, Konrad Adenauer habe sich um das Vaterland verdient gemacht, applaudierte das ganze Haus stehend. Der quälende Streit um die Nachfolge, der Autoritätsverfall der letzten Jahre, die demagogischen Ausfälle gegen politische Gegner: All dies schien für einen Augenblick vergessen.

In seiner Abschiedsrede dankte Adenauer nicht nur denen, die während seiner Kanzlerschaft mit ihm zusammengearbeitet hatten, sondern auch der sozialdemokratischen Opposition, von der er im Wahlkampf von 1957 einmal gesagt hatte, ihr Sieg würde den «Untergang Deutschlands» zur Folge haben. Er sprach mit Stolz vom Erreichten, räumte aber auch ein: «Wir sind der Wiedervereinigung nicht näher gekommen.» Tatsächlich mangelte es seiner Politik, was die deutsche Frage anging, an Glaubwürdigkeit. Immer wieder hatte Adenauer die Wiedervereinigung Deutschlands in Frieden und Freiheit als das vordringlichste Ziel seiner Politik bezeichnet. Doch das war sie nicht und konnte sie nicht sein, da der Gegensatz der Weltmächte eine Lösung des deutschen Problems nicht möglich machte. Der Freiheit der Bundesrepublik den Vorrang vor der staatlichen Einheit Deutschlands zu geben war und blieb legitim, ja unumgänglich. Die alten Formeln der Deutschlandpolitik aber bedurften dringend der Überprüfung. Sie widersprachen der Politik der Bundesrepublik *und* den Pflichten, die sie gegenüber den Deutschen in der DDR hatte.

Adenauer schied, wie er einem Journalisten anvertraute, «nicht frohen Herzens» aus dem Amt. Er war nicht nur wegen der weltpolitischen Entwicklung besorgt, deren Ernst der bisherige Wirtschaftsminister nach seiner Einschätzung gar nicht zu begreifen vermochte. Erhard war ein Liberaler, und darin sah der alte Herr eine Gefahr für das Land wie für die Partei, an deren Spitze er, Adenauer, immer noch stand. Erhard, der evangelische, wenn auch nicht eben «kirchliche» Franke, bekannte sich zwar zu den christlichen Werten, verstand darunter aber etwas anderes, weniger Verbindliches als sein katholischer Amtsvorgänger aus Köln. Aus Adenauers Sicht waren die Traditionen des christlichen Abendlandes durch Materialismus, Säkularisierung und Sittenverfall zunehmend bedroht. Erhard blickte hingegen eher optimistisch in die Zukunft. Adenauer mißtraute dem politischen Urteilsvermögen der Deutschen zutiefst, wozu sein Nachfolger keinen Anlaß sah. Der Übergang vom ersten zum zweiten Bundeskanzler stellte sich Adenauer folglich als eine dramatische Zäsur dar – sehr viel dramatischer, als die Bürger der Bundesrepublik sie wahrnahmen.

Das anhaltende Wirtschaftswachstum hatte mehr als alles andere dazu beigetragen, daß die Demokratie des Grundgesetzes vierzehn Jahre nach der Gründung der Bundesrepublik von der überwältigenden Mehrheit der Bundesbürger bejaht, eine Diktatur, welcher Richtung auch immer, abgelehnt wurde. Es war eine konservative Demokratie mit einem «Tory democrat», Konrad Adenauer, an der Spitze, die dem westlichen System im Westen Deutschlands zu unbezweifelbarer Legitimität verholfen hatte. Die Erfahrung eines Machtwechsels stand noch aus, und mit ihr die Einübung in eine andere, weniger «gelenkte», die Bürger stärker fordernde Form von Demokratie. Aber erstmals in der deutschen Geschichte standen auch die Eliten auf dem Boden einer Ordnung, in der die Staatsgewalt vom Volk ausging. Die Bundesrepublik war eine funktionstüchtige westliche Demokratie, und als der Kanzler, der die Integration in den Westen gegen massiven Widerstand durchgesetzt hatte, abtrat, war die Westbindung nicht mehr strittig.

Die Polarisierung, die der Streit um die Westbindung der Bundesrepublik hervorgerufen hatte, war auf demokratische Weise überwunden und dadurch zu einem Faktor der politischen Integration geworden. Am Ende der Ära Adenauer gab es *zwei* große Volksparteien, die ihre Regierungs- und Koalitionsfähigkeit wechselseitig anerkannten. Die Union hatte das konservative Deutschland mit der Demokratie, die Sozialdemokratie die Arbeiterschaft mit einem sozial gebändigten Kapitalismus versöhnt. Die Attraktion radikaler Alternativen hatte sich endgültig erschöpft: «rechts» durch die Erfahrung des Nationalsozialismus, «links» durch den Anschauungsunterricht, für den die Entwicklung im Ostblock und namentlich in der DDR sorgte.

Die zweite deutsche Demokratie wäre am Ende der Ära Adenauer nicht so gefestigt gewesen, hätte sich nicht das Bundesverfassungsgericht in den ersten zwölf Jahren seiner Existenz immer wieder als «Hüter der Verfassung» bewährt. Es hatte zwei offen verfassungsfeindliche Parteien auf der äußersten Rechten und Linken, 1952 die Sozialistische Reichspartei und 1956 die Kommunistische Partei Deutschlands, verboten. Es sanktionierte im Januar 1958 im legendären «Lüth-Urteil» einen Aufruf zum Boykott eines Films von Veit Harlan, dem Regisseur des nationalsozialistischen Hetzfilms «Jud Süß», als Ausfluß des Grundrechts auf Meinungsfreiheit und begründete damit die «Drittwirkung» der Grundrechte auch zwischen einzelnen Bürgern. Es durchkreuzte im Februar 1961 Adenauers Vorhaben eines privatrechtlich organisierten Regierungsfernsehens und verhinderte damit einen gouvernementalen Mißbrauch des Mediums Fernsehen. Wenn die Bundesrepublik in den sechziger Jahren auch von ihren Nachbarn als pluralistische, westliche Demokratie wahrgenommen wurde, war das nicht zum geringsten Teil ein Verdienst des Verfassungsorgans, das seit 1951 bestand und seinen Sitz in Karlsruhe hatte.

Als 1963 der erste Kanzlerwechsel stattfand, hatte die Gesellschaft der Bundesrepublik ihre «wilhelminische» Prägung weitgehend abgestreift. Der Mauerbau hatte zur nationalen Desillusionierung, die «Spiegel»-Affäre zur Liberalisierung der Staatsauffassung beigetragen. Die Heimatvertriebenen und die Übersiedler aus der DDR waren sozial und politisch integriert. Eine der wichtigsten Stützen traditioneller Werte, die Landwirtschaft, hatte 1950 noch 25 Prozent aller Erwerbstätigen beschäftigt; 1960 waren es noch 14, 1965 nur noch 11 Prozent. Der konfessionellen Statistik nach war die Bundesrepublik 1961 noch immer ein «christliches» Land: 51 Prozent der Bevölkerung gehörten der evangelischen, 44,1 Prozent der katholischen Kirche an. Tatsächlich hatten sich die kirchlichen Bindungen während der fünfziger Jahre im Zuge wachsender Mobilität und zunehmenden Wohlstands gelockert. Die «konservative Modernisierung» der Ära Adenauer war so erfolgreich, daß ihre eigenen Grundlagen allmählich dahinschwanden.

Die Defizite waren dennoch unübersehbar. Es gab auf vielen Gebieten das, wofür später der Begriff «Reformstau» gebräuchlich wurde: versäumte Erneuerungen im Bildungswesen etwa, in Sachen Gleichberechtigung der Frau und unehelich geborener Kinder, im Bereich von Strafrecht und Strafvollzug. Dazu kam der nach wie vor widerspruchsvolle Umgang mit der nationalsozialistischen Vergangenheit: wissenschaftliche und zunehmend auch gerichtliche Aufarbeitung bei gleichzeitigem Hinwegsehen über persönliche Schuld, soweit sie nicht «justitiabel» war.

Daß die Verbrechen des «Dritten Reiches» nicht in Vergessenheit gerieten, dafür sorgten in der ersten Hälfte der sechziger Jahre mehrere Gerichtsverfahren, die weltweites Aufsehen erregten. Im April 1961 begann in Jerusalem der Prozeß gegen den im Jahr zuvor vom israelischen Geheimdienst Mossad aus seinem argentinischen Exil entführten Mitorganisator der Judenvernichtung, den ehemaligen SS-Obersturmbannführer Adolf Eichmann. Im Dezember 1961 wurde Eichmann zum Tod durch den Strang verurteilt und am 1. Juni 1962 hingerichtet. Es folgten die Auschwitz-Prozesse vor dem Frankfurter Schwurgericht in den Jahren 1963 bis 1965 und der Düsseldorfer Treblinka-Prozeß 1964/65. Leidenschaftlich diskutiert wurden 1960 die Fernsehverfilmung von Hans Scholz' Roman «Am grünen Strand der Spree», in der die massenhafte Erschießung von Juden im besetzten Polen gezeigt wurde, und 1963 Rolf Hochhuths Drama «Der Stellvertreter», in dem der Autor scharf mit dem Schweigen von Papst Pius XII. zur Judenvernichtung ins Gericht ging.

Auch in der Geschichtswissenschaft vollzog sich seit der zweiten Hälfte der fünfziger Jahre ein Umbruch. 1955 erschien das Buch des Zeithistorikers und Politikwissenschaftlers Karl Dietrich Bracher «Die Auflösung der Weimarer Republik. Eine Studie zum Problem des Machtverfalls in der Demokratie», in der der Verfasser die Rolle der deutschen Eliten bei der Zerstörung des Verfassungsstaates von Weimar einer kritischen Analyse unterzog. Noch größere Aufmerksamkeit erregte 1961 der Hamburger Historiker Fritz Fischer mit seinem Buch «Griff nach der Weltmacht», in dem er die Aktivitäten der deutschen

Kriegspartei vor 1914, die konfliktverschärfende Politik der Reichs-
leitung in der Julikrise von 1914 und die deutsche Kriegspolitik der
Folgezeit schonungslos offenlegte und damit der bis dahin vorherr-
schenden Auffassung den Boden entzog, Deutschland sei wie alle anderen Mächte in den Ersten Weltkrieg mehr oder minder unbewußt
«hineingeschlittert».

Die Auseinandersetzung mit Fischers Buch spaltete die «Zunft» der
Historiker. Die ältere Generation mit dem Freiburger Professor Gerhard Ritter an der Spitze hielt an der traditionellen Deutung des
Kriegsausbruches von 1914 fest; die jüngeren Geschichtswissenschaft-
ler übernahmen überwiegend Fischers These von der Hauptschuld des
Deutschen Reiches. Auf dem 26. Historikertag, der im Oktober 1964
in West-Berlin stattfand, setzte sich nach intensiven Diskussionen
Fischers Interpretation weitgehend durch. Die «Fischer-Kontroverse»
wirkte weit über die Wissenschaft hinaus als Katalysator: Die Bundesrepublik lernte, selbstkritisch mit der deutschen Geschichte umzugehen – ein wichtiger Beitrag zu jener Öffnung gegenüber der politischen Kultur des Westens, der Adenauers Politik der Westintegration
den Boden bereitet hatte.[26]

Paris versus London: Die EWG bleibt das Europa der Sechs

Wirtschaftlich war die Bundesrepublik Deutschland zu Beginn der
sechziger Jahre das unbestritten erfolgreichste Land Westeuropas. Im
Jahresdurchschnitt war ihr Bruttosozialprodukt zwischen 1955 und
1960 um 6,4 Prozent gewachsen, das italienische um 5,4, das französische um 4,8, das britische hingegen nur um 2,5 Prozent. Für die
Regierung Macmillan waren noch andere ökonomische Daten beunruhigend: Der Anteil Großbritanniens am Weltexport war zwischen
1950 und 1960 von 25,5 auf 16,5 Prozent gesunken, während der
Anteil der Bundesrepublik in derselben Zeit von 7,3 auf 19,3 Prozent
gestiegen war. Die britischen Ausfuhren in das Commonwealth fielen
zwischen 1956 und 1962 von 1,26 auf 1,19 Milliarden Pfund Sterling,
was einen Rückgang von 47 auf 40 Prozent der Gesamtausfuhr des
Vereinigten Königreichs bedeutete. Im gleichen Zeitraum nahmen die
britischen Exporte in die Staaten der Europäischen Freihandelszone
(EFTA) von 378 auf 519 Millionen Pfund zu, jene in die Staaten der

Europäischen Wirtschaftsgemeinschaft (EWG) von 468 auf 762 Millionen. Die Ausfuhren in die EWG hatten also stärker expandiert als die in die EFTA, und zusammen genommen lag der Anteil Westeuropas an den britischen Exporten deutlich über dem des Commonwealth.

Im Wahlkampfjahr 1959 hatte das Vereinigte Königreich eine kurzlebige Wirtschaftsblüte erlebt, die zum größten Teil auf staatliche Maßnahmen zur Konjunkturbelebung zurückging. 1960/61 rutschten die Handels- und die Zahlungsbilanz tief ins Minus; das Pfund Sterling konnte im Frühjahr 1961 nur in einer gemeinsamen Aktion der EWG-Staaten unter maßgeblicher Beteiligung der Bundesrepublik Deutschland stabilisiert werden. In der britischen Öffentlichkeit verbreitete sich das Gefühl eines rasanten wirtschaftlichen Niedergangs, in letzter Instanz hervorgerufen durch eine gewisse Bequemlichkeit der einheimischen Industriellen, die sich zur Zeit des Empire nicht gezwungen gesehen hatten, in gleichem Maß erfinderisch und innovativ zu sein wie Unternehmer in weniger privilegierten Ländern. Die Begriffe «English disease» und «stagflation» (eine Verbindung von Stagnation und Inflation) kamen in Umlauf, und auch daran gab es wenig Zweifel: Der britische Anspruch auf einen Weltmachtstatus würde fortschreitend ausgehöhlt werden, wenn die materielle Basis des Landes weiter schrumpfte.

Ein im Jahr 1961 angeordneter, bis zum April 1962 befristeter allgemeiner Lohnstopp rief massive Proteste der Gewerkschaften hervor und zeitigte wenig Wirkung. Ein von Frank Lee, dem Permanent Secretary des Handelsministeriums, geleiteter interministerieller Ausschuß kam schon im Mai 1960 zu dem Schluß, daß es nur einen Ausweg aus der Krise gab: den baldigen Beitritt des Vereinigten Königreiches zur EWG. Ähnlich war die Einschätzung der britischen Industrie.

Daß Premierminister Harold Macmillan sich im Sommer 1961 dieser Position anschloß, hatte vor allem politische Gründe: Das Commonwealth hatte aufgehört, ein Unterpfand britischer Stärke zu sein; wirtschaftlich wirkte es inzwischen eher als Belastung. Einen Beitritt zur EWG verbanden nicht nur Macmillan, sondern auch die meisten anderen führenden Konservativen und Teile der Labour Party mit der Vorstellung, daß anschließend das Vereinigte Königreich dort die Führung übernehmen würde, so daß Westeuropa in gewisser Weise ausgleichen würde, was in der Vergangenheit das Commonwealth verbürgt hatte: die britische Weltgeltung. Dazu kam das Drängen aus

Washington, das der EFTA von jeher skeptisch gegenübergestanden hatte. Im April 1961 ließ Präsident Kennedy Macmillan bei dessen Besuch im Weißen Haus wissen, daß die USA sich von einem Beitritt zur EWG auch einen mäßigenden Einfluß auf den eigenwilligen General de Gaulle erhofften. Tat Großbritannien, was die Vereinigten Staaten ihm nahelegten, mochte ihm folglich eine Vermittlerrolle zwischen Amerika und Westeuropa zuwachsen: eine Erwartung, die vor allem Außenminister Lord Home hegte.

Sorgen rief in London die Beschleunigung des westeuropäischen Integrationsprozesses und namentlich die Bildung eines Gemeinsamen Agrarmarktes hervor, die die EWG-Kommission im März beziehungsweise im Juli 1960 dem Ministerrat vorgeschlagen hatte. Je mehr sich die EWG in supranationaler Richtung entwickelte, desto mehr drohte Großbritannien im Fall eines Beitritts ein Verlust an nationalen Souveränitätsrechten. Je früher das Vereinigte Königreich Mitglied der EWG wurde, desto besser waren seine Chancen, diesem Trend erfolgreich entgegenzuwirken. Es war mithin ein ganzes Bündel von Gründen, das die britische Regierung veranlaßte, am 10. August 1961, gestützt auf ein Votum der Commons, bei dem die Labour Party sich der Stimme enthalten hatte, offiziell den Antrag auf Beitritt zur Europäischen Wirtschaftsgemeinschaft zu stellen. Am gleichen Tag tat Dänemark, ein anderes Land der EFTA, denselben Schritt. Irland, das der Freihandelszone nicht angehörte, hatte den Antrag auf Aufnahme in die EWG bereits eine Woche vorher gestellt.

Im Hinblick auf seine entschiedene Gegnerschaft zu allem, was «supranational» war oder klang, hatte Macmillan einen Verwandten im Geist auf dem Kontinent: Charles de Gaulle. Der französische Staatspräsident hatte nach seiner Rückkehr an die Macht im Mai 1958 seine Position im Innern und Frankreichs Stellung in der Welt mit Erfolg zu festigen versucht. Unter seiner Ägide erlebte Frankreich einen anhaltenden wirtschaftlichen Aufschwung. Anfang 1960 führte die Regierung Debré den Noveau Franc (im Kurs von 1 zu 100 gegenüber dem inzwischen abgewerteten alten Franc) ein, was erheblich zur Stabilisierung der französischen Währung beitrug. Die Regierungen der Fünften Republik förderten das staatliche Planungswesen, die «planification»; sie bauten systematisch die Kernenergie aus, investierten in die regionale Entwicklung, dehnten das weiterführende Schulwesen aus und brachten Frankreich damit auf einen Kurs der gesellschaftlichen Modernisierung, der keinen Vergleich mit der Bundesrepublik Deutschland scheuen mußte. Seit 1960 lag die jährliche Wachstumsrate des Bruttosozialprodukts nicht unter 5 Prozent; der Index der Industrieproduktion stieg, wenn man von 1938 als Basisjahr ausgeht, zwischen 1957 und 1967 von 204 auf 335. Der Gefahr der konjunkturellen Überhitzung wirkte die Regierung Pompidou seit 1963 durch einen Preisstopp für wichtige Industriegüter, Kreditrestriktionen und Lohnleitlinien entgegen. Auch die Landwirtschaft nahm teil am Wirtschaftswachstum. Die durchschnittliche Betriebsgröße wuchs; die Mechanisierung setzte viele Landarbeiter frei, die in die Städte abwanderten. Der Anteil der Landwirte an der erwerbstätigen Bevölkerung fiel von 36 Prozent im Jahr 1946 auf 12 Prozent 1972 und 6 Prozent 1986.

Das Parlament war keineswegs mit allem einverstanden, was die Regierungen des Generals ihm an Gesetzentwürfen vorlegten. Ein Gesetz der Regierung Debré vom Dezember 1959, das den Sonderstatus der Privatschulen anerkannte, brachte die laizistische Linke gegen die Regierung auf. Im Januar 1960 trat Finanzminister Antoine Pinay von der Bauernpartei, einer der angesehensten Politiker der gemäßigten Rechten, aus Protest gegen den autoritären Stil, in dem Debré die Kabinettssitzungen leitete, zurück. Anfang 1962 verfügte de Gaulle über keine Mehrheit in der Nationalversammlung mehr, so daß der Präsident am 14. April, wenige Tage nach dem Friedensschluß von Évian, den Regierungschef entließ und Georges Pompidou, einen hochqualifizierten, aber politisch damals noch unerfahrenen Beamten, zu seinem Nachfolger ernannte. Bei der Abstimmung über die Regierungserklärung erhielt Pompidou am 27. April 259 Ja-Stimmen; 128 Abgeordnete stimmten gegen ihn; 119 enthielten sich. Damit stand nur knapp die Hälfte der Parlamentarier hinter dem neuen Premierminister – ein Ergebnis, das nach dem Urteil von René Rémond fatal an die Verhältnisse der Vierten Republik erinnerte.

Außenpolitisch hatte de Gaulle am 13. Februar 1960 mit der Explosion der ersten französischen Atombombe in der Sahara aller Welt vor Augen geführt, daß er entschlossen war, Frankreich in den Rang einer nuklearen Großmacht zu erheben. Nach zwei weiteren erfolgreichen Versuchen nahm das Programm der «Force de frappe», der atomaren Abschreckung, konkrete Züge an. Auch ein Tadelsantrag von Kommunisten und Sozialisten, dem 150 Abgeordnete der Rechts- und

Mittelparteien zustimmten, konnte die Regierung Debré nicht davon
abhalten, Mittel für die nukleare Komponente der französischen Verteidigung in den Haushaltsplan einzusetzen. Bereits 1959 hatte de
Gaulle mit einem Teilrückzug Frankreichs aus der Militärorganisation
der NATO begonnen, indem er die Mittelmeerflotte dem Befehl des
Atlantischen Bündnisses entzog. Der Aufbau der «Force de frappe»
unterstrich seinen Willen, innerhalb des Atlantischen Bündnisses Integration durch Kooperation zu ersetzen, die Souveränität Frankreichs
also durch keine Macht der Welt, auch nicht durch die stärkste Macht
des Westens, die Vereinigten Staaten von Amerika, einschränken zu
lassen. Washington dachte aber gar nicht daran, Frankreich entgegenzukommen und in die von de Gaulle im Sommer 1959 angestrebte Unterstellung der Allianz unter ein amerikanisch-britisch-französisches
Dreierdirektorium einzuwilligen.

So souveränitätsstolz wie gegenüber den USA verhielt sich de
Gaulle auch auf der europäischen Bühne. Sein Ziel war seit langem ein
Europa souveräner Nationalstaaten, die eng miteinander kooperierten,
um gemeinsam ein Gegengewicht zu den USA und der Sowjetunion
bilden zu können. De Gaulles Europa war einstweilen, solange der
Kontinent zwischen Ost und West geteilt war, im wesentlichen das der
sechs Mitgliedstaaten der Europäischen Wirtschaftsgemeinschaft.
Großbritannien wollte er nicht dabei haben, weil es aus seiner Sicht
nur das trojanische Pferd der Amerikaner war. Die Sechs aber sollten
sich nicht auf dem Weg der Integration, wie ihn die Kommission der
EWG in Brüssel beschritten hatte, vereinigen, sondern in einer Politischen Union zusammenschließen. Diese, die Keimzelle einer künftigen
europäischen Konföderation, sollte intergouvernementalen Charakter
haben und ihren Ort eher über als neben den bereits existierenden
europäischen Einrichtungen haben: So war es einem interministeriel-
len Memorandum vom September 1960 zu entnehmen.

Da das französische Projekt auch Wirtschafts- und Verteidigungs-
politik einschloß und damit in Zuständigkeiten von EWG und NATO
eingriff, stieß es bei den westeuropäischen Partnern Frankreichs auf
Widerspruch, am massivsten in den besonders atlantisch gesinnten
Niederlanden. Joseph Luns, ihr Außenminister, verhinderte auf einem
Gipfel der Sechs im Februar 1960 in Paris einen Beschluß, künftig
regelmäßige Konferenzen der Staats- und Regierungschefs abzuhalten.
Statt dessen wurde eine Kommission unter dem französischen Diplo-

maten Christian Fouchet eingesetzt, die prüfen sollte, wie eine politische Zusammenarbeit der Regierungen organisiert werden könne. Am 18. Juli 1961 wurden in Bonn auf einem weiteren Gipfel regelmäßige Treffen der Staats- und Regierungschefs und gleichzeitig eine Garantie der bestehenden europäischen Institutionen beschlossen. Das Nähere sollte die Fouchet-Kommission ausarbeiten.

Drei Wochen später, am 10. August 1961, stellte Großbritannien seinen Antrag auf Mitgliedschaft in der EWG. Der Londoner Schritt gab den Kritikern von de Gaulles Europapolitik in den kleineren Mitgliedsländern, obenan den Niederlanden, Auftrieb. Ein erster, von Fouchet im Oktober vorgelegter Plan für eine Europäische Politische Union wurde der Kommission mit der Bitte um Überarbeitung zurückgegeben. Als de Gaulle im Januar 1962 einen neuen Entwurf Fouchets in einer Weise überarbeiten ließ, die der Politischen Union wichtige Kompetenzen der EWG übertrug, versetzte er selbst seinem Vorhaben ungewollt den Todesstoß. Die Niederländer und Belgier machten klar, daß sie einer Politischen Union ohne Großbritannien nicht beitreten würden. Trotz Vermittlungsversuchen Adenauers und des italienischen Ministerpräsidenten Amintore Fanfani scheiterte «Fouchet II» auf einer Außenministerkonferenz der Sechs am 17. April 1962 in Paris: Neben Luns verlangte auch der belgische Außenminister Paul-Henri Spaak, dem Inkrafttreten des Vertrages über die Politische Union müsse der Beitritt Großbritanniens zur EWG vorangehen, woraufhin der Chef des Quai d'Orsay, Maurice Couve de Murville, den Abbruch der Verhandlungen vorschlug. Den Ministern verblieb nur noch, die Verhandlungen für gescheitert zu erklären. Die «Neue Zürcher Zeitung» faßte den Ausgang des Pariser Treffens drei Monate später in den Worten zusammen: «Auf der Walstatt blieb ein stagnierendes Europa.»

De Gaulle quittierte seine Niederlage am 15. Mai 1962 mit einer Pressekonferenz im Pariser Élysée-Palast. Dort rühmte er zwar die im Januar beschlossene Bildung des Gemeinsamen Agrarmarkts als Erfolg der französischen Politik, machte aber sogleich deutlich, daß er die europäische Integration auf die Wirtschaft beschränkt sehen wollte. Um Europa zu einer politischen Gesamtheit (un ensemble politique) zu machen, bedürfe es der Zusammenarbeit der Staaten. Den supranationalen Gegnern dieses Vorschlags warf er vor, einer utopischen Konstruktion anzuhängen. Er machte sie lächerlich als Leute, die ein Europa wollten, in dem nicht mehr französisch, deutsch oder italienisch, sondern eine internationale Kunstsprache wie Esperanto oder Volapük gesprochen wurde, als Politiker, die, um sich über die Wirklichkeit zu erheben, gern unter Aladins Wunderlampe träumten.

De Gaulle bestritt, jemals das ihm in den Mund gelegte Wort vom «Europa der Vaterländer» (Europe des patries) gebraucht zu haben. Europa könne nur auf Elementen der Aktion, der Autorität und der Verantwortung, also auf der Grundlage der Staaten aufgebaut werden. «Zur Stunde kann es kein anderes Europa als das der Staaten geben (à l'heure qui est, il ne peut pas y avoir d'autre Europe que celle des États) ...» Der Präsident nannte es eine Bastardlösung (une espèce d'hybride), daß die sechs Staaten der Europäischen Wirtschaftsgemeinschaft sich Mehrheitsbeschlüssen eines supranationalen Parlaments unterwerfen sollten. Die Völker Frankreichs, Deutschlands, Italiens, der Niederlande, Belgiens und Luxemburgs dächten nicht daran, sich Gesetzen zu unterwerfen, die von ausländischen Abgeordneten beschlossen worden seien. Es gebe keinen Zauberspruch, mit dem sich so etwas Schwieriges wie das vereinte Europa bauen ließe. «Errichten wir also dieses Gebäude auf den Grundfesten der Wirklichkeit, und nach getaner Arbeit wird dann Zeit sein, uns in den Märchen von Tausendundeiner Nacht zu wiegen.»

Die Pressekonferenz vom 15. Mai 1962 löste in Frankreich ein innenpolitisches Erdbeben aus. Die Minister des christlich-demokratischen MRP mit Pierre Pflimlin an der Spitze traten tags darauf aus dem Kabinett Pompidou aus. Im Juni unterschrieben 295 Abgeordnete aller Fraktionen außer Gaullisten und Kommunisten zum Abschluß einer Debatte in der Nationalversammlung ein «Manifeste des Européens», in dem sie sich zum Ziel eines föderativ geeinten Europa bekannten. Damit hatte de Gaulle in der wichtigsten außenpolitischen Frage die Mehrheit der Parlamentarier gegen sich.

Der General wäre aber nicht er selbst gewesen, hätte er sich davon beeindrucken lassen. In seiner Pressekonferenz hatte er im Zusammenhang mit der weiter schwelenden Berlinkrise die Bedeutung der deutsch-französischen Solidarität mit soviel Pathos hervorgehoben, daß seine politische Absicht unschwer zu erahnen war: Er wollte, da eine Politische Union der Sechs vorerst nicht erreichbar war, eine engere Union in Gestalt eines Zweibunds zwischen Frankreich und der Bundesrepublik Deutschland zustande bringen: ein Projekt, das er Adenauer bereits Ende Juli 1960 bei einem Konsultationsgespräch auf

Schloß Rambouillet vorgeschlagen, auf das dieser aber zurückhaltend reagiert hatte.

Vom 2. bis 8. Juli 1962 fand der seit langem geplante Staatsbesuch Konrad Adenauers in Frankreich statt. Höhepunkte waren eine deutsch-französische Truppenparade bei Mourmelon und ein anschließender Gottesdienst in der von den Deutschen im Ersten Weltkrieg großteils zerstörten, danach wiederaufgebauten gotischen Kathedrale von Reims, dem einstigen Krönungsort der französischen Könige – symbolträchtige Bilder, die sich der kollektiven Erinnerung von Deutschen und Franzosen einprägten. Dasselbe galt von einigen Stationen bei de Gaulles Gegenbesuch in der Bundesrepublik vom 4. bis 9. September 1962. Daß der General dabei mehrfach, so in Reden auf dem Bonner Marktplatz und auf einer deutsch-französischen Jugendkundgebung in Ludwigsburg, das «große deutsche Volk» hochleben ließ, rief Jubelstürme hervor. So etwas hatten die Deutschen seit 1945 nicht mehr gehört, und aus dem Munde des stolzen Franzosen wirkte es wie eine Vergebung der Verirrungen, Verfehlungen und Verbrechen einer noch nicht lange zurückliegenden Vergangenheit.

Über seine Idee eines deutsch-französischen Zweibundes hatte de Gaulle anläßlich beider Staatsbesuche mit Adenauer unter vier Augen gesprochen. Am 19. September ließ der Präsident dem Bundeskanzler den Entwurf eines Protokolls zukommen, daß eine enge organisierte Zusammenarbeit beider Länder auf den Gebieten Außenpolitik, Verteidigung, Jugend und Kultur vorsah. Ein kleines Komitee, bei dem auf deutscher Seite das Auswärtige Amt des überzeugten Atlantikers Gerhard Schröder federführend war, beriet die Angelegenheit weiter, wobei die Vertreter der Bundesrepublik sehr viel weniger Eile an den Tag legten, als das de Gaulle von ihnen erwartete. Offen blieb im Herbst 1962 noch, welche Form die deutsch-französische Vereinbarung annehmen sollte – die eines Briefwechsels, eines Protokolls oder eines Konsultationsabkommens. An einen völkerrechtlichen Vertrag dachten damals weder Paris noch Bonn.

In die Zeit zwischen den beiden Staatsbesuchen fiel ein schon kurz erwähntes Ereignis, das zu einer Zäsur in der Geschichte der Fünften Republik werden sollte: Am 22. August 1962 verübten fanatische Angehörige der OAS, der Geheimorganisation der Freunde der «Algérie française», bei Petit-Clamart einen Anschlag auf den Staatspräsidenten, der im Auto unterwegs vom Élysée-Palast zum Flughafen Villa-

coublay war. Wie durch ein Wunder blieb de Gaulle bei dem Kugel-
hagel unverletzt. Die politische Konsequenz, die er aus dem Attentat
zog, war für ihn typisch: Am 12. September kündigte er ein verfassungsänderndes Referendum an, durch das er die Wahl des Präsidenten der Republik direkt durch das Volk (an Stelle der bisherigen Wahl
durch ein Gremium gewählter Notabeln) einführen wollte. An seiner
politischen Absicht gab es nichts zu deuten: Charles de Gaulle hielt
den Augenblick für günstig, sein Amt durch einen «appel au peuple»
plebiszitär aufzuwerten und die Nationalversammlung entsprechend
abzuwerten. Er provozierte damit einen Verfassungskonflikt: Artikel 89
der Verfassung sah vor, daß verfassungsändernde Maßnahmen zunächst der Nationalversammlung vorzulegen waren. Erst danach hatte
das französische Volk als «pouvoir constituant» das Wort.

Massive Proteste gegen das putschartige Vorgehen des Präsidenten
ließen infolgedessen nicht auf sich warten. Ein Kabinettsmitglied, Erziehungsminister Pierre Sudreau, trat empört aus der Regierung aus.
Der Präsident des Senats, Gaston Monnerville, sprach auf dem Parteitag der Radikalsozialisten von einem Amtsmißbrauch des Präsidenten
der Republik und wurde kurz darauf von den Senatoren demonstrativ
erneut in sein Amt gewählt. Auf der Linken erinnerte man an den
Staatsstreich Louis Napoléons vom 2. Dezember 1851, durch den
dieser sich diktatorische Vollmachten gesichert hatte. In der Nationalversammlung sprachen am 5. Oktober auf Antrag von Paul Reynaud
280 Abgeordnete aller Fraktionen außer den Gaullisten der Regierung
Pompidou das Mißtrauen aus (die absolute Mehrheit lag bei 241 Abgeordneten). De Gaulle löste daraufhin die Nationalversammlung auf
und ersuchte die Regierung, geschäftsführend im Amt zu bleiben. Das
Referendum wurde auf den 28. Oktober festgesetzt, die Termine der
beiden Wahlgänge der Wahlen zur Nationalversammlung auf den 18.
und 25. November 1962.

Aus beiden Kraftproben ging der General als triumphaler Sieger
hervor. Bei der Abstimmung über die Verfassungsänderung stimmten
fast zwei Drittel, nämlich 61,75 Prozent, der Abstimmenden für den
Vorschlag de Gaulles; 38,25 Prozent entschieden sich im Sinne des
«Cartel des non», also der Parteien, die die Vorlage ablehnten. Beim
ersten Wahlgang der Wahlen zur Nationalversammlung erzielten die
Gaullisten, zusammengefaßt in der von Kulturminister André Malraux
ins Leben gerufenen Association pour la Ve République, mit 31,9 Pro-

zent ein Rekordergebnis. Die Kommunisten kamen auf 21,8, die Sozialisten auf 12,5 Prozent, das MRP auf 9,1 Prozent. Im zweiten Wahlgang verfehlten die Gaullisten mit 233 Abgeordneten nur knapp die absolute Mehrheit. Die mit ihnen verbündeten Indépendants Républicains kamen auf 36 Sitze, Mitterrands Union Démocratique et Socialiste de la Résistance gemeinsam mit den Radicaux, mit denen sie sich zum Rassemblement Démocratique zusammenschlossen, auf 39 Sitze. Die extreme Rechte war nicht mehr im Parlament vertreten; die Unabhängigen des Centre National des Indépendants et Paysans verloren 78 ihrer bisher 106 Mandate. Die Linke konnte sich hingegen durch Wahlabsprachen behaupten: Kommunisten und Sozialisten erreichten zusammen 107 Sitze, knapp 35 Prozent aller Mandate.

Am 27. November berief de Gaulle Georges Pompidou erneut zum Premierminister. Die Nationalversammlung sprach ihm am 3. Dezember mit 268 gegen 116 Stimmen das Vertrauen aus. Weit mehr als zuvor war das politische System Frankreichs nun ein Präsidialregime. Gestützt auf das Votum des Volkes, konnte sich de Gaulle als Verkörperung des allgemeinen Willens präsentieren. Der Premierminister blieb sein erster Gehilfe. Die Nationalversammlung verlor zwar keine Rechte, hatte aber seit den Novemberwahlen von 1962 weniger politisches Gewicht als zuvor. Das Attentat von Petit-Clamart hatte mithin eine halbautoritäre Umgründung der Fünften Republik zur Folge. Daß de Gaulle die Stärkung seiner innenpolitischen Position auch außenpolitisch nutzen würde, lag auf der Hand.

Die Verhandlungen, die Großbritannien seit November 1961 mit der EWG über seinen Beitrittsantrag führte, erwiesen sich als überaus mühsam. Das Vereinigte Königreich versprach zwar, alle Verpflichtungen aus den Römischen Verträgen zu erfüllen, bestand aber auf Sonderregelungen für seine Landwirtschaft und den Handel mit den Ländern des Commonwealth, für die Präferenzzölle galten. Was den zweiten Punkt anging, warfen die neuseeländische Butter und der kanadische Weizen die größten Probleme auf. Im Hinblick auf Industrieprodukte aus den Dominions kam es, da mit Ausnahme Frankreichs alle anderen Mitgliedsländer der EWG den britischen Beitritt wünschten, bis zum Herbst 1962 zu einer weitgehenden Verständigung. In den Agrarfragen aber war man um diese Zeit von einer Einigung noch weit entfernt. Die Briten befürchteten, wenn sie *ihren* Protektionismus durch den der EWG ersetzten, Nachteile für ihren Gartenbau, für Schweine- und Milchprodukte, aber auch für die Verbraucher. Die Franzosen hingegen legten Wert auf den zügigen Ausbau des Gemeinsamen Agrarmarktes, von dem keine Landwirtschaft so sehr profitierte wie die ihre. Im August 1962 kam es darüber zu einer mehrwöchigen Vertagung der Verhandlungen.

Premierminister Macmillan war sich stets bewußt gewesen, daß es äußerster Anstrengungen bedürfen würde, um den Mann an der Spitze Frankreichs von seinen Vorbehalten gegenüber einem EWG-Beitritt des Vereinigten Königreichs abzubringen. De Gaulle hatte im November 1958 den Abbruch der Verhandlungen zwischen EWG und EFTA über eine europäische Freihandelszone erzwungen. Die einzige Chance, seinen Widerstand zu überwinden, sah Macmillan in britischem Entgegenkommen auf einem anderen Feld: der Unterstützung des französischen Strebens nach einer eigenständigen nuklearen Streitmacht. In Gesprächen mit dem Präsidenten der USA hatte der britische Regierungschef im April 1961 um Verständnis für die Wünsche de Gaulles geworben, damit aber keinen Erfolg gehabt: Nach internen Beratungen legte sich Kennedy am 8. Mai 1961 auf ein klares Nein zur «Force de frappe» fest. Dennoch äußerte sich Macmillan gegenüber de Gaulle bei einem Zusammentreffen in Schloß Champs Anfang Juni 1962 in fast «gaullistischen» Tönen über die Perspektiven eines konföderierten Europa, das über eine eigene nukleare Verteidigung verfügen und mit den USA auf gleicher Ebene verhandeln können sollte.

Im November 1962 nahm der Parteitag der Labour Party eine Kompromißresolution an, wonach Großbritannien dem Gemeinsamen Markt nur beitreten sollte, wenn es sich völlige Handlungsfreiheit in innen- und außenpolitischen Fragen sichern könne und ausreichende Garantien für die Wahrung der Interessen des Commonwealth, der EFTA und der britischen Landwirtschaft erhalte. Als sich Macmillan mit de Gaulle Mitte Dezember auf Schloß Rambouillet traf, stellte er bei seinem Gegenüber eine verhärtete Haltung fest. Der zähe Verlauf der Beitrittsverhandlungen, der innerbritische Meinungsstreit und die Ablehnung der atomaren Aufrüstung Frankreichs durch die USA – alles kam zusammen, um de Gaulle kühler denn je auf die britischen Wünsche in Sachen Gemeinsamer Markt reagieren zu lassen.

Wenige Tage später, am 18. Dezember 1962, flog Macmillan nach Nassau auf den Bahamas, um dort mit dem amerikanischen Präsidenten zu konferieren. Für den Premierminister kaum überraschend, zog Kennedy bei dieser Gelegenheit einen Schlußstrich unter ein Angebot, das Präsident Eisenhower Großbritannien im März 1960 gemacht hatte: die Lieferung von Skybolt-Raketen, die mit atomaren Spreng-köpfen ausgerüstet waren, bei mehreren Tests die in sie gesetzten Er-wartungen aber nicht erfüllt hatten. Statt dessen wollte der Präsident dem Vereinigten Königreich amerikanische Polaris-Raketen zur Ver-fügung stellen. Diese sollten auf britischen Unterseebooten installiert werden, die ihrerseits, zusammen mit dem übrigen nuklearen Arsenal Großbritanniens, in die von den USA geplante Multilateral Force (MLF) der NATO, das Kernstück von Kennedys «grand design» für Europa und das Atlantische Bündnis, zu integrieren waren. Macmillan ging auf diese Offerte ein. Er verzichtete damit faktisch auf eine eigen-ständige britische Atomstreitmacht und unterstellte sein Land dem nuklearen Führungsanspruch der Vereinigten Staaten.

De Gaulle, dem die USA und Großbritannien sogleich anboten, sich ebenfalls, gegen die Lieferung von Polaris-Raketen und unter Ver-zicht auf seine eigene «Force de frappe», an der MLF zu beteiligen, wies das Ansinnen der Angelsachsen kühl zurück. Auf derselben Pres-sekonferenz vom 14. Januar 1963, auf der er sein Nein verkündete, äußerte er öffentliche Zweifel, ob Großbritannien in der Lage und willens sei, die Verpflichtungen der Römischen Verträge auf sich zu nehmen, und sprach sich für eine Assoziierung des Vereinigten König-reichs mit dem Gemeinsamen Markt aus. Am 29. Januar wurden die Beitrittsverhandlungen, nachdem Frankreich inzwischen formell sein Veto eingelegt hatte, ohne Festlegung eines neuen Termins vertagt. Der erste Versuch des Vereinigten Königreichs, der EWG beizutreten, war damit definitiv gescheitert.

De Gaulle hätte die Briten auch ohne den Coup von Nassau früher oder später mit seinem Veto konfrontiert: Aus seiner Sicht war es die historische Mission Frankreichs, Europa vor der Hegemonie der An-gelsachsen zu retten und den Vereinigten Staaten die Rolle eines stillen Teilhabers des europäischen Einigungswerkes zu verwehren – eine mit der britischen Mitgliedschaft in der EWG völlig unvereinbare Konzep-tion. Macmillans Unterwerfungsakt gegenüber Kennedy entband de Gaulle von der Notwendigkeit, seine ablehnende Haltung weiter diplo-matisch zu verbrämen. Durch ihr Beharren auf voller Souveränität und einer Fülle von Sonderregelungen hatten die Briten es freilich zu einem guten Teil sich selbst zuzuschreiben, daß die Beitrittsverhandlungen mit dem von de Gaulle gewünschten Ergebnis endeten. Macmillans Kapitulation aber verlangte aus seiner Sicht eine rasche und demonstrative Antwort.

Das «Non» des Generals hatte unmittelbare Auswirkungen auf das Projekt eines deutsch-französischen Zweibundes, über das seit Oktober 1962 zwischen Paris und Bonn verhandelt wurde. Innerhalb der Bundesregierung war man sich einig, daß die beabsichtigten engen deutsch-französischen Konsultationen auf eine Weise institutionalisiert werden mußten, die weder die anderen Mitgliedstaaten der EWG noch die NATO oder die USA beunruhigen sollte. Die schroffe Art, die de Gaulle gegenüber den Briten an den Tag legte, trug mit dazu bei, daß sich das Auswärtige Amt mit der Forderung durchsetzte, dem Abkommen die Form eines völkerrechtlichen, der parlamentarischen Ratifizierung bedürftigen Vertrags zu geben. Damit lag die endgültige Entscheidung bei Bundestag und Bundesrat, was auch Zeitgewinn für Bonn bedeutete. Die französische Seite fügte sich, so daß de Gaulle und Adenauer die Vereinbarung, nunmehr «Élyséevertrag» genannt, wie geplant am 22. Januar 1963 in Paris unterzeichnen konnten. Das Abkommen sah, unter anderem, mindestens zwei Treffen der Staats- und Regierungschefs im Verlauf eines Jahres, wechselseitige Konsultationen in allen wichtigen Fragen der Außenpolitik sowie eine Zusammenarbeit in den Bereichen Bildungspolitik und Jugendaustausch vor.

Drei Tage nach der Unterzeichnung des deutsch-französischen Vertrags machte die Bundesregierung deutlich, daß sie nicht daran dachte, de Gaulles antibritischen Kurs zu unterstützen. Mochte Adenauer persönlich dem britischen Beitrittsgesuch auch skeptisch gegenüberstehen, das Kabinett hatte er dabei nicht hinter sich. Am 25. Januar sprach sich die Bundesregierung auf Betreiben von Außenminister Gerhard Schröder für den Beitritt Großbritanniens zur Europäischen Wirtschaftsgemeinschaft aus. Den Abbruch der Verhandlungen auf Grund des französischen Vetos am 29. Januar konnte Bonn damit zwar nicht verhindern. Aber am 6. Februar stellte Adenauer vor dem Bundestag klar, daß seine Regierung auch in anderen Fragen keine «gaullistischen» Positionen bezog. Er betonte den Wert der NATO für die Sicherheit der Bundesrepublik, verlangte eine Mitsprache bei der Planung und beim Einsatz von Atomwaffen und erklärte die Bereitschaft der Bundesrepublik, sich an einer multilateralen Atomstreitmacht des Atlantischen Bündnisses zu beteiligen.

Den parlamentarischen Beratungen über den Élyséevertrag gingen sowjetische Proteste, amerikanische Einwände, Kontroversen innerhalb der Koalition und Verhandlungen zwischen Regierung und Opposition voraus. Innerhalb der eigenen Partei hatte der Bundeskanzler, ein glühender Verfechter des Vertrages, mit dem Widerstand prominenter «Atlantiker» wie der Minister Schröder und Erhard, des Fraktionsvorsitzenden Heinrich von Brentano und des Präsidenten der EWG-Kommission, Walter Hallstein, zu kämpfen, die es für notwendig hielten, de Gaulle Paroli zu bieten. Die sogenannten «deutschen Gaullisten», an ihrer Spitze Franz Josef Strauß und der CSU-Abgeordnete Karl Theodor zu Guttenberg, bildeten demgegenüber nur eine kleine Minderheit.

Seit Anfang April zeichnete sich ein, von Adenauer akzeptierter, Ausweg aus dem Dilemma ab: eine Präambel zum Vertrag, in der sich die Bundesrepublik, den amerikanischen Vorstellungen entsprechend, zur Partnerschaft mit den USA, zu der Integration in das Atlantische Bündnis, der Einigung Europas durch die Europäische Wirtschaftsgemeinschaft, dem Eintritt Großbritanniens in die EWG und zu Verhandlungen über eine weltweite Zollsenkung, der vom amerikanischen Präsidenten angeregten, sogenannten «Kennedy-Runde», im Rahmen des Allgemeinen Zoll- und Handelsabkommens, des GATT, bekannte.

Das war eine Absage an die kurz- und langfristigen Ziele de Gaulles, wie sie schärfer kaum hätte ausfallen können. Die Präambel minderte die Bedeutung des Vertrags entscheidend, sicherte aber seine Verabschiedung. Am 16. Mai 1963 nahm ihn der Bundestag fast einstimmig an. Am 14. Juni folgte die Ratifizierung durch die französische Nationalversammlung. Am 2. Juli 1963 trat der Vertrag in Kraft.

In Großbritannien führte Macmillans Niederlage im Ringen um den britischen Beitritt zur EWG zu einem Absturz der regierenden Konservativen in Meinungsumfragen: Im Februar 1963 lag die Labour Party um 15 Punkte vor den Tories. Um dieselbe Zeit machten auch Spionageaffären der Regierung zu schaffen. Im Oktober 1962 war ein ehemaliger Angehöriger der britischen Botschaft in Moskau, der mit Chiffrieraufgaben betraut war, wegen Spionage für die Sowjetunion verurteilt worden. Im März 1963 wurde die Öffentlichkeit über die

Identität des «Maulwurfs» informiert, der als «dritter Mann» neben den Mitte der fünfziger Jahre der Spionage überführten Geheimdienstagenten Guy Burgess und Donald Maclean für die Sowjetunion gearbeitet, ja die beiden angeworben hatte: Es war der frühere Chef des Auslandsgeheimdienstes MI5, «Kim» Philby. Noch schlimmer kam es für die Regierung, als kurz darauf bekannt wurde, daß Verteidigungsminister John Profumo 1961 ein enges Verhältnis zu einem Callgirl namens Christine Keeler unterhalten hatte, die gleichzeitig die Geliebte des sowjetischen Marineattachés gewesen war. Die Enthüllungen über die Affäre füllten monatelang die Schlagzeilen. Am 5. Juni trat Profumo zurück.

Die Niederlagen und Rückschläge, die Macmillan in der ersten Hälfte des Jahres 1963 hinnehmen mußte, ließen es den meisten Beobachtern nahezu ausgeschlossen erscheinen, daß der neunundsechzigjährige Premierminister im nächsten Jahr die Tories nochmals in eine Unterhauswahl führen würde. Zwar gab es auch Entwicklungen, die die Regierung auf der Habenseite ihrer Bilanz verbuchen konnte: die positiven Konjunkturdaten und die sinkenden Arbeitslosenzahlen sowie, auf außenpolitischem Gebiet, die Verständigung der USA und der Sowjetunion auf jenes Abkommen über ein Verbot von Kernwaffenversuchen in der Atmosphäre, im Weltraum und unter Wasser, auf das Macmillan seit langem mit großem persönlichen Engagement hingearbeitet hatte. Aber der Regierungschef hielt es im Interesse der Wahlchancen seiner Partei für besser, wenn er Anfang 1964 seinen Platz für einen Nachfolger freimachte, dem dann noch ein knappes Dreivierteljahr bis zum spätestmöglichen Neuwahltermin blieb.

Gesundheitliche Probleme durchkreuzten diesen Zeitplan. Im Oktober mußte sich Macmillan einer Prostataoperation unterziehen, die ihn zwang, seinen Rücktritt vorzuverlegen. Die Nachfolge trat am 19. Oktober 1963, dem Wunsch des Amtsinhabers entsprechend, Außenminister Lord Home an. Ein kurz zuvor verabschiedetes Gesetz erlaubte es ihm, auf seinen Sitz im Oberhaus zu verzichten; im November ließ er sich bei einer Nachwahl in einem sicheren Tory-Wahlkreis als Sir Alec Douglas-Home ins Unterhaus wählen. Darauf, daß es diesem Sproß der Aristokratie gelingen würde, den Konservativen in spätestens einem Jahr zum vierten Wahlsieg in Folge zu verhelfen, mochten am Ende der siebenjährigen Amtszeit Macmillans freilich nur wenige Briten wetten.[27]

Öffnung nach links: Italien reformiert sich

Zu den Ländern, die im Streit um den britischen Beitritt zur EWG eher für London als für Paris Partei ergriffen hatten, gehörte Italien. Das Land hatte seit dem Rücktritt Alcide De Gasperis im Juli 1953 rasch wechselnde Regierungen unter christlich-demokratischer Führung und kein Jahr ohne Regierungskrise erlebt. Zur gleichen Zeit wuchs die italienische Wirtschaft so stark (zwischen 1950 und 1963 jährlich um mehr als 5 Prozent des Bruttoinlandsprodukts), daß man auch hier von einem «Wirtschaftswunder» (miracolo economico) sprach. Der wirtschaftliche Aufschwung ging einher mit einem Abbau des Analphabetismus. Die Italiener, die des Lesens und Schreibens unkundig waren, machten 1961 noch 8,3 Prozent der Bevölkerung gegenüber 12,9 Prozent zehn Jahre zuvor aus. Das regionale Entwicklungsgefälle aber blieb kraß: Die Abwanderung aus dem Mezzogiorno in den hochindustrialisierten Norden hielt an, desgleichen die Auswanderung in die Schweiz, nach Deutschland und in die USA. Dazu kamen die vorwiegend süditalienischen Gastarbeiter, die ihrer Heimat nur zeitweilig den Rücken kehrten, um nördlich der Alpen zu arbeiten und Geld zu verdienen. Von den über 5 Millionen Italienern, die das Land zwischen 1946 und 1963 verließen, kehrten insgesamt 2,4 Millionen nach Italien zurück.

Untätigkeit im Hinblick auf den Mezzogiorno konnte man den Regierungen in Rom nicht vorwerfen. In den fünfziger Jahren wurden Sümpfe trockengelegt, das Schienen- und Straßennetz ausgebaut, die Wasser- und Stromversorgung verbessert. Staatskonzerne wie das Istituto per la Ricostruzione Industriale (IRI) und das Ente Nazionale Idrocarburi (ENI) setzten ihre Investitionsschwerpunkte auftragsgemäß zum größten Teil im Süden. Ölraffinerien in Sizilien und Stahlwerke in der Nähe von Neapel und Tarent entstanden auf diese Weise, aber sie veränderten kaum die Wirtschaftsstruktur der jeweiligen Provinz. Der Anteil des Mezzogiorno am Volkseinkommen ging infolge der Migrationsprozesse der fünfziger Jahre sogar zurück: von 68 Prozent des nationalen Durchschnitts im Jahr 1951 auf 60 Prozent im Jahr 1961.

Die 1950 geschaffene Cassa per il Mezzogiorno, der staatliche Hilfsfonds zur wirtschaftlichen Erschließung des Südens, und das sechs Jahre später entstandene Ministerium für Staatsbeteiligungen er-

wiesen sich als ambivalente Errungenschaften: Sie förderten nicht nur
überfällige Infrastrukturmaßnahmen, sie gingen auch, oft unter Verletzung geltender Rechtsvorschriften, auf eigennützige Interessen örtlicher Honoratioren ein und versorgten regionale Funktionäre der
Christlichen Demokraten mit wohldotierten Posten. Am anrüchigsten
und gefährlichsten war das Zusammenspiel zwischen der DC und dem
organisierten Verbrechen. Die Mafia finanzierte ihre Wirtschaftsbe-
triebe großteils mit Hilfe von Geldern der Cassa per il Mezzogiorno.
Daß ihre politischen Förderer sie vor der Strafverfolgung schützten,
quittierten die Unterweltbosse mit massiver und höchst wirkungsvoller
Wahlhilfe für die chronische Regierungspartei in Rom. Die Partei des
im August 1954 verstorbenen Alcide De Gasperi schien zeitweilig
kaum mehr zu sein als ein lockerer Dachverband unterschiedlicher Richtungen, der sogenannten «correnti» (Strömungen). Ihre Abhängigkeit
von der katholischen Kirche und der Großindustrie war in der zweiten
Hälfte der fünfziger Jahre nicht mehr so groß wie zuvor. Sie war zur
Partei des öffentlichen Dienstes geworden, zu einem Sammelbecken
derer, die sich von der Nähe der Staatsmacht Vorteile versprachen.

Bei den Kammerwahlen vom Mai 1958 entfielen 42,4 Prozent auf
sie; es folgten die Kommunisten mit 22,7 und die Sozialisten mit
14,2 Prozent. Der Mailänder Wirtschaftsprofessor Amintore Fanfani,
ein dynamischer Politiker, der innerhalb der DC links der Mitte stand,
bildete, nachdem er mit dem Versuch gescheitert war, auch die Sozialisten an der Regierung zu beteiligen, ein Kabinett der linken Mitte aus
Christdemokraten und Sozialdemokraten, das sich einer energischen
Reformpolitik verschrieb, aber schon nach sieben Monaten an der
Gegnerschaft von Kirche, Industrie und rechtem Flügel der DC scheiterte. Es folgte ein christdemokratisches Minderheitskabinett unter
dem rechtsstehenden Antonio Segni, der ein Jahr lang das Amt des
Ministerpräsidenten innehatte. Sein Nachfolger Fernando Tambroni
versuchte gegen den Widerstand des linken Flügels der DC mit Unterstützung von Monarchisten und Neofaschisten zu regieren, rief mit
dieser «Öffnung nach rechts» (apertura a destra) aber einen derart
massiven außerparlamentarischen Widerstand der Linken hervor, daß
er im Jahr 1960 demissionieren mußte.

Der Gewinner der Regierungskrise war Fanfani, der eine «Öffnung
nach links» (apertura a sinistra) anstrebte, sich aber zunächst mit einer
von Sozialdemokraten und Republikanern unterstützten Minderheits-

regierung begnügen mußte. Die Sozialisten enthielten sich bei der Abstimmung über die Vertrauensfrage der Stimme, was bereits eine beträchtliche Annäherung an die DC bedeutete. Der Vorsitzende des Partito Socialista Italiano, Pietro Nenni, hatte sich schon 1955 für einen Dialog mit den Christdemokraten ausgesprochen. Nach der Niederschlagung der ungarischen Revolution im Herbst 1956 brach er mit den Kommunisten; er gab sogar demonstrativ den Stalinpreis zurück, der ihm 1952 verliehen worden war. Die Kurskorrektur eröffnete die Chance für eine Wiedervereinigung mit den Sozialdemokraten Giuseppe Saragats. Gespräche zwischen den beiden Parteiführern brachten aber, da es sowohl bei den Sozialisten als auch bei den Sozialdemokraten viele Gegner einer Fusion gab, vorerst kein greifbares Ergebnis.

Seit 1960 begannen sich die Aussichten für eine «Öffnung nach links» deutlich zu verbessern. In der italienischen Großindustrie mehrten sich die Stimmen von Unternehmern wie der Konzernchefs von FIAT, Olivetti und Pirelli, die einen Brückenschlag zwischen Christdemokraten und Sozialisten und Lohnerhöhungen zwecks Hebung der Binnennachfrage befürworteten. Zudem wurde ein amerikanischer Einspruch gegen eine Regierungsbeteiligung der Sozialisten unwahrscheinlicher, seit unter der Präsidentschaft Kennedys liberale Kräfte Einfluß auf die Italienpolitik der USA gewannen (was Vernon Walters, den Militärattaché an der Botschaft in Rom, nicht davon abhielt, für den Fall einer Linkskoalition mit einer militärischen Intervention zu drohen).

Wichtiger noch war eine veränderte Haltung des Vatikans. Am 9. Oktober 1958 war der hochkonservative Papst Pius XII. gestorben. Sein Nachfolger Johannes XXIII., der bisherige Patriarch von Venedig, bemühte sich um ein «aggiornamento» der Kirche, das heißt eine behutsame Anpassung an die Erfordernisse der Gegenwart. Im Mai 1961 erließ er die Enzyklika «Mater et Magistra», in der er die katholische Sozzilehre erneuerte, die demokratische Staatsform würdigte und einen Ausgleich zwischen reichen und armen Nationen forderte. Im Dezember desselben Jahres berief er das Zweite Vatikanische Konzil ein, das von Oktober 1962 bis Dezember 1965 tagte. Es gab, indem es die anderen christlichen Kirchen einlud, Beobachter nach Rom zu entsenden, ein starkes ökumenisches Signal. Das Konzil strich die althergebrachte Formel von den ungläubigen oder treulosen Juden («oremus et pro perfidis Judaeis») aus der liturgischen Fürbitte und ermöglichte damit einen Dialog mit den Juden. Es erkannte die Religionsfreiheit an, wertete die

Stellung von Bischöfen und Laien auf und führte die Landessprachen in die Liturgie ein. Es gab der lateinamerikanischen «Theologie der Befreiung» Auftrieb, die sich dem Ideal einer Kirche der Armen im Sinn des Urchristentums verpflichtet fühlte und darum der sozialen und politischen Unterdrückung der Unterschichten durch die Privilegierten den Kampf ansagte. In der Enzyklika «Pacem in terris» vom April 1963 sprach sich Johannes XXIII. zwei Monate vor seinem Tod für Abrüstung, Frieden und einen Dialog zwischen Gläubigen und Nichtgläubigen aus. Hatte Pius XII. die Wähler der Linksparteien noch mit der Exkommunikation bedroht, so rief sein Nachfolger die Katholiken auf, auch ihnen mit dem allen Menschen gebührenden Respekt zu begegnen.

Auf eine politische «apertura a sinistra» in Italien arbeiteten neben Fanfani und Saragats Sozialdemokraten auch die Republikaner unter Ugo La Malfa hin. Im Februar 1962 beteiligten sich die Sozialisten erstmals seit 1947 wieder an einem Regierungsprogramm; sie unterstützten ein neues Kabinett Fanfani, verzichteten aber darauf, selbst Minister zu stellen. Damals begann, was der Historiker Hans Woller «die zweite große Reformzeit nach 1945» nennt, «die der ersten unter De Gasperi kaum nachstand ... Das Land warf binnen kurzem viel bedrückenden Ballast ab, verordnete sich eine weitere Modernisierungskur und paßte sich damit auch gesellschaftlichen Standards an, die in West- und Nordeuropa seit längerem etabliert waren.» Es bedurfte der Stärkung des linken Kabinettsflügels durch die Sozialisten, um endlich einen von der DC immer wieder verhinderten Untersuchungsausschuß gegen die Mafia einzusetzen. Das erste Kabinett der «apertura a sinistra» besteuerte die Aktiengewinne, erweiterte die Rechte der Frauen, verstaatlichte die Elektrizitätswirtschaft und schuf eine einheitliche Hauptschule, womit zugleich die allgemeine Schulpflicht von fünf auf acht Jahre verlängert wurde.

Alle diese Gesetze stießen beim konservativen Flügel der DC, in kirchlichen und Unternehmerkreisen auf erbitterten Widerstand, und bei den Parlamentswahlen vom April 1963 zeigte sich, daß die Reformbereitschaft der Regierung Fanfani auch einem Teil der christdemokratischen Wählerschaft zu weit ging. Die DC verlor bei den Kammerwahlen gegenüber 1958 über 4 Prozentpunkte und kam auf nur noch 38,3 Prozent der Stimmen. Von ihren 273 Mandaten verlor sie 13; die Sozialdemokraten steigerten hingegen die Zahl ihrer Sitze von 22 auf 33, während die Republikaner wiederum mit 6 Abgeordneten in die Kammer einzogen. Insgesamt verlor die Koalition also bei der Kammerwahl 2 Sitze, konnte das aber mit einem Gewinn von 38 Sitzen bei den Senatswahlen mehr als ausgleichen. Die tolerierenden Sozialisten wuchsen in der Kammer von 84 auf 87, die Kommunisten von 140 auf 166 Sitze an.

Fanfani trat wegen der Verluste seiner Partei am 16. Mai als Ministerpräsident zurück. Einem Minderheitskabinett der DC unter Giovanni Leone folgte im November eine neue Mitte-links-Regierung mit dem linken Christdemokraten Aldo Moro, einem Strafrechtsprofessor, als Ministerpräsidenten, Pietro Nenni als Stellvertreter und Giuseppe Saragat als Außenminister. Die vordringlichste Aufgabe der ersten Regierung mit sozialistischen Ministern seit 1947 lag in der Bekämpfung der Inflation, die 1963 eine Rate von 7,6 Prozent erreichte und in erster Linie eine Folge überhöhter Lohnsteigerungen war. Ansonsten widmete sich das Kabinett Moro einer Reform des Erziehungswesens und des öffentlichen Dienstes, der Förderung der Landwirtschaft und des Mezzogiorno sowie der innerbetrieblichen Mitbestimmung der Arbeitnehmer. Der linke Flügel der Sozialisten verweigerte sich Nennis Politik und gründete im Januar 1964 eine eigene Partei, den (von der Sowjetunion politisch und finanziell unterstützten) Partito Socialista di Unità Proletaria.

Die immer noch größte Linkspartei, der Partito Comunista Italiano, hatte nach Stalins Tod im März 1953 begonnen, sich allmählich aus der erdrückenden Vormundschaft Moskaus zu lösen. Den Verlust von Hunderttausenden von Mitgliedern nach der Niederwerfung der ungarischen Revolution konnten die Kommunisten nicht mehr ausgleichen. Obwohl sie weiterhin im intellektuellen und künstlerischen Milieu prominente Sympathisanten wie den Komponisten Luigi Nono, den Filmregisseur Luchino Visconti und den Schriftsteller Alberto Moravia besaßen, waren sie doch weit von der «kulturellen Hegemonie» entfernt, die zu gewinnen Antonio Gramsci der entschiedenen Linken als Ziel gesetzt hatte. Als Gramscis Nachfolger in der Parteiführung, Palmiro Togliatti, im August 1964 starb, hatte eine ernsthafte Distanzierung von der Sowjetunion noch gar nicht begonnen. Es sollten noch Jahre vergehen, bis in den siebziger Jahren unter Enrico Berlinguer jene Entwicklung in Richtung «Eurokommunismus» einsetzte, die letztlich auf die Sozialdemokratisierung des italienischen Kommunismus hinauslief.[28]

Am Rande des Abgrunds: Die Kubakrise und ihre Folgen

Die Führungsmacht des Westens vollzog in den ersten beiden Jahren der Amtszeit von John F. Kennedy einen strategischen Kurswechsel im Verhältnis zu ihrem wichtigsten Widersacher: An die Stelle des Paradigmas von der «massiven Vergeltung» (massive retaliation) trat das der «flexiblen Antwort» (flexible response). Unter Eisenhower hatte die Maxime gegolten, daß die USA bereit sein mußten, bei jeder Art von sowjetischer Aggression mit allen verfügbaren Nuklearwaffen zurückzuschlagen. Diese Doktrin hatte eine gewisse Plausibilität besessen, solange die Sowjetunion noch nicht in der Lage war, amerikanische Großstädte mit atomaren Langstreckenraketen in Schutt und Asche zu legen. Die westeuropäischen Verbündeten der Vereinigten Staaten waren sich freilich nie sicher gewesen, ob das Prinzip der massiven Vergeltung auch für den Fall eines sowjetischen Angriffs auf ihr Territorium galt. Ganz und gar unglaubwürdig wirkte das Axiom im Hinblick auf regionale Konflikte wie in Südostasien oder in der Karibik. Sich verstärkt auf solche Auseinandersetzungen vorzubereiten empfahl sich auch angesichts der neuen, im Januar 1961 von Chruschtschow verkündeten Militärdoktrin der Sowjetunion, der zufolge zwar «nationale Befreiungskriege», nicht aber internationale Kriege unvermeidbar waren.

Ende September 1961 schlug Verteidigungsminister Robert McNamara deshalb, gestützt auf Vorarbeiten des Vorsitzenden der Vereinigten Stabschefs, General Maxwell D. Taylor, dem Präsidenten eine neue Strategie vor, die von der realistischen Annahme ausging, daß der totale Atomkrieg die Gefahr der totalen Selbstvernichtung in sich schloß und letztlich von keiner Seite gewonnen werden konnte. Der Präsident sollte im Ernstfall begrenzte Gegenschläge gegen militärische Einrichtungen der Sowjetunion anordnen können und die militärische Antwort der USA bis zu Angriffen auf Raketenbasen und Städte steigern, wenn der Gegner nicht einlenkte. Im Mai 1962 trug McNamara das neue Konzept der «Mutually Assured Destruction» (MAD) auf der Tagung des NATO-Rats in Athen vor. Die «flexible Vergeltung» war dadurch ermöglicht worden, daß die Vereinigten Staaten inzwischen über eine große Anzahl von Interkontinentalraketen verfügten, die gute Chancen hatten, einen sowjetischen Erstschlag in gesicherten Silos zu überstehen, und fähig waren, in einer Gegenattacke eingesetzt zu werden. Da sich auch die Sowjetunion die Fähigkeit zu einem atomaren Zweitschlag gesichert hatte, wurde durch den Übergang zur Strategie der «flexible response» die Gefahr der wechselseitigen Vernichtung in einem großen nuklearen Krieg etwas geringer, während die Gefahr regionaler Konflikte wuchs – eine Perspektive, die in Westeuropa und besonders in der Bundesrepublik Deutschland erhebliche Besorgnisse auslöste.

Was den Konflikt in der unmittelbaren Nachbarschaft der USA, der Karibik, betraf, unternahm Washington nichts, was geeignet gewesen wäre, zu einer Deeskalation beizutragen. Vielmehr setzten die Vereinigten Staaten nach dem Debakel in der Schweinebucht ihre Politik der Destabilisierung des Castro-Regimes, einschließlich der Versuche, den Mann an der Spitze zu ermorden, fort. Castro reagierte im Sommer 1961 mit der Verschmelzung seiner «Bewegung des 26. Juli» mit der Sozialistischen Volkspartei und dem Revolutionären Direktorium zu den Integrierten Revolutionären Organisationen, aus denen im März 1962 die Vereinigte Partei der Sozialistischen Revolution, die spätere Kommunistische Partei Kubas, hervorging. Im Dezember 1961 wurde Kuba zur sozialistischen Republik auf der Grundlage des Marxismus-Leninismus erklärt: eine logische Konsequenz der immer stärkeren Anlehnung des Inselstaates an die Sowjetunion. Die USA antworteten im Februar 1962 mit der Verhängung eines totalen Embargos über sämtliche Einfuhren aus Kuba und einer Intensivierung ihrer Pläne im Rahmen der strikt geheimen «Operation Mongoose», unter einem wie immer gearteten Vorwand in Kuba militärisch zu intervenieren und das nunmehr offen kommunistische Regime Castros zu stürzen.

Auch in Moskau blieb man nicht untätig. Im April 1962 bewilligte das Politbüro eine großzügige Militärhilfe für Castro, wozu die Lieferung von Luftabwehrraketen, Marschflugkörpern und Bombern gehörte. Erstmals wurde um diese Zeit im engsten Kreis um Chruschtschow auch über die Aufstellung von nuklearen Mittelstreckenraketen auf Kuba diskutiert. Im Mai erhielt der Kremlchef für dieses Vorhaben die Zustimmung des Verteidigungsrats, der sich aus Vertretern des Politbüros, des Zentralkomitees und des Verteidigungsministeriums zusammensetzte. Am 28. Mai reiste eine «Landwirtschaftsdelegation», in Wahrheit eine Gruppe von Militärexperten, nach Havanna, um Castros Einwilligung einzuholen. Die wesentlichen Bestandteile des Projekts betrafen die Verlegung von 60 Mittelstreckenraketen und

80 Marschflugkörpern, die beide mit je einem atomaren Sprengkopf ausgestattet waren, nach Kuba, flankiert von der Lieferung von leichten Bombern, Hubschraubern und Flugabwehrstellungen. Außerdem sollten über 50 000 Soldaten der Armee auf die Insel transportiert werden. Weiterreichenden Plänen der Marine stimmte Chruschtschow nicht zu.

Der Erfolg des Unternehmens hing wesentlich davon ab, ob es gelang, die gigantische Verschiffung von Waffensystemen und Mannschaften vor den USA geheimzuhalten. Hinsichtlich der Motive Chruschtschows gab es nichts zu deuteln: Der erste Mann der KPdSU wollte die absolute Gleichrangigkeit der Sowjetunion und der Vereinigten Staaten unter Beweis stellen, indem er sich in Kuba eine Bastion schuf, von der aus die USA ebenso unmittelbar mit atomaren Mittelstreckenraketen bedroht werden konnten wie die Sowjetunion von der Türkei, einem Mitglied der NATO. Er war entschlossen, das bislang einzige revolutionäre Regime Lateinamerikas vor dem übermächtigen Nachbarn im Norden zu schützen, um von Kuba aus revolutionäre Bewegungen im südlichen Teil der westlichen Hemisphäre fördern zu können. Glückte der Coup auf Kuba, mußte die Sowjetunion auch nicht mehr befürchten, von den chinesischen Kommunisten des Duckmäusertums gegenüber den amerikanischen Imperialisten geziehen zu werden. Die Sowjetunion konnte folglich bei der «Operation Anadyr» nur gewinnen – vorausgesetzt, sie verlief so ungestört, wie Chruschtschow das offenbar erwartete.

Doch der Kremlchef gab sich Illusionen hin. Den Vereinigten Staaten konnte angesichts der Aufklärungsflüge der Air Force und der ständigen Präsenz ihrer Navy in der Karibik gar nicht entgehen, daß sich in Kuba irgend etwas Dramatisches vorbereitete: Die Zahl der Schiffe, die in kubanischen Häfen gelöscht wurden, war im Sommer 1962 viermal so hoch wie im Monatsdurchschnitt des Vorjahres. Der Verdacht, daß die Sowjetunion auf dem Seeweg Mittelstreckenraketen nach Kuba bringen könnte, kam in Washington bereits in der zweiten Augusthälfte auf. Anfang September entdeckten amerikanische Piloten neben mehreren fertigen eine größere Zahl von im Bau befindlichen Stellungen für Luftabwehrraketen auf der Karibikinsel. Am 9. Oktober befahl Präsident Kennedy eine flächendeckende Luftaufklärung durch U-2-Flugzeuge. Gleichzeitig liefen Vorbereitungen für eine eventuelle Invasion und eine Seeblockade Kubas an. Am 15. Oktober liefer-

ten Aufklärer der Air Force die ersten fotografischen Belege für den
Bau von Abschußrampen für Mittelstreckenraketen: Die USA verfügten nun über den Beweis, daß Moskau dabei war, eine nukleare Bastion
in der westlichen Hemisphäre, gewissermaßen vor der amerikanischen
Haustür, zu errichten.

Am 16. Oktober traf im Weißen Haus erstmals ein Krisenstab,
das Exekutivkomitee des Nationalen Sicherheitsrates, kurz «Ex-
Comm» genannt, zusammen, der fortan bis zum 28. Oktober Tag für
Tag einberufen werden sollte. Neben Präsident Kennedy und Vize-
präsident Johnson gehörten zu seinen Mitgliedern neben anderen der
Bruder des Präsidenten, Justizminister Robert Kennedy, Außenminister Dean Rusk, Verteidigungsminister Robert McNamara, Finanzminister Douglas Dillon, Kennedys Sicherheitsberater McGeorge
Bundy, der Vorsitzende der Vereinigten Stabschefs, General Maxwell
Taylor, und der Botschafter bei den Vereinten Nationen, Adlai Stevenson. Darüber, daß das sowjetische Vorgehen eine militärische
Antwort verlangte, wurde sich das Gremium rasch einig. Vier Möglichkeiten standen dabei zur Diskussion: erstens gezielte Luftangriffe
auf die sowjetischen Raketenstellungen; zweitens umfassende Bombardements mit dem Ziel, Kuba militärisch und wirtschaftlich in die
Knie zu zwingen; drittens eine aus der Luft unterstützte Invasion;
viertens eine Seeblockade.

Bevor eine Entscheidung fiel, traf am 18. Oktober der sowjetische
Außenminister Andrej Gromyko zu einem seit längerem geplanten Gespräch mit dem amerikanischen Präsidenten zusammen. Daß die USA
über den Bau von Abschußrampen von Mittelstreckenraketen auf
Kuba informiert waren, sagte Kennedy seinem Besucher nicht. Vielmehr hielt er dem Abgesandten Chruschtschows die sowjetischen Waffenlieferungen vor, die dieser unter Hinweis auf amerikanische Stützpunkte in der räumlichen Nähe der Sowjetunion zu rechtfertigen
suchte. Zwei Tage später fiel in Washington die Entscheidung für eine
Seeblockade. Sie war die defensivste aller militärischen Varianten, die
den USA theoretisch zur Verfügung standen. Daß sich «ExComm» gegen Bedenken seiner militärischen Mitglieder so und nicht anders entschied, lag auch an den Mahnungen der europäischen Verbündeten.
Diese fürchteten massive sowjetische Gegenschläge, sei es gegen die
Türkei oder West-Berlin, falls die Vereinigten Staaten Kuba direkt
militärisch angriffen.

Am Abend des 22. Oktober informierte Kennedy über Rundfunk und Fernsehen die amerikanische und die Weltöffentlichkeit über die nukleare Aufrüstung Kubas durch die Sowjetunion. Er verlangte von Moskau den sofortigen Abzug der Raketen und kündigte als erste Antwort eine strikte Quarantäne über Kuba an, um weitere Lieferungen offensiver Rüstungsgüter auf die Insel zu unterbinden. An den Kreml richtete er die Warnung, daß jede atomare Rakete, die von Kuba aus auf die Vereinigten Staaten abgeschossen werde, von diesen als Angriff seitens der Sowjetunion gewertet und mit einem entsprechenden Vergeltungsschlag beantwortet werden würde. Die USA würden nicht verfrüht und ohne Not einen weltweiten Nuklearkrieg riskieren, aber, wenn es denn sein müsse, vor diesem Risiko auch nicht zurückschrecken.

Zwei Tage später, am 24. Oktober, erreichte die kubanische Raketenkrise ihren Höhepunkt. Am Morgen dieses Tages befanden sich 25 sowjetische Schiffe auf dem Weg nach Kuba; die USA hatten ihrerseits einen Flugzeugträger, mehrere Kreuzer, Zerstörer und 150 weitere Schiffe in das fragliche Seegebiet entsandt, um den Blockadebefehl des Präsidenten durchzusetzen. Zeitweilig verlangsamten die sowjetischen Schiffe ihre Fahrt, am Abend des 22. Oktober aber verurteilte die Sowjetunion in einer Note die Seeblockade als Akt der Aggression. Fidel Castro rief um dieselbe Zeit die allgemeine Mobilmachung aus und bekundete in einem Beitrag für die Zeitung «Revolución» die Bereitschaft der kubanischen Führung, notfalls an der Seite des Volkes heroisch in den Tod zu gehen. Im gleichen Geist war ein Brief gehalten, den der «Máximo Líder» am 23. Oktober an Chruschtschow schrieb: Darin erklärte er einen Krieg mit den USA als nunmehr wohl unumgänglich, und er setze darauf, daß Kuba dabei von der Sowjetunion mit letzter Konsequenz unterstützt werde.

Chruschtschow hingegen war erleichtert, daß Kennedy sich lediglich für eine Seeblockade entschieden hatte. Am 25. Oktober legte er vor dem Politbüro dar, daß die Sowjetunion um den Abbau ihrer Raketen nicht herumkommen werde, von den USA als Gegenleistung aber den Verzicht auf eine Invasion Kubas verlangen müsse. Es war derselbe Tag, an dem der amerikanische UN-Botschafter Adlai Stevenson seinen sowjetischen Kollegen Valerian Sorin im Sicherheitsrat der Vereinten Nationen vor der Weltöffentlichkeit der Lüge überführte. Nachdem Sorin die Existenz von Atomraketen auf Kuba als Propagandalüge der USA abgetan hatte, trat Stevenson den Beweis für die Richtigkeit seiner Behauptung mit Luftaufnahmen im Großformat an.

Tags darauf, am 26. Oktober, diktierte der sowjetische Partei- und Regierungschef gegen Mittag einen Brief an Kennedy. Der Kern der Botschaft bestand darin, daß die Sowjetunion keine Notwendigkeit für die Anwesenheit ihrer Militärspezialisten auf Kuba sehe, sobald die USA erklärten, daß sie weder mit ihren eigenen Streitkräften Kuba angreifen noch eine Invasion Dritter unterstützen würden. Das Wort «Raketen» kam in dem Schreiben nicht vor.

Es dauerte viele Stunden, bis der vollständige Text des zwölfseitigen Briefes dem Krisenstab vorlag. Offenbar war der Präsident zunächst der einzige, der Chruschtschows Schreiben als Zeichen des Einlenkens und als Chance bewertete, einer nuklearen Konfrontation zu entgehen. Aber mit dieser zutreffenden Beurteilung des Textes war der Friede noch nicht gerettet. Im Atlantik machten amerikanische U-Boote Jagd auf sowjetische U-Boote; auf Kuba machten sowjetische Techniker die ersten Raketen einsatzbereit.

Am frühen Morgen des 27. Oktober verlangte Castro vom sowjetischen Botschafter Alexander Alexejew, die Sowjetunion müsse den USA gegenüber hart bleiben. In einem am 26. Oktober verfaßten Brief an Chruschtschow forderte er, die Sowjetunion dürfe niemals Zustände zulassen, in denen die Imperialisten den nuklearen Erstschlag gegen sie führen könnten. Im Fall einer amerikanischen Invasion sei der Moment gekommen, diese Gefahr ein für allemal auszuschalten. «Es würde sich um einen völlig gerechtfertigten Akt der Notwehr handeln, so hart und schrecklich die Lösung auch sein möge, denn es würde keine andere geben.» In einem weiteren Brief an Chruschtschow vom 31. Oktober bestätigte der «Máximo Líder», daß er damit nichts anderes als einen atomaren Angriff auf die USA meinte.

Eine amerikanische Antwort auf Chruschtschows Brief vom Mittag des 26. Oktober war noch nicht erfolgt, als der sowjetische Partei- und Regierungschef am späten Nachmittag des 27. Oktober im Moskauer Rundfunk einen weiteren Brief an Präsident Kennedy verlesen ließ, in dem er einen Abzug der amerikanischen Jupiter-Raketen aus der Türkei verlangte. Zu diesem Zeitpunkt wußte Chruschtschow noch nicht, daß Robert Kennedy in einem strikt geheimen Gespräch mit Botschafter Dobrynin in der Nacht vom 26. zum 27. Oktober ein solches Entgegenkommen in Aussicht gestellt hatte, sofern Moskau dies nicht als «Gegenleistung» für den Abzug der sowjetischen Raketen aus Kuba ausgab. Der Kremlchef war darüber informiert, daß die NATO seit einiger Zeit darüber nachdachte, die veralteten Jupiter-Raketen gegen Polaris-U-Boote auszutauschen. In der «Herald Tribune» hatte Walter Lippmann, einer der angesehensten Journalisten der USA, am 25. Oktober einen strategischen «Deal» – Abzug der amerikanischen Mittelstreckenraketen aus der Türkei und der sowjetischen Raketen aus Kuba – sogar öffentlich vorgeschlagen. Chruschtschow gab das möglicherweise Anlaß zu der Annahme, daß seine neue Forderung eine Beilegung der Kubakrise nicht erschweren würde.

Für Präsident Kennedy kam ein offenes «do ut des» in der von Lippmann vorgeschlagenen Art schon aus innenpolitischen Gründen nicht in Frage: Seine republikanischen Gegner und große Teile der amerikanischen Öffentlichkeit hätten ihm in diesem Fall eine Kapitulation vor der Sowjetunion vorgeworfen. Während in Washington noch um eine angemessene Antwort auf Chruschtschows ersten Brief gerungen wurde, eskalierte die Krise auf Kuba: Auf Drängen Castros ließen zwei Sowjetoffiziere eine amerikanische U-2-Maschine abschießen, die ins Visier einer sowjetischen Luftabwehrstellung geraten war; der Pilot kam dabei ums Leben.

Präsident Kennedy nahm den Zwischenfall nicht zum Anlaß, seine Haltung gegenüber der Sowjetunion zu verhärten. Über seinen Bruder Robert ließ er Botschafter Dobrynin streng vertraulich seine Bereitschaft signalisieren, in einigen Monaten Moskau in Sachen Jupiter-Raketen entgegenzukommen. Gleichzeitig wurde der Generalsekretär der Vereinten Nationen, U Thant, der Nachfolger des im September 1961 bei einem unaufgeklärten Flugzeugabsturz in Sambia ums Leben gekommenen Dag Hammarskjöld, davon in Kenntnis gesetzt, daß eine öffentliche Aufforderung an die Supermächte, ihre Mittelstreckenraketen aus der Türkei und aus Kuba abzuziehen, hilfreich sein könnte – sofern das Weiße Haus zuvor ein entsprechendes Zeichen gebe.

Im Washingtoner Krisenstab setzte sich am 27. Oktober die Ansicht von Sicherheitsberater McGeorge Bundy durch, der Präsident solle in seiner Antwort an Chruschtschow nur auf dessen erste, konziliante Botschaft vom 26. Oktober und nicht auf die zweite, schroffere vom folgenden Tag eingehen – eine Empfehlung, die sich Kennedy zu eigen machte. Chruschtschow mußte also entscheiden, ob er einen offiziellen Invasionsverzicht der USA mit dem Rückzug der Mittelstreckenraketen aus Kuba honorieren und im übrigen darauf vertrauen wollte, daß in absehbarer Zeit die Jupiter-Raketen aus der Türkei abgezogen würden. Der Kremlchef ging am Nachmittag nach Rücksprache mit dem Politbüro ohne Zögern auf Kennedys Angebot ein und ordnete den Abbau der insgesamt 76 sowjetischen Raketenanlagen auf Kuba sowie den Abtransport der dorthin geschafften Raketen an. Um 17 Uhr gab Radio Moskau die Antwort an Kennedy zuerst in russischer, dann in englischer Sprache bekannt. Der Weltfriede, der an einem seidenen Faden gehangen hatte, war gerettet.

Mit der atomaren Aufrüstung Kubas war Chruschtschow ein Risiko eingegangen, das er seit Mitte Oktober nicht mehr zu kontrollieren vermochte. Es war in hohem Maß wirklichkeitsfremd gewesen, eine Geheimhaltung der Raketentransporte in die Karibik für möglich zu halten. Illusionär war es zudem, eine Hinnahme der Raketenstationierung auf Kuba durch die USA für möglich zu halten: Das Vorgehen der Sowjetunion verstieß eklatant gegen die Monroe-Doktrin aus dem Jahr 1823, der zufolge die Vereinigten Staaten jeden Versuch europäischer Mächte, ihr System auf einen Teil der westlichen Hemisphäre auszudehnen, als Gefahr für ihren Frieden und ihre Sicherheit betrachteten. Als ganz und gar unrealistisch erwies sich schließlich Chruschtschows Annahme, seine kubanischen Verbündeten würden die USA nicht provozieren und alles unterlassen, was zu einem Atomkrieg zwischen den beiden Supermächten führen könnte.

Castros Brief vom 26. Oktober wirkte auf den sowjetischen Partei- und Regierungschef schockierend. Doch der «Máximo Líder» stand mit seinem nuklearen Bellizismus nicht allein. Sein aus Argentinien stammender Industrieminister Ernesto «Che» Guevara hob in einem während der Raketenkrise verfaßten Text den Beispielcharakter der kubanischen Revolution für ganz Lateinamerika hervor. Nicht die von ihm als «Verteidigungswaffen» bezeichneten Atomraketen seien die «Hauptgefahr» für die USA. Vielmehr sei dies «das fiebererregende Beispiel eines Volkes, das bereit ist, sich im Atomkrieg zu opfern, damit noch seine Asche als Zement diene für eine neue Gesellschaft, und das für einen Waffenstillstand nicht dankbar ist. ... Woran wir festhalten, ist, daß wir auf dem Weg der Befreiung bleiben müssen, selbst wenn er durch einen Atomkrieg Millionen Opfer kostet, weil wir im Kampf auf Leben oder Tod zwischen zwei Systemen nichts anderes denken können als den endgültigen Sieg des Sozialismus oder den

Rückschritt durch den atomaren Sieg der imperialistischen Aggression.»

Für Chruschtschow war eine solche Denkweise Ausdruck einer ultralinken Desperadopolitik. «Sie hätten heroisch verloren», schrieb er am 31. Oktober 1962 an Castro, «doch die Revolution wäre zerschlagen worden, und das wäre wirklich eine ernste Niederlage der revolutionären Kräfte gewesen, weil die kubanische Revolution nicht allein für sich von Bedeutung ist in der Geschichte des revolutionären Kampfes, des Kampfes für den Sozialismus, sondern auch der Katalysator der revolutionären Bewegung der lateinamerikanischen Länder und der Länder Asiens und Afrikas ist … Wir brauchen keinen Krieg. Die aggressiven Kräfte brauchen ihn, diese Wahnsinnigen, die die Perspektive verloren haben, im weltweiten Wettkampf mit dem Sozialismus zu gewinnen … Wir jedoch, die Menschen, die an einer hellen Zukunft für die Menschheit bauen – dem Kommunismus –, haben keinerlei Interesse daran, zu sterben, weder mit Musik noch ohne. Wir müssen leben, um die Sache des Kommunismus zum Sieg zu führen.»

Chruschtschows «Realpolitik» in der Endphase der kubanischen Raketenkrise vom Herbst 1962 führte zu einer zeitweiligen tiefen Entfremdung zwischen Kuba und der Sowjetunion. Der «Máximo Líder» fühlte sich vom Kremlchef regelrecht verraten; er nahm sogar an einer Kundgebung der Universität von Havanna teil, auf der Chruschtschow wegen seines Zurückweichens vor den USA in Sprechchören als «Schwuler» beschimpft wurde. In der Auseinandersetzung mit dem «imperialistischen» Klassenfeind unterstützten Castro und Guevara in der Folgezeit die unnachgiebige Linie der chinesischen Kommunisten gegenüber der elastischen Haltung der Sowjetkommunisten. Im Verhältnis zu den Befreiungsbewegungen in Afrika und Lateinamerika betrieb Kuba eine deutlich «revolutionärere» Politik als die Sowjetunion. Im Oktober 1963 schickte Castro 800 Soldaten und 80 Panzer nach Algerien, um dessen Ansprüchen in der Westsahara gegen Marokko Nachdruck zu verleihen: ein Vorspiel zu jenem politischen und militärischen Engagement Kubas in Afrika, das in den siebziger Jahren seinen Höhepunkt erreichen sollte. Auf der Trikontinentalen Konferenz von 1966 mit Vertretern von Befreiungsbewegungen aus Afrika, Asien und Lateinamerika und der Lateinamerikanischen Solidaritätskonferenz von 1967, die beide in Havanna stattfanden, versuchte Kuba sich zum Bannerträger der Weltrevolution zu stilisieren – eine Rolle,

die in einem krassen Mißverhältnis zu den materiellen Möglichkeiten
der kleinen Inselrepublik stand.

Bei den westlichen Verbündeten, die den USA in der Kubakrise solidarisch zur Seite gestanden hatten, galt Kennedy als der überlegene
Sieger in dem politischen Duell mit Chruschtschow. Dasselbe traf für
den überwiegenden Teil der öffentlichen Meinung der Vereinigten
Staaten zu. Tatsächlich hatte der amerikanische Präsident in den entscheidenden Wochen des Oktober 1962 besonnen agiert und dadurch
seinem Kontrahenten im Kreml die Möglichkeit eines geordneten
Rückzugs eröffnet, ohne daß dieser darüber sein Gesicht verlor.
Chruschtschow zog nicht nur die Mittelstreckenraketen, sondern
auch, was die USA gar nicht bemerkten, die atomaren Gefechtsfeld-
waffen aus Kuba ab; nur eine konventionelle Kampfbrigade von 3000
Sowjetsoldaten verblieb auf der Insel. Am 20. November 1962 hob
Kennedy die Seeblockade über Kuba auf. Im Januar 1963 wurde die
Kubakrise durch ein gemeinsames Schreiben Kennedys und Chruschtschows an den Generalsekretär der Vereinten Nationen, U Thant,
formell für beendet erklärt. Im April folgte der Abzug der Jupiter-
Raketen aus der Türkei. Die Absicht, das Castro-Regime zu Fall zu
bringen, gab Kennedy aber nicht auf: Die entsprechenden Aktivitäten,
bei denen sich Washington verstärkt der Hilfe von Exilkubanern bediente, gingen unvermindert weiter. Gegenüber ihren europäischen
Verbündeten traten die USA seit dem Oktober 1962 noch selbstbewußter auf als zuvor: Der faktische Verzicht Großbritanniens auf seinen
Status als eigenständige Atommacht, zu dem Kennedy Premierminister
Macmillan bei dem Treffen auf den Bahamas im Dezember 1962
nötigte, war eine erste Demonstration der neugewonnenen amerikanischen Stärke.

Das Verhältnis zwischen den beiden Weltmächten begann sich nach
der Beilegung der Kubakrise auch in Europa zu entspannen. Das galt
vor allem für den gefährlichsten Krisenherd: West-Berlin. Zwar hörte
die Sowjetunion nicht auf, Druck auf diesen Vorposten des Westens
auszuüben und einen neuen Status für die drei Westsektoren, ihre Umwandlung in eine «entmilitarisierte Freie Stadt», zu fordern. Aber seit
der Jahreswende 1962/63 drohte Moskau nicht mehr mit einem einseitigen Friedensvertrag mit der DDR und der Annullierung der
westalliierten Rechte in bezug auf Berlin. Die Lektion, die Kennedy

der Sowjetunion in Kuba erteilt hatte, begann sich also auch auf dem alten Kontinent auszuwirken. Der Politikwissenschaftler und Publizist Richard Löwenthal, der von 1961 bis zu seiner Emeritierung im Jahr 1974 an der Freien Universität Berlin lehrte, hat den «dialektischen» Zusammenhang der Berlin- und der Kubakrise 1974 auf die folgende Formel gebracht: «Die Konsequenz der Mauer war die Festigung des sowjetischen Status quo in Mitteleuropa; die Konsequenz der Raketenkrise war die Festigung der weltpolitischen Position des Westens – einschließlich seiner Position in West-Berlin. Die Wendung zur weltpolitischen Entspannung, noch von Kennedy und Chruschtschow eingeleitet, erfolgte auf dieser Grundlage.»

Ein erstes Zeichen für eine atmosphärische Verbesserung zwischen Washington und Moskau kam am 5. April 1963 aus der sowjetischen Hauptstadt: Chruschtschow stimmte Kennedys Anregung zu, zwischen dem Kreml und dem Weißen Haus eine ständige Fernsprechleitung, «heißer Draht» oder «rotes Telefon» genannt, einzurichten. Zehn Tage, bevor die neue Verbindung fertiggestellt war, am 10. Juni 1963, hielt John F. Kennedy an der American University in Washington die wohl bedeutendste Rede seiner Amtszeit. Er entwickelte darin eine weit in die Zukunft weisende «Strategie des Friedens». Friede sei ein Prozeß, ein Weg, Probleme zu lösen, sagte er. Das gelte auch für das Verhältnis zwischen den Vereinigten Staaten und der Sowjetunion. Zwischen beiden Mächten gebe es nicht nur Gegensätze, sondern auch Gemeinsamkeiten, und keine Gemeinsamkeit sei stärker als die wechselseitige Abscheu vor dem Krieg. Die Amerikaner hielten den Kommunismus für abstoßend, weil er persönliche Freiheit und Menschenwürde verneine. Doch sie setzten auf konstruktive Veränderungen im kommunistischen Block, und deshalb müsse Amerika seine Politik so gestalten, daß es zu einem Interesse der Kommunisten werde, einem wirklichen Frieden zuzustimmen.

«Wir können eine Minderung der Spannungen erreichen, ohne in unserer Wachsamkeit nachzulassen», fuhr Kennedy fort. «Wir wünschen keinen Krieg, wir erwarten keinen Krieg ... Wir werden für einen Krieg gerüstet sein, wenn andere ihn wünschen. Wir werden auf der Hut sein, um ihm Einhalt gebieten zu können.» Der Präsident widerrief nicht das missionarische Motto seines demokratischen Amtsvorgängers Woodrow Wilson aus dem Jahr 1917, es gelte die Welt zu einem sicheren Ort für die Demokratie zu machen (to make the world safe for democracy). Aber er ergänzte es um eine neue, realistische Variante: «Wenn wir unsere Differenzen jetzt nicht überwinden können, so können wir doch wenigstens dazu beitragen, daß die Welt reif wird, die Unterschiedlichkeit auszuhalten.» (And if we cannot end now our differences, at least we can help make the world safe for diversity.)

Eine konkrete Ankündigung ließ die Öffentlichkeit besonders aufhorchen: Kennedy forderte einen Vertrag über ein Verbot von Kernwaffenversuchen und teilte mit, daß darüber demnächst Verhandlungen in Moskau aufgenommen würden. Die Vereinigten Staaten würden keine Tests mehr in der Atmosphäre durchführen, solange andere Staaten ebenfalls davon absähen, und sie würden nicht die ersten sein, die sie wieder aufnähmen.

Knapp zwei Wochen nach seiner Rede vor der American University, am 23. Juni, brach Kennedy zu einer Europareise auf. Das erste Land, das er besuchte, war die Bundesrepublik Deutschland. Der Höhepunkt seines Aufenthalts war die vielumjubelte Rede vor dem Schöneberger Rathaus in West-Berlin, in der er sich am 26. Juni mit den deutsch gesprochenen Worten «Ich bin ein Berliner» zur Freiheit des Westteils der ehemaligen deutschen Hauptstadt bekannte. Von Berlin aus ging es weiter nach Irland, von dort nach Großbritannien, wo er in Birch Grove mit Harold Macmillan zusammentraf, und anschließend nach Italien. Die Verhandlungen über ein atomares Atomteststoppabkommen, die Kennedy in seiner Rede vom 10. Juni angekündigt hatte, begannen am 15. Juli in Moskau – einen Tag, nachdem die KPdSU in einer scharfen Erklärung der These der chinesischen Kommunisten widersprochen hatte, der Kapitalismus könne gegebenenfalls auch durch einen Atomkrieg vernichtet werden. Am 5. August unterzeichneten die Außenminister der USA, Großbritanniens und der Sowjetunion, Rusk, Douglas-Home und Gromyko, in Moskau den Vertrag über die Einstellung der Kernwaffenversuche in der Atmosphäre, im Weltraum und unter Wasser.

In der amerikanischen Öffentlichkeit stieß der Vertrag überwiegend auf Zustimmung. Der Senat nahm ihn am 24. September mit 80 zu 19 Stimmen an; das waren 14 Stimmen mehr als die notwendige Zweidrittelmehrheit. Von den Verbündeten der USA lehnte einer, das Frankreich de Gaulles, das Atomteststoppabkommen ab; es wäre ein unzulässiger Eingriff in die Souveränität des Landes, so lautete die Begründung.

In der Bundesrepublik Deutschland war der Vertrag höchst umstritten. Bundeskanzler Adenauer, der Fraktionsvorsitzende der CDU/CSU im Bundestag, Heinrich von Brentano, und der CSU-Vorsitzende Franz Josef Strauß sahen in dem zu erwartenden Beitritt der DDR eine völkerrechtliche Anerkennung des anderen deutschen Staates und plädierten daher für die Ablehnung des Vertrags. Außenminister Gerhard Schröder trat dieser Auffassung entgegen und konnte sich dabei auf große Teile der eigenen Partei, des freidemokratischen Koalitionspartners und der sozialdemokratischen Opposition stützen. Am 19. August unterzeichneten die Botschafter der Bundesrepublik in Washington, Moskau und London den Vertrag; gleichzeitig gab die Bundesregierung die Erklärung ab, daß sie damit kein Gebiet als Staat und kein Regime als Regierung anerkenne, die sie nicht bereits anerkannt habe. Von den kommunistischen Staaten verweigerten die Volksrepublik China, Nordkorea, Nordvietnam, Albanien und Kuba die Unterzeichnung des Vertrags, dem bis 1979 insgesamt 106 Länder beitraten. Auf dem Weg zur internationalen Abrüstung war das ein erster Schritt – und es war ein großer Erfolg im Kampf gegen die atomare Verseuchung der Erde durch Kernwaffenversuche.

Während das Verhältnis zwischen Ost und West sich im globalen Maßstab seit 1963 zu verbessern begann, spitzte sich ein regionaler Konflikt in Südostasien weiter zu. Das von den USA gestützte, ebenso autoritäre wie korrupte Regime des katholischen Staats- und Regierungschefs Ngo-Dinh Diem in Südvietnam hatte durch seine beharrliche Weigerung, die im Indochina-Abkommen von 1954 vorgesehenen freien Wahlen abzuhalten, verstärkte militärische Aktivitäten von einheimischen Guerillakämpfern und aus dem kommunistischen Norden eingedrungenen Aufständischen provoziert. Seit Dezember 1960 gab es zudem eine vom kommunistischen Vietcong dominierte Dachorganisation der südvietnamesischen Widerstandsgruppen in Gestalt des Front National de Libération du Vietnam Sud (FNL).

Präsident Kennedy hatte zu Beginn seiner Amtszeit, die Politik Eisenhowers nahtlos fortsetzend, zusätzliche Militärberater nach Südvietnam entsandt, deren Aufgabe es war, einheimische Soldaten auszubilden. Seine im Mai 1961 getroffene, im Nationalen Sicherheitsmemorandum Nr. 52 niedergelegte Entscheidung, eine kommunistische Machtübernahme in Südvietnam zu verhindern, beruhte

auf der von seinem Amtsvorgänger übernommenen «Dominotheorie»: Es galt, Südvietnam zu halten, damit nicht das übrige Indochina,
dann Birma, Thailand und schließlich ganz Südostasien kommunistisch wurden. Sehr viel mehr als die Sowjetunion fürchtete Kennedy
in diesem Zusammenhang die Volksrepublik China, der er einen unbegrenzten Expansionismus unterstellte. Der Forderung des Militärs
nach Entsendung von Kampfeinheiten widersetzte sich der Präsident
jedoch. Was er für notwendig, aber auch ausreichend hielt, war die
Vermehrung der Zahl der Militärberater: Sie wuchs von 3200 Ende
1961 auf 16000 zwei Jahre später.

Die größten Sorgen bereitete Kennedy die innenpolitische Entwick-
lung Südvietnams. Eine amerikanische Expertenkommission kam An-
fang 1963 zu dem Ergebnis, daß die südvietnamesische Armee den
Streitkräften des kommunistischen Nordens nicht gewachsen sei und
Präsident Diem kaum Rückhalt in der Bevölkerung habe. Im Mai 1963
kam es erstmals zu landesweiten Demonstrationen buddhistischer
Mönche, ausgelöst durch das von der Saigoner Regierung verhängte
Verbot, den Geburtstag Buddhas durch Beflaggung zu feiern. Diems
Elitetruppen schossen in der alten Kaiserstadt Huë in eine große
Menschenmenge, wobei neun Personen ums Leben kamen. Es folgten
die Verhaftung der Buddhistenführer und weitere Demonstrationen.
Am 11. Juni verbrannte sich ein buddhistischer Mönch, Chuang Duc,
um gegen die Politik Diems zu protestieren, vor laufenden Kameras auf
einer Straßenkreuzung im Zentrum von Saigon. Provozierende Äußerungen von Madame Nhu, der Gattin des Sicherheitschefs Ngo-Dinh
Nhu, eines Bruders von Diem (sie sprach im Hinblick auf das Autodafé
von einem nachahmenswerten «Barbecue»), heizten die Stimmung
weiter an. Fortan beteiligten sich auch Studenten in großer Zahl an
den Protesten. Die Regierung antwortete am 21. August mit einer
Razzia, in deren Verlauf 14000 Buddhisten, Studenten und andere
Oppositionelle verhaftet wurden.

Für Kennedy waren die Unruhen in Südvietnam der Anlaß, seine
Politik gegenüber dem Regime in Saigon radikal zu ändern: Diem
sollte mit der Forderung konfrontiert werden, Ngo-Dinh Nhu, den
Hauptverantwortlichen für die Gewaltakte gegenüber den Buddhisten,
abzusetzen. Falls Diem sich weigerte, dies zu tun, sollte er selbst aus
dem Amt entfernt werden. An den neuernannten amerikanischen Botschafter in Saigon, Henry Cabot Lodge jr., erging die Anweisung, das

Nötige zu veranlassen. Lodge informierte seine Regierung auf telegrafischem Wege, daß es nach seiner Meinung die beste Lösung wäre, die Generäle der südvietnamesischen Armee zu einer Aktion gegen Nhu und gegebenenfalls auch gegen den Staatschef zu bewegen – eine Auffassung, der sich das Weiße Haus anschloß.

Am 2. November 1963 schlug das südvietnamesische Militär zu. Staatschef Diem und sein Bruder Nhu wurden, während sie zu fliehen versuchten, aufgegriffen und erschossen. Ein anderer Bruder Diems, der sich in das amerikanische Konsulat in Huë geflüchtet hatte, wurde den revoltierenden Militärs übergeben und ebenfalls von diesen erschossen. Kennedy war über die Ermordung Diems schockiert, den Regimewechsel aber begrüßte er. An der «buddhistischen Front» trat mit dem Sturz von Ngo-Dinh Diem und seiner Familie rasch die erhoffte Beruhigung ein. Ob die neuen Machthaber mit General Duong Van Minh an der Spitze den Kampf gegen den Vietcong so konsequent führen würden, wie Washington das von ihnen erwartete, mußte sich aber erst noch zeigen.

Knapp drei Wochen nach der Ermordung Diems ereilte den 35. Präsidenten der Vereinigten Staaten von Amerika dasselbe furchtbare Schicksal: Am 22. November 1963 gegen 12 Uhr 30 wurde John F. Kennedy bei einer Fahrt im offenen Wagen durch die Stadt Dallas in Texas erschossen. Unter dem dringenden Verdacht, die Schüsse abgegeben zu haben, wurde kurz darauf der ehemalige Marineinfanterist Lee Harvey Oswald verhaftet. Nach Beendigung seiner Militärzeit war Oswald, der sich als Marxist bezeichnete, 1959 in die Sowjetunion gereist, wo er 1961 eine Sowjetbürgerin heiratete. Nach seiner Rückkehr in die USA fiel er durch öffentliche Sympathiebekundungen für Fidel Castro auf. Am 24. November 1963, einen Tag nach der offiziellen Anklageerhebung, wurde Oswald auf dem Weg zum Distriktgefängnis von dem Nachtclubbesitzer Jack Ruby erschossen. Eine von Kennedys Nachfolger, dem bisherigen Vizepräsidenten Lyndon B. Johnson, eingesetzte Untersuchungskommission unter dem Vorsitzenden Richter am Supreme Court, Earl Warren, kam nach einjähriger Arbeit zu dem Ergebnis, daß nur Oswald auf den Präsidenten geschossen habe und weder er noch Ruby einer nationalen oder internationalen Verschwörung angehört hätten, die das Ziel verfolgt habe, Präsident Kennedy zu ermorden.

Die Befunde und Folgerungen der Warren-Kommission waren von Anfang an umstritten, ihre Arbeitsweise anfechtbar. Neben der Sowjetführung, Fidel Castro, Exil-Kubanern, der Mafia und amerikanischen Rechtsradikalen wurden auch Vizepräsident Johnson, hohe Militärs, J. Edgar Hoovers FBI, die CIA und die texanische Ölindustrie verdächtigt, die Ermordung Kennedys veranlaßt zu haben. Belege für ihre Behauptung konnten die Verfechter der konkurrierenden Verschwörungstheorien nicht beibringen. Eine vom Repräsentantenhaus 1976 eingesetzte Kommission widersprach in ihrem Bericht drei Jahre später der These von der Alleintäterschaft Oswalds. Es habe, wie aus einer Tonbandaufzeichnung hervorgehe, vier Schüsse gegeben, von denen nur drei aus Oswalds Gewehr stammen könnten. Ein weiterer Untersuchungsausschuß der National Science Foundation hat jedoch 1982 den angeblichen vierten Schuß und die Existenz eines weiteren Schützen entschieden bestritten. Das Fazit der Warren-Kommission kann demnach nicht als widerlegt gelten.

Die Nachricht vom Tod Kennedys löste einen weltweiten Schock aus. Mit dem erst sechsundvierzigjährigen Präsidenten der USA schien eine große Hoffnung vernichtet – die Hoffnung darauf, daß das mächtigste Land der Welt auch in den nächsten Jahren von einem Staatsmann geführt werden würde, der mit seiner «Strategie des Friedens» einen Weg aus den fruchtlosen und gefährlichen Konfrontationen des Kalten Krieges hin zu einer Entspannung zwischen West und Ost gewiesen hatte. Im nachhinein hielten es viele für ausgemacht, daß es unter Kennedy nicht zu jener Eskalation des Vietnamkrieges gekommen wäre, die unter seinem Nachfolger Johnson stattfand. Kennedy galt als ein Präsident, der glaubwürdiger als viele seiner Vorgänger die amerikanischen Ideale von 1776 verkörperte, ja sie zu einem neuen Leben erweckt hatte. In West-Berlin wurden, als am Abend des 22. November 1963 die Nachricht aus Dallas eintraf, hinter verdunkelten Fenstern Kerzen angezündet. In Polen kamen Studenten zu spontanen Trauerkundgebungen zusammen; am Abend des Begräbnisses läuteten die Kirchenglocken eine Viertelstunde lang. Das sowjetische Fernsehen übertrug die Feierlichkeiten anläßlich der Beerdigung Kennedys mitsamt dem Trauergottesdienst.

Nach allem, was die Nachwelt inzwischen über John F. Kennedy weiß, fällt das Urteil über ihn und sein Wirken heute nüchterner aus als in der Zeit unmittelbar nach seinem Tod. Die Skrupellosigkeit, die er im Kampf um die Macht und der Verfolgung vermeintlicher Interessen seines Landes an den Tag legte, stand häufig in krassem Widerspruch zum moralischen Pathos seiner Reden. Was er für die Gleichberechtigung der schwarzen Bevölkerung tat, blieb weit hinter den Erwartungen zurück, die er zuvor genährt hatte. Über den Charakter des Krieges in Vietnam hatten weder er noch seine Berater systematisch nachgedacht. Daß er, wenn er 1964 als Präsident wiedergewählt worden wäre, einen Rückzug der amerikanischen Militärberater statt einer Entsendung von Kampftruppen angeordnet haben würde, ist nicht mehr als eine Spekulation seiner unbedingten Verteidiger.

Auf der Seite seiner Verdienste steht obenan der Sinn für das rechte Maß, den er, trotz mancher Schwankungen, in der gefährlichsten Situation der Nachkriegszeit, der kubanischen Raketenkrise vom Herbst 1962, bewies. Er verstand es, Begeisterung für Ziele zu entfachen, die weit über den Tag und die materiellen Bedürfnisse seiner Landsleute hinauswiesen. Die Rede vor der American University wurde zu seinem politischen Testament. Er gab damit dem Westen insgesamt eine neue Richtschnur: den Willen, trotz unüberbrückbarer ideologischer Gegensätze den Frieden als das übergeordnete Interesse der Menschheit zu sehen – und entsprechend zu handeln.[29]

3

Von der Konfrontation zur Entspannung: 1963–1975

*Der globale Westen: Kanada, Australien, Neuseeland und
die «innere Dekolonialisierung»*

Unter den Staaten des amerikanischen Kontinents gab es keinen, der
den USA politisch und im Hinblick auf den «way of life» so nahestand
wie Kanada. Von der Fläche her war Kanada mit 9,98 Millionen Quadratkilometern sogar noch etwas größer als die Vereinigten Staaten,
die auf 9,5 Millionen Quadratkilometer kamen. Was die Einwohner-
zahlen anging, konnte sich Kanada mit seinen 19,6 Millionen im Jahr
1965 freilich nicht mit dem fast zehnmal so starken Nachbarn im
Süden messen, der um dieselbe Zeit auf 194 Millionen kam. Wirtschaftlich, finanziell und sicherheitspolitisch wuchs die Abhängigkeit
Kanadas von den USA nach 1945 ständig, während die vom britischen
Mutterland abnahm. Vor dem Ersten Weltkrieg hatte der Anteil des
Vereinigten Königreichs an den in Kanada getätigten Auslandsinvesti-
tionen noch zwei Drittel ausgemacht; 1955 belief er sich auf weniger
als 20 Prozent. Auf das Konto der Vereinigten Staaten gingen im gleichen Jahr etwa drei Viertel aller Direktinvestitionen aus dem Ausland.
Dazu kam die allgegenwärtige Präsenz der USA auf dem Warenmarkt
und in der Alltagskultur – Entwicklungen, die in Kanada Angst vor
einer fortschreitenden Fremdbestimmung, ja einem faktischen Anschluß
an die Führungsmacht des Westens aufkommen ließen.

Wirtschaftlich hatte Kanada wie die USA während des Zweiten
Weltkriegs einen rasanten Aufschwung erlebt, der nach 1945 fast nahtlos in einen Nachkriegsboom überging. Im Westen des riesigen Landes
wurden reiche Öl- und Erdgasreserven, im Nordosten große Eisenerz-

lager entdeckt. In den fünfziger Jahren stieg Kanada zum zweitgrößten Aluminiumproduzenten der Welt auf; der Wert seiner Mineralienproduktion wuchs in den zwei Jahrzehnten von 1941 bis 1961 um das Vierfache. Der steigende Wohlstand ließ die Einwanderungszahlen nach oben schnellen: Zwischen 1945 und 1997 nahm Kanada 7,85 Millionen Immigranten auf; die Gesamtbevölkerung wuchs von 14 Millionen im Jahr 1951 auf 31,2 Millionen im Jahr 2004.

Politisch war bis 1957 die Liberale Partei die führende Kraft: Sie hatte von 1921 bis 1930 und dann erneut von 1935 bis 1948 mit William L. Mackenzie King den Premierminister gestellt, und aus ihr kam auch Mackenzie Kings Nachfolger in diesem Amt, Louis Saint-Laurent, der von 1948 bis 1957 an der Spitze der Regierung stand. Im Juni 1957 waren die Konservativen unter John Diefenbaker bei den Wahlen so erfolgreich, daß sie zunächst eine Minderheitsregierung und im Jahr darauf nach einem überragenden Wahlsieg eine Regierung mit breiter parlamentarischer Mehrheit bilden konnten. Die Sorge, daß beim Bau der Trans-Canada-Pipeline, einer Rohrleitung für Erdgas, kanadische Investoren durch amerikanische verdrängt werden könnten, spielte beim Machtwechsel von 1957/58 eine wichtige Rolle. 16 Jahre später, 1974, verabschiedete das kanadische Parlament ein Gesetz, das ausländische Investitionen und Kapitalbeteiligungen an kanadischen Unternehmen, soweit sie über 50 Prozent lagen, genehmigungspflichtig machte und eine neue Kontrollinstanz schuf: die Foreign Investment Review Agency.

Gegen Ende der sechsjährigen Amtszeit Diefenbakers verschärfte sich in der überwiegend französischsprachigen Provinz Québec der Protest der Francokanadier gegen die Vorherrschaft ihrer englischsprachigen Landsleute im Gesamtstaat: Im Dezember 1962 wurde der offen separatistische Parti Républicain du Québec gegründet, der an die Vorarbeiten des zwei Jahre zuvor entstandenen Rassemblement pour l'indépendance nationale anknüpfen konnte; 1963 erwuchs der neuen Partei eine noch radikalere Konkurrenz in Gestalt des Front de Libération du Québec (FLQ). Die Provinzregierung in Montreal unter Jean Lesage, dem Führer der Liberalen von Québec, gab sich gemäßigter, aber auch sie ließ keinen Zweifel daran aufkommen, daß sie eine weitgehende Autonomie für Québec anstrebte.

Diefenbakers Nachfolger, der liberale Premierminister Lester Bowles Pearson, der Wahlsieger vom April 1963, versuchte dem Separatis-

mus in Québec durch Förderung der Zweisprachigkeit entgegenzuwirken. Eine von der Zentralregierung eingesetzte Kommission, die die
Voraussetzung von «bilingualism» und «biculturalism» untersuchen
sollte, kam in ihrem Bericht 1967 zu dem Ergebnis, daß die französischsprachigen Kanadier in der Tat gegenüber den englischsprachigen
vielfach benachteiligt seien, und empfahl für die Bundesbehörden wie
für Teile der Provinzen Ontario und New Brunswick strikte Zweisprachigkeit. Am 24. Juli desselben Jahres erhielten die francokanadischen
Separatisten eine überraschende Ermutigung aus Europa. Der französische Staatspräsident Charles de Gaulle ließ anläßlich eines Besuches
in Kanada in einer Rede vor dem Rathaus in Montreal das «freie
Québec» hochleben («Vive le Québec libre!») und löste damit einen
Sturm der Entrüstung, aber auch starke Irritation unter den gemäßigten Autonomisten Québecs aus. Premierminister Pearson nannte den
Ausruf de Gaulles inakzeptabel, was der Staatspräsident mit der Absage seines geplanten Besuchs in der Bundeshauptstadt Ottawa quittierte. Nach zwei weiteren Auftritten in Montreal, dem Besuch der
Weltausstellung und der französischsprachigen Universität, reiste er
am 26. Juli nach Frankreich zurück.

Die Politik der Zweisprachigkeit und des kulturellen Dualismus,
die Pearson eingeleitet hatte und die sein Nachfolger, der liberale Francokanadier Pierre Elliott Trudeau, der Premierminister der Jahre 1968
bis 1979 und 1980 bis 1984, fortsetzte, zeitigte nicht die von Ottawa
erhofften Erfolge. Der extremistische FLQ, Urheber zahlreicher Bom-
benattentate, ließ im Oktober 1970 den britischen Handelsattaché
James R. Cross und kurz darauf den Arbeitsminister von Québec,
Pierre Laporte, entführen. Die Regierung Trudeau lehnte die Forderungen des FLQ, obenan die Entlassung von politischen Häftlingen,
ab und verhängte am 16. Oktober den Ausnahmezustand über das
ganze Land, woraufhin Laporte von seinen Entführern ermordet
wurde. Cross überlebte die Aktion in einem Versteck, aus dem er im
Dezember befreit wurde.

Den separatistischen Bestrebungen fügte der allgemein verurteilte
Terror des FLQ keinen nachhaltigen Schaden zu. Der 1968 gegründete
Parti Québecois unter dem ehemaligen liberalen Politiker René Leves-
que gewann 1976 die Provinzwahlen, ließ im Jahr darauf ein Gesetz
verabschieden, das Französisch zur offiziellen Regierungs- und Amts-
sprache erhob, und gab im Februar 1980 der Bevölkerung die Gelegen-

heit, sich in einem Referendum für die Unabhängigkeit der Provinz (bei Aufrechterhaltung enger Wirtschaftsbeziehungen mit dem übrigen Kanada) zu entscheiden: eine Lösung, für die sich aber nur eine starke Minderheit von 40 Prozent aussprach. Ein zweiter Anlauf im Oktober 1995 scheiterte äußerst knapp: Bei einer Wahlbeteiligung von 94 Prozent votierten 50,6 Prozent der Bevölkerung für den Verbleib in der kanadischen Konföderation. Unter den 49,4 Prozent, die sich für die Unabhängigkeit entschieden, war die Mehrheit der Francokanadier, während die in Québec lebenden Anglokanadier und Immigranten nahezu geschlossen dem Separatismus eine Absage erteilten.

Versuche, das Problem Québec durch eine Verfassungsreform auf gesamtstaatlicher Ebene zu lösen, waren zu diesem Zeitpunkt bereits zweimal gescheitert. Im März 1982 hatte das britische Parlament dem Erlaß einer kanadischen Verfassung zugestimmt, die einen Grundrechtskatalog (Charter of Rights) enthielt und es Kanada gestattete, souverän über Verfassungsänderungen zu entscheiden, wobei mindestens sieben Provinzen mit mehr als der Hälfte der kanadischen Bevölkerung der Änderung zustimmen mußten. Im Juni 1987 verständigten sich die Bundesregierung unter dem konservativen Premierminister Brian Mulroney und die Regierungschefs der Provinzen im Abkommen von Meech Lake in Québec auf die Gewährung von Sonderrechten für das als «distinct society» beziehungsweise «société distincte» anerkannte Québec, wofür Québec im Gegenzug bereit war, die Verfassung von 1982 anzuerkennen. Die Vereinbarung blieb jedoch ein Stück Papier, weil die Provinzen Neufundland (das 1949 der Kanadischen Föderation beigetreten war) und Manitoba ihre Zustimmung verweigerten.

Zwei Jahre später einigten sich die Regierungen von Bund und Provinzen in Charlottetown auf der Prinz-Edward-Insel auf eine Verfassungsreform, die die Stellung der Provinzen generell stärkte, die Vertretung von Franco- und Anglokanadiern in den höchsten Bundesorganen regelte und in diesem Zusammenhang Québec feste Quoten zuerkannte. Auch die Regierung von Québec unter Robert Bourassa stimmte der Regelung zu. Großen Teilen der englischsprachigen Bevölkerung ging die vorgesehene Föderalisierung aber zu weit: Im Oktober 1992 lehnten 54,3 Prozent der Kanadier in einem Referendum die Verfassungsänderungen ab.

Zu den Vereinbarungen von Charlottetown gehörte auch die Stärkung der Autonomierechte der Ureinwohner Kanadas, der Indianer und Eskimos (Inuit). Der Fehlschlag des Referendums vom Oktober 1992 bedeutete aber nicht das Ende der Versuche, zumindest symbolisch das Unrecht wiedergutzumachen, das die Weißen den «First Nations» über Jahrhunderte hinweg angetan hatten. Seit den achtziger Jahren wurden den indigenen Völkern, beginnend mit den Inuits in der westlichen Arktis und den Yukon-Indianern, in erheblichem Umfang Land als Eigentum und Jagdrechte in einem noch weit größeren Gebiet zuerkannt.

Ein Aufstand der Mohawk nahe der Stadt Oka in Québec im Sommer 1990 erhöhte den Druck auf Regierung und Parlament. Eine daraufhin eingesetzte Kommission belegte ein Jahr später in ihrem Bericht eindringlich die Armut, den schlechten Gesundheitszustand, den Alkoholismus und die hohen Selbstmordraten bei den Ureinwohnern Kanadas und empfahl Ottawa energische Maßnahmen zur Behebung der Not sowie eine grundlegende Neuordnung des Verhältnisses zu den «First Nations». 1998 erhielten als erster Stamm die Nisga'a Autonomierechte auch im Bereich der Rechtsprechung. Im Jahr darauf wurde mit Nunavut erstmals ein eigenes, weithin autonomes, von den Ureinwohnern verwaltetes Territorium gebildet.

Eine weitere wichtige Geste gegenüber den «First Nations» fiel ebenfalls in die späten neunziger Jahre: ein erster Versuch, etwas von dem Unrecht abzutragen, das den Ureinwohnern in den vom Staat unterstützten, von den christlichen Kirchen betriebenen Internatsschulen zugefügt worden war. Die «residential schools», deren letzte 1996 geschlossen wurde, waren seit der Frühzeit der weißen Kolonialisierung Kanadas Instrumente der zwangsweisen Christianisierung und kulturellen Assimilierung gewesen. Auf etwa 150 000 wird die Zahl der Indianer, Inuit und Mischlinge (Métis) geschätzt, die dort nach 1945 umerzogen worden waren – abgetrennt von ihren Familien und ihrer heimatlichen Umgebung und oft brutalem Zwang der Erzieher ausgesetzt.

1998 stellte eine kanadische Regierung, das Kabinett des liberalen Premierministers Jean Chrétien, mit der Bitte um Verzeihung erstmals 350 Millionen kanadische Dollar zur Verfügung, um körperliches und seelisches Leid der überlebenden ehemaligen Internatsschüler zu lindern. 2006 wurden auf Grund von Sammelklagen weitere Entschädigungen bewilligt. Am 11. Juni 2008 erfolgte auf Beschluß des kanadischen Unterhauses in einem feierlichen Staatsakt in Ottawa die offizielle Entschuldigung: Der konservative Premierminister Stephen Harper und Redner der Oppositionsparteien sprachen sie aus, der Oberhäuptling der kanadischen Indianer, Phil Fontaine, und andere Sprecher indigener Gruppen nahmen sie entgegen. Eine Wiedergutmachung jahrhundertealten Unrechts konnte der Staatsakt nicht sein, wohl aber war er ein Zeichen des guten Willens – der Entschlossenheit der weißen Kanadier, sich selbstkritisch einer Geschichte zu stellen, in der das Land beharrlich gegen die eigenen, die westlichen Werte verstoßen hatte, und sich konsequent als multikulturelles Staatswesen zu verstehen. Eine vergleichbare Entschuldigung der USA bei ihren indianischen Ureinwohnern hat es bis heute nicht gegeben.

Wie Kanada erlebte auch das zweitgrößte unter den überwiegend weißen Dominions im Commonwealth of Nations, Australien, nach dem Zweiten Weltkrieg einen enormen und langanhaltenden Wirtschaftsaufschwung. Eine seiner Ursachen war der «mineral boom», ausgelöst durch die erfolgreiche Suche nach Uranerzen, an denen besonders die beiden angelsächsischen Atommächte, die USA und Großbritannien, interessiert waren. Dazu kamen forcierter Abbau von Bauxit und Nickel sowie von westaustralischen Eisenerzen und die Förderung von Kohle und Erdöl.

Von 1949 bis 1972 stellte fast ausnahmslos die Liberale Partei den Premierminister des Commonwealth of Australia. Am längsten, nämlich 17 Jahre lang, von 1949 bis 1966, hatte Robert Menzies, der Führer der Liberalen Partei, das Amt inne, der bereits von 1939 bis 1941 Regierungschef gewesen war. Im Dezember 1972 errang die Labor Party einen Wahlsieg; von Ende 1975 bis 1983 waren erneut die Liberalen an der Regierung, wie schon unter Menzies im Bund mit der rechtsgerichteten Country Party; von 1983 bis 1996 regierte wieder die Labor Party. Es folgte abermals ein von den Liberalen geführtes Koalitionskabinett, das in den Wahlen vom November 2007 durch eine Labor-Regierung abgelöst wurde.

Außenpolitisch lehnten sich die Regierungen der Nachkriegszeit bis 1972 eng an die Vereinigten Staaten an: eine Tradition, die auf den Labor-Premier John Joseph Curtin, den Regierungschef der Jahre 1941 bis 1945, zurückging. Australien war seit 1952, ebenso wie Neuseeland, mit den USA durch den ANZUS-Pakt verbunden; seit September 1954 war es auch im Rahmen des Südostasiatischen Bündnisvertrags, der SEATO, Partner der USA. Der proamerikanischen Orientierung entsprach die aktive Beteiligung am Koreakrieg und, im Gegensatz zu Kanada, am Vietnamkrieg. Furcht vor einer neuen asiatischen Bedrohung, diesmal nicht von einem militaristischen Japan, sondern vom kommunistischen China ausgehend, spielte dabei ebenso eine Rolle wie rassistische Vorurteile. Die letzteren spiegelten sich auch in der Einwanderungspolitik: Australien förderte im Zeichen des 1901 proklamierten Prinzips des «White Australia» die Immigration aus Europa, während es die aus Asien zu verhindern versuchte. Eine Lokkerung trat erst Ende der fünfziger Jahre ein. In der kurzen Amtszeit des liberalen Harold Edward Holt, des Nachfolgers von Menzies, in den Jahren 1966 bis 1967, ließ die Regierung in Canberra erstmals eine Einwanderung gebildeter Asiaten zu: Die Zeit des «White Australia» schien abgelaufen.

Das inneraustralische Gegenstück zur antiasiatischen Ausrichtung der Einwanderungspolitik war die Behandlung der australischen Ureinwohner, der Aborigines, die Anfang der neunziger Jahre mit 260 000 von knapp 18 Millionen Australiern etwa 1,5 Prozent der Gesamtbevölkerung ausmachten. Sie galten den tonangebenden Sozialdarwinisten des Fünften Kontinents als Rasse, die auf der untersten Stufe der Evolution stehengeblieben war. Noch Ende des 19. Jahrhunderts war es zu Razzien gekommen, bei denen weiße Siedler und Polizisten Aborigines beiderlei Geschlechts und jeder Altersstufe summarisch hinrichteten. Die gängige Art der Diskriminierung war die Segregation: Die Ureinwohner wurden in Reservaten konzentriert, wo sie auf Grund des Waste Land Act von 1842 Land bearbeiten konnten, das die Weißen als landwirtschaftlich unbrauchbar betrachteten.

Eine besonders repressive Form der Rassenpolitik, die Zwangsarbeit, mußte Australien unter dem Druck der Internationalen Arbeitsorganisation (ILO), einer (nach dem Zweiten Weltkrieg von den Vereinten Nationen übernommenen) Nebenorganisation des Völkerbundes, 1930 durch Beitritt zu einer entsprechenden Konvention aufgeben. Doch noch bis Ende der sechziger Jahre wurden junge Aborigines gezwungen, in Reservaten und Missionen unbezahlte Arbeit zu leisten. Löhne sollten sie erst nachträglich erhalten, wenn sie erwachsen waren – ein Verfahren, das unter dem Stichwort «gestohlene Löhne» (stolen wages) in die australische Geschichte einging. Der staatlich autorisierte Raub von Mischlingskindern wäre vermutlich noch sehr viel länger praktiziert

worden, wenn nicht die Allgemeine Erklärung der Menschenrechte
durch die Vollversammlung der Vereinten Nationen im Dezember 1948
das Bewußtsein für den inhumanen Charakter dieser «Politik» geschärft
hätte. Eine vergleichbare Wirkung hatte die Landrechtsbewegung der
Aborigines, die 1966 mit der Abwanderung von Angehörigen des Stammes der Gurindji im Northern Territory begann, wo sie zuvor als Hilfs-
kräfte von Farmern gearbeitet hatten. Im Mai 1967 fand auf Anordnung der Regierung Holt eine Volksabstimmung zur Beendigung der
Diskriminierung von Aborigines statt. Im Hinblick auf die bisherige
Politik war das Ergebnis erstaunlich eindeutig: Über 90 Prozent stimmten der Vorlage der Regierung zu.

Rund drei Jahre später fingen einzelne Gruppen von Aborigines an,
in ihre früheren Stammesgebiete und zu ihrer traditionellen Lebens-
weise zurückzukehren. Im Mai 1971 wurde erstmals ein Ureinwohner
in das Parlament in Canberra gewählt; im Monat darauf erfaßte eine
Volkszählung zum ersten Mal auch «reinrassige» Aborigines. Im Januar
1972 errichteten einige von ihnen vor dem Eingang des Parlaments-
gebäudes in Canberra ein Zelt, die «tent embassy», um auf diese Weise
ein halbes Jahr lang der Forderung nach Anerkennung der Landrechte
der Ureinwohner öffentliche Beachtung zu sichern. Der Wahlsieg der
Labor Party im Dezember 1972 bedeutete für die Aborigines eine
Zäsur. Zu den ersten Maßnahmen der neuen Regierung unter Edward
Gough Whitlam gehörte die Einrichtung des Department of Aboriginal Affairs – eines Ministeriums, das sich ausschließlich den Belangen
der Ureinwohner widmen sollte.

Unter Whitlam änderte Australien auch seine Einwanderungspolitik grundlegend. Rassistisch motivierte Beschränkungen wurden
konsequent beseitigt, wovon Zehntausende von Flüchtlingen aus
Vietnam, Laos und Kambodscha, die sogenannten «boat people»,
profitierten. Schon unter Whitlams liberalem Vorgänger William
McMahon hatte der Abzug der australischen Truppen aus Indochina
begonnen, was allgemein als Abwendung von der bisherigen engen
Bindung an die USA verstanden wurde. Im Dezember 1972 nahm
Australien diplomatische Beziehungen zur Volksrepublik China, im
Februar 1973 zu Nordvietnam auf. Gleichzeitig stellte Canberra die
Militärhilfe für Südvietnam ein.

Im Herbst 1975 nahm Whitlams Regierungstätigkeit ein vorzeitiges Ende. Interne Streitigkeiten in der Labor Party, ein Anleiheskandal

und der Widerstand des konservativen Senats hatten in den Monaten zuvor die Arbeit des Premiers stark beeinträchtigt. Eine Mehrheit im Senat für den Haushalt 1976 war nicht in Sicht, wobei freilich strittig war, ob die Zustimmung des Senats notwendig war, wenn das Repräsentantenhaus den Etat verabschiedet hatte. Am 11. November entließ Generalgouverneur Sir John Kerr, der die Queen als Staatsoberhaupt vertrat und selbst aus der australischen Labor Party stammte, den Regierungschef, löste beide Häuser des Parlaments auf, ernannte den liberalen Parteiführer Malcolm Fraser zum geschäftsführenden Premierminister, nachdem Fraser zuvor versprochen hatte, unverzüglich Neuwahlen abzuhalten. Das Vorgehen des Generalgouverneurs wurde weithin als eine Art Putsch verstanden, zumal Kerr Whitlam ohne jede Vorwarnung aus dem Amt entfernt hatte. Fraser gewann zwar die Wahlen vom Dezember 1975. Zwei Jahre später aber mußte Kerr auf Grund der anhaltenden Kritik an der Entlassung Whitlams sein Amt als Generalgouverneur aufgeben.

Als die Labor Party im März 1983 erneut an die Regierung kam, setzte der neue Premier James Lee Hawke die Innen- und Außenpolitik Whitlams fort. In seine Regierungszeit fiel die Beseitigung der meisten noch verbliebenen rechtlichen und politischen Bindungen an das Vereinigte Königreich durch die Australia Acts von 1985 und 1986: Australien wurde auf den Gebieten der Gesetzgebung und der Rechtsprechung voll souverän. Unter Hawkes Nachfolger, dem bisherigen Finanzminister, dem Labor-Politiker Paul Keating, der im Dezember 1991 an die Spitze der Regierung trat, wurde der Schwur der Einwanderer auf die britische Königin zugunsten eines Eids auf Australien und die australische Nation abgeschafft. Sein eigentliches Ziel, die vollständige Trennung von der britischen Monarchie, erreichte Keating nicht. In einem Referendum, das im November 1999 unter Keatings liberalem Nachfolger John W. Howard stattfand, sprachen sich 55 Prozent der Abstimmenden gegen die Proklamation der Republik und damit für den staatsrechtlichen Status quo aus.

Die Aborigines konnten in der Regel von einer Labor-Regierung mehr Verständnis für ihre Belange erwarten als von einem liberal geführten Kabinett. Unter Hawke wurde den Ureinwohnern im Oktober 1985 der Uluru-Nationalpark mitsamt dem Ayers Rock, einem legendenumwobenen Monolithen, in einem feierlichen Staatsakt zurückgegeben. 1991 wurde ein Rat für Aussöhnung (Council for Reconciliation) ins Leben gerufen. Im Jahr darauf fällte der Oberste Gerichtshof, ausgelöst durch die Klage des Aborigines Eddie Mabo und anderer Bewohner der Murray-Inseln, ein Grundsatzurteil: Er wies die gängige Auffassung zurück, Australien sei bei seiner Entdeckung durch James Cook im Jahr 1770 eine «terra nullius», unbewohntes Land, gewesen, und erkannte damit den Anspruch der Aborigines auf ihr Land als begründet an. Auf das Urteil im «Mabo Case» stützte Hawkes Nachfolger Keating den von seiner Regierung vorgelegten Native Title Act vom Dezember 1993. Auf Grund dieses Gesetzes wurde eine Schiedsstelle geschaffen, die die Ansprüche der früheren und der jetzigen Landbesitzer zu prüfen hatte, außerdem ein Fonds mit dem Zweck, jenen Aborigines einen Ausgleich zu ermöglichen, denen einst Land weggenommen worden war.

Ein weiteres höchstrichterliches Urteil in der Landfrage erging 1996, in der Amtszeit des liberalen Premiers John W. Howard, der seit März jenes Jahres an der Spitze eines Koalitionskabinetts aus der Liberal Party und der rechtsstehenden National Party stand. Das sogenannte «Wik-Urteil» bestätigte den Anspruch des Stammes der Wik auf der Kap-York-Halbinsel auf Land, das inzwischen von weißen Weidepächtern bewirtschaftet wurde. Unter dem Eindruck einer ebenso gegen die Aborigines wie gegen asiatische Einwanderer gerichteten Kampagne der neugegründeten rassistischen Partei «One Nation» in Queensland führte Howard im Sommer 1998 im Senat Entscheidungen herbei, die die Ansprüche der weißen Landpächter stärkten und den Forderungen der Ureinwohner strikt zuwiderliefen. Als im Mai 2000 250 000 Demonstranten mit Unterstützung führender Politiker der Labor und der Liberal Party in einem «Versöhnungsmarsch» auf der Sydney Harbor Bridge für ein besseres Verhältnis zwischen weißen Australiern und Ureinwohnern warben, lehnte Howard demonstrativ die Teilnahme ab. Er blieb auch vier Monate später jenem Wettkampf der Olympischen Sommerspiele in Sydney fern, bei dem Cathy Freeman, eine Aborigine-Athletin, auf der 400-Meter-Strecke die Goldmedaille für Australien gewann. Im Jahr darauf sorgte Australien für Schlagzeilen in der Weltpresse, als es über 400 Flüchtlinge aus Afghanistan, die auf hoher See von einem norwegischen Frachter gerettet worden waren, nicht an Land ließ. Sie wurden schließlich vom pazifischen Inselstaat Nauru aufgenommen.

Es bedurfte eines neuerlichen Machtwechsels, des Sieges der Labor Party bei den Parlamentswahlen vom November 2007, um eine Kehrtwende in der australischen Innen- und Außenpolitik herbeizuführen. Der neue Premierminister Kevin Rudd – der erste australische Spitzenpolitiker, der fließend Chinesisch sprach – verstärkte die Verbindungen nach Asien und namentlich zum benachbarten Indonesien. Den Ureinwohnern übermittelte er die Botschaft, auf die sie seit langem vergeblich gewartet hatten: Am 13. Februar 2008 entschuldigte sich Rudd im Parlament feierlich für alles Unrecht, das den Aborigines von weißen Australiern in der Vergangenheit zugefügt worden war. Zwei Jahre nach Kanada tat damit auch das offizielle Australien einen Schritt, der notwendig war, wenn das Land sich weiterhin glaubhaft zur westlichen Welt und ihren Werten bekennen wollte.

Anders als Australien blieb das Commonwealth-Land Neuseeland bis weit in die zweite Hälfte des 20. Jahrhunderts hinein von der Landwirtschaft geprägt. Rinder- und Schafzucht bildeten die wichtigsten Wirtschaftszweige überhaupt; erst nach dem Zweiten Weltkrieg wurde die Industrialisierung systematisch vorangetrieben. Die National Party, die 1936 aus dem Zusammenschluß von Liberalen und Konservativen entstanden war, und die Labour Party wechselten sich an der Regierung ab. Von den sechs Jahrzehnten zwischen 1945 und 2005 entfielen 36 Jahre auf Regierungen der National Party und 24 auf Labour-Kabinette.

Verglichen mit Australien war das Übergewicht der Weißen über die nichtweiße Bevölkerung in Neuseeland weniger erdrückend. Die im 14. Jahrhundert von den Cook-Inseln eingewanderten Maori bildeten eine starke Minderheit: Mitte der 1990er Jahre stellten sie etwa 9 Prozent der insgesamt knapp 3,5 Millionen Neuseeländer. Die Maori waren auch nie dem gleichen Maß an Unterdrückung, Mißachtung und Entrechtung ausgesetzt gewesen wie die australischen Aborigines. Im Vertrag von Waitangi aus dem Jahr 1840, mit dem die Maori der Nordinsel ihre Souveränität an die britische Krone abgetreten hatten, waren ihnen Bürger- und Bodenrechte zugestanden worden – Rechte, die in der Folgezeit freilich von den «Pahekas», den Weißen, im Zuge der Landnahme immer wieder nachhaltig verletzt wurden. Unter dem Labour-Premier Michael Joseph Savage erhielten die Maori 1937 bei Wahlen die gleichen Rechte wie die Wähler europäischer Herkunft.

Unter Savages Nachfolger, dem Labour-Politiker Peter Fraser, der von
1940 bis 1949 Regierungschef war, verbesserte sich der Lebensstandard der Maori infolge gezielter Sozialgesetze erheblich.

Die entsprechenden Maßnahmen waren Teil des neuseeländischen
Modells vom Wohlfahrtsstaat, das häufig mit dem schwedischen verglichen wurde. Zu den Merkmalen des neuseeländischen «Wage Ear-
ner Welfare State» gehörten eine auf Vollbeschäftigung ausgerichtete
Politik, Mindestlöhne, ein umfassendes Netz sozialer Sicherheit, größt-
mögliche Angleichung der Einkommensverhältnisse über eine starke
Steuerprogression und eine vom Staat gesteuerte Lohnpolitik. Setzte
Schweden bei seinem Wohlfahrtsstaat vor allem auf den Solidaritäts-
und den Versicherungsgedanken, so erstrebte Neuseeland sehr viel
stärker eine nivellierende Umverteilung durch den Staat im Sinne des
Egalitarismus – eine Politik, die von den konservativen Regierungen
nach 1949 nicht minder entschieden betrieben wurde als zuvor von
denen der Labour Party.

Die Abkehr von diesem Modell vollzog im Zeichen rückläufigen
Wirtschaftswachstums, steigender Arbeitslosigkeit und wachsender
Staatsverschuldung bemerkenswerterweise nicht eine konservative,
sondern eine Labour-Regierung unter dem Wahlsieger vom Juli 1984,
David Russell Lange. Unter der Ägide des Labour-Finanzministers
Roger Douglas begann sich der Staat aus der Wirtschaft zurückzuziehen: Öffentliche Unternehmungen, darunter die Elektrizitätsversorgung, wurden privatisiert, die Ökonomie dereguliert, die Lohnfindung
wieder ganz den Tarifpartnern überlassen.

Die wirtschaftspolitische Kehrtwende löste eine Krise in der
Labour Party und schließlich 1989 eine Parteispaltung aus. Die Wahlen von 1990 gewann die National Party unter James Brendan Bolger, der den «neoliberalen» Kurs der Vorgängerregierung verschärft
fortsetzte, den Arbeitsmarkt radikal deregulierte, Sozialleistungen
kürzte, in den sozialen Sicherungssystemen der Privatinitiative den
Vorrang vor Kollektivierung und staatlichen Leistungen verschaffte
und die Gewerkschaften durch die Individualisierung der Lohnver-
einbarungen entmachtete. Die Wirkungen, die der konsequente Abbau des Wohlfahrtsstaates zeitigte, blieben umstritten: Das Wachstum der neuseeländischen Wirtschaft war zwischen 1986 und 1992
negativ und in den Jahren danach im internationalen Maßstab eher
schwach; die Arbeitslosenquote war 1992 doppelt so hoch wie vor

Einleitung der Reformen. Erst danach begann das Beschäftigungs-
niveau wieder zu steigen.

Außenpolitisch lehnte sich Neuseeland ähnlich wie Australien nach
1945 zunächst stark an die USA an, während sich die Bindungen an
das britische Mutterland lockerten. 1965 schlossen Neuseeland und
Australien ein Freihandelsabkommen, das New Zealand-Australia
Free Trade Agreement (NAFTA), das den massiven Rückgang der
Exporte in das Vereinigte Königreich – eine Folge der britischen Umorientierung nach Europa – ausgleichen sollte. 1967 ging Neuseeland
vom britischen Pfund Sterling zu einer eigenen Währung, dem neuseeländischen Dollar, auch «Kiwi-Dollar» genannt, über, der in den
folgenden 17 Jahren dreimal abgewertet werden mußte: 1975 um 15,
1979 um 5 und 1984 um 20 Prozent. 1985 erhielt das Land eine eigene
Verfassung, die an die Stelle des New Zealand Constitution Act von
1852 trat. 2004 errichtete der Inselstaat seinen eigenen Obersten
Gerichtshof, womit der Privy Council in London aufhörte, die letzte
Instanz der neuseeländischen Justiz zu sein.

Das Verhältnis zu den Vereinigten Staaten verschlechterte sich seit
dem Vietnamkrieg, an dem sich Neuseeland unter der konservativen
Regierung von Keith Jacka Holyoake mit einem Bataillon beteiligte.
Stärker noch als die Opposition gegen die Beteiligung am Krieg in Südostasien waren die Proteste gegen die atomare Hochrüstung der USA.
Sie veranlaßten Washington, 1984 den ANZUS-Vertrag von 1951 mit
Neuseeland zu suspendieren. (Die SEATO, zu deren Gründungsmitgliedern Neuseeland gehörte, war bereits 1977, weil sie inzwischen als
überflüssig galt, im gegenseitigen Einvernehmen aufgelöst worden.)

Nach dem Wahlsieg der Labour Party im Sommer 1984 spitzte sich
der Konflikt mit der Führungsmacht des Westens dramatisch zu. Die
Regierung Lange erteilte 1985 einem atomar betriebenen amerikanischen Kriegsschiff keine Besuchserlaubnis; die USA kündigten schließlich im August 1986 ihre Sicherheitsverpflichtungen gegenüber Neuseeland auf. Dieses erklärte sich auf Grund eines Parlamentsbeschlusses
im Juni 1987 demonstrativ zur atomwaffenfreien Zone. Parallel zur
Abwendung von den USA baute die Regierung in Wellington die Beziehungen des Landes zu Australien und den wichtigsten Staaten Ost-
asiens, obenan China und Japan, aber auch zu wirtschaftlichen Auf-
steigern wie Singapur, Südkorea, Malaysia und Indonesien aus – Ländern,
die seit dem Beitritt Großbritanniens zur Europäischen Wirtschafts-

gemeinschaft im Jahr 1973 zu den wichtigsten Handelspartnern Neuseelands geworden waren.

Die schroffe Ablehnung, auf die die atomare Rüstung bei den Neuseeländern stieß, hatte eine geradezu existentielle Dimension: Kein anderes westliches Land war so sehr der Gefahr nuklearer Verstrahlung ausgesetzt wie Neuseeland. Die Unterzeichnung des Teststoppabkommens im August 1963 bedeutete zwar das Ende der amerikanischen, nicht aber der französischen Versuche mit Atombomben im Pazifik. Als sich 1985 ein Schiff der Umweltorganisation Greenpeace, die «Rainbow Warrior», anschickte, durch demonstrative Präsenz in der betroffenen Region einen französischen Test im Mururoa-Atoll zu verhindern, wurde es von französischen Geheimagenten im Hafen von Auckland versenkt, wobei ein Fotograf ums Leben kam. Die diplomatischen Proteste der Regierung in Wellington bewirkten keine Änderung der Pariser Politik, ebensowenig die juristischen Schritte des Inselstaates: Im September 1995 wies der Internationale Gerichtshof in Den Haag eine Klage Neuseelands gegen französische Atomwaffenversuche im Mururoa-Atoll mit 12 gegen 3 Stimmen ab.

Im Gegensatz zu den australischen waren die neuseeländischen Konservativen gegenüber der nichtweißen Bevölkerung verständigungsbereit. Unter der Regierung von Robert David Muldoon wurde 1975 der Treaty of Waitangi Act verabschiedet, der eine Rechtsgrundlage für die Überprüfung der Landansprüche der Maori schuf. Unter Premierminister Bolger ging die National Party sogar eine Koalition mit der New Zealand First Party ein, in der die Maori den Ton angaben.

Nach dem Labour-Wahlsieg vom November 1999 trat dieselbe Partei in das Kabinett von Helen Clark ein – der zweiten Premierministerin Neuseelands nach ihrer unmittelbaren Amtsvorgängerin Jenny Shipley. 2004 löste ein Gesetz, das Küstenstreifen und Meeresboden zum Eigentum des Staates erklärte, leidenschaftliche Proteste bei den Maori aus, weil es eindeutig dem Vertrag von Waitangi widersprach. Eine Großdemonstration in Wellington im Mai 2004, an der sich 15 000 Maori beteiligten, blieb nicht ohne Folgen. Am 30. Juni 2006 entschuldigte sich die Regierung Clark bei den Maori des betroffenen Gebiets für die Vertragsverletzung und gab ihnen 50 000 Hektar Land aus dem Besitz der Krone zurück – eine symbolische Geste, die auffallend an den Staatsakt erinnerte, mit dem Kanada zweieinhalb Wochen zuvor gegenüber seinen «First Nations»

öffentliche Reue angesichts des Unrechts der Vergangenheit bekundet
hatte.

Im Jahr 1975 veröffentlichte der amerikanische Soziologe Michael
Hechter unter dem Titel «Internal Colonialism» eine alsbald vieldisku-
tierte Studie über den «keltischen Rand» (Celtic fringe) in der nationalen Entwicklung Großbritanniens. Der Autor setzte das Verhältnis
Englands zu den keltisch geprägten Teilen der britischen Inseln, also
Wales, Schottland und Irland, in Parallele zu der Art und Weise, wie
das Vereinigte Königreich seine nicht weißen Kolonien in Übersee
behandelte, wobei er eine «kulturelle Arbeitsteilung» (cultural division
of labor) als verbindendes Merkmal hervorhob: Das Kerngebiet (core)
hielt in beiden Fällen, den Kolonien wie den Gebieten des «Celtic
fringe», die Peripherie (periphery) in einem Verhältnis der ökonomischen Abhängigkeit und auf dem Status unterstellter kultureller Min-
derwertigkeit. Im Hinblick auf das katholische Irland sprach für diese
These sehr viel mehr als hinsichtlich des überwiegend protestantischen
Wales, von Schottland ganz zu schweigen. Insgesamt dramatisierte der
Begriff «internal colonialism» das innerbritische Entwicklungsgefälle
und die damit einhergehende Diskriminierung der Peripherie ebensosehr, wie er die spezifische Eigenart des kolonialen Rassismus entdra-
matisierte.

Mit sehr viel größerem Recht als für die regionalen Konflikte in
Großbritannien, auf die noch zurückzukommen sein wird, läßt sich
der Begriff des «inneren Kolonialismus» auf das Verhältnis der ehemaligen britischen Siedlerkolonien zu ihren Ureinwohnern anwenden –
und in den Vereinigten Staaten auch auf die langanhaltende Diskriminierung der Nachfahren schwarzafrikanischer Sklaven, und das nicht
nur in den Südstaaten. Entsprechend bietet sich für die Versuche, ver-
gangenes Unrecht symbolisch und materiell wiedergutzumachen, der
Begriff der «inneren Dekolonialisierung» an. Daß die antikolonialen
Kämpfe in Asien und Afrika dem Streben der Ureinwohner in Kanada,
Australien und Neuseeland nach Gleichberechtigung und Autonomie
Auftrieb gaben, ist evident. Desgleichen half ihnen alles, was die Vereinten Nationen unternahmen, um den Kolonialismus weltweit zu
überwinden.

Innerhalb Europas war die Diskriminierung der Samen im Norden
Skandinaviens *das* Phänomen, auf das der Begriff des «inneren Kolo-

nialismus» am ehesten zutraf. Bis weit in das 20. Jahrhundert hinein
wurden die Samen, vor allem die nicht seßhaften Rentierzüchter unter
ihnen, kulturell bevormundet und rechtlich benachteiligt. An den
Schulen durften die samischen Sprachen nicht verwendet werden. In
Schweden wurden in den zwanziger und dreißiger Jahren größere
Gruppen samischer Nomaden zwangsweise in südlichere Regionen
umgesiedelt. In Norwegen gab es bis in die späten fünfziger Jahre eine
den kanadischen Verhältnissen vergleichbare Zwangserziehung samischer Kinder in Internatsschulen, was Trennung von den Eltern und
der angestammten Umgebung sowie Verbot des Sprechens der samischen Sprache und des Singens samischer Lieder bedeutete.

Schweden korrigierte seine Samenpolitik in den fünfziger, Norwegen seit den sechziger Jahren. Das Recht der Samen auf die Bewahrung
ihrer eigenen Kultur wurde anerkannt, Samisch in den Rang einer
Unterrichtssprache erhoben. 1977 erkannte Schweden die Samen als
indigene Bevölkerung an; 1990 ratifizierte Norwegen als bisher einziges skandinavisches Land die Resolution Nr. 169 der Internationalen
Arbeitsorganisation von 1989 über die verbindlichen Rechte der Urbe-
völkerungen. In keinem nordeuropäischen Land genießen die Samen
heute mehr Rechte als in Norwegen. Die Globalisierung der Menschenrechte hat nach den von Europäern kolonialisierten Überseegebieten
inzwischen auch die Teile des alten Kontinents erfaßt, in denen noch in
der zweiten Hälfte des 20. Jahrhunderts eine Urbevölkerung als ethnische Gruppe minderen Rechts betrachtet worden war.[1]

Risse im Weltkommunismus: Von Chruschtschows Sturz zur Breschnew-Doktrin

Am 15. Oktober 1964 wurde alle Welt von einer Meldung aus Moskau
überrascht: Die sowjetische Nachrichtenagentur TASS teilte mit, der
Erste Sekretär der Kommunistischen Partei der Union der Sozialistischen Sowjetrepubliken, Nikita Sergejewitsch Chruschtschow, habe
«in Anbetracht seines hohen Alters und der Verschlechterung seines
Gesundheitszustandes» um die Entbindung von allen Partei- und Staats-
ämtern gebeten. Das Plenum des Zentralkomitees der KPdSU sei dieser Bitte nachgekommen und habe Leonid Iljitsch Breschnew, der bis
zum Juli Vorsitzender des Präsidiums des Obersten Sowjets und damit

nominelles Staatsoberhaupt der Sowjetunion gewesen war, zum neuen Generalsekretär gewählt. Chruschtschows Nachfolge als Ministerpräsident trat Alexej N. Kossygin an.

Was sich Mitte Oktober 1964 im Kreml abspielte, war in Wirklichkeit eine (schon von Zeitgenossen so genannte) «Palastrevolution». Zwei Tage nach dem Sturz Chruschtschows ließ die Parteizeitung «Prawda», ohne den Namen des schlagartig zur «Unperson» gewordenen bisherigen Generalsekretärs zu nennen, einiges von den Vorwürfen durchblicken, die gegen Chruschtschow erhoben wurden. «Die leninistische Partei ist ein Feind jeglichen Subjektivismus und jeglicher Kursabweichung im kommunistischen Aufbau. Wilde Pläne, halbfertige Schlüsse und übereilte, realitätsfremde Entscheidungen und Handlungen, Prahlerei und Geschrei, die Neigung, durch Befehle zu herrschen, der Widerwille, zu berücksichtigen, was Wissenschaft und praktische Erfahrung bereits erprobt haben: Dies alles ist der Partei fremd. Der Aufbau des Kommunismus ist eine lebendige, schöpferische Sache. Sie duldet keine Lehnsesselmethode, Einmannbeschlüsse oder Geringschätzung der praktischen Erfahrung der Massen.»

Chruschtschow hatte seinen Kritikern viele Gründe geliefert, die in der Summe seine Ablösung zuletzt unvermeidbar erscheinen ließen. Das Wachstum der Industrie war stark zurückgegangen; die ehrgeizige Agrarpolitik des Kremlchefs war eklatant gescheitert (so sehr, daß 1963 eine Hungersnot nur durch die Einfuhr großer Mengen von kanadischem Weizen vermieden werden konnte). Eine undurchdachte Parteireform, die Aufspaltung der regionalen Organisationen in zwei voneinander unabhängige Abteilungen, von denen eine für die Industrie, die andere für die Landwirtschaft zuständig war, hatte ein institutionelles Chaos hervorgerufen. Die Art und Weise, wie Chruschtschow sich in der kubanischen Raketenkrise verhalten hatte, galt manchen als höchst nachteilig für das internationale Ansehen der Sowjetunion. Womöglich noch fataler für die innerparteiliche Stellung des Generalsekretärs war die Reise, die sein Schwiegersohn, Alexej Adschubej, der Chefredakteur der Regierungszeitung «Iswestija», im Juli 1964 nach Bonn unternommen hatte: Sie ließ den Verdacht aufkommen, Chruschtschow plane eine neue Deutschlandpolitik, nämlich eine Annäherung an die Bundesrepublik auf Kosten der DDR.

Das Prinzip, das dem «Subjektivismus» der Ära Chruschtschow entgegengesetzt wurde, hieß «kollektive Führung». Der neue General-

sekretär schien bereit, sich an diese Vorgabe zu halten. Leonid
Breschnew, Jahrgang 1906, zwölf Jahre jünger als Chruschtschow,
hatte als Politischer Kommissar am Zweiten Weltkrieg teilgenommen;
er war in den fünfziger Jahren erst in Moldawien, dann in Kasachstan
Erster Sekretär der KP gewesen; er gehörte seit 1952 dem Zentralkomitee und seit 1957 dem Präsidium der KPdSU an. Nach dem Coup
vom Oktober 1964, den der bisherige Gefolgsmann Chruschtschows
mit vorbereitet hatte, konnte seine Position im Parteiapparat noch
keineswegs als sicher gelten. Dem Sturz Chruschtschows folgten keine
umfassenden Säuberungen. Daß die engsten Vertrauten des abgelösten
Generalsekretärs, darunter Adschubej, aus ihren Ämtern entfernt
wurden, verstand sich von selbst.

Der zweitmächtigste Mann der neuen Führung, Ministerpräsident
Kossygin, war ein überzeugter Anhänger von Wirtschaftsreformen,
wie sie der Ökonom Jewsej Liberman forderte: die Einführung des
Prinzips der «materiellen Interessiertheit» als Ansporn für Wettbewerb
zwischen den Betrieben, die ihrerseits mehr Entscheidungsbefugnisse,
vor allem bei der Festsetzung der Löhne und Gehälter, erhalten sollten,
bei gleichzeitiger Aufrechterhaltung einer zentralen Planung. Im September und Oktober 1965 faßte das Zentralkomitee Beschlüsse, die
zumindest teilweise auf dieser Linie lagen, aber wenig bewirkten, weil
es auf Breschnews Drängen nun bei der zentralen Preisbindung blieb.
Im März und April 1966 bestätigte der 23. Parteitag der KPdSU die
Führungsrolle der beiden Spitzenfunktionäre Breschnew und Kossygin;
aus dem Parteipräsidium wurde wieder, wie vor 1952, das Politbüro.
Ein Widersacher Breschnews in der obersten Parteiführung, Nikolaj
Podgorny, war bereits im Dezember 1965 auf den Posten des nominellen Staatsoberhaupts der UdSSR abgeschoben worden.

Die Entstalinisierung, die Chruschtschow auf dem 22. Parteitag der
KPdSU im Oktober 1961 mit neuen Enthüllungen über Stalins Terror-
system weiter vorangetrieben hatte, wurde unter Breschnew nicht
zurückgenommen, wohl aber zurechtgestutzt, Stalin als Führer im
«Großen Vaterländischen Krieg der Sowjetunion» sogar teilweise rehabilitiert. In der Kulturpolitik war schon im letzten Jahr der Ära
Chruschtschow das «Tauwetter» neuem Frost gewichen, wie die Verurteilung des Lyrikers Jossif Brodskij zu fünf Jahren Zwangsarbeit im
Frühjahr 1964 zeigte. Die neue Führung zog die Zügel noch schärfer
an. Im September 1965 wurden die Schriftsteller Andrej Sinjawski und

Julij Daniel, zwei maßgebliche Autoren des «Samisdat», der Untergrundliteratur, verhaftet und im Februar 1966 wegen angeblicher Diffamierung des Sowjetsystems, zu sieben beziehungsweise fünf Jahren Zwangsarbeit verurteilt.

Außenpolitisch setzte Moskau unter Breschnew, Kossygin und Außenminister Andrej Gromyko weithin auf Kontinuität: Die Politik der «friedlichen Koexistenz» gegenüber den kapitalistischen Staaten wurde beibehalten. Anfang Januar 1966 übernahm Ministerpräsident Kossygin in Taschkent die Rolle des Vermittlers bei den Friedensverhandlungen zwischen Indien und Pakistan, die im September des Vorjahres einen Krieg um die nach wie vor ungelöste Kaschmirfrage geführt hatten. Das Ergebnis, der Rückzug beider Seiten aus den von ihnen besetzten Gebieten, wurde weltweit als Anzeichen dafür gewertet, daß der vom Kreml beschworene Friedenswille mehr war als Rhetorik: Die Sowjetunion war offenkundig zu einer Macht geworden, die in den internationalen Beziehungen von Abenteuern nichts mehr wissen, sondern den Status quo bewahren wollte.

Innen- wie außenpolitisch fügte sich die neuere Entwicklung der Sowjetunion mithin nicht mehr nahtlos in gängige westliche Vorstellungen von einem totalitären System. Seit Stalins Tod gehörte der Massenterror der Vergangenheit an; die kommunistische Herrschaft hatte sich versachlicht und verstetigt. Für die Zeit nach dem Sturz des impulsiven Chruschtschow galt das in noch viel höherem Maß als zuvor. «Chruschtschow wollte die Rolle eines dynamischen Führers in einer Phase spielen, in der die totalitäre Dynamik des kommunistischen Regimes sich totlief», schrieb der West-Berliner Politikwissenschaftler Richard Löwenthal Anfang 1965, wenige Monate nach dem Übergang zur «kollektiven Führung» unter Breschnew. «Als Chruschtschow an die Macht kam, war er entschlossen gewesen, sowohl die Institutionen des Regimes wiederherzustellen wie dessen dynamischen Glauben neu zu beleben; am Ende war es die wachsende Starrheit der wiederhergestellten Institutionen, die über seinen dynamischen Glauben siegte ... Die formale Kontinuität des Parteiregimes blieb ungebrochen, doch die Erosion der ideologischen Dynamik ist weit fortgeschritten. Die neuen Männer sind objektiv und subjektiv nicht in der Lage, die Revolution fortzusetzen; sie müssen zufrieden sein, ihre Ergebnisse zu verwalten.»

Die These, daß sich die totalitäre Dynamik erschöpft, die totalitären Institutionen aber behauptet hatten, traf die Wirklichkeit Mitte der sechziger Jahre ungleich besser als die Annahme zeitgenössischer amerikanischer und westeuropäischer «Konvergenztheoretiker», die kommunistischen Regime würden sich auf Grund gesellschaftlicher und wirtschaftlicher Sachzwänge liberalisieren und demokratisieren und damit dem Westen immer ähnlicher werden. Von einer wachsenden Mitwirkung derer, die der kommunistischen Herrschaft unterworfen waren, konnte bei genauerer Betrachtung keine Rede sein. Die Reformen der nachstalinistischen Zeit zielten nicht auf ein höheres Maß an politischer Partizipation, sondern auf die Steigerung der wirtschaftlichen Effizienz – auf eine Modernisierung, die das Machtmonopol der Partei festigen und nicht überwinden sollte.

Die Beziehungen zwischen der Sowjetunion und der Volksrepublik China hatten sich unter Chruschtschow dramatisch verschlechtert. Der wichtigste aller Streitpunkte betraf die gegensätzlichen Auffassungen im Hinblick auf das Verhältnis zu den kapitalistischen Staaten. Während Chruschtschow die «friedliche Koexistenz» zwischen Staaten unterschiedlicher Gesellschaftsordnung propagierte, ging Mao Tse-tung von der Verschärfung des internationalen Klassenkampfes und im Zusammenhang damit von der Möglichkeit, ja Wahrscheinlichkeit eines Atomkrieges aus: eine Position, die im Juni 1959 zur Kündigung des chinesisch-sowjetischen Atomwaffenhilfsvertrags führte. Im Frühjahr 1960 folgten als Antwort auf die anhaltende Pekinger Polemik gegen «revisionistische» Tendenzen im Kreml der Abzug aller sowjetischen Experten und die Einstellung der technischen Hilfe für die Volksrepublik China.

Die Moskauer Maßnahmen trafen China zu einem Zeitpunkt, als seine Volkswirtschaft sich im Gefolge von Maos Politik des «Großen Sprungs» und mehrerer Naturkatastrophen ohnehin in einer schweren Krise befand. Die Zahl der Menschen, die in dieser Zeit eines unnatürlichen Todes, darunter auch als Opfer von Kannibalismus, starben, wird auf 36 Millionen, die der Geburtenausfälle auf 40 Millionen geschätzt. Das Scheitern der ehrgeizigen Pläne des Parteivorsitzenden Mao war so offenkundig, daß es seinen beiden wichtigsten innerparteilichen Kritikern, dem Staatspräsidenten Liu Shaoqi, Maos Nachfolger in diesem Amt, und Deng Xiaoping, dem Generalsekretär der Kommunistischen Partei Chinas, schließlich im Sommer 1960 gelang, sich mit ihrer Forderung nach einer «Neuen ökonomischen Politik»

durchzusetzen: Die Investitionen in die Landwirtschaft wurden verstärkt und die Privatinitiative bei Bauern, Handels- und Gewerbetreibenden gefördert. Der «Kampf der beiden Linien» – der radikalen
Linie Maos und der pragmatischen Linie der Reformer um Liu und
Deng – war damit aber noch keineswegs beendet.

Auf das Verhältnis zur Sowjetunion wirkte sich der zeitweilige innenpolitische Erfolg der Gemäßigten kaum aus. Im Juli 1963 scheiterte
ein letzter Versuch der KPdSU, in direkten Verhandlungen mit der
chinesischen Parteiführung die ideologischen Differenzen auszuräumen.
Den bisherigen Höhepunkt erreichte der Konflikt am 14. Juli 1964 mit
der Veröffentlichung des ganz in Maos Sinn gehaltenen Artikels «Über
den Pseudokommunismus Chruschtschows und die historischen Lehren
für die Welt», einem Generalangriff auf die innere und die auswärtige
Politik der Nachfolger Stalins, in der Pekinger «Volkszeitung» (Renmin
Ribao) und in der Zeitschrift «Rote Fahne» (Hongqi).

Am 16. Oktober 1964, einen Tag nach dem Sturz Chruschtschows,
wurde die erste chinesische Atombombe gezündet, womit die Volksrepublik ihrem Ziel, als Großmacht anerkannt zu werden, ein gutes
Stück näher gekommen war. Wenig später verschärfte Mao, innerhalb
der Kommunistischen Partei von seinen «revisionistischen» Kritikern
inzwischen in die Defensive gedrängt, seine Kritik an der Kultur- und
Erziehungsarbeit der Partei – zunächst ohne durchschlagenden Erfolg.
Im März 1966 nutzten der Parteivorsitzende und sein wichtigster Mitstreiter, Verteidigungsminister Lin Biao, einen Staatsbesuch Liu Shaoqis in Pakistan, um den Staatspräsidenten und einige seiner engsten
Verbündeten aus ihren Parteifunktionen zu entfernen. Zwei Monate
später machte sich das Zentralkomitee der KPCh in einem Rundschreiben die Parole Maos von der «Großen Proletarischen Kulturrevolution» zu eigen.

Damit begann das bislang radikalste Kapitel in der Geschichte des
chinesischen Kommunismus: der von Mao gesteuerte Versuch, durch
eine Revolution *in* der Revolution ein für allemal alles zu liquidieren,
was es in der Gesellschaft und im Bewußtsein der Chinesen noch an
Überresten von Feudalismus und Kapitalismus gab, und gleichzeitig
die Herausbildung einer «neuen Klasse» von privilegierten Intellektuellen, Technokraten und Bürokraten zu verhindern – eine vom Geist
der Utopie und vom Protest gegen die vermeintliche Entartung des
Kommunismus in der Sowjetunion geprägte Rebellion gegen die Rea-

litäten der chinesischen Gesellschaft, wie sie sich seit der kommunistischen Machtübernahme entwickelt hatte.

Noch im Mai machten maoistische Schüler und Studenten, die «Rotgardisten», gegen die etablierten Autoritäten an höheren Schulen und Universitäten mobil und terrorisierten Lehrer und Professoren durch demütigende Rituale. Im Juni übernahmen die Rotgardisten die Kontrolle über das zentrale Parteiorgan «Renmin Ribao» und das Pekinger Parteikomitee. Im August rief das ZK offiziell zur Kulturrevolution und zum Kampf gegen alle Funktionäre auf, die den kapitalistischen Weg beschritten hätten. Der Kult um Mao nahm immer groteskere Züge an. In Peking kam es zu Massenvertreibungen angeblicher Klassengegner und zu Schauprozessen mit über 1700 Todesurteilen sowie zur systematischen Zerstörung von Kulturdenkmälern durch Rotgardisten.

Auf ihren Scheitelpunkt gelangte die Kulturrevolution in der ersten Hälfte des Jahres 1967 mit der Machtübernahme der Radikalen in Schanghai, das im Februar zur «Kommune» erklärt wurde, und in anderen Großstädten. Die Arbeiter schlossen sich nicht den Rotgardisten an, sondern traten vielerorts gegen sie in den Streik; das Land drohte im wirtschaftlichen und administrativen Chaos zu versinken. Die Armee, Mitte Januar zum Eingreifen auf der Seite der revolutionären Kräfte aufgefordert, stellte sich fast überall dem linken Radikalismus entgegen und geriet damit in einen Konflikt mit der Militärkommission der Partei, der wichtigsten Bastion des linken Parteiflügels um Mao Tse-tung und Lin Biao, seit August 1966 Nachfolger Liu Shaoqis in seiner Funktion als stellvertretender Parteivorsitzender.

Nachdem die Pekinger Rotgardisten im August 1967 das Außenministerium gestürmt und die britische Botschaft in Brand gesteckt hatten, sahen sich Mao, Lin Biao und ihre Verbündeten genötigt, auf Distanz zu den Radikalen zu gehen. Im Oktober wurde die Wiederaufnahme des Lehrbetriebs an den im Sommer 1966 geschlossenen Schulen und Universitäten angeordnet; bis zur tatsächlichen Wiedereröffnung der Universitäten sollte jedoch noch über ein Dreivierteljahr vergehen. Im Dezember 1967 forderte Mao Schüler und Studenten auf, sich auf das Land zu begeben und «von den Massen zu lernen». In der Praxis lief diese Karikatur der Marxschen Utopie von der Überwindung der Kluft zwischen Kopf- und Handarbeit auf Zwangsarbeit in der Landwirtschaft für rund 15 Millionen Jugendliche hinaus, verbunden mit dem Studium der Schriften Maos. Die «rechten» Kritiker des Parteivorsitzenden, Liu Shaoqi und Deng Xiaoping, waren inzwischen aus allen ihren Ämtern entfernt worden – Liu, der 1969 im Gefängnis starb, auf Dauer, Deng nur vorübergehend: Nach Jahren der Verbannung, in denen er als einfacher Arbeiter in einem Werk in der Provinz Jiangxi Traktoren reparieren mußte, wurde er im März 1973 rehabilitiert und zum Stellvertreter des Ministerpräsidenten Tschou Enlai ernannt.

Im April 1969 wurde die Kulturrevolution vom 9. Parteitag der KPCh offiziell für beendet erklärt. Der Kampf zwischen den Gemäßigten und den Radikalen aber ging weiter: Lin Biao, nunmehr als künftiger Nachfolger Maos bezeichnet, blieb stellvertretender Parteivorsitzender und drängte darauf, zur Politik des Großen Sprungs zurückzukehren; Ministerpräsident Tschou Enlai betrieb hingegen die Rehabilitierung gemaßregelter Parteikader und erfreute sich dabei der Unterstützung großer Teile der Armee. Als sich Lin Biao 1971 gegen Mao stellte und den Sturz des Parteivorsitzenden, ja wohl sogar einen Mordanschlag auf ihn vorzubereiten begann, wurde er abgesetzt. Auf der Flucht aus der Volksrepublik kam er im September desselben Jahres bei einem mysteriösen Flugzeugabsturz in der Mongolei ums Leben. Bis zur vollständigen Entmachtung seiner Verbündeten, der sogenannten «Viererbande» um Maos Ehefrau Jiang Qing, sollten noch fünf Jahre vergehen. Die Autorität Maos blieb von alledem nahezu unberührt: Für das Desaster, in das der «große Vorsitzende» China mit der Kulturrevolution gestürzt hatte, wurden die Radikalen um Lin Biao und nicht er verantwortlich gemacht.

Auf die chinesische Außenpolitik hatten die innenpolitischen Machtkämpfe nur wenig Einfluß. Die sechziger Jahre waren geprägt von dem Bestreben der Volksrepublik, ihre Position gegenüber den beiden Supermächten durch taktische Zweckbündnisse mit möglichst vielen anderen Ländern, und zwar unabhängig von ihrer Gesellschaftsordnung und ihrer ideologischen Orientierung, zu festigen. Mit dem zweitgrößten asiatischen Land, Indien, war eine solche Zusammenarbeit allerdings nicht möglich. Indien war das Land, in das sich 1959 der 14. Dalai Lama, Tenzin Gyatso, nach der blutigen Niederschlagung eines Aufstandes in dem neun Jahre zuvor von chinesischen Truppen besetzten Tibet geflüchtet hatte und von wo aus das geistliche und weltliche Oberhaupt der Tibetaner seitdem Einfluß auf seine Landsleute nahm. Im Oktober 1962 führte ein Konflikt um den Verlauf der beiderseitigen Grenze zu einem militärischen Präventivschlag der Volksrepublik China gegen Indien, das in den Monaten zuvor einen Angriff auf China vorbereitet hatte. Die chinesische Volksbefreiungsarmee drang tief in indisches Gebiet ein, zog sich aber, nachdem die Gefahr eines indischen Angriffs gebannt war, rasch wieder auf ihr eigenes Territorium zurück. Der Grenzstreit blieb ungelöst und das Verhältnis zu Indien weiterhin gespannt, wohingegen Pakistan zum wichtigsten Verbündeten Chinas in Asien wurde.

Um die Jahreswende 1963/64 unternahm Ministerpräsident Tschou Enlai eine mehrwöchige Reise nach Afrika und unterstrich damit das Interesse der Volksrepublik an guten wirtschaftlichen und politischen Beziehungen zu den blockfreien Ländern des «schwarzen Kontinents». Im Juli 1964 erläuterte Mao gegenüber einer Delegation der Sozialistischen Partei Japans sein Bild einer multipolaren Welt, in der es neben den sozialistischen Ländern und den USA zwei Zwischenzonen gab, nämlich auf der einen Seite die kapitalistischen Staaten Westeuropas und Japan, auf der anderen Seite die wirtschaftlich unterentwickelten Länder Asiens, Afrikas und Lateinamerikas. Beiden Zwischenzonen empfahl der Vorsitzende der KPCh, sich zur Abwehr des amerikanischen Imperialismus mit den sozialistischen Staaten zu verbünden. Die Sowjetunion subsumierte Mao zu diesem Zeitpunkt trotz aller ideologischen Differenzen immer noch unter diesem Begriff.

Fünf Jahre später, im März 1969, kam es am Ussuri zu schweren Gefechten zwischen sowjetischen und chinesischen Grenztruppen. Ein Krieg zwischen den beiden kommunistischen Großmächten war kein undenkbarer Gedanke mehr – ein Szenario, das um so bedrohlicher war, als die Volksrepublik China im Juni 1967, auf dem Höhepunkt der Kulturrevolution, ihre erste Wasserstoffbombe gezündet und damit ihren militärischen Rückstand gegenüber den beiden Supermächten erheblich verringert hatte. Wenige Monate nach den Schüssen am Ussuri gab es erste Anzeichen für eine Annäherung zwischen Peking und Washington. Die Bipolarität, die das erste Vierteljahrhundert nach dem Zweiten Weltkrieg geprägt hatte, war offenkundig dabei, einer neuen, komplizierteren internationalen Kräftekonstellation zu weichen.[2]

Unter den kommunistischen Staaten Europas gab es einen, auf dessen Unterstützung die Volksrepublik sich bei ihrem Disput mit Moskau verlassen konnte: das Albanien Enver Hodschas. Im Dezember 1961 brach Tirana die diplomatischen Beziehungen zur Sowjetunion ab, nachdem Chruschtschow auf dem 22. Parteitag der KPdSU im Oktober die stalinistische Linie der albanischen Parteiführung scharf kritisiert hatte. Zu Konferenzen des Rates für gegenseitige Wirtschaftshilfe, des RGW oder COMECON, und des Warschauer Pakts wurde die Albanische Volksrepublik fortan nicht mehr eingeladen, so daß die Mitgliedschaft in beiden Organisationen nur noch auf dem Papier stand. Peking honorierte den Konfrontationskurs Hodschas mit großzügiger wirtschaftlicher und technischer Hilfe.

Sehr viel vorsichtiger als Albanien ging Rumänien unter Führung von Gheorghe Gheorghiu-Dej und, nach dessen Tod im März 1965, von Nicolae Ceaușescu auf Distanz zur Sowjetunion. Auf der 18. Ratstagung des COMECON setzten sich die Vertreter Bukarests Ende Juli 1963 mit ihrem Standpunkt durch, daß Rumänien souverän über seine Stahlproduktion entscheiden müsse, was nichts Geringeres bedeutete als eine Absage an die im RGW praktizierte Arbeitsteilung zwischen den «sozialistischen» Staaten. Am 22. April 1964 proklamierte Rumänien in einer offiziellen Stellungnahme sein Recht auf eine ungestörte eigene Entwicklung so demonstrativ, daß man allgemein von einer «Unabhängigkeitserklärung» sprach.

In der Folgezeit baute Rumänien seine wirtschaftlichen und politischen Beziehungen, darunter die zur Bundesrepublik Deutschland, systematisch aus, ohne dabei auf irgendwelche Vorgaben oder Richtlinien von RGW oder Warschauer Pakt Rücksicht zu nehmen. Die Ideologie des Marxismus-Leninismus wurde offiziell beibehalten, in der Praxis aber durch einen Nationalkommunismus ersetzt, in dessen Mittelpunkt das Bekenntnis zur uneingeschränkten Souveränität Rumäniens stand. Eine «Entstalinisierung» fand unter Ceaușescu so wenig statt wie zuvor unter Gheorghiu-Dej. Rumänien blieb bis zuletzt eine von der Geheimpolizei, der «Securitate», kontrollierte totalitäre Diktatur.

Im südlichen Nachbarland Bulgarien hatte sich nach Stalins Tod strukturell ebenfalls wenig verändert. An seiner Loyalität gegenüber der Sowjetunion ließ Todor Schiwkow weder in der Ära Chruschtschow noch unter Breschnew Zweifel aufkommen. Die Verdoppelung der Industrieproduktion, die Schiwkow Anfang 1959 als Planziel für 1962 beschließen ließ, erwies sich als unerreichbar, was die Machtposition des Parteichefs aber keineswegs erschütterte. Ende 1962 über-

nahm Schiwkow auch das Amt des Ministerpräsidenten. Im Frühjahr
1965 scheiterte ein dilettantischer Putschversuch einiger Militärs: Die
Verschwörer wurden rechtzeitig verhaftet und zu vergleichsweise mil-
den Haftstrafen verurteilt.

Anders als in Bulgarien zeichnete sich im Ungarn János Kádárs seit
1960 eine gewisse, von Chruschtschow und später auch von Breschnew
tolerierte Liberalisierung ab. Seit 1967 hatten die Ungarn die Möglichkeit, bei Parlamentswahlen zwischen mehreren Kandidaten auf der
Einheitsliste auszuwählen. Im Zuge einer Ende 1966 beschlossenen
Wirtschaftsreform konnten die Betriebe seit 1968 ihre Produktion
weitgehend selbständig planen, was die ungarische Wirtschaft auch
für das westliche Ausland attraktiv machte und zur Steigerung des
Lebensstandards der Bevölkerung beitrug. Im Zeichen des vielzitierten
«Gulaschkommunismus» entwickelte sich Ungarn zu dem, was Zeitgenossen im Westen die «fröhlichste Baracke im sozialistischen Lager»
nannten: Abweichende Meinungen wurden geduldet, wenn sie nicht in
offene Systemkritik umschlugen.

Fast zeitgleich mit János Kádár war im Herbst 1956 der frühere, 1948
wegen nationalkommunistischer Neigungen abgesetzte Parteichef
Władysław Gomułka an die Spitze der kommunistischen Partei Polens
gelangt. Galt Kádár in Ungarn als Verräter an der Sache der Nation, so
knüpfte sich an Gomułkas Rückkehr an die Macht die Hoffnung, er
werde Polen zu mehr Unabhängigkeit von Moskau und zu größerer
innenpolitischer Freiheit verhelfen. In den frühen sechziger Jahren galt
Kádár als vergleichsweise «liberal», während Gomułka die in ihn
gesetzten Erwartungen längst gründlich enttäuscht hatte. In der Parteiführung gab es keine «Liberalen» mehr, während die nationalistischen «Partisanen» an Einfluß gewannen. Ihr Führer war Mieczysław
Moczar, seit 1956 zunächst stellvertretender Innenminister, seit 1964
Innenminister und Vorsitzender des Kombattantenverbandes. Der
polnische Historiker Włodzimierz Borodziej charakterisiert die «Partisanen» als «ideologisch amorph, antiliberal und antiintellektuell,
nationalistisch, antisemitisch und antideutsch, letzteres freilich nicht
mehr als die offizielle Propaganda».

Der Antiintellektualismus der Ära Gomułka richtete sich gegen
alle, die an Parteidogmen und Parteipraxis Kritik zu üben wagten. Im
Juli 1965 wurden zwei junge «Revisionisten», Jacek Kuroń und Karol

Modzelewski, zu jeweils zwei Jahren Gefängnis verurteilt, weil sie in einem Offenen Brief an die Polnische Vereinigte Arbeiterpartei unter Berufung auf Marx die Bevormundung und Gängelung der Arbeiterklasse durch die angebliche Partei des Proletariats scharf angegriffen hatten. Der Philosoph Adam Schaff sah sich seit Ende 1965 heftiger Kritik ausgesetzt, weil er in seinem Buch «Marxismus und das menschliche Individuum» einen «bourgeoisen Marxismus» propagiert habe. Als der junge Warschauer Philosophieprofessor Leszek Kołakowski im Jahr darauf der Parteiführung vorwarf, alle Reformversprechen vom Herbst 1956 gebrochen zu haben, wurde er aus der Partei ausgeschlossen.

Was den Antisemitismus der sechziger Jahre anging, so knüpften Moczar und seine Mitstreiter an zwei unterschiedliche Traditionsstränge an: die überkommene Judenfeindschaft der polnischen Rechten *und* das Ressentiment der «patriotischen», im Lande verbliebenen Kommunisten gegenüber den meist jüdischen Funktionären, die vor 1939 in die Sowjetunion emigriert waren. Nach der Niederlage der arabischen Staaten im Sechstagekrieg vom Juni 1967 gegen Israel, einem noch näher zu erörternden Ereignis, schwenkte auch Gomułka offen auf die antijüdische Linie der «Partisanen» ein. Unmittelbar nach dem Abbruch der diplomatischen Beziehungen zu Israel sprach der Parteichef im Rundfunk von einer «fünften Kolonne» Israels in Polen und empfahl deren Angehörigen mehr oder minder unverblümt, das Land so schnell wie möglich zu verlassen.

Ihren Höhepunkt erreichte die antisemitische Kampagne 1968. Anfang März wurden zwei kommunistische Studenten aus jüdischen Familien, Adam Michnik und Henryk Szlajfer, nachdem sie an einem krassen Fall von Kunstzensur – der Absetzung des angeblich antirussischen Stücks «Totenfeier» des romantischen Dichters Adam Mickiewicz vom Spielplan des Warschauer Nationaltheaters – scharfe Kritik geäußert hatten, von der Universität Warschau relegiert. Kurz darauf forderte Gomułka die «Zionisten» erneut auf, Polen zu verlassen. Die Teilnehmer studentischer Protestdemonstrationen gegen die zunehmend repressive staatliche Kulturpolitik wurden bezichtigt, Vollstrecker von Weisungen einer zionistischen Verschwörung zu sein. Bis zum Herbst wurde der Partei-, Staats- und Militärapparat von Juden gesäubert. 13 000 Personen jüdischer Herkunft verließen Polen, unter ihnen zahlreiche Professoren, Journalisten und Künstler. Zu den Intellektuellen, die ihre Lehrstühle verloren und sich deshalb zur Emigration genötigt sahen, gehörten der Soziologe Zygmunt Bauman und der Philosoph Leszek Kołakowski, der kein Jude war.

Für die Masse der Polen war das, was das Regime gegen jüdische und nichtjüdische Intellektuelle unternahm, von geringerem Interesse als der Kirchenkampf, in den sich Gomułka mit großem persönlichem Einsatz Mitte der sechziger Jahre stürzte. Den Anlaß zu der neuen antiklerikalen Offensive der PVAP lieferten die polnischen Bischöfe, als sie im November 1965 einen Offenen Brief an ihre deutschen Amtsbrüder richteten, der ganz vom Geist des Zweiten Vatikanischen Konzils geprägt war. Der Schlüsselsatz lautete: «Wir gewähren Vergebung und bitten um Vergebung.» Auf das darin enthaltene Eingeständnis einer polnischen Mitschuld an der Vertreibung der Deutschen nach dem Zweiten Weltkrieg antwortete das Regime mit massiver Polemik gegen die Kirchenfürsten, denen Verrat an der Sache Polens vorgeworfen wurde. Ihr Ziel erreichte die langanhaltende Kampagne nicht. Auch wenn die meisten polnischen Katholiken der Versöhnungsbereitschaft der Bischöfe wenig abgewinnen konnten, standen sie im Zweifelsfall doch in ihrem Lager und nicht in dem der Partei. Den Kampf um die kulturelle Hegemonie im Lande konnte die Partei- und Staatsführung unter solchen Bedingungen nicht gewinnen.

Polens westlicher Nachbar, die Deutsche Demokratische Republik, war nach dem Bau der Berliner Mauer in eine Phase relativer Stabilisierung eingetreten. Für die dort lebenden Deutschen begann mit dem 13. August 1961 die Zeit, in der es zu einem gewissen Arrangement mit «ihrem» Staat auch dann keine Alternative mehr gab, wenn sie ihn ablehnten: Da die meisten von ihnen die DDR nicht mehr ohne Gefahr für Leib und Leben verlassen konnten, mußten sie spätestens jetzt versuchen, sich in ihm einzurichten. Eine Zeitlang erschien es, als wolle die Partei- und Staatsführung ihnen dabei helfen: Die DDR zu reformieren erschien seit der Schließung der Grenzen weniger riskant als zuvor.

Kulturpolitisch gab es nach 1961 manche Anzeichen einer gewissen Liberalisierung. Werke westlicher Autoren wie Max Frisch und Ingeborg Bachmann erschienen in Lizenzausgaben. Die Schriftstellerin Christa Wolf konnte 1963 in ihrem Roman «Der geteilte Himmel» das bislang tabuisierte Thema «Republikflucht», wenngleich natürlich in

staatserhaltender Absicht, behandeln. Der Liedermacher Wolf Biermann durfte bei öffentlichen Auftritten auch Kritisches über die DDR
vortragen. In der Wirtschaftspolitik stellte der 6. Parteitag der SED im
Januar 1963 die Weichen für das «Neue Ökonomische System der
Planung und Leitung», kurz NÖSPL genannt: Ganz im Sinne der
Thesen des sowjetischen Ökonomen Liberman sollten «ökonomische
Hebel» wie Preise, Abgaben, Zinsen, Gewinne, Prämien und Löhne so
gehandhabt werden, daß das Kriterium der Rentabilität voll zur Gel-
tung kommen und das Prinzip der «materiellen Interessiertheit» auf
Seiten der Betriebe und der Arbeiter seinen volkswirtschaftlichen
Nutzen erweisen konnte.

Tatsächlich verbesserte sich laut amtlicher Statistik die Arbeitsproduktivität in der Folgezeit beträchtlich; das Nationaleinkommen stieg
in den Jahren 1964 und 1965 um jeweils 5 Prozent. Das eigentliche
Ziel der Reform aber wurde verfehlt: Es gelang der DDR nicht, die
Leistungskraft und den Lebensstandard der Bundesrepublik Deutschland zu erreichen. Schon im Dezember 1964 korrigierte das ZK der
SED auf Drängen der sowjetischen Führung das NÖSPL in dem von
Moskau gewünschten Sinn. Ein Jahr später, im Dezember 1965, beschloß dasselbe Gremium auf seinem 11. Plenum eine zweite Phase des
«Neuen Ökonomischen Systems». Sie stand im Zeichen der Rückkehr
zum Zentralismus: Die Volkseigenen Betriebe waren seitdem wieder
mehr an die Weisungen der übergeordneten Vereinigungen Volkseigener
Betriebe und diese an die Vorgaben der jeweils zuständigen Ministerien gebunden. Vom ursprünglichen NÖSPL blieb nichts, was Reform-
erwartungen hätte rechtfertigen können.

Auch auf kulturpolitischem Gebiet bedeutete das 11. Plenum, von
seinen Kritikern bald «Kahlschlagplenum» genannt, eine Rückkehr
zur früheren Praxis. Einer Attacke des Sekretärs für Sicherheit, Erich
Honecker, auf kapitalistische Unmoral in Film, Fernsehen und Literatur im allgemeinen und auf die Regimekritik Wolf Biermanns im besonderen folgte ein Verbot öffentlicher Auftritte des Liedermachers.
Der mit Biermann befreundete Physiker Robert Havemann war bereits
im März 1964 von der SED-Parteileitung an der Berliner Humboldt-
Universität aus der Partei ausgeschlossen und von der Hochschule
selbst mit der Begründung fristlos entlassen worden, er habe es nicht
für unter seiner Würde gehalten, sich westdeutscher Publikations-
organe zu bedienen und damit die gegen die DDR gerichteten Pläne

der Militaristen und Revanchisten zu unterstützen. 1966 folgte der Ausschluß Havemanns aus der Akademie der Wissenschaften der DDR.

Im Januar 1962 hatte die DDR die allgemeine Wehrpflicht eingeführt: ein Schritt, den der andere deutsche Staat, die Bundesrepublik, schon 1956 getan hatte. Das Ziel der deutschen Einheit gab die DDR offiziell nicht auf. Solange aber nur die DDR und nicht auch die Bundesrepublik eine sozialistische Gesellschaftsordnung habe, könne es, so erklärte der Nationalrat der Nationalen Front im Mai 1962, nur eine Konföderation der beiden deutschen Staaten geben, und diese müsse im Interesse der friedlichen Koexistenz gebildet werden. Auf dem 7. Parteitag der SED im April 1967 wurde dieses Projekt widerrufen, weil es mittlerweile als zu «gesamtdeutsch» galt. Es paßte auch nicht mit der forcierten Betonung der Eigenstaatlichkeit der DDR zusammen, wie sie sich in dem zwei Monate zuvor von der Volkskammer verabschiedeten Gesetz niederschlug, das eine besondere «Staatsbürgerschaft der DDR» einführte und damit den von der Bundesrepublik weiterhin beachteten Grundsatz *einer* deutschen Staatsangehörigkeit aufkündigte.

Im Februar 1968 begann eine «Volksaussprache» über den Entwurf einer neuen, «sozialistischen» Verfassung der DDR. Am 6. April fand ein Volksentscheid statt: 94,5 Prozent der Wahlberechtigten stimmten der Verfassung zu. Ihr erster Artikel entsprach der Wirklichkeit sehr viel besser als jener der alten Verfassung von 1949, in dem es noch geheißen hatte: «Deutschland ist eine unteilbare demokratische Republik; sie baut sich auf den Ländern auf.» An die Stelle der Länder Brandenburg, Mecklenburg, Sachsen, Sachsen-Anhalt und Thüringen waren 1952 14 Bezirke getreten, und statt einer unteilbaren deutschen Republik gab es seit 1949 zwei deutsche Staaten. Die neue Verfassung begann mit der Feststellung: «Die Deutsche Demokratische Republik ist ein sozialistischer Staat deutscher Nation. Sie ist die politische Organisation der Werktätigen in Stadt und Land, die gemeinsam unter Führung der Arbeiterklasse und ihrer marxistisch-leninistischen Partei den Sozialismus verwirklichen.» An das Postulat der Einheit Deutschlands erinnerte nur noch der Begriff der «deutschen Nation» – ein gesamtdeutsches Zugeständnis, dem keine lange Dauer beschieden sein sollte.

Die im Herbst 1961 von Chruschtschow eingeleitete zweite Welle der Entstalinisierung hatte in der DDR keine dramatischen, wohl aber einige sichtbare Auswirkungen gehabt: Im November jenes Jahres

wurden Stalinstadt an der Oder, 1950 als Wohnstadt des Eisenhütten-
kombinats Ost gegründet, in Eisenhüttenstadt und die Ost-Berliner
Stalinallee in Karl-Marx-Allee umbenannt; das Stalindenkmal in der
«Hauptstadt der DDR» wurde abgerissen. Sehr viel weiter gingen die
Veränderungen in der Tschechoslowakei, die seit Juli 1960 offiziell
Tschechoslowakische Sozialistische Republik (ČSSR) hieß. Im April
1963 gab der Oberste Gerichtshof das Ergebnis der Revision in sechs
Prozessen, darunter dem gegen den 1952 hingerichteten ehemaligen
Generalsekretär der KPČ, Rudolf Slánský, und dem Verfahren gegen
den des bürgerlichen slowakischen Nationalismus beschuldigten und
zu einer lebenslangen Haftstrafe verurteilten, 1960 begnadigten Kommunisten Gustáv Husák, bekannt: Von 82 Angeklagten wurden 79
völlig freigesprochen und die meisten, darunter Husák, voll rehabilitiert. Einige der für die Terrorurteile Verantwortlichen wurden in der
Folgezeit aus ihren staatlichen Funktionen entlassen und aus der Partei
ausgeschlossen. Andere, an ihrer Spitze der Erste Sekretär der KPČ,
Staatspräsident Antonín Novotný, blieben im Amt.

Neu in wichtige Partei- und Staatsämter gelangten 1963 der ein-
undvierzigjährige Alexander Dubček, der als Erster Sekretär an die
Spitze der slowakischen KP trat, und der tschechoslowakische Ministerpräsident Jozef Lenárt, auch er ein Slowake. Dubček galt zunächst
als unbeschriebenes Blatt; Lenárt befürwortete eine wirtschaftspolitische Liberalisierung, wobei er sich auf den Sachverstand des angesehen
Ökonomen Ota Šik stützen konnte. Für mehr Freiheit im kulturellen
Leben stand der neue Erziehungsminister Čestmír Čísař. 1967 prallten
anläßlich der offiziellen Verurteilung Israels im Sechstagekrieg durch
die Warschauer-Pakt-Staaten die Parteilinke und die Meinung der Intellektuellen hart aufeinander. Auf dem 4. Kongreß der Schriftsteller
in Prag wurden im Juni 1967 die Parteiführung und die von ihr gesteuerte staatliche Zensur scharf angegriffen. Als im Oktober «Literární
Noviny», die Zeitschrift des Schriftstellerverbandes, auf Parteilinie gebracht und mehrere bekannte Schriftsteller, darunter Ludvík Vaculík,
aus der Partei ausgeschlossen wurden, wuchs die Erbitterung gegenüber Novotný. Sie fand Ende Oktober in einer studentischen Protest-
demonstration Ausdruck, die aber von der Polizei mit hartem Zugriff
rasch beendet wurde.

Die starre Linie des Parteichefs stieß offenbar auch in Moskau auf
Mißfallen: Am 8./9. Dezember stattete Breschnew Prag einen gehei-

men Besuch ab; vier Wochen später, am 5. Januar 1968, trat Novotný
als Erster Sekretär der KPČ zurück; sein Nachfolger wurde Alexander Dubček. Am 22. März mußte Novotný unter dem Eindruck der
öffentlichen Kritik auch sein Staatsamt aufgeben. Zum neuen Staatspräsidenten wählte die Nationalversammlung am 30. März den
populären General Ludvík Svoboda. Dieser beauftragte den bisherigen stellvertretenden Ministerpräsidenten Oldřich Černík mit der
Regierungsbildung. Gustáv Husák und Ota Šik wurden stellvertretende Ministerpräsidenten, Außenminister der bisherige Unterrichts-
minister Jiří Hájek. Novotný und andere als «Dogmatiker» geltende
Funktionäre schieden Ende März und Anfang April aus der Parteiführung aus; die Nachrücker waren jüngere und unbelastete Parteimitglieder. Damit gaben im Zentralkomitee die Reformer, die auf
eine konsequente Aufklärung der Verbrechen der Stalinzeit und auf
mehr geistige, politische und wirtschaftliche Freiheit drängten, den
Ton an.

Am 5. April 1968 legte die neue Parteiführung ein Aktionsprogramm vor. Es bekannte sich zu einem «Sozialismus mit menschlichem
Antlitz» und einer «neuen Phase einer sozialistischen Revolution in
einer Epoche nicht-antagonistischer Beziehungen». Der kommunistischen Partei sollte dabei die Rolle einer organisierten, entscheidenden,
progressiven Kraft in der Gesellschaft zukommen.

In weiteren Verlautbarungen wurde am 24./25. April den Tschechen und Slowaken eine gerechte Neuordnung ihrer Beziehungen und
den Minderheiten die volle Gleichberechtigung versprochen. Die bürgerlichen Freiheiten und das Recht der freien Religionsausübung sollten geachtet, der Kurs der Demokratisierung konsequent fortgesetzt
werden, die Beziehungen zu den sozialistischen Bruderländern «auf
den demokratischen Prinzipien der Gleichheit, der Nichteinmischung
und der gegenseitigen Respektierung» beruhen. Die KPČ war offenbar
dabei, die demokratischen Traditionen der ersten tschechoslowakischen Republik wiederzuentdecken und sich der historischen Bedeutung der Tatsache bewußt zu werden, daß sie selbst als einzige kommunistische Partei Europas nach dem Zweiten Weltkrieg in freien
Wahlen zur stärksten politischen Kraft des Landes aufgestiegen war.
Die Folgerung, die die Prager Reformer daraus ableiteten, schien plau-
sibel: Die KPČ war berufen, der Welt zu beweisen, daß ein demokratischer Kommunismus kein Widerspruch in sich war.

Während man in der westlichen Welt freudig erstaunt vom «Prager Frühling» sprach, wurde die neue Politik der tschechoslowakischen Partei in Moskau mit wachsender Besorgnis aufgenommen. Bereits am 23. März mußten die Prager Vertreter auf einem von Breschnew kurzfristig einberufenen Konsultativtreffen der Warschauer-Pakt-Staaten in Dresden bohrende Fragen nach dem künftigen Verhältnis der ČSSR zum RGW und zum Warschauer Pakt beantworten und einer vieldeutigen Erklärung zustimmen, wonach in der nächsten Zeit konkrete Maßnahmen zur Stärkung des Warschauer Pakts und seiner Streitkräfte zu treffen seien. Am 8. Mai kamen die Partei- und Staatsführungen der Sowjetunion, der DDR, Polens, Ungarns und Bulgariens zur ersten einer Reihe von Konsultationen in Moskau zusammen (Rumänien hielt sich demonstrativ fern). Gleichzeitig erkundeten sowjetische Militärdelegationen Stimmung und Terrain in der ČSSR.

Ende Juni fanden in Westböhmen Manöver des Warschauer Pakts unter Beteiligung von Truppen der Sowjetunion, der DDR, Polens, Ungarns und Bulgariens, also der «moskautreuen» Staaten des östlichen Militärpakts, statt. Die politische Botschaft der Übung war klar: Den Tschechen und Slowaken sollte bewußt gemacht werden, daß sie unter verschärfter Beobachtung standen. Um den Ernst ihrer Mahnung zu unterstreichen, zog die Sowjetunion nach Abschluß des Manövers nur ein Drittel der beteiligten Truppen der Roten Armee ab; das Gros verblieb in der ČSSR.

Noch während des Manövers erschien am 27. Juni das von Ludvík Vaculík verfaßte «Manifest der Zweitausend Worte», das den Verfall der politischen Moral in der ČSSR beklagte, den Machtmißbrauch der Kommunistischen Partei gegenüber Andersdenkenden anprangerte, folgerichtig die Vernichtung des alten Regimes verlangte und zur grundlegenden Erneuerung des politischen Lebens aufrief. Dabei sollten neben den Kommunisten und unabhängig von ihnen Gewerkschaften und Bürgerausschüsse an der öffentlichen Willensbildung mitwirken, was nichts Geringeres bedeutete als die Infragestellung des Machtmonopols der Partei. Mehrere Zeitschriften druckten die Erklärung ab, zahlreiche Prominente schlossen sich ihr an; das öffentliche Echo war gewaltig. Da das Manifest weit über alles hinausging, was die KPČ bisher zugesagt hatte und gegenüber der Sowjetunion und den anderen «sozialistischen» Staaten für durchsetzbar hielt, distanzierte sich das Parteipräsidium von dem Text. Es erfüllte damit eine Forderung Breschnews, der aber noch mehr verlangte, nämlich das sofortige Verbot der, wie es hieß, «offiziellen Proklamation der Gegenrevolution». Auch darauf ging Dubček widerstrebend ein.

Die Prager Beteuerungen, man wolle nur mit den Entartungen der Stalinzeit aufräumen und die Bevölkerung zur freiwilligen Anerkennung und Unterstützung des Sozialismus bewegen, überzeugten die fünf orthodoxen Warschauer-Pakt-Staaten nicht. Am 15. Juli forderten sie in einem ultimativ gehaltenen Brief die KPČ auf, einen entschiedenen Angriff gegen alle rechten und antisozialistischen Kräfte zu führen und alle Mittel zur Verteidigung des sozialistischen Staates zu mobilisieren. Wenn feindliche Kräfte die ČSSR aus der sozialistischen Gemeinschaft herauslösen wollten, sei das nicht nur eine Angelegenheit der Tschechoslowakei, sondern die gemeinsame Angelegenheit aller kommunistischen Parteien und der durch ein Bündnis verbundenen sozialistischen Staaten. Noch deutlicher wurde die (im Westen alsbald so genannte) «Breschnew-Doktrin» in dem Satz formuliert: «Nur Feinde des Sozialismus können heute mit der Losung einer ‹Verteidigung der Souveränität› der ČSSR gegenüber den sozialistischen Ländern spekulieren, gegenüber jenen Ländern, deren Bündnis und brüderliches Zusammenarbeiten das zuverlässige Fundament der Unabhängigkeit und freien Entwicklung eines jeden unserer Völker schafft.» Die KPČ wies die Vorwürfe und Verzerrungen der «Fünf» vier Tage später zurück und wiederholte ihr Bekenntnis zu einem demokratisch erneuerten Sozialismus. Den immer wieder geforderten Abzug der sowjetischen Manövertruppen bewirkte sie damit nicht.

Ende Juli und Anfang August trafen sich die Parteispitzen der «Fünf» und das Parteipräsidium der KPČ zu zwei Konferenzen, zuerst in Cierna nad Tisou (Schwarzach an der Theiß) im Osten der Slowakei, dann in Bratislava (Preßburg). Äußerlich mochte es zunächst scheinen, als sei man sich dort nähergekommen. In einer gemeinsamen Erklärung bekannten sich die Unterzeichner zur Zusammenarbeit auf der Grundlage der Gleichheit, der Souveränität, der nationalen Unabhängigkeit und der territorialen Integrität, aber auch zu der gemeinsamen internationalen Pflicht der sozialistischen Staaten, den Sozialismus zu verteidigen.

Die konservativen Kräfte innerhalb des Prager Parteipräsidiums, denen fünf von elf Mitgliedern, darunter Drahomír Kolder und Vasic Bilak, zuzurechnen waren, hatten mehr Grund, mit dem Ergebnis zufrieden zu sein, als die Reformer. Die letzteren erfuhren auch nicht, was sich in Bratislava abseits der offiziellen Verhandlungen abgespielt hatte: Der Sowjetdelegation unter Breschnew wurde ein unter anderem von Bilak und Alois Indra unterschriebener Brief orthodoxer Funktionäre der KPČ überreicht, in dem sie um sowjetische Hilfe baten, weil die ČSSR nur so vor der Gefahr der Konterrevolution gerettet werden könne.

Die Frage, in welchem Umfang die KPČ den Forderungen der «Fünf» nachkommen sollte, spaltete das Zentralkomitee. Was die Mehrheit der Tschechen und Slowaken wünschte, machten Massendemonstrationen zugunsten der Reformer und die Wahlen zu dem auf den 9. September einberufenen 14. Parteitag deutlich: Die «progressiven» Kandidaten erhielten eine klare Mehrheit. Als Unterstützung konnten Dubček und seine Verbündeten auch die Besuche zweier Parteichefs empfinden, die zwischen dem 9. und dem 17. August nach Prag kamen: Beide, Josip Tito und Nicolae Ceaușescu, machten sich zu Anwälten des tschechoslowakischen Anspruchs auf Unabhängigkeit.

Am 17. August fiel auf einer Sitzung des Moskauer Politbüros die Entscheidung, die militärische Besetzung der ČSSR zum frühestmöglichen Zeitpunkt durchzuführen. Vermutlich überschätzte Breschnew zu diesem Zeitpunkt die Stärke, die Entschlossenheit und den gesellschaftlichen Rückhalt des sowjetloyalen Flügels der KPČ. Sicher war, daß die Intervention in erster Linie präventiven Charakter haben sollte: Es galt, einen möglich erscheinenden Austritt der ČSSR aus dem Warschauer Pakt und damit den Verlust des westlichen Vorpostens des «sozialistischen Lagers» zu verhindern – eine Entwicklung, die nach aller Wahrscheinlichkeit schwerwiegende Auswirkungen auf die DDR, Polen und Ungarn, also auf das gesamte ostmitteleuropäische Vorfeld der Sowjetunion, gehabt hätte. In einer Situation, in der sich der Konflikt mit dem kommunistischen China jederzeit weiter gefährlich zuspitzen konnte, erschien eine Erosion an der «Westfront» des Sowjetimperiums als schlechthin nicht hinnehmbar: Sie hätte den sowjetischen Anspruch auf Ebenbürtigkeit mit den USA radikal in Frage gestellt.

Die Invasion der «Fünf» begann am 20. August 1968 eine Stunde vor Mitternacht. Beteiligt waren 24 Divisionen: 16 aus der Sowjetunion, drei aus Polen, je zwei aus der DDR und Ungarn und eine aus Bulgarien. Die Gefechtstruppen der Nationalen Volksarmee der DDR

beschränkten sich auf die Sicherung des Nachschubs und des Hinter-
landes und überschritten nicht die Grenze zur ČSSR – eine Regelung,
mit der die Sowjetführung in letzter Stunde unerwünschten Vergleichen
mit einem anderen deutschen Truppeneinmarsch in die Tschechoslowakei, dem von 1938/39 unter Hitler, vorbeugen wollte. Das Präsidium des ZK der KPČ protestierte gegen die Intervention, ermahnte
die Bevölkerung jedoch, keinen Widerstand zu leisten – ein Appell, der
wesentlich dazu beitrug, daß der ČSSR ein Blutbad wie zwölf Jahre
zuvor in Ungarn erspart blieb.

Am Morgen des 21. August 1968 veröffentlichte TASS, die sowjetische Nachrichtenagentur, eine Erklärung, in der der Einmarsch der
Warschauer-Pakt-Staaten mit dem «Hilferuf» von Funktionären der
KPČ begründet wurde. Die fünf Länder seien sich einig, «daß die Unterstützung, die Festigung und die Verteidigung der sozialistischen
Völker gemeinsame internationale Pflicht aller sozialistischen Staaten»
und die «Bedrohung der sozialistischen Ordnung in der Tschechoslowakei ... zugleich eine Bedrohung des europäischen Friedens» sei. Die
Sowjetregierung und die Regierungen der vier Bündnisstaaten hätten
daher «ausgehend von den Prinzipien der unverbrüchlichen Freundschaft und Zusammenarbeit auf Grund der bestehenden vertraglichen
Verpflichtungen beschlossen, der erwähnten Bitte um die erforderliche
Hilfe für das tschechoslowakische Brudervolk nachzukommen». Damit war die Breschnew-Doktrin, die (offiziell erst am 12. November
1968 auf dem 5. Parteitag der Polnischen Vereinigten Arbeiterpartei
verkündete) Lehre von der eingeschränkten Souveränität der sozialistischen Staaten, der Sache nach klar zum Ausdruck gebracht – auch als
Warnung an alle, die aus dem Prager Exempel nicht die richtigen
Schlüsse ableiten sollten.

Militärisch gesehen war die Intervention, da es keine bewaffnete
Gegenwehr gab, ein voller Erfolg. Ihr politisches Ziel aber erreichten
die «Fünf» nicht. Nicht nur die Mehrheit der Parteiführung der KPČ,
auch die im tschechischen Landesteil gewählten Delegierten des
14. Parteitages verurteilten das Vorgehen der Warschauer-Pakt-Staaten;
der Versuch der orthodoxen Kräfte der KPČ, eine moskautreue «revolutionäre Regierung» zu bilden, schlug fehl. Der weiter amtierende
Staatspräsident Svoboda verlangte die Freilassung der Reformer, die
mit Dubček an der Spitze am frühen Morgen des 21. August verhaftet
und in die Sowjetunion gebracht worden waren. Angesichts des zivilen

Widerstands der gesamten Bevölkerung und der Medien entschied sich Breschnew in der Nacht vom 22. zum 23. August, ein Angebot Svobodas anzunehmen und diesen sofort nach Moskau kommen zu lassen. Dort erreichte der tschechoslowakische Staatspräsident, daß Dubček und Ministerpräsident Černík, später auch die anderen in der Sowjetunion festgehaltenen Reformpolitiker, zu den Gesprächen mit der sowjetischen Führung hinzugezogen wurden.

Das in einem Geheimprotokoll festgehaltene Ergebnis der Verhandlungen war, daß die bekanntesten Reformpolitiker vorerst ihre Ämter behalten durften, sich aber verpflichten mußten, den Reformkurs rückgängig zu machen. Den Vorwurf der «Konterrevolution» ließ der Kreml fallen. Daß der tschechoslowakische Außenminister Hájek am 24. August vor dem Sicherheitsrat der Vereinten Nationen und vier Tage später die Prager Nationalversammlung feierlichen Protest gegen die Invasion einlegten, nötigte der westlichen Öffentlichkeit Respekt ab, konnte aber an den neu geschaffenen Tatsachen nichts mehr ändern.

In den folgenden Wochen wurden einige der Moskau besonders verhaßten Wortführer des Reformprozesses, darunter Hájek, zum Rücktritt von ihren Funktionen genötigt und die Pressezensur wieder eingeführt. Auf Grund eines Vertrages mit der Sowjetunion vom 16. Oktober 1968 durften Truppen der Roten Armee in einer Stärke von 80000 Mann auf unbestimmte Zeit in der ČSSR bleiben; der Rest der Warschauer-Pakt-Truppen wurde abgezogen. Dubček war in seinem Bestreben, möglichst viel von den Reformen zu retten, zunehmend isoliert, während die orthodoxen Kräfte innerparteilich an Boden gewannen. Zum Machtzentrum entwickelte sich nach einem Mitte November 1968 abgehaltenen Plenum des Zentralkomitees zeitweilig ein Trio sogenannter «Realisten», bestehend aus Ministerpräsident Černík, dem neuen slowakischen Parteichef Husák und dem Vorsitzenden des Tschechischen Büros der KPČ, Lubomír Štrougal, der Ende Januar 1970 die Nachfolge Černíks als Regierungschef antrat. Von den Reformprojekten hatte nur eines Bestand: Durch eine Verfassungsreform vom 28. Oktober 1968 wurde die Tschechoslowakei föderalisiert und in zwei Republiken, eine tschechische und eine slowakische, aufgeteilt.

Was die Bevölkerung der Tschechoslowakei von der Zerschlagung des «Prager Frühlings» hielt, machten antisowjetische Demonstrationen anläßlich des 50. Jahrestages der Staatsgründung am 28. Oktober 1968 in Prag deutlich. Weltweites Entsetzen löste die Selbstverbren-

nung des einundzwanzigjährigen Philosophiestudenten Jan Palach auf
dem Prager Wenzelsplatz, ein Akt des Protestes gegen den von Moskau
erzwungenen Reformabbau, aus. An der friedlichen Trauerkundgebung
zu Palachs Gedenken nahmen Hunderttausende Menschen teil. Ende
März 1969 kam es nach einem Sieg der tschechoslowakischen Eis-
hockeymannschaft über die sowjetische Mannschaft bei den Weltmei-
sterschaften in Stockholm im ganzen Land zu Freudenkundgebungen
und dabei vereinzelt auch zu Übergriffen auf Rotarmisten und einem
Sturm auf die Niederlassung der sowjetischen Luftfahrtgesellschaft
Aeroflot. Die Sowjetunion antwortete auf die Zwischenfälle mit einem
Ultimatum, in dem sie unter anderem eine Umbildung der Regierung
und eine strengere Zensur forderte. Am 17. April 1969 trat Alexander
Dubček als Erster Sekretär der KPČ zurück; seine Nachfolge übernahm Gustáv Husák. Gleichzeitig wurden alle Funktionäre rehabilitiert, die im August 1968 der Kollaboration bezichtigt worden waren.

Erklärte «Reformer» gab es seitdem in der Parteiführung so gut
wie keine mehr; die «Normalisierung» wurde nun systematischer als
zuvor betrieben. 71 000 Parteimitglieder wurden seit 1969 ausgeschlossen; 350 000 Mitglieder kamen ihrem Ausschluß durch den Austritt aus der Partei zuvor; bei 391 000 Mitgliedern wurde die Zugehörigkeit zur Partei auf Zeit suspendiert. Um eine Flucht in den Westen
zu verhindern, unterwarf die Partei- und Staatsführung den Reiseverkehr einer strengen Kontrolle. Die Universitäten und die Akademie
der Wissenschaften wurden seit Mai 1970 rigoros gesäubert. Berufs-
verbote ergingen vor allem gegen Historiker, Literaturwissenschaftler,
Soziologen und Philosophen; sie mußten ihr Leben fortan als Hilfs-
arbeiter fristen. Die Arbeiterschaft versuchte das Regime, nicht ohne
Erfolg, durch eine konsumorientierte Wirtschaftspolitik zu befrieden.
Ein im Mai 1970 abgeschlossener Freundschafts- und Beistandsvertrag mit der Sowjetunion bekräftigte in seiner Präambel nochmals die
Breschnew-Doktrin. Im Juni wurde Dubček, nachdem er zuvor von
seinem Posten als Botschafter der ČSSR in der Türkei abberufen worden war, aus der Partei ausgeschlossen. Ein Jahr später, im Mai 1971,
dankte Parteichef Husák auf dem nachgeholten 14. Parteitag dem
anwesenden Breschnew persönlich dafür, daß die Sowjetunion zusammen mit vier anderen Staaten des Warschauer Pakts der Bitte vieler
tschechoslowakischer Kommunisten nachgekommen sei und in der
ČSSR eingegriffen habe.

Im Westen war die Intervention vom August 1968 überall auf empörte Proteste gestoßen. Dasselbe galt für die anschließende Liquidation der Reformen des «Prager Frühlings». Zu denen, die Moskau öffentlich entgegentraten, gehörten auch viele bisherige Anhänger und Mitglieder kommunistischer Parteien, in Italien und Frankreich auch die Kommunistische Partei selbst. Die Verbreitung des «Eurokommunismus» im südlichen Westeuropa, die man im nachhinein auch als Frühstadium einer «Sozialdemokratisierung» der kommunistischen Parteien beschreiben kann, hatte in der Erfahrung vom August 1968 einen ihrer tieferen Gründe. In den Ostblockstaaten versetzte das gewaltsame Ende des «Prager Frühlings» dem Glauben an die Reformierbarkeit des Kommunismus einen schweren Schlag. Dubček und seine Freunde hatten sich an einer Quadratur des Kreises versucht: der Demokratisierung der politischen Entscheidungsprozesse ohne Preisgabe des Führungsanspruchs der Kommunistischen Partei, also ohne Bruch mit Lenin. Solange in letzter Instanz die KPdSU darüber entschied, was mit dem Marxismus-Leninismus verträglich war und was nicht, konnte es im Herrschaftsbereich der Sowjetunion einen «Sozialismus mit menschlichem Antlitz» nicht geben.

Für Breschnew hatte die zwangsweise Beruhigung an der Westgrenze seines Imperiums einen doppelten strategischen Vorteil. Zum einen konnte er sich fortan dem Konflikt im Fernen Osten zuwenden: den politischen und ideologischen Spannungen zwischen der Sowjetunion und der Volksrepublik China – Spannungen, die mit den Gefechten am Ussuri im März 1969 einen dramatischen Höhepunkt erreichten. Zum anderen erlaubte ihm die Unterdrückung des Prager Reformversuchs, nach Westen hin eine Politik der Entspannung einzuleiten. Das galt vor allem für das Verhältnis zur Bundesrepublik Deutschland, die seit Oktober 1969 von einer sozialliberalen Koalition unter Bundeskanzler Willy Brandt regiert wurde. Nur weil sie sich an der Westgrenze des Ostblocks wieder sicher fühlte, konnte sich die Sowjetunion auf die (noch ausführlich zu behandelnde) neue Bonner Ostpolitik einlassen. In den pointierten Worten des britischen Historikers Timothy Garton Ash: «‹Normalisierung› à la Husák war also gewissermaßen die Voraussetzung für die ‹Normalisierung› à la Brandt.»[3]

Zwischen «Great Society» und Vietnamkrieg: Johnsons Amerika

Lyndon Baines Johnson, der 36. Präsident der USA, geboren 1908 in Texas, war in vielem das Gegenteil seines Vorgängers John F. Kennedy. Der gelernte Lehrer, der von 1937 bis 1949 Kongreßabgeordneter und danach bis zu seiner Wahl zum Vizepräsidenten im November 1960 einer der beiden Senatoren von Texas gewesen war, wirkte im Vergleich zu dem kultivierten Millionärssohn aus Boston ungehobelt, ja antiintellektuell; außer Politik schien ihn nichts wirklich zu interessieren. An praktischer Erfahrung in Sachen Gesetzgebung aber konnten ihm nur wenige Washingtoner «policy makers» das Wasser reichen. «LBJ» war kein konservativer Südstaatendemokrat. Er war vielmehr ein ausgeprägter «New Dealer». Der amerikanische Präsident, der ihn am meisten beeindruckt hatte, blieb Franklin Delano Roosevelt. Als Johnson am 22. November 1963 unverhofft selbst in das höchste Amt der Vereinigten Staaten gelangte, nahm er sich vor, bis zu den Präsidentschaftswahlen von 1964 so viel wie nur möglich von dem zu verwirklichen, was auf der gesetzgeberischen Agenda Kennedys für den Rest der Legislaturperiode gestanden hatte, aber gleichzeitig auch einige kräftige eigene Akzente zu setzen.

Zum unvollendeten Programm Kennedys gehörten Steuersenkungen, für die sein Nachfolger, der ehemalige Mehrheitsführer der Demokraten im Senat, Anfang 1964 in beiden Häusern des Kongresses breite Mehrheiten mobilisieren konnte. Johnsons Tax Act brachte die bislang größte Steuersenkung in der Geschichte der USA und trug erheblich zu dem konjunkturellen Aufschwung bei, den das Land 1964, und damit noch rechtzeitig vor der Präsidentenwahl, erlebte. Ein von Kennedy seit Sommer 1963 verfolgtes Vorhaben war auch die Durchsetzung und Ausweitung der Bürgerrechte der Afroamerikaner. Der Civil Rights Act vom Juli 1964, für den Johnson mit großem persönlichen Einsatz gekämpft hatte, verbot die rassische Diskriminierung von Amerikanern im öffentlichen Verkehrswesen sowie in Hotels und Restaurants und stellte Bundesmittel für die zügige Beseitigung der Rassenschranken an öffentlichen Schulen bereit. Außerdem untersagte das Gesetz jedwede Benachteiligung auf Grund von Rasse, Hautfarbe, Religion, nationaler Herkunft und Geschlecht am Arbeitsplatz – ein

Rechtstitel, auf den sich fortan neben Schwarzen und anderen ethnischen oder religiösen Minderheiten auch die Frauen berufen konnten, um dessen praktische Umsetzung aber noch heftige Konflikte entbrennen sollten.

Für den «Krieg gegen die Armut» (War on Poverty), den Johnson in seiner ersten «State of the Union»-Botschaft an den Kongreß am 8. Januar 1964 verkündete, gab es ebenfalls Vorarbeiten aus der Zeit von Kennedys Präsidentschaft. Aber erst Johnson verlieh dem Projekt höchste Priorität. Auf Grund des Economic Opportunity Act, den der Kongreß im Juli 1964 verabschiedete, stellte der Bund 1 Milliarde Dollar zugunsten von Kindergärten und Vorschulen in Stadtbezirken mit niedrigem Durchschnittseinkommen, für die berufliche Bildung von Jugendlichen, für den Einsatz von freiwilligen Entwicklungshelfern im Inland sowie für zinsgünstige Kredite für Studierende, Farmer und Kleingewerbetreibende zur Verfügung. Dem neugeschaffenen Office of Economic Opportunity (OEO) fiel die Aufgabe zu, Mittel in Höhe von 300 Millionen Dollar zu verteilen, mit denen örtliche Initiativen zur sozialen Selbsthilfe wie Mieterräte und Schulbeiräte gefördert werden sollten. Mit einem anderen Projekt hatte Johnson keinen Erfolg: Sein Vorstoß in Sachen «Medicare», einer gesetzlichen Krankenversicherung für Amerikaner, die über 65 Jahre alt waren, scheiterte im Oktober 1964 am Widerstand im Kongreß.

Von allem, was der Präsident 1964 in den Bereichen von Wirtschafts-, Finanz- und Sozialpolitik sowie Ausweitung der Bürgerrechte unternahm, durfte er sich günstige Wirkungen im Hinblick auf die Präsidentenwahl im November des Jahres erhoffen. Dieses Datum war Johnson auch präsent, als er im Sommer 1964 seine erste schwerwiegende außen- und sicherheitspolitische Entscheidung treffen mußte. Sie betraf das Engagement der USA in Südvietnam, eine Hinterlassenschaft seiner beiden Amtsvorgänger Kennedy und Eisenhower.

Die Zahl der amerikanischen Sicherheitsberater, die das südvietnamesische Militär, die Armee der Republik Vietnam (ARVN), im Kampf gegen den Vietcong unterstützen sollten, war bis Ende 1963 auf 16 000 angewachsen. Um ebendiese Zeit begann das kommunistische Regime in Hanoi, aktiver als bisher in die Kämpfe zwischen der Nationalen Befreiungsfront (NLF), nach ihrer stärksten Gruppe kurz Vietcong genannt, und den Saigoner Regierungstruppen einzugreifen. Seit dem Frühjahr 1964 wurden nordvietnamesische Trup-

pen für den Einsatz in Südvietnam ausgebildet und die Dschungel-
wege des «Ho-Chi-Minh-Pfads», über den Partisanen aus dem
Norden in den Süden vordrangen, so ausgebaut, daß sie auch von
Lastkraftwagen passiert werden konnten.

An der Spitze der Militärjunta in Saigon, die nach dem Sturz der
Diem-Diktatur im November 1963 an die Macht gelangt war, stand
zunächst General Duong Van Minh, der sich bald als Anwalt einer
Verhandlungslösung, eines Kompromisses mit dem Vietcong, entpuppte
und damit sowohl bei den Amerikanern als auch innerhalb der ARVN
auf Widerstand stieß. Im Januar 1964 wurde er in einem unblutigen
Putsch entmachtet und durch General Nguyen Khanh abgelöst. Dessen
«Partner» auf amerikanischer Seite waren seit Juni 1964 der neue Botschafter der USA in Saigon, General Maxwell D. Taylor, und der Chef
des Military Assistance Command, General William C. Westmoreland.
Unter der Ägide des letzteren stieg die Zahl der amerikanischen Militärberater bis Ende 1964 auf 23 000.

Am 1. August 1964 beschossen südvietnamesische Truppen die
nordvietnamesische Insel Hon Me im Golf von Tonkin. Ebendort,
aber in internationalem Gewässer, kreuzte Anfang August der amerikanische Kreuzer «Maddox», ein Aufklärungsschiff. Die Führung in
Hanoi glaubte an ein koordiniertes Vorgehen von Amerikanern und
Südvietnamesen und ordnete einen Torpedoangriff auf die «Maddox»
an, der freilich nur geringfügigen Schaden anrichtete. Johnson interpretierte den Vorfall jedoch als militärische Provokation und gab einem
weiteren Zerstörer, der «Turner Joy», den Befehl, an den Ort des
Geschehens zu fahren. Am 4. August meldeten beide Schiffe feindliche
Angriffe, von denen sich kurz darauf herausstellte, daß sie gar nicht
stattgefunden hatten. Dessen ungeachtet warfen tags darauf auf
Weisung aus Washington Flugzeuge der 7. amerikanischen Flotte
Bomben auf Treibstofflager und Marinebasen der Demokratischen
Republik Vietnam ab – ein entscheidender Schritt zur «Amerikanisie-
rung» des Vietnamkrieges.

Dem Präsidenten kam der Tonkin-Zwischenfall überaus gelegen.
Bereits am 7. August brachte er eine schon seit längerem vorbereitete
Resolution im Kongreß ein, die die Regierung ermächtigte, «alle not-
wendigen Schritte, einschließlich des Einsatzes von militärischer Ge-
walt, zu unternehmen, die notwendig sind, um jedem Mitglied des
Vertrages zur kollektiven Verteidigung von Südostasien oder einem

dem Vertrag durch Protokoll verbundenen Staat beizustehen, der um Hilfe zur Verteidigung seiner Freiheit bittet». (Der genannte Vertrag war die 1954 gegründete Vorform der SEATO, Südvietnam ein «protocol state» desselben.) Über den südvietnamesischen Angriff auf Hon Me wurde der Kongreß ebensowenig informiert wie darüber, daß es einen zweiten nordvietnamesischen Beschuß amerikanischer Schiffe gar nicht gegeben hatte.

Am 7. August stimmten das Repräsentantenhaus einstimmig und der Senat mit 88 zu 2 Stimmen der Tonkin-Resolution zu. Damit verfügte der Präsident über die Blankovollmacht, die er brauchte, um zu gegebener Zeit zu tun, was er für richtig hielt. Einer formellen Kriegserklärung bedurfte es nun nicht mehr. Vor aller Welt und namentlich gegenüber der amerikanischen Öffentlichkeit hatte Johnson damit Entschlossenheit und Stärke bewiesen – und darauf kam es ihm wenige Monate vor der Präsidentenwahl besonders an. Eine eigenständige Analyse des Charakters des Krieges in Vietnam hielt der Präsident weder damals noch später für erforderlich. Er übernahm ungeprüft die «Dominotheorie», der zufolge nach einem Verlust Südvietnams über kurz oder lang ganz Südostasien in die Hände der Kommunisten fallen würde. Unter Johnsons engsten Beratern war im August 1964 niemand, der dieser Einschätzung widersprochen hätte. Außenminister Dean Rusk und Verteidigungsminister Robert McNamara waren entschiedene Befürworter von Johnsons hartem Kurs gegenüber Hanoi – einem Kurs, mit dem sich die USA immer tiefer in den südostasiatischen Krieg verstrickten.

In den Präsidentschaftswahlkampf zog Johnson, der «geborene» Kandidat der Demokraten, mit dem Versprechen einer «Great Society» – eines schon von Adam Smith verwandten Begriffs, mit dem der Präsident eine Gesellschaft der fairen Chancen für jedermann meinte. Sein republikanischer Widersacher, der Senator Arizonas, Barry Goldwater, stand auf dem äußersten rechten Flügel der «Grand Old Party». Er polarisierte die Amerikaner mit dem Ruf nach einer Vernichtung des Sowjetkommunismus, was die Vermutung nährte, daß er gegebenenfalls auch vor dem Einsatz von Atomwaffen nicht zurückschrecken würde. Am 3. November wurde gewählt. Auf Johnson entfielen 43,1 Millionen oder 61 Prozent, die größte Mehrheit, die je ein Präsident hinter sich gebracht hatte, auf Goldwater 27,2 Millionen oder 38,5 Prozent der Stimmen. Auch im Senat und Repräsentan-

tenhaus verfügten die Demokraten über breite Mehrheiten – ein Ergebnis, das mehr auf die abstoßende Wirkung von Goldwaters
Radikalismus als auf die politische Anziehungskraft von «LBJ» zurückging. Was Johnson darüber hinaus zugute kam, war der liberale
«Appeal» seines «running mate», des Senators von Minnesota, Hubert
Humphrey: Der Kandidat für das Amt des Vizepräsidenten galt als
einer der progressivsten unter den führenden Demokraten und genoß
vor allem im Mittleren Westen und an der Ostküste hohes Ansehen.

Gestützt auf die breite Mehrheit im 89. Kongreß der USA, konnte
Johnson nun beginnen, seine ehrgeizigen innenpolitischen Reformvorhaben eines nach dem anderen zu verwirklichen. Was ihm 1964 noch
nicht gelungen war, gelang ihm im Jahr darauf: «Medicare» brachte
den über 65 Jahre alten Amerikanern eine gesetzliche Krankenversicherung. Im gleichen Jahr erhielten die Sozialhilfeempfänger aller
Altersstufen durch «Medicaid» eine eigene Sozialversicherung. Beide
Gesetze waren Meilensteine auf dem Weg zu einem sozialeren Amerika. Sie trugen dazu bei, den Abstand zwischen Westeuropa und den
USA auf dem Gebiet des «Welfare state» deutlich zu verringern. Im
November 1965 konnte Johnson ein Gesetz unterschreiben, auf das er
besonders stolz war: Durch den Higher Education Act erhielten die
Einzelstaaten Mittel für Forschung und Lehre an ihren Universitäten
und begabte Kinder aus einkommensschwachen Familien Stipendien
für den Besuch eines College. Außerdem förderte der Bund die Ausbildung von Lehrern, die in Stadtbezirken mit niedrigem Durchschnittseinkommen unterrichteten.

Die größte innenpolitische Herausforderung der frühen und mittleren sechziger Jahre war nach wie vor die systematische Benachteiligung von Amerikanern schwarzer Hautfarbe, namentlich im «tiefen
Süden» der USA: ein Zustand, auf den jüngere Aktivisten unter den
politisierten Afroamerikanern mit sehr viel größerer Militanz reagierten als die Southern Christian Leadership Conference (SCLC) unter
dem Baptistenpfarrer Martin Luther King, dem Friedensnobelpreisträger des Jahres 1964. Anfang 1965 veröffentlichte der als Malcolm
Little geborene «Malcolm X», der zum Islam übergetretene Führer der
«Black Muslims», seine Autobiographie, die nach der Ermordung des
Verfassers durch andere Black Muslims am 21. Februar 1965 zu einer
Art von heiligem Text der «Black Nationalists», der separatistischen,
ihre rassische Überlegenheit betonenden Schwarzen, wurde. 1966

prägte ein anderer schwarzer Bürgerrechtler, Stokely Carmichael, der Vorsitzende des Student Nonviolent Coordination Committee (SNCC) und einer der Organisatoren der weltweit beachteten «Freiheitsmärsche» (freedom rides) schwarzer und weißer Bürgerrechtler in Mississippi, den zündenden Begriff «Black Power». Im selben Jahr wurde in Oakland die Bewegung der «Black Panthers» gegründet, die sich am Vorbild der lateinamerikanischen Guerilleros orientierte und den Kampf um die Befreiung der Afroamerikaner in den Großstädten der USA ausfechten wollte.

Ob extrem oder gemäßigt: Die Entkolonialisierung in Afrika wurde zu einer Quelle der Inspiration für die Amerikaner schwarzer Hautfarbe und damit für die innere Dekolonialisierung der Vereinigten Staaten von Amerika. Martin Luther King nannte im Januar 1966 die schwarzen Slums der Großstädte ein «System des inneren Kolonialismus» (a system of internal colonialism), zu dem das weiße Amerika sich ähnlich verhalte wie Europa gegenüber seinen ehemaligen Kolonien. Für King, einen posthumen Gefolgsmann von Henry David Thoreau, dem Autor des 1849 erschienenen Essays «Civil Disobedience» (Ziviler Ungehorsam), war Mahatma Gandhi, der Wortführer des gewaltlosen Widerstands in Indien, das leuchtende Vorbild. Für die radikalen schwarzen Intellektuellen gab es kein Buch, das sie so stark beeindruckte wie Frantz Fanons «Verdammte dieser Erde» – jene Kampfschrift zur Rechtfertigung der Gegengewalt der unterdrückten Kolonialvölker gegen die Kolonialherren, von der bereits in anderem Zusammenhang ausführlich die Rede war.

Die wachsende Unzufriedenheit der Afroamerikaner entlud sich in aufstandsähnlichen Unruhen in zahllosen Großstädten der USA, beginnend mit den «Harlem riots» in New York im Sommer 1964. Die blutigste Ghettorebellion erlebte im August 1965 Los Angeles: Bei den sogenannten «Watts riots» kam es zu nächtlichen Straßenschlachten und ausgedehnten Brandstiftungen; 34 Menschen kamen dabei ums Leben. Im Juli 1967 wurden Newark und Detroit von «race riots» heimgesucht. Insgesamt starben 1967 87 Menschen bei solchen Auseinandersetzungen.

Zum Schauplatz einer bizarren Kraftprobe zwischen weißen Rassisten und schwarzen Bürgerrechtlern wurde im März 1965 eine kleine Stadt in Alabama: Selma, auf der rechten Seite des Alabama River gelegen. Den Anlaß zur Konfrontation lieferte die Stadtverwaltung, die mit allen verfügbaren Mitteln Schwarze daran zu hindern versuchte, von ihren Bürgerrechten gemäß dem neuen Gesetz von 1964 Gebrauch zu machen und sich in die Wählerliste einzutragen. Anfang Januar 1965 übernahm Martin Luther King, der sich um dieselbe Zeit einer von J. Edgar Hoover, dem Chef des FBI, gesteuerten Rufmordkampagne zu erwehren hatte, die Führung einer breiten, überörtlichen und überregionalen Bewegung zur exemplarischen Durchsetzung der Bürgerrechte schwarzer Bewohner von Selma. Wie bei den «freedom rides» beteiligten sich an dieser Aktion auch weiße Bürgerrechtler aus dem Norden, für die es eine Sache des Prinzips und des Gewissens war, daß die Afroamerikaner endlich in denselben Genuß der Menschen- und Bürgerrechte kamen wie die Mehrheit ihrer Landsleute.

Der 7. März 1965 wurde für Selma zum «Bloody Sunday». Kings SCLC hatte für diesen Tag einen Protestmarsch von Selma nach Montgomery, der Hauptstadt von Alabama, geplant. Der Polizeichef von Selma ließ den Protestzug, noch bevor er die Stadt erreicht hatte, auf der Brücke über den Alabama River durch berittene Polizei auseinanderjagen. Der Einsatz wurde mit äußerster Brutalität durchgeführt; die Zahl der Verletzten belief sich auf mindestens 57. Die Bilder der prügelnden Polizisten und der zusammengeschlagenen Demonstranten erschütterten Amerika, die Bürgerrechtler aber wichen nicht zurück. Für den 21. März wurde erneut ein Marsch von Selma nach Montgomery geplant. Der Gouverneur von Alabama, George Wallace, ein notorischer Rassist, sah sich genötigt, den Präsidenten um den Einsatz von Bundestruppen zu bitten, um die Demonstranten vor Übergriffen zu schützen, woraufhin Johnson die National Guard von Alabama der Befehlsgewalt des Bundes unterstellte. An dem Marsch nahmen in seiner letzten Phase etwa 25 000 Menschen teil. Sie erreichten ungehindert Montgomery. Am Abend des 21. März aber zeigte die extremste aller rassistischen Vereinigungen wieder einmal, wozu weiße Fanatiker fähig waren: Viola Gregg Liuzzo aus Detroit, eine weiße Bürgerrechtlerin und Mutter von fünf Kindern, wurde von vier Mitgliedern des Ku Klux Klan durch Schüsse getötet.

Der lebensgefährliche Einsatz der Bürgerrechtler beiderseits der «color line» zahlte sich aus. Am 6. August 1965 unterzeichnete Präsident Johnson den Voting Rights Act, der die bundesweite Durchsetzung des gleichen Wahlrechts für alle Amerikaner sicherstellen sollte. Ende Januar 1966 wurden in vier Südstaaten knapp 94 000 neue Wählerinnen und Wähler gezählt, davon 91 000 Schwarze. Damit waren etwa 30 Prozent der wahlberechtigten Afroamerikaner in diesem Gebiet registriert.

Rassische Vorurteile weißer Amerikaner mußten auch noch an einer anderen «Front» bekämpft werden: der Einwanderungspolitik. 1965 beseitigte ein neues Gesetz die vier Jahrzehnte zuvor, durch den National Origins Act von 1924, eingeführte Diskriminierung von Einwanderungswilligen aus Ostasien und Osteuropa. Fortan durften jährlich für 120 000 Personen aus der westlichen Hemisphäre und 170 000 Einwanderer aus dem Rest der Welt Einwanderungsvisen ausgestellt werden, wobei aus keinem Land außerhalb des amerikanischen Kontinents mehr als 20 000 Personen kommen durften. Tatsächlich lag, da die Bestimmungen über die Familienzusammenführung großzügig gehandhabt wurden und Flüchtlinge und Asylsuchende nicht unter die genannten Quoten fielen, die Zahl der legalen Einwanderer sehr viel höher. «LBJ» konnte für sich in Anspruch nehmen, auch in Sachen Immigration ein Präsident der inneren Reformen zu sein.

Auf außenpolitischem Feld mußte sich Johnson kurz nach seinem triumphalen Wahlsieg mit besorgniserregenden Entwicklungen in der nächsten Umgebung der USA, in der Karibik, befassen: In der Dominikanischen Republik war der von Washington anfänglich unterstützte Präsident Juan Bosch im September 1963 durch das Militär gestürzt worden, das seine Macht fortan mit terroristischen Mitteln ausübte, damit aber ein wirtschaftliches Chaos anrichtete und die oppositionellen Kräfte in den Untergrund trieb. Im Frühjahr 1964 weitete sich der Protest gegen die Diktatur zu einer breiten Aufstandsbewegung aus. Johnson witterte sogleich die Gefahr eines zweiten Kuba und ordnete ohne Konsultation mit der Organisation Amerikanischer Staaten (OAS) eine militärische Intervention an, um einer angeblich drohenden kommunistischen Machtübernahme zuvorzukommen. Am 28. April 1965 gingen die ersten Einheiten der Marines auf Haiti an Land. Die bürgerkriegsähnlichen Kämpfe, die im Sommer 1964 ihren Höhepunkt erreicht hatten, forderten über 4000 Tote. Im Juni 1966 fanden mit Zustimmung der Junta Wahlen statt, aus denen ein konservativer Politiker, der frühere Präsident Joaquín Balaguer, als Sieger hervorging. Im September zogen sich die Interventionstruppen zurück. Das Mißtrauen, das die USA mit ihrem unabgestimmten Vorgehen in den lateinamerikanischen Staaten hervorgerufen hatten, sollte noch lange nachwirken.

Rund ein Jahr nach dem Abzug der Marines aus der Dominikanischen Republik intervenierten die Vereinigten Staaten in einem anderen, weit entfernten Teil der Welt, diesmal aber nicht offen, sondern verdeckt: in Indonesien. Dort hatte Präsident Sukarno die von ihm so genannte «gelenkte Demokratie» seit 1960 immer mehr zu einer persönlichen Diktatur ausgebaut. Im Mai 1963 gliederte sich das hochgerüstete Indonesien das bis 1962 niederländische, dann unter die Verwaltung der Vereinten Nationen gestellte Irian Barat (Westneuguinea) an, ohne daß die Bevölkerung die von Djakarta zugesagte Möglichkeit erhielt, über das künftige Schicksal des Gebiets selbst zu entscheiden. Gegenüber der im September 1963 offiziell ins Leben gerufenen Föderation Malaysia ging Sukarno sogleich auf Konfrontationskurs. Er unterstützte den Anspruch der Philippinen auf Sabah und Sarawak, die der Föderation eingegliedert worden waren, und erklärte Malaysia zu einem neokolonialistischen Gebilde. Als Malaysia im Januar 1965 zum nichtständigen Mitglied des Sicherheitsrats der Vereinten Nationen gewählt wurde, trat Indonesien unter Protest aus der Weltorganisation aus. Von der Sowjetunion erhielt Indonesien seit 1961 großzügige Waffenlieferungen. Innenpolitisch lehnte sich Sukarno zunehmend an die Kommunistische Partei Indonesiens an, die mit ihren etwa 3,5 Millionen Mitgliedern die stärkste kommunistische Partei außerhalb der Volksrepublik China und des Ostblocks war – eine Entwicklung, die von Teilen der Armee mit wachsendem Mißtrauen beobachtet wurde.

In der Nacht zum 1. Oktober 1965 wurde in Djakarta geputscht – aber nicht vom Militär insgesamt, sondern von einigen linken Offizieren und den Kommunisten. Welche Rolle Sukarno dabei spielte, war unklar; manches spricht dafür, daß er seine Hand mit im Spiel hatte. Mindestens fünf ranghohe Generäle wurden in den ersten Stunden des Umsturzversuchs ermordet. Im staatlichen Rundfunk hieß es, ein Revolutionsrat habe die Macht übernommen, um den Präsidenten und die Nation vor der CIA zu schützen.

Tatsächlich hatte der amerikanische Auslandsgeheimdienst in den Monaten zuvor die antikommunistischen Kräfte zu stärken versucht, wobei er sich der guten Dienste seines wichtigsten indonesischen Agenten, des früheren Handelsministers Adam Malik, bediente. Malik gehörte denn auch zusammen mit dem regierenden Sultan von Zentraljava und dem Generalmajor des Heeres, Haji Mohamed Suharto, zu der Troika, die sich noch im Oktober durch einen Gegenputsch an die Macht brachte und dann mit Hilfe einer neuen, von der CIA finanziell unterstützten rechten Bewegung, der Kap-Gestapu, einen Vernichtungsfeldzug gegen die Kommunisten begann. Die Zahl der Opfer unter den Kommunisten und ihren Sympathisanten wurde von der CIA später auf 500000 geschätzt. Im März 1966 zwang Suharto den weiter amtierenden Präsidenten Sukarno, ihm die Macht als Regierungschef zu übertragen; 1968 ließ er sich zum Staatspräsidenten wählen. Bis zu seinem unfreiwilligen Rücktritt im Mai 1998 war Indonesien eine Militärdiktatur – ebenso repressiv wie korrupt, aber den USA und dem Westen eng verbunden.

An einem anderen Krisenherd der Weltpolitik, dem Nahen Osten, spielten die Vereinigten Staaten zwei Jahre später eine sehr viel weniger eindeutige Rolle. Das Verhältnis zwischen den arabischen Staaten und Israel hatte sich weiter verschlechtert, seit Israel Anfang 1964 begonnen hatte, Wasser aus dem Jordan zur Bewässerung der Negev-Wüste abzuleiten, was Jordanien und Syrien als ernste Bedrohung empfanden. Die erste Arabische Gipfelkonferenz in Kairo wertete den israelischen Schritt im Januar 1964 denn auch als aggressiven Akt. Seit 1965 mehrten sich die Überfälle und Sabotageakte palästinensischer Untergrundkämpfer der (1958 von Jassir Arafat gegründeten) Fatah («Eroberung») und der Fedajin (der «Opferungsbereiten») – Aktivitäten, die ohne aktive syrische Unterstützung kaum möglich gewesen wären. An der Demarkationslinie zu Syrien auf den Golanhöhen kam es im Frühjahr 1967 zu Grenzzwischenfällen und sogar zum Abschuß syrischer Flugzeuge durch die israelische Luftwaffe.

Der ägyptische Präsident Nasser ließ sich durch Falschmeldungen über eine starke israelische Truppenkonzentration an der Grenze zu Syrien dazu verleiten, am 15. Mai 1967 Truppen auf die Sinaihalbinsel zu schicken. Auf die Kairoer Forderung, die dort stationierten Friedenstruppen der UNEF zurückzuziehen, gingen die Vereinten Nationen am 19. Mai ein, nachdem Israel die Verlegung der Einheiten auf sein Gebiet abgelehnt hatte. Drei Tage später ließ Nasser, nachdem seine Truppen in Scharm-el-Scheich eingezogen waren, die Meerenge von Tiran am Ausgang des Golfs von Akaba für die israelische Schiffahrt sperren – wohl wissend, daß Israel dies schon 1957 als «casus belli» bezeichnet hatte. Am 30. Mai trat das prowestliche, mit Syrien verfeindete Jordanien überraschend dem im November des Vorjahres abgeschlossenen ägyptisch-syrischen Beistandspakt bei. Am 4. Juni folgte Irak diesem Beispiel.

Israel, das 1967 mit einer schweren wirtschaftlichen Krise und einem dadurch verursachten Überschuß der Zahlen der Auswanderer über die der Einwanderer zu kämpfen hatte, reagierte auf die Bedrohung durch die arabischen Nachbarn mit einer Bündelung seiner politischen Kräfte. Am 2. Juni traten fast alle Oppositionsparteien in das von Ministerpräsident Levi Eschkol von der Arbeiterpartei (Mapai) geführte Kabinett ein. Das Amt des Verteidigungsministers übernahm General Mosche Dayan, einer der «Helden» des Suezkriegs von 1956.

Aus Washington erhielt Israel widersprüchliche Signale. Präsident Johnson und das State Department versprachen zwar, alles zu tun, um die Straße von Tiran offenzuhalten, warnten aber dringend vor einem israelischen Präventivschlag. Vom Pentagon und der CIA waren hingegen andere Töne zu vernehmen: Der Chef des israelischen Auslandsgeheimdienstes, des Mossad, Meir Amit, der Ende Mai incognito nach Washington reiste, fand offene Ohren, als er vor der wachsenden sowjetischen Durchdringung des Nahen Ostens warnte, und viel Verständnis für sein Drängen auf eine vorbeugende Abwehr des erwarteten arabischen Angriffs. Die Sowjetunion hatte in der Tat ihren Einfluß auf die arabischen Staaten und besonders auf Ägypten in den Jahren zuvor zielstrebig ausgebaut; sie hatte Nasser im Mai 1967 auch auf eine angebliche israelische Truppenkonzentration am Fuß der Golanhöhen hingewiesen. Einen arabischen Angriff auf Israel aber hielt Breschnew für eine gefährliche Provokation, die unabsehbare weltpolitische Folgen haben konnte. Entsprechend eindringlich ließ er die arabischen Regierungen vor einem solchen Schritt warnen.

Vermutlich ging es auch auf solche Botschaften aus dem Kreml zurück, daß Präsident Nasser die Anregung von Präsident Johnson aufgriff, den ägyptischen Vizepräsidenten Zakaria Mohieddine zu Gesprächen nach Washington zu entsenden. In Israel wurden entsprechende Meldungen am 2. Juni als Versuch der amerikanischen Führung gewertet, Kairo zu einem gesichtswahrenden Kompromiß hinsichtlich der Straße von Tiran zu bewegen – einer Lösung, die nicht nur die «Falken» in der Regierung Eschkol wie Dayan für unvereinbar mit der Sicherheit Israels hielten. Auch eine «Taube» wie Außenminister Abba Eban, bislang ein Kriegsgegner, schwenkte nun auf einen harten Kurs um. Am 4. Juni beschloß das Kabinett auf Vorschlag Dayans, am folgenden Tag Ägypten anzugreifen.

Schon am 5. Juni bewies Israel, daß es seinen Gegnern strategisch und taktisch haushoch überlegen war. In den ersten drei Stunden des Krieges gelang es den Israelis, die Luftwaffen von Ägypten, Jordanien, Syrien und Irak bis auf wenige Reste zu zerstören, so daß den gegnerischen Bodentruppen die Unterstützung aus der Luft fehlte. Handstreichartig besetzten die israelischen Verbände die Sinaihalbinsel bis zum Suezkanal, die «West Bank», also Westjordanland, das als Raum für künftige israelische Siedlungen in Aussicht genommen wurde. Mit die heftigsten Kämpfe entbrannten um den Ostteil von Jerusalem, zu dem auch die Altstadt gehörte, aber auch hier waren die Israelis die Sieger. Eine erste Resolution des Sicherheitsrates vom 6. Juni, die beide Seiten zum sofortigen Waffenstillstand aufforderte, wurde von den arabischen Staaten zunächst abgelehnt, was Israel überaus gelegen kam. Am 8. Juni, einen Tag nach einer zweiten Resolution des Sicherheitsrates, willigte Ägypten in den Waffenstillstand ein, kurz nach Mitternacht, also schon am 9. Juni, auch Syrien. Dessen ungeachtet ließ Dayan, ohne Eschkol im voraus zu informieren, am 9. Juni die strategisch wichtigen Golanhöhen besetzen, um die Gefahr syrischer Übergriffe auf israelisches Territorium ein für alle Mal auszuschalten. Mit der Eroberung der (zuvor von den Syrern geräumten) Stadt Kuneitra war diese Aktion beendet und mit ihr der fortan so genannte «Sechstagekrieg».

Zwei Tage zuvor, am 8. Juni, hatten israelische Flugzeuge und Torpedoboote ein vor der Sinaihalbinsel im Mittelmeer, und zwar in internationalen Gewässern, kreuzendes amerikanisches Aufklärungsschiff, die «U.S.S. Liberty», angegriffen. Dabei starben 34 Amerikaner; 171 wurden verwundet. Die israelische Seite behauptete sogleich, man habe die «Liberty» für ein ägyptisches und nicht für ein amerikanisches Schiff gehalten. Unbewiesen blieb die schon damals geäußerte Vermutung, daß die Israelis sehr wohl wußten, wen sie angriffen, und daß sie es taten, um die USA daran zu hindern, sich durch Überwachung des Funkverkehrs über israelische Expansionsabsichten in Richtung Golanhöhen und Westjordanland und wohl auch über den Stand der geheimen, in der Regierungszeit Guy Mollets von Frankreich geförderten Atomrüstung Israels zu informieren. Ob Präsident Johnson der «Unfallthese» Glauben schenkte oder nicht, er akzeptierte die

israelische Entschuldigung, zumal sie mit dem Versprechen einer großzügigen Wiedergutmachung verbunden war, und zog damit einen
Schlußstrich unter die «Liberty»-Affäre.

An der israelischen Absicht, die während des Sechstagekriegs besetzten Gebiete in größtmöglichem Umfang dauerhaft zu behalten, gab
es nichts zu deuten. Am 28. Juni wurde die Altstadt von Jerusalem de
facto annektiert – eine Entscheidung, die die Vollversammlung der
Vereinten Nationen am 4. Juli für nichtig erklärte. Umliegende palästinensische Dörfer wurden von den Israelis zerstört. Im September begann die Bildung von «Wehrdörfern» und landwirtschaftlichen Siedlungen im Westjordanland und damit die Besiedlung eines Gebiets,
das völkerrechtlich nach wie vor zu Jordanien gehörte. Mit der Besetzung ging die Vertreibung von Palästinensern einher. In der nächsten
Umgebung der Klagemauer in der Altstadt von Jerusalem mußten etwa
600 Muslime ihre Wohnungen und Häuser aufgeben, um die Sicherheit der Juden zu gewährleisten, die dort ihre Gebete verrichten wollten. Rund 100 000 Menschen flohen aus dem Westjordanland ins
östliche Jordanien. Die arabischen Staaten erklärten auf einer Gipfelkonferenz in Khartum Anfang September 1967 die Niederlage im
«Sechstagekrieg» für einen zeitweiligen Rückschlag. Sie legten sich
darauf fest, Israel nicht anzuerkennen und nicht direkt mit ihm zu verhandeln. Eine politische Lösung des Konflikts wurde aber nicht ausgeschlossen – ein Beschluß, gegen den Syrien und Algerien sogleich
Widerspruch einlegten.

Die Sowjetunion hatte den israelischen Angriff am 5. Juni scharf verurteilt und am 10. Juni die diplomatischen Beziehungen zu Israel abgebrochen; die anderen Ostblockstaaten, außer Rumänien, waren diesem
Beispiel gefolgt. Im Juli verständigten sich die USA und die Sowjetunion
auf eine gemeinsame Erklärung, die sie der Vollversammlung der Vereinten Nationen unterbreiteten. Darin erklärten sie die kriegerische Eroberung von Gebieten für unvereinbar mit der Charta der UN und forderten «alle Parteien» auf, ihre Truppen unverzüglich aus den nach dem
4. Juni besetzten Gebieten zurückzuziehen. Ebenso unverzüglich sollten
alle Mitgliedstaaten das Recht eines jeden von ihnen anerkennen, als
unabhängiger Nationalstaat in Frieden und Sicherheit zu leben, und auf
alle Forderungen verzichten, die damit unvereinbar waren.

Der Entwurf der beiden Weltmächte wurde zur Grundlage der Resolution 242, die der Sicherheitsrat am 22. November 1967 einstimmig

annahm. Sie forderte Israel auf, sich aus «Gebieten zurückzuziehen, die im jüngsten Konflikt besetzt worden sind» (withdrawal from territories occupied in the recent conflict). An alle Staaten der Region erging die Aufforderung, wechselseitig ihr Recht auf Souveränität, territoriale Integrität und politische Unabhängigkeit sowie auf ein Leben in sicheren, anerkannten Grenzen, frei von Drohungen und Gewaltanwendung, anzuerkennen. Außerdem sollte eine gerechte Lösung des Flüchtlingsproblems gefunden werden. Daß bei dem an Israel gerichteten Aufruf zur Räumung besetzter Gebiete der bestimmte Artikel vor «territories» fehlte, ging auf das Drängen der USA zurück. Die Formulierung ließ Grenzkorrekturen zugunsten Israels zu, wobei der Umfang offen blieb. Weil die Resolution mithin nicht mehr war als ein dilatorischer Formelkompromiß, konnte ihr auch Israel zustimmen. Die arabischen Staaten taten dasselbe – entweder, weil sie das Kalkül der Amerikaner und der Israelis nicht durchschauten, oder weil sie kleinere Zugeständnisse an Israel für unvermeidbar hielten.

Eine unmittelbare Folge der Resolution war der Versuch eines UN-Vermittlers, des Schweden Gunnar Jarring, zwischen beiden Seiten eine Verständigung herbeizuführen. Jarrings Bemühungen zogen sich über mehrere Jahre hin und erbrachten keinerlei Ergebnis, so daß der Diplomat seine Tätigkeit Mitte 1971 einstellte. Israel bestand auf direkten Verhandlungen als Bedingung für einen Rückzug seiner Truppen; für die arabischen Staaten war umgekehrt ein mindestens teilweiser Rückzug die Vorbedingung für Verhandlungen. Absehbar war der Fehlschlag der Jarring-Mission bereits im Frühjahr 1968. Seitdem häuften sich die Terroranschläge der Fedajin, der Fatah und der noch radikaleren Volksfront für die Befreiung Palästinas unter dem Arzt George Habasch auf Israelis und israelische Einrichtungen im besetzten Gebiet, aber auch im eigentlichen Israel. Obwohl die Untergrundgruppen formell unter dem Dach der 1964 auf Initiative Nassers gegründeten Palästinensischen Befreiungsorganisation (PLO) standen, entzogen sie sich weithin deren Kontrolle. Daran änderte sich auch nichts, als Jassir Arafat, der Gründer der Fatah, 1969 an die Spitze der PLO trat.

Israel war einem Leben in gesicherten und anerkannten Grenzen durch den Sechstagekrieg nicht näher gekommen. Die forcierte Besiedlung der «West Bank» sollte Israel sicherer machen, aber sie erhöhte zugleich auch seine Verwundbarkeit. Der einzige westlich verfaßte

Staat des Nahen Ostens war, seit es keine diplomatischen Beziehungen zur Sowjetunion und zum Ostblock mehr gab, von den USA noch abhängiger als zuvor. Aber diese Abhängigkeit war keine einseitige. Schon aus Rücksicht auf die jüdischen Wähler im eigenen Land achteten die amerikanischen Präsidenten und die beiden großen Parteien darauf, nicht als «antiisraelisch» zu erscheinen. Über einen vergleichbaren Rückhalt in Washington verfügten die arabischen Staaten nicht.

Am 7. Februar 1965 wurde bei Pleiku im zentralen Hochland von Vietnam eine amerikanische Hubschrauberbasis vom Vietcong überfallen. Acht Militärberater wurden getötet und 126 verwundet. Präsident Johnson ordnete Vergeltungsschläge auf militärische Ziele in Nordvietnam und nach einem weiteren, noch verlustreicheren Angriff auf eine Militärbasis der USA am 10. Februar eine unbefristete Luftoffensive gegen die Demokratische Republik Vietnam, die Operation «Rolling Thunder», an. Wenige Tage später unternahmen in Saigon jüngere vietnamesische Offiziere einen unblutigen Putsch, den achten Staatsstreich seit der Ermordung des Präsidenten Diem im November 1963. Die neuen Machthaber hießen Nguyen Cao Ky, Nguyen Chanh Thi und Nguyen Van Thieu. Der von ihnen gestürzte General Khanh hatte im Dezember 1964 einen Kontakt zum Vietcong hergestellt und sich um die Anbahnung eines Verständigungsfriedens bemüht. Dieser Politik erteilte die regierende Troika eine klare Absage.

Fast zeitgleich forderte der Chef des Military Assistance Command in Vietnam, General Westmoreland, die Entsendung von Marineinfanteristen zum Schutz der großen amerikanischen Basis in Danang – ein Verlangen, dem der Botschafter der Vereinigten Staaten in Saigon, General Taylor, sofort nachdrücklich widersprach, weil er im Einsatz von Bodentruppen den Beginn einer fatalen Entwicklung, eines für die USA nicht gewinnbaren Guerillakrieges im Dschungel von Indochina, sah. Seine Warnung, die ganz auf der Linie der bisherigen Politik der USA lag, war vergeblich. Im Einklang mit den Vereinigten Stabschefs erteilte Präsident Johnson die Weisung, um die Westmoreland ihn gebeten hatte. Am 8. März 1965 trafen die beiden ersten Bataillone der Marines, zusammen 3500 Mann, ausgerüstet mit Artillerie und Panzern, in Südvietnam ein. Unwiderruflich wurde die Entscheidung für den Bodenkrieg in Südostasien, als Johnson im Juli 1965 befahl, weitere 50 000 Mann nach Südvietnam zu entsenden. Ende des Jahres

1965 standen dort bereits 184 000 amerikanische Soldaten. Bis zum Dezember 1967 wuchs ihre Zahl auf 485 000 an.

An den Motiven, die ihn bei seiner Vietnampolitik leiteten, ließ Johnson keinen Zweifel aufkommen. Ihn trieb nicht nur die Sorge um, ein Verlust von Südvietnam würde den Verlust von ganz Südostasien zur Folge haben, er dachte vielmehr an Rückwirkungen in der ganzen Welt und besonders in Europa. Wenn die USA Vietnam verließen, würde dies das Vertrauen in amerikanische Verpflichtungen und Versprechungen allgemein erschüttern, erklärte er im April 1965. Im Juli bekräftigte er seine Überzeugung: Wenn die USA aus Vietnam vertrieben würden, könnte keine Nation jemals wieder dasselbe Vertrauen wie bisher in amerikanischen Schutz haben. Bestärkt wurde Johnson in dieser Einschätzung vor allem durch seinen Sicherheitsberater McGeorge Bundy. Aber auch innenpolitisch fürchtete der Präsident für den Fall einer Preisgabe Vietnams gefährliche Rückwirkungen. Als warnendes Beispiel stand ihm die Karriere Joseph McCarthys vor Augen: Nach Johnsons Meinung hatte der republikanische Senator nur deswegen so viel Einfluß erlangen können, weil es ihm möglich war, der Regierung Truman und den Demokraten den Verlust Chinas anzulasten.

Mit der Zahl der in Vietnam kämpfenden «GIs» stieg auch die Zahl der Gefallenen: Ende 1967 waren es fast 16 000. An der Seite der Amerikaner kämpften rund 500 000 Soldaten der südvietnamesischen Armee, etwa 50 000 Südkoreaner und kleinere Kontingente aus Thailand, den Philippinen, Australien und Neuseeland. Die gegnerischen Kräfte umfaßten um diese Zeit etwa 200 000 Soldaten aus Nordvietnam, die über den Ho-Chi-Minh-Pfad in den Süden eingesickert waren, und etwa 80 000 Soldaten der Nationalen Befreiungsarmee des Vietcong. Ihre zahlenmäßige Unterlegenheit glichen die kommunistischen Dschungelkämpfer durch Aufopferungsbereitschaft und psychologische Einfühlung in die bäuerliche Bevölkerung aus. Wenn es ein leuchtendes Vorbild für sie gab, waren es die von Mao geführten Partisanen des chinesischen Bürgerkriegs – eines anderen «asymmetrischen Krieges», bei dem ähnlich wie in den Kolonialkriegen in Kenia und Algerien hochmotivierte irreguläre Kämpfer eine technisch überlegene Militärmacht herausgefordert hatten. Auch ideologisch und politisch übte die Volksrepublik China eine sehr viel stärkere Anziehungskraft auf das kommunistische Nordvietnam unter Ho Chi Minh aus als die «revisionistische» Sowjetunion. Die Moskauer These von der «friedlichen Koexistenz» stieß in Hanoi auf ähnlich scharfen Widerspruch wie in Peking, und wirtschaftlich und militärisch wurde die Demokratische Republik Vietnam von ihren chinesischen Genossen sehr viel tatkräftiger unterstützt als von den sowjetischen.

Die amerikanische Antwort auf den Guerillakrieg war die Brutalisierung und Irregularisierung der eigenen Kampfweise. Die «Entlaubung» (defoliation) des Dschungels aus der Luft mit Hilfe des erstmals 1961, also schon unter Kennedy eingesetzten Giftes Agent Orange vernichtete das Leben und die Lebensgrundlagen ungezählter Zivilisten. Größere Gebiete wurden zu «free fire zones» erklärt, in denen das Militär im Zweifelsfall im Zuge von «search and destroy»-Operationen auf alles schießen durfte, was sich bewegte. Die nördlichen Provinzen Südvietnams galten als «Indianderland» (Indian country), wo Spezialeinheiten wie die «Tiger Force», eine Untergruppe der «Oregon Task Force», nach Art von Todesschwadronen vorgingen: Kleingruppen von 5 bis 25 Mann machten Jagd auf untergetauchte Vietcong und ihre örtlichen Helfer, wobei zwischen Vietnamesen und Vietcong immer weniger unterschieden wurde. Folterungen, Vergewaltigungen und die Erschießung von Gefangenen gehörten zum Militäralltag, der unter dem Motto stand «to outguerilla the guerilla». Die Liquidation von Gefangenen und Verdächtigen wurde von vielen Vorgesetzten nicht nur geduldet, sondern erwartet. In den Worten des Historikers Bernd Greiner: «Eine Konkurrenz um den höchsten ‹Body Count› auszurufen, galt als selbstverständlicher Bestandteil der Truppenmotivation.»

Innerhalb der amerikanischen Regierung stieß die zunehmende «Amerikanisierung» des Vietnamkriegs frühzeitig auf Kritik. Verteidigungsminister McNamara hielt einen Sieg schon Ende 1965 für nicht mehr wahrscheinlich und plädierte für eine politische Lösung des Konflikts auf dem Verhandlungsweg. 1967 setzte er sich für ein Ende des militärisch offenkundig unergiebigen Bombardements in Nordvietnam ein. Im November 1967 ging er auf Johnsons Vorschlag ein, im Jahr darauf in das Amt des Weltbankpräsidenten zu wechseln. Vor McNamara war bereits im Dezember 1966 der stellvertretende Außenminister George Ball, der aus seiner Ablehnung des Vietnamkrieges nie einen Hehl gemacht hatte, aus der Regierung ausgeschieden. Für eine rasche Beendigung des Krieges setzten sich seit 1966 auch zwei wichtige Senatoren ein: Mike Mansfield, der demokratische Mehr-

heitsführer, und William Fulbright, der Vorsitzende des außenpolitischen Ausschusses.

Der Präsident stand Verhandlungen mit Nordvietnam keineswegs
ablehnend gegenüber. Er hatte sich vielmehr schon im April 1965 in
einer Rede in Baltimore zu diesem Ziel bekannt und seitdem mehreren
inoffiziellen Versuchen zugestimmt, mit Hanoi ins Gespräch zu kommen. Im September 1967 erklärte sich Johnson bereit, den Luftkrieg
zu beenden, wenn Nordvietnam willens sei, in konstruktive Verhandlungen einzutreten. Eine ermutigende Antwort darauf gab es nicht.
Solange die USA auf einem unabhängigen Südvietnam mit einer prowestlich ausgerichteten Regierung bestanden, durften sie mit einer
Änderung des kommunistischen Standpunkts nicht rechnen.

Nicht über eine Beendigung des Krieges nachzudenken, konnte sich
die Regierung Johnson schon aus finanziellen Gründen nicht leisten:
Allein im Jahr 1967 erreichten die Ausgaben für den militärischen Einsatz in Vietnam die Rekordhöhe von 20,3 Milliarden Dollar. Die
Kriegskosten führten ebenso wie die Ausgaben im Rahmen der «Great
Society»-Programme zu wachsenden Haushaltsdefiziten. Im August
1967 sah sich der Präsident genötigt, den Kongreß um eine Steuererhöhung um 10 Prozent und eine strikte Ausgabenkontrolle zu ersuchen,
weil andernfalls das Defizit auf über 28 Milliarden Dollar anzuwach-
sen drohe, was eine verheerende Geldentwertung, steigende Zinsen
und eine Verschlechterung der amerikanischen Zahlungsbilanz zur
Folge haben würde. Der Adressat der Mahnung ließ sich von dieser
Perspektive nicht beeindrucken, so daß Johnson seine Forderungen
Anfang 1968 in modifizierter Form erneut im Kongreß einbringen
mußte. Das Tauziehen endete damit, daß die Republikaner, die bei den
Zwischenwahlen von 1966 drei Senatssitze und 47 Abgeordnetenman-
date hinzugewonnen hatten, zusammen mit den konservativen Süd-
staatendemokraten einen Kompromiß erzwangen, dem zuzustimmen
Johnson schwerfiel: Er mußte die Steuererhöhungen mit einer Senkung
der Ausgaben für Zwecke der «Great Society» um 6 Milliarden Dollar
bezahlen.

So unübersehbar wie die rasant steigenden Kosten des Krieges war
der wachsende Protest gegen das amerikanische Engagement in Vietnam. Die «Amerikanisierung» alarmierte vor allem Studenten, die
nach Studienabschluß mit ihrer Einberufung zum Militärdienst, dem
«draft», rechnen mußten. Im Sommer 1964 kam es an der Universität

von Kalifornien in Berkeley zu ersten Studentenprotesten gegen den
Krieg. Im März 1965 fanden an der Universität von Michigan in Ann
Arbor und an der Columbia-Universität in New York «Teach-ins» gegen den Krieg statt. Aufgerufen hatte dazu eine 1960 gegründete, aus
der älteren, 1905 entstandenen League for Industrial Democracy hervorgegangene, entschieden linke Studentenvereinigung, die Students
for a Democratic Society (SDS), die sich rasch zur Keimzelle einer
«neuen Linken» entwickeln sollte. Der SDS war der Organisator der
großen Antikriegsdemonstration in Washington vom April 1965, an
der 25 000 Menschen teilnahmen. Zwei Jahre später, im April 1967,
waren es bereits 200 000 Menschen, die, aufgerufen von Bürgerrechts-
und Antikriegsgruppen, in New York gegen den Krieg demonstrierten.
Im Herbst 1967 wurde jenes Großunternehmen zur Zielscheibe studentischer «Sit-ins», das Napalm («Agent Orange») für die Entlaubung
des vietnamesischen Dschungels produzierte: Dow Chemical. Neben
Studenten und Professoren beteiligten sich auch afroamerikanische
Organisationen wie Stokely Carmichaels Student Nonviolent Coordi-
nating Committee an den Aktionen gegen den Krieg. Im Oktober 1967
schlossen sich 100 000 Menschen einem von Martin Luther King geführten «Marsch auf Washington» an, dessen Höhepunkt eine Rede
war, in der der Friedensnobelpreisträger die Beendigung des Krieges in
Vietnam forderte.

In den Medien überwog bis Anfang 1968 noch die Zustimmung
zum Krieg. Aber es blieb nicht ohne Wirkung, daß einige der angesehensten Zeitungen und Zeitschriften wie die «New York Times», der
«Boston Globe» und «Newsweek» seit 1966 zunehmend kritisch über
das Geschehen in Vietnam berichteten. Die Frage, welche Art von
Krieg die USA dort führten, ließ sich nicht länger verdrängen. Daß es
ein Krieg zur Verteidigung der Freiheit war, wie die Regierung behauptete, bezweifelten inzwischen viele. Manche Kritiker gingen weiter und
warfen der Führung des eigenen Landes vor, einen imperialistischen
oder neokolonialen Krieg gegen eine nationale Befreiungsbewegung in
einem Land der Dritten Welt zu führen – eine Dimension, die der
Kampf des Vietcong *auch* hatte.

Nie zuvor hatten die Amerikaner einen Krieg über das Fernsehen
derart intensiv miterleben können wie den Vietnamkrieg. Je länger der
Krieg dauerte und je mehr über die amerikanische Kriegführung bekannt wurde, desto weniger dienten die Bilder aus Vietnam dazu, der

kämpfenden Truppe den Rückhalt der «Heimatfront» zu sichern. Die Unterstützung für den Krieg war rückläufig: Daran konnte es bei nüchterner Betrachtung um die Jahreswende 1967/68 keinen Zweifel mehr geben.[4]

De Gaulles Schatten über Europa:
Krisenjahre für NATO und EWG

Was für die amerikanische Öffentlichkeit galt, traf auch für die westeuropäische zu: Die politische Linke protestierte seit 1965 immer häufiger und heftiger gegen den Krieg in Vietnam, den die Demonstranten ganz im Sinn des Vietcong als antiimperialistischen Kampf eines lange unterdrückten Kolonialvolkes um nationale und soziale Selbstbestimmung werteten, wobei Ho Chi Minh rasch zur Kultfigur avancierte; die liberale Presse hielt sich von einer unkritischen Glorifizierung Nordvietnams und des Vietcong fern, kritisierte die amerikanische Kriegführung aber ebenfalls mit zunehmender Schärfe. Die Regierungen der westeuropäischen NATO-Staaten hielten sich mit öffentlichem Tadel ihres mächtigsten Verbündeten im allgemeinen zurück – mit einer bezeichnenden Ausnahme: Charles de Gaulle. Als der französische Staatspräsident im Spätsommer 1967 im Zuge einer Weltreise, die ihn zunächst nach Lateinamerika geführt hatte, auf Einladung des Prinzen Sihanouk, des Staatschefs von Kambodscha, dieses südostasiatische Land besuchte, nutzte er am 1. September eine Rede im größten Stadion der Hauptstadt Phnom Penh zu einem rhetorischen Paukenschlag: Er machte sich zum Sprecher des Selbstbestimmungsrechts der Völker Indochinas, forderte eine politische Lösung des Vietnamkonflikts im Zeichen der Neutralität und, um dieses Ziel zu erreichen, den Rückzug der amerikanischen Truppen in angemessener Frist.

Sehr viel stärker als durch die Rede von Phnom Penh war die nordatlantische Allianz im Jahr zuvor durch einen anderen demonstrativen Schritt des Generals erschüttert worden: Am 7. März 1966 verkündete de Gaulle den Austritt Frankreichs aus der Militärorganisation der NATO zum 1. Juli des Jahres, allerdings nicht aus dem Bündnis selbst. Der Aufbau der selbständigen französischen Atommacht, der «Force de frappe», offiziell «Force de dissuasion» (Abschreckungsmacht) genannt, hatte inzwischen einen Grad erreicht, der es dem General gerechtfertigt erscheinen ließ, die volle militärische Souveränität Frankreichs wiederherzustellen und den USA als ebenbürtiger Partner gegenüberzutreten. Die NATO sah sich genötigt, ihr europäisches Hauptquartier von Paris nach Brüssel zu verlegen. Mehr noch als zuvor war sie fortan auf die Bündnistreue und die militärischen Anstrengungen Großbritanniens und der Bundesrepublik Deutschland angewiesen.

Einem Projekt Kennedys, mit dem dieser nicht zuletzt den Bonner Sicherheitsbedürfnissen hatte Rechnung tragen wollen – der multinationalen Atomflotte der MLF (Multilateral Force) –, hatte de Gaulle schon im Januar 1963 eine klare Absage erteilt. Um die Jahreswende 1964/65 ließ Präsident Johnson das Vorhaben fallen. Als Ausgleich im Sinne eines Stücks atomarer Mitbestimmung durfte es die Bundesrepublik empfinden, daß sie im Dezember 1966 Ständiges Mitglied der Nuklearen Planungsgruppe der NATO wurde. Am 9. Mai 1967 beschlossen die Verteidigungsminister des Atlantischen Bündnisses, ohne den französischen, die Ablösung des alten Konzepts der «massive retaliation» durch das neue, noch unter Kennedy entwickelte Konzept der «graduated, flexible response». Im Dezember 1967 wurde die Maxime der abgestuften Vergeltung in den Rang einer NATO-Doktrin erhoben. In einer anderen, alle Mitglieder des Bündnisses berührenden Frage schienen der französische und der westdeutsche Standpunkt zunächst nicht weit voneinander entfernt: Der von den USA, der Sowjetunion und Großbritannien am 24. August 1967 unterzeichnete Vertrag über die Nichtweiterverbreitung der Nuklearwaffen wurde von Paris und Bonn zurückgewiesen – von der Bundesrepublik freilich, wie noch zu zeigen sein wird, nicht so pauschal und definitiv wie von Frankreich.

Der «Non-Proliferation Treaty» lag ganz auf der Linie, die Präsident Johnson am 7. Oktober 1966 in einer Rede vor der Vereinigung der amerikanischen Zeitungsverleger in New York vorgegeben hatte und mit der er an Kennedys «Strategie des Friedens» anknüpfte: Der Vietnamkrieg war für ihn kein Grund, auch in Europa auf Konfrontation mit dem Kommunismus zu setzen. Vielmehr forderte Johnson ausdrücklich die «Aussöhnung mit dem Osten» und den «Übergang von der engen Konzeption der Koexistenz zu der größeren Vision eines friedlichen Engagements» (a reconciliation with the East – a shift from the narrow concept of coexistence to the broader vision of peaceful engagement).

Im Jahr darauf, im Dezember 1967, verabschiedeten die Außenminister der NATO ein von dem belgischen Außenminister Pierre Harmel entworfenes und nach ihm benanntes Kommuniqué, das eine ebenso klare wie ausgewogene Botschaft an den Warschauer Pakt enthielt. Der Harmel-Bericht schrieb dem Bündnis *zwei* Funktionen zu: *erstens*, wie bisher, die Aufrechterhaltung hinreichender militärischer Stärke und politischer Solidarität, um gegenüber Aggressionen und anderen Formen von Druckanwendung abschreckend zu wirken, *zweitens*, und das war neu, das Bemühen um Entspannung. Beide Aufgaben widersprächen sich nicht, sie ergänzten sich vielmehr gegenseitig. Ganz ausdrücklich legten sich die Verbündeten im Harmel-Bericht auch auf die laufende Prüfung politischer Maßnahmen fest, «die darauf gerichtet sind, eine gerechte und dauerhafte Ordnung in Europa zu erreichen, die Teilung Deutschlands zu überwinden und die europäische Sicherheit zu fördern».

1967 war für die NATO auch wegen eines dramatischen Vorgangs an der europäischen Peripherie ein wichtiges Jahr: In Griechenland riß am 21. April eine Verschwörergruppe rechtsstehender Offiziere unter Führung der Obristen Georgios Papadopoulos und Stylianos Pattakos in einem Putsch die Macht an sich, nachdem sich kurz zuvor die beiden größten Parteien, die linksstehende Vereinigte Zentrumsunion unter Georgios Papandreou und die rechte Nationale Radikale Union unter Konstantinos Karamanlis auf Neuwahlen als Ausweg aus der seit langem schwelenden innenpolitischen Krise verständigt hatten. Die neuen Machthaber, an ihrer Spitze Papadopoulos als Ministerpräsident, verhängten den Belagerungszustand über das Land und ordneten die systematische Verhaftung und Deportation ihrer politischen Gegner, von den Kommunisten bis zu den Monarchisten, auf die Gefängnisinseln Gyaros und Leros an, wo die Gefangenen grausam gefoltert wurden. Der zivile und der militärische Staatsapparat, die Universitäten und die Kirchen wurden gesäubert und die Presse einer strengen Zensur unterworfen. Ein Gegenputsch von König Konstantin, der an der vorangegangenen Krise eine erhebliche Mitschuld trug, scheiterte im Dezember 1967, worauf der Monarch ins Exil nach Rom flüchtete.

Das Obristenregime war die brutalste Diktatur, die in Europa seit 1945 errichtet worden war – so brutal, wie sie der französische Film «Z» mit Yves Montand in der Hauptrolle 1969 zeichnete. Dessen ungeachtet blieb Griechenland Mitglied der NATO. Die USA stellten zeitweilig die Lieferung schwerer Waffen ein; im November 1967 wirkte Präsident Johnson mit Erfolg auf die Regierungen in Athen und Ankara ein, um einen griechisch-türkischen Krieg über das von einem Bürgerkrieg bedrohte Zypern zu verhindern.

Die schärfsten Reaktionen auf den Putsch und seine Folgen kamen aus den skandinavischen Staaten und aus den Niederlanden, Belgien und Luxemburg. Auf das Betreiben dieser Staaten ging es zurück, daß der Europarat Ende 1969 den Ausschluß Griechenlands wegen Verletzung der Menschenrechte betrieb – eine Maßnahme, der die Junta dadurch zuvorkam, daß sie am 12. Dezember den Austritt des Landes aus diesem Gremium erklärte. Für das Atlantische Bündnis war das Wichtigste, daß Griechenland unter der Rechtsdiktatur seine Bündnispflichten erfüllte – ähnlich wie es die Türkei nach dem Militärputsch vom Mai 1960 getan hatte und das Portugal Salazars als Gründungsmitglied der NATO seit 1949 tat. Strategische Interessen hatten, wenn es zum Schwur kam, für das Atlantische Bündnis ein größeres Gewicht als die politischen Ideale, auf die sich der Westen sonst so gerne berief.

Die NATO war nicht die einzige zwischenstaatliche Organisation, der der eigenwillige französische Staatspräsident in den sechziger Jahren Schwierigkeiten bereitete. Auch die Europäische Wirtschaftsgemeinschaft geriet durch die Politik de Gaulles in ihre bisher schwerste Krise. Ende 1964 ging Frankreich aus der «Getreideschlacht», einer wichtigen Etappe auf dem Weg zum Gemeinsamen Agrarmarkt der Sechs, als Sieger hervor. Die Bonner Bundesregierung unter Ludwig Erhard hatte sich unter dem Druck des einflußreichen Deutschen Bauernverbands einer Marktordnung für Getreide lange widersetzt, weil von Anfang an klar war, daß ein künftiger gemeinsamer europäischer Getreidepreis deutlich unter dem deutschen liegen würde. Im Oktober 1964 drohte de Gaulle, Frankreich werde sich nicht mehr an der EWG beteiligen, wenn es zu keiner Einigung kommen sollte. Die Erpressung wirkte. In der entscheidenden Brüsseler Nachtsitzung, der «nuit de blé» (Getreidenacht), stimmte die Bundesregierung schließlich einem Preis von 420 DM für die Tonne Getreide zu, bedingte sich dafür aber das Recht aus, bis 1970 Ausgleichszahlungen an die deutschen Bauern in einer Gesamthöhe von 1,2 Milliarden DM zu leisten. Die anderen Marktordnungen, darunter die für Milch und andere Molkereiprodukte, waren weniger umstritten und führten daher zu keinen vergleichbaren Kraftproben.

Frankreich, das anders als die Bundesrepublik Deutschland mehr Lebensmittel exportierte als importierte, konnte mit dem Ergebnis zufrieden sein. Doch die Frage der Finanzierung des Agrarmarkts für die Jahre 1965 bis 1970 war noch offen, und deswegen gab es auch noch nicht den geplanten Europäischen Agrarfonds. Die Kommission unter Walter Hallstein hatte den Auftrag, bis zum 1. April 1965 einen Vorschlag für die Finanzierung durch eigene Einnahmen der EWG vorzulegen. Was sie den Regierungen der Mitgliedstaaten fristgerecht Ende März 1965 unterbreitete, war eine ehrgeizige Lösung, die die Haushaltsbefugnisse der Kommission und die des Europäischen Parlaments erheblich erweitert hätte. Ab 1967 sollte ein großer Teil der Einnahmen aus den Außenzöllen für industrielle Güter der EWG direkt zufließen. Kommission und Parlament sollten den jährlichen Haushalt der Gemeinschaft aufstellen und vom Rat nur mit qualifizierter Mehrheit überstimmt werden dürfen.

Die Vorschläge der Kommission waren geradezu revolutionär: Sie liefen auf ein supranationales Europa und mithin auf eine Entmachtung des Ministerrats zugunsten von Kommission und Parlament hinaus – eine für den souveränitätsstolzen französischen Präsidenten völlig unannehmbare Konstruktion. Während die anderen Regierungen trotz Bedenken bereit waren, die Vorschläge der Kommission zu prüfen, verlangte Frankreich nunmehr, die Kommission solle sich darauf beschränken, die Finanzierung des Agrarmarkts für die Jahre 1965 bis 1970 zu regeln. Da Paris mit dieser Forderung nicht durchdrang, legte sich de Gaulle auf Empfehlung von Außenminister Couve de Murville auf einen Boykott der EWG fest. In der Nacht vom 30. Juni zum 1. Juli 1965 teilte Couve de Murville als Vorsitzender des Ministerrats seinen Kollegen mit, Frankreich halte die Verhandlungen über die Finanzierung des Gemeinsamen Agrarmarkts für gescheitert, und hob die Sitzung auf. Einige Stunden später beschloß das Pariser Kabinett, die französischen Vertreter aus den Organen der EWG zurückzuziehen. Damit begann die «Krise des leeren Stuhls» (la crise de la chaise vide).

Am 9. September legte de Gaulle in einer Pressekonferenz seine Position mit provozierender Schärfe dar. Den europäischen Partnern warf er vor, eine Regelung des Gemeinsamen Agrarmarkts hintertrieben zu haben. Die Kommission nannte er «einen technokratischen

Areopag, vaterlandslos und unverantwortlich» (un aréopague techno-
crate, apatride et irresponsable). Der Einführung qualifizierter Mehrheitsentscheidungen im Ministerrat, wie sie die Römischen Verträge
für die Zeit vom 1. Januar 1966 an vorsahen, erteilte er eine klare
Absage: Frankreich sei nicht bereit, sich in sozialen und politischen
Fragen etwas aufzwingen zu lassen. Nach der Verfassung gehöre die
französische Souveränität ausschließlich dem französischen Volk, das
sie durch seine Vertreter und in Form des Volksentscheids ausübe. Infolgedessen sei eine Gesamtrevision der Römischen Verträge erforderlich, zu der ein Verzicht auf Mehrheitsentscheidungen und eine Be-
schneidung der Befugnisse der Kommission gehören müßten. Offenbar
versprach sich der General von einer solchen Demonstration des französischen Nationalismus positive Wirkungen auf die Präsidentenwahlen, die im Dezember 1965 anstanden. Doch auf bloße Taktik ließen
sich die Ausführungen de Gaulles nicht reduzieren. Sie entsprachen
tiefsitzenden Überzeugungen des Mannes, der seit 1958 an der Spitze
Frankreichs stand.

Eine Beilegung des Konflikts gelang erst nach de Gaulles Wiederwahl. Ende Januar 1966 verständigten sich die Außenminister der
Sechs auf der ersten Sitzung des Ministerrats seit dem Eklat vom
30. Juni 1965 auf den «Luxemburger Kompromiß». Bei Beschlüssen,
die auf Vorschlag der Kommission mit Mehrheit gefaßt werden konnten, sollten, falls sehr bedeutsame Interessen eines oder mehrerer Partner auf dem Spiel standen, die Ratsmitglieder sich bemühen, zu einver-
nehmlichen Lösungen zu gelangen. Die französische Delegation gab zu
Protokoll, daß die Diskussion in diesem Fall solange fortgesetzt werden
müsse, bis man zu einem einstimmigen Einvernehmen gelangt sei. Unklar blieb, was geschehen sollte, wenn eine Verständigung nicht vollständig gelang. Im Hinblick auf diesen Fall stellten die Sechs eine
andauernde Meinungsdifferenz fest, die aber einer Wiederaufnahme
der Arbeiten der Gemeinschaft gemäß der normalen Prozedur nicht
entgegenstehe. Die Kommission wurde ersucht, besonders wichtige
Vorschläge dem Ministerrat künftig nicht ohne vorherige Fühlung-
nahme mit den Regierungen vorzulegen und erst nach formeller Befas-
sung der Regierungen zu veröffentlichen. Das Initiativrecht der Kommission sollte dadurch aber nicht beeinträchtigt werden.

Die Beschlüsse vom 28./29. Januar 1966 waren ein typischer «dilatorischer Formelkompromiß»: Der Streit in der Hauptsache wurde ver-

tagt, damit die praktische Arbeit weitergehen konnte, bis ein neuer Konflikt einen neuen Kompromiß erzwang. Im wesentlichen hatte sich Frankreich durchgesetzt: Es verzichtete zwar auf eine Gesamtrevision der Römischen Verträge, erreichte aber, daß die Regierungen der anderen fünf Mitglieder ihrerseits auf die praktische Anwendung von Mehrheitsentscheidungen verzichteten. Von eigenen Einnahmen der Gemeinschaft und einer Stärkung des Europäischen Parlaments war keine Rede mehr. Die Kommission konnte weniger als bisher die ihr zugedachte Rolle als integrierendes Organ der Gemeinschaft wahrnehmen, der Ministerrat hingegen gewann als Entscheidungsorgan an Bedeutung. Der «Luxemburger Kompromiß» war der kleinste gemeinsame Nenner, auf den sich die Mitgliedstaaten hatten einigen können. Die EWG wurde dadurch «intergouvernementaler» statt «supranationaler». De Gaulle hatte die Gemeinschaft auf den Weg der Renationalisierung geführt – eine Revision nicht des Wortlauts, wohl aber des Geistes der Römischen Verträge.

Im Hinblick auf die Agrarfinanzierung und die Vollendung der Zollunion einigten sich die Sechs in Luxemburg auf einen Zeitplan. 1965 sollte die Gemeinsame Agrarpolitik (GAP) einer Überprüfung unterzogen werden. Der Gemeinsame Agrarmarkt entwickelte sich schon während der sechziger Jahre zu einem gigantischen Subventionsverteilungsapparat. Er begünstigte durch seine Richtpreise und andere Mechanismen eine Produktion ohne Rücksicht auf die Absatzchancen. Die niedrigeren Weltmarktpreise wurden durch variable Zölle, die sogenannten Abschöpfungen, auf das höhere Preisniveau der EWG angehoben. Die Abschöpfungen flossen in den gemeinsamen Agrarfonds, der sich ansonsten aus Beiträgen der Mitgliedstaaten speiste. Der Agrarfonds gewährte Exportbeihilfen, durch die die Preise der EWG auf das Weltmarktniveau gesenkt wurden. Die Folgen hatten viele Entwicklungsländer, darunter die der EWG assoziierten afrikanischen Staaten, zu tragen: Die künstlich verbilligten Exporte aus Europa hinderten sie daran, ihre eigene Landwirtschaft wettbewerbs- und damit exportfähig zu machen. Was die EWG nicht ausführen konnte, wurde gelagert, umgewandelt und je nach Bedarf verkauft oder vernichtet. Auf diese Weise entstanden der «Butterberg» und andere Depots, etwa für Fleisch, Zucker, Wein und Getreide. Der Butterpreis in der EWG lag Anfang 1969 bereits bei 290 Prozent des Weltmarktniveaus, der Zuckerpreis sogar bei 340 Prozent. Der Selbstversorgungsgrad bei Getreide stieg von 94 Prozent 1954/55 auf 110 Prozent zehn Jahre später. Die Gesamtsumme der Agrarsubventionen belief sich 1969 auf etwa 10 Milliarden DM.

Die paradoxe Wirkung der Gemeinsamen Agrarpolitik hat der Historiker Gerhard Brunn in dem Verdikt zusammengefaßt, sie sei schon in den sechziger Jahren zu dem geworden, «was sie seitdem geblieben ist, ein Instrument des Protektionismus in einer Organisation, die gegründet wurde, um den Handel zu liberalisieren und den Protektionismus zu beenden». Zu diesem Instrument hätte die GAP nicht werden können, wenn die EWG sich nicht für Industrie und die Verbraucher «ausgezahlt» hätte. Die Beseitigung der Binnenzölle für gewerbliche und industrielle Güter, am 1. Juli 1968, früher als ursprünglich vorgesehen, in Kraft gesetzt, wirkte als Wachstumsprämie, von der der größte «Nettozahler», die Bundesrepublik Deutschland, am meisten profitierte.

Auch bei der Senkung der Außenzölle gab es beträchtliche Fortschritte: Im Zuge der «Kennedy-Runde», den im Mai 1967 abgeschlossenen Verhandlungen über die Liberalisierung des Welthandels im Rahmen des Allgemeinen Zoll- und Handelsabkommens (GATT) in Genf, sprach die EWG, ausgestattet mit einem Mandat des Ministerrats, mit *einer* Stimme. Das Ergebnis waren Zollsenkungen, die sich nach Ablauf von fünf Jahren im Durchschnitt auf 35 Prozent beliefen. Das galt freilich nur für industrielle Güter. Bei der Landwirtschaft betrug die durchschnittliche Herabsetzung der Zölle lediglich 22 Prozent. Das lag sowohl an der EWG als auch an den USA, die ihre in hohem Maß exportorientierte Landwirtschaft auf ihre Weise schützten, eine Konfrontation mit den Europäern aber aus übergeordneten politischen Gründen vermeiden wollten. Das Nachsehen hatten die Entwicklungsländer: Durchschlagende Erfolge brachte ihnen die «Kennedy-Runde» nicht.

Am 1. Juli 1967 wurden die bestehenden drei europäischen Gemeinschaften – die EWG, die Europäische Gemeinschaft für Kohle und Stahl und EURATOM – zu den Europäischen Gemeinschaften (EG) zusammengeschlossen. Luxemburg, das sich als Sitz der Hohen Behörde der Montanunion lange gegen die Fusion gewehrt hatte, erhielt als Ausgleich die Europäische Investitionsbank, die ihren Sitz bisher in Brüssel gehabt hatte. Das Europäische Parlament tagte weiterhin in Straßburg, so daß die Organe der EG sich auf drei Städte

verteilten. An die Spitze der gemeinsamen Kommission in Brüssel trat
der Belgier Jean Rey, der zuvor für die Außenbeziehungen der EWG
zuständig gewesen war. Eine Erneuerung des Mandats seines Vorgängers Walter Hallstein war am Widerstand Frankreichs gescheitert. Für
de Gaulle war der deutsche Jurist die Verkörperung der verhaßten
Brüsseler Technokratie. Der «Luxemburger Kompromiß» vom Januar
1966 war für Hallstein auch eine persönliche Niederlage gewesen –
eine Quittung dafür, daß er geglaubt hatte, den französischen Staatspräsidenten durch die Gemeinsame Agrarpolitik mit dem Projekt eines
supranationalen Europa versöhnen zu können.[5]

Die erste Direktwahl eines französischen Staatspräsidenten fand am
5. Dezember 1965 statt und fiel anders aus, als de Gaulle es erwartet
hatte: Er mußte sich einem zweiten Wahlgang stellen. Auf den Amtsinhaber entfielen nur 44,7 Prozent der abgegebenen Stimmen. François
Mitterrand, der Kandidat der Linken, der von seiner eigenen Partei,
der Union démocratique et socialiste de la Résistance, den Sozialisten,
den Kommunisten und den meisten Radikalsozialisten unterstützt
wurde, erhielt 31,7, der Vorsitzende des christlich-demokratischen
MRP, Jean Lecanuet, 15,6, der rechtsradikale Jean-Louis Tixier-
Vignancour 5,2 Prozent. Bei der Stichwahl am 19. Dezember setzte
sich de Gaulle mit 55,2 Prozent gegenüber Mitterrand durch, für den
sich 44,8 Prozent aussprachen.

Der Beginn der zweiten Amtszeit de Gaulles stand im Zeichen einer
wirtschaftlichen Rezession und steigender Arbeitslosenzahlen. Bei der
Bildung seiner neuen Regierung wechselte Premierminister Pompidou
den jungen Finanzminister Valéry Giscard d'Estaing, den Vorsitzenden
der Républicains indépendants, durch den früheren Premierminister
Michel Debré aus, der an die Spitze eines neuen Superministeriums für
Wirtschaft und Finanzen trat. Giscards Fraktion blieb zwar Teil der
präsidialen Mehrheit, distanzierte sich aber fortan demonstrativ von
den Gaullisten. Auf der Linken gab es hingegen Tendenzen in Richtung einer Konzentration der Kräfte. In der Nationalversammlung
bildeten auf Betreiben Mitterrands seine eigene Gruppe und die Sozialisten eine Fraktionsgemeinschaft, die Fédération de la gauche démocratique et socialiste (FGDS). Im Dezember 1966 vereinbarten die
darin zusammengeschlossenen Kräfte mit den Kommunisten ein Stichwahlabkommen für den zweiten Wahlgang der Parlamentswahlen vom

Frühjahr 1967. Auch bei den Gewerkschaften gab es Einigungsbestrebungen: Im Juni 1966 verständigten sich die kommunistische Confédération Générale du Travail (CGT) und die sozialistische Confédération française démocratique du travail (CFDT) auf ein gemeinsames Aktionsprogramm.

In der ersten Runde der Wahlen zur Nationalversammlung am 5. März 1967 kamen die Gaullisten, die als Union démocratique pour la Vᵉ République auftraten, zusammen mit den Giscardisten auf 37,73 Prozent, die Kommunisten auf 22,51, Mitterrands Fédération auf 18,96 und Lecanuets Centre Démocrate auf 13,4 Prozent. Im zweiten Wahlgang am 12. März erreichte das Regierungslager 44 Prozent der Stimmen und mit 247 von 487 Sitzen eine hauchdünne Mehrheit, und auch die nur mit Hilfe der Überseedépartements. Im französischen Mutterland hatten die Kräfte, die hinter de Gaulle standen, keine Mehrheit mehr.

Um sich langwierige parlamentarische Auseinandersetzungen zu ersparen, ließ sich de Gaulle im April 1967 von der Mehrheit der Nationalversammlung die Vollmacht erteilen, bis zum 31. Oktober 1967 auf dem Verordnungsweg einschneidende Reformen auf dem Gebiet der Wirtschafts- und Sozialpolitik durchzuführen, von denen einige wegen der bevorstehenden Abschaffung der Binnenzölle innerhalb der Europäischen Gemeinschaft erforderlich wurden. Zu den Neuerungen gehörten eine Arbeitslosenversicherung und die Schaffung einer zentralen Stelle für Beschäftigung und Arbeitsvermittlung (Agence nationale pour l'emploi), deren Aufgabe es war, die Arbeitslosen zu registrieren und ihnen bei der Stellensuche zu helfen. Dazu kamen Verordnungen über Hilfen für die Landwirtschaft, eine Gewinnbeteiligung der Arbeitnehmer sowie eine Reform des Krankenkassenwesens und der Sozialversicherung. Bei den Sozialkassen trat die Regelung durch die Berufsverbände an die Stelle der Wahl der Verwaltungsorgane durch die Beitragspflichtigen. Der autoritäre Stil, in dem die Regierung Pompidou diese Reformen durchsetzte, provozierte die Parteien der Linken und die Gewerkschaften – ein Beitrag zu jener wachsenden Unzufriedenheit mit dem gaullistischen Regierungssystem, die sich im Mai 1968 gewaltsam entladen sollte.

Außenpolitisch tat de Gaulle in seiner zweiten Amtszeit alles, was ihm geeignet erschien, die Eigenständigkeit Frankreichs zu stärken. Die Volksrepublik China hatte er, zum Ärger der Amerikaner, bereits

im Januar 1964 anerkannt. Während einer Reise durch die Sowjetunion Ende Juni 1966, die er als «Salut des ewigen Frankreich an das
ewige Rußland» (salut de la France de toujours à la Russie de toujours)
gewürdigt wissen wollte, versicherte er Breschnew, daß die Wiedergeburt Europas ohne die Sowjetunion nicht möglich sei, und bezeichnete
das Gastgeberland als friedliche Großmacht. Mit dem Eklat von Montreal im Juli 1967, seinem Ausruf «Vive le Québec libre», forderte er
Kanada, mit seiner Kritik der amerikanischen Vietnampolitik in Phnom
Penh kurz darauf die Vereinigten Staaten und mit einem spektakulären Affront gegenüber Israel im November 1967 schließlich die Juden
in aller Welt heraus: Auf einer Pressekonferenz bezeichnete der Präsident Israel als «Aggressor» und die Juden als «elitäres, selbstbewußtes und herrschsüchtiges Volk» (un peuple d'élite, sûr de lui-même et
dominateur).

Vorausgegangen war während des Sechstagekriegs im Juni 1967
ein Waffenembargo gegen alle kriegführenden Länder, das sich in
Wirklichkeit nur gegen Israel richtete. De Gaulle stieß damit nicht nur
die französischen Juden, die zu einem großen Teil aus Nordafrika
stammten, vor den Kopf, sondern auch viele nichtjüdische Franzosen,
darunter langjährige Gefolgsleute des Generals. Was er mit dieser Provokation bezweckte, war leicht zu erkennen. Nachdem Frankreich in
den Jahren zuvor Israel politisch und militärisch massiv unterstützt
hatte, sollte es jetzt nach dem Willen des Präsidenten als Freund der
arabischen Welt ein neues Profil gewinnen.

Das Land, dem de Gaulle 1963 den Beitritt zur Europäischen Wirtschaftsgemeinschaft verwehrt hatte, erlebte im Jahr darauf einen
Machtwechsel. In den britischen Unterhauswahlen vom 15. Oktober
1964 errang die Labour Party unter ihrem Vorsitzenden, dem damals
achtundvierzigjährigen, dem linken Parteiflügel zugerechneten ehemaligen Handelsminister Harold Wilson, einen knappen Wahlsieg: Auf
sie entfielen 317, auf die Konservativen 304, auf die Liberalen 9 Sitze.
Das wirtschaftliche Erbe der konservativen Regierungen der fünfziger
und sechziger Jahre war desolat: Das Defizit der Zahlungsbilanz belief
sich 1964 auf 374 Millionen, das der Handelsbilanz auf 553 Millionen
Pfund. Das Vereinigte Königreich führte 1964 viermal so viel Fertig-
güter wie 1955 ein – Güter, die einst im Lande selbst hergestellt worden
waren. Die britische Wirtschaft war auch in den frühen sechziger Jah-

ren langsamer gewachsen als in vergleichbaren europäischen Industrieländern. Höher waren hingegen die Inflationsrate und die Lohnstück-
kosten Großbritanniens. Der Maschinenpark der meisten Betriebe war
veraltet und das Management ineffizient; die Gewerkschaften hatten
in langen Jahren einen ausgefeilten Kündigungsschutz durchgesetzt,
der so weit ging, daß er bei den staatlichen Eisenbahnen auch Beschäftigte vor der Entlassung bewahrte, deren Arbeitsplätze durch die technische Entwicklung überflüssig geworden waren – zum Beispiel Heizer
auf elektrisch betriebenen Lokomotiven.

Die Regierung Wilson sah sich gleich nach ihrem Amtsantritt genötigt, bei ausländischen und internationalen Banken eine Anleihe in
Höhe von 3 Milliarden Pfund aufzunehmen und alle Importe, außer
für Lebensmittel, Brennstoffe und Rohmaterialien mit einem Zusatz-
zoll von 15 Prozent zu belegen. Um die «stagflation», den Kern der
«English disease», zu bekämpfen, rief Wilson zwei neue Ministerien,
eines für Technologie und eines für Wirtschaft, ins Leben. Das letztere
legte im September 1965 einen «National Plan» vor, der Großbritannien das Ziel vorgab, das Bruttoinlandsprodukt bis 1970 um 25 Prozent, die Produktivität jährlich um 3,4 und die Exporte um 5,5 Prozent zu steigern. Eine Zeitlang operierte das Kabinett mit Preis- und
Lohnkontrollen sowie höheren Steuern und Zinsen, ohne damit einen
nachhaltigen Erfolg zu erzielen. Die nächstliegende Möglichkeit, die
Ausfuhr anzukurbeln, wäre eine drastische Abwertung des Pfunds
Sterling gewesen. Doch dieses Mittel lehnte Wilson kategorisch ab,
weil es nach seiner Meinung nicht mit dem nationalen Prestige des Vereinigten Königreichs vereinbar war.

In der Hoffnung, daß die Wählerschaft einige der sozialen Bestandteile des «National Plan» – die Streichung von Gebühren für den Nationalen Gesundheitsdienst, Mietzuschüsse für einkommensschwache
Schichten und die Schaffung von Gemeinschaftsschulen – honorieren
würde, kündigte Wilson im Februar 1966 Neuwahlen für den 31. März
an. Sein Kalkül ging auf: Labour errang 364 Sitze und damit eine
komfortable Mehrheit im Unterhaus. Die Konservativen kamen lediglich auf 253 Sitze. Den Stimmenanteilen nach erzielten Labour 47,9
und die Tories 41,9 Prozent. Auf die Liberalen entfielen 8,5 Prozent
und 12 Sitze.

Einige Wochen nach dem Sieg der Labour Party traten Mitte Mai
1966 die Seeleute in einen Streik, der Schiffe und Häfen lahmlegte und

das Land in eine schwere Währungskrise stürzte. Die Regierung Wilson antwortete am 22. Mai mit der Verhängung des Ausnahmezustands. Er trug mit dazu bei, daß die Seeleute ihre Arbeit Ende Juni wieder aufnahmen, ohne eines ihrer Ziele erreicht zu haben. Am 20. Juli setzte Wilson gegen heftigen Widerstand in seinem Kabinett ein rigoroses Deflationsprogramm durch, zu dem eine Erhöhung von direkten und indirekten Steuern wie ein Einfrieren von Löhnen, Preisen und Dividenden gehörte. Schon zuvor hatte die Regierung auf Betreiben von Schatzkanzler James Callaghan die Selective Employment Tax (SET) eingeführt, deren Ertrag zunächst den exportorientierten Branchen, dann den Industrien in strukturschwachen Regionen zugute kommen sollte. Das Ergebnis aller dieser Bemühungen war ernüchternd: Der Regierung gelang es weder die Ausfuhr zu steigern noch das Pfund Sterling zu stabilisieren. Eine andere Erwartung erfüllte sich auch nicht: Die erneute Verstaatlichung der Stahlindustrie im Januar 1967 machte aus dieser Branche keinen wettbewerbsfähigen Wirtschaftszweig.

Daß der Traditionalismus der Gewerkschaften eine der wichtigsten Ursachen der wirtschaftlichen und finanziellen Misere bildete, war der Labour-Regierung durchaus bewußt. Im April 1965 nahm die Royal Commission on Trade Unions and Employers' Associations unter Vorsitz von Lord Donovan ihre Arbeit auf. Sie hatte den Auftrag, dem Übel auf den Grund zu gehen und Lösungsvorschläge zu unterbreiten. Währenddessen gingen die zahllosen «inoffiziellen» Streiks weiter, auf die die Gewerkschaftsführer kaum Einfluß hatten, darunter die Ausstände der Hafenarbeiter in London und Liverpool im September 1967. Schätzungen zufolge fielen 95 Prozent aller Streiks in die Kategorie der «inoffiziellen» Arbeitsniederlegungen. Die Löhne wurden häufig auf betrieblicher Ebene ausgehandelt – ein anarchisch anmutender Zustand, in dem sich die organisatorische Schwäche der oft so radikal auftretenden Gewerkschaften widerspiegelte.

Der wirtschaftliche und finanzielle Niedergang Großbritanniens forderte auch einen hohen außenpolitischen Preis: Im April 1967 faßte die Regierung Wilson den Beschluß, alle britischen Truppen aus Singapur und Malaysia bis 1975/76 zurückzuziehen – die Vorstufe zu der im Januar 1968 bekanntgegebenen Beendigung des militärischen Engagements des Vereinigten Königreichs «East of Suez» bis Ende 1971, wobei es nur eine Ausnahme geben sollte: die Kronkolonie Hongkong.

Der endgültige Abschied vom Empire ging einher mit einer Hinwendung zum europäischen Kontinent. Während der Handel mit den Ländern des Commonwealth seit langem rückläufig war, hatte der mit den Staaten der Europäischen Wirtschaftsgemeinschaft ständig zugenommen. Die Ablehnung des britischen Antrags auf Beitritt zur EWG durch de Gaulle im Januar 1963 war eine Demütigung gewesen. Aber die Einsicht, daß es keine vernünftige Alternative zu einem neuen Anlauf in Sachen Mitgliedschaft im Gemeinsamen Markt gab, hatte seitdem auch in der traditionell europakritischen Labour Party an Boden gewonnen.

Als Wilson im Wahlkampf von 1966 eine entsprechende Initiative der Regierung, wenn auch noch in allgemeiner Form, in Aussicht stellte, wußte er, daß er in seiner Partei noch viele Widerstände gegen eine Kurskorrektur in der Europapolitik zu überwinden hatte. Im Kabinett sprach sich eine Minderheit mit Verkehrsministerin Barbara Castle an der Spitze gegen einen zweiten Antrag auf Mitgliedschaft in der EWG aus. Eine breite Mehrheit der Minister stimmte aber Wilsons Vorschlag, ebendies zu tun, am 2. Mai zu. Im Unterhaus votierten 488 Abgeordnete für den Antrag der Regierung und 62 dagegen. Unter den Nein-Stimmen waren die von 36 Labour-Abgeordneten; 50 Parteifreunde des Premierministers enthielten sich. Am 10. Mai 1967 stellte die Regierung den Antrag auf Beitritt zur Europäischen Wirtschaftsgemeinschaft offiziell. Irland tat am gleichen Tag, Dänemark tags darauf denselben Schritt.

Die Aussichten, daß der zweite Versuch erfolgreicher verlaufen würde als der erste, standen von Anfang an nicht gut. Schon am 16. Mai legte Präsident de Gaulle in einer Pressekonferenz die Hindernisse dar, die aus seiner Sicht einem britischen Beitritt entgegenstanden. Er verwies unter anderem auf die Schwäche des Pfunds Sterling, die besonderen Bindungen zwischen dem Vereinigten Königreich und den Vereinigten Staaten und den Grad der wirtschaftlichen Zusammenarbeit, den das Europa der Sechs inzwischen erreicht hatte – eine Kooperation, die das weltmarktorientierte Großbritannien nicht akzeptieren könne (womit der Präsident auf den Gemeinsamen Agrarmarkt anspielte). Die britische Regierung ließ sich von den höflich formulierten Vorbehalten des Generals nicht beeindrucken. Premierminister Wilson und Außenminister George Brown versuchten, sich der Unterstützung der Regierungen der anderen fünf Mitglieder der Europäischen Gemeinschaften zu vergewissern, die auch alle den britischen Vorstoß in Richtung einer

Nordwesterweiterung der Gemeinschaft begrüßten, eine offene Konfrontation mit Paris aber vermeiden wollten. Dem französischen Präsidenten hatte Wilson schon zuvor, im Januar 1965, versichert, auch er sei für ein Europa der Vaterländer und gegen ein supranationales Europa.

Doch alle Mühe war vergebens. Als Großbritannien sich am 18. November 1967 gezwungen sah, das Pfund Sterling um 14,3 Prozent abzuwerten und den Diskontsatz auf 8 Prozent anzuheben, nahm de Gaulle das zum Anlaß, sein «Non» zum britischen Beitritt zu wiederholen. Großbritannien müsse sich radikal verändern, ehe es sich den Europäischen Gemeinschaften anschließen könne, sagte er in einer Pressekonferenz vom 27. November. Da seine wirtschaftliche und monetäre Situation mit der des Gemeinsamen Marktes nicht vereinbar sei, würde sein Beitritt das «Auseinanderbrechen der Gemeinschaft» (l'éclatement de la Communauté) zur Folge haben. Damit war der Aufnahme von Beitrittsverhandlungen ein Riegel vorgeschoben.

Am 19. Dezember 1967 gab Frankreich sein Veto im Ministerrat offiziell zu Protokoll. Aber anders als 1963 war Paris diesmal völlig isoliert: Auch in der Bundesrepublik gab es angesichts der vielen außenpolitischen Kapriolen des Generals kaum noch «deutsche Gaullisten», die seine Politik zumindest im großen und ganzen unterstützten. Der britische Antrag auf Mitgliedschaft blieb auf dem Tisch, und eben deswegen war Wilsons Initiative kein völliger Fehlschlag. Der Labour-Premier hatte seine Partei auf einen beitrittsfreundlichen Kurs gebracht und es erreicht, daß fünf Mitglieder der Europäischen Gemeinschaften auf Distanz zum französischen Präsidenten gegangen waren. Die Möglichkeit eines dritten Anlaufs hatte sich London nicht verbaut. Insofern war der zweite Versuch, den Europäischen Gemeinschaften beizutreten, das, was der britische Historiker Oliver J. Daddow ein «erfolgreiches Scheitern» (a successful failure) genannt hat.[6]

Von Erhard zur Großen Koalition:
Die Bundesrepublik im Umbruch

Für die Bundesrepublik Deutschland stand nach der Übernahme des Kanzleramtes durch Ludwig Erhard im Oktober 1963 zunächst nicht das Verhältnis zu Frankreich und zu Großbritannien, sondern das zum anderen deutschen Staat im Vordergrund. Am 5. Dezember 1963 schlug

der stellvertretende Vorsitzende des Ministerrats der DDR, Alexander
Abusch, dem Regierenden Bürgermeister von West-Berlin, Willy Brandt,
briefliche Verhandlungen über ein Passierscheinabkommen vor. Es sollte
West-Berlinern während der Weihnachtszeit Verwandtenbesuche in der
«Hauptstadt der DDR» ermöglichen und kam damit dringlichen Forderung des West-Berliner Senats entgegen. Bis dahin hatte die DDR es
zwar Bundesbürgern und Ausländern gestattet, den Ostteil der ehemaligen Reichshauptstadt zu besuchen, nicht aber West-Berlinern.

Innerhalb der Bundesregierung war die Ost-Berliner Offerte umstritten. Der Vizekanzler und Bundesminister für gesamtdeutsche
Fragen, der FDP-Vorsitzende Erich Mende, unterstützte die Position
Brandts, der für eine positive Antwort plädierte; Außenminister Gerhard Schröder sah den Anspruch der Bundesrepublik für ganz
Deutschland in Gefahr und warnte vor einer Aufweichung der bisherigen Linie der Nichtanerkennung der DDR. Bundeskanzler Erhard
schwankte, ließ dann aber den West-Berliner Senat gewähren. Am
17. Dezember 1963 wurde das erste Passierscheinabkommen unterzeichnet, wobei eine «salvatorische Klausel» festhielt, daß sich beide
Seiten nicht auf gemeinsame Orts-, Behörden- und Amtsbezeichnun-
gen hatten einigen können. Das Passierscheinabkommen, dem noch
drei weitere folgen sollten, war der erste Versuch, eine Politik zu erproben, die der engste politische Berater Brandts, der Pressesprecher
des Senats, Egon Bahr, am 15. Juli 1963 in einem Vortrag vor dem
Politischen Club der Evangelischen Akademie Tutzing unter Berufung auf Kennedys «Strategie des Friedens» auf die dialektische
Formel «Wandel durch Annäherung» gebracht hatte: Wer den Status
quo evolutionär verändern wollte, mußte ihn in gewissem Umfang
erst einmal respektieren.

Die Berlinfrage wirkte sich auch auf die Politik der Bundesrepublik
gegenüber den kommunistischen Staaten Ostmittel- und Südosteuropas aus. Im März 1965 scheiterten Verhandlungen mit der Tschechoslowakei, die die Errichtung von Handelsmissionen zum Ziel hatten,
an der von Bonn geforderten «Berlin-Klausel»: dem Anspruch der
Bundesrepublik, West-Berlin in den Vertrag mit einzubeziehen. Die
Regie Breschnews war dabei unverkennbar: Nachdem die Bundesrepublik 1963/64 mit Polen, Rumänien, Ungarn und Bulgarien Handels-
verträge abgeschlossen hatte, legte die Sowjetunion jetzt ihr Veto ein.
Sie wollte der von Außenminister Schröder betriebenen vorsichtigen

Öffnung nach Osten einen Riegel vorschieben, weil sie eindeutig auf eine Isolierung der DDR abzielte.

Im Mai 1965 erlitt die Bundesrepublik eine weitere Niederlage: Die arabischen Staaten mit Ausnahme von Libyen, Tunesien und Marokko brachen die diplomatischen Beziehungen zur Bundesrepublik ab, nachdem diese ihrerseits diplomatische Beziehungen zu Israel aufgenommen hatte. Im Fall Ägyptens wäre es fast schon im März zum Abbruch der Beziehungen durch die Bundesrepublik gekommen, weil Bonn sich durch einen Staatsbesuch düpiert fühlte, den der Staatsratsvorsitzende der DDR, Walter Ulbricht, auf Einladung von Präsident Nasser dem Land am Nil abstattete. Da Kairo aber eine formelle Anerkennung der DDR vermied, verzichtete die Bundesrepublik schließlich auf diesen demonstrativen Akt.

Ludwig Erhard mußte nicht befürchten, daß die außenpolitischen Rückschläge ihm bei der Bundestagswahl vom 19. September 1965 schaden würden. Denn nach wie vor florierte die Wirtschaft: Die Bundesrepublik befand sich 1965 mit einer Arbeitslosenzahl von 147 000 und einer Arbeitslosenquote von 0,7 Prozent nicht nur im Zustand der Vollbeschäftigung. Es herrschte vielmehr ein Arbeitskräftemangel, der nur mit Hilfe von «Gastarbeitern», vor allem aus Südeuropa und der Türkei, befriedigt werden konnte; im Juni 1965 übersprang ihre Zahl die Millionengrenze. Die oppositionellen Sozialdemokraten vermieden darum eine offene Konfrontation mit der Regierung. Sie setzten statt dessen auf einen Ausgleich der inneren Gegensätze und betonten den Rang von «Gemeinschaftsaufgaben» wie Gesundheit, Bildung und Raumordnung. Ihr Kanzlerkandidat war erneut Willy Brandt, der seit Februar 1964 als Nachfolger des verstorbenen Erich Ollenhauer auch Vorsitzender der SPD war. Seine Partei kam bei der Wahl auf ihr bestes Ergebnis: 39,3 Prozent, ein Plus von 3,1 Prozentpunkten. Überlegene Wahlsieger aber waren die Unionsparteien, die gegenüber 1961 2,3 Prozentpunkte zulegten und 47,6 Prozent erreichten. Die FDP verlor 3,3 Prozentpunkte und mußte sich mit 9,5 Prozent zufriedengeben. Zusammen verfügten CDU/CSU und FDP über eine Mehrheit von 92 Sitzen. Gestützt auf diese breite parlamentarische Basis, ließ sich Ludwig Erhard am 20. Oktober 1965 ein zweites Mal zum Bundeskanzler wählen.

In seiner Regierungserklärung stellte Erhard am 10. November eine bestreitbare Behauptung auf: «Die Nachkriegszeit ist zu Ende.» Der

Kanzler begründete diese These damit, daß fast die Hälfte der Deutschen keine persönliche Erinnerung mehr an die Jahre 1933 bis 1945 habe, weshalb Krieg und Nachkriegszeit nicht länger die Bezugspunkte für die Arbeit von Bundestag und Bundesregierung sein könnten. Doch die Geschichte des «Dritten Reiches» war noch längst kein abgeschlossenes Thema. Am 25. März 1965 hatte der Bundestag mit großer Mehrheit die Verjährungsfrist für nationalsozialistische Gewaltverbrechen verlängert; am 19. August waren nach zwanzig Monate währenden, die Öffentlichkeit aufwühlenden Verhandlungen die Urteile des Frankfurter Schwurgerichts im Prozeß gegen Angehörige der Wachmannschaften des Vernichtungslagers Auschwitz ergangen. Und mochten auch die Deutschen in der Bundesrepublik der unmittelbaren Nachkriegszeit entwachsen sein, so mußten sich die Deutschen in der DDR doch fragen, ob der Kanzler bei seiner Feststellung auch an sie gedacht hatte. Lebhaft umstritten war auch Erhards Formel von der «formierten Gesellschaft», womit der Regierungschef eine moderne Leistungsgesellschaft meinte, in der die Interessengegensätze unter dem Gesichtspunkt des allgemeinen Wohls ausgeglichen würden. Eine autoritäre Disziplinierung des gesellschaftlichen Pluralismus strebte der Kanzler damit schwerlich an – aber in ebendiesem Sinn konnte der Begriff verstanden werden, und so deutete man ihn auch bei Teilen der westdeutschen Linken.

Im außenpolitischen Teil der Regierungserklärung betonte der «Atlantiker» Erhard die Bedeutung der NATO und des deutsch-französischen Vertrages. Er bekräftigte den Rechtsstandpunkt, wonach Deutschland in den Grenzen von 1937 fortbestehe und die endgültigen Grenzen erst in einem Friedensvertrag festgelegt werden könnten – eine Position, mit der er implizit Charles de Gaulle entgegentrat, der sich mehrfach für eine Wiedervereinigung Deutschlands in den Grenzen von 1945, also unter Verzicht auf die Ostgebiete jenseits von Oder und Neiße, ausgesprochen hatte. Gleichzeitig bekannte sich der Kanzler zum Ausbau der Beziehungen zu den Staaten Ostmittel- und Südosteuropas, ohne aber die Hallstein-Doktrin aufzugeben, die diplomatischen Beziehungen mit Staaten im Wege stand, die die DDR anerkannt hatten.

Widerspruch gegen ein starres Festhalten an bundesdeutschen Rechtsstandpunkten hatte einige Wochen zuvor die Kammer für öffentliche Verantwortung des Rates der Evangelischen Kirche in Deutschland angemeldet. Es gelte vielmehr, so hieß es in ihrer Denkschrift vom 15. Oktober 1965, im deutschen Volk und nach außen eine Atmosphäre zu schaffen, in der dann auch in einzelnen Schritten Akte der Versöhnung mit den östlichen Nachbarn möglich würden. Am 5. Dezember sprachen sich die deutschen katholischen Bischöfe ebenfalls in ihrer Antwort auf den schon erwähnten Brief der polnischen Bischöfe für gegenseitiges Vergeben und für Bemühungen aus, im Geist christlicher Liebe die unseligen Folgen des Krieges durch eine nach allen Seiten befriedigende und gerechte Lösung zu überwinden. Was die Regierung Erhard am 25. März 1966 in einer «Note zur Abrüstung und Sicherung des Friedens», die fast allen Staaten der Welt, nicht aber der DDR zuging, vorschlug, blieb hinter solchen Mahnungen deutlich zurück: Sie bot den östlichen Nachbarstaaten zwar förmliche Gewaltverzichtserklärungen und einen Austausch militärischer Beobachter bei Manövern an, wiederholte aber ansonsten die bekannten Rechtsstandpunkte der Bundesrepublik.

Die Bonner Außenpolitik stand 1966 im Zeichen von Spannungen mit zwei Verbündeten, Frankreich und den USA. Den von de Gaulle am 7. März verkündeten Austritt Frankreichs aus der Militärorganisation der NATO beantwortete die Bundesregierung mit einem Bekenntnis zur atlantischen Integration der Bundeswehr. Ende Juli sah sich die Regierung Erhard genötigt, in der Gemeinsamen Agrarpolitik Paris weitgehende Zugeständnisse zu machen und damit einen Protektionismus hinzunehmen, der den liberalen Überzeugungen des Kanzlers zutiefst widersprach. Zu einem Mißerfolg wurde für Erhard auch sein Besuch bei Präsident Johnson Ende September 1966: Der Gastgeber kam dem deutschen Regierungschef weder in der Frage der atomaren Mitbestimmung noch hinsichtlich des erbetenen Aufschubs der «Offset-Zahlungen» entgegen, zu denen Bonn sich im Zusammenhang mit der Stationierung amerikanischer Truppen in der Bundesrepublik verpflichtet hatte. Das zweite Thema, der Devisenausgleich, hatte für den Bundeskanzler eine geradezu existentielle Bedeutung: Er brauchte Johnsons Einverständnis, weil er andernfalls keine Chance sah, einen ausgeglichenen Haushalt für 1967 vorzulegen. Als er ohne den ersehnten Erfolg aus den USA zurückkehrte, gab es zumindest für informierte Beobachter keinen Zweifel mehr, daß Erhard ein Kanzler ohne Fortune war.

Die Schwierigkeiten beim Haushaltsausgleich waren eine Folge von Steuersenkungen und Ausgabenerhöhungen der vorangegangenen Jahre. Die Regierung hatte damit selbst zu der überhitzten Konjunktur

beigetragen, die rasch in eine Rezession umschlagen konnte. Die Infla-
tionsgefahr war unübersehbar: Zwischen Mai 1965 und Mai 1966
waren die Lebenshaltungskosten um 4,5 Prozent gestiegen; im August
rechnete man mit Lohnsteigerungen von 7 bis 8 Prozent; am 27. Mai
hatte die Bundesbank den Diskontsatz von 3,5 auf 5,5 Prozent erhöht,
damit aber nur die Nachfrage im Inland gedrosselt, während der
Umsatz im Außenhandel wuchs. Die Regierungsparteien konnten sich
zwar auf Sparmaßnahmen, nicht jedoch auf Steuererhöhungen verständigen. Die FDP legte sich am 19. Oktober auf ein Nein fest und
wiederholte diesen Standpunkt eine Woche später, was der Fraktionsvorsitzende der CDU/CSU, Rainer Barzel, als Kampfansage wertete.
Am 27. Oktober traten die vier liberalen Kabinettsmitglieder zurück.
Erhard, nunmehr Kanzler einer Minderheitsregierung, beauftragte am
28. Oktober vier Minister aus den Reihen der Union mit der Wahrnehmung der Geschäfte der freigewordenen Ressorts. Seine Tage als
Regierungschef waren gezählt.

Der Ausgang der Regierungskrise hing in hohem Maß von den
Sozialdemokraten ab. Am 31. Oktober stellten sie im Bundestag den
Antrag, Erhard solle die Vertrauensfrage stellen. Namhafte Unions-
politiker rieten dem Kanzler daraufhin zum freiwilligen Rücktritt,
doch dazu war Erhard nicht bereit. Bevor der Bundestag über den
sozialdemokratischen Antrag abstimmte, wurde in Hessen am 6. November ein neuer Landtag gewählt. Die eigentliche Sensation waren
nicht die bescheidenen Verluste von CDU und FDP oder die geringfügigen Gewinne der SPD, die in Hessen seit 1962 mit absoluter Mehrheit regierte, sondern die 7,2 Prozent, die auf die zwei Jahre zuvor gegründete rechtsradikale Nationaldemokratische Partei Deutschlands
(NPD) entfielen. Der Aufstieg einer nationalistischen Protestpartei im
Gefolge von Krisenangst und politischer Instabilität weckte Erinnerungen an die Zeit nach 1930. Zwei Tage später fand der sozialdemokratische Antrag im Bundestag eine Mehrheit: 255 Abgeordnete von
SPD und FDP stimmten mit Ja, 246 Abgeordnete der CDU/CSU mit
Nein. Erhard erklärte sogleich, er werde der Aufforderung nicht nachkommen. Nach dem Grundgesetz war er dazu auch nicht verpflichtet,
da das Mißtrauensvotum nicht «konstruktiv» war: Es gab einstweilen
keine Mehrheit für einen Nachfolger.

Wiederum zwei Tage später, am 10. November, wählte die Bundestagsfraktion der CDU/CSU Kurt Georg Kiesinger, den Ministerpräsi-

denten des 1952 gebildeten Landes Baden-Württemberg, zum Kandidaten für die Nachfolge Erhards. Der 1904 in Ebingen auf der Schwäbischen Alb geborene katholische Rechtsanwalt hatte sich als Bundestagsabgeordneter von 1949 bis 1958 einen Namen als sachkundiger und beredter Sprecher in außenpolitischen Debatten gemacht. Umstritten war die «braune» Vergangenheit Kiesingers: Er war im Frühjahr 1933 der NSDAP beigetreten und hatte von 1940 bis 1945 in der Rundfunkpolitischen Abteilung des Auswärtigen Amts, zeitweise auch als Verbindungsmann zum Propagandaministerium, gearbeitet.

Am 15. November begannen die Verhandlungen zwischen den Parteien. Die Position der FDP wurde dadurch geschwächt, daß sie bei den bayerischen Landtagswahlen am 20. November nicht den Wiedereinzug ins Parlament schaffte. Einer neuen «schwarz-gelben» Koalition standen die Vorbehalte der Liberalen gegen den Vorsitzenden der CSU, den früheren Verteidigungsminister und Hauptverursacher der «Spiegel»-Affäre vom Herbst 1962, Franz Josef Strauß, entgegen, der mit aller Macht seine Rückkehr ins Bundeskabinett anstrebte. Einer Koalition von SPD und FDP neigte innerhalb der Sozialdemokratie eine Mehrheit der Fraktion mit dem Parteivorsitzenden Willy Brandt an der Spitze zu, während eine starke Minderheit, angeführt vom stellvertretenden Parteivorsitzenden und amtierenden Fraktionsvorsitzenden Helmut Schmidt, eine Große Koalition mit den Unionsparteien befürwortete. Das Hauptargument der Anhänger der zweiten Option war die numerische Schwäche eines sozialliberalen Bündnisses. Es hätte die für die Kanzlerwahl notwendige Mehrheit nur um zwei Sitze übertroffen – angesichts der inneren Zerrissenheit der FDP ein kaum kalkulierbares Risiko.

Da die Freien Demokraten in den Verhandlungen mit der Union auf ihrem Nein zu Steuererhöhungen beharrten, neigte sich bei der CSU/CDU die Waagschale bald zugunsten einer Koalition mit der SPD, mit der man in den Verhandlungen zu einer weitreichenden Annäherung der Standpunkte gelangt war. Die Vorbehalte gegen ein «schwarz-rotes» Regierungsbündnis in der SPD waren freilich massiv: In großen Teilen der Mitgliedschaft, bei den meisten Funktionären, den Jungsozialisten und den intellektuellen Unterstützern galt eine Koalition mit der CDU/CSU als eine «miese Ehe» – eine Formulierung des Schriftstellers Günter Grass, des Autors des Romans «Die Blechtrommel», der 1965 eine Kampagne für die Wahl Brandts geführt hatte. In der Nacht vom 26. zum 27. November entschied sich die Bundestagsfraktion der SPD dennoch mit knapper Zweidrittelmehrheit für die Bildung einer Großen Koalition. Damit waren die Würfel gefallen.

Am 30. November reichte Ludwig Erhard seinen Rücktritt ein. Er zog damit die unausweichlich gewordene Konsequenz aus seinem Versagen auf dem Gebiet, das seine eigentliche Domäne war: der Wirtschaftspolitik. Der Nichtpolitiker Erhard, der seit März 1966 auch Vorsitzender der CDU war, hatte sich im Kampf gegen die Krise von Wirtschaft und Finanzen den Anforderungen des Kanzleramtes nicht gewachsen gezeigt und damit Adenauers negative Einschätzung bestätigt: Der «Volkskanzler», zu dem er sich stilisieren ließ, war nicht in der Lage gewesen, die politischen Mehrheiten hinter sich zu bringen, die er gebraucht hätte, um sich an der Macht zu behaupten. Am Tag nach seinem Rücktritt, dem 1. Dezember 1966, wurde Kurt Georg Kiesinger zum Bundeskanzler gewählt. Für ihn stimmten 340, gegen ihn 109 Abgeordnete; 23 enthielten sich. Da die Regierungsparteien 447, die oppositionelle FDP nur 49 voll stimmberechtigte Abgeordnete zählte, war das ein ausgesprochen schwaches Ergebnis. Die Regierung Kiesinger konnte sich nicht der ungeteilten Unterstützung der Koalitionsparteien erfreuen.

Dem neuen Kabinett gehörten, den Kanzler mitgerechnet, je elf Minister der CDU und der SPD sowie drei der CSU an. Die bekanntesten und einflußreichsten unter den Sozialdemokraten waren Willy Brandt als Vizekanzler und Außenminister, Adenauers erster Innenminister Gustav Heinemann als Justizminister, der frühere Berliner Wirtschaftssenator Karl Schiller als Wirtschaftsminister, der bisherige Vorsitzende der Industriegewerkschaft Bau, Steine, Erden, Georg Leber, als Verkehrsminister und Herbert Wehner als Bundesminister für gesamtdeutsche Fragen. Die wichtigsten Kabinettsmitglieder der CDU waren Innenminister Paul Lücke, der seit 1957 an der Spitze des Wohnungsbauministeriums gestanden hatte, Verteidigungsminister Gerhard Schröder und der Vorsitzende der Christlich-Demokratischen Arbeitnehmerschaft, Hans Katzer, als Arbeitsminister. Franz Josef Strauß, der prominenteste Vertreter der CSU, kehrte nach vier Jahren ohne Staatsamt als Finanzminister in das Kabinett zurück. Mit dem ehemaligen Kommunisten Wehner und dem einstigen linkssozialistischen Emigranten Brandt auf der einen und mehreren ehemaligen Parteimitgliedern der NSDAP, darunter Kiesinger und Schiller auf der anderen Seite, wirkte das neue Kabinett wie der personifizierte Brücken-schlag über die Abgründe des «Zeitalters der Extreme» hinweg.

Für die Sozialdemokraten bildete der 1. Dezember 1966 eine tiefe Zäsur. Zum ersten Mal seit dem 27. März 1930 war die SPD wieder an einer deutschen Regierung beteiligt. Damals war eine Regierung der Großen Koalition, das Kabinett des sozialdemokratischen Reichskanz-lers Hermann Müller, an einer Krise der Staatsfinanzen gescheitert. Jetzt sollte eine Große Koalition den Staat aus einer Krise der Finanzen herausführen. Nach 17 Jahren parlamentarischer und außerparlamen-tarischer Opposition mußte die SPD nach der Überzeugung ihres politischen Strategen Herbert Wehner erst einmal als Juniorpartner der regierungserfahrenen Union ihre eigene Regierungsreife praktisch beweisen, ehe sie nach dem Kanzleramt greifen konnte. Das war eine realistische Einschätzung, die sich unter den Funktionären, Mitglie-dern und Anhängern der SPD allerdings erst noch durchsetzen mußte.

Sozialdemokraten und Christlichen Demokraten war bewußt, daß ihr Pakt Gefahren in sich barg. Nachdem die Rolle der parlamentari-schen Opposition der kleinen FDP zugefallen war, mußte man mit dem Erstarken außerparlamentarischer Oppositionsbewegungen von rechts und links rechnen. Die Große Koalition konnte nur als ein parlamen-tarischer Ausnahmezustand, als befristete Notlösung, gerechtfertigt werden. Andernfalls drohte die innenpolitische Krise sich zuzuspitzen und zu einer Legitimationskrise der parlamentarischen Demokratie zu werden. Um dieser Gefahr vorzubeugen, hatten sich die beiden Par-teien auf die Einführung eines Mehrheitswahlrechts verständigt, das solche Bündnisse, ja Koalitionen überhaupt für die Zukunft überflüssig machen sollte.

In seiner Regierungserklärung nannte es Kiesinger am 13. Dezem-ber 1966 den «festen Willen der Partner der Großen Koalition, diese nur auf Zeit, also bis zum Ende der Legislaturperiode fortzuführen». Den Schwerpunkt der Rede bildete die Sanierung des Haushalts, wo-bei der Kanzler nicht mit Kritik an der Finanzpolitik des vorangegan-genen Kabinetts sparte. Kiesinger schloß Steuererhöhungen nicht aus und kündigte gleichzeitig eine antizyklische Konjunkturpolitik an. Die Handschrift des neuen Bundeswirtschaftsministers Karl Schiller, eines überzeugten Anhängers von John Maynard Keynes, war vor allem bei den Stichworten «Globalsteuerung», «Wachstumsförderung» und «ex-pansive und stabilitätsorientierte Wirtschaftspolitik» deutlich.

Im außenpolitischen Teil der Regierungserklärung überwogen die Elemente der Kontinuität. Der Kanzler lehnte eine «falsche Wahl der Alternative» zwischen Amerika und Frankreich ab, betonte den Willen zur Zusammenarbeit mit der Sowjetunion, hob den Wunsch nach Aussöhnung mit Polen und Verständigung mit der Tschechoslowakei hervor, hielt aber ausdrücklich an den Rechtspositionen der Bundesrepublik fest. Im Hinblick auf die DDR äußerte er sich vorsichtig, bekannte sich aber im Sinne Willy Brandts dazu, das Verhältnis zum anderen deutschen Staat zu entkrampfen und nicht zu verhärten. Die Rede war ein Ausdruck jener Politik der Diagonale, zu der die Große Koalition geradezu verurteilt schien. In der politischen Praxis hing das Gelingen dieses Versuchs in hohem Maß von der Kooperation der beiden Fraktionsvorsitzenden Rainer Barzel und Helmut Schmidt ab. Nach dem Tod des schwer erkrankten Fritz Erler, der 1964 zum Vorsitzenden der sozialdemokratischen Bundestagsfraktion gewählt worden war, im Februar 1967 trat Schmidt auch ganz offiziell an die Spitze der zweitgrößten Koalitionsfraktion.

Die größte Herausforderung für die Große Koalition war die Überwindung der Rezession. Das Bruttoinlandsprodukt ging zwar von 1966 bis 1967 nur sehr gering zurück, aber nach Jahren hoher Wachstumsraten war auch ein kleiner Rückschlag bereits Anlaß zu großer Sorge. Am meisten beunruhigte die Öffentlichkeit der Anstieg der Arbeitslosigkeit. 1966 lag die Zahl der Arbeitssuchenden bei 161 100, 1967 bei 459 000: eine Steigerung um 185 Prozent. Die Erwerbslosenquote wuchs in der gleichen Zeit von 0,7 auf 2,1 Prozent. Das war der höchste Stand seit 1959.

Am 20. Januar 1967 legte die Bundesregierung den Entwurf eines ausgeglichenen Bundeshaushalts für 1967 vor. Das «Loch» von nunmehr 4,6 Milliarden DM wurde durch den Abbau von Steuervergünstigungen und umfassende Ausgabenkürzungen geschlossen. Den Kontrapunkt zu den Einsparungen bildeten zwei Regierungsvorlagen, die der Bundestag am 23. Februar 1962 verabschiedete: ein Sofortprogramm, das 850 Millionen DM für öffentliche Investitionen im Bereich von Infrastruktur und Wissenschaft zur Verfügung stellte, und ein Kreditfinanzierungsgesetz, das den Bundesfinanzminister ermächtigte, Kredite in Höhe von 2,5 Milliarden DM für Investitionen aufzunehmen. Ein weiteres Investitionsprogramm folgte im September. Die antizyklische Konjunkturpolitik war das gemeinsame Werk von Wirtschaftsminister Schiller und Finanzminister Strauß. Der Zentralbankrat unterstützte diese Politik durch schrittweise Senkungen des Diskontsatzes. Am 12. Mai 1967 war mit 3 Prozent der tiefste Stand seit 1961 erreicht.

Schillers «Magna Charta» aber war das Gesetz zur Förderung der Stabilität und des Wachstums der Wirtschaft, das am 14. Juni 1967 in Kraft trat. Es legte die Bundesregierung darauf fest, im Rahmen der marktwirtschaftlichen Ordnung Preisstabilität, Vollbeschäftigung sowie ein außenwirtschaftliches Gleichgewicht bei angemessenem und stetigem Wirtschaftswachstum zu sichern. Eine Änderung des Grundgesetzes schuf die Möglichkeit, die Haushaltspolitik von Bund und Ländern so aufeinander abzustimmen, daß das gesamtwirtschaftliche Gleichgewicht gewahrt blieb. Kurz darauf, am 6. Juli, beschloß das Kabinett den Entwurf eines Gesetzes über die mittelfristige Finanzplanung für die Jahre 1967 bis 1971, kurz «Mifrifi» genannt. Am 6. September nahm der Bundestag das Gesetz an.

Gewerkschaften und Unternehmerverbände versuchte Schiller im Rahmen der von ihm einberufenen «Konzertierten Aktion» auf ein Verhalten festzulegen, das einen «Aufschwung nach Maß» und «soziale Symmetrie» verbürgen sollte. Tatsächlich belebte sich die Konjunktur in der zweiten Hälfte des Jahres 1968 spürbar. Das reale Bruttoinlandsprodukt stieg 1968 um 7,3 Prozent an, während die Arbeitslosenzahlen auf 323 000 fielen.

Das Gebiet, auf dem sich die Große Koalition besonders schwertat, war die Außenpolitik – genauer gesagt, die Politik gegenüber der Sowjetunion und den von ihr abhängigen Staaten. Die Unionsparteien verteidigten den Anspruch der Bundesrepublik, für ganz Deutschland zu sprechen, und bemühten sich deshalb, so viel wie möglich von der Hallstein-Doktrin zu bewahren. Die SPD hingegen war bereit, die DDR in dem Maß anzuerkennen, das die völkerrechtliche Situation des geteilten Deutschland gestattete. Im Juni 1967 rang sich Bundeskanzler Kiesinger, gedrängt von den Sozialdemokraten, dazu durch, erstmals einen Brief Willi Stophs, des Vorsitzenden des Ministerrats der DDR, zu beantworten; irgendwelche praktischen Konsequenzen oder Folgen hatte die Korrespondenz jedoch nicht. In einer Rede zum 17. Juni 1967, dem «Tag der deutschen Einheit», bekannte sich der Kanzler zu der Maxime, daß das Zusammenwachsen des getrennten Deutschland nur im Rahmen der Überwindung des Ost-West-Konflikts in Europa möglich sei – eine Einsicht, die den Sozialdemokraten sehr viel mehr vertraut war als den Christlichen Demokraten.

Gegenüber anderen Staaten des Warschauer Pakts ging die Regierung der Großen Koalition weiter. Entsprechend der von Gerhard Schröder noch als Außenminister entwickelten «Geburtsfehlertheorie» sollte die Hallstein-Doktrin nicht gegenüber Staaten gelten, die von Anfang an diplomatische Beziehungen zur DDR unterhalten hatten. Der erste Anwendungsfall war Rumänien: Ende Januar 1967 nahm die Bundesrepublik diplomatische Beziehungen zu Bukarest auf. Die Sowjetunion reagierte scharf auf das eigenmächtige Vorgehen von Nicolae Ceauşescu. Auf einer Tagung der Mitglieder des Warschauer Pakts, an der Rumänien nicht teilnahm, legte sich das «sozialistische Lager» darauf fest, diplomatische Beziehungen mit der Bundesrepublik nur dann aufzunehmen, wenn diese auf eine atomare Bewaffnung verzichtete, die DDR und die bestehenden Grenzen in Europa anerkannte und den Alleinvertretungsanspruch aufgab.

Die Folge war, daß die Bundesrepublik während der Regierungszeit der Großen Koalition mit keinem weiteren Staat des Warschauer Pakts diplomatische Beziehungen aufnehmen konnte. Die Hallstein-Doktrin aber wurde faktisch aufgegeben: Am 31. Januar 1968 nahm die Bundesrepublik wieder diplomatische Beziehungen zu Jugoslawien auf – dem Staat, zu dem es keine offiziellen Beziehungen mehr gab, seit Belgrad 1957 die DDR anerkannt hatte. Die «Geburtsfehlertheorie» traf folglich auf Jugoslawien nicht zu. Den Unionsparteien blieb nur die Hoffnung, daß der allmähliche Abschied von der Hallstein-Doktrin nicht zu einer Welle von Anerkennungen der DDR durch Staaten der Dritten Welt führen werde. Zu einem wirklichen Neuanfang im Verhältnis zu den östlichen Nachbarn war die Große Koalition nicht fähig: Dazu waren die Standpunkte der sie tragenden Parteien zu gegensätzlich.

In der Westpolitik wirkten sich die Unterschiede zwischen den Koalitionspartnern weniger stark aus. Am 1. Februar 1967 erklärte Außenminister Brandt, die Bundesregierung werde den Vertrag über die Nichtweiterverbreitung von Atomwaffen, über den die USA, die Sowjetunion und Großbritannien in Genf verhandelten, nur unterschreiben, wenn er die nichtnuklearen Mächte nicht diskriminiere. Bundeskanzler Kiesinger sprach Ende Februar 1967 sogar von einem «atomaren Komplizentum» zwischen Moskau und Washington, und

Finanzminister Strauß äußerte sich noch schärfer: Er nannte das Vorhaben der drei Atommächte ein «Versailles von kosmischen Ausmaßen». Der Ehrenvorsitzende der CDU, Konrad Adenauer, sprach noch kurz vor seinem Tod am 19. April 1967 von einem «Morgenthau-Plan im Quadrat». Beiden Koalitionsparteien ging es vor allem darum, das Interesse der Bundesrepublik an einer ungehinderten Nutzung der Kernenergie für friedliche Zwecke mit gleichartigen Interessen anderer Nichtnuklearmächte wie Japan zu verknüpfen, was in der Folgezeit auch gelang. Am 1. Juli 1968 unterzeichnete die Bundesrepublik den Nonproliferationsvertrag. Am 5. März 1970 trat er in Kraft.

Was die europäische Politik betraf, setzte sich Brandt mit mehr Elan als Kiesinger für eine Unterstützung des von Bonn begrüßten neuen britischen Antrags auf Beitritt zur Europäischen Gemeinschaft ein. Sich an die Spitze einer westeuropäischen Anti-de Gaulle-Front zu stellen kam aber für den Außenminister so wenig wie für den Kanzler in Frage. Der Balanceakt gelang: Das Verhältnis zwischen Bonn und Paris war unter der Großen Koalition besser als unter Erhard. Die Ablehnung des britischen Vorstoßes durch Frankreich konnte die Bundesregierung nicht verhindern. Daß Wilsons Antrag aber mit französischer Duldung weiterhin auf der Agenda der EG blieb, war auch ein Ergebnis der Bonner Politik.

Ähnliches galt von dem schon erwähnten Harmel-Bericht, den die Konferenz der Außenminister des Atlantischen Bündnisses im Dezember 1967 beschloß: Willy Brandt konnte es als Bestätigung der von ihm befürworteten Politik werten, daß die NATO sich zur Entspannung gegenüber dem Osten bekannte. Ein halbes Jahr später, am 25. Juni 1968, folgte das «Signal von Reykjavík». Von der isländischen Hauptstadt aus sprach sich der NATO-Rat, der Linie des Harmel-Berichts folgend, für den schrittweisen Aufbau einer dauerhaften Friedensordnung in Europa aus; dem Warschauer Pakt bot das Atlantische Bündnis Verhandlungen über eine beiderseitige und ausgewogene Truppenverminderung (Mutual Balanced Forces Reductions, kurz «MBFR» genannt) an. Brandt hatte allen Anlaß, mit dem Appell zufrieden zu sein: Er war an seiner Formulierung maßgeblich beteiligt.

Die Furcht, daß die Große Koalition zu einer Radikalisierung am rechten und linken Rand des politischen Spektrums führen könnte, erwies sich bald als wohlbegründet. Die NPD, die im November 1966 erst in den hessischen und dann in den bayerischen Landtag eingezogen war, konnte 1967 auch in Schleswig-Holstein, Rheinland-Pfalz, Niedersachsen und Bremen Abgeordnete in die Landesparlamente entsenden. Ihr bestes Ergebnis erreichte die rechtsextreme Partei am 28. April 1968 bei den Landtagswahlen in Baden-Württemberg. Auf der Linken versuchte der (bis 1960 von der SPD geförderte, im Jahr darauf von der Partei ausgeschlossene) Sozialistische Deutsche Studentenbund (SDS) mit Kampfparolen gegen die Große Koalition, die angeblich zunehmend autoritäre Verfassungswirklichkeit der Bundesrepublik und den amerikanischen Krieg in Vietnam Anhänger unter den Studenten zu gewinnen und sie zu einer Außerparlamentarischen Opposition (APO) zusammenzuschließen, die das Fehlen einer effektiven parlamentarischen Opposition von links, vor und erst recht nach dem November 1966, ausgleichen sollte.

Besonders mobilisierend wirkten auf die entschiedenen Linken die Pläne zu einer Notstandsgesetzgebung, die seit 1960 vorbereitet wurden, aber noch nicht verabschiedet waren: Wenige Wochen vor der Bildung der Großen Koalition konstituierte sich das «Kuratorium Notstand der Demokratie», an dem sich neben der Kampagne für Abrüstung, die seit 1960 die alljährlichen «Ostermärsche» veranstaltete, den Industriegewerkschaften Metall und Chemie-Papier-Keramik und einigen Anti-Notstands-Gruppen der SDS beteiligte. An dem von diesem Kuratorium einberufenen Kongreß «Notstand der Demokratie» in Frankfurt nahmen Ende Oktober 1966 24000 Menschen teil. Ende 1967 gab es bereits Aktionszentren des Kuratoriums in 150 Städten.

Zu einem schicksalhaften Datum wurde für die Außerparlamentarische Opposition der 2. Juni 1967. An diesem Tag besuchte der Schah von Persien, Reza Pahlevi, während eines Staatsbesuchs in der Bundesrepublik West-Berlin. Der SDS hatte zu einer großen, nicht genehmigten Demonstration vor der Deutschen Oper aufgerufen, wo der verhaßte Potentat einer Aufführung von Mozarts «Zauberflöte» beiwohnte. Vom iranischen Geheimdienst SAVAK mobilisierte «Jubelperser» schlugen unter der Duldung der West-Berliner Polizei mit Stahlruten und Holzlatten auf die Demonstranten ein; einer von ihnen, der Student Benno Ohnesorg, wurde, während er zu fliehen versuchte, von dem Polizisten Karl-Heinz Kurras durch einen Kopfschuß getötet. (Später wurde bekannt, daß Kurras ein Inoffizieller Mitarbeiter des Ministeriums für Staatssicherheit der DDR war; daß er auf dessen Anweisung handelte, ist aber eher unwahrscheinlich.) Ohnesorg, der nicht Mitglied des SDS war, wurde zum ersten Märtyrer der APO.

Die Art und Weise, wie die Berliner Polizei gegen gewaltlose Demonstranten vorging, und die Unterstützung, die sie dabei von der Presse des Verlagshauses von Axel Cäsar Springer, obenan der vielgelesenen «Bild-Zeitung», erhielt, bewirkte eine breite Mobilisierung von Studenten in West-Berlin und der Bundesrepublik – eine rasch erstarkende Protestbewegung gegen die Springer-Presse, die verkrusteten Strukturen der deutschen Ordinarienuniversität, den «Spätkapitalismus», die halbherzige Aufarbeitung der nationalsozialistischen Vergangenheit, die regierenden Parteien und ganz allgemein gegen ein System, dem die Agitatoren des SDS, an ihrer Spitze der rhetorisch hochbegabte Rudi Dutschke von der Freien Universität Berlin, inzwischen «faschistische» oder zumindest «faschistoide» Züge zu attestieren begannen.

Dutschke stand für die antiautoritäre Richtung innerhalb des SDS, die sich während der sechziger Jahre formiert hatte und im Unterschied zur traditionell linkssozialistischen Richtung den Akzent auf das Lernen aus der Praxis des Protests, nämlich kalkulierten «Regelverletzungen» und Provokationen, legte. Die größte akademische Autorität der Linkssozialisten war der Marburger Politikwissenschaftler Wolfgang Abendroth, ein überzeugter Marxist und als solcher einer der schärfsten Kritiker des konsequent reformistischen Godesberger Programms der SPD von 1959, der im November 1961 zusammen mit anderen Mitgliedern der Sozialistischen Förderergesellschaft, einer Unterstützungsorganisation des SDS, aus der Sozialdemokratischen Partei ausgeschlossen worden war. Der «Guru» der Antiautoritären war der aus dem nationalsozialistischen Deutschland emigrierte, an der Universität von Kalifornien in San Diego lehrende Philosoph Herbert Marcuse, der dem herrschenden System eine «repressive Toleranz» und die Hervorbringung eines reduzierten, «eindimensionalen Menschen» vorwarf – eine Analyse, aus der er das Postulat der «Großen Weigerung» ableitete.

Dem prominentesten Vertreter der jüngeren Generation der «Kritischen Theorie», der Frankfurter Schule um Theodor W. Adorno und Max Horkheimer, dem Philosophen Jürgen Habermas, erschien der voluntaristische, längst nicht mehr gewaltfreie Aktionismus Rudi Dutschkes und seiner Freunde hingegen als so bedrohlich, daß er am

9. Juni 1967, also wenige Tage nach der Erschießung Benno Ohnesorgs, auf dem vom SDS einberufenen Kongreß «Hochschule und Demokratie» in Hannover vor der Gefahr eines «linken Faschismus» warnte. Er brachte damit den SDS gegen sich auf – und gab *den* Kräften Auftrieb, die die bundesrepublikanische Gesellschaft zwar für dringend reformbedürftig hielten, die notwendigen Veränderungen aber auf dem Boden des demokratischen Verfassungsstaates durchsetzen wollten.[7]

1968: Die transnationale Revolte

Das Jahr 1968 ist in die Geschichte eingegangen als Jahr einer transnationalen Jugendrevolte – einer Auflehnung gegen die bestehenden Verhältnisse, wie es sie in dieser Radikalität zumindest seit 1945 in der westlichen Welt nicht gegeben hat. Manche Autoren ziehen den Vergleich zu den Revolutionen 1848, mit denen «1968» nicht nur den nationenübergreifenden Charakter der Bewegung gemeinsam hat, sondern auch das Scheitern an den Kräften der Beharrung. Und wie «1848» so steht auch «1968» für Ereignisse, die sich den Zeitgenossen tief einprägten, die lange nachwirkten und sich bald zu einem Mythos zu entwickeln begannen.

Als Träger der Bewegung wirkte eine Neue Linke, die sich sowohl von der reformistischen wie von der sowjetkommunistischen Spielart des Sozialismus abhob. Der Kommunismus sowjetischer Prägung erschien nachhaltig diskreditiert durch die Brutalität seiner Machtbehauptung, wie sie sich zuletzt in der Niederwerfung der ungarischen Revolution im Herbst 1956 manifestiert hatte – und im August 1968 bei der Zerschlagung des «Prager Frühlings» erneut manifestieren sollte. Den sozialdemokratischen und sozialistischen Parteien Westeuropas warf die Neue Linke vor, längst zu einem integrierenden Teil des herrschenden «spätkapitalistischen Systems» geworden zu sein. Von dieser Einschätzung war es nur ein kleiner Schritt zu der These des antiautoritären Flügels der Neuen Linken, daß die Arbeiterklasse als Ganzes aufgehört hatte, ein revolutionäres Subjekt im Sinne von Marx zu sein. An ihre Stelle sollte künftig ein Bündnis aus widerständigen Studenten und Intellektuellen, Facharbeitern der technologisch am weitesten fortgeschrittenen Branchen, unterdrückten Minderheiten und subkulturellen Randgruppen wie den «Hippies» und den «Beatniks» treten, die auf ihre Weise die von Herbert Marcuse propagierte «Große Weigerung» gegenüber dem herrschenden System auslebten.

Idole des Widerstands waren Männer wie Ho Chi Minh, Fidel Castro und Ernesto «Che» Guevara, der frühere kubanische Industrieminister, der 1966, getreu seiner Parole «Schaffen wir zwei, drei, viele Vietnam», als Guerillakämpfer nach Bolivien gegangen und dort im Oktober 1967 nach einem Feuergefecht von Regierungstruppen gefangengenommen und nach einem Verhör durch CIA-Agenten auf Befehl des bolivianischen Präsidenten René Barrientos Ortuño ohne Gerichtsurteil erschossen worden war. Es waren nicht zufällig Revolutionäre aus der Dritten Welt und Propagandisten des antikolonialen Befreiungskampfes wie Frantz Fanon, die die Neue Linke faszinierten: Große Teile der überwiegend studentischen Protestbewegung in Westeuropa und den USA sahen sich geradezu als «fünfte Kolonne» eines weltweiten antiimperialistischen Kampfes in den Metropolen.

Theoretische Inspiration bezog die Neue Linke aus einer Vielzahl von Quellen. Vom jungen Marx übernahm sie den Gedanken, daß die für den Kapitalismus grundlegende Entfremdung des Menschen von seiner eigentlichen Natur nur durch eine Beseitigung der Klassengesellschaft überwunden werden könne. Großen Einfluß hatte der aus Österreich stammende, 1957 im amerikanischen Exil verstorbene Psychoanalytiker Wilhelm Reich, ein Pionier der Verbindung marxistischer und freudianischer Theorien, mit seiner Lehre von der Triebunterdrückung als Mittel zur Festigung repressiver Herrschaft und zur Herausbildung eines autoritären Charakters. Herbert Marcuse griff die Idee der sexuellen Befreiung des Menschen auf und verband sie mit einer Fundamentalkritik an der «eindimensionalen Gesellschaft», die auch auf dem Gebiet der Sexualität nur eine repressive Toleranz übe und es so verhindere, daß, Freuds Erwartung entsprechend, eine Stärkung der Libido eine Schwächung der Aggressivität nach sich ziehe.

Unter den Ereignissen, die zu Geburtshelfern der Neuen Linken wurden, nahm die Niederwerfung des ungarischen Volksaufstands im Herbst 1956 eine Schlüsselstellung ein. In Großbritannien etwa sagten sich im Gefolge dieses Gewaltakts zwei führende linke Intellektuelle, der Historiker Edward P. Thompson und der Literaturwissenschaftler Raymond Williams, von der Kommunistischen Partei los, ohne die Distanz zur Labour Party aufzugeben. Durch die 1960 gegründete Zeitschrift «New Left Review» schufen sie eine Plattform undogmatischer Marxisten, die auch auf der anderen Seite des Atlantiks, in den USA, Beachtung fand. Die Zeitschriften «Dissent», «Monthly Review» und «Liberation» wurden zu Sprachrohren linker Intellektueller wie der Soziologen C. Wright Mills und Paul Goodman, des Psychologen Erich Fromm sowie von Pazifisten und Bürgerrechtlern, die den Kampf der Afroamerikaner um Gleichberechtigung aktiv unterstützten. An der Universität von Kalifornien in Berkeley gründeten linke Studenten 1958 die Gruppe SLATE (Schiefertafel), die Keimzelle des sechs Jahre später entstandenen Free Speech Movement. An der Universität von Wisconsin in Madison förderte der Historiker William Appleman Williams Studien zur radikalen Tradition der USA. In Madison erschienen seit 1959 auch die «Studies on the Left», die für den linksintellektuellen Diskurs in den Vereinigten Staaten eine ähnlich wichtige Rolle spielten wie die «New Left Review» in Großbritannien.

Zum organisatorischen Zentrum der amerikanischen Neuen Linken entwickelte sich die schon erwähnte Vereinigung Students for a Democratic Society (SDS), die im Sommer 1962 mit dem «Port Huron Statement», einer von den Delegierten von 59 Studentengruppen verabschiedeten Resolution, ein vielbeachtetes Manifest vorlegte. Sein stark von den Schriften von Albert Camus und C. Wright Mills geprägter Verfasser war der Herausgeber der an der Universität Michigan erscheinenden, aber überregional gelesenen Studentenzeitung «Daily», Tom Hayden. Der zentrale Gedanke der Erklärung war die «participatory democracy», ein auf die Mitbestimmung der Einzelnen gestütztes politisches und gesellschaftliches System, in dem auch Bodenschätze und Produktionsmittel der demokratischen Kontrolle unterworfen sein sollten. Der Aufruf sagte der Diskriminierung der schwarzen Bevölkerung der USA, der permanenten Bedrohung durch die Atombombe, dem militärisch-industriellen Komplex, der Armut in der Überflußgesellschaft und der Unterernährung von zwei Dritteln der Menschheit den Kampf an. Die Wirkung des Port Huron Statement war auch deswegen beträchtlich, weil Hayden in ihm nicht nur an den im März 1962 verstorbenen Mills, sondern auch an die intellektuelle Tradition anknüpfte, in der Mills stand: den amerikanischen Pragmatismus von Charles Peirce, William James und vor allem John Dewey. Den Begriff der «participatory democracy» übernahm Hayden von seinem akademischen Lehrer Arnold Kaufmann, der seinerseits ein Schüler Deweys war und in seinen Schriften für eine Ausweitung demokratischer Mitbestimmung über den politischen Sektor hinaus auf alle Bereiche des gesellschaftlichen Lebens eintrat.

Zwei Jahre nach dem Treffen von Port Huron in Michigan wurde im September 1964 an der Universität von Kalifornien in Berkeley das Free Speech Movement ins Leben gerufen. Es war die Antwort linker Studenten unter Führung Mario Savios, eines 22 Jahre alten Studenten der Philosophie, auf einen Polizeieinsatz, um den die Universitätsleitung ersucht hatte, nachdem ihr Verbot des Vertriebs von Bürgerrechtsliteratur auf dem Campus wirkungslos geblieben war. Die örtliche Gruppe der SDS trat in das Exekutivkomitee des Free Speech Movement ein und verschaffte dem Anliegen der neuen Bewegung damit den Rückhalt einer überregionalen Organisation. Das Engagement für die Bürgerrechte brachte die Students for a Democratic Society auch dazu, mit der wichtigsten afroamerikanischen Studentenvereinigung, dem schon erwähnten 1960 gegründeten Student Nonviolent Coordination Committee (SNCC), eng zu kooperieren. Dessen prominentester Sprecher, Stokely Carmichael, nahm im Januar 1965 in Havanna an der Trikontinentalen Solidaritätskonferenz der Völker Afrikas, Asiens und Lateinamerikas teil, deren Ziel es war, die antiimperialistischen Befreiungskämpfe in der Dritten Welt zu koordinieren. Das «Nonviolent» im Namen des SNCC verlor seitdem seine praktische Bedeutung: Unter Carmichaels Führung und im Zusammenspiel mit der im Oktober 1966 gegründeten Black Panther Party entwickelte das Komitee eine Strategie, die den Farbigen in den Ghettos der USA die Rolle des revolutionären Subjekts und eines objektiven Verbündeten der Vietcong zuschrieb. Folgerichtig lautete die neue Kampfparole von SNCC und SDS «Bringing the war home».

Von Berkeley nahm nicht nur das Free Speech Movement, sondern auch die 1965 einsetzende «Unterwanderung» der SDS durch Hippies und Beatniks ihren Ausgang. Durch die eher unpolitischen und an sozialistischer Theorie weithin uninteressierten subkulturellen Randgruppen hielten der Genuß von Marihuana, die pazifistischen Songs von Bob Dylan und Joan Baez und die Parole «Make love not war» Einzug in die Studentenorganisation. Den absoluten Widerpart der Hippies bildeten die Maoisten, die sich zur Progressive Labor Party (PLP) zusammenschlossen und die SDS darauf festlegen wollten, die Arbeiterklasse als das einzige wirkliche revolutionäre Subjekt zu umwerben. Die Konfrontations- und Guerillastrategie des SNCC und der Black Panthers

war aus der Sicht der PLP blinder Aktionismus und schon deswegen
verfehlt, weil auf diese Weise die weiße Industriearbeiterschaft nur ab-
geschreckt werde. In den Antikriegskampagnen der SDS aber gaben
nicht die Maoisten, sondern die von ihnen befehdeten Gruppen den Ton
an. Beim «Marsch auf Washington» am 21. Oktober 1967 gelang es ak-
tivistischen SDS-Mitgliedern, die Absperrungen vor dem Verteidigungsministerium, dem Pentagon, zu überwinden und über einen Seitenein-
gang in das Gebäude einzudringen. Den Höhepunkt der Aktion bildete
die nächtliche Verbrennung von Musterungsbescheiden. Erst nach eineinhalb Tagen konnten Polizei und Militär die Belagerung des Ministeriums gewaltsam beenden.

Der Kampf gegen den Vietnamkrieg war das Moment, das mehr als
jedes andere aus den Protesten der Neuen Linken eine internationale
Bewegung machte. Im Februar 1965 rief der SDS in West-Berlin zu
einer ersten großen Demonstration gegen den Krieg der Amerikaner in
Südostasien auf, die mit Eierwürfen auf das Amerikahaus endete. Im
Mai 1966 folgte ein Vietnamkongreß des SDS in Frankfurt, auf dem
Herbert Marcuse der Hauptredner war. In Frankreich standen seit
1966/67 eine trotzkistische und eine maoistische Absplitterung von
der offiziellen Studentenorganisation des PCF, der Union des Étudiants
Communistes (UEC), an der Spitze konkurrierender Vietnamkomitees:
die Jeunesses Communistes Révolutionnaires und die Union des Étudiants Communistes (marxistes-léninistes). In Italien begann die Mobilisierung des studentischen Protests gegen den Vietnamkrieg Anfang
1967 an der Universität Turin, wobei die Störung von Lehrveranstaltungen von Anfang an zu den Mitteln gehörte, mit denen die Initiatoren Aufmerksamkeit für ihr Anliegen zu gewinnen versuchten. Im
Mai und Oktober 1967 fanden in Stockholm unter der Ägide zweier
weltbekannter Philosophen, Bertrand Russell und Jean-Paul Sartre,
zwei Sitzungen des «Russell-Tribunals» statt, das sich die Untersuchung
von Kriegsverbrechen in Vietnam zur Aufgabe machte und zu dem Urteil gelangte, daß die Regierung der USA in Südostasien einen Krieg
mit der Absicht des Völkermords führe.

Es war nichts Geringeres als die normative Autorität der Vereinigten Staaten, die seit Mitte der sechziger Jahre weltweit am Pranger
stand. Wenn die Vormacht des Westens durch die Art ihrer Kriegführung in Vietnam die Werte in Frage stellte, in deren Zeichen sie einst
gegründet worden war und auf die sie sich nach wie vor berief, welche

Autorität sollte dann überhaupt noch Glauben finden? Die transnationale Revolte von 1968 forderte *alle* überkommenen Autoritäten heraus, aber sie konnte das nur tun, weil die mächtigste von ihnen dabei
war, durch ihre politische und militärische Praxis sich selbst die Legitimation zu entziehen. Es bedurfte einer jungen, nicht mehr durch den
Zweiten Weltkrieg und die unmittelbare Nachkriegszeit, sondern durch
den Boom der fünfziger und sechziger Jahre geprägten Generation, um
das Selbstverständnis der «power elite» (ein Begriff von C. Wright
Mills) so radikal herauszufordern, wie das seit 1965 geschah. Doch es
waren nicht nur die Machteliten, die sich von der Neuen Linken auf
die moralische Anklagebank versetzt sahen. Es waren die älteren Generationen schlechthin, denen der Vorwurf galt, sich durch Unterstützung und Duldung der herrschenden Verhältnisse schuldig gemacht
zu haben.

Daß überall Studenten an der Spitze des Protests standen, ergab
sich schon daraus, daß sie dank höherer Bildung in der privilegierten
Lage waren, intellektuelle Kritik an Gesellschaft und Politik aufzugreifen und durch kollektives Handeln eine Verbindung zwischen
Theorie und Praxis herzustellen. In den USA mußten sie zudem infolge
der allgemeinen Wehrpflicht damit rechnen, selbst als Soldaten in einen
als verwerflich erkannten Krieg geschickt zu werden. Vom «draft»
waren zwar bis Mitte der sechziger Jahre hauptsächlich Angehörige
der Unterschicht betroffen gewesen, aber mit der Ausweitung des Vietnamkrieges wuchs auch die Zahl der einberufenen Studenten. Aus
ihren Reihen kamen denn auch die meisten Kriegsdienstverweigerer –
soweit die vom «draft» bedrohten Studenten es nicht vorzogen, sich
nach Kanada zu begeben, oder, wie der spätere Präsident Bill Clinton,
ihr Studium in Großbritannien fortzusetzen.

In der Bundesrepublik Deutschland waren die stärksten Protestmotive neben der Opposition gegen den Vietnamkrieg die noch näher
zu erörternde Gegnerschaft zu den geplanten Notstandsgesetzen und
die Empörung über die «unbewältigte Vergangenheit», das heißt die
widersprüchliche Art und Weise, wie Staat und Gesellschaft mit dem
düstersten Kapitel der deutschen Geschichte, der Zeit der nationalsozialistischen Diktatur, umgingen: Der offiziellen Distanzierung vom
Nationalsozialismus standen zum einen das Schweigen von vielen
Älteren über *ihre* Rolle in der Zeit vor 1945, zum anderen die Nachkriegskarrieren zahlloser, stark belasteter «Ehemaliger» gegenüber.

Was die Universitäten an historischer Aufklärung über das «Dritte Reich» leisteten, galt der Neuen Linken als theoretisch unbedarft und in der Summe als eher apologetisch denn kritisch, kurz als «hilfloser Antifaschismus» (so der Titel einer Schrift von Wolfgang Fritz Haug, dem Herausgeber der SDS-nahen Theoriezeitschrift «Das Argument», aus dem Jahr 1968).

Die Autoren der westdeutschen Neuen Linken sprachen, wenn sie sich mit der deutschen Diktatur der Jahre 1933 bis 1945 befaßten, kaum je vom «Nationalsozialismus», sondern fast immer vom «Faschismus». Sie taten das in erster Linie, weil sie im Wortbestandteil «Sozialismus» eine illegitime Begriffsusurpation sahen, bezahlten ihren typisierenden Faschismusbegriff aber damit, daß sie wesentliche Unterschiede zwischen deutschem Nationalsozialismus und italienischem Faschismus, etwa im Hinblick auf Rassenideologie und Rassenpolitik, ausblendeten. Als Wesen des «Faschismus» galten manchen intellektuellen Wortführern der Außerparlamentarischen Opposition wie dem aus Italien stammenden Johannes Agnoli nicht Gewalt, Terror und systematische Menschenvernichtung, sondern die manipulative Zähmung des revolutionären Potentials der Arbeiterklasse im Zusammenspiel von Staat, Kapital und Gewerkschaften – womit es leicht wurde, die «spätkapitalistische» Bundesrepublik in die Nähe einer modernen Spielart von Faschismus zu rücken. Der Begriff «totalitär» hingegen war bei der Neuen Linken verpönt: Er galt als Versuch, «rot» und «braun» gleichzusetzen und damit den «Sozialismus» zu diffamieren.

Ein zwiespältiges Verhältnis zur faschistischen Vergangenheit konnte die Neue Linke auch in Italien zumindest dem bürgerlichen Teil der regierenden Parteien und besonders der seit 1945 tonangebenden Democrazia Cristiana vorhalten. Der Antifaschismus der alten Linken hatte südlich der Alpen dank der inzwischen zum Mythos erhobenen «Resistenza» ein sehr viel breiteres gesellschaftliches Fundament als in der Bundesrepublik, so daß es schwerfiel, das System als Ganzes in Faschismusverdacht zu bringen. Zudem war das Interesse an einer kritischen Aufarbeitung der Epoche des Faschismus in Italien eher gering: Die Linke erinnerte sich ungern an die Zeit ihrer Niederlagen und ihrer historischen Ohnmacht, und rechts der Mitte gab es kein Bedürfnis, sich der eigenen Verstrickung in das Regime Mussolinis zu stellen. In ihrer Gegnerschaft zum «nazifascismo» konnten die meisten Italiener sogar eine Gemeinsamkeit sehen, die die Kluft zwischen «links» und «rechts» überwölbte.

Wie die deutsche so war auch die italienische Neue Linke ein überwiegend akademisches, aber uneinheitliches Gebilde. Die «antiautoritären» Kräfte sammelten sich zu Beginn des Wintersemesters 1967/68 an den Universitäten Trient und Turin in der Gruppe «Potere studentesco» (Studentenmacht), die, ähnlich wie der deutsche SDS, die autoritären Strukturen an den Hochschulen sowie die technokratische Ausrichtung der akademischen Ausbildung angriff und Gegenvorlesungen, den Boykott von Lehrveranstaltungen und Studentenstreiks organisierte. Eine zweite Richtung war die Gruppe um die neue Zeitschrift «Potere operaio» (Arbeitermacht), die 1963/64 in Pisa im Umfeld sozialistischer Periodika wie «Quaderni Rossi» und «Classe Operaia» entstand. Sie sah in den Studenten künftige Arbeitnehmer und verlegte seit Anfang 1968 ihre Aktivitäten in die Betriebe der Region Venetien, wo sie vor allem die aus dem Mezzogiorno nach Norditalien gewanderten an- und ungelernten Arbeiter umwarb. Ein drittes Lager bildeten die in der bürgerlichen Presse «filocinesi» (Chinesenfreunde) genannten, in der «Sinistra universitaria» zusammengeschlossenen Maoisten, die einen rigiden Marxismus-Leninismus vertraten und von Neapel, Rom und Mailand aus eine revolutionäre Kaderpartei aufzubauen versuchten. Einigkeit bestand zwischen den drei Gruppierungen faktisch nur in ihrer Feindschaft gegenüber dem «amerikanischen Imperialismus» und in der scharfen Abgrenzung von der alten Linken einschließlich der als «reformistisch» eingestuften Kommunisten.

In Frankreich hatten Zeitschriften wie «Socialisme ou Barbarie», «Arguments» und «Internationale Situationniste» den Boden für eine Neue Linke bereitet. Die beiden zuerst genannten Periodika hatten ihr Erscheinen freilich schon 1965 beziehungsweise 1962 eingestellt. Von der Situationistischen Internationale um Guy-Ernest Debord aber gingen Impulse aus, die aus dem Gesamtpanorama von «1968» nicht wegzudenken sind. An das Erbe von Dadaismus und Surrealismus anknüpfend, veranstalteten die Situationisten provozierende «Happenings», mit denen sie breite Aufmerksamkeit für wechselnde politische Anliegen zu erzeugen verstanden. Auf das Konto einer ihrer Abspaltungen, der Gruppe Subversive Aktion, ging das «Pudding-Attentat» auf den amerikanischen Vizepräsidenten Hubert Humphrey in West-Berlin im April 1967, durchgeführt von der legendären Kommune I, die daraufhin aus dem SDS ausgeschlossen wurde. Aber auch Rudi Dutschke war in vieler Hinsicht ein gelehriger Schüler der Situationisten: Sie waren die eigentlichen Erfinder des von ihm praktizierten Konzepts kalkulierter «Regelverstöße».

Die alte französische Linke war in den Augen der meisten Gruppen der Neuen Linken diskreditiert: die Kommunisten wegen ihrer Verteidigung der Niederwerfung der ungarischen Revolution durch die Rote Armee und der niemals klar vollzogenen Abkehr vom Stalinismus, die Sozialisten und die Partei François Mitterrands durch ihre Unterstützung des Algerienkrieges. Bei einer der neuen Gruppierungen, der schon erwähnten marxistischen Studentenorganisation Union des Étudiants Communistes (marxistes-léninistes), fehlte das antistalinistische Motiv, dafür war es umso stärker ausgeprägt bei den trotzkistischen Jeunesses Communistes Révolutionnaires um Alain Krivine, beim Syndicat national de l'enseignement supérieur (SNESup) unter Alain Geismar und der Liaison des Étudiants Anarchistes (LEA).

Der LEA schloß sich auch Daniel Cohn-Bendit, der im April 1945 in Montauban geborene Sohn einer aus Deutschland nach Frankreich emigrierten jüdischen Familie, an. Am 8. Januar 1968 wurde er durch ein Rededuell mit dem französischen Sport- und Jugendminister François Misoffe schlagartig berühmt. Der Minister war an die 1964 zur Entlastung der Pariser Sorbonne gegründete Université Paris Ouest in Nanterre, faktisch eine Fakultät für Geistes- und Sozialwissenschaften, gekommen, um dort ein Schwimmbad einzuweihen. Cohn-Bendit provozierte Misoffe mit der Frage, warum der Minister sich in einem Weißbuch nicht über die sexuellen Probleme der jungen Generation geäußert habe, und erhielt die Antwort, der Fragesteller solle diese Probleme lösen, indem er dreimal ins Schwimmbad springe. Cohn-Bendit konterte mit der Bemerkung, eine solche Erwiderung würde man eher vom Vertreter eines faschistischen Regimes erwartet haben.

Den Hintergrund des Zusammenstoßes bildete die strikte Geschlechtertrennung in den Wohnheimen auf dem Campus von Nanterre. Sie war einer der Gründe für die Protestbewegung, die im März 1967 einsetzte und im November in einen Studentenstreik mündete. Andere Gründe waren die Überfüllung der Hochschule, der monologische Lehrbetrieb und die technokratische Ausrichtung des Studiums. Zu Beginn des Jahres 1968 schlug die Unzufriedenheit der Studenten auf Betreiben einer neu gegründeten Gruppe, die sich in Anspielung auf eine radikale Gruppierung in der terroristischen Phase der Französischen Revolution «Les Enragés» (Die Wütenden) nannte, in breit angelegte Störungen von Lehrveranstaltungen um, wobei besonders Vorlesungen und Seminare von links gerichteten Professoren wie den Soziologen Edgar Morin und Alain Touraine und dem Philosophen Henri Lefebvre, einstigen Autoren von «Arguments», betroffen waren. Am 22. März 1968 schlossen sich 142 Studenten in Reaktion auf die Verhaftung eines trotzkistischen Kommilitonen im Sitzungssaal des von ihnen besetzten Verwaltungsgebäudes der Fakultät zur «Bewegung des 22. März» zusammen. (Der Name war eine Anspielung auf Fidel Castros «Bewegung des 26. Juli».) Die Versammelten verständigten sich darauf, am 29. März einen «Tag der allseitigen Diskussion» stattfinden zu lassen, auf dem über Probleme der Universität, Kapitalismus, Arbeiterklasse, den Ostblock und den antiimperialistischen Kampf gesprochen werden sollte: eine Übernahme des vom Berliner SDS im Sommer 1967 erprobten Modells einer «Kritischen Universität».

Die Antwort der Universitätsleitung war die Schließung der Hochschule vom 28. März bis zum 2. April. Die Maßnahme wurde mit Hilfe eines großen Polizeiaufgebots durchgesetzt, was der Bewegung, ganz im Sinne der Situationisten, zusätzliche Publizität verschaffte. Eine Beruhigung aber trat nicht ein. Nanterre verwandelte sich nach der Wiedereröffnung der Fakultät vorübergehend in eine «Kritische Universität» und wurde damit zu einem Experiment, das auch an der Sorbonne und anderen französischen Universitäten aufmerksam verfolgt wurde.[8]

Am 31. Januar 1968, dem vietnamesischen Neujahrstag, begann die sogenannte Tet- oder Neujahrsoffensive des Vietcong. Einheiten der Nationalen Befreiungsarmee eroberten große Teile der Hauptstadt Saigon, darunter einige strategisch besonders wichtige Punkte, und drangen bis zum Präsidentenpalast und zur amerikanischen Botschaft vor. Es dauerte über eine Woche, bis die Guerillakämpfer aus Saigon vertrieben werden konnten. Bei der Rückeroberung von Saigon machte der amerikanische Kriegsphotograph Eddie Adams eine Aufnahme des Chefs der südvietnamesischen Landespolizei, General Nguyen Ngoc Loan, als dieser auf offener Straße einen gefangengenommenen Vietcongkämpfer erschoß: ein Bild, das weltweites Entsetzen auslöste. In Huê brachten Angehörige des Vietcong und der nordvietnamesischen

Armee während der Kämpfe vom Januar und Februar 1968 5700 der 150000 Einwohner um, darunter fast die gesamte politische und intellektuelle Elite der Stadt.

Insgesamt verloren die Truppen der USA und Südvietnams in der ersten Phase der Tet-Offensive etwa 500, die Nationale Befreiungsarmee und die Nordvietnamesen etwa 5000 Mann. Die Zahl der getöteten Zivilisten belief sich auf etwa 13 000. Militärisch war die Tet-Offensive für die kommunistische Seite eine Niederlage. Rechnet man die Toten der «zweiten Welle» der Offensive in den Monaten April bis Juni 1968 mit, verloren die «Roten» etwa 50000 bis 100000 Mann. Politisch aber war der Schaden für die Vereinigten Staaten ungleich größer. In den ersten Monaten des Jahres 1968 ging die Unterstützung für den Vietnamkrieg in den USA und bei ihren westlichen Verbündeten stark zurück. Meinungsumfragen zufolge befürworteten Ende Februar nur noch 32 Prozent der befragten Amerikaner das militärische Engagement ihres Landes in Indochina. Was immer es fortan noch an militärischen Erfolgen aus Südostasien zu vermelden gab: An der Heimatfront den Krieg zu gewinnen schien kaum noch möglich.

Einen Teil der amerikanischen Antwort auf die Tet-Offensive bildete die weitere Brutalisierung der Partisanenbekämpfung in den als besonders gefährdet geltenden Einsatzzonen. Zu den damit beauftragten Sondereinheiten gehörte die Task Force Barker, auf deren Konto das Massaker von My Lai in der Provinz Quang Ngai am 16. März 1968 ging. Über 400 Zivilisten, darunter Greise, Frauen und Kinder, wurden binnen weniger Stunden auf Befehl von Leutnant William Calley getötet. Die von ihm geführten Soldaten handelten, der Aussage eines von ihnen zufolge, nach der Devise: «Wenn wir die Mütter töten, werden sie keine Vietcong mehr produzieren. Und wenn wir die Kinder töten, werden sie nicht zu Vietcong heranwachsen. Und wenn wir alle töten, wird es am Ende keine Vietcong mehr geben.»

Die amerikanische Öffentlichkeit erfuhr erst eineinhalb Jahre später von den Ereignissen von My Lai und anderen Massakern vom Frühjahr 1968. Leutnant Calley wurde im März 1971 von einem Kriegsgericht zu lebenslanger Haft verurteilt. Stunden nach der Urteilsverkündung erließ Präsident Nixon die Anordnung, Calley bis zum Abschluß des von seinen Verteidigern beantragten Revisionsverfahrens unter Hausarrest zu stellen. Es folgten eine Reihe von Minderungen des Strafmaßes, bis Calley nach 44 Monaten Hausarrest im November

1974 von Armeeminister Howard H. Callaway auf freien Fuß gesetzt wurde. Außer dem Fall Calley gab es im Zusammenhang mit My Lai keine Verurteilungen.

Nicht geheimhalten ließen sich im Frühjahr 1968 die wirtschaftlichen, finanziellen und währungspolitischen Folgen des amerikanischen Engagements in Vietnam. Je mehr Dollars nach Südostasien flossen, desto mehr geriet die amerikanische Währung unter Druck. Das Haushaltsdefizit stieg 1967 auf 9 und 1968 auf 25 Milliarden Dollar an. Bereits 1967 sahen sich die USA zu der Bitte an die europäischen Zentralbanken genötigt, vorläufig keinen Gebrauch von der Möglichkeit zu machen, Dollar gegen amerikanisches Gold einzutauschen – womit im Grund bereits die Geschäftsgrundlage des Weltwährungsabkommens von Bretton Woods vom Juli 1944 in Frage gestellt war. Außer der französischen kamen alle europäischen Zentralbanken dem Ersuchen Washingtons nach. Private Transaktionen waren jedoch von dieser Vereinbarung nicht betroffen. Im November 1967 löste die Abwertung des britischen Pfundes einen regelrechten «Run» auf Gold aus. Seinen Höhepunkt erreichte der «Goldrausch» am 14. März 1968: An diesem Tag tauschten europäische Geschäftsbanken über 370 Millionen Dollar in Gold ein, was die Banque de France veranlaßte, ihrerseits einen erheblichen Teil ihrer Dollarreserven abzustoßen.

Präsident Johnson warnte daraufhin die europäischen Notenbankchefs vor einem Zusammenbruch des Weltwährungssystems und einer Weltwirtschaftskrise ähnlich jener der frühen dreißiger Jahre. Da dieser Appell keine nachhaltige Wirkung zeitigte, setzte Johnson die Goldeinlösepflicht für Geschäftsbanken aus. Der Historiker Marc Frey nennt diesen Schritt eine in währungspolitischer und weltwirtschaftlicher Hinsicht geradezu epochale Entscheidung von ungeheurer Symbolkraft: «Sie kam dem Eingeständnis gleich, daß die Vereinigten Staaten nicht mehr in der Lage waren, ihre internationalen Verpflichtungen in vollem Umfang zu erfüllen. Sie signalisierte das Ende der wirtschaftlichen Dominanz der Vereinigten Staaten über den Westen. Und sie trug der Tatsache Rechnung, daß Vietnamkrieg *und* ‹Great Society›, Butter *und* Kanonen, die amerikanische Wirtschaft überfordert hatten.»

Außenpolitische Experten, unter ihnen der frühere Außenminister Dean Acheson, nahmen die Dollarkrise so ernst, daß sie dem Präsidenten rieten, eine Strategie für den Ausstieg aus dem Vietnamkrieg zu entwickeln. Die Forderung von General Westmoreland, weitere

206 000 Mann nach Vietnam zu schicken, stieß infolgedessen in Washington auf breite Ablehnung. Der amerikanischen Öffentlichkeit war dieses Verlangen des Oberbefehlshabers der amerikanischen Truppen in Vietnam bereits am 10. März durch einen Bericht der «New York Times» bekannt. Die Meldung löste einen Proteststurm aus und trug wesentlich dazu bei, daß bei den demokratischen Primaries in New Hampshire am 12. März ein überzeugter Kriegsgegner, Senator Eugene McCarthy aus Minnesota, 42,4 Prozent der Stimmen erhielt – nur 230 Stimmen weniger als «LBJ». Das Vorwahlergebnis machte schlagartig deutlich, wie tief gespalten die Demokratische Partei in ihrer Haltung zum Vietnamkrieg war. Die Presse wertete die Abstimmung als schwere Niederlage für Johnson. Drei Tage später verschlechterte sich die Lage des Präsidenten nochmals dramatisch: Am 15. März gab Justizminister Robert Kennedy seinen Beschluß bekannt, sich um die demokratische Kandidatur bei den Präsidentschaftswahlen von November zu bewerben.

Der Bruder des ermordeten Präsidenten war sehr viel bekannter und populärer als der Senator aus dem Mittleren Westen. Da Robert Kennedy sich anschickte, als Friedenskandidat anzutreten, konnte Johnson nicht mehr fest damit rechnen, aus einer Kampfabstimmung um die Nominierung als Sieger hervorzugehen. Binnen weniger Tage zog der Präsident seine Folgerungen aus der veränderten Lage. Am Abend des 31. März wandte er sich in einer Fernsehansprache an das amerikanische Volk. Darin verkündete er einen Bombardierungsstop für die nördlich des 20. Breitengrades gelegenen Teile Vietnams und bot der nordvietnamesischen Führung an, die Luftoffensive zu beenden, falls Hanoi auf seine Rede positiv reagiere. Außerdem erklärte er seine Bereitschaft, jederzeit in Friedensverhandlungen einzutreten und die amerikanischen Truppen aus Südvietnam zurückzuziehen, wenn die andere Seite dasselbe tue und mit der Infiltration des Südens aufhöre. Den eigentlichen Paukenschlag aber bewahrte sich Johnson für den Schluß der Rede auf. Er wolle sich angesichts des Krieges in Vietnam und der großen innen- und außenpolitischen Herausforderungen ganz auf sein Präsidentenamt und nicht auf persönliche Ambitionen als Parteipolitiker konzentrieren, sagte er. «Deswegen werde ich eine Nominierung meiner Partei für eine weitere Amtszeit als Ihr Präsident weder anstreben noch annehmen» (Accordingly, I shall not seek, and I will not accept the nomination of my party for another term as your President).

Die Kriegsgegner hatten allen Grund, die Ankündigung Johnsons als Erfolg ihres Kampfes gegen den Krieg zu sehen. Der Präsident wiederum konnte es als Frucht seiner Bemühungen werten, daß Hanoi Mitte Mai auf sein Angebot zu Friedensgesprächen einging – wobei beide Seiten entschlossen waren, weiterzukämpfen, solange keine Einigung erreicht war. General Westmoreland wurde Ende März zum Generalstabschef ernannt, seine Nachfolge als Oberkommandierender der amerikanischen Truppen in Vietnam General Creighton Abrams übertragen. Unter seiner Ägide wurden, während Vertreter der USA und der Demokratischen Republik Vietnam in Paris über die Beendigung des Krieges verhandelten, die Boden- und Luftoperationen südlich des 20. Breitengrades ebenso weitergeführt wie der Anti-Guerilla-Kampf. Dazu trat das «Beschleunigte Pazifizierungsprogramm» (Accelerated Pacification Program) mit dem Ziel, ländliche Regionen gegen Überfälle des Vietcong zu sichern und dauerhaft unter die Kontrolle der Regierung in Saigon zu bringen – ein Projekt, dessen praktische Umsetzung infolge der verbreiteten Korruption in der südvietnamesischen Verwaltung allerdings deutlich hinter den amerikanischen Erwartungen zurückblieb.

In den letzten Monaten von Johnsons Amtszeit begann die «De-Amerikanisierung» oder «Vietnamisierung» des Krieges. Die Zahl der südvietnamesischen Truppen wurde von 685 000 auf 800 000 angehoben, ihre Ausbildung und Ausrüstung beträchtlich verbessert. Psychologisch aber bewirkte der neue Kurs das Gegenteil des Erstrebten: Die proamerikanisch gesinnten Eliten Südvietnams deuteten den Washingtoner Strategiewechsel nicht nur als Anfang vom Ende der amerikanischen Präsenz in Südvietnam, sondern als Vorspiel zum Untergang, und dementsprechend verfiel die Kampfmoral der Armee. Bei der breiten Bevölkerung konnte von entschlossenem Durchhaltewillen ohnehin keine Rede sein: Mit der Zahl der Rekruten wuchs die Zahl der Deserteure. 1968 übersprang sie, nicht das erste Mal, die Grenze von 100 000.

Innenpolitisch konnte nach Johnsons Verzichtserklärung schon deswegen keine Beruhigung eintreten, weil die USA vier Tage nach dem Fernsehauftritt des Präsidenten von einem Ereignis erschüttert wurden, das das Land ähnlich tief berührte wie die Ermordung von John F. Kennedy am 22. November 1963: Am 4. April wurde Martin Luther King von einem flüchtigen Sträfling, dem rechtsradikalen und rassistischen Ideen anhängenden James Earl Ray, in Memphis, Tennessee, erschossen. Die Ermordung des Führers des gewaltlosen Flügels der schwarzen Bürgerrechtsbewegung löste eine Welle der Gewalt aus. In der Nacht vom 4. zum 5. April entlud sich in den schwarzen Ghettos quer durch die USA die seit langem aufgestaute Wut auf die von den Weißen dominierte Gesellschaft. In 110 Städten kam es zu Unruhen und Ausschreitungen. 38 Menschen, die meisten von ihnen Amerikaner schwarzer Hautfarbe, wurden getötet. Allein in Washington zählte die Polizei 711 Fälle von Brandstiftung; zehn Menschen kamen ums Leben; zahllose Geschäfte wurden geplündert. Die schwersten Krawalle erlebte Chicago zwischen dem 5. und 8. April. Bürgermeister Richard Daley verhängte eine nächtliche Ausgangssperre und ordnete die Erschießung von Plünderern an; 3000 Personen wurden verhaftet; die Sachschäden beliefen sich auf 14 Millionen Dollar.

In New York hatte die Ermordung von Martin Luther King ein Nachspiel, das das Ereignis vom 4. April 1968 mit der Antikriegsbewegung verband. Bei einer Gedenkfeier der am Rande von Harlem gelegenen bedeutendsten Hochschule der Millionenstadt, der Columbia University, am 23. April unterbrach der SDS-Aktivist Mark Rudd die Rede von Präsident Graysen L. Kirk, um gegen den Bau einer Sporthalle an der Grenze zu Harlem zu protestieren, weil dieses Projekt gegen die Interessen der schwarzen Anwohner verstoße. Außerdem attackierte Rudd die enge Zusammenarbeit zwischen der Columbia University und dem Institute for Defense Analysis, das Forschung im Auftrag des Pentagon betrieb. Es folgten ein Studentenstreik, bei dem der nach New York geeilte Tom Hayden eine prominente Rolle spielte, die Besetzung von Universitätsgebäuden, die Lahmlegung des Lehrbetriebs und der Bau von Barrikaden. Präsident Kirk erstattete Strafanzeige gegen mehrere Studenten und rief die Polizei auf den Campus; sie bereitete der Besetzung von Einrichtungen der Hochschule nach sieben Tagen ein Ende. Die Proteste aber gingen weiter und griffen auf viele andere Universitäten über. Gegen den Vietnamkrieg und die Herrschaft des militärisch-industriellen Komplexes, für volle Bürgerrechte der Afroamerikaner und umfassende studentische Mitbestimmung an den Universitäten: Die Bewegung verfolgte mehr als ein Ziel, aber alles, wofür sie eintrat, lief auf grundlegende Veränderungen von Gesellschaft und Politik des mächtigsten Landes der Welt hinaus.

Zwei Monate nach der Ermordung von Martin Luther King fiel der Mann einem Attentat zum Opfer, dem viele Amerikaner zutrauten, er werde als Präsident das Land zügig aus dem Vietnamkrieg herausführen: Robert Kennedy. In den Wochen zuvor hatte der bisherige Justizminister bei den Vorwahlen der Demokraten in Indiana und Nebraska Eugene McCarthy auf den dritten beziehungsweise zweiten Platz verwiesen und nur in Oregon gegen ihn verloren. Die entscheidenden Primaries in Kalifornien gewann er am 4. Juni mit 46 Prozent der Stimmen, während McCarthy 42 Prozent erhielt. Kurz nach Mitternacht, unmittelbar nachdem er im Ambassador Hotel in Los Angeles sein «victory statement» abgegeben hatte, wurde der Wahlsieger von den Schüssen eines offenbar geistesgestörten Immigranten, des aus Palästina stammenden Sirhan Sirhan, getroffen. Am frühen Morgen des 6. Juni erlag Robert Kennedy seinen schweren Verletzungen.

Am 26. August 1968 trafen die Demokraten zu ihrem Wahlkongreß in Chicago zusammen. Die Delegierten mußten sich entscheiden, ob sie den Friedenskandidaten McCarthy zum Bewerber um die Präsidentschaft wählen wollten oder Vizepräsident Hubert Humphrey, der es bisher vermieden hatte, sich in irgendeinem Punkt von der Politik Johnsons zu distanzieren. 12 000 Polizisten, 6000 Nationalgardisten und Agenten des FBI sollten zusammen mit 6000 Soldaten der amerikanischen Armee den ungestörten Ablauf der Convention sichern, das heißt vor Aktionen der Anhänger der Bürgerrechts- und Friedensbewegung schützen, die zu Zehntausenden nach Chicago gekommen waren. Der Vertreibung der Demonstranten aus dem Lincoln Park, ihrem ersten Sammelplatz, folgte am vierten Kongreßtag ein weiterer Großeinsatz: die Räumung des Grant Park, wo sich die meisten von ihnen anschließend hinbegeben hatten, durch die mit Maschinengewehren und Bajonetten ausgerüstete Nationalgarde. Vor dem Hilton Hotel, in dem beide Kandidaten ihre Hauptquartiere aufgeschlagen hatten, kam es zu einer regelrechten Straßenschlacht, bei der die Polizei massiv auch gegen Journalisten, Photographen und Kameramänner vorging. Während vor dem Tagungsort unter Einsatz von Tränengas noch gekämpft wurde, setzte sich Humphrey auf der Convention mit Hilfe des Parteiapparats und der nicht festgelegten Delegierten, darunter der meisten Anhänger des ermordeten Robert Kennedy, gegen McCarthy mit 1759 gegenüber 601 Stimmen durch. Was die Berichterstattung bestimmte, war aber weniger die Nominierung des demokra-

tischen Präsidentschaftskandidaten als die Eskalation der Gewalt auf
den Straßen und Plätzen Chicagos.

Gesucht hatte die Konfrontation auf der einen Seite der Bürgermeister von Chicago, Richard Daley, der von Anfang an entschlossen war,
der Neuen Linken eine Lektion zu erteilen, die er für überfällig hielt.
Auf der anderen Seite gab es Befürworter einer Kraftprobe mit der
Polizei auch unter den Demonstranten. Für einen offensiven Straßen-
kampf hatten sich vor allem Mitglieder des Nationalen Büros der SDS
und der erst wenige Monate zuvor in die Studentenvereinigung eingetretenen Aktivisten des Revolutionary Youth Movement eingesetzt –
Gruppierungen, aus denen im Jahr darauf die rund 300 militanten
«Weathermen» hervorgingen, die Urheber mehrerer Bombenanschläge
auf Polizeistationen, militärische Einrichtungen, Gerichte, Bürogebäude
und Firmen in den frühen siebziger Jahren. Am Streit um die richtige
Strategie gegenüber der öffentlichen Gewalt sollten die SDS wenig später zerbrechen: Im Jahr 1970 begann sich die Organisation aufzulösen.
Der intellektuelle Wortführer der SDS, Tom Hayden, wurde wegen
Beteiligung an einer Verschwörung vor Gericht gestellt und im März
1969 zu fünf Jahren Gefängnis verurteilt. Ein Revisionsverfahren hob
dieses Urteil später wieder auf. «Chicago» hatte zum Höhepunkt der
amerikanischen Anti-Kriegs-Bewegung werden sollen – es wurde zu
ihrer schwersten Niederlage.

Zweieinhalb Wochen nach Beginn der Tet-Offensive fand am 17./18. Februar 1968 im Auditorium Maximum der Technischen Universität in
West-Berlin ein vom deutschen SDS einberufener Internationaler Vietnamkongreß statt. Zu den Mitveranstaltern gehörten elf studentische
und andere der Neuen Linken zuzurechnende Gruppen. Unter den
prominentesten Teilnehmern waren Alain Krivine und Daniel Cohn-
Bendit aus Frankreich, Tariq Ali von der britischen Vietnam Solidarity
Campaign und Robin Blackburn von der New Left Review, Giangia-
como Feltrinelli vom italienischen Partito socialista di unità proletaria
und Bernardine Dohrn von den amerikanischen SDS. In einer Grundsatzrede legte Rudi Dutschke dar, daß im Falle eines Sieges der USA
eine lange Periode der autoritären Weltwirtschaft von Washington bis
Wladiwostok drohe. Um dies zu verhindern, müsse die antiautoritäre
Bewegung durch gezielte, provozierende Regelverletzungen die inneren
Widersprüche des herrschenden, hochentwickelten kapitalistischen

Systems aufdecken. Aufklärung und Mobilisierung seien notwendig, um eine radikale außerparlamentarische Opposition zu schaffen. Als Voraussetzung einer Revolutionierung der Massen bezeichnete Dutschke die Revolutionierung der Revolutionäre. Eine Demonstration der 15 000 Teilnehmer, die mit «Ho-Ho-Ho-Chi-Minh»-Rufen durch West-Berlin zogen, verlief dank der Intervention von linksintellektuellen und kirchlichen Sympathisanten friedlich.

Die Rede auf dem Internationalen Vietnamkongreß sollte der letzte große Auftritt Dutschkes bleiben. Am 11. April 1968 schoß der vorbestrafte Anstreicher Josef Bachmann, aufgestachelt von den Anti-APO-Parolen der «Bild-Zeitung», auf dem Kurfürstendamm in Berlin auf den bekanntesten deutschen Studentenführer und verletzte ihn lebensgefährlich. Das Opfer überlebte den Anschlag, die schweren Gehirnschäden aber verheilten nie ganz. Am 24. Dezember 1979 starb Dutschke an den Spätfolgen des Attentats. Der Mordanschlag auf ihn löste Demonstrationen und gewalttätige Ausschreitungen in vielen deutschen Groß- und Universitätsstädten aus. In Berlin, Hamburg, München und Frankfurt versuchten aufgebrachte Anhänger des SDS die Auslieferung von Zeitungen des Verlagshauses Axel Cäsar Springer, in dem auch die «Bild-Zeitung» erschien, zu verhindern. In München kamen bei den Krawallen zwei Menschen um.

Vier Wochen später, am 11. Mai, veranstaltete das Kuratorium Notstand der Demokratie einen «Sternmarsch auf Bonn», an dem zwischen 30 000 und 70 000 Menschen teilnahmen. Zu den studentischen Organisationen, die sich an der Anti-Notstands-Kampagne beteiligten, gehörten außer dem SDS der (1960 gegründete, ursprüngliche SPD-nahe) Sozialdemokratische Hochschulbund, der Liberale Studentenbund und der Bund Deutsch-israelischer Studenten. Am gleichen Tag demonstrierten auch die Gewerkschaften gegen die Notstandsgesetze, aber bewußt nicht zusammen mit der intellektuellen und studentischen Linken, sondern auf einer Kundgebung in Dortmund. Sein Ziel erreichte der Protest nicht: Am 30. Mai 1968 nahm der Bundestag mit 340 gegen 100 Stimmen bei einer Enthaltung die «Notstandsverfassung» mitsamt den dazugehörigen Gesetzen zur Beschränkung des Brief-, Post- und Fernmeldegeheimnisses an.

Die Vorgeschichte der Notstandsgesetze reichte bis in die Ära Adenauer zurück. Nach dem Deutschlandvertrag vom 5. Mai 1955 konnten die drei Westalliierten im Fall eines inneren und äußeren Notstands

zum Schutz der Sicherheit ihrer Streitkräfte so lange aus eigener Machtvollkommenheit tätig werden, wie die Bundesrepublik die entsprechenden gesetzlichen Vorkehrungen noch nicht getroffen hatte. Vorarbeiten
hierzu gab es seit langem, aber erst seit Bildung der Großen Koalition
verfügte eine Bundesregierung, theoretisch jedenfalls, über die für Verfassungsänderungen notwendige Zweidrittelmehrheit. Die Sozialdemokraten nutzten ihren neuen Status als Regierungspartei, um ein
ausgefeiltes Regelwerk durchzusetzen, das auch im Notstandsfall ein
Höchstmaß an parlamentarischer und richterlicher Kontrolle der Exekutive erlaubte und sich eben dadurch von den eher «obrigkeitsstaat-
lich» zu nennenden Vorstellungen des früheren Bundesinnenministers
Gerhard Schröder unterschied.

Die Kampagne gegen die Notstandsgesetze war der Höhepunkt der
westdeutschen «68er-Bewegung». Wenig später setzte ihr Niedergang
ein. Das Scheitern des Versuchs, den Bundestag zur Abkehr von dem
bekämpften Vorhaben zu bewegen, wirkte auf die Masse derer, die
sich in dieser Auseinandersetzung erstmals politisch engagiert hatten,
ernüchternd und veranlaßte viele zum Rückzug von außerparlamentarischen Aktionen. Zügellose Gewalttaten wie die vom Berliner SDS
provozierte «Schlacht am Tegeler Weg» am 4. November 1968, bei der
Studenten mit Pflastersteinen gegen Polizisten vorgingen, taten das
Ihre, um die «revolutionäre Avantgarde» der Studentenbewegung zu
diskreditieren und zu isolieren.

Als die SPD im Vorfeld der Bundestagswahl von 1969 begann, sich
vom größeren Koalitionspartner wieder deutlich abzuheben, stieg ihre
Anziehungskraft auf Studenten und junge Akademiker spürbar an. Der
SDS zerfiel; im März 1970 löste er sich auf. Viele seiner Mitglieder betätigten sich mittlerweile in rivalisierenden kommunistischen Sekten, die
als «K-Gruppen» in die Geschichte eingingen. Eine kleine Minderheit
wählte den Weg in den terroristischen Untergrund. Das Fanal setzten
der berufslose Exgymnasiast Andreas Baader und die ausgebildete Leh-
rerin Gudrun Ensslin, eine württembergische Pfarrerstochter, zusammen mit einigen Gesinnungsfreunden, als sie in der Nacht vom 2. zum
3. April 1968, eine Woche vor dem Attentat auf Dutschke, Brandan-
schläge auf zwei Frankfurter Kaufhäuser verübten, um so gegen den
«Konsumterror» zu protestieren.

Die Wirkungen der Studentenbewegung waren zwiespältig und
großteils ungewollt. Die Aktivisten der APO waren entschiedene Geg-

ner dessen, was sie «US-Imperialismus» nannten. Aber indem sie Protestformen der amerikanischen Studentenbewegung wie «Sit-in» und «Go-in» übernahmen, halfen sie den Westen Deutschlands weiter zu «amerikanisieren». Sie bekämpften den Pluralismus als Ideologie zur Verschleierung der kapitalistischen Klassenherrschaft und trugen dazu bei, daß die Bundesrepublik nach 1968 pluralistischer wurde, als sie es zuvor gewesen war. Sie griffen das parlamentarische System mit rätedemokratischen Parolen an und bewiesen durch ihre Praxis, daß ihr Modell auf die Manipulation der «unaufgeklärten» Mehrheit durch die «aufgeklärte» Minderheit hinauslief. Sie trieben die Aufarbeitung der nationalsozialistischen Vergangenheit voran und entleerten gleichzeitig den Begriff «Faschismus» so lange, bis sie ihn sowohl auf das «Dritte Reich» als auch auf die «spätkapitalistische» Bundesrepublik anwenden konnten. Ihr Protest war oft von extremer Intoleranz, und doch ist das, was man als «Protestkultur» der Bundesrepublik bezeichnet, ohne «1968» nicht zu erklären. Die Theoretiker des SDS vertraten eine dogmatische Spielart des Marxismus, die sich im Zuge ihrer Verbreitung in einen platten Vulgärmarxismus verwandelte. Zugleich aber gaben sie einen Anstoß zur überfälligen kritischen Auseinandersetzung mit dem Werk von Marx und Engels.

Vieles von dem, was im Rückblick als Verdienst der «Achtundsechziger» erscheint, war *auch* das Ergebnis der Kritik an ihnen. Die Studentenbewegung schöpfte Kraft aus dem utopischen Glauben an eine herrschaftsfreie Gesellschaft, aber was sie bewirkte, waren Reformen, von denen manche, zumal im Bereich der Universitäten, nur in dem Maß Bestand hatten, wie sie ihrerseits reformiert wurden. Die APO bewies, was sie zu widerlegen trachtete: die Reformfähigkeit des bestehenden Systems. Und sie wäre schwerlich imstande gewesen, so viele gesellschaftliche Verkrustungen aufzubrechen und überkommene Autoritäten einem bisher ungekannten Legitimationszwang zu unterwerfen, wenn die Liberalisierung der Bundesrepublik nicht schon lange vor 1968 begonnen hätte.

Anders als die Bundesrepublik geriet Frankreich im Mai 1968 in eine Staatskrise – eine Krise, die die Fünfte Republik tiefer erschüttern sollte als irgendein anderes Ereignis seit der Rückkehr Charles de Gaulles an die Macht Ende Mai 1958. Vielleicht wäre der studentische Protest gegen Mißstände an der Universität Nanterre auf deren Cam-

pus beschränkt geblieben, hätte nicht das Disziplinarverfahren gegen
acht dortige Studenten wegen Beleidigung und Behinderung von Dozenten und Professoren in dem hierfür zuständigen Disziplinarrat der
Sorbonne stattgefunden. Damit weitete sich die Unruhe ins Pariser
Quartier Latin aus. Am 2. Mai wurde die Universität Nanterre geschlossen. Am folgenden Tag kam es im Innenhof der Sorbonne zu
einer ersten, von einigen hundert Studenten besuchten Solidaritätskundgebung des größten französischen Studentenverbandes, der Union
nationale des étudiants de France (UNEF), auf der neben anderen Daniel Cohn-Bendit sprach. Von dort ging das Signal einer Mobilisierung
aus, die rasch die bislang schweigende Mehrheit der Studierenden erfaßte, und das um so mehr, je härter Universitätsleitung und Staat auf
die Proteste reagierten.

Die Eskalation begann damit, daß die vom Rektor herbeigerufene
Polizei nach dem Abzug der Demonstranten aus dem Innenhof der Sorbonne die Identität der vermeintlichen Störer feststellen wollte und zu
diesem Zweck eine große Zahl von Studenten, darunter die Organisatoren der Versammlung, in Polizeiwagen einsteigen und ins Polizei-
präsidium bringen ließ. Es waren vor allem Studentinnen, die als erste
die Parole ausgaben: «Befreit unsere Genossen!» (Libérez nos camara-
des!). Es folgten Rufe wie «Nieder mit der Repression!» (À bas la répres-
sion!). Die Polizei setzte Tränengas und Knüppel ein. Um 17 Uhr 30
flog der erste Pflasterstein; er traf einen Polizisten an der Stirn und
verletzte ihn schwer. Gegen 20 Uhr ließ der Rektor die Sorbonne, erstmals in ihrer Geschichte, schließen. In den folgenden Stunden wurden
fast 600 Personen festgenommen, von denen viele an den Protesten gar
nicht beteiligt gewesen waren. Noch in der Nacht zum 4. Mai bildete
sich im Gebäude der École Nationale d'Administration (ENA) in der
Rue d'Ulm ein studentisches Aktionsbündnis, an dem sich die UNEF,
die trotzkistische Studentenvereinigung und die Bewegung des 22. März
beteiligten, während die Maoisten sich der Vereinbarung nicht anschlossen.

In der Woche vom 3. zum 10. Mai 1968 holte Frankreich nach dem
Urteil der deutschen Historikerin Ingrid Gilcher-Holtey gewissermaßen einen Prozeß nach, den andere westeuropäische Länder, darunter
die Bundesrepublik, bereits durchlaufen hatten. «In einem Wechsel-
spiel von studentischer Aktion und staatlicher Repression im Zuge von
gewaltsamen Auseinandersetzungen zwischen Demonstranten und

Polizeikräften um die Sorbonne und in den Straßen des Quartier Latin steigert sich, einer Kettenreaktion gleich, in wenigen Tagen die Mobilisierung, wobei die Dynamik der Aktionen immer mehr Schüler und Jugendliche (darunter vereinzelt auch junge Arbeiter) auf die Seite der Studenten bringt.»

Eine völlig neue Wendung brachte die «Nacht der Barrikaden» vom 10./11. Mai. Im Anschluß an eine friedlich verlaufene Demonstration besetzte eine Minderheit der Teilnehmer einen Teil des Quartier Latin und begann mit dem Bau von Barrikaden. Diese sollten erst geräumt werden, wenn die Regierung bestimmte Forderungen, darunter die Freilassung inhaftierter Studenten, die Wiedereröffnung der Sorbonne und der Abzug der Polizei aus dem Quartier Latin, erfüllte. «Die Barrikaden von Paris in der Nacht vom 10. zum 11. Mai sind ein historisches Zitat», schreibt Gilcher-Holtey. «Errichtet von Schülern und Studenten in Kenntnis der Bedeutung der Barrikaden in den Tagen der Kommune (1871) und der Befreiung der Stadt von der deutschen Besatzung (1944), beschwören sie Erinnerungen an Vorbilder herauf, ohne deren Abbild zu sein. Sie haben keinen instrumentellen, sondern expressiven Charakter. Erst im Verlauf dieser provokativen Aktion und des ihr folgenden Polizeieinsatzes werden die Proteste der Studenten politisiert durch das Echo der Medien, die Reaktion der Öffentlichkeit, die Maßnahmen der Regierung und der Gewerkschaften.»

In den frühen Morgenstunden des 11. Mai ließ Innenminister Christian Fouchet nach langem Zögern die Barrikaden räumen, wobei auch Einheiten der Spezialtruppe CRS (Compagnies Républicaines de Sécurité) eingesetzt wurden, die mit besonderer Brutalität gegen die Jugendlichen vorgingen. Die Härte des Polizeieinsatzes rief die Gewerkschaften auf den Plan, die für den 13. Mai zu einem landesweiten vierundzwanzigstündigen Generalstreik sowie zu Demonstrationen und Kundgebungen im Zeichen des Kampfes gegen die Repression aufriefen. Damit begann jene Solidarisierung zwischen Studentenbewegung und Arbeiterschaft, die den französischen «Mai 1968» vom deutschen abhob. Am schwächsten war die Sympathie mit dem studentischen Protest bei der kommunistischen CGT ausgeprägt, wie denn auch die Kommunistische Partei unter Georges Marchais sich bei jeder Gelegenheit von den trotzkistischen und anarchistischen Kräften innerhalb der Studentenbewegung distanzierte. Die den Sozialisten nahestehende CFDT sah hingegen vielerlei Möglichkeiten, studentische und Arbeiterinteressen miteinander zu verbinden – vor allem, wenn es um den Abbau hierarchischer Strukturen in Hochschulen und Betrieben ging.

Am späten Abend des 11. Mai wandte sich Premierminister Pompidou, der erst kurz zuvor von einer offiziellen Reise nach Iran und Afghanistan zurückgekehrt war, in einer Fernsehansprache an das französische Volk, um eine Deeskalation des Konflikts, beginnend mit der Wiedereröffnung der Sorbonne am 13. Mai, anzukündigen. Den Studenten sagte der Regierungschef zu, ein Appellationsgericht werde unverzüglich über die Anträge verurteilter Studenten auf Freilassung entscheiden. Als Gegenleistung erwartete er die Einstellung von Provokationen und die Bereitschaft zur Zusammenarbeit. Damit wich Pompidou, ohne es auszusprechen, von der harten Linie von Staatspräsident de Gaulle ab, der am 8. Mai die Parole ausgegeben hatte, die Staatsmacht weiche nicht zurück (Le pouvoir ne recule pas).

Aus der Sicht der Gewerkschaften war die Rede des Premierministers kein Anlaß, vom Generalstreik Abstand zu nehmen. An der Demonstration der Gewerkschaften in Paris nahmen am 13. Mai – dem zehnten Jahrestag des Putsches in Algier, in dessen Gefolge Charles de Gaulle wieder an die Macht gelangt war – Hunderttausende Menschen teil, an ihrer Spitze neben den Gewerkschaftsführern die wichtigsten Vertreter der Linken wie François Mitterrand, Guy Mollet und Pierre Mendès-France. Eine größere Kundgebung hatte Paris seit 1945 nicht erlebt, und auch in anderen französischen Großstädten nahmen Zehntausende von Menschen an den Demonstrationen teil, so in Lyon, Toulouse, Marseille, Nantes und Straßburg. «Zehn Jahre sind genug!» (Dix ans, ça suffit!) war eine der besonders häufig gehörten Parolen – ein Kampfruf, der sich gegen den Mann an der Spitze Frankreichs und den von ihm gepflegten autoritären Politikstil richtete. Nicht alle Teilnehmer der Kundgebungen kehrten anschließend in ihre Wohnungen zurück. In der Nacht zum 14. Mai besetzten Studenten unter Führung von Anarchisten und Trotzkisten die Sorbonne, wo sie zur Fortsetzung des Generalstreiks an den Universitäten aufriefen. Vorlesungen und Examina sollten nach einer Ankündigung von Daniel Cohn-Bendit erst wieder stattfinden, wenn Innenminister Fouchet und Polizeipräsident Grimaud ihren Rücktritt erklärt hätten.

Am 14. Mai legten die Arbeiter der Flugzeugwerke Sud-Aviation in Bougenais bei Nantes die Arbeit nieder und besetzten die Fabrik. In

den nächsten Tagen traten die Arbeiter der Renault-Werke in Bou-
logne-Billancourt und anderer Großbetriebe der Metallindustrie in
den Streik, kurz darauf viele Arbeitnehmer in Unternehmungen der
Textilindustrie, die Eisenbahner, die anderen Beschäftigten des öffentlichen Dienstes, der Flughäfen und der Tankstellen sowie die Bankangestellten. Die Streiks waren nicht gewerkschaftlich organisiert,
sondern spontan. Mit 5 Millionen übertraf die Zahl der Streikenden
bereits nach einer Woche die entsprechenden Zahlen von 1936 – dem
Jahr, in dem in Paris die Volksfrontregierung an die Macht gelangt
war. Auf dem Höhepunkt der Streikbewegung befanden sich zwischen
7,5 und 9,5 Millionen Menschen im Ausstand. Bahn- und Flugverkehr
waren zum Erliegen gekommen; die Post streikte; die Aktivität des
Landes war, wie «Le Monde» am 22. Mai berichtete, «total paraly-
siert».

Die Streikbewegung, die am 14. Mai einsetzte, war nicht allein und
nicht einmal vorrangig aus ökonomischen Ursachen zu erklären:
Frankreich befand sich im Frühjahr 1968 in keiner Wirtschaftskrise.
Die Arbeitslosenzahlen und die Inflationsrate waren in jüngster Zeit
zwar leicht angestiegen, aber die Rezession von 1966/67 hatte die
französische Wirtschaft deutlich weniger erfaßt als die westdeutsche.
Die Unzufriedenheit vieler Arbeiter und namentlich der jüngeren Fach-
arbeiter in den technologisch besonders fortgeschrittenen Branchen
lag eher im Gefühl autoritärer Bevormundung durch das «Patronat»
im Betrieb und den gaullistischen Staat begründet. Ebendieses Gefühl
verband sie mit den Studenten, denen es gelungen war, ihre wichtigsten
Forderungen gegenüber der Regierung durchzusetzen – ein ermutigen-
des Beispiel für viele Arbeiter. «Autogestion» (Selbstverwaltung) lautete die Parole, die im Mai 1968 in der Arbeiterschaft ähnlich starken
Widerhall fand wie die Forderung nach kürzeren Arbeitszeiten und
höheren Löhnen.

Freilich standen nicht alle Arbeiterorganisationen hinter dem bislang noch sehr vagen Projekt der Arbeiterselbstverwaltung. Die CGT
und die Kommunistische Partei beargwöhnten den Ruf nach «autogestion» zunächst als Ausgeburt des Anarchismus und unvereinbar
mit ihrer Tradition von Klassendisziplin und zentraler Lenkung. Die
CFDT hingegen bekannte sich demonstrativ zur Aktionseinheit von
Arbeitern und Studenten. «Der Freiheit in den Universitäten muß dieselbe Freiheit in den Betrieben entsprechen», hieß es in einem Kommu-

niqué vom 16. Mai, «darin verbindet sich der Kampf der Studenten mit dem Kampf, den die Arbeiter seit der Geburt ihrer Bewegung führen. An die Stelle der industriellen und administrativen Monarchie müssen demokratische Strukturen auf der Grundlage der ‹autogestion› treten» (À la monarchie industrielle et administrative, il faut substituer des structures démocratiques à base d'*autogestion*).

Die studentische und intellektuelle Protestbewegung feierte am gleichen Tag in der Besetzung des «Odéon» einen Meilenstein auf dem Weg zu einer neuen Kultur. Urheber der Okkupation des renommierten Theaters waren Mitglieder der Studentengruppe Culture et Créativité aus Nanterre, die eng mit dem Happening-Künstler Jean-Jacques Lebel und dem Begründer des Living Theater, Julian Beck, zusammenarbeiteten. In einem Manifest unter dem Titel «Die Phantasie übernimmt die Macht» riefen sie zur Sabotage der Kulturindustrie, zur Zerstörung ihrer Einrichtungen und zur Neuerfindung des Lebens auf. Am 20. Mai erhielten sie Zuspruch von dem bekanntesten französischen Philosophen. In einem vom «Nouvel Observateur» abgedruckten Gespräch mit Daniel Cohn-Bendit erklärte Jean-Paul Sartre: «Das Interessante an eurer Aktion ist, daß sie «die ‹Phantasie an die Macht› bringt ... Die Arbeiterklasse hat sich oft Kampfmittel ausgedacht, doch immer im Hinblick auf eine konkrete Situation, in der sie sich befand ... Ihr habt eine viel reichere Phantasie, und die Parolen, die man an der Sorbonne lesen kann, beweisen es.»

Am 22. Mai gab die Regierung bekannt, daß für Cohn-Bendit, der sich in der Zwischenzeit nach Deutschland begeben hatte, ab sofort ein Einreiseverbot galt. Die Mitteilung löste eine neue Solidarisierungswelle unter den Studierenden aus und führte zur weiteren Radikalisierung des Protestes, wobei sich erstmals auch Angehörige des Pariser «Subproletariats» an den Ausschreitungen beteiligten. Um dieselbe Zeit verhandelten Regierungsvertreter im Arbeitsministerium in der Rue de Grenelle mit Gewerkschaften und Arbeitgeberverbänden über eine tarifvertragliche Schlichtung der laufenden Konflikte und brachten am 27. Mai tatsächlich ein Rahmenabkommen zuwege. Die «Vereinbarung von Grenelle» sah Lohnerhöhungen, eine Verkürzung der Arbeitszeiten, einen erweiterten Kündigungsschutz und eine Ausdehnung der gewerkschaftlichen Rechte im Betrieb vor, ging den streikenden Arbeitern jedoch nicht weit genug, so daß der Ausstand fortgeführt wurde. Ein gemeinsames Sprachrohr hatten die Streikenden indes nicht, und das war ihre entscheidende Schwäche. Wenn es um kollektives Handeln auf der nationalen Ebene ging, waren sie auf die Gewerkschaften angewiesen. Diese waren nach wie vor die einzige Instanz, die die Streikbewegungen koordinieren konnte.

Während Premierminister Pompidou sich um Ausgleich und Verständigung bemühte, setzte Staatspräsident de Gaulle weiterhin auf die Durchschlagskraft seines Charismas. Einen auf vier Tage angelegten Staatsbesuch in Rumänien verkürzte er um einen Tag, um am 18. Mai nach Paris zurückzukehren. Im Ministerrat gab er tags darauf die einprägsame Devise aus «Ja zu Reformen, Nein zu kindischem Unfug» (La réforme: oui, la chienlit: non) – eine Parole, die Informationsminister Georges Gorse kurz darauf weisungsgemäß publik machte. Am Abend des 24. Mai wandte sich der General in einer Fernsehansprache an die Nation. Er versprach zwar eine Erneuerung der französischen Wirtschaft und in sehr allgemeiner Form mehr Mitbestimmungsrechte, verlangte aber von den Franzosen faktisch zunächst einmal, ihm in einem Referendum ihr Vertrauen auszusprechen. Das Echo der Rede war überwältigend negativ. Wenige Stunden später erlebte Paris eine zweite Nacht der Barrikaden; einige hundert Demonstranten stürmten die Börse und zündeten sie an. Die Straßenkämpfe zwischen Studenten und Einheiten der CRS verliefen noch gewaltsamer als in der Nacht vom 10. zum 11. Mai. Frankreich drohte im Chaos zu versinken. Auf der Linken forderte François Mitterrand am 28. Mai auf einer Pressekonferenz die Bildung einer Übergangsregierung unter dem früheren Ministerpräsidenten Pierre Mendès-France, doch weder die Kommunisten noch die Studentenverbände mochten sich mit diesem Gedanken anfreunden.

Am 29. Mai spitzte sich die Krise dramatisch zu. De Gaulle sagte kurzfristig eine Sitzung des Ministerrats ab und begab sich mit dem Wagen nach Issy-les-Moulineaux und von dort mit dem Hubschrauber ins deutsche Baden-Baden zu General Massu, dem Oberkommandierenden des dort stationierten 5. Armeekorps. Alles spricht dafür, daß die überstürzte Reise eine Flucht war: De Gaulle wurde von seiner Frau begleitet; sein Sohn Philippe und dessen Familie trafen am gleichen Tag in Baden-Baden ein; der Familienschmuck wurde mitgenommen. General Massu, der Hauptfigur des Putsches in Algier vom Mai 1958, gelang es jedoch, de Gaulle davon zu überzeugen, daß es keinen Grund zur Resignation gab und er nichts Besseres tun konnte, als nach Frankreich zurückzukehren und dem Umsturz die Stirn zu bieten.

Der Präsident befolgte den Rat und kündigte noch am Abend von seinem Landsitz in Colombey-les-deux-Églises aus in einem Telefongespräch mit Pompidou für den folgenden Tag eine Rundfunkansprache an (ein Auftritt im Fernsehen erschien wegen des Streiks als weniger kalkulierbar). In seiner Rede, die um 16 Uhr 30 begann und knapp fünf Minuten dauerte, verzichtete de Gaulle, einer dringenden Empfehlung des Premierministers nachkommend, vorläufig auf das geplante Referendum und kündigte statt dessen die Auflösung der Nationalversammlung und Neuwahlen an. Er beschwor die Gefahr einer Diktatur des totalitären Kommunismus, rief zur Verteidigung der Republik auf und drohte für den Fall, daß es in der parlamentslosen Zeit zu Unruhen kommen sollte, den Rückgriff auf die Notstandsvollmachten des Präsidenten nach Artikel 13 der Verfassung an. Unmittelbar nach der Rede zogen Hunderttausende von Anhängern des Generals durch die Champs-Élysées zur Place de l'Étoile, um de Gaulle hochleben zu lassen, die sofortige Räumung der Sorbonne zu verlangen und die Ausweisung Cohn-Bendits nach Deutschland, ja «Cohn-Bendit à Dachau», zu fordern. (Der Studentenführer war am 28. Mai illegal nach Frankreich zurückgekehrt und inzwischen wieder in der besetzten Sorbonne aufgetreten.)

De Gaulles Rundfunkrede vom 30. Mai wurde zum Wendepunkt in der Staatskrise. Die Auflösung der Nationalversammlung und die Anberaumung von Neuwahlen auf den 23. und 30. Juni verwiesen die Parteien der Linken auf den Boden des normalen, durch die Verfassung geregelten Machtkampfes. Wenn sie ihre Wahlchancen nicht mindern wollten, mußten sie sich diesem Kampf ab sofort mit demselben Elan widmen wie ihre innenpolitischen Gegner. Die Streikfront begann seit Anfang Juni zu bröckeln, am raschesten dort, wo es den Gewerkschaften gelang, die «Vereinbarung von Grenelle» zügig in einen Tarifvertrag zu überführen. In einigen Fällen bereiteten CRS-Truppen den Fabrikbesetzungen ein Ende; in Lyon, Flins und Sochaux kamen dabei Menschen ums Leben. Am 14. Juni räumte die Polizei das «Odéon», zwei Tage später die Sorbonne. Die radikalen Gruppen der studentischen Opposition waren bereits am 12. Juni verboten worden, darunter die Bewegung des 22. März und die trotzkistischen und maoistischen Studentenvereinigungen. Cohn-Bendit, der sich dem Vorwurf des «Starkults» ausgesetzt sah, kehrte in die Bundesrepublik zurück. Einige der linken Aktivisten schlossen sich im September 1968 zur

«Gauche prolétarienne» zusammen, die sich als proletarische Avant-garde bezeichnete und zum bewaffneten Kampf bekannte, was sich jedoch bald als verbalradikale Übertreibung erweisen sollte. Eine breite soziale Bewegung bildete die Neue Linke in Frankreich seit dem Sommer 1968 nicht mehr.

Der kalendarische Zufall wollte es, daß der Tag, an dem der Zerfall begann, für Frankreich und Deutschland derselbe war: Am gleichen 30. Mai, an dem de Gaulle sich über den Rundfunk an die Nation wandte, wurden in Bonn die Notstandsgesetze in dritter Lesung ver-abschiedet. Beide Ereignisse markierten Niederlagen, von denen sich die Neue Linke nicht mehr erholen sollte. In Frankreich war dem stu-dentischen Flügel freilich etwas gelungen, was ihrem bundesrepublika-nischen Pendant verwehrt blieb: ein zeitweiliges Aktionsbündnis mit der Arbeiterschaft. Dank der innerbetrieblichen Mitbestimmung hat-ten die westdeutschen Arbeitnehmer längst ein Maß an «industrieller Demokratie» erreicht, das weit über die Zugeständnisse der «Verein-barung von Grenelle» hinausging. Es war dieser deutsche Vorsprung, der wesentlich dazu beitrug, daß es in der Bundesrepublik 1968 keine Frankreich vergleichbare soziale Radikalisierung gab. Ein anderer Unterschied war ebenso augenfällig: In Frankreich verwandelten sich infolge seiner zentralistischen Staatsstruktur Konflikte an den Hoch-schulen unmittelbar in Probleme der nationalen Politik. In der Bundesrepublik waren die Länder für die Universitäten zuständig, und sie reagierten je nach der parteipolitischen Zusammensetzung ihrer Regierungen unterschiedlich auf den studentischen Protest. Für die Bundesrepublik bedeutete das eine erhebliche Entlastung.

Für den Wahlkampf bildete das Regierungslager ein Bündnis unter dem Namen Union pour la défense de la République. Auf der Seite der linken Opposition stellte der kleine Parti socialiste unifié (PSU), der der Neuen Linken am nächsten stand, dreimal so viele Kandidaten auf wie bei den vorangegangenen Wahlen vom März 1967. Beim ersten Wahlgang am 23. Juni zeichnete sich bereits ein deutlicher Umschwung zugunsten der gouvernementalen Rechten ab, die über 8 Prozent-punkte zulegte, während die Kommunisten und die Fédération de la gauche démocrate et socialiste jeweils 2 Prozentpunkte verloren; der PSU blieb mit 3,9 Prozent eine Splitterpartei. Im zweiten Wahlgang am 30. Juni erlangten die Gaullisten die absolute Mehrheit. Zusammen mit den Unabhängigen Republikanern um Giscard d'Estaing stellten

sie 354 von 487 Abgeordneten, womit sie fast über eine Dreiviertelmehrheit verfügten. Die Kommunisten fielen von 73 auf 34, die Föderation der Linken von 117 auf 57 Sitze. Das MRP und seine Verbündeten im Centre progrès et démocrate moderne erhielten 30 Sitze, 11
weniger als im Jahr zuvor. Eine konservativere Nationalversammlung
hatte Frankreich seit dem Wahlsieg von Clemenceaus Bloc national im
November 1919 nicht mehr gewählt.

Das Ergebnis der Juniwahlen zeigte, wo die Mehrheit der Franzosen
stand. Hätte die Linke Ende Mai nach der Macht gegriffen, um aus
der Revolte eine Revolution zu machen, wäre dies vermutlich der Auftakt zu einem Bürgerkrieg gewesen, den zu gewinnen die Linke keine
Chance gehabt hätte. Der Mann, dessen Kalkül am 23. und 30. Juni
1968 aufging, war nicht Charles de Gaulle, sondern Georges Pompidou. Es war womöglich die Einsicht in diesen Sachverhalt, die den
Staatspräsidenten veranlaßte, einen Wechsel an der Spitze der Regierung zu vollziehen: Neuer Premierminister wurde der bisherige Außenminister Maurice Couve de Murville, von dem de Gaulle annehmen
durfte, daß er sich, anders als Pompidou, nicht zum politischen Rivalen entwickeln würde.

Staats- und Regierungschef waren sich darin einig, daß Frankreich
einschneidender Reformen bedurfte, wenn es nicht erneut in eine Krise
wie die vom Mai 1968 geraten sollte. Eine wichtige Aufgabe oblag in
diesem Zusammenhang Bildungsminister Edgar Faure. Im November
1968 billigte die Nationalversammlung, unbeeindruckt von heftigen
studentischen Protesten, mit überwältigender Mehrheit bei Stimmenthaltung der Kommunisten das von ihm vorgelegte Gesetz über die
Universitätsreform, das den Hochschulen Autonomie und den Studierenden ebenso wie den einzelnen Kategorien des Lehrkörpers Mit-
wirkungsrechte in den Organen der akademischen Selbstverwaltung
brachte. Ein zweites von de Gaulle nachdrücklich unterstütztes Angebot in Sachen «participation» war die Anerkennung innerbetrieblicher
Gewerkschaftssektionen durch Gesetz vom Dezember 1968, das der
«Vereinbarung von Grenelle» Rechnung trug. Ein drittes Reformvorhaben, an dem dem Präsidenten ebensoviel lag, war eine Regional-
reform, durch die Frankreich dezentralisiert werden sollte. Über diese
und damit zusammenhängende Neuerungen wollte de Gaulle die Franzosen in einem Referendum entscheiden lassen und damit auf einen
Gedanken zurückkommen, den er am 30. Mai nicht aufgegeben, son-

dern nur vertagt hatte. Da die Materie schwierig war und Couve de Murville der Initiative des Präsidenten eine gewisse Skepsis entgegenbrachte, verzögerte sich das Referendum bis zum Frühjahr 1969. Es sollte zum letzten Kapitel in der Präsidentschaft de Gaulles werden und der Linken eine Gelegenheit bieten, sich für die Niederlage vom Juni 1968 zu revanchieren.

Wie in Frankreich so hatten auch in Italien die Studierenden allen Anlaß, über unhaltbare Zustände an den Universitäten zu klagen. Zwischen 1960 und 1968 hatte sich die Zahl der Studenten nahezu verdoppelt, ohne daß der Lehrkörper entsprechend vergrößert worden wäre. Die Folge waren überfüllte Lehrveranstaltungen und fehlende individuelle Betreuung. Zudem waren viele Studierende auf Erwerbsarbeit nicht nur in den Semesterferien angewiesen, was zu langen Studienzeiten, schlechten Prüfungsnoten und häufig zum Abbruch des Studiums führte: 1968 verließen 56 Prozent aller Studierenden die Universität ohne Examensabschluß. Zu Beginn jenes Jahres weiteten sich die studentischen Proteste gegen diese und andere Mißstände von Norditalien über das ganze Land aus. In Rom kam es Anfang März zu schweren Krawallen: Nachdem die Polizei die Città universitaria geräumt hatte, erstürmten aufgebrachte Studenten die Fakultät für Architektur in der Valle Giulia und lieferten sich im Park der Villa Borghese eine Schlacht mit der Polizei, bei der Bücher, Flaschen und Steine als Wurfgeschosse zum Einsatz kamen. Die Polizisten gaben ihrerseits Warnschüsse ab, um umzingelte Kollegen zu befreien. Die Zahl der Verletzten auf beiden Seiten wird auf 600 geschätzt.

Was Polizei und regierende Parteien besonders beunruhigte, war die Tatsache, daß es einigen studentischen Gruppen gelungen war, eine Verbindung zu radikalen Arbeitergruppen herzustellen. Schon 1962/63 hatten sich linke Studenten aktiv an Arbeitskämpfen beteiligt. 1968 wurde nicht nur an den Universitäten, sondern auch in zahlreichen Betrieben gestreikt. Die meisten der 3800 kollektiven Arbeitsniederlegungen, die 1968 in Italien gezählt wurden, waren örtliche, «wilde» Streiks; 7,5 Millionen Arbeiter und Angestellte beteiligten sich an ihnen. Die Gründe des sozialen Protests lagen meist in gestiegenem Leistungsdruck, schlechten Wohn- und Lebensverhältnissen und autoritären Betriebsstrukturen: Bedingungen, die es leicht machten, ein breites Feld von Gemeinsamkeiten zwischen Arbeitern und Studieren-

den auszumachen. Linke Studenten, vor allem aus der schon erwähnten
Gruppe «Potere operaio» und anderen Vereinigungen, in denen sowohl
Studenten wie Arbeiter vertreten waren, darunter der «Lega Studenti e
Operai» und «Lotta continua», beteiligten sich vielfach an den Ausständen. Dabei versuchten sie, die Aktionen auf das Niveau eines Kampfes
gegen den Kapitalismus als solchen zu heben und dabei an das verpflich-
tende Erbe der antifaschistischen Resistenza zu erinnern.

Unter dem Druck ihrer Basis konnten die Gewerkschaften kaum
anders, als den Arbeitgebern mit drastischen Lohnforderungen gegenüberzutreten. Die Ertragslage des jeweiligen Unternehmens oder der
betreffenden Branche spielte dabei keine Rolle. Die Erfolge, die auf
diese Weise erzielt wurden, waren beträchtlich. Die Lohnerhöhungen
waren in Italien in den Jahren nach 1968 im Durchschnitt doppelt so
hoch wie in anderen westeuropäischen Industrieländern, ohne daß die
Produktivität entsprechend gestiegen wäre. Den Gewerkschaften aller
Richtungen bekam die offensive Strategie gut: Ihre Mitgliederzahlen
wuchsen seit Ende der sechziger Jahre erheblich an. Zu einem Generalstreik wie in Frankreich aber sahen die italienischen Gewerkschaften
1968 keinen Anlaß: Einstweilen erreichten sie ihre Ziele auch ohne den
Einsatz des schärfsten Kampfmittels.

Auch die Parteien der Linken dachten nicht in revolutionären Kategorien. Bei den Parlamentswahlen vom Mai 1968 waren die Kommunisten neben den Christdemokraten die eigentlichen Gewinner: Sie
erzielten gegenüber 1963 ein Plus von 1,6 Prozentpunkten und kamen
auf 26,9 Prozent; die DC gewann 0,8 Prozentpunkte und kam auf
39 Prozent. Der PCI profitierte offenkundig davon, daß er sich von der
sowjetischen Politik behutsam distanzierte und dabei auf das «Testament» des im August 1964 verstorbenen Parteiführers Palmiro Togliatti
berufen konnte. Nach der Niederwerfung des «Prager Frühlings»
durch die Armeen der Warschauer-Pakt-Staaten im August 1968 sollte
die Kritik am Sowjetkommunismus noch sehr viel deutlicher werden,
flankierend freilich auch die Abgrenzung gegenüber der innerparteilichen Linken, die sich um die Zeitschrift «Il Manifesto» gebildet hatte
und im Herbst 1968 aus dem PCI ausgeschlossen wurde. Die Sozialisten und Sozialdemokraten hingegen, die sich im Juli 1966 zum Partito Socialista Unitario (PSU) zusammengeschlossen hatten, konnten
weder aus dieser Fusion noch aus ihrer Beteiligung an den Kabinetten
des Centrosinistra unter dem Christdemokraten Aldo Moro Nutzen

ziehen: Hatten Sozialisten und Sozialdemokraten zusammen 1963
19,8 Prozent erreicht, erzielte der PSU 1968 nur noch 14,4 Prozent.

Innerhalb der Studentenbewegung führten die Erfahrungen im
eigenen Land wie die Beobachtung dessen, was 1968 in Frankreich
geschah, zu einer Verlagerung der Gewichte: Das antiautoritäre Lager
um «Potere studentesco» verlor an Einfluß, während «Potere operaio» an Boden gewann. Auf einem gesamtitalienischen Studenten-
kongreß in Venedig prallten im September 1968 die Gegensätze zwischen beiden Richtungen sowie zwischen ihnen und den Maoisten,
die auf den Aufbau einer «leninistischen» Kaderpartei drängten, so
hart aufeinander, daß eine Verständigung auf eine gemeinsame Strategie unmöglich wurde.

«Potere studentesco» konzentrierte sich in der Folgezeit auf die
Arbeit an einer «kritischen Universität» in Turin nach dem Vorbild des
deutschen SDS und, am Beispiel der deutschen Anti-Springer-Kam-
pagne orientiert, auf die Konfrontation mit «La Stampa», der in Turin
erscheinenden, überregional gelesenen Tageszeitung, die im Besitz der
Familie Agnelli, der Eigentümer der FIAT-Werke, war. Im Zuge dieser
Aktivitäten wuchs bei den Antiautoritären die Neigung, Gewalt mehr
als nur «kalkuliert» einzusetzen. Die «Operaisten» widmeten sich dagegen weiterhin der Mobilisierung der Arbeiterklasse. «1968» brachte
der gespaltenen Neuen Linken Italiens keinen Durchbruch, etwa in
Gestalt einer Hochschulreform, aber auch keine Niederlage, wie sie
ihre deutschen und französischen Gesinnungsgenossen bei der Verabschiedung der Notstandsgesetze im Mai beziehungsweise den Wahlen
vom Juni erlebten. Infolgedessen setzten alle Gruppen der außerparlamentarischen Linken auf neue Gelegenheiten zu Kraftproben mit der
bestehenden Ordnung – und die sollten auch nicht lange auf sich warten lassen.

Auch in Großbritannien machte sich 1968 der Geist der Revolte be-
merkbar, freilich sehr viel weniger stark als in Italien, Frankreich oder
der Bundesrepublik Deutschland. Am 17. März fand in London, angeregt vom Berliner Vorbild vom 18. Februar, eine internationale Demonstration gegen den Vietnamkrieg statt. Die Vertreter des deutschen
SDS drängten den Veranstalter, die von Tariq Ali geführte Vietnam
Solidarity Campaign, einen Sturm auf die diplomatische Vertretung
der USA vorzubereiten, was Ali jedoch strikt ablehnte. Am Grosvenor

Square, dem Sitz der amerikanischen Botschaft, kam es dennoch zu einer Aktion, die die Veranstalter hatten vermeiden wollen: Die Demonstranten besetzten den Platz und zeigten dabei eine Militanz, die einen prominenten Pariser Teilnehmer, Alain Krivine vom trotzkistischen Studentenverband Jeunesses Communistes Révolutionnaires, überraschte und Perry Anderson von der «New Left Review» schockierte. Auf der anderen Seite prügelte die berittene Polizei mit einer in Großbritannien seltenen Brutalität auf die Demonstranten ein. Nach etwa zwei Stunden rief Tariq Ali zur Räumung des Platzes auf. Einer der Teilnehmer, Mick Jagger von den «Rolling Stones», war von diesem Ausgang der Demonstration bitter enttäuscht und widmete der Erfahrung des 17. März einen seiner populärsten Songs, den vom «Street Fighting Man».

Auch bei den studentischen Protesten gegen den Vietnamkrieg wurde die Grenze zur Gewalt mehr als einmal überschritten: Als im März 1968 Verteidigungsminister Denis Healey einen Vortrag in Cambridge halten wollte, durchbrachen Studenten die Polizeiketten und versuchten, das Auto des Labour-Politikers umzukippen. Kurz darauf wurde Innenminister James Callaghan in Oxford von Studenten hart bedrängt, die sich anschickten, ihn in einen Fischteich zu werfen. Wissenschaftsminister Gordon Walker wurde in Manchester daran gehindert, eine Rede zu halten. In Sussex attackierten Studenten den Presseoffizier der amerikanischen Botschaft, der sich dort einer Diskussion stellen wollte, mit Farbbeuteln. Es gab Sit-ins in Leicester, Essex und Hull, die Besetzung eines universitären Verwaltungsgebäudes in Oxford, die Gründung einer «Anti-Universität» in London und langanhaltende Störungen des Lehrbetriebs an der London School of Economics, einer Hochburg der intellektuellen Linken. Doch insgesamt waren gewaltsame Protestaktionen der Neuen Linken im Vereinigten Königreich vergleichsweise selten: Die politische Kultur der parlamentarischen Demokratie war so gefestigt, daß außerparlamentarische Gruppierungen keine Chance hatten, mit antiparlamentarischen Parolen eine breite Anhängerschaft zu finden.

Die größere Gefahr für die überkommene Ordnung ging 1968 von rechts aus: Angestachelt von dem konservativen Unterhausabgeordneten Enoch Powell, dem Urheber des Slogans «Keep Britain White», kam es landesweit zu Arbeiterprotesten, dem sogenannten «White Backlash», gegen die Einwanderung von Farbigen aus den Ländern des Commonwealth im allgemeinen und Kenia im besonderen. Die

Labour-Regierung unter Harold Wilson begrenzte zwar durch ein Gesetz vom 1. März 1968 angesichts der massenhaften Vertreibung von Asiaten, besonders Indern, aus Kenia die weitere Einwanderung aus Commonwealth-Ländern, was aber aus der Sicht der rassistischen Rechten völlig unzureichend war. Am 20. April 1968 warnte Powell im Zusammenhang mit der laufenden Debatte um den geplanten Race Relations Act in einer Rede in Birmingham vor einer weiteren Immigration von Farbigen, die die Briten in manchen Regionen und Städten zu einer Minderheit, ja zu Fremden im eigenen Land zu machen drohe und zu Verhältnissen wie im antiken Rom führen könne, «wo der Tiber mit Blut überschäumte». Der konservative Oppositionsführer Edward Heath antwortete auf diese Provokation mit der härtesten Sanktion, die ihm zur Verfügung stand: Er entfernte Powell aus dem Schattenkabinett und machte ihn dadurch zum politischen Außenseiter.

Spannungen erlebte das Vereinigte Königreich Ende der sechziger Jahre auch an seiner «keltischen Peripherie». Im November 1967 wurde bei einer Nachwahl zum Unterhaus ein sicherer Labour-Wahlkreis von der Scottish National Party erobert: ein deutliches Anzeichen für das Erstarken einer Bewegung, die sich gegen den Londoner Zentralismus wehrte und für eine weitgehende Eigenständigkeit Schottlands, wenn auch noch nicht für seine volle Unabhängigkeit einsetzte. In Wales kämpfte die regionalistische Partei Plaid Cymru, die 1966 erstmals eine Nachwahl gewonnen hatte, für die Pflege der walisischen Identität und der walisischen Sprache, die jedoch nur von einem Fünftel der Bevölkerung gesprochen wurde. Nachdem ein Gesetz von 1965 dem Walisischen eine gleichberechtigte Stellung neben dem Englischen gewährleistet hatte, akzeptierte Plaid Cymru 1968 eine Politik des «Bilingualismus» und verbesserte so ihre Chancen, auch von englischsprachigen Walisern gewählt zu werden.

Zu einer krisenhaften Zuspitzung eines regionalen Konflikts kam es 1968 aber nur im konfessionell verfeindeten Nordirland. Die katholische Minderheit, rund ein Drittel der Bevölkerung, hatte ihren sozialen Rückhalt vor allem in der proletarischen Unterschicht der Städte, die protestantische Mehrheit in den städtischen und ländlichen Mittelschichten. Vom amerikanischen Civil Rights Movement inspiriert, riefen katholische Bürgerrechtler der Northern Ireland Civil Rights Association (NICRA) am 5. Oktober trotz eines Verbots des Belfaster

Innenministers zu einer Demonstration gegen einen Stadtentwicklungs-
plan für Londonderry auf, durch den sich die katholische Minderheit
benachteiligt sah. An der Aktion beteiligte sich auch, und zwar in
bewußt provozierender Absicht, die in den fünfziger Jahren wieder-
erstandene Untergrundorganisation der katholischen Iren, die Irish
Republican Army (IRA). Die rein protestantische Polizeitruppe Nordirlands, die Royal Ulster Constabulary, reagierte mit äußerster Härte
und trug so dazu bei, daß einige der Bürgerrechtsaktivisten, an ihrer
Spitze Bernadette Devlin, auf dem Weg über das Fernsehen zu internationaler Prominenz gelangten. Dasselbe galt freilich auch für ihren
protestantischen Widersacher, den Gründer der Free Presbyterian
Church, Reverend Ian Paisley. Das aufgewühlte Ulster kam seit dem
Herbst 1968 nicht mehr zur Ruhe: Die Zusammenstöße von Londonderry wurden zum Auftakt jener bürgerkriegsartigen Kämpfe, die die
siebziger und frühen achtziger Jahre prägen sollten. Nordirland erwies
sich einmal mehr als die Achillesferse der britischen Innenpolitik.

Als die amerikanische Bürgerrechtsbewegung Ende August 1968 anläßlich des demokratischen Parteikongresses in Chicago ihre bislang
schwerste Niederlage erlebte, stand bereits fest, wer auf republikanischer Seite in den Präsidentschaftswahlkampf ziehen würde: Es war der
frühere Vizepräsident Richard Nixon. Sein politisches «comeback» war
erstaunlich, da Nixon 1962 bei der Gouverneurswahl in Kalifornien
von dem Demokraten Pat Brown mit stattlichem Abstand geschlagen
worden war und danach seinen Rückzug aus der Politik verkündet hatte.
Doch als Rechtsanwalt in New York hatte er es in den folgenden Jahren
verstanden, sich eine politische Basis auf dem gemäßigten konservativen
Flügel der «Grand Old Party» zu schaffen, und als dessen Repräsentant
erklärte Nixon am 1. Februar 1968 seine Kandidatur.

In den Vorwahlen konnte sich der einstige Stellvertreter Eisenhowers eine, wenn auch nur dünne Mehrheit der Delegierten sichern. Auf
der Convention in Miami schaffte er am 8. August mit 692 Stimmen
die Nominierung im ersten Wahlgang. 277 Stimmen entfielen auf den
liberalen Gouverneur des Staates New York, Nelson Rockefeller, 182
auf Ronald Reagan, den konservativen Gouverneur von Kalifornien.
Nixon machte den weithin als untüchtig geltenden (und, wie sich später herausstellte, korrupten) Gouverneur von Maryland, Spiro Agnew,
zu seinem «running mate» und zog mit der Versicherung in den Wahl-

kampf, er werde sich als Präsident für Stabilität, «law and order» und die Beschränkung der Befugnisse der Zentralregierung einsetzen und in Vietnam einen ehrenvollen Frieden (a peace with honor) schließen.

Hubert Humphrey verkündete noch auf dem demokratischen Parteikongreß in Chicago, als Präsident werde er das Bombardement von Nordvietnam einstellen, um die Friedensverhandlungen voranzubringen und den Krieg abzukürzen; er würde die Luftangriffe aber wieder aufnehmen, wenn Nordvietnam sich destruktiv verhalte. Nicht zuletzt dank der politischen und rhetorischen Fähigkeiten seines Kandidaten für die Vizepräsidentschaft, Senator Edmund Muskie aus Maine, konnte Humphrey in den folgenden Wochen den Vorsprung, den Nixon in Meinungsumfragen erzielt hatte, deutlich verkleinern. Schwer zu kalkulieren waren die Chancen des dritten Kandidaten, des früheren Gouverneurs von Alabama, George Wallace, der als Bewerber der von ihm gegründeten Independent Party den Umfragen zufolge vor allem rassistisch gesinnte Südstaatenwähler, aber auch Teile der Industriearbeiterschaft des Nordens für sich gewinnen konnte. Wallace und sein Kandidat für die Vizepräsidentschaft, General Curtis LeMay, traten mit der Ankündigung auf, sie würden im Fall ihres Sieges Vietnam «pulverisieren».

Am 31. Oktober unternahm Präsident Johnson einen Schritt, der geeignet erschien, die Wahlchancen seiner Partei, der Demokraten, zu verbessern. Er gab die Aussetzung des Luftkriegs gegen Nordvietnam bekannt. Die Demokratische Republik Vietnam hatte zuvor zugesagt, in diesem Fall ihr Veto gegen eine Beteiligung Südvietnams an den Friedensgesprächen in Paris aufzugeben – eine Blockade, die bislang jeden Fortschritt verhindert hatte. Nixon konterte die Initiative des Präsidenten mit einer Intrige: Über Mittelsmänner wandte er sich an den südvietnamesischen Präsidenten Nguyen Van Thieu, der den Friedensverhandlungen ohnehin ablehnend gegenüberstand, und bewog ihn zu der Erklärung, er, Thieu, werde keine Vertreter nach Paris entsenden. Die Absicht, die Nixon damit verfolgte, war eindeutig: Johnsons Vorstoß sollte als rein innenpolitisches Manöver, als Intervention zugunsten Humphreys, entlarvt werden.

Das taktische Kalkül des republikanischen Bewerbers ging auf: Hatte Humphrey in den letzten Umfragen einen Vorsprung vor Nixon erzielt, so drehte sich die Reihenfolge jetzt um. Am Wahltag, dem 5. November, erhielt Nixon etwa 500 000 Stimmen mehr als Hum-

phrey. Der Kandidat der Republikaner erhielt 43,4, der Bewerber der
Demokraten 42,7 Prozent. Bei den Wahlmännern und Wahlfrauen
war der Abstand größer: 301 waren auf Nixon, 191 auf Humphrey
festgelegt. Wallace kam auf 13,5 Prozent der Stimmen und 46 Wahlmänner und Wahlfrauen. In den beiden Häusern des Kongresses behielten freilich die Demokraten die Mehrheit. Was die (von Nixon gern
so genannte) «schweigende Mehrheit» (silent majority) der Amerikaner
am Ende des turbulenten Jahres 1968 wollte, war trotz des knappen
Ausgangs der Präsidentenwahl klar: Ihre Entscheidung war ein Votum
gegen radikale Veränderungen und für politische Stabilität.

1968 war der Höhepunkt einer transnationalen Revolte, aber nicht ihr
Endpunkt. Studenten waren ihre Avantgarde, aber nicht ihre einzige
Trägerschicht. Wo immer sich andere gesellschaftliche Gruppen, von
Teilen der schwarzen Bevölkerung der USA bis zur französischen
Arbeiterklasse, mit der rebellierenden akademischen Jugend zu Ak-
tionsbündnissen zusammenschlossen, gewannen die Proteste den Charakter einer breiten sozialen Bewegung. Die meisten Schauplätze der
Revolte lagen im alten und neuen Westen, also in Westeuropa, Nordamerika, Australien und Neuseeland, viele aber auch in Lateinamerika
und Japan. In Tokio fand nach der Ermordung von Martin Luther
King Ende April 1968 eine große Solidaritätskundgebung statt; links-
radikale Gruppen, die freilich nur eine kleine Minderheit der Studierenden hinter sich brachten, protestierten mit äußerster Militanz gegen
den Krieg der Amerikaner in Vietnam, den japanischen «Imperialismus» und das hierarchische Universitätssystem.

    In Mexiko nutzten rebellierende Studenten die internationale Auf-
merksamkeit, die die 19. Olympischen Sommerspiele dem Land und
seiner Hauptstadt brachten, um Ende Juli ihren Protest gegen Mißstände an den Hochschulen, in Staat und Gesellschaft auf die Straße
zu tragen und die Auseinandersetzung mit den Ordnungskräften zu
suchen. In Mexiko-Stadt beteiligten sich auch zahllose Menschen aus
der armen Unterschicht an Massendemonstrationen und Ausschreitungen. Polizei und Armee schlugen, wo immer sie sich herausgefordert
sahen, mit äußerster Brutalität zurück. In Tlatelolco wurden Anfang
Oktober, wenige Tage vor der Eröffnung der Olympiade, Maschinen-
gewehre gegen die aufgebrachte Menge eingesetzt: Die Angaben über
die Zahl der getöteten Zivilisten gehen weit auseinander. Gewalttätige

Auseinandersetzungen zwischen Studenten und Polizei gab es im Sommer 1968 auch in Rio de Janeiro, Buenos Aires, Uruguay, Ecuador und Chile.

Auch in diktatorisch regierten Ländern Europas brachten Studenten 1968 ihren Unmut mit den bestehenden Verhältnissen zum Ausdruck. Von den Demonstrationen in Warschau vom März jenes Jahres war schon die Rede. In Jugoslawien besetzten Studenten der Universität Belgrad Anfang Juni die Fakultät für Philosophie und Soziologie und bekundeten auf Spruchbändern ihre Verachtung der «roten Bourgeoisie». Die Solidarisierung vieler Professoren konnte ein hartes Eingreifen der Polizei nicht verhindern. Erst als Präsident Tito sich am 9. Juni über das Fernsehen auf die Seite der rebellierenden Studenten stellte, verebbten die Proteste – ohne daß sich am politischen System des Landes Wesentliches geändert hätte.

Im autoritär regierten Spanien war es bereits Anfang 1965 zu ersten studentischen Aktionen gegen das Regime des Generalissimus Franco gekommen; Barcelona wurde zu einem frühen Zentrum der akademischen Auflehnung gegen politische Unterdrückung. Im Dezember 1967 wurden an der Universität Madrid Rufe nach Freiheit und «Tod für Franco» laut; von der Hauptstadt griff die Unruhe auf Salamanca über; harte Sanktionen gegen die Urheber der Demonstrationen waren die Antwort. Am 28. März 1968 wurde die Universität Madrid wegen der anhaltenden Proteste auf unbestimmte Zeit geschlossen – eine Maßnahme, die Solidaritätsaktionen an anderen Hochschulen auslöste. Der Wiedereröffnung der Universität Madrid am 6. Mai folgten Prozesse gegen über 70 der studentischen Aktivisten und ein massiver Polizeieinsatz gegen mehr als tausend Studierende, die sich am Philosophischen Institut der Universität Madrid verbarrikadiert hatten. Einige von ihnen wurden zum Militärdienst eingezogen – eine Strafe, die auch manche aktive Teilnehmer der Protestaktion an der New Yorker Columbia-Universität vom April 1968 ereilte.

In den USA erreichten die Proteste gegen den Vietnamkrieg ihren Höhepunkt, wie noch zu zeigen sein wird, in der Zeit vom Herbst 1969 bis zum Frühjahr 1970. Daß sie danach verebbten, lag vor allem an einer Maßnahme Nixons vom Oktober 1969, die einerseits ein studentisches Privileg beseitigte, andererseits den Anfang vom Ende des «draft» bedeutete: Das «student deferment», die Einziehung von Studenten zum Wehrdienst erst nach Studienabschluß, wurde abge-

schafft und ein allgemeines Ausleseverfahren eingeführt, von dem aber
nur vergleichsweise wenige Studenten betroffen waren. Am 1. Juli
1973 wurde die im Juni 1948, in der Frühphase des Kalten Krieges,
eingeführte allgemeine Wehrpflicht für Männer zwischen 19 und
26 Jahren abgeschafft. Eine Berufsarmee sollte künftig die äußere
Sicherheit der Vereinigten Staaten gewährleisten.

In der Bundesrepublik Deutschland hielt die Unruhe an den Hochschulen dagegen noch bis Mitte der siebziger Jahre an. Die gezielte
Störung von Vorlesungen und Seminaren ging meist auf das Konto von
doktrinären «K-Gruppen», mitunter auch auf das von «Spontis», die in
der Tradition der Situationisten standen. Wo immer sozialdemokratisch geführte Landesregierungen die studentische, ursprünglich vom
SDS vorgebrachte Forderung nach «Drittelparität» – das heißt nach
einer gleich starken Vertretung von Professoren, «Mittelbau» und
Studierenden in allen akademischen Leitungsgremien – verwirklich-
ten, war das Ergebnis vor allem in den geistes- und sozialwissenschaft-
lichen Fächern eine linke, häufig vulgärmarxistische Ideologisierung
der Lehre und die Herabsetzung der Prüfungsanforderungen. Erst ein
Urteil des Bundesverfassungsgerichts vom Mai 1973 sorgte dafür, daß
die Gruppe der hauptamtlichen Professoren in Fragen der Lehre und
Forschung nicht mehr durch die anderen Gruppen überstimmt werden
konnte.

Das antiautoritäre Erbe der «68er-Bewegung» lebte in den siebziger
Jahren, vor allem in der Bundesrepublik, in der «Kinderladenbewe-
gung» fort, in der jede Art von Ausspielen von Erwachsenenautorität
verpönt war. Sehr viel folgenreicher war der «New Feminism»: eine
Bewegung, die in den USA 1963 in Betty Friedans Buch «The Feminine Mystique» einen frühen, vielbeachteten Ausdruck fand. Das Buch
war eine auf Interviews gestützte Studie über das entfremdete Leben
von Frauen der wohlhabenden, gebildeten weißen Mittelschicht, die
im Sinne der herkömmlichen Rollenverteilung zwischen Mann und
Frau ihre Wünsche, Interessen und Fähigkeiten ganz der Karriere des
Gatten und der Erziehung der gemeinsamen Kinder untergeordnet
hatten. In der 1966 von Friedan und ihren Mitarbeiterinnen gegründeten National Organisation for Women (NOW) fanden dann auch die
Bedürfnisse berufstätiger Frauen stärkere Beachtung.

In der zweiten Hälfte der sechziger Jahre radikalisierte sich die
Frauenbewegung nicht nur in den USA: Öffentliche Bekenntnisse pro-

minenter Frauen, die eine Schwangerschaft unterbrochen und damit gegen das geltende Strafrecht verstoßen hatten, zum Recht auf Abtreibung lösten heftige Kontroversen aus und trugen in vielen Ländern zu neuen, liberaleren gesetzlichen Bestimmungen bei. In der Summe gab «1968» den Emanzipationsbestrebungen der Frauen starken Auftrieb. Aber auch innerhalb der Neuen Linken, beispielsweise beim SDS, bedurfte es erheblicher Anstrengungen, um den männlichen Wortführern der Studentenbewegungen eine nicht nur theoretische Anerkennung der Gleichberechtigung der Geschlechter abzunötigen.

Die transnationale Revolte von 1968 stellte alle Arten von überlieferter Diskriminierung in Frage, auch die der Schwulen und Lesben. Die «Gay Liberation» war kein herausragendes Thema der Neuen Linken, aber ohne die Anstöße von 1968 wäre es am 27. Juni 1969 schwerlich in der Christopher Street in Greenwich Village, dem New Yorker Künstlerviertel, zum «Stonewall riot», tagelangen Straßenschlachten zwischen Homosexuellen und der Polizei, ausgelöst durch eine Razzia in einem Schwulen-Nachtklub, dem «Stonewall Inn», gekommen. Die New Yorker Ereignisse hatten Auswirkungen auf das ganze Land, ja in weltweitem Maßstab: Sie gaben einer breiten öffentlichen Diskussion über die Vielfalt sexueller Veranlagungen, das Recht der sexuellen Selbstbestimmung und die Notwendigkeit einer entsprechenden Entdiskriminierung von Strafrecht und Alltagspraxis Auftrieb. Der «Christopher Street Liberation Day», alljährlich am letzten Samstag im Juni mit großen Demonstrationszügen begangen, wurde zu *dem* Symbol einer internationalen Befreiungsbewegung der Homosexuellen.

Ein öffentliches «Coming-out» von Lesben und Schwulen hatte es vor 1969 nur sehr selten gegeben. Danach wurden solche Fälle häufiger, erforderten aber, zumal wenn es sich um Prominente handelte, immer noch großen persönlichen Mut. Wenn Marcuses Begriff der «repressiven Toleranz» irgendwo ins Schwarze traf, dann im Bereich der gesellschaftlichen Diskriminierung von Abweichungen von dem, was die Mehrheit für «normal» hielt. Die traditionelle Trennung von privater und öffentlicher Sphäre konnte Unterdrückung bedeuten, und wo dem so war, mußte sie überwunden werden: In dieser Erkenntnis lag der Impuls, den «1968» der Bewegung der Schwulen und Lesben vermittelte.

Zu den längerfristigen Wirkungen, die der Aufbruch von 1968 in den USA hatte, gehört auch die Ausweitung des Gedankens gleicher Bürgerrechte für alle Amerikaner ohne Unterschied von Hautfarbe

und Herkunft auf Minderheiten ohne schlagkräftige «Lobby» wie die
Indianer. Die Regierung Eisenhower hatte sich bemüht, die Ureinwohner des Landes in die weiße Mehrheitsgesellschaft zu integrieren und
zu diesem Zweck zu urbanisieren, und deshalb den Stämmen die offizielle Anerkennung und verbriefte Autonomierechte entzogen. Unter
Kennedy und Johnson wurde diese «termination» genannte Politik
nicht fortgesetzt, vielmehr mit der Wiederherstellung einer gewissen
Stammesautonomie begonnen. Die «Native Americans», wie sie sich
seit den sechziger Jahren selber nannten, waren damit aber nicht zufrieden. 1961 verabschiedeten 400 Delegierte von 67 Stämmen in
Chicago die «Declaration of Indian Purpose» – ein Manifest, das zur
Bewahrung des kulturellen Erbes der amerikanischen Indianer aufrief
und ihr Recht auf einen eigenen «way of life» hervorhob. 1968 gründete
eine Gruppe militanter junger Indianer das American Indian Movement (AIM), das alle Ureinwohner der USA, gleichviel ob sie in Reservaten oder in städtischen Siedlungen lebten, hinter sich zu bringen versuchte. Im gleichen Jahr verabschiedete der Kongreß den Indian Civil
Rights Act, der die Geltung indianischer Stammesgesetze innerhalb
der Reservate anerkannte.

Doch die rebellisch gewordenen Indianer innerhalb und außerhalb
des AIM wollten mehr. 1968 kam es in Washington State zu Zusammenstößen zwischen indianischen Fischern und den staatlichen Behörden am Columbia River und in Puget Sound, wobei die «Native
Americans» ihren Rechtsstandpunkt mit alten vertraglichen Vereinbarungen begründeten. Im November 1969 besetzten Angehörige
mehrerer Stämme das nicht mehr benützte Gefängnis auf der Insel
Alcatraz in der Bucht von San Francisco und erklärten das umliegende
Territorium zu altem Indianerland. Die Aktion dauerte mehrere
Wochen lang und veranlaßte Präsident Nixon, den Indianern erweiterte Stammesrechte und mehr Bundeshilfe zuzusagen. Die Protestbewegung aber ging unvermindert weiter. Ende 1972 besetzten etwa
tausend Demonstranten, die meisten von ihnen Angehörige der Lakota
Sioux, das Bureau of Indian Affairs in Washington.

Drei Monate später, im Februar 1973, erfolgte die Besetzung der
Kleinstadt Wounded Knee in South Dakota, des Schauplatzes des letzten großen Massakers, das Bundestruppen 1890 an Indianern verübt
hatten, durch Aktivisten des AIM. Mit der Okkupation, die zehn
Wochen dauerte, sollte die Bundesregierung in Washington zur Über-

prüfung aller 371 mit Indianerstämmen geschlossenen Verträge veranlaßt werden. Eine großangelegte Wiedergutmachung vergangenen Unrechts bewirkten solche symbolischen Aktionen nicht, aber Teilerfolge konnte die indianische Bürgerrechtsbewegung durchaus verbuchen. Vor allem trug sie dazu bei, in der amerikanischen Öffentlichkeit ein neues, selbstkritisches Bewußtsein für eines der dunkelsten Kapitel in der Geschichte der Vereinigten Staaten zu wecken.

Eine sehr viel größere Minderheit als die Indianer, zu der 1970 rund 800 000 Amerikaner gehörten, bildeten die «Latinos» oder «Hispanic Americans». Ihre Zahl stieg von 1960 bis 1970 von 3 auf 9 und bis 2000 auf 35 Millionen. Damit waren die Einwanderer aus Lateinamerika die am schnellsten wachsende Minderheit der USA; sie stellten seit 1960 ein Drittel aller legalen Immigranten. Nahm man die illegal Eingewanderten hinzu, war die Zahl noch sehr viel größer. New York zog besonders Menschen aus einem karibischen De-facto-Protektorat der USA, dem «Commonwealth of Puerto Rico», an, dessen Einwohner von Geburt an das Recht auf die amerikanische Staatsbürgerschaft hatten. Miami in Florida wurde zum wichtigsten Zufluchtsort für Exilkubaner. Legale und illegale Einwanderer aus Mexiko ließen sich vor allem im Südwesten der USA nieder.

Das liberale Klima der sechziger Jahre bot gute Voraussetzungen, um auch unter den «Latinos», einer der ärmsten Gruppen der amerikanischen Gesellschaft, den Sinn für die eigene Identität und die gemeinsamen Interessen zu stärken. Besonders erfolgreich waren dabei die landwirtschaftlichen Saisonarbeiter mexikanischer Herkunft, die sich in den siebziger Jahren unter Führung von César Chávez in den United Farm Workers gewerkschaftlich organisierten. Für die beiden großen Parteien wurde es zu einem Gebot von Machtbehauptung und Machterwerb, die «Hispanic Americans» gezielt (und vorzugsweise auf spanisch) zu umwerben. Mochte die unmittelbare Wirkung von «1968» auf die «Latinos» auch gering sein, so trugen die Revolte jenes Jahres und die Bürgerrechtsbewegungen doch viel dazu bei, die überkommene informelle Vormachtstellung der «White Anglosaxon Protestants», der sogenannten «Wasps», abzuschwächen und das Bewußtsein für die kulturelle Vielfalt der Vereinigten Staaten zu schärfen; eine Entwicklung, von der auch die Amerikaner mit lateinamerikanischen Wurzeln profitierten.

Ein augenfälliges Merkmal des kulturellen Wandels der sechziger und siebziger Jahre war, nicht nur in den USA, die fortschreitende Verwischung der Grenzen von «high» und «popular culture». Die «Beatles», die aus dem proletarischen Milieu von Liverpool stammende erfolgreichste aller Beatgruppen, prägten mit den von ihnen geschriebenen, komponierten und arrangierten Songs den Musikgeschmack einer ganzen Generation. Die gleichfalls englische Rockgruppe der «Rolling Stones» traf mit ihrer demonstrativen Ablehnung der bürgerlichen Ordnung den «Geist» von 1968 mehr als jede andere Band. Zum legendären Höhepunkt der Verschmelzung von Rockmusik und «Gegenkultur» wurde das Festival von Woodstock im Staat New York im Sommer 1969, an dem 400 000 Menschen teilnahmen. Ein Vierteljahr später fand in Altamont bei San Francisco ein weiteres großes, von etwa 300 000 Menschen besuchtes Rockkonzert unter Mitwirkung der «Rolling Stones» statt, das, anders als Woodstock, ein unfriedliches Ende nahm: Drei Menschen kamen, vermutlich auf Grund von exzessivem Drogengenuß, ums Leben; zahllose Teilnehmer wurden von Mitgliedern einer berüchtigten Gang von Motorradrockern, den «Hell's Angels», denen die Veranstalter die Funktion von Sicherheitswächtern übertragen hatten, brutal zusammengeschlagen; einer der Besucher des Festivals starb an den Verletzungen, die er dabei erlitt.

Einen Umschlag von politischem Protest in terroristische Gewalt erlebten nach 1968 die Bundesrepublik Deutschland in Gestalt der «Roten Armee Fraktion» und Italien in Form der «Brigate rosse»; auf das, was beide Gruppen taten und bewirkten, wird zurückzukommen sein. Ein Zusammenhang mit der Revolte der Neuen Linken bestand nicht nur personell; es gab auch einen Verbindungsstrang zwischen der neomarxistischen Systemkritik der «Achtundsechziger» und dem Abgleiten radikaler Gruppen in den terroristischen Untergrund: Wo immer «spätkapitalistischen» Regimen eine Wesensverwandtschaft mit faschistischen Diktaturen attestiert wurde, lag die Gefahr nahe, daß aus dieser Behauptung eine Begründung für eine gewaltsame Form von «antifaschistischem» Widerstand abgeleitet werden konnte. Daß solche Theorien gerade in der Bundesrepublik Deutschland und in Italien besonders engagierte Anhänger fanden, war kein Zufall: In beiden Ländern waren in der Zwischenzeit rechtsextreme Bewegungen an die Macht gelangt; in beiden Fällen fiel es Agitatoren der Neuen Linken daher besonders leicht, die angeblich bloß «formale» Demokratie der

Nachkriegszeit zu einer Metamorphose der vorangegangenen Diktatur zu erklären.

Eine Linie ganz anderer Art verband «1968» mit der grünen Bewegung der folgenden Jahrzehnte. Die Ökologie nahm im Denken der Neuen Linken keinen zentralen Platz ein. Doch von der Ablehnung des hemmungslosen Profitstrebens des Kapitalismus war es kein weiter Schritt zur Kritik an der fortschreitenden Zerstörung der natürlichen Umwelt als Preis der kapitalistischen Produktionsweise. Nicht wenige deutsche «Achtundsechziger», unter ihnen Rudi Dutschke, Frankfurter «Spontis» wie Joschka Fischer und Mitglieder diverser «K-Gruppen» wie Jürgen Trittin, taten diesen Schritt. Vom Fortschrittsglauben der Linken blieb dabei nicht viel übrig: Den meisten Grünen stellte sich in der Frühphase ihrer Bewegung die Industrialisierung als historischer Irrweg dar.

Die Revolte von 1968 erscheint im Rückblick als ein widersprüchliches Phänomen. Das aufklärerische Motiv, alle überlieferten Autoritätsansprüche kritisch zu «hinterfragen», ging einher mit der selbstbewußten Verkündung neuer Gewißheiten, die nur selten einer kritischen Überprüfung standhielten. Der Glaube an die Berge versetzende Kraft des eigenen Willens fand sein Gegenstück in der abgrundtiefen Enttäuschung, die einzusetzen drohte, wenn die Verhältnisse dem Veränderungsdruck trotzten. Die Neue Linke konnte dem Westen ein langes Sündenregister vorhalten und bewies eben dadurch eine Stärke des Westens: seine Fähigkeit zur Selbstkritik. Kaum je waren sich der alte, europäische und der neue, nordamerikanische Westen so nahe wie 1968, als der protestierende Teil der jungen Generation das «Establishment» mit den Werten konfrontierte, auf die sich die westlichen Demokratien in feierlichen Augenblicken zu berufen pflegten.

«1968» mit «1848» zu vergleichen, wie es gelegentlich geschieht, ist durchaus nicht rundum abwegig: In beiden Fällen scheiterte eine transnationale Bewegung, die den Kräften der Beharrung den Kampf angesagt hatte, und beide Male bewirkten die Kräfte der Bewegung Veränderungen, die ihre Niederlage relativierten. 1848 war die erste und letzte Revolution, die fast den gesamten europäischen Okzident erfaßte. Die Revolte von 1968 hatte interkontinentale Dimensionen, drückte aber in der Folgezeit der inneren und äußeren Politik der betroffenen Mächte in sehr viel geringerem Maß den Stempel auf, als das die Revolution von 1848/49 getan hatte. 1968 beschleunigte einen

Mentalitäts- und Wertewandel, der schon geraume Zeit vorher eingesetzt hatte. Die politische Kultur wurde streitlustiger und streitfähiger;
sie öffnete sich Kräften, die ihr skeptisch gegenüberstanden; sie veränderte ihre ehemaligen Gegner, indem sie diese zu Lernprozessen veranlaßte und gleichzeitig selbst von ihnen lernte.

Im Machtbereich der Sowjetunion stand «1968» für eine gänzlich
andere Erfahrung: die Niederwerfung des «Prager Frühlings». Wer
bislang noch gehofft hatte, der Kommunismus werde sich durch Reformen in Richtung einer neuen Art von Demokratie entwickeln, hatte
nach der Intervention der Warschauer-Pakt-Staaten in der Tschechoslowakei keinen Grund mehr, an einen «Sozialismus mit menschlichem
Antlitz» zu glauben. In der DDR, wo es, besonders in der jungen Generation, viele Sympathisanten der Prager Reformkommunisten gab,
ging das Regime mit gewohnter Härte gegen alle Formen von ideologischer «Aufweichung» vor. Das Ministerium für Staatssicherheit zählte
Ende August 1968 über 1100 Fälle von «staatsgefährdender Hetze»
und «Staatsverleumdung»; die SED verhängte bis Ende des Jahres über
500 Parteistrafen. Die genauen Zahlen derer, die zu Freiheitsstrafen
verurteilt oder von den Universitäten verwiesen wurden, sind nicht bekannt. Wer die herrschenden Verhältnisse ablehnte, konnte nur noch
auf den Zusammenbruch der bestehenden Ordnung, ihre revolutionäre
Beseitigung oder auf eine allmähliche Milderung der Repression im
Gefolge außenpolitischer Entspannung setzen. Eine Chance, zum Mythos zu werden, hatte «1968» folglich nur im Westen.[10]

Vietnam und kein Ende: Die erste Amtsperiode des Präsidenten Richard Nixon

Richard Milhous Nixon, der im Januar 1913 in Kalifornien geborene
Sproß einer aus Irland stammenden Quäkerfamilie, galt amerikanischen Liberalen seit seinen politischen Anfängen als republikanisches
Mitglied des Repräsentantenhauses und des House Un-American
Activities Commitee in den späten vierziger Jahren als verbohrter anti-
kommunistischer Scharfmacher, von dem man, was das Verhältnis zu
den beiden kommunistischen Großmächten, der Sowjetunion und der
Volksrepublik China, anging, nichts anderes als einen Konfrontationskurs und im Hinblick auf den Vietnamkrieg zumindest keine «wei-

chere» Linie als von seinem Vorgänger Johnson erwarten durfte. Der 37. Präsident der USA erwies sich jedoch als elastisch genug, um solche Einschätzungen zu widerlegen. Gerade weil er ein Exponent des konservativen Amerika war, fühlte er sich innenpolitisch stark genug, um gegenüber Moskau, Peking und Hanoi eine von ideologischen Rücksichten freie, nur von Machtinteressen geleitete «Realpolitik» zu betreiben.

Der Mann, den er zu seinem Sicherheitsberater machte und der als solcher von Anfang an einen viel größeren außenpolitischen Einfluß auf den Präsidenten besaß als Außenminister William Rogers oder Verteidigungsminister Melvin Laird, sah das ähnlich. Henry A. Kissinger, 1923 als Sohn jüdischer Eltern im fränkischen Fürth geboren, 1938 mit seiner Familie in die USA emigriert, seit 1954 Professor für internationale Beziehungen an der Harvard-Universität und bis zum Sommer 1968 außenpolitischer Berater des Gouverneurs von New York, Nelson Rockefeller, bewunderte keinen Staatsmann so sehr wie Bismarck: Der Reichsgründer war für ihn ein Konservativer, der auch vor dem Einsatz revolutionär anmutender Mittel nicht zurückschreckte, wenn seine Ziele dies erforderten. Anregungen für eine auf internationale Stabilität ausgerichtete Politik des Gleichgewichts zwischen den großen Mächten verdankte der gelernte Historiker auch der Beschäftigung mit der Zeit des Wiener Kongresses von 1814/15, dem Thema seiner 1954 erschienenen Doktorarbeit («A World Restored»), in der er dem österreichischen Staatskanzler Metternich und dem britischen Außenminister Castlereagh historische Verdienste um die Befriedung des nachrevolutionären Europa bescheinigt hatte. An diesen Vorbildern orientierte sich Kissinger, als Nixon ihm die Möglichkeit verschaffte, vom Weißen Haus aus die Weltpolitik zu gestalten.

In Nixons erstes Amtsjahr fiel ein Triumph, der ohne die massive Förderung der Weltraumfahrt durch seine Vorgänger Kennedy und Johnson nicht denkbar gewesen wäre: Am 20. Juli 1969 betraten zwei amerikanische Astronauten, Neil A. Armstrong und Edwin E. Aldrin jr., als erste Menschen den Mond. Der Prestigegewinn, den dieser Erfolg den USA einbrachte, kam dem Präsidenten sehr gelegen. Als er einige Tage später auf dem pazifischen Stützpunkt Guam die sogenannte «Guam-Doktrin», die Keimzelle der im Februar 1970 formulierten «Nixon-Doktrin», verkündete, wonach die mit den Vereinigten Staaten verbündeten Länder ihre Sicherheitsprobleme zunehmend selbst lösen müßten, brauchte er nicht zu befürchten, daß diese Maxime als ein Zeichen der Schwäche mißdeutet wurde. Vor allem im Hinblick auf Vietnam galt es, einen solchen Eindruck zu vermeiden. Für Nixon und Kissinger gab es keinen Zweifel, daß die Vereinigten Staaten diesen Krieg so schnell wie möglich beenden mußten. Ein sofortiger Rückzug der amerikanischen Truppen aber, wie die Friedensbewegung ihn forderte, schied aus. Er hätte, so sahen es der Präsident und sein Sicherheitsberater, das Vertrauen in die Verläßlichkeit der Weltmacht Amerika im globalen Maßstab erschüttert, wenn nicht zerstört.

Im Frühjahr 1969 schien es zeitweilig so, als würde Nixon von der «Entamerikanisierung» und «Vietnamisierung» des Krieges, wie Johnson sie in den letzten Wochen seiner Amtszeit eingeleitet hatte, abrücken. Im Februar ordnete der Präsident, ohne daß er die amerikanische Öffentlichkeit davon in Kenntnis setzte, die Bombardierung der nordvietnamesischen Rückzugsgebiete in Kambodscha, die Operation «Menu», an. Die einzelnen Zielgebiete wurden mit den Codenamen «Breakfast», «Lunch», «Dinner», «Supper», «Dessert» und «Snack» gekennzeichnet. Spezialtruppen drangen gleichzeitig in das vietnamesisch-kambodschanische Grenzgebiet ein. Im April erreichte das militärische Engagement mit 534 000 Mann seinen absoluten Höhepunkt. Doch bei alledem verfolgte Nixon die Absicht, die Truppen Südvietnams so zu stärken, daß sie künftig in der Lage waren, die Hauptlast des Krieges zu tragen, und gleichzeitig die Nordvietnamesen so zu entmutigen, daß sie einem Verhandlungsfrieden zustimmten. Im Juli 1969 begann die allmähliche Rückführung der amerikanischen Truppen. Bis zum Jahresende verminderte sich ihre Zahl um 85 000 Mann.

Parallel zu den militärischen Aktionen versuchten Nixon und Kissinger, die Sowjetunion und die Volksrepublik China über geheime Kanäle für eine Politik zu gewinnen, die darauf abzielte, Druck auf Nordvietnam auszuüben. Hanoi schlugen die Strategen im Weißen Haus im Juni 1969 vor, mit den USA über einen wechselseitigen Truppenabzug aus Südvietnam und mit Saigon über eine politische Konfliktlösung zu verhandeln. Doch selbst ein bis zum 1. November befristetes Ultimatum vermochte nicht, die Nordvietnamesen zum Einlenken zu bewegen. Die Folge war ein Wiedererstarken der Opposition gegen den Krieg in den USA. Im Oktober demonstrierten etwa 4 Millionen Amerikaner in 200 Städten für einen beschleunigten Abzug der Truppen aus Vietnam; das Lied, das dabei immer wieder gesungen wurde, war John Lennons Song «Give Peace a Chance». Am

15. November fand in Washington die bislang größte Massendemonstration gegen den Krieg überhaupt statt: Mindestens 250 000 Menschen nahmen daran teil. Die «schweigende Mehrheit» aber, an die Nixon sich am 3. November in einer dramatischen Fernsehansprache wandte, stand nicht im Lager der Protestierenden. Laut Umfragen unterstützten im Spätjahr 1969 70 Prozent der Amerikaner die Politik des Präsidenten.

Die von Washington betriebene «Vietnamisierung» des Vietnamkrieges erbrachte zeitweilig durchaus Erfolge: Die Saigoner Regierung gewann 1970/71 die Kontrolle über größere Gebiete, in denen zuvor Verbände des Vietcong die Oberhand gewonnen hatten. Eine Agrarreform verhalf etwa 800 000 Familien zu Landbesitz. Doch diese verspätete Maßnahme reichte nicht aus, um der südvietnamesischen Führung einen breiten Rückhalt in der bäuerlichen Bevölkerung zu sichern. Die grassierende Korruption im Regierungsapparat und die Brutalität, mit der die Amerikaner Jagd auf die Kämpfer des Vietcong und ihre mutmaßlichen Helfer machten, um feststehende Tötungsraten im Rahmen des sogenannten «Phoenix-Programmes» zu erfüllen, wirkten der beabsichtigten «Pazifizierung» entgegen. Die Nationale Befreiungsarmee hörte nicht auf, Freiwillige aus der Landbevölkerung zu rekrutieren.

Am 18. März 1970 wurde in Kambodscha das Staatsoberhaupt, Prinz Sihanouk, der sich gerade auf einer Auslandsreise befand, von dem amerikafreundlichen Ministerpräsidenten General Lon Nol gestürzt. Der Putsch überraschte die USA, kam ihnen aber gelegen. Lon Nol war entschlossen, die Nordvietnamesen und die kommunistischen Aufständischen, die Roten Khmer unter Pol Pot, aus Kambodscha zu vertreiben. Der Machtwechsel in Phnom Penh erleichterte es Nixon und Kissinger, den Forderungen des amerikanischen Militärs entsprechend, aber gegen den Rat von State Department und Pentagon, massiver als zuvor gegen die Rückzugsgebiete der Nordvietnamesen und des Vietcong in Kambodscha und vor allem gegen das dort (zu Unrecht) vermutete Hauptquartier der Nationalen Befreiungsfront vorzugehen. Einem systematischen Bombardement folgte eine Bodenoffensive: 31 000 amerikanische und 43 000 südvietnamesische Soldaten rückten am 1. Mai in Kambodscha ein. Die Ausweitung des Krieges brachte den USA und Saigon vorübergehend eine gewisse Entlastung, nutzte aber längerfristig der kommunistischen Gegenseite: Die Volksrepublik China und Nordvietnam verstärkten ihre Unterstützung für die Roten Khmer, die bis März 1971 etwa vier Fünftel Kambodschas unter ihre Kontrolle brachten und überall, wo sie das Sagen hatten, ein blutiges Terrorregime errichteten.

Umfragen zufolge leuchtete einer knappen Mehrheit der Amerikaner das Argument der Regierung ein, die Ausweitung des Krieges diene seiner Verkürzung. Die studentische Protestbewegung sah das anders. Zu den Hochschulen, an denen gegen das Vorgehen der USA in Kambodscha protestiert wurde, gehörte auch die Kent State University in Ohio. Dort ging die Nationalgarde am 4. Mai mit äußerster Härte gegen die Demonstranten vor: Sie eröffnete das Feuer, verwundete fünfzehn und tötete vier Studenten. Es blieb nicht bei spontanen Protestkundgebungen an Hunderten von Colleges und Universitäten quer durch die Vereinigten Staaten. Zahlreiche Hochschulen wurden geschlossen; in Washington wurde das Weiße Haus von 100 000 Demonstranten belagert. In der öffentlichen Meinung und vor allem in den Medien ging die Unterstützung für Nixons Vietnampolitik stark zurück, so daß sich der Präsident schließlich genötigt sah, den Rückzug der amerikanischen Truppen aus Kambodscha für Ende Juni anzukündigen.

Ende des Jahres 1970 hielten fast 60 Prozent der Amerikaner den Vietnamkrieg für unmoralisch. Noch höher lag der Anteil derer, die der Meinung waren, die USA hätten einen schweren Fehler begangen, als sie ihn begannen. Im März 1971 erging das Urteil im Prozeß gegen Leutnant William Calley, den unmittelbar Verantwortlichen für das Massaker von My Lai vom März 1968, und erst im Zuge dieses Verfahrens wurde vielen Amerikanern bewußt, mit welchen Methoden ihr Land den Kampf gegen den Vietcong führte. Einige Monate später, im Juni 1971, begann die «New York Times», die «Pentagon Papers» zu veröffentlichen. Ein Mitarbeiter des Verteidigungsministeriums aus der Regierungszeit Johnsons, Daniel Ellsberg, hatte die Sammlung von geheimen Akten der Zeitung zugänglich gemacht, um zu dokumentieren, in welchem Ausmaß die Regierungen Kennedy und Johnson die Öffentlichkeit über Art und Umfang des militärischen Engagements in Südostasien getäuscht hatten. Da ein Versuch, die weitere Publikation der Papiere durch Gerichtsbeschluß zu verhindern, am Supreme Court scheiterte, veranlaßte Nixon eine verdeckte Zersetzungskampagne gegen Ellsberg und beauftragte eine geheim operierende Spezialtruppe,

die «Klempner» (Plumbers), mit illegalen Aktionen wie Abhörmaß-
nahmen und Verletzungen des Briefgeheimnisses eine Offenlegung
weiterer Regierungsgeheimnisse zu verhindern.

Zum Zeitpunkt des My-Lai-Prozesses konnte es kaum noch Zweifel geben, daß die Strategie der «Vietnamisierung» des Vietnamkrieges
gescheitert war. Im Februar und März 1971 waren südvietnamesische
Truppen in Laos eingedrungen. (Ein Einsatz amerikanischer Boden-
truppen in Laos war der Regierung Nixon vom Kongreß im September
1969 gesetzlich verboten worden.) Die neuerliche Ausweitung des
Krieges sollte wie die Invasion in Kambodscha ein Jahr zuvor die
Nachschublinien Nordvietnams, den «Ho-Chi-Minh-Pfad», zerstören,
Hanoi an den Verhandlungstisch zwingen und das Selbstvertrauen der
Südvietnamesen stärken. Das militärische Ergebnis war ein Desaster:
Nur durch massive Luftunterstützung der Amerikaner konnte die Ver-
nichtung der südvietnamesischen Invasionstruppen verhindert und ihr
Rückzug gesichert werden.

Von den amerikanischen Soldaten, die seit 1969 aus Vietnam zurückkehrten, waren die meisten tief verstört. Viele von ihnen waren
inzwischen drogenabhängig und nicht mehr fähig, in einem zivilen Beruf zu arbeiten. Mit 330000 übertraf die Zahl der erwerbslosen Heim-
kehrer Ende 1971 die Zahl der in Südostasien eingesetzten Soldaten.
Ende 1972 saßen von mehr als 2 Millionen Veteranen über 300000
in Gefängnissen ihres Heimatlandes. Ungezählt blieben diejenigen, die
wegen posttraumatischer Neurosen medizinischer Behandlung bedurften, sie aber nur selten erhielten. Der Historiker Marc Frey bündelt das
Elend der Vietnamveteranen in einem scharfen Verdikt: «Während in
früheren Kriegen die Soldaten als Helden gefeiert wurden, sah man
nun in ihnen die Werkzeuge einer gescheiterten Politik, empfand man
sie als lebenden Ausdruck der Schmach und als brutale Killer. Die Regierung tat wenig, um die gewaltigen psychischen, sozialen und wirtschaftlichen Probleme der Veteranen zu lindern.»

Der fortschreitende Rückzug der amerikanischen Truppen aus Südvietnam – alle sechs Monate waren es jeweils 50000 Mann – bestärkte
Hanoi in der Überzeugung, längerfristig am längeren Hebel zu sitzen.
Auf sich allein gestellt, waren die Südvietnamesen den Truppen aus
dem Norden und dem Vietcong nicht gewachsen: Das war die Folgerung, die Nordvietnam aus dem Scheitern der Invasion in Laos zog.
Bedrohlich erschienen der Führung in Hanoi, die nach dem Tod Ho

Chi Minhs im September 1969 aus dem Generalsekretär der Kommunistischen Partei, Le Duan, Ministerpräsident Pham Van Dong und Verteidigungsminister Vo Nguyen Giap, dem Oberbefehlshaber der nordvietnamesischen Truppen, bestand, die Versuche der USA, über die Sowjetunion und die Volksrepublik China Druck auf die Demokratische Republik Vietnam auszuüben. Zwischen den beiden kommunistischen Großmächten war es im März 1969 am Ussuri zu einer offenen militärischen Konfrontation gekommen. Die Kommunistische Partei Nordvietnams stand im ideologischen Konflikt zwischen Peking und Moskau eher auf der chinesischen Seite, wollte es sich aber politisch mit der Sowjetunion nicht verderben, um weitere Militärhilfe von ihr zu erhalten. Die Balancepolitik trug ihre Früchte: Die Volksrepublik China lieferte die von Hanoi benötigten Waren und die Sowjetunion die erbetenen Rüstungsgüter.

Die Sorge der nordvietnamesischen Führung, die kommunistischen Großmächte könnten sich mit den USA auf Kosten des bislang einzigen kommunistischen Staates in Südostasien verständigen, war nicht aus der Luft gegriffen – vor allem, was die Volksrepublik China anging. Am 9. Juli 1971 brach Henry Kissinger, einer Einladung der Volksrepublik China folgend, von Pakistan aus zu einem streng geheimen Besuch nach Peking auf. In seinen Gesprächen mit Ministerpräsident Tschou Enlai stellte er der chinesischen Führung eine umfassende Verbesserung der beiderseitigen Beziehungen für den Fall in Aussicht, daß Peking Hanoi zu einem Kompromißfrieden dränge – eine Haltung, zu der Kissinger den nordvietnamesischen Unterhändler Le Duc Tho in seinen im Februar 1970 in Paris aufgenommenen Geheimgesprächen bisher nicht hatte bewegen können. Die chinesische Seite zeigte sich kooperativ, so daß ein von beiden Seiten gewünschter Besuch Präsident Nixons in Peking für Anfang des Jahres 1972 vereinbart werden konnte. Hanoi, das kurz darauf von den Gesprächen zwischen dem chinesischen Regierungschef und Nixons Sicherheitsberater erfuhr, war durch die unerwartete Entwicklung zutiefst beunruhigt. Ministerpräsident Pham Van Dong eilte nach Peking und versuchte Mao Tsetung umzustimmen, hatte damit aber keinen Erfolg. Der Mann an der Spitze der Kommunistischen Partei Chinas riet seinem Gesprächspartner zu einem Ausgleich mit den USA: So wenig China die Amerikaner aus Taiwan vertreiben könne, so wenig werde Nordvietnam dieses Ziel in Südvietnam erreichen.

Eine unmittelbare Folge von Kissingers Besuch in Peking war die mit Duldung der USA beschlossene Aufnahme der Volksrepublik China in die Vereinten Nationen am 25. Oktober 1971. Da Taiwan gleichzeitig entgegen einem formell gestellten Antrag der USA aus der Weltorganisation ausgeschlossen wurde, fiel Peking damit auch der bisher von der Republik China innegehabte Ständige Sitz im Sicherheitsrat mitsamt dem Vetorecht zu. Die Empörung, die diese Entscheidung auf der amerikanischen Rechten, darunter bei dem mit Nixon befreundeten Filmschauspieler John Wayne, aber auch bei Liberalen wie dem demokratischen Senator Edward Kennedy, dem jüngsten Bruder des ermordeten Präsidenten, auslöste, nahmen der Präsident und sein Sicherheitsberater in Kauf.

Vom 21. bis 28. Februar 1972 stattete Richard Nixon, einer Einladung Mao Tse-tungs folgend, als erster amerikanischer Präsident der von den USA noch immer nicht anerkannten Volksrepublik China einen offiziellen Besuch ab und zog damit einen Schlußstrich unter die mehr als zwei Jahrzehnte lang verfolgte Politik der Ausgrenzung und Verfemung der zweiten kommunistischen Großmacht. Das Kommuniqué von Schanghai, das am letzten Tag der Reise unterzeichnet wurde, verschwieg nicht die fortdauernden Differenzen, was namentlich den Status von Taiwan, die Positionen im Hinblick auf Korea und Vietnam und Fragen der Ideologie betraf, betonte aber auch das gemeinsame Interesse an einer Normalisierung der Beziehungen. Auf chinesisches Drängen stellten die USA die schrittweise Verminderung ihrer Truppen und Militäreinrichtungen auf Taiwan in Aussicht, wenn die Spannungen in der Region nachließen. In einem Toast rief Nixon abschließend dazu auf, gemeinsam einen «langen Marsch» zu beginnen, «nicht in einer geschlossenen Formation, sondern auf verschiedenen Wegen, die zum gleichen Ziel führen – dem Ziel, eine Weltstruktur des Friedens und der Gerechtigkeit zu schaffen» (the goal of building a world structure of peace and justice).

Nixon übertrieb nicht, wenn er noch in Schanghai behauptete, sein einwöchiger Besuch in China habe die Welt verändert. Vermutlich konnte nur ein als eingefleischter Antikommunist geltender Präsident wie er das innenpolitische Risiko eingehen, das er mit seiner Reise in die Volksrepublik China auf sich nahm. Das Zerwürfnis zwischen Peking und Moskau erleichterte den Versuch, mit beiden kommunistischen Großmächten zusammenzuarbeiten und sie, «wann immer es

opportun erschien, gegeneinander auszuspielen». Was Nixon «Friedens-
struktur» nannte, zielte darauf ab, Mächte, die ihrem Selbstverständ-
nis nach revolutionär waren, in Interessenten an der Bewahrung des
Status quo zu verwandeln. Das war ein kühner Ansatz, der Kennedys
Entwurf einer «Strategie des Friedens» vom Juni 1963 in mancher
Hinsicht nahekam. Von der Hoffnung seines Vorvorgängers auf eine
schließliche Überwindung der ideologischen Gegensätze und eine in
Freiheit geeinte Welt war freilich bei Nixon nichts mehr zu spüren. Ein
«Jenseits der Realpolitik» schien es weder für ihn noch für Kissinger
zu geben.

    Hanois Antwort auf die Annäherung zwischen Washington und
Peking war die «Osteroffensive» von 1972. Am 29. März drangen reguläre nordvietnamesische Truppen, etwa 120 000 Mann stark und mit
sowjetischen Panzern ausgerüstet, teils über das zentrale Hochland,
teils über Kambodscha in Südvietnam ein. Zunächst sah alles nach
einem raschen Erfolg aus: Die Armee der Republik Vietnam wich fast
überall zurück; große Teile des Landes gerieten unter die Kontrolle des
Vietcong; im Süden kamen die Invasoren bis auf 70 Kilometer an die
Hauptstadt Saigon heran.

    Die Amerikaner verfügten um diese Zeit noch über 95 000 Mann in
Südvietnam, von denen 6000 zu den Kampftruppen gehörten. Um den
Zusammenbruch des Regimes von General Thieu zu verhindern, ordnete
Präsident Nixon am 8. Mai die sofortige Wiederaufnahme des Luftkrie-
ges gegen Nordvietnam, die Verminung des Hafens von Haiphong und
eine Seeblockade der Demokratischen Republik Vietnam an. Die Ver-
wüstungen, die die computergesteuerten Bomben anrichteten, waren
gewaltig. Sie stellten alles in den Schatten, was Nordvietnam während
der Bombardements der Jahre 1965 bis 1968 erlebt hatte: Allein im Juni
warfen die Flugzeuge der Air Force 112 000 Tonnen Bomben ab. Den
nordvietnamesischen Truppen wurde durch die Zerstörung von Vorrats-
lagern und Verbindungswegen die Treibstoffzufuhr abgeschnitten. Die
Nordvietnamesen verloren während dieser Phase des Krieges 100 000
Mann, die Südvietnamesen «nur» 25 000 Mann. Militärisch erwies sich
die «Osteroffensive» als Fehlschlag. Doch in einem Punkt konnten sich
die Strategen in Hanoi sicher sein: Auf sich allein gestellt, hätte Südvietnam im Sommer 1972 die Waffen strecken müssen.

    Präsident Nixon hatte mit der amerikanischen Gegenoffensive, der
«Operation Linebacker», viel aufs Spiel gesetzt: Er mußte damit rech-

nen, daß die Volksrepublik China militärisch in Südvietnam intervenierte und die Sowjetunion seinen für den Mai geplanten Staatsbesuch
in Moskau absagte. Beide Fälle traten nicht ein, und auch innenpolitisch erwuchs Nixon aus der neuerlichen Eskalation des Krieges keine
ernste Gefahr: Die Luftoffensive rief sehr viel weniger Opposition hervor, als es ein Rückfall in den Bodenkrieg getan hätte. Das politische
Kalkül, das der Präsident mit seiner Weisung vom 8. Mai verfolgt
hatte, ging auf: Die Nordvietnamesen wurden tatsächlich an den Verhandlungstisch «zurückgebombt». Am 19. Juli trafen sich Kissinger
und Le Duc Tho nach langer Zeit erstmals wieder in Paris. Am 31. Oktober, eine Woche vor der amerikanischen Präsidentenwahl, erklärte
der Sicherheitsberater öffentlich, der Friede sei zum Greifen nahe
(«Peace is at hand»). Die Ankündigung erwies sich als voreilig. Was
Kissinger nicht vorhergesehen hatte, war der hartnäckige Widerstand,
den der Saigoner Regierungschef, General Thieu, den Vereinbarungen
zwischen den USA und Nordvietnam entgegensetzen sollte.

Nixon und Kissinger waren wie alle ihre Vorgänger seit 1947 zutiefst
geprägt durch die Erfahrungen des Kalten Krieges. In den Kategorien
des Weltgegensatzes zwischen den Vereinigten Staaten und der Sowjetunion sahen sie alles, was sich an Machtverschiebungen außerhalb der
beiden Blöcke abzeichnete. Das galt auch für Lateinamerika, das, von
zwei Ausnahmen abgesehen, unter der neuen Präsidentschaft zunächst
nur wenig Aufmerksamkeit fand. Die eine Ausnahme war Kuba. Dort
kam es im Sommer und Herbst 1970 zu einer Krise im Verhältnis
zwischen Washington und Moskau, weil die Sowjetunion sich offensichtlich anschickte, den Hafen von Cienfuegos, an der Südküste der
Karibikinsel gelegen, zu einer ständigen Basis für ihre U-Boote auszubauen – ein Vorhaben, das nach massiven amerikanischen Protesten
fallengelassen wurde.

Die zweite Ausnahme war Chile. Im September 1970 endete die
Amtszeit des christlich-demokratischen Präsidenten Eduardo Frei, der
1964 mit massiver finanzieller Unterstützung der CIA aus den Präsidentschaftswahlen als Sieger über den sozialistischen Kandidaten,
Senator Salvador Allende, hervorgegangen war. Frei konnte auf Grund
der Bestimmungen der chilenischen Verfassung 1970 nicht wieder antreten. Der christlich-demokratische Bewerber Radomiro Tomic galt
als schwach und aussichtslos. Der einzige «bürgerliche» Kandidat, der

den erneut aufgestellten Bewerber der sozialistisch-kommunistischen Volksfront, Salvador Allende, schlagen konnte, war Jorge Alessandri vom Partido Nacional. Doch ihm haftete der Ruf an, ebenso reaktionär wie korrupt zu sein, so daß der amerikanische Botschafter in Santiago, Edward Korry, seiner Regierung dringend davon abriet, auf den Kandidaten der Rechten zu setzen.

Aus den USA flossen im Frühjahr und Sommer 1970 über geheime CIA-Kanäle Gelder in Höhe von 300000 Dollar nach Chile – aber nicht, um einen der Bewerber zu unterstützen, sondern um Allende politisch zu vernichten. Doch aller Aufwand war vergebens. Am 4. September erhielt der Kandidat der Linken 36,6 Prozent der Stimmen und damit einen knappen Vorsprung von 1,3 Prozentpunkten vor dem Bewerber der Rechten. Da keiner der Kandidaten eine absolute Mehrheit erhalten hatte, oblag es nach der chilenischen Verfassung dem Kongreß, innerhalb von 50 Tagen den Präsidenten zu wählen – ein Verfahren, das bisher als Formsache galt, dessen Ausgang diesmal aber nicht sicher erschien.

Botschafter Korry knüpfte an Allendes Wahlerfolg die Prognose, daß der Sieger im Verlauf einiger Jahre Chile in eine Art von kommunistischem Regime verwandeln werde, was sich auf die instabilen Nachbarländer Argentinien, Peru und Bolivien, ja auf ganz Lateinamerika auswirken würde. Im Weißen Haus wurde diese Einschätzung geteilt. Das von Kissinger geleitete Komitee zur Überwachung verdeckter Geheimdienstoperationen, das «40 Committee», schmiedete Pläne, die darauf abzielten, die Wahl Allendes doch noch zu verhindern. Am 14. September gab Präsident Nixon die Anweisung, einen Militärputsch in die Wege zu leiten und dafür 10 Millionen Dollar zur Verfügung zu stellen.

Die CIA verfuhr in den folgenden Wochen zweigleisig. «Track 1» umfaßte politische Kampfmaßnahmen bis hin zum Stimmenkauf, um Allendes Wahl einen Riegel vorzuschieben. «Track 2» war so geheim, daß selbst Botschafter Korry nichts davon erfuhr. Ziel des Plans war ein Militärputsch. Um diesen auszulösen, sollte der Oberbefehlshaber der chilenischen Streitkräfte, General René Schneider, der loyal zur Verfassung stand und einen Gewaltstreich des Militärs strikt ablehnte, von Angehörigen einer radikal nationalistischen Gruppierung um General Roberto Viaux entführt und nach Argentinien verbracht werden. Teile der CIA hielten das Vorhaben für so riskant, daß Kissinger, dem

Zeugnis seiner Memoiren zufolge, am 15. Oktober die Weisung gab, den Putschversuch zu unterlassen. Am 22. Oktober schlug die Gruppe um General Viaux zusammen mit einer anderen Verschwörergruppe, der um General Camilo Valenzuela, angeblich auf eigene Faust, los: General Schneider wurde überfallen; er widersetzte sich dem Entführungsversuch mit der Pistole und wurde niedergeschossen. Er starb am 24. Oktober, wenige Stunden bevor der chilenische Kongreß Allende mit 153 gegen 35 Stimmen zum Präsidenten wählte. Unter den Ja-Stimmen waren auch die der Christlichen Demokraten.

Nixon, Kissinger und CIA-Chef Richard Helms hatten nicht die Ermordung von General Schneider geplant, aber sie trugen eine Mitverantwortung für seinen gewaltsamen Tod. Ihre Unterstützung für die nationalistischen Desperados in Chile, die von ihnen mit Geld und Waffen ausgestattet worden waren, hatte eine Dynamik in Gang gesetzt, die sich von Washington aus nicht mehr kontrollieren ließ. An die Macht gelangt, tat Allende nichts, was die amerikanischen Befürchtungen hätte entschärfen können. Zwei Ministerien, die für Finanzen, öffentliche Arbeiten und Arbeit, gingen an Mitglieder der Kommunistischen Partei; das Außenministerium übernahm der weit links stehende Sozialist Clodomiro Almeyda. Allende, die Kommunisten und eine Minderheit der Sozialisten gehörten zum gemäßigten Flügel der Koalition, die Mehrheit der Sozialisten unter Generalsekretär Carlos Altamirano Orrego zum radikalen. Das Drängen der Radikalen auf umfassende Sozialisierungen erschreckte die Mehrheit der Chilenen, die nicht für Allende gestimmt hatten. Da die Parteien der Volksfront im Kongreß nur über 90 von 200 Stimmen verfügten, zeichneten sich bereits im Herbst 1970 schwere innenpolitische Konflikte ab.

Die USA leisteten weiter Militärhilfe an Chile, und das aus zwei Gründen: Zum einen galt es, der Gefahr einer wachsenden Abhängigkeit des südamerikanischen Landes vom Ostblock vorzubeugen, zum anderen war das chilenische Militär der einzige Machtfaktor, von dem gegebenenfalls eine wirksame systeminterne Opposition gegen Allende zu erwarten war. Gleichzeitig stand das der CIA bewilligte Geld zur Verfügung, um die Position der Volksfrontregierung systematisch zu untergraben. Da die Vereinigten Staaten die Präsidentschaft Allendes nicht hatten verhindern können, taten sie nunmehr hinter den Kulissen alles, was in ihren Kräften stand, um der Herrschaft der Linken so rasch wie möglich ein Ende zu bereiten.

Um dieselbe Zeit, in der die USA sich mit dem Machtwechsel in Chile befassen mußten, spitzte sich in einer anderen Weltregion, dem Nahen Osten, eine seit langem schwelende Krise gefährlich zu. Die Guerillatätigkeit der Fatah, der marxistischen Volksfront für die Befreiung Palästinas und der Fedajin im Jordantal und in Jerusalem, hatte sich seit dem September 1969 verstärkt; am Suezkanal waren Schießereien zwischen israelischen und ägyptischen Truppen an der Tagesordnung. Ein vom amerikanischen Außenminister William Rogers im Dezember 1969 vorgelegter Plan, der geringfügige Korrekturen der Grenzen aus der Zeit vor dem Sechs-Tage-Krieg von 1967 zugunsten von Israel vorsah, fand weder auf israelischer noch auf arabischer Seite Zustimmung. Ende Januar 1970 drohte der sowjetische Ministerpräsident Kossygin mit einer gezielten Stärkung der arabischen Länder, falls Israel fortfahre, Territorien seiner Nachbarn zu bombardieren: eine Erklärung, die Nixon und Kissinger als Anzeichen dafür werteten, daß die Sowjetunion sich entschieden hatte, ihren Einfluß im Nahen Osten auszuweiten.

Seit Februar 1970 kam es in Jordanien immer wieder zu schweren Kämpfen zwischen der Armee und bewaffneten Verbänden der Palästinenser. Anfang September nahm König Hussein die Entführung von vier westlichen Passagierflugzeugen nach Jordanien, eine Serie von Kommandounternehmen der Volksfront für die Befreiung Palästinas, zum Anlaß, um mit aller Härte gegen die Palästinenser vorzugehen: Mehrere Tausend von ihnen kamen bei der Bombardierung von Flüchtlingslagern, in denen sich bewaffnete Kämpfer versteckt hatten, ums Leben. Damit schlug die Konfrontation in den Bürgerkrieg, den «Schwarzen September», um. Denselben Namen trug auch eine damals gegründete, mit der Fatah verbündete ultraradikale Terrororganisation, die sich der aktiven Förderung des im September des Vorjahres an die Macht gelangten libyschen Revolutionsregimes unter Oberst Muammar al-Gaddafi erfreute. Auch Syrien unterstützte die Palästinenser, indem es Panzerverbände nach Jordanien schickte.

Bei Kissinger rief dieser Schritt den Verdacht hervor, daß Damaskus mit sowjetischer Rückendeckung handelte. An Moskau erging deshalb die Warnung, Israel und gegebenenfalls auch die USA würden eingreifen, falls Syrien seine Truppen nicht zurückziehe. Da dies nicht geschah, ersuchte König Hussein am 21. September Israel um Luftunterstützung. Israel erbat seinerseits von den USA die Zusicherung, daß sie dem Land helfen würden, wenn es von syrischen oder sowjetischen Truppen angegriffen werden sollte. Nixon gab die gewünschte Erklärung ab, woraufhin Israel den jordanischen Truppen Unterstützung aus der Luft gewährte und damit entscheidend zum Rückzug der syrischen Panzerverbände beitrug.

Da die Sowjetunion ihrerseits mäßigend auf Syrien einwirkte, entspannte sich die internationale Lage seit Ende September wieder. Im Juli 1971 zerschlug die jordanische Armee die Bastionen der Palästinenser im Norden des Königreiches; ihre militärische Basis verlegten die palästinensischen Organisationen danach in den Süden des Libanon. Im gleichen Jahr begann Syrien unter Führung des im März zum Präsidenten gewählten bisherigen Verteidigungsministers General Hafiz al-Assad vom radikalen Flügel der Baath-Partei, sich Jordanien anzunähern und die auf syrischem Territorium lebenden Palästinenser einer strikten Kontrolle zu unterwerfen. Die engen Verbindungen zwischen Syrien und der Sowjetunion blieben aufrechterhalten. Zusammen genommen bedeuteten die Veränderungen, die sich seit 1971 im Nahen Osten vollzogen, eine Verschlechterung der Position Israels – eine Entwicklung, die in Washington mit beträchtlicher Sorge verfolgt wurde.

In das Jahr 1971 fällt auch die militärische Zuspitzung eines Konflikts, dessen unmittelbare Vorgeschichte im Dezember 1970 mit den ersten freien und direkten Parlamentswahlen in Pakistan begann: Die absolute Mehrheit der Sitze fiel an die ostpakistanische Awami-Liga unter Scheich Mujibur Rahman, die für eine weitgehende Autonomie des Ostteils des Staates eintrat, während im räumlich getrennten Westteil des Landes die Pakistan People's Party des früheren Außenministers Zulfikar Ali Bhutto die meisten Stimmen gewann. Auf Bhuttos Betreiben wurde die Konstituierung der Nationalversammlung, die am 3. März 1971 stattfinden sollte, hinausgezögert: eine Taktik, die den ohnehin starken separatistischen Kräften in Ostpakistan weiteren Auftrieb gab. Im März begann unter Führung von Mujibur Rahman die Sezession des Ostteils, der viele Gründe hatte, sich vom bislang dominierenden Westteil diskriminiert zu fühlen. Präsident Yahya Khan antwortete am 25. März mit dem Einsatz der Armee gegen die Unabhängigkeitsbewegung. Die Streitkräfte gingen mit ungeheurer Brutalität gegen die Separatisten vor: Sie sollten nicht nur geschlagen, sondern ausgelöscht werden.

Die Berichte und Bilder von Massakern in Ost-Pakistan gingen um die Welt und lösten eine Welle der internationalen Empörung aus. Die USA aber hielten unbeirrt an ihrer Unterstützung für die Regierung in Islamabad fest. Sie waren seit 1948 mit Pakistan durch ein Verteidigungsabkommen und durch die gemeinsame Mitgliedschaft in der SEATO verbunden. Daß Pakistan auch gute Beziehungen zur Volksrepublik China unterhielt, kam Washington, seit es sich selbst um einen Draht nach Peking bemühte, sehr gelegen, und Pakistan war seinerseits gern bereit, zu diesem Zweck eine Vermittlerrolle zu übernehmen. Da Indien unter der Führung Indira Gandhis, der Tochter des 1964 verstorbenen Jawaharlal Nehru, sich inzwischen der Sowjetunion angenähert hatte und im August 1971 sogar einen Freundschaftsvertrag mit ihr abschloß, gewannen die besonderen Beziehungen der USA zu Pakistan in den Augen von Nixon und Kissinger zusätzliche Bedeutung: Sie erschienen ihnen als ein Stück regionaler Gleichgewichtspolitik.

Indien unterstützte die Unabhängigkeitsbewegung in Ostpakistan materiell und militärisch und nahm rund 10 Millionen Flüchtlinge aus Ostbengalen bei sich auf. Am 3. Dezember griff die pakistanische Luftwaffe indische Flugplätze an, während pakistanische Bodentruppen im indischen Teil von Kaschmir einrückten. Der militärische Gegenschlag New Delhis erfolgte prompt. Die indischen Truppen erwiesen sich dabei den pakistanischen als weit überlegen und erzwangen am 16. Dezember deren Kapitulation. Die Unabhängige Volksrepublik Bangladesch, die Mujibur Rahman am 20. März ausgerufen hatte, konnte sich als selbständiger Staat konstituieren. Im Januar 1972 kehrte Mujibur Rahman aus der Haft in Pakistan nach Dacca, in die Hauptstadt des neuen Staates, zurück und bildete dort eine provisorische Regierung.

Die USA hatten sich im kurzen indisch-pakistanischen Krieg offiziell für neutral erklärt, in Wirklichkeit aber hatten sie Pakistan massiv unterstützt. Da die Hilfsleistungen rasch bekannt wurden, stand Washington in der Weltöffentlichkeit blamiert da. Das einseitige Engagement zugunsten von Islamabad war zudem höchst riskant: Es barg die Gefahr einer militärischen Konfrontation mit der Sowjetunion in sich, die ihrerseits Indien Rückendeckung gab. Der rasche Sieg der indischen Truppen bedeutete für die Vereinigten Staaten eine politische Niederlage. Die Gefahr einer Ausweitung des Konflikts aber war einstweilen gebannt.

Nachhaltigen Schaden fügte die amerikanische Pakistanpolitik den Beziehungen zur Sowjetunion nicht zu. Am 20. April 1972 begab sich Henry Kissinger auf eine Geheimmission nach Moskau, um einen Besuch von Präsident Nixon in der Union der Sozialistischen Sowjetrepubliken vorzubereiten. Den Vorschlag eines Gipfeltreffens hatte die sowjetische Führung der amerikanischen Regierung im Januar unterbreitet. Bei den wichtigsten unter den bilateralen Verhandlungen, den im November 1969 in Helsinki aufgenommenen Gesprächen über eine Begrenzung der strategischen Rüstung, den Strategic Arms Limitation Talks, kurz SALT genannt, waren mittlerweile beträchtliche Fortschritte erzielt worden. Im September 1971 hatten die USA und die Sowjetunion sich auf ein Abkommen zur Verringerung der Gefahr eines Kernwaffenkriegs verständigt. Dazu kamen die Durchbrüche, die die noch ausführlich zu erörternde Bonner «neue Ostpolitik» bewirkt hatte, darunter das Viermächteabkommen über Berlin vom 3. September 1971.

Vom 22. bis 30. Mai 1972 stattete Richard Nixon als erster amerikanischer Präsident der Sowjetunion einen Besuch ab. Mit Breschnew vereinbarte er zwölf Grundprinzipien (Basic Principles) der beiderseitigen Zusammenarbeit. Das erste dieser Prinzipien war die friedliche Koexistenz, zu der es im Atomzeitalter keine Alternative gebe. Das zweite Prinzip zielte darauf ab, Konfrontationen zu vermeiden, die einen Konflikt zwischen beiden Mächten zur Folge haben konnten. Es folgten zehn weitere Prinzipien, die von den beiden Supermächten künftig beachtet werden sollten. Die größte praktische Bedeutung hatte das in Moskau unterzeichnete SALT I-Abkommen. Es schränkte den Bau antiballistischer defensiver Geschoßsysteme ein und beschränkte die Zahl der Interkontinentalraketen für die nächsten fünf Jahre, wobei die Sowjetunion 1618, die USA «nur» 1054 unterhalten durften, die aber mit unabhängig voneinander einsetzbaren Mehrfachsprengköpfen, sogenannten Multiple Independently Targetable Reentry Vehicles (MIRV), ausgestattet waren. Eine Festlegung von Obergrenzen gab es auch hinsichtlich der Zahlen der Raketen-U-Boote und ihrer Bestückung. Außerdem kamen beide Seiten überein, Verhandlungen über eine wechselseitige, ausgewogene Begrenzung ihrer konventionellen Streitkräfte, die «MBFR-Talks», aufzunehmen. Die von der Sowjetunion gewünschte Konferenz über Sicherheit und Zusammenarbeit in Europa wurde in Aussicht genommen – eine Vereinbarung,

die die Außenminister der NATO-Staaten auf ihrem Treffen in Bonn
am 30. und 31. Mai zum Anlaß nahmen, multilaterale Gespräche zur
Vorbereitung einer solchen Konferenz zu beschließen.

Nixons Besuch in Moskau war der bisherige Höhepunkt der amerikanischen Entspannungspolitik – der «Détente», wie man sie mit
einem französischen Fremdwort nannte. Nachdem Nixon bereits die
Volksrepublik China besucht (und die Sowjetunion im voraus von dieser Absicht informiert) hatte, mußte dem Kreml daran liegen, mit dem
kommunistischen Rivalen gleichzuziehen. Die Absprachen vom Mai
1972 lagen auf der Linie, die Breschnew verfolgte, seit er die Richtlinien der sowjetischen Politik bestimmte. Nixon erwartete von der
Moskauer Übereinkunft, daß sie das Interesse der Sowjetunion an der
Erhaltung des Status quo erhöhen und durch Druck auf Hanoi zu einer
für die USA ehrenhaften Beendigung des Vietnamkrieges beitragen
würde. Zudem durfte er sich vom Ergebnis der Gespräche in der
sowjetischen Hauptstadt auch positive innenpolitische Wirkungen erhoffen – in Gestalt von Stimmen, die er brauchte, um im November
wieder zum Präsidenten der Vereinigten Staaten gewählt zu werden.

Von den innenpolitischen Initiativen der Regierung Nixon in den Jahren 1969 bis 1972 waren einige erfolgreich, während andere keine
Mehrheit fanden. 1969 verabschiedete der Kongreß das bislang um-
fassendste Umweltschutzgesetz der amerikanischen Geschichte, den
National Environmental Policy Act (NEPA). Auf der Grundlage dieses
Gesetzes wurde eine neue Behörde, die Environmental Protection
Agency (EPA), errichtet, die über die strikte Einhaltung von Umwelt-
schutzauflagen seitens der Produzenten und der Verbraucher zu wachen
hatte. Im gleichen Jahr trat ein Gesetz zur Reinhaltung der Luft, zwei
Jahre später eines zur Reinhaltung der Gewässer in Kraft.

In Sachen Bürgerrechte war Nixon fortschrittlicher als der Kongreß. Am Widerstand von konservativen Demokraten und Republikanern scheiterte sein Versuch, die Rassentrennung an Schulen durch
forciertes «busing», das heißt den Omnibustransport von Schülern in
integrierte Schulen, gesetzlich zu erzwingen. Dagegen konnte der Präsident ein erstes Programm der «affirmative action», also der «positiven Diskriminierung» von Afroamerikanern, bei Projekten durchsetzen, die von der Bundesregierung finanziert wurden. Im Sinne des
republikanischen Anliegens, Staatseingriffe in Wirtschaft und Gesell-

schaft tunlichst zu vermeiden, beseitigte Nixon einige soziale Einrichtungen, die unter Kennedy und Johnson ins Leben gerufen worden waren, darunter das Office of Economic Opportunity, das Kernstück von Johnsons «Krieg gegen die Armut».

Der wichtigste sozialpolitische Vorstoß Nixons war der «Family Assistance Plan». Er sollte allen Amerikanern ein jährliches Einkommen von 1600 Dollar aus Bundesmitteln gewährleisten, das sie durch Erwerbsarbeit steuerfrei auf 4000 Dollar aufstocken konnten. Das Repräsentantenhaus stimmte der Vorlage 1970 zu, der Senat aber lehnte sie ab. Am Widerstand des Kongresses scheiterte auch der Versuch des Präsidenten, ein nationales Krankenversicherungswesen einzuführen – ein Vorhaben, dem sich schon Truman, auch er ohne Erfolg, verschrieben hatte.

Zu den Erwartungen, die viele Republikaner an die Präsidentschaft Nixons knüpften, gehörte eine konservative Umbesetzung des Obersten Gerichtshofs. Unter dem Obersten Richter Earl Warren, der seit 1953 im Amt war, hatte sich der Supreme Court mit seinen Urteilen ein ausgeprägt liberales Profil erworben. Als Warren 1969 in den Ruhestand trat, ersetzte ihn Nixon durch den eher konservativen Bundesrichter Warren Burger. Nach dem Ausscheiden des Richters Abe Fortas versuchte der Präsident erneut, einen Konservativen mit der Nachfolge zu betrauen, scheiterte damit aber zweimal am Senat, der beide Kandidaten nicht für hinreichend qualifiziert hielt. Die nächsten Kandidaten Nixons boten keine Angriffsflächen und wurden vom Senat akzeptiert.

«Konservativ» aber konnte man die Rechtsprechung des Supreme Court in der Folgezeit kaum nennen. So entschied der Oberste Gerichtshof 1971 zugunsten des «busing», um die Rassenintegration an den Schulen zu erzwingen. 1972 band das höchste Gericht den Vollzug der Todesstrafe an strikte Regeln. Leidenschaftliche Proteste von Konservativen rief das Urteil im Fall «Roe versus Wade» von 1973 hervor. Der «Burger Court» erklärte darin Gesetze, die eine Abtreibung in den ersten drei Monaten der Schwangerschaft verboten, für verfassungswidrig. Einige andere Entscheidungen provozierten hingegen eher Widerspruch von liberaler Seite, so ein Urteil von 1974, das einem «busing» von Studenten einen Riegel vorschob, sofern dabei Stadtgrenzen überschritten wurden, und eines von 1978, das Maßnahmen im Sinne von «affirmative action» an restriktive Bedingungen knüpfte.

Schwere Sorgen bereitete der Regierung Nixon die Entwicklung von Wirtschaft und Finanzen. Zu Beginn der siebziger Jahre ließ sich nicht mehr übersehen, daß der lange Boom, der um 1950 eingesetzt hatte, zu Ende ging. Seit 1967 hatten sich in den USA das wirtschaftliche Wachstum und der Produktionszuwachs der Industrie verlangsamt. Die Rohstoffpreise, vor allem für Erdöl, stiegen, viele amerikanische Industrien, namentlich die Automobil- und Stahlbranche, gerieten zunehmend unter den Druck ihrer erfolgreichen Konkurrenten in Westeuropa und Japan. Firmenzusammenbrüche häuften sich, und die Arbeitslosenzahlen gingen nach oben. Gleichzeitig stieg, ausgelöst durch die hohen Staatsausgaben im Zuge des Vietnamkriegs und von Johnsons «Great Society»-Programm, die Inflationsrate. Die Regierung Nixon antwortete mit Ausgabensenkungen und Steuererhöhungen und erzielte auf diese Weise im Haushaltsjahr 1969 einen bescheidenen Einnahmeüberschuß. Die Geldentwertung aber schritt fort und erreichte 1973 mit 9 Prozent ihren höchsten Stand seit der unmittelbaren Nachkriegszeit.

Weltweit wirkte sich eine Entscheidung aus, die Nixon unter dem Einfluß von Finanzminister John Connally und eines größeren Kreises von Wirtschaftsexperten am 15. August 1971 traf: Einseitig, ohne jede Rücksprache mit den westlichen Verbündeten, setzte der Präsident einen Kernbestandteil des Weltwährungsabkommens von Bretton Woods vom Juli 1944, nämlich die Pflicht der USA, im Verkehr der Notenbanken jederzeit Dollar in Gold umzutauschen, außer Kraft. Gleichzeitig verhängte er unter Bruch der einschlägigen Bestimmungen des GATT eine zehnprozentige Importsteuer, die europäische und japanische Exporte in die Vereinigten Staaten drosseln und den USA wieder zu einer aktiven Handelsbilanz verhelfen sollte. Die Turbulenzen, die der Übergang zu flexiblen Wechselkursen mitsamt der zu erwartenden Abwertung des Dollars auslöste, nahm die amerikanische Regierung billigend in Kauf.

Aus der Sicht Nixons und Connallys hatten die Europäer die Entscheidung vom 15. August selbst provoziert, weil sie nicht länger bereit waren, die USA durch Anpassung ihrer Währungen zu entlasten. Tatsächlich war die Abkehr von Bretton Woods ein Eingeständnis, daß die Vereinigten Staaten nicht mehr in der Lage waren, ihre Zahlungsbilanz, die 1970 ein Defizit von 10 Milliarden Dollar aufwies, aus eigener Kraft auszugleichen. Der Krieg in Südostasien und die ehrgeizigen Reformprogramme der mittleren sechziger Jahre hatten die Finanzkraft der mächtigsten Nation der Welt untergraben und mit der Erschütterung des Vertrauens in den Dollar als Weltreservewährung ihr internationales Prestige geschwächt: An diesem Befund gab es im August 1971 nichts mehr zu deuten.

Kurzfristig aber zogen die USA aus der Flexibilisierung der Wechselkurse Nutzen. Im Dezember 1971 verständigten sie sich auf der Washingtoner Währungskonferenz mit den wichtigsten Industrieländern im Smithsonian Agreement auf eine jährliche Entlastung der amerikanischen Zahlungs- und Handelsbilanz um 9 Milliarden Dollar. Die erwünschte Abwertung des Dollar erfolgte über die Aufwertung anderer Währungen, darunter der Deutschen Mark um 4,61 Prozent. Für die Kursrelationen zwischen den europäischen Währungen und dem Dollar wurde eine Schwankungsbreite von ±2,25 Prozent festgesetzt. Unter diesen neuen Bedingungen waren die USA bereit, auf die neue zehnprozentige Importsteuer zu verzichten. Der Goldpreis wurde auf 38 Dollar pro Feinunze festgesetzt, was aber keine Rückkehr zur Goldkonvertibilität des Dollars bedeutete.

Kurz darauf begannen Verhandlungen zwischen den USA und der Kommission der Europäischen Gemeinschaften über zollpolitische Streitfragen und eine Liberalisierung des Welthandels im Rahmen einer neuen, für 1973 vorgesehenen GATT-Runde. Da nach dem Smithsonian Agreement keine dauerhafte Beruhigung eintrat, beschlossen die Mitgliedstaaten der EG zusammen mit den «Kandidaten» Großbritannien, Irland, Dänemark und Norwegen im Basler Abkommen vom April 1972 die Schaffung eines eigenen Währungsverbundes, der sogenannten «Schlange»: Der Abstand zwischen ihren Währungen und der jeweils stärksten Währung sollte sich auf höchstens 2,25 Prozent nach oben und unten belaufen und längerfristig ganz beseitigt werden. Die währungspolitische Schwäche der Vereinigten Staaten als Ansporn einer verstärkten europäischen Zusammenarbeit: Mit diesem Ergebnis hatten die USA nicht gerechnet, als sie sich aus den Fesseln des Bretton-Woods-Abkommens zu lösen beschlossen.

Am 17. Juni 1972 nahm die Washingtoner Polizei fünf Männer fest, die einen Einbruch in das Nationale Hauptquartier der Demokratischen Partei im «Watergate», einem Hotel- und Bürogebäudekomplex der Hauptstadt, verübt hatten, um dort Abhörgeräte zu installieren.

Zwei weitere Personen, die im Verdacht standen, an der Tat beteiligt gewesen zu sein, wurden wenig später verhaftet. Zwei Reporter der «Washington Post», Bob Woodward und Carl Bernstein, fanden binnen weniger Tage heraus, daß einige der Tatverdächtigen früher beim Komitee für die Wiederwahl des Präsidenten beschäftigt und aus einem Geheimfonds dieses Komitees bezahlt worden waren, der seinerseits von Mitgliedern des Stabs des Präsidenten überwacht wurde.

Das Interesse an diesen Enthüllungen war im Herbst 1972 noch nicht sehr stark. Im Vordergrund der öffentlichen Aufmerksamkeit standen der Vietnamkrieg und der Präsidentschaftswahlkampf. Die Demokraten hatten einen erklärten Gegner des Krieges, Senator George McGovern aus South Dakota, aufgestellt. Der Bewerber der Independent Party war erneut der frühere Gouverneur von Alabama, George Wallace. Auf ihn wurde am 15. Mai in Laurel, Maryland, ein Pistolenattentat verübt, das ihn bis zur Hüfte lähmte, so daß er nicht mehr aktiv am Wahlkampf teilnehmen konnte; im Juli zog er seine Bewerbung zurück. Aus den Wahlen vom 7. November ging Richard Nixon als strahlender Sieger hervor. Auf ihn entfielen 60,7, auf McGovern 37,5 Prozent der Stimmen. Der Demokrat galt weithin als Repräsentant der unruhigen sechziger Jahre, der republikanische Präsident als erfahrener und erfolgreicher Staatsmann, der das Gros der amerikanischen Soldaten aus Vietnam heimgeführt und gute Aussichten hatte, den Krieg in Südostasien in Bälde mit einem ehrenvollen Frieden zu beenden. Im Senat und Repräsentantenhaus behielten die Demokraten die Mehrheit – ein Ergebnis, das den persönlichen Erfolg Nixons noch unterstrich.

Die Hoffnungen auf einen raschen Friedensschluß in Vietnam wurden in den Wochen zwischen der Wahl und der Amtseinführung des Präsidenten auf eine harte Probe gestellt. Nixon tat alles, um den hartnäckigen Widerstand des südvietnamesischen Präsidenten Thieu gegen einen Verhandlungsfrieden auszuräumen, wie er sich seit Ende Oktober als Resultat der Pariser Gespräche zwischen Kissinger und Le Duc Tho abzeichnete. Der amerikanische Präsident versprach großzügige Waffenlieferungen an Saigon und kündigte für den Fall, daß Nordvietnam gegen den Friedensvertrag verstoßen sollte, weitere Luftangriffe an. Kissinger stellte dem nordvietnamesischen Unterhändler unter dem Druck Saigons Ende November neue Forderungen und schlug, da eine Einigung nicht zustande kam, am 13. Dezember eine Verhandlungspause vor. Nixon befahl schließlich, um seine Unterstützung für die Republik Vietnam demonstrativ zu unterstreichen und Nordvietnam unter Druck zu setzen, die abermalige Bombardierung von Hanoi und Haiphong. Während des sogenannten «Christmas Bombing» wurden zwischen dem 18. und dem 29. Dezember 1972 3500 Einsätze geflogen, 2000 Zivilisten getötet und 1500 verletzt. Von den weltweiten Protesten gegen das Bombardement ließ sich Nixon nicht beeindrucken, auch nicht von der Verurteilung des Bombardements durch Papst Paul VI. Für den Präsidenten war das politische Ergebnis der Luftoffensive entscheidend: Le Duc Tho kehrte an den Verhandlungstisch zurück, und Präsident Thieu gab seinen Widerstand gegen einen Waffenstillstand auf.

Am 27. Januar 1973 wurde in Paris das «Abkommen zur Beendigung des Krieges und zur Wiederherstellung des Friedens» von den USA, den Regierungen von Nord- und Südvietnam und der Provisorischen Volksregierung der Nationalen Befreiungsarmee unterzeichnet. In der Sache unterschied es sich kaum von dem, worauf sich Kissinger und Le Duc Tho bereits im Oktober verständigt hatten. Die Kampfhandlungen wurden eingestellt; die USA legten sich auf einen Rückzug ihrer Truppen aus Südvietnam innerhalb von sechzig Tagen fest; Nordvietnam verpflichtete sich, alle amerikanischen Kriegsgefangenen freizulassen, und durfte dafür seine Truppen im Süden belassen. Ein Nationaler Rat für Versöhnung und Einheit sollte seine Arbeit aufnehmen, während die Regierungen der Republik Vietnam und der Nationalen Befreiungsarmee die von ihnen kontrollierten Gebiete verwalteten. Die entmilitarisierte Zone zwischen Nord- und Südvietnam bildete eine provisorische Demarkationslinie, aber, was im Interesse Hanois lag, keine international anerkannte Grenze. In einem geheimen Zusatzprotokoll sicherten die Vereinigten Staaten der Demokratischen Republik Vietnam umfassende Aufbauhilfen zu.

Über lange Zeit hinweg hatten sich Nordvietnam und die USA bei ihren bilateralen Verhandlungen gegenseitig blockiert: Washington war nicht bereit gewesen, den Rückzug der amerikanischen Truppen zuzusagen; Hanoi hatte sich geweigert, die amerikanischen Kriegsgefangenen freizulassen. Als beide Seiten die Forderung der jeweils anderen Seite akzeptierten, wurde ein Frieden möglich, der auf den ersten Blick als Kompromiß erschien und von Nixon als Erfüllung seines Versprechens gedeutet werden konnte, er werde nur einem ehrenvollen

Frieden zustimmen. Die Demokratische Republik Vietnam mußte dieses Ergebnis mit so starken Verlusten an Menschenleben und derart verheerenden materiellen Zerstörungen bezahlen, daß sie gut daran tat, keine Triumphgefühle zu zeigen. Doch Hanoi war einem Sieg sehr viel näher als Saigon. Die Republik Vietnam kontrollierte zwar drei Viertel des Territoriums von Südvietnam und vertrat nominell über die Hälfte der Bevölkerung. Aber sie mußte die Anwesenheit von 140 000 nordvietnamesischen Soldaten auf dem Gebiet südlich der Demarkationslinie hinnehmen, und was ihre De-facto-Anerkennung durch Nordvietnam wert war, mußte sich erst noch zeigen.

Der Abzug der amerikanischen Truppen bürdete dem Regime von General Thieu eine militärische Last auf, die es nach den Erfahrungen der letzten Jahre nicht zu tragen imstande war. Ob Amerika seine Zusage einlösen würde, Saigon mit Waffenlieferungen und einer Wirtschaftshilfe großen Stils, ja notfalls durch eine Wiederaufnahme des Bombenkrieges gegen Nordvietnam den Rücken zu stärken, war daher alles andere als sicher. Bis zum Abschluß des Pariser Friedensabkommens hatten über 58 000 Amerikaner ihr Leben in Vietnam verloren, 20 500 in der Amtszeit Nixons. 1400 GIs galten als vermißt. Die USA waren kriegsmüde: An diesem Befund gab es Anfang 1973 keinen Zweifel mehr.

Bei nüchterner Betrachtung war es nur eine Frage der Zeit, bis Hanoi zum endgültigen Schlag gegen das Thieu-Regime ausholen würde. Nixon und Kissinger hatten den USA in Paris eine Schamfrist gesichert, die sie brauchten, um das amerikanische Volk mit einer bitteren Wahrheit vertraut zu machen: dem Eingeständnis der ersten Niederlage, die die Vereinigten Staaten jemals in einem Krieg erlitten hatten.[11]

Kurskorrekturen: Frankreich unter Georges Pompidou 1969–1973

Ein Vierteljahr, nachdem Richard Nixon seinen Amtseid als Präsident der USA abgelegt hatte, verließ der europäische Staatsmann die politische Bühne, der über ein Jahrzehnt lang wie kein anderer den internationalen Beziehungen seinen persönlichen Stempel aufgedrückt hatte: Charles de Gaulle. Das letzte Kapitel in der Geschichte seiner Präsidentschaft begann mit der Annahme eines großangelegten, vom Staatsminister für Verfassungsreform, Jean-Marcel Jeanneney, ausgearbeiteten Reformprojekts durch den Ministerrat am 19. März 1969: Die Franzosen sollten in einem Referendum über die Einführung einer neuen Gebietskörperschaft, der Region, und zugleich über eine Reform des Senats entscheiden.

Mit dem ersten Vorhaben wollte der Präsident den jahrhundertealten Prozeß der Zentralisierung umkehren und statt dessen den Regionen, in denen er die eigentlichen Quellen der französischen Wirtschaftskraft sah, ein gewisses Maß an Autonomie einräumen. Die Leitungsorgane der Regionen, die Regionalräte (Conseils régionaux), sollten sich zu drei Fünfteln aus gewählten Vertretern und zu zwei Fünfteln aus Delegierten der berufsständischen Organisationen zusammensetzen. Das zweite Vorhaben zielte faktisch darauf ab, das Zweikammersystem abzuschaffen. Der Senat sollte seine Gesetzgebungs- und Kontrollbefugnisse verlieren und mit dem relativ einflußlosen Wirtschafts- und Sozialrat verschmolzen werden. Bislang waren die Senatoren alle auf der Ebene der Départements von Bürgermeistern und Mitgliedern der Kreistage gewählt worden. Künftig sollten auch hier neben die gewählten Vertreter Delegierte der berufsständischen Organisationen treten.

Es war *diese* Verfassungsänderung, die den erbitterten Widerstand des Senats, der Linken, aber auch von Gruppierungen der politischen Mitte hervorrief. Was ein Nein bedeuten würde, war allen Akteuren bewußt: Am 10. April erklärte de Gaulle in einem Fernsehinterview, von der Zustimmung der Franzosen zu seinen Reformvorschlägen hänge es ab, ob er sein Amt fortführen könne oder zurücktreten werde.

Mit dem Referendum kam der Präsident auf ein Projekt zurück, das er bereits am 24. Mai 1968 unter dem Eindruck der Studentenrevolte angekündigt, auf Anraten des damaligen Premierministers Pompidou aber kurz darauf zugunsten von Neuwahlen zurückgestellt hatte. De Gaulle war der Überzeugung, mit seinem Vorstoß die von ihm gewünschte Machtteilhabe (participation) der Franzosen zu fördern. Seine Gegner sahen in dem 68 Artikel umfassenden Gesetzeswerk jedoch das krasse Gegenteil: einen Beitrag zur Entdemokratisierung der Fünften Republik. In diesem Punkt waren sich Kommunisten und Sozialisten, die christlich-demokratischen Volksrepublikaner mit dem Präsidenten des Senats, Alain Poher, an der Spitze und Giscard d'Estaings Unabhängige Republikaner weithin einig. Am 27. April 1969, dem Tag des Refe-

rendums, zeigte sich, daß sie die Mehrheit der Franzosen auf ihrer Seite
hatten. Bei einer Wahlbeteiligung von 80,1 Prozent stimmten 52,4 Prozent mit Nein und 47,6 Prozent mit Ja. Der General hielt sich an sein
Versprechen: Kurz nach Mitternacht teilte er von Colombey-les-deux-
Églises aus mit, daß er am 28. April mittags von seinem Amt zurücktreten werde.

Frankreich verdankte Charles de Gaulle viel, und das wußten auch
die meisten derer, die ihm am 27. April die Gefolgschaft versagten. Mit
seinem Aufruf zum Widerstand gegen die deutschen Besatzer am
18. Juni 1940 hatte er den Grund dafür gelegt, daß seinem Land 1945
ein Status als Siegermacht zuerkannt wurde. Nach seiner Rückkehr an
die Macht im Mai 1958 hatte er Frankreich mit dem Verlust seines
afrikanischen Kolonialreiches und der überfälligen Trennung von
Algerien versöhnt. Die auf ihn zugeschnittene Verfassung der Fünften
Republik bescherte Frankreich ein Maß an innenpolitischer Stabilität,
wie es sie seit der Gründung der Dritten Republik im Jahr 1870 nicht
mehr erlebt hatte. Unter der Ägide de Gaulles durchlief das Land einen
Prozeß der konservativen Modernisierung, der seinen Großmachtanspruch materiell zu untermauern begann. De Gaulle baute eine
nationale französische Atomstreitmacht auf, untergrub damit aber die
Stabilität des Franc. Der Präsident machte sich verdient um die Aussöhnung mit Deutschland, doch er ließ keinen Zweifel daran, daß in
dem «Europa der Staaten», das ihm vorschwebte, die Führungsrolle
nur Frankreich zufallen konnte. Vielen Franzosen, zumal den jüngeren
unter ihnen, war sein Streben nach «grandeur» ebenso fremd wie der
quasimonarchische Stil, in dem er das Amt des Präsidenten der Republik ausfüllte. Je länger er an der Spitze Frankreichs stand, desto
entrückter wirkte er. Sein Charisma verbrauchte sich, sein Pathos
vermochte die Franzosen zuletzt nicht mehr zu mobilisieren. Am
9. November 1970, knapp zwei Wochen vor seinem 80. Geburtstag,
starb Charles de Gaulle in Colombey-les-deux-Églises. Kein anderer
Franzose hatte Frankreich im 20. Jahrhundert so stark geprägt wie er:
Zumindest in dieser Einschätzung stimmten seine Bewunderer und
seine Kritiker überein.

Der Nachfolger des ersten Präsidenten der Fünften Republik wurde
am 1. und 15. Juni 1969 gewählt. Kandidat der Gaullisten und der
Giscardisten war der frühere Regierungschef Georges Pompidou, der
bereits fünf Monate zuvor, am 17. Januar 1969, anläßlich einer Kon-

ferenz in Rom seine Absicht bekundet hatte, sich zu gegebener Zeit um das höchste Staatsamt zu bewerben. Die Volksrepublikaner stellten Senatspräsident Alain Poher auf, der auch von den Radikalsozialisten und einem Teil der Unabhängigen unterstützt wurde, die Kommunisten die faktische «Nummer 2» der Partei, den Senator Jacques Duclos, die Sozialisten den Bürgermeister von Marseille, Gaston Defferre, der schon 1965, wenn auch vergeblich, eine Präsidentschaftskandidatur angestrebt hatte. Außerdem kandidierten der Generalsekretär des Parti Socialiste Unifié, Michel Rocard, und der Trotzkist Alain Krivine von der Ligue Communiste. Beim ersten Wahlgang am 1. Juni erzielten Pompidou 44,5, Poher 23,3 und Duclos 21,3 Prozent. Defferre mußte sich mit 5,0 Prozent begnügen. Auf Rocard entfielen 3,6, auf Krivine 1,1 Prozent. Aus der Stichwahl ging Pompidou mit 58,2 Prozent als Sieger hervor; Poher erhielt 41,8 Prozent. Mit 69 Prozent war die Wahlbeteiligung sehr niedrig – eine Folge vor allem des Wahlboykotts, zu dem die Kommunisten aufgerufen hatten.

Pompidou, im Juli 1911 im Département Cantal in der Auvergne geboren, von Haus aus Gymnasiallehrer, gehörte seit 1944 zu den engen Mitarbeitern de Gaulles. Von 1956 bis 1962 war er Generaldirektor der Rothschild-Bank gewesen, danach hatte er sich als Premierminister der Jahre 1962 bis 1968 politisches Ansehen erworben. Zum neuen Regierungschef berief er einen liberalen Gefolgsmann de Gaulles und ehemaligen Führer der Résistance, den Bürgermeister von Bordeaux, Jacques Chaban-Delmas. Valéry Giscard d'Estaing übernahm erneut das Finanzministerium; René Pleven wurde Justizminister; an die Spitze des Außenministeriums trat Maurice Schumann, der einstige Pressesprecher der France libre. In seiner Regierungserklärung vom 16. September 1969 beschwor Chaban-Delmas das Ideal einer «neuen Gesellschaft» (nouvelle société), die er der von dem Soziologen Michel Crozier so genannten «blockierten Gesellschaft» (société bloquée) gegenüberstellte. Was es zu überwinden galt, waren demnach soziale Verkrustungen und tradierte Besitzstände. Die Rolle des Staates sollte zurückgedrängt, der wirtschaftliche Wettbewerb gestärkt, der Bürger besser informiert werden.

Zu den ersten praktischen Maßnahmen der neuen Regierung gehörte die Abwertung des Franc um 12,5 Prozent am 8. August 1969: ein Schritt, den de Gaulle nicht zuletzt aus Gründen des nationalen Prestiges abgelehnt hatte. Flankiert wurde die erste Änderung der

Währungsparität seit 1958/59 von einem Preis- und Gewinnstopp, Steuererhöhungen und Kreditrestriktionen, durch die der Inflation Einhalt geboten werden sollte. Ein liberales Profil verschaffte sich die Regierung Chaban-Delmas mit der Abschaffung des Informationsministeriums, an dessen Stelle ein Regierungssprecher trat, und der Einführung eines unabhängigen Informationskanals im Rahmen des öffentlich-rechtlichen Fernsehens: Entscheidungen, die beim konservativen Flügel der Gaullisten auf Widerspruch stießen.

Unter den sozialpolitischen Neuerungen stach zunächst die Einführung eines am Produktionsindex orientierten dynamischen Mindestlohnes, des Salaire minimum interprofessionnel de croissance, kurz «Smic» genannt, hervor. Ein Gesetz vom Juli 1971 ermöglichte den Abschluß von branchenübergreifenden Tarifverträgen, ausgehandelt zwischen den Spitzenverbänden der Arbeitnehmer und der Arbeitgeber. «Progressiv» wirkte auch die von der Regierung nachdrücklich geförderte Umstellung der Lohnzahlung auf Monats- statt auf Stundenbasis: eine Veränderung, die die überkommenen Standesunterschiede zwischen Arbeitern und Angestellten einzuebnen versprach. Der Historiker René Rémond rechnet die von der Regierung Chaban-Delmas in den Jahren 1969 bis 1972 durchgesetzten Neuerungen zu den wichtigsten gesellschaftspolitischen Reformen in der französischen Geschichte des 20. Jahrhunderts – vergleichbar den Maßnahmen der Volksfrontregierung unter Léon Blum, der Provisorischen Regierung de Gaulle 1945/46 und der sozialistischen Regierung unter François Mitterrand 1981.

Von de Gaulles Projekt der Dezentralisierung blieb hingegen unter Pompidou und Chaban-Delmas nicht viel übrig. Die «Regionen», die ein Gesetz vom 5. Juli 1972 einführte, verfügten nur über geringe Kompetenzen und Haushaltsmittel. Ihre Räte bestanden teils aus mittelbar gewählten Mitgliedern, teils aus Delegierten berufsständischer Verbände. Sie unterstanden der Aufsicht des von Paris eingesetzten Regionalpräfekten. Die entscheidende untere Verwaltungseinheit blieb das Département. Die Nachfolger de Gaulles ließen diese Errungenschaft der Französischen Revolution unangetastet. Sie waren, so gesehen, deutlich «konservativer» als der Gründer der Fünften Republik.

Die stärksten neuen Akzente setzte Pompidou im Bereich der Außenpolitik: Er bemühte sich fast schon demonstrativ um eine Verbesserung der Beziehungen zu den USA und Großbritannien – Beziehungen, die in der Ära de Gaulle meist gespannt gewesen waren. Die veränderte Politik gegenüber Washington und London hing damit zusammen, daß es im Herbst 1969 in Bonn zu einem Regierungswechsel, der Ablösung der Großen Koalition unter Kurt Georg Kiesinger durch eine sozialliberale Koalition unter Willy Brandt, kam. Schon als Außenminister der Großen Koalition hatte Brandt im Juli 1969, also nach der Präsidentenwahl in Frankreich, seinen Pariser Kollegen Maurice Schumann gedrängt, das französische Veto gegen einen Beitritt Großbritanniens zu den Europäischen Gemeinschaften aufzugeben, und in diesem Zusammenhang die deutsche Haltung zum Gemeinsamen Agrarmarkt als Druckmittel eingesetzt. Nach der Bildung der Koalition aus SPD und FDP befürchtete Pompidou zeitweilig ernsthaft, die Bundesrepublik könnte nach Osten abdriften. Entsprechend äußerte er sich anläßlich einer Amerikareise Ende Februar/Anfang März 1970 gegenüber Nixon und Kissinger.

Der Besuch in den USA hätte fast ein abruptes Ende genommen: Die araberfreundliche Nahostpolitik Frankreichs im allgemeinen und die Lieferung moderner Flugzeuge an das Libyen Gaddafis im besonderen bildeten den Anlaß zu heftigen Protesten amerikanischer Juden gegen die Visite des französischen Präsidentenpaares in Chicago. Nur die telefonische Zusage Nixons, an einem Dinner zu Ehren Pompidous in New York teilzunehmen, brachte den Staatspräsidenten davon ab, umgehend nach Frankreich zurückzukehren.

Spektakulärer als die freundlichen Signale in Richtung der Vereinigten Staaten war die Kurskorrektur im Verhältnis zu Großbritannien. Am 10. Juli 1969 regte Pompidou auf seiner ersten Pressekonferenz nach der Präsidentenwahl ein Gipfeltreffen der Staats- und Regierungschefs der Europäischen Gemeinschaften an. Dabei sollte es um die Vollendung, die Vertiefung und die Erweiterung der EG gehen, das heißt um die endgültige Regelung des Gemeinsamen Agrarmarkts, die Einbeziehung neuer Politikbereiche in den Einigungsprozeß und den Beitritt Großbritanniens und anderer Staaten, die Mitglieder der EG werden wollten. Auf einer Sitzung des Rats der Außenminister im September wurde die Einberufung der von Pompidou vorgeschlagenen Konferenz auf den 1. und 2. Dezember 1969 nach Den Haag beschlossen.

Frankreichs Hauptanliegen auf dem ersten Gipfeltreffen der EG war die Vollendung des Gemeinsamen Agrarmarkts, dessen Finanzierung durch die Währungswirren in Unordnung geraten war. Den anderen fünf Mitgliedstaaten ging es vorrangig um die Erweiterung und Vertiefung der EG. In Sachen Vollendung unterstrichen die Teilnehmer ihren Willen, für die Finanzierung der Gemeinschaft schrittweise eigene Einnahmen zur Verfügung zu stellen. Was die Vertiefung betraf, sollte 1970 in enger Kooperation mit der Kommission ein Stufenplan für die Errichtung einer Wirtschafts- und Währungsunion vorgelegt und eine engere politische Zusammenarbeit der Regierungen vorbereitet werden. Im Hinblick auf die Erweiterung erklärten sich alle Mitgliedstaaten, also auch Frankreich, bereit, Verhandlungen zwischen der Gemeinschaft und den beitrittswilligen Staaten aufzunehmen, sofern die Bewerberländer ihrerseits bereit waren, die Verträge und ihre politischen Zielsetzungen zu akzeptieren.

Das Treffen von Den Haag *war* ein Durchbruch. Die Gesamtheit der Staats- und Regierungschefs etablierte sich im Dezember 1969 als das Gremium, das berufen war, Friktionen und Blockaden zwischen den Mitgliedern zu überwinden und die Gemeinschaft weiterzuentwickeln. Damit wurde die Linie bestätigt, die die EG mit dem Luxemburger Kompromiß vom Januar 1966 eingeschlagen hatten: Nicht die Kommission, sondern der Rat der Staats- und Regierungschefs bestimmte die politischen Richtlinien der Gemeinschaft. Auf der intergouvernementalen Ebene wurde festgelegt, welche Aufgaben die Kommission in Angriff zu nehmen hatte.

Die Gründe für das Umschwenken Pompidous in der Frage des britischen Beitritts zu den Europäischen Gemeinschaften waren vielfältig. De Gaulle hatte mit seinem Nein zur Erweiterung der EG Frankreich gegenüber den anderen fünf Mitgliedstaaten zunehmend isoliert. Das Wohlwollen dieser Staaten, vor allem der Bundesrepublik Deutschland, brauchte Paris aber, um für den gemeinsamen Agrarmarkt eine Lösung zu finden, die den Forderungen der französischen Landwirtschaft entgegenkam. Dazu kam die schon erwähnte Sorge des Staatspräsidenten, die Bundesrepublik könnte im Zuge der sozialliberalen Ostpolitik in Versuchung geraten, ihre Bindung an den Westen zu lockern. Ein enges Zusammengehen zwischen Paris und London erschien aus dieser Sicht notwendig, um das wachsende Gewicht Bonns auszubalancieren und sein Interesse an der Zukunft der EG zu erhöhen. Schließlich gab es zwischen Frankreich und Großbritannien grundsätzliche Übereinstimmung darin, daß Europa nicht im Zeichen einer supranationalen Integration zusammenwachsen, sondern eine

Gemeinschaft souveräner Staaten bleiben sollte. Das Vereinigte Königreich als Verbündeter bei der Abwehr einer föderalistischen Weiterentwicklung der EG: Auch dieser Gedanke sprach für eine Kurskorrektur
der französischen Europapolitik.

Innenpolitisch erlebte die Fünfte Republik während des Übergangs
von den sechziger zu den siebziger Jahren eine Reihe von Umorientie-
rungen und Umgruppierungen auf dem linken Flügel der Parteienlandschaft. Die Kommunisten legten seit der Invasion der Warschauer
Pakt-Staaten in der Tschechoslowakei im August 1968, eines von ihnen
ausdrücklich mißbilligten Gewaltakts, Wert auf eine gewisse Distanz
zur Sowjetunion. Unter der Ägide des faktischen Parteiführers, des
stellvertretenden Generalsekretärs Georges Marchais, betonte der PCF
seine demokratische Grundhaltung. Er bekannte sich zu einer «fortgeschrittenen Demokratie» (démocratie avancée) und kritisierte Menschenrechtsverletzungen im Ostblock, ohne sich freilich so entschieden
in eine «eurokommunistische» Richtung zu entwickeln, wie das um
dieselbe Zeit die italienischen Kommunisten unter Enrico Berlinguer
taten. Noch in ihrem Programm vom Februar 1971 beanspruchte die
Kommunistische Partei Frankreichs für sich die Rolle der Avantgarde
in der sozialistischen Gesellschaft der Zukunft.

Die Sozialisten, die andere große Linkspartei, trugen schwer daran,
daß sie sich unter dem langjährigen Generalsekretär Guy Mollet in
den Augen vieler Linker, und vor allem der Angehörigen der «Generation von 1968», den Ruf einer opportunistischen Partei erworben hatten – ein Eindruck, der sich auch in dem schmachvollen Stimmener-
gebnis Gaston Defferres bei den Präsidentschaftswahlen vom Juni
1969 niederschlug. Auf dem Parteitag von Issy-les-Moulineaux im Juli
1969 wurde Mollet durch den ehemaligen Staatssekretär Alain Savary,
einen frühen Kritiker der sozialistischen Algerienpolitik, abgelöst, der
fortan den Titel «Erster Sekretär» führte. Auf demselben Parteitag gab
sich die Section Française de l'Internationale Ouvrière (SFIO) auch
einen neuen Namen: Sie nannte sich seitdem Parti Socialiste (PS). Die
Wahl Savarys erleichterte es den Mitgliedern einer Reihe von linken
Clubs, in die erneuerte Partei einzutreten.

Auf dem nächsten Parteitag in Épinay vereinigte sich der Parti
Socialiste im Juni 1972 mit der Convention des institutions républi-
caines (CIR) um François Mitterrand, der erst kurz zuvor Mitglied des
PS geworden war und sich in Épinay an Stelle von Savary zum Ersten

Sekretär wählen ließ. Mitterrands strategisches Ziel war klar: Er erstrebte ein politisches Zusammengehen mit den Kommunisten, wobei
sich die Sozialisten die Führungsrolle sichern mußten. Ein wichtiger
Schritt in dieser Richtung gelang ihm mit dem Gemeinsamen Regierungsprogramm beider Parteien vom 26. Juni 1972. PS und PCF legten
sich darin auf eine Verfassungsreform und die Verstaatlichung einiger
der größten Betriebe fest, machten aber auch keinen Hehl aus unterschiedlichen Positionen im Bereich der Außen- und Verteidigungspolitik. Das Programm war so entschieden republikanisch gehalten, daß
es auch auf dem linken Flügel der Radicaux Zustimmung fand: Eine
neugegründete Gruppe, das Mouvement des radicaux de gauche, spaltete sich noch im Sommer 1972 von der Radikalsozialistischen Partei
ab und schloß sich der neuen oppositionellen Linkskoalition an.

Innerhalb des Regierungslagers versuchten sich Giscards Unabhängige Republikaner von der gaullistischen Union pour la Défense de la
République (UDR), so gut es ging, abzuheben. Mehrere Skandale um
spekulative Grundstücksgeschäfte boten den Rechtsliberalen einen
willkommenen Anlaß, dem größeren Partner öffentliche Vorhaltungen
wegen der Verwicklung einiger seiner Repräsentanten in einschlägige
Affären zu machen. Innerhalb der UDR machte der rechte Flügel um
den früheren Verteidigungsminister Pierre Messmer und die von ihm
geführte Gruppe Présence et action du gaullisme gegen die aus seiner
Sicht allzu liberale und zudem gewerkschaftsfreundliche Politik von
Premierminister Chaban-Delmas mobil. Auch Pompidou hegte Vorbehalte gegenüber dem Regierungschef, dessen politische Position inzwischen so erstarkt war, daß der Präsident in ihm einen Konkurrenten, ja
eine Gefahr für den präsidialen Charakter der Fünften Republik zu
sehen begann. Um die politischen Gewichte zu seinen Gunsten zu korrigieren, kündigte er am 16. März 1972 in einer Pressekonferenz ein
Referendum an, von dem er sich eine breite Zustimmung zu seiner
Europapolitik, konkret der Erweiterung der EG um Großbritannien,
Dänemark, Irland und Norwegen, erhoffte.

Das Ergebnis entsprach indes nicht den Erwartungen Pompidous.
Zwar stimmten am 23. April 1972 68,32 Prozent mit Ja und nur
31,68 Prozent mit Nein. Aber der Anteil derer, die an der Abstimmung
nicht teilnahmen, lag mit 39,8 Prozent ungewöhnlich hoch, desgleichen mit 11,6 Prozent die Zahl derer, die weiße oder ungültige Stimmzettel abgaben. Zum Boykott des Referendums hatten die Sozialisten

aufgerufen. Sie stimmten der Europapolitik des Präsidenten zwar zu, gönnten ihm aber nicht den Triumph, einen Keil zwischen die Linksparteien zu treiben: Mit den Kommunisten, die für ein «Non» warben, führte der PS um diese Zeit Verhandlungen über ein gemeinsames Regierungsprogramm. Pompidous Autorität wurde durch den Ausgang des Referendums nicht gestärkt, und die Neigung der Gaullisten, auf die plebiszitäre Karte zu setzen, ging nach den ernüchternden Erfahrungen von 1969 und 1972 stark zurück.

Am 6. Juli 1972 ersetzte Pompidou Jacques Chaban-Delmas durch Pierre Messmer. Es half dem bisherigen Premierminister nicht, daß die Nationalversammlung ihm am 25. Mai mit der geradezu erdrükkenden Mehrheit von 368 gegen 96 Stimmen das Vertrauen ausgesprochen hatte. Der Präsident der Republik wollte bis zur Neuwahl des Parlaments, die im März 1973 anstand, deutlich «rechtere» Akzente setzen, als es Chaban-Delmas zu tun bereit war. Messmer war ein orthodoxer Gaullist der ersten Stunde; er hatte 1942 auf der Seite der France libre in Nordafrika gegen Deutsche und Italiener gekämpft. Von ihm hatte Pompidou keine Eigenmächtigkeiten zu befürchten, wie er sie von seiten Chaban-Delmas' erlebt hatte, und für die vom Präsidenten gewünschte Polarisierung zwischen links und rechts war Messmer der richtige Regierungchef. Zwei seiner ersten Maßnahmen bestanden darin, daß er einen konservativen Parteifreund zum Staatssekretär für das Nachrichtenwesen ernannte und einen gaullistischen Parlamentarier zum Generaldirektor des öffentlich-rechtlichen Fernsehens, des Office de Radiodiffusion-Télévision Française (ORTF), berief.

Für den Wahlkampf vereinbarten die drei Regierungsparteien, die gaullistische UDF, die Unabhängigen Republikaner und das kleine Centre démocrate, gemeinsame Kandidaturen schon im ersten Wahlgang unter dem Namen «Union der Fortschrittsrepublikaner» (Union des républicains de progrès). Für die Zeit nach der Wahl kündigte Messmer eine Reihe von Reformen an; vor allem aber sollten sich die Wähler für die Bewahrung der bestehenden Ordnung und gegen das unkalkulierbare Risiko radikaler Veränderungen entscheiden. Die Sozialisten und die Kommunisten stellten ihr gemeinsames Regierungsprogramm in den Mittelpunkt des Wahlkampfes. Die Volksrepublikaner unter Jean Lecanuet schlossen sich mit linksliberalen Reformern um den Publizisten Jean-Jacques Servan-Schreiber zu einem Bündnis der «Réformateurs» zusammen: eine, wie sich bald zeigen sollte, sehr fragile Allianz.

Am ersten Wahlgang am 4. März 1973 beteiligten sich über 81 Prozent der wahlberechtigten Französinnen und Franzosen. Mit 34,7 Prozent schnitten die Kandidaten des Regierungslagers besser ab als von ihnen erwartet. Die Kommunisten kamen auf 21,4, die Sozialisten auf 19,2, die «Réformateurs» auf 12,5 Prozent. Die zuletzt genannte Gruppe zerbrach sogleich wieder: Lecanuet entschied sich, bei der Stichwahl die Kandidaten des Regierungslagers zu unterstützen; Servan-Schreiber gab die gegenteilige Parole aus.

Aus dem zweiten Wahlgang am 11. März gingen die Regierungsparteien dank Wahlverfahren und Wahlkreiseinteilung mit 272 von 491 Mandaten als klare Sieger hervor. Die Gaullisten allein erhielten 183 Sitze, verfehlten also, anders als im Juni 1968, die absolute Mehrheit. Die Sozialisten profitierten davon, daß die Kommunisten bei den Stichwahlen diszipliniert für die Kandidaten des PS stimmten, während das in der umgekehrten Konstellation in geringerem Maß der Fall war. Der PS kam auf 102, der PCF auf 73 Sitze. Auf die «Réformateurs» entfielen 30 Mandate. Von den Stimmenzahlen her war der Sieg der Gaullisten und ihrer Verbündeten weniger eindrucksvoll: Sie gewannen nur 230000 Stimmen mehr als die Linke. Die Opposition konnte darauf setzen, daß sie durchaus Chancen hatte, bei einem neuen Anlauf die Machtverhältnisse in der Fünften Republik zu ihren Gunsten zu verändern.[12]

Von Wilson zu Heath: Großbritannien im Übergang zu den siebziger Jahren

Für Großbritannien begann das politische Jahr 1969 mit einem Paukenschlag der Ministerin für Beschäftigung und Produktivität, Barbara Castle. Am 17. Januar veröffentlichte sie ein Weißbuch unter dem Titel «An Stelle des Streits» (In Place of Strife). Die Denkschrift war zunächst einmal eine Antwort auf den im Juni 1968 vorgelegten Bericht der von Lord Donovan geleiteten Royal Commission on Trade Unions and Employers' Associations über die Organisationen der Tarifpartner und ihre wechselseitigen Beziehungen. Im entscheidenden Punkt, den sehr häufigen «wildcat strikes», zeigten sich die Experten ratlos. Sie sprachen von einem Zustand der «Unentschiedenheit und Anarchie» (indecision and anarchy), wußten aber keinen Ausweg aus dem Dilemma.

Dabei wollte es die aus dem linken Parteiflügel stammende, energische Labourpolitikerin Barbara Castle nicht bewenden lassen. Mit der vollen Rückendeckung von Premierminister Harold Wilson und Schatzkanzler Roy Jenkins schlug sie vor, jedem inoffiziellen, das heißt nicht von einer Gewerkschaft autorisierten Streik eine «Versöhnungspause» (conciliatory pause) von 28 Tagen vorzuschalten, in der über eine Beilegung des Konflikts verhandelt werden sollte. Bei Verstößen gegen diese Regelung sah das Weißbuch Geldstrafen vor. Kam es zwischen Einzelgewerkschaften zu einem Streit, den der Dachverband, der Trades Union Congress (TUC), nicht schlichten konnte, sollte eine neugeschaffene Instanz, die Commission on Industrial Relations, eine Empfehlung abgeben. Die Regierung mußte dann entscheiden, ob sie diese für verbindlich erklären wollte oder nicht.

Die ersten Reaktionen auf das Weißbuch in Presse und Meinungsumfragen waren positiv. Das Bild änderte sich jedoch rasch, als die Gewerkschaften sich genauer mit der vorgeschlagenen Neuordnung befaßten. Die beabsichtigten Strafmaßnahmen (penal clauses) lösten eine Welle der Empörung aus. Die Gewerkschaften wollten staatliche Sanktionen unter keinen Umständen akzeptieren. Sie waren aber auch nicht bereit, auf die von Wilson angebotene Alternative, eine Disziplinierung widerstrebender Gewerkschaften durch den TUC, einzugehen. Angesichts der engen Verflechtung von Gewerkschaften und Labour Party war es nicht erstaunlich, daß der Streit auf die Parteiorganisation, die Unterhausfraktion und das Kabinett übergriff. Bei einer Abstimmung in den Commons am 3. März 1969 fand sich zwar eine Mehrheit für den Antrag, das Weißbuch zur Grundlage eines Gesetzentwurfs zu machen, aber fast die Hälfte der Labour-Fraktion votierte dagegen. Noch dramatischer wirkte ein Beschluß des Nationalen Exekutivkomitees der Labour Party vom 26. März: Mit 16 gegen 5 Stimmen sprach sich die Parteiführung gegen eine gesetzgeberische Initiative auf der Grundlage der Denkschrift «In Place of Strife» aus. Unter den Nein-Stimmen war auch die von Innenminister James Callaghan.

Am 3. April gelang es Premierminister Wilson, der gerade von einer Reise nach Nigeria zurückgekehrt war, die Einigkeit im Kabinett wiederherzustellen. Knapp zwei Wochen später, am 15. April, kündigte

Schatzkanzler Jenkins im Unterhaus die Vorlage eines auf die wesentlichsten Punkte, darunter die «Versöhnungspause», beschränkten Gesetzesentwurfs an. Er verband diese Erklärung mit der Mitteilung, daß die Regierung nicht vorhabe, den im Juli 1968 in Kraft getretenen Price and Income Act zu verlängern, der einen Aufschub von zwölf Monaten für das Inkrafttreten von Tarifverträgen vorsah, soweit sie Lohnerhöhungen mit sich brachten.

Doch die Gewerkschaften erwiesen sich als stärker. Anfang Juni 1969 stimmte der Kongreß der Trade Unions in Croydon mit überwältigender Mehrheit gegen die «Strafklauseln» in der Industrial Relations Bill, womit sie der innerparteilichen Opposition in der Labour Party kräftigen Auftrieb gaben. Eine Mehrheit für den Gesetzentwurf erschien inzwischen so unwahrscheinlich, daß Wilson und Castle schließlich nachgaben. Sie begnügten sich mit einer unverbindlichen Absichtserklärung des TUC, er werde ein Komitee einrichten, dessen Aufgabe es sei, inoffizielle Streiks zu untersuchen, und das gegebenenfalls die Gewerkschaften zur Wiederaufnahme der Arbeit auffordern werde. Am 18. Juni gab Wilson im Unterhaus bekannt, daß die Regierung in Anbetracht dieser Selbstverpflichtung die Industrial Relations Bill nicht weiter verfolgen werde. Der «Daily Express» und die «Daily Mail» sprachen in ihren Schlagzeilen tags darauf zu Recht von «Kapitulation» (surrender).

Eine andere Niederlage erlitt die Regierung Wilson 1969 bei dem Versuch, das Oberhaus zu reformieren. Soweit es nach der Labour Party ging, sollten die Lords künftig nicht mehr die Möglichkeit haben, das Inkrafttreten von Gesetzen zu verzögern oder zu hintertreiben. Deswegen galt es, die Vererbung von Oberhaussitzen abzuschaffen oder zumindest einzuschränken und die erste Kammer den Regeln einer modernen parlamentarischen Demokratie anzupassen. Das Vorhaben, die Reform über eine von allen Parteien beschickte Kommission voranzutreiben, scheiterte im Juni 1968. Als das House of Lords sich weigerte, den von den Vereinten Nationen beschlossenen Sanktionen gegen das rassistische Regime von Ian Smith in Südrhodesien zuzustimmen, kündigte Wilson die Zusammenarbeit mit den Konservativen auf. Im Dezember 1968 legte die Regierung einen Gesetzentwurf vor, der die erbliche Mitgliedschaft im Oberhaus begrenzen und der jeweiligen Regierung, unter anderem durch die Unterscheidung zwischen stimmberechtigten und nicht stimmberechtigten

Mitgliedern, eine arbeitsfähige Mehrheit in der ersten Kammer sichern sollte. Gegen diese Vorlage gab es Widerstand nicht nur bei vielen Konservativen, sondern auch innerhalb der Labour Party. Parteiübergreifend fürchteten viele Parlamentarier, die Neuerung würde der Regierung noch mehr Möglichkeiten der Ämterpatronage einräumen als bisher. Am 17. April 1969 beugte sich der Premierminister dem Willen der heterogenen Opposition und zog den Gesetzentwurf zurück.

Ernste Probleme für die öffentliche Sicherheit erwuchsen dem Vereinigten Königreich 1969 in Nordirland. Am Neujahrstag griffen militante Protestanten, meist Angehörige des radikalen Oranierordens, katholische Bürgerrechtler an, die einen Marsch von Belfast nach Londonderry angetreten hatten, und verletzten viele erheblich. In Londonderry kam es zum Barrikadenbau auf Seiten der Katholiken und zu Straßenkämpfen mit der protestantischen Polizei, der Royal Ulster Constabulary (RUC). Im Mai trat der gemäßigte, auf Ausgleich der konfessionellen Gegensätze bedachte Premierminister Captain Terence O'Neill nach sechsjähriger Amtszeit zurück. Vier Jahre zuvor, Anfang 1965, hatte er sich, um ein Signal der Aussöhnung zwischen dem überwiegend protestantischen Ulster und der katholischen Republik Irland zu geben, zweimal mit dem Dubliner Regierungschef Seán Leamass getroffen. Im aufgeheizten Klima der späten sechziger und der siebziger Jahre waren solche Gesten nicht mehr vorstellbar. Im August 1969 eskalierten die Unruhen in Belfast und Londonderry. Dem Ersuchen von O'Neills Nachfolger, Major James Chichester-Clark, folgend, schickte Premierminister Wilson britische Truppen nach Ulster, die der überforderten und demoralisierten RUC die Aufgabe abnahmen, Ruhe und Ordnung wiederherzustellen. Die 1921 geschaffene Selbstverwaltung Ulsters blieb formell unangetastet. Doch nur die Zentralgewalt in London schien noch in der Lage, den Ausbruch des offenen Bürgerkriegs zu verhindern.

Wirtschaftlich begann Großbritannien im Sommer 1969 von den Folgen der Abwertung des Pfundes im November 1967 zu profitieren. Seit August war die Zahlungsbilanz aktiv. Im Oktober kündigte Schatzkanzler Jenkins auf dem Labour-Parteitag für das laufende Jahr ein Wirtschaftswachstum von 3 bis 4 Prozent und sinkende Arbeitslosenzahlen an. Im Dezember erlebte der Premierminister den persönlichen Triumph, daß Frankreich sein Veto gegen einen britischen EG-Beitritt zurückzog. Die Regierung Wilson konnte im Rückblick auf die

Jahre seit 1964 auf einige einschneidende Neuerungen verweisen, die
zumindest von einem Teil der Briten auf der Habenseite des Kabinetts
verbucht wurden, darunter die abermalige Verstaatlichung der Stahlindustrie im Januar 1967, das Verkehrsgesetz von 1968, das den Zweck
verfolgte, die defizitären staatlichen Eisenbahnen zu einem rentablen
Unternehmen zu machen, die Liberalisierung des Scheidungsrechts
und des Strafrechts in Sachen Homosexualität und Abtreibung, die
zunächst vorläufige, auf fünf Jahre befristete Abschaffung der Todesstrafe im Jahr 1965, die Herabsetzung des Wahlalters von 21 auf
18 Jahre im April 1969. Neuwahlen waren erst Anfang 1971 fällig,
aber da sich die Umfragewerte für Labour im Frühjahr 1970 parallel
zu den Wirtschaftsdaten günstig entwickelten, entschied sich Wilson,
die Wahlen vorzuziehen. Am 18. Mai gab er die Auflösung des Unterhauses und den Termin der Neuwahl bekannt. Es war der 18. Juni
1970.

Das Verhältnis zwischen der Labour-Regierung und den Gewerkschaften hatte sich inzwischen wieder entspannt; die Labour Party
stand geschlossen hinter Harold Wilson. Der konservative Parteiführer Edward Heath wußte zwar die große Mehrheit der Tories hinter
sich, mußte aber mit abträglichen Wirkungen der rassistischen Tiraden des rechten Flügelmannes der Partei, Enoch Powell, rechnen. Die
meisten Umfragen sahen Labour vorn, aber es kam anders. Am Wahltag stimmten 46,4 Prozent der Wählerinnen und Wähler für die Konservativen, 43,1 Prozent für Labour und 7,5 Prozent für die Liberalen.
Das ergab eine komfortable Mehrheit für die Tories: Sie erhielten 330,
die Labour Party 287, die Liberalen 6 Sitze. Die niedrige Wahlbeteiligung von 72 Prozent ging offenkundig zu Lasten der bisher regierenden Partei. Vieles sprach für einen Stimmungsumschwung in den letzten Tagen vor der Wahl. Dazu dürfte auch eine Meldung vom 15. Juni
beigetragen haben: Zum ersten Mal seit neun Monaten wies die Zahlungsbilanz wieder ein Defizit auf. Die Finanzlage des Vereinigten
Königreiches war ernster, als es die Regierung Wilson im Wahlkampf
dargestellt hatte.

Der neue Premierminister Edward Heath, 1916 in der Grafschaft
Kent geboren, hatte in Oxford Philosophie, Politische Wissenschaft
und Wirtschaftswissenschaften studiert, sich zum Organisten ausbilden lassen und als Offizier am Zweiten Weltkrieg teilgenommen. Von
1961 bis 1963 war er in seiner Funktion als Lordsiegelbewahrer im

Kabinett Macmillan maßgeblich an den Verhandlungen über den Beitritt seines Landes zur EWG beteiligt gewesen; er galt als überzeugter Europäer und innenpolitisch als Mann des Ausgleichs. Wie die Regierung Wilson so stand auch die von «Ted» Heath unter dem Druck, gegen die anhaltende «Stagflation» ankämpfen zu müssen. Zwischen 1968 und 1970 waren die Einzelhandelspreise jährlich fast um 6 Prozent gestiegen; zwischen 1970 und 1973 wuchsen sie jährlich um durchschnittlich 8,6 Prozent an. Die Produktivität nahm hingegen kaum zu. Nach wie vor stiegen die Löhne noch sehr viel schneller als die Preise. Appelle an die Gewerkschaften, mit ihren Forderungen Maß zu halten, waren vergeblich. 1970 erlebte Großbritannien die größte Zahl von Streiks seit dem Generalstreik von 1926. Im August sah sich die Regierung genötigt, angesichts eines landesweiten Ausstands den Ausnahmezustand zu verkünden. 1971 war die Zahl der durch Streiks verlorenen Arbeitstage sogar noch größer als im Vorjahr.

Um das Übel, die inoffiziellen Streiks, an der Wurzel zu packen, griff die Regierung Heath auf die gescheiterte Industrial Relations Bill des Kabinetts Wilson zurück, ging aber zugleich weit über sie hinaus. Der neue Entwurf, der Anfang Dezember 1970 dem Unterhaus vorgelegt wurde, sah eine zwangsweise «Abkühlphase» (cooling off period) von 60 Tagen vor Beginn eines Streiks und eine geheime Abstimmung unter den Gewerkschaftsmitgliedern vor. Das Prinzip des «closed shop», der gewerkschaftlichen Zwangsmitgliedschaft einer Betriebsbelegschaft, wurde beseitigt. Auf Verstöße gegen das Gesetz standen hohe Geldstrafen, die ein neugeschaffener Gerichtshof, der Industrial Relations Court, verhängen konnte. Trotz massiver Proteste wurde das Gesetz im März 1971 vom Unterhaus gebilligt; im August trat es in Kraft. Wirkungen hatte es so gut wie keine, weil es von den Gewerkschaften systematisch boykottiert wurde. Im Januar und Februar 1972 erzwangen 280000 streikende Bergarbeiter Lohnerhöhungen um durchschnittlich 20 Prozent; im Juni setzten 200000 Eisenbahnarbeiter mit einem Ausstand Lohnsteigerungen durch, die deutlich über dem ursprünglichen Angebot des staatlichen Arbeitgebers lagen. Insgesamt gingen Großbritannien 1972 24 Millionen Arbeitstage durch Streiks verloren – doppelt so viele wie 1971 und viermal mehr als im Durchschnitt der sechziger Jahre. Die Arbeitslosenzahlen erreichten 1972 mit 900000 den höchsten Stand seit den dreißiger Jahren; das Zahlungsbilanzdefizit wuchs weiter. Im Juni entschloß sich die Regierung

Heath, das Pfund «floaten» zu lassen. Sein Außenwert sank daraufhin von 2,61 auf 2,42 Dollar.

Staatliche Preis- und Einkommenskontrollen hatten die Konservativen bisher strikt abgelehnt. Im November 1972 vollzog Heath eine Kehrtwende, den sogenannten «U-turn»: eine radikale Abkehr von dem wirtschaftsliberalen «Selsdon Park Programme», mit dem die Konservativen 1970 in den Wahlkampf gezogen waren. Im Unterhaus kündigte er ein auf 90 Tage befristetes Einfrieren aller Preise, Einkommen, Mieten und Dividenden an. Im April 1973 wurden Ämter eingerichtet, die die Lohn- und Preiserhöhungen überwachen sollten. Die Löhne durften auf Grund eines Gesetzes nicht mehr als um 250 Pfund im Jahr ansteigen, Dividenden nicht mehr als um 5 Prozent. Auf Zuwiderhandeln standen hohe Geldstrafen. Eine Heilung der «englischen Krankheit» bewirkten die drakonischen Maßnahmen nicht. Zwei dem konservativen Credo strikt widersprechende Staatsinterventionen waren jedoch erfolgreich: Die vom Konkurs bedrohten, traditionsreichen Automobilwerke Rolls-Royce wurden erst durch Steuergelder gerettet, dann teilweise verstaatlicht und erlangten im Bereich Triebwerke ihre Wettbewerbsfähigkeit zurück; bei den Werften reichten vorübergehende Staatsbeihilfen, um einen organisatorischen Umbau einzuleiten und die Rentabilität wiederherzustellen.

Zum Erbe der sechziger Jahre gehörte auch der Nordirlandkonflikt. Das Ziel des Kabinetts Heath, nicht anders als zuvor der Regierung Wilson, war es, der katholischen Minderheit zu ihrem Recht zu verhelfen, die Bindung Ulsters an das Vereinigte Königreich aber unangetastet zu lassen. Blutige Gewalttaten der Radikalen auf protestantischer und katholischer Seite durchkreuzten aber immer wieder die guten Absichten Londons. Im März 1971 trat der Premierminister von Nordirland, James Chichester-Clark, zurück; zu seinem Nachfolger wurde der als relativ gemäßigt geltende Brian Faulkner gewählt. Im September gründete der militante protestantische Pfarrer Ian Paisley die Democratic Unionist Party, die den unveränderten Fortbestand der Union mit Großbritannien auf ihr Banner schrieb und gegenüber den Katholiken nur eines kannte: die Abgrenzung durch Konfrontation. Im folgenden Jahr verloren in Ulster 173 Menschen bei politischen Gewalttaten ihr Leben, darunter erstmals auch ein britischer Soldat.

Ihren Höhepunkt erreichten die Unruhen am 30. Januar 1972, der als «Bloody Sunday» in die Geschichte einging. Britische Fallschirm-

jäger richteten an diesem Tag in Londonderry ein Blutbad unter unbe-
waffneten Demonstranten an, die aus Protest gegen die rigorose Vor-
gehensweise der nordirischen Sicherheitskräfte auf die Straße gegangen
waren. 13 Menschen starben bei diesem Massaker. In zahlreichen
Städten Nordirlands, aber auch im übrigen Großbritannien und in der
Republik Irland kam es zu teilweise gewaltsamen Protesten; in Dublin
wurde die britische Botschaft von Demonstranten gestürmt und verwüstet. Die Regierung Heath antwortete im März 1972 mit der Aufhebung der Selbstverwaltung für Ulster, wie sie das Unterhaus im
Dezember 1920 im Government of Ireland Act beschlossen hatte. Der
Stormont, das von den Protestanten beherrschte Parlament Nordirlands, wurde zur bloßen Fassade. Für die Politik in Ulster war fortan
der neue Nordirlandminister im Kabinett Heath, William Whitelaw,
zuständig. Die Zahl der Morde, die von Angehörigen der katholischen
IRA und von protestantischen Extremisten des Oranierordens begangen wurden, belief sich 1972 auf 474. In den Jahren darauf gingen die
Zahlen der Opfer politischer Gewalttaten deutlich zurück, aber zwischen 1973 und 1976 lagen sie stets oberhalb von 200.

Zum herausragenden außenpolitischen Thema wurde für Edward
Heath der von ihm entschieden befürwortete Beitritt zu den Europäischen Gemeinschaften. Die Verhandlungen begannen kurz nach
dem Regierungswechsel, am 21. Juli 1970. Die Probleme, die es dabei
zu lösen galt, waren im Prinzip dieselben wie bei den gescheiterten ersten beiden Beitrittsverhandlungen in den Jahren 1961 bis 1968. Die
Beziehungen Großbritanniens zu den Ländern des Commonwealth
hatten seitdem zwar beträchtlich an Bedeutung verloren. Für *einen*
dieser Staaten aber waren die konkreten Bedingungen des britischen
EG-Beitritts nach wie vor geradezu existentiell: Neuseeland lieferte
90 Prozent seiner Butterexporte nach Großbritannien, desgleichen
80 Prozent seiner Käse- und 30 Prozent seiner Fleischausfuhr. Von den
Konditionen eines Beitritts zum Gemeinsamen Markt stark betroffen
waren auch die britischen Karibikinseln, die ihre Zuckerproduktion
zum größten Teil im Vereinigten Königreich absetzten.

Die Verhandlungen über diese Punkte erwiesen sich als schwierig,
und wieder war Frankreich ein besonders hartnäckiger Widersacher.
Heath entschloß sich deshalb, in direkten Gesprächen mit Präsident
Pompidou einen Durchbruch zu versuchen, und dieses ehrgeizige Vorhaben gelang ihm im Mai 1971 bei einem Besuch in Paris. Entschei-

dend war die Übereinstimmung beider Staatsmänner in den übergeordneten Fragen: Heath wie Pompidou setzten nicht auf supranationale,
sondern, soweit wie nur irgend möglich, auf intergouvernementale Zusammenarbeit, und sie hielten eine enge Kooperation zwischen Paris
und London für notwendig, um ein Gegengewicht zum wirtschaftlich
führenden Mitgliedstaat der Gemeinschaft, der auch politisch immer
selbstbewußter auftretenden Bundesrepublik Deutschland, herzustellen.

Nach dem britisch-französischen Gipfel machten die Beitrittsverhandlungen, die gleichzeitig auch mit Irland, Dänemark und Norwegen geführt wurden, rasche Fortschritte. Die Formeln für den Import von neuseeländischer Butter und karibischem Zucker fanden die
Zustimmung der Betroffenen. Für die Einführung des Gemeinsamen
Agrarmarktes und die Angleichung der Außenzölle wurde dem Vereinigten Königreich eine großzügige Übergangsfrist von sechs Jahren
zugebilligt. Die schwierigste Frage war der britische Finanzbeitrag.
London erklärte sich mit einem gleitenden Übergang von sieben Jahren
einverstanden und bekam eine Sicherheitsklausel zugestanden: Sollten
sich ernste Finanzprobleme ergeben, verpflichteten sich die Sechs, nach
gerechten Lösungen zu suchen.

Umstritten waren über längere Zeit hinweg auch die Fischereirechte. Kurz vor Beginn der Beitrittsverhandlungen hatten sich die
Sechs im Zuge der Verhandlungen über die Vollendung des Gemeinsamen Agrarmarkts darauf verständigt, daß allen Mitgliedstaaten in
allen Gewässern der Gemeinschaft die gleichen Fangrechte zugestanden werden sollten. Die vier Beitrittskandidaten – Großbritannien,
Irland, Dänemark und Norwegen – sahen in dem Beschluß eine Provokation: Auf sie entfielen schließlich zwei Drittel aller Fischbestände der
erweiterten Gemeinschaft. Am Ende langwieriger Verhandlungen
stand ein Kompromiß: Zunächst für die Dauer von zehn Jahren sollten
innerhalb einer Zwölf-Meilen-Zone nur Fischkutter geduldet werden,
die traditionell von örtlichen Häfen aus zum Fischfang ausliefen. Am
22. Januar 1972 wurden alle vier Verträge zum Beitritt zu den Europäischen Gemeinschaften in Brüssel unterzeichnet. Nach der Ratifizierung sollten sie am 1. Januar 1973 in Kraft treten.

Innenpolitisch war der Beitritt zu den Europäischen Gemeinschaf-
ten in Großbritannien auch beim dritten Anlauf höchst umstritten.
Wilson hatte in seiner Regierungszeit alles getan, um sein Land in die
EG zu führen, jetzt aber hielt er es für opportun, den Brüsseler Büro-

kratismus und das protektionistische Regelwerk des Gemeinsamen Agrarmarktes anzugreifen und der Regierung Heath vorzuwerfen, sie habe bei den Verhandlungen viel zu wenig für das Vereinigte Königreich herausgeholt. Andere Labour-Politiker sahen das anders. Im Mai 1971 sprachen sich 100 Unterhausabgeordnete, darunter acht Mitglieder des Schattenkabinetts, in einer Anzeige im «Manchester Guardian» für den EG-Beitritt aus. Zu den prominentesten Befürwortern gehörten der ehemalige Schatzkanzler Roy Jenkins, der frühere Außenminister Michael Stewart und sein kurzzeitiger Vorgänger, George Brown. Wilson wußte jedoch die Gewerkschaften, die Mehrheit des Parteivorstands, ja sogar eine Mehrheit der Briten hinter sich: Im Sommer 1971 sprachen sich 60 Prozent der Befragten gegen eine Mitgliedschaft des Vereinigten Königreiches im Gemeinsamen Markt aus. Die meistgenannten Gründe für die ablehnende Haltung waren die Sorge um die Aufrechterhaltung der britischen Institutionen und die Angst vor einem Anstieg der Lebensmittelpreise.

Im Juni 1971 sprach sich die Labour Party auf einem Sonderparteitag für ein Referendum über den EG-Beitritt aus. Wilson kündigte an, er werde nach einem Wahlsieg über die Beitrittsbedingungen neu verhandeln. Bei den Konservativen waren die Befürworter einer Mitgliedschaft im Gemeinsamen Markt bei weitem in der Überzahl. Die Regierung behauptete im Juli in einem Weißbuch, die Kosten des Beitritts würden niedrig sein, der Gewinn für die nationale Sicherheit und Prosperität Großbritanniens hingegen erheblich. Von einer «Erosion wesentlicher nationaler Souveränitätsrechte» könne im übrigen keine Rede sein. Vielmehr sei beabsichtigt, «daß man sich im allgemeinen Interesse die Ausübung einzelstaatlicher Souveränitätsrechte teilt und diese ausweitet». In einer mehrtägigen Debatte des Unterhauses hatten Ende Juli Befürworter und Gegner des Beitritts die Möglichkeit, ihre Argumente öffentlich auszutauschen, wobei es in jeder Partei Vertreter der gegensätzlichen Standpunkte gab.

Die Abstimmung über die Frage, ob das Unterhaus der grundsätzlichen Beitrittsabsicht der Regierung zustimme, fand nach mehrtägiger Debatte am 28. Oktober 1971 statt. 356 Abgeordnete votierten mit Ja, 244 mit Nein. Unter den Nein-Stimmen waren die von 39 Konservativen, unter den Ja-Stimmen die von 69 Parlamentariern der Labour Party; 20 Labour-Abgeordnete enthielten sich der Stimme. Nach der Unterzeichnung des britischen Antrags durch Premierminister Edward

Heath, Außenminister Sir Alec Douglas-Home und den Chefunterhändler Geoffrey Rippon am 22. Januar 1972 in Brüssel standen noch
weitere wichtigere parlamentarische Abstimmungen an. Das Unterhaus mußte am 17. Februar 1972 über eine Gesetzesvorlage entscheiden, deren Zweck es war, britisches Recht dem Gemeinschaftsrecht
anzupassen. Der Antrag der Regierung fand nur eine knappe Mehrheit: 309 Abgeordnete stimmten dafür, 301 dagegen. 20 Konservative
hatten sich dem Appell zur Fraktionsdisziplin verweigert: 15, indem sie
mit Nein stimmten, 5 durch Stimmenthaltung. Von einem nationalen
Konsens in Sachen Beitritt zum Gemeinsamen Markt war Großbritannien 1972 noch weit entfernt.[13]

Machtwechsel in Bonn: Willy Brandts neue Ostpolitik

Für die Bundesrepublik Deutschland war 1969 ein Wahljahr, und
beide große Parteien hofften, daß es das letzte Jahr der ungeliebten
Großen Koalition sein würde. *Ein* Projekt des Bündnisses von
CDU/CSU und SPD, das solche Koalitionen, ja Koalitionen schlechthin überflüssig machen sollte, die Einführung des Mehrheitswahlrechts, war inzwischen gescheitert, der entschiedenste Vertreter der
Wahlrechtsreform, der christlich-demokratische Innenminister Paul
Lücke, im März 1968 aus Protest hiergegen zurückgetreten. Die Sozialdemokraten hatten das Interesse am Mehrheitswahlrecht verloren,
seit sich die Freie Demokratische Partei innen- wie außenpolitisch
nach links bewegte und dadurch die Chancen einer sozialliberalen
Koalition deutlich verbesserte. Auf dem Freiburger Parteitag der FDP
im Januar 1968 war der als «fortschrittlich» geltende frühere Entwicklungshilfeminister Walter Scheel als Nachfolger des «nationalliberalen» Erich Mende zum neuen Parteivorsitzenden gewählt worden. Die Liberalen erwarben sich fortan das Profil einer Partei der
entschiedenen Gesellschaftsreform, obenan der sozialen Chancen-
gleichheit im Bildungswesen und der Liberalisierung des Rechts-
wesens. Im Bereich der Ost- und Deutschlandpolitik zeigte die FDP
sich bereit, der Realität der deutsch-polnischen Grenze an Oder und
Neiße und der Existenz der DDR Rechnung zu tragen – Positionen,
mit denen die Freien Demokraten den Sozialdemokraten näher standen als den Unionsparteien.

Am 5. März 1969 wählte die fünfte Bundesversammlung in Berlin im dritten Wahlgang, für den die einfache Mehrheit ausreichte, mit 512 Stimmen aus den Reihen der SPD und FDP den sozialdemokratischen Justizminister Gustav Heinemann zum dritten Bundespräsidenten. Der zweite Bundespräsident, der Christliche Demokrat Heinrich Lübke, 1964 mit den Stimmen der Sozialdemokraten wiedergewählt, hatte im Oktober 1968 angekündigt, daß er im Hinblick auf die Bundestagswahl im September 1969 einige Monate vorher, am 30. Juni 1969, aus dem Amt ausscheiden würde. Auf Verteidigungsminister Gerhard Schröder, den Kandidaten der Unionsparteien, entfielen im dritten Wahlgang 506 Stimmen. Da die CDU/CSU nur 482 Wahlmänner und Wahlfrauen zählte, hätte Schröder nur mit Hilfe der 22 Stimmen der NPD über Heinemann triumphieren können, der seinerseits längst nicht alle Wahlmänner und Wahlfrauen der FDP hinter sich bringen konnte. Wenige Tage später bezeichnete Heinemann in einem Interview seine Wahl als ein «Stück Machtwechsel» – eine Äußerung, die empörte Proteste im Unionslager hervorrief. In seiner Antrittsrede nannte der Bundespräsident am 1. Juli «nicht weniger, sondern mehr Demokratie» das große Ziel, «dem wir uns alle und zumal die Jugend zu verschreiben haben».

Eine der großen gesetzgeberischen Leistungen der Großen Koalition war die im April und Mai 1969 vom Bundestag und Bundesrat mit den erforderlichen verfassungsändernden Mehrheiten verabschiedete Finanzreform. Sie regelte die Zusammenarbeit von Bund und Ländern auf dem Gebiet von «Gemeinschaftsaufgaben» wie Neubau von wissenschaftlichen Hochschulen, regionale Wirtschaftsstruktur, Verbesserung der Agrarstruktur und Küstenschutz. Außerdem schuf sie die Voraussetzungen dafür, daß Bund und Länder auch in den Bereichen Bildungsplanung und Forschung unter Aufteilung der Kosten gemeinsam vorgehen konnten. Der Finanzreform folgte noch im Mai 1969 eine Strafrechtsreform. Wo immer möglich sollte die Strafe künftig dazu dienen, den Täter zu resozialisieren. Das Zuchthaus wurde zugunsten einheitlicher Freiheitsstrafen abgeschafft. Gotteslästerung, Ehebruch und Homosexualität unter Erwachsenen waren nicht mehr strafbar. Ende Juni hob der Bundestag die Verjährung für Verbrechen des Völkermords generell auf und verlängerte die Strafverfolgung von Verbrechen, die mit lebenslangen Freiheitsstrafen bedroht waren, von zwanzig auf dreißig Jahre. (Zehn Jahre später, im Juli 1979, hob der

Bundestag die Verjährung von Mord auf, so daß diese Verbrechen auch nach Ablauf der 1969 beschlossenen Frist geahndet werden konnten.)

Außenpolitisch bewegte sich 1969 für die Bundesrepublik bis zur Bundestagswahl nicht mehr viel. Am 17. März schlugen die Staaten des Warschauer Pakts, die in Budapest zu ihrer jährlichen Tagung zusammengetroffen waren, dem Westen die Einberufung einer europäischen Sicherheitskonferenz vor. Neben den Mitgliedern von NATO und Warschauer Pakt sollten auch die neutralen Staaten an ihr teilnehmen. Von einem europäischen Sicherheitssystem, das an die Stelle der bestehenden Allianzen treten sollte, war, anders als noch drei Jahre zuvor in einem Beschluß der Bukarester Konferenz des Warschauer Pakts, nicht mehr die Rede. Die Budapester Erklärung wiederholte zwar die Forderung, die Bundesrepublik müsse die bestehenden Grenzen und die «Existenz der DDR» anerkennen. Aber dabei handelte es sich nicht mehr um Vorbedingungen von Verhandlungen, sondern um Voraussetzungen künftiger europäischer Sicherheit – so wie der Warschauer Pakt sie auffaßte. Und die «Anerkennung der Existenz der DDR» war eine bescheidenere Forderung als die nach der völkerrechtlichen Anerkennung der DDR. Die Sowjetunion war offenkundig bereit, der Bundesrepublik ein gutes Stück entgegenzukommen.

Die Kurskorrektur hatte mindestens zwei Ursachen. Die Lage in der Tschechoslowakei war äußerlich wieder stabil; an der «Westfront» herrschte also wieder Ruhe. An der «Ostfront» hingegen wurde scharf geschossen: Am 2. März 1969 war es am Ussuri zu schweren Grenzstreitigkeiten zwischen der Sowjetunion und der Volksrepublik China gekommen. Die dramatische Zuspitzung des Konflikts im Fernen Osten ließ dem Kreml eine Entspannung im Westen erstrebenswert erscheinen, und die gewaltsame Beendigung des «Prager Frühlings» minderte die Risiken einer solchen Politik erheblich. Die Bonner Regierungsparteien waren jedoch in Fragen der Ost- und Deutschlandpolitik zu uneins, um auf die neuen Signale aus dem Osten mit einer eigenen Initiative antworten zu können. Was den Hauptadressaten des Budapester Appells, die Bundesrepublik Deutschland, anging, mußten Moskau und seine Verbündeten erst die Wahlentscheidung vom September 1969 abwarten.

Wenige Monate vor der Bundestagswahl erlitt die Bundesrepublik eine außenpolitische Niederlage, die sie sich in gewisser Weise selbst eingebrockt hatte, als sie im Januar 1968 mit der Aufnahme diploma-

tischer Beziehungen zu Jugoslawien die Hallstein-Doktrin faktisch
aufkündigte, wonach Bonn die Anerkennung der DDR durch dritte
Staaten als unfreundlichen Akt betrachtete. Im Mai 1969 erkannten
Kambodscha, der Irak und der Sudan die DDR an. Zum Irak und zum
Sudan gab es seit dem Mai 1965 keine diplomatischen Beziehungen
mehr, wohl aber zu Kambodscha. Nach heftigen Auseinandersetzungen innerhalb der Großen Koalition – Bundeskanzler Kiesinger und
die Union waren für «harte», Außenminister Brandt und die Sozialdemokraten für eine «weiche» Reaktion – beantwortete die Bundesregierung am 4. Juni die Entscheidung Phnom Penhs mit dem «Einfrieren» der diplomatischen Beziehungen zu Kambodscha. Das war ein
Kompromiß, der Zweifel aufkommen ließ, ob die Große Koalition auf
dem Gebiet der auswärtigen Politik im Wahljahr 1969 überhaupt noch
handlungsfähig war. Die oppositionelle FDP spottete denn auch über
das «Kambodschieren» der schwarz-roten Regierung. Kambodscha
aber versetzte Bonn eine schallende Ohrfeige: Es brach am 11. Juni die
diplomatischen Beziehungen zur Bundesrepublik ab.

Den Wahlkampf bestritten die Unionsparteien mit der auf Kiesinger
gemünzten Parole «Auf den Kanzler kommt es an». «Wir schaffen das
moderne Deutschland» lautete das Versprechen der SPD. Die FDP setzte
auf den Slogan «Wir schaffen die alten Zöpfe ab» und meinte damit eine
grundlegende Erneuerung von Staat und Gesellschaft. Der Hauptstreit-
punkt zwischen den bisherigen Koalitionspartnern während der Som-
mermonate war die Frage einer Aufwertung der Deutschen Mark.
Finanzminister Strauß, die Exportbranchen und die Landwirtschaft
lehnten sie ab; Wirtschaftsminister Schiller und die meisten Wirtschaftswissenschaftler waren dafür. Die Gegner der Aufwertung verwiesen auf
Nachteile für die Ausfuhr und die Bauern, die Befürworter auf eine für
alle spürbare Folge der Unterbewertung der Mark: den Preisanstieg vor
allem bei importierten Waren, also eine Verteuerung der Lebenshaltungskosten. Kurz vor der Wahl machte das Thema «Aufwertung» noch
einmal Schlagzeilen: Auf Vorschlag der Bundesbank ordnete die Bundesregierung am 25. September die vorübergehende Schließung der
Devisenbörsen an. Auf diese Weise wollten beide einem spekulativen
Zustrom von Devisen zuvorkommen – ausgelöst durch die Erwartung
einer Aufwertung der Deutschen Mark nach der Wahl.

Am 28. September wurde der sechste Deutsche Bundestag gewählt.
Mit 46,1 Prozent blieben die Unionsparteien die stärkste politische

Kraft. Die SPD erreichte mit 42,7 Prozent ihr bislang bestes, die FDP mit 5,8 Prozent ihr schlechtestes Ergebnis. Die NPD scheiterte mit 4,3 Prozent an der Fünfprozentklausel. Eine im Jahr zuvor, im September 1968, gegründete Linkspartei war bei dieser Wahl noch nicht angetreten: die Deutsche Kommunistische Partei (DKP). Anders als die 1956 vom Bundesverfassungsgericht verbotene KPD versprach sie, die sozialistische Gesellschafts- und Staatsordnung im Rahmen des Grundgesetzes zu verwirklichen. Die Gründung war mit Zustimmung der Bundesregierung erfolgt, die sich von der faktischen Revision des Verbotsurteils Vorteile für das Verhältnis zur Sowjetunion versprach.

Die Botschaft der Wählerinnen und Wähler ließ viele Deutungen zu. Unbestreitbar war, daß sich die Anziehungskraft des Rechtsradikalismus abgeschwächt und das Vertrauen in die demokratischen Parteien wieder gefestigt hatte. Die Große Koalition war mit einer Wirtschaftskrise fertig geworden, und sie hatte viele überfällige Reformen durchgesetzt. Das politische System des Grundgesetzes von 1949 war also mehr als nur eine «Schönwetterdemokratie», es hatte seine erste große Bewährungsfrist bestanden.

Ein Plebiszit gegen die Große Koalition war die Wahl nicht. Dazu waren die Stimmenverluste der CDU/CSU (− 1,5 Prozentpunkte) zu gering und die Stimmengewinne der SPD (+ 3,4 Prozentpunkte) zu hoch. Umgekehrt war das Votum auch kein klarer Auftrag zur Bildung einer sozialliberalen Koalition. Andernfalls hätte die FDP nach ihrem Linksschwenk und dem offenen Eintreten ihres Vorsitzenden Walter Scheel für eine Regierung mit der SPD drei Tage vor der Wahl nicht so viele Stimmen (− 3,7 Prozentpunkte, fast 40 Prozent ihres Bestandes von 1965) verlieren dürfen. Doch es gab auch nichts daran zu deuten, daß das Wahlergebnis numerisch ein sozialliberales Bündnis erlaubte. Wenn ein sozialdemokratischer Kandidat alle 224 Stimmen der eigenen Partei und alle 30 Stimmen der FDP erhielt, hatte er 12 Stimmen mehr als die CDU/CSU, die über 242 Mandate verfügte, und 5 Stimmen mehr, als zur absoluten, der «Kanzlermehrheit» erforderlich waren.

Der stellvertretende Parteivorsitzende Herbert Wehner und der Fraktionsvorsitzende Helmut Schmidt hielten diese Mehrheit nicht für ausreichend und die Freien Demokraten nicht für zuverlässig. Der Parteivorsitzende Willy Brandt hingegen war aus Gründen der Ost- und Deutschlandpolitik entschlossen, das Wagnis einer sozialliberalen Koalition einzugehen. Sie war nach seiner Überzeugung das einzige innenpolitische Bündnis, das die Bundesrepublik aus der außenpolitischen Stagnation herausführen konnte. Für ein Zusammengehen mit der FDP sprach sich auch Wirtschaftsminister Karl Schiller aus, dessen Popularität die SPD ihre Stimmengewinne zu einem guten Teil verdankte: Nach dem Aufwertungsstreit, der sein Verhältnis zu Finanzminister Strauß stark belastet hatte, hielt er eine neuerliche Große Koalition für unmöglich. Noch in der Wahlnacht stellte Brandt in einem Telefongespräch die Weichen in der von ihm gewünschten Richtung. Kurt Georg Kiesinger, dem Präsident Nixon schon telefonisch zum Wahlsieg gratuliert hatte, mußte damit rechnen, daß er doch noch als der Verlierer des 28. September in die Geschichte eingehen würde.

Am Tag nach der Wahl stellte die Bundesbank auf Wunsch der Regierung Kiesinger ihre Interventionen an den Devisenbörsen ein, gab also den Wechselkurs der DM frei. Der Dollarkurs hatte zuvor bei 4 DM gelegen. Nach der Freigabe lag er bei 3,84 DM, was einer Aufwertung der Deutschen Mark um 4 Prozent entsprach.

Die Koalitionsverhandlungen zwischen SPD und FDP verliefen zügig. Besonders leicht fiel die Einigung in der Außen- und Deutschlandpolitik. In der Wirtschaftspolitik akzeptierte die SPD den von der FDP geforderten Verzicht auf den Ausbau der paritätischen Mitbestimmung. Zwei Schlüsselressorts fielen an die FDP: das Auswärtige Amt an Walter Scheel, das Innenministerium an Hans-Dietrich Genscher, der aus Halle stammte und 1952 aus der DDR in die Bundesrepublik geflüchtet war. Das dritte Kabinettsmitglied der FDP war Landwirtschaftsminister Josef Ertl aus Bayern, der zum rechten Parteiflügel gehörte und noch nach der Wahl einem Bündnis mit der SPD zunächst entschieden widersprochen hatte. Die SPD bekam die übrigen elf Ressorts, außerdem den Posten des Chefs des Bundeskanzleramts im Rang eines Bundesministers für besondere Aufgaben: eine Funktion, die der Freiburger Staatsrechtslehrer Horst Ehmke übernahm, Heinemanns Nachfolger als Justizminister, nachdem der bisherige Ressortchef zum Bundespräsidenten gewählt worden war. Karl Schiller blieb Wirtschaftsminister, das Finanzministerium übernahm der Generaldirektor der Karlsruher Lebensversicherung und Landesvorsitzende der baden-württembergischen SPD, Alex Möller; das Verteidigungsministerium erhielt Helmut Schmidt. Dessen Nachfolger als Fraktionsvorsitzender wurde Herbert Wehner.

Am 21. Oktober 1969 wählte der Bundestag Willy Brandt zum Bundeskanzler. Er erhielt 251 der abgegebenen 495 Stimmen; 5 enthielten sich; 4 gaben ungültige Stimmkarten ab; einer der 496 Abgeordneten fehlte bei der Abstimmung. Die Zahl der Abgeordneten, die für Brandt stimmten, lag nur um zwei oberhalb der erforderlichen absoluten Mehrheit und um drei unterhalb der Mandatszahl, über die die neue sozialliberale Koalition verfügte. Unter den gegebenen Umständen war das Ergebnis befriedigend, in jedem Fall aber ausreichend. Zum ersten Mal seit dem Sturz des Reichskanzlers Hermann Müller am 27. März 1930 gab es in Deutschland wieder einen sozialdemokratischen Kanzler.

Eine der ersten Entscheidungen des Kabinetts Brandt betraf die Währungspolitik. Nachdem die DM seit dem 29. September freigegeben worden war, beschloß die Bundesregierung am 24. Oktober eine Aufwertung um 8,5 Prozent, die am 27. Oktober in Kraft trat. Am gleichen Tag erörterte der Ministerrat der EG in langwierigen Verhandlungen die Frage, wie der deutschen Landwirtschaft Nachteile im Gefolge der Aufwertung erspart werden könnten. (Da die deutschen Agrarpreise an die Rechnungseinheit der EG gebunden waren, sank ihr Gegenwert in DM im Maß der Aufwertung.) Am 12. November beschloß der Ministerrat einen Kompromiß: Vier Jahre lang durfte die Bundesregierung die deutschen Landwirte voll für die Einbußen entschädigen; sie erhielt dafür Zuschüsse aus dem Agrarfonds.

Am 28. Oktober 1969 gab Brandt seine erste Regierungserklärung als Bundeskanzler ab. «Wir wollen mehr Demokratie wagen», lautete der programmatische Kernsatz des innenpolitischen Teils. An die Spitze der angekündigten Reformen stellte der Kanzler Bildung und Ausbildung, Wissenschaft und Forschung. Auf dem Gebiet der Rechtspolitik versprach er unter anderem eine Liberalisierung des Eherechts und die Herabsetzung des aktiven Wahlalters von 21 auf 18 Jahre, des passiven Wahlalters von 25 auf 21 Jahre. Der größten Aufmerksamkeit im In- und Ausland durfte Brandt gewiß sein, als er sich der Deutschland- und Außenpolitik zuwandte. Zwanzig Jahre nach Gründung der Bundesrepublik und der DDR gelte es, ein weiteres Auseinanderleben der deutschen Nation zu verhindern, also zu versuchen, «über ein geregeltes Nebeneinander zu einem Miteinander zu kommen». Dem Ministerrat der DDR bot er Verhandlungen «ohne Diskriminierung» auf der Ebene der Regierungen mit dem Ziel einer vertraglich vereinbarten Zusammenarbeit an. «Eine völkerrechtliche Anerkennung der DDR durch die Bundesregierung kann nicht in Betracht kommen. Auch wenn zwei Staaten in Deutschland existieren, sind sie doch füreinander nicht Ausland; ihre Beziehungen zueinander können nur von besonderer Art sein.» In Richtung der «sozialistischen Staaten» ganz allgemein, aber unter ausdrücklicher Einbeziehung der DDR sprach sich Brandt für Abkommen über einen Gewaltverzicht, einen Abbau der militärischen Konfrontation und eine Konferenz über europäische Sicherheit aus. Die Regierungserklärung schloß mit der Versicherung: «Wir wollen ein Volk der guten Nachbarn sein und werden im Innern und nach außen.»

Von den Reformen im Bildungswesen, die die Regierung Brandt zügig in Angriff nahm, hatten zwei weitreichende Wirkungen: Im September 1971 verabschiedete der Bundestag das Bundesausbildungsförderungsgesetz und das Graduiertenförderungsgesetz, kurz «Bafög» und «Grafög» genannt. Das erste Gesetz sollte Kindern aus einkommensschwachen Familien den Zugang zu höherer Bildung erleichtern, das zweite besonders qualifizierten Hochschulabsolventen die Promotion oder ein Aufbaustudium ermöglichen und so den akademischen Nachwuchs fördern.

Mit der Bildungspolitik hatte auch eine umstrittene Vereinbarung zu tun, die Bundeskanzler Brandt am 28. Januar 1972 mit den Ministerpräsidenten der Länder traf: der Beschluß über «Grundsätze über die Mitgliedschaft von Beamten in extremen Organisationen». Der sogenannte «Radikalenerlaß» schuf kein neues Recht, sondern bezweckte die einheitliche Anwendung geltender Vorschriften. Ausgelöst wurde die Übereinkunft durch radikale, zum Teil in kommunistischen Organisationen tätige Universitätsabsolventen, die in den öffentlichen Dienst und vorzugsweise in den Schuldienst strebten oder in diesen bereits eingetreten waren.

Von Beamten Loyalität gegenüber der verfassungsmäßigen Ordnung zu verlangen war legitim und notwendig. Die Mittel, die zu diesem Zweck eingesetzt wurden, riefen dagegen berechtigte Kritik im In- und Ausland hervor. Die «Regelanfrage» bei den Ämtern für Verfassungsschutz, eine nunmehr *jeder* Stellenbesetzung vorgeschaltete Prozedur, entsprach bürokratischen Vorstellungen von wirksamer Kontrolle, aber nicht dem Grundsatz der Verhältnismäßigkeit. Sozialdemokratisch geführte Landesregierungen waren die ersten, die von dieser Praxis abrückten. Am 17. Januar 1979, sieben Jahre nach dem Zustandekommen des «Radikalenerlasses», beschloß die sozialliberale

Bundesregierung unter Brandts Nachfolger Helmut Schmidt neue Grundsätze für die Prüfung der Verfassungstreue im öffentlichen Dienst. Demnach sollte es Anfragen bei der Verfassungsschutzbehörde nicht mehr routinemäßig, sondern nur noch dann geben, wenn tatsächliche Anhaltspunkte dies rechtfertigten.

Ein Gebiet, auf dem Sozialdemokraten und Liberale sich traditionell nur schwer auf eine gemeinsame Linie verständigen konnten, waren Wirtschaft und Finanzen. Hier setzte sich die sozialliberale Koalition keine ehrgeizigen Reformziele, sondern beschränkte sich im wesentlichen auf ein pragmatisches «Krisenmanagement». Um der Gefahr einer konjunkturellen Erhitzung vorzubeugen, beschloß die Bundesregierung im Januar 1970 ein binnenwirtschaftliches Stabilitätsprogramm einschließlich einer Haushaltssperre und im Juli einen Konjunkturzuschlag zur Lohn-, Einkommens- und Körperschaftssteuer. Als der Preisauftrieb in den ersten Monaten des Jahres 1971 dennoch weiter anstieg, beschloß die Bundesregierung die abermalige Freigabe der Wechselkurse und ein weiteres Stabilitätsprogramm, das Bund und Länder verpflichtete, die Haushaltsausgaben zu kürzen, die im Januar 1970 beschlossenen Rücklagen für den Konjunkturausgleich aufzustocken und die Kreditaufnahme zu begrenzen.

Es war der letzte, zumindest scheinbare Erfolg des sozialdemokratischen Finanzministers Alex Möller. Als die Ressortchefs sich beharrlich weigerten, Reformen zugunsten von Einsparungen zurückzustellen, trat Möller am 13. Mai zurück. Zu seinem Nachfolger ernannte der in wirtschafts- und finanzpolitischen Fragen nicht sonderlich beschlagene Kanzler einen notorischen Widersacher und persönlichen Rivalen Möllers, Wirtschaftsminister Karl Schiller. Dieser übernahm das neue Amt zusätzlich zu seinem alten, was ihn zum «Superminister» machte – eine im Hinblick auf Schillers ausgeprägten Hang zur Selbstdarstellung gefährliche Entscheidung. Im Bereich der Sozialpolitik war die größte Leistung der sozialliberalen Koalition die im September 1972 einstimmig verabschiedete Rentenreform. Sie garantierte den Rentnern ein Mindesteinkommen, öffnete die Rentenversicherung für Selbständige und Hausfrauen und führte eine flexible Altersgrenze ein: Bei ausreichend langer Versicherungsdauer konnten Versicherte fortan ihre Rente mit 63 statt mit 65 Jahren beanspruchen.

Brandts vorrangiges Interesse galt der Außenpolitik, und auf diesem Gebiet setzte das sozialliberale Kabinett sogleich neue Akzente.

Am 15. November 1969 vereinbarte die Bundesregierung mit der Sowjetunion die Aufnahme von Verhandlungen über einen Gewaltverzicht. Eine Woche danach, am 21. und 22. November, verständigten sich Bonn und Warschau auf Gespräche über ihre wechselseitigen Beziehungen. Abermals eine Woche später, am 28. November, unterzeichneten die Botschafter in Washington, Moskau und London den Atomwaffensperrvertrag.

Um seinen ostpolitischen Initiativen den Geruch des Konspirativen zu nehmen, hatte Brandt seinen außenpolitischen Berater Egon Bahr, nunmehr Staatssekretär im Bundeskanzleramt, bereits vor Abgabe der Regierungserklärung nach Washington entsandt, um die Regierung Nixon über die außenpolitischen Absichten seiner Regierung zu informieren und einen «back channel», einen Geheimkontakt, zu Henry Kissinger herzustellen. Bahr gelang es, das ursprünglich starke Mißtrauen von Nixons Sicherheitsberater gegenüber der sozialliberalen Koalition zu überwinden – oder zumindest abzuschwächen. Die Verständigung zwischen Kissinger und Bahr verhalf der «neuen Ostpolitik» zur Rückendeckung des Atlantischen Bündnisses. Am 4. Dezember 1969 trat in Brüssel der NATO-Rat zusammen. Er schlug den Staaten des Warschauer Pakts Verhandlungen über eine ausgewogene beiderseitige Truppenverminderung vor und sagte der Bundesregierung volle Unterstützung für die Initiativen zu, die sie gegenüber Moskau und Warschau ergriffen hatte. Am 16. Dezember schlugen die drei Westmächte der Sowjetunion Gespräche über Berlin und die Zugangswege nach Berlin vor. Der internationale Rahmen der Bonner Ostpolitik war damit abgesteckt.

Der erste Schritt, den die Regierung Brandt gegenüber der DDR unternahm, war am 22. Januar 1970 ein Brief des Bundeskanzlers an den Vorsitzenden des Ministerrats Willi Stoph – formell eine Antwort auf ein Schreiben, das der Staatsratsvorsitzende Walter Ulbricht am 8. Dezember 1969 an Bundespräsident Heinemann gerichtet hatte. Brandt schlug Stoph einen Austausch von Gewaltverzichtserklärungen und eine Erörterung aller Fragen vor, die zwischen beiden Staaten anstanden; Stoph antwortete am 11. Februar mit dem Vorschlag eines baldigen Treffens. Dieses fand am 19. März 1970 in Erfurt statt, wo Brandt zur unliebsamen Überraschung der Gastgeber von einer großen Menschenmenge stürmisch gefeiert wurde. Zwei Monate später, am 21. Mai, kam Stoph zu einem Gegenbesuch nach Kassel. Sachliche

Fortschritte brachten die beiden Begegnungen nicht. Die DDR bestand auf völkerrechtlichen Beziehungen, die Bundesrepublik darauf, daß es nur *eine* deutsche Nation gebe. Entscheidend aber war, *daß* die Treffen von Erfurt und Kassel stattfanden. Die Bundesrepublik und die DDR machten auf diese Weise deutlich, daß sie die Zweistaatlichkeit fortan zum Ausgangspunkt ihrer Beziehungen machten. Damit bahnte sich eine wechselseitige Anerkennung an. Der Modus dieser Anerkennung war nach wie vor strittig und nicht nur ein deutsches, sondern ein weltpolitisches Problem.

Die politisch entscheidenden Verhandlungen waren die mit der Sowjetunion. Sie begannen Ende Januar 1970 in Form von Gesprächen, die Staatssekretär Bahr mit Außenminister Gromyko in Moskau führte. Die größte Schwierigkeit lag darin, daß die Bundesregierung schon aus verfassungsrechtlichen Gründen am deutschen Anspruch auf Selbstbestimmung und Wiedervereinigung festhalten mußte, die Sowjetunion aber nicht bereit war, diesen Anspruch in einen Vertrag aufzunehmen. Ein anderes Problem lag in der Verzahnung und zeitlichen Abfolge der einzelnen Ostverträge. Die Bonner Position war klar: Die Verträge, die die Bundesrepublik mit der Sowjetunion und Polen abzuschließen gedachte, konnten erst in Kraft treten, wenn die vier Siegermächte sich auf eine befriedigende Regelung über Berlin verständigt hatten. Ein Berlin-Abkommen war wiederum die Voraussetzung für eine umfassende vertragliche Regelung des Verhältnisses zwischen der Bundesrepublik und der DDR. Nicht ganz so dringlich erschien der Vertrag mit Prag: Im Verhältnis zur ČSSR gab es, anders als im Fall Polen, keine strittigen Grenzfragen und damit kein Problem, das *vor* dem Inkrafttreten der übrigen Verträge gelöst werden mußte.

Am 22. Mai 1970 gelang Bahr der Durchbruch in Moskau. Gromyko akzeptierte, wogegen er sich bis dahin gesträubt hatte: die Entgegennahme eines Briefes, in dem die Bundesregierung ihre Position zum Selbstbestimmungsrecht des deutschen Volkes darlegte. Die offiziellen Verhandlungen führte, auf dieser Grundlage, eine Delegation unter Außenminister Scheel, der auch Bahr angehörte, Ende Juli und Anfang August 1970 in der sowjetischen Hauptstadt. Der «Brief zur deutschen Einheit» enthielt in seiner endgültigen Fassung die ausdrückliche Feststellung, «daß dieser Vertrag nicht im Widerspruch zu dem politischen Ziel der Bundesrepublik Deutschland steht, auf einen Zustand des Friedens in Europa hinzuwirken, in dem das deutsche Volk in freier Selbstbestimmung seine Einheit wiedererlangt».

Die Bonner Option auf eine friedliche Änderung der innerdeutschen Grenze konnten Scheel und Bahr dadurch wahren, daß der Vertrag nicht, wie die sowjetische Seite formuliert hatte, von der «Unveränderbarkeit», sondern von der «Unverletzlichkeit der Grenzen» sprach. Zwischen der Respektierung der bestehenden Grenzen und dem Verzicht auf die Androhung und Anwendung von Gewalt wurde damit jener direkte Zusammenhang hergestellt, auf dem die Unterhändler der Bundesrepublik bestanden. Bei der Paraphierung am 7. August erklärte Scheel formell, daß der Vertrag nicht in Kraft treten könne, ehe sich die Vier Mächte auf eine Regelung für Berlin geeinigt hätten. Am 11. August billigte das Bundeskabinett den «Vertrag über Gewaltverzicht und Zusammenarbeit». Tags darauf unterzeichneten Brandt und Scheel den Moskauer Vertrag im Kreml. Die sozialliberale Koalition hatte die erste Hürde der Ostpolitik genommen.

Der zweite Ostvertrag war der Warschauer Vertrag zwischen der Bundesrepublik Deutschland und der Volksrepublik Polen. Er war von Anfang an umstrittener als der Moskauer Vertrag, weil viele Deutsche, namentlich Heimatvertriebene, sich immer noch gegen jedwede Art der Anerkennung der Oder-Neiße-Linie auflehnten. Auch SPD und FDP hatten sich lange zu einem Deutschland in den Grenzen von 1937 bekannt und erst 1966 zu der Einsicht durchgerungen, daß eine Lösung der deutschen Frage realistischerweise nur innerhalb der Grenzen von 1945 angestrebt werden konnte. Meinungsumfragen zufolge hatte sich im November 1967 erstmals eine relative Mehrheit der Bundesbürger von 46 Prozent für die endgültige Hinnahme der Oder-Neiße-Grenze ausgesprochen; 35 Prozent waren dagegen. Bis zum März 1970 stieg die Zahl der Befürworter auf 58 Prozent, während der Anteil der Gegner auf 25 Prozent absank.

Mit dem Nein einer starken Minderheit mußten Brandt und Scheel also rechnen, als sie am 7. Dezember 1970 in der polnischen Hauptstadt den Warschauer Vertrag unterzeichneten. Beide Seiten stellten darin fest, daß die Oder-Neiße-Linie die westliche Staatsgrenze der Volksrepublik Polen bilde. Sie bekräftigten die «Unverletzlichkeit ihrer bestehenden Grenzen jetzt und in Zukunft» und erklärten, daß sie gegeneinander keinerlei Gebietsansprüche hätten und solche auch in Zukunft nicht erheben würden. Der Vorbehalt einer endgültigen frie-

densvertraglichen Regelung wurde wie zuvor schon beim Moskauer
Vertrag in Form von Erklärungen und Noten der drei Westmächte zu
Protokoll gegeben. Brandt versicherte noch von Warschau aus in einer
Fernsehrede, daß der «Vertrag über die Grundlagen der Normalisierung der gegenseitigen Beziehungen» nichts preisgebe, «was nicht
längst verspielt worden» sei, und zwar nicht von denen, die in der
Bundesrepublik Verantwortung trügen, «sondern von einem verbrecherischen Regime, dem Nationalsozialismus». Was aber in der Bundesrepublik, und nicht nur dort, mehr beachtet wurde als alle Anspra-
chen und diplomatischen Vereinbarungen, war eine persönliche Geste
des Bundeskanzlers, die als Bild um die Welt ging: Brandt gedachte der
Opfer des Aufstands im Warschauer Ghetto vom Frühjahr 1943, indem er nach der Kranzniederlegung an der Gedenkstätte für die gefallenen und ermordeten Juden niederkniete.

Der dritte Ostvertrag, von dessen Zustandekommen das Inkrafttreten des Warschauer Vertrags abhing, betraf Berlin und fiel in die
Zuständigkeit der Vier Mächte. Am 3. September 1971 wurde nach
langwierigen Verhandlungen das Viermächteabkommen über Berlin
(in dessen Titel «Berlin» nicht vorkam, weil es aus sowjetischer Sicht
nur um West-Berlin ging) unterzeichnet. Der Rahmenvertrag, der noch
der Ergänzung durch Vereinbarungen zwischen der Bundesrepublik
und der DDR bedurfte, gewährleistete den ungehinderten Verkehr
zwischen dem Bundesgebiet und West-Berlin und verbesserte die Be-
suchsmöglichkeiten für West-Berliner in Ost-Berlin und der DDR. Einer
Erklärung der Westmächte zufolge, die Teil des Abkommens war, sollten die Bindungen zwischen den Westsektoren von Berlin und der Bundesrepublik «aufrechterhalten und entwickelt» werden, wobei die drei
Mächte aber berücksichtigten, «daß diese Sektoren wie bisher kein Bestandteil (konstitutiver Teil) der Bundesrepublik Deutschland sind und
weiterhin nicht von ihr regiert werden».

Bestimmungen des Grundgesetzes und der Verfassung von West-
Berlin, die dieser Erklärung widersprachen, blieben suspendiert. Die
Bundesregierung durfte West-Berlin nach außen und seine Bewohner
konsularisch vertreten. Völkerrechtliche Vereinbarungen und Abmachungen der Bundesrepublik konnten West-Berlin einschließen,
wenn diese Ausdehnung jeweils ausdrücklich erwähnt wurde. Hoheits-
akte von Verfassungsorganen der Bundesrepublik in West-Berlin aber
hatten künftig zu unterbleiben: Bundesversammlung, Bundestag, Bun-

desrat und Bundesregierung durften hier nicht mehr tagen, wohl aber
Ausschüsse und Fraktionen des Bundestags. Die Lebensfähigkeit West-
Berlins war auf diese Weise gesichert; «Berlin-Krisen» waren nach
menschlichem Ermessen für die Zukunft ausgeschlossen. Das «Berlin-
Junktim» der Bundesregierung, das die Ratifizierung des Moskauer
und des Warschauer Vertrags an eine befriedigende Berlin-Regelung
knüpfte, hatte sich ausgezahlt. Allerdings gab es nun auch ein vertraglich gesichertes östliches Gegenjunktim: Das Berlin-Abkommen trat
erst in Kraft, wenn die beiden Ostverträge ratifiziert waren.

Zwei Wochen nach der Unterzeichnung des Berlin-Abkommens,
am 16. September 1971, empfing der Generalsekretär der KPdSU den
deutschen Bundeskanzler zu einem Meinungsaustausch in Oreanda
auf der Krim. In den etwa 16 Stunden, die beide miteinander sprachen,
entwickelte sich ein bemerkenswertes persönliches Vertrauensverhält-
nis zwischen Brandt und Breschnew. Der politische Ertrag war ein
gewisses Maß an Übereinstimmung über die Fortführung der Entspannungspolitik auf militärischem Gebiet, wobei Brandt besonders
auf die Verwirklichung des westlichen Projekts einer gegenseitigen,
ausgewogenen Truppenverminderung (MBFR) drängte. Den Bündnisverpflichtungen der Bundesrepublik widersprachen die intensiven Beratungen auf der Krim in keinem Punkt. Aber vor dem Hintergrund
der deutschen Geschichte des 20. Jahrhunderts wirkten sie doch sensationell und ließen mancherorts den Verdacht keimen, zwischen Bonn
und Moskau könne es, nachdem der (von Richard Löwenthal rückblickend so genannte) «Sonderkonflikt der Bundesrepublik mit der
Sowjetunion und dem Sowjetblock» beendet war, zu einer neuen Sonderbeziehung im Stil von Rapallo (oder dem, was sich mit diesem
Namen verband) kommen. In den westlichen Hauptstädten, vor allem
in Washington, wurden solche Befürchtungen eher hinter vorgehaltener
Hand, aber durchaus vernehmbar geäußert.

Die konservativen Kritiker des Bundeskanzlers auf der anderen
Seite des Atlantiks standen in regem Gedankenaustausch mit der Bonner Opposition, und die Unionsparteien taten alles, um den Argwohn,
den auch Nixon persönlich gegenüber Brandt empfand, in geradezu
verschwörerischer Manier zu schüren. Als der christlich-demokratische Bundestagspräsident Kai-Uwe von Hassel am 20. Oktober 1971
in einer Plenarsitzung des Bundestags bekanntgab, daß das Nobelpreiskomitee des norwegischen Parlaments Willy Brandt den Friedens-

nobelpreis zuerkannt habe, applaudierte auch die Fraktion der
CDU/CSU. Doch diese protokollarische Geste hatte keinen Einfluß
auf die innenpolitischen Frontstellungen beim Streit um die Ostpolitik.
Am 24. Januar 1972 beschloß der Bundesausschuß der CDU einstimmig die Ablehnung der Ostverträge. Bei den entscheidenden Forderungen habe die Bundesregierung der anderen Seite einseitige Zugeständnisse gemacht, lautete der Vorwurf.

Vom 23. bis 25. Februar 1972 debattierte der Bundestag in erster
Lesung die Ostverträge. Der Fraktionsvorsitzende der CDU/CSU,
Rainer Barzel – seit dem 4. Oktober 1971 Vorsitzender der CDU und
seit dem 10. Dezember auch gemeinsamer Kanzlerkandidat der beiden
Unionsparteien –, wollte den Verträgen «so nicht» zustimmen. Er
schloß aber ein positives Votum seiner Fraktion nicht aus, falls die
Sowjetunion in den Bereichen Haltung zur Europäischen Gemein-
schaft, Selbstbestimmungsrecht des deutschen Volkes, Freizügigkeit in
Deutschland der Bundesrepublik entgegenkomme und den vorläufigen
Charakter des Vertragswerks deutlich mache.

Das numerische Gewicht der Opposition war zu diesem Zeitpunkt
erheblich stärker als bei der Bildung der sozialliberalen Koalition im
Oktober 1969. Im Oktober 1970 waren drei Abgeordnete des rechten
Flügels der FDP, darunter der ehemalige Parteivorsitzende Erich Mende,
zur Fraktion der CDU/CSU übergetreten. Ende Februar 1972 wechselte
der sozialdemokratische Abgeordnete Herbert Hupka, Vorsitzender der
Landsmannschaft Schlesien und stellvertretender Vorsitzender des Bundes der Vertriebenen, zur CDU. Das Regierungslager zählte jetzt nur
noch 250, die Opposition 246 voll stimmberechtigte Abgeordnete. Von
zwei Stimmen hing des Schicksal der Ostverträge und das der Regierung Brandt ab.

Doch die Serie der Parteiübertritte hatte im Februar 1972 noch
nicht ihr Ende erreicht. Es gab vier weitere potentielle «Überläufer»,
einen bei der SPD und drei bei der FDP. Von den letzteren trat einer
am 23. April, dem Tag eines triumphalen Wahlsiegs der CDU bei den
Landtagswahlen in Baden-Württemberg, aus der Partei aus. Von den
anderen beiden wußte Barzel, daß sie ihn gegebenenfalls unterstützen
würden. Die Koalition hatte ihre Mehrheit offenkundig verloren; ein
konstruktives Mißtrauensvotum erschien höchst aussichtsreich. Am
25. April stellte die Fraktion der CDU/CSU daher den Antrag, der
Bundestag möge Bundeskanzler Willy Brandt das Mißtrauen aus-

sprechen und den Abgeordneten Rainer Barzel zum Bundeskanzler wählen.

Am 27. April mußte der Bundestag über das erste Mißtrauensvotum in der Geschichte der Bundesrepublik abstimmen. Die meisten rechneten mit einer Abwahl der Regierung, doch es kam anders. Barzel erhielt nur 247 Stimmen – zwei zu wenig für den Kanzlersturz. Die Hintergründe der Niederlage des Unionskandidaten sind inzwischen weitgehend aufgeklärt: Zumindest zwei Abgeordnete der stärksten Fraktion, der CSU-Abgeordnete Leo Wagner und der baden-württembergische CDU-Abgeordnete Julius Steiner, waren vom Ost-Berliner Ministerium für Staatssicherheit (mutmaßlich auf Weisung des sowjetischen KGB) mit jeweils 50 000 DM bestochen worden, um gegen Barzel zu stimmen. Steiner, der zeitweilig als ost-westlicher Doppelagent arbeitete, hat wohl auch, über den Parlamentarischen Geschäftsführer der SPD-Fraktion, Karl Wienand, einen Vertrauensmann des Fraktionsvorsitzenden Herbert Wehner, von der Partei des Kanzlers, aber ohne dessen Wissen, Geld in gleicher Höhe erhalten, also «doppelt kassiert».

So trübe die Quellen seines Sieges waren, Willy Brandt war zunächst gerettet, und in vielen Städten der Bundesrepublik kam es ob dieses Ergebnisses zu Sympathiekundgebungen für ihn. Am folgenden Tag stimmte der Bundestag im Rahmen der Haushaltsberatungen in zweiter Lesung über den Etat des Bundeshaushaltes ab. Es gab ein Patt von 247 zu 247 Stimmen, womit der Einzeltitel abgelehnt war. Der Bundestag unterbrach daraufhin die Haushaltsberatungen auf unbestimmte Zeit.

In den folgenden Tagen verhandelten die Spitzen von Regierung und Opposition über einen Ausweg aus der Krise. Er wurde, was die Ostverträge anging, am 9. Mai in einer Entschließung des Bundestages gefunden, die die Grundlagen und Ziele der Außen- und Deutschlandpolitik der Bundesrepublik darlegte. Zu den Kernelementen gehörte die Feststellung, daß die Verträge einen «modus vivendi» mit den östlichen Nachbarn bezweckten, eine friedensvertragliche Regelung nicht vorwegnähmen und keine Rechtsgrundlage für die heute bestehenden Grenzen schüfen. An der Erarbeitung des Textes nahm der sowjetische Botschafter Falin teil, wodurch der auswärtige Hauptadressat des Dokuments, Moskau, zum Mitautor wurde.

Wäre es nach Barzel und dem deutschlandpolitischen Sprecher der Fraktion, Richard von Weizsäcker, gegangen, hätte die Union den Ost-

verträgen nunmehr zustimmen können. Doch konservative Fraktions-
mitglieder, darunter die meisten Vertriebenenpolitiker und die gesamte
CSU mit Franz Josef Strauß an der Spitze, lehnten ein Ja entschieden
ab. Das Ergebnis harter Auseinandersetzungen war ein Kompromiß:
Die Union wollte sich der Stimme enthalten, die Verträge also passieren lassen, ohne durch ein Ja den Eindruck des «Umfallens» herauszufordern. Bei der Abstimmung am 17. Mai hielten sich die meisten Abgeordneten der CDU/CSU – mit Ausnahme von 10, die gegen den
Moskauer, und 17, die gegen den Warschauer Vertrag stimmten – an
diese von Barzel und der Mehrheit befürwortete Linie und sicherten so
die Verabschiedung beider Verträge. Die gemeinsame Entschließung zu
den Ostverträgen wurde fast einstimmig, mit 491 Ja-Stimmen, bei
5 Enthaltungen angenommen.

Zwei Tage später, am 19. Mai, verabschiedete auch der Bundesrat
die beiden Verträge, wobei sich die von der Union regierten Länder,
die die Mehrheit stellten, der Stimme enthielten. Am 23. Mai unterzeichnete Bundespräsident Heinemann die Ratifizierungsgesetze. Am
3. Juni traten, nachdem inzwischen auch die Sowjetunion und Polen
die Verträge ratifiziert hatten, der Moskauer und der Warschauer Vertrag in Kraft. Polen und die Bundesrepublik nahmen am gleichen Tag
diplomatische Beziehungen auf.

Am 3. Juni unterzeichneten auch die Außenminister der USA, der
Sowjetunion, Großbritanniens und Frankreichs in West-Berlin das
Schlußprotokoll des Viermächteabkommens vom 3. September 1971,
das damit in Kraft trat. Die Ostpolitik der sozialliberalen Koalition
war damit noch nicht abgeschlossen. Ein Verkehrsvertrag mit der
DDR war zwar am 26. Mai unterzeichnet worden, aber er trat erst am
17. Oktober in Kraft. Über den Grundlagenvertrag zwischen der Bundesrepublik und der DDR wurde seit dem 15. Juni zwischen den Staatssekretären Egon Bahr und Michael Kohl verhandelt. Die Verhandlungen mit der Tschechoslowakei hatten noch nicht begonnen. Doch die
schwierigsten Hürden hatte die Regierung Brandt genommen. Im Verhältnis zur Sowjetunion und Polen gab es nun ein bis vor kurzem für
undenkbar gehaltenes Maß an Normalität. Nicht normal, aber doch
normaler als zuvor war die Situation von West-Berlin. Die Bundesrepublik hatte an außenpolitischem Handlungsspielraum gewonnen,
ohne sich dem Westen zu entfremden. Sie war im Gefolge der neuen
Ostpolitik in einer spezifischen Hinsicht sogar «westlicher» geworden:

Seit sie selbst aktive Entspannungspolitik trieb, unterschied sie sich weniger als vor dem Machtwechsel des Jahres 1969 von ihren westlichen Verbündeten.

Die Ostverträge waren nicht das einzige Ereignis, das die Bundesrepublik in Atem hielt. Im Mai erlebte das Land eine Reihe von Terroranschlägen, ausgeführt von einer linksextremen Untergrundorganisation, der Roten Armee Fraktion (RAF). Ihre Gründer waren die Journalistin Ulrike Meinhof und Andreas Baader, der zusammen mit Gudrun Ensslin im April 1968 zwei Frankfurter Kaufhäuser in Brand gesteckt hatte. Meinhof war die treibende Kraft bei der gewaltsamen Befreiung von Baader aus dem Gewahrsam der West-Berliner Justiz im Mai 1970 gewesen. In Jordanien, wohin beide zusammen mit anderen Mitgliedern des harten Kerns der Gruppe im Sommer 1970 über den Ost-Berliner Flughafen Schönefeld gelangt waren, hatten sie sich von der Volksfront für die Befreiung Palästinas militärisch ausbilden lassen. Am 11. Mai 1972 verübten Angehörige der RAF einen Bombenanschlag auf das Hauptquartier des 5. amerikanischen Armeekorps in Frankfurt, wobei ein Offizier getötet und 13 Personen verletzt wurden. Bei einem weiteren Anschlag auf das europäische Hauptquartier der amerikanischen Armee in Heidelberg am 24. Mai wurden drei Soldaten getötet und viele Personen verletzt. Zwischen den beiden Anschlägen auf amerikanische Einrichtungen lag einer auf das Springer-Hochhaus in Hamburg. Dabei wurden 17 Menschen schwer verletzt.

Am 1. Juni gelang der Polizei die Festnahme von drei führenden Mitgliedern der Baader-Meinhof-Gruppe: Andreas Baader, Holger Meins und Jan-Carl Raspe. Es folgten die Verhaftungen von Gudrun Ensslin am 7. und von Ulrike Meinhof am 15. Juni. Das war zwar ein Schlag gegen den Terrorismus von links, aber noch nicht seine Zerschlagung. Denn die Verhafteten verfügten inzwischen über eine beträchtliche Zahl von Mitkämpfern, die entschlossen waren, auf dem Weg der Gewalt weiter voranzuschreiten.

Für den blutigsten Terrorakt des Jahres 1972 war nicht die RAF, sondern die palästinensische Geheimorganisation «Schwarzer September» verantwortlich. Sie nutzte die 20. Olympischen Sommerspiele in München für den Versuch, die Freilassung von über 200 arabischen Häftlingen in Israel zu erzwingen. Am 5. September überfielen acht Mitglieder der Terrorgruppe das Quartier der israelischen Mannschaft, ermordeten zwei Sportler und nahmen neun als Geiseln. Nachdem es die israelische Regierung abgelehnt hatte, den Forderungen der Terroristen nachzukommen, verlangten diese, mit den Geiseln in ein arabisches Land ausgeflogen zu werden. Die deutschen Stellen gingen darauf zum Schein ein und stellten eine Maschine der Lufthansa für den Flug nach Kairo zur Verfügung. Auf dem Militärflugplatz Fürstenfeldbruck, wo die Maschine starten sollte, versuchte die völlig überforderte bayerische Polizei, die Geiseln zu befreien, verursachte aber ein Blutbad, bei dem alle Geiseln und fünf Geiselnehmer getötet wurden.

Die überlebenden drei Geiselnehmer blieben nur kurze Zeit im Gewahrsam der Bundesrepublik. Am 29. Oktober wurde eine Lufthansa-Maschine auf dem Flug von Damaskus nach Frankfurt entführt; um die Besatzung freizubekommen, gab die Bundesregierung nach und ließ die inhaftierten Araber nach Zagreb ausreisen, wo sie das dort wartende Flugzeug besteigen und nach Syrien weiterfliegen konnten. Im Kampf gegen den internationalen Terrorismus hatte der Rechtsstaat der Bundesrepublik eine Schlacht verloren.

Eine Niederlage ganz anderer Art erlitt im Sommer 1972 der Bundeswirtschafts- und Finanzminister Karl Schiller. Am 29. Juni scheiterte er im Bundeskabinett mit dem Versuch, die von Bundesbankpräsident Karl Klasen geforderten Devisenkontrollen gegen den Zufluß von Auslandskapital, eine Folge der anhaltenden großen Defizite in der Zahlungs- und Handelsbilanz der USA, zu verhindern. Da keiner der Minister Schiller unterstützte, entschloß sich dieser am 3. Juli zum Rücktritt. Bundeskanzler Brandt unternahm keinen Versuch, den «Superminister» im Amt zu halten. Am 7. Juli ernannte Bundespräsident Heinemann auf Vorschlag des Bundeskanzlers Schillers schärfsten Kritiker, Verteidigungsminister Helmut Schmidt, zum neuen Wirtschafts- und Finanzminister. Schmidts Nachfolge als Verteidigungsminister trat der bisherige Verkehrsminister Georg Leber an.

Im Bundestag gab es um diese Zeit weiterhin ein Patt zwischen Regierung und Opposition. Da Schiller nach seinem Rücktritt nicht mehr an Sitzungen des Bundestages teilnahm, verfügte die Unionsfraktion sogar über einen Sitz mehr als die Koalition, zur «Kanzlermehrheit» aber fehlte ihr ein Mandat. Am 20. September stellte Brandt in der Absicht, Neuwahlen herbeizuführen, die Vertrauensfrage. Um die Ablehnung sicherzustellen, nahmen die Mitglieder der Bundesregierung an der Abstimmung, die am 22. September stattfand, nicht teil. 248 Abgeordnete stimmten mit Nein, 233 mit Ja, einer enthielt sich. Unmittelbar nach der Ablehnung der Vertrauensfrage schlug Brandt dem Bundespräsidenten vor, den Bundestag aufzulösen und die Neuwahlen am 19. November abzuhalten. Die Opposition verzichtete auf den Versuch, einen anderen Bundeskanzler zu wählen. Auf Heinemanns Frage, ob er Brandts Vorschlag zustimme, antwortete Barzel mit Ja. Darauf löste der Bundespräsident den sechsten Deutschen Bundestag auf. Zum ersten Mal in der Geschichte der Bundesrepublik endete eine Legislaturperiode vorzeitig.

Der Wahlkampf war in vollem Gange, als der Grundlagenvertrag mit der DDR am 8. November von den beiden Unterhändlern Egon Bahr und Michael Kohl paraphiert und der Öffentlichkeit übergeben wurde. Der Vertrag hielt nicht nur fest, worin sich beide Seiten einig waren, so etwa beim Verzicht auf die Drohung mit Gewalt und die Anwendung von Gewalt oder bei der «Unverletzlichkeit der zwischen ihnen bestehenden Grenzen jetzt und in Zukunft». Die Präambel erwähnte vielmehr auch «unterschiedliche Auffassungen … zu grundsätzlichen Fragen, darunter zur nationalen Frage». Am Sitz der jeweils anderen Regierung wurden «Ständige Vertretungen» (und nicht, wie die DDR gefordert hatte, «Botschaften») errichtet. Beide Seiten verständigten sich auf Erklärungen gegenüber den Vier Mächten, wonach deren Rechte und Verantwortlichkeiten durch den Vertrag nicht berührt würden, und gaben damit einen Völkerrechtsvorbehalt zu Protokoll. Die Vier Mächte bekräftigten diese Auffassung in einer gemeinsamen Erklärung, in der sie auch die Aufnahme beider deutscher Staaten in die Vereinten Nationen empfahlen.

Der Grundlagenvertrag war ein zwischenstaatlicher, aber kein völkerrechtlicher Vertrag. Die Bundesrepublik und die DDR wurden durch ihn füreinander nicht Ausland. Die Bundesregierung hatte sich also strikt an das gehalten, was Brandt in seiner Regierungserklärung vom 28. Oktober 1969 verkündet hatte. Die Koalition würdigte den Vertrag denn auch als Fortschritt für Deutschland und als Beitrag zur Sicherung des Friedens in Europa. Die Opposition hingegen machte deutlich, daß sie den Vertrag «so nicht» billigen würde. Hatte die Ostpolitik schon bisher einen herausragenden Platz im Wahlkampf eingenommen, so wurde die Bundestagswahl nun erst recht zu einem Plebiszit über den Grundlagenvertrag.

Am Abend des 19. November 1972 stand fest, daß die SPD das beste Ergebnis ihrer Geschichte erzielt hatte. Mit 45,8 Prozent wurde sie erstmals die stärkste Partei; gegenüber 1969 hatte sie 3,1 Prozentpunkte hinzugewonnen. Die CDU und die CSU kamen zusammen auf 44,9 Prozent; das war ein Verlust von 1,2 Prozentpunkten. Die FDP erreichte 8,4 Prozent und konnte damit einen Zuwachs von 2,6 Prozentpunkten verbuchen. Der Wählerauftrag war eindeutig: Die sozialliberale Koalition sollte ihre Arbeit fortsetzen, die Union in der Opposition verbleiben.[14]

Anschläge, Reformen, Schulden: Italien 1969–1973

In keinem westeuropäischen Land markierte das Ende des Jahres 1968 so wenig den Abschluß einer Phase gesteigerter sozialer und politischer Unruhe wie in Italien. Nach den Wahlen vom Mai 1968 hatte zunächst der christdemokratische Politiker Giovanni Leone ein Minderheitskabinett gebildet; im Dezember trat eine Regierung des Centro Sinistra unter Mariano Rumor von der DC an seine Stelle. Im Juli 1969 zerstritten sich die Sozialdemokraten und die Sozialisten, die sich erst drei Jahre zuvor zum Partito Socialista Unitario (PSU) zusammengeschlossen hatten, so sehr, daß die neue Partei wieder in die beiden alten Parteien auseinanderfiel. Die Folge war, daß das Mitte-Links-Kabinett zerbrach und Rumor im August eine christlich-demokratische Minderheitsregierung bilden mußte.

Das neue Kabinett Rumor war noch keine fünf Wochen im Amt, als am 11. September mit einem landesweiten Streik der Metallarbeiter der «heiße Herbst» (autunno caldo) 1969 begann. Am 19. November riefen die drei großen Gewerkschaftsverbände zum Generalstreik auf, mit dem sie neben Lohnerhöhungen umfassende soziale und politische Veränderungen erzwingen wollten. Der Ausstand beschränkte sich nicht auf Arbeitsniederlegungen im ganzen Land. In Turin und La Spezia kam es zu blutigen Straßenschlachten, zur Besetzung von Fabriken, Rathäusern, Ministerien, Kirchen und sogar Krankenhäusern. Wie im Jahr zuvor vereinigten sich linke Studenten mit den streikenden Arbeitern; im Mezzogiorno forderten die Kämpfe zwischen Demonstranten und Polizei zahlreiche Tote und Hunderte von Verletzten. Die Metallarbeiter waren nicht die einzigen, die mit beträchtlichen Lohnzuwächsen und Zugeständnissen der Arbeitgeber im Hinblick auf das Versammlungsrecht der Belegschaften aus dem Konflikt hervorgingen. Der Generalstreik vom November 1969 war eine Machtdemonstration der Gewerkschaften: Sie hatten den zerstrittenen Parteien rechts von den Kommunisten bewiesen, daß man durch Kampfbereitschaft und geschlossenes Auftreten Massen zu mobilisieren und Veränderungen zu bewirken vermochte.

Am 12. Dezember 1969 meldete sich die extreme Rechte mit einem Bombenanschlag auf die Landwirtschaftsbank an der Piazza Fontana in Mailand zu Wort: 17 Kunden und Passanten kamen dabei ums Leben, 88 wurden verletzt. Am gleichen Tag explodierten in Rom drei Bomben, wobei über ein Dutzend Menschen verletzt wurden. Vorausgegangen waren Anschläge im April und August 1969; bei dem ersten waren fünf Menschen verletzt worden. Das Massaker von Mailand war der Auftakt zu Hunderten von kleineren Anschlägen in den nächsten drei Jahren. Die meisten blieben unaufgeklärt. Fest stand nur, daß die anonymen Urheber radikale Neofaschisten waren, die über moderne Waffen und große Mengen an Sprengstoff verfügten. Sie versuchten mit ihrem Terror eine Atmosphäre der Angst zu erzeugen, um auf diese Weise den massenhaften Ruf nach einem starken autoritären Staat zu provozieren.

Der «offizielle» Neofaschismus in Gestalt des Movimento Sociale Italiano (MSI) unter dem Altfaschisten Giorgio Almirante distanzierte sich von den Terrorakten. Sein strategisches Nahziel war ein Brückenschlag zur Democrazia Cristiana und damit die Herauslösung der stärksten Partei aus dem Pakt mit der gemäßigten Linken. Bei Wahlen erhielt das MSI meist weniger als 6 Prozent, und wenn die Partei Almirantes bei den Parteien des «Verfassungsbogens» von 1947 auch verpönt war, so griff die DC bei knappen Mehrheitsverhältnissen doch gelegentlich auf ihre Stimmen zurück. Radikaler als das MSI traten Gruppen wie Ordine Nuovo und Avanguardia Nazionale auf, die geheime Kontakte zu Polizei- und Geheimdienstkreisen unterhielten. Es scheint an solchen Querverbindungen gelegen zu haben, daß die Suche nach den Terroristen von rechts, wenn sie überhaupt ernsthaft betrieben wurde, in der Regel erfolglos blieb. Den Putschversuch eines einstigen faschistischen Kriegshelden, des Führers des Fronte Nazionale, Fürst Valerio Borghese, im Dezember 1970 konnte die Polizei immerhin noch rechtzeitig verhindern – ein Unternehmen mit operettenhaften

Zügen, das wie eine Karikatur der Kampfformen des frühen Faschismus wirkte.

Auf der äußersten Linken formierte sich 1969 eine Untergrundorganisation, die in der zweiten Hälfte der siebziger Jahre Italien mit ihren Aktionen in eine schwere Krise stürzen sollte: die Brigate Rosse (Rote Brigaden). Ihr Entstehungsort war Mailand, wo es schon 1968 enge Verbindungen zwischen radikalen Arbeitern und Studenten gegeben hatte. Die Radikalisierung am Rande der Linken war nicht zuletzt eine Reaktion auf den zunehmenden «Reformismus» der Kommunistischen Partei, die sich damit dem Verdacht aussetzte, selbst zu einem Teil des herrschenden kapitalistischen Systems geworden zu sein. Die ersten Aktionen der Roten Brigaden richteten sich zunächst vor allem gegen Parteibüros der DC und des MSI. In frühbolschewistischer Manier wurden Banken überfallen, um der revolutionären Bewegung zu Geld zu verhelfen. Es gab Entführungen von Neofaschisten und Managern, die aber nach demütigenden Verhören bald wieder freigelassen wurden. Bis Ende 1974 wurden über 330 Übergriffe und Anschläge der Roten Brigaden gezählt; zwei Menschen kamen dabei ums Leben.

Daß sich nach 1968 terroristische Untergrundbewegungen von links nur in zwei europäischen Ländern, nämlich der Bundesrepublik Deutschland und Italien, entwickelten, war schwerlich ein Zufall. In beiden Ländern waren in der Zwischenkriegszeit Regime des faschistischen Typs an die Macht gelangt. In beiden Ländern begründete die terroristische Linke ihre Gewalt damit, daß der Faschismus ungeachtet demokratischer Fassaden dem Wesen nach noch immer an der Macht oder doch der Macht nahe sei. Theoretiker der Neuen Linken hatten dieser Interpretation Vorschub geleistet, indem sie den «spätkapitalistischen» Staat der Gegenwart zu einer dem Faschismus wesensverwandten Erscheinungsform ein und derselben «korporatistischen» oder autoritären Herrschaft erklärten. Wer von einer solchen substantiellen Kontinuität «bürgerlicher» Herrschaft ausging, mußte daraus nicht dieselben Konsequenzen wie die RAF oder die Roten Brigaden ziehen, war aber doch häufig geneigt, ihrem Kampf ein gewisses Verständnis entgegenzubringen. Dieses verbreitete Verständnis schuf das Klima, in dem sich der Aufstieg des linken Terrorismus vollzog – eines Terrorismus, der sich als Antifaschismus ausgab, in seiner Mentalität und den Methoden aber mit dem historischen Faschismus, in Italien auch denen der zeitgenössischen neofaschistischen Untergrundgruppen, vieles gemein hatte.

Im Hinblick auf das Gewaltverständnis der extremen italienischen Linken hat die Politologin Donatella Della Porta das Verdikt formuliert: «In Italien dominierte im Sektor der sozialen Bewegung eine politische Kultur, die den Gebrauch gewaltsamer Maßnahmen rechtfertigte. Diese Rechtfertigung entwickelte sich in dem Kontext einer linken Kultur, die charakterisiert ist durch ideologische Komponenten wie die Mythologie der bevorstehenden Revolution, die Definition der Demokratie als einer die Ausbeutung verdeckenden Maske, die Dominanz der Ideologie über die Theorie, die Unterordnung des Individuums unter das Kollektiv, die Propaganda für einen gewaltsamen Umsturz der Institutionen des Staates.» Den Prozeß der Radikalisierung der Aktionen beschreibt Donatella Della Porta wie folgt: «Auf den Demonstrationen wandelten sich die Waffen, die Aktivisten zu defensivem Zweck trugen, von Steinen zu Stöcken, von Stöcken zu Eisenstangen, von Eisenstangen zu Molotowcocktails, von Molotowcocktails zu Pistolen.» Wer gegen diese Eskalation moralische Bedenken äußerte, schloß sich aus der revolutionären Bewegung aus und entlarvte sich in den Augen der Extremisten als jemand, der immer noch «kleinbürgerlichem» Denken verhaftet war.

Ende März 1970 erhielt Italien nach neun Monaten einer christ-demokratischen Minderheitsregierung wieder ein Kabinett des Centro-sinistra unter Beteiligung der Sozialdemokraten und der Sozialisten. An seiner Spitze stand zunächst wieder Mariano Rumor, seit dem 7. August dann Emilio Colombo, auch er ein Politiker der DC. Noch unter Rumor und unter dem massiven Druck der Gewerkschaften wurde im Mai 1970 das Arbeiterstatut (Statuto dei lavoratori) verabschiedet, das den Arbeitsschutz verbesserte, das Versammlungs- und Organisationsrecht der Belegschaften ausbaute und die bestehenden Arbeiterräte auf eine verbindliche Rechtsgrundlage stellte. Den Arbeiterräten gelang es bald, gestützt auf den Artikel 18 des Gesetzes, den Kündigungsschutz durch die immer mehr zur Regel werdende Einschaltung von Gerichten so zu erweitern, daß Entlassungen außerordentlich erschwert wurden. Die Wirkungen waren absehbar: Was den Besitzern von Arbeitsplätzen nützte, schadete denen, die Arbeit suchten, und vor allem den jüngeren unter ihnen. Als höchst folgenschwer erwies sich auch die Bestimmung, der zufolge die Löhne vierteljährlich den steigenden Lebenshaltungskosten anzupassen waren, und das auf eine Weise, die vor allem den Niedriglohngruppen zugute kam – ein Beitrag zur Umverteilung der Einkommen von oben nach unten, wie sie den Forderungen der Linken entsprach. In der Summe bewirkte das Arbeiterstatut, daß die Neigung ausländischer Investoren, sich in Italien zu engagieren, zurückging und die Wettbewerbsfähigkeit der italienischen Unternehmen sank.

Ein anderes einschneidendes Reformgesetz, das ebenfalls im Mai 1970 verabschiedet wurde, beseitigte den traditionellen Zentralismus. Zu den bereits bestehenden Regionen Aostatal, Trentino-Alto Adige (Trient-Südtirol), Friaul-Julisch Venetien, Sizilien und Sardinien traten 15 neue Regionen. Sie alle erhielten parlamentarisch kontrollierte Regierungen und konnten ihre Zuständigkeitsbereiche in der Folgezeit erheblich ausweiten. Ein drittes Reformgesetz von Mai 1970 war das bislang fehlende Ausführungsgesetz zu der Verfassungsbestimmung, die grundsätzlich Plebiszite ermöglichte. Fortan durften die Italiener, wenn fünf Millionen von ihnen, fünf Regionen oder ein Fünftel der Abgeordneten dies verlangten, zwar nicht neue Gesetze einführen, wohl aber bestehende Gesetze aufheben. Das erste Referendum betraf die Abschaffung eines Gesetzes von Dezember 1970, das die bislang verbotene Ehescheidung nach fünfjähriger Trennung der Partner erlaubte. Der DC war diese Regelung zu liberal, weshalb sie die Aufhebung des Gesetzes durch Volksentscheid forderte. Dieser fand im Mai 1974 statt und erbrachte bei einer Wahlbeteiligung von 87,7 Prozent eine Mehrheit von 59,1 Prozent für die Beibehaltung des Gesetzes von 1970.

Auf anderen Gebieten gab es sehr viel mehr Übereinstimmung zwischen den Christlichen Demokraten auf der einen, den Sozialdemokraten und Sozialisten auf der anderen Seite. Im Januar 1972 erhielten die Provinzen Trient und Bozen ein zweites Autonomiestatut (das erste stammte von Januar 1948). Das neue Statut trug erheblich zur Entspannung im Verhältnis der deutschsprachigen Mehrheit Südtirols zum italienischen Staat bei. Es folgten die Anerkennung des Rechts auf Kriegsdienstverweigerung und ein umfassendes Mutterschutzgesetz im Dezember 1972.

Besondere Aufmerksamkeit widmeten die Regierungen der späten sechziger und frühen siebziger Jahre dem nach wie vor unterentwickelten Süditalien, das im «heißen Herbst» 1969 zu den Hauptunruhegebieten gehört hatte. Von 1969 bis 1973 stieg der Anteil des Mezzogiorno an den staatlichen Investitionen von 28 auf 33,5 Prozent. Neben Maßnahmen zur Verbesserung der Infrastruktur wie dem Ausbau des Straßen- und Telefonnetzes standen solche zur Förderung der chemischen Industrie, der Erdöl- und der Stahlindustrie sowie von Automobilwerken.

Die Hilfe für den Süden verschlang ebenso wie die gestiegenen Sozialausgaben gewaltige Mittel. Dazu kamen die Steuerausfälle im Gefolge von Streiks und Aussperrungen und des um sich greifenden «Krankfeierns» der Belegschaften in der Automobilbranche, obenan den Turiner FIAT-Werken. Das Haushaltsdefizit stieg und stieg, desgleichen die Inflationsrate und die öffentliche Verschuldung. Die Reformfreudigkeit der Regierungen des Centrosinistra war in manchen Bereichen beeindruckend, die damit verbundene Bedenkenlosigkeit im Umgang mit den verfügbaren Haushaltsmitteln aber verschärfte die Finanzkrise, in der sich Italien schon 1969/70 befand, dramatisch. Mit den Folgen der leichtfertigen Verschuldungspolitik sollte das Land verschärft in den Jahren nach 1973 konfrontiert werden.

Bei den Parlamentswahlen vom 7. Mai 1972 mußten die Christdemokraten leichte Verluste hinnehmen: Sie fielen von 39,1 Prozent im Mai 1968 auf 38,7 Prozent. Die Kommunisten stiegen von 26,9 auf 27,2 Prozent; die Sozialisten kamen auf 9,6, die Sozialdemokraten auf 5,1 Prozent. Zu den Wahlgewinnern gehörten die Neofaschisten, die 1968 nur 4,5 Prozent erhalten hatten, und jetzt als Destra Nazionale, zusammen mit den Monarchisten, 8,7 Prozent erzielten. Die übrigen Parteien, darunter die Republikaner und die Liberalen, blieben mit ihren Stimmenanteilen unter 4 Prozent.

An der Spitze des PCI stand seit März 1972 Enrico Berlinguer, der aus einer alten sardischen Adelsfamilie stammte und, mehr noch als sein Vorgänger, der Parteiführer der Jahre 1964 bis 1972, Luigi Longo, als entschiedener Reformer galt. Die Kampagnen der extremen Linken hatten den Kommunisten bisher keinen Schaden zugefügt. Sie profitierten von dem linken «Zeitgeist» der Jahre nach 1968 und auch davon, daß sie keine Mitverantwortung für die Kompromisse tragen mußten, auf die sich die Sozialdemokraten und Sozialisten als Regierungspartei immer wieder einzulassen gezwungen waren. Bei diesem Zustand aber wollte es Berlinguer nicht belassen. Er strebte nach einer Machtbeteiligung der Kommunisten auf dem Boden der Verfassung. 1973 sollten sich seine Vorstellungen von der künftigen Rolle des PCI weiter klären. Es war ein noch zu erörterndes Ereignis im fernen Chile, der Sturz der Volksfrontregierung unter Salvador Allende durch einen Militärputsch im September 1973, das Berlinguer in der Überzeugung bestärkte, daß kommunistische Parteien in Europa nur dann eine Zukunft hatten, wenn sie sich konsequent vom Leninismus abwandten und einem linken Reformismus verschrieben.[15]

Reform des Agrarmarkts und Norderweiterung: Die Europäische Gemeinschaft 1969–1973

Für die Europäischen Gemeinschaften, die inzwischen so sehr als Einheit empfunden wurden, daß man schon um 1970 von ihnen meist nur noch in der Einzahl sprach, stand zu Beginn der siebziger Jahre neben der Norderweiterung um Großbritannien, Irland, Dänemark und Norwegen vor allem ihr innerer Ausbau im Vordergrund intensiver Beratungen. Einem Beschluß des Haager Gipfels vom Dezember 1969 zufolge sollte 1970 im engen Zusammenwirken von Rat und Kommission ein Stufenplan für die Errichtung einer Wirtschafts- und Währungsunion erarbeitet werden. Im Oktober 1970 war es so weit: Eine Expertenkommission unter Vorsitz des luxemburgischen Ministerpräsidenten und Finanzministers Pierre Werner legte ihren Bericht vor.

Der sogenannte «Werner-Plan» war ein Plädoyer für die vollständige und irreversible Konvertibilität der Währungen, die Beseitigung der Bandbreiten der Wechselkurse, die unwiderrufliche Festsetzung der Paritätsverhältnisse, die völlige Liberalisierung des Kapitalverkehrs und schließlich für eine einheitliche europäische Währung. Voraussetzung dafür war aber nach der Überzeugung der Autoren die Übertragung der wichtigsten wirtschaftspolitischen Entscheidungsbefugnisse auf die Gemeinschaftsebene, also eine progressive Entwicklung der politischen Zusammenarbeit. «Die Wirtschafts- und Währungsunion erscheint somit als Ferment für die Entwicklung der politischen Union, ohne die sie auf die Dauer nicht bestehen kann ... Auf institutioneller Ebene erscheinen in der Endphase zwei Gemeinschaftsorgane erforderlich: ein wirtschaftspolitisches Entscheidungszentrum und ein gemeinschaftliches Zentralbanksystem ... Das wirtschaftspolitische Entscheidungsgremium muß einem europäischen Parlament gegenüber verantwortlich sein.» Das eigentliche Interesse der Kommission an der

Wirtschafts- und Währungsunion bestand darin, daß diese als Motor der politischen Einigung Westeuropas wirken sollte: Wäre der «Werner-Plan» verwirklicht worden, hätte es im Prozeß der supranationalen Integration einen qualitativen Sprung nach vorn gegeben.

Mit dem Vorschlag, die Währungs- und die Wirtschaftspolitik Schritt für Schritt gleichzeitig zu vergemeinschaften, konnten sich die Vertreter zweier unterschiedlicher «Schulen» einverstanden erklären: die französischen und belgischen «Monetaristen», die alles Heil von der währungspolitischen Einigung erwarteten, und die deutschen, niederländischen und italienischen «Ökonomisten», die eine Konvergenz der Wirtschafts- und Finanzpolitiken als Voraussetzung einer Währungseinheit betrachteten. Im März/April 1971 setzte der Rat den «Werner-Plan» mit geringfügigen Änderungen in Kraft. Größere Folgen aber hatte dieser Beschluß nicht: Die internationalen Währungsturbulenzen durchkreuzten die Absichten der Regierungen. Die im April 1972 beschlossene «Währungsschlange», die Festlegung einer maximalen Schwankungsbreite der Wechselkurse von ± 2,25 Prozent, hielt auch nicht, was ihre Erfinder sich davon erhofften. Ein Teilnehmerland, Großbritannien, schied auf Grund der anhaltenden Spekulation gegen das Pfund schon im Juni 1972 aus dem Währungsverbund wieder aus. Die Entwicklung gab der Skepsis der «Ökonomisten» recht. In den Worten von Gerhard Brunn: «Man hatte zwar die Währungen, nicht aber die übrige Wirtschaftspolitik aneinander gebunden. Die Märkte spielten mit der unvollkommenen Union, griffen die schwächsten Währungen an und spekulierten auf die Aufwertung der Mark.»

Gleichzeitig mit dem Bericht der Werner-Kommission legte im Oktober 1970 auch eine andere, ebenfalls auf dem Haager Gipfel von 1969 eingesetzte, von dem belgischen Diplomaten Étienne Davignon geleitete Kommission einen Bericht über die künftige politische Zusammenarbeit in der EG vor. Der gaullistischen Doktrin vom «Europa der Staaten» Rechnung tragend, empfahlen die Experten den Regierungen, sich auch auf außenpolitischem Gebiet durch rechtzeitige Information und Konsultation so abzustimmen, daß sie, wo immer möglich, einen gemeinsamen Standpunkt vertreten konnten. Sich an diesen Rat zu halten fiel den Außenministern nicht schwer. Seit 1970 trafen sie sich auch außerhalb der Ratstagungen in regelmäßigen Abständen. Als nützlich erwies sich die intergouvernementale Koordination im

Rahmen der Europäischen Politischen Zusammenarbeit (EPZ) vor allem im Hinblick auf internationale Konferenzen und die Entspannungspolitik zwischen West und Ost. Die entscheidenden Anstöße aber blieben den Staats- und Regierungschefs vorbehalten. Vom Verlauf ihrer Gipfelkonferenzen hing es ab, welchen Zielen sich die EG zuwenden konnte.

Die neuen Impulse, die die Europäische Gemeinschaft Ende 1969 durch den Haager Gipfel erhielt, hatten viel damit zu tun, daß die Währungswirren von 1968/69 die Finanzen des Gemeinsamen Agrarmarktes (GAM) in Unordnung gebracht hatten. Für den französischen Staatspräsidenten Pompidou hatte die Vollendung der Gemeinsamen Agrarpolitik (GAP) eine hohe Bedeutung, und nicht zuletzt aus diesem Interesse rührte seine Bereitschaft, dem Drängen der anderen fünf EG-Mitglieder auf Vertiefung und Erweiterung der Gemeinschaft entgegenzukommen. Diese hatten ihrerseits im Luxemburger Kompromiß vom Januar 1966 Frankreich die Zusage abgerungen, daß es 1969 zu einer Überprüfung der Gemeinsamen Agrarpolitik kommen sollte.

Einer solchen Revision bedurfte die GAP dringend. 1969 lagen 100 000 Tonnen Butter, 1,2 Millionen Tonnen Zucker und 6 Millionen Tonnen Getreide «auf Halde». Eine Karikatur der Frankfurter Allgemeinen Zeitung stellte den Sachverhalt am 2. Dezember 1969 in Form einer Berglandschaft dar. Die Unterschrift lautete: «Oben vom Butterberg haben wir eine herrliche Aussicht auf den Zuckerkegel, das Getreidemassiv und ganz in der Ferne auf England.» Die Bundesrepublik Deutschland war der Hauptfinancier des GAM: Sie zahlte 1969 1,6 Milliarden DM in den Ausgleichs- und Garantiefonds ein und erhielt daraus 610 Millionen DM rückvergütet. Frankreich, der Hauptprofiteur, zahlte 1,2 Milliarden DM ein und erhielt 2,3 Milliarden zurück. Entsprechend entschieden war der deutsche Widerspruch gegen die Rolle Bonns als «Nettozahler». Doch wie Brunn zu Recht bemerkt, war es die Bundesrepublik, die im Interesse der deutschen Agrarlobby das hohe Preisniveau durchgesetzt und damit die agrarische Überproduktion vorangetrieben hatte.

Als 1968 die landwirtschaftlichen Überschüsse auf über 8 Milliarden DM anwuchsen, versuchte die Kommission gegenzusteuern. Im Dezember verabschiedete sie einen Plan des für die Agrarpolitik zuständigen niederländischen Kommissars Sicco Mansholt, der mehr Marktwirtschaft in der Agrarpolitik vorsah: Die Produktion sollte durch Übergang zu größeren Betriebseinheiten, den Aufbau von Produktionsgemeinschaften und die Stillegung von Produktionsflächen der Nachfrage angepaßt werden. Entsprechend heftig waren die Reaktionen der Bauernverbände, die in Mansholt den Totengräber der traditionellen klein- und mittelbäuerlichen Landwirtschaft sahen. Die Proteste vermochten jedoch nicht zu verhindern, daß der Ministerrat der EG sich im April 1972 auf Richtlinien im Sinne Mansholts verständigte. Die agrarische Überproduktion indes wurde durch den Trend zu größeren Betrieben und den anhaltenden Rückgang der Zahl der Bauern nicht vermindert; sie wuchs vielmehr weiter an.

Eine Ursache dieser Entwicklung lag darin, daß die Bundesrepublik, der eigentliche Rufer im Streit um die Reform der Agrarpolitik, unter der sozialliberalen Koalition in der Gemeinsamen Agrarpolitik vor allem eine taktische Manövriermasse sah: Für Bundeskanzler Willy Brandt war es das vorrangige Ziel, die Unterstützung der Partnerländer für die neue Bonner Ostpolitik zu erhalten, weshalb er in anderen Bereichen, darunter der GAP, den Weg des geringsten Widerstands ging. Hinzu kam, daß in der Bundesrepublik sowohl Sozialdemokraten wie Unionsparteien dazu neigten, die agrarische Überproduktion mit einem humanitären Argument zu rechtfertigen, nämlich der Hilfe zur Überwindung des Hungers in der Welt.

Tatsächlich standen die Jahre 1972 bis 1975 im Zeichen einer Welternährungskrise, unter anderem hervorgerufen durch eine langanhaltende Dürreperiode in der Sahelzone und in Indien sowie katastrophale Überschwemmungen auf den Philippinen und an der Westküste Lateinamerikas im Gefolge eines «El Niño» (Das Christkind), eines häufig um die Weihnachtszeit einsetzenden, meteorologisch folgenreichen Strömungswechsels im äquatorialen Pazifik. Eine Mißernte in der Sowjetunion im Jahr 1972, ausgelöst durch eine langanhaltende Frostperiode im vorangegangenen Winter, kam hinzu. Sie hatte eine politische Folge, die den Nahrungssektor in globalem Maßstab erschüttern sollte: den Abschluß eines auf drei Jahre befristeten kommerziellen Getreidekaufvertrags zwischen den USA und der Sowjetunion im Juli 1972. Daß Washington sich dabei nicht nur von humanitären Erwägungen, sondern auch von der Erwartung leiten ließ, Moskau werde im Sinne einer raschen Beendigung des Vietnamkrieges Druck auf Hanoi ausüben, lag auf der Hand.

Der Verkauf von über 28 Millionen Tonnen amerikanischen Getreides im Wert von weit über 1 Milliarde Dollar an die UdSSR allein im Jahr 1972 ging objektiv zu Lasten der ärmsten Länder der «Dritten Welt», die andernfalls wohl mit amerikanischer Hilfe hätten rechnen können. Weltweit stiegen die Getreidepreise zwischen Mitte 1972 und Ende 1974 um 250 bis 350 Prozent an, was auch eine Folge davon war, daß die vier größten Getreideexporteure – die USA, Kanada, Australien und Argentinien – zwischen 1968 und 1970 bis zu einem Drittel ihrer Anbauflächen aus der Produktion genommen und damit einen Erzeugungsausfall von 90 Millionen Tonnen Getreide in den Jahren 1969 bis 1971 verursacht hatten.

Der Europäischen Gemeinschaft half die Welternährungskrise zwar, ihren «Getreideberg» abzubauen. Insgesamt aber hielt sich die EG bei der Bekämpfung des Hungers in der Welt sehr zurück. Sie schränkte zwischen 1973 und 1975 die Getreideexporte ein, um den Druck auf ihre eigenen Vorräte nicht weiter zu erhöhen und eine Inflation der Lebensmittelpreise zu verhindern, wie die USA sie nach dem Getreidekaufvertrag mit der Sowjetunion um dieselbe Zeit erlebten. Bei der von der Food and Agriculture Organization (FAO), einer Sonderorganisation der Vereinten Nationen, einberufenen Welternährungskonferenz in Rom im November 1974 wie bei anderen Gelegenheiten trat die EG mehr noch als die USA Versuchen entgegen, die Schaffung von Nahrungsreserven international zu koordinieren – eine Haltung, die auf ernährungspolitischen Isolationismus hinauslief.

Die Welternährungskrise war nach den Worten des Historikers Christian Gerlach eine «Anpassungskrise, ausgelöst von Versuchen zu einer Kommerzialisierung des internationalen Getreidehandels und zur intensiveren Einbeziehung neuer Weltregionen in den auf diesem Sektor zu erweiternden Weltmarkt». In der Europäischen Gemeinschaft bewirkte die Krise eine Verminderung des Anpassungsdrucks, dem sich der Gemeinsame Agrarmarkt ausgesetzt sah. Die Welternährungskrise rief in den Ländern der EG ein Gefühl der ernährungspolitischen Unsicherheit hervor, das man seit langem nicht mehr gekannt hatte. Es wurde, wie der Historiker Kiran Klaus Patel feststellt, durch eine Intensivierung transnationaler Aktionen im Agrarbereich ausgelöst, die eine paradox anmutende Wirkung hatten: Eine Welle der Globalisierung festigte den vorhandenen Protektionismus.

1972 fielen nicht nur wichtige Entscheidungen im Bereich der Gemeinsamen Agrarpolitik, sondern auch auf dem Feld der ersten Norderweiterung der EG. In Großbritannien wurde der Ratifizierungsprozeß am 13. Juli 1972 durch die schon erwähnte Kampfabstimmung im Unterhaus abgeschlossen. Offen war, wie sich die mehrheitlich ablehnende Labour Party verhalten würde, wenn sie wieder an die Macht kam: Auf Betreiben von Oppositionsführer Harold Wilson hatte sie sich auf Neuverhandlungen und ein Referendum festgelegt. In Irland gab es kaum Opposition gegen den Beitritt; bei einem Referendum am 10. Mai sprach sich eine Mehrheit von 83 Prozent für die Mitgliedschaft in der EG aus. In Dänemark gingen die Meinungen hingegen weit auseinander. Die Regierung des Sozialdemokraten Jens Otto Krag, ein von den Linkssozialisten unterstütztes Minderheitskabinett, erhielt im Folketing am 11. Oktober 1972 zwar eine breite, aber nicht die erforderliche Vierfünftelmehrheit, weshalb ein Referendum abgehalten werden mußte. Dabei sprachen sich am 2. Oktober bei einer Beteiligung von rund 90 Prozent 63,3 Prozent der Däninnen und Dänen für den Beitritt zur EG aus.

Dramatisch gestaltete sich das Ratifizierungsverfahren in Norwegen. Im März 1971 trat der seit 1965 regierende Ministerpräsident Per Borten von der bäuerlichen Zentrumspartei zurück, nachdem bekannt geworden war, daß er der Anti-Beitritts-Bewegung vertrauliche Informationen hatte zukommen lassen. Sein Nachfolger Trygve Martin Bratteli, Chef eines sozialdemokratischen Minderheitskabinetts, unterstützte die EG-Mitgliedschaft, machte die Ratifizierung aber von einem Referendum abhängig und kündigte für den Fall eines ablehnenden Votums seinen Rücktritt an. Die Arbeiterpartei zerfiel in Befürworter und Gegner, und auch die Liberalen waren durch den Streit um das Ja oder Nein einer Zerreißprobe ausgesetzt. Die «politische Klasse» im engeren Sinn warb zwar mit überwiegender Mehrheit für ein Ja, konnte sich damit aber gegen die emotionale und nationalistische Kampagne der Gegner nicht durchsetzen: Am 24./25. September 1972 sprachen sich die Norweger mit 53,5 Prozent gegen einen Beitritt aus. Nur in Oslo und Umgebung überwogen die Ja-Stimmen die Nein-Stimmen. Bratteli trat am 7. Oktober zurück. Sein Nachfolger wurde zehn Tage später Lars Korvald an der Spitze eines bürgerlichen Minderheitskabinetts. Er handelte mit der EG einen Vertrag aus, der am 17. Mai 1973 unterzeichnet wurde und einen gestaffelten Zollabbau für gewerbliche Erzeugnisse innerhalb von fünf Jahren und Zollsenkungen für Fischereiprodukte vorsah.

Der Europäischen Gemeinschaft traten am 1. Januar 1973 folglich nur drei neue Mitglieder – Großbritannien, Irland und Dänemark – bei. Norwegen hatte sich für einen Weg entschieden, dessen Besonderheit freilich dadurch relativiert wurde, daß auch das Nachbarland Schweden auf Grund seiner Neutralität der EG fernblieb. Ob sich Norwegen die Ablehnung des Beitritts wirtschaftlich leisten konnte, erschien den meisten Politikern des Landes Anfang der siebziger Jahre zweifelhaft. Als die Osloer Regierung, ein neues Kabinett Bratteli, im August 1974 die Entdeckung bedeutender Erdöl- und Erdgasvorkommen in der Nordsee unweit der norwegischen Küste bekanntgeben konnte, fühlten sich die Beitrittsgegner bestätigt. Ein Norwegen, das seinen Energiebedarf aus eigener Kraft befriedigen konnte, schien auf die EG nicht angewiesen zu sein: Die selbstgewählte Isolierung mochte sich noch als «splendid isolation» erweisen.[16]

Moskau, Warschau, Ost-Berlin: Repression und Regimewandel im Ostblock

Vom 30. März bis zum 9. April 1971 tagte in Moskau der 24. Parteitag der Kommunistischen Partei der Sowjetunion. Er verabschiedete einen neuen, den neunten Fünfjahresplan, der der Union der Sozialistischen Sowjetrepubliken das Ziel vorgab, sich bis 1975 auf technischem und wissenschaftlichem Gebiet umfassend zu modernisieren. Wie bisher bildeten die Schwer- und die Investitionsgüterindustrien die Grundlage der Volkswirtschaft. Daneben sollten aber auch die Konsumgüterindustrien und die Landwirtschaft nachhaltig gefördert werden. Für den Bereich der inneren Politik legte sich die KPdSU auf eine schärfere Kontrolle des Partei- und Staatsapparats sowie des gesamten gesellschaftlichen Lebens fest. Das Fundament der durchbürokratisierten Regierungsweise der Sowjetunion blieb auch nach dem 24. Parteitag, um den Historiker Helmut Altrichter zu zitieren, «ein schier allumfassendes, stark hierarchisiertes, sich selbst ergänzendes politisches Klientelsystem, das die Zugehörigkeit zu bestimmten Rangstufen des Establishments (Stufen der sogenannten Nomenklatura) mit bestimmten Privilegien verband». An der Spitze der Partei stand ein «Gremium der Greise», das Politbüro, in dem das Durchschnittsalter bei fast 70 Jahren lag. Im Zentralkomitee hatten 44 Prozent der Mitglieder des Jahres 1981 diesem Gremium schon 1961 angehört – ein Ausdruck jener Gerontokratie, die zum herausragenden Kennzeichen der Ära Breschnew wurde.

Widerspruch rief das System Breschnew seit Mitte der sechziger Jahre vor allem mit seiner Politik der Russifizierung hervor. Betroffen waren in unterschiedlichem Ausmaß die Angehörigen aller nichtrussischen Nationalitäten, die zusammen rund die Hälfte der Bevölkerung der Sowjetunion ausmachten. Krimtataren, Ukrainer, Litauer, Letten und Esten wehrten sich gegen die Zurückdrängung ihrer Kultur und Sprache zugunsten des Russischen. In der Ukraine protestierte ein Schriftstellerkongreß bereits im November 1966 gegen diese Tendenz; im litauischen Kaunas kam es im Mai 1972 zu einer Demonstration für politische und religiöse Freiheit; in Lettland und Estland formierte sich, verstärkt seit 1980, eine breite Opposition gegen die Zuwanderung von Russen und die Diskriminierung der Landessprache.

Nach der Invasion der Warschauer-Pakt-Truppen in der Tschechoslowakei gab es auch in der Sowjetunion Proteste von Intellektuellen, darunter das «Erste Memorandum» des Atomphysikers Andrej Sacharow, ein Plädoyer für eine grundlegende Demokratisierung der Sowjetunion. 1968/69 entstand die erste Initiativgruppe zur Verteidigung der Menschenrechte in der UdSSR, die die in Oppositionskreisen weitverbreitete «Chronik der laufenden Ereignisse», eine der wichtigsten Publikationen der «Samisdat»-Literatur, herausgab und damit den staatlichen Unterdrückungsapparat auf den Plan rief. Die Strafen für politische Abweichler reichten von der Verbannung in die Provinz und der Ausweisung aus der Sowjetunion über die Einlieferung in eine psychiatrische Klinik bis zur Verurteilung zu Gefängnis oder Zwangsarbeit. Zu Verbannung und Lagerhaft wurde 1970 der Historiker und Schriftsteller Andrei Amalrik, der Autor des Essays «Kann die Sowjetunion das Jahr 1984 noch erleben?», verurteilt. Das Schicksal der Ausbürgerung traf den Nobelpreisträger für Literatur des Jahres 1970, Alexander Solschenizyn, nachdem der KGB das Manuskript seines «Archipel Gulag» entdeckt hatte. Er wurde 1974 ausgewiesen und lebte von 1976 bis 1994 im amerikanischen Exil.

Außenpolitisch versuchte sich Breschnew angesichts der fortschreitenden Verschlechterung des Verhältnisses zur Volksrepublik China durch Entspannung im Westen rückzuversichern. Im April 1970 begannen in Wien die sowjetisch-amerikanischen Gespräche über eine Begrenzung der strategischen Rüstung, die, wie schon erwähnt, beim Staatsbesuch von Präsident Nixon in Moskau im Mai 1972 ihren Abschluß in der Unterzeichnung des SALT I-Vertrags fanden. Im Oktober 1973 begannen, ebenfalls in Wien, die MBFR-Gespräche über eine beiderseitige, ausgewogene Truppenreduzierung in Europa. Die Ostpolitik der sozialliberalen Regierung in Bonn eröffnete der Sowjetunion die Möglichkeit, ihr Verhältnis zur Bundesrepublik Deutschland auf eine neue Grundlage zu stellen und die Westgrenze des sowjetischen Herrschaftsbereichs sicherer zu machen. Gleichzeitig rüstete die UdSSR weiter auf. Im April 1973 lief der erste sowjetische Flugzeugträger im Schwarzen Meer vom Stapel. Breschnews Ziel war es, auch auf den Weltmeeren den USA Paroli zu bieten. Entspannung bedeutete aus seiner Sicht keine Rücknahme sowjetischer Weltmachtansprüche, sondern eine Chance, den eigenen Einfluß überall da auszuweiten, wo dies ohne die Gefahr einer nuklearen Konfrontation mit der anderen Supermacht möglich war.

In zwei mit der Sowjetunion verbündeten «sozialistischen» Staaten Mitteleuropas wurde zu Beginn der siebziger Jahre der Mann an der Spitze der kommunistischen Partei ausgewechselt: in Polen und der DDR. In Polen kam es eine Woche nach der Unterzeichnung des Warschauer Vertrags mit der Bundesrepublik Deutschland, am 14. Dezember 1970, zu einem Streik der Arbeiter mehrerer Danziger Betriebe, darunter der Leninwerft. Auslösendes Moment der Proteste war die vom Politbüro drei Tage zuvor beschlossene Erhöhung der Preise für wichtige Lebensmittel, namentlich für Fleisch- und Wurstwaren. Die Parteiführung reagierte auf die Danziger Ereignisse mit einem gewaltigen Aufgebot an Polizei und Militär. Am 15. Dezember erhielten die Einsatzkräfte von Parteichef Władisław Gomułka persönlich den Befehl, von der Schußwaffe Gebrauch zu machen. Am gleichen Tag weiteten sich die Unruhen und Streiks auf andere Städte an der Ostseeküste, unter ihnen Gdingen und Stettin, aus. Die Forderungen der Arbeiter wurden «politischer»: Neben der Rücknahme der Preiserhöhungen verlangten die Streikenden die Beseitigung von Privilegien der Funktionäre, eine freie Presse und unabhängige Gewerkschaften. Vielerorts stürmte die aufgebrachte Menge Parteibüros; Polizisten prügelten auf Arbeiter ein; Panzer kamen zum Einsatz. Offiziellen Angaben zufolge belief sich die Zahl der Toten auf 45, die der Verletzten auf fast 1200.

Das rabiate Vorgehen Gomułkas stieß nicht nur in der eigenen Parteiführung, sondern auch im Kreml auf scharfe Kritik. Am 19. Dezember willigte der polnische Parteichef ohne jedes Schuldeingeständnis in den von Breschnew verlangten Rücktritt ein. Tags darauf wurde der oberschlesische Parteichef Edward Gierek, ein ehemaliger Bergarbeiter, vom Zentralkomitee zum Ersten Sekretär der Polnischen Vereinigten Arbeiterpartei gewählt. Er versprach noch am selben Abend über das Fernsehen eine Politik des Dialogs, Bemühungen um soziale Gerechtigkeit sowie eine Verbesserung der Lebensmittelverhältnisse und distanzierte sich deutlich von der starren Politik seines Vorgängers, dem er falsche wirtschaftspolitische Entscheidungen vorwarf. Am 22. Dezember wurde die Arbeit fast überall wieder aufgenommen. Neuerliche Streiks im Januar 1971 in Stettin und Danzig konnte Gierek in direkten Gesprächen mit den Arbeitern beenden. Nach einem weiteren Streik von 55 000 Textilarbeiterinnen und Textilarbeitern in Lodz nahm die Parteiführung Mitte Februar die im Dezember beschlossenen Preiserhöhungen zurück.

Giereks Kurswechsel bewirkte eine Erhöhung der Kaufkraft breiter Schichten. Was an Waren fehlte, wurde importiert. Sozialpolitische Maßnahmen wie die Vermehrung der Urlaubstage und die Verlängerung des Mutterschaftsurlaubs verhalfen dem neuen Parteichef zu einer gewissen Popularität. Die Einkommen der Arbeiter stiegen 1971 um 11 Prozent, die der Bauern noch mehr. Die Kehrseite des relativen Wohlstands war die gewaltige Staatsverschuldung: Sie wuchs von 1 Milliarde Dollar im Jahr 1970 auf 8 Milliarden 1974 an. Das Defizit in der Handelsbilanz vergrößerte sich; der Anteil der Einfuhren aus westlichen Ländern am Gesamtimport stieg von rund einem Viertel in den späten sechziger Jahren auf fast die Hälfte Mitte der siebziger Jahre. Der polnische Historiker Włodzimierz Borodziej spricht in diesem Zusammenhang von einer «schleichenden Verwestlichung der Wirtschaftsbeziehungen»: ein Sachverhalt, der der Bevölkerung weithin unbekannt blieb, die Ökonomen aber zunehmend beunruhigte.

Auch in anderer Hinsicht hob sich die Ära Gierek deutlich von den 14 Jahren ab, in denen Gomułka an der Spitze der PVAP gestanden hatte. Das Verhältnis zur katholischen Kirche entspannte sich; der Einfluß des nationalistischen und antisemitischen Innenministers Moczar wurde zurückgedrängt; parteilosen Fachleuten erwies das Regime einen fast schon demonstrativen Respekt. Dasselbe galt von nonkonformistischen Autoren wie Stanisław Lem, Zbigniew Herbert und Andrzej Szczypiorski. Seit 1973 konnten auch wieder Stücke des seit 1968 in Paris lebenden surrealistischen Satirikers Sławomir Mrożek in Polen aufgeführt werden. 1977 kam Andrzej Wajdas antistalinistischer Film «Der Mann aus Marmor» in die Kinos. In keinem anderen kommunistischen Land Europas gab es in der ersten Hälfte der siebziger Jahre so große künstlerische und intellektuelle Spielräume wie in Polen. Der Staat duldete in gewissen Grenzen die Wiederbelebung einer Zivilgesellschaft, die sich an anderen Normen als denen des Marxismus-Leninismus orientierte und durch ein hohes Maß an weltanschaulichem Pluralismus auszeichnete.

Was die Sowjetunion in Polen duldete, hätte sie in «sozialistischen» Staaten, die unmittelbar an den «imperialistischen» Westen grenzten, nicht hingenommen. In der ČSSR hatte die Invasion der Warschauer-Pakt-Staaten vom August 1968 die Machtfrage eindeutig geklärt und dadurch zugleich eine wichtige Voraussetzung dafür geschaffen, daß die Staaten des Ostblocks gegenüber dem Westen und besonders der Bundesrepublik eine neue, auf Entspannung ausgerichtete Politik betreiben konnten. Diese Politik verlangte auch eine Verbesserung der zwischenstaatlichen Beziehungen zwischen beiden deutschen Staaten. Auf keinen Fall aber durfte die Entspannung zwischen Ost und West zur Aufweichung des «Klassengegensatzes» zwischen der «sozialistischen» DDR und der «kapitalistischen» Bundesrepublik führen. Der kleinere deutsche Staat mußte vielmehr nach Breschnews Überzeugung die ideologische Abgrenzung gegenüber dem größeren verschärfen, wenn er nicht seine eigene Existenzberechtigung in Frage stellen und damit den Zusammenhalt des «sozialistischen Lagers» gefährden wollte.

Den Ersten Sekretär des ZK der SED, Walter Ulbricht, hielt Breschnew für zu selbstbewußt und eigenwillig, als daß er die neue Linie konsequent hätte vertreten können. Dem Stellvertreter Ulbrichts, dem bedingungslos moskautreuen Erich Honecker, traute der Kremlchef hingegen zu, daß er zu jeder Zeit genau das tun würde, was man in Moskau von ihm erwartete. Als Ulbricht im Juli 1970 Honecker von seinem Posten als Zweiter Sekretär ablöste, intervenierte Breschnew und erzwang die Wiedereinsetzung des Gestürzten: ein Vorgang, der Ulbrichts Position nachhaltig schwächte. Vor einer Absetzung des ostdeutschen Parteichefs, wie sie eine Fronde im Politbüro der SED um Honecker, Ministerpräsident Stoph und den für Wirtschaftsfragen zuständigen ZK-Sekretär Günter Mittag forderte, schreckte Breschnew 1970 aber noch zurück. Erst im April 1971 fiel dann die Entscheidung am Rande des 24. Parteitags der KPdSU in Moskau in einem Gespräch zwischen Breschnew und Ulbricht: Der 77 Jahre alte deutsche Altkommunist sollte sein Parteiamt aufgeben, aber Vorsitzender des Staatsrats bleiben. Am 3. Mai kam das ZK dem entsprechenden «Wunsch» Ulbrichts nach. Auf seinen Vorschlag hin wurde Honecker zum neuen Ersten Sekretär gewählt.

Die von Moskau verlangte schärfere ideologische Abgrenzung gegenüber der Bundesrepublik hatte noch Ulbricht eingeleitet. Am 19. Januar 1970 nannte er die DDR einen «sozialistischen deutschen Nationalstaat» und die Bundesrepublik einen «kapitalistischen NATO-Staat»; am 17. Dezember sprach er erstmals in Abstimmung mit Breschnew vom «Prozeß der Herausbildung einer sozialistischen Nation» in der DDR. Honecker, 1912 im Saarland geboren, seit 1958 Mitglied des Politbüros und zugleich ZK-Sekretär für Sicherheit, setzte zwar in der Wirtschaftspolitik andere Akzente als Ulbricht: Auf ihrem 8. Parteitag im Juni 1971 erteilte die SED dem ehrgeizigen Programm einer grundlegenden Modernisierung der Volkswirtschaft eine Absage und beschloß statt dessen eine gezielte Förderung des Massenkonsums und der Dienstleistungen. Was Nation und Nationalstaat betraf, mußte Honecker seinen Vorgänger aber nicht revidieren, sondern dessen Ansätze lediglich weiterentwickeln: Am 6. Januar 1972 erklärte der Erste Sekretär in einer Rede vor Angehörigen der Nationalen Volksarmee auf Rügen die BRD zum «Ausland», ja zum «imperialistischen Ausland».

Die radikale Abkehr von gesamtdeutschen Bindungen und Gemeinsamkeiten drückte sich auch in einer Reihe von demonstrativen Umbenennungen aus. Der «Deutschlandsender» verwandelte sich 1971 in die «Stimme der DDR»; die «Deutsche Akademie der Wissenschaften» hieß seit 1972 «Akademie der Wissenschaften der DDR». Die Nationalhymne «Auferstanden aus Ruinen», verfaßt von Johannes R. Becher und komponiert von Hanns Eisler, durfte nur noch gespielt, aber nicht mehr gesungen werden: Die Zeile «Deutschland einig Vaterland» verstieß gegen die neue Theorie, wonach es keine einheitliche deutsche Nation mehr gab.

Die Zwei-Nationen-Theorie war die von der KPdSU vorformulierte Antwort der SED auf die von der SPD vertretene Auffassung von den zwei Staaten einer Nation. Die Abkehr vom deutschen Nationalstaat und von der deutschen Nation hatte 1970/71, hundert Jahre nach Bismarcks Reichsgründung, in der DDR einen vorläufigen Abschluß gefunden. Künftig konnte sich die DDR nur noch ideologisch, also als Ideologiestaat, definieren und von der deutschen Vergangenheit lediglich das übernehmen, was mit den jeweiligen ideologischen Vorgaben vereinbar war. Die Verfassung von 1968, die die DDR als «sozialistischen Staat deutscher Nation» bezeichnete, war in diesem Punkt bereits drei Jahre nach ihrer Verabschiedung überholt. Am 7. Oktober 1974 beschloß die Volkskammer das Gesetz zur Ergänzung und Änderung der Verfassung der DDR, das den Begriff «deutsche Nation» aus dem Verfassungstext strich. Die DDR war fortan nicht mehr ein «sozialistischer Staat deutscher Nation», sondern ein «sozialistischer Staat der Arbeiter und Bauern».

Die ideologische Abgrenzung vom westdeutschen «Klassenfeind» wurde von einem Stück Klassenkampf im Innern der DDR flankiert: der Ausschaltung des privaten Eigentums, soweit es noch vorhanden war. 1972 fand die letzte große Verstaatlichungswelle statt. Zweck der Aktion war die Zurückdrängung des gewerblichen Mittelstands, von dem nur noch kleine Handwerksbetriebe übrigbleiben sollten – und übrigblieben. Halbstaatliche Betriebe, also Betriebe mit staatlicher Beteiligung, private Industrie- und Baubetriebe, größere Produktionsgenossenschaften, die industriell arbeiteten, wurden in Volkseigene Betriebe (VEB) umgewandelt. Die Eigentümer erhielten eine geringfügige Entschädigung und durften, wenn die Belegschaft zustimmte, in dem neuen VEB als Betriebsleiter weiterarbeiten.

Die Leistungskraft der Wirtschaft stieg durch die Ausschaltung der Reste von privatem Unternehmertum nicht – im Gegenteil: Die Versorgungslage verschlechterte sich. Aber ähnlich wie bei der gleichzeitig forciert vorangetriebenen Industrialisierung der Landwirtschaft ging es der SED der Nach-Ulbricht-Zeit auch gar nicht in erster Linie um die Steigerung von wirtschaftlicher Effizienz. Im Vordergrund stand die Anpassung an das Vorbild der Sowjetunion. Je näher die DDR diesem Ziel kam, desto weiter entfernte sie sich von der Gesellschaftsform der Bundesrepublik. Eben darauf kam es der SED unter der Führung von Erich Honecker zu Beginn der siebziger Jahre an.[17]

Weltpolitik im Schatten von Watergate: Von Nixon zu Ford

Das Jahr 1973 sollte für Richard Nixon zum bislang schrecklichsten seines an Niederlagen reichen politischen Lebens werden. Am 8. Januar begann vor dem Bundesbezirksgericht in Washington der Watergate-Prozeß: das Verfahren gegen die sieben Männer, die am 17. Juni 1972 einen Einbruch in das Hauptquartier der Demokratischen Partei verübt beziehungsweise überwacht hatten. Daß Berater des Weißen Hauses in die Affäre verstrickt waren, hatte die «Washington Post» schon drei Tage später gemeldet. Aber erst während des Prozesses wurde deutlich, in welchem Ausmaß engste Mitarbeiter des Präsidenten und Nixon selbst in die Angelegenheit verstrickt waren. Die unmittelbaren Täter gehörten zu den «Klempnern» (plumbers), einer mit illegalen Aktionen betrauten Spezialtruppe, die Nixon im Sommer 1970 nach der Veröffentlichung der «Pentagon Papers» durch die «New York Times» eingesetzt hatte, um weitere Enthüllungen vertraulicher Vorgänge zu verhindern. Gesteuert und bezahlt wurden die Einbrecher durch das Komitee für die Wiederwahl des Präsidenten, das Committee for the Re-election of the President (CREEP), ein vom bisherigen Justizminister John Mitchell geführtes Ad-hoc-Gremium, das seinerseits der Kontrolle der höchsten Mitarbeiter des Stabs des Präsidenten, John D. Ehrlichman und Harry R. («Bob») Haldeman, unterlag. Bereits am 23. Juni 1972 hatte Nixon die Anweisung gegeben, die Ermittlungen des FBI im Interesse der nationalen Sicherheit durch die CIA zu behindern. Damit begann die von höchster Stelle gedeckte Vertuschung der Watergate-Affäre – jenes «cover-up», das schließlich zum vorzeitigen Ende von Nixons Präsidentschaft im August 1974 führen sollte.

Seit Mai 1973 befaßte sich auch ein Untersuchungsausschuß des Senats unter Vorsitz des Demokraten Samuel Ervin aus North Carolina mit den Hintergründen des Einbruchs im Watergate-Komplex. Die wichtigsten Enthüllungen verdankten Gericht, Senat und Öffentlichkeit der Auskunftsbereitschaft des Angeklagten James W. McCord, der sich zur Zusammenarbeit mit der Grand Jury und dem Senatsausschuß bereit erklärt hatte. Der erste Zeuge aus dem inneren Machtzentrum, der vor Gericht aussagen mußte, war der Präsidentenberater John Dean. Durch ihn und andere Beteiligte wurden zahllose illegale Aktionen des Weißen Hauses und des CREEP bekannt, die weit über den Fall Watergate hinausreichten und die verbotene Wahlkampffinanzierung durch Konzerne und Zersetzungskampagnen gegen politische Gegner umfaßten. Am gefährlichsten für Nixon war, daß dabei auch die Vertuschungsstrategie des Weißen Hauses zur Sprache kam. Im April mußte sich der Präsident von Ehrlichman, Haldeman und Dean trennen. Damit rückte Nixon selbst zunehmend ins Visier der Ermittlungen.

Im Mai 1973 wurde bei einem Hearing des Senatsausschusses bekannt, daß im Oval Office, dem Arbeitszimmer des Präsidenten, sämtliche Gespräche auf Tonband aufgezeichnet wurden. Der von Nixon eingesetzte Sonderermittler, der Harvard-Professor Archibald Cox, verlangte daraufhin die Herausgabe der Bänder. Der Präsident lehnte diese Forderung unter Hinweis auf ein angebliches «executive privilege» ab, konnte damit aber weder Cox noch das von diesem angerufene Bundesbezirksgericht überzeugen. Als Nixon Cox deswegen am 20. Oktober entließ, traten Justizminister Elliot Richardson und sein Stellvertreter William D. Ruckelshaus aus Protest zurück. Die Ernennung des texanischen Richters Leon Jaworski zum neuen Sonderermittler brachte dem Präsidenten keine Erleichterung. Da auch Jaworski auf der Herausgabe der Tonbänder bestand und entsprechend «sub poenas», das heißt gerichtliche Strafandrohungen, veranlaßte, hing alles von der letztinstanzlichen Entscheidung ab, die der Oberste Gerichtshof in dieser Frage zu fällen hatte.

Am 10. Oktober 1973, zehn Tage vor dem «Saturday massacre», der Entlassung von Cox und den Rücktritten von Richardson und Ruckelshaus, hatte Nixon eine schwere innenpolitische Niederlage hinnehmen müssen: Vizepräsident Spiro Agnew trat wegen mehrerer Vergehen der Steuerhinterziehung und der passiven Bestechung in seiner Zeit als Gouverneur von Maryland zurück. (Einer Gefängnisstrafe entging Agnew nur, weil er den Vorwurf der Steuerhinterziehung nicht bestritt.) Am 12. Oktober ernannte Nixon mit Zustimmung beider Häuser des Kongresses den Führer der republikanischen Minderheit im Repräsentantenhaus, Gerald R. Ford aus Michigan, zum neuen Vizepräsidenten – ein Verfahren, das durch das 1967 in Kraft getretene 25. Amendment zur Verfassung ermöglicht wurde.

Die Aussicht, daß der korrupte Agnew im Fall einer Amtsenthebung Nixons dessen Nachfolge antreten würde, hatte das Repräsentantenhaus, das für den Antrag auf Amtsenthebung zuständige Verfassungsorgan, bislang davon abgehalten, ein «impeachment» gegen den Präsidenten zu betreiben. Der Wechsel im Amt des Vizepräsidenten beseitigte dieses Hemmnis. Unter dem Eindruck des schwelenden Streits um die Freigabe der Tonbänder aus dem Oval Office und immer neuer Enthüllungen, vor allem der Journalisten Bob Woodward und Carl Bernstein von der «Washington Post», über gesetzwidrige Aktivitäten des Weißen Hauses beschloß das Repräsentantenhaus am 6. Februar 1974 gegen nur vier Stimmen, seinen Rechtsausschuß, das House Committee on the Judiciary, mit einer Untersuchung der Frage zu beauftragen, ob es Gründe für eine Amtsenthebung Nixons gebe. Ein vorzeitiges Ende der Amtszeit des 37. Präsidenten der USA rückte näher.

Während in den Vereinigten Staaten die Watergate-Affäre die Schlagzeilen beherrschte, geriet ein südamerikanisches Land immer mehr an den Rand des offenen Bürgerkrieges: Chile. Die Regierung der Unidad Popular unter Salvador Allende hatte im Juli 1971, neun Monate nach ihrer Machtübernahme, gestützt auf eine breite, verfassungsändernde Mehrheit des Kongresses, die Bodenschätze, obenan den Kupferbergbau, verstaatlicht. Populär waren auch die Enteignung von Großgrundbesitz, ausländischen Banken und Großunternehmen. Dasselbe galt für die kostenlose Schulbildung und Gesundheitsversorgung. Die wachsenden Staatsausgaben wenigstens teilweise durch Steuererhöhungen zu finanzieren war der Volksfront nicht möglich, weil der mehrheitlich «bürgerliche» Kongreß sich dieser Absicht verweigerte. Infolgedessen wurde die Geldmenge ausgeweitet, was zunächst die Konjunktur belebte, die Inflationsrate aber von 29 Prozent im Jahr 1970 auf 160 Prozent im Jahr 1972 steigen ließ. Eine von den USA verhängte Kreditblockade, verbunden mit einem Embargo von chilenischem Kupfer, trieb die Geldentwertung weiter voran – bis auf die astronomische Höhe von 600 Prozent im Jahr 1973.

Seit dem Sommer 1971 mehrten sich die Proteste gegen die Politik der Volksfront. Viele Bauern rebellierten gegen die Art und Weise der Landverteilung. Die Unternehmer lehnten sich mit einem Investitionsboykott gegen die drohende Sozialisierung einheimischer Betriebe auf. Im Oktober 1972 streikten die privaten Fuhrunternehmer. Sie lösten damit eine Welle von weiteren Widerstandsaktionen des selbständigen Mittelstands, von Bankangestellten und Studenten aus. Die äußerste Rechte, darunter die Gruppe Patria y Libertad, griff zum Mittel von Terroranschlägen. Allende sah sich schließlich genötigt, den Ausnahmezustand zu verhängen und im November mehrere führende Militärs in sein Kabinett aufzunehmen. Der Oberkommandierende der chilenischen Streitkräfte, General Carlos Prats, wurde Innenminister.

Es war ein verhängnisvoller Fehler der Volksfrontregierung, daß sie eine Umwandlung Chiles in eine sozialistische Gesellschaft anstrebte, ohne dafür ein demokratisches Mandat zu besitzen. Der Widerstand der Mehrheit war vorhersehbar, und er versteifte sich in dem Maß, wie die Regierung sich Zielen verschrieb, für die es keine Rückendeckung im Parlament gab. Eine Mehrheit erhielten die Parteien der Unidad Popular auch nicht bei den Parlamentswahlen vom März 1973. Sie schnitten mit 44 Prozent der Stimmen zwar überraschend gut ab, die bürgerlichen Parteien konnten aber mit einem Anteil von 56 Prozent ihre Mehrheit behaupten. Diese Machtstellung nutzten die Christdemokraten und der rechte Partido Nacional, um im Juni eine verfassungsändernde Vorlage der Regierung, die damit weitere Verstaatlichungen ermöglichen wollte, zu Fall zu bringen. Es folgten ein weiterer großer Streik der privaten Fuhrunternehmer und am 29. Juni der Putschversuch eines Panzerregiments, den General Prats jedoch ohne Blutvergießen niederwerfen konnte. Ende August überstürzten sich die Ereignisse: 7300 Frauen von Offizieren der Garnison Santiago baten die Gattin Prats' in einem Brief, ihren Mann zu einem entschiedenen Vorgehen gegen Allende zu drängen. Am 22. August beschloß der Kongreß ein (verfassungsrechtlich irrelevantes) Mißtrauensvotum gegen den Präsidenten. Tags darauf trat Prats als Oberkommandierender der Streitkräfte zurück. Zu seinem Nachfolger ernannte Allende den bisherigen Stellvertreter Prats', General Augusto Pinochet.

Anders als Prats dachte Pinochet nicht daran, den Präsidenten loyal zu unterstützen. Er bereitete vielmehr systematisch den Schlag vor, zu dem das Militär am 11. September 1973 ausholte: Mit einer Erhebung der Flotte in Valparaiso begann am frühen Morgen der Putsch, der die Volksfront stürzte. Allende hatte sich mit einigen seiner Getreuen im Präsidentenpalais, der Moneda, verschanzt. Die Luftwaffe bombardierte das Gebäude; Allende ordnete nach einem kurzen Gefecht die Kapitulation an und nahm sich dann mit einem Sturmgewehr das

Leben. Binnen weniger Stunden hatten die Putschisten ihr Ziel erreicht; eine Woche lang gab es, vor allem in Santiago de Chile, noch sporadische Kämpfe. Als Chef der Junta ordnete Pinochet, der seit Juli 1974 den Titel «Oberster Führer der Nation» (Jefe Supremo de la Nación) führte, die Aufhebung der Verfassung, die Auflösung des Kongresses und der Parteien sowie des linken Gewerkschaftsbundes CUT (Central Única de Trabajadores de Chile) an. Es folgten massenweise Verhaftungen, Deportationen und summarische Erschießungen durch eine sogenannte «Todeskarawane» (Caravana de la muerte). Die Zahl der Menschen, die durch den Umsturz zu Tode kamen, bezifferte ein Vertreter der Junta im Oktober 1974 mit 30 000.

Die USA hatten den Putsch vom September 1973 nicht ausgelöst; sie waren auch nicht direkt in ihn verwickelt. Sie hatten aber alles getan, um das Volksfrontregime wirtschaftlich zu destabilisieren, und sie hatten durch großzügige Geldzahlungen der CIA, unter anderem an die Tageszeitung «El Mercurio», versucht, die öffentliche Meinung gegen Allende aufzubringen. Die Furcht vor einem «zweiten Kuba» war in Washington allgegenwärtig, aber anders als Castro setzte Allende, der demokratischen Tradition Chiles entsprechend, zu keiner Zeit auf eine gewaltsame Veränderung der Gesellschaft. Die Opposition konnte und wollte er nicht ausschalten, aber er verstand auch nicht, ihr den Wind aus den Segeln zu nehmen. Die Politik der Volksfront war vielmehr alles in allem konfrontativ und provozierte damit den breiten gesellschaftlichen Widerstand, ohne den der Putsch vom 11. September nicht hätte gelingen können.

Das Regime Pinochets wurde zu einer der blutigsten Militärdiktaturen in der Geschichte Lateinamerikas. Daß das, was in Chile geschah, auch in Europa mit großer Aufmerksamkeit verfolgt wurde, lag an der westlichen Prägung des Landes: Seine wichtigsten Parteien, von den Christlichen Demokraten bis zu den Kommunisten, gehörten «politischen Familien» an, die es auch auf dem alten Kontinent gab. Die USA unterstützten die Junta in Santiago zunächst, ohne die krassen Menschenrechtsverletzungen anzuprangern. Erst ein Attentat der chilenischen Geheimpolizei DINA (Dirección de Inteligencia Nacional) auf amerikanischem Boden, die Ermordung des früheren Außenministers Marcos Orlando Letelier del Solar in Washington am 21. September 1976, führte zu einer nachhaltigen Störung im Verhältnis beider Staaten. Die Vereinigten Staaten beantworteten den Anschlag mit einem

Waffenembargo, das erst fünf Jahre später aufgehoben wurde. In der Frage der Menschenrechte wurden die amerikanischen Vorhaltungen schärfer, als Anfang 1977 der Demokrat Jimmy Carter in das Weiße Haus einzog. Die Diktatur Pinochets überstand aber auch dieses Zwischenspiel. Ihr Ende zeichnete sich ab, als die Chilenen im Oktober 1988 mit fast 56 Prozent gegen eine weitere Amtszeit Pinochets stimmten. Nach dem Amtsantritt des Christdemokraten Patricio Aylwin Azócar, der als gemeinsamer Kandidat seiner Partei und der Linken im Dezember 1989 zum Präsidenten gewählt worden war, im März 1990 verwandelte sich Chile wieder in eine Demokratie westlicher Prägung.

Rund vier Wochen nach dem Putsch in Chile brach im Nahen Osten ein Krieg aus, der nur knapp drei Wochen dauerte, aber die Welt nachhaltig verändern sollte: der Jom-Kippur-Krieg. Der Urheber des ägyptisch-syrischen Überraschungsschlags gegen Israel war der ägyptische Präsident Muhammad Anwar as-Sadat, der nach dem plötzlichen Tod Nassers am 28. September 1970 an die Spitze des Staates getreten war. Im Juli 1972 hatte er, enttäuscht über die allenfalls halbherzige Unterstützung der arabischen Sache durch Breschnew bei dessen Moskauer Gesprächen mit Nixon im Mai und die sowjetische Nahostpolitik im allgemeinen, die Ausweisung aller 17 000 sowjetischen Militärberater angeordnet und damit vor allem den Vereinigten Staaten deutlich gemacht, daß Ägypten trotz Abschluß eines Freundschaftsvertrags mit der Sowjetunion im Mai 1971 alles andere als ein Satellit der anderen Weltmacht war. Der unfreundliche Akt hielt Moskau aber nicht davon ab, auf Bitten Sadats Ägypten im Februar 1973 Waffen und Abfangjäger vom Typ MIG-21 für den Fall eines Krieges mit Israel zu liefern.

Die Ausweisung der sowjetischen Militärberater aus Ägypten war indirekt auch ein Signal an Israel: Sadat gab damit zu verstehen, daß er zu einer Verständigung mit dem jüdischen Staat grundsätzlich bereit war. Doch die israelische Führung unter Ministerpräsidentin Golda Meir nutzte diese Chance nicht. Anfang 1973 ordnete die Regierung auf Betreiben von Verteidigungsminister Mosche Dayan den Bau von 44 Siedlungen auf der West Bank, den Golanhöhen und im nördlichen Sinai an; bis Ende des Jahres sollten 50 weitere Siedlungen dazukommen. Die paramilitärisch angelegten Camps waren in erster Linie als Außenposten der Landesverteidigung gedacht, sollten aber auch die Dauerhaftigkeit der israelischen Präsenz in den 1967 besetzten Gebieten unterstreichen – aus der Sicht der Palästinenser und der arabischen Staaten ein provozierender Akt der Konfrontation.

Auch aus Washington erhielt Sadat nach dem Juli 1972 keine ihn überzeugenden Zeichen der Ermutigung, auch nicht nach der Präsidentenwahl im November, die Nixon von der Gefahr befreite, durch eine Annäherung an Ägypten möglicherweise jüdische Wähler zu verprellen. Der Entschluß, zusammen mit dem Syrien Assads am 6. Oktober 1973, dem Tag des jüdischen Versöhnungsfestes Jom Kippur, militärisch gegen Israel vorzugehen, resultierte aus dem Willen Sadats, Israel zur Rückgabe eines möglichst großen Teils der besetzten Gebiete, vor allem auf der Sinaihalbinsel, zu zwingen – beziehungsweise aus einer Position der Stärke heraus Verhandlungen mit ebendiesem Ziel zu führen. Syrien war inzwischen der engste Verbündete der Sowjetunion im Nahen Osten. 1971 hatte es Moskau die Nutzung des Hafens von Tartus und die Stationierung von Truppen ebendort gestattet; 1972 folgte ein Sicherheitsvertrag, der die militärische Zusammenarbeit beider Länder und die finanzielle Unterstützung Syriens durch die UdSSR zum Inhalt hatte. Die antiisraelische und antiamerikanische Ausrichtung dieser Absprachen war unverkennbar.

Der Überraschungseffekt verhalf den Angreifern zu Anfangserfolgen. Sadats Truppen stießen über die israelische Befestigungslinie am Suezkanal, die seit 1967 bestehende Bar-Lev-Linie, auf die Sinaihalbinsel, die Truppen Assads auf die Golanhöhen vor, wobei die Israelis schwere Verluste hinnehmen mußten. Zwei Tage später begann der Gegenangriff der Israelis, der ihnen große Geländegewinne in Syrien und der Gegenseite hohe Verluste einbrachte. Am 10. Oktober begann die Sowjetunion Syrien und Ägypten auf dem Luftweg mit Waffen und Kriegsgerät zu beliefern. Zwei Tage später nahmen die USA Waffenlieferungen an Israel auf, und das nicht zuletzt in der Absicht, den Judenstaat von einer Verzweiflungstat, dem Einsatz seiner streng geheimen, offiziell geleugneten atomaren Waffen, abzuhalten. Am 15. Oktober stießen die Israelis südlich von Ismailia über den Suezkanal tief nach Ägypten vor. Die Ägypter konnten aber einige Bastionen auf dem Sinai behaupten und die Syrer einen israelischen Vormarsch nach Damaskus abwehren.

Am 17. Oktober erhielten Ägypten und Syrien eine außerordentlich wirkungsvolle Unterstützung von seiten der Staaten, die der Organization of Arab Petroleum Exporting Countries (OAPEC) angehörten. In

Kuwait beschlossen die arabischen Erdölländer, das Öl als politische Waffe einzusetzen. Durch ein Vollembargo gegen die USA und die besonders israelfreundlichen Niederlande sowie den Beschluß, die Ölförderung bis zur vollständigen Räumung der besetzten Gebiete durch Israel um mindestens 5 Prozent pro Monat zu drosseln, sollte der Westen mit den USA an der Spitze zur Aufgabe seiner proisraelischen Politik gezwungen werden. Die treibende Kraft hinter dem Beschluß von Kuwait war König Faisal von Saudi-Arabien, der bislang eine entschieden proamerikanische Politik verfolgt hatte: ein für die Vereinigten Saaten beunruhigender Sachverhalt.

Die Wirkung der Beschlüsse der OAPEC war durchschlagend: Die Rohölförderung ging innerhalb von fünf Monaten um 25 Prozent zurück; die Preise pro Barrel (159 Liter) wurden von der OPEC, dem Gesamtkartell der erdölexportierenden Länder, von 3 auf 12 Dollar, also um 400 Prozent angehoben. Die arabischen Erdölländer trafen die westlichen Industriegesellschaften damit an ihrer empfindlichsten Stelle: der Abhängigkeit ihrer Volkswirtschaften von einer ungestörten Lieferung von Erdöl zu erschwinglichen, freilich schon seit 1971 steigenden Preisen. Die Länder der OAPEC brachten damit ein Mittel zum Einsatz, das geeignet war, einen Keil zwischen die Westeuropäer und die USA zu treiben, denn der alte Kontinent war auf eine großzügige Erdölzufuhr aus der nahöstlichen Golfregion in noch viel höherem Maß angewiesen als die Vereinigten Staaten. Darüber hinaus versetzten die arabischen Erdölländer dem kollektiven Selbstbewußtsein des Westens einen schweren Schlag: Sie erschütterten das Vertrauen in ein «ewiges» Wirtschaftswachstum – eine Mentalität, die sich unter dem Eindruck des langanhaltenden Nachkriegsbooms herausgebildet und in den meisten Ländern die Krisen der sechziger Jahre überdauert hatte.

Am 22. Oktober – einem Zeitpunkt, zu dem sich im Jom-Kippur-Krieg eine Art Patt zwischen den Kontrahenten herausgebildet hatte – schalteten die beiden Weltmächte den Sicherheitsrat der Vereinten Nationen ein. Das Gremium ordnete einen sofortigen Waffenstillstand an, fand damit aber auf keiner Seite Gehör. Nachdem israelische Verbände am 23. Oktober die Stadt Suez eingenommen und die 3. ägyptische Armee auf dem Sinai eingeschlossen hatten, drohte die Sowjetunion am 24. Oktober für den Fall, daß die USA sich einem gemeinsamen Vorgehen verweigerten, ein einseitiges Eingreifen an. Die Vereinigten Staaten

versetzten daraufhin ihre Streitkräfte, einschließlich der nuklear bewaffneten, weltweit in Alarmbereitschaft – eine Maßnahme, die ohne
jede Konsultation mit den NATO-Verbündeten getroffen wurde und
deren öffentliche Distanzierung auslöste. Gleichzeitig verstärkte Washington den Druck auf Israel und erreichte dadurch, daß in der Nacht
vom 25. zum 26. Oktober eine Waffenruhe eintrat. Zur Überwachung
des Waffenstillstands setzten die Vereinten Nationen eine Friedenstruppe, die United Nations Emergency Forces II (UNEF II), ein. Der
Jom-Kippur-Krieg war zu Ende gegangen, ohne in eine militärische
Konfrontation zwischen Ost und West umzuschlagen – ein Erfolg der
«Détente» und eine Frucht des guten persönlichen Verhältnisses zwischen Nixon und Breschnew, aber auch ein Zeichen, daß die USA trotz
der Watergate-Affäre außenpolitisch voll handlungsfähig waren.

Am 5. November begann Henry Kissinger, seit dem 27. September
in Personalunion mit dem Amt des Sicherheitsberaters auch Außenminister, mit seiner legendären, mit der Sowjetunion abgestimmten
«Pendeldiplomatie» (shuttle diplomacy) zwischen den wichtigsten nahöstlichen Hauptstädten. Die erste Reise führte zu einer Präzisierung
und Konkretisierung des ägyptisch-israelischen Waffenstillstands. Die
zweite Reise vom 13. bis 20. Dezember 1973 legte den Grund für die
vor allem von Moskau gewünschte, von den USA und der Sowjetunion
geleitete Nahostfriedenskonferenz in Genf, an der aber nur Israel,
Ägypten und Jordanien teilzunehmen bereit waren. Die Gegensätze
zwischen den drei Staaten über die richtige Auslegung der Resolution
242 des Sicherheitsrats vom 22. November 1967, die einen zumindest
teilweisen Rückzug der israelischen Truppen aus den besetzten Gebieten forderte, konnten bei der Eröffnungssitzung am 21./22. Dezember
1973 nicht ausgeräumt werden, so daß die Konferenz mit einem Fehlschlag endete.

Dessen ungeachtet unterzeichneten Israel und Ägypten am 18. Januar 1974 ein von Kissinger diplomatisch vorbereitetes Abkommen
über die Entflechtung ihrer Streitkräfte, den Austausch von Gefangenen
und die Schaffung einer Pufferzone auf dem Sinai, in der UN-Kontin-
gente stationiert wurden. Ende Mai 1974 kam nach langwierigen, erneut von Kissinger geführten Verhandlungen mit den Regierungen in
Jerusalem und Damaskus ein Entflechtungsabkommen auch zwischen
Syrien und Israel zustande. Israel gab das im Oktober besetzte Gebiet
um Kuneitra und Rafid zurück, behielt aber die Golanhöhen. Eine von

UN-Truppen gesicherte Pufferzone wurde auch an dieser Demarkationslinie gebildet, außerdem ein Gefangenenaustausch vereinbart.

Fünf Monate vorher, am 31. Dezember 1973, hatten in Israel die Ende Oktober anstehenden, wegen des Krieges aber verschobenen Wahlen zum Parlament, der Knesset, stattgefunden. Das von der Arbeiterpartei geführte linke Wahlbündnis Maarach blieb zwar die stärkste politische Kraft, ging aber von 46,2 Prozent der Stimmen im Jahr 1969 auf 39,6 Prozent zurück. Der neu gebildete Rechtsblock Likud unter Menachim Begin und dem populären General Ariel Scharon erhielt 30,2 Prozent – ein fast schon triumphales Ergebnis. Erst im März 1974 gelang es Premierministerin Golda Meir, eine neue Koalitionsregierung zu bilden. Ihr war aber nur eine kurze Dauer beschieden. Als ein Untersuchungsausschuß im April die Vorwürfe, die in der Öffentlichkeit im Hinblick auf den Jom-Kippur-Krieg gegen die Regierung und namentlich gegen Verteidigungsminister Mosche Dayan erhoben worden waren, im wesentlichen bestätigte, trat das Kabinett Meir zurück. Es dauerte mehrere Wochen, bis der Vorsitzende des Maarach, der frühere Generalstabschef und nachmalige Botschafter in Washington, Yitzak Rabin, am 3. Juni eine neue Koalitionsregierung bilden konnte, die sich auf die Arbeiterpartei, die Nationalreligiöse Partei, die Unabhängigen Liberalen und zwei arabische Parteien stützte.

Unter Rabins Führung wurden am 31. Mai 1974 das Abkommen über eine Truppenentflechtung mit Syrien und am 4. September 1975 ein, abermals von Kissinger vorbereitetes, zweites Entflechtungsabkommen mit Ägypten abgeschlossen. Israel räumte auf Grund dieser Vereinbarung die Pässe Mitla und Gidi auf der Sinaihalbinsel sowie die Ölfelder von Abu Rhodeis. Als Gegenleistung gestattete Ägypten Israel den Transport nichtmilitärischer Güter durch den Suezkanal, der nach fast neunjähriger Sperrung am 5. Juni wieder geöffnet worden war. Ein Frühwarnsystem, teilweise mit zivilen amerikanischen Experten besetzt, sollte beide Länder gegen Überraschungsangriffe sichern. Außerdem bekundeten Israel und Ägypten ihre Absicht, den Nahostkonflikt mit friedlichen Mitteln zu lösen.

Zustimmung fand Sadat mit seiner Bereitschaft, zu einem «Modus vivendi» mit Israel zu kommen, bei den Herrschern von Saudi-Arabien, Kuwait und Sudan, stillschweigend auch bei König Hussein von Jordanien, dessen persönliches Verhältnis zu Sadat gespannt war, nicht aber bei den radikalen Regimen in Syrien und Irak, und schon gar nicht bei der PLO, der eine arabische Gipfelkonferenz in Rabat im Oktober 1974 bescheinigt hatte, die einzige legitime Sprecherin der Palästinenser zu sein. Der Mann an der Spitze der PLO, Jassir Arafat, schwankte zwischen der Einsicht, daß den Palästinensern längerfristig nur mit einer ausgehandelten Friedenslösung gedient war, und der Furcht, sich mit einer Festlegung auf diese Linie politisch zu isolieren. Die brutalsten Terroranschläge der ersten Jahre nach dem Jom-Kippur-Krieg, darunter die von Kiryat Schmona und Ma'alot im Frühjahr 1974, gingen auf das Konto von Gruppen, die Arafats Kurs als zu gemäßigt ablehnten, der Fedayin und der marxistischen Volksfront für die Befreiung Palästinas unter George Habasch. In Kiryat Schmona wurden 18 Zivilisten getötet; in Ma'alot nahmen die Terroristen neben vier Lehrern 90 Schulkinder als Geiseln, von denen bei einem israelischen Befreiungsschlag 16 durch palästinensische Handgranaten getötet und 68 verletzt wurden.

Der Rechtsruck in der israelischen Gesellschaft, den die Parlamentswahlen vom Dezember 1973 deutlich machten, wirkte sich auch in der Regierungspolitik aus. Der nationalreligiöse Koalitionspartner der Arbeiterpartei, der politische Arm der außerparlamentarischen Bewegung Gusch Emunim, setzte sich für eine Kolonisierung auf der West Bank ein und konnte mit Unterstützung von Verteidigungsminister Schimon Peres eine Steigerung des Siedlungsbaus um 44 Prozent in den Jahren 1975 bis 1977 durchsetzen. Premierminister Rabin war Realist genug, um die längerfristige Wirkung des Jom-Kippur-Krieges zu erkennen: Die arabischen Staaten hatten ihr politisches Kriegsziel erreicht; sie hatten der westlichen Welt und vor allem den Westeuropäern klargemacht, daß es ohne Rückzug Israels aus den besetzten Gebieten keinen dauerhaften Frieden im Nahen Osten geben konnte. Siedlungen auf arabischem Boden ließen sich allenfalls als Faustpfand rechtfertigen, aber nicht als dauerhafte Landnahme. Die Aussicht auf eine Verständigung mit Ägypten war seit den beiden Entflechtungsabkommen gestiegen. Eine umfassende Friedensregelung mit einer Lösung des Palästinenserproblems als Kern war aber nicht in Sicht. Mit jeder neuen Siedlung in «Judäa und Samaria», also im Westjordanland, rückte sie ferner.

Im allgemeinen Verhältnis zwischen West und Ost gab es 1973 einige bemerkenswerte Fortschritte. Anläßlich eines Besuches in den USA, der Leonid Breschnew Ende Juni erst nach Washington, dann in Nixons privates Domizil nach San Clemente in Kalifornien führte, wurde neben acht weiteren bilateralen Verträgen ein von Kissinger ausgehandeltes Abkommen zur Verhinderung eines Nuklearkrieges unterzeichnet. Es verpflichtete beide Mächte zur Konsultation im Krisenfall. Acht Monate vorher, Ende November 1972, hatten in Helsinki vorbereitende Gespräche über ein anderes Stück Entspannungspolitik begonnen, auf das Nixon und Breschnew sich auf dem vorausgegangenen Gipfel in Moskau im Mai 1972 verständigt hatten: die Konferenz über Sicherheit und Zusammenarbeit in Europa (KSZE). Im Juli 1973 mündeten diese Gespräche in die erste Phase der KSZE-Verhandlungen, die ebenfalls in Helsinki geführt wurden; im September schloß sich die zweite Phase in Genf an. Ein weiteres auf dem Moskauer Gipfel vereinbartes Vorhaben, die multilateralen Sondierungsgespräche über eine wechselseitige ausgewogene Verminderung der konventionellen Truppen (MBFR), begann am 31. Januar 1973 in Wien. Wenig Grund zur Zufriedenheit gab es hingegen bei den Verhandlungen über ein zweites Abkommen zur Begrenzung der strategischen Waffen (SALT II): Eine Einigung schien 1973 noch in weiter Ferne.

Hätten Nixon und Kissinger den weiteren Verlauf der Ereignisse bestimmt, wäre 1973 zum «Jahr Europas» geworden. Nach der Beendigung des Vietnamkrieges und der Neuordnung der amerikanischen Beziehungen zur Sowjetunion und zu China lag es nahe, den transatlantischen Beziehungen wieder verstärkte Aufmerksamkeit zu widmen. Dazu kam die Sorge des Präsidenten und seines Sicherheitsberaters, daß die Bundesrepublik nach der Verabschiedung der Ostverträge versucht sein könnte, sich stärker an den Osten anzulehnen und in die Bahnen eines nationalen Neutralismus einzuschwenken. In seiner «Year of Europe»-Rede, die er am 23. April 1973 in New York hielt, ließ Kissinger solche Befürchtungen nicht durchblicken. Aber sein Vorschlag einer «Neuen Atlantik-Charta» zielte vor allem darauf ab, möglichen Bonner Alleingängen einen multilateralen Riegel vorzuschieben.

Das Echo der Westeuropäer war alles andere als ermutigend. Premierminister Heath wollte die Beziehungen zu Paris und Bonn nicht belasten. Präsident Pompidou, hinsichtlich der Kalkulierbarkeit der Bundesrepublik ähnlich mißtrauisch wie Nixon, witterte hinter dem Vorstoß Washingtons amerikanisches Hegemonialstreben – eine Deutung, der Kissinger mit seiner Bemerkung, die USA verträten globale, ihre europäischen Verbündeten lediglich regionale Interessen, kräftigen Vorschub geleistet hatte. Bundeskanzler Brandt zeigte sich bei einem offiziellen Besuch in den USA im Mai 1973 kühl reserviert. Die Erklärung zu den atlantischen Beziehungen, die der NATO-Rat nach langwierigen, während des Jom-Kippur-Krieges von den Westeuropäern demonstrativ unterbrochenen Beratungen am 26. Juni 1974 verabschiedete, war ein routiniertes diplomatisches Dokument, das weit hinter den ursprünglichen amerikanischen Erwartungen zurückblieb und keine praktischen Folgen zeitigte.

Südostasien blieb auch 1973 in den Schlagzeilen. In Vietnam schien es nach dem Pariser Friedensabkommen vom 27. Januar zeitweilig, als könne die Regierung Thieu ihren Einfluß festigen und sogar ausweiten. Im Verlauf des Jahres besetzte die Saigoner Armee rund 1000 Dörfer, während die Vietcong und die nordvietnamesischen Truppen sich defensiv verhielten. Doch die Zeit arbeitete nicht für Thieu. Der Rückzug der amerikanischen Truppen ließ die Zahl der Arbeitslosen nach oben schnellen; die Ölkrise vom Herbst 1973 traf das Land hart. Dazu kam die wachsende Zahl der Desertionen: 1974 belief sie sich auf 240000. Nach den Bauern begannen sich auch die städtischen Eliten vom Thieu-Regime abzuwenden. Die Kapitalflucht nahm dramatische Ausmaße an; viele wohlhabende Familien begaben sich außer Landes.

Im Nachbarland Kambodscha wandten die USA auch nach dem Pariser Frieden die Methoden an, mit denen sie die Waffenruhe in Vietnam erzwungen hatten: Sie belegten, um ein weiteres Vordringen der Roten Khmer zu verhindern und der Regierung von General Lon Nol Rückendeckung zu geben, die «roten» Gebiete mit einem Bombenteppich, der zwei Millionen der sieben Millionen zählenden Kambodschaner zur Flucht zwang und weltweite Proteste auslöste. Auch in den USA verschärfte sich die Opposition. Ende Juni verlangte der Kongreß auf Betreiben der Demokraten ein sofortiges Ende aller militärischen Operationen in und über Indochina, also in Vietnam, Kambodscha und Laos. Der Präsident legte sein Veto ein, mußte aber schließlich in einen Kompromiß, die Einstellung der Angriffe bis zum 15. August, einwilligen. 250000 Tonnen Bomben hatte die US-Luftwaffe seit dem Waffenstillstand über Kambodscha abgeworfen – mehr als im Zweiten Weltkrieg über Japan.

Am 7. November beschloß der Kongreß den War Powers Act, der das Recht des Präsidenten auf Einsatz amerikanischer Truppen außer-

halb der USA ohne Zustimmung des Kongresses auf 60 Tage beschränkte. Wieder legte Nixon sein Veto ein, doch Senat und Repräsentantenhaus setzten sich darüber mit der notwendigen Zweidrittelmehrheit
hinweg. Der War Powers Act war eine Antwort auf den Machtmißbrauch, den die Präsidenten Johnson und Nixon im Vietnamkrieg betrieben hatten – und eine Reaktion auf das, was bislang im Zuge der
Aufdeckung des Watergate-Skandals über die illegalen Machenschaften
des amtierenden Präsidenten publik geworden war.

Mit durch den Krieg in Südostasien verursacht war das größte
wirtschaftliche und soziale Problem der USA: die Inflation. Doch es
gab auch andere Faktoren, die die Geldentwertung vorantrieben und
die im August 1971 eingeführte Lohn- und Preiskontrolle in Gestalt
eines «Einfrierens» auf dem bestehenden Niveau für 90 Tage um ihren
langfristigen Effekt brachten. Der erwähnte Getreidekaufvertrag mit
der Sowjetunion vom Juli 1972 trug entscheidend dazu bei, daß die
Getreidevorräte der Vereinigten Staaten drastisch zurückgingen und
bewirkte etwas, was die Experten des Landwirtschaftsministeriums
offenbar nicht bedacht hatten: eine Verknappung von Getreide auf
dem amerikanischen Binnenmarkt, gefolgt von einem erheblichen
Anstieg der Lebensmittelpreise. Umfragen zufolge beschäftigte dieses
Thema die Bevölkerung 1973/74 noch stärker als Watergate und Vietnam. Am 12. Februar 1973 mußte der Dollar um 10 Prozent abge-
wertet werden: eine Entscheidung, die heftige währungspolitische
Turbulenzen, vor allem in Westeuropa, auslöste und den endgültigen
Abschied vom Weltwährungssystem von Bretton Woods bringen sollte.
Die Inflationsrate belief sich 1973 auf 9 Prozent.

Der Ölpreisschock im Gefolge des Jom-Kippur-Kriegs löste in den
USA erstmals seit dem Zweiten Weltkrieg eine Brennstoffknappheit
aus. Die Inflationsrate stieg 1974 auf 12 Prozent, die höchste Rate seit
1945. Das Ölembargo der arabischen Länder dauerte sechs Monate.
Am 18. März 1974 wurde es von sieben der neun arabischen Erdölländer bedingt ausgesetzt, nachdem die USA durch Kissinger vertraulich
versprochen hatten, durch Druck auf Israel ein Truppenentflechtungs-
abkommen mit Syrien zuwege zu bringen.

Es war vor allem dem Einfluß des ägyptischen Präsidenten Sadat
auf Saudi-Arabien zu danken, daß die Vereinigten Staaten und die
westlichen Industrienationen vom Druck des Ölboykotts befreit wurden. Die Erdölpreise der OPEC aber blieben hoch, worauf vor allem

ein enger Verbündeter der USA, der Schah von Iran, Mohammed Reza Pahlevi, hinwirkte. Sie lagen nach der Aufhebung des Embargos um das Vierfache über dem Niveau vor dem (ersten) Ölpreisschock. Eine längerfristig fatale Folge wurde erst allmählich sichtbar: Die OPEC-Staaten legten die hohen Überschüsse ihrer Zahlungsbilanzen hochverzinslich in westlichen Geschäftsbanken an; mit den «Petrodollars» wurden auf dem Kreditwege die Zahlungsbilanzdefizite der Ölimportländer finanziert. Dadurch wuchsen die internationalen Kreditvolumina gewaltig an – und mit ihnen die staatliche wie die private Verschuldung.

Ein energiepolitisches Umdenken bewirkte der Ölpreisschock in den USA nicht. Präsident Nixon hatte die Amerikaner am 7. November 1973 in einer Fernsehansprache darauf vorbereitet, daß ihnen ein harter Winter bevorstand. Von seinen Vorschlägen zur Verminderung der Energiekosten stimmte der Kongreß, bevor er sich in die Weihnachtsferien verabschiedete, nur zweien zu: der Einsparung von Strom bei Tageslicht und der Festlegung der Höchstgeschwindigkeit auf 55 Meilen (etwa 88 Kilometer) pro Stunde auf Fernstraßen. Von den energiepolitischen Vorlagen der Regierung fand nur eine die Billigung von Senat und Repräsentantenhaus: die über den Bau der Alaska Pipeline. Die Watergate-Affäre wirkte sich auch in diesem Bereich der Politik aus: Dem Präsidenten zu folgen war für den Kongreß nicht mehr die Regel, sondern die Ausnahme.

Im April 1974 versuchte Nixon einen Befreiungsschlag in der Watergate-Affäre: Er ließ in einem «Blaubuch» Dokumente, darunter vor allem Tonbandabschriften, veröffentlichen, die ihn von dem Verdacht befreien sollten, in den Einbruch in das Hauptquartier der Demokraten und die spätere Vertuschung des Verbrechens verwickelt zu sein. Am 2. April kündigte er in einer Fernsehansprache an, er werde dem Rechtsausschuß des Repräsentantenhauses die von diesem angeforderten weiteren Tonbänder vorlegen. Die erhoffte Wirkung blieb aus: Die Justiz, die «politische Klasse» und die Öffentlichkeit waren mehr denn je davon überzeugt, daß der Präsident, was die Vertuschung anging, die Unwahrheit sagte. Für ein Amtsenthebungsverfahren sprachen sich nicht nur die großen Zeitungen aus. Mitte April äußerte sich einer Umfrage zufolge erstmals auch eine knappe Mehrheit der Amerikaner in diesem Sinne.

Nach außen hin versuchte Nixon, den Anschein unverminderter Handlungsfähigkeit hervorzurufen. In der ersten Junihälfte unternahm er eine Nahostreise, die ihn zuerst nach Ägypten führte, wo er von großen Menschenmassen umjubelt wurde, dann nach Saudi-Arabien und Syrien und schließlich nach Israel, wo der Empfang am kühlsten war. Am 25. Juni brach Nixon zu einer Reise nach Europa auf. In Brüssel nahm er an den Feierlichkeiten zum 25. Jahrestag der NATO teil. Von dort flog er weiter in die Sowjetunion. In Moskau und auf der Krim besprach er mit Breschnew Fragen der nuklearen Abrüstung, die europäische Sicherheitskonferenz, die Lage im Nahen Osten und die Auswanderung von Juden aus der Sowjetunion. Die Hoffnung Nixons und vor allem Kissingers, bei diesem Treffen einen Durchbruch bei den zähen Verhandlungen über ein zweites Abkommen zur Begrenzung der strategischen Waffen (SALT II) zu erreichen, zerschlug sich. Auf der anderen Seite konnte der Präsident aus innenpolitischen Gründen der Sowjetunion nicht den von ihr gewünschten Status einer meistbegünstigten Nation (most favored nation) im Außenhandel zubilligen, solange Moskau nicht bereit war, sowjetischen Juden, die dies wünschten, die Ausreise zu gestatten. Immerhin wurden anläßlich des Besuchs einige Abkommen unterzeichnet, unter anderem über weitere Beschränkungen für ABM-Waffen (Antiballistic Missiles), die Kontrolle chemischer Kriegsführung und die Kooperation auf dem Gebiet der Energieversorgung.

Innenpolitisch brachten die Auslandsreisen vom Sommer 1974 Nixon nichts mehr ein. Im Juli erreichte die Watergate-Affäre ihren Höhepunkt. Am 12. Juli wurde Nixons früherer enger Mitarbeiter John Ehrlichman wegen Meineids und einer Verschwörung zur Verletzung der Bürgerrechte (des ausgespähten Psychiaters von Daniel Ellsberg, dem Urheber der Veröffentlichung der «Pentagon Papers») verurteilt. Am 24. Juli entschied der Supreme Court einstimmig, Nixon müsse dem Sonderermittler Jaworski sämtliche Tonbänder aushändigen. Die Entscheidung schloß auch jene Aufzeichnung vom 23. Juni 1972 ein, die den Vertuschungsbefehl Nixons unzweifelhaft belegte. Das war die «rauchende Pistole» (smoking gun), auf die die Gegner des Präsidenten seit langem gewartet hatten. Am 29. und 30. Juli beschloß der Rechtsausschuß des Repräsentantenhauses, Nixon wegen dreier Straftaten im Zusammenhang mit der Watergate-Affäre anzuklagen. Daß das Plenum des Repräsentantenhauses das Impeachment beantragen und der Senat es beschließen würde, stand für die meisten Beobachter fest.

Am 1. August teilte Nixon seinen engsten Mitarbeitern seinen Entschluß mit, der Amtsenthebung durch den Rücktritt zuvorzukommen – einen Schritt, den vor ihm noch kein amerikanischer Präsident getan hatte. Am 8. August um 21 Uhr kündigte Nixon vom Oval Office aus in einer Fernsehansprache sein Ausscheiden aus dem Amt für den Mittag des folgenden Tages an. Die Rede enthielt kein Eingeständnis von Schuld. Nixon bedauerte lediglich jedes Unrecht, das im Lauf der Ereignisse geschehen sein mochte, die zu dieser Entscheidung geführt hätten. Er gab seiner Überzeugung Ausdruck, daß die Welt durch seine Bemühungen sicherer geworden sei, und das nicht nur für das amerikanische Volk, sondern für alle Nationen. Am 9. August 1974 um 11 Uhr 35 trat Nixon zurück. Mit seiner Familie begab er sich auf dem Luftweg in seine kalifornische Heimat. Unmittelbar nach der Abreise seines Vorgängers leistete Gerald Ford seinen Amtseid.

Die Watergate-Affäre, die Nixon zu Fall brachte, war mehr als ein Unfall. Der Einbruch vom 17. Juni 1972 war nur möglich in einem politischen Ambiente, in dem illegale Methoden im Kampf gegen den innenpolitischen Gegner zur alltäglichen Gewohnheit geworden waren. Wenn Nixon sich in diesem Zusammenhang auf sein vermeintliches «executive privilege», ein übergesetzliches Notstandsrecht des Präsidenten, berief, war das nicht nur Ausdruck einer geradezu paranoid anmutenden Angst vor der systematischen Unterhöhlung der Staatsautorität durch die radikale Linke und von ihr fehlgeleitete Liberale. Der fehlende Respekt Nixons vor den verfassungsrechtlichen Schranken seines Amtes stand auch in der Tradition der von Arthur M. Schlesinger so genannten «Imperial Presidency»: einer in der Zeit des Kalten Krieges entstandenen Auffassung von der Staatsführung im Zustand permanenter Bedrohung durch einen mächtigen, global agierenden Feind. Hatten frühere Präsidenten, namentlich Eisenhower, Kennedy und Johnson, ein gesetz- und sittenwidriges Vorgehen von Staatsorganen nur außerhalb der Landesgrenzen geduldet oder angeordnet, so übertrug Nixon diese Art von verdeckter Kriegsführung auf den innenpolitischen Kampf: eine neue Qualität in der Geschichte der Verselbständigung der Exekutivgewalt durch die Präsidenten der Nachkriegszeit.

Nixons Präsidentschaft geht nicht in der Watergate-Affäre auf. In der Außenpolitik, die er und Kissinger betrieben, gab es krasse Fehleinschätzungen und Fälle skrupelloser Machtanwendung, aber auch Beispiele eines von Augenmaß und Verantwortungsbewußtsein geprägten Umgangs mit Herausforderungen. Die wohlkalkulierte «Détente» mit der Sowjetunion und die Einbeziehung Chinas in den Kreis der «legitimen» Großmächte waren konstruktive Beiträge zur Sicherung des Weltfriedens. Von der relativen Stabilisierung des Nahen Ostens nach dem Jom-Kippur-Krieg gilt dasselbe. Dem einstigen antikommunistischen Doktrinär Nixon hätte vor 1969 kaum jemand die Fähigkeit zu einem derart pragmatischen und vorausschauenden Handeln zugetraut. Daß er in diesen Fällen das als richtig Erkannte gegen erhebliche Widerstände im Innern durchsetzte, darin liegt ein historisches Verdienst Nixons, das durch das selbstverschuldete schmachvolle Ende seiner Präsidentschaft nicht ausgelöscht wird.

Nixons Nachfolger Gerald Ford, 1913 in Omaha, Nebraska, geboren, von Beruf Rechtsanwalt, genoß überparteiliche Wertschätzung, galt aber als politisch eher konturlos. Die umstrittenste seiner Entscheidungen traf er rund einen Monat nach seinem Amtsantritt: Am 8. September gewährte er Richard Nixon eine vorsorgliche und umfassende Begnadigung im Hinblick auf alles, was diesen in den Jahren seiner Präsidentschaft mit den Gesetzen in Konflikt gebracht haben mochte, und entzog seinen Amtsvorgänger damit möglichen straf- und zivilrechtlichen Klagen. Vieles spricht dafür, daß Ford sich mit Nixon schon vor dem Amtswechsel auf einen solchen Schritt verständigt oder diesen zumindest angedeutet hat. Die Entscheidung des neuen Präsidenten löste in den USA eine Welle der Empörung aus. Die Milde, die Ford gegenüber Nixon walten ließ, stand in einem krassen Gegensatz zu der Härte, die er und die Kongreßmehrheit den rund 50 000 Amerikanern gegenüber an den Tag legten, die den Kriegsdienst in Vietnam verweigert hatten oder desertiert waren. Gemäß dem Vietnam Era Reconciliation Program vom September 1974 erfolgten Begnadigungen nur nach genauer Prüfung des Einzelfalls durch Ausschüsse des Justiz- beziehungsweise des Verteidigungsministeriums. Die Folge war, daß nur eine kleine Minderheit der Betroffenen sich den Behörden stellte. Von denen, die es taten, wurden die meisten nach einem zivilen Ersatzdienst und einem Treueid auf die Verfassung rehabilitiert.

Nicht eben erfolgreich war Ford im Kampf gegen die «stagflation». Der Geldentwertung versuchte er mit freiwilligen Absprachen der Produzenten entgegenzuwirken; er unterstützte eine Hochzinspolitik und widersetzte sich, bis hin zur mehrfachen Einlegung eines Vetos, Beschlüssen des Kongresses, die auf Steuersenkungen und eine Erhöhung der Staatsausgaben abzielten. Eine Hauptursache der Rezession von 1974/75 waren die hohen Ölpreise. Die Geldentwertung setzte sich infolgedessen fort: 1974 belief sich die Inflationsrate auf 11 Prozent, 1975 auf 9,2 Prozent.

Außenpolitisch legte Ford Wert auf Kontinuität. Henry Kissinger blieb Außenminister und bis November 1975 auch Sicherheitsberater. Ende November traf der Präsident in Wladiwostok mit Breschnew zusammen. Das wichtigste Ergebnis des Treffens war eine Vereinbarung, wonach das SALT I-Abkommen von 1972 bis spätestens 1977 durch ein weitergehendes SALT II-Abkommen abgelöst werden sollte. Wenige Wochen später verschlechterte sich das Verhältnis der beiden Weltmächte. Mitte Januar 1975 weigerte sich die Sowjetunion, eine Bestimmung der kurz zuvor verabschiedeten Trade Reform Bill anzuerkennen, die die Gewährung der Meistbegünstigungsklausel von einer liberaleren Auswanderungspolitik der UdSSR abhängig machte. Die Antwort Washingtons war die Kündigung des Handelsvertrags mit der Sowjetunion aus dem Jahr 1972.

Das amerikanische Junktim, das von beiden Häusern des Kongresses einstimmig verabschiedete «Jackson-Vanik Amendment» zum Trade Act von 1974, war vor allem den hartnäckigen Bemühungen des demokratischen Senators Henry («Scoop») Jackson aus Washington State geschuldet, der seit vielen Jahren als Anwalt der jüdischen Emigration aus der Sowjetunion wirkte. Daß Jackson Anzeichen eines sowjetischen Entgegenkommens öffentlich als seinen Erfolg dargestellt hatte, war ein wesentlicher Grund für die Verhärtung der Moskauer Position. Die Zahl der Juden, die aus der Sowjetunion ausreisen durften, war 1977 auf 35 000 angewachsen; in den Jahren 1975 und 1976 lag sie bei jeweils 14 000. Die Entspannungspolitik war zumindest in einem Teilbereich in eine Krise geraten, und das vor allem auf Grund inneramerikanischer Widerstände gegen den vermeintlich übertriebenen Pragmatismus der eigenen Regierung. Eine heterogene Anti-Détente-Fronde warf den republikanischen Präsidenten Nixon und Ford und vor allem Außenminister Kissinger vor, sich zu wenig für die Menschenrechte im Ostblock zu engagieren. Es waren nicht nur rechte «Hardliner» bei den Republikanern, sondern auch liberale Demokraten, die ein Wertedefizit in der jüngeren amerikanischen Außenpolitik beklagten und eben darum zu Partnern innerhalb einer heterogenen Anti-Détente-Fronde wurden.

Im März 1975 wurde Gerald Ford von der südostasiatischen Erbschaft seines Vorgängers eingeholt: Nordvietnam begann mit seiner seit Monaten geplanten Frühjahrsoffensive im Süden. Da die USA ihre Militärhilfe für Südvietnam inzwischen drastisch reduziert hatten und Ford als schwacher Übergangspräsident galt, hielt Hanoi das Risiko einer neuen amerikanischen Intervention zu Recht für gering. Der Saigoner Präsident Thieu ordnete einen Rückzug seiner Truppen aus Pleiku und Kontum an die Küste an. Der kommandierende General setzte sich jedoch ab; die Folge war eine Massenflucht erst der führungslosen südvietnamesischen Truppen, dann der Zivilbevölkerung. Am 25. März nahmen die Nordvietnamesen Huê ein. Wenig später begannen sie auf Saigon vorzurücken. Am 21. April trat Thieu zugunsten einer Regierung unter dem bisherigen Vizepräsidenten General Duong Van Minh zurück, der sich, wenn auch vergeblich, um eine Verständigung mit dem Vietcong bemühte. Am 1. Mai 1975 zogen die nordvietnamesischen Verbände in Saigon ein, wo sie die Kapitulation von General Minh entgegennahmen.

Für die USA kam der schnelle Erfolg des Nordens, der das Ende des Vietnamkrieges brachte, überraschend. Die Evakuierung der noch in Saigon tätigen 9000 Amerikaner und der bei ihnen beschäftigten Vietnamesen wurde viel zu spät angeordnet. Insgesamt 150 000 Vietnamesen konnten noch ausgeflogen werden; Zehntausende blieben zurück, als die letzten amerikanischen Hubschrauber Saigon verließen. Die dramatischen Bilder aus der Hauptstadt Südvietnams prägten sich dem kollektiven Gedächtnis nicht nur der Amerikaner ein: Sie drückten auf sinnfällige Weise das endgültige Scheitern einer Politik aus, die sich der Erkenntnis verweigert hatte, daß die Kommunisten in Vietnam keine Satelliten einer kommunistischen Großmacht, sei es der Sowjetunion oder der Volksrepublik China, und nur deshalb stark waren, weil sie nicht bloß als Klassenkämpfer, sondern stets auch als Vorkämpfer der nationalen Befreiung auftraten – und sich als solche fühlten.

Die «Dominotheorie» bestätigte sich 1975 insofern, als die letzte Offensive von Nordvietnamesen und Vietcong sogleich Auswirkungen auf zwei Nachbarstaaten hatte. In Kambodscha hatte sich General Lon Nol Anfang April nach einer Reihe von Niederlagen ins Ausland abgesetzt. Die Amerikaner konnten noch zahlreiche Ausländer und

Kambodschaner ausfliegen, ehe am 20. April die Roten Khmer die Hauptstadt Phnom Penh besetzten. Unmittelbar danach begann das Schreckensregiment der Sieger unter der Führung von Pol Pot. Die Einwohner von Phnom Penh, darunter Verwundete und Schwerkranke, Greise und Kinder sowie die während des amerikanischen Bombenkrieges in die Metropole geströmten Flüchtlinge, zusammen etwa 3 Millionen Menschen, wurden gezwungen, die Stadt zu verlassen und einen Marsch in den Dschungel anzutreten, wo sie Rodungsarbeiten zu verrichten hatten: für einen großen Teil der Betroffenen ein Todesurteil. Massensäuberungen richteten sich gegen alle, die als Intellektuelle und damit als Feinde der Revolution galten. Etwa 17 000 von ihnen wurden im berüchtigten S-21-Gefängnis zu Tode gefoltert. Zwischen 1975 und 1979 fielen etwa 1,7 Millionen Menschen dem Terror der Roten Khmer zum Opfer. Die Einnahme von Phnom Penh durch Truppen Vietnams im Januar 1979, ausgelöst durch Angriffe der Roten Khmer auf vietnamesisches Gebiet, war für die überlebenden Gegner des Regimes eine Erlösung.

In Laos hatten sich nach dem Pariser Friedensvertrag vom Januar 1973 die Regierung unter Souvana Phouma und die kommunistischen Pathet Lao im Februar auf einen Waffenstillstand und die Bildung einer Koalitionsregierung verständigt. Die amerikanischen Truppen zogen ab, die nordvietnamesischen blieben im Lande. Nach der Besetzung Phnom Penhs durch die Roten Khmer flüchteten sich Zehntausende von Angehörigen der Oberschicht und der Militärführung nach Thailand. Die Koalitionsregierung löste sich auf; die Pathet Lao übernahmen die Macht. Am 1. Dezember wurde König Savang Vatthana zur Abdankung gezwungen. Tags darauf beschloß die Nationalversammlung in Vientiane die Abschaffung der Monarchie und die Proklamation der Demokratischen Volksrepublik Laos.

Das Ende des militärischen Engagements der Vereinigten Staaten in Indochina war eine demütigende Erfahrung. Um die Niederlage nicht eingestehen zu müssen, die schon bei seinem Amtsantritt unabwendbar erschien, hatte Nixon es darauf angelegt, einen «ehrenvollen Frieden» in Vietnam herbeizubomben. Um die verbliebenen Positionen der USA zu retten, hatte er nach dem Pariser Friedensabkommen vom Januar 1973 in Kambodscha eine kommunistische Machtübernahme durch Bombenterror verhindern wollen und das Land damit in chaotische Verhältnisse gestürzt. Das Ergebnis dieser Politik hatte nichts

mit einem «peace in honor» zu tun. Amerika war an sich selbst gescheitert: an der fehlenden Einsicht in den illusorischen Charakter des
Versuchs, in den Gesellschaften Indochinas mit militärischer Macht
einen Massenrückhalt für den Kampf gegen Bewegungen zu gewinnen, deren wichtigste Antriebskraft der Antikolonialismus war.

Selbstkritische Betrachtungen von früheren aktiven Unterstützern
des Vietnamkrieges waren selten. Der ehemalige Verteidigungsminister und spätere Weltbankpräsident Robert McNamara, der schon
1967 zu den Desillusionierten gehörte, blieb mit seinem öffentlichen
Eingeständnis eigener Fehleinschätzungen und Fehlentscheidungen
eine Ausnahme. Präsident Ford erklärte am 23. April 1975, rund eine
Woche vor dem Fall von Saigon, in einer Rede vor Tausenden von
jubelnden Studenten der Tulane University in New Orleans, Amerika
könne das Gefühl des Stolzes, das vor Vietnam dagewesen sei, wiedererlangen, freilich nicht durch einen Krieg, der, was die USA betreffe,
bereits zu Ende sei (The war is over as far as America is concerned). Im
übrigen stellte der Präsident fest, daß Amerika aus seinen Fehlern ge-
lernt habe. Welcher Art diese Lehren seien, sagte er nicht.

Während des längsten Krieges, den die USA je geführt hatten, war
die Welt eine andere geworden. Die Sowjetunion war zu einer ebenbürtigen Weltmacht aufgestiegen, ein ungefähres Gleichgewicht zwischen
West und Ost die bestimmende Größe der Weltpolitik geworden: ein
Sachverhalt, dem Nixon, Ford und Kissinger mit ihrer Entspannungspolitik Rechnung trugen. Die Volksrepublik China war nicht länger ein
weltpolitischer Außenseiter, sondern eine von den Vereinigten Staaten
umworbene Großmacht. Daß Washington von Moskau wie von Peking
einen mäßigenden Einfluß auf Hanoi erhoffte, war ein zentrales Motiv
der amerikanischen «Realpolitik» gegenüber den beiden kommunistischen Großmächten. Breschnew wie Mao hatten dieser Erwartung entsprochen – und auf der Pariser Vietnamkonferenz vom Februar und
März 1973 den vorangegangenen Friedensschluß ausdrücklich gutge-
heißen.

Die moralische Autorität der Vereinigten Staaten hatte durch den
Vietnamkrieg weltweit schweren Schaden genommen. Nirgendwo war
der Prestigeverlust so groß wie in Westeuropa. Antiamerikanismus
hatte es schon vor dem Vietnamkrieg gegeben, aber kein anderes Ereignis der Nachkriegsgeschichte gab dieser Stimmung so viel Auftrieb
wie der als ungerecht und zynisch empfundene Krieg gegen ein kleines,

um Unabhängigkeit kämpfendes Land in Südostasien. Während der Krieg die USA in schwere wirtschaftliche und finanzielle Bedrängnis brachte, hatten einige mit Amerika verbündete Länder, obenan die Bundesrepublik Deutschland und Japan, ihre Positionen auf dem Weltmarkt ausgebaut. Die Erfolge der Entspannungspolitik minderten in Westeuropa das Gefühl, von den USA abhängig zu sein. Der «Osten» in Gestalt der Sowjetunion erschien weniger bedrohlich als zuvor. Die Vereinigten Staaten hatten allen Anlaß, mit Sorge auf den alten Kontinent zu blicken.[18]

Nach dem Boom: Struktur- und Wertewandel in den siebziger Jahren

In der ersten Hälfte der siebziger Jahre konnte es für aufmerksame Beobachter auf beiden Seiten des Atlantiks keinen Zweifel mehr daran geben, daß die langanhaltende Prosperitätsperiode der Nachkriegszeit zu Ende ging. Es waren drei globale Krisen, die zu dieser Einschätzung führten: die Welternährungskrise, die Dollarkrise und die Energiekrise nach dem Ölpreisschock von 1973/74. Von allen drei Krisen war in unterschiedlichen Zusammenhängen bereits die Rede.

Die Welternährungskrise traf in erster Linie Länder der «Dritten Welt», aber sie rief auch im Westen erstmals seit dem Zweiten Weltkrieg und den ersten Nachkriegsjahren ein Gefühl der ernährungspolitischen Unsicherheit hervor. Eine Wirkung dieser Krise war der amerikanisch-sowjetische Getreidekaufvertrag vom Juli 1972, der, wie schon erwähnt, zu einer Verknappung der Getreidevorräte und einer Inflation der Lebensmittelpreise in den USA führte. Die fortschreitende Geldentwertung mündete Ende Januar 1973 in eine weltweite Dollarkrise. Die Abwertung des Dollars um 10 Prozent am 12. Februar brachte den Kursverfall nicht zum Abschluß. Allein am 1. März mußte die Bundesbank in Frankfurt Dollars in Höhe von 8 Milliarden DM aufnehmen. Als die Spekulationswelle tags darauf Paris erreichte, wurden die europäischen Devisenbörsen geschlossen.

Zehn Tage später, am 12. März 1973, verabschiedeten sich die USA durch die Freigabe des Dollarkurses endgültig vom Weltwährungssystem von Bretton Woods von 1944, für das die Goldbindung des Dollars und feste Wechselkurse grundlegend gewesen waren. Gleich-

zeitig gingen die Bundesrepublik Deutschland, Frankreich, die Niederlande, Belgien, Luxemburg und Dänemark zum «block floating» über:
Fortan entschieden die Devisenbörsen über ihren gemeinsamen Dollarkurs. Die im März 1972 vereinbarte maximale Schwankungsbreite
der beteiligten Währungen von 2,25 Prozent nach oben und unten
wurde beibehalten. Norwegen und Schweden schlossen sich dieser
Regelung an. Am 16. März stellten die USA den Teilnehmern des europäischen «Blocks» Maßnahmen zur Stärkung des Dollars in Aussicht,
um den Kursabstand zwischen der amerikanischen und den europäischen Währungen nicht allzu stark anwachsen zu lassen. Als die
Devisenbörsen am 19. März wieder öffneten, pendelte sich der Dollarkurs innerhalb des europäischen Blockfloatens bei 2,82 DM ein.

Die währungspolitische Hegemonie der Vereinigten Staaten war
seit dem Frühjahr 1973 keine absolute mehr. Die Deutsche Mark und
der japanische Yen waren die relativen Gewinner der Dollarkrise, aber
das internationale Rohölgeschäft wurde weiterhin in Dollars, den
sogenannten «Petrodollars», abgewickelt. Eine neue Leitwährung war
nicht in Sicht. Immerhin gab es seit 1969 eine neue internationale
Geld- und Reserveeinheit in Gestalt der Sonderziehungsrechte beim
Internationalen Währungsfonds (IWF): Gutschriften des Fonds zugunsten der Mitgliedsländer, die sich nach den jedem Mitglied zustehen-
den Einzahlungsquoten richteten. Sie konnten dazu benutzt werden,
über die normalen Ziehungsrechte hinaus fremde Währungen zu
erwerben oder Verbindlichkeiten bei anderen Zentralbanken zu be-
gleichen. Seit der Errichtung eines Europäischen Fonds für währungspolitische Zusammenarbeit in Luxemburg im April 1973 zeichneten
sich zudem die Umrisse eines künftigen europäischen Währungssystems ab. Es war der deutsche Finanzminister Helmut Schmidt, der
das Hauptverdienst am geschlossenen Vorgehen der acht europäischen
Staaten hatte. Ein «großes» Blockfloating kam jedoch nicht zustande:
Drei Mitgliedstaaten der Europäischen Gemeinschaft, Großbritannien,
Italien und Irland, fühlten sich nicht stark genug, um sich an dem regionalen Ersatz für Bretton Woods zu beteiligen.

Von der nächsten globalen Krise, dem (ersten) Ölpreisschock vom
Oktober 1973, wurde das erdölarme Europa noch sehr viel stärker betroffen als die USA. Die Vereinigten Staaten importierten 1972 nur
29 Prozent des von ihnen benötigten Öls, etwa 14 Prozent ihres gesamten Energiebedarfs. Für die Bundesrepublik Deutschland machte

Öl rund 55 Prozent ihrer Versorgung mit Primärenergie aus; 90 Prozent davon wurden importiert; von diesen Einfuhren entfielen 70 Prozent auf die arabischen Länder. Europas Abhängigkeit von den Staaten der OAPEC zeitigte außenpolitische Wirkungen, die die USA beunruhigten, ja empörten: Am 6. November verständigten sich die Außenminister der EG auf eine Erklärung, in der sie unter Berufung auf die Resolution 242 des Sicherheitsrates der Vereinten Nationen den Rückzug Israels aus den besetzten Gebieten verlangten, womit sie über die von Washington unterstützte Forderung nach einem Teilrückzug hinausgingen. Die arabischen Staaten honorierten die taktische Wendung der Westeuropäer: Die Staaten der EG wurden von der im Dezember fälligen Minderung der Erdölförderung ausgenommen.

Die europäischen Regierungen und die Öffentlichkeiten ihrer Länder sahen in der plötzlichen Ölverknappung einen tiefen Einschnitt: Es galt Abschied zu nehmen von einem Zeitalter, in dem Öl im Überfluß vorhanden gewesen war und ein historisch einzigartiges Wirtschaftswachstum ermöglicht hatte. Das Öl hatte in fast allen Ländern des Westens seit den sechziger Jahren die Kohle als wichtigsten Energieträger verdrängt und in Europa die Abhängigkeit von den Erdölstaaten des Nahen und Mittleren Ostens erhöht. Auf die Unerschöpflichkeit der fossilen Brennstoffe durften sich die Industrienationen nun nicht länger verlassen. Sie mußten vielmehr lernen, mit der vorhandenen Energie sparsam umzugehen, und sich Energien zuwenden, die die Abhängigkeit vom Erdöl zu mindern versprachen. Für die meisten westlichen Regierungen hieß das in erster Linie: Ausbau der Kernenergie. Nur Großbritannien und Norwegen konnten hoffen, auf Grund von neu entdeckten Erdöl- und Erdgasvorkommen in der Nordsee in absehbarer Zeit energiepolitisch autark zu werden. Zunächst aber stand das im Vordergrund, was kurzfristig durchzusetzen war – Verbrauchsbeschränkungen für Mineralöl etwa in Gestalt von Fahrverboten an Sonntagen und Begrenzungen der Höchstgeschwindigkeit auf Autobahnen und anderen Fernstraßen.

Der Interessenkonflikt zwischen Westeuropa und den USA, der im Herbst 1973 zutage trat, erwies sich als schwer überwindbar. Nur mit erheblichem Druck konnte Außenminister Kissinger die EG davon abhalten, durch den von ihr beabsichtigten Dialog mit den arabischen Erdölstaaten einen Erfolg seiner nahöstlichen «Pendeldiplomatie» zu gefährden. Auf einer Energiekonferenz in Washington verständigten sich schließlich im Februar 1974 die Außenminister der EG-Staaten, der USA, Kanadas und Japans darauf, in Konsultationen mit den Erzeugerländern eine gemeinsame Lösung für das internationale Energieproblem zu suchen. Frankreich hatte sich lange Zeit einer solchen Absprache widersetzt und damit sich selbst isoliert: Die Übereinkunft war dem Bemühen der Bundesrepublik, Großbritanniens und Japans zu verdanken, die alle drei entschlossen waren, es über der Erdölfrage nicht zu einem Bruch mit den USA kommen zu lassen.

Ein offener Bruch innerhalb der Europäischen Gemeinschaft konnte zwei Monate später nur mit einem diplomatischen Formelkompromiß vermieden werden. Auf einer außerordentlichen Konferenz auf Schloß Gymnich bei Bonn einigten sich die Außenminister der EG am 20./21. April 1974 darauf, daß bei Themen, die von den Vereinigten Staaten als wichtig angesehen wurden, Konsultationen mit dem wichtigsten Bündnispartner erfolgen sollten, sofern dies einstimmig beschlossen wurde. Stieß ein solcher Antrag auf Widerspruch, sollte das Thema von der Tagesordnung abgesetzt werden. Die Alternative lautete also, um den Historiker Werner Link zu zitieren, «Konsultation mit den USA oder Verzicht auf eine gemeinsame EG-Politik». Damit hatten sich die Vereinigten Staaten durchgesetzt. Die Europäische Politische Zusammenarbeit konnte nur dann funktionieren, wenn Washington an der betreffenden Frage nicht besonders interessiert war oder gegen die Vorstellungen der Westeuropäer keinen Einspruch erhob. Hatte die Dollarkrise die finanzielle Schwäche der USA enthüllt, so bewies die Energiekrise einmal mehr, daß die Staaten der EG nicht stark genug waren, um sich in einer wichtigen Frage gegenüber den Vereinigten Staaten behaupten zu können.

Der amerikanische Politikwissenschaftler Robert O. Keohane hat 1984 in seinem Buch «After Hegemony» von drei materiellen Grundlagen der Hegemonie der Vereinigten Staaten in der Nachkriegszeit gesprochen: erstens einem stabilen Weltwährungssystem, zweitens Vorkehrungen für einen offenen Warenmarkt und drittens dem Zugang zu Öl zu stabilen Preisen. Eine verläßliche internationale Währungsordnung gab es seit dem Zusammenbruch des Systems von Bretton Woods in den Jahren 1971 bis 1973 nicht mehr. Den freien Welthandel, wie ihn das GATT anstrebte, hatten die USA, die Europäische Gemeinschaft und Japan mit jeweils unterschiedlichen Formen von Protektionismus zwar nicht beseitigt, aber doch massiv eingeschränkt. Stabile

Ölpreise hatten die USA trotz ihres starken Einflusses auf die im Nahen und Mittleren Osten tätigen Ölgesellschaften und die Regierungen in Saudi-Arabien und Iran in den frühen siebziger Jahren nicht mehr erzwingen können, und auch die von Washington dominierte, 1974 gegründete International Energy Agency (IEA), ein Zweckverband zur ständigen Koordinierung der Energiepolitik der wichtigsten Industrieländer, war ebenfalls nicht in der Lage, weitere Ölkrisen zu verhindern.

Mitte der siebziger Jahre waren die USA mithin in einem deutlich geringeren Maß der Hegemon der westlichen Welt als noch zehn Jahre zuvor. Der Vietnamkrieg und die mit durch ihn ausgelöste, fortschreitende Inflation hatten entscheidend dazu beigetragen, daß sich die weltpolitischen Gewichte zu Lasten der Vereinigten Staaten verschoben. Aber noch immer hing die Sicherheit Westeuropas vom militärischen Potential und dem politischen Führungswillen der größten westlichen Demokratie ab. 1973/74 schien der Ost-West-Konflikt zeitweilig von einem Nord-Süd-Konflikt, dem Interessengegensatz zwischen den Erdölproduzenten des Nahen und Mittleren Ostens auf der einen, den Industriegesellschaften in Westeuropa, Nordamerika und Japan auf der anderen Seite, überlagert zu werden. Doch diese Konfrontation war nicht von Dauer, während der Systemgegensatz zwischen den Staaten des Warschauer Pakts und den Staaten des Atlantischen Bündnisses ungeachtet aller Erfolge der Entspannungspolitik die bestimmende Grundtatsache der Weltpolitik blieb. Die amerikanische Hegemonie hatte sich abgeschwächt, aber es gab sie nach wie vor.

Die Energiekrise von 1973/74 traf die Welt nicht völlig unvorbereitet. Schon 1971 hatte die OPEC mit einer schrittweisen Erhöhung der Rohölpreise begonnen. Im Mai 1972 legte der «Club of Rome», eine lockere Vereinigung von Wissenschaftlern, Politikern und Wirtschaftsführern, seinen Bericht über die «Grenzen des Wachstums» vor: eine düstere Prognose der Folgen, die es für die Menschheit haben mußte, wenn die gegenwärtige Zunahme der Weltbevölkerung, der Umweltverschmutzung, der Nahrungsmittelproduktion und der Ausbeutung von Rohstoffen unverändert anhielt. Der Bericht wurde zum internationalen Bestseller, und er trug entscheidend dazu bei, daß sich in der ersten Hälfte der siebziger Jahre das Bewußtsein eines historischen Umbruchs verbreitete. Eine über zwei Jahrzehnte währende Phase

scheinbar unbegrenzter Möglichkeiten war offenkundig unwiderruflich zu Ende. Es begann eine neue Zeit, in der nichts so sehr in Frage
gestellt war wie die Idee eines unaufhaltsamen Fortschritts in Richtung einer noch besseren Zukunft.

An Daten, die die ökonomischen und sozialen Veränderungen nach
dem Ende des Booms belegten, herrschte kein Mangel. Die wirtschaftlichen Wachstumsraten lagen nach den Berechnungen der Organization
for Economic Cooperation and Development (OECD), der Nachfolgerin der OEEC, Mitte der siebziger Jahre bei ungefähr 2 Prozent, während sie in den sechziger Jahren noch bei durchschnittlich 4 Prozent
gelegen hatten. Die Inflationsraten stiegen zwischen 1970 und 1980 im
europäischen Durchschnitt um das Zweieinhalbfache, in Jugoslawien
und Portugal um das Fünffache, in Großbritannien, Irland, Italien und
Griechenland etwa um das Vierfache. Die Arbeitslosenraten hatten in
Westeuropa zu Beginn der siebziger Jahre nur knapp über 2 Prozent
der Erwerbsfähigen gelegen (was, statistisch gesehen, Vollbeschäftigung
bedeutete). Bis 1980 stiegen sie im westeuropäischen Durchschnitt auf
6 Prozent; das Ideal der Vollbeschäftigung rückte in weite Ferne. Die
Löhne wuchsen nominal auch nach dem ersten Ölpreisschock zunächst
noch deutlich, im Durchschnitt jährlich um 10 Prozent, die Inflation
löschte den Zugewinn aber weitgehend aus: Die Reallöhne stiegen in
den siebziger Jahren jährlich nur noch um 2 Prozent. Seit das Wachstum der Wirtschaft rückläufig war, nahm die soziale Ungleichheit zu:
Waren die Unterschiede zwischen den obersten und den untersten Ein-
kommensgruppen in den fünfziger und sechziger Jahren geringer geworden, so wuchsen seit den achtziger Jahren die Disparitäten zwischen «oben» und «unten» wieder an.

In den steigenden Arbeitslosenzahlen spiegelte sich der industrielle
Strukturwandel, der seit Ende der fünfziger Jahre alle westlichen Industriegesellschaften erfaßt hatte. Zuerst schlossen im Gefolge des
Wechsels von Kohle zu Öl als primärem Energieträger viele Kohlegruben – im Mittleren Westen der USA nicht anders als in Mittelengland,
in Belgien und im Ruhrgebiet. Es folgten Werften und Eisenhütten,
Webereien und Spinnereien. Solange die Wirtschaft «boomte» und die
Zahl der neu entstehenden Arbeitsplätze die der verlorengehenden
übertraf, war der Wechsel in eine andere Beschäftigung zumindest für
erwerbslos gewordene jüngere Arbeitnehmer noch vergleichsweise
leicht gewesen. Nach 1974 zeigte sich, daß viele Produktionsstandorte

angesichts der internationalen Konkurrenz, namentlich im Fernen
Osten, nicht mehr zu halten waren. Die Erwerbslosigkeit war ein
Schicksal, das vor allem Männer und Jugendliche traf. «Sterbenden»,
durch die alten Industrien geprägten Regionen standen Wachstums-
regionen gegenüber, wo neue, technologisch fortgeschrittene Industrien
und Dienstleistungsunternehmen den Ton angaben. Daraus ergab sich
in Belgien ein nordsüdliches Wohlstandsgefälle: Dem aufstrebenden
Flandern standen die Industrieruinen und stillgelegten Zechen Wal-
loniens gegenüber. In anderen Ländern wanderte die Prosperität in der
umgekehrten Himmelsrichtung: in den USA von den Stahl- und Kohle-
gebieten unterhalb der Großen Seen in den «Sunbelt», der von Georgia
bis Kalifornien reichte, in Frankreich vom Norden nach Südwesten, in
der Bundesrepublik von Nordrhein-Westfalen nach Hessen, Bayern
und Baden-Württemberg, einem Eldorado innovativer mittelständischer
Betriebe.

Das alte Produktionsregime, das, beginnend mit den USA, seit den
zwanziger Jahren die Wirtschaft beherrscht hatte, war der (nach dem
amerikanischen Automobilindustriellen Henry Ford benannte) «Fordismus»: die arbeitsteilige Massenproduktion mit Fließbandarbeit, relativ
kurzen Arbeitszeiten und relativ hohen Löhnen. Zu seinen flankieren-
den Elementen gehörten starke Gewerkschaften, die mit den Arbeitgebern die Tarife aushandelten, sowie ein Staat, der für ein gewisses Maß
an sozialem Ausgleich sorgte und die Konjunktur entsprechend den
Lehren des britischen Ökonomen John Maynard Keynes antizyklisch,
durch «deficit spending» in der Krise und dämpfendes Gegensteuern in
der Aufschwungphase, zu steuern versuchte. Bei «Keynes I», dem Auf-
legen von Konjunkturprogrammen, waren die Regierungen freilich
meist sehr viel aktiver als bei «Keynes II», der Senkung von Staatsausgaben und der Erhöhung von Steuern, was längerfristig zu wachsender
Skepsis gegenüber keynesianischen Rezepten beitrug.

Der Siegeszug des Computers, der in den fünfziger Jahren einsetzte,
ermöglichte ein neues Industriesystem mit dem Mikrochip als Grund-
stoff. Seine technischen Möglichkeiten, so schreiben Anselm Doering-
Manteuffel und Lutz Raphael in ihrer Studie «Nach dem Boom»,
«harmonierten aufs beste mit den Prinzipien der unbedingten Markt-
freiheit und des ungehinderten Fließens der Kapitalströme» und somit
den Forderungen neoliberaler Wirtschaftswissenschaftler wie dem geborenen Österreicher Friedrich August von Hayek, dem Mitbegründer

der Mont Pèlerin Society und, zusammen mit dem Schweden Gunnar
Myrdal, Nobelpreisträger für Wirtschaftswissenschaften von 1974,
und dem Amerikaner Milton Friedman, dem Hauptrepräsentanten der
«Chicago School» und Nobelpreisträger von 1976.

Der Neoliberalismus lehnte Staatseingriffe à la Keynes strikt ab und
sah in der Entstehung des Sozial- und Wohlfahrtsstaates die tiefere Ursache der Krise, in die die westlichen Industriegesellschaften seit Ende
der sechziger Jahre geraten waren. Die ökonomischen Prozesse sollte der
Markt steuern und der Staat sich darauf beschränken, die notwendigen
Rahmenbedingungen des freien Wettbewerbs zu schaffen und zu erhalten. Friedman war der Wortführer des Monetarismus. Demnach war
die Festsetzung der jeweils richtigen Geldmenge das wichtigste Mittel
zur Beeinflussung des Wirtschaftsablaufs. Die Zentralbank mußte die
Geldmenge so steuern, daß sie mit dem Wachstum der volkswirtschaftlichen Produktion möglichst ohne Schwankungen ausgeweitet wurde.
Eine Gelegenheit zur praktischen Erprobung seiner Lehren erhielt Friedman unter der chilenischen Militärdiktatur General Pinochets, mit dem
der Ökonom aus Chicago 1975 anläßlich eines Aufenthalts in dem südamerikanischen Land zusammentraf. Auf die anhaltenden Menschenrechtsverletzungen der chilenischen Junta kam Friedman dabei nicht zu
sprechen – ein Umstand, der bei der Verleihung des Nobelpreises 1976
in Stockholm zu Protesten gegen ihn führte.

Das sinkende Wirtschaftswachstum erhöhte die Chancen der Neoliberalen, ihre Auffassung durchzusetzen, wonach neues Wachstum
nur durch eine konsequente Privatisierung, Entbürokratisierung und
Deregulierung des öffentlichen Sektors zu erreichen war. Daraus ergab
sich die Forderung nach der Rückführung verstaatlichter Unternehmen
und Banken in Privateigentum, sodann die Privatisierung von bislang
öffentlichen Dienstleistungen im Bereich von städtischem Nahverkehr,
Eisenbahnen, Flughäfen, Fluglinien, Post und Telefon, außerdem von
öffentlich-rechtlichen Medien, also Rundfunk und Fernsehen. Schließlich sollten auch, soweit wie möglich, Einrichtungen des Wohlfahrtsstaates, vor allem im Gesundheitswesen, aus staatlicher und kommunaler in private Regie überführt und so die öffentlichen Haushalte
entlastet werden. Der Umfang, in dem die neoliberalen Neuerer ihre
Forderungen in den siebziger und achtziger Jahren durchzusetzen vermochten, hing davon ab, ob die jeweilige Regierung eher «rechts» oder
«links» stand. Konservative Politiker waren sehr viel früher und vorbe-

haltloser bereit, neoliberalen Ratschlägen zu folgen, als dies bei den Sozialdemokraten der Fall war.

Die technologische Revolution im Zeichen der Mikroelektronik bewirkte dramatische Veränderungen der Arbeitswelt – die Verdrängung von Handarbeit zugunsten von Kopfarbeit innerhalb der industriellen Produktion und eine Verlagerung von Arbeitsplätzen vom «sekundären» in den expandierenden «tertiären» oder Dienstleistungssektor. 1970 war in Europa insgesamt, ohne die Türkei und die Sowjetunion, die Industrie mit 83 Millionen noch der größte Beschäftigungssektor, gefolgt von den Dienstleistungen mit 80 Millionen Arbeitsplätzen. Zehn Jahre später entfielen auf den Dienstleistungssektor 102 Millionen, auf den industriellen Sektor 85 Millionen Beschäftigte.

Die Entwicklung schien auf den ersten Blick dem Soziologen Daniel Bell recht zu geben, der schon 1973 die Entstehung einer postindustriellen Gesellschaft vorhergesagt hatte. Der generelle Trend ging Bell zufolge von der Herstellung von Gütern in Richtung der Bereitstellung von Dienstleistungen. Die Aufwertung von Wissen und Information gegenüber der harten körperlichen Arbeit führte zu einer neuen technokratisch ausgerichteten Klassenstruktur. Doch Bell überzeichnete den Trend des Strukturwandels. Die manuelle Arbeit verschwand durchaus nicht. Es gab vielmehr eine doppelte Verschiebung: Zum einen traten im Zuge der Automatisierung der Produktion häufig rasch angelernte weibliche Arbeitskräfte an die Stelle von Facharbeitern. Zum anderen wurde Handarbeit ausgelagert in neu industrialisierte Entwicklungsländer, die infolge niedriger Löhne und namentlich von Frauen- und Kinderarbeit billiger produzieren konnten als die alten Industrieländer des Westens.

Die Globalisierung der Produktion förderte also die «Tertiarisierung» in den Metropolen. Aber auch hier konnten Industrien, die sich konsequent modernisierten, ihre Wettbewerbsfähigkeit behaupten. Wo immer das geschah, war das Ergebnis des Strukturwandels nicht eine postindustrielle, sondern eine industrielle Dienstleistungsgesellschaft mit einer «neuen», in «High-Tech» geschulten Arbeiterschaft, die kaum noch gemeinsame Interessen mit den an- und ungelernten Arbeitern alten Typs hatte. Die These von der postindustriellen Gesellschaft bestätigte sich (möglicherweise auch im Sinne einer «self-fulfilling prophecy») am ehesten dort, wo, wie in den USA und sehr viel stärker noch im Großbritannien der achtziger Jahre, eine breite Entindustria-

lisierung stattfand und finanzielle Dienstleistungsunternehmen an die
Stelle des produzierenden Gewerbes traten – mit schwerwiegenden Folgen für den gesellschaftlichen Zusammenhalt und die wirtschaftliche
Leistungskraft der betroffenen Nationen.

Die materiellen Erwartungen, die der langanhaltende Boom erzeugt
hatte, wurden nicht einfach zurückgenommen, als die Wachstumsraten
in den siebziger Jahren weit unter das Niveau des vorangegangenen
Jahrzehnts zurückfielen: Die Konsumgesellschaft dachte nicht daran,
sich in eine Verzichtsgesellschaft zu verwandeln. Auf der Ebene der privaten Haushalte hieß das häufig: Finanzierung des gewohnten Lebensstandards auf Pump. Manche westeuropäischen Regierungen, darunter
die deutsche, reagierten ähnlich: Sie bekämpften das fehlende Wirtschaftswachstum mit kreditfinanzierten «Konjunkturpaketen», und sie
versuchten, den industriellen Strukturwandel mit einer Mischung aus
Erhaltungssubventionen und Zukunftsinvestitionen zu steuern. Die
Staatsquote, der Anteil der öffentlichen Ausgaben am Bruttoinlandsprodukt, stieg infolgedessen weiter. Der deutsche Weg in den Schuldenstaat
begann in den siebziger Jahren: Die Schulden der öffentlichen Haushalte in der Bundesrepublik machten 1970 17,8 Prozent, 1975 23,6 Prozent und 1982 36,5 Prozent des Bruttoinlandsprodukts aus. Eine wichtige Quelle der Finanzierung der Verschuldung, der öffentlichen wie der
privaten, waren in allen westlichen Ländern, wie schon erwähnt, die
«Petrodollars»: Kredite, die die erdölexportierenden Länder westlichen
Geschäftsbanken gewährten und für die sie hohe Zinsen erhielten.

Schon Zeitgenossen beobachteten in den siebziger Jahren einen «Wertewandel», den vor allem die gebildeten Teile der jüngeren Generation
vorantrieben. Der amerikanische Soziologe Ronald Inglehart stellte
1977 in seinem Buch «The Silent Revolution» die These auf, daß es in
den Gesellschaften des Westens eine Verlagerung von der Betonung
des materiellen Wohlbefindens und der körperlichen Sicherheit hin zur
«Qualität des Lebens» (quality of life) gebe. Inglehart unterschied
Alterskohorten, die noch an «materialistischen», und solche, die schon
eher an «postmaterialistischen» Werten orientiert waren. Das «postmaterialistische Phänomen» brachte der Autor in Anlehnung an Bell
mit dem Übergang von einer industriellen zu einer postindustriellen
Gesellschaft in Verbindung. «Die industrielle Ära war eine Zeit der
Entwicklung großer Mittel. Die postindustrielle Gesellschaft könnte

eine Zeit herbeiführen, in der diese Mittel zur Erreichung großer Zwecke eingesetzt werden» (The Industrial era was a time for the development of great means. Post-Industrial society may provide a time for the application of these means to great ends.)

Die Grundlage dessen, was Inglehart «postindustriell» nannte, war freilich durchaus materiell: der hohe Lebensstandard, den die westlichen Gesellschaften zu Beginn der siebziger Jahre erreicht hatten. «Lebensqualität» schloß materielle und immaterielle Werte ein. Wenn die Wahrung von Besitzständen wichtiger wurde als das Streben nach der Mehrung des Wohlstands, bedeutete das noch keine Abkehr vom «Materialismus», sondern eher seine «Verfeinerung». In einer Zeit, in der der Besitz eines Autos längst aufgehört hatte, ein Zeichen der Zugehörigkeit zur Oberklasse und damit ein Statussymbol zu sein, diente der größere oder geringere Grad an Luxus bei der Ausstattung des Wagens als Mittel der gesellschaftlichen Distinktion. Es waren, um eine Formel des französischen Soziologen Pierre Bourdieu aufzugreifen, zunehmend die «feinen Unterschiede», die die soziale Hierarchie markierten.

Auch die oft als «postmaterialistisch» bezeichnete Umweltbewegung hatte ein durchaus nicht nur immaterielles Anliegen: die Bewahrung der natürlichen Grundlagen von Zivilisation und Wohlstand. Die Geschichte des ökologischen Denkens reicht bis ins späte 18. Jahrhundert zurück. Im letzten Drittel des 19. Jahrhunderts entstanden die ersten Naturschutzparks in den USA, darunter der Yellowstone und der Yosemite National Park; die Präsidentschaften von Theodore und Franklin Delano Roosevelt wurden zu Hochzeiten des amerikanischen «environmentalism». Aber erst die gigantische Verschmutzung von Luft und Wasser (pollution) während des Nachkriegsbooms, die Entdeckung des «sauren Regens» als Ursache von «Waldsterben», die Entlaubung des vietnamesischen Dschungels durch Herbizide und die wachsende Einsicht in die Gefahren einer nuklearen Verstrahlung durch Atomwaffentests und Kernkraftwerke führten dazu, daß die Umweltbewegung seit Ende der sechziger Jahre eine der größten global agierenden «neuen sozialen Bewegungen» wurde.

Zwei zeitlich nahe beieinander liegende Ereignisse erschienen im Rückblick als Beginn der «ökologischen Revolution»: der schon erwähnte, am 1. Januar 1970 in Kraft getretene National Environmental Policy Act, *die* umweltpolitische Leistung der Ära Nixon, und der erst-

mals am 22. April 1970 gefeierte, fortan alljährlich in vielen amerikanischen Städten begangene «Earth Day», eine Initiative des demokratischen Senators Gaylord Nelson aus Wisconsin. 1971 wurde
im kanadischen Vancouver die internationale Umweltorganisation
«Greenpeace» gegründet, die 1985 mit ihrer Aktion gegen französische Atomwaffentests beim Mururoa-Atoll in der Südsee weltweites
Aufsehen erregte. Im Juni 1972 fand in Stockholm die erste Umweltkonferenz der Vereinten Nationen unter Beteiligung von 400 «Nongo-
vernmental Organizations» (NGO) statt. Von den kommunistischen
Staaten nahmen nur die Volksrepublik China und Rumänien an dem
Treffen teil. In ihrem spektakulärsten Beschluß bezeichnete die Konferenz die Abholzung der tropischen Regenwälder am Amazonas als
«ökologisches Hiroshima». Ein praktisches Resultat der Beratungen in
der schwedischen Hauptstadt war die Gründung des United Nations
Environment Programme (UNEP). Das Land, das längerfristig am
meisten durch die Stockholmer Konferenz beeinflußt wurde, war
China: Die Zusammenkunft weckte in der Volksrepublik ein Bewußtsein für die Umweltrisiken einer forcierten Industrialisierung, das es
dort zuvor noch nicht gegeben hatte.

Das Ende des hohen Wirtschaftswachstums der fünfziger und sechziger Jahre nährte überall im Westen, in Europa aber stärker als in den
Vereinigten Staaten, Zweifel am Nutzen des technischen Fortschritts
und der Planbarkeit der Zukunft. Wesentliche Impulse des neuen, die
Idee des Fortschritts radikal in Frage stellenden «postmodernen» Denkens kamen von französischen Denkern wie Michel Foucault, Jacques
Derrida und Jean-François Lyotard, dem Autor des 1979 erschienenen,
bald zum «Klassiker» avancierten Buches «La condition postmoderne»,
einer «Dekonstruktion» aller «Metaerzählungen», für die Wissen die
fortschreitende Entwicklung von Konsens bedeutete.

Hartmut Kaelble hat die wesentlichen Elemente des postmodernen
Krisenbewußtseins prägnant zusammengefaßt: «Nicht mehr eine line-
are Entwicklung in die Zukunft, sondern der Zufall und das Chaos
standen im Zentrum dieser Denkrichtung. Modernisierung und Universalismus wurden zu Negativbegriffen. Die Fehlurteile und dunklen
Seiten der Aufklärung wurden herausgearbeitet, im Extremfall sogar
die angeblichen Kontinuitäten zum Holocaust. An dem Bestehen einer
objektiven Wirklichkeit wurde grundlegend gezweifelt und das Wissen
letztlich als sprachliches Konstrukt sowie als Reinterpretation solcher

Sprachkonstruktionen angesehen. Medien und die von ihnen produzierte Wirklichkeit wurden daher zu einem neuen erstrangigen Thema. Die Sprache galt als Gefängnis, aus dem das Individuum nur schwer mit neuen Interpretationen der Wirklichkeit ausbrechen konnte. Dekonstruktion war die wichtigste wissenschaftliche Methode, mit der politische Macht und politische Ordnung kritisiert und geschwächt werden sollten. Ein zentraler Wert war die Freiheit des Individuums.»

Im Zuge der «post-» oder «neostrukturalistischen» Wende in den Geisteswissenschaften wuchs die Skepsis gegenüber dem Erklärungsanspruch sozialwissenschaftlicher Theorien, was sich in einer verstärkten Hinwendung zur tatsachengesättigten Beschreibung kultureller Sachverhalte (thick description) niederschlug. Als obsolet galten nunmehr Theorien, die die Geschichte der Neuzeit als Abfolge von Modernisierungskrisen deuteten. Die «Meistererzählung» (master narrative) von einem letztlich den Fortschritt der Menschheit bewirkenden Geschichtsprozeß sollte einer Vielzahl konkurrierender, gleichermaßen legitimer Geschichtserzählungen (narratives) weichen, denen eine Absage an jedwede Art von Teleologie, also Zielgerichtetheit, gemeinsam war. Die «postmoderne» Architektur verabschiedete sich vom ästhetischen Funktionalismus der klassischen Moderne, etwa des Bauhauses in Weimar und Dessau, und ging dazu über, Elemente aus unterschiedlichsten Stilepochen je nach Belieben des einzelnen Architekten miteinander zu kombinieren. «Anything goes»: Das Diktum des amerikanischen Philosophen Paul Feyerabend wurde nirgendwo so konsequent in die Tat umgesetzt wie in der «postmodernen» Baukunst.

In anderen Zweigen der Kunst triumphierten «Pop Art» und «Pop Music», wobei «pop» für «popular» stand. «Pop Art» hob die überkommene Trennung von Hochkultur und Massenkultur auf. Sie akzeptierte, in Kaelbles Worten, «den Massenkonsum und die Massenmedien nicht nur, sondern benutzte auch Bilder, Darstellungsformen und Techniken der modernen Medien und Reklame, des Comics und des Films. Sie stand für eine gewollte Trivialisierung der Kunst und sprach nicht mehr nur den Bildungsbürger, sondern den modernen Massenkonsumenten an. Mit dem Schönheitsideal der klassischen Kunst wurde bewußt gebrochen.»

In der Boomperiode hatten sich die traditionellen Sozialmilieus, die bäuerlichen und die proletarischen wie die bürgerlichen, weitgehend aufgelöst. Die Bindungen an die Kirchen waren lockerer geworden,

und zunehmend auch die an die politischen Parteien. Die «neue» Gesellschaft war gekennzeichnet durch eine Pluralisierung und Individualisierung der Lebensstile. Die klassische Kernfamilie, in der der
Mann Geld verdiente, die Frau den Haushalt führte und die Hauptverantwortung für die Erziehung der noch nicht schulpflichtigen Kinder
trug, wurde immer mehr zu einem Minderheitsphänomen. Diskonti-
nuität wurde zu einem Merkmal vieler Erwerbsbiographien: Berufs-
wechsel und Wechsel zwischen Perioden der Beschäftigung und solchen
der Arbeitslosigkeit wurden immer häufiger. Die Scheidungsraten stiegen, desgleichen die Zahlen von kinderlosen Ehen, Eineltern- und
«Patchworkfamilien», das heißt Familien mit Kindern aus verschiedenen Ehen, von nichtehelichen, darunter auch gleichgeschlechtlichen
Lebensgemeinschaften und Haushalten von «Singles».

Die posttraditionelle Gesellschaft war, was die Vielzahl unterschiedlicher Lebensformen anging, toleranter, und sie war sexuell sehr
viel freizügiger als die traditionelle Gesellschaft, die noch keine Empfängnisverhütung durch die Antibabypille kannte. Die «Pille» war in
den fünfziger Jahren entwickelt worden; sie wurde seit 1960 in den
USA und kurz darauf auch in Europa als Medikament vertrieben. Zu
ihren weitreichenden Wirkungen gehörte ein starker Geburtenrück-
gang überall dort, wo ihr Verkauf und ihre Verteilung nicht behindert
wurden: Die Zeit des «Babybooms» war endgültig abgelaufen. Daß
Papst Paul VI. 1968 in seiner Enzyklika «Humanae vitae» das kirchliche Verbot jeder Art von künstlicher Empfängnisverhütung bekräftigte, konnte den Siegeszug der «Pille» in der westlichen Welt nicht
aufhalten. Die «Generation von 1968» sah in ihr nicht nur ein Unterpfand der sexuellen, sondern auch der gesellschaftlichen Befreiung.
Für die Frauen bedeutete die Möglichkeit, unerwünschten Schwanger-
schaften wirksam vorzubeugen, eine bislang ungekannte Chance, ihre
Persönlichkeit freier zu entfalten als zuvor und sich nicht länger auf die
angestammten Rollen der Hausfrau und der Mutter beschränken zu
lassen. Die Erfolge der feministischen Bewegung wären ohne die Verbreitung der «Pille» schwer vorstellbar gewesen. Die «sexuelle Revolution» war, so gesehen, auch eine sozialgeschichtliche Zäsur.

Zur Pluralisierung der Lebensstile trat die Pluralisierung der Her-
künfte. In den siebziger Jahren waren die meisten westeuropäischen
Gesellschaften infolge der Immigration von Arbeitskräften ethnisch
sehr viel heterogener, als es die Gesellschaften der fünfziger Jahre ge-

wesen waren – ein Sachverhalt, für den sich der Begriff «multikulturell» einbürgerte. Viele der zugewanderten Arbeiter hatten sich inzwischen mit ihren Familien dauerhaft in den Aufnahmegesellschaften niedergelassen. Vom Abbau der Arbeitsplätze im Zuge der mikroelektronischen Automatisierung und des nachlassenden Wirtschaftswachstums waren sie nicht minder betroffen als einheimische Arbeitnehmer. Die größten Probleme bei der Integration von Immigranten hatten die westeuropäischen Gesellschaften im Hinblick auf Zuwanderer, die aus muslimisch geprägten, ganz überwiegend vorindustriellen Gesellschaften kamen: Die «Akkulturation», die Anpassung an die Kultur der neuen Umgebung, fiel ihnen schwerer als Immigranten aus europäischen Ländern.

Die Vielzahl der Herkunftsgesellschaften forderte den pluralistischen Demokratien des Westens große kulturelle und soziale Anstrengungen ab. Gelingen konnte das Bemühen um die Integration der Immigranten aus anderen Kulturen nur, wenn die Staaten des Westens darauf bestanden, daß die obersten Normen ihrer eigenen politischen Kultur, obenan die unveräußerlichen Menschenrechte, einschließlich der Gleichberechtigung von Mann und Frau, uneingeschränkt für alle Menschen galten, die auf ihrem Territorium lebten. Ein «postmodernes» Denken, das die universelle Gültigkeit von Werten grundsätzlich bestritt, stand folglich vor einem Dilemma: Es bejahte die multikulturelle Vielfalt der westlichen Gesellschaften und stellte zugleich deren Bedingung in Frage, indem es dem normativen Projekt des Westens die allgemeine Geltung absprach. Je deutlicher die praktischen Konsequenzen dieser Aporie zutage traten (in der Rechtsprechung in Fällen sogenannter «Ehrenmorde» oder im Streit um die Vollverschleierung von Frauen etwa), desto fragwürdiger wurden manche Grundannahmen der «postmodernen» Denkströmungen, obenan ihr Postulat der Entnormativierung. «Anything goes» erwies sich angesichts der Herausforderungen der neuen Zeit als unzureichende Maxime.[19]

Krisenpolitik: Westeuropa im Zeichen der Rezession

Von den größeren Ländern der Europäischen Gemeinschaft wurde keines von der weltwirtschaftlichen Rezession im Gefolge der Energiekrise so hart getroffen wie Großbritannien. Die «stagflation», in der

sich das Vereinigte Königreich seit langem befand, läßt sich mit einigen
wenigen Daten illustrieren: Die Einzelhandelspreise stiegen seit 1968,
abgesehen von 1972/73, ständig; die Lohnsteigerungen hielten sich seit
1970 im zweistelligen Bereich. In der ersten Hälfte der siebziger Jahre
verschlechterte sich die britische Handelsbilanz dramatisch; das Aus-
tauschverhältnis von Importen und Exporten (terms of trade) lag 1974
um 25 Prozent ungünstiger als drei Jahre zuvor. Das Pfund Sterling
war Ende 1975 um 30 Prozent weniger wert als Ende 1971.

Der Ölschock vom Oktober 1973 fiel zeitlich zusammen mit schwierigen Verhandlungen zwischen der National Union of Mineworkers
(NUM) und dem National Coal Board. Die Bergarbeitergewerkschaft
verlangte Lohnerhöhungen von durchschnittlich 30 Prozent, für einzelne Gruppen von Arbeitern von 47 Prozent, und verweigerte, um
ihren Forderungen Nachdruck zu verleihen, bis auf weiteres die Ab-
leistung von Überstunden. Gegenangebote der staatlichen Arbeitgeber
lehnte sie ab. Da sich die Energieversorgung des Vereinigten Königreiches auf Grund gesetzlicher Regelungen zu 70 Prozent aus der
Kohleverstromung speiste, drohte nunmehr der Zusammenbruch des
Wirtschaftslebens. Am 13. Dezember 1973 verfügte die Regierung
Heath, um einen nationalen Notstand zu vermeiden, Energieeinsparun-
gen von 30 Prozent und zu diesem Zweck für die Zeit vom 17. bis
31. Dezember die Fünftagewoche für die meisten Wirtschaftszweige,
für die Zeit danach die Dreitagewoche. Von den energiepolitischen
Sparmaßnahmen prägten sich einige der kollektiven Erinnerung der
Briten besonders ein: der Rückgriff auf Kerzen und Öllampen infolge
häufiger Stromsperren, die Einschränkung der Beleuchtung von Straßen
und Geschäften, die Beendigung des Fernsehprogramms um 22 Uhr 30,
die Begrenzung der Geschwindigkeit auf Land- und Fernstraßen auf
50 Meilen (89 Kilometer) pro Stunde.

Die Hoffnung des Regierungschefs, die NUM durch Härte zum
Einlenken zu bewegen, erfüllte sich jedoch nicht. Am 9. Februar 1974
wurde das Ergebnis einer Urabstimmung der gewerkschaftlich organisierten Bergarbeiter bekanntgegeben: Mit einer Mehrheit von 81 Prozent votierten sie für einen Streik. Drei Tage später verkündete Heath
die Auflösung des Unterhauses und Neuwahlen am 28. Februar. Die
Wahl sollte nach dem Willen des Premierministers zu einem Plebiszit
über die Frage werden, ob eine radikale Gewerkschaft oder die Mehrheit des Volkes das Sagen in Großbritannien haben sollte. «Wer regiert

Britannien?» (Who rules Britain?) lautete denn auch die rhetorische Frage im Wahlaufruf der Konservativen Partei. Die Nation müsse sich zwischen Mäßigung und Extremismus entscheiden – zwischen der verantwortungsbewußten Politik der Konservativen und der Herrschaft machthungriger Gewerkschaftsführer, ausgeübt durch ihre Kreatur, die weit nach links gerückte Labour Party.

Die Partei Harold Wilsons forderte in ihrem Wahlmanifest einen neuen Gesellschaftsvertrag, der die Balance von Macht und Wohlstand zugunsten des arbeitenden Volkes verlagern sollte. Regierung und Gewerkschaften müßten sich auf Lohnzurückhaltung und im Gegenzug auf striktere Preiskontrollen, höhere Pensionen und völlige Freiheit bei der Aushandlung von Tarifverträgen verständigen. Was der Labour Party in den Umfragen nützte, waren aktuelle Wirtschaftsdaten, die gegen die regierenden Konservativen zu sprechen schienen: der Anstieg der Lebensmittelpreise um 20 Prozent in den letzten zwölf Monaten und ein Rekorddefizit in der Handelsbilanz im Januar. Hatten die Meinungsforscher Mitte Februar noch einen Vorsprung der Konservativen vorhergesagt, so beobachteten sie kurz vor der Wahl einen Umschwung zugunsten von Labour. Offenkundig war einem Großteil der Wählerschaft der Kampf gegen die Inflation wichtiger als Härte gegenüber den streikenden Bergarbeitern.

Als am Abend des 28. Februar die Stimmen ausgezählt wurden, war das Ergebnis höchst ambivalent. Die Labour Party hatte zwar 225 000 Stimmen weniger als die Konservativen erhalten, aber vier Mandate mehr als diese: 301 zu 297 Sitze lautete das Verhältnis. Bemerkenswert war das gute Abschneiden «dritter» Parteien. Die Liberalen, auf die 1970 12 Prozent entfallen waren, verbesserten sich auf 19,3 Prozent, konnten aber nur 14 Wahlkreise erobern. Die Scottish National Party erreichte 5 Prozent und stellte 7 Abgeordnete. Eine 1967 gegründete rechte Protestpartei, die National Front, verbuchte 3,3 Prozent, konnte jedoch keinen Wahlkreis für sich gewinnen.

Koalitionsverhandlungen zwischen den Konservativen und den Liberalen scheiterten daran, daß die letzteren auf der Einführung des Verhältniswahlrechts bestanden, worauf sich die bisherige Regierungspartei nicht einlassen wollte. Daraufhin erteilte Königin Elisabeth II. Harold Wilson den Auftrag zur Bildung einer Regierung, die nach Lage der Dinge nur ein Minderheitskabinett sein konnte. Die neue Regierung Wilson hatte ein «zentristisches» Profil. James Callaghan wurde Außenminister, Denis Healey Schatzkanzler, Roy Jenkins wieder Innenminister; alle drei waren dem rechten Parteiflügel zuzurechnen. Der linke Anthony Benn übernahm das Industrieministerium, Barbara Castle, auch sie eine Linke, das Ministerium für soziale Dienstleistungen; Michael Foot, der linke Flügelmann der Labour Party, war für Beschäftigung (Employment) zuständig.

Das erste Ziel des neuen Kabinetts mußte die Beilegung des Konflikts im Kohlebergbau sein. Zunächst kündigte die Regierung eine Rückkehr zur Fünftagewoche ab 8. März an. Gleichzeitig hob sie die Beschränkungen im Stromverbrauch auf. Die von Michael Foot vermittelte Einigung zwischen dem National Coal Board und der NUM sah unter anderem eine Lohnerhöhung für Übertagearbeiter von 25 Prozent vor. Am 11. März kehrten die Bergarbeiter in die Zechen zurück. Zur Bekämpfung der Inflation wurden die Postgebühren und die Steuern für Zigaretten, Alkohol und Benzin sowie die Einkommens-, die Körperschafts- und die Mehrwertsteuer erhöht. Eng mit der Führung der Gewerkschaften abgestimmt war eine Kurskorrektur im Bereich des Arbeitsrechts: Auf Antrag der Regierung Wilson beschloß das Unterhaus nicht nur die Aufhebung des Industrial Relations Act der Regierung Heath vom April 1971, der unter anderem eine «Abkühlphase» von 60 Tagen und Urabstimmungen vor Streiks vorschrieb, sondern stärkte darüber hinaus im Trade Union and Labour Relations Act die Rechte der Gewerkschaften in den Betrieben.

Der Adressat dieser Maßnahmen zeigte sich erkenntlich. Im Juli 1974, noch vor der Verabschiedung der entsprechenden Gesetze, beschloß der Dachverband der Gewerkschaften, der Trades Union Congress (TUC), eine Erklärung, in der er sich für eine Sicherung der Realeinkommen gegen die Geldentwertung, Lohnforderungen nur einmal pro Jahr, Sonderregelungen für die untersten Lohngruppen und Maßnahmen zur Steigerung der industriellen Leistungskraft aussprach. Die Regierung begrüßte das Dokument. An der «Basis» der Gewerkschaften gab es jedoch teilweise heftigen Widerstand gegen die maßvolle Linie der eigenen Führung, so daß es noch massiven Drucks von «oben», unterstützt von Wilson und Callaghan, bedurfte, um dem Bekenntnis zum «social contract» auf dem Gewerkschaftskongreß in Brighton Anfang September eine breite Mehrheit zu sichern.

Am 18. September gab Wilson die allgemein erwartete Auflösung des Unterhauses bekannt; den Neuwahltermin setzte er auf den 10. Ok-

tober fest. Labour gewann bei den zweiten Wahlen des Jahres 1974
2,1 Prozentpunkte hinzu und kam auf 319 Sitze. Die Konservativen,
die 2,1 Punkte verloren, stellten 277 Abgeordnete. Gegenüber allen
anderen Parteien zusammen war der Vorsprung der Labour Party
gering: Er betrug 3 Sitze. Die Enttäuschung der Konservativen über
den Wahlausgang entlud sich einige Monate später in einer Art von
Parteirevolte: In einer Kampfabstimmung um den Parteivorsitz setzte
sich auf dem Parteitag im Februar 1975 die frühere Ministerin für
Erziehung und Wissenschaft, Margaret Thatcher, erst gegen Edward
Heath, dann, im zweiten Wahlgang, gegen den ehemaligen Nordirlandminister William Whitelaw durch. Der Erfolg von Thatcher bedeutete
einen entschiedenen Rechtsruck in der Konservativen Partei und,
woran schon damals kaum jemand zweifelte, den Beginn einer neuen,
durch scharfe Polarisierung in Parlament und Öffentlichkeit gekenn-
zeichneten Ära der britischen Innenpolitik.

Das überragende Thema der Regierungspolitik nach dem Wahlsieg
vom Oktober war der Kampf gegen die Wirtschaftskrise. Der im November 1974 vorgelegte Haushaltsentwurf sah neben einer höheren
Staatsverschuldung weitere Steuererhöhungen, Einschränkungen bei
den sozialen Dienstleistungen und bei den verstaatlichten Industrien
höhere Preise vor. Schatzkanzler Healey machte bei dieser Gelegenheit
klar, daß die große Mehrheit der Briten in den nächsten Jahren keine
Steigerung ihres Lebensstandards erwarten könne. Die Bergarbeiter
ließen sich von dieser Ankündigung nicht beeindrucken: Anfang 1975
setzten sie eine Erhöhung der Löhne um 35 Prozent durch; eine Preiser-
höhung um 30 Prozent folgte ihr auf dem Fuß. Die Führung des TUC
verhielt sich demgegenüber maßvoll: Ende Juni 1975 legte sie sich auf
die Forderung fest, daß Löhne und Preise in den nächsten zwölf Monaten nicht höher als um 10 Prozent steigen sollten.

Als das Krisenjahr 1975 zu Ende ging, war der Lebensstandard der
Briten nach den offiziellen statistischen Daten um 7 Prozent niedriger
als ein Jahr zuvor. Das Bruttoinlandsprodukt sank zwischen der zweiten Hälfte des Jahres 1974 und der zweiten Hälfte des Jahres 1975 um
3 Prozent, die industrielle Produktion um 7 Prozent, die Gesamtausfuhr um 5 Prozent. Die Verbraucherpreise, die 1974 einen Zuwachs
von 16 Prozent aufwiesen, stiegen 1975 um 24,2, die Inflationsrate
von 17,1 auf 24,2 Prozent – mehr als in jedem anderen westlichen
Industrieland. Die Arbeitslosenquote lag mit 4,5 Prozent hingegen unter

dem Niveau vergleichbarer Länder. Die Löhne stiegen zwischen Juli 1975 und Juli 1976 um 11,5 Prozent – eine Marge, die knapp über der von den Gewerkschaften verkündeten Obergrenze lag.

Andere Erwartungen erfüllten sich nicht. Die von der Regierung angestrebte Steigerung der industriellen Produktivität um 5 Prozent blieb ein Wunschtraum. Das Produktionsniveau lag 1975 kaum höher als fünf Jahre zuvor. Der Ertrag aus Kapitalinvestitionen, der sich 1960 auf 13 Prozent belaufen hatte, erreichte 1975 nur noch 4 Prozent. Im April 1975 sah sich die Regierung Wilson genötigt, die prestigeträchtigen, aber insolventen Autowerke von British Leyland in Staatseigentum zu überführen. Die «englische Krankheit» war also noch längst nicht überwunden – eine Einsicht, die die Regierung Wilson veranlaßte, im November auf einer Konferenz mit Vertretern von Industrie und Gewerkschaften eine neue, auf Wachstum und Produktivitätssteigerung ausgerichtete Wirtschaftspolitik anzukündigen und die Sozialpolitik diesem Ziel unterzuordnen.

Der Verwirklichung dieser Absicht diente der Industry Act vom November 1975, der eine neue Behörde, den National Enterprise Board, schuf und diese mit 9 Milliarden Pfund ausstattete, die in den folgenden vier Haushaltsjahren investiert werden sollten, um die internationale Wettbewerbsfähigkeit der britischen Industrie wiederherzustellen. Das war ein ehrgeiziges, aber kein völlig illusorisches Ziel. Wenn es trotz aller düsteren Daten Mitte der siebziger Jahre Grund zu einem gewissen wirtschaftspolitischen Optimismus gab, war es die Entdeckung reicher Erdgas- und Erdölvorkommen in küstennahen Gebieten der Nordsee. Um sie auszubeuten, bedurfte es freilich kostspieliger Investitionen, so daß das Vereinigte Königreich dem Ziel energiepolitischer Autarkie allenfalls längerfristig näherkommen konnte.

1975 stand nochmals Großbritanniens Zugehörigkeit zur Europäischen Gemeinschaft auf dem Spiel. Wilson hatte bereits im Juni 1971, gestützt auf ein Votum des Labour-Parteitags, versprochen, über die Beitrittsbedingungen erneut zu verhandeln und das Ergebnis zum Gegenstand eines Referendums zu machen. Die Nachverhandlungen dauerten elf Monate und erbrachten einige, nicht nur symbolische Verbesserungen: neben Zugeständnissen beim Import von Zucker aus der Karibik und Butter aus Neuseeland die Zusage der anderen Mitgliedstaaten, Großbritannien je nach der wirtschaftlichen Lage eine Rückerstattung seiner Beiträge bis zu einer Höhe von 915 Millionen DM jährlich zu gewähren. (Mit dieser Festlegung wurde der Tatsache Rechnung getragen, daß dem Vereinigten Königreich aus der von ihm mitfinanzierten Gemeinsamen Agrarpolitik eher Nachteile als Vorteile erwuchsen.) Am 17. März 1975 billigte das Kabinett mit 16 zu 7 Stimmen die Annahme dieser Bedingungen, so daß Wilson den Briten ein Ja beim ersten Referendum ihrer Geschichte empfehlen konnte.

Die Mehrheit seiner souveränitätsstolzen Partei hatte der Premierminister dabei nicht hinter sich. Der Parteivorstand der Labour Party lehnte den Verbleib in der EG mit 18 zu 11 Stimmen, ein Sonderparteitag im Verhältnis von 2 zu 1 ab. Auch im Unterhaus stimmten die Labour-Abgeordneten mehrheitlich gegen die weitere Mitgliedschaft im Gemeinsamen Markt (148 Nein-Stimmen standen 138 Ja-Stimmen und 32 Enthaltungen gegenüber). Dank der breiten Zustimmung bei Konservativen und Liberalen hatten die Befürworter im House of Commons dennoch eine breite Mehrheit: 396 Abgeordnete stimmten mit Ja, 170 mit Nein. Am 5. Juni 1975 hatte der Souverän das Wort. Bei einer Wahlbeteiligung von 65 Prozent sprachen sich 67,2 Prozent der Briten für den Verbleib in der Europäischen Gemeinschaft aus. Wilsons Taktieren hatte sich ausgezahlt, aber ohne die unermüdliche Kampagne seines Vorgängers Edward Heath für ein Ja wäre das Ergebnis vermutlich ein anderes gewesen.

Ein ungelöstes Problem, das die Regierung Wilson vom Kabinett Heath übernahm, war der Nordirlandkonflikt. Am 30. Dezember 1973 endete ein Transitorium, das Ende März 1972 begonnen hatte: die «direct rule», die Regelung aller Nordirland betreffenden Fragen durch Westminster. Die neue Regierung Ulsters bildete eine «Exekutive», die sich aus elf Mitgliedern aus allen politischen Lagern zusammensetzte. Sie stieß bei Protestanten und Katholiken gleichermaßen auf Ablehnung. Schon in den Wochen zuvor hatten Terroristen der IRA mehrere Anschläge in London verübt, bei denen 60 Menschen verletzt wurden. Bei den Unterhauswahlen vom 28. Februar 1974 eroberten die radikalen protestantischen Unionisten 11 von 12 nordirischen Sitzen. Im Mai traten die Unionisten aus der Exekutive aus, womit diese lahmgelegt war. Die Folge war die Rückkehr zur «direct rule».

Im Frühjahr 1975 hielt die Regierung Wilson den Zeitpunkt für gekommen, die Selbstregierung Ulsters wiederherzustellen. Im Mai trat eine aus allgemeinen Wahlen nach Verhältniswahlrecht hervorgegangene Versammlung, die Convention, zusammen, die die von London in sie gesetzten Erwartungen aber in keiner Weise erfüllte: Eine protestantische Koalition unter Führung von Reverend Ian Paisley verweigerte der katholischen Minderheit jede wirksame Mitsprache, was die IRA mit neuen Terroranschlägen in London beantwortete. Als Harold Wilson im März 1976 überraschend zurücktrat, überließ er seinem Nachfolger James Callaghan das Ulsterproblem so ungelöst, wie er es von Edward Heath übernommen hatte.

Wie in Großbritannien so gab es auch in Frankreich eine Krise vor der Krise: Anzeichen drohenden Niedergangs in den Jahren vor dem ersten Ölpreisschock. Die Preise stiegen 1971 um 5,5, 1972 um 6,2 und 1973 um 7,3 Prozent, im Verlauf von drei Jahren also um fast ein Fünftel. Die großen Lohnzuwächse im Gefolge der Unruhen von 1968 hatten die Inflation vorangetrieben. Im Januar 1973 beschloß die Regierung Messmer, aus der im April des Vorjahres geschaffenen europäischen «Währungsschlange» auszuscheiden und den Wechselkurs des Franc freizugeben. Zwei Monate später kehrte Frankreich mit dem abgewerteten Franc in den erneuerten Währungsverbund zurück.

1973 war auch in sozialer Hinsicht ein unruhiges Jahr. Es gab Schüler- und Studentenproteste gegen Reformen an Schulen und Hochschulen, langanhaltende Bauerndemonstrationen gegen die Ausdehnung eines großen Militärlagers im südfranzösischen Larzac und die Besetzung der in Konkurs gegangenen Uhrenfabrik Lip in Besançon durch die Belegschaft, gefolgt von dem Versuch, das Werk in Eigenregie weiterzuführen. Sieben Wochen später, im August 1973, wurde die Besetzung beendet: Das Experiment in Sachen Arbeiterselbstverwaltung hatte das Unternehmen nicht retten können.

Der Ölpreisschock vom Oktober 1973 stürzte auch Frankreich in eine «stagflation». Der Anstieg der Verbraucherpreise lag in Frankreich 1974 mit 10 Prozent über der entsprechenden Rate der Bundesrepublik Deutschland (7 Prozent), aber deutlich unter der britischen (24,2 Prozent); die Inflationsrate, die 1973 bei 8,1 Prozent gelegen hatte, erreichte 1974 mit 15,2 Prozent ihren Höhepunkt. Die industrielle Produktion ging zwischen dem letzten Drittel des Jahres 1974 und demselben Zeitraum des folgenden Jahres um 12 Prozent zurück. Die Zahl der Arbeitslosen stieg von 420 000 im Jahr 1974 auf 1 Million im Jahr 1977. Auch wenn die industrielle Produktion seit 1976 wieder deutlich wuchs (um 12 Prozent gegenüber 1975), gab es doch keinen

Grund zu der Annahme, daß Frankreich seine Strukturkrise bereits hinter sich hatte.

Am Abend des 2. April 1974 gegen 22 Uhr unterbrachen die Rundfunk- und Fernsehsender ihr Programm, um den Französinnen und Franzosen mitzuteilen, daß der Präsident der Republik, Georges Pompidou, gestorben war. An einer schweren Erkrankung des Staatsoberhaupts konnte die Öffentlichkeit seit langem keinen Zweifel haben; anders waren die irritierenden Bilder, die Pompidou mit einem unförmig aufgedunsenen Gesicht zeigten, nicht zu erklären. Der Grund, eine mit Kortison behandelte Krebserkrankung, galt aber als Staatsgeheimnis. Daß Pompidou seine Amtspflichten, so gut er konnte, bis zuletzt erfüllt hatte, nötigte auch denen Respekt ab, die ihn als politischen Gegner betrachteten.

Der Kampf um die Nachfolge begann unmittelbar nach dem Tod des Amtsinhabers. Auf der Linken war François Mitterrand, der am 8. April sein Amt als Sekretär der Sozialistischen Partei niederlegte, der «geborene Kandidat». Er wurde nicht nur von seiner eigenen Partei, sondern auch von den Kommunisten, den beiden großen Gewerkschaften, der linken CGT und der christlichen CFDT, den linken Radikalsozialisten und einigen kleineren Linksgruppen unterstützt. Auf der Rechten gab am 4. April als erster prominenter Gaullist der Bürgermeister von Bordeaux und frühere Premierminister Jacques Chaban-Delmas seine Kandidatur bekannt. Er tat es so früh, nämlich noch vor dem Ende der Gedenksitzung der Nationalversammlung zu Ehren Pompidous, daß viele Anhänger des Regierungslagers darin einen Stilbruch sahen. Einer seiner öffentlichen Kritiker war Finanz- und Wirtschaftsminister Valéry Giscard d'Estaing, der Führer der Unabhängigen Republikaner. Am 8. April teilte Giscard seine eigene Bewerbung um das höchste Staatsamt mit. Er war damals 48 Jahre alt. Der Absolvent der berühmten École Nationale d'Administration, der ENA, galt als einer der intelligentesten Politiker des Landes, in vielen Sachgebieten souverän beschlagen und durchsetzungsstark, zudem als glänzender Redner. Seine Reden und seine Amtsführung wiesen ihn als überzeugten Liberalen aus; Giscard sprach gern von seinem «fortgeschrittenen Liberalismus» (libéralisme avancé). Daß er selbst de Gaulle gegenüber auf seinen Überzeugungen beharrt hatte, sicherte ihm breite Sympathien in der politischen Mitte.

Am 13. April sprach sich der gaullistische Innenminister Jacques Chirac zusammen mit 35 seiner Parteifreunde und weiteren 8 Abge-

ordneten der Nationalversammlung in einer öffentlichen Erklärung
gegen Chaban-Delmas und für Giscard d'Estaing als gemeinsamen
Kandidaten der Rechten aus. Damit zeichnete sich ein «Duell» zwischen Giscard und Mitterrand ab, das erst in der zweiten Runde der
Präsidentenwahl entschieden werden würde. Beim ersten Wahlgang
am 5. Mai entfielen auf Mitterrand 43,2 Prozent der abgegebenen gültigen Stimmen, auf Giscard 32,6, auf Chaban-Delmas 15,1 Prozent; in
den Rest teilten sich die Bewerber kleinerer Gruppen. Im zweiten
Wahlgang am 19. Mai erhielt Giscard 50,8 und Mitterrand 49,2 Prozent der Stimmen. Der Stimmenvorsprung des Siegers belief sich auf
425 599 Stimmen.

Zum neuen Premierminister berief Giscard seinen gaullistischen
Unterstützer Jacques Chirac. Innenminister wurde der engste Vertraute des Präsidenten, Michel Poniatowski, Justizminister der Christdemokrat Jean Lecanuet, Finanz- und Wirtschaftsminister ein partei-
loser hoher Beamter, der Finanzinspektor (Inspecteur des Finances)
Jean-Pierre Fourcade, Außenminister der Berufsdiplomat und bisherige
Botschafter in Bonn, Jean-Victor Sauvagnargues. Was der neue Präsident vor allem anstrebte, war eine «Auflockerung» (décrispation) des
politischen Lebens, die Überwindung der Polarisierung zwischen
rechts und links (bipolarisation), wie sie sich in idealtypischer Weise
im Wahlgang vom 19. Mai manifestierte, und eine Stärkung der neuen
gesellschaftlichen Mitte, zu der Giscard namentlich die Beamten und
die leitenden Angestellten rechnete.

Die Reformen, die Giscard einleitete, trugen eine liberale, mitunter
auch sozialdemokratische Handschrift. Bereits im Juli 1974 wurde das
Wahlalter von 21 auf 18 Jahre herabgesetzt. Im August folgte eine
Reform des öffentlich-rechtlichen Fernsehens mit dem vorrangigen
Ziel, die Konkurrenz zwischen den Programmen zu beleben. Im Oktober 1974 verabschiedeten Nationalversammlung und Senat eine
Reform des Verfassungsgerichts (Conseil constitutionel). Bisher konnte
das Gericht nur von den anderen Verfassungsorganen, dem Präsidenten der Republik, dem Premierminister und den Präsidenten der beiden
Kammern des Parlaments, angerufen werden. Fortan hatten auch Parlamentarier dieses Recht, sofern 60 Abgeordnete oder Senatoren einen
solchen Antrag stellten. Ein Gesetz vom Dezember 1975 veränderte
den Status von Paris. Die Hauptstadt wurde nicht mehr von der Zentralgewalt regiert, sondern erhielt das Recht voller Selbstverwaltung

mit einem Bürgermeister an der Spitze, der dieselben Rechte hatte, wie sie die anderen «maires» besaßen.

Einige Reformen griffen tief in das gesellschaftliche Leben ein. Im Juli 1974 wurde das Scheidungsrecht liberalisiert, im Oktober die Empfängnisverhütung erleichtert. Leidenschaftlich umstritten war der von Gesundheitsministerin Simone Veil, einer Überlebenden des Vernichtungslagers Auschwitz, vorgelegte, zunächst auf fünf Jahre befristete Entwurf eines Gesetzes, das unter bestimmten Bedingungen den freiwilligen Schwangerschaftsabbruch erlaubte. Offiziell galt noch immer ein Gesetz von 1920, dem zufolge Abtreibungen ein Verbrechen waren. Der Entwurf der Ministerin stieß auf heftigen Widerstand nicht nur der katholischen Kirche, sondern auch aus dem Regierungslager. Auch Premierminister Chirac war kein Befürworter der Neuerung, ebensowenig das Gros der Gaullisten. Am 26. November 1974 begann die erste Lesung in der Nationalversammlung, unter deren 490 Abgeordneten nur 9 Frauen waren. Nach stürmischen Debatten wurde der Gesetzentwurf am frühen Morgen des 29. November dank der geschlossenen Zustimmung der gesamten Linken mit einer Mehrheit von 284 zu 189 Stimmen angenommen. Zwei Drittel der Abgeordneten des Regierungslagers hatten dagegen gestimmt, darunter auch ein Viertel der Fraktion von Giscards Unabhängigen Republikanern. Bevor das Gesetz 1979 endgültig verabschiedet wurde, wiederholte sich der erbitterte Meinungsstreit.

Die parlamentarische Redeschlacht von Ende November 1974 fiel zeitlich zusammen mit heftigen sozialen Auseinandersetzungen. Ein Streik der Fernsehtechniker verhinderte eine «Live»-Übertragung der Abtreibungsdebatte in der Nationalversammlung. Fast schon chronisch waren 1974/75 die Proteste von kleinen Gewerbetreibenden und Bauern gegen die hohen Steuern und Abgabelasten. Im Sommer 1975 kam es in zahlreichen Städten zu Gefängnisrevolten, zu teilweise gewaltsamen Protesten der Weinbauern im Languedoc sowie zu Demonstrationen von Soldaten. In Korsika eskalierte im August die Gewalt militanter Autonomisten. In Aléria wurden am 22. August bei einer Schießerei zwei Angehörige der Ordnungskräfte getötet. Fünf Tage später brachen in Bastia schwere Unruhen aus.

Präsident und Regierung versuchten die sozialen Unruhen mit Sozialreformen zu bekämpfen, wobei sie freilich vor allem die Arbeiterschaft im Auge hatten. Ein Gesetz vom Januar 1975 erschwerte Entlassungen, indem es sie von einer Genehmigung der Arbeitsaufsichtsbehörde (Inspection du travail) abhängig machte. Arbeitnehmern, die aus wirtschaftlichen Gründen entlassen wurden, mußten auf Grund einer von der Regierung initiierten Vereinbarung zwischen den Tarifpartnern vom Oktober 1974 ein Jahr lang 90 Prozent ihres bisherigen Lohnes gezahlt werden. Für größere und kleinere Unternehmer waren diese Neuerungen schwer erträglich, und erst recht empörte sie das Projekt einer Wertzuwachssteuer, das Giscard bereits im Juli 1974 vorgeschlagen hatte und das nach langen Beratungen schließlich im Juli 1976 Gesetz wurde. Premierminister Chirac hatte den von Finanz- und Wirtschaftsminister Fourcade vorgelegten Entwurf nur sehr zurückhaltend unterstützt. Als Generalsekretär der gaullistischen Partei, der Union pour la Défense de la République (UDR), der er seit Dezember 1974 war, kannte der Regierungschef die wachsenden Vorbehalte seiner Anhänger gegenüber den liberalen bis sozialdemokratischen Positionen Giscards nur zu gut. Ein Konflikt zwischen dem Präsidenten und dem Premierminister begann sich abzuzeichnen, der nur mit dem Rücktritt oder der Entlassung des letzteren enden konnte.

Die Linke ließ sich von der vergleichsweisen «linken» Politik der Rechten nicht beeindrucken. Sozialisten und Kommunisten fühlten sich durch einige Nachwahlen und durch Umfragen bestätigt, die ihnen eine Mehrheit in der Wählerschaft attestierten. Die Sozialisten erfreuten sich eines starken Zulaufs katholischer Arbeitnehmer aus der CFDT sowie aus Gruppierungen vom linken Rand der Parteienlandschaft. Die Kommunisten veröffentlichten im Mai 1975 eine «Erklärung der Freiheiten» (Déclaration des libertés), in der sie sich zur Bewahrung und Verteidigung der individuellen Freiheitsrechte, der großen Errungenschaft der Revolution von 1789, als Teil des französischen, ja des Welterbes bekannten. Im Jahr darauf verabschiedeten sie sich offiziell vom Begriff «Diktatur des Proletariats» und begannen sich den «eurokommunistischen» Positionen der italienischen und spanischen Kommunisten anzunähern. Die Linke stellte sich als eine geschlossene Einheit dar. Die politische Polarisierung der französischen Gesellschaft hielt ungeachtet aller Bemühungen Giscards um eine «Auflockerung» der Fronten von links und rechts unvermindert an.

Die wirtschaftspolitische Bilanz der ersten eineinhalb Jahre der Ära Giscard fiel gemischt aus. Die Rezession erreichte 1975 ihren Tiefpunkt: Der Index der industriellen Produktion lag im Jahresdurchschnitt um 11 Prozent unter dem Stand von 1974. Die Inflationsrate hingegen sank von 15,2 auf 11,7 Prozent. Finanz- und Wirtschaftsminister Fourcade, dessen Hauptziel die Stabilisierung des Franc war, konnte diese Entwicklung als seinen Erfolg betrachten. Die größte Regierungspartei aber, die UDR, an ihrer Spitze Chirac, hielt diese Prioritätensetzung für bedenklich. Die Gaullisten wollten vor allem Wachstum und eine Fiskalpolitik, die die kleinen und mittleren Unternehmer und die Bauern entlastete. Schon Ende 1975 war abzusehen, daß eine konsequente Anti-Inflations-Politik angesichts der Widerstände von links und rechts längerfristig keine Chance hatte. Ein Wirtschaftsliberalismus à la Fourcade war offenkundig nicht mehrheitsfähig.

Für Frankreichs östlichen Nachbarn, die Bundesrepublik Deutschland, war das beherrschende Thema des Jahres 1973 zunächst das Schicksal des Grundlagenvertrages mit der DDR, der vor der Bundestagswahl vom 19. November 1972 paraphiert, aber noch nicht unterzeichnet worden war. Die Unterzeichnung erfolgte am 21. Dezember 1972. Am 11. Mai 1973 nahm der Bundestag das Abkommen mit der Mehrheit von 268 zu 217 Stimmen an. Vier der Ja-Stimmen und alle Nein-Stimmen kamen aus dem Lager der oppositionellen Unionsparteien. Bei der anschließenden Abstimmung über den Beitritt der Bundesrepublik zur Charta der Vereinten Nationen stimmten 99 Abgeordnete mit den Regierungsparteien SPD und FDP, 121 Unionsabgeordnete stimmten mit Nein, darunter alle Parlamentarier der bayerischen CSU. Am 22. Mai, drei Tage vor der Ratifizierungsdebatte im Bundesrat, beschloß die Bayerische Staatsregierung, den Grundlagenvertrag vom Bundesverfassungsgericht auf seine Vereinbarkeit mit dem Grundgesetz überprüfen zu lassen. Gleichzeitig stellte sie den Antrag, das Bundesverfassungsgericht möge eine einstweilige Anordnung erlassen, die den Bundespräsidenten verpflichtete, den Grundlagenvertrag nicht vor der Entscheidung des Gerichts zu unterzeichnen.

Damit verwandelte sich der Streit um den Grundlagenvertrag von einer politischen in eine rechtliche Frage. Am 25. Mai verzichtete der Bundesrat, in dem die von der Union regierten Länder die Mehrheit hatten, auf einen Einspruch gegen den Grundlagenvertrag; dem Gesetz über den Beitritt zu den Vereinten Nationen stimmte er zu. Nachdem das Bundesverfassungsgericht den Antrag auf eine einstweilige Anordnung am 18. Juni abgelehnt hatte, trat der Grundlagenvertrag am 21. Juni in Kraft. Sein Urteil in dem von der Bayerischen Staatsregierung angestrengten Normenkontrollverfahren fällte das Bundesverfassungsgericht am 31. Juli 1973. Der Vertrag war demnach mit dem Grundgesetz vereinbar. Das Gericht machte es den Verfassungsorganen aber zur Pflicht, am Ziel der staatlichen Einheit festzuhalten und alles zu unterlassen, was die Wiedervereinigung vereiteln würde: eine Klarstellung, die sich die CSU als Verdienst anrechnete. Am 18. September 1973 wurden die DDR und die Bundesrepublik Deutschland als 133. und 134. Staat in die Vereinten Nationen aufgenommen. Die deutsche Zweistaatlichkeit war nun von Ost und West international anerkannt.

Der letzte Vertrag im Rahmen der sozialliberalen Ostpolitik war der mit der Tschechoslowakei. Er wurde am 11. Dezember 1973 von Bundeskanzler Brandt und Ministerpräsident Štrougal zusammen mit den Außenministern Scheel und Chňoupek in Prag unterzeichnet. Der Prager Vertrag beendete eine langwierige Auseinandersetzung um die völkerrechtliche Bewertung des Münchner Abkommens von 1938. Beide Seiten einigten sich darauf, daß dieses, unter Hitlers erpresserischem Druck unterzeichnete, Abkommen «im Hinblick auf ihre gegenseitigen Beziehungen nach Maßgabe dieses Vertrages als nichtig» zu betrachten sei. Diese Formel blieb hinter der von Prag lange geforderten Nichtigkeit «ex tunc», also von Anfang an, zurück und trug der Position der Bundesrepublik Rechnung, wonach der Vertrag fortwirkende Rechtswirkungen des Münchner Abkommens wie die Staatsangehörigkeit der Sudetendeutschen nicht berühren und materielle Ansprüche der ČSSR an die Bundesrepublik nicht begründen durfte. Artikel II stellte das denn auch ausdrücklich fest. Noch am gleichen Tag nahmen Bonn und Prag diplomatische Beziehungen auf. Am 21. Dezember folgte die Aufnahme diplomatischer Beziehungen zu Bulgarien und Ungarn.

Die Schlagzeilen wurden im Herbst 1973 aber nicht mehr von der Ostpolitik bestimmt, sondern von den Folgen des Ölpreisschocks vom Oktober. Bundesregierung und Bundestag reagierten mit einem Energiesicherungsgesetz, das am 10. November in Kraft trat und Verbrauchsbeschränkungen für Mineralöl und Erdgas erlaubte. Am 19. November ordnete Bundeswirtschaftsminister Hans Friderichs, ein Politiker der FDP, für die folgenden vier Sonntage Fahrverbote für Kraftfahrzeuge und für die folgenden sechs Monate Geschwindigkeitsbeschränkungen auf Autobahnen und Landstraßen an: Maßnahmen, die viel dazu beitrugen, daß sich der Ölpreisschock dem kollektiven Bewußtsein der Bundesbürger tief einprägte.

Eine der mächtigsten Gewerkschaften ließ sich von der Energiekrise nicht beeindrucken: Die Gewerkschaft Öffentliche Dienste, Transport und Verkehr (ÖTV) verlangte um die Jahreswende 1973/74 eine Lohnerhöhung von 14 Prozent, mindesten aber 185 DM mehr und 300 DM Urlaubsgeld. Ein erstes Angebot der öffentlichen Arbeitgeber in Höhe von 7,5 Prozent lehnten die ÖTV und die Deutsche Angestellten-Gewerkschaft (DAG) ab, ebenso zwei weitere Angebote in Höhe von erst 9, dann 9,5 Prozent. Es folgten Warnstreiks, darunter der Müllabfuhr, und danach ein bundesweiter Streik. Von den besonders betroffenen Kommunen gedrängt, gaben die öffentlichen Arbeitgeber schließlich nach. Am 13. Februar 1974 willigten sie in eine Steigerung der Löhne und Gehälter um 11 Prozent ein. Da Bundeskanzler Brandt sich zuvor scharf gegen die in der Tat maßlosen Forderungen der Gewerkschaft gewandt hatte, werteten große Teile der Öffentlichkeit, an ihrer Spitze die großen Tages- und Wochenzeitungen, den Ausgang der Kraftprobe als seine persönliche Niederlage – und darüber hinaus als Zeichen für einen besorgniserregenden Verfall der Staatsautorität.

Brandts Prestige litt auch aus anderen Gründen. Angesichts eines Bummelstreiks der Fluglotsen, der sich von August bis November 1973 hinzog, hatte sich die Bundesregierung hilflos gezeigt. In einem Untersuchungsausschuß des Bundestages wurde seit Juni 1973 neun Monate lang öffentlich über die Steiner-Wienand-Affäre, also den dringenden Verdacht des Stimmenkaufs anläßlich der Abstimmung über das konstruktive Mißtrauensvotum gegen Brandt am 27. April 1972, verhandelt. Im September 1973 äußerte sich der Fraktionsvorsitzende der SPD, Herbert Wehner, während eines Aufenthalts in Moskau in Gegenwart von Journalisten in abträglicher, ja beleidigender Weise über den Bundeskanzler, ohne daß dieser energisch gegen den «starken Mann» der Sozialdemokratie vorging. In der Ostpolitik gab es, trotz der guten Atmosphäre bei einem Besuch Breschnews in Bonn im Mai 1973, eine Reihe von Rückschlägen, darunter die Verdoppelung des Mindestumtausches für Besucher der DDR Mitte November – eine Regelung, die besonders Rentner schwer traf und die Zahl der Einreisen aus der Bundesrepublik und West-Berlin in die DDR halbierte.

Dazu kam eine innerparteiliche Herausforderung Brandts durch die scharf nach links gerückten Jungsozialisten, die Jugendorganisation der SPD: Im Januar 1974 legten sie sich auf eine sozialistische «Doppelstrategie» innerhalb und außerhalb der Partei fest. Der Parteivorsitzende Brandt erteilte dem entsprechenden Beschluß zwar eine klare Absage, konnte den Eindruck einer in wichtigen Fragen uneinigen Partei aber nicht mehr aus der Welt schaffen.

Am 25. April 1974 – einen Tag nach der Rückkehr Brandts von einer Reise nach Algerien und Ägypten – erfuhr die Öffentlichkeit durch die Bundesanwaltschaft von einem Ereignis, dessen Folgen zunächst noch nicht absehbar waren: Ein enger Mitarbeiter Brandts im Bundeskanzleramt, Günter Guillaume, war unter dem Verdacht der Spionage für die DDR festgenommen worden. Guillaume, hauptamtlicher Mitarbeiter des Ost-Berliner Ministeriums für Staatssicherheit, war 1956, als Flüchtling getarnt, zusammen mit seiner Frau Christel in die Bundesrepublik gekommen und seitdem für die DDR nachrichtendienstlich tätig. 1957 trat er in Frankfurt in die SPD ein, die ihn bald mit verschiedenen Aufgaben und Ämtern betraute. Seit Anfang 1970 arbeitete der erfolgreiche Funktionär im Bundeskanzleramt, wo er, wie das Presse- und Informationsamt der Bundesregierung mitteilte, mit der Organisation von Parteiterminen des Bundeskanzlers befaßt war. Kurz darauf kam noch sehr viel mehr heraus. Guillaume hatte Brandt 1973 in den Sommerurlaub nach Norwegen begleitet und dort Zugang zu streng geheimen Dokumenten der NATO gehabt. Als Begleiter auf vielen Reisen war er auch mit Brandts Privatleben vertraut. Die Boulevardpresse sprach in diesem Zusammenhang genüßlich von einer Reihe von «Frauengeschichten».

Brandt war im Mai 1973 nur in sehr allgemeiner Form durch Bundesinnenminister Hans-Dietrich Genscher über den Verdacht gegen Guillaume informiert worden. Beide Politiker nahmen das, was gegen Guillaume vorlag, offenbar nicht sehr ernst. Der Präsident des Bundesamtes für Verfassungsschutz, Günther Nollau, hingegen wollte den Bundeskanzler als Lockvogel einsetzen, um Guillaume als Spion überführen zu können. Er sprach sich deshalb dafür aus, daß Brandt seinen verdächtigen Mitarbeiter nach Norwegen mitnehmen sollte. Brandt beurteilte seine eigene Rolle nach der Verhaftung Guillaumes durchaus selbstkritisch und dachte seinen Tagebuchnotizen zufolge schon am 29. April an einen Rücktritt. Seine engsten Mitarbeiter aber empfahlen ihm, die Affäre kämpferisch durchzustehen, wozu er sich dann auch bereit zeigte. Am 4. Mai wendete sich das Blatt. Herbert Wehner, von Nollau über Details aus dem «Privatleben» Brandts in Kenntnis gesetzt, ließ bei einer vertraulichen Beratung der führenden Sozialdemokraten in Bad Münstereifel durchblicken, daß er einen Amtsverzicht des Kanzlers für die nunmehr einzig realistische Lösung halte. Damit waren für Brandt die Würfel gefallen. Am 6. Mai teilte er Bundespräsident Heinemann mit, er übernehme die Verantwortung für Fahrlässigkeiten im Zusammenhang mit der Agentenaffäre Guillaume, und bat um seine Entlassung aus dem Amt des Bundeskanzlers. Als seinen Nachfolger hatte er parteiintern zuvor schon Bundesfinanzminister Helmut Schmidt vorgeschlagen.

Ein politisch starker Brandt hätte den Fall Guillaume wohl ohne Rücktritt überstehen können. Aber nachdem er sein großes Ziel, die Durchsetzung der neuen Ostpolitik, erreicht hatte, fehlte Brandt offenkundig die innere Triebkraft, die er gebraucht hätte, um mit den Mühen des innenpolitischen Alltags und der Bewältigung der wirtschaftlichen Krise fertig zu werden. Durch den Rücktritt vom Staatsamt sicherte er sich die Möglichkeit, sein persönliches Ansehen zu bewahren, das Amt des Parteivorsitzenden zu behalten und in den folgenden Jahren weitere wichtige Funktionen zu übernehmen, so 1976 die des Präsidenten der Sozialistischen Internationale und 1977 die des Vorsitzenden der internationalen Nord-Süd-Kommission, eines auf Anregung von Weltbankpräsident Robert McNamara gebildeten Gremiums, das sich mit den Problemen einer gerechteren Weltwirtschaftsordnung befaßte. Die historische Bedeutung seiner Kanzlerschaft lag 1974 ohnehin schon klar zutage: Willy Brandt hatte mit den Ostverträgen und den 1969 eingeleiteten inneren Reformen ein neues Kapitel in der deutschen Geschichte aufgeschlagen. Er hatte, gestützt auf seine untadelige politische Biographie, das internationale Ansehen der Bundesrepublik vermehrt und die Grundlagen der zweiten deutschen Demokratie gefestigt. Er war der bedeutendste Kanzler seit Adenauer: Dieser Tatsache konnten auch die persönlichen Unzulänglichkeiten nichts anhaben, die in den letzten eineinhalb Jahren seiner Regierungszeit unübersehbar geworden waren.

Am 15. Mai 1974, neun Tage nach dem Rücktritt Willy Brandts, wählte die Bundesversammlung im ersten Wahlgang den bisherigen Außenminister und Vizekanzler Walter Scheel als Nachfolger Gustav Heinemanns, der aus Altersgründen nicht mehr kandidiert hatte, zum neuen Bundespräsidenten. Scheel erhielt 530, der Kandidat der Unionsparteien, Richard von Weizsäcker, 498 Stimmen. Einen Tag später wählte der Bundestag den bisherigen Finanzminister Helmut Schmidt mit 267 gegen 225 Stimmen zum Bundeskanzler. Der neue Vizekanzler Hans-Dietrich Genscher wechselte vom Innenministerium ins Auswärtige Amt. Seine Nachfolge im bisherigen Ressort übernahm der linksliberale Rechtsphilosoph Werner Maihofer, der zuvor Bundesminister für besondere Aufgaben gewesen war. Die Leitung des Finanzministeriums ging an den Sozialdemokraten Hans Apel, einen persönlichen Freund des Bundeskanzlers.

Der neue Regierungschef, am 23. Dezember 1918 in Hamburg geboren, hatte am Zweiten Weltkrieg an der West- und an der Ostfront teilgenommen, zuletzt als Oberleutnant und Batteriechef. In die SPD trat Schmidt 1946 ein; sein Studium der Staatswissenschaften schloß er 1949 als Diplomvolkswirt ab. 1953 wurde er erstmals in den Bundestag gewählt, wo er sich als ebenso sachkundiger wie scharfzüngiger Debattenredner den Beinamen «Schmidt-Schnauze» erwarb. Von 1961 bis 1965 war er Hamburger Innensenator, von 1967 bis 1969 Vorsitzender der sozialdemokratischen Bundestagsfraktion, von 1969 bis 1972 Bundesverteidigungsminister, seit 1972 Bundesfinanzminister, in den Monaten Juli bis Dezember 1972 als Nachfolger Karl Schillers in Personalunion auch Wirtschaftsminister.

Schmidts Verständnis für Politik war nüchterner als das seines Vorgängers: Einem politischen Visionär folgte ein pragmatischer Verantwortungsethiker, der sich an Kants Auffassung von Pflicht und an Karl Poppers Kritik des utopischen Denkens orientierte. Brandt war in erster Linie Außenpolitiker gewesen; Schmidt verfügte in nahezu allen Bereichen der Politik und namentlich auf den Gebieten Wirtschaft und Finanzen sowie Außen- und Sicherheitspolitik über profundes Fachwissen. Brandt hatte als Parteivorsitzender «zentristische», also ausgleichende Positionen bezogen. Schmidt, seit 1968 stellvertretender Vorsitzender der SPD, war der führende Sprecher des rechten Parteiflügels. Spannungen zwischen dem Kanzler und dem Parteivorsitzenden waren im Frühjahr 1974 also leicht vorhersehbar. Sie waren in den Persönlichkeiten der Akteure ebenso angelegt wie in der Unterschiedlichkeit ihrer Aufgaben.

Am 17. Mai gab Schmidt seine Regierungserklärung ab. Im innenpolitischen Teil der Rede kündigte er unter anderem eine Steuerreform und ein neues Mitbestimmungsrecht an. Im außenpolitischen Teil betonte der neue Bundeskanzler, daß das Gleichgewicht der Welt und die Sicherheit Westeuropas von der militärischen und politischen Präsenz der USA abhängig seien. Er bekannte sich zur Fortsetzung der Bemühungen um die Kontrolle und Verminderung der Rüstung, stellte aber ausdrücklich fest, daß die Bundesregierung «nicht ohne Sorge wachsende Rüstungsanstrengungen im Warschauer Pakt» betrachte. Die Quintessenz seiner Botschaft faßte Schmidt in dem Satz zusammen: «In einer Zeit weltweit wachsender Probleme konzentrieren wir uns in Realismus und Nüchternheit auf das Wesentliche, auf das, was jetzt notwendig ist, und lassen anderes beiseite.»

Die «weltweit wachsenden Probleme», von denen Schmidt sprach, waren vor allem solche der Weltwirtschaft, die nach wie vor im Zeichen der Energiekrise stand. In der Bundesrepublik folgte dem Rückgang der Inlandsnachfrage im Spätsommer 1974 ein scharfer Rückgang der Auslandsnachfrage. 1975 erlebten die Bundesbürger die bislang schärfste Rezession seit dem Zweiten Weltkrieg. Das Bruttoinlandsprodukt sank real um 1,6 Prozent; die Zahl der Arbeitslosen wuchs von 580 000 auf fast 1,1 Million an. Gleichzeitig stiegen die Verbraucherpreise. Setzt man das Preisniveau von 1976 gleich 100, lagen die Verkaufspreise im Einzelhandel 1973 bei 85,7, 1974 bei 91,9 und 1975 bei 96,9.

Da die Krise der Weltwirtschaft nicht bloß eine konjunkturelle, sondern auch eine strukturelle war und die Arbeitsplätze in der Bundesrepublik sehr viel mehr als noch 1960 vom Export abhingen (damals hatte das für jeden siebten Arbeitsplatz gegolten, inzwischen galt es für jeden fünften), gab es begründete Zweifel, ob die alten keynesianischen Rezepte einer Belebung der Binnennachfrage noch taugten. Die Regierung Schmidt versuchte es mit einer Mischung aus Konjunkturbelebung und Haushaltskonsolidierung. Die Nachfrage wurde durch Steuerentlastungen in Höhe von 22 Milliarden DM im Zuge der Einkommensteuerreform vom August 1974 belebt, deren Hauptzweck eine gerechtere Verteilung der Steuerlast war. 1975 folgte ein Programm zur Investitionsförderung, das vor allem der Bauwirtschaft zugute kam. Es wurde von Sparmaßnahmen flankiert, die alle Ressorts trafen.

Im Bereich der inneren Politik fiel es der sozialliberalen Koalition zunehmend schwer, gemeinsame Lösungen zu erarbeiten, Mehrheiten im Bundesrat zu finden oder sich vor dem Bundesverfassungsgericht gegenüber der Opposition zu behaupten. Eine besonders herbe Nieder-

lage erlitt das Bündnis von SPD und FDP im Rechtsstreit um die Neuregelung von Schwangerschaftsabbrüchen. Im April 1974, also noch
während Brandts Kanzlerschaft, hatte der Bundestag den Paragraphen
218 des Strafgesetzbuches im Sinne der «Fristenlösung» geändert:
Nach vorheriger Beratung blieben Schwangerschaftsabbrüche in den
ersten drei Monaten straffrei. Am 25. Februar 1975 verwarf das Bundesverfassungsgericht auf Antrag der von der Union regierten Länder
die Fristenlösung als verfassungswidrig und empfahl dem Gesetzgeber
statt dessen ein Indikationsmodell. Ein Jahr später, am 12. Februar
1976, verabschiedete der Bundestag eine Neufassung des Paragraphen
218, die dieser Vorgabe folgte: Ein Schwangerschaftsabbruch blieb nur
dann straffrei, wenn eine medizinische, ethische oder soziale Indika-
tion vorlag. Die soziale oder Notlagenindikation war von Anfang an
politisch umstritten. Sie konnte eng oder weit ausgelegt werden, und
entsprechend unterschiedlich entwickelte sich fortan die Praxis von
Schwangerschaftsabbrüchen in den Bundesländern.

Zur größten innenpolitischen Herausforderung der Ära Schmidt entwickelte sich seit Ende 1975 der Terror der äußersten Linken. Am
10. November 1974 wurde in Berlin der Kammergerichtsrat Günter von
Drenkmann in seiner Wohnung erschossen; zu der Tat bekannte sich
eine Gruppe, die sich «Rote Armee/Aufbauorganisation» nannte. Am
27. Februar 1975 entführten Mitglieder der «Bewegung 2. Juni» den
Vorsitzenden der West-Berliner CDU, Peter Lorenz, der erst wieder
seine Freiheit erlangte, nachdem ein ad hoc gebildeter, vom Bundeskanzler geleiteter Krisenstab die Forderung der Entführer erfüllt hatte:
Fünf freigepreßte Terroristen wurden aus verschiedenen Haftanstalten
in die Volksrepublik Jemen ausgeflogen. Am 24. April 1975 besetzte ein
«Kommando Holger Meins» die Botschaft der Bundesrepublik in Stockholm und erschoß zwei deutsche Diplomaten, den Militärattaché Andreas von Mirbach und den Botschaftsrat Heinz Hillegaard.

Diesmal blieb Bonn hart. Ein «Großer Krisenstab», dem, wie nach
der Entführung von Peter Lorenz, der Bundeskanzler, die zuständigen
Bundesminister, die Partei- und Fraktionsvorsitzenden und die Ministerpräsidenten der Bundesländer angehörten, lehnte die Forderungen
der Terroristen ab, 26 in Gefängnissen einsitzende Angehörige der RAF,
darunter Andreas Baader und Ulrike Meinhof, freizulassen. Darauf
brachten die Botschaftsbesetzer Sprengladungen zur Explosion. Zwei
Terroristen kamen dabei um, die anderen wurden festgenommen.

Am 25. April erklärte Bundeskanzler Schmidt im Bundestag, die Bundesregierung hätte vor der Aufgabe des Staates, «das Leben und die Freiheit aller seiner Bürger zu schützen», versagt, wenn sie der Forderung nachgekommen wäre, die «anarchistischen Banditen» freizulassen. Deren Rückkehr in die Bundesrepublik hätte nämlich das «Ende aller Sicherheit» bedeutet. In keiner anderen Frage konnte sich Schmidt der Zustimmung des gesamten Parlaments so sicher sein wie in dieser. Die Bevölkerung der Bundesrepublik wußte er, wenn es um Härte gegenüber dem Terrorismus ging, ohnehin auf seiner Seite.

Anders als in der Bundesrepublik Deutschland kam der Terror in Italien während der ersten Hälfte der siebziger Jahre in höherem Maß von rechts als von links. Ende Mai 1974 brachten Neofaschisten auf einer Gewerkschaftskundgebung in Brescia eine Bombe zur Explosion, die 9 Menschen tötete und über 80 verletzte. Zweieinhalb Monate später, Anfang August, verübten Täter derselben Richtung einen Sprengstoffanschlag auf den Fernzug «Italicus» und brachten ihn damit zum Entgleisen. Dabei starben 12 Menschen, 105 wurden verletzt. Die Regierung des Christdemokraten Mariano Rumor beantwortete den Rechtsterrorismus mit der Räumung einiger Militärlager der Neofaschisten und der Verhaftung vieler ihrer Aktivisten. Zwei rechtsradikale Organisationen, Ordine Nuovo und Avanguardia Nazionale, wurden 1974/75 aufgelöst.

Die Staatsgewalt erreichte damit nicht mehr als einen Generationswechsel auf Seiten des gewalttätigen Rechtsextremismus. Dessen Ziel blieb es, Chaos zu erzeugen und eben dadurch den Boden für einen starken autoritären Staat zu bereiten. Ob es Verbindungen zwischen den gewalttätigen Neofaschisten und Teilen des Staatsapparates gab, ist umstritten. Entsprechende Vermutungen ranken sich um zwei Vereinigungen: die geheime, weit rechtsstehende Loge P2, der hohe Militärs, maßgebliche Funktionsträger der Geheimdienste sowie Minister und zahlreiche Abgeordnete angehörten, und die geheime NATO-Gruppierung «Gladio», die mit Hilfe der CIA und der amerikanischen Botschaft für den Fall einer kommunistischen Invasion oder Machtübernahme Waffenlager und Munitionsdepots angelegt hatte und einschlägig ausgebildete Spezialeinheiten unterhielt.

Der Terror von links äußerte sich bis 1974 vorzugsweise in Anschlägen auf Banken und Parteibüros, sei es des MSI oder der DC,

sowie in Entführungen, die meist glimpflich endeten. Der spektakulärste Fall der zweiten Kategorie war die Entführung des Staatsan-
walts Mario Sossi, des Anklägers in einem Verfahren gegen Angehörige der Terrorgruppe des «22. Oktober», in Genua im April 1974:
eine Aktion, die im Rückblick als Auftakt zu einer neuen, gegen das
Machtzentrum gerichteten Strategie der Roten Brigaden erscheint.
1975 wurden 74 Terroranschläge von links gezählt; 1976 waren es
bereits 103. Ein Prozeß der Gewalteskalation hatte begonnen, der
Italien in den Jahren darauf in seine bislang schwerste innenpolitische Krise stürzen sollte.

Die Radikalisierung auf der äußersten Linken hing eng mit der
Zuspitzung der wirtschaftlichen und sozialen Krise des Landes zusammen. Italien deckte seinen Energiebedarf zu drei Vierteln mit
Mineralöl und war entsprechend stark von den Preissteigerungen auf
dem Rohölmarkt seit 1973 betroffen. 1974 belief sich das Defizit in der
Außenhandelsbilanz bereits auf 10,5 Milliarden Dollar. Massive Lohnerhöhungen und ein anhaltend hoher Konsum trieben die Inflation zusätzlich nach oben: von 10,8 Prozent im Jahr 1973 auf 19 Prozent im
folgenden Jahr. Das Bruttoinlandsprodukt sank 1975 um 3,5 Prozent.
Die öffentliche Verschuldung erreichte 1975 den Stand von 55 Prozent
des Bruttoinlandsprodukts, rund 20 Prozentpunkte über dem westeuropäischen Durchschnitt, und sie stieg weiter. Die Krise erfaßte ein
großes Privatunternehmen wie FIAT, das unter starker internationaler
Konkurrenz und häufigen Streiks litt, ebenso wie den Staatskonzern
IRI, der bislang immer wieder in Not geratene Betriebe unter seine
Fittiche genommen hatte und jetzt selbst in die roten Zahlen geriet.
Die Firmenzusammenbrüche mehrten sich und mit ihnen die Zahl der
erwerbslos gewordenen Arbeitnehmer.

Eine Antwort auf die Wirtschaftskrise war die Entscheidung der
Regierung vom 7. Mai 1974, zunächst für sechs Monate den größten
Teil der Importe mit einer fünfzigprozentigen Depotabgabe zu be-
lasten – ein klarer Bruch der Römischen Verträge, soweit sie die Zoll-
union betrafen. Eine andere Antwort war die Vermehrung der Geld-
menge durch die alles andere als unabhängige, vielmehr ganz dem
Finanzministerium untergeordnete Notenbank: die Banca d'Italia. Die
Verantwortung für diese Politik trugen von Juni 1973 bis November
1974 zwei Kabinette der linken Mitte unter dem Christdemokraten
Rumor. In das erste Vierteljahr des vierten Kabinetts Rumor fiel eine

bemerkenswerte Wende in der Politik der zweitgrößten italienischen
Partei, der Kommunisten. In vier Artikeln für die kommunistische
Wochenzeitung «Rinascita» sprach sich der Generalsekretär des PCI,
Enrico Berlinguer, Ende September und Anfang Oktober 1973 für die
Erneuerung jenes «großen historischen Kompromisses» (grande com-
promesso storico) aus, der von 1943 bis 1945 zwischen den antifaschi-
stischen Parteien bestanden habe. Konkret schlug Berlinguer ein dauer-
haftes Bündnis zwischen beiden großen Parteien, den Christlichen
Demokraten und den Kommunisten, vor.

Den unmittelbaren Anstoß zu dieser aufsehenerregenden Initiative
gab der Putsch des Militärs in Chile vom September. Berlinguers
Schlußfolgerung war eindeutig: Wenn die Linke nach einem Wahlsieg,
ja selbst nach der Eroberung einer absoluten Stimmenmehrheit darauf
verzichtete, das Gros der Gesellschaft hinter sich zu bringen, und statt
dessen den Weg der offenen Konfrontation mit dem Bürgertum ein-
schlug, mußte sie mit einem «faschistischen» Gegenschlag und der
Machtübernahme der reaktionären Kräfte rechnen. Die einzig realistische Alternative zu einem solchen, ins Verderben führenden Kurs war
eine Allianz der demokratischen Kräfte des linken und des katholischen
Lagers. Es war das Konzept des «Eurokommunismus», das damit erstmals feste Umrisse annahm.

Die Antwort der extremen Linken war vorhersehbar: Die Roten Brigaden stellten dem «historischen Kompromiß» den bewaffneten proletarischen Kampf entgegen. Sie betrachteten den PCI seit dem Herbst
1973 als eine revisionistische Partei des sozialdemokratischen Typs, die
dem Klassenkampf abgeschworen hatte und damit zu einem integrierenden Bestandteil des kapitalistischen Systems geworden war, während sie
selbst die wahre Avantgarde der revolutionären Arbeiterklasse bildeten.
Wichtiger waren für Berlinguer die Reaktionen der Christlichen Demokraten. Vom eher «rechten» Ministerpräsidenten Rumor durfte der
kommunistische Parteiführer kein Eingehen auf seine Vorschläge erwarten, eher schon vom linken Parteiflügel der DC unter Aldo Moro,
dem Ministerpräsidenten der Jahre 1963 bis 1968.

Im November 1974 zerbrach die Regierung des Centrosinistra unter dem Druck der inneren Krise. An die Spitze des neuen Kabinetts,
dem Politiker der Christdemokraten und der Republikanischen Partei
angehörten, trat Moro. Dem neuen Ministerpräsidenten lag durchaus
daran, die Kommunisten an das Regierungslager zu binden. Eine for-

melle Beteiligung der Kommunisten an der Staatsmacht aber lehnte Moro ab. Eine derartige «Öffnung nach links» hätte die konservative Mehrheit der DC nicht mitgetragen, und auch die Rücksicht auf die Verbündeten Italiens, obenan die USA, gebot Vorsicht bei allen Versuchen, zu einer Verständigung mit den Kommunisten zu gelangen.

Im Juni 1975 fanden in Italien Kommunal- und Regionalwahlen statt. Die Kommunisten gewannen 6,5 Prozentpunkte hinzu und kamen auf 33,4 Prozent, womit sie ganz nahe an die Christdemokraten heranrückten, die einen Anteil von 35,3 Prozent verbuchen konnten. In sechs Regionen stellten die Kommunisten zusammen mit den Sozialisten die Regierung; in Mailand, Turin und Neapel kam der Bürgermeister aus ihren Reihen; im Jahr darauf konnten sie mit einem parteilosen Kandidaten auch das Rennen um das Bürgermeisteramt in Rom für sich entscheiden. Für Moro waren die Wahlerfolge der Kommunisten ein Grund mehr, die Zusammenarbeit mit ihnen zu suchen, wo immer es möglich war, eine Koalition mit ihnen aber weiterhin zu vermeiden. Es war ein Balanceakt, auf den sich der Ministerpräsident einließ – aus innen- wie aus außenpolitischen Gründen riskant und doch unvermeidbar, wenn die DC nicht Gefahr laufen wollte, auf den Status einer isolierten Minderheitspartei herabzusinken.

Sehr viel seltener als Italien gerieten in den siebziger Jahren zwei andere Mitgliedstaaten der Europäischen Gemeinschaft in die Schlagzeilen der Weltpresse: Belgien und die Niederlande. In Belgien hatte die Rate des wirtschaftlichen Wachstums 1970 noch bei 6,5 Prozent gelegen; 1976 lag sie bei knapp über 3 Prozent. Die Inflationsrate erreichte 1974 mit 15,6 Prozent ihren Höchststand. Eine Hauptursache der Geldentwertung, die Koppelung der Löhne und Gehälter an den Preisindex, versuchte die von den Christlichsozialen und den Liberalen getragene Minderheitsregierung unter Leo Tindemans Anfang 1977 zu beseitigen, ein Generalstreik der Eisenbahner und massive Proteste anderer Gewerkschaften aber brachten das Vorhaben zu Fall. Unter der Wirtschaftskrise hatte ganz Belgien zu leiden, doch nicht in allen Teilen auf gleiche Weise: Die Rezession traf das von Kohle und Stahl, also «alten Industrien», geprägte Wallonien sehr viel härter als Flandern, wo Erdölraffinerien, Unternehmen der chemischen und der metallverarbeitenden Industrie, Handel und mittelständisches Gewerbe das Wirtschaftsleben bestimmten.

Das ausgeprägte Nord-Süd-Gefälle gab dem traditionellen Auto-
nomiestreben der Flamen Auftrieb. Ein Gesetz vom August 1963 über
die Neueinteilung der Sprachgebiete – des niederländischen, französischen und (im Gebiet um Eupen) deutschen – wirkte längerfristig
ebensowenig befriedend wie die Bildung regionaler Wirtschaftsräte
auf Grund eines Gesetzes vom Juni 1969 und die Verfassungsreform
vom Dezember 1970, die eine paritätische Zusammensetzung der belgischen Regierung vorschrieb und den Sprachregionen die Einrichtung
von Kulturräten erlaubte, wobei Schutzklauseln zugunsten der jeweiligen Minderheit einzuführen und zu beachten waren. Im Juli 1974
folgte ein Gesetz über die provisorische Regionalisierung des Landes,
das die Errichtung von Regionalparlamenten vorsah.

Doch was immer die wechselnden Koalitionsregierungen – Bündnisse von Christlichsozialen und Liberalen oder von Christlichsozialen
und Sozialisten – in Sachen Staatsreform taten, es blieb hinter den
Forderungen der flämischen Autonomiebewegung um die Volksunie
zurück; auch eine Umverteilung der staatlichen Zuwendungen zugunsten Flanderns im Jahr 1974 war aus ihrer Sicht nur eine Abschlagszahlung. Das Rassemblement Wallon, die Dachorganisation von Verbänden der frankophonen Belgier, trat nicht weniger föderalistisch auf
als die Volksunie. Der Zusammenschluß betrachtete sich auch als Verbündeter der französischsprachigen Bevölkerungsmehrheit von Brüssel,
das inmitten eines niederländischsprechenden Umlandes lag – ein Umstand, der klare, territoriale Grenzziehungen zwischen beiden Ethnien
nahezu unmöglich machte. Der Gegensatz zwischen Flamen und Wal-
lonen erschwerte zunehmend die Bildung handlungsfähiger Regierungen. Ob die gesamtstaatlich orientierten Parteifamilien – die Christlichsozialen, die Sozialisten und die Liberalen – ihre Vormachtstellung
gegenüber den zentrifugalen Kräften würden behaupten können, war
Mitte der siebziger Jahre eine offene Frage.

Die Niederlande erlebten seit Mitte der sechziger Jahre einen Umbruch
ihres überkommenen Parteiensystems. Neue Parteien wie die linksliberalen Demokraten 66 (D66), die katholischen Progressiven Radikalen
und die Demokratischen Sozialisten, eine rechte Absplitterung von der
sozialdemokratischen Partei der Arbeit (PvdA), brachen in die «ver-
säulte» Landschaft der konfessionellen, liberalen und linken Traditions-
parteien ein und machten die Bildung stabiler Koalitionen auf längere

Zeit unmöglich. 1971 fanden zweimal, im April und November, Parlamentswahlen statt, die an diesem Zustand nichts änderten. Von 1970 bis 1973 befanden sich die Niederlande in einer permanenten Regierungskrise. Im Mai 1973 gelang es dann einem sozialdemokratischen Reformer, Joop den Uyl, eine Große Koalition mit den christlichen Parteien zu bilden, die, gestützt auf Sondervollmachten des Parlaments, der wirtschaftlichen Probleme mit scharfen Kontrollen von Preisen, Löhnen, Dividenden und Mieten Herr zu werden versuchte.

Unter den Uyl schritt der von den Sozialdemokraten und den christlichen Parteien gleichermaßen befürwortete Ausbau des Wohlfahrtsstaats voran. Ein garantiertes Mindesteinkommen im Alter und eine obligatorische Alterssicherung nach dem Umlageverfahren gab es bereits seit 1957. In der Folgezeit wurden Gesundheitsfürsorge und Wohnungsbau massiv gefördert, das kulturelle und sportliche Freizeitangebot ausgeweitet und das individuelle Wohlbefinden (voelzijn) zum Ziel der staatlichen Gesellschaftspolitik erhoben. 1974 erreichte der Anteil der Sozialausgaben am Bruttoinlandsprodukt mit 20,7 Prozent einen europäischen Rekordwert. (Es folgten Belgien mit 18, Frankreich und Österreich jeweils mit 15,5 und die Bundesrepublik Deutschland mit 14,6 Prozent.) Die Expansion der öffentlichen Ausgaben ging auf Kosten der Geldwertstabilität: 1976 belief sich die Inflationsrate auf 8,9 Prozent. Die privaten Investitionen gingen zurück; die Arbeitslosenquote erreichte 1977 die Marke von 5,5 Prozent.

Im dritten Jahr der Regierungszeit Joop den Uyls wurden die Niederländer mit einem Erbe ihrer Kolonialzeit konfrontiert. Im Königreich der Niederlande lebten etwa 13 000 Ambonesen aus den Süd-Molukken, darunter viele ehemalige Angehörige der Kolonialarmee, die nach der Eroberung der Süd-Molukken durch Indonesien im Jahr 1950 in die Niederlande emigriert oder dorthin verbracht worden waren. Die radikaleren unter ihnen hörten nicht auf, die Wiederherstellung ihres nur kurze Zeit selbständigen Staates zu fordern. Anfang Dezember 1975 versuchten ambonesische Extremisten die Regierung den Uyl mit einer dramatischen Aktion zu erpressen: Sie kaperten auf offener Strecke einen Eisenbahnzug und nahmen im indonesischen Generalkonsulat in Amsterdam Geiseln, um auf diese Weise Den Haag zur Unterstützung ihrer Forderung nach einem selbständigen Staat der Süd-Molukken zu zwingen. Die Terroristen erschossen vier Geiseln, die Regierung aber blieb hart. Zwei weitere Geiselnahmen in den Jahren

1977 und 1978 wurden von den Streitkräften beendet; in beiden Fällen kamen auch Geiseln ums Leben. Was blieb, war die Empörung vieler Niederländer über eine Gruppe von Einwanderern, die sie als feindselige Eindringlinge empfanden, ja eine wachsende Animosität gegenüber Immigranten aus fremden Kulturen.

1975 schlossen sich die katholischen und die protestantischen Parteien – die Katholische Volkspartei und die calvinistische Christlich-Historische Union – zu einem Wahl- und Aktionsbündnis zusammen, aus dem 1980 der Christlich-Demokratische Appell (CDA) hervorging. Im März 1977 zerbrach die Große Koalition an Meinungsverschiedenheiten zwischen den Uyl und dem Justizminister Andreas van Agt von der Katholischen Volkspartei. Die Wahlen vom Mai 1977 brachten der Partei der Arbeit zwar eine relative Mehrheit der Sitze, ein neues Regierungsbündnis mit parlamentarischer Mehrheit aber kam nicht zustande. Es dauerte über ein halbes Jahr, bis es van Agt gelang, eine Koalition der christdemokratischen Parteien und der rechtsliberalen Volkspartei für Freiheit und Demokratie zu bilden. Damit begann eine fast 17 Jahre dauernde Vorherrschaft des Christlich-Demokratischen Appells, die erst mit dem Wahlsieg der Sozialdemokraten unter Wim Kok im August 1994 endete.

Das Projekt der supranationalen Einigung Westeuropas kam in der ersten Hälfte der siebziger Jahre kaum voran. Auf einer Gipfelkonferenz in Paris hatten sich die Mitgliedstaaten der Europäischen Gemeinschaft im Oktober 1972 darauf verständigt, die Gemeinschaft zu einer Politischen Union, der «Europäischen Union», weiterzuentwickeln und die Wirtschafts- und Währungsunion bis 1980 zu verwirklichen. Auf dem Kopenhagener Gipfel wurde über ein Jahr später, im Dezember 1973, ein «Dokument zur Europäischen Identität» verabschiedet. Außerdem beschlossen die Neun, einen Regionalfonds zum Zweck der gezielten Förderung wirtschaftlich weniger entwickelter Gebiete und einen Europäischen Rechnungshof zu errichten. Über dem Regionalfonds kam es 1973 zu einer ernsten Krise, weil die Bundesrepublik Deutschland sich weigerte, die Hauptlasten der Kosten zu übernehmen, und das unter anderem damit begründete, daß die Partnerländer es an wirksamen Maßnahmen zur Stabilisierung ihrer Volkswirtschaften fehlen ließen. Auf dem Gipfel vom Dezember 1975 legte der belgische Ministerpräsident Leo Tindemans seinen Bericht über die Europäische

Union vor. Es war ein Plädoyer für eine über die Europäische Zusammenarbeit weit hinausgehende Kooperation in Gestalt der Politischen Union, eine vollständige Wirtschafts- und Währungsunion und die Erweiterung der Rechte des Europäischen Parlaments. Für den Fall, daß nicht alle Mitgliedstaaten mit der schnellen Integration einverstanden waren, sollten die zu stärkerer Zusammenarbeit bereiten Mitglieder selbständig voranschreiten können – im Sinne eines «Europa der zwei Geschwindigkeiten».

Praktische Wirkungen hatte der klarsichtige Entwurf nicht. Der Tindemans-Bericht wurde von der Brüsseler Bürokratie und den Beamtenapparaten der Mitgliedstaaten hin- und hergewendet und schließlich, wie Gerhard Brunn schreibt, «ein Opfer der Eurosklerose, von der die Gemeinschaft Mitte der siebziger Jahre befallen wurde und erst zehn Jahre später geheilt werden sollte». Fortschritte machte lediglich die intergouvernementale Zusammenarbeit. Ihre Protagonisten waren der französische Staatspräsident Valéry Giscard d'Estaing und Bundeskanzler Helmut Schmidt. Beide kannten und schätzten sich schon, als sie noch die Finanzminister der beiden Länder gewesen waren. Im September 1974 verständigten sie sich auf eine neue Form der europäischen «Gipfeldiplomatie». Die Staats- und Regierungschefs der EG sollten sich dreimal im Jahr treffen, um so etwas wie die Richtlinien der Europapolitik zu vereinbaren. Die Erledigung der laufenden Geschäfte blieb weiterhin den Außenministern überlassen. Im Dezember 1974 wurde auf dem Pariser Gipfel ein entsprechender Beschluß gefaßt. Ein in den Römischen Verträgen nicht vorgesehenes Organ, der Europäische Rat, erhielt damit seine Geschäftsgrundlage.

Soweit es nach Giscard und Schmidt ging, sollte künftig der Europäische Rat das eigentlich dynamische Organ der Gemeinschaft, ihre Exekutive, sein, die Kommission und der Ministerrat eher dienende Funktionen wahrnehmen. Innerhalb des Europäischen Rates war es das deutsch-französische «Tandem», das den Ton angab: eine Konstellation, die dadurch erleichtert wurde, daß der potentielle Dritte im Bunde, der britische Premierminister Harold Wilson, anders als sein Vorgänger Edward Heath, gar nicht daran dachte, für sein Land eine Führungsrolle in der EG zu beanspruchen. Ob es bei der Machtverschiebung zugunsten des Europäischen Rates und der deutsch-französischen Doppelführung bleiben würde, war um 1974/75 aber noch nicht ausgemacht. Die Beziehungen zwischen Paris und Bonn mußten nicht immer so gut sein, wie sie es unter Giscard und Schmidt waren, und ein starker Kommissionspräsident hatte durchaus die Chance, die Gewichtsverlagerung zugunsten der von ihm geführten, supranationalen Institution zu korrigieren. Zu der verstärkten intergouvernementalen Zusammenarbeit gab es, wie die Dinge in Westeuropa sich seit der Ära de Gaulle entwickelt hatten, einstweilen keine realistische Alternative. Das letzte Wort des europäischen Einigungsprozesses aber mußte sie nicht sein.

Auf der Ratsebene vollzogen sich ebenfalls Gewichtsverlagerungen. Solange Staats- und Regierungschefs wie Giscard und Schmidt die Außenbeziehungen ihrer Länder als ihre ureigenste Domäne betrachteten, war der Einfluß der Außenminister auf die Europapolitik begrenzt – ein wichtiger Grund, weshalb die Europäische Politische Zusammenarbeit bisheriger Art in der zweiten Hälfte der siebziger Jahre zunehmend an Bedeutung verlor. Dagegen war ein anderer Ministerrat, der Rat der Finanzminister – kurz ECOFIN (Economic and Financial Affairs) genannt –, in eine Schlüsselstellung aufgerückt. Es waren die Finanzminister, an ihrer Spitze in der entscheidenden Phase Giscard und Schmidt, die die EG 1972/73 durch die Weltkrise steuerten und den Grund für das monetäre Gewicht der Gemeinschaft in der Nach-Bretton-Woods-Ära legten. Von keinem Ressortleiter hingen die Staats- und Regierungschefs so sehr ab wie von ihren Finanzministern. In einer Zeit wachsender Staatsverschuldung bestimmten diese mehr denn je, über welche innen- und außenpolitischen Handlungsspielräume die Regierungen verfügten.

Auf ihrem Pariser Gipfel von Dezember 1974 einigten sich die Staats- und Regierungschefs auf eine gemeinsame Bekämpfung von Rezession und Inflation. Auf der ersten Tagung des Europäischen Rats «neuen Stils» in Dublin beschlossen sie im März 1975 auf britisches Drängen die Einführung eines Korrekturmechanismus zum Ausgleich der Finanzbelastung von Mitgliedstaaten, die sich in einer für sie nicht tragbaren Situation befanden – eine Entscheidung, die mit dazu beigetragen haben dürfte, daß sich beim britischen Referendum vom Juni 1975 eine breite Mehrheit für den Verbleib des Vereinigten Königreiches in der Europäischen Gemeinschaft aussprach. Ein anderer Beschluß des Dubliner Gipfels zielte auf einen Dialog mit den arabischen Staaten und damit einer Region, von der die Sicherheit Westeuropas nicht nur in energiepolitischer Hinsicht in hohem Maß abhing. Außerdem wurde eine «Arbeitsgruppe EG-ASEAN» eingesetzt, die sich der Pflege der Beziehungen zu der 1967 gegründeten Vereinigung südostasiatischer Staaten, der ASEAN, unter ihnen solcher wirtschaftlicher «Aufsteiger» wie Indonesien, Malaysia und Singapur, widmen sollte.

Beide Asien betreffenden Beschlüsse waren ein Zeichen dafür, daß die EG entschlossen war, energischer als bisher Weltpolitik in Gestalt von Welthandelspolitik zu betreiben. Die globalen Ambitionen der Gemeinschaft unterstrich auch das im Februar 1975 in Lomé, der Hauptstadt von Togo, unterzeichnete Abkommen mit 46 Staaten in Afrika, der Karibik und im pazifischen Raum, den sogenannten «AKP-Ländern», das an die Stelle von zwei früheren Verträgen (von Yaoundé aus dem Jahr 1963 und von Arusha aus dem Jahr 1969) trat. Die Mittel des Europäischen Entwicklungsfonds wurden verdreifacht; die Exportpreise sollten durch Ausgleichszahlungen bei Schwankungen der Weltmarktpreise gesichert, die Importe aus den betroffenen Ländern erleichtert werden. Mehr als die Hälfte der Exporte aus den AKP-Staaten (54 Prozent) gingen inzwischen in die EG, etwas weniger als die Hälfte (44 Prozent) der Einfuhren des AKP-Raums kamen aus den Staaten des Gemeinsamen Markts. Für die EG hatte der Handel mit den AKP-Ländern dagegen eine sehr viel geringere Bedeutung. Der Anteil der Importe aus diesen Staaten an der Gesamteinfuhr der Gemeinschaft ging sogar zurück: von 9 Prozent im Jahr 1970 auf 2,4 Prozent im Jahr 1999.

Die Verbindung von Handels- und Entwicklungspolitik im Lomé-Abkommen sollte die AKP-Staaten noch stärker an die EG binden und sie gegen die Versuchung wappnen, sich in eine Abhängigkeit von der Sowjetunion und dem Ostblock zu begeben. «Lomé» ging nicht anders als «Yaoundé» auf das Drängen von Frankreich und Belgien zurück, ihren ehemaligen Kolonien Vorteile zu verschaffen, die auch für die Mutterländer nützlich waren. Die Beziehungen zu den AKP-Ländern trugen einen Januskopf: Sie brachten den Partnerländern der EG nicht nur handelspolitische Privilegien, sie verstärkten auch ihre wirtschaftliche und politische Abhängigkeit von den früheren Kolonialmächten und von der Europäischen Gemeinschaft insgesamt. Um in diesem Zusammenhang von «Neokolonialismus» zu sprechen, mußte man kein Ideologe der äußersten Linken sein.[20]

Weltmacht auf Widerruf: Der Niedergang der sowjetischen Wirtschaft

Während die westlichen Industrieländer mit den Folgen der Ölkrise von 1973/74 fertig zu werden versuchten, profitierte die Sowjetunion von der Entdeckung riesiger neuer Ölfelder in Sibirien in den sechziger Jahren. Sie hatte der UdSSR dazu verholfen, sich vom Rohölimporteur in einen Rohölexporteur zu verwandeln. Im Herbst 1973, nahezu zeitgleich mit dem Ölembargo der arabischen Erdölländer, hatte es zwar beim sibirischen Erdöl einen zeitweiligen Rückgang der Fördermenge gegeben, der mit dazu beitrug, die Preise auf dem internationalen Ölmarkt nach oben zu treiben. Aber insgesamt konnte die sowjetische Mineralölproduktion weiter gesteigert werden: Sie wuchs von 353 Millionen Tonnen im Jahr 1970 auf 491 Millionen fünf Jahre später und 603 Millionen Tonnen im Jahre 1980. Mit einem Anteil von 16 Prozent an der Weltförderung nahm die UdSSR bereits 1974 den ersten Rang unter den erdölproduzierenden Ländern ein. Im Verlauf des folgenden Jahrzehnts konnte sie ihren Anteil sogar auf 23 Prozent steigern.

Zu den Gewinnern der Energiekrise gehörte die Sowjetunion dennoch nicht. Die wichtigsten Abnehmer von sowjetischem Erdöl waren die Staaten des Rates für gegenseitige Wirtschaftshilfe, des COMECON, die das begehrte Gut zu «Freundschaftspreisen» unter dem Weltmarktniveau erhielten. Daran änderte sich nur wenig, als die Sowjetunion in den siebziger Jahren dazu überging, ihre Rohstoffe den Partnerländern nur noch gegen westliche Devisen beziehungsweise hochwertige Fertigprodukte zu verkaufen. Wirtschaftlich gesehen blieb der Ostblock ein Verlustgeschäft: Die Sowjetunion gab für die von ihr abhängigen ostmittel- und südosteuropäischen Staaten mehr Geld aus, als sie von ihnen bekam.

Der neunte Fünfjahresplan, den der 24. Parteitag der KPdSU im April 1971 verabschiedet hatte, sah eine wissenschaftlich-technische Revolution und gewaltige Steigerungsraten in den einzelnen Produktionssektoren vor. Die Realität war eine andere· Die Sowjetunion befand sich seit 1973 in einer Periode des wirtschaftlichen Niedergangs. Das Wachstum des produzierten Nationaleinkommens sank von 7,7 Prozent im Durchschnitt der Jahre 1966 bis 1970 auf 5,7 Prozent im folgenden Jahrfünft und auf 4,2 Prozent in den Jahren 1976 bis

1980. Der Zuwachs der Arbeitsproduktivität fiel in der gleichen Zeitspanne von 6,8 erst auf 4,6, dann auf 3,2 Prozent. Besonders besorg-
niserregend war für die Planer die zunehmende Verknappung von Arbeitskräften: Die Zuwachsraten fielen von 3,2 Prozent im Durchschnitt
der Jahre 1966 bis 1970 auf 2,4 und auf 1,9 Prozent in den folgenden
beiden Jahrfünften. Die dörfliche Arbeitsreserve für die Industrie war
so gut wie ausgeschöpft. Die Sowjetunion hatte, was das industrielle
Arbeitskräftepotential anging, die Grenzen des Wachstums erreicht.

Eine Abhilfe hätte nur eine bessere Nutzung der Ressourcen schaffen können: ein produktiverer Einsatz von Arbeit und ein effizienterer
Einsatz von Kapital. Um dies zu erreichen, wären neben moderner
Technik ein höheres Maß an Disziplin und Qualifikation bei den
Arbeitskräften erforderlich gewesen. Diese qualitativen Produktions-
ressourcen zu mobilisieren gelang der Sowjetunion nicht. Sie hatte sich
zwar, wie Manfred Hildermeier feststellt, als fähig erwiesen, «Wachs-
tumsfaktoren auf *extensivem* Wege, das heißt durch ihre schlichte
physische Vermehrung, zu erschließen und zielgerichtet einzusetzen.
Den Übergang zu *intensivem* Wachstum in Gestalt einer erheblichen
Steigerung der Produktivität sowohl der Arbeit als auch des Kapitals
vermochte sie nicht mehr zu vollziehen. Anders gesagt: Sie war, um welchen Preis auch immer, eine zumindest ökonomisch geeignete Organi-
sationsform, um vorhandene, sozusagen brach liegende Ressourcen zu
bündeln und Rückständigkeit ‹quantitativ› in hohem Maß abzubauen.
Aber sie stieß auf unüberwindbare Grenzen, als sparsamer, innovativer
und phantasievoller Umgang mit diesem Potential gefragt war.»

Nicht ganz so eindeutig wie im industriellen Bereich waren die Befunde für den Agrarsektor. Am Rubelwert gemessen, stieg die landwirtschaftliche Produktion in den beiden Jahrzehnten seit 1960 beträchtlich – von 66,3 Milliarden Rubel im Durchschnitt der Jahre
1961 bis 1965 auf 99,9 Milliarden in der zweiten Hälfte der siebziger
Jahre. Die Wachstumsraten hingegen schwankten stark: Zwischen
1966 und 1970 hatten sie bei durchschnittlich 4,2 Prozent jährlich gelegen; im folgenden Jahrfünft sanken sie infolge von zwei Mißernten,
1972 und 1975, auf 0,8 Prozent, um in der zweiten Hälfte der siebziger
Jahre wieder auf bescheidene 1,5 Prozent anzusteigen. Hinter gewach-
senen Bedürfnissen der Konsumenten blieb das, was die Staatsgüter
produzierten, chronisch zurück. Auch hier lag Hildermeiers Urteil
zufolge das Kernübel in der geringen Produktivität von Arbeit und

Kapital: «Alle Investitionen verpufften, weil sie nicht effektiv genutzt wurden.» Die legale Eigenwirtschaft der Kolchosbauern konnte die Bedarfslücken nur zu einem geringen Teil schließen: 1980 lag ihr Anteil am Einzelhandelsumsatz nach offiziellen Angaben bei 2,7 Prozent, bei Nahrungsmitteln und namentlich bei landwirtschaftlichen Qualitätsprodukten aber wohl sehr viel höher. Was den Umfang des Schwarzen Marktes angeht, gibt es nur Schätzungen. Die meisten Experten gehen von einer Wertschöpfung der Schattenwirtschaft in Höhe von 10 Prozent des Nationaleinkommens aus.

Die Außenhandelsbilanz der UdSSR blieb in den siebziger Jahren passiv. Die Sowjetunion lieferte vor allem Brennstoffe, neben Erdöl auch Erdgas, und bezog aus dem Westen vorrangig Maschinen und Industrieanlagen. Deren Preise stiegen aber im Gefolge der Energiekrise beträchtlich an, so daß es immer schwieriger wurde, auf dem Weg des Technologieimports wirtschaftliches Wachstum zu erzielen. Im übrigen neutralisierten die riesige Staatsbürokratie und die grassierende Korruption zu einem guten Teil die Wirkungen von internationalem Warenaustausch, von Investitionen und Innovationen. Der bürokratische Komplex nahm, wie Stefan Plaggenborg schreibt, in der Ära Breschnew groteske Züge an. «Diese kleptophile Bürokratie legte sich bleiern über die Gesellschaft. Sie besaß nicht nur die politische Macht, besetzte die Schaltstellen in Wirtschaft, Verwaltung, Kultur, Bildung und verfügte über die Produktionsmittel, sie hielt auch die Masse der Bevölkerung davon ab, in den wichtigsten Bereichen ernsthaft zu partizipieren.» Das längerfristige Ergebnis der staatlichen Mißwirtschaft war ein fortschreitender Verlust der Legitimation des «sozialistischen» Systems bei den Sowjetbürgern.

Auf rückläufiges Wirtschaftswachstum mit der Senkung von Löhnen und Sozialleistungen zu reagieren, erschien der Sowjetführung als zu riskant: Eine deutliche Minderung des Lebensstandards hätte die Gefahr von Massenprotesten nach sich gezogen, denen mit verschärfter Repression schwerlich beizukommen gewesen wäre. Eine andere Antwort schied ebenfalls aus: eine Senkung des gigantischen Militärhaushalts. Der Anteil der Rüstungsausgaben lag in den siebziger Jahren bei 11 bis 18 Prozent des Bruttosozialprodukts, während die USA im gleichen Jahrzehnt auf einen Anteil von nur 7,4 Prozent kamen. Die Entspannungspolitik hatte bislang lediglich zu einer «Deckelung» der wechselseitigen Vernichtungskapazitäten in Gestalt des SALT I-Ab-

kommens von 1972 geführt. Ansonsten rüsteten beide Seiten weiter,
und solange Marschall Andrej Antonowitsch Gretschko an der Spitze
des sowjetischen Verteidigungsministeriums stand, konnte die Rote
Armee weiteren Schritten in Richtung Rüstungskontrolle, und zwar
sowohl auf dem Gebiet der weiteren Beschränkung des nuklearen
Waffenarsenals (SALT II) als auch auf dem der wechselseitigen Begrenzung der konventionellen Streitkräfte (MBFR), erfolgreich entgegenwirken. Die militärische Stärke der Sowjetführung zu bewahren
und auszubauen war für die Partei-, Staats- und Militärführung
nicht nur aus Gründen ihres internationalen Prestiges unerläßlich. Die
Hochrüstung war zudem das wichtigste Mittel, um den Zusammenhalt des Ostblocks auch dann zu sichern, wenn auf die einigende Wirkung gemeinsamer Wirtschaftsinteressen und der Ideologie des Marxismus-Leninismus kein Verlaß mehr war.

Wie sich das Verhältnis zwischen West und Ost weiter entwickeln
würde, war Mitte der siebziger Jahre ungewiß. Soweit es um die militärische Stärke ging, hatte die Sowjetunion Grund zu der Annahme,
daß sie auch künftig in der Lage sein würde, bei den strategischen
Nuklearwaffen ein ungefähres Gleichgewicht mit den USA aufrechtzuerhalten und bei den konventionellen Truppen ihre zumindest quan-
titative Überlegenheit zu behaupten. Im Bereich der Mittelstreckenraketen, von denen im Ernstfall Teile Westeuropas besonders betroffen
gewesen wären, arbeitete sie an der Modernisierung veralteter Waffen-
systeme. Was die wirtschaftliche Entwicklung betraf, geriet der
Ostblock aber immer mehr ins Hintertreffen. Die Industrieländer des
Westens sahen sich unter dem Druck der Energiekrise gezwungen, ihre
Wettbewerbsfähigkeit weiter zu steigern; den Staaten des «sozialistischen» Wirtschaftssystems gelang dies nicht. Seit die Sowjetunion
ihren Partnerländern Erdöl und Erdgas nur noch gegen Westdevisen
lieferte, trug sie wider Willen selbst dazu bei, die Staaten des COME-
CON mehr noch als bisher von Krediten kapitalistischer Länder abhängig zu machen.

Im Wettbewerb der Systeme war der Westen durch den Ölpreisschock von 1973/74 zeitweilig zurückgeworfen worden. Längerfristig
hatten die westlichen Demokratien aber gute Chancen, ihren wirtschaftlichen und technologischen Vorsprung gegenüber dem konkurrierenden östlichen System auszubauen. Die aus der Rückschau nach
1991 formulierte These des amerikanischen Historikers Stephen Kot-

kin, ohne die Entdeckung der sibirischen Erdölvorkommen wäre die
Sowjetunion wohl schon über ein Jahrzehnt früher zusammengebrochen, läßt sich wie alle kontrafaktischen Thesen nicht «beweisen».
Aber ein gewisses Maß an Plausibilität hat sie durchaus.[21]

Diktaturendämmerung: Regimewechsel in Portugal, Griechenland und Spanien

In den Jahren 1974 bis 1977 erlebten drei Länder Südeuropas einen tief
einschneidenden Regimewechsel: den Übergang von einer autoritären
Diktatur zu einer pluralistischen Demokratie. Den Anfang machte im
April 1974 der Sturz der ältesten der rechten Diktaturen, des 1932
errichteten Estado Novo in Portugal. Wenige Monate später, im Juli
1974, brach die griechische Militärdiktatur zusammen. Im November
1975 starb Generalissimus Francisco Franco, der Diktator Spaniens
seit 1939. Im Jahr darauf begann unter seinem Nachfolger ein Reformprozeß, der radikale politische Veränderungen im Sinne der westlichen
Demokratie zur Folge hatte.

An der Spitze der portugiesischen Diktatur stand seit September
1968 Ministerpräsident Marcelo Caetano, der Nachfolger des Gründers des Estado Novo, António de Oliveira Salazar, der im Herbst
1968 schwer erkrankt war und im Juli 1970 starb. Caetano war ein
vergleichsweise «liberaler» Vertreter des rechtsautoritären Regimes,
was sich daran zeigte, daß er dem privaten Unternehmertum mehr
Spielraum gegenüber der Regulierung durch den Staat verschaffte, die
Industrialisierung des immer noch überwiegend agrarisch geprägten
Landes vorantrieb und die Pressezensur lockerte. Von einem Erfolg der
Reformpolitik aber konnte keine Rede sein. Die Ausgaben für die Verteidigung des portugiesischen Kolonialbesitzes in Afrika verschlangen
rund 40 Prozent des Staatshaushalts und durchkreuzten alle Versuche,
die Rückständigkeit Portugals durch eine Liberalisierung des Wirtschaftslebens zu überwinden.

Gegen die Fortsetzung des blutigen Kolonialkrieges in Angola und
Moçambique hatte sich in den frühen siebziger Jahren, ermutigt durch
das Zweite Vatikanische Konzil, eine oppositionelle Gruppierung innerhalb der katholischen Kirche Portugals, traditionell einer Stütze des
Regimes, formiert. Auch in der Armee, die die Hauptlast des Kampfes

gegen die Unabhängigkeitsbewegungen im südlichen Afrika zu tragen hatte, rumorte es, und das namentlich in den mittleren Rängen des Offizierskorps. Dazu kamen seit Herbst 1973 die Auswirkungen der weltweiten Ölkrise. Die Inflationsrate stieg Anfang 1974 auf 30 Prozent. Die finanziellen Grundlagen des Estado Novo waren mittlerweile so erschüttert, daß der wirtschaftliche Zusammenbruch Portugals nur noch als eine Frage der Zeit erschien.

In der Nacht vom 24. zum 25. April 1974 putschte eine Offiziersfronde, das Movimento das Forças Armadas (MFA), das sich der nominellen Führung eines Kritikers des Kolonialkriegs, des kurz zuvor entlassenen, politisch eher konservativen Generalstabschefs António Sebastião Ribeiro Spínola, unterstellt hatte. Die Aktion begann mit der Besetzung der Fernseh- und Rundfunksender, des Hauptquartiers der Militärregion Lissabon und des Flughafens der Hauptstadt. Die obersten Militärführer wurden gezwungen, das Verteidigungsministerium zu räumen. Eine vermeintlich regierungstreue Einheit, die Cavalaria 7, verweigerte ihrem Kommandanten den Gehorsam. Andere Regierungstruppen wurden von Menschenmassen aufgehalten, die sich auf die Seite der Aufständischen stellten, oder wichen vor den Panzern der Rebellen zurück. Am Nachmittag des 25. April trat Ministerpräsident Caetano in Verhandlungen mit General Spínola, nunmehr Chef der Junta, ein und übertrug diesem die Macht. Widerstand leistete noch die Politische Polizei, die Polícia Internacional e de Defesa do Estado (PIDE), die in eine regimefeindliche Masse schoß und dabei vier Menschen tötete. Am Morgen stellte die PIDE den Kampf ein. In der folgenden Nacht wurden die politischen Gefangenen befreit.

Es waren die Hunderttausende von Zivilisten in Lissabon und anderen Städten Portugals, die aus dem Militärputsch vom April 1974 die «Nelkenrevolution» machten – benannt nach den roten Nelken an den Uniformen und an den Gewehrläufen der aufständischen Soldaten. Zugelassene politische Parteien gab es vor dem Umsturz nicht. Im Untergrund operierten der Partido Socialista (PS) und der Partido Comunista Português (PCP). Nach dem Regimewechsel wurden neue Parteien ins Leben gerufen, darunter das christdemokratische Centro Democrático e Social (CDS), der liberale Partido Popular Democrático (PPD), der sich 1977 in Partido Social Democráta (PSD) umbenannte, und das linksstehende Movimento Democrático Português/Comissão Democrática Eleitoral (MDP/CDE). Der PCP, eine streng leninistische und prosowjetische Partei, unterhielt enge Verbindungen zum linken, radikal antikolonialistischen Flügel des MFA und erlangte dadurch beträchtlichen Einfluß auf die Bewegung der Streitkräfte und die weitere politische Entwicklung des Landes. Innerhalb des MFA gab es höchst unterschiedliche Strömungen. Spínola, der den rechten Flügel repräsentierte, wurde am 15. Mai von der Junta zum provisorischen Staatspräsidenten gewählt, sah sich zu diesem Zeitpunkt aber bereits scharfer Kritik jüngerer, entschieden linker Offiziere ausgesetzt, weil er sich der Anerkennung des Selbstbestimmungsrechts der Völker und der sofortigen Beendigung der Kämpfe in den Kolonien widersetzte.

An der ersten Regierung unter dem liberal-konservativen Rechtsanwalt Adelino Amaro da Costa, die am 16. Mai eingesetzt wurde, beteiligten sich die wichtigsten der neugegründeten oder jetzt erstmals legal agierenden Parteien, darunter die Sozialisten unter Mário Soares, der Minister für die Verhandlungen mit den Überseegebieten wurde, und die Kommunisten unter Álvaro Cunhal, der das Amt eines Ministers ohne Geschäftsbereich übernahm. Die politischen Differenzen innerhalb des Kabinetts gingen aber so tief, daß sich der Ministerpräsident bereits am 9. Juli zum Rücktritt gezwungen sah. Seine Nachfolge trat der weit linksstehende Oberst Vasco dos Santos Gonçalves, ein führendes Mitglied des Kontrollausschusses des MFA, an.

Damit waren Konflikte zwischen Präsident und Regierung vorgezeichnet. Nur widerwillig setzte Spínola Ende Juli seine Unterschrift unter ein Gesetz, das das Selbstbestimmungsrecht der Völker und die Unabhängigkeit der Überseeterritorien anerkannte. Einer für den 28. September geplanten Großdemonstration der extremen Rechten, die Spínola den Anlaß zur Ausrufung des Notstands hätte geben können, kam das Mitte Juli gegründete, dezidiert linke Comando Operacional do Continente (COPCON) unter Oberst Otelo Saraiva de Carvalho im Zusammenspiel mit der Kommunistischen Partei durch eine Verhaftungsaktion zuvor. Unmittelbar darauf trennte sich das MFA von den drei Generälen, die Spínola nahestanden. Am 30. September zog der Präsident die Konsequenz aus seiner fortschreitenden Entmachtung und trat zurück. Neues Staatsoberhaupt wurde General Francisco da Costa Gomes, der bei der Vorbereitung des Aprilputsches eine maßgebliche Rolle gespielt hatte.

Ihrem wichtigsten Ziel, der Beendigung der Kolonialkriege in Afrika, kamen die neuen Machthaber schrittweise näher. Als erste

Kolonie wurde am 10. September 1974 Portugiesisch-Guinea (unter dem Namen Guinea-Bissau) in die Unabhängigkeit entlassen. Am 15. Januar 1975 schloß Portugal mit den rivalisierenden Unabhängigkeitsbewegungen Angolas den Vertrag von Alvor, der Angola bis zum 11. November 1975 die Unabhängigkeit bringen sollte. Im Juni und Juli 1975 folgten die mit Portugal vereinbarten Unabhängigkeitserklärungen von Moçambique, den Kapverdischen Inseln, São Tomé und Príncipe. Als Portugal am 10. November seine Truppen, wie vorgesehen, aus Angola zurückzog, gab es keine anerkannte Autorität, der die Macht hätte übertragen werden können: Die ehemalige Kolonie befand sich seit Monaten in einem blutigen Bürgerkrieg. Die vom «marxistischen» Movimento Popular de Libertação de Angola (MPLA) unter Agostinho Neto am 11. November 1975 in Luanda ausgerufene Volksrepublik Angola kontrollierte nur einen Teil des Territoriums. In anderen Teilen Angolas riefen die konkurrierenden Armeen des Frente Nacional de Libertação de Angola (FNLA) und die Union Nacional para a Independencia Total de Angola (UNITA) eigene Republiken aus. Alle Bürgerkriegsparteien hatten Verbündete, die sie aktiv unterstützten. Im Fall der UNITA waren dies Südafrika und die USA, beim FNLA die Volksrepublik China und ebenfalls die USA, beim MPLA die Sowjetunion und vor allem Kuba, das seit der Jahreswende 1975/76 mit einem starken Truppenaufgebot auf der Seite des Neto-Regimes in die Kämpfe eingriff.

Die innere Entwicklung Portugals war seit dem Herbst 1974 durch einen erbitterten Machtkampf zwischen den gemäßigten und den radikalen Kräften geprägt. Zu den Moderaten gehörten die Sozialisten unter Mário Soares, die enge Beziehungen zur deutschen Sozialdemokratie und der der SPD nahestehenden Friedrich-Ebert-Stiftung unterhielten, außerdem die Parteien der bürgerlichen Mitte. Im radikalen Lager gaben die Kommunisten und die mit ihnen sympathisierenden jüngeren Offiziere des COPCON den Ton an. Der Einfluß des PCP stieg noch, als es ihm im Januar 1975 gelang, gegen den Widerstand des PS die Gründung einer kommunistisch dominierten Einheitsgewerkschaft durchzusetzen. An einem Strang zog die Linke Anfang März bei der Abwehr eines Putschversuchs rechter Luftwaffenoffiziere, die sich der nominellen Führung Spínolas unterstellten. Der Umsturzversuch scheiterte; Spínola und seine Mitverschwörer flüchteten mit vier Hubschraubern nach Spanien.

Das MFA rückte nach diesem Zusammenstoß noch weiter nach links. Unter seinem Druck mußten sich alle Parteien verpflichten, dem Militär, unabhängig vom Ausgang der Wahlen zur Verfassunggebenden Versammlung, auch künftig wichtige Machtpositionen zu überlassen. Noch vor den Wahlen wurden die größten Wirtschaftsunternehmen und Banken verstaatlicht und der Großgrundbesitz enteignet. Am 11. April sprach der im März gegründete, von linken Militärs beherrschte Revolutionsrat vom «Weg des Übergangs in den Sozialismus», wobei die Offiziere um Carvalho eine antibürokratische, von den proletarischen Massen getragene Betriebsverfassung im Sinn hatten.

Aus den Wahlen vom 25. April 1975 gingen die Sozialisten mit 37,9 Prozent als Sieger hervor. Auf dem zweiten Platz folgten ihnen der liberale PPD mit 26,4 Prozent, auf dem dritten die Kommunisten mit 12,5 Prozent, auf dem vierten der christdemokratische CDS, der 7,65 Prozent erhielt. An der Zusammensetzung der Regierung Gonçalves änderte sich durch das Wahlergebnis nichts. In den folgenden Monaten verschlechterte sich die Wirtschaftslage dramatisch, was sowohl an den häufigen Streiks, der Besetzung von Fabriken und im Alentejo von agrarischen Großbetrieben, den Verstaatlichungen und der zunehmenden Kapitalflucht wie an der wachsenden Zahl verarmter Rückwanderer aus den portugiesischen Kolonien lag. Im Juni traten erst die sozialistischen, dann die liberalen Minister aus Protest gegen die fortschreitende Beschränkung ihrer Handlungsspielräume aus der Regierung aus. Nach der Absetzung von Gonçalves durch eine Offiziersversammlung und die Übernahme des Amts des Ministerpräsidenten durch den Regimentchef der Marine, José Pinheiro de Azevedo, wurde die Regierung Anfang September umgebildet, wobei die Parteien nunmehr entsprechend ihrer parlamentarischen Stärke im Kabinett vertreten waren.

Im November 1975 eskalierte der Konflikt zwischen Gemäßigten und Radikalen. Am 9. November brachten streikende Bauarbeiter die Abgeordneten der Verfassunggebenden Versammlung, Ministerpräsident Azevedo und einen Teil des Kabinetts für fast 24 Stunden in ihre Gewalt. Am 16. November fand in Lissabon eine von Oberst Carvalho unterstützte, kommunistisch inspirierte Großdemonstration von Industriearbeitern aus dem Umland der Hauptstadt und Landarbeitern aus dem Alentejo statt. Drei Tage später trat die Regierung Azevedo zurück. Am 25. November putschte die militärische Linke um Carvalho und Gonçalves: Fallschirmjäger besetzten schlagartig alle Luftbasen des Landes bis auf zwei. Der Coup war die Antwort auf die Absetzung Carvalhos als Kommandeur der Militärregion Lissabon durch den Revolutionsrat, in dem die Gemäßigten, die sogenannten «Neun», inzwischen die Oberhand gewonnen hatten. Unter ihrem Druck rief Staatspräsident Costa Gomes den Notstand für den Großraum Lissabon aus, was es dem Führer der Moderaten, Oberst António dos Santos Ramalho Eanes, erlaubte, den Aufstand rasch niederzuschlagen. Am 27. November wurden die Offiziere des COPCON festgenommen. Der linke Flügel des MFA war damit definitiv ausgeschaltet. Es folgten eine gründliche Umstrukturierung der Armee, verbunden mit der Wiederherstellung von hierarchischer Rangordnung und Disziplin, sowie ein Abkommen mit den Parteien, durch das sich der Revolutionsrat die Rolle eines obersten Kontrollorgans sicherte.

Die Verfassung, die die Konstituante am 2. April 1976 verabschiedete, trug noch den Stempel der revolutionären Übergangszeit. Sie sah für Portugal eine sozialistische Wirtschaftsordnung vor, legte aber ansonsten die Regierung auf die Programme der sie tragenden Parteien fest. Aus den Wahlen vom 25. April 1976 gingen erneut die Sozialisten mit 34,8 Prozent als Sieger hervor. Zweitstärkste Partei wurde mit 24,3 Prozent der liberale PPD, gefolgt vom CDS und den Kommunisten, auf die 15,9 beziehungsweise 14,4 Prozent entfielen. Der Sozialist Mário Soares trat an die Spitze einer Minderheitsregierung. Zum Staatspräsidenten wurde am 27. Juni der «Held» des November 1975, General Eanes, gewählt. Unter Soares begann die Annäherung Portugals an die Europäische Gemeinschaft, flankiert von einer am Markt und der Konsolidierung des Staatshaushalts orientierten Wirtschafts- und Finanzpolitik. Eanes sorgte dafür, daß sich das Militär aus der Politik zurückzog. Die Kommunisten hatten sich durch ihr Zusammenspiel mit den ultralinken Militärs inzwischen weitgehend isoliert – für die USA, die die innere Entwicklung des NATO-Mitglieds Portugal seit dem April 1974 mit wachsender Besorgnis verfolgt hatten, ein Grund, der neuen Führung in Lissabon mit betontem Wohlwollen zu begegnen.

Der portugiesische Estado Novo war, wenn man ihn mit der Ernennung Salazars zum Ministerpräsidenten im Juli 1932 beginnen läßt, 42 Jahre alt geworden. Das griechische Obristenregime erreichte nur ein Alter von sieben Jahren. Zu einem ersten schweren, wenn auch nicht tödlichen Schlag gegen die Militärdiktatur wurde ein «Sit-in» im Athener Polytechnikum vom 14. bis zum 17. November 1973: Polizei und Armee beendeten die von Sympathiekundgebungen der Bevölkerung begleitete studentische Protestaktion unter Einsatz von Panzern mit exzessiver Gewalt, wobei über 20 Menschen ums Leben kamen. Daß Giorgios Papadopoulos, seit der Proklamation Griechenlands zur Republik im Juni 1973 Staatspräsident, den beteiligten Polizisten und Soldaten anschließend seine Glückwünsche aussprach, rief in der Öffentlichkeit, aber auch im Offizierskorps eine Welle der Empörung hervor. Am 25. November wurde Papadopoulos von Brigadegeneral Dimitrios Ioannidis, dem Chef der berüchtigten Militärpolizei ESA, zum Rücktritt gezwungen. Zum Nachfolger von Papadopoulos machte Ioannidis General Phaidon Gizikis, von dem er eine loyale Befolgung seiner Direktiven erwarten durfte. Dasselbe galt für Adamantios Androutsopoulos, den Nachfolger von Ministerpräsident Spyros Markezinis, der sich ebenfalls demonstrativ auf die Seite der Verantwortlichen für das Blutbad vom 17. November gestellt hatte.

Die Endkrise des Obristenregimes begann im April 1974 mit einem griechisch-türkischen Streit um die Seegrenze in der Ägäis. Ioannidis sah in dem Disput eine Chance, durch eine spektakuläre und prestigeträchtige Aktion die Türkei zu demütigen und die Mehrheit der Griechen hinter sich zu bringen. Als Schauplatz für eine griechische Machtdemonstration bot sich Zypern an. Das staatliche Oberhaupt des Inselstaats, Erzbischof Makarios, war der Athener Junta wegen seiner kommunistenfreundlichen Haltung seit langem ein Dorn im Auge. Ioannidis plante das Problem Makarios dadurch zu lösen, daß der Erzbischof ermordet und durch einen genehmen Nachfolger ersetzt wurde, der dann Athen eine Union (Enosis) zwischen Zypern und Griechenland vorschlagen sollte.

Am 15. Juli 1974 putschte die zypriotische Nationalgarde in enger Abstimmung mit der griechischen Führung gegen Makarios. Der Erzbischof entkam dem Angriff auf seinen Palast in Nikosia durch die Flucht, zuerst an die Westküste, dann über einen britischen Stützpunkt ins Vereinigte Königreich. Zu seinem Nachfolger erklärte sich, den griechischen Plänen entsprechend, Nikos Sampson, ein von den Briten wegen Mordes verurteilter, dann begnadigter Kämpfer der Widerstandsorganisation EOKA. Fünf Tage nach dem Coup, am 20. Juli, weitete sich der neue Zypernkonflikt zu einer internationalen Krise aus: Die Türkei brachte zum Schutz der türkischen Volksgruppe Truppenverbände auf die Insel, die dort zunächst nur einen schmalen Landkorridor von der Nordküste zur Hauptstadt Nikosia besetzten. Großbritannien, das sich durch den Garantievertrag von 1960 ebenso wie Griechenland und die Türkei zu Konsultationen für den Fall verpflichtet hatte, daß eine der beiden Seiten den Status Zyperns, einschließlich der Rechte der jeweiligen Minderheit, in Frage stellte, verhielt sich passiv: Die Zypernkrise fiel in die Zeit des Minderheitskabinetts Wilson, das im Sommer 1974 vollauf damit beschäftigt war, die schwere wirtschaftliche und soziale Krise im Vereinigten Königreich zu bewältigen.

Zu einem griechischen Gegenschlag gegen die türkische Invasion kam es nicht. Die Junta ordnete zwar eine Generalmobilmachung an, scheiterte damit aber am Widerstand der Armee. Nach dieser Niederlage blieb dem Obristenregime nur die Kapitulation. Am 24. Juli bat Präsident Gizikis den im Pariser Exil weilenden früheren Ministerpräsidenten Konstantinos Karamanlis, nach Griechenland zurückzukehren und eine neue Regierung zu bilden. Karamanlis kam diesem Ersuchen umgehend nach. Gestützt auf die Zustimmung der Armee und aller Parteien, bildete er eine Koalitionsregierung, die die vom Militärregime erlassene, durch ein Pseudoplebiszit bestätigte Verfassung vom September 1968 annullierte und die Verfassung von 1952 wieder in Kraft setzte, das Kriegsrecht aufhob und die Freilassung aller politischen Gefangenen anordnete.

Verhandlungen, die die Außenminister der drei Unterzeichner des Garantieabkommens von 1960 – Griechenland, die Türkei und Großbritannien – sowie Vertreter der griechischen und der türkischen Zyprioten vom 10. August ab in Genf über die Beilegung des Zypernkonflikts führten, verliefen ohne Ergebnis. Die Türkei sah sich daher berechtigt, ihre Interessen selbständig wahrzunehmen, und besetzte am 14. August weitere Gebiete Zyperns, einschließlich von Teilen der Hauptstadt Nikosia – insgesamt knapp 40 Prozent des Inselterritoriums, auf dem nur etwa 18 Prozent der Bevölkerung zu den ethnischen Türken gehörten. Die Okkupation ging einher mit der Vertreibung und der Flucht von etwa 200 000 Griechen, die bis dahin im nördlichen Teil Zyperns gelebt hatten. Da weder die USA noch die NATO bereit waren, das Vorgehen des Paktmitglieds Türkei eindeutig zu verurteilen, erklärte die Regierung Karamanlis noch am 14. August den Austritt Griechenlands aus der Militärorganisation des Atlantischen Bündnisses. Es sollten fast sechs Jahre vergehen, bis Athen im Mai 1980 den Status quo ante wiederherstellte.

Am 1. November 1974 forderte die Vollversammlung der Vereinten Nationen alle Parteien auf, die Souveränität und die territoriale Integrität Zyperns zu wahren. Außerdem verlangte sie den Rückzug aller ausländischen Truppen von der Insel. Ankara ignorierte diesen Appell und willigte lediglich in die Errichtung einer Pufferzone ein, die von der im Jahr 1964 gebildeten Friedenstruppe UNICYP überwacht wurde. Am 7. Dezember 1974 kehrte Erzbischof Makarios nach Zypern zurück und übernahm wieder das Amt des Präsidenten. Die Türkei freilich versagte ihm die Anerkennung. Am 3. Februar 1975 proklamierte eine von der türkischen Besatzungsmacht einberufene gesetzgebende Versammlung einen türkisch-zypriotischen Bundesstaat und rief den Führer der türkischen Volksgruppe, Rauf Denktasch, zum Präsidenten aus. Auf eine internationale Anerkennung durfte das nordzypriotische Regime angesichts der Vorgeschichte seiner Errichtung nicht rechnen. Sie ist ihm bis heute versagt geblieben.

Am 17. November 1974 fanden in Griechenland die ersten freien Wahlen seit zehn Jahren statt. Die neue konservative Partei, Karamanlis' Nea Dimokratia, eroberte 54 Prozent der Stimmen und 200 von 300 Sitzen; die liberalen Mittelparteien erzielten einen Stimmenanteil von 20 Prozent und 60 Sitze; die Sozialisten unter Andreas Papandreou kamen auf 14 Prozent und 12 Sitze; auf die extreme Linken entfielen 9 Prozent und 8 Sitze. Bei einer Abstimmung über die Staatsform sprachen sich die Griechen wenig später, am 8. Dezember 1974, mit der deutlichen Mehrheit von 69 Prozent für die Beibehaltung der Republik aus. Kurz vor Jahresende veröffentlichte die Regierung den Entwurf einer neuen Verfassung, der bei den Liberalen wie bei den Sozialisten wegen seiner «gaullistischen» Ausrichtung auf scharfe Kritik stieß. Der Staatspräsident sollte über ähnlich große Vollmachten verfügen wie der Präsident im Frankreich der Fünften Republik. In den parlamentarischen Verhandlungen gelang es der Opposition, einige Korrekturen durchzusetzen. Die wichtigste bestand darin, daß zur Aufhebung von Verordnungen des Präsidenten nicht eine Zweidrittelmehrheit, sondern nur die absolute Mehrheit des Parlaments erforderlich war. Bei der Wahl des Staatspräsidenten durch das Parlament erhielt am 17. Juni 1975 der Kandidat der Nea Dimokratia, Konstantinos Tsatsos, 210, der oppositionelle Kandidat, Panagiotis Kanellopoulos, 65 Stimmen.

Die juristische Aufarbeitung der jüngsten Vergangenheit begann im Januar 1975 mit einem Parlamentsbeschluß: Der Militärputsch vom April 1967 wurde nicht als Revolution, sondern als Staatsstreich und somit als illegal bewertet. Im Mai begannen die Prozesse gegen die führenden Männer des Obristenregimes. Drei von ihnen, Georgios Papadopoulos, Stylianos Pattakos und Nikolaos Makarezos, wurden zum Tode verurteilt und, trotz oppositioneller Proteste, auf Empfehlung der Regierung vom Präsidenten zu lebenslänglicher Gefängnishaft begnadigt. In den Folgeprozessen ereilte auch Dimitrios Ioannidis, den früheren Chef der Militärpolizei, eine hohe Strafe: Er wurde gleich mehrfach zu lebenslänglicher Haft verurteilt.

Die europäischen Demokratien zollten der zügigen Überwindung der Militärdiktatur Respekt. Ende November 1974 wurde Griechenland wieder als Vollmitglied in den Europarat aufgenommen. Im Juni 1975 stellte die Regierung Karamanlis bei der Europäischen Gemeinschaft den Antrag auf Aufnahme Griechenlands in die EG. Angesichts der extremen wirtschaftlichen Rückständigkeit des Landes, der mangelnden Effizienz seiner staatlichen Institutionen, des ausgeprägten «Klientelismus» seiner Parteien und der grassierenden Korruption reagierte die Kommission zunächst zurückhaltend.

Doch Karamanlis' Argument, es gelte die junge griechische Demokratie durch einen raschen Beitritt zur Europäischen Gemeinschaft zu festigen, verfehlte nicht seine Wirkung. Im Juli 1976 nahm die EG Beitrittsverhandlungen mit Griechenland auf. Einem Grundsatzprogramm zur wirtschaftlichen Anpassung Griechenlands an die EG vom Juni 1978 folgte sechs Monate später eine Grundsatzeinigung über den Beitritt des Landes als Vollmitglied. Vier Jahre nach dem Zusammenbruch der Militärdiktatur stand Griechenland damit vor der Herausforderung, binnen kurzem zu dem zu werden, was es noch längst nicht war: eine moderne Demokratie westlicher Prägung und eine international wettbewerbsfähige Volkswirtschaft. «Griechenland gehört zum Westen»: Die Parole, mit der Karamanlis' Nea Dimokratia die Wahlkämpfe der siebziger und frühen achtziger Jahre bestritt, war einstweilen mehr die Beschwörung einer Hoffnung als eine Zustandsbeschreibung.

Die Diktatur des Generals Francisco Franco in Spanien hatte mit dem Sieg der Nationalisten im Bürgerkrieg im Jahr 1939 begonnen. Nach dem Zweiten Weltkrieg war Spanien fünf Jahre lang von den Vereinten

Nationen boykottiert worden. Erste Schritte auf dem Weg aus der internationalen Isolierung heraus waren das Konkordat mit der katholischen Kirche vom August 1953 und ein im Monat darauf abgeschlossenes Abkommen mit den USA, das diesen die Nutzung von Stützpunkten und Spanien die wirtschaftliche und militärische Hilfe Amerikas sicherte. 1955 wurde Spanien in die UNO aufgenommen. Drei Jahre später, im Mai 1958, trat das Gesetz über die Prinzipien der Nationalen Bewegung (Ley de Principios del Movimiento Nacional) in Kraft, das den Charakter Spaniens als katholischer Staat, die monarchistische Staatsform und die ständestaatliche Zusammensetzung der Cortes, des Parlaments, festschrieb. Der belastete Begriff der «Falange» als Name der Staatspartei wurde durch den des «Movimiento Nacional» ersetzt. Durch ein weiteres, verfassungsähnliches Gesetz, die Ley Orgánica del Estado vom Januar 1967, wurden die Ämter des Staatsoberhaupts und des Regierungschefs getrennt. Bis zum Juni 1973 blieb das Amt des Ministerpräsidenten aber unbesetzt. Die Regierungsgeschäfte leitete der Vizepräsident der Regierung, Admiral Carrero Blanco.

In den sechziger Jahren erlebte Spanien eine Art Wirtschaftswunder. Als Auftakt gilt in der Geschichtsschreibung der Stabilisierungsplan vom Juli 1959, der Spanien den Standards der Europäischen Wirtschaftsgemeinschaft annähern sollte. Die Pioniere des Aufschwungs waren Technokraten des katholischen Laienordens Opus Dei wie Laureano López Rodó und Gregorio López-Bravo, die, wie Walther L. Bernecker schreibt, ökonomischen Liberalismus mit politischem Konservatismus verbanden. «Sie glaubten, Spaniens Entwicklung könne am besten durch die rasche Steigerung des Sozialprodukts gefördert werden, und dieses Ziel sei nur dann zu erreichen, wenn man die Kräfte freier Unternehmerinitiative und kommerzieller Konkurrenz im Rahmen einer modernen Marktwirtschaft möglichst umgehend spielen lasse und sie nicht durch Sozialreformen behindere».

Das beeindruckende Wirtschaftswachstum, mit dem Spanien zeitweilig an der Spitze der westlichen Welt lag, ging einher mit anhaltend hohen Raten der Inflation, der Arbeitslosigkeit und der Abwanderung von Arbeitskräften in wohlhabendere Länder Westeuropas, obenan die Bundesrepublik Deutschland, die Schweiz und Frankreich. Die steigenden Löhne stärkten das kollektive Selbstbewußtsein der Arbeiter. Zu ihren Kampfinstrumenten entwickelten sich seit Ende der fünfziger Jahre die illegalen Arbeiterkommissionen (Comisiones Obreras),

die eine Vielzahl von Streiks auslösten – 1967 waren es 402, 1974 bereits 1193 – und damit Staat und Unternehmern die Ohnmacht der
offiziellen Arbeitervertretungen, der Syndikate, vor Augen führten.

Ein Element der Unruhe bildeten auch die Studenten. Angeregt von
der internationalen Studentenbewegung, machten sie mit Sitzstreiks,
Demonstrationen und Flugblattaktionen in der ersten Hälfte der siebziger Jahre an vielen Universitäten einen geordneten Lehrbetrieb nahezu
unmöglich. Zu den Protesten von Arbeitern und Studenten kamen die
der erstarkenden regionalen Autonomiebewegungen im Baskenland und
Katalonien. Was sie verband, war die Gegnerschaft zum Staatszentralis-
mus des franquistischen Spanien. 1959 wurde die baskische Geheimorganisation ETA (Euskadi Ta Askatasuna, auf deutsch Baskenland und
Freiheit) gegründet, die einen souveränen Staat aller Basken, gleichviel
ob sie in Spanien oder Frankreich lebten, auf ihr Banner schrieb und
dieses Ziel mit den revolutionären Methoden der Stadtguerilla, namentlich mit Attentaten auf zivile und militärische Repräsentanten des Staates, zu erreichen versuchte. Todesurteile gegen sechs Angehörige der
ETA im Prozeß von Burgos im Dezember 1970 lösten internationale
Proteste aus und trugen, obwohl Franco diese Urteile in lebenslängliche
Gefängnisstrafen umwandelte, erheblich zur Radikalisierung der Autonomiebewegung bei. 1974/75 spaltete sich die ETA in einen rein militärischen Zweig, die ETA militar, und eine andere, sowohl politisch als
auch militärisch operierende Organisation, die ETA político-militar.
Der spektakulärste Anschlag der ETA war die Ermordung von Admiral
Carrero Blanco, der wenige Monate zuvor das Amt des Ministerpräsidenten übernommen hatte, am 20. Dezember 1973.

Unter dem Eindruck des Zweiten Vatikanischen Konzils ging Ende
der sechziger Jahre auch die katholische Kirche auf Distanz zur spanischen Diktatur. Nicht nur junge Kleriker, auch Bischöfe mahnten soziale und politische Neuerungen im Interesse derer an, die ihre Forderungen bislang nicht auf legalem Weg artikulieren konnten. Innerhalb
des franquistischen Regimes gab es vergleichsweise konziliante Politiker wie Informations- und Propagandaminister Manuel Fraga Iribarne,
der einen Dialog mit der gemäßigten Opposition förderte, indem er die
von dem ehemaligen Erziehungsminister Joaquín Ruiz-Giménez geleitete Zeitschrift «Cuadernos para el Diálogo» für Autoren aus den Reihen der Christdemokraten, der Liberalen und der Sozialisten öffnen
ließ. Der offizielle Kult um Franco ging weiter, aber was ihm als histo-

risches Verdienst angerechnet wurde, war schon 1964, anläßlich des 25. Jahrestages der Beendigung des Bürgerkrieges, nicht mehr sein Kampf gegen die Linke in den Jahren 1936 bis 1939, sondern seine Rolle als «Friedensschöpfer» (creador de la paz) in den Jahrzehnten danach.

Im Juli 1969 erklärte Franco Prinz Juan Carlos de Borbón y Borbón-Dos Sicilias aus der spanischen Linie der Bourbonen offiziell zu seinem künftigen Nachfolger. Zum Regierungschef ernannte er im Dezember 1973 den bisherigen Innenminister Carlos Arias Navarro. Eine seiner ersten Amtshandlungen, die Entlassung von Außenminister López Rodó, eines erklärten Gegners einer politischen Liberalisierung und des letzten verbliebenen Kabinettsmitglieds aus den Reihen des Opus Dei, stimmte die reformfreundlichen Kräfte hoffnungsfroh.

In seiner Regierungserklärung sprach der neue Ministerpräsident am 12. Februar 1974 von der notwendigen Erneuerung und «Öffnung» (apertura) des Systems, von Partizipation und realem Pluralismus. Die Presse durfte mit offizieller Genehmigung über einen Prozeß der Demokratisierung diskutieren, was aber sogleich auf massiven Widerspruch der konservativen Kräfte des Movimiento Nacional stieß, so daß Arias sich entschloß, den Reformern Zügel anzulegen und die Hoffnungen auf eine Liberalisierung des Regimes zu dämpfen. Die «Nelkenrevolution» im Nachbarland Portugal und der Zusammenbruch der griechischen Militärdiktatur trugen wenig später mit dazu bei, daß sich die oppositionellen Kräfte der Linken fester zu organisieren begannen: zuerst in Form der kommunistisch inspirierten Demokratischen Junta, dann in der von den Sozialisten beherrschten Plattform der Demokratischen Konvergenz. Die Unruhe in der Bevölkerung wuchs, und das auch aus materiellen Gründen, nämlich wirtschaftlichen Rückschlägen infolge der weltweiten Ölkrise: Das Wachstum der spanischen Volkswirtschaft und die Investitionsrate waren rückläufig, während die Zahl der Arbeitslosen und die Inflationsrate stiegen.

Am 20. November 1975 starb Franco. Der sechsundachtzigjährige «Generalissimus», der seit langem an der Parkinsonschen Krankheit litt, war der letzte der rechten Diktatoren der Zwischenkriegszeit: ein, was seine politische Überzeugung anging, traditionalistischer, ja zutiefst reaktionärer Militär und Politiker, aber kein charismatischer «Führer» nach Art Mussolinis und Hitlers und anders als diese auch kein «Faschist», sofern es für faschistische Führer typisch ist, daß sie ihre Herrschaft auf die permanente Mobilisierung von Massen und totalitären Terror stützen. Der Staat Francos war kein totalitäres, wohl aber ein autoritäres Regime, und das auch noch in seiner Spätphase, als es sich wirtschaftlich liberalisierte und, in gewissen Grenzen, einen gesellschaftlichen und politischen Pluralismus duldete.

Autoritäre Regime sind, der prägnanten Analyse des Politikwissenschaftlers Juan Linz zufolge, «politische Systeme mit begrenztem, keine politische Verantwortung tragenden Pluralismus; ohne formulierte und leitende Ideologie (aber mit bestimmten Mentalitäten); ohne intensive und extensive Mobilisierung (mit Ausnahme bestimmter Momente in der Entwicklung dieser Regime); und in denen ein Führer (oder manchmal auch eine kleine Gruppe) innerhalb formal ungenau bestimmter, aber ziemlich vorhersagbarer Grenzen die Herrschaft ausübt». Dem autoritären Regimetypus waren auch der portugiesische Estado Novo Salazars und, mit gewissen Einschränkungen, das griechische Obristenregime zuzurechnen, desgleichen, um nur zwei Beispiele aus der Zwischenkriegszeit zu nennen, das oft als «austrofaschistisch» bezeichnete Dollfuß-Regime in Österreich und in Polen das unter der Herrschaft Marschall Piłsudskis. Wäre Francos System nicht autoritär, sondern totalitär gewesen, hätte es sich schwerlich so von innen heraus auflösen können, wie es das mehr unter innerem als äußerem Druck seit Mitte der sechziger Jahre und verstärkt in der ersten Hälfte der siebziger Jahre tat.

Am 22. November 1975, zwei Tage nach Francos Tod, wurde Juan Carlos zum König von Spanien proklamiert. In seiner Thronrede versprach er ein größeres politisches Mitspracherecht der Spanier. Arias Navarro, der zur Enttäuschung der Liberalen und der Linken Ministerpräsident blieb, präzisierte diese Zusage in seiner Regierungserklärung vom 15. Dezember, indem er eine Reform der repräsentativen Institutionen, Vereinigungsfreiheit und eine Ausweitung der Bürgerrechte ankündigte. Am 25. Mai 1976 wurde das Verbot politischer Versammlungen und Demonstrationen aufgehoben, am 9. Juni die Existenz politischer Parteien faktisch anerkannt.

Drei Wochen später, am 1. Juli, trat der Regierungschef auf Grund verbreiteter Kritik an der Zögerlichkeit seiner Reformpolitik zurück. Sein Nachfolger, der zweiundvierzigjährige Adolfo Suárez, entstammte wie sein Vorgänger dem franquistischen Parteiapparat, war aber, anders als dieser, ein entschiedener Verfechter der «transición», des friedlichen Übergangs von der Diktatur zur Demokratie durch evolutionäre Veränderung des alten Rechtsrahmens. Suárez bekannte sich in seiner Regierungserklärung vom 16. Juli zur Volkssouveränität, den Menschenrechten, einer unabhängigen rechtsprechenden Gewalt, der Bildung repräsentativer Vertretungsorgane, der Gewährung von Autonomierechten an die Regionen, zur Amnestie der politischen Gefangenen und zur Revision des Konkordats von 1953.

Den Worten folgten rasch die ersten Taten. Im August wurde das versprochene Gesetz zur Amnestierung politischer Häftlinge erlassen. Im November verabschiedeten die Cortes das Gesetz über die politische Reform, das die Grundlage für ein frei gewähltes Parlament mit zwei Kammern und den Kompetenzen einer Konstituante schuf und die ständestaatliche Vertretung beseitigte. In einem Referendum sprachen sich die Spanierinnen und Spanier am 15. Dezember 1976 mit über 95 Prozent Ja-Stimmen für das Reformprojekt aus. Die demokratischen Parteien, die an dem Vorhaben nicht beteiligt waren, hatten sich für Stimmenthaltung ausgesprochen, damit aber wenig bewirkt: Die Beteiligung lag mit 77 Prozent überraschend hoch.

Die erste Phase der «transición» war damit abgeschlossen. Zur zweiten Phase gehörten ein Gesetz vom März 1977, das das Recht der freien gewerkschaftlichen Vereinigung garantierte, und die ersten freien Wahlen seit 1936, die am 15. Juni 1977 stattfanden. Zur stärksten Partei wurde die Unión de Centro Democrático (UCD), ein von Ministerpräsident Suárez ins Leben gerufenes Bündnis liberaler, konservativer, christdemokratischer und sozialdemokratischer Gruppierungen, die 34,6 Prozent der Stimmen erhielt. Ihr folgten der Partido Socialista Obrero Español (PSOE) unter Felipe González mit 29,4 Prozent, der Partido Comunista de España (PCE) unter dem erklärten «Eurokommunisten» Santiago Carrillo mit 9,4 Prozent und die rechte, aus dem Movimiento Nacional hervorgegangene, von dem früheren Informationsminister Manuel Fraga Iribarne geführte Alianza Popular (AP) mit 8,4 Prozent.

Suárez bildete eine Minderheitsregierung, bemühte sich aber von Anfang an darum, die «transición» auf eine breitere Basis zu stellen. Um die wirtschaftliche und soziale Krise zu überwinden und den Prozeß der Demokratisierung voranzutreiben, verständigte er sich mit den Oppositionsparteien, den Gewerkschaften und den Unternehmerverbänden im Oktober 1977 auf den «Pakt von Moncloa», der weitreichende Reformen ankündigte und sich beruhigend auf das soziale Klima auswirkte. Im Monat darauf wurde Spanien in den Europarat aufgenommen. Im Dezember erhielten das Baskenland und Katalonien als erste Region ein vorläufiges Autonomiestatut. Im Oktober 1978 nahmen die Cortes mit der überwältigenden Mehrheit von 325 von insgesamt 345 Stimmen den Entwurf einer neuen Verfassung an. In der parlamentarischen Monarchie Spaniens sollte der König im wesentlichen repräsentative Funktionen ausüben. Die Staatsgewalt ging vom Volke aus. Freiheit, Gerechtigkeit, Gleichheit und politischer Pluralismus wurden zu obersten Werten der Rechtsordnung erklärt. Im Fall der Erklärung des Ausnahme- oder Belagerungszustands konnten nach Artikel 55 die wichtigsten Grundrechte allerdings pauschal aufgehoben werden. In einer Volksabstimmung sprachen sich am 6. Dezember 1978 bei einer Wahlbeteiligung von 67,7 Prozent 87,8 Prozent der Spanier für die neue Verfassung aus. Am 27. Dezember 1978 trat sie in Kraft.

Die zweite Phase der «transición» war damit formell abgeschlossen. Der friedliche Übergang von der Diktatur zur Demokratie war, sieht man von einigen Terroranschlägen politischer Extremisten von rechts und links ab, ähnlich unblutig verlaufen wie in Portugal und in Griechenland. Der Bürgerkrieg der Jahre 1936 bis 1939 wirkte als Memento: Die Erben der blutigen Konfrontation stimmten darin überein, daß eine solche Tragödie sich nicht wiederholen durfte. Deswegen verabschiedeten sie im Oktober 1977 gemeinsam ein Amnestiegesetz, das Verbrechen der Ära Franco der Strafverfolgung entzog. Eine kritische Aufarbeitung der Geschichte der letzten vier Jahrzehnte erschien beiden Seiten als nicht vordringlich, wenn nicht sogar schädlich. Die Amnestie ging mit einer verbreiteten Neigung zur Amnesie einher.

Doch nicht alle Anhänger des alten Regimes waren zu dem historischen Kompromiß bereit, den die aufgeklärten Eliten aller Lager für notwendig hielten. Anfang der achtziger Jahre sollte sich zeigen, daß die intransigenten Kräfte von rechts ihr Spiel noch längst nicht verloren gegeben hatten. Das galt vor allem für Teile des spanischen Militärs, das, im Gegensatz zu Portugal und Griechenland, bis zuletzt eine Säule des autoritären Systems geblieben war. Die «Ultras» warteten nur auf eine Gelegenheit, um alles rückgängig zu machen, was ihnen an der «transición» mißfiel.[22]

Außerhalb der Blöcke: Die neutralen Staaten Europas

Von den drei südeuropäischen Ländern, die zwischen 1974 und 1977 sich von rechten Diktaturen in pluralistische Demokratien verwandelten, gehörten zwei, Spanien und Portugal, zum historischen Okzident, dem «lateinischen» Europa, einer, Griechenland, zum orthodox geprägten Teil des alten Kontinents. Von den (wenn man das Fürstentum Liechtenstein und San Marino nicht mitrechnet) sechs neutralen Ländern, die weder der NATO noch dem Warschauer Pakt angehörten, zählten fünf, nämlich Finnland, Schweden, Irland, die Schweiz und Österreich, zum alten Westen. Beim sechsten, Jugoslawien, war die Zuordnung schwieriger. Zwei Teilrepubliken, Slowenien und Kroatien, waren katholisch geprägt, also ein Teil des lateinischen Okzidents, des Europas der Westkirche. Serbien, Mazedonien und Montenegro bildeten Teile des orthodoxen Südosteuropa. In Bosnien-Herzegowina waren etwa 45 Prozent der Bevölkerung Muslime, 30 Prozent orthodoxe Serben und 17 Prozent katholische Kroaten. Die Bevölkerung des Kosovo, das keine eigene Teilrepublik war, sondern den Status einer autonomen Provinz innerhalb Serbiens hatte, bestand zu neun Zehnteln aus ethnischen Albanern, die überwiegend Muslime waren; die serbische Minderheit war, soweit kirchlich gebunden, orthodox.

Das kommunistische Jugoslawien war eines der führenden Länder der Bewegung der Blockfreien Staaten. Auf der Insel Brioni, der Sommerresidenz Titos, hatte sich der Gastgeber im Juli 1956 mit dem indischen Premierminister Jawaharlal Nehru und dem ägyptischen Präsidenten Gamal Abd el Nasser auf eine gemeinsame Erklärung über Prinzipien und Ziele der Nichtgebundenheit verständigt. In Belgrad fand im September 1961, sechs Jahre nach dem Treffen von 23 asiatischen und 6 afrikanischen Ländern in Bandung, die erste Konferenz der Blockfreien statt. Tito war auch die treibende Kraft der dritten Gipfelkonferenz der Blockfreien, die im September 1970 in Lusaka, der Hauptstadt von Sambia, stattfand und zu einer Plattform des globalen Protestes gegen Kolonialismus, Neokolonialismus und Rassismus wurde.

Ein herausragendes Merkmal der jugoslawischen Neutralitätspolitik war die «Äquidistanz» zum Osten und zum Westen. Jugoslawien war seit 1964 assoziiertes Mitglied des Rates für gegenseitige Wirtschaftshilfe und seit 1966 Vollmitglied des Internationalen Handelsabkommens, des GATT. Das Verhältnis zur Sowjetunion war seit der Beendigung des Zerwürfnisses im Jahr 1955 immer wieder starken Schwankungen ausgesetzt. Der Niederwerfung des ungarischen Volksaufstandes im Herbst 1956 und der Intervention der Warschauer-Pakt-Staaten in der Tschechoslowakei im August 1968 folgten Phasen der Abkühlung, aber keine neuen «Eiszeiten». Bei den Nahostkriegen von 1967 und 1973 unterstützte Jugoslawien die arabische Seite und damit mittelbar die Sowjetunion. Von den USA hatte es in den fünfziger Jahren umfangreiche Geld- und Militärhilfe erhalten; auf die letztere glaubte Belgrad Anfang der sechziger Jahre verzichten zu können. Mit den westeuropäischen Staaten unterhielt Tito gute Beziehungen, was sich schon wegen der vielen dort lebenden jugoslawischen Gastarbeiter empfahl. Zu Willy Brandt war sein Verhältnis fast schon freundschaftlich.

Innenpolitisch erlebte Jugoslawien in den sechziger Jahren eine Phase der Liberalisierung. Anfang 1954 war Milovan Djilas, lange Zeit einer der engsten Weggefährten Titos, wegen seiner Kritik am kommunistischen System aus dem Zentralkomitee des Bundes der Kommunisten Jugoslawiens (BKJ) ausgeschlossen und später mehrfach zu Gefängnisstrafen verurteilt worden. Im Juni 1965 verlor einer seiner schärfsten Kritiker, der Chef des Staatssicherheitsdienstes, Alexander Ranković, seine Partei- und Staatsfunktionen, bevor auch er aus dem BKJ ausgeschlossen wurde. Schon fünf Jahre zuvor war die Vorzensur von Druckerzeugnissen abgeschafft worden: eine Maßnahme, mit der Jugoslawien sich fortan von allen anderen «sozialistischen» Staaten abhob.

Von der liberaleren Politik profitierten vor allem Künstler und Intellektuelle. Schriftsteller, Theater- und Filmregisseure übten offene Kritik an Fehlentwicklungen des «Sozialismus». 1963 wurde die «Praxis-Gruppe» gegründet: eine Philosophenschule, die in der seit 1964 erscheinenden Zeitschrift «Praxis» und auf internationalen Tagungen auf der Adriainsel Korčula für eine undogmatische Anwendung der Marxschen Methoden eintrat und einen regen Austausch mit Vertretern gleichgerichteter Denkströmungen im Westen pflegte. Die jugoslawischen Studentenproteste vom Sommer 1968, von denen bereits die Rede war, wären ohne die intellektuelle Vorarbeit der «Praxis»-Philosophen schwer vorstellbar gewesen. Jugoslawien war auch das einzige «sozialistische» Land, das seinen Bürgern unbeschränkten Zugang zu westlichen Zeitungen und volle Reisefreiheit gewährte. Gleichzeitig avancierte es zu einem beliebten Urlaubsland für Ausländer aus «kapitalistischen» Staaten Westeuropas, die sich nicht nur an der dalmatinischen Mittelmeerküste, sondern im ganzen Land frei bewegen konnten.

Zum liberalen Klima der sechziger Jahre paßte auch das Drängen der nördlichen Teilrepubliken Slowenien und Kroatien auf eine stärkere Föderalisierung Jugoslawiens. Die materiellen Motive, die hinter diesem Verlangen standen, waren unverkennbar: Setzte man den Wohlstandsindex für ganz Jugoslawien gleich 100, kam Slowenien auf 177,3 und Kroatien auf 120,7 Punkte, Serbien auf 94,9, Bosnien-Herzegowina auf 69,1 und das Kosovo auf 38,6 Punkte. Der reiche Norden wollte die Transferleistungen zugunsten des Südens so reformieren, daß er weniger als bisher belastet wurde und nicht mehr überstimmt werden konnte. Der einflußreichste Slowene in der Parteiführung, der Chefideologe des BKJ, Edvard Kardelj, ein langjähriger Widersacher des zentralistischen Serben Alexander Ranković, trug entscheidend dazu bei, daß der Prozeß der Föderalisierung energisch vorangetrieben wurde. Die neue Verfassung vom April 1963, die aus der Föderativen Volksrepublik Jugoslawien die Sozialistische Föderative Republik Jugoslawien machte, war ein erster Schritt in diese Richtung. Die Teilrepubliken folgten mit Verfassungen, die ihre Autonomie massiv verstärkten. Auf der Bundesebene wurden die gemeinsamen Institutionen an der Spitze paritätisch besetzt, durch den Grundsatz einvernehmlicher Beschlüsse den Republiken ein Vetorecht eingeräumt.

Wirtschaftlich waren die sechziger mehr noch als die fünfziger Jahre eine Zeit des rapiden wirtschaftlichen und sozialen Wandels. Der Anteil der in der Landwirtschaft Beschäftigten fiel zwischen 1945 und 1965 von 75 auf 57 Prozent. In der Industrie arbeiteten Mitte der sechziger Jahre 21, im Dienstleistungsbereich 22 Prozent. Die Industrieproduktion hatte sich 1965 gegenüber 1947 versechsfacht und trug nunmehr zu einem Drittel zum Nationaleinkommen bei. Die Erwerbstätigkeit von Frauen wuchs schneller als irgendwo sonst in Europa. Die Analphabetenrate, die zum Kriegsende noch bei etwa 50 Prozent gelegen hatte, sank 1961 auf unter 20 Prozent. Die Realeinkommen wuchsen zwischen 1950 und 1965 um rund 80 Prozent. 1961 beseitigte das Parlament die Reste der staatlichen Kontrolle über die

Betriebe. Diese hatten fortan das Recht, selbst über die Verwendung ihrer Gewinne zu entscheiden. Entgegen den Erwartungen der Wirtschaftsreformer nutzten die Betriebe ihren vergrößerten Handlungsspielraum aber sehr viel weniger für Investitionen als für Lohnerhöhungen. Die Folge war, daß die privaten Einkünfte rascher stiegen als die Produktivität der Industrie und das Wirtschaftswachstum zurückging, während das Defizit der Handelsbilanz, die Arbeitslosen- und die Inflationsrate wuchsen.

Seit den späten sechziger Jahren verstärkten sich die nationalistischen Bestrebungen in den Teilrepubliken. In Bosnien-Herzegowina propagierte der Rechtsanwalt Alija Izetbegović eine Islamisierung der Muslime, die sich von ihrer Religion abgewandt hatten, und als Fernziel einen panislamischen Staat. Im Kosovo und in Westmazedonien kam es im Spätjahr 1968 zu gewaltsamen Demonstrationen gegen das militante Großserbentum und für einen Zusammenschluß aller albanisch besiedelten Gebiete. Am weitesten ging das Streben nach Autonomie in Kroatien. Unter der Ägide des einstigen Partisanenführers Franjo Tudjman, seit 1961 Direktor des Historischen Instituts zur Erforschung der Arbeiterbewegung in Zagreb, gewann eine Strömung an Boden, die das eigene Land zum Opfer serbischer Hegemonialpolitik stilisierte. Im März 1967 verfaßten kroatische Intellektuelle und Künstler eine Erklärung, in der sie die Anerkennung des Kroatischen als eigene, vom Serbischen unterschiedene Sprache forderten. Im April 1971 wandte sich das Zentralkomitee der kroatischen Kommunisten öffentlich gegen den serbischen Zentralismus im Bund der Kommunisten Jugoslawiens und gab damit das Signal für den «kroatischen Frühling». Im Verlauf des Jahres radikalisierten sich die Proteste weiter – bis hin zu Studentendemonstrationen im November, auf denen Rufe nach einem unabhängigen Staat Kroatien laut wurden.

Gestützt auf seine Getreuen, reagierte Tito, von Geburt Kroate, mit einem Doppelschlag: Er veranlaßte die Entmachtung erst der kroatischen, dann der serbischen Parteiführung – der einen wegen ihres Nationalismus, der anderen wegen ihres Wirtschaftsliberalismus. Im Zuge der Säuberungen in Kroatien wurden nicht nur Hunderte von Parteimitgliedern ihrer Funktion enthoben beziehungsweise aus der Partei ausgeschlossen; es kam auch zur Verhaftung von 189 Personen, darunter Tudjman, zu Prozessen und Verurteilungen. In Serbien blieb es bei Parteiausschlüssen und erzwungenen Rücktritten, desgleichen in

Slowenien, wo der als liberal geltende Regierungschef Stane Kavčič 1972 seinen Posten verlor.

Die Ölkrise von 1973/74 traf Jugoslawien schwer. Sie enthüllte schonungslos die Schwächen der «sozialistischen Marktwirtschaft» und verstärkte, wie auch in den ostmittel- und südosteuropäischen Mitgliedstaaten des Rates für gegenseitige Wirtschaftshilfe, die Neigung, Einnahmeausfälle durch Kredite aus dem kapitalistischen Ausland auszugleichen. Die Auslandsverschuldung stieg zwischen 1973 und 1981 von 4,6 auf 21 Milliarden Dollar, die Zinsraten wuchsen von 1975 bis 1981 von 5,8 auf 16,8 Prozent an. Das Ergebnis der Rezession faßt die Historikerin Marie-Janine Calic in den Worten zusammen: «Wie alle sozialistischen Staaten war auch Jugoslawien letztlich nicht anpassungsfähig genug, die globalen Herausforderungen der säkularen Transformation zu meistern, also den Strukturwandel in die Informations- und Kommunikationsgesellschaft nachzuvollziehen oder sich zumindest neuartige technologische Nischen zu erschließen. Wachstumseinbußen, Arbeitslosigkeit, Staatsverschuldung und Hyperinflation waren die Folge – und ein eklatanter politischer Legitimitätsverlust.»

Die Mittel, mit denen die engere Führung um Tito die Staatsautorität zu festigen versuchte, waren überwiegend repressiv: Ein Gesetz von 1973 beschnitt die Freiheit der Medien; ein neues Strafgesetzbuch sorgte 1975 für die verschärfte Verfolgung staatsfeindlicher und konterrevolutionärer Aktivitäten, so daß die Zahl der politischen Gefangenen erheblich anstieg. Im gleichen Jahr verloren acht Dozenten der «Praxis-Gruppe» an der Philosophischen Fakultät der Universität Belgrad ihre Lehrbefugnis. Die Dezentralisierung aber wurde nicht rückgängig gemacht. Die neue Verfassung von Februar 1974 straffte zwar die Staatsführung, beließ es aber bei der weitgehenden Autonomie der Teilrepubliken. Tito blieb Präsident auf Lebenszeit; danach sollte dieses Amt entfallen. Mochte es auch Kritik an der Eitelkeit und der Verschwendungssucht des Staatschefs geben, der im Mai 1975 seinen 83. Geburtstag begehen konnte: Solange Tito lebte, besaß der Vielvölkerstaat einen populären Integrationsfaktor, der seinen Zusammenhalt verbürgte. Was aus Jugoslawien ohne ihn werden würde, darüber konnte man einstweilen nur spekulieren.

Anders als Jugoslawien interpretierte Österreich seine Neutralität, eine Bedingung der Wiedererlangung seiner staatlichen Unabhängigkeit durch den Staatsvertrag von 1955, niemals im Sinne einer «Äquidistanz» zu West und Ost. Kulturell dem Westen zugehörig, hatte Österreich nach der Niederwerfung des ungarischen Volksaufstands im Herbst 1956 Tausende von Flüchtlingen aus dem kommunistischen Nachbarland aufgenommen. Eine gewisse Vermittlerrolle zwischen den Blöcken aber strebte Österreich, das seit Dezember 1955 Vollmitglied der Vereinten Nationen war, durchaus an. 1957 wurde Wien zum Sitz der Internationalen Atomenergie-Organisation (IAEO), 1966 der UN-Organisation für industrielle Entwicklung (UNIDO). Im Juni 1961 trafen sich Kennedy und Chruschtschow in Wien, um über die Ost-West-Beziehungen im allgemeinen und die Berlinfrage im besonderen zu beraten. In der österreichischen Hauptstadt fanden seit April 1970 die SALT-Verhandlungen zwischen den USA und der Sowjetunion statt, seit Januar 1973 die multilateralen Sondierungsgespräche über eine wechselseitige, ausgewogene Truppenreduzierung, die unter dem Kürzel «MBFR» in die Geschichte eingegangen sind.

Regiert wurde Österreich von 1947 bis 1966 von Kabinetten einer Großen Koalition, in denen die konservative Österreichische Volkspartei (ÖVP), die Nachfolgerin der Christlichsozialen, den Bundeskanzler, die zweitgrößte Partei, die Sozialistische Partei Österreichs (SPÖ), den Vizekanzler stellte. Die drittstärkste Partei, die 1956 gegründete, aus dem Verband der Unabhängigen hervorgegangene Freiheitliche Partei Österreichs (FPÖ), war die Erbin der «großdeutschen» Deutschnationalen und der österreichischen Nationalsozialisten; sie galt den beiden großen Parteien als nicht koalitionsfähig. Ihr Regierungsbündnis betrachteten ÖVP und SPÖ als eine Rückversicherung gegen eine Wiederkehr der bürgerkriegsartigen Auseinandersetzungen zwischen beiden Lagern in der Zeit der Ersten Republik. Ähnlich wie in der Bundesrepublik Deutschland entwickelte sich in der zweiten österreichischen Republik zwischen Gewerkschaften und Arbeitgebern eine «Sozialpartnerschaft», die der Großen Koalition als gesellschaftliche Untermauerung diente und dem Land zu einem hohen Maß an innerer Stabilität verhalf.

1966 endete fürs erste die Zeit der Großen Koalition. ÖVP und SPÖ hatten sich in den Jahren zuvor zerstritten, wobei der heftigste Konflikt über der Frage entbrannte, ob dem Sohn des letzten Kaisers, Otto von Habsburg, nachdem dieser auf alle Thronansprüche verzichtet hatte, die Rückkehr nach Österreich erlaubt werden sollte. (Die Antwort der Volkspartei war ein Ja, die der Sozialisten ein Nein.) Die Eroberung der absoluten Mehrheit der Sitze bei den Nationalratswahlen vom April 1966 erlaubte es der ÖVP unter Bundeskanzler Josef Klaus, eine Alleinregierung zu bilden. Große Erfolge blieben ihr aber verwehrt. Im März 1967 verhinderte die Sowjetunion ein Abkommen, durch das Österreich assoziiertes Mitglied der Europäischen Gemeinschaft geworden wäre. Die ehemalige Besatzungsmacht sah in dem Vorhaben einen Verstoß gegen die Verpflichtung Österreichs zu «immerwährender Neutralität». Drei Jahre später, im März 1970, stieg die SPÖ bei den Nationalratswahlen zur stärksten Partei auf, verfehlte aber die absolute Mehrheit der Mandate: Sie errang 81, die ÖVP 79, die FPÖ 5 Mandate.

Der Vorsitzende der SPÖ, der Außenminister der Jahre 1959 bis 1966, Bruno Kreisky, dachte nicht an eine Neuauflage der Großen Koalition. Er bildete vielmehr eine Minderheitsregierung, die sich, wo immer möglich, von der FPÖ parlamentarisch unterstützen ließ und den Freiheitlichen dafür durch eine Wahlrechtsreform zu ihren Gunsten entgegenkam. An der Spitze der FPÖ stand seit 1958 Friedrich Peter, der im November 1938 der NSDAP beigetreten war, sich im Alter von 17 Jahren freiwillig zur Waffen-SS gemeldet hatte und im Zweiten Weltkrieg zum SS-Obersturmführer in einem Infanterieregiment aufgestiegen war, das als Teil der Einsatzgruppen aktiven Anteil an der Ermordung von Hunderttausenden von Juden hatte. Kreisky entstammte einer großbürgerlichen jüdischen Familie; er hatte während des Zweiten Weltkriegs im schwedischen Exil gelebt. Sein Arrangement mit Peter führte zu einem erbitterten Konflikt mit Simon Wiesenthal, dem Leiter des Jüdischen Dokumentationszentrums in Wien, der sich heftigen persönlichen Angriffen des Bundeskanzlers ausgesetzt sah. Seine jüdische Herkunft hinderte Kreisky auch nicht daran, scharfe Kritik an der Politik Israels in den besetzten Gebieten zu üben und sich mehr als einmal an der Seite Jassir Arafats demonstrativ für die Rechte der Palästinenser einzusetzen.

Aus den vorgezogenen Neuwahlen vom Oktober 1971 ging Kreisky als strahlender Sieger hervor: Seine SPÖ kam auf 93, die ÖVP auf 80, die FPÖ auf 10 Sitze. Absolute Mehrheiten der Mandate und der Stimmen konnte Kreisky auch bei den Wahlen vom Oktober 1975 und Mai 1979 erobern: eine Machtbasis, über die vor ihm noch kein österreichischer Kanzler verfügt hatte. Er nutzte die starke Position seiner Partei, um eine Politik der inneren Reformen einzuleiten, zu denen die Erweiterung der Rechte der Frauen, eine Liberalisierung des Sexualstrafrechts, die Schaffung eines Zivildienstes, die Einführung von Heiratsprämien und Kindergeld sowie die Erhöhung der Pensionen gehörten. Die großzügigen sozialen Leistungen ließen sich nach dem Ende des Booms 1973/74 nur mit Hilfe einer steigenden Staatsverschuldung aufrechterhalten – eine Last, an der Österreich fortan schwer zu tragen hatte.

In die Zeit kurz nach der Wahl vom Oktober 1975 fiel ein Ereignis, das Österreich in die Schlagzeilen der Weltpresse brachte: Am 21. Dezember 1975 überfiel ein Terrorkommando unter Führung von Ilich Ramírez Sánchez, bekannter unter dem Namen «Carlos», die OPEC-Zentrale in Wien, wo gerade eine Konferenz der Erdölminister stattfand. Die sechs Terroristen, fünf Männer und eine Frau, nahmen insgesamt 62 Personen, darunter 12 Erdölminister, fest. Bei einem Schußwechsel wurden drei Menschen – ein österreichischer Polizist, der libysche Delegierte und ein irakischer Sicherheitsbeamter – getötet. Zu den Forderungen der (höchstwahrscheinlich von Libyen gesteuerten) Terroristen gehörten die Nichtanerkennung Israels durch muslimische Staaten, eine Verurteilung Irans als Agent des amerikanischen Imperialismus, die Verstaatlichung der Erdölquellen im arabischen Raum und die Finanzierung des palästinensischen Widerstands durch die Ölstaaten.

Die Regierung Kreisky gab der Freilassung der Geiseln Vorrang vor allen anderen Überlegungen und gewährte schließlich den Terroristen freies Geleit zum Flughafen Schwechat, die Ausreise in ein arabisches Land ihrer Wahl, die Mitnahme ihres schwer verletzten Komplizen Hans-Joachim Klein sowie von 33 Geiseln (die dann in Algerien freigelassen wurden). Als die Mitglieder des Kommandos das Flugzeug, eine österreichische Maschine, bestiegen, kam es zu einem Handschlag zwischen «Carlos» und Innenminister Otto Rösch – ein Vorgang, der das weltweite Prestige Österreichs zeitweilig noch stärker erschütterte als die Nachgiebigkeit gegenüber den Terroristen.

Sein persönliches Ansehen mehrte Kreisky vor allem durch Aktivitäten auf der internationalen Bühne. Zusammen mit dem früheren deutschen Bundeskanzler Willy Brandt, einem Freund aus der schwedischen Exilzeit, dem ägyptischen Präsidenten Anwar as-Sadat und dem Vorsitzenden der israelischen Arbeiterpartei, Schimon Peres, arbeitete er 1978 für den Nahen Osten einen Friedensplan aus, der die Grundlage für erste Gespräche zwischen Israelis und Palästinensern und schließlich für den «Oslo-Prozeß» schuf, auf den noch zurückzukommen sein wird. Daß auch der Regierungschef eines kleinen Landes große Politik machen kann: Wenn es dafür noch eines Beweises bedurft hätte, lieferte ihn Bruno Kreisky in den 13 Jahren seiner Kanzlerschaft.

Im Staatsvertrag von 1955 hatte sich Österreich zu immerwährender Neutralität nach dem Vorbild der Schweiz verpflichtet. Die Schweiz aber interpretierte ihre Neutralität sehr viel restriktiver als Österreich. Die Eidgenossenschaft bekundete zwar durch die Aufnahme von jeweils weit über 10 000 Flüchtlingen nach der Niederwerfung des ungarischen Volksaufstands und des «Prager Frühlings» ihre Zugehörigkeit zur «freien Welt». Sie übernahm auch immer wieder Vermittlerfunktionen in internationalen Konflikten, so in der Waffenstillstandskommission für Korea und bei der Genfer Indochinakonferenz. Einen Beitritt zu den Vereinten Nationen aber lehnten die Schweizer noch im März 1986 in einer Volksabstimmung mit Dreiviertelmehrheit (75,7 Prozent) ab. Erst im März 2002, über ein Jahrzehnt nach Ende des Ost-West-Konflikts, sprach sich eine relativ knappe Mehrheit (54,6 Prozent) für einen Beitritt zu der Weltorganisation aus. Die Mitgliedschaft im Internationalen Währungsfonds und in der Weltbank hatten die Schweizer bereits 1992 gebilligt.

Umstritten war auch das Verhältnis der Eidgenossen zum westeuropäischen Einigungsprozeß. Die Schweiz war Gründungsmitglied der OEEC; sie trat 1960 der Europäischen Freihandelszone, der EFTA, und 1963, sieben Jahre nach Österreich, dem Europarat bei. Einen Beitritt zur Europäischen Gemeinschaft aber lehnte der Bundesrat 1988 in einem ersten Bericht ab. Im Mai 1992 stellte die Schweiz dann doch einen formellen Aufnahmeantrag, der sich aber dadurch erledigte, daß die Schweizer im Dezember einen Beitritt zum Europäischen Wirtschaftsraum, einem Zusammenschluß von EG und EFTA im Zeichen des Freihandels, mit der knappen Mehrheit von 50,3 Prozent ablehnten und damit der rechtspopulistischen Kampagne des Zürcher Großindustriellen Christoph Blocher und der von ihm geführten Schweizerischen Volkspartei (SVP) zu einem großen politischen Erfolg verhalfen. Um der Wirtschaft der Schweiz dennoch einen Zugang zum europäischen Markt zu erhalten, billigten die Eidgenossen im Mai 2000 mit breiter Mehrheit (67,2 Prozent) sieben bilaterale Abkommen mit der nunmehrigen Europäischen Union. Es sollten nicht die letzten Verträge dieser Art sein.

Zu den großen innenpolitischen Streitfragen der Jahrzehnte nach 1945 gehörte das Frauenwahlrecht. Noch im Februar 1959 sprachen sich die männlichen Eidgenossen in einer Volksabstimmung mit Zweidrittelmehrheit (66,7 Prozent) gegen die Gleichberechtigung der Geschlechter auf dem Gebiet des Wahlrechts aus. Zwölf Jahre später, im Februar 1971, vollzogen sie mit der nahezu gleichen Mehrheit (67,7 Prozent) die überfällige Kehrtwende zugunsten des Frauenstimmrechts auf der eidgenössischen Ebene. In einigen Kantonen aber verteidigten die Männer weiterhin hartnäckig ihre Privilegien in Sachen Wahlrecht, am zähesten im Halbkanton Appenzell-Innerrhoden, der erst im November 1990 auf Beschluß des Bundesgerichts zur Aufgabe seines Widerstands gezwungen wurde. 1977 wurde erstmals eine Frau, die Sozialdemokratin Elisabeth Blunschy, zur Präsidentin des Nationalrats, acht Jahre später Elisabeth Kopp, eine Politikerin der Freisinnigen Partei, zur ersten Bundesrätin gewählt.

Ähnlich kontrovers war lange Zeit ein Problem der territorialen Neugliederung, das eng mit der Geschichte der konfessionellen Gegensätze und der Sprachenvielfalt verbunden war: die «Jurafrage». Auf dem Wiener Kongreß war 1815 das ehemalige Fürstbistum Basel dem Kanton Bern übertragen worden. Es war ein überaus heterogenes Gebiet: Der Norden war katholisch, französischsprachig und agrarisch, der Süden reformiert, deutschsprachig und industrialisiert. Separationsbestrebungen im Jura gab es seit dem 19. Jahrhundert; seit 1951 fanden sie im Rassemblement Jurassien ihren organisatorischen Ausdruck. Im Juni 1974 sprach sich eine Mehrheit des betroffenen Gebiets für einen eigenen Kanton Jura aus; die Südjurassier konnten aber ihren Wunsch durchsetzen, im Kanton Bern zu verbleiben. Eine gesamtschweizerische Volksabstimmung erbrachte eine Vierfünftelmehrheit (82,3 Prozent) für die Bildung des neuen, freilich nur den Norden des Jura umfassenden Kantons Jura. Die Zahl der Kantone wuchs damit auf 23 an.

Das politische System der Schweiz war seit 1959 durch die «Zauberformel» geprägt, wonach die großen Parteien im Bundesrat ungefähr proportional zu ihrem Wähleranteil vertreten sein sollten. Die

Sozialdemokraten, die Freisinnigen und die Christlichdemokratische Volkspartei erhielten dementsprechend zwei Sitze, die Bürger- und Bauernpartei, die sich später in Schweizerische Volkspartei umbenannte, einen Sitz. In die Krise geriet dieser Vertretungsmodus um die Jahrtausendwende durch die Radikalisierung und die dramatischen Stimmengewinne der Partei unter der Führung Christoph Blochers. Die Konsens- oder Konkordanzdemokratie der Schweiz war auf eine politische Polarisierung, wie sie Blocher betrieb, nicht vorbereitet. Der Versuch, eine Partei zu integrieren, die so integrationsfeindlich auftrat wie die SVP, sollte sich als Quadratur des Kreises erweisen.

Zu den neuen Mitgliedern, die die Europäische Gemeinschaft seit 1972 zählte, gehörte auch ein neutrales Land: Irland. Die Neutralität ergab sich letztlich aus der Gründungsgeschichte des selbständigen irischen Staates, der Erkämpfung seiner Unabhängigkeit vom Vereinigten Königreich. Im Zweiten Weltkrieg hatte die Regierung in Dublin schon aus Gründen des inneren Friedens großen Wert auf gleichen Abstand zu den kämpfenden Parteien gelegt. Nach 1945 beteiligte sich Irland zwar an der Gründung der OEEC und des Europarats. Der alte Gegensatz zu Großbritannien und die ungelöste Nordirlandfrage aber waren maßgeblich für die Entscheidung, weder dem Brüsseler Pakt von 1948 noch der NATO beizutreten. Am 18. April 1949, dem Jahrestag des Osteraufstands von 1916, erklärte sich Irland zur unabhängigen Republik und trat gleichzeitig aus dem Commonwealth aus. Großbritannien akzeptierte die Entscheidung, bekräftigte aber durch ein Gesetz, den Ireland Act vom 3. Mai 1949, seine Bestandsgarantie für Ulster.

An der Spitze der Dubliner Regierungen wechselten sich in der Nachkriegszeit die beiden großen Parteien ab: die konservative Fianna Fáil, die Partei des Staatsgründers und mehrmaligen Regierungschefs Éamon de Valera, und die etwas liberalere Fine Gael, die Partei des mehrfachen Ministerpräsidenten John A. Costello. Zur größten innenpolitischen Herausforderung aller Kabinette wurde seit Mitte der fünfziger Jahre der Terror der Irisch-Republikanischen Armee, der IRA, die mit Sabotageakten in Ulster und bewaffneten Überfällen auf Grenzposten die Vereinigung der beiden Teile der Insel zu erzwingen versuchte. Auf dem Territorium der Republik Irland konnten die Gewaltaktionen der Bürgerkriegsarmee nach 1957 eingedämmt werden,

im Norden hingegen nicht. 1965 erkannte die Republik Irland die
Regierung in Belfast formell an; eine Milderung des konfessionellen
Konflikts im Norden der Insel wurde dadurch aber nicht bewirkt.

Die Jahre des Booms bedeuteten auch für Irland einen tiefgreifenden sozialen Wandel. Sehr viel später als in den anderen Ländern
Nordwesteuropas setzte hier der Wandel von der traditionellen Agrar-
zur modernen Industrie- und Dienstleistungsgesellschaft ein. 1961 arbeiteten in der Landwirtschaft noch 36,9 Prozent der Beschäftigten, in
der Industrie 23,5 Prozent und im Dienstleistungssektor 39,6 Prozent.
Bis 1971 verschoben sich die entsprechenden Anteile auf 26,9, 29,6
und 43,5 Prozent, bis 1984 auf 16,7, 28,7 und 54,6 Prozent. Der Beitritt zur EG brachte dem Land einen enormen wirtschaftlichen Aufschwung, der allerdings zunächst mit hoher Arbeitslosigkeit einherging: Die Erwerbslosenzahlen stiegen nach dem Ölschock von 1973/74
auf 15 Prozent, Mitte der achtziger Jahre sogar auf 20 Prozent, um
dann bis 1990 auf 16 Prozent zu sinken. Die Modernisierung der Wirtschaft ließ sich an der Zusammensetzung der Ausfuhr ablesen: 1970
hatten die Agrarprodukte noch ein Drittel (34,4 Prozent) der Exporte
ausgemacht; 1990 waren es knapp 20 Prozent. Der Anteil der Elektro-
erzeugnisse stieg von 13,8 auf 28,4 Prozent. Einen neuen Wachstums-
sektor der irischen Wirtschaft bildete die Computersoftware: 1990
erreichte sie bereits einen Exportanteil von 7,7 Prozent.

Im Zuge des sozialen Wandels verlor die wichtigste Hüterin der irischen Nationalidentität, die katholische Kirche, allmählich an Einfluß.
In einem Referendum stimmten die Iren im Dezember 1972 für die
Beseitigung der verfassungsrechtlichen Sonderstellung der katholischen
Kirche, wobei freilich bei den Initiatoren und vielen der Abstimmenden die Hoffnung auf eine Wiedervereinigung mit dem protestantischen Norden eine Rolle spielte. Im Jahr darauf wurde erstmals ein
Protestant, Erskine Childers von der Fianna Fáil, zum Staatspräsidenten gewählt. Die katholische Prägung des Landes aber zeigte sich auch
im letzten Viertel des 20. Jahrhunderts immer wieder deutlich: Noch
1986 lehnten die Iren in einer Volksabstimmung die Einführung der
Ehescheidung ab. Als sich 1995 die Befürworter mit knapper Mehrheit
durchsetzten, verabschiedete das Parlament ein Gesetz, das Scheidun-
gen nur unter strikten Auflagen gestattete. Eine Legalisierung von
Schwangerschaftsabbrüchen konnte die katholische Kirche verhindern,
nicht jedoch die Umgehung des Verbots durch «Abtreibungstourismus»

in Richtung Großbritannien. Auf dem Weg zu einer Liberalisierung seiner politischen Kultur hatte das Land bis zur Jahrtausendwende beträchtliche Fortschritte gemacht. Abgeschlossen aber war dieser Prozeß zu Beginn des 21. Jahrhunderts noch lange nicht.

Das protestantische Schweden bildete in vielem den Gegenpol zum katholischen Irland. Das skandinavische Königreich galt spätestens seit den sechziger Jahren als eine der modernsten, sozial fortschrittlichsten Demokratien der Welt. Früher und konsequenter als irgendwo sonst hatte sich hier die jüngere Generation von der überkommenen Sexualmoral der Älteren losgesagt. Die evangelisch-lutherische Svenska Kyrkan war zwar (bis zur Jahrtausendwende) immer noch die Staatskirche, aber auf Politik und Gesellschaft hatte sie keinen bestimmenden Einfluß mehr. Die politische Hegemonie lag seit den frühen dreißiger Jahren in den Händen der Sozialdemokratie, die von 1932 bis 1976 (abgesehen von einer kurzen Unterbrechung im Jahr 1936) den Ministerpräsidenten stellte: Per Albin Hansson bis 1946, von 1946 bis 1969 Tage Erlander, danach Olof Palme.

Die Grundlagen des schwedischen Wohlfahrtsstaates, des «Volksheims» (folkhemmet), wurden schon in den dreißiger Jahren gelegt. Neben Gesetzen zum Ausbau der sozialen Sicherheit, darunter einer freiwilligen Arbeitslosenversicherung und einer Volksrente, bildete die Zusammenarbeit zwischen Gewerkschaften und Arbeitgebern, wie sie im Dezember 1938 in Saltsjöbaden bei Stockholm vereinbart wurde, eine der tragenden Säulen des «schwedischen Modells». 1946 kam zu den bisherigen Errungenschaften die Erweiterung der Volksrente hinzu, 1947 das Kindergeld, in den fünfziger Jahren das Recht aller Arbeitnehmer auf drei Wochen Urlaub pro Jahr, eine Krankenversicherung für alle, eine umfassende Sozialhilfe und die 45-Stunden-Woche. In den sechziger Jahren wurde der Jahresurlaub auf vier Wochen verlängert und die wöchentliche Arbeitszeit auf 42,5, 1970 dann auf 40 Stunden verkürzt. 1969 führte die Regierung Palme einen Mietzuschuß für Kinder, 1974 ein Krankengeld in Höhe von 90 Prozent des Lohnes, 1976 die betriebliche Mitbestimmung der Arbeitnehmer ein.

Der schwedische Wirtschaftswissenschaftler Gunnar Adler-Karlsson hat die von den schwedischen Sozialdemokraten entwickelte Spielart des Sozialstaats auf den Begriff des «funktionalen Sozialismus» gebracht, der nicht den Besitz als Ganzes vergesellschaftet, sondern die

Verfügungsgewalt über das Eigentum beschränkt, indem er einzelne Funktionen des Eigentums einer politisch-gesellschaftlichen Kontrolle unterwirft, ohne die Besitzverhältnisse anzutasten. Alle sozialen Neuerungen orientierten sich am Prinzip der Gleichheit aller Schweden, nicht an dem der Bedürftigkeit. Finanziert wurden die Leistungen seit 1945 zum größten Teil aus Steuern, nicht mehr wie davor aus Beiträgen der Versicherten. Mit einer Steuerlast in Höhe von 53,1 Prozent lag Schweden 1978 an der Spitze aller Industrieländer. Norwegen, die Niederlande, Belgien und Dänemark, die dem schwedischen Vorbild folgten, kamen auf Anteile über 40 Prozent, die Bundesrepublik Deutschland, die grundsätzlich am Versicherungsprinzip festhielt, auf 38 Prozent, Großbritannien auf 35,2, die USA auf 30,4, Japan auf 22,2 Prozent.

Zum Wesen des schwedischen «Volksheims» gehörte seit jeher das Ideal des «Gemeinsinns» (samtförstånd), einer ausgeprägt konsensorientierten Politik. Sie ging, nach dem Urteil des deutschen Skandinavisten Bernd Henningsen, einher mit der «Unfähigkeit, den Konflikt divergierender Interessen auszutragen (vielleicht auch nur zu ertragen)». Im «Volksheim» wurde, so Henningsen im Hinblick auf die Regierungszeit Tage Erlanders, «nicht geherrscht, sondern mit paternalistischer Autorität, mit liebender Hand das Gemeinwohl verwirklicht – der Leviathan ist paterfamilias». So gesehen, war der schwedische Wohlfahrtsstaat des 20. Jahrhunderts ein Erbe des aufgeklärten Absolutismus. Henningsen erklärt die Kontinuität dieses Politikverständnisses mit den ausgebliebenen Revolten gegen den Obrigkeitsstaat. «Die Wohlfahrt des Untertanen war das Anliegen der staatlichen Gewalt; Übergriffe und Mißbräuche sind nicht zu leugnen, waren aber weder die Regel noch allgemeines Kennzeichen schwedischer Politik; die zivile Herrschaft ist das Erbe dieser obrigkeitsstaatlichen Tradition.» Die von in- und ausländischen Kritikern hervorgehobenen nivellierenden, kollektivistischen und bevormundenden Züge des schwedischen Fürsorgestaates haben hier ihre historischen Wurzeln.

Die Ölpreiskrise von 1973/74 überstand Schweden infolge höherer Weltmarktpreise für Eisen, Stahl und Holz sowie einer erfolgreichen Drosselung des Energieverbrauchs besser als andere Industrieländer. In den Jahren darauf geriet aber auch Schweden durch starke Lohnerhöhungen und ein rückläufiges Wirtschaftswachstum in eine Phase der «stagflation» mit der typischen Folge wachsender Staatsverschuldung.

Die Wirtschaftskrise trug entscheidend dazu bei, das Vertrauen in die Zukunftschancen des schwedischen Sozialmodells zu erschüttern. Schon bei den Wahlen vom September 1970 hatten die Sozialdemokraten ihre absolute Mehrheit verloren, so daß Olof Palme nur noch mit Duldung der Kommunisten weiter regieren konnte – eine Konstellation, die sich nach den Wahlen von 1973 wiederholte.

1974 entwickelte sich die Kernkraft zu einem polarisierenden Streitthema: Die Sozialdemokraten, die Konservativen und die Liberalen plädierten für ihren Ausbau, während das bäuerliche Zentrum und die Kommunisten den Verzicht auf Atomkraftwerke forderten. Höchst umstritten war Mitte der siebziger Jahre auch das Vorhaben der Gewerkschaften, zur Sicherung der Arbeitsplätze einen nationalen Arbeitnehmerfonds zu schaffen: eine Kapitalrücklage der Unternehmen mit mehr als 50 Beschäftigten in Höhe von 20 Prozent in Form von Aktien, die innerhalb von 15 bis 20 Jahren die Hälfte dieser Gewinnaktien in das Eigentum der Gewerkschaften bringen sollte. Beide, für schwedische Verhältnisse ungewöhnlich scharf geführten, Kontroversen waren Ursachen dafür, daß die Sozialdemokratie bei den Reichstagswahlen vom September 1976 nur noch 42,7 Prozent der Stimmen erhielt – ihr schlechtestes Ergebnis seit 1936. Erstmals seit vier Jahrzehnten gelang es den bürgerlichen Parteien, durch Bildung einer Koalitionsregierung die Sozialdemokraten von der Macht fernzuhalten. Erst sechs Jahre später, im Oktober 1982, konnte Palme erneut ein sozialdemokratisches Kabinett bilden. Die Zeiten der unbestrittenen Vorherrschaft der Sozialdemokraten aber waren unwiederbringlich vorbei.

Zu einer wichtigen innenpolitischen Zäsur wurde am 1. Januar 1975 das Inkrafttreten einer neuen Verfassung, die die Befugnisse des Königs (seit 1973 war dies Karl XVI. Gustaf) erheblich einschränkte: Der Monarch war fortan nicht mehr Oberbefehlshaber der Streitkräfte; er verlor das Recht, bei Sitzungen des Kabinetts den Vorsitz zu führen, den Ministerpräsidenten zu ernennen und Gesetze zu unterzeichnen. Die Ernennung des Regierungschefs oblag seitdem dem Präsidenten des Reichstags; die Gesetze unterzeichnete der Ministerpräsident. Schon sieben Jahre vorher, im September 1968, hatte der Reichstag mit verfassungsändernder Mehrheit die Erste Kammer, ein von Provinzversammlungen und kommunalen Vertretungen gewähltes Oberhaus, abgeschafft und damit ein Einkammersystem eingeführt.

Außenpolitisch setzte Schweden nach 1945 die Neutralitätspolitik

fort, die es in den beiden Weltkriegen betrieben hatte. Es war ein
höchst aktives Mitglied der Vereinten Nationen und stellte von 1953
bis 1961 mit Dag Hammarskjöld deren Generalsekretär. Schwedens
Entwicklungshilfe erreichte 1975 erstmals einen Anteil von 1 Prozent
des Bruttosozialprodukts und damit einen europäischen beziehungsweise atlantischen Rekordwert. Das Verhältnis zu den USA verschlechterte sich während des Vietnamkrieges so dramatisch, daß Washington im März 1968 die diplomatischen Beziehungen zu Stockholm
abbrach (und erst im Januar 1970 wieder aufnahm). Mit der UdSSR
kam es im September 1981 zu einer Krise, nachdem ein sowjetisches
U-Boot vor dem Kriegshafen Karlshafen von Karlskrona auf Grund
gelaufen und entdeckt worden war. Mit der Europäischen Gemeinschaft war Schweden, ein Gründungsmitglied der EFTA, seit 1972
durch ein Freihandelsabkommen verbunden. Eine Vollmitgliedschaft
nach dem Vorbild Dänemarks aber strebte Schweden nicht an: Sie
hätte sich nach herrschender Meinung nicht mit der Selbstverpflichtung des Landes zur Neutralität zwischen West und Ost vertragen.

Keines der neutralen Länder Europas war von einer der beiden Weltmächte derartig abhängig wie Finnland. Der finnisch-sowjetische Vertrag über Freundschaft, Zusammenarbeit und gegenseitige Hilfe vom
April 1948 verpflichtete Finnland nicht nur zur Nichtbeteiligung am
Ost-West-Konflikt, sondern für den Fall einer Aggression gegen einen
der beiden Vertragspartner auch zu militärischem Beistand beziehungsweise zur Annahme militärischer Hilfe. Auf eine Beteiligung am
Marshallplan mußte Finnland unter dem Druck von Moskau im Juli
1948 verzichten. 1955 wurde der auf zehn Jahre befristete Vertrag von
1948 erstmals um 20 Jahre verlängert. Unter der Präsidentschaft des
konservativen Juho Kusti Paasikivi, der schon 1920 den Friedensvertrag mit Sowjetrußland ausgehandelt und unterzeichnet hatte, in den
Jahren 1946 bis 1956 galt das Bemühen um strikte Neutralität und
Achtung der sowjetischen Interessen als die «Paasikivi-Linie».
  Im März 1956 wurde der führende Politiker der Agrarunion, Urho
Kekkonen, der schon mehrfach Ministerpräsident gewesen war, mit
verdeckter Unterstützung der sowjetischen Botschaft zum neuen Präsidenten gewählt. Er verblieb in diesem Amt bis zu seinem krankheits-
bedingten Rücktritt im Oktober 1981. Kekkonen verfügte seit den
dreißiger Jahren über reiche geheimdienstliche Erfahrungen. Seit der

Übernahme der Präsidentschaft intensivierte er die Beziehungen zur sowjetischen Führung auch auf persönlicher Ebene und duldete in den Grenzen, die er selbst bestimmte, Einmischungen Moskaus in innere Angelegenheiten Finnlands. Er respektierte, wie der finnische Historiker Jukka Nevakivi schreibt, «die östliche Supermacht in einem solchen Maße, daß er bereit war, auf deren Führung zu hören und sie zu verstehen, vielleicht mehr als irgendein anderer der damaligen Politiker in Finnland». «Finnlandisierung» nannten westliche, zumal westdeutsche Beobachter eine Politik, die eine Unterordnung unter sowjetische Wünsche und Interessen billigend in Kauf nahm. Zur Zeit der Präsidentschaft Kekkonens war das keine rundum falsche Beschreibung des finnischen Weges.

Mit dem 1955 vollzogenen Beitritt zu dem vier Jahre zuvor von Schweden, Norwegen und Dänemark gegründeten Nordischen Rat hielt sich Finnland im Rahmen dessen, was es unter strikter Einhaltung von Neutralität verstand. Dasselbe galt für den Beitritt zu den Vereinten Nationen im gleichen Jahr 1955. 1961 schloß Finnland ein Assoziierungsabkommen mit der EFTA, mußte sich aber gleichzeitig gegenüber Moskau verpflichten, der Sowjetunion dieselbe Meistbegünstigung im Handel zuzugestehen wie den Staaten der Europäischen Freihandelszone. (Vollmitglied der EFTA wurde Finnland erst 1986.) Als Finnland sich 1973 mit der Europäischen Gemeinschaft auf ein Handelsabkommen verständigte, billigte es gleichzeitig auf Moskauer Drängen nicht nur der Sowjetunion, sondern auch den anderen Staaten des Rates für gegenseitige Wirtschaftshilfe entsprechende Meistbegünstigungsklauseln zu. Besonderen Wert legte Finnland auf Neutralität gegenüber dem geteilten Deutschland: Es verweigerte 23 Jahre lang sowohl der Bundesrepublik Deutschland als auch der DDR die diplomatische Anerkennung. Erst nach der Unterzeichnung des deutsch-deutschen Grundlagenvertrages Ende 1972 nahm Helsinki mit beiden deutschen Staaten Verhandlungen über die Aufnahme diplomatischer Beziehungen auf, die im Jahr darauf zum Abschluß entsprechender Verträge führten.

Das politische System Finnlands blieb nach 1945 das einer Mischform von parlamentarischer Demokratie und Präsidialregime, wie sie die weiterhin gültige «Regierungsform» vom Juli 1919 geschaffen hatte. Der Präsident wurde auf sechs Jahre in indirekter Wahl von 300 Wahlmännern und Wahlfrauen gewählt. Er war Oberbefehlshaber der Streitkräfte, konnte den Reichstag auflösen und Neuwahlen anordnen. Er berief die Mitglieder der Regierung, des Staatsrats, dessen Vorsitz er führte; der Ministerpräsident und die Minister aber waren dem Reichstag verantwortlich und bedurften dessen Vertrauens. Unter Kekkonen traten die präsidialen Züge des Systems besonders stark hervor. Unter seinem Nachfolger, dem Sozialdemokraten Mauno Koivisto, setzte nach 1982 wieder eine «Reparlamentarisierung» ein.

Die Sozialdemokraten waren seit 1948 meist die stärkste Partei. 1958 wurden sie die zweitstärkste, 1962 sogar nur die drittstärkste Partei hinter der Agrarunion und der prokommunistischen Demokratischen Union des finnischen Volkes. Die Kommunisten waren mehrfach an Regierungen beteiligt; die Schlüsselpositionen des Ministerpräsidenten, des Außen-, Innen-, Verteidigungs- und Handelsministers blieben ihnen aber seit 1948 versagt. Die Sozialdemokraten waren unter dem Einfluß ihrer Vorsitzenden Väinö Tanner und des mehrfachen Ministerpräsidenten Karl-August Fagerholm eine entschieden antikommunistische Partei. 1959 spaltete sich eine innerparteiliche linke Opposition in Gestalt des Sozialdemokratischen Bundes der Arbeiter und Kleinbauern von der Mutterpartei ab. Unter dem neuen Vorsitzenden Rafael Paasio rückte die Sozialdemokratie 1963 stärker nach links. Nach 1966 beteiligte sie sich mehrfach an Regierungen, in denen auch die Kommunisten, erstmals seit 18 Jahren, wieder Minister stellten. Zwischen 1944 und 1971 wurde Finnland neunmal von «Beamtenkabinetten» regiert. Sie waren ein Ausdruck instabiler parlamentarischer Mehrheitsverhältnisse, aber kein Zeichen einer allgemeinen Krise des demokratischen Systems.

Finnland war auch noch nach dem Zweiten Weltkrieg das am stärksten agrarisch geprägte und das ärmste unter den nordischen Ländern. Seine wichtigsten Industrien waren die Holzverarbeitung, gefolgt von der Metall-, der chemischen und der Textilindustrie. Die Aufhebung strikter Preis- und Lohnkontrollen Ende 1955 führte im März 1956 zu einem dreiwöchigen Generalstreik, der den Arbeitnehmern aber nur den Schein eines Erfolges in Form höherer Nominallöhne brachte. Die Reallöhne sanken weiter; erst 1961 stiegen sie wieder auf den Stand von 1955 an. 1967, nach einer Abwertung der Finnmark, erreichte das finnische Lohnniveau lediglich die Hälfte des schwedischen.

In einer kurzen Phase der Hochkonjunktur Anfang der siebziger

Jahre wurden unter der Regierung des Sozialdemokraten Kalevi Sorsa die Renten erhöht und ein Gesetz über ein großzügiges Volksgesundheitssystem verabschiedet. Die Ölkrise von 1973/74 erzwang kurz darauf eine Drosselung der Staatsausgaben. 1974 sank das Wirtschaftswachstum auf 1 Prozent; die Inflationsrate stieg weiter und die Zahl der Arbeitslosen ebenso; 1977 erreichte sie die Rekordmarke von fast 9 Prozent. 1978 begann sich die wirtschaftliche Lage zu verbessern, was in erster Linie eine Folge mehrfacher Abwertungen der Finnmark und einer zurückhaltenden Lohnpolitik war.

Auch längerfristig wuchs der Wohlstand: 1970 hatte Finnland hinsichtlich des Pro-Kopf-Anteils des Bruttosozialprodukts den 17. Platz aller Länder der OECD eingenommen; bis 1986 war es auf den 13. Platz vorgerückt. Als größtes Aktivum der finnischen Wirtschaft erwiesen sich die Begabungsreserven des Landes, die durch ein hochentwickeltes Schulsystem optimal ausgeschöpft wurden. Dieses Humankapital erleichterte es Finnland, sich unter den radikal veränderten internationalen Rahmenbedingungen der neunziger Jahre einer Option zuzuwenden, die ihm, solange der Ost-West-Konflikt andauerte, versperrt geblieben war: dem Anschluß an die Staaten der Europäischen Gemeinschaft.[23]

Grenzgarantie versus Menschenrechte: Die umkämpfte Helsinki-Schlußakte von 1975

Helsinki war nicht zufällig die Stadt, in der im Juli 1973 die erste Phase der Verhandlungen der Konferenz über Sicherheit und Zusammenarbeit in Europa (KSZE) stattfand und wo im August 1975 die Schlußakte der Konferenz unterzeichnet wurde. Das neutrale Finnland hatte sich seit langem um eine Entspannung zwischen Ost und West bemüht, und gegen das Angebot von Präsident Kekkonen, entsprechende Verhandlungen in Helsinki zu führen und zum Abschluß zu bringen, konnten weder Moskau noch Washington ernsthafte Einwände vorbringen. Für ihre jeweiligen Verbündeten galt dasselbe.

Als die Staaten des Warschauer Pakts im März 1969 auf ihrem Treffen in Budapest einen Appell an alle europäischen Staaten richteten, in Verhandlungen über Sicherheit und friedliche Zusammenarbeit in Europa einzutreten, war ihr Hauptinteresse die Anerkennung der bestehenden Grenzen und der Existenz von zwei deutschen Staaten.

Nixon und Kissinger konnten diesem Vorstoß zunächst nichts abgewinnen, gelangten nach reiflicher Überlegung dann aber doch wie zuvor schon die Regierung der sozialliberalen Koalition in Bonn zu dem
Schluß, daß der Westen das sowjetische Interesse an einer solchen
Konferenz auch als Hebel nutzen konnte, um eigene Interessen zu
fördern. Entsprechend operierten die USA, Großbritannien und Frankreich bei den Viermächteverhandlungen über Berlin, und das mit be-
trächtlichem Erfolg. Im Mai 1972 erklärte sich Präsident Nixon bei
seinem Besuch in Moskau mit multilateralen Gesprächen über Sicherheit und Zusammenarbeit in Europa einverstanden. Unmittelbar danach machte sich die NATO auf einem Treffen ihrer Außenminister in
Bonn diesen Standpunkt zu eigen. Damit war zugleich klargestellt, daß
alle Mitglieder des Atlantischen Bündnisses, also auch die Vereinigten
Staaten und Kanada, Teilnehmer der KSZE sein würden.

Die ersten vorbereitenden Gespräche wurden im November 1972 in
Helsinki aufgenommen. In der finnischen Hauptstadt begann auch mit
einer Außenministerkonferenz im Juli 1973 die erste Phase der KSZE.
Die Expertengespräche der zweiten Phase fanden ab September 1973
in Genf statt. Der Wechsel der Regierungen in vier westlichen Hauptstädten im Jahr 1974 – in London wurde Edward Heath durch Harold
Wilson, in Bonn Willy Brandt durch Helmut Schmidt, in Washington
Richard Nixon durch Gerald Ford abgelöst, und in Paris trat Valéry
Giscard d'Estaing die Nachfolge des verstorbenen Georges Pompidou
an – hatte keine negativen Auswirkungen auf den Fortgang der Verhandlungen. Es gab gemeinsame westliche Interessen, denen sich aber
jeweils einige Staaten mit besonderem Nachdruck widmeten: die USA
der militärischen Sicherheit im allgemeinen, Großbritannien den ver-
trauensbildenden Maßnahmen im militärischen Bereich, Frankreich
den Menschenrechten, die Bundesrepublik Deutschland der Möglichkeit, die bestehenden Grenzen friedlich, also im wechselseitigen Einvernehmen, zu ändern, den Regeln der industriellen Kooperation, der
Zusammenführung von Familien und den Arbeitsbedingungen von
Journalisten.

Entgegenkommen der östlichen Seite bei den Grundfreiheiten verlangte westliche Konzilianz in Sachen Nichtintervention und Nichteinmischung in innere Angelegenheiten der Staaten, wodurch das Bekenntnis zur Achtung der Menschenrechte und die Berufung auf die
Allgemeine Erklärung der Menschenrechte durch die Vollversammlung

der Vereinten Nationen vom Dezember 1948 abgeschwächt wurden. Mehr als einmal waren es die Vertreter neutraler Staaten wie der Schweiz, Schwedens oder Finnlands, die in besonders strittigen Punkten mit ausgewogenen Formulierungen Brücken zwischen West und Ost schlugen. Das Ergebnis konnten nur mühsam ausgehandelte Kompromisse sein, und bis zuletzt war nicht sicher, ob wirklich alle Beteiligten, nämlich die USA, Kanada, die Sowjetunion und alle europäischen Staaten außer Albanien, den so gefundenen Konsens mittragen würden.

Die letzten offenen Fragen wurden im Juli 1975 geklärt. Die in ihre endgültige Form gebrachte «Schlußakte», die in der dritten Phase der Konferenz Ende Juli und Anfang August 1975 in Helsinki von den Staats- und Regierungschefs unterzeichnet werden sollte, bestand aus drei «Körben». «Korb 1» enthielt eine Erklärung über zehn Prinzipien, von denen sich die Teilnehmerstaaten bei ihren Beziehungen leiten lassen wollten, sowie ein Dokument über vertrauensbildende Maßnahmen im militärischen Bereich, darunter die rechtzeitige Ankündigung von Manövern und den Austausch von Manöverbeobachtern. «Korb 2» regelte die Zusammenarbeit auf den Gebieten Wirtschaft, Wissenschaft, Technik und Umwelt. Zu «Korb 3» gehörte eine Erklärung über Fragen der Sicherheit und Zusammenarbeit in humanitären und anderen Bereichen. Folgekonferenzen sollten von 1977 ab überprüfen, ob und inwieweit die Absichtserklärungen inzwischen verwirklicht waren.

Die Schlußakte betonte die «Unverletzlichkeit» (inviolability) der bestehenden Grenzen und das Prinzip der Nichteinmischung in die inneren Angelegenheiten der Unterzeichnerstaaten. Für die Sowjetunion bedeutete das eine Anerkennung ihrer Vormachtstellung im östlichen Europa durch den Westen. Doch Unverletzlichkeit hieß nicht Unabänderlichkeit. Vielmehr hielt «Korb 1» auf Drängen der Bundesrepublik Deutschland ausdrücklich die gemeinsame Auffassung der Unterzeichnerstaaten fest, «daß ihre Grenzen, in Übereinstimmung mit dem Völkerrecht, durch friedliche Mittel und durch Vereinbarung verändert werden können». Der größte Verhandlungserfolg des Westens lag darin, daß «Korb 1» ein Bekenntnis zum Selbstbestimmungsrecht der Völker und zur «Achtung der Menschenrechte und Grundfreiheiten», einschließlich der Gedanken-, der Gewissens-, Religions- und Überzeugungsfreiheit», enthielt und zu «Korb 3» auch Bestimmungen über «menschliche Kontakte» und die «Verbesserung der Verbreitung von, des Zugangs zu und des Austausches von Informationen» gehörten.

Diese Passagen zwangen die Staaten des Warschauer Pakts zwar nicht, sich der westlichen Auslegung von Menschenrechten anzuschließen. Der Westen konnte aber hoffen, daß die Zusicherungen der anderen Seite jene Kräfte innerhalb des Ostblocks stärkten, die sich für einen Wandel in Richtung Rechtsstaat und Demokratie einsetzten.

In einigen westlichen Ländern rief das Resultat der jahrelangen Verhandlungen heftige Kontroversen hervor. Im Bonner Bundestag forderten die oppositionellen Unionsparteien am 25. Juli 1975 die Bundesregierung auf, die Schlußakte von Helsinki nicht zu unterzeichnen, weil schöne Formeln nicht über die entgegengesetzte häßliche Realität hinwegtäuschen könnten und im Endeffekt zuungunsten des Westens ausschlagen müßten. Aus der Sicht von Bundeskanzler Helmut Schmidt und Außenminister Hans-Dietrich Genscher lief dieses Ansinnen auf eine Selbstisolierung der Bundesrepublik hinaus – eine Bewertung, die nicht nur von den beiden Regierungsparteien, der SPD und FDP, sondern auch von den liberalen Medien geteilt wurde. Wer die Ostpolitik der sozialliberalen Koalition unterstützt hatte, konnte das Ergebnis der Konferenz über Sicherheit und Zusammenarbeit in Europa nur begrüßen: Die Schlußakte wäre ohne die Bonner Ostverträge nicht möglich gewesen; sie bedeutete nichts Geringeres als ihre Sanktionierung durch Europa im ganzen.

In den USA machte eine heterogene Allianz von Konservativen, Liberalen und Gewerkschaften Front gegen das fehlende Engagement der Regierung in Sachen Menschenrechte, ja einen vermeintlichen Kotau des demokratischen Westens vor dem kommunistischen Osten. Der Gouverneur von Kalifornien und prominenteste Politiker auf dem rechten Flügel der Republikaner, Ronald Reagan, und der demokratische Senator Henry «Scoop» Jackson, der sich seit langem für die Auswanderungsfreiheit der sowjetischen Juden einsetzte, lehnten das Ergebnis der KSZE-Verhandlungen pauschal ab. Der Gewerkschaftsbund AFL-CIO gab Alexander Solschenizyn, dem im Jahr zuvor aus der Sowjetunion ausgewiesenen Autor des «Archipel Gulag», die Gelegenheit, anläßlich eines öffentlichen Dinners in Washington am 30. Juni 1975 eine vielbeachtete Rede gegen die westliche Entspannungspolitik zu halten. Die republikanischen Senatoren Jesse Helms und Strom Thurmond, der letztere ein ehemaliger Südstaatendemokrat, forderten den Präsidenten daraufhin auf, Solschenizyn im Weißen Haus zu empfangen, was Ford auf Anraten des Nationalen Sicherheitsrates ablehnte. Als Außenminister Kissinger die Entscheidung des Präsidenten am 16. Juli in einer Pressekonferenz mit außenpolitischen Gründen rechtfertigte, löste er einen Sturm der Entrüstung aus. Am 21. Juli warf die «New York Times» der Regierung vor, den territorialen Status quo in Europa praktisch ohne Gegenleistung des Ostens festzuschreiben. Zwei Tage später nannte das «Wallstreet Journal» die Schlußakte die symbolische Anerkennung der sowjetischen Hegemonie in Osteuropa und forderte Ford auf, nicht nach Helsinki zu reisen. «Jerry, Don't Go!» lautete die wirkungsvolle Schlagzeile über dem Artikel.

Am 26. Juli brach Ford zu seiner Europareise auf, die ihn erst nach Bonn und Warschau und von dort nach Helsinki führte. Bevor er in die USA zurückkehrte, machte er noch bei Ceauşescu in Bukarest und bei Tito in Belgrad Station. Das am 30. Juli 1975 beginnende Treffen in der finnischen Hauptstadt, an dem Vertreter von 35 Staaten, darunter auch der Heilige Stuhl, Malta, Zypern, Liechtenstein, San Marino und Monaco, teilnahmen, bot zahllose Gelegenheiten zu bilateralen Gesprächen. Ford konferierte mit Breschnew, Giscard d'Estaing, Wilson und Schmidt, aber auch mit dem griechischen Regierungschef Konstantinos Karamanlis und dem linken portugiesischen Ministerpräsidenten Vasco dos Santos Gonçalves. Bundeskanzler Schmidt verständigte sich mit dem Ersten Sekretär des ZK der SED, Erich Honecker, dem er in Helsinki das erste Mal begegnete, darauf, daß im Hinblick auf Berlin keine Seite versuchen sollte, die Belastbarkeit des Viermächteabkommens zu erproben. Mit dem polnischen Parteichef Edward Gierek vereinbarte er ein Abkommen, das im März 1976 in Kraft trat: Polen erhielt einen Finanzkredit in Höhe von 1 Milliarde DM und eine pauschale Abgeltung von Rentenansprüchen polnischer Bürger in Höhe von 1,3 Milliarden DM. Die Warschauer Gegenleistung war die Verpflichtung, im Laufe von vier Jahren 120 000 bis 125 000 deutschstämmigen Bürgern die Genehmigung zur Ausreise zu erteilen.

Der Höhepunkt der Konferenz von Helsinki war die feierliche Unterzeichnung der Schlußakte der KSZE am 1. August 1975. Das Gefühl, als Sieger aus den Verhandlungen hervorgegangen zu sein, war unter den Regierenden des kommunistischen Ostens sehr viel weiter verbreitet als unter denen des demokratischen Westens. Besonders negativ wurde das Ergebnis in den Vereinigten Staaten beurteilt. Das Wochenmagazin «Newsweek» konstatierte einen hohen zeremoniellen Aufwand, aber wenig Substanz (considerable ceremony, little substance). Ronald Reagan behauptete, Ford sei nach Helsinki geflogen, um ein Abkommen zu unterzeichnen, mit dem die USA ihr billigendes Siegel unter die Vorherrschaft der Sowjetunion über Osteuropa gesetzt hätten. Ford und Kissinger waren allerdings durchaus mitverantwortlich für dieses Echo: Während der KSZE-Verhandlungen waren weder sie noch ihre Unterhändler als Rufer im Streit um die Menschenrechtsfragen aufgetreten, und sie vermochten es beide nicht, den Amerikanern den moralischen Erfolg vor Augen zu führen, den der Westen vor allem mit «Korb 3» erreicht hatte – *der* Errungenschaft, die das Treffen von Helsinki zu einem Wendepunkt im Ost-West-Konflikt machen sollte.

Fürs erste sahen sich freilich die Skeptiker bestätigt: Die Sowjetunion und die ihr treu ergebenen kommunistischen Staaten dachten nicht daran, auf Grund der Schlußakte von Helsinki ihre Politik zu verändern. Das deutlichste Zeichen hierfür war die unverminderte Hochrüstung des Ostblocks. In Westeuropa erregten vor allem die auf europäische Ziele gerichteten neuen Mittelstreckenraketen vom Typ SS-20 Besorgnis, die an die Stelle der veralteten Raketen vom Typ SS-4 und SS-5 traten und seit 1977 systematisch westlich des Ural disloziert wurden. Es handelte sich um Waffen, die bisher weder Gegenstand der SALT- noch der MBFR-Verhandlungen waren.

Schon bei seinem ersten offiziellen Besuch in Moskau hatte Bundeskanzler Schmidt im Oktober 1974 Breschnew mit Nachdruck auf das dadurch entstehende regionale Ungleichgewicht in Europa hingewiesen. Von Präsident Ford erhielt Schmidt im Mai 1975 anläßlich eines Vieraugengesprächs am Rande der Tagung des Nordatlantikrats in Brüssel eine mündliche Zusage, die «eurostrategischen» Waffen in die SALT II-Verhandlungen einzubeziehen; eine schriftliche Fixierung der Absprache unterblieb jedoch. Im Dezember 1975 stellten die NATO-Staaten eine anhaltende Verstärkung der militärischen Schlagkraft der Warschauer-Pakt-Staaten fest. Mit Blick auf die laufenden MBFR-Verhandlungen in Wien bezeichnete das Kommuniqué die Disparitäten beim Personalbestand der Landstreitkräfte und bei Panzern als das stärkste Element der Instabilität in Mitteleuropa. Zum Ost-West-Verhältnis im allgemeinen hieß es, die volle Durchführung der KSZE-Schlußakte durch alle Unterzeichnerstaaten habe hohe Priorität für die Verbesserung der Beziehungen zwischen den Staaten.

Wer gehofft hatte, nach der Konferenz von Helsinki würde der kommunistische Osten um eine gewisse Liberalisierung nicht herumkommen, bekam bald Anlaß, seine Erwartungen zu relativieren. Unter den kritischen Augen der westlichen Öffentlichkeit verzichteten die sowjetischen Sicherheitsbehörden zwar auf die Verhaftung von Menschenrechtsaktivisten, aber die Dissidentenbewegung sah sich weiterhin scharfem Druck ausgesetzt, und die politischen Gefangenen blieben in Haft. Dem Physiker und Menschenrechtler Andrej Sacharow wurde untersagt, im Dezember 1975 nach Oslo zu reisen, um dort den ihm verliehenen Friedensnobelpreis in Empfang zu nehmen. Die Parteizeitung «Prawda» wies kurz darauf alle Forderungen zurück, die auf Reformen in Richtung des westlichen Pluralismus hinausliefen. Das Ministerium für Staatssicherheit der DDR sprach von «verschärften Klassenkampfformen des Imperialismus seit Helsinki» und kündigte im Januar 1976 eine neue Taktik gegenüber «kritischen Personen» an. Diese sollten künftig in der Regel abgeschoben und ausgebürgert und nur noch in besonders schweren und in Ausnahmefällen inhaftiert oder verurteilt werden. Der Abschiebung und Ausbürgerung hatten «Maßnahmen der Zersetzung» wie systematische Diskreditierung des öffentlichen Rufes durch Verbreitung von Gerüchten vorauszugehen.

Längerfristig erwies sich die Repression als untaugliches Mittel zur politischen Stabilisierung des kommunistischen Herrschaftssystems. Für die Bürgerbewegungen war alles, was die Schlußakte über Menschen- und Bürgerrechte sagte, eine Quelle der Inspiration. Auf das Dokument vom 1. August 1975 beriefen sich «Helsinki Watch Groups» wie die im Mai 1976 von Jurij Orlow, Jelena Bonner, der Ehefrau Andrej Sacharows, Alexander Ginsburg, Pjotr Grigorenko, Anatolij Schtscharanski und anderen in Moskau gegründete «Öffentliche Gruppe zur Förderung der Beschlüsse von Helsinki» in der UdSSR, die tschechoslowakischen Intellektuellen, die im Januar 1977 die «Charta 77» unterzeichneten, und die Kritiker des «real existierenden Sozialismus» in Polen und der DDR. Moralische Rückendeckung gaben ihnen westliche Medien, die der anhaltenden Unterdrückung in den Staaten des Ostblocks seit dem Sommer 1975 mehr Aufmerksamkeit widmeten als zuvor. Die Übereinkunft von Helsinki gab ihnen die Möglichkeit, die Regierungen der kommunistischen Staaten an Normen zu erinnern, die sie sich zumindest formal zu eigen gemacht hatten, als sie die Schlußakte unterzeichneten.

In einem Artikel, der am 31. Juli 1985 in «Le Monde» erschien, meinte der französische Publizist André Fontaine, mit dem zehn Jahre zuvor in Helsinki unterschriebenen Dokument hätten die souveränen Staaten Europas einen «Ersatzfrieden» geschlossen, den man «Entspannung» nenne. Ein Ersatzfriedensvertrag war die KSZE-Schlußakte nicht, so gern die Sowjetunion sie dazu gemacht hätte. Die friedensvertraglichen Vorbehalte des Potsdamer Abkommens waren weiter in Kraft, und die im Februar 1945 in Jalta besiegelte Teilung Europas in einen westlichen und einen östlichen Herrschaftsbereich hatte durch die Konferenz von Helsinki keine demokratische Legitimation erhalten.

Die Konferenz von Helsinki schuf auch kein gesamteuropäisches Sicherheitssystem, sondern, wie Werner Link zu Recht feststellt, nur einen «Modus vivendi». Die KSZE-Schlußakte war kein Abschluß, sie war der Beginn jenes «Helsinki-Prozesses», der, aus der Rückschau betrachtet, wesentlich dazu beigetragen hat, die friedliche Umwälzung von 1989/90 zu ermöglichen. Der Weg dorthin war freilich noch lang, und schon bald sollte sich zeigen, daß von einer dauerhaften Entspannung zwischen West und Ost keine Rede sein konnte.[24]

4.
Von der Entspannung zur Konfrontation:
1975–1985

Rezession und Regierungswechsel:
Der transatlantische Westen 1975/76

Rund ein Vierteljahr nach der Unterzeichnung der Schlußakte von Helsinki, Mitte November 1975, kamen auf Schloß Rambouillet bei Paris die Staats- und Regierungschefs der USA, Frankreichs, Großbritanniens, der Bundesrepublik Deutschland, Italiens und Japans – Gerald Ford, Valéry Giscard d'Estaing, Harold Wilson, Helmut Schmidt, Aldo Moro und Takeo Miki – begleitet von ihren Außenministern, zu einem Treffen zusammen, das als erster «Weltwirtschaftsgipfel» in die Geschichte einging. Ford hatte der Konferenzidee, die auf Giscard und Schmidt zurückging, zunächst skeptisch gegenübergestanden, sich dann aber von Schmidt in Helsinki überzeugen lassen, daß sich der Versuch lohnte, eine Abstimmung zwischen den wichtigsten, demokratisch verfaßten Industrienationen der Welt in Fragen der Handels-, Finanz- und Energiepolitik herbeizuführen. Ford hätte gern auch Kanada, den wichtigsten Handelspartner der USA, mit am Konferenztisch gesehen, konnte sich damit aber beim Gastgeber, Giscard, nicht durchsetzen, der ein zu starkes Gewicht der angelsächsischen Mächte vermeiden wollte. Erst beim zweiten Weltwirtschaftsgipfel, der auf Einladung der Vereinigten Staaten im Juni 1976 in Puerto Rico stattfand, war Kanada, vertreten durch Premierminister Pierre Elliott Trudeau, mit dabei, womit aus den «großen Sechs», den «G6», die «G7» wurden.

Die Keimzelle der G6 war die nach ihrem ersten Besprechungsort, der Bibliothek des Weißen Hauses, benannte «Library Group», die sich im März 1973 konstituiert hatte. Diese Gruppe, bestehend aus den Finanzministern der USA, Großbritanniens, Frankreichs, der Bundesrepublik Deutschland und wenig später auch Japans – George Shultz, Anthony Barber, Valéry Giscard d'Estaing, Helmut Schmidt und Takeo Fukuda –, traf sich regelmäßig vor Sitzungen des «Zehnerclubs», des Ausschusses der zehn wichtigsten Mitgliedstaaten des Internationalen Währungsfonds (IWF), um Maßnahmen zur Stabilisierung der Wechselkurse zu besprechen. Nachdem Giscard französischer Staatspräsident und Schmidt deutscher Bundeskanzler geworden waren, lag der Gedanke nahe, die Abstimmung zwischen den bedeutendsten Industriestaaten auf eine höhere Ebene zu heben. Durch den Ölschock vom Oktober 1973 war die enge Zusammenarbeit der westlichen Industriestaaten und Japans noch dringlicher geworden: Alle gehörten, wenn auch in unterschiedlichem Maß, zu den auf Importe angewiesenen Erdölverbrauchern; allen mußte daran liegen, dem Produzentenkartell der OPEC günstige Lieferbedingungen abzuhandeln und dabei möglichst an einem Strang zu ziehen.

Auf die Teilnahme Italiens am ersten Weltwirtschaftsgipfel hatte vor allem Helmut Schmidt gedrängt, weniger wegen der wirtschaftlichen Rolle Italiens als in der Absicht, der Minderheitsregierung des Christdemokraten Aldo Moro den Rücken gegenüber den italienischen «Eurokommunisten» zu stärken. Während des Treffens in Rambouillet setzte sich allen voran Henry Kissinger für eine Politik ein, die darauf abzielte, sowohl die Front der Erdölproduzenten als auch ihre taktische Allianz mit den am wenigsten entwickelten Ländern der «Dritten Welt» aufzubrechen und der Macht der Kartelle die Macht der Märkte entgegenzusetzen – eine Strategie, die eher lang- als kurzfristig Erfolge zu bringen versprach. Was die internationalen Währungsprobleme betraf, gingen die Standpunkte von Amerikanern und Franzosen anfangs weit auseinander: Die USA setzten nach dem Ende des Bretton-Woods-Systems auf freie Wechselkurse; Frankreich strebte dagegen die Rückkehr zu festen Wechselkursen an und wurde darin von der Bundesrepublik unterstützt. Auf dem Gipfel verständigten sich dann alle Teilnehmer, ausweislich des Kommuniqués, auf «Anstrengungen zur Wiederherstellung größerer Stabilität in den grundlegenden wirtschaftlichen und finanziellen Bedingungen der Weltwirtschaft». Diesem Ziel sollten «Maßnahmen gegen gestörte Marktbedingungen oder unberechenbare Währungskursschwankungen» dienen. An dieser Vorgabe orientierte sich ein Interimskomitee, das erstmals 1976 auf Jamaika zusammentrat und Richtlinien zur Einhaltung einer strengeren Disziplin in der Haushalts- und Finanzpolitik erarbeitete, die 1978 zu entsprechenden Ergänzungen des Vertrags über den IWF führten.

Die Bedeutung des Gipfels von Rambouillet lag, wie Henry Kissinger rückblickend schrieb, darin, daß er «eine neue Ära der institutionalisierten wirtschaftlichen und politischen Zusammenarbeit zwischen den Demokratien eröffnete». Auf der von Giscard einberufenen Konferenz über internationale wirtschaftliche Zusammenarbeit in Paris im Dezember 1975, einem kurz Nord-Süd-Konferenz genannten Forum des Dialogs zwischen den erdölproduzierenden und erdölverbrauchenden Staaten, agierte die G6 weithin einmütig. Konflikte zwischen den demokratischen Industriestaaten brachen bald an einer anderen «Front» auf: dem Gegensatz zwischen den eher stabilitätsorientierten Ländern wie der Bundesrepublik Deutschland und Japan auf der einen und den angelsächsischen Ländern, obenan Großbritannien, die auf forciertes Wirtschaftswachstum setzten, auf der anderen Seite. Soweit eine Harmonisierung solcher Differenzen überhaupt möglich war, trugen die Weltwirtschaftsgipfel hierzu beträchtlich bei. Das galt auch für die späten siebziger und die achtziger Jahre, als diese Konferenzen, anders als das erste Treffen in Rambouillet, das in einer geradezu intimen Arbeitsatmosphäre stattgefunden hatte, längst zu spektakulären Medienereignissen geworden waren.

Im Februar 1977 waren von den Politikern, die am Gipfel von Rambouillet teilgenommen hatten, nur noch zwei im Amt: Valéry Giscard d'Estaing und Helmut Schmidt. Am 16. März 1976 trat völlig überraschend der britische Premierminister Harold Wilson zurück. Sein Nachfolger, der bisherige Außenminister James Callaghan, war 64 Jahre alt, vier Jahre älter als Wilson. Callaghans Nachfolger als Außenminister wurde der bisherige Umweltminister Anthony Crosland. Infolge von Parteiaustritten und Nachwahlen, die von den Konservativen gewonnen wurden, verfügte die Labour-Regierung jedoch seit April 1976 über keine parlamentarische Mehrheit mehr: eine prekäre Konstellation, die zeitlich zusammenfiel mit einer Rezession, in deren Gefolge der Kurs des britischen Pfundes Ende Juni auf 1,714 Dollar sank. Am 29. Juli löste in Italien der Christdemokrat Guilio Andreotti seinen Parteifreund Aldo Moro im Amt des Ministerpräsi-

denten ab. Am 25. August erklärte der Gaullist Jacques Chirac, dem
die Politik Giscards schon seit einiger Zeit zu liberal war, seinen Rücktritt als französischer Premierminister. Sein Nachfolger wurde der
parteilose Außenhandelsminister Raymond Barre, ein erklärter Wirtschaftsliberaler. Im Dezember 1976 mußte der japanische Ministerpräsident Takeo Miki im Zusammenhang mit seinem energischen
Kampf gegen die Korruption seine Ämter als Regierungschef und
Vorsitzender der Liberaldemokratischen Partei aufgeben. In beiden
Ämtern folgte ihm sein bisheriger Stellvertreter, Finanzminister Takeo
Fukuda, nach.

In drei der G6-Länder fanden 1976 nationale Wahlen statt: in Italien, der Bundesrepublik Deutschland und den USA. Die italienischen
Wahlen vom 20. Juni 1976 brachten den Kommunisten starke Stimmengewinne in Höhe von 7 Prozentpunkten und einen Stimmenanteil
von 34,4 Prozent. Die Christdemokraten verbuchten 38,1 Prozent und
damit fast dasselbe Ergebnis wie 1972: Damals waren sie auf 38,67 Prozent gekommen. Die Sozialisten erlangten lediglich 9,6 Prozent: ihr
historisch schlechtestes Resultat.

Der Christdemokrat Giulio Andreotti bildete, nachdem er auch
mit dem PCI intensiv verhandelt hatte, eine Minderheitsregierung,
die von den Kommunisten und den anderen Parteien des «Verfassungsbogens» (arco costituzionale), das heißt allen Fraktionen außer
den Neofaschisten, toleriert wurde. Diese «Regierung des Nicht-
Mißtrauens» (governo della non-sfiducia) sah sich angesichts der
Defizite in Staatshaushalt, Handels- und Zahlungsbilanz sowie einer
nach wie vor hohen Inflationsrate zu einem entschiedenen Spar- und
Reformprogramm genötigt, das wesentlich dazu beitrug, daß Italien
1976/77 einen in Westeuropa einzigartigen Proteststurm erlebte.

Daß die Kommunisten die unpopuläre Politik der Regierung Andreotti unterstützten, provozierte große Teile ihrer Anhängerschaft,
vor allem aber die Studenten, an deren Lebens- und Arbeitsverhältnis-
sen an den überfüllten Hochschulen sich seit der Revolte von 1968 so
gut wie nichts geändert hatte. Wann immer kommunistische Politiker
und Gewerkschafter an Universitäten oder bei anderen öffentlichen
Veranstaltungen auftraten, stießen sie auf eine massive und oft gewaltsame Opposition von links. Verbreitete Sympathien im akademischen
Milieu genoß hingegen der historische Kern der «Roten Brigaden», der
seit Mai 1976 in Turin vor Gericht stand. Die extreme neofaschistische

Rechte machte im Sommer 1976 durch spektakuläre Überfälle von sich reden, die der Geld- und Waffenbeschaffung dienten. Ob Teile des Polizei- und Militärapparates dabei ihre Hand mit im Spiel hatten, blieb unklar. Die weltwirtschaftliche Erholung, die im Lauf des Jahres 1976 einsetzte, kam auch Italien zugute. Von einer sozialen Beruhigung aber war das Land um die Jahreswende 1976/77 noch weit entfernt.

In der Bundesrepublik erreichten die Arbeitslosenzahlen im Januar 1976 mit 1,06 Millionen den höchsten Stand seit 1955; die Erwerbslosenquote lag zu diesem Zeitpunkt bei 5,6 Prozent. Zwei Monate später verabschiedete der Bundestag mit überwältigender Mehrheit das zwischen den Regierungsparteien SPD und FDP lange umstrittene Gesetz über die Mitbestimmung der Arbeitnehmer. Das Prinzip der paritätischen Vertretung von Arbeitgebern und Arbeitnehmern hatte bislang nur für Aufsichtsräte des Montansektors gegolten. Jetzt wurde es auf alle Betriebe mit mehr als 2000 Beschäftigten ausgedehnt, wobei aber bei einem Teil der Arbeitnehmersitze, den nicht von den Gewerkschaften bestellten, sondern durch Urwahl legitimierten, Arbeiter, Angestellte und leitende Angestellte entsprechend ihrem Anteil an der Belegschaft vertreten sein mußten. Bei einem Patt konnte der Vorsitzende, der von den Arbeitgebern gestellt wurde, die Abstimmung wiederholen und dabei eine zweite Stimme abgeben – eine Regelung, mit der keine der beiden Tarifparteien zufrieden war, die aber Bestand hatte.

Am 9. Mai 1976 nahm sich die Galionsfigur des Linksterrorismus, Ulrike Meinhof, in ihrer Zelle in der Vollzugsanstalt Stuttgart-Stammheim das Leben. Für die Rote-Armee-Fraktion war der Selbstmord Anlaß, mehrere Anschläge auf deutsche Einrichtungen im Ausland, darunter Goethe-Institute, zu verüben. Die Antwort des Bundestags war das Anti-Terror-Gesetz vom 24. Juni 1976. Es schuf einen neuen Straftatbestand zur Bekämpfung terroristischer Vereinigungen und erlaubte die Überwachung des Schriftverkehrs zwischen einsitzenden mutmaßlichen Terroristen und ihren Verteidigern, von denen sich einige als «Kuriere» zwischen den Beschuldigten und ihren im Untergrund operierenden Organisationen zu betätigen pflegten.

Die Bundestagswahl war auf den 3. Oktober 1976 angesetzt. Der Kanzlerkandidat der Unionsparteien war der Ministerpräsident von Rheinland-Pfalz, Helmut Kohl, der im Juni 1973 als Nachfolger von Rainer Barzel zum Vorsitzenden der CDU gewählt worden war. Die

Wahlkampfparole der CDU lautete «Freiheit statt Sozialismus», die der CSU «Freiheit oder Sozialismus». Die Oppositionsparteien setzten damit auf Konfrontation und Polarisierung – einen Kurs, der angesichts der Popularität des Bundeskanzlers, des gemäßigten Sozialdemokraten Helmut Schmidt, nicht ohne Risiken war. SPD und FDP machten deutlich, daß sie ihre Zusammenarbeit fortzusetzen gedachten.

Am 3. Oktober konnte die CDU/CSU 2,8 Prozentpunkte zulegen und kam auf einen Anteil von 48,6 Prozent. Die SPD verlor 2,3 Prozentpunkte und erreichte 42,6 Prozent, die FDP büßte 0,5 Prozentpunkte ein und erzielte 7,9 Prozent. Zusammen verfügten beide Parteien über 10 Sitze mehr als die Opposition. Der Ausgang der Wahl war knapp, aber eindeutig: Vor die Alternative «Schmidt oder Kohl» gestellt, hatte sich die Mehrheit der Wähler für den Amtsinhaber entschieden. Am 15. Dezember 1976 wurde Helmut Schmidt ein zweites Mal zum Bundeskanzler gewählt.

Tags darauf gab Schmidt seine Regierungserklärung ab. Sie begann mit einer Entschuldigung. Der Kanzler bat die Bundesbürger um Verzeihung dafür, daß seine Koalition nach der Wahl ein Wahlkampfversprechen widerrufen hatte: Die zum 1. Juli 1977 zugesagte Rentenerhöhung sollte auf Grund der Kassenlage um ein halbes Jahr verschoben werden. Ein Proteststurm zwang den Kanzler, den Widerruf zurückzunehmen. Schmidts Selbstkritik war das mindeste, was er tun mußte, um die Vertrauenskrise zu überwinden, in die die sozialliberale Koalition durch ihr leichtfertiges Manöver geraten war. Die Rentenanpassungsgesetze von 1977 und 1978 holten nach, was die Regierung Schmidt 1976 politisch nicht hatte durchsetzen können: Sie verschoben nicht nur den Zeitpunkt der Anpassung, sondern reduzierten auch das Ausmaß der Rentenerhöhung.

Anders als Helmut Schmidt blieb Gerald Ford die Bestätigung durch die Wähler versagt. Sein Ansehen wurde vor allem durch die Folgen der Energiekrise belastet: Die Inflationsrate erreichte 1976 5,8 Prozent. Dazu kam, daß viele Amerikaner Ford immer noch die Begnadigung seines Amtsvorgängers Richard Nixon verübelten. Zu den Erfolgen von Fords letztem Amtsjahr gehörte ein amerikanisch-sowjetischer Vertrag über die Einschränkung unterirdischer Kernexplosionen, den der Präsident im Mai bei seinem Besuch in Moskau zusammen mit Leonid Breschnew unterzeichnet hatte. Doch Abmachungen mit der anderen Supermacht waren in den USA 1976 nicht mehr populär. Nur mit Mühe gewann Ford die Nominierung zur Präsidentschaftskandidatur der Republikaner. Der rechte Flügel der «Grand Old Party» hätte lieber den Gouverneur von Kalifornien, Ronald Reagan, einen entschiedenen Antikommunisten und Gegner der Entspannungspolitik, ins Rennen geschickt, der bei einigen Vorwahlen sehr gut abgeschnitten hatte.

Die Demokraten entschieden sich für den weithin unbekannten Erdnußfarmer James Earl («Jimmy») Carter aus Plains in Georgia, der von 1971 bis 1975 Gouverneur seines Heimatstaates gewesen war. Carter war ein tiefgläubiger, «wiedergeborener» Christ der strengen baptistischen Richtung, der an die amerikanische Sendung glaubte, den Menschenrechten zu weltweiter Geltung zu verhelfen. Entsprechend scharf waren seine Attacken auf die angeblich zynische «Realpolitik», die nach seiner Meinung von Nixon, Ford und Kissinger betrieben worden war.

Was Carter im Wahlkampf besonders half, war die Abneigung vieler Amerikaner gegen das Syndrom «Washington» – ein altes Unbehagen, das durch den Watergate-Skandal, den schmachvollen Ausgang des Vietnamkrieges und den Niedergang der amerikanischen Wirtschaft neue Nahrung erhalten hatte. Carters Unerfahrenheit auf nationaler Ebene erschien aus dieser Sicht vielen eher ein Vorteil zu sein. Bei der Wahl am 2. November 1976 erhielt er 49,9 Prozent der Stimmen, Ford 47,9 Prozent. Im Gremium der Wahlmänner und Wahlfrauen entfielen auf den Sieger 297, auf den bisherigen Amtsinhaber 241 Stimmen. Mit 54 Prozent war die Wahlbeteiligung die niedrigste seit 1948. Am 20. Januar 1977 legte der 39. Präsident der Vereinigten Staaten seinen Amtseid ab.

Einen Regimewechsel völlig anderer Art erlebte 1976 ein südamerikanisches Land: Argentinien. Im Juni 1973 war der Präsident der Jahre 1946 bis 1955, Juan Perón, aus dem spanischen Exil nach Argentinien zurückgekehrt und im September desselben Jahres zum dritten Mal zum Präsidenten gewählt worden; seine dritte Frau, Maria Estela («Isabel») Martínez de Perón, wurde Vizepräsidentin. Bald darauf zerfiel die peronistische Bewegung vollends in einen «linken» und einen «rechten» Flügel, die sich fortan heftig befehdeten. Das Land wurde immer mehr vom Terror linksextremer Guerillaorganisationen, darunter der linksperonistischen Montoneros, sowie rechtsradikaler Grup-

pierungen heimgesucht. Nach dem Tod Peróns am 1. Juli 1974 fiel das
Präsidentenamt seiner Witwe zu. Gegen den Terrorismus ging sie seit
November 1974 mit den Mitteln des unbefristeten Ausnahmezustands
vor, konnte ihm damit aber nicht Einhalt gebieten. Währenddessen
versank Argentinien immer mehr in wirtschaftlichem und sozialem
Chaos. Die Inflationsrate stieg allein 1975 um 335 Prozent.

Am 24. März 1976 putschte die Armee. «Isabel» Perón wurde ihres
Amtes enthoben; an die Spitze der Militärjunta trat der Oberkommandierende der Streitkräfte, General Jorge Videla. Er löste den Kongreß
auf, setzte die obersten Richter und alle Gouverneure ab und verbot
Parteien, Gewerkschaften und Interessenverbände. Der Staatsstreich
als solcher verlief, da das peronistische Regime keinen Widerstand leistete, unblutig. Von den Staaten des Westens wurde der Putsch angesichts seiner Vorgeschichte mit Erleichterung aufgenommen, und auch
die Regierungen des Ostblocks sahen in der Militärherrschaft ein geringeres Übel als eine noch weiter rechts stehende, womöglich offen
faschistische Diktatur. Bezeichnend war die Bemerkung des amerikanischen Außenministers Kissinger gegenüber seinem argentinischen
Kollegen Guzzetti vom 10. Juni 1976, wenn bestimmte Dinge getan
werden müßten, sollten sie rasch getan werden, um danach schnell zu
normalen Verfahren zurückkehren zu können (If there are things that
have to be done, you should do them quickly. But you should get back
quickly to normal procedures). Ein Unterschied zur Beseitigung der
Volksfrontregierung unter Allende durch das chilenische Militär lag
offen zutage: In Argentinien war keine Regierung zu Fall gebracht
worden, die bei der europäischen Linken breite Sympathien genoß,
sondern ein Regime, das seit seinen Anfängen in den vierziger Jahren
bei vielen Liberalen und Linken im Verdacht der Nähe zum Faschismus stand.

Das neue Regime bekämpfte nicht nur die Extremisten von links
und rechts, sondern alle, die ihm aus irgendwelchen Gründen verdächtig erschienen, mit den Mitteln eines brutalen, am Vorbild der
französischen Kolonialkriege in Vietnam und Algerien ausgerichteten
Staatsterrorismus. Im Zuge eines schmutzigen Krieges, offiziell «Prozeß der nationalen Reorganisation» oder kurz «proceso» genannt,
wurden Zehntausende von Menschen grausam gefoltert, vergewaltigt
und ermordet. Eine gängige, in bis zu 2000 Fällen praktizierte Methode des «Verschwindenlassens» bestand darin, daß betäubte Gefan-

gene von Flugzeugen über der Mündung des Río de la Plata oder über dem offenen Meer abgeworfen wurden. Inhaftierten, des Terrorismus verdächtigten Frauen wurden, bevor sie selbst ermordet wurden, die neugeborenen Kinder weggenommen und regimetreuen Familien zur Adoption übergeben. Die beharrlichen Proteste der Angehörigen der «Verschwundenen» (desaparecidos), vor allem der «Madres de Plaza de Mayo», führten dazu, daß sich die Öffentlichkeit der westlichen Demokratien mit den Menschenrechtsverletzungen in Argentinien kritisch auseinanderzusetzen begann. Die Regierungen hielten sich dagegen im allgemeinen zurück: Sie sahen einstweilen keine demokratische Alternative zu der Junta, die ein gewisses Maß an Ordnung zu verbürgen schien und sich zumindest bemühte, den wirtschaftlichen Niedergang Argentiniens aufzuhalten.[1]

Der Klassenfeind als Gläubiger: Der Ostblock 1975–1979

Für die Sowjetunion waren die ersten Jahre nach der Konferenz von Helsinki zumindest dem äußeren Anschein nach der Höhepunkt der Ära Breschnew. Der 25. Parteitag der KPdSU im Februar und März 1976 unterstrich die unangefochtene Führungsposition des Ersten Sekretärs. Im Mai wurde Breschnew der Rang eines Marschalls der Sowjetunion verliehen, womit er zum ranghöchsten Offizier der UdSSR avancierte. Nach dem Tod des langjährigen Verteidigungsministers Marschall Gretschko, eines entschiedenen Gegners internationaler Abrüstungsverträge, im April 1976 gelang es Breschnew, einen ihm ergebenen Zivilisten, Dimitri Fjodorowitsch Ustinow, zum neuen Ressortchef zu machen und gleichzeitig ins Politbüro zu befördern. Im Juni 1977 ließ sich Breschnew als Nachfolger von Nikolaj Wiktorowitsch Podgorny zum Vorsitzenden des Präsidiums des Obersten Sowjets und damit zum Staatsoberhaupt wählen. Doch um die Gesundheit des Ersten Mannes war es nicht gut bestellt. Auf der Rückreise vom Gipfeltreffen mit Gerald Ford in Wladiwostok im November 1974 hatte er einen Schlaganfall erlitten. Auf der Konferenz von Helsinki erlebten seine westlichen Gesprächspartner einen Kremlchef, der zeitweilig lethargisch, ja abwesend wirkte.

Die Signale der Ost-West-Entspannung, die von Helsinki ausgingen, betrafen Europa, nicht aber andere Weltregionen. Ein Schwerpunktgebiet sowjetischer Aktivitäten bildete in der zweiten Hälfte der siebziger Jahre Afrika. In Angola traten Anfang 1976 Truppen des Movimento Popular de Libertação de Angola (MPLA) unter massiver Beteiligung Kubas und mit sowjetischer Unterstützung zu einer Großoffensive gegen die rivalisierenden Verbände der União Nacional para Indepedencia Total de Angola (UNITA) und des Frente Nacional de Libertação de Angola (FNLA) an, die beide von den USA unterstützt wurden, die UNITA überdies von Südafrika und der FNLA von der Volksrepublik China. Vom «sozialistischen» Moçambique aus erhielten die Rebellen des Afrikanischen Nationalkongresses (ANC) sowjetische Hilfe für ihren Kampf gegen das Apartheidsregime in Südafrika. In Äthiopien halfen kubanische Söldner und sowjetische Militärberater dem Revolutionsregime, das im Zuge der Entmachtung und Absetzung Kaiser Haile Selassies im Jahre 1974 an die Macht gekommen war, beim Aufbau einer «sozialistischen» Gesellschaftsordnung und bei der Niederwerfung der Aufstandsbewegung in Eritrea. Aus amerikanischer Sicht stellte das afrikanische Engagement der Sowjetunion Moskaus Willen zur Entspannung generell in Frage, und nirgendwo erschien Washington alles, was auf sowjetischen Expansionismus hindeutete, so bedrohlich wie am Horn von Afrika – einem Gebiet in räumlicher Nähe der Erdölquellen im Nahen und Mittleren Osten.

Eine andere Region, in der die Sowjetunion ihren Einfluß ausweiten konnte, war Indochina. Das kommunistische Vietnam entwickelte sich seit 1976 zum wichtigsten Verbündeten der UdSSR in Südostasien, während sich sein Verhältnis zur Volksrepublik China ständig verschlechterte. Mit sowjetischer Unterstützung brachten vietnamesische Truppen 1979 das von China geförderte Terrorregime der Roten Khmer in einem großen Teil Kambodschas zu Fall. Die Vollversammlung der Vereinten Nationen erkannte zwar am 21. September 1979 mit 71 zu 35 Stimmen den Roten Khmer das Recht zu, Kambodscha in der UNO zu vertreten. Aber in den jahrelangen Dschungelkämpfen mit den Gefolgsleuten Pol Pots konnten sich meist die Vietnamesen behaupten. Erst im September 1989 verließen ihre Truppen Kambodscha. Die Kämpfe zwischen Regierungstruppen und Roten Khmer zogen sich noch bis Mitte der neunziger Jahre hin.

Wäre die Volksrepublik China nicht jahrelang durch die maoistische Kulturrevolution gelähmt worden, hätte sie vermutlich mehr als die Sowjetunion vom Ausgang des Vietnamkrieges profitiert. Nach dem

Tod des gemäßigten Ministerpräsidenten Tschou Enlai im Januar 1976 hatten die ultralinken Kräfte der sogenannten «Vierergruppe» um Maos Ehefrau Jiang Qing vorübergehend stark an Einfluß gewonnen. Doch am 9. September 1976 starb im Alter von 82 Jahren der Mann, der Chinas Geschichte seit über einem Vierteljahrhundert geleitet hatte: Mao Tse-tung. Im Monat darauf wurden die Anhänger der «Viererbande» verhaftet. (Die Verurteilung wegen konterrevolutionärer Umtriebe erfolgte im Januar 1981, wobei die zunächst verhängten Todesstrafen gegen Jiang Qing und ihren Mitstreiter Yao Wenyuan später in lebenslange Haftstrafen umgewandelt wurden.) Der Reformer Deng Xiaoping, der im April 1976 erneut aller Partei- und Regierungsämter enthoben worden war, wurde im Juli 1977 abermals rehabilitiert und im August zu einem der fünf Stellvertreter des neuen Parteivorsitzenden Hua Guofeng gewählt. Unter seiner Ägide begann ein Prozeß der radikalen Modernisierung, der aus der Volksrepublik China binnen weniger Jahre ein dynamisches Gegenmodell zur stagnierenden Sowjetunion machen sollte – eine Entwicklung, auf die Ende der siebziger Jahre weder der demokratische Westen noch der kommunistische Ostblock vorbereitet waren.

Das Bestreben der Sowjetunion, ihren weltpolitischen Einfluß auszuweiten, schlug sich im wachsenden Umfang ihrer Rüstungsexporte in die «Dritte Welt» nieder: Zwischen 1971 und 1985 stiegen ihre einschlägigen Ausfuhren von 30 auf 44,8 Milliarden Dollar an, die der Vereinigten Staaten nur von 32 auf 34 Milliarden. Im Bereich der konventionellen Waffen wurde die Sowjetunion Anfang der achtziger Jahre zum weltweit größten Lieferanten; beinahe 40 Prozent des Weltwaffenhandels entfielen auf sie. Die wichtigsten Kunden waren Syrien, Libyen, Irak, Indien und Vietnam. Zusammengenommen waren die Waffenexporte der NATO-Staaten freilich immer noch doppelt so hoch wie die des Warschauer Pakts.

Das Wachstum der sowjetischen Rüstungsausgaben ging zwar seit Mitte der siebziger Jahre kontinuierlich zurück. Aber angesichts der begrenzten Leistungskraft der sowjetischen Wirtschaft bedeutete das Wettrüsten eine schwere Last. Die Entschlossenheit, Supermacht zu bleiben, verlangte Hochrüstung einschließlich forcierter Rüstungsexporte; ihre Folge waren die anhaltende Unterentwicklung des Konsumgütersektors und die Verschlechterung des Lebensstandards der sowjetischen Bevölkerung. Äußere Expansion und innerer Niedergang standen, wie Stefan Plaggenborg urteilt, in einem paradox anmutenden Zusammenhang: «Die Sowjetunion sah sich immer weniger in der Lage, das Imperium zu halten, weil es ihr zunehmend an den wirtschaftlichen Potenzen fehlte und sich außerdem ihre ideologischen und politischen Grundlagen auflösten. Daß sie zu viele Ressourcen für Kanonen statt für Kühlschränke bereitstellen mußte, hat ihren Niedergang beschleunigt. Indem sie es nicht vermochte, von dem durch Macht und Militär charakterisierten Imperium abzugehen, um es in eine Art Commonwealth umzuwandeln, hat sie sich in der Phase des wirtschaftlichen Niedergangs zusätzlichen Schaden zugefügt. Die UdSSR war als ‹Imperium› überdehnt.»

Die außereuropäischen Verbündeten der UdSSR – Staaten wie Kuba, Vietnam, Nordkorea, Syrien und Äthiopien – spielten eine wichtige Rolle bei der Behauptung der sowjetischen Weltmachtstellung, aber ein Imperium wäre die Sowjetunion auch ohne sie geblieben. Die Kontrolle über die Staaten des Ostblocks hingegen war für das Sowjetreich überlebensnotwendig: Moskau konnte nicht einmal sicher sein, daß der Vielvölkerstaat der 15 Sowjetrepubliken Bestand haben würde, wenn die Staaten des Warschauer Pakts sich eines Tages aus der Vormundschaft des Kreml lösen sollten.

Den Zusammenhalt des «sozialistischen Lagers» sicherte bislang nicht zuletzt die ökonomische Abhängigkeit der ostmittel- und südosteuropäischen Staaten von der Führungsmacht des Rates für gegenseitige Wirtschaftshilfe (RGW). Als die Sowjetunion nach dem Ölpreisschock von 1973 die Preise für ihre Öllieferungen in die Staaten des RGW drastisch (wenn auch noch längst nicht auf Weltmarktniveau) anhob und zudem auf Bezahlung in Devisen oder in Form der Lieferung von hochwertigen Fertigprodukten, beispielsweise Lastkraftwagen oder Omnibussen, bestand, ging das Wirtschaftswachstum im Ostblock überall zurück. Um diesem negativen Trend entgegenzuwirken, verschuldeten sich einige der europäischen Verbündeten der Sowjetunion durch Kreditaufnahme im «kapitalistischen» Ausland. In der DDR stieg die Westverschuldung von 1,15 Milliarden Dollar im Jahr 1973 auf 57,6 Milliarden 1989, in Ungarn von 1 Milliarde Dollar 1972 auf 18 Milliarden Dollar 1989, in Polen von 1 Milliarde Dollar 1970 auf 8 Milliarden 1975 und 20 Milliarden 1989 an. Damit trat zur umfassenden Abhängigkeit von der Sowjetunion eine andere, ideologisch nur schwer zu rechtfertigende und politisch brisante Abhängigkeit vom «Klassenfeind»: ein Prozeß, dessen mögliche Folgen Mitte der siebziger Jahre weder Schuldner noch Gläubiger abschätzen konnten.

Einen Versuch, der Verschuldungsspirale zu entkommen, unternahm Ende Juni 1976 die polnische Führung: Der neugewählte Sejm beschloß auf Antrag von Ministerpräsident Jaroszewicz, die seit 1971 eingefrorenen Lebensmittelpreise zu erhöhen, und zwar für Zucker um 100, für Fleisch um über 60 und für Butter und Käse um 50 Prozent. Am 25. Juni, einen Tag nach dem Parlamentsbeschluß, traten in mehreren Betrieben 50 000 bis 70 000 Arbeiter in den Streik. In Radom in Zentralpolen kam es zu schweren Zusammenstößen mit der Polizei, bei denen zwei Menschen starben. Die Regierung nahm daraufhin die Preiserhöhungen zurück, ging aber gleichzeitig mit großer Härte gegen «Rädelsführer» und «Hooligans» vor, die staatliches Eigentum beschädigt hatten: 400 Verfahren wurden eingeleitet, in Radom etwa 1000 Arbeiter entlassen, auf den Polizeipräsidien wahllos auf Verhaftete eingeprügelt. Aus dem Fehlschlag der Preiserhöhungen zogen auch außerhalb Polens kommunistische Parteiführungen ihre Folgerungen: Eine Senkung des Lebensstandards oder eine Herabsetzung von Sozialleistungen drohten das «sozialistische» System in Gefahr zu bringen und waren deshalb als Mittel zur Sanierung der Staatsfinanzen ungeeignet.

Die Art und Weise, wie die Staatsmacht gegen die Arbeiterproteste vorging, hatte in Polen selbst langfristige Folgen. Im September 1976 schlossen sich 14 Intellektuelle, unter ihnen ein führendes Mitglied der Reformbewegung von 1956, Jacek Kuroń, zu einem Komitee zur Verteidigung der Arbeiter, dem «KOR», zusammen. Es sammelte Geld für die Häftlinge in Radom, sorgte für deren Verteidigung vor Gericht und entsandte Prozeßbeobachter, die anschließend in unzensierten, im «Untergrund» vervielfältigten Mitteilungen vom Verlauf der Verfahren berichteten. Der Staat ging mit harten Sanktionen, darunter Verhören, Entlassungen und der Verweigerung von Pässen, gegen die beteiligten Journalisten, Schriftsteller und Wissenschaftler vor, verzichtete aber, um nicht allzu offensichtlich mit der Schlußakte von Helsinki in Konflikt zu kommen und vermutlich auch, um die westlichen Kreditgeber nicht ohne Not zu brüskieren, auf Prozesse gegen die Oppositionellen. Diese ließen sich auch durch Schlägertrupps des Sicherheitsdienstes nicht davon abbringen, weiterhin Menschen- und Bürgerrechte auch für Polen einzufordern. 1977 entstand in Warschau, in Anknüpfung an eine Tradition aus der Zeit der russischen Herrschaft in «Kongreß-polen», die «Fliegende Universität» mit ihren in privaten Wohnungen abgehaltenen Vorlesungen und Seminaren. Zu den führenden Köp-fen dieses akademischen «Untergrundes» gehörten die Historiker Władysław Bartoszewski und Bronisław Geremek und der katholische Jurist Tadeusz Mazowiecki: alle drei Vorkämpfer des polnischen Frei-heitskampfes der achtziger Jahre, von dem noch ausführlich die Rede sein wird.

Im gleichen Jahr 1977 erschien im «Untergrund» ein Buch von Adam Michnik, einem Wortführer des Studentenprotests von 1968, in dem sich der Autor um einen Brückenschlag zwischen der intellektuel-len Linken und der katholischen Kirche im Zeichen der Universalität der Menschenrechte bemühte. Der polnische Episkopat ging seinerseits auf die intellektuellen Dissidenten zu, von denen nicht wenige, darun-ter Michnik und Geremek, jüdischer Abstammung waren. Er öffnete Kirchen für Protestaktionen, solidarisierte sich mit der «Fliegenden Universität» und den bestraften Arbeitern und trug damit wohl dazu bei, daß die letzten der noch in Haft befindlichen «Rädelsführer» vom Juni 1976 amnestiert wurden.

Die bislang größte Herausforderung an das kommunistische Re-gime in Warschau aber war eine Entscheidung, die im Jahr darauf in Rom fiel: Am 16. Oktober 1978 wurde der erst achtundfünfzigjährige Krakauer Kardinal Karol Woityła zum neuen Papst gewählt. Johannes Paul II., wie er sich als Oberhaupt der katholischen Kirche nannte, sollte die Welt mehr verändern als irgendeiner seiner Vorgänger. Der Erste Sekretär der Polnischen Vereinigten Arbeiterpartei, Edward Gierek, war sich des historischen Ranges des Wechsels im Vatikan offenbar sogleich bewußt. Seiner Frau gegenüber will er, der eigenen Erinnerung zufolge, die Fernsehnachrichten aus Rom mit der Bemer-kung kommentiert haben: «Ein Pole ist Papst geworden. Das ist ein großes Ereignis für die polnische Nation und bedeutet erhebliche Schwierigkeiten für uns.»

Ein Dreivierteljahr später zeigte sich, daß Giereks Einschätzung richtig war. Als Johannes Paul II. Anfang Juni 1979 erstmals nach der Papstwahl wieder in sein polnisches Heimatland kam, mobi-lisierte er Massen in einem Ausmaß, das das Regime das Fürchten lehrte. Schon einmal, neun Jahrhunderte zuvor, hatte es eine «Papstrevolution» gegeben, die die weltliche Macht herausforderte. Anders als sein Vorgänger, Gregor VII., im «Dictatus Papae» von 1075 beanspruchte Johannes Paul II. nicht das Recht, weltliche Herrscher abzusetzen. Aber er führte der kommunistischen Staatsgewalt vor Augen, daß er im immer noch katholischen Polen einen breiteren Rückhalt im Volk hatte als sie. Die zweite Papstrevolution der Geschichte war, innerkirchlich gesehen, eine konservative Revolution. Ihre weltlichen Wirkungen aber waren freiheitlich. Sie trugen, weit über Polen hinaus, entscheidend zur Aushöhlung der kommunistischen Herrschaft und schließlich zu ihrem Zusammenbruch bei.

Wie Polen wollte auch die DDR nach der Unterzeichnung der Helsinki-Schlußakte politische Prozesse gegen intellektuelle Regimekritiker tunlichst vermeiden. Ein vermeintlich weniger gefährliches Mittel, sich oppositioneller Elemente zu entledigen, war die Ausbürgerung. Zum prominentesten Opfer dieser Praxis wurde Wolf Biermann. Der populäre Liedermacher, Systemkritiker und immer noch überzeugte Sozialist war mit Genehmigung der DDR-Behörden im November 1976 zu einer Konzertreise in die Bundesrepublik aufgebrochen. Nach einem vom Fernsehen übertragenen Auftritt in Köln wurde ihm die Staatsbürgerschaft der DDR entzogen und damit die Rückkehr unmöglich gemacht. Zahlreiche Intellektuelle und Künstler protestierten gegen die Ausbürgerung Biermanns, unter ihnen die Schriftsteller Jurek Becker, Volker Braun, Franz Fühmann, Stephan Hermlin, Stefan Heym, Sarah Kirsch, Günter Kunert, Heiner Müller, Rolf Schneider und Christa Wolf. Einige derer, die sich mit Biermann solidarisierten, wurden aus der SED ausgeschlossen, andere verwarnt, wiederum andere gezwungen, die DDR zu verlassen. Zu den letzteren gehörte der Schriftsteller Jürgen Fuchs, ein enger Freund Biermanns.

Ein Vierteljahr vor der Ausbürgerung Biermanns, am 18. August 1976, hatte ein anderes Ereignis der DDR weltweit zu höchst unerwünschten Schlagzeilen verholfen: die Selbstverbrennung des evangelischen Pfarrers Oskar Brüsewitz vor der Michaeliskirche in Zeitz. Der Selbstmord war ein Protest gegen das kommunistische System der Unterdrückung, aber auch gegen das, was Brüsewitz als Unterwerfung der Kirche unter die Diktatur empfand. Im Juli 1971 hatte die Eisenacher Synode des Bundes der Evangelischen Kirchen der DDR die Formel «Nicht Kirche neben, nicht gegen, sondern im Sozialismus»

geprägt. Das war ein auch innerkirchlich umstrittenes Stück kirchlicher «Realpolitik», das viele Deutungen zuließ und in der Praxis auf
einen Balanceakt zwischen Selbstbehauptung und Anpassung hinauslief. Der Freitod von Brüsewitz brachte die Kirche von diesem Kurs
nicht ab und die SED schließlich zu der Einsicht, daß ein gewisses
Maß an kirchlicher Autonomie der Stabilität der DDR eher förderlich
als abträglich war.

Im Mai 1976 hielt die SED ihren 9. Parteitag ab. Die «führende
Partei» der DDR gab sich bei dieser Gelegenheit ein neues Programm,
das jenes von 1963 ablöste und sehr viel stärker, als das unter dem
späten Ulbricht üblich gewesen war, die Allgemeingültigkeit des sozialistischen Gesellschaftsmodells betonte. Der Kommunismus galt nun
wieder eindeutig als «Ziel», die «entwickelte sozialistische Gesellschaft» lediglich als «ein historischer Schritt auf dem Weg zum Kommunismus». Der Bevölkerung der DDR sagte die SED die Erhöhung
des materiellen und kulturellen Lebensniveaus im Zeichen der «Einheit
von Wirtschafts- und Sozialpolitik» zu, wobei als vordringliche Ziele
der Wohnungsbau, eine stabile Versorgung mit Konsumgütern und die
40-Stunden-Woche genannt wurden.

Damit versprach die SED jedoch mehr, als sie aus eigener Kraft halten konnte. Die Versorgung mit langlebigen Konsumgütern wie Personenkraftwagen, Kühlschränken und Fernsehgeräten hatte sich zwar
unter Honecker deutlich verbessert. Aber um das zu erreichen, hatte
sich die DDR zunehmend im westlichen Ausland verschulden müssen.
Die Formel von der «Einheit von Wirtschafts- und Sozialpolitik» verschleierte die Tatsache, daß die DDR über ihre Verhältnisse lebte. Eindringliche Warnungen des Planungschefs Gerhard Schürer vor den langfristigen Folgen dieses Kurses schoben Erich Honecker und das Politbüro
beharrlich beiseite. Gegenüber den «kapitalistischen» Ländern blieb die
Handelsbilanz passiv, und das mit steigender Tendenz. Die Erwerbstätigkeit nahm zu, vor allem die der Frauen, von denen 1975 77,5 Prozent einen Beruf ausübten. Am Produktivitätsrückstand gegenüber der
Bundesrepublik aber änderte sich kaum etwas: Die DDR erreichte 1970
32,2 und 1975 33 Prozent des westdeutschen Produktivitätsniveaus.

Den Widerspruch kritischer Intellektueller konnte die SED mit ihren
Versprechungen steigenden Wohlstands nicht aus der Welt schaffen. Im
November 1976 wurde der Physiker und Philosoph Robert Havemann,
ein enger Freund Wolf Biermanns und entschiedener Befürworter eines

demokratischen Sozialismus, unter Hausarrest gestellt, im August 1978 wurde diese Maßnahme noch verschärft und erst im Mai 1979 aufgehoben. Rudolf Bahro, ehemaliger Chefredakteur der Studentenzeitung der Freien Deutschen Jugend, des «Forum», und danach Abteilungsleiter in einem Volkseigenen Betrieb, wurde 1978 zu acht Jahren Haft verurteilt, weil er im Jahr zuvor in seinem in der Bundesrepublik veröffentlichten Buch «Die Alternative» die Praxis des Politbüros mit der kirchlichen Inquisition verglichen und die SED die eigentliche politische Polizei genannt hatte. Anhaltende westliche Proteste hatten 1979 seine Abschiebung in die Bundesrepublik zur Folge.

«Unbelehrbare» Kritiker und Gegner des DDR-Systems in die Bundesrepublik ausreisen zu lassen war für die SED aus zwei Gründen nützlich. Zum einen ließ sich auf diese Weise der innere Reformdruck mindern, der nach der Helsinki-Konferenz von Sommer 1975 spürbar zugenommen hatte. Zum anderen war diese Art des Personentransfers längst zu einer willkommenen, ja unentbehrlichen Devisenquelle geworden. Im Juli 1980 ließ der Bundesminister für innerdeutsche Beziehungen, Egon Franke, die Öffentlichkeit wissen, daß durch «besondere Bemühungen» der Bundesregierung seit 1964 13 000 politische DDR-Häftlinge vorzeitig aus der Haft entlassen worden seien. Im gleichen Zeitraum hätten die verschiedenen Bundesregierungen die Ausreise von mehr als 30 000 Bürgern der DDR innerhalb der Zusammenführung von Familien erreicht. Insgesamt kauften die Bundesregierungen zwischen 1964 und 1989 33 755 politische Häftlinge frei und zahlten dafür 3,4 Milliarden DM. Der Historiker Stefan Wolle hat diesen «Handel mit Landeskindern» mit dem Soldatenverkauf zur Zeit des Absolutismus verglichen und das ebenso scharfe wie treffende Urteil gefällt: «Der Menschenhandel bedeutete einen der lukrativsten Posten in der Bilanz des SED-Staates und gleichzeitig eine Art politischer Giftmüllentsorgung.»

Von der Energiekrise nach 1973 war auch die Tschechoslowakei stark betroffen. Das Nationaleinkommen war in den Jahren 1965 bis 1970 Jahr für Jahr um durchschnittlich 6,9 Prozent gewachsen. In den Jahren 1970 bis 1975 ging die jährliche Zuwachsrate auf 5,7, im folgenden Jahrfünft auf 3,7 Prozent zurück. Die siebziger Jahre standen im Zeichen strikter Lohn- und Preiskontrollen und verschärfter zentraler Planung. Innerhalb des RGW mußte sich die ČSSR verpflichten,

ihre Produktion von Brennstoffen, Energie und Metallhalbfabrikaten
sowie von Maschinen für Kernkraft- und Elektrizitätswerke zu steigern. Gegenüber den billig produzierenden «jungen Tigern» in Ostasien, nämlich Südkorea, Taiwan, Hongkong und Singapur, erwies
sich die tschechoslowakische Industrie als ebensowenig wettbewerbsfähig wie die anderen Staaten des Ostblocks.

Im Außenhandel der Tschechoslowakei verschlechterten sich die
«terms of trade» fortlaufend. Das Handelsdefizit wuchs, und das nicht
nur gegenüber den westlichen Ländern, sondern auch gegenüber der
UdSSR und den «sozialistischen» Staaten. Aktiv blieb die Außenhandelsbilanz nur gegenüber den Entwicklungsländern in ihrer Gesamtheit, wobei die Exporte allerdings zum größten Teil über Kredite abgewickelt wurden. In der zweiten Hälfte des Jahres 1977 sah sich die
Partei- und Staatsführung zur Anhebung der Preise für Konsumgüter
gezwungen. Da das tschechoslowakische System seit der Niederwerfung des «Prager Frühlings» ungleich repressiver war als das polnische, blieben Reaktionen der Arbeiter wie die, die das östliche Nachbarland im Vorjahr erlebt hatte, aus.

Einige Intellektuelle aber ließen sich trotz aller Unterdrückung
nicht davon abhalten, die politische Wirklichkeit der Tschechoslowakei an Maßstäben zu messen, auf die sich die Führung des Landes mit
der Unterschrift unter die Helsinki-Schlußakte von 1975 und im Jahr
darauf unter zwei Menschenrechtskonventionen der Vereinten Nationen aus dem Jahr 1966, den Internationalen Pakt über bürgerliche und
politische Rechte und den Internationalen Pakt über wirtschaftliche,
soziale und kulturelle Rechte, festgelegt hatte. Am 7. Januar 1977 erschien in der «Frankfurter Allgemeinen Zeitung», in der «Times» und
in «Le Monde» die «Charta 77», ein zunächst von 257 Personen unter-
zeichnetes Dokument, für das der Schriftsteller Václav Havel, der
Außenminister der Ära Dubček, Jiří Hájek, und der Philosoph Jan Patočka als Sprecher der Charta verantwortlich zeichneten. Die Freiheiten und Menschenrechte, die zu respektieren die ČSSR sich verpflichtet
hatte, stünden leider nur auf dem Papier: So lautete die zentrale These.
Zehntausenden von Bürgern würde es unmöglich gemacht, in ihrem
Fach zu arbeiten, weil sie Ansichten verträten, die sich von den offiziellen Ansichten unterschieden. Bürgerrechte wie das Verbot willkürlicher Eingriffe in Privatleben, Familie, Heim oder Korrespondenz
würden durch das Abhören von Telefonen und Wohnungen, Kontrolle

der Post, persönliche Überwachung, Hausdurchsuchungen und den Aufbau eines Netzes von Informanten aus der Bevölkerung verletzt. Proteste hiergegen würden zum Gegenstand von Ermittlungen. «Charta 77 fußt auf dem Boden der Solidarität und Freundschaft von Menschen, die von der gemeinsamen Sorge um das Geschick der Ideale bewegt werden, mit denen sie ihr Leben und ihre Arbeit verbunden haben und verbinden ... Charta 77 ist keine Basis für oppositionelle Tätigkeit. Sie will dem Gemeininteresse dienen wie viele ähnliche Bürgerinitiativen in verschiedenen Ländern des Westens und des Ostens.»

Die Hoffnung auf einen «konstruktiven Dialog mit der politischen und staatlichen Macht» erfüllte sich nicht. Das Regime sprach von einem «staatsfeindlichen, antisozialistischen, demagogischen, beleidigenden Dokument». Einzelne Unterzeichner wurden als «Verräter und Renegaten», einer von ihnen, Jiří Hájek, als «Handlanger und Agent des Imperialismus», «gescheiterter Politiker» und «internationaler Abenteurer» bezeichnet. Zu den Sanktionen gehörten die Kündigung des Arbeitsverhältnisses, die Einziehung des Führerscheins, das Verbot des Besuchs einer höheren Schule für die Kinder der Betroffenen und die Anordnung von Untersuchungshaft. Einer der drei Sprecher der Charta, Jan Patočka, starb am 13. März 1977 nach einem elfstündigen Verhör an einer Gehirnblutung.

Parallel zu den Intellektuellen wurde eine Gruppe von regimekritischen jungen Musikern, die Rockband «The Plastic People of the Universe», verfolgt. Zum Zweck der Unterstützung der diskriminierten Intellektuellen und Künstler entstand im April 1978 eine Hilfsorganisation nach dem Vorbild des polnischen KOR, der Ausschuß zur Verteidigung der zu Unrecht Verfolgten (VONS). Der Gegenschlag der Führung ließ nicht lange auf sich warten: Sechs der führenden VONS-Mitglieder, darunter Václav Havel, wurden festgenommen und wegen subversiver Tätigkeit angeklagt. Im Oktober 1979 folgte die Verurteilung zu Gefängnisstrafen bis zu fünf Jahren. Den intellektuellen und künstlerischen Protest dauerhaft zu unterbinden aber gelang dem Regime nicht. «Helsinki» wirkte weiter: Die Mittel der Repression reichten nicht aus, den Ruf nach Anerkennung der Menschenrechte zum Verstummen zu bringen.

Anders als die ČSSR und die DDR präsentierte sich Ungarn in der zweiten Hälfte der siebziger Jahre als das «liberalste» Land des Ost-

blocks. Die Parteiführung unter János Kádár duldete ein «pluralistisches» Meinungsspektrum, soweit die bestehende sozialistische Ordnung nicht grundsätzlich in Frage gestellt wurde. Die Loyalität der
breiten Bevölkerung sicherte sich die führende Partei durch die Aufrechterhaltung sozialstaatlicher Leistungen und eines Konsumniveaus,
das die materiellen Kräfte des Landes erheblich überstieg. Im Gefolge
der forcierten Industrialisierung nach 1945 hatte sich das Pro-Kopf-
Einkommen der Ungarn zwar deutlich erhöht (zwischen 1960 und
1989 verdreifachte es sich, während es sich in Großbritannien und
Schweden nur verdoppelte). Aber ungeachtet aller relativen Fortschritte
blieb Ungarn hinter den führenden westlichen Industrienationen immer noch weit zurück: 1980 kam es auf rund ein Drittel (34 Prozent)
des amerikanischen Pro-Kopf-Einkommens.

Die schon erwähnte Verschuldung Ungarns bei den Ländern mit
frei konvertibler Währung erreichte 1980 die Höhe von 7,7 Milliarden
Dollar. 1982 stand Ungarn am Rand des Staatsbankrotts. Gerettet
wurde es durch eine Anleihe des Internationalen Währungsfonds, die
Ungarn die Refinanzierung seiner internationalen Schulden erlaubte;
im gleichen Jahr wurde es Mitglied der Weltbank. Neun Jahre zuvor,
im September 1973, hatte sich Ungarn bereits dem Internationalen
Zoll- und Handelsabkommen, dem GATT, angeschlossen. Eine derartige Einbindung eines «sozialistischen» Landes in die kapitalistische
Weltwirtschaft war singulär. Wenn die Sowjetunion diese Abweichung
Budapests widerstrebend hinnahm, dann nur deshalb, weil Kádár an
seiner politischen Blocktreue keinen Zweifel aufkommen ließ und
Moskau sich, was die Zeit nach 1980 angeht, neben dem Krieg in
Afghanistan und der Krise in Polen keinen weiteren Konflikt innerhalb
des eigenen Machtbereichs leisten konnte.

Die wirtschaftliche Öffnung nach Westen wurde seit Ende der siebziger Jahre flankiert durch eine Liberalisierung des Arbeitsmarkts und
der Preispolitik, die Ermöglichung einer langfristigen Verpachtung von
Ackerland an Bauern und, am wichtigsten, die gezielte Förderung selbständiger Kleinunternehmen. Mit der schleichenden Rückkehr zur
Marktwirtschaft ging eine wachsende Differenzierung der Einkommen und der Lebensstile einher. Das Regime ermutigte diese materielle
Annäherung an den Westen, obwohl sie zugleich eine Distanzierung
von der Sowjetunion und den orthodoxen Mitgliedern der «sozialistischen» Staatengemeinschaft bedeutete. Es nahm sogar hin, daß Ende

der siebziger Jahre unter unabhängigen Schriftstellern und kritischen Historikern eine Diskussion über die historischen Eigenarten Mitteleuropas begann, die auf nichts Geringeres abzielte als eine intellektuelle Emanzipation von der Bevormundung durch die Führungsmacht des Ostblocks. Es war eine Debatte, die in den achtziger Jahren auf andere Länder des östlichen Mitteleuropa übergreifen sollte.[2]

Moral und Interesse:
Die ersten Jahre des Präsidenten Jimmy Carter

Der neue amerikanische Präsident Jimmy Carter hatte in seinem Wahlkampf großen Wert auf das «Image» des provinziellen Außenseiters gelegt – des «Mannes aus Plains», der nach Washington strebte, um dort eine gründliche Rückbesinnung auf die amerikanischen Werte einzuleiten und Schluß zu machen mit der moralischen Verderbnis, die unter Nixon in das politische Leben der USA eingezogen war. Nach seinem Einzug in das Weiße Haus erwies sich Carters demonstrative Distanz zum überkommenen Politikbetrieb als ernstes Hindernis. Vor allem in den für ihn besonders wichtigen Bereichen der Energie- und Umweltpolitik stellten sich ihm mächtige Lobbies entgegen. Anders als die meisten seiner Vorgänger verfügte der 39. Präsident nicht über parlamentarische «Gefolgschaften», die entschlossen waren, mit ihm «durch dick und dünn» zu gehen. Diesen Mangel konnten die stattlichen demokratischen Mehrheiten in Senat und Repräsentantenhaus ebensowenig ausgleichen wie die parlamentarischen Netzwerke, auf die sich Carters Vizepräsident, der bisherige demokratische Senator aus Minnesota, Walter Mondale, ein entschiedener Liberaler, stützen konnte.

Fachlichen Rat erhielt Carter, außer von Mondale, von seinen wichtigsten Mitarbeitern mit und ohne Kabinettsrang. Dazu gehörten Verteidigungsminister Harold Brown, der unter Kennedy und Johnson Robert McNamaras Stellvertreter im Pentagon gewesen war, Finanzminister Michael Blumenthal, der Sohn einer aus Deutschland vertriebenen jüdischen Familie, und Außenminister Cyrus Vance, ein in Regierungsgeschäften erfahrener New Yorker Jurist, der unter Kennedy die Ämter erst des Armee-, dann des stellvertretenden Verteidigungsministers innegehabt hatte. Der einflußreichste außenpolitische Berater Carters aber war nicht der Chef des State Department, sondern der aus Polen stammende Sicherheitsberater Zbigniew Brzeziński. Der Politologe der New Yorker Columbia-Universität stand der Sowjetunion mit tiefem Mißtrauen gegenüber – eine Quelle von Spannungen mit Außenminister Vance, dem Verfechter einer pragmatischen Linie in den internationalen Beziehungen. Brzezińskis innenpolitisches Pendant war Stuart Eizenstat, der Chef des White House Domestic Policy Staff, ein talentierter Organisator.

Carters Innenpolitik stand in den ersten beiden Jahren seiner Amtszeit im Zeichen des Kampfes gegen die Energie- und Wirtschaftskrise. Der Präsident begann, strikt keynesianisch, mit einer Politik, die darauf abzielte, durch die Erhöhung öffentlicher Ausgaben und die Senkung von Bundessteuern die Wirtschaft anzukurbeln und die Zahlen der Arbeitslosen deutlich nach unten zu drücken. Der sichtbarste Effekt dieses Ansatzes waren jedoch steigende Inflationsraten: Sie wuchsen von 5,8 Prozent im Jahr 1976 auf 6,5 und 7,6 Prozent in den folgenden beiden Jahren an.

Im April 1977 legte Carter dem Kongreß ein ganzes Bündel von Gesetzen vor, deren Zweck es war, den Ölverbrauch zu drosseln. Zu den geforderten Maßnahmen gehörten Steuern auf Benzin und besonders viel Benzin verbrauchende Kraftfahrzeuge sowie die Förderung der Solarenergie und der Wärmeisolierung von Gebäuden. Auf den heftigsten Widerstand stieß ein Gesetz zur Kontrolle der Preise für Naturgas, das die privaten Haushalte gegenüber der Industrie begünstigte. Erst nach zähen Verhandlungen kam schließlich im November 1977 ein Kompromiß zustande, der weit hinter den ursprünglichen Vorstellungen des Weißen Hauses zurückblieb. Umgekehrt widersetzte sich der Präsident ehrgeizigen Programmen von Staudämmen und Wasserreservoirs, an denen den Einzelstaaten und ihren Verbündeten in Senat und Repräsentantenhaus besonders lag. Dank eines Vetos des Präsidenten konnte am Ende nur ein kleiner Teil der Vorhaben verwirklicht werden.

Nicht durchsetzen konnte sich Carter mit dem Versuch, die Krankenhauskosten einzudämmen. Es waren Senatoren und Abgeordnete seiner eigenen Partei, an ihrer Spitze Senator Edward Kennedy aus Massachusetts, die den Vorstoß zum Scheitern brachten. Zu den Initiativen, mit denen Carter durchdrang, gehörten Gesetzentwürfe zur Reform des öffentlichen Dienstes und zur Deregulierung der Fluglinien. In der Summe konnte der Präsident Ende 1978 mit dem, was er in der ersten Hälfte seiner Amtszeit erreicht hatte, nicht zufrieden sein: In Anbetracht der demokratischen Mehrheiten in beiden Häusern des Kongresses war seine Gesetzgebungsbilanz eher dürftig.

Jimmy Carter war mit einer moralischen Agenda angetreten, die er sehr ernst nahm. Seine erste Maßnahme war eine Amnestie für rund 10 000 junge Amerikaner, die sich während des Vietnamkrieges dem Wehrdienst entzogen hatten, am 21. Januar 1977. In der Außenpolitik gedachte der Präsident der weltweiten Durchsetzung der unveräußerlichen Menschenrechte einen herausragenden Platz einzuräumen und Amerika wieder zum Bannerträger universaler Ideen zu machen. Gelegen kam ihm dabei, daß es im Kongreß eine starke «human rights lobby» aus liberalen und konservativen Senatoren und Abgeordneten gab. In der praktischen Umsetzung bedeutete amerikanisches Engagement für die Menschenrechte unter Carter vor allem verminderte Entwicklungshilfe oder Beendigung der Militärhilfe für repressive Regime in Lateinamerika, Afrika und Asien – Staaten wie Chile, Argentinien, Bolivien, Uruguay, Äthiopien, Benin, Südafrika, die Volksrepublik Jemen, Vietnam, Laos und Indonesien.

Dem Diktator von Nicaragua, Anastasio Somoza, entzog Carter im Juni 1979 die bis dahin gewährte Unterstützung der USA. Nachdem Somozas Rücktritt und Flucht Mitte Juli 1979 den im Sommer des Vorjahres wieder offen ausgebrochenen Bürgerkrieg beendet hatte, ließ Washington der «Junta des Nationalen Wiederaufbaus» unter Tomás Borge Martínez Wirtschaftshilfe zukommen. Die bestimmende Kraft der linken Junta war von Anfang an die Siegerin im Bürgerkrieg, die eng mit dem Kuba Fidel Castros kooperierende Sandinistische Befreiungsfront, die sich der gemäßigten Elemente des Regierungsbündnisses rasch zu entledigen vermochte – ein Vorgang, für den die amerikanische Rechte die Politik Carters verantwortlich machte. Ein anderer mittelamerikanischer Staat, Guatemala, verzichtete im März 1977 auf amerikanische Militärhilfe, nachdem Carter den diktatorisch regierenden Präsidenten, General Kjell Eugenio Laugerud García, wegen seiner chronischen Mißachtung der Menschenrechte massiv unter Druck gesetzt hatte.

Doch wo immer vitale Wirtschaftsinteressen der USA ins Spiel kamen, pflegte der Moralist Carter vor dem Realisten zurückzuweichen. So waren die Heeresbasis Clark Field und der Marinestützpunkt bei Subic Bay auf den Philippinen dem Präsidenten wichtig genug, um seine Proteste gegen die Menschenrechtsverletzungen unter dem Kriegsrechtsregime von Präsident Ferdinand Marcos zu zügeln und von der zunächst geplanten Kürzung der Militärhilfe Abstand zu nehmen. Den angedrohten Rückzug der amerikanischen Truppen aus Südkorea unterließ Carter auf dringendes Anraten von Außenminister Vance, obwohl sich am diktatorischen Charakter des Systems von Präsident Park Chung-hee und seinem Nachfolger Chun Doo-hwan nichts geändert hatte. Der argentinischen Junta wurde zwar im Februar 1977 die Militärhilfe von 32 auf 15 Millionen Dollar gekürzt. Als Präsident Videla im Frühjahr 1978 die Einsetzung einer Zivilregierung für das kommende Jahr ankündigte und die Haftentlassung des Menschenrechtsaktivisten Jacobo Timerman anordnete, erhielt Argentinien aber auf Weisung Carters einen großzügigen Kredit der Export-Import-Bank für den Kauf elektrischer Generatoren. Im September 1979 stimmten die USA in der Vollversammlung der Vereinten Nationen an der Seite der Volksrepublik China für das Recht der Roten Khmer, das von vietnamesischen Truppen besetzte Kambodscha in der UNO zu vertreten. Die brutalen Menschenrechtsverletzungen des Pol-Pot-Regimes wogen bei dieser Entscheidung weniger schwer als die Empfehlung Brzezińskis, Vietnam und seinem mächtigen Verbündeten, der Sowjetunion, eine Lektion zu erteilen.

Soweit es um die Sowjetunion und die Volksrepublik China ging, behielt sich Carter von Anfang an die Koordination des amerikanischen Vorgehens in Sachen Menschenrechte vor. In seinem ersten Amtsjahr beschuldigte er die Sowjetunion zwar öffentlich, sie gewähre ihren Bürgern keine Grundrechte. Das Bemühen um weitere Abrüstung im Bereich der strategischen Waffen besaß für den Präsidenten aber eine so hohe Priorität, daß er sich Moskau gegenüber ansonsten eher zweckgerichtet verhielt. Im September 1977, fünf Jahre nach dem Inkrafttreten des SALT I-Abkommens, verständigten sich die USA und die Sowjetunion auf eine Verlängerung des Vertrages und weitere Verhandlungen über ein SALT II-Abkommen. Im Juni 1979 wurde dieser Vertrag bei einem Gipfeltreffen von Carter und Breschnew in Wien unterzeichnet. Er bestand aus einem auf acht Jahre befristeten Vertrag und einem Zusatzprotokoll, dessen Laufzeit drei Jahre betrug. Die Höchstzahl der verschiedenen Fernwaffen und die Menge der mit Mehrfachsprengköpfen (MIRV) ausgerüsteten Raketen wurden unter die 1972 in SALT I vereinbarten Obergrenzen gedrückt. Die Entspannungspolitik schien damit einen neuen Höhepunkt zu erreichen. Doch Ende des Jahres 1979 trat ein Ereignis ein, das das Inkrafttreten des Abkommens verhindern sollte: der Einmarsch sowjetischer Truppen in Afghanistan.

Kein Thema der amerikanisch-sowjetischen Abrüstungsverhandlungen waren die auf Westeuropa ausgerichteten Mittelstreckenraketen der UdSSR vom Typ SS-20, die seit 1977 in der westlichen Sowjetunion stationiert wurden. Auf das regionale Ungleichgewicht, das dadurch zu Lasten Westeuropas zu entstehen drohte, hatte Bundeskanzler Schmidt schon im Sommer 1975, also vor dem Beginn der eigentlichen Dislozierung, Präsident Ford hingewiesen (und dessen mündliche Zusicherung erreicht, sich der Sache anzunehmen). Schmidts Verhältnis zu Fords Nachfolger war frühzeitig von Mißtrauen geprägt: Der Bundeskanzler hielt die von Carter und Brzeziński betriebene Menschenrechtskampagne für naiv, ja gefährlich. Mit seiner nachdrücklichen Bitte, die Herausforderung der europäischen Verbündeten durch die sowjetischen Mittelstreckenraketen ernst zu nehmen, stieß der Bonner Regierungschef bei seinem ersten Besuch bei Carter im Juli 1977 auf kein Gehör. Daraufhin trug Schmidt am 28. Oktober 1977 seine Sorgen in einer Rede vor dem Londoner Institut für strategische Studien vor. Der Kanzler warnte davor, die strategische Rüstung der beiden Supermächte ohne gleichzeitigen Abbau von Disparitäten in Europa zu verringern. Schmidt gab der beiderseitigen Abrüstung den Vorzug vor einer Nachrüstung des Atlantischen Bündnisses, hielt diese aber für unausweichlich, wenn es nicht gelang, sich auf niedrigere Gesamtstärken in Ost und West zu verständigen.

Die USA reagierten zuerst erstaunt und verärgert, begannen dann aber umzudenken. Ende November 1977 griff Carter den Vorschlag Schmidts auf, die Produktion der von den Vereinigten Staaten entwickelten Neutronenbombe – einer Waffe, die Menschenleben in weitem Umkreis vernichtete, Gebäude aber weithin intakt ließ – zu unterlassen, wenn die Sowjetunion sich ihrerseits bereit erklärte, auf die Stationierung der SS-20-Raketen zu verzichten. Schmidt kostete es große Mühe, die sozialdemokratische Bundestagsfraktion für diese Linie zu gewinnen, aber diese Anstrengung hätte er sich sparen können. Anfang April 1978 gab Carter ohne jede Konsultation mit den Verbündeten in einer Pressekonferenz bekannt, daß er die Entscheidung über die Produktion der Neutronenbombe auf unbestimmte Zeit verschoben habe. Damit war erneut offen, wie der Westen auf die sowjetische Raketenrüstung reagieren sollte.

Erst Ende 1978 kam Carter auf das Thema «SS-20» zurück. Er schlug dem französischen Staatspräsidenten Valéry Giscard d'Estaing, dem britischen Premierminister James Callaghan und dem deutschen Bundeskanzler Helmut Schmidt ein westliches Vierertreffen zur Er-örterung außen- und sicherheitspolitischer Fragen vor. Es fand auf Einladung Giscards am 5. und 6. Januar 1979 auf der französischen Karibikinsel Guadeloupe statt und wurde zur Geburtsstunde des «Doppelbeschlusses» der NATO: Der Westen erklärte seine Entschlos-senheit, auf die sowjetische Raketenrüstung mit der Stationierung amerikanischer Mittelstreckenraketen zu antworten, falls es nicht in-nerhalb einer bestimmten Frist gelang, durch Verhandlungen den Ab-bau der SS-20-Raketen zu erreichen.

Rund elf Monate später, am 12. Dezember 1979, faßten die Außen-und Verteidigungsminister der NATO auf einer Sicherheitskonferenz in Brüssel formell den Doppelbeschluß: Im Nachrüstungsteil sah er die Ersetzung der technisch veralteten Pershing Ia-Raketen durch 108 Ra-keten vom Typ Pershing II und 464 bodenständige Marschflugkörper (Cruise Missiles) vor. Gleichzeitig wollten die USA 1000 nukleare Gefechtsköpfe aus Europa abziehen. Die neuen Systeme sollten zu-nächst nur in drei Ländern – der Bundesrepublik Deutschland, Groß-britannien und Italien – stationiert werden. Im Verhandlungteil des Beschlusses unterstützten die Bündnispartner die Absicht der USA, zum frühestmöglichen Zeitpunkt mit der Sowjetunion in Verhandlun-gen über eine Beschränkung der eurostrategischen Waffen einzutreten. Die Frist, die das Atlantische Bündnis für einen Abschluß der Ver-handlungen setzte, war das Jahr, von dem ab die neuen amerika-nischen Raketen zur Verfügung standen: 1983.

Im Verhältnis zur anderen kommunistischen Großmacht, der Volksrepublik China, gelang der Regierung Carter ein bemerkenswer-ter Durchbruch: die Aufnahme diplomatischer Beziehungen, die Nixon und Ford aus Rücksicht auf die «Republik China», also Taiwan, ver-mieden hatten. Die treibende Kraft einer Formalisierung und Aufwer-tung der Beziehungen zu Peking war Zbigniew Brzeziński, dem es vor allem darum ging, die Sowjetunion mit einer strategischen Öffnung in Richtung China unter Druck zu setzen. Präsident Carter und Außenminister Vance zögerten hingegen zunächst, den von Peking geforderten Preis voller diplomatischer Beziehungen zu zahlen: den Abbruch der diplomatischen Beziehungen zu Taiwan.

Im Mai 1978 stellte Carters Sicherheitsberater anläßlich eines Besuches in Peking in Gesprächen mit dem neuen «starken Mann» der Parteiführung, dem stellvertretenden Ministerpräsidenten Deng Xiaoping, und Außenminister Huang Hua die Weichen. Das Ergebnis langwieriger Verhandlungen war eine gemeinsame Erklärung der amerikanischen und der chinesischen Regierung vom 15. Dezember 1978. Darin bestätigten die USA die Formel des von Nixon im Februar 1972 unterzeichneten Schanghai-Kommuniqués, wonach es nur *ein* China gab und Taiwan ein Teil von China war. Sie beendeten die diplomatischen Beziehungen mit Taiwan und kündigten die Beendigung des wechselseitigen Beistandsabkommens mit Taiwan sowie den Rückzug der letzten dort stationierten amerikanischen Truppen innerhalb eines Jahres an. An die Stelle der diplomatischen Beziehungen traten kulturelle und Handelsbeziehungen; außerdem behielten sich die USA vor, Taiwan weiter mit Verteidigungswaffen zu beliefern. Die chinesische Gegenleistung war bescheiden: Peking widersprach nicht der amerikanischen Erwartung, daß die Volksrepublik China ihre Beziehungen zu Taiwan friedlich gestalten werde. Einen formellen Gewaltverzicht gab Peking aber nicht zu Protokoll. Am 1. Januar 1979 nahmen die Vereinigten Staaten von Amerika und die Volksrepublik China diplomatische Beziehungen auf.

Die Verbündeten der USA und die Sowjetunion waren erst Stunden vorher über den historischen Schritt informiert worden. Breschnew protestierte in einem empörten Brief an Carter. Der taiwanische Präsident Tschiang Tsching-kuo, der Sohn des 1975 verstorbenen Tschiang Kai-schek, erklärte, fortan könne sich keine freie Nation mehr auf ein amerikanisches Versprechen verlassen. Ronald Reagan, der ehemalige republikanische Gouverneur Kaliforniens, behauptete, Carter habe Taiwan den Rotchinesen preisgegeben. Der konservative republikanische Senator Barry Goldwater und 23 weitere Senatoren und Mitglieder des Repräsentantenhauses warfen dem Präsidenten in einer Klageschrift vor, mit der Kündigung des Beistandsabkommens mit Taiwan die Verfassung gebrochen zu haben – eine Meinung, die sich der Oberste Gerichtshof im Dezember 1979 aber nicht zu eigen machte.

Brzeziński sah in der Aufnahme diplomatischer Beziehungen zu China einen persönlichen Erfolg und eine Stärkung seiner entschieden antisowjetischen Linie. Ein Besuch von Deng Xiaoping in Washington rief weltweit den Eindruck eines geradezu herzlichen Verhältnisses zwischen den Vereinigten Staaten und der Volksrepublik China hervor. Carter stimmte sogar der von Deng vorgeschlagenen, gegen die Sowjetunion gerichteten Formel des gemeinsamen Kommuniqués zu, wonach beide Staatsmänner jedwede Bestrebung nach «Hegemonie» über andere Staaten ablehnten. Außenminister Vance, der ein striktes Gleichgewicht im Verhältnis der USA zur Sowjetunion und China gewahrt sehen wollte, hatte im Machtkampf mit Brzeziński eine Niederlage erlitten. Alles, was er durchsetzen konnte, war ein Verzicht Carters auf Waffenlieferungen an China. Für die Volksrepublik war das kein großer Nachteil: Drei Verbündete der USA, nämlich Großbritannien, Frankreich und die Bundesrepublik Deutschland, sprangen in die Bresche, ohne daß sie von Washington deswegen getadelt wurden.

Weder auf Peking noch auf Moskau noch auf die westeuropäischen Verbündeten mußte Carter Rücksicht nehmen, als er einen seit langem schwebenden Streitfall innerhalb der westlichen Hemisphäre durch einen aus seiner Sicht überzeugenden Ausgleich zwischen universaler Moral und nationalem Interesse beilegte: Am 7. September 1977 unterzeichnete er zusammen mit Präsident Omar Torrijos die neuen Verträge über den Panamakanal. Die Revision der einschlägigen Verträge von 1903 und 1936 im Jahr 1955, zur Zeit der Präsidenten Dwight D. Eisenhower und Remón Cantera, hatte Panama zwar eine Erhöhung der Pachtsumme gebracht, die auf volle nationale Souveränität dringenden Kräfte in Militär und politischer Klasse aber nicht befriedigt. Ein Grundsatzabkommen, das die Außenminister Henry Kissinger und Juan Antonio Tack im Februar 1974 unterzeichneten, sah die schrittweise Übergabe des Kanals und der Kanalzone an Panama vor. Die von Carter und Torrijos unterzeichneten Verträge schufen einen festen Zeitrahmen und konkretisierten die Bedingungen des neuen Status: Die Kanalzone sollte am 1. Januar 2000 der Souveränität Panamas unterstellt werden. Zusatzabkommen regelten die Neutralität der Schiffahrtsstraße und garantierten das Recht der USA, den Kanal gegebenenfalls gegen jedwede Bedrohung zu verteidigen. Geldzahlungen der USA sollten Panama diese Zugeständnisse erleichtern. Die amerikanische Rechte mit Ronald Reagan an der Spitze brandmarkte Carters Panamapolitik als Preisgabe amerikanischer Interessen. Erst nach langwierigen Verhandlungen ratifizierte der amerikanische Senat im April 1978 die Verträge. Mit 68 gegen 32 Stimmen wurde die erforderliche Zweidrittelmehrheit nur knapp erreicht.

Sein stärkstes außenpolitisches Engagement widmete Carter in den ersten drei Jahren seiner Präsidentschaft den Problemen des Nahen Ostens. Unter dem Eindruck wachsender Abhängigkeit von Erdöleinfuhren aus den arabischen Staaten hatten die USA noch unter Ford und Kissinger begonnen, Israel gegenüber eine kritischere Haltung einzunehmen. Im November 1976, kurz nach der Präsidentenwahl, aber noch vor dem Amtsantritt Carters, stimmten die Vereinigten Staaten im Sicherheitsrat und in der Vollversammlung erstmals Resolutionen zu, die die israelische Siedlungspolitik mißbilligten. Im Februar 1977 überbrachte Außenminister Vance dem ägyptischen Präsidenten Sadat und dem israelischen Ministerpräsidenten Rabin eine Einladung Carters zu Gesprächen nach Washington. Die neue amerikanische Führung bekannte sich zu Israels Recht auf verteidigungsfähige Grenzen, aber auch zu seiner Pflicht, sich aus dem Gros der 1967 besetzten Gebiete zurückzuziehen. Den Palästinensern sollte eine Heimstätte (homeland) zugestanden werden: Forderungen, die einen Keil zwischen «Tauben» und «Falken» in der israelischen Regierung trieben.

Der verständigungsbereite Yitzak Rabin besaß in dieser Zeit bereits keine parlamentarische Mehrheit in der Knesset mehr. Im Mai 1977 ging erstmals der rechte Wählerblock Likud aus den vorgezogenen Parlamentswahlen als stärkste Kraft hervor. An die Spitze einer von der Nationalreligiösen Partei mitgetragenen Minderheitsregierung trat Menachem Begin, der ehemalige Führer der Untergrundorganisation Irgun. Er ließ keinen Zweifel daran, daß er mit der PLO als Vertretung der Palästinenser nicht zu verhandeln gedachte und die Forderung nach einem «homeland» für die Palästinenser ablehnte. Vielmehr beharrte er auf der Zugehörigkeit von «Judäa und Samaria», also der Westbank, zu Israel und der dauerhaften Besetzung des Gazastreifens. An dieser Linie änderte Begin auch nichts, als am 1. Oktober 1977 die USA und die Sowjetunion zusammen zu einer Nahostregelung aufriefen, die die legitimen Rechte der Palästinenser wahren müsse.

Informell gab es zur gleichen Zeit aber auf dem Umweg über Marokko Kontakte zwischen Israel und *einem* arabischen Staat: Ägypten.

Am 9. November 1977 erklärte Präsident Sadat zum Erstaunen der
Welt, er sei bereit, um der Herstellung des Friedens willen nach Jerusalem zu reisen. Auf Carters Drängen hin antwortete Begin mit einer
Einladung, und am 19. November traf der ägyptische Präsident in Jerusalem ein, wo er vor der Knesset einen eindringlichen Aufruf zum
Frieden vortrug. Er erkannte darin das Recht Israels an, in sicheren,
von den arabischen Nachbarn garantierten Grenzen zu leben, forderte
aber auch von Israel den Rückzug aus den besetzten Gebieten und die
Anerkennung des Selbstbestimmungsrechts der Palästinenser einschließlich ihres Rechts auf einen eigenen Staat. Die Reaktionen der
westlichen Welt waren überwältigend positiv, die der meisten arabischen Staaten feindselig. Sie fürchteten, was die Israelis erhofften:
einen Separatfrieden zwischen Ägypten und Israel und damit das
Zerbrechen der mühsam gewahrten arabischen Solidaritätsfront. Der
libysche Diktator Muammar al-Gaddafi rief sogar zur Ermordung
Sadats auf.

Um die Jahreswende 1977/78 versuchte Präsident Carter während
seiner ersten großen Auslandsreise, die ihn nach Polen, Iran, Saudi-
Arabien, Ägypten, Indien und Frankreich führte, den Friedensprozeß
im Nahen Osten voranzutreiben – ohne durchschlagenden Erfolg. Die
anfängliche Begeisterung über Sadats Besuch in Jerusalem war mittlerweile wieder verflogen. Eine Einladung an Sadat und Begin, zu Verhandlungen nach Washington zu kommen, die Carter gegen den Rat
von Vance und Brzeziński ausgesprochen hatte, lehnten beide ab: Die
Gegensätze im Hinblick auf die Zukunft der besetzten Gebiete erschienen unüberwindlich. Im März 1978 beantwortete Israel einen
Terroranschlag der PLO mit einer Invasion im südlichen Libanon. Auf
Carters Initiative hin beschloß der Sicherheitsrat der Vereinten Nationen in seiner Resolution 425 am 19. März die Verurteilung Israels, die
Forderung nach dem Rückzug seiner Truppen und die Entsendung
einer friedensbewahrenden Truppe (peacekeeping force) der Vereinten
Nationen. Für die USA besonders peinlich war, daß die Israelis im
Libanon amerikanische Waffen, darunter tödlich wirkende Streubom-
ben, eingesetzt hatten.

Ende Juli 1978 ließ Carter eine neue Einladung an Sadat und Begin
herausgehen, und diesmal nahmen beide sie an. Am 5. September begann das Dreiertreffen in Camp David. Was der Präsident anstrebte,
schien der Quadratur des Kreises gleichzukommen: Er wollte seine

Gesprächspartner auf die Grundzüge eines bilateralen israelisch-ägyptischen Friedensabkommens und einer umfassenden Regelung festlegen, die die anderen besetzten Gebiete und die Rechte der Palästinenser betraf. Vergleichsweise leicht fiel die Verständigung auf den Rückzug Israels aus dem Sinai und seinen ungehinderten Zugang zum Hafen von Eilat am Golf von Akaba, schwer hingegen alles, was den Rückzug Israels aus den besetzten Gebieten und das Selbstbestimmungsrecht der Palästinenser anging. Begin gelang es, den entsprechenden Passagen eine möglichst vage Form zu geben. Nach unermüdlichen Vermittlungsaktionen Carters kam am 17. September schließlich eine grundsätzliche Einigung zustande. Das Nobelpreiskomitee des norwegischen Reichstags honorierte die Einigung mit der Verleihung des Friedensnobelpreises 1978 an Sadat und Begin.

Die erklärte Absicht der Beteiligten, das Programm von Camp David innerhalb von drei Monaten in Vertragsform zu bringen, erwies sich freilich als unrealisierbar. An der Aufgabe, das bilaterale Abkommen zwischen Israel und Ägypten mit einem Rahmenvertrag über die Autonomie der Palästinenser zu verbinden, drohten die Verhandlungen mehrfach zu scheitern. Im März 1979 reiste Präsident Carter selbst nach Jerusalem und Kairo, wo er durch das Versprechen von Militär- und Wirtschaftshilfe an beide Seiten und die Zusage, im Notfall Israel mit Öl zu versorgen, den Durchbruch erreichte. Am 26. März 1979 wurde der Friedensvertrag in Washington unter großem zeremoniellen Aufwand unterzeichnet. Er sah unter anderem die Aufgabe aller israelischen Siedlungen auf der Sinaihalbinsel und die Aufnahme voller diplomatischer Beziehungen zwischen Israel und Ägypten innerhalb von neun Monaten nach dem Inkrafttreten des Vertrages vor. Die Arabische Liga beantwortete das Abkommen mit der Suspension der Mitgliedschaft Ägyptens. Die OPEC schloß Ägypten von der Mitgliedschaft aus und verhängte ein uneingeschränktes Erdölembargo über das Land.

Der Friedensschluß von Washington sollte zu Carters letztem großen Erfolg auf dem Gebiet der internationalen Beziehungen werden. Doch der persönliche Triumph des Präsidenten hatte auch seine Schattenseiten. Die Waffenlieferungen an Saudi-Arabien, mit denen Carter den Frieden in Nahost sicherer zu machen gedachte, lösten ein regionales Wettrüsten aus. Die USA mußten zum Ausgleich neue Waffen an Israel liefern; der Irak erhielt, wie auch Äthiopien, vermehrt Waffen aus der Sowjetunion. Mit Syrien schloß die UdSSR im Oktober 1980 einen Vertrag über Freundschaft und Zusammenarbeit, der die Abhängigkeit des Landes von der kommunistischen Großmacht noch steigerte. Die im Friedensvertrag vereinbarten Verhandlungen über die Gewährung von Autonomierechten an die Palästinenser brach Ägypten im April 1980 ab, weil Israel nur minimale Zugeständnisse machte und seine Siedlungspolitik in den besetzten Gebieten unbeirrt fortsetzte. Am 30. Juli 1980 annektierte Israel ganz Jerusalem und löste damit eine Welle der internationalen Empörung aus.

Sadat hatte sich den Friedensvertrag im April 1979 durch ein Referendum bestätigen lassen, in dem angeblich 99,9 Prozent der Ägypter dem Abkommen zustimmten. Eine einhellige Billigung seiner Politik durfte der Präsident daraus aber nicht ableiten. Die nationalistische und die islamistische Opposition gegen ihn erhielt infolge der Verständigung mit Israel und des Bruchs mit der Arabischen Liga starken Zulauf. Sadats Antwort war eine Verhaftungsaktion, die seine Gegner aber nicht daran hinderte, zu einem tödlichen Schlag auszuholen: Am 6. Oktober 1981 wurde der Präsident bei einer Militärparade ermordet. Sein Nachfolger, der bisherige Vizepräsident Hosni Mubarak, versprach die Fortsetzung der Politik seines Vorgängers, einschließlich des neuen Verhältnisses zu Israel. Einen umfassenden Frieden in Nahost hatte Carters Politik mithin nicht gebracht. Aber wenn die Situation in dieser Region Ende 1981 um einiges weniger gefährlich erschien als fünf Jahre zuvor, dann war das sein und Sadats Verdienst.[3]

Terror, Krisen, Lernprozesse: Westeuropa 1976–1979

Wie die USA so wurden auch ihre westeuropäischen Verbündeten in der zweiten Hälfte der siebziger Jahre von der Sorge um die Sicherheit der Energieversorgung umgetrieben. Die Kernenergie galt den meisten Regierungen als *die* Energie der Zukunft – so auch in der Bundesrepublik Deutschland. Die Regierung Brandt hatte im Oktober 1973 den Bau von annähernd 100 neuen Großkraftwerken für erforderlich erklärt, wobei Kernkraftwerke für die Hälfte des zusätzlichen Bedarfs aufkommen sollten. Doch was den Regierenden als zwingendes Gebot erschien, erfüllte unzählige Menschen mit geradezu apokalyptischer Angst. 1975 kam es zu gewaltsamen Auseinandersetzungen um die Errichtung eines Kernkraftwerkes im südbadischen Wyhl. Im November 1976 gaben noch sehr viel martialischere Szenen, diesmal unter Beteiligung bewaffneter und vermummter kommunistischer Gruppen, im schleswig-holsteinischen Brokdorf der Hamburger Wochenzeitung «Die Zeit» Anlaß, vom «Bürgerkrieg in der Wilstermarsch» zu sprechen. Im Frühjahr 1980 begann der Kampf gegen den Plan, bei Gorleben im niedersächsischen Wendland durch eine Tiefenbohrung die Möglichkeit einer Endlagerung von radioaktiven Abfällen zu prüfen.

Die breite Ablehnung der Kernenergie war Ausdruck zunehmender Skepsis gegenüber der Beherrschbarkeit des technischen Fortschritts und wachsender Sorge um die Bewahrung der natürlichen Umwelt. Die Furcht vor der atomaren Selbstvernichtung der Menschheit, sei es durch Bomben, sei es durch Unfälle in Kernkraftwerken, verbreitete sich in allen Industriegesellschaften, aber wohl kaum irgendwo so stark wie in Deutschland, wo die Erinnerung an die selbstverschuldete Apokalypse des «Zusammenbruchs» von 1945 allgegenwärtig war. Die Bundesrepublik entwickelte sich wohl auch deswegen zum Land mit der erfolgreichsten Umweltbewegung – freilich auch zu dem Land, in dem das Ja oder Nein zur Kernenergie sogleich den Rang einer Glaubensfrage erlangte.

Der Streit spaltete, ausgelöst durch die «Schlacht von Brokdorf», seit Ende 1976 auch das Bonner Regierungslager und namentlich die Sozialdemokraten. In der SPD standen Anhängern einer friedlichen Nutzung der Kernenergie, unter ihnen Bundeskanzler Helmut Schmidt, entschiedene Gegner mit dem früheren Entwicklungshilfeminister Erhard Eppler an der Spitze gegenüber. Auf dem Hamburger Bundesparteitag vom November 1977 konnte Schmidt noch einen Kompromiß durchsetzen, der die Option für die Kernenergie ebenso offen ließ wie die Möglichkeit eines späteren Verzichts auf sie, grundsätzlich aber der Kohle den Vorrang bei der Energieversorgung einräumte. Der Konflikt war damit lediglich vertagt.

Für die Sozialdemokraten ging es beim Streit um die Kernenergie um nichts Geringeres als um ihre Zukunft als Volkspartei. Eine entschiedene Absage an diese Energiequelle hätte Ende der siebziger Jahre einen Konflikt mit den Gewerkschaften heraufbeschworen. Ein unbedingtes Ja verbaute der SPD die Chance, einen Teil der antinuklearen Bewegung, die vor allem eine Bewegung der jungen Generation war, an sich zu binden. Der Parteivorsitzende Willy Brandt neigte bei diesem Kompromiß mehr Eppler als Schmidt zu. Bereits im September 1977 warnte er seine Partei vor den Gefahren, die den Sozialdemokraten aus der Gründung einer Grünen Partei erwachsen mußten, und forderte die SPD auf, «selbst ein Stück Grüner Partei zu sein». Unter dem Eindruck des zweiten, noch zu erörternden Ölpreisschocks von 1979 konnte sich Schmidt zunächst gegen Eppler durchsetzen. Die SPD aber mußte den Preis seiner Konsequenz bezahlen: Anfang 1980 schlossen sich ökologisch und antinuklear ausgerichtete Gruppierungen aus allen Teilen der Bundesrepublik zur Partei «Die Grünen» zusammen. Für keine der «etablierten» Parteien sollten sie in einem solchen Maß zur Konkurrenz werden wie für die Sozialdemokraten.

Das beherrschende Thema der Innenpolitik war in der Bundesrepublik des Jahres 1977 aber nicht der antinukleare Protest, sondern der Terror der extremen Linken. Am 7. April wurde Generalbundesanwalt Siegfried Buback von Mitgliedern eines «Kommandos Ulrike Meinhof – Rote Armee Fraktion» in Karlsruhe ermordet. Mit ihm starb sein Fahrer; ein Justizwachtmeister erlag sechs Tage später seinen Verletzungen. Das nächste Opfer war der Vorstandsvorsitzende der Dresdner Bank, Jürgen Ponto. Er wurde am 30. Juli 1977 bei einem Entführungsversuch in seinem Haus in Oberursel bei Frankfurt ermordet. Am 5. September folgte der Anschlag auf den Vorsitzenden der Bundesvereinigung der Deutschen Arbeitgeberverbände und des Bundesverbandes der Deutschen Industrie, Hanns Martin Schleyer, in Köln. Sein Fahrer und die drei Polizeibeamten, die ihn begleiteten, wurden auf der Stelle erschossen, Schleyer selbst entführt. Am Tag darauf forderte ein «Kommando Siegfried Hausner RAF» die Freilassung von elf einsitzenden Terroristen im Austausch gegen Schleyer, außerdem die Zahlung von 100 000 DM für jeden der Freigelassenen und die sofortige Einstellung aller Fahndungsmaßnahmen.

Mit der Entführung Schleyers begann die schwerste innere Krise, die die Bundesrepublik bis dahin erlebt hatte. Für die Dauer von sechs Wochen fielen die wichtigsten Entscheidungen in zwei ad hoc gebildeten Gremien, der «Kleinen Lage» und dem «Großen Politischen Beratungskreis». Der «Kleinen Lage», die täglich zusammentraf, gehörten an: der Bundeskanzler, die Bundesminister des Auswärtigen, des Innern und der Justiz, der Staatsminister und der Staatssekretär des Bundeskanzleramtes, der Pressesprecher der Bundesregierung, der Generalbundesanwalt und der Präsident des Bundeskriminalamtes. Im «Großen

Politischen Beratungskreis» kamen ein- bis zweimal in der Woche außer den Teilnehmern der «Kleinen Lage» die Vorsitzenden der im Bundestag vertretenen Parteien und Fraktionen und die Ministerpräsidenten der Länder zusammen, in denen Terroristen inhaftiert waren.

Bundeskanzler Schmidt war, wie er am 15. September erklärte, entschlossen, bei der Bekämpfung des Terrorismus bis an die Grenze dessen zu gehen, was der Rechtsstaat erlaubte. Um Zeit zu gewinnen und die verdeckte Fahndung möglichst rasch zum Erfolg zu führen, verhängte die Bundesregierung eine Nachrichtensperre, die von fast allen Medien respektiert wurde. Am 28. September brachte die Regierung im Bundestag ein «Kontaktsperregesetz» ein, das jede Verbindung zwischen den einsitzenden Terroristen untereinander und mit der Außenwelt unterbinden, also auch Kontakte zwischen den Häftlingen und ihren Anwälten unmöglich machen sollte. Der Entwurf ging hart bis an die Grenze dessen, was rechtsstaatlich vertretbar war, entsprach aber dem Ernst der terroristischen Herausforderung. Im Eilverfahren verabschiedet, trat das Gesetz bereits am 2. Oktober in Kraft. Es wurde sofort auf die Häftlinge angewandt, die die Entführer Schleyers freipressen wollten.

Elf Tage später wurde die Bonner Verschleppungstaktik durch einen neuen Terrorakt durchkreuzt: Vier arabische Luftpiraten, die sich «Kommando Martyr Halimeh» nannten, kaperten die Lufthansa-Maschine «Landshut» mit 86 Passagieren und fünf Besatzungsmitgliedern an Bord auf dem Flug von Palma de Mallorca nach Frankfurt. Statt in die Bundesrepublik mußte die Boeing 737 über Rom und Zypern nach Dubai und von dort nach Aden fliegen. Dort wurde, bevor die Maschine nach Mogadischu, der Hauptstadt von Somalia, weiterflog, Flugkapitän Jürgen Schumann von den Luftpiraten erschossen. Zweck der Flugzeugentführung war die Freilassung der Terroristen, die das «Kommando Siegfried Hausner» freipressen wollte, sowie einiger in der Türkei inhaftierter Gesinnungsgenossen.

Die Verantwortlichen in Bonn mit dem Bundeskanzler an der Spitze befanden sich in einem tragischen Dilemma. Sie durften der Erpressung der Flugzeugentführer so wenig nachgeben wie den Forderungen der Entführer von Hanns Martin Schleyer. Hätten sie es getan, wäre dies eine Kapitulation vor dem internationalen Terrorismus und die Preisgabe des Rechtsstaates gewesen. Bei einer Abwägung der Rechtsgüter mußte die Rechtssicherheit der Bundesrepublik und ihrer Bürger

Vorrang haben vor dem Recht Schleyers und der anderen Geiseln auf
Leben und körperliche Unversehrtheit. Eindeutig war auch das Ergebnis einer anderen Güterabwägung: Die Bundesregierung mußte versuchen, die Geiseln auf dem Flughafen von Mogadischu zu befreien,
auch wenn dies für Schleyer das sichere Todesurteil bedeutete. Schlug
der Versuch fehl, gab es für Schmidt keinen Zweifel an der Konsequenz, die er dann ziehen mußte: Er würde als Bundeskanzler zurücktreten.

Am 16. Oktober lehnte das Bundesverfassungsgericht einen Antrag
der Familie Schleyer ab, durch eine Einstweilige Anordnung die Bundesregierung zur Erfüllung der Forderungen der Terroristen zu zwingen.
Zwei Tage später, am 18. Oktober, kurz vor Mitternacht, wurden die
Geiseln auf dem Flughafen von Mogadischu von einem Sonderkom-
mando des Bundesgrenzschutzes, der «GSG 9», befreit. Der Staatsminister im Bundeskanzleramt, Hans-Jürgen Wischnewski, hatte in
Verhandlungen mit dem somalischen Staatspräsidenten Siad Barre dessen Genehmigung für die Aktion erlangt. Drei der Entführer wurden
bei der Operation getötet, eine Terroristin schwer verletzt. Unter den
Geiseln und ihren Befreiern gab es keine Opfer.

Wenige Stunden nach der guten Nachricht aus Mogadischu kam
aus Stuttgart die Meldung, die Gefangenen Andreas Baader, Gudrun
Ensslin und Jan-Carl Raspe hätten sich in der Vollzugsanstalt Stuttgart-Stammheim das Leben genommen; eine andere Terroristin, Irm-
gard Möller, habe sich bei einem Selbstmordversuch lebensgefährlich
verletzt. Alle Beteiligten hatten sich bemüht, ihrer Selbsttötung den
Anschein eines politisch motivierten Mordes zu geben. Bei Teilen der
äußersten Linken innerhalb und außerhalb der Bundesrepublik fand
diese Version Glauben. In einigen Städten des europäischen Auslands,
darunter in Frankreich, kam es auf Grund der Ereignisse in Stammheim
zu antideutschen Demonstrationen und zu Anschlägen auf Einrichtungen der Bundesrepublik und auf Filialen deutscher Unternehmen.

Am Abend des 18. Oktober rief Bundespräsident Walter Scheel die
Entführer Schleyers auf, ihre Geisel freizulassen und mit der «sinn-
losen Eskalation von Gewalt und Tod» Schluß zu machen. Der Appell
war vergeblich. Am Abend des 19. Oktober wurde Schleyers Leiche an
dem Ort gefunden, den die Entführer zuvor in ihrer letzten Erklärung
genannt hatten: im Kofferraum eines Autos in der Rue Charles Péguy
im elsässischen Mülhausen.

Der Herbst 1977 markierte nicht das Ende, wohl aber den Höhepunkt des Terrorismus von links in der Bundesrepublik Deutschland. Das Kalkül der Terroristen, ihre Gewalt werde «faschistische» Gegengewalt herausfordern und dadurch dem Kampf gegen das herrschende «spätkapitalistische» System neue, revolutionäre Energie zuführen, war nicht aufgegangen. Die Krise vom Herbst 1977 hinterließ eine geschwächte Fundamentalopposition von links und eine bundesrepublikanische Demokratie, der aus ihrem Triumph über den Terrorismus neues Selbstbewußtsein erwuchs.

Im Verlauf des Jahres 1978 stieg das internationale und das «heimische» Ansehen von Bundeskanzler Schmidt auf seinen Höhepunkt. Im Juli war er der wegen seines wirtschaftlichen Sachverstands bewunderte Gastgeber des vierten Weltwirtschaftsgipfels in Bonn. Präsident Carter und Premierminister Callaghan drängten die Bundesrepublik, wie schon auf dem vorangegangenen Gipfel der G7 in London im Mai 1977, die Rolle einer «Lokomotive» der Weltkonjunktur zu übernehmen – eine Forderung, die die deutschen Möglichkeiten überstieg und sich nur schwer mit dem Bonner Ziel der finanziellen Stabilität vereinbaren ließ. Dennoch kam Schmidt dem Drängen der Angelsachsen entgegen. Die Bundesrepublik erklärte sich auf dem Gipfel bereit, Mittel bis zu 1 Prozent des realen Bruttosozialprodukts zur Stärkung der Nachfrage und zur Förderung des Wirtschaftswachstums zur Verfügung zu stellen.

Schon im Herbst 1977 hatte die Bundesregierung in «keynesianischer», also antizyklischer Absicht Steuersenkungen und verbesserte Abschreibungsmöglichkeiten beschlossen. Im Sommer 1978 folgten Erleichterungen in der Einkommensbesteuerung, die Abschaffung der Lohnsummensteuer und Entlastungen bei der Gewerbeertragssteuer. Ergänzt wurden diese Maßnahmen durch sozialpolitische Mehrausgaben wie die Erhöhung des Kindergeldes und die Verlängerung des Mutterschaftsurlaubs. Zum Ausgleich der steuerlichen Mindereinnahmen wurde die Mehrwertsteuer zum 1. Januar 1978 von 11 auf 12 (und zum 1. Juli 1979 13) Prozent erhöht. Das Gesamtprogramm belief sich für 1979 auf ein Volumen von rund 13 Milliarden DM. Die positiven Wirkungen ließen nicht lange auf sich warten: Das reale Bruttosozialprodukt stieg von 3,5 Prozent 1978 auf 4,0 Prozent 1979. Die Arbeitslosenquote sank 1978 erstmals seit 1974 wieder unter die Millionengrenze und 1979 auf 876 000.

Es gab jedoch auch eine Kehrseite der Wachstumspolitik. Die Inflationsrate stieg von 2,4 Prozent im Jahr 1978 auf 5,4 Prozent im Jahr
darauf. Außerdem nahm die Staatsverschuldung zu. Sie hatte sich zwischen 1970 und 1978 verdreifacht, und sie nahm weiter zu. Bundeskanzler Schmidt war sich der Gefahren bewußt. Ein Jahr nach dem
Bonner Weltwirtschaftsgipfel bezeichnete er die «Lokomotivtheorie»
als lächerlich. Doch rückgängig machen ließ sich die expansive Wende
von 1977/78 nicht mehr.

Das europäische Land, das in der zweiten Hälfte der siebziger Jahre
noch stärker vom politischen Terrorismus heimgesucht wurde als die
Bundesrepublik Deutschland, war Italien. 1977 wurden in Italien 197,
1978 240 Terroranschläge von links gezählt. Schwerpunkte der Aktionen waren Mailand, Turin und Rom. Der weltweit am meisten beach-
tete Fall war die Entführung und Ermordung des ehemaligen Ministerpräsidenten Aldo Moro, der seit Oktober 1976 an der Spitze der
Democrazia Cristiana stand. Am 16. März 1978 wurde Moro auf dem
Weg ins Parlament von Angehörigen der Roten Brigaden überfallen.
Fünf seiner Leibwächter wurden erschossen, Moro selbst entführt.
Das Vorbild des Schlages gegen Hanns Martin Schleyer war offensichtlich, und ähnlich wie die deutschen Linksterroristen kündigten
ihre italienischen Gesinnungsfreunde an, sie würden ihre Geisel töten,
wenn der Staat nicht 13 inhaftierte Genossen freilasse, unter ihnen
Renato Curcio, den Gründer der Roten Brigaden.

Die Entführung Moros fiel, möglicherweise nicht zufällig, auf den
Tag, an dem sich eine neue Regierung Andreotti Vertrauensabstimmungen in beiden Kammern stellen mußte. Zu den Parteien, die das
Kabinett unterstützten, gehörten die Kommunisten. Einer formellen
Regierungsbeteiligung des PCI, wie der Parteivorsitzende Enrico Berlinguer sie anstrebte, standen innen- wie außenpolitische Gründe entgegen: Die DC wäre an einer Koalition mit den Kommunisten vermutlich zerbrochen; die westlichen Verbündeten hatten immer wieder vor
einem solchen Bündnis gewarnt, besonders eindringlich Bundeskanzler Schmidt (was auch deswegen Gewicht hatte, weil die Banca d'Italia
Teile ihrer Goldreserven an die Bundesbank, ihre wichtigste Kredit-
geberin, verpfändet hatte). Doch eine Art indirekter Machtbeteiligung
der Kommunisten gab es durchaus: Am 5. Juli 1976 war Pietro Ingrao,
einer der großen alten Männer des PCI, mit den Stimmen der Christ-

demokraten zum Präsidenten der Deputiertenkammer gewählt worden und damit nach dem Staatspräsidenten und dem Präsidenten des Senats protokollarisch der dritte Mann im Staat. Die Kommunisten waren ihrerseits der DC weit entgegengekommen, als sie im Dezember 1977 einer Resolution der gouvernementalen Parteien zustimmten, die sich zum Atlantischen Bündnis und zur europäischen Integration als Elementen der italienischen Außenpolitik bekannten.

Nach der Entführung Moros plädierten die Kommunisten für Härte gegenüber den Roten Brigaden. Verhandlungen mit den Geiselnehmern lehnte der PCI ebenso entschieden ab wie die DC. Moro selbst beschwor seine Parteifreunde in verzweifelten Briefen aus dem Kerker, sein Leben nicht preiszugeben, konnte sie aber nicht zur Änderung ihres Standpunktes bewegen. Auf den Straßen und Plätzen Italiens fanden Massenkundgebungen gegen den Terrorismus statt, die die Entführer jedoch ebensowenig beeindruckten wie die Appelle Papst Pauls VI. und des Generalsekretärs der Vereinten Nationen, des Österreichers Kurt Waldheim, Moro freizulassen. Nach 54 Tagen wurde der ehemalige Regierungschef von seinen Peinigern erschossen. Die Leiche packten sie in den Kofferraum eines Autos, das im Zentrum Roms unweit der Parteizentralen von DC und PCI geparkt wurde.

Wie nicht anders zu erwarten, begannen sich um die Bluttat alsbald Spekulationen zu ranken, wonach in- und ausländische Geheimdienste, unter den letzteren obenan die CIA, die Roten Brigaden zur Entführung und Ermordung Moros angestiftet haben sollten, um einen Politiker aus der Welt zu schaffen, der angeblich den Kommunisten den Weg an die Macht ebnen wollte. Nichts davon läßt sich belegen. Wie der Mord an Schleyer war der Mord an Moro ein aus ideologischer Verblendung geborenes Verbrechen. Die Kette der Terroranschläge riß nach dem 9. Mai 1978 nicht ab. Doch die Härte des Staates verfehlte nicht ihre Wirkung. Nicht zuletzt mit Hilfe der neu eingeführten Kronzeugenregelung gelang es, bis 1980 518 Terroristen dingfest zu machen. Bis 1983 stieg ihre Zahl auf 824.

Der Zusammenarbeit von Kommunisten und bürgerlichen Parteien war nicht nur die Bewältigung der Terrorkrise von 1978 zu danken, sondern auch ein Gesetz, auf das die Linksparteien seit langem hingearbeitet hatten: die bedingte Legalisierung der Abtreibung innerhalb der ersten drei Monate der Schwangerschaft. Im Januar 1977 wurde der Gesetzentwurf von der Deputiertenkammer, im Mai 1978 vom

Senat verabschiedet – beide Male gegen massive Proteste der katholischen Kirche und gegen die Stimmen der Christdemokraten. Der PCI wirkte auch an Gesetzen zur Beschränkung des Energieverbrauchs, zum Bau von Kernkraftwerken, zur (freilich nur bedingt erfolgreichen) Bekämpfung der weitverbreiteten Steuerhinterziehung und Steuerflucht und sogar zu einer, wenn auch überaus vorsichtigen, Lockerung des nahezu absoluten Kündigungsschutzes mit. Ende 1976 sprang die Konjunktur wieder an. 1977 gelang es Italien, die Handelsbilanz in den aktiven Bereich zu wenden. 1979 lag das Wachstum des italienischen Bruttoinlandsprodukts mit 4,9 Prozent sogar etwas über dem westdeutschen (4,2 Prozent). Die Staatsverschuldung aber wurde kaum vermindert, und einen ausgeglichenen Haushalt konnte keines der von Andreotti geführten Kabinette vorlegen. Die Inflationsrate, die 1978 um 3,3 Prozentpunkte auf 13,3 Prozent gefallen war, stieg im Zeichen des zweiten Ölpreisschocks 1979 auf die Rekordmarke von 21,4 Prozent.

Wenige Wochen nach der Ermordung Moros, am 16. Juni 1978, mußte der christdemokratische Staatspräsident Giovanni Leone wegen seiner Verwicklung in eine Korruptionsaffäre, den Skandal um Bestechungsgelder des amerikanischen Flugzeugkonzerns Lockheed, zurücktreten. Zu seinem Nachfolger wurde am 8. Juli der Sozialist Sandro Pertini gewählt. Im Dezember 1978 stimmten die Kommunisten erstmals seit dem Juli 1976 in einer wichtigen Frage gegen die anderen Parteien des Regierungslagers: Sie lehnten den Eintritt Italiens in das von Frankreich und der Bundesrepublik Deutschland vorgeschlagene, noch näher zu erörternde Europäische Währungssystem ab. Im Januar 1979 trat Andreotti als Ministerpräsident zurück. Die Forderung der Kommunisten nach formeller Regierungsbeteiligung wiesen die bürgerlichen Parteien zurück. Da ein von Andreotti geführtes Kabinett aus Christdemokraten, Sozialdemokraten und Republikanern im März keine Mehrheit im Senat fand, löste Staatspräsident Pertini die Kammern auf.

Aus den vorgezogenen Neuwahlen am 3. Juni 1979 ging die DC mit 38,3 Prozent als die mit Abstand stärkste Partei hervor. Die Kommunisten fielen auf 30,4 Prozent zurück. Die Tolerierungspolitik hatte sich für den PCI nicht ausgezahlt, ihm vielmehr nachhaltig geschadet. Anfang August bildete der Christdemokrat Francesco Cossiga eine Regierung aus Christdemokraten, Sozialdemokraten und Republikanern. Die informelle Machtbeteiligung der Kommunisten war eine Episode geblieben. Der Ausgang des Experiments bestätigte im nachhinein das

Kalkül Aldo Moros: Der ermordete Christdemokrat hatte von Anfang an darauf gesetzt, daß eine Zusammenarbeit mit dem PCI, die diesen auf Distanz hielt, die Christdemokraten stärken und die Kommunisten schwächen würde. Berlinguers Politik des «historischen Kompromisses» mit der größten Partei des bürgerlichen Italien war gescheitert.

Wie Italien litt auch Frankreich Mitte der siebziger Jahre unter hohen Inflationsraten. Für den Wirtschaftswissenschaftler Raymond Barre, der als Nachfolger von Jacques Chirac seit dem 25. August 1976 das Amt des Premierministers innehatte und zugleich an der Spitze des Finanz- und Wirtschaftsministeriums stand, war die Stabilisierung des Franc die Aufgabe schlechthin. Im «Plan Barre», den der Regierungschef knapp einen Monat nach seinem Amtsantritt vorlegte, kündigte er das Einfrieren von Preisen, Mieten und öffentlichen Gebühren sowie Obergrenzen für die Erhöhung von Löhnen und Gehältern an. Die Kaufkraft der Verbraucher sollte langsamer wachsen als die Produktivität und zu diesem Zweck eine Verlagerung von Ressourcen von den privaten Haushalten auf die Unternehmen stattfinden. Der «Plan Barre» rief heftige Proteste der linken Opposition, aber auch bei den Gaullisten, der größten Regierungspartei, hervor. Um die parlamentarischen Widerstände zu überwinden, griff der Premierminister auf eine bisher nur selten angewandte Bestimmung der Verfassung der Fünften Republik, den Artikel 49, Absatz 3, zurück: Demnach galt ein Antrag der Regierung als angenommen, wenn kein Mißtrauensvotum gegen sie beschlossen wurde. Auf weitere Sparmaßnahmen reagierten die Gewerkschaften Anfang 1977 mit Warnstreiks bei der Air France, den Banken, den Gas- und Elektrizitätswerken und der Eisenbahn und, am 24. Mai, mit einem Generalstreik. Die Umsetzung der Reformmaßnahmen konnten sie damit nicht verhindern.

Die Wirkungen der Sanierungspolitik ließen nicht lange auf sich warten: Es gelang Barre, die Raten der Geldentwertung zeitweilig knapp unter die Zehn-Prozent-Marke zu drücken, nämlich von 11,7 Prozent im Jahr 1975 auf jeweils 9,6 Prozent in den folgenden beiden Jahren. Das selbstgesteckte Ziel, das Stabilitätsniveau der Bundesrepublik Deutschland, wurde aber nicht erreicht: Im östlichen Nachbarland lag die Inflationsrate in den genannten drei Jahren bei 6, dann bei 4,5 und schließlich 4 Prozent. 1978 fiel sie weiter auf 2,4 Prozent, während sie in Frankreich wieder auf 11,8 Prozent anstieg. Die indu-

strielle Produktion wuchs freilich im «Hexagon» stärker als in Westdeutschland: Setzt man die Daten für 1967 gleich 100, so lagen sie in
Frankreich 1976 bei 149 und 1978 bei 155,5, in der Bundesrepublik
1976 bei 143,5 und 1978 bei 149.

In der zweiten Hälfte der siebziger Jahre erlebte Frankreich kurz
hintereinander Spaltungen innerhalb der scheinbar festgefügten Wäh-
lerblöcke der Rechten und der Linken. Der ehemalige gaullistische Premierminister Jacques Chirac machte aus der von ihm geführten Union
pour la Défense de la République (UDR) das Rassemblement pour la
République (RPR), das es systematisch darauf anlegte, sich von einer
Funktionärs- in eine Mitgliederpartei zu verwandeln. Dabei schreckte
Chirac auch nicht vor einer betont nationalpopulistischen Propaganda
zurück. Eine wichtige Etappe auf dem Weg zurück zur Macht war für
ihn 1977 die erste, durch ein Gesetz vom Dezember 1975 ermöglichte
Wahl des Bürgermeisters von Paris durch die Bevölkerung. Kandidat
der Giscardisten war Michel d'Ornano, ein enger politischer Freund
des Staatspräsidenten. Als Chirac am 19. Januar 1977 seine eigene
Bewerbung bekanntgab, machte er die Spaltung im Regierungslager
vor aller Welt offenbar. Am 25. März ging der Führer der Gaullisten
als überlegener Sieger aus der Wahlschlacht hervor: Auf seine Wahl-
liste entfielen 50 von 109 Mandaten, auf d'Ornano 15; den Rest gewann die Vereinigte Linke. Chiracs Wahlsieg fiel um so mehr ins Auge,
als bei den gleichzeitigen Kommunalwahlen in den meisten anderen
Städten, den größeren wie den mittleren, die Linke triumphierte.

Innerhalb der Linken waren die Sozialisten im März 1977 erfolgreicher als die Kommunisten: Von den 156 Rathäusern, die die Parteien der Linken eroberten, entfielen 81 auf den PS und 72 auf den
PCF. Rund ein halbes Jahr später, im September 1977, zerbrach das
Bündnis der Linken. Die Kommunisten drängten seit Mai auf eine
grundlegende Überarbeitung des Gemeinsamen Programms vom Juni
1972, und zwar im Sinne umfassender Verstaatlichungen und der Kontrolle der sozialisierten Betriebe durch die Gewerkschaften, von denen
die kommunistische Confédération Générale du Travail (CGT) die mit
Abstand stärkste war. Die Sozialisten und die linken Radicaux lehnten
dieses Ansinnen ab. Am 14. September erklärte der Vorsitzende der
linken Radikalsozialisten, Robert Fabre, nach einer Besprechung mit
den Führern von PS und PCF, François Mitterrand und Georges Marchais, die Kommunisten hätten das Gemeinsame Programm faktisch

aufgekündigt. Eine letzte Zusammenkunft am 21. September zeitigte kein Ergebnis: Es endete ohne die Vereinbarung eines weiteren Treffens. Damit war das Regierungsprogramm von 1972 zur Makulatur geworden. In den Parlamentswahlkampf vom Frühjahr 1978 zogen die drei Parteien getrennt und zerstritten.

Zur politischen Kehrtwende der Kommunisten gehörte auch eine demonstrative «Resowjetisierung»: Hatte sich der PCF in den Jahren zuvor zu Pluralismus und Demokratie bekannt, so propagierte er jetzt wieder den proletarischen Klassenkampf alten Stils; an die Stelle dosierter Kritik an der Politik der Sowjetunion trat erneut deren pauschale Rechtfertigung. Was immer Druck aus Moskau und das als abschreckend empfundene Beispiel der «eurokommunistischen» Wandlung der italienischen Kommunisten bewirkt haben mochte: Entscheidend war, daß das taktische Zusammengehen von Sozialisten und Kommunisten den ersteren sehr viel mehr genützt hatte als den letzteren. Unter der Führung von Generalsekretär Georges Marchais wollten die französischen Kommunisten ihre undeutlich gewordene Identität zurückgewinnen, und das hieß: zurück zu der doktrinären Programmatik und Rhetorik, die der PCF bis Ende der sechziger Jahre gepflegt hatte. Das und nichts anderes war der Zweck des von den Kommunisten provozierten Bruchs der Linksunion.

Rechts der Mitte schlossen sich am 1. Februar 1978 die Partei Giscards, der Parti républicain, der sich bis 1977 Républicains indépendants genannt hatte, die gemäßigten Radicaux unter dem Publizisten Jean-Jacques Servan-Schreiber und das Centre des démocrates sociaux zur Union pour la Démocratie Française (UDF) zusammen. Das gaullistische RPR warf der Regierung Barre im Wahlkampf vor, sie vernachlässige über ihrer strengen Finanz- und Wirtschaftspolitik die Förderung des Wirtschaftswachstums. Ferner attackierte die größte Regierungspartei die von Giscard d'Estaing vorgeschlagene und durchgesetzte Direktwahl des Europäischen Parlaments, die erstmals 1979 anstand und vom Verfassungsrat (Conseil constitutionel) im Dezember 1977 als vereinbar mit der Verfassung der Fünften Republik bewertet worden war. Parlamentarische Niederlagen mußte die Regierung aber nicht befürchten: Sie griff mehrfach, wie schon beim «Plan Barre», auf den Verfassungsartikel 49, Absatz 3, zurück und ersparte es so den Anhängern Chiracs, ihren oppositionellen Parolen oppositionelle Taten folgen zu lassen.

Trotz des Bruchs der Linksunion deuteten Umfragen zu Beginn des
Jahres 1978 auf einen Sieg der zerstrittenen Linksparteien hin. Mitterrands Sozialisten war es in den Jahren zuvor gelungen, christliche Gewerkschafter und Jungbauern in ihre Reihen herüberzuziehen, ohne
daß der PS deswegen sein laizistisches Profil aufgegeben hätte. Die Anziehungskraft der Sozialisten auf Wähler der Mitte hatte sich dadurch
deutlich erhöht. Auf der anderen Seite bekam den Kommunisten ihr
scharfer Linkskurs den demoskopischen Befunden zufolge offenbar
gut: Ihre Werte stiegen. Giscard nahm die Umfragen so ernst, daß er
Ende Januar in einer öffentlichen Rede vorsorglich ankündigte, er
werde auch nach einem Wahlsieg der Linken bis zum Ende seiner Präsidentschaft im Jahr 1981 im Amt bleiben, in diesem Fall aber keine
Möglichkeit haben, die Verwirklichung des linken Regierungspro-
gramms zu verhindern.

Aus dem ersten Wahlgang der Wahlen zur Nationalversammlung
am 12. März 1978 gingen entgegen der allgemeinen Erwartung die
Parteien der ehemaligen Linksunion als Verlierer hervor. Sie kamen
auf 45,5, die Regierungsparteien auf 46,2 Prozent. Auf die neue Um-
weltpartei, die Écologistes, entfielen 2,2 Prozent. Innerhalb der Linken
waren die Sozialisten mit 24,9 Prozent erfolgreicher als die Kommunisten, die 21,4 Prozent erhielten. Auf der Rechten lag das RPR mit
22,5 Prozent knapp vor den Giscardisten mit 21,4 Prozent.

Die Kommunisten vollzogen noch am Wahlabend eine taktische
Wende. Hatten sie während des Wahlkampfes die Sozialisten mindestens so scharf angegriffen wie die Regierungsparteien, so boten sie
ihnen jetzt ein Abkommen über die wechselseitige Unterstützung des
jeweils aussichtsreichsten Bewerbers an und flankierten das Angebot
mit der Forderung nach einer Regierungsbeteiligung des PCF. Zwei
Tage später kam eine entsprechende Vereinbarung mitsamt einem gemeinsamen Regierungsprogramm zustande, das aber angesichts seiner
Vorgeschichte kaum noch Werbewirksamkeit entfalten konnte. Im
zweiten Wahlgang am 19. März sicherten sich die Rechten einen Man-
datsvorsprung von 80 Mandaten. Das RPR eroberte 154, Giscards
UDF 124 Sitze; Kandidaten anderer gouvernementaler Parteien kamen
auf 12 Sitze. Die Sozialisten und die linken Radicaux stellten zusammen 114, die Kommunisten 86 Abgeordnete.

Giscard sah Barre jedoch durch das Wahlergebnis bestätigt und
beließ ihn im Amt des Premierministers. Barres Nachfolger als Wirt-

schafts- und Finanzminister wurde der bisherige Industrieminister
René Monory, ein Liberaler wie der Regierungschef; Budgetminister
wurde der RPR-Abgeordnete und frühere Polizeichef von Paris, Maurice Papon, dessen Rolle bei den Judendeportationen unter dem Vichy-
Regime damals noch nicht bekannt war. In Anbetracht der ersten
Erfolge der Austeritätspolitik schlugen Barre und Monory eine Politik
der gezielten Deregulierung ein: Verschiedene Kontrollen wurden aufgehoben und die Preise freigegeben, darunter auch trotz des Unmuts
breiter Schichten der symbolträchtige Brotpreis, den alle Regierungen
seit der Revolution von 1789 dem Spiel von Angebot und Nachfrage
entzogen hatten. In einigen Bereichen der Politik setzten Giscard und
Barre seit 1978 «rechte» Akzente. Die erst nach 1968 eingeführte
Hochschulautonomie wurde weitgehend aufgehoben, der Ermessen-
spielraum der Richter stark eingeschränkt, der Strafvollzug wieder
mehr auf den Gedanken der Abschreckung als den der Resozialisierung
ausgerichtet, zur Isolierung von Schwerstkriminellen in jedem Zentral-
gefängnis ein Hochsicherheitstrakt gebaut. Seine Absicht, die Todesstrafe abzuschaffen, gab Justizminister Alain Peyrefitte auf, nachdem
Umfragen gezeigt hatten, wie unpopulär eine solche Reform war.
Die modernisierenden Wirkungen der Ära Giscard zeigten sich auf
technologischem Gebiet: Der Anteil der Haushalte mit Telefonan-
schluß wuchs von 1974 bis 1980 von 26 auf 70 Prozent. Die Kernenergie wurde systematisch gefördert, wenn auch nicht so stark, wie Gaullisten und Kommunisten es forderten. Kein Erfolg war hingegen dem
Kampf gegen die Arbeitslosigkeit beschieden: Die Zahl der Erwerbslosen übersprang 1977 erstmals die Grenze von einer Million; 1979
stieg sie auf 1,4 Millionen. Im gleichen Jahr kletterte die Inflationsrate, die 1978 bei 11,8 Prozent gelegen hatte, auf 13,4 Prozent. Das
Jahr 1979 stand ganz im Zeichen eines Ereignisses, auf das zurückzukommen sein wird: des zweiten Ölpreisschocks. Seine Wirkungen
sollten das meiste von dem auslöschen, was Frankreich unter Giscard
und Barre in den Jahren nach 1976 an wirtschaftlicher Erholung und
Sanierung seiner Finanzen erreicht hatte.

In sehr viel größeren wirtschaftlichen und finanziellen Schwierigkeiten
als Frankreich befand sich in der zweiten Hälfte der siebziger Jahre
Großbritannien. Das Vereinigte Königreich wies 1976, 1977 und 1979
den geringsten Zuwachs des Bruttoinlandsprodukts unter allen west-

europäischen Industriestaaten auf. Von Anfang 1975 bis Juni 1976 fiel das britische Pfund von 2,40 auf 1,70 Dollar. Die Inflationsrate lag 1975 bei 24,2 und 1976 bei 15,9 Prozent. Die Bank of England hob im Juni 1976 den Diskontsatz auf 11,5 Prozent an. Eine auf sechs Monate befristete internationale Anleihe über 5,3 Milliarden Pfund zeitigte, teilweise bedingt durch Ernteausfälle auf Grund extremer Dürre, nur geringe Wirkungen. Im Oktober 1976 sank der Pfundkurs auf 1,55 Dollar; die Zahl der Arbeitslosen stieg bis zum Jahresende auf 1,3 Millionen.

Premierminister James Callaghan war sich des Ernstes der Lage bewußt. Auf dem Parteitag der Labour Party in Blackpool nannte er es am 28. September 1976 unmöglich, die Rezession durch ein Mehr an Staatsausgaben zu überwinden (You cannot now, if you ever could, spend your way out of a recession). Aus eigener Kraft aber konnte Großbritannien mit seinen Finanzproblemen schon nicht mehr fertig werden. Im November wandte sich Großbritannien mit der Bitte um Hilfe an den Internationalen Währungsfonds – ein das nationale Selbstgefühl der Briten tief verletzender, aber unumgänglicher Schritt. Im Dezember 1976 kam der IWF dem Ersuchen nach und gewährte dem Vereinigten Königreich einen Kredit in Höhe von 3,9 Milliarden Pfund. Die höchste Anleihe in der Geschichte des Fonds war an harte Auflagen gebunden: London mußte sich zu einer massiven Senkung seiner öffentlichen Ausgaben und einer Umverlagerung von der Einkommensteuer auf Verbrauchssteuern verpflichten. Entsprechend «monetaristisch» fielen die Erläuterungen des Schatzkanzlers Denis Healey zum Budget 1977 aus. Die Labour-Regierung nahm damit endgültig Abschied von der bisher von ihr praktizierten keynesianischen Konjunkturpolitik.

Von Beginn seiner Regierungszeit an befand sich Premierminister James Callaghan in einer prekären parlamentarischen Situation. Labour besaß keine eigene Mehrheit mehr im Unterhaus und war auf die Stimmen der eigenwilligen Schottischen Labour Party und von Abgeordneten aus Ulster und Wales angewiesen. Ein Versuch der Regierung, ein Autonomiegesetz für Schottland und Wales, das Projekt der sogenannten «devolution», durch Beendigung der Ausschußberatungen voranzubringen, scheiterte im Februar 1977 im Plenum des Unterhauses am Widerstand aus den eigenen Reihen.

Im März schien das Ende des Kabinetts Callaghan unmittelbar bevorzustehen: Einem von den Konservativen eingebrachten Mißtrauensvotum wurden allgemein gute Chancen auf Annahme eingeräumt. Doch dem Premierminister gelang es, gewissermaßen im letzten Augenblick, eine Absprache mit dem Vorsitzenden der Liberalen Partei, David Steel, zu treffen, der zufolge die Liberalen die Regierung bei allen Vertrauensabstimmungen unterstützen wollten. Die Labour Party versprach im Gegenzug, sich künftig mit den Liberalen in allen wichtigen Fragen abzustimmen und bei den Wahlen zum Europäischen Parlament, wie von den Liberalen gewünscht, auf das Verhältniswahlrecht hinzuwirken. Mit einer Mehrheit von 322 zu 298 Stimmen gewann die Regierung Callaghan daraufhin am 23. März die Abstimmung über die Vertrauensfrage.

1977 war das Jahr des 25. Thronjubiläums von Königin Elisabeth II. Vom Glanz der Feierlichkeiten hoffte die Labour-Regierung zu profitieren. Doch im politischen Alltag überwog das Grau. Im Februar starb Außenminister Anthony Crosland; an seine Stelle trat mit David Owen der jüngste Chef des Foreign Office seit vier Jahrzehnten. Im März erlitt die Labour Party bei einer Nachwahl anläßlich des Wechsels von Innenminister Roy Jenkins an die Spitze der Europäischen Kommission eine schwere Niederlage: Die Konservativen gewannen den Wahlkreis mit großem Abstand. Im August lehnten die Gewerkschaften den Vorschlag der Regierung ab, eine Obergrenze für Lohnerhöhungen von 10 Prozent festzulegen. Immerhin war der TUC bereit, Lohnerhöhungen innerhalb einer Branche nur einmal im Jahr zu beschließen. Im Oktober wechselte ein ehemaliger Labour-Minister, Reginald Prentice, zu den Konservativen über.

Im Frühjahr 1978 wurde immer deutlicher, daß das Zusammenwirken von «Lib» und «Lab» nicht die Ergebnisse zeitigte, die die Liberalen erhofft hatten: In Sachen Verhältniswahlrecht war bislang kein Fortschritt festzustellen; die Konsultationen der beiden Parteien blieben weithin folgenlos. Im Mai kündigte die Liberale Partei daher an, daß sie vom Juli ab die Labour-Regierung nicht mehr unterstützen würde. Da auch die «devolution» nicht vorankam, sank um dieselbe Zeit die Neigung autonomistisch gesinnter Abgeordneter aus Schottland und Wales, dem Kabinett Callaghan zu Mehrheiten zu verhelfen. Gegner regionaler Autonomierechte gab es sowohl bei den Konservativen wie bei der Labour Party. Die Regierung sah sich schließlich zu einem wichtigen Zugeständnis genötigt: Die Gewährung von Autonomie sollte an Referenden gebunden werden, bei denen jeweils die Zustimmung von 40 Prozent der wahlberechtigten Schotten und Waliser erforderlich war. Mit dieser Klausel ausgestattet, trat das entsprechende Gesetz Ende Juli 1978 in Kraft. Es sah gewählte Regionalvertretungen für Schottland und Wales vor, die in Bereichen wie Verkehrswesen, Erziehung und Gesundheit über ein gewisses Maß an eigenständigen Befugnissen verfügten. Die Referenden sollten am 1. März 1979 stattfinden.

Zunehmend schwierig gestaltete sich 1978 das Verhältnis der Labour-Regierung zu den Gewerkschaften. Im Juni 1976 hatte der TUC sich mit der Regierung auf ein Abkommen verständigt, zu dem neben Importrestriktionen und einer Vermögensbesteuerung auch Preis- und Lohnbeschränkungen gehörten. Im September 1978 sprach sich der TUC unter dem Druck vor allem der starken Bergarbeitergewerkschaft, der National Union of Mineworkers (NUM), gegen willkürlich festgesetzte Obergrenzen für Lohnerhöhungen aus, womit er die zwei Jahre zuvor getroffene Absprache faktisch aufkündigte. Kurz darauf, Anfang Oktober, stellte sich der Parteitag der Labour Party in Blackpool, gedrängt von den Gewerkschaftsdelegierten und dem linken Parteiflügel um den früheren Technologie- und Industrieminister Anthony («Tony») Neil Wedgwood Benn, auf denselben Standpunkt.

Die praktische Umsetzung der neuen Gewerkschaftslinie bestand aus ausgedehnten Streiks bei den Krankenhäusern, der Müllabfuhr und den Verkehrsbetrieben – Ausständen, die den Winter 1978/79 frei nach Shakespeares Königsdrama «Richard III.» als «Winter des Mißvergnügens» (winter of discontent) in die Geschichte eingehen ließen. Die Produktion fiel auf den Stand der Dreitagewoche von Anfang 1974; die Löhne in den bestreikten Branchen stiegen nun durchschnittlich um 10 bis 15 Prozent, zwei- bis dreimal so hoch wie von der Regierung für vertretbar erklärt; die Lastkraftwagenfahrer, die Eisenbahner und die Lokomotivführer verlangten sogar Zuwächse von bis zu 20 Prozent. Die Konservativen nahmen diese Entwicklung zum Anlaß, die Regierung, die Labour Party und den TUC heftig anzugreifen. Die Oppositionsführerin Margaret Thatcher erklärte am 14. Januar 1979, es werde keine Lösung der britischen Schwierigkeiten geben, die nicht eine Einschränkung der Macht der Gewerkschaften mit sich bringe.

Am 1. März 1979 fanden die Referenden über Autonomierechte in Schottland und Wales statt. In Schottland stimmten 32,9 Prozent der Wahlberechtigten mit Ja und 31,78 Prozent mit Nein, womit die erforderliche Zustimmungsmarke von 40 Prozent klar verfehlt wurde. In Wales lautete das Verhältnis 11,9 zu 46,9 Prozent – eine katastrophale Niederlage für die Befürworter der Autonomie und für die Labour Party, die sich ihr Anliegen zu eigen gemacht hatte. Die Konservativen, die in ihrer Mehrheit die «devolution» zunächst unterstützt hatten, waren rechtzeitig vor der Abstimmung in das Nein-Lager übergewechselt. Der Ausgang des schottischen Referendums machte den Widerruf des schon verabschiedeten Scotland Act notwendig. Doch 21 schottische Labour-Abgeordnete teilten mit, daß sie einem entsprechenden Antrag der Regierung nicht zustimmen würden. Am 28. März wurde im Unterhaus über einen konservativen Mißtrauensantrag abgestimmt. Er wurde mit 311 zu 310 Stimmen angenommen. Unter den Nein-Stimmen waren die aller schottischen Nationalisten.

Die Folge der Niederlage, des ersten erfolgreichen Mißtrauensvotums seit 1924, war die Auflösung des Unterhauses am 9. April. Aus der Neuwahl vom 3. Mai gingen die Konservativen als strahlende Sieger hervor. Sie kamen auf 43,9, die Labour Party auf 36,9 Prozent. Die Liberalen fielen auf 13,8 Prozent zurück. Von den Unterhaussitzen entfielen 339 auf die Konservativen, 269 auf die Labour Party und 11 auf die Liberalen. Zu den Verlierern der Wahl gehörten die schottischen Nationalisten: Ihre Mandatszahl ging von 11 auf 2 zurück. Der Vorsprung der Konservativen gegenüber allen anderen Parteien belief sich auf 43 Abgeordnete.

Im Triumph der Konservativen spiegelte sich die Enttäuschung breiter Schichten über das, was die Labour-Regierungen unter Wilson und Callaghan seit 1974 zuwege gebracht hatten. Zwar gab es Lichtblicke wie den Rückgang der Inflationsrate von 15,9 Prozent im Jahr 1977 auf 8,3 Prozent 1978 und den Anstieg des industriellen Produktionsindex, gemessen am Basisjahr 1967, von 111,8 im Jahr 1975 auf 125,1 drei Jahre später. Aber die häufigen Streiks und die wirtschaftlich fatalen Lohnsteigerungen, eine Hauptursache der «stagflation», hatten ein Klima des Überdrusses an den bestehenden Verhältnissen erzeugt. Bemerkenswert war, daß nicht nur die Mittelschichten die Abwahl von Labour wünschten, sondern wahlsoziologischen Untersuchungen zufolge auch eine Mehrheit der Arbeiterschaft. Die Führerin der Konservativen, Margaret Thatcher, hatte keinen Zweifel daran gelassen, daß sie entschlossen war, die Macht der Gewerkschaften zu brechen. Dem Wahlmanifest der Konservativen war zu entnehmen, daß eine von ihnen gebildete Regierung die Freiheit der Tarifparteien wiederherstellen, die öffentlichen Ausgaben senken, die Inflation durch Kontrolle der Geldmenge bekämpfen und die Entwicklung in Richtung Gesamtschulen beenden wollte. Von einer Regierung Thatcher war also, wenn man diese Versprechungen ernst nahm, ein radikaler Neuanfang auf vielen Gebieten zu erwarten, ja mehr noch: eine Art von gesellschaftspolitischer Revolution von rechts.

Im Juli 1976 faßte der Europäische Rat in Brüssel einen Beschluß, der mit einer langjährigen Praxis brach: Das Europäische Parlament sollte künftig nicht mehr von den nationalen Parlamenten beschickt, sondern direkt von den Völkern gewählt werden. Gleichzeitig verständigten sich die Staats- und Regierungschefs auf die Sitzverteilung: Die vier «Großen», Großbritannien, Frankreich, Italien und die Bundesrepublik Deutschland, sollten je 81 Abgeordnete wählen, die Niederlande 25, Belgien 24, Dänemark 16, Irland 15 und Luxemburg 6 Parlamentarier.

Angestrebt hatte die Direktwahl seit Jahren das Europäische Parlament selbst, das sich dabei auf die Römischen Verträge berufen konnte. Doch solange in Frankreich die Gaullisten den Präsidenten stellten, war an eine Verwirklichung dieser Forderung nicht zu denken. Die Wahl Giscard d'Estaings zum Präsidenten der Republik schuf eine neue Situation. Als Bundeskanzler Schmidt auf dem Pariser Gipfel im Dezember 1974 auf eine unmittelbare demokratische Legitimation des Europäischen Parlaments drängte, stimmte Giscard, gewissermaßen als Gegengabe zur Institutionalisierung des Europäischen Rats, der Direktwahl grundsätzlich zu. An das Europäische Parlament erging die Aufforderung, entsprechende Vorschläge zu unterbreiten – was bereits Anfang 1977 geschah.

Auf der Regierungsebene war das strittigste Problem der Anteil der Mitgliedstaaten an den Mandaten. Der 1976 verabschiedete Schlüssel privilegierte die kleineren Staaten auf Kosten der größeren: Für die Wahl eines luxemburgischen Abgeordneten waren nur 60000 Einwohner erforderlich, für die Wahl eines deutschen über 700000. Die Frage, nach welchem Wahlrecht gewählt werden sollte, entschieden die nationalen Parlamente entsprechend den jeweiligen Traditionen. In Großbritannien erwiesen sich die Schwierigkeiten dabei als so groß, daß die für 1978 vorgesehene Wahl um ein Jahr verschoben werden mußte. Als Datum der Wahl wurden schließlich die Tage vom 7. bis zum 10. Juni 1979 festgelegt.

Leidenschaftlich umstritten war die Direktwahl, außer in Großbritannien, vor allem in Frankreich. Wie manche britischen Europagegner von rechts und links sahen die Gaullisten im neuen Wahlmodus einen Angriff auf die nationale Souveränität. Jacques Chirac erhob in einem Aufruf vom 6. Dezember 1978 schwere Vorwürfe gegen die «Partei des Auslands» (parti de l'étranger), die Frankreich erniedrige und wirtschaftlich unterjoche. Den Begriff «parti de l'étranger» übernahm er von Charles de Gaulle, der damit die Kommunisten an den Pranger gestellt hatte. Der Vorsitzende des RPR aber zielte auf die Befürworter der Direktwahl, darunter Präsident Giscard, Premierminister Barre und ihre Anhänger.

Da in Frankreich nach der Listenwahl gewählt wurde, erübrigten sich Wahlabsprachen wie beim zweiten Wahlgang der Wahlen zur Nationalversammlung. An die Spitze der gaullistischen Liste traten Chirac und der frühere Premierminister Michel Debré. Ähnlich antieuropäisch wie sie traten die Kommunisten auf. Auf der proeuropäischen Seite bewarben sich unter anderen die Sozialisten und Giscards UDF. Das RPR zog aus seiner schrillen Polemik keinen Nutzen: Mit 16,24 Prozent erhielt es über 4 Prozentpunkte weniger als bei den Wahlen zur Nationalversammlung im März 1978. Die Parteien der Linken und der Mitte erreichten ähnliche Anteile wie im Jahr zuvor. Die Wahlbeteiligung lag mit 61 Prozent knapp unter dem europäischen Durchschnitt von 62 Prozent. Am niedrigsten war die Wahlbeteiligung in dem Land, das sich Europa am fernsten fühlte: In Großbritannien erreichte sie nur 33 Prozent.

Von den politischen Lagern oder, wie man später sagte, den «Parteifamilien» waren die Sozialisten, die sich 1974 zum Bund der sozialdemokratischen Parteien in der Europäischen Gemeinschaft zusammengeschlossen hatten, am erfolgreichsten: Sie stellten im ersten direkt gewählten Europäischen Parlament 113 Abgeordnete. Ihnen folgten die Christdemokraten, seit 1976 in der Europäischen Volkspartei vereinigt, mit 107 Parlamentariern, dann die Konservativen (Europäische Demokraten) mit 64, die Kommunisten mit 44 und die Liberalen Demokraten mit 40 Abgeordneten. Die Demokratisierung der Legitimation des Europäischen Parlaments bedeutete noch keine Ausweitung seiner Kompetenzen. Immerhin durfte das Parlament seit 1977

mit zwei Dritteln seiner Stimmen aus wichtigen Gründen den Entwurf
eines Haushaltsplans ablehnen, was 1980 erstmals geschah. Das
Selbstbewußtsein des Europäischen Parlaments aber erstarkte im
Gefolge der direkten Wahl. Daß es sich mit seinen nach wie vor bescheidenen Befugnissen begnügen würde, durfte man bereits 1979 ausschließen.

Die folgenreichste Veränderung, der sich die Europäische Gemeinschaft in der zweiten Hälfte der siebziger Jahre unterzog, war das
Ergebnis von mühsamen Lernprozessen. Der Versuch, nach dem Ende
des Bretton-Woods-Systems eine Stabilisierung der Währungskurse
durch eine europäische «Währungsschlange», die im März 1972 vereinbarte Bandbreite der Schwankungen gegenüber dem amerikanischen
Dollar, zu erreichen, war gescheitert. Großbritannien war bereits im
Juni 1972, Italien im Februar 1973 ausgeschieden. Frankreich schied
im Januar 1974 aus, kehrte im Juli 1975 wieder in die Schlange zurück,
mußte sich aber im März 1976 erneut von ihr lossagen. Die Rest-
schlange wurde von der Bundesrepublik geführt und zusammengehalten.

Auf einen festeren europäischen Währungsverbund drängte, seit er
im Amt war, Roy Jenkins, der im Januar 1977 als Nachfolger des
Franzosen François-Xavier Ortoli Präsident der Kommission geworden war. Erfolg hatte er damit freilich nur, weil Frankreichs Präsident
Giscard d'Estaing und, nach der Überwindung der Terrorkrise, des
«deutschen Herbstes» von 1977, Bundeskanzler Schmidt sich das
Anliegen zu eigen machten. Giscard und Schmidt waren überzeugte
Anhänger fester Wechselkurse. Ein wichtiger Anstoß, Ernst zu machen
mit einem europäischen Währungsverbund, kam aus den USA. Der
Dollar befand sich seit dem Frühjahr 1977, wie Werner Link schreibt,
«auf einer beängstigenden Talfahrt». Im März 1977 unterschritt er die
Zwei-Mark-Grenze (den vorläufigen Tiefpunkt sollte er Anfang 1980
mit 1,70 DM erreichen). Die Regierung Carter tat kaum etwas, um
diese Entwicklung aufzuhalten. Helmut Schmidt zog daraus Anfang
1978 die Folgerung, daß es notwendig war, «in absehbarer Zeit eine
europäische Gegenposition zu den verhängnisvollen Wirkungen des
Dollarverfalls aufzubauen».

Ein gemeinsames europäisches Währungssystem lag nicht zuletzt
im Interesse der Bundesrepublik. Die Aufwertung der DM, die mit der
Abwertung des Dollars einherging, war schädlich für den deutschen

Export und damit für die internationale Wettbewerbsfähigkeit der Bundesrepublik. Dem Bundeskanzler ging es, wie Gerhard Brunn schreibt, «um die Abkopplung vom Dollar und eine Lastenverteilung innerhalb der Europäischen Gemeinschaft. Er wollte dem schwachen Dollar nicht mehr allein mit einer ständig teurer werdenden DM Paroli bieten, sondern mit einem europäischen Währungsverbund. Dieser könnte dem Aufwertungsdruck und damit der Verteuerung der deutschen Exporte besser widerstehen.» Giscards vorrangiges Anliegen war es, durch den europäischen Währungsverbund der Inflation in Frankreich einen Riegel vorzuschieben. Angesichts dieser Übereinstimmung der Interessen fiel es beiden nicht schwer, dem Europäischen Rat auf seinem Kopenhagener Gipfel im April 1978 ein gemeinsames Konzept für ein Europäisches Währungssystem (EWS) vorzulegen.

Anders als sein Landsmann Roy Jenkins stellte der britische Premierminister James Callaghan den Sinn des deutsch-französischen Vorstoßes grundsätzlich in Frage. Ausschlaggebend für diese ablehnende Haltung waren die Rücksicht auf den Überseehandel des Vereinigten Königreichs und das Interesse, die Sterling-Dollar-Relation weiterhin souverän bestimmen zu können. Alle anderen Regierungschefs stimmten dem Vorschlag von Schmidt und Giscard zu. Beim Gipfel der EG in Bremen im Juli 1978 wurde ein Entwurf verabschiedet, der ganz den Bonner und Pariser Vorstellungen entsprach.

Seine endgültige Form erhielt das EWS auf der Ratstagung vom Dezember 1978 in Brüssel. Die Teilnehmer legten sich darin auf feste, aber anpassungsfähige Wechselkurse im Rahmen kleiner Schwankungsbreiten von ±2,25 Prozent fest. Als gemeinsamer Nenner für die Bestimmung der Paritäten, die nur einvernehmlich geändert werden konnten, wurde die Europäische Währungseinheit (European Currency Unit, kurz «ECU» genannt) eingeführt. (Das Kürzel ECU erinnerte die Franzosen an die Münze des Ancien régime, den Écu.) Der ECU diente auch als Instrument für den Saldenausgleich zwischen den Währungsbehörden der EG. Als Zugeständnis vor allem an Italien sah die Vereinbarung vor, daß Länder mit gegenwärtig floatenden Währungen in der Anfangsphase größere Bandbreiten, bis zu ±6 Prozent, wählen konnten, die stufenweise verringert werden sollten, wenn die wirtschaftlichen Gegebenheiten es erlaubten. Länder, die sich nicht am EWS beteiligten, sollten ihm später beitreten können – eine Offerte, die sich an Großbritannien richtete.

Ursprünglich sollte das EWS am 1. Januar 1979 in Kraft treten. Doch kurz davor erhob der französische Staatspräsident Giscard d'Estaing, von seinem gaullistischen Koalitionspartner während des Europa-Wahlkampfes hart bedrängt, eine Vorbedingung für den Beitritt Frankreichs: Die Ende 1964 eingeführten «Grenzausgleichsabgaben», das heißt Subventionen für den Import deutscher Agrarprodukte nach Frankreich, sollten abgeschafft werden. Eine entsprechende, wenn auch unverbindliche Absichtserklärung der Landwirtschaftsminister genügte Giscard, im März 1979 seinen Widerstand aufzugeben. Am 13. März 1979 trat das Europäische Währungssystem in Kraft – auf Beschluß der Zentralbanken rückwirkend vom 1. Januar 1979 an.

Oberster Zweck des Währungsverbundes war es, die Mitgliedsländer auf einen Kurs finanzieller Stabilität festzulegen. Vorbild war dabei die Bundesrepublik, die 1978 mit einer Inflationsrate von 2,7 Prozent eine besonders niedrige Geldentwertung aufwies. Folgerichtig galt die Deutsche Mark als «Ankerwährung». Von dem zu Beginn der siebziger Jahre proklamierten Ziel, bis zum Ende des Jahrzehnts eine europäische Wirtschafts- und Währungsunion zu schaffen, war das EWS weit entfernt. Wegen der Turbulenzen nach dem zweiten Ölpreisschock von 1979 gelang es auch nicht, in einer zweiten Phase ab 1981 wichtige Kompetenzen der nationalen Notenbanken auf eine Europäische Währungsbehörde zu übertragen. 1979 mußten die Paritäten zweimal, 1981/82 sogar viermal den vereinbarten Regeln entsprechend geändert werden. Das EWS erwies sich aber als so flexibel, daß es dem äußeren Druck standhielt. Die Entscheidung Großbritanniens, dem Währungsverbund fernzubleiben, war ein symptomatischer Vorgang: Schritte in Richtung eines höheren Maßes an europäischer Integration waren im Zweifelsfall auch, besser *nur* ohne britische Mitwirkung möglich. Die Europäische Gemeinschaft begann sich zu einen «Europa der zwei Geschwindigkeiten» zu entwickeln.

Im Gegensatz zum Labour-Premier James Callaghan hatte Margaret Thatcher als konservative Oppositionsführerin den Beitritt des Vereinigten Königreichs zum EWS befürwortet – freilich nicht aus einer proeuropäischen Gesinnung heraus, sondern weil sie hoffte, auf diese Weise das Pfund Sterling stabilisieren und den Einfluß Londons innerhalb der EG stärken zu können. Als Premierministerin trat sie schon auf der ersten Ratstagung, an der sie teilnahm, dem Straßburger Gipfel vom Juni 1979, unter dem ihr zugeschriebenen, berühmt gewordenen Motto «Ich will mein Geld zurück» (I want my money back) so vehement für eine teilweise Rückerstattung der britischen Beiträge zum Haushalt der EG ein, daß es darüber zum Streit mit Giscard und den Regierungschefs der Niederlande und Irlands, Andries van Agt und John Lynch, und bald auch mit Bundeskanzler Schmidt kam. Thatchers Argument war, daß die Briten umgerechnet 4 Milliarden Euro mehr an «Brüssel» zahlten, als sie zurückerhielten. Tatsächlich gingen die hohen britischen Netto-zahlungen darauf zurück, daß die relativ kleine Landwirtschaft des Ver-einigten Königreichs nur in wenigen Bereichen Überschüsse erzielte und daher vergleichsweise geringen Nutzen aus dem Gemeinsamen Agrar-markt zog. Die harte Haltung der konservativen Premierministerin blockierte fortan für ein Jahrfünft den Gemeinsamen Agrarmarkt. Wer nach der Einigung auf das EWS gehofft hatte, die EG habe die Phase der vielbeklagten «Eurosklerose» überwunden, sah sich getäuscht: Die na-tionalen Egoismen waren immer noch stärker als die Orientierung an den gemeinsamen Interessen der Europäischen Gemeinschaft.[4]

Kampfansage an den Westen:
Die Islamische Revolution in Iran 1978/79

Anfang des Jahres 1978 rückte ein Land in die Schlagzeilen der Welt-presse, das wegen seines Ölreichtums von hoher wirtschaftlicher Be-deutung für die gesamte westliche Welt war und von den USA seit dem Zweiten Weltkrieg als wichtigster strategischer Partner im Mittleren Osten betrachtet wurde: Iran. Im Zuge der von ihm proklamierten «Weißen Revolution» hatte Schah Mohammed Reza Pahlevi seit 1963 dem Land eine wirtschaftliche und technische Modernisierung verord-net, deren materieller Ertrag, ebenso wie die Gewinne aus dem Öl-export, der grundbesitzenden Oberschicht, dem privaten Unternehmer-tum und der wachsenden Mittelschicht, kaum jedoch der ländlichen Bevölkerung und der städtischen Unterschicht zugute kamen. Struktu-relle Probleme wie der auf dem Lande weitverbreitete Analphabetis-mus und die ärztliche Unterversorgung, auch sie ein spezifisch länd-liches Phänomen, blieben ungelöst. Zu einem chronischen Übel wuchs sich seit Beginn der siebziger Jahre die Inflation aus. Späte Versuche, sie durch Einsparungen zu bekämpfen, ließen seit 1977 die Arbeits-losenzahlen nach oben schnellen.

Mit der gesellschaftlichen «Revolution von oben» ging von Anfang
an die brutale Unterdrückung aller widerstrebenden Kräfte einher,
gleichviel ob sie bürgerliche Freiheitsrechte einforderten, einem säkularen Nationalismus huldigten, eine radikale gesellschaftliche Umwälzung verlangten oder der schiitischen Geistlichkeit treu ergeben waren.
Exekutor der Repression war der Geheimdienst SAVAK, dessen dichtes Agentennetz der Herrschaft des Schahs geradezu totalitäre Züge
verlieh. In die gleiche Richtung wies die Etablierung eines Einparteien-
systems im Jahr 1975: Die Iranische Nationale Erneuerungspartei, die
Rastakhiz, unter ihrem Generalsekretär, Ministerpräsident Amir Abbas Hoveyda, übernahm einen aktiven Part bei der Ausschaltung von
Bestrebungen, die vom Regime als systemgefährdend eingestuft wurden. Nicht verhindern konnten SAVAK und Rastakhiz das Wiederer-
stehen der Nationalen Front, der nach 1963 in die Illegalität gedräng-
ten Partei der laizistischen Nationalisten. Ihre Führer, Karim
Sandschabi und Schapur Bakhtiar, forderten im Juni 1977 den Schah
zur Gewährung bürgerlicher Freiheiten auf. Der Appell lief auf die
Rückkehr zur konstitutionellen Monarchie hinaus, die Iran vor 1963,
wenn auch mit vielen Einschränkungen, gewesen war: ein, im Rückblick betrachtet, sehr maßvolles Reformprogramm im Geist der formell immer noch gültigen Verfassung von 1906.

Gefährlicher als die weltlich-nationalistische war für den Schah die
schiitische Opposition. Ihr Oberhaupt, Ayatollah Chomeini, seit seiner
Ausweisung 1964 erst im türkischen, dann seit 1965 im irakischen
Exil, steuerte von dort eine wachsende Protestbewegung, der sich bald
auch säkulare Gegner des iranischen Polizeistaates anschlossen. Als
Chomeini am 7. Januar 1978 in einem offenbar von höherer Stelle inspirierten Artikel der führenden Zeitung «Ettela'at» als Führer einer
«schwarzen Reaktion» attackiert wurde, kam es in der «heiligen
Stadt» Ghom am 8. Januar zu großen Demonstrationen. Die Polizei
schlug sie mit äußerster Härte nieder; unter den vielen Toten waren
auch zwei Mullahs. Der Angriff auf Chomeini und der Polizeiterror
gegen die Terroristen bewirkten eine Massenmobilisierung und die
Radikalisierung des Protests. Monatelang wurde in allen Teilen des
Landes demonstriert. In Tabriz kam es am 17. und 18. Februar im
Anschluß an Kundgebungen zum Gedenken an die Getöteten zu ausgedehnten Plünderungen und Zerstörungen, auf die das Regime mit
dem Einsatz von Infanterie- und Panzertruppen antwortete. Als der

Ayatollah Schariatmadari, der selbst aus Tabriz stammte, nach zwei Wochen zur Beendigung der Proteste aufrief, hatte sich erstmals eine feste Allianz zwischen der Geistlichkeit und der radikalen Linken, den 1965 gegründeten «Volksmudjahedin», herausgebildet.

Am 19. August 1978 kam es in Abadan zu einem furchtbaren Ereignis: Bei einem Brand in einem Kino verloren etwa 470 Menschen ihr Leben. Sogleich wurden Gerüchte laut, wonach die SAVAK den Brand gelegt habe, um anschließend die schiitische Geistlichkeit des Verbrechens zu bezichtigen. Der Schah reagierte mit der Auswechslung des Regierungschefs: Hoveyda wurde durch einen engen Vertrauten des Herrschers, Jafar Scharif-Emami, den Präsidenten des Senats und der Pahlevi-Stiftung, ersetzt. Der neue Ministerpräsident präsentierte sich der Öffentlichkeit als wiedergeborener Muslim und als Reformer. Er bezeichnete sein Kabinett als «Regierung der Versöhnung», schaffte den im März 1976 eingeführten «kaiserlichen», mit der Krönung des Großkönigs Kyros des Großen 550 vor Christus einsetzenden Kalender zugunsten des alten religiösen Hegira-Kalenders ab, ließ die von den Schiiten als «sündig» betrachteten Spielkasinos schließen, gestattete die Neugründung von Parteien, trat selbst demonstrativ aus der Rastakhiz aus und schloß mit der Presse ein Abkommen über die Abschaffung der Zensur.

Daß der Schah sich mit dem Kurswechsel auch das weitere Wohlwollen Präsident Carters, des beredten Fürsprechers der Menschenrechte, sichern wollte, liegt auf der Hand. Eine innere Befriedung aber bewirkte die neue Politik nicht. Die Vertreter der harten Linie in Militär und Geheimdienst waren über die Nachgiebigkeit Scharif-Emamis empört; die religiöse und die politisch radikale Opposition zeigte sich völlig unbeeindruckt und setzte ihre Demonstrationen fort. Die Stützen des alten Regimes und seine erbitterten Gegner waren sich in einem Punkt einig: Sie sahen in den Zugeständnissen des Schahs ein Zeichen der Schwäche. Das alte Regime hatte Reformen allzu lange hinausgeschoben, und als es sie sich schließlich abpressen ließ, beschleunigten sie seinen Niedergang: ein aus der europäischen Revolutionsgeschichte bekannter, erstmals von Alexis de Tocqueville am Beispiel des späten Ancien régime in Frankreich analysierter Vorgang, der mit einer gewissen Regelmäßigkeit dem gewaltsamen Umsturz vorauszugehen pflegte.

Im September spitzte sich die Lage dramatisch zu. Chomeini wies die Reformen als heuchlerisch zurück, woraufhin es vielerorts zu Arbeitsniederlegungen kam, die sich rasch zum Generalstreik ausweiteten. Die Regierung Scharif-Emami antwortete mit der Verhängung des Kriegsrechts in Teheran, provozierte damit aber die Demonstranten nur noch mehr. Am 8. September, dem «Schwarzen Freitag», versammelte sich auf dem Jaleh-Platz im Südwesten Teherans eine große Menschenmasse, die «Tod dem Schah» rief und der Monarchie den Kampf ansagte. Die Polizei schoß in die Menge; bewaffnete Demonstranten erwiderten die Schüsse. Die Angaben über die Zahl der Toten und Verwundeten gehen weit auseinander. Sicher ist aber, daß die stundenlangen Gefechte den 8. September zum blutigsten Tag des inneren Machtkampfes in Iran und zum «point of no return» machten.

Die Schüsse vom Jaleh-Platz wurden überall in der Welt gehört – auch in Washington. Die Meinungen über das, was die richtige Politik in und für Iran sei, waren in der amerikanischen Regierung geteilt. Sicherheitsberater Brzeziński und, etwas weniger entschieden, Verteidigungsminister Brown befürworteten ein hartes Vorgehen gegen die Opposition, selbst auf die Gefahr von noch mehr Blutvergießen hin. Außenminister Vance, der Botschafter in Teheran, William Sullivan, und der frühere stellvertretende Außenminister George Ball, dem Präsident Carter auf Empfehlung von Finanzminister Blumenthal den Vorsitz einer Sonderkommission über den Iran übertragen hatte, sprachen sich für eine politische Lösung aus, auch wenn das den Sturz des Schahs bedeuten sollte.

Carter selbst hatte bei einem Staatsbesuch in Teheran am 31. Dezember 1977, der Erwiderung eines Staatsbesuchs, den der Schah im Monat zuvor den USA abgestattet hatte, den Iran in einem Toast als eine «Insel der Stabilität in einer eher unruhigen Weltregion» bezeichnet und hinzugefügt, für keinen Führer empfinde er, Carter, eine tiefere persönliche Dankbarkeit und persönliche Freundschaft als für Schah Mohammed Reza Pahlevi. Über die Verletzung der Menschenrechte in Iran hatte der Präsident, seit er im Amt war, mehr oder minder hinweggesehen und die zuvor von ihm kritisierten Waffenlieferungen an den «Herrscher auf dem Pfauenthron» fortgesetzt. Ende 1978 stand Carter eher auf der Seite der «Falken» wie Brzeziński als auf der der «Tauben» um Vance und Sullivan, tat aber nichts, um den ersteren zu einem Triumph über die letzteren zu verhelfen.

Am 6. Oktober erklärte der Irak auf Betreiben des Schahs Chomeini zur unerwünschten Person. Der Ayatollah ließ sich daraufhin in

Neauphle-le-Château bei Paris nieder, wo er mehr als zuvor zum Ansprechpartner der Weltpresse und interessierter Politiker wurde. Am 6. November entließ Schah Reza Pahlevi Ministerpräsident Scharif-Emami und ersetzte ihn durch Generalstabschef Gholam Reza Azhari. Der Auftrag des als «unpolitisch» geltenden Generals lautete, gestützt auf sein mehrheitlich aus hohen Offizieren gebildetes Kabinett und die Streitkräfte, die Ordnung wiederherzustellen, die Reformpolitik aber fortzusetzen. Der Schah hielt noch am gleichen Tag eine auf Versöhnung abgestellte Fernsehrede, in der er von Fehlern der Vergangenheit sprach, die Streiks gerechtfertigt nannte sowie die Freilassung der politischen Gefangenen, Maßnahmen gegen die Korruption und freie Wahlen bis zum Jahresende ankündigte.

Mehr als eine vorübergehende Beruhigung bewirkten der Regierungswechsel und die Rede vom 6. November nicht. Im gleichen Monat führte ein Streik von 37 000 Arbeitern in den verstaatlichten Ölraffinerien zu einem Rückgang der Erdölproduktion von 6 auf 1,5 Millionen Barrel. Am 10. und 11. Dezember kam es im Stadtzentrum von Teheran zu neuen, diesmal friedlichen Massendemonstrationen, an denen über eine Million Menschen teilnahmen. Vom State Department in Washington und der amerikanischen Botschaft massiv gedrängt, wechselte der Monarch am 28. Dezember erneut die Regierung aus. An die Stelle von General Azhari trat Schapur Bakhtiar, einer der Führer der Nationalen Front. Chomeini beantwortete den Coup mit einem Aufruf zum Kampf gegen die neue Regierung. Am 16. Januar 1979 verließ der an Krebs erkrankte Schah Iran und begab sich auf dem Luftweg nach Ägypten – vorgeblich, um sich dort zu erholen.

Gut zwei Wochen später, am 1. Februar, kehrte Chomeini nach 16 Jahren Exil in seine Heimat zurück. Sogleich nach seiner Ankunft erklärte er die Dynastie Pahlevi für religiös und politisch illegitim und damit illegal und kündigte die Errichtung einer Islamischen Republik an. Am 5. Februar ernannte er einen «liberalen» Muslim und früheren Mitarbeiter des legendären, 1953 von der Armee und der CIA gestürzten Ministerpräsidenten Mossadegh, Mehdi Bazargan, zum Chef einer provisorischen Regierung. Der Versuch Bazargans, in geheimen Verhandlungen mit der amerikanischen Botschaft, dem SAVAK und den führenden Militärs eine friedliche Machtübergabe zu erreichen, scheiterte am Widerstand der Kaiserlichen Garde, die am 9. Februar die

Luftwaffenkadetten, eine zu den Revolutionären übergewechselte Truppe, angriff, von diesen und mit ihnen verbündeten revolutionären Gruppen aber überwältigt werden konnte. Am 10. und 11. Februar wurden überall in Iran die Gefängnisse gestürmt, Polizeiposten und Kasernen besetzt. Die Regierung Bakhtiar trat am 11. Februar zurück. Die erste Phase der revolutionären Machtübernahme war damit abgeschlossen.

Der Sturz des Schahregimes markierte den Fehlschlag eines ehrgeizigen Projekts: des Versuchs, ein ölreiches, aber in vieler Hinsicht rückständiges Land durch einen Prozeß der Teilverwestlichung mit autoritären Mitteln zu modernisieren. Was der Schah vom Westen übernahm, waren Techniken, nicht Normen und Institutionen. Gegen die «Revolution von oben» standen die kulturellen Traditionalisten, vor allem die schiitische Geistlichkeit und ihre gesellschaftliche Hauptstütze, die «baasaris», das heißt die konservativsten Teile des gewerblichen Mittelstandes. Dazu kamen bald die Bauern, die trotz der Zuteilung von Parzellen im Zuge der «weißen Revolution» von den Großgrundbesitzern abhängig und meist bitterarm blieben; die städtischen Unterschichten, die besonders hart von der grassierenden Inflation betroffen waren; die Nationalisten, denen die Rolle der USA als Schutzmacht des Schahregimes ein Dorn im Auge war; die radikalen Linken um die Volksmudjahedin, deren Ziel eine soziale Revolution war. In der letzten Phase der monarchischen Herrschaft wandten sich auch bisherige Träger des Regimes in Militär, zivilem Staatsapparat und Geheimdienst von Mohammed Reza Pahlevi ab – die einen, weil sie dem System der Unterdrückung keine Zukunftschancen einräumten, die anderen, weil sie die Kurskorrekturen des Schahs für verderblich hielten.

Die Sieger des Februar 1979 waren die orthodoxen schiitischen Islamisten. Ihre durch und durch konservative Revolution zielte auf die Wiederherstellung einer traditionellen, vom islamischen Glauben geprägten Gesellschaft im Rahmen eines theokratischen, von den Ayatollahs geführten Staates. Dieses Ziel war mit dem Akt der Machtübernahme noch längst nicht erreicht. Die klerikale Bewegung mußte sich erst gegenüber den weltlichen Verbündeten durchsetzen, ohne die der Sturz des Schahregimes kaum möglich gewesen wäre. Die Regierung Bazargan, in der in erheblicher Zahl auch Mitglieder der Nationalen Front saßen, verfügte freilich schon von Anfang an über sehr viel weniger Autorität als der Revolutionsrat, dessen Vorläufer Chomeini im Dezember 1978, noch im französischen Exil, ins Leben gerufen hatte, und die Revolutionskomitees, denen in der Folgezeit die Ab-urteilung der Träger des alten Systems oblag.

Am 1. April 1979 ließ Chomeini, der Führer der islamischen Revo-lution, die Bevölkerung über die Alternative Monarchie oder Isla-mische Republik abstimmen. Er erzielte dabei die Zustimmung von 97 Prozent für das von ihm propagierte System. Auf große Mehrheiten konnten sich im August 1979 bei den Wahlen zur Verfassunggebenden Versammlung auch die überall kandidierenden schiitischen Geistlichen stützen. Ihr Werk, die Verfassung der Islamischen Republik Iran, wurde am 2. und 3. Dezember 1979 in einer Volksabstimmung ange-nommen. Dem Klerus fiel, wie nicht anders zu erwarten, der ent-scheidende Einfluß zu. Das eigentliche Machtzentrum war ein aus geistlichen und weltlichen Juristen zusammengesetztes, zur Hälfte vom geistlichen Führer ernanntes, zur Hälfte vom Parlament gewähl-tes Gremium, der Wächterrat. Er überprüfte die Kandidaten für das Parlament, den geistlichen Expertenrat und die Präsidentschaft im Hinblick auf ihre Haltung zum Islam; er hatte darüber zu entscheiden, ob die vom Parlament beschlossenen Gesetze mit dem islamischen Recht, der Scharia, übereinstimmten.

Das System der Islamischen Republik war eine asymmetrische Doppelherrschaft. Staatsoberhaupt war der vom Volk auf vier Jahre gewählte Präsident; er ernannte die Minister. Die Regierung besaß aber im Zweifelsfall nur den Spielraum, den die religiöse Führung ihr ließ. Neben dem regulären Militär gab es die paramilitärischen For-mationen, die Revolutionsgarden und die Basidschan, die die isla-mischen Massen zu mobilisieren hatten, wann immer geistliche und weltliche Führung es für notwendig hielten. Chomeinis System war eine Kampfansage nicht nur an den Westen, obenan die verhaßten Ver-einigten Staaten von Amerika, sondern auch an den atheistischen Kommunismus, gleichviel ob europäischer oder asiatischer Prägung, und nicht zuletzt an die säkularen Kräfte der islamischen Welt. Es war mithin eine Herausforderung an alle, die auf unterschiedliche Weise die Moderne repräsentierten. Eine radikalere Infragestellung hatte der Westen seit der Kubakrise von 1962 nicht mehr erlebt.[5]

Der zweite Ölpreisschock, die sowjetische Invasion
in Afghanistan und die Folgen:
Das Ende der Präsidentschaft Jimmy Carters

Die Revolution in Iran, einem der größten Erdölexportländer der Welt, konnte nicht ohne globale Auswirkungen bleiben. Angesichts der Streiks in den iranischen Erdölraffinerien beschlossen die Ölminister der OPEC am 17. Dezember 1978 in Abu Dhabi eine stufenweise Anhebung des Rohölpreises für 1979 um insgesamt 10 Prozent. Am 28. März 1979 wurden die Preiserhöhungen, die für Oktober vorgesehen waren, vorgezogen. Ende Juni folgte der Beschluß, den Grundpreis für Rohöl um etwa 24 Prozent zu erhöhen. Darüber hinaus nationale Aufschläge zu erheben blieb den einzelnen Mitgliedstaaten überlassen. Die Weltmarktpreise für Rohöl stiegen daraufhin um mehr als das Doppelte an: von 14 Dollar 1978 auf zunächst 38, dann 35 Dollar im Jahr 1981.

Der zweite Ölpreisschock löste eine weltweite Rezession aus. Überall stiegen die Inflationsraten in den Jahren 1978 bis 1980 mehr oder minder stark an: in den USA von 9 auf 13,5 Prozent, in Frankreich von 11,8 auf 13,6 Prozent, in Großbritannien von 11,2 auf 18 Prozent, in der Bundesrepublik Deutschland von 2,4 auf 5,5 Prozent, in Japan von 3,5 auf 8 Prozent. Besonders betroffen waren dagegen Länder der Dritten Welt, die nicht zu den Erdölproduzenten gehörten: Sie gerieten in schwere Versorgungskrisen.

Die erste amerikanische Reaktion auf die Beschlüsse der OPEC vom 28. März war die Deregulierung der Rohölpreise, die 1973 unter Nixon einer strikten staatlichen Kontrolle unterworfen worden waren, durch Präsident Carter am 5. April 1979: ein Schritt, zu dem ihn die Bundesrepublik Deutschland und Frankreich seit langem gedrängt hatten. Der Anstieg der amerikanischen Ölpreise bewirkte eine erhebliche Vermehrung der heimischen Ölförderung (vor allem in den neu erschlossenen Ölfeldern der Prudhoe Bay im Norden Alaskas) und einen gleichzeitigen Rückgang der Ölimporte. Appelle an die Amerikaner, sparsamer zu sein im Umgang mit Mineralöl, waren hingegen weithin vergeblich: 1979 lag der Ölverbrauch in den USA um lediglich 3,5 Prozent unter dem Stand von 1978.

Am 15. Juli 1979 hielt Carter, nachdem er einige Tage lang in Camp David über die Krise nachgedacht und sachkundigen Rat eingeholt hatte, die wohl berühmteste Fernsehansprache seiner Amtszeit. Er sprach von einer Vertrauenskrise (crisis of confidence), die Herz und Seele des nationalen Willens ergriffen habe. Der Präsident kündigte zwar auch konkrete Maßnahmen im Bereich der Energiepolitik an, darunter den Bau von Gaspipelines und die Herstellung von synthetischem Treibstoff, aber was sich den Zeitgenossen einprägte, war der pessimistische Grundton der alsbald so genannten «Malaiserede». Sie erweckte den Eindruck von Ratlosigkeit – ein von Carter nicht erwartetes, aber kaum überraschendes und für ihn fatales Echo.

Wenige Wochen später, im August 1979, leitete ein Wechsel an der Spitze der amerikanischen Notenbank, die Ablösung von William Miller, der als Nachfolger von Michael Blumenthal die Leitung des Finanzministeriums übernahm, durch Paul Volcker, einen geldpolitischen Umschwung ein: Volcker nahm den Kampf gegen die Geldentwertung auf, womit er 1981, nach Ablauf der Amtszeit Carters, einen Rückgang der Inflationsrate um immerhin 3,3 Prozentpunkte (von 13,5 auf 10,2 Prozent) bewirkte und andere Notenbanken veranlaßte, einen ähnlich harten Kurs einzuschlagen. (Die Bundesbank brauchte das nicht zu tun; sie betrieb schon seit 1974 eine strikt monetaristische Politik des knappen Geldes und der hohen Zinsen.) Das Wachstum der amerikanischen Wirtschaft ging freilich erst einmal zurück, während die Arbeitslosenzahlen stiegen: kurzfristige Folgekosten einer langfristig richtigen Politik, die den Chancen Präsident Carters, 1980 wiedergewählt zu werden, abträglich waren.

Die iranische Revolution traf die USA nicht nur wirtschaftlich hart. Der Sturz des Schahs und die Machtübernahme Chomeinis beraubten die Vereinigten Staaten eines strategischen Partners, der jahrzehntelang eine Säule der amerikanischen Machtstellung im Mittleren und Nahen Osten gewesen war. Im Oktober 1979 entschied sich Carter aus humanitären Gründen, dem Schah zur Behandlung seines Krebsleidens einen Aufenthalt in den USA zu gestatten. Am 23. Oktober traf der gestürzte Monarch in New York ein. Zunächst blieb in Teheran alles relativ ruhig, aber das änderte sich, als die iranischen Zeitungen am 2. November am Vortag aufgenommene Bilder von einem Gespräch zwischen Ministerpräsident Bazargan und Außenminister Yazdi auf der einen, Sicherheitsberater Brzeziński auf der anderen Seite am Rande der Feierlichkeiten aus Anlaß des algerischen Nationalfeiertags in Algier veröffentlichten. Ein studentisches Revolutionskomitee wähnte die eigene Regierung auf dem Weg in die Unterwerfung unter den «Großen Satan», die Vereinigten Staaten, und entschloß sich zu einer spektakulären Aktion. Am 4. November besetzten studentische Aktivisten die Botschaft der USA, nahmen 66 Amerikaner als Geiseln und verlangten die Auslieferung des Schahs. Chomeini begrüßte die Aktion; Bazargan und Yazdi traten am 6. November zurück; der Revolutionsrat ersetzte offiziell die Regierung.

Die Forderung nach Auslieferung des Schahs zu erfüllen war für die Regierung Carter undenkbar. Sie verstärkte vielmehr die amerikanischen Marineeinheiten im Indischen Ozean, verlegte eine Eingreiftruppe in den Golf und versuchte über dritte Mächte, Iran zur Freigabe der Geiseln zu bewegen. Einem Abgesandten Carters, dem früheren Justizminister Ramsay Clark, einem liberalen Sympathisanten der iranischen Revolution, wurde die Einreise untersagt. Am 18. November entließen die Botschaftsbesetzer 13 ihrer Gefangenen, alle entweder Schwarze oder Frauen. Eine Hoffnung für die anderen Geiseln ließ sich daraus nicht ableiten. Die Folge war, daß in Washington unter der Ägide Brzeziński Pläne für eine gewaltsame Befreiung entwickelt wurden. Weniger Zeit nahmen zwei amerikanische Sanktionen in Anspruch: ein Verbot der Einfuhr von iranischem Öl, mit dem Carter einem iranischen Embargo zuvorkam, und das Einfrieren iranischer Guthaben bei amerikanischen Banken und Überseebanken, die von amerikanischen Banken kontrolliert wurden.

Siebeneinhalb Wochen nach der Geiselnahme in Teheran, am 25. Dezember 1979, marschierten sowjetische Truppen in Afghanistan, dem östlichen Nachbarland Irans, ein. Die Vorgeschichte der Intervention reicht bis 1973 zurück. In Abwesenheit König Sahir Schahs hatte der frühere Ministerpräsident Mohammed Daud im Juli jenes Jahres geputscht, die Republik ausgerufen und ein Einparteiensystem errichtet. Nach der Verhaftung führender Kommunisten folgte im April 1978 der nächste Putsch. Linksgerichtete Offiziere ergriffen mit Hilfe ihrer Truppen die Macht; im Zuge des Staatsstreichs wurden Daud sowie mehrere Mitglieder der Königsfamilie ermordet. An die Spitze des Revolutionsrates und des Staates, der «Demokratischen Republik Afghanistan», trat der Führer der Kommunistischen Demokratischen Volkspartei Afghanistans (DVPA), Mohammed Taraki; Regierungschef wurde sein Kampfgefährte und Rivale Hafizullah Amin. Beide

gehörten zur «Khalk-Gruppe» innerhalb der DVPA; die mit ihr konkurrierende «Parcham-Gruppe» unter Babrak Karmal wurde schrittweise
entmachtet. Das neue Regime leitete einen Prozeß der gesellschaftlichen Umwälzung mitsamt einer Landreform und der Abschaffung
islamischer Bräuche wie des Brautpreises ein, was den erbitterten
Widerstand der muslimischen Bevölkerung hervorrief. Im Dezember
1978 schloß die Kabuler Führung einen Vertrag über Freundschaft
und Zusammenarbeit mit der Sowjetunion ab, ohne formell den Status
der Bündnisfreiheit aufzugeben.

Im Frühjahr 1979 spitzte sich die Lage zu. Als das kommunistische
Regime begann, die Schulen für Mädchen zu öffnen, kam es in Herat
im Westen Afghanistans zu einer blutigen Massenerhebung, an der
sich auch Teile der Armee beteiligten. Unter den fast 5000 Opfern
waren auch etwa 100 sowjetische Militärberater und ihre Familienan-
gehörigen, die von den Aufständischen brutal niedergemetzelt worden
waren. Im Juli wurden auf Ersuchen der Regierung in Kabul sowjetische
Truppen, darunter Fallschirmjäger, nach Afghanistan eingeflogen. Im
Herbst befanden sich bereits rund 7000 militärische und zivile Sowjet-
berater in Afghanistan. Gleichzeitig verschärfte sich der innere Machtkampf zwischen Taraki und Amin. Im September gelang es Amin,
Taraki aus allen Funktionen zu verdrängen; kurz darauf wurde der
bisherige Präsident ermordet. Anders als Taraki war Amin kein unbedingter Gefolgsmann Moskaus. Er bemühte sich um ein besseres
Verhältnis zu Pakistan und sogar um Kontakte zu den USA. Der
gewaltsame Tod Tarakis verstärkte das Mißtrauen, das die Kremlführung seit längerem gegenüber dem neuen «starken Mann» empfand: Er
galt als unkalkulierbares Sicherheitsrisiko.

Die grundsätzliche Entscheidung für die Intervention in Afghanistan
fiel am 26. November 1979 im Politbüro. Die endgültige Entscheidung
traf am 12. Dezember eine Sonderkommission, der Breschnew, Außenminister Gromyko, Verteidigungsminister Ustinow, der ZK-Sekretär
Ponomarjow und der Chefideologe Suslow angehörten, nicht aber
Ministerpräsident Kossygin, der ebenso wie Jurij Andropow, der
Mann an der Spitze des KGB, ein Gegner des Unternehmens war. Am
25. Dezember überschritten motorisierte sowjetische Truppen die
Grenze zwischen der UdSSR und Afghanistan; auf dem Luftweg wur-
den bis zum 27. November weit über 5000 Mann nach Kabul gebracht.
Am Morgen des 27. Dezember verbreiteten die Sowjets auf der Wellen-

länge von Radio Kabul einen vorher aufgezeichneten Aufruf des im
Moskauer Exil weilenden Babrak Karmal, in dem dieser mitteilte, daß
er die Macht übernommen habe, und die Sowjetunion um militärische
Hilfe bat. Am 28. Dezember war ganz Kabul in sowjetischer Hand;
Amin kam auf eine bis heute nicht geklärte Weise gewaltsam ums
Leben. Die Stärke der sowjetischen Truppen in Afghanistan belief sich
bald danach auf 100 000 Mann.

Über die Gründe, die Moskau bewogen, in Afghanistan militärisch
einzugreifen, ist viel spekuliert worden. Am wahrscheinlichsten ist,
daß das Politbüro das Land am Hindukusch inzwischen als einen für
die Sicherheit der Sowjetunion unentbehrlichen Teil des eigenen Einflußbereiches betrachtete, der nicht auf Grund der Unfähigkeit der
dortigen Kommunisten verlorengehen durfte. Zur Härte mahnten vor
allem Ustinow und Suslow: jener aus militärischen, dieser aus ideologischen Gründen. Eine Parallele zu den Interventionen in Ungarn 1956
und zwölf Jahre später in der Tschechoslowakei ist offenkundig: In
allen drei Fällen dienten manipulierte Bitten um «brüderliche Hilfe»
als Vorwand für den Einmarsch. Die Sorge, der muslimische Fundamentalismus könne, wenn das linke Regime in Kabul scheiterte, auf
die benachbarten, ebenfalls islamischen zentralasiatischen Sowjetrepubliken übergreifen, dürfte ebenfalls eine Rolle gespielt haben, ist
aber als Motiv nicht nachweisbar. Dagegen läßt sich nicht belegen, daß
die Sowjetunion, traditioneller russischer Großmachtpolitik folgend,
mit der Intervention das geostrategische Ziel verfolgte, über Afghanistan hinaus weiter bis zum Indischen Ozean vorzudringen.

Massive Reaktionen der USA fürchtete der Kreml schon deswegen
nicht, weil die Islamische Revolution in Iran die amerikanische Position
im Mittleren Osten nachhaltig geschwächt hatte. Die Erfahrungen in
Ostmitteleuropa vor Augen, hielten Politbüro und Militärführung den
muslimischen Widerstand gegen die gesellschaftliche Umwälzung für
ein Problem, das sich binnen relativ kurzer Zeit lösen lassen würde.
Beide Annahmen erwiesen sich rasch als Illusion. Für den Aggressor
sollten sie sich als fatal erweisen.

Die Vereinigten Staaten von Amerika reagierten auf die sowjetische
Invasion sehr viel härter als von Moskau erwartet. Am 3. Januar
1980 ersuchte Präsident Carter auf Anraten seines Sicherheitsberaters
Zbigniew Brzeziński den demokratischen Mehrheitsführer im Senat,

Robert Byrd, die (ohnehin höchst umstrittene) Ratifizierung des im Juni 1979 von Carter und Breschnew unterzeichneten SALT II-Vertrags vorläufig nicht weiter zu betreiben. Am 4. Januar verkündete Carter die Sperrung der (1975 vereinbarten) Getreidelieferungen in die Sowjetunion. Kanada, Australien und Frankreich schlossen sich dem amerikanischen Embargo an, nicht jedoch Argentinien. Ferner widerrief der Präsident die der Sowjetunion zugestandenen Fischereirechte vor der Küste Neuenglands. Geheim blieb die Anweisung an die CIA, die afghanischen Rebellen, die sie schon bisher mit Medikamenten und Propagandamaterial versorgt hatte, weiterhin großzügig zu unterstützen.

Die spektakulärste Sanktion gab Carter am 20. Februar bekannt: Es war der Boykott der Olympischen Sommerspiele 1980 in Moskau. Von den westeuropäischen Verbündeten schloß sich nur, widerstrebend, die Bundesrepublik Deutschland dem Vorgehen der USA an. Insgesamt boykottierten 65 Nationen die Spiele, darunter, angeführt von Saudi-Arabien, viele islamische Länder. Einige Staaten, unter ihnen Frankreich, Italien, die Niederlande, Belgien, Luxemburg und die Schweiz, blieben, um ihren Protest zu bekunden, der Eröffnungsfeier fern.

Am 23. Januar 1980 hielt Carter seine «State of the Union»-Rede vor beiden Häusern des amerikanischen Kongresses. Aus der sowjetischen Invasion in Afghanistan könne, so sagte er, die ernsteste Gefahr für den Frieden seit dem Zweiten Weltkrieg erwachsen. Wenn die Invasion weitergehe, könnten die USA und andere Nationen mit der UdSSR nicht «business as usual» betreiben. «Das sowjetische Streben nach der Herrschaft über Afghanistan hat die sowjetischen Streitkräfte bis auf 300 Meilen (etwa 480 Kilometer, H. A. W.) an den Indischen Ozean und die Straße von Hormus herangerückt – eine Wasserstraße, durch die das meiste Öl der Welt transportiert wird. Das bedeutet, daß die Sowjetunion jetzt eine strategische Position zu konsolidieren versucht, die eine große Bedrohung für den freien Öltransport im Mittleren Osten bildet.» Es folgte die Verkündung der «Carter-Doktrin»: «Unsere Position ist absolut klar: Jeder Versuch einer fremden Macht, die Kontrolle über den Persischen Golf zu gewinnen, wird als ein Anschlag auf die vitalen Interessen der Vereinigten Staaten von Amerika betrachtet werden, und solch ein Anschlag wird mit allen Mitteln, einschließlich militärischer Mittel, zurückgewiesen werden.»

Um den Ernst der Lage zu unterstreichen, bat Carter den Kongreß, durch eine Registrierungspflicht die Voraussetzung für die Wiederherstellung der 1973 aufgehobenen Wehrpflicht für Männer ab 18 Jahren zu schaffen und den Verteidigungshaushalt über einen Zeitraum von fünf Jahren um 5 Prozent jährlich zu erhöhen – Forderungen, denen der Kongreß nachkam. Carters Rede zog einen zumindest vorläufigen Schlußstrich unter die amerikanische Entspannungspolitik. Aus der Sicht Washingtons war die «Détente» unteilbar: Da die Sowjetunion sich im Mittleren Osten aggressiv verhielt, konnte es auch in anderen Teilen der Welt, darunter Europa, keine westliche Entspannungspolitik mehr geben.

Zwei westeuropäische Verbündete sahen das anders. Am 5. Februar 1980 erklärten der französische Staatspräsident Giscard d'Estaing und Bundeskanzler Schmidt in einer gemeinsamen Verlautbarung, «daß die Entspannung einem neuen Schlag gleicher Art nicht standhalten würde» – woraus sich entnehmen ließ, daß beide die Politik der Détente trotz der Ereignisse in Afghanistan noch nicht für gescheitert hielten. Im Gegensatz zu Carter und Brzeziński, die von der Notwendigkeit sprachen, die Sowjetunion zu «bestrafen», verwies Schmidt Außenminister Cyrus Vance am 20. März darauf, «daß sechzehn Millionen Deutsche in der DDR unter sowjetischer Oberhoheit und zwei Millionen Deutsche in West-Berlin leben; wer von einer Bestrafung der Sowjetunion spreche, müsse wissen, daß es für die Sowjetunion ziemlich einfach sei, ihrerseits die Deutschen zu bestrafen.»

Zu den praktischen Folgen der Neuorientierung der amerikanischen Außenpolitik gehörte die Wiederaufnahme enger Beziehungen zu Pakistan. Dort war im Juli 1977 der Generalstabschef Mohammed Zia ul-haq durch einen Staatsstreich an die Macht gelangt, sein demokratisch gewählter Vorgänger Zulfikar Ali Bhutto 1978 wegen des Mordes an einem Oppositionspolitiker während seiner Amtszeit angeklagt und wenig später zum Tode verurteilt worden. Im April 1979 wurde Bhutto hingerichtet, woraufhin schwere Unruhen ausbrachen, die von der Armee blutig unterdrückt wurden. Die für November 1979 angekündigten Wahlen ließ Zia auf unbestimmte Zeit verschieben. Die Mißachtung der Menschenrechte und das pakistanische Streben nach Atomwaffen hatten Carter veranlaßt, im April 1979 die amerikanischen Hilfsprogramme für Pakistan einzustellen. Die sowjetische Invasion führte zu einer Revision dieser Politik. Carter bot Zia Militärhilfe in Höhe von 400 Millionen Dollar an – eine Offerte, die dieser zunächst anzüglich als «peanuts» abtat und erst annahm, als Carter ihn zu einem Staatsbesuch in die USA einlud. Der Besuch fand Anfang Oktober 1980 statt.

Das Verhältnis zu Indien hatte sich unter Carter und dem ersten Ministerpräsidenten aus den Reihen der bislang oppositionellen Janata-Partei, Morarji Desai, zunächst verbessert. Unter Mißachtung des Nonproliferationsvertrags von 1968 erhielt Indien, das den Vertrag nicht unterzeichnet und 1974 eine erste Atombombe zur Explosion gebracht hatte, angereichertes Uranium aus den Vereinigten Staaten. Nach einem Wahlsieg der Kongreßpartei im Januar 1980 kam erneut Indira Gandhi, Desais Amtsvorgängerin, an die Macht. Obwohl sich Indien unter ihrer Führung zur sowjetischen Invasion verständnisvoller äußerte als die meisten anderen blockfreien Länder, setzten die USA ihre Uraniumlieferungen fort. Indien zeigte sich dafür nicht erkenntlich: Im Mai 1980 erhielt es von der Sowjetunion Waffen im Wert von 1,6 Millionen Dollar. Im Dezember empfing Indira Gandhi Breschnew in New Delhi. Beide unterzeichneten eine Erklärung, in der sie auswärtige Einmischungen in die Angelegenheiten Südwestasiens verurteilten.

Ein Fall für sich war das amerikanische Verhältnis zur Türkei. Im Februar 1975, sieben Monate nach der türkischen Invasion in Nordzypern, hatte der Kongreß die Militär- und Finanzhilfe für Ankara eingestellt, wobei er ein Veto Präsident Fords überstimmte. Die Antwort der Türkei war die Schließung der amerikanischen Militärbasen. Unter Carter wurde die Entscheidung des Kongresses im Juli 1978 aus übergeordneten strategischen Gründen gegen starke Bedenken der Demokraten aufgehoben; der Vorbehalt, man erwarte von der Türkei ein konstruktives Verhalten in der Zypernfrage, erwies sich als lediglich theoretischer Natur. Als sich im September 1980 das türkische Militär unter Generalstabschef Kenan Evren nach einer langen Phase der wirtschaftlichen, finanziellen und innenpolitischen Krise durch einen Putsch an die Macht brachte, reagierten die USA verständnisvoll. Gegen das Versprechen der neuen Machthaber, die Demokratie wiederherzustellen (was erst, mit massiven Einschränkungen, im November 1983 geschah), wurde die amerikanische Militär- und Finanzhilfe fortgesetzt. Von der Bundesrepublik Deutschland erhielt Ankara umfassende Wirtschaftshilfe, die für das Land am Bosporus nach dem zweiten Ölpreisschock überlebenswichtig wurde. Die Islamische Revolution im Iran und die sowjetische Invasion in Afghanistan hatten die geostrategische Bedeutung der Türkei noch gesteigert. Ihre Stabilisierung galt nunmehr als ein vorrangiges Ziel der Atlantischen Allianz insgesamt.

Auch in den Wochen nach der sowjetischen Invasion waren die Bemühungen um die Freilassung der amerikanischen Geiseln in Teheran weitergegangen. Der Ende Januar 1980 gewählte iranische Präsident Abolhassan Bani-Sadr und Außenminister Sadegh Ghotbzadeh waren überzeugt, daß es im iranischen Interesse lag, die Affäre zu beenden, und nahmen über zwei französische Rechtsanwälte Kontakte zu den USA auf, konnten sich aber gegenüber den radikalen Kräften nicht durchsetzen: Der geplante erste Schritt zur Freilassung, die Übergabe der Geiseln an die Regierung, kam nicht zustande. Die Folge war, daß in Washington – in Abwesenheit von Außenminister Vance, dessen ablehnende Haltung bekannt war – ein Kommandounternehmen zur Befreiung der Geiseln beschlossen wurde. Als Carter Vance darüber informierte, kündigte dieser seinen Rücktritt unmittelbar nach der Aktion an – und zwar unabhängig davon, ob sie glückte oder fehlschlug.

Am 24. April 1980 flogen acht Hubschrauber des Flugzeugträgers Nimitz zu einem vereinbarten Ort («Desert I») in der iranischen Wüste, wo sie mit sechs Transportflugzeugen vom Typ Hercules zusammentrafen, die von der Golf- und der Mittelmeerregion aus gestartet waren. Von «Desert I» aus sollten Spezialeinheiten mit einer weiteren Hubschraubergruppe zu einem zweiten Stützpunkt («Desert II») fliegen, dort in Lastkraftwagen umsteigen und nach Teheran fahren, um die Geiseln in der amerikanischen Botschaft zu befreien. Doch wegen technischer Probleme kamen nur drei Hubschrauber in «Desert I» an, womit die Aktion bereits in der ersten Phase scheiterte und mit Zustimmung von Präsident Carter abgebrochen wurde. Bevor die Nimitz-Hubschrauber zurückkehren konnten, mußten sie von den Hercules-Maschinen aufgetankt werden. Einer von ihnen stieß dabei mit einem Transportflugzeug zusammen und geriet in Brand. Acht amerikanische Soldaten kamen dabei ums Leben.

Der katastrophale Ausgang des Befreiungsversuchs war ein schwerer Schlag für das nationale Selbstgefühl der USA – und für das persönliche Ansehen von Präsident Carter. Außenminister Vance trat, wie angekündigt, am 28. April zurück und zog damit die Konsequenz aus der Tatsache, daß nicht er, sondern Brzeziński inzwischen den entscheidenden Einfluß auf die Außenpolitik der USA ausübte. Neuer Chef des State Department wurde der demokratische Senator Edmund S. Muskie aus Maine. Die Stärke, die Carter mit seinen Reaktionen auf die Umwälzung in Iran und die sowjetische Invasion in Afghanistan hatte zeigen wollen, erwies sich als brüchig. Das Kommandounternehmen vom April 1980 war ein Akt des politischen Voluntarismus, ja ein Vabanquespiel, und nicht das Ergebnis einer nüchternen Abwägung von Chancen gewesen. Der Mangel an Realismus, den Kritiker Carter schon bei der Menschenrechtskampagne vorgehalten hatten, kennzeichnete auch sein Verhalten, als er sich unter dem Eindruck der Doppelkrise im Mittleren Osten, der Islamischen Revolution in Iran und der sowjetischen Invasion in Afghanistan, zum Militär- und Machtpolitiker wandelte.

In die Monate nach der gescheiterten Geiselbefreiung fielen Spannungen zwischen den USA und einem ihrer europäischen Verbündeten, der Bundesrepublik Deutschland. Anfang März 1980 hatte Bundeskanzler Schmidt nach kontrovers verlaufenen Gesprächen mit Carter in einem Vortrag in New York öffentliche Kritik an der amerikanischen Außenpolitik geübt. Am 12. Juni rügte der Präsident den Bundeskanzler brieflich wegen eines Vorschlags, den dieser zwei Monate zuvor auf einer Landesdelegiertenkonferenz der Hamburger SPD gemacht hatte: Ost und West sollten für eine bestimmte Zahl von Jahren auf eine Aufstellung von Mittelstreckenraketen verzichten und die Zeit für Verhandlungen nutzen. Daß Carters Brief sogleich in die Öffentlichkeit gelangte, verstand Schmidt zu Recht als gezielte Herausforderung. Am Vorabend des sechsten Weltwirtschaftsgipfels, der am 22. und 23. Juni 1980 in Venedig stattfand, verwahrte sich der Kanzler im Gespräch mit Carter und Brzeziński derart scharf gegen Zweifel an seiner Bündnistreue, daß der amerikanische Präsident sich genötigt sah, Schmidt öffentlich seines Vertrauens zu versichern und die beiderseitige Übereinstimmung in der Frage der Raketenstationierung zu betonen.

Ende Juni konnte der Bonner Regierungschef sogar mit der Zustimmung der westlichen Führungsmacht, ja mit einem informellen Mandat der wichtigsten westlichen Industriestaaten zu einem seit längerem geplanten Besuch nach Moskau fliegen und dort erkunden, ob die Sowjetunion bereit war, ohne Vorbedingungen in Verhandlungen über die eurostrategischen Waffen einzutreten. Was Schmidt im Vor-

jahr in mehreren Gesprächen mit der sowjetischen Führung nicht gelungen war, erreichte er jetzt: Breschnew, seit 1977 auch Vorsitzender
des Präsidiums des Obersten Sowjets und damit Staatsoberhaupt der
UdSSR, stimmte nach internen Beratungen mit den anwesenden Mit-
gliedern des Politbüros bilateralen Verhandlungen mit den Vereinigten
Staaten über die Beschränkung der Mittelstreckenraketen der Sowjet-
union und über die vorgeschobenen Nuklearsysteme («Forward Based
Systems») der USA zu, und zwar *vor* der Aufnahme von umfassenden
Verhandlungen über alle weiterreichenden taktischen Atomwaffen
(«SALT III»).

Die Festigkeit des Westens und namentlich die von Helmut Schmidt
hatte sich ausgezahlt. Präsident Carter äußerte am 3. Juli «Anerkennung und Bewunderung» für den deutschen Bundeskanzler: ein Lob,
das Schmidt im Bundestagswahlkampf des Jahres 1980 durchaus nützlich war. Drei Wochen später, am 25. Juli, unterzeichnete Carter ein
formell streng geheimes Dokument, dessen wesentlicher Inhalt aber
sogleich der Presse zugespielt wurde: die Presidential Directive (PD)
59. Die Grundannahme war, daß *die* Seite, die über die größten Fähigkeiten zur Führung eines nuklearen Kriegs verfügte, die besten Aussichten hatte, die andere Seite einzuschüchtern. Ziel der USA mußte es
demnach sein, einen sich hinziehenden nuklearen Krieg führen und
gewinnen zu können. Die Doktrin, die die Handschrift Brzezińskis
trug, war mit dem Streben nach der Beschränkung der Atomrüstung
kaum zu vereinbaren. Ob «PD 59» in erster Linie die Sowjetunion
beeindrucken oder dem Präsidenten helfen sollte, im November wiedergewählt zu werden, blieb offen.

Im September 1980 rückte erneut der Mittlere Osten in den Mittelpunkt der allgemeinen Aufmerksamkeit. Am 17. September kündigte
der Präsident des Irak, Saddam Hussein, der im Jahr zuvor als Sieger
aus einem innenparteilichen Machtkampf der Baath-Partei hervorgegangen war, die 1975 vereinbarte irakisch-iranische Seegrenze im
Schatt el Arab. Fünf Tage später griff er, gestützt auf großzügige Sub-
sidien aus dem sunnitischen Saudi-Arabien und anderen arabischen
Staaten, Iran an. Dem säkularen Sunniten Saddam war der Fundamentalismus des schiitischen Ayatollah Chomeini verhaßt. Zu dem Wunsch
des Diktators, der Herrschaft der Mullahs eine vernichtende Niederlage zu bereiten, kam sein Interesse, sich die ölreiche Grenzprovinz
Khuzestan einzuverleiben. Zudem bot der Krieg die Chance, von den

Problemen des Irak, vor allem der ungelösten Kurdenfrage, abzulenken. Einen raschen militärischen Erfolg hielt Saddam Hussein für höchst wahrscheinlich, war Iran doch immer noch vollauf damit beschäftigt, seine neue theokratische Ordnung gegen eine starke innere Opposition, obenan die der Volksmudjahedin, zu verteidigen. Saddam täuschte sich: Der Krieg einte Iran und brachte den Irak bald militärisch in schwerste Bedrängnis. Bis zu einem Waffenstillstand sollten acht Jahre vergehen.

Vom Krieg am Persischen Golf überschattet, begannen im September 1980 in Bonn Vorgespräche zwischen einem Abgesandten Chomeinis, Sadegh Tabatabai, und dem stellvertretenden amerikanischen Außenminister Warren Christopher über eine Lösung der Geiselfrage. Die ursprüngliche Forderung der Geiselnehmer, die Auslieferung des Schahs, hatte sich erledigt: Der ehemalige Schah Reza Pahlewi hatte die USA im Dezember 1979 wieder verlassen und war am 27. Juli 1980 in Kairo seinem Krebsleiden erlegen. Es verblieben die Forderungen, die Vereinigten Staaten müßten versprechen, sich nicht in die inneren Angelegenheiten Irans einzumischen, die eingefrorenen iranischen Guthaben freizugeben, alle materiellen Forderungen gegenüber Iran fallenzulassen und das Vermögen des Schahs an Iran zurückzugeben.

Die eigentlichen Verhandlungen begannen am 2. November, zwei Tage vor der amerikanischen Präsidentenwahl, in Algier, wobei die algerische Regierung jeweils der einen Seite die Standpunkte der anderen Seite übermittelte. Nach mühseligen Verhandlungen verständigten sich die beiden Delegationen am 18. Januar 1981 auf eine Regelung der Vermögensfragen, wonach Iran nach der Freilassung der Geiseln knapp 8 Milliarden Dollar zu überweisen waren. Die Mitteilung von der Freilassung der Geiseln erreichte Washington am frühen Morgen des 20. Januar 1981 – wenige Minuten nach dem Ende der Amtszeit Jimmy Carters.

Ob Jimmy Carter sich 1980 erneut als Kandidat der Demokraten um das Amt des Präsidenten würde bewerben können, war lange Zeit keineswegs sicher gewesen. Einer seiner schärfsten innerparteilichen Kritiker war der jüngste Bruder des ermordeten John F. Kennedy, der Senator von Massachusetts, Edward («Ted») Kennedy. In den Vorwahlen gewann er Mehrheiten in 12 Staaten, darunter so großen wie Kalifornien, New York, Pennsylvania, Massachusetts und New Jersey.

Sein Versuch, sowohl die Verteidiger der Entspannungspolitik als auch die Fürsprecher einer harten Linie gegenüber der Sowjetunion hinter sich zu bringen, kam indes der Quadratur des Kreises gleich und überzeugte weder die einen noch die anderen. Auf der National Convention in New York im August brachte Carter 2129 und Kennedy 1150 Delegierte hinter sich: ein für einen amtierenden Präsidenten blamables Ergebnis. Bei den Republikanern konnte der ehemalige Gouverneur von Kalifornien, der weit rechts stehende Ronald Reagan, alle 44 Staaten erobern, in denen «primaries» stattfanden. Am 16. Juli 1980 wurde er auf dem Kongreß der «Grand Old Party» in Detroit einstimmig nominiert.

Reagans Wahlspruch bestand aus ehrgeizigen Versprechen: Er gelobte, die militärische Stärke der USA wiederherzustellen, dem internationalen Kommunismus entschieden entgegenzutreten und durch Steuersenkungen sowie eine angebotsorientierte Wirtschaftspolitik (supply-side economy) das Land ökonomisch gesunden zu lassen. Innerhalb von drei Jahren wollte er, um die Inflation zu beenden, einen ausgeglichenen Haushalt vorlegen. Er stellte sich als Anwalt der Frauenrechte vor, konnte aber nicht vergessen machen, daß die Republikaner sich in Detroit soeben gegen das auch von den Feministinnen in den eigenen Reihen geforderte «Equal Rights Amendment» zur Verfassung ausgesprochen hatten. Carter befürwortete den Zusatzartikel, mußte sich aber vorhalten lassen, daß er als Präsident wenig für die Sache der Frauen getan hatte. In Sachen Wirtschaftspolitik ließ er kein klares, in die Zukunft gerichtetes Konzept erkennen. Irgendwelche Versprechen zu machen lehnte er ab.

Aus den Wahlen vom 4. November 1980, dem ersten Jahrestag der Geiselnahme in Teheran, ging Reagan als überlegener Sieger hervor. Für den 69 Jahre alten einstigen Leinwandhelden in eher zweitrangigen Wildwestfilmen entschieden sich 50,7 Prozent der Abstimmenden, für Carter 41,0 Prozent. Bei den Wahlmännern und Wahlfrauen belief sich das Verhältnis beider Kandidaten auf 489 zu 49. Im Senat lösten die Republikaner die Demokraten als Mehrheitspartei ab; im Repräsentantenhaus verloren die Demokraten zwar 34 Sitze, behielten aber die Mehrheit. Eine erste Folge des Wahlausgangs war die Unterbrechung der Mitte Oktober in Genf aufgenommenen amerikanisch-sowjetischen Verhandlungen über eine Beschränkung der Zahl der Mittelstreckenraketen in Europa am 17. November. Es sollte ein Jahr vergehen, bis die beiden Weltmächte am 30. November 1981 an den Verhandlungstisch zurückkehrten.

Der Wahlverlierer Jimmy Carter war ein Mann bester Absichten und hoher persönlicher Integrität, als Präsident aber ein Politiker ohne Fortune. Er hatte weltweit das Bewußtsein für die Bedeutung der Menschenrechte geschärft und in Ländern, die mehr oder minder stark von amerikanischer Unterstützung abhingen, humanitäre Erleichterungen wie die Freilassung von politischen Gefangenen bewirkt; die Regierungen des kommunistischen Machtbereichs aber waren von seinen Appellen kaum beeindruckt. Er hatte mühsam lernen müssen, außenpolitischen Realitäten Rechnung zu tragen, und dabei viel von seiner moralischen Glaubwürdigkeit verspielt. Zu Carters unbestreitbaren Erfolgen gehörte die Aufnahme diplomatischer Beziehungen zur Volksrepublik China: ein Schritt, vor dem Nixon und Ford noch zurückgeschreckt waren. Nirgendwo schien sein Engagement sich so auszuzahlen wie 1978/79 bei der Anbahnung des Friedensschlusses zwischen Ägypten und Israel. Doch der eigentliche Gewinner des historischen Kompromisses war der am wenigsten verständigungsbereite Politiker des Trios Carter-Sadat-Begin, der israelische Ministerpräsident. Die politischen Niederlagen, die die USA 1978/79 in Iran und Afghanistan erlitten, hätte wohl auch ein auf internationalem Feld erfahrener Präsident als Carter nicht abwenden können. Seine Wirtschafts- und Finanzpolitik war sprunghaft; ihre fehlenden Erfolge trugen ebenso zum Niedergang seiner Popularität bei wie das unglückliche Ende des Versuchs, die Geiseln in der amerikanischen Botschaft in Teheran zu befreien.

Der Sieg Reagans wäre nicht möglich gewesen ohne den Vormarsch einer neuen Rechten in den siebziger Jahren. Die nationale Demütigung im Vietnamkrieg war einer der tieferen Gründe dieser Entwicklung, ein anderer die Verlagerung der Schwerpunkte des Wirtschaftslebens vom industriellen Nordwesten und Osten der USA in den überwiegend konservativen «Sunbelt», wo die Hochburgen von «new tech» lagen. Dazu kamen die wachsende Anziehungskraft einer christlichen Spielart des Fundamentalismus, des konservativen Zweiges der evangelikalen Bewegung, und die Auflehnung vieler Amerikaner gegen die steuerliche Belastung privater Vermögen. In Kalifornien hatte eine «tax revolt» 1978 im Rahmen eines Referendums, der berüchtigten «Proposition 13», die Vermögenssteuer auf höchstens ein Prozent des Vermögens beschränkt und jedwede weitere Steuererhöhung von der Zustimmung einer Zweidrittelmehrheit in beiden Kammern der Legislative abhängig gemacht – zwei Neuerungen, die den «Golden State» schließlich in den finanziellen Ruin führen sollten. Als Reagan sich 1980 auf Steuersenkungen festlegte, sprach er Millionen von Amerikanern der «middle class» aus dem Herzen. Daß er seine Versprechungen würde einlösen können, war Ende 1980 allerdings nicht ausgemacht.

Offen war auch, ob der entschiedene Antikommunist Reagan als Präsident einen Kurs der offenen Konfrontation mit der Sowjetunion einschlagen oder sich als pragmatischer «Realpolitiker» erweisen würde. Es waren nicht nur Amerikaner, die sich diese Frage stellten. Auch viele Europäer diesseits und jenseits des «Eisernen Vorhangs» blickten zu Beginn des Jahres 1981 gespannt und nicht selten besorgt auf die größte der westlichen Demokratien.[6]

Zwischen Mudjahedin und Solidarność: Das Ende der Ära Breschnew

Zur gleichen Zeit, in der der Westen im Gefolge der Islamischen Revolution und des Krieges zwischen Iran und Irak von einer schweren Rezession, der zweiten Ölpreiskrise, heimgesucht wurde, erlebte auch die Sowjetunion einen dramatischen Wachstumseinbruch. Der Zuwachs des Nationaleinkommens sank Anfang der achtziger Jahre auf knapp 1 Prozent, die Kapitalproduktivität um 5 Prozent. Zwar war die Sowjetunion inzwischen zum weltgrößten Erdgas- und Rohölproduzenten und, nach Saudi-Arabien, zweitgrößten Ölexporteur aufgestiegen: Ölexporte machten etwa 60 Prozent ihrer Gesamtausfuhr aus. Aber zum einen fielen seit 1981 die Ölpreise wieder. Zum anderen wurde in der ersten Hälfte der achtziger Jahre immer deutlicher sichtbar, daß die UdSSR mit ihrem ehrgeizigen Vorhaben, den technischen Rückstand zum Westen aufzuholen, auf der ganzen Linie gescheitert war.

Die Verteuerung der Maschinen- und Anlagenimporte aus den «kapitalistischen Ländern», ihrerseits eine Folge der beiden Ölkrisen, trug zum Niedergang der Sowjetökonomie mit bei. Die entscheidenden Ursachen der Misere aber waren «hausgemacht»: Sie lagen letztlich im Unvermögen des kommunistischen Systems begründet, den notwendigen Übergang von einer extensiven zu einer intensiven Nutzung der natürlichen Ressourcen und der menschlichen Arbeitskraft zu bewältigen. Die Hochrüstung tat ein übriges, um den zivilen Sektor der Volkswirtschaft in die Stagnation zu treiben.

Was für den industriellen Sektor galt, traf auch für die Landwirtschaft zu: Ihre Mechanisierung blieb weit hinter den selbstgesteckten Zielen zurück; die chemische Industrie war nicht in der Lage, den Bedarf an Düngemitteln zu befriedigen; es fehlte an asphaltierten Straßen, auf denen die Produkte der Erzeuger rasch zu den verarbeitenden Betrieben und den Verbrauchern befördert werden konnten; die Klagen über mangelnde Arbeitsdisziplin in den Kolchosen waren chronisch. Stefan Plaggenborg faßt die Folgen in dem Verdikt zusammen: «Seit 1965 war die Landwirtschaft nicht mehr die Kuh, die erbarmungslos zum Zwecke des Industrieaufbaus gemolken wurde, sondern der Mühlstein, der der Sowjetwirtschaft am Halse hing. Am Ende der Breschnew-Periode stellte sich heraus, daß die Landwirtschaft ausweislich zahlreicher Faktoren schlechter dastand als 1964.»

Eine Folge der Krise der Landwirtschaft war der Wandel der Sowjetunion von einem Nettoexporteur von Getreide zum weltgrößten Getreideimporteur in den Jahren 1970 bis 1980. Als Präsident Carter die sowjetische Invasion in Afghanistan im Januar 1980 mit einem Getreideembargo beantwortete, traf er die Volkswirtschaft der UdSSR an einer besonders empfindlichen Stelle. Daß die Versorgung mit Nahrungsmitteln nicht völlig zusammenbrach, lag wesentlich an den Leistungen der privaten Nebenerwerbswirtschaft der Bauern: Nach sowjetischen Schätzungen lieferte sie 1980 fast zwei Drittel aller Kartoffeln, knapp ein Drittel aller Eier und insgesamt ein Viertel der gesamten Agrarproduktion.

Seit Ende der siebziger Jahre fiel es der Sowjetunion zunehmend schwer, das eigene Sozialsystem zu finanzieren. Die Subventionierung von Gütern des täglichen Bedarfs lag, pro Kopf berechnet, Anfang der achtziger Jahre über dem durchschnittlichen Monatslohn eines Arbeiters. Für die Kosten von Wohnung, Wasser und Heizung kam zum größten Teil der Staat auf. Da es Arbeitslosigkeit offiziell nicht geben durfte, Entlassungen also faktisch nicht möglich waren, mußten die Betriebe zahllose Arbeitskräfte beschäftigen, die kaum ausgelastet waren, aber voll entlohnt wurden: eine «Sozialleistung» in Form verdeckter Arbeitslosigkeit, deren Auswirkungen sich statistisch kaum erfassen ließen. Plaggenborg bündelt die einschlägigen Befunde in dem Urteil, «daß die finanziellen Möglichkeiten der Sowjetunion unter der Überdehnung des Sozialsystems ebenso litten wie unter der imperialen Überdehnung».

Daß die Sowjetführung mit ihren massiven Subventionen sozialem Protest zuvorkommen wollte, ist evident. Im großen und ganzen ging das Kalkül auch auf. Es gab zwar in den frühen achtziger Jahren immer wieder Arbeitsniederlegungen – unter anderem in Swerdlowsk, Sewastopol, den Gebieten um Tscheljabinsk und Krasnojarsk sowie in der Ukraine, in Litauen und Estland –, aber nur eine kleine Minderheit der Arbeiterklasse beteiligte sich an diesen Ausständen, auf die der Sicherheitsapparat regelmäßig mit der Verhaftung der «Rädelsführer» antwortete. Gegenüber politischen Dissidenten legte das Sowjetsystem in den ersten Jahren nach der Unterzeichnung der Helsinki-Schlußakte eine gewisse Zurückhaltung an den Tag. Auf der ersten Folgekonferenz der KSZE, die von Oktober 1977 bis März 1978 in Belgrad stattfand, wiesen die Vertreter der Sowjetunion und ihrer Verbündeten, allen voran der ČSSR, die Versuche des Westens, die Verletzung der Menschenrechte in den Staaten des Ostblocks zum Thema zu machen, als unerlaubte Einmischung in ihre Angelegenheiten schroff zurück. Immerhin gab es am Ende Übereinstimmung zwischen West und Ost, daß es ein weiteres Folgetreffen geben sollte. Es begann am 11. November 1980 in Madrid.

Im November 1979 – nahezu zeitgleich mit der Entscheidung, in Afghanistan zu intervenieren – verschärfte die sowjetische Führung ihre Maßnahmen gegenüber den Menschenrechtsaktivisten. Alexander Ginsburg und Jurij Orlow von der Moskauer «Öffentlichen Gruppe zur Förderung der Beschlüsse von Helsinki» waren, wohl auch als Antwort auf die Menschenrechtskampagne von Präsident Carter, bereits Anfang 1977 verhaftet und, ebenso wie viele ihrer Mitstreiter, im Verlauf des Jahres 1978 zu langjährigen Haftstrafen verurteilt worden. Bis 1982 wurden alle auffällig gewordenen Dissidentengruppen zerschlagen, ihre Mitglieder, darunter viele Frauen, verhaftet. Der international bekannteste Regimekritiker, der Kernphysiker Andrej Sacharow, wurde im Januar 1980 nach Gorki verbannt. Insgesamt belief sich die Zahl der zwischen 1979 und 1981 verhafteten Dissidenten auf etwa 500. Der Wunsch der Behörden, mögliche Störungen der Olympischen Sommerspiele 1980 in Moskau zu verhindern, dürfte bei der Wendung zu verschärfter Repression eine gewisse Rolle gespielt haben. Entscheidend war aber vermutlich ein anderer Faktor: Die UdSSR wollte dem Westen demonstrativ vor Augen führen, daß sie auch im Innern keinerlei Rücksicht mehr auf westliche Vorstellungen von politischem Wohlverhalten zu nehmen gedachte.

Der Krieg, den die Sowjetunion seit Ende Dezember 1979 in Afghanistan führte, verlief ganz anders, als die Kremlführung es erwartet hatte. Für die Massen der muslimischen Bevölkerung waren die Truppen der Roten Armee fremde Eindringlinge der schlimmsten, weil atheistischen Sorte. Ende Februar 1980 kam es in Kabul zu Massenprotesten gegen die Okkupation und die von den Sowjets eingesetzte Regierung von Babrak Karmal, wobei die sowjetische Botschaft beschossen und mehrere Sowjetbürger getötet wurden. Es folgten Angriffe der islamistischen Rebellen, der Mudjahedin, auf Autokolonnen der Roten Armee. Aus Pakistan und Iran drangen in der Folgezeit islamistische Widerstandskämpfer in wachsender Zahl ein. Waffen erhielt die Opposition nicht nur aus muslimischen Ländern, obenan Pakistan und Saudi-Arabien, sondern auch aus der Volksrepublik China und den USA. Seit März 1980 mußte man von bewaffnetem Widerstand auf breiter Front sprechen. Die bevorzugte Kampfform der Rebellen waren Angriffe aus dem Hinterhalt. Die Rote Armee beantwortete diese Herausforderung mit mehreren Großoffensiven, in deren Verlauf bis Ende 1980 rund 1500 Sowjetsoldaten fielen. Die offizielle afghanische Armee trat bei den Kämpfen nur selten in Erscheinung.

Der prominenteste Gegner der Invasion in Afghanistan innerhalb des Politbüros der KPdSU, Ministerpräsident Alexej Kossygin, erlebte den ersten Jahrestag des Kriegsbeginns nicht mehr. Schwer erkrankt, trat er am 23. Oktober 1980 als Regierungschef zurück; am 18. Dezember, zwei Monate vor seinem 77. Geburtstag, starb er. Kossygin hatte sich Ende der sechziger Jahre einen Ruf als Wirtschaftsreformer erworben; er galt als überzeugter Vertreter der Ost-West-Entspannung. Sein Nachfolger wurde der bisherige stellvertretende Ministerpräsident, der fünfundsiebzigjährige Nikolai Alexandrowitsch Tichonow, ein treuer Gefolgsmann des Parteichefs. Breschnew selbst war ein Jahr jünger als Tichonow, ebenso der ZK-Sekretär für Innenpolitik und Parteiarbeit Andrej Pawlowitsch Kirilenko. Das Durchschnittsalter der Mitglieder des Politbüros betrug 1978 67 Jahre. Das Wort von der «Gerontokratie» im Kreml traf ins Schwarze. Wenn von der Parteiführung im Kreml eines nicht zu erwarten war, dann war es der Wille zu einer grundlegenden Erneuerung des erstarrten Sowjetsystems.

Während sich die Sowjetunion am Hindukusch immer mehr in einen zähen Guerillakrieg verstrickte, geriet sie im Sommer 1980 auch im östlichen Mitteleuropa unerwartet in schwere Bedrängnis. Polen befand sich seit Ende der siebziger Jahre in einer tiefen wirtschaftlichen Krise: Die Auslandsverschuldung, mit deren Hilfe Parteichef Gierek den Lebensstandard der Bevölkerung einigermaßen zu sichern versuchte, stieg zwischen 1978 und 1980 von 18,5 auf 25 Milliarden Dollar. 1979 mußte Polen 75 Prozent, 1980 82 Prozent seiner Exporterlöse zur Abtragung der Schuldenlast gegenüber dem kapitalistischen Ausland verwenden. Ende der siebziger Jahre konnte die Staats- und Parteiführung die Elektrizitätsversorgung nicht mehr garantieren; stundenweise Stromabschaltungen waren nichts Ungewöhnliches. Einige Lebensmittel, darunter Zucker, wurden rationiert. Die Inflationsrate überstieg 1978 die Zehn-Prozent-Marke. 1979 fiel das Bruttosozialprodukt erstmals seit 1945 hinter den Vorjahresstand zurück.

Ein Wechsel im Amt des Regierungschefs – die Ablösung des langjährigen Ministerpräsidenten Piotr Jaroszewicz durch Edward Babiuch im Februar 1980 – bewirkte keine Besserung der Lage. Als das neue Kabinett am 1. Juli die Preise für einige Fleisch- und Wurstsorten anhob, kam es in zahlreichen Städten zu länger anhaltenden Proteststreiks. In Lublin legten Mitte Juli rund 200000 Arbeitnehmer die Arbeit nieder. Mitte August begann der legendäre Ausstand der Arbeiter der Danziger Leninwerft. Zum Aktionszentrum entwickelte sich das Streikkomitee der Werft unter dem Elektriker Lech Wałęsa, das sich binnen weniger Tage zu einem überbetrieblichen Streikkomitee erweiterte. Am 18. August übergab dieses Komitee dem Wojewoden von Danzig eine Liste mit 21 Forderungen. Die Kernpunkte betrafen die Einrichtung freier, von der Partei und den staatlichen Arbeitgebern unabhängiger Gewerkschaften, das Streikrecht sowie Meinungs- und Pressefreiheit. Am 20. August forderten 64 bekannte polnische Intellektuelle, unter ihnen der katholische Publizist Tadeusz Mazowiecki und die Historiker Bronisław Geremek und Władysław Bartoszewski, die Regierung auf, das Danziger Komitee als Verhandlungspartner anzuerkennen.

In den folgenden Tagen weiteten sich die Streiks und Betriebsbesetzungen von der Ostseeküste über das ganze Land aus. Nach einer

Phase des Schwankens ließ sich die politische Führung auf Verhandlungen ein und machte schließlich am 31. August in Danzig die entscheidenden Zugeständnisse: Sie gestattete die Gründung «neuer, sich selbst verwaltender Gewerkschaften ..., die authentische Repräsentanten der arbeitenden Klasse sind», versprach die Einschränkung der Zensur sowie Meinungsfreiheit, Pluralismus in den Medien und die Freilassung von oppositionellen Intellektuellen, die am 20. August und in den Tagen danach verhaftet worden waren.

Das war der Durchbruch. Am 3. September wurde eine ähnliche Abmachung mit dem oberschlesischen Streikkomitee unterzeichnet. Zwei Tage später trat Gierek aus «Gesundheitsgründen» zurück; sein Nachfolger wurde am 6. September der Parteisekretär für Sicherheitsfragen, Stanisław Kania. Am 17. September wurde in Danzig auf einem Treffen von Arbeitervertretern aus ganz Polen die «Unabhängige Selbstverwaltete Gewerkschaft Solidarność» gegründet. Den Vorsitz übernahm der Streikführer der Leninwerft, Lech Wałęsa. Am 24. Oktober 1980 wurde «Solidarność» offiziell registriert. Allerdings fügte das zuständige Warschauer Gericht dem Statut eine Loyalitätserklärung gegenüber der Polnischen Vereinigten Arbeiterpartei (PVAP) hinzu, wogegen die Verbandsgründer sofort Klage einreichten. Eine Drohung mit dem Generalstreik bewirkte, daß das Oberste Gericht die Klage am 10. November annahm. Die Loyalitätserklärung wurde in den Anhang der Gründungsurkunde verwiesen.

Eine parteiunabhängige Gewerkschaft in einem kommunistischen Staat war ein Widerspruch in sich. Lenin hatte in den Gewerkschaften «Transmissionsriemen» zwischen der kommunistischen Partei und den Arbeitermassen gesehen, ihnen also nur die Rolle eines Machtinstruments der Partei zuerkannt. Die Danziger 21 Forderungen vom 18. August 1980 waren mithin eine Kampfansage an jenen «demokratischen Zentralismus», an dem sich, entsprechend den 21 Bedingungen für die Aufnahme in die Kommunistische Internationale vom 6. August 1920, kommunistische Parteien auszurichten hatten. Die Komintern war zwar im Mai 1943 formell aufgelöst worden, der «demokratische Zentralismus» aber bestand fort und mit ihm das Dogma von der Parteiabhängigkeit der Gewerkschaften. Was sich in Polen im Sommer 1980 abspielte, hatte folglich revolutionäre (oder, aus der Sicht orthodoxer «Marxisten-Leninisten», konterrevolutionäre) Qualität.

Der Zustand der «Doppelherrschaft», in den Polen damals eintrat,

konnte nicht von Dauer sein. Der Widerspruch zwischen dem freiheitlichen Charakter der neuen Gewerkschaft und dem diktatorischen
Charakter der Staatsgewalt drängte auf eine Lösung. Die «Machtfrage» mußte früher oder später geklärt werden. Wie die Sowjetunion
sich gegenüber der polnischen Krise verhalten würde, war im Sommer
1980 noch offen. Klar war hingegen schon zu jener Zeit eine der tieferen Ursachen des neuen polnischen Freiheitskampfes: Das Selbstbewußtsein, mit dem die streikenden Arbeiter Staat und Partei gegen-
übertraten, stützte sich auch auf die Tatsache, daß es seit dem Oktober
1978 in Rom einen polnischen Papst gab. Der erste Besuch, den Johannes Paul II. im Juni 1979 seiner Heimat abstattete, hatte vor aller Welt
deutlich gemacht, daß er mit mehr Recht als der jeweilige Parteichef
für sich beanspruchen konnte, im Namen Polens zu sprechen.

Die kommunistischen Parteiführungen in Moskau, Prag und Ost-
Berlin waren durch die polnischen Ereignisse aufs höchste alarmiert.
Vor einer militärischen Intervention aber schreckte die Sowjetunion
trotz des Drängens der SED und der KPČ einstweilen zurück. Anders
als in Ungarn 1956 und zwölf Jahre später in der Tschechoslowakei
mußten die potentiellen Invasoren im Fall Polens mit einem langanhaltenden und breiten Volkswiderstand rechnen. Eine Mischung aus
Krieg und Bürgerkrieg in Polen, zeitgleich mit dem Krieg in Afghanistan, hätte einen Zweifrontenkrieg bedeutet. Eine Intervention des
Warschauer Pakts in Polen nur wenige Monate nach dem Einmarsch
der Roten Armee in Afghanistan hätte die Aussicht auf Wiederherstellung eines gedeihlichen Verhältnisses zum Westen auf absehbare Zeit
zerstört – ein Risiko, das auch sowjetische «Hardliner» tunlichst vermeiden wollten. Die einzige Lösung des Problems «Solidarność», die
diese Gefahr nicht oder nur in geringem Maß heraufbeschwor, war die
«polnische Lösung»: die Zerschlagung der oppositionellen Gewerkschaft durch die kommunistische Staatsmacht in Warschau. In diesem
Sinn setzte Moskau die PVAP unter Druck – wobei die Drohung,
andernfalls doch zu intervenieren, unüberhörbar war.

Im Herbst und Winter 1980/81 wich die polnische Führung angesichts neuer Streiks freilich noch mehrfach vor den Forderungen der
unabhängigen Gewerkschaft zurück. «Solidarność» wurde währenddessen immer stärker: Die Mitgliederzahl stieg bis zum Juni 1981 auf
9,5 Millionen an, während die «alten» offiziellen Gewerkschaften
8,5 Millionen Mitglieder verloren. Die Anziehungskraft der neuen

Massenbewegung beruhte, wie Włodzimierz Borodziej schreibt, zu einem guten Teil darauf, daß sie je nach Betrieb, Milieu und Region verschiedene Gesichter trug. «Sie war zugleich sozialistisch, sozialdemokratisch und katholisch, fundamentalistisch und reformorientiert, Gewerkschaft und nationale Partei, antikommunistische Protestbewegung, Debattierklub und institutionalisierte Bürgergesellschaft in einem.» Während manche radikalen Arbeiter schon an eine Verdrängung der PVAP aus der politischen Macht dachten, warnten Wałęsas intellektuelle Berater vor Provokationen, die zu einem Eingreifen der Sowjetunion führen konnten. Aus der Sicht dieser «Realpolitiker» erschien eine Art «finnische Lösung» erstrebenswert: Innere Unabhängigkeit Polens bei gleichzeitiger Respektierung der außen- und sicherheitspolitischen Interessen der Sowjetunion.

Am 11. Februar 1981 signalisierte ein Wechsel im Amt des Ministerpräsidenten erstmals die Möglichkeit einer militärischen Lösung der innenpolitischen Krise: Verteidigungsminister Wojciech Jaruzelski, ein Armeegeneral, wurde unter Beibehaltung seines Ressorts als Nachfolger von Edward Babiuch Regierungschef. Ende März konnte Jaruzelski in Verhandlungen mit «Solidarność» einen Generalstreik nur noch durch die Drohung mit der Proklamation des Kriegsrechts abwenden. Am 5. Juni erhielt die Führung der PVAP einen Brief des ZK der KPdSU, der scharfe Kritik an den «nicht endenden Zugeständnissen gegenüber den antisozialistischen Kräften» übte, ja der PVAP ein schrittweises Zurückweichen vor dem «Druck der inneren Konterrevolution» vorwarf; die Situation in Polen sei dadurch an einen «kritischen Punkt» gelangt. Im Monat darauf, Mitte Juli 1981, wurde Stanisław Kania auf dem 9. Parteitag der PVAP erneut zum Ersten Sekretär gewählt. In seiner Abschlußrede warnte Kania vor «Anarchie» und «Konterrevolution».

Ende Juli und Anfang August kam es in Polen zu Massendemonstrationen und Hungermärschen gegen die immer schlechtere Versorgung mit Lebensmitteln. Darauf erhöhte die Sowjetunion ihren Druck. Am 8. August traf sich der Oberkommandierende des Warschauer Pakts, Marschall Kulikow, mit Ministerpräsident Jaruzelski. Am 14. August begaben sich Kania und Jaruzelski zu einer Besprechung mit Breschnew auf die Krim. Der Generalsekretär der KPdSU forderte die polnischen Kommunisten einerseits auf, alles zu tun, damit es dem Klassenfeind nicht gelinge, das Land in das kapitalistische Lager zu bringen. Andererseits sagte er Polen zusätzliche Warenlieferungen und

einen Aufschub bei der Tilgung seiner Schulden zu. Auf dem 3. Plenum
des ZK der PVAP am 2. und 3. September warnte Parteichef Kania vor
der Annahme der «Feinde», «daß die Regierung ganz sicher nicht den
Ausnahmezustand über Polen verhängen wird». Vielmehr werde die
Regierung zur Verteidigung des Sozialismus alle Mittel einsetzen, die
dafür notwendig seien. Vermutlich deutete er damit an, worauf er und
Jaruzelski sich mit Breschnew auf der Krim verständigt haben dürften.

Ed den Wochen darauf spitzte sich die polnische Krise weiter zu.
Der erste Delegiertenkongreß der «Solidarność», der am 9. September
in Danzig zusammentrat, beschloß zum Entsetzen Geremeks und anderer Gemäßigter einen Appell an die Arbeiter der anderen «sozialistischen» Staaten, ebenfalls für freie Gewerkschaften zu kämpfen. Am
18. Oktober beschrieb das ZK der PVAP vor dem Hintergrund einer
neuen Streikwelle die Situation als «akute Bedrohung der Existenz der
Nation sowie eine Gefährdung des Staates». Ende November kündigte
Jaruzelski ein Gesetz über den Ausnahmezustand an. Anfang Dezember begann der Sejm, das polnische Parlament, mit der Beratung der
Vorlage, stellte diese Arbeit aber nach einem dringlichen Appell des
Primas von Polen, Erzbischof Glemp, am 8. Dezember ein.

Einen Augenblick lang schien es, als sei doch noch eine gewaltlose
Lösung der Krise möglich. Der Beschluß des Sejm war jedoch nur ein
Ablenkungsmanöver der Staatsmacht. Am frühen Morgen des 13. Dezember verhängte General Jaruzelski das Kriegsrecht über Polen. Polizei
und Armee besetzten alle Verkehrsknotenpunkte. In einer Nacht- und
Nebelaktion wurden alle Aktivisten von «Solidarność», derer die Polizei habhaft werden konnte, festgenommen und die intellektuellen
Sympathisanten der unabhängigen Gewerkschaft, obenan die Berater
Wałęsas, in Internierungslager verbracht. Die Gesamtzahl der Verhafteten belief sich am Jahresende auf etwa 10 000. Die Streik-, Versamm-
lungs- und Bewegungsfreiheit wurden aufgehoben, das Telefonnetz
zeitweilig ausgeschaltet, Tankstellen geschlossen, Rundfunk und Fernsehen unter Militärkontrolle gestellt, Schulen und Hochschulen vorübergehend geschlossen. Die Leitung der Betriebe übernahmen Beauftragte des neugebildeten Militärischen Rates der Nationalen Rettung.

Die Anhänger der «Solidarność» wehrten sich mit Tausenden von
spontanen Streiks, die aber rasch unterdrückt wurden – in einem
Fall, einer Grube im oberschlesischen Kattowitz, erst nach heftigen
Kämpfen, die acht Bergleute das Leben kosteten. Unmittelbar nach der

Verhängung des Kriegsrechts begannen die Mitglieder der nunmehr «suspendierten» Gewerkschaft, Hilfsmaßnahmen für die Familien der Verhafteten und Internierten zu organisieren und ein illegales Kommunikationssystem aufzubauen. Was sie mit ihren Untergrundaktivitäten nicht verhindern konnten, war die Wiedereinführung einer umfassenden Briefzensur und eines dichten Spitzelwesens, das an stalinistische Zeiten erinnerte. Seiner Realverfassung nach war Polen seit dem 13. Dezember 1981 bis auf weiteres eine kommunistische Militärdiktatur.

Die westlichen Demokratien hatten vor dem 13. Dezember 1981 die Sowjetunion immer wieder ermahnt, nicht in Polen zu intervenieren und das Land seine Angelegenheiten selbst regeln zu lassen. Die Art und Weise, wie General Jaruzelski die polnische Krise löste, führte sofort zu geharnischten Protesten und kurz darauf zu wirtschaftlichen Sanktionen. Die anstehenden Verhandlungen über die polnischen Hartwährungsschulden wurden abgesagt und eine Kreditsperre verhängt. Die USA gingen auf Weisung Präsident Reagans noch sehr viel weiter als ihre europäischen Verbündeten: Sie unterbanden Agrarlieferungen an Polen, soweit sie bisher von der Regierung gefördert worden waren, untersagten polnischen Schiffen, in amerikanischen Gewässern zu fischen, und suspendierten die Landungsrechte der staatlichen polnischen Fluggesellschaft LOT. Darüber hinaus belegten die USA, entgegen den Warnungen ihrer europäischen Partner, auch die Sowjetunion mit Sanktionen. Sie vertagten die geplanten Verhandlungen über ein neues Getreidelieferungsabkommen und unterbrachen den Verkauf von Öl- und Gastechnologie sowie «High-Tech» an die UdSSR.

In manche westeuropäischen Kommentare zur Verhängung des Kriegsrechts in Polen mischte sich jedoch auch ein Gefühl der Erleichterung: Eine militärische Intervention der Sowjetunion wäre nach dem Einmarsch der Roten Armee in Afghanistan jener «zweite Schlag» gewesen, dem die Entspannungspolitik zufolge der gemeinsamen Erklärung von Präsident Giscard d'Estaing und Bundeskanzler Schmidt vom 5. Februar 1980 nicht standgehalten hätte. Die interne polnische Lösung, so brutal sie war, erschien demgegenüber als das bei weitem kleinere Übel – eine Einschätzung, die nicht weit entfernt war von der Jaruzelskis und seiner engsten Umgebung. Bei Teilen der westeuropäischen Linken hatte der Kampf von «Solidarność» sogar ein gewisses Mißtrauen hervorgerufen: Die unabhängige Gewerkschaft war in den

Augen mancher Sozialdemokraten und Gewerkschafter allzu katholisch und national.

In der Bundesrepublik Deutschland betrachteten manche führenden Sozialdemokraten «Solidarność» geradezu als Gefahr für die Entspannungspolitik im allgemeinen und die Bemühungen um ein besseres Verhältnis zur DDR im besonderen. Bundeskanzler Schmidt, der sich am 13. Dezember zu Verhandlungen mit Erich Honecker, dem Generalsekretär der SED und (seit Oktober 1976) Staatsratsvorsitzenden der DDR, im anderen deutschen Staat aufhielt, erklärte nach Abschluß seiner Gespräche in der Schorfheide in einem Fernsehinterview, auf die Verhängung des Kriegsrechts in Polen angesprochen, sogar: «Herr Honecker ist genauso bestürzt gewesen wie ich, daß dies nun notwendig war.» Nach Bonn zurückgekehrt, reagierte Schmidt auf die öffentliche Kritik an dieser Äußerung am 18. Dezember im Bundestag mit der Beteuerung, daß er mit ganzem Herzen auf der Seite der polnischen Arbeiter stehe und die alsbaldige Beendigung des Kriegszustands wünsche.

Aufgehoben wurde das Kriegsrecht erst am 21. Juli 1983 – wenige Wochen nach dem zweiten Besuch von Papst Johannes Paul II. in seiner Heimat. Die westlichen Sanktionen, die daraufhin ihrerseits aufgehoben wurden, hatten erheblich zu dieser Entscheidung beigetragen. «Solidarność» blieb suspendiert, war aber, nicht zuletzt dank ideeller und materieller Unterstützung aus dem Westen, darunter auch von der CIA, im Untergrund weiter aktiv. Mehr als einmal hatte die Gewerkschaft unter Geltung des Kriegsrechts ihre Anhänger zu Demonstrationen aufgerufen – mit besonders großem Erfolg am 31. August 1982, dem zweiten Jahrestag des Danziger Abkommens, als fast 120 000 Menschen auf die Straße gingen.

Bei den intellektuellen Unterstützern von «Solidarność» wurden um diese Zeit längst schon selbstkritisch die Fehler im eigenen Lager diskutiert, die der Staats- und Parteimacht die Zerschlagung der Massenbewegung erleichtert hatten, darunter der provokative Appell an die Arbeiter anderer «sozialistischer» Staaten, dem polnischen Beispiel zu folgen. In der Staats- und Parteiführung gab es ihrerseits Kräfte, die sich bewußt waren, daß Polen, wenn es seinen außenpolitischen Handlungsspielraum erweitern wollte, die Konfrontation zwischen Regime und Gesellschaft überwinden mußte. Polen hatte zwischen dem Sommer 1980 und dem Winter 1981/82 vor aller Welt deutlich gemacht, daß seine Freiheitsliebe auch nach dreieinhalb Jahrzehnten kommunistischer Diktatur ungebrochen war. Daß eineinhalb Jahre Kriegsrecht an diesem Befund nichts zu ändern vermocht hatten, gehörte zu den wenigen polnischen Gewißheiten des Sommers 1983.

Die Intellektuellen, die den Aufbruch der «Solidarność» mitgetragen und mitgestaltet hatten, hörten, nachdem sie aus den Internierungslagern entlassen worden waren, nicht auf, über eine Zukunft ohne sowjetische Vormundschaft und politische Repression nachzudenken. Sie waren damit nicht allein. 1983 erschien in den Historischen Akten der Ungarischen Akademie der Wissenschaften auf englisch eine Abhandlung des Historikers Jenö Szücs mit dem Titel «The Three Historical Regions of Europe». Darin arbeitete der Autor die sozial- und kulturgeschichtlichen Gemeinsamkeiten zwischen dem west- und dem mitteleuropäischen Teil des alten Okzidents, des «lateinischen» Europa, heraus – Gemeinsamkeiten, die den Okzident als eine in sich vielfältige differenzierte Einheit erscheinen ließen und vom orthodox geprägten Osteuropa und vom Balkanraum abhoben. Der Artikel wirkte in Ungarn wie ein Paukenschlag und löste bald auch in anderen Staaten Ostmitteleuropas lebhafte Debatten aus.

Im gleichen Jahr veröffentlichte der tschechische Schriftsteller Milan Kundera, der seit 1975 in Frankreich lebte, einen Essay mit dem Titel «Un occident kidnappé», der in der «New York Review of Books» im April 1984 unter dem Titel «The Tragedy of Central Europe» auf englisch erschien und sofort in ostmitteleuropäischen Dissidentenkreisen die Runde machte. Der Aufsatz war mehr als ein Abgesang auf die untergegangene Kultur jenes Teils des alten Westens, der durch Jalta nach 1945 politisch zu einem Teil des Ostens geworden war. Kundera nannte die «totalitäre russische Zivilisation» die «radikale Negation des modernen Westens» – eines Westens, der durch die Autorität des denkenden und zweifelnden Individuums und ein einzigartiges künstlerisches Schöpfertum geprägt sei. Den Westeuropäern warf Kundera vor, im östlichen Mitteleuropa auf Grund des dort herrschenden politischen Systems nicht einen Teil des Westens, sondern des Ostens zu sehen. So gesehen sei nicht Rußland, sondern Europa die wirkliche Tragödie für Mitteleuropa.

Auf manche Intellektuelle des Westens wirkte der Essay wie ein Weckruf. Die polnischen Intellektuellen aus dem Kreis um «Solidarność» bedurften dessen nicht. Sie konnten sich in dem Bewußtsein bestätigt fühlen, daß ihr Kampf nicht nur einer nationalen, sondern einer größeren Sache diente: dem Selbstbestimmungsrecht aller Völker Europas, denen die Freiheit seit bald vier Jahrzehnten vorenthalten wurde.

Am 10. November 1982, fünfeinhalb Wochen vor der Vollendung seines 76. Lebensjahres, starb Leonid Breschnew. Bald nach seinem Tod wurde es in der Sowjetunion üblich, von den 18 Jahren, in denen er an der Spitze der KPdSU gestanden hatte, als der «Ära der Stagnation» zu sprechen. Was die sechziger und frühen siebziger Jahre angeht, ist dieses Etikett zu pauschal. Auf dem Gebiet der Wirtschaftsreform war Breschnew zunächst durchaus kein «Bremser», und in Sachen Entspannung zwischen Ost und West entfaltete er eine bemerkenswerte Zielstrebigkeit und Energie. Restaurativ wirkte seine allgemeine Innenpolitik, die ganz im Zeichen der Wahrung von Ruhe und Ordnung mit den Mitteln bürokratischer Repression stand. Die von Chruschtschow eingeleitete Entstalinisierung wurde abgebrochen, Stalin sogar teilweise rehabilitiert. Gegen Dissidenten ging das Regime unter Breschnew von Anfang an mit unnachsichtiger Härte vor. Den Mitgliedstaaten des Warschauer Pakts wurden, sofern das Risiko einer Intervention nicht zu hoch erschien, die Grenzen ihrer Souveränität gegebenenfalls auch mit militärischer Gewalt vor Augen geführt. In den letzten Jahren der Ära Breschnew waren die Zeichen des wirtschaftlichen Niedergangs der Sowjetunion ebenso unübersehbar wie das Unvermögen des Politbüros, dieser Entwicklung Einhalt zu gebieten. Einer ihrer Gründe war die Hochrüstung, für die in letzter Instanz Breschnew die politische Verantwortung trug.

Zum Nachfolger Breschnews wurde am 12. November 1982 der Chef des KGB, der achtundsechzigjährige Jurij Wladimirowitsch Andropow, gewählt, der ein halbes Jahr zuvor, entgegen dem ausdrücklichen Wunsch Breschnews, die Nachfolge des verstorbenen ZK-Sekretärs für Ideologie und Außenpolitik, Michail Andrejewitsch Suslow, angetreten hatte. Andropow ging der Ruf eines elastischen, ja reformfreundlichen Politikers voraus. Tatsächlich war er als Innenminister und Chef der Polizei der oberste Exekutor der Unterdrückung aller Andersdenkenden gewesen, und er dachte nicht daran, als Generalsekretär der KPdSU die Politik zu desavouieren, die er zuvor betrieben hatte. Die Zensur wurde unter Andropow sogar weiter verschärft.

«Liberal» konnte man allenfalls die Amnestie vom Dezember 1982 nennen, die aus Anlaß des 60. Gründungstages der Sowjetunion beschlossen wurde. Seinen ganzen Elan widmete Andropow dem Kampf gegen Korruption und Trunksucht und für mehr Arbeitsdisziplin in Betrieben und Verwaltung. Weitere Reformen in Angriff zu nehmen fehlte Andropow wohl weniger der Wille als die Zeit: Am 9. Februar 1984 starb er an Nierenversagen.

Dem siebzigjährigen Andropow folgte der zweiundsiebzigjährige Konstantin Ustinowitsch Tschernenko, den Breschnew als seinen «Kronprinzen» betrachtet hatte. Reformen durfte man von Tschernenko nicht erwarten. Obwohl innerhalb der entscheidenden Vierergruppe des Politbüros, der außer ihm Ministerpräsident Tichonow, Verteidigungsminister Ustinow und Außenminister Gromyko angehörten, der Jüngste, war der neue Generalsekretär von Anfang an weder physisch noch intellektuell der Bürde seines Amtes gewachsen. «Nur mit Mühe schleppte er sich ans Rednerpult und las kurzatmig und ausdruckslos ab, was man ihm vorformuliert hatte; die großen Reden mußte er ohnehin anderen überlassen», schreibt Helmut Altrichter. Am 10. März 1985 starb Tschernenko.

Das gerontokratische Regime des Politbüros hatte sich zwischen 1982 und 1985 selbst ad absurdum geführt. Dennoch dachte ein Teil seiner Mitglieder ernsthaft daran, erneut einen Veteranen mit der Nachfolge des verstorbenen Generalsekretärs zu betrauen: den einundsiebzigjährigen Moskauer Wiktor Wassiljewitsch Grischin. Die Mehrheit aber war diesmal zu einem Neuanfang in Gestalt eines Generationswechsels an der Spitze bereit: Am 11. März 1985 wurde der neunundvierzigjährige frühere Parteisekretär von Stawropol, Michail Gorbatschow, zum neuen Generalsekretär gewählt. Die Entscheidung sollte sich bald als die bislang tiefste Zäsur in der Geschichte der Sowjetunion erweisen.[7]

Stärke auf Pump: Die USA unter Ronald Reagan 1980–1984

Als Ronald Reagan am 20. Januar 1981 sein Amt als 40. Präsident der USA antrat, wußte er einen mächtigen Verbündeten auf seiner Seite: das Gefühl seiner Wählerinnen und Wähler, daß eine Phase des Niedergangs und des Selbstzweifels, als die sie die Regierungszeit Jimmy Carters empfanden, hinter ihnen lag und sie unter dem neuen Mann im Weißen Haus wieder ungebrochen stolz auf ihr Land sein durften. In seiner Inaugurationsrede verkündete Reagan denn auch eine «Ära der nationalen Erneuerung» (an era of national renewal) und bekannte sich zum Recht Amerikas, «heroische Träume zu träumen» (We have every right to dream heroic dreams). Er versprach seinen Landsleuten eine Linderung der drückenden Steuerlast und eine Beschränkung der Staatstätigkeit auf das unbedingt Notwendige: «In der gegenwärtigen Krise ist die Regierung nicht die Lösung unseres Problems; die Regierung *ist* das Problem» (In this present crisis, government ist not the solution to our problem; government is the problem).

Mit seiner Absage an «big government» sprach Reagan vor allem jenen wohlhabenden Amerikanern aus dem Herzen, die Staatseingriffe in die Wirtschaft, eine finanzielle Umverteilung zugunsten einkommensschwacher Gruppen und auch sonst alles, was an die Politik europäischer Wohlfahrtsstaaten erinnerte, strikt ablehnten. Die neoliberalen Anhänger eines entfesselten Kapitalismus bildeten einen Teil der sogenannten «Reagan Coalition». Ein anderer Teil waren die Neokonservativen – Intellektuelle wie Irving Kristol, Paul Wolfowitz, Norman Podhoretz, der stellvertretende Verteidigungsminister Richard Perle oder Reagans Lieblingskolumnist William F. Buckley, Jr., von denen viele früher zur politischen Linken gehört, sich dann aber zu entschiedenen Antikommunisten und scharfen Kritikern der Détente gegenüber der Sowjetunion entwickelt hatten. Die meisten gehörten zum Kreis um die Zeitschrift «Commentary», das Organ des Jewish Committee. Sie waren intellektuell geprägt durch die scharfe Kritik, die der aus dem nationalsozialistischen Deutschland emigrierte Philosoph Leo Strauss, ein vom dezisionistischen Denken des Staatsrechtlers Carl Schmitt beeinflußter Konservativer, am vermeintlichen Relativismus, ja letztlich Nihilismus des Liberalismus geübt hatte. Das Amerika, das ihren Vorstellungen entsprach, mußte militärisch stark und gegebenenfalls bereit sein, im Kampf um die Durchsetzung seiner Ideale auch politische Risiken einzugehen.

Von den «Neo-Cons» hob sich eine weitere Säule des Reagan-Lagers ab: die populistisch agierende «Neue Rechte», die Ressentiments gegenüber den Eliten der Ostküste schürte und damit an Vorurteile anknüpfte, die in den USA eine lange, weit ins 19. Jahrhundert zurückreichende Tradition hatten. Noch ältere Wurzeln hatte die in viele Gruppierungen gespaltene, fundamentalistische Bewegung evangelikaler Christen, von denen nicht alle, aber viele mit der Präsidentschaft Reagans die Hoffnung verbanden, der neue Mann im Weißen Haus werde einen energischen Kampf gegen alle Erscheinungen der «permissiven Gesellschaft», darunter Atheismus, Abtreibungen und Homosexualität, aufnehmen und den traditionellen Werten Amerikas, obenan denen der Familie und des Patriotismus, wieder Geltung verschaffen.

Dem ehemaligen Filmschauspieler Reagan fiel es leicht, mit seinem persönlichen Charme Menschen für sich einzunehmen. Seine Reden, die er, für das Publikum unsichtbar, von einem Teleprompter ablas, wirkten souverän, ja staatsmännisch. Geschrieben hatten sie «Ghostwriter», die es verstanden, den Präsidenten stets authentisch erscheinen zu lassen. Seine Kenntnisse von Geschichte, Politik und Wirtschaft waren bescheiden; anspruchsvolle Bücher las er kaum; Anekdoten hatten für ihn eine höhere Beweiskraft als Analysen; von seinen Beratern war er in höherem Maß abhängig als irgendeiner seiner Vorgänger.

Reagan besaß einige wenige Grundüberzeugungen. Dazu gehörten der Glaube an die Größe Amerikas und die Vorbildlichkeit des «American way of life», die Wertschätzung des freien Spiels der Marktkräfte, die Gewißheit, daß es kein besseres Mittel zur Belebung der Wirtschaft gab als die Senkung der Einkommensteuern, und nicht zuletzt ein unbeugsamer Antikommunismus. Vom deutschen Bundeskanzler Helmut Schmidt Ende November 1980, kurz nach seiner Wahl, auf das künftige Verhalten Breschnews und der Sowjetunion angesprochen, meinte Reagan, er wisse, «was die wollen». Auf Schmidts Frage, aus welcher Quelle sein Wissen stamme, erwiderte der designierte Präsident: «Als ich Vorsitzender der Filmschauspieler-Gewerkschaft gewesen bin, haben die Kommunisten meine Gewerkschaft zu unterwandern versucht. Daher weiß ich genau, was die wollen.» Der «Détente» stand Reagan infolgedessen von Anfang an skeptisch bis ablehnend gegenüber. Seit 1977 war er Mitglied des neugegründeten Committee on the Present Danger (CPD), dem durchwegs entschiedene Kritiker vom früheren Außenminister Dean Rusk über Kennedys Sicherheitsberater Walt Rostow bis hin zu dem konservativen Politikwissenschaftler und Sowjetexperten Richard Pipes angehörten.

Reagan war knapp zehn Wochen im Amt, als er am 30. März 1981 nach einem Treffen mit Führern der Dachgewerkschaft AFL/CIO in der Nähe des Washingtoner Hilton-Hotels von einem geistig verwirrten Attentäter angeschossen und schwer verletzt wurde. Am 11. April konnte Reagan, populär wie nie zuvor, das Krankenhaus, in dem er sofort operiert worden war, wieder verlassen. Hätte er nicht überlebt, wäre sein Nachfolger Vizepräsident George Herbert Walker Bush gewesen, der unter Nixon an der Spitze des Republican National Committee gestanden hatte und 1976/77 ein knappes Jahr lang Chef der CIA gewesen war. Auf die unbedingte Loyalität von Bush konnte sich Reagan ebenso verlassen wie auf die seines Stabschefs im Weißen Haus, James Baker, seines Rechtsberaters Edwin Meese, des Chefs der CIA, William Casey, und die von Verteidigungsminister Caspar Weinberger, der schon Ende der sechziger Jahre, zu Beginn der Amtszeit Reagans als Gouverneur von Kalifornien, ein enger Mitarbeiter des jetzigen Präsidenten gewesen war.

Schwierig gestaltete sich hingegen das Verhältnis des Präsidenten zu Außenminister Alexander Haig, einem ehemaligen Armeegeneral, der Nixons letzter Stabschef und von 1974 bis 1979 Oberbefehlshaber der NATO in Europa gewesen war. Haig übertraf in seinem vehementen Antikommunismus womöglich noch Reagan selbst. Häufige Konflikte mit Weinberger, der wie Haig als «Falke» galt, aber anders als dieser das besondere Vertrauen des Präsidenten genoß, trugen dazu bei, die Stellung des Außenministers im Washingtoner Machtgefüge allmählich zu untergraben. Am 25. Juni 1982 trat Haig zurück. Sein Nachfolger, der einstige Wirtschaftsprofessor und Finanzminister unter Nixon, George Shultz, erwies sich als Glücksfall für Reagan: Anders als sein cholerischer, häufig arrogant auftretender Vorgänger war Shultz ein kühl kalkulierender, diplomatisch geschickter Sachwalter dessen, was er als «national interest» der Vereinigten Staaten verstand.

Den Schwerpunkt der Regierungsarbeit bildete im ersten Halbjahr 1981 die von Reagan im Wahlkampf und in seiner Inaugurationsrede versprochene Haushalts- und Steuerreform, für die innerhalb des Kabinetts Finanzminister Donald Regan und der Direktor des Budgetbüros, der bisherige Kongreßabgeordnete David Stockman, zuständig waren. Am 18. Februar kündigte der Präsident massive Einsparungen in Höhe von 47 Milliarden Dollar an, wobei der Hauptteil der Ausgabenkürzungen zu Lasten von Programmen zur Unterstützung der Armen ging. Zusammen mit den geplanten Steuersenkungen sollten die Sparmaßnahmen das für 1981 von der Regierung Carter erwartete Haushaltsdefizit in Höhe von 55 Milliarden Dollar abbauen und bis 1984 sogar Überschüsse erbringen. Einen Tag später gab Finanzminister Donald Regan Schätzungen bekannt, wonach als Reaktion auf die neue Wirtschafts- und Finanzpolitik die privaten Investitionen innerhalb der nächsten zwei Jahre stärker ansteigen würden als je zuvor, so daß bis 1986 mit einem Wachstum der amerikanischen Wirtschaft um 25,5 Prozent zu rechnen war.

Am 13. August 1981 konnte Reagan sowohl das Steuer- als auch das Haushaltsgesetz unterzeichnen. Die Einkommensteuern wurden zum 1. Oktober um 5, in den folgenden beiden Jahren um jeweils 10 Prozent gesenkt: Die Ausgabenkürzungen beliefen sich, als Ergebnis der Beschlüsse von Senat und Repräsentantenhaus, auf 35 Milliarden Dollar im nächsten Haushaltsjahr. Insgesamt rechnete die Regierung Reagan mit Einnahmeausfällen in Höhe von 280 Milliarden Dollar, die aber durch die fiskalischen Erträge des erwarteten Wirtschaftswachstums mehr als ausgeglichen werden würden.

Mit der Steuer- und Haushaltsreform von 1981, dem Kernstück der sogenannten «Reagan-Revolution», folgten Reagan und seine Berater einer angebotsorientierten Politik, den sogenannten «supply-side economics» – einer theoretischen Antwort auf den Keynesianismus, der auf Konjunkturkrisen mit der Stärkung der Binnennachfrage in Gestalt von staatlichem «deficit spending» zu reagieren empfahl. Als sich nach dem ersten Ölpreisschock von 1973 erwies, daß dem Abgleiten der amerikanischen, ja der Weltwirtschaft in Stagnation und Unterbeschäftigung mit den keynesianischen Mitteln nicht beizukommen war, wuchs das Interesse an alternativen Lösungsvorschlägen. Ein solches Angebot war das von dem Wirtschaftswissenschaftler Arthur B. Laffer entdeckte (oder vielmehr wiederentdeckte) Theorem, daß von einem bestimmten Satz ab Steuererhöhungen das allgemeine Steueraufkommen nicht vermehrten, sondern verminderten, weil sie die wirtschaftlichen Aktivitäten hemmten. Steuersenkungen hingegen versprachen dieser Doktrin zufolge Wirtschaftswachstum und in dessen Folge neue Steuereinnahmen. Ähnlich wie Laffer argumentierte Martin Feldstein, der von 1982 bis 1984 Vorsitzender des wirtschaftspolitischen Beraterstabs der Bundesregierung, des Council of Economic Advisers, war. Reagan selbst propagierte die neue Lehre spätestens seit 1978. Finanzminister Regan, Haushaltsdirektor David Stockman und der einflußreiche republikanische Kongreßabgeordnete Jack Kemp aus New York waren überzeugte Anhänger der «supply-side economics», die von Kritikern bald schon als «Reaganomics» bezeichnet wurden.

Die tatsächliche Entwicklung verlief anders, als es die Regierung Reagan in ihren optimistischen Vorhersagen unterstellt und die Propagandisten der «Reagan Revolution» angekündigt hatten. Die von der zweiten Ölpreiskrise ausgelöste globale Rezession durchkreuzte die Erwartung, 1982 werde die amerikanische Volkswirtschaft um real 4,2 Prozent wachsen; statt dessen sank sie um 2,1 Prozent. Die Arbeitslosenquote lag mit 9,7 Prozent um 2,5 Prozentpunkte höher als geplant. Zwischen 1981 und 1986 belief sich das Wirtschaftswachstum auf 17 Prozent und blieb damit um 8,5 Prozentpunkte hinter der Prognose zurück. Die Geldentwertung war rückläufig: Der Konsumentenpreisindex fiel von 13,5 Prozent im Jahr 1980 auf 1,9 Prozent im Jahr 1986. Erwartet hatte die «Treasury», das Finanzministerium, für dieses Jahr eine Inflationsrate von 4,2 Prozent.

Die Rückkehr zur Geldwertstabilität war nicht das Werk der Regierung Reagan, sondern in erster Linie der «Fed», des Federal Reserve System, unter ihrem noch von Carter ernannten Präsidenten Paul Volcker, einem pragmatischen «Monetaristen». Mit ihrer restriktiven Geldmengenpolitik und hohen Geldmarktzinsen trug die Notenbank nicht nur zum Wachstumseinbruch von 1981/82, sondern, wie der deutsche Wirtschaftshistoriker Carl-Ludwig Holtfrerich bemerkt, auch zum Ausbruch der Schuldenkrise in Lateinamerika 1982 bei: Sie ließ die Zinsbelastung der Schuldnerländer steigen und verursachte darüber hinaus durch die Verschärfung des Konjunktureinbruchs den Rückgang der Deviseneinnahmen, die diese Länder aus Exporten in die USA hatten. Als der Kampf gegen die Inflation 1982 erste Erfolge zeitigte, senkte die «Fed» die Zinsen wieder. Grundsätzlich blieb es aber einstweilen bei dem widersprüchlichen «policy mix» aus expansiver Fiskal- und restriktiver Geldmengenpolitik.

Die wirtschaftliche Erholung seit 1982, die die längste Wachstumsperiode der USA in Friedenszeiten einleitete, war keineswegs nur auf die Wendung zur «Supply-side»-Politik zurückzuführen. Einen wichtigen Beitrag zur Überwindung der «Reagan Recession» durch die «Reagan Recovery» leisteten die seit 1981 und verstärkt seit 1985 sinkenden Rohölpreise, ausgelöst durch den Rückgang des Ölverbrauchs in den westlichen Industrieländern, die Ausdehnung der Ölproduktion in Mexiko, Venezuela und Nigeria, in der Sowjetunion, in der Nordsee und in Alaska sowie Interessenkonflikte innerhalb der OPEC. Dazu kamen die Folgen des schon von Zeitgenossen so genannten «Rüstungs-

Keynesianismus», der gewaltigen Steigerung der Militärausgaben: In Reagans erster Amtszeit stieg der Verteidigungsetat von 171 auf 229 Milliarden Dollar – ein Wachstum um 34 Prozent, wenn man den Dollarwert von 1982 zugrunde legt. Es waren vor allem Raketen vom Typ Cruise Missile und MX Peacekeeper sowie Bomberflugzeuge, in die das meiste Geld floß. Die fiskalische Folge waren hohe Haushaltsdefizite: Sie stiegen von 2,6 Prozent im Jahr 1981 auf 6,2 Prozent im Jahr 1983, um dann bis 1986 knapp oberhalb der Marke von 5 Prozent zu verharren.

Die Konsequenzen der Hochrüstung auf Pump beschreibt Holtfrerich wie folgt: «Die gewaltigen Bundeshaushaltsdefizite der achtziger Jahre bedeuteten auch, daß der amerikanische Staat zu einem großen Konkurrenten der privaten Wirtschaft um das Angebot von Ersparnissen auf den Kapitalmärkten geworden war. Diese Tatsache hielt das Zinsniveau, und zwar das Realzinsniveau, in den USA auf höherem Niveau, als es ohne diese Haushaltsdefizite gewesen wäre. Dieses hohe Zinsniveau wirkte attraktiv auf anlagebereites Kapital, und zwar sowohl amerikanisches als auch fremdes, das statt im Ausland nun in den USA investiert wurde. Die USA wurden von einem Kapitalexport- zu einem Kapitalimportland, von einem Gläubiger- zu einem Schuldnerstaat. Statt die Ersparnisse eines hochentwickelten Landes für Investitionen in weniger entwickelten Ländern verfügbar zu machen, hätten die USA einen ‹Überfall auf die Ersparnisse der Welt veranstaltet›, wie es die ‹Financial Times› 1985 ausdrückte.»

Die hohen Zinsen für den Kapitalimport trieben den Dollarkurs nach oben: Zwischen Oktober 1979 und Februar 1985 wurde die amerikanische Währung gegenüber den elf wichtigsten anderen Währungen um 80 Prozent aufgewertet. Der steigende Dollarpreis verteuerte die amerikanischen Exporte; gleichzeitig ließ die Stärkung der Binnennachfrage den Importbedarf der USA steigen. Die Handelsbilanz wurde infolgedessen passiv: Hatte sie 1981 noch einen Überschuß aufgewiesen, so belief sich ihr Defizit 1985 auf 100 Milliarden Dollar.

Für Japan und die westeuropäischen Staaten, die wichtigsten Handelspartner der Vereinigten Staaten, hatte die amerikanische Defizitpolitik ambivalente Folgen: Die steigende Importnachfrage der «Konjunkturlokomotive» USA half den Exportindustrien der genannten Länder, erhöhte dort aber gleichzeitig den Inflationsdruck. Die antiinflationären Maßnahmen der betroffenen Staaten fielen härter aus, als es ohne die amerikanische Hochrüstung auf Pump und den steigenden Dollarkurs erforderlich gewesen wäre. Vor allem für die Bundesrepublik Deutschland überwogen die Nachteile für die Beschäftigung, die aus den steigenden Geldzinsen erwuchsen, die Vorteile aus den vermehrten Exporten in die USA bei weitem. Erst als sich die Finanzminister der Vereinigten Staaten, Japans, der Bundesrepublik Deutschland, Frankreichs und Großbritanniens im September 1985 im «Plaza Accord» auf einen niedrigeren Dollarkurs verständigten, konnten die Zentralbanken Westeuropas und Japans ihren binnenwirtschaftlichen Kampf gegen die Inflation durch eine Aufwertung ihrer Währungen flankieren.

Die sozialen Auswirkungen der «Reaganomics» bestanden in einer umfangreichen Umverteilung von «unten» nach «oben». Die Ausgaben für Sozialhilfe, Lebensmittelgutscheine, Berufsausbildungsprogramme und Ausgleichszahlungen für Personen, die ihre Beiträge für die Sozialversicherung nicht mehr zahlen konnten, wurden zusammengestrichen, während die Bezieher hoher Einkommen den größten Nutzen aus der Steuerentlastung zogen. Insgesamt wurden schätzungsweise 70 Milliarden Dollar vom Sozial- auf den Militärsektor verlagert. Zwar vermied Reagan, um seine Popularität nicht aufs Spiel zu setzen und damit seine Wiederwahlchancen zu mindern, einen sozialen Kahlschlag, aber das Wohlstandsgefälle zwischen Ober- und Unterschicht wurde während seiner Amtszeit noch krasser.

Die private Ersparnisbildung, die Reagan fördern wollte, nahm nicht zu, sie ging vielmehr drastisch zurück – von 7,5 Prozent des verfügbaren Einkommens im Jahr 1981 auf 3,2 Prozent im Jahr 1987. Einer der Gründe waren stagnierende, bei männlichen Arbeitnehmern seit Mitte der siebziger Jahre sogar rückläufige Reallöhne. Deren Ursache war eine stagnierende Produktivitätsentwicklung. Mit einem Wachstum von jeweils 1,3 Prozent in den Jahren 1981 bis 1986 und 0,3 im Jahr 1987 lag sie unter dem Niveau der meisten westlichen Industrieländer und erst recht unter dem der vier südostasiatischen «Tiger» Hongkong, Singapur, Taiwan und Südkorea: ein Sachverhalt, mit dem der Präsident und die Architekten der «Reaganomics» nicht zufrieden sein konnten.

Von der Steuerpolitik abgesehen, zeigte Reagan wenig Interesse an der inneren Politik. Spuren in der Umweltpolitik hinterließ er insofern, als er gleich zu Beginn seiner Amtszeit die von Nixon und Carter eingeführten Ölpreiskontrollen beseitigte und Vorschläge ablehnte, mit denen der «saure Regen» bekämpft werden sollte – sie seien, so lautete die Begründung, für die Industrie zu kostspielig. Reagan war ein überzeugter Vertreter der Rechte der Einzelstaaten und schon deshalb kein Anwalt einer Ausweitung der Bürgerrechte der Afroamerikaner. Kampagnen zur Eindämmung der Immunschwächekrankheit AIDS unterstützte er allenfalls halbherzig. Beim Kampf gegen Drogenhandel und Drogenkonsum setzte er nahezu ausschließlich auf strafrechtliche Maßnahmen. Mit großer Härte beendete er im ersten Jahr seiner Amtszeit einen (nach geltendem Recht illegalen) Arbeitskampf: Als streikende Fluglotsen im August 1981 der ultimativen Aufforderung des Präsidenten, innerhalb von 48 Stunden auf ihre Arbeitsplätze zurückzukehren, keine Folge leisteten, ordnete er ihre Entlassung an: eine Maßnahme, von der sich die Gewerkschaft der Fluglotsen nicht mehr erholen sollte.

Auf dem Feld der Außenpolitik mußte Ronald Reagan sich zu Beginn seiner Präsidentschaft um einen Balanceakt bemühen: Er wollte weder die Erwartungen seiner konservativen Wähler enttäuschen noch seiner entschiedenen Gegnerschaft zum Kommunismus abschwören und mußte doch zugleich den europäischen Verbündeten und den weltpolitischen Gegenspielern glaubhaft versichern, daß Amerika seine internationalen Beziehungen vertragstreu und im Bewußtsein seiner Verantwortung für den Weltfrieden gestalten werde. So beteuerte er kurz nach seiner Wahl Ende November 1980 Bundeskanzler Schmidt gegenüber, daß er die bevorstehenden Verhandlungen mit der Sowjetunion über Rüstungsbegrenzungen mit entschiedenem Nachdruck sowie großer Ausdauer und Zielstrebigkeit führen werde. Zu den für Schmidt besonders wichtigen Verhandlungen über den Abbau der sowjetischen Mittelstreckenraketen entsprechend dem «Doppelbeschluß» der NATO im Dezember 1979 versicherte er: «Sie können gewiß sein: Ich werde verhandeln, verhandeln, verhandeln» (You can be sure: I will negotiate, negotiate, negotiate).

Tatsächlich nahmen die USA und die Sowjetunion am 30. November 1981 in Genf die sogenannten INF-Verhandlungen auf – «INF» war das Kürzel für Intermediate-Range Nuclear Forces, also die Mittelstreckenraketen, auch eurostrategische Waffen genannt. Zwei Wochen später, am 13. Dezember, geriet das Ost-West-Verhältnis durch die Verhängung des Kriegsrechts in Polen in eine schwere Krise. Von den amerikanischen Reaktionen, den Sanktionen gegenüber Polen und der Sowjetunion, war bereits die Rede. Eine klare Linie verfolgte die Reagan-Regierung dabei nicht. Im April 1981 hatte der Präsident ein Wahlkampfversprechen eingelöst und das von seinem Vorgänger Carter nach der sowjetischen Invasion in Afghanistan verlangte Getreideembargo gegenüber der Sowjetunion aufgehoben: eine Maßnahme, auf die die amerikanischen Farmerverbände nachdrücklich gedrängt hatten. Nach der faktischen Machtübernahme des Militärs in Polen wurden die bereits vereinbarten Verhandlungen über ein neues Getreidelieferungsabkommen zunächst vertagt, Ende Juli 1982 aber doch aufgenommen und am 20. August erfolgreich abgeschlossen.

Einen vergleichbaren Zickzackkurs schlugen die USA gegenüber der Sowjetunion auch auf einem anderen Gebiet ein. Auf dem Weltwirtschaftsgipfel in Versailles konnten die Staats- und Regierungschefs von Frankreich, Großbritannien und der Bundesrepublik Deutschland – François Mitterrand, Margaret Thatcher und Helmut Schmidt – Anfang Juni 1982 Reagans Ansinnen, das mit der Sowjetunion abgeschlossene Erdgas-Röhren-Geschäft zu annullieren, zwar mit vereinter Kraft abwehren. Wenige Tage später aber weitete die Regierung in Washington das bestehende Ausfuhrverbot für Ausrüstungsgüter, die zum Bau der Erdgasleitung notwendig waren, auf amerikanische Tochter- und Lizenzunternehmen im Ausland aus. Die westeuropäischen Regierungen protestierten massiv, und im Dezember 1982 hoben die USA die umstrittene Maßnahme wieder auf. Der Ost-West-Handel aber blieb weiterhin ein Streitpunkt zwischen den Verbündeten auf beiden Seiten des Atlantiks.

Bei den Genfer INF-Verhandlungen setzte Reagan auf die auch von der sozialliberalen Regierung in Bonn befürwortete sogenannte «Nullösung»: Wenn die Sowjetunion ihre Raketen vom Typ SS-20, SS-4 und SS-5 vollständig abbaute, wollten die USA auf die im Doppelbeschluß vorgesehene Stationierung von Pershing II-Raketen und Marschflugkörpern verzichten. In der amerikanischen Regierung war dieser Vorschlag durchaus umstritten. Verteidigungsminister Weinberger unterstützte ihn, und das vor allem aus der Überlegung heraus, daß diese Forderung sich propagandistisch ausschlachten ließ. Außenminister Haig hingegen fürchtete eine Abkopplung der strategischen Streitkräfte der USA von denen der Westeuropäer und riet darum dem Präsidenten, wenn auch vergeblich, von der Null-Option ab. Die Sowjetunion witterte hinter dem Vorstoß einen amerikanischen Trick, der das Gleichgewicht in

Europa zu ihren Lasten verändern sollte, und wies die Initiative prompt und entschieden zurück.

Mitte Juli 1982 schien sich jedoch ein Durchbruch abzuzeichnen: Die beiden Chefunterhändler, Paul Nitze auf amerikanischer und Julij Kwizinski auf sowjetischer Seite, verständigten sich auf ihrem legendären «Waldspaziergang» auf einen Kompromiß: Beide Seiten sollten sich bei den Mittelstreckenraketen auf 75 «Systeme» beschränken. Das hätte einen Abbau bereits stationierter sowjetischer Raketen bedeutet und die USA veranlaßt, weniger Raketen als geplant aufzustellen. Der eigentliche Initiator des Doppelbeschlusses, Helmut Schmidt, wäre mit dieser Lösung einverstanden gewesen. Aber die Verbündeten erfuhren erst nachträglich, im Herbst 1982, und auch dann nicht offiziell, sondern durch amerikanische Zeitungen vom Ergebnis des «Waldspaziergangs» – zu einem Zeitpunkt, als Washington und Moskau die Nitze-Kwizinski-Formel bereits verworfen hatten. Eine westliche Nachrüstung in dem Umfang, wie er im Dezember 1979 beschlossen worden war, wurde damit immer wahrscheinlicher.

Der Stillstand bei den Verhandlungen über die eurostrategischen Waffen hinderte die USA und die Sowjetunion nicht, im Sommer 1982 in eine andere Kategorie von Abrüstungsverhandlungen einzutreten: Am 29. Juni begannen in Genf die START-Gespräche. Bei den Strategic Arms Reduction Talks ging es nicht nur wie bei den SALT-Verhandlungen um eine Beschränkung einzelner Waffengattungen, sondern um die Verringerung der nuklearen Waffenarsenale der beiden Supermächte insgesamt. Die Bestimmungen des immer noch nicht ratifizierten SALT II-Vertrags wurden von beiden Seiten eingehalten – ein Zustand, der alle Züge eines prekären Provisoriums trug.

Reagan war kein Anhänger einer Nuklearstrategie im Sinne der seit den Tagen John F. Kennedys gültigen Doktrin der Mutually Assured Destruction (MAD). Er hielt die Atomwaffen vielmehr seit jeher für ein Übel, weshalb er eine Null-Option bei den Mittelstreckenraketen wohl nicht nur aus taktischen Gründen befürwortete. Was er besonders fürchtete, war das Risiko eines überstürzt oder versehentlich ausgelösten Nuklearkriegs. In Übereinstimmung mit seinen Sicherheitsexperten ging Reagan zwar davon aus, daß die USA gute Chancen hatten, einen begrenzten Atomkrieg zu überleben. Doch gleichzeitig war er überzeugt, daß nukleare Schläge der Sowjetunion für Amerika und seine Verbündeten verheerende Folgen haben würden.

Der Präsident wollte die Vereinigten Staaten deshalb um nahezu jeden Preis militärisch unangreifbar machen. An dieser Vorgabe orientierte sich die Rüstungspolitik der USA seit dem ersten Jahr seiner Amtszeit. Seinen sinnfälligen Ausdruck fand Reagans Sicherheitsdenken in «Star Wars»: der Strategic Defense Initiative (SDI), die der Präsident am 28. März 1983 in einer Botschaft an die Nation verkündete. Reagan forderte darin die Entwicklung eines gigantischen Raketenabwehrschirms, für den innerhalb der nächsten fünf Jahre ein Finanzbedarf von 26 Milliarden Dollar veranschlagt wurde.

Amerikanische und westeuropäische Kritiker bezweifelten sogleich die technische Durchführbarkeit des kostspieligen Projekts und sagten voraus, daß der Raketenabwehrschirm den Bemühungen um eine Abrüstung in Ost und West den Boden entziehen und ein neues Wettrüsten einleiten würde. Völlig offen blieb zudem, wie sich «Star Wars» auf die Sicherheit der europäischen NATO-Verbündeten auswirken würde. Der sowjetische Parteichef Andropow sah in Reagans Vorstoß eine radikale Infragestellung des 1972 zwischen Nixon und Breschnew abgeschlossenen ABM-Vertrags, der die Zahl der bodengestützten Raketenabwehrsysteme beschränken sollte, und einen Versuch, den USA die Möglichkeit eines nuklearen Erstschlags zu sichern. Als die NATO im November 1983, wie im «Doppelbeschluß» vorgesehen, mit der Dislozierung von Mittelstreckenraketen in Europa begann, antwortete die Sowjetunion nicht nur mit dem Abbruch der INF-Verhandlungen, sondern auch mit der Suspendierung der bisher ergebnislosen START-Verhandlungen – eine Entscheidung, die wesentlich eine Reaktion auf das SDI-Projekt war.

«Star Wars» entsprach ganz der neuen, im Mai 1982 vom Nationalen Sicherheitsrat beschlossenen Militärdoktrin «NSDD-32», wonach die USA durch vermehrte Rüstung die Sowjetunion zwingen sollten, einen immer größeren Teil ihrer Wirtschaftskraft dem Zweck der Verteidigung zu widmen – also sich auf einen wirtschaftlichen Wettkampf der Systeme einzulassen, den sie nicht gewinnen konnte. Die klassische ideologische Begründung dieser Politik lieferte Reagan in einer Rede, die er am 8. März 1983 in Orlando, Florida, auf der Jahresversammlung der National Association of Evangelicals hielt. Er bezeichnete darin die Sowjetunion zum Entsetzen der Liberalen und Linken beiderseits des Atlantiks als «den Brennpunkt des Bösen in der modernen Welt» (the focus of evil in the modern world) und als ein «Reich des Bösen» (an evil empire). Ein Dreivierteljahr zuvor hatte der Präsident bereits in einer Rede vor Mitgliedern des britischen Unterhauses in London am 8. Juni 1982 von der «großen revolutionären Krise» in der Sowjetunion und ihrem fortschreitenden wirtschaftlichen Niedergang gesprochen. Der Marxismus-Leninismus werde, so die Prognose des Präsidenten, «auf dem Müllhaufen der Geschichte» (on the ash-heap of history) landen, während Freiheit und Demokratie triumphieren würden – ein Verdikt, mit dem Reagan vor allem Konservativen aus dem Herzen sprach, aber auch Zweifel nährte, ob er überhaupt zu ernsthaften Verhandlungen mit der Sowjetunion bereit sei.

Auf einen neuen Tiefpunkt gelangten die Beziehungen zwischen den USA und der Sowjetunion im Spätsommer 1983. Am 1. September schoß ein Düsenjäger der sowjetischen Luftwaffe nach vergeblichen Warnungen eine südkoreanische Verkehrsmaschine, KAL 007, ab, die sich auf dem Flug von Alaska nach Seoul in den sowjetischen Luftraum verirrt hatte. Alle 269 Insassen, darunter 61 Amerikaner, kamen dabei ums Leben. Dem sowjetischen Angriff lag eine krasse Fehleinschätzung zugrunde: Die verantwortlichen Militärs hielten die Maschine für ein amerikanisches Spionageflugzeug. Präsident Reagan sprach sogleich von einem Verbrechen gegen die Menschlichkeit, begangen von einem System, dem es an Respekt für individuelle Menschenrechte und den Wert des menschlichen Lebens fehle. Daß die Sowjetunion auf dem Spionagevorwurf beharrte, trug nicht zur Beruhigung der angespannten Lage bei. Die Sanktionen der USA blieben jedoch maßvoll: Washington bestätigte das nach der Verhängung des Kriegsrechts in Polen ergangene Landeverbot für Flugzeuge der sowjetischen Luftfahrtgesellschaft Aeroflot und suspendierte eine Reihe von bilateralen Verhandlungen.

Der Zwischenfall vom 1. September 1983 warf ein Schlaglicht auf die Art und Weise, wie die Politik der USA in Moskau wahrgenommen wurde. Reagans antikommunistische Rhetorik hatte die Sowjetführung schon 1981 veranlaßt, die Abwehr eines atomaren Erstschlags der USA zu prüfen («Operation RJaN»). 1983 mehrten sich Scheinangriffe, mit denen amerikanische Kampfbomber die Wirksamkeit der sowjetischen Luftabwehr testen wollten. Dazu kamen Flottenmanöver der USA in der Nähe sowjetischer Stützpunkte. Im März 1983 veröffentlichten amerikanische Tageszeitungen, darunter die «New York

Times» und die «Los Angeles Times», den Inhalt einer neuen Washingtoner Sicherheitsdoktrin vom Januar desselben Jahres, der «NSDD
75». Demnach sollten die Vereinigten Staaten Druck auf die Sowjetunion ausüben, um dem Imperialismus der kommunistischen Großmacht entgegenzuwirken und einen Prozeß des Regimewandels in
Richtung auf ein pluralistisches System zu fördern. Vor diesem Hintergrund erschien es den führenden Politikern und Militärs in Moskau
angebracht, die Pläne für die «Operation RJaN» zu präzisieren. Der
Kreml hielt einen atomaren Angriff der USA zunehmend für wahrscheinlich: eine Einschätzung, die auch in die verhängnisvolle Fehleinschätzung in Sachen «KAL 007» einfloß.

Dreieinhalb Wochen nach dem Abschuß des südkoreanischen Flug-
zeugs am 26. September 1983 geriet die Welt unversehens an den Rand
eines nuklearen Infernos. Kurz nach Mitternacht meldete der sowjetische Satellit «Oko» den Abschuß einer amerikanischen Atomrakete,
die eine knappe halbe Stunde später das Territorium der Sowjetunion
erreichen würde. Hätte der mit der Überwachung des Satelliten betraute Oberst Stanislaw Petrow im Kontrollzentrum Serpuchow-15,
rund 90 Kilometer südlich von Moskau, nicht einen Fehlalarm vermu-
tet und darum vorschriftswidrig auf die sofortige Unterrichtung seiner
militärischen Vorgesetzten verzichtet, wäre von diesen wohl unverzüglich ein sowjetischer Raketenangriff auf die USA angeordnet worden.
Wenige Minuten später bestätigte sich die Richtigkeit von Petrows
Diagnose. Daß die Welt in jenen Stunden einem Dritten Weltkrieg
näher war als irgendwann sonst seit der kubanischen Raketenkrise
vom Oktober 1962, erfuhr die internationale Öffentlichkeit erst zehn
Jahre später – durch einen Artikel der «Prawda» im Jahr 1993.

Anfang November 1983 fand das NATO-Manöver «Able Archer
83» statt, in dem ein Atomkrieg simuliert wurde. Die sowjetischen
Militärs waren aufs höchste alarmiert: Sie unterstellten die Gefahr
eines unmittelbar bevorstehenden nuklearen Erstschlags der USA und
versetzten ihre Truppen im Baltikum und der DDR in höchste Alarmbereitschaft. Die NATO und Reagan selbst waren nun ihrerseits beunruhigt. Der Präsident begann zu begreifen, daß die Sowjetunion sich
tatsächlich durch die USA bedroht fühlen könnte, und entschloß sich,
dieser Einschätzung entgegenzutreten. Als erstes verzichtete die NATO
auf die geplante Beteiligung westlicher Regierungschefs, darunter Reagans, an dem Manöver. Am 16. Januar 1984 hielt der Präsident dann

im Weißen Haus eine Rede, in der er die gemeinsamen Interessen der Supermächte, obenan den Wunsch nach Frieden, betonte. Er beschwor seinen Traum von einer Welt ohne Atomwaffen und beteuerte seinen Willen zu einem konstruktiven Dialog und einer echten Zusammenarbeit mit der UdSSR. Wörtlich erklärte er: «Wir bedrohen die Sowjetunion nicht ... Unsere Länder haben nie gegeneinander gekämpft, es gibt keinen Grund, warum sie es jemals tun sollten.»

Die Ausführungen Reagans mögen auch von innenpolitischen Überlegungen beeinflußt gewesen sein: 1984 war ein Präsidentenwahljahr. Gleichwohl spricht viel für die These der amerikanischen Politologin Beth A. Fischer, daß die Rede vom 16. Januar 1984 einen Wendepunkt in der Politik der Regierung Reagan gegenüber der Sowjetunion war: ein Signal für den Willen Washingtons, von der ideologischen Konfrontation zum pragmatischen Dialog überzugehen und damit der Linie zu folgen, die Außenminister Shultz, anders als sein Vorgänger Haig, für richtig hielt. Einen Tag nach Reagans Rede begann in Stockholm die Konferenz über vertrauens- und sicherheitsbildende Maßnahmen in Europa (KVAE), auf die sich die Teilnehmer der Madrider KSZE-Folgekonferenz nach harten ideologischen und politischen Auseinandersetzungen verständigt hatten. Anfang Februar nahm in Genf eine von 44 Staaten beschickte Abrüstungskonferenz, auf der das Verbot chemischer Waffen im Mittelpunkt stand, ihre Arbeit auf. Zumindest in Europa schien die Entspannungspolitik eine neue Chance zu erhalten.

Außerhalb Europas aber gab es Regionen, wo die Ost-West-Gegensätze weiter mit unveränderter Härte aufeinanderprallten. In Afghanistan unterstützten die USA indirekt, über den pakistanischen Geheimdienst ISI, und in wachsendem Umfang die fundamentalistischen Mudjahedin in ihrem Kampf gegen die immer brutaler agierenden sowjetischen Invasoren. Vorsichtiger taktierten die Vereinigten Staaten in Kambodscha. Sie halfen verdeckt einer Koalition nichtkommunistischer Oppositionsgruppen der Khmer People's National Liberation Front im Kampf gegen die von der Sowjetunion unterstützten Besatzer aus Vietnam – und standen damit, wenn auch widerstrebend, in einer Front mit den Roten Khmer, den Anhängern des von den Vietnamesen zu Fall gebrachten Terrorregimes von Pol Pot. In Angola, wo das Regime des marxistisch-leninistischen MPLA unter Präsident José Eduardo dos Santos sich der massiven Unterstützung der Sowjetunion und, vor allem, Kubas erfreute, waren die USA durch einen Beschluß des Repräsentantenhauses, das Clark Amendment von 1976, daran gehindert, militärisch zu intervenieren. Reagan blieb in seiner ersten Amtszeit nur die enge Zusammenarbeit mit dem (vom Kongreß immer wieder gerügten) Apartheidsregime in Südafrika, das eng mit der oppositionellen UNITA Jonas Savimbis kooperierte und selbst Truppen in Angola unterhielt.

Sehr viel direkter engagierten sich die Vereinigten Staaten in Mittelamerika. Mit äußerstem Argwohn beobachtete die Regierung Reagan von Anfang an die Entwicklung in Nicaragua, wo die regierenden Sandinisten unter Daniel Ortega mit kubanischer und sowjetischer Hilfe ihre Herrschaft ausbauten. Um einen Regimewechsel in ihrem Sinn herbeizuführen, ließ die CIA auf Betreiben ihres Chefs William Casey und mit ausdrücklicher Zustimmung Reagans den von Honduras aus operierenden Anhängern des gestürzten Diktators Somoza umfangreiche materielle und militärische Hilfe zukommen und durch nicaraguanische Agenten Brücken sprengen, die von Nicaragua nach El Salvador führten – das letztere, um Waffenlieferungen der Sandinistischen Befreiungsfront an die linken Rebellen des Nachbarlandes zu verhindern. Die Terrorakte der CIA riefen im amerikanischen Kongreß den Protest der oppositionellen Demokraten hervor und führten Ende Dezember 1982 zu dem vom Repräsentantenhaus verabschiedeten und nach dem Vorsitzenden des Geheimdienstausschusses, dem demokratischen Abgeordneten Edward P. Boland, benannten Boland Amendment, das der CIA verdeckte Aktionen zum Sturz der sandinistischen Regierung Nicaraguas verbot.

Zwischen Februar und April 1984 ließ Reagan mit Hilfe der CIA die Häfen von Nicaragua verminen – ein eindeutig völkerrechtswidriger, vom Internationalen Gerichtshof in Den Haag im Mai gerügter Akt, in dessen Gefolge auch panamesische, niederländische und sowjetische Schiffe beschädigt wurden. Auch diese Aktion diente dem Zweck, Waffenlieferungen an die linken Guerilleros in El Salvador zu unterbinden, die dort gegen das von Washington unterstützte Militärregime und seine «Todesschwadronen» kämpften. Auf das Konto der rechtsextremen Todesschwadronen ging unter anderem die Ermordung eines der wichtigsten Wortführer der linkskatholischen, den Ärmsten der Armen zugewandten «Theologie der Befreiung» in Lateinamerika: des Erzbischofs von San Salvador, Óscar Romero, am 24. März 1980.

Unzweideutig war auch die Rückendeckung Reagans für die entschieden antikommunistische Diktatur des Präsidenten Ríos Montt in
dem von einem Guerillakrieg erschütterten Guatemala, der für zahlreiche Verbrechen gegen die Menschlichkeit, begangen vor allem an
Angehörigen der indigenen Maya-Völker, verantwortlich war. Im
Dezember 1982 bescheinigte Reagan bei einem kurzen Besuch in Guatemala dem neun Monate zuvor durch einen Putsch an die Macht
gelangten Ríos Montt sogar, er sei «völlig der Demokratie ergeben»
(totally dedicated to democracy) und treibe seine Regierung in Sachen
Menschenrechte an. Im August 1983 wurde Ríos Montt durch eine
Junta unter dem bisherigen Verteidigungsminister, General Mejía
Victores, gestürzt, die im Jahr darauf Wahlen zu einer Verfassungge-
benden Versammlung anordnete und 1985 zugunsten einer gewählten
Zivilregierung abtrat.

Weltweites Aufsehen erregte im Oktober 1983 die militärische Intervention der USA auf der Karibikinsel Grenada, ausgelöst durch die
Ermordung von Premierminister Maurice Bishop und angebliche Pläne
zur Errichtung eines kubanischen Flottenstützpunkts. Die Regierung
Thatcher in London wurde von Präsident Reagan zuvor nicht informiert, obwohl Grenada Mitglied des Commonwealth und Königin
Elisabeth II. nominell das Staatsoberhaupt des Inselstaates war. In
Kämpfen auf Grenada verloren 19 amerikanische Soldaten ihr Leben,
109 wurden verletzt. Nach der Wiederherstellung der Verfassung von
1973 und der Ankündigung von Neuwahlen zogen die USA im Dezember 1983 ihre Truppen wieder ab.

Anders als in Mittelamerika hatten die Konflikte im Nahen Osten
nur am Rande etwas mit dem Ost-West-Gegensatz zu tun. Zu einem
wahren Debakel für die USA entwickelte sich ihr Eingreifen in den
1975 offen ausgebrochenen libanesischen Bürgerkrieg, in den sich immer wieder auch Syrien und Israel aktiv einmischten, Israel zuletzt
1978 in Gestalt einer Invasion im Südlibanon. Im Juni 1982 intervenierte Israel ein weiteres Mal. Die Militäraktion gipfelte im August in
einem elfstündigen Bombardement von West-Beirut, wo Tausende von
Palästinensern lebten. Erst jetzt entschloß sich Präsident Reagan,
einzugreifen. Er veranlaßte den israelischen Ministerpräsidenten Menachem Begin, die Bombenangriffe einzustellen, und bewirkte einen
Waffenstillstand. Mit der PLO wurde eine Evakuierung der Paläsi-
nenser aus West-Beirut in andere arabische Länder vereinbart, wobei

eine multinationale Friedenstruppe den Abzug sichern sollte. An dieser Truppe beteiligten sich außer 800 amerikanischen Marineinfanteristen auch französische und italienische Kontingente. Nachdem sie ihr unmittelbares Ziel ohne Blutvergießen erreicht hatten, wurden sie wieder abgezogen.

Die Entspannung im Libanon war jedoch nur von kurzer Dauer. Am 14. September fiel der kurz zuvor gewählte, aber noch nicht vereidigte Präsident, der von Israel und den USA unterstützte Führer der christlichen Phalange-Milizen, Baschir Dschemajel, zusammen mit einer größeren Zahl seiner Mitstreiter dem Bombenattentat eines christlichen Mitglieds der Syrisch-Sozialistischen Nationalen Partei zum Opfer. Zu den Hintermännern des Anschlags gehörte ein Vertrauensmann des syrischen Geheimdienstes. Der Tat verdächtigt aber wurden sofort palästinensische Extremisten. In der Absicht, der PLO einen vernichtenden Schlag zu versetzen, ließ Israel tags darauf Truppen in den Südlibanon einmarschieren und zwei Palästinenserlager, Saba und Schatila, umstellen. Unter israelischem Schutz drangen christliche Phalange-Milizen in die beiden Lager ein und richteten dort Massaker an, bei denen Hunderte von Menschen, darunter auch Frauen und Kinder, niedergemetzelt wurden. Der israelische Likud-Politiker Ariel Scharon, der für das Unternehmen verantwortlich war, mußte auf Grund der Ermittlungen eines parlamentarischen Untersuchungsausschusses im Februar 1983 zurücktreten.

Entschlossen, einen neuen israelisch-arabischen Krieg zu verhindern, verständigten sich die USA mit Frankreich, Italien und diesmal auch Großbritannien darauf, erneut eine Friedenstruppe in den Libanon zu entsenden. Mit 1800 «Marines» stellten die Vereinigten Staaten erneut das größte Kontingent. Das ehrgeizige, bereits im «Reagan-Plan» vom 1. September niedergelegte Ziel der Regierung Reagan war es, den Abzug aller ausländischen Truppen, der israelischen wie der syrischen und jener der PLO, aus dem Libanon und ein Arrangement der streitenden Kräfte unter der Ägide des neuen Präsidenten Amin Dschemajel, des Bruders von Baschir Dschemajel, zu erreichen. Doch die Hindernisse, die der Umsetzung dieses Plans entgegenstanden, waren gewaltig. Israel, die PLO und Jordanien sahen ihre vitalen Interessen verletzt; ein schließlich doch zustande gekommener israelisch-libanesischer Friedensvertrag erwies sich bald als ein bloßes Stück Papier; Syrien, von der Sowjetunion mit Waffen beliefert, weigerte sich, seine Truppen abzuziehen.

Im März 1983 beantworteten die amerikanischen Interventionstruppen erstmals Angriffe von schiitischen und drusischen Milizen rund um Beirut mit Artilleriefeuer von der See aus und mit Bombenangriffen aus der Luft. Am 18. April brachten arabische Terroristen einen mit Dynamit beladenen Lastkraftwagen vor der amerikanischen Botschaft in Beirut zur Explosion. 63 Personen, die sich in der Botschaft befanden, kamen dabei ums Leben. Ein halbes Jahr später, am 23. Oktober 1983, starben bei einem Selbstmordanschlag auf eine Unterkunft der «Marines» 241 Angehörige der amerikanischen Streitkräfte, 58 libanesische Soldaten und 6 Zivilisten. Danach verging noch mehr als ein Vierteljahr, bis Reagan am 7. Februar 1984 die Anweisung gab, die amerikanischen Truppen im Libanon auf Kriegsschiffe vor der Küste zu bringen, also aus dem Bürgerkriegsland zurückzuziehen. Den Begriff «Rückzug» vermied Reagan allerdings. Um die Niederlage vor der Öffentlichkeit zu verschleiern, hieß es, die Truppen seien «umgruppiert» (redeployed) worden.

Der amerikanischen Intervention im Libanon lagen krasse Fehleinschätzungen zugrunde: Die Regierung Reagan und besonders die CIA verließen sich allzusehr auf Informationen des israelischen Geheimdienstes, und sie setzten einseitig auf das Zusammenspiel mit der maronitischen Minderheit im Libanon. Zur konzeptionellen Unklarheit kam wiederholtes organisatorisches Versagen des amerikanischen Militärs und der CIA in Beirut. «Pannen» in der Kommunikation amerikanischer Dienststellen und mangelhafte Sicherung amerikanischer Einrichtungen im Libanon warfen ein Schlaglicht auf ein tiefer liegendes Problem: die anhaltende Unterschätzung der Komplexität der Verhältnisse in dem fragilsten Staat des Nahen Ostens.

Zu einer persönlichen Tragödie wurde Mitte März 1984, fünf Wochen nach dem «redeployment» der Marineinfanteristen, die Entführung des kurz zuvor ernannten Leiters der CIA-Vertretung in Beirut, William Buckley, eines engen Freundes von CIA-Chef Casey, durch schiitische Terroristen der sich damals formierenden, proiranischen und fundamentalistischen Hisbollah (Partei Gottes). Buckley wurde grausam gefoltert; Videoaufzeichnungen von den Folterungen spielten die Entführer den USA zu; daß Buckley an den Folgen der Folter starb, erfuhr die CIA erst sehr viel später. Er war der vierte Amerikaner, den libanesische Terroristen zur Geisel machten, und nicht der letzte: Ende 1985 befanden sich sieben Bürger der USA im Libanon in Geiselhaft.

Ihnen die Freiheit zurückzugeben wurde seit 1984 zu einem der vordringlichsten Ziele der amerikanischen Außenpolitik.

Ende April 1984, elf Wochen nach dem Rückzug der Interventionstruppen, wurde nach mehreren Verhandlungsrunden einer von Syrien vermittelten Konferenz der Bürgerkriegsparteien in Genf eine «Regierung der nationalen Einheit» gebildet. An ihre Spitze trat, der Verfassung von 1926 entsprechend, ein schiitischer Muslim, Rashid Karame, der schon mehrfach libanesischer Ministerpräsident gewesen war. Unter seiner Führung wurde zumindest die Hauptstadt Beirut vorübergehend befriedet. Doch die «Ruhe» war trügerisch. Am 20. September zerstörte eine Autobombe das nur unzureichend geschützte Gebäude, in dem die Botschaft der USA untergebracht war; elf Menschen kamen dabei ums Leben. In der amerikanischen Presse wurde nunmehr verstärkt auch Präsident Reagan selbst für den katastrophalen Verlauf der Intervention im Libanon verantwortlich gemacht. Er hatte die Operation ohne gründliche Vorbereitung angeordnet und gleichzeitig alles Weitere überforderten Untergebenen überlassen – ein beunruhigender Mangel an «leadership», wie gerade auch konservative Kritiker fanden.

Die Entscheidung, die Intervention im Libanon abzubrechen, hatte nicht zuletzt innenpolitische und persönliche Gründe. Im Januar 1984 hatte Reagan seinen Entschluß bekanntgegeben, sich im November erneut um die Präsidentschaft zu bewerben. Meldungen über Opfer in dem nahöstlichen Bürgerkrieg waren seinen Wahlchancen abträglich und sollten darum künftig nicht mehr möglich sein. Alle Aufmerksamkeit sollte sich vielmehr auf die Erfolge richten, die Reagan vorweisen konnte, obenan den anhaltenden Aufschwung der Wirtschaft.

Die Demokraten stellten als ihren Kandidaten den Vizepräsidenten Jimmy Carters, Walter F. Mondale, und für das Amt des Vizepräsidenten erstmals eine Frau, die Abgeordnete Geraldine Ferraro aus New York, auf – ein «Ticket», das Reagan in der Folgezeit praktisch ignorierte. Der Präsident verließ sich auf seine Fähigkeiten als «Great Communicator», und er hatte damit durchschlagenden Erfolg: Am 6. November 1984 siegte Reagan mit einem Stimmenanteil von 58,77 Prozent triumphal über den demokratischen Bewerber, auf den 40,56 Prozent entfielen. Der Amtsinhaber hatte in allen Staaten bis auf Mondales «home state», Minnesota, und den District of Columbia die Mehrheit erobert. Auf seine Partei, die Republikaner, vermochte Reagan seine

Popularität aber nicht zu übertragen. Bei den Wahlen zum Senat gewannen die Demokraten einen Sitz hinzu, blieben jedoch mit 47 von 100 Sitzen in der Minderheit. Im Repräsentantenhaus konnten sie, obwohl sie 16 Sitze verloren, ihre Mehrheit behaupten. Nach den Erfahrungen seiner ersten Amtszeit konnte Reagan indes hoffen, für wichtige Vorhaben auch künftig die Unterstützung zumindest eines Teils der Demokraten zu gewinnen.

Am 17. November 1984, elf Tage nach seiner Wiederwahl, konnte Reagan einen bemerkenswerten außenpolitischen Erfolg verbuchen: Die Sowjetunion kündigte ihre Rückkehr an den Genfer Verhandlungstisch an. Am 7./8. Januar 1985 verständigten sich die Außenminister Shultz und Gromyko in Genf auf das Procedere. Am 12. März nahmen die Delegationen beider Mächte die Verhandlungen über eine nukleare Abrüstung im Bereich Lang- und Mittelstreckenraketen sowie über «Raumwaffen» zur Raketenabwehr wieder auf. Die harte Haltung des Präsidenten in der Frage der Nachrüstung hatte sich offenbar ausgezahlt: Die «Eiszeit» in den Ost-West-Beziehungen, die im Herbst 1983 begonnen hatte, schien einem neuen Tauwetter zu weichen.[8]

Konflikt statt Konsens:
Die «Thatcher Revolution» in Großbritannien 1979–1985

Von allen auswärtigen Regierungschefs war die britische Premierministerin diejenige, die Ronald Reagan am meisten schätzte. Ob es um die Gegnerschaft zum Kommunismus, die Bindung an das Atlantische Bündnis und die «special relationship» zwischen Großbritannien und den USA, um die Kritik am Wohlfahrtsstaat oder die «supply-side economics» ging: In den großen Fragen stimmten beide grundsätzlich überein. Margaret Thatcher, die 1925 als Margaret Hilda Roberts geborene Tochter eines Kolonialwarenhändlers und methodistischen Laienpredigers, hatte zuerst in Oxford Chemie, dann, nach ihrer Heirat mit dem wohlhabenden Geschäftsmann Denis Thatcher, Jura studiert und zeitweilig als Rechtsanwältin für Steuerrecht gearbeitet. 1959 wurde sie erstmals als konservative Abgeordnete ins Unterhaus gewählt; 1970 machte Premierminister Edward Heath sie zu seiner Bildungs- und Erziehungsministerin.

In den Jahren der Opposition nach 1974 wandte sie sich verstärkt

der «Neuen Rechten» innerhalb der Konservativen Partei um Sir Keith
Joseph, den eigentlichen «Spiritus rector» des wirtschaftsliberalen
Wahlmanifests von 1970, des «Selsdon Park Programme», und einen
zur Rechten «konvertierten» ehemaligen Marxisten, Alfred Sherman,
zu, die ihrerseits beide eng mit zwei konservativen «Thinktanks», dem
Centre for Policy Studies und dem Institute of Economic Affairs, verbunden waren. Die wichtigsten Autoritäten, deren Ideen dort propagiert wurden, waren zwei Wirtschaftswissenschaftler: Milton Friedman, das Oberhaupt der monetaristischen «Chicago School», und
Friedrich August von Hayek, für den der Keynesianismus nur eine
Spielart des Sozialismus und der Wohlfahrtsstaat eine zumindest latent
totalitäre Bedrohung der individuellen Freiheit war: Hayeks 1944
erschienenes Buch «The Road to Serfdom», eine leidenschaftliche
Anklage aller Spielarten von «Kollektivismus» und «Sozialismus», einschließlich des Nationalsozialismus, hatte Thatcher schon während
ihres Studiums in Oxford tief beeindruckt.

Was Thatcher mit der «Neuen Rechten» verband, war die Überzeugung, daß beide große Parteien für den unübersehbaren wirtschaftlichen Niedergang Großbritanniens verantwortlich waren. Nach 1945
hatten erst die Regierungen der Labour Party, dann auch die der Konservativen Vollbeschäftigung als Ziel der Wirtschaftspolitik betrachtet, eine «mixed economy», das heißt eine Mischung aus Privat- und
Staatswirtschaft, befürwortet, auf eine enge Zusammenarbeit von Regierung und Gewerkschaften gesetzt und den Sozialstaat weiter ausgebaut. Als typischer Ausdruck einer konservativen Anpassung an
sozialdemokratisches Denken oder, allgemeiner gesagt, des britischen
Nachkriegskonsenses erschien den rechten Kritikern rückblickend die
Politik der Regierung Heath vor allem seit 1972, dem Jahr des «U-turn»,
der Abkehr vom orthodoxen «Selsdon Park Programme». Als Symbol
des «decline» galt die mit harten Auflagen versehene Anleihe des Internationalen Währungsfonds, die das Vereinigte Königreich unter der
Labour-Regierung Callaghan im Herbst 1976 erhalten hatte.

Ein Wiederaufschwung Großbritanniens verlangte aus der Sicht
Thatchers und ihrer Berater neben Steuersenkungen und Ausgabenkürzungen einen energischen Kampf gegen die Inflation mit Hilfe einer
scharf kalkulierten Geldpolitik, auch wenn das zunächst zu einem Anwachsen der Arbeitslosigkeit führen sollte. Sodann mußte die Macht
der Gewerkschaften gebrochen werden. Wenn es noch eines Beweises

für die Notwendigkeit einer solchen Politik bedurft hätte, hatten ihn nach Thatchers Meinung die Streiks im «winter of discontent» 1978/79 erbracht. Im Februar 1975 in einer Kampfabstimmung an die Spitze der Konservativen Partei gelangt, schwor Margaret Thatcher die Tories auf eine Linie ein, die sich auf die Formel «Mut zum Konflikt statt Suche nach Konsens» bringen ließ. Sie selbst sprach von einer «Politik der Überzeugung» (politics of conviction). Seit der Unterhauswahl vom 3. Mai 1979 hatte sie ein Mandat der Wähler, Großbritannien in ihrem Sinn umzugestalten.

Innerhalb ihres Kabinetts gehörten Schatzkanzler Sir Geoffrey Howe, Sir Keith Joseph als Industrieminister und John Nott als Handelsminister zu den unbedingten Gefolgsleuten Thatchers. Als unabhängig und pragmatisch galten hingegen Außenminister Lord Carrington, Innenminister William Whitelaw, Verteidigungsminister Francis Pym, Beschäftigungsminister James Prior und Umweltminister Michael Heseltine. Schatzkanzler Howe war zuständig für eine folgenschwere Reform des ersten Jahres der Regierung Thatcher: die Abschaffung aller Devisenkontrollen am 23. Oktober 1979. Für die Londoner Börse bedeutete das einen tiefen Einschnitt. Sie war schon in den sechziger Jahren zum Hauptumschlagplatz für die in Europa umlaufenden «Eurodollars» geworden, die ihre Entstehung einer Sondersteuer auf den Kauf amerikanischer Wertpapiere durch Ausländer verdankten, die Präsident Kennedy im Juli 1963 eingeführt hatte, um das Defizit in der amerikanischen Zahlungsbilanz auszugleichen. (Aufgehoben wurde die Steuer erst von Präsident Nixon am 31. Dezember 1973.) Den «Eurodollars» folgten nach dem ersten Ölpreisschock von 1973 die «Petrodollars», die, unter lebhafter Beteiligung der großen amerikanischen Bankhäuser Citybank, Chase Manhattan, Merrill Lynch und der japanischen Großbank Nomura, ebenfalls vor allem in London gehandelt wurden.

Der Wegfall der Devisenkontrollen, einer der frühen Akte der «Deregulierung» à la Thatcher, machte London endgültig zum wichtigsten Zentrum für Finanzdienstleistungen in Europa. 1982 entstand in der Hauptstadt des Vereinigten Königreichs die London International Financial Futures Exchange (LIFFE). Orientiert an den Vorbildern des Chicago Board of Trade und der Chicago Mercantile Exchange widmete sich die LIFFE dem spekulativen Handel mit «Derivaten», das heißt Wetten auf den künftigen Wert von Zinsen, Aktienkursen und

Währungen. Sie leistete damit einen entschiedenen Beitrag zur Entfesselung der internationalen Finanzmärkte – einer mittlerweile besonders umstrittenen «Errungenschaft» der achtziger Jahre.

Der erste finanzpolitische Paukenschlag von Schatzkanzler Howe war die Senkung des Spitzensteuersatzes der Einkommensteuer von 83 auf 60 Prozent und des Standardsatzes von 33 auf 30 Prozent im Juni 1979, flankiert von einer Erhöhung der Mehrwertsteuer von 8 auf 15 Prozent. Daß die Reform, ein klassischer Fall von Umverteilung von unten nach oben, die soziale Ungleichheit in der britischen Gesellschaft erheblich verstärkte, nahm die Regierung billigend in Kauf. Im Haushalt von 1980 führte Großbritannien eine (in der Praxis nicht allzu folgenreiche) mittelfristige Finanzplanung nach dem Vorbild der Bundesrepublik von 1967 ein. Gleichzeitig ergingen detaillierte, an den Lehren des Monetarismus orientierte Vorschriften zur Begrenzung der Geldmenge «M3». (Sie umfaßt den Bargeldumlauf, Sichtguthaben, Termingelder unter vier Jahren sowie die Spareinlagen mit gesetzlicher Kündigungsfrist.) Die Geldmenge «M3» sollte bis 1981 um 8 Prozent steigen. Tatsächlich wuchs sie um fast 19 Prozent – für die Regierung Thatcher ein Anlaß, die strikt monetaristische, an der Menge «M3» ausgerichtete Geldpolitik seit 1982 schrittweise, ab 1985 dann endgültig aufzugeben.

Die Inflationsrate zu senken gelang Thatcher und Howe vorerst nicht: Sie lag im zweiten Halbjahr 1979 bei 21,3 und im ersten Halbjahr 1980 bei 19,4 Prozent. Um die Nachfrage und die Preise herunterzudrücken, erhöhte die Regierung die Zinssätze erst auf 14, dann bis Ende 1980 auf 17 Prozent – Maßnahmen, die Großbritannien zu einem idealen Anlageplatz für ausländisches Kapital machten und den Pfundkurs um beinahe 25 Prozent steigen ließen. Die Folgen waren eine Verteuerung der britischen Exporte um fast 50 Prozent und eine entsprechende Verbilligung von Importen. Von einer Belebung der Binnenkonjunktur konnte aber infolge von Ausgabenkürzungen und der drastischen Erhöhung der Mehrwertsteuer keine Rede sein. Das Bruttosozialprodukt ging zwischen 1979 und 1981 um 5 Prozent zurück. Die industrielle Basis des Landes schrumpfte weiter; war die Zahl der Beschäftigten in den Fertigungsindustrien zwischen 1966 und 1979 um 15 Prozent zurückgegangen, so sank sie zwischen 1979 und 1989 nochmals um 42 Prozent. 1983 erreichten die Arbeitslosenzahlen einen statistischen Rekordwert von 3,2 Millionen, was einem Anteil von

12,4 Prozent an der erwerbsfähigen Bevölkerung entsprach. Besonders betroffen waren die Industriegebiete des Nordens, wo die Erwerbslosigkeit unter Jugendlichen und Farbigen häufig bei 30 Prozent und höher lag. Zwar entstanden auch neue Arbeitsplätze in den Dienstleistungsindustrien, vor allem im Hotel- und Fremdenverkehrsgewerbe. Aber der zuletzt genannte Bereich war ein Teil des Niedriglohnsektors, wo Teilzeitarbeit häufig und die Sicherheit des Arbeitsplatzes niedrig war.

Im März 1981 setzte Schatzkanzler Howe gegen heftigen Widerstand sowohl im Kabinett und in der konservativen Unterhausfraktion als auch seitens der meisten führenden Wirtschaftswissenschaftler einen strikt «antikeynesianischen», also prozyklischen Haushalt für 1981 mit Ausgabenkürzungen in Höhe von 4,3 Milliarden Pfund durch, der die Rezession weiter verschärfte. Soziale Proteste ließen nicht lange auf sich warten. Zwischen April und August 1981 kam es im Londoner Stadtteil Brixton sowie in Liverpool und Manchester immer wieder zu Straßenschlachten zwischen arbeitslosen Farbigen und weißen rechtsradikalen «Skinheads», wobei auch Gebäude in Brand gesteckt wurden. Thatcher und Howe beharrten jedoch auf ihrem Standpunkt, daß Austerität notwendig war, um Großbritannien wieder wettbewerbsfähig zu machen. Im Kampf gegen die Inflation stellten sich in der Tat bemerkenswerte Erfolge ein: Der Anstieg der Verbraucherpreise sank von 19,4 Prozent im ersten Halbjahr 1980 auf 11,2 Prozent im zweiten Halbjahr 1982 und 3,9 Prozent im ersten Halbjahr 1983 – einen Wert, der um 0,6 Prozentpunkte unter dem Durchschnitt der OECD-Länder lag.

Konsequent blieb die Regierung Thatcher auch auf einem anderen Gebiet: der Privatisierung von Staatsbetrieben. Den Auftakt machte 1979 British Petroleum, bis 1984 folgten British Aerospace, die in der medizinischen Forschung tätige Amersham International, British Telecom und die Jaguar-Autowerke. Zusammen erzielte der britische Staat damit Einnahmen von 2,7 Milliarden Pfund. Am folgenreichsten war wohl der bereits Ende 1979 eingeleitete Verkauf der «council houses», der gemeindeeigenen Wohnhäuser, an die Mieter zu überaus günstigen, nach der Mietdauer gestaffelten Bedingungen. Der Erfolg war durchschlagend: Zwischen 1979 und 1989 wurden rund 1 Million «council houses» verkauft; die Zahl der Hauseigentümer wuchs in dieser Zeit um insgesamt 3 Millionen; 1988 wohnten fast zwei Drittel der Briten (64 Prozent) in Häusern oder Wohnungen, die ihnen gehörten.

Mit der breiten Streuung von Hausbesitz verfolgte die Regierung
Thatcher ein ehrgeiziges gesellschaftspolitisches Ziel: Sie versprach
sich von dieser Politik längerfristig eine Entproletarisierung und Ver-
bürgerlichung der Arbeiterschaft und damit ein konservatives Großbritannien. Ähnliche Wirkungen sollte die mit der Privatisierung von
Staatsbetrieben verbundene Ausweitung des Aktienbesitzes haben.
Daß die schon von Zeitgenossen so genannte «Thatcher Revolution»,
die radikale Transformation der britischen Gesellschaft in den achtziger Jahren, keine umfassende Radikalisierung der Betroffenen auslöste,
verdankten die Regierenden aber nicht so sehr der Vermehrung der
Zahl der Hauseigentümer und der Aktionäre als vielmehr der Ausbeutung der reichen Ölvorkommen in der Nordsee. Schon 1978 konnte
das Vereinigte Königreich über die Hälfte seines Energiebedarfs aus
diesen Ressourcen befriedigen. Mitte der achtziger Jahre war Großbritannien in der Lage, die gestiegenen Ausgaben für Arbeitslose und
soziale Sicherheit, eine Folge des Niedergangs der Fertigungsindustrien, mit den Einnahmen aus dem Ölgeschäft zu bestreiten.

Die Erfüllung ihres Wahlkampfversprechens, einen Machtmißbrauch der Gewerkschaften künftig unmöglich zu machen, nahmen
die Tories im August 1980 mit dem ersten von insgesamt acht Beschäf-
tigungsgesetzen (Employment Acts) in Angriff. Auch Streiks, in den
ersten vier Jahren der Ära Thatcher unter anderem bei British Leyland,
British Steel sowie im öffentlichen Dienst und im Gesundheitswesen,
brachten die Regierung nicht davon ab, das Streikrecht einzuschränken. Das geschah etwa durch das Verbot des «flying picketing», der
Heranziehung von Streikposten aus nicht bestreikten Betrieben, und
die Vorschrift, daß ein Betrieb nur dann zum «closed shop» erklärt
werden durfte (also verpflichtet war, ausschließlich Gewerkschaftsmitglieder einzustellen), wenn die Beschäftigten sich in geheimer Abstimmung mit Vierfünftelmehrheit dafür aussprachen. Die Gewerkschaften
konnten überdies künftig für Schäden, die durch illegale Aktionen entstanden, haftbar gemacht werden.

Die parlamentarische Opposition im Unterhaus bildete zu keiner
Zeit eine Gefahr für die Regierung Thatcher. Die zweitgrößte Kraft
des Landes, die Labour Party, wurde in den frühen achtziger Jahren
durch heftige innere Kämpfe und eine Abspaltung geschwächt. Schon
seit 1977 wurde der Parteivorstand vom linken Flügel beherrscht; die
Wahlniederlage vom Mai 1979 gab der Linken um Tony Benn neuen

Auftrieb. Noch weiter links von Benn stand die trotzkistische «Militant Tendency», die die Labour Party seit den siebziger Jahren systematisch zu unterwandern versuchte und in Liverpool den Parteiapparat weitgehend unter ihre Kontrolle gebracht hatte. Als James Callaghan im Oktober 1980 seinen Rücktritt als Parteivorsitzender erklärte, galt zunächst der frühere Schatzkanzler Denis Healey, der Führer des rechten Flügels, als der wahrscheinlichste Nachfolger. Auf dem Parteitag in Blackpool wurde aber nicht er, sondern Michael Foot, der Wortführer der gemäßigten Linken, zum neuen Parteivorsitzenden gewählt.

Der Linksruck veranlaßte die ehemaligen Minister Shirley Williams, Bill Rodgers und David Owen, sich von der Labour Party zu trennen und Ende März 1981 eine neue, entschieden reformistische und proeuropäische Partei, die Social Democratic Party (SDP), zu gründen. Innerhalb eines Jahres wuchs die Zahl ihrer Unterhausabgeordneten durch Übertritte und zwei Nachwahlen auf 29 an. Im Juni 1981 erschien eine erste gemeinsame Erklärung der SDP und der Liberalen Partei. Im September bildeten sie eine förmliche «Allianz». Nachwahlerfolge und Umfrageergebnisse ließen bei der neuen Gruppierung bald die Hoffnung keimen, daß sie gute Chancen hatte, der Labour Party den Rang als größte Kraft links der Mitte abzulaufen.

Im Frühjahr 1982 verdrängte ein Ereignis im Südatlantik die Innenpolitik aus den Schlagzeilen der britischen Presse. Ende März wurden argentinische Kriegsschiffe in der Nähe der Falkland-Inseln gesichtet, die rund 600 Kilometer vor der Südküste des lateinamerikanischen Landes lagen, 1820 von Argentinien und 1833 von Großbritannien in Besitz genommen worden waren; die rund 1800 Bewohner der Kronkolonie waren fast ausschließlich britischer Abstammung. Seinen Anspruch auf die «Islas Malvinas» gab Argentinien dennoch nicht auf. Die Invasion der Inseln, die am 2. April mit der Landung von einigen tausend Mann begann, war in erster Linie ein Versuch der argentinischen Junta unter General Leopold Fortunato Galtieri, dem Nachnachfolger des Putschgenerals von 1976, Jorge Rafael Videla, die argentinische Bevölkerung von der Zahlungsunfähigkeit des Landes und schwelenden inneren Konflikten abzulenken und im Zeichen einer großen patriotischen Unternehmung hinter sich zu bringen.

Margaret Thatcher, die von der Invasion der Argentinier völlig überrascht wurde, entschloß sich nach kurzem Zögern, den Status quo

ante und damit die Ehre der Großmacht Großbritannien mit militärischer Gewalt wiederherzustellen – eine Entscheidung, von der sie sich
auch durch den besorgten Präsidenten Ronald Reagan nicht mehr abbringen ließ. Außenminister Lord Carrington übernahm die Verantwortung für die Unterschätzung des Falkland-Problems durch das
Foreign Office und trat am 5. April zurück; sein Nachfolger wurde der
frühere Verteidigungsminister und nachmalige Mehrheitsführer im
Unterhaus, Francis Pym. Am gleichen Tag brach eine Flotte von dreißig Schiffen von Portsmouth aus in den Südatlantik auf. Währenddessen gab es auf mehreren Ebenen Bemühungen um eine diplomatische
Lösung des Konflikts. Doch die Vermittlungsversuche der Vereinten
Nationen scheiterten ebenso wie die des amerikanischen Außenministers Haig. Die USA, mit Großbritannien durch den Nordatlantik-
vertrag und mit Argentinien durch den Río-Pakt von 1947 verbündet,
stellten sich daraufhin Anfang Mai vorbehaltlos auf die Seite des Vereinigten Königreichs und gaben ihm großzügige militärische Unterstützung, darunter die leihweise Überlassung eins Kampflandungs-
schiffes und die Übermittlung der Ergebnisse der Satellitenaufklärung
über den Falkland-Inseln.

Am 25. April nahmen britische Truppen die südöstlich von den
Falkland-Inseln gelegene, von den Argentiniern besetzte Kronkolonie
Südgeorgien ein. Anfang Mai wurde der argentinische Kreuzer «Bel-
grano», obwohl bereits auf dem Rückzug, versenkt; dabei starben über
300 Menschen. Die Argentinier versenkten ihrerseits den Zerstörer
«Sheffield»; 20 Briten verloren dabei ihr Leben. Nach Verlusten von
drei Kriegsschiffen landeten die Briten am 21. Mai auf der Ost-Falk-
land-Insel. Eine Woche später nahmen sie Fort Darwin und Goose
Green ein. Kurz darauf brachte die zum Truppentransporter umge-
baute «Queen Mary II» weitere 3000 Soldaten an Land. Am 14. Juni
fiel die Hauptstadt Port Stanley in die Hände der Briten; einen Tag
später kapitulierten die Argentinier. Die Zahl ihrer Gefallenen bezif-
ferten sie vorläufig mit 652; die Briten zählten 255 getötete Soldaten
und Zivilisten. Am 17. Juni trat in Buenos Aires General Galtieri zurück. Sein Nachfolger, General Reynaldo Benito Bignone, konnte sich
nur auf das Heer, nicht aber auf Luftwaffe und Marine stützen. Im
Jahr darauf setzte eine vorsichtige Demokratisierung ein. Nach freien
Wahlen im Oktober 1983, aus denen die Radikale Bürgerunion (Unión
Cívica Radical) unter Raúl Alfonsín als Siegerin hervorging, endete die

im März 1976 errichtete Militärdiktatur – eine unmittelbare Folge des nationalistischen Abenteuers, in das die Junta Argentinien mit der Invasion auf den Falkland-Inseln gestürzt hatte.

Die Briten hatten in ihrer großen Mehrheit die militärische Abwehr des argentinischen Angriffs unterstützt. Das galt auch für die Führer der Oppositionsparteien, Michael Foot von der Labour Party, David Steel von den Liberalen und David Owen von den Sozialdemokraten. Die streikenden Eisenbahner vertagten einen geplanten Arbeitskampf, um den höheren Interessen des Landes keinen Schaden zuzufügen. Umfragen zufolge erfreute sich Margaret Thatcher nach der Bezwingung Argentiniens größerer Beliebtheit als jemals zuvor. Hatten die Meinungsforscher im März die Konservativen bei 31, die Labour Party und die «Allianz» bei jeweils 33 Prozent gesehen, so lautete das Verhältnis jetzt 46:27:24. Innenpolitische Erwägungen dürften bei dem Entschluß der Premierministerin, Argentinien mit Härte entgegenzutreten, durchaus eine Rolle gespielt haben, wirtschaftliche und strategische Überlegungen hingegen nicht. Der einzige Wirtschaftszweig der Falkland-Inseln war die Schafzucht; seine Truppen hatte das Vereinigte Königreich bis auf einen winzigen Rest abgezogen. Hätte Großbritannien wirklich ein vitales Interesse daran gehabt, die Inseln zu behalten, wäre ein abschreckendes Maß an militärischer Präsenz unbedingt erforderlich gewesen. Tatsächlich waren die Falkland-Inseln, wie der Publizist Peter Jenkins urteilt, nicht mehr als «ein postimperiales Überbleibsel ohne strategischen und wirtschaftlichen Wert und weit entfernt von den wirklichen Problemen, denen sich das Land drinnen und draußen gegenübersah».

Weil sie an vergangene Größe erinnerten, besaßen die Inseln aber auch einen hohen symbolischen Wert, der es wohl jeder britischen Regierung unmöglich gemacht hätte, vor der argentinischen Aggression zurückzuweichen. Das Gefühl der gekränkten Nationalehre mußte die Premierministerin nicht künstlich anfachen; es war im April 1982 weit verbreitet. Nachdem der Sieg errungen war, deutete ihn Margaret Thatcher auf ihre, die zu erwartende patriotische Weise. «Was sich tatsächlich ereignet hat, ist, daß Britannien erneut gezeigt hat, daß es sich nicht herumschubsen läßt», sagte sie am 3. Juli 1982 in Chelsea. «Wir haben aufgehört, eine Nation im Rückzug zu sein. Wir haben ein neues Selbstvertrauen – entstanden in wirtschaftlichen Kämpfen zuhause – geprüft und für echt befunden 8000 Meilen von hier. Dieses Vertrauen

stammt aus der Wiederentdeckung unserer selbst, und es wächst mit
der Wiedergewinnung unserer Selbstachtung. Britannien hat sich im
Südatlantik wiedergefunden, und es wird nicht hinter den Sieg zurückfallen, den es dort errungen hat.»

Am 13. Mai 1983, ein Jahr nach dem Beginn des Krieges um die Falkland-Inseln, bat Margaret Thatcher Königin Elisabeth II. um die Auflösung des Unterhauses und legte, nachdem diese der Bitte entsprochen
hatte, den Neuwahltermin auf den 9. Juni fest. Durch eine Kabi-
nettsumbildung hatte die Premierministerin im September 1981 ihre
Position innerhalb der Regierung verstärkt. Einige eher liberale Konservative, die sogenannten «wets», wurden an den Rand gedrängt, so
Beschäftigungsminister James Prior, den Thatcher nach Nordirland
schickte. Alle wirtschaftspolitischen Schlüsselressorts waren fortan in
den Händen der treuen Gefolgsleute der Regierungschefin, der «dries».
Keith Joseph übernahm das Thatcher besonders wichtige Amt des
Ministers für Erziehung und Wissenschaft. Zu den «dries» gehörte
auch Pyms Nachfolger als Verteidigungsminister, John Nott, der sein
Amt bereits im Januar 1981 angetreten hatte.

Im Wahlkampf konnte die Premierministerin auf die unbestreitbaren Erfolge im Kampf gegen die Inflation pochen. Das Wirtschaftswachstum lag im Durchschnitt der Jahre 1982 bis 1985 bei 2,5 Prozent
und damit nahe bei den Zuwachsraten der sechziger Jahre. Daß die
Arbeitslosigkeit seit 1979 dramatisch gestiegen war, deuteten die Konservativen als unvermeidbaren Preis der Konsolidierung und des Wie-
deraufschwungs. Margaret Thatcher galt bei neun Zehntel der Briten
als führungsstark. Sie kokettierte mit dem Titel der «Eisernen Lady»
(Iron Lady), den ihr die Armeezeitung «Roter Stern» 1976 nach einer
scharf antikommunistischen Rede der damaligen Oppositionsführerin
verliehen hatte. Sie war stolz auf ihre politische Unbeugsamkeit. «The
Lady's not for turning» hatte sie in Anspielung auf den Titel eines bekannten Theaterstücks von Christopher Fry («The Lady is not for Bur-
ning», auf deutsch «Die Dame ist nicht fürs Feuer») auf dem Parteitag
der Konservativen im Oktober 1980 ihren innerparteilichen Kritikern
zugerufen. Im Wahlkampf von 1983 ließ sie keinen Zweifel daran aufkommen, daß diese Devise auch weiterhin galt.

Im den Wochen vor der Wahl warben die Konservativen vor allem
mit der Wiederherstellung der nationalen Selbstachtung und des inter-

nationalen Prestiges Großbritanniens durch die Premierministerin. Die Labour Party verlangte in ihrem Wahlmanifest ein großzügiges Arbeitsbeschaffungsprogramm und das Ausscheiden des Vereinigten Königreichs aus dem Gemeinsamen Markt; sie sagte Nein zum geplanten Kauf von amerikanischen Trident-Raketen und zur beabsichtigten Stationierung von Cruise Missiles auf britischem Boden und bekannte sich grundsätzlich zur einseitigen nuklearen Abrüstung. Die Allianz aus Liberalen und Sozialdemokraten sprach sich für ein massives Investitionsprogramm, den Verzicht auf den Trident-Kauf und eine aktive Rolle Großbritanniens in der EG aus.

Das Wahlergebnis war für die Oppositionsparteien eine herbe Enttäuschung. Die Labour Party verlor gegenüber der Wahl vom Mai 1979 9,3 Prozentpunkte und kam auf 27,6 Prozent; die Allianz erzielte mit 25,4 Prozent ein nur unwesentlich schwächeres Ergebnis. (Die Liberalen hatten vier Jahre zuvor 13,8 Prozent verbucht.) Die Konservativen verloren 1,5 Prozentpunkte und erreichten 42,4 Prozent. Das britische Mehrheitswahlrecht aber verkehrte die Stimmenmehrheit der Opposition in eine Mandatsmehrheit der regierenden Tories: Mit 397 (gegenüber bisher 339) Abgeordneten verfügten sie über eine satte Mehrheit im Unterhaus; die Labour Party erhielt 209, die Allianz 23 Sitze, wobei 17 auf die Liberalen und nur 6 auf die Sozialdemokraten entfielen.

Soziologisch hatten die Konservativen, ähnlich wie die Allianz, ihren Wählerrückhalt vor allem in den Mittelschichten und bei den Facharbeitern im relativ wohlhabenden Süden Englands, wo die Dienstleistungsindustrien florierten, während die Hochburgen der Labour Party in den von der Arbeitslosigkeit besonders betroffenen alten Industrieregionen von Nordengland und Wales lagen. Die Wahlniederlage veranlaßte zwei Oppositionsparteien zu einem Führungswechsel. Bei Labour trat Michael Foot als Parteivorsitzender zurück; sein Nachfolger Neil Kinnock kam wie Foot aus dem linken Flügel, wandte sich nach seiner Wahl aber rasch gemäßigten Positionen zu. Der Führer der entschiedenen Linken, Tony Benn, gehörte dem neuen Unterhaus nicht mehr an. Bei den Sozialdemokraten löste der frühere Außenminister David Owen den Spitzenkandidaten Roy Jenkins, den nach London zurückgekehrten bisherigen Präsidenten der EG-Kommission, als Parteivorsitzenden ab. Bei den Konservativen gab es Veränderungen nur auf der Kabinettsebene. Die beiden wichtigsten betrafen das Außen- und das Finanzministerium. Nachfolger von Francis Pym als Chef des

Foreign Office wurde der bisherige Schatzkanzler Sir Geoffrey Howe; neuer Schatzkanzler wurde Nigel Lawson, wie Howe ein getreuer Gefolgsmann von Margaret Thatcher.

Zu den großen innenpolitischen Problemen der neuen Legislaturperiode gehörte die Nordirlandfrage. Die IRA hatte ihren Terror in den Jahren zuvor unvermindert fortgesetzt. Im August 1979 wurde ein Mitglied des Königshauses, Lord Louis Mountbatten, der letzte Vizekönig von Indien, beim Hummerfang an der irischen Westküste ermordet; mit ihm starben sein Enkel, seine Schwägerin und ein irischer Bootsjunge; einige Stunden später fielen 18 Soldaten einer britischen Militärpatrouille einem Bombenanschlag der IRA zum Opfer. Im August 1981 starben in einem britischen Gefängnis 10 IRA-Gefangene an den Folgen eines Hungerstreiks, mit dem sie ihre Anerkennung als politische Gefangene hatten erzwingen wollen. Am 12. Oktober 1984 verübte die IRA anläßlich des konservativen Parteitags in Brighton einen Bombenanschlag auf Margaret Thatcher. Sie selbst wurde nicht verletzt; fünf Menschen starben; Handels- und Industrieminister Norman Tebbit wurde verletzt; seine Frau blieb dauerhaft behindert. Elf Monate später, am 15. November 1985, unterzeichneten Großbritannien und die Republik Irland ein Abkommen, das Dublin ein gewisses Mitspracherecht in nordirischen Angelegenheiten einräumte. Befriedend wirkte die Übereinkunft aber nicht: Die protestantische Bevölkerung von Ulster antwortete mit einer Welle von Protestkundgebungen; die IRA setzte ihren Terror fort.

Im Frühsommer 1984 errang Thatcher einen ihrer größten außenpolitischen Erfolge: die Gewährung des «Britenrabatts» durch die Europäische Gemeinschaft. Mit dem Argument, daß Großbritannien aus dem Gemeinsamen Agrarmarkt kaum Nutzen ziehe und infolgedessen viel zu hohe Nettozahlungen, rund 1 Milliarde Pfund jährlich, an die EG entrichte, hatte sie nach zähen Verhandlungen bereits 1982 eine Ermäßigung erwirkt. Ihr persönlicher Triumph aber war die Reduzierung der britischen Zahlungen um 40 Prozent am 26. Juni 1984 auf dem EG-Gipfel in Fontainebleau. Ihre Verhandlungspartner auf deutscher und französischer Seite, Helmut Kohl und François Mitterrand, waren ihr gegenüber nachgiebiger als die Vorgänger Helmut Schmidt und Valéry Giscard d'Estaing, die sie mit ihrer Hartnäckigkeit mehr als einmal gegen sich aufgebracht hatte. Thatchers Gegenleistung war die Zustimmung zu einer Erhöhung der Eigenmittel der EG auf bis zu

1,4 Prozent der Mehrwertsteuer – ein Beitrag zur Reform der Finanzen der Gemeinschaft, freilich nicht zu der des ausufernden Gemeinsamen Agrarmarktes, der Paris und Bonn unantastbar erschien.

Ein Vierteljahr vor dem Kompromiß von Fontainebleau, am 12. März 1984, hatte einer der längsten Ausstände in der britischen Geschichte begonnen: ein Streik der Bergarbeitergewerkschaft, der National Union of Mineworkers (NUM), unter Führung ihres Vorsitzenden Arthur Scargill. Anlaß des Arbeitskampfes war die Entscheidung des National Coal Board, 20 Bergwerke zu schließen. Den Protesten der betroffenen Zechenbelegschaften folgte der Entschluß der NUM zum landesweiten Streik – ohne daß es zuvor zu der erforderlichen Abstimmung der Mitglieder gekommen wäre. Die Arbeitsniederlegung war damit ungesetzlich, so daß die Streikenden weder Sozialhilfe noch andere staatliche Hilfsleistungen erhielten und selbst der Dachverband, der TUC, sich nicht in der Lage sah, die Aktion der NUM zu unterstützen. Auch unter den von den Zechenschließungen nicht betroffenen Bergleuten gab es viele, die den Arbeitskampf für verfehlt hielten und weiter Kohle förderten.

Die Regierung Thatcher und das National Coal Board waren zuvor nicht untätig geblieben: Sie hatten Kohlelager angelegt, Kraftwerke und Industrie mit Kohle versorgt und die Polizei verstärkt. Zwischen streikenden Bergleuten und Ordnungskräften kam es zu teilweise blutigen Auseinandersetzungen, bei denen sogar Tote zu beklagen waren. Im Juli 1984 sprach die Premierministerin vom «Feind im Innern», der schwieriger zu bekämpfen sei als der äußere im Falklandkrieg. Teile der Bevölkerung unterstützten die Streikenden mit Spenden und durch andere Hilfsaktionen. Als im Herbst jedoch der erhoffte Solidaritätsstreik der Gewerkschaft der höheren Zechenangestellten nicht zustande kam, begann die Streikfront zu bröckeln. Danach verging noch fast ein halbes Jahr, bis der Ausstand am 3. März 1985 offiziell beendet wurde.

Der Bergarbeiterstreik von 1984/85 wurde zu einer Zäsur in der Geschichte der Beziehungen zwischen Staat und Gewerkschaften in Großbritannien. Das Scheitern des einjährigen Arbeitskampfes war nicht nur ein Werk der Regierung Thatcher, es war vielmehr in erster Linie die NUM, die diesen Ausgang zu verantworten hatte. Die unrentablen Zechen zu erhalten hätte staatliche Subventionen im großen Stil erfordert, die für die britische Volkswirtschaft nicht tragbar waren. Mit ihrem Versuch, den wirtschaftlichen Strukturwandel aufzuhalten, hatten die britischen Gewerkschaften immer wieder Erfolg gehabt, weil wechselnde Regierungen vor der entscheidenden Kraftprobe zurückgeschreckt waren. Die Regierung Thatcher war ihr nicht ausgewichen, und sie war als Siegerin daraus hervorgegangen. Die Konservativen fühlten sich daher im Frühjahr 1985 in dem Bewußtsein bestärkt, mit ihrem Streben nach einer grundlegenden Erneuerung von Wirtschaft und Gesellschaft ein gutes Stück vorangekommen zu sein.⁹

Der Bruch mit dem Kapitalismus schlägt fehl: Frankreich unter Mitterrand 1981–1985

Für Frankreich war das herausragende Ereignis des Jahres 1981 die Präsidentenwahl. Im Mai lief die siebenjährige Amtszeit von Valéry Giscard d'Estaing aus. Als Giscard am 2. März 1981 seinen Entschluß bekanntgab, erneut anzutreten, standen die wichtigsten Kandidaten der anderen Parteien längst fest: Georges Marchais für die Kommunisten, François Mitterrand für die Sozialisten und Jacques Chirac für das gaullistische Rassemblement pour la République (RPR). Beim ersten Wahlgang am 26. April 1981 erhielt der Amtsinhaber 28,3 Prozent; ihm folgten Mitterrand mit 25,9, Chirac mit 18 und Marchais mit 15,4 Prozent. Die Kommunisten stellten daraufhin ihre Kampagne gegen die Sozialisten ein und schwenkten in das Lager Mitterrands über, während Chirac seinen Wählern die Entscheidung anheimstellte.

Aus der Stichwahl am 10. Mai ging Mitterrand als Sieger hervor: Auf ihn entfielen 15,7 Millionen Stimmen oder 51,8 Prozent, auf Giscard 14,6 Millionen oder 48,2 Prozent. Seine Niederlage verdankte der bisherige Präsident in erster Linie seinen Mißerfolgen im Kampf gegen die wirtschaftliche Krise, namentlich der steigenden Arbeitslosigkeit, aber auch der Tatsache, daß schätzungsweise 800 000 Chirac-Wähler zu Mitterrand übergewechselt waren – hinreichend viele, um diesem einen Vorsprung gegenüber Giscard zu sichern.

François Mitterrand, im Oktober 1916 im Département Charente geboren, war einer der schillerndsten Politiker der französischen Nachkriegszeit. Als Student der Rechts- und der Politikwissenschaft schloß er sich zunächst der Jugendbewegung der «Feuerkreuzler» um Oberst De La Rocque, einer rechtsradikalen Gruppierung, an. Er unterhielt über 1945 hinaus freundschaftliche Beziehungen zu Mitgliedern des rechten Geheimbundes «La Cagoule». Ähnlich diskreditierend wirkte seine lebenslängliche Freundschaft mit René Bousquet, der bis Ende 1943 Generalsekretär der französischen Polizei gewesen war und aktiven Anteil an der Deportation französischer Juden in die Vernichtungslager hatte. Als Stabsunteroffizier nahm Mitterrand 1940 am Krieg teil. Nach seiner Flucht aus der deutschen Kriegsgefangenschaft arbeitete er einige Monate lang für das Vichy-Regime, ehe er sich der Résistance anschloß. Als führendes Mitglied der Union Démocratique et Socialiste de la Résistance gehörte er 1944 der Provisorischen Regierung von Charles de Gaulle an. In der Vierten Republik bekleidete er mehrfach Ministerämter, unter anderem das des Innenministers der Regierung Mendès-France 1954/55 – eine Funktion, in der er sich als entschiedener Verfechter der «Algérie française» hervortat. Im Präsidentschaftswahlkampf von 1965 war er der Kandidat der Linken gegen de Gaulle. 1971 vereinigte er die von ihm geführte Convention des Institutions Républicaines mit den Sozialisten; im Jahr darauf wurde er Generalsekretär des Parti Socialiste. 1974 kandidierte er erneut für das höchste Staatsamt und unterlag knapp dem Mann, den er sieben Jahre später besiegen sollte: Valéry Giscard d'Estaing.

Die Linke feierte den Machtwechsel als Anbruch einer neuen Epoche. Eine tiefe Zäsur war der Sieg Mitterrands in der Tat: An die Spitze der Fünften Republik trat ein Politiker, der sechzehn Jahre zuvor anläßlich seiner ersten Kandidatur für das Amt des Präsidenten der Republik ein Buch unter dem Titel «Le coup d'état permanent», eine leidenschaftliche Anklage der Politik des Generals de Gaulle und des gaullistischen Regierungssystems, veröffentlicht hatte. Die Institutionen des von de Gaulle geschaffenen Staates abzuschaffen war freilich nie Mitterrands Absicht. Vielmehr gedachte er, sie seinen Zielen dienstbar zu machen. Ganz obenan stand der Kampf gegen die Arbeitslosigkeit; als geeignetes Mittel, um dieses Vorhaben zu erreichen, hatte er in seinem «Fernsehduell» mit Giscard am 5. Mai 1981 die Verkürzung der Wochenarbeitszeit von 40 auf 35 Stunden angekündigt. Aber der Ehrgeiz des Präsidenten und seiner Partei ging sehr viel weiter. Im Januar 1981 hatte der Parti Socialiste in seinem Regierungsprogramm, den «Hundertzehn Punkten» von Créteil, die Verstaatlichung der Banken und der neun größten Industrieunternehmen gefordert. Damit sollte der Kapitalismus überwunden und dem Sozialismus der Boden bereitet werden. Es war nicht weniger als eine legale, durch Wahlen legiti-

mierte Revolution, die Mitterrand und die Sozialisten sich für die Zeit
nach den Wahlen vorgenommen hatten.

Zunächst aber ging es darum, die politischen Rahmenbedingungen
des erstrebten Wandels zu schaffen. Am 21. Mai berief Mitterrand
einen neuen Regierungschef: Der sozialistische Bürgermeister und Abgeordnete von Lille, Pierre Mauroy, trat die Nachfolge des liberalen
Raymond Barre an und bildete eine fast rein sozialistische Regierung.
Tags darauf löste der Präsident die Nationalversammlung auf. Der
Termin für den ersten Wahlgang war der 14. Juni, der für den zweiten
Wahlgang der 21. Juni. Den Parteien blieben also nur drei Wochen für
den Wahlkampf. Chiracs RPR und Giscards Union pour la Démocratie Française (UDF) schlossen sich zu einem Wahlbündnis, der Union
pour la nouvelle majorité, zusammen. Sozialisten und Kommunisten
verständigten sich, nachdem sie ihre Differenzen zu Protokoll gegeben
hatten, auf ein Stichwahlabkommen: Beim zweiten Wahlgang sollte
nur derjenige Bewerber der Linken im Rennen bleiben, der beim ersten
Wahlgang die relativ meisten Stimmen erhalten hatte.

Die eindeutigen Sieger des ersten Wahlgangs waren die Sozialisten,
auf die 37,8 Prozent der Stimmen entfielen. Die Gaullisten kamen auf
20,9, die Giscardisten auf 19,1, die Kommunisten auf 16,1 Prozent.
Eine Woche später, am 21. Juni, vollendete der PS seinen Triumph: Mit
285 von 491 Abgeordneten verfügte er in der neuen Nationalversammlung über die absolute Mehrheit. Das RPR mußte sich dank des Mehrheitswahlrechts mit 88, die UDF mit 62, der PCF mit 44 Mandaten
begnügen.

In seine neue, am 22. Juni gebildete Regierung nahm Pierre Mauroy in enger Abstimmung mit dem Präsidenten vier kommunistische
Minister auf, von denen aber nur einer, der bisherige Fraktionsvorsitzende Charles Fiterman, ein politisch wichtiges Ressort, das Verkehrs-
ministerium, erhielt. Das machiavellistische Kalkül, das Mitterrand
damit verfolgte, war eindeutig: Er wollte den PCF durch die Regierungsbeteiligung domestizieren und längerfristig marginalisieren. An
der Spitze der ausschlaggebenden Ministerien standen, wie schon im
vorangegangenen ersten Kabinett Mauroy, Sozialisten. Jacques Delors,
der als sozialdemokratischer Pragmatiker galt, behielt das Amt des
Wirtschafts- und Finanzministers; der Bürgermeister von Marseille,
Gaston Defferre, blieb Innen-, Charles Hernu Verteidigungs-, Claude
Cheysson Außen- und Alain Savary Erziehungsminister. Der einst

ultraradikale, jetzt entschieden reformistische Michel Rocard, ein innerparteilicher Rivale Mitterrands, leitete weiterhin das Planungsministerium, sein ideologischer Widersacher Jean-Pierre Chevènement, der Gründer des marxistischen Zirkels Centre d'Études, de Recherches et d'Éducation Socialiste (CERES), das Ministerium für Forschung und Technologie. Édith Cresson blieb Landwirtschaftsministerin. Neu in das Kabinett Mauroy trat der renommierte Jurist Robert Badinter ein: Er wurde Justizminister.

Unmittelbar nach der Regierungsbildung begann die Umsetzung des Reformprogramms der neuen Mehrheit. Im September 1981 wurde auf Betreiben von Justizminister Badinter die Todesstrafe abgeschafft, wenig später der Gerichtshof für Staatssicherheit und das Gesetz zur Bekämpfung von Ausschreitungen, die Loi anti-casseurs. Innenminister Defferre begann mit der versprochenen Dezentralisierung des Staatsaufbaus, die seit 1982 in Gesetzesform gebracht wurde: Die Präfekten mußten ihre exekutiven Befugnisse an die gewählten Vorsitzenden des Conseil général des jeweiligen Départements abgeben; die Regionen wurden in den Rang von Gebietskörperschaften erhoben. Ein Gesetz vom Juli 1982 entzog Rundfunk und Fernsehen der Gängelung durch die Staatsgewalt; an den Hochschulen wurden die Mitbestimmungsrechte der Studierenden erweitert.

Spezifisch sozialistischen Charakter hatte die im September 1981 beschlossene Verstaatlichung von fünf der größten Unternehmensgruppen, nämlich der Compagnie générale d'électricité, des in der Herstellung von Aluminium führenden Konzerns Pechiney-Ugine-Kuhlmann, des Pharma- und Chemiekonzerns Rhône-Poulenc, der in der Baustoffbranche maßgeblichen Compagnie de Saint-Gobain, eines der ältesten Unternehmen der Welt, und der Elektronikwerke Thomson-Brandt sowie der 1946 noch nicht sozialisierten Bankengruppen Paribas und Suez, dazu der meisten im Privatbesitz verbliebenen Kreditbanken. Die bisherigen Eigentümer wurden entschädigt. Dasselbe galt für die wenig später auf dem Verhandlungsweg vereinbarte Verstaatlichung der hochverschuldeten Eisenindustrie, des Luftfahrtunternehmens Dassault und die Teilverstaatlichung des in der Rüstungsindustrie tätigen Konzerns Matra.

Der heftige Widerstand der parlamentarischen Rechten und des Senats konnte nicht verhindern, daß das Verstaatlichungsgesetz im Dezember 1981 von der Nationalversammlung in letzter Lesung angenommen wurde. Der von der Opposition angerufene Verfassungsrat erzwang im Januar 1982 zwar einige Korrekturen, in der Sache aber blieb es dabei, daß der Staatssektor der französischen Wirtschaft durch die Reformen der regierenden Sozialisten Ausmaße annahm, die Begriffe wie Staatswirtschaft und Staatskapitalismus nicht als Übertreibung erscheinen ließen. Mitterrand selbst sah sich bei alledem als Vollstrecker einer historischen Mission. «Der Bruch mit dem Kapitalismus hat begonnen», sagte er in einem vertraulichen Gespräch, «aber man darf sich keine Illusionen machen. Die Besitzenden werden heftig reagieren. Der Klassenkampf ist nicht tot. Er wird zu einer neuen Jugend finden.»

Eine ähnlich hohe Priorität wie der Verstaatlichung räumte die Linke der Verkürzung der Arbeitszeit ein. Bei der Verminderung der Wochenarbeitszeit von 40 auf 39 Stunden im Februar 1982 setzte Mitterrand gegen den massiven Widerspruch von Wirtschafts- und Finanzminister Delors den vollen Lohnausgleich durch, was die Gesamtkosten der Produktion um 2,5 Prozent steigen ließ. Die Folge war, daß die französischen Exporte zurückgingen und weitere Arbeitszeitverkürzungen auf absehbare Zeit nicht mehr möglich waren. Noch einschneidender war die Senkung des Renteneintrittsalters von 65 auf 60 Jahre. Im Zuge der staatlichen Mehrausgaben wuchs der Etat um 27,6 Prozent, also um über ein Viertel, an; die Inflationsrate kletterte von 13,6 Prozent im Jahr 1980 auf 14,1 Prozent 1981. Im Kampf gegen die Arbeitslosigkeit konnte die Regierung Mauroy mit ihrer Variante von keynesianischer Politik keinen Erfolg verbuchen; vielmehr wuchs die Zahl der Erwerbslosen von 1,46 Millionen zu Beginn der Ära Mitterrand auf 2 Millionen Ende 1981 an.

Am 4. Oktober 1981 sah sich die Regierung Mauroy zu einer Abwertung des Franc um 3 Prozent genötigt. Gleichzeitig wurde die Deutsche Mark um 5,5 Prozent aufgewertet, so daß sich die Kaufkraft des Franc gegenüber der Währung des östlichen Nachbarn um insgesamt 8,5 Prozent verminderte. Acht Wochen später, am 29. November 1981, sprach sich Delors in einem Fernsehinterview für eine «Pause» bei der Ankündigung von Reformen aus und rief damit bei seinen geschichtskundigen Landsleuten sofort die Erinnerung an Léon Blum wach – den Regierungschef der Volksfront, der im Februar 1937 aus ähnlichen Gründen denselben Begriff benutzt hatte. Mitterrand war empört, und Mauroy rückte auf Drängen des Präsidenten von seinem Minister ab.

Im Frühsommer 1982 aber kam die Regierung nicht mehr umhin, eine Kehrtwende zu vollziehen. Da die Abwertung vom Oktober die französische Zahlungsbilanz nicht wesentlich verbessert hatte, wurde im Juni der Franc erneut abgewertet, diesmal um 5,75 Prozent. Da die DM abermals, und zwar um 4,25 Prozent, aufgewertet wurde, sank der Außenwert des Franc um 10 Prozent: für Frankreich und vor allem die regierende Linke eine erniedrigende Erfahrung. Mit der zweiten Abwertung innerhalb eines Dreivierteljahrs gingen energische Maßnahmen zur Eindämmung der Inflation einher, darunter eine Kürzung der für den Haushalt 1983 vorgesehenen Ausgabenerhöhungen um 11 Prozent, die Festlegung des Gesamtdefizits auf höchstens 3 Prozent des Bruttosozialprodukts, ein auf vier Monate, bis zum 1. November 1982, befristeter Lohn- und Preisstopp und die Einführung einer Tagespauschale für Krankenhausaufenthalte. Die sparunwillige Sozialministerin Nicole Questiaux wurde am 29. Juni durch den bisherigen Generalsekretär des Élysée, Pierre Bérégovoy, ersetzt, der den neuen Kurs mitzutragen gewillt war. Die Gewerkschaften protestierten zwar, riefen aber nicht zu Streiks auf – auch nicht, mit Rücksicht auf die Minister des PCF, die kommunistische CGT.

Die Inflationsrate sank bis Ende 1982 leicht, auf 11,8 Prozent, einen durchschlagenden Erfolg ihrer neuen Wirtschaftspolitik aber konnte die Regierung Mauroy daraus nicht ableiten. Im Januar 1983 nahmen die Devisenabflüsse besorgniserregende Ausmaße an; der Franc geriet erneut unter spekulativen Druck. Im Kabinett prallten die Positionen der Marktwirtschaftler, an ihrer Spitze Wirtschafts- und Finanzminister Jacques Delors, und die der Protektionisten, vertreten vor allem durch Jean-Pierre Chevènement, seit Ende Juni 1982 Minister für Forschung und Industrie, hart aufeinander. Während diese eine Politik der nationalen Abschottung, ein Ausscheiden Frankreichs aus dem Europäischen Währungssystem (EWS) und eine höhere Staatsverschuldung, befürworteten, setzten jene auf konsequente Anstrengungen, um Frankreich international wettbewerbsfähig zu machen; eine protektionistische Politik war aus ihrer Sicht gleichbedeutend mit dem wirtschaftlichen Niedergang Frankreichs.

Mitterrand, an Wirtschaft und Finanzen von Haus aus wenig interessiert, hatte sich der Politik der finanziellen Härte, der «rigueur», lange widersetzt und damit die Regierungsarbeit behindert. Erst die schmerzhaften Verluste der Linken bei den Kommunalwahlen von

März 1983 brachten den Präsidenten zu der Einsicht, daß eine radikale
Kurskorrektur unausweichlich war. Er stellte sich auf die Seite Delors'
und bot ihm das Amt des Premierministers an, das dieser aber nur
übernehmen wollte, wenn er das Finanzministerium behalten durfte,
wozu Mitterrand nicht bereit war. Daraufhin entschied sich der Präsident, an Mauroy als Premierminister festzuhalten, die Regierung um-
zubilden und sie auf einen Austeritätskurs festzulegen.

Dem neuen Kabinett, das am 22. März 1983 seine Arbeit aufnahm,
gehörte Chevènement nicht mehr an, ebensowenig ein anderer Protek-
tionist, Außenhandelsminister Michel Jobert, der Vorsitzende des mit
der Linken verbündeten Mouvement des démocrates. Delors erhielt zusätzlich zu Wirtschaft und Finanzen die Zuständigkeit für das Budget.
Ein getreuer Gefolgsmann des Präsidenten, Laurent Fabius, bisher bei-
geordneter Minister für das Budget, übernahm das Ministerium für
Industrie und Forschung; Michel Rocard wurde Landwirtschaftsminister, Édith Cresson Außenhandelsministerin.

Einen Tag vor der Einsetzung des dritten Kabinetts Mauroy, am
21. März 1983, war es Delors gelungen, ein für Frankreich vorteilhaftes
währungspolitisches Arrangement mit der Bundesrepublik Deutschland
auszuhandeln. Die Deutsche Mark wurde um 5,5 Prozent aufgewertet,
der Franc «nur» um 2,5 Prozent abgewertet. Seit dem Oktober 1981
hatte sich der Außenwert des Franc gegenüber der DM damit um ein
Viertel verschlechtert. Mitterrand zeigte sich entschlossen, den für das
nationale Prestige Frankreichs abträglichen Prozeß der Abwertungen
ein für alle Mal zu beenden. Mit der vollen Rückendeckung des Präsidenten beschloß das Kabinett tags darauf eine Reihe von einschneidenden Maßnahmen, die sich alle am Ziel der Konsolidierung der Finanzen
ausrichteten. Das Haushaltsdefizit wurde durch massive Einsparungen
und Mehreinnahmen aus einer Erhöhung der Mineralölsteuer um
20 Milliarden gesenkt, der Ausgabenzuwachs für das Haushaltsjahr
1984 sollte deutlich unter der erwarteten Inflationsrate liegen, die
Staatsquote von etwa 46 Prozent um einen Prozentpunkt gesenkt werden. Am umstrittensten war die Einschränkung der Zuteilung von
Devisen für Auslandsreisen. Die Kommunisten protestierten gegen den
verschärften, von ihnen für unsozial erklärten Sanierungskurs, sahen
aber davon ab, ihre Minister aus der Regierung abzuziehen.

Der 22. März 1983 markiert einen Einschnitt in der Geschichte der
Ära Mitterrand. Der Versuch der Sozialisten, im nationalen Allein-

gang mit dem Kapitalismus zu brechen, war auf der ganzen Linie gescheitert. Er hatte die internationale Wettbewerbsfähigkeit des Landes vermindert, die Staatsverschuldung nach oben getrieben (von 20,4 Prozent des Bruttoinlandsproduktes im Jahre 1980 auf 30,3 Prozent im Jahr 1985) und Frankreich gegenüber seinem wichtigsten europäischen Partner, der Bundesrepublik Deutschland, in die demütigende Rolle eines währungspolitischen Bittstellers gebracht. Die Hoffnung, durch die Verstaatlichung großer Teile der Industrie und des Bankenwesens das Fundament für eine neue, überlegene Gesellschaftsordnung, den Sozialismus, zu legen, erwies sich als Illusion. Die Leiter der verstaatlichten Unternehmen verbaten sich mit Erfolg staatliche Einmischungen. Sie agierten an der Börse und gegenüber ihren Belegschaften nicht anders als private Unternehmer. Soweit sie Gewinne erwirtschafteten, wurden sie vom Staat zugunsten der maroden Staatsbetriebe «geschröpft», so daß der verstaatlichte Sektor der französischen Wirtschaft nicht aus den roten Zahlen herauskam. Die früheren privaten Eigentümer der Staatsbetriebe nutzten die Entschädigungsgelder für spekulative Börsengeschäfte. Wenn es einen Gewinner des sozialistischen Experiments in den Farben der Trikolore gab, war es mithin der internationale Finanzkapitalismus.

Die französischen Sozialisten zogen aus den Erfahrungen der ersten zwei Jahre der Ära Mitterrand den Schluß, daß Verstaatlichungen kein Allheilmittel waren und keineswegs automatisch zum «Sozialismus» führten. Eine reformistische Wende aber, wie sie die deutschen Sozialdemokraten 1959 in ihrem Godesberger Programm vollzogen hatten, fand nicht statt. Da die Globalisierung der Weltwirtschaft großen Teilen des Parti Socialiste weiterhin als Bedrohung galt, blieb auch die Neigung stark, sich durch nationalen oder europäischen Protektionismus gegen internationale Konkurrenz zu schützen. Das zunehmend pragmatische Handeln der sozialistischen Regierungen seit 1983 war eines, die ideologische Beharrungskraft der Sozialistischen Partei ein anderes. Einig waren sich Neuerer und Traditionalisten aber in ihrer Entschlossenheit, die Machtpositionen zu verteidigen, die die Sozialisten nach dem Wahlsieg von 1981 erobert hatten – oder erobert zu haben glaubten. An eine Reprivatisierung der verstaatlichten Unternehmen war infolgedessen nicht zu denken, solange die Linke in der Nationalversammlung über die Mehrheit verfügte.

Auf dem Feld der Außenpolitik gab es unter Mitterrand keinen Bruch mit der von de Gaulle geprägten Tradition der Fünften Republik. Wer erwartet hatte, Frankreich werde unter einer Linksregierung, der auch kommunistische Minister angehörten, sich der Sowjetunion annähern, wurde bald eines Besseren belehrt. Die Proklamation des Kriegsrechts in Polen im Dezember 1981 ließ Mitterrand durch seine Regierung scharf kritisieren. Er befürwortete zunächst sogar, ebenso wie Präsident Reagan und anders als Bundeskanzler Schmidt, wirtschaftliche Sanktionen gegen Polen. Daß er intern Verständnis für das Vorgehen von General Jaruzelski äußerte, erfuhr die Öffentlichkeit nicht.

Mitterrand war ein überzeugter Verfechter des nuklearen Gleichgewichts des Schreckens und verteidigte deshalb unbeirrt den Doppelbeschluß der NATO – am spektakulärsten in einer Rede, die er am 20. Januar 1983 auf Einladung von Bundeskanzler Helmut Kohl vor dem Deutschen Bundestag in Bonn hielt. Vom Nachrüstungsteil des Beschlusses, der Stationierung amerikanischer Mittelstreckenraketen, war Frankreich freilich, anders als die Bundesrepublik, nicht betroffen. Was Mitterrand zu seinem Auftritt vor dem Bundestag veranlaßte, war die Sorge, die Bundesrepublik könnte, wenn sie sich von der Strategie des Atlantischen Bündnisses lossagte, in pazifistisches und neutralistisches und schließlich östliches Fahrwasser geraten. Als wirksamstes Mittel gegen eine solche Versuchung erschien ihm die verstärkte westeuropäische Einbindung der Bundesrepublik – eine Einschätzung, deren praktische Konsequenzen uns noch beschäftigen werden.

So sehr Mitterrand die amerikanische Position in Europa unterstützte, so kritisch bewertete er die Politik der USA in anderen Teilen der Welt, besonders gegenüber Lateinamerika. Am 20. Oktober 1981, zwei Tage vor der Eröffnung des Nord-Süd-Gipfels in Cancún, hielt der Präsident vor dem Revolutionsdenkmal in Mexiko eine (von seinem Berater Régis Debray, einem Freund des ermordeten «Che» Guevara, entworfene) Rede, in der er alle antiimperialistischen Bewegungen der Welt der Solidarität Frankreichs versicherte. Mitterrand verurteilte die Intervention der Vereinigten Staaten in Grenada, und er unterstützte in Nicaragua demonstrativ und zur Empörung Ronald Reagans die regierenden Sandinisten. Kulturminister Jack Lang durfte sich der Rückendeckung des Präsidenten sicher sein, als er sich mehrfach vehement gegen die Amerikanisierung der europäischen Kultur, vor allem des Films, wandte. Ein gaullistischer Kulturminister hätte sich nicht gaullistischer äußern können als der Sozialist Lang.

Was Frankreichs Beziehungen zu Afrika und namentlich die Entwicklungshilfe betraf, unterschied Mitterrand zunächst zwischen Staaten, in denen die Menschenrechte und die demokratischen Spielregeln respektiert wurden, und solchen, wo das nicht der Fall war. Doch spätestens Ende 1982 kam Mitterrand zu der Erkenntnis, daß Frankreich seine Interessen nicht durch humanitäre Prinzipientreue gefährden durfte. In seinem Verhältnis zu Afrika folgte Frankreich fortan den ungeschriebenen Gesetzen der «Realpolitik».

In keinem Bereich erwies sich François Mitterrand so sehr als gelehriger Schüler Charles de Gaulles wie in Sachen der nuklearen Abschreckungsstreitkraft Frankreichs, der früher «force de frappe» genannten «force de dissuasion». Das galt zum einen für die volle Nutzung der exklusiven präsidialen Befugnisse auf diesem Gebiet, die nach dem Urteil von Serge Berstein und Pierre Milza aus dem Frankreich der Fünften Republik eine «monarchie nucléaire» machten. Zum anderen blieb Mitterrand auch politisch auf der von de Gaulle vorgegebenen Linie: Die «force de dissuasion» diente vor allem dazu, den Großmachtanspruch Frankreichs zu unterstreichen und das Land von nuklearen «have-nots» wie der Bundesrepublik Deutschland abzuheben. Eine Preisgabe dieses Unterpfands französischer Größe im Zuge der INF-Verhandlungen kam daher für Mitterrand zu keiner Zeit in Frage. Derselben Logik folgend, beharrten Mitterrand und die von ihm eingesetzten Regierungen auch auf dem Recht Frankreichs, ungeachtet des amerikanisch-britisch-sowjetischen Atomteststopp-Abkommens vom August 1963 weiterhin nukleare Tests im Mururoa-Atoll, einem Teil von Französisch-Polynesien, durchzuführen. Von wiederholten Protesten Neuseelands, das von der nuklearen Verseuchung der Atmosphäre in der Südsee besonders betroffen war, ließ sich Paris dabei nicht beeindrucken.

Weltweites Aufsehen erregte der Konflikt zwischen Frankreich und Neuseeland durch einen in anderem Zusammenhang schon erwähnten Zwischenfall vom Juli 1985: die Versenkung der «Rainbow Warrior», eines Schiffs der Umweltorganisation «Greenpeace», das durch Präsenz im Mururoa-Atoll einen bevorstehenden Atomtest verhindern wollte, durch französische Geheimagenten im Hafen von Auckland. Da bei dem Anschlag auch ein niederländischer Fotograf portugiesischer Herkunft ums Leben kam, fiel der Protest Neuseelands gegen die Verletzung seiner Souveränität besonders scharf aus. Die unmittelbar Verantwortlichen in Paris waren Verteidigungsminister Hernu und Admiral Pierre Lacoste, der Chef des Geheimdienstes. Beide mußten, nachdem die Presse ausführlich über die Affäre berichtet hatte, im September 1985 ihre Posten räumen. Mitterrand, der von Anfang an in die Planungen eingeweiht war und die Aktion gegen die «Rainbow Warrior» gebilligt hatte, konnte seine Beteiligung verschleiern. Wäre die Wahrheit während seiner Amtszeit enthüllt worden, hätte seine Präsidentschaft vermutlich ein unrühmliches vorzeitiges Ende gefunden.

Zum beherrschenden Thema der französischen Innenpolitik wurde in der ersten Hälfte des Jahres 1984 der Streit um ein Schulgesetz, das die Beziehungen zwischen dem Staat und den (meist katholischen) Privatschulen auf eine neue Grundlage stellen sollte. Im Vordergrund stand dabei die Frage der finanziellen Unterstützung privater Schulen durch den Staat. Kirchentreue Katholiken befürworteten eine solche Subventionierung, entschiedene Anhänger einer strikten Trennung von Staat und Kirche lehnten sie ab.

Der auf einen Ausgleich der gegensätzlichen Positionen zielende Gesetzentwurf von Erziehungsminister Alain Savary fand zwar im März 1984 die Zustimmung des Kabinetts, nicht aber die der unnachgiebigen Laizisten in den Reihen der sozialistischen Abgeordneten. Sie änderten die Vorlage in wesentlichen Punkten so stark in ihrem Sinne, der staatlichen Kontrolle des Schulwesens, ab, daß von einem Kompromiß keine Rede mehr sein konnte. In den Genuß einer staatlichen Förderung sollten künftig nur noch Privatschulen kommen, deren Lehrkörper mindestens zur Hälfte aus Beamten bestand. Als die linke Mehrheit der Nationalversammlung am 24. Mai 1984 den abgeänderten Entwurf (wegen der Verbindung mit der Ablehnung eines Mißtrauensvotums ohne Aussprache) in erster Lesung annahm, wirkte das auf die Befürworter der Schulfreiheit als Provokation. In einer Welle von regionalen Kundgebungen mobilisierten sie ihre Anhänger. Der Höhepunkt der Proteste sollte eine Großkundgebung am 24. Juni in Paris sein.

Eine Woche vor dieser Veranstaltung, am 17. Juni 1984, fanden die Wahlen zum Europäischen Parlament statt. Sie brachten der Linken eine fast schon vernichtend zu nennende Niederlage: Die Sozialisten

erreichten 20,75, die Kommunisten 11,2 Prozent. Auf die gemeinsame
Liste der bürgerlichen Oppositionsparteien entfielen 43 Prozent und
knapp die Hälfte der französischen Mandate, nämlich 41 von 81 Sitzen. Einen sensationellen Durchbruch erzielte die extreme Rechte: Der
Front National von Jean-Marie Le Pen kam auf 11,1 Prozent und lag
damit nur noch knapp hinter den Kommunisten. Mit Europa hatte die
Wahl so gut wie nichts zu tun. Sie war in erster Linie ein Votum gegen
die in Paris regierende Linke.

Die Pariser Protestkundgebung gegen das Schulgesetz am 24. Juni
wurde zu einem spektakulären Erfolg. Die Zahl der Teilnehmer
wurde auf mindestens eine Million geschätzt; unter den Demonstranten waren nicht nur gläubige Christen, sondern auch viele, denen es
vor allem um ein Bekenntnis zum weltanschaulichen Pluralismus
ging. Der Massenprotest war nach der Europawahl der zweite Schlag
innerhalb einer Woche, den die Regierung Mauroy hinnehmen
mußte. Der Gedanke, daß Präsident Mitterrand einen Kurswechsel,
möglicherweise unter einem neuen Premierminister, anordnen
könnte, lag also nicht fern. Am 12. Juli tat Mitterrand einen überraschenden Schritt: Er kündigte ein Referendum an, dessen Zweck es
war, durch eine Änderung der Verfassung ein weiteres Referendum,
und zwar über die Schulfrage, zu ermöglichen. Gleichzeitig zog er
den Entwurf des Schulgesetzes zurück. Erziehungsminister Savary
empfand die Fernsehrede des Präsidenten als Bloßstellung und reichte
seinen Rücktritt ein. Am 17. Juli erklärte Premierminister Mauroy
die Gesamtdemission des Kabinetts. Noch am gleichen Tag ernannte
Mitterrand Industrieminister Laurent Fabius zum neuen Premierminister. Mit 38 Jahren war er, der Absolvent der École Nationale
d'Administration (ENA), der bislang jüngste Regierungschef Frankreichs.

Die Kommunisten, die sich seit dem März 1983 mehrfach öffentlich von der Regierungslinie distanziert hatten, stellten sogleich klar,
daß sie dem Kabinett Fabius nicht angehören wollten – eine nach der
verheerenden Niederlage bei der Europawahl naheliegende Entscheidung. Anfang September folgte die Mitteilung, daß sich der PCF nicht
mehr als Teil der Mehrheit betrachte. Das Ausscheiden der Kommunisten erleichterte es Fabius, dem Kabinett ein sozialliberales Profil zu
geben. Die Nachfolge von Jacques Delors als Wirtschafts- und Finanzminister übernahm Pierre Bérégovoy; Innenminister wurde Pierre

Joxe, Außenminister Roland Dumas, der zuvor Europaminister (ohne Kabinettsrang) im Quai d'Orsay gewesen war – alle drei enge Vertraute Mitterrands. Die Aufgabe, den Schulstreit beizulegen, wurde Jean-Pierre Chevènement, dem neuen Erziehungsminister, übertragen. Ein Referendum zur Schulfrage war seit dem 8. August keine Option mehr: An diesem Tag lehnte es der Senat mit Zweidrittelmehrheit ab, den entsprechenden Plan des Präsidenten auf die Tagesordnung zu setzen, woraufhin Mitterrand die Vorlage zurückzog.

Auf wirtschaftspolitischem Gebiet widmete sich die Regierung Fabius zunächst dem Kampf gegen die Inflation. Daß der Preisauftrieb seit 1983 rückläufig war – er lag 1983 bei 9,5 Prozent, 1984 bei 7,7 und 1985 bei 5,8 Prozent –, war vor allem den sinkenden Rohölpreisen und einer noch von Delors durchgesetzten Neuerung zu verdanken: der Abschaffung der 1952 eingeführten automatischen Anpassung von Löhnen und Gehältern an die Geldentwertung. Bérégovoy setzte die Politik seines Vorgängers fort, wobei es sein Ziel war, das Stabilitätsniveau der Bundesrepublik zu erreichen. In der Steuerpolitik folgte der neue Doppelminister einer liberalen Linie: Für 1986 sah er eine Senkung der Einkommensteuer um 3 Prozent und der Körperschaftssteuer von 50 auf 45 Prozent vor. Er hoffte, damit die Konjunktur von der Angebotsseite her zu beleben und Frankreich zu höheren Raten des Wirtschaftswachstums zu verhelfen: Zwischen 1981 und 1985 lagen sie im Durchschnitt unter 1,5 Prozent.

Während die Aktienkurse 1985 einen Höhenflug antraten, ging die Arbeitslosigkeit nicht zurück: Sie überstieg Ende 1984 erstmals die Marke von 2,5 Millionen und fiel bis 1986 nicht darunter. Die Regierung Fabius förderte bewußt die Entstehung eines Niedriglohnsektors, indem sie arbeitssuchende Jugendliche zu gemeinnützigen Arbeiten, den Travaux d'utilité collective (TUC), heranzog, die deutlich unter den Sätzen des 1970 eingeführten, am Wirtschaftswachstum orientierten Mindestlohns, des Salaire minimum interprofessionnel de croissance (Smic), entlohnt wurden. Die regierenden Sozialisten räumten damit der wirtschaftlichen Erholung endgültig Vorrang vor der Bewahrung sozialer Errungenschaften ein. Die Entscheidung lag in der Logik der von Fabius angekündigten Modernisierung der französischen Volkswirtschaft, aber sie stand in einem deutlichen Widerspruch zu dem, was die Sozialisten bisher unter «Vorsorgestaat» (État-Providence) verstanden hatten. Vom Ziel der Vollbeschäftigung war unter Fabius keine Rede mehr.

Im März 1986 standen Wahlen zur Nationalversammlung an. Nach den schweren Verlusten bei den Wahlen zu den Generalräten der Départements im März 1982, den Kommunalwahlen vom März 1983, den Europawahlen vom Juni 1984 und erneut bei den Kantonalwahlen im Oktober 1985 mußte der PS mit einer Niederlage auf der für alle Parteien wichtigsten Ebene rechnen. Um die zu erwartenden Verluste zu begrenzen, strebte Mitterrand eine Wahlrechtsänderung an: An die Stelle des Mehrheitswahlrechts, das die jeweils stärkste Partei begünstigte, sollte das von den Sozialisten traditionell bevorzugte, in der Vierten Republik praktizierte Verhältniswahlrecht treten. Im Juni 1985 verabschiedete die Nationalversammlung eine entsprechende Vorlage.

Über die Frage, wie sich nach einem Wahlsieg der Rechten das Verhältnis zwischen ihr und dem sozialistischen Präsidenten gestalten würde, gingen die Meinungen auf der Linken wie auf der Rechten weit auseinander: Der ehemalige Premierminister Raymond Barre und der Generalsekretär des PS, Lionel Jospin, hielten eine «cohabitation», ein eheähnliches Zusammenleben des Präsidenten mit einer parlamentarischen Mehrheit aus dem anderen Lager, für unmöglich; Premierminister Fabius und der Vorsitzende des gaullistischen RPR, Jacques Chirac, wollten sie hingegen nicht ausschließen. Mitterrand äußerte sich zunächst nicht zu dieser Debatte. Am 28. April 1985 aber erklärte er öffentlich, daß er in diesem Fall nicht zurücktreten und auch nicht untätig (inerte) bleiben würde. Ein Wahlsieg der Rechten mußte Frankreich nicht in eine Staatskrise stürzen: So und nicht anders ließ sich die Ankündigung des Präsidenten deuten.[10]

Mehr Kontinuität als Wende: Die Bundesrepublik im Übergang von Schmidt zu Kohl

Für die Bundesrepublik Deutschland begann das politische Jahr 1980 mit einer Parteigründung: Am 12. und 13. Januar 1980 konstituierten sich in Karlsruhe die «Grünen» als politische Partei. Die Grünen waren in ihrer Frühphase ein buntscheckiges Gebilde: Zu ihren Gründern gehörten ehemalige Aktivisten kommunistischer Splittergruppen wie Thomas Ebermann in Hamburg und Mitglieder der Frankfurter «Sponti-Szene» wie Joseph («Joschka») Fischer, aber auch Konserva-

tive wie der fraktionslose, 1976 als Mitglied der CDU gewählte Bundestagsabgeordnete Herbert Gruhl, Autor des 1975 erschienenen, auf-
rüttelnden Bestsellers «Ein Planet wird geplündert», und der Bayer
August Haußleiter, der 1950 die weit rechts stehende «Deutsche Gemeinschaft» ins Leben gerufen hatte.

Es vergingen einige Monate, bis die vergleichsweise geschlossen
auftretenden Linken in der neuen Partei die Oberhand gewannen. Die
Formel «Ökologisch, sozial, basisdemokratisch und gewaltfrei», auf
die sich die Grünen im März 1980 auf ihrem Programmparteitag in
Saarbrücken verständigten, entsprach eher linkem als rechtem Denken. Ämterrotation, Trennung von Abgeordnetenmandat und Parteiamt, Annäherung an das imperative Mandat, also die Lenkung der
Parlamentarier durch die «Basis», die aktiven Parteimitglieder, waren
Merkmale, durch die sich die Grünen von den «etablierten Parteien»
abhoben. Sie waren nicht nur entschiedene Gegner der Kernenergie,
viele von ihnen hielten darüber hinaus auch die Industrialisierung insgesamt für einen historischen Irrweg. Die Grünen hatten massive Vorbehalte gegen die repräsentative Demokratie und das Gewaltmonopol
des Staates. Sie lehnten die bestehenden Militärallianzen, die NATO
und den Warschauer Pakt, ab und setzten sich für eine «soziale Verteidigung» mit nichtmilitärischen Mitteln ein. Daß es eine Nachrüstung,
wie sie der Doppelbeschluß des Atlantischen Bündnisses vom Dezember 1979 für den Fall eines Scheiterns von Verhandlungen über den
Abzug der sowjetischen Mittelstreckenraketen vorsah, unter allen Umständen zu verhindern galt, verstand sich für die Grünen von selbst.

Im Oktober 1980 standen Wahlen zum Deutschen Bundestag an.
Neun Tage vor der Wahl, am 26. September, kamen bei einem Sprengstoffanschlag auf dem Münchner Oktoberfest 13 Menschen ums Leben, über 200 Menschen wurden zum Teil schwer verletzt. Unter den
Toten war auch der mutmaßliche Attentäter, ein Rechtsterrorist. Auf
das Konto von Rechtsextremisten gingen auch andere Anschläge des
Jahres 1980, denen zwei vietnamesische Flüchtlinge, ein jüdischer Verleger und seine Lebensgefährtin, ein Schweizer Zollbeamter und ein
Polizist zum Opfer fielen. Mindestens einer der mutmaßlichen Täter
war Mitglied einer im Januar 1980 verbotenen, kriminellen rechtsradikalen Vereinigung, der «Wehrsportgruppe Hoffmann». Für das Jahr
1981 ging das Bundesamt für Verfassungsschutz von insgesamt 1850
neonazistischen Aktivisten aus.

Der Bundestagswahlkampf stand ganz im Zeichen des politischen «Duells» zwischen den beiden Kanzlerkandidaten: dem amtierenden Bundeskanzler Helmut Schmidt, für den sich die beiden Koalitionsparteien, die Sozialdemokraten und die Freien Demokraten, aussprachen, und dem bayerischen Ministerpräsidenten Franz Josef Strauß, der von seiner eigenen Partei, der CSU, und der CDU unterstützt wurde. Die Parole der Unionsparteien lautete «Gegen den SPD-Staat – Stoppt den Sozialismus». Daß damit schwankende Wähler der Mitte angesprochen werden könnten, war unwahrscheinlich, solange der überaus populäre, «rechte» Sozialdemokrat Helmut Schmidt an der Spitze der Regierung stand. Strauß stieß nicht erst seit der «Spiegel»-Affäre von 1962 außerhalb Bayerns auf massive Vorbehalte. Die Wählerinnen und Wähler vor die Alternative «Schmidt oder Strauß» zu stellen war folglich für die Koalitionsparteien aussichtsreicher als für die Opposition.

Aus der Bundestagswahl vom 5. Oktober 1980 gingen die Unionsparteien mit 44,5 Prozent zwar wieder als stärkste politische Kraft hervor. Gegenüber 1976 aber verloren sie 4,1 Prozentpunkte. Die SPD schnitt geringfügig besser ab als vor vier Jahren: Sie steigerte ihren Anteil von 42,6 auf 42,9 Prozent. Deutlich stärker war der Zuwachs der FDP. Sie hatte bei der letzten Bundestagswahl 7,9 Prozent erlangt und kam jetzt auf 10,6 Prozent – ein Zugewinn, den sie vor allem früheren Wählern der CDU verdankte, die sich nicht Strauß als Bundeskanzler wünschten. Die Grünen, die erstmals bei einer Bundestagswahl antraten, erzielten 1,5 Prozent, sonstige Parteien 0,5 Prozent. Zusammen verfügten SPD und FDP über 271, die Unionsparteien über 226 voll stimmberechtigte Abgeordnete.

Die Regierungserklärung, die der wiedergewählte Bundeskanzler am 24. November 1980 abgab, listete die Vorhaben auf, auf die sich SPD und FDP in schwierigen Verhandlungen verständigt hatten. Große Linien und zündende Parolen enthielt sie nicht. Es war offenkundig, daß der Vorrat an Gemeinsamkeiten zwischen Sozialdemokraten und Freien Demokraten weitgehend verbraucht, die Koalition zu einem reinen Zweckbündnis geworden war. Die Herausforderungen, auf die die Regierung Schmidt eine Antwort geben mußte, lagen nicht zuletzt auf wirtschafts-, finanz- und sozialpolitischem Gebiet. Die wirtschaftliche Lage der Bundesrepublik verschlechterte sich im Gefolge des zweiten Ölpreisschocks von 1979 zusehends: Zwischen Oktober 1980 und Oktober 1981 wuchs die Zahl der Arbeitslosen um 400 000 auf 1,37 Millionen. Die Produktion sank 1981 um 0,5 Prozent, während die Verbraucherpreise um 7 Prozent stiegen. Nach oben ging auch die Zahl der Firmenzusammenbrüche: 1980 hatte sie bei 6300 gelegen, im Jahr darauf belief sie sich auf 8500.

Am 20. August 1981, pünktlich zum Ende der parlamentarischen Sommerpause, meldete sich der Parteivorsitzende der FDP, Vizekanzler und Außenminister Hans-Dietrich Genscher, mit dem sogenannten «Wendebrief» an die Mitglieder seiner Partei zu Wort. Genscher sah die Bundesrepublik an einem «Scheideweg» angelangt und verglich die anstehenden Entscheidungen mit der Zeit des Wiederaufbaus nach dem Zweiten Weltkrieg. Die «Anspruchsmentalität» müsse gebrochen werden; weitere Eingriffe in die Leistungsgesetze seien unumgänglich. Eine Verständigung mit den Sozialdemokraten erklärte Genscher «trotz grundsätzlich unterschiedlicher Positionen der beiden Regierungsparteien in wichtigen wirtschaftlichen und gesellschaftspolitischen Fragen» für möglich. Mit ebendieser Feststellung machte er aber deutlich, daß er auch ein baldiges Ende der jetzigen Koalition und ein Regierungsbündnis von CDU/CSU und FDP nicht ausschloß.

Das Ergebnis erbitterter Auseinandersetzungen war ein Kompromiß. Beide Seiten verzichteten auf ihre Maximalforderungen: die SPD auf eine Ergänzungsabgabe zur Lohn- und Einkommensteuer, aus deren Ertrag ein Beschäftigungsprogramm finanziert werden sollte, die FDP auf die «Karenztage», durch die sie die (von der Großen Koalition im Juli 1969 eingeführte) Lohnfortzahlung im Krankheitsfall senken wollte. Vereinbart wurde ein Katalog von Einsparungen, die in zahlreiche Leistungsgesetze eingriffen und vor allem die Ausbildungsförderung, den öffentlichen Dienst, die Krankenversicherung und den Sozialen Wohnungsbau betrafen. In der Sitzung der sozialdemokratischen Bundestagsfraktion am 8. September 1981 stellte der Parteivorsitzende Willy Brandt klar, daß er der FDP nicht weiter nachzugeben gedachte und den Zusammenhalt von Sozialdemokratie und Gewerkschaften für wichtiger hielt als den Fortbestand der jetzigen Koalition – eine Einschätzung, der Schmidt unter Hinweis auf die fatalen Folgen der Aufkündigung der Großen Koalition unter dem sozialdemokratischen Reichskanzler Hermann Müller im März 1930 widersprach.

Zu einer Gefahr für den Zusammenhalt der Koalition wurde neben den Kontroversen um Wirtschaft, Finanzen und Soziales auch der

Streit um die Nachrüstung der NATO im Bereich der Mittelstreckenraketen. Nicht nur die Grünen, sondern auch viele Sozialdemokraten
wandten sich mit zunehmender Schärfe gegen die Logik des Doppelbeschlusses vom Dezember 1979, die Stationierung amerikanischer Mittelstreckenraketen in Europa, wenn Verhandlungen über den Abbau
der entsprechenden Raketen auf sowjetischer Seite scheitern sollten.
Die DDR nahm aktiven Einfluß auf die wachsende Friedensbewegung
in der Bundesrepublik: Der «Krefelder Appell» vom 16. November
1980, der sich vehement gegen die westliche Raketenrüstung aussprach
und bis Herbst 1983 von angeblich 4,7 Millionen Menschen unterzeichnet wurde, war, was die Unterstützer nicht wußten, ein Werk des
Ost-Berliner Ministeriums für Staatssicherheit. Besonders viele Unterschriften wurden auf den Deutschen Evangelischen Kirchentagen im
Juni 1981 in Hamburg und im Juni 1983 in Hannover gesammelt.
Bundeskanzler Schmidt hatte in Hamburg einen schweren Stand: Er
mußte sich des Vorwurfs erwehren, seine Sicherheitspolitik verstoße
gegen die Bergpredigt; der sozialdemokratische Bundesverteidigungsminister Hans Apel wurde, als er den Doppelbeschluß rechtfertigte,
ausgebuht und niedergeschrien.

Bejubelt wurde dort ein sozialdemokratischer Kritiker des Doppelbeschlusses: der frühere Entwicklungshilfeminister Erhard Eppler, der
jetzt Präsident des Deutschen Evangelischen Kirchentages war. Eppler
war auch der sozialdemokratische Hauptredner auf der Kundgebung
der Friedensbewegung in Bonn am 10. Oktober 1981. Schmidt hatte den
Auftritt durch einen Beschluß des Parteipräsidiums der SPD verhindern
wollen, war damit aber am Widerspruch Willy Brandts gescheitert. Unter den 250 000 Teilnehmern der Bonner Großkundgebung waren auch
50 Bundestagsabgeordnete der SPD, die den Doppelbeschluß ablehnten.
Sieben Wochen später, am 30. November 1981, begannen in Genf die
amerikanisch-sowjetischen INF-Verhandlungen. Da in der Folgezeit
nichts über eine Annäherung der beiderseitigen Standpunkte verlautete,
wurde eine amerikanische Raketenstationierung in Europa, darunter
vor allem der Bundesrepublik Deutschland, immer wahrscheinlicher.

Die Friedensbewegung wurde vor allem durch den Faktor Angst
zusammengehalten – die «German Angst», wie besorgte westliche Beobachter das Phänomen bald zu nennen begannen. Die Angst vor dem
«Atomtod» war nichts Neues, aber sie war noch nie so stark gewesen
wie zu Beginn der achtziger Jahre, als das geteilte Deutschland zum

Hauptschauplatz des nuklearen Wettrüstens zu werden drohte. Der
protestantische Flügel der Friedensbewegung, wie er sich auf den Kirchentagen darstellte, hatte ein sehr deutsches Gesicht: Er stieß sich
nicht an der Gefahr einer Isolierung der Bundesrepublik von ihren
westlichen Verbündeten und auch nicht an der Nähe der eigenen Forderungen zu denen des Warschauer Pakts. Er verweigerte unter Berufung auf das eigene Gewissen die Auseinandersetzung mit den Argumenten der Andersdenkenden; er war ganz und gar innerlicher, ja
fundamentalistischer Protest.

Bei den sozialdemokratischen Kritikern des Doppelbeschlusses
stand eine andere Sorge im Vordergrund: Eine neue Konfrontation
zwischen Ost und West mußte die Früchte der sozialliberalen Ostpolitik
in höchste Gefahr bringen. Alles, was die Entspannungspolitik dem
geteilten Deutschland an menschlichen Erleichterungen gebracht hatte,
schien bedroht, wenn es tatsächlich zu einer Stationierung von amerikanischen Pershing II-Raketen und Marschflugkörpern, den Cruise
Missiles, in der Bundesrepublik kam. Doch eine westliche Nachrüstung
war nicht die einzige Gefahrenquelle: Aus Sicht vieler Sozialdemokraten durfte das erreichte Maß an Sicherheit und Entspannung auch
nicht durch eine, wie es schien, überbordende Freiheitsbewegung wie
«Solidarność» in Polen aufs Spiel gesetzt werden. Die Menschen- und
Bürgerrechte hatten einen hohen Rang, aber im Zweifelsfall mußten
sie, soweit es nach der deutschen Sozialdemokratie ging, hinter einem
übergeordneten Gut zurückstehen: dem Frieden, der sich nur durch
stabile Ost-West-Beziehungen sichern ließ.

Bundeskanzler Schmidt war entschlossen, die deutsch-deutsche
Entspannung nicht zum Opfer des verschärften Gegensatzes zwischen
den beiden Supermächten werden zu lassen. Am 11. Dezember 1981
brach er zu einem seit langem geplanten Besuch in die DDR auf. Am
Abend des Ankunftstages führte er im Jagdschloß Hubertusstock am
Werbellinsee in der uckermärkischen Schorfheide ein vierstündiges
Gespräch mit Erich Honecker, dem Generalsekretär der SED und
Staatsratsvorsitzenden der DDR. Neben der Raketenrüstung, dem innerdeutschen Handel und den (im Oktober 1980 drastisch erhöhten)
Sätzen des Mindestumtausches für Besucher aus dem «nichtsozialisti-
schen Ausland» standen dabei die von Honecker am 13. Oktober 1980
verkündeten «Geraer Forderungen» im Mittelpunkt: das Verlangen
der DDR nach Respektierung der eigenen Staatsbürgerschaft, Um-

wandlung der Ständigen Vertretungen in Bonn und Ost-Berlin in reguläre Botschaften, Anerkennung des Grenzverlaufs in der Elbe, nämlich
durchgängig in der Flußmitte, und Abschaffung der Zentralen Erfas-
sungsstelle der westdeutschen Landesjustizverwaltungen in Salzgitter,
die Straftaten von Behörden und Organen der DDR registrierte. Nur
in der Frage der Elbegrenze sah Schmidt die Möglichkeit eines Entgegenkommens.

Am folgenden Tag wurden die Gespräche in erweiterter Runde im
Gästehaus des Staatsrates am Großen Döllnsee fortgesetzt. Auf den
dort vorgetragenen Appell des Bundeskanzlers, beide deutsche Staaten
sollten die jeweiligen Führungsmächte auf den Weg des Ausgleichs und
der Verständigung drängen, ging Honecker nicht ein. Der letzte Tag
des Treffens, der 13. Dezember, wurde, wie schon erwähnt, durch die
Verhängung des Kriegsrechts in Polen überschattet. Als Schmidt und
Honecker abschließend das mecklenburgische Güstrow besuchten,
sorgte ein großes Aufgebot an Polizei und Staatssicherheit dafür, daß
der Bundeskanzler, anders als sein Vorgänger Willy Brandt im März
1970 in Erfurt, nicht mit der Bevölkerung in Berührung kam. Sachliche Fortschritte hatte die Reise Schmidts kaum gebracht; daß sie zu
diesem Zeitpunkt stattfand, entsprang einer falschen Lagebeurteilung
des Kanzlers. Denn die Krise in Polen hatte sich inzwischen derart zugespitzt, daß man jederzeit mit einer gewaltsamen Konfliktlösung
rechnen mußte.

Im Sommer 1982 mehrten sich die Anzeichen für den Zerfall des Regierungsbündnisses von SPD und FDP. Am 6. Juni mußte die SPD bei der
Hamburger Bürgerschaftswahl schwere Verluste hinnehmen, während
die Freien Demokraten die Fünfprozenthürde knapp verfehlten, im
neuen Landesparlament also nicht vertreten waren. Wenige Tage später
entschied sich die hessische FDP in Absprache mit der Bonner Parteispitze, nach der Landtagswahl vom 26. September den Koalitionspartner zu wechseln und nicht mehr mit der SPD, sondern mit der CDU zu
regieren. Am 30. Juni verständigten sich die Bonner Koalitionspartner
nach schwierigen Verhandlungen über den Bundeshaushalt 1983 auf
einen Kompromiß, der eher eine liberale als eine sozialdemokratische
Handschrift trug: Die Unterhändler der SPD hatten in eine Selbstbetei-
ligung bei Kuren und Krankenhausaufenthalten sowie in Krankenver-
sicherungsbeiträge der Rentner eingewilligt. Die sozialdemokratische

Bundestagsfraktion auf die Regierungslinie einzuschwören fiel Schmidt daher nicht leicht. Wer mehr für die Beschäftigung tun wolle, müsse entweder höhere Kreditaufnahmen beschließen oder noch tiefere Einschnitte in die Sozialleistungen vornehmen, erklärte er am 30. Juni. Die erste Lösung könne *er* nicht verantworten, die zweite scheitere an der Fraktion.

Zwei Wochen später, am 17. Juli, erfuhr die Öffentlichkeit durch das Hamburger Magazin «Stern», was ein innerparteilicher Gegner Schmidts, der Vorsitzende der saarländischen SPD und Oberbürgermeister von Saarbrücken, Oskar Lafontaine, von der Politik des Bundeskanzlers hielt. Schmidt spreche weiterhin von Pflichtgefühl, Berechenbarkeit, Machbarkeit, Standhaftigkeit. Das seien «Sekundärtugenden», mit denen man auch ein KZ betreiben könne. Die SPD müsse aus der Regierung ausscheiden und sich in der Opposition regenerieren. Das Gerede von der Notwendigkeit der Nachrüstung sei Augenwischerei; die Waffentechnologie gerate außer Kontrolle, «und wir sind drauf und dran, unfreiwillig in einen atomaren Holocaust zu schlittern». Für den Regierungschef noch gefährlicher waren Drohungen aus dem Gewerkschaftslager: Ende Juli kündigte der Vorsitzende des DGB, Ernst Breit, Aktionen gegen die Umsetzung des Koalitionskompromisses an.

Im August meldeten sich führende Liberale mit Beiträgen zu Wort, die nur als Kampfansagen an die Sozialdemokraten zu verstehen waren. Der Parteivorsitzende, Außenminister Genscher, verlangte eine «Wende zur Vernunft, zur Verantwortung, zu mehr Gestaltungsräumen für den einzelnen» und sprach, noch deutlicher, von «neuen Mehrheiten» und von Aufgaben, die «sich ihre eigenen Mehrheiten suchen». Zwei Wochen später erhob Wirtschaftsminister Otto Graf Lambsdorff in einem Interview mit der «Bild-Zeitung» die hessischen Landtagswahlen in den Rang eines Plebiszits über einen Regierungswechsel am Rhein. Schmidt, fest entschlossen, die Verantwortung für einen Koalitionsbruch nicht der SPD zuschreiben zu lassen, erteilte Lambsdorff eine Rüge und forderte ihn auf, seine wirtschaftspolitischen Vorstellungen in schriftlicher Form darzulegen.

Noch bevor der Bundeswirtschaftsminister dieser Aufgabe nachkam, stellte der Bundeskanzler öffentlich die Koalitionsfrage. In seinem alljährlichen «Bericht zur Lage der Nation» forderte er am 9. September den Vorsitzenden der Fraktion der CDU/CSU, Helmut Kohl, zu einem konstruktiven Mißtrauensvotum nach Artikel 67 des Grund-

gesetzes auf. Um der Wahl eines neuen Bundeskanzlers die geschichtliche Legitimation zu verschaffen, müsse Kohl anschließend Neuwahlen erzwingen und dem Volk sagen, was er anders machen wolle. Da
der Bundestag nicht über das Recht der Selbstauflösung verfügte, warf
der von Schmidt aufgezeigte Weg zwar verfassungsrechtliche Probleme
auf. Aber so, wie das Verständnis von demokratischer Legitimation
sich seit 1949 entwickelt hatte, erschien ein «appel au peuple» nach
einem Kanzlersturz unumgänglich.

Noch am gleichen Tag, dem 9. September 1982, legte Lambsdorff
das von Schmidt angeforderte Memorandum vor. Es war ein in sich
schlüssiges Manifest des Wirtschaftsliberalismus, ein Plädoyer für eine
angebotsorientierte und gegen eine nachfrageorientierte Politik, für die
Förderung der privaten Investitionstätigkeit und die «Anpassung der
sozialen Sicherungssysteme an die veränderten Wachstumsmöglich-
keiten und eine längerfristige Sicherung ihrer Finanzierung» – also
das, was die Sozialdemokraten gern als «Sozialabbau», «Umverteilung
von unten nach oben» und «Ellenbogengesellschaft» anzuprangern
pflegten.

In der Kabinettssitzung vom 15. September fragte der Kanzler
Lambsdorff, ob sein Papier als «Scheidungsbrief» gemeint sei, und
ließ, als er keine befriedigende Antwort erhielt, dem Wirtschaftsminister ultimativ zwei Tage Zeit, um Klarheit zu schaffen. Am Morgen
des 17. September bat Genscher den Bundeskanzler um seine Entlassung; die anderen drei Kabinettsmitglieder der FDP, außer Lambsdorff auch Innenminister Gerhart Rudolf Baum und Landwirtschaftsminister Josef Ertl, schlossen sich an. Schmidt schlug daraufhin dem
Bundespräsidenten, dem Christdemokraten Karl Carstens, vor, bis zur
Neuwahl des Bundestages ihn selbst in Personalunion zum Außenminister zu ernennen und drei weitere sozialdemokratische Kabinettsmitglieder mit der Nachfolge der entlassenen Minister der FDP zu
betrauen – ein Vorschlag, dem Carstens entsprach.

Durch sein entschlossenes Vorgehen hatte Helmut Schmidt nicht
nur die eigene Partei, zumindest für den Augenblick, hinter sich gebracht, sondern auch in der Öffentlichkeit weiter an Ansehen gewonnen. Sein Versuch, die Liberalen mit der Verantwortung für den Bruch
der Koalition zu belasten, ging zumindest kurzfristig auf: Bei den hessischen Landtagswahlen am 26. September kam die FDP nur noch auf
3,1 Prozent, 3,5 Prozentpunkte weniger als 1976, und schied damit

aus dem Landtag aus. Wenn Schmidt aber geglaubt haben sollte, daß Kohl und Genscher ihm den Trumpf gönnen würden, nach einem gescheiterten Vertrauensvotum mit dem Amtsbonus des geschäftsführenden Bundeskanzlers in den Wahlkampf zu ziehen, hatte er sich getäuscht. Am gleichen 17. September, an dem Schmidt erstmals als Kanzler einer sozialdemokratischen Minderheitsregierung an das Rednerpult des Bundestags getreten war, entschied sich die FDP-Fraktion mit 33 gegen 18 Stimmen für Koalitionsgespräche mit der CDU/CSU. Im Bundesvorstand der FDP war das Verhältnis knapper: 18 Mitglieder unterstützten Genschers Linie, 15 lehnten sie ab.

Am 27. September waren die Sachgespräche zwischen Union und Freien Demokraten abgeschlossen, und auch über den Neuwahltermin hatte man sich inoffiziell verständigt: Es war der 6. März 1983. Am 28. September fand das Ergebnis der Koalitionsverhandlungen die Zustimmung von Fraktion und Parteivorstand der FDP: Von den 54 Abgeordneten votierten 32 mit Ja und 34 für ein konstruktives Mißtrauensvotum, also für die Ablösung von Helmut Schmidt durch Helmut Kohl. Im Parteivorstand standen 19 Ja-Stimmen 16 Nein-Stimmen gegenüber. Ein Antrag, die Entscheidung über einen Koalitionswechsel einem außerordentlichen Parteitag zu überlassen, war zuvor mit nur einer Stimme Mehrheit abgelehnt worden.

Am Abend des 28. September brachten die Fraktionen der CDU/CSU und der FDP den Antrag ein, der Bundestag möge Bundeskanzler Helmut Schmidt das Mißtrauen aussprechen und den Abgeordneten Dr. Helmut Kohl zu seinem Nachfolger wählen. Am 1. Oktober 1982 stand dieser Antrag als einziger Punkt auf der Tagesordnung. In der Debatte zeigte sich die FDP so zerrissen, wie sie war: Der Fraktionsvorsitzende Wolfgang Mischnick sprach für den Antrag, der frühere Innenminister Gerhart Rudolf Baum und die Abgeordnete Hildegard Hamm-Brücher sprachen dagegen. Bei der geheimen Abstimmung standen 256 Ja-Stimmen 235 Nein-Stimmen und vier Enthaltungen gegenüber. Kohl hatte sieben Stimmen mehr erhalten, als zur absoluten Mehrheit erforderlich waren. Erstmals in der Geschichte der Bundesrepublik war damit ein Bundeskanzler durch ein konstruktives Mißtrauensvotum ins Amt gelangt.

Der neue Regierungschef, am 3. April 1930 in Ludwigshafen geboren, promovierter Historiker und von früher Jugend auf in der CDU aktiv, war in vielem das Gegenteil seines Amtsvorgängers. Schmidt beeindruckte durch scharfe Analysen, umfassendes Sachwissen und glänzende Rhetorik. Der «Generalist» Kohl ließ sich von seinem Instinkt und seinen Erfahrungen leiten. Seine rhetorische Unbeholfenheit trug viel dazu bei, daß er beharrlich unterschätzt und von Intellektuellen lange belächelt wurde. Was ihm niemand absprechen konnte, war ein hochentwickeltes Gespür für die Erfordernisse von Machterwerb und Machterhalt. Kohl war, als er Kanzler wurde, bereits seit neun Jahren Vorsitzender der CDU. Er beherrschte seine Partei noch nicht, aber auf dem Weg zu diesem Ziel hatte er bereits eine große Strecke zurückgelegt. Er verfügte damit von Anfang an über eine Machtgrundlage, wie Schmidt sie nie gehabt hatte.

Dem Kabinett Kohl gehörten vier Minister der FDP an: außer Genscher, Lambsdorff und Ertl, die in ihre früheren Ressorts zurückkehrten, der Münchner Rechtsanwalt Hans A. Engelhard als Justizminister. Baums Nachfolge als Innenminister trat der bisherige Chef der CSU-Landesgruppe, Friedrich Zimmermann, an. Zu den Kabinettsmitgliedern der CDU gehörten Gerhard Stoltenberg als Finanz-, Norbert Blüm als Arbeits- und Manfred Wörner als Verteidigungsminister.

In seiner Regierungserklärung kündigte Kohl am 13. Oktober eine Verschiebung der Rentenanpassung um ein halbes Jahr an. Der Sozialstaat sollte durch Festigung seines wirtschaftlichen Fundaments erhalten werden. Die Mehreinnahmen des Bundes aus der von der Vorgängerregierung beschlossenen Erhöhung der Mehrwertsteuer um 1 Prozent (von 12 auf 13 Prozent) zum 1. Juli 1983 sollten den Bürgern und Betrieben zurückgegeben werden. In der Außenpolitik legte Kohl Wert auf Kontinuität. Das Atlantische Bündnis nannte Kohl den «Kern der deutschen Staatsräson». Er bekannte sich zum Doppelbeschluß der NATO, zu den Ostverträgen und zur Schlußakte von Helsinki, die die CDU/CSU 1975 abgelehnt hatte. Der Begriff «Wiedervereinigung» kam in der Regierungserklärung nicht vor, wohl aber, in Gestalt eines Zitats aus dem «Brief zur deutschen Einheit» vom April 1970, das Ziel der deutschen Politik, «auf einen Zustand des Friedens in Europa hinzuwirken, in dem das deutsche Volk in freier Selbstbestimmung seine Einheit wiedererlangt». Kohls Feststellung «Der Nationalstaat der Deutschen ist zerbrochen. Die deutsche Nation ist geblieben, und sie wird fortbestehen» hätte auch von seinem Vorgänger Helmut Schmidt stammen können.

Die Neuwahl des Bundestags sollte, wie zwischen den Koalitionsparteien vereinbart, am 6. März 1983 stattfinden. Doch zunächst stan-

den dieser Absicht juristische Bedenken des Bundespräsidenten, eines
habilitierten Staatsrechtlers, gegen eine «unechte Vertrauensfrage»
entgegen. Dessen ungeachtet führte Kohl am 17. Dezember eine Abstimmung des Bundestages über seine Vertrauensfrage herbei, die dank
der Stimmenthaltung der Koalition und der Nein-Stimmen der SPD
das erwünschte Ergebnis, die Ablehnung, zeitigte. Am 6. Januar 1983
unterzeichnete Carstens schließlich die beiden Verordnungen zur Auflösung und zur Neuwahl des Bundestages. Am 16. Februar wies das
Bundesverfassungsgericht die Organklage von vier Bundestagsabgeordneten ab, die sich durch die Auflösung des Bundestages in ihren
Rechten verletzt sahen. Damit war der Weg frei für die Wahl des Bundestags am 6. März 1983.

Die Sozialdemokraten hatten inzwischen einen neuen Kanzlerkandidaten aufstellen müssen. Helmut Schmidt, der die Bundesrepublik
souverän durch drei Krisen – die Weltwirtschaftskrise, die Terrorkrise
und die Nachrüstungskrise – geführt hatte, war nicht nur aus gesundheitlichen Gründen zu einer abermaligen Kandidatur nicht bereit: Er
wußte und sprach aus, daß seine Partei in mehr als einem Bereich von
der Politik, die er für richtig hielt, wegstrebte. An seine Stelle trat,
nachdem sich der Ministerpräsident von Nordrhein-Westfalen, Johannes Rau, gegen eine Kanzlerkandidatur entschieden hatte, der frühere
Bundesminister Hans-Jochen Vogel. Er war Ende Januar 1981 zum
Regierenden Bürgermeister von Berlin gewählt worden, hatte dieses
Amt aber nach vorgezogenen Neuwahlen zum Abgeordnetenhaus
schon im Juni desselben Jahres an den Bewerber der CDU, Richard
von Weizsäcker, abgeben müssen.

Das Wahlkampfmotto der SPD lautete «Im deutschen Interesse».
Der Regierung Kohl/Genscher unterstellten die Sozialdemokraten, sie
ordne deutsche Interessen im Zweifelsfall amerikanischen Interessen
unter und nehme den Nachrüstungsteil des NATO-Doppelbeschlusses
ernster als den Verhandlungsteil. «Wer Kohl wählt, bekommt automatisch neue Raketen», hieß es in einer Anzeige. Die CDU warb mit dem
Versprechen eines wirtschaftlichen Aufschwungs und behauptete:
«Wer am 6. März SPD wählt, gefährdet seinen Arbeitsplatz.»

Das Ergebnis der Wahl am 6. März 1983 bedeutete für die Union
einen Triumph und für die Sozialdemokraten eine schwere Niederlage.
Die CDU und die CSU gewannen zusammen 48,8 Prozent und damit
4,3 Prozentpunkte mehr als 1980. Die SPD sank von 42,9 Prozent auf

38,2 Prozent, verlor also 4,7 Prozentpunkte und erreichte damit den schwächsten Stimmenanteil seit 1961. Die FDP kam auf 7 Prozent, ein Minus von 3,6 Prozentpunkten gegenüber der letzten Bundestagswahl. Die Grünen übersprangen mit 5,6 Prozent erstmals die Fünfprozent-hürde. Union und Grüne profitierten von den Verlusten der SPD, die durch ihren Ruck nach links Wähler der politischen Mitte abgestoßen hatte, ohne diese Einbußen auf der Linken ausgleichen zu können. Die FDP hatte «sozialliberale» Wähler verloren, aber deutlich besser abge-schnitten, als ihr das unmittelbar nach dem Koalitionswechsel vorher-gesagt worden war. Die «Wende» vom Herbst 1982 war ein halbes Jahr danach vom Wahlvolk legitimiert worden: An diesem Befund gab es nichts zu deuten.

Die «Wende» vom Herbst 1982 war der zweite Machtwechsel in der Geschichte der Bundesrepublik Deutschland; der erste war die Bildung der sozialliberalen Koalition 13 Jahre zuvor, im Herbst 1969, gewesen. Der Übergang von der Koalition aus SPD und FDP zu einem Bündnis aus Unionsparteien und Freien Demokraten war nicht, wie es der gestürzte Kanzler Helmut Schmidt und sein Regierungssprecher Klaus Bölling darstellten, das Werk Hans-Dietrich Genschers und seiner engeren Freunde aus der Führung der FDP, sondern die Folge der wachsenden Entfremdung zwischen den Koalitionspartnern im Bereich der Wirtschafts-, Finanz- und Sozialpolitik zum einen, der zunehmen-den Zerstrittenheit der SPD in Sachen Sicherheitspolitik zum anderen: Auf dem Münchner Parteitag der Sozialdemokraten im April 1982 hatte Helmut Schmidt ein Abrücken der Delegierten vom NATO-Dop-pelbeschluß nur mit großen Anstrengungen verhindern können.

Im Unterschied zum Wechsel von Callaghan zu Thatcher in Groß-britannien, von Carter zu Reagan in den USA, von Giscard zu Mitter-rand in Frankreich bedeutete der Übergang von Helmut Schmidt zu Helmut Kohl für die Bundesrepublik Deutschland keinen radikalen Wandel. Die von Kohl vor dem Oktober 1982 angekündigte «geistig-moralische Wende» fand nicht statt. Es gab keine Neuorientierung der Wirtschafts- und Sozialpolitik im Sinn des Lambsdorff-Papiers vom September 1982. Vielmehr stiegen unter der Ägide des christdemokra-tischen Arbeitsministers Norbert Blüm die Ausgaben für Sozialhilfe-empfänger von 17 Milliarden DM im Jahr 1982 auf 27 Milliarden im Jahr 1988.

Die Gesamtkosten des Sozialstaats wurden zwischen 1982 und 1989 zwar durch Leistungskürzungen gebremst, die auf der Linie dessen lagen, was schon die Vorgängerregierung unter Helmut Schmidt beschlossen hatte. Von einer Trendumkehr aber konnte keine Rede sein: Die Bundesrepublik blieb auf dem in den fünfziger Jahren eingeschlagenen Entwicklungspfad, dem einer Demokratie des sozialen Konsenses. Zum Zweck der Konjunkturbelebung von der Angebotsseite her wurde zusammen mit dem Haushalt im Dezember 1982 eine Investitionsanleihe, faktisch eine Zwangsanleihe in Gestalt eines Zuschlags von 5 Prozent zur Steuerschuld für Besserverdienende mit einem zu versteuernden Jahreseinkommen von 55 000 DM für Ledige, von 110 000 DM für Verheiratete, beschlossen. (Das Bundesverfassungsgericht erklärte zwei Jahre später, im November 1984, die Investitionszulage für verfassungswidrig.) Die Staatsverschuldung, die zwischen 1972 und 1982 um 11,4 Prozentpunkte gewachsen war (von 27,3 auf 38,7 Prozent des Bruttoinlandsprodukts), stieg unter Kohl zwischen 1983 und 1989 sehr viel weniger stark, um nur 1,6 Prozentpunkte, an – eine Entwicklung, die jedoch mehr auf die veränderte Weltkonjunktur als auf Anstrengungen der Bundesregierung zurückging.

Im Bereich der Deutschland- und der Außenpolitik war die Kontinuität zwischen den Kabinetten Schmidt und Kohl besonders hoch – eine Tatsache, die zu einem guten Teil dadurch zu erklären war, daß Hans-Dietrich Genscher weiterhin an der Spitze des Auswärtigen Amtes stand. Die Sozialdemokraten hatten sich schon lange, bevor 1969 mit Willy Brandt erstmals einer der Ihren Kanzler wurde, auf den Boden der einst von ihnen bekämpften Westpolitik Konrad Adenauers gestellt. Die Unionsparteien, nach 1969 erbitterte Gegner von Brandts neuer Ostpolitik, akzeptierten deren Ergebnisse spätestens in dem Augenblick, als sie 1982 an die Macht zurückkehrten.

Im Herbst 1983 begann Bundeskanzler Kohl einen regen Briefwechsel mit Erich Honecker, dem Mann an der Spitze von SED und DDR, mit dem er auch häufig telefonierte. Am 13. Februar 1984 trafen sich Kohl und Honecker erstmals persönlich und zwar in Moskau anläßlich der Beisetzungsfeierlichkeiten für Breschnews Nachfolger Andropow. Dabei wurde ein Besuch des Staatsratsvorsitzenden in der Bundesrepublik noch für 1984 verabredet – ein Vorhaben, das am Veto von Andropows Nachfolger Tschernenko scheiterte. Der Anlaß für die zweite Begegnung zwischen Kohl und Honecker, wiederum in Moskau, war dann die Beisetzung Tschernenkos am 12. März 1985. Beide verständigten sich auf eine gemeinsame Erklärung, in der sie sich zur Unverletzlichkeit der Grenzen und zur Achtung der territorialen Integrität und Souveränität aller Staaten in Europa in ihren gegenwärtigen Grenzen bekannten. Aller Welt versicherten sie: «Von deutschem Boden darf nie wieder Krieg, von deutschem Boden muß Frieden ausgehen.»

Für eine deutschlandpolitische Sensation sorgte im Frühsommer 1983 ein Politiker, der bis dahin als «Kalter Krieger» gegolten hatte: Franz Josef Strauß. Nach Gesprächen mit dem Ost-Berliner Staatssekretär Alexander Schalck-Golodkowski, dem Leiter des Bereichs «Kommerzielle Koordinierung», fädelte der bayerische Ministerpräsident im Mai und Juni 1983 eine Bundesbürgschaft für einen Kredit für die DDR in Höhe von 1 Milliarde DM ein. Die DDR war durch Kürzungen sowjetischer Rohöllieferungen, die sie mit Devisen bezahlen mußte, zur verstärkten Ausbeutung einheimischer Braunkohle übergegangen: eine schwere Belastung der Umwelt und eine Ursache der wachsenden Westverschuldung der DDR. Der Milliardenkredit vom 29. Juni 1983, den Honecker dreieinhalb Wochen später mit einem Empfang für Strauß im Jagdschloß Hubertusstock honorierte, machte die DDR im «kapitalistischen Ausland» wieder kreditwürdig, erlaubte ihr auf diese Weise die Fortführung der langfristig ruinösen «Einheit von Wirtschafts- und Sozialpolitik» und ersparte ihr die andernfalls wohl unvermeidbare Erklärung der Zahlungsunfähigkeit und damit den Staatsbankrott.

Ein zweiter, wiederum vom Bund verbürgter «Milliardenkredit», diesmal in Höhe von 950 Millionen DM, wurde ebenfalls von Strauß vermittelt. Die DDR beantwortete das Entgegenkommen der westdeutschen Seite mit gewissen menschlichen Erleichterungen, unter anderem bei der Abfertigung von Transitreisenden, durch die Ermäßigung des Mindestumtausches für Rentner und die Beseitigung von Selbstschußanlagen und Minenfeldern an der innerdeutschen Grenze. Die Motive, von denen Strauß sich bei seinen deutschlandpolitischen Initiativen leiten ließ, lagen jedoch nicht ausschließlich im humanitären Bereich. In erster Linie ging es ihm wohl darum, sein «Image» als gefährlicher Scharfmacher loszuwerden und seine Eignung für das Amt des Außenministers unter Beweis zu stellen – eine Funktion, die sich auch als Zwischenstation auf dem Weg ins Kanzleramt erweisen mochte.

In den Mittelpunkt der außenpolitischen Debatten rückten seit dem Sommer 1983 wieder ganz die Konsequenzen des NATO-Doppelbeschlusses. Da von den Genfer INF-Verhandlungen weiterhin keine Meldungen kamen, die auf eine Annäherung der Standpunkte oder gar einen Durchbruch hindeuteten, wurde eine Nachrüstung ab Dezember, der vom Atlantischen Bündnis gesetzten Frist, immer wahrscheinlicher. Nicht nur in der Bundesrepublik, auch in den Niederlanden und Belgien, wo ebenfalls amerikanische Raketen stationiert werden sollten, fanden Ende Oktober Massenkundgebungen der längst international kooperierenden Friedensbewegung statt. In Bonn, Hamburg und West-Berlin gingen Hunderttausende auf die Straßen; zwischen Stuttgart und Ulm bildete sich eine durchgängige, 108 Kilometer lange Menschenkette; monatelang wurde das amerikanische Raketenlager im württembergischen Mutlangen blockiert. An der Bonner Kundgebung der Friedensbewegung nahm auch der SPD-Vorsitzende Willy Brandt teil, der bei dieser Gelegenheit seiner Überzeugung Ausdruck verlieh, daß der Regierung Reagan die Stationierung von Pershing II-Raketen wichtiger sei als die Entfernung der sowjetischen SS-20-Raketen. Auf dem «Raketenparteitag» der SPD in Köln sprach sich die überwältigende Mehrheit der Delegierten gegen die Aufstellung neuer Raketen aus. Nur 14 von knapp 400 stimmberechtigten Teilnehmern des Parteitags stützten die Linie des ehemaligen Bundeskanzlers Helmut Schmidt, der in Köln nochmals eindringlich davor warnte, die Angst größer zu schreiben als die Hoffnung.

Drei Tage später, am 22. November 1983, stimmte der Bundestag mit 286 Stimmen von CDU/CSU und FDP für die Aufstellung amerikanischer Mittelstreckenraketen auf dem Territorium der Bundesrepublik. Tags darauf brach die Sowjetunion die INF-Verhandlungen, am 8. Dezember auch die START-Verhandlungen ab. Anfang Januar 1984 begann die Stationierung von Mittelstreckenraketen vom Typ Pershing II und Marschflugkörpern vom Typ Cruise Missile in der Bundesrepublik. Marschflugkörper wurden außerdem im Vereinigten Königreich, in den Niederlanden, in Belgien und in Italien «disloziert».

Den Befürwortern des Doppelbeschlusses war es vor allem darum gegangen, der Sowjetunion die Möglichkeit zu nehmen, durch ein massives Übergewicht im Bereich der Mittelstreckenraketen politischen Druck auf die westeuropäischen Verbündeten der USA und ganz besonders die Bundesrepublik Deutschland auszuüben. Mit dem Bon-

ner Ja zur Nachrüstung hatte die Sowjetunion den Kampf um die
«Seele» der Westdeutschen verloren – und mit diesem Kampf zugleich
den gegen den Vollzug des Rüstungsteils des NATO-Doppelbeschlusses. Die Friedensbewegung verfiel seit Ende 1983 rasch. Ob es jemals
neue Ost-West-Verhandlungen über eine Abrüstung im Raketenbe-
reich geben würde, war um die Jahreswende 1983/84 völlig offen.
Wenn es zu Beginn des neuen Jahres einen Hoffnungsschimmer gab,
war es die Tatsache, daß am 17. Januar 1984 in Stockholm die auf der
Madrider Folgekonferenz der KSZE vereinbarte Konferenz über Ver-
trauensbildung und Abrüstung in Europa (KVAE) begann. Ganz war
der Gesprächsfaden zwischen West und Ost also nicht abgerissen.

In der Innenpolitik der Bundesrepublik gab es ein Thema, das schon
in der Spätphase der Ära Schmidt die Öffentlichkeit beschäftigt hatte:
die illegale Finanzierung der politischen Parteien. Seit Jahren hatten
sich die Parteien teils über die ihnen nahestehenden Stiftungen, teils
über angeblich überparteiliche «Staatsbürgerliche Vereinigungen» oder
«Briefkastenfirmen» im Ausland einer «Umwegfinanzierung» bedient,
um am Fiskus und am Parteiengesetz vorbei an Geld zu gelangen. Ein
Versuch der Parteivorsitzenden der CDU, CSU, SPD und FDP, durch ein
Amnestiegesetz strafrechtlichen Konsequenzen der illegalen Parteienfinanzierung zu entgehen, scheiterte 1981 am Widerstand der sozialdemokratischen Bundestagsfraktion, ein weiterer Versuch 1984 am Protest
der Medien sowie von Teilen der FDP.

Die Spender verbanden mit ihren Transaktionen von Schwarzgeld
die Erwartung, daß die Parteien gegebenenfalls ein offenes Ohr für ihre
Wünsche haben würden. Geradezu flächendeckend betrieb der Flick-
Konzern das, was der Chefmanager des Hauses, Eberhard von Brauchitsch, im April 1989 «Pflege der Bonner Landschaft» nannte. Am
19. Mai 1983 setzte der Bundestag einen Untersuchungsausschuß zur
Aufklärung der Flick-Parteispenden-Affäre ein. Am 29. November 1983
erhob die Bonner Staatsanwaltschaft Anklage gegen mehrere Politiker
der FDP, darunter den früheren Bundeswirtschaftsminister Hans Friderichs, Anfang Dezember auch, nach Aufhebung seiner parlamentarischen Immunität, gegen seinen Nachfolger Otto Graf Lambsdorff. Beide
standen im Verdacht der Vorteilsannahme im Amt und der Vorteils-
gewährung anläßlich einer von Flick erwirkten Steuerbefreiung für
bestimmte Investitionen. Am 27. Juni 1984 verzichtete Lambsdorff angesichts des bevorstehenden Strafprozesses gegen ihn auf sein Minister-

amt; seine Nachfolge trat der FDP-Politiker Martin Bangemann an. Im August begann vor dem Bonner Landgericht der «Flickprozeß» gegen Lambsdorff, Friderichs und Brauchitsch wegen Bestechlichkeit, Steuerhinterziehung beziehungsweise Beihilfe zur Steuerhinterziehung. Im Februar 1987 wurden Lambsdorff und Friderichs wegen Steuerhinterziehung zu hohen Geldstrafen verurteilt, vom Vorwurf der Bestechlichkeit freigesprochen. Brauchitsch erhielt eine Freiheitsstrafe, die gegen eine Geldbuße von 500 000 DM zur Bewährung ausgesetzt wurde.

Das Urteil im Flickprozeß bedeutete weder das Ende der illegalen Parteienfinanzierung noch ihre Aufklärung. 1986 geriet in diesem Zusammenhang auch Bundeskanzler Kohl in schwere Bedrängnis. (Es ging dabei um eine uneidliche Falschaussage vor einem Untersuchungsausschuß des Landtags von Rheinland-Pfalz im Juli 1985.) Alle Parteien, außer den Grünen, waren in die gesetzwidrigen Machenschaften verstrickt, die aufzuklären ihre Führungen in der Regel kein besonderes Interesse hatten. Aus ebendiesem Grund brach der Flick-Untersuchungsausschuß des Bundestags im März 1985 seine Beweisaufnahme vorzeitig ab. Der Skandal der politischen Korruption schwelte weiter – über die tiefe Zäsur der deutschen Wiedervereinigung hinaus.

Am 8. Mai 1985 jährte sich zum 40. Mal der Tag, an dem das Deutsche Reich bedingungslos vor den Alliierten kapituliert hatte. Bundeskanzler Kohl wählte eine Form des Gedenkens, die im In- und Ausland leidenschaftliche Proteste auslöste: Als Geste der Versöhnung wollte er zusammen mit Präsident Reagan, der aus Anlaß ebendieses Jahrestages in Europa weilte, den Soldatenfriedhof in Bitburg in der Eifel besuchen. Dort lagen etwa 2000 deutsche Soldaten begraben, darunter auch, was man in Bonn übersehen hatte, 49 Soldaten der Waffen-SS. Reagan sah sich, seit diese Nachricht um die Welt gegangen war, schweren Angriffen, besonders von jüdischen Organisationen, ausgesetzt. Kohl aber bestand darauf, das Besuchsprogramm so durchzuführen, wie er es vorgesehen hatte. Am 5. Mai besuchten der amerikanische Präsident und der deutsche Bundeskanzler den Soldatenfriedhof von Bitburg; die pensionierten Generäle Matthew Ridgway und Johannes Steinhoff, zwei ehemalige Frontkämpfer, reichten sich zum Zeichen der Versöhnung die Hand. Hätte Reagan nicht auch dem ehemaligen Konzentrationslager Bergen-Belsen einen Besuch abgestattet, von Bitburg wäre eine makabre Botschaft ausgegangen: Die Bundesrepublik und die Vereinigten Staaten haben sich darauf verständigt,

den Zweiten Weltkrieg fortan als europäischen Normalkrieg zu betrachten.

Drei Tage später, am 8. Mai, hielt Richard von Weizsäcker, der ein
Jahr zuvor, am 23. Mai 1984, von Koalitionsparteien und Sozialdemokraten im ersten Wahlgang gewählte sechste Bundespräsident, im Bundestag eine Rede, die links und in der Mitte als positiver Kontrast zu
Kohls unsensiblem Umgang mit historischen Symbolen empfunden
wurde, vom einhellig zustimmenden Echo in den Demokratien des
Westens ganz zu schweigen. Weizsäcker sprach aus, «was es heute für
uns alle gemeinsam zu sagen gilt: Der 8. Mai war ein Tag der Befreiung. Er hat uns alle befreit von dem menschenverachtenden System der
nationalsozialistischen Gewaltherrschaft.» Zwar werde niemand um
dieser Befreiung willen vergessen, welche schweren Leiden für viele
Menschen mit dem 8. Mai 1945 erst begonnen hätten und danach gefolgt seien. «Aber wir dürfen nicht im Ende des Krieges die Ursache
für Flucht, Vertreibung und Unfreiheit sehen. Sie liegt vielmehr in seinem Anfang und im Beginn jener Gewaltherrschaft, die zum Kriege
führte. Wir dürfen den 8. Mai 1945 nicht vom 30. Januar 1933 trennen. Wir haben wahrlich keinen Grund, uns am heutigen Tag an Sie-
gesfeiern zu beteiligen. Aber wir haben allen Grund, den 8. Mai 1945
als das Ende eines Irrwegs deutscher Geschichte zu erkennen, das den
Keim der Hoffnung auf eine bessere Zukunft barg.»

Der Bundespräsident gedachte der Opfer des deutschen Widerstands, und zwar des «bürgerlichen, des militärischen und glaubens-
begründeten, des Widerstandes in der Arbeiterschaft und bei Gewerkschaften, des Widerstands der Kommunisten». Er hielt fest, daß es
kaum einen Staat gebe, der in seiner Geschichte immer frei von schuld-
hafter Verstrickung in Krieg und Gewalt geblieben sei, um dann hin-
zuzufügen: «Der Völkermord an den Juden ist jedoch beispiellos in der
Geschichte. Die Ausführung des Verbrechens lag in der Hand weniger.
Vor den Augen der Öffentlichkeit wurde es abgeschirmt. Aber jeder
Deutsche konnte miterleben, was jüdische Mitbürger erleiden mußten,
von kalter Gleichgültigkeit über versteckte Intoleranz bis zu offenem
Haß. Wer konnte arglos bleiben nach den Bränden der Synagogen, der
Plünderung, der Stigmatisierung mit dem Judenstern, dem Rechtsent-
zug, den unaufhörlichen Schändungen der menschlichen Würde?»

Die Wirkung der Rede lag zu einem guten Teil darin, daß hier ein
aufgeklärter, liberaler Konservativer apologetischen Lesarten der deut-

schen Geschichte widersprach, die in konservativen Kreisen noch immer weit verbreitet waren. Richard von Weizsäcker formulierte keinen schon vorhandenen deutschen oder bundesrepublikanischen Konsens. Vielmehr trug er entscheidend dazu bei, einen neuen, an den gemeinsamen Werten des Westens ausgerichteten Konsens zu begründen. Er delegitimierte alle Versuche, das schreckliche Kapitel der deutschen Geschichte durch den Hinweis auf wirkliche oder vermeintliche Untaten anderer Nationen zu relativieren. Er ermutigte statt dessen alle, die für einen selbstkritischen Umgang mit der deutschen Geschichte eintraten. Darin lag die befreiende Wirkung dieser Rede über die Befreiung der Deutschen – ihre Bedeutung für die politische Kultur der zweiten deutschen Demokratie.[11]

Reform und Korruption: Italien in der Ära Craxi

Einen Machtwechsel erlebte in der ersten Hälfte der achtziger Jahre auch Italien. Die Christlichen Demokraten, die seit 1945 den Ministerpräsidenten stellten, hatten sich in den vergangenen dreieinhalb Jahrzehnten immer tiefer in ein Gewebe aus illegalen Praktiken, grassierender Korruption und verdeckter Zusammenarbeit mit dem organisierten Verbrechen verstrickt. 1981/82 wurden die kriminellen Machenschaften und staatsgefährdenden Umtriebe der rechten Geheimloge P2 (Propaganda Due) bekannt – eines mit CIA und Mafia kooperierenden Zirkels von Geheimdienstfunktionären, hohen Militärs, Wirtschaftsführern und prominenten Politikern. Der christdemokratische Ministerpräsident Arnaldo Forlani mußte Ende Mai 1981 wegen dieses Skandals zurücktreten.

Neuer Regierungschef wurde erstmals seit 36 Jahren ein Politiker, der nicht der DC entstammte: der Vorsitzende der kleinen Republikanischen Partei, Giovanni Spadolini. Er bildete ein Fünfparteienkabinett (Pentepartito) aus Christdemokraten, Republikanern, Liberalen, Sozialdemokraten und Sozialisten. In dasselbe Jahr 1981 fiel eine schwere Niederlage der Democrazia Cristiana auf dem Feld der Gesetzgebung: Das Referendum über das von der DC bekämpfte liberale Abtreibungsgesetz von 1978 erbrachte im Mai eine Zweidrittelmehrheit (68 Prozent) für die damals eingeführte Fristenregelung. Im Juni 1982 wurde Italien von einem neuen Skandal erschüttert: den Enthül-

lungen um die kriminellen Geschäfte der größten italienischen Privat-
bank, des Banco Ambrosiano, der sowohl mit der Loge «P2» als auch
mit der Bank des Vatikans, dem Istituto per le Opere di Religione,
liiert war.

Von der Krise der DC profitierte keine Partei so stark wie die Sozialisten. An ihrer Spitze stand seit 1976 der 1934 in Mailand geborene
Berufspolitiker Bettino Craxi. Sein wichtigstes Ziel war es zunächst,
den PSI in eine moderne reformistische Partei umzuformen. Sein Vorbild war dabei die deutsche Sozialdemokratie, so wie sie sich seit dem
Godesberger Programm von 1959 entwickelt hatte. Konsequent sorgte
er dafür, daß jüngere Politiker, die seine Linie unterstützten, in Schlüsselpositionen des PSI gelangten. Bei den Wahlen der Abgeordnetenkammer am 27. Juni 1983 errangen die Sozialisten 11,4 Prozent der
Stimmen – 1,6 Prozentpunkte mehr als bei der vorangegangenen Wahl
vom Juni 1979. Die Kommunisten fielen von 30,4 auf 29,9 Prozent.
Die große Verliererin aber war die DC: Sie sank von 38,3 auf 32,4 Prozent. In den Verlusten der Christdemokraten spiegelten sich die zahllosen Skandale, in die sie involviert waren, aber auch die Unpopularität
des neoliberalen Kurses in der Wirtschaftspolitik, auf den der neue
Parteivorsitzende Ciriaco De Mita die DC festgelegt hatte. Craxi
nutzte die Schwäche der immer noch größten Partei, um sich selbst das
Amt des Ministerpräsidenten zu sichern. Am 4. August 1983 löste er
den Christdemokraten Amintore Fanfani ab, der seit Dezember 1982
an der Spitze der Regierung gestanden hatte. Es sollten fast vier Jahre
vergehen, ehe die DC erneut einen der Ihren zum Ministerpräsidenten
machen konnte.

Die Regierungszeit Craxis fiel zusammen mit einem Aufschwung der
italienischen Wirtschaft, der manche Beobachter von einem zweiten
«miracolo economico» sprechen ließ. Das Bruttoinlandsprodukt wuchs
in den achtziger Jahren im Durchschnitt um jährlich 3 Prozent und damit stärker als in den meisten westeuropäischen Industrieländern, während die Inflationsrate von 21 Prozent im Jahr 1980 auf etwa 5 Prozent
1988 sank. Die rückläufigen Ölpreise trugen zu dieser Entwicklung wesentlich bei, aber auch die Modernisierung großer italienischer Unternehmen wie FIAT, die spektakulären Erfolge der Modebranche und die
Sanierung des Staatskonzerns IRI (Istituto per la Ricostruzione Industriale), der seit 1982 unter der Leitung des Wirtschaftsprofessors
Romano Prodi stand. Zu den unbestrittenen Leistungen der Regierung

Craxi gehörte die Entschärfung der «scala mobile», der automatischen Anpassung der Löhne an die Geldentwertung: ein Projekt, das gegen den massiven Widerstand der Kommunisten und des ihnen nahestehenden Gewerkschaftsbundes, der Confederazione Generale del Lavoro (CGL), durchgesetzt werden mußte. Im Juni 1985 stimmten 54 Prozent der abstimmenden Italiener in einem Referendum der Beibehaltung des entsprechenden Gesetzes vom Juni 1984 zu.

Ein anderer wichtiger Beitrag zur wirtschaftlichen und finanziellen Erholung Italiens war der Kampf gegen den «Volkssport» der Steuerhinterziehung. Die von Finanzminister Bruno Visentini, einem angesehenen Wirtschaftswissenschaftler, konzipierte, Anfang 1980 verabschiedete Finanz- und Steuerreform zielte darauf ab, die etwa 6 Millionen kleinen Geschäftsleute, die bislang kaum Steuern zahlten und damit staatliche Mindereinnahmen von rund 50 Milliarden DM verursachten, angemessen zu belasten. Von einem Proteststreik der Betroffenen ließ sich die Regierung nicht beeindrucken. Fortan mußten auch Kleinstunternehmer, bis hin zu Kioskbesitzern und Marktfrauen, über ihre Einnahmen und Ausgaben genau Buch führen, die Kunden bei Kontrollen ihre Einkaufsbelege vorweisen: Vorschriften, deren Einhaltung in der Praxis freilich bald nicht mehr so strikt überwacht wurde wie in der Frühphase der Reform. Die Steuerhinterziehung wurde in der fast vierjährigen Regierungszeit Craxis nicht unterbunden, sie wurde aber erschwert.

Anderen Mißständen, die den Staatshaushalt notorisch belasteten, widmete die Regierung Craxi sehr viel weniger Aufmerksamkeit. Italien hob sich von anderen Industriegesellschaften durch ein extrem niedriges Renteneintrittsalter ab: Es lag bei Männern bei 60, bei Frauen bei 55 Jahren, bei Vorliegen besonderer Gründe häufig weit darunter. Die Frühverrentung war eine der Forderungen, die die Gewerkschaften unter den Centro-Sinistra-Regierungen in den siebziger Jahren hatten durchsetzen können. Dazu kam massenhafter Sozialbetrug: Ärzte attestierten, vor allem im Mezzogiorno, ihren «Patienten» gegen gute Bezahlung erfundene Leiden wie Blindheit oder Taubheit, um ihnen den Bezug der Invalidenrente zu ermöglichen. Die Folge des Mißbrauchs waren wachsende Haushaltsdefizite und die zunehmende Verschuldung der öffentlichen Hand: Die Staatsschulden stiegen von 70 Prozent des Bruttoinlandsprodukts im Jahr 1980 auf 84 Prozent vier Jahre später; 1990 übersprangen sie die Marke von 100 Prozent.

Damit lag Italien weit über dem Stand anderer westlicher Industrienationen. Zu Beginn der neunziger Jahre mußte Italien fast 40 Prozent
seiner Steuereinnahmen für den Schuldendienst aufbringen.

Da Italien angesichts solchen Staatsversagens kaum noch Aus-
landskredite erhielt, verschuldete sich der Staat bei den eigenen Bürgern. Für die von ihm ausgegebenen Wertpapiere, die «Buoni Ordi-
nari del Tesoro» (BOT), erhielten die Italiener hohe Zinsen, die den
Wettbewerb auf dem Kapitalmarkt verzerrten, also zu Lasten der
Privatwirtschaft gingen. In die «BOT» floß in großem Umfang auch
Schwarzgeld, so daß der Staat, wie Hans Woller feststellt, gleich
zweimal das Nachsehen hatte: «Ihm wurden Steuern vorenthalten,
und er mußte dafür auch noch Zinsen zahlen.»

Von einer zielgerichteten Industriepolitik konnte im Italien der achtziger Jahre keine Rede sein: Die alten Industrien wurden weiter gefördert, die aufstrebenden neuen Technologien vernachlässigt. Der Staat
kontrollierte Ende der achtziger Jahre rund 35 000 Unternehmen, darunter fast die gesamte Schwerindustrie, viele Banken, Versicherungen
und Körperschaften, außerdem das Gesundheitswesen, insgesamt rund
40 Prozent der Volkswirtschaft. Die illegale «Schattenwirtschaft» florierte; Ende der siebziger Jahre sollen in diesem Sektor 3,5 Millionen
Italiener beschäftigt gewesen sein. Einer der Wirtschaftszweige, in dem
sich die Mafia seit Ende der siebziger Jahre besonders erfolgreich betätigte, war der Drogenhandel – ein Bereich, in dem zu Beginn der achtziger Jahre blutige Bandenkriege ausgefochten wurden. Hatten die sizi-
lianischen Mafiosi in früheren Jahrzehnten sich meist mit dem Staat und
seiner dominanten Partei, der DC, arrangiert, so schreckten die Sieger
im Kampf um den Drogenmarkt, der Clan der «Corleonesi», auch vor
der offenen Konfrontation mit dem Staat nicht zurück: 1982 ermordeten
Angehörige dieses Clans den kommunistischen Abgeordneten Pio La
Torre, den Urheber eines Anti-Mafia-Gesetzentwurfs, und einige Monate später einen General der Carabinieri, Carlo Alberto Dalla Chiesa.

Die Regierungen in Rom nahmen die Kampfansage an. Noch unter
Fanfani wurde 1982 ein mit außerordentlichen Vollmachten ausgestat-
teter Hoher Kommissar zur Bekämpfung der Mafia berufen und nach
wiederholten parlamentarischen Verschleppungsmanövern endlich der
Gesetzentwurf von La Torre verabschiedet. 1984, also unter Craxi,
begann ein inhaftierter Mafiaboß, Tommaso Buscetta, mit den Justiz-
behörden zu kooperieren, so daß auf Grund seiner Informationen

zahlreiche Unterweltgrößen verhaftet werden konnten. Im Februar
1987 begann in Palermo ein Massenprozeß gegen Mitglieder der Mafia.
360 von 474 Angeklagten wurden verurteilt, in 19 Fällen zu lebenslanger
Haft. Das war ein schwerer Schlag gegen die stärkste Fraktion des organisierten Verbrechens, aber, wie sich bald zeigen sollte, noch längst
nicht ihr Ende.

Daß Craxi im Kampf gegen die Unterwelt als Mann von Recht und
Ordnung auftrat, hinderte ihn nicht daran, sich bei der Verfolgung
eigener Interessen und vermeintlich berechtigter Belange seiner Partei
skrupellos über geltende Gesetze und Gebote der politischen Moral
hinwegzusetzen. So wie die DC, solange sie im Besitz der entscheidenden Hebel war, eine systematische Ämterpatronage betrieben hatte, so
besetzten nach 1983 auch die Sozialisten alle Posten, die ihnen zur
Versorgung der eigenen Anhänger nützlich erschienen. Besondere Bedeutung besaßen dabei Positionen, die dem PSI Einfluß auf wirtschaftlich mächtige Organisationen wie staatliche Holding- oder Versicherungsgesellschaften verschafften und Geld für die Parteiorganisation
abwarfen. Öffentliche Aufträge wurden vor wie nach dem Machtwechsel von 1983 regelmäßig gegen Zahlung von Schmiergeldern
(«tangenti») vergeben. Zwischen 1976 und 1986 sollen rund 55 Milliarden DM illegal an die Parteien geflossen sein. Von den weit über 800
Politikern, die 1987 wegen Bestechlichkeit verhaftet wurden, gehörten
386 der DC, 284 den Sozialisten und 179 den Kommunisten an.

Ein besonders krasser Fall von Amtsmißbrauch war die Förderung
der Aktivitäten des mittlerweile mächtigsten «Medienmoguls» Italiens,
Silvio Berlusconi, durch Craxi. Die Wege, auf denen Berlusconi zu seinem Reichtum gelangt war, lagen im Dunkeln; immer wieder war von
Verbindungen zum organisierten Verbrechen die Rede. Einer seiner
engsten Vertrauten, der Sizilianer Marcello Dell'Utri, war ein Verbindungsmann der Mafia. 1978 war Berlusconi der Loge «P2» beigetreten – ein Sachverhalt, den er solange leugnete, bis seine Mitgliedskarte
auftauchte und er 1990 in dieser Sache wegen Meineids überführt, auf
Grund einer 1989 beschlossenen Amnestie aber nicht verurteilt wurde.
Gestützt auf ein Urteil des Verfassungsgerichts von 1976, das auf
regionaler und lokaler Ebene private Fernsehprogramme zuließ, hatte
Berlusconi ein eigenes Fernsehimperium aufgebaut, sich dabei aber
über das gerichtliche Verbot der gleichzeitigen landesweiten Ausstrahlung der privaten Programme hinweggesetzt. Als daraufhin 1984 Ge-

richte drei seiner Sender abschalten ließen, intervenierte Craxi durch eine Notverordnung zugunsten Berlusconis. Zudem gelang es dem Ministerpräsidenten, die Verabschiedung eines Mediengesetzes zu verhindern, dessen Zweck es war, den regionalen Charakter des Privatfernsehens im Sinne des Urteils des Verfassungsgerichts sicherzustellen. Als Prämie für diesen Freundschaftsdienst soll Craxi umgerechnet 10 Millionen Euro von Berlusconi erhalten haben.

Die Verdienste des sozialistischen Regierungschefs – darunter das Konkordat vom Februar 1984, das die Gleichberechtigung aller Konfessionen und die Umstellung der obligatorischen Kirchensteuer auf freiwillige, auf die Steuer anrechenbare Beiträge der Kirchenmitglieder brachte, sowie das Umweltschutzgesetz von 1985 – wurden durch seine offenkundige Mißachtung von Recht und Gesetz nicht ausgelöscht, aber stark relativiert. Ämterpatronage und Korruption waren das Krebsübel der italienischen Demokratie. Alle Parteien, obenan Christdemokraten und Sozialisten, nahmen daran aktiven Anteil und trugen so zum Verfall der politischen Kultur bei. Das Land konnte von Glück sagen, wenn integre Staatspräsidenten wie der Sozialist Sandro Pertini und, seit Juli 1985, sein christdemokratischer Nachfolger Francesco Cossiga moralische Autorität ausstrahlten. Italien steckte nicht nur trotz aller Zeichen eines wirtschaftlichen Aufschwungs in einer tiefen Krise seiner Staatsfinanzen. Vielmehr hatte der demokratische Parteienstaat insgesamt an Glaubwürdigkeit verloren. Ob Italien die Kraft zu einer seit langem überfälligen, radikalen Reform von Staat, Wirtschaft und Finanzen finden würde, war Mitte der achtziger Jahre eine offene Frage.[12]

Eurosklerose, Süderweiterung, neue Dynamik: Die Europäische Gemeinschaft in der ersten Hälfte der achtziger Jahre

Am 19. November 1981 traten erstmals zwei Außenminister der EG vor dem Europäischen Parlament gemeinsam in Straßburg auf: der Italiener Emilio Colombo und der Deutsche Hans-Dietrich Genscher. Colombo hatte betont freundlich auf eine Rede seines deutschen Kollegen reagiert, in der dieser am 6. Januar desselben Jahres auf dem traditionellen Dreikönigstreffen der baden-württembergischen Freien Demokraten in

Stuttgart die Weiterentwicklung der Europäischen Gemeinschaft zu einer sehr viel enger als bisher kooperierenden Europäischen Union vorschlug. Was Genscher und Colombo dem Europäischen Parlament vorschlugen, zielte darauf ab, die vielbeklagte Stagnation des westeuropäischen Einigungswerkes, die sogenannte «Eurosklerose», zu überwinden und dem Integrationsprozeß durch eine weit in die Zukunft weisende Perspektive neue Dynamik zu verleihen.

Die «Genscher-Colombo-Initiative» war das ehrgeizigste Vorhaben seit dem nach dem damaligen luxemburgischen Ministerpräsidenten Pierre Werner benannten Plan einer stufenweisen Verwirklichung einer Wirtschafts-, Währungs- und Politischen Union aus dem Jahr 1970. Von den Staats- und Regierungschefs der EG aber waren längst nicht alle von der Notwendigkeit eines Integrationsschubs überzeugt. Auf dem Stuttgarter Gipfel im Juni 1983 blieb es bei einer unverbindlichen «Feierlichen Erklärung», in der die Gemeinschaft sich zu ihrer Weiterentwicklung zur Europäischen Union bekannte. Im Vordergrund des Stuttgarter Treffens stand der von Margaret Thatcher eingeklagte «Briten-Rabatt», und einen Teilsieg in Gestalt eines ersten «Schecks» konnte die «Eiserne Lady» bei dieser Gelegenheit auch verbuchen.

Die Briten waren nicht die einzigen «Bremser», wenn es um eine Verstärkung der supranationalen Zusammenarbeit Westeuropas ging. Ähnlich abwehrend wie Großbritannien agierte ein Land, mit dem das Vereinigte Königreich bis zur gütlichen Einigung Anfang 1983 in einen heftigen Konflikt um Fischereirechte in der Nordsee verstrickt war: Dänemark. Das Parlament des skandinavischen Königreichs, das Folketing, wachte eifersüchtig darüber, daß nicht noch mehr Hoheitsrechte an die Gemeinschaft abgetreten wurden, als beim Beitritt zur EG 1972 vereinbart worden war. An der verbreiteten «Euroskepsis» änderte sich auch nichts, als im September 1982 das Minderheitskabinett des Sozialdemokraten Anker Jørgensen durch ein bürgerliches Minderheitskabinett unter dem konservativen Poul Schlüter abgelöst wurde.

Dänemarks Distanz zur Europäischen Gemeinschaft wurde verstärkt durch das Grönlandproblem. Die einstige dänische Kolonie war 1953 durch eine Verfassungsreform Teil des Königreichs Dänemark geworden. Als die dänische Regierung 1961 unter dem sozialdemokratischen Ministerpräsidenten Viggo Kampmann und erneut 1967 unter Kampmanns Nachfolger, dem Sozialdemokraten Jens Otto Krag, einen Antrag auf Aufnahme in die Europäische Gemeinschaft stellte, stieß das in Grönland auf verbreitete Ablehnung: Die erstarkende, von den Inuit geprägte Autonomiebewegung erklärte es für demütigend, wenn grönländische Fischer künftig nur noch mit Brüsseler Genehmigung vor der eigenen Küste fischen dürften.

Im Januar 1979 sprachen sich die Grönländer mit einer Mehrheit von 70 Prozent für innere Autonomie und damit für eine selbständige Wirtschaftspolitik aus: eine Forderung, der das Parlament in Kopenhagen im Monat darauf nachkam. Im Februar 1982 votierten 52 Prozent der abstimmenden Grönländer für einen Austritt aus der Europäischen Gemeinschaft, um sich auf diese Weise die Verfügungsgewalt über die Fischereigewässer zu sichern. Das Ergebnis langwieriger Verhandlungen zwischen Dänemark und der EG war ein Vertrag vom März 1984, der Grönland das Ausscheiden aus der Gemeinschaft zum 1. Januar 1985 erlaubte. Ein Austritt eines Landes aus der EG war in den Römischen Verträgen nicht vorgesehen; das Ausscheiden Grönlands bedeutete jedoch, rechtlich gesehen, nur, daß ein *Teil* eines Mitgliedslandes die Gemeinschaft verließ. Die Zollunion mit Dänemark blieb, nachdem Grönland diesen Schritt getan hatte, erhalten. Die Europäische Gemeinschaft zeigte sich kooperativ: Grönland durfte seine Fischereiprodukte zollfrei in die Staaten der EG exportieren; die EG leistete alljährlich einen Finanzzuschuß an die autonome Regierung in Nuuk, dänisch Godthåb, und konnte sich im Gegenzug befriedigende Fischfangquoten vor den Küsten Grönlands sichern.

Schwierigkeiten bereiteten der EG in der ersten Hälfte der achtziger Jahre aber nicht nur zwei der drei Länder, die 1973 im Zuge der Norderweiterung der Gemeinschaft beigetreten waren. Auch an ihrer Südostflanke sah sich die EG durch ein Neumitglied herausgefordert. Griechenland war am 1. Januar 1981 in die Europäische Gemeinschaft aufgenommen worden, obwohl es gute Gründe gegeben hätte, dem Athener Antrag nicht oder jedenfalls nicht zu diesem Zeitpunkt stattzugeben. Das neue Mitglied ähnelte auf vielen Gebieten eher einem Entwicklungsland als den Staaten, die bislang die EG bildeten. Das immer noch stark agrarisch geprägte Griechenland erreichte beim Bruttoinlandsprodukt per Kopf der Bevölkerung knapp die Hälfte des EG-Durchschnitts. Es verfügte weder über ein Katasterwesen, das diesen Namen verdiente, noch über eine Steuerverwaltung, die europäischen Standards entsprach. Den Reedern sicherte die griechische

Verfassung eine in Europa einmalige Steuerbefreiung zu. Ähnlich privilegiert war die orthodoxe Kirche, die Hochburg eines antiaufklärerischen, antiliberalen, antiwestlichen Traditionalismus. Die meisten freien Berufe glichen in ihrer Abschottung gegen Außenseiter mittelalterlichen Zünften. Der öffentliche Dienst wurde von der jeweils regierenden Partei als Versorgungseinrichtung für die eigene Klientel betrachtet und war entsprechend aufgebläht, ineffizient und korruptionsanfällig. Die Wirtschaft wurde vom Staat gegängelt; die Gerichte erwiesen sich als chronisch überfordert.

Doch als Erbe des klassischen Hellas und vermeintliche Wiege der europäischen Demokratie genoß Griechenland einen großen Sympathiebonus, der alle kritischen Hinweise auf die Rückständigkeit des Landes meist rasch verstummen ließ. Vor allem aber wollten die Regierungen der EG sicherstellen, daß Griechenland auf dem demokratischen Weg blieb, den es nach dem Zusammenbruch der Militärdiktatur im Sommer 1974 eingeschlagen hatte. Das war der entscheidende politische Beweggrund, der die Neun veranlaßte, fünfeinhalb Jahre, nachdem die Regierung Karamanlis im Juni 1975 den Antrag auf Vollmitgliedschaft in der EG gestellt hatte, den Wunsch Athens zu erfüllen.

Ein Dreivierteljahr nach dem Beitritt Griechenlands zur Europäischen Gemeinschaft, im Oktober 1981, errang die Panhellenische Sozialistische Bewegung (PASOK) unter Andreas Papandreou einen haushohen Wahlsieg über die konservative Nea Demokratia unter Georgios Rallis, dem Nachfolger von Konstantinos Karamanlis, der 1980 ins Amt des Staatspräsidenten gewählt worden war. Papandreou hatte im Wahlkampf von einem möglichen Austritt Griechenlands aus der EG und der NATO gesprochen. Ins Amt des Ministerpräsidenten gelangt, sorgte er dafür, daß 300000 bis 400000 Anhänger seiner PASOK eine Beschäftigung, vielfach besser Scheinbeschäftigung, im öffentlichen Dienst erhielten. Die EG konfrontierte er sogleich ultimativ mit der Forderung nach einer Nachbesserung der Beitrittsbedingungen. Tatsächlich erreichte er Zugeständnisse im Bereich der Agrarpolitik und einen höheren Anteil am Regionalfonds, was er als Abschlagszahlung auf den von ihm angestrebten Sonderstatus für sein Land betrachtete.

In der Folgezeit nutzte Papandreou die Mitgliedschaft seines Landes in der EG vor allem, um zwei anderen Ländern des Mittelmeerraums den Weg in die Gemeinschaft zu erschweren: Spanien und Portugal.

Beide Staaten, die sich wie Griechenland erst seit Mitte der siebziger Jahre von rechten Diktaturen in Demokratien verwandelt hatten, waren aus der Sicht Athens in erster Linie Konkurrenten auf dem Markt für Oliven und Südfrüchte. Deshalb machte Papandreou seine Zustimmung zu Hilfen, die strukturschwache Regionen in Spanien und Portugal schon vor ihrem Beitritt von der EG erhalten sollten, von der Bewilligung zusätzlicher Mittel für Griechenland abhängig. Auf dem Gipfel von Dublin im Dezember 1984 kam es darüber zwischen ihm und Bundeskanzler Kohl zu einem heftigen Zusammenstoß.

Spanien und Portugal hatten ihre Anträge auf Mitgliedschaft in der Europäischen Gemeinschaft 1977 gestellt. Beide Länder hatten mit großen wirtschaftlichen und finanziellen Problemen zu kämpfen. Portugal war eines der ärmsten Länder Europas; beim Bruttoinlandsprodukt pro Kopf der Bevölkerung lag es noch hinter Griechenland. Politisch hatte Portugal in den ersten Jahren nach der «Nelkenrevolution» von 1974 eine Phase der Instabilität mit häufigen Regierungswechseln durchlaufen. Eine gewisse Stabilisierung setzte 1980 unter dem neuen konservativen Ministerpräsidenten Francisco Sá Carneiro, dem Sieger der Parlamentswahl vom Dezember 1979, und seinem Nachfolger ab Januar 1981, Francisco Pinto Balsemão, ein. In die frühen achtziger Jahre fielen erste Schritte zur Privatisierung im Bereich von Versicherungen und Industrie sowie eine Entschädigung enteigneter Großgrundbesitzer. Im August 1982 wurde durch eine Verfassungsreform der Revolutionsrat beseitigt, das Militär der zivilen Regierung untergeordnet, die Macht des Staatspräsidenten eingeschränkt und die Wirtschaftsordnung liberalisiert. Es folgte ein Abkommen mit dem Internationalen Währungsfonds, das Portugal auf einen rigorosen Stabilitätskurs einschließlich restriktiver Vorgaben für Devisen-, Währungs- und Haushaltpolitik festlegte. Aus den Parlamentswahlen vom Mai 1983 gingen die Sozialisten unter dem früheren Ministerpräsidenten Mário Soares als Sieger hervor. Soares bildete eine Große Koalition, die unter dem Druck des IWF einen harten Austeritätskurs verfolgte – eine Politik, die zahlreiche Arbeiter mit dem Verlust ihrer unrentabel gewordenen Arbeitsplätze bezahlen mußten.

Während Portugal sich zu Beginn der achtziger Jahre zu stabilisieren begann, erlebte Spanien um dieselbe Zeit schwere politische Turbulenzen. Die Unión de Centro Democrático (UCD) unter Ministerpräsident Adolfo Suárez wurde durch innerparteiliche Konflikte zwischen konservativen und liberalen Kräften gelähmt. Umfragen zufolge gewannen währenddessen sowohl die betont reformistisch auftretenden Sozialisten des Partido Socialista Obrero Español (PSOE) unter Felipe González als auch die konservative Alianza Popular unter Fraga Iribarne, dem einstigen Informations- und Propagandaminister der späten Ära Franco, an Zustimmung unter den Wählern. Am 29. Januar 1981 trat Suárez unter bis heute nicht völlig aufgeklärten Umständen als Partei- und Regierungschef zurück. Das Amt des Ministerpräsidenten sollte Leopoldo Calvo-Sotelo übernehmen, der beim ersten Wahlgang aber die erforderliche absolute Mehrheit um sieben Stimmen verfehlte.

Während des zweiten Wahlgangs am 23. Februar 1981 drangen zwei Hundertschaften der Guardia Civil, der kasernierten Polizei, unter dem Kommando von Oberstleutnant Antonio Tejero in die Cortes ein, feuerten mit ihren Maschinenpistolen in die Decke und nahmen Abgeordnete und Mitglieder der Regierung in Geiselhaft. Der Oberbefehlshaber der Region Valencia, General Milans del Bosch, erklärte den Ausnahmezustand; auch in anderen Regionen und in Teilen des Generalstabs gab es Sympathisanten des Putschversuchs. Etwas über eine Stunde nach Mitternacht trat König Juan Carlos vor die Fernsehkameras und versicherte den Spaniern, daß der Vereinigte Generalstab die Lage unter Kontrolle habe. Die Krone Spaniens könne auf keinen Fall Aktionen oder Handlungsweisen von Personen dulden, «die mit Gewalt den Demokratisierungsprozeß zu unterbrechen versuchen, der in der Verfassung bestimmt wurde, über die das spanische Volk in einem Referendum entschieden hat».

Es waren nicht die Motive der Putschisten, sondern die Art ihres Vorgehens, die den Monarchen zu seiner Verurteilung des Staatsstreichversuchs veranlaßten. Mit dem Streben nach Wiederherstellung von Disziplin, Ordnung, Sicherheit und Ruhe, das er Oberst Tejero und seinen Verbündeten unterstellte, erklärte sich Juan Carlos am 26. März 1981 in einem Vieraugengespräch mit dem Botschafter der Bundesrepublik Deutschland in Madrid, Lothar Lahn, völlig einverstanden. Die eigentliche Schuld an dem gescheiterten «golpo» gab der Monarch dem zurückgetretenen Regierungschef Suárez, der keinerlei Verständnis für das Militär gehabt habe.

Möglicherweise war Tejero am 23. Februar einem konkurrierenden Putschplan hoher Militärs zuvorgekommen. Durch sein Vorpreschen waren jedenfalls alle etwaigen Umsturzabsichten desavouiert. Dem fehlgeschlagenen Putsch folgte die Festnahme des stellvertretenden Generalstabschefs, General Alfonso Armada, sowie der Generäle Milans del Bosch und Luis Torres Rojo. Der neue Ministerpräsident Calvo-Sotelo band das Militär demonstrativ in die Bekämpfung des Terrors der baskischen Separatisten und der Kontrolle der Grenze zu Frankreich ein und wirkte so beruhigend auf das Offizierskorps ein. Der Demokratisierungsprozeß wurde nach dem Frühjahr 1981 konsequent fortgesetzt. Im August 1981 verständigten sich UCD und PSOE auf die Umwandlung Spaniens in einen dezentralisierten Staat. Ende Mai 1982 wurde Spanien Mitglied der NATO. Aus den Parlamentswahlen von Ende Oktober 1982 gingen die Sozialisten mit 48 Prozent der Stimmen und 202 von 350 Sitzen als überlegene Sieger hervor. Zweitstärkste Partei wurde Fraga Iribarnes Volksallianz, die 26 Prozent der Stimmen und 106 Mandate erhielt. Der Machtwechsel von 1982 markierte das Ende der 1975 eingeleiteten «transición». Mit seinen Bemühungen um die Vollmitgliedschaft in der EG aber war Spanien, obwohl die Beitrittsverhandlungen bereits im Februar 1979 begonnen hatten, noch längst nicht am Ziel.

Die Beitrittsgesuche Spaniens und Portugals stellten die Europäische Gemeinschaft vor schwierige Probleme. Das Entwicklungsgefälle zwischen den bisherigen Mitgliedern und den Ländern, die in die EG strebten, war kraß. Fischer und Fischereiindustrien der Meeresanrainer fürchteten die Konkurrenz der riesigen spanischen Fischereiflotte; britische Wirtschaftskreise fühlten sich durch die spanischen Werften und Stahlunternehmen herausgefordert; für Frankreich, Italien und Griechenland waren die spanischen Südfrüchte und der spanische wie der portugiesische Wein ein Gegenstand großer Sorge. 1980 wurden die Beitrittsverhandlungen faktisch ausgesetzt, da Präsident Giscard d'Estaing ein Jahr vor den Präsidentschaftswahlen sich agrarpolitische Zugeständnisse an Spanien und Portugal mit Rücksicht auf die französischen Bauern und Winzer politisch nicht glaubte leisten zu können. Sein Nachfolger Mitterrand behielt diese Linie zunächst bei. Die beiden Bewerberländer dachten ihrerseits nicht daran, mit ihren Forderungen an die Gemeinschaft zurückzustecken. Der Durchbruch gelang erst auf dem Dubliner Gipfel im Dezember 1984, nachdem Griechenland sich mit seinem Verlangen nach zusätzlichen Hilfen hatte durchsetzen können. Im Mai 1985 wurden die Beitrittsverträge mit Spanien

und Portugal unterzeichnet. Am 1. Januar 1986 traten beide Länder
der EG bei, wodurch die Gemeinschaft von 272 auf 320 Millionen
Einwohner anwuchs und die Süderweiterung fürs erste abgeschlossen
war.

Die Aufnahme der drei Agrarexporteure Griechenland, Spanien und
Portugal ließ die Reform des Gemeinsamen Agrarmarkts noch dringlicher erscheinen, als sie es angesichts der anhaltenden Überproduktion,
namentlich von Butter, anderen Milchprodukten und Getreide, ohnehin
schon war. Zunächst aber ging es Mitte der achtziger Jahre darum, die
vielbeklagte «Eurosklerose» zu überwinden und die Handlungsfähigkeit der EG nach der Aufnahme der drei neuen Mitglieder zu sichern.
Auf einen Integrationsschub drängte vor allem das 1979 erstmals direkt
gewählte Europäische Parlament. Ein Pionier der europäischen Einigungsbewegung, der Italiener Altiero Spinelli, der auf der Liste des PCI
in das Straßburger Parlament gewählt worden war, hatte zusammen mit
anderen Abgeordneten schon 1980 den Entwurf einer Verfassung für
die Europäische Union vorgelegt. Ein Ausschuß des Parlaments machte
daraus 1983 einen formellen Antrag, der vom Plenum im Februar 1984
mit großer Mehrheit angenommen wurde.

Kurz vor der zweiten Direktwahl des Europäischen Parlaments
griff der französische Staatspräsident François Mitterrand diese Initiative auf. In einer Rede vor der Straßburger Versammlung sprach er sich
am 23. März 1984 ganz im Sinne der Genscher-Colombo-Initiative
von 1981 für die Weiterentwicklung der EG zu einer Europäischen
Union, für eine Ausweitung der Mehrheitsentscheidungen in den Mini-
sterräten, für erweiterte Befugnisse der Gemeinschaft in den Bereichen
der Innen- und Außenpolitik und eine Verstärkung der Europäischen
Politischen Zusammenarbeit (EPZ) aus. Mitterrand ging es dabei vor
allem um eines: Er wollte den wichtigsten europäischen Partner Frankreichs, die Bundesrepublik Deutschland, so fest mit Frankreich und
der Europäischen Gemeinschaft verbinden, daß sich eine Gefahr dau-
ernd bannen ließ, die dem Präsidenten spätestens seit den großen
Demonstrationen der Friedensbewegung gegen die Nachrüstung bewußt geworden war: die unterstellte Versuchung der Deutschen, einen
Sonderweg zwischen West und Ost einzuschlagen und auf diese Weise
vielleicht eines Tages ihre nationale Einheit wiederherzustellen. Von
solchen Überlegungen ließ sich Mitterrand leiten, als er am 20. Januar
1983 in seiner Rede vor dem Deutschen Bundestag den Doppelbe-

schluß der NATO befürwortete und am 27. September 1984 zusammen mit Bundeskanzler Helmut Kohl in Verdun der Opfer der beiden Weltkriege gedachte.

Aus demselben Grund mußte Mitterrand aber auch daran liegen, der Einigung Westeuropas neue Impulse zu geben und endlich den Konflikt beizulegen, der einer solchen Politik im Wege stand: den Streit um den «Briten-Rabatt». Auf dem Gipfel von Fontainebleau am 25./26. Juni 1984, zehn Tage nach der Europawahl, gelang dieser, schon an anderer Stelle gewürdigte Ausgleich. Die Gegenleistung, mit der die britische Premierministerin das Entgegenkommen der Kontinentaleuropäer honorierte, bestand darin, daß sie der Einsetzung von zwei Kommissionen zustimmte: Die eine, die unter dem Vorsitz des Iren James Dooge arbeitete, sollte den Staats- und Regierungschefs Vorschläge für eine vertiefte politische Zusammenarbeit unterbreiten, die andere, von dem Italiener Pietro Adonnino geleitete Kommission hatte den Auftrag, Wege aufzuzeigen, wie die Vorteile, die die Gemeinschaft den Europäern in ihrem Alltagsleben brachte, den Bürgern anschaulich erfahrbar gemacht und die EG von einem weithin als technokratisches Monstrum empfundenes Gebilde in ein «Europa der Bürger» verwandelt werden könnte.

Starken Auftrieb erhielten die Bemühungen um eine Vertiefung des Einigungswerkes durch den früheren sozialistischen Wirtschafts- und Finanzminister Frankreichs, Jacques Delors, der seit dem 1. Januar 1985 als Nachfolger des Luxemburgers Gaston Thorn an der Spitze der Kommission stand. Die neue Dynamik, die Delors in die EG brachte, beschreibt der Historiker Gerhard Brunn mit den Worten: «Vom ersten Augenblick an flößte er der demoralisierten, orientierungslosen Kommission neues Selbstvertrauen ein und brachte sie mit einer Handvoll brillanter Mitarbeiter und einem Feuerwerk von Ideen so in Bewegung, daß manchen Hören und Sehen verging.»

Auf dem Gipfel von Mailand am 28. und 29. Juni 1985 lagen den Staats- und Regierungschefs nicht nur die Berichte der beiden Kommissionen, sondern auch ein weiterer, von Delors vorgelegter Reformvorschlag vor. Priorität hatte darin die Vollendung des Binnenmarkts: *das* Gebiet, auf dem auch Margaret Thatcher die EG gern voranschreiten sah. In der Summe ergab sich aus den drei Berichten der Vorschlag, eine Regierungskonferenz einzusetzen, die einen Zusatzvertrag zu den Römischen Verträgen ausarbeiten und die Europäische Politische Zusammenarbeit auf eine vertraglich geregelte Grundlage stellen sollte.

Die meisten Staats- und Regierungschefs unterstützten diesen Gedanken, nicht jedoch die britische Premierministerin Margaret Thatcher, der dänische Ministerpräsident Poul Schlüter und sein griechischer Kollege Andreas Papandreou. Der amtierende Ratspräsident Bettino Craxi stellte, unterstützt von Frankreich und Deutschland, den Antrag dennoch zur Abstimmung und brach so mit der Tradition einstimmig gefaßter Entschlüsse. Die Unterlegenen, an ihrer Spitze Margaret Thatcher, protestierten scharf, legten aber, um die auch von ihnen gewünschte Vollendung des Binnenmarkts nicht zu gefährden, kein Veto ein. Damit konnte die Regierungskonferenz ihre Arbeit aufnehmen, und zwar unter Beteiligung von Vertretern der drei Länder, die ihrer Einsetzung widersprochen hatten.

Bevor die Arbeiten der Regierungskonferenz zum Abschluß kamen, verständigten sich die Außen- und Forschungsminister der EG zusammen mit ihren Kollegen aus Österreich, der Schweiz und der Türkei Anfang November 1985 in Hannover auf das EUREKA-Projekt: die Errichtung der European Research Coordination Agency, mit deren Hilfe die Westeuropäer ihren technologischen Rückstand gegenüber den USA einholen wollten. Daß Mitterrand damit in erster Linie eine Antwort auf das geplante amerikanische Raketenabwehrsystem SDI geben wollte, war auch den Bonner Akteuren bewußt – und einer der Gründe, weshalb das finanzielle Engagement der Bundesrepublik deutlich hinter den französischen Erwartungen zurückblieb.

Einen Monat später, am 2. und 3. Dezember 1985, konnte der Rat der Staats- und Regierungschefs in Luxemburg die Ergebnisse der Regierungskonferenz beraten. Das wichtigste Resultat des Gipfels war der Beschluß, den Binnenmarkt bis Ende 1992 zu vollenden und über die meisten Angelegenheiten desselben künftig nicht mehr einstimmig, sondern mit qualifizierter Mehrheit zu entscheiden: eine Neuerung, die auch die Zustimmung der Briten und Dänen fand, nachdem sie, ebenso wie andere Mitgliedstaaten, eine Reihe von Ausnahmeregelungen durchgesetzt hatten. Das Europäische Parlament erhielt erweiterte legislative Kompetenzen, konnte aber weder ein einstimmiges Votum des Rates zu Fall bringen noch an der Bestellung der Kommission mitwirken. Mit seinem Vorhaben, die EG auf die Weiterentwicklung des Europäischen Währungssystems, eine Währungsunion, festzulegen, war Delors nicht durchgedrungen. Es blieb bei einer Absichtserklärung, wobei jeder weitere Schritt in Richtung einer einheitlichen Währung

von den Finanzministern einstimmig beschlossen und von den nationalen Parlamenten gebilligt werden mußte. Außerdem wurde, worauf
das Vereinigte Königreich und die Bundesrepublik Deutschland besonderen Wert legten, die Zuständigkeit der nationalen Notenbanken ausdrücklich bestätigt.

Die Luxemburger Beschlüsse, darunter einer zur Politischen Zusammenarbeit, wurden in der Einheitlichen Europäischen Akte (EEA)
zusammengefaßt. Am 17. Februar 1986 wurde der Vertrag von acht
Außenministern unterzeichnet, am 28. Februar, nachdem ein Referendum in Dänemark eine Mehrheit erbracht hatte, auch von den Außenministern Dänemarks, Italiens und Griechenlands. Am längsten dauerte
das Ratifikationsverfahren in Irland, wo auf Grund eines Gerichts-
urteils ebenfalls ein Referendum stattfinden mußte. Erst nach dessen
Erfolg konnte der Vertrag im Juli 1987 in Kraft treten.

Die Einheitliche Europäische Akte beschwor das Ziel einer Europäischen Union und brachte die EG einer Wirtschafts- und Währungsunion ein gutes Stück näher. Margaret Thatcher sollte bald bedauern,
daß sie den Befürwortern eines Integrationsschubs so weit entgegengekommen war. Von einer demokratischen Legitimation der europäischen Entscheidungsprozesse durch das Europäische Parlament konnte
aber keine Rede sein, und erst recht nicht von einem «Europa der Bürger». Die Europäische Gemeinschaft blieb einstweilen, was sie war: ein
Zusammenschluß von Nationalstaaten, die ihre nationale Souveränität nur in dem Maß beschränkten, wie es ihnen im nationalen Interesse zweckmäßig und notwendig erschien.[13]

Entfesselte Märkte: Die Globalisierung der Arbeitsteilung und die Krise des Sozialstaats

Für die westlichen Industriegesellschaften gab es Mitte der achtziger
Jahre Anlaß, der weiteren wirtschaftlichen Entwicklung mit einem gewissen Maß an Optimismus entgegenzusehen: Die Konjunktur hatte
sich erholt; die Inflationsraten waren deutlich niedriger als zu Beginn
des Jahrzehnts. Das lag vor allem an den fallenden Rohölpreisen. Am
teuersten war Öl 1980/81 gewesen, als das Barrel 38 Dollar kostete –
eine Folge der islamischen Revolution in Iran und des Krieges zwischen
Irak und Iran. Bis 1983 sanken die Preise pro Barrel auf 27,59, bis 1985

auf 24,85 Dollar. 1986 stürzten die Rohölpreise infolge von Überproduktion und Interessenkonflikten innerhalb der OPEC regelrecht ab, und zwar auf 16,95 Dollar – ein Rückgang um fast 37 Prozent. Für die Sowjetunion, für die Erdöl inzwischen der wichtigste Exportartikel war, bedeutete das stark rückläufige Deviseneinnahmen, für die westlichen Industrieländer einen kräftigen Wachstumsimpuls.

Die größten Wachstumsraten in den westlichen Volkswirtschaften wiesen überall die neuen Technologien auf. Der weltweite Siegeszug des «Personal Computer», der 1981 begann, sollte binnen weniger Jahre die Arbeitswelt, vor allem das Informations-, Kommunikations- und Transportwesen, revolutionieren. Der «PC» trieb die «globalisation» voran: ein Begriff, der in den achtziger Jahren zuerst in der angelsächsischen Welt zum Schlagwort avancierte. Globalisierung meinte nicht zuletzt die umfassende Internationalisierung der Arbeitsteilung, das «Outsourcing» ganzer industrieller Fertigungsbereiche und von Dienstleistungen in aufstrebende Industrieländer der Dritten Welt, vor allem des Fernen Ostens, wo Lohnarbeit sehr viel billiger war als in den alten Industriegesellschaften des Westens.

In ihren Auswirkungen noch unübersehbar war in diesem Zusammenhang die wirtschaftliche Transformation, die sich seit den späten siebziger Jahren unter der Ägide des stellvertretenden Partei- und Regierungschefs Deng Xiaoping, eines radikalen Reformers, in der Volksrepublik China vollzog. Die «vier Modernisierungen», die Deng proklamierte und im Zuge einer «Revolution von oben» durchsetzte, betrafen die Landwirtschaft, die Industrie, die Landesverteidigung und die Wissenschaft, nicht jedoch das politische System. Der chinesischen Wirtschaft verordnete Deng marktwirtschaftliche Reformen mit dem Zweck der Produktivitätssteigerung; neue Forschungsinstitute und ein großangelegtes Sofortausbildungsprogramm sollten China auf dem Gebiet von «High-Tech» voranbringen und langfristig international konkurrenzfähig machen; chinesische Studenten wurden aus demselben Grund zum Studium ins kapitalistische Ausland geschickt.

Um die wirtschaftliche Liberalisierung im Innern durch eine handelspolitische Öffnung nach Westen zu flankieren, schloß die Volksrepublik China im April 1978 einen Handelsvertrag mit der Europäischen Gemeinschaft ab. 1979 gestanden sich die Volksrepublik und die USA im Gefolge eines Staatsbesuchs von Deng in Washington

wechselseitig den Status einer «most favored nation», also die Meistbegünstigungsklausel, zu. Im Juli 1979 wurden in vier Provinzen, darunter Shenzhan in unmittelbarer Nachbarschaft der britischen Kronkolonie Hongkong, «Sonderwirtschaftszonen» errichtet, in denen über
«Joint Ventures» von chinesischen und ausländischen Unternehmen
der Kapitalismus praktisch erprobt werden konnte. Im Mai 1980
wurde die Volksrepublik China Mitglied der Weltbank und des Internationalen Währungsfonds.

Stand bis 1983/84 die Modernisierung der Landwirtschaft im Vordergrund, so war es seit 1984 die der Industrie. Das Prinzip der Selbst-
verantwortung galt fortan auch für städtische Betriebe: Sie durften
selbständig über Investitionen, Beförderungen und Entlassungen entscheiden und konnten dadurch ihre Produktivität gewaltig steigern.
1984 wurden die Sonderwirtschaftszonen um 14 Küstenstädte und die
Insel Hainan erweitert. Im August 1986 wurde in der Stadt Shenyang
in der Provinz Liaoning die erste Börse der Volksrepublik eröffnet. Im
Oktober 1987 nahm China erstmals eine große Anleihe auf dem amerikanischen Kapitalmarkt auf.

So eindrucksvoll die von Deng entfesselte wirtschaftliche Dynamik
war, so unübersehbar waren deren negative Begleiterscheinungen:
wachsende Arbeitslosigkeit, vor allem auf dem Lande, Inflation und
Korruption. Aus der Sicht vieler Studenten und intellektueller Dissidenten war der eigentliche Mangel der Erneuerung à la Deng aber ein
anderer: die fehlende «fünfte Modernisierung», die politische Liberalisierung und Demokratisierung der Volksrepublik. Die Reformer um
Deng dachten jedoch gar nicht daran, ihr Land auch auf dem Feld der
politischen Kultur in Richtung Westen zu öffnen. Nonkonformistische
Wandzeitungen (dazibao) an der 1978 geschaffenen «Mauer der Demokratie» in Peking, auf denen die Verfasser Menschen- und Bürgerrechte einklagten, wurden beseitigt, der Artikel 45 der Verfassung, der
die Anfertigung solcher Wandzeitungen erlaubte, aufgehoben. Der
Initiator der chinesischen Demokratiebewegung, der ehemalige Rot-
gardist Wei Jingsheng, wurde verhaftet und zu 15 Jahren Haft verurteilt. 1983 folgte eine Kampagne gegen «geistige Verschmutzung»,
worunter alle Forderungen nach politischer Liberalisierung und Öffnung gegenüber der westlichen Kultur verstanden wurden.

Der politische Rahmen der wirtschaftlichen Modernisierung im
Sinne Dengs war abgesteckt durch die Beschlüsse des dritten Plenums

des Elften Zentralkomitees der Kommunistischen Partei Chinas vom
Dezember 1978. Darin hatte sich die herrschende Partei zu «vier Kar-
dinaltugenden», nämlich zum sozialistischen Weg, der Diktatur des
Proletariats, zu ihrer eigenen Führungsrolle und, was immer das noch
bedeuten mochte, zur Theorie des Marxismus-Leninismus-Stalinismus
bekannt. Oberstes, auch dem Klassenkampf übergeordnetes Ziel war
nunmehr der Kampf gegen die Armut – eine Priorität, aus der sich
auch die 1980 beschlossene administrative Beschränkung des Bevölke-
rungswachstums, das mit brutaler Gewalt durchgesetzte Prinzip der
«Ein-Kind-Familie», ableitete. Was die Volksrepublik China vom Westen
lernen sollte, betraf, soweit es nach Deng und seinen Verbündeten in
der Parteiführung ging, ausschließlich seine wirtschaftlichen und technischen Errungenschaften. Der westliche Kapitalismus gehörte, ungeachtet fortgesetzter sozialistischer und antikapitalistischer Rhetorik,
dazu, Menschen- und Bürgerrechte, Herrschaft des Rechts, Gewaltenteilung, «representative government», pluralistische Demokratie, die
Kernelemente des normativen Projekts des Westens, hingegen nicht.

Als es im Herbst 1986 zuerst an der Universität Hefei, der Wir-
kungsstätte des renommierten Astrophysikers und Dissidenten Fang
Lizhi, dann in Schanghai, Peking und etwa zwanzig anderen Universitätsstädten zu studentischen Demonstrationen für Rechtsstaat und
Demokratie kam, stellte sich Deng mit aller Entschiedenheit gegen sie.
Am 30. Dezember verwarf er vor ausgewählten Mitgliedern des Zentralkomitees die Forderung nach «bürgerlicher Liberalisierung», weil
sie das Land erneut in Aufruhr zu versetzen drohe und die Zurückweisung der Führung durch die Partei bedeute. Die Demonstrationen
wurden verboten, Fang Lizhi und zwei weitere Befürworter von Gewaltenteilung und Demokratie aus der Partei ausgeschlossen. Mitte
Januar 1987 wurde Parteichef Hu Yaobang, der den Anliegen der Studierenden Sympathie entgegenbrachte, seines Postens enthoben und
ein getreuer Gefolgsmann Dengs, Ministerpräsident Zhao Ziyang,
kommissarisch mit der Nachfolge betraut. Damit war fürs erste sichergestellt, daß die Modernisierung der Volksrepublik China den sen-
sibelsten Bereich weiterhin ausspare: den der politischen Macht und
ihrer Legitimierung.

Mit der Globalisierung der Produktion ging der weitere Rückgang des
industriellen Sektors in den westlichen Volkswirtschaften einher. Das

galt sowohl für seinen Anteil an der Beschäftigung wie für den an der Wertschöpfung. Die elektronische Revolution schuf, vor allem im Dienstleistungsbereich, Millionen von neuen Arbeitsplätzen, aber bei weitem nicht genug, um Erwerbsmöglichkeiten für alle bereitzustellen, die zuvor in alten Industrien, etwa der Stahl- oder der Textilbranche oder im Schiffbau, beschäftigt gewesen waren. Von Vollbeschäftigung als Ziel der Wirtschaftspolitik wagten die Politiker kaum noch zu sprechen. Ein gewisser «Sockel» an struktureller Arbeitslosigkeit schien die unvermeidbare Kehrseite des technischen Fortschritts zu sein. Hatte der Anteil der Erwerbslosen an der erwerbsfähigen Bevölkerung im Durchschnitt der EG 1970 bei 2,3 Prozent gelegen, so lag er 1985 bei 9,4 Prozent. Die Wirtschaft wuchs wieder, seit die Rezession, in die die Welt nach dem zweiten Ölpreisschock von 1979 gestützt war, einem neuen Aufschwung gewichen war. Aber die Wachstumsraten der westlichen Volkswirtschaften lagen deutlich unter denen der Zeit des langen Booms, die 1973 abgelaufen war. In der Bundesrepublik Deutschland etwa war das Pro-Kopf-Einkommen der Bevölkerung zwischen 1965 und 1980 im Jahresdurchschnitt um real 5,6 Prozent gestiegen; zwischen 1980 und 2000 wuchs es nur noch um 1,8 Prozent.

Die achtziger Jahre galten gemeinhin als eine Hochzeit der Deregulierung, des systematisch betriebenen Rückzugs des Staates aus der Wirtschaft im Sinne des neoliberalen Credos einflußreicher Wirtschaftswissenschaftler. Besonders weit ging dabei Großbritannien unter Margaret Thatcher, die angesichts der umfangreichen Nationalisierungen früherer Regierungen auch besonders viel Anlaß hatte, den volkswirtschaftlichen Nutzen von Staatsunternehmen radikal in Frage zu stellen. In der Praxis lief der «Neoliberalismus» britischer Prägung auf eine weitgehende Entindustrialisierung des Landes hinaus. Eine anhaltende wirtschaftliche Genesung des Vereinigten Königreichs versprach sich die Premierministerin nicht von einer auf Modernisierung zielenden Industriepolitik, sondern von der Expansion des Dienstleistungssektors und vor allem von Unternehmen, die sich auf Finanzdienstleistungen konzentrierten. Die schon erwähnte Beseitigung der Devisenkontrollen im Oktober 1979 war der Startschuß: London wollte wieder werden, was es einmal gewesen war, nämlich *die* globale Finanz- und Bankenmetropole schlechthin.

In den USA hatte die Politik der Deregulierung schon in der zweiten Hälfte der siebziger Jahre unter Carter begonnen, wobei der Abbau der

Bundesaufsicht über die zivile Luftfahrt, den Fernlastverkehr, die Eisenbahnen und die Banken im Vordergrund stand. Reagan begann mit
einer Freigabe der Ölpreise, die massiv auf Kosten der Umwelt ging. Die
Deregulierung im Bereich der Spar- und Kreditkassen führte dazu, daß
die im Hypothekengeschäft tätigen «S & Ls» (Saving and loan institutions) seit 1982 auch hochriskante Papiere, sogenannte «junk bonds»,
als Sicherheit akzeptieren durften. Im Ergebnis kam das einer Einladung
zur Spekulation gleich. In der zweiten Hälfte der achtziger Jahre mehrten sich die Skandale in dieser Branche; 1989 brach sie fast völlig zusammen. Die bestehende Bundesgarantie für Spareinlagen hatte zur
Folge, daß in letzter Instanz die Steuerzahler mit 341 Milliarden Dollar
für die Verluste aufkommen mußten. Weniger spektakulär war, was es
unter Reagan an Deregulierung im Bereich von Banken, dem zwischen-
städtischen Busverkehr und der Ozeanschiffahrt gab – eine Bilanz, die
den liberalen Wirtschaftswissenschaftler William A. Niskanen, ein früheres Mitglied des wirtschaftlichen Beraterstabs des Präsidenten, schon
1988 zu dem überspitzten Urteil veranlaßte, die Deregulierung habe
unter Reagan kaum Fortschritte gemacht.

Die eigentlichen Nutznießer der neuen Wertschätzung einer «reinen» Marktwirtschaft waren spekulativ operierende Investmentfonds
und Kapitalbeteiligungsgesellschaften. Die älteren, schon seit den
zwanziger Jahren bekannten Hedgefonds versuchten, durch den Einsatz von Derivaten und Leerverkäufen auch bei sinkenden Preisen
überdurchschnittliche Renditen zu erzielen. Zu diesem Zweck bedienten sie sich der Hebelwirkung von fremdfinanzierten Aufkaufaktionen
(leveraged buyouts): einer Technik, auf die auch die in den achtziger
Jahren entstandenen Private-Equity-Gesellschaften zurückgriffen. («Private Equity» bedeutet soviel wie außerbörsliches Eigenkapital.) Eine
dieser neuen Kapitalbeteiligungsgesellschaften war die 1984 in Boston
ins Leben gerufene Bain Capital, zu deren Gründern der republikanische Präsidentschaftskandidat von 2012, Mitt Romney, gehörte. Wie
die Hedgefonds bildeten die Private-Equity-Gesellschaften eine Form
der Mobilisierung von Risikokapital (venture capital). Bain Capital
und andere Gesellschaften dieses Typs erkauften sich die Aktien-
mehrheit bestehender Unternehmen, um diese radikal umzustrukturie-
ren und, wenn es lukrativ erschien, wieder zu verkaufen oder, wenn
das Ergebnis nicht den Erwartungen entsprach, bankrott gehen zu lassen. Ausschlaggebend war dabei «shareholder value»: der (von dem

amerikanischen Wirtschaftswissenschaftler Alfred Rappaport 1986 mit diesem Begriff belegte) Marktwert des Eigenkapitals der Anteilseigner. Belange der Belegschaften zählten bei dieser Art von Profitmaximierung nicht: Sie wurden, wenn sie mit dem Interesse der Aktionäre nicht übereinstimmten, als zweckfremder Störfaktor bewertet.

Was für die Belegschaften galt, traf auch auf die Gewerkschaften und für den Sozialstaat zu: Im Zuge der Entfesselung der Finanzmärkte gerieten sie zunehmend in die Defensive. Während der Faktor Kapital sich internationalisierte, blieb für den Faktor Arbeit der Nationalstaat der institutionelle Rahmen und das politische Bezugssystem. Im Außenverhältnis der Nationalstaaten untereinander galt es, die eigene Wettbewerbsfähigkeit zu stärken und sich möglichst viele Standortvorteile zu verschaffen. Je globaler der internationale Wettbewerb wurde, desto mehr wuchs der Druck auf die Nationalstaaten, soziale Besitzstände zu überprüfen.

Ins Kreuzfeuer der Kritik geriet infolgedessen nicht nur alles, was als sozialprotektionistische Wettbewerbsverzerrung wirkte (subventionierte Scheinarbeit, überhöhte Mindestlöhne und rigide Kündigungsschutzregeln zu Lasten der Unternehmen und der Arbeitsuchenden etwa), sondern zunehmend der Sozialstaat schlechthin. Soweit es nach den konsequenten Wortführern des europäischen «Neoliberalismus» ging, war die Expansion der Sozialleistungen in der Zeit der Booms, namentlich ihre Abkopplung vom Prinzip der Bedürftigkeit, eine historische Fehlentwicklung, die dringend der Korrektur bedurfte. Daraus ergab sich ein sozialpolitischer Minimalismus: Bestand haben sollte nur, was als Grundsicherung gegen existentielle Risiken wie Unfälle, Krankheiten, Altersarmut oder Arbeitslosigkeit unabdingbar erschien. Amerikanische Verfechter der «reinen» Marktwirtschaft gingen oft sehr viel weiter: Für sie standen faktisch staatliche Sozialleistungen grundsätzlich unter Sozialismusverdacht.

Wo in den achtziger Jahren die politische Macht in den Händen konservativer Regierungen war wie in den USA unter Reagan und Großbritannien unter Thatcher, war die Tendenz zur Kürzung von Sozialleistungen besonders ausgeprägt. Aber bei allem, was es in den beiden angelsächsischen Demokratien an sozialen Einschnitten, etwa im Bereich staatlicher Hilfen für die Alterssicherung, gab, ein sozialpolitischer Kahlschlag fand auch hier nicht statt. Die Sozialleistungsquoten stiegen zwischen 1980 und 1995 sogar an (in den USA von 13,7 auf 16,3 und im Vereinigten Königreich von 18,3 auf 22,8 Prozent), was primär an den hohen Arbeitslosenzahlen und der Alterung der Bevölkerung lag. Der amerikanische Politikwissenschaftler Paul Pierson hat in seinem 1994 erschienenen Buch «Dismantling the Welfare State?» den wichtigsten Grund für die Beharrungskraft sozialpolitischer Errungenschaften in den hohen politischen Kosten der meisten Initiativen zur drastischen Senkung der Sozialausgaben gesehen: Da große Teile der Gesellschaft auf Transferleistungen angewiesen waren, mußte es auch konservativen Politikern als hochgefährlich erscheinen, sie als Wähler zu verprellen. Die Kritik an den hohen Sozialetats war jedoch wirksam genug, um eine weitere Expansion des «Welfare state» beträchtlich zu erschweren, wenn nicht unmöglich zu machen.

In der Bundesrepublik Deutschland hatte die Eindämmung der dynamischen Steigerung der Sozialausgaben früher eingesetzt als in den meisten anderen Industrieländern des Westens: in der zweiten Hälfte der siebziger Jahre, unter der sozialliberalen Regierung von Helmut Schmidt. In den ersten sieben Jahren der Ära Kohl, zwischen 1982 und 1989, wurde die Staatsquote von 50,1 auf 45,8 Prozent, die Sozialleistungsquote von 33 auf 29 Prozent gesenkt. Von einer wirtschafts- und sozialpolitischen Kehrtwende konnte im Hinblick auf die Bundesrepublik der achtziger Jahre nicht gesprochen werden. In Frankreich aber fand sie, wie oben dargelegt, 1983/84 unter der Präsidentschaft François Mitterrands statt, nachdem die sozialistische Regierung unter Pierre Mauroy in den zwei Jahren zuvor eine inflatorisch wirkende Wachstumspolitik mit fatalen Folgen für den Innen- und den Außenwert des Franc betrieben hatte.

Besonders dringlich erschienen Kurskorrekturen in zwei Ländern, wo der Sozialstaat in der Zeit des Booms überdurchschnittlich stark ausgeweitet worden war: In den Niederlanden hatte der Anteil des öffentlichen Sektors am Bruttosozialprodukt 1975 bei 55, in Schweden bei 51 Prozent gelegen, was in beiden Fällen vorrangig auf das Wachstum der Sozialausgaben zurückzuführen war. In den Niederlanden wurden unter dem christdemokratischen Ministerpräsidenten Ruud Lubbers, der seit November 1982 an der Spitze einer christlich-liberalen Koalition stand, 1983 die Beamtengehälter und die Sozialleistungen um 3,5 Prozent gesenkt. Der Staat zog sich aus einer Reihe von öffentlichen Dienstleistungen, namentlich im Bereich von Postbank,

Post- und Telekommunikation, sowie aus mehreren Staatsunternehmen, darunter der Luftfahrtlinie KLM und dem Chemiekonzern Dutch State Mines, zurück, was das Haushaltsdefizit sinken und die Zahl der Arbeitsplätze steigen ließ. Erleichtert wurde diese Politik durch den Verständigungskurs, auf den sich der Arbeitgeberverband unter Chris Veen und der Gewerkschaftsbund FNV (Federatie Nederlandse Vakbeweging) unter dem Sozialdemokraten Wim Kok 1982 im Abkommen von Wassenaar geeinigt hatten: Kürzere Arbeitszeiten bei gleichzeitigem Lohnverzicht der Arbeitnehmer fanden ihr Gegenstück im Versprechen der Arbeitgeber, neue, flexiblere Arbeitsplätze zu schaffen.

In Schweden, das jahrzehntelang Inbegriff des europäischen Wohlfahrtsstaates gewesen war, kamen im Oktober 1982 nach einem sechsjährigen Intervall bürgerlicher Kabinette wieder die Sozialdemokraten unter Olof Palme an die Regierung. Finanzminister Kjell-Olof Feldt propagierte einen «dritten Weg» zwischen der damals noch keynesianischen Politik Mitterrands und dem neoliberalen Kurs Margaret Thatchers. Eine Abwertung der Krone um 16 Prozent ließ die schwedischen Ausfuhren steigen und hielt die Arbeitslosenzahlen niedrig, führte aber zu einer beträchtlichen Steigerung von Preisen und Nominallöhnen. Nach der bis heute nicht wirklich aufgeklärten Ermordung Olof Palmes am 28. Februar 1986 führte sein Stellvertreter Ingvar Carlsson die bisherige Politik im wesentlichen unverändert fort.

Ende der achtziger Jahre war das Bild der schwedischen Wirtschaft bestimmt durch Stagnation, Inflation, negative Realzinsen und in ihrem Gefolge durch riesige spekulative «Blasen» im Finanz- und Immobiliensektor. Die Versuche von Finanzminister Feldt, der wirtschaftlichen Probleme durch eine Politik der Deregulierung Herr zu werden, kamen zu spät. 1990 erlebte Schweden ausgedehnte Streiks; die Inflationsrate stieg auf 10,5 Prozent; das Land stürzte in eine tiefe Wirtschaftskrise. Die Reichstagswahlen vom September 1991 brachten der Sozialdemokratie das schlechteste Ergebnis seit 1928. Die Urheberin der Krise des schwedischen Wohlfahrtsstaates wurde zu ihrem Opfer. Ob es dem bürgerlichen Nachfolgekabinett unter dem Vorsitzenden der konservativen Moderaten Sammlungspartei, Carl Bildt, gelingen würde, die Krise zu überwinden, mußte die Zukunft zeigen.

Von einer neuen Stabilität waren die westlichen Industriegesellschaften Mitte der achtziger Jahre weit entfernt. Die Erschütterungen

durch die beiden Ölpreisschocks von 1973 und 1979 lagen zwar hinter
ihnen; es gab, ausgelöst durch sinkende Rohölpreise und technologische Innovationen, neues Wirtschaftswachstum; die Hochzeit der
Monetaristen, die eine Politik des knappen Geldes befürworteten, war
bereits abgelaufen, und seit 1985 gewannen, dank einer Reihe von
Neuberufungen durch Präsident Reagan, im Federal Reserve Board
der USA die «supply-sides», die angesichts rückläufiger Inflationsraten
die Geldpolitik am Ziel der Wachstumsförderung auszurichten gedachten, allmählich die Oberhand. Doch die Kehrseite der wirtschaftlichen Erholung der westlichen Führungsmacht war eine bedrohlich
wachsende Staatsverschuldung, und dieser Faktor blieb eine Quelle
weltwirtschaftlicher Unsicherheit. Die Erwartung ständig fortschreitender Prosperität, die sich in der langen Zeit des Booms herausgebildet hatte, war in den siebziger Jahren einer eher skeptischen Stimmung
gewichen und das Gefühl der sozialen Sicherheit seitdem nachhaltig
erschüttert.

Was die äußere Sicherheit der westlichen Welt anging, so hing sie
Mitte der achtziger Jahre wesentlich von der Politik ab, die die Sowjetunion unter Michail Gorbatschow, dem neuen Generalsekretär der
KPdSU, einschlagen würde. Da die beiden Weltmächte inzwischen
wieder miteinander über Abrüstung sprachen, gab es im Frühjahr 1985
durchaus Anlaß zu der Hoffnung, daß es im Verhältnis zwischen West
und Ost nicht bei der Konfrontation bleiben mußte, die die Weltpolitik
seit Ende der siebziger Jahre prägte. Wenn Washington und Moskau
auf Verständigung setzten, konnte das Ergebnis eine neue Ära der Entspannung sein – gestützt auf ein verändertes Verständnis von internationaler Sicherheit, die es nicht mehr gegeneinander, sondern miteinander zu organisieren galt.[14]

5.
Abschied vom Kalten Krieg:
1985–1991

Perestrojka, Glasnost, Demokratie:
Michail Gorbatschows Versuch, die Sowjetunion zu reformieren

Der Mann, der seit dem 11. März 1985 an der Spitze der Kommunistischen Partei der Sowjetunion stand, war wenige Tage zuvor 54 Jahre alt geworden und damit der jüngste Parteiführer seit Stalins Aufstieg zum Generalsekretär im Jahr 1922. Michail Gorbatschow, am 2. März 1931 in Priwolnoje in der Region Stawropol im nördlichen Vorland des Kaukasus geboren, hatte in den fünfziger Jahren in Moskau Rechtswissenschaft studiert und dann in seiner Heimatregion eine Parteikarriere absolviert. 1971 wurde er ins Zentralkomitee gewählt. Seit 1980 war er Vollmitglied des Politbüros, wo er für Landwirtschaft zuständig war und als Protegé des KGB-Chefs und nachmaligen Generalsekretärs Andropow galt. Er genoß schon früh den Ruf eines energischen und pragmatischen Politikers und war die Hoffnung aller, die eine Fortsetzung der Gerontokratie im Kreml für unverantwortlich hielten – ein Zustand, der dann eingetreten wäre, wenn sich der von einem Teil der Mitglieder des Politbüros unterstützte Wiktor Grischin, der einundsiebzigjährige Parteichef von Moskau, gegen Gorbatschow durchgesetzt hätte.

Daß Gorbatschow seine Partei und sein Land von Grund auf revolutionieren würde, konnte im Frühjahr 1985 nicht einmal er selbst voraussehen. Was ihm zum Zeitpunkt seiner Wahl bewußt war und im Vordergrund seiner frühen Reden als Generalsekretär stand, war die Notwendigkeit einer radikalen Veränderung der Wirtschaftspolitik. Die Sowjetunion war, verglichen mit den westlichen Industriegesellschaften, ein technologisch rückständiges Land. Schlendrian und Korruption fügten der Volkswirtschaft riesige Schäden in kaum bezifferbarer Größe zu: Verbreitete Trunksucht untergrub die Arbeitsmoral und führte dazu, daß die Zahl der Verkehrstoten in der Sowjetunion trotz eines sehr viel geringeren Motorisierungsgrads etwa ebenso hoch lag wie in den USA. Die Kampagne gegen den Alkoholismus, die das Politbüro im Mai 1985 beschloß und die Gorbatschow bald den Spitznamen «Genosse Mineralsekretär» eintrug, zielte darauf ab, die Produktion alkoholischer Getränke mengenmäßig stark zu beschränken und die von alkoholfreien Getränken zu steigern sowie die Herstellung von Alkoholika aus Kern- und Beerenobst ganz zu unterbinden. Gefördert wurde damit faktisch nur die Schwarzbrennerei, der das Regime nicht beizukommen wußte.

Zentrale Bedeutung für die Wirtschaftsreform hatte die den Betrieben abverlangte wirtschaftliche Rechnungsführung, die Umstellung von strikten Planvorgaben auf Kosten-Nutzen-Gesichtspunkte, also Rentabilität: ein Ansinnen, das, zu Ende gedacht, auch die Entlassung von unproduktiven Arbeitskräften einschließen mußte und damit im Widerspruch zur bisher gängigen Praxis stand. Die «Beschleunigung des Wirtschaftswachstums», wie das Politbüro sie 1985 anstrebte, peilte damit keinen Bruch mit Lenin und dem Leninismus an. Vielmehr beriefen sich Gorbatschow und seine Getreuen immer wieder auf Lenins «Neue Ökonomische Politik» und besonders die «Naturalsteuer» von 1921, also die Abkehr vom «Kriegskommunismus» in Gestalt einer dosierten Liberalisierung des Kleinhandels und der Wiederzulassung eines selbständigen Kleinunternehmertums. Auch als Anfang 1986 die Parole vom «Umbau» (Perestrojka) der Wirtschaft an die Stelle der bloßen «Beschleunigung» trat, blieb es bei der Beschwörung der ideologischen Kontinuität und der Versicherung, daß die KPdSU am Kurs auf den Kommunismus festhalte.

Der Richtungswechsel in der Wirtschaftspolitik überforderte nicht nur große Teile des Managements auf allen Ebenen der Betriebe, sondern auch des Parteiapparats. Wenn er seine Politik zum Erfolg führen wollte, mußte Gorbatschow reformunwillige Funktionäre aus den Stellungen entfernen, in die sie in der Ära Breschnew gelangt waren, und durch neue, der «Perestrojka» zugeneigte und besser qualifizierte Kräfte ersetzen. Genau das tat der neue Generalsekretär praktisch vom ersten Tag seiner Amtszeit an. Auf dem 27. Parteitag der KPdSU wurden 125 neue Mitglieder in das Zentralkomitee gewählt, das damit zu 40 Prozent aus «Neuen» bestand. Im März 1987 waren nur noch 16 Prozent der Abteilungsleiter des ZK im Amt, die diese Funktionen schon vor 1982 innegehabt hatten. Auf der Ebene der Provinzorganisationen sah es ähnlich, auf der Regierungsebene noch günstiger aus: Innerhalb der ersten beiden Jahre von Gorbatschows Amtszeit wurden fast neun Zehntel der Mitglieder des Präsidiums des Ministerrats und knapp zwei Drittel der Regierungsmitglieder ausgetauscht.

Einer der bekanntesten Repräsentanten der alten Zeit, Außenminister Andrej Gromyko, wechselte auf Betreiben Gorbatschows im Juli 1985 in das politisch nicht sehr einflußreiche Amt des Vorsitzenden des Präsidiums des Obersten Sowjets und damit des formellen Staatsoberhaupts. Sein Nachfolger als Außenminister wurde der georgische Parteichef Eduard Schewardnadse, der als Reformer galt. Zu Gorbatschows engsten Verbündeten innerhalb der Regierung gehörte neben Schewardnadse der neue Ministerpräsident Nikolaj Ryschkow. Im Politbüro waren der von Gorbatschow geförderte Moskauer Parteichef Boris Jelzin und der bisherige Botschafter in Kanada, Alexander Jakowlew, entschiedene Befürworter eines energischen Reformkurses. Sie bildeten damit Gegengewichte zum Wortführer der eher konservativen Kräfte um den Sekretär für Ideologie und Kaderfragen, Jegor Ligatschow.

Am 26. April 1986, sieben Wochen nach dem Abschluß des 27. Parteitags der KPdSU, ereignete sich auf sowjetischem Territorium das bislang schwerste Unglück in der Geschichte der friedlichen Nutzung der Atomenergie: Im Kernkraftwerk von Tschernobyl in der Ukraine, etwa 100 Kilometer nördlich von Kiew, kam es zum «größten anzunehmenden Unfall», der Kernschmelze in einem Reaktor. Die freigewordenen radioaktiven Substanzen verseuchten große Gebiete der Ukraine, Weißrußlands und Rußlands und wurden durch Winde nach Nord- und Mitteleuropa getragen, wo sie mit dem Regen niedergingen und die Böden kontaminierten. Mindestens 20 Menschen kamen in und um Tschernobyl unmittelbar nach der Katastrophe ums Leben. Ungewiß ist die Zahl der Menschen, die an Spätfolgen der Explosion starben oder noch sterben werden: Experten schätzen sie auf Zehntausende.

Die Art und Weise, wie die Sowjetführung auf das Jahrhundertereignis reagierte, schockierte die Welt: Moskau bestritt zunächst einen ernsteren Störfall, versuchte dann seine Bedeutung zu verharmlosen und ging erst nach langem Zögern dazu über, Ursachen, Ablauf und Ausmaß des Unglücks schonungslos aufzuklären. «Tschernobyl» enthüllte eklatante Sicherheitsmängel, die ein schlechtes Licht auf das Problembewußtsein der Verantwortlichen «vor Ort» und in den übergeordneten Behörden warfen. Es hatte nicht nur materielle Schäden in Milliardenhöhe zur Folge, es bestätigte auch die tiefe Skepsis, die die Umweltbewegungen, vor allem im Westen Europas, der Kernkraft entgegenbrachten. Daß diese Energie beherrschbar sei, erschien Millionen von Menschen in aller Welt so zweifelhaft wie nie zuvor.

In der Sowjetunion trug die Katastrophe von Tschernobyl mit dazu bei, das Bewußtsein der Notwendigkeit von politischer Offenheit und Transparenz zu schärfen – jener «Glasnost», zu der sich Gorbatschow seit seinem Amtsantritt immer wieder bekannt hatte und die Ende 1986 neben «Perestrojka» zur beherrschenden Parole des sowjetischen Transformationsprozesses wurde. «Glasnost» war schon einmal in der russischen Geschichte, in den sechziger Jahren des 19. Jahrhunderts unter dem «Zar-Befreier» Alexander II., zum politischen Schlagwort avanciert – auch damals im Zusammenhang mit einem Programm zur Modernisierung des Landes. Wie zu jener Zeit stand «Glasnost» auch jetzt für die ungeschönte Aufdeckung von Fehlentwicklungen und Mißständen. Darüber hinaus lag es auf der Linie von «Glasnost», Kritik an der Führung ernst zu nehmen und Kritiker nicht länger mundtot zu machen.

Im Dezember 1986 informierte Gorbatschow persönlich den nach Gorki verbannten, weltweit berühmtesten sowjetischen Dissidenten, den Atomphysiker Andrej Sacharow, daß seiner Rückkehr nach Moskau nichts mehr entgegenstehe. An die Opposition erging die Einladung, sich an der Erneuerung des Landes zu beteiligen. Die Journalisten und Wissenschaftler forderte Gorbatschow Anfang 1987 auf, «weiße Flecken» in der sowjetischen Geschichte zu beseitigen – ein Aufruf, den viele Zeitungen und Zeitschriften und bald auch Rundfunk und Fernsehen zum Anlaß nahmen, mit vielen nach wie vor gepflegten Legenden über die Stalinzeit aufzuräumen. Gorbatschow selbst hielt sich mit Kritik an Stalin auffallend zurück, in der Presse aber wurde anläßlich des 70. Jahrestages der «Oktoberrevolution» im November 1987 über alle Erscheinungsformen des «Großen Terrors», über Lager und Zwangsarbeit wie über die Opfer der Zwangskollektivierung der Landwirtschaft ausführlich berichtet – Themen, die von der Führung, ungeachtet aller bisherigen Anläufe in Sachen «Entstalinisierung», bis vor kurzen noch als Tabus behandelt worden waren. Auch die Justiz beteiligte sich an der Aufarbeitung der Vergangenheit: Im Februar 1988 erging ein Urteil des Obersten Gerichtshofs, das zwei prominente Opfer der Stalinschen Säuberungen, Nikolai Bucharin und Alexei Rykow, rehabilitierte.

Am 27. Januar 1987 sprach Gorbatschow in seinem Schlußwort auf dem Plenum des ZK den alsbald vielzitierten Satz aus: «Wir brauchen Demokratie wie die Luft zum Atmen.» Wohl ohne es zu wissen, zitierte er damit eine Äußerung von Friedrich Engels aus dem Jahr 1865. Ohne Pressefreiheit, Vereins- und Versammlungsrecht sei keine Arbeiterbewegung möglich, hatte der Mitstreiter von Karl Marx damals geschrieben. «Ohne diese Freiheit kann sie selbst (die Arbeiterpartei, H. A. W.) sich nicht frei bewegen; sie kämpft in diesem Kampf für ihr eigenes Lebenselement, für die Luft, die sie zum Atmen nötig hat.» 122 Jahre später wiederholte der Mann an der Spitze der KPdSU diese Feststellung im Sinne einer Forderung, die es erst noch zu verwirklichen galt.

Konsequent zu Ende gedacht war der Ruf nach Demokratie freilich nicht. Denn den Führungsanspruch der Kommunistischen Partei, die sich in der Verfassung von 1977 als «Avantgarde des gesamten Volkes», also nicht mehr nur der Arbeiterklasse, bezeichnete, wollte Gorbatschow nicht preisgeben, mit dem Leninismus also keineswegs radikal brechen. Darin lag der tiefe Widerspruch seiner Politik: Gorbatschow hatte begriffen, daß die Erneuerung von Wirtschaft, Gesellschaft und Staat mit Zwang nicht zu bewerkstelligen, vielmehr auf die freiwillige Mitwirkung der Sowjetbürger angewiesen war. Was er nicht durchschaute, war, daß Demokratie und Machtmonopol *einer* Partei völlig unvereinbar waren. Wenn sein Bekenntnis zur Demokratie ernst gemeint war, mußte die KPdSU sich dem freien Wettbewerb mit anderen Parteien stellen, also eine Partei wie andere werden – eine Schlußfolgerung, von der Gorbatschow Anfang 1987 noch weit entfernt war.

Im Hinblick auf die Menschen- und Bürgerrechte näherte sich Gorbatschow in den ersten Jahren seiner Amtszeit westlichen Vorstellungen sehr viel stärker an als in Sachen Demokratie. Auf seine persönliche Intervention hin bekräftigte die sowjetische Delegation im abschließenden Dokument der Stockholmer Konferenz über vertrauensbildende Maßnahmen und Abrüstung in Europa (KVAE) im September 1986 die Bereitschaft der Sowjetunion, die Menschenrechte und Grundfreiheiten als Voraussetzung für den Weltfrieden und die Sicherheit zu achten. Im November 1987 erklärte Außenminister Schewardnadse auf dem KSZE-Folgetreffen in Wien ausdrücklich, daß sein Land der in der Schlußakte von Helsinki verankerten Achtung der Menschenrechte und Grundfreiheiten, einschließlich der Gedanken-, Gewissens-, Religions- und Überzeugungsfreiheit, höchste Bedeutung beimesse. Gorbatschow selbst kündigte am 7. Dezember 1988 vor der Vollversammlung der Vereinten Nationen in New York die Ausarbeitung neuer Gesetze über die Gewissens-, Meinungs-, Vereinigungs- und Reisefreiheit sowie die Revision des sowjetischen Strafgesetzbuchs an. Die Menschenrechte wurden unter Gorbatschow nicht mehr als ideologische Kampfinstrumente des Westens denunziert, sondern als allgemeinmenschliche Werte mit universaler Geltung anerkannt – als Maßstab, an dem die Sowjetunion sich fortan messen lassen wollte.

Es blieb nicht bei feierlichen Worten. Bis Ende 1987 wurden mehr als die Hälfte der im Westen namentlich bekannten politischen Gefangenen freigelassen, Störungen der russischsprachigen Programme westlicher Sender wie der BBC oder der Voice of America eingestellt und die Ausreise von Juden, Rußlanddeutschen und Armeniern erleichtert. Anfang 1988 meldete die Parteizeitung «Prawda», in der Sowjetunion seien 30000 unabhängige Vereinigungen unterschiedlichster Art aktiv. Darunter waren auch Bürgerrechtsinitiativen, die wenige Jahre zuvor noch der Verfolgung durch KGB und Gerichte ausgesetzt gewesen waren. Ein Jahr später belief sich die Zahl der Vereinigungen, die sich dem Macht- und Meinungsmonopol der KPdSU entzogen, bereits auf 60000. Ende Januar 1989 gründeten liberale Intellektuelle die Gruppe «Memorial», die sich die systematische Dokumentation der Verbrechen der Stalinzeit zum Ziel setzte und damit auf vielfältige Widerstände aus dem Parteiapparat stieß. Parallel dazu entstanden auf der Rechten Gruppierungen, die das «nationalpatriotische» Erbe Rußlands pflegen wollten und dabei an die antiwestlichen und antisemitischen Traditionen aus der Zeit des Zarenreiches anknüpften.

1987/88 erreichte der Umbau der sowjetischen Wirtschaft eine neue Qualität. Seit Ende 1986 waren in der UdSSR «Joint Ventures» von sowjetischen und ausländischen Unternehmen zugelassen. Ein Gesetz, das am 1. Januar 1987 in Kraft trat, hielt zwar grundsätzlich am

Staatsmonopol fest, erlaubte größeren Betrieben aber selbständige Import- und Exportaktivitäten im Verhältnis zu den kapitalistischen Staaten des Westens wie zu Entwicklungsländern. Ein Jahr später trat ein Betriebsrätegesetz in Kraft, das für 20 000 Betriebe galt, deren Wirtschaftsleistung zusammen 60 Prozent der Industrieproduktion ausmachte. Zur wirtschaftlichen Rechnungsführung traten die Selbstfinanzierung und die selbständige Ausarbeitung der Produktionspläne. Geradezu revolutionär wirkte die Bestimmung, daß Arbeitskräfte (bei Fortzahlung der Löhne bis zu drei Monaten) entlassen und Betriebe bei anhaltenden Verlusten geschlossen werden konnten. Die Betriebsräte hatten Mitspracherechte bei der Betriebsorganisation und der Verwendung der finanziellen Fonds. Bei Meinungsverschiedenheiten mit der Betriebsleitung sollte eine Belegschaftsversammlung entscheiden.

Nicht minder sensationell wirkte ein Gesetz vom Mai 1988, das der privatwirtschaftlichen Tätigkeit, sofern sie als «Kooperativ», in genossenschaftlicher Form, betrieben wurde, breiten Spielraum gewährte. Die Einschränkung schloß die Entstehung von Familienbetrieben, ähnlich den bereits bestehenden «Familienbrigaden» in der Landwirtschaft, nicht aus. Im Juli 1989 folgte ein Gesetz über Pacht und Pachtbeziehungen, das die Verpachtung von Grund und Boden, aber auch von Betrieben und staatlichen Einrichtungen für die Dauer von 5 bis 50 Jahren, gegebenenfalls auch länger, ermöglichte. Eine Rückkehr zum Kapitalismus war das nicht, wohl aber ein großer Schritt weg von jener Art von Staatssozialismus, wie sie sich seit sieben Jahrzehnten in der Sowjetunion herausgebildet hatte.

Die positiven Wirkungen, die sich Gorbatschow von den Wirtschaftsreformen versprochen hatte, stellten sich nicht so rasch ein, wie er es erhofft hatte. Das Wirtschaftswachstum blieb hinter den Erwartungen zurück; das Exportvolumen sank, während das Defizit im Staatshaushalt stieg. Ende Oktober 1988 bezifferte Finanzminister Boris Gostew das Defizit im Etat für 1989 mit 36 Milliarden Rubel oder 7,3 Prozent des Haushaltsvolumens – eine Lücke, die er mit der Politik überhöhter Subventionen und riesigen Verlusten, vor allem infolge des Rückgangs des Ölpreises, aber auch der Anti-Alkohol-Kampagne, erklärte. Einige Monate später, Ende Januar 1989, sprach das Akademieinstitut für Wirtschaft bereits von einem Defizit von 100 Milliarden Rubel, was soviel wie 20 Prozent des Staatshaushalts und 11 Prozent des Bruttoinlandsprodukts bedeutete.

Die Planwirtschaft war inzwischen weithin nur noch eine Fassade, aber vor einer am Markt orientierten Preisreform schreckte die politische Führung bislang zurück. «Das Alte funktioniert nicht mehr, das Neue noch nicht»: Die oft zu hörende Formel beschrieb das Dilemma, in dem sich die Reformer befanden, zutreffend. Die «Perestrojka» hatte die Krise der sowjetischen Wirtschaft nicht behoben, sondern eher verschärft, und dank «Glasnost» konnte das, was im Argen lag, nicht länger geleugnet oder verschleiert werden. Es wurde vielmehr in aller Öffentlichkeit diskutiert und kritisiert.

Spätestens im Herbst 1987 verfestigte sich bei Gorbatschow die Überzeugung, daß die Wirtschaftsreformen ohne grundlegende Änderung der politischen Strukturen nicht den gewünschten Erfolg zeitigen konnten. In seiner Rede zum 70. Jahrestag der «Oktoberrevolution» am 2. November 1987 nannte er die Demokratisierung der Gesellschaft «das Herz der Umgestaltung» (perestrojka) und die «Veränderungen, die sich jetzt bei uns vollziehen», den «vielleicht größten Schritt auf dem Weg der Entwicklung der sozialistischen Demokratie seit der Oktoberrevolution».

Ein wütender Protest gegen die «Perestrojka» aus den Reihen der Konservativen in der KPdSU, der am 13. März 1988 auf Empfehlung des ZK-Sekretärs für Ideologie, Jegor Ligatschow, in der Tageszeitung «Sowjetskaja Russija» abgedruckte Leserbrief der Leningrader Chemiedozentin Nina Andrejewa, konnte Gorbatschow und die ihn stützenden Reformer nicht von ihrem Weg abbringen. Im Mai 1988 beschloß das Zentralkomitee zehn Thesen, von denen eine, die sechste, die «völlige Wiederherstellung der Rolle und der Befugnisse der Sowjets der Volksdeputierten» als mit allen Machtmitteln ausgestattete Organe der Volksvertretung zum «Kernpunkt der Demokratisierung der Gesellschaft und des Staates» erhob. Das Wahlsystem sollte daher gründlich reformiert werden, und zwar so, daß für jedes Abgeordnetenmandat mehrere Kandidaten aufgestellt wurden und der geheime Charakter der Wahl garantiert war. In anderen Thesen wurden Maßnahmen zur weiteren Entwicklung der sowjetischen Föderation auf der Grundlage des Selbstbestimmungsrechts der Nationen erörtert. Im Zusammenhang mit den politischen Freiheiten betonten die Thesen besonders den Rang der Meinungs- und Gewissensfreiheit und die Notwendigkeit gesetzlicher Vorkehrungen zum Schutz der persönlichen Rechte der Bürger.

Rund vier Wochen später, Ende Juni 1988, legte Gorbatschow vor
den Delegierten der 19. Parteikonferenz seine Vorstellungen von einer
Reform der Führungsebene dar. An die Stelle des Obersten Sowjets
bisheriger Prägung sollte ein Kongreß der Volksdeputierten treten, der
einmal im Jahr zusammenkam, um die wichtigsten politischen, gesellschaftlichen und wirtschaftlichen Grundsatzentscheidungen zu treffen. Bestehen sollte der Kongreß aus 1500 Delegierten der Wahlkreise
und aus 750 Delegierten gesellschaftlicher Organisationen, darunter
der KPdSU. Aus dem Kongreß ging, wenn Gorbatschows Plan Wirklichkeit wurde, das permanent arbeitende höchste Machtorgan, der
Oberste Sowjet neuer Prägung mit wie bisher zwei Kammern, dem
Unions- und dem Nationalitätensowjet, hervor. Der Vorsitzende des
Obersten Sowjets sollte vom Volksdeputiertenkongreß gewählt (und
gegebenenfalls auch abgewählt) werden, mit außerordentlichen Befugnissen, namentlich auf den Gebieten der Außen- und Verteidigungspolitik, ausgestattet sein und die Aufgaben eines Staatsoberhaupts
übernehmen. Die Parteikonferenz folgte den Vorschlägen des Generalsekretärs, der wenige Monate später, am 1. Oktober 1988, als Nachfolger Gromykos in das Amt des Staatsoberhaupts gewählt wurde, und
in den letzten beiden Monaten des Jahres 1988 beschloß der Oberste
Sowjet die notwendigen Verfassungs- und Gesetzesänderungen. Unmittelbar danach begannen die Vorbereitungen der Wahlen, wobei die
Nominierung der Wahlkreiskandidaten den Anfang machte.

Was die Freisetzung gesellschaftlicher Kräfte für das politische
System und die künftige Position des Generalsekretärs bedeuten
würde, war, als am 25. Mai 1989 der Volksdeputiertenkongreß zu seiner ersten Sitzung zusammentrat, noch nicht absehbar. Gorbatschow
besaß, als er im Frühjahr 1985 den Reformprozeß einleitete, weder ein
ausgefeiltes Konzept der notwendigen Veränderungen noch eine fertige
Strategie für ihre Umsetzung. Sein Ausgangspunkt war die Einsicht,
daß die Sowjetunion in der Spätphase der Ära Breschnew gegenüber
den westlichen Industriegesellschaften immer stärker zurückgefallen
war und daß sie ohne radikale Korrekturen ihrer Volkswirtschaft den
Wettkampf der Systeme auf allen Ebenen verlieren mußte.

Erst nachdem die wirtschaftliche Transformation begonnen hatte,
wurde Gorbatschows Kritik an der sowjetischen Wirklichkeit grund-
sätzlicher und umfassender. Die Erkenntnis, daß «Perestrojka» und
«Glasnost» den Übergang zu einer «sozialistischen Demokratie» ver-

langten, war das Ergebnis eines Lernprozesses. Völlig offen blieb aber das Ausmaß der erstrebten Demokratisierung. Seine Rede zum 70. Jahrestag der «Oktoberrevolution» schloß der Generalsekretär mit der Versicherung: «Wir gehen einer neuen Welt entgegen – der Welt des Kommunismus. Von diesem Weg werden wir niemals abweichen.» Der Gedanke, daß eine Mehrheit der Sowjetbürger sich gegen diesen Weg aussprechen könnte, war ihm Ende 1987 noch nicht gekommen.

Ebensowenig schien Gorbatschow sich darüber im klaren zu sein, was geschehen sollte, wenn nichtrussische Nationen und Nationalitäten, die im Verbund mit der Sowjetunion lebten, das ihnen versprochene Selbstbestimmungsrecht dazu nutzten, sich für eine Zukunft außerhalb der UdSSR zu entscheiden. Daß es an der Peripherie des Vielvölkerreiches starke zentrifugale Kräfte gab, war dem Generalsekretär und seiner Umgebung sehr wohl bewußt. Ende 1986 war es in Kasachstan anläßlich der Ablösung des langjährigen regionalen Parteichefs Dinmuchamed Kunajew durch den gebürtigen Russen Gennadi Kolbin zu schweren Unruhen gekommen. Als sich am 23. August 1987 zum 48. Mal die Unterzeichnung des deutsch-sowjetischen Nichtangriffspaktes von 1939 jährte, fanden in Vilnius (Wilna) und Riga Protestdemonstrationen gegen die sowjetische Annexion Litauens und Lettlands statt, ohne daß die Sicherheitskräfte eingriffen. Anfang 1988 schlugen im autonomen Gebiet von Berg-Karabach, einem überwiegend von Armeniern bewohnten, aber zu Aserbaidschan gehörenden Territorium, Kundgebungen für den Anschluß an Armenien in Gewaltaktionen um, die viele Menschenleben forderten. Es folgten antiarmenische Pogrome in Aserbaidschan, die nicht minder blutig verliefen. Tausende von Menschen begaben sich auf die Flucht – von Aserbaidschan nach Armenien und von Berg-Karabach nach Aserbaidschan. Die Parteiführungen beider Sowjetrepubliken bezogen strikt nationalistische Positionen, ohne daß Moskau versuchte, den Konflikt durch ein Machtwort zu beenden. Im November 1989 kam es auch in einem anderen Teil des Kaukasus zu Nationalitätenkämpfen: Truppen der Sowjetrepublik Georgien wurden eingesetzt, um separatistische Bestrebungen in Südossetien zu unterbinden.

Im Herbst 1988 nahmen auch im Baltikum die nationalen Spannungen wieder zu. Die drei Sowjetrepubliken Lettland, Estland und Litauen erhoben zwischen Oktober 1988 und Februar 1989 die jeweiligen Nationalsprachen in den Rang von Amtssprachen und damit der

Gleichrangigkeit mit dem Russischen. In allen drei Republiken bildeten sich «Volksfronten», die in kaum verdeckter Form für die Unabhängigkeit ihrer Staaten eintraten und dabei in unterschiedlichem Ausmaß von den regionalen Parteiführungen unterstützt wurden. Als der Oberste Sowjet Estlands im November 1988 die Souveränität der Republik innerhalb der Sowjetunion proklamierte, antwortete das Präsidium des Obersten Sowjets der UdSSR mit der Annullierung dieses und anderer, auf mehr Autonomie zielender Beschlüsse. Schärfere Sanktionen aber wurden nicht verhängt. Die Frage, wie die Zentralgewalt auf eine einseitige Unabhängigkeitserklärung oder die faktische Sezession einer Sowjetrepublik reagieren würde, blieb offen.

Dasselbe galt für den Fall, daß einer der ostmittel- oder südosteuropäischen Verbündeten der Sowjetunion sich der Moskauer Vormundschaft unter Berufung auf das Selbstbestimmungsrecht der Völker entziehen und die volle Souveränität für sich beanspruchen sollte. Offiziell galt immer noch, obwohl Gorbatschow immer wieder die innere Eigenständigkeit der Warschauer-Pakt-Staaten betonte, die 1968 verkündete Breschnew-Doktrin von der beschränkten Souveränität der «sozialistischen» Staaten. Tatsächlich wäre ein sowjetischer Rückgriff auf militärische Gewalt im Stil von Stalin, Chruschtschow oder Breschnew ein Bruch mit allem gewesen, worauf sich Gorbatschow im Zuge des von ihm propagierten «Neuen Denkens» zwischen 1985 und 1988 festgelegt hatte – besonders eindrucksvoll in seiner Rede vor der Vollversammlung der Vereinten Nationen am 7. Dezember 1988, in der er die freie Wahl des Regierungssystems in den Rang eines universalen Prinzips erhob und der Androhung oder Anwendung von Gewalt im Verhältnis zwischen den Staaten eine scharfe Absage erteilte.

Das Verhältnis zum Westen hätte im Fall eines sowjetischen Zuwiderhandelns gegen diese Maximen vermutlich irreparablen Schaden genommen – ein Risiko, das der Initiator von «Perestrojka» und «Glasnost» nicht eingehen konnte, wenn er sein Reformwerk nicht selbst zerstören wollte. Denn von der Kooperation des Westens hing ab, ob er einer von ihm schon frühzeitig erkannten Ursache der relativen Rückständigkeit der Sowjetunion zu Leibe rücken konnte: der Überforderung der Volkswirtschaft durch den Rüstungswettlauf zwischen West und Ost, der mit dem SDI-Projekt Ronald Reagans in eine neue, die sowjetischen Ressourcen hoffnungslos überfordernde Phase einzutreten drohte.

Schon in seiner Antrittsrede vom 11. März 1985 hatte Gorbatschow
mit geradezu beschwörenden Worten vor der Gefahr eines Nuklearkrieges gewarnt und eine «Vereinbarung der einander gegenüberstehen-
den Kräfte» gefordert, die sicherstellen sollte, «daß das Wettrüsten,
vor allem das nukleare, auf der Erde unverzüglich eingestellt und im
Kosmos nicht zugelassen wird. Eine Vereinbarung auf ehrlicher und
gleichberechtigter Grundlage, ohne Versuche, die andere Seite ‹auszuspielen› und ihr die eigenen Bedingungen zu diktieren, eine Vereinbarung, die uns allen hilft, dem ersehnten Ziel näher zu kommen – der
vollständigen Vernichtung der Kernwaffen und ihrem Verbot für alle
Zeiten, der völligen Beseitigung der Gefahr eines Kernwaffenkrieges.»
Als Nahziel für die Abrüstungsverhandlungen, die am Tag darauf
in Genf wiederaufgenommen wurden, schlug er ein Einfrieren der
Atomwaffenarsenale und einen Stopp der weiteren Raketenstationierung, also ein Moratorium, vor. Einige Wochen später, im April 1985,
verkündete Gorbatschow ein einseitiges Zugeständnis der Sowjetunion: den vorläufigen Verzicht auf die weitere Stationierung von
SS-20-Raketen.

Die Chancen, daß die USA zu einem ernsthaften Abrüstungsdialog
mit der Sowjetunion bereit sein würden, standen im Frühjahr 1985
nicht schlecht. Schon bei den Beisetzungsfeierlichkeiten für Konstantin
Tschernenko am 12. März hatten Vizepräsident Bush und Außenminister Shultz dem neuen Generalsekretär der KPdSU eine Einladung von
Präsident Reagan zu einem Gipfeltreffen in Washington übermittelt,
die kurz darauf offiziell wiederholt und von Gorbatschow positiv,
wenn auch ohne Festlegung auf den Ort des Treffens, aufgenommen
wurde. Anfang Juni folgte die amtliche Mitteilung, daß Reagan und
Gorbatschow sich im November in Genf zu einem Gipfelgespräch treffen wollten. Vom Ausgang dieser Zusammenkunft hing ab, ob der
neue Mann im Kreml recht behalten würde mit der Behauptung, die er
am 7. April 1985 in einem Interview mit der «Prawda» aufgestellt
hatte: «Konfrontation ist kein angeborener Defekt unserer Beziehungen. Sie ist eher eine Anomalie. Es gibt keinerlei zwingenden Grund,
daß sie bestehen bleibt.»[1]

Die Weltmächte kommen sich näher: Das Ende der Ära Reagan

Ronald Reagan war, als er am 21. Januar 1985 zum zweiten Mal seinen Amtseid als Präsident der Vereinigten Staaten ablegte, immer noch ein entschiedener Gegner des Kommunismus und überzeugt, daß von der Sowjetunion eine große Gefahr ausgeht. «Es gibt diejenigen in der Welt, die unsere Vorstellungen von Menschenwürde und Freiheit verachten», sagte er in seiner Antrittsrede. «Eine Nation – die Sowjetunion – hat den größten militärischen Aufbau in der Geschichte der Menschheit zuwege gebracht, indem sie Arsenale von schrecklichen Offensivwaffen angelegt hat.» Zugleich aber bekannte sich der Präsident zu der Notwendigkeit, in Verhandlungen mit der Sowjetunion mehr Sicherheit zu schaffen und so die Rüstungskosten zu senken. «Wir sprechen nicht einfach nur über Grenzen für die Vergrößerung des atomaren Waffenarsenals. Wir streben statt dessen eine Begrenzung der Zahl dieser Waffen an. Wir arbeiten darauf hin, daß die Atomwaffen eines Tages völlig vom Erdboden verschwinden» (We seek the total elimination one day of nuclear weapons from the face of the earth).

Nur gut zwei Wochen später, am 6. Februar 1985, äußerte sich Reagan in seiner «State of the Union»-Rede vor dem Kongreß ungleich militanter. Er trat jedweder Ausdehnung des sowjetischen Einflusses oder, besser, jeder Entwicklung, die er in diesem Sinne deutete, mit einer Schärfe entgegen, die an die Hochzeit des Kalten Krieges erinnerte und dem konservativen Kolumnisten Charles Krauthammer Anlaß gab, die Ausführungen des Präsidenten wenig später in den Rang einer neuen Lehre, der «Reagan-Doktrin», zu erheben. «Freiheit ist nicht das Vorrecht einiger weniger Auserwählter, sie ist das universale Recht aller Kinder Gottes», sagte der Präsident. «Unsere Mission ist es, Freiheit und Demokratie zu fördern und zu verteidigen und diese Ideale, wo immer wir können, zu verbreiten ... Wir müssen unseren demokratischen Verbündeten beistehen, und wir dürfen nicht das Vertrauen derer enttäuschen, die – auf jedem Erdteil, von Afghanistan bis nach Nicaragua – ihr Leben einsetzen, um einer von den Sowjets unterstützten Aggression zu trotzen und sich Rechte zu sichern, die, seit wir leben, die unseren sind ... Unterstützung für Freiheitskämpfer ist Selbstverteidigung» (Support for freedom fighters is self-defense).

Ganz so weltumspannend, wie es klang, war die Solidarisierung mit den «Freiheitskämpfern» nicht gemeint. Doch es gab Regionen, in denen die praktische Politik der USA sich an der Reagan-Doktrin zu orientieren schien. Zu ihnen gehörte Afghanistan. Im März 1985 unterzeichnete der Präsident eine Direktive des Nationalen Sicherheitsrates, die die Militärhilfe für die Mudjahedin massiv aufstockte. Ein Jahr später, im März 1986, gab Reagan dem Drängen von «Falken», darunter dem stellvertretenden Verteidigungsminister Fred Iklé, nach und willigte in die bislang von ihm abgelehnte Ausrüstung der Mudjahedin mit Luftabwehrraketen vom Typ «Stinger» ein. Mit diesen Raketen wurden fortan unzählige sowjetische Kampfhubschrauber abgeschossen. Die Verluste der sowjetischen Streitkräfte schwollen gewaltig an und zwangen Gorbatschow schließlich zu einer Kehrtwende in Sachen Afghanistan. Im Mai 1986 wurde der bisherige Kabuler Regierungschef Babrak Karmal durch den konzilianteren Mohammed Najibullah ersetzt, der sogleich eine Politik der nationalen Versöhnung verkündete. Zwei Jahre später, am 15. Mai 1988, begann der Rückzug der Roten Armee aus Afghanistan. Verhandlungen zwischen der Sowjetunion, Afghanistan, Pakistan und den USA hatten dazu geführt, daß am 14. April 1988 in Genf ein Abkommen unterzeichnet wurde, das den vollständigen Rückzug der sowjetischen Streitkräfte aus Afghanistan bis zum 15. Februar 1989 vorsah: ein Ergebnis, das für die Sowjetunion ähnlich demütigend war wie die Niederlage im Vietnamkrieg für die Vereinigten Staaten. Das amerikanische Kriegsmaterial aber blieb in dem Land am Hindukusch und versetzte die Mudjahedin in die Lage, ihren Kampf bis zur eigenen Machtübernahme weiterzuführen.

Ein anderer Schauplatz amerikanischer Hilfe für «Freiheitskämpfer» lag in Afrika. In der ehemaligen portugiesischen Kolonie Angola hatte das Movimento Popular de Libertação de Angola (MPLA) unter José Eduardo Dos Santos seine Macht mit sowjetischer und vor allem kubanischer Hilfe immer weiter ausbauen können. Die oppositionelle União Nacional para a Indepedencia Total de Angola (UNITA) unter dem ehemaligen «Maoisten» Jonas Malheiro Savimbi genoß die Unterstützung des Apartheidregimes in Südafrika, das seine eigenen Truppen im März 1984 aber aus Angola zurückzog. Auf Grund eines Beschlusses des Repräsentantenhauses aus dem Jahr 1976, des Clark Amendment, hatte Reagan während seiner ersten Amtszeit die UNITA nur indirekt, vor allem über Südafrika, unterstützen können. Im Juli

1985 hob das Repräsentantenhaus auf Drängen des Präsidenten das Clark Amendment auf und ermöglichte es Reagan so, der UNITA direkte Hilfe zu leisten. Seit Anfang 1986 flossen Geldmittel in Höhe von 15 Millionen Dollar jährlich an Savimbi, der auf diese Weise seine Position im Kampf um die Macht wieder festigen konnte.

Wichtiger aber waren flankierende diplomatische Bemühungen des stellvertretenden Außenministers Chester A. Crocker. Ihm gelang es, auf dem Weg über die Sowjetunion Kuba zu einem allmählichen Rückzug seiner Truppen aus Angola und Südafrika in direkten Verhandlungen zur Einwilligung in die Unabhängigkeit von Namibia zu bewegen. (Namibia, das ehemalige Deutsch-Südwestafrika, war 1920 der Südafrikanischen Union vom Völkerbund als Mandatsgebiet übertragen und von diesem in der Folgezeit faktisch annektiert worden.) Der Abzug der kubanischen Truppen begann im Januar 1989 und endete im Mai 1991. Der angolanische Bürgerkrieg zog sich, mit kurzen Unterbrechungen, noch bis 2002 hin und endete mit einem vollständigen Sieg des MPLA. Namibia erhielt im März 1990 seine Unabhängigkeit und wurde einen Monat später als 160. Mitgliedsland in die Vereinten Nationen aufgenommen.

Anders als in Angola konnte sich Reagan in Nicaragua nicht oder zumindest nicht im gewünschten Umfang von parlamentarischen Fesseln seiner Politik befreien. Im Oktober 1984 hatte es das Repräsentantenhaus durch das zweite Boland Amendment dem Präsidenten nochmals ausdrücklich untersagt, militärische oder paramilitärische Aktivitäten in dem mittelamerikanischen Land direkt oder indirekt zu unterstützen. Einige Mitarbeiter Reagans, obenan seine Sicherheitsberater Robert McFarlane und, seit Dezember 1985, John Poindexter, sowie der Direktor der CIA, William Casey, sannen seitdem auf Abhilfe in Gestalt einer Umwegfinanzierung der «Contras», der antikommunistischen Opposition gegen die Regierung der linken sandinistischen Befreiungsfront unter Daniel Ortega, der im November 1984 bei sehr geringer Wahlbeteiligung mit 63 Prozent der Stimmen zum Präsidenten Nicaraguas gewählt worden war. Dabei kam rasch ein anderes ungelöstes Problem mit ins Spiel: die im Libanon festgehaltenen sieben amerikanischen Geiseln.

Einfluß auf die schiitischen Geiselnehmer hatte Iran, das sich seit 1980 im Krieg mit dem Irak befand. Die USA hatten zunächst, um das verhaßte Regime des Ayatollah Chomeini zu Fall zu bringen und wieder Zugang zum iranischen Erdöl zu bekommen, ihre Bedenken gegenüber der terroristischen Diktatur Saddam Husseins in Bagdad zurückgestellt und diesem seit 1982 großzügige Kredite sowie nachrichtendienstliche Unterstützung gewährt, außerdem Hubschrauber und Lastkraftwagen geliefert. Im Spätsommer 1985 schwenkte Washington um, was auch daran lag, daß der Irak trotz ernster amerikanischer Vorhaltungen im Krieg mit Iran immer wieder Giftgas einsetzte, das er mit der Unterstützung westdeutscher und französischer Unternehmen hergestellt hatte. Zuerst auf dem Weg über Israel, dann seit 1986 direkt, lieferten die Vereinigten Staaten über 2000 Panzerabwehrraketen vom Typ TOW und über 200 Ersatzteile für Flugabwehrraketen vom Typ HAWK nach Iran. Als Gegenleistung sollte Teheran Druck auf die von ihm geförderte Hisbollah («Partei Gottes») im Libanon ausüben, um diese zur Freilassung der amerikanischen Geiseln zu bewegen. Von dem Erlös des Raketengeschäfts floß ein erheblicher Teil den Contras in Nicaragua zu – ein Arrangement, das als «Iran-Contra-Affäre» in die Geschichte einging und seit Ende 1986 die restliche zweite Amtszeit Reagans überschatten sollte. Was die Geiseln in Libanon betraf, so erwies sich der Deal mit Iran bald als höchst ambivalent: Es gab Freilassungen, aber auch neue Geiselnahmen durch die Hisbollah. Skeptiker im Washingtoner Regierungsapparat, unter ihnen Außenminister Shultz und Verteidigungsminister Weinberger, sahen sich in ihrer Einschätzung bestätigt: Vor einer solchen Gefahr hatten sie frühzeitig, wenn auch vergeblich gewarnt.

Im August 1985 modifizierte das Repräsentantenhaus das zweite Boland Amendment dadurch, daß es für das Haushaltsjahr 1986 ein humanitäres «Hilfspaket» für die Contras in Höhe von 27 Millionen Dollar bewilligte, zugleich aber mit der Auflage versah, daß diese Mittel weder ganz noch teilweise für Waffen ausgegeben werden durften. Als im Oktober 1986 ein von der CIA gechartertes, mit Waffen für die Contras beladenes und von einem amerikanischen Söldner gesteuertes Flugzeug von den nicaraguanischen Streitkräften abgeschossen wurde, behauptete die Regierung in Washington, daß sie mit der Angelegenheit nichts zu tun habe. Am 5. November, einen Tag nach den Zwischenwahlen, bei denen die oppositionellen Demokraten nicht nur ihre Mehrheit im Repräsentantenhaus verteidigen, sondern auch die Mehrheit im Senat gewinnen konnten, erfuhr die amerikanische Öffentlichkeit durch libanesische Zeitungen erstmals vom Waffengeschäft mit Iran und von dessen Zusammenhang mit den Geiseln im Libanon.

Reagan kam nun um eine persönliche Stellungnahme nicht mehr herum. Am 13. November bestritt er in einer Fernsehansprache, daß es ein Geschäft Waffen gegen Geiseln gegeben habe. Als diese Behauptung sich nicht halten ließ, verlegte sich der Präsident in einer Pressekonferenz vom 25. November auf die Version, daß er nicht in vollem Umfang informiert und seine Anweisungen fehlerhaft umgesetzt worden seien. Reagans Ausflüchte wirkten so unglaubhaft, daß seine Umfragewerte drastisch fielen: Von den 67 Prozent Zustimmung, die er nach der Bombardierung von Zielen in Tripoli und Bengasi am 14./15. April 1986, seiner Antwort auf einen Bombenanschlag libyscher Agenten auf einen Treffpunkt amerikanischer Soldaten in West-Berlin, die Diskothek «La Belle», verbucht hatte, sank er auf 46 Prozent im Dezember ab.

Am 26. Februar 1987 legte die vom Präsidenten Ende November eingesetzte, von dem früheren republikanischen Senator John Tower geleitete Untersuchungskommission ihren Bericht zur «Iran-Contra-Affäre» vor. Sie sprach von widerspruchsvollen, fehlerhaften und teilweise gesetzwidrigen Entscheidungsprozessen. Sie ließ offen, ob die Waffenlieferungen an Iran im voraus von Reagan gebilligt worden waren. Sie kritisierte, daß der Präsident dem Nationalen Sicherheitsrat weitgehend freie Hand gelassen habe. Sein persönlicher Führungsstil erhöhe die Verantwortung seiner Berater, der McFarlane, Poindexter, Casey und andere nicht gerecht geworden seien. Für das «Chaos» im Weißen Haus aber sei letztlich der Präsident selbst verantwortlich: ein harsches Urteil, das freilich dadurch gemildert wurde, daß der Bericht auf der anderen Seite feststellte, daß Reagan vor Ende November keine Kenntnis von der Umwegfinanzierung der Contras gehabt habe.

Einer der von der Kommission besonders belasteten Berater, John Poindexter, war bereits Ende November 1986 von seinem Amt als Sicherheitsberater zurückgetreten. Nach der Veröffentlichung des Berichts der Tower-Kommission mußte auch der Stabschef des Weißen Hauses, Donald Regan, der Anfang 1985 sein früheres Amt als Finanzminister mit seinem Vorgänger als Stabschef, James Baker, getauscht hatte, seine Funktion aufgeben: Er wurde durch den bisherigen Senator Howard Baker abgelöst. Der Präsident selbst wandte sich am 4. März 1987 in einer Fernsehansprache an die Amerikaner. Er räumte Fehler ein und versprach Besserung. Das Eingeständnis, daß er im November 1986 die Unwahrheit über das Waffen-Geisel-Geschäft gesagt hatte, formulierte er wie folgt: «Vor wenigen Monaten habe ich dem amerikanischen Volk versichert, daß ich nicht Waffen gegen Geiseln getauscht habe. Mein Herz und meine besten Absichten sagen mir, daß das wahr ist, aber die Tatsachen und der Augenschein sagen mir, daß es nicht so ist.» Als Hauptmotiv seines Handelns nannte er die Sorge für die Geiseln im Libanon. Die Rede verfehlte ihre Wirkung nicht: Mehr als neun Zehntel der Amerikaner, die unmittelbar nach der Ansprache im Weißen Haus anriefen, äußerten sich positiv.

Im Mai 1987 begann ein neues Kapitel der «Iran-Contra-Affäre»: die öffentlich, vom Fernsehen übertragenen Anhörungen durch die vereinigten Geheimdienstausschüsse von Senat und Repräsentantenhaus. Zum Helden der amerikanischen Rechten avancierte bald der Marineoffizier Oliver («Ollie») North, der als Mitglied des Sicherheitsrates einer der Hauptakteure sowohl der illegalen Unterstützung der Contras in Nicaragua als auch des Unternehmens Waffen gegen Geiseln gewesen war und vor den Parlamentariern in ordengeschmückter Uniform auftrat. Seine Verteidigung des eigenen Tuns lief darauf hinaus, daß der patriotische Zweck nahezu jedes Mittel rechtfertigte. John Poindexter behauptete bei den Anhörungen, er habe Reagan bewußt von Informationen über die Finanzierung der Contras abgeschirmt. Am Ende der Verhandlungen im November 1987 standen zwei Berichte: ein von den Demokraten unterstützter Mehrheitsbericht, der Reagan für alle wichtigen Entscheidungen verantwortlich machte, und ein Minderheitsbericht der Republikaner, der die Waffenlieferungen an Iran als Teil einer neuen Strategie gegenüber Teheran verteidigte. Die Umleitung von amerikanischen Geldern an die Contras nannte die Minderheit zwar unklug, machte dafür aber die Demokraten verantwortlich: Reagan hätte das von ihnen durchgesetzte zweite Boland Amendment von 1984 nicht unterzeichnen dürfen, sondern mit einem Veto belegen sollen.

Manche Aspekte der Iran-Contra-Affäre, darunter die gezielte Aktenvernichtung durch Poindexter und North, erinnerte viele Beobachter an den Watergate-Skandal, der Nixon zu Fall gebracht hatte. Doch «Irangate» hatte keine vergleichbaren Folgen. Die Demokraten hatten zu keiner Zeit die Absicht, ein Impeachment-Verfahren gegen Reagan anzustrengen, und das schon deswegen nicht, weil im Fall einer Amtsenthebung Vizepräsident Bush in das höchste Staatsamt ge-

langt wäre und damit seine Chancen verbessert hätte, die Präsidentenwahl von 1988 zu gewinnen. Einige der Beteiligten wurden 1988 vor
Gericht gestellt und zu Freiheitsstrafen verurteilt. Poindexter und
North erreichten 1990 die Aufhebung der Urteile im Berufungsverfah-
ren, weil sich das Gericht in erster Instanz auf Aussagen gestützt hatte,
für die beiden von den Ausschüssen des Kongresses strafrechtliche Immunität zugesichert worden war. Andere Verurteilte wurden durch
Präsident George H. W. Bush begnadigt. Eine «reinigende» Wirkung
hatte die «Iran-Contra-Affäre», anders als der Watergate-Skandal,
nicht, und das hatte vor allem *einen* Grund: Ronald Reagan eignete
sich für die Rolle des Schurken in einem nationalen Drama sehr viel
weniger als Richard Nixon. Dem Präsidenten der Jahre 1980 bis 1988
böse Absichten zu unterstellen erschien den meisten Amerikanern
schlicht abwegig.

Im Hinblick auf die Hilfe für die Contras in Nicaragua aber hatte
Reagan zu keiner Zeit eine breite öffentliche Unterstützung genossen.
Die Contras waren sowenig «Freiheitskämpfer» wie die Mudjahedin in
Afghanistan und Savimbis UNITA in Angola. Die militärische Führung der antisandinistischen Opposition von rechts bestand größten-
teils aus ehemaligen Angehörigen der Nationalgarde des gestürzten
Diktators Somoza; auf ihr Konto gingen zahllose Verbrechen gegen die
Menschlichkeit. Während Reagan und seine Berater vorgaben, durch
die Hilfe für die Contras einen Beitrag zur Herstellung einer Demokratie in Nicaragua zu leisten, wehrten sie in dem von der Rechten regierten und von den USA unterstützten Nachbarland El Salvador den Ruf
nach Demokratie mit dem Argument ab, Vorrang müsse der Kampf
gegen die kommunistische Guerilla haben: ein Widerspruch, den die
Washingtoner Freunde der Contras nicht aufzulösen vermochten.

Daß die regierenden Sandinisten in Nicaragua sich in der zweiten
Hälfte der achtziger Jahre gegenüber den nichtbewaffneten Oppositionsgruppen kompromißbereit zu zeigen begannen, war in erster Linie
auf die verheerenden wirtschaftlichen Folgen des Bürgerkrieges zurückzuführen. Ein großes Verdienst an der Beendigung der Kampfhandlungen hatte der Präsident von Costa Rica, Oscar Arías Sanchez,
der 1987 einen regionalen Friedensprozeß zur Beendigung der Bürgerkriege in Nicaragua und El Salvador einleitete und dafür noch im gleichen Jahr zum Ärger Washingtons mit dem Friedensnobelpreis ausgezeichnet wurde. Die demokratische Mehrheit im amerikanischen

Repräsentantenhaus unterstützte die Friedensaktivitäten Arías' dadurch, daß sie Anfang 1988 dem Präsidenten jedwede Unterstützung der Contras untersagte. Die Behauptung der «Hardliner», es gelte eine Ausweitung des sowjetischen Einflusses auf Mittelamerika abzuwehren, verlor in dem Maß an Plausibilität, wie sich die Sowjetunion selbst unter Gorbatschow fundamental wandelte. Evolutionäre Veränderungen in Moskau zu begrüßen und in Managua von vornherein auszuschließen erschien Ende der achtziger Jahre zunehmend widersinnig. Im Februar 1990 gewann Violetta Barrios de Chamorro, die Witwe des 1978 unter Somoza ermordeten Oppositionspolitikers Pedro Jaoquín Chamorro, als Kandidatin eines Bündnisses kleinerer Oppositionsparteien die Präsidentenwahl in Nicaragua. Die Sandinisten akzeptierten ihre Niederlage; die Contras ließen sich entwaffnen und erklärten im Juni 1990 den Bürgerkrieg für beendet.

Als Ronald Reagan und Michail Gorbatschow am 19. November 1985 in Genf zu ihren im Juni vereinbarten Gesprächen zusammenkamen, war dies der erste amerikanische-sowjetische Gipfel seit der Begegnung zwischen Jimmy Carter und Leonid Breschnew in Wien im Juni 1979. Die Genfer Verhandlungen verliefen in angenehmen Formen; Reagan und Gorbatschow kamen sich persönlich näher, verständigten sich auch auf ein gemeinsames Abschlußkommuniqué, in dem Atomkriege als unzulässig und ungewinnbar bezeichnet wurden und die Vereinigten Staaten und die Sowjetunion sich wechselseitig versicherten, daß sie keine militärische Überlegenheit über die jeweils andere Seite anstrebten. Doch in Sachen Raketenabwehr im Weltraum gingen die Meinungen weit auseinander: Gorbatschow sah im amerikanischen SDI-Projekt den Beginn einer neuen, hochgefährlichen Phase des Wettrüstens, während Reagan sich von seinem Vorhaben nichts Geringeres versprach als die Sicherung des Weltfriedens.

In den folgenden Monaten gewann Gorbatschow den Eindruck, daß in den USA die «Falken» die Oberhand gewonnen hatten: Washington gab mehr Geld für die Rüstung aus als je zuvor; die Sowjetunion erhielt keinerlei Signale, die auf ein amerikanisches Einlenken in der Frage der Weltraumrüstung hindeuteten; die Atomkatastrophe von Tschernobyl im April 1986 löste eine Welle von scharf antisowjetischen Reaktionen im Westen aus. Am 25. Juli 1986 schlug Reagan Gorbatschow in einem Brief vor, alle ballistischen Raketen zu vernich-

ten und das im Mai 1972 abgeschlossene Abkommen zur Begrenzung
von Raketenabwehrsystemen noch siebeneinhalb Jahre lang einzuhalten und dann beiden Seiten eine Kündigungsfrist von sechs Monaten
einzuräumen – ein Ansinnen, das der Kremlchef im September ablehnte, weil er hinter dem Vorstoß zu Recht die Annahme vermutete,
daß SDI vor Ablauf von siebeneinhalb Jahren ohnehin nicht einsatz-
fähig sein würde. Auf die erneute Einladung Reagans zu einem Gipfel
in Washington antwortete Gorbatschow mit dem Vorschlag, zuvor in
London oder Reykjavík zusammenzukommen, um den Genfer Abrüstungsverhandlungen einen neuen Impuls zu geben und ein Gipfeltreffen in der amerikanischen Hauptstadt angemessen vorzubereiten.
Reagan entschied sich für die isländische Hauptstadt. Als Zeitpunkt
der ersten Gesprächsrunde verständigten sich beide Seiten auf den
11. Oktober 1986.

In Reykjavík unterbreitete Gorbatschow ein Angebot, dessen Kon-
kretion Reagan völlig überraschte: Der Generalsekretär der KPdSU
schlug vor, die strategischen Offensivwaffen – das heißt boden- und
U-Boot-gestützte Raketen sowie Raketen der Luftstreitkräfte – um
50 Prozent zu reduzieren und die Mittelstreckenraketen in Europa zu
vernichten sowie in Verhandlungen über die übrigen Mittelstreckenraketen und die Raketen mit einer Reichweite unterhalb von 1000
Kilometern einzutreten. Damit ging Gorbatschow auf die amerikanische Forderung nach einer Nullösung für die Mittelstreckenraketen
in Europa ein, so daß Reagans Zustimmung nur logisch gewesen wäre.
Doch eine andere Forderung, die Gorbatschow mit seinem weitreichenden Zugeständnis zu einem Junktim verband, erschien Reagan
unannehmbar, obwohl der Kremlchef damit seine ursprüngliche Position, ein kategorisches Nein zu Weltraumwaffen, beträchtlich abmil-
derte: der Vorschlag der vorläufigen Beschränkung des SDI-Projekts
auf Laborversuche. Infolgedessen wurde «Reykjavík» zu einem Fehlschlag – ein Eindruck, den Gorbatschow zu relativieren versuchte, als
er am 12. Oktober in einer abschließenden Pressekonferenz das Treffen
keine Niederlage, sondern einen Durchbruch nannte.

Viereinhalb Monate später, am 28. Februar 1987, kam aus Moskau
ein überraschendes Signal: Gorbatschow schlug über die Nachrichtenagentur TASS vor, die Mittelstreckenraketen, soweit sie in Europa
stationiert waren, zu vernichten und von den übrigen nur jeweils 100
im asiatischen Teil der Sowjetunion und in den Vereinigten Staaten zu

belassen. Damit nahm er den INF-Komplex aus dem größeren Zusammenhang der strategischen Offensivwaffen heraus und löste insoweit das Reykjavíker Junktim auf. Reagan reagierte positiv und instruierte seine Genfer Unterhändler, der sowjetischen Seite am 4. März einen entsprechenden Vertragsentwurf vorzulegen. Über die verbleibenden Probleme, die außereuropäischen Mittelstreckenraketen, verhandelte der amerikanische Außenminister Shultz vom 12. bis 15. April 1987 in Moskau mit seinem sowjetischen Kollegen Schewardnadse und mit Gorbatschow.

Eine Frucht der intensiven Gespräche war das Angebot einer «doppelten globalen Nullösung» für Mittelstreckenraketen längerer und kürzerer Reichweite, das die Sowjetunion am 27. April in Genf unterbreitete. Am 12. Juni erhoben die Außenminister der NATO auf ihrer Konferenz in Reykjavík, gestützt auf eine entsprechende Empfehlung der Nuklearen Planungsgruppe vom Mai, die Forderung nach einer weltweiten Nullösung für atomare Mittelstreckenraketen mit einer Reichweite unterhalb von 500 Kilometern zu ihrem Programm. Im Juli kündigte Gorbatschow an, die Sowjetunion würde ihre Mittelstreckenraketen vernichten, wenn die USA dasselbe täten. Am 26. August erklärte Bundeskanzler Kohl, die Bundesrepublik Deutschland sei bereit, auf die auf ihrem Territorium aufgestellten Mittelstreckenraketen kürzerer Reichweite vom Typ Pershing IA zu verzichten, wenn die Sowjetunion ihrerseits die in der DDR und der ČSSR stationierten Raketen eines vergleichbaren Typs abziehen sollte. (Die Pershing-IA-Raketen waren Raketen, deren Trägersysteme der Bundesrepublik gehörten, deren atomare Sprengköpfe aber im Besitz und in der Verfügungsgewalt der USA waren.) Es folgten weitere Gespräche zwischen Shultz und Schewardnadse in Washington am 18. September und am 30. Oktober. Das Ergebnis war die Vereinbarung, daß Gorbatschow demnächst nach Washington kommen und dort zusammen mit Reagan den INF-Vertrag unterzeichnen würde. Auf dem Gebiet der Kurzstreckenraketen, auf dem die Sowjetunion dem Westen weit überlegen war, zeichnete sich einstweilen noch keine Annäherung ab.

Reagan hatte in der Zwischenzeit eigene Akzente gesetzt. Während der Kongreß seine Anhörungen zur Iran-Contra-Affäre durchführte, unternahm der Präsident eine zehntägige Europareise, die ihn unter anderem zum Weltwirtschaftsgipfel nach Venedig und nach West-Berlin führte, wo er am 12. Juni vor der Mauer am Brandenburger Tor eine

der berühmtesten Reden seiner Amtszeit hielt. Vor einem ausgewählten Publikum richtete er einen öffentlichen Appell an den Mann, der
die Geschicke der anderen großen Weltmacht leitete: «Generalsekretär
Gorbatschow, wenn Sie den Frieden wünschen, wenn Sie Wohlstand
für die Sowjetunion und Osteuropa und eine Liberalisierung erstre-
ben, kommen Sie an dieses Tor! Herr Gorbatschow, öffnen Sie dieses
Tor, reißen Sie diese Mauer ein!» (Mr. Gorbachev, open this gate! Mr.
Gorbachev, tear down this wall!)

Das Washingtoner Gipfeltreffen fand vom 7. bis 10. Dezember
1987 statt. Wo immer der Generalsekretär der KPdSU auftrat, wurde
er mit Beifall bedacht. Der Höhepunkt war die Unterzeichnung des
INF-Vertrags am 8. Dezember, durch den sich die USA und die Sowjetunion zur Vernichtung ihrer Mittelstreckenraketen innerhalb von drei
Jahren verpflichteten. Das Abkommen war eine eindrucksvolle Bestätigung der Haltung jener Politiker, die wie Bundeskanzler Helmut
Schmidt den Doppelbeschluß der NATO initiiert und gegen massive
Widerstände verteidigt oder wie sein Nachfolger Helmut Kohl die
Konsequenz dieser Entwicklung, die westliche Nachrüstung, trotz
anhaltender Massenproteste durchgesetzt hatten.

In anderen Bereichen war der Washingtoner Gipfel kein Erfolg: Mit
seiner Forderung nach einem Vertrag über die Begrenzung der sonstigen strategischen Waffen drang Gorbatschow ebensowenig durch
wie mit seinem Vorschlag, keine Waffen mehr nach Lateinamerika zu
liefern. Auch in Sachen SDI ließ sich Reagan keine Zugeständnisse ab-
handeln; so gesehen hatte Gorbatschow vor der Hartnäckigkeit des
Präsidenten kapituliert. Die amerikanische Öffentlichkeit nahm den
INF-Vertrag überwiegend positiv auf. Die entschiedenen Neokonservativen unter Führung von William F. Buckley und der von ihm her-
ausgegebenen «National Review» aber sahen in der Nullösung ein
Sicherheitsrisiko für die USA und begannen mit einer Kampagne für
die Ablehnung des INF-Vertrags durch den Senat. Sie hatten damit
keinen Erfolg: Am 27. Mai 1988 nahm das Oberhaus des Kongresses
das Abkommen mit 93 gegen 5 Stimmen an.

Zwei Tage später brach Reagan zu seinem vierten Gipfeltreffen mit
Gorbatschow in Moskau auf. Bei einer Zwischenstation in Helsinki
lobte er die KSZE-Schlußakte von 1975, die er damals kritisiert hatte.
In der Hauptstadt des Landes, das er noch im März 1983 als «Reich
des Bösen» bezeichnet hatte, unterzeichnete Reagan zwei Abkommen,

die eine Vorausinformation der anderen Seite bei Versuchen mit ballistischen Raketen und bestimmte Kriterien für die Verifizierung solcher Versuche vorsahen.

Der Höhepunkt der Reise war eine Rede Reagans vor Studenten der Moskauer Lomonossow-Universität am 31. Mai, in der er die freiheitlichen Errungenschaften der Vereinigten Staaten pries, seine Hochachtung vor Gorbatschows Politik der Erweiterung der Freiheitsrechte in der Sowjetunion bekundete und erneut die Beseitigung der Berliner Mauer forderte. Vom Kommunismus sprach der Antikommunist Reagan bei dieser Gelegenheit nicht. Durch «Glasnost» und «Perestrojka» hatte der Generalsekretär der KPdSU die Wirklichkeit der Sowjetunion in einem solchen Ausmaß verändert, daß sie dem amerikanischen Präsidenten sehr viel weniger Angriffsflächen bot als in den ersten Jahren seiner Amtszeit. Reagan war seinerseits in der Zwischenzeit so sehr zum Realisten gereift, daß er dem tiefgreifenden Wandel der anderen Weltmacht nicht nur rhetorisch, sondern auch in seiner praktischen Politik Rechnung zu tragen bereit war.

In das erste Jahr von Reagans zweiter Amtszeit, das Jahr 1985, fiel eine wichtige Zäsur im Verhältnis der USA zu ihren Verbündeten. In den Jahren zuvor hatten sich Japan und die wichtigsten Industrieländer des Westens, darunter vor allem die Bundesrepublik Deutschland, immer wieder gegen einen spezifischen Aspekt der «Reaganomics» gewandt: Im Zuge der Hochrüstung auf Pump, von der bereits ausführlich die Rede war, hatten sich die Vereinigten Staaten von einem Kapitalexport- in ein Kapitalimportland verwandelt. Ihre Hochzinspolitik führte dazu, daß der Dollar zwischen 1979 und 1985 um 80 Prozent aufgewertet wurde. Die wichtigsten Handelspartner der USA wurden dadurch ihrerseits zu beträchtlichen Zinssteigerungen gezwungen, die zu Lasten der Beschäftigung gingen. Auf der anderen Seite trieben die wachsenden Exporte in die USA die Inflation in die Höhe.

Im Frühjahr 1985 begannen die Vereinigten Staaten mit einer höheren Besteuerung von Investmenterträgen und der Senkung der Leitzinsen der «Fed» von 7,5 auf 7 Prozent «gegenzusteuern». Am 22. September verständigte sich Finanzminister James Baker im New Yorker Plaza Hotel mit seinen Kollegen aus Japan, der Bundesrepublik Deutschland, Großbritannien und Frankreich auf ein währungspolitisches Arrangement, den schon erwähnten «Plaza Accord», der den

USA eine Exportoffensive und ihren wichtigsten Partnern eine wirksame Bekämpfung der Inflation gestatten sollte. Bis zum Mai 1986 fiel der Dollarkurs gegenüber dem japanischen Yen um 30 Prozent, gegenüber der Deutschen Mark um 22 und gegenüber den Währungen der anderen führenden westlichen Industrieländer um durchschnittlich 15 Prozent. Gegenüber den westeuropäischen Ländern ging das Handelsdefizit in der Folgezeit deutlich zurück, nicht jedoch gegenüber Japan. Japanische Unternehmen reagierten auf die Dollarabwertung mit Preissenkungen, die zusammen mit einer Rezession zu einem Rückgang der japanischen Importe führten. Die Folge war, daß das Defizit der Außenhandelsbilanz der USA sogar anwuchs – von knapp 125 Milliarden Dollar im Jahr 1985 auf über 150 Milliarden 1987.

Infolge des Rückgangs der Rohölpreise in der zweiten Hälfte der achtziger Jahre verminderten sich die Haushaltsdefizite der USA deutlich, und mit ihnen auch die Inflationserwartungen. Im Board der Notenbank, wo die «supply-siders» sich gegenüber den «Monetaristen» seit 1985 durchzusetzen begannen, wuchs daher die Neigung, zu einer weniger strikten Geldpolitik überzugehen – eine Tendenz, die nicht nachließ, als im August 1987 der als eher konservativ geltende Alan Greenspan die Nachfolge des konservativen Pragmatikers Paul Volcker antrat. Im Februar 1987 kamen Vertreter der USA, Japans, Großbritanniens, Frankreichs, der Bundesrepublik Deutschland und Kanadas, in Paris zusammen, um eine Bilanz der bisherigen Dollarabwertung und ihrer Folgen zu ziehen. Das Ergebnis war das Louvre-Abkommen vom 22. Februar, das den Zweck hatte, durch eine Stabilisierung der Wechselkurse den weiteren Verfall der amerikanischen Währung zu stoppen und den USA zu helfen, die Defizite in Haushalt und Handelsbilanz abzubauen. Um der Spekulation vorzubeugen, wurden die vereinbarten Zielzonen der Wechselkurse nicht publik gemacht.

Tatsächlich gelang es zunächst, den Dollarkurs zu stabilisieren. Das Handelsdefizit der Vereinigten Staaten ging aber nur geringfügig zurück. Den Unwillen von Finanzminister Baker erregte es, daß Ende September 1987 die kurzfristigen Zinsen in der Bundesrepublik Deutschland anzusteigen begannen. Am 16./17. Oktober sahen sich die USA genötigt, den Dollar gegenüber der Deutschen Mark von 1,80 auf 1,77 DM abzuwerten. Tags darauf deutete Baker an, daß er den Dollarkurs nicht weiter stützen werde, wenn die Bundesrepublik im Zinsstreit nicht nachgeben sollte. Am 19. Oktober, der als «Schwarzer

Montag» in die Geschichte einging, erlebte die Welt den größten Börsenkrach seit dem Ende des Zweiten Weltkriegs. Der New Yorker
Aktienindex Dow Jones, der sich zwischen 1985 und August 1987 fast
verdoppelt hatte, fiel an diesem Tag um 508 Punkte oder um 22,6 Prozent. Durch die Computerisierung des Börsenhandels zeitigte der
Crash sogleich globale Auswirkungen, wobei die Kursrückgänge mancherorts, so in Australien mit fast 42 und in Hongkong mit knapp
46 Prozent, noch viel höher ausfielen als an der Wall Street.

Daß es tiefere Gründe für den New Yorker Börsenkrach gab als die
kurz zuvor erfolgte Anhebung der Leitzinsen für kurzfristige Kredite
durch die «Fed» (von 8,75 auf 9,25 Prozent), lag auf der Hand. Das
Unvermögen der USA, ihr Handelsdefizit zu beseitigen, hing ursäch-
lich mit der gigantischen Staatsverschuldung zusammen, die ihrerseits
eine Folge der von Reagan gewollten Hochrüstung war. Zu keiner Zeit
hatte Reagan eine vorausschauende Industriepolitik betrieben, um die
internationale Wettbewerbsfähigkeit seines Landes wiederherzustellen.
Vielmehr war in- und ausländisches Kapital vorrangig in den Rüstungs-
sektor geflossen. Es war ein ungewolltes Eingeständnis wirtschaftlicher Schwäche, als der Kongreß im Sommer 1988 ein Handelsgesetz
verabschiedete, das Maßnahmen gegen «unsaubere Handelspraktiken»
anderer Länder ermöglichen sollte, in Wirklichkeit aber vom Geist des
Protektionismus geprägt war.

Auf den Crash antwortete die «Fed» damit, daß sie Liquidität in
den Markt pumpte. Sie bewirkte damit, daß die Stimmung der in- und
ausländischen Anleger sich rasch beruhigte. Als Kapitalanlageplatz
blieben die Vereinigten Staaten hochattraktiv. Anfang 1989, 15 Monate nach dem Börsenkrach, erreichte der Dow-Jones-Index wieder
den Stand, den er vor dem 19. Oktober 1987 gehabt hatte.

In den Präsidentschaftswahlkampf von 1988 zogen die Republikaner
mit dem bisherigen Vizepräsidenten George H. W. Bush als Kandidaten. Die Demokraten stellten den Gouverneur von Massachusetts,
Michael Dukakis, auf. Nicht zuletzt der nachdrücklichen Unterstützung des Amtsinhabers verdankte es Bush, daß er am 8. November mit
einer Stimmenmehrheit von 53,37 Prozent als überlegener Sieger das
Rennen für sich entschied. Auf Dukakis entfielen 45,65 Prozent; bei
den Wahlmännern und Wahlfrauen lautete das Verhältnis der beiden
Bewerber 426 zu 112. Ronald Reagan, der nach zwei Amtszeiten nicht

wieder hatte antreten können, durfte das Ergebnis auch als eine Art Plebiszit über sein Wirken als Präsident verstehen: Die Mehrheit der Amerikaner sah nach acht Jahren Reagan offenbar gute Gründe, für den Kandidaten zu stimmen, von dem am ehesten ein «Weiter so» zu erwarten war.

Zu den herausragenden Fähigkeiten Ronald Reagans gehörte eine Gabe, die ihm das Etikett eines «Teflonpräsidenten» eintrug: Er verstand es, Skandale, in die einige seiner engsten Mitarbeiter wie der stellvertretende Stabschef des Weißen Hauses, Michael K. Deaver, und Justizminister Edwin Meese verwickelt waren, an sich abprallen zu lassen. Er schaffte es sogar, aus der mit Abstand gefährlichsten innenpolitischen Krise seiner Amtszeit, der «Iran-Contra-Affäre», als ein Staatsmann hervorzugehen, der zwar erhebliche Führungsschwächen gezeigt hatte, dessen persönliche Integrität für die Mehrheit der Amerikaner aber weiterhin außer Zweifel stand. Reagan galt weiterhin als der Präsident, der nach Jahren der moralischen Krise unter Johnson, Nixon und Carter das internationale Ansehen der Vereinigten Staaten wiederhergestellt und Amerika sein Selbstbewußtsein als stärkste Macht der Welt zurückgegeben hatte.

Was seine Kritiker immer wieder entwaffnete, war Reagans politische Beweglichkeit. Seine Rhetorik war ungleich konservativer als seine Politik und in erster Linie darauf abgestellt, nicht die Unterstützung jener Teile der amerikanischen Gesellschaft zu verspielen, die deutlich «rechtere» Positionen bezog als er selbst. Der Politikwissenschaftler John W. Sloan hat das widerspruchsvolle Verhältnis zwischen Reagan und der buntscheckigen amerikanischen Rechten in den Worten zusammengefaßt: «Der Reaganismus war nicht intellektuell genug für traditionelle Konservative, nicht wütend genug für die Neue Rechte, nicht einseitig genug für die angebotsorientierten Ökonomen, nicht unerbittlich genug für die Neokonservativen und für die religiöse Rechte schlicht zu vergnügt.» In der Summe erschien sein Konservativismus so moderat, daß auch viele Nichtkonservative ihn sympathisch fanden.

Reagans größte außenpolitische Leistung bestand darin, daß er die Chance zu nutzen verstand, die ihm die radikale Neuorientierung der Sowjetunion unter Gorbatschow bot. Manches spricht dafür, daß nur ein Mann der Rechten wie Reagan innenpolitisch stark genug war, im Zusammenwirken mit der Vormacht des Kommunismus jenes Maß an

internationaler Abrüstung zu vereinbaren, das durch die Unterzeichnung des INF-Vertrags ermöglicht wurde. Die Wandlungen der Sowjetunion erleichterten es ihm, sein Denken in Freund-Feind-Kategorien
abzumildern und ein kooperatives Verhältnis zur anderen Weltmacht
aufzubauen. Zu Gorbatschow entwickelte der Antikommunist Reagan
im Verlauf ihrer Begegnungen sogar eine persönliche Beziehung, die
einer Freundschaft nahekam.

Daß der Ost-West-Konflikt Mitte der achtziger Jahre aufhörte, die
bestimmende Achse der Weltpolitik zu sein, hatte Auswirkungen auch
auf einen anderen Bereich der amerikanischen Außenpolitik: das Verhältnis der USA zu rechten Diktaturen, die sich Washington bisher
durch ihren entschiedenen Antikommunismus empfohlen hatten. 1986
konnte Außenminister Shultz den Präsidenten nach zähem Ringen davon überzeugen, daß es im Interesse der Vereinigten Staaten lag, dem
korrupten und brutalen Regime des Präsidenten Ferdinand Marcos
auf den Philippinen die Unterstützung zu entziehen und auf die Volksbewegung um Corazon Aquino, die Witwe des 1983 ermordeten Oppositionspolitikers Benigno Aquino und Siegerin der Präsidentenwahl
vom Februar 1986, zu setzen. Sehr viel weniger Einsicht zeigte Reagan
im Hinblick auf die Beziehungen der USA zum Apartheidregime in
Südafrika: Als der Kongreß 1986 wirtschaftliche Sanktionen gegen
Pretoria beschloß, legte der Präsident sein Veto ein. Sein Widerstand
war vergeblich: Senat und Repräsentantenhaus setzten den Einspruch
mit überwältigenden Mehrheiten außer Kraft.

Die innere Politik Ronald Reagans hatte 1981 mit dem Versprechen
einer grundlegenden Erneuerung der Vereinigten Staaten begonnen.
Den Schwerpunkt bildete dabei die Wirtschafts- und Finanzpolitik.
Ob das, was seine Regierung auf diesem Gebiet bewirkte, den Namen
einer «Reagan Revolution» verdient, erscheint zweifelhaft. Was die
von Reagan propagierte Deregulierung betraf, so ging sie qualitativ
nicht über das hinaus, was unter Carter begonnen hatte; die 1982 eingeleitete Reform der Spar- und Kreditkassen erwies sich als blamabler
Fehlschlag. Reagan entlastete die Steuerzahler, er kürzte Sozialleistungen, ließ aber aus guten Gründen soziale Errungenschaften wie Social
Security (Sozialversicherung für Rentner), Medicare (Krankenversicherung) und Medicaid (Gesundheitsfürsorge für Bedürftige) unangetastet.

Über Erfolg und Mißerfolg der «Reaganomics» wird bis heute ge-
stritten. Ein kohärentes System bildete die mit diesem Begriff belegte

Wirtschafts- und Finanzpolitik zu keiner Zeit. Die «supply-siders» folgten einer anderen Philosophie als die «Monetaristen»: Während diese der Geldwertstabilität oberste Priorität einräumten, produzierten jene durch Steuersenkungen Defizite, die über «keynesianische» Ausmaße weit hinausgingen. Unter Carter hatte das Haushaltsdefizit im Jahresdurchschnitt bei 56,6 Milliarden Dollar gelegen; in den Jahren 1981 bis 1986 belief es sich auf 175 Milliarden Dollar. 1980 machte das Defizit 2 Prozent des Bruttosozialprodukts aus; drei Jahre später waren es bereits 6 Prozent.

Die Art und Weise, wie Reagan den Militäretat expandieren ließ, ist mit Recht als «Rüstungskeynesianismus» bezeichnet worden. Allein für Zwecke der Weltraumrüstung wurden bis 1988 26 Milliarden Dollar ausgegeben. In den acht Jahren der Amtszeit Reagans wuchs die Staatsverschuldung von 749 Milliarden auf 2,05 Billionen Dollar, was fast eine Verdreifachung bedeutete. Die Handelsbilanz hatte 1981 noch einen Überschuß aufgewiesen; 1986 belief sich das Defizit auf 170 Milliarden Dollar. Aus dem größten Gläubigerland wurde binnen weniger Jahre das größte Schuldnerland der Welt. Was infolge der Hochzinspolitik an Auslandskapital in die USA strömte, floß zu großen Teilen in den Militärsektor. Investitionen in die Infrastruktur, die dringend erforderlich gewesen wären, gab es kaum, und ebensowenig in die Modernisierung der Industrie. 1980 hatte die Industrie noch 33,53 Prozent zur nationalen Wertschöpfung beigetragen; 1988 waren es nur noch 29,62 Prozent. In derselben Zeit sank der Anteil der industriell Beschäftigten an der erwerbstätigen Bevölkerung von 30,8 auf 27,2 Prozent. Wachstum versprachen sich die Theoretiker und Praktiker der «Reaganomics» vor allem vom Dienstleistungssektor und hier namentlich von Finanzdienstleistern wie Investmentsfonds, Hedgefonds und Private-Equity-Gesellschaften. Was ihnen nützte, nützte auch den Vereinigten Staaten: So sahen sie es selbst, und so lautete eines der ungeschriebenen Gesetze der amerikanischen Wirtschaftspolitik der Ära Reagan.

Die Kehrseite der Finanz- und Wirtschaftspolitik der achtziger Jahre hat die liberale Ökonomin Isabel V. Sawhill bereits 1986, also zwei Jahre vor dem Ende der Amtszeit von Ronald Reagan, mit bestechender Klarheit beschrieben: «Das Ergebnis ist, daß die Vereinigten Staaten auf den Weltmärkten nicht länger konkurrenzfähig sind. Was immer der militärische Aufbau dazu beigetragen hat, die Rolle Amerikas in der

Welt wiederherzustellen, unter ihren Handelspartnern steht die Nation
nicht mehr stark da. Die USA könnten das Wettrüsten gewinnen, den
wirtschaftlichen Marathon aber verlieren.» (The United States may be
winning the arms race but losing the economic marathon.)

Das Urteil Sawhills reicht weit über die Wirtschafts- und Finanzpolitik hinaus. Das Verdikt der Wirtschaftswissenschaftlerin, die Regierung Reagan habe kurzfristige Wachstumserfolge mit der langfristigen
Aushöhlung der Wettbewerbsfähigkeit der USA und damit der materiellen Grundlagen ihrer Weltgeltung erkauft, zielt auf die entscheidende
Schwäche der Politik Ronald Reagans. Selbst sein größter Triumph,
der Rückzug der Sowjetunion aus dem Wettkampf der Systeme, erscheint in einem anderen Licht, wenn man die Frage stellt, welchen
Preis die Vereinigten Staaten dafür zahlen mußten, daß sie als Sieger
aus dem Wettrüsten hervorgingen. Und es waren nicht nur wirtschaftliche Kosten, die dabei anfielen. Den Abzug der sowjetischen Truppen
aus Afghanistan hatten die Vereinigten Staaten vor allem dadurch bewirkt, daß sie fanatische Islamisten aufrüsteten, die alles andere als
verläßliche Verbündete, nämlich potentiell hochgefährliche Gegner
ihrer zeitweiligen Förderer waren. Der Sieg kurzfristigen Kalküls über
langfristige Überlegungen barg Gefahren in sich, die durchaus nicht
unvorhersehbar waren. Im Denken Ronald Reagans aber scheint für
derartige Erwägungen nur wenig Platz gewesen zu sein.

Was die Ära Reagan für die politische Kultur der Vereinigten Staaten bedeutete, ist ähnlich umstritten wie die Wirtschafts- und Finanzpolitik jener Jahre. Vizepräsident Bush gewann die Präsidentenwahl
von 1988 mit einer Kampagne gegen das angeblich von seinem Konkurrenten Dukakis verkörperte «liberale» Amerika der Ostküste. Reagan
unterstützte den Wahlfeldzug seines Stellvertreters nicht nur, er hatte
in den acht Jahren seiner Amtszeit auch wesentlich dazu beigetragen,
daß «liberal» in weiten Kreisen der amerikanischen Gesellschaft zu
einem Schimpfwort verkam. Antiintellektualismus und Antiliberalis-
mus waren auf der amerikanischen Rechten auch schon vor 1980 verbreitet und ein wesentlicher Grund für Reagans Wahlsieg gewesen. In
den Jahren darauf waren sie immer stärker in die politische Mitte vor-
gedrungen. Nicht nur die Republikanische Partei, Amerika insgesamt
war unter Reagan weiter nach rechts gerückt. Vieles deutete darauf
hin, daß diese Entwicklung mit dem Ende seiner Präsidentschaft noch
nicht abgeschlossen war.[2]

Zwang zum Wandel:
Westeuropa in der zweiten Hälfte der achtziger Jahre

Ronald Reagans engste Verbündete in Europa, die britische Premier-ministerin Margaret Thatcher, setzte in der zweiten Hälfte der acht-ziger Jahre ihre Politik der Deregulierung sehr viel konsequenter fort als der amerikanische Präsident die seine. Zwischen 1986 und 1990 wurden British Gas, British Airport Authority, British Steel, zehn regionale Wasserwerke und zwölf regionale Elektrizitätswerke priva-tisiert. Um die Zukunft eines von Staatsaufträgen abhängigen, aber privaten Unternehmens, des Hubschrauberherstellers Westland, ent-brannte im Spätjahr 1985 ein heftiger Streit innerhalb des Kabinetts: Verteidigungsminister Michael Heseltine, ein entschieden proeuropä-ischer Politiker, wollte Westland mit Hilfe eines europäischen Konsor-tiums, Industrieminister Leon Brittan mit Hilfe der amerikanischen Firma Sikorsky sanieren. Heseltine unterlag und trat am 9. Januar 1986 zurück; Brittan entfesselte im verdeckten Zusammenspiel mit der Premierministerin eine mit Indiskretionen gespickte Kampagne gegen Heseltine, die schließlich zu seinem eigenen Rücktritt führte. Der ehe-malige Verteidigungsminister, der in der konservativen Unterhausfrak-tion viel Rückhalt genoß, sollte sich in der Folgezeit zum gefährlichsten innenpolitischen Widersacher Thatchers entwickeln.

Wirtschaftlich schien Großbritannien seit Mitte der achtziger Jahre auf dem Wege der Erholung zu sein. Zwischen 1985 und 1989 wuchs die Wirtschaft im Jahresdurchschnitt um 3,9 Prozent; die Arbeits-losenzahlen fielen auf etwa 5 Prozent; die Inflationsrate lag noch dar-unter. Die günstigen ökonomischen Daten waren ein wesentlicher Grund, weshalb Margaret Thatcher sich für Neuwahlen im Juni 1987 entschied. Die Labour Party trat unter ihrem Vorsitzenden Neil Kin-nock gemäßigter auf als bei den Unterhauswahlen vier Jahre zuvor. In ihrem Wahlmanifest sprach sie sich zwar nach wie vor für eine ein-seitige atomare Abrüstung und gegen eine Privatisierung von British Gas und British Telecom aus. Von ihrem äußersten linken Flügel, den Liverpooler «Militants», aber hatte sie sich im Oktober 1986 getrennt, und seit dem Bergarbeiterstreik von 1984/85 war klar, daß sich die Labour Party unter Kinnock ihre politische Linie nicht von radikalen Gewerkschaftsführern wie Arthur Scargill vorschreiben lassen würde.

Die Allianz aus Liberalen und Sozialdemokraten hatte im Sommer 1985 zwei wichtige Nachwahlen gewonnen, war aber innerlich zerstritten: Die Liberalen unter David Steel befürworteten eine einseitige nukleare Abrüstung, der Vorsitzende der SDP, der ehemalige Außenminister Owen, lehnte sie strikt ab. Im Wahlkampf wurde dieser Gegensatz durch eine Kompromißformel verdeckt.

Aus den Wahlen vom 11. Juni 1987 gingen die Konservativen als Sieger hervor. Sie gewannen 375 Sitze, Labour 229, die Allianz 22, von denen 17 auf die Liberalen und 5 auf die Sozialdemokraten entfielen. Gegenüber 1984 hatten die Tories 21 und die Allianz 1 Sitz verloren, die Labour Party 20 Mandate gewonnen. Prozentual ergab sich ein Verhältnis der drei Parteien beziehungsweise Parteienbündnisse von 42,3 zu 30,8 zu 22,8. Margaret Thatcher hatte damit ein drittes Mal hintereinander Wahlen gewonnen: ein Triumph, den vor ihr zuletzt der konservative Premierminister Lord Liverpool 1826 errungen hatte.

Nach der Wahl wandte sich die Regierung Thatcher verstärkt der Reform des National Health Service, einem Kernstück des von den Labour-Regierungen nach 1945 errichteten Wohlfahrtsstaates, zu. An eine Abschaffung der populären Errungenschaft war nicht zu denken, wohl aber an die Einführung von Marktelementen wie des Wettbewerbs zwischen Ärzten und zwischen Krankenhäusern. In der Praxis bewirkten die Neuerungen freilich das Gegenteil des Gewünschten: statt eines Abbaus der Bürokratie die Vermehrung staatlicher Kontrollen und Eingriffe, statt einer Senkung der Ausgaben für den Nationalen Gesundheitsdienst ihre Erhöhung.

Ähnlich widerspruchsvoll verlief die Reform des Bildungswesens. Der Education Act von 1988 führte eine öffentliche Bewertung aller Schulen ein, die die Unterschiede zwischen leistungsstarken und leistungsschwachen Schulen noch vertiefte und die Anziehungskraft der teuren «Public Schools» erhöhte. Die Reform des Civil Service, den die dritte Regierung Thatcher nach 1987 in Angriff nahm, zielte darauf ab, möglichst viele Funktionen aus dem «klassischen» Staatsapparat herauszunehmen und neugeschaffenen Agenturen zuzuweisen. Zusammen mit Personaleinsparungen bewirkten die Eingriffe, daß die Zahl der Beamten sich in der Regierungszeit Thatchers um 22,5 Prozent verringerte. Besonders auf kommunaler Ebene wurden öffentliche Funktionen in großer Zahl an private Dienstleistungsunternehmen übertragen. Die Folge war, daß die Kommunen ihre Zuständigkeiten weitgehend verloren – eine gewollte Entmachtung, die sich vor allem gegen die größeren, meist von der Labour Party kontrollierten Städte richtete.

Auf außenpolitischem Feld stand für die Regierung Thatcher ein Vierteljahr nach dem dritten Wahlsieg der Premierministerin, im Oktober 1987, eine Konferenz der Staaten des Commonwealth in Nassau auf den Bahamas auf der Tagesordnung. Margaret Thatcher hatte einen schweren Stand, als sie faktisch allein gegen die anderen Teilnehmer harten wirtschaftlichen Sanktionen gegen das weiße Apartheidregime in Südafrika entgegentrat. Einer Kompromißresolution, die milde Gegenmaßnahmen vorsah, stimmte sie schließlich widerwillig zu, versprach sich aber weiterhin praktischen Nutzen nur von persönlichen Gesprächen mit Premierminister Pieter W. Botha, der noch bis August 1989 im Amt war und bis zuletzt mit den Mitteln des Ausnahmezustands regierte. Ein anderes Problem aus dem Erbe des Empire war zum Zeitpunkt der Konferenz von Nassau bereits gelöst: 1984 hatte sich das Vereinigte Königreich mit der Volksrepublik China darauf verständigt, daß die Kronkolonie Hongkong nach dem Ende des auf 99 Jahre befristeten Pachtvertrags im Jahr 1997 noch fünfzig Jahre lang sein gesellschaftliches und wirtschaftliches System bei weitgehender Autonomie beibehalten sollte.

Im Verhältnis zu den USA erreichte die «special relationship» der beiden angelsächsischen Demokratien in der zweiten Hälfte der achtziger Jahre eine neue Hochzeit. Als Ronald Reagan im April 1986 den erwähnten Militärschlag gegen die libyschen Städte Tripoli und Bengasi plante, war die Regierung Thatcher die einzige in Europa, die amerikanischen Flugzeugen den Start von Flugplätzen ihres Territoriums aus gestattete. Daß Reagan sich zum offenen Dialog mit Michail Gorbatschow bereit fand, war bis zu einem gewissen Grad auch Thatchers Verdienst. Sie hatte den neuen «starken Mann» im Kreml schon vor seinem Amtsantritt anläßlich eines Besuches Gorbatschows in London und auf ihrem Landsitz Chequers im Dezember 1984 kennengelernt und dabei den Eindruck gewonnen, daß er ein Mann sei, mit dem sie «ins Geschäft kommen» könne (a man with whom I could do business) – ein Urteil, über das sie Reagan in Kenntnis setzte und dem sich dieser nach seiner ersten Begegnung mit Gorbatschow im November 1985 in Genf anschloß.

Reagans SDI-Projekt stand Thatcher ähnlich ablehnend gegenüber wie der französische Staatspräsident François Mitterrand, und das vor allem deshalb, weil es das gesamte System der nuklearen Abschreckung und langfristig auch den besonderen Status der beiden europäischen Atommächte Großbritannien und Frankreich in Frage stellte. Geradezu schockiert war sie, als Reagan bei seinem Gipfeltreffen mit Gorbatschow in Reykjavík im Oktober 1986 einer Nullösung für die in Europa stationierten Mittelstreckenraketen grundsätzlich zustimmte. Bei einem Besuch in Washington im Monat darauf konnte sie ihre amerikanischen Gesprächspartner – Präsident Reagan, Außenminister Shultz und Verteidigungsminister Weinberger – auf das Versprechen festlegen, daß es auch künftig bei der NATO-Strategie der flexiblen Vergeltung und einer hinreichenden atomaren Abschreckungskapazität bleiben werde. Großbritannien ließ sich darüber hinaus die amerikanische Unterstützung für die Beibehaltung und Modernisierung seines eigenen atomaren, von den USA gelieferten Abschreckungspotentials einschließlich der Trident-Raketen zusichern. Selten handelte Thatcher in einem solchen Maß als Sprecherin ganz Westeuropas wie bei den Verhandlungen, die sie im November 1986 in Washington führte.

Ansonsten war das Verhältnis der Premierministerin zu den westeuropäischen Verbündeten eher gespannt – jedenfalls, was die Beziehungen zu den beiden wichtigsten Staats- und Regierungschefs anging: An François Mitterrand mißfiel ihr, daß er Sozialist, an Helmut Kohl, daß er aus ihrer Sicht ein typischer Deutscher war. Unsympathisch war ihr auch der Präsident der Europäischen Kommission, der französische Sozialist Jacques Delors, und das nicht erst, seit dieser im September 1988 auf einer Konferenz der britischen Gewerkschaften in Bournemouth seine Vision eines «sozialen Europa» entworfen und damit eine Brücke zu den europafreundlichen Kräften in der Labour Party um Führer Neil Kinnock geschlagen hatte. Delors mißtraute die Premierministerin, weil er keinen Hehl aus seiner Absicht machte, die Europäische Gemeinschaft zu einer immer engeren Union oder, in ihrer Wahrnehmung, zu einem europäischen «Superstaat» weiterzuentwickeln.

Margaret Thatcher tat alles, was in ihren Kräften stand, um einen solchen Prozeß zu verhindern. An ihren Vorbehalten scheiterte 1987 der Versuch einer Finanzreform der EG entsprechend den Vorschlägen Delors'. Der Brüsseler Gipfel vom Juni ging ohne gemeinsames Kommuniqué zu Ende, und auch auf dem folgenden Gipfel in Kopenhagen im Dezember gelang es nicht, ein gemeinsames Konzept für die Finanz-, Agrar- und Strukturpolitik zu verabschieden.

Erst auf einem Sondergipfel in Brüssel im Februar 1988, der unter der deutschen Ratspräsidentschaft stattfand, schafften die Teilnehmer dank erheblicher Zugeständnisse der Bundesrepublik den Durchbruch, und das auch nur dadurch, daß die übrigen elf Mitgliedstaaten als «Gegengabe» für Thatchers Zustimmung zu einem Agrarkompromiß den «Britenrabatt» verlängerten. (Die Premierministerin hatte sich mit einer Obergrenze für die Produktion von Getreide abgefunden, die leicht oberhalb des von ihr verfochtenen Maximums lag.) Im Gefolge der Einigung konnte die EG fortan, entsprechend dem von Paris und Bonn unterstützten Vorschlag Delors', neben Agrarabschöpfungen, Zolleinnahmen und Anteilen am Mehrwertsteueraufkommen auch jährlich berechnete Anteile am Bruttosozialprodukt des jeweiligen Mitgliedslands bis zu einer Höhe von 1,2 Prozent als neue, vierte Finanzquelle in Anspruch nehmen.

Auf dem folgenden Gipfel, der am 27. und 28. Juni in Hannover stattfand, beschlossen die Staats- und Regierungschefs der Zwölf die Einsetzung eines Ausschusses zur Prüfung der Wirtschafts- und Währungsunion, der sich aus den zwölf Zentralbankpräsidenten und aus fünf Währungssachverständigen zusammensetzte und von Jacques Delors geleitet wurde – eine Entscheidung, die sich als weitreichende Weichenstellung erweisen sollte. Daß Margaret Thatcher dem Beschluß zustimmte, lag an einer Annahme, die sie für wohlbegründet hielt: Aus ihrer Sicht war es ausgeschlossen, daß der deutsche oder der britische Notenbankchef jemals der Preisgabe «seiner» Währung zustimmen würde.

Thatchers Konzilianz auf den Gipfeln der ersten Hälfte des Jahres 1988 war in der Tat rein taktischer Natur. In einer Rede vor dem Collège d'Europe in Brügge wies sie am 20. September 1988 alle Vorstellungen von einem supranational vereinten Europa scharf zurück. *Ihr* Europa war eines von unabhängigen souveränen Staaten, die auf der Regierungsebene aktiv zusammenarbeiteten. Großbritannien habe die Befugnisse des Staates nicht erfolgreich zurückgedrängt, um sie auf europäischer Ebene in Form eines Brüsseler «super-state» wieder auszuweiten, sagte sie. «Europa wird dadurch stärker, daß es Frankreich als Frankreich, Spanien als Spanien, Großbritannien als Großbritannien umfaßt, jedes mit seinen eigenen Bräuchen, Traditionen und einer eigenen Identität! Es wäre töricht zu versuchen, sie zu einer Art Phantombild einer europäischen Persönlichkeit zusammenzufügen (It would be folly to try to fit them into some sort of identikit European personality) ... Lassen wir Europa eine Familie von Nationen sein, die einander besser verstehen, die sich besser zu schätzen wissen, die mehr gemeinsam tun, aber ihre nationale Eigenart nicht weniger pflegen als ihre gemeinsamen europäischen Bemühungen.»

Charles de Gaulle hätte Margaret Thatcher bis zu diesem Punkt vorbehaltlos zugestimmt. Daß die Premierministerin ihren Brügger Vortrag mit einem Bekenntnis zur Atlantischen Gemeinschaft schloß, die Europas größtes Erbe und seine größte Stärke sei, war indes alles andere als «gaullistisch». Es war die spezifische britische Pointe einer Rede, mit der Thatcher die Freunde Europas auf der anderen Seite des Ärmelkanals, aber auch im eigenen Land, ja bis in die Reihen von «Her Majesty's Government» hinein, erneut gegen sich aufbrachte.

Am 16. März 1986 trat in Frankreich der Fall ein, den sich der Gründer und eigentliche Verfassungsvater der Fünften Republik, General de Gaulle, kaum hatte vorstellen können, mit dem aber viele Beobachter seit 1984 rechneten: Bei den Wahlen zur Nationalversammlung gewann die bisherige bürgerliche Opposition eine knappe Mehrheit, so daß erstmals seit 1958 Präsident und Parlamentsmehrheit unterschiedlichen Lagern entstammten. Die Sozialisten und die mit ihnen verbündeten linken Radicaux blieben zwar mit einem Stimmenanteil von 32,65 Prozent und 215 Abgeordneten die stärkste politische Gruppierung, verfehlten aber klar die Mehrheit. Das gaullistische RPR und die rechtsliberale UDF, die in zwei Drittel der Wahlkreise gemeinsame Kandidaten aufgestellt hatten, kamen zusammen auf einen Stimmenanteil von 41 Prozent und 274 Mandate, darunter 145 für das RPR und 129 für die UDF. Die Kommunisten, die ihren Wahlkampf vor allem gegen die Sozialisten geführt hatten, erreichten mit 9,78 Prozent und 35 Abgeordneten ihr schwächstes Ergebnis sei 1928. Nur unwesentlich schlechter schnitt der rechtsradikale Front National (FN) unter dem ehemaligen poujadistischen Abgeordneten Jean-Marie Le Pen ab: Er verbuchte 9,65 Prozent und ebenfalls 35 Deputierte.

Der FN, der allgemein als nicht koalitionsfähig galt, verdankte seinen Einzug in das Palais Bourbon der Einführung des Verhältniswahlrechts im Jahr 1985: eine von Präsident Mitterrand billigend in Kauf genommene Konsequenz dieser Reform, ohne die der Erfolg der Rechten und die Niederlage der Linken jeweils stärker ausgefallen wären.

Mit Hilfe der 14 unabhängigen Abgeordneten der Rechten, die insgesamt auf einen Stimmenanteil von 3,9 Prozent kamen, verfügte die gemäßigte Rechte aber über drei Sitze mehr als alle anderen Parteien zusammen.

Am 20. März zog François Mitterrand aus dieser Lage die praktisch einzig mögliche Folgerung: Er berief Jacques Chirac, den Vorsitzenden des RPR, zum neuen Premierminister. Im Hinblick auf die beiden Ressorts, mit denen der Präsident auf Grund seiner Befugnisse im Bereich der Außen- und Verteidigungspolitik besonders eng zusammenarbeiten mußte, setzte Mitterrand die Ernennung von zwei «Technikern», also nicht parteipolitisch geprägten Fachleuten, durch: Außenminister wurde der Diplomat Jean-Bernard Raimond, Verteidigungsminister der ehemalige Chef der französischen Atombehörde, André Giraud. Die prominentesten Gaullisten in der Regierung Chirac waren Wirtschafts- und Finanzminister Édouard Balladur, Innenminister Charles Pasqua und Sozialminister Philippe Séguin. Unter den Vertretern der liberalen Sammlungspartei UDF ragten der Generalsekretär des Parti républicain, François Léotard, als «Superminister» für Kultur- und Nachrichtenwesen und der Vorsitzende des Centre des démocrates, Pierre Méhaignerie, als Minister für Infrastruktur, Raumplanung und Wohnungswesen hervor.

Die Zusammenarbeit zwischen dem sozialistischen Präsidenten und dem gaullistischen Regierungschef funktionierte im Bereich der Außenpolitik im allgemeinen reibungslos: Mitterrand und Chirac traten auf den Gipfeltreffen der Europäischen Gemeinschaft gemeinsam auf – eine Neuerung, an die sich die elf Partner erst gewöhnen mußten. Viel schwieriger gestalteten sich die Beziehungen der beiden Exekutivebenen auf innenpolitischem Gebiet. Als die Regierung Chirac sich anschickte, über ein Rahmen- oder Ermächtigungsgesetz und auf dieser Grundlage erstellte Verordnungen (ordonnances) die Verstaatlichung von Banken und Unternehmen weitgehend rückgängig zu machen, kündigte Mitterrand an, er werde keine Verordnungen unterzeichnen, die die Zeit vor 1981, also vor seiner Wahl zum Präsidenten, beträfen, und auch sonst seine Zustimmung zu «ordonnances» nur geben, wenn sie über das bisher Erreichte hinausführten. Die Folge war, daß die Reprivatisierungen auf dem Weg der normalen Gesetzgebung in Gang gesetzt werden mußten. Ebenso verfuhr der Präsident bei der Wiedereinführung des Mehrheitswahlrechts mitsamt einer Änderung der

Wahlkreiseinteilung, bei der Neuregelung der Arbeitszeit und der von der Regierung angestrebten Lockerung des Kündigungsschutzes, der unter der Präsidentschaft Giscards eingeführt worden war.

Die Privatisierung von Banken und Industrieunternehmen war insofern ein Erfolg, als die in diesem Zusammenhang ausgegebenen Aktien auf ein breites, das Angebot teilweise weit übersteigendes Käuferinteresse stießen. Sehr viel umstrittener war die Privatisierung des ersten Fernsehprogramms, das in den Besitz des Bauunternehmers Francis Bouygues überging, und die Schaffung von zwei neuen Kanälen, von denen einer, «Canal Cinque», von zwei «Medienmogulen», dem Franzosen Robert Hersant und dem Italiener Silvio Berlusconi, der andere, «M6», von einer Gruppe um «RTL» (Radio-Télévision Luxembourg) gekauft wurde. «Neoliberalen» Geist atmeten auch die Abschaffung einer Sondersteuer auf hohe Vermögen, eine Amnestie für «Steuersünder», die Teile ihres Vermögens illegal ins Ausland verbracht hatten, und die Erleichterung von Geldtransaktionen.

Der wirtschaftliche Effekt, den sich die Regierung von diesen Maßnahmen erhoffte, war jedoch bescheiden: Trotz einer erneuten Abwertung des Franc, der vierten innerhalb von fünf Jahren, um 3 Prozent am 7. April 1986 (und einer gleichzeitigen Aufwertung der Deutschen Mark in derselben Höhe) ließ ein kräftiger Wirtschaftsaufschwung auf sich warten. Die Inflationsrate blieb zwar niedrig (sie lag 1986 bei 2,5, im Jahr darauf bei 3,3 Prozent), die französische Exportindustrie aber verlor weitere Absatzmärkte an ausländische Konkurrenten, so daß die Außenhandelsbilanz 1987 wieder passiv wurde und die Arbeitslosenzahlen stiegen (von 5,5 Prozent Anfang 1986 auf 11 Prozent im Februar 1987). Der New Yorker Börsenkrach vom Oktober 1987 führte auch an der Pariser Börse zu dramatischen Kursverlusten, so daß Wirtschafts- und Finanzminister Balladur sich gezwungen sah, beim Vollzug der Privatisierungen eine Pause einzulegen.

Im Herbst 1986 erlebte Frankreich eine Reihe von politischen Krisen. Im September wurde das Land durch eine Welle von Terroranschlägen erschüttert, deren einer Urheber ein vom syrischen Präsidenten Hafiz al-Assad und seinem Geheimdienst unterstützter libanesischer Familienclan war. (Dessen Anführer, Georges Ibrahim Abdallah, saß in Erwartung seines Prozesses in einem Pariser Gefängnis ein.) Der andere Urheber war Iran, der ebenfalls einen politischen Gefangenen freipressen wollte. Den Höhepunkt bildete ein Bombenattentat in der

Pariser Rue de Rennes am 17. September, bei dem sechs Menschen getötet wurden. Im November erschossen Terroristen der linksextremen «Action directe» den Generaldirektor des Renault-Konzerns. Um dieselbe Zeit wurde Frankreich von einer neuen Studentenrevolte erfaßt. Die Proteste richteten sich gegen einen vom Staatssekretär des Ministeriums für nationale Erziehung, Alain Devaquet, vorgelegten Entwurf eines Hochschulgesetzes, von dem die Studierenden eine Erschwerung des Studienzugangs und eine Anhebung der Studiengebühren befürchteten. Anfang Dezember kam es nach einer Großkundgebung in Paris zu schweren Zusammenstößen zwischen Studenten und Polizei. Am 5. Dezember zog Erziehungsminister René Monory die besonders umstrittenen Teile des Entwurfs zurück; am gleichen Tag starb ein Student nordafrikanischer Herkunft infolge seiner Mißhandlung durch Polizisten; am 8. Dezember zog Monory den Gesetzentwurf in Gänze zurück und kam dem Entlassungsgesuch seines Staatssekretärs nach. Premierminister Chirac ging noch einen Schritt weiter: Unter dem Eindruck der Studentenproteste und eines gleichzeitig großen Eisenbahnerstreiks verzichtete er praktisch auf die parlamentarische Einbringung weiterer Reformgesetze.

Das ganze Jahr 1987 über stand Frankreich in dem Schatten, den die im Mai 1988 anstehende Präsidentenwahl vorauswarf. Als erste politische Partei stellte der FN Ende April 1987 seinen Kandidaten auf: Es war der Parteivorsitzende Jean-Marie Le Pen. Im September 1987, wenige Wochen nachdem einer der Hauptakteure der Judendeportationen in Frankreich, der einstige Gestapochef von Lyon, Klaus Barbie, nach einem weltweit beachteten Prozeß wegen Verbrechen gegen die Menschlichkeit zu einer lebenslangen Haft verurteilt worden war, löste Le Pen mit der Bemerkung, die Ermordung der europäischen Juden sei lediglich ein «détail» der Geschichte des Zweiten Weltkriegs, internationale Empörung aus. Seine Angriffe richtete der Führer des Front National ansonsten hauptsächlich gegen muslimische Immigranten aus Nordafrika und gegen die angeblich zu lasche, in Wirklichkeit überaus restriktive Einwanderungspolitik von Innenminister Pasqua. Auf der anderen Seite des politischen Spektrums machten die Kommunisten im Mai 1987 einen erklärten Dogmatiker, den Fraktionsvorsitzenden in der Nationalversammlung, André Lajoinie, zu ihrem Kandidaten: eine Entscheidung, die einen Sprecher der reformorientierten Kräfte innerhalb des PCF, Pierre Juquin, veranlaßte, im Oktober seine eigene Bewerbung bekanntzugeben. Er wurde prompt aus der Partei ausgeschlossen, konnte aber die Unterstützung mehrerer hundert kommunistischer Wahlkomitees gewinnen. Die Spaltung der Kommunisten war ein Symptom ihres Niedergangs: Eine einst auch intellektuell höchst einflußreiche Partei war dabei, sich zur Sekte zurückzuentwickeln.

Im Januar 1988 kündigte Premierminister Chirac seine Kandidatur an, im Februar Giscards ehemaliger Premierminister Raymond Barre. Während Chirac das RPR hinter sich wußte, gelang es Barre nicht, die Unterstützung der UDF als ganzer zu gewinnen. Der Amtsinhaber, François Mitterrand, gab seine Bewerbung um eine zweite Amtszeit am 22. März bekannt. Er trat in den folgenden Wochen betont überparteilich auf und überließ den aggressiven Part seinen Konkurrenten, an ihrer Spitze Chirac. Am 24. April fand der erste Wahlgang statt. Mitterrand kam auf 34,11, Chirac auf 19,96, Barre auf 16,54 Prozent. Auf Le Pen entfielen 14,4, auf Lajoinie 6,76, auf Juquin 2,1 Prozent. Im zweiten Wahlgang am 8. Mai obsiegte Mitterrand mit 54,02 Prozent über Chirac, der 45,98 Prozent erhielt. Damit war klar, daß Mitterrand versuchen würde, die Phase der ungeliebten, wenn auch nicht besonders dramatischen «cohabitation» so rasch wie möglich zu beenden. Am 10. Mai ernannte er einen neuen Premierminister: seinen langjährigen innerparteilichen Rivalen Michel Rocard, der als Linksradikaler begonnen, sich aber längst zum entschiedenen Reformisten gewandelt hatte und im April 1985 aus Protest gegen die Einführung des Verhältniswahlrechts als Landwirtschaftsminister zurückgetreten war. In seine Regierung berief Rocard vor allem Sozialisten: Lionel Jospin, den Ersten Sekretär des PS, als Erziehungs- und Forschungsminister, Pierre Bérégovoy als Wirtschafts- und Finanzminister, Pierre Joxe als Innen-, Jean-Pierre Chevènement als Verteidigungs- und Jack Lang als Kulturminister. Aus den Reihen der linken Radicaux entstammte Maurice Faure als Minister für Infrastruktur und Wohnungswesen.

Ob es bei einer Linksregierung bleiben würde, hing vom Ausgang der Wahlen zur Nationalversammlung ab. Sie fanden, nachdem die Regierung Chirac 1986 wieder das absolute Mehrheitswahlrecht eingeführt hatte, in zwei Wahlgängen am 5. und 12. Juni 1988 statt und erbrachten keine eindeutigen Mehrheitsverhältnisse. Auf die Sozialisten entfielen 37,54 Prozent und 279 Abgeordnete, auf die bisherige

Mehrheit aus Gaullisten, Giscardisten und unabhängigen Rechten
40,44 Prozent und 271 Mandate, auf die Kommunisten 11,31 Prozent
und 27 Deputierte, auf den Front National 9,78 Prozent und ein Sitz.
Rocard zog aus dem Ergebnis den Schluß, daß er fortan mit wechselnden Mehrheiten regieren mußte – ein Novum in der Geschichte der
Fünften Republik. Er ernannte daher neben Ministern aus den Reihen
der Sozialisten und linken Radicaux, von denen die wichtigsten ihre
Ressorts behielten, auch solche, die aus dem liberalen beziehungsweise
christdemokratischen Flügel des früheren Regierungslagers kamen,
darunter Michel Durafour als Minister für Öffentlichen Dienst und
Verwaltungsreform, Jean-Pierre Soisson als Minister für Arbeit, Beschäftigung und Berufsausbildung und Jean-Marie Rausch als Außenhandelsminister.

Zu den Reformen, für die Rocard Mehrheiten gewann, gehörten
die Wiedereinführung einer besonderen Besteuerung hoher Vermögen,
eine Liberalisierung der Einwanderung, ein verbesserter Mieterschutz,
ein garantiertes Mindesteinkommen für Arbeitslose, Ausbildungskre-
dite für Jugendliche und eine Neuordnung des öffentlichen Dienstes.
Immer wieder griff der Premierminister dabei auf ein Mittel zurück,
dessen sich auch seine Vorgänger gern bedient hatten: den Artikel 49,
Absatz 3, der Verfassung der Fünften Republik, der die Verabschiedung eines Gesetzes ohne parlamentarisches Votum erlaubte, sofern in
der Nationalversammlung kein Mißtrauensantrag gestellt wurde. Ein
anderes Instrument zur Disziplinierung des Parlaments war das «vote
bloqué» entsprechend Artikel 44, Absatz 3, der Verfassung, das der
Regierung gestattete, von ihr abgelehnte Änderungen eines Gesetzes
von vornherein auszuschließen. Ein Vorstoß des Präsidenten zur Änderung der Verfassung hatte keinen Erfolg: Sein Vorschlag vom 14. Juli
1989, jedem Bürger das Recht auf Einlegung einer Verfassungsbe-
schwerde beim Verfassungsrat zu gewähren, fand nicht die erhoffte
Zustimmung der UDF. Hätte Mitterrand sich mit seiner Initiative
durchgesetzt, wäre Frankreich in dieser Hinsicht der Bundesrepublik
Deutschland ähnlicher geworden: Sie kannte das Institut der Verfas-
sungsbeschwerde beim Bundesverfassungsgericht seit 1951.

Am 25. Januar 1987 wurde in der Bundesrepublik der elfte Deutsche
Bundestag gewählt. Die Unionsparteien kamen auf 44,3 Prozent, was
ein Minus von 4,5 Prozentpunkten gegenüber 1983 bedeutete. Die

Sozialdemokraten, die mit dem Ministerpräsidenten von Nordrhein-Westfalen, Johannes Rau, als Kanzlerkandidaten in den Wahlkampf gezogen waren, erreichten 37,0 Prozent: ein Verlust von 1,2 Prozentpunkten. Gewinne verbuchten die FDP, die sich um 2,1 Prozentpunkte verbesserte und auf 9,1 Prozent kam, und die Grünen, die 8,3 Prozent erhielten, 2,7 Prozentpunkte mehr als vier Jahre zuvor. Von der Mandatsverteilung her war klar, daß die bisherige Koalition aus Christdemokraten und Liberalen auch die neue Regierung bilden würde: CDU/CSU und FDP verfügten über 282, SPD und Grüne über 237 Sitze.

Noch bevor Helmut Kohl am 11. März erneut zum Bundeskanzler gewählt wurde, nutzte Außenminister Hans-Dietrich Genscher eine Rede vor dem Weltwirtschaftsforum in Davos, an dem erstmals auch eine sowjetische Delegation teilnahm, um der Sowjetunion ein Signal des Verständigungswillens zu geben. «Unsere Devise kann nur lauten: Nehmen wir Gorbatschow ernst, nehmen wir ihn beim Wort ... Sitzen wir nicht mit verschränkten Armen da und warten, was Gorbatschow uns bringt. Versuchen wir vielmehr die Entwicklung von unserer Seite aus zu beeinflussen, voranzutreiben und zu gestalten.» Genscher versuchte damit, eine schwere Störung in den Beziehungen zwischen Bonn und Moskau zu überwinden, die Bundeskanzler Kohl im Oktober 1986 mit einer Bemerkung gegenüber dem amerikanischen Nachrichtenmagazin «Newsweek» hervorgerufen hatte: Gorbatschow sei ein moderner kommunistischer Führer, der etwas von Öffentlichkeitsarbeit verstehe, aber das habe auch Goebbels getan. In seiner Regierungserklärung vom 18. März 1987 machte Kohl sich Genschers Bewertung der Politik des neuen Kremlchefs nachdrücklich zu eigen: Wenn Gorbatschow den Weg für Kooperation zwischen allen west- und osteuropäischen Staaten weiter ebne, dann sei die Bundesrepublik bereit, dies umfassend, im Rahmen bilateraler Beziehungen wie im Rahmen des West-Ost-Dialogs, zu nutzen.

Die SPD, die seit ihrer Rückkehr in die Opposition im Herbst 1982 eine «zweite Phase der Ostpolitik» propagierte und gegenüber den Staaten des Warschauer Pakts faktisch eine Nebenaußenpolitik im Zeichen von «Sicherheitspartnerschaft», «gemeinsamer Sicherheit» und «struktureller Nichtangriffsfähigkeit» bis hin zu dem Abschluß von Quasi-Verträgen betrieb, ging sehr viel weiter als die Bundesregierung. Ende August 1987 veröffentlichten SPD und SED das sogenannte

«Streitkulturpapier», auf das sich Delegationen beider Parteien in langwierigen Beratungen geeinigt hatten. Der Text mit dem Titel «Der Streit der Ideologien und die gemeinsame Sicherheit» hielt ausführlich fest, was Sozialdemokraten und Kommunisten nach wie vor trennte, betonte aber auch, worauf man sich verständigt hatte. «Keine Seite darf der anderen die Existenzberechtigung absprechen ... Beide Systeme müssen sich gegenseitig für friedensfähig halten ... Beide Gesellschaftssysteme müssen einander Entwicklungsfähigkeit und Reformfähigkeit zugestehen.» Die SPD erkannte damit mehr an als die inzwischen kaum noch bestrittene staatliche Existenz der DDR, nämlich die Existenzberechtigung ihres Gesellschaftssystems. Sie verwies Kritiker des Kommunismus im anderen deutschen Staat auf den Weg gradueller Veränderungen und konnte nur hoffen, daß die SED den eklatanten Widerspruch zwischen ihren verbalen Zugeständnissen und ihrer praktischen Politik selber erkennen und überwinden werde.

Ein weit spektakuläreres Ereignis als das gemeinsame Papier von SPD und SED war der protokollarische Höhepunkt in der bisherigen Geschichte der deutsch-deutschen Beziehungen: der offizielle Besuch des Vorsitzenden des Staatsrats der DDR und Generalsekretärs der SED, Erich Honecker, in der Bundesrepublik vom 7. bis 11. September 1987. Der Gast aus Ost-Berlin sprach in Bonn mit Bundespräsident von Weizsäcker, mit Bundeskanzler Kohl und Mitgliedern seines Kabinetts sowie mit Vertretern aller im Bundestag vertretenen Parteien von den Fraktionsvorsitzenden der CDU/CSU und der FDP, Alfred Dregger und Wolfgang Mischnick, über den Ehrenvorsitzenden der SPD, Willy Brandt (den Parteivorsitz hatte er Ende März niedergelegt), und seinen Nachfolger als Parteivorsitzender, Hans-Jochen Vogel, bis hin zu den Grünen Petra Kelly und Waltraud Schoppe. Beim offiziellen Empfang in der Godesberger «Redoute» am Abend des 7. September bekannte sich Kohl zur Einheit der Nation und zur Offenheit der deutschen Frage, aber auch zur praktischen Zusammenarbeit der beiden deutschen Staaten. Er forderte in seiner auch vom Fernsehen der DDR übertragenen Rede die Achtung der Menschenrechte sowie ein Ende des Schießens an der Berliner Mauer und der innerdeutschen Grenze, während Honecker in seiner Tischrede betonte, daß es über alle Gegensätze und Weltanschauungen, Ideologien und politischen Ziele hinweg nichts Wichtigeres gebe als die Bewahrung des Friedens.

Die weiteren Besuchsstationen des SED-Chefs waren Köln, Düsseldorf, Essen, dann Trier, wo 1818 Karl Marx geboren wurde, anschließend seine eigene Heimat, das Saarland, wo ihn Ministerpräsident Oskar Lafontaine besonders herzlich empfing, und Bayern, wo Franz Josef Strauß ihm alle protokollarischen Ehren erwies. Der praktische Ertrag des Besuchs war bescheiden: Er bestand aus drei Vereinbarungen über die Zusammenarbeit beim Umweltschutz, auf den Gebieten von Wissenschaft und Technik sowie beim Strahlenschutz. Für Honecker war der internationale Prestigegewinn, den ihm seine Visite im größeren deutschen Staat einbrachte, das Entscheidende. Daß Kohl seiner Doktrin von den zwei deutschen Staaten widersprechen und daß auch dies von der Bevölkerung der DDR gehört werden würde, hatte er schon vor Beginn seiner Reise gewußt. Wichtig aber war für ihn auch, daß einige seiner Gesprächspartner, die Grünen deutlicher als die Sozialdemokraten, der Rückkehr zu einem deutschen Nationalstaat eine Absage erteilten. Und es war ihm wohl auch nicht entgangen, daß Helmut Kohl in seiner Rede den Begriff «Wiedervereinigung» bewußt vermieden hatte.

Mindestens ebenso wichtig wie die Ost- und Deutschlandpolitik war der Regierung Kohl auch in der zweiten Hälfte der achtziger Jahre die Pflege der Beziehungen zu ihren westlichen Partnern. Das Verhältnis zu Frankreich gestaltete sich unter Kohl und Mitterrand immer enger. Im November 1987 vereinbarten Bonn und Paris auf dem 50. deutsch-französischen Gipfel in Karlsruhe eine engere Sicherheitsgemeinschaft, eine verstärkte Zusammenarbeit in Rüstungs- und Rüstungskontrollfragen und die Bildung einer deutsch-französischen Brigade, eines gemeinsamen Großverbandes beider Heere. Im Januar 1988 riefen beide Regierungen zwei neue binationale Gremien ins Leben: einen Verteidigungs- und Sicherheitsrat und einen Finanz- und Wirtschaftsrat. Einen Monat später billigte der Europäische Rat das schon erwähnte, von Kommissionspräsident Delors vorgelegte «Paket» mit Vorschlägen zur Reform der Struktur-, Finanz- und Agrarpolitik der EG, das ohne das enge Zusammenspiel zwischen Kohl und Mitterrand nicht gegen den hartnäckigen Widerstand Margaret Thatchers hätte durchgesetzt werden können.

Unterschiedliche Positionen bezogen Paris und Bonn in Sachen der von Präsident Reagan betriebenen Installierung eines Raketenabwehrsystems im Weltraum. Mitterrand sah in SDI nicht nur eine Bedrohung des Prinzips der nuklearen Abschreckung im allgemeinen, sondern auch des atomaren Abschreckungspotentials Frankreichs im besonderen – eine Einschätzung, die jener Margaret Thatchers im Hinblick auf die nukleare Komponente in der britischen Verteidigungsstrategie nahekam. Helmut Kohl hatte zwar starke Zweifel an der technischen und finanziellen Durchführbarkeit von SDI und wollte die Entstehung von Zonen unterschiedlicher Sicherheit im Atlantischen Bündnis – dort die unangreifbare Festung Amerika, hier das weiterhin sowohl nuklear als auch konventionell bedrohte Westeuropa – auf jeden Fall verhindern: eine Sorge, aus der sich auch die Zurückhaltung der Bundesregierung gegenüber Gorbatschows Forderung nach einer Nullösung für atomare Kurzstreckenraketen erklärte. Doch zugleich war Bonn sehr daran interessiert, sich nicht vom technologischen Fortschritt abzukapseln, den die Arbeit am SDI abzuwerfen versprach. Im Frühjahr 1986 kam eine entsprechende Kooperationsvereinbarung zwischen den USA und der Bundesrepublik Deutschland zustande: Sie wurde am 27. März von Bundeswirtschaftsminister Martin Bangemann und dem amerikanischen Verteidigungsminister Caspar Weinberger in Washington unterzeichnet.

Wirtschaftlich erlebte die Bundesrepublik in der zweiten Hälfte der achtziger Jahre eine Aufschwungphase: Das Bruttoinlandsprodukt wuchs 1986 um 2,3 Prozent. 1987, im Jahr des New Yorker Börsenkrachs vom 19. Oktober, nur um 1,4 Prozent, dann 1988 und 1989 wieder um 3,7 beziehungsweise 3,9 Prozent. Verglichen mit den Boomjahren vor 1973 waren diese Zuwächse eher bescheiden, im europäischen Rahmen der achtziger Jahre aber nahmen sie sich beachtlich aus. Die Arbeitslosenzahl sank von 9 Prozent im Jahr 1986 auf 7,9 Prozent 1989. Der gesellschaftliche Strukturwandel ging unvermindert weiter. 1971 hatten noch 7,9 Prozent der erwerbstätigen Bevölkerung in der Landwirtschaft gearbeitet, 46,1 Prozent im produzierenden Gewerbe und 46,0 Prozent im Dienstleistungssektor. 1989 lauteten die entsprechenden Zahlen 3,7, 36,7 und 59,6 Prozent. Von einer Entindustrialisierung zu sprechen wäre aber übertrieben gewesen. Zwar waren die «alten» Industrien wie Bergbau, Schiffbau und eisenschaffende Industrie seit 1970 kontinuierlich geschrumpft, andere Branchen aber stark gewachsen – allen voran die Herstellung von Büromaschinen und Geräten der Datenverarbeitung (+ 557 Prozent), gefolgt von der Produktion von Kunststoffwaren (+ 202 Prozent), der Elektrotechnik (+ 128 Prozent) und dem Straßenfahrzeugbau (+ 72 Prozent). Das produzierende Gewerbe insgesamt steigerte seinen Beitrag zur Wertschöpfung zwischen 1970 und 1990 um 32 Prozent. Das Bruttoinlandsprodukt lag 1990 um 65 Prozent über dem Stand zwanzig Jahre zuvor.

Wie andere westliche Industriegesellschaften, die von konservativen oder liberal-konservativen Regierungen geführt wurden, verschrieb sich auch die Bundesrepublik unter der Kanzlerschaft Helmut Kohls einer Politik der Deregulierung. Bereits im Mai 1984 war ein auf drei Jahre befristetes Vorruhestandsgesetz in Kraft getreten, das es Arbeitnehmern vom 58. Lebensjahr ab ermöglichte, das Arbeitsverhältnis mit ihrem Arbeitgeber auf tariflichem Weg oder durch eine individuelle Vereinbarung zu lösen und bis zum Beginn des Altersruhegeldes ein Vorruhestandsgeld in Höhe von mindestens 65 Prozent des Bruttolohnes zu beanspruchen. Für ihre Aufwendungen erhielten die Arbeitgeber Zuschüsse der Bundesanstalt für Arbeit – freilich nur dann, wenn sie für einen ausscheidenden Arbeitnehmer einen Arbeitslosen oder, über den betrieblichen Bedarf hinaus, einen Auszubildenden neu einstellten. Daß dieser Schritt zur Flexibilisierung des Arbeitsmarktes angesichts des Geburtenrückgangs den jungen Erwerbstätigen langfristig hohe Lasten zugunsten einer wachsenden Zahl von Rentenempfängern aufbürdete, lag auf der Hand. Kurzfristig aber schien die Reform im gemeinsamen Interesse von Arbeitgebern, Arbeitnehmern und Staat zu liegen.

1987 gelang es der FDP, die strikten Regelungen zum Ladenschluß durch einen «Dienstleistungsabend» zu lockern, an dem Behörden, Geschäfte, Banken und Arztpraxen länger öffnen durften. Von der Deregulierung profitierten die Börse und seit 1984 die Anbieter privater Rundfunk- und Fernsehprogramme. Ohne größere Komplikationen verlief die Privatisierung des Energiekonzerns VEBA (Vereinigte Elektrizitäts- und Bergwerks-AG) in den Jahren 1985 bis 1987. Sehr viel umstrittener war das Gesetz zur Postreform von 1989, das die hoheitlich-politischen Aufgaben der Bundespost von den unternehmerischen trennte, das Staatsmonopol nur für den Bereich des Netz- und Telefondienstes beibehielt und zur Entstehung der Bundespost-Telekom als öffentliches Unternehmen führte.

In der Summe gingen die Deregulierungen in der Bundesrepublik zwar weiter als etwa in Frankreich und Italien, aber weniger weit als in den angelsächsischen Ländern. Der Schutz der Arbeitnehmer hatte in der «Sozialen Marktwirtschaft» der Bundesrepublik dank starker Ge-

werkschaften, der betrieblichen Mitbestimmung und der sozialstaat-
lichen Tradition mehr Gewicht als in Ländern, deren Regierungen dem
Glauben an den Segen einer «reinen» Marktwirtschaft anhingen.
Schwächer ausgeprägt als dort war in der Bundesrepublik auch die
Überzeugung, daß wirtschaftliches Wachstum allein von Dienstlei-
stungsunternehmern, besonders den auf den Finanzmärkten tätigen,
zu erwarten war. Vielmehr waren sich die maßgebenden Kräfte darin
einig, daß es galt, dem Land ein breites, wettbewerbsfähiges industriel-
les Fundament zu erhalten.

Zur Politik der industriellen Modernisierung, wie Bund und Länder
sie betrieben, gehörten Anpassungssubventionen, die den unvermeid-
lichen Strukturwandel so sozialverträglich wie möglich gestalten sollten. Die innovative mittelständische Wirtschaft wurde nicht von großen Konzernen verdrängt, sondern konnte weiterhin ihren Beitrag zur
Steigerung der Wettbewerbsfähigkeit der Volkswirtschaft insgesamt
leisten. Das überkommene System der dualen Berufsausbildung in Be-
rufsschulen und Unternehmen, und zwar meist solchen des Handwerks
und der mittelständischen Industrie, erwies sich als *soziale* Errungenschaft: Es wirkte der Gefahr wachsender Jugendarbeitslosigkeit entgegen. Daß die Bundesrepublik die Transformationsprozesse im letzten
Viertel des 20. Jahrhunderts mit geringeren wirtschaftlichen und sozialen Verwerfungen überstand als viele andere Industriegesellschaften,
lag mithin an einer Vielzahl von Faktoren.

In Italien mußte im April 1987 der Sozialist Bettino Craxi nach fast
vierjähriger Amtszeit den Stuhl des Regierungschefs für einen Christdemokraten, seinen unmittelbaren Amtsvorgänger Amintore Fanfani,
freimachen. Der Wechsel an der Spitze der Regierung entsprach einer
Vereinbarung aus dem Vorjahr; die Democrazia Cristiana mußte den
Ministerpräsidenten aber schließlich zwingen, seine Zusage einzulösen. Fanfani stand an der Spitze eines Minderheitskabinetts, das im
Juni durch ein Mißtrauensvotum zu Fall kam. Aus den Parlamentswahlen vom 14. Juni ging die DC mit 33,8 Prozent wieder als stärkste
Partei hervor; es folgten die Kommunisten mit 26,9, die Sozialisten mit
14,2 und das neofaschistische MSI mit 5,8 Prozent; auf die kleineren
Parteien entfielen zusammen 8,8 Prozent. Ende Juli bildete der Christ-
demokrat Giovanni Goria wieder ein Kabinett des «Pentepartito» aus
DC, PSI, Sozialdemokraten, Liberalen und Republikanern. Im April

1988 löste der Christdemokrat Ciriaco De Mita Goria im Amt des Ministerpräsidenten ab. Ihm folgte im Juli 1989 sein Parteifreund Giuglio Andreotti, der bis Juni 1992 im Amt blieb.

Die italienische Partei, die sich in der zweiten Hälfte der achtziger Jahre am stärksten veränderte, war die kommunistische. Im Juni 1988 trat der Nachfolger des vier Jahre zuvor verstorbenen Generalsekretärs Enrico Berlinguer, der wenig profilierte, eher «traditionell» wirkende Alessandro Natta, zurück. Neuer Generalsekretär des PCI wurde der dynamische Achille Occhetto. Er knüpfte an das Erbe des Reformers Berlinguer an und bemühte sich, die Partei von Grund auf zu erneuern und den Parteien der Sozialistischen Internationale anzunähern. Die Sozialdemokratisierung des PCI ging über alles hinaus, was «Euro-kommunisten» bisher ihren Parteien an Wandel zugemutet hatten, und war daher unter Funktionären, Mitgliedern und Sympathisanten alles andere als unumstritten. Die Traditionalisten waren nicht bereit, so radikal mit der Vergangenheit und dem seit langem praktizierten «demokratischen Zentralismus» zu brechen, wie Occhetto das für erforderlich hielt. Im Herbst 1989 sollte es darüber zu heftigen Auseinandersetzungen und zu einer Spaltung der Partei kommen.

Wirtschaftlich schien die Lage Italiens Ende der achtziger Jahre viel günstiger als ein Jahrzehnt zuvor. Der Aufschwung war freilich, wie schon an früherer Stelle erwähnt, zu guten Teilen eine Folge der massiv wachsenden, gigantischen Staatsverschuldung, weshalb im Rückblick vieles dafür spricht, von einer Scheinblüte zu reden. Die Regierungen ließen, wie Hans Woller urteilt, die Dinge treiben, weil sie nur an ihre Macht dachten, die durch ein radikales Sparprogramm gefährdet worden wäre. «Weiter so, hieß die Devise, die allerdings nicht nur wegen der erdrückenden Schuldenlast hätte geändert werden müssen. Hinzu kam, daß Italien in den achtziger Jahren – also etwas später als andere Industrienationen Europas – eine historische Zäsur epochaler Dimension erlebte, die aus der Tatsache resultierte, daß sich die Dynamik der Industriegesellschaft zu erschöpfen begann, ohne daß adäquater Ersatz vorhanden gewesen wäre, weil Alternativen etwa im Bereich der Informations- und Kommunikationstechnologien nie erwogen worden sind.»

Der italienische Staat kontrollierte Ende der achtziger Jahre über Einrichtungen wie das Istituto per la Ricostruzione Industriale (IRI) und die Ente Nazionale Idrocarburi (ENI) 35 000 Unternehmen und

Körperschaften, zusammen etwa 40 Prozent der Volkswirtschaft. Zum öffentlichen Sektor gehörten die meisten großen Banken und Versicherungen, Radio und Fernsehen, das Gesundheitswesen und das Gros der Schwerindustrie. Vor allem die zuletzt genannten Staatsbetriebe waren, in Wollers Worten, «unrentabel, personell überbesetzt, schlecht geführt, mit der Bürde zahlreicher ‹fremder› Aufgaben überfordert und aufs Ganze gesehen wenig innovativ. Der frühere Motor der italienischen Wirtschaft (der Staat als Unternehmer, H.A.W.) verwandelte sich so in einen Bremsklotz, der die gesamte Entwicklung hemmte und so groß und sperrig war, daß er eigentlich nur noch zerschlagen werden konnte.»

Ähnlich schwer wie der Verlust der Wettbewerbsfähigkeit wog ein anderes Übel: die grassierende Korruption, die häufig mit Verbindungen zur Welt des organisierten Verbrechens einherging. Den Kabinetten De Mita und Andreotti in den Jahren 1988 bis 1992 gehörte ein Dutzend Minister an, die der Veruntreuung und Unterschlagung öffentlicher Gelder beschuldigt wurden. Andreotti selbst wurden langjährige Kontakte zu Mafiabossen nachgesagt – Verbindungen, derentwegen er in den neunziger Jahren und im Jahrzehnt darauf mehrfach vor Gericht stand. Das politische System Italiens befand sich in einer moralischen Glaubwürdigkeits- und damit Legitimationskrise. Sein Zusammenbruch war eine Möglichkeit, mit der man Ende der achtziger Jahre ernsthaft rechnen mußte.[3]

Südosteuropäische Sonderwege: Jugoslawien, Albanien und Rumänien in den achtziger Jahren

Am 4. Mai 1980, drei Tage vor seinem 88. Geburtstag, starb nach viermonatigem Koma in Ljubljana Marschall Josip Broz Tito. Der jahrzehntelange Personenkult um den Schöpfer des kommunistischen Jugoslawien war nicht folgenlos geblieben. Alle Beobachter waren sich einig, daß die Trauer im Lande weithin «echt» war. Tito galt als Sieger über Hitler und Stalin; als einer der Führer der Dritten Welt hatte er sich hohes internationales Ansehen erworben. Das zeigte sich nochmals eindrucksvoll bei seinem Staatsbegräbnis: Vier Könige, 31 Staats- und Regierungschefs, 47 Außenminister und Delegationen aus 127 Ländern nahmen an dem Ereignis teil.

Tito hatte über den Nationen und Nationalitäten Jugoslawiens gestanden, ja er war die personifizierte Klammer des Vielvölkerstaates,
vielleicht «der einzige Jugoslawe» gewesen. Daß er nicht zu ersetzen
war, wurde sichtbar, als das Land 1980 in seine bislang tiefste wirtschaftliche Krise geriet. Sie war vordergründig eine Folge des zweiten
Erdölpreisschocks von 1979/80 und der durch ihn ausgelösten weltweiten Rezession. Die Krise machte schlagartig deutlich, wie schlecht
es um die Produktivität der jugoslawischen Betriebe und damit um die
Wettbewerbsfähigkeit des Landes bestellt war. Jugoslawien hatte sich
in den Jahren zuvor massiv im Westen verschuldet; Kredite waren von
den Banken in den siebziger Jahren meist ohne alle Vorgaben vergeben
worden. Auf die Zeit zwischen 1973 und 1981 entfielen 16,4 Milliarden Dollar oder 82 Prozent aller Verbindlichkeiten gegenüber dem
Ausland. 1982 mußte Jugoslawien bereits 1,8 Milliarden Dollar für
den Schuldendienst aufwenden. Die Außenhandelsbilanz geriet in den
Passivbereich; 1983 fiel das Wirtschaftswachstum unter Null. Die Inflationsrate erreichte im gleichen Jahr 45 Prozent; 1985 überschritt sie
die Marke von 100 Prozent; Ende 1988 kletterte sie auf 2700 Prozent.
Parallel dazu wuchs die Arbeitslosigkeit: 1984 überstieg sie die Grenze
von einer Million. 1985 fiel das Pro-Kopf-Einkommen auf einen Stand,
der niedriger war als 1970.

Zu den tieferen Ursachen des wirtschaftlichen Niedergangs gehörte
ein Kernelement des «Titoismus»: das von Edvard Kardelj, dem 1979 verstorbenen Mitstreiter Titos, erdachte System der betrieblichen Selbstverwaltung, mit dem sich Jugoslawien von der zentralistischen Planwirtschaft sowjetischer Prägung abheben wollte. In der Praxis hatte dieses
System der Bürokratisierung nicht entgegengewirkt, sondern sie im Gegenteil gefördert. Inkompetenz und Ineffizienz auf der Leitungsebene
waren seine hervorstechenden Merkmale, nicht selten flankiert von persönlicher Bereicherung und Korruption. Vom Zustand sozialer Gleichheit war Jugoslawien in den achtziger Jahren weit entfernt. Die obersten
20 Prozent der Einkommensskala verfügten, ähnlich wie in den kapitalistischen Gesellschaften des Westens, über 38,7 Prozent des Volksein-
kommens, die 60 Prozent, die der «Mittelschicht» zugerechnet wurden,
über 54,7 Prozent, das ärmste Fünftel über 6,6 Prozent. Jugoslawien war
keine klassenlose Gesellschaft; es wurde dominiert von einer privilegierten Funktionärsschicht, die Titos langjähriger Wegbegleiter und nach-
maliger Gegner Milovan Djilas schon 1957 als «neue Klasse» bezeichnet

hatte. Trotz mehrfacher Haftstrafen war Djilas von seiner Kritik nicht abgerückt. In den achtziger Jahren trat er erneut als Vorkämpfer einer intellektuellen Bewegung für mehr demokratische Rechte auf.

Eine unmittelbare Folge der wirtschaftlichen Misere waren wachsende Spannungen zwischen «reichen» und «armen» Republiken. Um 1989 lagen Slowenien und Kroatien mit 222,9 beziehungsweise 128,4 Punkten deutlich über dem jugoslawischen Gesamtindex (=100), während Bosnien-Herzegowina mit 66,3 Punkten weit darunter lag, damit freilich immer noch sehr viel besser abschnitt als das Kosovo, das auf 26,1 Punkte kam. Slowenien stellte mit seinen 2 Millionen Einwohnern nur 8 Prozent der Gesamtbevölkerung, kam aber für 25 Prozent des Bundeshaushalts und 18 Prozent des Regionalfonds auf. Die Abneigung des wohlhabenderen Nordens, weiterhin große Opfer zugunsten des einkommensschwachen Südens zu bringen, führte dazu, daß sich Slowenien und Kroatien Mitte der achtziger Jahre weigerten, weiterhin 10 Prozent ihrer Anlagemittel für die Förderung der weniger entwickelten Teile Jugoslawiens aufzuwenden. Damit begann ein Prozeß, der schließlich in die wirtschaftliche und politische Desintegration des Vielvölkerstaates mündete.

Vorausgegangen waren nationalistische Proteste in Kroatien, Bosnien-Herzegowina und Kosovo. Einige der Wortführer wurden vor Gericht gestellt und zu langjährigen Haftstrafen verurteilt: so 1981 der kroatische Nationalist Franjo Tudjman und 1983 der Bosnier Alija Izetbegović, der Wortführer einer Gruppe von Islamisten. Besonders explosiv war die Lage im überwiegend von ethnischen Albanern bewohnten Kosovo, wo sich auch der Geheimdienst des albanischen Diktators Enver Hodscha an der Schürung von Unruhen beteiligte. Das Kosovo war seit 1970 eine autonome Provinz innerhalb der Republik Serbien. 1981 kam es in den größeren Städten des Kosovo zu schweren irredentistischen Unruhen, die sich rasch über die ganze Provinz verbreiteten. In Peć ging das orthodoxe Patriarchat in Flammen auf. Der Kampfruf der Demonstranten, «Kosova Republika», zielte auf die Schaffung einer unabhängigen Republik für alle Albaner Jugoslawiens, gleichviel ob sie im Kosovo, im südlichen Serbien oder im westlichen Mazedonien lebten. Bei der Niederschlagung der Proteste kamen neun Menschen ums Leben; Hunderte wurden verletzt. In den Wochen danach wurden über 1600 an Ausschreitungen beteiligte Kosovaren vor Gericht gestellt und fast 600 verurteilt.

Innerhalb des Kosovo, der rückständigsten Region der Bundesrepublik Jugoslawien, hatten sich die Gewichte zwischen der albanischen Mehrheit und der serbischen Minderheit in den Jahrzehnten zuvor zugunsten der bei weitem geburtenstärkeren Gruppe, der überwiegend muslimischen Albaner, verschoben: Sie machten inzwischen rund vier Fünftel der Bevölkerung aus. Entsprechend nervös reagierten nationalistische Kreise in Serbien. Das Kosovo galt als «urserbisch», seit ein serbisch geführtes christliches Heer am 15. Juni 1389 auf dem Amselfeld (Kosovo polje) im Kampf gegen die Türken eine vernichtende Niederlage erlitten und damit, so der Mythos, aus dem Kosovo einen heiligen, durch Blut geweihten serbischen Boden gemacht hatte. Serbische Patrioten fühlten sich im Kosovo von den Albanern bedrängt und infolge der Machtbefugnisse der beiden autonomen Provinzen des Kosovo und der Wojwodina, wo etwa 17 Prozent der Bevölkerung zur ungarischen Minderheit gehörten, nicht mehr als Herren im eigenen Haus.

1986 machte sich die Serbische Akademie der Wissenschaften in einem zunächst geheimen, im September aber von der vielgelesenen Zeitung «Večernj novosti» veröffentlichten «Memorandum» diese Einschätzung zu eigen. Die beteiligten Intellektuellen schreckten nicht davor zurück, von einem völkermörderischen Krieg zu sprechen, der im Kosovo gegen die serbische Nation geführt werde. Der Kroate Tito und der Slowene Kardelj wurden posthum als Führer einer antiserbischen Verschwörung diffamiert. Das «Manifest» gipfelte in dem Aufruf, die nationale und kulturelle Integrität des serbischen Volkes wiederherzustellen – unabhängig davon, in welcher Republik oder Provinz seine Angehörigen lebten. Wenige Monate später, im Januar 1987, erschien in einer slowenischen Zeitschrift ein ähnlich nationalistischer Text – diesmal mit einer panslowenischen statt mit einer panserbischen Botschaft.

Das offizielle Echo war schroff ablehnend, und die serbische wie die slowenische Parteiführung hüteten sich, die Appelle der «bürgerlichen» Nationalisten zu unterstützen. In der Sache näherten sie sich deren Forderungen aber allmählich an. Die Männer an der Spitze der kommunistischen Parteien der beiden Republiken, der Serbe Slobodan Milošević und der Slowene Milan Kučan, gaben sich auf großen Kundgebungen betont patriotisch, was sich jedoch auf sehr unterschiedliche Weise äußerte: Während Kučan mehr Selbständigkeit für die Republiken verlangte, forderte Milošević mehr Kompetenzen für die Bundesgewalt, um auf diese Weise der weitaus größten Teilrepublik, Serbien, zu mehr Einfluß innerhalb der Bundesrepublik Jugoslawien zu verhelfen. In Kroatien hingegen vollzog sich die Nationalisierung weithin außerhalb der Parteiorganisation. Eine maßgebliche Rolle spielte dabei die katholische Kirche; auf ihre Rückendeckung setzte auch Franjo Tudjman, der die Kroaten zu Opfern serbischer Gewalt stilisierte, dabei auch nicht Halt machte vor antisemitischen Tiraden und einer Rehabilitierung des faschistischen Ustascha-Staates. In Bosnien-Herzegowina wandten sich auch religiös indifferente Bosniaken in wachsender Zahl der islamistischen Richtung um Izetbegović zu, die zur Bannerträgerin der nationalen Identität der Mehrheitsethnie der Vielvölkerrepublik geworden war.

Ende 1988 beschloß das jugoslawische Bundesparlament einschneidende Wirtschaftsreformen: Es schaffte das sozialistische Eigentumsrecht und das System der betrieblichen Selbstverwaltung ab und leitete die Privatisierung von Unternehmen ein. Premierminister Ante Marković gelang es sogar, die Hyperinflation, die inzwischen bei 2700 Prozent lag, einzudämmen und die Währung, den Dinar, zu stabilisieren. Einen festeren politischen Zusammenhalt aber vermochte die Bundesgewalt damit nicht mehr zu gewährleisten. Der Trend ging in Richtung der nationalistischen Kräfte. Am 16. Juni beschloß das slowenische Parlament in Ljubljana das Recht auf Abspaltung von Jugoslawien.

Am stärksten aber manifestierte sich der Nationalismus in Serbien, wo Slobodan Milošević zusätzlich zum Amt des Parteiführers, das er seit 1986 innehatte, im Mai 1989 auch das des Präsidenten der Republik Serbien übernahm. Zwei Monate zuvor bereits hatte das serbische Parlament die Autonomie der Provinzen Kosovo und Wojwodina faktisch aufgehoben. Auf die programmatische Rede, die Milošević am 28. Juni 1989 auf der Feier zum 600. Jahrestag der Schlacht auf dem Amselfeld hielt, wird noch zurückzukommen sein. Die Zeichen standen auf Konfrontation – innerhalb Serbiens, aber auch im Rahmen der Bundesrepublik Jugoslawien insgesamt.

Kein europäisches Land war in den achtziger Jahren politisch so isoliert wie das südöstliche Nachbarland Jugoslawiens, die Albanische Volksrepublik. Auf die Entstalinisierung in der Sowjetunion unter Chruschtschow reagierte Parteichef Enver Hodscha mit einer Kampagne gegen die «revisionistische» Politik der KPdSU. Moskau antwortete mit der Aufkündigung einer Kreditzusage über 135 Millionen Dollar, der Abberufung seiner Techniker und Berater, dem Rückzug einer U-Boot-Flottille aus albanischen Häfen und Ende 1961 mit dem Abbruch der diplomatischen Beziehungen. Es folgten 1962 der faktische Austritt Albaniens aus dem Rat für gegenseitige Wirtschaftshilfe, dem COMECON, und im September 1968, nach der Intervention der Warschauer-Pakt-Staaten in der Tschechoslowakei, das endgültige Ausscheiden aus dem RGW und der Austritt aus dem sowjetisch geführten Militärbündnis. 1975 war Albanien das einzige europäische Land, das die KSZE-Schlußakte von Helsinki nicht unterzeichnete.

Parallel zur Abwendung von der Sowjetunion vollzog Hodscha eine ideologische, politische und wirtschaftliche Hinwendung zur Volksrepublik China, die diese Umorientierung ihrerseits mit einer großzügigen Wirtschafts- und Militärhilfe für Tirana honorierte. Als Mao Tse-tung Anfang der siebziger Jahre mit dem Kurs der Annäherung an die USA begann, kritisierte Hodscha diese Wende scharf und ließ die eigene Partei konsequent von prochinesischen Elementen säubern. Einen Staatsbesuch des ideologischen Erzfeindes Titos in der Volksrepublik China im Jahr 1977 nahm die albanische KP zum Anlaß einer massiven Kampagne gegen die gesamte Außen- und Innenpolitik von Maos Erben. Im Jahr darauf stellte die Volksrepublik China ihre Wirtschafts- und Militärhilfe für Albanien ein: Die Experten wurden zurückgezogen – ein schwerer Schlag für das Balkanland, dessen Bevölkerung dank hoher Geburtenraten seit langem sehr viel schneller wuchs als seine Wirtschaft.

Innenpolitisch blieb das Regime Enver Hodschas auf einem strikt stalinistischen Kurs. Der Personenkult um den Parteichef hatte längst die Ausmaße seines sowjetischen Vorbildes erreicht. 1967 wurden alle Moscheen und Kirchen geschlossen und Albanien zum ersten atheistischen Staat der Welt erklärt – eine Selbstkennzeichnung, die im Dezember 1976 Eingang in die neue Verfassung fand. Im Dezember 1981 starb unter mysteriösen Umständen einer der engsten Weggefährten Enver Hodschas, Ministerpräsident Mehmet Shehu – vermutlich nicht, wie es offiziell hieß, von eigener Hand, sondern auf Weisung des Parteichefs, der Shehu posthum als Chefagenten des titoistischen Jugoslawien diffamierte.

Am 11. April 1985 starb Enver Hodscha. Sein Nachfolger Ramiz Alia setzte die innere Politik seines Vorgängers zunächst im wesentlichen unverändert fort. Gorbatschows Kurs der «Perestrojka» wurde in der albanischen Presse scharf kritisiert. Nach Westen hin aber bemühte sich Alia, die außenpolitische Isolierung Albaniens Schritt für Schritt zu überwinden, indem er diplomatische Beziehungen zur Bundesrepublik Deutschland, zu Spanien und Kanada aufnahm. Gleichzeitig verbesserte sich das Verhältnis Albaniens zu seinen Nachbarn. Im Oktober 1986 schloß Tirana ein Handelsabkommen mit Jugoslawien ab; im August 1987 erklärte Griechenland den seit 1940 bestehenden Kriegszustand mit Albanien offiziell für beendet. Im Februar 1988 nahm der albanische Außenminister an einer Konferenz von sechs Balkanländern in Belgrad teil: ein Signal, das mit einer Abmilderung der antijugoslawischen Propaganda in der Kosovo-Frage einherging. Von einer innenpolitischen Liberalisierung aber war um diese Zeit kaum etwas zu spüren: Parteichef Alia erweckte nicht den Eindruck, als sei es sein Ziel, als albanischer Gorbatschow in die Geschichte einzugehen.

Anders als Jugoslawien und Albanien war Rumänien Mitglied des COMECON und des Warschauer Pakts. Aber im Unterschied zu den anderen Ostblockstaaten betonte Partei- und Staatschef Nicolae Ceauşescu bei jeder Gelegenheit die vollständige Souveränität und Unabhängigkeit seines Landes und spielte damit die Bedeutung der Blockbildung bewußt herunter. Ende 1978 ging der «Conducator» («Führer») so weit, dem Warschauer Pakt die Beteiligung an neuen Waffensystemen zu verweigern. Die zweite Erdölpreiskrise von 1979/80 stürzte Rumänien in eine schwere Wirtschaftskrise. Ceauşescu ließ die Ausfuhren auf Kosten der Inlandsnachfrage steigern. Als Rumänien 1982 seinen Schuldendienst einstellte und damit seine Zahlungsunfähigkeit erklärte, nahmen die USA und Kanada bereits erteilte Kreditzusagen zurück. Das gab Ceauşescu wohl den Anstoß zu der Entscheidung, sämtliche rumänische Auslandsschulden beschleunigt, und zwar ohne Aufnahme neuer Kredite, zurückzuzahlen. Die Lebensmittelimporte wurden auf ein Minimum heruntergedrückt, die Lebensmittel rationiert. Die Masse der Rumänen mußte infolge des rigorosen Sparkurses und der sich verschärfenden Energiekrise hungern und frieren, aber das Ziel wurde erreicht: Im Frühjahr 1989 war Rumänien schuldenfrei.

Gleichzeitig trieb Ceauşescu kostspielige Prestigeprojekte voran.
Der 65 Kilometer lange Donau-Schwarzmeer-Kanal, der den Schiff-
fahrtsweg zum Schwarzen Meer um 370 Kilometer verkürzen sollte,
dessen wirtschaftlicher Nutzen gleichwohl umstritten war, wurde
nach rund zehnjähriger Arbeit 1984 fertiggestellt. Im gleichen Jahr begann in Bukarest der Bau des «Hauses des Volkes», eines riesigen, an
die Architektur der späten Stalinzeit erinnernden Staatspalastes, der
ökonomisch ohne jeden Sinn war und letztlich nur dem Zweck diente,
den persönlichen Ruhm des Präsidenten und seiner Ehefrau, der stellvertretenden Ministerpräsidentin Jelena Ceauşescu, zu mehren. Ganze
Stadtviertel wurden um des Neubaus und des dorthin führenden neuen
Prachtboulevards willen abgerissen, darunter 17 Kirchen und ein Klo-
ster aus dem frühen 18. Jahrhundert; eine kunsthistorisch bedeutsame
Kirche aus dem späten 16. Jahrhundert wurde an anderer Stelle wie-
dererrichtet. Um Ceauşescus Traum zu verwirklichen, mußten 20 000
Arbeiter in drei Schichten rund um die Uhr arbeiten; 2 Milliarden Dollar sollen dafür ausgegeben worden sein. Von Protesten des orthodoxen Klerus gegen die Kirchenzerstörung war nichts zu hören. Nicht
weniger gigantomanisch wirkte ein anderes, über Anfänge freilich
nicht hinaus gelangtes Vorhaben: die «Dorfsystematisierung», die darauf abzielte, bis zum Jahr 2000 die Hälfte aller rumänischen Dörfer,
etwa 6500, im Zuge der forcierten Industrialisierung und des geplanten Baus großer Agrarstädte vom Erdboden verschwinden zu lassen.

Zu den innenpolitischen Prioritäten Ceauşescus gehörte neben der
gezielten «Rumänisierung» der ungarischen, der deutschen und anderer Minderheiten seit langem die Erhöhung der Bevölkerungszahl: Sie
sollte von etwa 22 Millionen auf 30 Millionen um die Jahrtausendwende steigen. Als Norm war vorgesehen, daß Frauen bis 45 Jahren
mindestens fünf Kinder haben sollten. Verhütungsmittel wurden in
Rumänien nicht hergestellt; ihr Import war verboten. Frauen unter
40 Jahren, seit 1986 unter 45 Jahren, waren Schwangerschaftsabbrüche
untersagt; das Heiratsalter für Frauen wurde auf 15 Jahre gesenkt. Die
Folge des Abtreibungsverbots aus dem Jahr 1966 waren zahllose illegale Schwangerschaftsabbrüche; 11 000 Frauen sollen bis 1989 dabei
ums Leben gekommen sein. Frauen, die widerrechtlich abgetrieben
hatten, drohten Haftstrafen zwischen sechs Monaten und zwei Jahren;
Ärzte, die bei Abtreibungen halfen, mußten mit 12 Jahren Haft und
dem Verlust ihrer Approbation rechnen. Die Säuglingssterblichkeit

war so hoch, daß seit 1985 Geburten erst registriert wurden, wenn das Kind die ersten zwei bis vier Wochen überlebt hatte. Da arme Eltern oft nicht in der Lage waren, ihre Kinder ausreichend zu ernähren, wurden diese in staatliche Heime gegeben, wo sie unter unmenschlichen Bedingungen vor sich hin vegetierten. Die Zahl der völlig verwahrlosten Heimkinder belief sich Ende 1989 in ganz Rumänien auf 100 000.

Daß es gegen die Politik Ceauşescus nur selten lauten Protest gab (einer davon war eine rasch niedergeworfene Arbeiterrevolte im siebenbürgischen Braşov, auf deutsch Kronstadt, im November 1987), hatte der allgegenwärtige Staatssicherheitsdienst, die «Securitate», zu gewährleisten. In kaum einem Ostblockland war die geheimpolizeiliche Überwachung der Bevölkerung und vor allem der Intellektuellen derart dicht wie im Rumänien Ceauşescus, und nirgendwo sonst wurde der Personenkult um den Mann an der Spitze so weit getrieben wie hier. Vieles am Rumänien der achtziger Jahre erinnerte an die Zeit eines anderen «Conducators»: des Marschalls Ion Antonescu, der als Verbündeter der Achsenmächte Deutschland und Italien zwischen 1940 und 1944 Rumänien in der Manier eines faschistischen Diktators geführt hatte. Von den faschistischen Regimen der Jahre vor 1945 unterschied sich das System Ceauşescus durch die «sozialistischen» Eigentumsverhältnisse. In Sachen Führerkult, Einparteienherrschaft, Staatsterror, Dauerpropaganda, Nationalismus, totalitärer Durchdringung der Gesellschaft überwogen die Gemeinsamkeiten.

Den innenpolitischen Umbruch in der Sowjetunion seit 1985 verfolgte Ceauşescu mit wachsender Besorgnis. Von «Perestrojka» und «Glasnost» befürchtete er eine innenpolitische Destabilisierung in Rumänien. Sein Land bedurfte, so weit es nach dem «Conducator» ging, weder wirtschaftlicher Reformen noch einer politischen Öffnung. Als Michail Gorbatschow Ende Mai 1987 zusammen mit seiner Frau Raissa Rumänien einen Staatsbesuch abstattete, kam es, so stellt es jedenfalls Gorbatschow in seinen «Erinnerungen» dar, bei einem Abendessen im Haus des rumänischen Partei- und Staatschefs zwischen seinem Gastgeber und ihm zu einem heftigen Zusammenstoß. Ceauşescu habe den Kremlchef ermahnt, er solle sich weniger mit internationalen Angelegenheiten und mehr mit den innenpolitischen Problemen der Sowjetunion beschäftigen, woraufhin Gorbatschow Ceauşescu vorgehalten haben will, daß dieser sein Land von der Welt isoliert habe und in Angst und Schrecken halte. Was immer von beiden bei dieser Gelegenheit gesagt oder nicht gesagt worden ist, auf eines durfte sich der rumänische Diktator wohl kaum noch verlassen: daß Gorbatschows Sowjetunion ihm zur Hilfe kommen würde, wenn eines Tages sein eigenes Volk oder Teile der eigenen Partei sich gegen ihn auflehnen sollten.[4]

Pro und contra Perestrojka: Die Spaltung des Ostblocks

Wenn es ein Ostblockland gab, das sich seit der frühen Nachkriegszeit das Prädikat «besonders moskautreu» redlich verdient hatte, war es Bulgarien. Seit 1954 stand Todor Schiwkow an der Spitze der Kommunistischen Partei, und nie war er durch Abweichungen von der jeweiligen Linie der KPdSU aufgefallen. Gegen die Neuorientierung unter Gorbatschow aber erhob er, seit das ZK der KPdSU sich im Januar 1987 unzweideutig auf einen Kurs der Demokratisierung festgelegt hatte, zunächst Bedenken, um die Parteiführung dann wenige Monate später doch eine bulgarische Spielart von wirtschaftspolitischer «Perestrojka» beschließen zu lassen. Von Demokratisierung freilich konnte im Bulgarien Schiwkows keine Rede sein, und von Toleranz gegenüber ethnischen Minderheiten schon gar nicht.

Seit den frühen achtziger Jahren sahen sich die ethnischen Türken, die rund ein Zehntel der bulgarischen Bevölkerung ausmachten, einem massiven Assimilierungsdruck ausgesetzt. Alles spricht dafür, daß Schiwkow den Nationalitätenkampf entfesselte, um von den schweren wirtschaftlichen Problemen abzulenken, in die Bulgarien im Zuge der zweiten Erdölpreiskrise geraten war. Die bulgarischen Türken seien, so hieß es in der offiziellen Propaganda, in Wahrheit keine Türken, sondern zwangsislamisierte Bulgaren, denen ihre nationale Identität zurückgegeben werden müsse. Dementsprechend wurde der Gebrauch der türkischen Sprache in den Medien und im Bildungswesen verboten und 1985 den Bulgaren mit türkischem Namen die Verpflichtung auferlegt, einen bulgarischen Namen anzunehmen. Da die Minderheit sich gegen ihre Unterdrückung auflehnte, kam es mehrfach zu blutigen Zusammenstößen zwischen Nationalisten beider Volksgruppen, 1985 sogar zu einem vom Regime angeordneten Panzereinsatz und schließlich zwischen Mai und August

1989 zu einem Massenexodus von über 300000 Bulgarotürken in die Türkei. Daß Gorbatschow Schiwkow intern zur Mäßigung aufrief, beeindruckte diesen ebensowenig wie die scharfen Proteste der Türkei, der USA und der NATO. Es bedurfte der revolutionären Umwälzungen in Ostmitteleuropa, um Kritikern Schiwkows im Politbüro, an ihrer Spitze Außenminister Petär Mladenow, im Herbst den Anstoß zur offiziellen Auflehnung gegen den selbstherrlichen Parteichef zu geben.

In der Tschechoslowakei lösten die Reformen Gorbatschows unter Intellektuellen und in weiten Kreisen der Bevölkerung begeisterte Zustimmung, in der Parteiführung aber größte Besorgnis aus. «Perestrojka» und «Glasnost» riefen sofort die Erinnerung an den «Prager Frühling» wach; jeder Schritt in Richtung Demokratie war aus der Sicht der Orthodoxen um Vasic Bilak mit der Gefahr verbunden, daß die «konterrevolutionären» Kräfte, die im August 1968 nur mit Hilfe der Intervention der Warschauer-Pakt-Staaten hatten geschlagen werden können, erneut zum Zuge kamen. Innerhalb des höchsten Parteigremiums, des Präsidiums, verfügten die Anhänger Bilaks gegenüber den «Pragmatikern» um den Ministerpräsidenten Lubomír Štrougal über eine solide Mehrheit von sieben zu drei. Parteichef Gustáv Husák lavierte zwischen den Flügeln, versuchte aber gegenüber Gorbatschow den Eindruck zu erwecken, als sei er vorsichtigen Kurskorrekturen nicht abgeneigt.

Als Štrougal im Dezember 1986 im Zentralkomitee einen Subventionsabbau und die Anhebung der Preise der ČSSR auf Weltmarktniveau forderte, sah sich Bilak zu der Warnung veranlaßt, daß die sowjetischen Genossen unter völlig anderen Bedingungen arbeiteten als die KPČ, weshalb ein «Umbau» der Wirtschaft im Sinne von «Perestrojka» und «Glasnost» in der Tschechoslowakei unvorhersehbare Gefahren heraufbeschwören würde. Im April 1987 besuchte Gorbatschow die Tschechoslowakei, wo er in Prag von etwa 50000 Menschen enthusiastisch gefeiert wurde – für die Dogmatiker ein höchst alarmierender Vorgang. Im Dezember 1987 trat Husák, offenbar aus freien Stücken, als Generalsekretär der KPČ zurück, behielt aber das Amt des Staatspräsidenten. Sein Nachfolger im Parteiamt, Miloš Jakeš, der sich zuvor als Verfolger der Dissidenten einen Namen gemacht hatte, war nur zu geringfügigen Zugeständnissen an die Pragmatiker bereit. Im Oktober 1988 veranlaßte er Štrougal, als Regierungschef zugunsten seines Stellvertreters Ladislav Adamec zurückzutreten. Zwei Monate später schied Bilak, angeblich aus Altersgründen, aus dem Präsidium aus.

Unter den Problemen, die die Bevölkerung der Tschechoslowakei in den achtziger Jahren besonders beunruhigten, rangierte die Umweltzerstörung durch die exzessive Verfeuerung von Kohle und die Schadstofferzeugung der chemischen Industrie weit oben. Ein Viertel der Tschechen und Slowaken lebte in verpesteter Luft; ein Drittel der Wälder war inzwischen durch sauren Regen schwer geschädigt oder schon abgestorben; ein Drittel aller Bach- und Flußläufe war biologisch tot. Die Volkswirtschaft der ČSSR hatte im Zuge der zweiten Erdölpreiskrise schwere Rückschläge zu verzeichnen: Die Industrieproduktion war 1983 um 2,7 Prozent, die Agrarproduktion und das Nationaleinkommen insgesamt jeweils um 2,2 Prozent gesunken. In der zweiten Hälfte der achtziger Jahre gab es wieder bescheidene Zuwächse, die aber weit hinter den ehrgeizigen Vorgaben des Ende 1986 verabschiedeten achten Fünfjahresplans zurückblieben.

Das politische Klima wurde durch die von Štrougal eingeleiteten vorsichtigen Wirtschaftsreformen nicht verbessert: Die Behinderungen der Kirchen hielten ebenso an wie die Verfolgung der Protagonisten der «Charta 77». Oppositionelle Kundgebungen zum 20. Jahrestag der Intervention der Warschauer-Pakt-Staaten am 21. August 1988 wurden gewaltsam unterdrückt. Als am 15. Januar 1989, zwanzig Jahre nach der demonstrativen Selbstverbrennung des Studenten Jan Palach, mehrere tausend Menschen auf dem Prager Wenzelsplatz zum Gedenken an diesen Protest gegen die Niederschlagung des «Prager Frühlings» zusammenkamen, wurden sie von der Polizei brutal auseinandergeprügelt. Es gab über 90 Verhaftungen von «Rädelsführern»; einer der Demonstranten, der Mitinitiator der «Charta 77», Václav Havel, wurde wegen «Rowdytums» zu fünf Monaten Haft verurteilt, im Mai 1989 aber vorzeitig entlassen. Annähernd 3000 Schriftsteller, Wissenschaftler und Theaterleute unterschrieben eine Protestresolution gegen das Vorgehen der Polizei. Anzeichen, daß die KPČ sich davon beeindrucken ließ, gab es keine. Nach wie vor stand einer Reformpolitik, die diesen Namen verdient hätte, ein offenbar unüberwindliches Hindernis entgegen: das Trauma von 1968.

Kein Ostblockstaat fühlte sich durch die Politik der Perestrojka so existentiell bedroht wie die DDR. Reformen, wie Gorbatschow sie in der Sowjetunion propagierte und durchzusetzen begann, hätten den kleineren der beiden deutschen Staaten dem größeren, der «kapitalistischen» Bundesrepublik Deutschland, ähnlicher gemacht und damit seine «raison d'être», die sozialistische Gesellschaftsordnung, in Frage gestellt. Von der SED war daher nach 1985 immer wieder zu hören, die DDR bedürfe, da sie sich ohnehin den Anforderungen der Gegenwart entsprechend ständig weiterentwickelt habe, keinerlei einschneidender Reformen. Besonders plastisch brachte der Chefideologe der herrschenden Partei, Kurt Hager, diese Abwehrhaltung Anfang April 1987 in einem Interview mit der Hamburger Zeitschrift «Stern» zum Ausdruck. Auf das Verhältnis der DDR zur «Perestrojka» angesprochen, erwiderte er: «Würden Sie, nebenbei gesagt, wenn Ihr Nachbar seine Wohnung tapeziert, Ihre Wohnung ebenfalls tapezieren?»

Im Unterschied zur ČSSR mutete die DDR ihren Bürgern auch in wirtschaftlich schwierigen Phasen wie zu Beginn der achtziger Jahre keine Abstriche am erreichten Lebensstandard zu. Mit Hilfe von Westkrediten, vor allem aus der Bundesrepublik, aber auch von Mitteln aus dem Häftlingsfreikauf durch Bonn und den auf den Transitstrecken zwischen West-Berlin und dem Bundesgebiet erhobenen Gebühren gelang es der DDR, die von Erich Honecker proklamierte «Einheit von Wirtschafts- und Sozialpolitik» aufrechtzuerhalten – das heißt Sozialleistungen zu erbringen, die ihre eigene Finanz- und Wirtschaftskraft überstiegen. Die DDR lebte mithin notorisch über ihre Verhältnisse, und sie konnte das nur tun, weil der andere deutsche Staat sie massiv unterstützte, um «menschliche Erleichterungen» im geteilten Deutschland durchzusetzen und den unabsehbaren Folgen einer aus materieller Not geborenen gewaltsamen Auflehnung gegen das SED-Regime vorzubeugen.

Proteste gegen das repressive System der DDR gab es in den achtziger Jahren freilich immer wieder. Die Friedenspropaganda, mit der die SED die Nachrüstungspolitik der Bundesrepublik konterte, erschwerte es der herrschenden Partei, massiv gegen die unabhängige Friedens- und Umweltbewegung vorzugehen, die sich seit Ende der siebziger Jahre gegen die Hochrüstung in West *und* Ost wandte. Eine prominente Rolle spielten dabei evangelische Pfarrer. Kirchlichen Ursprungs war namentlich die Bewegung «Schwerter zu Pflugscharen», die sich seit 1981/82 von Sachsen aus über die ganze DDR verbreitete. Sie berief sich auf die Vision des alttestamentarischen Propheten Micha vom kommenden Friedensreich des Messias: «Sie werden ihre Schwerter zu Pflugscharen und ihre Spieße zu Sicheln machen.» Das entsprechende Symbol, zunächst ein Lesezeichen aus Vliesstoff, wurde als Aufnäher rasch zum Kennzeichen der ostdeutschen Friedensbewegung. Solange die Partei- und Staatsführung in den Kirchen Partner im Kampf gegen die Nachrüstung der NATO sah, konnte sie die vorsichtige Systemkritik kirchennaher Kreise nicht mit allzu offener Unterdrückung beantworten. Statt dessen verlegte sich das Regime in der Regel auf die Zersetzung der Oppositionsgruppen durch Infiltration mit Hilfe von Inoffiziellen Mitarbeitern der Staatssicherheit.

Seit die westliche Nachrüstung eine vollendete Tatsache war, entfiel ein wichtiger Grund für solche taktischen Rücksichtnahmen. Als im Juni 1987 Jugendliche in Ost-Berlin zu Tausenden zum Brandenburger Tor strömten, um einem Rockkonzert auf der anderen Seite der Mauer zuzuhören, und dabei auch Rufe wie «Die Mauer muß weg!» ertönten, ging die Volkspolizei mit brutaler Gewalt gegen die Teilnehmer vor. Mitte November 1987 wurde die im Herbst des Vorjahres ins Leben gerufene, regimekritische «Umweltbibliothek» in der Zionskirche im Ost-Berliner Bezirk Mitte durch Staatsanwaltschaft und Staatssicherheit durchsucht. Die Festnahme mehrerer Initiatoren löste Solidaritätsaktionen in vielen Städten der DDR aus. Zusammen mit den Mahnwachen an der Zionskirche erregten die Proteste so viel internationales Aufsehen, daß das Regime schließlich einlenkte und bis Ende November alle verhafteten Mitarbeiter der Umweltbibliothek aus der Untersuchungshaft entließ. Die Ermittlungsverfahren gingen allerdings weiter.

Am 17. Januar 1988 nahmen Angehörige unabhängiger Bürgerrechts- und Friedensgruppen die traditionelle Liebknecht-Luxemburg-Demonstration in Ost-Berlin zum Anlaß, Transparente mit dem bekanntesten Zitat von Rosa Luxemburg – «Freiheit ist immer die Freiheit der Andersdenkenden» – zu zeigen. Viele wurden daraufhin festgenommen. Es folgte eine Welle von Verhaftungen und Abschiebungen. Betroffen waren unter anderen die Theaterregisseurin Freya Klier und der Chansonsänger Stephan Krawczyk, die am 2. Februar, nach ihrer Ankunft in der Bundesrepublik, sofort erklärten, daß sie die DDR nicht freiwillig verlassen hätten. Am 18. November 1988 wurde die sowjetische Zeitschrift «Sputnik» von der Postzeitungsliste gestrichen, also den Abonnenten nicht mehr ausgeliefert. Der Grund der Maßnahme war ein Tabubruch: Das Blatt hatte in seinem Oktoberheft jenes geheime Zusatzabkommen zum Hitler-Stalin-Pakt von 1939 erwähnt, das die Aufteilung der Interessensphären zwischen dem Deutschen Reich und der Sowjetunion regelte und im August 1988 erstmals im Wortlaut in Moskau veröffentlicht worden war.

Das Verbot des «Sputnik» war die bislang schärfste Absage an «Glasnost» aus der DDR. Die Begründung, wer den heldenhaften Kampf der Antifaschisten gegen den Hitlerfaschismus schmähe, habe «bei uns» keinen Platz, brachte, ebenso wie die Maßnahme selbst, laut Berichten des Ministeriums für Staatssicherheit auch langjährige Mitglieder der SED gegen die Parteiführung auf. Was Gorbatschow in der Sowjetunion tat, konnte die SED nicht verhindern. Jeder Versuch, die DDR auf einen ähnlichen Reformkurs zu bringen, kam aber nach Meinung Erich Honeckers und des Politbüros einem Anschlag auf die Existenzgrundlagen des ostdeutschen Staates gleich. Da die Sowjetunion unter Gorbatschows Führung keinen Druck auf ihre Verbündeten ausübte, orientierte sich die praktische Politik der SED auch weiterhin an dieser Maxime.

Nur aus zwei Hauptstädten des sogenannten «sozialistischen Lagers» erhielt Gorbatschow frühzeitig Unterstützung für sein Projekt von «Perestrojka» und «Glasnost»: aus Budapest und Warschau. In Ungarn waren jüngere Reformer innerhalb der Partei der Ungarischen Werktätigen die treibenden Kräfte. Parteichef János Kádár empfand die Bestrebungen des Generalsekretärs der KPdSU als viel zu weitgehend und damit gefährlich, willigte aber im Juni 1987 in einen Wechsel an der Spitze der Regierung ein, der die erneuerungswilligen Elemente in der Parteiführung der politischen Macht ein gutes Stück näher brachte: Der langjährige, als starr geltende Ministerpräsident György Lázár wurde durch einen Befürworter einschneidender Wirtschaftsreformen, Károly Grósz, ersetzt.

Deutlich radikalere Veränderungen als der «Liberalisierer» Grósz hielt ein anderes Mitglied der Parteiführung, Imre Pozsgay, für notwendig. Er trat für eine umfassende Demokratisierung und eine Öffnung gegenüber der gemäßigten, «populistischen» Opposition ein. Am 22. Mai 1988 gelang es den Neuerern, den gesundheitlich geschwächten Kádár auf den neugeschaffenen, faktisch unbedeutenden Posten eines

Parteipräsidenten abzuschieben. Die sehr viel wichtigere Funktion des
Parteisekretärs übernahm Károly Grósz, der seine Machtstellung damit
beträchtlich ausbauen konnte.

Die Entmachtung Kádárs fiel in eine Zeit, in der politischer Pluralismus in Ungarn bereits mehr war als ein propagandistisches Schlagwort. Ende September 1987 waren Pozsgay und andere Reformkommunisten als Beobachter bei der Gründung einer neuen politischen
Gruppierung, des Ungarischen Demokratischen Forums (MDF), zugegen, die das Ziel verfolgte, sich zu einer bürgerlichen Sammlungspartei zu entwickeln. Ende März 1988 entstand eine weitere Vereinigung, die Allianz Junger Demokraten, die Fidesz, die sich um ein
betont liberales Profil bemühte und neben einer «Mischwirtschaft»
Menschenrechte und nationale Werte auf ihr Banner schrieb. Mitte
November 1988 riefen demokratische Oppositionelle des im Mai gebildeten, ebenfalls liberal gesinnten Netzwerkes Freier Initiativen eine
weitere Partei, den Bund Freier Demokraten (SZDSZ), ins Leben.
Noch im selben Monat gründete sich die erste der «historischen» Parteien, die Unabhängige Kleinlandwirtepartei, aufs neue. Im Januar
1989 folgten die Sozialdemokraten, im April die Christliche Demokratische Volkspartei.

Die bislang herrschende Partei der Ungarischen Werktätigen legte
der Bildung konkurrierender Parteien seit dem Spätjahr 1988 keine
Hindernisse mehr in den Weg. Károly Grósz, der an der Monopolstellung der Kommunisten festhalten wollte und Ende Oktober noch einen
scharfen Polizeieinsatz gegen Teilnehmer einer Demonstration zum
Gedenken an die Niederschlagung des Volksaufstands von 1956 auto-
risiert hatte, übergab im November 1988 sein Amt als Regierungschef
dem jungen Miklós Németh, der, anders als sein Vorgänger, ein Viel-
parteiensystem zur unbedingten Notwendigkeit erklärte. Sein Verbündeter Imre Pozsgay bereitete der weiteren Liberalisierung seit Ende
1988 mit einer Reihe von grundsätzlichen Stellungnahmen den Weg.
Die wichtigste betraf den historischen Ort der Ereignisse vom Oktober
1956: Sie wurden nun nicht mehr als Konterrevolution, sondern als
Volkserhebung gewürdigt. Am 11. Januar 1989 faßte das Parlament
den Beschluß, der die Versammlungs- und Vereinigungsfreiheit und
damit ein Mehrparteiensystem verbürgte. Zehn Tage später verzichtete
die Partei der Ungarischen Werktätigen auf ihre durch die Verfassung
garantierte Führungsrolle und gestand den Ungarn das Streikrecht zu.

Was sich zwischen dem Herbst 1988 und dem Frühjahr 1989 in Ungarn vollzog, war nicht weniger als eine Revolution von oben – getragen von Kräften innerhalb der kommunistischen Partei, die in Gorbatschows Reformpolitik die Chance sahen, ihr eigenes Land von jedweder Bevormundung durch Moskau zu befreien und ihm seine mitteleuropäische Identität zurückzugeben. Daß sie als erste Regierungspartei des Ostblocks damit nicht nur den Stalinismus, sondern implizit auch den Leninismus zu einer historischen Fehlentwicklung erklärten, war den Reformern um Pozsgay und Németh vollauf bewußt.

Von keinem Parteiführer des zerfallenden Ostblocks fühlte sich Gorbatschow von Anfang an so gut verstanden wie von Wojciech Jaruzelski, dem Mann an der Spitze der Polnischen Vereinigten Arbeiterpartei. Für den polnischen Parteichef, der im November 1985 vom Amt des Ministerpräsidenten in das des Vorsitzenden des Staatsrats überwechselte, waren «Perestrojka» und «Glasnost» Zeichen dafür, daß die Sowjetunion Polen nicht in den Arm fallen würde, wenn sich die Warschauer Führung entschloß, dem eigenen Regime eine breitere gesellschaftliche Grundlage zu verschaffen und zu diesem Zweck Brücken zur Opposition zu schlagen. Das Verhältnis zu den Anhängern der verbotenen Gewerkschaft «Solidarność» hatte sich dramatisch verschlechtert, als im Oktober 1984 Angehörige der politischen Polizei einen der Arbeiteropposition nahestehenden katholischen Priester, Jerzy Popiełuszko, entführten und ermordeten. Als Zeichen des guten Willens der Regierenden wurde im November 1985 eine Teilamnestie für Mitglieder der «Solidarność», im Juli 1986 eine umfassende Amnestie für politische Häftlinge beschlossen, in deren Verlauf alle seit 1981 verurteilten und verhafteten Oppositionellen freikamen. Die USA honorierten diese Geste, indem sie die letzten der nach der Proklamation des Kriegsrechts am 13. Dezember 1981 verhängten Sanktionen aufhoben.

Wirtschaftlich war die Lage Polens Mitte der achtziger Jahre so ernst, daß sich die Führung Anfang 1986 zur Anhebung der Wochenarbeitszeit von 42 auf 47 Stunden und zur Erhöhung der Lebensmittelpreise genötigt sah. Mehrere große Streiks, unter anderem an der Danziger Leninwerft und in den Bergbaugebieten, ließen im Sommer 1988 bei der Partei- und Staatsführung die Neigung wachsen, mit der nach wie vor illegalen Opposition Verbindung aufzunehmen. Die Forderung nach einem solchen nationalen Dialog hatten Anfang 1988 zwei Intellektuelle aus dem Kreis um «Solidarność», zuerst der Historiker Jerzy Holzer in einem Offenen Brief an Jaruzelski, dann sein Kollege und Freund Bronisław Geremek in einem Zeitungsinterview, erhoben. Am 31. August ging das Regime darauf ein: Innenminister Czesław Kiszczak traf sich mit dem legendären Gewerkschaftsführer von 1980/81 und Friedensnobelpreisträger von 1983, Lech Wałęsa. Bei dieser von der katholischen Kirche vermittelten Begegnung wurde erstmals über Gespräche zwischen Regierung und Opposition am «Runden Tisch» gesprochen. Eine Wiederzulassung der unabhängigen Gewerkschaft lehnte Kiszczak ab. Dennoch rief Wałęsa, wie vom Innenminister gefordert, zur Beendigung der Streiks auf.

Heftige Reaktionen aus der eigenen Partei auf das Gespräch zwischen Kiszczak und Wałęsa veranlaßten Jaruzelski, einen Wechsel an der Spitze der Regierung zu vollziehen, den «Solidarność» nur als Herausforderung verstehen konnte: Ministerpräsident Zbigniew Messner wurde am 27. September durch den früheren Chefredakteur der Wochenzeitung «Polityka», Mieczysław Rakowski, abgelöst, der als entschiedener Gegner der Gewerkschaft galt. Rakowski leitete radikale Wirtschaftsreformen ein, die teilweise geradezu «thatcheristisch» wirkten. Er beseitigte faktisch alle gesetzlichen Beschränkungen, die der privaten Unternehmertätigkeit entgegenstanden, und ordnete für die Zeit nach dem 1. August 1989 die Aufhebung der Preisbindungen für landwirtschaftliche Erzeugnisse an.

Am 30. November 1988 ließ sich der Vorsitzende des offiziellen Gewerkschaftsbundes, Alfred Miodowicz, auf das Wagnis eines von ihm selbst angeregten Fernsehstreitgespräches mit Lech Wałęsa ein, das dieser zur Überraschung seines Herausforderers souverän für sich entschied. Kurz darauf, am 18. Dezember 1988, gründete Wałęsa das oppositionelle Bürgerkomitee beim Vorsitzenden der Unabhängigen Selbstverwalteten Gewerkschaft Solidarność, kurz «Bürgerkomitee» genannt, das offenkundig als Vorform einer politischen Partei gedacht war. Die politische Führung war mittlerweile zu der Einsicht gelangt, daß es ohne weitere Gespräche mit der organisatorisch geschwächten Opposition keine Aussicht auf innenpolitische Beruhigung geben konnte. Daß Gorbatschow das Bemühen um eine Verständigung mit «Solidarność» unterstützte, hatte er die PVAP-Spitze bereits im Sep-

tember wissen lassen. Am 17./18. Januar 1989 stellte Jaruzelski, um
den anhaltenden Widerstand innerhalb des Parteiapparats zu brechen,
im Plenum des Zentralkomitees der PVAP die Vertrauensfrage. Rakowski und Kiszczak verliehen ihr durch eigene Rücktrittsdrohungen
zusätzlichen Nachdruck. Nachdem der Parteichef die Kraftprobe für
sich entschieden hatte, konnte der Weg zum «Runden Tisch» beschritten werden.

Die Gespräche mit «Solidarność» begannen an 6. Februar 1989.
Zu den Vertretern der Opposition gehörten die intellektuellen Köpfe
der unabhängigen Gewerkschaft, darunter Tadeusz Mazowiecki und
Bronisław Geremek. Zu mehreren Arbeitsgruppen wurden nicht nur
grundlegende Reformen in den Bereichen Wirtschaft, Umwelt, Jugendorganisation und Verfassung, sondern auch die Wiederzulassung von
«Solidarność» besprochen. Sprecher beider Seiten berichteten fortlaufend im Fernsehen und gegenüber der Presse über den Stand der Verhandlungen. Am 5. April lag das Ergebnis vor. Es war ein «historischer
Kompromiß», der alle Züge einer Übergangslösung trug, nach der
Überzeugung von Geremek und Mazowiecki aber das Höchstmaß des
zur Zeit Erreichbaren, also ein Gebot der Vernunft war. Am 14. Juni
1989 sollten vorgezogene Neuwahlen stattfinden. Die PVAP und ihre
Verbündeten durften 65 Prozent der Sitze im Sejm besetzen, die Opposition sich um die übrigen 35 Prozent bewerben. Die Wahlen zum
wiederbegründeten Senat sollten frei sein. Der Senat konnte vom Sejm
beschlossene Gesetze verwerfen, der Sejm sich darüber mit Zweidrittelmehrheit hinwegsetzen. Der erste Staatspräsident sollte von beiden
Kammern gewählt werden.

Während die ungarischen Reformkommunisten 1988/89 ihre historische Kurskorrektur aus eigenem Antrieb vollzogen, reagierten ihre
polnischen Genossen bei der Einleitung der Politik des nationalen Dialogs auf den Druck einer Massenbewegung. Einen Machtverzicht hatte
die PVAP nicht im Sinn, als sie sich auf die Vereinbarungen vom 8. April
einließ. Sie glaubte vielmehr, «Solidarność» zu ihrem Juniorpartner machen zu können. Es sollte anders kommen. Im Rückblick erwiesen sich
die Warschauer Absprachen des «Runden Tisches» als die entscheidende
Weichenstellung auf dem Weg zur Überwindung der kommunistischen
Herrschaft über Ostmittel- und Südosteuropa und als Beginn der letzten
Phase des Ost-West-Konflikts, der seit 1947 die Achse der Weltpolitik
bildete.[5]

Weltmächte im Wandel: Die USA und die
Sowjetunion in der ersten Hälfte des Jahres 1989

George Herbert Walker Bush, der am 8. November 1988 gewählte 41. Präsident der USA, hatte es zunächst schwer, aus dem Schatten seines Vorgängers, des «großen Kommunikators» Ronald Reagan, herauszutreten. Der 1924 in Milton, Massachusetts, als Sohn des Investmentbankers und nachmaligen republikanischen Senators von Connecticut, Prescott Bush, geborene bisherige Vizepräsident Ronald Reagans verfügte über solides Fachwissen auf vielen Gebieten, aber über wenig persönliche Ausstrahlung, geschweige denn über schauspielerische Fähigkeiten. Am Zweiten Weltkrieg hatte er als jüngster Marineflieger teilgenommen und sich danach der Republikanischen Partei angeschlossen. Sein Vermögen machte er im texanischen Ölgeschäft. Unter Nixon war er 1971/72 Botschafter bei den Vereinten Nationen und zeitweilig Vorsitzender des Republikanischen Nationalkomitees, unter Ford 1974/75 Leiter des amerikanischen Verbindungsbüros in Peking und schließlich 1976/77 Direktor der CIA gewesen. Im Wahlkampf war Bush bemüht, sein «Image» als Sproß der Ostküstenelite loszuwerden und sich als konservativer Texaner zu präsentieren. Seinen demokratischen Rivalen Michael Dukakis stempelten Bush und seine Kampagnenmanager, der Rhetorik Reagans folgend, als typischen «weichen» Liberalen ab, wobei ihnen das Engagement des Gouverneurs von Massachusetts im Kampf gegen die Todesstrafe überaus gelegen kam.

Zur innenpolitischen Hinterlassenschaft Ronald Reagans gehörten ein notorisches Haushaltsdefizit und eine Staatsschuld, die sich 1989 auf 2,8 Billionen Dollar belief und jährliche Zinszahlungen von 200 Milliarden Dollar erforderte. In seiner Amtseinführungsrede kündigte Bush am 20. Januar 1989 an, er werde alles tun, um beide Probleme zu lösen. Der Verwirklichung dieser Absicht stand freilich sein spektakulärstes Wahlkampfversprechen entgegen: «Lest es von meinen Lippen ab: Keine neue Steuern» (Read my lips: No new taxes). Da die Demokraten, die in beiden Häusern des Kongresses über die Mehrheit verfügten, eine Haushaltssanierung und einen Schuldenabbau ohne Steuererhöhungen für illusorisch hielten, befand sich der Präsident von Anfang an in der Defensive. Dazu kamen die Wirkungen eines von Reagan 1985 unterzeichneten Gesetzes, der Gramm-Rudnam-Hollings Act: Er sah die automatische Schließung von Regierungseinrichtungen am 1. Oktober 1990 für den Fall vor, daß Weißes Haus und Kongreß sich nicht über die Maßnahmen einigen konnten, die notwendig waren, damit für 1993 wieder ein ausgeglichener Haushalt verabschiedet werden konnte.

Um das Haushaltsdefizit 1990 auf den erforderlichen Betrag von 64 Milliarden Dollar zu senken, sah sich Bush zur Empörung von Republikanern des rechten Flügels genötigt, in eine «Vermehrung der Steuereinnahmen» (tax revenue increases) einzuwilligen. Sein Haushaltsentwurf, der neue Steuern, darunter vor allem für Benzin, in Höhe von 134 Milliarden Dollar enthielt, scheiterte jedoch am Widerstand von Demokraten und konservativen Republikanern. Eine Einigung mit dem Kongreß kam erst nach dem Stichdatum des 1. Oktober 1990 zustande, nachdem die Bundesbehörden ihre Arbeit drei Tage lang unterbrochen hatten. Der Kompromiß ersetzte die von Bush vorgesehene schrittweise Anhebung der Benzinsteuer zu einem großen Teil durch eine Erhöhung der Steuern für Haushalte der Besserverdienenden – ein Triumph der Demokraten und eine schwere Niederlage für Bush und die Republikaner.

Ein anderes Erbe der Ära Reagan war die mißglückte Deregulierung der «S und Ls», der im Hypothekengeschäft tätigen Savings and Loan institutions. 1988/89 brachen die meisten dieser sparkassenähnlichen Banken unter teilweise skandalösen Umständen zusammen. In einen der Fälle, den Bankrott der Silverado Savings and Loan in Denver, der Hauptstadt von Colorado, der die Steuerzahler etwa 1 Milliarde Dollar kostete, war ein Sohn des Präsidenten, Neil Bush, verwickelt, in einen anderen, weniger schwerwiegenden, in Florida, ein anderer Sohn, Jeb Bush. Insgesamt belastete das Debakel der «S & L's» den Etat der USA mit 200 Milliarden Dollar. In den ersten drei Jahren der Regierung Bush erhöhte sich das Defizit im Bundeshaushalt dadurch um jeweils 50 Milliarden Dollar.

Zinssteigerungen, die der Federal Reserve Board unter seinem Präsidenten Alan Greenspan beschloß, um die Inflation zu bekämpfen, trugen mit dazu bei, daß die USA im August 1990 in eine Rezession gerieten. Am 13. Oktober fiel der Dow-Jones-Index um 190 Punkte. Die drei größten Unternehmen der Automobilbranche verloren bis zum Ende des Jahres rund 1 Milliarde Dollar. Anfang 1991 entließen sie

60 000 Arbeitnehmer; einige Fabriken schlossen zeitweilig oder gingen zu Kurzarbeit über. Die Arbeitslosigkeit erreichte mit 7,8 Prozent Mitte Juni 1992 den höchsten Stand seit der «Reagan-Rezession» zwischen 1981 und 1983.

Besondere Aufmerksamkeit widmete George H. W. Bush dem Erziehungswesen und dem Kampf gegen den Drogenkonsum – Gebieten, auf denen ihm kein größerer Erfolg beschieden war. Zu den wichtigsten Fortschritten seiner Regierungszeit gehörten hingegen ein Gesetz zur Förderung der Behinderten, das er im Juli 1990 unterzeichnen konnte, und ein Umweltschutzgesetz, den Clean Air Act vom Oktober 1990, mit dem er auf die Umweltkatastrophe im Gefolge der Havarie des Öltankers Exxon Valdez vor der Küste Alaskas im März 1989 reagierte. Das neue Gesetz erlaubte Vorkehrungen zur Kontrolle des sauren Regens und von Abgasen und ermächtigte die Umweltschutzagentur, erste Schritte gegen die Ozonkonzentration im unteren Teil der Stratosphäre, eine Folge der Luftverschmutzung durch Abgase, zu unternehmen. In beiden Bereichen, der Förderung von Behinderten und dem Schutz der Umwelt, hatte Reagan die USA nicht vorangebracht. Die Bilanz seines Nachfolgers wirkte vor diesem Hintergrund eindrucksvoll.

Auf außenpolitischem Gebiet setzte George H. W. Bush gleich zu Beginn seiner Amtszeit dadurch einen bemerkenswerten Akzent, daß er sich als Ziel seiner ersten Auslandsreise für die Volksrepublik China entschied – das Land, in dem er Mitte der siebziger Jahre, in der Zeit vor der Aufnahme voller diplomatischer Beziehungen, die USA vertreten hatte. Er führte ausgiebige Gespräche mit dem «starken Mann» der kommunistischen Großmacht, Deng Xiaoping, und Ministerpräsident Li Peng und bewies ein gewisses Maß an Unbeugsamkeit, als er trotz massiven Drängens seiner Gastgeber auf der Teilnahme des prominenten Dissidenten Fang Lizhi am Abschiedsessen in der amerikanischen Botschaft bestand. Bushs Biograph Herbert S. Parmet nennt die Reise eine «sentimental journey». Aber der Besuch in Peking enthielt auch eine indirekte Botschaft an die Adresse Moskaus: Im Bereich der internationalen Beziehungen hatte das Verhältnis zur Sowjetunion für den neuen Präsidenten vorerst nicht dieselbe Priorität, die Reagan ihm in seiner zweiten Amtszeit eingeräumt hatte.

Zu der abwartenden Haltung, die er gegenüber Gorbatschow einnahm, paßte auch, daß Bush, unterstützt von Außenminister James

A. Baker, Verteidigungsminister Richard B. Cheney und Sicherheitsberater Brent Scowcroft, die Modernisierung von Kurzstreckenraketen
vom Typ «Lance» in Westeuropa betrieb. Die Raketen mit einer Reichweite von höchstens 300 Kilometern waren eine Waffengattung, bei
der die Sowjetunion ein erdrückendes Übergewicht besaß. Unter den
Verbündeten der USA war die britische Premierministerin die enga-
gierteste Befürworterin einer westlichen Nachrüstung. Die schärfsten
Einwände kamen aus Bonn, und hier vor allem von Außenminister
Hans-Dietrich Genscher, den manche «Hardliner» in Washington verdächtigten, allzu anfällig für Gorbatschows Abrüstungsparolen zu
sein. Mit der Forderung, vor einer eventuellen Modernisierung in
Abrüstungsverhandlungen einzutreten, fand Genscher aber nachdrückliche Unterstützung bei seinen Kollegen in Oslo, Kopenhagen, Luxemburg, Brüssel, Rom, Madrid, Athen, ja selbst in Paris, was aber eher
symbolische Bedeutung hatte, da Frankreich nicht der Militärorganisation der NATO angehörte.

Auf dem Brüsseler Jubiläumsgipfel der NATO am 29. und 30. Mai
1989, vierzig Jahre nach Gründung der Allianz, mußte die Entscheidung
fallen. Die Partner einigten sich schließlich auf eine Lösung, die vordergründig wie ein Kompromiß zwischen den Positionen der angelsächsischen «Falken» und der kontinentaleuropäischen «Tauben» aussah: Auf
Vorschlag von Außenminister Baker sprach sich die NATO für Verhandlungen über die Kurzstreckenraketen mit dem Ziel einer «teilweisen Reduzierung» aus. Über Einführung und Stationierung eines Folge-
systems für «Lance» sollte 1992 im Licht der sicherheitspolitischen
Gesamtentwicklung entschieden werden. Das war ein Beschluß gegen
eine Nullösung, die Genscher nicht ausgeschlossen hatte, aber auch gegen eine Modernisierung zu diesem Zeitpunkt. Genscher konnte mit
dem Ergebnis zufrieden sein. «Aus einer Verpflichtung zu einer Modernisierung ohne gleichzeitige Verhandlungen ist eine Verpflichtung zu
Verhandlungen ohne gleichzeitige Modernisierung geworden», erklärte
er nach Abschluß des Brüsseler Gipfels.

Präsident Bush, der an dem transatlantischen Treffen in der belgischen Hauptstadt teilgenommen hatte, stattete anschließend Groß
britannien und der Bundesrepublik Deutschland offizielle Besuche ab.
Der britischen Premierministerin Margaret Thatcher gab er zu verstehen, daß er die «special relationship» zwischen den beiden angelsächsischen Demokratien weniger exklusiv zu interpretieren gewillt war als

sein Amtsvorgänger. Dagegen wertete er Bundeskanzler Kohl auf, als
er in einer Rede in Mainz am 31. Mai die USA und die Bundesrepublik
als «partners in leadership» bezeichnete. Großen Beifall seines deutschen Publikums erhielt der Präsident, als er wie Ronald Reagan ein
knappes Jahr zuvor vor dem Brandenburger Tor den Abriß der Berliner Mauer forderte – eines Bauwerks, das er ein Monument für das
Scheitern des Kommunismus nannte.

Der Sowjetunion hatte Bush schon vor seiner Europareise, in einer
Rede vom 12. Mai 1989 vor der Texas A & M University, ein Signal
des Verständigungswillens gesandt. «Wir nähern uns dem Abschluß
des historischen Nachkriegskampfes zwischen zwei Visionen, Tyrannei und Konflikt auf der einen, Demokratie und Freiheit auf der anderen Seite», hieß es in der Ansprache. «Die Zeit ist gekommen, sich über
die Eindämmung hinaus in Richtung einer neuen Politik für die neunziger Jahre zu bewegen (to move beyond containment to a new policy
for the 1990s) – einer Politik, die die volle Reichweite des Wandels in
der Welt und in der Sowjetunion selbst anerkennt». Einen konkreten
Vorschlag zur Rüstungskontrolle aus der Luft, und zwar durch Flugzeuge der jeweils anderen Seite, das in derselben Rede verkündete
Projekt «Open Skies», bezeichnete Bush als eine Gelegenheit für die
Sowjetunion, ihre Bereitschaft zum Wandel unter Beweis zu stellen.

Während der neugewählte amerikanische Präsident seine ersten
Schritte auf dem internationalen Parkett tat, setzte der Generalsekretär der KPdSU seine Politik der innen- und außenpolitischen Umgestaltung fort. Auf dem Wiener Folgetreffen der KSZE willigte die
Sowjetunion am 15. Januar 1989, ganz auf der von Gorbatschow am
7. Dezember 1988 vor der Vollversammlung der Vereinten Nationen
abgesteckten Linie, in ein Abschlußdokument ein, in dem sich die
35 Teilnehmerstaaten zur freien Wahl des Regierungssystems bekannten und sich zur Beachtung einer Reihe von Prinzipien verpflichteten,
darunter der Informationsfreiheit der Bürger, Auslandsreisen ohne
Altersbeschränkung, Erleichterungen bei der Zusammenführung getrennter Familien, besseren Arbeitsmöglichkeiten für ausländische
Journalisten, Zulassung von ausländischen Kulturinstituten und,
besonders wichtig, der Legalisierung von «Helsinki-Gruppen», die die
Einhaltung der menschenrechtlichen Bestimmungen der KSZE-
Schlußakte von 1975 überwachten. Sieben Wochen später, am 6. März

1989, begann in Wien eine weitere KSZE-Folgekonferenz die Verhandlungen über die Verringerung der konventionellen Streitkräfte in Europa (VKSE). Daß die Sowjetunion auch auf diesem Gebiet verständigungsbereit war, hatte Gorbatschow im Dezember des Vorjahres vor den Vereinten Nationen deutlich gemacht, als er eine Kürzung des Personalbestandes der sowjetischen Streitkräfte um 500 000 Mann und eine wesentliche Reduzierung der konventionellen Waffen ankündigte.

Zu den für die Sowjetunion bedeutendsten Ereignissen der ersten Hälfte des Jahres 1989 gehörte der Abschluß des Rückzugs der Roten Armee aus Afghanistan am 15. Februar – dem Datum, auf das sich Moskau bei der Genfer Afghanistan-Konferenz im April 1988 festgelegt hatte. Wenige Wochen später wurden die Sowjetbürger durch alarmierende Meldungen aus Georgien aufgeschreckt. Seit Ende März wurde in Tiflis gegen Kundgebungen in der Autonomen Republik Abchasien demonstriert, die die Aufwertung der Region zur Unionsrepublik zum Ziel hatten. Am 8./9. April eskalierten die Unruhen in Tiflis. Georgische Polizeikräfte, Truppen des Innenministeriums und Soldaten der Armee gingen mit Schlagstöcken, Reizgas und Feldspaten gegen eine hunderttausendköpfige Menge vor. 20 Menschen wurden dabei getötet und noch sehr viel mehr verletzt – ein Einsatz, der den Keim weiterer Gewalt in sich trug.

Im Baltikum verliefen die Nationalitätenkonflikte hingegen einstweilen gewaltfrei. Die russischen Minderheiten in Lettland und Estland schlossen sich Anfang 1989 zu sogenannten «Interfronten» zusammen, die sich gegen die Erhebung des Estnischen und Lettischen zu Amtssprachen wendeten. Sie nutzten damit die Spielräume, die ihnen die «Perestrojka» gebracht hatte. Die Parlamentswahlen in Estland gewannen im März 1989 die Befürworter der vollen Unabhängigkeit um den Vorsitzenden des regionalen Obersten Sowjets, Arnold Rüütel, der kurz darauf in seinem Staatsamt bestätigt wurde. Litauen führte im gleichen Monat seine historische Nationalflagge wieder ein. Bei den Wahlen zum Volksdeputiertenkongreß der Sowjetunion errangen um dieselbe Zeit Kandidaten, die der Sajudis, der Volksfront für die Umgestaltung und die Unabhängigkeit Litauens, zuzurechnen waren, 36 von 42 Sitzen, was die Kommunistische Partei Litauens unter Algirdas Brazauskas veranlaßte, sich die Positionen von Sajudis weithin zu eigen zu machen. In den beiden anderen baltischen Republiken zeitigten die Wahlen zum Volksdeputiertenkongreß ähnliche Ergebnisse: In Lettland gehörten drei Viertel der Abgeordneten der Volksfront an, in Estland 18 von 21.

Den Alltag der Sowjetbürger bestimmten im Frühjahr 1989 die Erfahrungen wirtschaftlichen Niedergangs, wachsender Kriminalität und fortschreitender Umweltzerstörung. Die Waren wurden knapper und die wartenden Menschenschlangen vor den Geschäften immer länger; viele Lebensmittel waren nur noch auf dem freien Kolchosmarkt oder auf dem Schwarzen Markt erhältlich. Im Januar und Februar 1989 wurden in der Sowjetunion laut Mitteilung des sowjetischen Innenministeriums 306 000 Verbrechen verübt, 75 000 mehr als im gleichen Zeitraum des Vorjahres, wobei sich die Täter aus der Welt der organisierten Kriminalität oft der modernsten Technologie bedienten. Die ökologische Misere wurde durch Presseberichte über die längerfristigen Folgen der Reaktorkatastrophe von Tschernobyl, die Umweltschäden infolge ehrgeiziger Kanalbauprojekte an der Wolga, das ständige Sinken des Spiegels des Aralsees und die Wasser- und Luftverschmutzung in und um Moskau ins öffentliche Bewußtsein gehoben.

Die breit diskutierten Mißstände verdichteten sich zu einem negativen Gesamteindruck: Die Behörden versagten vor den drängendsten Herausforderungen der Gegenwart. Dazu kamen verstörende Enthüllungen über die stalinistische Vergangenheit. Im Februar und April 1989 berichteten sowjetische Medien, erst Radio Moskau, dann die Zeitung «Moskowskie nowosti», auf Grund polnischer Veröffentlichungen über die wirklichen Urheber des Verbrechens von Katyn, für das bisher die Deutschen verantwortlich gemacht worden waren: Es waren demnach Truppen des NKWD, die im April 1940 über 4000 polnische Offiziere liquidiert hatten. Im März 1989 wurde in der Ukraine ein weiteres Massengrab entdeckt, in dem Opfer des «Großen Terrors» verscharrt worden waren. Anfang Juli berichtete die Gewerkschaftszeitung «Trud», ein ähnliches Massengrab sei in der Nähe von Leningrad gefunden worden.

Im März 1989 fanden in der gesamten Sowjetunion die Wahlen zum Volksdeputiertenkongreß statt. Zunächst wurden die 750 Abgeordneten der gesellschaftlichen Organisationen gewählt, wobei jeweils 100 auf die KPdSU, den Gewerkschaftsbund Trud und die Vereinigung der Kolchosbauern und je 75 auf die Organisationen der Frauen und der Jugend entfielen. Zwischen Ende März und Mai schlossen sich die Wahlen der 1500 Abgeordneten aus den territorialen und nationalen Wahlkreisen an. Zur Wahl standen 2895 Kandidaten, die zuvor von den Wahlkommissionen aus über 7500 Bewerbern ausgewählt worden waren. Die Wahlbeteiligung lag bei 89,3 Prozent.

37 hohe Parteifunktionäre aus Städten und Republiken fielen bei den Wahlen durch. Erfolgreich waren hingegen die Kandidaturen des Dissidenten Andrej Sacharow und des Radikalreformers Boris Jelzin, der im November 1987 sein Amt als Moskauer Parteichef und drei Monate später nach heftigen Kontroversen in der Parteiführung seine Funktion als Kandidat des Politbüros verloren hatte. Sein konservativer Widersacher Jegor Ligatschow, der im September 1988 vom Sekretär für Ideologie zum Sekretär für Landwirtschaft herabgestuft worden war, erhielt ebenfalls ein Mandat. Fast neun Zehntel der Volksdeputierten waren Mitglieder der KPdSU, etwa ebenso viele übten erstmals ein Mandat auf der zentralen Ebene aus. Von freien Wahlen im Sinne der pluralistischen Demokratien des Westens unterschieden sich die Wahlen zum Volksdeputiertenkongreß dank der massiven Privilegierung der KPdSU erheblich. Doch so viel inner- und außerparteiliche Demokratie und Pluralismus wie im Frühjahr 1989 hatte es in der Sowjetunion noch nie gegeben.

Am 25. Mai 1989 trat der Volksdeputiertenkongreß im Kreml zu seiner konstituierenden Sitzung zusammen. Seine erste und wichtigste Entscheidung war die Wahl des künftigen Vorsitzenden des Obersten Sowjets und damit des Staatsoberhaupts. Für das Amt, das jetzt, anders als früher, mit umfassenden Kompetenzen ausgestattet war, gab es nur einen Kandidaten: Michail Gorbatschow. Er wurde am Abend des ersten Sitzungstags mit der überwältigenden Mehrheit von 96,06 Prozent gewählt: Von den 2210 teilnehmenden Deputierten stimmten 2123 für ihn und 87 gegen ihn. In den Obersten Sowjet wurden zunächst keine Radikalreformer gewählt. Erst als ein sibirischer Deputierter erklärte, er würde seinen Sitz in der Nationalitätenkammer zur Verfügung stellen, falls dieser an Jelzin falle, kam der frühere Moskauer Parteichef doch noch zum Zug.

Am 4. Juni mußte der Kongreß seine Arbeiten für einen Tag unterbrechen: In der Nacht zuvor war es in der Transsibirischen Eisenbahn zwischen den Städten Tscheljabinsk und Ufa, etwa 1700 Kilometer von Moskau entfernt, beim Vorbeifahren zweier Fernzüge durch Funkenflug und ein Leck in einer nahen Flüssiggasleitung zu einer Explosion gekommen, die die waldige Umgebung binnen Sekunden in ein riesiges Flammenmeer verwandelte. Etwa 600 Menschen kamen dabei um. Die zuständigen Schaltstellen hatten den Druckabfall zwar bemerkt, aber statt nach der Ursache zu forschen, noch mehr Gas in die Pipeline gepumpt. Das Unglück warf ein Schlaglicht auf die technologische Rückständigkeit der Sowjetunion und auf administrativen Schlendrian – und wurde in der Öffentlichkeit entsprechend interpretiert.

Am gleichen Tag erreichten die Volksdeputierten auch erschrekkende Meldungen aus Zentralasien: In dem zu Usbekistan gehörenden Teil des Ferganatals war es am 3./4. Juni zu pogromartigen Ausschreitungen bewaffneter usbekischer Jugendlicher gegen Angehörige der meschetischen Volksgruppe gekommen. Die Mescheten waren türkischsprachige Muslime aus Südgeorgien, die 1944 unter Stalin nach Usbekistan deportiert worden waren. In mehreren Städten des Ferganatals entwickelten sich Anfang Juni bürgerkriegsähnliche Zustände. Der Oberste Sowjet der UdSSR wußte sich nicht anders zu helfen, als Tausende meschetischer Flüchtlinge in die Russische Sowjetrepublik auszufliegen. Zehntausende Mescheten flohen aus Usbekistan. Als die Lage sich Mitte Juni wieder etwas beruhigte, zählte die «Prawda» 95 Tote, über 1000 Verletzte und 1000 niedergebrannte Häuser. Bei allen Unterschieden zwischen den beiden gleichzeitigen Katastrophen, der Gasexplosion an der Transsibirischen Eisenbahn und der gewaltsamen Entladung ethnischer Konflikte im Ferganatal, hatten die Ereignisse doch etwas gemeinsam: Sie verwiesen auf ein Versagen des Staatsapparats «vor Ort», und schlimmer noch, auf den fortschreitenden Verfall der staatlichen Autorität ganz im allgemeinen.

Auf dem Kongreß der Volksdeputierten prallten gegensätzliche Meinungen aufeinander, und durch die Direktübertragung der Debatten im Rundfunk und Fernsehen nahm ein nach vielen Millionen zählendes Publikum Anteil an leidenschaftlichen Kontroversen. Das galt für den politischen Schlagabtausch zwischen Gorbatschow und Jelzin, bei dem es um die Zukunft der «Perestrojka» und die Überwindung der Widerstände ging, die der Partei- und Staatsapparat der Demokratisierung entgegensetzte. Es galt auch für Rededuelle über die Frage, wer die Verantwortung für die blutigen Zusammenstöße in Tiflis am 9. April trug, und für die historische Einordnung der gescheiterten Intervention in Afghanistan: Der Deputierte Sergej Tscherwonopiski, ein ehemaliger Teilnehmer des Krieges am Hindukusch, der dort beide

Beine verloren hatte, berief sich auf die Werte des Sowjetpatriotismus. Andrej Sacharow nannte den Krieg dagegen ein «verbrecherisches Abenteuer» und löste damit wütende Proteste der Mehrheit aus.

Während der Beratungen schlossen sich die entschiedenen Reformer, insgesamt 297 Abgeordnete, zu einer «Überregionalen Deputiertengruppe» zusammen – faktisch zu einer Fraktion, was einen eklatanten Verstoß gegen die Parteidisziplin im Sinne Lenins bedeutete. (Den verfemten Begriff «Fraktionsbildung» vermieden Jelzin und seine Gefolgsleute jedoch ebenso bewußt wie den gleichfalls vorbelasteten Begriff der «Opposition».) Die Alleinherrschaft der KPdSU wurde dadurch so nachhaltig erschüttert, daß sie sich nicht länger durchsetzen ließ. Das war für die weitere Entwicklung ähnlich wichtig wie die neue Erfahrung eines offenen Austausches von Argumenten zwischen Repräsentanten unterschiedlicher Denkströmungen: die Folge einer für die Sowjetunion neuen Errungenschaft, der Immunität, die Abgeordnete auch dann vor strafrechtlicher Verfolgung schützte, wenn sie in aller Öffentlichkeit den Machtmißbrauch des KGB oder die Privilegien der Nomenklatura anprangerten.

Eben darin lag die Bedeutung der ersten Session des Volksdeputiertenkongresses im Mai und Juni 1989. Der Kongreß habe, so urteilte Andrej Sacharow rückblickend, die Illusionen zerstört, mit denen die Sowjetbürger und die Welt eingelullt worden seien. «Die Reden von Deputierten aus allen Teilen – nicht nur von ‹Linken›, sondern auch von ‹Rechten› – schufen innerhalb von zwölf Tagen für Millionen Menschen ein klares und unbarmherziges Bild des realen Lebens in unserer Gesellschaft. Es war ein Bild, wie es deutlicher weder durch persönliche Erfahrung, wie tragisch sie auch gewesen sein mochte, noch durch Zeitungen, Fernsehen und andere Massenmedien, durch Literatur oder Filmkunst in allen Jahren der Glasnost hätte entstehen können. Die psychologischen und politischen Auswirkungen waren gewaltig und werden noch lange anhalten. Der Kongreß machte jede Umkehr unmöglich. Nun wissen alle, daß es nur den Weg nach vorn oder den Untergang gibt.»

Den Ausgang des Experiments, das Gorbatschow eingeleitet und mit dem Volksdeputiertenkongreß in eine neue Phase überführt hatte, erlebte Sacharow nicht mehr: Er starb am 14. Dezember 1989 an einem Herzinfarkt. Zu einer parlamentarischen Demokratie hatte sich die Sowjetunion bis zu diesem Zeitpunkt nicht entwickelt. Sie war auch keine neue Rätedemokratie, wie sie Gorbatschow ursprünglich wohl vorgeschwebt hatte. Sie trug manche Züge eines Präsidialregimes – von fern dem Gaullismus vergleichbar. Doch anders als de Gaulle konnte Gorbatschow zu keiner Zeit sicher sein, daß er sich mit einem «appel au peuple» den notwendigen plebiszitären Rückhalt für seine Politik werde verschaffen können. Dazu waren die zentrifugalen Kräfte in der Sowjetunion mittlerweile zu stark und der Verfall der Staatsautorität zu weit fortgeschritten.[6]

Frühsommer 1989: Zehn Wochen, die die Welt veränderten

Am 2. Mai 1989 geschah an einer bislang scharf bewachten Demarkationslinie zwischen der kommunistischen und der nichtkommunistischen Welt etwas Unerhörtes: Die Volksrepublik Ungarn begann mit dem Abbau ihrer Grenzanlagen zum neutralen Österreich. Der Eiserne Vorhang sollte durchlässig werden, indem er sich in eine normale Staatsgrenze verwandelte: Das war die Botschaft, die am 2. Mai 1989 von Budapest aus an die ganze Welt ging. Um die Zäsur zu unterstreichen, wurde kurz darauf, am 8./9. Mai, der Repräsentant des bisherigen Regimes, János Kádár, endgültig entmachtet: Er verlor nun auch sein nominelles Amt als Präsident der Ungarischen Partei der Werktätigen und seinen Sitz im Zentralkomitee.

Zwei Tage nach dem spektakulären Ereignis an der ungarisch-österreichischen Grenze kamen auf dem zentralen Platz einer anderen kommunistischen Hauptstadt, dem Tiananmen-Platz, dem Platz des Himmlischen Friedens, in Peking, etwa 100 000 Studenten zusammen, um des 70. Jahrestages der Vierten-Mai-Demonstration vom 4. Mai 1919 zu gedenken: Damals war am gleichen Ort eine studentische Demonstration für die nationale Unabhängigkeit Chinas und gegen seine Unterwerfung unter das Diktat fremder imperialistischer Mächte gewaltsam unterdrückt worden. Die neue Protestbewegung hatte ihren Ausgang mit Trauerkundgebungen für den am 15. April verstorbenen früheren Parteichef Hu Yaobang genommen, der Anfang 1987 wegen liberaler Neigungen seiner Ämter enthoben worden war. Die Forderungen, die die Studenten erhoben, zielten auf Demokratie, Meinungs-, Presse- und Demonstrationsfreiheit, auf die Offenlegung der Einkommens- und Vermögensverhältnisse der Parteiführer, die Bekämpfung der Korruption und eine bessere Entlohnung von Lehrern und Intellektuellen. Die «Volkszeitung», das Zentralorgan der Kommunistischen Partei Chinas, bezeichnete die Demonstrationen am 26. April als «eine gegen die Partei und den Sozialismus gerichtete Rebellion, die von einer Gruppe von Kriminellen angestachelt und manipuliert» werde. Die Studenten, die am 4. Mai auf dem Platz des Himmlischen Friedens zusammenkamen, wollten dem Druck der Partei aber nicht weichen: Sie hatten sich vorgenommen, so lange zusammenzubleiben, bis ihre Forderungen erfüllt waren.

In einem anderen kommunistischen Land, der Deutschen Demokratischen Republik, fanden am 7. Mai 1989 Kommunalwahlen statt. Bürgerrechtler hatten zum Boykott aufgerufen und machten vielerorts von ihrem gesetzlichen Recht Gebrauch, bei der Auszählung der Stimmen zugegen zu sein. Sie konnten auf diese Weise umfassende Fälschungen feststellen: Die Zahl der Nein-Stimmen wurde nachträglich um bis zu 20 Prozent gesenkt, damit das gewünschte Ergebnis herauskam. Es lag republikweit laut amtlichen Angaben bei 98,95 Prozent Ja-Stimmen für die Einheitslisten der Nationalen Front; der offiziellen Mitteilung zufolge hatten 98,78 Prozent der Wahlberechtigten ihre Stimme abgegeben. Die Proteste, die noch am Wahlabend mit einer Demonstration in Leipzig begannen, wurden von Volkspolizei und Staatssicherheit unterdrückt. Dank der Berichterstattung in den westlichen Medien waren sie dennoch ein politischer Erfolg der Bürgerrechtsbewegung.

Sehr viel mehr internationale Aufmerksamkeit als die Kommunalwahlen in der DDR fand eine Woche später, am 14. Mai 1989, eine Nachricht aus Jerusalem. Der israelische Premierminister Yitzhak Schamir legte an diesem Tag einen «Friedensplan» vor, der Wahlen in den besetzten Gebieten unter israelischer Kontrolle und anschließende Verhandlungen mit gewählten Vertretern der Palästinenser vorsah. Schamir stand seit Dezember 1988 an der Spitze einer Regierung der großen Koalition aus seinem rechten Likud-Block und der Vereinigten Arbeiterpartei, dem Maarach. Mit dem Friedensplan reagierte der Regierungschef auf das Drängen seines Koalitionspartners. Die Arbeiterpartei stand ihrerseits unter dem Eindruck von Veränderungen, die eine neue Politik gegenüber den Palästinensern aus ihrer Sicht zu einer unabweisbaren Notwendigkeit machten: Die «Intifada», der Volksaufstand der Palästinenser in den seit 1967 besetzten Gebieten, der im

Dezember 1987 begonnen hatte, hielt an. Die davon offenkundig überraschte PLO-Führung unter Yassir Arafat, die ihren Sitz seit 1982 in
Tunis hatte, hatte am 14. Dezember 1988 unter dem Druck Ägyptens
und Saudi-Arabiens eine dramatische Kehrtwende vollzogen: Sie
schwor allen Formen des Terrorismus ab und erkannte das Existenz-
recht Israels ausdrücklich an. Das wiederum gab den USA den Anstoß
zu einem Kurswechsel: Am 16. Dezember 1988, also noch zur Amtszeit Reagans, nahmen sie erstmals offizielle Verhandlungen, und zwar
auf Botschaftsebene in Tunis, mit der PLO auf.

Der Initiative der israelischen Regierung war indes kein Erfolg
beschieden. Innerhalb des Likud regte sich massiver Widerstand, angeführt von Industrieminister Ariel Scharon, Wirtschaftsminister
Yitzhak Modai und dem stellvertretenden Regierungschef David Levy.
Der rechte Parteiflügel verlangte die Aufnahme von vier Bedingungen,
die in der Summe den Friedensplan zur Farce machten: Erstens sollte
es freie Wahlen im besetzten Gebiet erst nach der Einstellung der Intifada geben; zweitens durften die 135 000 arabischen Bewohner von
Ost-Jerusalem nicht an den Wahlen teilnehmen; drittens sollte es keine
fremde Herrschaft, also keinen Palästinenserstaat, im Westjordanland
und im Gazastreifen geben; viertens durfte Israel nicht in eine Beendigung seines Siedlungsbaus in den besetzten Gebieten einwilligen.

Am 5. Juli kapitulierte Schamir vor seinen rechten Parteifreunden
und schloß sich den vier Bedingungen an. Arafat und die PLO hatten
von Anfang an in freien Wahlen unter israelischer Kontrolle einen
Widerspruch in sich gesehen und statt dessen Wahlen unter Aufsicht
der Vereinten Nationen gefordert. Mit dem Umfall Schamirs hatte sich
der israelische Friedensplan für die PLO endgültig erledigt. Tags darauf entführte ein Mitglied der Gruppe «Islamischer Dschihad» einen
israelischen Linienbus, der auf der Strecke Tel Aviv-Jerusalem unterwegs war, und fuhr ihn über eine Klippe. 16 Menschen kamen bei dem
Anschlag ums Leben.

Am gleichen Tag, an dem der israelische Friedensplan vorgelegt
wurde, dem 14. Mai 1989, bestieg Michail Gorbatschow in Moskau
ein Flugzeug, das ihn nach Peking brachte. Es war der erste Besuch
eines sowjetischen Parteichefs in der Volksrepublik China seit der
Visite, die Chruschtschow dreißig Jahre zuvor, im September 1959, der
anderen kommunistischen Großmacht abgestattet hatte. Gorbatschow
hatte schon drei Jahre zuvor, in einer Rede in Wladiwostok im Juli

1986, seinen Willen zur Herstellung gutnachbarlicher Beziehungen zur Volksrepublik China bekundet und daraufhin ein positives Signal von Deng Xiaoping erhalten. Bei den Gesprächen, die der Kremlchef am 16. Mai mit Deng und dem Generalsekretär der Kommunistischen Partei Chinas, Zhao Ziyang, führte, stellten beide fest, daß die Beziehungen zur Sowjetunion nach langen Jahren heftiger politischer und ideologischer Auseinandersetzungen inzwischen wieder als «normal» gelten könnten. Die Umstände des Besuchs waren freilich alles andere als «normal»: Seit dem 13. Mai befanden sich Tausende von Studenten, die auf dem Tiananmen-Platz für Freiheit und Demokratie demonstrierten, im Hungerstreik. Gorbatschow war nur auf Umwegen zu seinen Gesprächspartnern gelangt, weil das Stadtzentrum umfahren werden mußte. Eine beabsichtigte Kranzniederlegung am Denkmal für die Helden der Revolution entfiel: Die Gastgeber wollten eine Begegnung des populären Gorbatschow mit den demonstrierenden Studenten unter allen Umständen vermeiden.

Am Abend des 17. Mai, einen Tag vor der Abreise des Kremlchefs, trafen die fünf Mitglieder des Ständigen Komitees des Politbüros mit dem Vorsitzenden der Militärkommission des Zentralkomitees, Deng Xiaoping, in dessen Residenz zusammen. (Deng war im Herbst 1987 auf eigenen Wunsch aus Politbüro und Zentralkomitee ausgeschieden.) Seine Frage an die Anwesenden lautete, ob sie angesichts der unhaltbaren Zustände auf dem Platz des Himmlischen Friedens die Ausrufung des Kriegsrechts in Peking für notwendig hielten. Zwei Mitglieder, darunter Ministerpräsident Li Peng, stimmten mit Ja; zwei enthielten sich; Generalsekretär Zhao Ziyang stimmte als einziger dagegen und bot danach seinen Rücktritt an. Zhao, der zuvor schon vergeblich einen Widerruf des diffamierenden Artikels der «Volkszeitung» vom 26. April gefordert hatte, suchte in der Nacht zum 19. Mai, morgens gegen vier Uhr, die hungerstreikenden Studenten auf dem Tiananmen-Platz auf, um sie zum Abbruch ihrer Aktion aufzurufen. Der Appell blieb ohne Wirkung.

Am 19. Mai breiteten sich die Proteste in Peking und anderen Städten weiter aus; auch Arbeiter schlossen sich den Studenten an. Am Tag darauf verhängte Ministerpräsident Li Peng, der hartnäckigste Befürworter einer harten Linie, im Namen des Staatsrats das Kriegsrecht über die Hauptstadt. Um Peking wurden Truppen in einer Stärke von 150 000 Mann konzentriert. Die Demonstranten ließen sich vom harten Kurs der politischen Führung nicht beeindrucken: Am 30. Mai errichteten sie eine weithin sichtbare Skulptur, die «Göttin der Freiheit».

Das blutige Ende der Demonstrationen kam in der Nacht vom 3. zum 4. Juni. Die Volksbefreiungsarmee rückte mit Panzern auf den Platz des Himmlischen Friedens vor. Hunderte, möglicherweise bis zu 2600 Menschen kamen dabei um, darunter viele Arbeiter und Ladenbesitzer, die aus den umliegenden Straßen vor den heranrückenden Truppen geflüchtet waren, aber auch Angehörige der bewaffneten Macht, die Opfer von Lynchjustiz wurden. Es folgten zahlreiche Verhaftungen und Prozesse sowie Todesurteile gegen «Anführer». Das westliche Ausland reagierte entsetzt; Präsident Bush sagte Treffen zwischen Militärs beider Länder ab und unterbrach die Waffenverkäufe an die Volksrepublik China – beides vergleichsweise milde Sanktionen, die großen Teilen der amerikanischen Öffentlichkeit als unangemessen «weich» erschienen. Der Volksdeputiertenkongreß in Moskau äußerte am 6. Juni sein Bedauern über die Pekinger Ereignisse. Die Volkskammer der DDR hingegen sprach zwei Tage später von «gewaltsamen, blutigen Ausschreitungen verfassungsfeindlicher Elemente» und billigte einstimmig die Wiederherstellung von Sicherheit und Ordnung «unter Einsatz bewaffneter Kräfte». Die Botschaft war eindeutig: Bei vergleichbaren Entwicklungen in der DDR drohte auch hier eine «chinesische Lösung».

Deng Xiaoping beantwortete die westlichen Proteste am 9. Juni in öffentlicher Rede mit einer Anklage im Stile des Kalten Krieges. Die imperialistische Welt versuche alles, um die sozialistischen Länder von ihrem sozialistischen Weg abzubringen und sie unter das Monopol des internationalen Kapitalismus zu bringen, sagte er. «Wenn wir nicht am Sozialismus festhalten, werden wir schließlich zu einer abhängigen Nation … Nur der Sozialismus kann China retten, und nur der Sozialismus kann China entwickeln.» Der Weg der Modernisierung, auf den er, Deng, China gezwungen hatte, mußte also um jeden Preis fortgesetzt werden – auch um einen Preis wie den des Massakers auf dem Platz des Himmlischen Friedens. Der wichtigste Vertreter eines weniger harten Kurses, Generalsekretär Zhao Ziyang, wurde auf Vorschlag des Politbüros vom Zentralkomitee am 23./24. Juni aller seiner Funktionen enthoben. Von seinem Nachfolger Jiang Zemin hatte Deng «liberalen» Widerspruch im Sinne Zhaos nicht mehr zu befürchten.

Der 4. Juni 1989 war nicht nur der Tag, an dem die Volksbefreiungsarmee in Peking die Forderung nach Freiheit und Demokratie im Blut erstickte. Es war auch der Tag, an dem, entsprechend den Beschlüssen des Runden Tisches vom 5. April, die erste Runde der «halbfreien» Parlamentswahl in Polen stattfand. Das Ergebnis war ein Schock für die Regierenden: Das oppositionelle Bürgerkomitee gewann im ersten Wahlgang jeweils mit absoluter Mehrheit 160 von 161 möglichen Sitzen im Sejm und 92 von 100 Sitzen im neugebildeten Senat. Dagegen erreichten nur 2 von 35 Spitzenbewerbern des Regierungslagers, die auf der sogenannten «Landesliste» kandidiert hatten, die erforderliche Mehrheit von mindestens 50 Prozent. Es bedurfte einer mit der Opposition ausgehandelten Änderung des Wahlgesetzes, um Nachrückern der Blockparteien die Bewerbung um die restlichen 33 Sitze der «Landesliste» zu ermöglichen, wobei in der zweiten Runde die relative Mehrheit ausreichte.

Im zweiten Wahlgang am 18. Juni gewann die Opposition 7 der 8 noch offenen Sitze im Senat und den letzten der frei zu wählenden Sitze im Sejm. Damit zeichnete sich ab, daß das Bürgerkomitee nicht, wie es selbst erwartet hatte, für eine Übergangszeit noch als legale Opposition wirken konnte, sondern nicht umhin kam, sich an der Regierung zu beteiligen – also in einen weiteren historischen Kompromiß mit der bislang allein regierenden Vereinigten Polnischen Arbeiterpartei einwilligen mußte. Die Zeit der kommunistischen Parteidiktatur war abgelaufen. Offen war die Frage, wie das Arrangement der gegensätzlichen Kräfte aussehen würde, die sich nach den Wahlen vom Mai die Macht teilen mußten.

Acht Tage nach dem ersten Wahlgang in Polen, am 12. Juni, traf der sowjetische Staats- und Parteichef Michail Gorbatschow zu einem viertägigen Staatsbesuch in der Bundesrepublik Deutschland ein. Wo immer er auftrat, ob in Bonn, Köln oder Stuttgart, wurde er von den Bundesbürgern mit Jubel empfangen – enthusiastischer als zwei Wochen zuvor der amerikanische Präsident Bush. In einer Grundsatzrede, mit der der Generalsekretär der KPdSU am 12. Juni die ebenfalls programmatischen Ausführungen von Bundeskanzler Kohl beantwortete, stand der Satz: «Wir ziehen den Strich unter die Nachkriegsperiode.» Das gemeinsame Kommuniqué von Gorbatschow und Kohl enthielt ein Bekenntnis zu den Menschenrechten und zum Recht «aller Völker und Staaten, ihr Schicksal frei zu bestimmen und ihre Beziehungen zueinander auf der Grundlage des Völkerrechts souverän zu gestalten». Zu den Bausteinen eines Europas des Friedens und der Zusammenarbeit gehöre uneingeschränkte Achtung der Integrität und der Sicherheit jedes Staates. «Jeder hat das Recht, das eigene politische und soziale System frei zu wählen.»

Auf der abschließenden Pressekonferenz am 15. Juni äußerte sich Gorbatschow auch zur Berliner Mauer. Sie sei in einer «konkreten Situation entstanden». Die DDR sei souverän. «Die Mauer kann auch verschwinden, wenn jene Voraussetzungen entfallen, die sie ins Leben gerufen haben.» Auf die Teilung Deutschlands angesprochen, bemerkte der sowjetische Gast: «Die Situation in Europa, die wir heute haben, ist eine Realität.» Auf der Grundlage dieser Wirklichkeit entwickelten sich der Prozeß von Helsinki und andere Abläufe. Man könne hoffen, «daß die Zeit selbst über das Weitere bestimmen wird».

Während Gorbatschow in der Bundesrepublik weilte, nahm in Ungarn die politische Führung am 13. Juni nach polnischem Vorbild Gespräche mit der Opposition am Runden Tisch auf. Drei Tage später, am «Tag der nationalen Versöhnung», wurde Imre Nagy, der Märtyrer der Revolution von 1956, ein zweites Mal, und dieses Mal in einem Ehrengrab, bestattet. (Die volle juristische Rehabilitierung Nagys und seiner Mitstreiter durch das Oberste Gericht erfolgte gut drei Wochen später, am 6. Juli.) Am 24. Juni trat der «Radikalreformer» Reszö Nyers, ein entschiedener Befürworter der Marktwirtschaft, als Vorsitzender der Partei der Ungarischen Werktätigen an die Stelle des vergleichsweise «orthodoxen» Károly Grósz. Am 27. Juni öffneten der ungarische Außenminister Gyula Horn und sein österreichischer Kollege Alois Mock bei Sopron, auf deutsch Ödenburg, die Grenze zwischen ihren Ländern, indem sie symbolisch ein Stück des Stacheldrahtes entfernten. Zwischen Ungarn und Österreich gab es nun keinen «Eisernen Vorhang» mehr.

Um die gleiche Zeit tagten in Madrid die Staats- und Regierungschefs der Europäischen Gemeinschaft. Der wichtigste Beschluß des Treffens vom 26. und 27. Juni bedeutete einen großen Schritt in Richtung Wirtschafts- und Währungsunion. Die erste Stufe der Verwirklichung, der Eintritt aller Gemeinschaftswährungen in das bestehende Europäische Währungssystem, sollte am 1. Juli beginnen. Für die folgenden beiden Stufen, die Gründung einer Europäischen Zentralbank und die Schaffung einer einheitlichen Währung, wurden noch keine

Termine beschlossen. In jedem Fall sollte den Stufen zwei und drei eine Regierungskonferenz vorangehen, deren Zeitpunkt aber noch offen war: Mitterrand, dem besonders daran lag, die Deutsche Mark möglichst bald in einer europäischen Währung aufgehen zu lassen, wollte sie in der zweiten Hälfte des Jahres 1990 stattfinden lassen, Kohl aus innenpolitischen Gründen erst nach der im Dezember 1990 anstehenden Bundestagswahl. Außerdem war der Bundeskanzler sehr viel mehr als der französische Staatspräsident daran interessiert, parallel zur Währungsunion die Politische Union Europas zu verwirklichen.

Die Grundlage des Madrider Beschlusses war ein bereits im April vorgelegter Bericht der Kommission, die die Zwölf im Juni 1988 auf ihrem Gipfel in Hannover eingesetzt hatten. Die treibende Kraft des Projekts Wirtschafts- und Währungsunion war von Anfang an der Präsident der Kommission der Europäischen Gemeinschaft, Jacques Delors, der auch an der Spitze der Expertenkommission stand. Er knüpfte mit seinen Überlegungen an den «Werner-Plan», den Bericht des luxemburgischen Ministerpräsidenten Pierre Werner vom Oktober 1970, an, der schon damals die Weiterentwicklung der EG zu einer Wirtschafts- und Währungsunion, gefordert hatte, dieses Vorhaben aber, anders als die Delors-Kommission, ausdrücklich mit einer Politischen Union verbinden wollte.

Daß es Delors gelang, alle der Kommission angehörenden zwölf Notenbankpräsidenten der Mitgliedstaaten, also auch den Präsidenten der Bundesbank, Karl Otto Pöhl, und den Gouverneur der Bank of England, Robin Leigh-Pemberton, trotz der schwerwiegenden Bedenken beider zur Unterzeichnung des Berichts zu bewegen, war eine unangenehme Überraschung für die britische Premierministerin. Auf dem Madrider Gipfel stimmte Margaret Thatcher dem Beschluß nur zu, weil er jeden Automatismus nach Vollendung der ersten Phase ausschloß. Darüber hinaus weigerte sich Thatcher entgegen dem Rat von Außenminister Geoffrey Howe und Schatzkanzler Nigel Lawson, einen Termin für einen britischen Beitritt zu dem 1979 eingeführten Europäischen Währungssystem zu nennen – eine Haltung, die wesentlich dazu beitrug, daß beide Minister wenig später (Howe Ende Juli und Lawson Ende Oktober) mehr oder minder unfreiwillig von ihren Ämtern zurücktraten. Weniger umstritten war im britischen Kabinett Thatchers Nein zu der in Madrid ebenfalls vereinbarten Europäischen Sozialcharta, die die Mitgliedstaaten auf gewisse soziale Mindeststandards festlegte, aus Sicht der Premierministerin aber nichts anderes war als ein Ausdruck von deutschem Protektionismus.

Am 28. Juni 1989, einen Tag nach Abschluß des Madrider Gipfels, fand auf dem Amselfeld, dem Kosovo polje, eine Feier zum Gedenken an jene Schlacht statt, bei der 600 Jahre zuvor, im Juni 1389, am gleichen Ort ein von Serben geführtes christliches Heer im Kampf gegen die Osmanen unterlegen war – ein Ereignis, das damals das Ende des unabhängigen Serbischen Reiches eingeleitet hatte und inzwischen zu einem nationalen Mythos geworden war. Die Hauptrede hielt der Führer der serbischen Kommunisten, Slobodan Milošević, der seit Mai auch Präsident Serbiens war. Zwietracht und Verrat im Kosovo hätten Serbien durch seine Geschichte begleitet, sagte Milošević. Heute sei Serbien «geeint, gleichberechtigt mit den anderen Republiken und bereit, alles zu tun, damit sich das materielle und gesellschaftliche Leben aller seiner Bürger verbessert». Eines der großen Symbole der Kosovo-Schlacht sei das Heldentum. «Heute, 600 Jahre später, stehen wir wieder in Schlachten und vor Schlachten. Sie werden nicht mit Waffen ausgetragen, obwohl auch das nicht auszuschließen ist ... Für diese Schlacht benötigen wir Heldentum ganz besonders. Ein etwas anderes Heldentum, versteht sich.» Milošević bekannte sich zwar zum Zusammenleben vieler Völker und Nationalitäten in Serbien und zu Jugoslawien. Doch der nationalistische Grundton der Rede war nicht zu überhören. Nachdem sich die Integrationskraft des jugoslawischen Kommunismus offenkundig erschöpft hatte, schien ein forcierter serbischer Nationalismus dem Belgrader Partei- und Staatschef das am besten geeignete Mittel zu sein, den politischen und sozialen Zusammenhalt Serbiens zu verbürgen.

Rund eine Woche später, am 6. Juli 1989, trug Michail Gorbatschow vor der Beratenden Versammlung des Europarats in Straßburg eine ganz andere Vision vor. Er beschwor, wie schon mehrfach in den Jahren zuvor, das «gemeinsame Haus Europa» und nannte sowohl die Sowjetunion als auch die Vereinigten Staaten von Amerika «einen natürlichen Teil der europäischen internationalen politischen Struktur». Er würdigte die Bedeutung des 1975 eingeleiteten «Helsinki-Prozesses» und schlug vor, eine zweite gesamteuropäische Konferenz, analog zu der von Helsinki, einzuberufen, um eine neue Sicherheitsstruktur für Europa zu entwickeln. Eindeutig war Gorbatschows Bekenntnis zum Recht jedes Staates, sein Regierungssystem frei zu wählen und zu verändern. Einmischungen in innere Angelegenheiten und Versuche, die Souveränität von Staaten einzuschränken, seien unzulässig – auch dann, wenn es sich um Freunde und Verbündete handle.

Von Straßburg aus flog Gorbatschow weiter nach Bukarest, wo am 7. und 8. Juli eine Konferenz der Warschauer-Pakt-Staaten stattfand. Der Aufruf des Generalsekretärs der KPdSU zu gesamteuropäischen Reformprozessen fand keine ungeteilte Zustimmung; vielmehr prallten die gegensätzlichen Positionen von «Liberalen» und «Orthodoxen» hart aufeinander. Im Abschlußkommuniqué spiegelten sich diese Differenzen nicht wider. Die Teilnehmer bestätigten darin, daß sie ihre Beziehungen «auf der Grundlage der Gleichheit, Unabhängigkeit und des Rechts eines jeden, selbständig seine eigene politische Linie, Strategie und Taktik ohne Einmischung von außen auszuarbeiten», entwickeln würden. Eindeutiger, als es Gorbatschow in Straßburg und Bukarest tat, konnte die Absage an die Breschnew-Doktrin von der beschränkten Souveränität der «sozialistischen Staaten» kaum formuliert werden.

In die Zeit von Mai bis Juli 1989 fielen auch erste Anzeichen für einen Wandel in zwei Ländern, in denen die politischen Verhältnisse ganz und gar erstarrt schienen: in Iran und Südafrika. Am 3. Juni starb neunundachtzigjährig der Ayatollah Chomeini, der «Vater» der islamischen Revolution von 1979. Als neuen Religionsführer bestimmte der Wächterrat den bisherigen Staatspräsidenten Ali Chamenei. Seine Nachfolge an der Spitze des Staates trat am 28. Juli Parlamentspräsident Rafsandschani an. Eine Verfassungsänderung, die das Amt des Ministerpräsidenten abschaffte und dem Staatspräsidenten die Leitung der Regierung übertrug, verhalf Rafsandschani zu einer Ausweitung seiner Kompetenzen. Er nutzte sie, um eine gewisse wirtschaftspolitische Liberalisierung und eine leichte Lockerung der innenpolitischen Repression einzuleiten.

Sehr viel weiterreichende Veränderungen bahnten sich um dieselbe Zeit in Südafrika an. Seit 1985 und verstärkt seit 1987 hatte es bereits intensive und strikt geheime Kontakte zwischen Vertretern der Regierung, darunter Justizminister Kobie Coetsee und Geheimdienstchef Niel Barnard, und dem seit 1962 einsitzenden prominentesten schwarzen Häftling des Landes, dem Führer des African National Congress (ANC), Nelson Mandela, gegeben. Am 5. Juli 1989 kam Präsident Pieter W. Botha mit Mandela zu einem Geheimgespräch zusammen.

Botha, einer der hartnäckigsten Verfechter der Politik der Rassentrennung, der «Apartheid», hatte offenbar begriffen, daß Südafrika sich
seine wirtschaftliche und politische Isolierung nicht mehr länger leisten konnte. Je mehr das Feindbild von der kommunistischen Gefahr
in den Demokratien des Westens verblaßte, desto weniger durfte Pretoria darauf hoffen, von den USA und ihren Verbündeten ungeachtet
aller Sanktionen und Proteste gegen die Rassenpolitik als Partner betrachtet zu werden. Was den eng mit der kommunistischen Partei Südafrikas verbundenen ANC betraf, so hatte Gorbatschow schon seit
längerem auf ihn eingewirkt, um die von der Sowjetunion unterstützte
Befreiungsorganisation von gewaltsamen Aktionen abzuhalten und
auf eine Politik des evolutionären Wandels festzulegen. Praktische Folgen hatte die Unterredung vom 5. Juli zunächst nicht: Mandela bestand
auf offenen Verhandlungen der Regierung mit dem ANC, worauf
Botha nicht einzugehen bereit war.

Am 14. August trat Botha aus gesundheitlichen Gründen zurück.
Der neue Präsident Willem de Klerk, der Botha im Februar schon als
Vorsitzender der National Party abgelöst hatte, war zu einer radikalen
Wende in der Innenpolitik entschlossen. Im Februar 1990 fiel das Verbot des ANC und des konkurrierenden Pan-African Congress; kurz
darauf wurde Mandela nach 26 Jahren Haft aus dem Gefängnis entlassen. Die Regierung de Klerk baute das Apartheidregime schrittweise ab; parallel dazu hoben die Vereinten Nationen, die Organisation für Afrikanische Einheit, die USA und die EG ihre Sanktionen
auf. Südafrika trat damit in eine neue Phase seiner Geschichte ein –
eine friedliche Revolution, die der jahrhundertealten Vorherrschaft der
Weißen ein Ende bereitete.

Zwischen dem Beginn des Abbaus der Befestigungsanlagen an der
Grenze zwischen Ungarn und Österreich am 2. Mai 1989 und der
Bukarester Konferenz des Warschauer Pakts am 7./8. Juli lagen knapp
zehn Wochen. In dieser Zeit hatte sich die Welt dramatisch verändert.
Was sich den Zeitgenossen besonders einprägte, waren die Wandlungen in der kommunistischen Welt. Die Reformen, die Gorbatschow
in der Sowjetunion durchsetzte, hatten den «Ostblock» in zwei Lager
gespalten: die Gruppe der Reformbefürworter mit Ungarn und Polen,
die viel weiter gingen als Gorbatschow selbst, indem sie sich vom leninistischen Parteimonopol lossagten, und die Gruppe der Reformver-
weigerer Rumänien, Bulgarien, ČSSR und DDR, die an der Parteidik-

tatur festhielten, weil sie überzeugt waren, andernfalls nicht an der Macht bleiben zu können. In Sachen «Sozialismus» versus «Marktwirtschaft» verliefen die Fronten ähnlich: Ungarn und Polen vertraten deutlich liberalere Positionen als die Sowjetunion. Aus der Sicht der anderen Warschauer-Pakt-Staaten waren die beiden reformfreundlichsten Länder vom richtigen, dem sozialistischen Weg noch sehr viel stärker abgewichen als die UdSSR.

In der Volksrepublik China verlor derjenige Politiker, der am stärksten mit Gorbatschows Ansatz sympathisierte, der Parteichef Zhao Ziyang, seine Ämter. Die siegreichen «Modernisierer» um Deng Xiaoping und Li Peng fühlten sich durch die Auflösung des Ostblocks in ihrer Auffassung bestärkt, daß es falsch und gefährlich war, dem Ruf nach politischer Liberalisierung irgendwelche Zugeständnisse zu machen. In Jugoslawien schließlich erlebte die Welt den Umschlag eines sich übernational gebenden Kommunismus in traditionellen Nationalismus. Von einer Bedrohung durch den Kommunismus sprach im Juli 1989 in der westlichen Welt kaum noch jemand. Die Epoche des Kalten Krieges, der großen Ost-West-Konfrontation, neigte sich unübersehbar ihrem Ende zu. Was auf sie folgen würde, lag jenseits des Vorstellungsvermögens der Zeitgenossen.[7]

Zerfall eines Imperiums:
Die Sowjetunion, Polen und Ungarn
von Juli bis Oktober 1989

Vom 14. bis 16. Juli 1989, auf dem Höhepunkt der Feierlichkeiten zum 200. Jahrestag der Französischen Revolution von 1789, fand in Paris der 15. Weltwirtschaftsgipfel statt. Die «G7» beschlossen unter anderem, die Reformprozesse in Ungarn und Polen zu unterstützen. Die Bitte, die Michail Gorbatschow dem Gastgeber, dem französischen Staatspräsidenten François Mitterrand, brieflich hatte zukommen lassen, fand aber vorerst kein Gehör: Für die Erweiterung der Runde um die Sowjetunion war es vor allem nach Meinung von Präsident Bush zu früh. Schließlich war die UdSSR trotz aller Reformen noch lange nicht das, was die USA, Kanada, Großbritannien, Frankreich, die Bundesrepublik Deutschland, Italien und Japan seit langem von sich behaupten konnten: eine Marktwirtschaft.

Gorbatschows größte Sorge war um diese Zeit eine Entwicklung, die die Grundlagen des Sowjetsystems in Frage stellte. Am 10. Juli 1989 hatte in Meschduretschensk in Westsibirien ein Bergarbeiterstreik begonnen, der sich binnen weniger Tage flächenbrandartig ausbreitete. Zu dem Verlangen nach besserer Lebensmittelversorgung, längerem Urlaub für Untertagearbeiter und wirtschaftlicher Unabhängigkeit der Zechen traten bald auch politische Forderungen wie die nach der Streichung des Artikels 6 der Sowjetverfassung, der der KPdSU das Machtmonopol zusprach. Vom 17. Juli ab verhandelte eine Moskauer Delegation unter Leitung eines Mitglieds des Politbüros, Nikolai Sljunkow, mit den Streikenden. Die Vertreter von Partei und Regierung kamen den wirtschaftlichen, nicht aber den politischen Forderungen der Arbeiter weit entgegen und erreichten damit auch, daß das örtliche Streikkomitee am 19. Juli zur Wiederaufnahme der Arbeit aufrief.

Inzwischen hatte die Streikwelle aber das Steinkohlegebiet des Donbass in der Ukraine erfaßt, und wenig später legten die Bergleute auch in anderen ukrainischen Kohlegruben, darunter dem Kusbass, die Arbeit nieder. Am 21. Juli streikten bereits 300000 Arbeiter. Es folgten Ausstände in Workuta und Karaganda, und überall wurde der Ruf nach einem Streikgesetz laut. Die Furcht vor einem Zusammenbruch der Energieversorgung und damit der Volkswirtschaft insgesamt veranlaßte die politische Führung, dieser Forderung nachzukommen. Am 9. Oktober 1989 verabschiedete der Oberste Sowjet ein Gesetz, das bei ernsten Meinungsverschiedenheiten zwischen Firmenleitung und Belegschaft ein zweistufiges Schlichtungsverfahren vorsah und für den Fall der Nichteinigung das Streikrecht einräumte. Trotz einer Reihe von Ausnahmeregelungen, unter anderem eines Verbots von Streiks, die Leben und Gesundheit bedrohten oder die Eisenbahnen und die städtischen Verkehrsbetriebe betrafen, bildete das Gesetz eine tiefe Zäsur: Das Recht auf kollektive Arbeitsniederlegung brach mit dem seit 1917 praktizierten Prinzip, wonach die Kommunistische Partei und die von ihr abhängigen Gewerkschaften und nicht die Arbeiter selbst darüber bestimmten, was in ihrem wohlverstandenen Interesse lag.

Seit dem Sommer 1989 rückte auch die Nationalitätenfrage immer stärker ins Zentrum der sowjetischen Politik. Am 23. August, dem 50. Jahrestag der Unterzeichnung des Hitler-Stalin-Pakts, organisierten die «Volksfronten» der baltischen Sowjetrepubliken Estland, Lettland und Litauen eine 600 Kilometer lange, lebende Kette aus weit über einer Million Menschen, die von Tallinn (Reval) über Riga bis nach Vilnius (Wilna) reichte. Die Demonstration war der bislang spektakulärste Protest gegen die völkerrechtswidrige Annexion der drei baltischen Republiken durch die Sowjetunion und zugleich eine eindrucksvolle Bekundung des Willens, die 1939 verlorene Unabhängigkeit zurückzuerlangen. Die Existenz des Geheimen Zusatzprotokolls zum deutschsowjetischen Nichtangriffspakt, des «Rechtstitels» der Annexion, war von der Sowjetunion bisher geleugnet worden – von Gorbatschow in der abgeschwächten Form, das Original des Dokuments sei bisher nicht aufgetaucht. (Tatsächlich lag es im Archiv des Zentralkomitees der KPdSU.) Eine Kommission, die der Volksdeputiertenkongreß am 1. Juni auf Antrag eines seiner baltischen Mitglieder eingesetzt hatte, war bereits Mitte Juli mehrheitlich zu dem Ergebnis gelangt, daß das Protokoll echt war. Die Veröffentlichung des brisanten Berichts aber wurde erst einmal vertagt.

Auf die Menschenkette vom 23. August 1989 reagierte das Zentralkomitee der KPdSU am 26. August mit einer Entschließung, die die Demonstrationen eine «Apotheose des Separatismus» nannte und die baltischen Völker vor einer Bedrohung ihrer «unmittelbaren Lebensfähigkeit» warnte. Die «Volksfronten» des Baltikums bezeichneten diese Erklärung fünf Tage später als «das gefährlichste Dokument seit Stalins Tagen». In einem Brief an den Generalsekretär der Vereinten Nationen, den Peruaner Javier Pérez de Cuéllar, baten sie die Weltorganisation, die Situation in Estland, Lettland und Litauen zu untersuchen und öffentlich zu diskutieren, wobei sie darauf hinwiesen, daß sich die baltischen Völker durch die Moskauer Führung bedroht fühlten.

Zweieinhalb Monate später, am 12. November 1989, erklärte Estland seinen Beitritt nachträglich für ungültig; am 7. und 15. Februar 1990 taten Litauen und Lettland den gleichen Schritt. Zwischen der estnischen Erklärung und den Erklärungen der beiden anderen baltischen Republiken lag ein Beschluß, den der Volksdeputiertenkongreß der Sowjetunion in seiner zweiten Session am 24. Dezember 1989 nach zweitägiger Debatte mit der erforderlichen Mehrheit gefaßt hatte: Er billigte den Bericht der im Juni eingesetzten Kommission, wonach das Geheime Zusatzprotokoll tatsächlich existierte und ein rechtswidriges und vom Augenblick der Unterzeichnung an unwirksames Dokument war. Eine Anerkennung der Ungültigkeit der von Stalin erzwungenen Beitrittserklärungen der baltischen Republiken war damit freilich nicht verbunden.

Seit dem Frühjahr 1989 begann das baltische Beispiel in anderen Teilen der Sowjetunion Schule zu machen. Am 20. Mai schlossen sich in der Moldawischen Autonomen Sozialistischen Sowjetrepublik verschiedene Oppositionsgruppen zu einer Moldawischen Volksfront zusammen, die die Souveränität für Moldawien forderte. Ende Juni wurde eine weißrussische Volksfront der Erneuerung ins Leben gerufen – allerdings nicht in Minsk, der Hauptstadt der Belorussischen Sozialistischen Sowjetrepublik, sondern in der litauischen Hauptstadt Vilnius. Am 16. Juli folgte die Gründung einer aserbaidschanischen Volksfront in Baku. Sie schrieb den Verbleib des überwiegend von Armeniern bewohnten, unter Sonderverwaltung stehenden Gebiets um Berg-Karabach bei Aserbaidschan auf ihre Fahnen und drohte für den Fall, daß diese Forderung nicht erfüllt wurde, mit der Proklamation der Unabhängigkeit Aserbaidschans.

Kurz darauf begann unter aktiver Beteiligung der Volksfront eine wirtschaftliche Blockade von Berg-Karabach, die bis Ende September dauerte und dann unter dem Druck eines Moskauer Ultimatums ausgesetzt wurde. Am 5. Oktober machten sich die kommunistische Parteiführung und der Oberste Sowjet von Aserbaidschan die Forderungen der Volksfront weitgehend zu eigen. Am 28. November gab der Oberste Sowjet der UdSSR dem Druck aus Baku nach und hob die Sonderverwaltung von Berg-Karabach auf. Daß Aserbaidschan die damit verbundenen Auflagen, die Stärkung der Autonomie des Gebiets und die Sicherung der Rechte der dort lebenden Armenier, erfüllen würde, war eine, wie sich bald zeigen sollte, illusionäre Erwartung.

Besonders beunruhigend für die Sowjetführung war die Entwicklung in der Ukraine, die zu den Gründungsmitgliedern der UdSSR gehörte und dank ihrer Bodenschätze und ihrer Landwirtschaft von zentraler Bedeutung für die sowjetische Volkswirtschaft war. Vom 8. bis 10. September 1989 fand in Kiew der Gründungskongreß der Ukrainischen Volksfront «Ruch» (Bewegung) statt. Die Teilnehmer verlangten durchgreifende politische und wirtschaftliche Reformen, verstärkten Umweltschutz, Religionsfreiheit, die Anerkennung des Ukrainischen als Staatssprache sowie, mit am wichtigsten, wirtschaftliche Autonomie

für die Ukraine. Die ukrainische Parteiführung unter dem Reformgegner Wladimir Schtscherbizki verurteilte sogleich die Reden der
«Ruch»-Aktivisten; die Moskauer «Prawda» nannte sie «antisowjetisch»
und «antisozialistisch».

Nahm man hinzu, daß es auch in den zentralasiatischen Sowjetrepubliken immer wieder zu nationalistischen Kundgebungen und
Ausschreitungen kam, war es keine Übertreibung zu behaupten, daß
der weitere Zusammenhalt der Sowjetunion im Herbst 1989 so bedroht war wie nie zuvor. Der Abbau des staatlichen Zwangs durch
«Glasnost» und «Perestrojka» hatte zentrifugale Kräfte freigesetzt, die
sich von Moskau aus nicht mehr bändigen ließen. Für den Zusammenhalt des «sozialistischen Lagers» im ostmittel- und südosteuropäischen
Vorfeld der Sowjetunion galt dasselbe: Alle Anzeichen deuteten darauf
hin, daß die Erosion des Warschauer Pakts ihren Höhepunkt noch
längst nicht erreicht hatte.

In Polen war nach den halbfreien Parlamentswahlen vom Juni die alles
überragende Frage, in welcher Form sich der Wahlsieger, das Bürgerkomitee, an der Macht beteiligen würde. Seit dem 8. Mai verfügte die
jahrelang unterdrückte Opposition über ihre eigene Tageszeitung, die
«Gazeta Wyborcza». Ihr Chefredakteur, der prominente Dissident
Adam Michnik, schlug am 3. Juli eine Gewaltenteilung besonderer Art
vor: Das Bürgerkomitee sollte den künftigen Regierungschef stellen, die
PVAP einen Kandidaten für das Amt des Staatspräsidenten nominieren.

Bereits am Runden Tisch hatten sich die Vertreter von «Solidarność» damit einverstanden erklärt, daß General Jaruzelski im Amt
des Staatsoberhaupts bestätigt wurde – der Mann, der am 13. Dezember 1981 das Kriegsrecht über Polen verhängt, in der jüngsten Vergangenheit aber eine Politik des inneren Ausgleichs befürwortet hatte. Es
stärkte die Position des Generals, daß Präsident Bush ihn am 10. Juli
anläßlich eines Staatsbesuchs in Polen in einer Rede vor Sejm und
Senat ausdrücklich lobte. Die Stimmen des Regierungslagers in der
Nationalversammlung aber reichten nicht aus, um Jaruzelski erneut
ins Präsidialamt zu verhelfen. Das Bürgerkomitee wollte nicht *für* ihn
stimmen, die Wahl aber auch nicht scheitern lassen. Am 19. Juli wurde
Jaruzelski mit einer Stimme mehr als zur absoluten Mehrheit der abgegebenen gültigen Stimmen erforderlich zum neuen Staatspräsidenten
gewählt. Das Ergebnis kam dadurch zustande, daß einige Parlamenta-

rier des Bürgerkomitees durch Abwesenheit das notwendige Quorum
gesenkt und andere ungültige Stimmzettel abgegeben hatten.

Den Posten des Regierungschefs wollten die Kommunisten dennoch
nicht aufgeben. Am 2. August wählten sie den bisherigen Innenminister
Kiszczak zum Ministerpräsidenten. Eine Regierung aber konnte der Gewählte nicht bilden, weil das Bürgerkomitee das Amt des Ministerpräsidenten weiterhin für sich beanspruchte. Am 19. August trat Kiszczak
zurück. Fünf Tage später wählte der Sejm den katholischen Demokraten
Tadeusz Mazowiecki, den langjährigen Berater Lech Wałęsas, zum Ministerpräsidenten. Er bildete ein Kabinett der nationalen Konzentration,
in dem die Kommunisten vier Minister, darunter die für Inneres und
Verteidigung, stellten; sein kurzzeitiger Vorgänger Kiszczak kehrte in
das schon zuvor von ihm geleitete Innenressort zurück. Außenminister
wurde der parteilose Völkerrechtler Krzysztof Skubiszewski, Finanzminister der liberale Ökonom Leszek Balcerowicz; Bronisław Geremek,
neben Mazowiecki der wichtigste Berater Wałęsas, übernahm den Vorsitz in der Parlamentsfraktion des Bürgerkomitees im Sejm.

Die größte Herausforderung der neuen Regierung war die extrem
kritische Wirtschaftslage. Nach der von «Solidarność» am Runden
Tisch durchgesetzten Anbindung der Löhne an die Preisentwicklung
und der Freigabe der Lebensmittelpreise durch die Regierung Rakowski
am 1. August war die Inflationsrate in die Höhe geschnellt: Sie lag im
August bei 40, im September bei 34, im Oktober bei 55 und am Jahresende bei 640 Prozent. Das andere große Problem war das Verhältnis
Polens zur Sowjetunion, die nach wie vor auch militärisch im Lande
präsent war. Die ersten Moskauer Reaktionen auf die Bildung des Kabinetts Mazowiecki waren aber so wohlwollend, daß es für die neue
Regierung in dieser Hinsicht vorerst keinen Anlaß zu Besorgnissen gab.

Die «Kohabitation» eines kommunistischen Staats- und eines nichtkommunistischen Regierungschefs war Teil jenes «historischen Kompromisses», der einen radikalen, aber zugleich geregelten und ausbalan-
cierten Transformationsprozeß einleiten sollte. Wenn das Experiment
gelang, hatte Polen, der erste postkommunistische Staat Europas, eine
einzigartige Chance: Es konnte zum Pionierland eines fundamentalen
Systemwandels in Ostmitteleuropa werden – zum Vorreiter einer transnationalen friedlichen Revolution, wie sie die Geschichte noch nicht
gesehen hatte.

Wie Polen tat auch Ungarn im Sommer und Herbst 1989 große Schritte in eine postkommunistische Richtung. Von der Sowjetunion wurde es dabei nicht behindert. Am 25. April hatte der Abzug der sowjetischen Streitkräfte aus Ungarn begonnen, womit Gorbatschow einer Bitte des Budapester Parteichefs Károly Grósz entsprach. Bis zum Juni hatten 10 000 von insgesamt etwa 62 000 Rotarmisten Ungarn verlassen. Ende Juli drängten Grósz und Ministerpräsident Németh Gorbatschow bei Verhandlungen in Moskau zu einem vollständigen Abzug. Diese Forderung wollte der Generalsekretär der KPdSU aber erst im Zuge von Fortschritten bei der allgemeinen Abrüstung in Europa erfüllen.

Um dieselbe Zeit betrieb Ungarn eine systematische Öffnung nach Westen. Für diesen Kurs sprachen nicht zuletzt wirtschaftliche Gründe: Ungarn war 1989 mit 18 Milliarden Dollar im Ausland verschuldet; die Inflationsrate belief sich 1989 auf 18 Prozent. Eine Konsolidierung erforderte grundlegende Wirtschaftsreformen *und* eine aktive Mitwirkung des Westens: Beides bedingte sich wechselseitig.

Daß sich die Bundesrepublik Deutschland bei der Unterstützung der ungarischen Reformbemühungen besonders hervortat, hatte auch einen humanitären, und zwar einen gesamtdeutschen Grund. Auf die Nachricht von der Öffnung der Grenze zu Österreich hin hatten sich Tausende von Bürgerinnen und Bürger der DDR nach Ungarn begeben, um über die «grüne Grenze» nach Österreich und von dort in die Bundesrepublik zu gelangen. Hunderte von ihnen konnten so in die Freiheit flüchten. Soweit sie von ungarischen Grenzsoldaten aufgegriffen wurden, und das war das Schicksal der meisten, erfolgte zwar nicht mehr automatisch wie früher die Auslieferung an die DDR, wohl aber die zwangsweise Unterbringung in einem der neu errichteten Flüchtlingslager in der Nähe der Grenze. Über 100 DDR-Bürger suchten im August Zuflucht in der Botschaft der Bundesrepublik in Budapest – mit der Folge, daß die diplomatische Vertretung des größeren deutschen Staates zeitweilig für den Publikumsverkehr geschlossen werden mußte.

Unter dem Eindruck dieser Ereignisse entschloß sich die ungarische Führung im Spätsommer 1989 zu einem Schritt von weltgeschichtlicher Bedeutung. Bei einem Geheimtreffen mit Bundeskanzler Kohl und Außenminister Genscher auf Schloß Gymnich bei Bonn erklärten sich Ministerpräsident Németh und Außenminister Horn am 25. August

bereit, bis Mitte September die Grenze zu Österreich für Deutsche aus
der DDR zu öffnen. Die Gegenleistung der Bundesrepublik bestand
aus großzügiger Wirtschaftshilfe in Form einer Kreditgarantie über
500 Millionen DM, zu der noch Kredithilfen der Länder Bayern und
Baden-Württemberg in etwa der gleichen Höhe kamen. Mit der Vereinbarung von Gymnich kündigte Ungarn einseitig die Verpflichtung der
Mitgliedstaaten des Warschauer Pakts, Flüchtlinge aus einem der «Bruderländer» an ihr Herkunftsland auszuliefern. Seit dem 25. August gehörte Ungarn dem östlichen Bündnis nur noch formell an. Tatsächlich
war es dabei, in den Westen überzutreten. In der Nacht vom 10. zum
11. September geschah, worauf sich Németh und Horn mit Kohl und
Genscher verständigt hatten: Über die ungarisch-österreichische Grenze
ergoß sich ein Strom von Tausenden ostdeutscher Flüchtlinge, die in
Auffanglagern wochenlang auf ihre Ausreise gewartet hatten. Bis Ende
September kamen etwa 25 000 «Übersiedler» aus der DDR über Ungarn
und Österreich in die Bundesrepublik Deutschland.

Am 16. September, fünf Tage nach der Öffnung der ungarischen
Grenze für Flüchtlinge aus der DDR, ließ sich Imre Pozsgay, einer der
Wortführer der Budapester Reformpolitiker, zum vorläufigen Vorsitzenden der «Bewegung für ein demokratisches Ungarn» wählen, die sich
die «Abschaffung des sozialistischen Systems stalinistischer Ausprägung» zum Ziel setzte. Am 19. September verständigten sich die Kommunisten und die Opposition am Runden Tisch über die Art und Weise,
wie der Übergang zu einem Mehrparteiensystem vollzogen werden
sollte. Anfang Oktober löste sich die Partei der Ungarischen Werktätigen auf einem außerordentlichen Parteitag auf. Die bisherigen Reformkommunisten organisierten sich neu in der Ungarischen Sozialistischen
Partei. Sie wählten den letzten Vorsitzenden der soeben aufgelösten
Partei, Rezsö Nyers, zum Vorsitzenden der neuen und bekannten sich
zum parlamentarischen Rechtsstaat und zur Marktwirtschaft.

Um die Volksrepublik Ungarn in eine demokratische Republik umzuwandeln, waren zahlreiche Verfassungsänderungen notwendig. Sie
wurden am 18. Oktober von der Nationalversammlung mit großer
Mehrheit beschlossen. Fünf Tage später rief der amtierende Staatspräsident Mátyás Szürös die «Republik Ungarn» aus. Das Datum hatte
symbolische Bedeutung: Am 23. Oktober 1989 jährte sich zum 33.
Mal der Tag, an dem die Revolution von 1956 begonnen hatte.[8]

Der Fall der Berliner Mauer:
Symbol einer friedlichen Revolution

Der Führung der DDR erschien das kategorische Nein zu einem Reformkurs, wie ihn Gorbatschow in der Sowjetunion und, in seinem Gefolge und sehr viel konsequenter als er, die Parteiführungen in Budapest und Warschau eingeschlagen hatten, nach wie vor als ein Gebot der Selbsterhaltung. Der kleinere der beiden deutschen Staaten hätte nach der Überzeugung der SED seine Daseinsgrundlage aufs Spiel gesetzt, wäre er zur Preisgabe seiner «sozialistischen» Identität und zur gesellschaftlichen und politischen Anpassung an die «kapitalistische» Bundesrepublik bereit gewesen. Die anderen sozialistischen Länder hätten bereits vor ihrer sozialistischen Umgestaltung mit kapitalistischer oder halbfeudaler Ordnung bestanden, so erläuterte Otto Reinhold, der Rektor der Akademie für Gesellschaftswissenschaften beim ZK der SED, am 19. August 1989 in einem Beitrag für «Radio DDR» diesen Standpunkt. «Anders als die DDR. Sie ist nur als antifaschistische, als sozialistische Alternative zur BRD denkbar. Welche Existenzberechtigung sollte eine kapitalistische DDR neben einer kapitalistischen Bundesrepublik haben? Natürlich keine.»

Der Preis der ideologischen und politischen Abschottung war die wachsende Unzufriedenheit unter den Bürgern der DDR. Sie äußerte sich im August in der rasch ansteigenden Zahl von «Botschaftsflüchtlingen»: Um ihre Ausreise in den Westen Deutschlands zu erzwingen, strömten Hunderte von DDR-Bürgern zunächst in die Ständige Vertretung der Bundesrepublik in Ost-Berlin, dann in die bundesdeutschen Botschaften in Budapest, Warschau und Prag. Am dramatischsten entwickelte sich die Lage in der tschechoslowakischen Hauptstadt. Es bedurfte intensiver Verhandlungen, die Außenminister Genscher Ende September am Rande der Vollversammlung der Vereinten Nationen in New York mit seinen Kollegen aus Moskau und Ost-Berlin, Eduard Schewardnadse und Oskar Fischer, führte, um die DDR zum Einlenken zu bewegen. Sie willigte am 30. September in ein Arrangement ein, mit dem sie ihr Gesicht zu wahren hoffte: Die zuletzt fast 6000 Prager Botschaftsflüchtlinge durften in Eisenbahnzügen über das Territorium der DDR in die Bundesrepublik ausreisen. Über das Fernsehen wurde alle Welt Zeuge des Jubels, den Außenminister Genscher auslöste, als er am Abend des 30. September vom Balkon der bundesdeutschen Botschaft in Prag seinen Landsleuten die erlösende Nachricht überbrachte. In gleicher Form wurde kurz darauf das Problem der DDR-Bürger gelöst, die sich in der Warschauer Botschaft der Bundesrepublik aufhielten.

Die Ost-Berliner Zugeständnisse hatten einen triftigen Grund: Die DDR bereitete sich auf die Feierlichkeiten aus Anlaß des 40. Jahrestages ihrer Gründung am 7. Oktober vor und legte deshalb Wert darauf, der Außenwelt kein allzu häßliches Gesicht zu zeigen. Szenen wie in Prag sollten sich auf keinen Fall wiederholen. Aus diesem Grund setzte die DDR am 3. Oktober den visafreien Reiseverkehr mit der ČSSR aus. Den Ostdeutschen war damit durch eine Art zweiter Mauer auch der Weg nach Ungarn versperrt. Mehr denn je mußten sich die regimekritischen Bürger der DDR wie in einem Gefängnis fühlen.

Unter denen, die Anfang Oktober die DDR verlassen konnten, waren auch viele, die in den Wochen zuvor auf zunächst noch kleineren Demonstrationen in Leipzig gerufen hatten: «Wir wollen raus!» Aber je stärker der Flüchtlingsstrom anschwoll, desto lauter wurde ein anderer Ruf, der erstmals am Montag, dem 4. September, nach einem Friedensgebet in der Leipziger Nikolaikirche zu hören war: «Wir bleiben hier!» Die Krise, die zur Massenflucht führte, trieb Bürger auf die Straße, die die DDR nicht verlassen, sondern verändern wollten. Der Protest äußerte sich seit September also nicht nur resignativ, sondern auch aktiv. Träger der Opposition waren Gruppen von Bürgerrechtlern, deren «Gesamtpotential» das Ministerium für Staatssicherheit am 1. Juni 1989 auf 2500 Personen bezifferte, die in 160 «feindlich-negativen» Zusammenschlüssen, darunter 150 kirchlichen Basisgruppen, organisiert seien.

Die älteste dieser Gruppen, die auf eine kirchliche Anlehnung bewußt verzichtete, war die Anfang 1986 gegründete «Initiative Frieden und Menschenrechte». Am 9. September 1989 entstand das «Neue Forum». Am 12. September folgte die Gründung von «Demokratie Jetzt», am 29. Oktober die des «Demokratischen Aufbruchs». Am 7. Oktober, dem 40. Jahrestag der Staatsgründung, riefen Regimegegner im evangelischen Pfarrhaus von Schwante bei Berlin die «Sozialdemokratische Partei in der DDR» (SDP) ins Leben. Es war nur eine Minderheit, die sich in diesen Gruppen betätigte, aber ihr Mut wirkte ansteckend.

Den stärksten Widerhall hatte das Neue Forum, das sich als «politische Plattform für die ganze DDR» mit dem Ziel verstand, die

Diskussion zwischen Staat und Gesellschaft in Gang zu bringen. Zu seinen Gründern gehörten die Malerin Bärbel Bohley, der Physiker Sebastian Pflugbeil und der Molekularbiologe Jens Reich. Unter Berufung auf Artikel 29 der Verfassung der DDR, der Vereinigungsfreiheit versprach, beantragten die Initiatoren am 19. September die Zulassung der neuen Gruppe. Zwei Tage später erfolgte die Ablehnung durch das Innenministerium. Ziele und Anliegen der beantragten Vereinigung widersprächen der Verfassung der DDR und stellten eine staatsfeindliche Plattform dar. Eine Zerschlagung des Neuen Forums und anderer oppositioneller Gruppen hielt die «Stasi» mit Blick auf ihren starken Zulauf und die allgemeine Lage aber schon nicht mehr für möglich.

Am 25. September fand im Anschluß an ein Friedensgebet in der Leipziger Nikolaikirche die erste große und einheitliche Montagsdemonstration statt. 8000 bis 10 000 Menschen nahmen daran teil. Sie sangen die «Internationale» und das Lied der amerikanischen Bürgerrechtsbewegung «We shall overcome» und skandierten in Sprechchören «Freiheit» und «Neues Forum zulassen». Die Polizei hielt sich, offenbar auf höhere Weisung hin, zurück. Am folgenden Montag, den 2. Oktober, wuchs die Zahl der Demonstranten auf etwa 20 000 an. Rufe wie «Keine Gewalt!», «Kein neues China», «Gorbi, Gorbi» und «Freiheit, Gleichheit, Brüderlichkeit» waren zu hören.

Vier Tage später, am 6. Oktober, begannen die Feierlichkeiten zum 40. Jahrestag der Gründung der DDR. Der prominenteste Ehrengast war Michail Gorbatschow. Unter vier Augen und vor dem gesamten Politbüro mahnte er seinen Gastgeber Erich Honecker unter Hinweis auf die Erfahrungen der Sowjetunion, aber auch Polens und Ungarns, nicht zu spät auf die Impulse der Gesellschaft zu reagieren. Auf einer Pressekonferenz der sowjetischen Delegation am 7. Oktober zitierte der Sprecher des Moskauer Außenministeriums, Gennadij Gerassimow, aus den sehr allgemein und verbindlich gehaltenen Ausführungen des Kremlchefs einen besonders einprägsamen Satz, den der Dolmetscher in die Form eines alsbald geflügelten Wortes brachte: «Wer zu spät kommt, den bestraft das Leben.» Als Gorbatschow am Mahnmal für die Opfer des Faschismus und Militarismus, der historischen Neuen Wache auf der Straße Unter den Linden, einen Kranz niederlegte, riefen junge Leute «Gorbi, hilf!». Bald nachdem Gorbatschow und die anderen Ehrengäste den Ost-Berliner Palast der Republik verlassen hatten, löste die Volkspolizei unter massivem

Knüppeleinsatz einen Demonstrationszug von rund 1000 Menschen auf, der sich vom Alexanderplatz in Richtung Palast der Republik bewegte. Weit über 500 Personen, darunter auffallend viele Frauen, wurden vorübergehend festgenommen.

Zwei Tage später, am 9. Oktober, fand in Leipzig die bislang größte Montagsdemonstration statt. Umlaufende Gerüchte, die Staatssicherheit plane eine gewaltsame Niederschlagung der Protestbewegung, veranlaßten prominente Bürger der Messestadt, unter ihnen Kurt Masur, den Leiter des Gewandhausorchesters, zu einem Aufruf zum friedlichen Dialog. Der Appell wurde auch von drei hohen Mitgliedern der SED-Bezirksleitung unterzeichnet und gegen 18 Uhr über den Stadtrundfunk verbreitet. 70000 Menschen nahmen an der abendlichen Demonstration teil. «Stasi raus!», «Gorbi, Gorbi!», «Wir bleiben hier!», «Wir sind das Volk!» lauteten die Sprechchöre, und immer wieder und am lautesten «Keine Gewalt!». Der Ruf nach Gewaltverzicht fand Gehör. Die Volkspolizei griff weder zum Schlagstock noch zur Schußwaffe; die paramilitärischen Betriebskampfgruppen wurden nicht eingesetzt.

Die Entscheidung gegen eine «chinesische Lösung» war in Leipzig gefallen, nicht in Ost-Berlin. Die von Staatssicherheitsminister Erich Mielke weitergeleitete Weisung Erich Honeckers vom 8. Oktober, «Krawalle» sofort zu unterbinden, hatte den örtlichen Instanzen einen gewissen Spielraum gelassen, den diese im Sinne der Deeskalation nutzten. Am frühen Abend des 9. Oktober, gegen 19 Uhr 30, ließ Honeckers Stellvertreter im Staatsrat, das Mitglied des Politbüros Egon Krenz, die Leipziger Genossen wissen, daß er den Aufruf zum Dialog unterstütze. Er konnte sich höherer Rückendeckung gewiß sein: Am Vorabend hatte ihn der sowjetische Botschafter in der DDR, Wjatscheslaw Kotschemassow, telefonisch ermahnt, kein Blutvergießen in Leipzig zuzulassen. Im gleichen Sinn instruierte Kotschemassow den Oberbefehlshaber der Westgruppe der sowjetischen Streitkräfte. Am 9. Oktober erhielt die Führung der Westgruppe eine entsprechende Weisung aus Moskau.

Der 9. Oktober wurde zum Wendepunkt in der Krise der DDR. Die Partei- und Staatsmacht war vor dem Massenprotest zurückgewichen. Die SED-Führung konnte bei einer Zuspitzung des inneren Konflikts nicht mit militärischer Hilfe der Sowjetunion rechnen. Das wirkte auf große Teile des Partei- und Sicherheitsapparates demoralisierend. Wäre es nach Honecker und Mielke gegangen, hätte die Staatsmacht in Leipzig ein blutiges Exempel statuiert. Gegen diese harte Linie begann sich nunmehr nicht nur auf örtlicher und bezirklicher, sondern auch auf der höchsten Ebene Widerstand zu formieren. Mit Egon Krenz an der Spitze werteten führende Funktionäre den Konfrontationskurs als einen Ausdruck von Katastrophenpolitik. Die logische Konsequenz aus dieser Einsicht war der Entschluß, Honecker und seine engsten Verbündeten aus ihren Positionen zu entfernen.

In der Sitzung des Politbüros vom 10. Oktober setzte Krenz gegen den Willen des Generalsekretärs eine Erklärung durch, die Verständnis für die Menschen äußerte, die sich von der DDR losgesagt hatten. Zwei Tage später wurde Honecker bei einer Besprechung mit den Ersten Sekretären der Bezirke von mehreren Anwesenden, darunter Hans Modrow aus Dresden, scharf kritisiert. Am Montag, den 16. Oktober, fanden nicht nur in Leipzig, sondern auch in Dresden, Magdeburg, Halle und Ost-Berlin Demonstrationen statt. Am gleichen Tag trafen die Mitglieder der Anti-Honecker-Fronde, der sich inzwischen auch Mielke angeschlossen hatte, ihre letzten Vorbereitungen für den Sturz des Generalsekretärs. Am 18. Oktober waren sie am Ziel: Die Sitzung des ZK verlief so, wie von den Verschwörern geplant. Honecker mußte «aus Gesundheitsgründen» seinen Rücktritt als Generalsekretär, Mitglied des Politbüros und Sekretär des Zentralkomitees bekanntgeben. Mit ihm wurden seine engsten Vertrauten im Politbüro, Günter Mittag und Joachim Herrmann, aus ihren Ämtern abberufen. Zum neuen Generalsekretär der SED wählte das ZK Egon Krenz.

In der Ansprache, mit der sich Krenz am Abend des 18. Oktober über das Fernsehen an die Bevölkerung der DDR wandte, betonte Krenz in sehr allgemeiner Form, daß sich keine kommunistische Partei von den Prozessen abkapseln könne, die die Umgestaltung in der Sowjetunion und anderen Bruderländern beträfen. Aufsehen erregte eine Mitteilung am Ende der Rede, das Politbüro habe der Regierung vorgeschlagen, den Entwurf eines Gesetzes über Auslandsreisen vorzubereiten. Im Zusammenhang mit diesem Gesetz würden die zeitweiligen Einschränkungen des Reiseverkehrs in sozialistische Bruderländer aufgehoben beziehungsweise modifiziert. Am 24. Oktober ließ sich Krenz von der Volkskammer zum Nachfolger Honeckers als Staatsratsvorsitzender und Vorsitzender des Nationalen Verteidigungsrates wählen. Zwei Tage später bekräftigte er in einem Telefongespräch mit

Bundeskanzler Kohl die Absicht der DDR, demnächst ein großzügiges Reisegesetz zu erlassen.

Das größte Problem des neuen Mannes an der Spitze der SED und der DDR war sein Mangel an Glaubwürdigkeit. Krenz hatte den Anti-Perestrojka-Kurs seines Vorgängers bis in den Herbst 1989 mitgetragen, als zentraler Wahlleiter aktiv an der Fälschung der Ergebnisse der Kommunalwahlen vom Mai mitgewirkt und erst kürzlich in Peking die blutige Unterdrückung der studentischen Freiheitsbewegung öffentlich gerechtfertigt. Folgerichtig ebbte die Protestwelle in der DDR nicht nur nicht ab, sie breitete sich vielmehr immer weiter aus, wobei Krenz persönlich zur Zielscheibe der Kritik der Demonstranten wurde. An der Leipziger Montagsdemonstration vom 30. Oktober nahmen 300 000 Menschen teil, die Reformen, freie Wahlen und Reisefreiheit forderten. Größere Demonstrationen und Massendiskussionen gab es Ende Oktober auch in Ost-Berlin, Neubrandenburg, Magdeburg, Dresden, Erfurt, Jena, Karl-Marx-Stadt (Chemnitz), Plauen, Greiz und Senftenberg.

Der 2. November war der Tag der Rücktritte: Zu den führenden Funktionären der SED, die ihre Ämter aufgeben mußten, gehörten der Vorsitzende des Freien Deutschen Gewerkschaftsbundes, Harry Tisch, und die Ministerin für Volksbildung, Margot Honecker, die Frau des gestürzten Generalsekretärs. Tags darauf kündigte Krenz die bevorstehende Ablösung weiterer Mitglieder des Politbüros an, darunter Kurt Hager und Erich Mielke.

Am folgenden Tag, dem 4. November, fand auf dem Berliner Alexanderplatz eine offiziell genehmigte, vom Fernsehen der DDR «live» übertragene Kundgebung statt, an der mehrere hunderttausend Menschen teilnahmen. Sie verlangten, was nunmehr überall in der DDR gefordert wurde: freie Wahlen, Meinungsfreiheit, die Preisgabe des Führungsanspruchs der SED, den Rücktritt der Regierung und die Zulassung von Oppositionsgruppen. Neben Bürgerrechtlern wie Jens Reich, der Katechetin Marianne Birthler und dem Wittenberger Pfarrer Friedrich Schorlemmer, der Schriftstellerin Christa Wolf, den Schriftstellern Stefan Heym, Heiner Müller und Christoph Hein sowie der Schauspielerin Steffie Spira sprachen auch der Vorsitzende einer Blockpartei, der Liberaldemokratischen Partei Deutschlands (LDPD), Manfred Gerlach, und prominente Mitglieder der SED wie der Erste Sekretär der Berliner Bezirksleitung, Günter Schabowski, und der frühere Spionageabwehrchef der DDR, Markus Wolf, die aber beide mehr Pfiffe als Zustimmung ernteten. Die Mitwirkung der SED ließ nur einen Schluß zu: Der lernfähige Flügel der Staatspartei suchte das Bündnis mit der Bürgerrechtsbewegung, um als Partei neben anderen soviel Macht wie möglich zu behalten und die staatliche Existenz der DDR zu retten.

Zwei Tage nach der Kundgebung auf dem Alexanderplatz, am 6. November, einem Montag, erschien die «Frankfurter Allgemeine Zeitung» mit der Schlagzeile «Massenflucht – Reformzusagen – Forderungen». Die Massenflucht wurde dadurch möglich, daß die DDR seit dem 1. November wieder visafreie Reisen in die Tschechoslowakei gestattete und am 3. November in einer Vereinbarung mit der ČSSR der Öffnung der tschechoslowakischen Grenze zur Bundesrepublik für Bürger der DDR zustimmte, die beim Grenzübertritt nur ihren Personalausweis vorzeigen mußten. Die Neuregelung sollte bis zum Inkrafttreten eines Reisegesetzes gelten. Damit war das Problem der Prager Botschaftsflüchtlinge gelöst, das zwischen dem 1. und 3. November sogleich wieder dramatische Formen angenommen hatte. Am Wochenende vom 3. zum 5. November kamen über 10000 Bürger der DDR mit Sonderzügen, Bussen oder dem eigenen Auto über die Tschechoslowakei in die Bundesrepublik.

Den einschneidenden Charakter der Maßnahmen vom 1. und 3. November erkannten in jenen Tagen nur wenige Akteure und Beobachter. Tatsächlich konnten die Bürger der DDR seit dem 3. November, wenn sie wollten, ihren Staat verlassen und über die ČSSR in die Bundesrepublik ausreisen. Die Berliner Mauer hatte damit ihre Funktion verloren: Sie hörte auf, ein unüberwindbares Hindernis auf dem Weg von einem Teil Deutschlands in den anderen zu sein. Damit waren die Würfel gefallen. Was sechs Tage später geschah und den 9. November 1989 zu einer weltgeschichtlichen Zäsur machte, war in Wirklichkeit nur die unabweisbare Folge der Entscheidung, erst die Grenze zwischen der DDR und der Tschechoslowakei und dann die Grenze zwischen der Tschechoslowakei und der Bundesrepublik zu öffnen. Die DDR konnte nun nicht mehr zurück. Sie mußte, weil alles andere widersinnig und zwecklos gewesen wäre, ihre Grenzen zu West-Berlin und der Bundesrepublik öffnen.

Bevor das geschah, überstürzten sich die Ereignisse. Am 7. November trat die Regierung Stoph zurück, am 8. November das gesamte Politbüro. Eines der Mitglieder des am gleichen Tag gewählten neuen Politbüros, den Dresdner Bezirkssekretär Hans Modrow, schlug das ZK als neuen Vorsitzenden des Ministerrats vor. Die Tagung des ZK vom 8. bis zum 10. November geriet zum politischen Offenbarungseid der SED. Erstmals erfuhren die Mitglieder dieses Gremiums Näheres über die lange Vorgeschichte der tiefsten Krise, in der sich die DDR je befunden hatte. Der «Arbeiter- und Bauernstaat» hatte seit den siebziger Jahren über seine Verhältnisse gelebt und sich das nur dadurch leisten können, daß er Schulden auf Schulden häufte. Eine Abkehr von diesem Kurs hatten Erich Honecker und seine Getreuen trotz des Drängens der Experten beharrlich verweigert und damit die DDR in die Situation einer völligen finanziellen Abhängigkeit von ihren kapitalistischen Kreditgebern, obenan der Bundesrepublik Deutschland, gebracht. Nur so war es der SED möglich gewesen, die Sozialleistungen und den Lebensstandard der Bevölkerung auf dem bisherigen Niveau zu halten.

Am Nachmittag des 9. November unterbrach Egon Krenz die Beratungen des ZK für eine Mitteilung zur Frage der Ausreisen. Da der ČSSR die Belastung durch die massenhafte Ausreise von DDR-Bürgern über ihr Territorium nicht länger zuzumuten sei, habe Willi Stoph als amtierender Vorsitzender des Ministerrats eine Verordnung vorgeschlagen, die bis zur Inkraftsetzung eines Reisegesetzes gelten sollte. Demnach konnten ab sofort Privatreisen ins Ausland auch ohne Vorliegen von besonderen Reiseanlässen oder Verwandtschaftsbeziehungen beantragt werden. Die Genehmigung war kurzfristig zu erteilen, eine Ablehnung nur aus besonderen Ausnahmegründen möglich. Wörtlich hieß es in dem Entwurf: «Ständige Ausreisen können über alle Grenzübergangsstellen der DDR zur BRD bzw. zu Berlin (West) erfolgen.» Eine entsprechende Mitteilung sollte am 10. November veröffentlicht werden.

Auf einer für 18 Uhr anberaumten Pressekonferenz im Internationalen Pressezentrum in der Mohrenstraße verlas Günter Schabowski, der seit dem Vortag für Medien zuständige ZK-Sekretär, auf Fragen von Journalisten wesentliche Teile des Entwurfs, den Krenz ihm übergeben hatte, obwohl die Veröffentlichung erst für den folgenden Tag und zwar durch den Pressesprecher des Ministerrats vorgesehen war und er selbst, Schabowski, den Text vorher offenbar gar nicht oder jedenfalls nicht vollständig gelesen hatte. Auf den Zeitpunkt des Inkrafttretens angesprochen, erwiderte er: «Sofort, unverzüglich.» Die weitere Frage, ob die Neuregelung auch für Berlin gelte, bejahte Schabowski, indem er den entsprechenden Passus des Entwurfs zitierte.

Die Fernsehübertragung der Pressekonferenz sorgte dafür, daß die sensationelle Nachricht von der Öffnung der Berliner Mauer sich sofort weltweit verbreitete. Noch am gleichen Abend drängten die Ost-Berliner in hellen Scharen zu dem Bauwerk, das die SED lange als «antifaschistischen Schutzwall» bezeichnet hatte. Versuche, die Massen aufzuhalten, wurden rasch aufgegeben. Auf Weisung des Ministeriums für Staatssicherheit wurden ab 21 Uhr die Personalausweise der Personen, die die Grenze nach West-Berlin überquerten, gestempelt – was formal «Ausbürgerung» bedeutete, aber folgenlos blieb, da die allermeisten gar nicht ausreisen, sondern lediglich West-Berlin (und in den Tagen darauf auch die Bundesrepublik) besuchen wollten, um anschließend in die DDR zurückzukehren. Die «Grenzorgane» verzichteten denn auch wohlweislich darauf, sie an der Wiedereinreise zu hindern.

Zehntausende von Ost-Berlinern strömten in der Nacht vom 9. zum 10. November 1989 jubelnd in den Westteil der Stadt, wo sie mit Begeisterung empfangen wurden. Sie empfanden als «Wahnsinn», was am 13. August 1961, dem Tag der Schließung der Grenze zwischen West- und Ost-Berlin, aufgehört hatte, normal zu sein. Berlin wurde in diesen Stunden wieder zu *einer* Stadt. Mit den Berlinern freuten sich die Deutschen in Ost und West und mit ihnen die Freunde der Freiheit in aller Welt. Denn die Berliner Mauer war längst nicht mehr nur das Symbol der deutschen Teilung, sie war *das* Symbol der Unfreiheit, die so lange in den kommunistisch regierten Staaten Europas geherrscht hatte und dort teilweise noch herrschte.

Weder Krenz noch Schabowski hatten vorhergesehen oder gewollt, was in der Nacht vom 9. zum 10. November in Berlin geschah. Aber wäre die neue Reiseregelung nicht, infolge mehrerer «Pannen», am Abend des 9. November bekanntgemacht worden, hätte das «Fest der Freizügigkeit», von dem ein Abgeordneter der Grünen, Helmut Lippelt, unmittelbar nach Schabowskis Pressekonferenz im Deutschen Bundestag in Bonn sprach, wohl nur einen Tag später stattgefunden. Denn die neue Parteiführung der SED hatte nicht die Autorität, um die Einhaltung der Prozeduren zu erzwingen, die die Verordnung für Anträge auf «Reisen» und «ständige Ausreisen» vorschrieb.

Die Öffnung der Mauer war die Kapitulation der SED – das unbezweifelbare Zeichen, daß sie sich aus eigenen Kräften nicht mehr an der Macht behaupten konnte. Die Mauer wurde eingedrückt durch die Hunderttausenden von Menschen, die die DDR, so wie sie war, ablehnten und diese Haltung dadurch zum Ausdruck brachten, daß sie entweder durch Massenflucht in den Westen diesem Staat den Rücken kehrten oder auf den Straßen und Plätzen ostdeutscher Städte einen fundamentalen Regimewechsel forderten. Die SED konnte diesem Druck nicht standhalten, weil er inzwischen auch aus den eigenen Reihen kam, weil die brutale Repression der Proteste ohne die Unterstützung, ja gegen den Willen der Sowjetunion einem Teil der Parteispitze zu riskant erschien und weil der Preis der Unterdrückung das Ende der westlichen Finanz- und Wirtschaftshilfe und damit den ökonomischen und sozialen Zusammenbruch der DDR bedeutet hätte.

Der Fall der Berliner Mauer wurde zum Symbol jener friedlichen Revolution, die im Herbst 1989 das östliche Mitteleuropa und einen Teil Südosteuropas erfaßte. Begonnen hatte diese Revolution mit der Gründung der unabhängigen Gewerkschaft «Solidarność» in Polen im Sommer 1980 – einer Massenbewegung, die das Regime auch mit den Mitteln des Kriegsrechts nicht mehr aus der Welt schaffen konnte. Die von Gorbatschow durchgesetzte Politik der radikalen Umgestaltung der Sowjetunion hatte der Bewegung für Menschenrechte, Freiheit und Demokratie nach 1985 kräftigen Auftrieb gegeben, desgleichen später auch die von ungarischen Reformkommunisten in ihrem Land eingeleitete Revolution von oben. In der DDR machte sich massiver Druck von unten erst geltend, seit im Sommer 1989 die Massenflucht in den Westen das Regime *und* die Bürgerrechtler zu alarmieren begann. Die Oppositionsgruppen forderten *nicht* die Liquidation der DDR in Gestalt einer Wiedervereinigung mit dem größeren deutschen Staat. Die Teilung Deutschlands galt vielen Bürgerrechtlern, besonders den stark protestantisch geprägten, als Sühne für die Verbrechen des nationalsozialistischen Deutschland. Unter den Intellektuellen, die sich als Sozialisten verstanden und zu einem erheblichen Teil der SED angehörten, gab es ohnehin keine Freunde einer deutschen Einheit unter «kapitalistischen» Vorzeichen. Was den meisten vorschwebte, war ein «dritter Weg» zwischen dem westlichen Kapitalismus und dem bisher praktizierten Staatskommunismus – ein demokratischer Sozialismus, der gesellschaftliches Eigentum an den Produktionsmitteln mit individuellen Freiheiten verbinden sollte.

Einen gewaltsamen Umsturz hatte keine der Oppositionsgruppen im Sinn. Unter den Bürgerrechtlern gab es auch keine Richtung, die die eigene Machtübernahme vorbereitete. Das Ziel der Oppositionellen waren freie Wahlen, also eine demokratische Legitimation der Macht. So revolutionär ihre Forderungen waren, mit ihrem Verzicht auf Gewalt und den unmittelbaren Griff nach der Macht unterschieden sie sich von «klassischen» Revolutionären – den «bürgerlichen» wie den «proletarischen». Erfolg hatten die friedlichen Revolutionäre der DDR aber nicht nur, weil sie sich an ihre Maxime hielten, sondern weil die Inhaber der staatlichen Machtmittel zu großen Teilen inzwischen so verunsichert und demoralisiert waren, daß ihnen die letzte Entschlossenheit zur Verteidigung ihrer Positionen fehlte. Zum Druck von unten kamen also Ratlosigkeit und Passivität von oben. Die DDR war im Herbst 1989 ein implodierender Staat. Die Demonstrationen beschleunigten ihren Zusammenbruch, der sich ohne diesen Druck vermutlich noch über längere Zeit hingezogen hätte. Die folgenden Wochen sollten zeigen, daß die DDR mit dieser Art von Machtwechsel nicht allein stand.[8]

Von der «samtenen Revolution» zum Blutbad von Bukarest: Die Umwälzungen in der Tschechoslowakei, in Bulgarien und Rumänien

Eine politische Umwälzung erlebte im Herbst 1989 auch die Tschechoslowakei. In der ČSSR hatte sich die intellektuelle Opposition gegen das orthodoxe Regime von Parteichef Miloš Jakeš und Staatspräsident Gustáv Husák Ende Juni mit dem Manifest «Einige Sätze» zu Wort gemeldet, das eine offene, demokratische Diskussion und tiefgreifende politische Veränderungen forderte. Bis Mitte September wuchs die Zahl der Unterzeichner auf 25 000 an. Anfang August wurde der Schriftsteller Václav Havel, einer der führenden Köpfe der «Charta 77», erneut verhaftet und stundenlang verhört. Am 28. Oktober kam es anläßlich von Demonstrationen zum 70. Jahrestag der tschechoslowakischen Unabhängigkeit zu über 300 Festnahmen durch die Polizei. Am 17. November gingen Sicherheitskommandos mit großer Härte gegen Zehntausende von Studenten vor, die am 50. Jahrestag der Ermordung des tschechischen Studenten Jan Opletal durch die nationalsozialistischen Besatzer zu Demonstrationen zusammengekommen waren. 17 Personen wurden verletzt. Unter den Verhafteten war auch Alexander Dubček, die Galionsfigur des «Prager Frühlings» von 1968.

Der Polizeieinsatz vom 17. November sollte zu einem Wendepunkt in der Geschichte der Tschechoslowakei werden. Vor dem Hintergrund der jüngsten Ereignisse in Polen und der DDR stieg auch in der ČSSR die Bereitschaft, der staatlichen Repression Massenprotest entgegenzusetzen. Am 18. November riefen Studenten und Schauspieler zu einem einwöchigen Vorlesungs- und Theaterstreik auf. Tags darauf forderten etwa 20 000 Menschen den Rücktritt von Jakeš als Generalsekretär der KPČ. Mehrere Oppositionsgruppen, die sich am 19. November im Prager Schauspielclub zu einem «Bürgerforum» zusammenschlossen, verlangten einen nationalen Dialog über die Zukunft des Landes. Am 20. November waren es bereits 200 000 Demonstranten, die ein Ende der kommunistischen Diktatur forderten. Am 21. November versammelten sich erneut 200 000 Menschen auf dem Prager Wenzelsplatz. Sie erfuhren von Václav Havel, daß Ministerpräsident Ladislav Adamec, der als Pragmatiker galt, mit Vertretern des «Bürgerforums» gesprochen habe. In den folgenden Tagen verbreiteten sich die Demonstrationen über die ganze Tschechoslowakei; an den Universitäten wurde gestreikt; die Nationalgalerie und die Tschechoslowakische Philharmonie schlossen sich den Protesten an.

Der 24. November wurde erneut zu einer Zäsur. In seinem ersten öffentlichen Auftritt seit 1968 rief Alexander Dubček zur Demokratisierung des Landes und zum Verzicht auf Gewalt auf. Am Abend des gleichen Tages fand eine Sondersitzung des Zentralkomitees der KPČ statt, auf der das gesamte Parteipräsidium, also das Politbüro mit Jakeš an der Spitze und das Sekretariat ihren Rücktritt erklärten. Neuer Parteichef wurde Karel Urbánek, der seit 1988 dem Politbüro angehörte. Da er nicht als Reformer galt und mehrere stark belastete Funktionäre, darunter der Chef der Prager Parteiorganisation, Miroslav Štěpán, der Verantwortliche für den Polizeieinsatz vom 17. November, weiterhin der Parteiführung angehörten, ging von den Umbesetzungen des 24. November keine befriedende Wirkung aus.

Der einzige Repräsentant der Staatsmacht, der bei den Demonstranten ein gewisses Vertrauen genoß, war Ministerpräsident Adamec, der der Parteiführung seit dem 24. November nicht mehr angehörte. In einer Rede vor 750 000 Menschen, die sich auf dem Wenzelsplatz versammelt hatten, erklärte er die Bereitschaft seiner Regierung, auf wesentliche Forderungen der Opposition einzugehen. Es folgte ein zweitägiger Generalstreik, an dem sich rund die Hälfte der tschechoslowakischen Arbeitnehmer beteiligte. Am 28. November kündigte Adamec in einem Gespräch mit dem «Bürgerforum» die Bildung einer Koalitionsregierung auf breiter Grundlage an. Tags darauf beschloß die Bundesversammlung die Streichung der Verfassungsbestimmungen über die führende Rolle der Kommunistischen Partei und den Verzicht auf den Marxismus-Leninismus als Grundlage von Erziehung und Bildung. Am 30. November verabschiedete das ZK der KPČ eine Resolution, in der es von der Notwendigkeit sprach, die Ereignisse von 1968 einer kritischen Neubewertung zu unterziehen. Das Parteipräsidium ging tags darauf noch einen Schritt weiter und bezeichnete die gewaltsame Niederschlagung des «Prager Frühlings» als Fehler.

Enttäuscht und empört reagierte das «Bürgerforum», als am 3. Dezember die Zusammensetzung des neuen Kabinetts bekanntgegeben wurde: Alle wichtigen Ressorts blieben in den Händen von Kommunisten; die KPČ stellte 15 von 20 Ministern. Am 4. Dezember verlangten 200 000 Demonstranten den Rücktritt von Staatspräsident Husák; für den Fall, daß diese Forderung nicht erfüllt würde, sollte am 11. Dezember ein neuer Generalstreik stattfinden. Husák antwortete zunächst mit der Berufung eines neuen Ministerpräsidenten, des Slowaken Marián Čalfa. In der von ihm gebildeten «Regierung der nationalen Verständigung» waren die Kommunisten in der Minderheit. Stellvertretender Ministerpräsident und zuständig für die innere Sicherheit wurde ein Regimegegner, der Jurist Ján Čarnogurský, Außenminister der Sprecher des «Bürgerforums» Jiří Dienstbier, einer der Verfasser der «Charta 77». Das Finanzministerium übernahm der radikalliberale Wirtschaftswissenschaftler Václav Klaus. Husák trat unmittelbar nach der Vereidigung des Kabinetts zurück. Am 28. Dezember nahm die Nationalversammlung Alexander Dubček als Mitglied auf und wählte ihn danach zu ihrem Präsidenten. Tags darauf wurde Václav Havel zum neuen Staatspräsidenten gewählt. Der Passus der Eidesformel, der den Amtsinhaber verpflichtete, der Sache des Sozialismus zu dienen, war tags zuvor aus der Verfassung gestrichen worden.

Im Zuge der «samtenen Revolution» (sametová revoluce), von der Tschechen und Slowaken angesichts des unblutigen Verlaufs der Umwälzung schon damals sprachen, hatte sich die ČSSR innerhalb weniger Wochen von einer kommunistischen Diktatur in einen Staat verwandelt, der weitgehend dem Volkswillen entsprach. Angesichts

des Moskauer Reformkurses und der friedlichen Umwälzungen in
Polen und der DDR waren die Verfechter eines harten Kurses in der
KPČ in die Defensive geraten; der wachsende Massendruck hatte jenen
Kräften innerhalb der Partei zum Durchbruch verholfen, die in der
Verständigung mit der Opposition die einzige Chance sahen, einen gewissen Anteil an der Macht zu behalten. In seiner Neujahrsansprache
erinnerte Präsident Havel an die humanistischen und demokratischen
Traditionen des Landes und rief seine Landsleute auf, ihre Republik
wieder zu einer «geistigen Drehscheibe» Europas zu machen. Sein
Rückblick auf die Zeit der kommunistischen Diktatur war alles andere
als ein Ausdruck von Triumphgefühl. «Wir sind moralisch erkrankt,
weil wir uns daran gewöhnt haben, anders zu reden als zu handeln»,
sagte er. Und noch eine Einsicht wollte Havel seinen Zuhörern nicht
ersparen – die Erkenntnis, «daß wir alle für das Funktionieren der totalitären Maschine verantwortlich (sind). Niemand ist nur ihr Opfer,
wir alle sind zugleich ihre Mitschöpfer.»

Ende Februar 1990 begann auf Grund einer Vereinbarung zwischen Havel und Gorbatschow der Rückzug der sowjetischen Truppen
aus der Tschechoslowakei. Am 20. April benannte sich die Tschechoslowakische Sozialistische Republik in Tschechische und slowakische
Föderative Republik um. Aus den ersten freien Parlamentswahlen seit
1946 gingen am 8. und 9. Juni 1990 das tschechische «Bürgerforum»
und die mit ihm verbündete slowakische Gruppe «Öffentlichkeit gegen
Gewalt» mit einem Stimmenanteil von 46,6 Prozent und 87 von
150 Mandaten als eindeutige Sieger hervor. Zweitstärkste Kraft wurden mit 13,8 Prozent die Kommunisten. Am 5. Juli wurde Václav
Havel von der neugewählten Bundesversammlung mit 234 gegen
49 Stimmen im Amt des Staatspräsidenten bestätigt: ein Akt, mit dem
die demokratische Revolution in der Tschechoslowakei zu einem sym-
bolkräftigen Abschluß kam.

Ganz anders als in der Tschechoslowakei verlief der Regimewechsel in
Bulgarien. Parteichef Todor Schiwkow hatte mit seiner konsequenten
Diskriminierung der türkischen Minderheit nicht nur die Türken und
die westlichen Demokratien, sondern auch die Reformer innerhalb des
«sozialistischen Lagers», an ihrer Spitze Michail Gorbatschow, gegen
sich aufgebracht; seine innerparteiliche Machtposition aber schien bis
in den Herbst 1989 hinein unangefochten zu sein. Mitte Oktober fand

in Sofia eine Internationale Umweltkonferenz im Rahmen der KSZE statt. Bulgarische Umwelt- und Menschenrechtsgruppen sahen die Chance, aus diesem Anlaß für ihre Anliegen zu werben. Eine der Gruppen, «Öko-Glasnost», veranstaltete zu Beginn der Konferenz am 14. Oktober in einem Park im Zentrum der Hauptstadt eine Kundgebung, auf der Unterschriften gegen den Bau einer Wasserkraftanlage im Rila-Gebirge, ein nach Meinung der Umweltfreunde ökologisch höchst gefährliches Vorhaben, gesammelt wurden. In den Tagen darauf hielten «Öko-Glasnost» und andere oppositionelle Gruppen Pressekonferenzen in Privatwohnungen ab. Am 24. Oktober kündigten die Umweltaktivisten für den letzten Tag der Konferenz, den 3. November, einen Demonstrationszug zur Nationalversammlung an, der anschließend eine Petition zur Umweltpolitik übergeben werden sollte.

Das Regime war den ungewohnten Aktivitäten seiner Gegner aus Rücksicht auf die Umweltkonferenz bis zum 26. Oktober nicht energisch entgegengetreten. An diesem Tag aber ging die Polizei massiv gegen Aktivisten von «Öko-Glasnost» vor, die in einem Park des Stadtzentrums Unterschriften für ihre Petition sammelten. Viele wurden verhaftet oder in ihre Herkunftsorte abgeschoben. Tags darauf kam das Eingreifen der Polizei auf der Umweltkonferenz zur Sprache. Der Druck von Vertretern aus westlichen und neutralen Ländern war stark genug, um dem Regime ein Einlenken angeraten erscheinen zu lassen: Die Verhafteten wurden freigelassen; die Abgeschobenen durften nach Sofia zurückkehren. Am 3. November konnten die Umweltschützer, wie geplant, der Nationalversammlung eine Petition mit etwa 12500 Unterschriften überreichen. Vor dem Parlamentsgebäude hatten sich etwa 5000 Menschen versammelt, die Demokratie und «Glasnost» auch für Bulgarien forderten.

Zu diesem Zeitpunkt kannten die politisch interessierten Bulgaren bereits die Rede, die Todor Schiwkow am 10. November auf einem Plenum des ZK halten wollte. Darin sprach sich der Parteichef für politischen Pluralismus, eine Beteiligung der Bürger an der Lösung der Umweltprobleme, mehr Toleranz gegenüber Dissidenten, ja sogar für eine «bürgerliche Gesellschaft sozialistischen Typs» aus. Die Vorausveröffentlichung der Rede war offenkundig ein Versuch, innerparteilichen Kritikern den Wind aus den Segeln zu nehmen. Doch die Unzufriedenheit mit Schiwkow hatte in der Parteiführung inzwischen so weit um sich gegriffen, daß er sich mit diesem Manöver nicht mehr retten konnte.

Bereits am 24. Oktober hatte Außenminister Petăr Mladenow, der dieses Amt seit 1971 innehatte, in einem offenen Brief an den Parteichef dessen Abwendung vom Kurs der Sowjetunion und der KPdSU beklagt und seinen, Mladenows, Rücktritt als Minister, nicht aber als Mitglied des Politbüros angekündigt. In der Sitzung des Zentralkomitees vom 10. November wurde der achtundsiebzigjährige Schiwkow auf Betreiben Mladenows aus seinen Funktionen als Generalsekretär der Kommunistischen Partei Bulgariens und Vorsitzender des Staatsrats entfernt. Seine Nachfolge als Parteichef trat Mladenow an. Er versprach die Umwandlung Bulgariens in einen modernen demokratischen Rechtsstaat. Am 17. November ließ er sich von der Nationalversammlung zum Vorsitzenden des Staatsrats und damit zum Staatsoberhaupt wählen.

Der offenbar mit Gorbatschow abgestimmte Übergang von Schiwkow zu Mladenow trug, wie der Historiker Tony Judt bemerkt, alle Züge einer «Palastrevolution». Die oppositionelle Bewegung war nicht stark genug, um den Bruch mit der Diktatur zu erzwingen. Mladenow aber war seinerseits selbst viel zu sehr ein Repräsentant des alten Regimes, um den Bruch konsequent und glaubhaft vollziehen zu können. Maßnahmen wie die Auflösung der Parteiorganisationen in den Betrieben und im Militär im Dezember 1989 und Januar 1990 waren allenfalls erste Schritte auf dem Weg zur Transformation Bulgariens in einen postkommunistischen Staat. Am 14. Dezember 1989 hatte Mladenow sogar den Einsatz der Armee gegen Demonstranten erwogen, sich aber dann nach Streikdrohungen der Oppositionsgruppen am 27. Dezember auf Verhandlungen mit ihnen am Runden Tisch eingelassen. Auf dem 14. Parteitag der Kommunisten Ende Januar übergab Mladenow im Sinne der von ihm propagierten Trennung von Partei und Staat sein Amt als Parteichef an Aleksander Lilow; das Amt des Staatspräsidenten behielt er. Anfang Februar trat der Reformkommunist Andrej Lukanow, der als Anhänger Gorbatschows galt, an die Spitze der Regierung; im März wurden Streiks zugelassen; im April benannte sich die Kommunistische Partei Bulgariens in Sozialistische Bulgarische Partei um.

Im Juni 1990 fanden Parlamentswahlen statt, die der Vorsitzende der oppositionellen Union Demokratischer Kräfte, Schelju Schelew, im Hinblick auf die mannigfache Privilegierung der bisherigen Staatspartei «frei, aber nicht fair» nannte. In der ersten Runde am 10. Juni erhielten die Sozialisten 211, die Union Demokratischer Kräfte 144, die Partei der türkischen Minderheit 23 und die Bauernpartei 16 Sitze. In der zweiten Runde am 17. Juni verloren die Sozialisten infolge einer Parteispaltung die Mehrheit. Anhaltende Proteste – auf der einen Seite von bulgarischen Nationalisten gegen die Partei der türkischen Minderheit, auf der anderen von Studenten gegen behauptete Unregelmäßigkeiten bei der Wahl – veranlaßten Mladenow am 6. Juli zum Rücktritt vom Amt des Staatspräsidenten. Am 1. August wurde Schelju Schelew zu seinem Nachfolger gewählt; Ministerpräsident blieb an der Spitze einer rein sozialistischen Regierung Lukanow.

Die wirtschaftliche Lage Bulgariens hatte sich inzwischen ständig verschlechtert, so daß das Land auch nach dem Wechsel im Präsidentenamt politisch nicht zur Ruhe kam. Ende November 1990 trat Lukanow unter dem Eindruck eines zweitägigen Generalstreiks zurück. Neuer Ministerpräsident wurde der parteilose Rechtsanwalt Dimitar Popow. Er bildete eine Übergangsregierung aus der Union Demokratischer Kräfte und den Sozialisten, die den wirtschaftlichen und gesellschaftlichen Umbau Bulgariens auf der Grundlage des Privateigentums und der Marktwirtschaft in Angriff nahm. Gut ein Jahr nach der Absetzung Schiwkows begann die politische Gestalt des postkommunistischen Bulgarien, das sich seit dem 15. November 1990 nicht mehr «Volksrepublik», sondern «Republik» nannte, festere Konturen anzunehmen.

Die einzige blutige Revolution des Jahres 1989 erlebte der bei weitem «totalitärste» der Staaten des Warschauer Pakts: Rumänien. Wie sehr sich der «Conducator» Nicolae Ceauşescu innerhalb des «sozialistischen Lagers» isoliert hatte, wurde Ende November 1989 sichtbar, als kein einziger KP-Führer des einstigen Ostblocks am 14. Parteitag der rumänischen Kommunisten in Bukarest teilnahm. Eine Begegnung zwischen Ceauşescu und Gorbatschow anläßlich eines Treffens der Warschauer-Pakt-Staaten am 4. Dezember 1989 in Moskau verlief frostig.

Zwölf Tage später, am 16. Dezember, kam es in Timişoara (Temeschburg) in Siebenbürgen zu einem folgenreichen Zwischenfall: Als die Geheimpolizei Securitate den reformierten ungarischen Pfarrer László Tökés, einen scharfen Kritiker des Regimes, aus dem Pfarrhaus zu holen versuchte, um ihn über die nahe Grenze nach Ungarn abzuschieben, stieß sie auf den Widerstand einer nach Hunderten zählenden Menschenmenge. Die Aktion mußte zunächst abgebrochen werden, löste aber sofort große Protestdemonstrationen aus, auf denen Rufe wie «Wir haben Hunger», «Wir wollen Freiheit» und «Weg mit Ceauşescu» laut wurden. Ceauşescu ließ daraufhin Panzerfahrzeuge und mit Schlagstöcken bewaffnete Einsatztruppen nach Timişoara bringen. Am 17. Dezember wurden die Demonstrationen fortgesetzt, mehrere Großbetriebe bestreikt, ein Parteibüro gestürmt, aber auch Geschäfte geplündert und in Brand gesteckt. Am frühen Nachmittag erhielt Verteidigungsminister Vasile Milea die Weisung, die Armee in Kampfbereitschaft zu versetzen. Gegen 15 Uhr begann die Armee scharf auf die Demonstranten zu schießen. Zahlreiche Menschen kamen dabei ums Leben.

Als Ceauşescu am 18. Dezember zu einem Staatsbesuch nach Iran aufbrach, waren die Unruhen im wesentlichen noch auf Timişoara beschränkt. Am Tag nach seiner Rückkehr, dem 21. Dezember, breiteten sie sich auch auf andere Städte Siebenbürgens, des traditionellen Siedlungsgebiets von Ungarn und Rumäniendeutschen, aus. (Die letzteren waren freilich zum großen Teil bereits in die Bundesrepublik Deutschland abgewandert.) In der Mittagszeit wandte sich der «Conducator» vor laufenden Fernsehkameras vom Balkon des ZK-Gebäudes aus an eine dorthin beorderte und, wie er annahm, regimetreue Menschenmenge. Zu seiner Verblüffung gab es aber nicht nur Applaus, sondern auch Pfiffe und Buhrufe. Improvisierte Versprechungen Ceauşescus wie die höherer Löhne und Kindergeldbeträge vermochten den Unmut nicht zu dämpfen, so daß die Fernsehübertragung abgebrochen werden mußte.

Der Eklat wirkte als Signal zum Volksaufstand in der Hauptstadt. Vor allem Gymnasiasten und Studenten strömten in das Zentrum von Bukarest. In Sprechchören skandierten sie «Nieder mit Ceauşescu, Tod dem Diktator, nieder mit dem Kommunismus!». Einheiten von Armee und Miliz gingen, unterstützt von bewaffneten Agenten der Securitate in Zivil, mit Knüppeln, Wasserwerfern, Schützenpanzerwagen und Panzern unter Einsatz scharfer Munition gegen die Demonstranten vor. Gegen Mitternacht wurde eine am Hotel Intercontinental errichtete Barrikade durchbrochen. Bis gegen 3 Uhr in der Nacht dauerten die Kämpfe.

Am Morgen des 22. Dezember zogen die Arbeiter der großen Industriebetriebe zu Zehntausenden ins Stadtzentrum von Bukarest. Um dieselbe Zeit traf im ZK-Gebäude das Politische Exekutivkomitee unter Vorsitz von Ceauşescu zu einer Sitzung zusammen. Der Partei- und Staatschef gab den als Selbstmord deklarierten, bis heute nicht aufgeklärten Tod von Verteidigungsminister Milea bekannt, dem er posthum vorwarf, auf den Aufstand nicht hinreichend vorbereitet gewesen zu sein. Um 10 Uhr wurde der Notstand in ganz Rumänien ausgerufen. Um 11 Uhr 30 wurde Ceauşescu, als er vom Balkon aus erneut zu den Massen sprechen wollte, durch Lärm und Buhrufe am Reden gehindert. Da ein Sturm auf das Gebäude unmittelbar bevorzustehen schien, ließ sich der Diktator dazu überreden, sich zusammen mit seiner Frau und einigen Leibwächtern von der Dachterrasse des ZK-Sitzes aus im Hubschrauber in Sicherheit bringen zu lassen. Damit begann die abenteuerliche Flucht von Nicolae und Elena Ceauşescu, die am frühen Abend in Târgovişte mit der Festnahme beider, erst durch die Miliz und dann durch die Armee, endete.

In der Zwischenzeit hatte eine Gruppe, die sich «Nationale Rettungsfront» nannte, in Bukarest die Macht an sich gerissen. An ihrer Spitze stand Ion Iliescu, ein früheres Mitglied von ZK und Staatsrat, das nach Kritik an Ceauşescu aus dem engeren Führungskreis der Partei ausgeschieden war, aber weiterhin wichtige Funktionen innegehabt hatte. Iliescu hatte Kontakte zu anderen Kritikern des «Conducators» im Partei-, Staats- und Sicherheitsapparat gepflegt. Als Haupt einer Verschwörung, die auf den Sturz des Diktators hinarbeitete, kann man ihn aber schwerlich bezeichnen. Es bedurfte der Revolution der Massen und der Flucht Ceauşescus, um dem Kreis um Iliescu den Anstoß zum Griff nach der Macht zu geben. In den Worten des Ceauşescu-Biographen Thomas Kunze: «Die Volksrevolte, die von Timişoara aus durch das Land fegte, stürzte die Diktatur und schuf ein Machtvakuum an der Spitze. Es wurde nicht vom ‹Volk› gefüllt, sondern von Mitgliedern der Kaste, die über das notwendige Knowhow verfügten.»

Unmittelbar nach seiner Machtübernahme, am 22. Dezember gegen 14 Uhr 30, erklärte Iliescu über das Fernsehen, den nach Bukarest beorderten Truppen sei befohlen worden, sich aus der Hauptstadt zurückzuziehen; es sei nunmehr sichergestellt, daß die Armee auf der Seite des Volkes stehe. Drei Stunden später fand vor dem ZK-Gebäude eine Großkundgebung statt, auf der auch mehrere Vertreter der Nationalen Rettungsfront sprachen. Während die Veranstaltung noch in vollem Gange war, fielen vom alten Königspalast aus Schüsse, die von der Armee erwidert wurden. Damit begann eine Phase des anonymen Terrors, die fünf Tage lang, bis zum 27. Dezember, dauerte und sehr viel mehr Menschenleben forderte, als in den Tagen seit dem 16. Dezember zu beklagen gewesen waren. Von den 1104 Opfern der rumänischen Revolution entfielen 942 auf die Zeit zwischen dem 22. und 27. Dezember. Die Frage, wer für den Terror verantwortlich war, ist nicht abschließend geklärt. Welche Rolle die Securitate spielte, ist strittig. Die größte Wahrscheinlichkeit spricht für die These, daß dem Innenministerium unterstellte Spezialtruppen der Miliz die Urheber der Schießereien waren.

Im neuen Machtzentrum setzte sich offenbar rasch die Auffassung durch, daß der Terror anhalten werde, solange Ceauşescu lebe. Iliescu konnte sich mit seiner Meinung, daß der Diktator vor ein reguläres Gericht gestellt werden sollte, jedenfalls nicht durchsetzen. Am 24. und 25. Dezember fand vor einem, «Volksgericht» genannten, improvisierten Militärtribunal in Târgovişte der nichtöffentliche Prozeß gegen Nicolae und Elena Ceauşescu statt. Beide wurden zur Konfiskation ihres Vermögens und zum Tode verurteilt. Am 25. Dezember gegen 15 Uhr wurde das Urteil durch Erschießen vollstreckt. Zwei Tage später hörten die anonymen Schießereien auf.

In der Zwischenzeit hatte Rumänien eine provisorische Regierung unter einem Mitglied der Nationalen Rettungsfront, Petre Roman, und einen provisorischen Staatspräsidenten, nämlich Ion Iliescu, erhalten. Die neue Regierung beendete die von Ceauşescu erzwungenen Lebensmittelexporte, ordnete die Freilassung der politischen Gefangenen an, beseitigte die kommunistischen Staatssymbole und bekannte sich zu den allgemeinen Menschenrechten. Zu Beginn des Jahres 1990 wurden die alten bürgerlichen Parteien, darunter die Nationalliberalen und die Bauernpartei, wiedergegründet. Rumänische Nationalisten, unter ihnen viele ehemalige Mitglieder der KP und Angehörige der Securitate, schlossen sich im Januar zur Rumänischen Heimstatt zusammen. Im März 1990 kam es in der Stadt Târgu Mureş zu blutigen Zusammenstößen zwischen Rumänen und Ungarn. In den Monaten vor den ersten freien Wahlen im Mai 1990 überzog die Nationale Rettungsfront ihre politischen Konkurrenten systematisch mit Diffamierungen; ansonsten setzte sie auf die Mobilisierung nationalistischer und vor allem antiungarischer Ressentiments. Aus den Präsidentschaftswahlen vom 20. Mai ging Iliescu mit einem Stimmenanteil von

85,07 Prozent als überlegener Sieger hervor. Bei den gleichzeitigen Parlamentswahlen war die Nationale Rettungsfront ähnlich erfolgreich: Bei der Wahl des Senats erhielt sie 67, bei der der Abgeordnetenkammer 66,3 Prozent.

Die nur notdürftig «gewendeten» Postkommunisten riefen durch die Art ihrer Machtausübung heftigen Widerspruch hervor, der sich vor wie nach der Wahl in Demonstrationen gegen die Nationale Rettungsfront äußerte. Schon Ende Januar und Mitte Februar hatte Iliescu Bergarbeiter aus dem Schiltal zu Gegendemonstrationen nach Bukarest bringen lassen. Am 14. und 15. Mai geschah dies erneut, diesmal in Gestalt einer pogromartigen Jagd auf Oppositionelle, Studenten, Intellektuelle, Roma und fremdländisch aussehende Personen aller Art. Die Koordinierung der Ausschreitungen übernahmen «Zivilisten» des Iliescu-Lagers, mutmaßlich vor allem frühere Angehörige der Securitate. Zwei Tage lang war Bukarest, wie der Historiker Peter Ulrich Weiß schreibt, ein «völlig rechtsfreier Gewaltraum». Polizei und Ordnungskräfte traten nicht in Erscheinung, als die mit Eisenstangen bewaffneten Bergarbeiter Parolen wie «Tod den Vagabunden» und «Tod den Intellektuellen» skandierten und gegen ihnen mißliebige Menschen vorgingen. Es gab mehrere Tote, Hunderte von Verletzten und zahlreiche verwüstete Wohnungen und Büroräume. Zum Abschluß der Aktion dankte Iliescu den Bergarbeitern. Ihr Gewerkschaftsführer, Miron Cozma, behauptete, Bukarest habe nun eine Lektion in Demokratie erhalten.

Es war nur ein scheinbares Paradoxon, daß ausgerechnet in dem Land, in dem die einzige gewaltsame Revolution des Jahres 1989 stattfand, die Kontinuität zwischen dem kommunistischen und dem postkommunistischen Regime größer war als irgendwo sonst im ehemaligen Ostblock. In Rumänien waren zivilgesellschaftliche Strukturen schwächer ausgeprägt als in anderen Staaten des Warschauer Pakts. Oppositionsgruppen hatten vor 1989 in Rumänien nur eine marginale Rolle gespielt. Die orthodoxe Kirche tat sich ebensowenig wie in Bulgarien als oppositionelle oder den Protest schützende Kraft hervor; sie hatte sich dem Ceaușescu-Regime angepaßt und tat dasselbe gegenüber der neuen Führung, die zum allergrößten Teil aus ehemaligen kommunistischen Kadern bestand. Von einigen Verfahren gegen enge Mitarbeiter des «Conducators» abgesehen, blieben die Angehörigen der früheren Nomenklatur nicht nur unbehelligt, sie wurden vielmehr auf vielfältige Weise privilegiert und waren Hauptnutznießer der grassierenden Korruption. Zudem gab es keinen gesellschaftlichen Bereich, in dem die einstigen Angehörigen von Securitate nicht weiterhin Schlüsselpositionen innehatten. Von einem demokratischen Neuanfang war Rumänien im Sommer 1990 noch weit entfernt.[10]

Die Rückkehr der deutschen Frage: Von Kohls «Zehn Punkten» zur Volkskammerwahl in der DDR

Der Fall der Berliner Mauer bewirkte in beiden Teilen Deutschlands einen Stimmungs- und Meinungswandel, mit dem weder die Regierenden in Ost-Berlin noch die in Bonn gerechnet hatten. Millionen von Ostdeutschen strömten in den Tagen nach dem 9. November über die geöffneten Grenzen nach West-Berlin und in die Bundesrepublik, wo sie herzlich aufgenommen und bald auch von den Behörden mit einem «Begrüßungsgeld» bedacht wurden. Durch die Vielzahl unverhoffter gesamtdeutscher Begegnungen erhielt das Gefühl, auch nach vier Jahrzehnten staatlicher Trennung, *einem* Volk anzugehören, starken Auftrieb. Auf der Leipziger Montagsdemonstration vom 13. November, vier Tage nach der Maueröffnung, ertönte erstmals jener Sprechchor, der die von Johannes R. Becher gedichtete, von Hanns Eisler vertonte, seit Anfang der siebziger Jahre nur noch gespielte, nicht mehr gesungene Nationalhymne der DDR zitierte: «Deutschland einig Vaterland». Von Montag zu Montag wurde dieser Ruf lauter, und was in Leipzig skandiert wurde, war bald darauf auch in anderen ostdeutschen Städten zu hören. Ostdeutsche Bürgerrechtler wie Sebastian Pflugbeil, Friedrich Schorlemmer, Ulrike Poppe und Konrad Weiß waren über die gesamtdeutsche Wende bei den Demonstrationen entsetzt. Zusammen mit einigen bekannten Schriftstellerinnen und Schriftstellern, darunter Christa Wolf und Stefan Heym, veröffentlichten sie am 26. November einen Aufruf unter dem Titel «Für unser Land», in dem sie sich für einen «dritten Weg» zwischen Kapitalismus und Kommunismus und eine radikal erneuerte DDR als sozialistische Alternative zur Bundesrepublik aussprachen. Für die Mehrheit der Deutschen sprachen sie damit nicht. Meinungsumfragen aus der Zeit vom 20. bis zum 23. November 1989 ergaben, daß 60 Prozent der DDR-Bevölkerung und 70 Prozent der Bundesdeutschen für die Wiedervereinigung Deutschlands waren.

Am 17. November gab Hans Modrow, der vier Tage zuvor gewählte Ministerpräsident der DDR, in der Volkskammer eine Regierungserklärung ab, in der er eine «Vertragsgemeinschaft» zwischen beiden deutschen Staaten vorschlug. Er sah darin eine Alternative zu den «ebenso unrealistischen wie gefährlichen Spekulationen über eine Wiedervereinigung», denen er eine «klare Absage» erteilte. Sechs Tage später entschloß sich Bundeskanzler Helmut Kohl, einen Vorstoß zur Lösung der deutschen Frage zu unternehmen. Vorausgegangen war am 21. November ein Gespräch seines außenpolitischen Beraters Horst Teltschik, des Leiters der für die Deutschlandpolitik zuständigen Abteilung II des Bundeskanzleramts, mit Nikolaj Portugalow, einem Mitarbeiter für internationale Beziehungen beim ZK der KPdSU. Der Abgesandte des Kreml hatte dabei – vermutlich aus eigenem Antrieb, jedenfalls ohne entsprechenden Auftrag von Gorbatschow oder Außenminister Schewardnadse – behauptet, in Moskau denke man über quasi Undenkbares nach, etwa über eine wie immer geartete deutsche Konföderation.

Teltschik war einer der Autoren des Zehn-Punkte-Programms, das Helmut Kohl, ohne den Koalitionspartner, das Auswärtige Amt und die westlichen Verbündeten, mit Ausnahme von Präsident Bush, im voraus davon in Kenntnis zu setzen, am 28. November 1989 im Bundestag vortrug. (Die Unterrichtung von Bush erfolgte freilich bewußt so spät, daß dieser keine Chance gehabt hätte, dem Kanzler die Absicht auszureden.) Kohl griff in seiner Rede Modrows Gedanken einer «Vertragsgemeinschaft» auf und erklärte sich bereit, noch einen Schritt weiterzugehen, nämlich «konföderative Strukturen zwischen beiden Staaten in Deutschland zu entwickeln mit dem Ziel, eine Föderation, das heißt eine bundesstaatliche Ordnung, in Deutschland zu schaffen». Kohl betonte, daß die Entwicklung der innerdeutschen Beziehungen in den gesamteuropäischen Prozeß und damit die Ost-West-Beziehungen eingebettet bleibe; die künftige Architektur Deutschlands müsse sich einfügen in die künftige Architektur Gesamteuropas. Wie ein wiedervereinigtes Deutschland aussehen würde, das wisse heute niemand. «Daß aber die Einheit kommen wird, wenn die Menschen in Deutschland sie wollen, dessen bin ich sicher.» Im letzten Punkt hieß es dann nochmals ausdrücklich: «Die Wiedervereinigung, das heißt die Wiedergewinnung der staatlichen Einheit Deutschlands, bleibt das politische Ziel der Bundesregierung.»

Mit Ausnahme der Grünen unterstützten alle Fraktionen das Zehn-Punkte-Programm des Kanzlers, die Sozialdemokraten sogar ohne die naheliegende Einschränkung, daß in der Erklärung ein wichtiger Punkt fehlte: Kohl hatte es vermieden, sich zur Frage der Endgültigkeit der polnischen Westgrenze zu äußern. Der Bundeskanzler war mit seinem Vorstoß ein erhebliches Risiko eingegangen. Er war sich bewußt, daß das Thema deutsche Einheit für die meisten westeuropäischen Verbündeten der Bundesrepublik eine Art Tabu bildete. Tatsächlich reagierten die britische Premierministerin Thatcher und der französische Staatspräsident Mitterrand empört auf das Vorpreschen des Bonner Regierungschefs. Präsident Bush hingegen versicherte den Kanzler seiner vollen Unterstützung und überließ es Außenminister Baker, am 29. November in einem Pressegespräch die wichtigste Bedingung des amerikanischen Plazets deutlich zu machen: Auch ein wiedervereinigtes Deutschland müsse der NATO angehören. In Moskau stieß die Zehn-Punkte-Erklärung auf schroffe Ablehnung. Außenminister Genscher bekam bei seinem Besuch in Moskau am 5. Dezember von Gorbatschow zu hören, die Art, wie Kohl sich an die Bevölkerung der DDR gewandt habe, sei «eingefleischter Revanchismus». Außenminister Schewardnadse behauptete sogar: «Nicht einmal Hitler hat sich etwas Derartiges erlaubt.»

Gorbatschows Begegnung mit Genscher war am 2. und 3. Dezember ein amerikanisch-sowjetisches Gipfeltreffen auf Malta vorausgegangen, auf dem Bush die Position Washingtons unmißverständlich dargelegt hatte. Man könne von den USA nicht erwarten, daß sie die deutsche Wiedervereinigung ablehnten, sagte er in Erwiderung auf Gorbatschows These, als Ergebnis der Geschichte existierten nun einmal zwei deutsche Staaten. Auf der anderen Seite ließ Bush keinen Zweifel daran, daß die Vereinigten Staaten entschlossen waren, an der Unabänderlichkeit der polnischen Westgrenze an Oder und Neiße festzuhalten. Auf die Forderung des amerikanischen Präsidenten, «die Teilung Europas … auf der Grundlage westlicher Werte zu überwinden», entgegnete Gorbatschow, es gehe um universelle Werte. Die Einlassung von Außenminister Baker, die USA hätten im Zusammenhang mit der deutschen Vereinigung von «westlichen Werten» gesprochen, um die Bedeutung von Offenheit und Pluralismus zu betonen, konterte der Kremlchef mit der Bemerkung: «Es sind auch unsere Werte.» Bush warf ein, das sei nicht immer so gewesen. Von Baker kam der Vorschlag, von «demokratischen Werten» zu sprechen, womit Gorbatschow einverstanden war. Der Kalte Krieg war dabei, Geschichte zu werden: Das war die Quintessenz der amerikanisch-sowjetischen Wertedebatte von Malta Anfang Dezember 1989.

Den Malteser Ost-West-Gesprächen folgte am 4. Dezember eine Konferenz der Staats- und Regierungschefs der NATO-Staaten in Brüssel. Bundeskanzler Kohl versuchte die Verbündeten mit der Feststellung zu beruhigen, die weitere Westintegration sei die Vorbedingung seiner Zehn Punkte, und die letzte Phase des deutschen Einigungsprozesses, die Föderation, werde sich erst in Jahren, vielleicht in fünf, verwirklichen lassen. Bush legte auch in Brüssel ein klares Bekenntnis zur Wiedervereinigung Deutschlands ab. Die amerikanische Politik richte sich an vier Prinzipien aus: Erstens gelte der Grundsatz der freien Selbstbestimmung, und keiner der möglichen Wege zur deutschen Einheit dürfe dabei bevorzugt oder ausgeschlossen werden; zweitens müsse ein wiedervereinigtes Deutschland der NATO und der EG angehören; drittens müsse die Vereinigung schrittweise und friedlich vor sich gehen; viertens sei entsprechend der Schlußakte von Helsinki die Unverletzlichkeit der Grenzen zu beachten. Der italienische Ministerpräsident Andreotti und die britische Premierministerin Thatcher fanden mit ihren Einsprüchen keinen Rückhalt bei den übrigen Partnern, die den vier Prinzipien von Bush zustimmten. Kohl hatte einen Etappensieg errungen.

Zwei Tage nach dem Brüsseler NATO-Gipfel, am 6. Dezember, traf François Mitterrand zu einem Mitte November mit Gorbatschow vereinbarten französisch-sowjetischen Spitzengespräch in Kiew ein. Während der Gast aus Paris erklärte, eine deutsche Einheit komme erst in Frage, wenn es eine neue, die EG und den COMECON umfassende europäische Sicherheitsarchitektur gebe, wollte der Kremlchef auch von einer derart «eingebetteten» Wiedervereinigung Deutschlands nichts wissen – eine Position, deren Härte Mitterrand beeindruckte und ihn in seinen Vorbehalten gegenüber dem Kurs Helmut Kohls bestärkte.

Am Rande des Straßburger EG-Gipfels berichtete der Staatspräsident der britischen Premierministerin am 8. Dezember in einem Vieraugengespräch, Gorbatschows Haltung zur Einheit Deutschlands sei in einem Maß ablehnend, das er, Mitterrand, so nicht erwartet habe. Der Staatspräsident ließ Thatcher gegenüber keinen Zweifel daran, daß er die Existenz von zwei deutschen Staaten nach wie vor für notwendig hielt. In der Geschichte habe Deutschland noch nie seine wirklichen Grenzen gefunden; die Deutschen seien ein Volk in ständiger Bewegung. Gegebenenfalls müßten Großbritannien, Frankreich, die Sowjetunion und Italien sich zusammentun, um Deutschland einzudämmen (It might be a case of Britain, France, the Soviet Union and Italy coming together to contain Germany). Margaret Thatcher äußerte sich nicht weniger klar: Kohl habe keine Vorstellung von den Empfindlichkeiten anderer europäischer Länder. Er habe offenbar vergessen, daß die Teilung Deutschlands eine Folge des Krieges sei, den Deutschland begonnen habe.

Auf dem Straßburger Gipfel vom 8. und 9. Dezember 1989 hatte Kohl einen schweren Stand. Massive Vorhaltungen wegen seines Vorgehens bei der Verkündung des Zehn-Punkte-Programms mußte er sich vor allem von Margaret Thatcher anhören; der italienische Ministerpräsident Giulio Andreotti warnte nicht das erste Mal vor der Gefahr des «Pangermanismus», sollte es zu einer Wiedervereinigung kommen; der niederländische Regierungschef Ruud Lubbers machte keinen Hehl aus seinen Vorbehalten gegenüber einem Zusammenschluß der beiden deutschen Staaten. Unterstützung fand der Kanzler beim spanischen Ministerpräsidenten, dem Sozialisten Felipe González, und seinem irischen Kollegen Charles Haughey, einem Politiker der nationalkonservativen Partei Fianna Fáil. Am Ende der hitzigen Debatte stand ein Kompromiß, den Kohl nach Lage der Dinge als Erfolg verbuchen konnte. Das Abschlußkommuniqué enthielt im Zusammenhang mit Ausführungen zur europäischen Einbettung der deutschen Frage und zur Unverletzlichkeit der Grenzen im Sinne der Helsinki-Schlußakte die Feststellung, daß der Europäische Rat, entsprechend der klassischen Formel aus dem «Brief zur deutschen Einheit» zum Moskauer Vertrag von 1970, die «Stärkung des Zustands des Friedens in Europa» anstrebe, «in dem das deutsche Volk in freier Selbstbestimmung seine Einheit wiedererlangt». Eine knappe Woche später, am 14. und 15. Dezember, bekannten sich die Außen- und Verteidigungsminister der NATO in Brüssel mit genau denselben Worten zum Selbstbestimmungsrecht der Deutschen.

Den Deutschland betreffenden Passus im Straßburger Kommuniqué hätte Kohl schwerlich durchsetzen können, wäre er nicht bereit gewesen, dem französischen Staatspräsidenten in der Frage der europäischen Wirtschafts- und Währungsunion weit entgegenzukommen. Am Tagungsort erklärte sich der Kanzler öffentlich mit der Einsetzung einer vorbereitenden Regierungskonferenz für Ende 1990 einverstanden. Er hielt Wort und stimmte in den internen Beratungen Mitterrands Forderung nach der Einberufung einer Regierungskonferenz über die Wirtschafts- und Währungsunion in der zweiten Hälfte des Jahres 1990 zu, so daß der Gastgeber als Ratspräsident feststellen konnte, ebendieser Vorschlag sei von der Mehrheit der Staats- und Regierungschefs zum Beschluß erhoben worden. Von der gleichzeitigen Vorbereitung der Politischen Union war in dem Beschluß keine Rede.

Kohl zahlte mit seinem Eingehen auf Mitterrands Forderung einen hohen Preis. Seit dem Dezember 1989 zeichnete sich ab, daß die Europäische Währungsunion, auf die Frankreich besonderen Wert legte, der Politischen Union, so wie die Bundesrepublik sie erstrebte, zeitlich vorausgehen, die Deutsche Mark also einer europäischen Währung weichen würde, *bevor* Europa seine politische Identität gefunden und sich in ein bundesstaatsähnliches Gebilde verwandelt hatte. Dieses Risiko ging Kohl um der deutschen Einheit und der Übereinstimmung mit Frankreich willen ein. Er wußte, daß er Frankreich und Europa die Angst vor einem mächtigen Deutschland nur nehmen konnte, wenn er die Mark, *das* Symbol der Wirtschaftsmacht der Bundesrepublik oder, wie Mitterrand es im August 1988 im französischen Ministerrat drastisch formuliert hatte, «Deutschlands Atombombe», zugunsten einer europäischen Gemeinschaftswährung aufgab, und er war bereit, dies zu tun.

Mitterrands Vorbehalte gegenüber der deutschen Einheit waren durch Kohls Zugeständnis nicht ausgeräumt. Er hütete sich zwar, dem Zehn-Punkte-Programm des Bundeskanzlers so offen entgegenzutreten wie Margaret Thatcher. Aber daß er vom 20. bis 22. Dezember als erster (und letzter) westlicher Staatschef der DDR einen Besuch abstattete, machte seine Vorbehalte gegenüber einem deutschen Nationalstaat nochmals vor aller Welt deutlich. Die Bonner Irritation über diese Geste nahm er billigend in Kauf.

In der DDR überstürzten sich gegen Jahresende die Ereignisse. Am 1. Dezember hob die Volkskammer auf Antrag aller Fraktionen den Passus aus Artikel 1 der Verfassung auf, der die «Führung der Arbeiterklasse und ihrer marxistisch-leninistischen Partei» festschrieb. Am

3. Dezember trat das ZK der SED zu einer außerordentlichen Sitzung zusammen. Honecker, Stoph und vier weitere führende Funktionäre wurden aus dem ZK der SED und der Partei ausgeschlossen. Anschließend traten Politbüro und Zentralkomitee mit Egon Krenz an der Spitze unter dem Druck der «Parteibasis» zurück. Tags darauf erklärten die CDU und die LDPD ihren Austritt aus dem «Zentralen Demokratischen Block», hörten also auf, Blockparteien zu sein. Am 6. Dezember legte Krenz seine Ämter als Vorsitzender des Staatsrats und des Nationalen Verteidigungsrats nieder. Neuer amtierender Vorsitzender des Staatsrats wurde Manfred Gerlach, der Vorsitzende der LDPD, der sich in den Wochen zuvor demonstrativ von der SED distanziert hatte. Zwei Tage später folgte die Mitteilung, daß der Generalstaatsanwalt der DDR Ermittlungsverfahren wegen Amtsmißbrauch und Korruption gegen Honecker, Mielke, Stoph und andere eingeleitet habe. Honecker entging der Verhaftung nur, da in seinem Fall die Haft- und Vernehmungsfähigkeit verneint wurde.

Am 7. Dezember, vier Tage nach der Selbstabdankung der «alten» SED, trat in Berlin der Zentrale Runde Tisch der DDR zu seiner ersten Sitzung zusammen. Die Initiative zur Einberufung eines solchen paritätisch aus «neuen» und «alten» Kräften zusammengesetzten Gremiums war aus einer am 4. Oktober gebildeten Kontaktgruppe aus sieben Bürgerrechtsgruppen hervorgegangen; die SED und die anderen «alten» Parteien hatten sich die Idee Ende November zu eigen gemacht. Der Runde Tisch sollte eine Reihe von Aufgaben wahrnehmen, die in Demokratien Sache des Parlaments waren. In der Übergangszeit bis zur Wahl einer freien Volkskammer sollte die Regierung hier über die ökologische, wirtschaftliche und finanzielle Situation Rechenschaft ablegen; sie sollte den Runden Tisch über alle wichtigen Entscheidungen informieren und seine Vorschläge entgegennehmen. Dem Runden Tisch war weiter die Aufgabe zugedacht, ein neues Wahlgesetz, ein Parteien- und Vereinigungsgesetz sowie den Entwurf einer Verfassung zu erarbeiten und die Auflösung des Amtes für Nationale Sicherheit, des früheren Ministeriums für Staatssicherheit, zu überwachen.

Als Wahltermin war der 6. Mai 1990 vorgesehen – ein Datum, das an die gefälschten Kommunalwahlen vom 7. Mai 1989 erinnern sollte, aber auch dem praktischen Zweck diente, den neuen Gruppierungen Zeit zur organisatorischen Festigung zu lassen. *Ein* Gedanke lag den «friedlichen Revolutionären» der DDR völlig fern: die sofortige

Machtübernahme. Sie wollten mit dem Runden Tisch den gewaltfreien Übergang von einer demokratisch nicht legitimierten zu einer demokratisch legitimierten Regierung gewährleisten – nicht mehr und nicht weniger.

Der Runde Tisch konnte der Regierung Modrow eine gewisse «revolutionäre» Legitimation verschaffen und damit stabilisierend wirken. Aber anders als sein polnisches Vorbild kam der Runde Tisch der DDR nie in die Lage, politische Entscheidungen über die Zukunft des «eigenen» Staates zu fällen. Die fielen inzwischen anderswo: in Bonn, Washington und Moskau. Im Unterschied zum «Urtisch» in Warschau repräsentierten die Vertreter der neuen Gruppierungen der DDR auch nicht das Gros der Gesellschaft. Mit den «alten» Kräften waren sie sich darin einig, daß es die Eigenstaatlichkeit der DDR zu wahren galt. Das aber widersprach diametral dem, was seit der zweiten Novemberwoche auf allen großen Demonstrationen, auch denen in Leipzig, gefordert wurde, nämlich «Deutschland einig Vaterland». Bis zum Mauerfall hatten die intellektuell geprägten Bürgerrechtsgruppen bei den Demonstrationen den Ton angegeben. Deren Vertreter wurden jetzt niedergeschrien, wenn sie auf den Straßen und Plätzen der DDR für einen «dritten Weg» warben. Die bislang schweigende, jetzt lautstarke Mehrheit wollte von einer reformierten DDR nichts wissen. Ihr Ziel war die rasche Herstellung der deutschen Einheit – und zwar auf der Grundlage des wirtschaftlichen und politischen Systems, das sich seit vier Jahrzehnten in der Bundesrepublik bewährt hatte.

Die stärkste der «alten» Kräfte der DDR, die SED, verwandelte sich auf zwei Sitzungen eines außerordentlichen Parteitags am 8./9. und am 16./17. Dezember 1989 in die «SED/PDS», wobei der zweite Namensbestandteil die Abkürzung für «Partei des Demokratischen Sozialismus» war. Der Doppelname warf ein Schlaglicht auf die Schwierigkeit des Versuchs, Reformer und Traditionalisten in *einer* Partei zusammenzuführen. Kritische Aussagen über die Diktatur der SED und eindeutige Absagen an den Stalinismus standen auf dem Umgründungsparteitag neben dem ausdrücklichen Bekenntnis zur Fortführung des Werks von Marx, Engels und Lenin. Die treibende Kraft der Transformation war Gregor Gysi, der Vorsitzende des Ost-Berliner Rechtsanwaltskollegiums und des Rates der Vorsitzenden der Kollegien der Rechtsanwälte der DDR und seit dem 3. Dezember auch Vorsitzender des interimistischen «Arbeitsausschusses» der SED. Auf der

Kundgebung auf dem Alexanderplatz am 4. November war er einer
der Redner gewesen. Der Rücktritt des Politbüros und des Zentralkomitees der SED am 3. Dezember war zu einem guten Teil sein Werk:
Er hatte zusammen mit anderen Rednern tags zuvor auf einer Kundgebung der «Parteibasis» ebendiesen Bruch mit dem diktatorischen Erbe
der SED gefordert.

Die ehemaligen Blockparteien gingen in dem Versuch, sich von ihrer Vergangenheit zu lösen, sehr viel weiter als die SED. Unter ihrem
neuen Vorsitzenden, dem Rechtsanwalt Lothar de Maizière, der am
2. November den diskreditierten Gerald Götting abgelöst hatte und
seit dem 18. November Minister für Kirchenfragen und stellvertretender Ministerpräsident im Kabinett Modrow war, bekannte sich die
CDU der DDR zum Ziel einer «Konföderation beider deutscher Staaten in den heutigen Grenzen, in der sich die Einheit der deutschen Nation verwirklicht», sowie zu einem «Sozialismus aus christlicher Verantwortung». Seit Ende November gab es Kontakte zur westdeutschen
CDU, die ihrerseits großes Interesse daran hatte, auf die weitere Entwicklung ihrer ostdeutschen «Schwester» Einfluß zu nehmen.

Zwischen der LDPD und der FDP hatte es stets eine Gesprächsbe-
ziehung gegeben. Diese wurde Ende 1989 sehr viel enger. Der Vorsitzende der ostdeutschen Liberaldemokraten, Manfred Gerlach, hatte
seit April 1989, wenn auch nicht öffentlich, auf einen Systemwandel in
der DDR gedrängt. Ende November bekannte er sich in einem Gespräch mit dem FDP-Vorsitzenden Otto Graf Lambsdorff zu einem
«Sozialismus mit humanem Antlitz». Den Bruch mit dem Sozialismus
vollzog der Zentralvorstand der LDPD erst am 19. Dezember, indem
er sich für eine soziale und ökologische Marktwirtschaft aussprach.
Gleichzeitig propagierte er die deutsche Einheit in Gestalt eines schrittweise zu verwirklichenden «Deutschen Bundes» mit gesamtdeutschen
Institutionen wie einer Bundesversammlung und einem gemeinsamen
Bundesoberhaupt.

Die am 7. Oktober 1989 im Pfarrhaus von Schwante gegründete
Sozialdemokratische Partei in der DDR (SDP), die zu den «neuen»
Kräften des Runden Tisches gehörte, vollzog Anfang Dezember eine
Kurskorrektur. Sie beharrte nicht mehr, wie sie es zunächst getan
hatte, auf der Zweistaatlichkeit, sondern bekannte sich zur «Einheit
der deutschen Nation», die es von beiden Seiten zu gestalten gelte und
die nicht überstürzt werden dürfte. In der westdeutschen «Schwester-

partei», der SPD, mit der die SDP seit Ende Oktober eng kooperierte, war die Frage der deutschen Einheit um diese Zeit hingegen noch sehr umstritten. Auf ihrem Parteitag im West-Berliner Kongreßzentrum prallten am 18. und 19. Dezember zwei «Lager» aufeinander. Für das eine stand der Ehrenvorsitzende Willy Brandt, der seine Partei in einer leidenschaftlichen Rede warnte, mit der Lösung der deutschen Frage zu warten, bis Europa sich geeinigt habe. Nirgends stehe geschrieben, daß die Deutschen «auf einem Abstellgleis zu verharren haben, bis irgendwann ein gesamteuropäischer Zug den Bahnhof erreicht hat». Mit der Bemerkung, noch so große Schuld einer Nation könne nicht «durch eine zeitlos verordnete Spaltung getilgt werden», widersprach Brandt einer auf der westdeutschen Linken und auch in der SPD weitverbreiteten Auffassung, die auf dem Berliner Parteitag besonders entschieden von einem Gastredner, dem Schriftsteller Günter Grass, vertreten wurde.

Der eigentliche Kontrahent Brandts aber war der aussichtsreichste Anwärter auf die sozialdemokratische Kanzlerkandidatur im Jahre 1990, der Ministerpräsident des Saarlandes, Oskar Lafontaine. Er stellte den «Internationalismus» der Sozialdemokratie der «Renaissance des Nationalstaates und nationalstaatlicher Ideen» gegenüber. Die deutsche Nation sei nicht in den Grenzen der DDR und der Bundesrepublik zu definieren. Die Deutschen in der DDR und in der Bundesrepublik interessiere in erster Linie, «wie es ihnen geht, ob sie ärztlich versorgt werden, ob sie es im Winter warm haben, ob sie genug zu essen haben, ob sie Arbeit haben und eine Wohnung finden. Das interessiert sie viel mehr als die Frage, in welcher Rechtskonstruktion vielleicht eines Tages unsere Ideen verwirklicht werden.» Klarer, als es Lafontaine in seiner Rede vom 19. Dezember 1989 tat, konnte ein westdeutscher Politiker den Deutschen in der DDR nicht sagen, daß er mit ihnen nicht unter einem gemeinsamen staatlichen Dach zusammenleben wollte. Für seine Ausführungen erhielt er großen Beifall. Er konnte seine Partei freilich nicht daran hindern, in einer «Berliner Erklärung» die bundesstaatliche Einheit als Ziel des deutschen Einigungsprozesses zu bezeichnen.

Der 19. Dezember 1989 wurde jedoch nicht zum Tag Oskar Lafontaines, sondern Helmut Kohls. Am gleichen Tag, an dem der Ministerpräsident des Saarlandes in Berlin seine Rede gegen die Wiedervereinigung hielt, traf sich der Bundeskanzler mit dem Ministerpräsidenten

der DDR, Hans Modrow, in Dresden, um über eine deutsche Vertragsgemeinschaft zu sprechen. Kohls Besuch wurde zu einer Kundgebung
für die Wiedervereinigung und zu einem persönlichen Triumph für
den Bonner Regierungschef. Wo immer der Kanzler erschien, wurde er
mit «Helmut, Helmut»-Rufen bejubelt. Der Platz vor der Ruine der
Frauenkirche, auf dem Kohl auf Vorschlag von Oberbürgermeister
Wolfgang Berghofer eine ursprünglich nicht geplante kurze Ansprache hielt, glich einem Meer von schwarz-rot-goldenen Fahnen. Die
Dresdener riefen «Deutschland, Deutschland», «Einheit, Einheit» und
«Deutschland einig Vaterland».

Die Rede vor der Frauenkirche war ein Balanceakt, den Kohl mit
Bravour bewältigte. Er mußte den Empfindungen seiner Zuhörerinnen
und Zuhörer gerecht werden, durfte aber keine falschen Erwartungen
wecken; er mußte auf den Ruf nach Einheit eingehen, aber zugleich
alles vermeiden, was die Krise in der DDR zuspitzen und das Ausland
beunruhigen konnte. «Wir wollen und werden niemanden bevormun-
den», sagte er. «Gemeinsam werden wir den Weg in die deutsche
Zukunft schaffen ... Mein Ziel bleibt, wenn die geschichtliche Stunde
es zuläßt, die Einheit unserer Nation ... Das Haus, Deutschland, unser
Haus, muß unter einem europäischen Dach gebaut werden, das muß
das Ziel unserer Politik sein ... Gott segne unser deutsches Vaterland.»

Kohl verließ Dresden am 20. Dezember mit der Überzeugung, daß
das Regime der DDR vor dem Zusammenbruch stand und es keine
Alternative mehr gab zu einer Wiedervereinigung in möglichst naher
Zukunft. Zu den konkreten Vereinbarungen, die er mit Ministerpräsident Modrow getroffen hatte, gehörten visafreie Reisen von Bundesbürgern in die DDR und nach Ost-Berlin schon zum Heiligen Abend (und
nicht erst, wie bis dahin vorgesehen, vom 1. Januar 1990 ab), eine Um-
tauschregelung für Westbesucher nach Wegfall des Zwangsumtausches,
für den das Prinzip «Eins zu eins» gegolten hatte, zum Kurs von 1 DM
gegen 3 Mark der DDR und, mit am spektakulärsten, die Öffnung eines
Fußgängerübergangs am Brandenburger Tor noch vor Weihnachten.

Am 23. Dezember 1989 wurde der neue Übergang am Wahrzeichen
des geteilten Berlin mit kurzen Reden von Kohl und Modrow sowie
den beiden Stadtoberhäuptern, Walter Momper und Erhard Krack, eröffnet. «Die deutsche Frage ist so lange offen, als das Brandenburger
Tor zu ist», hatte Richard von Weizsäcker, der im Mai mit großer
Mehrheit wiedergewählte Bundespräsident, schon vier Jahre zuvor, auf

dem 21. Deutschen Evangelischen Kirchentag in Düsseldorf im Juni 1985, bemerkt. Nun war das Brandenburger Tor offen und die deutsche Frage auch. Daß sie nicht mehr lange offenbleiben würde, war um die Jahreswende 1989/90 unschwer vorherzusagen.

1989 war zu einem europäischen, ja zu einem weltgeschichtlichen Epochenjahr geworden. In keinem anderen Jahr seit 1945 hatte sich Europa so tief gewandelt, und mit Europa das Verhältnis zwischen Ost und West. Die Welt war Zeuge von friedlichen Umwälzungen geworden, die noch zu Beginn des Jahres kaum jemand für möglich gehalten hatte. Das Tempo, in dem vier ostmitteleuropäische Staaten die Abkehr von der kommunistischen Diktatur vollzogen, war immer rascher geworden. «In Polen dauerte es zehn Jahre, in Ungarn zehn Monate, in der DDR zehn Wochen, vielleicht wird es in der Tschechoslowakei nur zehn Tage dauern», sagte am 23. November 1989 der britische Publizist und Historiker Timothy Garton Ash in einem Gespräch mit Václav Havel, der das Bonmot freudig aufgriff und immer wieder zitierte.

In Polen war eine Volksbewegung der Urheber der historischen Veränderung; in der DDR und der Tschechoslowakei erzwangen aktive Minderheiten den Regimewechsel; in Ungarn war die Überwindung der kommunistischen Diktatur die Folge einer reformkommunistischen Revolution von oben, in Bulgarien einer «Palastrevolution», in Rumänien eines Volksaufstands, dessen blutige Unterdrückung den Machthabern nicht mehr gelang. In allen Fällen gab es Zeichen von Demoralisierung und Resignation bei den Herrschenden; nirgendwo konnten sie sich darauf verlassen, daß die Vormacht des Kommunismus, die Sowjetunion, ihnen im entscheidenden Augenblick zu Hilfe kommen würde. Wäre es anders gewesen, hätten es die bedrohten Regime vermutlich auf die Kraftprobe mit ihren Gegnern ankommen lassen – also das getan, was Ceauçescu am 25. Dezember 1989 mit seinem Leben bezahlte.

Am 30. Januar 1990 traf der Ministerpräsident der DDR, Hans Modrow, zu Gesprächen mit Michail Gorbatschow in Moskau ein. Er kam als Vertreter eines untergehenden Staates. Zwischen der Maueröffnung am 9./10. November und dem Jahresende hatten 119 000 Bürger der DDR das Land in Richtung Bundesrepublik verlassen; im Januar 1990 wurden 55 000 neue Übersiedler gezählt. Der einstige

«Arbeiter- und Bauernstaat» drohte auszubluten. Die Bevölkerung gab, wie sich auf allen Demonstrationen zeigte, der Regierung in Ost-Berlin die Schuld an der wirtschaftlichen Misere. Das Nein, das Modrow in seiner Regierungserklärung vom 11. Januar einer Vereinigung der beiden deutschen Staaten entgegengesetzt hatte, gab dem Protest neuen Auftrieb. Am 15. Januar war es in Berlin anläßlich einer Kundgebung des Neuen Forums zu einem Sturm auf das Gebäude des ehemaligen Ministeriums für Staatssicherheit in der Normannen-straße, zur Verwüstung zahlreicher Büroräume und zur Vernichtung von Akten gekommen (wobei der Verdacht nahelag, daß Angehörige des Sicherheitsapparats dabei die Rolle von «agents provocateurs» spielten). Modrow hielt die Lage seitdem für so explosiv, daß er die Oppositionsgruppen des Runden Tisches ersuchte, mit je einem Vertreter in die Regierung einzutreten, was am 5. Februar auch geschah. Der Preis, den die widerstrebenden (und von positiven Meinungsumfragen beeindruckten) Sozialdemokraten dafür forderten und erhielten, war die Vorverlegung der Volkskammerwahlen vom 6. Mai auf den 18. März 1990.

Das Ergebnis der Unterredung zwischen Gorbatschow und Modrow war sensationell. Wie der Ministerpräsident anschließend Journalisten mitteilte, waren «Probleme der Vereinigung der deutschen Staaten» eingehend erörtert worden. Gorbatschow habe der Formel zugestimmt, daß «beide deutsche Staaten ihre Beziehungen zueinander zielstrebig ausbauen» sollten, um so das «Zusammenrücken der DDR und der BRD auf dem Weg einer Konföderation weiterzuverfolgen». Der Kremlchef hatte, offensichtlich unter dem Eindruck der Entwicklung in der DDR, aber auch der amerikanischen Position in der deutschen Frage, eine radikale Kehrtwende in der sowjetischen Deutschlandpolitik vollzogen. Von einem Moskauer Veto gegen die Wiedervereinigung konnte jedenfalls seit dem 30. Januar 1990 keine Rede mehr sein. Vielmehr erkannte Gorbatschow das Selbstbestimmungsrecht der Deutschen, einschließlich des Rechts von Bundesrepublik und DDR, sich zu *einem* Staat zu vereinigen, grundsätzlich an.

Der «Pferdefuß» des Positionswechsels wurde erst sichtbar, als Modrow am 1. Februar auf einer Pressekonferenz in Ost-Berlin seinen Stufenplan «Für Deutschland, einig Vaterland – Konzeption für den Weg zu einem einheitlichen Deutschland» vorstellte. Als Schritte zur Erreichung dieses Ziels nannte er den Abschluß eines Vertrags über

Zusammenarbeit und gute Nachbarschaft, die Bildung einer Konföderation beider deutscher Staaten, die Übertragung von Souveränitätsrechten an die Konföderation, die Bildung «eines einheitlichen deutschen Staates in Form einer Deutschen Konföderation oder eines Deutschen Bundes». Die notwendige Voraussetzung für diese Entwicklung sei die «militärische Neutralität von DDR und BRD auf dem Weg zur Föderation» – eine für die USA, Großbritannien und Frankreich unannehmbare Forderung.

Die Bonner Antwort auf Modrows Stufenplan hieß Währungsunion und Einführung der Marktwirtschaft in der DDR. Am 6. Februar gab Bundeskanzler Kohl bekannt, er werde dem Kabinett vorschlagen, der DDR Verhandlungen über eine «Währungsunion mit Wirtschaftsreformen» anzubieten. Am folgenden Tag stimmte das Kabinett dem Vorschlag zu. Gleichzeitig setzte es einen Ausschuß «Deutsche Einheit» ein.

Die wirtschaftlichen Bedenken gegen eine Währungsunion mit der DDR waren zwar erheblich: Experten bescheinigten der DDR eine Arbeitsproduktivität von höchstens 50 Prozent der westdeutschen; die Bundesbank und der von der Bundesregierung eingesetzte Sachverständigenrat zur Begutachtung der gesamtwirtschaftlichen Entwicklung machten deutlich, daß sie eine schnelle Einführung der DM in der DDR für unrealistisch hielten. Politisch aber sprach alles dafür, den Einigungsprozeß zu beschleunigen und das Haupthindernis der wirtschaftlichen Erholung zu beseitigen: das fehlende Vertrauen in die Zukunft des Gebiets zwischen Elbe und Oder, das sich in den anhaltend hohen Zahlen von Übersiedlern niederschlug. «Politisch» hieß im konkreten Fall freilich auch parteipolitisch: Das Symbol «DM» hatte die besten Aussichten, sich als Wahlkampfhilfe für die «Allianz für Deutschland» zu erweisen – jenes am 5. Februar ins Leben gerufene Bündnisses der CDU, der Bürgerrechtsgruppe «Demokratischer Aufbruch» und der am 20. Januar unter Anleitung der bayerischen CSU gegründeten Deutschen Sozialen Union (DSU), das einen Sieg der Sozialdemokraten bei der Volkskammerwahl am 18. März verhindern sollte.

Die Ankündigung der Währungsunion erfolgte zu einem Zeitpunkt, als Bundeskanzler Kohl und Außenminister Genscher sich intensiv auf die Gespräche mit Gorbatschow vorbereiteten, die am 10. Februar in Moskau stattfinden sollten. Das schwierigste Thema würde dabei der militärische Status eines wiedervereinigten Deutschland sein: Das stand seit der Zusammenkunft zwischen Gorbatschow und Modrow vom 30. Januar fest. Genscher hatte sich am 31. Januar in einem Vortrag vor der Evangelischen Akademie in Tutzing dafür ausgesprochen, daß Gesamtdeutschland dem Atlantischen Bündnis angehören, das Territorium der DDR aber nicht in die militärischen Strukturen der NATO einbezogen werden sollte. Am 2. Februar flog Genscher nach Washington. Sein Kollege Baker erklärte sich mit dem Tutzinger Vorschlag des Bonner Außenministers einverstanden, Präsident Bush ebenfalls. Übereinstimmung wurde auch in einem anderen Punkt erzielt: Verhandlungen über die deutsche Wiedervereinigung sollten, entsprechend einem Vorschlag aus dem State Department, nach der Formel «Zwei plus Vier» geführt werden, also zwischen den beiden deutschen Staaten und den vier ehemaligen Besatzungsmächten. Genscher legte großen Wert auf *diese* Reihenfolge: Auf keinen Fall durfte der Eindruck entstehen, als entschieden die Vier Mächte über Deutschland. Abwegig war diese Befürchtung nicht: Ein Treffen der Botschafter der Vier im Gebäude des Alliierten Kontrollrats in Berlin am 11. Dezember 1989, das auf sowjetischen Wunsch zustande gekommen war, hatte einen heftigen Protest der Bundesregierung ausgelöst.

Bevor Kohl und Genscher in Moskau eintrafen, führte dort Baker vom 7. bis 9. Februar Gespräche – erst mit Schewardnadse, dann mit Gorbatschow. Nachdem er zuvor schon die Unterstützung seiner Kollegen in London und Paris, Douglas Hurd und Roland Dumas, für das «Zwei-plus-Vier»-Projekt erhalten hatte, verständigte er sich jetzt auch mit Gorbatschow auf Verhandlungen entsprechend dieser Formel. «Vier plus zwei» wäre diesem zwar lieber gewesen, aber großes Gewicht maß er dem Unterschied nicht bei. Der amerikanische Außenminister sprach sich für eine NATO-Mitgliedschaft des vereinten Deutschland aus, betonte aber, übereinstimmend mit Genscher, daß die Jurisdiktion der NATO um keinen Fußbreit in östlicher Richtung ausgedehnt werden würde – eine Formulierung, die wohl auf die DDR gemünzt war, aber, ähnlich wie manche Äußerungen Genschers zu diesem Thema, auch auf andere ostmitteleuropäische Staaten bezogen werden konnte. Gorbatschow versprach, darüber nachzudenken, und unterstrich seinerseits, daß eine Ausdehnung der Zuständigkeiten der NATO nicht annehmbar sei. Ein Ja zur Aufnahme ganz Deutschlands in die NATO war das, wie sich zeigen sollte, noch nicht.

Als Kohl und Genscher drei Tage später, am 10. Februar, mit Gorbatschow beziehungsweise Schewardnadse zusammentrafen, waren sie über das Ergebnis von Bakers Gesprächen informiert. Der Bonner Außenminister versicherte seinem sowjetischen Kollegen, die NATO werde sich nicht nach Osten ausdehnen. Der sowjetische Partei- und Staatschef bestätigte gegenüber dem Kanzler, was er zuvor Modrow gesagt hatte: Die Deutschen in der Bundesrepublik und der DDR müßten selber wissen, welchen Weg sie gehen wollten. Eine Entscheidung für die Einheit sei die Wahl der Deutschen – eine Wahl, die jedoch im Kontext der Realitäten getroffen werden müsse. Gegen «Zwei-plus-Vier»-Verhandlungen erhob Gorbatschow keine Einwände, zum militärischen Status eines vereinten Deutschland äußerte er sich zurückhaltend. Eine Veränderung der Kräfteverhältnisse zu Lasten des Warschauer Pakts und zugunsten der NATO gedenke die Sowjetunion aber nicht hinzunehmen. Kohl äußerte sich im Hinblick auf den militärischen Status des DDR-Gebiets im Sinne Bakers und Genschers: Der Zuständigkeitsbereich der NATO werde sich nicht auf dieses Territorium erstrecken. Drei Tage später, am 13. Februar, stimmte Eduard Schewardnadse auf einem Treffen der Außenminister der NATO und des Warschauer Pakts in Ottawa, der «Open Skies Conference», Zwei-plus-Vier-Verhandlungen offiziell zu.

Am gleichen Tag mußte Ministerpräsident Modrow, der an der Spitze einer großen Delegation nach Bonn gekommen war, feststellen, daß die Bundesregierung nicht länger bereit war, der von ihm geführten, von den früheren Oppositionsgruppen mitgetragenen «Regierung der nationalen Verantwortung» wirtschaftlich und finanziell entgegenzukommen. Bundeskanzler Kohl und Finanzminister Theodor Waigel, der Vorsitzende der CSU, wiesen die Forderung nach einem sofortigen Solidarbeitrag in Höhe von 10 bis 15 Milliarden DM zurück und verlangten ihrerseits die zügige Einführung der Sozialen Marktwirtschaft und die Rechtsangleichung auf den zentralen Feldern der Wirtschaftsordnung. Die Proteste der Minister ohne Geschäftsbereich, die aus den Bürgerrechtsgruppen kamen, waren vergeblich. Der Runde Tisch hatte durch die Bildung einer Art von Großer Koalition Modrow nur kurzfristig den Rücken gestärkt. Je näher die Volkskammerwahl rückte, desto klarer wurde, daß weder die Regierung der DDR noch der Runde Tisch, der faktisch zum Teil der Exekutive geworden war, über wirkliche Macht verfügte. Macht hatte Bonn, und das bekam Ost-Berlin zu spüren.

Noch mächtiger als die Bundesrepublik aber waren die Vereinigten Staaten. Präsident Bush war inzwischen zu dem Schluß gelangt, daß die von Baker übernommene Tutzinger Formel Genschers, wonach das Territorium der DDR nicht in die militärischen Strukturen der NATO einbezogen werden sollte, die Schutzgarantie des Bündnisses für ganz Deutschland gefährden würde. Alles, was Bush zugestehen wollte, war ein nicht näher definierter militärischer Sonderstatus für das frühere Staatsgebiet der DDR. Entsprechend hatte sich der Präsident bereits am 9. Februar, unmittelbar vor dem Moskauer Gespräch zwischen Kohl und Gorbatschow, in einem Brief an den Bundeskanzler geäußert. Der Generalsekretär der NATO, der frühere Bonner Verteidigungsminister Manfred Wörner, und sein Nachfolger in diesem Amt, der CDU-Politiker Gerhard Stoltenberg, teilten diese Einschätzung. Kohl, der sich zunächst auf Genschers Seite gestellt hatte, fügte sich schließlich der härteren Linie des Präsidenten. Das war das Ergebnis der Gespräche, die der Bundeskanzler am 24. und 25. Februar in Camp David mit Bush und Baker führte.

Was der Bonner Außenminister am 10. Februar in Moskau gegenüber Schewardnadse erklärt hatte – eine Mitgliedschaft des vereinten Deutschland in der NATO werde keine Ausdehnung der Zuständigkeiten des Atlantischen Bündnisses nach Osten zur Folge haben –, war damit Makulatur. Ein Versprechen «des Westens», die Grenze des NATO-Gebiets nicht nach Osten zu verschieben, hat es entgegen einer späteren russischen, auch im Westen kolportierten Lesart nicht gegeben. Vielmehr war die Position der USA und ihrer Verbündeten, einschließlich der Bundesrepublik, seit Ende Februar 1990 klar: Das äußerste militärpolitische Zugeständnis, mit dem die Sowjetunion im Zusammenhang mit der Wiederherstellung der deutschen Einheit rechnen durfte, waren Sonderbedingungen für das Territorium der DDR innerhalb der NATO. Auf weitergehenden, gar schriftlich fixierten Zusicherungen im Hinblick auf andere Staaten des Warschauer Pakts zu bestehen kam Gorbatschow und Schewardnadse offenbar gar nicht in den Sinn: Schließlich rechneten beide nicht damit, daß das östliche Militärbündnis sich in absehbarer Zeit auflösen könnte.

Was die Einschränkungen der NATO-Zugehörigkeit eines vereinten Deutschland anging, mußte Genscher also von seiner «Tutzinger Linie» abrücken. In einer anderen Frage konnte sich der liberale Außenminister hingegen durchsetzen. Kohl hatte bislang aus Rücksicht

auf die heimatvertriebenen Wähler der Unionsparteien den Vorbehalt
einer friedensvertraglichen Regelung der deutschen Ostgrenze nicht
aufgeben wollen, während Genscher seit langem für eine Anerkennung
der Oder-Neiße-Grenze als Ostgrenze eines wiedervereinigten Deutschland warb. Am 6. März kam ein Kompromiß zwischen den Koalitionsparteien zustande, der Genschers Anliegen Rechnung trug. Die
CDU/CSU und die FDP verständigten sich auf einen Entschließungs-
antrag, den der Bundestag am 8. März mit den Stimmen der Regierungsparteien annahm. Darin schlug der Bundestag vor, die beiden
frei gewählten deutschen Parlamente und Regierungen sollten möglichst bald nach den Wahlen in der DDR gleichlautende Erklärungen
abgeben, die in ihrem Kern folgendes beinhalteten: «Das polnische
Volk soll wissen, daß sein Recht, in sicheren Grenzen zu leben, von
uns Deutschen weder jetzt noch in Zukunft durch Gebietsansprüche
in Frage gestellt wird.» In diesem Sinne sollte nach Herstellung der
deutschen Einheit die Grenzfrage in einem Vertrag zwischen einer
gesamtdeutschen und der polnischen Regierung geregelt werden.

Der 8. März war auch der Tag einer Regierungserklärung des Bundeskanzlers. Kohl legte dar, daß er einen Beitritt der DDR zur Bundesrepublik nach Artikel 23 des Grundgesetzes für den besten Weg zur
deutschen Einheit hielt. Der Artikel sah die Inkraftsetzung des Grundgesetzes «in anderen Teilen Deutschlands ... nach deren Beitritt» vor.
Einen anderen Weg zeigte Artikel 146: «Das Grundgesetz verliert seine
Gültigkeit an dem Tage, an dem eine Verfassung in Kraft tritt, die von
dem deutschen Volke in freier Entscheidung beschlossen worden ist.»

Um die Frage «Beitritt oder gesamtdeutsche Verfassung» entbrannte im Frühjahr 1990 ein heftiger Streit, dessen Fronten nicht einfach zwischen Regierungskoalition und Opposition oder zwischen
West und Ost verliefen. Für Artikel 146 sprachen die unbezweifelbare
demokratische Legitimation, die ein Volksentscheid einer gesamtdeutschen Verfassung geben würde, und die integrierende, Ost- und Westdeutsche zusammenführende Wirkung, die von einer solchen Betätigung des deutschen Volkes als «pouvoir constituant» zu erwarten war.
Die Befürworter einer Vereinigung nach Artikel 23 – dem Artikel, auf
dessen Grundlage 1956 das Saarland der Bundesrepublik beigetreten
war – verwiesen darauf, daß sich das Grundgesetz in mehr als vier
Jahrzehnten hervorragend bewährt hatte und deswegen nicht leicht-
fertig zur Disposition gestellt werden sollte.

Die stärksten Argumente für den vergleichsweise einfachen und schnellen Weg nach Artikel 23 waren aber «argumenta e contrario», das heißt die Gründe, die *gegen* den sehr viel langsameren Weg nach Artikel 146 sprachen: *Erstens* konnte im Frühjahr 1990 niemand wissen, wie lange sich die kompromißbereiten Realpolitiker Gorbatschow und Schewardnadse in Moskau an der Macht würden behaupten können. *Zweitens* verschlechterte sich die wirtschaftliche Lage der DDR täglich, was sich aus der unverändert hohen innerdeutschen Ost-West-Migration ablesen ließ und die Gefahr gewaltsamer Proteste in sich barg. *Drittens* hätte ein gestreckter Einigungsprozeß offenkundig die große Mehrheit der Ostdeutschen gegen sich gehabt.

Im Bonner Regierungslager hatten diese Erwägungen schon im Februar 1990 zu einer Festlegung auf den Weg nach Artikel 23 geführt. Dieselbe Position bezogen Teile der ostdeutschen Sozialdemokratie (die sich inzwischen nicht mehr «Sozialdemokratische Partei in der DDR», sondern «SPD» nannte). Die westdeutschen Sozialdemokraten waren nicht geschlossen, aber doch überwiegend Anhänger der langsameren, aber vermeintlich demokratischeren Variante einer Vereinigung nach Artikel 146. Zu den entschiedensten Gegnern einer Lösung gemäß Artikel 23 gehörten der noch nicht offizielle, aber höchstwahrscheinliche Kanzlerkandidat der SPD, Oskar Lafontaine, die meisten Bürgerrechtler der DDR und die PDS (die Anfang Februar den belasteten Namensbestandteil «SED» aufgegeben hatte).

Der Volkskammerwahlkampf in der DDR wurde von Politikern aus der Bundesrepublik dominiert. Vor allem drei wurden bei ihren Auftritten stürmisch bejubelt: Helmut Kohl, Willy Brandt und der geborene Hallenser Hans-Dietrich Genscher. Kohl sprach auf Kundgebungen des konservativen Parteienbündnisses «Allianz für Deutschland». Die Allianz warb mit dem Aufkleber «Wir sind ein Volk», der raschen Einführung der DM und der schnellen Verwirklichung der deutschen Einheit durch einen Beitritt zur Bundesrepublik nach Artikel 23 des Grundgesetzes. Genscher setzte sich für ein im Februar gebildetes liberales Parteienbündnis, den Bund Freier Demokraten, mit der LDPD als größter Gruppierung ein. Brandt war der beliebteste aller westdeutschen Politiker. Sein Nachteil war, daß er nicht die gesamte SPD hinter sich hatte. Lafontaine, der nur an drei Orten in den ostdeutschen Wahlkampf eingriff, machte keinen Hehl daraus, daß er aus wirtschaftlichen, finanziellen und sozialen Gründen den Einigungsprozeß zu verlangsamen strebte. Die PDS, die ebenfalls für eine zeitlich gestreckte Einigung eintrat, hatte Hans Modrow als Spitzenkandidaten aufgestellt. Von den Bürgerrechtsgruppen hatten sich drei – das Neue Forum, Demokratie Jetzt und die Initiative Frieden und Menschenrechte – zu einem «Bündnis 90» zusammengeschlossen, auf ein tragfähiges gemeinsames Programm jedoch nicht verständigen können. Die Ende November gegründete Grüne Partei war ein Wahlbündnis mit dem Unabhängigen Frauenverband eingegangen, das aber nach der Wahl rasch wieder zerbrach.

Meinungsumfragen sahen bis zuletzt die SPD weit vorn. Der Ausgang der ersten freien Volkskammerwahl war deshalb für die meisten Beobachter eine große Überraschung. Bei einer Wahlbeteiligung von 93,4 Prozent ging die Allianz für Deutschland als eindeutige Siegerin aus dem Wettstreit der Parteien hervor: Sie erreichte 48,0 Prozent, wobei die CDU auf 40,8, die CSU-nahe Deutsche Soziale Union auf 6,3 Prozent und der Demokratische Aufbruch auf 0,9 Prozent kam. Die SPD blieb weit hinter ihren und den allgemeinen Erwartungen zurück: Sie erhielt 21,9 Prozent. Es folgten die PDS mit 16,4, der Bund Freier Demokraten mit 5,3, das Bündnis 90 mit 2,9 und die Grüne Partei mit 2 Prozent. Die Arbeiter hatten in großer Mehrheit die CDU gewählt, und das auch in alten sozialdemokratischen Hochburgen wie Sachsen und Thüringen. Die SPD hatte die Allianz nur in Ost-Berlin überrunden können (im Verhältnis 34,9 zu 21,6 Prozent). Die «Hauptstadt der DDR» war aber auch eine Hochburg der PDS. Sie erreichte hier mit 30,2 Prozent ihren höchsten Stimmenanteil.

Die Wahl war zu einem Plebiszit für den Beitritt der DDR zur Bundesrepublik geworden: Eine andere Deutung ließ das Ergebnis nicht zu. Die Mehrheit wollte die Einheit zum frühestmöglichen Zeitpunkt, und zwar im Sinne der Übernahme des westdeutschen Wirtschafts-, Gesellschafts- und Verfassungssystems. Die Wiedervereinigung sollte die ungerechte Verteilung der deutschen Geschichtslast seit 1945 überwinden, also endlich Gerechtigkeit bringen. Eine nicht unbeträchtliche Minderheit, die Wählerschaft der PDS, fühlte sich zumindest einigen der Werte der DDR verbunden und wollte sie bewahren. Die «Helden» des Herbstes 1989 aber, die in den Bürgerrechtsgruppen aktiv waren, wurden förmlich abgestraft. Ihre Vorstellungen von einem «dritten Weg» galten der überwiegenden Mehrheit als Ausdruck von Wirklichkeitsverlust und Wunschdenken.

Mit dem 18. März 1990 endete jener Abschnitt in der Geschichte der DDR, der als «friedliche Revolution» bezeichnet zu werden pflegt. Das Ergebnis war ein radikaler Bruch mit dem bisherigen Zustand: ein Votum für die Abschaffung eines Staates, der niemals demokratische Legitimität besessen hatte. Dieses Ergebnis entsprach nicht dem, was die Initiatoren der friedlichen Revolution, die intellektuellen Bürgerrechtler, angestrebt hatten. Die Liquidation der DDR war eine Folge des Willens der Massen, die seit der nationalen Wende nach der Öffnung der Grenzen den Demonstrationen ihren Stempel aufgedrückt hatten. Das war die demokratische Lektion des 18. März 1990, die zu akzeptieren den Unterlegenen im Osten wie im Westen Deutschlands nicht leicht fiel.[11]

Von Panama nach Bagdad:
Außereuropäische Herausforderungen der USA

Für die Vereinigten Staaten war Deutschland 1989/90 ein außenpolitischer Brennpunkt unter anderen. *Ein* Konfliktherd lag gewissermaßen vor ihrer Haustür: Panama. Seit Präsident Omar Torrijos im Juli 1981 bei einem Flugzeugabsturz ums Leben gekommen war, hatte sich dort Manuel Antonio Noriega, ein langjähriger bezahlter Agent der CIA, Schritt für Schritt in den Besitz der Macht gebracht. Wertvoll war Noriega, seit 1983 offizieller Chef der Nationalgarde, für Washington vor allem dadurch, daß er die antikommunistischen Guerillas in El Salvador und Nicaragua logistisch unterstützte. Doch die Methoden, mit denen er seine Macht ausübte und ausbaute, ließen Noriega immer mehr als politische Hypothek erscheinen: Zur Ermordung eines prominenten innenpolitischen Gegners, des Oppositionspolitikers Hugo Spadafora, und wiederholten Wahlmanipulationen kam seine aktive Rolle im internationalen Rauschgifthandel – das letztere der Grund, weshalb seit Ende 1987 in den USA gegen ihn ermittelt wurde.

Da auf Grund der neuen, 1977 von Carter und Torrijos unterzeichneten, 1979 in Kraft getretenen Verträge über die Zukunft des Panamakanals die Hoheit der USA über die Kanalzone am 31. Dezember 1999 formell zu Ende ging, mußte der Regierung Bush viel an einer dauerhaften Stabilisierung des mittelamerikanischen Staates liegen. Nach einem gescheiterten Putschversuch gegen Noriega im Oktober

1989 entschloß sich der Präsident, einen Regimewechsel in Panama herbeizuführen. Wenig später lieferte ihm der dortige Machthaber Gründe für ein militärisches Eingreifen, von denen Bush hoffen durfte, daß sie der großen Mehrheit der Amerikaner einleuchteten: Am 15. Dezember – dem gleichen Tag, an dem er sich von der Nationalversammlung zum Regierungschef mit außerordentlichen Vollmachten ernennen ließ – erklärte Noriega, daß sich sein Land auf Grund der anhaltenden militärischen Bedrohung durch die USA im Kriegszustand befinde. Kurz darauf wurden ein amerikanischer Soldat von Angehörigen der (von Noriega befehligten) panamanesischen Verteidigungskräfte getötet und ein anderer schwer mißhandelt.

Präsident Bush befahl daraufhin die größte amerikanische Militärintervention seit dem Vietnamkrieg, die «Operation Just Cause»: 28 000 Soldaten wurden am 20. Dezember in Panama eingesetzt, unterstützt von 300 zum Teil hochmodernen Flugzeugen. Bei den kurzen, vier Tage dauernden Kämpfen, die mit einem Sieg der Invasoren endeten, starben 23 amerikanische Soldaten und weit über 500 Panamesen, die meisten von ihnen Zivilisten. Noriega suchte in der Botschaft des Vatikans Zuflucht; Anfang Januar ergab er sich den amerikanischen Streitkräften, die ihn nach Miami, Florida, brachten, wo er sofort inhaftiert wurde. Nach einem Prozeß, der acht Monate dauerte, verurteilte ihn ein Gericht in Miami im Juli 1992 zu 40 Jahren Freiheitsstrafe. An die Spitze der Republik Panama war unmittelbar nach dem Einmarsch der amerikanischen Invasionstruppen der Oppositionsführer Guillermo Endara Galimany getreten, der im Mai 1989 die Präsidentenwahl gewonnen hatte, vom Nationalen Wahlrat aber mit der Begründung, die Wahl sei ungültig, am Amtsantritt gehindert worden war.

Die amerikanische Intervention in Panama war, wie der Historiker Sean Wilentz feststellt, die erste der Zeit nach dem Ende des Kalten Krieges. Sie hatte nichts mit der Furcht vor einem kommunistischen Umsturz zu tun, richtete sich vielmehr gegen einen erklärten Antikommunisten. Der Drogenschmuggel, den Noriega betrieb, *war* eine Gefahr für die amerikanischen Hoheitsrechte. In einer Umfrage vom Januar 1990 nannten 74 Prozent der befragten Amerikaner das Eingreifen ihres Landes in Panama gerechtfertigt und 19 Prozent ungerechtfertigt. Die konservativen Kritiker, die Bush allzu langes Zögern in Sachen Panama vorgehalten hatten, verstummten eine Zeitlang. Innenpolitisch hatte sich die Aktion für den Präsidenten ausgezahlt.

Ein weltpolitisch ungleich gefährlicherer Krisenherd als Noriegas
Panama war der Irak des Diktators Saddam Hussein. Am 20. August
1988 ging der von Saddam acht Jahre zuvor entfesselte Krieg gegen
Iran mit einem Waffenstillstand auf der Grundlage der Resolution 598
des Sicherheitsrats der Vereinten Nationen vom 20. Juli 1987 zu Ende.
Die USA hatten seit Anfang 1987, also noch unter der Regierung
Reagan, mehr oder minder offen auf irakischer Seite in den Krieg eingegriffen, was vor allem eine Antwort auf iranische Minenangriffe auf
kuwaitische Öltanker war, die daraufhin zu amerikanischen Schiffen
«umgeflaggt» und von der amerikanischen Marine durch den Persischen Golf geleitet wurden. Die umfangreiche, auch nachrichtendienstliche Unterstützung Washingtons für Bagdad hörte auch nicht
auf, als der Generalsekretär der irakischen Baath-Partei in der Nord-
region, Saddams Cousin Ali Hassan, der sogenannte «Chemie-Ali»,
im März 1988 die kurdische Bevölkerung der von iranischen Truppen
besetzten Stadt Halabja mit Giftgas bombardieren ließ. Bis zu 5000
Menschen kamen dabei ums Leben. Die Aktion war ein Teil von Saddams Strategie zur Niederwerfung eines Kurdenaufstands, die nach
Kriegsende fortgesetzt wurde: Rund 100 000 Kurden flohen Ende August 1988 in die Türkei.

Saddams Nachkriegspolitik war geprägt von dem Wunsch, sich
möglichst rasch und umfassend der Schuldenlast zu entledigen, die der
Irak während des Krieges aufgehäuft hatte: Bei den arabischen Nach-
barn und bei westlichen Banken stand das Land mit jeweils etwa
40 Milliarden Dollar «in der Kreide»; 8 Milliarden Dollar mußte der
Irak jährlich für den Schuldendienst aufbringen. Die rapide sinkenden
Preise für Rohöl verschärften die wirtschaftlichen Probleme des Irak.
Gleichzeitig fühlte sich Saddam mit fragwürdigem Recht als der Staats-
mann und Feldherr, der das Ayatollahregime Irans bezwungen hatte.
Entsprechend selbstbewußt trat er gegenüber den anderen arabischen
Staaten auf.

Im Verlauf des Jahres 1989 rückte besonders ein Nachbar in das
Visier Saddams: das am Nordwestrand des Persischen Golfes gelegene,
erdölreiche und finanzstarke Emirat Kuwait, das ein Verbündeter im
Krieg gegen Iran gewesen war und dem der Irak 10 Milliarden Dollar
schuldete. In der ersten Hälfte des Jahres 1990 setzte Saddam das
kleine Nachbarland immer stärker unter Druck. Parallel dazu ging er
auf einen rhetorischen, panarabisch getönten Konfrontationskurs ge-

genüber den Vereinigten Staaten, der ehemaligen Schutzmacht Großbritannien und Israel, dem Staat, der im Juni 1981 den irakischen Atomreaktor Tamus (Osirak) durch einen Raketenangriff zerstört hatte. Dabei behauptete Saddam, sein Land verfüge inzwischen über modernste («binäre») chemische Waffen, wie sie sonst nur die USA und die Sowjetunion besäßen. Mitte Juli beschuldigte er Kuwait, irakisches Öl zu stehlen und gemeinsame Sache mit Israel und den USA zu machen. Gleichzeitig zog er starke Truppenverbände an der Grenze zu dem Emirat zusammen.

Die amerikanische Antwort auf den irakischen Truppenaufmarsch bestand zunächst nur in einer Entsendung zusätzlicher Schiffe in den Persischen Golf, was offiziell im Rahmen eines gemeinsamen Flottenmanövers mit den Vereinigten Arabischen Emiraten geschah. Als Saddam daraufhin am 25. Juli die Botschafterin der USA, April Glaspie, einbestellte, unterließ es diese, den Diktator vor massiven Reaktionen ihres Landes auf eine Aggression gegen Kuwait zu warnen. Sie gab sich vielmehr ähnlich verbindlich, wie Saddam ihr gegenüber auftrat. Dem Außenministerium in Washington berichtete sie, Saddam sei «herzlich, vernünftig, ja warmherzig» (cordial, reasonable and even warm) gewesen, seine Behauptung, er wünsche eine friedliche Lösung des Konflikts mit Kuwait, sei «sicherlich aufrichtig» (sureley sincere).

Vom State Department und von Präsident Bush bekam Saddam Ende Juli auch nichts zu hören, was nach einer Drohung klang. In der Bagdader Außenstelle der CIA war man bis zum 1. August der Meinung, Saddam bluffe nur und wolle sich lediglich einige kuwaitische Ölfelder und zwei Inseln im Persischen Golf einverleiben. Auch wenn vieles dafür spricht, daß der irakische Diktator um diese Zeit zu einem Angriff auf Kuwait und einer Annexion des gesamten Emirates bereits fest entschlossen war, bedurfte es wohl der amerikanischen Fehleinschätzungen und des darauf gegründeten Washingtoner «appeasement», um ihm die Risiken seines Unternehmens gering erscheinen zu lassen.

Am 2. August 1990 überschritten 120 000 Soldaten der Republikanischen Garden, der irakischen Elitetruppen, die Grenze zu Kuwait. Sie benötigten nur einhalb Tage, um das Emirat zu besetzen. Saddams Einschätzung, die USA und die Vereinten Nationen würden sich mit der Okkupation als vollendeter Tatsache abfinden, erwies sich jedoch als Ausdruck von Wunschdenken. Der irakische Überfall auf Kuwait war der klassische Fall eines bewaffneten Angriffs, der das

Recht auf individuelle und kollektive Selbstverteidigung im Sinne von Kapitel VII, Artikel 51, der Charta der Vereinten Nationen begründete. Die Vereinigten Staaten hatten denn auch keine Mühe, schon am Nachmittag des 2. August eine Verurteilung der Aggression durch den Sicherheitsrat der Vereinten Nationen zu erreichen. Auch die Vetomächte Sowjetunion und China stellten sich auf die Seite des angegriffenen Landes. Unterstützung fand Saddam lediglich bei Kuba, Jemen, dem wirtschaftlich eng mit dem Irak verflochtenen Jordanien und bei der PLO Yassir Arafats.

Die Regierung Bush ging nach dem 2. August von der (nach allem, was man inzwischen weiß, unbegründeten) Annahme aus, daß der irakische Präsident noch weit ehrgeizigere Ziele als die Annexion eines kleinen Nachbarlandes verfolgte, nämlich eine aggressive Wendung gegen das Land, das seit dem Sturz des Schahregimes in Teheran zum wichtigsten strategischen Partner der USA im Nahen und Mittleren Osten avanciert war: Saudi-Arabien. Der Herrscher des erdölreichen, aber militärisch schwachen Wüstenstaates, König Fahd, sah das ebenso: Am 6. August bat er die USA, Truppen in sein Land zu schicken. Am gleichen Tag ordnete Präsident Bush die «Operation Desert Shield» an: Sie begann mit der Entsendung von drei Flugzeugträgerverbänden in den Persischen Golf.

Soweit Washington hoffte, Saddam Hussein würde vor dem kombinierten Druck der USA und der UNO zurückweichen, hatte es sich getäuscht. Der irakische Diktator ignorierte alle inzwischen verhängten wirtschaftlichen Sanktionen, mit denen die Weltorganisation, die Vereinigten Staaten und die Europäische Gemeinschaft ihrer Forderung nach sofortigem Rückzug der irakischen Truppen aus Kuwait Nachdruck zu verleihen suchten. Er ließ das besetzte Land vielmehr systematisch ausplündern, wobei es zu blutigen Gewalttaten gegenüber der Bevölkerung kam. Zudem vermehrte er die Zahl seiner in Kuwait eingesetzten Soldaten, Panzer und Artilleriegeschütze in einem Maß, das auch die Sowjetunion, die seit 1972 mit dem Irak durch einen Freundschaftsvertrag sowie durch enge wirtschaftliche und militärische Kooperation verbunden war, endgültig gegen ihn aufbrachte: Im November 1990 gab Gorbatschow seinen Widerstand gegenüber der Androhung militärischer Sanktionen gegen den Irak auf.

Am 29. November 1990 bestätigte der Sicherheitsrat unter dem Vorsitz des amerikanischen Außenministers James Baker nicht nur alle bisherigen Resolutionen in Sachen Irak, sondern verabschiedete auch mit sowjetischer und chinesischer Zustimmung (und gegen die Stimmen der beiden nichtständigen Mitglieder Kuba und Jemen) die Resolution 678, die für den Fall, daß der Irak das besetzte Emirat nicht bis zum 15. Januar 1991 räumen sollte, die Anwendung «aller notwendigen Mittel» (all necessary means) erlaubte. Das Ultimatum sprach zwar mit Rücksicht auf Moskauer Bedenken nicht ausdrücklich von einer Militäraktion, war aber gleichwohl unmißverständlich: Lenkte Saddam nicht ein, mußte er mit einem massiven Gegenschlag einer von den USA geführten Ad-hoc-Allianz rechnen.

Die Regierung Bush schickte sich damit innerhalb eines Jahres ein zweites Mal an, einem politischen Herausforderer mit Waffengewalt entgegenzutreten – aber anders als im Fall Panama nicht auf eigene Faust, sondern in enger Abstimmung mit den anderen Vetomächten im Sicherheitsrat, den wichtigsten arabischen Staaten und in voller Übereinstimmung mit der Charta der Vereinten Nationen. Dieses Vorgehen lag ganz auf der Linie des großen Projekts, das der Präsident am 11. September 1990 dem Kongreß vorgetragen hatte: der Errichtung einer «neuen Weltordnung», in der die «Herrschaft des Rechts die Herrschaft des Dschungels» ersetzte und «die Nationen die gemeinsame Verantwortung für Freiheit und Gerechtigkeit» anerkannten. Die Krise im Golf sei, so Bush, die erste Bewährungsprobe für die neue Weltordnung. Er sei entschlossen, sich der Herausforderung zu stellen.[12]

Gorbatschow in der Gefahrenzone:
Die Sowjetunion im Jahr 1990

Während die USA aller Welt ihre Macht demonstrierten, mehrten sich in der Sowjetunion die Zeichen des Staatsverfalls. Um die Jahreswende 1989/90 spitzten sich in Aserbaidschan erneut die ethnischen Auseinandersetzungen zu. Die Ende September ausgesetzte Blockade des überwiegend armenisch besiedelten Autonomen Gebiets Berg-Karabach wurde wieder aufgenommen. Mitte Januar 1990 kam es zu nationalistischen Ausschreitungen, bei denen 50 Menschen starben, davon allein 30 in der Hauptstadt Baku. Elitetruppen des Moskauer Innenministeriums wurden von Anhängern der aserbaidschanischen Volksfront durch Straßensperren daran gehindert, in die besonders gefährdeten Regionen

vorzudringen. Am 19. Januar marschierten sowjetische Truppen in
Baku ein; die Barrikaden wurden von Panzern niedergewalzt, der von
der Volksfront besetzte Hafen von Kriegsschiffen beschossen. Die Angaben über die Zahl der Toten gehen weit auseinander; die sowjetische
Seite sprach von 86 Menschen, die ihr Leben in den Kämpfen verloren
hätten, die Volksfront von 300. Ende Januar vereinbarten Vertreter der
armenischen und der aserbaidschanischen Volksfront einen Waffenstillstand für bestimmte Abschnitte der gemeinsamen Grenze. Die zu-
grundeliegenden Konflikte aber blieben ungelöst.

Einen unblutigen Verlauf nahmen 1990 die Sezessionsbewegungen
im Baltikum. In Estland gewannen die Anhänger der vollen Unabhängigkeit die Parlamentswahlen vom 18. März. Noch im gleichen Monat
beschloß das Parlament in Tallinn (Reval) die stufenweise Verwirklichung der Unabhängigkeit. Im Mai folgte der Beschluß, Teile der
Vorkriegsverfassung von 1920 wieder in Kraft zu setzen und den
Namen Estnische Sozialistische Sowjetrepublik in Republik Estland
abzuändern. In Lettland gewann die Volksfront bei den Parlamentswahlen vom März 1990 die absolute Mehrheit der Sitze. Am 4. Mai
verabschiedete das Parlament in Riga eine Erklärung über die Unabhängigkeit Lettlands, die wie in Estland schrittweise verwirklicht
werden sollte.

Am weitesten ging zunächst Litauen. Das Parlament in Vilnius er-
klärte am 11. März die Unabhängigkeit des Staates. Der Volksdepu-
tiertenkongreß der Sowjetunion bezeichnete diesen Beschluß vier Tage
später als ungültig. Am 18. April begann eine umfassende sowjetische
Wirtschaftsblockade Litauens, die auch einen Stopp der Erdöl- und
Erdgaslieferungen einschloß und erst beendet wurde, als der Oberste
Rat (der frühere Oberste Sowjet) Litauens Ende Juni beschloß, den
Vollzug der Unabhängigkeitserklärung für hundert Tage auszusetzen.
Im Sommer 1990 machte das baltische Beispiel in anderen Teilen der
Sowjetunion Schule: Im Juni und Juli erklärten die russische, die
ukrainische, die georgische, die moldawische und die usbekische
Sowjetrepublik ihre «Souveränität». Ein Austritt aus der UdSSR war
damit aber nicht verbunden.

Die Sozialistische Sowjetrepublik Moldawien wurde bereits wenige
Wochen später mit zwei Akten des Separatismus konfrontiert: Im August gründeten Angehörige des Turkvolkes der Gagausen die Gagau-
sische Sozialistische Sowjetrepublik, die aber weder von Moldawien

noch international anerkannt wurde. Folgenschwerer war die Gründung der Sozialistischen Sowjetrepublik Dnjestr in Transnistrien, wo
Ukrainer und Russen gegenüber den rumänischsprachigen Molda-
wiern in der Mehrheit waren. Ein Jahr später, im September 1991,
folgte die Unabhängigkeitserklärung der «Moldawischen Republik am
Dnjestr»: ein Schritt, den das mittlerweile unabhängige Moldawien
scharf verurteilte, aber auch mit Waffengewalt nicht mehr rückgängig
machen konnte, da Transnistrien sich auf die aktive und auch militärische Hilfe Rußlands stützen konnte.

Der Mann an der Spitze der Sowjetunion versuchte währenddessen, dem Reformprozeß neue Impulse zu geben und gleichzeitig seine
Macht und damit die des Gesamtstaates auszubauen. Am 1. Januar
1990 trat ein im November des Vorjahres verabschiedetes Pachtge-
setz in Kraft, das den Aufbau privater Betriebe gestattete. Im ersten
Monat des neuen Jahres wurde der Marxismus-Leninismus als Un-
terrichtsfach an den Schulen und Hochschulen der Sowjetunion abgeschafft, im Februar die private Nutzung von Agrarland gesetzlich
ermöglicht. Einschneidende Wirkungen versprach sich Gorbatschow
von der Einführung des Amtes eines Präsidenten der Sowjetunion,
der mit allen notwendigen Befugnissen zur Durchsetzung der «Perestrojka» ausgestattet sein sollte. Anfang Februar 1990 erklärte der
Parteichef vor dem erweiterten Plenum des ZK der KPdSU, der nächste Parteitag solle entscheiden, ob Präsidentenamt und Parteivorsitz
vereint oder getrennt werden sollten. Die KPdSU sollte in einem
demokratischen Prozeß um die Macht kämpfen, aber kein durch die
Verfassung verbrieftes Machtmonopol für sich beanspruchen: So lautete die neue, vom Zentralkomitee mit großer Mehrheit gebilligte
Devise. Gorbatschow rückte damit von dem Nein ab, das er noch im
Dezember 1989 in der zweiten Session des Volksdeputiertenkongresses dem Antrag des kurz danach verstorbenen Andrej Sacharow entgegengestellt hatte, den einschlägigen Artikel 6 der Sowjetverfassung
zu streichen.

Ende Februar 1990 billigte der Oberste Sowjet die entsprechenden
Vorschläge seines Vorsitzenden und damit nichts Geringeres als den
Bruch mit dem Leninismus, für den das Machtmonopol der Kommunistischen Partei schlechthin konstitutiv gewesen war. (Gorbatschow
selbst spricht in seinen Memoiren vom «Bruch mit dem Bolschewismus».) Mitte März stimmte der Volksdeputiertenkongreß in seiner

dritten außerordentlichen Session der Einrichtung des Präsidentenam-
tes zu und wählte Gorbatschow, der schon als Vorsitzender des Obersten Sowjets die Funktion des Staatsoberhaupts innegehabt hatte, mit
absoluter Mehrheit zum Präsidenten der Sowjetunion. Artikel 6 der
Verfassung erhielt eine neue Fassung, wonach die Kommunistische
Partei, andere Parteien, Gewerkschaften und Jugendverbände sowie
andere gesellschaftliche Organisationen und Massenbewegungen an
den politischen Entscheidungsprozessen mitwirkten. Artikel 51 verbriefte in seiner neuen Fassung das Recht der Bürger, sich zu politischen Parteien und gesellschaftlichen Organisationen zusammenzuschließen, wobei diese sich im Rahmen der Verfassung und an die
Gesetze zu halten hatten, also keine umstürzlerischen oder sezessionistischen Bestrebungen verfolgen durften. Das von Gorbatschow bisher
abgelehnte Mehrparteienprinzip hatte damit, wenn auch in gewissen
Grenzen, eine Rechtsgrundlage erhalten.

Dreieinhalb Monate später, am 2. Juli 1990, trat die KPdSU zu
ihrem vorverlegten, eigentlich erst im Frühjahr 1991 fälligen 28. Parteitag zusammen, der ihr letzter Kongreß werden sollte. Die kommunistischen Parteien der baltischen Staaten hatten sich inzwischen von ihr
getrennt, die russischen Kommunisten eine eigene Organisation gebildet. Gorbatschow hatte auf dem Parteitag zeitweise einen schweren
Stand. Er wurde zwar mit großer Mehrheit zum Generalsekretär wiedergewählt, sah sich aber massiver Kritik von zwei Seiten ausgesetzt:
auf der einen von konservativen Funktionären wie dem mit viel Beifall
bedachten Jegor Ligatschow und von Militärs, die ihm die Preisgabe
Ostmittel- und Südosteuropas vorwarfen, auf der anderen von entschiedenen Marktreformern, denen die bisherige Umgestaltung der
Sowjetwirtschaft nicht weit genug ging. Einer der konsequentesten
Neuerer, der Rektor der Moskauer Parteihochschule und Sprecher der
im Januar 1990 gegründeten Demokratischen Plattform, Wjatscheslaw
Schostakowski, erklärte am vorletzten Tag des Parteitags, dem 12. Juli,
an der Spitze von etwa hundert Anhängern seinen Austritt aus der
KPdSU und rief gleichzeitig zur Gründung einer neuen, sozialdemokratischen Partei auf.

Einen Tag später trat auch Boris Jelzin, seit Ende Mai Präsident der
Russischen Sozialistischen Föderativen Sowjetrepublik, aus der Kommunistischen Partei aus. So umfassend die Machtbefugnisse waren,
mit denen Gorbatschow das Amt des Präsidenten der Sowjetunion aus-

gestattet hatte, gegenüber Jelzin war er in einem wichtigen Punkt im Nachteil: Die Russische Sowjetrepublik war sehr viel weniger als der Gesamtstaat von der Gefahr des Auseinanderfallens bedroht und bot damit dem Mann an der Spitze einen vergleichsweise stabilen Handlungsrahmen. Die Sowjetunion trat damit in eine Phase der Doppelherrschaft ein – ein Phänomen, das Rußland aus der Zeit zwischen der Februar- und der Oktoberrevolution von 1917, den Monaten des Neben- und Gegeneinanders von Provisorischer Regierung und Sowjets, kannte. Wer aus dem sich seit Juli 1990 abzeichnenden Machtkampf als Sieger hervorgehen würde, war einstweilen eine offene Frage.

Dem 28. Parteitag folgte die Verabschiedung zweier Gesetze, die vor dem Hintergrund der sowjetischen Geschichte geradezu revolutionär anmuteten. Das Mediengesetz vom 1. August 1990 garantierte die Pressefreiheit, das Religionsgesetz vom 3. Oktober die Religions- und Gewissensfreiheit. Gorbatschows Hauptaugenmerk aber galt in der zweiten Hälfte des Jahres 1990 angesichts alarmierender ökonomischer Daten der Wirtschaftspolitik. Zeitweilig unterstützte er, ebenso wie Jelzin, den radikalen «500-Tage-Plan» einer Expertenkommission unter den Ökonomen Stanislaw Schatalin und Grigorij Jawlinski, der eine Art «crash course» für den Übergang von der Plan- zur Marktwirtschaft und vom Staats- zum Privateigentum vorsah. Die Regierung der UdSSR unter Ministerpräsident Nikolaj Ryschkow und seinem Stellvertreter Leonid Abalkin befürwortete einen sehr viel vorsichtigeren, zeitlich gestreckten stufenweisen Transformationsprozeß. Gorbatschow entschied sich, um den Widerspruch zwischen den beiden Reformgruppen zu überwinden, für einen Kompromiß, der am 19. Oktober schließlich die Zustimmung des Obersten Sowjets fand, aber weder die eine noch die andere Seite befriedigte und keine Besserung bewirkte. Die ökonomische Lage der UdSSR verschlechterte sich im Herbst 1990 vielmehr dramatisch.

Wenige Tage nach dem Beschluß des Obersten Sowjets, am 20./ 21. Oktober, schlossen sich in Moskau neun nichtkommunistische Parteien unter dem Namen «Demokratisches Rußland» zu einem Bündnis zusammen. Mit der Namenswahl machte die neue Gruppierung deutlich, daß sie nicht die Sowjetunion, sondern deren historischen Kern, Rußland, als Bühne ihrer politischen Aktivitäten betrachtete. Der Zusammenhalt der UdSSR wurde nicht nur von der Peripherie, sondern zunehmend auch aus dem Zentrum heraus in Frage gestellt. Michail

Gorbatschow, wegen seines Beitrags zur Beendigung des Kalten Krieges vom zuständigen Komitee des norwegischen Parlaments soeben mit dem Friedensnobelpreis ausgezeichnet, hatte im Spätjahr 1990 allen Anlaß, die Verläßlichkeit seiner scheinbar neu befestigten Machtbasis nicht zu überschätzen. Sie wäre vermutlich sehr viel stärker gewesen, hätte er sich anläßlich des formellen Übergangs zum Präsidialsystem im März 1990 von den Völkern der Sowjetunion direkt zum Präsidenten wählen lassen. Aber diesen Schritt zu tun hatte er nicht gewagt, und das damals Versäumte ließ sich nun nicht mehr nachholen.[13]

Die Lösung der deutschen Frage: Von der Währungsunion zur Wiedervereinigung

Seit dem 12. April 1990 besaß die DDR erstmals seit ihrer Gründung im Jahr 1949 eine Regierung, die sich auf ein demokratisches Mandat der Bevölkerung stützen konnte. Dem Kabinett unter dem Ministerpräsidenten Lothar de Maizière, dem Vorsitzenden der CDU, gehörten außer den Parteien der Allianz für Deutschland auch Vertreter der Sozialdemokraten und der Liberaldemokraten an. Die Bildung einer Großen Koalition erfolgte aus der Erkenntnis der Beteiligten, daß die Größe der Aufgaben, darunter einer Reihe von Verfassungsänderungen, eine möglichst breite Mehrheit erforderte. Die CDU stellte neben dem Ministerpräsidenten elf weitere Kabinettsmitglieder, darunter Wirtschaftsminister Gerhard Pohl. Die Sozialdemokraten waren mit sieben Ministern in der Regierung vertreten, unter ihnen Außenminister Markus Meckel, von Hause aus evangelischer Pfarrer, Finanzminister Walter Romberg und Arbeitsministerin Regine Hildebrandt. Aus der DSU kam Innenminister Peter-Michael Diestel, ein Rechtsanwalt, aus dem Demokratischen Aufbruch der Pfarrer Rainer Eppelmann, der Minister für Abrüstung und Verteidigung wurde, aus der LDPD Justizminister Kurt Wünsche.

Angesichts der anhaltend hohen Zahlen von Übersiedlern – zwischen Januar und Mai 1990 verließen 184 000 DDR-Bürger den ostdeutschen Staat in Richtung Bundesrepublik – besaß die rasche Herstellung einer deutsch-deutschen Währungsunion oberste Priorität. «Kommt die D-Mark, bleiben wir. Kommt sie nicht, geh'n wir zu ihr»: So oder ähnlich hieß es auf Transparenten, die vor allem vor den ersten freien Kommunalwahlen am 6. Mai vielerorts zu sehen waren. Die Regierung de Maizière drängte gegenüber Bonn für Löhne, Gehälter, Renten, Sparguthaben und Versicherungen mit Sparwirkung auf einen Umtauschkurs von 1 Ost-Mark gegen 1 DM. Die Bundesregierung wollte unter Berücksichtigung des krassen West-Ost-Gefälles in Sachen Wettbewerbsfähigkeit diesen «politischen» Umtauschkurs nur für Löhne, Gehälter und Renten sowie Bargeld und Sparguthaben bis zu 4000 Mark, ansonsten aber einen Kurs von 2 zu 1 zugestehen. Am 2. Mai kam ein Kompromiß zustande, der die unterschiedliche Lebenserwartung berücksichtigte und den Interessen der älteren Generation entgegenkam: Für Personen im Alter von 15 bis 59 Jahren galt eine Obergrenze von 4000 Mark, bei Kindern von 2000 und bei Älteren von 6000 Mark.

Damit war ein zentrales Problem der Verhandlungen über eine Wirtschafts-, Währungs- und Sozialunion gelöst. Im weiteren Verlauf der Verhandlungen legte sich die DDR darauf fest, die erforderlichen Rahmenbedingungen für eine Soziale Marktwirtschaft mit Privateigentum, Leistungswettbewerb, freier Preisbildung und voller Freizügigkeit von Arbeit, Kapital, Gütern und Dienstleistungen zu schaffen. Für eine Übergangzeit sah der Vertrag strukturelle Anpassungshilfen der (auf Grund eines Beschlusses des «Runden Tisches» geschaffenen und neu zu organisierenden) «Treuhandanstalt» für Unternehmen der DDR vor. Die «Sozialunion» sah die schrittweise Einführung des Arbeitsrechts, der Sozialversicherung und der Sozialhilfe in der Form vor, wie sie in der Bundesrepublik geregelt waren. Am 18. Mai 1990 unterzeichneten die beiden Finanzminister, Theo Waigel und Walter Romberg, in Bonn den Staatsvertrag über die Schaffung einer Währungs-, Wirtschafts- und Sozialunion zwischen der Bundesrepublik und der DDR.

Die Finanzierung der deutschen Einheit sollte nach dem Willen der Bundesregierung nicht etwa durch Steuererhöhungen, sondern durch das zu erwartende Wirtschaftswachstum erfolgen. Das war angesichts der wirtschaftlichen Realitäten ein geradezu tollkühnes Vorhaben. Die Altbauten der DDR waren in einem maroden Zustand; die Stadtzentren glichen vielfach Ruinenlandschaften – Folgen extrem niedriger Mieten und der einseitigen Förderung von Plattenbausiedlungen in den Vorstädten und im Umland. Die Umwelt war in vielen Teilen der DDR, am schlimmsten beim Braunkohlebergbau um Bitterfeld, verwüstet und auf Jahrzehnte hinaus mit Schadstoffen belastet. Die Wettbewerbsfähigkeit der Industrie wurde von den zuständigen Ministerien der DDR im Mai 1990 so eingeschätzt, daß nur knapp ein Drittel der Betriebe rentabel sei und ohne Fördermittel auskommen könne; gut die Hälfte der Betriebe arbeite mit Verlust, sei aber sanierungsfähig; 14 Prozent seien konkursgefährdet. Das war zwar realistischer als das, was Bonn Anfang des Jahres von der Regierung Modrow zu hören und zu lesen bekommen hatte, aber, wie sich bald zeigen sollte, immer noch viel zu optimistisch.

Die Kosten der Einheit würden also gigantisch sein: Darüber konnte es bei nüchterner Betrachtung keinen Zweifel geben. Doch die Bundesregierung mit dem Kanzler an der Spitze wollte das Offenkundige nicht wahrhaben; sie wollte den Wählern im Wahljahr 1990 nicht die unangenehme Einsicht zumuten, daß die Wiedervereinigung den Bundesbürgern materielle Opfer abverlangte. Die Regierenden in Bonn standen mit dieser Haltung nicht allein. Die westdeutschen Länder sperrten sich, unabhängig von der parteipolitischen Zusammensetzung ihrer Regierungen, gegen die von Finanzminister Waigel angestrebte Neuverteilung bei der Umsatzsteuer zugunsten des Bundes. Sie lehnten es auch ab, die künftigen «neuen Länder» im Osten sofort am Länderfinanzausgleich teilhaben zu lassen. Da Waigel auf seinem Nein zu Steuererhöhungen beharrte, weil andernfalls, so die Begründung, das Wachstum der Wirtschaft beeinträchtigt würde, aus dem die Einheit zu finanzieren war, blieb nur die weitere Verschuldung als Ausweg.

Diesem Ansatz entsprach der «Sonderfonds Deutsche Einheit», auf den sich der Bundeskanzler und die Ministerpräsidenten der Länder am 16. Mai verständigten. Der vom normalen Haushalt getrennte Sonderfonds sollte eine Laufzeit von viereinhalb Jahren haben und bis 1994 115 Milliarden DM bereitstellen. Der Sonderfonds verschleierte das tatsächliche Ausmaß der Verschuldung, und er war nur die erste Station auf einem abschüssigen Weg. Unter der Kanzlerschaft Helmut Kohls war die Neuverschuldung des Bundes von 350 Milliarden im Jahr 1982 auf 490 Milliarden DM im Jahr 1989 gestiegen. Daß die Bundesrepublik über ihre Verhältnisse lebte, war Fachleuten längst bewußt. Mit der deutschen Einheit übernahm sie zusätzlich die Kosten der jahrzehntelangen Mißwirtschaft der DDR. Die Verschuldung übersprang 1995 die Grenze von 1 Billion DM. Die Schattenhaushalte entlasteten, scheinbar zumindest, den Bundeshaushalt, so daß der vom Grundgesetz vorgegebene Kreditspielraum formal eingehalten wurde. *Eine* Folge dieser Finanzierung der deutschen Einheit war aber schon 1990 absehbar. Die Schulden trieben die Zinsen in die Höhe, und da steigende Leitzinsen der Bundesbank steigende Leitzinsen in ganz Westeuropa nach sich zogen, wurden die Kosten der deutschen Einheit ohne Befragung der Nachbarn teilweise europäisiert.

Am 21. Juni nahmen Bundestag und Volkskammer den Staatsvertrag über die Wirtschafts-, Währungs- und Sozialunion mit großer Mehrheit an. Am Tag darauf stimmte auch der Bundesrat gegen die Stimmen von zwei sozialdemokratisch regierten Ländern – dem Saarland und Niedersachsen – dem Vertragswerk zu. Von den Einwänden, die viele Fachleute, darunter auch der Präsident der Bundesbank, Karl Otto Pöhl, vor allem gegen den «politischen» Umtauschkurs erhoben, hatte sich die Bundesregierung aus übergeordneten politischen Gründen nicht beeindrucken lassen. Tatsächlich war diese Entscheidung nach Lage der Dinge unvermeidbar. Die gravierenden Mängel bei der Herstellung der wirtschaftlichen Einheit Deutschlands waren der Grundsatz «Rückgabe vor Entschädigung» bei ehemals privatem, dann von der DDR verstaatlichtem Eigentum und die Finanzierung durch Verschuldung und zu Lasten der sozialen Sicherungssysteme. Für den ersten Fehler waren die Bundesregierung und die Bonner Koalition, obenan die Freien Demokraten, für den zweiten alle politischen Kräfte der Bundesrepublik verantwortlich.

Als die Währungsunion am 1. Juli 1990 Wirklichkeit wurde, war das für die Ostdeutschen ein ähnlich einschneidendes Erlebnis, wie es die Währungsreform vom 20. Juni 1948 für die Westdeutschen gewesen war. Seit Sonntag, dem 1. Juli 1990, gab es nur noch ein gesetzliches Zahlungsmittel in Deutschland, die Deutsche Mark. An diesem Tag entfielen die Personenkontrollen an der innerdeutschen Grenze. Die Deutschen in der DDR hatten allen Grund zur Freude: Sie waren der Gleichberechtigung mit ihren Landsleuten im Westen ein großes Stück nähergekommen. Die Deutsche Mark hatte sich von einem westdeutschen in ein gesamtdeutsches Symbol verwandelt.

Eine wichtige außenpolitische Weichenstellung in Richtung deutsche Einheit wurde am 21. April 1990 in Dublin vollzogen: Es war die Entscheidung der Außenminister der Europäischen Gemeinschaft, die

DDR im Zuge des deutschen Vereinigungsprozesses zügig in die EG zu integrieren. Die Vorarbeiten hatte die Europäische Kommission unter Jacques Delors in Gestalt eines Drei-Stufen-Plans geleistet. Gleichzeitig sollte, soweit es nach dem Willen Frankreichs und der Bundesrepublik ging, die Einigung Westeuropas weiter voranschreiten. Die Außenminister Dumas und Genscher legten ihren Kollegen in der irischen Hauptstadt einen ehrgeizigen Plan vor, der in den Wochen zuvor Gegenstand intensiver Beratungen zwischen Paris und Bonn war und sich am 18. April in einem Schreiben von Präsident Mitterrand und Bundeskanzler Kohl an den Präsidenten des Europäischen Rates, den irischen Ministerpräsidenten Charles Haughey, niedergeschlagen hatte: Die Gemeinschaft sollte zeitgleich mit einer Regierungskonferenz über die europäische Währungsunion eine zweite Regierungskonferenz über die Schaffung einer Politischen Union einsetzen.

Um im Sinn der Einheitlichen Europäischen Akte von 1987 die Gesamtheit der Beziehungen zwischen den Mitgliedstaaten in eine Europäische Union umzuwandeln, ging es Kohl und Mitterrand zufolge darum, die demokratische Legitimität der Gemeinschaft zu verstärken, Tätigkeiten in den Bereichen Wirtschaft, Finanzen und Politik besser aufeinander abzustimmen und eine gemeinsame Außen- und Sicherheitspolitik zu definieren. Bis zum Europäischen Rat im Juni sollte ein erster, bis zum nächsten Gipfel im Dezember 1990 der abschließende Bericht der Außenminister vorliegen. Die beiden Regierungskonferenzen sollten ihre Arbeiten so koordinieren, daß die Europäische Union am 1. Januar 1993 Wirklichkeit werden konnte.

Mitterrand war Kohl insofern entgegengekommen, als die Politische Union oder das, was von ihr übriggeblieben war, nunmehr *zusammen* mit der Währungsunion in Angriff genommen und vollendet werden sollte. Doch der Begriff «Europäische Union», der in der Botschaft an die Stelle der Politischen Union trat, trug alle Züge eines dilatorischen Formelkompromisses. Er verdeckte fortlaufende Meinungsverschiedenheiten zwischen Paris und Bonn über Form und Inhalt der erstrebten Union. Statt von einer Verstärkung der Rechte des Europäischen Parlaments, wie die Bundesregierung sie wünschte, war lediglich von einer Verstärkung der demokratischen Legitimität, statt von einer Stärkung der Gemeinschaftsorgane, namentlich des Ministerrats und der Kommission, von einer effizienteren Gestaltung der Institutionen die Rede. Frankreich lag daran, das wirtschaftliche Übergewicht der größer werdenden Bundesrepublik, so gut es ging, zu neutralisieren. Die Bundesrepublik wollte die Währungsunion zum Hebel der europäischen Einigung machen. Paris kam *seinem* Ziel mit dem gemeinsamen Brief vom 18. April näher als Bonn. Das war der Preis, den Kohl für das französische Ja zur deutschen Einheit zu zahlen bereit war. Auf dem Sondergipfel der Staats- und Regierungschefs der Europäischen Gemeinschaft in Dublin am 28. April waren die Vorbehalte von Briten, Dänen und Portugiesen gegen die Einberufung von Regierungskonferenzen noch so stark, daß die Entscheidung nochmals vertagt werden mußte. Am folgenden regulären Gipfel am 25. Juni, abermals in Dublin, nahm als Gast auch der Ministerpräsident der DDR, Lothar de Maizière, teil. Zusammen mit Bundeskanzler Kohl berichtete er vom Stand der Vorbereitungen für die deutsch-deutsche Währungsunion. Der wichtigste Beschluß des zweiten Gipfels der Europäischen Gemeinschaft in der irischen Hauptstadt innerhalb von zwei Monaten betraf die Einberufung der beiden Regierungskonferenzen über die Europäische Wirtschafts- und Währungsunion und die Politische Union. Sie sollten im Dezember ihre Arbeit aufnehmen. Aus der Absprache zwischen Kohl und Mitterrand vom April war eine Entscheidung der Gemeinschaft geworden.

Am 5. Mai 1990, eine Woche nach dem Dubliner Sondergipfel der EG, fand in Bonn die erste Außenministerkonferenz im Rahmen der im Februar vereinbarten Zwei-plus-Vier-Gespräche zur Herstellung der deutschen Einheit statt. Die beiden deutschen Außenminister, Hans-Dietrich Genscher und Markus Meckel, und ihre Kollegen aus den USA, der Sowjetunion, Großbritannien und Frankreich, James Baker, Eduard Schewardnadse, Douglas Hurd und Roland Dumas, verständigten sich auf die Schwerpunkte der Arbeit, die vor ihnen lag: Es waren vier Gebiete, nämlich erstens Grenzen, zweitens politisch-militärische Fragen, drittens Berlin-Probleme und viertens die abschließende völkerrechtliche Regelung und Ablösung der Rechte und Verantwortlichkeiten der Vier Mächte in bezug auf Berlin und Deutschland als Ganzes.

Ein Dissens in der Sache war dabei nicht zu übersehen: Der sowjetische Außenminister wollte einem vereinigten Deutschland die Souveränität nicht sofort, sondern erst später, nach Klärung der Bündnisfrage, zugestehen. Eine NATO-Mitgliedschaft des vereinten Deutschland lehnte er ab. An die Stelle der bestehenden Bündnissysteme sollten gesamteuropäische, kooperative Sicherheitsstrukturen treten – und zwar als Voraussetzung einer deutschen Vereinigung. Die Westmächte einschließlich der Bundesrepublik wünschten einen Ausbau des KSZE-Prozesses unter Beibehaltung der NATO. Die DDR bezog eine mittlere Position: Die kooperativen Sicherheitsstrukturen sollten nach Vollzug der deutschen Einheit aufgebaut werden und das vereinigte Deutschland vorübergehend Mitglied der NATO sein, die sich freilich stark wandeln mußte.

In den ersten drei Wochen nach der Bonner Konferenz änderte sich an der sowjetischen Haltung in der Bündnisfrage nichts. Um dieselbe Zeit mehrten sich aber auch Anzeichen eines drohenden wirtschaftlichen Zusammenbruchs der Sowjetunion: Die Hilferufe an den Westen, vor allem an die Bundesrepublik und die USA, waren nicht mehr zu überhören. Aus Amerika waren positive Reaktionen vorerst nicht zu erwarten: Am 1. Mai hatte der Senat beschlossen, der Sowjetunion Handelsvergütungen so lange zu versagen, bis diese ihr Embargo gegenüber Litauen beendet und Verhandlungen mit der baltischen Republik aufgenommen hatte. Präsident Bush lag jedoch durchaus nichts daran, Gorbatschow Schwierigkeiten zu bereiten: Als Kohl und Mitterrand am 26. April den litauischen Präsidenten Vytautas Landsbergis in einem gemeinsamen Brief aufforderten, die Unabhängigkeitserklärung bis auf weiteres auszusetzen, taten sie es mit der ausdrücklichen Zustimmung des amerikanischen Präsidenten.

Bush war auch damit einverstanden, daß die Bundesrepublik der Sowjetunion materiell half. Am 4. Mai, am Vorabend der Bonner Konferenz, hatte Schewardnadse den Bundeskanzler im Auftrag von Präsident Gorbatschow und Ministerpräsident Ryschkow die Bitte um einen Finanzkredit zur Sicherung der Zahlungsfähigkeit der UdSSR vorgetragen, und Kohl war nur zu gerne bereit, seine Hilfe in Aussicht zu stellen. Am 13. Mai flog Kohls engster außenpolitischer Berater, Horst Teltschik, begleitet von den Vorstandssprechern der Deutschen Bank und der Dresdner Bank, Hilmar Kopper und Wolfgang Röller, nach Moskau. Die Verhandlungen mit Gorbatschow, Ryschkow und Schewardnadse führten zu dem Ergebnis, daß die Sowjetunion einen Kredit von 5 Milliarden DM erhielt, für den die Bundesrepublik die Bürgschaft übernahm. Gorbatschow wurde nicht im Zweifel darüber gelassen, daß Bonn diese Hilfe als Teil eines «Gesamtpakets» zur Lösung der deutschen Frage betrachtete.

Zwischen dem Besuch Teltschiks in Moskau am 14. Mai und seinem eigenen, seit einiger Zeit vereinbarten Besuch in Washington am 31. Mai müssen Gorbatschow Zweifel gekommen sein, ob er das Nein zu einer NATO-Mitgliedschaft Gesamtdeutschlands noch lange würde durchhalten können – jedenfalls dann, wenn er vom Westen weitere Wirtschafts- und Finanzhilfe zu erlangen hoffte. Bei seinem Gespräch mit Bush im Weißen Haus am 31. Mai stellte der sowjetische Präsident wie zuvor schon mehrfach Außenminister Schewardnadse zunächst den Gedanken zur Diskussion, ein vereinigtes Deutschland könne entweder beiden Bündnissen oder keinem angehören. Er erwog dann sogar einen NATO-Beitritt der Sowjetunion und forderte, daß beide Bündnisse sich stärker in politische Organisationen verwandeln sollten. Als Präsident Bush bemerkte, gemäß der KSZE-Schlußakte hätten alle Staaten das Recht, ihre Bündniszugehörigkeit frei zu wählen, also auch Deutschland, stimmte ihm Gorbatschow zur Bestürzung seiner Berater zu: Die USA und die Sowjetunion sollten erklären, sie überließen dem vereinten Deutschland die Entscheidung, zu welchem Bündnis es gehören wolle. Er war auch einverstanden, als Bush eine andere Formulierung vorschlug: Die USA sprächen sich eindeutig für eine Mitgliedschaft des vereinten Deutschland in der NATO aus, würden aber auch eine andere Entscheidung nicht anfechten, sondern tolerieren.

Auf der gemeinsamen Pressekonferenz zum Abschluß des Gipfels am 3. Juni widersprach Gorbatschow nicht, als Bush erklärte: «Was die äußeren Bündnisse Deutschlands betrifft, so bin ich der Auffassung, wie Kanzler Kohl und andere Mitglieder des Bündnisses auch, daß das vereinte Deutschland vollberechtigtes Mitglied der NATO sein soll. Präsident Gorbatschow teilt diese Auffassung nicht. Doch stimmen wir darin voll überein, daß die Frage der Bündnismitgliedschaft, in Übereinstimmung mit der Schlußakte von Helsinki, eine Sache ist, die die Deutschen entscheiden müssen.»

Gorbatschow kehrte ohne die erstrebte Kreditzusage, aber mit einem amerikanisch-sowjetischen Handelsvertrag nach Moskau zurück. Sein Washingtoner Zugeständnis in der Frage des künftigen Status Deutschlands *war* ein Durchbruch. Der Generalsekretär konnte nach seiner offenkundig improvisierten Bemerkung zum Recht der Deutschen, über ihre Bündniszugehörigkeit frei zu entscheiden, nicht ohne weiteres zur früheren harten Linie der unbedingten Ablehnung einer NATO-Mitgliedschaft des vereinten Deutschland zurückkehren. Doch solange die Rahmenbedingungen und die Einzelheiten nicht geklärt waren, war die Sowjetunion auch nicht auf ein Ja zur vollen NATO-Mitgliedschaft Gesamtdeutschlands festgelegt. Viel hing nunmehr von der Art und Weise ab, wie das Atlantische Bündnis seine künftige Rolle verstand und umschrieb.

Am 21. Juni, drei Wochen nach der historischen Begegnung zwischen Bush und Gorbatschow, verabschiedeten die beiden deutschen Parlamente, jeweils mit überwältigenden Mehrheiten, gleichlautende Entschließungen zur deutsch-polnischen Grenze. Die Unverletzlichkeit der bestehenden Grenze sollte demnach durch einen völkerrechtlichen Vertrag bestätigt, die Souveränität und territoriale Integrität der Vertragspartner von beiden Seiten bekräftigt werden. Polen und das vereinte Deutschland sollten in dem Vertrag weiter erklären, daß sie keinerlei Gebietsansprüche gegeneinander hätten und solche auch in Zukunft nicht erheben würden. Die beiden Regierungen wurden aufgefordert, diese Entschließung der Republik Polen förmlich, als Ausdruck auch ihres eigenen Willens, mitzuteilen.

Tags darauf, am 22. Juni, trat in Ost-Berlin die zweite Zwei-plus-Vier-Außenministerkonferenz zusammen. Schewardnadse sorgte für erhebliche Irritationen, als er für einen Übergangszeitraum von fünf Jahren erneut eine Doppelmitgliedschaft des vereinten Deutschland in NATO und Warschauer Pakt forderte. Der sowjetische Außenminister schien damit weit hinter alles zurückzufallen, was Gorbatschow in Washington und er selbst in mehreren Gesprächen mit seinem Bonner Kollegen Genscher zugestanden hatten. Doch es lag auf der Hand, daß Moskau den NATO-Gipfel in London am 5. und 6. Juli und den 28. Parteitag der KPdSU abwarten wollte, der am 2. Juli begann. Wenn beide Veranstaltungen einen zufriedenstellenden Verlauf nahmen, würde die sowjetische Führung wieder über einen größeren Handlungsspielraum verfügen. Es war Schewardnadse selbst, der in einem langen Gespräch mit Baker im Anschluß an die Zwei-plus-Vier-Runde *diese* Deutung seines Vorgehens nahelegte.

Auf dem Londoner NATO-Gipfel betonten die Staats- und Regierungschefs des westlichen Bündnisses am 5. und 6. Juli die defensiven Absichten und die sich wandelnde *politische* Rolle der Allianz. Der Rückzug der sowjetischen Truppen aus Mittel- und Osteuropa und die Begrenzung der konventionellen Streitkräfte in Europa sollten mit einer grundlegenden Veränderung der eigenen Streitkräfte und der eigenen Strategie beantwortet werden. Das Atlantische Bündnis versprach, die Doktrinen der «Vorneverteidigung» und der «flexiblen Vergeltung» zu revidieren, und bot den Staaten des Warschauer Pakts eine gemeinsame Erklärung über den Verzicht auf die Androhung und Anwendung von Gewalt an. Außerdem sollte die Rolle der KSZE aufgewertet werden. Dem von Gorbatschow seit langem geforderten neuen KSZE-Gipfel, der im Herbst 1990 in Paris stattfinden sollte, war die Aufgabe zugedacht, ein Abkommen über konventionelle Streitkräfte in Europa zu unterzeichnen und «neue Maßstäbe für die Schaffung und Erhaltung freier Gesellschaften» zu setzen.

Gorbatschow erhielt die Nachricht von den Londoner Beschlüssen der NATO auf dem Parteitag der KPdSU, der seine Position nach eigener Einschätzung stärkte. Zwei Tage vor dem Ende des Parteitags war in Houston, Texas, ein Weltwirtschaftsgipfel mit der Bitte an den Internationalen Währungsfonds zu Ende gegangen, bis Ende des Jahres eine Studie über die Lage der sowjetischen Wirtschaft vorzulegen und Reformempfehlungen zu geben. Auf dieser Grundlage wollten die führenden Industriestaaten ein Hilfsprogramm für die Sowjetunion beschließen. *Ein* Faktor, der westlicher Wirtschaftshilfe für Moskau bisher entgegengestanden hatte, bildete mittlerweile kein Hindernis mehr: Litauen hatte am 29. Juni seine Unabhängigkeitserklärung, entsprechend dem Vorschlag von Mitterrand und Kohl vom 26. April, suspendiert, Gorbatschow daraufhin das Embargo gegenüber der Baltenrepublik aufgehoben.

Wäre es nach dem Bonner Kanzler gegangen, hätten die «G7» der Sowjetunion sofort, ohne vorherige Analyse ihrer wirtschaftlichen Probleme, geholfen. Am 15. Juli traf Kohl, einer Einladung Gorbatschows vom 9. Juni folgend, an der Spitze einer großen Regierungsdelegation in Moskau ein. Bei den Gesprächen im Kreml erhob der sowjetische Staats- und Parteichef keine Einwände mehr gegen eine gesamtdeutsche NATO-Mitgliedschaft. Er wollte dem vereinigten Deutschland auch sofort, ohne irgendeine Übergangsphase, die volle Souveränität zugestehen. Voraussetzung sei jedoch, daß der Geltungsbereich der NATO nicht auf das Territorium der DDR ausgedehnt werde, solange dort noch sowjetische Truppen stationiert seien. Gorbatschow veranschlagte diesen Zeitraum auf drei bis vier Jahre, woraufhin der Bundeskanzler sich mit dem Vorschlag einverstanden erklärte. Kohl war auch bereit, den Abzug der sowjetischen Truppen finanziell zu unterstützen. Unstrittig waren zwischen Gorbatschow und Kohl die Frage der Grenzen eines vereinigten Deutschland und ein deutscher Verzicht auf atomare, biologische und chemische Waffen.

Im Anschluß an die Moskauer Verhandlungen flog die bundesdeutsche Delegation, einem Wunsch des Gastgebers entsprechend, in die kaukasische Heimat des Generalsekretärs nach Archys im Bezirk Stawropol, wo die Gespräche in betont zwangloser Form fortgesetzt wurden. Beide Seiten vereinbarten dort eine Obergrenze der künftigen gesamtdeutschen Streitkräfte bei 370 000 Mann: ein Bonner Zugeständnis, das, um den Eindruck einer «Singularisierung» der Bundesrepublik zu vermeiden, im Zusammenhang mit dem erstrebten Wiener Abkommen über konventionelle Streitkräfte verwirklicht werden sollte. Außerdem versprach Kohl, bis zum vollständigen Abzug der sowjetischen Truppen sollten auf dem Gebiet der DDR nur solche Einheiten der Bundeswehr stationiert werden, die nicht in die NATO integriert waren, und ausländische NATO-Truppen auch danach nicht auf dieses Territorium vorgeschoben werden.

Eine stärkere Sowjetunion hätte der Bedingung, die der Westen an eine Vereinigung Deutschlands knüpfte, der NATO-Mitgliedschaft ganz Deutschlands, niemals zugestimmt. Aber da die Existenz der DDR den Status quo in Europa nicht länger gewährleistete und es ein militärisches Gleichgewicht zwischen Ost und West ohnehin nicht mehr gab, war es aus Gorbatschows Sicht offenbar kein zwingendes Gebot mehr, auf dem Nein zu beharren. Die Londoner Erklärungen des Atlantischen Bündnisses erleichterten ihm seine Konzilianz, und darüber hinaus sprach wohl aus seiner Sicht einiges für das Argument, daß ein in die westliche Allianz eingebundenes Deutschland ein kalkulierbarerer Partner sein würde als ein bündnisfreies Deutschland. Am wichtigsten aber war im Sommer 1990 vermutlich ein anderer Faktor: die Aussicht, bei sowjetischem Entgegenkommen in der Bündnisfrage großzügige westliche und vor allem deutsche Wirtschaftshilfe zu erhalten. Bei alledem handelte Gorbatschow auf eigene Faust: Nach dem 28. Parteitag der KPdSU fühlte er sich innenpolitisch stark genug, ohne jede Konsultation mit dem Politbüro, dem Obersten Sowjet und den neugebildeten Gremien, dem Präsidial- und dem Föderationsrat, im Namen der Sowjetunion Festlegungen zu treffen, von denen er wußte, daß sie in den eigenen Reihen nach wie vor höchst umstritten waren.

Am 17. Juli, einen Tag nach Abschluß der Gespräche in der Sowjetunion, fand in Paris das dritte Außenministertreffen der Zwei-plus-Vier
statt. Zeitweilig nahm auch der polnische Außenminister Skubiszewski
an den Beratungen teil. Polen bestand nun nicht mehr darauf, daß der
Vertrag über die deutsch-polnische Grenze noch vor dem Zwei-plus-
Vier-Vertrag in Kraft trat. Es war damit einverstanden, daß der Grenzvertrag innerhalb der kürzestmöglichen Frist nach der Vereinigung und
Wiederherstellung der Souveränität Deutschlands unterzeichnet und
dem gesamtdeutschen Parlament zur Ratifizierung unterbreitet werde.
Da die wichtigen Probleme damit gelöst waren, konnten die Teilnehmer
der Zwei-plus-Vier-Runde davon ausgehen, daß es möglich sein würde,
beim nächsten Treffen in Moskau am 12. September bereits das abschließende Dokument zu beraten und zu beschließen.

Außer den völkerrechtlichen Bedingungen der deutschen Einheit waren auch die staatsrechtlichen Bedingungen zu regeln, unter denen die
DDR ihren Beitritt zur Bundesrepublik erklären würde. Dabei ging es
um die künftige Finanzverfassung, die Rechtsangleichung, unter anderem auch um so umstrittene Fragen wie die des Schwangerschaftsab-
bruchs, um die öffentliche Verwaltung und Rechtspflege, öffentliches
Vermögen und Schulden, Arbeit, Soziales, Familie, Frauen, Gesundheitswesen und Umweltschutz, um Kultur, Bildung, Wissenschaft und
Sport und, nicht zuletzt, um die Frage der künftigen Hauptstadt
Deutschlands. Die Verhandlungen hierüber wurden seit dem 6. Juli
von Bundesinnenminister Schäuble und dem Parlamentarischen Staatssekretär im Amt des Ministerpräsidenten der DDR und, in Personalunion, Vorsitzenden der CDU-Fraktion in der Volkskammer, Günther
Krause, geführt.

Die Verschlechterung der wirtschaftlichen Lage der DDR brachte
es mit sich, daß der Druck der Volkskammer, den Beitritt möglichst
rasch zu vollziehen, ständig zunahm. Schäuble und Krause hatten ursprünglich als Zeitpunkt der Vereinigung den 2. Dezember 1990 ins
Auge gefaßt – den Tag, an dem auch der 12. Deutsche Bundestag als
erstes gesamtdeutsches Parlament gewählt werden sollte. Auf den
2. Dezember als Tag des Beitritts verständigten sich am 26. Juli auch
die Ausschüsse «Deutsche Einheit» von Bundestag und Volkskammer.
Seit Mitte Juli aber geriet die Regierung de Maizière unter wachsenden
Druck. Am 24. Juli schieden die im Bund Freier Demokraten vereinigten

Liberalen aus dem Kabinett aus mit der Begründung, der Ministerpräsident sperre sich gegen einen raschen Beitritt zur Bundesrepublik.

Kurz darauf gelangte auch de Maizière selbst zu dem Schluß, daß angesichts des Niedergangs der ostdeutschen Wirtschaft ein früherer Termin der deutschen Vereinigung unvermeidbar sei. Am 1. August reiste er zusammen mit Günther Krause zum Urlaubsort von Bundeskanzler Kohl im Salzkammergut, um den Bonner Regierungschef für einen Beitritt der DDR *vor* den Wahlen zum ersten gesamtdeutschen Bundestag und *vor* dem 41. Jahrestag der Gründung der DDR am 7. Oktober 1990 zu gewinnen. Ein Vorziehen der Bundestagswahl, wie de Maizière es wünschte, erwies sich aus politischen und staatsrechtlichen Gründen als so kompliziert, daß Kohl darauf verzichtete. Ein früherer Beitrittstermin wurde nun aber auch von Bonn angestrebt.

Am 15. August bildete de Maizière sein Kabinett um. Unter den entlassenen vier Ministern waren auch der für Finanzen zuständige Sozialdemokrat Walter Romberg und der parteilose, aber der SPD nahestehende Landwirtschaftsminister Peter Pollack, denen der Regierungschef Mißachtung seiner Richtlinien vorwarf. Die Sozialdemokraten antworteten auf den mit ihnen nicht abgestimmten Schritt mit ihrem Austritt aus der Regierung. De Maizière übertrug die freigewordenen Ressorts teils anderen Ministern, teils Staatssekretären. Die erforderliche verfassungsändernde Zweidrittelmehrheit für den Einigungsvertrag war seit dem Ausscheiden der SPD aus dem Kabinett gefährdet – jedenfalls dann, wenn die Sozialdemokraten es auf ein Scheitern des Vertrags anlegten. Am 23. August nahm die Volkskammer mit 294 gegen 62 Stimmen den gemeinsamen Antrag der Fraktionen der CDU, des Demokratischen Aufbruchs, der Liberaldemokraten, die sich inzwischen mit der westdeutschen FDP vereinigt hatten, und der Sozialdemokraten an, den Beitritt zum Geltungsbereich des Grundgesetzes mit Wirkung vom 3. Oktober 1990 zu erklären. Die Wahlen zu den Landtagen der neugebildeten Länder Brandenburg, Mecklenburg-Vorpommern, Sachsen, Sachsen-Anhalt und Thüringen sollten am 14. Oktober stattfinden. Noch am gleichen Tag bekannte Bundeskanzler Kohl im Bundestag, der 23. August sei ein «Tag der Freude für alle Deutschen». Am 3. Oktober 1990 werde der Tag der Wiedervereinigung gekommen sein.

Der Vertrag über die Einheit Deutschlands wurde am 31. August nach Genehmigung der Regierungen der Bundesrepublik und der DDR von Schäuble und Krause am Kronprinzenpalais in der Straße Unter den Linden in Berlin unterzeichnet. Das Grundgesetz wurde in dem Maß geändert, wie es der Vertrag erforderlich machte; die Prüfung weiterer Änderungen wurde den gesetzgebenden Körperschaften empfohlen. Der Weg zur späteren Verabschiedung einer gesamtdeutschen Verfassung durch Volksabstimmung nach Artikel 146 blieb offen, während der Beitrittsartikel 23 entfiel. Der 3. Oktober wurde als Tag der Deutschen Einheit zum gesetzlichen Feiertag erklärt. Berlin war dem Vertrag zufolge die Hauptstadt Deutschlands. Es folgte jedoch auf Grund des massiven Drängens der Länder Nordrhein-Westfalen, Rheinland-Pfalz und Saarland der Zusatz, über den Sitz von Parlament und Regierung werde erst nach der Herstellung der Einheit Deutschlands entschieden.

Auf Grund eines Beschlusses der Volkskammer vom 24. August enthielt der Vertrag auch Bestimmungen über die Akten des ehemaligen Ministeriums für Staatssicherheit der DDR, die in einem den betroffenen Personen zugänglichen Sonderarchiv in (Ost-)Berlin, der nach ihrem ersten Leiter, dem früheren Pfarrer Joachim Gauck, kurz «Gauck-Behörde» genannten Behörde des Bundesbeauftragten für die Unterlagen des Staatssicherheitsdienstes der ehemaligen DDR, aufbewahrt werden sollten. Am 20. September nahmen Bundestag und Volkskammer den Vertrag mit den notwendigen verfassungsändernden Mehrheiten an. Tags darauf billigte der Bundesrat den Vertrag einstimmig.

Außenpolitisch war mit dem Pariser Außenministertreffen vom 19. Juli noch längst nicht alles unter Dach und Fach. Zwischen Moskau und Bonn mußten der Generalvertrag über die künftigen politischen Beziehungen vorbereitet, die Folgen der wirtschaftlichen Verpflichtungen der DDR gegenüber der Sowjetunion sowie – und das war am schwierigsten – Aufenthalt und Abzug der in Ostdeutschland stationierten sowjetischen Truppen geregelt werden. Der letzte Punkt war vor allem eine Kostenfrage. Gorbatschows Forderung, eine Summe von 36 Milliarden DM, lag weit oberhalb dessen, was die Bundesregierung einkalkuliert hatte. Am 10. September verständigten sich beide Seiten darauf, daß Bonn einen Grundbetrag von 12 Milliarden DM zahlen und der Sowjetunion zusätzlich einen Kredit von 3 Milliarden DM gewähren werde. Zur Frage der Verringerung des deutschen Militär-

potentials gaben Bundesaußenminister Genscher und de Maizière in
seiner Eigenschaft als Außenminister der DDR am 30. August im
Rahmen der Verhandlungen über die konventionellen Streitkräfte in
Europa in Wien Erklärungen ab, die Kohls Zusicherung vom 16. Juli
wiederholten: Die Stärke der gesamtdeutschen Streitkräfte würde
370 000 Mann nicht überschreiten.

Am 12. September fand das letzte Außenministertreffen der Zwei-
plus-Vier in Moskau statt. Es geriet an den Rand des Scheiterns, als die
Briten, unterstützt von den Amerikanern, in der letzten Besprechung
der Politischen Direktoren auf dem Recht der NATO bestanden, auf
dem bisherigen Territorium der DDR Manöver abzuhalten. Die sowjetische Seite widersprach unter Berufung auf die anderslautende Zusage,
die Kohl im Kaukasus gemacht hatte, und die in Artikel 5, Absatz 3,
des Vertragsentwurfs festgeschrieben wurde: Danach durften ausländische Streitkräfte auch nach dem Abzug der sowjetischen Truppen
auf dem Territorium der DDR nicht stationiert oder dorthin verlegt
werden. In einem nächtlichen Gespräch mit Baker konnte Genscher
eine Lösung erreichen, mit der sich die sowjetische Seite zufriedengab.
Eine «vereinbarte Protokollnotiz» hielt fest, daß die einschlägigen
Fragen von der Regierung des vereinten Deutschland «in einer ver-
nünftigen und verantwortungsbewußten Weise entschieden» würden,
wobei sie die Sicherheitsinteressen jeder Vertragspartei berücksichtigen
werde.

Damit war das letzte Hindernis einer Unterzeichnung des Zwei-
plus-Vier-Abkommens beseitigt. Der «Vertrag über die abschließende
Regelung in bezug auf Deutschland», so der offizielle Titel, beendete
die Rechte der Vier Mächte in bezug auf Berlin und Deutschland als
Ganzes. Das vereinte Deutschland erhielt damit die volle Souveränität
über seine inneren und äußeren Angelegenheiten – und zwar bereits im
Augenblick der Vereinigung, nicht erst nach Abschluß des Ratifizie-
rungsprozesses. Solange sich sowjetische Streitkräfte noch auf dem
Gebiet der derzeitigen DDR und in Berlin aufhielten, blieben auf deutschen Wunsch auch die Streitkräfte der drei westlichen Mächte in Berlin stationiert. Der Vertrag enthielt die zuvor vereinbarten Aussagen
über die Grenzen des vereinten Deutschland, den deutschen Verzicht
auf ABC-Waffen, die Erklärungen der beiden deutschen Regierungen
zur Begrenzung der deutschen Streitkräfte und das Recht des vereinten
Deutschland, Bündnissen mit allen sich daraus ergebenden Rechten

und Pflichten anzugehören. In die Anlagen des Vertrags wurde auf sowjetisches Drängen und entsprechend den Wünschen der Volkskammer und der DDR-Regierung auch ein Brief der Außenminister Genscher und de Maizière aufgenommen, der die durch die «Bodenreform» von 1946 geschaffenen ländlichen Eigentumsverhältnisse für unantastbar erklärte.

Am Tag nach dem Moskauer Treffen paraphierten Genscher und Schewardnadse den Vertrag über gute Nachbarschaft, Partnerschaft und Zusammenarbeit zwischen der Bundesrepublik Deutschland und der Union der Sozialistischen Sowjetrepubliken. Am 24. September trat die DDR im Einvernehmen mit der Sowjetunion aus dem Warschauer Pakt aus. Am 27. und 28. September wurde der Deutschlandvertrag von 1952 durch einen Notenwechsel mit den drei Westmächten suspendiert (und nach dem Inkrafttreten des Zwei-plus-Vier-Vertrags am 15. März 1991 außer Kraft gesetzt). Am 1. Oktober setzten die Vier Mächte die Wirksamkeit ihrer Rechte und Verantwortlichkeiten in bezug auf Berlin und Deutschland als Ganzes bis zum Inkrafttreten des Zwei-plus-Vier-Vertrages aus. Dies geschah am Rande der Außenministerkonferenz der KSZE in New York, auf der Genscher einen offiziellen Bericht über das Ergebnis der Zwei-plus-Vier-Gespräche erstattete. Präsident Bush unterbreitete umfassende Vorschläge zur Institutionalisierung der Konferenz über Sicherheit und Zusammenarbeit in Europa. Er sprach in diesem Zusammenhang von «transatlantischer Partnerschaft» und meinte damit nicht nur, wie bisher, das Verhältnis der USA zu ihren westeuropäischen Verbündeten, sondern zu allen Teilnehmerstaaten der KSZE, einschließlich der Sowjetunion.

Am Abend des 2. Oktober versammelte sich auf dem Platz der Republik in Berlin eine unübersehbare Menschenmenge. Um Mitternacht ertönte, vom Schöneberger Rathaus aus übertragen, die Freiheitsglocke, die amerikanische Bürger 1950 aus Verbundenheit mit West-Berlin gestiftet hatten. Vor dem Hauptportal des Reichstags wurde unter dem Jubel von Hunderttausenden eine große schwarz-rot-goldene Fahne gehißt. Bundespräsident von Weizsäcker trat vor die Mikrofone und sagte: «Die Einheit Deutschlands ist vollendet. Wir sind uns unserer Verantwortung vor Gott und der Geschichte bewußt. Wir wollen in einem vereinten Europa dem Frieden der Welt dienen.» Danach intonierten Bläsersolisten und ein Chor die Nationalhymne, und die Menge sang mit: «Einigkeit und Recht und Freiheit für das deutsche Vaterland». Es folgte ein Feuerwerk.

Weizsäcker war auch der Hauptredner beim Staatsakt zur Wiedervereinigung am 3. Oktober in der Berliner Philharmonie. Zum ersten Mal bildeten die Deutschen keinen Streitpunkt auf der europäischen Tagesordnung, sagte der Bundespräsident. «Unsere Einheit wurde niemandem aufgezwungen, sondern friedlich vereinbart. Sie ist Teil eines gesamteuropäischen geschichtlichen Prozesses, der die Freiheit der Völker und eine neue Friedensordnung unseres Kontinents zum Ziel hat … Am heutigen Tag findet die vereinte deutsche Nation ihren anerkannten Platz in der Geschichte … Der Tag ist gekommen, an dem zum ersten Mal in der Geschichte das ganze Deutschland seinen dauerhaften Platz im Kreis der westlichen Demokratien findet.»

Die Wiedervereinigung bedeutete in der Tat die Lösung eines Jahrhundertproblems, der deutschen Frage. Seit dem 3. Oktober 1990 stand unwiderruflich fest, wo Deutschland lag, wo seine Grenzen verliefen, was dazu gehörte und was nicht. Mit dem 3. Oktober 1990 wurde auch die Doppelforderung nach Einheit und Freiheit eingelöst, die schon die Liberalen und Demokraten des Vormärz erhoben hatten: Die Wiedervereinigung brachte den Deutschen Einheit in Freiheit, und das unter der Zustimmung ganz Europas.

Schließlich bedeutete der 3. Oktober 1990 auch die Lösung der deutschen Frage als Problem der europäischen Sicherheit: Die Zugehörigkeit des vereinten Deutschland zum Atlantischen Bündnis beseitigte die verbreitete Sorge, das neue Deutschland könnte wieder, wie vor 1933, eine Schaukelpolitik zwischen West und Ost und Großmachtpolitik auf eigene Faust, ohne Rücksicht auf die Nachbarn, betreiben. Das wiedervereinigte Deutschland ließ sich, anders als die alte Bundesrepublik, nicht mehr mit dem (von dem Historiker und Politikwissenschaftler Karl Dietrich Bracher geprägten) Begriff «postnationale Demokratie unter Nationalstaaten» charakterisieren. Die neue, größer gewordene Bundesrepublik *war* ein Nationalstaat – aber kein klassischer, isolierter Nationalstaat, wie es das Deutsche Reich gewesen war, sondern ein postklassischer Nationalstaat, fest eingefügt in die westliche Allianz und die Europäische Gemeinschaft und in diesem Rahmen bereit, Hoheitsrechte gemeinsam mit anderen auszuüben oder auf supranationale Einrichtungen zu übertragen.

Am 4. Oktober tagte erstmals seit dem 9. Dezember 1932 wieder

ein frei gewähltes gesamtdeutsches Parlament im Reichstagsgebäude.
Zu den Abgeordneten des «alten» Bundestages waren, dem Einigungsvertrag entsprechend, 144 Abgeordnete getreten, die die Volkskammer
der DDR gewählt hatte. Fünf Mitglieder der bürgerlichen Restkoali-
tion Lothar de Maizières, darunter der letzte Ministerpräsident selbst,
wurden zu Ministern ohne Geschäftsbereich ernannt und vereidigt.

Tags darauf ratifizierte der Bundestag den Zwei-plus-Vier-Vertrag und
verabschiedete danach die Neufassung des zwischen der Bundesrepublik und der DDR vereinbarten Wahlvertrags, die durch ein Urteil des
Bundesverfassungsgerichts vom 29. September notwendig geworden
war: Darin hatte das Karlsruher Gericht die vorgesehene einheitliche
Fünfprozentklausel für verfassungswidrig erklärt und für die ersten
gesamtdeutschen Wahlen im Interesse der Bürgerinnen und Bürger der
DDR indirekt zu differenzierten Sperrklauseln für die Gebiete der
alten Bundesrepublik und der DDR aufgefordert. Die neue Fassung des
Wahlgesetzes trug dem Urteil Rechnung. Am 8. Oktober ratifizierte
auch der Bundesrat den Zwei-plus-Vier-Vertrag.

Am 9. November 1990, dem ersten Jahrestag der Maueröffnung,
unterzeichneten Kohl und Gorbatschow in Bonn den deutsch-sowjetischen Vertrag über gute Nachbarschaft, Partnerschaft und Zusammenarbeit. Am 14. November folgte in Warschau die Unterzeichnung
des deutsch-polnischen Grenzvertrags durch die Außenminister Genscher und Skubiszewski. Das Abkommen bestätigte, was der Zwei-
plus-Vier-Vertrag über das Territorium des wiedervereinigten Deutschland sagte: Es umfaßte die Gebiete der Bundesrepublik Deutschland,
der Deutschen Demokratischen Republik und ganz Berlin. Vielleicht
war die vier Jahrzehnte während Teilung Deutschlands notwendig
gewesen, um der deutsch-polnischen Grenze zu einer mehr als bloß äu-
ßerlichen Anerkennung zu verhelfen. Als «Opfer» wurden die Grenz-
regelungen des Zwei-plus-Vier-Vertrages und des deutsch-polnischen
Vertrags, von kleinen Minderheiten abgesehen, jedenfalls nicht mehr
angesehen. Deutschland konnte nur innerhalb der Grenzen von 1945
wiedervereinigt, die deutsche Frage nur zusammen mit der polnischen
Frage, einem anderen Jahrhundertproblem, gelöst werden. Auch dieses
Junktim machte den 3. Oktober 1990 zu einer historischen Zäsur.

Fünf Tage nach der Warschauer Begegnung zwischen Genscher
und Skubiszewski, am 19. November, trat in Paris der KSZE-Gipfel
zusammen. Die Staats- und Regierungschefs der Mitgliedstaaten von

NATO und Warschauer Pakt unterzeichneten am Rande der Konferenz den Vertrag über konventionelle Streitkräfte, der unter anderem die «Reduzierung» von Kampfpanzern, gepanzerten Kampffahrzeugen, Artilleriewaffen, Kampfflugzeugen und Angriffshubschraubern durch «Zerstörung» regelte und damit ein beträchtliches Stück konventioneller Abrüstung brachte. Die entsprechenden Vorleistungen der Bundesrepublik hatten also nicht zur «Singularisierung» Deutschlands geführt, sondern zum umfassenden Rüstungsabbau beigetragen. Außerdem unterzeichneten die 22 Staats- und Regierungschefs eine Erklärung, in der sie sich verpflichteten, sich der Androhung oder Anwendung von Gewalt zu enthalten und niemals Waffen einzusetzen, es sei denn zur Selbstverteidigung oder in einer anderen Weise, die mit der Charta der Vereinten Nationen in Einklang stand.

Der KSZE-Gipfel erreichte seinen Höhepunkt mit der Unterzeichnung der «Charta von Paris» am 21. November 1990. Darin verpflichteten sich alle 34 Mitgliedstaaten, «die Demokratie als einzige Regierungsform unserer Nationen aufzubauen, zu festigen und zu stärken». In einem Augenblick, da «Europa am Beginn eines neuen Zeitalters» stand, bekannten sie sich zur friedlichen Regelung von Streitfällen. 15 Jahre nach der Unterzeichnung der Schlußakte von Helsinki beschlossen die Unterzeichnerstaaten, ihre Konsultationen auf allen Ebenen zu vertiefen. Zu diesem Zweck wurde ein Rat der Außenminister gebildet, der mindestens einmal jährlich zusammentreten sollte. In Wien wurde ein «Konfliktverhütungszentrum», in Warschau ein «Büro für freie Wahlen» errichtet. Schließlich sollte nach dem Willen der Unterzeichner der «Charta von Paris» eine parlamentarische Vertretung der KSZE ins Leben gerufen werden. Wenn es ein symbolisches Datum gibt, das das Ende der Nachkriegsepoche für ganz Europa markiert, war es der 21. November 1990.

Knapp zwei Wochen nach dem KSZE-Gipfel, am 2. Dezember 1990, fand die erste gesamtdeutsche Bundestagswahl statt. Es war die erste freie Wahl in ganz Deutschland seit der Reichstagswahl vom 6. November 1932. Die meisten ostdeutschen Parteien hatten sich in den Monaten zuvor mit ihren westdeutschen «Schwesterparteien» vereinigt; der Demokratische Aufbruch und die Demokratische Bauernpartei waren in der CDU, die Nationaldemokratische Partei Deutschlands in der FDP aufgegangen. Als eindeutige Wahlsiegerin ging die Bonner Koalition aus dem Ringen hervor. Auf Kohls Unionsparteien entfielen

43,8, auf Genschers Freie Demokraten 11,1 Prozent. Die SPD landete, weit abgeschlagen, bei 33,5 Prozent. Die Grünen scheiterten mit 4,8 Prozent im Wahlgebiet West an der Fünfprozenthürde. Im Wahlgebiet Ost erreichte Bündnis 90/Grüne 6 Prozent, was der Listenverbindung 8 Mandate einbrachte. Die PDS erlangte im Bundesdurchschnitt 2,4, im Wahlgebiet Ost 11,1 Prozent und damit 17 Sitze. Einen erneuten Wahlsieg Helmut Kohls hatten bis zum Herbst 1989 die wenigsten Beobachter erwartet. Auch in seiner eigenen Partei war der Kanzler wegen seines notorisch niedrigen demoskopischen «Marktwertes» alles andere als unumstritten. Die Chancen, die der Fall der Berliner Mauer der bundesdeutschen Politik bot, hatte er jedoch so souverän, ja staatsmännisch zu nutzen gewußt, daß er auch seinen bislang schärfsten Kritikern Respekt abnötigte und im Herbst 1990 im Zenit seines internationalen Ansehens stand. Am 17. Januar 1991 wurde er erneut zum Bundeskanzler gewählt.

Dem sozialdemokratischen Kanzlerkandidaten Oskar Lafontaine, der Ende April 1990 nur knapp das Messerattentat einer geistesgestörten Frau überlebt hatte, war hingegen seine demonstrative Distanz zum Streben nach der staatlichen Einheit Deutschlands zum Verhängnis geworden. Am Tag nach der Wahl, dem 3. Dezember 1990, kam es darüber im Parteivorstand der SPD zu einem heftigen Zusammenstoß zwischen ihm und Willy Brandt, dem Ehrenvorsitzenden der ältesten deutschen Partei. Brandt hatte mit seiner patriotischen, das Selbstbestimmungsrecht betonenden Position die ostdeutschen und die älteren Sozialdemokraten auf seiner Seite, Lafontaine mit seiner «postnationalen» Haltung die Mehrheit der westdeutschen und der jüngeren Vorstandsmitglieder. Ansätze zur Selbstkritik zeigte der Wahlverlierer nicht. Er beharrte vielmehr auf seiner Überzeugung, daß die Zeit der Nationalstaaten abgelaufen war und diesen letztlich keine andere Wahl blieb, als in einem vereinigten Europa aufzugehen.

Als das Jahr 1990 zu Ende ging, hatten erst drei Staaten den Zwei-plus-Vier-Vertrag ratifiziert. Der Bundesrepublik Deutschland folgten als nächstes die USA mit der Ratifizierung durch den Senat am 10. Oktober. Am 16. November wurde die britische Ratifikationsurkunde der Bundesregierung übergeben. Im neuen Jahr schlossen sich Frankreich und die Sowjetunion an. Am 17. Januar 1991 erhielt die Bundesregierung die französische Ratifikationsurkunde. Am 4. März ratifizierte der Oberste Sowjet der UdSSR den Zwei-plus-Vier-Vertrag. Am 15. März 1991 trat er in Kraft. Es war das Äquivalent jener friedensvertraglichen Regelung, unter deren Vorbehalt die Grenzfestlegung des Potsdamer Abkommens von August 1945 stand. Den Begriff «Friedensvertrag» hielten freilich alle Beteiligten viereinhalb Jahrzehnte nach dem Ende des Zweiten Weltkriegs für obsolet – ganz abgesehen davon, daß er bei den Deutschen unweigerlich die traumatische Erinnerung an den Versailler Vertrag von 1919 wachgerufen hätte. Etwas mehr Zeit nahm ein anderes Ratifizierungsverfahren in Anspruch. Der deutsch-polnische Grenzvertrag sollte zusammen mit dem Vertrag über gute Nachbarschaft und Zusammenarbeit ratifiziert werden. Dieses Abkommen wurde am 17. Juni 1991 paraphiert. Am 17. Oktober billigte der Bundestag, tags darauf der Sejm beide Verträge. Damit waren die letzten der mit der deutschen Vereinigung verbundenen völkerrechtlichen Verträge ratifiziert.

Die Aufgaben, die der Einigungsvertrag dem gesamtdeutschen Gesetzgeber übertragen hatte, waren zu dieser Zeit noch längst nicht alle erledigt. Die Hauptstadtfrage blieb während der ersten Hälfte des Jahres 1991 das wichtigste innenpolitische Streitthema. Vor dem Fall der Mauer war alles klar gewesen: Es galt der immer wieder beschworene Beschluß des Bundestages vom 30. September 1949, wonach Berlin die deutsche Hauptstadt war, in die die leitenden Bundesorgane ihren Sitz verlegen würden, sobald freie Wahlen in ganz Berlin und in der Sowjetischen Besatzungszone stattgefunden hatten. Erst als die Mauer gefallen und die Wiedervereinigung in greifbare Nähe gerückt war, begannen sich Stimmen zu erheben, die sich gegen einen Umzug von Regierung und Parlament vom Rhein an die Spree, also für die Beibehaltung der faktischen Bundeshauptstadt Bonn aussprachen.

Die Befürworter der rheinischen Universitätsstadt erklärten Bonn zum Symbol des deutschen Föderalismus, der ersten erfolgreichen Demokratie auf deutschem Boden und der europäischen Ausrichtung der Bundesrepublik. Die Freunde Berlins verwiesen auf das Hauptstadtversprechen von 1949, die Rolle West-Berlins als Unterpfand der deutsch-amerikanischen Freundschaft und die Chancen, durch die Rückkehr an die Spree dem inneren Vereinigungsprozeß in Deutschland und der Annäherung zwischen den bislang getrennten Teilen Europas neue Impulse zu geben. Unter den prominenten deutschen Politikern von Weizsäcker über Kohl, Genscher und Schäuble bis zu

Brandt und Vogel überwogen die Anhänger der «Berlin-Fraktion». In der «Bonn-Fraktion» gaben die Vertreter Nordrhein-Westfalens den Ton an. Ihre Anhänger fanden sie vor allem in den überwiegend katholischen Regionen des westlichen und des südlichen Deutschland. In den beiden größten Bundestagsfraktionen, der CDU/CSU und der SPD, waren die «Bonner» in der Überzahl, in den anderen die «Berliner». Am 20. Juni 1991 stand die Entscheidung im Bundestag an. Die namentliche Abstimmung war «frei»: Da alle Fraktionen in der Hauptstadtfrage gespalten waren, gab es keinerlei Fraktionszwang. Der Ausgang war offen. Von den vielen leidenschaftlichen Reden, die an diesem Tag gehalten wurden, beeindruckte eine das Plenum und die Öffentlichkeit ganz besonders: die Wolfgang Schäubles. Der Bundesinnenminister war seit einem Attentat am 12. Oktober 1990 querschnittgelähmt und konnte nur noch vom Rollstuhl aus sprechen. Nach einem Rückblick auf die bewegte und widerspruchsvolle Geschichte Berlins faßte er sein Plädoyer in den Worten zusammen: «Deutsche Einheit und europäische Einheit bedingen sich gegenseitig ... Deshalb ist die Entscheidung für Berlin auch eine Entscheidung für die Überwindung der Teilung Europas.»

Bei der Abstimmung am späten Abend entfielen auf den «Berlin-Antrag» 338, auf den «Bonn-Antrag» 320 Stimmen. Die Anhänger der alten Hauptstadt hatten die knappe Mehrheit zu ihren Gunsten auch dadurch ermöglicht, daß sie sich für einen Kompromiß aussprachen: Neben Bundespräsident, Bundestag und Bundeskanzler sollte nur ein Teil der Ministerien nach Berlin umziehen, der andere Teil und der Bundesrat sowie die meisten Arbeitsplätze hingegen in Bonn verbleiben und dessen Bedeutung als Verwaltungszentrum der Bundesrepublik sichern. Entsprechend wurde bei der gesetzgeberischen Umsetzung des Beschlusses verfahren. Es sollten aber noch acht Jahre vergehen, bis im Sommer 1999 die Bundesregierung, der Bundestag und, nach einer Revision seiner ursprünglichen Entscheidung, auch der Bundesrat ihren Sitz tatsächlich vom Rhein an die Spree verlegten und damit einen Schlußstrich unter das Hauptstadtprovisorium von 1949 zogen.[14]

Der Sturz der «Eisernen Lady»:
Das Ende der Regierung Thatcher

Die hartnäckigste Gegnerin Helmut Kohls unter den europäischen
Regierungschefs, die britische Premierministerin Margaret Thatcher,
hatte noch Ende Februar 1990 in einem Interview mit der «Sunday
Times» vor dem «enormous upheaval» gewarnt, der Europa durch eine
Vereinigung Deutschlands drohe. Sei dem Beginn der Zwei-plus-Vier-
Verhandlungen hielt sie sich stärker zurück. Mit einem kategorischen
Nein zur deutschen Einheit hätte sie sich völlig isoliert: Präsident Bush
drängte auf eine Wiedervereinigung zu westlichen Bedingungen, Mitterrand hatte sich inzwischen mit Kohl auf eine europäische Kompen-
sation in Gestalt einer raschen Verwirklichung der Währungsunion
verständigt, Gorbatschow war bereit, im Sinne des Selbstbestimmungsrechts der Völker die Lösung der deutschen Frage weithin den
Deutschen selbst zu überlassen. Selbst das eigene Foreign Office hatte
die Regierungschefin immer wieder gemahnt, den Deutschen weniger
schroff gegenüberzutreten.

Ähnlich, ja gegenüber den Deutschen der zweiten Nachkriegszeit
durchaus wohlwollend äußerten sich am 24. März 1990 bei einem
Gespräch in Chequers, dem Landsitz der britischen Premierminister,
einige von Thatcher konsultierte Historiker und Publizisten, darunter
Hugh Trevor-Roper, Norman Stone und Timothy Garton Ash sowie,
aus den USA, Gordon Craig, ein gebürtiger Schotte, und Fritz Stern,
der aus Breslau stammte. Eines der Mitglieder des britischen Kabinetts, Handels- und Industrieminister Nicholas Ridley, hielt nichts von
Appellen, zwischen dem nationalsozialistischen und dem gegenwärtigen Deutschland klar zu unterscheiden. Am 14. Juli warnte er in einem
Interview mit dem «Spectator», die Deutschen wollten ganz Europa in
die Hand bekommen. Die Namen Hitler und Kohl nannte er dabei in
einem Atemzug. «Herr Kohl» werde bald «herüberkommen und zu
sagen versuchen, daß wir das an der Bankenfront tun sollten und daß
so und so unsere Steuern zu sein hätten. Ich meine, daß er bald versuchen wird, *alles* in die Hand zu nehmen.» Noch am selben Tag
mußte Ridley zurücktreten.

Ein knappes Vierteljahr später, am 2. Oktober 1990, dem Tag vor
der Wiedervereinigung, kamen zwei britische Diplomaten, der Bot-

schafter in Bonn, Christopher Mallaby, und sein scheidender Kollege in Ost-Berlin, Patrick Howard Caines Eyers, in einem gemeinsamen Brief an Außenminister Douglas Hurd zu dem Ergebnis, Deutschland biete keinen Anlaß zur Beunruhigung. Im Westen des Landes gebe es angesichts der Wiedererlangung der staatlichen Einheit keine besondere Aufregung (a marked lack of excitement), auch keinen «Jingoismus», vielmehr eine nüchterne Stimmung, ja weitverbreitete Befürchtungen wegen der wirtschaftlichen Folgelasten der Vereinigung. Deutschland werde zwar eine sehr selbstbewußte Außenpolitik treiben, aber eine starke Demokratie bleiben. «Unser deutscher Partner wird sehr viel schwieriger sein, aber es wird nicht gefährlich sein, mit ihm umzugehen.»

Sehr viel mehr als die deutsche Einheit beschäftigte die meisten Briten 1990 ein innenpolitisches Streitthema: die Poll Tax. Die neue Steuer war eine von Besitz und Einkommen unabhängige kommunale Steuer – gleich hoch für jede Person, gleichviel ob Millionär oder Arbeiter. Mit der Poll Tax wollte die Premierministerin die von den Gemeinden erhobene Haussteuer ersetzen, die den unterschiedlichen Wert der Gebäude berücksichtigte und deren Ertrag vor allem den von der Labour Party regierten Gemeinden dazu diente, soziale Leistungen zu finanzieren. Der Protest gegen die soziale Ungerechtigkeit der neuen Steuer war gewaltig, und das auch deshalb, weil sich die wirtschaftliche Lage Großbritanniens seit 1988 dramatisch verschlechtert hatte, das Bruttosozialprodukt 1990 kaum noch wuchs und die Inflationsrate sich wieder der Zehn-Prozent-Marke näherte. Am 31. März 1990, dem Tag vor dem Inkrafttreten der Steuer in England und Wales, kam es vielerorts zu schweren Unruhen. Am Trafalgar Square in London wurden Autos in Brand gesteckt und die berittene Polizei mit Brettern und Stangen von Gerüsten attackiert. Etwa 300 Polizisten wurden verletzt; es gab über 300 Festnahmen.

Nicht nur die Arbeiter, auch die Mittelschichten rebellierten gegen die neue Steuer. Die gespaltene Opposition hatte endlich ein populäres gemeinsames Thema. In der Konservativen Partei gab es einflußreiche Politiker, darunter ehemalige Minister wie Michael Heseltine, die die Zeit für gekommen hielten, Thatcher abzulösen und so die Chancen für einen Erfolg der Tories bei den 1992 anstehenden Unterhauswahlen zu verbessern. Zur verbreiteten Empörung über die Poll Tax kam Unzufriedenheit mit der Wirtschafts- und Europapolitik der Regierungschefin. Sie selbst schien freilich kaum zu bemerken, wie bedroht ihre Stellung inzwischen war.

Im November stand die alljährliche Wahl der oder des Parteivorsitzenden durch die Unterhausfraktion an. Bevor es dazu kam, hielt der frühere Außenminister Geoffrey Howe, seit Juli 1989 als «Leader of the House» Koordinator der Beziehungen zwischen dem Kabinett und der konservativen Fraktion, im Unterhaus eine Rede, die Putschcharakter trug. Er gab seinen Rücktritt als «Leader of the House» bekannt und begründete diesen Schritt mit der Politik der Premierministerin gegenüber der Europäischen Gemeinschaft und mit den Loyalitätskonflikten, in die sie ihre Minister dadurch stürze. Es sei nun an anderen, die Konsequenzen darzulegen, die sie aus diesen Konflikten zögen. Tags darauf kündigte der ehemalige Verteidigungsminister Michael Heseltine an, daß er für das Amt des Parteivorsitzenden kandidieren werde.

Die «Eiserne Lady» befand sich auf dem KSZE-Gipfel in Paris, als sie am 21. November erfuhr, daß bei der Abstimmung in der konservativen Unterhausfraktion 204 Stimmen auf sie und 152 auf Heseltine entfallen waren. Damit fehlten ihr zwei Stimmen an jener qualifizierten Mehrheit, die sie gebraucht hätte, um einen zweiten Wahlgang zu vermeiden. Überdies war nun klar, daß sie über 40 Prozent der Fraktion gegen sich hatte. Die Konsequenz konnte nach ihrer Einschätzung nur der Amtsverzicht sein. Bevor sie diesen Schritt tat, bewog sie Schatzkanzler John Major, im zweiten Wahlgang gegen Heseltine anzutreten. Major gewann die Wahl zum Parteivorsitzenden, und am 28. November trat Thatcher zurück.

So umstritten sie war, so gab es doch im November 1990 nur wenige, die geleugnet hätten, daß sie zu den bedeutendsten britischen Premierministern des 20. Jahrhunderts gehörte – ja in dieser Gruppe wohl nur hinter Churchill zurückstand. Sie hatte ihr Land von Grund auf verändert, es auf eine radikale Weise modernisiert, was bei ihrem Amtsantritt im Mai 1979 kaum jemand für möglich gehalten hätte. Sie hatte die allzu oft rein destruktiv eingesetzte Macht der Gewerkschaften gebrochen und das Vereinigte Königreich wieder zur führenden Finanzmacht Europas gemacht. Sie hatte durch ihre rasche und massive Reaktion auf die argentinische Invasion auf den Falkland-Inseln den Briten zu einem neuen nationalen Selbstbewußtsein verholfen und die Interessen des Landes auf internationaler Ebene mit Nachdruck und oft mit Erfolg vertreten.

Die Kehrseite ihres Wirkens war freilich auch nicht zu übersehen. Thatcher hatte die sozialen Gegensätze vertieft, die Infrastruktur des Landes vernachlässigt und durch die von ihr billigend in Kauf genommene Entindustrialisierung der wirtschaftlichen Zukunft Großbritanniens eine schwere Hypothek aufgebürdet. Sie hatte das Vereinigte Königreich im Rahmen der Europäischen Gemeinschaft isoliert und damit die Kontinentaleuropäer zu informellen Allianzen gegen sie zusammengeführt, die nicht in britischem Interesse lagen. Sie hatte im Kabinett einen autoritären Führungsstil gepflegt, der ihr mehr innerparteiliche Feinde verschaffte, als der Regierungschefin lieb sein konnte. Als sie bei der Einführung der Poll Tax ihr politischer Instinkt verließ, gab sie ihren Gegnern innerhalb der Konservativen Partei den entscheidenden Anstoß, ihr die Gefolgschaft zu versagen. Die Gründe ihres Rücktritts hatte sie in erster Linie bei sich selbst zu suchen.

Thatchers Nachfolger John Major, beim Amtsantritt 47 Jahre alt, kam aus einfachsten Verhältnissen. Er hatte keine höhere Schule besucht und nach der mittleren Reife im Bankgewerbe gearbeitet. Seit 1979 Mitglied des Unterhauses, war er 1989 zunächst im Juli Geoffrey Howe als Außenminister, dann, ab Oktober, Nigel Lawson als Schatzkanzler gefolgt. Als Premierminister setzte er Thatchers Privatisierungspolitik fort: Unter seiner Ägide wurden die Versorgungsunternehmen für Strom, Gas und Wasser, das Telefonwesen und die Eisenbahnen an private Anbieter verkauft, wobei, außer im Bereich des Telefons, neue Monopole entstanden. Die Poll Tax schaffte Major gleich zu Beginn seiner Regierungszeit ab; das in seinem Auftrag von Heseltine entwickelte Alternativmodell, die 1993 eingeführte Council Tax, lehnte sich an die bisherige, differenzierte Form der Besteuerung von Hausbesitz an.

Auf außenpolitischem Gebiet legte Major auf die Pflege der «special relationship» zu den USA ähnlich hohen Wert wie seine Vorgängerin. Er unterstützte Präsident Bush im Konflikt mit dem Irak Saddam Husseins ohne jeden Vorbehalt; im Golfkrieg von 1991 erwies sich das Vereinigte Königreich erneut als der treueste europäische Verbündete der Vereinigten Staaten. Der markanteste Unterschied zu Thatcher lag in der Europapolitik: Major setzte auf Verständigung statt auf Konfrontation mit «Brüssel» und den Partnern auf dem Kontinent. Margaret Thatcher empfand das als persönlichen Affront. Doch weder sie noch ihre immer noch zahlreichen Anhänger konnten den Premierminister daran hindern, seine Linie weiter zu verfolgen.[15]

Transformationskrisen: Ostmitteleuropa nach der friedlichen Revolution

Für die ostmitteleuropäischen Staaten, die 1989 die kommunistische Diktatur überwunden hatten, bedeutete 1990 das erste Jahr der Freiheit. Polen, die Tschechoslowakei und Ungarn waren Länder des alten Okzidents, von dem sie durch die Beschlüsse der «Großen Drei» von Jalta im Februar 1945 abgetrennt worden waren. Mit den weiter westlich gelegenen Ländern teilten sie, anders als die orthodox geprägten Staaten des Ostens und Südostens, das Erbe des «lateinischen Europa», dessen spirituelles Zentrum bis zum 16. Jahrhundert und teilweise weit darüber hinaus Rom gewesen war. Sie hatten an den vormodernen, mittelalterlichen Formen der Gewaltenteilung, der Trennung von geistlicher und weltlicher Gewalt sowie von fürstlicher und ständischer Gewalt, und in unterschiedlichem Maß an den Emanzipationsprozessen der Neuzeit, vom Humanismus und der Renaissance über die Reformation bis zur Aufklärung, teilgenommen. Alle drei waren erst im Gefolge des Ersten Weltkrieges zu selbständigen souveränen Staaten, und zwar nach ihrem Selbstverständnis zu Nationalstaaten, geworden. Sie hatten sich nach 1918 demokratische Verfassungen gegeben, Ungarn freilich lediglich eine «provisorische», aber nur in einem dieser Länder, der Tschechoslowakei, konnte sich die parlamentarische Demokratie fest etablieren und bis zur Zerschlagung des Staates durch das nationalsozialistische Deutschland 1938/39 an der Macht behaupten. Ungarn und Polen hingegen waren bereits in den zwanziger Jahren zu mehr oder minder autoritären Regimen übergegangen. Doch auch hier gab es 1989/90 nicht den geringsten Zweifel, daß die Zukunft des Landes nur in der Demokratie liegen konnte.

Zu den Konsequenzen des Zweiten Weltkrieges gehörte die nationale Homogenisierung Polens und der Tschechoslowakei – in Polen herbeigeführt durch die Ost-West-Verschiebung des Staatsgebiets und durch die Vertreibung der dort lebenden Deutschen, in der Tschechoslowakei durch die Zwangsaussiedlung der Deutschen und, teilweise, der Ungarn. Das Fehlen von Nationalitätenkämpfen nach Art der Zwischenkriegszeit erleichterte den demokratischen Neuanfang in Polen. Der Tschechoslowakei verblieb ein nationales Problem in Gestalt des künftigen Verhältnisses zwischen Tschechen und Slowaken. Auch in Ungarn gab es nach verbreiteter Einschätzung ein nationales Problem – allerdings eines, das außerhalb der Grenzen des weiterhin gültigen Vertrags von Trianon vom Juni 1920 lag. Es bestand aus den etwa 2,7 Millionen Ungarn, die in Rumänien, der Slowakei, der Ukraine sowie im zerfallenden Jugoslawien, vor allem in Serbien, in der Wojwodina, lebten – ein Sachverhalt, der die Gefahr in sich barg, von ungarischen Nationalisten zum Gegenstand irredentistischer Bestrebungen gemacht zu werden.

Der erste der postkommunistischen Staaten Ostmitteleuropas, der die Legitimation der politischen Macht durch freie Wahlen suchte, war Ungarn. Am 25. März 1990 fanden Parlamentswahlen statt, aus denen das nationalkonservative Ungarische Demokratische Forum (MDF) unter József Antall und seine Verbündeten, darunter die Partei der Kleinen Landwirte und die Christlichen Demokraten, als Sieger hervorgingen. Sie kamen zusammen auf etwa 60 Prozent der Stimmen, das MDF allein auf 24,7 Prozent. Auf die beiden liberalen Parteien, den Bund Freier Demokraten (SZDSZ) und die Fidesz, entfielen 21,4 beziehungsweise 9 Prozent, auf die Sozialisten (MSZP), die ehemaligen Kommunisten, 10,9 Prozent.

Antall trat an die Spitze einer bürgerlichen Koalitionsregierung. In einem seiner ersten Interviews erklärte der Ministerpräsident, er fühle sich als Regierungschef aller 15 Millionen Ungarn – eine Formulierung, die einen Anspruch auf die Vertretung der Auslandsungarn in sich schloß und deshalb für erhebliche Irritation in den betroffenen Nachbarstaaten sorgte. Im Juni 1990 beschloß das Parlament den Austritt Ungarns aus dem Warschauer Pakt. Am 2. August wurde der Jurist, Schriftsteller und Übersetzer Árpád Göncz, der nach der Revolution von 1956 zu einem langjährigen Zuchthausaufenthalt verurteilt worden war, zum Staatspräsidenten gewählt. Im Dezember wurde Ungarn als erster der ehemaligen Staaten des Warschauer Pakts Mitglied des Europarats. Im Januar 1991 erhielt Ungarn ein von der Exekutive völlig unabhängiges Verfassungsgericht, das sich auch nicht scheute, der Regierung Antall entgegenzutreten, als diese, gestützt auf eine kommunistische Verordnung aus dem Jahr 1974, Rundfunk und Fernsehen unter ihre Kontrolle bringen wollte. Im Juni 1991 verließen die letzten sowjetischen Truppen das Land.

In der Tschechoslowakei fanden die ersten freien Parlamentswahlen seit 1946, wie schon erwähnt, am 6./7. Juni 1990 statt. Am 5. Juli folgte die Wahl Václav Havels zum Staatspräsidenten. Obwohl das tschechische Bürgerforum und die mit ihm verbündete slowakische Organisation «Öffentlichkeit gegen Gewalt» mit 87 von 150 Sitzen über eine Mehrheit im Parlament verfügten, blieb der aus der Kommunistischen Partei stammende, aber schon im Januar 1990 aus ihr ausgetretene Ministerpräsident Marián Čalfa im Amt. 1991 zerfiel das Bürgerforum in zwei rivalisierende Parteien, die linksliberale Bürgerbewegung (OH) unter Außenminister Jiří Dienstbier und die konservativ-wirtschaftsliberale Demokratische Bürgerpartei (ODS) unter Finanzminister Václav Klaus.

Im Oktober 1990 kam es auf Grund eines slowakischen Sprachengesetzes, das das Slowakische zur Staatssprache erklärte, zu starken Spannungen zwischen den beiden Landesteilen der Tschechischen und Slowakischen Föderativen Republik (ČSFR) – dies der offizielle Staatsname seit April 1990. Die Bundesversammlung sprach sich im Dezember für eine neue Kompetenzverteilung zwischen der Zentralgewalt und den Teilrepubliken aus. In den folgenden Monaten bemühten sich die gemäßigten Kräfte beider Seiten um eine Verfassungsreform, ohne jedoch zu greifbaren Ergebnissen zu gelangen.

Am 14. März 1991, dem 42. Jahrestag der Ausrufung eines formell unabhängigen, tatsächlich völlig vom nationalsozialistischen Deutschland abhängigen Staates, wurden in Bratislava «Los-von-Prag»-Rufe sowie Forderungen nach einer Rehabilitierung des seinerzeitigen Staatspräsidenten, des im April 1947 hingerichteten Jozef Tiso, laut. Der in die slowakische Hauptstadt geeilte Präsident Havel entging nur knapp tätlichen Angriffen wütender Demonstranten. Seine Warnung, die slowakische Unabhängigkeitsregierung bringe den gesamten Demokratisierungsprozeß in Gefahr und könne zu einer neuen Diktatur führen, löste in der Slowakei heftige Proteste aus. Im Juni 1991 – dem gleichen Monat, in dem die Sowjetunion ihre letzten Truppen aus der Tschechoslowakei abzog – vereinbarten tschechische und slowakische Repräsentanten im mährischen Kremsier eine Neuordnung der Beziehungen zwischen dem tschechischen und dem slowakischen Landesteil durch einen innerstaatlichen Vertrag. Eine Verständigung über den konkreten Inhalt eines solchen Abkommens gelang den parlamentarischen Vertretungen der Tschechen und Slowaken nicht, als sie im

September 1991 in Bratislava zu einer gemeinsamen Sitzung zusammenkamen. Zwei Jahre nach der «samtenen Revolution» war die Zukunft
des Gesamtstaates so ungewiß wie noch nie seit seiner Wiedergrün-
dung im Jahr 1945.

In dem Land, das den weltgeschichtlichen Umbruch von 1989 mit
den halbfreien Wahlen vom Juni jenes Jahres eingeleitet hatte, erfolgte
die volle Demokratisierung des politischen Systems erst sehr spät.
Während Ungarn und die Tschechoslowakei die Kommunisten beziehungsweise deren Nachfolger bereits in die parlamentarische Opposition geschickt hatten, gab es in Polen immer noch einen kommunistischen Staatspräsidenten, eine kommunistische Mehrheit im Sejm,
kommunistische Minister in Schlüsselstellungen und keinerlei Kontrolle der neuen politischen Kräfte über Polizei, Geheimdienst und
Armee. Der historische Kompromiß, den das Bürgerkomitee Solidarność und das alte Regime im April 1989 geschlossen hatten, wirkte
sich mittlerweile retardierend auf die politische Entwicklung aus.

Immerhin wurden im November 1989 der Geheimdienst abgeschafft und im Dezember die führende Rolle der kommunistischen
Partei sowie das Bündnis mit der Sowjetunion aus der Verfassung gestrichen. Ab 1. Januar 1990 hieß Polen nicht mehr «Volksrepublik»,
sondern wieder «Republik Polen». Doch erst im Juli 1990 schieden die
kommunistischen Minister für Inneres und Verteidigung, beide Mitglieder des Politbüros der PVAP und Generäle, aus der Regierung
Mazowiecki aus, und das auch erst auf Grund des massiven Drucks
aus den Reihen der wieder zugelassenen freien Gewerkschaft «Solidarność». Auf ebendiesen Druck reagierte im Juli 1990 auch Staatspräsident Jaruzelski: Er kündigte an, daß er Ende des Jahres seinen
Platz für einen frei gewählten Präsidenten räumen würde.

Der Wortführer der Kräfte, die mit dem langsamen Tempo der
Demokratisierung unzufrieden waren, war Lech Wałęsa, der nach wie
vor an der Spitze der unabhängigen Gewerkschaft stand. Die Ziel-
scheibe seiner Angriffe war Ministerpräsident Tadeusz Mazowiecki,
dem er eine übervorsichtige und gegenüber den Kommunisten allzu
nachgiebige Politik vorwarf. Über diesem Konflikt spaltete sich das
Bürgerkomitee Solidarność in zwei Lager – ein «proletarisches», von
Wałęsa geführtes und ein «intellektuelles» mit Mazowiecki an der
Spitze. Im Präsidentschaftswahlkampf vom Herbst traten sich beide
Protagonisten als Kandidaten gegenüber. Aus dem zweiten Wahlgang

am 9. Dezember 1990 ging Wałęsa mit einem Stimmenanteil von 74,3 Prozent als Sieger hervor. Auf den anderen Bewerber, den aus dem kanadischen Exil zurückgekehrten Unternehmer Stanisław Tymiński, entfielen 25,7 Prozent. Mazowiecki, der im ersten Wahlgang mit 18,1 Prozent nur auf den dritten Platz gekommen war, trat fünf Tage später als Regierungschef zurück. Zu seinem Nachfolger ernannte der neue Präsident zur Überraschung seiner Anhänger den politisch bisher nicht hervorgetretenen Krzysztof Bielecki, einen überzeugten Liberalen. Völlig freie Parlamentswahlen fanden in Polen erst am 27. Oktober 1991 statt. Sie erbrachten keine klare Mehrheit. Mazowieckis Demokratische Union wurde mit einem Stimmenanteil von 12,3 Prozent und 62 Abgeordneten die stärkste Fraktion des aus 460 Mitgliedern bestehenden Sejm. Zweitstärkste Fraktion wurde die postkommunistische Allianz der demokratischen Linken mit 12,0 Prozent und 60 Mandaten; es folgten verschiedene Gruppen aus dem Lager von «Solidarność». Neuer Regierungschef wurde am 23. Dezember der Rechtsanwalt Jan Olszewski, der schon 1980 zu den aktiven Wegbegleitern von «Solidarność» gehört hatte.

Die drängendsten Probleme der postkommunistischen «Transformationsgesellschaften», wie man sie schon in den neunziger Jahren nannte, waren die der Ökonomie – konkret: die des Übergangs von einer auf Staatseigentum beruhenden Planwirtschaft in eine Marktwirtschaft auf der Grundlage des Privateigentums. Die größte Anziehungskraft besaß aus der Sicht der Reformer das konsequenteste, weil von allen Spielarten des Sozialismus am weitesten entfernte, «neoliberale» Modell einer Marktwirtschaft, wie es in den USA und in Großbritannien propagiert und praktiziert wurde. In Polen war der Finanzminister der Kabinette Mazowiecki und Bielecki, Leszek Balcerowicz, der Hauptrepräsentant dieser Schule, in der Tschechoslowakei Finanzminister Václav Klaus, ein Anhänger der liberalen Ökonomen Friedrich August von Hayek und Milton Friedman. Balcerowicz und Klaus hielten eine «Schocktherapie» für unumgänglich, um ihre Volkswirtschaften so schnell wie möglich international wettbewerbsfähig zu machen. In Ungarn entschied sich die konservative Regierung Antall für einen weniger radikalen, «gradualistischen» Weg in die Marktwirtschaft, wobei ihr zugute kam, daß das Land schon in den achtziger Jahren, noch unter kommunistischer Führung, begonnen hatte, sich dem Weltmarkt zu öffnen.

In allen drei Ländern befand sich die Wirtschaft nach der Überwindung der kommunistischen Diktatur in einem kritischen bis katastrophalen Zustand. Am günstigsten stand noch die Tschechoslowakei da, die schon vor der kommunistischen Machtübernahme ein hochindustrialisiertes Land gewesen war. Die Inflationsrate näherte sich hier 1990 der Zehn-Prozent-Marke. In Ungarn lag sie im Jahr darauf zwischen 35 und 36 Prozent. In Polen hatte sie Ende 1989 bei 640 Prozent gelegen; 1990 fiel sie auf 250, 1991 auf 60 Prozent.

In der Tschechoslowakei sank die Industrieproduktion 1990 um insgesamt 4, im Baugewerbe um 9 Prozent. Wie in Ungarn und Polen war auch hier der Rückgang der Warenlieferungen in die Länder des (im Juni 1991 aufgelösten) RGW eine wesentliche Ursache des Niedergangs der Exporte; die nur langsam wachsende Ausfuhr in westliche Länder vermochte diese Verluste nicht auszugleichen. Mehrfache drastische Abwertungen der tschechoslowakischen Krone waren unvermeidlich. Im September 1990 bewilligte der Internationale Währungsfonds der ČSFR Sonderziehungsrechte in Höhe von 825 Millionen Dollar. Im Jahr 1989 lag die Arbeitsproduktivität der tschechoslowakischen Industrie bei 30 Prozent der westdeutschen; die ungarische Industrie, die nach 1989 eine Wende zur Hochtechnologie vollzog, schnitt mit 44 Prozent etwas besser ab. Das Bruttoinlandsprodukt ging zwischen 1990 und 1992 in Polen um 18,2 Prozent, im tschechischen Landesteil der ČSFR um 21,7 Prozent zurück. Die Industrieproduktion fiel in derselben Zeit in Polen um 38, in Tschechien um 36,3 Prozent.

Die «Schocktherapie» bestand vor allem aus der forcierten Zurückdrängung des Staatssektors (in Polen mit Ausnahme von Steinkohlebergbau, Energiewirtschaft, Stahl- und Rüstungsindustrie), der rigorosen Streichung von Subventionen für Industrie und Landwirtschaft und der Freigabe der Lebensmittelpreise. Die Folge waren explodierende Lebenshaltungskosten, ein sinkender Lebensstandard, Prozesse der Deindustrialisierung und steigende Arbeitslosenzahlen. (In Polen etwa waren 1993 fast 3 Millionen Menschen oder 16 Prozent der erwerbsfähigen Bevölkerung erwerbslos.) Streiks bewirkten in Polen einen Abbruch des Versuchs, auch den Montansektor zu privatisieren, in anderen Branchen besonders günstige Abfindungen der Entlassenen. In der Tschechoslowakei trug die von Václav Klaus betriebene radikale Liberalisierung entscheidend zur Verstärkung der sezessionistischen

Tendenzen in der vergleichsweise rückständigen, noch überwiegend agrarisch geprägten Slowakei und schließlich 1992 zur Auflösung des Gesamtstaates bei. Zum politischen Antipoden des Prager Finanzministers entwickelte sich ein ehemaliger kommunistischer Funktionär, Vladimír Mečiar, der zeitweilig, von Juli 1990 bis April 1991, an der Spitze der slowakischen Regierung stand und nach seiner putschartigen Entlassung aus diesem Amt durch den Slowakischen Nationalrat an die Spitze der separatistischen Bewegung für eine demokratische Slowakei trat.

So hart die Transformationsprozesse für die Betroffenen waren, seit Mitte der neunziger Jahre begannen sie sich positiv auszuwirken. Die Arbeitslosenzahlen sanken, der Außenhandel und die Arbeitsproduktivität stiegen, desgleichen die ausländischen Direktinvestitionen. Sehr viel mehr Zeit beanspruchte der Kampf gegen die gigantische Umweltzerstörung durch die in Ostmitteleuropa bis 1989 übliche exzessive Verfeuerung von Kohle und den ungefilterten Schadstoffausstoß der chemischen Industrie. Die Aussicht, sich durch einen konsequenten Umbau der Wirtschaft für die Mitgliedschaft in der Europäischen Union zu qualifizieren, wirkte beflügelnd. Auf das Ziel, durch die Verwirklichung von Freiheit, Demokratie, Rechtsstaat und Marktwirtschaft die «volle Beteiligung am europäischen politischen und wirtschaftlichen System» zu erreichen, hatten sich die Regierungen Ungarns, der Tschechoslowakei und Polens schon am 15. Februar 1991 in einer gemeinsamen, im ungarischen Visegrád verabschiedeten Erklärung festgelegt. Die Reformen der neunziger Jahre waren eine unabdingbare Voraussetzung dafür, daß die drei Staaten am 1. Mai 2004, 15 Jahre nach der «friedlichen Revolution», ihr ehrgeiziges Vorhaben verwirklichen konnten.

Der Umgang mit der kommunistischen Vergangenheit nahm in den drei ostmitteleuropäischen Staaten unterschiedliche Formen an. In Polen hatte Ministerpräsident Mazowiecki, der Logik des am Runden Tisch ausgehandelten historischen Kompromisses folgend, in seiner Regierungserklärung vom 12. September 1989 vom «dicken Strich» unter die zurückliegenden Jahrzehnte gesprochen. Auf längere Sicht aber ließ sich das regierungsamtliche Schweigen über die Diktaturzeit nicht aufrechterhalten. Nach den Parlamentswahlen vom Oktober 1991 erklärte der erste frei gewählte Ministerpräsident Jan Olszewski eine Abrechnung mit der kommunistischen Vergangenheit zur «moralischen Notwendigkeit». Doch inzwischen waren viele Akten bereits vernichtet oder willkürlich gesäubert worden. Erst nach der Wahl des ehemaligen kommunistischen Jugendministers Alexander Kwaśniewski zum Staatspräsidenten im Dezember 1995 nahm der gesellschaftliche Druck in Richtung einer systematischen Aufarbeitung der Zeit zwischen 1945 und 1989 zu. Er führte schließlich 1997 zur Verabschiedung eines «Lustrationsgesetzes», das vor allem der Aufhellung der politischen Vergangenheit von Funktionsträgern des postkommunistischen Polen dienen sollte.

Die Tschechoslowakei hatte ihr «Lustrationsgesetz» bereits im Oktober 1991 beschlossen, und zwar gegen den Widerstand sowohl des Staatspräsidenten Václav Havel als auch des Präsidenten der Bundesversammlung, Alexander Dubček. Es sah vor, daß alle hohen kommunistischen Partei- und Staatsfunktionäre sowie die Mitarbeiter und Informanten der Staatssicherheit für die Dauer von fünf Jahren keine öffentlichen Ämter ausüben durften. Einige hohe Partei- und Staatsfunktionäre wurden wegen Machtmißbrauchs und anderer Delikte zu Freiheitsstrafen verurteilt, als erster der Prager Stadtsekretär Miroslav Štěpán, der für viele Ausschreitungen der Sicherheitskräfte im Herbst 1989 verantwortlich war. In der Slowakei war das Interesse an der Abrechnung mit der jüngsten Vergangenheit allerdings deutlich geringer als im tschechischen Landesteil. Nach der Trennung im Jahr 1992 wurde die «Lustration» in der Slowakei auf Betreiben Mečiars kaum noch weiter verfolgt.

In Ungarn, wo die Kommunisten selbst den Bruch mit der Diktatur vollzogen hatten, blieb die Auseinandersetzung mit der kommunistischen Zeit in den neunziger Jahren weithin der Wissenschaft überlassen. Ein vom Parlament Ende 1991 beschlossenes Gesetz, das die Verjährungsfristen für schwere Körperverletzung, vorsätzliche Tötung und Landesverrat aussetzte beziehungsweise verlängerte, um die Verantwortlichen aus der kommunistischen Zeit ausnahmslos zur Rechenschaft ziehen zu können, wurde vom Verfassungsgericht für verfassungswidrig erklärt. Bestand hatte ein im Juni 1991 verabschiedetes Gesetz zur Entschädigung von größeren und kleineren Grundbesitzern, die vom kommunistischen Regime enteignet worden waren. Zu den Besonderheiten des fließenden Übergangs von der kommunistischen Diktatur in die pluralistische Demokratie in Ungarn gehörte die frühe Entstehung rechtsradikaler, antisemitischer und offen faschistischer Gruppierungen bis hinein in den rechten Flügel des regierenden Ungarischen Demokratischen Forums um den stellvertretenden Parteivorsitzenden István Csurka. In einem Interview mit dem «Spiegel» forderte Csurka im September 1992 mehr Lebensraum für Ungarn, das er von einer jüdischen Verschwörung bedroht sah. Im Monat darauf wurde Staatspräsident Göncz in Budapest von Skinheads und antisemitischen «Pfeilkreuzlern» daran gehindert, seine Gedenkrede auf die Opfer des Volksaufstands von 1956 zu halten. Nur mit Mühe gelang es der Polizei anschließend, eine Erstürmung des Gebäudes des ungarischen Fernsehens durch den rechtsextremen Mob zu verhindern.

In Ungarn wie in Polen, wo die Reformkommunisten Ende der achtziger Jahre einen starken Rückhalt in der eigenen Partei gehabt hatten, verstanden es die kommunistischen Parteien, sich in der Opposition gewissermaßen neu zu erfinden: Sie legten sich binnen kurzem ein demokratisch-sozialistisches beziehungsweise sozialdemokratisches Profil zu und betätigten sich als eine Partei unter anderen – bereit, die Macht fortan nur noch mit demokratischen Mitteln zu erwerben und sie nach verlorenen Wahlen auch wieder abzugeben. Offen blieb, wie «echt» die Umkehr bei den Postkommunisten wirklich war: Ihre rückblickende Selbstkritik ging jedenfalls in der Regel nicht weiter, als es unter den neuen Verhältnissen unbedingt geboten, also opportun erschien. In der Tschechoslowakei, wo die Kommunisten von sich aus so gut wie nichts zur «Wende» des Jahres 1989 beigetragen hatten, sah die KP keinen Anlaß, sich um ein neues Gesicht zu bemühen. Sie behielt ihren Namen bei und blieb eine beachtliche, aber isolierte und politisch einflußlose Minderheit.

Was die kommunistischen Funktionäre in der Zeit ihres Machtmonopols an Erfahrungen und Sachwissen erworben hatten, erwies sich nach 1989 vor allem im wirtschaftlichen Bereich als teilweise durchaus brauchbar. Wo es um die Besetzung von Schlüsselpositionen in öffentlichen und privaten Unternehmen ging, hatten sie bessere Erfolgsaussichten als etwaige Mitbewerber aus der Bürgerrechtsbewegung. Sich in Kapitalisten zu verwandeln fiel ehemaligen Kommunisten oft sogar sehr viel leichter als die Mutation in Demokraten.

«1989» bedeutete, was das politische, wirtschaftliche und gesellschaftliche System betraf, einen radikalen Bruch. Es war ein tieferer und weiter reichender Bruch, als ihn Portugal und Spanien in den sieb-

ziger Jahren erlebt hatten: In den beiden iberischen Staaten wurde
zwar das politische System auf eine neue Grundlage gestellt, nicht jedoch die Wirtschaft und die Gesellschaft. Bei den Leitungsfunktionen
unterhalb der obersten Ebene aber gab es in den postkommunistischen
Gesellschaften in den meisten Bereichen sehr viel mehr personelle Kontinuität, als die Oppositionsgruppen zur Zeit des Machtwechsels für
möglich gehalten hatten. Und je lernfähiger die Erben der kommunistischen Parteien waren, desto größer waren auch ihre Chancen, wieder
an die Regierung zu gelangen. Was ihnen nützte, waren die sozialen
Kosten der Transformationskrisen, die in erster Linie eine Folge der
früheren kommunistischen Politik waren.[16]

Antwort auf eine Annexion: Der Golfkrieg von 1991

Am 15. Januar 1991 lief das Ultimatum aus, das der Sicherheitsrat der
Vereinten Nationen am 29. November 1989 an den Irak gerichtet hatte,
um diesen zur Räumung des im August besetzten Emirats Kuwait zu
veranlassen. Ein letzter Versuch des amerikanischen Außenministers
Baker, seinen irakischen Amtskollegen Tariq Aziz bei einem Treffen in
Genf am 9. Januar zum Einlenken zu bewegen, bestärkte Saddam
Hussein nur in dem Eindruck, die Warnungen der USA vor dem
Bagdader Konfliktkurs seien nicht ernst gemeint. Er zeigte sich auch
nicht beeindruckt, als Senat und Repräsentantenhaus der Vereinigten
Staaten am 12. Januar mit großen Mehrheiten Resolutionen annahmen, die Präsident Bush zur Anwendung von Waffengewalt ermächtig-
ten, falls der Irak das Ultimatum ungenutzt verstreichen ließ.
  Die USA hatten in den Monaten zuvor eine Allianz aus 34 Staaten,
darunter Großbritannien, Frankreich, Saudi-Arabien, Syrien, Ägypten
und Pakistan, geschmiedet. Sie stand unter dem Oberbefehl des amerikanischen Generals Norman Schwarzkopf und umfaßte 527 000 Soldaten, 2000 Panzer, 1800 Flugzeuge und 1700 Kampfhubschrauber. In
der Nacht vom 16. zum 17. Januar begann die sorgfältig vorbereitete
«Operation Desert Storm» mit kombinierten Angriffen von Flugzeugen,
Schiffen und U-Booten. Binnen einer Woche gelang es den Verbündeten,
mit Hilfe präzisionsgesteuerter Waffen die irakischen Radarstationen
und andere militärische Einrichtungen der Besatzer in Kuwait zu zerstören. In den folgenden viereinhalb Wochen wurden die Eliteeinheiten des

Irak, die Republikanischen Garden, die Armee und der Präsidentenpalast in Bagdad bombardiert, außerdem Anlagen, die mutmaßlich der
Herstellung von Chemiewaffen dienten. Die Antwort des Irak bestand
darin, Scud-Raketen auf Israel, Saudi-Arabien, Katar und Bahrain ab-
zuschießen. Zeitweilig drohte ein Eingreifen Israels in den Krieg, was
Washington mit Rücksicht auf die arabischen Mitglieder der Anti-Irak-
Allianz unbedingt vermeiden wollte. Mit diplomatischem Druck und
der prompten Installierung von Patriot-Abwehrraketen auf israelischem
Boden konnten die USA diese gefährliche Ausweitung des Konflikts verhindern.

Sehr viel kürzer als die Luftphase des Krieges dauerte die Boden-
phase. Sie begann am 24. Februar und endete vier Tage später, am
Morgen des 28. Februar. In dieser Zeitspanne gelang es den Koalitionstruppen, darunter 100 000 GIs, die irakischen Streitkräfte aus
Kuwait zu vertreiben. Während sie flohen, setzten Saddams Verbände
die Ölfelder des Emirats in Brand und verursachten damit eine Umweltkatastrophe. Seit dem 17. Januar hatten sie zwischen 20 000 und
35 000 Soldaten verloren, die Koalitionstruppen nur 358, darunter
293 Amerikaner. Die Republikanischen Garden hatten sich freilich
rechtzeitig in Richtung Bagdad absetzen können: ein Schatten, der auf
den ansonsten brillanten Sieg der Alliierten fiel. Der Diktator fühlte
sich daher berechtigt, seine Niederlage zu leugnen und in einen taktischen Rückzug umzudeuten. Der vorläufige Waffenstillstand wurde
am 3. März 1991 nicht von ihm, sondern von Generälen unterzeichnet,
denen er die entsprechende Vollmacht erteilt hatte.

So eindeutig der militärische Triumph der Interventionstruppen
war, aus der Sicht der amerikanischen Rechten war er mit einem gefährlichen Makel behaftet: Bush, so hieß es, habe versäumt, den Sieg
durch einen Marsch auf Bagdad und den Sturz des Saddam-Regimes
zu vervollständigen, so daß der Diktator weiterhin den Frieden im
Nahen und Mittleren Osten und damit die Sicherheit der Vereinigten
Staaten bedrohen könne. Auch Vizepräsident Dan Quayle und der
stellvertretende Verteidigungsminister Paul Wolfowitz waren in diesem Punkt der Meinung der Kritiker des Präsidenten. Bush, Verteidigungsminister Dick Cheney und Sicherheitsberater Brent Scowcroft
beriefen sich demgegenüber auf das Mandat des Sicherheitsrates, das
nur die Beendigung der völkerrechtswidrigen Besetzung und Annexion Kuwaits legitimierte. Eine eigenmächtige Überschreitung dieses

Auftrags hätte unweigerlich den Zerfall der Anti-Saddam-Allianz zur Folge gehabt und dem Ansehen der USA in der arabischen Welt schwer geschadet. Außerdem war bei einer Schlacht um Bagdad und einer zeitweiligen Besetzung des Irak mit großen amerikanischen Verlusten zu rechnen.

Weil Bush all das nicht verantworten wollte, zog er es vor, die Iraker am 15. Februar 1991 zum Sturz Saddams aufzurufen. Der Appell aus Washington fand Gehör – aber nur bei einem Teil der schiitischen Bevölkerungsmehrheit, vor allem im Süden des Landes um Basra, die sich von dem laizistischen Sunniten Saddam und seiner ebenfalls laizistischen Baath-Partei seit langem diskriminiert fühlten, und bei den Kurden im Norden des Irak. Beide Aufstände wurden von Saddam mit der von ihm gewohnten Brutalität niedergeschlagen – im Südirak durch den Cousin des Diktators, Ali Hassan, den berüchtigten «Chemie-Ali». Tausende von Menschen verloren bei der Niederwerfung der schiitischen «Intifada» das Leben. Im kurdischen Norden waren 3 Millionen Menschen auf der Flucht. Da die Türkei ihre Grenze zum Irak gesperrt hatte und auch Iran keine kurdischen Flüchtlinge aufnehmen wollte, erschien ihre Situation schier ausweglos.

Aktive militärische Unterstützung des Westens erhielten die Rebellen nicht. Da die USA einen Zerfall des Irak in rivalisierende Staaten verhindern wollten, begnügten sie sich zunächst mit humanitärer Hilfe für die Kurden. Im April 1991 verhängten die Vereinigten Staaten, Großbritannien und Frankreich zudem, um Luftangriffen auf die Kurden einen Riegel vorzuschieben, ein Verbot für irakische Kampfflugzeuge und Kampfhubschrauber, in den Norden des Irak einzudringen. Ende August 1992 folgte die Errichtung einer Flugverbotszone auch für den schiitischen Süden des Landes. Für die USA bedeutete das, daß sie sehr viel länger als geplant Truppen in Saudi-Arabien sowie im Norden des Irak unterhalten mußten. Am 3. April 1991 nahm der Irak die UN-Resolution 687 an, die ihn zur Anerkennung der Souveränität und der territorialen Integrität Kuwaits sowie zu Reparationszahlungen an das Emirat verpflichtete und ihm ein Rüstungsembargo auferlegte. Außerdem willigte der Irak in die Vernichtung seiner Raketen mit einer Reichweite von über 150 Kilometern sowie seiner chemischen und biologischen Waffenarsenale und der entsprechenden Fertigungsanlagen unter Aufsicht der Vereinten Nationen ein, die auch die Einhaltung des Atomwaffensperrvertrags durch den Irak überwachten.

Am 12. April trat der endgültige Waffenstillstand in Kraft. Damit war der (nach dem irakisch-iranischen Krieg der achtziger Jahre) zweite Golfkrieg von 1991 offiziell beendet. Doch es war höchst zweifelhaft, ob Saddam Hussein sich an die Zusicherungen halten würde, zu denen ihn der Sieg der Alliierten genötigt hatte. Von einem dauerhaften Frieden war die Golfregion im Frühjahr 1991 jedenfalls noch weit entfernt.

Nicht nur die USA, auch einige ihrer westeuropäischen Verbündeten hatten in den siebziger und achtziger Jahren den Irak Saddams auf vielfältige Weise unterstützt, auf besonders markante Weise Frankreich und, auf wirtschaftlichem Gebiet, die Bundesrepublik Deutschland. Frankreich war der Lieferant von Kampfflugzeugen, Kampfhubschraubern, Panzern, Raketen und militärisch nutzbarer Hochtechnologie gewesen und unter Giscard d'Estaing auch ein enger Partner des Irak auf dem Gebiet der Kernenergie – eine Zusammenarbeit, die Mitterrand nach 1981 mit Rücksicht auf Israel nicht mehr fortsetzte. Mit der Hilfe eines westdeutschen Unternehmens, der Frankfurter Firma Karl Kolb, hatte Saddam jenes Giftgas produzieren können, mit dem er Iran und im eigenen Land die Kurden bekriegte. Wären die Scud-Raketen, die während des Golfkrieges in Israel, unter anderem in Tel Aviv und Haifa, einschlugen, mit Giftgas-Sprengköpfen ausgerüstet gewesen, hätte dies das wiedervereinigte Deutschland in eine schwere diplomatische, innenpolitische und moralische Krise gestürzt.

Als sich im Frühjahr 1990 die Krise am Golf zuspitzte, stellte Mitterrand die französischen Waffenlieferungen an den Irak ein. Der Präsident ordnete zudem, in Abstimmung mit den dortigen Regierungen, die Verlegung französischer Truppenverbände nach Saudi-Arabien und in die Vereinigten Arabischen Emirate an. Noch kurz vor Ablauf des Ultimatums der Vereinten Nationen versuchte Mitterrand, ähnlich wie zur gleichen Zeit auch Michail Gorbatschow und ebenso erfolglos wie dieser, sich als Vermittler zwischen Washington und Bagdad zu betätigen. Die aktive militärische Unterstützung, die er den USA im Golfkrieg gewährte, war innerhalb der Pariser Regierung keineswegs unumstritten. Verteidigungsminister Chevènement, der an der unabhängigen Nahostpolitik Frankreichs festhalten wollte, trat am 29. Januar 1991 aus Protest gegen Mitterrands proamerikanische Haltung zurück. Mit dem Krieg verlor Frankreich den bislang wichtigsten auswärtigen Kunden seiner Rüstungsindustrie. Auf 24 Milliarden Francs belief sich die Summe, die der Irak 1991 Frankreich noch schuldete – ein wichtiger Grund, weshalb Mitterrand, im Gegensatz zu Bush, das Waffenarsenal des Irak möglichst intakt lassen wollte.

Die Bundesrepublik nahm die militärisch brisante Kooperation deutscher Unternehmen mit dem Irak und anderen arabischen Diktaturen erst im Februar 1991 zum Anlaß, verdeckte Rüstungsexporte einer schärferen Kontrolle zu unterwerfen – ein überfälliger Schritt, da bereits 1989 ein anderer einschlägiger Skandal, der Bau einer Giftgasfabrik im libyschen Rabta durch die deutsche Firma Imhausen, publik geworden war. Eine Entsendung deutscher Truppen in die Kampfzone stand 1991 nicht ernsthaft zur Debatte. Auf der politischen Linken, bei den Grünen und Teilen der SPD, wurde jedwede Beteiligung am Golfkrieg vehement abgelehnt – häufig unter Hinweis auf die besondere Friedenspflicht Deutschlands, die sich aus den nationalsozialistischen Verbrechen im Zweiten Weltkrieg, besonders der Judenvernichtung, ergab. Die wieder erstarkende Friedensbewegung gab die Parole «Kein Blut für Öl» aus und rief ihre Anhänger auf, zur Bekundung ihres Bekenntnisses zur unbedingten Gewaltlosigkeit weiße Bettlaken aus den Fenstern zu hängen. Daß der Irak der Aggressor war, daß der Sicherheitsrat der Vereinten Nationen die Gegengewalt gegen die Gewalt Saddam Husseins legitimiert hatte, daß die Scud-Raketen aus dem Irak in Israel einschlugen: Die deutsche Friedensbewegung ließ sich durch nichts davon abbringen, daß die Bundesrepublik die Pflicht hatte, sich dem Krieg der amerikanischen «Imperialisten» zu widersetzen.

Am 3. Oktober 1990 war Deutschland in den Genuß der vollen Souveränität gelangt – aber kaum jemand empfand das offenbar als Gewinn. Solange der Deutschlandvertrag und die in ihm niedergelegten alliierten Vorbehaltsrechte galten, war die Bundesrepublik nicht im klassischen Sinn souverän gewesen: Im militärischen Ernstfall, der Frage von Krieg und Frieden, konnte sie keine selbständigen Entscheidungen treffen. Die Bundeswehr durfte überdies, der gängigen, wenn auch keineswegs unumstrittenen Auslegung des Grundgesetzes zufolge, nur bei einem Angriff auf das Bundesgebiet, auf ein anderes Mitgliedsland des Atlantischen Bündnisses sowie, unter bestimmten Voraussetzungen, im Fall eines inneren Notstands und bei Naturkatastrophen eingesetzt werden.

Für die Bundesrepublik war es ein Glück, daß der Konflikt um Kuwait erst zu einem Zeitpunkt ausbrach, als die schwierigsten Hürden auf dem Weg zur deutschen Einheit bereits genommen waren. Aber auch bei Beginn des Golfkrieges im Januar 1991 hatte der Oberste Sowjet den Zwei-plus-Vier-Vertrag noch nicht ratifiziert, was Außenminister Genscher veranlaßte, auf äußerste Zurückhaltung Bonns zu drängen. Deutschland sollte Israel und den beiden angelsächsischen Mächten materiell helfen, selbst aber keine Soldaten für den Krieg im Nahen Osten zur Verfügung stellen. Bei den Verbündeten stieß diese Linie auf Kritik. Vor allem in britischen, amerikanischen und israelischen Zeitungen hieß es immer wieder, die Deutschen wollten sich durch Geld von einem eigenen militärischen Engagement freikaufen.

Völlig konnte sich das vereinte Deutschland aus dem militärischen Geschehen im Nahen Osten aber nicht heraushalten. Die Bundesrepublik diente als Drehscheibe für den amerikanischen Nachschub. Sie verlegte Soldaten in die verbündete Türkei, die als militärisch bedroht galt, und lieferte im großen Stil Waffen, darunter Spürpanzer, an Israel. Mehrere Wochen nach der vernichtenden Niederlage Saddams am 27. Februar, aber noch vor dem endgültigen Waffenstillstand, der am 12. April in Kraft trat, entsandte die Bundeswehr Minensuchboote in den Persischen Golf. Vor allem aber zahlte Bonn. Insgesamt waren es 18 Milliarden DM, mit denen sich die Bundesrepublik an der Finanzierung der alliierten Intervention beteiligte. Die westlichen Verbündeten waren davon nicht beeindruckt: «Scheckbuchdiplomatie» war noch eine der freundlicheren Formeln, mit denen die deutsche Politik im Golfkrieg bedacht wurde.

Die Überwachung der teilweisen Entmilitarisierung des Irak oblag gemäß der Resolution 687 des Sicherheitsrats einer neugebildeten Sonderkommission der Vereinten Nationen, der United Nations Special Commission, kurz Unscom genannt. In Sachen Respektierung des Atomwaffensperrvertrags war die Internationale Atomenergiebehörde (IAEA) in Wien, eine eigenständige Organisation innerhalb der UNO, zuständig. Von Anfang an wurde die Arbeit der Inspekteure vom Saddam-Regime nach besten Kräften, wenn auch meist nicht sehr erfolgreich, behindert. 1991 entdeckten die Kontrolleure hoch angereichertes Uran, wie es zum Bau von Atombomben erforderlich war, außerdem Artilleriegranaten, die mit chemischen Giften gefüllt waren, Scud-Raketen und andere Offensivwaffen.

Im Norden des Irak blieben, gestützt auf die Resolution 688 des Sicherheitsrats vom 5. April 1991, die um der Menschenrechte der Kurden willen tief in die Souveränität des Irak eingriff und insoweit einen geradezu revolutionären Charakter hatte, Truppen der Vereinten Nationen stationiert. Unter ihrem Schutz entstand dort ein de facto autonomes kurdisches Gebiet, in dem 1992 erstmals freie Parlaments- und Präsidentenwahlen stattfinden konnten. Außerhalb dieses Territoriums, das seiner Macht bis auf weiteres entzogen war, verstieß Saddam Hussein immer wieder gegen die Auflagen der Vereinten Nationen. Als irakisches Militär Anfang 1993 in die entmilitarisierte Zone an der Grenze zu Kuwait und in die Flugverbotszone im Norden und Süden des Irak eindrang, ordnete Präsident Bush am 19. Januar, seinem vorletzten Amtstag, als Strafaktion Bombenangriffe auf verdächtige Anlagen im Süden Bagdads an. Innerhalb der ersten zehn Jahre nach dem Golfkrieg verabschiedete der Sicherheitsrat der Vereinten Nationen 16 Resolutionen, in denen er die Obstruktion Saddam Husseins verurteilte und den sofortigen uneingeschränkten Zugang zu allen Anlagen forderte, die den Inspektoren als verdächtig erschienen. Eine wesentliche Änderung der irakischen Politik bewirkte er damit nicht.

Der alliierte Sieg im Golfkrieg von 1991 hatte Kuwait die Wiederherstellung seiner Unabhängigkeit gebracht. Saddam Hussein hatte den Kampf um die Hegemonie in der Golfregion und zum größten Teil auch seinen Rückhalt in der arabischen Welt verloren: Das war das wichtigste Ergebnis des Kampfes der heterogenen Koalition gegen ihn, die er durch seine aggressive Politik letztlich selbst ins Leben gerufen hatte. Daß er innerhalb des Irak sein Terrorregime fortführen, ja weiter radikalisieren konnte, verdankte er der Entschlossenheit der Regierung Bush, sich strikt an das Mandat der Vereinten Nationen zu halten. Der Preis, den die Vereinigten Staaten für ein eigenmächtiges Handeln und damit für einen Konflikt mit der Weltorganisation zu zahlen gehabt hätten, wäre vermutlich sehr viel höher gewesen: Sie hätten ihre moralische Autorität aufs Spiel gesetzt – eine Autorität, die nie größer war als zu dem Zeitpunkt, wo die kommunistische Herrschaft über Ostmittel- und Südosteuropa überwunden war und die Sowjetunion aufgehört hatte, der weltpolitische Widerpart der USA zu sein.[17]

Der Balkan im Aufruhr:
Das Ende des Kommunismus in Albanien und
der Beginn der jugoslawischen Nachfolgekriege

Das einzige Land Europas, das zu Beginn des Jahres 1990 noch eine kommunistische Diktatur war, war Albanien. Doch im Februar geschah etwas Bemerkenswertes: Die Regierung in Tirana ordnete, um Zerstörungen regimefeindlicher Demonstranten zuvorzukommen, die Beseitigung aller Stalin-Denkmäler an. Im Mai gab Staats- und Parteichef Ramiz Alia ein unübersehbares Signal der innenpolitischen Liberalisierung: Albanien, das sich in der Verfassung vom Dezember 1976 stolz als der erste atheistische Staat der Welt bezeichnet hatte, stellte die Religionsfreiheit wieder her.

Zwei Monate später stürmten Tausende von Albanern, die auf diese Weise ihre Ausreise aus dem bitterarmen Land erzwingen wollten, die Botschaften westlicher Länder in Tirana, davon 3000 allein die diplomatische Vertretung der Bundesrepublik Deutschland. Die Polizei machte von der Schußwaffe Gebrauch, was scharfe ausländische Proteste auslöste. Um weitere internationale Spannungen zu vermeiden, erteilte das Regime den Botschaftsflüchtlingen schließlich am 12. Juli die Genehmigung zur Ausreise. Im gleichen Monat nahm Albanien die 1961 abgebrochenen Beziehungen zur Sowjetunion wieder auf. Ende Juli folgte die Öffnung des Landes für ausländische Investoren in Form der Zulassung von «Joint Ventures». Nach größeren Studentendemonstrationen Anfang Dezember entschloß sich die politische Führung, dem Drängen auf die Zulassung unabhängiger politischer Parteien stattzugeben. Als erste entstand Ende 1990 die Demokratische Partei unter dem Arzt Sali Berisha.

Mit dem verordneten Regimewechsel versuchte die kommunistische Partei, die Partei der Arbeit Albaniens, der Gefahr vorzubeugen, daß Albanien gesellschaftlich kollabierte oder in einem Bürgerkrieg versank – was angesichts zahlreicher Plünderungen und Zerstörungen durch aufgebrachte Massen eine durchaus reale Möglichkeit war. Als letzter verbliebener kommunistischer Staat in Südosteuropa hatte das Land keine Chance, die dringend benötigte westliche Wirtschaftshilfe zu erlangen. Daher war es nur folgerichtig, daß Ramiz Alia Anfang 1991 freie Wahlen ankündigte – zuerst für den 10. Februar, dann auf

Grund des Einspruchs der neu entstehenden, aber noch kaum organisierten Parteien, für den 31. März 1991. Angesichts der anhaltenden, gewissermaßen strukturellen Privilegierung der kommunistischen Partei durch den Staatsapparat und die von ihm kontrollierten Medien war das Ergebnis der Parlamentswahl keine große Überraschung: Die Partei Alias erhielt 55,8, die Demokratische Partei Berishas 38,7 Prozent.

Die von Alia angebotene Zusammenarbeit mit der Opposition kam auf Grund blutiger Zusammenstöße in Shkodra zunächst nicht zustande. Die Demokratische Partei verweigerte sogar die Teilnahme an der konstituierenden Sitzung des neugewählten Parlaments. Am 20. April wurde Alia zum Präsidenten Albaniens gewählt. Erst nach einem Generalstreik, der am 16. Mai begann und dreieinhalb Wochen dauerte, vereinbarten Regierung und Opposition die Bildung eines Koalitionskabinetts, das sich «Regierung der Stabilität des Landes» nannte und am 11. Juni seine Arbeit aufnahm, sowie die Abhaltung von Neuwahlen Ende März 1992. Vom Dezember 1990 bis August 1991 gab es immer wieder große Fluchtwellen: auf dem Landweg nach Griechenland und Jugoslawien und auf dem Seeweg nach Italien, das ähnlich wie Griechenland die meisten Flüchtlinge nach Albanien zurückschickte.

Außenpolitisch erreichte Alia im Juni 1991 nicht zuletzt dank deutscher Unterstützung die erstrebte Aufnahme seines Landes in die KSZE, der es 1975 als einziger europäischer Staat nicht beigetreten war. Ein Vierteljahr zuvor, am 15. März 1991, hatte die Regierung in Tirana diplomatische Beziehungen zu den USA aufgenommen. Im Mai tat Albanien denselben Schritt gegenüber Großbritannien, im September gegenüber dem Vatikan. Aus den Neuwahlen vom 22. und 29. März 1992 ging die Demokratische Partei mit einem Stimmenanteil von 62,3 Prozent als Siegerin hervor. Auf die Exkommunisten, die sich jetzt Sozialistische Partei Albaniens nannten, entfielen 23,7 Prozent. Nach dem Rücktritt Alis wurde Sali Berisha am 9. April zum neuen Präsidenten Albaniens gewählt. Regierungschef wurde vier Tage später Alexander Meksi.

Die neue Regierung setzte Wirtschaftsreformen in Gang, die es dem Land ermöglichten, den ökonomischen Abwärtstrend umzudrehen: War die Wirtschaftsleistung Albaniens 1991 noch um 28 Prozent zurückgegangen, so wuchs sie 1992 um 7,2 und 1993 um 9,6 Prozent.

Die Inflationsrate fiel von 237 Prozent im Jahr 1992 auf 36,9 Prozent im folgenden Jahr und 15,8 Prozent im Jahr 1994. Die Arbeitslosenquote, die 1991 bei etwa 40 Prozent gelegen hatte, sank zwischen 1992 und 1996 von 27 auf 12,3 Prozent. Westliche Wirtschaftshilfe trug entscheidend zu diesen Erfolgen bei. Die staatlichen Strukturen wandelten sich währenddessen nur wenig – ein tieferer Grund der politischen Krise, in die Albanien in der zweiten Hälfte der neunziger Jahre geraten sollte.

Für Jugoslawien begann das politische Jahr 1990 mit einem außerordentlichen Kongreß des Bundes der Kommunisten Jugoslawiens im Januar. Er verständigte sich darauf, sein in der Verfassung verankertes Machtmonopol aufzugeben. Dagegen verfiel der Antrag der slowenischen Delegation, ihrer Partei mehr Autonomie einzuräumen, der Ablehnung. Seine Befürworter verließen daraufhin den Parteitag. Im Februar erklärte sich die slowenische KP für selbständig; im Mai löste sich der Bund der Kommunisten Jugoslawiens faktisch auf. Bei den Parlamentswahlen in Slowenien und Kroatien siegten im April und Mai 1990 nichtkommunistische Gruppierungen, wobei in Kroatien die nationalistische Kroatische Demokratische Gemeinschaft (HDZ) unter Franjo Tudjman den größten Erfolg verbuchte. Am 2. Juli beschlossen die Parlamente in Ljubljana und Zagreb mit jeweils großer Mehrheit den Vorrang ihrer Verfassungen vor der jugoslawischen Bundesverfassung und damit die Souveränität ihrer Republiken. Der slowenische Außenminister Dimitrij Rupel kommentierte die Entscheidung mit der Feststellung: «Jugoslawien existiert nicht mehr.»

Im August beantworteten die Serben in der zu Kroatien gehörenden Krajina den Zagreber Unabhängigkeitskurs damit, daß sie sich in einem inoffiziellen Referendum für die Unabhängigkeit aussprachen. In der Folgezeit mehrten sich die Zusammenstöße zwischen Serben und Kroaten. Im Oktober 1990 verlangten die neugewählten Präsidenten von Slowenien und Kroatien, Milan Kučan und Franjo Tudjman, die Umwandlung Jugoslawiens in eine lockere Konföderation – ein Vorstoß, den Serbien und Montenegro sofort zurückwiesen, während Bosnien-Herzegowina und Mazedonien sich für Kompromißlösungen aussprachen. Am 23. Dezember stimmten die Slowenen in einem Referendum mit einer Mehrheit von 88,5 Prozent für die Unabhängigkeit. Parallel zu den nationalen Bestrebungen der Slowenen und Kroaten bereiteten die ethnischen Albaner des Kosovo, dem Serbien im März 1989 den autonomen Status aberkannt hatte, die institutionellen Strukturen eines künftigen unabhängigen Staates vor.

Ein letzter Versuch der jugoslawischen Zentralregierung unter Ministerpräsident Ante Marković, eine Verständigung zwischen den einzelnen Republiken über eine Reform des Staatswesens herbeizuführen, scheiterte im Dezember 1990. Im März 1991 begannen Kroatien und Slowenien mit dem Aufbau einer eigenen Polizei und eines eigenen Militärs. Der Befehlshaber der serbisch dominierten Jugoslawischen Volksarmee (JVA), General Veljko Kadijević, drohte daraufhin öffentlich, seine Truppen stünden bereit, die territoriale Integrität Jugoslawiens zu verteidigen. Die serbische Führung unter Präsident Slobodan Milošević trieb die Eskalation weiter voran, als sie am 15. Mai die turnusmäßige Wahl des Kroaten Stjepan Mesić zum Vorsitzenden des jugoslawischen Staatspräsidiums verhinderte. Damit fehlte dem Gesamtstaat das Staatsoberhaupt und infolgedessen der Oberkommandierende der Streitkräfte. Vier Tage später fand in Kroatien ein Referendum statt, in dem sich 93,24 Prozent der Abstimmenden für die Souveränität und Unabhängigkeit der bisherigen Teilrepublik aussprachen. Die serbische Minderheit in der Krajina boykottierte die Abstimmung. Der nächste Schritt war der entscheidende: Am 25. Juni 1991 erklärten Kroatien und Slowenien ihre Unabhängigkeit.

Die Auflösung Jugoslawiens war die Folge der fortschreitenden Erosion des Willens zum Zusammenhalt – eines Prozesses, der bald nach dem Tod des Staatsgründers Josip Broz Tito im Mai 1980 begonnen hatte. Titos persönliches Charisma hatte wesentlich dazu beigetragen, das multinationale Staatswesen zusammenzuhalten. Unter denen, die ihm folgten, war niemand, der über eine vergleichbare Ausstrahlung verfügte. Soweit Politiker wie Milošević oder Tudjman über charismatische Fähigkeiten verfügten, nutzten sie diese, wie der britische Soziologe John B. Allcock bemerkt, nicht, um den jugoslawischen «demos» zu stärken, sondern um das serbische oder kroatische «ethnos» aufzuwerten. Während serbische Nationalisten auf eine hegemoniale Stellung ihrer Teilrepublik innerhalb Jugoslawiens hinarbeiteten, wollten die sezessionistischen Kräfte in den wirtschaftlich sehr viel weiter entwickelten nördlichen Republiken nicht länger vom vergleichsweise rückständigen Serbien bevormundet werden – vom Kostgängertum einer so armen Teilrepublik wie Mazedonien ganz zu schweigen.

Je mehr sich die wirtschaftliche Lage Jugoslawiens verschlechterte, desto deutlicher trat die ökonomische Dimension des Unabhängigkeitsstrebens in Slowenien und Kroatien hervor. Gesellschaftliche und politische Kräfte, denen am Erhalt supranationaler Strukturen lag, gab es Ende der achtziger und Anfang der neunziger Jahre kaum noch. In den Worten der deutschen Historikerin Marie-Janine Calic: «Identitäten und Loyalitäten wurden umdefiniert, eingespielte Mechanismen von Machtteilung und Schlichtung existierten nicht mehr. Die Auflösung der politischen Ordnung, die Desintegration der multiethnischen Räume und der Verlust des staatlichen Gewaltmonopols produzierten ein gefährliches Vakuum.»

Die Jugoslawische Volksarmee, inzwischen ein reines Machtinstrument Serbiens, beantwortete die Unabhängigkeitserklärungen Sloweniens und Kroatiens offensiv. Als Slowenien sich anschickte, seine Grenze zu Kroatien in eine internationale Grenze zu verwandeln, ging die JVA zum Angriff über. Die slowenischen Streitkräfte konnten sich jedoch behaupten: In den Kämpfen kamen 44 «jugoslawische» und 6 slowenische Soldaten um. Am 7. Juli wurde auf der Adriainsel Brioni ein von der Europäischen Gemeinschaft vermittelter Waffenstillstand unterzeichnet. Das Abkommen sah den Rückzug der JVA in ihre Kasernen vor; Kroatien und Slowenien versprachen, den Vollzug ihrer Unabhängigkeitserklärungen für drei Monate auszusetzen; der Kroate Mesić sollte turnusmäßig zum Vorsitzenden des Staatspräsidiums gewählt, spätestens am 1. August mit Verhandlungen über die Zukunft Jugoslawiens begonnen werden.

Das rasche Ende der Kämpfe in Slowenien war wesentlich der Tatsache zu verdanken, daß in der nördlichsten Republik Jugoslawiens nur wenige Serben lebten. In Kroatien, wo insgesamt 12,2 Prozent der Bevölkerung ethnische Serben waren, lagen die Dinge anders. Unmittelbar nach der Zagreber Unabhängigkeitserklärung entbrannten in den Regionen mit starkem serbischen Bevölkerungsanteil – der Banija, Slawonien, Dalmatien und der Krajina – Kämpfe zwischen Gruppen von bewaffneten Serben und Kroaten. Die JVA griff an der Seite der serbischen Freischärler, der «Tschetniks», in die Auseinandersetzungen ein, womit das Brioni-Abkommen zur Makulatur wurde.

Eine von der EG am 7. September nach Den Haag einberufene, von dem früheren britischen Außenminister und ehemaligen Generalsekretär der NATO, Lord Carrington, geleitete Friedenskonferenz blieb praktisch folgenlos. Im September wurde die Barockstadt Vukovar, im Oktober Dubrovnik, die legendäre «Perle der Adria», durch serbische Artillerie beschossen und teilweise zerstört. Die kroatische Bevölkerung der besetzten Gebiete, etwa eine halbe Million Menschen, wurde vertrieben. Bei der Einnahme des zerstörten Vukovar im November erlitten etwa 300 Zivilisten, die sich in ein Krankenhaus geflüchtet hatten, ein furchtbares Schicksal: Sie wurden von serbischen Einheiten aus der Stadt geführt und erschossen. Kroatien verlor im Herbst 1991 im Zuge der «ethnischen Säuberungen» (dies der von serbischer Seite erstmals in den achtziger Jahren verwandte, verharmlosende Begriff) de facto ein Drittel seines Staatsgebiets.

Um dieselbe Zeit spitzten sich die Konflikte in der ethnisch und konfessionell heterogensten Teilrepublik Jugoslawiens, Bosnien-Herzegowina, zu: Die muslimischen Bosniaken stellten hier mit 44 Prozent der Bevölkerung die stärkste Gruppe, gefolgt von den orthodoxen Serben mit 31 und den katholischen Kroaten mit 17 Prozent. Aus den ersten freien Parlamentswahlen im November und Dezember 1990 war die muslimische Partei der Demokratischen Aktion unter Alija Izetbegović als Siegerin hervorgegangen; am 19. Dezember hatte Izetbegović den Vorsitz im Staatspräsidium übernommen. Sein stärkster Widersacher war Radovan Karadžić, der Führer der bosnischen Serben. Am 14. Oktober 1991 beschloß das Parlament von Bosnien-Herzegowina in Sarajevo, nachdem die serbischen Abgeordneten die Sitzung unter Protest verlassen hatten, die Abhaltung eines Referendums über die Unabhängigkeit. Die Entscheidung der bosniakischen und kroatischen Volksvertreter war eine Reaktion auf serbische Provokationen wie die Zerstörung des überwiegend von Kroaten bewohnten Dorfes Ravno durch serbische und montenegrische Reservisten im September und den putschartigen Beschluß des jugoslawischen Rest-Staatspräsidiums vom 8. Oktober, Beschlüsse künftig mit der Mehrheit der anwesenden Mitglieder zu fassen und gewisse Funktionen des Bundesparlaments zu übernehmen.

Die bosnischen Serben beantworteten den Beschluß vom 14. Oktober mit der Einberufung einer Serbischen Nationalversammlung. Diese organisierte eine Volksbefragung, in der sich am 10. und 11. November 99 Prozent der Abstimmenden für einen gemeinsamen Staat mit Serbien, Montenegro und der «Serbischen Autonomen Provinz Krajina», also einem Teil Kroatiens, aussprachen. Am 19. November folgte die Unabhängigkeitserklärung Mazedoniens. Sie war der Vollzug eines von Albanern und Serben boykottierten Referendums, in dem sich zehn Wochen zuvor, am 8. September, 74,1 Prozent der Abstimmenden für ebendieses Ziel ausgesprochen hatten.

Die Europäische Gemeinschaft hatte im Juni und Juli 1991 in den Slowenien und Kroatien betreffenden Fragen mit *einer* Stimme gesprochen, was das grundsätzliche Ja zum Fortbestand Jugoslawiens einschloß. Das Brioni-Abkommen gab dem luxemburgischen Außenminister Jacques Poos, Mitglied einer mit Jugoslawien befaßten EG-Troika, Anlaß zu der selbstbewußten Feststellung: «Dies ist die Stunde Europas ..., nicht die Stunde der Vereinigten Staaten.» Seine Euphorie war unbegründet: In dem Maß, wie auf dem Balkan wieder die Waffen sprachen, zerfiel die EG in unterschiedliche Lager. Eine Zeitlang schien es sogar, als kehrten die Blockbildungen der Jahre vor 1914 zurück: Auf der einen Seite standen Franzosen und Briten, die eine alles in allem serbienfreundliche Linie verfolgten, auf der anderen Seite Deutschland, dessen Regierung seit dem Spätsommer 1991 unter dem Eindruck des Drängens der katholischen Kirche, der Berichte und Kommentare der konservativen Tageszeitungen «Frankfurter Allgemeine» und «Die Welt» und nicht zuletzt der Meinung der großen Mehrheit des Bundestags immer deutlicher als Fürsprecher der Unabhängigkeit Kroatiens und Sloweniens hervortrat.

Außerhalb der EG wurde die deutsche Position von Österreich und Ungarn, die der Briten und Franzosen von den Vereinigten Staaten unterstützt. Für die Bundesrepublik hatte die rasche Beendigung des serbischen Krieges gegen Kroatien Vorrang. Briten und Franzosen betonten die Notwendigkeit eines wirksamen Minderheitenschutzes in Kroatien und, möglichst, einer Gesamtlösung für Jugoslawien. Weniger offen ausgesprochen wurde eine gemeinsame Befürchtung der Regierungen in Paris und London: Deutschland könnte in Anknüpfung an eine ältere, im Ersten Weltkrieg und danach virulente Tradition die Absicht verfolgen, mit Hilfe neuer Staaten wie Kroatien und Slowenien den Grund für ein von ihm dominiertes «Mitteleuropa» zu legen.

An einen deutschen Alleingang in Sachen Anerkennung Kroatiens und Sloweniens dachte die Bonner Regierung, entgegen einer noch heute weitverbreiteten Auffassung, zu keiner Zeit. Vielmehr setzte Außenminister Genscher beharrlich darauf, die anderen Mitgliedstaaten der EG von der Notwendigkeit einer baldigen Anerkennung Kroatiens und Sloweniens zu überzeugen. Die offene Aggressivität Serbiens trug viel dazu bei, daß sich der Widerstand gegen die von Deutschland befürwortete Politik seit Oktober 1991 abschwächte. Am 18. Oktober erklärte der niederländische Außenminister Hans van den Broek als Vorsitzender des Rats der Außenminister der EG, wenn bis zum 10. Dezember 1991 eine politische Lösung nicht erreicht und die JVA sich bis zu diesem Datum nicht völlig aus Kroatien zurückgezogen habe, würde für die Gemeinschaft der Zeitpunkt gekommen sein, über die Anerkennung Sloweniens und Kroatiens zu entscheiden. «Dann können wir das Recht auf Unabhängigkeit nicht länger negieren.» Am 8. November beschlossen die Außenminister der EG am Rande eines NATO-Gipfels in Rom Sanktionen gegen Serbien und das mit ihm verbündete Montenegro. An den Sicherheitsrat der Vereinten Nationen erging die Aufforderung, ein Ölembargo gegen die beiden Staaten zu verhängen.

Ein weiteres wichtiges Datum auf dem Weg zur diplomatischen Anerkennung Sloweniens und Kroatiens war der 27. November 1991. Vor dem Deutschen Bundestag erklärte Bundeskanzler Kohl, die völkerrechtliche Anerkennung der jugoslawischen Republiken, die dies wünschten, dürfte nicht durch die Blockierung der Friedensbemühungen auf die lange Bank geschoben werden. Die Entscheidung über die Anerkennung durch Deutschland werde noch vor Weihnachten erfolgen – rund zwei Wochen nach dem vom niederländischen Außenminister genannten Termin. Zehn Tage später, am 7. Dezember, legte eine von der EG eingesetzte, vom Präsidenten des französischen Verfassungsrates, Robert Badinter, geleitete Kommission der Verfassungsgerichtspräsidenten der EG-Staaten ihr Gutachten vor. Darin erklärte die Kommission, es sei Sache der jugoslawischen Republiken, die Probleme der Staatennachfolge, die sich aus der Auflösung der Sozialistischen Föderativen Republik Jugoslawien ergäben, im Einklang mit den Prinzipien des Völkerrechts zu lösen, dabei insbesondere die Menschenrechte sowie die Rechte der Völker und der Minderheiten zu achten und über einen neuen Zusammenschluß mit demokratischen Institutionen ihrer Wahl zu entscheiden. Das Recht der bisherigen Teilrepubliken auf Unabhängigkeit und deren völkerrechtliche Anerkennung wurde damit eindeutig bejaht und dem Selbstbestimmungsrecht der Völker ein höherer Rang zugesprochen als dem (im konkreten Fall zur Fiktion gewordenen) Prinzip der unbeschränkten Souveränität der Staaten.

Am 16. Dezember 1991, sechs Tage nach dem historischen Gipfel der EG in Maastricht, traten die zwölf Außenminister der Gemeinschaft zu einer Konferenz in Brüssel zusammen. Auf Drängen Genschers vereinbarten sie, die Unabhängigkeit aller jugoslawischen Republiken anzuerkennen, die bestimmte, auf der Linie der Badinter-Kommission liegende Bedingungen erfüllten. Dieser Beschluß sollte am 15. Januar 1992 umgesetzt werden. Der deutsche Außenminister erklärte daraufhin, die Bundesregierung werde noch vor Weihnachten über eine Anerkennung entscheiden, diplomatische Beziehungen aber nicht vor dem 15. Januar aufnehmen. Widerspruch gegen diese Ankündigung wurde nicht laut. Daß auch Großbritannien und Frankreich der deutschen Linie folgten, lag nicht zuletzt an beträchtlichen Zugeständnissen, die Deutschland kurz zuvor in Sachen Politische Union auf dem Maastrichter Gipfel gemacht hatte – ein Zusammenhang, auf den zurückzukommen sein wird.

Drei Tage nach der Brüsseler Konferenz der Außenminister, am 19. Dezember, beschloß die Bundesregierung die völkerrechtliche Anerkennung der jugoslawischen Republiken, die bis zum 23. Dezember erklärten, daß sie als unabhängige Staaten anerkannt werden wollten und die von den Außenministern der EG genannten Bedingungen erfüllen würden. Bis zum 23. Dezember lagen die entsprechenden Erklärungen der Regierungen in Ljubljana und Zagreb vor. Am 11. Januar 1992 befürwortete die Badinter-Kommission ausdrücklich die Anerkennung Kroatiens und Sloweniens.

Eine Entscheidung über die Anerkennung Mazedoniens war von der EG auf Grund griechischer Bedenken, vor allem wegen der Sorge vor etwaigen Ansprüchen Mazedoniens auf griechisches Territorium, vertagt worden, und ebensowenig erschien wegen vieler ungelöster Fragen eine Entscheidung über die Anerkennung der Unabhängigkeit Bosnien-Herzegowinas spruchreif. Wie eine «Gesamtlösung» für (Ex-) Jugoslawien aussehen könnte, blieb damit offen: ein nach Lage der Dinge wohl unvermeidbares Manko. Am 15. Januar teilte die neue, portugiesische Ratspräsidentschaft die Entscheidung der Zwölf mit, gegenüber Kroatien und Slowenien die Anerkennung auszusprechen. Noch am gleichen Tag nahm die Bundesrepublik Deutschland als erstes Mitgliedsland der Europäischen Gemeinschaft diplomatische Beziehungen mit Slowenien und Kroatien auf.

In einem wichtigen Punkt ging das Kalkül der deutschen Seite auf: Die Entscheidung der EG, Slowenien und Kroatien anzuerkennen, trug, schon bevor sie offiziell in Kraft trat, zu jenem Waffenstillstand bei, der am 2. Januar 1992 von Serbien und Kroatien in Sarajevo unterzeichnet wurde und, anders als seine insgesamt 16 Vorgänger, etwa zwei Monate lang im großen und ganzen hielt. Ein anderer wesentlicher Beitrag kam, in Gestalt des «Vance-Plans», von den Vereinten Nationen: Der im November 1991 von dem früheren amerikanischen Außenminister Cyrus Vance als Vorsitzenden der Genfer Jugoslawien-Konferenz der UNO vorgelegte, von Kroatien und Serbien akzeptierte Friedensplan sah die Einrichtung von «Schutzzonen» vor, in denen eine Blauhelmtruppe der Vereinten Nationen, die UNPROFOR (United Nations Protection Force), für die Einhaltung des Waffenstillstands sorgen sollte. Im März 1992 nahm sie ihre Arbeit auf. Zu diesem Zeitpunkt war die JVA zwar aus Kroatien abgezogen, eine Auflösung der serbischen Freiwilligenverbände aber fand ebensowenig statt wie die der von Serbien eingesetzten Polizeikräfte. Ein Drittel Kroatiens blieb also de facto unter serbischer Kontrolle, so daß eine Rückkehr der vertriebenen Kroaten unmöglich war – ein Sachverhalt, den sowohl die Vereinten Nationen als auch, unter dem Einfluß Großbritanniens und Frankreichs, die Europäische Gemeinschaft billigend in Kauf nahmen.

Die Regierungen in London und Paris hatten 1991 über die Aggressivität der großserbischen Politik unter Milošević lange hinweggesehen, und sie kehrten, nachdem sie, von Deutschland gedrängt, in die völkerrechtliche Anerkennung Sloweniens und Kroatiens eingewilligt hatten, Anfang 1992 zu dieser Grundhaltung zurück. Die Bonner Regierung unterschätzte dagegen beharrlich die Gefährlichkeit des kroatischen Nationalismus. Sie neigte, gestützt auf ein völkerrechtliches Gutachten, dazu, die Versprechen der Zagreber Führung unter Tudjman in Sachen Minderheitenschutz für bare Münze zu nehmen – eine gravierende Fehleinschätzung, wie sich bei späteren Verbrechen gegen die Menschlichkeit auf kroatischer Seite zeigen sollte. Was die Glaubwürdigkeit der deutschen Position zusätzlich erschütterte, war die (wie im Golfkrieg von 1991 mit verfassungsrechtlichen Argumenten begründete) Weigerung der Bundesrepublik, den friedenserhaltenden (peacekeeping) Einsatz der Vereinten Nationen in Kroatien mit einem deutschen Kontingent zu unterstützen.

Der Entwicklung in einem anderen jugoslawischen Krisenherd, Bosnien-Herzegowina, hatten weder Bonn noch Paris oder London zur Zeit der serbisch-kroatischen Kämpfe hinreichende Beachtung geschenkt. Am 9. Januar 1992 riefen die bosnischen Serben, die sich im November in einer Volksbefragung für den Anschluß an ein künftiges Großserbien ausgesprochen hatten, die «Republika Srpska Bosna i Hercegovina» aus. Am 29. Februar und 1. März fand in der Republik Bosnien und Herzegowina (dies der im Dezember 1991 gewählte Staatsname) ein von den Serben boykottiertes Referendum statt, in dem 99 Prozent der Abstimmenden für die Unabhängigkeit dieses Staatswesens votierten. Die bosnischen Serben antworteten darauf am 27. März 1992 mit der Verabschiedung einer eigenen Verfassung.

Eine von der portugiesischen Ratspräsidentschaft der EG am 14. Februar einberufene Bosnienkonferenz konnte die weitere Eskalation nicht mehr aufhalten. Am 2. April lösten die «Tiger», serbische Freiwillige unter dem Befehl des «Arkan» genannten Željko Ražnjatović, mit einem Angriff auf das nahe an der Grenze zu Serbien gelegene Dorf Bijeljine die bewaffneten Kämpfe zwischen den Volksgruppen in Bosnien und Herzegowina aus. Der Überfall erfolgte in enger Abstimmung mit Slobodan Milošević, dessen Armee fortan an der Seite der bosnischen Serben focht. Ein neues, blutiges Kapitel in der Geschichte der jugoslawischen Nachfolgekriege hatte begonnen.[18]

Rechtsruck, Putsch und Untergang:
Die Auflösung der Sowjetunion

Am 20. Dezember 1990 tat der sowjetische Außenminister Eduard Schewardnadse in einer Sitzung der vierten Session des Volksdeputiertenkongresses einen sensationellen, die Weltöffentlichkeit alarmierenden Schritt: Er erklärte seinen Rücktritt, um auf diese Weise gegen die nach seiner Überzeugung «anbrechende Diktatur» zu protestieren. «Die Demokraten machen sich davon, eine Diktatur ist im Anzug – dies erkläre ich mit voller Verantwortung. Niemand weiß, wie die Diktatur aussehen wird, was für eine Diktatur kommt und was für Zustände dann herrschen werden ... Wenn Sie den Knopf drücken, entscheiden Sie über das Schicksal nicht nur Gorbatschows, sondern über das der Perestrojka und der Demokratie.»

Schewardnadses Paukenschlag war auch eine Warnung an Gorbatschow. Dieser hatte seit Oktober eine unverkennbare Schwenkung nach rechts vollzogen. Sie begann mit der Abkehr des Generalsekretärs von den entschiedenen Marktwirtschaftlern um Stanislaw Schatalin und Gregorij Jawlinski, den Hauptautoren des schon erwähnten «500-Tage-Plans», dem sich der Kremlchef erst nach langem Zögern im Sommer 1990 zugewandt hatte, und setzte sich um die Jahreswende 1990/91 in einem Revirement der Staatsführung fort. Im Dezember löste ein «Hardliner», der geborene Lette Boris Pugo, den «liberalen» Innenminister Vadim Bakatin ab; Pugos Stellvertreter wurde der ehemalige Befehlshaber der sowjetischen Truppen in Afghanistan, General Boris Gromow. Das neugeschaffene Amt des Vizepräsidenten, also des Stellvertreters von Gorbatschow in seiner Staatsfunktion, übernahm der ehemalige Gewerkschaftsfunktionär Gennadij Janajew. Am 3. Januar erhielt Janajew auch die Zuständigkeit für die Nominierung neuer Kabinettsmitglieder. Kurz darauf wurde Finanzminister Valentin Pawlow, ein entschiedener Gegner des «500-Tage-Plans», Nachfolger des erkrankten Ministerpräsidenten Nikolaj Ryschkow – eine Entscheidung, die allgemein als Absage an eine rasche Einführung der Marktwirtschaft verstanden wurde. Neuer Außenminister wurde der Karrierediplomat Alexander Bessmertnych.

Für Gorbatschows Kurskorrektur gibt es nur eine plausible Erklärung: Der sowjetische Staats- und Parteichef sah seine Position mittlerweile vor allem von den «Radikalreformern» um den russischen Präsidenten Boris Jelzin, seinen Kontrahenten in der im Sommer 1990 entstandenen «Doppelherrschaft», bedroht. Um sich ihrer zu erwehren und sich eine neue persönliche Machtgrundlage zu verschaffen, verbündete er sich mit Reformgegnern, die er – wie sich bald zeigen sollte, zu Unrecht – für loyal hielt.

Bereits im ersten Monat des neuen Jahres wurde der Mann an der Spitze der Sowjetunion mit fatalen Folgen seiner Fehleinschätzung konfrontiert. Am 11. Januar 1991 übernahm ein prosowjetisches, von Moskau gesteuertes «Komitee zur nationalen Errettung Litauens» einen Putschversuch, der sich gegen Präsident Vytautas Landsbergis und die von ihm geführte Volksfront «Sajudis» richtete. Spezialtruppen des sowjetischen Innenministeriums umzingelten das Parlament sowie den Rundfunk- und Fernsehsender in Vilnius. Als sie zwei Tage später den Sender zu stürmen versuchten, starben in ihrem Gewehr-

feuer 15 Menschen. Hunderttausende von Litauern strömten daraufhin auf die Straße, um das Parlament zu verteidigen. Gorbatschow
hatte zwar keinen Zweifel daran gelassen, daß er gewillt war, eine
«illegale», einseitig vollzogene Sezession notfalls mit allen Mitteln zu
verhindern. Für die blutigen Zusammenstöße in Vilnius aber waren
das KGB, und damit das Innenministerium, sowie das Verteidigungsministerium verantwortlich, die offenbar hinter dem Rücken des
Kremlchefs tätig geworden waren. Eine ähnliche Konstellation ergab
sich am 20. Januar in Riga: Bei einem Angriff sowjetischer Sondertruppen auf das lettische Innenministerium starben sechs Menschen.
Beide Gewaltaktionen schlugen fehl. Am 22. Januar erklärte Gorbatschow auf einer Pressekonferenz, nachdem er zuvor den betroffenen
Familien sein Beileid bekundet hatte, die Entwicklungen in den beiden
baltischen Republiken seien «ganz sicherlich kein Ausdruck des von der
Präsidialgewalt eingeschlagenen Kurses». Eine Sezession aber könne es
nur in Übereinstimmung mit der sowjetischen Verfassung und auf der
Grundlage eines Referendums entsprechend den sowjetischen Gesetzen
geben. Dessen ungeachtet führte Litauen am 9. Februar ein Referendum
auf eigene Verantwortung durch, wobei sich rund 90 Prozent der Abstimmenden für die Unabhängigkeit aussprachen. Am 3. März schlossen
sich Lettland und Estland dem litauischen Beispiel an – mit Mehrheiten
von 74 beziehungsweise 77 Prozent für die Unabhängigkeit. Eine Anerkennung dieser Willensakte durch die Sowjetunion blieb ebenso aus wie
eine neuerliche Moskauer Intervention. Gorbatschow konnte durch
seine Zurückhaltung den Schaden etwas begrenzen, den sein internationales Ansehen durch das Vorgehen der sowjetischen Sicherheitskräfte
im Januar genommen hatte.

Eine Antwort auf die Sezessionsbestrebungen im Baltikum sollte das
«Unionsreferendum» sein, das Gorbatschow am 17. März 1991 durchführen ließ. Darin sprachen sich etwa 80 Prozent der Sowjetbürger für
die Erhaltung der Sowjetunion als «erneuerte Föderation gleichberechtigter souveräner Staaten» aus. Der politische Aussagewert des Volksentscheids war freilich begrenzt: Sechs Sowjetrepubliken – neben den
drei baltischen Staaten Armenien, Georgien und Moldawien – hatten
die Abstimmung boykottiert.

Überschattet wurde der Urnengang durch eine neue Runde von
Bergarbeiterstreiks, bei denen immer wieder auch der Ruf nach einem
Rücktritt Gorbatschows laut wurde. Auf die Drohung mit einem Marsch

der Kumpel nach Moskau reagierte die Sowjetregierung mit einem Demonstrationsverbot für die Hauptstadt in der Zeit vom 26. März bis zum 15. April. Boris Jelzin ließ sich durch diese Maßnahme aber nicht davon abhalten, die Zentralgewalt in einer bisher beispiellosen Weise herauszufordern: Er kündigte für den 28. März eine Demonstration in Moskau an. Rund eine Viertelmillion Menschen nahm daran teil. Über 50 000 Polizisten und Angehörige von Sondertruppen des Innenministeriums standen bereit, um bei Zwischenfällen einzugreifen, erhielten dazu aber keinen Anlaß. Die Demonstration verlief friedlich; die Kraftprobe zwischen Jelzin und Gorbatschow, zwischen Rußland und der Sowjetunion ging unentschieden aus.

Zu einem triumphalen Sieg Jelzins wurde hingegen die erste Direktwahl eines russischen Präsidenten am 12. Juni 1991. Bei einer Wahlbeteiligung von fast 75 Prozent erhielt der Amtsinhaber 57,3 Prozent; auf den früheren sowjetischen Ministerpräsidenten Nikolai Ryschkow entfielen 16,8 Prozent, auf den exzentrischen Rechten Wladimir Schirinowski 8 Prozent. Der Exkommunist Jelzin nutzte die Stärkung seiner Position, um der Kommunistischen Partei einen Schlag zu versetzen: Durch ein Dekret vom 20. Juli verbot er jedwedes Tätigwerden von politischen Parteien am betrieblichen oder behördlichen Arbeitsplatz. Drei Tage später veröffentlichten konservative Reformgegner, darunter Schriftsteller, aber auch die beiden stellvertretenden Minister für Inneres und Verteidigung, die Generäle Gromow und Warennikow, in der Zeitung «Sowjetskaja Rossija» ein «Wort an das Volk». Der Aufruf war eine leidenschaftliche Anklage gegen Politiker, die das Land «in Sklaverei und Untätigkeit» führten und «Rat und Segen jenseits der Meere» suchten – Formulierungen, die eindeutig auf Gorbatschow gemünzt waren, für die beiden Regierungsmitglieder, die den Text mitunterzeichnet hatten, aber folgenlos blieben.

Als Kotau vor dem kapitalistischen Ausland werteten die Verfasser und Unterstützer des «Wortes an das Volk» sicherlich auch die Teilnahme des sowjetischen Staats- und Parteichefs am 17. Weltwirtschaftsgipfel in London vom 15. bis zum 17. Juli 1991. Auf die Einladung an Gorbatschow hatte vor allem Bundeskanzler Kohl gedrängt, der auf dem Treffen der «G7» auch als beredtester Fürsprecher einer großzügigen internationalen Wirtschaftshilfe für die Sowjetunion auftrat. Präsident Bush und der Gastgeber des Gipfels, Premierminister John Major, wollten aber eine westliche Unterstützung der «Perestrojka» an

eine Voraussetzung binden: die konsequente Durchsetzung der Marktwirtschaft. Da davon in der Sowjetunion noch immer keine Rede sein
konnte, blieb es in London bei allgemeinen Sympathiebekundungen
für den von Gorbatschow eingeleiteten Reformprozeß und dem Versprechen, der Sowjetunion bei der Eingliederung in die Weltwirtschaft
zu helfen.

Fast zwei Wochen nach dem Weltwirtschaftsgipfel traf Präsident
Bush zu einem Besuch in Moskau ein. Hauptzweck der Reise war die
Unterzeichnung des START-Abkommens – der feierliche Abschluß der
amerikanisch-sowjetischen Verhandlungen über den Abbau strategischer Waffen (Strategic Arms Reduction Talks), die im Juni 1982 in
Genf begonnen hatten. Gegenüber der Konstellation neun Jahre zuvor
hatte sich die Weltlage dramatisch verändert: Die internationale Hochrüstung auf dem Gebiet der Mittelstreckenraketen war durch die von
Gorbatschow und Reagan vereinbarte weltweite Nullösung im Dezember 1987 beendet worden. Drei Jahre später, im November 1990, hatten die Mitgliedstaaten der NATO und des Warschauer Pakts auf dem
Pariser KSZE-Gipfel den Vertrag über Konventionelle Abrüstung unterzeichnet. Die NATO gab es immer noch; ihr östliches Gegenstück
aber, der Warschauer Pakt, hatte sich am 1. Juli 1991, ebenso wie drei
Tage zuvor der Rat für gegenseitige Wirtschaftshilfe, aufgelöst. Die
Sowjetunion war keine Diktatur mehr; ihre ehemaligen ostmittel- und
südosteuropäischen Verbündeten verfügten inzwischen über volle au-
ßen- und sicherheitspolitische Handlungsfreiheit. Durch das START-
Abkommen vom 31. Juli 1991 verpflichteten sich die USA und die
Sowjetunion, jeweils ein Drittel ihrer strategischen Waffenpotentiale
zu beseitigen. Auf der Agenda stand noch eine Einigung über die Begrenzung bodengestützter Abwehrsysteme gegen Angriffe land- und
seegestützter ballistischer Interkontinentalraketen – die ABM-Ver-
handlungen. Sie sollten, so vereinbarten es Bush und Gorbatschow in
Moskau, vom 30. September ab in Genf geführt werden.

Vor der Unterzeichnung des START-Abkommens hatten der amerikanische und der sowjetische Präsident ausgiebig über den Stand der
bilateralen Beziehungen zwischen beiden Ländern und die Brennpunkte der Weltpolitik konferiert. Ihre Gespräche fanden auf dem
(unter Chruschtschow gebauten) Landsitz des Kremlchefs in Nowo-
Ogarjowo nahe Moskau statt. In die Annalen der sowjetischen Geschichte aber ging Nowo-Ogarjowo aus einem anderen Grund ein:

Ebendort verhandelten Gorbatschow und seine engsten Berater, darunter Alexander Jakowlew, Anatolij Tschernajew und der Stabschef des Präsidenten, Valeri Boldin, seit Ende April 1991 mit den politischen Führern aller Sowjetrepubliken – außer den sechs, die das Referendum vom 17. März boykottiert hatten – über einen neuen Unionsvertrag und damit über nichts Geringeres als über eine Neugründung der Sowjetunion im Geist der Dezentralisierung und des Föderalismus. Unter den Teilnehmern der Gespräche war auch Boris Jelzin.

Mit dem Führungsgremium der KPdSU hatte sich Gorbatschow, als er im April den «Nowo-Ogarjowo-Prozeß» einleitete, nicht abgestimmt. Das trug mit dazu bei, daß einer seiner innerparteilichen Gegner, Ministerpräsident Pawlow, am 17. Juni einen putschartigen Versuch unternahm, den politischen Einfluß des Kremlchefs einzuschränken. Er überzeugte den Obersten Sowjet von der Notwendigkeit, die Kompetenzen der sowjetischen Zentralregierung zu erweitern und ihr das Recht auf Gesetzesinitiative einzuräumen – also einer Machtverlagerung zu Lasten des Präsidenten und der Unionsrepubliken zuzustimmen. Gorbatschow erreichte am 22. Juni eine Rücknahme des entsprechenden Beschlusses, unterließ es aber, Pawlow wegen erwiesener Illoyalität zu entlassen.

Vier Tage später trat das ZK der KPdSU zu einer Sitzung zusammen. Die Reformer mit Gorbatschow an der Spitze hatten dort angesichts der heftigen Angriffe der Konservativen zeitweilig einen schweren Stand. Dennoch gelang es Gorbatschow am 27. Juli, eine Mehrheit für einen Antrag zu gewinnen, der die Einberufung eines außerordentlichen Parteitags für November oder Dezember vorsah – eines Kongresses, den Gorbatschow offenbar dazu nutzen wollte, um die aus seiner Sicht inzwischen unvermeidbar gewordene Spaltung der KPdSU in zwei Parteien, eine von ihm geführte, offen sozialdemokratische Partei und eine Partei der kommunistischen Reformgegner, herbeizuführen.

Nachdem er seine innerparteiliche Position wieder gefestigt hatte, stellte Gorbatschow am 29. Juli in einem Gespräch mit Jelzin und dem Präsidenten der kasachischen Sowjetrepublik, Nursultan Nasarbajew, die Weichen für einen, wie es schien, erfolgreichen Abschluß des «Nowo-Ogarjowo-Prozesses». Die Teilnehmer der letzten Runde verständigten sich anschließend auf die Umwandlung der Union der Sozialistischen Sowjetrepubliken in eine Föderation mit dem Namen

«Union der *Souveränen* Sowjetrepubliken». Zu den umfassenden Rechten der Unionsrepubliken sollte auch die Verfügung über die natürlichen Ressourcen einschließlich der Bodenschätze gehören. Für überzeugte Zentralisten mußte dies als das gefährlichste Zugeständnis Gorbatschows an die Föderalisten erscheinen. Am 2. August legte der Staats- und Parteichef den Sowjetbürgern die historische Bedeutung der erreichten Übereinkunft dar. Zwei Tage später brach er zu seinem Urlaub auf der Krim auf, aus dem er am 19. August, einen Tag vor der geplanten feierlichen Unterzeichnung des neuen Unionsvertrags, zurückzukehren gedachte.

Seinen konservativen Gegnern im Staats-, Partei- und Sicherheitsapparat kam die Abwesenheit Gorbatschows höchst gelegen. Sie waren entschlossen, den Föderalisierungsprozeß abzubrechen, die Unterzeichnung des Unionsvertrags zu verhindern und ihre durch die Politik der «Perestrojka» erschütterte Machtbasis neu zu begründen. Zu denen, die so dachten und entsprechend zu handeln bereit waren, gehörten der Chef des KGB, Wladimir Krjutschkow, Verteidigungsminister Dimitri Jasow, Innenminister Pugo, Gorbatschows Stellvertreter, Vizepräsident Gennadi Janajew, Ministerpräsident Pawlow, Gorbatschows Stabschef Valeri Boldin und die stellvertretenden Minister für Inneres und Verteidigung, die Generäle Gromow und Warennikow.

Daß Gorbatschow sich ihnen unter massivem Druck in letzter Minute noch anschließen könnte, wollten die Verschwörer nicht völlig ausschließen. Am 18. August traf eine Delegation der Putschisten in Gorbatschows Urlaubsresidenz in Foros auf der Krim ein. Der Staats- und Parteichef war zu diesem Zeitpunkt durch Abschaltung aller Telefone von der Kommunikation mit der Außenwelt bereits völlig abgeschnitten, sein Landsitz von putschistischen Sicherheitstruppen umzingelt. Gorbatschow sprach den Verschwörern jedwede Berechtigung für ihr Vorgehen ab und weigerte sich, auf das Ansinnen seiner ungebetenen Besucher einzugehen, entweder selbst ein Dekret zur Verhängung des Notstands zu unterzeichnen oder seine Befugnisse an Vizepräsident Janajew zu übertragen. Unverrichteter Dinge kehrte die Delegation nach Moskau zurück. Gorbatschow blieb unter Hausarrest.

Am folgenden Tag, dem 19. August um 6 Uhr morgens, wurde den Sowjetbürgern über Rundfunk und Fernsehen mitgeteilt, daß Gorbatschow seine Amtsgeschäfte zur Zeit nicht ausüben könne und Vizepräsident Janajew, unterstützt von einem «Staatskomitee für den

Notstand», alle seine Befugnisse ausübe. Den Staatsstreich begründeten die Verschwörer mit der Behauptung, die «Perestrojka» sei in eine Sackgasse geraten, das Land unregierbar geworden, die «Einheit des Vaterlandes» in Gefahr, den Sowjetbürgern «Stolz und Ehre» genommen. Um dieselbe Zeit bahnten sich Panzer der Putschisten den Weg zum «Weißen Haus» an der Moskwa, dem Sitz des russischen Präsidenten und Tagungsort des russischen Parlaments. Zum Helden des Widerstands gegen den Umsturz rückte noch am gleichen Tag Boris Jelzin auf. Vom Turm eines Panzers aus, dessen Mannschaft die Seiten gewechselt hatte, wandte sich der russische Präsident an die Zehntausende, die zur Verteidigung des Parlaments herbeigeeilt waren. Er bezeichnete die Entmachtung Gorbatschows als «reaktionären, antikonstitutionellen Staatsstreich», bekannte sich zur Fortsetzung der Reformen und rief Offiziere und Soldaten auf, ihrem Eid auf das Volk treu zu bleiben.

Ein Teil der Panzerverbände folgte diesem Appell, ein anderer, der sich an die Weisungen des «Staatskomitees» hielt und zum «Weißen Haus» vorzudringen versuchte, wurde am 21. August durch die Menge und die von ihr errichteten Barrikaden an der Verwirklichung dieses Vorhabens gehindert. Drei junge Zivilisten wurden, als sie sich anschickten, die Luke eines Panzers zu öffnen, vom Fahrer erschossen. Sie waren die einzigen Opfer des schlecht vorbereiteten, am 21. August kläglich gescheiterten Putsches. In der Nacht vom 21. zum 22. August traf Gorbatschow in Absprache mit Jelzin wieder in Moskau ein. Auf dem «Weißen Haus» wurde zum Zeichen des Sieges die weiß-blau-rote Trikolore Rußlands gehißt.

Die wichtigsten Putschisten wurden am 22. August verhaftet; zwei Verschwörer, Innenminister Pugo und Marschall Achromejew, begingen Selbstmord. Gorbatschow kündigte am Abend des 22. August über Rundfunk und Fernsehen an, er werde seine Amtsgeschäfte in den nächsten Tagen wieder voll aufnehmen. Doch er war ein geschwächter Präsident. Er mußte sich vorwerfen lassen (und warf es sich wohl auch selber vor), daß er die Schlüsselfiguren des Staatsstreiches in ihre Ämter eingesetzt oder in ihnen belassen hatte. Als er am 23. August im russischen Parlament sprach, zwang ihn Jelzin vor laufenden Fernsehkameras, eine Aufzeichnung über die Sitzung des Unions-Kabinetts vom 19. August zu verlesen, aus der hervorging, daß sich die meisten Minister auf die Seite der Putschisten gestellt hatten. Noch während Gorbatschow am Rednerpult stand, unterzeichnete Jelzin einen Erlaß, der alle Aktivitäten der KPdSU in Rußland untersagte. Gorbatschow, der tags zuvor noch von der notwendigen Erneuerung der Kommunistischen Partei gesprochen hatte, erklärte am 24. August seinen Rücktritt als Generalsekretär der KPdSU. Er blieb Präsident der Sowjetunion, amtierte als solcher aber fortan, wie Manfred Hildermeier feststellt, nur noch von Gnaden Boris Jelzins, der nach einjähriger Doppelherrschaft als Sieger aus dem Moskauer Machtkampf hervorgegangen war.

Die wichtigste Wirkung des fehlgeschlagenen Putsches war der fortschreitende Zerfall der Sowjetunion. Das lag, wie der britische Historiker Archie Brown bemerkt, nicht nur daran, daß der Staatsstreich das andauernde Gefahrenpotential der alten Kader bewiesen hatte, sondern auch an der Furcht vor einem überstarken Rußland, wie Jelzin es zu verkörpern schien. Von der Unterzeichnung eines neuen Unionsvertrags war nun keine Rede mehr. Am 20. August schied Estland, am Tag darauf Lettland aus der UdSSR aus. (Litauen hatte seine Unabhängigkeit bereits am 11. März 1990 erklärt.) Am 24. August erkannte Jelzin im Namen Rußlands die Unabhängigkeit der baltischen Republiken an. Drei Tage später vollzogen die Staaten der Europäischen Gemeinschaft denselben Schritt, am 6. September durch Beschluß des Obersten Sowjets auch die Sowjetunion. Zwischen dem 24. und dem 27. August erklärten die Ukraine, Weißrußland, Moldawien, Aserbaidschan, Kirgistan und Usbekistan ihre Unabhängigkeit. Zwischen dem 9. und dem 27. September folgten Tadschikistan, Armenien und Turkmenistan. Georgien, im Herbst 1991 von bürgerkriegsartigen Kämpfen zerrissen, die im Dezember mit dem Sieg der Opposition gegen den diktatorisch regierenden Präsidenten Gamsachurdia endeten, hatte seine Souveränität bereits im März 1990 verkündet.

Zur Sowjetunion gehörten nun nur noch Rußland und Kasachstan – die beiden Republiken, die in der Folgezeit für die Rückkehr der Ausgeschiedenen in eine wie immer geartete, lockere Föderation warben. Ob dieses Bestreben erfolgreich sein würde, hing entscheidend von der Ukraine ab. Diese bestätigte am 1. Dezember 1991 in einem Referendum mit einer Mehrheit von 90 Prozent der Abstimmenden ihre Unabhängigkeitserklärung. Gleichzeitig wählten die Ukrainer einen eigenen Präsidenten: den bisherigen Parlamentspräsidenten Leonid Krawtschuk. Mit ihm und seinem weißrussischen Kollegen Stanislaw

Schuschkjewitsch traf sich Jelzin am 8. Dezember in der Nähe von Minsk, um dort einen Staatenbund mit dem Namen «Gemeinschaft Unabhängiger Staaten» (GUS) ins Leben zu rufen. Vier Tage später beschlossen acht nichtslawische ehemalige Sowjetrepubliken auf einem Treffen in der turkmenischen Hauptstadt Aschabad, der GUS beizutreten. Am 21. Dezember unterzeichneten die nunmehr elf Mitglieder der Gemeinschaft in Alma Ata, der Hauptstadt von Kasachstan, die entsprechende Urkunde.

Michail Gorbatschow, inzwischen endgültig ein Präsident ohne Staat, blieb nur noch der Rücktritt. Er erklärte ihn am 25. Dezember 1991 in einer Fernsehansprache. Darin zog er eine trotz aller Mängel und Rückschläge positive Bilanz der «Perestrojka». Die Liquidation eines totalitären Systems, das das Land der Chance beraubt habe, schon sehr viel früher zu Wohlstand und Prosperität zu gelangen, bezeichnete er als wichtigste historische Errungenschaft der Zeit nach 1985. «Ein Durchbruch auf dem Weg zur demokratischen Transformation ist erreicht worden. Freie Wahlen, freie Presse, Religionsfreiheit, repräsentative Vertretungskörperschaften und ein Mehrparteiensystem sind zur Realität geworden, die Menschenrechte werden als höchstes Prinzip anerkannt ... Wir leben in einer anderen Welt. Der Kalte Krieg ist beendet. Das Wettrüsten, die ungesunde Militarisierung des Landes, die unsere Wirtschaft, unser öffentliches Bewußtsein und unsere Moral verunstaltet hat, ist beendet worden. Die Drohung eines Weltkrieges steht nicht mehr auf der Tagesordnung.»

Sechs Tage später, am 31. Dezember 1991, 69 Jahre nach ihrer Gründung im Dezember 1922 und 74 Jahre nach der «Oktoberrevolution» der Bolschewiki, hörte die Union der Sozialistischen Sowjetrepubliken auch formell zu bestehen auf.[19]

Das Scheitern eines Großversuchs:
Rückblick auf den Sowjetkommunismus

Der 31. Dezember 1991 markiert das definitive Ende eines historischen Großversuchs: des Vorhabens der russischen Bolschewiki, auf dem Boden des rückständigen, im Ersten Weltkrieg besiegten Zarenreiches eine neue, klassenlose, erst «sozialistische», dann «kommunistische» Gesellschaft zu errichten. Die Revolution vom November 1917 war

zugleich als Signal an die Proletarier aller Länder gedacht, ihrerseits
der bürgerlichen oder noch «halbfeudalen» Klassenherrschaft ein Ende
zu bereiten und aus den nationalen Revolutionen die Weltrevolution
des Proletariats hervorgehen zu lassen.

Mit diesem globalen Projekt
knüpften Lenin und die Bolschewiki, wie vor ihnen bereits die Gründerväter des «Wissenschaftlichen Sozialismus», Marx und Engels, an
das Erbe des äußersten linken Flügels der Französischen Revolution,
der «Verschwörung der Gleichen», an, die in der bürgerlichen Revolution von 1789 nur das Vorspiel zur eigentlichen, der proletarischen
Revolution sah und dieser die Aufgabe zuwies, das Privateigentum an
den Produktionsmitteln abzuschaffen und eine auf Gemeineigentum
gegründete Gesellschaft aufzubauen.

Anders als Marx hielten Lenin und die Bolschewiki eine erfolgreiche bürgerliche Revolution nicht für die notwendige Voraussetzung
der proletarischen Revolution. Sie waren vielmehr entschlossen, die
bürgerlich-kapitalistische Entwicklungsphase zu überspringen und
den Modernisierungsprozeß, den entwickelte kapitalistische Gesellschaften unter bürgerlicher Herrschaft durchlaufen hatten, in eigener
Regie, unter Führung der «Avantgarde» des Proletariats, der kommunistischen Partei, und in Form einer zeitlich unbegrenzten «Diktatur
des Proletariats», durchzuführen. Daß sie dabei auf den Gleichheitsge-
danken der Linken von 1789 zurückgriffen, verband sie mit einem
Teilstrang der europäischen Aufklärung. Der Freiheitsgedanke hingegen paßte ebensowenig zu Theorie und Praxis der Bolschewiki wie
die bürgerlichen Ideen der Herrschaft des Rechts, der Gewaltenteilung, der repräsentativen Demokratie und der unveräußerlichen
Grundrechte des Individuums.

In der Negation *dieses* Erbes der beiden atlantischen Revolutionen
des späten 18. Jahrhunderts, der Amerikanischen von 1776 und der
Französischen von 1789, berührte sich der kommunistische Gegenentwurf zum normativen Projekt des Westens mit der anderen totalitären
Alternative zu den Errungenschaften des transatlantischen Westens,
den faschistischen Bewegungen der Zwischenkriegszeit, den nationalistischen Antipoden der internationalistischen Arbeiterbewegung. Der
Faschismus und seine extremste Ausprägung, der deutsche Nationalsozialismus, waren insofern auf radikalere Weise antiwestlich als der
Kommunismus, als sie das Erbe der Aufklärung und damit von «1789»
pauschal verwarfen: ein wesentlicher, ja wohl der entscheidende

Grund, weshalb die faschistischen Varianten totalitärer Herrschaft sehr viel kurzlebiger und sehr viel weniger bündnisfähig waren als die, verglichen damit, rationaleren kommunistischen Varianten.

Der antikapitalistische Egalitarismus der Bolschewiki verschaffte ihnen auch außerhalb der Grenzen ihres Staates Sympathie, ja breite Solidarität, und das besonders auf dem linken Flügel der europäischen Arbeiterbewegung, der sich in kommunistischen Parteien unter der Ägide der von Moskau aus geführten Kommunistischen Internationale organisierte, und bei linken Intellektuellen. Die von den Bolschewiki erwartete Welle von Folgerevolutionen in Westeuropa fand auch nach 1918 nicht statt; kommunistische Putschversuche wurden überall rasch niedergeworfen. Die offenkundige, wenn auch nur relative Stabilisierung der kapitalistischen Nachkriegsgesellschaften seit Mitte der zwanziger Jahre veranlaßte dann Stalin, der nach Lenins Tod im Januar 1924 als Sieger aus den Machtkämpfen innerhalb der Kommunistischen Partei der Sowjetunion hervorging, der «Weltrevolution» als Nahziel abzuschwören und sich statt dessen ganz auf den «Aufbau des Sozialismus in *einem* Lande», der Sowjetunion, zu konzentrieren.

Wenn es für Stalin, jenseits der Sicherung und des Ausbaus seiner eigenen Macht, einen sachlichen Grund für den allumfassenden terroristischen Gebrauch der Staatsgewalt gab, war es das Ziel, die wirtschaftliche Rückständigkeit der Sowjetunion gegenüber den kapitalistischen Nationen des Westens binnen kürzester Frist zu überwinden. Den Schwerpunkt legte er dabei auf die Schwerindustrie, die in den dreißiger Jahren einen gewaltigen Wachstumsprozeß durchlief, hinsichtlich ihrer Produktivität aber weit hinter westlichen Ländern zurückblieb. Der Sieg über das nationalsozialistische Deutschland, den die Sowjetunion im Bunde mit den westlichen Demokratien im Zweiten Weltkrieg errang, wäre ohne die forcierte (Schwer-)Industrialisierung kaum möglich gewesen – ein Kausalzusammenhang, der aber bei weitem nicht ausreicht, den «Großen Terror» der Jahre 1936 bis 1938 historisch zu erklären.

Der Lohn des Sieges von 1945 war die mit Zustimmung der USA und Großbritanniens errichtete Vorherrschaft der Sowjetunion über Ostmittel- und Südosteuropa: ein Glacis, in dem ein von der UdSSR ideologisch, politisch und ökonomisch abhängiger kommunistischer Staatengürtel entstand. Von Moskau weithin unabhängige kommunistische Regime entstanden, wenn man von Jugoslawien und Albanien absieht, nur außerhalb Europas: in China und Nordkorea, später in

Vietnam, Laos und Kambodscha. Auch das von Moskau wirtschaftlich und militärisch massiv unterstützte Regime Fidel Castros auf Kuba gehört in diese Reihe.

Das Verhältnis der Sowjetunion zu den Westmächten verschlechterte sich infolge unüberwindbarer System- und Interessengegensätze seit 1946 so rasch, daß bereits 1947 das Wort vom «Kalten Krieg» in Umlauf kam. Mehr als einmal drohte die Ost-West-Konfrontation in einen Dritten Weltkrieg umzuschlagen: 1948 bei der von Stalin verhängten Blockade über die völlig vom Territorium der Sowjetischen Besatzungszone Deutschlands umschlossenen Westsektoren von Berlin und von 1950 bis 1953 in dem vom kommunistischen Nordkorea ausgelösten Koreakrieg. Angesichts der Tatsache, daß die beiden verbliebenen Weltmächte, die USA und die Sowjetunion, seit 1945 beziehungsweise 1949 über atomare Massenvernichtungswaffen verfügten, war das eine apokalyptische Perspektive. Auf der anderen Seite bewirkte das sich allmählich herausformende «Gleichgewicht des Schreckens» auch eine gewisse Sicherheit: Die Angst vor der Selbstzerstörung in einem Nuklearkrieg war der wichtigste Stabilisierungsfaktor der Weltpolitik in der Zeit des Ost-West-Konflikts.

Im Februar 1956, drei Jahre nach Stalins Tod, rechnete der neue «starke Mann» der Sowjetunion, Nikita Sergejewitsch Chruschtschow, auf dem 20. Parteitag der KPdSU mit den Verbrechen der Stalinzeit ab und schockierte damit die Kommunisten in aller Welt. Daß er sich zusätzlich zur «friedlichen Koexistenz» von Ländern mit unterschiedlicher Gesellschaftsordnung bekannte, trug ihm von seiten Mao Tse-tungs, des Führers des kommunistischen China, den Vorwurf des «Revisionismus», der schlimmsten aller ideologischen Abweichungen vom Marxismus-Leninismus, ein. Das Auseinanderbrechen des sowjetisch-chinesischen «Blocks» war damit vorgezeichnet.

Tatsächlich war Chruschtschows Politik gegenüber den kapitalistischen Ländern des Westens, an ihrer Spitze die USA, keineswegs durchgängig moderat. Er provozierte sie vor allem durch die aktive Förderung antikolonialistischer Befreiungsbewegungen in der Dritten Welt. Durch die Stationierung nuklear bestückter Mittelstreckenraketen auf Kuba löste er im Herbst 1962 die gefährlichste internationale Krise seit 1945 aus. Der globale Atomkrieg wurde nur dadurch vermieden, daß die beiden Hauptkontrahenten, Präsident Kennedy auf amerikanischer, Generalsekretär Chruschtschow auf sowjetischer Seite, im entscheidenden Augenblick Vernunft walten ließen und Kompromißbereitschaft zeigten. Die Überwindung der Konfrontation wegen Kuba trug sogar mittelbar dazu bei, daß 1963 eine Ära der Entspannung zwischen Ost und West begann. Ihr Höhepunkt war die Konferenz über Sicherheit und Zusammenarbeit in Europa in Helsinki im Juli und August 1975. Mit der Unterzeichnung der Helsinki-Schlußakte erreichte der Osten die Anerkennung der bestehenden Grenzen und damit des Status quo in Europa, der Westen die schriftliche Verpflichtung der kommunistischen Staaten, die Menschenrechte zu achten.

Das Selbstbestimmungsrecht der Völker gehörte *nicht* zu den Prinzipien, auf die sich die Sowjetunion festlegen ließ. Wo immer es im Ostblock zu Auflehnungen gegen die politische Unterdrückung kam, wurden sie unter aktiver Beteiligung der Roten Armee niedergeschlagen: 1953 in Ost-Berlin und der DDR, 1956 in Ungarn und 1968 in der Tschechoslowakei. Die von Leonid Breschnew, dem Generalsekretär der KPdSU von 1964 bis 1982, 1968 verkündete und nach ihm benannte Doktrin von der beschränkten Souveränität der sozialistischen Staaten markierte die Grenzen des Handlungsspielraums der Mitgliedstaaten des östlichen Militärbündnisses, des Warschauer Pakts. Die Härte, die Breschnew gegenüber den kommunistischen Staaten Ostmittel- und Südosteuropas an den Tag legte, konnte die zunehmende Schwäche des Sowjetsystems aber nicht dauerhaft verdecken: Die UdSSR war dabei, den «Wettkampf der Systeme», des kommunistischen und des kapitalistischen, zu verlieren.

Solange die herkömmlichen Industrien, obenan die Schwerindustrien, den Ton angaben und die (häufig «fordistisch» genannte) Massenproduktion am Fließband dominierte, hatten die Methoden der staatlichen Plan- und Kommandowirtschaft noch einigermaßen, wenn auch meist mehr schlecht als recht, funktioniert. Als die beiden Ölpreiskrisen von 1973/74 und 1979/80 in den westlichen Gesellschaften umfassende technologische Modernisierungsschübe auslösten, zeigte sich, daß die kapitalistischen Staaten sehr viel besser als die kommunistischen in der Lage waren, die entscheidende «postfordistische» Herausforderung zu meistern: den Übergang von einer extensiven zu einer intensiven Nutzung der natürlichen Ressourcen und der menschlichen Arbeitskraft. Selbst ihr Rohstoffreichtum half der Sowjetunion nicht weiter: Es fehlte weithin das technologische «Know-how», um ihn optimal zu nutzen. Als die Weltmarktpreise für Rohöl in der ersten Hälfte der achtziger Jahre wieder fielen, verlor die UdSSR auch die Vorteile ihres Status als (nach Saudi-Arabien) zweitgrößter Ölexporteur der Welt.

Dazu kam die chronische Schwäche der unter Stalin kollektivierten, aber immer noch nicht hinreichend mechanisierten Landwirtschaft: Der Mangel an chemischen Düngemitteln, asphaltierten Transportwegen und nicht zuletzt an Arbeitsdisziplin trug neben häufigen Mißernten wesentlich dazu bei, daß die Sowjetunion den Ausbruch von Hungersnöten nur noch mit Hilfe von Getreideimporten aus Nord- und Südamerika verhindern konnte.

Zu einem erheblichen Teil gingen die wachsenden materiellen Probleme der Sowjetunion auf das extrem kostspielige Wettrüsten zwischen West und Ost zurück. Breschnew gab der atomaren Hochrüstung neuen Auftrieb, als er in der zweiten Hälfte der siebziger Jahre die Aufstellung auf Westeuropa gerichteter Mittelstreckenraketen vom Typ SS-20 vorzubereiten begann. Mit ihrer Intervention in Afghanistan zog die Sowjetunion dann einen vorläufigen Schlußstrich unter die Ära der Entspannungspolitik. Die neue Ost-West-Konfrontation im Gefolge des militärischen Engagements der UdSSR am Hindukusch war freilich auch der entscheidende Grund, weshalb die Moskauer Führung 1981 davor zurückschreckte, in Mitteleuropa eine «zweite Front» aufzubauen: Um den als gefährlich eingestuften Aktivitäten der unabhängigen Gewerkschaft «Solidarność» in Polen Einhalt zu gebieten, wurden nicht, wie zuletzt nach dem «Prager Frühling» 1968 in der Tschechoslowakei, Truppen des Warschauer Pakts, einschließlich solcher der Roten Armee, eingesetzt, sondern eine «nationale» Lösung gewählt: die Verhängung des Kriegsrechts durch den polnischen Partei- und Regierungschef, General Jaruzelski.

Die letzten Jahre der Ära Breschnew waren geprägt durch innere Stagnation. Bereits Anfang 1964, wenige Monate nach der Ablösung des eigenwilligen, zu spontanen Alleingängen neigenden Chruschtschow durch eine neue «kollektive Führung» unter Breschnew, hatte der deutsche Politikwissenschaftler und Publizist Richard Löwenthal festgestellt, die totalitäre Dynamik des Sowjetkommunismus habe sich erschöpft, die totalitären Institutionen aber hätten sich behauptet. 1982, im Todesjahr Breschnews, galt das mehr denn je. Die sowjetischen Dissidenten wurden, ungeachtet aller in Helsinki 1975 abgegebenen Versprechungen in Sachen Menschenrechte, weiter eingeschüchtert, unterdrückt und verfolgt. Auch ohne neuen Massenterror setzte die Kommunistische Partei ihr Macht- und Deutungsmonopol mit den repressiven Mitteln der Sicherheitsorgane und der Justiz umfassend durch.

Eine werbende Ausstrahlung aber ging vom Moskau Breschnews nicht mehr aus – nicht auf die Staaten des Ostblocks, nicht auf den Westen und kaum noch auf die Dritte Welt. Die Sowjetunion hatte den «Wettkampf der Systeme» auf allen Ebenen – der wirtschaftlichen, der militärischen und der ideologischen – verloren. Der Westen in Gestalt der NATO war vor der Aufstellung der SS-20-Raketen nicht zurückgewichen, sondern beantwortete sie 1983 mit dem Vollzug eines eigenen Nachrüstungsprogramms. Wie die Sowjetunion auf Präsident Reagans Strategic Defense Initiative (SDI) vom März 1983, die Ankündigung eines hochmodernen, weltraumgestützten Raketensystems zur Abwehr nuklearer Überraschungsangriffe, angemessen reagieren sollte, blieb unter Breschnews ersten beiden, nur kurze Zeit amtierenden Nachfolgern, Jurij Andropow und Konstantin Tschernenko, unklar. Die Zeit arbeitete gegen die Vormacht des Weltkommunismus und für den kapitalistischen und demokratischen Westen unter Führung der USA: An diesem Befund gab es Mitte der achtziger Jahre bei nüchterner Betrachtung nichts mehr zu deuten.

Michail Gorbatschow verfügte bei seinem Amtsantritt als Generalsekretär der KPdSU im März 1985 über kein fertiges Konzept für das, was es in den nächsten Jahren zu tun galt. Er war ein Mann des Parteiapparats und dachte zunächst noch in dessen Kategorien. Was ihn von vielen anderen, vor allem älteren Funktionären der Monopolpartei unterschied, war seine ausgeprägte Lernfähigkeit. Er erkannte rasch, daß die Sowjetunion immer weiter hinter die entwickelten Industriegesellschaften des Westens zurückfallen würde, wenn sie sich nicht grundlegend änderte. Deutlicher als anderen war ihm bewußt, daß der Produktivitätsrückstand der Sowjetwirtschaft nur durch die Stärkung der Eigenverantwortung der Betriebe und der Arbeitsdisziplin der Belegschaft behoben werden konnte. Notwendig war folglich ein radikaler Struktur- und Bewußtseinswandel, und dieser war nur zu erreichen, wenn untüchtige Funktionäre durch qualifizierte und korrekte ersetzt wurden. Deren Arbeit bedurfte durchgängig öffentlicher Kontrolle, und deshalb mußte die wirtschaftliche Umgestaltung (perestrojka) mit politischer Transparenz (glasnost) einhergehen.

Der nächste Erkenntnisschritt war die Einsicht, daß das politische System insgesamt einer Radikalrevision unterzogen werden mußte. Mit der Parole vom Januar 1987, die Sowjetunion brauche die Demokratie so nötig wie die Luft zum Atmen, stellte Gorbatschow, ohne sich dessen bewußt zu sein, die Grundlagen der von Lenin errichteten «Diktatur des Proletariats» in Frage. Theoretisch hätte der Parteichef auch einen anderen, den «chinesischen», von Deng Xiaoping eingeschlagenen Weg gehen können: die forcierte wirtschaftliche Modernisierung ohne jedwedes Zugeständnis an die Forderungen nach politischer Liberalisierung und Demokratisierung. Aber inzwischen war die Sowjetunion, anders als die Volksrepublik China, die andere kommunistische Großmacht, in den achtziger Jahren längst nicht mehr immun gegen «westliches» Denken, das durch den «Eurokommunismus» auch in mehreren kommunistischen Parteien Westeuropas, ja sogar in den regierenden kommunistischen Parteien Ungarns und Polens Einzug gehalten hatte: ein Sachverhalt, dem sich auch die Moskauer Reformer nicht verschließen konnten. Zudem war Gorbatschow davon überzeugt, daß es angesichts der Verflechtung von Staat und Ökonomie illusorisch gewesen wäre, Reformen auf *einen* Sektor, die Wirtschaft, zu beschränken und die politischen Institutionen unverändert zu lassen. Das Prinzip der Eigenverantwortung war aus seiner Sicht unteilbar: Es mußte in allen Bereichen des gesellschaftlichen Lebens zur Geltung gebracht werden.

Doch auch 1987 gab es noch keine «Blaupause» für den weiteren Reformprozeß. Vor einem konsequenten Übergang von der Plan- zur Marktwirtschaft und vom Staats- zum Privateigentum schreckte Gorbatschow noch zurück. Es bedurfte der Zuspitzung der Krise, in die die Sowjetwirtschaft auch *durch* die «Perestrojka» geriet, um die Reformer im Verlauf des Jahres 1990 davon zu überzeugen, daß mit Halbheiten keine nachhaltige Besserung bewirkt werden konnte. Zu den Illusionen der maßgeblichen Erneuerer und auch Gorbatschows selbst gehörte des weiteren die Annahme, daß die Demokratie, wenn man sie einmal propagierte, auf den innerparteilichen Bereich beschränkt werden könne, also mit der Beibehaltung einer Monopolpartei im Sinne Lenins vereinbar sei.

Der Weg zur Anerkennung eines Mehrparteiensystems war ähnlich lang wie der zur Abkehr von der Planwirtschaft. Daß Gorbatschow sich schließlich nach langem Zögern 1990/91 zu der Einsicht durchrang, daß es zu beiden Zielen keine realistische Alternative gab, lag auch an seiner zunehmenden Abhängigkeit vom Westen. 1989 belief sich die Auslandsverschuldung der Sowjetunion auf 46 Milliarden Dollar. Wenn Gorbatschow weitere Wirtschaftshilfe der kapitalistischen Länder erhalten wollte, mußte er sich nicht nur an das halten, was in der Helsinki-Schlußakte zum Thema Menschenrechte gesagt wurde. Er mußte darüber hinaus alle Hemmnisse aus dem Weg räumen, die Marktwirtschaft, Wettbewerb, Privateigentum und Demokratie, kurz gesagt, der Entfaltung der Produktivkräfte der Freiheit, noch immer im Weg standen. Als er sich im April 1991 gegenüber Bundeskanzler Kohl als Anhänger eines gemischtwirtschaftlichen Systems (und damit, ohne den Begriff zu benutzen, als Sozialdemokrat) bekannte, hatte er freilich nur noch geringe Chancen, daraus praktische Konsequenzen zu ziehen: Seine innenpolitische Machtbasis schmolz immer mehr dahin.

Im Verhältnis zwischen der Sowjetunion und dem Westen bedeutete das Jahr 1987 den entscheidenden Wendepunkt. Im Mai jenes Jahres begann der Abzug der sowjetischen Truppen aus Afghanistan und damit die Korrektur jenes Aktes von «imperial overstretch» (oder «Reichsüberdehnung») im Sinne des britischen Historikers Paul Kennedy, durch den Breschnew Ende 1979 den Westen massiv herausgefordert hatte. Als Gorbatschow im Dezember 1987 in eine weltweite Nullösung für Mittelstreckenraketen einwilligte, ohne daß Reagan ihm in der Frage des Raketenabwehrsystems SDI irgendwelche substantiellen Zugeständnisse gemacht hätte, gab er den Rüstungswettlauf mit den Vereinigten Staaten endgültig verloren.

Gorbatschows Entgegenkommen wog um so schwerer, als die USA Ende 1986 erstmals die im (bisher nicht ratifizierten, aber respektierten) SALT II-Abkommen von 1979 festgelegte Höchstzahl von Fernwaffen überschritten und kurz darauf deutlich gemacht hatten, daß sie den ABM-Vertrag von 1972 über die Begrenzung von Raketenabwehrsystemen anders, nämlich in ihrem Sinn großzügiger, als die Sowjetunion auszulegen gedachten. Gorbatschows Konzilianz war ein Ausfluß seines Realismus: Er wußte, daß er seinem wirtschaftspolitischen Reformprogramm den Boden entziehen würde, wenn er das für die Sowjetunion ruinös gewordene Wettrüsten fortzusetzen versuchte.

Ein anderer Zusammenhang besaß für ihn dieselbe zwingende Logik: Er konnte nicht glaubwürdig für eine Demokratisierung der

Sowjetunion eintreten, wenn er den Mitgliedstaaten des Warschauer Pakts das Recht absprach, ähnliche Wege einzuschlagen. Zu Ende gedacht, hieß das: Nichtintervention, wenn die politische Emanzipation der verbündeten Staaten Ostmittel- und Südosteuropas den Punkt erreichte, wo sie sich von jeder Moskauer Bevormundung befreiten. Als im November 1989 das Regime der SED vor dem Druck der Massen kapitulierte und die Berliner Mauer, seit ihrer Errichtung im August 1961 *das* Symbol nicht nur der deutschen Teilung, sondern des Kalten Krieges schlechthin, öffnete, wehrte sich Gorbatschow nur wenige Monate lang gegen die absehbare Folge dieses spektakulären Akts: das Drängen der Deutschen auf Wiedervereinigung. Ende Mai 1990 akzeptierte er sogar, was er nach der Überzeugung seiner innerparteilichen Gegner niemals hätte zugestehen dürfen: die Mitgliedschaft ganz Deutschlands in der NATO. Für die Kritiker des Kremlchefs bedeutete das nichts Geringeres als die bedingungslose Unterwerfung der Sowjetunion unter den Willen des Westens.

Sehr spät erst beugte sich Gorbatschow der Einsicht, daß er das, was er Ländern wie Polen, Ungarn, der DDR und der Tschechoslowakei gewährte, dauerhaft auch den Sowjetrepubliken nicht verwehren konnte, die die UdSSR (wie Georgien 1921, Armenien 1922 und die drei baltischen Republiken 1940) zum Beitritt gezwungen hatte. Eine weitere brisante Konsequenz des von Gorbatschow vertretenen Demokratieprinzips war die Infragestellung der Kompetenzen der Zentralgewalt durch Teilrepubliken, die mehr Rechte für sich beanspruchten. Als dieser Trend nach der zentralasiatischen Peripherie auch die «Kernrepubliken» Rußland und Ukraine erfaßte, ging es um nichts Geringeres als um den Fortbestand der Sowjetunion als Staat.

Im nachhinein liegt es nahe, den Entwicklungen, die 1991 zu einem vorläufigen Abschluß kamen, eine gewisse Zwangsläufigkeit zu bescheinigen. Was den Sowjetkommunismus als System betrifft, spricht alles für diese Sicht: Demokratie war undenkbar ohne die freie Auswahl zwischen mehreren Parteien; wirtschaftliche Gesundung konnte es nur geben, wenn die Planwirtschaft durch eine Marktwirtschaft ersetzt wurde. Beides verlangte den Bruch mit dem Marxismus-Leninismus und damit etwas anderes als bloße Reformen des Bestehenden, nämlich eine Revolution von oben.

Daraus folgt aber noch nicht, daß der Untergang der Sowjetunion als Staat unausweichlich war. Hätten sich die Unionsrepubliken, die nicht von vornherein zur Sezession entschlossen waren, 1990/91 auf ein Programm der Föderalisierung, eine in sich schlüssige Arbeitsteilung zwischen der Zentralgewalt und den Teilrepubliken, verständigt, wäre das Ergebnis eine grundlegend reformierte, wenn auch territorial reduzierte Sowjetunion gewesen. Der «Nowo-Ogarjowo-Prozeß» von 1991 wies in diese Richtung. Doch es fragt sich, ob es dem inzwischen mächtigsten Politiker der UdSSR, Boris Jelzin, mit seiner Zustimmung zu einer solchen Lösung ernst war. Nach dem Putsch der «Hardliner» vom August 1991 war der russische Präsident jedenfalls entschlossen, nicht mehr zur «Doppelherrschaft» zwischen ihm und Gorbatschow zurückzukehren, sondern die Machtfrage für sich zu entscheiden. Es bedurfte nur noch der Absage der Ukraine an den Fortbestand der Sowjetunion, um deren Auflösung herbeizuführen. Ob aus der im Dezember 1991 gegründeten Gemeinschaft Unabhängiger Staaten mehr werden würde als ein lockerer, kompetenzarmer Zweckverband ehemaliger Sowjetrepubliken, war Ende 1991 noch nicht absehbar.

Jelzin verdankte seinen Erfolg auch Versäumnissen und Fehlentscheidungen Gorbatschows. Hätte sich der Staats- und Parteichef Anfang 1990 direkt vom Volk zum Präsidenten der Sowjetunion wählen lassen, wäre er sowohl gegenüber den Konservativen innerhalb der KPdSU als auch gegenüber dem «Radikalreformer» Jelzin in einer sehr viel besseren Position gewesen. Hätte er Ende 1990 mit seinen innerparteilichen Gegnern von «rechts» gebrochen, anstatt ihnen fatale Zugeständnisse zu machen, wäre es wohl kaum zu jenem Putsch gekommen, zu dessen Sieger Jelzin wurde. Doch Gorbatschows Fehler waren mehr als bloß Zufälle. Sein tiefstes Dilemma bestand darin, daß er, um eine geistreiche Bemerkung Archie Browns zu zitieren, «Papst und Luther in einem» war. Ihm ging es um die radikale Veränderung einer Institution, an deren Spitze er selber stand: der Kommunistischen Partei der Sowjetunion, der kollektiven Machthaberin dieses Staates, und er konnte diese Institution letztlich nicht anders verändern als durch den Bruch mit ihr.

Mit ebendiesem Dilemma hing eng ein anderes zusammen: Die Demokratie, die Gorbatschow erstrebte, drohte in viel höherem Maße, als das von der Weimarer Republik in Deutschland gegolten hatte, eine «Demokratie ohne Demokraten» zu werden. Auf der Sowjetunion der Ära Gorbatschow lastete nicht nur das Erbe von einem Dreivierteljahrhundert kommunistischer Diktatur, sondern auch das

von Jahrhunderten des autokratischen Zarentums. Die Bolschewiki
hätten ihre Herrschaft gar nicht errichten können, wären die freiheitlichen, rechtsstaatlichen, demokratischen und zivilgesellschaftlichen
Traditionen in Rußland nicht so schwach gewesen.

Anders als im
europäischen Okzident des Mittelalters hatte es in Rußland keine
Trennung von geistlicher und weltlicher Gewalt gegeben; vielmehr
blieb die geistliche Gewalt der weltlichen stets untergeordnet, weshalb die orthodoxe Kirche nie zu einem Korrektiv der jeweiligen
Staatsmacht wurde. Rußland kannte auch keine Ausdifferenzierung
von fürstlicher und ständischer Gewalt und kein selbstbewußtes
städtisches Bürgertum im westlichen Sinn. Von der europäischen
Aufklärung wurde nur eine dünne Bildungsschicht erfaßt. Von dem,
was sich an freiheitlichen Elementen bis zum Ersten Weltkrieg entwickelt hatte, überlebte nur wenig die revolutionären Kahlschläge,
die erst der Oktoberrevolution, dann, noch ungleich radikaler, der
Machtkonzentration unter Stalin folgten.

Zum Erbe des Zarenreiches gehörten auch seine kolonialen Erwer-
bungen vom Kaukasus bis zur Kamtschatka. Manfred Hildermeier
hat «Perestrojka» und «Glasnost» als «innere *Entkolonialisierung*»
bezeichnet. «Sie setzten den Protest gegen die großrussische Hegemonie frei, die unzweifelhaft und spürbar durch alle drei Säulen der ‹real-
sozialistischen› Ordnung ausgeübt wurde: Sowohl die Partei als auch
Armee und KGB befanden sich fest unter Moskauer Kontrolle. Politischer Zentralismus und ethnisch-nationale sowie sprachlich-kulturelle
Dominanz gingen Hand in Hand. Sie erzeugten Unzufriedenheiten
und latente Opposition, die zwar gegen eine intakte Herrschaft nichts
ausrichten, aber in einer staatlichen Autoritätskrise eine erhebliche
Dynamik entfalten konnten.»

So gesehen, befreite die Auflösung der Sowjetunion den größten
ihrer Nachfolgestaaten, Rußland, von *einigen* der kolonialen Hypotheken des Zarenreiches, die nicht aufzugeben mit demokratischen
Prinzipien unvereinbar gewesen wäre. Radikal war die Trennung vom
kolonialen Erbe der Zeit vor 1917 freilich nicht, was überall da zum
Problem werden mußte, wo sich, wie in der Autonomen Republik
Tschetschenien, nach 1991 starke sezessionistische Bestrebungen entwickelten. Der Schaden, den die politische Kultur des postkommunistischen Rußland durch diese Kämpfe nahm, läßt die Auflösung der
UdSSR in einem anderen Licht erscheinen: Die Frage stellt sich, ob die

Demokratie in Rußland überhaupt eine Chance gehabt hätte, wäre es im gleichen Maß mit ungelösten Nationalitätenproblemen belastet gewesen wie die Sowjetunion. Gorbatschow gilt weithin, nicht nur in Rußland, als gescheiterter Reformer. Er *war* es, wenn man ihn an seinen eigenen Zielen, der Reform der KPdSU und der Sowjetunion, mißt. Die Kommunistische Partei seines Landes ließ sich nicht reformieren und die Sowjetunion als Staat nur durch derart einschneidende Veränderungen erhalten, daß sie danach mit dem, was vor Gorbatschow gewesen war, nicht mehr viel gemeinsam gehabt hätte. Aber was Gorbatschow in seiner Abschiedsrede vom 25. Dezember 1991 als die bleibenden Ergebnisse von «Glasnost» und «Perestrojka» bezeichnete, *waren* historische Errungenschaften: die Überwindung eines totalitären Systems, die Durchsetzung der Menschenrechte und des politischen Pluralismus, die Beendigung des Kalten Krieges und des atomaren Wettrüstens. Und daß der radikale Regimewandel ohne Gewaltexplosion großen Stils verlief, war in erster Linie ein Verdienst des Mannes an der Spitze von Partei und Staat.

Bei allem, was Rußland an Rechtsstaatlichkeit und Demokratie immer noch fehlt, wurde es durch Gorbatschow doch freier, als es jemals war. Ohne ihn wäre es auch nicht zu jenen friedlichen Revolutionen gekommen, die Millionen von Menschen in Ostmitteleuropa die politische Freiheit brachten. Die Welt ist durch ihn eine andere, für viele eine bessere geworden. Kein anderer Staatsmann hat in der zweiten Hälfte des 20. Jahrhunderts einen derart tiefgreifenden internationalen, politischen und gesellschaftlichen Wandel bewirkt wie er. Darin liegt seine historische Größe.[20]

Welt ohne Gleichgewicht:
Die Jahre 1989–1991 als globale Zäsur

Im Sommer 1989, nach dem Ende der Arbeiten des Runden Tisches in Warschau, aber noch vor dem Fall der Berliner Mauer, veröffentlichte der amerikanische Philosoph Francis Fukuyama in der Zeitschrift «National Interest», dem wichtigsten Organ der Neokonservativen, einen Artikel mit dem Titel «The End of History?». «Der Triumph des Westens, der westlichen *Idee*, wird vor allem in der völligen Erschöpfung der systematischen Alternative zum westlichen Liberalismus offenbar»: So lautete die Kernthese. Im vergangenen Jahrzehnt habe es in den beiden größten kommunistischen Ländern der Welt grundlegende Veränderungen gegeben, verbunden mit den Anfängen wichtiger Reformbewegungen.

Seine Behauptung vom «Ende der Geschichte» stützte Fukuyama auf die Hegelsche Geschichtsphilosophie und namentlich auf deren Interpretation durch den 1902 in Rußland geborenen, 1920 erst nach Deutschland, acht Jahre später dann nach Frankreich emigrierten Philosophen Alexandre Kojève. Demnach war für Hegel der Gang der Geschichte bereits entschieden, als die Truppen Napoleons in der Doppelschlacht von Jena und Auerstedt 1806 über Preußen siegten und damit den Ideen der Französischen Revolution in Europa zum Durchbruch verhalfen. Was immer noch danach kam, war nicht mehr «Geschichte» im emphatischen Sinn. Das «Ende der Geschichte», das sich im Ausgang des 20. Jahrhunderts abzeichnete, werde, so Fukuyama, eine traurige Zeit sein, weil es nun nicht mehr um einen «Kampf um Anerkennung» im Sinne Hegels und um die großen Fragen von Philosophie und Kunst gehe, sondern nur noch um ökonomisches Kalkül, die endlose Lösung von technischen und Umweltproblemen sowie um die Befriedigung von Verbraucherwünschen.

In der Buchfassung seiner Überlegungen, die 1992 ebenfalls unter dem Titel «Das Ende der Geschichte» (wenn auch ohne das Fragezeichen des Aufsatztitels) erschien, nannte Fukuyama die liberale Demokratie «möglicherweise den Endpunkt der ideologischen Evolution der Menschheit» und «die endgültige Regierungsform». Das *Ideal* sei nicht verbesserungsfähig, wohl aber seine Verwirklichung. Von den verbleibenden nichtwestlichen Systemen sah der Autor keine attraktive ideelle Ausstrahlung mehr ausgehen – nicht von den autoritären Regimen einzelner Länder, nicht von dem erstarkenden islamischen Fundamentalismus und auch nicht von der zwar wirtschaftlich, aber nicht politisch liberalisierten Volksrepublik China. Der Marxismus-Leninismus als lebende Ideologie von weltgeschichtlicher Bedeutung war tot, und das war das Entscheidende. Der Vormarsch der Demokratie war bisher zwar keineswegs kontinuierlich und zielstrebig erfolgt, aber am welthistorischen Befund änderte das nichts: Es schien nur noch eine Frage der Zeit, bis sich die liberale Demokratie im globalen Maßstab durchsetzen würde.

Hätte sich Fukuyama auf die These beschränkt, das normative Projekt des Westens, wie es mit der Amerikanischen Revolution von 1776 und der Französischen Revolution von 1789 entstanden war, sei bis heute unüberholt, es sei ein Ausdruck der universalsten und menschenfreundlichsten Prinzipien aller Zeiten und die Geschichte des Westens seitdem eine Reihe von Kämpfen um die Aneignung oder Verwerfung dieser Ideen gewesen – er hätte damit keinen Sturm des Widerspruchs ausgelöst, sondern viel Zustimmung gefunden. Der Autor des «Endes der Geschichte» hatte sicherlich recht, wenn er «1989» zu einem Epochenjahr erhob: Die Abdankung des Marxismus-Leninismus als Gegenentwurf zur westlichen Demokratie *war* eine weltgeschichtliche Zäsur, und der Untergang der Sowjetunion veränderte die Weltlage fundamental.

Anfechtbar wurde die Position Fukuyamas, weil er davon ausging, «daß sich in den letzten Jahren weltweit ein bemerkenswerter Konsens über die Legitimität der liberalen Demokratie als Regierungssystem herausgebildet hat, während zugleich deutlich geworden ist, daß konkurrierende Herrschaftsformen wie die Erbmonarchie, der Faschismus und in jüngster Zeit der Kommunismus der liberalen Demokratie unterlegen sind». Von einem solchen globalen Konsens konnte in Wirklichkeit keine Rede sein. Unbestreitbar war hingegen, daß die Jahre 1989 bis 1991 die Überwindung der 1945 verfügten Teilung des historischen Westens brachten: Der östliche Teil des alten Okzidents, der Staatengürtel vom Baltikum bis Ungarn, der durch die Beschlüsse von Jalta von den weiter westlich gelegenen Teilen Europas abgetrennt und sowjetischer Oberherrschaft überlassen worden war, erhielt nun die Möglichkeit, sich politisch, wirtschaftlich und kulturell ähnlich «westlich» zu entwickeln wie die europäischen Staaten, die nach 1945 unter freiheitlichen Bedingungen hatten leben können.

Die friedlichen Revolutionen von 1989 in Ostmitteleuropa hatten mithin erreicht, was den europäischen Revolutionen von 1848 *nicht* gelungen war: die Ausweitung der politischen Errungenschaften des Westens auf den Teil des Okzidents, dem sie bisher vorenthalten worden waren. Außerhalb des alten europäischen und des neuen, überseeischen Westens aber war die Einsicht keineswegs allgemein, daß es zur liberalen Demokratie keine vernünftige und erstrebenswerte Alternative gebe. Der Triumph des Westens rief in der außerwestlichen Welt vielmehr schon bald Überwältigungsängste hervor – und nicht selten die Entschlossenheit wichtiger Gruppen, sich dem vermeintlichen Wertediktat der Sieger des Kalten Krieges nicht zu beugen.

Zu den frühen Kritikern Fukuyamas gehörte der Professor für Politische Wissenschaft an der Harvard-Universität in Cambridge, Massachusetts, Samuel P. Huntington. Schon im folgenden Heft von «National Interest» erhob er zwei grundsätzliche Einwände gegen seinen Kontrahenten: Erstens überschätze dieser die Vorhersagbarkeit der Geschichte und die Beharrungskraft des Augenblicks; zweitens verkenne er die Schwäche und die Irrationalität der menschlichen Natur. Huntingtons eigentliche Antwort an Fukuyama aber war der Aufsatz «The Clash of Civilizations?», der im Sommer 1993 in der Zeitschrift «Foreign Affairs» erschien und zur Keimzelle seines 1996 vorgelegten, weltweit diskutierten Buches mit dem gleichen Titel (aber ohne Fragezeichen) wurde. Die wesentlichen Konfliktquellen der neuen, seit dem Untergang des Sowjetkommunismus entstandenen Welt würden nicht mehr vorrangig ideologisch oder wirtschaftlich sein, schrieb er. «Die großen Trennungen innerhalb der Menschheit und die überragende Konfliktquelle werden kultureller Art sein. Nationalstaaten werden die wichtigsten Akteure der Weltpolitik bleiben, aber die entscheidenden Konflikte der globalen Politik werden sich zwischen Nationen und Gruppen aus unterschiedlichen Kulturen ergeben. Der Zusammenstoß der Kulturen (clash of civilizations) wird die globale Politik beherrschen. Die Bruchlinien (fault lines) zwischen den Kulturen werden die Kampffronten (battle lines) der Zukunft sein.»

Huntington unterschied zwischen sieben oder acht großen Kulturen: der westlichen, konfuzianischen, japanischen, islamischen, hinduistischen, slawisch-orthodoxen, lateinamerikanischen und «möglicherweise» einer afrikanischen Kultur. Unterschiede zwischen Kulturen bedeuteten nicht notwendigerweise Konflikte, und Konflikt heiße nicht zwangsläufig Gewalt. Über die Jahrzehnte hinweg aber hätten Unterschiede zwischen Kulturen die längsten und gewaltsamsten Konflikte hervorgerufen. Zur Zeit seien die Bruchlinien zwischen den Kulturen dabei, die politischen und ideologischen Grenzen des Kalten Krieges als Brennpunkte von Krisen und Blutvergießen zu ersetzen. So gewinne in Europa die kulturelle Trennung zwischen dem westlichen und dem orthodoxen Christentum wieder an Bedeutung, also jene Linie, die von der finnisch-russischen Grenze östlich der baltischen Staaten quer durch die Ukraine, durch Rumänien und das ehemalige

Jugoslawien verlief, wobei die Siedlungsgebiete der unierten griechisch-katholischen Ukrainer, der katholischen oder protestantischen ungarischen Szekler und «Siebenbürger Sachsen» sowie der katholischen Kroaten dem historischen Okzident zuzurechnen waren. «Der samtene Kulturvorhang (the Velvet Curtain of Culture) hat den Eisernen Vorhang der Ideologie als die bedeutendste Trennlinie in Europa ersetzt»: eine These, die durch den Hinweis auf die blutigen Nachfolgekriege im früheren Jugoslawien höchste Aktualität erhielt.

Im Weltmaßstab waren Huntingtons Analyse zufolge die islamistischen Bewegungen zu den einflußreichsten Widersachern des Westens geworden, wobei diese sich sogar als die eigentlichen Nutznießer jeder Demokratisierung in Gestalt freier Wahlen nach dem allgemeinen gleichen Stimmrecht erwiesen. Huntington verwies des weiteren auf die Solidarisierung der Muslime aller Welt mit Bosniaken und Palästinensern, auf die Auseinandersetzungen zwischen orthodoxen Christen und Muslimen im Kaukasus und auf die chronisch gewordenen Konflikte zwischen Hindus und Muslimen in Indien und Pakistan. Eine andere kulturelle Bruchlinie erkannte der Autor im Verhältnis zwischen dem Westen und dem kommunistischen, von Huntington als «konfuzianisch» eingestuften China. Die Schlußfolgerung aus dieser Diagnose war düster: Der nächste Weltkrieg werde, sollte es ihn geben, ein Krieg zwischen den Kulturen sein.

Gefahren sah Huntington auch in «zerrissenen Ländern» (torn countries) heraufziehen, die sich ihrer kulturellen Identität nicht sicher seien: in der Türkei, Mexiko und Rußland und in gewisser Weise auch in Japan, das in mancher Beziehung «im Westen» (in the West in some respect) sei, aber in anderen, wichtigen Hinsichten eindeutig nicht zum Westen gehöre (clearly not of the West in important dimensions). Generell würden Konflikte zwischen Gruppen unterschiedlicher kultureller Prägung häufiger und intensiver werden als solche zwischen Gruppen innerhalb einer Kultur. «Gewaltsame Konflikte zwischen Gruppen in verschiedenen Kulturen sind die wahrscheinlichste und gefährlichste Ursache von Eskalationen, die zu globalen Konflikten führen können; die alles überragende Achse der Weltpolitik werden die Beziehungen zwischen ‹dem Westen und dem Rest› der Welt sein.»

Dem transatlantischen, teils europäischen, teils nordamerikanischen Westen empfahl Huntington angesichts solcher Bedrohungen, zusammenzurücken und mit Ländern zu kooperieren, deren Kulturen ihm vergleichsweise nahe seien – er nannte Lateinamerika, Osteuropa, Rußland und Japan. Außerdem müsse er die militärische Stärke der «konfuzianischen und islamischen Staaten» zu begrenzen versuchen und prowestliche Gruppen innerhalb dieser Staaten unterstützen. Konflikte zwischen den Kulturen seien aber nichts Wünschenswertes. Vielmehr müsse der Westen sich um ein vertieftes Verständnis anderer Kulturen bemühen. «Was die überschaubare Zukunft betrifft, wird es keine universale Kultur geben, sondern eine Welt verschiedener Kulturen; jede von ihnen wird lernen müssen, mit den anderen zusammenzuleben (for the relevant future, there will be no universal civilization, but instead a world of different civilizations, each of which will have to learn to coexist with the others).»

Dem versöhnlichen und harmonisierenden Schlußappell zum Trotz war Huntingtons Text von einem tiefen Kulturpessimismus geprägt. Was er seinen Leserinnen und Lesern erst im Herbst 1989 im «National Interest» und dann sehr viel ausführlicher in seinem sechs Jahre später erschienenen Buch vortrug, war ein scharfes Kontrastprogramm zur fortschrittsgläubigen Zukunftsskizze Francis Fukuyamas. Wo dieser den Westen weltweit als Sieger aus der bisherigen Geschichte, im Sinne Hegels letztlich einem großen Ringen um die Freiheit, hervorgehen sah, sprach jener – in seinem Buch von 1996 viel deutlicher als in dem Aufsatz von 1989 – vom Verblassen und dem Niedergang des Westens. Huntington widmete sich vor allem den Trenn- und Bruchlinien zwischen dem Westen und dem Nichtwesten, aber sehr viel weniger den Bruchlinien innerhalb der nichtwestlichen Kulturen – etwa zwischen fundamentalistischen und säkularen, aber deswegen noch lange nicht prowestlichen Muslimen, oder zwischen Schiiten und Sunniten. Daraus ergab sich ein pauschalierender und, obwohl er diesem Eindruck vorzubeugen versuchte, ein fatalistischer Grundzug der Argumentation.

Verglichen mit dem Optimisten Fukuyama, war Huntington der große Realist. Der Harvard-Politologe betonte scharf die historische Einzigartigkeit des Westens und die Stärke des Widerstands, auf die jeder Versuch, westliche Werte zu «exportieren», stoßen mußte. Er warnte vor einem kulturellen Relativismus *im* Westen und vor einem normativen Universalismus *des* Westens. «Eine multikulturelle Welt ist unvermeidbar, weil das globale Imperium unmöglich ist. Die Bewahrung der USA und des Westens erfordert die Erneuerung der westlichen Identität. Die Sicherheit der Welt erfordert das Akzeptieren der multikulturellen Welt.»

Die Frage, ob ein Westen, der den Anspruch auf die universelle Geltung seiner Werte, obenan der allgemeinen, unveräußerlichen Menschenrechte, aufgibt, noch «der Westen», also mit sich identisch gewesen wäre, stellte sich Huntington nicht. Am Ende unterschätzte er wohl die subversive Kraft des normativen Projekts des Westens, das als Anliegen von Dissidenten längst schon begonnen hatte, auch andere nichtwestliche Kulturen zu «unterwandern». Zugleich reduzierte er, wie ihm der aus Indien stammende, ebenfalls in Harvard lehrende Nobelpreisträger für Wirtschaftswissenschaften des Jahres 1998, Amartya Sen, zu Recht vorhielt, die Menschen auf eine einzige, die religiös-kulturelle Identität und machte sie damit zu Gefangenen ihrer jeweiligen Kultur. Eine schärfere Mißachtung der individuellen Freiheit, sich aus überkommenen kulturellen Prägungen zu lösen, war kaum vorstellbar – ein paradoxer Befund, wenn man bedenkt, daß Huntington sich als Anwalt des westlichen Verständnisses von Freiheit begriff.

Im Jahr 2000, rund ein Jahrzehnt nach den ersten Versuchen von Fukuyama und Huntington, eine Ortsbestimmung der Welt nach 1989 vorzunehmen, legte der britische Diplomat und Publizist Robert Cooper seinen Essay «The Post-Modern State and the World Order» vor, mit dem er dasselbe Ziel verfolgte. Er nannte 1989 einen Bruch mit der europäischen Geschichte. «Was 1989 geschah, ging über die Ereignisse von 1789, 1815 und 1919 noch hinaus. Diese Jahre stehen, wie 1789, für Revolutionen, den Untergang von Reichen und die Neuordnung von Einflußsphären. Aber diese Veränderungen fanden innerhalb des herkömmlichen Rahmens des Gleichgewichts der Mächte und des souveränen Staates statt. 1989 war es anders. Zusätzlich zu den dramatischen Veränderungen dieses Jahres – den Revolutionen und der Neuordnung der Bündnissysteme – stand 1989 für einen damit einhergehenden Wandel im europäischen System selbst.»

1989 war Cooper zufolge nicht nur das Ende des Kalten Krieges, sondern des Systems des Mächtegleichgewichts (balance of power system) in Europa. Historisch war 1989 deshalb nur mit 1648 vergleichbar, dem Jahr des Westfälischen Friedens, auf den der Autor die Entstehung des europäischen Staatensystems zurückführte. Vor 1648 sei das Grundmuster der europäischen Welt durch das Christentum bestimmt worden, danach durch das System des Gleichgewichts. Cooper formulierte bewußt holzschnittartig. Tatsächlich hatten schon lange vor 1648 hegemoniale Bestrebungen europäischer Großmächte, Spaniens, Frankreichs und Habsburgs vor allem, Englands Gegenstreben nach Gleichgewicht auf dem Kontinent ausgelöst. «1648» stand eher für die Durchsetzung des Prinzips der absoluten Staatssouveränität und des daraus abgeleiteten Prinzips der Nichteinmischung in die inneren Angelegenheiten von Staaten als für die Durchsetzung des europäischen Gleichgewichts. Aber der Westfälische Frieden trug entscheidend zu jenem europäischen Staatensystem bei, das immer wieder neu erstand, wenn es von der Hegemonialpolitik *einer* Macht, sei es Frankreichs unter Ludwig XIV. und Napoleon, sei es Deutschlands unter Wilhelm II. und Hitler, herausgefordert wurde – das letzte Mal, 1945, freilich nur noch mit der Hilfe einer halbeuropäischen und einer außereuropäischen «Flügelmacht» im Sinne des deutschen Historikers Ludwig Dehio, der Sowjetunion und der Vereinigten Staaten von Amerika.

Was seit 1989 ans Tageslicht trat, war Cooper zufolge «nicht eine neue Umgruppierung des alten Systems, sondern ein neues System. Dahinter erkennt man eine neue Form von Staatlichkeit oder zumindest von Staaten, die sich radikal anders verhalten als in der Vergangenheit. Mitgliedstaaten von Allianzen, die sowohl im Frieden als auch im Krieg überleben und wechselseitige Einmischungen in ihre inneren Angelegenheiten und die Rechtsprechung internationaler Gerichtshöfe akzeptieren, sind weniger absolut in ihrer Souveränität und Unabhängigkeit als zuvor.» Auf merkwürdige Weise seien diese Veränderungen teilweise das Ergebnis eines zweiten Dreißigjährigen Krieges in den Jahren 1914 bis 1945 – eines Krieges, der ein ähnliches Maß an Zerstörung über Europa gebracht habe wie der erste Dreißigjährige Krieg von 1618 bis 1648.

Eine andere Ursache der Veränderungen von 1989 sah Cooper im Kalten Krieg, der geprägt war von der Furcht vor einer Entladung eines historisch einzigartigen Zerstörungspotentials. Der Kalte Krieg habe das internationale System in eine globale Konfrontation gebracht und selbst entlegenen Weltwinkeln eine strategische Bedeutung verliehen. 1945 bedeutete den Anfang vom Ende der europäischen Kolonialreiche, die sich, so Cooper, in Einflußsphären der beiden Supermächte, der USA und der Sowjetunion, verwandelten. Amerika und Rußland wurden nötig, um das europäische Gleichgewichtssystem aufrechtzuerhalten; an die Stelle des alten multilateralen Gleichgewichts in Europa trat ein bilaterales Gleichgewicht des Schreckens. Nach dem Ende des Kalten Krieges sei Europa dabei, ein «neues und ordentlicheres Sicherheitssystem» (a new and more orderly security system) zu entwickeln, während manche anderen Teile der Welt «wenn irgendetwas, dann unordentlicher» (if anything, more disorderly) würden. Die neue Weltordnung, wie Cooper sie skizzierte, war dreigeteilt. Es gab zum einen die «vormoderne» Welt, bestehend aus Staaten, vornehmlich in Afrika und Asien, in denen vielfach postimperiales Chaos herrschte und der Staat weit davon entfernt war, im Sinne Max Webers über das Monopol legitimer physischer Gewaltanwendung zu verfügen. Cooper nannte als Beispiel Somalia, Afghanistan und Liberia – scheiternde oder gescheiterte Staaten («failing» oder «failed» states», wie man sie nun immer häufiger nannte), eine neue Art von «terra nullius», also Gebiete, die keiner erkennbaren Herrschaft unterlagen, sondern zur Beute sich gegenseitig bekämpfender Kriegsherren (warlords) an der Spitze von Bürgerkriegsparteien oder terroristischen Organisationen geworden waren.

Ein anderer Teil der Welt war der «moderne». Zu ihm gehörten die nach wie vor souveränen Staaten, die das Gesetz ihres außenpolitischen Handelns immer noch selbst bestimmten. Die USA, die einzig verbliebene Supermacht, waren eindeutig dieser Kategorie zuzuordnen, aber auch Rußland, das auf Grund von Fläche, Bevölkerungszahl, wirtschaftlichen Ressourcen und atomarem Potential weiterhin eine Großmacht war, ebenso die großen wirtschaftlichen Aufsteigermächte China, Indien und Brasilien, aber auch der industriell hochentwickelte Inselstaat Japan. Schließlich gab es noch den «postmodernen» Teil der Welt in Gestalt der Europäischen Gemeinschaft, die sich seit 1993 «Europäische Union» nannte. Seit den Römischen Verträgen von 1957 hatte sie sich zu einem einzigartigen Zwischengebilde zwischen Staatenbund und Bundesstaat entwickelt. Ihre Mitgliedstaaten waren nicht mehr vollsouveräne, klassische Nationalstaaten, sondern, um einen von Cooper nicht benutzten Begriff zu verwenden, postklassische Nationalstaaten, charakterisiert durch die gemeinsame Ausübung einiger Hoheitsrechte und die Übertragung anderer Hoheitsrechte auf supranationale Einrichtungen. Militärische Konflikte zwischen diesen Staaten

waren undenkbar geworden, zwischen ihnen und anderen europäischen Staaten aber faktisch auch, seit auf dem Pariser KSZE-Gipfel
vom November 1990 der Vertrag über konventionelle Streitkräfte
unterzeichnet worden war, der Europa eine drastische Reduzierung
seiner herkömmlichen Angriffswaffen und damit einen qualitativen
Sprung im Bereich der konventionellen Abrüstung brachte.

Was immer man von Coopers Verwendung des Begriffs «postmo-
dern» im Hinblick auf Europa halten mag: Für den alten Kontinent
waren die Jahre 1989/90 eine der tiefsten Zäsuren seiner Geschichte.
Ein europäisches Jahrhundertproblem, die deutsche Frage, war durch
die Wiedervereinigung in den Grenzen von 1945 und die Mitgliedschaft ganz Deutschlands im Atlantischen Bündnis gelöst worden. Die
Zustimmung Frankreichs zum Zusammenschluß der beiden deutschen
Staaten, der Bundesrepublik Deutschland und der Deutschen Demokratischen Republik, war Bonn einen hohen Preis wert gewesen: Bundeskanzler Kohl hatte in seinen Verhandlungen mit Präsident Mitterrand der Entkoppelung der bislang simultan verfolgten Ziele
Währungsunion und Politische Union zugestimmt. Die deutsche Frage
hatte also, zugespitzt formuliert, nur dadurch gelöst werden können,
daß die europäische Frage zunächst weithin offen blieb. Sie sollte auch
dann noch offen bleiben, als die Europäische Gemeinschaft sich
1990/91 durch das Vertragswerk von Maastricht eine neue Grundlage
gab. Ob die Europäische Union jemals in die Lage kommen würde, in
großen weltpolitischen Fragen mit *einer* Stimme zu sprechen, war
deshalb zu Beginn der neunziger Jahre noch nicht abzusehen.

Nichts zu deuten gab es hingegen am Status der Vereinigten Staaten von Amerika, der Siegerin im Kalten Krieg. Kein anderes Land
konnte ihnen in der «Neuen Weltordnung», von der Präsident Bush
erstmals im September 1990 sprach, die globale Führungsrolle streitig
machen. Ihren bisherigen Hauptkontrahenten, die Sowjetunion, gab es
seit Ende 1991 nicht mehr. Der größte unter deren Nachfolgestaaten,
Rußland, war zwar weiterhin eine atomare Großmacht, aber auf absehbare Zeit mit seiner inneren Transformation so beschäftigt, daß es
zu einer aktiven oder gar offensiven Außenpolitik vorerst kaum in der
Lage schien. Das östliche Militärbündnis, der Warschauer Pakt, hatte
sich aufgelöst; die westliche Allianz, die NATO, war durch die Wiedervereinigung Deutschlands, territorial gewachsen, und es stand zu
erwarten, daß dies nicht das Ende ihrer Osterweiterung sein würde.

Die USA schienen zur globalen Hegemonie also geradezu verurteilt. 1997 zog der ehemalige Sicherheitsberater Präsident Carters, der Politikwissenschaftler Zbginiew Brzeziński, ein triumphierendes Fazit: «Zum ersten Mal in der Geschichte trat ein außereurasischer Staat nicht nur als *der* Schiedsrichter europäischer Machtverhältnisse, sondern auch als die überragende Weltmacht schlechthin hervor. Mit dem Scheitern und dem Zusammenbruch der Sowjetunion stieg ein Land der westlichen Hemisphäre, nämlich die Vereinigten Staaten, zur einzigen und im Grunde der ersten wirklichen Weltmacht auf.»

Inwieweit die USA ihre globale Vormachtstellung geltend machen konnten, hing freilich, worauf Brzeziński einschränkend hinwies, davon ab, ob sie in der Lage waren, das Aufkommen einer dominierenden gegnerischen Macht auf dem eurasischen Kontinent zu verhindern. Am ehesten mußten die Vereinigten Staaten einer solchen Herausforderung seitens der Volksrepublik China gewärtig sein. Von der Europäischen Union hatten sie dagegen einstweilen keine unliebsame weltpolitische Konkurrenz zu erwarten. Doch nach dem Ende des Kalten Krieges und dem Untergang der Sowjetunion fühlten sich die westeuropäischen Verbündeten der Vereinigten Staaten von Washington nicht mehr so existentiell abhängig wie in den vier Jahrzehnten davor. Sie konnten selbständiger agieren als bisher, und es sprach alles dafür, daß sie dies tun würden.

Auch außerhalb «Eurasiens» bedeutete der Abschied von der bipolaren Nachkriegsordnung durchaus nicht, daß der Einfluß der USA steigen mußte. Vor 1990 hatten sie Interventionen im vielzitierten eigenen «Hinterhof», Mittel- und im weiteren Sinn auch Südamerika, regelmäßig mit der von Moskau verkörperten kommunistischen Weltgefahr begründet. *Dieses* Argument wirkte nicht mehr, seit Gorbatschow in der zweiten Hälfte der achtziger Jahre auf Castros Kuba und die linken Guerillaarmeen in Nicaragua und El Salvador mäßigend einwirkte. Das Ende des Kalten Krieges eröffnete den Staaten Lateinamerikas dann die Chance, sich von dem übermächtigen Nachbarn im Norden zu emanzipieren und eigenständiger als zuvor über ihre Zukunft zu entscheiden.

Vom Wegfall des Ost-West-Konflikts war auch Afrika betroffen. Unter Gorbatschow drängte die Sowjetunion die linken Regime in Äthiopien und Moçambique zu außenpolitischer Mäßigung und Kompromissen mit ihren innenpolitischen Gegnern; sie stellte, wichtiger noch, ihre Unterstützung für den bewaffneten Kampf antiimperialistischer Bewegungen im Süden des Kontinents ein. Zusammen mit den USA nahm sie aktiven Anteil an der Beendigung des Bürgerkriegs in Angola und wirkte durch Einflußnahme auf die South West African People's Organization (SWAPO) an der Beendigung der Kämpfe in Namibia, der Voraussetzung für die Entlassung dieses von Südafrika verwalteten und beanspruchten Gebiets in die Unabhängigkeit im März 1990, mit.

In der Südafrikanischen Republik zeitigte die allmähliche Überwindung des Kalten Krieges ebenfalls Auswirkungen: Der African National Congress (ANC) wurde unter Gorbatschow nachdrücklich zu einer Politik der Verständigungsbereitschaft angehalten, und die USA hatten keinen Grund mehr, dem weißen Apartheidregime in Pretoria den Rücken zu stärken, um eine Ausdehnung des sowjetischen Einflußbereiches am Kap der Guten Hoffnung zu verhindern. Beide Faktoren begünstigten den friedlichen Wandel in Südafrika, den Präsident Willem de Klerk 1990 einleitete und in Gesprächen mit den Führern des ANC und der Inkatha-Freiheitspartei, Nelson Mandela und Gatsha Buthelezi, im September 1991 auf einen vorläufigen Höhepunkt führte. Zweieinhalb Jahre später, im April 1994, gewann der ANC die Wahlen zur südafrikanischen Nationalversammlung mit einer Mehrheit von fast zwei Dritteln. Im Mai 1994 wählte das Parlament Nelson Mandela, die Verkörperung des Widerstands gegen die Politik der «Rassentrennung», zum ersten schwarzen Präsidenten der Südafrikanischen Republik. Damit begann eine neue Phase jenes Transformationsprozesses, auf den sich der Begriff der «friedlichen Revolution» ebenso anwenden läßt wie auf die dramatischen Veränderungen, die Ostmitteleuropa 1989/90 erlebte.

Was immer zu Beginn der neunziger Jahre in Asien, Europa, Lateinamerika oder Afrika geschah, bedeutete für die Weltgeltung der USA zunächst keinerlei Bedrohung. Wenn es eine Gefahr für die Stärke der Supermacht gab, ging sie von ihr selbst aus. Die Hochrüstung unter Präsident Reagan hatte die Staatsverschuldung der USA ins Gigantische gesteigert: Sie wuchs von 907 Milliarden Dollar im Jahr 1980 auf 3,5 Billionen im Jahr 1991. Von den langfristigen Folgen der Staatsverschuldung her gesehen, trug Amerikas Sieg im Wettrüsten (und nicht zuletzt deswegen auch im Ost-West-Konflikt) Züge eines Pyrrhussieges: Er war zu teuer erkauft. Ende 1990 setzte zudem eine

Rezession ein, die zusammen mit dem Golfkrieg von 1991 große Löcher in den Bundeshaushalt riß: Das Etatdefizit stieg 1990/91 auf 300 Milliarden Dollar an. Die USA waren deswegen noch lange kein Koloß auf tönernen Füßen. Ihre Attraktivität als Anlageplatz für ausländisches, nicht zuletzt japanisches Kapital war ungebrochen und gab den Leitern der amerikanischen Politik das Vertrauen, die hohen Staatsschulden ertragen und die Haushaltslücke nach einer konjunkturellen Erholung rasch wieder schließen zu können. Das Kapitalexportland Japan hätte den Vereinigten Staaten aber auch als warnendes Beispiel dienen können: 1990 brach dort der überbewertete Immobilienmarkt und mit ihm die «Seifenblasenwirtschaft» (bubble economy) zusammen. Die Folge war, daß mehrere große Banken und Versicherungsgesellschaften Konkurs anmelden mußten und die japanische Volkswirtschaft in eine langanhaltende Krise geriet. Doch unmittelbar nach dem für die USA triumphalen Ausgang des Ost-West-Konflikts sahen die «decision-makers» in Washington keinen Grund, ihre überwiegend optimistische Einschätzung der Weltlage und der Situation des eigenen Landes zu dämpfen. Die USA waren schließlich schon mit ganz anderen Herausforderungen fertig geworden als den wirtschaftlichen und finanziellen Problemen zu Beginn der neunziger Jahre.

Der Fall des «Eisernen Vorhangs» hatte einen gewaltigen Globalisierungsschub zur Folge. Europa, soweit es jenseits der östlichen Demarkationslinie von 1945 lag, und das Territorium der ehemaligen Sowjetunion bis hin zur Beringstraße konnten erst jetzt voll in die Weltwirtschaft integriert werden. Nicht zufällig stieg der Begriff «Globalisierung», der sich in den achtziger Jahren in den angelsächsischen Ländern durchgesetzt hatte, erst nach 1990 zum Weltschlagwort auf. Anläufe zu einer Globalisierung im Sinne von weltweit ausgerichteten wirtschaftlichen, politischen, religiösen und kulturellen Bestrebungen hatte es seit der Errichtung von Kolonialreichen europäischer Mächte im Gefolge der Entdeckungen der Zeit um 1500 gegeben. Der klassische Imperialismus brachte nach 1880, um einen Begriff der deutschen Historiker Jürgen Osterhammel und Niels P. Petersson zu verwenden, eine «Politisierung der Globalisierung»: Versuche der national verfaßten Gesellschaften, «die Auswirkungen weltwirtschaftlicher Vernetzung politisch einzuhegen». Was 1945 begann und mit dem Auslaufen des «Großen Booms» Mitte der siebziger Jahre endete, nennen Osterhammel und Petersson eine «halbierte Globalisierung»: Das Weltwährungssystem von Bretton Woods galt nur für die kapitalistischen Staaten und die von ihnen abhängigen Länder der «Dritten Welt», darunter lateinamerikanische und asiatische Militärdiktaturen.

Das Ende der gut zweieinhalb Jahrzehnte währenden Prosperitätsperiode nach dem Zweiten Weltkrieg, mit ausgelöst durch den Erdölpreisschock von 1973, leitete in der westlichen Welt forcierte Rationalisierungsprozesse ein. Sie schlugen sich auch in einer Globalisierung der Arbeitsteilung nieder: dem «Outsourcing» von Teilen der Produktion und bald auch von Dienstleistungen in asiatische «Schwellenländer». In den westlichen Industrieländern gingen die Anteile der industriellen Wertschöpfung am Bruttosozialprodukt und der Industriearbeiter an der erwerbstätigen Bevölkerung zurück, während die entsprechenden Anteile des Dienstleistungssektors stiegen – besonders stark in den USA und Großbritannien, wo die Lehren des «neoliberalen» Flügels der Wirtschaftswissenschaften auf sehr viel weniger Widerstand stießen als in Kontinentaleuropa. Der Sozialstaat geriet aber auch hier in die Defensive; die Privatisierung von bislang öffentlichen Produktionsbereichen und Dienstleistungsunternehmen machte in den achtziger Jahren in der gesamten westlichen Welt große Fortschritte. Parallel dazu globalisierten sich die Finanzmärkte, vorangetrieben durch Private-Equity-Gesellschaften und Hedgefonds und erleichtert durch die mikroelektronische Kommunikation mit Hilfe des Personal Computers. Der Untergang des Sowjetimperiums beseitigte dann eine räumliche Barriere der Entfesselung der Anlage- und Absatzmärkte: Aus der «halbierten» Globalisierung konnte eine «ganze» werden.

Eine geradezu revolutionäre Rolle bei der Globalisierung nach 1990 spielte das Internet, das alle Arten von Produktion und Dienstleistungen, ja den Alltag eines Großteils der Menschheit radikal verändern sollte. Seine Anfänge reichen in das Jahr 1969 zurück, als die Advanced Research Projects Agency (ARPA), eine eng mit der universitären und außeruniversitären «High-Tech»-Forschung kooperierende Agentur des amerikanischen Verteidigungsministeriums, das «Arpanet», ein weite Entfernungen überbrückendes Netzwerk von Computern, ins Leben rief. 1983 wurde Arpanet aus Gründen der Sicherheit (und wohl auch im Zusammenhang mit den Arbeiten an Reagans SDI-

Projekt) in einen militärischen und einen zivilen Zweig aufgespalten. Das zivile «Arpa-Internet» diente 1984 zunächst als Rückgrat des NSFNET, des Computernetzwerks der regierungsamtlichen National Science Foundation (NSF), das sich jedoch schon bald über seinen unvollkommenen Vorgänger hinausentwickelte. Als die Regierung Bush im Februar 1990 das inzwischen technologisch veraltete Arpanet abschaltete, wurde die NSF mit dem Management des nunmehr entmilitarisierten Internet beauftragt.

Das war jedoch nur ein Intermezzo. Im Zuge der Deregulierung zog sich die NSF 1995 aus dem Internet zurück und überließ es kommerziellen Anbietern, die zum Teil auf eigenständig entwickelte Computernetzwerke zurückgreifen konnten. Die Folge war eine explosionsartige Vermehrung der «host computers», das heißt von Daten verarbeitenden und speichernden, mit dem Internet verbundenen Computern. 1984 hatte sich ihre Zahl auf weniger als 1000 belaufen. Ein Jahrzehnt später waren bereits 6 Millionen Menschen durch das World Wide Web global vernetzt, 2005 über 300 Millionen, 2012 über eine Milliarde – Zahlen, aus denen sich ablesen läßt, in welchem Tempo sich die Welt nach 1990 durch die Revolution der mikroelektronischen Kommunikationsmittel zu einem «global village» im Sinne des amerikanischen Medientheoretikers Marshall McLuhan entwickelte.

Das Ende des europäischen Kommunismus verhalf nicht nur dem westlichen Kapitalismus zu einem riesigen neuen Markt, es ließ auch in den postkommunistischen Gesellschaften eine neue Klasse von Unternehmern entstehen. Ob sie aus der alten Nomenklatura oder von außerhalb des Machtapparats kamen, sie konnten gar nicht anders als Pionierarbeit zu leisten. In den orthodox geprägten Ländern Ost- und Südosteuropas, in denen sich nie ein breites, wirtschaftlich selbständiges Bürgertum hatte entwickeln können, nahm der «Aufbau des Kapitalismus» häufig Formen an, die an die Beschreibung des «Geheimnisses der ursprünglichen Akkumulation» des Kapitals im 24. Kapitel des ersten Bandes von Marxens «Kapital» erinnerten: eine von Staats wegen nahezu unbeschränkte, ja durch massive Korruption begünstigte, rücksichtslose Ausbeutung von natürlichen Ressourcen und menschlicher Arbeitskraft im Interesse der Profitmaximierung. In Rußland wie auf dem Balkan verschwanden dabei nicht selten die Grenzen zwischen den neuen politischen und wirtschaftlichen Führungsgruppen auf der einen und dem organisierten Verbrechen auf der anderen Seite.

Eine Zähmung des Kapitalismus, wie sie der Westen im Verlauf einer langen Entwicklung in Form von Gesetzen, Institutionen und gesellschaftlicher Gegenmacht hervorgebracht hatte, mußte sich in den postkommunistischen Gesellschaften erst noch herausbilden. Den Staaten des alten Okzidents, die erst nach 1945 unter kommunistische Herrschaft geraten waren und auf gewisse bürgerliche Traditionen zurückgreifen konnten, fiel die politische und rechtliche Einrahmung der neuen privatwirtschaftlichen Ordnung deutlich leichter als Ländern, die nicht oder nur schwach durch die Erfahrung von Rechtsstaat, Gewaltenteilung und Zivilgesellschaft geprägt waren. Die Triumphe, die der Kapitalismus nach 1989 nicht nur im ehemaligen Ostblock, sondern im globalen Maßstab feiern konnte, bedeuteten daher noch keine Siege für das normative Projekt des Westens.

Ob die politischen Errungenschaften von 1776 und 1789 auch jenseits der historischen Grenzen des Okzidents sich dauerhaft würden durchsetzen können, war Ende 1991, als die Sowjetunion formell zu bestehen aufhörte, eine offene Frage. Sicher war nur, daß der Ost-West-Konflikt, der die zweite Hälfte des 20. Jahrhunderts weltweit geprägt hatte, der Vergangenheit angehörte. Mit dem Ost-West-Konflikt entfiel auch der Anlaß zum Wettrüsten. Was der Westen dadurch einsparte, hätte er theoretisch zu einem guten Teil in die Entwicklungshilfe für die ärmsten unter den Ländern der Dritten Welt investieren können, um zumindest das Ziel zu erreichen, das die von Willy Brandt geleitete internationale Nord-Süd-Kommission 1980 den reichen Industrieländern gesetzt hatte: Demnach sollte der Anteil der Entwicklungshilfe am Bruttosozialprodukt über die für 1985 versprochenen 0,7 Prozent hinaus bis zur Jahrtausendwende auf 1 Prozent steigen. Doch einstweilen sah es nicht danach aus, daß die Adressaten des Appells bereit waren, sich an dieser Vorgabe zu orientieren.[21]

Anhang

Abkürzungsverzeichnis

ABAKO	Association des Bakongo
ABC-Waffen	atomare, bakteriologische/biologische und chemische Waffen
ABM	Antiballistic Missiles
AFL	American Federation of Labor
AIDS	Acquired Immune Deficiency Syndrome
AIM	American Indian Movement
AIOC	Anglo-Iranian Oil Company
AKP	Afrika, Karibik, Pazifik
ALN	Armée de Libération Nationale
ANC	African National Congress
ANZUS	Australia, New Zealand, United States
AP	Alianza Popular
APO	Außerparlamentarische Opposition
APRA	Alianza Popular Revolucionaria Americana
ARPA	Advanced Research Projects Agency
ARVN	Armee der Republik Vietnam
ASEAN	Association of Southeast Asian Nations
BBC	British Broadcasting Corporation
BHE	Bund der Heimatvertriebenen und Entrechteten
BKJ	Bund der Kommunisten Jugoslawiens
BOT	Buoni Ordinari del Tesoro
CDA	Christlich-Demokratischer Appell
CDE	Comissão Democrática Eleitoral
CDS	Centro Democrático e Social
CDU	Christlich-Demokratische Union Deutschlands
CERES	Centre d'Études, de Recherches et d'Éducation Socialiste
CFDT	Confédération française démocratique du travail
CGL	Confederazione Generale del Lavoro
CGT	Confédération Générale du Travail
CIA	Central Intelligence Agency
CIO	Congress of Industrial Organizations
CIR	Convention des institutions républicaines
COMECON	Council für Mutual Economic Assistance/Rat für gegenseitige Wirtschaftshilfe

CONAKAT	Confédération des Associations Tribales du Katanga
COPCON	Comando Operacional do Continente
CORE	Congress for Racial Equality
CPD	Committee on the Present Danger
CREEP	Committee for the Re-election of the President
CRS	Compagnies Républicaines de Sécurité
ČSFR	Tschechoslowakische Föderative Republik
ČSR	Tschechoslowakische Republik
ČSSR	Tschechoslowakische Sozialistische Republik
CSU	Christlich-Soziale Union in Bayern
CUT	Central Única de Trabajadores de Chile
D66	Demokraten 66
DAG	Deutsche Angestellten-Gewerkschaft
DC	Democrazia Cristiana
DDR	Deutsche Demokratische Republik
DGB	Deutscher Gewerkschaftsbund
DINA	Dirección de Inteligencia Nacional
DKP	Deutsche Kommunistische Partei
DM	Deutsche Mark
DP	Deutsche Partei
DSU	Deutsche Soziale Union
DVPA	Demokratische Volkspartei Afghanistans
EAM	Ellenikon Apelevtherikon Metopon/Griechische Nationale Befreiungsfront
ECOFIN	Economic and Financial Affairs
ECU	European Currency Unit
EEA	Einheitliche Europäische Akte
EFTA	European Free Trade Association/Europäische Freihandelszone
EG	Europäische Gemeinschaften
ELAS	Ethnikós Laikós Apelevtherotikós Stratós/Griechische Nationale Befreiungsarmee
ENA	École Nationale d'Administration
ENI	Ente Nazionale Idrocarburi
EOKA	Ethniki Organosis Kyprion Agoniston/Nationale Organisation Zypriotischer Kämpfer
EPA	Environmental Protection Agency
EPG	Europäische Politische Gemeinschaft
EPZ	Europäische Politische Zusammenarbeit
ERP	European Recovery Program
ESA	Griechische Militärpolizei
ETA	Euskadi Ta Askatasuna/Baskenland und Freiheit
EURATOM	Europäische Atomgemeinschaft
EUREKA	European Research Coordination Agency

EVG	Europäische Verteidigungsgemeinschaft
EWG	Europäische Wirtschaftsgemeinschaft
EWS	Europäisches Währungssystem
FAO	Food and Agricultural Organization
FBI	Federal Bureau of Investigation
FDP	Freie Demokratische Partei
FDR	Franklin Delano Roosevelt
FGDS	Fédération de la gauche démocratique
FIAT	Fabbrica Italiana Automobili Torino
FLN	Front de Libération Nationale
FLO	Front de Libération du Québec
FN	Front National
FNL	Front National de Libération du Vietnam Sud
FNLA	Frente Nacional de Libertação de Angola
FNV	Federatie Nederlandse Vakbeweging
FPÖ	Freiheitliche Partei Österreichs
FRELIMO	Frente de Libertação de Moçambique
GAM	Gemeinsamer Agrarmarkt
GAP	Gemeinsame Agrarpolitik
GATT	General Agreement on Tariffs and Trade/Allgemeines Zoll- und Handelsabkommen
GB	Gesamtdeutscher Block
GULag	Glawnoje Uprawlenije isprawitelno-trudowych lagerej I kolonij/ Hauptverwaltung der Besserungsarbeitslager
GUS	Gemeinschaft Unabhängiger Staaten
HDZ	Hrvatska Demokratska Zajednica/Kroatische Demokratische Gemeinschaft
HUAC	House Un-American Activities Commitee
IAEA	Internationale Atomenergiebehörde
IAEO	Internationale Atomenergie-Organisation
IEA	International Energy Agency
ILO	International Labour Organization/Internationale Arbeitsorganisation
INF	Intermediate-Range Nuclear Forces
IRA	Irish Republican Army
IRI	Istituto per la Ricostruzione Industriale
IWF	Internationaler Währungsfonds
JFK	John Fitzgerald Kennedy
JVA	Jugoslawische Volksarmee
KAL	Korean Airlines
KANU	Kenya African National Union
KAU	Kenya African Union
KGB	Komitet Gossudarstwennoi Besopasnosti/Komitee für Staatssicherheit

KLM	Koninklijke Luchtvaart Maatschappij/Königliche Luftfahrtgesellschaft
KOR	Komitet Obrony Robotników/Komitee zur Verteidigung der Arbeiter
KP	Kommunistische Partei
KPČ	Kommunistische Partei der Tschechoslowakei
KPD	Kommunistische Partei Deutschlands
KPdSU	Kommunistische Partei der Sowjetunion
KSZE	Konferenz über Sicherheit und Zusammenarbeit in Europa
KVAE	Konferenz über vertrauens- und sicherheitsbildende Maßnahmen in Europa
KZ	Konzentrationslager
LBJ	Lyndon Baines Johnson
LDPD	Liberal-Demokratische Partei Deutschlands
LEA	Liaison des Étudiants Anarchistes
LIFFE	London International Financial Futures Exchange
MAD	Mutually Assured Destruction
MBFR	Mutual and Balanced Force Reductions
MDF	Magyar Demokrata Fórum/Ungarisches Demokratisches Forum
MDP	Movimento Democrático Português
MDRM	Mouvement de la Rénovation Malgache
MFA	Movimento das Forças Armadas
MIRV	Multiple Independently Targetable Reentry Vehicles
MLF	Multilateral Force
MNC	Mouvement National Congolais
MNR	Movimiento Nacionalista Revolucionario
MPLA	Movimento Popular de Libertação de Angola
MRP	Mouvement Républicain Populaire
MSI	Movimento Sociale Italiano
MSZP	Magyar Szocialista Párt/Ungarische Sozialistische Partei
MTLD	Mouvement pour le Triomphe des Libertés Démocratiques
NAACP	National Association for the Advancement of Colored People
NAFTA	New Zealand-Australia Free Trade Agreement
NASA	National Aeronautics and Space Administration
NATO	North Atlantic Treaty Organization
NDPD	National-Demokratische Partei Deutschlands
NEI	Nouvelles Équipes Internationales
NEPA	National Environmental Policy Act
NFL	Nationale Befreiungsfront
NGO	Nongovernmental Organization
NICRA	Northern Ireland Civil Rights Association
NIOC	National Iranian Oil Company
NKWD	Narodny Kommissariat Wnutrennich Del/Volkskommissariat für Innere Angelegenheiten

NÖSPL	Neues Ökonomisches System der Planung und Leitung
NOW	National Organization for Women
NPD	Nationaldemokratische Partei Deutschlands
NSDAP	Nationalsozialistische Deutsche Arbeiterpartei
NSDD	National Security Decision Directives
NSF	National Science Foundation
NSFNET	National Science Foundation Network
NUM	National Union of Mineworkers
OAPEC	Organization of Arab Petroleum Exporting Countries
OAS	Organisation de l'armeé secrète
OAS	Organization of American States
OAU	Organisation of African Unity/Organisation für Afrikanische Einheit
ODS	Občanská demokratická strana/Demokratische Bürgerpartei
OECD	Organization for Economic Cooperation and Development
OEEC	Organization for European Economic Co-operation/Organisation für europäische wirtschaftliche Zusammenarbeit
OEO	Office of Economic Opportunity
ÖTV	Gewerkschaft Öffentliche Dienste, Transport und Verkehr
ÖVP	Österreichische Volkspartei
OH	Občanské hnutí/Bürgerbewegung
OPEC	Organization of the Petroleum Exporting Countries
ORTF	Office de Radiodiffusion-Télévision Française
PADESM	Parti des Déshérités de Madagascar
PAC	Pan-African Congress
PASOK	Panhellenische Sozialistische Bewegung
PC	Personal Computer
PCE	Partido Comunista de España
PCF	Parti Communiste Français
PCI	Partito Comunista Italiano
PCP	Partido Comunista Português
PD	Presidential Directive
PDS	Partei des Demokratischen Sozialismus
PIDE	Polícia Internacional e de Defesa do Estado
PLO	Palästinensische Befreiungsorganisation
PLP	Progressive Labor Party
PMF	Pierre Mendès-France
PPD	Partido Popular Democrático
PPR	Polska Partia Robotnicza/Polnische Arbeiterpartei
PS	Parti Socialiste
PS	Partido Socialista
PSD	Partido Social Democráta
PSOE	Partido Socialista Obrero Español
PSU	Parti socialiste unifié

PSU	Partito Socialista Unitario
PVAP	Polnische Vereinigte Arbeiterpartei
PvdA	Partij van de Arbeid/Partei der Arbeit
RAF	Rote Armee Fraktion
RENAMO	Resistencia Nacional Moçambicana
RGW	Rat für gegenseitige Wirtschaftshilfe
RJaN	Raketno-Yadernoe Napadenie/Atomraketenangriff
RPF	Rassemblement du Peuple Français
RPR	Rassemblement pour la République
RUC	Royal Ulster Constabulary
SACEUR	Supreme Allied Commander Europe
SALT	Strategic Arms Limitation Talks
SAS	Sections Administratives Spécialisées
SAVAK	Sazeman-e Ettela'at va Amniat-e Keshvar/Organisation zur Information und zum Schutz des Landes
SBZ	Sowjetische Besatzungszone
SCLC	Southern Christian Leadership Conference
SCUA	Suez Canal Users Association
SDI	Strategic Defense Initiative
SDP	Social Democratic Party
SDP	Sozialdemokratische Partei der DDR
SDS	Sozialistischer Deutscher Studentenbund
SDS	Students for a Democratic Society
SEATO	Southeast Asia Treaty Organization
SED	Sozialistische Einheitspartei Deutschlands
SET	Selective Employment Tax
SFIO	Section Française de l'Internationale Ouvrière
SMAD	Sowjetische Militäradministration in Deutschland
Smic	Salaire minimum interprofessionnel de croissance
SNCC	Student Nonviolent Coordination Committee
SNESup	Syndicat national de l'enseignement supérieur
SPD	Sozialdemokratische Partei Deutschlands
SPÖ	Sozialistische Partei Österreichs
SS	Schutzstaffeln
START	Strategic Arms Reduction Treaty
SVP	Schweizerische Volkspartei
SWAPO	South West African People's Organization
SZDSZ	Szabad Demokraták Szövetsége/Bund Freier Demokraten
TASS	Telegrafnoje agentstwo Sowjetskogo Sojusa/Telegrafenagentur der Sowjetunion
TUC	Trades Union Congress
TUC	Travaux d'utilité collective
UCD	Unión de Centro Democrático
UDCA	Union de Défense des Commerçants et Artisans

UDF	Union pour la Démocratie Française
UDR	Union pour la Défense de la République
UdSSR	Union der Sozialistischen Sowjetrepubliken
UEC	Union des Étudiants Communistes
UEF	Union Européenne des Fédéralistes
UEM	United Europe Movement
UFP	United Federal Party
UN	United Nations
UNEF	Union nationale des étudiants de France
UNEF	United Nations Emergency Forces
UNEP	United Nations Environment Programme
UNICYP	United Nations Peacekeeping Force in Cyprus
UNIDO	United Nations Industrial Development Organization
UNITA	União Nacional para a Independência Total de Angola
UNO	United Nations Organization
UNPROFOR	United Nations Protection Force
UNR	Union pour la Nouvelle République
UNSCOP	United Nations Special Committee on Palestine
USA	United States of America
USAID	United States Agency for International Development
VEB	Volkseigene Betriebe
VEBA	Vereinigte Elektrizitäts- und Bergwerks-AG
VKSE	Verringerung der konventionellen Streitkräfte in Europa
VONS	Výbor na obranu nespravedlivě stíhaných/Ausschuß zur Verteidigung der zu Unrecht Verfolgten
WEU	Westeuropäische Union
ZANU	Zimbabwe African National Union
ZK	Zentralkomitee

Anmerkungen

Einleitung

1 Stephan Bierling, Geschichte der amerikanischen Außenpolitik von 1917 bis zur Gegenwart, München 2004², S. 207.

2 Akira Iriye, Die Entstehung einer transnationalen Welt, in: ders. (Hg.), 1945 bis heute – Die globalisierte Welt (Geschichte der Welt. Hg. von Akira Iriye und Jürgen Osterhammel, Bd. 6), München 2013, S. 2013, S. 671–825 (778 ff.); Mary Nolan, The Transatlantic Century. Europe and America, 1890–2010, Cambridge 2012.

3 Heinrich August Winkler, Geschichte des Westens. Die Zeit der Weltkriege 1914–1945, München 2011, S. 1099.

4 Eric Hobsbawm, Das Zeitalter der Extreme. Weltgeschichte des 20. Jahrhunderts (engl. Orig.: London 1994), München 1995.

5 Francis Fukuyama, Das Ende der Geschichte. Wo stehen wir? (amerik. Orig.: New York 1992), München 1992.

1. Anfänge des Kalten Krieges: 1945–1949

1 Alan Brinkley, The Unfinished Nation. A Concise History of the American People, Boston 2008⁵, S. 754 ff.; Willy Paul Adams, Die USA im 20. Jahrhundert, München 2008², S. 82 ff.; Harry S. Truman, Memoiren. Bd. II: Jahre der Bewährung und des Hoffens (1946–1953) (amerik. Orig.: New York 1956), Stuttgart 1956, S. 25 ff.; David McCullough, Truman, New York 1992; Alonzo L. Hamby, Beyond the New Deal: Harry S. Truman and American Liberalism, New York 1973, S. 277 ff.; Michael J. Lacey (ed.), The Truman Presidency, Cambridge 1989; James T. Patterson, Grand Expectations: The United States 1945–1974, Oxford 1996, S. 137 ff.; Helmut Altrichter, Kleine Geschichte der Sowjetunion 1917–1991, München 1993, S. 111 ff. (Zitat Altrichter: 121); Beate Fieseler u. a., Später Stalinismus, Wiederaufbau und Kalter Krieg 1945–1953, in: Stefan Plaggenborg (Hg.), Handbuch der Geschichte Rußlands. Bd. V: 1945–1991. Vom Ende des Zweiten Weltkriegs bis zum Zusammenbruch der Sowjetunion, Stutt-

gart 2002, S. 29–174; Georg von Rauch, Sowjetrußland von der Oktoberrevolution bis zum Sturz Chruschtschows 1917–1964, in: Theodor Schieder
(Hg.), Europa im Zeitalter der Weltmächte (Handbuch der europäischen
Geschichte, hg. v. Theodor Schieder, Bd. 7), Stuttgart 1979, S. 481–521
(513 ff., zur Politik Schdanows: 515 f.); Manfred Hildermeier, Geschichte
der Sowjetunion 1917–1991. Entstehung und Niedergang des ersten sozialistischen Staates, München 1998, S. 670 ff. (Zitat Schukow: 679, zur kulturellen «Eiszeit» nach 1945: 716 ff.; Zitat des Patriarchen: 725); Jörg
Baberowski, Der rote Terror. Die Geschichte des Stalinismus, München
2003, S. 240 ff. (zur Hungersnot 1946/47 und den politischen Verfolgun-
gen); ders., Verbrannte Erde. Stalins Herrschaft der Gewalt, München
2012, S. 468 ff.; Dietmar Neutatz, Träume und Alpträume. Eine Geschichte Russlands im 20. Jahrhundert, München 2013, S. 321 ff.; Peter
Ruggenthaler/Walter M. Iber (Hg.), Hitlers Sklaven – Stalins «Verräter».
Aspekte der Repression an Zwangsarbeitern und Kriegsgefangenen. Eine
Zwischenbilanz, Innsbruck 2010. Zur Ablehnung des Beitritts der USA
zum «Völkerbund» siehe Heinrich August Winkler, Geschichte des Westens. Die Zeit der Weltkriege 1914–1945 (fortan: Geschichte II), München 2011, S. 200 ff., zur Depression nach 1918 210 ff., zu Roosevelts New
Deal 643 ff., zum Lend-Lease-Act 931, zur Konferenz von Jalta 1096 ff.

2 Ivan T. Berend, Central and Eastern Europe, 1944–1992. Detour from
Periphery to Periphery, Cambridge 1996; Milovan Djilas, Gespräche mit
Stalin (amerik. Orig.: New York 1962), Frankfurt 1962, S. 146 (Zitat Sta-
lin); François Fejtö, Die Geschichte der Volksdemokratien. Bd. 1: Die Ära
Stalin 1945–1953 (frz. Orig.: Paris 1952), Graz 1972, S. 255 ff.; Edgar
Hösch, Geschichte der Balkanländer. Von der Frühzeit bis zur Gegenwart,
München 2008⁵, S. 232 ff.; Marie-Janine Calic, Geschichte Jugoslawiens
im 20. Jahrhundert, München 2010, S. 171 ff.; Holm Sundhaussen, Jugo-
slawien und seine Nachfolgestaaten. Eine ungewöhnliche Geschichte des
Gewöhnlichen, Wien 2012, S. 65 ff.; Gotthold Rhode, Die südosteuropä-
ischen Staaten von der Neuordnung nach dem 1. Weltkrieg bis zur Ära der
Volksdemokratien, in: Schieder (Hg.), Weltmächte (Anm. 1), S. 1134–1312;
ders., Die Tschechoslowakei von der Unabhängigkeitserklärung bis zum
Prager Frühling 1918–1968, ebd., S. 925–977 (961 ff.); Denis Silagi, Un-
garn seit 1918: Vom Ende des 1. Weltkriegs bis zur Ära Kádár, ebd.,
S. 983–991 (903 ff.); László Kontler, Millennium in Central Europe.
A History of Hungary, Budapest 1999, S. 387 ff.; Peter Klenez, Hungary
from the Nazis to the Soviets. The Establishment of the Communist Re-
gime in Hungary 1944–1948, Cambridge 2009²; Włodzimierz Borodziej,
Geschichte Polens im 20. Jahrhundert, München 2010, S. 253 ff. (Zitate
Borodziej: 262, 268, zur Volksabstimmung von 1946: 267); William
M. Mahoney, The History of the Czech Republic and Slovakia, Santa Bar-
bara, Cal. 2011, S. 193 ff.; Joachim von Puttkamer, Ostmitteleuropa im
19. und 20. Jahrhundert, München 2010, S. 107 ff.; Jörg K. Hoensch, Ge-

schichte der Tschechoslowakei, Stuttgart 1992³, S. 124 ff.; ders., Geschichte Ungarns 1967–1983, Stuttgart 1984, S. 157 ff.; Hermann Weber, Die DDR 1945–1990, München 1993², S. 3 ff.; Norman M. Naimark, Die Russen in Deutschland. Die sowjetische Besatzungszone 1945 bis 1949 (amerik. Orig.: Cambridge/Mass. 1995), Berlin 1997; Wolfgang Leonhard, Die Revolution entläßt ihre Kinder, Köln 1990³, S. 440 (Zitat Ulbricht); Heinrich August Winkler, Der lange Weg nach Westen. 2 Bde., Bd. 2: Deutsche Geschichte vom «Dritten Reich» bis zur Wiedervereinigung, München 2005⁶ (fortan: Weg II), S. 122 ff. Zu Napoleons «Grand Empire»: ders., Geschichte des Westens. Von den Anfängen in der Antike bis zum 20. Jahrhundert, München 2010² (fortan: Geschichte I), S. 385 ff. Zu «Zwischeneuropa» in der Zwischenkriegszeit ders., Geschichte II (Anm. 1), S. 332 ff., zur Politik Stalins gegenüber Polen seit 1944 1080 f., zur Potsdamer Konferenz 1144 ff.

3 Franz-Josef Brüggemeier, Geschichte Großbritanniens im 20. Jahrhundert, München 2010, S. 221 ff.; Paul Kluke, Großbritannien und das Commonwealth in der Zwischenkriegs- und Nachkriegszeit, in: Schieder (Hg.), Weltmächte (Anm. 1), S. 353–437 (388 ff.); Andrew Marr, A History of Modern Britain, London 2008, S. 3 ff.; Alfred F. Havighurst, Britain in Transition. The Twentieth Century, Chicago 1985⁴, S. 367 ff.; Bentley B. Gilbert, Britain Since 1918, London 1980², S. 155 ff.; Keith Robbins, Eclipse of a Great Power. Modern Britain 1870–1992, London 1994², S. 201 ff.; T. O. Lloyd, Empire to Welfare State. English History 1906–1985, Oxford 1986³, S. 270 ff.; Abraham Boxhoorn, The Cold War and the Rift in the Governments of National Unity. Belgium, France and Italy. A Comparison, Amsterdam 1993; Réné Remond, Frankreich im 20. Jahrhundert. Erster Teil: 1918–1958 (Geschichte Frankreichs, Bd. 6; frz. Orig.: Paris 1991), Stuttgart 1994, S. 407 ff.; Serge Berstein et Pierre Milza, Histoire de la France au XXᵉ siècle, Paris 1995, S. 655 ff. (de Gaulle zum zweiten Verfassungsreferendum: 673); Georgette Elgey, La République des Illusions (1945–1951) (Histoire de la IVe République, vol. 1), Paris 1993²; D. Bruce Marshall, The French Colonial Myth and Constitution-Making in the Fourth Republic, New Haven 1973; Charles de Gaulle, Mémoires de guerre, vol. III: Le Salut. 1944–1946, Paris 1959, S. 496–502 (Rede in Bayeux, 16. 6. 1946); Hans Woller, Geschichte Italiens im 20. Jahrhundert, München 2010, S. 213 ff. (Zitat Woller: 228); Ennio di Nolfo, Von Mussolini zu De Gasperi. Italien zwischen Angst und Hoffnung 1943–1953 (ital. Orig.: Mailand 1986), Paderborn 1993, S. 112 ff.; Giuseppe Mammarella, L'Italia contemporanea 1943–1998, Bologna 1998, S. 53 ff.; Winkler, Geschichte II (Anm. 1), S. 477 ff. (britischer Generalstreik von 1926), 991 f. (Beveridge-Plan), 1036 ff. (Säuberungen in Frankreich), 1180 ff. (Säuberungen in Italien), 1137 ff. (Neubeginn des politischen Lebens in Deutschland), 1167 ff. (Entnazifizierung, Kriegsverbrecherprozesse); ders., Weg II (Anm. 2), S. 116 ff. (die Zitate von Schumacher und

Adenauer 126); Ulrich Herbert, Geschichte Deutschlands im 20. Jahrhundert, München 2014, S. 549 ff.; Theodor Eschenburg u. a., Jahre der Besatzung 1945–1949 (Geschichte der Bundesrepublik Deutschland, Bd. 1), Stuttgart 1983, S. 21 ff.; Wilhelm Cornides, Die Weltmächte und Deutschland. Geschichte der jüngsten Vergangenheit 1945–1955, Tübingen 1957, S. 109 ff.; Richard Thilenius, Die Teilung Deutschlands. Eine zeitgeschichtliche Analyse, Hamburg 1957, S. 129 ff.; John Gimbel, Amerikanische Besatzungspolitik in Deutschland 1945–1949 (amerik. Orig.: Stanford 1968), Frankfurt 1971, S. 59 ff.; Wolfgang Krieger, General Lucius D. Clay und die amerikanische Deutschlandpolitik 1945–1949, Stuttgart 1988, S. 26 ff.; Josef Rupieper, Der besetzte Verbündete. Die amerikanische Deutschlandpolitik 1949–1955, Opladen 1991, S. 12 ff.; Paul Nolte, Die Ordnung der deutschen Gesellschaft. Selbstentwurf und Selbstbeschreibung im 20. Jahrhundert, München 2000, S. 208 ff. Byrnes' Rede vom 5. 9. 1946 in: Keesings Archiv der Gegenwart 16/17 (1946/47), Wien 1950, S. 861 f.

4 Wilfried Loth, Europas Einigung. Eine unvollendete Geschichte, Frankfurt 2014, S. 9 ff.; ders., Staaten und Machtbeziehungen im Wandel, in: Akira Iriye (Hg.), 1945 bis heute. Die globalisierte Welt (Geschichte der Welt. Hg. v. Akira Iriye u. Jürgen Osterhammel, Bd. 6), München 2013, S. 15–181 (29 ff.); Adam B. Ulam, Expansion and Coexistence. The History of Soviet Foreign Policy 1917–67, New York 1968, S. 408 ff.; William Taubman, Stalin's American Policy. From Entente to Détente to Cold War, New York 1982, S. 99 ff.; Vladislav Zubok/Constantine Pleshakov, Inside the Kremlin's Cold War. From Stalin to Krushev, Cambridge, Mass. 1996, S. 138 ff.; Warren I. Cohen, America in The Age of Soviet Power, 1945–1991 (The Cambridge History of American Foreign Relations, vol. IV), Cambridge 1993, S. 21 ff.; Daniel Yergin, Shattered Peace. The Origins of the Cold War, Cambridge, Mass. 1990², S. 193 ff.; Melvyn P. Leffler, A Preponderance of Power. National Security, the Truman Administration and the Cold War, Stanford 1992, S. 100 ff.; Bruce Robellet Kuniholm, The Origins of the Cold War in the Near East. Great Power Conflict and Diplomacy in Iran, Turkey and Greece, Princeton 1980, S. 130 ff.; Mustafa Bilgin, Britain and Turkey in the Middle East. Politics and Influence in the Early Cold War Era, London 2008; C. M. Woodhouse, The Struggle for Greece 1941–1949, London 1976, S. 169 ff.; Charles S. Maier/Günter Bischof (Hg.), Deutschland und der Marshall-Plan, Baden-Baden 1992; Timothy P. Ireland, Creating the Entangling Alliance. The Origins of the North Atlantic Treaty Organization, Westport 1981, S. 48 ff.; Hartmut Kaelble, Kalter Krieg und Wohlfahrtsstaat. Europa 1945–1989, München 2011, S. 23 ff.; Tony Judt, Geschichte Europas von 1945 bis zur Gegenwart (engl. Orig.: London 2005), München 2006, S. 83 ff. (Zitat Judt: 116); Bernd Stöver, Der Kalte Krieg. Geschichte eines radikalen Zeitalters 1947–1991, München 2007, S. 11 ff. (zu Swope: 11 f.);

John Lewis Gaddis, Der Kalte Krieg. Eine neue Geschichte (amerik. Orig.: New York 2007²), München 2007², S. 42 ff.; ders., We Now Know. Rethinking the Cold War History, Oxford 1997, S. 26 ff.; ders., Strategies of Containment. A Critical Appraisal of Postwar American National Security Policy, Oxford 1982, S. 25 ff.; ders., George F. Kennan. An American Life, New York 2011, S. 201 ff.; George F. Kennan, Memoiren eines Diplomaten (amerik. Orig.: Boston 1967), Stuttgart 1968, S. 275 ff. (Rede vom 17. 9. 1946: 307, Langes Telegramm: 552–570); ders., The Sources of Soviet Conduct, in: Foreign Affairs 25 (1946/47), S. 566–582 (581); Gale Stokes, From Stalinism to Pluralism. A Documentary History of Eastern Europe since 1945, New York 1996², S. 35–37 (Trumans Rede, 12. 3. 1947); Michael J. Hogan, The Marshall Plan: America, Britain and the Reconstruction of Western Europe 1947–1952, New York 1987; Alan S. Milward, The Reconstruction of Western Europe 1945–51, Cambridge 1987², S. 56 ff.; Berstein/Milza, Histoire (Anm. 3), S. 677 ff.; Rémond, Geschichte (Anm. 3), S. 457 ff.; F. Roy Willis, France, Germany, and the New Europe 1945–1967, Stanford 1968²; Woller, Geschichte (Anm. 3), S. 227 ff.; Winkler, Weg II (Anm. 2), S. 125 ff.; Eschenburg u. a., Jahre (Anm. 3), S. 355 ff.; Cornides, Weltmächte (Anm. 3), S. 151 ff. (Zitat Bidault, 20. 12. 1947: 185 f.); Thilenius, Teilung (Anm. 2), S. 56 ff. (Londoner Kommunique, 7. 6. 1948: 167); Andrej Schdanow, Über die internationale Lage, Berlin 1952, S. 12 f.; Rhode, Südosteuropäische Staaten (Anm. 2), S. 1165 ff. (Rumänien), 1260 f. (Bulgarien); ders., Tschechoslowakei (Anm. 2), S. 964 ff.; Silagi, Ungarn (Anm. 2), S. 905 ff.; Borodziej, Geschichte (Anm. 2), S. 271 ff.; Weber, DDR (Anm. 2), S. 14 ff.; Klaus Schroeder, Der SED-Staat. Geschichte und Strukturen der DDR, München 1998, S. 53 ff.; Geir Lundestad, «Empire» by Integration. The United States and European Integration, 1945–1997, Oxford 1998, S. 29 ff.; ders., Empire by Invitation? The United States and Western Europe, 1945–1952, in: Journal of Peace Research 23 (1986), No. 3 (September), S. 263–277; Gerhard Brunn, Die Europäische Einigung von 1945 bis heute, Stuttgart 2002, S. 29 ff.; Jürgen Mittag, Kleine Geschichte der Europäischen Union. Von der Europaidee zur Gegenwart, Münster 2008, S. 55 ff.; Michael Gehler, Europa. Ideen, Instinktionen, Vereinigung, München 2010², S. 165 ff.; Walter Lipgens, Europa. Föderationspläne der Widerstandsbewegungen 1940–1945. Eine Dokumentation, München 1968 ([Spinelli u. a.] Manifest von Ventotene [1941]: S. 36–44; Spinelli, Die Vereinigten Staaten von Europa und die verschiedenen politischen Tendenzen [1941]: 44–53); ders., Die Anfänge der europäischen Einigungspolitik, Bd. 1: 1945–1947, Stuttgart 1977; Brinkley, Unfinished Nation (Anm. 1), S. 768 ff.; Truman, Memoiren II (Anm. 1), S. 185 ff. Churchills Rede in Fulton, 18. 3. 1946 in: Robert Rhodes James, Winston Churchill: His Complete Speeches 1897–1963, New York 1943 ff., vol. VII, S. 7285–7293. Churchills Züricher Rede, 19. 9. 1946, in: Hagen Schulze/Ina Ulrike Paul (Hg.), Europäische Geschichte. Quellen und Materialien, München 1994, S. 398 f.; Marshalls Rede, 5.6. 1947, ebd., S. 260 f. Zu Jeffersons Rede vom 4.3. 1801: Winkler, Geschichte II (Anm. 1), S. 52 f., zur Kommunistischen Internationale 163 ff., 236 ff., zum Beginn des griechischen Bürgerkriegs 1011 ff., zu den alliierten Kriegskonferenzen 1093 ff., zu Bretton Woods 1103 f., zu Churchills Telegramm an Roosevelt vom 12. 5. 1945, 1126.

5 David Reynolds, One World Divisible. A Global History Since 1945, London 2000, S. 67 ff.; Rudolf von Albertini, Dekolonisation. Die Diskussion über Verwaltung und Zukunft der Kolonien 1919–1960, Köln 1966, S. 207 ff.; Franz Ansprenger, Die Auflösung der Kolonialreiche, München 1966, S. 147 ff.; Peter Wende, Das Britische Empire. Geschichte eines Weltreichs, München 2008, S. 253 ff.; Brüggemeier, Geschichte (Anm. 3), S. 214 ff.; Alan Bullock, Ernest Bevin. Foreign Secretary 1945–1951, London 1984, S. 121 ff.; Michael F. Hopkins, Michael D. Kandiah, Gillian Staerck (eds.), Cold War Britain, 1945–1964. New Perspectives, Basingstoke 2003; Sean Greenwood, Britain and the Cold War, 1945–1991, Basingstoke 2000, S. 73 ff.; John Kent, British Inperial Strategy and the Origins of the Cold War 1944–49, London 1993, S. 76 ff.; Peter Clarke, The Last Thousand Days of the British Empire. The Demise of a Superpower, London 2007, S. 425 ff.; John Darwin, The End of the British Empire. The Historical Debate, Oxford 1991; Ilan Pappe, Die ethnische Säuberung Palästinas (engl. Orig.: Oxford 2006), Frankfurt 2007 (Zitat: S. 12); Alain Gresh, Israel – Palästina. Hintergründe eines Konflikts (frz. Orig.: Paris 2001), Zürich 2009, S. 84 ff.; Charles D. Smith, Palestine and the Arab-Israeli Conflict. A History with Documents, Boston 2001, S. 181 ff.; Benny Morris, 1948. A History of the First Arab-Israeli War, New Haven 2008; ders., The Birth of the Palestinian Refugee Problem Revisited (Cambridge Middle East Studies), 2004; Michael Wolffsohn, Israel. Geschichte, Politik, Wirtschaft, Wiesbaden 2007[7], S. 49 ff.; Richard Stubbs, Hearts and Minds in Guerrilla 1948–1960, Oxford 1989; Donald Mackay, The Malayan Emergency 1948–60. The Domino That Stood, London 1997; Hermann Kulke/Dietmar Rothermund, Geschichte Indiens. Von der Induskultur bis heute, München 2006[2], S. 375 ff.; John Darwin, Unfinished Empire. The Global Expansion of Britain, London 2012, S. 342 ff.; Rémond, Frankreich (Anm. 3), S. 484 ff.; Berstein/Milza, Histoire (Anm. 3), S. 692 ff.; Udo Scholze u. a., Unter Lilienbanner und Trikolore. Zur Geschichte des französischen Kolonialreiches. Darstellung u. Dokumente, Leipzig 2001, S. 195 ff.; Jacques Valette, La guerre d'Indochine 1945–1954, Paris 1994; Marc Frey, Geschichte des Vietnamkriegs. Die Tragödie in Asien und das Ende des amerikanischen Traums, München 2010[9], S. 11 ff.; Yōnosuke Nagai/Akira Iriye (eds.), The Origins of the Cold War in Asia, New York 1977; William Roger Louis, Imperialism at Bay. The United States and the Decolonization of the British Empire 1941–1945, Oxford 1977; Robert J. MacMahon, Colonialism and the Cold War.

The United States and the Struggle for Indonesian Independence. 1945–1949, Ithaca 1981; Odd Arne Westad, The Global Cold War. Third World Interventions and the Making of Our Times, Cambridge 2005, S. 73 ff.; Anthony Reid, The Indonesian National Revolution 1945–1950, Hawthorn 1974; Reinhard Dahm, Der Dekolonisationsprozeß Indonesiens, endogene und exogene Faktoren, in: Wolfgang J. Mommsen (Hg.), Das Ende der Kolonialreiche. Dekolonisation und die Politik der Großmächte, Frankfurt 1990, S. 67–88. Zur algerischen Unabhängigkeitsbewegung in der Zwischenkriegszeit Winkler, Geschichte II (Anm. 1), S. 467, zum indischen Kampf um die Unabhängigkeit 472 ff., zum Palästinakonflikt nach 1945 1187 f. Zur sowjetischen Haltung gegenüber dem Zionismus siehe unten S. 164 ff.

6   Djilas, Gespräche (Anm. 2), S. 230 (Zitat Stalin, 10. 2. 1948); Hösch, Geschichte (Anm. 2), S. 246 ff.; Sundhaussen, Jugoslawien (Anm. 2), S. 82 ff.; Calic, Geschichte (Anm. 2), S. 171 ff.; Rhode, Südosteuropäische Staaten (Anm. 2), S. 1226 ff.; Stephen Cliffold, Yugoslavia and the Soviet Union, London 1975, S. 202–207 (Kominform-Resolution vom 28. 6. 1948), 225–228 (Kominform-Resolution vom 29. 11. 1949); Beatrix Heuser, Western Containment Policies in the Cold War. The Yugoslav Case, 1948–53, London 1989; Lorraine M. Lees, Keeping Tito afloat. The United Staates, Yugoslavia and the Cold War, University Park, Pa. 1997; William Strivers, The Incomplete Blockade: Soviet Zone Supply of West Berlin, 1948–49, in: Diplomatic History 21 (1997), S. 569–602; Schroeder, SED-Staat (Anm. 4), S. 38 ff. (Zitat Ackermann: 64); Winkler, Weg II (Anm. 2), S. 129 ff.; Eschenburg u. a., Jahre (Anm. 3), S. 421 ff. (Zitat Reuter: 452); Michael M. Harrison, The Reluctant Ally: France and Atlantic Security, Baltimore 1981; Judt, Geschichte (Anm. 4), S. 174 ff. (Zitat Ismay: 178); Gaddis, Kalter Krieg (Anm. 4), S. 48 ff.; Stöver, Kalter Krieg (Anm. 4), S. 89 ff.; Ireland, Creating (Anm. 4), S. 80 ff. Zur sowjetischen Deutschlandpolitik 1948/49: Jochen P. Laufer/Georgij P. Kynin (Hg.), Die UdSSR und die deutsche Frage 1941–1949. Dokumente aus russischen Archiven, Bd. 4: 18. Juni 1948 bis 5. November 1949, Berlin 2012. Zu Portugal unter Salazar siehe Winkler, Geschichte II (Anm. 1), S. 389 f.

7   Winkler, Weg II (Anm. 3), S. 131 ff. (Zitat Stalin, 18. 12. 1948: 139); ders., Weimar, Bonn, Berlin. Zum historischen Ort des Grundgesetzes, in: Vierteljahrshefte für Zeitgeschichte 57 (2009), S. 485–496; Eschenburg u. a., Jahre (Anm. 3), S. 459 ff.; Michael F. Feldkamp, Der Parlamentarische Rat 1948–1949, Göttingen 1998; Karlheinz Niclauß, Der Weg zum Grundgesetz. Demokratiegründung in Westdeutschland 1945–1949, Paderborn 1998; Sebastian Ullrich, Der Weimarkomplex. Das Scheitern der ersten deutschen Demokratie und die politische Kultur der frühen Bundesrepublik, Göttingen 2009; Wilfried Loth, Stalins ungeliebtes Kind. Warum Moskau die DDR nicht wollte, Berlin 1994; Jan Foitzik, Sowjetische Militäradministration in Deutschland (SMAD) 1945–1949. Struktur und

Funktion, Berlin 1999; Sowjetische Interessenpolitik in Deutschland
1944–1954. Dokumente, hg. u. eingeleitet von Jan Foitzik, München
2012, S. 39 ff.; Schroeder, SED-Staat (Anm. 4), S. 46 ff.; Weber, DDR
(Anm. 2), S. 21 ff.

8 Truman, Memoiren II (Anm. 1), S. 67 ff., 345 ff.; Leffler, Preponderance
(Anm. 4), S. 266 ff.; Gordon H. Chang, Friends and Enemies. The United
States, China, and the Soviet Union, 1948–1972, Stanford 1990, S. 5 ff.;
Ulam, Expansion (Anm. 4), S. 456 ff.; Helwig Schmidt-Glintzer, Kleine
Geschichte Chinas, München 2008, S. 209 ff.; Sabine Dabringhaus, Ge-
schichte Chinas 1279–1949, München 2009², S. 101 ff.; Peter Zarrow,
China in War and Revolution, 1895–1949, London 2005, S. 338 ff.; Gad-
dis, Kalter Krieg (Anm. 4), S. 50 ff.; ders., We Now Know (Anm. 4), S. 54 ff.
(Zitat Stalin, Juli 1944: 67); Stöver, Kalter Krieg (Anm. 4), S. 80 ff.; Woller,
Geschichte (Anm. 3), S. 227 ff. (Zitat Stalin, Dezember 1947: 236); ders.,
Amerikanische Intervention oder kommunistischer Umsturz? Die Ent-
scheidungswahlen vom April 1948, in: ders. (Hg.), Italien und die Groß-
mächte 1943–1949, München 1988, S. 69–94; De Nolfo, Von Mussolini
(Anm. 3), S. 193 ff.; Giovanni Sale, De Gasperi, gli USA e il Vaticano
all'inizio della guerra fredda, Mailand 2005; Judt, Geschichte (Anm. 4),
S. 230 ff. (Zitate Mauriac und Aron: 252); François Furet, Das Ende der
Illusion. Der Kommunismus im 20. Jahrhundert (franz. Orig.: Paris 1995),
München 1996, S. 499 ff.; Havighurst, Britain (Anm. 3), S. 403 ff.; Leffler,
Preponderance (Anm. 4), S. 314 ff.; Hogan, Marshall Plan (Anm. 4),
S. 293 ff.; Brunn, Einigung (Anm. 4), S. 59 ff.; Hans-Peter Schwarz, Die
Ära Adenauer 1949–1957 (Geschichte der Bundesrepublik Deutschland,
Bd. 2), Stuttgart 1981, S. 61 ff. (Zwischenruf Schumacher, 24./25. 11. 1949:
65, 69). Zu Maos politischen Anfängen siehe Winkler, Geschichte II
(Anm. 1), S. 516 f., zu Klaus Fuchs 1154 f. Zur amerikanischen Anleihe für
Großbritannien von 1947 siehe oben S. 44.

9 Paul Kennedy, Parlament der Menschheit. Die Vereinten Nationen und der
Weg zur Weltregierung (amerik. Orig.: New York 2006), München 2007,
S. 209 ff.; Mark Mazower, Die Welt regieren. Eine Idee und ihre Ge-
schichte von 1815 bis heute (engl. Orig.: London 2012), München 2013,
S. 202 ff.; Stefan-Ludwig Hoffmann (Hg.), Moralpolitik. Geschichte der
Menschenrechte im 20. Jahrhundert, Göttingen 2010; Akira Iriye, Petra
Goedde and William I. Hitchcock (eds.), The Human Rights Revolution.
An International History, Oxford 2012; Michael Ignatieff et al., Human
Rights as Politics and Idolatry, Princeton 2001; Hans Joas, Die Sakralität
der Person. Eine neue Genealogie der Menschenrechte, Berlin 2011, bes.
S. 251 ff.; Johannes Morsink, The Universal Declaration of Human Rights.
Origins, Drafting and Intent, Philadelphia 1999; Mary Ann Glendon,
A World Made New. Eleanor Roosevelt and the Universal Declarations of
Human Rights, New York 2002¹; Elisabeth Borgward, A New Deal for
the World. America's Vision for Human Rights, Cambridge, Mass. 2005;

Susan Waltz, Reclaiming and Rebuilding the History of the Universal Declaration of Human Rights, in: Third World Quarterly 23 (2002), No. 3, S. 437–446; A. W. Brian Simpson, Human Rights and the End of Empire. Britain and the Genesis of the European Convention, Oxford 2001; Paul Gordon Lauren, The Evolution of International Human Rights. Visions Seen, Philadelphia 2011[3], S. 165 ff.; Jürgen Habermas, Das Konzept der Menschenwürde und die realistische Utopie der Menschenrechte, in: ders., Zur Verfassung Europas. Ein Essay, Berlin 2011, S. 13–38; Norbert Frei/Annette Weinke (Hg.), Toward a New Moral World Order? Menschenrechtspolitik und Völkerrecht seit 1945, Göttingen 2013; Matthias Herdegen, Völkerrecht, München 2000, S. 43 ff.; Norman Paech/Gerhard Stuby, Völkerrecht und Machtpolitik in den internationalen Beziehungen. Aktualis. Ausgabe, Hamburg 2013, S. 517 ff.; Dieter Grimm, Souveränität. Herkunft und Zukunft eines Schlüsselbegriffs, Berlin 2009, S. 81 ff.; Eric D. Weitz, A Century of Genocide. Utopias of Race and Nation, Princeton 2003; Yves Ternon, Der verbrecherische Staat. Völkermord im 20. Jahrhundert (frz. Orig.: Paris 2007[2]), Hamburg 2006; Boris Barth, Genozid. Völkermord im 20. Jahrhundert. Geschichte, Theorien, Kontroversen, München 2006, S. 7 ff.; Frank Chalk/Kurt Jonassohn, Genozid – Ein historischer Überblick, in: Mihran Dabag u. Kristin Platt (Hg.), Genozid und Moderne, Bd. I: Strukturen kollektiver Gewalt im 20. Jahrhundert, Opladen 1998, S. 294–308; Otto Luchterhandt, Bekämpfung von Völkermord: Konzepte des Völkermords, ebd., S. 347–407; John Quigley, The Genocide Convention. An International Law Analysis, Aldershot 2006; Norman M. Naimark, Stalin und der Genozid (amerik. Orig.: Princeton 2010), Berlin 2010; Claus Leggewie, Der Kampf um die europäische Erinnerung. Ein Schlachtfeld wird besichtigt, München 2011, S. 15 ff.; Brunn, Einigung (Anm. 4), S. 67 ff. Zum Westfälischen Frieden siehe Winkler, Geschichte I (Anm. 2), S. 123 ff., zu W. E. B. Dubois 757, 978. Zu Katyn ders., Geschichte II (Anm. 1), S. 898, zur Entstehung der Vereinten Nationen 1096 ff.

2. *Vom Koreakrieg zur Kubakrise:*
1950–1963

1 Bernd Bonwetsch/Matthias Uhl (Hg.), Korea – ein vergessener Krieg? Der Militärische Konflikt auf der koreanischen Halbinsel im internationalen Kontext, München 2011; Paul M. Edward, The Korean War, Malabar 1999, S. 9 ff. (Zahlen zu den Streitkräften: 41, Resolutionen des Sicherheitsrates, 25. u. 27. 6. 1950: 85 f., 89, Trumans Rede vom 27. 6. 1950: 90 f., Brief MacArthur an Martin, 20. 3. 1951: 109, Trumans Rede vom 14. 4. 1951: 112–115); William Stueck, The Korean War. An International History, Princeton 1995, S. 47 ff. (Zitate: 367, 369); Bernd Stöver, Ge-

schichte des Koreakriegs. Schlachtfelder, Supermächte und ungelöster Konflikt, München 2013; ders., Der Kalte Krieg. Geschichte eines radikalen Zeitalters 1947–1991, München 2007, S. 94 ff.; Rolf Steininger, Der vergessene Krieg. Korea 1950–1953, München 2006, (Opferzahlen: 190, 193); Jörg Friedrich, Yalu. An den Ufern des dritten Weltkrieges, München 2007, S. 196 ff.; Steven Casey, Selling the Korean War. Propaganda, Politics, and Public Opinion in the United States, 1950–1953, New York 2008; Daniel J. Meadow (ed.), The Korean War Retrospect. Lesson for the Future, Lanham 1998; David Reynolds, One World Divisible. A Global History Since 1945, London 2000, S. 46 ff.; Walter LaFeber, America, Russia, and the Cold War 1945–1996, New York 1997[8], S. 99 ff.; John Lewis Gaddis, We Now Know. Rethinking Cold War, Oxford 1997, S. 70 ff.; ders., Der Kalte Krieg. Eine neue Geschichte (amerik. Orig.: New York 2007), München 2009, S. 57 ff.;. Paul Kennedy, Parlament der Menschheit. Die Vereinten Nationen und der Weg zur Weltregierung (amerik. Orig.: New York 2006), S. 76 f. (Zitat: 76 f.).

2 Alan Brinkley, The Unfinished Nation. A Concise History of the American People, Boston 2008[5], S. 775 ff. (ökonomische und soziale Daten: 786 f.); Elmo Richardson, The Presidency of Dwight D. Eisenhower, Lawrence 1979, S. 17 ff. (Zitat Eisenhower, 14. 6. 1953: 55); Charles G. Alexander, Holding the Line. The Eisenhower Era 1952–1961, Bloomington 1975; Stephen E. Ambrose, Eisenhower. 2 vols., vol. 2: The President, New York 1984, S. 154 ff.; Seymour Martin Lipset and Earl Raab, The Politics of Unreason. Right-Wing Extremism in America, 1790–1970, New York 1970, S. 209 ff.; Earl Latham, The Communist Controversy in Washington. From the New Deal to McCarthy, Cambridge, Mass. 1966, S. 319 ff.; David Caute, The Great Fear. The Anti-Communist Purge under Truman and Eisenhower, New York 1978; Michael Kimmage, The Conservative Turn. Lionel Trilling, Whittaker Chambers, and the Lessons of Anti-Communism, Cambridge, Mass. 2009; John Earl Haynes and Harvey Klehr, Venona. Decoding Soviet Espionage in America, New Haven 1999; Michael Paul Rogin, The Intellectuals and McCarthy. The Radical Specter, Cambridge, Mass. 1967, S. 59 ff.; Ellen Schrecker, Many are the Crimes. McCarthyism in America, Boston 1998, S. 240 ff.; dies., The Age of McCarthyism. A Brief History with Documents, Boston 1994; Gaddis, Kalter Krieg (Anm. 1), S. 69 ff. (Zitate Malenkow u. Churchill: 84 f.); ders., Strategies of Containment. A Critical Appraisal of Postwar American National-Security Policy, Oxford 1982, S. 127 ff.; Jonathan Rosenberg, Before and After the Bomb. Winston Churchill and the Use of Force, in: John Lewis Gaddis (ed.), Cold War Statesmen Confront the Bomb. Nuclear Diplomacy since 1945, New York 1999, S. 171–193; Samuel F. Wells, Jr., The Origins of Massive Retaliation, in: Political Science Quarterly 96 (1981), S. 31–52; Detlef Felken, Dulles und Deutschland. Die amerikanische Deutschlandpolitik 1953–1959, Bonn 1993, S. 93 ff. («Statement»,

10. 6. 1952: 99); Richard H. Immerman (ed.), John Foster Dulles and the Diplomacy of the Cold War, Princeton 1990; Bernd Stöver, Die Befreiung vom Kommunismus. Amerikanische «Liberation Policy» im Kalten Krieg 1947–1991, Köln 2002; Darioush Bayandor, Iran and the CIA. The Fall of Mosaddeq Revisited, New York 2010; Donald N. Wilber, Regime Change in Iran. Overthrow of Premier Mossadeq of Iran, November 1952–August 1953, Nottingham 2006; James F. Goode, The United States and Iran. In the Shadow of Musaddiq, Basingstoke 1997, S. 70 ff.; Matthew F. Holland, America and Egypt. From Roosevelt to Eisenhower, Westport 1996, S. 39 ff.; Gail E. Meyer, Egypt and the United States. The Formative Years, Cranbury 1980, S. 87 ff.; Stephen G. Rabe, Eisenhower and Latin America. The Foreign Policy of Anticommunism, Chapel Hill 1988, S. 42 ff.; Donald E. Schulz, The United States and Latin America. Shaping an Elusive Future, Carlisle 2000; Jules R. Benjamin, The United States and the Origins of the Cuban Revolution. An Empire of Liberty in an Age of National Liberation, Princeton 1990, S. 119 ff.; Stefan Rinke, Geschichte Lateinamerikas. Von den frühesten Kulturen bis zur Gegenwart, München 2010, S. 99 ff. Zur Monroe-Doktrin: Heinrich August Winkler, Geschichte des Westens. Von den Anfängen in der Antike bis zum 20. Jahrhundert (fortan: Geschichte I), München 2010², S. 493 ff., zu Theodore Roosevelts Lateinamerikapolitik 375. Zum «Red Scare» und den Palmer Raids 1919/20: ders., Geschichte des Westens. Die Zeit der Weltkriege 1914–1945 (fortan: Geschichte II), München 2011, S. 212 f., zu Klaus Fuchs 1155 und oben S. 124. Zur weltpolitischen Krise vom Herbst 1956 siehe unten S. 216 ff.

3 Beate Fieseler u. a., Später Stalinismus, Wiederaufbau und Kalter Krieg 1945–1953, in: Stefan Plaggenborg (Hg.), Handbuch der Geschichte Rußlands, Bd. V: 1945–1991. Vom Ende des Zweiten Weltkriegs bis zum Zusammenbruch der Sowjetunion, Stuttgart 2002, S. 29–174 (166 ff.); Manfred Hildermeier, Geschichte der Sowjetunion 1917–1991. Entstehung und Niedergang des ersten sozialistischen Staates, München 1998, S. 671 ff. (Daten zum GULag und zu den Repatriierungen: 685 f., Kirchenaufruf, Dezember 1949: 726, Komsomol-Gedicht: 728); Helmut Altrichter, Kleine Geschichte der Sowjetunion 1917–1991, München 1993, S. 111 ff.; Jörg Baberowski, Der rote Terror. Die Geschichte des Stalinismus, München 2003, S. 240 ff. (Zitat Baberowski: 250 f.); ders., Verbrannte Erde. Stalins Herrschaft der Gewalt, München 2012, S. 468 ff.; Dietmar Neutatz, Träume und Alpträume. Eine Geschichte Russlands im 20. Jahrhundert, München 2013, S. 349 ff.; Tony Judt, Geschichte Europas von 1945 bis zur Gegenwart (engl. Orig.: London 2005), München 2006, S. 196 ff. (Zitate aus der «Prawda»: 255); Gotthold Rhode, Die südosteuropäischen Staaten von der Neuordnung nach dem 1. Weltkrieg bis zur Ära der Volksdemokratien, in: Theodor Schieder (Hg.), Europa im Zeitalter der Weltmächte (Handbuch der europäischen Geschichte, hg. v. Theodor Schieder, Bd. 7), Stuttgart 1979, S. 1134–1312 (1167 ff.); ders., Die Tsche-

choslowakei von der Unabhängigkeitserklärung bis zum «Prager Frühling» 1918–1968, ebd., S. 920–977 (969 ff.); Denis Silagi, Ungarn seit 1918: Vom Ende des 1. Weltkriegs bis zur Ära Kádár, ebd., S. 883–919 (905 ff.); Włodzimierz Borodziej, Geschichte Polens im 20. Jahrhundert, München 2010, S. 278 ff.; Hermann Weber, Die DDR 1945–1990, München 1993², S. 34 ff.

4 Heinrich August Winkler, Der lange Weg nach Westen, Bd. 2: Vom «Dritten Reich» bis zur Wiedervereinigung, München 2005⁶, S. 147 ff. (hier die wörtlichen Zitate und die demoskopischen Daten); Sowjetische Interessenpolitik in Deutschland 1944–1954. Dokumente, hg. u. eingel. von Jan Foitzik, München 2012, S. 89 ff.; Aleksej Filitov, Die Note vom 10. März 1952: Eine Diskussion, die nicht endet, in: Jürgen Zarusky (Hg.), Stalin und die Deutschen. Neue Beiträge der Forschung, München 2006, S. 159–172; Bernd Bonwetsch/Sergej Kudrjašov, Stalin und die II. Parteikonferenz der SED. Ein Besuch der SED-Führung in Moskau, 31. März–8. April 1952, und seine Folgen (Dokumentation), ebd., S. 173–206; Peter Ruggenthaler (Hg.), Stalins großer Bluff. Die Geschichte der Stalin-Note in Dokumenten der sowjetischen Führung, München 2007; Manfred Kittel, Genesis einer Legende. Die Diskussion um die Stalin-Noten in der Bundesrepublik 1952–1958, in: Vierteljahrshefte für Zeitgeschichte 41 (1993), S. 355–389; Hannes Adomeit, Imperial Overstretch: Germany in Soviet Policy from Stalin to Gorbachev. An Analysis Based on New Archival Evidence, Memoirs, and Interviews, Baden-Baden 1998, S. 82 ff.

5 Judt, Geschichte (Anm. 3), S. 196 ff. (Daten zur Verfolgung: 225 ff, Zitat Judt: 226); Stefan Creuzberger/Manfred Görtemaker (Hg.), Gleichschaltung unter Stalin? Die Entwicklung der Parteien im östlichen Europa 1944–1949, Paderborn 2002; Borodziej, Geschichte (Anm. 3), S. 278 ff. (statistische Daten: 282, 288, Zitate Borodziej: 283, 289); Rhode, Südosteuropäische Staaten (Anm. 3), S. 1167 ff.; ders., Tschechoslowakei (Anm. 3), S. 969 ff.; Jörg K. Hoensch, Geschichte der Tschechoslowakei, Stuttgart 1992³, S. 139 ff.; Silagi, Ungarn (Anm. 3), S. 905 ff.; László Kontler, Millennium in Central Europe. A History of Hungary, Budapest 1999, S. 403 ff. Zum «Großen Terror» in der Sowjetunion in den dreißiger Jahren siehe Winkler, Geschichte II (Anm. 2), S. 715 ff.

6 Baberowski, Terror (Anm. 3), S. 240 ff. (Zitat Baberowski: 257); Graeme Gill, Stalinism, Basingstoke 1998, S. 12 ff.; Robert C. Tucker, Stalinism as Revolution from above, in: ders. (ed.), Stalinism. Essays in Historical Interpretation, New York 1977, S. 77–110; Adam B. Ulam, Expansion and Coexistence. The History of Soviet Foreign Policy, 1917–67, New York 1968, S. 496 ff.; Hildermeier, Geschichte (Anm. 3), S. 741 ff.; Stöver, Kalter Krieg (Anm. 1), S. 117 ff.; Christoph Kleßmann, Die doppelte Staatsgründung. Deutsche Geschichte 1945–1955, Göttingen 1989⁴, S. 269 ff.; Weber, DDR (Anm. 3), S. 39 ff.; Klaus Schroeder, Der SED-Staat. Geschichte und Strukturen der DDR, München 1998, S. 119 ff.; Ilko-Sascha Kowal-

czuk, 17.6.1953: Volksaufstand in der DDR. Ursachen – Abläufe – Folgen, Bremen 2003; Winkler, Weg II (Anm. 4), S. 153 ff.; Jukka Nevakivi, Vom Fortsetzungskrieg bis zur Gegenwart 1944–1995, in: Osmo Jussila u. a., Vom Großfürstentum zur Europäischen Union. Politische Geschichte Finnlands seit 1809, Berlin 1999, 337–384 (268 ff.); Rhode, Südosteuropäische Staaten (Anm. 3), S. 293 ff. Zum «Anschluß» Österreichs siehe Winkler, Geschichte II (Anm. 2), S. 845 ff.

7 Jean Fourastié, Les trente glorieuses ou la révolution invisible, Paris 1979; Stephen A. Marglin, Juliet B. Schor (eds.), The Golden Age of Capitalism. Reinterpreting the Postwar Experience, Oxford 1988; Eric Hobsbawm, Das Zeitalter der Extreme. Weltgeschichte des 20. Jahrhunderts (engl. Orig.: London 1994), München 1995, S. 285 ff.; Göran Therborn, European Modernity Beyond. The Trajectory of European Societies 1945–2000, London 1996², bes. S. 133 ff.; Hartmut Kaelble, Kalter Krieg und Wohlfahrtsstaat. Europa 1945–1989, München 2011, S. 81 ff. (Zitate Kaelble, Wachstumsdaten im Ost-West-Vergleich: 83); ders. (Hg.), Der Boom 1948–1973. Gesellschaftliche und wirtschaftliche Folgen in der Bundesrepublik Deutschland und in Europa, Opladen 1992; Burkart Lutz, Die Singularität der europäischen Prosperität nach dem Zweiten Weltkrieg, ebd., S. 35–59 (zur «Depressions-» und «Prosperitätsspirale»: 46 f.); ders., Der kurze Traum immerwährender Prosperität. Eine neue Interpretation industrieller wie kapitalistischer Entwicklung im Europa des 20. Jahrhunderts, Frankfurt 1984; Andreas Predöhl, Das Ende der Weltwirtschaftskrise. Eine Einführung in die Probleme der Weltwirtschaft, Reinbek 1962; Serge Berstein et Pierre Milza, Histoire de la France au XXᵉ siècle, Paris 1995, S. 709 ff. (vergleichende Zahlen zum Bruttosozialprodukt: 739); Hans Woller, Geschichte Italiens im 20. Jahrhundert, München 2010, S. 227 ff. (vergleichende Zahlen zum Wirtschaftswachstum: 251). Zu den Kondratieff-Wellen: Winkler, Geschichte II (Anm. 2), S. 541 f.

8 Tony Judt, Das vergessene 20. Jahrhundert. Die Rückkehr des politischen Intellektuellen (amerik. Orig.: New York 2008), München 2010; ders., Geschichte (Anm. 3), S. 230 ff.; Patrick Bernhard/Holger Nehring (Hg.), Den Kalten Krieg denken. Beiträge zur sozialen Ideengeschichte seit 1945, Essen 2014; Arthur Koestler u. a., Ein Gott, der keiner war (engl. Orig.: London 1950), Zürich 1950; Frances Stonor Saunders, The Cultural Cold War. The CIA and the World of Arts and Letters, New York 1999, S. 327 ff.; Richard H. Pells, The Liberal Mind in a Conservative Age. American Intellectuals in the 1940s and 1950s, New York 1985, S. 83 ff.; Peter Coleman, The Liberal Conspiracy. The Congress for Cultural Freedom and the Struggle for the Mind of Postwar Europe, New York 1989; Michael Hochgeschwender, Freiheit in der Offensive? Der Kongreß für kulturelle Freiheit und die Deutschen, München 1998; Walter Schlangen, Die Totalitarismus-Theorie. Entwicklung und Probleme, Stuttgart 1976, S. 21 ff.; Jacob L. Talmon, Die Ursprünge der totalitären Demokratie (engl. Orig.:

London 1952), Köln 1961, S. 34 ff.; Hannah Arendt, Elemente und Ursprünge totaler Herrschaft (amerik. Orig.: New York 1951), München 1986; Carl J. Friedrich (ed.), Totalitarianism. Proceedings of a Conference Held at the American Academy of Arts and Sciences, March 1953, Cambridge, Mass. 1954; ders. unter Mitwirkung von Zbigniew Brzeziński, Totalitäre Diktatur (amerik. Orig.: Cambridge, Mass. 1956), Stuttgart 1957; Bernd Greiner, Macht und Geist im Kalten Krieg. Bilanz und Ausblick, in: ders. u. a. (Hg.), Macht und Geist im Kalten Krieg (Studien zum Kalten Krieg, Bd. 5), Hamburg 2011, S. 7–27. Zu Rousseau: Winkler, Geschichte I (Anm. 2), S. 205 ff., zu Babeuf 368 ff.; zur Geschichte des Begriffs «totalitär»: ders., Geschichte II (Anm. 2), S. 447 f.

9 Hans von der Groeben, Aufbaujahre der Europäischen Gemeinschaft. Das Ringen um den Gemeinsamen Markt und die Politische Union (1958–1966), Baden-Baden 1982, S. 23 ff.; Jürgen Mittag, Kleine Geschichte der Europäischen Union. Von der Europa-Idee zur Gegenwart, Münster 2008, S. 91 ff.; Gerhard Brunn, Die Europäische Einigung, Stuttgart 2002, S. 70 ff. (Zitat Aron: 96); Wilfried Loth, Der Weg nach Europa. Geschichte der europäischen Integration 1939–1957, Göttingen 1991²; ders., Europas Einigung. Eine unvollendete Geschichte, Frankfurt 2014, S. 34 ff.; John Gillingham, European Integration 1950–2003, Cambridge, Mass. 2003; Michael Gehler, Europa. Ideen, Institutionen, Vereinigung, München 2010, S. 194 ff.; ders. (Hg.), Vom Gemeinsamen Markt zur europäischen Unionsbildung. 50 Jahre Römische Verträge 1957–2007, Wien 2009; Ludger Kühnhardt, European Union – The Second Founding. The Changing Rationale of European Integration, Baden-Baden 2008, S. 121 ff.; Geir Lundestad, «Empire» by Integration, 1995–1998, Oxford 1998, S. 29 ff.; Franz Josef Brüggemeier, Geschichte Großbritanniens im 20. Jahrhundert, München 2010, S. 239 ff.; Alan Milward, The European Rescue of the Nation-State, Berkeley 1993, S. 119 ff.; Edmund Dell, The Schuman Plan and the British Abdication of Leadership in Europe, Oxford 1995, S. 190 ff. (Zitate «European Unity», 12. 6. 1950: 199, Churchill, 29. 11. 1951: 231); Klaus Schwabe (Hg.), Die Anfänge des Schuman-Plans 1950/51, Baden-Baden 1988; Manfred Rasch/Kurt Düwell (Hg.), Anfänge und Auswirkungen der Montanunion auf Europa. Die Stahlindustrie in Politik und Wirtschaft, Essen 2007; Werner Abelshauser, Europas Schicksal: Wirtschaft oder Politik? Die Montanunion als Lehrstück europäischer Integration, Essen 2008; Franz Petri, Belgien, Niederlande, Luxemburg vom Ende des 1. Weltkriegs bis zur Politik der europäischen Integration 1918–1970, in: Schieder (Hg.), Weltmächte (Anm. 3), S. 690–728 (721 ff.); Woller, Geschichte (Anm. 7), S. 244 ff. (mit statistischen Daten); Giuseppe Mammarella, L'Italia contemporanea (1943–1998), Bologna 1974, S. 139 ff.; René Remond, Geschichte Frankreichs im 20. Jahrhundert. Erster Teil: 1918–1958 (Geschichte Frankreichs, Bd. 6; frz. Orig.: Paris 1991), Stuttgart 1994, S. 516 ff.; Berstein/Milza, Histoire (Anm. 7), S. 689 ff.; Georgette Elgey, Histoire de la IVᵉ République, Paris 1993², S. 543 ff.; Jean Lacouture, Pierre Mendès-France, Paris 1984; Jean

Charlot, Le gaullisme d'opposition 1946–1958. Histoire politique du gaullisme, Paris 1983, S. 139 ff.; Hans-Peter Schwarz, Die Ära Adenauer. Gründerjahre der Republik 1949–1957 (Geschichte der Bundesrepublik Deutschland, Bd. 2), Stuttgart 1981, S. 135 ff.; Norbert Wiggershaus, Von Potsdam
zum Pleven-Plan. Deutschland in der internationalen Konfrontation 1945–
1950, in: Anfänge westdeutscher Sicherheitspolitik 1945–1956. Bd. 1: Von
der Kapitulation bis zum Pleven-Plan, München 1982¹, S. 1–118 (110 ff.);
Rolf Steininger, Wiederbewaffnung. Die Entscheidung für einen westdeutschen Verteidigungsbeitrag: Adenauer und die Westmächte 1950, Erlangen
1989; Hans-Erich Volkmann u. Walter Schwengler (Hg.), Die Europäische
Verteidigungsgemeinschaft. Stand und Probleme der Forschung, Boppard
1985; Ulrich Lappenküper, Die deutsch-französischen Beziehungen 1949–
1963, 2 Bde., Bd. I: 1949–1958, München 2001, S. 498 ff. Zur Dreyfus-Affäre: Winkler, Geschichte I (Anm. 2), S. 1071 ff.; zur Rolle des belgischen
Königs Leopold III. im Zweiten Weltkrieg: ders., Geschichte II (Anm. 2),
S. 1010.
10 Schwarz, Gründerjahre (Anm. 9), S. 119 ff. (zur Abstimmung über den
Wiedergutmachungsvertrag: 186); Winkler, Weg II (Anm. 4), S. 142 ff.;
Ulrich Herbert, Geschichte Deutschlands im 20. Jahrhundert, München
2014, S. 619 ff.; Rudolf Morsey, Die Bundesrepublik Deutschland. Entstehung und Entwicklung bis 1969, München 1990², S. 24 ff. (Zitat Morsey:
47); Eckart Conze, Die Suche nach Sicherheit. Eine Geschichte der Bundesrepublik Deutschland von 1949 bis zur Gegenwart, München 2009,
S. 45 ff.; Edgar Wolfrum, Die geglückte Demokratie. Geschichte der Bundesrepublik Deutschland von ihren Anfängen bis zur Gegenwart, Stuttgart
2006, S. 43 ff.; Peter Graf Kielmansegg, Nach der Katastrophe. Eine Geschichte des geteilten Deutschland (Die Deutschen und ihre Nation, Bd. 7),
Berlin 2000, S. 131 ff.; Adolf M. Birke, Nation ohne Haus. Deutschland
1945–1961 (Die Deutschen und ihre Nation, Bd. 6), Berlin 1989, S. 257 ff.;
Manfred Görtemaker, Geschichte der Bundesrepublik Deutschland. Von
der Gründung bis zur Gegenwart, München 1999, S. 271 ff.
11 Rémond, Geschichte (Anm. 9), S. 510 ff.; Berstein/Milza, Histoire
(Anm. 7), S. 698 ff.; Jean Pierre Rioux, La France de la Quatrième Répu-
blique, Tome 2: L'expansion et l'impuissance 1952–1958, Paris 1983;
Charlot, Gaullisme (Anm. 9), S. 277 ff.; Marc Frey, Geschichte des Viet-
namkriegs. Die Tragödie in Asien und das Ende des amerikanischen
Traums, München 2010⁹, S. 23 ff.; Charles-André Julien, L'Afrique du
Nord en Marche. Nationalismes muselmans et souveraineté française,
Paris 1972; Rudolf von Albertini, Dekolonisation. Die Diskussion über
Verwaltung und Zukunft der Kolonien 1919–1960, Köln 1966, S. 464 ff.;
Franz Ansprenger, Die Auflösung der Kolonialreiche, München 1966,
S. 228 ff. (Zitat Mitterrand, 5.11.1954: S. 231); (General) Michel Forget,
Guerre froide et guerre d'Algérie, Paris 2002; Bruno Thoß, Der Beitritt der
Bundesrepublik Deutschland zur WEU und NATO im Spannungsfeld von
Blockbildung und Entspannung (1954–1956), in: Anfänge (Anm. 9), Bd. 3:

Die NATO-Option, S. 1–234 (3 ff.); Hans-Heinrich Jansen, Großbritannien, das Scheitern der Europäischen Verteidigungsgemeinschaft und der NATO-Beitritt der Bundesrepublik Deutschland, Bochum 1991; Lappenküper, Beziehungen I (Anm. 9), S. 686 ff. (Zitat Dulles, 14. 12. 1953: 693); Winkler, Weg II (Anm. 4), S. 163 ff. (Zitat Adenauer: 163); Brunn, Einigung (Anm. 9), S. 88 ff. Zum Algerien-Statut von 1947 siehe oben S. 94 f.

12 Winkler, Weg II (Anm. 4), S. 164 ff. (Zitate Deutschlandvertrag: 164, Adenauer zum Großmachtstatus der Bundesrepublik: 166, Chruschtschow in Ost-Berlin: 180, Adenauer, 22. 9. 1955: 181); Görtemaker, Geschichte (Anm. 10), S. 320 ff.; Hans-Peter Schwarz, Adenauer. Der Staatsmann: 1952–1967, Stuttgart 1991, S. 121 ff.; ders., Gründerjahre (Anm. 9), S. 221 ff. Zum Warschauer Pakt siehe oben S. 180.

13 Die Geheimrede Chruschtschows. Über den Personenkult und seine Folgen. Rede des Ersten Sekretärs des ZK der KPdSU, Gen. N. S. Chruschtschow, auf dem XX. Parteitag, Berlin 1990 (Zitat: S. 18 f.). XX. Parteitag der Kommunistischen Partei der Sowjetunion. Bericht des Zentralkomitees der KPdSU. Wortlaut des Referats von N. S. Chruschtschow, Moskau 1956, S. 22 ff. (Lehren von der «friedlichen Koexistenz» und vom friedlichen Übergang zum Sozialismus); Hildermeier, Geschichte (Anm. 3), S. 762 ff.; Stephan Merl, Entstalinisierung, Reformen und Wettlauf der Systeme 1953–1964, in: Plaggenborg (Hg.), Handbuch V (Anm. 3), S. 175– 318 (191 ff.); Altrichter, Geschichte (Anm. 3), S. 131 ff.; Neutatz, Träume (Anm. 3), S. 358 ff.; Ulam, Expansion (Anm. 6), S. 572 ff.; Judt, Geschichte (Anm. 3), S. 347 ff.; Weber, DDR (Anm. 3), S. 45 ff. (Zitate aus der SED: 46); Rhode, Südosteuropäische Staaten (Anm. 3), S. 1172 ff.; Borodziej, Geschichte (Anm. 3), S. 296 ff.; Helwig Schmidt-Glintzer, Kleine Geschichte Chinas, München 2008, S. 216 ff. (Zitat Mao, Mai 1957: 220); Gordon H. Chang, Friends and Enemies. The United States, China, and the Soviet Union, 1948–1972, Stanford 1990, S. 157 ff.; Silagi, Ungarn (Anm. 3), S. 914 ff.; Kontler, Millennium (Anm. 5), S. 425 ff. Zu Lenins Warnungen vor Stalin siehe Winkler, Geschichte II (Anm. 2), S. 320 f., zu Stalins Kampf gegen «linke» und «rechte» Abweichungen und gegen das «Kulakentum» 511 ff., zum «Großen Terror» 720 ff., zu Katyn 897 ff., zu Stalins Rolle 1941 und im Zweiten Weltkrieg 940 ff.

14 Alexander, Holding (Anm. 2), S. 172 ff.; Richardson, Presidency (Anm. 2), S. 83 ff.; Wiebke Bachmann, Die UdSSR und der Nahe Osten. Zionismus, ägyptischer Antikolonialismus und sowjetische Außenpolitik bis 1956, München 2011, S. 167 ff.; Chang, Friends (Anm. 13), S. 157 ff. (Eisenhower u. Dulles, April 1956: 159); John Dumbrell, A Special Relationship. Anglo-American Relations from the Cold War to Iraq, Basingstoke 2006², S. 49 ff.; Ulam, Expansion (Anm. 6), S. 586 ff.; Judt, Geschichte (Anm. 3), S. 312 ff.; Winfried Heinemann/Norbert Wiggershaus (Hg.), Das internationale Krisenjahr 1956, München 1999; Jost Dülffer, Atomkriegsgefahr 1956? Die Suez- und Ungarn-Krise, in: ders., Im Zeichen der Gewalt. Frie-

den und Krieg im 19. und 20. Jahrhundert, Köln 2003, S. 219–237 (Zitat Dülffer: 223); Ulrich Pfeil, Die Suezkrise, in: Aus Politik und Zeitgeschichte (Beilage zur Wochenzeitung «Das Parlament») 17–18 (2006), S. 32–38; David Carlton, Britain and the Suez Crisis, London 1981; William R. Louis/Roger Owen (eds.), Suez 1956. The Crisis and its Consequences, Oxford 1992; Andrew Marr, A History of Modern Britain, Basingstoke 2008, S. 145 ff.; Maurice Vaissél (éd.), La France et l'opération de Suez de 1956, Paris 1997; Georges Henri Soutou, La guerre de Cinquante Ans. Les relations Est-Ouest 1943–1990, Paris 2001, S. 336 ff.

15 Borodziej, Geschichte (Anm. 3), S. 298 ff.; Silagi, Ungarn (Anm. 3), S. 912 ff.; Kontler, Millennium (Anm. 5), S. 425 ff.; Jörg K. Hoensch, Geschichte Ungarns 1867–1983, Stuttgart 1984, S. 200 ff.; Arpád von Klimó, Ungarn seit 1945, Göttingen 2006, S. 24 ff.; György Litván, János M. Bak (Hg.), Die Ungarische Revolution 1956. Reform – Aufstand – Vergeltung (ungar. Orig.: Budapest 1991), Wien 1994, S. 35 ff. (Zitat des Beschlusses des Zentralkomitees, 23./24. 10. 1956: 71); Charles Gati, Failed Ilusions. Moscow, Washington, Budapest and the 1956 Hungarian Revolt, Stanford 2006; Lee W. Congdon and Béla Király (eds.), The Ideas of the Hungarian Revolution, Suppressed and Victorious 1956–1999, Highland Lakes, N. J. 2002; Paul Lendvai, Der Ungarn-Aufstand 1956. Eine Revolution und ihre Folgen, München 2006; György Dalos, 1956. Der Aufstand in Ungarn, München 2006; János M. Rainer, Imre Nagy. Vom Stalinisten zum Märtyrer, Paderborn 2006. Zu Józef Bems Rolle in der ungarischen Revolution von 1848: Winkler, Geschichte I (Anm. 2), S. 630 ff.

16 Richardson, Presidency (Anm. 2), S. 95 ff.; Alexander, Holding (Anm. 2), S. 172 ff.; Pfeil, Suezkrise (Anm. 14), S. 3 ff. (Vergleiche Nasser – Hitler, Warnung vor einem «neuen München»); Dülffer, Atomkriegsgefahr (Anm. 14), S. 219 ff. (Bulganin an Eden, 5. 11. 1956: 219); Louis/Owen (eds.), Suez (Anm. 14); William Roger Louis, Ends of British Imperialism. The Scramble for Empire, Suez, and Decolonization, London 2006, S. 627 ff.; Carlton, Britain (Anm. 14); Steven Z. Freiberger, Dawn over Suez. The Rise of American Power in the Middle East 1953–1957, Chicago 1992; ders., Allianzpolitik in der Suezkrise 1956, Göttingen 2013; Keith Kyle, Suez. Britain's End of Empire in the Middle East, London 2003; Herman Finer, Dulles over Suez. The Theory and Practice of His Diplomacy, Chicago 1964; Brian McCauley, Hungary and Suez, 1956: The Limits of Soviet and American Power, in: Journal of Contemporary History 16 (1981), S. 777–800; Litván/Bak (Hg.), Ungarische Revolution (Anm. 15), S. 84 (Zahlen zu den Opfern: 123); Stöver, Kalter Krieg (Anm. 1), S. 125 ff. (zum Einsatz einer ungarischen Emigranteneinheit: 126); Kennedy, Parlament (Anm. 1), S. 77 ff.; Peter Wende, Das britische Empire. Geschichte eines Weltreichs, München 2008, S. 290 ff. (Zitat Amery: 291). Zur Münchner Konferenz von 1938: Winkler, Geschichte II (Anm. 2),   S. 855 ff. Zu den «Uniting for Peace»-Resolutionen siehe oben S. 146 f., zum Bagdadpakt 159.

17 Silagi, Ungarn (Anm. 3), S. 918 f. (Zitat Silagi: 919); Borodziej, Geschichte
    (Anm. 3), S. 301 ff. (Zitat Borodziej: 303); Weber, DDR (Anm. 3), S. 46 f.;
    Martin Jänicke, Der Dritte Weg. Die antistalinistische Opposition gegen
    Ulbricht seit 1953, Köln 1964, S. 80 ff.; Congdon/Király (eds.), Ideas
    (Anm. 15), S. 7–41; Hannah Arendt, Über die Revolution (amerik. Orig.:
    New York 1963), München 1963, S. 336 ff.; Raymond Aron, The Meaning
    of Destiny, in: Tamás Aczél (ed.), Ten Years After: The Hungarian Revolu-
    tion in the Perspective of History, New York 1966, S. 19–31 (die Zitate:
    21, 24 f., 31). Zur Niederschlagung der ungarischen Revolution von
    1848/49: Winkler, Geschichte I (Anm. 2), S. 630 ff., zu Engels' Urteil von
    1895 über die Revolutionen von 1848/49: 671 f.
18 Hildermeier, Geschichte (Anm. 3), S. 757 ff.; Altrichter, Geschichte (Anm. 3),
    S. 134 ff.; Schmidt-Glintzer, Geschichte (Anm. 13), S. 219 ff.; Chang, Friends
    (Amm. 13), S. 157 ff. (Mao in Moskau, November 1957: 183); Brinkley,
    Unfinished Nation (Anm. 2), S. 805 ff.; Alexander, Holding (Anm. 2),
    S. 214 ff. (Eisenhowers Fernsehrede, 11. 9. 1958: 235); Richardson, Presi-
    dency (Anm. 2), S. 116 ff.; Mittag, Geschichte (Anm. 9), S. 123 ff.; Brunn,
    Einigung (Anm. 9), S. 100 (Zitat Brunn: 123, Zitat Erhard, 21. 3. 1957:
    352); Loth, Weg (Anm. 9), S. 113 ff.; ders., Einigung (Anm. 9), S. 64 ff.;
    Hans-Jürgen Küsters, Die Gründung der Europäischen Wirtschaftsge-
    meinschaft, Baden-Baden 1982, S. 38 ff.; Groeben, Aufbaujahre (Anm. 9),
    S. 23 ff.; Kiran Klaus Patel, Europäisierung wider Willen. Die Bundesrepu-
    blik Deutschland in der Agrarintegration der EWG 1955–1973, München
    2009, S. 49 ff.; Reinhard Neebe, Weichenstellung für die Globalisierung.
    Deutsche Weltmarktpolitik, Europa und Amerika in der Ära Ludwig Er-
    hard, Köln 2004, S. 256 ff.; Schwarz, Ära Adenauer (Anm. 9), S. 336 ff.;
    Lappenküper, Beziehungen I (Anm. 9), S. 968 ff.; Wolfram Kaiser, Groß-
    britannien und die Europäische Wirtschaftsgemeinschaft 1955–1961. Von
    Messina nach Canossa, Berlin 1996, S. 29 ff. (Zahlen zum britischen
    Export: 107 f.); Reinhard Lamb, The Macmillan Years 1957–1963. The
    Emerging Truth, London 1995, S. 17 ff. (Zitat Lamb: 27); ders., Mac-
    millan and Europe, in: Richard Aldous and Sabine Lee (eds.), Harold
    Macmillan. Aspects of a Political Life, Basingstoke 1999, S. 75–94; Ali-
    stair Horne, Macmillan 1957–1986, London 1987, S. 1 ff.; Brüggemeier,
    Geschichte (Anm. 9), S. 249 ff. (Zitat Macmillan 20. 7. 1957: 249, Wachs-
    tumsraten im internationalen Vergleich: 251); Marr, History (Anm. 14),
    S. 159 ff. Der Vertrag über die Gründung der EWG u. a. in: Europa. Doku-
    mente zur Frage der Europäischen Einigung. Hg. im Auftrag des Auswär-
    tigen Amtes vom Forschungsinstitut der Deutschen Gesellschaft für Aus-
    wärtige Politik, München 1962, S. 1248–1254.
19 Albertini, Dekolonisation (Anm. 11), S. 519 ff.; Ansprenger, Auflösung
    (Anm. 11), S. 241 ff.; Rémond, Geschichte (Anm. 9), S. 561 ff. (Zitate Ré-
    mond: 585, 594 f., Zitate Salan, 15. 5. 1958: 594); Berstein/Milza, Histoire
    (Anm. 7), S. 847 ff.; Bernard Droz/Evelyne Lever, Histoire de la guerre

d'Algérie (1954–1962), Paris 1982², S. 86 ff. (Zitate Lacoste, 8. 5. 1958: 169, Salan, 9. 5. 1958: 171, Coty, 29. 5. 1958: 180, de Gaulle in Algerien, Juni 1958: 189); Jean-Pierre Rioux et Jean-François Sirinelli (éds.), La guerre d'Algérie et les intellectuels français, Paris 1991; Jean-Pierre Rioux (éd.), La guerre d'Algérie et les Français, Paris 1990; Guy Pervillé, Pour une histoire de la Guerre d'Algérie 1954–1962, Paris 2002; Pierre Vidal-Naquet, La torture dans la République. Essai d'histoire et de politique contemporaine (1954–1962), Paris 1972; Raphaëlle Branche, La torture et l'armeé pendant la guerre d'Algérie 1954–1962, Paris 2001; Stephan Malinowski, Modernisierungskriege. Militärische Gewalt und koloniale Modernisierung im Algerienkrieg (1954–1962), in: Anja Kruke (Hg.), Dekolonisation. Prozesse und Verflechtungen 1945–1990, Bonn 2009, S. 213–248 (Zitat: Harbi 237); Fabian Klose, Zur Legitimation kolonialer Gewalt. Kolonialer Notstand, antisubversiver Krieg und humanitäres Völkerrecht im kenianischen und algerischen Dekolonisierungskrieg, ebd., S. 249–274; ders., Menschenrechte im Schatten kolonialer Gewalt. Die Dekolonisierungskriege in Kenia und Algerien 1945–1962, München 2009, S. 171 ff. (zum Einsatz von Napalm, Reizgas und Atommüll in Algerien: 185 ff.); Merry et Serge Bromberger, Les 13 complots du 13 mai, Paris 1959; Mohammed Harbi/Gilbert Meynier, Le FLN. Documents et Histoire 1954–1962, Paris 2004, S. 207 ff.; Jean-Pierre Guichard, De Gaulle. Face aux crises (1940–1968), Paris 2000, S. 91 ff.; Charles de Gaulle, Memoiren der Hoffnung. Die Wiedergeburt 1958–1962 (frz. Orig.: Paris 1970), Wien 1971, S. 7 ff. Zum «Discours de Bayeux» siehe oben S. 50 f.

20 De Gaulle, Memoiren (Anm. 19), S. 217 ff.; Konrad Adenauer, Erinnerungen 1955–1959, Stuttgart 1967, S. 424 ff. (Zitat aus dem Kommuniqué: 425); Paul Legoll, Charles de Gaulle et Konrad Adenauer. La cordiale entente, Paris 2004, S. 55 ff.; Lappenküper, Beziehungen (Anm. 9), II: 1958–1963, München 2001, S. 1201 ff.; Schwarz, Gründerjahre (Anm. 9), S. 327 (Zitat Schwarz: 335); ders., Die Ära Adenauer. Epochenwechsel 1957–1963, Stuttgart 1983, S. 42 ff.; Winkler, Weg II (Anm. 4), S. 182 ff. (Zitate Hermann Lübbe 1983: 175 f., 5. SED-Parteitag, Juli 1958: 190, Ulbricht, 27. 10. 1958: 192); Weber, DDR (Anm. 3), S. 48 ff. Zur Doktrin der «massiven Vergeltung» siehe oben S. 156, zum Rapacki-Plan 247.

21 Winkler, Weg II (Anm. 4), S. 194 ff. (Zitate Chruschtschow, 10. 11. 1958: 194, Godesberger Programm der SPD: 200, Herbert Wehner, 30. 6. 1960: 201); Schwarz, Epochenwechsel (Anm. 20), S. 103 ff.; Kitty Newman, Macmillan, Krushchev and the Berlin Crisis 1958–1960, London 2007, S. 24 ff.; Lappenküper, Beziehungen II (Anm. 20), S. 1233 ff. (zum Treffen de Gaulle – Macmillan, 10. 3. 1959: 12/4 f.), Felken, Dulles (Anm. 2), S. 477 ff.; Gerhard Wettig, Chruschtschows Berlin-Krise 1958 bis 1963. Drohpolitik und Mauerbau, München 2006, S. 7 ff.; Manfred Wilke, Der Weg zur Mauer. Stationen zur Teilungsgeschichte, Berlin 2011, S. 207 ff.; Richardson, Presidency (Anm. 2), S. 178 ff.; Tim Weiner, CIA. Die ganze Geschichte (amerik.

Orig.: New York 2007), Frankfurt 2008, S. 216 ff. (zu Kuba); Alexander, Holding (Anm. 2), S. 256 ff.; De Gaulle, Memoiren (Anm. 19), S. 74 ff.; Rémond, Geschichte (Anm. 9). 2. Teil: 1958 bis zur Gegenwart (frz. Orig.: Paris 1991), Stuttgart 1995, S. 15 ff.; Berstein/Milza, Histoire (Anm. 7), S. 871 ff.; Droz/Lever, Histoire (Anm. 19), S. 217 ff. (Zitate de Gaulle, 16. 9. 1959: 222 f.); Guichard, De Gaulle (Anm. 19), S. 169 ff.; Ulam, Expansion (Anm. 4), S. 633 ff.; Alan Posener, John F. Kennedy. Biographie, Reinbek 2013; Arthur M. Schlesinger, Die tausend Tage Kennedys (amerik. Orig.: Boston 1965), Bern 1965, S. 17 ff.; Theodore C. Sorensen, Kennedy, London 1965; Georg Schild, John F. Kennedy. Mensch und Mythos, Göttingen 1997; Marc J. White (ed.), Kennedy: The New Frontier Revisited, New York 1998; ders., Behind Closed Doors. The Private Life of a Public Mind, ebd., S. 256–276; Garry Wills, The Kennedy Imprisonment. A Meditation on Power, Boston 1982; Thomas C. Reeves, A Question of Character: A Life of John F. Kennedy, New York 1991; Herbert S. Parmet, Jack: The Struggles of John F. Kennedy, New York 1980; Kitty Kelly, The Dark Side of Camelot, in: People Magazine 29 (1988), No. 8, S. 106–114. Eisenhowers Abschiedsrede vom 17. 1. 1961 in: Documents of American History. Edited by Henry Steele Commager, New York 1973, vol. 2, S. 652–654, Kennedys Antrittsrede vom 20. 1. 1961 ebd., S. 654–656. Zum türkischen Militärputsch von 1960: Gotthard Jäschke, Die Türkei als Nationalstaat seit der Revolution Mustafa Kemal (Atatürk)s 1920–1974, in: Schieder (Hg.), Europa (Anm. 3), S. 1339–1351 (1345 f.); Klaus Kreiser u. Christoph K. Neumann, Kleine Geschichte der Türkei, Stuttgart 2008², S. 433 ff. Zum Mythos der «Frontier» in der amerikanischen Geschichte siehe Winkler, Geschichte I (Anm. 2), S. 678 ff., zur Rolle Kubas im spanisch-amerikanischen Krieg von 1998 959 ff. Zur Genfer Südostasienkonferenz 1954 308, zur Krise um Guatemala 1956 161 ff., zur Kongokrise von 1960 siehe unten 323 ff., zu Plänen zur Ermordung Castros 339 f.

22 Ansprenger, Auflösung (Anm. 11), S. 209 ff. (Zitate Ansprenger: 214, de Gaulle, 24. 8. 1958: 252); Albertini, Dekolonisation (Anm. 11), S. 13 ff., 437 ff. (Zitate Moritz Julius Bonn: 28, Albertini: 354); Jost Dülffer/Marc Frey (eds.), Elites and Decolonization in the Twentieth Century, Basingstoke 2011; Rémond, Geschichte (Anm. 9), S. 49 ff.; Berstein/Milza, Histoire (Anm. 7), S. 886 ff.; Rioux/Sirinelli (éds.), Guerre (Anm. 19), S. 11 ff.; Rioux (éd.), Guerre (Anm. 19), S. 9 ff.; Hartmut Elsenhans, Frankreichs Algerienkrieg 1954–1962. Entkolonialisierungsversuch einer kapitalistischen Metropole. Zum Zusammenbruch der Kolonialreiche, München 1974, S. 199 ff.; Jim House and Neil Macmaster, Paris 1961. Algerians, State Terror, and Memory, Oxford 2006; Malinowski, Modernisierungskriege (Anm. 19), S. 213 ff.; Stephan Feichtinger und Stephan Malinowski, «Eine Million Algerier lernen im 20. Jahrhundert zu leben». Umsiedlungslager und Zwangsmodernisierung im Algerienkrieg 1954–1962, in: Journal of Modern European History 8 (2010), S. 107–133; dies., Konstruktive

Kriege? Rezeption und Adaption der Dekolonisationskriege in westlichen Demokratien, in: Geschichte und Gesellschaft 37 (2011), S. 275–305; Christoph Kalter und Martin Rempe, La République decolonisée. Wie die Dekolonisierung Frankreich verändert hat, ebd., S. 157–197; Christoph Kalter, «Le monde va de l'avant. Et vous êtes en marge». Dekolonisierung, Dezentrierung des Westens und Entdeckung der «Dritten Welt» in der radikalen Linken in Frankreich in den 1960er Jahren, in: Kruke (Hg.), Dekolonisation (Anm. 19), S. 99–132; Roland Burke, Decolonization and the Evolution of International Human Rights, Philadelphia 2010; Klose, Legitimation (Anm. 19), S. 275 (Zitat UN-Vollversammlung, 14. 12. 1960: 283); Tony Chafer, The End of Empire in French West Africa. France's Successful Decolonization, Oxford 2002, S. 74 ff.; Frederick Cooper, Decolonization and African Society. The Labor Question in French and British Africa, Cambridge 1996, S. 171 ff., 407 ff.; Frank Renken, Frankreich im Schatten des Algerienkrieges, Göttingen 2006; Benjamin Stora, La gangrène et l'oubli. La mémoire de la guerre d'Algérie, Paris 1998, S. 214 ff. Zu den politischen Anfängen von Farhat Abbas: Winkler, Geschichte II (Anm. 2), S. 468 f. Zu den Kämpfen auf Madagaskar 1947/48 siehe oben S. 95, zum Algerienkonflikt bis 1960 S. 94 f., 260 ff. Zum Streit um die Direktwahl des Präsidenten der Republik siehe unten S. 364.

23 Albertini, Dekolonisation (Anm. 11), S. 122 ff., 249 ff. (Zitate Colonial Development and Welfare Act 1940: 137, Albertini: 303); Ansprenger, Auflösung (Anm. 11), S. 175 ff. (Zitat Macmillan, 3. 2. 1960, Kapstadt: 175 f., Statistik der Opfer des Mau-Mau-Aufstands: 203); Klose, Menschenrechte (Anm. 19), S. 117 ff. (Kolonialer Notstand als rechtsfreier Raum); Gerhard Altmann, Abschied vom Empire. Die innere Dekolonisation Großbritanniens 1945–1985, Göttingen 2005, S. 61 ff. (Zitate Schatzamt, Juni 1956: 125, Macleod 1964: 207, Hola: 201 ff.); Martin Lynn (ed.), The British Empire in the 1950s. Retreat or Revival?, Basingstoke 2006; Caroline Elkins, Britain's Gulag. The Brutal End of Empire in Kenya, London 2005, S. 121 ff. (Zitat Castle, 1955: 275, Hola: 344 ff.); David Anderson, Histories of the Hanged. The Dirty War in Kenya and the End of Empire, New York 2005; Carl J. Rosberg/John Nottingham, The Myth of Mau Mau. Nationalism in Kenya, New York 1966; Anthony Clapton, The Killing Fields of Kenya, 1952–1960, Nairobi 2006; Donald Branch, Defeating Mau Mau, Creating Kenya. Counterinsurgency, Civil War, and Decolonization, Cambridge 2009; Ronald Hyam, Britain's Declining Empire. The Road to Decolonization 1918–1968, Cambridge 2006, S. 168 ff.; William Roger Louis, The Dissolution of the British Empire, in: ders. (ed.), The Oxford History of the British Empire, vol. IV. The Twentieth Century. Judith M. Brown and William Roger Louis, eds., Oxford 2004, S. 329–356; Cooper, Decolonization (Anm. 22), S. 392 ff.; Raymond F. Betts, Decolonization, London 1998; Lamb, Macmillan Years (Anm. 18), S. 231 ff.; Horne, Macmillan (Anm. 18), S. 173 ff. Zur Verteidi-

gungsrede Mandelas vom 20.4.1964: Nelson Mandela, Der lange Weg zur Freiheit (amerik. Orig.: Boston 1994), Frankfurt 1994, S. 488 ff. Zur Unabhängigkeit Indiens siehe oben S. 89 ff., zu Malaya 93, zur Allgemeinen Erklärung der Menschenrechte 1948 131 ff., zum Bagdad-Pakt 159, zur Räumung der Stützpunkte «East of Suez» siehe unten S. 465 f.

24 Albertini, Dekolonisation (Anm. 11), S. 568 ff. (Daten zum Bildungswesen: 572); Ansprenger, Auflösung (Anm. 11), S. 259 ff. (Daten zum Bildungswesen: 261); Gerhard T. Mollin, Die USA und der Kolonialismus. Amerika als Partner und Nachfolger der belgischen Macht in Afrika 1939–1965, Berlin 1996, S. 31 ff., 413 ff. (Zitate «Special Group», 18.8. u. 8.9. 1960: 445, Devlin, 13. 1. 1961: 450); David Van Reybrouck, Kongo. Eine Geschichte (niederl. Orig.: Amsterdam 2010), Berlin 2012, S. 271 ff.; John Kent, America, the UN and Decolonisation. Cold War Conflict in the Congo, London 2010, S. 6 ff.; Odd Arne Westad, The Global Cold War. Third World Interventions and the Making of Our Times, Cambridge 2005, S. 136 ff.; Weiner, CIA (Anm. 21), S. 225 ff.; Valentim Alexandre, Der Estado Novo und das Kolonialreich, in: Fernando Rosas (Hg.), Vom Ständestaat zur Demokratie. Portugal im 20. Jahrhundert, München 1997, S. 75–87; José Ferreira, Das Ende der afrikanischen Frage, ebd., S. 107–121; Frantz Fanon, Die Verdammten dieser Erde. Vorwort von Jean-Paul Sartre (frz. Orig.: Paris 1961), Frankfurt 1966 (Zitate Sartre: S. 18 f., 21, 25, Zitate Fanon: 31, 38, 66, 72 f., 100, 102, 116, 135, 158, 239 f., 242); Jürgen Osterhammel, Kolonialismus. Geschichte, Formen, Folgen, München 2006[5], S. 119 ff. (Zitat Osterhammel: 121); Wolfgang J. Mommsen (Hg.), Das Ende der Kolonialreiche. Dekolonisation und die Politik der Großmächte, Frankfurt 1990; P. J. Cain und A. G. Hopkins, British Imperialism, 1688–2000, Harlow 2002[2], S. 617 ff.; Stephen Howe, Empire. A very Short Introduction, Oxford 2002, S. 104 ff.; Ania Loomba, Colonialism/Postcolonialism. The New Critical Idiom, London 2005; Robert J. C. Young, Postcolonialism. An Historical Introduction, Malden 2001 (zu Fanon: 274 ff.); Raymond F. Betts, Decolonization, New York 1998; Roy Bridges (ed.), Imperialism, Decolonization and Africa. Studies Presented to John Hargreaves, Basingstoke 2000; Frederick Cooper, Africa since 1940. The Past of the Present, Cambridge 2002; Paul Nugent, Africa since Independence. A Comparative History, Basingstoke 2004. Zu Blanqui siehe Winkler, Geschichte I (Anm. 2), S. 369–442, zu den Narodniki 739 f., zu Sorel 1001, 1101 f.; zur bolschewistischen Sicht der «bürgerlichen» Entwicklungsphase in Rußland ders., Geschichte II (Anm. 2), S. 43 ff. Zur «Nelkenrevolution» in Portugal unten S. 677 ff.

25 Schlesinger, Tausend Tage (Anm. 21), S. 176 ff. (Zitate Kennedy, 20.10. 1960: 187, 13.3. 1961: 191, 4.6. 1961: 354, 21.6. 1963: 837, Fulbright, 30.7. 1961: 376); Gaddis, Strategies (Anm. 2), S. 208 ff. (zur Wirkung der neuen sowjetischen Militärdoktrin auf die USA); Sorensen, Kennedy (Anm. 21), S. 66 ff.; Werner, CIA (Anm. 21), S. 237 ff.; John

F. Heath, Decade of Disillusionement. The Kennedy-Johnson-Years, Bloomington 1975, S. 83 ff.; Herbert S. Parmet, JFK. The Presidency of John F. Kennedy, Lawrence, Kansas, 1991, S. 97 ff.; Honoré M. Catudal, Kennedy in der Mauer-Krise. Eine Fallstudie zur Entscheidungsfindung in den USA (amerik. Orig.: Berlin 1980), Berlin 1980; Michael R. Beschloss, The Crisis Years: Kennedy and Khrushchev 1960–1963, New York 1991 (Zitat Kennedy zum Mauerbau: S. 278); Stefan Karner u. a., Der Wiener Gipfel 1961. Kennedy – Chruschtschow, Innsbruck 2011; Hope M. Harrison, Ulbrichts Mauer. Wie die SED Moskaus Widerstand gegen den Mauerbau brach (amerik. Orig.: Princeton 2003), Berlin 2011; Wettig, Berlin-Krise (Anm. 21), S. 129 ff.; ders. (Hg.), Chruschtschows Westpolitik 1955–1964. Gespräche, Aufzeichnungen und Stellungnahmen. Bd. 3: Kulmination der Berlin-Krise (Herbst 1960 bis Herbst 1962), München 2011; Matthias Uhl, Krieg um Berlin? Die sowjetische Militär- und Sicherheitspolitik in der zweiten Berlinkrise 1958 bis 1962, München 2008; Wilke, Weg (Anm. 21), S. 296 ff.; Frederick Kempe, Berlin 1961. Kennedy, Chruschtschow und der gefährlichste Ort der Welt (amerik. Orig.: New York 2011), München 2011; Christof Münger, Kennedy, die Berliner Mauer und die Kubakrise. Die westliche Allianz in der Zerreißprobe 1961–1963, Paderborn 2003; Rolf Steininger, Der Mauerbau. Die Westmächte und Adenauer in der Berlinkrise 1958–1963, München 2001; Edgar Wolfrum, Die Mauer. Geschichte einer Teilung, München 2009, S. 11 ff.; Winkler, Weg II (Anm. 4), S. 202 ff. (Zitate DDR-Ministerrat, 13. 8. 1961: 204, Befehl an «Kommando Grenze», 6. 10. 1961: ebd.). Zum «Sputnik-Schock» siehe oben S. 250, zu Chruschtschows Berlin-Ultimatum 280, zur Haltung Eisenhowers gegenüber Castro 283 f., zu Laos 285.

26 Winkler, Weg II (Anm. 4), S. 206 ff. (Zitate Adenauer, 14. 8. 1961: 206, 7. 11. 1962: 210, 15. 10. 1963: 221, zur Fechter-Krise: 207); Hans-Peter Schwarz, Die Ära Adenauer. Epochenwechsel 1957–1963 (Geschichte der Bundesrepublik Deutschland, Bd. 3), Stuttgart 1983, S. 225 ff. (Schröder zu Berlin: 241); Wolfrum, Demokratie (Anm. 10), S. 207 ff.; Conze, Suche (Anm. 10), S. 265 ff.; Görtemaker, Geschichte (Anm. 10), S. 328 ff.; David Schoenbaum, Ein Abgrund von Landesverrat. Die Affäre um den «Spiegel» (amerik. Orig.: Garden City 1968), Wien 1968; Paul Nolte, Die Ordnung der deutschen Gesellschaft. Selbstentwurf und Selbstbeschreibung im 20. Jahrhundert, München 2000, S. 318 ff. Zum «Fall Lüth»: Christoph Jahr, Antisemitismus vor Gericht. Debatten über die juristische Ahndung judenfeindlicher Agitation in Deutschland (1879–1960), Frankfurt 2011, S. 349 ff. Zur Julikrise 1914 Winkler, Geschichte II (Anm. 2), S. 1148 ff. Zum deutsch französischen Élysée-Vertrag siehe unten 369.

27 Mittag, Geschichte (Anm. 9), S. 124 ff.; Brunn, Einigung (Anm. 9), S. 138 ff.; Loth, Einigung (Anm. 9), S. 150 ff.; Groeben, Aufbaujahre (Anm. 9), S. 173 ff.; Patel, Europäisierung (Anm. 18), S. 192 ff.; Kaiser, Großbritannien (Anm. 18), S. 104 ff. (Wirtschaftsdaten: 107 f., 110); Brüg-

gemeier, Geschichte (Anm. 9), S. 257 ff.; Lamb, Macmillan Years (Anm. 18), S. 158 ff.; ders., Macmillan (Anm. 18), S. 75–94; Horne, Macmillan (Anm. 18), S. 235 ff.; N. Piers Ludlow, «Ne pleurez pas, Milord». Macmillan and France from Algiers to Rambouillet, in: Aldous/Lee (eds.), Macmillan (Anm. 18), S. 95–112; Rémond, Geschichte (Anm. 9), S. 61 ff. (Zitat Rémond: 77, Wirtschaftsdaten: 93 f.); Berstein/Milza, Histoire (Anm. 7), S. 889 ff.; Lappenküper, Beziehungen II (Anm. 20), S. 1480 ff. (Zitat Neue Zürcher Zeitung, 21. 7. 1962: 1592); Corine Defrance/Ulrich Pfeil, Eine Nachkriegsgeschichte in Europa 1945 bis 1963 (Deutsch-Französische Geschichte, Bd. 10), Darmstadt 2011, S. 98 ff.; dies. (éds.), La France, l'Allemagne et le traité de l'Élysée, 1963–2013, Paris 2012; dies. (éds.), La France, l'Allemagne et le traité de l'Élysée, 1963–2013, Paris 2012²; Hélène Miard-Delacroix, Im Zeichen der europäischen Einigung 1963 bis zur Gegenwart (Deutsch-französische Geschichte, Bd. 11), Darmstadt 2011, S. 30 ff.; Hans-Dieter Lucas, Europa vom Atlantik bis zum Ural? Europapolitik und Europadenken im Frankreich der Ära de Gaulle (1958–1969), Bonn 1992, S. 181 ff.; Schwarz, Epochenwechsel (Anm. 26), S. 254 ff.; Legoll, de Gaulle (Anm. 20), S. 121 ff. Die Pressekonferenz de Gaulles vom 15. 5. 1962 in: ders., Memoiren (Anm. 19), S. 436–446, französisch in: ders., Discours et messages. Avec le renoveau mai 1958–juillet 1970, Paris 1970, S. 401–407. Zum Staatsstreich Louis Napoleons vom 3. 12. 1851: Winkler, Geschichte I (Anm. 2), S. 421 f.

28 Woller, Geschichte (Anm. 8), S. 250 ff. (Zitate Woller: 281); Mammarella, Italia comporanea (Anm. 9), S. 106 ff.; Guido Crainz, Storia del miracolo Italiano. Culture, identità, trasformazioni fra anni cinquanta e sessanta, Rom 1996; Vera Zamagna, Dalla periferia al centro. La seconda rinascita economica dell'Italia (1861–1990), Bologna 1990, S. 429 ff.; Leopoldi Nuti, Gli Stati uniti e l'apertura a sinistra. Importanza e limitati della presenza americana in Italia, Rom 1999; ders., Socialisti o missili. L'Italia nella politica estera kennediana, in: Italia contemporanea 204 (settembre 1996), S. 443–470; John Dickie, Cosa Nostra. Die Geschichte der Mafia (engl. Orig.: London 2004), Frankfurt 2006, S. 367 ff.; Otto Hermann Pesch, Das Zweite Vatikanische Konzil. Vorgeschichte – Verlauf – Ergebnisse – Nachgeschichte, Würzburg 1994 (zur Änderung der Fürbitte für die Juden: S. 291 ff.). Zu Gramsci siehe Winkler, Geschichte (Anm. 2), S. 241 f., 440.

29 Schlesinger, Tausend Tage (Anm. 21), S. 281 ff., 692 ff.; Schild, Kennedy (Anm. 21), S. 103 ff.; Gaddis, Strategies (Anm. 2), S. 198 ff.; James G. Blight, Bruce J. Allyn and David A. Welch, Cuba on the Brink. Castro, the Missile Crisis, and the Soviet Collapse, New York 1993; Lawrence Freedman, Kennedy's Wars. Berlin, Cuba, Laos, and Vietnam, New York 2000, S. 123 ff.; Mark White, The Cuban Missile Crisis, Basingstoke 1996, S. 60 ff.; James A. Nathan (ed.), The Cuban Missile Crisis Revisited, New York 1992; Bernd Greiner, Die Kuba-Krise. Die Welt an der Schwelle zum Atomkrieg, München 2010, S. 15 ff.; ders., Krieg ohne Fronten. Die

USA in Vietnam, Hamburg 2007, S. 9 ff.; Stefan Brauburger, Die Nerven-
probe. Schauplatz Kuba: Als die Welt am Abgrund stand, Frankfurt 2002;
Rolf Steiniger, Die Kubakrise 1962: Dreizehn Tage am atomaren Abgrund,
München 2011; Ingo Juchler, Revolutionäre Hybris und Kriegsgefahr: Die
Kuba-Krise von 1962, in: Vierteljahrshefte für Zeitgeschichte 41 (1993),
S. 79–100 (Zitate Castro, 26. 10. 1962: 83, Chruschtschow, 31. 10. 1962,
Guevara, Oktober 1962: 96 f.); Robert F. Kennedy, Dreizehn Tage. Die
Verhinderung des Dritten Weltkriegs durch die Brüder Kennedy. Mit Bei-
trägen von Robert McNamara und Harold Macmillan. Hg. v. Theodore
Sorensen (amerik. Orig.: New York 1968), München 1969; Harald Bier-
mann, John F. Kennedy und der Kalte Krieg. Die Außenpolitik der USA
und die Grenzen der Glaubwürdigkeit, Paderborn 1997, S. 158 ff.; Weiner,
CIA (Anm. 21), S. 237 ff.; Richard Löwenthal, Vom Kalten Krieg zur Ost-
politik, in: ders. u. Hans-Peter Schwarz (Hg.), Die zweite Republik.
25 Jahre Bundesrepublik Deutschland – eine Bilanz, Stuttgart 1974,
S. 604–699 (Zitat Löwenthal: 665); Legacy of a President. The Memorable
Words of John Fitzgerald Kennedy, Washington D. C., o. J., S. 23–26
(Rede vom 10. 6. 1963); Frey, Geschichte (Anm. 11), S. 72 ff.; Jeffrey
P. Kimball, The Reason Why. The Debate about the Causes of
U.S. Involvement in the Vietnamese War, Philadelphia 1990 (zur Entste-
hung der «Domino-Theorie»: S. 30 ff.); John Norton Moore (ed.), The
Vietnam Debate. A Fresh Look at Arguments, New York 1990; George
C. Herring, America's Longest War. The United States and Vietnam,
1950–1975, New York 1990, S. 80 ff.; Robert D. Schulzinger, A Time for
War. The United States and Vietnam, 1941–1975, New York 1997,
S. 97 ff.; James S. Olson/Randy Roberts, Where the Domino Fell. America
and Vietnam, 1945–1990, New York 1991; Max Holland, After Thirty
Years: Making Sense of the Assassination, in: Reviews in American
History 22 (1994), No. 2, S. 191–209; Knud Krakau, John F. Kennedy:
22. November 1963, in: Alexander Demandt (Hg.), Das Attentat in der
Geschichte, Frankfurt 1999², S. 488–514. Zu Kennedys Besuch in Berlin,
26. 6. 1963: Winkler, Weg II (Anm. 4), S. 217. Zur Monroe-Doktrin: ders.,
Geschichte I (Anm. 2), S. 492 ff.; zu Wilsons Parole vom April 1917: ders.,
Geschichte II (Anm. 2), S. 53 f. Zur «massiven Vergeltung» siehe oben 156,
zum Streit um die Westsahara 321.

3. Von der Konfrontation zur Entspannung: 1963–1975

1 Udo Sautter, Geschichte Kanadas, München 2007², S. 92 ff.; Robert
Bothwell, The Penguin History of Canada, Toronto 2006, S. 361 ff.; ders.,
Ian Drummond, John English (eds.), Canada since 1945. Revised edition,
Toronto 1989; Maurice Vaïsse, La grandeur. Politique étrangère du géné-

ral de Gaulle 1958–1969, Paris 1998, S. 648 ff. (zu den Auftritten in
Québec: 660 ff.); Russel Lawrence Barsh, The Aboriginal Issue in Canadian Foreign Policy, 1984–1994, in: International Journal of Canadian
Studies 12 (1995), S. 107–133; Kanada bittet die Ureinwohner um Verzei-
hung, in: Neue Zürcher Zeitung, 13. 6. 2008 (zum Staatsakt vom
12. 6. 2006); Albrecht Hagemann, Kleine Geschichte Australiens, Mün-
chen 2004, S. 99 ff.; Rudolf Bader (Hg.), Australien. Eine interdisziplinäre
Einführung, Trier 1996; Johannes H. Voigt, Australien, München 2000,
S. 40 ff.; Ronald M. and Catherine H. Bendt, The World of the First Australians. Aboriginal Traditional Life: Past and Present, Canberra 1988[2];
Gerhard Leitner, Die Aborigines Australiens, München 2006, S. 21 ff.;
John Chesterman, Defending Australia's Reputation. How Indigenous
Australians Won Civil Rights. Part One, in: Australian Historical Studies
116 (2001), S. 20–39; Michael King, The Penguin History of New Zea-
land, London 2003, S. 413 ff.; Sebastian Fellmeth und Christian Rohde,
Der Abbau eines Wohlfahrtsstaates. Neuseeland als Modell für das näch-
ste Jahrhundert?, Marburg 1999; Alexander Davidson, Two Models of
Welfare. The Origins and Development of the Welfare State in Sweden and
New Zealand, 1888–1988, Uppsala 1989, bes. S. 247 ff.; Michael Hechter,
Internal Colonialism. The Celtic Fringe in British National Development,
New Brunswick 1999[2], bes. S. 30 ff.; Stephen Howe, Internal Decoloniza-
tion? British Politics since Thatcher as Post-colonial Trauma, in: Twentieth
Century British History 14 (2003), S. 286–304; Rolf Lindemann, Die
Samen – eine Minderheit in Nordeuropa, in: Geographie heute 85 (1990),
S. 28–31. Zum Vertrag von Waitangi von 1840: Heinrich August Winkler,
Geschichte des Westens. Von den Anfängen in der Antike bis zum 20. Jahr-
hundert (fortan: Geschichte I), München 2010[2], S. 683. Zur Men-
schenrechtserklärung der UN-Vollversammlung siehe oben S. 131 ff., zum
schwedischen Wohlfahrtsstaat siehe unten 705 ff., zur Gewährung von
Autonomierechten an Wales und Schottland 764 ff.

2 Tony Judt, Geschichte Europas von 1945 bis zur Gegenwart (amerik.
Orig.: New York 2005), München 2006, S. 474 ff.; Helmut Altrichter,
Kleine Geschichte der Sowjetunion 1917–1991, München 1993, S. 149 ff.
(Zitat TASS, 15. 10. 1964: 149); Stefan Plaggenborg, «Entwickelter Sozia-
lismus» und Supermacht 1964–1985, in: ders. (Hg.), Handbuch der Ge-
schichte Rußlands, Bd. V: 1945–1991. Vom Ende des Zweiten Weltkriegs
bis zum Zusammenbruch der Sowjetunion, Stuttgart 2002, S. 319–518;
Dietmar Neutatz, Träume und Alpträume. Eine Geschichte Russlands im
20. Jahrhundert, München 2013, S. 407 ff.; John Dornberg, Breschnew.
Profil des Herrschers im Kreml, München 1973, S. 193 ff. (Zitat «Prawda»,
17. 10. 1964: 198 f.); Adam B. Ulam, Expansion and Coexistence. The
History of Soviet Foreign Policy, 1917–1967, New York 1968, S. 695 ff.;
Richard Löwenthal, Vom Absterben der Russischen Revolution. Zu
Chruschtschows Sturz durch die Parteioligarchie (1965), in: ders., Welt-

politische Betrachtungen. Essays aus zwei Jahrzehnten, Göttingen 1982, S. 95–109 (107–109); Helwig Schmidt-Glintzer, Kleine Geschichte Chinas, München 2008, S. 222 ff.; Klaus Wilken, China in Geschichte und Gegenwart. Eine Einführung, Rostock 2009; William E. Griffith, The Sino-Soviet Rift, Cambridge, Mass. 1964, S. 124 ff.; Gordon H. Chang, Friends and Enemies. The United States, China, and the Soviet Union, 1948–1972, Stanford 1990, S. 253 ff.; Yang Jisheng, Grabstein – Mùbei. Die große chinesische Hungerkatastrophe 1958–1962 (chin. Orig.: Hongkong 2008), Frankfurt 2012, S. 587 ff. (Opferzahlen: 616); Frank Dikötter, Maos Großer Hunger. Massenmord und Menschenexperiment in China (engl. Orig.: London 2010), Stuttgart 2014; Joel Andreas, Rise of the Red Engineers. The Cultural Revolution and the Origins of China's New Class, Stanford 2009; Rainer Hoffmann, Maos Rebellen. Sozialgeschichte der chinesischen Kulturrevolution, Hamburg 1977; Roderich Macfarghuar/Michael Schoenhals, Mao's Last Revolution, Cambridge/Mass. 2006, S. 117 ff.; Barbara Barnouin/Yu Changgen, Chinese Foreign Policy during the Cultural Revolution, London 1998. Zum Beginn des sowjetisch-chinesischen Konflikts siehe oben S. 221 f.

3 Gotthold Rhode, Die südosteuropäischen Staaten von der Neuordnung nach dem 1. Weltkrieg bis zur Ära der Volksdemokratien, in: Theodor Schieder (Hg.), Europa im Zeitalter der Weltmächte (Handbuch der europäischen Geschichte, hg. v. Theodor Schieder, Bd. 7), Stuttgart 1979, S. 1134–1312 (1174 ff. [Rumänien], 1266 ff. [Bulgarien], 1293 ff. [Albanien]); ders., Polen von der Wiederherstellung der Unabhängigkeit bis zur Ära der Volksrepublik 1918–1970, ebd., S. 978–1061 (1054 ff.); ders., Die Tschechoslowakei von der Unabhängigkeitserklärung bis zum «Prager Frühling» 1918–1968, ebd., S. 920–977 (972 ff.); Włodziemierz Borodziej, Geschichte Polens im 20. Jahrhundert, München 2010, S. 301 ff. (Zitate Borodziej: 309, Gomułka, Brief der Bischöfe, November 1965: 310); Hermann Weber, Die DDR 1945–1990, München 1993², S. 57 ff.; Heinrich August Winkler, Der lange Weg nach Westen. 2 Bde., 2. Bd.: Deutsche Geschichte vom «Dritten Reich» bis zur Wiedervereinigung, München 2005⁶, S. 223 ff., 274 ff. (Zitate aus den Verfassungen von 1949 und 1968: 276); Arpád von Klimó, Ungarn seit 1945, Göttingen 2006, S. 79 ff.; Harold Gordon Skilling, Czechoslovakia's Interrupted Revolution, Princeton 1976; William M. Mahoney, The History of the Czech Republic and Slovakia, Santa Barbara, Cal. 2011, S. 216 ff.; Jörg K. Hoensch, Geschichte der Tschechoslowakei, Stuttgart 1992³, S. 165 ff. (Aktionsprogramm der KPČ, 5.4. und Verlautbarungen vom 24./25.4. 1968: 166 f., Breschnew zum «Manifest der Zweitausend Worte»: 168); Christoph Boyer (Hg.), Sozialistische Wirtschaftsreformen. Tschechoslowakei und DDR im Vergleich, Frankfurt 2006; ders., Die tschechoslowakischen Wirtschaftsreformen und der tschechoslowakische Entwicklungspfad, in: ders. (Hg.), Zur Physiognomie sozialistischer Wirtschaftsreformen. Die Sowjetunion, Polen,

die Tschechoslowakei, Ungarn, die DDR und Jugoslawien im Vergleich, Frankfurt 2007, S. 77–94; Boris Meissner, Die «Breshnew-Doktrin». Dokumentation, Köln 1970², S. 42–52 (Brief der «Fünf» vom 15. 7. 1968: 56 f., TASS-Erklärung, 21. 8. 1968); Timothy Garton Ash, Im Namen Europas. Deutschland und der geteilte Kontinent (engl. Orig.: London 1993), München 1993, S. 410 ff. (Zitat Garton Ash: 412). Zum Slánskýprozeß siehe oben S. 165, zum 2. Vatikanischen Konzil 374 f., zum Sechstagekrieg unten 443 ff.

4 Willi Paul Adams, Die USA im 20. Jahrhundert, München 2008, S. 100 ff.; Alan Brinkley, The Unfinished Nation. A Concise History of the American People, Boston 2008⁵, S. 822 ff.; Robert A. Caro, The Years of Johnson. Vol. 4: The Passage of Power, New York 2012; Vaughn Davis Bornet, The Presidency of Lyndon B. Johnson, Lawrence, Kansas 1983, S. 45 ff.; Irving Bernstein, Guns or Butter. The Presidency of Lyndon Johnson, New York 1996, S. 15 ff. (zur Begriffsgeschichte von «Great Society»: 331, Tonkin-Resolution, 7. 8. 1964: 338); Robert Dallek, The Flawed Giant. Lyndon Johnson and His Times 1961–1973, New York 1998, S. 293 ff.; Thomas Alan Schwartz, Lyndon Johnson and Europe in the Shadow of Vietnam, Cambridge, Mass. 2003; George C. Herring, LBJ and Vietnam. A Different Kind of War, Austin 1994; ders., America's Longest War. The United States and Vietnam, 1950–1975, New York 1996³; Robert S. Olson/Randy Roberts, Where the Domino Fell. America and Vietnam, 1945 to 1990, New York 1991; Robert D. Schulzinger, A Time of War. The United States and Vietnam, 1941–1975, New York 1997; David Kaiser, American Tragedy. Kennedy, Johnson, and the Origins of the Vietnam War, Cambridge, Mass. 2000; Joachim Arenth, Johnson, Vietnam und der Westen. Transatlantische Beziehungen, München 1994, S. 155 ff.; Bernd Greiner, Krieg ohne Fronten. Die USA in Vietnam, Hamburg 2007, S. 41 ff. (Zitat Greiner: 279, Motto der Tiger Force: 231); Marc Frey, Geschichte des Vietnamkriegs. Die Tragödie in Asien und das Ende des amerikanischen Traums, München 2010⁹, S. 99 ff.; Andrew Preston, The War Council. McGeorge Bundy, the NSC, and Vietnam, Cambridge, Mass. 2006, bes. S. 129 ff.; John Lewis Gaddis, Strategies of Containment. A Critical Appraisal of Postwar American National Security Policy, Oxford 1982, S. 198 ff. (zu Johnsons Motiven bei der Vietnampolitik); Thomas Borstelmann, The Cold War and the Color Line. American Race Relations in the Global Arena, Cambridge, Mass. 2001, S. 135 ff. (Zitat Martin Luther King, Januar 1966: 206); Hugh Davies Graham, The Civil Rights Era. Origins and Development of National Policy 1960–1972, New York 1990, S. 125 ff.; Robert Weisbrot, Freedom Bound. A History of America's Civil Rights Movement, New York 1990, S. 86 ff.; Lawrence S. Wittner, Rebels Against War. The American Peace Movement, 1933–1983, Philadelphia 1984, S. 254 ff.; Tim Weiner, CIA. Die ganze Geschichte (amerik. Orig.: New York 2007), Frankfurt 2009, S. 338 ff.; Norman G. Finkelstein, Der

Konflikt zwischen Israel und den Palästinensern. Mythos und Realität (amerik. Orig.: New York 2002 [aktual. Ausg.]), Kreuzlingen 2002, S. 261 ff.; Charles D. Smith, Palestine and the Arab-Israeli Conflict, New York 1996³, S. 187 ff. (amerikanisch-sowjetische Vereinbarung vom Juli 1967 und Resolution Nr. 242: 212); Walter Laqueur, The Road to War. The Origin and Aftermath of the Arab-Israeli Conflict 1967/68, Harmondsworth 1968; Yosef Govrin, Israeli-Soviet Relations 1953–1967. From Confrontation To Disruption, London 1990, S. 317 ff.; Tom Segev, 1967. Israels zweite Geburt (amerik. Orig.: New York 2007), München 2007, S. 173 ff.; Herfried Münkler, Die neuen Kriege, Hamburg 2002 (zu den «asymmetrischen Kriegen»). Zum National Origins Act von 1924: Heinrich August Winkler, Geschichte des Westens. Die Zeit der Weltkriege 1914–1945 (fortan: Geschichte II), München 2011, S. 216. Zur Suezkrise von 1956 siehe oben S. 233 ff., zur UNEF I S. 238 f., zu Frantz Fanon 331 ff.

5 Gaddis, Strategies (Anm. 4), S. 237 ff.; Vaïsse, Grandeur (Anm. 1), S. 363 ff. (de Gaulles Rede in Phnom Penh, 1. 9. 1967: 532 f., Pressekonferenz vom 9. 9. 1965: 557); Philip Bajon, Europapolitik «am Abgrund». Die Krise des «leeren Stuhls» 1965–1966, Wiesbaden 2012; Bornet, Presidency (Anm. 4), S. 163 ff. (Johnson, 7. 10. 1966 in New York); Winkler, Weg II (Anm. 3), S. 228 ff. (Zitat aus dem Harmel-Bericht: 203); Gunnar Hering, Griechenland vom Lausanner Frieden bis zum Ende der Obristen-Diktatur 1923–1974, in: Schieder (Hg.), Europa (Anm. 3), S. 1314–1338 (1335 ff.); C. M. Woodhouse, Modern Greece. A Short History, London 1991⁵, S. 265 ff.; Gerhard Brunn, Die Europäische Einigung von 1945 bis heute, Stuttgart 2002, S. 144 ff. (Zitat Brunn: 171, «Luxemburger Kompromiß»: 370 f.); Jürgen Mittag, Kleine Geschichte der Europäischen Union. Von der Europa-Idee zur Gegenwart, Münster 2008, S. 130 ff.; Wilfried Loth, Europas Einigung. Eine unvollendete Geschichte, Frankfurt 2014, S. 120 ff.; Michael Gehler, Europa. Ideen, Institutionen, Vereinigung, München 2010², S. 198 ff.; Ludger Kühnhardt, European Union – The Second Founding. The Changing Rationale of European Integration, Baden-Baden 2008, S. 121 ff.; Kiran Klaus Patel, Europäisierung wider Willen. Die Bundesrepublik Deutschland in der Agrarintegration der EWG 1955–1973, München 2009, S. 25 ff. (Zahlen zur «Kennedy-Runde»: 355 f., zu den EWG- und Weltmarktpreisen: 391). Zum Begriff des «dilatorischen Formelkompromisses»: Carl Schmitt, Verfassungslehre (1928), Berlin 1957³, S. 31 ff. Zur MLF siehe oben S. 368, zur Ablösung der «massive retaliation» durch die «flexible response» 377 f., zur Bonner Haltung zum Atomsperrvertrag unten 478 f.

6 Serge Berstein et Pierre Milza, Histoire de la France au XXᵉ siècle, Paris 1995, S. 897 ff.; René Rémond, Frankreich im 20. Jahrhundert, 2. Teil: 1958 bis zur Gegenwart (frz. Orig.: Paris 1991), Stuttgart 1995, S. 89 ff.; Vaïsse, Grandeur (Anm. 1), S. 413 ff. (de Gaulles Pressekonferenzen vom

16.5. und 23.11.1967: 600, 602, de Gaulle in Moskau, Juni 1967: 426,
über Israel, 27.11.1967: 640); Franz-Josef Brüggemeier, Geschichte Groß-
britanniens im 20. Jahrhundert, München 2010, S. 260 ff.; Bentley B. Gil-
bert, Britain since 1918, London 1980², S. 189 ff.; Alfred F. Havighurst,
Britain in Transition. The Twentieth Century, Chicago 1985⁴, S. 500 ff.;
Andrew Marr, A History of Modern Britain, London 2008, S. 229 ff.; Jens
Kreuzfeldt, «Point of return». Großbritannien und die Politische Union
Europas 1969–1975, Stuttgart 2010, S. 41 ff.; Oliver Reinert, Awkward
Issue. Das Thema Europa in den Wahlkämpfen und wahlpolitischen Pla-
nungen der britischen Parteien, 1959–1974, Stuttgart 2012; Helen Parr,
Britains's Policy Towards the European Community. Harold Wilson and
Britain's World Role, 1964–1967, London 2006; Melissa Pine, Harold
Wilson and Europe. Pursuing Britain's Membership of the European
Community, London 2007 (Gespräch Wilson – de Gaulle, Januar 1965:
17); Oliver J. Daddow (ed.), Harold Wilson and European Integration.
Britain's Second Application to Join the EEC, London 2003; ders., Intro-
duction: The Historiography of Wilson's Attempt to Take Britain into the
EEC, ebd., S. 1–38 (25); Peter Catterall, Conclusion: The Ironies of «Suc-
cessful Failure», ebd., S. 243–252. Zu den Reden de Gaulles in Montreal
und Phnom Penh siehe oben S. 397 u. 463.

7 Klaus Hildebrand, Von Erhard zur Großen Koalition (Geschichte der Bundesrepublik Deutschland, Bd. 4), Stuttgart 1984, S. 29 ff. (Kiesinger,
Strauß u. Adenauer zum Nichtverbreitungsvertrag: 310); Heinrich August
Winkler, Der lange Weg nach Westen, 2 Bde., Bd. 2: Deutsche Geschichte
vom «Dritten Reich» bis zur Wiedervereinigung, München 2005⁶, S. 228 ff.
(Bahrs Formel vom 15.7.1963: 218, Erhards Regierungserklärung vom
10.11.1965: 283, Zitat Grass: 240, Kiesingers Regierungserklärung vom
13.12.1966: 242); Edgar Wolfrum, Die geglückte Demokratie. Geschichte
der Bundesrepublik Deutschland von ihren Anfängen bis zur Gegenwart,
Stuttgart 2006, S. 216 ff.; Manfred Görtemaker, Geschichte der Bundesrepublik Deutschland. Von der Gründung bis zur Gegenwart, München
1999, S. 391 ff.; Peter Graf Kielmansegg, Nach der Katastrophe. Eine Geschichte des geteilten Deutschland, Berlin 2000, S. 285 ff.; Eckart Conze,
Die Suche nach Sicherheit. Eine Geschichte der Bundesrepublik von 1949
bis zur Gegenwart, München 2009, S. 321 ff.; Ulrich Herbert, Geschichte
Deutschlands im 20. Jahrhundert, München 2014, S. 783 ff.; Klaus Schönhoven, Wendejahre. Die Sozialdemokratie in der Zeit der Großen Koalition 1966–1969, Bonn 2004; Philipp Gassert, Kurt Georg Kiesinger –
1904–1988. Kanzler zwischen den Zeiten, München 2006, S. 469 ff.;
Hélène Miard-Delacroix, Im Zeichen der europäischen Einigung 1963 bis
in die Gegenwart (Deutsch-Französische Geschichte, Bd. 11), Darmstadt
2011, S. 33 ff.; Pavel A. Richter, Die Außerparlamentarische Opposition in
der Bundesrepublik Deutschland 1966 bis 1968, in: Ingrid Gilcher-Holtey
(Hg.), 1968. Vom Ereignis zum Gegenstand der Geschichtswissenschaft

(Geschichte und Gesellschaft, Sonderheft 17), Göttingen 1998, S. 35–55; Wolfgang Kraushaar, Achtundsechzig. Eine Bilanz, Berlin 2008, S. 42 ff.; ders., 1968 als Mythos, Chiffre und Zäsur, Hamburg 2000. Zum «Zeitalter der Extreme»: Eric Hobsbawm, Das Zeitalter der Extreme. Weltgeschichte des 20. Jahrhunderts (engl. Orig.: London 1994), München 1995. Zu Keynes: Winkler, Geschichte II (Anm. 4), S. 742 f., zum Morgenthau-Plan 1090 f. Zur Hallstein-Doktrin siehe oben S. 215 f., zum Abbruch der diplomatischen Beziehungen mit Jugoslawien 275 f., zum Godesberger Programm der SPD 289 f., zur «Spiegel-Affäre» 351 f., zum Auschwitz-Prozeß 470, zum Brief der polnischen Bischöfe vom November 1965 471, zu Kennedys «Strategie des Friedens» 387 f.

8 Jan-Werner Müller, Das demokratische Zeitalter. Eine politische Ideengeschichte Europas im 20. Jahrhundert (amerik. Orig.: New Haven 2011), Berlin 2013, S. 289 ff.; Norbert Frei, 1968. Jugendrevolte und globaler Protest, München 2008; Ingrid Gilcher-Holtey, Die 68er Bewegung. Deutschland, Westeuropa, USA, München 2008[4]; dies., «Die Phantasie an die Macht». Mai 68 in Frankreich, Frankfurt 1995, bes. S. 96 ff.; dies., Mai 68 in Frankreich, in: dies. (Hg.), 1968 (Anm. 7), S. 11–34; Todd Gitlin, Das doppelte Selbstverständnis der amerikanischen Studentenbewegung, ebd., S. 56–63; Jan Kurz, Die italienische Studentenbewegung 1966–1968, ebd., S. 64–81; James Miller, «Democracy is in the Streets». From Port Huron to the Siege of Chicago, New York 1987; Stuart J. Hilwig, Italy and 1968. Youthful Unrest and Democratic Culture, Basingstoke 2009; Bernhard Gotto u. a. (Hg.), Krisen und Krisenbewußtsein in Deutschland und Frankreich in den 1960er Jahren, München 2012; Kraushaar, Achtundsechzig (Anm. 7), S. 65 ff.; Marc Kurlansky, 1968. Das Jahr, das die Welt veränderte (amerik. Orig.: New York 2004), Köln 2005, S. 17 ff.; David Caute, The Year of the Barricades. A Journey through 1968, London 1988, S. 9 ff.; Gerd-Rainer Horn, The Spirit of '68. Rebellion in Western Europe and North America, 1956–1976, Oxford 2007 (zum Vergleich mit 1848: 97); Tim B. Müller, Krieger und Gelehrte. Herbert Marcuse und die Denksysteme im Kalten Krieg, Hamburg 2010; Wolfgang Schieder, Der italienische Faschismus 1919–1945, München 2010, S. 111 (zur kollektiven Erinnerung an den Faschismus); Heinrich August Winkler, Die «neue Linke» und der Faschismus. Zur Kritik neomarxistischer Theorien über den Nationalsozialismus, in: ders., Revolution, Staat und Faschismus. Zur Revision des Historischen Materialismus, Göttingen 1978, S. 65–117 (zu Agnoli: 108 ff.). Zu Marcuses Theorie der sexuellen Befreiung: Herbert Marcuse, Der eindimensionale Mensch. Studien zur Ideologie der fortgeschrittenen Industriegesellschaft (amerik. Orig.: Boston 1964), Neuwied 1967, S. 94 ff. Zum SNCC siehe oben S. 439.

9 Greiner, Krieg (Anm. 4), S. 256 ff. (Zitat zu My Lai: 330); Herring, Longest War (Anm. 4), S. 202 ff. (Bild von der Erschießung eines Vietcong: 202);

Frey, Geschichte (Anm. 4), S. 160 ff. (Zitat Frey: 171 [Hervorhebungen im Original]); Olson/Roberts, Domino (Anm. 4), S. 181 ff.; Schulzinger, Time (Anm. 4), S. 259 ff.; Bornet, Presidency (Anm. 4), S. 307 ff.; Bernstein, Guns (Anm. 4), S. 471 ff. (Zitat Johnson, 31. 3. 1968: 491); Gilcher-Holtey, 68er Bewegung (Anm. 8), S. 72 ff.; Kurlansky, 1968 (Anm. 8), S. 68 ff. Zu Bretton Woods: Winkler, Geschichte II (Anm. 4), S. 1099 ff.

10 Kraushaar, Achtundsechzig (Anm. 7), S. 153 ff.; Caute, Barricades (Anm. 8), S. 16 ff., 63 ff., 90 ff., 302 ff.; Ingo Cornils and Sarah Waters (eds.), Memories of 1968. International Perspectives, Oxford 2010; Winkler, Weg II (Anm. 3), S. 250 ff. (zur DDR: 276 f.); Hildebrand, Von Erhard (Anm. 7), S. 365 ff.; Gilcher-Holtey, 68er Bewegung (Anm. 8), S. 7 ff., 72 ff. (de Gaulle, 8. 5. 1968: 85, Sartre, 20. 5. 1968: 87, Le Monde, 22. 5. 1968: 296, Erklärung der CFDT vom 16. 5. 1968: 303 [Hervorhebung im Original]); dies., Phantasie (Anm. 8), S. 171 ff. (Parolen des 3. und 13. 5. 1968: 182, 266, Demonstration vom 30. 5. 1968: 413); dies., Mai 68 (Anm. 8), S. 18 ff. (Zitate Gilcher-Holtey: 19 f.); Gabriele Metzler, Konfrontation und Kommunikation. Demokratischer Staat und linke Gewalt in der Bundesrepublik und den USA in den 1970er Jahren, in: Vierteljahrshefte für Zeitgeschichte 60 (2012), S. 249–277; Berstein/Milza, Histoire (Anm. 6), S. 915; Rémond, Frankreich (Anm. 6), S. 133 ff. (zum Vergleich der Wahlen von 1968 und 1919: 155); Jan-Pierre Guichard, De Gaulle face aux crises (1940–1968), Paris 2000, S. 357 ff. (de Gaulle, 19. 5. 1968: 383); Jean Lacouture, De Gaulle, 3 tomes. Tome 3: Souverain 1959–70, Paris 1986, S. 664 ff.; Miard-Delacroix, Zeichen (Anm. 7), S. 139 ff.; Hans Woller, Geschichte Italiens im 20. Jahrhundert, München 2010, S, 284 ff. (soziale und ökonomische Daten: 293, 297 f.); Kenz, Studentenbewegung (Anm. 8), S. 64 ff.; Hilwig, Italy (Anm. 8), S. 80 ff.; Horn, Spirit (Anm. 8), S. 74 ff.; Brüggemeier, Geschichte (Anm. 6), S. 269 ff. (Powell, 20. 4. 1968: 272); Gilbert, Britain (Anm. 6), S. 526 ff.; Robbins, Eclipse (Anm. 6), S. 277 ff.; Brinkley, Nation (Anm. 4), S. 843 ff. (Nixon zum Vietnamkrieg und zur «schweigenden Mehrheit»: 845, zu «popular culture», indianischer Bürgerrechtsbewegung und Latinos: 851 ff.); Bernstein, Guns (Anm. 4), S. 516 ff.; Frey, Geschichte (Anm. 4), S. 176 f.; Herring, War (Anm. 4), S. 244 ff.; Daniel Horowitz, Betty Friedan and the Making of the Feminine Mystique. The American Left, the Cold War and Modern Feminism, Amherst 1998; Margaret Cruikshand, The Gay and Lesbian Liberation Movement, New York 1992. Zu den Wirkungen der Revolution von 1848/49: Winkler, Geschichte I (Anm. 1), S. 654 ff., 1197 ff., zur Pariser Kommune: 818 ff.; zum Bloc national von 1919: ders., Geschichte (Anm. 4), 289, zur Volksfront: 780 f., zur Befreiung von Paris 1944: 1034 f. Zu den Protesten in Polen im März 1968 siehe oben S. 216 f.

11 Brinkley, Nation (Anm. 4), S. 867 ff. (Wirtschaftsdaten: 877 f.); Stephen E. Ambrose, Nixon. Vol. II: The Triumph of a Politician 1962–1972, New York 1989, S. 223 ff.; Joan Hoff, Nixon Reconsidered, New York 1994,

S. 208 ff.; Herbert S. Parmet, Richard Nixon and His America, Boston 1990, S. 502 ff.; Michael A. Genovese, The Nixon Presidency. Power and Politics in Turbulent Times, New York 1990, S. 99 ff. (Nixon, 27. 2. 1972: 147); Robert D. Schulzinger, Henry Kissinger. Doctor of Diplomacy, New York 1989; Seymour M. Hersh, The Price of Power. Kissinger in the Nixon White House, New York 1983; Walter Isaacson, Kissinger. Eine Biographie (amerik. Orig.: New York 1992[1]), Berlin 1993; Christopher Hitchens, Die Akte Kissinger (amerik. Orig.: New York 2001), Stuttgart 2002, S. 47 ff.; Henry A. Kissinger, Memoiren 1968–1973 (amerik. Orig.: Boston 1979), München 1979, S. 246 ff., 644 ff. (zu Chile); ders., Das Gleichgewicht der Großmächte. Metternich, Castlereagh und die Verwandlung Europas, 1812–1922 (amerik. Orig.: Boston 1954[1]), Zürich 1986; ders., The White Revolutionary: Reflections on Bismarck, in: Daedalus. The Journal of the American Academy of Arts and Sciences 97 (1968), S. 882–924 (dt.: Der weiße Revolutionär. Reflexionen über Bismarck, in: Lothar Gall [Hg.], Das Bismarck-Problem in der Geschichtsschreibung nach 1945, Köln 1971, S. 392–428); Herring, War (Anm. 4), S. 242 ff. (Kissinger, 31. 10. 1972: 278); Frey, Geschichte (Anm. 4), S. 187 ff. (zu den Veteranen: 198 ff., Zitat Frey: 201); Robert S. Litwak, Détente and the Nixon Doctrine. American Foreign Policy and the Pursuit of Stability, 1969–1976, Cambridge 1984, S. 48 ff.; Weiner, CIA (Anm. 4), S. 409 ff.; Raymond L. Garthoff, Détente and Confrontation. American-Soviet Relations from Nixon to Reagan, Washington 1975, S. 69 ff.; Harold James, International Monetary Cooperation Since Bretton-Woods, Washington, D. C. 1996, S. 205 ff.; Thomas W. Zeiler, Offene Türen in der Weltwirtschaft, in: Akira Iriye (Hg.), 1945 bis heute. Die globalisierte Welt (Geschichte der Welt, hg. von Akira Iriye u. Jürgen Osterhammel, Bd. 6), München 2013, S. 183–356 (200 ff.); Werner Link, Außen- und Deutschlandpolitik in der Ära Brandt 1969–1974, in: Karl Dietrich Bracher, Wolfgang Jäger, Werner Link, Republik im Wandel 1969–1974. Die Ära Brandt (Geschichte der Bundesrepublik Deutschland, Bd. 5/I), Stuttgart 1986, S. 163–282 (zur Abkehr von Bretton Woods: 266 ff.); Hubert Zimmermann, Unraveling the Ties That Really Bind: The Dissolution of the Transatlantic Monetary Order and Europe's Monetary Cooperation, 1965–1973, in: Matthias Schulz, Thomas A. Schwartz (eds.), The Strained Alliance. U.S.-European Relations from Nixon to Carter, Cambridge 2010, S. 125–144. Zu Bretton Woods: Winkler, Geschichte II (Anm. 4), S. 1099 f. Zum House Un-American Activities Committee siehe oben S. 152 ff., zu Kennedys «Strategie des Friedens» 382 ff., zu My Lai 492 f.

12 Rémond, Frankreich (Anm. 6), S. 177 ff. (zu den Reformen Chaban-Delmas': 207); Berstein/Milza, Histoire (Anm. 6), S. 928 ff.; Miard-Delacroix, Zeichen (Anm. 7), S. 42 ff.; Éric Roussel, Georges Pompidou (1911–1974), Paris 2004[2], S. 309 ff.; Georges Pompidou et l'Europe. Colloque, 25 et 26 novembre 1993, Paris 1995; Sylvain Schirrmann/Sarah Mohamed-Gail-

lard, Georges Pompidou et l'Allmagne, Bruxelles 2012; Tony Judt, Marxism and the French Left. Studies on Labour and Politics in France 1830–1981, 1986, S. 191 ff.; Ronald Tiersky, French Communism, 1920–1972, New York 1974, S. 269 ff.; D. S. Bell and Byron Criddle, The French Communist Party in the Fifth Republic, Oxford 1994, S. 93 ff.; Kissinger, Memoiren (Anm. 11), S. 452 ff. (Pompidous Besuch in den USA, 1970); Brunn, Einigung (Anm. 5), S. 177 ff.; Ben Pimlott, Harold Wilson, London 1992, S. 323 ff.; Melissa Pine, Harold Wilson and Europe. Pursuing Britain's Membership of the European Community, London 2007, S. 131 ff. (zu Brandts Gespräch mit Schumann: 133 f.). Zu den Reformen der Volksfront 1936: Winkler, Geschichte II (Anm. 4), S. 784 ff. Zur Provisorischen Regierung de Gaulle 1945/46 siehe oben S. 46 ff., zum Luxemburger Kompromiß von 1966 458 f., zum Gemeinsamen Agrarmarkt 459 f., zu Mitterrands Reformen nach 1981 siehe unten S. 841 ff..

13 Havighurst, Britain (Anm. 6), S. 529 ff. («Daily Express» u. «Daily Mail», 19. 6. 1969: 536); Bentley, Britain (Anm. 6), S. 197 ff.; Robbins, Eclipse (Anm. 6), S. 300 ff.; Pimlott, Wilson (Anm. 12), S. 323 ff.; Brüggemeier, Geschichte (Anm. 6), S. 260 ff.; Andy Beckett, When the Lights Went Out. Britain in the Seventies, London 2009; Brian Harrison, Finding a Role? The United Kingdom 1970–1990, Oxford 2010; Michael J. Turner, Britain's International Role 1970–1991, Basingstoke 2010, S. 10 ff.; John Campbell, Edward Heath. A Biography, London 1993, S. 289 ff.; Kreuzfeldt, Point (Anm. 6), S. 217 ff.; Christopher Lord, British Entry to the European Community under the Heath Government of 1970–4, Aldershot 1993; Daniel Möckli, European Foreign Policy during the Cold War. Heath, Brandt, Pompidou and the Dream of Political Unity, New York 2009; Patrick Bell, The Labour Party in Opposition 1970–1974, London 2004; Michael Maurer, Kleine Geschichte Irlands, Stuttgart 2003, S. 296 ff.; Thomas Bartlett, Ireland. A History, Cambridge 2010, S. 468 f.; Brunn, Einigung (Anm. 5), S. 183 ff. (Weißbuch der Regierung Heath, 1972: 378–381 [380]). Zum Government of Ireland Act von 1920: Winkler, Geschichte II (Anm. 4), S. 252 ff. Zur Einsetzung der Donovan-Kommission siehe oben S. 558 f.

14 Hildebrand, Von Erhard (Anm. 7), S. 323 ff.; Wolfgang Jäger, Die Innenpolitik der sozial-liberalen Koalition 1969–1974, in: Bracher u. a., Republik (Anm. 11), S. 15–160; Link, Außen- und Deutschlandpolitik (Anm. 11), S. 163 ff.; Görtemaker, Geschichte (Anm. 7), S. 470 ff.; Wolfrum, Demokratie (Anm. 7), S. 283 ff.; Conze, Suche (Anm. 7), S. 361 ff.; Kielmansegg, Katastrophe (Anm. 7), S. 385 ff.; Andreas Rödder, Die Bundesrepublik Deutschland 1969–1990, München 2004; Schönhoven, Wendejahre (Anm. 7), S. 429 ff.; Arnulf Baring, Machtwechsel. Die Ära Brandt-Scheel, Stuttgart 1982; Bernd Faulenbach, Das sozialdemokratische Jahrzehnt. Von der Reformeuphorie zur neuen Unübersichtlichkeit, Bonn 2011; Richard Löwenthal, Vom Kalten Krieg zur Ostpolitik, in: ders. u. Hans-

Peter Schwarz (Hg.), Die zweite Republik. 25 Jahre Bundesrepublik Deutschland – Eine Bilanz, Stuttgart 1974, S. 604–699 (Zitat Löwenthal: 664); Gottfried Niedhart, U.S. Détente and West German *Ostpolitik*, in: Schulz/Schwartz (eds.), Alliance (Anm. 11), S. 23–44; Bernd Schaefer, The Nixon Administration and West German *Ostpolitik* 1969–1973, ebd., S. 45–64; Winkler, Weg II (Anm. 7), S. 257–274, 279–290, 296–310 (hier die Belege aller wörtlichen Zitate); ders., Geschichte II (Anm. 4), S. 293 ff. (zum Vertrag von Rapallo, 1922), 510 f. (zum Ende der Großen Koalition im März 1930), 1050 (Warschauer Ghetto-Aufstand, 1943); Eva Oberloskamp, Das Olympia-Attentat 1972. Politische Lernprozesse im Umgang mit dem transnationalen Terrorismus, in: Vierteljahrshefte für Zeitgeschichte 59 (2011), S. 321–352. Zur Hallstein-Doktrin siehe oben S. 275, zur Wiederaufnahme diplomatischer Beziehungen zu Jugoslawien 478.

15 Woller, Geschichte (Anm. 10), S. 298; Denis Mack Smith, Modern Italy. A Political History, New Haven 1997, S. 455 ff.; Giuseppe Mammarella, L'Italia contemporanea 1943–2007, Bologna 2008, S. 293 ff.; Aurelio Lepre, Storia della prima Repubblica: L'Italia dal 1943 al 1998, Bologna 1999², S. 223 ff.; Vera Zamagni, Dalla periferia al centro. La seconda rinascita economica dell'Italia (1861–1990), Bologna 1993², 429 ff.; Leonard Weinberg and William Lee Eubank, The Rise and Fall of Italian Terrorism, Boulder, Col. 1987, S. 31 ff.; Donatella Della Porta, Il terrorismo di sinistra, Bologna 1990, S. 127 (Gewaltstatistik); dies., Protestbewegung und Terrorismus in Italien, in: Aus Politik und Zeitgeschehen (Beilage zur Wochenzeitung «Das Parlament), B 45 (1988), S. 20–34 (Zitate: 28); Robert C. Meade, jr., Red Brigades. The Story of Italian Terrorism, Basingstoke 1990; Jens Petersen, Quo vadis, Italia? Ein Staat in der Krise, München 1995, S. 123 ff.; Christoph Cornelißen/Brunello Mantelli/Petra Terhoeven (Hg.), Il decennio rosso, Contestazione sociale e conflitto politico in Gemania e in Italia negli anni Sessanta e Settanta, Bologna 2012.

16 Brunn, Einigung (Anm. 5), S. 166 ff. (Zitate Brunn: 171, 217; FAZ, 2. 12. 1969: 171; Werner-Bericht: 374–377); Mittag, Geschichte (Anm. 5), S. 142 ff.; Loth, Einigung (Anm. 5), S. 134 ff.; Jürgen Nielsen-Sikora, Europa der Bürger? Anspruch und Wirklichkeit der europäischen Einigung – eine Spurensuche, Stuttgart 2009, S. 191 ff.; Patel, Europäisierung (Anm. 5), S. 397 ff. (zu den Wirkungen der Welternährungskrise auf die EG: 452); Christian Gerlach, Fortress Europe: The EEC in the World Food Crisis, 1972–1975, in: Kiran Klaus Patel (ed.), Fertile Ground for Europe? The History of European Integration and the Common Agricultural Policy since 1945, Baden-Baden 2009, S. 241–256; ders., Die Welternährungskrise 1972–1975, in: Geschichte und Gesellschaft 31 (2005), S. 546–585 (Zitat Gerlach: 548); Bajon, Europapolitik (Anm. 5). Zum Luxemburger Kompromiß vom Januar 1966 siehe oben S. 458 f., zur «Währungsschlange» 545.

17 Altrichter, Geschichte (Anm. 2), S. 152 ff. (Zitat Altrichter: 154); Plaggenborg, Sozialismus (Anm. 2), S. 326 ff.; Manfred Hildermeier, Geschichte

der Sowjetunion 1917–1991. Entstehung und Niedergang des ersten sozialistischen Staates, München 1998, S. 973 ff.; Neutatz, Träume (Anm. 5),
S. 424 ff.; Borodziej, Geschichte (Anm. 3), S. 317 ff. (Zitat Borodziej: 348);
Winkler, Weg II (Anm. 7), S. 290 ff. (Zitate Ulbricht u. Honecker: 293–
295); Weber, DDR (Anm. 3), S. 71 ff.; Frank Ebbinghaus, Ausnutzung und
Verdrängung. Steuerungsprobleme der SED-Mittelstandspolitik 1955–
1972, Berlin 2003; Mary Elise Sarotte, Dealing with the Devil. East Ger-
many, Détente, and Ostpolitik 1969–1973, Chapel Hill 2001. Zur DDR-
Verfassung von 1968 siehe oben S. 424, zu Nixons Besuch in der
Sowjetunion im Mai 1972 und zu SALT I 541 f.

18 Brinkley, Nation (Anm. 4), S. 879 ff.; Adams, USA (Anm. 4), S. 201 ff.;
Richard Nixon, Memoiren (amerik. Orig.: New York 1978), Köln 1978,
S. 500 ff.; Stephen E. Ambrose, Nixon. Vol. III: Ruin and Recovering
1973–1990, New York 1991, S. 81 ff.; Hoff, Nixon (Anm. 11), S. 171 ff.;
Henry A. Kissinger, Memoiren 1973–1974 (amerik. Orig.: London 1982),
S. 88 ff.; Isaacson, Kissinger (Anm. 11), S. 671 ff.; Fred Emery, Watergate.
The Corruption and Fall of Richard Nixon, London 1994; Stanley I. Kut-
ler, The War of Watergate. The Last Crisis of Richard Nixon, New York
1990; ders., Abuse of Power. The New Nixon Tapes, New York 1997;
Philipp O'Brian (ed.), Allende's Chile, New York 1976; Edward Boorstein,
Allende's Chile. An Inside View, New York 1977; Edy Kaufman, Crisis in
Allende's Chile. New Perspectives, New York 1988; Jonathan Haslam,
The Nixon Administration and the Death of Allende's Chile. A Case of
Assisted Suicide, London 2005; Charles D. Smith, Palestine and the Arab-
Israeli Conflict, New York 1996³, S. 206 ff.; Gunther Hellmann, Welt-
machtrivalität und Kooperation in regionalen Konflikten. Die USA und
die Sowjetunion in den Kriegen des Nahen und Mittleren Ostens, 1973–
1991 (phil. Diss., Freie Universität Berlin), Berlin 1991, bes. S. 135 ff.; Frey,
Geschichte (Anm. 4), S. 214 ff. (zu Fords Tulane-Rede, 23. 4. 1975: 221);
Schulzinger, Time (Anm. 4), S. 317 ff. (Zitat aus Fords Rede vom
23. 4. 1974: 325); Herring, War (Anm. 4), S. 284 ff.; Arthur M. Schlesinger,
jr., The Imperial Presidency, Boston 1989³ (1973¹); James F. Cannon, Time
and Chance: Gerald Ford's Appointment with History, New York 1994;
John Robert Greene, The Presidency of Gerald R. Ford, Lawrence, Kansas
1995; James, Cooperation (Anm. 11), S. 228 ff.; Daniel Möckli, Asserting
Europe's Distinct Identity: The EC Nine and Kissinger's Year of Europe,
in: Schulz/Schwartz (eds.), Alliance (Anm. 11), S. 195–220. Zum Sechs-
Tage-Krieg von 1967 siehe oben S. 443 ff., zum Wahlsieg Allendes in Chile
1970 535 f., zur vorläufigen Abkehr vom Bretton-Woods-System fester
Wechselkurse im August 1971 544 ff., zu den «Pentagon Papers» und den
«plumbers» 545 ff.

19 Philip Mirowski and Dieter Plehwe (eds.), The Road from Mount Pèlerin.
The Making of the Neoliberal Thought Collective, Cambridge, Mass.
2009; Daniel Yergin, The Prize. The Epic Quest for Oil, Money & Power,

New York 1991, S. 519 ff.; Rüdiger Graf, Das «Petroknowledge» des Kalten Krieges, in: Bernd Greiner u. a. (Hg.), Macht und Geist im Kalten Krieg, Hamburg 2011, S. 201–222; ders., Gefährdungen der Energiesicherheit und die Angst vor der Angst: Westliche Industrieländer und das arabische Ölembargo 1973/74, in: Patrick Bormann u. a. (Hg.), Angst in den Internationalen Beziehungen, Bonn 2010, S. 227–249; ders., Making Use of the «Oil Weapon»: Western Industrialized Countries and Arab Petropolitics in 1973–1974, in: Diplomatic History 36 (2012), S. 185–208; ders., Between *National* and *Human* Security: Energy Security in the United States and Western Europe in the 1970s, in: Historical Social Research 35 (2010), S. 329–348; ders. u. Christian Priemel, Zeitgeschichte in der Welt der Sozialwissenschaften. Legitimität und Originalität einer Disziplin, in: Vierteljahrshefte für Zeitgeschichte 59 (2011), S. 479–508; Bernhard Dietz u. Christopher Neumaier, Vom Nutzen der Sozialwissenschaften für die Zeitgeschichte. Werte und Wertewandel als Gegenstand historischer Forschung, ebd. 60 (2012), S. 293–304; Bernhard Dietz u. a. (Hg.), Gab es den Wertewandel? Neue Forschungen zum gesellschaftlichkulturellen Wandel seit den 1960er Jahren, München 2014; Andreas Rödder, Moderne – Postmoderne – Zweite Moderne. Deutungskategorien für die Geschichte der Bundesrepublik in den siebziger und achtziger Jahren, in: Thomas Raithel u. a. (Hg.), Auf dem Weg in eine neue Moderne? Die Bundesrepublik Deutschland in den siebziger und achtziger Jahren, München 2009, S. 181–201 (zur Entnormativierung in der «Postmoderne»: 197); Mary Nolan, The Transatlantic Century. Europe and America, 1890–1920, Cambridge 2010, S. 331 ff.; Robert O. Keohane, After Hegemony. Cooperation and Discord in the World Political Economy, Princeton 1984, S. 135 ff.; Jens Hohensee, Der erste Ölpreisschock 1973/74. Die politischen und gesellschaftlichen Auswirkungen der arabischen Erdölpolitik auf die Bundesrepublik Deutschland und Westeuropa, Stuttgart 1996; Link, Außen- und Deutschlandpolitik (Anm. 11), S. 260 ff. (Zitat Link: 264); Hartmut Kaelble, Kalter Krieg und Wohlfahrtsstaat. Europa 1945–1989, München 2011, S. 177 ff. (Sozialdaten: 179 f., 185, 189 f., Zitate Kaelble: 202 f.); Konrad Jarausch (Hg.), Das Ende der Zuversicht? Die siebziger Jahre als Geschichte, Göttingen 2008; Thomas Borstelmann, The 1970s. A New Global History from Civil Rights to Economic Inequality, Princeton 2012; Andreas Wirsching (ed.), The 1970s and 1980s as a Turning Point in European History?, in: Journal of Modern European History 9 (2011), S. 8–26; ders., European Responses to the Crisis of the 1970s and 1980s. Introductory Remarks, ebd., S. 167–169; Bernhard Gotto u. a. (Hg.), Nach «Achtundsechzig». Krisen und Krisenbewusstsein in Deutschland und Frankreich in den 1970er Jahren, München 2013; Horst Möller, Die 1970er Jahre als zeithistorische Epochenschwelle, ebd., S. 1–11; Jean François Sirinelli, 1973–1974. La fin des «Trente Glorieuses», mais le cœur des «Vingt Décisives», ebd., S. 45–49; Daniel Rodgers, Age of

Fracture, Cambridge, Mass. 2011; Martin Sabrow, Die Zeitgeschichte, Göttingen 2012; Anselm Doering-Manteuffel/Lutz Raphael, Nach dem Boom. Perspektiven auf die Zeitgeschichte seit 1970, Göttingen 2010², S. 33 ff. (Zitat: 71); Göran Therborn, European Modernity and Beyond. The Trajectory of European Societies 1945–2000, London 1996², bes. S. 272 ff.; Burkart Lutz, Der kurze Traum immerwährender Prosperität. Eine Neuinterpretation der industriell-kapitalistischen Entwicklung im Europa des 20. Jahrhundert, Frankfurt 1989, S. 228 ff.; Daniel Bell, The Coming of Post-Industrial Society. A Venture in Social Forecasting, New York 1973, S. 112 ff. (dt.: Die nachindustrielle Gesellschaft, Reinbek 1979); Ronald Inglehart, The Silent Revolution. Changing Values and Political Styles Among Western Publics, Princeton 1977, S. 31 f. (Zitat: 392); Ludwig Klages, Wertorientierungen im Wandel. Rückblick, Gegenwartsanalyse, Prognosen, Frankfurt 1984; Charles S. Maier, «Malaise»: The Crisis of Capitalism in the 1970s, in: Niall Feguson et al. (eds.), The Shock of the Global. The 1970s in Perspective, Cambridge, Mass. 2010, S. 25–48; ders., Two Sorts of Crisis? The «Long» 1970s in the West and the East, in: Hans Günter Hockerts (Hg.), Koordinaten deutscher Geschichte in der Epoche des Ost-West-Konflikts, München 2004, S. 49–62; Bruce J. Schulman, The Seventies. The Great Shift in American Culture, Society and Politics, New York 2001; Jean-François Lyotard, Das postmoderne Wissen (frz. Orig.: Paris 1979¹), Wien 1982; Pierre Bourdieu, Die feinen Unterschiede. Kritik der gesellschaftlichen Urteilskraft (frz. Orig.: Paris 1979), Frankfurt 1982; Joachim Radkau, Die Ära der Ökologie. Eine Weltgeschichte, München 2011, S. 124 ff. (auch zur Stockholmer Umweltkonferenz 1972); Marc Hansmann, Vor dem dritten Staatsbankrott? Der deutsche Schuldenstaat in historischer und internationaler Perspektive, München 2011. Die Zahlen zur Entwicklung des Schuldenstandes in der Bundesrepublik Deutschland: Bundesministerium der Finanzen, Schulden der öffentlichen Haushalte, 20. 7. 2009. Zum Fordismus: Winkler, Geschichte II (Anm. 4), S. 220 f.; zum Bauhaus: ebd., S. 322 ff.; zu Keynes 547, 646 f.; zu Bretton Woods: 1099 ff. Zu «Greenpeace» siehe oben S. 408.

20 Robbins, Eclipse (Anm. 6), S. 300 ff. (ökonomische Daten: 301); Havighurst, Britain (Anm. 6), S. 554 ff. (ökonomische Daten: 570 f.); Bentley, Britain (Anm. 6), S. 206 ff.; Brüggemeier, Geschichte (Anm. 6), S. 274 ff.; Campbell, Heath (Anm. 13), S. 522 ff.; Pimlott, Wilson (Anm. 12), S. 323 ff.; Jens Kreuzfeldt, Point (Anm. 6), S. 217 ff.; Rémond, Frankreich (Anm. 6), S. 227 ff.; Berstein/Milza, Histoire (Anm. 6), S. 973 ff., 1101 ff. (ökonomische Daten im internationalen Vergleich: 1107 ff.); Jean-Christian Petitfils, La démocratie giscardienne, Paris 1981, S. 55 ff.; Winkler, Weg II (Anm. 3), S. 310 ff. (Prager Vertrag: 319, Schmidts Regierungserklärung vom 17. 5. 1974: 330, Schmidts Erklärung vom 25. 4. 1975: 337); Jäger, Innenpolitik (Anm. 14), S. 107 ff.; Rödder, Bundesrepublik (Anm. 14),

S. 48 ff.; Wolfrum, Demokratie (Anm. 7), S. 327 ff.; Conze, Suche (Anm. 7), S. 463 ff.; Woller, Geschichte (Anm. 10), S. 304 ff. (ökonomische Daten: 304 f., 310 f., 316 f., Zahlen der Gewaltopfer: 307 f., 316 f.); Mammarella, Italia (Anm. 15), S. 358 ff.; Smith, Italy (Anm. 15), S. 458 ff.; Giorgio Galli, Storia del PCI. Livorno 1921, Rimini 1991, Mailand 1993, S. 250 ff.; Weinberg/Eubank, Rise (Anm. 15), S. 31 ff.; Tobias Hof, Staat und Terrorismus in Italien 1969–1982, München 2011; Michael Erbe, Belgien, Luxemburg, München 2009, S. 59 ff.; Kris Deschouver, Politics of Belgium: Governing a Divided Society, New York 2008; Friso Wielenga, Die Niederlande. Politik und politische Kultur im 20. Jahrhundert, Münster 2008, S. 305 ff.; Michael North, Geschichte der Niederlande, München 2008², S. 113 ff.; Matthias Dahlke, Demokratischer Staat und transnationaler Terrorismus. Drei Wege zur Unnachgiebigkeit in Westeuropa 1972–1975, München 2011, S. 521 ff. (Niederlande); Hartmut Kaelble, Sozialgeschichte Europas 1945 bis zur Gegenwart, München 2007, S. 332 ff. (Daten zu den Sozialausgaben im internationalen Vergleich: 342); Brunn, Einigung (Anm. 5), S. 191 (Zitat Brunn: 196); Nielsen-Sikora, Europa (Anm. 16), S. 207 ff.; Siegmar Schmidt, Die Europäische Union in Afrika, in: Werner Weidenfeld (Hg.), Europa-Handbuch, Gütersloh 2002², S. 716–727 (Zahlen zu den AKP-Ländern: 717). Zum Münchner Abkommen von 1938 siehe Winkler, Geschichte II (Anm. 4), S. 855 ff. Zum britischen Industrial Relations Act von 1971 siehe oben S. 558 ff.

21 Stephen Kotkin, Armageddon Averted. The Soviet Collapse, 1970–2000, Oxford 2001, S. 10 ff. (kontrafaktische These: 15); Hildermeier, Geschichte (Anm. 17), S. 877 (ökonomische Daten: 886, 891, Zitate: 888 [Hervorhebungen im Original], 892); Plaggenborg, Sozialismus (Anm. 2), S. 370 ff. (zur Schattenwirtschaft: 379, Zitat: 399, zu den Rüstungsausgaben im internationalen Vergleich: 476); Altrichter, Geschichte (Anm. 2), S. 156 ff. (zur Eigenwirtschaft der Kolchosbauern: 159); Neutatz, Träume (Anm. 2), S. 462 ff.; Derek H. Aldcroft and Steven Morewood, Economic Change in Eastern Europe since 1918, Aldershot 1995; Christoph Boyer, Zwischen Pfadabhängigkeit und Zäsur. Ost- und Westeuropäische Sozialstaaten seit den siebziger Jahren des 20. Jahrhunderts, in: Jarausch (Hg.), Ende (Anm. 19), S. 103–119; Peter Hübner, 1970 und die Folgen. Sozialpolitisches Krisenmanagement im sowjetischen Block, ebd., S. 261–278.

22 Judt, Geschichte (Anm. 2), S. 580 ff.; Walther L. Bernecker/Horst Pietschmann, Geschichte Portugals. Vom Spätmittelalter bis zur Gegenwart, München 2008², S. 120 ff.; António Reis, Revolution und Demokratisierung, in: Fernando Rosas (Hg.), Vom Ständestaat zur Demokratie. Portugal im 20. Jahrhundert, München 1997, S. 89–105; José Medeiros Ferreira, Das Ende der afrikanischen Frage, ebd., S. 107–121; Emanuel Leão, Portugals wirtschaftliche Entwicklung in der Demokratie, ebd., S. 123–129; Hering, Griechenland (Anm. 5), S. 1336 f.; Woodhouse, Greece (Anm. 5), S. 299 ff.; Heinz Richter, Zwischen Tradition und Moderne: Die politische

Kultur Griechenlands, in: Peter Reichel (Hg.), Politische Kulturen in Westeuropa, Frankfurt 1984, S. 145–166; Hans-Jürgen Axt, Griechenland, in:
Weidenfeld (Hg.), Europa-Handbuch (Anm. 20), S. 136–143 (zur Parole
der Nea Demokratia: 138); Walther L. Bernecker, Geschichte Spaniens im
20. Jahrhundert, München 2010, S. 219 ff. (Zitat Bernecker: 231 f.); ders.,
Spanische Geschichte. Von der Reconquista bis heute, Darmstadt 2002,
S. 182 ff.; Juan Linz, Ein autoritäres Regime. Der Fall Spanien, Potsdam
2011 (Zitat Linz: S. 19 f.); Adrian Kühn, Kampf um die Vergangenheit als
Kampf um die Gegenwart. Eine Wiederkehr der «zwei Spanien», Baden-
Baden 2012; Georg Pichler, Gegenwart der Vergangenheit. Die Kontroverse um Bürgerkrieg und Diktatur in Spanien, Zürich 2013; Julia Ma-
cher, Verdrängung um der Versöhnung willen? Die geschichtspolitische
Auseinandersetzung mit Bürgerkrieg und Franco-Diktatur in den ersten
Jahren des friedlichen Übergangs von der Diktatur zur Demokratie in Spanien (1975–1978), Bonn 2002. Zum Dollfuß-Regime in Österreich Winkler, Geschichte II (Anm. 4), S. 337 ff., zu Polen unter Piłsudski 348 ff., zum
Estado Novo 387 ff., zum Spanischen Bürgerkrieg 797 ff. Zur Unabhängigkeit Zyperns und zum Garantievertrag von 1960 siehe oben S. 318 ff., zur
Beendigung der portugiesischen Kolonialherrschaft 328 ff., zum griechischen Militärputsch vom April 1967 455 ff.
23 Rhode, Südosteuropäische Staaten (Anm. 3), S. 1237 ff.; Holm Sundhaussen, Jugoslawien und seine Nachfolgestaaten. Eine ungewöhnliche Geschichte des Gewöhnlichen, Wien 2012, S. 131 ff.; Marie-Janine Calic,
Geschichte Jugoslawiens im 20. Jahrhundert, München 2010, S. 205 ff.
(hier auch die ökonomischen und sozialen Daten, Zitat Calic: 256 f.); Erika
Weinzierl und Kurt Skalnik (Hg.), Österreich. Die Zweite Republik,
2 Bde., Graz 1972; Erich Zöllner, Geschichte Österreichs. Von den Anfängen bis zur Gegenwart, Wien 1990[8], S. 541 ff.; Alois Niederstätter, Geschichte Österreichs, Stuttgart 2007, S. 247 ff.; Wolfgang Petritsch, Bruno
Kreisky. Die Biographie, St. Pölten 2004, S. 173 ff. (zum Wiener Terroranschlag, 1975: 256 ff.); Karl Vocelka, Österreichische Geschichte, München
2005[3], S. 117 ff.; Adam Wandruszka, Österreich von der Begründung der
ersten Republik bis zur sozialistischen Alleinregierung 1918–1970, in:
Schieder (Hg.), Europa (Anm. 3), S. 823–882 (880 ff.); Kelvin B. Nowlan,
Irland vom Osteraufstand bis zur nordirischen Krise 1916–1968, ebd.,
S. 746–771 (767 ff.); Volker Reinhardt, Geschichte der Schweiz, München
2008[3], S. 113 ff.; Thomas Maissen, Geschichte der Schweiz, Baden 2010,
S. 277 ff.; Manfred Hettling u. a., Eine kleine Geschichte der Schweiz. Der
Bundesstaat und seine Traditionen, Frankfurt 1998; Heinrich Christen,
Schweiz, in: Weidenfeld (Hg.), Europa-Handbuch (Anm. 20), S. 267–274;
Maurer, Geschichte (Anm. 13), S. 300 f. (ökonomische u. soziale Daten:
302 f.); Harm G. Schröter, Geschichte Skandinaviens, München 2007,
S. 91 ff.; Bernd Henningsen, Der Wohlfahrtsstaat Schweden, Baden-Baden
1986, S. 85 ff. (zum «funktionalen Sozialismus»: 219 ff., Zitate Hen-

ningsen: 368–372); Gunnar Adler Karlsson, Funktionaler Sozialismus. Ein schwedisches Glaubensbekenntnis zur modernen Demokratie, Zug 1973; Norbert Götz, Ungleiche Geschwister. Die Konstruktion von nationalsozialistischer Volksgemeinschaft und schwedischem Volksheim, Baden-Baden 2001; Jukka Nevakivi, Vom Fortsetzungskrieg bis zur Gegenwart 1944–1995, in: Osmo Jussila/Seppo Hevitilä/Jukka Nevakivi, Politische Geschichte Finnlands seit 1809. Vom Großfürstentum zur Europäischen Union, Berlin 1999, S. 237–384 (hier auch die ökonomischen Daten: Zitat Nevakivi: 293). Zur historischen Auseinanderentwicklung zwischen dem lateinischen und dem orthodoxen Europa: Winkler, Geschichte I (Anm. 1), S. 83 ff. Zum irischen Osteraufstand von 1916: ders., Geschichte II (Anm. 4), S. 37; zur Erlangung der finnischen Unabhängigkeit und der Entwicklung Finnlands in der Zwischenkriegszeit 158 f., 361 ff., zur Ersten Republik in Österreich 332 ff., zum schwedischen «Volksheim» 406 ff. Zur Beilegung des Konflikts zwischen Jugoslawien und der Sowjetunion und zum österreichischen Staatsvertrag von 1955 siehe oben S. 180 f.

24 Henry Kissinger, Years of Renewal, New York 1999, S. 243 ff. (New York Times, 21. 7. 1975, u. Wall Street Journal, 23. 7. 1975: 672 f., Newsweek, 11. 8. 1975, u. Zitat Reagan: 662); Helmut Schmidt, Menschen und Mächte, Berlin 1987, S. 51 ff.; Wilfried Loth et. al. (eds.), The Making of Détente. Eastern and Western Europe in the Cold War, 1965–75, London 2008; Paul Villaume/Odd Arne Westad (eds.), Perforating The Iron Curtain. European Détente, Transatlantic Relations, and the Cold War, 1965–1985, Kopenhagen 2010; John H. Maresca, To Helsinki. The Conference on Security and Cooperation in Europe, 1973–1975, Durham 1987², S. 3 ff. (André Fontaine in «Le Monde», 31. 7. 1985: 211, Text der Schlußakte: 249–305); Andreas Wenger et. al. (ed.), Origins of the European Security System. The Helsinki Process Revisited, 1965–1975, London 2008; Oliver Bange/Gottfried Niedhart (eds.), Helsinki 1975 and the Transformation of Europe, New York 2008; Helmut Altrichter/Hermann Wentker (Hg.), Der KSZE-Prozess. Vom Kalten Krieg zu einem neuen Europa 1975–1990, München 2011; Matthias Peter/Hermann Wentker (Hg.), Die KSZE im Ost-West-Konflikt. Internationale Politik und gesellschaftliche Transformation 1975–1990, München 2012; Sarah B. Snyder, Human Rights Activism and the End of the Cold War. A Transnational History of the Helsinki Network, Cambridge 2011; Daniel C. Thomas, The Helsinki Effect. International Norms, Human Rights, and the Demise of Communism, Princeton 2001; Anja Hanisch, Die DDR im KSZE-Prozess 1972–1985. Zwischen Ostabhängigkeit, Westabgrenzung und Ausreisebewegung, München 2012; Garthoff, Détente (Anm. 11), S. 473 ff.; Plaggenborg, Sozialismus (Anm. 2), S. 444 ff.; Link, Außen- und Deutschlandpolitik (Anm. 11), S. 290 ff. (Zitat Link: 299); Winkler, Weg II (Anm. 7), S. 332 ff.; Klaus Schroeder, Der SED-Staat. Geschichte und Strukturen der DDR,

München 1998¹, S. 233 ff. (Zitate Ministerium für Staatssicherheit: 236, 240). Deutscher Text der Schlußakte in: Texte zur Deutschlandpolitik, Reihe II, 3 (1975), S. 330–407. Zur Allgemeinen Erklärung der Menschenrechte siehe oben S. 131 ff.

4. Von der Entspannung zur Konfrontation: 1975–1985

1 Henry A. Kissinger, Years of Renewal, New York 1999, S. 664 ff. (Zitat Kissinger: 696); Helmut Schmidt, Menschen und Mächte, Berlin 1987¹, S. 202 ff.; ders., Weggefährten. Erinnerungen und Reflexionen, Berlin 1996, S. 300 f.; Harold James, International Monetary Cooperation Since Bretton Woods, Washington 1996, S. 260 ff.; ders., Rambouillet, 15. November 1975. Die Globalisierung der Wirtschaft (amerik. Orig.: Washington 1996), München 1997, S. 7 ff. (Zitate aus dem Kommuniqué von Rambouillet: 11); Enrico Böhm, Die Sicherheit des Westens. Entstehung und Funktion der G7-Gipfel (1975–1981), München 2013; Hans Woller, Geschichte Italiens im 20. Jahrhundert, München 2010, S. 314 ff.; Giuseppe Mammarella, L'Italia contemporanea 1943–2007, Bologna 2008², S. 397 ff.; Heinrich August Winkler, Der lange Weg nach Westen. 2 Bde., Bd. 2: Deutsche Geschichte vom «Dritten Reich» bis zur Wiedervereinigung (fortan: Weg II), München 2005⁶, S. 336 ff.; Alan Brinkley, The Unfinished Nation. A Concise History of the American People, Boston 2008⁵, S. 887 ff.; John Robert Greene, The Presidency of Gerald R. Ford, Lawrence, Kansas 1995, S. 157 ff.; Charles O. Jones, The Trusteeship Presidency. Jimmy Carter and the United States Congress, Baton Rouge 1988, S. 10 ff.; Paul H. Lewis, Guerillas and Generals: The «Dirty Wars» in Argentina in the Twentieth Century (span. Orig.: Buenos Aires 1994), University Park, Pa. 2002, S. 215 ff.; Nie wieder! Ein Bericht über Entführung, Folter und Mord durch die Militärdiktatur in Argentinien. Hg. v. Hamburger Institut für Sozialforschung (span. Orig.: Buenos Aires 1984), Weinheim 1987; Angela Abmeier, Kalte Krieger am Rio de la Plata? Die beiden deutschen Staaten und die argentinische Militärdiktatur (1976–1982), phil. Diss. (MS), Humboldt-Universität zu Berlin, 2014 (hier das Zitat von Kissinger gegenüber Guzzetti, 10. 6. 1976: S. 71 f.).

2 Tony Judt, Geschichte Europas von 1945 bis zur Gegenwart (amerik. Orig.: New York 2005), München 2006, S. 640 ff. (Reaktion des Prager Regimes auf die «Charta 77»: 653); Stefan Plaggenborg, «Entwickelter Sozialismus» und Supermächte 1964–1985, in: ders. (Hg.), Handbuch der Geschichte Rußlands, Bd. 5: 1945–1991. Vom Ende des Zweiten Weltkriegs bis zum Zusammenbruch der Sowjetunion, Stuttgart 2002, S. 319–518 (444 ff., Rüstungsexportdaten: 469 f., Zitat Plaggenborg: 481); Man-

fred Hildermeier, Geschichte der Sowjetunion 1917–1991. Entstehung und Niedergang des ersten sozialistischen Staates, München 1998, S. 826 ff.; Dietmar Neutatz, Träume und Alpträume. Eine Geschichte Russlands im 20. Jahrhundert, München 2013, S. 466 ff.; Helmut Altrichter. Kleine Geschichte der Sowjetunion 1917–1991, München 1993, S. 164 ff.; ders. u. Hermann Wentker (Hg.), Der KSZE-Prozeß. Vom Kalten Krieg zu einem neuen Europa 1975 bis 1990, München 2011; Ernst Wawra, «Die Beendigung der feindlichen Aktivität»? Staatliche Reaktionen auf die Tätigkeit der Moskauer Helsinki-Gruppe, in: Matthias Peter/Hermann Wentker (Hg.), Die KSZE im Ost-West-Konflikt. Internationale Politik und gesellschaftliche Transformation 1975–1990, München 2012, S. 267–284; Jan Eckel und Samuel Moyn (Hg.), Moral für die Welt. Menschenrechtspolitik in den 1970er Jahren, Göttingen 2012; Leopoldo Nuti (ed.), The Crisis of Détente in Europe. From Helsinki to Gorbachev, 1975–1985, London 2009; Svetlana Savranskaya, Unintended Consequences: Soviet Interests, Expectations and Reactions to the Helsinki Final Act, in: Oliver Bange and Gottfried Niedhart (eds.), Helsinki 1975 and the Transformation of Europe, New York 2008, S. 175–190; Stephen Kotkin, Armageddon Averted. The Soviet Collapse, 1970–2000, Oxford 2001; ders., The Kiss of Debt. The East Bloc Goes Borrowing, in: Niall Ferguson et al. (eds.), The Shock of the Global. The 1970s in Perspective, Cambridge, Mass. 2010, S. 80–93 (hier auch die statistischen Daten); Frederick C. Teiwes and Warren Sun, The End of the Maoist Era. Chinese Politics During the Twilight of the Cultural Revolution 1972–1976, Armonk, N. Y., S. 186 ff.; Odd Arne Westad, The Great Transformation. China in the Long 1970s, ebd., S. 65–79; Derek H. Aldcroft and Steven Morewood, Economic Change in Eastern Europe since 1918, Aldershot 1995, S. 156 ff.; Christoph Boyer (Hg.), Zur Physiognomie sozialistischer Wirtschaftsreformen. Die Sowjetunion, Polen, die Tschechoslowakei, Ungarn, die DDR und Jugoslawien im Vergleich, Frankfurt 2007; Włodzimierz Borodziej, Geschichte Polens im 20. Jahrhundert, München 2010, S. 340 ff. (zur Staatsverschuldung: 348, 359, Zitat Gierek: 356); Winkler, Weg II (Anm. 1), S. 339 ff. (ökonomische Daten und Zitate vom 9. SED-Parteitag: 341, Zahlen zum Häftlingsfreikauf und zu den Ausreisen aus der DDR sowie Zitate Franke u. Wolle: 364); Hermann Weber, Die DDR 1945–1990, München 1993², S. 87 ff.; Andreas Malycha. Ungeschminkte Wahrheiten. Ein vertrauliches Gespräch von Gerhard Schürer, Chefplaner der DDR, mit der Stasi über die Wirtschaftspolitik der SED im April 1978, in: Vierteljahrshefte für Zeitgeschichte 59 (2011), S. 283–305; Alice Teichova, Die Tschechoslowakei 1918–1980, in: Wolfram Fischer (Hg.), Europäische Wirtschafts- und Sozialgeschichte vom Ersten Weltkrieg bis zur Gegenwart (Handbuch der Europäischen Wirtschafts- und Sozialgeschichte. Hg. v. Wolfram Fischer u. a., Bd. 6), Stuttgart 1987, S. 598–639 (628 ff., ökonomische Daten: 629); Jörg K. Hoensch, Geschichte der Tschechoslowakei, Stuttgart 1992³,

S. 171 ff. (offizielle Reaktionen auf die «Charta 77»: 193); ders., Geschichte Ungarns 1867–1983, Stuttgart 1984, S. 222 ff.; László Kontler, Millennium in Central Europe. A History of Hungary, Budapest 1999, S. 452 f.; Attila Melegh, Living to Ourselves: Localising Global Hierarchies in State Socialist Hungary in the 1970s and 1980s, in: Journal of Modern European History 9 (2011), S. 263–283 (hier auch die ökonomischen Daten zu Ungarn). Die «Charta 77» in: Curt Gastegger (Hg.), Europa zwischen Spaltung und Einigung 1945–1990 Eine Darstellung und Dokumentation über das Europa der Nachkriegszeit, Bonn 1991², S. 353–356. Zu den Internationalen Menschenrechtspaketen der UNO von 1966: Matthias Herdegen, Völkerrecht, München 2000, S. 200 f., 303 ff. Zur «Papstrevolution» Gregors VII.: Heinrich August Winkler, Geschichte des Westens. Von den Anfängen in der Antike bis zum 20. Jahrhundert (fortan: Geschichte I), München 2012³, S. 52 ff., zu «Kongreßpolen» nach 1815 466, 519 f. Zu den Kämpfen in Angola siehe oben S. 328 ff., zur Wirtschaftsentwicklung im Ostblock nach 1973 673 ff.

3 Jimmy Carter, Keeping Faith. Memoirs of a President, Toronto 1982, S. 3 ff.; Zbigniew Brzeziński, Power and Principle. Memoirs of the National Security Adviser 1977–1981, New York 1983, S. 83 ff.; Schmidt, Menschen (Anm. 1), S. 222 ff.; Brinkley, Nation (Anm. 1), S. 889 ff.; Raymond L. Garthoff, Détente and Confrontation. American-Soviet Relations from Nixon to Reagan, Washington 1985, S. 563 ff.; Christian Hacke, Zur Weltmacht verdammt. Die amerikanische Außenpolitik von Kennedy bis Clinton, Berlin 1997, S. 208 ff.; Dana H. Allin, Cold War Illusions. America, Europe and Soviet Power, 1969–1989, New York 1994, S. 81 ff.; David M. Walsh, The Military Balance in the Cold War. US Perceptions and Policy. 1976–1985, London 2008; Jones, Presidency (Anm. 1), S. 1 ff.; Gaddis Smith, Morality, Reason and Power. American Diplomacy in the Carter Years, New York 1986, S. 12 ff. (zum Kommuniqué Carter – Deng: 85 ff.); Burton Ira Kaufman, The Presidency of James Earl Carter, Jr., Lawrence, Kansas 1993; Klaus Wiegrefe, Das Zerwürfnis. Helmut Schmidt, Jimmy Carter und die Krise der deutsch-amerikanischen Beziehungen, Berlin 2005, S. 48 ff.; Matthias Schulz, The Reluctant European. Helmut Schmidt, the European Community, and Transatlantic Relations, in: ders. u. Thomas Schwartz (eds.), The Strained Alliance. U.S.-European Relations from Nixon to Carter, Cambridge 2010, S. 279–308; Jon Renouard and D. Nathan Vigil, The Quest for Leadership in a Time of Peace: Jimmy Carter and Western Europe, 1977–1981; ebd., S. 309–332; Joachim Scholtysek, The United States, Europe, and the NATO Dual-Track Devision, ebd., S. 333–352; Philipp Gassert u. a. (Hg.), Zweiter Kalter Krieg und Friedensbewegung. Der NATO-Doppelbeschluss in deutsch-deutscher und internationaler Perspektive, München 2011; Helga Haftendorn, Das doppelte Mißverständnis. Zur Vorgeschichte des NATO-Doppelbeschlusses von 1979, in: Vierteljahrshefte für Zeitgeschichte 35 (1985), S. 244–

287. Sadats Rede vor der Knesset, 20. 11. 1977: Israeli Ministry of Foreign Affairs, 73: Statement to the Knesset by President Sadat – 20. November 1977, MFA, November 20, 1977. Carters «Crisis of Confidence»-Rede, 15. 7. 1979, in: Public Papers of the Presidents of the United States. Jimmy Carter. 1979, Book II: June 23 to December 31, 1979, Washington 1980, S. 1325–1341. Zum Beginn der Somoza-Diktatur in Nicaragua: Heinrich August Winkler, Geschichte des Westens. Die Zeit der Weltkriege 1914–1945 (fortan: Geschichte II), München 2011, S. 548 f. Zum Schanghai-Kommuniqué von 1972 siehe oben S. 523 f., zum SALT I-Abkommen 541 f.

4 Wolfgang Jäger, Die Innenpolitik der sozial-liberalen Koalition 1974–1982, in: ders./Werner Link, Republik im Wandel 1974–1982. Die Ära Schmidt (Geschichte der Bundesrepublik Deutschland, Bd. V/II), Stuttgart 1987, S. 9–272 (63 ff., Zitat aus der «Zeit»: 91, ökonomische Daten: 111 f., Schmidt zur «Lokomotivtheorie»: 196); Werner Link, Außen- und Deutschlandpolitik in der Ära Schmidt 1974–1982, ebd., S. 275–432 (zum Europäischen Währungssystem: 286 ff., Zitate Link und Schmidt hierzu: 286 f.); Winkler, Weg II (Anm. 1), S. 342 ff. (Zitate Scheel: 346, Brandt: 350); Ulrich Herbert, Geschichte Deutschlands im 20. Jahrhundert, München 2014, S. 887 ff.; Woller, Geschichte (Anm. 1), S. 397 ff.; Denis Mack Smith, Modern Italy. A Political History, New Haven 1957, S. 455 ff.; David Moss, The Politics of Left-Wing Violence in Italy, 1969–85, Basingstoke 1989, S. 33 f.; Tobias Hof, Staat und Terrorismus in Italien 1969–1982, München 2011, bes. S. 170 ff.; Robert C. Meade, Jr., Red Brigades. The Story of Italian Terrorism, Basingstoke 1990, S. 69 ff.; Donatella della Porta, Il terrorismo di Sinistra, Bologna 1990, S. 51 ff.; Leonard Weinberg and William Lee Eubank, The Rise and Fall of Italian Terrorism, Boulder, Col. 1987, S. 46 ff.; Giorgio Galli, Storia del PCI. Livorno 1921, Rimini 1991, Mailand 1993, S. 261 ff.; Serge Berstein et Pierre Milza, Histoire de la France au XXe siècle, Paris 1995, S. 1104 ff. (ökonomische Daten im europäischen Vergleich: 1108, 1112 f.); René Rémond, Frankreich im 20. Jahrhundert, 2. Teil: 1958 bis zur Gegenwart (frz. Orig.: Paris 1991), Stuttgart 1995, S. 267 ff. (Chirac, 6. 12. 1978: 289); Jean-Christian Petitfils, La démocratie giscardienne, Paris 1981, S. 55 ff., 153 ff.; Alfred F. Havighurst, Britain in Transition. The Twentieth Century, Chicago 1985^4, S. 578 ff. (ökonomische Daten: 580 f., Thatcher, 14. 1. 1979: 585); Keith Robbins, The Eclipse of a Great Power. Modern Britain 1870–1992, London 1994^2, S. 530 ff.; Franz-Josef Brüggemeier, Geschichte Großbritanniens im 20. Jahrhundert, München 2010, S. 274 ff.; Andrew Marr, A History of Modern Britain, London 2008, S. 363 ff.; Kenneth O. Morgan, Callaghan. A Life, Oxford 1997, S. 469 ff.; Peter Jenkins, Mrs. Thatcher's Revolution. The Ending of the Socialist Era, London 1981, S. 3 ff. (Zitat Callaghan, 28. 9. 1976: 18); Dominik Geppert, Thatchers konservative Revolution. Der Richtungswandel der britischen Tories 1975–1979, München 2002, bes. S. 95 ff.; Gerhard Brunn, Die Europä-

ische Einigung von 1945 bis heute, Stuttgart 2002, S. 221 ff. (Zitat Brunn: 223); Jürgen Mittag, Kleine Geschichte der Europäischen Union. Von der Europaidee bis zur Gegenwart, Münster 2008, S. 165 ff. (Thatcher, Juni 1979: 184); Wilfried Loth, Europas Einigung. Eine unvollendete Geschichte, Frankfurt 2014, S. 186 ff.; Michael Gehler, Europa. Ideen, Institutionen, Vereinigung, München 2010², S. 261 ff.; Ludger Kühnhardt, European Union – The Second Founding. The Changing Rationale of European Integration, Baden-Baden 2008, S. 156 ff.; Olaf Hillenbrand, Die Wirtschafts- und Währungsunion, in: Werner Weidenfeld (Hg.), Europa-Handbuch. Aktualisierte Neuausgabe 2002, Gütersloh 2002, S. 454–476. Das Zitat aus Callaghans Rede vom 28. 9. 1976 nach: Kenneth O'Morgan, Britain since 1945. The People's Peace, Oxford 2001, S. 382. De Gaulles Begriff «parti de l'étranger» in: Charles de Gaulle, Discours et messages. Tome 2: Dans l'attente. Février 1946–Avril 1958, Paris 1970, S. 142 (Rede in Cochin, 12. 11. 1947). «This winter of our discontent»: Shakespeare, Richard III., I,1. Zu den deutschen Grenzausgleichszahlungen siehe oben S. 456 f., zur «Währungsschlange» 545, zur Dreitagewoche in Großbritannien 1974 644, zu Berlinguers «historischem Kompromiß» 664 ff.

5 Jahangir Amuzegar, The Dynamics of the Iranian Revolution. The Pahlavis' Triumph and Tragedy, Albany N. Y. 1991, S. 9 ff. (Ettela'at, 7. 1. 1978: 247 f.); Mohsen M. Milani, The Making of Iran's Islamic Revolution. From Monarchy to Islamic Republic, Boulder, Col. 1988; Nikki R. Keddie, Roots of Revolution. An Interpretive History of Modern Iran. With a Section by Yann Richard, New Haven 1981, S. 231 ff.; Martin Wright (ed.), Iran: The Khomeini Revolution. Countries in Crisis, Harlow 1989; Smith, Morality (Anm. 3), S. 180 ff. (Carter in Teheran, 31. 1. 1977: 186). Zu Alexis de Tocquevilles Analyse des Scheiterns von Reformen in einer vorrevolutionären Situation: ders., L'ancien régime et la Révolution (1856), Paris 1967, S. 277 f. Zu Mossadegh siehe oben S. 158.

6 Berstein/Milza, Histoire (Anm. 4), S. 1112 f. (internationale ökonomische Daten im Vergleich); Carter, Keeping (Anm. 3), S. 141 ff.; Brezinski, Power (Anm. 3), S. 123 ff.; Brinkley, Nation (Anm. 1), S. 889 ff.; Jerome L. Himmelstein, To the Right. The Transformation of American Conservatism, Berkeley 1990, S. 97 ff.; Michael Hochgeschwender, Amerikanische Religion. Evangelikalismus, Pfingstlertum und Fundamentalismus, Frankfurt 2007; Jones, Presidency (Anm. 1), S. 169 ff. (zur «Malaiserede» vom 15. 7. 1979: 176 ff.); Smith, Morality (Anm. 3), S. 218 ff. (zur «State of the Union»-Rede vom 23. 1. 1980: 229 f., zur Offerte an Pakistan: 231 ff.); Garthoff, Détente (Anm. 3), S. 887 ff.; Helmut Hubel, Das Ende des Kalten Krieges im Orient. Die USA, die Sowjetunion und die Konflikte in Afghanistan, am Golf und im Nahen Osten, 1979–1991. Auswirkungen auf Europa und Deutschland, München 1995, S. 40 ff.; Mark Galotti, Afghanistan. The Soviet Union's Last War, London 1995, S. 1 ff.; Pierre Allan/ Dieter Kläy, Zwischen Bürokratie und Ideologie. Entscheidungsprozesse in

Moskaus Afghanistankonflikt, Bern 1999, S. 200 ff.; Heinrich Vogel (Hg.), Die sowjetische Intervention in Afghanistan. Entstehung und Hintergründe einer weltpolitischen Krise, Baden-Baden 1980; Tim Weiner, CIA. Die ganze Geschichte (amerik. Orig.: New York 2007), Frankfurt 2008, S. 473 ff.; Christian Hacke, Zur Weltmacht verdammt. Die amerikanische Außenpolitik von Kennedy bis Clinton, Berlin 1997, S. 237 ff. (Teheraner Geiselaffäre: 251 ff.); ders., Die Außenpolitik der Bundesrepublik Deutschland. Weltmacht wider Willen?, Berlin 1997², S. 245 ff. (Erklärung Schmidt – Giscard, 5. 2. 1980: 246); Winkler, Weg II (Anm. 1), S. 357 ff.; Wiegrefe, Zerwürfnis (Anm. 3), S. 282 ff.; Tim Geiger, Die Regierung Schmidt – Genscher und der NATO-Doppelbeschluß, in: Gassert u. a. (Hg.), Zweiter Kalter Krieg (Anm. 3), S. 95–122; Schmidt, Menschen (Anm. 1), S. 99 ff. (Carter, 3. 7. 1980: 120, Gespräch mit Vance, 20. 3. 1980: 280 f.); Jan Eckel, Neugeburt einer Politik aus dem Geist der Moral. Erklärungen einer heterogenen Konjunktur, in: ders. u. Moyn (Hg.), Mord (Anm. 2), S. 22–67. Carters «State of the Union»-Rede vom 23. 1. 1980 mit der «Carter-Doktrin» in: Public Papers (Anm. 3), 1980. Book I: January 1–May 23, 1980, Washington 1981, S. 194–200.

7 Plaggenborg, «Entwickelter Sozialismus» (Anm. 2), S. 429 ff. (Zitate Plaggenborg: 490, 499, ökonomische Daten: 494 ff.); Hildermeier, Geschichte (Anm. 2), S. 826 (Altersstruktur des Politbüros: 842); Neutatz, Träume (Anm. 2), S. 462 ff.; Altrichter, Geschichte (Anm. 2), S. 164 ff. (Zitat Altrichter: 174); Kotkin, Armageddon (Anm. 2), S. 44 ff.; ders., Kiss (Anm. 2), S. 80 ff.; Allan/Kläy, Bürokratie (Anm. 6), S. 315 ff.; Ernst Wawra, «Die Beendigung der feindlichen Aktivität?». Staatliche Reaktionen auf die Tätigkeit der Moskauer Helsinki-Gruppe, in: Matthias Peter/Hermann Wentker (Hg.), Die KSZE im Ost-West-Konflikt. Internationale und gesellschaftliche Transformation 1975–1990, München 2012, S. 267–284; Borodziej, Geschichte (Anm. 2), S. 359 ff. (ökonomische Daten: 359, Zitat Borodziej: 365); Jerzy Holzer, «Solidarität». Die Geschichte einer freien Gewerkschaft in Polen, München 1985, S. 66 ff. (Danziger Vereinbarung, 31. 8. 1980: 129, Mitgliederzahl von «Solidarność»: 163, Brief der KPdSU, 5. 6. 1981: 270 f., Kania, 20. 7. 1982: 296 f., Kania, 2./3. 9. 1981: 315, Danziger Kongreß der «Solidarność»: 315 ff., Geremek: 319, ZK der PVAP, 18. 10. 1981: 364); ders., Drohte Polen 1980/81 eine sowjetische Intervention? Zur Verkündung des Kriegsrechts in Polen am 13. 12. 1981, in: Forum für osteuropäische Ideen- und Zeitgeschichte I (1997), S. 197–230; Hartmut Kuehn, Das Jahrzehnt der Solidarność. Die politische Geschichte Polens 1980–1990, Berlin 1999; Reinhold Vetter, Polens eigensinniger Held. Wie Lech Wałęsa die Kommunisten überlistete, Berlin 2010, S. 44 ff.; ders., Bronisław Geremek. Der Stratege der polnischen Revolution, Berlin 2014, S. 131 ff.; Burkhard Olschowsky, Einvernehmen und Konflikt. Das Verhältnis zwischen der DDR und der Volksrepublik Polen 1980–1989, Osnabrück 2005; Günter Hofmann, Polen und Deutsche. Der Weg zur

europäischen Revolution 1989/90, Berlin 2011, S. 289 ff.; Jenö Szücs, Die drei historischen Regionen Europas. Mit einem Vorwort von Fernand Braudel (ungar. Orig.: Budapest 1983), Frankfurt 1990; Milan Kundera, the Tragedy of Central Europe, in: New York Review of Brooks 31 (1984), Nr. 7 (26.4.); Garthoff, Détente (Anm. 3), S. 1033 ff. (westliche Sanktionen nach Verhängung des Kriegsrechts in Polen); Winkler, Weg II (Anm. 1), S. 360 ff. (Schmidt, 13. u. 18. 12. 1981: 383 f.). Zu den 21 Bedingungen der Komintern vom 6. 8. 1920: ders., Geschichte II (Anm. 3), S. 238 f. Zum ersten Besuch von Papst Johannes Paul II. in Polen im Juni 1979 siehe oben S. 732 f., zur Erklärung von Giscard d'Estaing und Schmidt vom 5. 2. 1980 786.

8 Brinkley, Nation (Anm. 1), S. 898 ff.; Garthoff, Détente (Anm. 3), S. 1009 ff.; Ronald Reagan, An American Life, New York 1990; Lou Cannon, President Reagan. The Role of a Lifetime, New York 1991, S. 50 ff. (Reagans Reden vom 8. 6. 1982 u. 8. 3. 1983: 314–317); Sean Wilentz, The Age of Reagan. A History, 1974–2008, New York 2008, S. 127 ff. (Militärausgaben: 274); Wilbur Edel, The Reagan Presidency. An Actor's Finest Performance, New York 1992, bes. S. 215 ff. (zu Reagans Befehl zum Rückzug aus dem Libanon vom 7. 2. 1984: 229); Paul Boyer (ed.), Reagan as President. Contemporary Views of the Man, His Politics, and His Policies, Chicago 1990, S. 21 ff. (Inaugurationsrede, 20. 1. 1980: 31–34); David Mervin, Ronald Reagan and the American Presidency, New York 1990; Peter J. Wallison, Ronald Reagan. The Power of Conviction and the Success of His Presidency, Boulder, Col. 2003; Larry Berman (ed.), Looking Back on the Reagan Presidency, Baltimore 1991; Joseph Hogan (ed.), The Reagan Years. The Record in Presidential Leadership, Manchester 1990; ders., The Federal Budget in The Reagan Era, ebd., S. 213–236; Stephen Grubaugh and Scott Sumner, Monetary Policy and the US Trade Deficit, ebd., S. 237–258 (zur Dollaraufwertung und zum Handelsdefizit: 143); Michael Smith, The Reagan Presidency and Foreign Policy, ebd., S. 259–286; Carl-Ludwig Holtfrerich, Reaganomics und Weltwirtschaft, in: Manfred Knapp (Hg.), Transatlantische Beziehungen. Die USA und Europa zwischen gemeinsamen Interessen und Konflikten, Stuttgart 1990, S. 37–62 (hier die meisten ökonomischen Daten, Zitate Holtfrerich: 45, 47 f.); ders., Erklärungsansätze zum Rückgang der Sparquote der privaten Haushalte in den USA während der 1980er Jahre, in: Ifo-Studien. Zeitschrift für empirische Wirtschaftsforschung 38 (1992), S. 227–247; Robert M. Collins, The Politics of Economic Growth in Postwar America, Oxford 2000, S. 166 ff.; John W. Sloan, The Reagan Effect. Economics and Presidential Leadership, Lawrence, Kansas 1999, S. 152 ff.; John L. Palmer, Isabel Sawhill et. al. (eds.), Perspectives on the Reagan Years, Washington D. C. 1986; William A. Niskanen, Reaganomics. An Insider's Account of the Policies and the People, New York 1988; Hans-Jürgen Scheid, Weltwirtschaftliche Auswirkungen der amerikanischen Haushalts- und Lei-

stungsbilanzdefizite, Köln 1987; David M. Walsh, The Military Balance in the Cold War. U.S. Perceptions and Policy, 1976–1985, Miton Park 2008, bes. S. 188 ff.; Georg Schild, 1983. Das gefährlichste Jahr des Kalten Krieges, Paderborn 2013, S. 94 ff. (zur NSDD 75: 117 ff., zur «Operation RJaN»: 166 ff., zur Krise vom Herbst 1983: 173 ff.); Eric Schlosser, Control and Command. Atomwaffenarsenale der USA und die Illusion der Sicherheit (amerik. Orig.: New York 2013), München 2013, S. 504 ff.; Benjamin B. Fischer, A Cold War Conundrum: The 1983 Warfare Scare, Washington, D. C. 1997 (dig. Library der CIA: Center for the Study of Intelligence, CSI: Publications: Books and Monographs); Beth A. Fischer, The Reagan Reversal. Foreign Policy and the End of the Cold War, Columbia 1997, S. 16 ff. (Reagans Rede vom 16. 1. 1984: 32 ff.); N. Piers Ludlow, The Unnoticed Apogee of Atlanticism? U.S.-Western European Relations during the Earley Reagan Era, in: Kiran Klaus Patel and Kenneth Weisbrode (eds.), European Integration and the Atlantic Community in the 1980s, Cambridge 2013, S. 17–38; Thomas Carothers, In the Name of Democracy. U.S. Policy Toward Latin America in the Reagan Years, Berkeley 1991, S. 12 ff. (Reagan und Ríos Montt, Dezember 1982: 62); Tim Weiner, CIA. Die ganze Geschichte (amerik. Orig.: New York 2007), Frankfurt 2009, S. 495 ff.; Irwin Stelzer (ed.), Neoconservatism, London 2004; Murray Friedman, The Neoconservative Revolution. Jewish Intellectuals and the Shaping of Public Policy, Cambridge 2005. Zu den Gesprächen Reagan – Schmidt im November 1980: Helmut Schmidt, Weggefährten. Erinnerungen und Reflexionen, Berlin 1996, S. 30; ders., Menschen (Anm. 1), S. 289; Link, Außen- und Deutschlandpolitik (Anm. 4), S. 337. Zu Carl Schmitt und Leo Strauss: Heinrich Meier, Carl Schmitt, Leo Strauss und «Der Begriff des Politischen». Zu einem Dialog unter Abwesenden, Stuttgart 1998². Zum Sturz der Somoza-Diktatur in Nicaragua siehe oben S. 741, zum NATO-Doppelbeschluß 743 f., zum «Plaza Accord» von 1985 siehe auch unten 920.

9 Brüggemeier, Geschichte (Anm. 4), S. 309 ff. (zum Verkauf der «council houses»: 315, zum Bergarbeiterstreik 1984/85: 320 ff., Zitat Thatcher, 19. 7. 1984: 325); Marr, History (Anm. 4), S. 381 ff.; Havighurst, Britain (Anm. 4), S. 590 ff.; Robbins, Eclipse (Anm. 4), S. 345 ff.; Brian Harrison, Finding a Role? The United Kingdom, 1970–1990, Oxford 2010; Earl A. Reitan, The Thatcher Revolution. Margaret Thatcher, John Major, Tony Blair, and the Transformation of Modern Britain, 1979–2001, Lanham 2003; E. H. H. Green, Thatcher, London 2010²; ders., Ideologies of Conservatism. Conservative Political Ideas in the Twentieth Century, Oxford 2002, S. 214 ff.; Dennis Kavanagh, Thatcherism and British Politics. The End of Consensus?, Oxford 1987, S. 63 ff. (Inflationszahlen: 226); Peter Jenkins, Mrs Thatcher's Revolution. The Ending of the Socialist Era, London 1987, S. 50 ff. (Zitat Jenkins: 160, Zitat Thatcher, 3. 7. 1982 zum Falkland-Krieg: 164 f.); Eric J. Evans, Thatcher and Thatcherism, London

1997, S. 12 ff.; Russell Lewis, Margaret Thatcher. A Personal and Political Biography, London 1984²; Geppert, Revolution (Anm. 4), S. 41 ff. (Zitat Thatcher, Oktober 1980: 170); ders., Der Thatcher-Konsens. Der Einsturz der britischen Nachkriegsordnung in den 1970er und 1980er Jahren, in: Journal of Modern European History 9 (2011), S. 170–194. Zum Etikett der «Iron Lady»: Margaret Thatcher, The Downing Street Years, London 1993, S. 65 (dt.: Downing Street No. 10, München 1993). Zur Mittelfristigen Finanzpolitik in der Bundesrepublik siehe oben S. 476 f., zum «U-turn» der Regierung Heath 564, zum argentinischen Militärputsch von 1976 725 ff., zu Friedman und Hayek 635 f., zur britischen IMF-Anleihe von 1976 764.

10 Berstein/Milza, Histoire (Anm. 4), S. 1153 ff. (zur «monarchie nucléaire»: 1318 ff.); Rémond, Frankreich (Anm. 4), S. 312 ff. (Mitterrand, 28. 6. 1985: 376); Pierre Favier/Michel Martin-Roland, La Décennie Mitterrand. Tome 1: Les ruptures (1981–1984), Paris 1990; Tome 2: Les épreuves (1984–88), Paris 1991; Franz-Olivier Giesbert, François Mitterrand. Die Biographie (frz. Orig.: Paris 1996), München 1997, S. 299 ff. (Mitterrand zum Bruch mit dem Kapitalismus: 326, Delors, 29. 11. 1981: 329, zur «Rainbow-Warrior»-Affäre: 406 ff.); Ulrich Lappenküper, Mitterrand und Deutschland, München 2011, S. 147 ff.; Hélène Miard-Delacroix, François Mitterrand und die deutschen Kanzler Helmut Schmidt und Helmut Kohl 1981–1984, in: Vierteljahrshefte für Zeitgeschichte 47 (1999), S. 539–558; Marc Lazar, La Gauche et le défi des changements dans les années 70–80. Les cas français et italien, in: Journal of Modern European History 9 (2011), S. 241–262; Nikolaus R. Dörr, François Mitterrand und der PCF. Die Folgen der Rééquilibrage de la gauche für den Parti Communiste Français, in: Mitteilungen des Instituts für Deutsches und Internationales Parteienrecht und Parteienforschung 17 (2011), S 43–52. Zur Bewegung um Oberst De La Rocque: Winkler, Geschichte II (Anm. 3), S. 579, 773 ff. (zu «La Cagoule»: 790, zu Léon Blums «Pause» von 1937: 792). Zum Godesberger Programm der SPD siehe oben S. 289 f., zum Atomteststopp-Abkommen von 1963 318, zur «Rainbow-Warrior»-Affäre 408, zur europäischen Währungsschlange 545 ff., zur Lateinamerikapolitik Reagans 822 f.

11 Winkler, Weg II (Anm. 1), S. 351 ff. (Genschers «Wendebrief», 20. 8. 1981: 374, Lafontaine, 17. 7. 1982: 393, Kohl, 13. 10. 1982: 404 f., Bundestagswahlkampf 1983: 408, Brauchitsch, 2. 4. 1979: 410, Moskauer Erklärung Kohl – Honecker, 12. 3. 1985: 424, Weizsäcker, 8. 5. 1985: 441 f.); Jäger, Innenpolitik (Anm. 4), S. 188 ff.; Link, Außen- und Deutschlandpolitik (Anm. 4), S. 353 ff.; Edgar Wolfrum, Die geglückte Demokratie. Geschichte der Bundesrepublik Deutschland von ihren Anfängen bis zur Gegenwart, Stuttgart 2006, S. 354 ff.; Eckart Conze, Die Suche nach Sicherheit. Eine Geschichte der Bundesrepublik Deutschland von 1949 bis zur Gegenwart, München 2009, S. 491 ff.; Andreas Wirsching, Abschied vom Provisorium. Geschichte der Bundesrepublik Deutschland 1982–

1990, Stuttgart 2006, S. 12 ff.; Winfried Süß, Umbau am «Modell Deutschland». Sozialer Wandel, ökonomische Krise und wohlfahrtsstaatliche Reformpolitik in der Bundesrepublik «nach dem Boom», in: Journal of Modern European History 9 (2011), S. 215–240; Timothy Garton Ash, Im Namen Europas. Deutschland und der geteilte Kontinent (engl. Orig.: London 1993), München 1993, S. 457 ff.; Hans-Peter Schwarz, Helmut Kohl. Eine politische Biographie, München 2012, S. 239 ff.; Hans-Dietrich Genscher, Erinnerungen, Berlin 1995, S. 445 ff.; Jeffrey Herf, War by Other Means. Soviet Power, West German Resistance, and the Battle of the Euromissiles, New York 1991; Philipp Gassert, Viel Lärm um Nichts? Der NATO-Doppelbeschluß als Katalysator gesellschaftlicher Selbstverständigung in der Bundesrepublik, in: ders. u.a. (Hg.), Zweiter Kalter Krieg (Anm. 3), S. 175–202; Friedhelm Boll und Jan Hansen, Doppelbeschluss und Nachrüstung als innerparteiliches Problem der SPD, ebd., S. 203–228; Helge Heidemeyer, NATO-Doppelbeschluss, westdeutsche Friedensbewegung und der Einfluss der DDR, ebd., S. 247–267. Zu Brandts Besuch in Erfurt 1970 siehe oben S. 577, zum «Brief zur deutschen Einheit», 1970, 578 f., zum Kriegsrecht in Polen 802.

12 Woller, Geschichte (Anm. 1), S. 341 ff. (zu den «Schmiergeldern»: 357, Zahlen zur Staatsverschuldung: 358, Zitat Woller: 360); Jens Petersen, Quo vadis, Italia? Ein Staat in der Krise, München 1995, S. 123 ff.; Christian Jansen, Italien seit 1945, Göttingen 2007, S. 183 ff.; Mack Smith, Italy (Anm. 4), S. 455 ff.; Mammarella, Italia (Anm. 4), S. 481 ff.; Vera Zamagna, Dalla periferia al centro. La seconda rinascita economica dell'Italia (1861–1990), Bologna 1993[2], S. 429 ff.; Alexander Stille, Citizen Berlusconi (amerik. Orig.: New York 2006), München 2006, S. 78 ff.

13 Brunn, Einigung (Anm. 4), S. 228 ff. (zu den Gipfeln von Mailand und Luxemburg: 238 ff., Zitat Brunn: 239); Mittag, Geschichte (Anm. 4), S. 165 ff.; Loth, Einigung (Anm. 4), S. 261 ff.; Kühnhardt, European Union (Anm. 4), S. 156 ff.; Jürgen Nielsen-Sikora, Europa der Bürger? Anspruch und Wirklichkeit der europäischen Einigung – eine Spurensuche, Stuttgart 2009, S. 252 ff.; Thatcher, Downing Street Years (Anm. 9), S. 545 ff.; Genscher, Erinnerungen (Anm. 11), S. 359 ff.; Lappenküper, Mitterrand (Anm. 10), S. 147 ff.; Robert Bohn, Dänische Geschichte, München 2010[2], S. 121 ff.; Hans-Jürgen Axt, Griechenland: aufgeschobene Strukturreformen, in: Europäische Rundschau 28 (2000), S. 95–106; ders., Griechenland, in: Weidenfeld (Hg.), Europa-Handbuch (Anm. 4), S. 136–143 (zu den Neueinstellungen im öffentlichen Dienst unter Papandreou: 137); Walther L. Bernecker/Horst Pietschmann, Geschichte Portugals, München 2008[2], S. 125 ff.; Walther L. Bernecker, Spanische Geschichte. Von der Reconquista bis heute, Darmstadt 2002, S. 198 ff.; ders., Geschichte Spaniens im 20. Jahrhundert, München 2010, S. 292 ff. (Zitat König Juan Carlos, 24. 2. 1981: 276). Zum Gespräch Juan Carlos' mit Botschafter Lahn, 26. 3. 1981: Akten zur Auswärtigen Politik Deutschland. 1981. Bd. 1:

1. Januar bis 30. April 1981, München 2012, S. 462–465. Zum Werner-Plan siehe oben S. 594, zur Entwicklung Portugals nach der «Nelkenrevolution» 678 ff., zum spanischen Verfassungsreferendum von 1978 692, zur Beilegung des Streits um den «Britenrabatt» 1984 838 f., zu Mitterrands Rede vor dem Bundestag, 20. 1. 1983 848.

14 Dani Rodrik, Das Globalisierungsparadox. Die Demokratie und die Zukunft der Weltwirtschaft (amerik. Orig.: New York 2011), München 2011; Jürgen Osterhammel/Niels P. Peterson, Geschichte der Globalisierung. Dimensionen, Prozesse und Epochen, München 2007⁴, bes. S. 86 ff.; Lutz Burkart, Der kurze Traum immerwährender Prosperität, Frankfurt 1989, S. 237 ff.; Alfred C. Eckes, jr., The Contemporary Global Economy. A History since 1980, Southern Gate, Chichester 2011, S. 84 ff.; Ivan T. Berend, European Economy 1914–2000, London 2000⁴, S. 211 ff.; Daniel T. Rodgers, Age of Fracture, Cambridge, Mass. 2011, S. 41 ff.; Wolfgang Streeck, Gekaufte Zeit. Die vertagte Krise des demokratischen Kapitalismus, Berlin 2013; Hartmut Kaelble, Kalter Krieg und Wohlfahrtsstaat. Europa 1945–1989, München 2011, S. 256 ff.; ders. u. Günther Schmid (Hg.), Das europäische Sozialmodell. Auf dem Weg zum transnationalen Sozialstaat, Berlin 2004; Josef Schmid, Wohlfahrtsstaaten im Vergleich. Soziale Sicherungssysteme in Europa: Organisation, Finanzierung, Leistungen und Probleme, Opladen 1996; Gerhard A. Ritter, Der Sozialstaat. Entstehung und Entwicklung im internationalen Vergleich (Historische Zeitschrift. Beihefte, Neue Folge, Bd. 11), München 1989, S. 179 ff.; Gabriele Metzler, Der deutsche Sozialstaat. Vom bismarckschen Erfolgsmodell zum Pflegefall, München 2003; Thomas Raithel/ Thomas Schlemmer (Hg.), Die Rückkehr der Arbeitslosigkeit. Die Bundesrepublik Deutschland im europäischen Kontext 1973 bis 1989, München 1989; Hans-Günter Hockerts, Vom Problemlöser zum Problemerzeuger? Der Sozialstaat im 20. Jahrhundert, in: ders., Der deutsche Sozialstaat. Entfaltung und Gefährdung seit 1945, Göttingen 2011, S. 325–358; Friso Wielenga, Die Niederlande. Politik und Politische Kultur im 20. Jahrhundert, S. 343 ff.; Lars Magnusson, Do the Nordic Lights Shine Again? – Sweden's Response to the 1970s and 1980s Crisis, in: Journal of Modern European History 9 (2011), S. 195–214; Allan Cochrane/John Clarke (eds.), Comparing Welfare States. Britain in International Context, London 1993; Paul Pierson, Dismantling The Welfare State? Reagan, Thatcher, and the Politics of Retrenchment, Cambridge 1994, S. 164 ff. (zur Beharrungskraft des Sozialstaats); Norbert Frei u. Dietmar Süß (Hg.), Privatisierung. Idee und Praxis seit den 1970er Jahren, Göttingen 2012; Wilentz, Age (Anm. 8), S. 196 ff. (zur «S&L»-Krise); Niskanen, Reaganomics (Anm. 8), S. 315 ff. (zur Deregulierung unter Reagan); Grubaugh/Sumner, Monetary Policy (Anm. 8), S. 237 ff.; Alfred Rappaport, Creating Shareholder Value. A Guide for Managers and Investors, New York 1986; Helwig Schmidt-Glintzer, Kleine Geschichte Chinas, München 2008, S. 234 ff.; Richard Evans, Deng Xiaoping

and the Making of Modern China, New York 1994, S. 217 ff. (Deng, 30. 12. 1986: 281); Benjamin Yang, Deng. A Political Biography, New York 1998, S. 189 ff. Zur Wahl Gorbatschows zum Generalsekretär der KPdSU siehe oben S. 807, zur Beseitigung der Devisenkontrollen in Großbritannien 1979 829, zur wirtschafts- und finanzpolitischen Wende unter Mitterrand 1983/84 846 ff.

5. Abschied vom Kalten Krieg:
1985–1991

1 Michail Gorbatschow, Erinnerungen (russ. Orig.: Moskau 1995), Berlin 1995, S. 265 ff.; ders., Ausgewählte Reden und Aufsätze (russ. Orig.: Moskau 1986 ff.), Berlin 1987 ff., Bd. 2: Februar 1984–Oktober 1985, Berlin 1987, S. 143–148 (Rede vom 11. 3. 1985, Zitat: 146), 149–153 (Interview mit der «Prawda», Zitat: 151); ebd., Bd. 4: Juli 1986–April 1987, Berlin 1988, S. 394–402 (Rede vom 27. 1. 1987, Zitat: 397); Bd. 5: April 1987–Dezember 1987, Zitat: 397, Berlin 1990, S. 354–409 (Rede vom 2. 11. 1987, Zitate: 382 f., 409); Helmut Altrichter, Der Zusammenbruch der Sowjetunion 1985–1991, in: Stefan Plaggenborg (Hg.), Handbuch der Geschichte Rußlands, Bd. 5: 1945–1991. Vom Ende des Zweiten Weltkriegs bis zum Zusammenbruch der Sowjetunion, Stuttgart 2002, S. 519–593 (Ergebnis der Wirtschaftsreform: 530 ff., Zehn Thesen des ZK, Mai 1988: 536 f., Verfassungsreform und Wahlen zum Volksdeputiertenkongreß: 537 ff.); ders., Kleine Geschichte der Sowjetunion 1917–1991, München 1993, S. 175 ff.; ders., Rußland 1989. Der Untergang des sowjetischen Imperiums, München 2009, S. 9 ff. (Zahlen zum Defizit im Staatshaushalt: 104, 127); Manfred Hildermeier, Geschichte der Sowjetunion 1917–1991. Entstehung und Niedergang des ersten sozialistischen Staates, München 1998, S. 1019 ff.; Leonid Luks, Geschichte Rußlands und der Sowjetunion. Von Lenin bis Jelzin, Regensburg 2000, S. 484 ff.; Dietmar Neutatz, Träume und Alpträume. Eine Geschichte Russlands im 20. Jahrhundert, München 2013, S. 502 ff.; Archie Brown, Der Gorbatschow-Faktor. Wandel einer Weltmacht (amerik. Orig.: New York 1996), Frankfurt 2000, S. 22 ff.; ders., Seven Years that Changed the World. Perestrojka in Perspective, Oxford 2007; Mária Huber, Moskau, 11. März 1985. Die Auflösung des sowjetischen Imperiums, München 2002, bes. S. 131 ff. (zu den ethnischen Konflikten im Kaukasus und Zentralasien); Ilja Zenitsov/John Ferrar, Gorbachev. The Man and the System, New Brunswick 2009, S. 21 ff.; Mark Sandle, Gorbachev. Man of the Twentieth Century?, London 2008; György Dalos, Gorbatschow. Mensch und Macht. Eine Biographie, München 2001, S. 55 ff.; Stephen Kotkin, Armageddon Averted: The Soviet Collapse 1970–2000, Oxford 2001, S. 52 ff. Das Zitat von Friedrich Engels in: ders., Die preußische Militärfrage

und die deutsche Arbeiterpartei (1865), in: Karl Marx/Friedrich Engels, Werke, Bd. 16, Berlin 1962, S. 37–78 (77). Zur «glasnost» unter Alexander II.: Heinrich August Winkler, Geschichte des Westens. Von den Anfängen in der Antike bis zum 20. Jahrhundert (fortan: Geschichte I), München 2012³, S. 736. Zur Neuen Ökonomischen Politik und zur Naturalsteuer von 1921: ders., Geschichte des Westens. Die Zeit der Weltkriege 1914–1945 (fortan: Geschichte II), München 2011, S. 227 ff. Zur Zwangskollektivierung der Landwirtschaft: ebd., S. 522 ff., zum «Großen Terror», zu Bucharin und Rykow: 718 ff. Zur Breschnew-Doktrin siehe oben S. 430 ff., zur Helsinki-Schlußakte 711 ff.

2 Gorbatschow, Reden (Anm. 1), S. 571 ff.; Ronald Reagan, An American Life, New York 1990, S. 469 ff.; Raymond L. Garthoff, The Great Transition. American-Soviet Relations and the End of the Cold War, Washington 1994, S. 197 ff.; Alan Brinkley, The Unfinished Nation. A Concise History of the American People, Boston 2008⁵, S. 898 ff.; Lou Cannon, President Reagan. The Role of a Lifetime, New York 1991, S. 334 ff. (Reagan, 6. 2. 1985, und Kommentar von Charles Krauthammer: 369, Berliner Rede Reagans, 16. 6. 1987: 774); Sean Wilentz, The Age of Reagan. A History, 1974–2008, New York 2008, S. 209 ff.; Wilbur Edel, The Reagan Presidency. An Actor's Finest Performance, New York 1992, bes. S. 167 ff.; John W. Sloan, The Reagan Effect. Economics and Presidential Leadership, Lawrence, Kansas 1999, bes. S. 263 ff. (Zitat Sloan: 268); Paul Boyer (ed.), Reagan as President. Contemporary Views of the Man, His Politics, and His Policies, Chicago 1990, S. 26–99 (Reagan, 21. 1. 1985, Zitat: 98); Michael W. Flamm, The Reagan Presidency and Foreign Policy: Controversies and Legacies, in: John Ehrman and Michael W. Flamm (eds.), Debating The Reagan Presidency, Lanham 2009, S. 101–224 (Reagan, 6. 2. 1985: 106, Reagan, 4. 3. 1987: 212); Joseph Hogan (ed.), The Reagan Years. The Record in Presidential Leadership, Manchester 1990; Stephen Grubaugh and Scott Sumner, Monetary Policy and the US Trade Deficit, ebd., S. 237–258; Michael Smith, The Reagan Presidency and Foreign Policy, ebd., S. 259–286; Joseph Hogan, The Reagan Presidency: An Assessment, ebd., S. 289–306; Larry Berman (ed.), Looking Back on the Reagan Presidency, Baltimore 1990; John L. Palmer (ed.), Perspectives on the Reagan Years, Washington, D. C. 1986; Isabel V. Sawhill, Reagonomics in Retrospect, ebd., S. 91–120 (Zitat Sawhill: 106); Thomas Carothers, In the Name of Democracy. U.S. Policy Toward Latin America in the Reagan Years, Berkeley 1991, S. 77 ff. Zum Watergate-Skandal siehe oben S. 545 ff., zum Treffen Carter – Breschnew, Wien 1979, 742 f., zum Beginn des Krieges zwischen Irak und Iran 790 f., zur Hochrüstung auf Pump 810 ff., zum Plaza Accord 814, zur Entwicklung in Nicaragua bis 1984 und zu den Boland Amendments 822, zu den amerikanischen Geiseln in Libanon 825 f.

3 Margaret Thatcher, The Downing Street Years, London 1993, S. 450 ff. (über Gorbatschow: 463, Rede in Brügge, 20. 9. 1988: 744 f.); Franz-Josef

Brüggemeier, Geschichte Großbritanniens im 20. Jahrhundert, München 2010, S. 326 ff.; Andrew Marr, A History of Modern Britain, Basingstoke 2007, S. 461 ff.; Keith Robbins, Eclipse of a Great Power. Modern Britain 1870–1992, London 1994², S. 360 ff.; Hugo Young, The Blessed Plot. Britain and Europe from Churchill to Blair, Basingstoke 1998, S. 472 ff.; Eric J. Evans, Thatcher and Thatcherism, London 1997, S. 53 ff.; E. H. H. Green, Thatcher, London 2010², bes. S. 146 ff.; René Rémond, Frankreich im 20. Jahrhundert, 2. Teil: 1958 bis zur Gegenwart (frz. Orig.: Paris 1991), Stuttgart 1995, S. 377 ff. (hier auch die wichtigsten ökonomischen Daten zu Frankreich, zu Le Pens Bemerkung zum Holocaust: 402); Serge Berstein et Pierre Milza, Histoire de la France au XXᵉ siècle, Paris 1995, S. 1185 ff.; Pierre Favier/Michel Martin-Rolland, La décennie Mitterrand. 2. Les épreuves (1984–1988), Paris 1991, S. 298 ff.; Franz-Olivier Giesbert, François Mitterrand. Die Biographie (frz. Orig.: Paris 1996), Berlin 1997, S. 428 ff.; Heinrich August Winkler, Der lange Weg nach Westen, 2 Bde., Bd. 2: Deutsche Geschichte vom «Dritten Reich» bis zur Wiedervereinigung (fortan: Weg II), München 2005⁶, S. 450 ff. (Genscher, 1. 2. 1987: 450, «Streitkulturpapier»: 453 f.); Edgar Wolfrum, Die geglückte Demokratie. Geschichte der Bundesrepublik Deutschland von ihren Anfängen bis zur Gegenwart, Stuttgart 2006, S. 365 ff.; Andreas Wirsching, Abschied vom Provisorium. Geschichte der Bundesrepublik Deutschland 1982–1990, München 2006, S. 223 ff. (hier auch die statistischen Daten); Karl-Rudolf Korte, Deutschlandpolitik in Helmut Kohls Kanzlerschaft. Regierungsstil und Entscheidungen 1982–1989, Stuttgart 1998, S. 324 ff.; Hans Woller, Geschichte Italiens im 20. Jahrhundert, München 2010, S. 341 ff. (Zitate Woller: 360–362); Christian Jansen, Italien seit 1945, Göttingen 2007, S. 196 ff.; Jens Petersen, Quo vadis, Italia? Ein Staat in der Krise, München 1995, S. 123 ff.; Denis Mack Smith, Modern Italy. A Political History, New Haven 1997, S. 474 ff.; Giuseppe Mammarella, L'Italia contemporanea 1943–2007, Bologna 2008², S. 481 ff.; John Dikkie, Cosa Nostra. Die Geschichte der Mafia (engl. Orig.: London 2004), Frankfurt 2006, S. 449 ff. Zu Honeckers Zwei-Nationen-Doktrin siehe oben S. 605 f., zur italienischen Staatsverschuldung 593, 664 f.

4 Tony Judt, Geschichte Europas von 1945 bis zur Gegenwart (engl. Orig.: London 2005), München 2006, S. 640 ff.; Edgar Hösch, Geschichte der Balkanländer. Von der Frühzeit bis zur Gegenwart, München 2008⁵, S. 266 ff.; Derek H. Aldcroft and Steven Morewood, Economic Change in Eastern Europe since 1918, Aldershot 1995, S. 156 ff.; Ivan T. Berend, Europe since 1980, Cambridge 2010, S. 42 ff.; Reneo Lukic and Allen Lynch, Europe from the Balkans to the Urals. The Disintegration of Yugoslavia and the Soviet Union, Oxford 1996, S. 119 ff.; Marie-Janine Calic, Geschichte Jugoslawiens im 20. Jahrhundert, München 2010, S. 264 ff. (ökonomische Daten: 264 ff., 277); Ann Lane, Yugoslavia. When Ideals Collide, Basingstoke 2004, S. 151 ff.; Holm Sundhaussen, Jugoslawien und

seine Nachfolgestaaten. Eine ungewöhnliche Geschichte des Gewöhnlichen, Wien 2012, S. 193 ff.; ders., Geschichte Serbiens. 19.–21. Jahrhundert, Wien 2007, S. 379 ff.; Arshi Pipa, Albanian Stalinism. Ideo-Political
Aspects, New York 1990, S. 117 ff.; Peter Bartl, Albanien. Vom Mittelalter
zur Gegenwart, Regensburg 1995, S. 270 ff.; Michael Schmidt-Neke,
Innenpolitik, in: Albanien (Südosteuropa-Handbuch, Bd. 7), hg. v. Klaus-
Detlef Grothusen, Göttingen 1993, S. 57–85 (79 ff.); Klaus Detlef Grothusen, Außenpolitik, ebd., S. 86–156 (135 ff.); Thomas Kunze, Nikolae
Ceauşescu. Eine Biographie, Berlin 2000, S. 302 ff.; Dennis Deletant,
Ceauşescu and the Securitate. Coercion and Dissent in Romania, 1965–
1989, London 1995, S. 166 ff.; Trond Gilberg, Nationalism and Commu-
nism in Romania. The Rise and Fall of Ceauşescu's Dictatorship, Boulder,
Colorado 1990, S. 47 ff. Zu Gorbatschows Besuch in Rumänien, Mai
1987: Gorbatschow, Erinnerungen (Anm. 1), S. 917 ff. Zum Ustascha-
Staat und zum Regime Antonescu: Winkler, Geschichte II (Anm. 1), u. a.
S. 961 f. Zu Milošević's Rede vom 28. 6. 1989 auf dem Amselfeld siehe
unten S. 982.

5 Gorbatschow, Erinnerungen (Anm. 1), S. 839 ff.; Jacques Rupnik (ed.),
1989 as a Political World Event. Democracy, Europe, and the New Inter-
national System in the Age of Globalization, New York 2014; Ludger
Kühnhardt, Revolutionszeiten. Das Umbruchjahr 1989 im geschichtlichen
Zusammenhang, München 1995, S. 211 ff.; Timothy Garton Ash, Ein
Jahrhundert wird abgewählt. Aus den Zentren Mitteleuropas 1980–1990
(engl. Orig.: New York 1989, Cambridge 1990), München 1990, S. 337 ff.;
Judt, Geschichte (Anm. 4), S. 640 ff.; Aldcroft/Morewood, Change
(Anm. 4), S. 177 ff.; Vojtech Mastny, Did Gorbachev Liberate Eastern Europe?, in: Olav Njølstad (ed.), The Last Decade of the Cold War. From
Conflict Escalation to Conflict Transformation, London 2004, S. 402–
423; Marc Kramer, Gorbachev and the Demise of East European Communism, in: Silvio Pons and Federico Romero (eds.), Reinterpreting the End
of the Cold War. Issues, Interpretations, Periodizations, Milton Park
2005, S. 179–200 (zu Gorbatschows Signal an die PVAP, September 1988:
188); György Dalos, Der Vorhang geht auf. Das Ende der Diktaturen in
Osteuropa, München 2009; Christoph Boyer, «1989» und die Wege dort-
hin, in: Vierteljahrshefte für Zeitgeschichte 59 (2011), S. 1–18; John Elster,
The Roundtable Talks and the Breakdown of Communism, Chicago 1996;
Richard J. Crampton, A Concise History of Bulgaria, Cambridge 1997,
S. 205 ff.; William M. Mahoney, The History of the Czech Republic and
Slovakia, Santa Barbara, Cal. 2011, S. 226 ff.; Jörg K. Hoensch, Geschichte
der Tschechoslowakei, Stuttgart 1992³, S. 193 ff.; Winkler, Weg II
(Anm. 3), S. 466 ff. (zum Sputnik-Verbot und zu Hagers Interview: 468);
Klaus Schroeder, Der SED-Staat. Geschichte und Strukturen der DDR,
München 1998, S. 279 ff.; László Kontler, Millennium in Central Europe.
A History of Hungary, Budapest 1999, S. 458 ff.; Andreas Schmidt-

Schweizer, Politische Geschichte Ungarns von 1985 bis 2002. Von der liberalisierten Einparteienherrschaft zur Demokratie in der Konsolidierungsphase, München 2007, S. 17 ff.; Arpád von Klimó, Ungarn seit 1945, Göttingen 2006, S. 204 ff.; Andrzej Chwalba, Kurze Geschichte der Dritten Republik Polen 1989 bis 2005 (poln. Orig.: Krakau 2005), Wiesbaden 2010, S. 17 ff.; Włodzimierz Borodziej, Geschichte Polens im 20. Jahrhundert, München 2010, S. 374 ff.; Reinhold Vetter, Polens eigensinniger Held. Wie Lech Wałęsas die Kommunisten überlistete, Berlin 2010, S. 168 ff.; ders., Bronisław Geremek. Der Stratege der polnischen Revolution, Berlin 2014, S. 214 ff. Das Wort des Propheten Micha: Micha 4,3. Zu Rosa Luxemburgs Wort über die «Freiheit der Andersdenken»: Winkler, Geschichte II (Anm. 1), S. 76. Zum Hitler-Stalin-Pakt: ebd., S. 680 f. Zum «Prager Frühling» von 1968 siehe oben S. 425 ff., zur Selbstverbrennung von Jan Palach 431 ff., zur «Charta 77» 736 f.

6 Brinkley, Nation (Anm. 2), S. 908 ff.; Stephan Bierling, Geschichte der amerikanischen Außenpolitik von 1917 bis zur Gegenwart, München 2004², S. 185 ff.; Christian Hacke, Zur Weltmacht verdammt. Die amerikanische Außenpolitik von Kennedy bis Clinton, Berlin 1997, S. 385 ff.; Wilentz, Age (Anm. 2), S. 263 ff. (Bushs Steuerversprechen: 270, «Vermehrung der Steuereinnahmen»: 308); Herbert S. Parmet, George Bush. The Life of a Lone Star Yankee, New York 1997, S. 350 ff. (Bushs Pekingreise: 375, Rede vom 12. 5. 1989 vor der Texas A&M University: 385 f., Rede in Mainz, 31. 5. 1989: 389); Colin Campbell, S. J., and Bert A. Rockman (eds.), The Bush Presidency. First Appraisals, New York 1991; Michael R. Beschloss and Strobe Talbott, At the Highest Levels. The Inside Story of the End of the Cold War, Boston 1993, S. 19 ff.; Winkler, Weg II (Anm. 3), S. 462 ff. (Genscher zum «Lance»-Kompromiß: 465); Hans-Peter Schwarz, Helmut Kohl. Eine politische Biographie, München 2012, S. 505 ff. (zu Bushs Verhältnis zur Bundesrepublik, Mai 1989: 512 ff.); Hildermeier, Geschichte (Anm. 1), S. 1034 ff. (zu den Wirkungen des Volksdeputiertenkongresses: 1035 ff.); Altrichter, Rußland (Anm. 1), S. 123 ff. (zum Volksdeputiertenkongreß: 158 ff., Daten zur Kriminalstatistik: 217 f., zu den Katastrophen vom 3./4. 6. 1989: 250 ff., die Zitate von Sacharow: 197, 204); ders., Zusammenbruch (Anm. 1), S. 534 ff. (zu den rätedemokratischen Ansätzen bei Gorbatschow und der Entwicklung der Präsidialverfassung); Brown, Gorbatschow-Faktor (Anm. 1), S. 311 ff.; zu Lenins Parteidoktrin: Winkler, Geschichte II (Anm. 1), S. 237 ff., zu Katyn S. 898. Zur «Reagan Recession» siehe oben S. 811 f., zur «S&L»-Krise 965, zu Gorbatschows Rede vor der UN-Vollversammlung vom 7. 12. 1988 907.

7 Rupnik (ed.), 1989 (Anm. 5); Stephen Kotkin, Uncivil Society. 1989 and the Implosion of the Communist Establishment, New York 2009; Susanne Stemmler u. a. (Hg.), 1989. Globale Geschichten, Göttingen 2009; George A. Lawson et al. (eds.), The Global 1989. Continuity and Change in World Politics, New York 2010; Angela Siebold, 1989 – eine Zäsur von globaler

Reichweite?, in: Aus Politik und Zeitgeschichte. Beilage zur Wochenzeitung «Das Parlament», 64 (2014), Nr. 24–26, 10. 6. 2014, S. 9–15; Aleksandr Galkin u. Anatolij Tschernjajew (Hg.), Michail Gorbatschow und die deutsche Frage. Sowjetische Dokumente 1986–1991. Dt. Ausgabe hg. v. Helmut Altrichter u. a., München 2011, 143–185 (Gorbatschow in Bonn, 12.–15. 6. 1989); Gorbatschow, Erinnerungen (Anm. 1), S. 739 ff. (Straßburger Rede, 6. 7. 1989: 739 f.); Thatcher, Years (Anm. 3), S. 707 ff. (Delors-Bericht, Madrider EG-Gipfel, 26./27. 6. 1989); Schmidt-Schweizer, Geschichte (Anm. 5), S. 107 ff.; Kontler, Millennium (Anm. 5), S. 467 ff.; Ezra F. Vogel, Deng Xiaoping and the Transformation of China, Cambridge, Mass. 2001, S. 377 ff.; Richard Evans, Deng Xiaoping and the Making of Modern China, New York 1994, S. 272 ff. (Volkszeitung, 26. 4. 1989: 289); Benjamin Yang, Deng. A Political Biography, New York 1998, S. 243 ff. (Deng, 16. 6. 1989: 251); Borodziej, Geschichte (Anm. 5), S. 381 f.; Vetter, Held (Anm. 5), S. 226 ff.; ders., Geremek (Anm. 5), S. 243 ff.; Winkler, Weg II (Anm. 3), S. 483 ff. (Volkskammer zum Pekinger Massaker, 8. 6. 1989: 483, Gorbatschow in Bonn, 12. 6. 1989, Abschlußkommuniqué, Gorbatschow zur Berliner Mauer: 483 f.); Alain Gresh, Israel – Palästina. Hintergrund eines Konflikts (frz. Orig.: Paris 2001), Zürich 2009, S. 135 ff.; Jacques Delors, Erinnerungen eines Europäers (frz. Orig.: Paris 2004), Berlin 2004, S. 189 ff.; Gerhard Brunn, Die Europäische Einigung von 1945 bis heute, Stuttgart 2002, S. 254 ff.; Wilfried Loth, Europas Einigung. Eine unvollendete Geschichte, Frankfurt 2014, S. 259 ff.; Harold James, Making the European Monetary Union. The Role of the Committee of Central Bank Governors and the Origins of the European Central Bank, Cambridge, Mass. 2012, S. 265 ff.; Kenneth Dyson and Kevin Featherstone, The Road to Maastricht. Negotiating Economic and Monetary Union, Oxford 1999, S. 342 ff.; Sundhaussen, Jugoslawien (Anm. 4), S. 219 ff. (Milošević, 28. 6. 1989: 262); Altrichter, Russland (Anm. 1), S. 307 ff. (Bukarester Kommuniqué, 8. 7. 1989: 333); Ahmed Hashim, The Crisis of the Iranian State: Domestic, Foreign and Security Policies in Post-Khomeini Iran, London 1995; Stephan Kaußen, Von der Apartheid zur Demokratie. Die politische Transformation Südafrikas, Opladen 2003, S. 106 ff. Gorbatschows Rede vor der Beratenden Versammlung des Europarats vom 6. 7. 1989 in: Uwe Holtz (Hg.), 50 Jahre Europarat, Baden-Baden 2000, S. 311–316. Zur Revolution in Ungarn 1956 siehe oben S. 228 ff., zur Breschnew-Doktrin 430 ff., zum Werner-Bericht 594, zum Europäischen Währungssystem 770 ff., zur Islamischen Revolution in Iran 773 ff., zum Runden Tisch in Polen 961 ff.

8 Dokumente zur Deutschlandpolitik. Deutsche Einheit. Sonderedition aus den Akten des Bundeskanzleramtes 1989/90. Bearb. v. Hanns Jürgen Küsters u. Daniel Hofmann, München 1998, S. 377–382 (Gespräch Kohl/Genscher – Nemeth/Horn, 25. 8. 1989); Gorbatschow, Erinnerungen (Anm. 1), S. 816 ff.; Parmet, Bush (Anm. 6), S. 404 ff.; Garton Ash, Jahr-

hundert (Anm. 5), S. 337 ff.; Altrichter, Russland (Anm. 1), S. 226 ff. (Reaktionen auf «Ruch»: 235, zum Bergarbeiterstreik: 264 ff., ZK der KPdSU
zu den baltischen Demonstrationen und Antwort der «Volksfronten»:
287 f., ungarische Wirtschaftsdaten: 343, Erklärung der Bewegung für ein
demokratisches Ungarn: 345); Huber, Moskau (Anm. 1), S. 150 ff.; An-
dreas Kappeler, Kleine Geschichte der Ukraine, München 2009³, S. 246 ff.;
Borodziej, Geschichte (Anm. 5), S. 383 ff. (zur Inflationsrate in Polen: 385);
Vetter, Held (Anm. 5), S. 276 ff.; ders., Geremek (Anm. 5), S. 252 ff.;
Schmidt-Schweizer, Geschichte (Anm. 5), S. 173 ff.; Kontler, Millennium
(Anm. 5), S. 467 f.; Winkler, Weg II (Anm. 3), S. 481 ff.; Ulrich Herbert,
Geschichte Deutschlands im 20. Jahrhundert, München 2014, S. 1091 ff.;
Andreas Rödder, Deutschland einig Vaterland. Die Geschichte der Wie-
dervereinigung, München 2009, S. 71 ff. (zur Bonner Wirtschaftshilfe für
Ungarn: 72 ff.); Andreas Wirsching, Der Preis der Freiheit. Geschichte
Europas in unserer Zeit, München 2012, S. 27 ff.. Zum Hitler-Stalin-Pakt:
Winkler, Geschichte II (Anm. 1), S. 880 ff.

9 Galkin/Tschernjajew (Hg.), Gorbatschow (Anm. 7), S. 187–197 (Gorbatschow in Ost-Berlin, 7. 10. 1990); Winkler, Weg II (Anm. 3), S. 486 ff.
(Zitate Otto Reinhold, 19. 8. 1989: 487 f., zu den Schätzungen der Staatssicherheit vom 1. 6. 1989: 491, zu den frühen Leipziger Montagsdemon-
strationen und zum Neuen Forum: 491 ff., zu Gorbatschows Auftritten in
Ost-Berlin am 5. 11. 1989 und den Leipziger Demonstrationen seit dem
2. 10. 1989: 499 ff., Entwurf der Reiseverordnung und Pressekonferenz
Schabowskis, 9. 11. 1989: 510 f., Helmut Lippelt im Bundestag, 9. 11.
1989: 511 f.); Hannes Adomeit, Imperial Overstretch: Germany in Soviet
Policy from Stalin to Gorbachev. An Analysis Based on New Archival Evi-
dence, Memoirs and Interviews, Baden-Baden 1998, S. 381 ff.; Rödder,
Deutschland (Anm. 8), S. 71 ff.; Ilko-Sascha Kowalczuk, Endspiel. Die Re-
volution von 1989 in der DDR, München 2009, S. 407 ff.; Hans-Hermann
Hertle, Der Fall der Mauer. Die unbeabsichtigte Selbstauflösung des SED-
Staates, Opladen 1996; ders., Chronik des Mauerfalls. Die dramatischen
Ereignisse um den 9. November 1989, Berlin 1996; Elizabeth Pond, Be-
yond the Wall. Germany's Road to Unification, Washington, D. C. 1993;
Charles S. Maier, Dissolution. The Crisis of Communism and the End of
East Germany, Princeton 1997; Hartmut Zwahr, Ende einer Selbstzerstö-
rung. Leipzig und die Revolution in der DDR, Göttingen 1993; Wolfgang
Jäger in Zusammenarbeit mit Michael Walter, Die Überwindung der Tei-
lung. Der innerdeutsche Prozeß der Vereinigung (Geschichte der deutschen
Einheit in vier Bänden, Bd. 1), Stuttgart 1998, S. 438 ff.; Walter Süß, Der
friedliche Ausgang des 9. Oktober in Leipzig, in: Martin Sabrow (Hg.),
1989 und die Rolle der Gewalt, Göttingen 2012, S. 173–202.

10 Judt, Geschichte (Anm. 4), S. 708 ff. (Zitat Judt: 720); Garton Ash, Jahrhundert (Anm. 4), S. 19 ff.; Altrichter, Russland (Anm. 1), S. 358 ff.
(Schiwkows Redetext vom 26. 10. 1989: 374 f.); Hoensch, Geschichte

(Anm. 5), S. 212 ff. (Zitate Havel, 1. 1. 1990: 216); John K. Glenn, Competing Challengers and Contested Outcomes to State Breakdown: The Velvet Revolution in Czechoslovakia, in: Social Forces 78 (1999), S. 187–211; Crampton, History (Anm. 5), S. 216 ff. (Zitat Schelest: 219); Stefan Troebst, Bulgarien 1989. Gewaltarmer Regimewandel in gewaltträchtigem Umfeld, in: Sabrow (Hg.), 1989 (Anm. 9), S. 357–383; Peter Ulrich Weiß, Traumatische Befreiung. Die rumänische Revolution von 1989/90 als unbewältigte Gewalterfahrung, ebd., S. 304–336 (Zitat Weiß: 313); Wolfgang Höpken (Hg.), Revolution auf Raten. Bulgariens Weg zur Demokratie, München 1996; Anneli Ute Gabany, Systemwechsel in Rumänien. Von der Revolution zur Transformation, München 1998, S. 150 ff.; Kunze, Ceauşescu (Anm. 4), S. 375 ff. (Zitat Kunze: 392); Deletant, Ceauşescu (Anm. 4), S. 351 ff. (zur Rolle der Miliz am 22. 12. 1989 und danach: 364). Zur «Charta 77» siehe oben S. 736 f.

11 Galkin/Tschernjajew (Hg.), Gorbatschow (Anm. 7), S. 252–254 (Gipfel auf Malta, 3. 12. 1989), 254–265 (Genscher in Moskau, 5. 12. 1989), 292–304 (Modrow in Moskau, 30. 1. 1990), 310–317 (Baker in Moskau, 9. 2. 1990), 317–337 (Kohl u. Genscher in Moskau, 10. 2. 1990); Helmut Kohl, Erinnerungen 1982–1990, München 2005, S. 954 ff.; Hans-Dietrich Genscher, Erinnerungen, Berlin 1995, S. 650 ff.; Horst Teltschik, 329 Tage. Innenansichten der Einigung, Berlin 1991, S. 42 ff.; James A. Baker, Drei Jahre, die die Welt veränderten (amerik. Orig.: New York 1995), Berlin 1996, S. 149 ff.; Thatcher, Years (Anm. 3), S. 789 ff.; Jacques Attali, Verbatim. Tome 3: Chronique des années 1988–1991, Paris 1995 (Mitterrand zur DM als «Deutschlands Atombombe», 17. 8. 1988: S. 74); Pierre Favier et Michel Martin-Roland, La Décennie Mitterrand. Tome 3: Les defies (1988–1991), Paris 1996; La diplomatie française face à l'unification allemande. D'après des archives inédites présentées par Maurice Vaïsse et Christian Wenkel, Paris 2011; Documents on British Policy Overseas. Series III, vol. VII: German Unification 1988–1990, London 2010, S. 164–166 (Gespräch Thatcher – Mitterrand, 8. 12. 1989); Dokumente (Anm. 8), S. 795–811 (Gespräch Kohl – Gorbatschow in Moskau, 10. 2. 1990); Schwarz, Kohl, Biographie (Anm. 6), S. 527 ff.; Rödder, Deutschland (Anm. 8), S. 137 ff.; Gerhard A. Ritter, Hans-Dietrich Genscher, Das Auswärtige Amt und die deutsche Vereinigung, München 2012, S. 34 ff.; Wilfried Loth, Helmut Kohl und die Währungsunion, in: Vierteljahrshefte für Zeitgeschichte 61 (2013), S. 455–490; ders., Einigung (Anm. 7), S. 288 ff.; Winkler, Weg II (Anm. 3), S. 517 ff. (Modrow, 17. 11. 1989: 521, Kohl, 28. 11. 1989: 523, Straßburger EG-Gipfel, 8./9. 12. 1989: 525, Zitate der Ost-CDU u. der LDPD: 534, der SPD: 536, Brandt u. Lafontaine 18./19. 12. 1989: 536–539, Kohl, 19. 12. 1989: 542, Weizsäcker, 8. 6. 1985: 543, Modrow, 30. 1. 1990: 546 f., Kohl, 6. 2. 1990: 547, Beschluß des Bundestags, 8. 3. 1990: 552); Gerhard A. Ritter, Der Preis der Einheit. Die Wiedervereinigung und die Krise des Sozialstaates, München 2006,

S. 18 ff.; Jäger, Überwindung (Anm. 10), S. 58 ff.; Philip Zelikow/Condo-
leezza Rice, Sternstunde der Diplomatie. Die deutsche Einheit und das
Ende der Spaltung Europas (amerik. Orig.: Cambridge, Mass. 1995), Berlin 1996, S. 149 ff. (Zitate vom Gipfel in Malta, 2./3. 12. 1989: 190);
Robert L. Hutchings, American Diplomacy and the End of the Cold War.
An Insider's Account of U.S. Policy in Europe, Washington, D.C. 1997;
Mary Elise Sarotte, 1989. The Struggle for Post-Cold War Europe, Princeton 2009, S. 107 ff.; Werner Weidenfeld mit Peter M. Wagner u. Elke
Bruck, Außenpolitik für die deutsche Einheit. Die Entscheidungsjahre
1989/90, Stuttgart 1998, S. 97 ff. (Gorbatschow und Schewardnadse,
5. 12. 1989: 123); Adomeit, Overstretch (Anm. 9), S. 463 ff.; Giesbert, Mitterrand (Anm. 3), S. 498 ff.; Ulrich Lappenküper, Mitterrand und Deutschland. Die enträselte Sphinx, München 2011, S. 258 ff.; Frédéric Bozo, Mitterrand, La fin de la guerre froide et l'unification allemande. De Yalta à
Maastricht, Paris 2005, S. 129 ff.; Thilo Schabert, Wie Weltgeschichte gemacht wird. Frankreich und die deutsche Einheit, Stuttgart 2002, S. 354 ff.;
Angelika Praus, Das Ende einer Ausnahme. Frankreich und die Zeiten-
wende 1989/90, Marburg 2014; Brunn, Einigung (Anm. 7), S. 264 ff.; Garton Ash, Jahrhundert (Anm. 4), S. 401 ff. (Zitat Garton Ash: 401). Zu den
Gesprächen von Baker, Kohl und Genscher in Moskau am 9./10. 2. 1990:
Marc Kramer, The Myth of a No-NATO-Enlargement Pledge, in: The
Washington Quarterly 32 (2009), No. 2 (April), S. 39–61; Uwe Kluss-
mann, Matthias Schepp, Klaus Wiegrefe, «Absurde Vorstellung», in: DER
SPIEGEL, Nr. 48, 23. 11. 2009; Mary E. Sarotte, Diplomatie in der Grau-
zone, in: sueddeutsche.de, 17. 5. 2010. Weizsäckers Satz «Die deutsche
Frage ist offen, solange das Brandenburger Tor zu ist», geht zurück auf
einen entsprechenden Satz einer Rede des Berliner Innensenators Heinrich
Lummer (CDU) im Berliner Abgeordnetenhaus am 6. 12. 1984. Zum Brief
zur deutschen Einheit siehe oben 578 f.

12 Stephan Bierling, Geschichte des Irakkriegs. Der Sturz Saddams und Amerikas Albtraum im Mittleren Osten, München 2010, S. 9 ff. (bes. 15 ff.);
ders., Geschichte (Anm. 6), S. 205 ff. (Bush, 11. 9. 1990: 207); Parmet,
Bush (Anm. 6), S. 411 ff. (Panama), 442 ff. (Irak, Resolution 678: 474);
Wilentz, Age (Anm. 2), S. 279 ff. (zum historischen Ort der Intervention in
Panama: 294); George C. Edwards III, George Bush and the Public Presi-
dency: The Politics of Inclusion, in: Campbell/Rockman (eds.), Bush Presi-
dency (Anm. 6), S. 129–154 (Umfrage, Januar 1990: 137); Amatzia Baram,
The Iraqi Invasion of Kuwait: Decision-making in Bagdad, in: ders. u.
Barry Rubins (eds.), Iraq's Road to War, Basingstoke 1994, S. 5–36 (Glass-
spie über Saddam, 25. 7. 1990: 20 f.); Barry Rubin, The United States and
Iraq: From Appeasement to War, ebd., S. 255–272; Kenneth M. Pollack,
The Threatening Storm. The Case for Invading Iraq, New York 2002,
S. 36 ff.; Tim Weiner, CIA. Die ganze Geschichte (amerik. Orig.: New
York 2007), Frankfurt 2008, S. 555 ff.; Paul Kennedy, Parlament der

Menschheit. Die Vereinten Nationen und der Weg zur Weltregierung (amerik. Orig.: New York 2006), München 2007, S. 85 f. Zur Entstehung der Republik Panama und den amerikanischen Hoheitsrechten in der Panamakanalzone: Winkler, Geschichte I (Anm. 1), S. 972 ff., zu Carters Panamavertrag siehe oben S. 746 f., zum Krieg zwischen Irak und Iran 790 f.

13 Gorbatschow, Erinnerungen (Anm. 1), S. 507 ff. («Bruch mit dem Bolschewismus»: 528); Altrichter, Zusammenbruch (Anm. 1), S. 566 ff.; ders., Russland (Anm. 1), S. 388 ff.; Huber, Moskau (Anm. 1), S. 192 ff.; Brown, Gorbatschowfaktor (Anm. 1), S. 437 ff.; Dalos, Gorbatschow (Anm. 1), S. 230 ff.; Sandle, Gorbatschow (Anm. 1), S. 153 ff.; Hildermeier, Geschichte (Anm. 1), S. 1038 ff. Zur «Doppelherrschaft» in Rußland 1917: Winkler, Geschichte II (Anm. 1), S. 41 ff.

14 Galkin/Tschernjajew (Hg.), Gorbatschow (Anm. 7), S. 432–443 (Gorbatschow in Washington, 31. 6. 1990), 458–503 (Kohl in der Sowjetunion, 15./16. 7. 1990); Winkler, Weg II (Anm. 3), S. 564 ff. (Zitat «Kommt die D-Mark ...»: 574, Bush, 31. 5. 1990: 581 f., Londoner NATO-Erklärung vom 5./6. 7. 1990: 586, Kohl, 23. 8. 1990: 594, Protokollnotiz vom 12. 9. 1990: 598, Bush, 1. 10. 1990: 599, Weizsäcker, 3. 10. 1990: 601, KSZE-Gipfel und «Charta von Paris», 19.–21. 11. 1990: 602 f., Schäuble, 20. 6. 1991: 610); Adomeit, Overstretch (Anm. 9), S. 491 ff.; Rödder, Deutschland (Anm. 8), S. 226 ff.; Ritter, Preis (Anm. 11), S. 79 ff.; ders., Genscher (Anm. 11), S. 51 ff.; Jäger, Überwindung (Anm. 9), S. 165 ff.; Dieter Grosser, Das Wagnis der Währungs-, Wirtschafts- und Sozialunion. Politische Zwänge im Konflikt mit ökonomischen Regeln, Stuttgart 1998, S. 227 ff.; Zelikow/Rice, Sternstunde (Anm. 11), S. 280 ff.; Sarotte, 1989 (Anm. 11), bes. S. 195 ff. Zum Begriff «postnationale Demokratie unter Nationalstaaten»: Karl Dietrich Bracher, Die deutsche Diktatur. Entstehung, Struktur, Folgen des Nationalsozialismus, Köln 1979[6], S. 544 (Ergänzung aus der 5. Aufl. von 1976); ders., Politik und Zeitgeist. Tendenzen der siebziger Jahre, in: ders. u. a., Republik im Wandel 1969–1974. Die Ära Brandt (Geschichte der Bundesrepublik Deutschland, Bd. V/1), Stuttgart 1986, S. 285–406 (405 f.). Zum Potsdamer Abkommen: Winkler, Geschichte II (Anm. 1), S. 1143 ff. Zur «Bodenreform» von 1946 in der sowjetischen Besatzungszone siehe oben S. 42.

15 Thatcher, Years (Anm. 3), S. 839 ff.; Documents (Anm. 11), S. 481–487 (Mallaby/Eyers, 2. 10. 1990); Green, Thatcher (Anm. 3), S. 186 ff.; Brüggemeier, Geschichte (Anm. 3), S. 332 ff.; Marr, History (Anm. 3), S. 466 ff.; Robbins, Eclipse (Anm. 3), S. 364 ff.; Winkler, Weg II (Anm. 3), S. 575 ff. (Thatcher, 25. 2. 1990: 575, Chequers-Runde, 24. 3. 1990, und Ridley, 14. 7. 1990: 576 [Hervorhebung im Original]). Zum britischen «jingoism» im späten 19. Jahrhundert: ders., Geschichte I (Anm. 1), S. 865 f.

16 Judt, Geschichte (Anm. 4), S. 791 ff.; Wirsching, Preis (Anm. 8), S. 72 ff. (Visegrád, 15. 2. 1991: 74, Mazowiecki, 12. 9. 1989: 107, Olszewski, Dezember 1991: 111); Aldcroft/Morewood, Change (Anm. 4), S. 206 ff.; Juan

J. Linz and Alfred Stepan, Problems of Democratic Transition and Consolidation. Southern Europe, South America, and Post-Communist Europe, Baltimore 1996, 231 ff.; Wolfgang Merkel, Systemtransformation, Opladen 1999, S. 375 ff.; Georg Brunner, Rechtskultur in Osteuropa: Das Problem der Kulturgrenzen, in: ders. (Hg.), Politische und ökonomische Transformation in Osteuropa, Berlin 2000³, S. 111–132; Boyer, «1989» (Anm. 5), S. 1–18; ders., Vom Kommunismus zum Kapitalismus. Tschechien, Slowakei und Ungarn (1989–2009), in: Dietmar W. Winkler (Hg.), Vom Umbruch zum Aufbruch? Kirchliche und gesellschaftliche Entwicklungen in Ostmitteleuropa nach dem Zerfall des Kommunismus, Innsbruck 2010, S. 67–81; ders./Friederike Sattler (eds.), European Economic Elites Between a New Spirit of Capitalism and the Erosion of State Socialism, Berlin 2009; Jürgen Beyer/Wielgohls (eds.), Successful Transitions. Political Factors of Socio-Economic Progress in Postsocialist Countries, Baden-Baden 2001; Jerzy Mackow, Totalitarismus und danach. Einführung in den Kommunismus und die postkommunistische Systemtransformation, Baden-Baden 2005; Klaus von Beyme, Systemwechsel in Osteuropa, Frankfurt 1994, S. 124 ff.; Hans-Joachim Veen u. a. (Hg.), Die Folgen der Revolution. 20 Jahre nach dem Kommunismus, Köln 2010; ders. (Hg.), Alte Eliten in jungen Demokratien? Wechsel, Wandel und Kontinuität in Mittel- und Osteuropa, Köln 2004; Kontler, Millennium (Anm. 5), S. 469 ff. (Interview Antalls: 473); Schmidt-Schweizer, Geschichte (Anm. 5), S. 193 ff.; Borodziej, Geschichte (Anm. 5), S. 383 ff.; Vetter, Held (Anm. 5), S. 334 ff.; ders., Geremek (Anm. 5), S. 260 ff.; Hoensch, Geschichte (Anm. 5), S. 216 ff.; Cornelius Ochmann, Polen, in: Werner Weidenfeld (Hg.), Europa-Handbuch. Aktualisierte Neuausgabe 2002, Gütersloh 2002, S. 237–245; Josefine Wallat, Tschechische Republik, ebd., S. 300–306; András Inotai, Ungarn, ebd., S. 314–321. Zu den vormodernen Gewaltenteilungen im alten Okzident: Winkler, Geschichte I (Anm. 1), S. 52 ff. Zum Vertrag von Trianon (1920): ders., Geschichte II (Anm. 1), S. 187. Zur autoritären Transformation in Ostmitteleuropa in der Zwischenkriegszeit: ebd., 332 ff., zur Konferenz von Jalta, Februar 1945, 1092 ff. Zu den Wahlen in der ČSFR, 5./6. 6. 1990 siehe oben S. 1006.

17 Parmet, Bush (Anm. 6), S. 442 ff.; Bierling, Geschichte (Anm. 12), S. 19 ff.; Pollak, Storm (Anm. 12), S. 41 ff.; Baram, Invasion (Anm. 12), S. 26 ff.; Rubin, United States (Anm. 12), S. 268 ff.; Helmut Hubel, Western Europe and Iraq: The Cases of France and West Germany, in: Baram and Rubin (eds.), Road (Anm. 12), S. 273–286; Giesbert, Mitterrand (Anm. 3), S. 540 f.; Genscher, Erinnerungen (Anm. 11), S. 899 ff.; Schwarz, Kohl (Anm. 6), S. 631 ff., Winkler, Weg II (Anm. 3), S. 622 ff.; Hans Leyendecker und Richard Richelmann, Exporteure des Todes. Deutscher Rüstungsskandal in Nahost, Göttingen 1990.

18 Bartl, Albanien (Anm. 4), S. 270 ff.; Schmidt-Neke, Innenpolitik, in: Albanien (Anm. 4), S. 83 ff.; Fabian Schmidt, Albanien, in: Weidenfeld (Hg.),

Europa-Handbuch (Anm. 16), S. 69–74 (ökonomische Daten: 71); Dunja Melšić (Hg.), Der Jugoslawienkrieg. Handbuch der Vorgeschichte, Verlauf und Konsequenzen, Wiesbaden 2007²; Jacques Rupnick, Die Welt im Balkanspiegel: Das Agieren der Großmächte, ebd., S. 461–474; Calic, Geschichte (Anm. 4), S. 297 ff. (Rupel, 2. 7. 1991: 303, Zitat Calic: 304); Sundhaussen, Geschichte (Anm. 4), S. 305; John B. Allcock, Explaining Yugoslavia, London 2000, S. 411 ff. (Zitat Allcock: 429); Lane, Yugoslavia (Anm. 4), S. 154 ff.; Lukic/Lynch, Europe (Anm. 4), S. 144 ff. (Zitat Poos, 7. 7. 1991: 260); Tom Gallagher, The Balkans After The Cold War. From Tyranny to Tragedy, London 2003; Christopher Bennett, Yugoslavia's Bloody Collapse. Causes, Course and Consequences, London 1995, S. 83 ff.; Richard H. Ullman (ed.), The World and Yugoslavia's Wars, New York 1996; Stanley Hoffmann, Yugoslavia: Implications for Europe and European Institutions, ebd., S. 97–121; Alistair Finlan, The Collapse of Yugoslavia 1991–1999, Botley 2004, S. 13 ff.; Susan L. Woodward, Balkan Tragedy. Chaos and Dissolution After the Cold War, Washington, D. C. 1995; Florian Bieber, Nationalismus in Serbien vom Tode Titos bis zum Ende der Ära Milošević, Wien 2005; Judt, Geschichte (Anm. 4), S. 766 ff.; Wirsching, Preis (Anm. 8), S. 121 ff.; Aldcroft/Morewood, Change (Anm. 4), S. 200 ff.; Norman M. Naimark, Flammender Haß. Ethnische Säuberungen im 20. Jahrhundert (amerik. Orig.: Cambridge, Mass. 2001), München 2004, S. 175 ff.; Michael Mann, The Dark Side of Democracy. Explaining Ethnic Cleansing, Cambridge 2005; Philipp Ther, Die dunkle Seite der Nationalstaaten. «Ethnische Säuberungen» im modernen Europa, Göttingen 2011, S. 239 ff.; Schwarz, Kohl (Anm. 6), S. 679 ff.; Genscher, Erinnerungen (Anm. 11), S. 927 ff. (Zitat van der Broek, 18. 10. 1991: 954). Zur deutschen Mitteleuropapolitik im Ersten Weltkrieg: Winkler, Geschichte II (Anm. 1), S. 24 ff., in der späten Weimarer Republik 564 ff. Zum EU-Gipfel von Maastricht siehe das erste Kapitel des folgenden Bandes: Geschichte des Westens, Die Zeit der Gegenwart, München 2015.

19 Gorbatschow, Erinnerungen (Anm. 1), S. 543 ff.; Genscher, Erinnerungen (Anm. 11), S. 907 ff. (Schewardnadse, 20. 12. 1990: 907); Hildermeier, Geschichte (Anm. 1), S. 1050 ff. (Putsch vom 19.–21. 8. 1991: 1055 ff., Zitat Hildermeier: 1057); Altrichter, Geschichte (Anm. 1), S. 193 ff.; John L. H. Keep, The Last of Empires. A History of the Soviet Union 1945–1991, Oxford 1995, S. 329 ff.; Martin Malia, The Soviet Tragedy. A History of Socialism in Russia, 1917–1991, New York 1994, S. 491 ff.; Brown, Gorbatschow-Faktor (Anm. 1), S. 449 ff. (Zitate Gorbatschow, 22. 1. 1991: 462, «Wort an das Volk», 23. 7. 1991: 476, Brown: 495); ders., Seven Years (Anm. 1), S. 191 ff. (Referendum, 17. 3. 1991: 195); Huber, Moskau (Anm. 1), S. 220 ff.; Dalos, Gorbatschow (Anm. 1), S. 240 ff.; Sandle, Gorbachev (Anm. 1), S. 263 (Zitate Gorbatschow, 25. 12. 1991: 268–271); Beschloss/Talbott, Levels (Anm. 6), S. 374 ff. Zum «500-Tage-Plan» siehe oben S. 1043.

20 Heinrich August Winkler, Zum Verhältnis von bürgerlicher und proletarischer Revolution bei Marx und Engels, in: ders., Revolution, Staat, Faschismus. Zur Revision des Historischen Materialismus, Göttingen 1978, S. 8–34; ders., Die unwiederholbare Revolution. Über einen Fehlschluß von Marx und seine Folgen, in: ders., Streitfragen der deutschen Geschichte. Essays zum 19. u. 20. Jahrhundert, München 1997, S. 9–30; ders., Geschichte I (Anm. 1), S. 52 ff. (zur Trennung von geistlicher und weltlicher sowie von fürstlicher und ständischer Gewalt im Okzident), 368 f. (zu Babeuf), 548 ff. (zur Rezeption von Babeuf bei Marx und Engels); ders., Geschichte II (Anm. 1), S. 42 ff. (zu Lenins Revolutionstheorie), 447 ff. (zum Begriff «totalitär»), 511 ff. (zum «Aufbau des Sozialismus in *einem* Lande»), 715 ff. (zum «Großen Terror» in der Sowjetunion), 1210 ff. (zum Vergleich der Totalitarismen); David Priestland, Weltgeschichte des Kommunismus. Von der Französischen Revolution bis heute (amerik. Orig.: New York 2009), München 2009, S. 9 ff.; François Furet, Das Ende der Illusion. Der Kommunismus im 20. Jahrhundert (frz. Orig.: Paris 1995), München 1996; Gerd Koenen, Was war der Kommunismus?, Göttingen 2010; Charles S. Maier, The Cold War as an Era of Imperial Rivalry, in: Pons/Romero (eds.), Reinterpretion (Anm. 5), S. 13–20 (auch zur Krise des «fordistischen» Produktionsmodells in West und Ost); Odd Arne Westad, Beginnings of the End: How the Wold War Crumbled, ebd., S. 39–51; Francesco Benvenuti and Silvio Pons, The End of Soviet Communism. A Review, ebd., S. 201–228; Stephen F. Cohen, Was the Soviet System Reformable?, in: Slavic Review 63 (2004), S. 459–488; Marc Kramer, The Reform of the Soviet System and the Demise of the Soviet State, ebd., S. 505–512 (zur Unterscheidung zwischen «System» und «Staat»); Schwarz, Kohl (Anm. 6), S. 670 ff. (Gorbatschow – Kohl, Telefonat vom 30. 4. 1991: 672); Aldcroft/Morewood, Change (Anm. 4), S. 189 ff. (Auslandsverschuldung der Sowjetunion, 1989: 193); Brown, Seven Years (Anm. 1), S. 3 f. (Zitat Brown: 18); Hildermeier, Geschichte (Anm. 1), S. 1047 (Zitat Hildermeier: 1050, Hervorhebung im Original); Neutatz, Träume (Anm. 1), S. 520 ff. Zum Phänomen des «imperial overstretch»: Paul Kennedy, The Rise and Fall of the Great Powers. Economic Change and Military Conflict from 1500 to 2000, New York 1987[1], S. 515. Zu Richard Löwenthals Analyse von 1965 siehe oben S. 413 f., zu Gorbatschows Äußerung zur Demokratie vom Januar 1987 901.

21 Francis Fukuyama, The End of History?, in: National Interest 16 (Summer 1989), S. 3–18 (Zitate: 3, 18, Hervorhebung im Original); ders., Das Ende der Geschichte. Wo stehen wir? (amerik. Orig.: New York 1992), München 1992 (Zitate zur ideologischen Evolution und zum weltweiten Konsens: 11); Alexandre Kojève, Hegel. Vergegenwärtigung seines Denkens. Kommentare zur «Phänomenologie des Geistes», hg. v. Iring Fetscher (frz. Orig.: Paris 1947), Stuttgart 1958; Samuel P. Huntington, The Future of Endings, in: National Interest 17 (Fall 1989), S. 3–11; ders., Kampf der

Kulturen. Die Neugestaltung der Weltpolitik im 21. Jahrhundert (amerik. Orig.: New York 1996), München 1996 (Zitat zur multikulturellen Welt: 525); Amartya Sen, Die Identitätsfalle. Warum es keinen Krieg der Kulturen gibt (engl. Orig.: London 2006), München 2007; Robert Cooper, The Post-Modern State and the World Order, London 2000 (Zitate: 7 f., Hervorhebung im Original); Jan-Werner Müller, Das demokratische Zeitalter. Eine politische Ideengeschichte Europas im 20. Jahrhundert (amerik. Orig.: New Haven 2011), Berlin 2013, S. 340 ff.; Ludwig Dehio, Gleichgewicht oder Hegemonie. Betrachtungen über ein Grundproblem der neueren Staatengeschichte, Krefeld 1949[1]; Zbigniew Brzeziński, Die einzige Weltmacht. Amerikas Strategie der Vormacht (amerik. Orig.: New York 1997), Weinheim 1997 (Zitat: 15, Hervorhebung im Original); Garthoff, Transition (Anm. 2), S. 716 ff. (zur Dritte-Welt-Politik Gorbatschows); Jürgen Osterhammel u. Niels P. Petersson, Geschichte der Globalisierung. Dimensionen, Prozesse, Epochen, München 2007[4] (Zitate: S. 26, 86); Brinkley, Nation (Anm. 2), S. 934 ff. (Entstehung des Internet); Wirsching, Preis (Anm. 8), S. 226 ff.; Manuel Castells, The Internet Galaxy. Reflections on the Internet, Business and Society, Oxford 2002, S. 10 ff.; Marshall McLuhan, The Global Village. Der Weg der Mediengesellschaft in das 21. Jahrhundert (amerik. Orig.: New York 1989), Paderborn 1995; Saskia Sassen, Das Paradox des Nationalen. Territorium, Autorität und Rechte im globalen Zeitalter (amerik. Orig.: Princeton 2006), Frankfurt 2008, S. 517 ff.; Karl Marx, Das Kapital. Kritik der politischen Ökonomie, 1. Bd. (1867), in: Karl Marx/Friedrich Engels, Werke, Bd. 23, Berlin 1962, S. 741–791; Das Überleben sichern: Gemeinsame Interessen der Industrie- und Entwicklungsländer. Bericht der Nord-Süd-Kommission. Mit einer Einleitung des Vorsitzenden Willy Brandt, Köln 1980. Zur «terra nullius» im Völkerrecht: Wilhelm Grewe, Epochen der Völkerrechtsgeschichte, Baden-Baden 1988[2], S. 154 ff. Zu Max Webers Lehre vom staatlichen Gewaltmonopol: Winkler, Geschichte I (Anm. 1), S. 136, zum Westfälischen Frieden von 1648: 122 ff., zur Schlacht von Jena und Auerstedt von 1806: 393. Zur Konferenz von Jalta, Februar 1945: ders., Geschichte II (Anm. 1), S. 1094 ff., zur Denkfigur des «zweiten Dreißigjährigen Krieges» 1197 ff. Zum ersten Ölpreisschock von 1973 siehe oben S. 614, 629 ff., zur Einsetzung der Nord-Süd-Kommission durch Weltbankpräsident Robert McNamara 1977 siehe oben S. 659, zur Globalisierung der Arbeitsteilung und der Internationalisierung der Finanzmärkte 887 ff.

Personenregister

Slánsk, Rudolf (1901–1952) 165, 425
Sljunkow, Nikolai Nikititsch (*1929) 986
Sloan, John W. (*1940) 923
Smirnow, Andrei Andrejewitsch (1905–1982) 278, 347, 350
Smith, Adam (1723–1790) 437
Smith, Ian (1919–2007) 317 f., 560
Soares, Mário (*1924) 679 f., 682, 881
Soisson, Jean-Pierre (*1934) 937
Sokolowski, Wassili Danilowitsch (1897–1968) 81, 105
Solschenizyn, Alexander Issajewitsch (1918–2008) 601, 714
Somoza Debayle, Anastasio (1925–1980) 741, 915 f.
Sorel, Georges (1847–1922) 334
Sorensen, Theodore Chaikin (1928–2010) 294
Sorin, Valerian Alexandrowitsch (1902–1986) 381 f.
Sorsa, Taisto Kalevi (1930–2004) 711
Sossi, Mario (*1932) 664
Soustelle, Jacques (1912–1990) 211, 262, 266, 269 f., 301
Souvana Phouma (1901–1984) 627
Spaak, Paul-Henri (1899–1972) 79, 128, 252 f., 362
Spadafora, Hugo (1940–1985) 1034
Spadolini, Giovanni (1925–1994) 872
Sperber, Manès (1905–1984) 187
Spinelli, Altiero (1907–1986) 78, 884
Spínola, António Sebastião Ribeiro de (1910–1996) 678–680
Spira, Steffi (1908–1995) 998
Springer, Axel Cäsar (1912–1985) 481, 499, 513, 585
Stalin (Geburtsname Dschugaschwili), Josef Wissarionowitsch (1878–1953) 24 f., 28–32, 34 f., 39, 41, 49, 52, 60, 62, 69, 73, 76,

101–104, 107, 115–117, 119, 121–123, 125 f., 136, 140 f., 143, 145 f., 153, 157, 163–172, 174–178, 180–183, 187 f., 190, 217–222, 228 f., 231, 235, 238, 241, 243–245, 374, 376, 412–415, 419, 424–426, 428, 490, 604, 803, 806, 890, 897, 900–902, 907, 945, 949 f., 952, 959, 961, 970, 972, 986–988, 992, 1021, 1086, 1107 f., 1110, 1116
Stammberger, Wolfgang (1920–1982) 352
Steel, David (*1938) 765, 835, 928
Steiner, Julius (1924–1997) 583, 657
Steinhoff, Johannes (1913–1994) 870
Štěpán, Miroslav (1945–2014) 1004, 1077
Stern, Fritz (*1926) 1066
Stevens, Robert (1899–1983) 154
Stevenson, Adlai Ewing (1900–1965) 152, 223, 238, 380–382
Stewart, Michael (1906–1990) 567
Stockman, David Alan (*1946) 810 f.
Stoltenberg, Gerhard (1928–2001) 863, 1030
Stone, Norman (*1941) 1066
Stoph, Willi (1914–1999) 477, 577 f., 605, 999 f., 1020
Strauß, Franz Josef (1915–1988) 200, 253, 272 f., 276, 351 f., 370, 389, 473 f., 477, 479, 571, 573, 584, 855, 867, 940
Strauss, Leo (1899–1973) 808
Strauss, Lewis (1896–1974) 153
Strope, Herbert (1904–1977) 66
Štrougal, Lubomír (*1924) 431, 656, 955 f.
Stueck, William, amerikanischer Historiker 147
Suárez, Adolfo (1932–2014) 690 f., 881 f.
Sudreau, Pierre (1919–2012) 365

Ortsregister

Aus dem
Verlagsprogramm

*„Eine Darstellung, wie man sie klüger, genauer und
umfassender kaum denken kann. Ein Meisterwerk."*

Ulrich Herbert, Frankfurter Allgemeine Zeitung

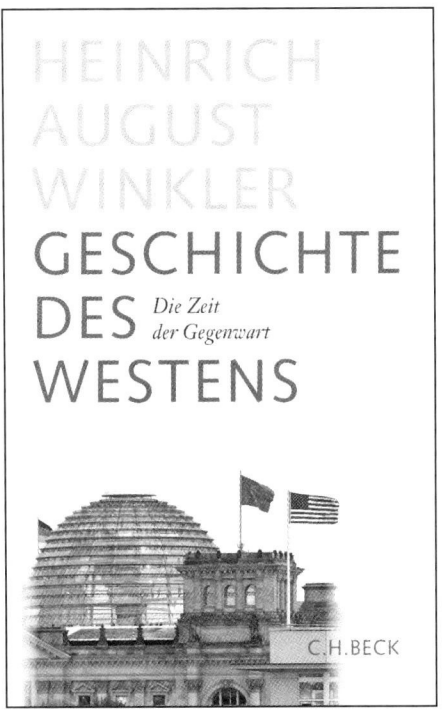

Verlag C.H.Beck München

HEINRICH AUGUST WINKLER

ZERREISS PROBEN

Deutschland,
Europa und
der Westen
*Interventionen
1990-2015*

C·H·Beck

230 Seiten. Klappenbroschur.
ISBN 978-3-406-68424-1

„Ein lesenswerter Band, der mit der Kompetenz
des Altmeisters mahnend erinnert, frisch
hinterfragt und eigenwillig interpretiert."
Jörg Biallas, Das Parlament